Weiss Ratings' Investment Research Guide to Stocks

Weiss Ratings
4400 Northcorp Parkway
Palm Beach Gardens, FL 33410
561-627-3300

Copyright © Weiss Ratings corporate headquarters located at 4400 Northcorp Parkway, Palm Beach Gardens, FL, 33410; telephone 561-627-3300. All rights reserved. This publication contains original and creative work and is fully protected by all applicable copyright laws, as well as by laws covering misappropriation, trade secrets and unfair competition. Additionally, Weiss Ratings has added value to the underlying factual material through one or more of the following efforts: unique and original selection; expression; arrangement; coordination; and classification. None of the content of this publication may be reproduced, stored in a retrieval system, redistributed, or transmitted in any form or by any means (electronic, print, mechanical, photocopying, recording or otherwise) without the prior written permission of Weiss Ratings. "Weiss Ratings" is a trademark protected by all applicable common law and statutory laws.

Independent. Unbiased. Accurate. Trusted.

Published by Grey House Publishing, Inc., located at 4919 Route 22, Amenia, NY 12501; telephone 518-789-8700. Grey House Publishing neither guarantees the accuracy of the data contained herein nor assumes any responsibility for errors, omissions or discrepancies. Grey House Publishing accepts no payment for listing; inclusion in the publication of any organization, agency, institution, publication, service or individual does not imply endorsement of the publisher.

Edition #9, Summer 2019

ISBN: 978-1-64265-173-7

Contents

Introduction

    Welcome 1

    How to Use This Guide 3

    About Weiss Investment Ratings 5

    Current Weiss Ratings Distribution for Stocks 6

    What Our Ratings Mean 7

    Important Warnings and Cautions 9

Section I: Index of Stocks 11

Section II: Best Performing Stocks 461

Section III: High Yield BUYs 469

Section IV: Stocks with High Volatility 473

Section V: Undervalued Stocks by Sector 479

Section VI: BUY Rated Stocks by Sector 493

Section VII: Expanded Analysis of All A Rated Stocks 517

Appendix

    Glossary 546

    Weiss Ratings Investment Ratings Series 554

Terms and Conditions

This document is prepared strictly for the confidential use of our customer(s). It has been provided to you at your specific request. It is not directed to, or intended for distribution to or use by, any person or entity who is a citizen or resident of or located in any locality, state, country or other jurisdiction where such distribution, publication, availability or use would be contrary to law or regulation or which would subject Weiss Ratings, LLC or its affiliates to any registration or licensing requirement within such jurisdiction.

No part of the analysts' compensation was, is, or will be, directly or indirectly, related to the specific recommendations or views expressed in this research report.

This document is not intended for the direct or indirect solicitation of business. Weiss Ratings, LLC, and its affiliates disclaim any and all liability to any person or entity for any loss or damage caused, in whole or in part, by any error (negligent or otherwise) or other circumstances involved in, resulting from or relating to the procurement, compilation, analysis, interpretation, editing, transcribing, publishing and/or dissemination or transmittal of any information contained herein.

Weiss Ratings, LLC has not taken any steps to ensure that the securities or investment vehicle referred to in this report are suitable for any particular investor. The investment or services contained or referred to in this report may not be suitable for you and it is recommended that you consult an independent investment advisor if you are in doubt about such investments or investment services. Nothing in this report constitutes investment, legal, accounting or tax advice or a representation that any investment or strategy is suitable or appropriate to your individual circumstances or otherwise constitutes a personal recommendation to you.

The ratings and other opinions contained in this document must be construed solely as statements of opinion from Weiss Ratings, LLC, and not statements of fact. Each rating or opinion must be weighed solely as a factor in your choice of an institution and should not be construed as a recommendation to buy, sell or otherwise act with respect to the particular product or company involved.

Past performance should not be taken as an indication or guarantee of future performance, and no representation or warranty, expressed or implied, is made regarding future performance. Information, opinions and estimates contained in this report reflect a judgment at its original date of publication and are subject to change without notice. Weiss Ratings, LLC offers a notification service for rating changes on companies you specify. For more information visit WeissRatings.com or call 1-877-934-7778. The price, value and income from any of the securities or financial instruments mentioned in this report can fall as well as rise.

This document and the information contained herein is copyrighted by Weiss Ratings, LLC. Any copying, displaying, selling, distributing or otherwise delivering of this information or any part of this document to any other person or entity is prohibited without the express written consent of Weiss Ratings, LLC, with the exception of a reviewer or editor who may quote brief passages in connection with a review or a news story.

Date of Data Analyzed: June 30, 2019

Welcome to Weiss Ratings' Investment Research Guide to Stocks

With investing such a complex subject and the thousands of stock options available, it is no surprise that consumers need assistance. It is a complex subject and consumers want unbiased, independent guidance in helping them find a path to investing that is focused on their needs.

This is where Weiss Ratings comes in. We take all the data and process it, daily, to ensure that you receive not only the most up-to-date rating possible but also data that you may not easily find elsewhere. We publish this data in guides, and on our website so that you can feel empowered to make decisions about your investing future. Our focus is on balance and our ratings reflect this. No matter how strong a return has been if the level of risk taken is too high, in our opinion, then the overall rating will be reduced.

Weiss Ratings' Mission Statement

Weiss Ratings' mission is to empower consumers, professionals, and institutions with high quality advisory information for selecting or monitoring a financial services company or financial investment.

In doing so, Weiss Ratings will adhere to the highest ethical standards by maintaining our independent, unbiased outlook and approach for our customers.

Why rely on Weiss Ratings?

Weiss Ratings are fundamentally incomparable to nearly all other ratings available in America today. Here's why …

Complete Independence

We are America's only 100% independent rating agency covering stocks, ETFs, mutual funds, insurance companies, banks, and credit unions; and our independence is grounded in a very critical difference in the way we do business: Unlike most other rating agencies,

- we never accept compensation from any company for its rating;
- we never allow companies to influence our analysis or conclusions (although they are always free to provide us with supplemental data that's not publicly available);
- we reserve the right to publish our ratings based exclusively on publicly available data;
- we never suppress publication of our ratings at a company's request; and
- we are always dedicated to providing our analysis and opinions with complete objectivity.

Welcome

Dedication to End Users -- Investors and Consumers

Other rating agencies derive most of their revenues from the very same companies that they cover.

In contrast, our primary source of revenues is the end user – investors seeking the best combination of risk and reward, plus consumers seeking the best deals with the most safety.

Unmatched Accuracy and Performance

Our independence and objectivity help explain why the U.S. Government Accountability Office (GAO) concluded that Weiss was first in warning consumers about future insurance company failures three times more often than our closest competitor (A.M. Best) and why, in comparison to S&P or Moody's, there was no contest.

It's the reason why The New York Times wrote "Weiss was the first to warn of dangers and say so unambiguously."

And it's also why The Wall Street Journal was able to report that the Weiss Stock Ratings outperformed all Wall Street investment banks, brokers and independent research organizations in a third-party study of stock ratings.

Broader Coverage

While other rating agencies focus mostly on larger companies that can afford to pay them large fees, Weiss Ratings covers all companies, large or small, as long as they report sufficient data for us to analyze. This allows us to provide far broader coverage, including nearly all U.S.-traded stocks, ETFs and mutual funds plus nearly all U.S. banks, credit unions and insurance companies.

Overall …

Weiss Ratings gives you more accuracy, more choices, and better wealth-building potential – all with stronger risk protection and safety.

How to Use This Guide

The purpose of the *Weiss Ratings' Investment Research Guide to Stocks* is to provide investors with a reliable source of investment ratings and analyses on a timely basis. We realize that past performance is an important factor to consider when making the decision to purchase shares in a stock. The ratings and analyses in this Guide can make that evaluation easier when you are considering investing in stocks. The rating for a particular stock indicates our opinion regarding that stock's past risk-adjusted performance.

When evaluating a specific stock, we recommend you follow these steps:

Step 1 Confirm the stock name, ticker symbol and the exchange it is trading on. To ensure you evaluate the correct stock, verify the stock's exact name and ticker symbol as it was given to you in its prospectus or appears on your account statement. Many stocks have similar names, so you want to make sure the stock you look up is really the one you are interested in evaluating. This guide includes ratings for stocks traded on several different exchanges, so you'll want to verify the exchange the stock is traded on as well.

Step 2 Check the stock's Investment Rating. Turn to Section I, the Index to Stocks, and locate the stock you are evaluating. This section contains all stocks analyzed by Weiss Ratings, including those that did not receive an Investment Rating. All stocks are listed in alphabetical order by the name of the company with the ticker symbol following the name for additional verification. Once you have located your specific stock, the third column after the ticker symbol under the Ratings header shows its overall Investment Rating. Turn to *About Weiss Investment Ratings* for information about what this rating means.

Step 3 Analyze the supporting data. In addition to the Weiss Investment Rating are some of the various measures we have used in rating the stock. Refer to the Section I introduction to see what each of these factors measures. In most cases, lower rated stocks will have a low reward rating and/or a low risk rating (i.e., high volatility). Bear in mind, however, that the Weiss Investment Rating is the result of a complex proprietary computer-generated analysis which cannot be reproduced using only the data provided here.

Step 4 When looking to identify a stock that achieves your specific investing goals, we recommend the following:

- **Check the listing of the Best Performing Stocks.** If your priority is to achieve the highest return, balanced with the amount of risk we have chosen the top stocks with the best financial performance. Keep in mind that past performance alone is not always a guide to future performance.

- **Check the listing of the High Yield BUYs.** If your priority is to stick with only highest rated stocks that pay dividends, then these stocks should be looked at. In this listing you will find only BUY rated stocks with highest dividend yield.

How to Use This Guide

- **Check the Stocks with High Volatility.** If you are looking to trade your stocks often with a possibility of making a profit from wide swings in price, then stocks with high volatility is the list for you. These stocks may involve more risk but could potentially have a high reward. You will only see the highest rated stocks on this list.

- **Check Undervalued Stock by Sector.** If you are looking to find a hidden gem, then this list if for you. On this list, you will find highly rated stocks that are undervalued and often overlooked by many investors.

- **Check BUY Rated Stocks by Sector.** If your priority is to stick with a certain sector, this list might be for you. It contains all BUY rated stocks in each sector.

- **Check the Expanded Analysis of all A Rated Stocks.** If your priority is find out more information about our highest rated stocks, this is the place to turn.

Step 5 Refer back to Section I. Once you have identified a particular stock that interests you, refer back to Section I, the Index of Stocks, for a more thorough analysis.

Step 6 Always remember:

- **Read our warnings and cautions.** In order to use Weiss Investment Ratings most effectively, we strongly recommend you consult the Important Warnings and Cautions. These are more than just "standard disclaimers." They are very important factors you should be aware of before using this guide.

- **Stay up to date.** Periodically review the latest Weiss Investment Ratings for the stocks that you own to make sure they are still in line with your investment goals and level of risk tolerance. You can find more detailed information and receive automated updates on ratings through www.weissratings.com

Data Source: Weiss Ratings
               Standard & Poor's, a division of The McGraw-Hill Companies, Inc.

Date of data analyzed: June 30, 2019

About Weiss Investment Ratings

Weiss Investment Ratings of stocks, ETFs and mutual funds are in the same realm as "buy," "sell" and "hold" ratings. They are designed to help investors make more informed decisions with the goal of maximizing gains and minimizing risk. Safety is also an important consideration. The higher the rating, the more likely the investment will be profitable. But when using our investment ratings, you should always remember that, by definition, all investments involve some element of risk.

- A   Strong Buy
- B   Buy
- C   Hold or Avoid
- D   Sell
- E   Strong Sell

Our **Overall Rating** is measured on a scale from A to E based on each stock's risk and performance. The stocks are analyzed using the latest daily data available and the quarterly filings with the SEC. Weiss takes thousands of pieces of stock data and, based on its own model, balances reward against the amount of risk to assign a rating. The results provide a simple and understandable opinion as to whether we think the stock is a BUY, SELL, or HOLD.

Our **Reward Rating** is based on the total return over a period of up to five years, including net asset value and price growth. The total return figure is stated net of the expenses and fees charged by the stock. Based on proprietary modeling the individual components of the risk and reward ratings are calculated and weighted and the final rating is generated.

Our **Risk Rating** includes the risk ratings of component stocks where applicable and also includes the financial stability of the stock, turnover where applicable, together with the level of volatility as measured by the stock's daily returns over a period of up to five years. Stocks with greater stability are considered less risky and receive a higher risk rating. Stocks with greater volatility are considered riskier, and will receive a lower risk rating. In addition to considering the stock's volatility, the risk rating also considers an assessment of the valuation and quality of a stock's holdings.

In order to help guarantee our objectivity, we reserve the right to publish ratings expressing our opinion of an investment reward and risk based exclusively on publicly available data and our own proprietary standards for safety. But when using our investment ratings, you should always remember that, by definition, all investments involve some element of risk.

Current Weiss Ratings Distribution of Stocks

as of June 30, 2019

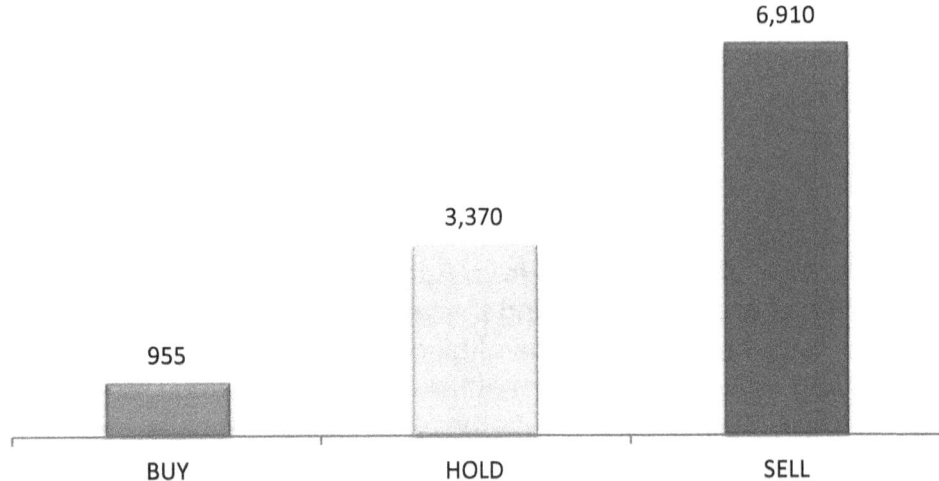

What Our Ratings Mean

Weiss Stock Ratings represent a completely independent, unbiased opinion of stocks — now, and in the future. The stocks are analyzed using the latest daily data available and the quarterly filings with the SEC. Weiss takes thousands of pieces of stock data and, based on its own model, balances reward against the amount of risk to assign a rating. The results provide a simple and understandable opinion as to whether we think the stock is a BUY, SELL, or HOLD.

In order to help guarantee our objectivity, we reserve the right to publish ratings expressing our opinion of an investment reward and risk based exclusively on publicly available data and our own proprietary standards for safety. But when using our investment ratings, you should always remember that, by definition, all investments involve some element of risk.

Strong Buy

A   **Excellent.** The company's stock has an excellent track record for providing strong performance with lower-than-average risk, and it is trading at a price that represents good value relative to the company's earnings prospects. While past performance is no guarantee of future results, our opinion is that this stock is among the most likely to deliver superior performance relative to risk in the future. Of course, even the best stocks can decline in a down market. But our "A" rating can generally be considered the equivalent of a "Strong Buy".

Buy

B   **Good.** The company's stock has a good track record for delivering a balance of performance and risk. While the risk-adjusted performance of any stock is subject to change, our opinion is that this stock is a good value, with good prospects for outperforming the market. Although even good investments can decline in a down market, our "B" rating is considered the equivalent of a "Buy".

Hold or Avoid

C   **Fair.** In the trade-off between performance and risk, the prospects for the company's stock are about average based on its track record and current valuation. Thus, we feel it is neither a significantly better nor a significantly worse investment than most other common stocks. Although stocks can be driven higher or lower by general market trends, our "C" rating can generally be considered the equivalent of a "Hold" or "Avoid."

Sell

D   **Weak.** The company's stock is an underperformer relative to other common stocks with a similar amount of risk. While the risk-adjusted performance of any common stock is subject to change, our opinion is that this stock represents a poor investment

What Our Ratings Mean

based on its current valuation and the company's current financial position. Even weak stocks can rise in an up market. However, our "D" rating can generally be considered equivalent to a "Sell."

Strong Sell

E   **Very Weak.** In our opinion, the prospects for the company's stock are not favorable, with significant downside risks outweighing any upside potential. This opinion is based on the company's current financial condition in combination with the stock's historical risk-adjusted performance and current valuation. While the risk-adjusted performance of any stock is subject to change, our opinion is that this stock is a poor investment risk. Even some of the weakest stocks can rise in certain market conditions. However, our "E" rating can generally be considered the equivalent of a "Strong Sell."

\+   The plus sign is an indication that the stock is in the upper third of the letter grade.

\-   The minus sign is an indication that the stock is in the lower third of the letter grade.

U   **Unrated.** The stock is unrated for one or more of the following reasons: 1) It is too new to make a reliable assessment of its risk-adjusted performance. (Typically, a stock must have traded for at least one year before it is eligible to receive a Weiss Investment Rating.); 2) Quarterly reports filed with the SEC were either late or missing critical items that Weiss Ratings deems necessary for a thorough analysis; 3) Data anomalies exist that call into question either the accuracy or completeness of the information presently available to Weiss Ratings.

Important Warnings & Cautions

1. A rating alone cannot tell the whole story. Please read the explanatory information contained here, in the section introductions and in the appendix. It is provided in order to give you an understanding of our rating methodology as well as to paint a more complete picture of a stock's strengths and weaknesses.

2. Investment ratings shown in this directory were current as of the publication date. In the meantime, the rating may have been updated based on more recent data. Weiss Ratings offers a notification service for ratings changes on companies that you specify. For more information visit www.weissratings.com.

3. When deciding to invest in or sell holdings in a specific stock, your decision must be based on a wide variety of factors in addition to the Weiss Investment Rating. These include any charges you may incur from selling stocks, to what degree it meets your long-term planning needs, and what other choices are available to you. Weiss Ratings recommends that you should always consult an independent financial advisor over your investment decisions.

4. Weiss Investment Ratings represent our opinion of a stock's past risk adjusted performance. As such, a high rating means we feel that the stock has at least achieved above-average returns at the same time as it has balanced risk and returns. A high rating is not a guarantee that a stock will continue to perform well, nor is a low rating a prediction of continued weak performance. Any references to "Buy", "Hold", or "Sell" corollate with our opinion of a particular stock and Weiss Investment Ratings are not deemed to be a recommendation concerning the purchase or sale of any stock.

5. All stocks that have the same Weiss Investment Rating should be considered to be essentially equal from a risk/reward perspective. This is true regardless of any differences in the underlying numbers which might appear to indicate greater strengths.

6. Our rating standards are more consumer-oriented than those used by other rating agencies. We make more conservative assumptions about the amortization of loads and other fees as we attempt to identify those stocks that have historically provided superior returns with only little or moderate risk.

7. We are an independent rating agency and do not depend on the cooperation of the companies offering the stocks we rate. Our data is obtained from a data aggregator. Data is input daily, as available, into our proprietary models where a complex series of algorithms provide us with ratings based on quantitative analysis. We do not grant companies the right to stop or influence publication of the ratings. This policy stems from the fact that this Guide is designed for the information of the consumer.

Section I:
Index of Stocks

Investment Ratings and analysis of all rated and unrated U.S. traded Stocks. Stocks are listed in alphabetical order.

Contents | I. Index of Stocks

Section 1: Contents

This section contains Weiss Investment Ratings, key rating factors, and summary financial data for 11,000 U.S. traded stocks. Stocks are listed in alphabetical order by Company Name. If a stock is trading on multiple exchanges, data is provided for that stock on each exchange.

Left pages

Company Name
Legal name of a firm, the title by which a formally organized or incorporated firm is known as a legal entity or artificial-person. Shown on the certificate of incorporation (firm's 'birth certificate'), it must be displayed clearly at the firm's legal or registered office, and disclosed on all formal documents such as agreements, checks, and official stationery. Also known as corporate name.

MARKET

Stock Ticker Symbol
An arrangement of characters (usually letters) representing a particular security listed on an exchange or otherwise traded publicly. When a company issues securities to the public marketplace, it selects an available ticker symbol for its securities which investors use to place trade orders. Every listed security has a unique ticker symbol, facilitating the vast array of trade orders that flow through the financial markets every day.

Traded On /Exchange
The stock exchange on which the company is listed. The core function of a stock exchange is to ensure fair and orderly trading, as well as efficient dissemination of price information. Exchanges such as: NYSE (New York Stock Exchange), AMEX (American Stock Exchange), NNM (NASDAQ National Market), and NASQ (NASDAQ Small Cap) give companies, governments and other groups a platform to sell securities to the investing public. NASDAQ is abbreviated as NAS throughout the guide. The exchanges listed in this guide include:

EXCHANGE	NAME	Abbreviated in this Guide	#Stocks in this Guide
AMEX	American Stock Exchange	AMEX	219
NASDAQ	Nasdaq Stock Market	NAS	464
NASDAQ CM	Nasdaq Capital Markets	NAS CM	818
NASDAQ GS	Nasdaq Global Select Market	NAS GS	1,439
NYSE	New York Stock Exchange	NYSE	2,059
NYSE Arca	Archipelago Exchange	NYSE Arca	7
OTC PK	O-T-C Pink Sheets	OTC PK	3,899
TSX	Toronto Stock Exchange	TSX	798
TSXV	TSX Venture Exchange	TSXV	1,747

I. Index of Stocks

Sector
An industry or market sharing common characteristics. Investors use sectors to place stocks and other investments into categories like technology, health care, energy, utilities and telecommunications. Each sector has unique characteristics and a different risk profile.

RATINGS

Overall Rating
The Weiss rating measured on a scale from A to E based on each stock's performance and risk. See the preceding section, "What Our Ratings Mean," for an explanation of each letter grade rating.

Buy-Hold-Sell Recommendation
Weiss Ratings' opinion of investment action based on a Weiss rating. We recommend buying stocks rated A and B, holding C rated stocks, and selling D and E.

Reward Rating
Primarily based on a stock's total return to shareholders over the trailing five years and, based on sales, net income, earnings trends and anticipated dividends, its prospects for future returns. Additionally, based on the stock's current price, other important ratios are factored in. Based on proprietary modeling the individual components of the risk and reward ratings are calculated and weighted and the final rating is generated.

Risk Rating
Primarily based on the level of volatility in the stock's daily, monthly and quarterly returns and on the company's financial stability. Stocks with very stable returns are considered less risky and receive a higher risk rating. Stocks with greater volatility are considered riskier, and will receive a lower risk rating. Companies with poor financial stability are considered riskier investments than those that are financially stable.

Recent Upgrade/Downgrade
An "Up" or "Down" indicates that the Weiss Investment Rating has changed since the publication of the last print edition. If a stock has had a rating change since March 31, 2019, the change is identified with an "Up" or "Down."

STOCK PRICES

Stock Price
The price at which a stock is traded on a regular trading day. Stock prices in this guide are listed as of June 30, 2019.

52-Week High
The highest price that a stock has achieved during the previous 52 weeks.

52-Week Low
The lowest price that a stock has achieved during the previous 52 weeks.

BETA

3-Year Beta
A three year measure of volatility, or systematic risk, of a security in comparison to the market as a whole. A beta of less than 1 means that the security will be less volatile than the market, a beta larger than 1 means more volatility. Beta value cannot be calculated if less than 24 months of pricing is available.

RATINGS FACTORS

Growth
Evaluates each stock based on components including sales growth, change in cash flow and measures of growth in earnings.

Efficiency
Screens for operational efficiency when the price of a stock is in line with the cost it takes to provide them.

Solvency
Measures each stock by traditional balance sheet quality and solvency ratios including debt-to-equity and financial strength.

Volatility
Evaluates the gain/loss performance of each stock over various timeframes by measuring profit potential compared to downside risk.

Dividend
Measures each stock by its dividend-paying ability to reward stocks with higher total return potential.

Total Return
Measures the value an investor earns from a security over a specific period when all dividends are reinvested.

Right pages

TOTAL RETURNS %

3-Month Total Return
The rate of return on an investment over a period of three months that includes interest, capital gains, dividends and distributions realized.

6-Month Total Return
The rate of return on an investment over a period of six months that includes interest, capital gains, dividends and distributions realized.

1-Year Total Return
The rate of return on an investment over a period of one year that includes interest, capital gains, dividends and distributions realized.

3-Year Total Return
The rate of return on an investment over a period of three years that includes interest, capital gains, dividends and distributions realized.

DIVIDEND/YIELD

Dividend $ (TTM)
A dividend is defined as a payment made by a corporation to its shareholders. Usually these payouts are made in cash (cash dividends), but sometimes companies will also distribute stock dividends, whereby additional stock shares are distributed to shareholders. This is a TTM figure (trailing twelve months), which is a representation of a company's financial performance over the most recent 12 months. TTM uses the latest available financial data from a company's interim, quarterly or annual reports.

Dividend Yield (TTM)
Dividends paid out each year relative to the share price. Expressed as a percentage and measures how much cash flow an investor is getting for each invested dollar. This is a TTM figure (trailing twelve months), which is a representation of a company's financial performance over the most recent 12 months. TTM uses the latest available financial data from a company's interim, quarterly or annual reports.

SIZE

Market Capitalization (Market Cap) ($MIL)
A term used by the investment community to identify companies based on their market capitalization value. Values are displayed in millions.

Enterprise Value ($MIL)
A measure of a company's total value, often used as a more comprehensive alternative to market capitalization (see Market Capitalization). It includes the company's debt in its calculation and is very important in takeover valuations. Note: Banks do not have enterprise value mainly due to a large variety of the outstanding debt. Values are displayed in millions.

REVENUE & INCOME

Revenue ($MIL)
The amount of money a company receives from its normal business activities, usually from the sale of goods and services to customers.

Revenue Growth %
Annual percentage growth in a company's revenue.

Net Income ($MIL)
The net profit or loss recorded by a company. This figure includes the company's operating profit (income from lending, investing, and fees less interest and overhead expenses) as well as non-operating items such as capital gains on the sale of securities, income taxes, and extraordinary items. Values are displayed in millions.

EARNINGS

Earnings Per Share (Earnings/Share)
The amount of a company's profit that can be allocated to one share of its stock and does not include dilutive effects on convertibles.

Earnings Per Share (EPS) Growth
The percentage change in earnings per share over time. It helps investors to identify the stocks that are increasing or decreasing in profitability. This is a TTM figure (trailing twelve months), which is a representation of a company's financial performance over the most recent 12 months. TTM uses the latest available financial data from a company's interim, quarterly or annual reports.

EFFECTIVENESS

Cash from Operations ($MIL)
Cash flow generated by a company's normal business operations. It indicates whether a company is able to produce positive cash flow to maintain and grow its operations. Values are displayed in millions.

Return on Assets %
The ratio of net income for the year as a percentage of average assets. This ratio, known as ROA, is the most commonly used benchmark for profitability since it measures the company's return on investment in a format that is easily comparable with other companies. This is a TTM figure (trailing twelve months), which is a representation of a company's financial performance over the most recent 12 months. TTM uses the latest available financial data from a company's interim, quarterly or annual reports.

Return on Equity %
The ratio of net income for the year as a percentage of average equity. This ratio, known as ROE, is commonly used by a company's shareholders as a measure of their return on investment. This is a TTM figure (trailing twelve months), which is a representation of a company's financial performance over the most recent 12 months. TTM uses the latest available financial data from a company's interim, quarterly or annual reports.

VALUATION

Price/Earnings (P/E) TTM
A ratio that measures the value of a company by comparing its current share price to its earnings per share. A high P/E ratio suggests that investors are expecting higher earnings growth. This is a TTM figure (trailing twelve months), which is a representation of a company's financial performance over the most recent 12 months. TTM uses the latest available financial data from a company's interim, quarterly or annual reports.

Price/Sales (P/S) TTM
A ratio that measures value placed on each dollar of a company's sales or revenues. Generally, a stock with lower P/S ratio is a better investment since the investor pays less for each unit of sales. This is a TTM figure (trailing twelve months), which is a representation of a company's financial performance over the most recent 12 months. TTM uses the latest available financial data from a company's interim, quarterly or annual reports.

Price/Book (P/B) Q
Price to book ratio compares a stock's market daily value to its quarterly book value. This ratio indicates how much shareholders are paying for the net assets of a company and answers the question: how many times a company's stock is trading per share compared to the company's book value per share. A lower P/B could mean that the stock is undervalued and may have a potential for future growth, however, other valuation measures should be considered before investing. Generally, a P/B ratio of 1.0 or less is viewed as good. This is a quarterly figure.

I. Index of Stocks

Summer 2019

Company Name	Stock Ticker Symbol	Traded On	Sector	Overall Rating	Recommendation	Reward Rating	Risk Rating	Recent Up/Downgrade	Stock Price as of 6/30/2019	52-Week High	52-Week Low	3-Year Beta	Growth	Efficiency	Solvency	Volatility	Dividend	Total Return
01 Communique Laboratory Inc.	ONE.V	TSXV	Information Tech	D+	Sell	C-	D	Up	0.13	0.19	0.06	1.00	W		G	W	–	E
01 Communique Laboratory Inc.	OCQLF	OTC PK	Information Tech	D+	Sell	C-	D	Up	0.11	0.13	0.04	1.68	W		G	W	–	E
111, Inc.	YI	NAS	Consumer Staples	D-	Sell	D	D-	Up	6.01	16.83	5.6		W	W	E	W	–	V
12 Retech Corporation	RETC	OTC PK	Information Tech	D-	Sell	D	D-		0.00	0.08	0	0.39	F	W	F	W	–	V
1347 Property Insurance Holdings, Inc.	PIH	NAS	Financials	D+	Sell	C-	D	Up	5.21	7.50	3.75	0.43	W	F	E	W	–	W
180 Degree Capital Corp.	TURN	NAS	Financials	D+	Sell	D+	D+		1.96	2.50	1.72	0.66	W	F	E	F	–	F
1-800-Flowers.com, Inc.	FLWS	NAS GS	Consumer Discretn	C+	Hold	B-	C	Down	19.16	21.77	10.01	1.25	W	G	E	F	–	E
1847 Holdings LLC	EFSH	OTC PK	Industrials	D	Sell	D	D	Up	2.00	5.00	2		W	W	F	W	–	W
1895 Bancorp of Wisconsin, Inc.	BCOW	NAS CM	Financials	E	Sell	D+	D		9.25	10.50	9.16		F	F	E	F	–	W
1911 Gold Corporation	AUMB.V	TSXV	Materials	E+	Sell	E	D-	Up	0.25	0.69	0.22		F	V	E	W	–	V
1911 Gold Corporation	HAVXF	OTC PK	Materials	D-	Sell	E	D	Up	0.17	0.35	0.16		F	V	E	W	–	W
1st Capital Bank	FISB	OTC PK	Financials	C	Hold	B+	B-		16.70	18.60	14.6	0.69	E	E	E	G	–	F
1st Constitution Bancorp	FCCY	NAS	Financials	C	Hold	B	C-		18.09	23.45	16.45	0.14	G	E	E	F	F	F
1st Source Corporation	SRCE	NAS GS	Financials	C+	Hold	B	C-		45.38	59.33	38.44	1.36	E	E	E	F	F	W
20/20 Global, Inc.	TWGL	OTC PK	Consumer Staples	D	Sell	C	D		0.17	0.40	0.17	6.05	W	G	E	W	–	F
2050 Motors, Inc.	ETFM	OTC PK	Consumer Discretn	D-	Sell	D	D-		0.00	0.01	0	1.77	W	W	F	W	–	W
21Vianet Group, Inc.	VNET	NAS GS	Information Tech	D	Sell	C-	D		7.90	11.98	6.6	1.17	F	W	G	W	–	F
22 Capital Corp.	LFCP.V	TSXV	Financials	D-	Sell	E+	D-		0.16	0.20	0.15	-0.02	W	V	E	W	–	W
22nd Century Group, Inc.	XXII	AMEX	Consumer Staples	D+	Sell	D+	D		2.04	3.29	1.58	1.40	F	W	E	W	–	F
24/7 Kid Doc, Inc.	TVMD	OTC PK	Health Care	D	Sell	D	D		0.15	0.33	0.01	-8.04	V	V	F	W	–	E
2U, Inc.	TWOU	NAS GS	Information Tech	D	Sell	D+	D	Down	36.99	94.40	34.26	1.91	W	W	E	W	–	F
3 Sixty Risk Solutions Ltd.	SAYFF	OTC PK	Industrials	E-	Sell	D	D-		0.17	1.00	0.17		W	W	E	W	–	W
360 Finance, Inc.	QFIN	NAS	Financials	C	Hold	B-	D+	Up	11.90	24.45	9.9		G	G	E	W	–	W
37 Capital Inc.	HHHEF	OTC PK	Materials	C-	Hold	C	D		0.06	0.23	0.06	2.15	F	E	F	W	–	W
3D Systems Corporation	DDD	NYSE	Information Tech	D	Sell	D	D	Down	8.80	21.78	7.81	2.44	W	W	E	W	–	W
3M Company	MMM	NYSE	Industrials	C	Hold	B	D	Down	171.50	219.75	159.32	1.24	G	E	E	W	G	W
3SBio Inc.	TRSBF	OTC PK	Health Care	D	Sell	C-	E+		1.40	1.70	1.4		E	E	E	V	–	V
48North Cannabis Corp.	NCNNF	OTC PK	Health Care	D-	Sell	D	D		0.62	1.30	0.35		W	W	E	W	–	W
48North Cannabis Corp.	NRTH.V	TSXV	Health Care	D-	Sell	D	D		0.82	1.69	0.45		W	W	E	W	–	W
49 North Resources Inc.	FNR.V	TSXV	Financials	D	Sell	D+	D		0.03	0.08	0.02	0.32	F	W	E	W	–	W
49 North Resources Inc.	FNINF	OTC PK	Financials	D	Sell	D+	D		0.03	0.05	0.01	0.93	F	W	E	W	–	W
500.com Limited	WBAI	NYSE	Consumer Discretn	D	Sell	D	D		10.40	15.88	5.22	2.46	W	W	E	W	–	W
51job, Inc.	JOBS	NAS GS	Industrials	C+	Hold	B	D+		74.44	99.49	52.15	1.40	E	G	E	W	–	F
58.com Inc.	WUBA	NYSE	Communication Svc	C+	Hold	B	D+	Up	63.95	77.60	50.3	1.71	E	G	E	W	–	F
5N Plus Inc.	VNP.TO	TSX	Materials	C	Hold	B-	C-	Down	2.70	3.83	2.5	0.20	F	G	G	F	–	W
5N Plus Inc.	FPLSF	OTC PK	Materials	C	Hold	B	C-		2.06	2.71	1.93	0.52	F	G	G	F	–	F
8i Enterprises Acquisition Corp.	JFK	NAS CM	Financials	U	U	U			9.90	11.50	9.8		U	U	U	U	U	U
8x8, Inc.	EGHT	NYSE	Information Tech	C-	Hold	C	D	Up	23.63	25.35	15.13	0.85	W	W	E	F	–	G
9 Capital Corp.	NCPLP.V	TSXV	Financials	D-	Sell	D-	D	Up	0.10	0.20	0.08		W	W	E	W	–	V
92 Resources Corp.	NTY.V	TSXV	Materials	D	Sell	D	D		0.04	0.09	0.03	1.12	F	V	E	W	–	W
92 Resources Corp.	RGDCF	OTC PK	Materials	D	Sell	D	D	Up	0.03	0.07	0.01	3.11	F	V	E	W	–	W
A&W Revenue Royalties Income Fund	AWUN.TO	TSX	Consumer Discretn	B-	Buy	B+	C		42.40	47.65	30.26	0.09	G	E	E	F	G	F
A&W Revenue Royalties Income Fund	AWRRF	OTC PK	Consumer Discretn	C	Hold	B+	C		32.27	34.70	22.67	0.03	G	E	E	F	G	F
A. O. Smith Corporation	AOS	NYSE	Industrials	C	Hold	B	C-	Down	46.08	61.44	40.34	1.66	G	E	E	F	F	W
A.H. Belo Corporation	AHC	NYSE	Communication Svc	D	Sell	C-	D	Down	3.78	4.80	3.35	0.62	V	F	E	W	E	W
A.I.S. Resources Limited	AISSF	OTC PK	Materials	D-	Sell	E+	D-		0.05	0.18	0.03	3.65	W	V	G	W	–	V
A.I.S. Resources Limited	AIS.V	TSXV	Materials	D-	Sell	E+	D-		0.06	0.26	0.04	0.76	W	V	G	W	–	V
A.M. Castle & Co.	CTAM	OTC PK	Industrials	D	Sell	D	D		1.89	5.50	1.67		F	W	G	W	–	W
A.P. Møller - Mærsk A/S	AMKAF	OTC PK	Industrials	D	Sell	D+	D-	Down	1,070.00	1,464.00	991	1.14	W	F	E	W	–	W
A.P. Møller - Mærsk A/S	AMKBF	OTC PK	Industrials	D	Sell	D+	D-	Down	1,210.19	1,515.25	1,054.44	1.17	W	F	E	W	–	W
A.P. Møller - Mærsk A/S	AMKBY	OTC PK	Industrials	D	Sell	D+	D-	Down	5.99	7.90	5.11	1.41	W	F	E	W	–	W
A10 Networks, Inc.	ATEN	NYSE	Information Tech	D	Sell	D	D		6.79	7.46	5.51	0.81	W	W	E	W	–	W

*Ratings Factors: E=Excellent, G=Good, F=Fair, W=Weak, V=Very Weak, U=Unrated

Summer 2019 — I. Index of Stocks

3-Month Total Return (%)	6-Month Total Return (%)	1-Year Total Return (%)	3-Year Total Return (%)	Dividend $ TTM	Dividend Yield TTM	Market Cap. ($Mil)	Enterprise Value ($Mil)	Revenue ($Mil)	Revenue Growth (%)	Net Income ($Mil)	Earnings/Share $	EPS Growth (%)	Cash from Operations ($Mil)	Return on Assets (%)	Return on Equity (%)	Earnings (P/E) TTM	Sales (P/S) TTM	Book (P/B) Q
38.89	56.25	78.57	127.27			7.3	7.2	0.17	-54.9	-0.52	-0.01	-3,400.0	-0.39	-98.41		-11.9	59.5	-34.7
57.35	91.07	122.92	167.50			7.3	7.2	0.17	-54.9	-0.52	-0.01	-3,400.0	-0.39	-98.41		-10.2	51.0	-29.7
5.62	-0.66					490.8	356.3	268.5	88.7	-56.8	-2.39	-16.7	-50.6	-21.88		-2.5	0.9	1.4
-66.67	-83.33	-99.74				0.20	3.6	0.31	764.0	-9.6	-0.06	-196.5	-1.3	-224.45		0.0	0.7	0.0
-4.58	28.64	-27.67	-19.38			31.3	22.9	62.1	44.5	-1.0	-0.42	-232.7	15.7	-0.39		-12.3	0.5	0.7
3.79	12.00	-15.52	20.25			61.0	53.2	0.69	-44.2	0.99	0.03	-89.5	4.4	-1.75	1.22	61.6	89.1	0.7
5.56	60.74	51.46	127.82			1,232	1,122	1,219	5.0	34.8	0.52	-39.0	90.8	4.95	10.38	37.2	1.0	3.5
-27.27	-27.27	33.33				6.3	12.3	7.4	13.4	-0.83	-0.27	-32.4	0.05	-13.79		-7.5	0.8	-2.5
-5.13						43.5	--	11.7	-20.8	-0.17	-0.09		-0.99			-105.0	3.7	0.8
-16.67	-10.71					7.2	-0.43	4.8	-81.4	-17.6	-0.95	43.0	-1.4			-0.3	1.7	0.3
-21.73	-15.17					7.2	-0.43	4.8	-81.4	-17.6	-0.95	43.0	-1.4			-0.2	1.1	0.2
3.09	12.08	2.99	65.02			85.5	--	21.0	18.8	3.3	0.65	-1.1	--		6.49	25.7	4.1	1.6
0.57	-7.68	-19.33	56.12	0.29	1.6	156.1	--	51.7	15.6	12.6	1.45	54.2	16.1		10.3	12.5	3.0	1.2
0.95	14.07	-13.82	54.62	1.04	2.3	1,165	--	296.4	5.9	85.5	3.28	21.2	142.3		11.35	13.8	3.9	1.5
-56.92	-32.80	-46.67	236.00			--	--	8.8	-22.2	0.03	0.00	-48.8	-0.10			76.4	0.2	3.2
-66.67	50.00	-84.21	-99.41			0.54	1.3	--		-2.0	-0.03	21.7	-0.27	-231.22		0.0		-0.1
1.54	-8.46	-11.04	-24.76			887.9	1,170	387.5	-22.9	-20.0	-1.07	85.2	77.4			-7.4	0.4	0.2
0.00	0.00	-36.00				0.74	0.47	--		-0.10	-0.02	-30.3	-0.20	-16.27		-7.4		4.1
17.92	-23.02	-19.05	160.07			254.3	204.8	26.6	29.9	-11.4	-0.11	-13.1	-19.4	-19.07		-19.3	9.6	3.6
719.44	1,080.00	719.44	467.31			7.5	7.6	--		-0.09	0.00	-70.0	-0.10			-86.8		-59.0
-48.45	-23.43	-56.17	29.65			2,333	1,972	441.7	40.6	-45.0	-0.80	2.9	-16.8	-4.84		-46.4	4.9	3.1
-48.79						27.0	19.5	4.8	1,621.3	-5.2	-0.08	-19.8	-2.2			-2.2	2.1	0.8
-20.67	-24.40					1,712	1,565	903.0	323.5	281.1	4.31	288.1	-11.7		63.15	2.8	1.0	1.1
-13.82	-36.40	-62.79	27.20			0.35	0.93	--		-0.11	-0.02	67.6	-0.03	-1,095.15		-4.1		-0.6
-17.45	-12.87	-35.29	-28.63			1,027	1,018	673.8	2.8	-48.9	-0.43	37.2	-8.8	-3.25		-20.3	1.5	1.8
-17.05	-8.03	-9.92	9.27	5.60	3.3	98,857	112,722	32,350	0.3	5,638	9.44	40.1	7,344	12.16	54.34	18.2	3.1	10.2
0.00	-9.68	-42.15				4,513	4,775	692.7	25.1	192.0	0.07	37.0	172.7	5.59	15.56	19.0	5.5	2.8
-35.75	53.41	-7.05				105.0	91.3	3.3		-6.6	-0.09	49.5	-3.4	-9.15		-6.6	22.6	2.1
-39.26	49.09	-6.82				105.0	91.3	3.3		-6.6	-0.09	49.5	-3.4	-9.15		-8.8	29.8	2.8
-37.50	66.67	-61.54	-77.27			1.6	1.4	-0.56	78.1	-1.2	-0.03	59.4	0.70	-6.58		-0.9	-3.8	0.4
-28.75	217.37	-43.11	-67.24			1.6	1.4	-0.56	78.1	-1.2	-0.03	59.4	0.70	-6.58		-1.0	-4.3	0.5
-25.23	42.86	-26.40	-37.08			491.4	421.6	10.5	-11.5	-63.3	-14.91	-27.5	--			-0.7	4.2	0.3
-0.48	20.65	-21.26	155.63			4,651	3,613	425.0	0.6	186.8	1.75	106.0	--			42.5	11.7	4.2
1.85	17.45	-5.34	40.12			9,501	8,963	1,504	-5.6	269.6	3.60	20.6	--			17.8	3.2	1.4
-22.64	-10.00	-18.18	32.35			171.5	212.2	210.9	-3.1	9.8	0.11	-7.2	2.2	4.16	8.59	23.6	1.1	1.9
-19.49	-7.53	-17.44	34.19			171.5	212.2	210.9	-3.1	9.8	0.11	-7.2	2.2	4.16	8.59	18.1	0.8	1.5
						73.5	73.3	--		-0.07	-0.03		-0.08			-313.3		14.7
17.97	31.50	19.95	72.99			2,275	2,145	352.6	18.9	-88.7	-0.94	17.5	-14.9	-13.81		-25.2	6.4	9.1
25.00	-25.93					0.28	-0.19	--		-0.12	-0.39		-0.03	-19.1		-0.3		0.8
0.00	16.67	-30.00	-80.56			2.3	1.7	--		-0.77	-0.01	32.5	-0.90	-22.65		-3.3		1.5
33.72	56.43	-19.11	-76.76			2.3	1.7	--		-0.77	-0.01	32.5	-0.90	-22.65		-3.1		1.4
10.72	28.14	38.77	48.27	1.74	4.1	454.4	591.3	32.1	13.6	17.1	1.37	-2.9	23.9	8.61	14.21	31.0	16.5	6.5
16.11	34.55	40.23	50.30	1.30	4.0	454.4	591.3	32.1	13.6	17.1	1.37	-2.9	23.9	8.61	14.21	23.6	12.6	4.9
-11.92	8.84	-19.95	14.41	0.84	1.8	7,704	7,409	3,148	3.4	434.7	2.54	43.7	427.3	10.78	25.14	18.1	2.5	4.4
3.97	16.71	-12.37	-1.78	0.32	8.5	81.3	54.9	199.4	-15.9	-4.4	-0.22	-144.9	8.0	-2.05		-17.5	0.4	1.2
12.94	0.00	-65.32				3.1	3.4	0.00	150.0	-2.3	-0.04	40.4	-0.78	-15.05		-1.1		1.2
-8.33	-26.67	-69.44	-21.43			3.1	3.4	0.00	150.0	-2.3	-0.04	40.4	-0.78	-15.05		-1.3		1.4
0.53	-16.00	-58.00				6.9	302.1	585.6	10.7	-40.0	-19.83	-215.5	-16.0	-2.27		-0.1	0.0	-0.4
-16.21	-7.92	-13.01	-5.39			24,228	38,009	39,306	18.6	-235.0	-11.57	-118.6	5,434	1		-92.5	0.6	0.7
-6.91	-2.39	-7.44	-0.89			24,228	38,009	39,306	18.6	-235.0	-11.57	-118.6	5,434	1		-104.6	0.6	0.8
6.85	8.75	5.85	11.33	0.82	13.6	24,228	38,009	39,306	18.6	-235.0	-11.57	-118.6	5,434	1		-0.5	0.0	0.0
-2.58	12.05	8.64	9.52			513.6	396.9	233.3	5.7	-20.2	-0.27	32.9	-8.4	-5.02		-24.9	2.2	5.3

I. Index of Stocks

Summer 2019

Company Name	Stock Ticker Symbol	Traded On	Sector	Overall Rating	Recommendation	Reward Rating	Risk Rating	Recent Up/Downgrade	Stock Price as of 6/30/2019	52-Week High	52-Week Low	3-Year Beta	Growth	Efficiency	Solvency	Volatility	Dividend	Total Return
AAC Holdings, Inc.	AAC	NYSE	Health Care	D-	Sell	D	D-	Down	0.83	10.68	0.62	2.41	W	W	F	W	--	V
AAON, Inc.	AAON	NAS GS	Industrials	B-	Buy	B+	C	Up	49.52	52.50	31.55	0.89	G	E	E	F	--	G
AAR Corp.	AIR	NYSE	Industrials	D+	Sell	C	D	Down	36.23	51.52	29.84	0.86	W	G	E	W	W	W
Aaron's, Inc.	AAN	NYSE	Consumer Discretn	B	Buy	A-	C		60.98	62.67	39.28	1.13	E	E	E	F	W	G
AB Electrolux (publ)	ELUXY	OTC PK	Consumer Discretn	C	Hold	C	D+		51.02	53.74	37.49	1.19	W	E	G	W	--	W
AB Electrolux (publ)	ELUXF	OTC PK	Consumer Discretn	C-	Hold	C	D+	Down	25.50	30.46	19.33	0.59	W	E	G	W	--	W
AB SKF (publ)	SKUFF	OTC PK	Industrials	C	Hold	C+	D+		16.66	20.39	14.02	1.31	E	E	E	W	--	W
AB SKF (publ)	SKFRY	OTC PK	Industrials	C	Hold	C+	C-		18.42	20.66	13.78	1.66	E	E	E	F	--	W
AB Volvo (publ)	VOLVF	OTC PK	Industrials	C	Hold	B	C-		15.80	18.30	12.36	1.46	E	E	G	W	--	W
AB Volvo (publ)	VLVLY	OTC PK	Industrials	C	Hold	B	C-	Down	15.74	18.29	12.06	1.47	E	E	G	F	--	W
AB Volvo (publ)	VOLAF	OTC PK	Industrials	C	Hold	B	C		17.00	19.00	14.1	0.80	E	E	G	F	--	F
Abacus Health Products, Inc.	ABAHF	OTC PK	Health Care	E	Sell	E+	D		7.15	14.00	6.57		W	V	G	F	--	W
Abacus Mining & Exploration Corporation	ABCFF	OTC PK	Materials	D-	Sell	D-	D-		0.04	0.29	0.03	0.59	W	V	G	W	--	V
Abacus Mining & Exploration Corporation	AME.V	TSXV	Materials	D-	Sell	D-	D-		0.07	0.38	0.04	0.59	W	V	G	W	--	V
ABB Ltd	ABLZF	OTC PK	Industrials	C-	Hold	C+	D	Down	19.93	23.92	18.07	1.17	G	E	G	W	--	W
ABB Ltd	ABB	NYSE	Industrials	C-	Hold	C+	D	Down	19.96	24.45	18.05	1.19	G	E	G	W	--	W
Abbott Laboratories	ABT	NYSE	Health Care	B	Buy	B+	C+		83.69	85.45	60.32	0.85	G	G	E	G	F	G
AbbVie Inc.	ABBV	NYSE	Health Care	C	Hold	B+	D	Down	70.00	100.23	65.06	0.70	E	E	G	W	G	F
ABCO Energy, Inc.	ABCE	OTC PK	Information Tech	D	Sell	C-	D-		0.01	0.08	0	3.66	F	E	F	W	--	V
Abcourt Mines Inc.	ABI.V	TSXV	Materials	D+	Sell	C	D	Down	0.06	0.08	0.04	-1.46	G	G	G	W	--	W
Abcourt Mines Inc.	ABMBF	OTC PK	Materials	D+	Sell	C	D	Down	0.05	0.06	0.03	-0.55	G	G	G	W	--	W
Aben Resources Ltd.	ABN.V	TSXV	Materials	D+	Sell	C-	D	Up	0.25	0.49	0.11	1.26	W	W	E	W	--	G
Aben Resources Ltd.	ABNAF	OTC PK	Materials	D+	Sell	C	D	Up	0.19	0.38	0.08	1.40	W	W	E	W	--	G
Abengoa, S.A.	AGOAF	OTC PK	Industrials	D	Sell	D	D	Up	0.01	0.01	0	-0.04	W	W	F	W	--	W
Abengoa, S.A.	ABGOF	OTC PK	Industrials	D	Sell	D	D	Up	0.03	0.04	0.01	1.64	W	W	F	W	--	W
Abengoa, S.A.	ABGOY	OTC PK	Industrials	D	Sell	D-	D	Up	0.00	0.20	0	-71.49	W	W	F	W	--	W
Abeona Therapeutics Inc.	ABEO	NAS CM	Health Care	D	Sell	D-	D		4.76	16.55	4.4	1.06	V	V	E	W	--	F
Abercrombie & Fitch Co.	ANF	NYSE	Consumer Discretn	C	Hold	C+	D+		15.85	30.63	14.66	1.32	W	G	G	W	G	W
Aberdeen International Inc.	AAB.TO	TSX	Financials	D-	Sell	E+	D-		0.05	0.15	0.04	0.47	W	V	E	W	--	V
Aberdeen International Inc.	AABVF	OTC PK	Financials	D-	Sell	E+	D-		0.03	0.11	0.03	1.45	W	V	E	W	--	V
ABIOMED, Inc.	ABMD	NAS GS	Health Care	C+	Hold	B+	D+		254.93	459.75	228	1.01	E	E	E	W	--	F
Abitibi Royalties Inc.	ATBYF	OTC PK	Materials	C-	Hold	C	D		9.48	10.14	5.89	0.74	W	F	E	F	--	G
Abitibi Royalties Inc.	RZZ.V	TSXV	Materials	C-	Hold	C	D		12.50	13.50	7.98	0.46	W	F	E	F	--	G
ABM Industries Incorporated	ABM	NYSE	Industrials	C+	Hold	B	C-	Up	39.64	41.34	25.64	0.66	E	G	E	F	F	F
Aboitiz Equity Ventures, Inc.	ABTZY	OTC PK	Industrials	C-	Hold	C	D		11.00	14.10	7.9	-0.13	F	E	G	W	--	W
AbraPlata Resource Corp.	ABBRF	OTC PK	Materials	E+	Sell	E+	E+	Down	0.04	0.10	0.03	0.95	F	V	F	V	--	V
AbraPlata Resource Corp.	ABRA.V	TSXV	Materials	E+	Sell	E+	E+	Down	0.05	0.17	0.04	0.46	F	V	F	V	--	V
Abraxas Petroleum Corporation	AXAS	NAS CM	Energy	D+	Sell	C-	D		1.09	3.23	0.9	2.14	F	F	G	W	--	W
Absa Group Limited	AGRPY	OTC PK	Financials	C	Hold	B	D+		25.14	28.36	19.13	0.79	F	E	E	W	G	F
Absa Group Limited	AGRPF	OTC PK	Financials	D+	Sell	B	D+	Down	11.60	11.60	11.6	0.20	F	E	E	W	E	W
Absolute Software Corporation	ABT.TO	TSX	Information Tech	C	Hold	C	C		7.85	9.28	6.88	0.65	F	W	F	F	G	F
Absolute Software Corporation	ALSWF	OTC PK	Information Tech	C	Hold	C	C		6.01	6.97	5.24	0.91	F	W	F	F	G	F
AC Immune SA	ACIU	NAS	Health Care	D+	Sell	C	D	Up	5.44	17.40	3.25	-0.03	G	F	E	V	--	V
Acacia Communications, Inc.	ACIA	NAS GS	Information Tech	C	Hold	B-	D	Up	46.58	62.18	31.42	1.69	F	G	E	W	--	F
Acacia Diversified Holdings, Inc.	ACCA	OTC PK	Health Care	D-	Sell	D-	D-		0.03	0.30	0.02	-0.92	W		F	W	--	V
Acacia Research Corporation	ACTG	NAS GS	Industrials	D-	Sell	D-	D	Down	2.93	4.25	2.75	0.27	V	W	E	W	--	W
Acadia Healthcare Company, Inc.	ACHC	NAS GS	Health Care	D	Sell	D+	D		34.33	45.35	24.27	0.72	F	F	G	W	--	W
ACADIA Pharmaceuticals Inc.	ACAD	NAS GS	Health Care	D-	Sell	E+	D		26.43	28.67	12.77	1.97	W	V	E	W	--	F
Acadia Realty Trust	AKR	NYSE	Real Estate	C	Hold	B	D		27.28	29.82	23.11	0.87	F	G	E	W	G	W
Acadian Timber Corp.	ACAZF	OTC PK	Materials	C	Hold	B-	D+		12.63	15.42	10.34	0.64	G	E	E	W	E	W
Acadian Timber Corp.	ADN.TO	TSX	Materials	C	Hold	B-	D+		16.51	20.23	14.25	0.43	G	E	E	W	G	W
Acamar Partners Acquisition Corp.	ACAM	NAS CM	Financials	U		U	U		9.75	10.01	9.68		U	U	U	U	U	U

*Ratings Factors: E=Excellent, G=Good, F=Fair, W=Weak, V=Very Weak, U=Unrated

Data as of June 30, 2019

https://greyhouse.weissratings.com

Summer 2019 — I. Index of Stocks

3-Month Total Return (%)	6-Month Total Return (%)	1-Year Total Return (%)	3-Year Total Return (%)	Dividend $ TTM	Dividend Yield TTM	Market Cap. ($Mil)	Enterprise Value ($Mil)	Revenue ($Mil)	Revenue Growth (%)	Net Income ($Mil)	Earnings/Share $	EPS Growth (%)	Cash from Operations ($Mil)	Return on Assets (%)	Return on Equity (%)	Earnings (P/E) TTM	Sales (P/S) TTM	Book (P/B) Q
-52.83	-41.12	-90.96	-96.06			21.0	380.7	272.3	-11.1	-81.2	-3.35	-587.0	-19.4	-5.95		-0.3	0.1	0.5
8.44	42.58	50.31	95.57	0.48	1.0	2,581	2,574	448.7	7.3	49.2	0.94	2.1	59.0	13.16	19.73	52.7	5.8	10.0
12.24	-1.37	-21.73	68.39	0.30	0.8	1,246	1,394	1,963	13.8	-3.3	-0.11	-115.1	55.9	3.73	8.33	-339.6	0.6	1.4
17.61	45.17	39.59	190.36	0.14	0.2	4,127	4,818	3,886	11.2	200.0	2.87	-28.9	324.7	10.7	11.21	21.2	1.1	2.3
1.64	24.02	18.69	6.97	1.51	3.0	7,402	8,009	14,066	-2.7	372.3	1.29	-41.3	921.6	3.8	14.71	39.7	1.1	6.0
-3.77	23.59	14.61	-3.48			7,402	8,009	14,066	-2.7	372.3	1.29	-41.3	921.6	3.8	14.71	19.8	0.5	3.0
-0.26	14.47	-6.87	10.23			8,370	9,479	9,658	2.0	814.0	1.78	16.8	1,008	6.51	21.19	9.3	0.8	2.0
11.80	26.94	5.89	25.32	0.54	3.0	8,370	9,479	9,658	2.0	814.0	1.78	16.8	1,008	6.51	21.19	10.3	0.9	2.2
4.64	24.21	3.13	70.81			32,181	43,191	45,655	10.3	3,338	1.64	29.0	3,377	4.9	23.4	9.6	0.7	2.2
9.24	28.32	7.65	80.28	0.86	5.5	32,181	43,191	45,655	10.3	3,338	1.64	29.0	3,377	4.9	23.4	9.6	0.7	2.2
11.48	20.57	2.91	53.57			32,181	43,191	45,655	10.3	3,338	1.64	29.0	3,377	4.9	23.4	10.4	0.8	2.4
-39.71						73.7	63.4	8.8	167.8	-14.1	-1.70	-163.6	-5.9			-4.2	5.1	8.9
-15.77	-29.67	-65.53	-77.81			2.8	15.1	--		-2.5	-0.06	85.0	-1.0	-13.13		-0.8		-0.3
7.69	0.00	-62.16	-74.07			2.8	15.1	--		-2.5	-0.06	85.0	-1.0	-13.13		-1.3		-0.5
8.85	3.53	-7.56	3.91			42,543	49,351	32,388	36.2	2,136	0.99	3.5	3,186	4.16	13.56	20.1	1.3	2.9
9.55	8.04	-4.65	14.77	0.49	2.5	42,543	49,351	32,388	36.2	2,136	0.99	3.5	3,186	4.16	13.56	20.1	1.3	2.9
5.78	18.76	38.97	137.14	1.20	1.4	147,644	164,549	30,723	8.0	2,622	1.47	464.5	5,904	3.55	8.28	56.9	4.8	4.8
-11.29	-21.21	-20.69	31.21	4.06	5.8	103,486	136,173	32,647	10.3	5,360	3.50	-11.9	13,799	12.02		20.0	3.2	-13.2
-52.55	6.50	-72.06	-99.88			0.55	1.0	3.0	70.7	-1.2	-0.04	13.2	-0.44	-49.42		-0.2	0.2	-0.7
0.00	-21.43	10.00	-45.00			12.6	11.4	20.9	8.0	2.1	0.01	10.8	2.3	7.83	8.8	7.6	0.8	0.7
14.54	-2.29	13.78	-32.01			12.6	11.4	20.9	8.0	2.1	0.01	10.8	2.3	7.83	8.8	7.1	0.7	0.6
42.86	66.67	19.05	72.41			22.2	18.2	--		-1.9	-0.02	8.2	-2.5	-11.57		-10.2		2.5
38.77	75.00	11.18	67.55			22.2	18.2	--		-1.9	-0.02	8.2	-2.5	-11.57		-7.7		1.9
-17.91	144.44	57.14	-95.77			236.5	5,542	1,248	-32.8	-1,584	-0.11	94.2	16.9			-0.1	0.2	0.0
15.65	77.33	-14.19	-95.64			236.5	5,542	1,248	-32.8	-1,584	-0.11	94.2	16.9			-0.2	0.4	-0.1
0.00	80.00	-99.73	-98.39			236.5	5,542	1,248	-32.8	-1,584	-0.11	94.2	16.9			0.0	0.0	0.0
-34.53	-32.19	-71.06	95.88			234.0	174.3	0.40	-66.2	-66.8	-1.40	-87.0	-50.1	-25.09		-3.4	573.5	1.9
-40.17	-16.60	-35.61	7.54	0.80	5.1	1,041	2,201	3,593	0.9	97.8	1.42	309.4	297.8	3.33	8.9	11.1	0.3	1.0
-10.00	-25.00	-65.38	-73.53			3.3	-11.5	-12.1	-206.9	-13.4	-0.14	-279.5	-4.0	-31.92		-0.3	-0.4	0.2
-12.97	-26.47	-72.66	-79.23			3.3	-11.5	-12.1	-206.9	-13.4	-0.14	-279.5	-4.0	-31.92		-0.2	-0.2	0.1
-10.20	-19.88	-38.41	142.58			11,544	11,052	769.4	29.6	259.0	5.61	129.0	252.2	15.22	31.85	45.5	15.3	12.3
0.46	43.05	27.55	50.79			119.3	118.3	0.30	18,900.0	-0.19	-0.02	84.4	-3.1	-7.3		-518.0	391.7	4.7
-3.85	37.97	26.26	54.89			119.3	118.3	0.30	18,900.0	-0.19	-0.02	84.4	-3.1	-7.3		-683.1	516.5	6.2
10.86	28.84	38.23	19.05	0.71	1.8	2,630	3,537	6,476	8.2	86.0	1.30	-3.2	243.9	3.45	5.87	30.6	0.4	1.8
-3.68	13.41	-24.62	-32.57	0.16	1.4	6,025	11,264	3,678	23.4	394.9	0.07	-7.9	762.6	4.45	14.74	156.9	16.9	19.2
-10.41	-3.38	-57.89				3.7	3.5	--		-1.9	-0.02	76.2	-0.66	-30.78		-1.7		1.4
-9.09	-9.09	-61.54				3.7	3.5	--		-1.9	-0.02	76.2	-0.66	-30.78		-2.1		1.8
-14.17	0.46	-63.05	0.00			182.6	364.2	143.1	32.3	21.6	0.12	74.3	76.0	5.48	16.64	8.9	1.3	1.3
25.61	19.47	21.21	45.88	1.19	4.7	10,240	--	5,323	6.9	1,061	1.28	1.8	964.4		12.86	19.7	3.9	2.7
0.00	0.00	-28.00	0.87			10,240	--	5,323	6.9	1,061	1.28	1.8	964.4		12.86	9.1	1.8	1.3
-12.48	3.87	17.22	31.73	0.32	4.1	246.9	210.8	97.7	5.4	8.1	0.19	509.1	11.8	5.95		40.6	3.5	-6.4
-10.29	7.87	18.91	33.39	0.24	4.0	246.9	210.8	97.7	5.4	8.1	0.19	509.1	11.8	5.95		31.1	2.6	-4.9
10.79	-44.38	-41.44				367.5	113.7	81.1	304.3	24.0	0.28	154.3	35.1	6.16	13.56	19.3	4.8	1.5
-19.58	23.59	38.01	21.97			1,891	1,570	372.2	8.4	21.0	0.50	351.7	103.4	1.07	4.11	94.0	5.3	3.6
-75.87	-82.98	-86.85	-97.59			1.0	2.2	0.49	15.2	-1.5	-0.07	16.4	-0.47	-104.68		-0.4	1.3	-0.7
-9.85	-2.33	-29.40	-29.06			146.7	-19.4	72.8	-38.6	-77.4	-1.56	-3,902.2	-87.9	-2.91		-1.9	2.0	0.8
16.69	34.31	-15.96	-35.62			3,045	6,876	3,031	4.5	-197.1	-2.26	-191.5	385.4	3.77		-15.2	1.0	1.3
-0.79	68.88	75.38	-16.52			3,810	3,407	237.9	50.1	-276.2	-2.09	-0.9	-186.4	-41.11		-12.6	16.0	9.1
-1.09	14.27	2.46	-11.65	1.11	4.1	2,258	4,573	286.9	9.4	36.2	0.44	-30.4	92.9	0.75		62.4	7.8	1.5
0.95	16.03	-11.08	18.34	0.86	6.8	209.9	265.0	74.4	-5.5	23.1	1.38	4.8	14.2	2.74	10.74	9.2	2.8	1.0
-0.24	11.27	-12.38	18.17	1.15	6.9	209.9	265.0	74.4	-5.5	23.1	1.38	4.8	14.2	2.74	10.74	12.0	3.7	1.3
						297.9	--	--		0.41	0.01		-0.17			902.8		75.4

https://greyhouse.weissratings.com

Data as of June 30, 2019

I. Index of Stocks

Summer 2019

Company Name	Stock Ticker Symbol	Traded On	Sector	Overall Rating	Recommendation	Reward Rating	Risk Rating	Recent Up/Downgrade	Stock Price as of 6/30/2019	52-Week High	52-Week Low	3-Year Beta	Growth	Efficiency	Solvency	Volatility	Dividend	Total Return
Acasta Enterprises Inc.	ACSSF	OTC PK	Financials	E+	Sell	D-	E+	Down	0.61	0.61	0.61	0.63	F	V	G	V	—	V
Acasta Enterprises Inc.	AEF.TO	TSX	Financials	E+	Sell	D-	E+	Down	0.69	1.61	0.52	0.65	F	V	G	V	—	V
Acasti Pharma Inc.	ACST.V	TSXV	Health Care	D-	Sell	D-	D-		1.46	2.29	0.57	0.78	V	W	G	W	—	W
Acasti Pharma Inc.	ACST	NAS CM	Health Care	D-	Sell	D-	D-		1.09	1.80	0.43	1.07	V	W	G	W	—	W
Accelerate Diagnostics, Inc.	AXDX	NAS CM	Health Care	D-	Sell	E+	D		22.27	24.75	10.23	3.46	W	V	G	W	—	W
Accelerize Inc.	ACLZ	OTC PK	Information Tech	D	Sell	D	D-	Up	0.09	0.35	0.05	-0.73	W	F	F	W	—	V
Acceleron Pharma Inc.	XLRN	NAS	Health Care	D	Sell	D	D		40.92	59.59	32.53	0.82	V	W	E	W	—	F
Acceleware Ltd.	ACWRF	OTC PK	Information Tech	C	Hold	C	D+	Up	0.13	0.20	0.09	12.31	W	G	G	W	—	F
Acceleware Ltd.	AXE.V	TSXV	Information Tech	C-	Hold	C	D+	Up	0.18	0.30	0.12	0.56	W	G	G	W	—	F
Accenture plc	ACN	NYSE	Information Tech	A-	Buy	A	B	Up	183.00	187.31	132.63	1.00	E	E	E	G	G	G
ACCO Brands Corporation	ACCO	NYSE	Industrials	D+	Sell	C	D	Down	7.69	14.63	6.07	1.89	W	E	G	W	G	W
Accord Financial Corp.	ACD.TO	TSX	Financials	C	Hold	B	C		9.82	10.45	8.96	0.64	F	G	G	F	G	F
Accord Financial Corp.	ACCFF	OTC PK	Financials	C	Hold	B+	C		7.39	7.92	7.16	-0.08	F	G	G	F	G	F
Accuray Incorporated	ARAY	NAS GS	Health Care	D	Sell	D+	D-		3.88	5.40	3	1.63	F	W	G	W	—	W
AcelRx Pharmaceuticals, Inc.	ACRX	NAS	Health Care	D	Sell	D	D		2.10	5.05	1.99	1.85	W	W	G	W	—	F
Acer Therapeutics Inc.	ACER	NAS CM	Health Care	D-	Sell	E+	D		3.45	34.10	3.28		W	V	E	W	—	F
Acerus Pharmaceuticals Corporation	ASP.TO	TSX	Health Care	D-	Sell	E+	D		0.10	0.30	0.1	1.33	W	V	G	W	—	W
Acerus Pharmaceuticals Corporation	ASPCF	OTC PK	Health Care	D-	Sell	E+	D		0.08	0.26	0.08	1.71	W	V	G	W	—	W
Aceto Corporation	ACETQ	OTC PK	Health Care	E+	Sell	E+	D-		0.15	3.98	0.04	2.04	W	V	F	W	—	V
Achaogen, Inc.	AKAOQ	OTC PK	Health Care	D-	Sell	E+	D-		0.02	9.10	0.02	-0.16	V	V	G	W	—	V
Achieve Life Sciences, Inc.	ACHV	NAS CM	Health Care	D-	Sell	E+	D-		2.03	5.70	1.04		V	V	E	W	—	W
Achillion Pharmaceuticals, Inc.	ACHN	NAS GS	Health Care	D-	Sell	D-	D		2.66	3.98	1.29	1.62	W	W	E	W	—	W
ACI Worldwide, Inc.	ACIW	NAS GS	Information Tech	C	Hold	C	C	Down	33.17	35.86	24.02	1.00	W	F	E	G	—	G
Ackroo Inc.	AKR.V	TSXV	Information Tech	D-	Sell	D-	D-		0.12	0.17	0.07	1.23	F	V	G	W	—	F
Ackroo Inc.	AKRFF	OTC PK	Information Tech	D-	Sell	D-	D		0.09	0.11	0.05	1.81	F	V	G	W	—	F
Aclaris Therapeutics, Inc.	ACRS	NAS GS	Health Care	D-	Sell	D-	D-		2.13	21.97	2.02	0.85	W	V	E	W	—	V
ACM Research, Inc.	ACMR	NAS	Information Tech	D+	Sell	C+	D+	Up	15.44	21.88	9.02		F	G	E	W	—	F
ACMAT Corporation	ACMT	OTC PK	Financials	C	Hold	C+	B-		32.00	32.00	23.5	0.21	F	G	E	G	—	F
ACMAT Corporation	ACMTA	OTC PK	Financials	C	Hold	C+	B		34.00	34.95	22.5	0.34	F	G	E	G	—	G
Acme United Corporation	ACU	AMEX	Industrials	C	Hold	B	D+	Up	21.05	23.00	13.5	1.57	G	G	E	W	F	W
ACNB Corporation	ACNB	NAS CM	Financials	C	Hold	A-	B		36.51	41.45	33.25	-0.14	E	G	E	G	G	F
Acorda Therapeutics, Inc.	ACOR	NAS GS	Health Care	D	Sell	D	D-		7.40	31.10	6.64	1.28	W	W	E	W	—	V
Acorn Energy, Inc.	ACFN	OTC PK	Information Tech	D	Sell	D	D	Down	0.32	0.45	0.15	1.57	W	W	F	W	—	W
Acorn International, Inc.	ATV	NYSE	Consumer Discretn	C	Hold	A-	D+		21.49	33.64	13.5	1.17	F	G	E	W	E	F
Acquired Sales Corp.	AQSP	OTC PK	Information Tech	D+	Sell	C	D		7.00	14.60	0.2	-5.05	V	G	E	W	—	E
Acreage Holdings, Inc.	ACRGF	OTC PK	Health Care	D	Sell	D+	D		16.47	30.00	11.99		F	W	E	W	—	W
Acro Biomedical Co., Ltd.	ACBM	OTC PK	Health Care	D	Sell	C-	D	Up	3.71	6.25	2		V	G	G	F	—	W
Act II Global Acquisition Corp.	ACTT	NAS CM	Financials	U	U	U	U		9.75	9.75	9.68		U	U	U	U	U	U
Actinium Pharmaceuticals, Inc.	ATNM	AMEX	Health Care	E+	Sell	E+	D-	Down	0.25	0.87	0.23	2.24	F	V	G	W	—	V
Activision Blizzard, Inc.	ATVI	NAS GS	Communication Svc	C	Hold	B-	D		47.28	84.68	39.85	0.94	G	E	E	W	—	W
Actuant Corporation	ATU	NYSE	Industrials	D+	Sell	C-	D	Up	23.99	31.00	19.07	1.49	F	W	E	W	—	W
Acuity Brands, Inc.	AYI	NYSE	Industrials	C	Hold	B	D	Up	134.25	173.01	103.48	1.65	G	E	E	W	W	W
AcuityAds Holdings Inc.	ACUIF	OTC PK	Communication Svc	D	Sell	D+	D		1.23	1.44	0.65	1.16	W	W	G	W	—	W
AcuityAds Holdings Inc.	AT.V	TSX	Communication Svc	D	Sell	D+	D		1.61	1.94	0.74	0.34	W	W	G	W	—	F
Acura Pharmaceuticals, Inc.	ACUR	OTC PK	Health Care	D-	Sell	D-	D		0.14	0.48	0.06	0.91	V	W	F	W	—	V
Acushnet Holdings Corp.	GOLF	NYSE	Consumer Discretn	B-	Buy	B	C		26.18	27.87	20.24	1.00	F	E	E	F	F	F
Adamas Pharmaceuticals, Inc.	ADMS	NAS	Health Care	D-	Sell	D-	D-		5.93	29.49	4.2	2.41	W	V	G	W	—	V
Adamera Minerals Corp.	DDNFF	OTC PK	Materials	D	Sell	D	D		0.02	0.08	0.01	-0.29	F	W	G	W	—	V
Adamera Minerals Corp.	ADZ.V	TSXV	Materials	D	Sell	D	D		0.03	0.12	0.02	0.11	F	W	G	W	—	V
Adamis Pharmaceuticals Corporation	ADMP	NAS CM	Health Care	D-	Sell	E+	D-		1.29	5.10	1.25	1.79	F	V	E	W	—	V
Adams Resources & Energy, Inc.	AE	AMEX	Energy	C-	Hold	C+	D	Down	32.80	46.84	31.81	0.35	E	G	E	W	G	W
Adaptimmune Therapeutics plc	ADAP	NAS GS	Health Care	D-	Sell	D-	D	Down	3.99	14.54	3.2	1.81	W	V	E	W	—	W

*Ratings Factors: E=Excellent, G=Good, F=Fair, W=Weak, V=Very Weak, U=Unrated

Summer 2019 — I. Index of Stocks

3-Month Total Return (%)	6-Month Total Return (%)	1-Year Total Return (%)	3-Year Total Return (%)	Dividend $ TTM	Dividend Yield TTM	Market Cap. ($Mil)	Enterprise Value ($Mil)	Revenue ($Mil)	Revenue Growth (%)	Net Income ($Mil)	Earnings/Share $	EPS Growth (%)	Cash from Operations ($Mil)	Return on Assets (%)	Return on Equity (%)	Earnings (P/E) TTM	Sales (P/S) TTM	Book (P/B) Q
0.00	-43.78	-43.78				37.5	109.5	134.2	-1.0	-115.0	-1.78	65.4	-33.3	-7.43		-0.3	0.3	2.9
-5.48	-14.81	-54.30				37.5	109.5	134.2	-1.0	-115.0	-1.78	65.4	-33.3	-7.43		-0.4	0.3	3.3
8.15	43.14	75.90	-21.08			87.9	63.1	--		-39.3	-0.87	9.1	-24.7	-77.41		-1.7		10.9
4.81	48.30	73.59	-22.08			87.9	63.1	--		-39.3	-0.87	9.1	-24.7	-77.41		-1.3		8.1
6.10	89.05	1.23	56.61			1,213	1,185	6.6	48.8	-89.2	-1.65	-28.3	-71.2	-25.42		-13.5	182.8	28.2
-10.71	-27.08	-74.99	-70.82			5.8	19.2	20.6	-14.8	-11.2	-0.17	-187.0	-2.0	-35.46		-0.5	0.3	-0.4
-9.11	-7.27	20.42	20.74			2,156	1,749	13.5	4.1	-130.7	-2.76	-5.7	-97.6	-18.48		-14.8	154.5	4.2
22.77	6.83	-36.30	533.50			13.9	10.7	3.8	395.5	0.59	0.01	122.4	2.4	13.93	68.02	22.2	3.4	7.2
-7.89	29.63	-37.50	6.06			13.9	10.7	3.8	395.5	0.59	0.01	122.4	2.4	13.93	68.02	30.7	4.7	10.0
5.36	31.96	13.19	75.14	2.92	1.6	116,723	112,380	41,524	9.8	4,472	6.87	20.8	6,484	15.04	39.09	26.6	2.9	8.8
-10.11	15.91	-42.56	-18.59	0.24	3.1	785.1	1,783	1,929	-3.3	95.7	0.91	-27.6	73.1	4.81	12.51	8.4	0.4	1.0
-0.51	10.30	11.36	19.28	0.36	3.7	63.1	--	28.3	28.3	8.2	0.97	71.4	-75.2		12.59	10.2	2.9	1.2
0.86	-4.17	8.99	11.78	0.27	3.7	63.1	--	28.3	28.3	8.2	0.97	71.4	-75.2		12.59	7.6	2.2	0.9
-17.45	12.46	-7.62	-23.02			341.5	425.0	415.2	3.0	-16.0	-0.18	45.0	-10.8	0.07		-21.1	0.8	7.2
-35.98	-10.26	-40.00	-16.00			165.7	90.8	2.1	-60.4	-49.2	-0.76	23.0	-34.9	-27.74		-2.8	79.9	-21.0
-85.46	-81.10	-82.53				34.8	3.4	--		-25.3	-2.71	23.4	-23.1	-52.16		-1.3		0.9
-31.03	-9.09	-58.33	-13.04			19.9	24.0	7.9	10.8	-18.8	-0.08	-54.1	-7.7	-37.65		-1.2	3.0	-23.8
-34.75	-0.76	-56.26	-6.23			19.9	24.0	7.9	10.8	-18.8	-0.08	-54.1	-7.7	-37.65		-0.9	2.3	-18.6
-23.76	-82.32	-96.05	-99.27	0.15	103.5	4.5	278.8	682.9	-7.9	-417.5	-11.82	-6,845.0	0.40	-3.68		0.0	0.0	0.1
-95.87	-98.55	-99.79	-99.49			1.2	20.0	8.7	-21.9	-186.5	-4.34	-27.1	-165.0	-74.12		0.0	0.1	-0.2
-35.14	69.87	-43.92				13.9	4.7	--		-15.6	-3.96	72.8	-13.3	-85.68		-0.5		1.3
-9.83	79.73	-6.99	-65.81			369.0	116.6	--		-68.6	-0.50	20.5	-55.6	-15.98		-5.4		1.5
2.47	21.72	34.45	77.19			3,667	4,234	1,006	0.4	62.4	0.52	530.9	181.2	3.61	6.2	63.5	3.8	3.7
4.35	14.29	71.43	-53.85			7.0	7.4	3.3	30.4	-0.70	-0.01	64.8	-0.04	-13.83		-13.0	2.8	4.8
5.11	17.28	52.05	-58.45			7.0	7.4	3.3	30.4	-0.70	-0.01	64.8	-0.04	-13.83		-9.5	2.0	3.5
-65.25	-70.86	-88.88	-88.21			87.9	-14.9	14.0	400.3	-140.1	-3.97	-36.4	-110.3	-37.3		-0.5	6.3	0.5
1.91	47.47	41.78				248.5	238.7	85.4	110.4	11.2	0.62	340.9	11.1	7.24	22.73	24.9	3.3	4.5
6.67	14.29	49.05	58.02			26.7	28.2	2.8	-25.7	0.74	0.90	141.3	0.70	1.19	2.55	35.6	9.6	0.9
4.13	17.24	50.11	96.53			26.7	28.2	2.8	-25.7	0.74	0.90	141.3	0.70	1.19	2.55	37.8	10.2	1.0
28.91	39.53	4.29	22.39	0.46	2.2	70.6	114.4	137.0	1.8	4.6	1.32	21.2	8.4	4.38	8.98	16.0	0.5	1.3
2.45	-4.53	9.66	58.79	0.94	2.6	257.4	--	72.9	12.2	22.7	3.22	81.2	28.7		13.74	11.3	3.5	1.5
-43.81	-50.60	-73.19	-70.76			356.2	393.3	409.4	-28.8	-5.7	-0.12	97.5	44.6	2.69		-62.9	0.9	0.6
0.00	16.32	-0.78	99.88			9.5	8.9	5.2	16.6	-1.0	-0.04	48.1	-1.2	-17.46		-8.0	1.8	-6.0
-15.52	-1.21	57.98	701.17	1.23	5.7	55.5	39.9	25.9	23.1	12.4	114.81	309.4	--			0.2	0.1	
369.80	381.10	3,400.00	4,017.65			18.1	15.3	--		-0.24	-0.10	-206.2	-0.19			-67.8		6.9
-20.82	-15.56					1,434	1,433	31.8	281.1	-225.4	-2.85	-1,460.7	-33.5			-5.8	41.1	3.4
-25.80	-3.64	22.04				177.2	177.2	6.0	52.1	0.03	0.00	-89.2	-0.39	1.76	3.04	9,275.0	29.8	177.5
						365.6	365.6	--		-0.02	0.00		-0.02			-4,062.5		6,500.0
-46.22	-36.59	-61.69	-85.63			40.0	31.7	--		-23.0	-0.20	41.0	-20.6	-71.74		-1.2		5.5
3.64	1.84	-37.30	29.64	0.37	0.8	36,217	34,337	7,359	1.4	1,760	2.28	411.0	1,711	6.98	16.44	20.7	5.0	3.1
-1.19	16.23	-17.87	9.82	0.04	0.2	1,473	1,747	1,183	4.2	-23.4	-0.39	74.0	76.9	5.23		-61.5	1.3	2.5
12.46	17.91	16.81	-44.60	0.52	0.4	5,304	5,429	3,792	7.6	327.1	8.14	0.6	363.2	9.83	19.65	16.5	1.4	2.9
-4.32	48.64	53.86				58.5	75.5	68.5	60.3	-8.1	-0.21	-4.8	-4.9	-2.88		-5.8	0.7	7.8
-1.83	57.84	41.23	23.85			58.5	75.5	68.5	60.3	-8.1	-0.21	-4.8	-4.9	-2.88		-7.7	1.0	10.3
-40.75	40.90	-60.67	-92.13			3.0	6.1	0.42	-93.7	-5.6	-0.27	-78.8	-4.3	-70.87		-0.5	7.2	-0.8
12.48	25.88	10.07		0.54	2.1	1,979	2,535	1,626	3.7	93.3	1.22	-9.5	160.5	5.28	10.48	21.4	1.2	2.2
-17.52	-29.82	-76.51	-61.79			163.3	103.2	43.2	1,281.5	-125.7	-4.61	-0.4	-100.3	-26.52		-1.3	3.8	2.6
-39.11	-65.06	-58.21	-78.08			3.3	3.7	--		-0.46	0.00	59.0	-0.29	-11.84		-5.0		0.7
-14.29	-53.85	-50.00	-71.43			3.3	3.7	--		-0.46	0.00	59.0	-0.29	-11.84		-8.8		1.2
-38.57	-38.57	-59.69	-52.04			61.5	56.6	16.8	27.2	-40.3	-0.96	-10.0	-33.0	-52.86		-1.3	3.6	1.5
-17.56	-14.63	-21.94	-5.40	0.90	2.7	138.3	22.6	1,808	28.6	6.7	1.59	347.0	48.7	1.04	4.51	20.7	0.1	0.9
-2.21	-22.52	-66.72	-50.86			417.9	278.7	51.3	18.9	-102.2	-6.23	-36.6	-93.3	-21.2		-0.6	1.4	0.3

I. Index of Stocks

Summer 2019

Company Name	Stock Ticker Symbol	Traded On	Sector	Overall Rating	Recommendation	Reward Rating	Risk Rating	Recent Up/Downgrade	Stock Price as of 6/30/2019	52-Week High	52-Week Low	3-Year Beta	Growth	Efficiency	Solvency	Volatility	Dividend	Total Return
Adaptive Biotechnologies Corporation	ADPT	NAS GS	Health Care	U		U	U		40.30	40.62	36.21		U	U	U	U	U	U
Added Capital Inc.	AAD.V	TSXV	Financials	D+	Sell	C	D		0.03	0.06	0.02	1.72	W	G	E	W	—	W
Added Capital Inc.	ACPQF	OTC PK	Financials	D+	Sell	C	D	Up	0.00	0.00	0	-1.38	W	G	E	W	—	W
Addentax Group Corp.	ATXG	OTC PK	Industrials	C	Hold	B-	D+		82.00	82.00	5.6	1.13	W	G	G	F	—	G
Addus HomeCare Corporation	ADUS	NAS GS	Health Care	C+	Hold	B	C		74.33	77.82	55.25	0.28	G	E	E	F	—	G
ADDvantage Technologies Group, Inc.	AEY	NAS	Information Tech	D	Sell	D+	D		1.62	1.98	1.23	0.10	W	W	E	W	—	W
Adecco Group AG	AHEXY	OTC PK	Industrials	C	Hold	C+	D+	Up	29.87	30.89	21.86	0.99	F	E	E	W	—	W
Adecco Group AG	AHEXF	OTC PK	Industrials	C	Hold	C	D+	Up	59.05	59.05	43.8	0.89	F	E	E	W	—	W
Adecoagro S.A.	AGRO	NYSE	Consumer Staples	D	Sell	D+	D-		6.90	9.06	6.17	0.25	W	F	G	W	—	W
Adesto Technologies Corporation	IOTS	NAS CM	Information Tech	D	Sell	D+	D		8.08	9.50	3.51	1.32	W	W	G	W	—	F
Adex Mining Inc.	ADE.V	TSXV	Materials	D-	Sell	E+	D	Down	0.01	0.02	0.01	4.53	W	V	F	F	—	F
Adex Mining Inc.	ADXDF	OTC PK	Materials	D-	Sell	E+	D		0.01	0.02	0	-60.76	W	V	F	W	—	F
ADF Group Inc.	DRX.TO	TSX	Materials	D+	Sell	C-	D	Up	1.35	1.85	0.94	0.11	F	F	E	W	F	W
ADF Group Inc.	ADFJF	OTC PK	Materials	D	Sell	C	D-		0.93	1.35	0.74	0.11	F	F	E	W	G	W
Adhera Therapeutics, Inc.	ATRX	OTC PK	Health Care	D-	Sell	D-	D		0.16	0.96	0.15	2.67	W	W	G	W	—	V
Adial Pharmaceuticals, Inc.	ADIL	NAS CM	Health Care	D-	Sell	E	D	Up	1.78	9.44	1.11		V		E	W	—	V
Adient plc	ADNT	NYSE	Consumer Discretn	D	Sell	D	D	Up	23.85	50.89	12.15	3.23	W	W	G	W	—	V
ADL Ventures Inc.	AVIP.V	TSXV	Financials	D-	Sell	D	D	Up	0.09	0.18	0.08		F	W	E	W	—	V
ADM Tronics Unlimited, Inc.	ADMT	OTC PK	Materials	D	Sell	C-	D		0.14	0.18	0.1	-0.30	V	G	E	W	—	W
ADMA Biologics, Inc.	ADMA	NAS CM	Health Care	D-	Sell	E+	D		3.74	6.96	2.08	2.83	F	V	G	W	—	W
Admedus Limited	AMEUF	OTC PK	Health Care	D-	Sell	E+	D		0.10	0.31	0.02	-0.68	W	V	G	W	—	W
Adobe Inc.	ADBE	NAS GS	Information Tech	B	Buy	A+	C		293.23	304.00	204.95	1.05	E	E	E	G	—	E
ADOMANI, Inc.	ADOM	NAS CM	Consumer Discretn	D-	Sell	D-	D-	Up	0.30	1.19	0.16	1.35	W	V	G	W	—	V
ADT Inc.	ADT	NYSE	Industrials	D	Sell	C-	D-		6.00	9.84	5.83		G	W	F	W	F	V
Adtalem Global Education Inc.	ATGE	NYSE	Consumer Discretn	C+	Hold	B	C	Down	45.13	58.80	42.36	1.10	F	G	E	F	—	F
ADTRAN, Inc.	ADTN	NAS GS	Information Tech	D+	Sell	C	D	Up	15.10	19.30	10.21	1.66	W	G	E	W	F	W
Aduro BioTech, Inc.	ADRO	NAS GS	Health Care	D-	Sell	E+	D-		1.75	8.10	1.7	0.69	W	V	G	W	—	V
Advance Auto Parts, Inc.	AAP	NYSE	Consumer Discretn	C	Hold	B	D+		151.71	186.15	133.32	1.10	G	E	G	W	W	F
Advance Gold Corp.	AAX.V	TSXV	Materials	D	Sell	D	D		0.06	0.60	0.05	-0.07	W	W	F	W	—	W
Advanced BioEnergy, LLC	ABENU	OTC PK	Energy	D	Sell	D	D		0.87	1.09	0.5	-0.13	W	W	G	W	—	W
Advanced BioMedical Technologies, Inc.	ABMT	OTC PK	Health Care	D+	Sell	C-	D	Up	0.20	0.75	0.11	1.78	W	E	F	W	—	W
Advanced Credit Technologies, Inc.	ACRT	OTC PK	Information Tech	D-	Sell	E+	D-		0.15	0.30	0.05	2.16	W	V	G	W	—	W
Advanced Disposal Services, Inc.	ADSW	NYSE	Industrials	C-	Hold	C-	C-	Down	32.10	33.01	22.05	0.69	W	F	G	G	—	F
Advanced Drainage Systems, Inc.	WMS	NYSE	Industrials	C+	Hold	B	C-		32.27	33.50	23.04	1.05	G	G	E	F	W	F
Advanced Emissions Solutions, Inc.	ADES	NAS	Materials	B	Buy	A	C		12.43	13.52	9.01	-0.01	G	E	E	F	E	G
Advanced Energy Industries, Inc.	AEIS	NAS GS	Information Tech	C	Hold	B	D+		56.43	64.25	38.75	1.74	F	E	E	W	—	W
Advanced Micro Devices, Inc.	AMD	NAS GS	Information Tech	C	Hold	B	D	Up	30.74	34.30	14.74	3.39	G	F	E	W	—	E
Advanced Oxygen Technologies, Inc.	AOXY	OTC PK	Real Estate	D+	Sell	C-	D+	Down	0.12	0.20	0.11	-2.39	W	F	F	W	—	W
Advanced Proteome Therapeutics Corporation	APC.V	TSXV	Health Care	D	Sell	C-	D-		0.14	0.85	0.08	2.85	F	G	F	W	—	V
Advanced Proteome Therapeutics Corporation	APTCF	OTC PK	Health Care	D	Sell	C-	D-	Down	0.01	0.53	0.01	1.83	F	G	F	W	—	V
Advanced Voice Recognition Systems, Inc.	AVOI	OTC PK	Information Tech	C	Hold	B-	D	Up	0.03	0.20	0.01	4.89	W	E	F	W	—	E
AdvanSix Inc.	ASIX	NYSE	Materials	C+	Hold	B	D+		24.22	41.45	22.57	1.92	F	E	G	W	—	F
AdvanSource Biomaterials Corporation	ASNB	OTC PK	Health Care	C-	Hold	C	D+		0.09	0.15	0.03	2.63	F	F	G	W	—	F
Advantage Lithium Corp.	AAL.V	TSXV	Materials	D	Sell	D	D-		0.39	0.96	0.38	2.25	W	W	E	W	—	W
Advantage Lithium Corp.	AVLIF	OTC PK	Materials	D-	Sell	D	D-	Down	0.29	0.75	0.29	2.46	W	W	E	W	—	W
Advantage Oil & Gas Ltd.	AAV.TO	TSX	Energy	D	Sell	D	D-		1.60	4.80	1.58	0.75	W	F	G	W	—	V
Advantage Oil & Gas Ltd.	AAVVF	OTC PK	Energy	D	Sell	D	D-		1.22	3.69	1.18	0.99	W	F	G	W	—	V
Advantagewon Oil Corporation	ANTGF	OTC PK	Energy	D-	Sell	E+	D	Down	0.01	0.04	0.01		W	V	G	W	—	V
Advantego Corporation	ADGO	OTC PK	Information Tech	D	Sell	D	D	Down	0.15	1.60	0.14	2.76	W		F	W	—	V
Advantest Corporation	ADTTF	OTC PK	Information Tech	C	Hold	A-	C	Up	26.75	26.75	17.04	1.06	E	E	E	F	E	F
Advantest Corporation	ATEYY	OTC PK	Information Tech	C	Hold	A+	C-	Down	25.83	29.89	16.2	1.50	E	E	E	F	E	G
ADVANZ PHARMA Corp.	CXRXF	OTC PK	Health Care	D-	Sell	D	E+		15.97	63.30	12.72	0.71	W	W	G	V	—	V

*Ratings Factors: E=Excellent, G=Good, F=Fair, W=Weak, V=Very Weak, U=Unrated

Summer 2019 — I. Index of Stocks

3-Month Total Return (%)	6-Month Total Return (%)	1-Year Total Return (%)	3-Year Total Return (%)	Dividend $ TTM	Dividend Yield TTM	Market Cap. ($Mil)	Enterprise Value ($Mil)	Revenue ($Mil)	Revenue Growth (%)	Net Income ($Mil)	Earnings/Share $	EPS Growth (%)	Cash from Operations ($Mil)	Return on Assets (%)	Return on Equity (%)	Earnings (P/E) TTM	Sales (P/S) TTM	Book (P/B) Q
						4,775	4,896	--		--			--					
-37.50	25.00	-54.55	0.00			0.00	--	0.00	-105.8	-0.28	-0.02	-475.9	-0.03			-1.5	-250.0	-0.2
-99.80	-99.80	-99.80				0.00	--	0.00	-105.8	-0.28	-0.02	-475.9	-0.03			0.0	-1.0	0.0
0.00	2.50	36.21				2,078	2,078	10.2	-1.7	-1.2	-0.05	-348.5	2.2	-7.43		-1,774.9	203.7	-1,339.9
18.95	10.50	23.99	321.61			968.5	936.5	547.7	28.1	17.5	1.36	11.2	15.7	5.79	7.52	54.7	1.8	3.4
19.56	13.29	25.58	-9.50			16.8	16.2	52.0	5.6	-8.6	-0.84	-501.3	-1.6	-5.82		-1.9	0.3	0.5
17.57	31.55	5.43	32.02	0.74	2.5	9,805	11,602	20,624	-25.4	226.0	1.38	-73.3	844.4			21.7	0.2	1.2
13.70	29.50	0.68	-2.32			9,805	11,602	20,624	-25.4	226.0	1.38	-73.3	844.4			42.9	0.5	2.3
1.32	1.47	-14.81	-34.22			804.2	1,757	797.5	-13.6	-34.7	-0.30	-375.0	255.7	3.43		-23.2	1.0	0.8
38.12	87.91	-8.18	154.89			240.1	268.7	96.3	60.2	-27.4	-1.01	-370.5	-17.8	-10.04		-8.0	2.5	4.2
100.00	0.00	-33.33	-33.33			5.2	6.9	--		-0.38	0.00	45.5	-0.40	-20.17		-16.7		-11.1
350.00	350.00	-10.00	34.33			5.2	6.9	--		-0.38	0.00	45.5	-0.40	-20.17		-15.0		-10.0
23.78	24.91	-14.40	-53.11	0.02	1.5	33.6	59.4	109.2	-12.9	1.6	0.05	122.7	10.2	0.53	2.21	28.5	0.4	0.6
15.79	25.02	-23.33	-62.11	0.02	1.6	33.6	59.4	109.2	-12.9	1.6	0.05	122.7	10.2	0.53	2.21	19.6	0.3	0.4
-60.00	-38.70	-82.80				1.7	0.13	0.08		-18.0	-1.77	-178.3	-11.6	-159.88		-0.1	21.9	4.5
-45.06	-67.93					18.2	6.8	--		-13.9	-2.50	-507.9	-4.0	-76.56		-0.7		1.5
83.32	52.49	-50.53		1.10	4.6	2,231	5,513	17,025	1.4	-1,467	-15.70	-1,028.3	869.0	0.95		-1.5	0.1	1.0
6.25	-52.78					0.29	-0.07	--		-0.15	-0.04		-0.01			-2.0		1.1
-11.95	-12.45	-17.65	-18.13			9.5	8.0	2.9	-35.6	0.10	0.00	-31.8	-0.11	-7.94	2.61	93.3	3.3	2.5
13.68	67.71	-17.62	-40.73			221.8	262.8	16.5	-4.1	-61.0	-1.34	29.0	-60.5	-42.07		-2.8	10.5	17.3
233.33	56.25	-45.05	-58.40			24.7	16.6	19.1	151.7	-18.1	-0.06	-250.9	-16.6			-1.7	1.7	4.0
11.27	31.42	22.28	217.14			142,345	143,003	9,552	24.1	2,682	5.39	43.3	4,053	10.35	28.45	54.4	15.2	14.5
-22.77	15.69	-72.69				21.5	16.3	5.0	458.7	-8.4	-0.12	67.8	-3.3	-46.14		-2.5	4.3	3.3
-2.92	-0.70	-27.30		0.14	2.3	4,541	14,284	4,708	7.7	-518.2	-0.69	-228.5	1,792	1.33		-8.8	1.0	1.1
-2.00	-3.84	-3.57	171.09			2,554	2,532	1,136	1.1	108.5	1.79	959.5	184.5	5.94	12.54	25.2	2.3	1.8
8.82	41.18	4.85	-8.78	0.36	2.4	721.9	616.6	552.3	-10.6	-7.8	-0.16	-221.1	18.9	-2.22		-93.2	1.3	1.6
-54.43	-33.96	-75.35	-83.52			140.1	-92.3	12.4	-38.3	-97.3	-1.23	-1.2	-59.4	-16.08		-1.4	11.3	1.2
-10.06	-2.33	12.45	-2.84	0.24	0.2	10,821	13,534	9,659	3.2	429.6	5.86	-13.8	861.6	4.58	12.11	25.9	1.1	3.1
-45.00	-15.38	-86.08	10.00			1.1	0.95	--		-0.30	-0.02	-52.5	-0.14	-19.54		-3.0		1.3
-13.00	-13.00	-17.92				22.1	38.9	134.6	-0.7	-6.5	-0.26	-1,508.8	-5.0	-6.87		-3.4	0.2	1.0
78.57	65.29	-37.50	33.33			13.9	19.6	--		-1.0	-0.01	-27.2	-0.85	-260.19		-13.8		-2.2
50.00	25.00	-24.62	0.00			10.0	10.1	0.02		-0.98	-0.02	-26.9	-0.35	-93.27		-9.9	750.0	22.1
14.56	36.89	28.55				2,853	4,765	1,578	3.5	1.3	0.01	-98.5	302.3	1.76	0.14	4,168.8	1.8	3.1
31.22	39.44	19.23	36.42	0.41	1.3	1,865	2,472	1,385	4.1	77.8	1.23	24.0	151.7	7.85	12.49	26.3	1.4	4.8
6.53	28.53	21.76	114.31	1.00	8.1	226.5	280.3	39.4	-1.9	42.2	2.16	70.9	6.0	1.43	46.06	5.7	5.8	2.2
16.64	32.12	-2.61	57.67			2,158	1,841	664.0	-7.4	115.9	2.97	-18.8	123.6	10.35	19.37	19.0	3.3	3.5
22.67	72.50	100.78	500.39			33,248	33,399	6,100	6.6	272.0	0.25	226.6	-93.0	5.95	21.73	124.0	5.5	18.6
-28.57	-4.56	-11.54	91.67			0.26	0.44	0.04	-0.8	0.01	0.00	22.2	0.02	1.79	2.58	34.9	6.9	0.9
-60.00	-65.00	-78.46	-76.67			2.2	0.88	--		-0.03	0.00	100.3	-0.97	-234.87		700.0		3.7
-93.98	-95.77	-97.72	-97.92			2.2	0.88	--		-0.03	0.00	100.3	-0.97	-234.87		50.0		0.3
113.33	201.89	540.00	113.33			8.8	8.8	--		-0.07	0.00	25.0	-0.08	-69.01		-106.7		-40.0
-15.02	-1.30	-33.92				687.0	1,016	1,471	0.9	74.8	2.45	-41.4	171.4	5.71	18.5	9.9	0.5	1.7
1.69	74.00	74.00	9.43			1.9	3.9	3.2	29.1	0.33	0.01	134.1	0.07	15.74		6.6	0.6	-4.5
-25.96	-16.30	-53.61	-10.47			46.5	42.7	--		-4.4	-0.03	56.7	-3.4	-4.65		-12.9		1.3
-24.34	-11.73	-51.99				46.5	42.7	--		-4.4	-0.03	56.7	-3.4	-4.65		-9.8		0.9
-27.93	-15.34	-61.35	-77.34			227.9	443.1	184.8	9.6	0.95	0.00	-100.9	109.3	0.53	0.09	-727.3	1.7	0.3
-25.15	-10.83	-61.27	-77.49			227.9	443.1	184.8	9.6	0.95	0.00	-100.9	109.3	0.53	0.09	-554.6	1.3	0.2
-53.65	-2.32	-70.47				3.3	3.6	0.44	28.4	-5.2	-0.02	-73.4	-0.54	-31.19		-0.5	6.4	0.5
-68.75	-11.76	-90.26				2.6	6.3	0.16	162.6	-1.6	-0.10	-105.6	-1.3	-221		-1.6	15.3	-0.6
37.18	37.18	29.98	84.74			5,276	4,162	2,593	55.0	530.0	2.68	309.8	461.1	13.7	34.59	10.0	2.0	3.0
15.06	27.08	21.90	133.76			5,276	4,162	2,593	55.0	530.0	2.68	309.8	461.1	13.7	34.59	9.6	2.0	2.9
2.90	-16.12	-73.09	-99.74			787.8	1,913	520.4	-15.8	1,515	-907.11	90.1	137.0	0.06		0.0	1.5	3.8

I. Index of Stocks

Summer 2019

Company Name	Stock Ticker Symbol	Traded On	Sector	Overall Rating	Recommendation	Reward Rating	Risk Rating	Recent Up/Downgrade	Stock Price as of 6/30/2019	52-Week High	52-Week Low	3-Year Beta	Growth	Efficiency	Solvency	Volatility	Dividend	Total Return
ADVANZ PHARMA Corp.	ADVZ.TO	TSX	Health Care	D-	Sell	D	E+		21.14	85.50	16.08	0.35	W	W	G	V	--	V
Advanzeon Solutions, Inc.	CHCR	OTC PK	Health Care	D+	Sell	D+	D		0.26	0.27	0.05	3.45	W	W	E	W	--	F
Advaxis, Inc.	ADXS	NAS GS	Health Care	D-	Sell	E+	D-	Up	2.10	24.60	2.03	4.13	F	V	E	W	--	V
Advent-AWI Holdings Inc.	AVDWF	OTC PK	Consumer Discretn	C	Hold	C+	C-	Up	0.79	0.79	0.79	-0.21	F	G	E	F	--	W
Advent-AWI Holdings Inc.	AWI.V	TSXV	Consumer Discretn	C	Hold	C+	C-	Up	1.06	1.18	0.87	-0.08	F	G	E	F	--	W
Adventus Mining Corporation	ADVZF	OTC PK	Materials	D-	Sell	D+	D	Up	0.76	0.90	0.48		F	W	E	W	--	W
Adventus Mining Corporation	ADZN.V	TSXV	Materials	D+	Sell	C-	D	Up	0.99	1.16	0.66	0.14	F	W	E	W	--	F
Adverum Biotechnologies, Inc.	ADVM	NAS	Health Care	D	Sell	D	D		11.00	12.10	2.62	2.12	W	V	E	W	--	E
Adya Inc.	ADYA.V	TSXV	Communication Svc	E+	Sell	E	D-	Down	0.01	0.04	0.01	4.34	V	V	G	W	--	V
AECOM	ACM	NYSE	Industrials	C+	Hold	B-	C	Up	37.42	37.58	24.83	1.83	G	G	E	F	--	W
Aecon Group Inc.	ARE.TO	TSX	Industrials	B-	Buy	B	C	Up	18.96	19.79	14.92	0.23	G	G	E	F	F	F
Aecon Group Inc.	AEGXF	OTC PK	Industrials	C	Hold	B+	C-		14.61	15.00	11.43	0.54	G	G	E	F	G	F
Aegion Corporation	AEGN	NAS GS	Industrials	D	Sell	D	D-		17.77	26.80	14.12	2.26	W	F	E	W	--	W
Aeglea Biotherapeutics, Inc.	AGLE	NAS	Health Care	D	Sell	D-	D		6.41	11.37	5.99	0.85	W	V	E	W	--	W
AEGON N.V.	AEG	NYSE	Financials	C-	Hold	C+	D	Down	4.92	6.81	4.42	1.15	W	G	E	W	E	W
AEGON N.V.	AEGOF	OTC PK	Financials	C-	Hold	C+	D	Down	4.60	6.90	4.5	1.15	W	G	E	W	E	W
Aehr Test Systems	AEHR	NAS CM	Information Tech	D	Sell	D	D		1.58	2.82	1.03	1.21	W	V	E	W	--	W
Aemetis, Inc.	AMTX	NAS	Energy	D	Sell	D-	D		0.88	2.40	0.42	-0.99	W	V	F	W	--	W
AEON Global Health Corp.	AGHC	OTC PK	Health Care	E+	Sell	E+	D-	Down	0.28	1.04	0.16	2.05	W	V	F	W	--	W
Aequus Pharmaceuticals Inc.	AQSZF	OTC PK	Health Care	D-	Sell	E+	D-		0.12	0.18	0.09	1.60	G	V	G	W	--	W
Aequus Pharmaceuticals Inc.	AQS.V	TSXV	Health Care	D-	Sell	E+	D-		0.16	0.25	0.12	1.68	G	V	G	W	--	W
AerCap Holdings N.V.	AER	NYSE	Industrials	C+	Hold	B	C	Up	50.93	58.30	36.16	1.72	G	G	G	F	--	F
Aerie Pharmaceuticals, Inc.	AERI	NAS	Health Care	D-	Sell	E+	D		29.03	74.75	28.81	0.51	W	V	E	W	--	W
Aerkomm Inc.	AKOM	OTC PK	Communication Svc	D-	Sell	D-	D-		3.96	35.20	2	0.31	W	V	E	W	--	V
AeroCentury Corp.	ACY	AMEX	Industrials	D	Sell	D	D		7.33	17.15	7.16	1.12	W	W	G	W	--	W
Aerogrow International, Inc.	AERO	OTC PK	Consumer Discretn	D	Sell	D	D-		1.69	3.40	1.12	1.30	W	W	E	W	--	W
Aerohive Networks, Inc.	HIVE	NYSE	Information Tech	D-	Sell	E+	D-		4.46	5.18	3.12	1.10	W	V	G	W	--	W
Aerojet Rocketdyne Holdings, Inc.	AJRD	NYSE	Industrials	B	Buy	B	C+	Up	43.18	43.22	27.69	0.04	G	G	E	F	--	G
AeroVironment, Inc.	AVAV	NAS GS	Industrials	C	Hold	B	D+		55.48	121.32	54.61	0.83	G	G	E	W	--	F
Aerpio Pharmaceuticals, Inc.	ARPO	NAS CM	Health Care	D-	Sell	E+	D-	Down	0.90	4.35	0.86		W	V	E	W	--	V
Aeterna Zentaris Inc.	AEZS.TO	TSX	Health Care	D	Sell	D	D	Down	3.71	7.43	1.68	0.85	V	W	G	W	--	F
Aeterna Zentaris Inc.	AEZS	NAS CM	Health Care	D	Sell	D	D	Down	2.83	5.57	1.29	1.16	V	W	G	W	--	F
Aethlon Medical, Inc.	AEMD	NAS CM	Health Care	D-	Sell	E+	D-		0.35	1.74	0.3	0.23	W	V	E	W	--	V
Aethon Minerals Corp.	AET.V	TSXV	Materials	D	Sell	D	D		0.15	0.50	0.11	1.72	W	W	E	W	--	F
Aevi Genomic Medicine, Inc.	GNMX	NAS	Health Care	E+	Sell	E+	D-	Down	0.18	1.40	0.15	1.54	F	V	G	W	--	V
AEX Gold Inc.	AEX.V	TSXV	Materials	D	Sell	D	D-	Up	0.29	0.53	0.24		W		G	W	--	W
AF1 Capital Corp.	AFCP.V	TSXV	Financials	E-	Sell	D-	D		0.13	0.24	0.12		V	W	E	W	--	V
Affiliated Managers Group, Inc.	AMG	NYSE	Financials	D	Sell	C-	D-	Down	91.41	163.55	83.1	1.67	W	G	E	W	W	W
Affimed N.V.	AFMD	NAS	Health Care	D	Sell	D+	D	Up	2.83	7.35	1.4	2.21	F	V	E	W	--	F
Affinity Metals Corp.	AFF.V	TSXV	Materials	D	Sell	D	D	Up	0.10	0.15	0.06	0.26	W	V	G	W	--	F
Affinity Metals Corp.	ARIZF	OTC PK	Materials	D	Sell	D	D		0.04	0.07	0.04	0.65	W	V	G	W	--	W
AFG Holdings, Inc.	AFGL	NYSE	Energy	U		U	U						U	U	U	U	U	U
Aflac Incorporated	AFL	NYSE	Financials	A-	Buy	A-	A-	Up	54.55	55.67	41.45	0.46	E	E	E	E	F	F
Africa Energy Corp.	AFE.V	TSXV	Energy	D	Sell	D	D		0.22	0.33	0.15	-0.19	V	V	E	W	--	F
Africa Energy Corp.	HPMCF	OTC PK	Energy	D	Sell	D	D	Down	0.19	0.23	0.11	1.89	V	V	E	W	--	F
Africa Oil Corp.	AOIFF	OTC PK	Energy	D	Sell	D	D		1.01	1.27	0.72	1.53	W	W	E	W	--	W
Africa Oil Corp.	AOI.TO	TSX	Energy	D	Sell	D	D		1.31	1.64	1.02	1.16	W	W	E	W	--	W
African Gold Group, Inc.	AGGFF	OTC PK	Materials	D	Sell	D	D	Up	0.13	0.26	0.02	-3.26	W	W	G	W	--	V
African Gold Group, Inc.	AGG.V	TSXV	Materials	D	Sell	D	D		0.20	0.30	0.08	-0.13	W	W	G	W	--	W
Aftermaster, Inc.	AFTM	OTC PK	Consumer Discretn	D	Sell	C-	D-	Up	0.02	0.08	0.01	-3.77	W	G	F	W	--	V
Aftermath Silver Ltd.	FLMZF	OTC PK	Materials	C-	Hold	C+	D		0.08	0.14	0.05	540.70	W	E	F	W	--	F
Aftermath Silver Ltd.	AAGH.V	TSXV	Materials	C-	Hold	C+	D		0.10	0.20	0.05	3.19	W	E	F	W	--	F

*Ratings Factors: E=Excellent, G=Good, F=Fair, W=Weak, V=Very Weak, U=Unrated

I. Index of Stocks

Summer 2019

TOTAL RETURNS %				DIVIDEND/YIELD		SIZE		REVENUE & INCOME			EARNINGS		EFFECTIVENESS			VALUATION		
3-Month Total Return (%)	6-Month Total Return (%)	1-Year Total Return (%)	3-Year Total Return (%)	Dividend $ TTM	Dividend Yield TTM	Market Cap. ($Mil)	Enterprise Value ($Mil)	Revenue ($Mil)	Revenue Growth (%)	Net Income ($Mil)	Earnings/ Share $	EPS Growth (%)	Cash from Operations ($Mil)	Return on Assets (%)	Return on Equity (%)	Earnings (P/E) TTM	Sales (P/S) TTM	Book (P/B) Q
-0.42	-18.75	-73.41	-99.73			787.8	1,913	520.4	-15.8	1,515	-907.11	90.1	137.0	0.06		0.0	2.0	5.0
225.22	226.86	125.96	336.72			17.5	28.7	0.41	-33.5	5.1	0.08	177.8	-1.8	-152.02		3.4	42.6	-0.7
-63.64	-24.65	-90.54	-98.34			16.8	-16.9	23.1	168.5	-29.2	-7.43	77.0	-51.1	-31.58		-0.3	0.5	0.4
-10.19	-10.19	-10.19	6.82	0.04	4.8	9.6	-2.0	7.8	-33.1	1.5	0.12	50.8	2.8	-4.51	11.3	6.4	1.2	0.7
10.42	17.78	6.27	15.52	0.05	4.7	9.6	-2.0	7.8	-33.1	1.5	0.12	50.8	2.8	-4.51	11.3	8.5	1.6	0.9
5.41	38.72					65.0	63.5	--		-1.8	-0.03	57.4	-0.99	-10.02		-29.8		2.6
3.12	26.92	10.00				65.0	63.5	--		-1.8	-0.03	57.4	-0.99	-10.02		-38.8		3.4
117.39	243.75	105.61	236.39			701.6	538.0	1.4	-12.9	-69.9	-1.12	7.4	-54.2	-17.16		-9.9	497.7	3.7
-60.00	0.00	-71.43	-83.33			0.36	1.8	6.2	-22.8	-0.17	0.00	18.2	-0.10	-3.7		-2.8	0.1	-0.3
26.80	42.55	14.09	23.99			5,888	9,148	20,531	7.4	274.3	1.70	50.7	510.8	2.55	7.83	22.0	0.3	1.4
9.71	10.48	26.35	21.60	0.54	2.9	876.4	957.3	2,573	23.4	52.4	0.79	158.5	297.4	1.98	8.91	24.0	0.5	1.9
10.69	16.76	29.86	18.55	0.41	2.8	876.4	957.3	2,573	23.4	52.4	0.79	158.5	297.4	1.98	8.91	18.5	0.3	1.5
5.09	9.42	-29.48	-4.26			557.0	891.4	1,286	-5.4	1.00	0.02	100.8	31.8	3.29	0.12	920.7	0.4	1.3
-19.37	-16.43	-38.78	17.61			184.9	62.0	2.4	-58.5	-53.4	-2.21	-21.1	-40.6	-38.47		-2.9	78.3	1.6
6.53	10.47	-11.28	41.69	0.28	5.7	10,154	18,971	21,736	-65.3	846.9	0.35	-72.0	538.6	0.16	3.1	14.1	0.5	0.4
-4.96	-2.13	-23.10	18.86			10,154	18,971	21,736	-65.3	846.9	0.35	-72.0	538.6	0.16	3.1	13.2	0.4	0.4
14.08	9.72	-32.48	-4.24			35.6	29.4	21.1	-27.2	-5.2	-0.23	-714.6	-3.0	-9.29		-6.8	1.7	2.4
1.15	54.14	-41.33	-64.08			17.9	205.8	170.4	5.4	-32.4	-1.60	1.4	-7.6	-9.08		-0.6	0.1	-0.2
-7.33	-20.57	-70.74	-91.03			2.8	5.4	13.2	-20.7	-3.0	-0.47	88.8	0.06	-9.59		-0.6	0.2	2.4
-22.12	21.23	-23.00	-60.68			9.5	9.6	1.0	8.7	-2.1	-0.03	33.5	-1.5	-80.8		-4.7	9.6	13.0
-24.39	3.33	-24.39	-61.25			9.5	9.6	1.0	8.7	-2.1	-0.03	33.5	-1.5	-80.8		-5.8	12.0	16.3
11.06	29.07	-5.72	58.46			7,110	35,657	4,786	-3.8	984.4	6.79	1.7	2,848	3.46	11.34	7.5	1.5	0.8
-35.94	-18.27	-56.80	63.37			1,333	1,201	35.0		-239.8	-5.56	-27.2	-160.4	-41.49		-5.2	37.5	6.9
-60.20	-71.61	-86.34				36.6	37.4	1.7		-7.0	-0.78	16.4	-7.4			-5.1	21.0	0.9
-37.88	-19.37	-51.93	-19.98			11.3	136.0	30.0	-13.5	-9.7	-6.56	-231.7	17.3	2.67		-1.1	0.4	0.3
2.42	-23.87	-35.00	9.66			58.0	56.4	34.4	6.4	-0.29	-0.01	-539.1	-4.9	0.02		-167.3	1.7	4.7
0.00	36.39	9.58	-31.07			255.9	198.3	152.2	-0.6	-19.7	-0.35	6.3	7.4	-8.91		-12.6	1.6	19.5
23.51	24.47	46.27	143.27			3,344	3,340	1,896	-3.5	162.0	2.03	6,373.7	330.4	5.15	50.99	21.3	1.8	7.1
-18.96	-17.89	-19.35	94.67			1,316	992.6	343.7	27.1	60.1	2.51	88.9	40.7	4.86	9.61	22.1	3.9	2.9
-6.65	-47.49	-78.57				36.4	-16.4	20.2		-11.5	-0.36	59.5	-8.4	-22.47		-2.5	1.8	0.7
-32.79	-8.62	40.00	-9.73			46.5	36.7	2.3	-91.1	-15.1	-0.92	-1,963.7	-12.9	-25.83		-4.0	27.0	-17.1
-31.48	-4.71	42.93	-11.56			46.5	36.7	2.3	-91.1	-15.1	-0.92	-1,963.7	-12.9	-25.83		-3.1	20.6	-13.1
-64.11	-77.10	-72.57	-93.78			6.6	2.6	0.22	200.0	-5.9	-0.33	48.7	-3.9	-60.2		-1.0	28.1	2.0
15.38	7.14	-70.00	-66.67			3.2	0.30	--		-1.2	-0.07	71.5	-1.2			-2.1		0.5
-12.45	-73.94	-83.79	-96.68			11.3	4.4	--		-26.9	-0.43	40.4	-24.5	-96.56		-0.4		3.1
3.57	-21.62	-27.50				12.8	12.2	--		-2.8	-0.05	40.9	-2.5	-132.14		-5.8		18.1
-30.56						0.29	0.07	--		-0.07	-0.02		-0.05			-5.6		1.8
-13.72	-4.17	-38.96	-31.76	1.24	1.4	4,680	7,720	2,309	-2.7	-110.2	-2.53	-119.9	917.7	5.71	3.55	-36.1	2.1	1.5
-30.47	-9.00	68.96	12.30			176.7	75.2	39.4	1,337.9	-11.4	-0.18	76.2	48.5	-8.9		-15.7	4.5	3.7
26.67	58.33	-20.83	35.71			1.8	1.8	--		-0.16	-0.01	20.0	-0.01	-19.15		-14.8		9.6
-32.63	-33.68	-33.68	40.00			1.8	1.8	--		-0.16	-0.01	20.0	-0.01	-19.15		-5.9		3.8
						--	--	170.5	146.2	7.7	0.77	186.8	4.2					
10.33	22.66	29.06	69.59	1.06	1.9	40,665	44,643	21,949	0.6	3,130	4.08	-31.8	6,320	1.9	12.44	13.4	1.9	1.6
-13.73	12.82	37.50	62.96			114.6	110.9	--		-14.3	-0.02	-65.4	-4.1	-13.05		-10.2		3.5
-3.39	54.81	50.65	71.14			114.6	110.9	--		-14.3	-0.02	-65.4	-4.1	-13.05		-8.6		3.0
21.72	28.59	18.29	-27.41			470.3	109.2	--		-65.9	-0.14	-1,790.7	-0.76	-3.74		-7.1		0.5
16.96	22.43	14.91	-27.62			470.3	109.2	--		-65.9	-0.14	-1,790.7	-0.76	-3.74		-9.2		0.7
158.90	37.35	-25.03	-73.54			7.1	7.1	--		-2.3	-0.05	34.9	-0.65	-8.08		-2.8		0.3
73.33	30.00	-25.71	-67.50			7.1	7.1	--		-2.3	-0.05	34.9	-0.65	-8.08		-4.0		0.4
0.00	0.00	-51.22	-95.23			4.9	10.2	1.4	-0.3	-13.6	-0.08	-156.7	-2.4	-298.85		-0.3	2.7	-0.3
21.18	42.59	9.84	670.00			2.1	2.1	--		-0.49	-0.02	45.2	-0.32	-186.85		-4.1		-6.1
5.56	46.15	-5.00	90.00			2.1	2.1	--		-0.49	-0.02	45.2	-0.32	-186.85		-5.1		-7.5

I. Index of Stocks

Summer 2019

Company Name	Stock Ticker Symbol	Traded On	Sector	Overall Rating	Recommendation	Reward Rating	Risk Rating	Recent Up/Downgrade	Stock Price as of 6/30/2019	52-Week High	52-Week Low	3-Year Beta	Growth	Efficiency	Solvency	Volatility	Dividend	Total Return
Ag Growth International Inc.	AGGZF	OTC PK	Industrials	C	Hold	B	C		42.25	50.56	33.6	1.39	F	G	G	F	G	F
Ag Growth International Inc.	AFN.TO	TSX	Industrials	C+	Hold	B	C	Up	54.32	64.72	43.76	1.03	F	G	G	F	G	F
AG Mortgage Investment Trust, Inc.	MITT	NYSE	Financials	C	Hold	C+	D+		15.78	19.60	15.25	0.85	W	G	E	W	E	W
AGCO Corporation	AGCO	NYSE	Industrials	B	Buy	B+	C	Up	77.85	78.32	49.5	1.14	G	E	G	F	W	F
AgEagle Aerial Systems, Inc.	UAVS	AMEX	Industrials	D	Sell	D+	E+	Up	0.29	2.30	0.26		W	F	E	V	–	V
Agent Information Software, Inc.	AIFS	OTC PK	Information Tech	C	Hold	B	C-		2.30	2.80	0.8	-0.18	F	G	G	F	–	E
Agenus Inc.	AGEN	NAS CM	Health Care	C-	Hold	C+	D	Up	2.95	3.88	1.54	1.68	G	G	G	W	–	W
AgeX Therapeutics, Inc.	AGE	AMEX	Health Care	E	Sell	E+	D		3.66	5.95	1.13		W	V	E	W	–	W
AGF Management Limited	AGFB.TO	TSX	Financials	C	Hold	B-	D		5.08	7.04	4.27	0.70	E	E	E	W	E	W
AGF Management Limited	AGFMF	OTC PK	Financials	C	Hold	B-	D		4.00	5.18	3.33	1.13	G	E	E	W	E	W
Agile Therapeutics, Inc.	AGRX	NAS CM	Health Care	D-	Sell	E+	D		1.41	1.70	0.23	-0.66	F	V	E	W	–	W
Agilent Technologies, Inc.	A	NYSE	Health Care	B	Buy	B+	B	Up	73.19	82.27	60.42	1.33	E	E	E	G	W	F
Agility Health, Inc.	AGHEF	OTC PK	Health Care	D	Sell	C-	D-		0.01	0.04	0.01	3.33	F	G	F	W	–	V
Agility Health, Inc.	AHIH.V	TSXV	Health Care	D	Sell	C-	D-		0.01	0.12	0.01	1.60	F	G	F	W	–	V
Agilysys, Inc.	AGYS	NAS GS	Information Tech	C-	Hold	C	D	Down	21.40	22.98	13.32	0.67	W	W	E	F	–	E
Agios Pharmaceuticals, Inc.	AGIO	NAS GS	Health Care	D-	Sell	E+	D		49.67	94.39	41.63	2.23	F	V	E	W	–	W
AgJunction Inc.	AJXGF	OTC PK	Information Tech	C-	Hold	C-	D+		0.45	0.72	0.45	-0.90	F	F	E	W	–	F
AgJunction Inc.	AJX.TO	TSX	Information Tech	C-	Hold	C-	D+		0.57	0.93	0.57	-0.57	F	F	E	W	–	F
AGM Group Holdings Inc.	AGMH	NAS CM	Financials	D-	Sell	D	D-		17.90	52.00	12.34		W	W	E	W	–	W
AGNC Investment Corp.	AGNC	NAS GS	Financials	C-	Hold	C	D	Up	16.69	19.72	16.19	0.16	W	G	G	E	E	W
Agnico Eagle Mines Limited	AEM.TO	TSX	Materials	D+	Sell	C-	D		66.66	69.13	42.35	-0.57	W	F	E	W	W	F
Agnico Eagle Mines Limited	AEM	NYSE	Materials	D+	Sell	C-	D		50.84	52.50	32.18	-0.27	W	F	E	W	W	W
Agora Holdings, Inc.	AGHI	OTC PK	Information Tech	D	Sell	C-	D-		0.04	0.30	0.03	-2.85	W	E	F	W	–	V
Agree Realty Corporation	ADC	NYSE	Real Estate	B	Buy	B+	B-		63.83	70.26	50.72	0.03	G	E	E	G	G	F
Agrios Global Holdings Ltd.	AGGHF	OTC PK	Consumer Staples	E-	Sell	D	D		0.32	0.53	0.1		W	W	E	F	–	W
Agritek Holdings, Inc.	AGTK	OTC PK	Consumer Discretn	D	Sell	C	D-	Down	0.26	2.84	0.23	-6.98	F	E	F	W	–	V
AgroFresh Solutions, Inc.	AGFS	NAS GS	Materials	D	Sell	D	D-		1.46	7.25	1.44	0.27	W	W	G	W	–	V
Aguila American Gold Limited	AGL.V	TSXV	Materials	D	Sell	D	D		0.21	0.28	0.17	0.73	V	W	F	W	–	W
Aguila American Gold Limited	AGLAF	OTC PK	Materials	E+	Sell	D-	E+		0.11	0.11	0.11	-0.71	V	W	F	V	–	V
AIB Group PLC	AIBRF	OTC PK	Financials	D+	Sell	C	D-		4.32	5.85	3.97		F	E	E	W	–	W
AIFUL Corporation	AIFLY	OTC PK	Financials	D	Sell	C-	D	Down	1.22	1.48	1.22	-0.06	F	F	E	W	–	W
Aileron Therapeutics, Inc.	ALRN	NAS	Health Care	D-	Sell	E+	D-		0.72	5.57	0.52	2.78	W	V	G	W	–	W
Aim Exploration Inc.	AEXE	OTC PK	Materials	D+	Sell	C	D	Up	0.00	0.00	0	4.00	W	E	F	W	–	W
AIM3 Ventures Inc.	AIMCP.V	TSXV	Financials	E	Sell	D	D		0.16	0.19	0.1		W	W	E	W	–	W
Aimia Inc.	AIM.TO	TSX	Communication Svc	D	Sell	D+	D		3.65	4.60	2.11	1.79	W	W	G	W	–	W
Aimia Inc.	GAPFF	OTC PK	Communication Svc	D	Sell	D+	D		2.81	3.55	1.65	2.19	W	W	G	W	–	W
Aimmune Therapeutics, Inc.	AIMT	NAS GS	Health Care	D-	Sell	D-	D-		19.92	36.12	19.25	0.47	V	V	E	W	–	F
Air Canada	AC.TO	TSX	Industrials	B	Buy	B+	B-	Up	40.60	41.47	20.33	0.10	G	G	G	G	–	E
Air France-KLM SA	AFLYY	OTC PK	Industrials	C-	Hold	C	D+		9.37	14.95	7.78	1.25	W	G	F	W	–	F
Air France-KLM SA	AFRAF	OTC PK	Industrials	C	Hold	C	D+	Up	9.00	11.75	8.35	0.96	W	G	F	W	–	F
Air Industries Group	AIRI	AMEX	Industrials	D	Sell	D	D		1.02	1.85	0.7	1.67	F	W	F	W	–	W
Air Lease Corporation	AL	NYSE	Industrials	C+	Hold	B	C-	Up	40.63	47.34	28.13	2.02	E	G	G	F	W	F
Air Products and Chemicals, Inc.	APD	NYSE	Materials	B+	Buy	A-	B	Up	223.50	225.35	148.44	0.77	E	E	E	G	F	F
Air T, Inc.	AIRT	NAS	Industrials	D	Sell	D+	D		17.30	29.53	14.95	1.40	W	F	G	W	–	W
Air Transport Services Group, Inc.	ATSG	NAS GS	Industrials	B-	Buy	B	C	Up	23.62	25.82	17.06	0.34	E	G	G	F	–	F
Airborne Wireless Network	ABWN	OTC PK	Communication Svc	D	Sell	D	D		0.00	204.20	0	2.07	F	W	F	W	–	V
Airboss of America Corp.	BOS.TO	TSX	Materials	D+	Sell	C	D		8.09	16.06	7.55	-0.30	F	E	E	W	–	W
Airboss of America Corp.	ABSSF	OTC PK	Materials	D+	Sell	C	D		6.21	12.01	5.71	0.01	F	E	E	W	–	W
Aircastle Limited	AYR	NYSE	Industrials	C	Hold	B-	C-		21.02	22.27	15.75	1.30	G	G	E	F	G	W
Airgain, Inc.	AIRG	NAS CM	Information Tech	D+	Sell	C-	D	Up	14.05	17.25	8.34	1.95	W	F	E	W	–	F
AirIQ Inc.	IQ.V	TSXV	Information Tech	C	Hold	C	C		0.18	0.19	0.13	0.09	W	E	G	F	–	F
AirIQ Inc.	AILQF	OTC PK	Information Tech	C	Hold	C+	C		0.15	0.15	0.1	-0.24	W	E	G	F	–	F

*Ratings Factors: E=Excellent, G=Good, F=Fair, W=Weak, V=Very Weak, U=Unrated

Summer 2019 — I. Index of Stocks

3-Month Total Return (%)	6-Month Total Return (%)	1-Year Total Return (%)	3-Year Total Return (%)	Dividend $ TTM	Dividend Yield TTM	Market Cap. ($Mil)	Enterprise Value ($Mil)	Revenue ($Mil)	Revenue Growth (%)	Net Income ($Mil)	Earnings/Share $	EPS Growth (%)	Cash from Operations ($Mil)	Return on Assets (%)	Return on Equity (%)	Earnings (P/E) TTM	Sales (P/S) TTM	Book (P/B) Q
-7.70	24.28	6.28	53.81	1.69	4.0	771.7	1,313	712.0	12.3	26.7	1.24	2.4	21.1	5.13	9.57	34.0	1.1	2.5
-11.83	20.28	2.07	56.20	2.40	4.4	771.7	1,313	712.0	12.3	26.7	1.24	2.4	21.1	5.13	9.57	43.8	1.4	3.2
-6.68	0.23	-9.01	52.63	2.00	12.7	516.2	--	45.5	-59.4	22.5	0.26	-91.7	62.9		3.13	60.2	10.6	0.9
13.25	43.03	29.96	73.59	0.61	0.8	5,978	7,837	9,340	7.5	326.3	4.13	50.0	627.3	4	10.57	18.9	0.7	2.0
-29.14	-48.41	-84.10				4.4	2.2	0.12	13.3	-2.4	-0.24	-27.0	-1.4	-27.23		-1.2	31.1	0.7
142.11	183.95	167.44	460.98			9.8	7.8	2.6	-30.4	0.33	0.06	-11.0	1.0			38.6	4.6	3.4
3.15	23.43	27.71	-23.97			396.1	289.3	115.0	555.2	-87.0	-0.80	49.3	-14.3	-19.73		-3.7	3.8	-3.4
-13.06	26.64					137.7	129.8	1.5	12.3	-10.4	-0.29	-115.3	-8.6	-58.91		-12.5	85.7	14.8
-5.14	9.24	-21.29	20.02	0.32	6.3	304.9	389.1	333.1	-6.6	35.8	0.44	-33.7	47.8	3.78	5.06	11.5	1.3	0.6
-0.11	23.80	-18.85	18.96	0.24	6.1	304.9	389.1	333.1	-6.6	35.8	0.44	-33.7	47.8	3.78	5.06	9.0	1.0	0.5
-8.44	129.42	166.04	-80.97			61.7	50.4	--		-17.6	-0.50		41.8	-16.1	-29.28	-2.8		2.5
-7.98	11.18	20.50	74.65	0.63	0.9	23,128	22,771	5,019	6.3	1,117	3.47	379.8	1,034	6.94	22.93	21.1	4.7	4.5
-75.00	-66.89	-61.54	-97.56			1.1	6.2	26.0	22.6	17.3	0.12	283.6	2.9	-5.5		0.0	0.0	-0.9
-33.33	-33.33	-71.43	-96.49			1.1	6.2	26.0	22.6	17.3	0.12	283.6	2.9	-5.5		0.1	0.1	-1.8
3.13	46.68	39.50	108.78			496.4	455.7	140.8	10.6	-13.2	-0.57	-55.5	7.2	-4.59		-37.5	3.5	4.9
-24.10	9.65	-40.03	13.18			2,916	2,467	115.9	180.8	-348.3	-5.99	12.0	-308.7	-24.56		-8.3	25.1	4.7
-8.52	-22.24	-31.22	-12.33			51.7	32.9	62.8	30.8	2.6	0.01	127.5	4.8	-1.1	7.63	30.0	0.9	1.5
-14.93	-27.85	-35.23	-14.93			51.7	32.9	62.8	30.8	2.6	0.01	127.5	4.8	-1.1	7.63	38.3	1.2	1.9
-7.25	-36.19	-26.19				381.6	375.0	0.96	-92.3	-3.3	-0.16	-210.4	5.3			-112.7	398.7	66.7
-5.86	-1.06	-0.84	18.73	2.12	12.7	8,953	--	71.0	-94.0	-30.0	0.00	-99.9	1,154			8,784.2	126.3	0.9
14.39	21.91	14.00	0.76	0.47	0.7	11,905	13,444	2,145	-5.7	-334.6	-1.44	-261.4	546.6	0.78		-46.4	7.3	3.4
17.14	26.98	15.46	0.18	0.47	0.9	11,905	13,444	2,145	-5.7	-334.6	-1.44	-261.4	546.6	0.78		-35.4	5.6	2.6
-48.24	-68.08	-83.19	-96.65			2.4	2.4	0.02	21.8	-7.2	-0.30	-257.3	-0.01	-59,065.14		-0.1	95.8	-6.7
-9.01	8.61	24.29	52.05	2.22	3.5	2,443	3,194	156.1	27.6	60.1	1.75	-15.4	98.9	2.74	5.51	36.5	15.7	1.9
-30.65						29.4	28.3	2.5		-4.7	-0.07	-169.1	-3.3			-4.8	9.3	1.2
-37.50	-68.29	-90.08	-48.00			1.7	2.7	0.00	-93.4	-4.2	-0.93	48.8	-1.1	-78.73		-0.3	520.0	-0.6
-56.68	-62.08	-79.14	-71.15			75.1	457.6	179.4	5.7	-29.7	-0.60	-233.4	8.6	0.67		-2.5	0.4	0.2
27.27	13.51	16.67	-73.75			0.44	0.43	--		0.10	0.04	111.2	-0.05	-239.67		5.1		-2.0
-85.72	-85.72	-85.72	-77.06			0.44	0.43	--		0.10	0.04	111.2	-0.05	-239.67		2.8		-1.1
2.13	4.10	-20.00				11,195	--	3,627	3.1	1,301	0.48	4.1	-214.2		8.16	9.0	3.2	0.7
0.00	-17.57	-28.65	-24.22			961.5	4,550	1,138	28.8	72.7	0.15	-4.5	-508.1	0.24	6.4	8.1	0.5	0.5
-61.70	-16.54	-86.59				19.2	11.3	--		-31.2	-2.11	83.0	-28.5	-57.62		-0.3		0.8
100.00	0.00	-33.33	-99.78			0.29	1.7	--		-1.1	0.00	91.3	-0.42	-37.35		-0.2		-0.2
0.00	40.91					0.90	--	--		-0.12	-0.02		-0.02			-7.6		2.0
-5.19	61.58	171.03	-11.57			326.6	64.4	-145.7	-32.1	717.2	4.62	425.5	39.5	-2.9		0.8	-3.8	1.1
-1.75	5.24	70.30	-90.98			326.6	64.4	-145.7	-32.1	717.2	4.62	425.5	39.5	-2.9		0.6	-2.9	0.8
-9.62	-16.37	-27.14	83.09			1,245	1,013	--		-215.5	-3.62	-20.3	-175.2	-39		-5.5		4.9
26.36	60.28	95.29	382.19			8,294	11,205	14,067	8.0	518.2	1.87	-64.3	3,558	3.45	20.63	21.7	0.8	4.4
-17.95	-11.98	17.12	48.26			4,006	11,778	30,939	1.3	432.9	0.87	-39.7	4,145	2.46	17.26	10.8	0.1	1.9
-22.41	-12.62	3.45	44.00			4,006	11,778	30,939	1.3	432.9	0.87	-39.7	4,145	2.46	17.26	10.3	0.1	1.8
-17.07	39.73	-41.71	-77.73			29.3	58.9	48.3	5.8	-10.4	-0.38	76.7	-2.3	-2.98		-2.7	0.6	2.7
19.86	37.68	-0.69	65.15	0.49	1.2	4,515	16,099	1,765	14.8	538.3	4.83	-31.4	1,269	3.69	11.45	8.4	2.6	0.9
17.63	40.16	46.35	90.11	4.46	2.0	49,200	50,589	8,970	3.1	1,696	7.67	48.1	2,721	6.78	15.27	29.2	5.5	4.4
-14.41	7.99	-22.88	9.73			52.5	116.3	227.3	23.0	0.35	0.10	-67.5	-7.3	4.75	11.62	173.0	0.2	2.3
7.12	8.00	4.61	89.57			1,391	2,799	1,037	0.4	76.1	0.62	263.3	336.6	4.15	18.72	38.1	1.4	3.6
0.00	0.00	-100.00	-100.00			0.42	2.1	--		-42.6	-133.00		-9.7	-4,353.08		0.0		0.0
-0.98	-4.23	-46.86	-37.77	0.28	3.5	144.2	206.0	318.6	6.0	8.3	0.34	-38.1	19.1	3.9	6.82	23.5	0.6	1.5
1.03	4.41	-45.56	-40.35	0.21	3.4	144.2	206.0	318.6	6.0	8.3	0.34	-38.1	19.1	3.9	6.82	18.0	0.5	1.1
6.19	26.15	8.49	30.07	1.18	5.6	1,579	6,398	856.5	8.9	225.2	2.91	41.6	486.5	3.67	11.4	7.2	1.9	0.8
11.51	39.87	55.94				136.1	103.3	62.4	21.1	-1.1	-0.14	-187.7	2.3	-0.05		-102.2	2.2	3.0
20.00	28.57	0.00	50.00			4.1	3.4	2.7	8.8	0.14	0.00	0.0	0.48	6.08	13.26	37.5	2.0	4.8
33.96	15.89	23.75	109.80			4.1	3.4	2.7	8.8	0.14	0.00	0.0	0.48	6.08	13.26	30.4	1.7	3.9

I. Index of Stocks

Summer 2019

Company Name	Stock Ticker Symbol	Traded On	Sector	Overall Rating	Recommendation	Reward Rating	Risk Rating	Recent Up/Downgrade	Stock Price as of 6/30/2019	52-Week High	52-Week Low	3-Year Beta	Growth	Efficiency	Solvency	Volatility	Dividend	Total Return
AirNet Technology Inc.	ANTE	NAS CM	Communication Svc	D-	Sell	E+	D-		1.61	3.22	0.9	1.93	W	V	F	W	–	V
AIT Therapeutics, Inc.	AITB	NAS CM	Health Care	D	Sell	D+	D-		4.98	6.25	3.11		W		E	W	–	F
Ajia Innogroup Holdings Limited	AJIA	OTC PK	Industrials	D	Sell	C-	E+		0.38	13.00	0.38		V	G	G	V	–	V
AK Steel Holding Corporation	AKS	NYSE	Materials	D+	Sell	C	D-		2.28	5.40	1.66	3.03	G	G	W	W	–	V
Akamai Technologies, Inc.	AKAM	NAS GS	Information Tech	C+	Hold	B+	C-	Up	79.42	86.19	57.18	0.37	E	E	E	F	–	F
Akari Therapeutics, Plc	AKTX	NAS CM	Health Care	D-	Sell	E+	D	Down	2.07	9.20	1.56	1.88	F	V	G	W	–	W
Akbank T.A.S.	AKBTY	OTC PK	Financials	D+	Sell	C	D		2.35	3.42	1.69	0.26	W	E	E	W	–	V
Akcea Therapeutics, Inc.	AKCA	NAS GS	Health Care	D-	Sell	E+	D	Down	23.12	40.75	19.67		W	V	E	W	–	F
Akebia Therapeutics, Inc.	AKBA	NAS	Health Care	D-	Sell	E+	D	Down	4.63	10.74	4.09	2.03	W	V	E	W	–	W
Akerna Corp.	KERN	NAS CM	Industrials	U		U	U		21.70	72.65	11.1		U	U	U	U	U	U
Akero Therapeutics, Inc.	AKRO	NAS GS	Health Care	U		U	U		18.56	21.94	16.06		U	U	U	U	U	U
Akers Biosciences, Inc.	AKER	NAS CM	Health Care	D-	Sell	E+	D-		0.42	3.92	0.4	-1.59	F	V	G	W	–	V
AKITA Drilling Ltd.	AKTA.TO	TSX	Energy	D	Sell	D+	D-		2.50	6.01	2.44	0.32	F	W	E	W	E	V
AKITA Drilling Ltd.	AKTAF	OTC PK	Energy	D	Sell	D+	D		1.92	4.43	1.92	1.11	F	W	E	W	E	V
AKITA Drilling Ltd.	AKTB.TO	TSX	Energy	D	Sell	D+	D-		3.19	6.23	3	-0.09	F	W	E	W	E	V
Akorn, Inc.	AKRX	NAS GS	Health Care	D-	Sell	D-	D-		5.15	19.65	2.64	2.19	W	W	E	W	–	V
Akoustis Technologies, Inc.	AKTS	NAS CM	Information Tech	D-	Sell	E+	D		5.90	9.50	3.4	1.36	W	V	E	W	–	F
Akumin Inc.	AKU.TO	TSX	Health Care	D-	Sell	C	D+	Up	4.51	7.05	3.98		G	F	E	F	–	W
Akumin Inc.	AKMNF	OTC PK	Health Care	D	Sell	C	D+	Up	3.74	4.20	2.69		G	F	E	W	–	W
Akzo Nobel N.V.	AKZOY	OTC PK	Materials	C	Hold	B-	C-	Down	30.98	37.13	27.37	0.47	F	E	E	F	–	F
Akzo Nobel N.V.	AKZOF	OTC PK	Materials	C	Hold	B	C+		93.33	96.34	77.35	0.75	F	E	E	F	–	F
A-Labs Capital I Corp.	ALBSP.V	TSXV	Financials	E	Sell	D-	D		0.15	0.25	0.1		F	V	E	W	–	W
A-Labs Capital II Corp.	ALABP.V	TSXV	Financials	E-	Sell	E	D		0.15	0.20	0.11		V	V	E	W	–	V
Alacer Gold Corp.	ALIAF	OTC PK	Materials	D+	Sell	C	D	Down	3.36	3.53	1.53	0.16	W	F	E	W	–	F
Alacer Gold Corp.	ASR.TO	TSX	Materials	D+	Sell	C	D	Down	4.32	4.66	1.97	-0.29	W	F	E	W	–	F
Alamo Group Inc.	ALG	NYSE	Industrials	B-	Buy	B	C	Up	99.36	106.19	72.5	1.00	F	E	E	F	W	F
Alamos Gold Inc.	AGI.TO	TSX	Materials	D	Sell	D+	D		7.87	8.25	3.88	0.00	W	F	E	W	W	W
Alamos Gold Inc.	AGI	NYSE	Materials	D	Sell	D+	D		6.02	6.27	2.9	0.32	W	F	E	W	W	W
Alaris Royalty Corp.	AD.TO	TSX	Financials	C	Hold	B+	D		19.06	21.41	15.62	0.56	F	E	E	W	E	F
Alaris Royalty Corp.	ALARF	OTC PK	Financials	C	Hold	B	D		14.64	16.06	11.87	0.12	F	E	E	W	E	W
Alarm.Com Holdings, Inc.	ALRM	NAS GS	Information Tech	C	Hold	B	D	Down	52.92	71.50	38.64	1.26	E	G	E	F	–	F
Alaska Air Group, Inc.	ALK	NYSE	Industrials	C-	Hold	C	D		63.11	74.83	53.39	1.12	W	E	G	W	F	W
Alaska Communications Systems Group, Inc.	ALSK	NAS GS	Communication Svc	D+	Sell	C-	D	Down	1.74	2.10	1.37	1.02	F	F	G	W	–	W
Alaska Hydro Corporation	ALKHF	OTC PK	Utilities	D	Sell	D	D	Down	0.02	0.05	0.01	1.89	W	W	G	W	–	F
Alaska Hydro Corporation	AKHH.V	TSXV	Utilities	D	Sell	D	D		0.02	0.09	0.01	1.61	W	W	G	W	–	W
Alba Minerals Ltd.	AA.V	TSXV	Materials	D+	Sell	D+	D	Up	0.06	0.15	0.06	1.68	W	W	E	W	–	W
Alba Minerals Ltd.	AXVEF	OTC PK	Materials	D+	Sell	D+	D	Up	0.05	0.09	0.04	3.15	W	W	E	W	–	F
Albany International Corp.	AIN	NYSE	Industrials	B	Buy	A-	B-		80.68	82.20	58.06	1.44	E	E	E	G	W	F
Albemarle Corporation	ALB	NYSE	Materials	C-	Hold	B-	D	Down	69.52	108.74	63.1	1.16	E	E	E	W	F	W
Albert Mining Inc.	AIIM.V	TSXV	Materials	D-	Sell	E+	D	Down	0.08	0.25	0.02	3.90	W	V	G	W	–	F
Albert Mining Inc.	MJXFF	OTC PK	Materials	D-	Sell	E+	D	Down	0.05	0.19	0.01	3.94	W	V	G	W	–	F
Alberton Acquisition Corporation	ALACU	NAS CM	Financials	E+	Sell	C	D		10.45	10.50	9.59		W	G	E	G	–	W
Alberton Acquisition Corporation	ALAC	NAS CM	Financials	E+	Sell	C	D		10.07	10.20	9.65		W	G	E	G	–	W
Alberton Acquisition Corporation	ALACW	NAS CM	Financials	U		U	U						U	U	U	U	U	U
Albireo Pharma, Inc.	ALBO	NAS CM	Health Care	D	Sell	D-	D		31.77	38.69	19.1	1.56	V	V	E	W	–	F
Alcanna Inc.	LQSIF	OTC PK	Consumer Staples	D	Sell	D	D	Up	4.60	8.84	2.92	1.82	W	W	G	W	–	W
Alcanna Inc.	CLIQ.TO	TSX	Consumer Staples	D	Sell	D	D	Up	6.03	11.56	4	1.56	W	W	G	W	–	W
Alcentra Capital Corporation	ABDC	NAS GS	Financials	C	Hold	B-	D+	Up	8.39	8.74	5.58	0.47	G	E	E	E	E	W
Alcoa Corporation	AA	NYSE	Materials	D	Sell	D+	D-	Down	23.13	48.87	20.82	1.53	W	F	G	W	–	W
Alcon, Inc.	ALC	NYSE	Health Care	U		U	U		60.24	63.73	53.78		U	U	U	U	U	U
Aldebaran Resources Inc.	ALDE.V	TSXV	Materials	E	Sell	D	D		0.43	0.90	0.41		W	F	E	W	–	W
Alder Biopharmaceuticals, Inc.	ALDR	NAS	Health Care	D-	Sell	E+	D-		11.30	20.87	9.44	2.96	V	V	G	W	–	W

*Ratings Factors: E=Excellent, G=Good, F=Fair, W=Weak, V=Very Weak, U=Unrated

Summer 2019 — I. Index of Stocks

3-Month Total Return (%)	6-Month Total Return (%)	1-Year Total Return (%)	3-Year Total Return (%)	Dividend $ TTM	Dividend Yield TTM	Market Cap. ($Mil)	Enterprise Value ($Mil)	Revenue ($Mil)	Revenue Growth (%)	Net Income ($Mil)	Earnings/Share $	EPS Growth (%)	Cash from Operations ($Mil)	Return on Assets (%)	Return on Equity (%)	Earnings (P/E) TTM	Sales (P/S) TTM	Book (P/B) Q
-27.41	34.17	-48.07	-91.89			20.2	-24.1	9.9	-24.4	-71.6	-56.99	31.3	--			0.0	0.2	0.0
3.81	30.78	42.37				52.4	49.4	--		-5.5	-0.64	79.1	-7.5	-20.36		-7.8		17.3
-87.33	-89.14	-94.93				2.8	3.0	0.03	-71.2	-0.19	-0.02	-19.9	0.03	-211.07		-19.7	92.7	-9.7
-17.09	0.44	-46.98	-46.23			721.3	3,330	6,857	10.5	152.8	0.48	236.3	291.2	5.54	54.46	4.7	0.1	7.7
11.72	30.09	9.58	49.71			13,033	13,192	2,752	7.6	351.8	2.10	80.5	977.2	6.06	10.55	37.7	4.8	4.0
-44.05	26.99	2.99	-85.76			32.8	26.7	--		-17.7	-161.83	21.8	-18.0	-66.95		0.0		0.3
10.07	5.76	-19.55	-50.86	0.47	19.9	6,011	--	2,612	-26.6	1,065	0.25	-41.1	583.8		11.33	9.4	4.7	1.5
-18.48	-21.68	-4.78				2,145	1,839	211.6	288.8	-169.0	-2.07	-118.5	-107.5	-30.25		-11.2	10.3	5.5
-45.53	-14.10	-50.53	-39.63			545.7	413.6	234.5	13.7	-192.6	-2.54	-113.4	-215.1	-17.54		-1.8	2.3	1.0
						225.7	244.9	7.3	-7.0	-6.5	-0.65	-182.7	-6.4			-33.5	29.7	-11.2
						518.0	572.9	--		-66.8	-435.06	-2,808.8	-7.5			0.0		-0.1
-58.00	-66.81	-85.85	-98.14			5.2	0.50	2.0	-33.9	-9.9	-0.85	81.3	-7.5	-47.07		-0.5	2.7	1.1
-24.55	-34.02	-51.34	-64.36	0.34	13.6	76.3	146.6	109.0	76.5	-11.8	-0.45	71.4	-11.7	-2.27		-5.5	0.9	0.5
-25.26	-25.54	-51.68	-44.98	0.26	13.4	76.3	146.6	109.0	76.5	-11.8	-0.45	71.4	-11.7	-2.27		-4.3	0.7	0.4
-17.03	-20.28	-50.82	-57.93	0.34	10.7	76.3	146.6	109.0	76.5	-11.8	-0.45	71.4	-11.7	-2.27		-7.1	1.2	0.6
51.92	49.28	-68.39	-81.62			648.1	1,310	675.8	-12.4	-455.3	-3.64	-376.7	-67.8	-5.52		-1.4	1.0	1.8
-1.01	23.17	-16.31	49.37			177.3	161.8	0.94	4.6	-30.2	-1.19	-39.1	-16.5	-47.17		-5.0	187.9	6.0
1.35	13.03					236.5	450.4	168.9	54.5	6.0	0.08	141.9	9.0	4.95	8.38	54.7	1.7	2.6
11.75	18.64	-9.40				236.5	450.4	168.9	54.5	6.0	0.08	141.9	9.0	4.95	8.38	45.3	1.4	2.2
5.63	22.22	14.76	76.07	6.04	19.5	19,277	18,086	10,739	-2.3	7,424	32.48	640.6	291.2	2.37	5.19	1.0	0.7	0.7
	19.20	7.44	56.91			19,277	18,086	10,739	-2.3	7,424	32.48	640.6	291.2	2.37	5.19	2.9	2.0	2.2
0.00	-38.78					0.23	0.04	--		-0.13	-0.05		-0.04			-2.9		2.1
20.83						0.22	0.00	--		-0.05	-1.27		-0.02			-0.1		1.4
19.15	87.71	75.92	47.71			969.8	1,530	205.2	-7.8	-8.2	-0.03	-109.7	102.9	3.12		-102.8	4.9	1.3
14.59	75.61	70.08	45.45			969.8	1,530	205.2	-7.8	-8.2	-0.03	-109.7	102.9	3.12		-132.1	6.3	1.7
0.55	29.69	12.26	69.06	0.46	0.5	1,168	1,309	1,033	10.4	74.2	6.31	58.4	8.7	8.01	15.01	15.8	1.1	2.2
14.44	59.60	6.25	-25.24	0.03	0.4	2,339	2,147	634.8	6.7	-56.4	-0.15	-276.5	197.5	0.79		-52.1	4.9	1.2
17.57	67.40	8.51	-25.45	0.03	0.5	2,339	2,147	634.8	6.7	-56.4	-0.15	-276.5	197.5	0.79		-39.8	3.7	0.9
-7.29	20.09	30.43	-18.76	1.64	8.6	531.7	693.8	86.6	-10.7	57.5	1.57	1,751.2	59.2	7.21	12.39	12.2	8.1	1.5
-3.03	10.65	33.50	-18.99	1.24	8.5	531.7	693.8	86.6	-10.7	57.5	1.57	1,751.2	59.2	7.21	12.39	9.3	6.2	1.1
-16.67	2.74	33.33	115.82			2,558	2,544	440.1	23.1	20.0	0.40	-44.5	56.0	8.35	7.38	132.3	6.0	8.7
15.04	5.79	6.78	17.44	1.34	2.1	7,790	10,036	8,308	4.0	437.0	3.52	-49.8	1,357	4.28	12.16	17.9	0.9	2.1
-7.94	20.00	0.00	4.19			93.6	330.5	233.4	3.2	7.2	0.12	284.0	58.2	3.14	4.29	14.1	0.4	0.6
-41.18	-49.47	-34.71	-24.00			0.58	0.60	--		-0.04	0.00	62.1	-0.09	-64.46		-17.3		-47.5
-50.00	-42.86	-55.56	-55.56			0.58	0.60	--		-0.04	0.00	62.1	-0.09	-64.46		-18.2		-50.0
-38.89	-15.38	-21.43	-45.00			2.8	1.8	--		0.15	0.00	108.0	-0.60	-29.02	9.66	25.0		2.0
-21.74	-22.14	-17.60	96.90			2.8	1.8	--		0.15	0.00	108.0	-0.60	-29.02	9.66	22.4		1.8
13.17	32.10	36.29	118.19	0.71	0.9	2,605	2,945	1,004	13.0	101.8	3.15	242.2	176.0	7.07	16.69	25.7	2.6	4.2
-13.91	-8.56	-24.52	-7.42	1.41	2.0	7,366	9,044	3,385	6.7	695.4	6.41	441.3	479.5	5.91	19.26	10.9	2.2	2.0
-15.79	166.67	166.67	-5.88			4.8	4.6	0.02	-67.3	-0.64	-0.01	57.0	-0.60	-56.74		-7.8	266.7	11.1
-36.05	121.70	152.69	-32.37			4.8	4.6	0.02	-67.3	-0.64	-0.01	57.0	-0.60	-56.74		-4.6	156.7	6.5
2.75	3.57					41.3	41.3	--			0.95	-0.03		-0.26		-302.0		8.6
1.21	2.76					41.3	41.3	--			0.95	-0.03		-0.26		-291.0		8.3
						41.3	41.3	--			0.95	-0.03		-0.26				
-0.16	37.06	-11.97				382.5	232.5	2.1	-81.2	-61.1	-5.11	-121.1	-41.4	-17.06		-6.2	180.9	3.4
16.22	44.52	-33.83	-27.64	0.28	6.1	170.5	418.1	520.8	4.5	-125.6	-3.40	-336.4	-9.3	-2.33		-1.4	0.3	2.4
13.35	36.43	-34.17	-28.39	0.36	6.0	170.5	418.1	520.8	4.5	-125.6	-3.40	-336.4	-9.3	-2.33		-1.8	0.4	3.2
11.72	34.07	45.20	-6.40	0.72	8.6	108.0	186.5	27.2	-15.8	3.9	0.30	125.5	36.6	4.79	2.62	27.8	4.0	0.8
-17.36	-13.05	-50.23				4,291	7,188	13,032	7.8	-122.0	-0.68	-169.0	561.0	7.08	7.38	-34.3	0.3	0.8
						29,425	29,401	1,791	1.7	-73.0			226.0					
-34.62	-11.46					25.1	17.6	--		-0.87	0.00		-0.11	-2.49		-137.1		0.7
-15.10	11.11	-28.25	-53.11			943.6	763.1	--		-327.3	-4.78	3.3	-251.3	-38.19		-2.4		6.0

https://greyhouse.weissratings.com — Data as of June 30, 2019

I. Index of Stocks — Summer 2019

Company Name	Stock Ticker Symbol	Traded On	Sector	Overall Rating	Recommendation	Reward Rating	Risk Rating	Recent Up/Downgrade	Stock Price as of 6/30/2019	52-Week High	52-Week Low	3-Year Beta	Growth	Efficiency	Solvency	Volatility	Dividend	Total Return
Alderon Iron Ore Corp.	IRON.TO	TSX	Materials	D	Sell	D	D	Down	0.30	0.50	0.22	1.49	W	W	G	W	–	F
Alderon Iron Ore Corp.	AXXDF	OTC PK	Materials	D	Sell	D	D		0.23	0.35	0.15	1.09	W	W	G	W	–	F
Aldever Resources Inc.	ALD.V	TSXV	Materials	D-	Sell	D-	D-	Up	0.07	0.20	0.04	1.21	W	V	G	W	–	V
Aldever Resources Inc.	ALDVF	OTC PK	Materials	D-	Sell	D-	D-	Up	0.06	0.15	0.04	2.52	W	V	G	W	–	V
Aldeyra Therapeutics, Inc.	ALDX	NAS CM	Health Care	D-	Sell	E+	D	Down	6.16	16.70	4.99	1.08	V	V	E	W	–	F
Aldridge Minerals Inc.	AGM.V	TSXV	Materials	D	Sell	D+	D		0.10	0.16	0.06	1.28	F	W	F	W	–	F
Aleafia Health Inc.	ALEF.TO	TSX	Health Care	D	Sell	D+	D	Up	1.38	4.70	0.59		W	W	E	W	–	F
Aleafia Health Inc.	ALEAF	OTC PK	Health Care	D	Sell	D+	D	Up	1.06	3.62	0.42		W	W	E	W	–	F
Aleatica, S.A.B. de C.V.	OLMXF	OTC PK	Industrials	D+	Sell	C	D	Down	0.90	1.52	0.81	-0.01	W	G	E	W	–	W
Alector, Inc.	ALEC	NAS GS	Health Care	D	Sell	D	D		17.99	27.00	15.16		W	V	E	F	–	W
Alexander & Baldwin, Inc.	ALEX	NYSE	Real Estate	D+	Sell	C	D		23.26	25.69	17.58	0.93	F	F	G	W	G	W
Alexander's, Inc.	ALX	NYSE	Real Estate	C	Hold	B	C	Up	369.32	394.50	295.75	0.51	G	E	E	F	G	W
Alexandria Minerals Corporation	AZX.V	TSXV	Materials	D	Sell	D-	D	Up	0.07	0.07	0.02	2.30	V	W	G	W	–	V
Alexandria Minerals Corporation	ALXDF	OTC PK	Materials	D	Sell	D-	D	Up	0.05	0.05	0.01	2.01	V	W	G	W	–	V
Alexandria Real Estate Equities, Inc.	ARE	NYSE	Real Estate	B	Buy	B+	B-		140.06	153.51	109.04	0.60	G	G	E	G	G	G
Alexco Resource Corp.	AXR.TO	TSX	Industrials	D	Sell	D+	D		1.48	1.95	0.92	-0.32	F	W	E	W	–	W
Alexco Resource Corp.	AXU	AMEX	Industrials	D	Sell	D+	D		1.13	1.48	0.68	-0.02	F	W	E	W	–	W
Alexion Pharmaceuticals, Inc.	ALXN	NAS GS	Health Care	C	Hold	B-	D	Up	126.11	141.86	92.56	1.74	G	G	E	W	–	F
Alfa, S. A. B. de C. V.	ALFFF	OTC PK	Industrials	D+	Sell	C	D	Down	0.99	1.35	0.85	-0.14	F	G	G	W	–	W
Algold Resources Ltd.	ALGDF	OTC PK	Materials	D	Sell	C-	E+	Up	0.11	0.79	0.1	0.78	W	G	F	V	–	V
Algold Resources Ltd.	ALG.V	TSXV	Materials	D	Sell	C-	D-	Up	0.13	1.00	0.11	-0.30	W	G	F	W	–	V
Algoma Central Corporation	ALC.TO	TSX	Industrials	C	Hold	C+	C		13.25	15.29	11.61	0.29	W	G	E	F	F	F
Algoma Central Corporation	AGMJF	OTC PK	Industrials	C	Hold	C+	C		10.12	11.53	8.69	0.59	W	G	E	F	G	W
Algonquin Power & Utilities Corp.	AQN	NYSE	Utilities	B	Buy	A-	B-	Up	12.09	12.56	9.45	0.52	E	G	G	G	G	F
Algonquin Power & Utilities Corp.	AQN.TO	TSX	Utilities	B	Buy	A-	C+	Up	15.85	16.60	12.45	0.24	E	G	G	F	G	F
Alianza Minerals Ltd.	TARSF	OTC PK	Materials	D	Sell	D	D-		0.05	0.07	0.03	2.27	F	W	G	W	–	V
Alianza Minerals Ltd.	ANZ.V	TSXV	Materials	D	Sell	D	D		0.07	0.10	0.04	-0.54	F	W	G	W	–	W
Alibaba Group Holding Limited	BABA	NYSE	Consumer Discretn	C	Hold	B-	C-		170.90	198.35	129.77	1.86	F	E	E	F	–	F
Alico, Inc.	ALCO	NAS GS	Consumer Staples	C	Hold	C+	D	Up	30.11	34.65	25.25	0.48	F	F	E	W	W	W
Align Technology, Inc.	ALGN	NAS GS	Health Care	C+	Hold	A-	D+		269.95	398.88	177.93	2.35	E	E	E	W	–	G
Alignvest Acquisition II Corporation	AQYA.TO	TSX	Financials	D+	Sell	C	D+	Up	9.35	10.96	9.35		W	G	E	F	–	F
Alimentation Couche-Tard Inc.	ATDA.TO	TSX	Consumer Staples	C	Hold	A	C+		83.50	88.70	55.93	0.27	E	E	E	F	W	G
Alimentation Couche-Tard Inc.	ANCTF	OTC PK	Consumer Staples	C	Hold	A-	C+		62.61	68.00	47.06	0.34	E	E	E	F	W	F
Alimentation Couche-Tard Inc.	ANCUF	OTC PK	Consumer Staples	C	Hold	A	C+		63.58	65.90	41.1	0.55	E	E	E	F	W	F
Alimentation Couche-Tard Inc.	ATDB.TO	TSX	Consumer Staples	B	Buy	A	C+		83.26	88.40	55.19	0.23	E	E	E	F	W	G
Alimera Sciences, Inc.	ALIM	NAS	Health Care	D	Sell	C-	D	Down	0.92	1.21	0.72	1.91	F	F	G	W	–	W
Alio Gold Inc.	ALO	AMEX	Materials	D	Sell	C-	D-		0.78	1.63	0.51	0.35	W	F	E	W	–	W
Alio Gold Inc.	ALO.TO	TSX	Materials	D	Sell	C-	D-		1.02	2.13	0.69	0.06	W	F	E	W	–	W
Alithya Group Inc.	ALYA	NAS CM	Information Tech	E	Sell	C-	D	Up	2.76	6.00	2.25		F	F	E	W	–	W
Alithya Group Inc.	ALYA.TO	TSX	Information Tech	E	Sell	C-	D	Up	3.71	7.94	3.2		F	F	E	W	–	W
ALJ Regional Holdings, Inc.	ALJJ	NAS	Information Tech	D	Sell	C-	D-		1.45	2.26	1.05	1.81	W	F	G	W	–	V
Alkermes plc	ALKS	NAS GS	Health Care	D	Sell	D	D-		22.15	46.98	21.29	1.47	F	W	E	W	–	F
All For One Media Corp.	AFOM	OTC PK	Communication Svc	D	Sell	D	D	Down	0.02	0.12	0.02	2.62	W	W	F	W	–	V
All Marketing Solutions, Inc.	PTPF	OTC PK	Financials	D+	Sell	C	D		0.01	0.06	0.01	-1.21	W	G	E	W	–	W
All State Properties Holdings, Inc.	ATPT	OTC PK	Real Estate	D+	Sell	C-	D+	Down	0.00	0.00	0	8.81	V	E	E	W	–	F
Allakos Inc.	ALLK	NAS GS	Health Care	D	Sell	D-	D		42.15	65.48	26		V	W	E	W	–	F
All-American Sportpark, Inc.	AASP	OTC PK	Consumer Discretn	D	Sell	D	D		0.48	0.76	0.28	-0.15	W	W	E	W	–	F
Allante Resources Ltd.	ALLH.V	TSXV	Financials	C	Hold	B	D		0.16	0.20	0.1	0.25	W	E	E	W	–	E
Albanc Split Corp. II	ALB.TO	TSX	Financials	C	Hold	C	C-		25.45	29.00	22.15	1.07	W	G	E	F	F	F
Alleghany Corporation	Y	NYSE	Financials	C-	Hold	C	C-		674.14	697.33	570.41	0.58	W	F	E	G	–	F
Allegheny Technologies Incorporated	ATI	NYSE	Materials	C	Hold	C	C		24.81	30.18	20.84	2.34	F	F	E	F	–	F
Allegiance Bancshares, Inc.	ABTX	NAS	Financials	C	Hold	B-	C-	Down	32.71	46.85	28.58	1.23	E	E	E	F	–	W

*Ratings Factors: E=Excellent, G=Good, F=Fair, W=Weak, V=Very Weak, U=Unrated

I. Index of Stocks — Summer 2019

3-Month Total Return (%)	6-Month Total Return (%)	1-Year Total Return (%)	3-Year Total Return (%)	Dividend $ TTM	Dividend Yield TTM	Market Cap. ($Mil)	Enterprise Value ($Mil)	Revenue ($Mil)	Revenue Growth (%)	Net Income ($Mil)	Earnings/Share $	EPS Growth (%)	Cash from Operations ($Mil)	Return on Assets (%)	Return on Equity (%)	Earnings (P/E) TTM	Sales (P/S) TTM	Book (P/B) Q
-3.23	13.21	-4.76	160.87			31.6	49.6	--		-3.2	-0.02	95.8	-2.7	-2		-13.1		0.7
-2.79	27.78	-5.51	187.50			31.6	49.6	--		-3.2	-0.02	95.8	-2.7	-2		-10.0		0.5
-45.83	-27.78	-66.67	-97.59			0.25	0.25	--		-0.24	-0.05	99.3	0.01	-11.7		-1.3		0.3
-23.81	-3.26	-51.63	-97.26			0.25	0.25	--		-0.24	-0.05	99.3	0.01	-11.7		-1.2		0.3
-33.62	-23.00	-24.42	14.29			169.3	126.6	--		-46.1	-1.96	-33.3	-34.5	-40.77		-3.2		2.1
0.00	0.00	58.33	-58.70			10.2	49.4	--		-2.4	-0.02	27.9	-1.6	-2.64		-5.5		2.1
-28.87	-0.72	105.97				288.9	271.8	3.6	4,427.9	-28.0	-0.18	-278.1	-14.2	-9.85		-7.6	62.4	1.3
-26.90	1.92	115.43				288.9	271.8	3.6	4,427.9	-28.0	-0.18	-278.1	-14.2	-9.85		-5.9	48.0	1.0
-7.52	-27.36	-35.97	-24.97			1,568	4,363	340.0	-7.7	334.7	0.19	-36.1	176.3			4.6	4.6	0.3
-0.28						1,239	850.2	21.3	153.2	-51.3	-3.24	8.9	-63.6			-5.6	37.1	4.7
-7.43	26.47	1.92	4.41	0.31	1.3	1,678	2,492	661.7	47.4	-110.3	-1.55	-136.0	326.0	5.61		-15.0	2.6	1.4
-0.60	24.46	1.43	9.97	18.00	4.9	1,886	2,556	231.7	0.2	60.4	11.80	22.9	84.8	4.31	20.44	31.3	8.2	6.7
160.00	116.67	62.50	8.33			25.5	25.5	--		-4.9	-0.01	-106.0	-1.6	-12.35		-6.3		1.7
141.94	110.00	54.41	28.05			25.5	25.5	--		-4.9	-0.01	-106.0	-1.6	-12.35		-5.1		1.4
-2.21	23.77	13.43	52.15	3.87	2.8	16,522	23,195	1,374	16.5	372.8	3.32	27.8	578.1	1.73	5.28	42.1	11.3	2.1
-12.43	17.46	-12.94	-18.68			131.9	128.2	18.5	104.6	-3.1	-0.03	61.5	-3.3	-4.25		-48.5	8.8	1.8
-9.60	21.53	-12.40	-18.71			131.9	128.2	18.5	104.6	-3.1	-0.03	61.5	-3.3	-4.25		-37.1	6.8	1.4
-5.37	29.73	3.66	9.72			28,279	29,491	4,341	20.2	416.4	1.82	-21.5	556.6	8.01	4.43	69.2	6.6	2.9
-5.29	-14.74	-9.59	-34.83			4,972	13,432	18,975	9.1	557.3	0.11	653.8	1,885	4.52	15.54	9.0	0.3	
-37.36	-67.17	-85.57	-95.89			2.5	7.4	--		-12.0	-0.50	38.9	-9.2	-51.85		-0.2		-0.4
-41.86	-65.75	-84.38	-95.83			2.5	7.4	--		-12.0	-0.50	38.9	-9.2	-51.85		-0.3		-0.5
11.98	14.10	-2.88	38.29	0.40	3.0	387.7	568.1	396.8	10.4	28.8	0.63	-50.8	69.1	2.32	5.72	21.1	1.3	1.0
6.91	24.86	-8.43	29.01	0.84	8.3	387.7	568.1	396.8	10.4	28.8	0.63	-50.8	69.1	2.32	5.72	16.1	1.0	0.8
8.33	23.39	31.32	52.66	0.53	4.4	5,953	10,709	1,630	2.2	214.8	0.43	424.6	555.5	2.47	5.86	28.2	3.7	2.0
5.74	18.31	29.96	53.99	0.53	3.3	5,953	10,709	1,630	2.2	214.8	0.43	424.6	555.5	2.47	5.86	36.9	4.8	2.6
-2.24	12.94	-20.27	-66.67			3.0	2.6	--		-0.52	-0.01	59.5	-0.41	-11.21		-4.2		1.1
-7.14	8.33	-23.53	-64.86			3.0	2.6	--		-0.52	-0.01	59.5	-0.41	-11.21		-5.7		1.5
-3.84	22.87	-9.28	124.04			444,950	452,022	43,508	14.9	9,998	3.80	3.2	17,798			44.9	10.3	6.0
11.29	1.16	-5.34	10.19	0.24	0.8	224.9	422.1	91.4	-16.4	14.9	1.86	246.5	25.4	3.47	8.67	16.2	2.5	1.4
-1.45	29.60	-21.48	243.36			21,597	20,954	2,079	29.9	376.2	4.64	47.1	594.6	15.12	31.57	58.2	10.5	17.2
-7.24	-6.50	-4.40				91.8	91.6	--		-1.5	-0.11	-132.3	-1.3	-0.92		-83.0		-7.7
6.30	23.13	42.97	56.06	0.43	0.5	35,813	42,963	59,619	25.8	1,951	3.45	26.1	3,095	7.19	23.1	24.2	0.8	5.4
12.24	19.66	52.69	52.35	0.32	0.5	35,813	42,963	59,619	25.8	1,951	3.45	26.1	3,095	7.19	23.1	18.1	0.6	4.0
9.14	27.57	46.03	56.49	0.32	0.5	35,813	42,963	59,619	25.8	1,951	3.45	26.1	3,095	7.19	23.1	18.4	0.6	4.1
6.20	22.92	44.42	56.76	0.43	0.5	35,813	42,963	59,619	25.8	1,951	3.45	26.1	3,095	7.19	23.1	24.1	0.8	5.3
-13.21	22.67	0.01	-29.77			65.3	122.1	50.1	28.6	26.9	0.31	191.9	-6.2	-6.57	584.3	2.9	1.3	-2.2
6.72	-9.01	-44.26	-77.32			65.8	55.6	112.6	17.1	-15.7	-0.17	-178.7	-14.0	-1.31		-4.5	0.6	0.3
4.08	-12.82	-45.74	-77.33			65.8	55.6	112.6	17.1	-15.7	-0.17	-178.7	-14.0	-1.31		-5.8	0.8	0.3
-7.38	8.24					157.4	169.2	159.3	28.3	-9.5	-0.26	7.1	-15.0	-2.62		-10.6	0.9	1.2
-7.25	6.00					157.4	169.2	159.3	28.3	-9.5	-0.26	7.1	-15.0	-2.62		-14.3	1.2	1.6
-10.58	9.26	-23.92	-70.16			55.3	151.2	361.5	0.5	-0.54	-0.02	-107.8	23.7	4.19		-75.7	0.2	0.6
-37.89	-22.25	-45.71	-48.00			3,475	3,192	1,092	16.6	-173.2	-1.11	-12.9	148.3	-4.18		-19.9	3.2	3.2
-42.03	-62.46	-65.80	-89.50			1.7	3.6	0.01	453.9	-4.8	-0.10	50.6	-1.3	-38.89		-0.2	229.0	-0.3
-5.88	-38.46	-59.80	-46.67			0.84	0.96	--		-0.01	0.00	0.0	0.00			-80.0		-2.5
0.00	33.33	100.00	300.00			1.2	--	--		-0.01	0.00		0.00					
3.95	-19.62					1,818	1,659	--		-55.0	-5.33	64.6	-42.4	-27.4		-7.9		10.8
-13.64	28.38	-35.81	18.75			2.7	2.9	--		-0.10	-0.02	-8.3	-0.08	-335.08		-28.1		-10.2
6.67	23.08	166.67	433.33			0.39	0.39	--		-0.05	-0.01	-13.2	0.00	-10,656.25		-11.0		-1.9
2.40	11.88	-1.71	50.70	0.61	2.4	19.0	-1.4	1.2	-56.1	0.35	0.31	-80.1	1.4	1.72	1.59	81.3	23.0	1.2
9.96	9.53	16.11	30.28			9,736	10,810	7,623	17.7	308.2	20.60	207.3	341.2	1.18	3.92	32.7	1.3	1.2
-2.01	13.08	-1.19	108.53			3,127	4,566	4,072	11.9	179.4	1.31	319.6	309.9	3.46	9.6	18.9	0.8	1.6
-3.77	3.68	-24.98	39.31			698.1	--	151.1	50.9	42.3	2.38	66.3	54.9		8.32	13.8	4.8	1.0

https://greyhouse.weissratings.com

Data as of June 30, 2019

I. Index of Stocks

Summer 2019

Company Name	Stock Ticker Symbol	Traded On	Sector	Overall Rating	Recommendation	Reward Rating	Risk Rating	Recent Up/Downgrade	Stock Price as of 6/30/2019	52-Week High	52-Week Low	3-Year Beta	Growth	Efficiency	Solvency	Volatility	Dividend	Total Return
Allegiant Gold Ltd.	AUXXF	OTC PK	Materials	D	Sell	D	D-	Up	0.11	0.42	0.06		W	W	E	W	–	V
Allegiant Gold Ltd.	AUAU.V	TSXV	Materials	D	Sell	D	D-		0.15	0.54	0.08		W	W	E	W	–	V
Allegiant Travel Company	ALGT	NAS GS	Industrials	C	Hold	B-	D+		140.29	148.80	98.18	1.55	G	E	G	W	F	W
Allegion Plc	ALLE	NYSE	Industrials	B+	Buy	A-	B		108.77	109.43	74.83	1.19	E	E	E	G	W	G
Allegro Merger Corp.	ALGR	NAS CM	Financials	D-	Sell	C	D	Up	10.06	10.10	9.02		F	G	E	E	–	W
Allena Pharmaceuticals, Inc.	ALNA	NAS GS	Health Care	D-	Sell	E+	D-		4.16	13.98	3.92		V	V	G	W	–	V
Allergan plc	AGN	NYSE	Health Care	D	Sell	C-	D		166.01	197.00	114.27	1.97	F	F	G	W	F	W
ALLETE, Inc.	ALE	NYSE	Utilities	B	Buy	B	B		82.12	86.52	72.42	0.23	F	E	G	G	G	F
Alliance Bioenergy Plus, Inc.	ALLMQ	OTC PK	Energy	D-	Sell	E+	D-		0.06	0.08	0	9.31	F	V	W	W	–	W
Alliance Creative Group, Inc.	ACGX	OTC PK	Communication Svc	C	Hold	C	C-		0.00	0.00	0	4.84	W	G	G	F	–	F
Alliance Data Systems Corporation	ADS	NYSE	Information Tech	C-	Hold	C	D		137.30	250.27	133.56	1.79	G	G	G	W	F	W
Alliance Growers Corp.	ALGWF	OTC PK	Health Care	D-	Sell	D	D-		0.05	0.32	0.02		W	W	G	W	–	V
Alliance Mining Corp.	ALM.V	TSXV	Materials	D	Sell	D+	D-		0.01	0.04	0.01	-2.32	V	E	F	W	–	V
Alliance Resource Partners, L.P.	ARLP	NAS GS	Energy	C	Hold	B+	D	Down	16.90	20.99	16.5	1.01	E	E	E	W	E	W
AllianceBernstein Holding L.P.	AB	NYSE	Financials	A-	Buy	A	B		29.08	31.42	23.34	1.03	E	E	E	G	E	F
Alliant Energy Corporation	LNT	NAS GS	Utilities	B+	Buy	A-	B	Up	48.93	50.17	40.68	0.24	E	E	G	G	G	F
Allianz SE	AZSEY	OTC PK	Financials	B-	Buy	B-	B-	Up	23.96	24.40	19.21	0.87	W	G	E	G	E	F
Allianz SE	ALIZF	OTC PK	Financials	C	Hold	B-	B-		239.33	244.00	195	0.98	W	G	E	G	E	F
Allied Healthcare Products, Inc.	AHPI	NAS CM	Health Care	D+	Sell	D+	D	Up	1.87	3.05	1.43	-1.19	F	W	G	W	–	W
Allied Hotel Properties Inc.	AHP.V	TSXV	Consumer Discretn	C-	Hold	C	D	Down	0.16	0.21	0.05	1.55	E	G	W	W	–	W
Allied Minds plc	ALLWF	OTC PK	Financials	D	Sell	D+	E+	Up	0.87	1.11	0.68	0.65	F	F	E	V	–	V
Allied Motion Technologies Inc.	AMOT	NAS	Industrials	C	Hold	B	D+	Down	37.66	55.47	31.72	1.10	F	E	E	W	W	F
Allied Properties Real Estate Investment Trust	APYRF	OTC PK	Real Estate	C	Hold	A	C+		36.75	36.75	32	0.52	E	E	E	F	G	F
Allison Transmission Holdings, Inc.	ALSN	NYSE	Industrials	B	Buy	B+	B-	Down	45.89	53.76	39.41	1.46	E	E	G	G	W	F
Allogene Therapeutics, Inc.	ALLO	NAS GS	Health Care	D	Sell	D	D		26.62	35.55	21.67		V	W	E	F	–	W
Allot Ltd.	ALLT	NAS GS	Information Tech	C-	Hold	C-	C-		7.10	8.34	5.02	0.61	W	W	E	G	–	F
Allscripts Healthcare Solutions, Inc.	MDRX	NAS GS	Health Care	C-	Hold	C	D		11.45	14.97	8.54	1.45	F	G	G	W	–	W
Ally Financial Inc.	ALLY	NYSE	Financials	B-	Buy	B	C+		30.34	30.46	20.6	1.25	F	G	E	F	F	G
Almaden Minerals Ltd.	AAU	AMEX	Materials	D	Sell	D	D-		0.59	0.90	0.43	0.23	W	W	E	W	–	V
Almaden Minerals Ltd.	AMM.TO	TSX	Materials	D	Sell	D	D-		0.76	1.19	0.57	-0.09	W	W	E	W	–	W
Almadex Minerals Ltd.	DEX.V	TSXV	Materials	D	Sell	D	D	Up	0.30	0.51	0.25		W	W	E	W	–	W
Almadex Minerals Ltd.	AAMMF	OTC PK	Materials	D	Sell	D	D	Up	0.22	0.45	0.14		W	W	E	W	–	W
Almonty Industries Inc.	AII.TO	TSX	Materials	C-	Hold	C+	D	Up	0.83	1.10	0.51	1.11	W	W	G	W	–	E
Almonty Industries Inc.	ALMTF	OTC PK	Materials	C-	Hold	C+	D	Up	0.64	0.81	0.37	1.46	W	W	G	W	–	E
Almost Never Films Inc.	HLWD	OTC PK	Communication Svc	D	Sell	D-	D		0.50	2.51	0.3	1.96	W	W	F	W	–	W
Alnylam Pharmaceuticals, Inc.	ALNY	NAS GS	Health Care	D	Sell	D	D	Up	71.08	124.22	60.27	2.34	W	V	E	W	–	F
Aloro Mining Corp.	AORO.V	TSXV	Materials	D	Sell	D+	D	Down	0.06	0.23	0.03	0.30	W	F	G	W	–	W
Aloro Mining Corp.	WLRMF	OTC PK	Materials	D	Sell	C-	D	Down	0.05	0.16	0.02	-0.32	W	F	G	W	–	W
ALPEK, S.A.B. de C.V.	ALPKF	OTC PK	Materials	B-	Buy	B	C	Up	1.35	1.44	1.35	0.29	F	E	G	F	–	W
Alpha and Omega Semiconductor Limited	AOSL	NAS GS	Information Tech	D	Sell	D+	D-	Down	9.18	16.26	8.22	1.67	W	F	E	W	–	W
Alpha Energy, Inc.	APHE	OTC PK	Industrials	D	Sell	D	D		6.00	8.50	2		V	W	G	W	–	F
Alpha Network Alliance Ventures Inc.	ANAV	OTC PK	Communication Svc	C	Hold	B	D	Up	0.12	0.32	0.01	0.59	F	E	F	W	–	G
Alpha Peak Leisure Inc.	AAP.V	TSXV	Consumer Discretn	D-	Sell	E+	D-		0.07	0.08	0.06	-0.93	F	V	F	W	–	V
Alpha Pro Tech, Ltd.	APT	AMEX	Industrials	C+	Hold	B+	D+	Down	3.41	4.44	3.25	0.41	F	E	E	W	–	F
Alphabet Inc.	GOOG	NAS GS	Communication Svc	B	Buy	B+	C+		1,076.01	1,289.27	970.11	0.98	E	E	E	F	–	F
Alphabet Inc.	GOOGL	NAS GS	Communication Svc	B	Buy	B+	C+		1,076.63	1,296.98	977.66	1.02	E	E	E	F	–	F
alpha-En Corporation	ALPE	OTC PK	Industrials	D-	Sell	D-	D-		0.48	1.89	0.16	2.71	W	W	G	W	–	V
Alphanco Venture Corp.	AVCP.V	TSXV	Financials	E-	Sell	D-	D		0.17	0.20	0.17		V	W	E	W	–	V
Alphatec Holdings, Inc.	ATEC	NAS GS	Health Care	D-	Sell	D-	D		4.33	4.85	1.18	1.10	W	V	G	W	–	V
Alphinat Inc.	NPA.V	TSXV	Information Tech	D	Sell	D	D		0.05	0.06	0.04	1.45	V	W	F	W	–	W
Alphinat Inc.	APHTF	OTC PK	Information Tech	D	Sell	D	D		0.04	0.04	0.03	-0.04	V	W	F	W	–	W
Alpine 4 Technologies Ltd.	ALPP	OTC PK	Information Tech	D-	Sell	D-	D-		0.01	0.18	0.01	4.00	W	W	F	W	–	V

*Ratings Factors: E=Excellent, G=Good, F=Fair, W=Weak, V=Very Weak, U=Unrated

I. Index of Stocks

Summer 2019

TOTAL RETURNS %				DIVIDEND/YIELD		SIZE		REVENUE & INCOME			EARNINGS		EFFECTIVENESS			VALUATION		
3-Month Total Return (%)	6-Month Total Return (%)	1-Year Total Return (%)	3-Year Total Return (%)	Dividend $ TTM	Dividend Yield TTM	Market Cap. ($Mil)	Enterprise Value ($Mil)	Revenue ($Mil)	Revenue Growth (%)	Net Income ($Mil)	Earnings/ Share $	EPS Growth (%)	Cash from Operations ($Mil)	Return on Assets (%)	Return on Equity (%)	Earnings (P/E) TTM	Sales (P/S) TTM	Book (P/B) Q
-27.08	-52.49	-69.12				7.1	5.9	--		-1.8	-0.03	25.7	-1.3	-5.04		-3.2		0.4
-21.05	-49.15	-66.67				7.1	5.9	--		-1.8	-0.03	25.7	-1.3	-5.04		-4.6		0.5
11.20	41.09	3.21	5.23	2.80	2.0	2,257	3,109	1,694	8.8	163.7	10.11	-22.3	343.8	6.37	24.47	13.9	1.3	3.1
21.41	39.25	42.40	68.30	0.96	0.9	10,218	11,587	2,774	12.2	442.9	4.63	60.1	455.3	12.54	80.71	23.5	3.7	16.2
0.80	2.97					191.7	191.6	--		1.4	0.08	75,400.0	-0.46	-0.39	57.2	133.6		38.4
-40.57	-21.80	-67.98				86.6	45.7	--		-39.2	-1.89	75.9	-34.8	-34.4		-2.2		2.2
13.64	26.33	0.34	-24.07	2.92	1.8	54,422	76,713	15,712	-2.0	-7,218	-21.59	-219.3	5,416	0.37		-7.7	3.5	0.9
0.90	10.04	8.92	43.99	2.30	2.8	4,239	5,459	1,498	6.1	193.6	3.75	10.3	390.9	2.51	9.01	21.9	2.8	1.9
130.77	710.81	98.02	-81.76			12.2	15.1	0.13		-10.3	-0.12	11.8	-1.4	-38.39		-0.5	60.0	35.3
-20.00	0.00	-50.00	-33.33			0.88	2.0	9.1	-51.5	0.45	0.00	-33.3	0.03			2.0	0.1	0.2
-20.02	-7.64	-40.94	-24.55	2.40	1.8	7,192	27,777	7,241	0.3	948.3	17.39	20.0	2,716	3.14	45.91	7.9	1.0	3.2
-27.42	-20.07	-74.90				3.3	3.1	--		-2.2	-0.03	52.1	-1.6	-23.91		-1.4		1.5
-50.00	-66.67	-66.67	-80.00			0.27	0.40	--		-0.39	-0.01	27.4	0.00	-2,861.64		-0.9		-0.4
-14.89	1.00	3.75	51.31	2.11	12.5	2,170	2,729	2,072	15.6	487.1	3.70	21.0	613.9	8.29	37.66	4.6	1.1	1.6
2.25	12.63	10.21	71.82	2.44	8.4	2,765	--	257.6	3.7	230.7	2.39	2.1	259.1	10.77	15.43	12.2	10.8	1.9
5.13	18.22	19.19	35.08	1.38	2.8	11,616	17,957	3,605	4.7	516.3	2.20	6.2	619.5	2.89	11.09	22.3	3.2	2.5
11.62	23.43	24.36	90.17	0.74	3.1	100,297	128,090	90,443	-27.9	6,574	15.05	-12.0	--			1.6	0.1	0.1
8.79	22.70	20.27	72.55			100,297	128,090	90,443	-27.9	6,574	15.05	-12.0	--			15.9	1.1	1.5
5.06	-1.06	-22.41	55.83			7.5	7.8	32.4	-2.8	-1.8	-0.45	28.7	0.14	-8.77		-4.1	0.2	0.6
60.00	60.00	128.57	190.91			13.0	26.1	11.3	5.7	1.1	0.01	11,200.0	1.2	7.56	174.21	14.2	1.5	14.0
18.49	3.38	-43.74	-84.97			216.8	169.0	5.6	11.2	38.8	0.16	148.8	-70.9	-28	69.14	5.5	37.8	1.6
8.71	-14.63	-20.84	68.82	0.12	0.3	361.8	500.0	327.9	22.7	16.2	1.73	68.1	13.3	5.89	16.04	21.7	1.1	3.4
4.45	15.27	21.29	44.37	1.19	3.3	4,182	5,672	339.9	2.8	456.3	4.51	42.8	164.8	2.27	14.47	8.2	11.4	1.1
2.41	6.25	16.40	75.40	0.60	1.3	5,521	7,738	2,725	12.3	655.0	5.03	27.0	878.0	13.83	90.22	9.1	2.1	7.7
-1.59	2.78					3,235	2,804	--		-105.6	-2.09	-2,010.6	-68.9			-12.8		4.8
-8.97	20.75	32.46	49.16			241.7	147.9	71.6	-12.7	-7.9	-0.24	56.8	1.9			-30.2	3.4	1.8
18.65	21.04	-4.98	-4.58			1,906	2,675	1,922	26.6	396.0	2.27	288.2	15.5	0.45	0.57	5.0	1.0	1.3
11.85	36.48	20.82	110.67	0.64	2.1	12,050	--	5,936	4.4	1,387	3.30	54.5	4,134		10.35	9.2	2.1	0.9
-1.12	-7.22	-16.99	-57.59			64.7	62.4	--		-2.7	-0.03	30.9	-1.7	-4.05		-23.8		1.3
-5.00	-12.64	-19.15	-58.47			64.7	62.4	--		-2.7	-0.03	30.9	-1.7	-4.05		-30.4		1.6
7.14	-10.45	-14.29				12.6	5.0	--		-3.8	-0.11	-160.8	0.51	-6.6		-2.8		1.2
7.44	-8.37	-17.57				12.6	5.0	--		-3.8	-0.11	-160.8	0.51	-6.6		-2.1		0.9
-6.74	29.69	-4.60	172.13			114.7	145.5	50.9	30.6	-0.86	-0.01	-915.4	12.1	1.57		-78.3	3.0	3.9
-4.18	36.54	1.16	185.01			114.7	145.5	50.9	30.6	-0.86	-0.01	-915.4	12.1	1.57		-60.3	2.3	3.0
-50.00	-44.44	-50.00	-66.12			2.9	3.7	1.8	17,748.0	-0.51	-0.09	-97.1	-0.14	-13.28		-5.4	1.6	11.9
-21.55	0.97	-26.85	28.54			7,573	6,657	86.3	-7.1	-802.2	-7.88	-41.3	-595.5	-27.18		-9.0	86.8	4.9
-36.84	-55.56	-33.33	-47.83			2.2	2.0	--		-0.26	-0.01	31.3	-0.04	-18.7		-8.8		3.6
-38.47	-59.02	-30.85	-51.39			2.2	2.0	--		-0.26	-0.01	31.3	-0.04	-18.7		-7.2		2.9
-4.53	-4.01	-4.01				2,668	5,100	7,109	29.9	643.9	0.30	298.4	426.3	7.11	36.94	4.5	0.4	1.6
-15.16	-12.57	-35.40	-32.99			223.0	389.9	449.0	9.6	0.34	0.01	-98.6	12.4	-0.57		966.3	0.5	0.8
9.29	4.71	22.45				105.3	105.5	0.00	-43.6	-1.2	-0.07	-193.9	-0.13	-1,734.26		-82.6	60,000.0	-317.5
-39.21	15.50	65.00	92.50			13.1	14.1	0.15	30.0	-0.75	-0.01	13.2	-0.10	-689.11		-17.5	88.9	-4.3
-13.33	0.00	-23.53	-86.46			3.6	4.2	0.30	-71.9	-2.6	-0.05	86.2	-2.3	-26.99		-1.4	15.5	3.8
-7.08	-5.28	1.79	55.71			45.3	43.7	47.5	6.2	4.3	0.31	86.8	3.1	7.76	13.54	10.9	1.0	1.4
-7.91	3.75	-3.43	58.23			747,228	646,012	142,012	21.1	27,992	39.87	69.2	48,329	9.15	16.26	27.0	5.3	4.1
-8.16	2.86	-4.45	55.75			747,228	646,012	142,012	21.1	27,992	39.87	69.2	48,329	9.15	16.26	27.0	5.3	4.1
-20.00	-21.31	-72.25	-83.73			18.4	23.5	--		-5.9	-0.17	35.5	-2.6	-202.23		-2.8		-4.3
0.00						0.51	0.20	--		-0.08	-0.02		-0.03			-11.2		2.2
67.83	92.44	46.78	12.51			202.9	256.2	94.9	-0.1	-40.0	-1.27	-73.4	-28.3	-10.63		-3.4	2.1	21.8
25.00	25.00	-9.09	66.67			2.4	2.8	0.78	-10.1	-0.32	-0.01	3.2	-0.07	-38.81		-8.3	3.8	-2.8
49.75	14.89	30.94				2.4	2.8	0.78	-10.1	-0.32	-0.01	3.2	-0.07	-38.81		-7.0	3.2	-2.4
-54.81	-75.60	-90.90				0.57	29.0	18.8	122.8	-6.3	-0.22	-66.3	-1.8	-3.01		-0.1	0.0	0.0

https://greyhouse.weissratings.com

Data as of June 30, 2019

I. Index of Stocks

Summer 2019

Company Name	Stock Ticker Symbol	Traded On	Sector	Overall Rating	Recommendation	Reward Rating	Risk Rating	Recent Up/Downgrade	Stock Price as of 6/30/2019	52-Week High	52-Week Low	3-Year Beta	Growth	Efficiency	Solvency	Volatility	Dividend	Total Return
Alpine Immune Sciences, Inc.	ALPN	NAS	Health Care	D-	Sell	D-	D		4.50	8.59	3.66		W	V	E	W	–	W
ALR Technologies Inc.	ALRT	OTC PK	Health Care	C-	Hold	C	D		0.04	0.07	0.02	15.26	W	E	F	W	–	F
Alsea, S.A.B. De C.V.	ALSSF	OTC PK	Consumer Discretn	D+	Sell	C	D		2.01	3.81	1.81	0.39	F	G	F	W	–	W
Alstom SA	AOMFF	OTC PK	Industrials	C	Hold	B+	B		48.00	48.00	38.8	0.79	E	E	G	G	–	F
Alstom SA	ALSMY	OTC PK	Industrials	B	Buy	B+	B	Up	4.63	4.81	3.8	0.30	E	E	G	G	–	F
Alta Mesa Resources, Inc.	AMR	NAS CM	Energy	E+	Sell	E	E+		0.15	7.39	0.11	1.44	W	V	G	V	–	V
Altaba Inc.	AABA	NAS GS	Consumer Discretn	D+	Sell	C-	D+		69.97	79.18	54.75	1.77	W	F	G	F	–	F
AltaGas Canada Inc.	AGAAF	OTC PK	Utilities	E	Sell	B	B		17.55	18.13	12.72		F	G	G	E	G	W
AltaGas Canada Inc.	ACI.TO	TSX	Utilities	E+	Sell	B	B	Up	23.50	24.31	14.06		F	G	G	E	G	W
AltaGas Ltd.	ATGFF	OTC PK	Utilities	C-	Hold	B-	D	Up	14.87	21.66	8.31	0.76	F	G	G	W	G	W
AltaGas Ltd.	ALA.TO	TSX	Utilities	C-	Hold	B-	D	Up	19.50	28.45	11.87	0.46	F	G	G	W	G	W
Altai Resources Inc.	ATI.V	TSXV	Energy	D	Sell	D+	D		0.08	0.18	0.07	-0.36	W	W	E	W	–	W
Altai Resources Inc.	ARSEF	OTC PK	Energy	D	Sell	D+	D		0.05	0.13	0.05	1.24	W	W	E	W	–	W
Altair Engineering Inc.	ALTR	NAS GS	Information Tech	D+	Sell	C	D	Up	40.20	43.99	25.28		G	W	E	F	–	F
Altair Resources Inc.	AVX.V	TSXV	Materials	D-	Sell	D-	D-		0.06	0.22	0.04	2.21	W	V	F	W	–	W
Altair Resources Inc.	AAEEF	OTC PK	Materials	E+	Sell	D-	E+		0.03	0.16	0.03	1.72	W	V	F	V	–	V
Altamira Gold Corp.	ALTA.V	TSXV	Materials	D-	Sell	D-	D-		0.07	0.14	0.05	1.08	W	W	E	W	–	V
Altamira Gold Corp.	EQTRF	OTC PK	Materials	D-	Sell	D-	D-		0.06	0.10	0.04	0.65	W	W	E	W	–	V
Altan Nevada Minerals Limited	ANE.V	TSXV	Materials	C-	Hold	C+	D	Down	0.06	0.09	0.02	3.90	W	G	F	W	–	G
Altan Rio Minerals Limited	AMOH.V	TSXV	Materials	D	Sell	D+	D-		0.01	0.02	0.01	1.52	W	E	F	W	–	V
Alterity Therapeutics Limited	ATHE	NAS CM	Health Care	E+	Sell	E+	E+		1.30	2.91	1.09	1.61	V	G	W	W	–	W
Alterity Therapeutics Limited	PRNAF	OTC PK	Health Care	D-	Sell	E+	D		0.00	0.05	0	0.70	W	V	G	W	–	W
Alternate Health Corp.	AHGIF	OTC PK	Health Care	D	Sell	D	D-	Up	0.28	0.63	0.22	0.13	F	W	F	W	–	V
Alternative Investment Corporation	AIKO	OTC PK	Materials	D	Sell	D+	D	Down	2.17	60.00	0.01	-8.51	V	W	F	W	–	G
Alterola Biotech, Inc.	ALTA	OTC PK	Consumer Staples	D	Sell	D+	D-		0.21	3.99	0.1	-3.42	V	E	E	W	–	W
Alteryx, Inc.	AYX	NYSE	Information Tech	C	Hold	B	D		107.53	111.89	35.02	1.19	G	F	E	G	–	E
Altex Industries, Inc.	ALTX	OTC PK	Energy	C-	Hold	C	D		0.08	0.10	0.06	-0.21	F	W	G	F	–	F
Altice USA, Inc.	ATUS	NYSE	Communication Svc	D+	Sell	C-	D	Up	24.07	25.15	14.5	1.00	W	F	W	W	–	W
AltiGen Communications, Inc.	ATGN	OTC PK	Information Tech	C	Hold	B	D+		1.00	1.47	0.38	0.97	F	G	E	W	–	G
Altima Resources Ltd.	ARSLF	OTC PK	Energy	E+	Sell	E+	D-	Down	0.01	0.04	0.01	-0.38	V	V	F	V	–	V
Altima Resources Ltd.	ARH.V	TSXV	Energy	D-	Sell	E+	D-	Down	0.02	0.06	0.02	1.55	V	V	F	V	–	V
Altimmune, Inc.	ALT	NAS	Health Care	D-	Sell	E+	D-		2.31	36.25	1.7	2.47	F	V	E	W	–	V
Altiplano Metals Inc.	APN.V	TSXV	Materials	D	Sell	D	D		0.09	0.38	0.07	2.70	F	W	G	W	–	W
Altiplano Metals Inc.	ALTPF	OTC PK	Materials	D-	Sell	D	D-		0.07	0.25	0.07		F	W	G	W	–	W
Altisource Asset Management Corporation	AAMC	AMEX	Real Estate	D	Sell	D	D		14.01	73.50	10.5	0.78	W	W	E	W	–	W
Altisource Portfolio Solutions S.A.	ASPS	NAS GS	Real Estate	D	Sell	C-	D	Down	18.86	37.86	18.31	0.88	W	F	E	W	–	W
Altitude International, Inc.	ALTD	OTC PK	Consumer Discretn	D	Sell	C-	D-		0.03	0.28	0.02		F	G	F	W	–	V
Altium Limited	ALMFF	OTC PK	Information Tech	C	Hold	A-	C-		24.12	24.42	15	1.37	F	E	E	F	W	E
Altius Minerals Corporation	ALS.TO	TSX	Materials	C-	Hold	C-	D+	Up	12.67	13.93	10.04	0.71	W	F	E	F	–	F
Altius Minerals Corporation	ATUSF	OTC PK	Materials	D+	Sell	C-	D+		9.66	10.63	7.31	1.02	W	F	E	F	–	F
Alto Ventures Ltd.	ATV.V	TSXV	Materials	D-	Sell	D-	D-		0.03	0.04	0.02	1.58	W	V	E	W	–	V
Alto Ventures Ltd.	ALVLF	OTC PK	Materials	D-	Sell	D-	D-	Up	0.03	0.03	0.01	-2.20	W	V	E	W	–	V
Altra Industrial Motion Corp.	AIMC	NAS GS	Industrials	C	Hold	B	D+		35.50	46.35	23.52	2.20	E	E	G	F	W	F
Altria Group, Inc.	MO	NYSE	Consumer Staples	C	Hold	B-	D		47.90	66.04	42.4	0.38	F	E	G	W	E	W
Altura Energy Inc.	ATUUF	OTC PK	Energy	D	Sell	C	D	Up	0.32	0.52	0.27		E	G	E	W	–	W
Altura Energy Inc.	ATU.V	TSXV	Energy	C	Hold	B	D+		0.42	0.70	0.34	0.86	E	G	E	W	–	W
Alturas Minerals Corp.	ALTSF	OTC PK	Materials	D	Sell	D+	D-		0.00	0.01	0	-5.93	W	E	F	W	–	V
Alturas Minerals Corp.	ALT.V	TSXV	Materials	D	Sell	C-	D		0.01	0.02	0.01	-1.10	W	E	F	W	–	W
Altus Group Limited	AIF.TO	TSX	Real Estate	C-	Hold	C	D	Up	32.00	32.76	21.67	0.40	W	G	E	F	W	W
Altus Group Limited	ASGTF	OTC PK	Real Estate	C-	Hold	C	D	Up	23.82	24.61	16.64	0.40	W	G	E	W	F	W
Altus Midstream Company	ALTM	NAS	Energy	E	Sell	C-	D-	Up	3.60	10.48	3.58		G	F	E	W	–	V
Alumina Limited	AWCMF	OTC PK	Materials	C	Hold	B+	C-		1.69	2.21	1.55	0.27	F	E	E	F	E	F

*Ratings Factors: E=Excellent, G=Good, F=Fair, W=Weak, V=Very Weak, U=Unrated

Summer 2019 — I. Index of Stocks

3-Month Total Return (%)	6-Month Total Return (%)	1-Year Total Return (%)	3-Year Total Return (%)	Dividend $ TTM	Dividend Yield TTM	Market Cap. ($Mil)	Enterprise Value ($Mil)	Revenue ($Mil)	Revenue Growth (%)	Net Income ($Mil)	Earnings/Share $	EPS Growth (%)	Cash from Operations ($Mil)	Return on Assets (%)	Return on Equity (%)	Earnings (P/E) TTM	Sales (P/S) TTM	Book (P/B) Q
-35.06	15.09	-37.67				83.6	24.0	0.39	-70.2	-43.6	-2.96	50.0	-35.2	-36.99		-1.5	204.6	1.5
-1.30	-5.00	-5.47	2,135.29			10.2	33.2	--		-3.2	-0.01	21.8	-0.62	-201,125.00		-2.9		-0.3
-4.29	-23.86	-41.40	-43.91			1,672	4,444	2,526	7.5	44.0	0.05	-25.8	407.1	3.54	8.84	38.4	0.7	3.5
11.94	22.89	6.27	124.61			10,520	8,191	9,348	8.4	797.4	3.54	85.1	495.0	2.59	11.68	13.6	1.2	2.3
9.72	16.92	0.87	121.53	0.03	0.6	10,520	8,191	9,348	8.4	797.4	3.54	85.1	495.0	2.59	11.68	1.3	0.1	0.2
-47.26	-85.00	-97.79				26.4	2,632	278.4	49.8	1.6	-1.63	-120.5	41.6	0.36		-0.1	0.2	0.0
-3.52	19.91	-5.97	94.15			36,350	39,349	332.8	-75.9	-9,023	-16.89	-157.8	5,282	0.24		-4.1	119.3	1.1
40.35				0.35	2.0	537.2	1,028	241.6	2.0	33.5	2.13	-32.6	75.8		6.16	8.2	2.2	1.1
37.70	52.05			0.65	2.8	537.2	1,028	241.6	2.0	33.5	2.13	-32.6	75.8		6.16	11.0	2.9	1.5
12.96	57.10	-20.16	-23.67	1.04	7.0	4,103	11,725	4,006	92.4	237.1	0.57	167.6	118.3	2.72	4.6	26.2	1.0	0.9
10.50	50.63	-20.56	-22.70	1.47	7.6	4,103	11,725	4,006	92.4	237.1	0.57	167.6	118.3	2.72	4.6	34.3	1.3	1.1
-21.05	-31.82	-21.05	87.50			3.2	0.36	0.18	-3.1	-0.15	0.00	-22.7	-0.04	-2.41		-27.8	23.4	1.2
-26.14	-26.36	-32.07	66.67			3.2	0.36	0.18	-3.1	-0.15	0.00	-22.7	-0.04	-2.41		-18.5	15.6	0.8
7.31	50.34	19.29				2,863	2,870	432.5	17.0	22.8	0.30	121.3	34.9	5.7	12.44	133.0	7.1	9.5
9.09	71.43	-70.00	-95.00			0.60	0.80	--		-2.2	-0.18	20.8	-0.57	-74.62		-0.3		6.7
0.00	22.40	-84.55	-97.85			0.60	0.80	--		-2.2	-0.18	20.8	-0.57	-74.62		-0.2		3.4
-22.22	-12.50	-33.33	-90.00			3.7	3.3	--		-3.4	-0.06	-48.4	-0.93	-6.29		-1.2		0.5
-15.90	-13.11	-34.34	-91.20			3.7	3.3	--		-3.4	-0.06	-48.4	-0.93	-6.29		-0.9		0.4
22.22	175.00	10.00	37.50			2.6	2.0	--		-0.08	0.00	64.8	-0.25	-12.43		-14.5		-15.3
0.00	0.00	-66.67	-66.67			0.34	0.91	--		-0.06	0.00	0.0	-0.02	-81.61		-6.3		-0.5
-30.11	12.07	-29.75	-72.80			16.8	11.0	3.2	54.3	-7.5	-0.01	-28.7	-9.1	-36.26		-93.5	216.7	90.9
-99.70	-99.52	-99.50	-99.80			16.8	11.0	3.2	54.3	-7.5	-0.01	-28.7	-9.1	-36.26		0.0	0.0	0.0
-20.98	-22.84	-35.75				18.1	19.9	0.33	-95.2	-17.7	-0.31	22.8	-7.8	-81.93		-0.9	57.3	-23.9
26.16	73.60	-71.07	163.03			0.94	1.4	--		-0.44	-1.79	-9.8	-0.10	-395.16		-1.2		-1.3
-79.00	-93.54	-83.20	-93.00			24.6	24.7	--		-0.07	0.00	-250.0	0.00			-300.0		-77.8
28.24	84.13	189.53				6,725	6,561	286.8	87.0	39.1	0.58	569.2	30.0	4.22	16.23	184.7	25.3	20.6
-19.10	7.87	15.57	7.87			0.99	-1.3	0.05	-12.1	-0.04	0.00	60.5	-0.03	-2.94		-25.3	19.7	0.8
13.22	48.58	45.26				15,990	39,580	9,633	3.2	122.8	0.17	-90.9	2,581	3.36	2.96	141.6	1.7	5.5
-27.22	81.85	81.82	300.00			22.9	19.5	10.5	17.3	10.1	0.40	903.5	1.4	12.98	141.5	2.5	2.4	1.9
-16.67	-23.08	-84.40	-93.33			0.53	0.52	0.16	-41.7	-0.05	0.00	-100.7	0.05	-56.6		-6.7	2.2	-0.2
33.33	-20.00	-60.00	-86.67			0.53	0.52	0.16	-41.7	-0.05	0.00	-100.7	0.05	-56.6		-13.3	4.4	-0.4
-23.76	25.54	-83.33				30.3	-11.5	10.6	-19.3	-38.1	-15.41	84.2	-7.9	-14.57		-0.2	2.1	0.5
-29.17	-43.33	-76.39	-46.88			4.4	4.3	--		-1.5	-0.02	23.0	-0.23	-9.95		-3.5		1.1
0.00	0.00	-74.20				4.4	4.3	--		-1.5	-0.02	23.0	-0.23	-9.95		-2.8		0.9
-55.52	-63.04	-79.70	0.07			22.3	237.0	14.5	-10.7	-7.4	-4.69	27.1	-2.9	-8.73		-3.0	1.5	-0.1
-20.32	-16.07	-37.88	-27.79			307.0	592.2	810.7	-9.8	-4.4	-0.32	-101.9	70.3	3.18		-59.8	0.4	1.1
-67.39	-57.14	-62.50				0.86	0.96	0.19		-0.34	-0.01	83.7	-0.16	-320.84		-2.0	3.6	-3.7
8.19	60.77	31.35	445.59			3,133	3,075	155.2	23.7	46.1	0.35	38.4	60.4	15.75	29.92	68.3	20.3	19.0
-0.62	15.26	-1.37	26.55	0.17	1.3	413.8	553.5	43.3	77.5	3.9	0.09	-64.4	14.2	2.43	1.52	144.1	12.6	2.1
1.84	19.70	-0.29	26.16	0.13	1.3	413.8	553.5	43.3	77.5	3.9	0.09	-64.4	14.2	2.43	1.52	109.9	9.6	1.6
50.00	100.00	-14.29	-14.29			1.3	0.43	--		-0.55	-0.01	-262.2	-0.50	-12.15		-2.2		0.7
177.78	177.78	12.61	0.00			1.3	0.43	--		-0.55	-0.01	-262.2	-0.50	-12.15		-1.9		0.6
17.61	44.66	-15.60	43.96	0.68	1.9	2,283	3,882	1,418	57.2	61.5	1.54	-10.7	151.9	4.28	5.39	23.0	1.6	1.2
-14.19	0.93	-11.32	-19.19	3.20	6.7	89,617	115,473	19,346	-1.2	6,189	3.28	-41.4	7,871	11.94	41.91	14.6	4.6	6.4
-3.64	9.28	-30.39				34.9	36.5	13.6	4.7	2.7	0.02	2,550.0	7.3	1.92	8.56	16.2	2.6	1.1
-1.18	7.69	-27.59	50.00			34.9	36.5	13.6	4.7	2.7	0.02	2,550.0	7.3	1.92	8.56	21.4	3.4	1.4
0.00	-45.81	-74.71	21.55			1.1	1.3	--		-0.78	-0.01	-22.7	-0.18	-927.41		-0.8		-0.3
0.00	100.00	-33.33	-33.33			1.1	1.3	--		-0.78	-0.01	-22.7	-0.18	-927.41		-1.9		-0.7
21.95	38.74	11.32	56.63	0.60	1.9	966.2	1,106	391.8	2.2	-12.5	-0.32	-115.7	35.4	1.18		-99.3	3.2	4.8
20.64	41.16	12.07	52.60	0.45	1.9	966.2	1,106	391.8	2.2	-12.5	-0.32	-115.7	35.4	1.18		-73.9	2.4	3.6
-40.00	-53.55					269.7	1,628	98.5	261.6	9.3	0.18	161.5	10.7		1.58	20.2	11.9	1.2
-8.65	4.84	-18.36	67.74			4,767	4,691	1.6	166.7	635.4	0.22	87.2	641.3	-0.31	29.08	7.7	3,380.0	2.3

I. Index of Stocks

Summer 2019

Company Name	Stock Ticker Symbol	Traded On	Sector	Overall Rating	Recommendation	Reward Rating	Risk Rating	Recent Up/Downgrade	Stock Price as of 6/30/2019	52-Week High	52-Week Low	3-Year Beta	Growth	Efficiency	Solvency	Volatility	Dividend	Total Return
Alumina Limited	AWCMY	OTC PK	Materials	C+	Hold	B	C-		6.65	8.77	6	0.32	F	E	E	F	G	F
Aluminum Corporation Of China Limited	ACH	NYSE	Materials	C-	Hold	B-	D-		8.81	12.13	7.44	1.29	G	G	G	W	—	W
Aluminum Corporation Of China Limited	ALMMF	OTC PK	Materials	C	Hold	B-	D		0.36	0.46	0.3	1.01	G	G	G	W	—	W
Alvopetro Energy Ltd.	ALV.V	TSXV	Energy	C	Hold	B-	D	Up	0.82	0.82	0.3	-0.38	G	W	E	W	—	E
Alvopetro Energy Ltd.	ALVOF	OTC PK	Energy	C	Hold	B-	D	Up	0.62	0.62	0.23	0.14	G	W	E	W	—	E
ALX Uranium Corp.	ALXEF	OTC PK	Energy	D	Sell	D	D		0.05	0.07	0.03	2.68	F	W	E	W	—	V
ALX Uranium Corp.	AL.V	TSXV	Energy	D	Sell	D	D		0.06	0.09	0.05	1.89	F	W	E	W	—	W
Aly Energy Services, Inc.	ALYE	OTC PK	Energy	D	Sell	D+	D		4.00	9.99	1.05	1.22	W	W	G	W	—	W
Alzheon, Inc.	ALZH	NAS	Health Care	U		U	U						U	U	U	U	U	U
AM Resources Corp.	AMR.V	TSXV	Energy	D-	Sell	E+	D-		0.09	0.22	0.08		W	V	G	W	—	W
AMAG Pharmaceuticals, Inc.	AMAG	NAS GS	Health Care	D	Sell	D	D-		9.53	26.10	7.81	0.34	W	W	E	W	—	W
Amalgamated Bank	AMAL	NAS	Financials	D-	Sell	B-	C-		17.33	22.97	14.58		E	G	E	F	W	W
Amanasu Environment Corporation	AMSU	OTC PK	Industrials	D	Sell	C-	D-	Down	0.05	0.05	0.05	-0.12	W	E	F	W	—	W
Amanasu Techno Holdings Corporation	ANSU	OTC PK	Industrials	D	Sell	C-	D-	Down	0.01	0.05	0	1.19	V	E	F	W	—	W
Amarc Resources Ltd.	AHR.V	TSXV	Materials	D-	Sell	D-	D		0.06	0.10	0.04	1.02	W	V	G	W	—	W
Amarc Resources Ltd.	AXREF	OTC PK	Materials	D-	Sell	D-	D		0.04	0.07	0.03	0.56	W	V	G	W	—	W
Amarillo Biosciences, Inc.	AMAR	OTC PK	Health Care	D-	Sell	E+	D		0.35	0.61	0.12	-0.20	W	V	E	W	—	F
Amarillo Gold Corporation	AGCBF	OTC PK	Materials	D	Sell	D	D		0.15	0.25	0.13	0.46	W	W	E	W	—	W
Amarillo Gold Corporation	AGC.V	TSXV	Materials	D	Sell	D	D		0.21	0.32	0.18	0.11	W	W	E	W	—	W
Amarin Corporation plc	AMRN	NAS	Health Care	D-	Sell	E+	D		18.72	23.34	2.35	0.48	F	V	E	F	—	G
A-Mark Precious Metals, Inc.	AMRK	NAS GS	Financials	D	Sell	D+	D		13.20	14.14	10.45	0.13	W	F	G	F	—	W
Amazing Energy Oil and Gas, Co.	AMAZ	OTC PK	Energy	D-	Sell	E+	D		0.14	0.43	0	2.01	F	V	F	W	—	W
Amazon.com, Inc.	AMZN	NAS GS	Consumer Discretn	B	Buy	A+	D+	Up	1,904.28	2,050.50	1,307.00	1.62	E	E	E	F	—	E
AMB Financial Corp.	AMFC	OTC PK	Financials	C	Hold	B	C		16.70	18.50	16.7	-0.01	G	E	E	F	—	W
Ambac Financial Group, Inc.	AMBC	NAS GS	Financials	D	Sell	D	D	Down	16.79	23.34	14.44	1.01	W	F	G	W	—	W
Ambarella, Inc.	AMBA	NAS GS	Information Tech	D	Sell	D	D		44.31	52.12	30	1.62	V	F	E	W	—	W
AmBase Corporation	ABCP	OTC PK	Real Estate	D	Sell	D	D		0.34	0.59	0.25	1.49	W	V	E	W	—	W
Amber Road, Inc.	AMBR	NYSE	Information Tech	D+	Sell	C	D	Up	13.05	13.05	7.6	-0.65	F	W	G	F	—	G
Ambev S.A.	ABEV	NYSE	Consumer Staples	C-	Hold	C+	D	Down	4.71	5.44	3.77	0.83	F	E	E	W	—	W
Ambow Education Holding Ltd.	AMBO	AMEX	Consumer Discretn	D+	Sell	C-	D+		3.85	7.70	3.43	-31.94	W	F	G	W	—	F
AMC Entertainment Holdings, Inc.	AMC	NYSE	Communication Svc	D	Sell	C-	D	Down	9.49	21.45	9.31	0.49	W	F	F	W	E	W
AMC Networks Inc.	AMCX	NAS GS	Communication Svc	C	Hold	B	D+		54.00	68.42	51.04	0.95	E	E	G	W	—	W
AMCI Acquisition Corp.	AMCI	NAS CM	Financials	E	Sell	C-	D		9.94	10.00	9.61		V	G	E	G	—	W
AMCON Distributing Company	DIT	AMEX	Consumer Discretn	C	Hold	B	C		94.42	105.00	77	-0.68	F	E	E	F	W	F
Amcor plc	AMCRF	OTC PK	Materials	C	Hold	C	C		10.70	11.69	8.75	0.36	V	E	G	F	G	W
Amcor plc	AMCR	NYSE	Materials	U		U	U		11.49	11.60	10.46		U	U	U	U	U	U
Amcor plc	AMCRY	OTC	Materials	C-	Hold	C	D		44.70	46.82	35.75	0.35	V	E	G	F	W	W
Amdocs Limited	DOX	NAS GS	Information Tech	C	Hold	B-	C-		61.67	69.16	52.6	0.28	E	E	E	F	F	W
Amedisys, Inc.	AMED	NAS GS	Health Care	B-	Buy	B+	C	Down	119.67	140.91	84.34	1.28	E	E	E	F	—	E
Amerant Bancorp Inc.	AMTBB	NAS GS	Financials	D-	Sell	C	D	Up	14.26	120.00	8.91		G	G	E	W	—	V
Amerant Bancorp Inc.	AMTB	NAS GS	Financials	D-	Sell	C	D	Up	18.82	259.23	10.65		G	G	E	W	—	W
AMERCO	UHAL	NAS GS	Industrials	C	Hold	C+	C		376.30	403.93	316	0.76	W	E	E	F	—	F
Ameren Corporation	AEE	NYSE	Utilities	B	Buy	B+	B		74.65	77.77	59.15	0.24	E	E	G	G	G	F
Ameresco, Inc.	AMRC	NYSE	Industrials	B	Buy	B	B		14.56	18.05	11.6	-0.14	F	G	G	G	—	F
AMERI Holdings, Inc.	AMRH	NAS CM	Information Tech	D-	Sell	E+	D-		0.34	2.49	0.15	3.03	F	V	G	W	—	V
America First Multifamily Investors, L.P.	ATAX	NAS GS	Financials	B	Buy	B+	B-		7.10	7.43	5.17	0.29	F	E	E	G	E	F
America Great Health	AAGH	OTC PK	Real Estate	D+	Sell	C-	D		0.01	0.03	0.01	-6.65	V	E	G	W	—	G
América Móvil, S.A.B. de C.V.	AMOVF	OTC PK	Communication Svc	C	Hold	B-	D+		0.73	1.10	0.65	0.30	G	G	G	W	—	W
América Móvil, S.A.B. de C.V.	AMXVF	OTC PK	Communication Svc	C	Hold	B-	C-		0.75	0.92	0.62	0.09	G	G	G	F	—	W
América Móvil, S.A.B. de C.V.	AMOV	NYSE	Communication Svc	C-	Hold	B-	D		14.65	18.00	12.09	0.32	G	G	G	F	—	W
América Móvil, S.A.B. de C.V.	AMX	NYSE	Communication Svc	C-	Hold	B-	D		14.65	18.11	12	0.21	G	G	G	F	—	W
American Airlines Group Inc.	AAL	NAS GS	Industrials	C-	Hold	C	D		32.15	43.89	27.02	2.02	W	G	F	W	W	W

*Ratings Factors: E=Excellent, G=Good, F=Fair, W=Weak, V=Very Weak, U=Unrated

Data as of June 30, 2019

I. Index of Stocks — Summer 2019

3-Month Total Return (%)	6-Month Total Return (%)	1-Year Total Return (%)	3-Year Total Return (%)	Dividend $ TTM	Dividend Yield TTM	Market Cap. ($Mil)	Enterprise Value ($Mil)	Revenue ($Mil)	Revenue Growth (%)	Net Income ($Mil)	Earnings/Share $	EPS Growth (%)	Cash from Operations ($Mil)	Return on Assets (%)	Return on Equity (%)	Earnings (P/E) TTM	Sales (P/S) TTM	Book (P/B) Q
-4.53	8.87	-10.12	128.17	0.88	13.3	4,767	4,691	1.6	166.7	635.4	0.22	87.2	641.3	-0.31	29.08	30.2	13,290.0	9.0
-6.97	11.52	-16.02	12.66			8,960	22,762	27,959	5.0	155.3	0.01	-52.7	1,666	1.85	2.43	1,662.3	6.1	19.0
-3.14	14.16	-33.81	11.69			8,960	22,762	27,959	5.0	155.3	0.01	-52.7	1,666	1.85	2.43	67.4	0.3	0.8
64.00	105.00	78.26	192.86			60.3	55.6	0.61	25.7	-4.2	-0.05	37.9	-3.2	-3.89		-15.6	130.2	1.3
71.98	113.79	79.71	169.33			60.3	55.6	0.61	25.7	-4.2	-0.05	37.9	-3.2	-3.89		-11.8	98.4	1.0
13.78	30.85	-4.84	-27.31			5.2	3.7	--		-0.91	-0.01	68.4	-0.54	-9.43		-5.1		0.6
9.09	0.00	-20.00	-36.84			5.2	3.7	--		-0.91	-0.01	68.4	-0.54	-9.43		-5.8		0.7
60.00	-32.77	-35.48	90.48			15.3	21.6	16.9	5.2	0.19	-0.41	85.4	3.2	1.91	0.76	-9.8	0.7	0.6
						--	--	--		-7.6	-1.60	-121.8	-4.5					
-33.33	-43.75	-40.00				4.2	4.7	1.5	-14.2	-3.1	-0.06	-24.3	-1.5			-1.4	3.5	3.0
-23.33	-37.92	-52.94	-58.83			321.8	328.7	432.4	-13.6	-133.6	-3.88	37.5	-54.5	-2.99		-2.5	0.8	0.5
12.84	-10.40	32.06		0.18	1.0	550.6	--	185.4	26.8	47.8	1.50	296.0	37.1		11.92	11.6	3.0	1.2
0.00	0.00	0.00	-44.44			2.2	2.6	--		-0.09	0.00	-22.2	-0.02	-299.36		-22.7		-4.0
122.22	-16.67	0.00	-82.76			0.47	0.87	--		-0.09	0.00	-11.8	-0.06	-763.21		-5.3		-0.8
10.00	10.00	-26.67	-15.38			7.1	7.3	--		-1.6	-0.01	18.6	-0.39	-269.79		-5.7		-55.0
27.91	18.47	-40.28	-5.53			7.1	7.3	--		-1.6	-0.01	18.6	-0.39	-269.79		-4.5		-43.4
44.45	66.43	30.41	167.82			13.9	13.3	0.03	-91.8	-1.5	-0.04	-70.1	-1.1	-61.15		-8.4	582.5	25.0
-18.48	-21.88	-5.60	-33.27			22.0	21.7	--		-1.9	-0.02	64.3	-1.9	-6.28		-8.7		0.9
-19.61	-24.07	-4.65	-29.31			22.0	21.7	--		-1.9	-0.02	64.3	-1.9	-6.28		-11.9		1.2
1.52	41.39	517.82	787.20			6,190	6,085	258.6	35.8	-116.8	-0.39	-49.8	-123.0	-23.19		-48.5	23.8	52.0
11.21	13.40	0.00	-13.80			92.8	603.0	5,700	-20.5	0.01	0.00	-100.0	13.7	-0.02			0.0	1.3
-51.49	-28.74	-66.15	-80.66			12.7	18.7	0.52	12.4	-5.2	-0.06	32.8	-1.5	-26.82		-2.2	23.3	2.8
7.38	28.84	11.92	168.99			937,538	969,523	241,545	25.0	12,005	23.94	201.8	34,360	6.12	30.06	79.6	4.0	19.4
-3.75	-7.22	-9.49	33.65			16.1	--	8.6	2.1	1.3	1.31	19.2	2.3		7.1	12.8	1.9	0.9
-8.00	-0.36	-15.97	11.41			764.3	11,334	444.7	-27.5	-163.2	-3.57	-260.8	-446.8	0.63		-4.7	1.7	0.5
3.75	25.95	14.23	-11.82			1,451	1,093	218.0	-24.4	-37.8	-1.16	-757.6	29.7	-6.1		-38.1	6.6	3.4
-17.28	11.67	-37.96	-74.62			13.6	3.0	--		-2.3	-0.06	94.8	6.9	-6.04		-5.9		0.8
50.17	59.34	37.22	81.75			371.1	390.6	86.2	7.0	-13.8	-0.49	3.3	5.4			-26.6	4.3	12.9
9.79	20.77	2.19	-9.02	0.13	2.8	73,772	72,117	13,572	-9.6	2,952	0.19	26.5	5,049	11.45	19.92	25.0	5.5	4.9
-37.60	-31.25	-21.43	-3.75			83.7	67.2	56.7	-13.9	1.6	0.13	-81.8	--			30.2	0.7	1.1
-34.57	-21.12	-33.00	-55.62	0.80	8.4	985.5	11,080	5,278	1.9	-37.8	-1.06	71.1	359.2	0.92		-8.9	0.2	0.8
-5.11	-1.32	-14.58	-3.64			3,068	6,080	3,015	6.7	432.7	7.48	-3.6	661.3	9.94	71.67	7.2	1.0	6.7
1.02						66.6	65.9	--		0.79	-0.01		-0.15			-747.4		13.3
6.29	-1.21	17.47	11.40	0.72	0.8	56.0	76.7	994.4	8.4	4.6	7.23	55.2	29.2	5.09	6.76	13.1	0.1	0.9
-0.47	15.05	1.90	-4.29			18,658	18,658	6,958	-24.6	434.2	0.37	-32.2	379.5	9.79	81.22	29.2	0.0	1,446.0
						18,658	18,658	6,958	-24.6	434.2	0.37	-32.2	379.5	9.79	81.22	31.3	0.0	1,552.7
3.78	23.06	11.21	20.26	2.24	5.0	18,658	18,658	6,958	-24.6	434.2	0.37	-32.2	379.5	9.79	81.22	121.8	0.0	6,040.5
13.91	6.99	-5.76	15.62	1.07	1.7	8,457	8,050	4,036	3.1	361.8	2.57	-15.3	557.2	6.27	10.19	24.0	2.1	2.5
-0.28	4.25	39.18	145.53			3,835	4,216	1,731	12.0	123.5	3.73	205.8	203.2	10.08	23.23	32.1	2.3	7.4
14.65	42.30					748.2	--	273.1	-6.7	49.5	1.16	7.5	61.1		6.64	12.3	2.2	0.8
35.88	44.66					748.2	--	273.1	-6.7	49.5	1.16	7.5	61.1		6.64	16.3	3.0	1.0
1.83	14.58	6.23	3.96			7,378	10,710	3,769	4.7	370.9	18.93	-53.1	975.6	3.42	10.45	19.9	2.0	1.9
2.26	16.44	26.00	56.43	1.88	2.5	18,334	27,860	5,980	0.1	855.0	3.48	48.5	2,299	3.38	11.31	21.5	3.1	2.4
-10.18	3.56	22.35	238.60			705.8	1,306	769.8	2.7	35.1	0.75	-23.6	-74.2	3.12	8.83	19.4	0.9	1.8
8.76	98.49	-69.41	-94.74			17.2	20.7	42.6	-9.9	-17.2	-0.51	35.5	-3.1	-7.62		-0.7	0.4	1.5
3.80	27.99	19.00	66.02	0.50	7.0	429.0	--	52.8	13.8	38.6	0.59	37.9	26.4		10.58	12.1	8.1	1.4
-36.84	-35.14	-19.95	155.32			242.8	242.9	0.00	-101.5	-0.06	0.00		-0.05	-430.88				
4.57	13.02	-9.63	15.82			48,543	87,555	53,287	-2.4	2,798	0.04	354.4	12,270	5.5	22.02	17.5	0.9	4.5
-0.40	3.59	-8.54	29.31			48,543	87,555	53,287	-2.4	2,798	0.04	354.4	12,270	5.5	22.02	17.9	0.9	4.6
5.24	5.17	-9.98	32.74	0.33	2.2	48,543	87,555	53,287	-2.4	2,798	0.04	354.4	12,270	5.5	22.02	350.5	18.4	90.3
4.05	3.17	-10.53	32.94	0.33	2.2	48,543	87,555	53,287	-2.4	2,798	0.04	354.4	12,270	5.5	22.02	350.5	18.4	90.3
4.35	1.57	-14.91	23.67	0.40	1.2	14,301	43,396	44,724	3.5	1,410	3.06	37.5	3,385	3.88		10.5	0.3	-22.5

I. Index of Stocks

Summer 2019

Company Name	Stock Ticker Symbol	Traded On	Sector	Overall Rating	Recommendation	Reward Rating	Risk Rating	Recent Up/Downgrade	Stock Price as of 6/30/2019	52-Week High	52-Week Low	3-Year Beta	Growth	Efficiency	Solvency	Volatility	Dividend	Total Return
American Assets Trust, Inc.	AAT	NYSE	Real Estate	B-	Buy	B+	C-	Up	46.25	48.11	35.37	0.42	E	G	E	F	F	F
American Axle & Manufacturing Holdings, Inc.	AXL	NYSE	Consumer Discretn	D	Sell	C-	D	Down	12.90	19.34	9.96	2.34	F	F	G	W	–	W
American Battery Metals Corporation	ABML	OTC PK	Materials	C-	Hold	C	D		0.24	0.38	0.1	-1.47	W	E	F	W	–	F
American Bio Medica Corporation	ABMC	OTC PK	Health Care	D-	Sell	E+	D	Up	0.07	0.13	0.04	0.73	W	V	F	W	–	W
American Biofuels Inc.	ABSH.V	TSXV	Energy	D	Sell	C-	D	Down	2.15	3.20	0.15	2.34	W	W	G	W	–	G
American Biofuels Inc.	AEBLF	OTC PK	Energy	C-	Hold	C	D		1.72	2.13	1.71	205.69	W	W	G	G	–	E
American BriVision (Holding) Corporation	ABVC	OTC PK	Health Care	D-	Sell	D	D-	Down	13.00	37.80	11.95	-1.51	W	W	G	W	–	V
American Business Bank	AMBZ	OTC PK	Financials	C	Hold	C+	C		33.84	44.00	30.15	0.89	F	G	E	F	–	W
American Campus Communities, Inc.	ACC	NYSE	Real Estate	B-	Buy	B+	C	Up	45.98	48.49	38.4	0.35	G	G	E	F	G	F
American Cannabis Company, Inc.	AMMJ	OTC PK	Industrials	D-	Sell	E+	D	Down	0.27	0.79	0.21	-1.76	W	V	W	W	–	W
American Church Mortgage Company	ACMC	OTC PK	Financials	D+	Sell	C-	D		2.08	2.94	2	0.25	V	F	E	W	E	W
American Creek Resources Ltd.	AMK.V	TSXV	Materials	D-	Sell	D	D-	Up	0.03	0.05	0.03	-0.15	F	V	F	W	–	W
American Creek Resources Ltd.	ACKRF	OTC PK	Materials	D-	Sell	D	D-		0.03	0.04	0.02	0.62	F	V	F	W	–	W
American Cryostem Corporation	CRYO	OTC PK	Health Care	D	Sell	D	D-		0.22	0.96	0.18	-0.90	W	W	F	W	–	W
American Cumo Mining Corporation	MLYCF	OTC PK	Materials	D	Sell	D	D		0.05	0.10	0.02	0.13	W	W	F	W	–	W
American Cumo Mining Corporation	MLY.V	TSXV	Materials	D	Sell	D	D		0.06	0.12	0.05	0.75	W	W	F	W	–	W
American Eagle Outfitters, Inc.	AEO	NYSE	Consumer Discretn	C+	Hold	B	D+		17.00	29.88	16.31	1.10	F	E	G	W	G	F
American Education Center, Inc.	AMCT	OTC PK	Consumer Discretn	D-	Sell	E+	D	Up	0.45	0.71	0.24	0.51	W	V	G	W	–	F
American Electric Power Company, Inc.	AEP	NYSE	Utilities	B	Buy	B+	B-		87.90	91.99	68.13	0.16	E	G	G	G	G	F
American Electric Technologies, Inc	AETI	NAS CM	Industrials	D	Sell	D	D-		0.69	1.84	0.4	-1.95	F	W	F	W	–	V
American Equity Investment Life Holding Compan	AEL	NYSE	Financials	B-	Buy	B	C		26.85	38.57	25.27	1.47	G	G	E	F	–	F
American Express Company	AXP	NYSE	Financials	B	Buy	B	B+		123.94	126.40	89.05	1.00	F	E	E	G	W	G
American Finance Trust, Inc.	AFIN	NAS GS	Real Estate	D+	Sell	C	D	Down	10.76	18.50	9.36		W	G	E	W	E	V
American Financial Group, Inc.	AFG	NYSE	Financials	B-	Buy	B+	C	Up	102.12	115.00	84.18	0.96	E	E	E	F	F	F
American Helium Inc.	AHE.V	TSXV	Energy	D-	Sell	D-	E+	Up	0.06	0.38	0.04		W	W	G	W	–	V
American Helium Inc.	AHELF	OTC PK	Energy	D-	Sell	D-	E+	Up	0.04	0.29	0.03		W	W	G	V	–	V
American Homes 4 Rent	AMH	NYSE	Real Estate	C	Hold	B	D		24.14	25.50	18.91	0.48	G	G	E	F	W	F
American Hotel Income Properties REIT LP	AHOTF	OTC PK	Real Estate	D+	Sell	C+	D-	Down	5.08	7.22	4.34	1.01	G	G	E	W	E	W
American Hotel Income Properties REIT LP	HOTUN.TO	TSX	Real Estate	C-	Hold	C+	D-		6.60	9.30	5.8	0.71	G	G	E	E	E	W
American International Group, Inc.	AIG	NYSE	Financials	D+	Sell	C-	D	Up	53.05	56.36	36.16	1.02	F	F	E	W	F	W
American International Ventures, Inc.	AIVN	OTC PK	Materials	D-	Sell	E+	D		0.01	0.03	0	0.87	V	V	G	W	–	W
American Lithium Corp.	LIACF	OTC PK	Materials	D-	Sell	E+	D		0.18	0.57	0.17	1.38	W	V	E	W	–	W
American Lithium Corp.	LI.V	TSXV	Materials	D-	Sell	E+	D		0.23	0.74	0.22	0.84	W	V	E	W	–	V
American Manganese Inc	AMYZF	OTC PK	Materials	D	Sell	D-	D		0.11	0.16	0.1	0.19	V	V	E	W	–	F
American Manganese Inc	AMY.V	TSXV	Materials	D-	Sell	D-	D	Down	0.14	0.21	0.13	-0.39	V	V	E	W	–	F
American Midstream Partners, LP	AMID	NYSE	Energy	D	Sell	C-	D-		5.17	11.75	2.75	1.78	F	F	F	W	–	W
American National Bankshares Inc.	AMNB	NAS GS	Financials	C+	Hold	B	C	Up	35.65	42.45	28.39	1.23	E	G	E	F	G	W
American National Insurance Company	ANAT	NAS GS	Financials	C	Hold	B	D	Down	113.72	155.24	111.21	0.40	E	E	E	W	G	W
American Outdoor Brands Corporation	AOBC	NAS GS	Consumer Discretn	D+	Sell	C	D		8.34	15.95	8.19	0.36	F	G	E	W	–	V
American Overseas Group Limited	AOREF	OTC PK	Financials	D	Sell	D	D		300.00	450.00	175	0.84	V	W	E	W	–	W
American Pacific Mining Corp.	USGDF	OTC PK	Materials	D-	Sell	E+	D		0.09	0.24	0.03		F	V	E	W	–	W
American Public Education, Inc.	APEI	NAS GS	Consumer Discretn	C-	Hold	C	D+	Down	29.32	46.15	26.37	0.41	W	E	E	W	–	F
American Realty Investors, Inc.	ARL	NYSE	Real Estate	C	Hold	B	D+		13.19	19.00	11.19	1.24	F	G	E	W	–	F
American Rebel Holdings, Inc.	AREB	OTC PK	Consumer Discretn	D	Sell	D	D		0.95	1.25	0.15		W		F	W	–	W
American Renal Associates Holdings, Inc.	ARA	NYSE	Health Care	D	Sell	D	D		6.97	23.99	5.48	1.84	W	F	G	W	–	V
American Resources Corporation	AREC	NAS CM	Energy	D	Sell	D+	D	Down	2.93	14.00	1	-24.12	F	W	F	W	–	F
American River Bankshares	AMRB	NAS GS	Financials	C	Hold	B	D		12.27	17.48	10.5	0.14	F	G	E	W	F	W
American Shared Hospital Services	AMS	AMEX	Health Care	C	Hold	B	D+		2.96	3.95	2.19	0.66	G	G	G	W	–	F
American Software, Inc.	AMSWA	NAS GS	Information Tech	C	Hold	B	D		13.20	18.94	8.99	0.64	F	E	E	W	G	F
American States Water Company	AWR	NYSE	Utilities	B-	Buy	B	C+		73.92	76.43	57.13	0.18	F	E	E	E	F	F
American Superconductor Corporation	AMSC	NAS GS	Industrials	C-	Hold	C-	D+	Down	8.76	16.44	4.84	0.70	F	F	E	W	–	F
American Tower Corporation (REIT)	AMT	NYSE	Real Estate	B	Buy	A+	C-		205.85	218.79	138.51	0.07	E	E	G	G	F	G

*Ratings Factors: E=Excellent, G=Good, F=Fair, W=Weak, V=Very Weak, U=Unrated

Summer 2019 — I. Index of Stocks

TOTAL RETURNS %				DIVIDEND/YIELD		SIZE		REVENUE & INCOME			EARNINGS		EFFECTIVENESS			VALUATION		
3-Month Total Return (%)	6-Month Total Return (%)	1-Year Total Return (%)	3-Year Total Return (%)	Dividend $ TTM	Dividend Yield TTM	Market Cap. ($Mil)	Enterprise Value ($Mil)	Revenue ($Mil)	Revenue Growth (%)	Net Income ($Mil)	Earnings/Share $	EPS Growth (%)	Cash from Operations ($Mil)	Return on Assets (%)	Return on Equity (%)	Earnings (P/E) TTM	Sales (P/S) TTM	Book (P/B) Q
0.56	16.86	23.94	20.44	1.11	2.4	2,726	3,969	331.2	4.3	31.2	0.66	47.0	129.4	2.69	5.28	69.6	9.0	2.7
-9.09	15.90	-18.35	-6.32			1,451	5,098	7,131	0.8	-105.3	-0.83	-127.2	624.4	4.46		-15.6	0.2	1.0
-2.93	-16.07	47.80	-85.67			27.0	26.9	--		-11.8	-0.11	-78.5	-1.7	-1,601.41		-2.1		-7.1
-1.41	-22.22	-30.00	-50.00			2.3	3.7	3.8	-19.1	-1.0	-0.04	-46.7	-0.11	-17.55		-2.0	0.6	-6.2
18.13	110.78	975.00	2,050.00			16.2	15.8	--		-0.14	-0.03	-157.6	-0.91	-30.61		-76.8		61.3
24,462.86	24,462.86	24,462.86	24,462.86			16.2	15.8	--		-0.14	-0.03	-157.6	-0.91	-30.61		-61.4		49.0
-51.85	-51.85	-61.99	-63.89			230.0	233.5	0.21	403.1	-4.6	-0.39	15.5	-1.1	-23.71		-33.3	922.0	-39.9
-3.86	5.42	-14.65	34.63			263.7	--	58.3	6.6	7.2	0.90	-47.0	--		4.89	37.6	4.6	1.7
-3.46	14.11	11.75	0.48	1.85	4.0	6,311	9,910	902.5	9.5	120.8	0.86	100.7	349.1	1.56	3.41	53.5	7.0	1.8
-41.38	-12.62	-57.44	136.01			14.3	13.4	1.1	-47.8	-0.97	-0.02	34.0	-0.45	-44.77		-14.6	12.9	16.8
-19.51	7.77	-17.55	20.72	0.20	9.6	3.5	--	0.56	-12.8	-0.03	-0.02	-119.0	0.33			-123.8	6.3	0.3
0.00	0.00	-14.29	-68.42			6.4	6.3	--		-0.50	0.00	65.3	-0.16	-11.56		-17.7		4.4
-10.00	37.76	-18.18	-60.00			6.4	6.3	--		-0.50	0.00	65.3	-0.16	-11.56		-15.9		3.9
-55.10	-62.71	-76.84	-3.55			10.8	11.7	0.48	-74.5	-1.4	-0.03	33.2	-0.79	-60.01		-7.1	22.2	-11.2
-17.50	-25.00	-42.11	-43.10			8.2	14.5	--		-1.6	-0.01	66.6	0.52	-4.2		-4.3		0.7
0.00	0.00	-40.00	-45.45			8.2	14.5	--		-1.6	-0.01	66.6	0.52	-4.2		-5.3		0.9
-21.93	-9.87	-27.21	19.08	0.55	3.2	2,928	4,174	4,099	6.3	262.7	1.48	21.7	436.4	8.47	21.45	11.5	0.7	2.4
-29.69	-18.18	-6.25				25.5	26.2	7.7	-56.7	-4.8	-0.11	-67.0	0.07	-33.12		-4.0	3.3	13.4
5.75	19.58	31.19	42.29	2.63	3.0	43,373	70,749	16,204	4.3	2,042	4.14	15.2	5,229	2.71	10.82	21.3	2.7	2.3
-20.13	-23.25	-45.55	-73.71			6.4	10.7	7.1	11.5	-0.09	-0.05	85.2	-0.98	-2.86		-13.0	0.9	0.9
-1.79	-2.47	-24.06	102.82	0.28	1.0	2,440	2,305	2,429	-21.7	287.0	3.14	9.1	1,598	0.39	10.46	8.6	1.0	0.8
13.94	32.27	29.72	124.62	1.52	1.2	103,500	--	37,598	8.4	6,837	7.84	128.3	15,414		32.69	15.8	2.8	4.7
2.65	-15.98			0.96	8.9	1,141	2,682	292.6	3.1	-56.0	-0.64	-65.1	93.1	0.8		-16.7	3.9	0.7
8.75	16.97	0.63	64.94	1.55	1.5	9,159	9,893	7,337	9.2	714.0	7.88	52.3	2,146	0.95	12.94	13.0	1.3	1.6
-21.43	-26.67	-84.29				1.6	1.6	--		-1.4	-0.03	74.9	-0.52	-121.98		-1.7		91.7
-39.35	-27.64	-85.50				1.6	1.6	--		-1.4	-0.03	74.9	-0.52	-121.98		-1.2		65.0
5.95	22.74	9.48	24.22	0.20	0.8	7,235	10,740	1,094	11.1	117.9	0.11	274.4	446.3	1.63	2.09	223.3	6.6	1.4
-3.01	17.16	-10.07	-14.20	0.65	12.8	392.8	1,146	338.0	4.6	6.5	0.07	287.7	57.2	2.39	1.35	70.9	1.2	0.9
-6.41	12.15	-11.95	-16.32	0.65	9.8	392.8	1,146	338.0	4.6	6.5	0.07	287.7	57.2	2.39	1.35	92.1	1.5	1.1
23.83	39.22	2.50	14.30	1.28	2.4	46,140	81,965	48,202	-0.9	-290.0	-0.34	95.2	23.0	0.26	0.14	-156.7	1.0	0.8
51.61	17.50	3.30	-53.00			3.9	3.7	0.00	-100.0	-0.79	0.00	0.0	0.09			-3.9		3.6
-44.88	-37.94	-37.03	-94.95			10.7	9.1	--		-9.0	-0.33	-120.2	-4.9	-72.06		-0.5		0.7
-47.06	-41.56	-38.36	-94.89			10.7	9.1	--		-9.0	-0.33	-120.2	-4.9	-72.06		-0.7		0.9
-0.63	0.73	-21.57	243.12			18.9	18.5	--		-2.5	-0.02	-13.3	-2.1	-29.64		-7.2		4.2
-3.45	-3.45	-26.32	250.00			18.9	18.5	--		-2.5	-0.02	-13.3	-2.1	-29.64		-9.2		5.3
0.58	19.40	-47.26		1.03	20.0	281.5	1,621	771.9	11.3	-7.0	-0.88	80.2	-13.9	-1.8		-5.9	0.4	1.8
5.08	24.79	-8.49	53.73	1.00	2.8	398.1	--	73.1	3.2	22.8	2.60	33.5	26.3		10.37	13.7	4.3	1.4
-6.74	-7.86	-1.32	13.13	3.28	2.9	3,056	2,875	3,647	6.2	398.4	14.79	-15.6	543.1	0.93	7.38	7.7	0.8	0.6
-11.75	-33.81	-32.58	-68.00			457.0	617.8	638.3	5.2	18.4	0.32	-12.3	57.5	4.01	4.25	25.7	0.7	1.0
33.33	50.00	12.15	-68.42			13.7	8.9	21.0	-41.6	-4.8	-103.77	-32.2	-10.1	-0.04		-2.9	0.7	0.3
-43.05	113.24	-38.48				4.9	4.0	--		-2.4	-0.07	79.3	-2.1	-43.9		-1.2		2.1
-2.20	4.64	-30.44	13.95			486.3	283.5	296.2	-0.8	22.1	1.32	2.5	41.8	5.88	7.17	22.2	1.7	1.5
8.11	9.37	-22.37	92.84			209.2	688.4	102.0	-19.1	168.2	10.47	3,722.6	-192.3	0.44	73.33	1.3	2.1	0.8
3.26	46.15	-5.00				28.8	30.7	0.17	152.4	-2.1	-0.07	59.6	-1.6	-100.77		-13.1	166.7	-22.3
15.97	-40.48	-56.68	-75.46			226.6	1,034	817.2	9.0	-16.2	-0.50	-47.9	115.0	8.78	21.7	-14.0	0.3	-3.1
-31.86	-70.70	148.31				68.3	93.2	31.2	44.9	-20.3	-6.51	54.5	-8.0	-29.34		-0.5	2.0	5.0
-0.84	-9.77	-20.49	23.02	0.25	2.0	71.7	--	22.7	11.2	4.7	0.80	50.8	7.2		6.27	15.4	3.2	0.9
4.41	27.17	11.70	40.95			16.9	40.8	19.7	-1.1	0.90	0.15	-55.0	7.7	3.43	4.43	19.3	0.9	0.7
11.75	34.12	-7.91	46.73	0.44	3.3	410.8	324.8	111.8	2.0	6.2	0.19	-72.2	15.0	2.61	5.46	69.0	3.7	3.6
4.20	11.58	30.53	84.65	1.10	1.5	2,720	3,157	443.8	1.7	65.9	1.78	-2.5	130.4	4.46	12.07	41.5	6.2	4.8
-35.92	-20.07	21.33	5.04			189.3	111.9	56.2	16.1	26.8	1.29	171.2	42.7	-10.98	40.11	6.8	3.2	2.3
6.55	30.77	45.56	97.45	3.45	1.7	90,991	119,147	7,512	10.6	1,349	3.03	15.2	3,742	4.82	19.21	67.9	12.2	17.0

https://greyhouse.weissratings.com — Data as of June 30, 2019

I. Index of Stocks

Summer 2019

Company Name	Stock Ticker Symbol	Traded On	Sector	Overall Rating	Recommendation	Reward Rating	Risk Rating	Recent Up/Downgrade	Stock Price as of 6/30/2019	52-Week High	52-Week Low	3-Year Beta	Growth	Efficiency	Solvency	Volatility	Dividend	Total Return
American Uranium Mining Corporation	AUMH.V	TSXV	Materials	D+	Sell	C+	D	Down	0.06	0.07	0.06	0.76	F	E	F	W	–	F
American Vanguard Corporation	AVD	NYSE	Materials	C-	Hold	B-	D	Down	15.01	23.30	12.69	1.17	F	G	E	W	W	W
American Water Works Company, Inc.	AWK	NYSE	Utilities	B	Buy	B	B-		115.26	119.28	84.22	0.23	G	E	G	G	F	G
American Woodmark Corporation	AMWD	NAS GS	Industrials	C	Hold	B-	D+		82.22	98.48	53.35	2.62	E	E	E	W	–	W
Americann, Inc.	ACAN	OTC PK	Health Care	D	Sell	D	D		1.24	3.70	0.81	-1.67	W	V	E	W	–	W
America's Car-Mart, Inc.	CRMT	NAS GS	Consumer Discretn	B	Buy	A	C+		87.72	104.05	60.55	0.62	E	E	E	F	–	G
Americas Silver Corporation	USA.TO	TSX	Materials	D	Sell	D	D		3.07	4.21	1.66	0.24	W	W	G	W	–	W
Americas Silver Corporation	USAS	AMEX	Materials	D	Sell	D	D		2.36	3.31	1.24	0.52	W	W	G	W	–	W
AmericaTowne Holdings, Inc.	ATMO	OTC PK	Industrials	E+	Sell	E+	E+	Down	0.80	0.80	0.2	11.18	V	G	E	W	–	V
AmeriCold Realty Trust	COLD	NYSE	Real Estate	C	Hold	C+	D+		32.42	34.24	21.06		W	G	E	E	F	F
AmeriGas Partners, L.P.	APU	NYSE	Utilities	C	Hold	C+	D	Up	34.76	43.79	22.75	1.69	F	E	F	W	E	W
Amerigo Resources Ltd.	ARG.TO	TSX	Materials	C	Hold	B	C-	Down	0.69	1.21	0.62	0.87	F	G	G	F	–	F
Amerigo Resources Ltd.	ARREF	OTC PK	Materials	C+	Hold	B	D+		0.52	0.92	0.45	1.17	F	G	G	W	–	F
Amerinac Holding Corp.	PAOS	OTC PK	Materials	C	Hold	B+	D+		60.00	60.00	50	0.15	G	G	E	W	–	F
Ameriprise Financial, Inc.	AMP	NYSE	Financials	B-	Buy	A-	C-	Up	144.03	153.91	95.69	1.95	G	E	E	F	F	F
Ameris Bancorp	ABCB	NAS GS	Financials	C	Hold	B	D		38.94	54.55	29.97	1.65	G	G	E	W	W	W
Amerisafe, Inc.	AMSF	NAS GS	Financials	C+	Hold	B+	C-	Down	62.32	67.96	50.45	0.64	G	E	E	F	F	F
AmeriServ Financial, Inc.	ASRV	NAS	Financials	B	Buy	B+	B-		4.10	4.55	3.92	0.39	F	E	G	F	F	F
AmerisourceBergen Corporation	ABC	NYSE	Health Care	C	Hold	B-	D+		85.63	94.85	69.36	1.21	F	E	G	W	F	W
Ameritek Ventures	ATVK	OTC PK	Information Tech	D+	Sell	C	D	Up	0.00	0.15	0	-3.75	W	G	F	W	–	V
Amerityre Corporation	AMTY	OTC PK	Consumer Discretn	D	Sell	D+	D		0.02	0.03	0.01	-0.52	F	F	G	W	–	W
Ames National Corporation	ATLO	NAS CM	Financials	C	Hold	B	C-		27.25	32.15	24.47	0.59	E	E	E	F	G	W
AMETEK, Inc.	AME	NYSE	Industrials	B+	Buy	A-	B	Up	88.26	89.82	63.14	1.26	E	E	E	G	W	G
Amex Exploration Inc.	AMXEF	OTC PK	Materials	D	Sell	C-	D	Down	0.62	1.12	0.04	-1.52	V	W	E	W	–	G
Amex Exploration Inc.	AMX.V	TSXV	Materials	D	Sell	C-	D	Down	0.81	1.52	0.06	0.05	V	W	E	W	–	G
Amgen Inc.	AMGN	NAS GS	Health Care	B-	Buy	B+	C-	Down	184.02	210.19	166.3	0.95	G	E	G	F	G	F
Amicus Therapeutics, Inc.	FOLD	NAS	Health Care	D-	Sell	D-	D		12.00	16.82	8.27	1.65	W	V	E	W	–	F
Amilot Capital Inc.	TOM.V	TSXV	Materials	D	Sell	C-	D-	Down	0.03	0.15	0.03	1.58	W	G	F	W	–	V
Amilot Capital Inc.	FMXVF	OTC PK	Materials	C-	Hold	C	D		0.06	0.10	0	7.25	W	G	F	W	–	F
Amira Nature Foods Ltd.	ANFI	NYSE	Consumer Staples	D-	Sell	D-	D	Down	0.74	2.35	0.3	3.81	V	W	G	W	–	V
Amkor Technology, Inc.	AMKR	NAS GS	Information Tech	C	Hold	B-	D+		7.38	9.74	5.72	1.51	F	E	E	W	–	W
Ammo, Inc.	POWW	OTC PK	Consumer Discretn	D	Sell	D-	D	Up	2.10	6.09	1.03	0.45	F	V	E	W	–	W
AMN Healthcare Services, Inc.	AMN	NYSE	Health Care	C+	Hold	B	C-	Down	53.63	65.81	45.04	1.14	G	E	E	F	–	F
Amneal Pharmaceuticals, Inc.	AMRX	NYSE	Health Care	D	Sell	D+	D-		7.09	24.48	6.23		W	F	G	W	–	V
Ampco-Pittsburgh Corporation	AP	NYSE	Materials	D-	Sell	D-	D-		3.95	11.07	2.79	1.36	F	V	G	W	–	V
Amphastar Pharmaceuticals, Inc.	AMPH	NAS GS	Health Care	D+	Sell	C	D	Down	20.85	25.43	15.04	1.07	F	F	E	F	–	F
Amphenol Corporation	APH	NYSE	Information Tech	B+	Buy	A-	B	Up	95.65	105.51	74.95	1.07	E	E	E	G	W	F
Ampio Pharmaceuticals, Inc.	AMPE	AMEX	Health Care	D	Sell	D	D		0.40	3.20	0.35	1.35	W	W	G	W	–	W
Amplify Energy Corp.	AMPY	OTC PK	Energy	D	Sell	D	D		5.45	11.50	4.99	0.98	W	W	G	W	–	V
AmpliTech Group, Inc.	AMPG	OTC PK	Information Tech	C	Hold	B	D+		0.07	0.08	0.03	0.67	W	G	E	W	–	G
AMREP Corporation	AXR	NYSE	Industrials	D	Sell	D+	D		6.86	9.88	5	1.13	W	F	E	W	–	W
Amseco Exploration Ltd.	AELH.V	TSXV	Materials	D+	Sell	C	D	Down	0.05	0.29	0.04	1.08	W	E	F	W	–	F
Amtech Systems, Inc.	ASYS	NAS GS	Information Tech	D	Sell	D	D		5.20	7.18	4.03	1.92	W	W	E	W	–	W
Amyris, Inc.	AMRS	NAS GS	Materials	D	Sell	D	D		3.43	9.29	1.87	1.55	F	W	F	W	–	W
ANA Holdings Inc.	ALNPF	OTC PK	Industrials	C	Hold	B+	C+		37.05	37.05	37.05	4.17	F	E	G	F	–	E
ANA Holdings Inc.	ALNPY	OTC PK	Industrials	C	Hold	B	C		6.49	7.69	6.22	0.23	F	E	G	F	–	F
Anaconda Mining Inc.	ANX.TO	TSX	Materials	D+	Sell	C	D		0.29	0.38	0.18	0.64	G	W	G	W	–	F
Anaconda Mining Inc.	ANXGF	OTC PK	Materials	D+	Sell	C	D		0.23	0.35	0.14	0.69	G	W	G	W	–	F
Anadarko Petroleum Corporation	APC	NYSE	Energy	C-	Hold	C	D		70.53	76.70	40.4	1.58	G	F	G	W	F	F
Analog Devices, Inc.	ADI	NAS GS	Information Tech	B	Buy	A	B-		112.84	118.54	76.62	1.56	E	E	E	G	F	G
AnalytixInsight Inc.	ATIXF	OTC PK	Information Tech	D	Sell	D+	D	Up	0.27	0.32	0.2	1.99	W	W	E	W	–	F
AnalytixInsight Inc.	ALY.V	TSXV	Information Tech	D	Sell	D+	D	Up	0.36	0.43	0.27	1.20	W	W	E	W	–	F

*Ratings Factors: E=Excellent, G=Good, F=Fair, W=Weak, V=Very Weak, U=Unrated

Summer 2019 — I. Index of Stocks

TOTAL RETURNS %				DIVIDEND/YIELD		SIZE		REVENUE & INCOME			EARNINGS		EFFECTIVENESS			VALUATION		
3-Month Total Return (%)	6-Month Total Return (%)	1-Year Total Return (%)	3-Year Total Return (%)	Dividend $ TTM	Dividend Yield TTM	Market Cap. ($Mil)	Enterprise Value ($Mil)	Revenue ($Mil)	Revenue Growth (%)	Net Income ($Mil)	Earnings/Share $	EPS Growth (%)	Cash from Operations ($Mil)	Return on Assets (%)	Return on Equity (%)	Earnings (P/E) TTM	Sales (P/S) TTM	Book (P/B) Q
0.00	0.00	-26.67	266.67			2.5	3.1	--		-1.2	-0.03	62.8	-0.94	-15.01		-2.0		-1.4
-13.44	0.99	-34.22	5.19	0.08	0.5	446.1	599.0	449.8	15.8	23.4	0.79	8.8	0.32	3.92	7.26	19.0	1.0	1.4
11.01	29.25	37.47	49.12	1.87	1.6	20,807	29,711	3,492	3.9	574.0	3.17	30.1	1,335	3.45	10.05	36.3	6.0	3.5
1.44	44.14	-8.95	30.09			1,387	2,019	1,644	49.0	80.8	4.61	23.1	175.8	5.55	13.92	17.8	0.9	2.3
-34.39	-41.23	-63.20	19.23			27.5	29.8	--		-3.2	-0.16	25.4	-1.7	-15.05		-7.8		3.9
-4.84	24.50	38.36	233.66			587.7	740.6	669.1	9.3	47.6	6.73	36.2	24.9	8.92	19.37	13.0	0.9	2.3
42.79	37.05	-23.25	-22.47			182.0	195.7	65.8	10.7	-14.0	-0.33	-310.1	11.5	-4.05		-9.4	2.1	1.7
48.43	43.90	-21.59	-22.88			182.0	195.7	65.8	10.7	-14.0	-0.33	-310.1	11.5	-4.05		-7.3	1.6	1.3
-95.43	-95.43	-95.43	-96.00			160.5	160.2	0.03	-94.3	-1.6	0.00	-97.6	-0.88	-35.58		1,333.3	8,000.0	69.6
5.50	29.71	48.89		0.78	2.4	6,209	7,628	1,605	2.8	52.0	0.35	174.9	190.8	4.19	7.86	91.6	3.0	7.1
17.27	50.14	-8.10	-1.64	3.80	10.9	3,233	6,084	2,787	1.7	110.8	0.87	-41.3	427.2	6.16	21.29	40.2	1.2	5.5
-36.11	-21.59	-29.59	331.25			93.6	153.9	130.7	-5.4	7.9	0.04	-9.6	16.3	4.35	7.55	16.3	0.9	1.1
-34.24	-18.53	-28.93	366.39			93.6	153.9	130.7	-5.4	7.9	0.04	-9.6	16.3	4.35	7.55	12.4	0.7	0.9
20.00	20.00	20.00	-52.00			18.8	24.9	45.0	65.3	2.1	6.83	-45.3	1.7	11.18	30.28	8.8	0.4	2.1
14.17	41.54	6.84	81.91	3.67	2.6	19,286	20,943	12,893	3.7	1,899	13.11	21.2	2,977	1.46	32.51	11.0	1.6	3.3
12.32	24.22	-27.29	40.54	0.40	1.0	1,847	--	473.5	30.0	134.3	2.86	35.8	-97.6		11.36	13.6	3.9	1.2
5.33	11.59	13.12	29.45	0.94	1.5	1,201	1,167	378.8	1.9	74.9	3.88	52.9	105.9	3.72	17.36	16.1	3.2	2.8
2.86	0.36	2.02	41.68	0.09	2.1	71.9	--	50.6	1.9	7.9	0.44	129.1	6.1		8.09	9.3	1.4	0.7
10.51	16.92	1.33	19.87	1.58	1.9	17,997	19,882	175,151	9.9	929.9	4.29	11.9	2,592	2.81	27.86	19.9	0.1	6.2
-75.00	-93.71	-98.50	-99.08			0.20	0.63	--		-0.73	-0.02	-7.7	-0.23	-399.26		-0.1		-0.2
11.38	17.60	-6.90	-39.86			0.98	1.5	3.4	-2.1	-0.02	0.00	46.0	0.06	-1.16		-7.8	0.3	0.8
1.99	7.85	-9.84	13.90	0.93	3.4	251.8	--	50.3	6.8	17.2	1.85	22.0	20.6		10	14.7	5.0	1.4
7.51	32.72	23.95	101.43	0.56	0.6	20,109	22,402	4,961	11.1	800.9	3.45	10.6	944.4	8.36	18.49	25.6	4.1	4.5
-6.38	344.53	733.99	116.81			33.7	29.5	--		-3.6	-0.07	-838.2	-0.21	-28.1		-8.7		4.0
-12.90	326.32	912.50	224.00			33.7	29.5	--		-3.6	-0.07	-838.2	-0.21	-28.1		-11.4		5.3
-1.09	-1.94	3.43	35.03	5.54	3.0	112,240	119,451	23,750	3.5	8,075	12.53	313.8	10,414	9.83	61.05	14.7	4.9	10.4
-10.65	29.73	-22.58	120.99			3,052	2,821	108.6	119.6	-419.4	-2.15	-24.0	-329.0	-26.79		-5.6	23.6	6.1
-40.00	-40.00	-70.00	-70.00			0.33	0.84	--		-0.30	-0.02	-191.7	0.01	7,246.15		-1.4		-0.1
0.00	-38.00	3.33	6,100.00			0.33	0.84	--		-0.30	-0.02	-191.7	0.01	7,246.15		-3.0		-0.2
-57.12	66.10	-67.08	-90.27			34.9	254.6	313.8	-44.9	-128.4	-3.43	-502.1	-34.4	-2.84		-0.2	0.1	0.2
-12.77	13.54	-14.09	31.08			1,768	2,696	4,186	-3.4	94.7	0.39	-67.5	567.8	3.22	5.4	18.9	0.4	1.0
-33.33	-30.92	-65.00				93.8	89.3	4.8	294.2	-5.8	-0.22	30.6	-7.5	-20.69		-9.8	14.9	3.9
16.56	-5.08	-9.26	41.47			2,500	3,064	2,146	6.5	133.2	2.76	-4.8	203.5	8.66	21.32	19.4	1.2	3.8
-49.32	-48.81	-56.69				906.8	3,962	1,834	69.3	-269.1	-0.54	-129.2	114.8	5.01		-13.0	0.5	1.9
20.43	20.80	-61.46	-62.17			49.4	128.0	443.0	14.2	-85.4	-6.84	-1,209.6	-4.3	-1.66		-0.6	0.1	0.6
2.01	4.04	34.52	25.38			981.3	1,007	316.1	30.7	2.3	0.05	149.3	26.2	-0.24		448.4	3.3	2.9
1.99	19.45	10.97	76.14	0.92	1.0	28,574	31,374	8,294	13.3	1,207	3.88	78.0	1,326	10.88	29.94	24.6	3.6	6.9
-30.50	0.25	-82.10	-88.48			56.7	53.2	--		6.1	0.07	118.0	-11.0	-47.16		5.4		-95.5
-18.54	-39.38	-50.32				121.6	371.7	317.4	-1.2	19.9	0.43	116.1	110.4	4.02	5.08	12.7	0.4	0.3
44.44	116.67	80.56	195.45			3.1	2.9	2.6	96.0	0.37	0.00	270.8	0.53	18.64	46.99	15.9	2.2	3.2
20.99	8.89	-3.79	38.87			55.8	44.1	39.5	2.6	1.4	0.18	168.6	-1.5	-0.04	1.68	38.6	1.4	0.6
0.00	0.00	11.11	11.11			0.40	0.35	--		-0.09	-0.02	-18.6	-0.08	-87.45		-3.0		-7.8
-1.70	13.79	-16.93	-12.75			74.0	31.8	113.9	-24.4	-12.0	-0.84	-161.7	5.5	2.04		-6.2	0.7	0.9
63.33	-2.83	-46.90	-38.97			336.5	501.9	141.6	66.5	-160.0	-3.27	47.1	-85.9	-17.05		-1.1	1.5	-1.1
0.00	875.00	875.00	1,209.19			11,118	15,808	18,549	8.0	874.2	2.61	-38.6	509.2	3.82	10.33	14.2	0.7	1.3
-9.36	-10.48	-9.36	13.66			11,118	15,808	18,549	8.0	874.2	2.61	-38.6	509.2	3.82	10.33	2.5	0.1	0.2
-7.94	31.82	-18.31	-3.33			26.2	22.8	25.1	42.0	-0.54	0.00	87.2	9.2	1.02		-59.2	1.4	1.0
-1.06	36.60	-19.10	-2.99			26.2	22.8	25.1	42.0	-0.54	0.00	87.2	9.2	1.02		-46.7	1.1	0.8
57.17	65.11	-2.10	42.78	1.15	1.6	35,434	54,704	13,006	18.2	479.0	0.94	11,379.3	5,628	3.87	6.05	74.9	2.7	3.9
9.03	33.45	20.08	121.67	2.52	2.2	41,724	47,048	6,237	2.2	1,570	4.18	41.5	2,378	5.79	14.07	27.0	6.8	3.6
1.58	32.70	-10.34	73.55			21.1	20.7	3.6	-10.6	-1.2	-0.02	-64.5	-0.99	-22.83		-13.4	5.3	6.1
-1.37	24.14	-8.86	80.00			21.1	20.7	3.6	-10.6	-1.2	-0.02	-64.5	-0.99	-22.83		-17.7	7.0	8.0

https://greyhouse.weissratings.com

Data as of June 30, 2019

I. Index of Stocks

Summer 2019

Company Name	Stock Ticker Symbol	Traded On	Sector	Overall Rating	Recommendation	Reward Rating	Risk Rating	Recent Up/Downgrade	Stock Price as of 6/30/2019	52-Week High	52-Week Low	3-Year Beta	Growth	Efficiency	Solvency	Volatility	Dividend	Total Return
Anaplan, Inc.	PLAN	NYSE	Information Tech	D+	Sell	D+	D		49.68	53.00	20.37		F	V	E	G	–	W
AnaptysBio, Inc.	ANAB	NAS GS	Health Care	D	Sell	D	D		54.52	110.00	52.93	1.40	V	W	E	W	–	F
Anavex Life Sciences Corp.	AVXL	NAS CM	Health Care	D-	Sell	E+	D	Up	3.22	4.00	1.25	1.88	V	V	E	W	–	W
Anchiano Therapeutics Ltd	BCNLF	OTC PK	Health Care	D	Sell	D-	C-		2.00	2.00	2	2.39	V	V	E	F	–	G
Anchiano Therapeutics Ltd	ANCN	NAS CM	Health Care	E-	Sell	E+	D-		4.44	11.50	3.77		V	V	E	W	–	V
Anconia Resources Corp.	CIGCF	OTC PK	Materials	D	Sell	D	D-	Down	0.00	0.02	0	4.68	W	F	F	W	–	V
Anconia Resources Corp.	ARA.V	TSXV	Materials	D	Sell	D+	D	Down	0.01	0.04	0.01	1.25	W	F	F	W	–	W
Andeavor Logistics LP	ANDX	NYSE	Energy	C-	Hold	B-	D		36.12	50.82	31.49	1.09	E	E	G	W	E	W
Andina Acquisition Corp. III	ANDA	NAS CM	Financials	E	Sell	C-	D		9.91	9.96	9.7		V	G	E	G	–	W
Andina Acquisition Corp. III	ANDAU	NAS CM	Financials	E	Sell	C-	D		10.30	11.03	10		V	G	E	G	–	W
Andover National Corporation	AANC	OTC PK	Financials	D-	Sell	C	C-	Up	0.15	0.15	0.04		W	F	E	E	–	F
Andrea Electronics Corporation	ANDR	OTC PK	Information Tech	D-	Sell	E+	D		0.05	0.19	0.04	0.49	W	V	G	W	–	W
Andrew Peller Limited	ADWB.TO	TSX	Consumer Staples	C	Hold	B-	D+		14.00	17.66	11.62	0.18	F	E	G	W	W	F
Andrew Peller Limited	ADWA.TO	TSX	Consumer Staples	C	Hold	B-	D+		13.82	17.66	11.64	0.10	F	E	G	W	W	F
Andrew Peller Limited	ADWPF	OTC PK	Consumer Staples	C	Hold	B-	D+		10.46	13.28	9.15	0.28	F	E	G	W	F	F
Anfield Energy Inc.	AEC.V	TSXV	Energy	D	Sell	D	D-		0.18	0.59	0.17	0.50	W	W	F	W	–	W
Anfield Energy Inc.	ANLDF	OTC PK	Energy	D	Sell	D	D-		0.14	0.45	0.12	0.06	W	W	F	W	–	W
Angel Gold Corp.	ANG.V	TSXV	Materials	D-	Sell	D-	D-	Down	0.02	0.07	0.02	0.22	W	W	F	W	–	V
Angel Gold Corp.	ANGCF	OTC PK	Materials	D-	Sell	D-	D	Down	0.02	0.05	0.01	2.90	W	W	F	W	–	W
ANGI Homeservices Inc.	ANGI	NAS GS	Communication Svc	C-	Hold	C+	D		12.96	23.95	12.76		G	G	E	W	–	W
AngioDynamics, Inc.	ANGO	NAS GS	Health Care	C-	Hold	C-	C-	Down	19.48	25.48	18.11	0.72	W	F	E	F	–	W
AngioSoma, Inc.	SOAN	OTC PK	Health Care	D	Sell	C-	D	Down	0.01	0.06	0.01	-3.60	W	E	F	W	–	W
Angkor Gold Corp.	ANK.V	TSXV	Materials	D-	Sell	D-	D-		0.13	0.20	0.11	0.13	W	V	G	W	–	V
Angkor Gold Corp.	ANKOF	OTC PK	Materials	D-	Sell	D-	D-		0.10	0.32	0.09	0.81	W	V	G	W	–	W
Anglo American plc	NGLOY	OTC PK	Materials	B	Buy	A	C+		14.05	14.74	9.37	0.62	E	G	E	F	E	G
Anglo American plc	AAUKF	OTC PK	Materials	C	Hold	A	C+		27.80	29.00	19.09	0.63	E	G	E	F	G	G
AngloGold Ashanti Limited	AU	NYSE	Materials	C-	Hold	C	D+	Down	17.87	17.92	7.08	0.01	W	F	G	W	–	F
AngloGold Ashanti Limited	AULGF	OTC PK	Materials	C-	Hold	C	D+		11.07	15.04	7.38	-0.55	W	F	G	W	–	F
Angus Ventures Inc.	GUSP.V	TSXV	Financials	D	Sell	D	D		0.29	0.45	0.15		W	W	E	W	–	V
Anheuser-Busch InBev SA/NV	BUD	NYSE	Consumer Staples	D+	Sell	C	D	Up	87.20	106.86	64.55	1.28	W	F	F	W	G	W
Anheuser-Busch InBev SA/NV	BUDFF	OTC PK	Consumer Staples	D+	Sell	C	D	Up	86.51	105.75	64.31	1.28	W	F	F	W	G	W
ANI Pharmaceuticals, Inc.	ANIP	NAS	Health Care	C	Hold	B-	D		79.47	80.30	36.92	1.78	F	G	E	W	–	G
Anika Therapeutics, Inc.	ANIK	NAS GS	Health Care	C-	Hold	C+	D	Up	39.43	44.95	29.01	0.97	F	E	E	W	–	W
Anixa Biosciences, Inc.	ANIX	NAS CM	Health Care	D-	Sell	D-	D		3.47	6.86	3.01	1.08	V	V	E	W	–	F
Anixter International Inc.	AXE	NYSE	Information Tech	C	Hold	B-	D		58.92	75.00	50.05	1.67	G	G	E	W	–	W
Annaly Capital Management, Inc.	NLY	NYSE	Financials	D+	Sell	C-	D	Down	9.10	10.78	8.74	0.45	W	F	G	W	E	W
Anquiro Ventures Ltd.	AQRP.V	TSXV	Financials	D	Sell	D	D	Up	0.15	0.29	0.11		W	W	E	W	–	W
Ansell Limited	ANSLY	OTC PK	Health Care	C	Hold	C+	D	Up	74.38	86.92	58.38	0.85	W	E	E	F	W	F
Ansell Limited	ANSLF	OTC PK	Health Care	C	Hold	C+	C		17.33	20.00	16.6	-0.04	W	E	E	F	F	W
Ansys, Inc.	ANSS	NAS GS	Information Tech	B	Buy	A-	C		200.87	208.56	136.8	1.63	E	E	E	F	–	G
Antares Pharma, Inc.	ATRS	NAS CM	Health Care	D+	Sell	C-	D		3.18	3.96	2.5	1.08	F	W	E	W	–	F
Antero Midstream Corporation	AM	NYSE	Energy	C-	Hold	C+	D		11.30	19.82	10.12	1.17	E	G	G	W	E	W
Antero Resources Corporation	AR	NYSE	Energy	D	Sell	C-	E+		5.38	22.69	5.2	0.60	F	F	G	V	–	V
Anthem, Inc.	ANTM	NYSE	Health Care	B	Buy	B	B-		282.42	317.99	227.16	0.81	E	E	E	G	W	F
Anthera Pharmaceuticals, Inc.	ANTH	OTC PK	Health Care	D-	Sell	D-	D-		0.06	0.17	0.01	4.63	W		E	W	–	V
Antibe Therapeutics Inc.	ATBPF	OTC PK	Health Care	D-	Sell	E+	D		0.25	0.43	0.18	0.44	W	V	G	W	–	F
Antibe Therapeutics Inc.	ATE.V	TSXV	Health Care	D-	Sell	E+	D		0.33	0.41	0.24	0.17	W	V	G	W	–	F
Antioquia Gold Inc.	AGD.V	TSXV	Materials	D	Sell	D	D-		0.03	0.10	0.02	0.84	W	W	W	W	–	W
Antioquia Gold Inc.	AGDXF	OTC PK	Materials	D	Sell	D	D		0.02	0.04	0.01	1.35	W	W	W	W	–	W
Antler Gold Inc.	ANTL.V	TSXV	Materials	D	Sell	D	D		0.07	0.20	0.05	1.88	F	W	E	W	–	V
Antler Gold Inc.	ALRGF	OTC PK	Materials	D	Sell	D	D		0.09	0.13	0.09		F	W	E	W	–	W
Antler Hill Mining Ltd.	AHMH.V	TSXV	Financials	D	Sell	D	D	Up	0.10	0.20	0.07	1.11	W	V	E	W	–	G

*Ratings Factors: E=Excellent, G=Good, F=Fair, W=Weak, V=Very Weak, U=Unrated

Data as of June 30, 2019

https://greyhouse.weissratings.com

Summer 2019 — I. Index of Stocks

3-Month Total Return (%)	6-Month Total Return (%)	1-Year Total Return (%)	3-Year Total Return (%)	Dividend $ TTM	Dividend Yield TTM	Market Cap. ($Mil)	Enterprise Value ($Mil)	Revenue ($Mil)	Revenue Growth (%)	Net Income ($Mil)	Earnings/Share $	EPS Growth (%)	Cash from Operations ($Mil)	Return on Assets (%)	Return on Equity (%)	Earnings (P/E) TTM	Sales (P/S) TTM	Book (P/B) Q
25.30	82.85					6,417	6,138	207.1	14.4	-121.0	-1.51	53.2	-32.1			-32.9	29.5	21.3
-21.09	-11.84	-23.51				1,473	1,066	5.0	-50.0	-68.6	-2.68	-77.8	-52.1	-11.7		-20.3	294.2	3.2
3.54	111.84	18.82	-32.64			162.3	142.8	--		-24.0	-0.52	-26.9	-14.6	-63.22		-6.2		10.9
0.00	400.00	400.00				32.7	2.1	--		-28.4	-5.49	3.8	-15.2	-49.48		-0.4		0.4
-36.57						32.7	2.1	--		-28.4	-5.49	3.8	-15.2	-49.48		-0.8		0.9
0.00	0.00	-88.28	-70.59			0.90	0.95	--		0.17	0.00	151.7	0.02	-3.78	4.44	2.0		0.1
-33.33	0.00	0.00	-83.33			0.90	0.95	--		0.17	0.00	151.7	0.02	-3.78	4.44	6.7		0.3
6.83	18.81	-4.07	-2.38	4.12	11.4	8,872	14,682	2,475	-26.7	618.0	2.44	25.0	1,018	5.58	15.41	14.8	3.6	2.2
1.64						35.0	34.5	--		0.30	-0.03	-4,371.4	-0.23			-316.6		7.0
1.65						35.0	34.5	--		0.30	-0.03	-4,371.4	-0.23			-329.1		7.3
0.00	0.00					0.72	-8.2	0.01	-81.2	-0.87	-0.25	-1,018.9	-0.77	-12.01		-0.6	41.4	0.1
10.22	-22.50	-32.05	-41.65			3.4	4.5	1.6	-77.1	-0.81	-0.01	-151.8	-0.79	-30.46		-3.5	2.1	-5.3
0.36	4.36	-18.99	50.67	0.18	1.3	466.4	584.3	291.3	2.6	16.8	0.38	-29.7	37.4	6.18	9.72	36.8	2.1	3.5
4.78	5.27	-19.18	61.50	0.21	1.5	466.4	584.3	291.3	2.6	16.8	0.38	-29.7	37.4	6.18	9.72	36.3	2.1	3.5
4.14	12.10	-21.53	55.73	0.16	1.5	466.4	584.3	291.3	2.6	16.8	0.38	-29.7	37.4	6.18	9.72	27.5	1.6	2.6
-14.63	-7.89	-30.00	-92.22			10.0	10.0	--		-7.9	-0.22	74.6	-0.18	-42.41		-0.8		-0.9
-7.32	-0.54	-26.20	-91.32			10.0	10.0	--		-7.9	-0.22	74.6	-0.18	-42.41		-0.6		-0.7
-20.00	-50.00	-42.86	-81.82			0.80	0.80	--		-0.06	0.00	-118.2	-0.04	-1.76		-16.7		1.0
2.29	-28.18	-40.97	-82.58			0.80	0.80	--		-0.06	0.00	-118.2	-0.04	-1.76		-14.2		0.9
-16.60	-19.45	-14.06				6,565	6,618	1,180	40.4	96.2	0.19	159.3	239.3	4.65	7.96	69.6	5.7	5.0
-14.07	-3.47	-12.88	43.98			725.0	816.3	351.5	2.5	4.6	0.12	414.9	36.2	2.17	0.84	161.0	2.1	1.3
-28.21	-82.50	-68.89	-95.06			0.61	3.8	0.00		-0.83	-0.01	69.4	-0.28	-209.05		-0.5		-0.2
-16.13	-13.33	-29.73	-71.11			10.5	10.6	--		-1.6	-0.02	37.2	-1.5	-14.41		-8.6		4.3
-12.05	7.11	-29.68	-69.70			10.5	10.6	--		-1.6	-0.02	37.2	-1.5	-14.41		-6.6		3.3
7.99	28.73	34.26	253.24	0.47	3.3	39,391	48,088	27,610	5.2	3,549	2.74	11.8	7,127	6.07	14.9	5.1	0.7	0.8
8.42	28.35	26.19	233.73			39,391	48,088	27,610	5.2	3,549	2.74	11.8	7,127	6.07	14.9	10.2	1.3	1.5
38.63	45.85	128.24	5.62	0.05	0.3	7,365	9,138	3,943	-12.6	133.0	0.32	168.3	857.0	4.29	5.56	56.2	1.9	2.8
-21.27	-8.06	48.99	-33.91			7,365	9,138	3,943	-12.6	133.0	0.32	168.3	857.0	4.29	5.56	34.8	1.2	1.7
16.33	-31.33	-29.63				1.4	0.23	--		-0.10	-0.02	-105.2	-0.03	-4.41		-14.5		1.6
6.45	33.65	-10.44	-23.55	1.51	1.7	170,518	282,737	41,359	-26.7	3,413	1.73	-57.3	--			50.4	4.1	2.7
5.04	32.20	-12.08				170,518	282,737	41,359	-26.7	3,413	1.73	-57.3	--			50.0	4.1	2.6
17.28	81.15	17.79	39.42			956.6	1,106	208.0	11.4	13.7	1.14	15,470.3	58.4	5.46	7.22	69.9	4.5	4.7
32.05	23.45	26.10	-22.58			560.2	416.7	109.0	-2.1	29.9	2.06	59.8	33.8	7.48	11.23	19.2	5.2	2.1
-21.85	-13.25	11.94	15.28			69.7	62.8	0.61	-44.9	-18.2	-0.96	-124.2	-5.0	-145.35		-3.6	111.6	10.6
6.01	9.35	-6.92	12.51			1,984	3,516	8,545	6.9	163.3	4.78	47.5	94.7	4.58	10.49	12.3	0.2	1.2
-9.54	-5.02	-4.41	13.10	1.15	12.6	13,251	--	-1,131	-139.5	-2,123	-1.59	-178.3	347.0			-5.7	-11.3	0.9
42.86	25.00	-48.28				0.23	0.10	--		-0.02	-0.02	71.6	-0.03	-5.03		-7.0		2.5
5.16	18.83	-6.32	52.46	1.71	2.3	2,477	2,619	1,493	4.2	95.6	0.67	-80.5	172.2	5.29	7.75	111.1	7.0	7.3
0.00	2.24	-13.35	35.10			2,477	2,619	1,493	4.2	95.6	0.67	-80.5	172.2	5.29	7.75	25.9	1.6	1.7
11.41	40.48	16.16	132.01			16,859	16,354	1,328	18.1	421.3	4.92	52.5	505.6	9.52	16.55	40.8	12.9	6.3
6.35	20.91	21.37	186.49			517.1	521.0	74.1	34.3	-5.9	-0.04	69.4	-23.3	-11.72		-89.3	6.9	12.1
-14.23	5.79	-36.14		0.84	7.5	5,727	8,115	170.3	96.7	63.5	0.30	202.1	129.9	1.82	3.13	38.0	16.9	1.4
-37.88	-41.59	-74.74	-80.39			1,663	8,577	4,336	36.7	566.4	1.86	65.3	2,079	-0.32	10.45	2.9	0.4	0.2
0.32	9.61	19.32	131.65	3.10	1.1	72,637	88,781	94,218	4.6	3,989	15.12	-3.2	3,242	5.04	14	18.7	0.8	2.4
-39.49	77.09	-41.84	-99.76			1.6	-6.5	--		-23.4	-1.70	86.5	-32.0	-141.96		0.0		0.3
19.05	16.88	-14.38	157.73			60.7	59.8	7.2	9.0	-8.3	-0.04	-7.4	-6.4	-54.63		-6.0	7.5	13.2
16.07	14.04	-15.58	150.00			60.7	59.8	7.2	9.0	-8.3	-0.04	-7.4	-6.4	-54.63		-7.8	9.7	17.1
0.00	20.00	-25.00	-66.67			21.7	92.9	1.1		-4.4	0.00	21.3	-3.3	-4.22		-6.3	27.3	4.4
-17.01	44.76	-20.33	-68.13			21.7	92.9	1.1		-4.4	0.00	21.3	-3.3	-4.22		-5.0	21.7	3.5
-30.00	-12.50	-46.15				2.4	2.1	--		-0.67	-0.01	15.8	-0.35	-10.2		-4.7		0.8
0.00	0.00	-21.98				2.4	2.1	--		-0.67	-0.01	15.8	-0.35	-10.2		-6.3		1.1
0.00	0.00	25.00	200.00			1.4	1.1	--		-0.26	-0.02	17.8	-0.26	-38.22		-6.6		9.1

I. Index of Stocks — Summer 2019

Company Name	Stock Ticker Symbol	Traded On	Sector	Overall Rating	Recommendation	Reward Rating	Risk Rating	Recent Up/Downgrade	Stock Price as of 6/30/2019	52-Week High	52-Week Low	3-Year Beta	Growth	Efficiency	Solvency	Volatility	Dividend	Total Return
Anvia Holdings Corporation	ANVV	OTC PK	Consumer Discretn	D	Sell	D+	D		1.75	6.00	0.51		W	W	F	W	–	F
Anworth Mortgage Asset Corporation	ANH	NYSE	Financials	D	Sell	C-	D		3.67	5.11	3.63	0.66	W	F	F	W	E	W
Aon plc	AON	NYSE	Financials	B	Buy	B+	C+		192.57	194.51	134.82	0.68	F	E	E	G	W	G
Apache Corporation	APA	NYSE	Energy	D+	Sell	C	D-		28.64	50.03	24.56	1.99	F	F	G	W	G	W
Apartment Investment and Management Company	AIV	NYSE	Real Estate	B	Buy	A-	C		49.73	52.00	42.46	0.48	F	E	E	F	G	F
Apellis Pharmaceuticals, Inc.	APLS	NAS GS	Health Care	D-	Sell	E+	D		24.45	24.73	11.45		W	V	E	W	–	W
Apergy Corporation	APY	NYSE	Energy	C-	Hold	C	D		32.78	46.11	25.85		F	G	G	W	–	W
Apex Resources Inc.	APX.V	TSXV	Materials	D	Sell	D	D		0.05	0.09	0.04	0.60	W	W	E	W	–	W
Apex Resources Inc.	SLMLF	OTC PK	Materials	D	Sell	D	D	Down	0.04	0.07	0.03	0.17	W	W	E	W	–	W
Aphria Inc.	APHA.TO	TSX	Health Care	D+	Sell	C-	D	Down	9.28	22.00	4.76	3.11	W	F	E	W	–	F
Aphria Inc.	APHA	NYSE	Health Care	D+	Sell	C-	D	Down	7.07	16.86	3.75	3.46	W	F	E	W	–	F
Apogee Enterprises, Inc.	APOG	NAS GS	Industrials	C-	Hold	C	D+		43.74	50.87	26.38	1.77	W	E	E	W	F	W
Apollo Commercial Real Estate Finance, Inc.	ARI	NYSE	Financials	B	Buy	B+	B	Up	18.28	19.57	16.41	0.57	F	E	E	G	E	F
Apollo Endosurgery, Inc.	APEN	NAS	Health Care	D-	Sell	E+	D		3.40	9.65	3.02	1.36	W	V	G	W	–	W
Apollo Global Management, LLC	APO	NYSE	Financials	C	Hold	B	D+	Up	34.25	36.49	22.63	1.86	F	E	E	F	G	F
Apollo Investment Corporation	AINV	NAS GS	Financials	C	Hold	B-	D+		15.61	18.00	12.05	1.25	F	E	E	W	E	W
Apollo Medical Holdings, Inc.	AMEH	NAS CM	Health Care	E+	Sell	B-	D		16.20	29.80	13.36		G	G	E	W	–	W
Apolo II Acquisition Corp.	APIIP.V	TSXV	Financials	D-	Sell	D	D-	Up	0.13	0.17	0.11		W	W	E	W	–	W
Apolo III Acquisition Corp.	AIIIP.V	TSXV	Financials	D-	Sell	D	D	Up	0.12	0.13	0.1		W	W	E	W	–	W
Apotheca Biosciences, Inc.	CBDC	OTC PK	Health Care	D-	Sell	C-	D-	Up	0.05	0.74	0.03		W	G	F	W	–	V
AppFolio, Inc.	APPF	NAS	Information Tech	B-	Buy	A+	D	Up	100.29	109.89	51.15	1.42	E	G	E	F	–	E
Appia Energy Corp.	APAAF	OTC PK	Energy	D-	Sell	E+	D		0.23	0.31	0.12	1.56	V	V	G	W	–	F
Appian Corporation	APPN	NAS	Information Tech	D-	Sell	E+	D		36.08	39.92	22.61	1.41	W	V	E	W	–	F
Apple Hospitality REIT, Inc.	APLE	NYSE	Real Estate	C	Hold	B-	D+		15.73	18.40	13.81	1.03	E	E	E	W	E	W
Apple Inc.	AAPL	NAS GS	Information Tech	C+	Hold	B	C		199.74	233.47	142	1.10	G	E	E	F	F	G
Appliance Recycling Centers of America, Inc.	ARCI	NAS CM	Consumer Discretn	D	Sell	D	D		4.26	9.56	1.79	1.47	V	W	G	W	–	W
Applied Biosciences Corp.	APPB	OTC PK	Health Care	D-	Sell	D-	D-	Down	0.86	2.95	0.7	0.10	W	V	E	W	–	W
Applied DNA Sciences, Inc.	APDN	NAS CM	Information Tech	D-	Sell	E+	D-	Up	0.51	1.84	0.3	2.11	W	V	G	W	–	V
Applied Energetics, Inc.	AERG	OTC PK	Industrials	D+	Sell	C	D	Up	0.26	0.50	0.04	2.89	W	E	F	W	–	E
Applied Genetic Technologies Corporation	AGTC	NAS	Health Care	D	Sell	C-	D		3.75	7.50	2.26	3.75	F	F	E	W	–	W
Applied Industrial Technologies, Inc.	AIT	NYSE	Industrials	C	Hold	B	D+		60.78	82.35	50.56	1.51	G	E	E	W	F	W
Applied Materials, Inc.	AMAT	NAS GS	Information Tech	C+	Hold	B+	D+		44.69	50.39	28.79	1.61	E	E	E	F	F	F
Applied Minerals, Inc.	AMNL	OTC PK	Materials	D	Sell	D	D	Down	0.04	0.18	0.01	1.39	W	W	G	W	–	W
Applied Optoelectronics, Inc.	AAOI	NAS	Information Tech	D+	Sell	C-	D	Up	10.56	50.30	8.56	2.69	W	F	E	W	–	W
Applied Therapeutics, Inc.	APLT	NAS	Health Care	U	U	U			8.33	11.20	7.95		U	U	U	U	U	U
Approach Resources, Inc.	AREX	NAS GS	Energy	D-	Sell	D	D-	Down	0.30	2.62	0.2	2.48	W	W	G	W	–	V
AppSoft Technologies, Inc.	ASFT	OTC PK	Communication Svc	D	Sell	C-	D		1.50	2.50	0.25		F		E	W	–	F
Appulse Corporation	APL.V	TSXV	Industrials	C	Hold	B	D+		0.17	0.29	0.14	-0.60	G	G	G	W	–	F
AppYea, Inc.	APYP	OTC PK	Information Tech	C-	Hold	C+	D		0.00	0.00	0	0.83	F	G	F	W	–	F
APT Satellite Holdings Limited	ASEJF	OTC PK	Communication Svc	C	Hold	C+	D	Up	0.39	0.45	0.32	0.22	F	E	E	W	E	W
APT Systems, Inc.	APTY	OTC PK	Information Tech	D+	Sell	C	D-	Up	0.00	0.02	0	2.42	W	E	F	W	–	W
AptarGroup, Inc.	ATR	NYSE	Materials	B	Buy	B+	C	Up	121.55	124.45	88.26	0.63	G	E	E	G	W	G
Aptevo Therapeutics Inc.	APVO	NAS GS	Health Care	D-	Sell	E+	D-		0.86	5.80	0.67	2.35	W	V	G	W	–	V
Aptinyx Inc.	APTX	NAS GS	Health Care	D-	Sell	E+	D-		3.29	32.25	2.88		W	V	E	W	–	V
Aptiv PLC	APTV	NYSE	Consumer Discretn	C	Hold	C+	D+		81.06	98.77	58.8	2.25	W	E	E	W	W	W
Aptorum Group Limited	APM	NAS	Health Care	E+	Sell	D	D	Up	25.50	33.28	11.8		V	W	E	F	–	W
Aptose Biosciences Inc.	APS.TO	TSX	Health Care	D-	Sell	E+	D		3.11	5.70	2.08	1.54	W	V	E	W	–	F
Aptose Biosciences Inc.	APTO	NAS CM	Health Care	D-	Sell	E+	D		2.38	4.34	1.57	1.75	W	V	E	W	–	F
Apyx Medical Corporation	APYX	NAS GS	Health Care	C	Hold	B	D+		5.98	8.89	3.55	-0.13	F	G	E	W	–	F
Aqua America, Inc.	WTRU	NYSE	Utilities	U	U	U			56.34	57.95	50		U	U	U	U	U	U
Aqua America, Inc.	WTR	NYSE	Utilities	C+	Hold	B	C	Up	40.40	42.14	32.09	0.42	F	E	G	F	F	F
Aqua Metals, Inc.	AQMS	NAS CM	Industrials	D-	Sell	D-	D		1.51	4.33	1.47	0.97	W	V	E	W	–	W

*Ratings Factors: E=Excellent, G=Good, F=Fair, W=Weak, V=Very Weak, U=Unrated

Summer 2019 — I. Index of Stocks

	TOTAL RETURNS %				DIVIDEND/YIELD		SIZE		REVENUE & INCOME				EARNINGS		EFFECTIVENESS			VALUATION		
3-Month Total Return (%)	6-Month Total Return (%)	1-Year Total Return (%)	3-Year Total Return (%)	Dividend $ TTM	Dividend Yield TTM	Market Cap. ($Mil)	Enterprise Value ($Mil)	Revenue ($Mil)	Revenue Growth (%)	Net Income ($Mil)	Earnings/ Share $	EPS Growth (%)	Cash from Operations ($Mil)	Return on Assets (%)	Return on Equity (%)	Earnings (P/E) TTM	Sales (P/S) TTM	Book (P/B) Q
---	---	---	---	---	---	---	---	---	---	---	---	---	---	---	---	---	---	---
-46.22	84.00	2.82				73.7	75.6	2.4	419.3	-10.9	-0.27	-3,272.8	-10.4	-118.35		-6.4	31.4	-8.2
-9.83	-8.92	-19.42	8.30	0.51	13.9	362.0	--	-10.3	-121.0	-23.6	-0.35	-226.8	73.6			-10.4	-35.0	0.8
14.12	34.68	42.88	91.49	1.64	0.9	46,317	53,460	10,823	1.1	1,199	4.90	-17.6	1,620	4.8	22.87	39.3	4.3	9.7
-17.82	10.34	-36.00	-43.52	1.00	3.5	10,766	20,879	7,138	19.1	-152.0	-0.41	-112.7	3,760	4	0.89	-69.9	1.5	1.5
-0.77	16.58	22.30	29.50	1.56	3.1	7,401	11,551	951.5	-4.5	856.6	5.66	128.6	396.7	2.03	47.69	8.8	7.6	4.2
28.14	84.53	14.73				1,546	1,271	--		-156.3	-2.77	28.0	-143.9	-40.27		-8.8		6.9
-20.95	19.81	-17.91				2,537	3,178	1,234	16.1	91.8	1.18	-24.7	176.5	5.72	6.93	27.8	2.1	2.5
-28.57	11.11	-41.18	-50.00			0.55	0.37	--		-0.28	-0.02	-1,600.0	-0.33	-5.68		-2.6		0.3
-17.81	-10.00	-42.58	80.00			0.55	0.37	--		-0.28	-0.02	-1,600.0	-0.33	-5.68		-1.9		0.2
-24.61	8.92	-24.49	510.53			1,773	1,751	91.3	281.7	-27.1	-0.11	-167.4	-32.5	-2.71		-86.6	25.4	1.8
-22.90	12.94	-23.99	487.70			1,773	1,751	91.3	281.7	-27.1	-0.11	-167.4	-32.5	-2.71		-66.0	19.4	1.4
19.19	48.34	-8.59	5.16	0.67	1.5	1,163	1,457	1,403	5.8	45.7	1.59	-42.2	96.4	3.99	9.07	27.4	0.9	2.4
0.22	11.38	7.64	53.02	1.84	10.1	2,765	--	288.9	10.7	238.3	1.55	3.4	234.9		9.75	11.8	10.4	1.0
-6.59	-0.87	-49.40				74.5	81.0	58.3	-11.0	-40.5	-1.94	-4.9	-22.5	-22.45		-1.8	1.3	2.9
24.06	46.51	17.03	178.77	1.91	5.6	6,865	--	1,539	-30.1	196.9	0.70	-65.4	1,065		16.61	49.1	4.5	9.0
5.18	29.86	6.15	34.55	1.80	11.5	1,063	2,150	255.1	-1.7	71.9	1.02	-15.5	-132.6	4.84	5.27	15.3	4.2	0.8
-10.00	-21.85	-43.67				579.4	721.2	491.5	24.5	8.8	0.22	-72.4	16.8	8.04	11.14	73.2	1.3	3.1
0.00	0.00	-21.88				0.69	0.07	--		-0.04	-0.01	87.3	-0.03	-3.15		-22.7		1.6
0.00	15.00	-11.54				0.44	0.03	--		-0.09	-0.02		-0.04	-21.89		-6.0		1.5
-71.88	-87.14	-93.28				8.1	8.2	--		-2.7	-0.02		-0.42			-2.0		-7.5
27.97	73.90	64.28	633.65			3,410	3,449	204.8	33.0	19.4	0.55	46.5	33.2	6.34	20.65	182.2	17.3	35.8
-13.92	32.70	57.82				14.4	13.1	--		-1.3	-0.02	-64.3	-0.96	-43.07		-10.0		10.8
7.61	30.68	2.04				2,334	2,259	234.6	23.4	-57.4	-0.91	-27.0	-21.6	-17.85		-39.7	9.9	36.3
-2.83	13.82	-6.86	4.82	1.30	8.3	3,521	5,099	1,276	2.6	202.1	0.88	4.3	408.2	3.25	5.84	17.8	2.8	1.1
6.24	28.89	9.32	124.25	2.96	1.5	919,019	951,557	258,490	4.5	57,170	11.90	14.9	71,856	11.54	49.13	16.8	3.6	8.7
72.54	68.71	25.29	-26.55			7.2	8.6	34.2	-20.5	-6.2	-3.93	-54.8	0.55	-13.07		-1.1	0.2	0.4
-47.71	-37.95	-60.12				11.5	11.3	0.49	136.2	-4.1	-0.33	-543.3	-1.0	-75.93		-2.6	20.7	6.1
-5.50	36.05	-59.51	-83.38			19.3	20.0	3.9	-16.4	-12.3	-0.40	-2.1	-7.4	-125.01		-1.3	4.4	-26.2
70.76	337.92	64.22	285.26			53.7	54.0	--		-3.3	-0.02	-145.5	-2.4	-509.8		-16.2		-55.9
-9.64	47.64	-2.60	-72.08			68.1	-21.1	46.7	72.2	1.9	0.10	109.5	-22.7	0.17	1.96	39.2	1.5	0.8
4.69	15.28	-11.51	49.65	1.22	2.0	2,346	3,280	3,488	22.1	144.6	3.68	-6.1	176.6	7.33	17.12	16.5	0.7	2.7
16.64	39.44	0.71	103.16	0.81	1.8	41,835	43,523	15,774	-4.4	3,486	3.56	19.7	3,344	13.26	45.74	12.6	2.7	5.1
-12.50	-12.50	-77.66	-79.41			6.1	46.7	4.9	191.9	7.4	0.04	119.2	0.61	-4.01		1.0	1.3	-0.2
-13.37	-29.74	-75.23	6.67			210.6	262.5	254.9	-27.4	-14.7	-0.75	-127.2	18.1	-3.21		-14.0	0.8	0.7
						142.0	165.8	--		-8.7	-1.58	-270.1	-7.0			-5.3		-1.7
-6.81	-67.33	-87.80	-85.11			28.5	432.5	104.5	-3.0	-29.3	-0.32	-243.6	28.1	-0.21		-1.0	0.3	0.1
0.00	0.00	-14.29				6.2	6.4	0.00	-63.6	-0.09	-0.02	73.5	-0.07	-88.57		-65.8		-47.5
3.12	-2.94	17.86	17.86			1.7	3.7	7.5	10.4	0.16	0.01	72.9	0.14	2.98	6.36	16.2	0.3	0.9
-80.00	0.00	-75.00	-83.33			0.47	0.75	-0.01	-163.4	-3.4	0.00	25.0	-0.06	-227.77		-0.1		-0.1
-10.34	5.41	-2.50	-44.29			375.5	324.2	157.9	1.9	64.7	0.07	-0.1	111.3	5.45	9.24	5.6	2.3	0.5
-33.33	-76.47	-93.65	-92.00			0.39	1.00	0.01		-1.5	0.00	-11.4	-0.33	-315.4		-0.1		-0.1
14.83	32.01	32.89	67.88	1.70	1.4	7,681	8,764	2,806	9.1	198.4	3.04	-13.8	340.2	7.17	13.82	40.0	2.8	5.2
-4.11	-34.67	-83.09				38.6	25.0	26.0	56.9	-51.9	-2.20	-1,414.0	-48.3	-34.25		-0.4	0.9	1.0
-17.54	-80.19	-85.95				110.4	-26.2	5.0	-20.4	-58.3	-3.18	52.0	-52.2	-32.86		-1.0	22.0	0.8
3.14	32.81	-10.87	65.94	0.88	1.1	20,900	25,776	14,380	7.6	1,000.0	3.79	-23.8	1,557	7.37	28.26	21.4	1.5	6.1
92.16	66.12					738.9	735.8	0.38		-14.8	-0.53	-466.3	-10.0	-16.85		-48.0	1,861.3	22.3
20.08	19.16	-37.92	1.97			127.8	112.3	--		-27.6	-0.77	-32.8	-24.1	-78.53		-4.1		8.4
20.20	24.61	-37.04	2.15			127.8	112.3	--		-27.6	-0.77	-32.8	-24.1	-78.53		-3.1		6.4
-5.83	-6.71	40.38	247.67			202.8	129.7	19.1	264.6	60.3	1.80	1,353.3	-23.4	-15.74		3.3	10.4	2.4
						8,716	11,476	844.9	3.5	158.1	0.88	-35.1	359.5	3.03	7.97	64.1	11.9	5.0
9.83	20.87	17.37	25.29	0.88	2.2	8,716	11,476	844.9	3.5	158.1	0.88	-35.1	359.5	3.03	7.97	46.0	8.5	3.6
-52.52	-16.11	-46.83	-85.75			84.2	79.5	3.2	-17.2	-44.4	-1.18	10.1	-26.7	-32.65		-1.3	20.8	1.3

I. Index of Stocks

Summer 2019

Company Name	Stock Ticker Symbol	Traded On	Sector	Overall Rating	Recommendation	Reward Rating	Risk Rating	Recent Up/Downgrade	Stock Price as of 6/30/2019	52-Week High	52-Week Low	3-Year Beta	Growth	Efficiency	Solvency	Volatility	Dividend	Total Return
AquaBounty Technologies, Inc.	AQB	NAS CM	Health Care	D	Sell	D	D	Up	2.84	5.45	1.51	0.80	F	W	E	W	–	V
Aquantia Corp.	AQ	NYSE	Information Tech	D	Sell	D	D		13.05	14.00	7.08		W	W	E	W	–	W
Aquarius Surgical Technologies Inc.	AQQRF	OTC PK	Health Care	D	Sell	D	D	Up	0.36	0.36	0.19		W	W	F	W	–	W
AquaVenture Holdings Limited	WAAS	NYSE	Utilities	D+	Sell	C-	D		20.07	23.35	15.24	0.93	F	W	E	W	–	F
Aquestive Therapeutics, Inc.	AQST	NAS	Health Care	E+	Sell	E+	D-	Up	4.09	20.70	3.65		W	V	G	W	–	V
Aquila Resources Inc.	AQA.TO	TSX	Materials	D+	Sell	C	D		0.18	0.30	0.13	0.19	W	G	G	W	–	W
Aquila Resources Inc.	AQARF	OTC PK	Materials	D+	Sell	C	D		0.15	0.23	0.1	0.28	W	G	G	W	–	W
Aquinox Pharmaceuticals, Inc.	AQXP	NAS	Health Care	D	Sell	D	D		2.39	3.44	1.96	1.07	F	V	E	W	–	W
Aradigm Corporation	ARDMQ	OTC PK	Health Care	D-	Sell	E+	D-		0.14	1.95	0.06	0.38	W		G	W	–	V
Aramark	ARMK	NYSE	Consumer Discretn	C-	Hold	C+	D		35.16	43.70	25.49	1.23	E	E	G	W	W	W
Aratana Therapeutics, Inc.	PETX	NAS	Health Care	D	Sell	D	D		5.15	7.16	3.3	0.06	F	W	E	W	–	W
Aravive, Inc.	ARAV	NAS GS	Health Care	D-	Sell	E+	D		5.99	13.50	3.07	2.30	G	V	E	W	–	V
Arbor Realty Trust, Inc.	ABR	NYSE	Financials	B+	Buy	B+	B		11.81	13.94	9.62	0.71	F	G	E	G	E	F
Arbutus Biopharma Corporation	ABUS	NAS GS	Health Care	D-	Sell	E+	D		2.26	12.60	1.42	2.29	V	V	G	W	–	V
ARC Document Solutions, Inc.	ARC	NYSE	Industrials	D	Sell	D+	D		2.01	3.59	1.62	1.81	W	F	G	W	–	W
ARC Group Worldwide, Inc.	ARCW	NAS CM	Industrials	D-	Sell	D-	D-	Down	0.45	2.60	0.45	0.69	W	W	F	W	–	V
ARC Group, Inc.	RLLY	OTC PK	Consumer Discretn	C-	Hold	C	D	Up	1.26	2.10	1.1	0.48	F	F	F	W	–	F
ARC Resources Ltd.	AETUF	OTC PK	Energy	D+	Sell	C	D-		4.96	12.07	4.91	0.98	F	G	G	W	E	V
ARC Resources Ltd.	ARX.TO	TSX	Energy	D+	Sell	C	D-		6.47	15.90	6.46	0.75	F	G	G	W	E	V
ARCA biopharma, Inc.	ABIO	NAS CM	Health Care	D-	Sell	E+	D-		7.07	23.04	4.73	2.43	F	V	E	W	–	V
Arca Continental, S.A.B. de C.V.	EMBVF	OTC PK	Consumer Staples	C-	Hold	C+	D		5.05	6.87	3.58	-1.15	F	E	E	W	–	W
Arcadia Biosciences, Inc.	RKDA	NAS CM	Consumer Staples	D-	Sell	D-	D-		3.18	10.40	2.65	-2.41	W	W	G	W	–	W
Arcadis NV	ARCVF	OTC PK	Industrials	D+	Sell	C-	D	Up	18.52	20.39	11.4	0.60	W	F	E	W	–	F
Arcadis NV	ARCAY	OTC PK	Industrials	D+	Sell	C-	D	Up	18.55	20.58	11.69	0.95	W	F	E	W	–	F
ArcBest Corporation	ARCB	NAS GS	Industrials	C	Hold	B	D	Down	26.91	51.45	24.69	2.06	G	G	E	W	W	F
ArcelorMittal	AMSYF	OTC PK	Materials	C+	Hold	B	D+		16.98	32.46	15.48	1.86	E	E	G	W	–	F
ArcelorMittal	MT	NYSE	Materials	C-	Hold	B-	D	Down	17.88	32.93	14.66	2.38	E	E	G	W	–	W
Arch Biopartners Inc.	ARCH.V	TSXV	Health Care	D+	Sell	C	D		1.23	1.84	1.05	0.97	V	G	G	W	–	G
Arch Biopartners Inc.	ACHFF	OTC PK	Health Care	D+	Sell	C	D		0.91	1.37	0.8	1.61	V	G	G	W	–	G
Arch Capital Group Ltd.	ACGL	NAS GS	Financials	B-	Buy	A-	C		36.19	37.00	24.79	0.77	E	G	E	F	–	F
Arch Coal, Inc.	ARCH	NYSE	Energy	B	Buy	A-	C+	Up	91.00	101.92	75.09	0.26	E	E	E	F	F	F
Arch Therapeutics, Inc.	ARTH	OTC PK	Health Care	D+	Sell	C	D		0.32	0.69	0.26	-0.66	W	G	G	W	–	W
Archer-Daniels-Midland Company	ADM	NYSE	Consumer Staples	C	Hold	B	D+	Down	40.57	52.07	37.77	1.02	F	E	G	W	G	W
Archon Minerals Limited	ACS.V	TSXV	Materials	D-	Sell	D-	D-		0.50	1.00	0.5	-0.41	W	V	F	W	–	W
Archrock, Inc.	AROC	NYSE	Energy	C	Hold	B-	D+	Up	10.27	13.75	7.26	1.71	G	G	G	W	G	W
Arcimoto, Inc.	FUV	NAS CM	Consumer Discretn	D-	Sell	E+	D-	Down	3.13	7.35	1.55		W	V	E	W	–	W
Arcland Resources Inc.	ADRH.V	TSXV	Financials	D-	Sell	E+	D-		0.03	0.05	0.02	1.53	F	V	E	W	–	F
Arconic Inc.	ARNC	NYSE	Industrials	C	Hold	B-	D+		25.39	25.42	15.63	2.07	F	G	G	W	W	F
Arcos Dorados Holdings Inc.	ARCO	NYSE	Consumer Discretn	C	Hold	B	C-		7.10	9.22	5.92	0.33	G	G	G	F	E	W
Arcosa, Inc.	ACA	NYSE	Industrials	B-	Buy	B	C		36.98	39.74	21		G	G	E	F	W	W
ArcPacific Resources Corp.	ACP.V	TSXV	Materials	D+	Sell	C	D	Up	0.04	0.08	0.03	1.20	W	E	F	W	–	W
Arctic Hunter Energy Inc.	AHU.V	TSXV	Energy	D-	Sell	D-	D		0.04	0.14	0.04	0.51	W	W	G	W	–	W
Arctic Hunter Energy Inc.	RCTRF	OTC PK	Energy	D-	Sell	D	D-	Up	0.03	0.03	0.03	-1.26	W	W	G	W	–	W
Arctic Star Exploration Corp.	ADD.V	TSXV	Materials	D-	Sell	D-	D		0.05	0.16	0.04	1.74	F	V	G	W	–	W
Arctic Star Exploration Corp.	ASDZF	OTC PK	Materials	D-	Sell	D-	D		0.04	0.10	0.03	2.51	F	V	G	W	–	W
Arcturus Therapeutics Holdings Inc.	ARCT	NAS	Health Care	U	U	U			9.68	10.29	5.75		U	U	U	U	U	U
Arcturus Ventures Inc.	AZNVF	OTC PK	Materials	D+	Sell	C-	D		0.12	0.12	0.12	1.35	W	W	G	G	–	G
Arcturus Ventures Inc.	AZNH.V	TSXV	Materials	D	Sell	D	D-		0.08	0.16	0.05	0.91	W	W	G	W	–	W
Arcus Biosciences, Inc.	RCUS	NYSE	Health Care	D	Sell	D	D	Up	7.73	16.06	7.15		W	W	E	W	–	W
Arcus Development Group Inc.	ADG.V	TSXV	Materials	D-	Sell	E+	D-		0.04	0.06	0.03	-0.69	W	V	G	W	–	W
Arcus Development Group Inc.	ARCUF	OTC PK	Materials	E+	Sell	E+	D-	Down	0.02	0.04	0.02	-0.84	W	G	W	–	W	
Arcwest Exploration Inc.	AWX.V	TSXV	Materials	D-	Sell	D-	D	Down	0.07	0.20	0.06	1.06	W	V	E	W	–	V

*Ratings Factors: E=Excellent, G=Good, F=Fair, W=Weak, V=Very Weak, U=Unrated

Summer 2019 — I. Index of Stocks

3-Month Total Return (%)	6-Month Total Return (%)	1-Year Total Return (%)	3-Year Total Return (%)	Dividend $ TTM	Dividend Yield TTM	Market Cap. ($Mil)	Enterprise Value ($Mil)	Revenue ($Mil)	Revenue Growth (%)	Net Income ($Mil)	Earnings/Share $	EPS Growth (%)	Cash from Operations ($Mil)	Return on Assets (%)	Return on Equity (%)	Earnings (P/E) TTM	Sales (P/S) TTM	Book (P/B) Q
27.35	69.05	-4.05				61.3	58.1	0.16	125.6	-10.7	-0.90	11.5	-9.5	-20.69		-3.2	273.1	1.9
48.97	50.52	8.93				469.4	414.1	109.4	1.3	-21.5	-0.61	-4.3	-2.7	-12.51		-21.3	4.2	5.6
92.64	0.21	12.03				6.0	7.4	0.59	34.7	-4.6	-0.25	-102.0	-1.2	-19.41		-1.4	11.9	-27.4
6.19	4.69	29.07				540.9	820.0	159.7	28.4	-20.0	-0.75	21.7	21.4	0.3		-26.8	3.4	1.6
-33.39	-33.60					102.1	109.8	56.7	-23.3	-80.2	-3.69	-1,329.6	-31.5	-73.77		-1.1	1.8	-16.9
-12.20	-5.26	-36.84	-14.29			46.4	34.5	--		-12.3	-0.04	-0.8	-10.5	-18.81		-5.0		-11.6
-3.29	3.97	-35.33	-3.03			46.4	34.5	--		-12.3	-0.04	-0.8	-10.5	-18.81		-4.0		-9.4
-11.15	15.46	5.75	-62.48			56.3	-17.4	25.0		-19.2	-0.82	66.1	-18.7	-7.57		-2.9	2.3	0.8
-12.55	-58.96	-90.07	-96.85			2.1	23.5	4.4	-64.2	-16.4	-1.09	-11.3	-16.7	-86.48		-0.1	0.5	-0.1
18.56	23.59	-4.28	13.42	0.44	1.2	8,664	15,671	16,151	6.6	528.1	2.09	5.4	1,112	3.69	17.47	16.9	0.6	2.7
42.27	-12.71	22.62	-15.16			252.4	216.1	38.7	50.0	-13.0	-0.27	73.4	-3.5	-5.75		-18.8	6.4	2.6
-14.55	75.66	-50.08	-90.19			67.5	23.9	3.1	-92.3	-72.1	-7.95	26.9	-22.6	-22.87		-0.8	22.0	1.2
-7.07	20.29	24.95	127.72	1.22	10.3	1,124	--	398.1	20.7	112.3	1.34	8.5	209.9		14.35	8.8	3.2	1.2
-37.05	-41.75	-69.25	-32.94			128.5	150.6	5.2	-56.4	-62.9	-1.32	16.1	-64.5	-18.87		-1.7	24.3	2.4
-9.05	0.50	12.92	-46.97			93.0	254.0	400.2	1.7	8.8	0.19	138.2	59.6	3.23	6.07	10.4	0.2	0.7
-51.61	-56.73	-80.85	-80.93			10.5	55.5	84.0	5.4	-13.6	-0.58	49.5	-0.97	-3.54		-0.8	0.1	0.5
-3.08	11.50	-35.38	120.13			9.2	24.9	12.8	194.7	-0.74	-0.11	-528.7	0.30	-6.7		-11.3	0.7	-8.5
-27.03	-13.50	-48.17	-65.57	0.45	9.1	1,742	2,339	1,056	9.0	78.9	0.22	-66.5	604.3	2.04	2.86	22.5	1.7	0.7
-29.20	-17.58	-49.04	-65.63	0.60	9.3	1,742	2,339	1,056	9.0	78.9	0.22	-66.5	604.3	2.04	2.86	29.3	2.2	0.9
4.80	26.78	-30.98	-86.36			10.0	2.0	--		-6.9	-8.58	69.0	-6.7	-41.64		-0.8		1.1
-8.78	-8.25	-16.96	-28.37			9,501	13,034	8,215	0.2	469.5	0.27	-31.8	1,102	5	7.92	18.9	1.1	1.5
-52.40	5.65	-60.69	-93.64			19.9	4.5	1.4	-56.3	-15.5	-3.86	62.3	-15.0	-48.4		-0.8	10.8	24.0
12.58	62.03	3.93	8.24			1,660	2,059	3,844	5.8	-28.7	-0.33	-136.4	247.9	3.25		-55.6	0.4	1.5
22.05	50.15	-1.66	26.67	0.45	2.4	1,660	2,059	3,844	5.8	-28.7	-0.33	-136.4	247.9	3.25		-55.7	0.4	1.5
-14.58	-22.40	-41.38	81.97	0.32	1.2	686.6	780.5	3,106	8.0	62.2	2.32	-20.1	220.2	5.18	8.97	11.6	0.2	1.0
-22.54	-21.02	-48.72	290.40	0.20	1.2	18,105	31,375	76,035	5.9	4,371	4.28	-8.0	5,007	4.32	10.44	4.0	0.2	0.4
-10.38	-12.25	-38.09	68.76	0.17	1.0	18,105	31,375	76,035	5.9	4,371	4.28	-8.0	5,007	4.32	10.44	4.2	0.2	0.4
-3.91	-6.11	0.00	200.00			53.4	54.8	--		-2.8	-0.05	-39.4	-1.6	-279.88		-26.0		-42.4
-6.19	1.22	-0.51	194.50			53.4	54.8	--		-2.8	-0.05	-39.4	-1.6	-279.88		-19.2		-31.4
13.09	37.14	36.98	57.92			14,555	18,541	5,889	5.3	1,056	2.47	122.6	1,395	2.32	9.89	14.7	2.5	1.6
-0.96	10.98	18.39		1.70	1.9	1,530	1,475	2,387	3.9	325.3	16.51	54.4	436.1	9.17	46.86	5.5	0.7	2.2
-14.93	-37.45	-51.30	-38.06			55.0	53.1	--		-6.1	-0.04	-10.9	-6.0	-151.21		-7.5		-265.8
-4.21	1.18	-9.39	9.56	1.37	3.4	22,726	32,556	64,119	4.5	1,650	2.90	-0.3	-3,245	2.71	8.76	14.0	0.4	1.2
-16.67	-24.24	-39.76	-69.88			20.7	26.8	0.02	-96.5	-0.88	-0.02	-986.7	-0.02	-0.52		-30.7	1,250.0	-25.5
5.97	37.57	-9.73	33.18	0.53	5.1	1,339	2,936	928.6	13.7	44.3	0.34	-7.3	244.9	4.31	5.93	30.2	1.4	1.6
-34.38	30.96	-28.86				51.2	50.9	0.10	11.3	-12.1	-0.77	-139.4	-13.8	-47.5		-4.0	504.8	5.6
66.67	66.67	-58.33	400.00			0.25	0.24	--		-0.03	0.00	8.0	-0.03	-54.82		-10.9		125.0
32.84	52.13	50.94		0.20	0.8	11,391	16,782	14,110	6.8	686.0	1.40	302.0	395.0	4.43	13.12	18.2	0.9	2.3
-1.09	-8.90	5.24	59.34	0.10	1.4	1,446	2,781	2,963	-12.6	48.5	0.23	-45.1	233.6	4.76	11.74	30.8	0.5	4.0
24.50	35.16			0.10	0.3	1,788	1,800	1,517	6.8	81.2	1.63	74.7	153.9	4.32	5.28	22.7	1.2	1.1
0.00	33.33	-27.27	-55.56			0.32	0.36	--		-0.15	-0.02	0.6	-0.08	-132.47		-2.4		-2.0
-50.00	-50.00	-57.89	-71.43			0.55	0.51	0.06	-37.2	-0.50	-0.03	-172.3	-0.13	-49.77		-1.2	12.1	3.6
-62.50	-62.50	-62.50				0.55	0.51	0.06	-37.2	-0.50	-0.03	-172.3	-0.13	-49.77		-0.8	8.2	2.5
-37.50	0.00	-61.54	-37.50			4.9	4.9	--		-2.4	-0.02	29.4	-1.1	-30.59		-2.2		1.8
-43.17	20.82	-58.80	-37.58			4.9	4.9	--		-2.4	-0.02	29.4	-1.1	-30.59		-1.9		1.5
						127.0	111.9	--		--			--					
10.39	10.39	10.39	218.65			1.0	0.91	--		-0.05	0.00	90.3	-0.01	-22.68		-45.4		90.7
7.14	-11.76	-53.12	-25.00			1.0	0.91	--		-0.05	0.00	90.3	-0.01	-22.68		-28.9		57.7
-35.04	-27.89	-40.31				354.0	112.0	8.9	232.4	-54.3	-1.26	94.9	-46.6	-13.37		-6.1	38.0	1.5
0.00	-22.22	-30.00	-30.00			2.0	2.0	--		-0.09	0.00	89.8	-0.08	-58.65		-29.2		43.8
-12.99	-19.88	-46.10	-23.79			2.0	2.0	--		-0.09	0.00	89.8	-0.08	-58.65		-18.4		27.6
-22.22	-33.33	-48.15	-53.33			3.2	2.3	--		-0.83	-0.02	55.7	-0.64	-16.39		-3.7		1.1

https://greyhouse.weissratings.com

Data as of June 30, 2019

I. Index of Stocks

Summer 2019

Company Name	Stock Ticker Symbol	Traded On	Sector	Overall Rating	Recommendation	Reward Rating	Risk Rating	Recent Up/Downgrade	Stock Price as of 6/30/2019	52-Week High	52-Week Low	3-Year Beta	Growth	Efficiency	Solvency	Volatility	Dividend	Total Return
Arcwest Exploration Inc.	SJRNF	OTC PK	Materials	D-	Sell	D-	D-	Down	0.06	0.12	0.04		W	V	E	W	--	V
Ardagh Group S.A.	ARD	NYSE	Materials	D+	Sell	C	D	Up	16.64	17.38	10.09	1.15	W	F	G	W	G	W
Ardelyx, Inc.	ARDX	NAS	Health Care	D-	Sell	E+	D		2.53	4.70	1.6	3.22	V	V	E	W	--	W
Ardmore Shipping Corporation	ASC	NYSE	Energy	D	Sell	D	D		7.25	8.65	4.22	0.80	W	W	G	W	--	W
Arena Minerals Inc.	AN.V	TSXV	Materials	D	Sell	D	D	Up	0.06	0.11	0.05	0.08	V	W	E	W	--	W
Arena Minerals Inc.	AMRZF	OTC PK	Materials	D	Sell	D	D	Up	0.04	0.08	0.03	0.79	V	W	E	W	--	W
Arena Pharmaceuticals, Inc.	ARNA	NAS GS	Health Care	B-	Buy	B+	C	Up	57.92	59.13	31.97	1.00	G	F	E	F	--	E
Ares Capital Corporation	ARCC	NAS GS	Financials	A-	Buy	A	B	Up	17.73	18.24	14.5	0.60	G	E	E	G	E	F
Ares Commercial Real Estate Corporation	ACRE	NYSE	Financials	B+	Buy	B+	B+	Up	14.67	15.53	12.75	0.49	F	G	E	G	E	F
Ares Management Corporation	ARES	NYSE	Financials	C+	Hold	A-	D	Up	26.08	28.58	16.19	1.67	E	G	W	F	G	G
Argan, Inc.	AGX	NYSE	Industrials	D+	Sell	C	D	Down	39.09	51.95	35.08	0.37	V	E	E	W	G	W
Argentina Lithium & Energy Corp.	PNXLF	OTC PK	Materials	D	Sell	C-	D-	Up	0.06	0.67	0.03	-5.66	W	G	G	W	--	V
Argentina Lithium & Energy Corp.	LIT.V	TSXV	Materials	D	Sell	C-	D-	Up	0.07	0.86	0.05	5.18	W	G	G	W	--	V
Argentum Silver Corp.	ASL.V	TSXV	Materials	D	Sell	D	D	Up	0.18	0.33	0.1	1.05	W	W	G	W	--	W
Argentum Silver Corp.	AGSVF	OTC PK	Materials	D	Sell	D	D	Up	0.13	0.20	0.13	0.35	W	W	G	W	--	F
argenx SE	ARGX	NAS GS	Health Care	D	Sell	D+	D	Down	137.71	142.32	63.81	1.15	W	W	E	F	--	G
argenx SE	ARGNF	OTC PK	Health Care	D	Sell	D	D	Down	74.29	76.04	74.29	-0.08	W	W	E	F	--	F
Argex Titanium Inc.	RGX.TO	TSX	Materials	D-	Sell	E+	D		0.02	0.06	0.02	2.01	W	V	F	W	--	W
Argex Titanium Inc.	ARGEF	OTC PK	Materials	D-	Sell	E+	D		0.02	0.05	0.01	1.27	W	V	F	W	--	V
Argo Group International Holdings, Ltd.	ARGO	NYSE	Financials	B+	Buy	B	B+	Up	73.69	78.57	57.75	0.55	F	G	E	G	F	F
Argonaut Gold Inc.	AR.TO	TSX	Materials	D	Sell	D+	D		1.75	2.43	1.18	-0.36	F	F	E	W	--	W
Argonaut Gold Inc.	ARNGF	OTC PK	Materials	D	Sell	D+	D		1.36	1.86	0.85	0.01	F	F	E	W	--	W
Argos Therapeutics, Inc.	ARGSQ	OTC PK	Health Care	D	Sell	D	D-		0.07	0.25	0.02	3.49	G	V	G	W	--	V
ARHT Media Inc.	ART.V	TSXV	Information Tech	D	Sell	D	D		0.10	0.40	0.07	1.46	F	W	F	W	--	V
ARHT Media Inc.	ARHTF	OTC PK	Information Tech	D	Sell	D	D		0.07	0.31	0.06	0.67	F	W	F	W	--	V
Arianne Phosphate Inc.	DAN.V	TSXV	Materials	D	Sell	D	D-		0.53	0.65	0.35	0.91	F	W	E	W	--	W
Arianne Phosphate Inc.	DRRSF	OTC PK	Materials	D	Sell	D	D-		0.42	0.49	0.27	1.09	F	W	E	W	--	V
Arias Intel Corp.	ASNT	OTC PK	Communication Svc	D-	Sell	D-	D-		0.00	0.05	0	3.69	W	W	F	W	--	V
Aridis Pharmaceuticals, Inc.	ARDS	NAS CM	Health Care	D-	Sell	E+	D-	Up	10.70	13.85	6.92		W	V	E	W	--	W
Ariel Clean Energy, Inc.	ACEZ	OTC PK	Information Tech	D+	Sell	C	D-		0.01	0.02	0.01	-2.46	W	E	E	W	--	W
Arion Group Corp.	ARGC	OTC PK	Industrials	E	Sell	E+	D-	Up	0.13	1.00	0.13		W	V	G	W	--	V
Arista Financial Corp.	ARST	OTC PK	Financials	D	Sell	C-	D-	Up	0.20	1.60	0.07		V	G	F	W	--	V
Arista Networks, Inc.	ANET	NYSE	Information Tech	C+	Hold	B	D+	Up	257.99	331.27	187.08	1.80	E	E	E	F	--	F
Aritzia Inc.	ATZAF	OTC PK	Consumer Discretn	C	Hold	B-	C		12.51	14.73	11.45	0.87	F	E	E	F	--	F
Aritzia Inc.	ATZ.TO	TSX	Consumer Discretn	C	Hold	C+	C		16.39	19.79	15.08	0.32	F	E	E	F	--	F
Arizona Silver Exploration Inc.	AZS.V	TSXV	Materials	D	Sell	D	D		0.12	0.19	0.06	-0.50	V	W	E	W	--	F
Arizona Silver Exploration Inc.	AZASF	OTC PK	Materials	D-	Sell	D-	D	Down	0.09	0.14	0.04	-0.48	V	W	E	W	--	W
Ark Restaurants Corp.	ARKR	NAS	Consumer Discretn	C	Hold	C+	D	Up	19.92	26.49	17.75	0.69	W	E	G	W	G	W
Arkema S.A.	ARKAF	OTC PK	Materials	C	Hold	B-	D		83.98	125.55	83.98	1.37	E	E	E	W	--	W
Arkema S.A.	ARKAY	OTC PK	Materials	C	Hold	B-	D		92.50	131.55	82	1.37	E	E	E	W	--	W
Arlington Asset Investment Corp.	AI	NYSE	Financials	D	Sell	C-	D		6.76	10.55	6.36	1.04	W	F	F	W	E	W
Arlo Technologies, Inc.	ARLO	NYSE	Information Tech	D-	Sell	D-	D-		3.95	23.77	3.28		W	W	E	W	--	V
Armada Data Corporation	ARD.V	TSXV	Communication Svc	D+	Sell	C	D		0.07	0.15	0.06	-0.65	W	G	E	W	--	W
Armada Hoffler Properties, Inc.	AHH	NYSE	Real Estate	C+	Hold	B	C		16.27	17.50	13.53	0.48	F	E	E	G	G	F
Armada Mercantile Ltd.	AAMTF	OTC PK	Financials	D-	Sell	E+	D		0.22	0.45	0.16	3.75	W	V	E	W	--	F
Armanino Foods of Distinction, Inc.	AMNF	OTC PK	Consumer Staples	B+	Buy	A-	B	Down	3.42	3.50	2.52	0.09	E	G	E	G	G	G
Armata Pharmaceuticals, Inc.	ARMP	AMEX	Health Care	U	U	U	U		3.50	5.00	2.45		U	U	U	U	U	U
Armor Minerals Inc.	A.V	TSXV	Materials	D	Sell	D	D		0.43	0.59	0.3	-0.94	V	V	G	W	--	W
ARMOUR Residential REIT, Inc.	ARR	NYSE	Financials	D+	Sell	C-	D	Up	18.59	24.07	17.03	0.47	W	F	F	W	E	W
Armstrong Flooring, Inc.	AFI	NYSE	Industrials	D	Sell	D	D		9.51	20.46	9.43	2.15	W	W	G	W	--	W
Armstrong World Industries, Inc.	AWI	NYSE	Industrials	B	Buy	A	B-		97.82	99.27	54.34	1.59	E	E	G	W	E	E
Arotech Corporation	ARTX	NAS	Industrials	D	Sell	D	D	Down	1.95	4.00	1.89	1.96	W	F	E	W	--	W

*Ratings Factors: E=Excellent, G=Good, F=Fair, W=Weak, V=Very Weak, U=Unrated

Data as of June 30, 2019

https://greyhouse.weissratings.com

I. Index of Stocks

	TOTAL RETURNS %				DIVIDEND/YIELD		SIZE		REVENUE & INCOME				EARNINGS		EFFECTIVENESS			VALUATION		
3-Month Total Return (%)	6-Month Total Return (%)	1-Year Total Return (%)	3-Year Total Return (%)	Dividend $ TTM	Dividend Yield TTM	Market Cap. ($Mil)	Enterprise Value ($Mil)	Revenue ($Mil)	Revenue Growth (%)	Net Income ($Mil)	Earnings/Share $	EPS Growth (%)	Cash from Operations ($Mil)	Return on Assets (%)	Return on Equity (%)	Earnings (P/E) TTM	Sales (P/S) TTM	Book (P/B) Q
-14.10	-25.23	-39.68				3.2	2.3	--		-0.83	-0.02	55.7	-0.64	-16.39		-3.4		1.0
28.98	62.21	3.63		0.56	3.4	3,933	11,946	9,093	2.6	-66.0	-0.28	-159.0	947.0	4.23		-59.6	0.4	-2.5
-8.00	43.75	-33.42	-69.41			158.4	62.4	0.29	-99.4	-100.4	-1.68	-48.5	-80.4	-39.96		-1.5	562.2	1.7
19.24	61.83	-13.17	3.84			240.0	637.1	222.0	12.8	-46.9	-1.42	-203.1	6.0	-0.44		-5.1	1.1	0.7
-14.29	9.09	0.00	-75.51			6.5	5.2	--		-1.1	-0.01	44.1	-0.39	-10.31		-5.3		1.6
-33.33	4.68	-9.52	-83.93			6.5	5.2	--		-1.1	-0.01	44.1	-0.39	-10.31		-3.3		1.0
30.48	48.97	36.89	238.71			2,871	1,825	817.3	3,713.3	622.7	12.11	536.3	635.2	38.78	68.14	4.8	3.6	2.3
6.03	19.39	18.47	66.30	1.62	9.1	7,558	13,322	1,393	15.9	830.0	1.94	4.7	-102.0	4.76	11.43	9.1	5.4	1.0
-3.74	14.52	13.31	53.40	1.26	8.6	419.5	--	56.3	14.6	37.8	1.32	13.4	36.3		8.94	11.1	7.5	1.0
13.39	49.09	31.12	153.72	1.20	4.6	2,695	10,664	1,170	-22.1	61.0	0.30	-79.4	-1,847	0.97	13.09	87.4	2.5	8.9
-21.43	4.96	-0.59	6.30	1.00	2.6	611.1	356.2	390.3	-51.4	17.4	1.10	-69.3	-87.8	0.69	4.75	35.7	1.6	1.7
-7.69	-1.64	-86.05	-50.00			0.99	1.3	--		-5.1	-0.27	-29.5	-2.1	-123.93		-0.2		-3.2
-26.32	-22.22	-86.54	-73.08			0.99	1.3	--		-5.1	-0.27	-29.5	-2.1	-123.93		-0.3		-3.8
5.88	28.57	20.00	227.27			4.2	4.1	--		-0.74	-0.02	-2,580.0	-0.29	-168.2		-7.3		-360.0
-23.39	-23.39	22.43	263.89			4.2	4.1	--		-0.74	-0.02	-2,580.0	-0.29	-168.2		-5.3		-262.0
10.58	41.93	64.00				5,190	4,548	30.1	-35.3	-59.1	-1.72	-95.9	--			-79.9	164.7	8.0
0.00	0.00	-12.60	566.87			5,190	4,548	30.1	-35.3	-59.1	-1.72	-95.9	--			-43.1	88.9	4.3
-50.00	-42.86	-50.00	-50.00			6.8	8.9	--		-3.7	-0.01	25.0	-1.5	-46.3		-2.1		-200.0
-39.68	-47.62	-45.16	-47.47			6.8	8.9	--		-3.7	-0.01	25.0	-1.5	-46.3		-2.0		-187.0
4.25	11.68	28.79	78.97	1.16	1.6	2,513	3,069	1,874	5.1	130.0	3.71	254.4	203.3	1.12	7.09	19.9	1.4	1.3
-5.91	16.67	-18.98	-53.21			237.9	223.6	217.0	32.7	-15.8	-0.10	-176.1	41.7	-0.58		-17.5	1.4	0.5
-1.56	21.75	-15.41	-52.57			237.9	223.6	217.0	32.7	-15.8	-0.10	-176.1	41.7	-0.58		-13.7	1.1	0.4
-20.06	151.67	-63.23	-99.94			0.72	11.3	8.9	2,171.2	-15.5	-1.74	93.1	-18.6	-63.6		0.0	0.1	-0.1
-35.48	11.11	-71.43	-95.34			4.2	4.5	1.3	-9.2	-2.7	-0.08	79.1	-1.9			-1.2	4.1	-9.9
-44.48	20.70	-75.54	-96.11			4.2	4.5	1.3	-9.2	-2.7	-0.08	79.1	-1.9			-0.8	2.8	-6.9
29.27	23.26	7.07	-45.92			44.2	65.4	--		-1.4	-0.01	48.1	-0.59	-1.82		-39.9		2.9
34.01	34.77	14.50	-43.28			44.2	65.4	--		-1.4	-0.01	48.1	-0.59	-1.82		-31.9		2.3
-72.97	-76.19	-95.67				0.10	2.2	--		-9.1	-0.27	-7.7	-1.2	-550.74		0.0		0.0
1.33	3.88					86.7	70.4	3.5	198.2	-22.8	-15.42	90.5	-27.6	-66.76		-0.7	25.1	4.6
61.29	25.00	-9.09	100.00			1.1	1.2	--		-0.03	0.00	20.0	0.00	-350.22		-25.0		-33.3
0.00	-74.51					0.99	1.0	0.01	-78.2	-0.05	-0.01	-6,700.0	-0.05	-127.67		-19.1	130.0	-39.4
-71.43	-81.82	-87.50				0.71	--	-0.23	-19.9	-1.3	-0.37	-19.0	-0.33			-0.5	-3.0	-0.7
-17.39	25.38	-0.11	316.11			19,768	17,725	2,274	27.5	384.6	4.57	-24.6	477.7	15.59	18.12	56.4	9.2	8.2
-2.35	9.25	5.99				1,346	1,326	667.4	15.1	60.1	0.52	33.8	74.1	11.99	23.69	24.1	2.2	5.1
-8.74	1.86	5.27				1,346	1,326	667.4	15.1	60.1	0.52	33.8	74.1	11.99	23.69	31.6	2.9	6.6
-7.69	33.33	4.35	118.18			3.2	3.0	--		-0.35	-0.01	2.5	-0.25	-9.49		-10.3		2.1
-15.09	19.52	-5.46				3.2	3.0	--		-0.35	-0.01	2.5	-0.25	-9.49		-7.7		1.6
1.19	10.97	-17.84	-1.35	1.00	5.0	69.7	89.3	161.2	3.7	2.9	0.82	-20.7	9.3	4.79	8.04	24.4	0.4	1.7
-11.84	-4.84	-28.05	5.08			7,019	8,364	10,263	5.1	774.3	9.26	5.7	1,387	5.77	13.53	9.1	0.6	1.1
-0.08	12.65	-17.45	32.01	2.34	2.5	7,019	8,364	10,263	5.1	774.3	9.26	5.7	1,387	5.77	13.53	10.0	0.7	1.2
-14.86	-6.09	-25.87	-15.54	1.50	22.2	247.2	--	-21.9	-194.1	-17.8	-0.68	58.9	58.0			-10.0	-10.2	0.8
-4.82	-62.98					295.4	140.3	422.2	3.1	-111.4	-1.56	-10,438.4	-58.6	-15.61		-2.5	0.7	1.3
0.00	-36.36	-33.33	-17.65			0.94	0.61	2.2	-2.7	-0.06	0.00	-130.5	-0.12	-4.32		-19.4	0.6	1.5
4.29	17.66	14.45	41.21	0.82	5.0	1,129	1,896	190.2	-27.9	23.0	0.35	-23.2	66.2	1.54	5.15	46.9	5.8	2.4
-30.00	-30.00	-52.94	422.89			3.7	--	0.09	975.2	-0.07	0.00	23.1	-0.03			-54.3	42.6	52.9
-0.44	20.77	32.06	73.08	0.09	2.7	110.5	105.9	41.2	8.5	6.4	0.20	39.1	5.4	22.51	40.4	17.1	2.7	6.2
						34.9	25.2	--		--			--					
7.50	7.50	-23.21	-28.33			14.5	14.0	--		-0.07	0.00	5.6	-0.07	-7.76		-252.9		38.1
-1.90	-5.72	-9.39	31.97	2.28	12.3	1,110	--	-228.0	-208.7	-265.1	-6.04	-260.4	64.5			-3.1	-4.4	0.9
-30.58	-18.51	-32.46	-43.05			248.3	255.4	911.2	51.1	-169.3	-6.51	-287.1	-41.0	-0.9		-1.5	0.3	0.7
25.84	70.40	57.99	165.60	0.53	0.5	4,789	5,366	990.1	9.9	197.2	3.83	36.4	191.9	7.76	54.03	25.6	4.9	17.0
-32.06	-29.35	-48.00	-28.04			51.3	71.1	90.1	-13.0	-0.13	-0.01	-101.6	-1.5	0.72		-382.4	0.6	0.7

I. Index of Stocks

Summer 2019

Company Name	Stock Ticker Symbol	Traded On	Sector	Overall Rating	Recommendation	Reward Rating	Risk Rating	Recent Up/Downgrade	Stock Price as of 6/30/2019	52-Week High	52-Week Low	3-Year Beta	Growth	Efficiency	Solvency	Volatility	Dividend	Total Return
ArQule, Inc.	ARQL	NAS	Health Care	D	Sell	D	D		10.83	11.11	2.23	2.19	W	V	E	W	—	E
Array BioPharma Inc.	ARRY	NAS	Health Care	D	Sell	D	D		46.22	47.05	12.56	1.64	W	V	E	F	—	E
Arrow Electronics, Inc.	ARW	NYSE	Information Tech	C+	Hold	B	C	Down	70.79	86.62	62.35	1.54	F	E	E	F	—	W
Arrow Exploration Corp.	CSTPF	OTC PK	Energy	E	Sell	D+	D-	Up	0.19	0.58	0.17		W	F	G	W	—	V
Arrow Exploration Corp.	AXL.V	TSXV	Energy	E	Sell	D+	D-	Up	0.25	1.20	0.24		W	F	G	W	—	V
Arrow Financial Corporation	AROW	NAS GS	Financials	B-	Buy	B+	C		33.88	38.98	30.45	0.66	E	G	E	F	G	F
Arrowhead Pharmaceuticals, Inc.	ARWR	NAS GS	Health Care	C	Hold	B	D	Up	28.82	28.84	10.41	1.73	G	W	E	W	—	E
Arrowstar Resources Ltd.	GMGLF	OTC PK	Materials	D	Sell	C	E+		0.00	0.00	0	1.32	W	G	F	V	—	W
Artelo Biosciences, Inc.	ARTL	NAS CM	Health Care	D	Sell	C-	D		4.93	14.00	2.16		V	G	F	W	—	F
Artemis Therapeutics Inc.	ATMS	OTC PK	Health Care	D	Sell	C-	D-		0.18	1.04	0.18	-0.64	F	G	G	W	—	V
Artesian Resources Corporation	ARTNB	OTC PK	Utilities	C	Hold	B	C+		33.65	39.10	31.1	-0.04	G	E	G	F	G	F
Artesian Resources Corporation	ARTNA	NAS GS	Utilities	B-	Buy	B	C+	Up	35.90	40.97	32.27	0.35	G	E	G	F	G	W
Arthur J. Gallagher & Co.	AJG	NYSE	Financials	A-	Buy	A-	A-		85.94	88.58	64.54	0.53	E	E	E	E	F	G
Artificial Intelligence Technology Solutions I	AITX	OTC PK	Information Tech	D-	Sell	D-	D		0.00	1.10	0		F	V	F	W	—	V
Artis Real Estate Investment Trust	ARESF	OTC PK	Real Estate	C	Hold	B-	D+	Up	8.82	10.13	6.45	0.53	G	E	E	W	G	W
Artisan Consumer Goods, Inc.	ARRT	OTC PK	Consumer Staples	D	Sell	C-	D	Down	0.40	0.80	0.4	0.13	V	E	F	W	—	W
Artisan Partners Asset Management Inc.	APAM	NYSE	Financials	C	Hold	B-	D	Up	27.84	35.50	20.16	1.95	G	E	E	W	E	W
Art's-Way Manufacturing Co., Inc.	ARTW	NAS CM	Industrials	D	Sell	D	D		2.05	3.81	1.85	1.40	W	W	G	W	—	W
Arvana Inc.	AVNI	OTC PK	Communication Svc	D+	Sell	C-	D	Down	0.59	2.00	0.4	-0.65	V	F	F	W	—	F
Arvinas, Inc.	ARVN	NAS GS	Health Care	D-	Sell	D	D	Up	23.80	25.61	10.19		W	W	E	F	—	W
ARYA Sciences Acquisition Corp.	ARYA	NAS CM	Financials	E+	Sell	C	D		10.01	10.02	9.5		W	G	E	G	—	W
AS Capital, Inc.	ASIN	OTC PK	Financials	D	Sell	C+	D		1.20	2.14	0.2	4.49	W	G	E	W	—	F
ASA Gold and Precious Metals Limited	ASA	NYSE	Financials	D	Sell	D+	D		11.33	11.65	8.18	0.06	F	W	E	W	W	W
Asanko Gold Inc.	AKG	AMEX	Materials	D-	Sell	D-	D-		0.64	1.17	0.5	0.48	W	W	E	W	—	V
Asanko Gold Inc.	AKG.TO	TSX	Materials	D-	Sell	D-	D-		0.85	1.53	0.68	0.27	W	W	E	W	—	W
Asante Gold Corporation	ASGOF	OTC PK	Materials	D	Sell	D	D	Up	0.03	0.05	0.03	0.08	W	W	G	W	—	W
Asbestos Corporation Limited	ABH.V	TSXV	Materials	C-	Hold	C	D		0.35	0.55	0.33	0.01	F	F	G	W	—	F
Asbury Automotive Group, Inc.	ABG	NYSE	Consumer Discretn	B	Buy	A-	C+	Up	83.94	84.09	58.6	1.34	F	E	G	F	—	F
Ascena Retail Group, Inc.	ASNA	NAS GS	Consumer Discretn	D-	Sell	D-	D-	Down	0.56	5.29	0.53	0.71	W	W	F	W	—	V
Ascendant Resources Inc.	ASND.TO	TSX	Materials	D	Sell	D+	D	Down	0.39	1.02	0.34	2.85	F	W	G	W	—	W
Ascendant Resources Inc.	ASDRF	OTC PK	Materials	D	Sell	D+	D	Down	0.29	0.76	0.26	1.13	F	W	G	W	—	W
Ascendis Pharma A/S	ASND	NAS GS	Health Care	D+	Sell	C-	D	Up	108.41	133.96	53.21	0.72	W	W	E	F	—	E
Ascent Capital Group, Inc.	ASCMB	OTC PK	Consumer Discretn	D-	Sell	D-	D-		0.55	3.78	0.2	0.65	W	V	G	W	—	V
Ascent Capital Group, Inc.	ASCMA	NAS GS	Consumer Discretn	D-	Sell	D-	D-		1.10	4.16	0.25	1.82	W	V	G	W	—	V
Ascent Industries Corp.	PGTMF	OTC PK	Health Care	D-	Sell	D-	D	Up	0.08	0.76	0.05		W	W	G	W	—	V
Ascent Solar Technologies, Inc.	ASTI	OTC PK	Information Tech	D	Sell	C-	D-	Up	0.00	0.70	0	-0.50	F	G	F	W	—	V
ASCO Group Limited	AAA	NYSE	Energy	U	U	U							U	U	U	U	U	U
Ascot Resources Ltd.	AOT.V	TSXV	Materials	D	Sell	D	D-		0.70	1.44	0.64	-0.83	W	W	E	W	—	V
Ascot Resources Ltd.	AOTVF	OTC PK	Materials	D	Sell	D	D-		0.54	1.03	0.47	-0.19	W	W	E	W	—	V
ASE Technology Holding Co., Ltd.	ASX	NYSE	Information Tech	C-	Hold	C	D+	Up	4.01	5.19	3.46		G	E	G	W	—	W
ASGN Incorporated	ASGN	NYSE	Industrials	C	Hold	B	D+	Down	58.88	94.25	50.33	2.12	E	E	E	W	—	F
Ashanti Gold Corp.	GULSF	OTC PK	Materials	D-	Sell	E+	D-	Down	0.03	0.11	0.02	4.94	W	V	G	W	—	W
Ashanti Gold Corp.	AGZ.V	TSXV	Materials	D-	Sell	E+	D-	Down	0.04	0.14	0.04	3.16	W	V	G	W	—	W
Ashanti Sankofa Inc.	ASI.V	TSXV	Materials	D-	Sell	D-	D		0.05	0.06	0.02	5.80	V	V	G	W	—	W
Ashford Hospitality Trust, Inc.	AHT	NYSE	Real Estate	D	Sell	C-	D		2.92	8.66	2.77	1.24	W	F	F	W	E	W
Ashford Inc.	AINC	AMEX	Financials	D	Sell	C-	D-	Down	30.90	95.58	30.18	1.48	F	F	F	E	W	—	W
Ashland Global Holdings Inc.	ASH	NYSE	Materials	C-	Hold	C	D	Up	78.66	86.63	64.94	1.13	G	F	G	W	W	W
Asia Pacific Wire & Cable Corporation Limited	APWC	NAS	Industrials	U	U	U			2.11	2.77	1.77	0.72	U	U	U	U	U	U
Asia Satellite Telecommunications Holdings Lim	AISLF	OTC PK	Communication Svc	C-	Hold	C+	D	Up	0.82	0.82	0.66	-0.24	G	E	E	W	E	W
AsiaBaseMetals Inc.	AAINF	OTC PK	Materials	D-	Sell	E+	D-		0.20	0.20	0.2	0.22	W	V	G	W	—	W
AsiaBaseMetals Inc.	ABZ.V	TSXV	Materials	D-	Sell	E+	D-	Down	0.63	0.63	0.12	1.16	W	V	G	W	—	F
Asian Mineral Resources Limited	ASN.V	TSXV	Materials	D-	Sell	D	D-		0.10	3.00	0.1	0.05	F		F	W	—	V

*Ratings Factors: E=Excellent, G=Good, F=Fair, W=Weak, V=Very Weak, U=Unrated

Summer 2019 — I. Index of Stocks

3-Month Total Return (%)	6-Month Total Return (%)	1-Year Total Return (%)	3-Year Total Return (%)	Dividend $ TTM	Dividend Yield TTM	Market Cap. ($Mil)	Enterprise Value ($Mil)	Revenue ($Mil)	Revenue Growth (%)	Net Income ($Mil)	Earnings/Share $	EPS Growth (%)	Cash from Operations ($Mil)	Return on Assets (%)	Return on Equity (%)	Earnings (P/E) TTM	Sales (P/S) TTM	Book (P/B) Q
132.90	290.97	114.88	495.05			1,287	1,211	23.0	455.1	-19.2	-0.17	51.6	-15.0	-17.48		-62.1	51.4	16.6
94.69	231.09	173.49	1,247.52			10,311	10,023	194.0	128.4	-126.1	-0.59	13.0	-116.1	-13.98		-78.1	52.4	34.0
-7.48	3.74	-5.79	16.66			5,997	9,784	29,957	8.2	717.8	8.18	71.6	18.8	4.54	13.6	8.7	0.2	1.1
-31.95	-30.53					13.1	15.6	12.1		-2.2	-0.07	-1,196.1	3.3	-6.37		-2.8	1.1	0.3
-29.58	-34.21					13.1	15.6	12.1		-2.2	-0.07	-1,196.1	3.3	-6.37		-3.8	1.4	0.4
2.14	6.90	-2.59	39.99	1.03	3.1	490.7	--	111.4	6.8	36.5	2.51	15.6	40.4		13.78	13.5	4.4	1.8
59.31	141.37	122.55	442.75			2,733	2,514	94.8	326.7	9.6	0.07	111.5	131.6	1.59	6.09	429.5	29.8	13.6
-90.00	-90.00	-90.00	-99.62			0.03	0.05	--		-0.33	-0.01	30.4	-0.20	-289.07		-0.1		-0.1
-48.65	-28.55	-35.30				86.7	86.3	--		-2.2	-1.10	-58.6	-2.1	-314.85		-4.5		-18.6
-32.70	-33.94	-83.17				0.90	0.90	--		-0.32	-0.05	73.3	-0.34	-146.08		-3.3		-6.0
-12.00	0.36	-7.81	14.51	0.97	2.9	331.0	467.4	80.9	-1.3	14.4	1.55	0.7	30.9	2.92	9.48	21.8	3.9	2.0
-2.83	4.60	-5.93	17.64	0.97	2.7	331.0	467.4	80.9	-1.3	14.4	1.55	0.7	30.9	2.92	9.48	23.2	4.1	2.2
11.97	19.73	34.80	104.54	1.68	2.0	15,921	19,753	6,807	9.1	693.9	3.69	29.0	886.5	2.36	15.54	23.3	2.4	3.3
-62.64	-68.75	-99.85				0.56	6.6	0.07	-26.8	4.9	-11.98	82.6	-2.8	-366.21		0.0		0.0
7.67	35.07	-3.73	11.10	0.66	7.5	1,251	3,702	400.9	-0.5	102.3	0.55	-43.7	169.6	3.45	5.01	16.0	3.3	0.8
-21.57	-21.57	-50.00	-92.86			1.8	1.8	--		-0.05	-0.01	-109.6	-0.02	-464.29		-36.7		-12.0
12.04	39.58	6.23	42.47	2.31	8.3	1,561	1,753	803.6	-2.4	148.6	2.53	124.6	259.9	18.99	149.87	11.0	1.7	17.3
2.50	5.46	-25.38	-32.12			8.8	14.9	18.5	-14.7	-3.4	-0.83	-73.5	-2.3	-8.23		-2.5	0.5	0.7
47.50	7.27	-41.00	103.45			0.61	1.4	--		0.07	0.07	133.1	-0.04	-1,119.68		8.7		-0.3
61.14	80.85					769.4	599.2	14.2	42.1	-51.7	-67.04	-36.2	-48.1	-22.84		-0.4	52.4	5.8
1.83	3.41					179.9	178.8	--		0.72	0.04		-0.12			255.4		36.0
-22.58	-34.07	9.09	1,100.00			0.24	0.29	--		-0.03	-0.15	-625.7	-0.01			-7.9		-4.6
11.31	22.09	13.21	-18.51	0.02	0.2	218.6	215.1	1.6	15.7	-48.8	-2.53	-2,897.9	--	-0.4		-4.5	134.7	1.1
4.02	4.85	-40.77	-84.66			146.2	137.3	97.5	-61.2	-148.8	-0.66	-13,620.4	12.8	-0.2		-1.0	1.5	0.5
1.19	1.19	-40.14	-84.40			146.2	137.3	97.5	-61.2	-148.8	-0.66	-13,620.4	12.8	-0.2		-1.3	2.0	0.6
-23.43	-8.96	4.33	-64.83			2.0	4.0	--		-0.60	-0.01	-12.9	-2.0	-8.33		-3.0		1.1
-36.36	0.00	-56.25	94.44			0.76	18.8	2.3	35.1	-0.09	-0.03	-124.2	-0.38	2.7		-10.9	0.4	-0.1
22.40	27.74	19.66	61.02			1,638	3,745	6,936	6.5	168.8	8.47	21.7	39.5	7.54	36.34	9.9	0.2	3.2
-51.30	-77.69	-86.67	-91.55			109.0	1,344	5,806	1.8	-270.3	-1.37	-199.8	103.0	-0.85		-0.4	0.0	0.2
-22.00	0.00	-61.00	290.00			22.9	20.8	75.4	-5.0	-4.7	-0.06	29.9	13.1	-1.85		-6.2	0.4	1.4
-22.75	3.33	-62.86	237.57			22.9	20.8	75.4	-5.0	-4.7	-0.06	29.9	13.1	-1.85		-4.6	0.3	1.1
-5.91	81.02	65.33	709.63			5,105	4,342	18.2	1,234.9	-164.1	-3.87	17.0	-187.7	-19.51		-28.0	258.4	6.3
-78.00	-78.00	-90.60	-95.85			13.5	1,826	536.2	-1.8	-695.0	-56.18	-474.5	92.8	2.17		0.0	0.0	0.0
44.70	254.84	-60.14	-92.46			13.5	1,826	536.2	-1.8	-695.0	-56.18	-474.5	92.8	2.17		0.0	0.0	0.0
2.56	-43.66					24.4	19.0	5.7	128.3	-8.5	-0.04	-514.1	-3.4			-1.8	3.0	1.0
-23.08	-94.79	-99.67	-100.00			0.64	14.9	0.70	-5.3	-8.3	-0.41	82.7	-3.7	-48.6		0.0	10.0	0.0
						--	--	--		--			--					
-21.35	-46.15	-40.68	-37.50			123.6	122.2	--		-4.0	-0.03	47.8	-0.57			-27.8		1.4
-17.85	-40.93	-39.68	-38.33			123.6	122.2	--		-4.0	-0.03	47.8	-0.57			-21.6		1.1
-6.74	7.80	-9.68				8,586	13,382	12,923	34.2	831.6	0.27	23.9	1,902	3.44	12.05	14.9	1.3	2.5
-5.91	9.58	-23.31	68.90			3,109	4,278	3,638	35.5	163.5	3.09	-0.5	276.7	7.63	14.5	19.1	0.9	2.5
-38.24	-11.86	-75.38	-38.39			2.0	1.8	--		-3.2	-0.06	24.4	-3.0	-170.96		-0.4		2.7
-30.00	-22.22	-74.07	-50.00			2.0	1.8	--		-3.2	-0.06	24.4	-3.0	-170.96		-0.6		3.6
100.00	150.00	-9.09	-37.50			1.7	1.7	--		-0.25	-0.01	-32.9	-0.24	-26.97		-5.2		5.2
-41.13	-23.66	-60.20	-27.90	0.42	14.4	298.3	4,359	1,445	1.6	-138.7	-1.85	-42.0	191.7	1.43		-1.6	0.2	0.8
-45.31	-40.34	-54.41	-39.47			76.3	292.9	209.3	82.1	16.6	-1.97	82.8	19.4	1.79	9.1	-15.7	0.4	1.1
0.04	12.74	2.04	51.89	1.03	1.3	4,934	7,306	3,170	5.6	74.0	1.14	391.2	286.0	2.08	0.58	69.3	1.6	1.5
-9.44	8.76	-15.35	-5.13	0.18	8.5	29.2	63.5	213.5	-49.8	0.44	0.03	-95.0	35.9			66.6	0.1	0.2
10.81	24.24	0.00	-44.59			414.6	675.7	183.9	5.9	54.8	0.14	8.2	124.1	5.2	12.27	5.9	1.7	0.7
-12.38	-12.38	-12.38	-12.38			19.2	19.0	--		-0.52	-0.01	-55.6	-0.35	-120.13		-14.3		29.9
350.00	207.32	204.84	215.00			19.2	19.0	--		-0.52	-0.01	-55.6	-0.35	-120.13		-45.0		94.0
-39.39	-71.43	-95.00	-98.00			0.67	0.68	--		15.2	3.84	355.1	-0.79	-20.91		0.0		-4.8

I. Index of Stocks — Summer 2019

Company Name	Stock Ticker Symbol	Traded On	Sector	Overall Rating	Recommendation	Reward Rating	Risk Rating	Recent Up/Downgrade	Stock Price as of 6/30/2019	52-Week High	52-Week Low	3-Year Beta	Growth	Efficiency	Solvency	Volatility	Dividend	Total Return
Asian Mineral Resources Limited	AIERF	OTC PK	Materials	D	Sell	D	D		1.40	1.40	1.4	-0.38	F		F	W	–	V
Asian Television Network International Limited	SAT.V	TSXV	Communication Svc	D	Sell	D	E+		0.11	0.44	0.1	0.71	W	F	G	V	–	V
Asian Television Network International Limited	AITVF	OTC PK	Communication Svc	D	Sell	D	E+		0.07	0.33	0.07	-1.33	W	F	G	V	–	V
Aslan Pharmaceuticals Limited	ASLN	NAS	Health Care	E+	Sell	E+	E+		3.07	9.00	2.51		W	V	E	W	–	V
ASM International NV	ASMIY	OTC PK	Information Tech	C	Hold	B	D+		63.87	68.18	38.44	1.65	E	E	E	W	–	F
ASML Holding N.V.	ASML	NAS GS	Information Tech	B-	Buy	B	C		204.99	221.66	144.5	1.38	G	E	E	F	–	F
ASML Holding N.V.	ASMLF	OTC PK	Information Tech	C	Hold	B	C		202.47	220.00	145.25	1.47	G	E	E	F	–	F
Aspen Aerogels, Inc.	ASPN	NYSE	Energy	D	Sell	D	D	Up	6.58	6.74	1.6	2.28	V	V	G	W	–	W
Aspen Group, Inc.	ASPU	NAS	Consumer Discretn	D	Sell	D+	D		3.70	8.20	3.58	0.13	F	W	E	W	–	W
Aspen Technology, Inc.	AZPN	NAS GS	Information Tech	C+	Hold	B+	C-	Down	121.69	127.01	74.84	1.59	E	F	E	F	–	E
Assembly Biosciences, Inc.	ASMB	NAS GS	Health Care	D	Sell	E+	D		13.86	44.65	12.75	0.69	W	V	E	W	–	W
Assertio Therapeutics, Inc.	ASRT	NAS GS	Health Care	D	Sell	D+	D-		3.44	9.48	2.88	2.16	F	W	G	W	–	V
Associated Banc-Corp	ASB	NYSE	Financials	C	Hold	B	D+		20.81	28.50	18.53	1.19	E	E	E	W	G	W
Associated Capital Group, Inc.	AC	NYSE	Financials	D+	Sell	D+	D+	Down	35.22	46.86	32.59	1.04	W	F	E	F	–	F
Assurant, Inc.	AIZ	NYSE	Financials	B-	Buy	B	C	Up	104.36	111.43	82.31	0.54	G	G	E	F	F	F
Assure Holdings Corp.	ARHH	OTC PK	Health Care	D+	Sell	C	D	Up	1.20	2.65	0.99		F	F	E	W	–	W
Assure Holdings Corp.	IOM.V	TSXV	Health Care	D+	Sell	C-	D		1.50	3.11	1.4	1.78	F	F	E	W	–	V
Assured Guaranty Ltd.	AGO	NYSE	Financials	C	Hold	C	C		41.77	47.97	34.93	0.96	W	E	E	F	F	F
Asta Funding, Inc.	ASFI	NAS GS	Financials	C	Hold	B	D+	Up	7.15	7.44	2.8	-0.75	F	G	E	W	–	F
Astea International Inc.	ATEA	OTC PK	Information Tech	C-	Hold	C	D+	Up	5.96	9.09	1.25	-0.13	W	F	F	F	–	F
Astec Industries, Inc.	ASTE	NAS GS	Industrials	D	Sell	D+	D		32.49	63.69	27.86	1.75	W	F	E	W	W	W
Aston Bay Holdings Ltd.	ATBHF	OTC PK	Materials	D-	Sell	D-	D		0.04	0.17	0.03	-0.52	V	W	E	W	–	W
Aston Bay Holdings Ltd.	BAY.V	TSXV	Materials	D-	Sell	D-	D		0.07	0.23	0.05	-2.68	V	W	E	W	–	W
Astorius Resources Ltd.	ASQ.V	TSXV	Materials	D-	Sell	D-	D-		0.18	0.65	0.15	1.69	W	W	F	W	–	W
AstraZeneca PLC	AZNCF	OTC PK	Health Care	C	Hold	C+	C		80.45	85.00	67.7	0.79	W	E	G	G	–	F
AstraZeneca PLC	AZN	NYSE	Health Care	B-	Buy	C+	B-		40.99	43.30	34.38	0.51	W	E	G	G	–	F
Astro Aerospace Ltd.	ASDN	OTC PK	Industrials	D	Sell	D	D	Up	0.30	2.27	0.1	-8.96	W		F	W	–	F
Astron Connect Inc.	AST.V	TSXV	Consumer Staples	D-	Sell	D-	D-	Up	0.12	0.31	0.09		W	V	E	W	–	V
Astronics Corporation	ATRO	NAS GS	Industrials	B-	Buy	A-	C-	Up	41.50	44.34	27.56	0.95	E	E	E	F	–	F
Astronics Corporation	ATROB	OTC PK	Industrials	C	Hold	A-	C-		40.81	44.00	28.35	0.94	E	E	E	F	–	F
AstroNova, Inc.	ALOT	NAS	Information Tech	B	Buy	B+	C+	Up	25.71	27.96	16.74	0.49	G	E	E	W	G	G
Astrotech Corporation	ASTC	NAS CM	Industrials	D-	Sell	D	D-		2.77	6.03	2.27	-1.50	F	V	G	W	–	W
Asure Software, Inc.	ASUR	NAS CM	Information Tech	D	Sell	D+	D		7.60	16.96	4.26	1.61	W	W	G	W	–	W
ASV Holdings, Inc.	ASV	NAS CM	Industrials	D-	Sell	D-	D-	Down	6.86	8.13	1.46	5.62	W	W	G	W	–	V
At Home Group Inc.	HOME	NYSE	Consumer Discretn	C-	Hold	B-	D	Down	6.74	40.97	6.52	1.45	G	G	G	W	–	W
AT&T Inc.	T	NYSE	Communication Svc	C	Hold	B-	D+		32.98	34.30	26.8	0.74	F	E	G	W	E	W
ATA Inc.	ATAI	NAS	Consumer Discretn	C-	Hold	C	D	Up	2.60	6.87	0.82	1.75	F	G	E	W	–	W
ATAC Resources Ltd.	ATC.V	TSXV	Materials	D	Sell	D	D-		0.25	0.60	0.18	1.19	W	W	E	W	–	V
ATAC Resources Ltd.	ATADF	OTC PK	Materials	D	Sell	D	D-		0.19	0.45	0.14	1.23	W	W	E	W	–	V
Atacama Resources International, Inc.	ACRL	OTC PK	Materials	D+	Sell	C-	D	Up	0.00	0.00	0	-0.32	V	E	F	W	–	W
Atara Biotherapeutics, Inc.	ATRA	NAS GS	Health Care	D	Sell	E+	D	Up	20.25	43.95	18.76	3.07	V	V	E	W	–	F
ATCO Ltd.	ACOX.TO	TSX	Utilities	B-	Buy	B	C	Up	43.80	47.02	34.95	0.20	F	G	G	F	G	F
ATCO Ltd.	ACLLF	OTC PK	Utilities	C	Hold	B+	C		33.96	35.01	27.01	0.60	F	G	G	F	G	F
ATCO Ltd.	ACOY.TO	TSX	Utilities	C	Hold	B	C		43.75	46.78	34.95	0.19	F	G	G	F	G	F
Atento S.A.	ATTO	NYSE	Industrials	D	Sell	D	D-		2.46	8.45	2.22	1.31	W	F	G	W	–	V
ATEX Resources Inc.	ATX.V	TSXV	Materials	D-	Sell	E+	D	Down	0.27	0.30	0.11	3.49	W	V	G	W	–	W
ATEX Resources Inc.	ECRTF	OTC PK	Materials	D-	Sell	E+	D-	Down	0.17	0.21	0.09	-0.64	W	V	G	W	–	W
Athabasca Minerals Inc.	ABCAF	OTC PK	Materials	C-	Hold	C+	D		0.53	0.53	0.12	2.37	W	W	E	W	–	E
Athabasca Minerals Inc.	ABM.V	TSXV	Materials	C-	Hold	C+	D		0.69	0.77	0.16	2.30	W	W	E	W	–	E
Athabasca Oil Corporation	ATH.TO	TSX	Energy	D	Sell	D	D		0.76	1.95	0.7	0.79	F	W	E	W	–	W
Athabasca Oil Corporation	ATHOF	OTC PK	Energy	D	Sell	D	D		0.60	1.49	0.54	1.21	F	W	E	W	–	W
Athena Silver Corporation	AHNR	OTC PK	Materials	D+	Sell	C	D	Up	0.03	0.04	0.01	2.29	W	G	F	W	–	W

*Ratings Factors: E=Excellent, G=Good, F=Fair, W=Weak, V=Very Weak, U=Unrated

Data as of June 30, 2019

Summer 2019 — I. Index of Stocks

3-Month Total Return (%)	6-Month Total Return (%)	1-Year Total Return (%)	3-Year Total Return (%)	Dividend $ TTM	Dividend Yield TTM	Market Cap. ($Mil)	Enterprise Value ($Mil)	Revenue ($Mil)	Revenue Growth (%)	Net Income ($Mil)	Earnings/ Share $	EPS Growth (%)	Cash from Operations ($Mil)	Return on Assets (%)	Return on Equity (%)	Earnings (P/E) TTM	Sales (P/S) TTM	Book (P/B) Q
0.00	0.00	0.00	-90.00			0.67	0.68	--		15.2	3.84	355.1	-0.79	-20.91		0.4		-67.3
-12.50	-32.26	-74.03	-92.76	0.04	33.3	2.0	0.27	10.6	-29.1	-1.3	-0.06	-515.4	0.97	-12.68		-1.9	0.2	0.7
-24.76	-51.22	-82.82	-94.30	0.03	38.7	2.0	0.27	10.6	-29.1	-1.3	-0.06	-515.4	0.97	-12.68		-1.3	0.2	0.5
-28.17	-1.29	-60.54				106.2	99.0	3.0		-37.7	-0.24	23.6	-36.7	-47.5		-12.7	165.1	18.7
19.83	66.68	31.65	103.61	0.95	1.5	3,148	2,820	1,050	21.8	222.3	4.28	-49.1	175.2	4.57	10.4	14.9	3.0	1.6
12.38	33.47	6.93	122.74	1.99	1.0	86,086	85,867	12,616	15.7	2,742	6.46	10.3	2,688	7.97	19.04	31.7	6.9	6.4
11.03	30.64	6.32	104.74			86,086	85,867	12,616	15.7	2,742	6.46	10.3	2,688	7.97	19.04	31.3	6.8	6.4
157.03	203.23	35.11	32.93			159.5	165.4	109.2	-2.2	-33.6	-1.41	-93.8	-9.3	-15.03		-4.7	1.4	2.5
-28.85	-32.36	-49.73	103.39			69.0	65.9	31.0	62.6	-11.3	-0.66	-116.4	-9.4	-18.27		-5.6	2.2	2.5
17.21	50.29	29.10	217.40			8,392	8,547	528.5	9.3	196.9	2.77	-25.1	232.2	23.47	268.46	43.9	16.2	19.8
-31.35	-37.34	-64.72	154.78			354.1	173.8	15.1	27.1	-101.6	-4.25	-73.4	-73.4	-28.84		-3.3	23.5	1.9
-28.78	-4.18	-49.85	-82.11			221.6	664.4	241.3	-42.4	-11.2	-0.53	27.1	126.7	0.44		-6.5	0.9	1.1
-1.43	7.63	-22.27	35.55	0.66	3.2	3,369	--	1,236	12.6	350.8	1.99	34.6	439.9		9.29	10.5	2.8	0.9
-11.04	4.82	-7.29	27.66	0.20	0.6	794.4	449.1	22.7	-14.7	-12.7	-0.57	-1,529.4	93.7	-1.1		-62.3	35.0	0.9
10.78	19.83	1.84	34.52	2.36	2.3	6,415	8,756	8,855	36.2	310.7	4.69	-46.8	979.1	0.99	6.32	22.3	0.8	1.2
-9.77	-17.24	-20.00				39.0	39.9	15.2	-17.8	3.1	0.04	134.4	-0.87	8.46	45.97	30.0	3.5	5.2
-17.13	-28.57	-11.76				39.0	39.9	15.2	-17.8	3.1	0.04	134.4	-0.87	8.46	45.97	37.5	4.3	6.5
-5.77	10.72	18.72	84.01	0.68	1.6	4,239	5,441	964.0	-32.9	378.0	3.49	-31.2	103.0	2.61	5.62	12.0	4.5	0.6
52.78	70.85	98.61	49.43			47.8	44.2	22.1	1.9	8.8	1.30	322.5	3.4	4.87	10.56	5.5	2.2	0.6
7.08	7.39	47.16	183.81			21.6	25.2	27.4	1.3	0.41	-0.02	-133.2	3.4	2.95		-248.3	0.8	-5.0
-12.95	7.47	-44.54	-37.62	0.44	1.4	732.0	763.7	1,172	-1.7	-66.4	-2.92	-258.7	-5.5	-5.66		-11.1	0.6	1.2
-1.78	-23.79	-70.14	-85.28			6.4	6.1	--		-1.6	-0.01	-115.2	-0.87	-5.88		-3.1		0.6
30.00	18.18	-64.86	-83.33			6.4	6.1	--		-1.6	-0.01	-115.2	-0.87	-5.88		-4.6		0.9
-40.00	-28.00	-60.00	-67.27			0.69	0.73	--		-0.81	-0.16	2.0	-0.04	-57.04		-1.1		4.3
-4.24	12.20	23.07	58.60	2.80	3.5	106,649	124,377	22,403	0.7	2,408	1.89	-14.4	2,371	3.29	17.27	42.5	4.6	10.1
-4.63	10.96	21.45	58.97	1.37	3.3	106,649	124,377	22,403	0.7	2,408	1.89	-14.4	2,371	3.29	17.27	21.6	2.3	5.1
-30.88	-30.23	-86.11	650.00			--	--	--		-8.5	-0.12	-17,742.9	-1.2	-59.31		-2.4		-2.9
-33.33	-52.00					4.6	3.3	1.3	1,045.6	-2.3	-0.06	39.0	-1.3	-62.07		-1.9	4.6	3.5
31.37	36.74	33.01	72.59			1,349	1,449	832.4	27.8	121.7	3.67	1,015.6	67.3	6.15	30.26	11.3	1.7	2.9
29.56	34.69	29.15	66.07			1,349	1,449	832.4	27.8	121.7	3.67	1,015.6	67.3	6.15	30.26	11.1	1.6	2.9
31.06	42.93	38.56	75.72	0.28	1.1	180.2	194.7	141.4	17.4	6.6	0.92	74.4	6.5	5.22	9.71	28.0	1.3	2.5
-27.49	-47.64	-18.77	-67.22			16.0	14.5	0.09	-80.3	-10.0	-2.31	20.3	-8.7	-90.82		-1.2	178.7	6.8
25.62	48.15	-53.06	56.38			117.1	229.7	96.4	53.0	-8.5	-0.61	-7.7	-2.0	-1.11		-12.4	1.2	1.2
128.67	225.12	37.20				68.0	103.1	125.0	-0.1	-32.6	-3.31	-2,554.2	-5.2	0.5		-2.1	0.5	2.0
-62.20	-63.45	-82.70				431.1	2,093	1,216	22.2	44.5	0.67	8.7	80.8	3.21	6.14	10.0	0.4	0.5
8.05	19.69	9.06	-7.73	2.02	6.1	240,692	440,410	177,545	11.5	18,804	2.67	-46.1	45,707	3.7	11.43	12.3	1.4	1.3
160.00	160.00	371.81	430.01	5.98	230.0	60.1	40.9	0.39	-97.5	143.8	12.07	3,108.8	--			0.2	69.0	0.7
0.00	-1.96	-54.55	-69.51			30.1	19.1	--		-2.6	-0.02	25.2	-0.67	-1.08		-10.4		0.5
1.17	-5.01	-53.23	-69.92			30.1	19.1	--		-2.6	-0.02	25.2	-0.67	-1.08		-7.9		0.4
326.40	320.00	600.00	-95.80			4.1	4.5	0.00	-100.0	-0.38	0.00	-100.9	-0.06	-310.08		-8.4		-3.0
-47.59	-41.01	-43.98	-8.58			938.0	716.2	--		-255.5	-5.62	-35.1	-215.2	-41.13		-3.6		3.3
-2.53	16.76	11.51	9.96	1.56	3.6	3,815	14,550	3,590	-7.7	265.2	2.31	62.5	805.0	3.34	9.68	18.9	1.4	1.8
2.24	22.13	16.41	18.52	1.17	3.5	3,815	14,550	3,590	-7.7	265.2	2.31	62.5	805.0	3.34	9.68	14.7	1.1	1.4
-2.78	17.50	11.85	10.07	1.56	3.6	3,815	14,550	3,590	-7.7	265.2	2.31	62.5	805.0	3.34	9.68	18.9	1.4	1.8
-28.28	-38.04	-63.82	-69.93			182.8	755.6	1,765	-9.2	-25.5	-0.35	8.8	81.4	2.85		-7.1	0.1	0.7
-3.57	157.14	-21.74	-10.00			2.7	2.6	--		-0.09	-0.03	45.9	-0.11	-38.41		-10.2		10.6
-21.56	32.38	-33.01	-44.40			2.7	2.6	--		-0.09	-0.03	45.9	-0.11	-38.41		-6.3		6.5
26.02	211.35	278.07	197.36			23.0	18.8	4.2	-25.2	-2.1	-0.06	2.0	0.54	-12.11		-9.0	5.1	2.1
18.97	176.00	294.29	176.00			23.0	18.8	4.2	-25.2	-2.1	-0.06	2.0	0.54	-12.11		-11.7	6.7	2.7
-11.63	-20.00	-56.57	-46.48			302.5	529.7	617.3	-4.2	-205.5	-0.41	3.9	52.9	-10.91		-1.9	0.7	0.5
-5.04	-15.50	-54.33	-45.06			302.5	529.7	617.3	-4.2	-205.5	-0.41	3.9	52.9	-10.91		-1.5	0.5	0.4
50.00	42.86	-33.33	-66.29			1.1	3.3	--		-0.34	-0.01	84.0	-0.12	-67.54		-3.2		-0.4

https://greyhouse.weissratings.com

Data as of June 30, 2019

I. Index of Stocks

Summer 2019

Company Name	Stock Ticker Symbol	Traded On	Sector	Overall Rating	Recommendation	Reward Rating	Risk Rating	Recent Up/Downgrade	Stock Price as of 6/30/2019	52-Week High	52-Week Low	3-Year Beta	Growth	Efficiency	Solvency	Volatility	Dividend	Total Return
Athene Holding Ltd.	ATH	NYSE	Financials	C-	Hold	C+	D		42.13	53.92	37.2	0.96	E	E	E	W	--	W
Athenex, Inc.	ATNX	NAS GS	Health Care	D-	Sell	E+	D		18.39	20.90	9.38	-0.50	W	V	G	W	--	W
Athersys, Inc.	ATHX	NAS CM	Health Care	D-	Sell	E+	D-		1.57	2.23	1.35	0.74	W	V	E	W	--	W
ATI Airtest Technologies Inc.	AAT.V	TSXV	Information Tech	C-	Hold	C	D	Up	0.02	0.11	0.01	-0.34	W	E	F	W	--	W
ATI Airtest Technologies Inc.	AATGF	OTC PK	Information Tech	D	Sell	C-	E+		0.02	0.02	0.02	0.26	W	E	F	V	--	V
ATI Nationwide Holding Corp.	ATIN	OTC PK	Financials	D	Sell	D	D	Down	0.01	0.02	0	-7.28	W	W	E	W	--	W
Atico Mining Corporation	ATCMF	OTC PK	Materials	D+	Sell	C	D	Down	0.23	0.45	0.17	0.29	E	G	G	W	--	W
Atico Mining Corporation	ATY.V	TSXV	Materials	D+	Sell	C	D	Down	0.28	0.55	0.23	-0.04	E	G	G	W	--	W
Atkore International Group Inc.	ATKR	NYSE	Industrials	C+	Hold	B	D+		25.71	28.67	17.47	1.81	F	E	G	W	--	G
Atlanta Gold Inc.	ATG.V	TSXV	Materials	D	Sell	D	D-		0.03	0.05	0.03	0.21	W	W	F	W	--	V
Atlanta Gold Inc.	ATLDF	OTC PK	Materials	D	Sell	D	D		0.02	0.04	0.01	3.74	W	W	F	W	--	V
Atlantic American Corporation	AAME	NAS	Financials	C-	Hold	C	D	Up	2.51	3.80	2.2	0.55	G	G	E	W	--	W
Atlantic Capital Bancshares, Inc.	ACBI	NAS GS	Financials	C+	Hold	B-	C		16.67	20.35	14.44	0.84	F	G	G	F	--	F
Atlantic Gold Corporation	AGB.V	TSXV	Materials	B-	Buy	B	C		2.89	2.90	1.4	-0.34	G	G	E	F	--	E
Atlantic Gold Corporation	SPVEF	OTC PK	Materials	B-	Buy	B	C	Up	2.20	2.20	1.07	-0.01	G	G	E	F	--	E
Atlantic Industrial Minerals Incorporated	ANLH.V	TSXV	Materials	D	Sell	D	D		0.02	0.05	0.01	3.07	V	W	E	W	--	W
Atlantic Power Corporation	AT	NYSE	Utilities	C-	Hold	C-	D+	Down	2.38	3.02	2.05	0.18	F	F	W	F	--	W
Atlantic Power Corporation	ATP.TO	TSX	Utilities	C-	Hold	C-	D+	Down	3.08	4.01	2.72	-0.06	F	F	W	F	--	W
Atlantic Union Bankshares Corporation	AUB	NAS GS	Financials	C+	Hold	B+	C-		34.77	42.74	26.48	1.67	E	E	E	F	G	F
Atlantica Yield plc	AY	NAS GS	Utilities	C	Hold	B-	C-		22.48	23.58	17.5	0.28	G	G	G	F	E	F
Atlantica, Inc.	ALDA	OTC PK	Real Estate	C-	Hold	C	D	Up	2.00	6.00	2	1.25	W	E	E	W	--	F
Atlanticus Holdings Corporation	ATLC	NAS GS	Financials	C-	Hold	C	C-	Up	3.95	4.91	1.53	-0.04	W	F	E	F	--	F
Atlas Air Worldwide Holdings, Inc.	AAWW	NAS GS	Industrials	C-	Hold	C+	D	Down	43.60	73.15	35.04	1.94	G	G	G	W	--	W
Atlas Blockchain Group Inc.	ATLEF	OTC PK	Information Tech	D-	Sell	E+	D	Up	0.12	0.20	0		F	V	E	W	--	V
Atlas Energy Group, LLC	ATLS	OTC PK	Energy	D-	Sell	D	D-		0.01	0.08	0	3.18	F	W	F	W	--	V
Atlas Engineered Products Ltd.	AEP.V	TSXV	Materials	D	Sell	D	D-	Up	0.36	0.52	0.29		W	W	F	W	--	W
Atlas Engineered Products Ltd.	APEUF	OTC PK	Materials	D	Sell	D	D-	Up	0.26	0.39	0.21		W	W	F	W	--	W
Atlas Financial Holdings, Inc.	AFH	NAS	Financials	D-	Sell	D	E+	Down	0.81	11.39	0.6	1.45	W	W	E	V	--	V
Atlas Financial Holdings, Inc.	AFHBL	NAS	Financials	D-	Sell	D	E+	Down	9.09	26.15	8	-0.11	W	W	E	V	--	V
Atlassian Corporation Plc	TEAM	NAS GS	Information Tech	C-	Hold	C+	D	Down	131.04	137.78	60.39	1.06	W	W	E	G	--	E
Atlatsa Resources Corporation	ATL.TO	TSX	Materials	D	Sell	E+	D		0.08	0.09	0.03	-2.66	W	V	G	W	--	F
Atlatsa Resources Corporation	ATLRF	OTC PK	Materials	D	Sell	E+	D		0.06	0.07	0.02	-1.12	W	V	G	W	--	F
Atmos Energy Corporation	ATO	NYSE	Utilities	B	Buy	B+	B		104.83	108.46	87.88	0.25	E	E	G	G	F	F
ATN International, Inc.	ATNI	NAS GS	Communication Svc	C-	Hold	C+	D		56.49	88.78	51.86	0.34	F	G	E	W	W	W
Atom Energy Inc.	ATURF	OTC PK	Materials	D-	Sell	E+	D		0.23	0.65	0	-12.32	W	V	E	W	--	W
Atomera Incorporated	ATOM	NAS CM	Information Tech	D-	Sell	E+	D		5.04	6.45	2.33	0.67	W	V	E	W	--	W
Aton Resources Inc.	ANLBF	OTC PK	Materials	D	Sell	D	D		0.03	0.08	0.02	1.15	F	W	F	W	--	W
Aton Resources Inc.	AAN.V	TSXV	Materials	D	Sell	D	D		0.04	0.11	0.02	-0.17	F	W	F	W	--	W
Atoro Capital Corp.	TTOH.V	TSXV	Financials	D	Sell	D+	D		0.08	0.10	0.07	-0.47	F	W	E	W	--	W
Atossa Genetics Inc.	ATOS	NAS CM	Health Care	D-	Sell	D-	D		2.58	7.39	0.8	4.38	W	V	E	W	--	W
Atreca, Inc.	BCEL	NAS GS	Health Care	U	U	U			18.48	20.00	16.26		U	U	U	U	U	U
AtriCure, Inc.	ATRC	NAS	Health Care	D+	Sell	C	D		29.47	36.49	26.11	0.19	F	W	E	F	--	F
Atrion Corporation	ATRI	NAS GS	Health Care	C	Hold	A-	C		852.24	948.03	588.65	0.19	E	E	E	G	W	E
Atrium Mortgage Investment Corporation	AMIVF	OTC PK	Financials	C	Hold	B+	C		10.07	10.54	9.45	0.59	F	E	E	F	E	F
Atrium Mortgage Investment Corporation	AI.TO	TSX	Financials	B	Buy	B	B		13.34	14.49	11.2	0.39	F	E	E	G	G	F
ATS Automation Tooling Systems Inc.	ATA.TO	TSX	Industrials	B-	Buy	B+	C-	Up	21.34	24.67	13.28	1.43	E	E	E	F	--	G
ATS Automation Tooling Systems Inc.	ATSAF	OTC PK	Industrials	C	Hold	B+	C-		16.23	19.20	9.87	1.56	E	E	E	F	--	G
Attis Industries, Inc.	ATIS	NAS CM	Health Care	D-	Sell	D-	D-		1.68	5.52	1.12	0.58	W	V	F	W	--	V
ATW Tech Inc.	ATW.V	TSXV	Communication Svc	D	Sell	D	D	Up	0.04	0.12	0.04	1.59	W	W	F	W	--	W
aTyr Pharma, Inc.	LIFE	NAS CM	Health Care	D-	Sell	E+	D-		0.36	1.09	0.31	1.99	F	V	G	W	--	V
AU Optronics Corp.	AUO	NYSE	Information Tech	D+	Sell	C	D-	Down	2.97	4.79	2.77	0.87	W	G	G	W	--	W
Auburn National Bancorporation, Inc.	AUBN	NAS	Financials	C	Hold	B	D+		31.20	53.96	27.94	0.24	G	G	E	W	G	F

*Ratings Factors: E=Excellent, G=Good, F=Fair, W=Weak, V=Very Weak, U=Unrated

Summer 2019 — I. Index of Stocks

3-Month Total Return (%)	6-Month Total Return (%)	1-Year Total Return (%)	3-Year Total Return (%)	Dividend $ TTM	Dividend Yield TTM	Market Cap. ($Mil)	Enterprise Value ($Mil)	Revenue ($Mil)	Revenue Growth (%)	Net Income ($Mil)	Earnings/ Share $	EPS Growth (%)	Cash from Operations ($Mil)	Return on Assets (%)	Return on Equity (%)	Earnings (P/E) TTM	Sales (P/S) TTM	Book (P/B) Q
3.34	5.91	-3.35				8,097	6,066	10,493	29.2	1,493	7.59	35.5	3,310	0.91	15.87	5.6	0.8	0.8
48.55	36.53	0.27				1,417	1,393	76.6	7.4	-145.4	-2.21	-16.8	-129.6	-45.74		-8.3	16.1	11.5
7.53	10.56	-19.07	-24.52			235.1	184.1	24.7	646.7	-27.1	-0.19	39.5	-13.2	-29.51		-8.2	9.3	6.3
-20.00	0.00	-42.86	0.00			0.76	3.7	2.3	-9.1	-0.84	-0.02	-90.5	-0.31	-26.13		-0.8	0.3	-0.3
0.00	-10.45	-10.45	-57.14			0.76	3.7	2.3	-9.1	-0.84	-0.02	-90.5	-0.31	-26.13		-1.0	0.4	-0.3
70.73	70.73	-12.50	75.00			1.6	1.7	--		-0.06	0.00	0.0	-0.06			-17.5		-17.5
-5.04	-0.91	-42.58	-31.85			20.6	16.0	68.4	45.0	4.9	0.05	82.5	28.0	9.84	12.07	5.0	0.3	0.5
-14.06	-5.17	-48.11	-37.50			20.6	16.0	68.4	45.0	4.9	0.05	82.5	28.0	9.84	12.07	6.0	0.4	0.6
20.20	30.64	21.85	60.29			1,189	2,022	1,897	14.8	123.4	2.49	29.9	135.3	9.93	111.89	10.3	0.6	7.5
0.00	-14.29	-40.00	-62.50			1.7	12.4	--		-1.1	-0.02	73.6	-0.08	-2.33		-1.5		0.1
-39.94	-15.61	-40.83	-66.67			1.7	12.4	--		-1.1	-0.02	73.6	-0.08	-2.33		-1.0		0.1
0.40	6.16	1.20	-38.35	0.02	0.8	50.6	81.7	200.0	12.5	8.5	0.39	1,087.2	4.4	2.35	7.96	6.5	0.3	0.5
-7.29	0.79	-16.44	20.80			401.8	--	95.0	37.4	28.9	1.12	1,513.3	62.2		9.11	14.9	4.4	1.3
32.34	74.85	74.85	337.12			522.1	584.5	111.3	992.1	22.8	0.10	1,058.4	57.4	11.02	23.37	29.8	6.3	5.7
35.21	81.82	76.00	340.00			522.1	584.5	111.3	992.1	22.8	0.10	1,058.4	57.4	11.02	23.37	22.7	4.8	4.4
50.00	0.00	-25.00	50.00			0.28	0.80	--		-0.04	0.00	-466.7	-0.03	-117.55		-8.8		-7.5
-6.30	10.70	5.78	-2.06			257.4	1,080	275.3	-33.3	29.8	0.22	130.2	116.4	1.47	15.59	10.9	1.2	56.8
-9.68	5.12	5.48	-2.53			257.4	1,080	275.3	-33.3	29.8	0.22	130.2	116.4	1.47	15.59	14.2	1.6	73.5
7.04	25.35	-9.48	55.29	0.92	2.7	2,853	--	525.7	42.2	165.2	2.42	65.0	194.1		7.86	14.3	5.1	1.2
17.41	19.92	20.60	58.59	1.46	6.5	2,253	7,657	1,062	-0.7	37.4	0.37	135.7	367.4	2.58	2.98	60.2	2.1	1.5
0.00	-50.00	-60.00	233.33			4.9	5.4	--		-0.43	-0.17	-90.3	-0.03			-11.4		-2.0
10.72	25.40	114.67	31.67			57.3	--	55.9	68.2	18.2	1.24	137.2	83.1			3.2	1.0	-3.7
-9.58	5.36	-38.02	12.34			1,127	3,989	2,767	21.9	231.2	2.01	-74.8	410.2	3.44	12.09	21.7	0.4	0.6
41.18	26.32	-38.14				10.9	8.4	1.7	429.2	-8.7	-0.08	35.9	-3.8	-23.68		-1.6	8.4	1.7
4.01	106.52	-76.25	-97.26			0.46	158.9	9.6	12.5	-4.6	-0.19	75.9	-10.6	-3.23		-0.1	0.1	0.0
4.35	0.00	-23.40				13.5	23.2	11.7	54.7	-0.75	-0.02	95.3	0.49			-17.2	1.4	2.7
-1.37	4.84	-27.76				13.5	23.2	11.7	54.7	-0.75	-0.02	95.3	0.49			-12.4	1.0	2.0
-66.08	-90.09	-90.67	-95.19			9.6	-1.0	228.7	9.3	-37.6	-3.10	-2,739.4	-8.5	-6		-0.3	0.0	0.1
-41.96	-61.58	-60.56		1.66	18.2	9.6	-1.0	228.7	9.3	-37.6	-3.10	-2,739.4	-8.5	-6		-2.9	0.5	1.1
20.82	49.59	110.95	416.31			31,589	30,662	1,119	38.4	-426.0	-1.81	-268.0	430.8	-1.07		-72.4	28.0	45.6
6.67	0.00	100.00	-20.00			33.5	180.8	1.3	-97.9	-64.6	-0.12	58.7	-14.6	-14.49		-0.7	34.8	-0.6
-9.79	1.55	81.09	-27.56			33.5	180.8	1.3	-97.9	-64.6	-0.12	58.7	-14.6	-14.49		-0.5	24.6	-0.4
2.82	15.56	18.44	43.23	2.06	2.0	12,264	15,809	2,979	-3.9	482.5	4.18	-23.8	934.1	3.89	9.43	25.1	4.1	2.2
0.36	-21.74	8.63	-22.67	0.68	1.2	892.2	1,002	450.0	-1.6	23.8	1.48	25.4	112.1	1.98	4.64	38.2	2.0	1.3
360.00	360.00	52.22	22.67			8.9	8.7	--		-1.8	-0.06	20.6	-2.9	-92.91		-3.6		3.9
75.00	90.19	-14.86				77.3	62.4	0.32	188.2	-13.3	-1.01	5.0	-10.7	-55		-5.0	235.5	5.2
-10.22	-28.18	51.21	-40.15			8.6	8.5	--		-2.8	-0.01	30.3	-2.5	-573.4		-2.7		-13.7
-12.50	-41.67	40.00	-50.00			8.6	8.5	--		-2.8	-0.01	30.3	-2.5	-573.4		-3.3		-16.7
14.29	14.29	-11.11	100.00			0.29	0.26	--		-0.07	-0.01	64.7	-0.05	-63.22		-5.7		47.1
-30.27	160.58	13.16	-95.04			23.5	4.8	--		-13.6	-6.71	65.3	-8.7	-63.06		-0.4		1.3
						495.0	604.5	--		-13.6	-1.07	-75.1	-13.0			-17.3		-2.2
11.71	-1.21	8.87	105.37			1,138	1,092	208.6	15.6	-16.6	-0.47	42.6	-8.2	-5.08		-62.5	5.2	4.8
-3.60	16.60	43.27	100.32	5.40	0.6	1,579	1,510	154.7	4.9	35.2	18.94	0.1	45.8	11.41	17.21	45.0	10.3	7.2
2.97	9.98	11.10	37.34	0.68	6.7	400.1	--	32.6	13.8	26.7	0.72	-0.6	31.2		8.78	14.0	15.3	1.3
2.12	9.22	11.40	41.14	0.90	6.8	400.1	--	32.6	13.8	26.7	0.72	-0.6	31.2		8.78	18.5	20.2	1.7
9.77	47.48	10.63	124.40			1,494	1,594	955.3	9.8	53.9	0.57	46.6	96.8	4.62	9.14	37.5	2.0	3.3
12.01	52.82	11.55	127.63			1,494	1,594	955.3	9.8	53.9	0.57	46.6	96.8	4.62	9.14	28.5	1.6	2.5
-41.97	15.26	-51.22	-99.16			5.8	26.1	2.0	-95.3	-18.8	-23.44	57.9	-8.8	-13.93		-0.1	2.0	0.5
-41.67	-36.36	-61.11	-12.50			2.1	4.3	8.6	-4.7	-0.63	-0.01	29.1	-0.71	-5.53		-4.5	0.3	2.7
-33.83	-30.39	-60.99	-85.97			16.8	-8.5	--		-30.0	-0.98	42.1	-26.5	-26.85		-0.4		0.4
-18.18	-25.19	-23.18	14.34	0.36	12.3	2,923	4,483	9,824	-9.8	166.7	0.02	-86.4	1,032	-0.18	0.87	170.7	2.9	4.4
-18.57	4.07	-35.64	17.45	0.98	3.1	111.7	--	29.2	2.0	9.2	2.53	12.9	11.6		10.43	12.4	3.9	1.2

https://greyhouse.weissratings.com

Data as of June 30, 2019

I. Index of Stocks — Summer 2019

Company Name	Stock Ticker Symbol	Traded On	Sector	Overall Rating	Recommendation	Reward Rating	Risk Rating	Recent Up/Downgrade	Stock Price as of 6/30/2019	52-Week High	52-Week Low	3-Year Beta	Growth	Efficiency	Solvency	Volatility	Dividend	Total Return
Audentes Therapeutics, Inc.	BOLD	NAS	Health Care	D	Sell	D	D		37.21	42.70	17.95	1.70	V	V	E	W	–	G
AudioCodes Ltd.	AUDC	NAS GS	Information Tech	B	Buy	A	C+		15.22	17.44	7.64	0.76	E	G	E	G	G	E
AudioEye, Inc.	AEYE	NAS CM	Information Tech	D	Sell	C-	D	Down	7.67	12.40	4.76	1.79	F	W	E	W	–	F
Aumento Capital VII Corporation	AUOCP.V	TSXV	Financials	D-	Sell	D+	D	Up	0.50	0.55	0.5		F	W	E	W	–	W
Aura Minerals Inc.	ORA.TO	TSX	Materials	C	Hold	B	C-		19.11	24.00	14.6	0.15	G	G	G	F	–	F
Aura Minerals Inc.	ARMZF	OTC PK	Materials	C	Hold	B	D+		14.62	17.75	9.96	0.37	G	G	G	W	–	F
Aura Resources Inc.	AUSVF	OTC PK	Materials	D	Sell	D	D	Up	0.05	0.13	0.01	4.64	W	W	F	W	–	W
Aura Resources Inc.	AUU.V	TSXV	Materials	D	Sell	D	D	Up	0.07	0.15	0.03	2.08	W	W	F	W	–	W
Aura Systems, Inc.	AUSI	OTC PK	Industrials	D+	Sell	C-	D		0.18	0.59	0.08	0.05	W	E	F	W	–	W
Auralite Investments Inc.	AAAA.V	TSXV	Financials	D-	Sell	D+	D-	Up	1.60	4.50	0.03		W	W	E	W	–	F
Auramex Resource Corp.	AUX.V	TSXV	Materials	D	Sell	D	D		0.07	0.07	0.03	-0.86	V	W	E	W	–	F
Aurania Resources Ltd.	ARU.V	TSXV	Materials	D	Sell	D+	D		2.96	4.10	1.93	2.29	V	W	G	W	–	G
Aurania Resources Ltd.	AUIAF	OTC PK	Materials	D	Sell	D	D		2.27	3.05	1.44	2.17	V	W	G	W	–	F
AuraSource, Inc.	ARAO	OTC PK	Industrials	D+	Sell	C-	D	Up	0.30	0.42	0.02	0.98	V	W	F	W	–	E
Aurcana Corporation	AUN.V	TSXV	Materials	E	Sell	E+	D-		0.25	0.80	0.21		W	V	E	W	–	V
Aurcana Corporation	AUNFF	OTC PK	Materials	E	Sell	D-	D		0.18	1.25	0		W	V	E	W	–	V
AurCrest Gold Inc.	TBMIF	OTC PK	Materials	D+	Sell	C	D	Up	0.02	0.02	0.01	0.78	W	E	F	W	–	W
AurCrest Gold Inc.	AGO.V	TSXV	Materials	C-	Hold	C	D		0.04	0.04	0.01	0.56	W	E	F	W	–	F
Aurelius Minerals Inc.	AUL.V	TSXV	Materials	D-	Sell	E+	D		0.03	0.07	0.02	-0.54	W	V	G	W	–	V
Aurex Energy Corp.	AURX.V	TSXV	Materials	D-	Sell	E+	D-	Down	0.20	0.78	0.2	0.81	V	V	G	W	–	V
Aurinia Pharmaceuticals Inc.	AUPH	NAS	Health Care	D	Sell	D	D	Up	6.31	7.85	5.06	-0.08	W	V	E	F	–	F
Aurinia Pharmaceuticals Inc.	AUP.TO	TSX	Health Care	D	Sell	D	D	Up	8.28	10.47	6.61	-0.38	W	V	E	F	–	F
Aurion Resources Ltd.	AU.V	TSXV	Materials	D	Sell	C-	D		1.45	2.15	0.74	1.34	F	W	E	W	–	F
Aurion Resources Ltd.	AIRRF	OTC PK	Materials	D+	Sell	C-	D	Up	1.11	1.63	0.57	2.09	F	W	E	W	–	F
Auris Medical Holding Ltd.	EARS	NAS CM	Health Care	D-	Sell	E+	D-		2.71	39.40	2.41	-0.25	F	V	G	W	–	V
Aurora Cannabis Inc.	ACB	NYSE	Health Care	C-	Hold	C	D	Up	7.83	12.53	4.05	2.50	F	W	E	W	–	G
Aurora Cannabis Inc.	ACB.TO	TSX	Health Care	C-	Hold	C	D	Up	10.24	16.24	5.29	2.22	F	W	E	W	–	G
Aurora Mobile Limited	JG	NAS	Information Tech	D	Sell	D	D-		4.74	11.72	4.02		W	W	E	W	–	W
Aurora Royalties Inc.	AURH.V	TSXV	Materials	D	Sell	D	D	Up	0.06	0.11	0.06	-0.33	W	W	G	W	–	F
Aurora Solar Technologies Inc.	AACTF	OTC PK	Information Tech	E+	Sell	E	D-		0.03	0.13	0.03	1.26	V	V	E	W	–	V
Aurora Solar Technologies Inc.	ACU.V	TSXV	Information Tech	E+	Sell	E	D-		0.04	0.18	0.04	1.06	V	V	E	W	–	V
Aurora Spine Corporation	AROSF	OTC PK	Health Care	C-	Hold	C	D	Up	0.33	0.34	0.12	1.41	F	W	G	W	–	G
Aurora Spine Corporation	ASG.V	TSXV	Health Care	C-	Hold	C+	D	Up	0.41	0.45	0.15	0.26	F	W	G	W	–	G
Auryn Resources Inc.	AUG	AMEX	Materials	D	Sell	D	D		1.69	1.84	0.85	0.82	F	V	E	W	–	F
Auryn Resources Inc.	AUG.TO	TSX	Materials	D	Sell	D	D		2.18	2.45	1.14	0.54	F	V	E	W	–	F
Austin Resources Ltd.	AUT.V	TSXV	Materials	D-	Sell	D-	D		0.02	0.02	0.01	1.72	W	V	F	W	–	W
Auston Capital Corp.	ASTNP.V	TSXV	Financials	E	Sell	D-	D		0.14	0.16	0.12		V	W	E	W	–	V
Austpro Energy Corp	AUSH.V	TSXV	Financials	C	Hold	C	D+		0.21	0.60	0.04	0.14	W	G	E	W	–	F
Australia and New Zealand Banking Group Limite	ANZBY	OTC PK	Financials	C	Hold	C+	D+		19.82	22.28	15.98	0.90	W	E	E	W	G	W
Australia and New Zealand Banking Group Limite	ANEWF	OTC PK	Financials	C	Hold	C+	D+		18.78	22.10	16.64	0.94	W	E	E	W	E	W
Australis Capital Inc.	AUSAF	OTC PK	Health Care	D-	Sell	D	D-	Up	0.70	2.75	0.4		W	W	E	W	–	V
AutoCanada Inc.	AOCIF	OTC PK	Consumer Discretn	D	Sell	C-	D		8.40	11.70	6.98	0.54	W	F	F	W	G	W
AutoCanada Inc.	ACQ.TO	TSX	Consumer Discretn	D	Sell	D+	D		11.20	17.05	8.36	0.84	W	F	F	W	G	W
Autodesk, Inc.	ADSK	NAS GS	Information Tech	C	Hold	C	C-		165.25	178.95	117.72	1.39	F	W	G	G	–	G
Autohome Inc.	ATHM	NYSE	Communication Svc	C	Hold	B	D+	Down	89.56	117.99	61.43	1.24	G	E	E	W	–	F
Autoliv, Inc.	ALV	NYSE	Consumer Discretn	D+	Sell	C	D		70.50	145.17	61.07	1.52	W	E	G	W	G	W
Autolus Therapeutics Plc	AUTL	NAS GS	Health Care	D	Sell	D	D		15.53	53.24	14.8		W	W	E	W	–	W
Automatic Data Processing, Inc.	ADP	NAS GS	Information Tech	B	Buy	A+	C+		164.01	170.45	121.4	0.96	E	E	G	G	F	G
Automotive Finco Corp.	RMIAF	OTC PK	Financials	C	Hold	C+	C		1.07	1.09	0.96	0.13	F	G	E	F	E	W
Automotive Finco Corp.	AFCC.V	TSXV	Financials	C-	Hold	C+	D	Down	1.36	2.30	1.25	1.11	F	G	E	W	E	W
Automotive Properties Real Estate Investment T	APRUN.TO	TSX	Real Estate	C+	Hold	B-	C		10.33	11.47	8.45	0.59	W	G	E	F	G	W
AutoNation, Inc.	AN	NYSE	Consumer Discretn	C-	Hold	C+	D		42.03	50.54	32.83	1.14	F	G	G	W	–	W

*Ratings Factors: E=Excellent, G=Good, F=Fair, W=Weak, V=Very Weak, U=Unrated

Summer 2019 — I. Index of Stocks

3-Month Total Return (%)	6-Month Total Return (%)	1-Year Total Return (%)	3-Year Total Return (%)	Dividend $ TTM	Dividend Yield TTM	Market Cap. ($Mil)	Enterprise Value ($Mil)	Revenue ($Mil)	Revenue Growth (%)	Net Income ($Mil)	Earnings/Share $	EPS Growth (%)	Cash from Operations ($Mil)	Return on Assets (%)	Return on Equity (%)	Earnings (P/E) TTM	Sales (P/S) TTM	Book (P/B) Q
-0.13	77.11	0.70				1,648	1,305	--		-152.6	-3.79	-14.8	-125.6	-24.11		-9.8		4.1
9.58	56.21	100.97	286.55	0.31	2.0	438.6	408.4	131.7	-16.0	9.4	0.31	152.7	22.1			49.2	3.5	4.7
-15.53	-9.34	44.38	90.56			58.6	55.1	6.5	88.1	-6.0	-0.84	28.6	-2.7	-55.49		-9.1	9.0	13.8
0.00	0.00	-9.09				0.38	--	--		-0.01	-0.01	97.2	0.00	-1.67		-35.7		1.1
-1.65	-2.99	-11.53				63.4	82.9	148.9	-11.3	36.0	8.22	10.6	11.3	5.04	23.77	2.3	0.6	0.5
-9.42	4.21	-9.19				63.4	82.9	148.9	-11.3	36.0	8.22	10.6	11.3	5.04	23.77	1.8	0.4	0.4
13.83	435.00	-43.68	-49.29			1.6	1.6	--		-0.41	-0.02	-8.7	-0.16	-187.38		-3.6		-7.3
30.00	62.50	-48.00	-62.86			1.6	1.6	--		-0.41	-0.02	-8.7	-0.16	-187.38		-4.3		-8.9
-48.57	13.64	-64.00	-68.64			9.4	24.1	0.04		-4.5	-0.11	-36.6	-2.5	-303.55		-1.7	257.1	-0.4
-58.12	82.86					352.6	349.6	--		-1.5	-0.01	-1,210.0	-1.5	-5.37		-122.1		60.8
18.18	18.18	18.18	333.33			2.3	2.2	--		-0.34	-0.01	-487.5	-0.13	-9.61		-6.9		1.5
-18.46	5.71	37.67	886.67			78.8	78.3	--		-8.1	-0.26	32.3	-6.7	-334.03		-11.3		182.7
-15.93	13.50	41.88				78.8	78.3	--		-8.1	-0.26	32.3	-6.7	-334.03		-8.7		140.1
97.33	114.49	196.00	97.33			19.1	21.3	--		-1.8	-0.03	-83.5	-0.47	-100.65		-11.1		-5.1
-61.54	-68.35					22.2	19.2	0.18		-3.8	-56.92	-39,483.2	-4.3			0.0	166.7	0.4
-62.47						22.2	19.2	0.18		-3.8	-56.92	-39,483.2	-4.3			0.0	120.0	0.3
280.95	50.00	-11.11	380.00			2.1	2.2	--		-0.22	0.00	-7.7	-0.09	-102.69		-8.6		-3.2
75.00	133.33	0.00	16.67			2.1	2.2	--		-0.22	0.00	-7.7	-0.09	-102.69		-12.5		-4.7
-28.57	-28.57	-28.57	-79.17			2.7	2.0	--		-2.1	-0.02	-9.0	-2.3	-65.15		-1.0		3.3
-16.67	-69.23	-74.36	-48.72			3.4	3.3	--		-2.3	-0.32	-432.7	-0.25	-27.96		-0.6		0.6
-1.71	-7.61	13.08	133.70			579.1	432.5	0.46	10.8	-61.1	-0.71	-73.2	-50.4	-21.27		-8.9	1,237.3	4.2
-3.94	-10.68	11.59	139.31			579.1	432.5	0.46	10.8	-61.1	-0.71	-73.2	-50.4	-21.27		-11.7	1,623.5	5.5
34.26	38.10	61.11	480.00			83.5	77.6	0.02		-2.5	-0.04	38.4	-1.4	-8.44		-40.2	7,250.0	5.5
35.57	38.45	63.85	556.16			83.5	77.6	0.02		-2.5	-0.04	38.4	-1.4	-8.44		-30.7	5,538.0	4.2
-59.97	-72.11	-82.40	-99.69			8.9	4.8	--		-11.7	-21.96	81.1	-13.6	-49.8		-0.1		1.3
-11.33	49.71	10.91	2,075.00			7,933	8,017	127.6	287.4	-156.7	-0.12	-430.6	-177.3	-5		-67.4	61.6	2.4
-13.59	43.82	12.94	2,185.57			7,933	8,017	127.6	287.4	-156.7	-0.12	-430.6	-177.3	-5		-88.1	80.5	3.2
-30.29	-31.40					543.9	506.6	95.7	89.6	-8.2	-0.05	61.7	--			-92.0	8.5	9.5
-35.29	-38.89	-31.25	57.14			1.7	1.5	--		-0.05	0.00	66.7	-0.06	-9.77		-45.8		10.8
-16.88	-36.23	-74.85	-78.13			2.7	1.7	0.63	-70.8	-1.5	-0.03	-70.6	-1.4	-66.97		-1.0	2.9	1.6
-11.11	-33.33	-70.37	-73.33			2.7	1.7	0.63	-70.8	-1.5	-0.03	-70.6	-1.4	-66.97		-1.5	4.6	2.5
30.54	25.52	141.75	115.14			14.5	16.2	9.9	66.1	-0.11	0.00	94.5	0.70	0.52		-116.6	1.5	5.5
15.49	10.81	127.78	121.62			14.5	16.2	9.9	66.1	-0.11	0.00	94.5	0.70	0.52		-146.4	1.9	7.0
16.55	87.78	56.48	-22.78			157.0	152.6	--		-12.3	-0.14	61.4	-13.0	-22.93		-12.1		4.8
14.14	78.69	53.52	-22.97			157.0	152.6	--		-12.3	-0.14	61.4	-13.0	-22.93		-15.6		6.2
50.00	50.00	0.00	-25.00			0.49	0.93	--		-0.15	0.00	10.5	-0.10	-62.77		-4.4		-1.5
-3.57						0.31	0.06	--		-0.07	-0.02		-0.02			-8.9		1.8
2.44	-4.55	425.00	950.00			2.2	2.1	--		-0.24	-0.02	-2,490.0	-0.13	-259.48		-8.8		26.6
7.60	15.91	-3.25	30.96	1.14	5.8	55,719	--	13,339	-10.0	4,558	1.53	-11.2	2,096		10.62	13.0	4.6	1.3
1.51	12.86	-5.25	4.33			55,719	--	13,339	-10.0	4,558	1.53	-11.2	2,096		10.62	12.3	4.4	1.3
-3.83	37.36					105.7	101.2	0.10		-2.6	-0.04		-1.2			-19.1	1,166.7	2.3
3.06	7.22	-30.05	-48.50	0.30	3.6	234.0	1,335	2,495	4.0	-66.8	-2.44	-247.1	-1.5	1.6		-3.4	0.1	0.8
6.63	4.02	-31.07	-42.34	0.40	3.6	234.0	1,335	2,495	4.0	-66.8	-2.44	-247.1	-1.5	1.6		-4.6	0.1	1.1
7.99	29.88	26.88	221.00			36,292	37,608	2,745	28.8	-22.6	-0.11	95.6	615.2	1.59		-1,573.8	13.2	-147.9
-3.14	12.58	-11.30	331.94			10,603	9,044	832.7	-10.2	342.7	2.87	4.6	--			31.2	12.8	6.0
-3.15	2.36	-28.94	-4.45	2.48	3.5	6,149	7,909	8,611	3.3	175.1	1.98	-57.6	681.3	6.57	10.45	35.5	0.7	3.1
-48.64	-49.50	-40.68				698.5	538.9	3.0	143.1	-68.3	-1.31	2.9	-46.3			-11.9	203.8	2.9
4.06	28.18	24.69	99.00	3.06	1.9	71,382	71,551	13,995	7.0	1,926	4.40	-2.9	2,661	4.06	41.53	37.3	5.1	13.6
0.09	0.09	0.09	0.09	1.78	167.1	24.0	42.5	6.1	32.3	2.9	0.12	419.6	3.9	5.94	7.35	8.9	4.0	0.6
-2.67	9.81	-30.47	27.05	0.21	15.1	24.0	42.5	6.1	32.3	2.9	0.12	419.6	3.9	5.94	7.35	11.4	5.2	0.8
-3.04	19.82	6.68	27.62	0.80	7.8	226.6	573.2	40.1	18.8	5.4	0.36	-81.0	31.0	3.85	3.43	28.3	5.6	1.3
20.12	19.71	-14.47	-10.57			3,749	10,527	21,135	-2.4	394.3	4.35	-3.6	480.0	4.38	15.01	9.7	0.2	1.4

Data as of June 30, 2019

I. Index of Stocks

Summer 2019

Company Name	Stock Ticker Symbol	Traded On	Sector	Overall Rating	Recommendation	Reward Rating	Risk Rating	Recent Up/Downgrade	Stock Price as of 6/30/2019	52-Week High	52-Week Low	3-Year Beta	Growth	Efficiency	Solvency	Volatility	Dividend	Total Return
AutoWeb, Inc.	AUTO	NAS CM	Communication Svc	D-	Sell	E+	D		3.72	5.00	1.9	-0.28	W	V	G	W	–	W
AutoZone, Inc.	AZO	NYSE	Consumer Discretn	B-	Buy	B+	C		1,084.08	1,135.39	662.17	0.71	E	E	F	F	–	F
Auxly Cannabis Group Inc.	XLY.V	TSXV	Health Care	D	Sell	D	D		0.76	1.62	0.6	-7.33	W	V	E	W	–	F
Auxly Cannabis Group Inc.	CBWTF	OTC PK	Health Care	D	Sell	D	D		0.59	1.26	0.44	1.07	W	V	E	W	–	W
Avadel Pharmaceuticals plc	AVDL	NAS	Health Care	D-	Sell	E+	D-	Up	2.81	7.27	1.03	1.27	W	V	G	W	–	V
Avalara, Inc.	AVLR	NYSE	Information Tech	D-	Sell	E+	D		71.01	75.33	28.09		F	V	E	W	–	W
Avalon Advanced Materials Inc.	AVLNF	OTC PK	Materials	D	Sell	D	D		0.06	0.13	0.03	-2.98	F	W	G	W	–	W
Avalon Advanced Materials Inc.	AVL.TO	TSX	Materials	D	Sell	D	D		0.08	0.17	0.05	-2.63	F	W	G	W	–	W
Avalon Globocare Corp.	AVCO	NAS CM	Health Care	D-	Sell	E+	D		2.41	13.50	1.77	0.50	W	V	E	W	–	F
Avalon Holdings Corporation	AWX	AMEX	Industrials	D	Sell	D+	D	Down	2.43	20.20	2.14	1.52	W	F	G	W	–	W
AvalonBay Communities, Inc.	AVB	NYSE	Real Estate	B-	Buy	B+	C	Down	201.44	211.75	167.01	0.56	E	E	E	F	G	F
AVANGRID, Inc.	AGR	NYSE	Utilities	B	Buy	B	B-		50.28	54.18	45.81	0.11	G	G	G	G	G	F
Avanos Medical, Inc.	AVNS	NYSE	Health Care	D+	Sell	C	D	Down	43.69	72.96	37.07	1.30	W	G	E	W	–	F
Avante Logixx Inc.	ALXXF	OTC PK	Consumer Discretn	D	Sell	D+	D	Down	1.09	1.72	1.09	0.46	W	W	E	W	–	W
Avante Logixx Inc.	XX.V	TSXV	Consumer Discretn	D	Sell	D+	D		1.45	2.35	1.14	0.32	W	W	E	W	–	W
Avanti Energy Inc.	AVN.V	TSXV	Energy	D+	Sell	C	D-	Up	0.10	0.12	0.05	0.31	W	G	F	W	–	W
Avanti Energy Inc.	ARGYF	OTC PK	Energy	D	Sell	C-	E+	Up	0.07	0.07	0.06	-0.85	W	G	F	V	–	V
Avarone Metals Inc.	AVRTF	OTC PK	Materials	C-	Hold	C+	D	Up	0.07	0.08	0.02	-3.23	F	E	F	W	–	F
Avaya Holdings Corp.	AVYA	NYSE	Information Tech	D+	Sell	C-	D	Up	11.53	23.40	11.1		W	F	G	W	–	W
Avcorp Industries Inc.	AVPFF	OTC PK	Industrials	C	Hold	B	D+	Up	0.04	0.06	0.01	-0.93	F	G	F	W	–	F
Avcorp Industries Inc.	AVP.TO	TSX	Industrials	C	Hold	B-	D+	Up	0.05	0.07	0.03	-0.26	F	G	F	W	–	F
Avedro, Inc.	AVDR	NAS	Health Care	E	Sell	D	D+		19.54	22.52	10.75		F	V	E	G	–	W
Avenira Limited	MMMKF	OTC PK	Materials	D-	Sell	D	E+		0.01	0.01	0.01	-0.51	W	W	G	V	–	V
Avenue Therapeutics, Inc.	ATXI	NAS CM	Health Care	D	Sell	D-	D	Down	6.00	7.98	2.08	-0.53	V	V	E	W	–	W
AVEO Pharmaceuticals, Inc.	AVEO	NAS CM	Health Care	D-	Sell	D-	D-	Down	0.70	3.59	0.49	0.77	V	W	G	W	–	W
Avery Dennison Corporation	AVY	NYSE	Materials	A+	Buy	A+	B		113.03	117.00	82.89	1.46	E	E	G	G	F	E
Avesoro Resources Inc.	ARSMF	OTC PK	Materials	D	Sell	D	D-	Down	0.65	3.42	0.65	0.74	W	W	F	W	–	V
Avesoro Resources Inc.	ASO.TO	TSX	Materials	D	Sell	D	D-		1.00	5.99	0.42	0.89	W	W	F	W	–	V
Avianca Holdings S.A.	AVH	NYSE	Industrials	D	Sell	D	D-		3.67	6.84	2.88	0.79	W	F	F	W	–	V
Aviat Networks, Inc.	AVNW	NAS GS	Information Tech	C-	Hold	C	D+	Up	13.01	18.16	12.29	0.91	F	F	E	W	–	W
Avid Bioservices, Inc.	CDMO	NAS CM	Health Care	C-	Hold	C	D	Up	4.00	8.44	3.37	2.64	G	W	E	W	–	F
Avid Technology, Inc.	AVID	NAS GS	Information Tech	D+	Sell	C-	D		8.75	10.65	4.37	1.68	W	W	G	W	–	F
Avidian Gold Corp.	AVG.V	TSXV	Materials	D-	Sell	E+	D-	Down	0.10	0.68	0.09		W	W	G	W	–	W
Avinger, Inc.	AVGR	NAS CM	Health Care	D-	Sell	E+	D-		3.03	18.00	1.8	2.42	F	V	G	W	–	V
Avino Silver & Gold Mines Ltd.	ASM.TO	TSX	Materials	D	Sell	D+	D-	Down	0.74	1.74	0.53	0.27	W	F	E	W	–	V
Avino Silver & Gold Mines Ltd.	ASM	AMEX	Materials	D	Sell	D+	D-	Down	0.57	1.31	0.39	0.66	W	F	E	W	–	V
Avis Budget Group, Inc.	CAR	NAS GS	Industrials	C-	Hold	C-	D+	Up	34.84	39.15	21.63	2.02	W	F	F	W	–	F
Avista Corporation	AVA	NYSE	Utilities	C	Hold	B	D		44.41	52.91	39.75	0.57	G	E	G	W	G	W
Avita Medical Limited	AVMXY	OTC PK	Health Care	D-	Sell	E+	D		5.88	7.67	0.87		W	V	E	F	–	G
Avita Medical Limited	AVMXF	OTC PK	Health Care	D-	Sell	E+	D		0.30	0.39	0.04	1.88	W	V	E	W	–	E
Aviva plc	AVVIY	OTC PK	Financials	C	Hold	B-	D	Up	10.46	13.79	9.06	1.05	G	E	E	W	G	W
Aviva plc	AIVAF	OTC PK	Financials	C	Hold	B-	D	Up	5.18	6.58	4.56	0.97	G	E	E	W	E	W
Avivagen Inc.	VIV.V	TSXV	Health Care	D-	Sell	E+	D	Down	0.73	0.99	0.33	2.07	W	V	E	W	–	W
Avivagen Inc.	CHEXF	OTC PK	Health Care	D-	Sell	E+	D	Down	0.55	0.70	0.26	0.53	W	V	G	W	–	W
Avnet, Inc.	AVT	NAS GS	Information Tech	C+	Hold	B	C	Up	44.79	49.41	33.55	1.59	G	G	E	F	F	F
Avon Products, Inc.	AVP	NYSE	Consumer Staples	D	Sell	D+	D		3.87	4.08	1.3	1.26	W	F	G	W	–	F
AVRA Medical Robotics, Inc.	AVMR	OTC PK	Health Care	E+	Sell	C	D	Up	2.55	3.25	1.5		V	G	F	F	–	W
Avricore Health Inc.	AVCRF	OTC PK	Health Care	E+	Sell	E+	D-	Down	0.05	0.17	0.04	0.74	F	V	G	W	–	V
Avricore Health Inc.	AVCR.V	TSXV	Health Care	E+	Sell	E+	D-	Down	0.07	0.23	0.05	-0.08	F	V	G	W	–	V
AVROBIO, Inc.	AVRO	NAS GS	Health Care	D-	Sell	E+	D	Up	15.36	53.70	11.85		W	V	E	W	–	V
Avrupa Minerals Ltd.	AVU.V	TSXV	Materials	D-	Sell	E+	D-		0.03	0.12	0.03	1.12	W	V	F	W	–	V
Avrupa Minerals Ltd.	AVPMF	OTC PK	Materials	D-	Sell	E+	D-		0.02	0.10	0.01	0.39	W	V	F	W	–	V

*Ratings Factors: E=Excellent, G=Good, F=Fair, W=Weak, V=Very Weak, U=Unrated

Summer 2019

I. Index of Stocks

3-Month Total Return (%)	6-Month Total Return (%)	1-Year Total Return (%)	3-Year Total Return (%)	Dividend $ TTM	Dividend Yield TTM	Market Cap. ($Mil)	Enterprise Value ($Mil)	Revenue ($Mil)	Revenue Growth (%)	Net Income ($Mil)	Earnings/ Share $	EPS Growth (%)	Cash from Operations ($Mil)	Return on Assets (%)	Return on Equity (%)	Earnings (P/E) TTM	Sales (P/S) TTM	Book (P/B) Q
-3.88	15.89	-10.36	-72.24			48.9	42.1	124.8	-9.0	-33.9	-2.65	56.0	-3.4	-22.76		-1.4	0.4	1.7
7.85	29.21	59.79	37.15			26,591	31,525	11,434	2.3	1,452	55.97	14.1	2,111	14.13		19.4	2.4	-16.8
-21.65	-11.63	-32.14	3,700.00			351.3	301.7	7.6	272.4	-53.3	-0.10	-17.7	-41.9	-7.94		-7.9	59.4	1.9
-18.86	-4.11	-32.21				351.3	301.7	7.6	272.4	-53.3	-0.10	-17.7	-41.9	-7.94		-6.1	45.7	1.5
91.16	13.31	-53.40				105.0	147.3	86.4	-43.9	-96.1	-2.60	-487.2	-85.9	-13.29		-1.1	1.2	-11.0
26.28	128.11	59.29				5,222	5,075	295.7	31.1	-69.5	-2.02	81.4	-0.11	-12.75		-35.2	16.4	29.4
70.88	60.94	-17.00	-65.58			16.3	18.2	--		-2.8	-0.01	24.0	-1.6	-1.75		-5.0		0.2
50.00	50.00	-21.05	-65.91			16.3	18.2	--		-2.8	-0.01	24.0	-1.6	-1.75		-6.4		0.2
-53.02	-7.66	-12.36				182.3	181.6	1.5	11.6	-10.7	-0.15	-125.6	-5.4	-55.77		-16.5	121.1	17.8
-3.19	-9.33	12.50	13.88			9.4	24.3	65.3	15.3	-0.98	-0.27	-404.2	2.2	0.78		-9.1	0.2	0.3
0.26	17.56	20.42	23.70	5.98	3.0	28,015	35,136	2,292	3.6	1,003	7.24	28.0	1,347	2.8	9.52	27.8	12.2	2.6
1.40	2.70	-1.00	24.79	1.76	3.5	15,537	22,531	6,455	6.3	568.0	1.82	46.2	1,509	1.92	3.74	27.6	2.4	1.0
4.85	0.76	-23.63	40.03			2,075	2,044	660.1	6.1	17.0	0.36	-80.4	-195.0	0.67		121.8	3.1	1.6
-13.42	-33.94	-34.53	19.45			23.4	24.7	20.5	19.9	-1.5	-0.08	-2,370.6	-2.1	-1.47		-13.0	1.0	1.7
11.54	-23.68	-34.09	20.83			23.4	24.7	20.5	19.9	-1.5	-0.08	-2,370.6	-2.1	-1.47		-17.3	1.4	2.3
35.71	72.73	46.15	-92.69			2.5	2.9	--		-4.2	-0.28	-309.5	-0.19	-14.72		-0.3		-2.0
-27.00	-27.00	-27.00	-90.58			2.5	2.9	--		-4.2	-0.28	-309.5	-0.19	-14.72		-0.3		-1.5
121.81	256.00	54.78	27.60			6.8	7.0	--		-0.25	0.00	-7.4	-0.09	-301.06		-24.6		-13.7
-32.22	-20.10	-40.93				1,278	3,735	2,874	-4.7	176.0	1.62	-73.1	231.0	0.96	9.05	7.1	0.4	0.6
-37.47	34.62	17.45	-44.79			14.0	90.0	129.4	7.6	30.2	0.09	166.3	8.9	-4.48		0.4	0.1	-0.8
-28.57	42.86	0.00	-44.44			14.0	90.0	129.4	7.6	30.2	0.09	166.3	8.9	-4.48		0.6	0.1	-1.1
53.50						334.3	289.8	17.0	75.7	-14.8	-5.58	43.0	-14.3			-3.5	9.6	5.9
-10.00	-10.00	-10.00	-93.79			4.4	11.1	0.09	-70.0	-7.1	-0.01	55.2	-3.0	-12.62		-1.2		0.3
17.42	11.11	62.16				99.4	69.9	--		-22.4	-1.91	27.9	-17.0	-63.15		-3.2		4.9
0.35	-57.26	-66.98	-25.88			112.0	107.7	6.0	-1.3	4.2	-0.29	50.0	-27.0	-47.65		-2.4	15.5	-5.2
0.56	28.55	14.65	66.65	2.14	1.9	9,542	11,557	7,123	4.5	195.3	2.13	-35.0	477.3	9.41	18.76	53.0	1.3	9.6
-63.54	-63.54	-81.28	-88.41			62.2	197.8	251.3	48.3	-49.8	-0.61	-163.5	38.9	-5.75		-1.1	0.2	0.6
-56.90	-56.52	-77.73	-85.71			62.2	197.8	251.3	48.3	-49.8	-0.61	-163.5	38.9	-5.75		-1.6	0.3	1.0
-8.67	-7.76	-40.36	-26.30	0.27	7.3	476.1	4,922	4,873	7.3	-96.6	-0.10	-380.9	721.8	1.86		-37.9	0.8	3.4
-4.48	4.29	-17.40	98.63			70.0	42.9	242.1	2.4	6.0	1.06	23,457.8	6.3	0.86	9.15	12.3	0.3	1.0
-4.31	-2.20	3.09	54.36			224.3	196.6	43.5	-32.7	-1.5	-0.12	84.6	-15.9	-4.04		-32.7	5.2	4.2
11.61	81.54	65.72	53.24			371.1	576.7	418.7	1.4	-1.9	-0.05	89.5	16.8	5.73		-165.7	0.9	-2.2
-38.71	-76.25	-81.00				4.3	4.6	--		-1.7	-0.03	64.5	-2.7	-260.95		-3.1		-14.2
-67.24	48.02	-82.88	-99.94			19.5	11.9	7.9	-3.7	-22.3	-19.87	96.6	-17.6	-53.4		-0.2	1.6	1.4
-10.84	-8.64	-53.75	-74.83			36.9	43.7	32.7	-2.1	0.20	0.00	-98.3	8.2	0.17	0.27	925.0	1.5	0.6
-6.78	-3.97	-54.31	-75.04			36.9	43.7	32.7	-2.1	0.20	0.00	-98.3	8.2	0.17	0.27	708.3	1.1	0.5
1.72	47.94	8.27	19.64			2,645	19,369	9,076	1.1	161.0	1.96	-56.5	2,546	2.49	41.34	17.7	0.3	8.2
10.99	6.44	-12.92	13.10	1.52	3.4	2,920	5,039	1,384	-2.5	197.3	3.00	80.8	374.0	2.79	10.89	14.8	2.1	1.6
44.29	439.45	560.67				529.5	508.3	2.0	104.0	-18.4	-0.02	-30.0	-14.1	-63.54		-323.1	2,940.0	442.1
47.50	555.56	525.00	251.19			529.5	508.3	2.0	104.0	-18.4	-0.02	-30.0	-14.1	-63.54		-16.2	147.5	22.2
1.65	14.34	-15.25	23.46	0.73	6.9	20,523	-25,015	29,959	-33.8	2,058	0.50	11.6	7,902	0.2	8.97	20.9	1.4	1.9
-1.31	12.24	-22.61	7.71			20,523	-25,015	29,959	-33.8	2,058	0.50	11.6	7,902	0.2	8.97	10.4	0.7	0.9
-1.35	82.50	14.06	4.29			19.4	20.3	1.0	127.4	-3.8	-0.11	12.8	-2.7	-69.26		-6.5	24.3	-30.2
-7.49	68.10	9.77	-18.36			19.4	20.3	1.0	127.4	-3.8	-0.11	12.8	-2.7	-69.26		-4.8	18.2	-22.6
5.61	25.97	6.75	19.06	0.80	1.8	4,761	6,110	19,897	7.1	266.8	2.35	302.4	435.8	4.29	5.86	19.0	0.2	1.1
28.15	159.73	138.89	6.61			1,741	3,657	5,365	-7.1	-31.9	-0.14	-730.9	46.3	7.86		-28.3	0.3	-1.8
-13.27	-14.72					54.6	54.7	--		-1.0	-0.05	8.2	-0.43	-224.16		-51.8		-117.5
-15.00	-8.33	-68.83	-95.13			2.4	2.3	0.09	-78.8	-3.1	-0.08	12.7	-1.2	-110.31		-0.6	21.3	4.4
16.67	-6.67	-61.11	-94.17			2.4	2.3	0.09	-78.8	-3.1	-0.08	12.7	-1.2	-110.31		-0.8	31.8	6.6
-26.01	-8.30	-45.30				369.0	260.5	--		-55.2	-4.85	59.0	-49.4	-39.53		-3.2		3.5
-37.50	-54.55	-78.26	-78.26			2.1	2.1	--		-1.6	-0.02	8.2	-1.1	-54.69		-1.6		5.3
-35.47	-57.38	-78.56	-80.33			2.1	2.1	--		-1.6	-0.02	8.2	-1.1	-54.69		-1.1		3.8

https://greyhouse.weissratings.com

Data as of June 30, 2019

I. Index of Stocks

Summer 2019

Company Name	Stock Ticker Symbol	Traded On	Sector	Overall Rating	Recommendation	Reward Rating	Risk Rating	Recent Up/Downgrade	Stock Price as of 6/30/2019	52-Week High	52-Week Low	3-Year Beta	Growth	Efficiency	Solvency	Volatility	Dividend	Total Return
AVX Corporation	AVX	NYSE	Information Tech	B-	Buy	B+	D+	Down	16.45	21.48	14.21	1.26	E	E	E	W	G	F
Awalé Resources Limited	ARIC.V	TSXV	Materials	D	Sell	D	D	Up	0.08	0.15	0.06	1.17	W	W	G	W	—	W
Aware, Inc.	AWRE	NAS	Information Tech	D+	Sell	C	D		3.32	4.58	3	-0.13	W	G	E	W	—	W
AXA Equitable Holdings, Inc.	EQH	NYSE	Financials	C	Hold	C	D+	Up	20.28	23.21	14.72		W	G	E	W	G	W
AXA SA	AXAHF	OTC PK	Financials	C	Hold	C	C	Up	26.04	28.03	21.02	1.13	W	G	E	F	—	W
AXA SA	AXAHY	OTC PK	Financials	C	Hold	C	C-	Up	26.08	27.93	20.84	1.06	W	G	E	F	—	W
Axalta Coating Systems Ltd.	AXTA	NYSE	Materials	C	Hold	C	C-	Up	29.94	30.94	21.58	1.42	F	G	G	F	—	W
Axar Acquisition Corp.	QPACU	NAS CM	Financials	U		U	U		10.00	10.02	10	0.00	U	U	U	U	U	U
Axcelis Technologies, Inc.	ACLS	NAS GS	Information Tech	C	Hold	B-	D+		15.02	25.17	13.99	1.43	F	E	E	W	—	W
Axcella Health Inc.	AXLA	NAS	Health Care	U		U	U		9.12	15.99	8.12		U	U	U	U	U	U
AXIM Biotechnologies, Inc.	AXIM	OTC PK	Health Care	D	Sell	D+	D		0.80	3.49	0.46	-4.28	F	W	F	W	—	W
Axion Ventures Inc.	AXNVF	OTC PK	Communication Svc	D-	Sell	E+	D-	Down	0.60	1.10	0.51		V	V	W	F	—	F
Axion Ventures Inc.	AXV.V	TSXV	Communication Svc	D-	Sell	E+	D	Down	0.78	1.25	0.7	0.19	V	V	W	F	—	F
Axis Auto Finance Inc.	AXIS.V	TSXV	Financials	D	Sell	D	D		0.42	0.72	0.37	0.65	W	W	E	W	—	W
AXIS Capital Holdings Limited	AXS	NYSE	Financials	C	Hold	B-	D+	Up	58.43	60.92	48.27	0.18	F	G	E	F	G	F
Axmin Inc.	AXM.V	TSXV	Materials	C	Hold	B-	D		0.48	0.66	0.11	0.77	F	W	G	W	—	E
Axmin Inc.	AXMIF	OTC PK	Materials	C	Hold	B-	D+		0.37	0.50	0.1	0.26	F	W	G	W	—	E
AxoGen, Inc.	AXGN	NAS CM	Health Care	D	Sell	D	D		19.49	56.85	14.13	0.57	W	W	E	W	—	F
Axon Enterprise, Inc.	AAXN	NAS GS	Industrials	C	Hold	B	D		66.89	76.45	39.43	0.60	F	G	E	W	—	E
Axonics Modulation Technologies, Inc.	AXNX	NAS GS	Health Care	D+	Sell	D	D+	Up	37.15	38.78	11.95		W	W	E	G	—	F
Axos Financial, Inc.	AX	NYSE	Financials	C+	Hold	B	D+		26.93	43.19	23.87	1.80	E	E	E	W	—	F
Axovant Gene Therapies Ltd.	AXGT	NAS GS	Health Care	D-	Sell	E+	D		6.19	24.32	3.81	1.90	F	V	G	W	—	V
Axsome Therapeutics, Inc.	AXSM	NAS	Health Care	D-	Sell	E+	D		25.39	26.45	1.94	2.84	V	V	G	W	—	E
AXT, Inc.	AXTI	NAS GS	Information Tech	C-	Hold	C	D	Down	3.89	9.38	3.55	1.81	F	G	E	W	—	W
Axtel, S.A.B. de C.V.	AXTLF	OTC PK	Communication Svc	D	Sell	D	D-		0.11	0.21	0.11	-0.46	W	F	F	W	—	W
Ayala Land, Inc.	AYAAF	OTC PK	Real Estate	C	Hold	B	C+		1.00	1.00	0.7	-0.06	F	E	G	F	F	F
Aytu BioScience, Inc.	AYTU	NAS CM	Health Care	D-	Sell	D-	D-	Down	1.81	7.80	0.68	4.73	G	V	E	W	—	V
Azarga Metals Corp.	EUUNF	OTC PK	Materials	D	Sell	D	D		0.06	0.11	0.05	1.07	F	W	F	W	—	W
Azarga Metals Corp.	AZR.V	TSXV	Materials	D	Sell	D	D		0.09	0.15	0.08	-1.09	F	W	F	W	—	W
Azarga Uranium Corp.	AZZUF	OTC PK	Energy	D	Sell	D	D		0.20	0.24	0.15	-0.23	F	W	G	W	—	W
Azarga Uranium Corp.	AZZ.TO	TSX	Energy	D	Sell	D	D		0.25	0.30	0.2	-0.17	F	W	G	W	—	W
Azimut Exploration Inc.	AZM.V	TSXV	Materials	D	Sell	D+	D		0.40	0.52	0.22	-0.01	W	W	E	W	—	F
Azimut Exploration Inc.	AZMTF	OTC PK	Materials	D	Sell	D+	D		0.27	0.38	0.17	0.17	W	W	E	W	—	F
Azincourt Energy Corp.	AZURF	OTC PK	Energy	D-	Sell	E+	D		0.03	0.08	0.03	2.28	V	V	E	W	—	V
Azincourt Energy Corp.	AAZ.V	TSXV	Energy	D-	Sell	E+	D		0.04	0.10	0.04	2.40	V	V	E	W	—	W
Aztec Minerals Corp.	AZT.V	TSXV	Materials	D	Sell	D	D-		0.09	0.29	0.07	0.15	F	V	E	W	—	V
Aztec Minerals Corp.	AZZTF	OTC PK	Materials	D	Sell	D	D		0.07	0.18	0.04		F	V	E	W	—	V
Azucar Minerals Ltd.	AMZ.V	TSXV	Materials	D	Sell	C-	D-	Down	0.29	0.84	0.26	-0.17	V	G	E	W	—	V
Azucar Minerals Ltd.	AXDDF	OTC PK	Materials	D	Sell	C-	D-	Down	0.22	0.67	0.19	0.28	V	G	E	W	—	V
Azul S.A.	AZUL	NYSE	Industrials	C	Hold	B-	D		32.96	36.08	15.53	-0.70	G	G	G	W	—	F
Azure Power Global Limited	AZRE	NYSE	Utilities	U		U	U		10.55	16.50	8.25	1.36	U	U	U	U	U	U
AzurRx BioPharma, Inc.	AZRX	NAS CM	Health Care	D-	Sell	D	D-		1.64	3.75	1	2.28	W		G	W	—	W
AZZ Inc.	AZZ	NYSE	Industrials	C	Hold	B-	D	Up	45.20	56.05	37.43	1.47	F	E	E	W	F	W
B Communications Ltd	BCOM	NAS GS	Communication Svc	U		U	U		1.78	11.20	1.2	1.89	U	U	U	U	U	U
B&G Foods, Inc.	BGS	NYSE	Consumer Staples	C-	Hold	C+	D		20.79	33.40	20.17	1.00	G	E	G	W	E	W
B. Riley Financial, Inc.	RILY	NAS	Financials	C	Hold	B-	D+		20.41	23.70	13.6	0.91	F	G	G	W	F	F
B. Riley Principal Merger Corp.	BRPM	NYSE	Financials	U		U	U		9.73	9.90	9.67		U	U	U	U	U	U
B.O.S. Better Online Solutions Ltd.	BOSC	NAS CM	Information Tech	C+	Hold	B	D+		2.83	3.99	1.9	1.07	G	G	G	W	—	F
B2Gold Corp.	BTO.TO	TSX	Materials	C-	Hold	C	D+		3.89	4.40	2.77	-0.70	F	F	G	F	—	F
B2Gold Corp.	BTG	AMEX	Materials	C-	Hold	C	D		2.97	3.35	2.1	-0.35	F	F	G	F	—	F
BAB, Inc.	BABB	OTC PK	Consumer Discretn	B	Buy	A	C	Up	0.77	0.95	0.65	-0.01	G	E	G	F	G	F
Babcock & Wilcox Enterprises, Inc.	BW	NYSE	Industrials	D	Sell	D	D-	Up	0.33	2.44	0.19	2.28	F	W	G	W	—	V

*Ratings Factors: E=Excellent, G=Good, F=Fair, W=Weak, V=Very Weak, U=Unrated

Summer 2019 — I. Index of Stocks

3-Month Total Return (%)	6-Month Total Return (%)	1-Year Total Return (%)	3-Year Total Return (%)	Dividend $ TTM	Dividend Yield TTM	Market Cap. ($Mil)	Enterprise Value ($Mil)	Revenue ($Mil)	Revenue Growth (%)	Net Income ($Mil)	Earnings/Share $	EPS Growth (%)	Cash from Operations ($Mil)	Return on Assets (%)	Return on Equity (%)	Earnings (P/E) TTM	Sales (P/S) TTM	Book (P/B) Q
-4.27	10.64	7.88	34.68	0.46	2.8	2,772	1,959	1,792	14.7	271.8	1.61	5,366.7	233.0	6.97	11.75	10.2	1.6	1.2
-28.57	-16.67	-40.00	-62.50			2.5	2.4	--		-1.2	-0.04	-0.5	-0.74	-12.3		-2.0		0.6
-9.29	-10.27	-21.88	-18.43			71.6	21.1	17.0	19.2	2.0	0.09	1,311.1	0.41	1.02	3.21	37.4	4.2	1.2
2.01	28.71	2.77		0.54	2.7	10,771	184.5	10,957	-12.0	877.0	1.55	-34.9	216.0	0.36	7.1	13.1	1.0	0.8
5.00	22.25	9.05	35.27			62,103	113,395	125,945	-15.9	2,630	0.97	-65.5	9,189	0.57		26.9	0.5	0.9
9.06	27.93	13.35	53.87	1.23	4.7	62,103	113,395	125,945	-15.9	2,630	0.97	-65.5	9,189	0.57		26.9	0.5	0.9
19.05	30.91	-1.64	16.95			7,024	10,560	4,643	2.4	180.6	0.75	385.8	459.2	4.87	13.3	40.1	1.5	5.8
0.00	0.00	0.00	0.00			--	--	--		-0.63	-0.09	56.7	-1.7	-0.39		-112.1		13.2
-24.37	-15.43	-23.37	45.54			494.8	387.7	411.9	-7.6	38.0	1.12	-71.0	26.1	5.79	9.64	13.4	1.3	1.2
						209.8	366.1	--		-11.6	-2.43	-26.4	-12.2			-3.8		-0.3
-50.92	-10.11	-69.58	105.13			49.5	52.6	0.20	359.5	-6.3	-0.11	8.5	-4.4	-171.66		-7.4	250.0	-9.2
-20.00	-7.69	-8.40				126.1	132.4	8.9	37.0	-9.5	-0.05	-17.9	-9.1	-24.79		-13.0	14.0	206.9
-22.77	-15.22	-10.34	56.00			126.1	132.4	8.9	37.0	-9.5	-0.05	-17.9	-9.1	-24.79		-16.9	18.2	269.0
-14.29	-6.67	-40.85				31.1	--	11.4	206.7	-5.1	-0.05	-391.6	-6.3			-8.0	3.6	1.6
5.97	15.17	7.82	20.79	1.59	2.7	4,904	6,015	5,091	5.5	78.6	0.41	109.6	41.0	0.3	1.49	141.0	1.0	1.1
0.00	108.70	255.56	1,820.00			49.1	47.9	1.5	-15.8	1.2	0.01	-12.8	-0.45	31.1	474.97	53.9	43.6	50.0
0.61	107.52	311.49	2,231.76			49.1	47.9	1.5	-15.8	1.2	0.01	-12.8	-0.45	31.1	474.97	41.7	33.7	38.6
-4.79	0.62	-62.08	196.20			763.0	659.8	90.0	37.5	-26.3	-0.69	-89.5	-20.9	-14.9		-28.3	8.4	5.4
24.22	55.45	4.45	184.03			3,955	3,639	434.7	18.8	22.7	0.39	58.0	31.9	1.76	6.68	170.9	9.2	8.2
56.68	155.15					1,050	929.5	1.8	1,284.4	-30.3	-3.64	54.3	-30.5			-10.2	584.1	8.0
-7.36	8.20	-34.03	64.81			1,650	--	443.3	9.4	151.6	2.41	5.0	170.9		15.46	11.2	3.7	1.6
-43.52	-22.23	-65.61	-93.79			141.0	78.2	--		-129.1	-8.67	47.5	-134.2	-56.01		-0.7		2.5
79.06	1,064.68	681.23	237.63			845.6	822.4	--		-36.8	-1.28	-19.8	-32.9	-62.44		-19.9		48.7
-10.16	-10.16	-42.37	24.28			153.5	128.4	98.2	-4.2	5.7	0.14	-54.4	-1.2	2.57	3.48	27.7	1.6	0.8
-20.00	-20.00	-44.54	-76.08			327.2	1,188	738.8	21.3	0.96	0.00	-950.0	95.1	1.6		-54.7	0.5	1.9
17.65	26.58	40.85	35.14			14,500	18,396	3,253	14.2	585.9	0.04	10.7	160.2	5.57	16.65	26.1	4.5	4.1
4.34	131.11	-66.10	-99.90			30.1	20.6	6.5	82.9	-12.1	-2.89	98.8	-14.9	-32.59		-0.6	2.5	1.5
-25.95	-22.10	-28.22	-52.52			5.9	7.0	--		-0.62	-0.01	68.9	-0.28	-4.3		-8.5		1.2
-15.00	-22.73	-22.73	-57.50			5.9	7.0	--		-0.62	-0.01	68.9	-0.28	-4.3		-12.3		1.8
23.66	16.65	1.52	-22.10			35.0	32.5	--		-1.9	-0.01	74.4	-2.0	-3.25		-15.3		0.9
11.11	0.00	-1.96	-24.24			35.0	32.5	--		-1.9	-0.01	74.4	-2.0	-3.25		-19.1		1.1
-4.76	56.86	37.93	3.90			16.2	14.6	0.12	9.0	-0.23	0.00	81.9	0.20	-4.91		-85.1	173.9	4.1
-5.00	46.10	21.95	-15.09			16.2	14.6	0.12	9.0	-0.23	0.00	81.9	0.20	-4.91		-56.5	115.5	2.7
-27.17	-6.16	-52.28	-33.00			4.4	3.8	--		-1.9	-0.03	21.9	-1.6	-36.15		-1.3		1.2
-20.00	-33.33	-55.56	-27.27			4.4	3.8	--		-1.9	-0.03	21.9	-1.6	-36.15		-1.6		1.5
-51.35	-48.57	-60.87				1.9	1.7	--		-0.68	-0.03	38.0	-0.52	-12.49		-3.4		1.2
-49.21	-47.33	-58.37				1.9	1.7	--		-0.68	-0.03	38.0	-0.52	-12.49		-2.6		1.0
-18.57	-19.72	-63.92	-24.00			16.0	6.3	0.00	-100.0	3.2	0.05	281.0	-0.63	-6.47	17.73	5.4		1.0
-17.94	-17.08	-63.42	-23.29			16.0	6.3	0.00	-100.0	3.2	0.05	281.0	-0.63	-6.47	17.73	4.1		0.8
16.43	20.78	97.37				3,744	6,699	2,507	-0.5	89.9	0.26	-56.4	204.7	3.7	22.7	125.7	4.5	-92.2
-2.85	18.54	-26.53				433.0	1,321	40.4	-66.2	3.2	0.08	115.4	--			137.2	10.8	1.2
-31.67	26.15	-46.05				34.5	36.3	--		-14.6	-0.87	17.5	-11.3	-125.23		-1.9		11.2
10.30	12.59	6.77	-17.09	0.68	1.5	1,181	1,445	927.1	14.4	51.2	1.96	13.4	114.7	4.62	8.76	23.1	1.3	2.0
-15.24	-71.06	-80.76	-92.38			64.4	3,547	1,311	-51.9	-133.7	-4.46	-227.1	262.7			-0.4	0.0	0.9
-14.62	-29.26	-30.86	-47.63	1.90	9.1	1,358	3,024	1,682	1.0	168.7	2.55	-17.1	186.1	4.63	19.28	8.1	0.8	1.6
22.80	45.99	-6.34	139.52	0.22	1.1	541.4	--	404.7	20.5	19.0	0.70	629.9	-41.8		7.3	29.1	1.4	2.0
						174.8	174.8	--		0.00	0.00	0.0	0.00			-32,433.3		-3,138.7
0.00	28.64	24.47	-2.71			10.9	11.8	24.9	-13.8	0.77	0.21	-9.1	--			13.2	0.4	0.9
4.29	-1.27	13.41	22.71			2,987	3,381	1,182	41.3	-5.2	-0.01	-111.6	390.0	4.71	0.85	-360.2	3.3	2.4
6.83	2.77	16.47	21.22			2,987	3,381	1,182	41.3	-5.2	-0.01	-111.6	390.0	4.71	0.85	-275.0	2.6	1.8
-1.25	18.00	19.85	55.18	0.04	5.2	5.6	5.1	2.4	7.0	0.50	0.07	0.1	0.58	8.12	17.98	11.1	2.4	2.0
-37.86	-21.71	-86.01	-97.80			55.5	253.3	1,041	-16.5	-654.6	-4.42	58.8	-158.5	-20.98		-0.1	0.1	-0.2

I. Index of Stocks

Summer 2019

Company Name	Stock Ticker Symbol	Traded On	Sector	Overall Rating	Recommendation	Reward Rating	Risk Rating	Recent Up/Downgrade	Stock Price as of 6/30/2019	52-Week High	52-Week Low	3-Year Beta	Growth	Efficiency	Solvency	Volatility	Dividend	Total Return
Backstageplay Inc.	BP.V	TSXV	Communication Svc	D	Sell	D	D-	Up	0.04	0.30	0.04	2.76	W	W	F	W	–	V
Backstageplay Inc.	PRYNF	OTC PK	Communication Svc	D	Sell	D	D	Up	0.04	0.16	0.03	1.63	W	W	F	W	–	V
Badger Daylighting Ltd.	BAD.TO	TSX	Industrials	B-	Buy	A-	C	Down	47.39	49.29	25.68	0.10	G	E	E	F	W	E
Badger Daylighting Ltd.	BADFF	OTC PK	Industrials	C	Hold	A-	C		36.31	37.50	20.1	0.39	G	E	E	F	W	G
Badger Meter, Inc.	BMI	NYSE	Information Tech	C+	Hold	B	C	Down	59.59	61.57	44.1	1.12	F	E	E	G	W	F
Baidu, Inc.	BIDU	NAS GS	Communication Svc	D	Sell	C	D-	Down	116.04	274.00	106.8	1.56	W	E	E	W	–	W
Bain Capital Specialty Finance, Inc.	BCSF	NYSE	Financials	B	Buy	B	B		19.23	20.90	15.14		F	G	E	G	E	W
Baker Hughes, a GE company	BHGE	NYSE	Energy	D+	Sell	C	D	Down	24.69	35.55	20.09	1.05	F	F	E	W	G	W
Bakhu Holdings, Corp.	BKUH	OTC PK	Health Care	D	Sell	D+	D	Down	4.50	12.50	1.9	2.43	W		E	W	–	F
Balance Labs, Inc.	BLNC	OTC PK	Industrials	D-	Sell	D-	D	Down	1.05	3.00	1.01	-0.84	V	W	F	W	–	V
Balchem Corporation	BCPC	NAS GS	Materials	C+	Hold	B	C-	Down	99.31	117.79	73.16	1.19	G	E	E	F	–	F
Ball Corporation	BLL	NYSE	Materials	B-	Buy	A-	C	Down	68.10	68.37	34.71	0.49	G	G	G	G	W	G
Ballantyne Strong, Inc	BTN	AMEX	Communication Svc	D	Sell	D-	D		3.25	5.55	1.11	0.66	V	W	G	W	–	W
Ballard Power Systems Inc.	BLDP	NAS	Industrials	D+	Sell	C	D		3.97	4.62	2.25	1.60	W	W	E	W	–	G
Ballard Power Systems Inc.	BLDP.TO	TSX	Industrials	D+	Sell	C	D		5.25	5.95	3.05	1.19	W	W	E	W	–	G
Ballston Spa Bancorp, Inc.	BSPA	OTC PK	Financials	C	Hold	A-	B+		51.00	59.00	49	0.10	E	G	E	G	–	F
Balmoral Resources Ltd	BAR.TO	TSX	Materials	D	Sell	D	D-		0.13	0.23	0.1	-0.26	W	W	E	W	–	V
Balmoral Resources Ltd	BALMF	OTC PK	Materials	D	Sell	D	D-		0.10	0.19	0.07	0.15	W	W	E	W	–	V
Baltic International USA, Inc.	BISA	OTC PK	Financials	D+	Sell	C-	D	Down	0.00	0.00	0	16.06	W	F	E	W	–	F
Balto Resources Ltd.	BALH.V	TSXV	Materials	D+	Sell	C	D		0.10	0.15	0.05	1.50	W	E	E	F	W	F
Banc of California, Inc.	BANC	NYSE	Financials	C-	Hold	C	D		13.72	20.45	12.22	1.92	W	E	E	W	G	W
BancFirst Corporation	BANF	NAS GS	Financials	B	Buy	B+	C		55.91	65.70	48.07	1.17	E	E	E	F	F	F
Banco Bilbao Vizcaya Argentaria, S.A.	BBVA	NYSE	Financials	C-	Hold	C+	D	Down	5.56	7.50	4.99	0.82	F	E	E	W	–	W
Banco Bilbao Vizcaya Argentaria, S.A.	BBVXF	OTC PK	Financials	C-	Hold	C+	D		5.34	7.36	5.18	0.77	F	E	E	W	–	W
Banco Bradesco S.A.	BBDO	NYSE	Financials	C+	Hold	B	D+	Up	8.52	9.44	4.58	0.34	F	E	E	W	W	F
Banco Bradesco S.A.	BBD	NYSE	Financials	C+	Hold	B	C-		9.82	10.46	5.41	0.08	F	E	E	F	W	F
Banco de Chile	BCH	NYSE	Financials	C-	Hold	C+	D	Down	29.52	32.83	27.04	0.47	W	G	E	F	–	F
Banco Latinoamericano de Comercio Exterior, S.	BLX	NYSE	Financials	C	Hold	C	D+	Up	20.63	25.37	15.31	0.97	W	G	E	W	E	W
Banco Macro S.A.	BMA	NYSE	Financials	D+	Sell	C	D	Down	70.61	75.21	32	0.04	W	E	E	W	–	W
Banco Santander (Brasil) S.A.	BSBR	NYSE	Financials	C	Hold	B	C-	Down	11.83	13.73	7.32	0.04	G	G	E	F	W	F
Banco Santander (México), S.A., Institución de	BSMX	NYSE	Financials	C	Hold	B-	D+	Up	7.63	8.81	5.68		G	E	E	W	–	W
Banco Santander, S.A.	SAN	NYSE	Financials	C	Hold	B-	D		4.55	5.66	4.21	0.82	G	E	E	W	–	W
Banco Santander, S.A.	BCDRF	OTC PK	Financials	C	Hold	B-	D		4.51	5.66	4.18	0.89	G	E	E	W	–	W
Banco Santander-Chile	BSAC	NYSE	Financials	C-	Hold	C+	D	Down	29.73	33.32	27.06	0.39	F	E	E	F	–	F
Bancolombia S.A.	CIB	NYSE	Financials	C	Hold	B	C-		50.89	55.40	35.52	0.93	F	E	E	F	G	F
Bancorp 34, Inc.	BCTF	NAS CM	Financials	C-	Hold	C	D		15.50	16.63	12.86	0.71	W	G	E	W	–	F
Bancorp Of New Jersey, Inc.	BKJ	AMEX	Financials	C	Hold	B-	D+		13.25	17.95	12.49	0.71	E	G	E	W	–	W
BancorpSouth Bank	BXS	NYSE	Financials	C	Hold	C+	D	Up	28.54	35.40	24.31		E	E	E	W	F	W
Bandwidth Inc.	BAND	NAS GS	Communication Svc	D-	Sell	B	C-		72.63	82.66	27.75		G	G	E	G	–	F
Bang Holdings Corp.	BXNG	OTC PK	Communication Svc	D+	Sell	C	D		0.44	0.60	0.25	3.96	F	E	E	W	–	W
Bangkok Bank Public Company Limited	BKKLY	OTC PK	Financials	C	Hold	B	C		32.34	35.53	28.94	0.47	G	E	E	G	–	F
Bangkok Bank Public Company Limited	BKKPF	OTC PK	Financials	C	Hold	B	B-		6.56	7.17	6.01	0.88	E	E	E	G	–	F
Bank First National Corporation	BFC	NAS CM	Financials	B	Buy	B+	B	Up	67.15	76.90	35.02	0.52	G	E	E	G	W	E
Bank of America Corporation	BAC	NYSE	Financials	B	Buy	B+	C+	Up	28.21	31.91	22.66	1.56	F	E	E	F	F	F
Bank Of Botetourt	BORT	OTC PK	Financials	D+	Sell	B+	B-	Up	27.85	32.50	27	0.15	G	G	E	G	F	F
Bank of Commerce Holdings	BOCH	NAS	Financials	C+	Hold	B	C	Down	10.60	13.21	8.4	0.52	E	E	E	F	F	W
Bank of Georgia Group PLC	BDGSF	OTC PK	Financials	C	Hold	C	D		19.18	26.53	16.41		F	G	E	W	–	W
Bank of Hawaii Corporation	BOH	NYSE	Financials	B	Buy	B	C+	Up	81.62	86.53	63.64	0.97	E	E	E	F	G	W
Bank Of Ireland Group plc	BKRIF	OTC PK	Financials	D+	Sell	C	D		5.17	8.89	4.99		F	E	E	W	–	W
Bank Of Ireland Group plc	BKRIY	OTC PK	Financials	D+	Sell	C	D-		5.29	8.97	4.93		F	E	E	W	–	W
Bank of Marin Bancorp	BMRC	NAS CM	Financials	B+	Buy	A-	B		42.31	45.13	38	0.57	E	E	E	G	F	F
Bank of Montreal	BMO.TO	TSX	Financials	B	Buy	B+	B-	Up	98.43	109.00	86.25	0.90	F	E	E	G	G	F

*Ratings Factors: E=Excellent, G=Good, F=Fair, W=Weak, V=Very Weak, U=Unrated

Summer 2019 — I. Index of Stocks

	TOTAL RETURNS %				DIVIDEND/YIELD		SIZE		REVENUE & INCOME			EARNINGS		EFFECTIVENESS			VALUATION		
3-Month Total Return (%)	6-Month Total Return (%)	1-Year Total Return (%)	3-Year Total Return (%)	Dividend $ TTM	Dividend Yield TTM	Market Cap. ($Mil)	Enterprise Value ($Mil)	Revenue ($Mil)	Revenue Growth (%)	Net Income ($Mil)	Earnings/Share $	EPS Growth (%)	Cash from Operations ($Mil)	Return on Assets (%)	Return on Equity (%)	Earnings (P/E) TTM	Sales (P/S) TTM	Book (P/B) Q
-65.00	-30.00	-81.58	-79.41			0.71	0.69	0.00		-0.80	-0.03	-54.8	-0.25	-68.28		-1.2		-2.5
-39.15	-6.27	-71.44	-73.21			0.71	0.69	0.00		-0.80	-0.03	-54.8	-0.25	-68.28		-1.2		-2.6
17.26	50.35	50.51	124.08	0.55	1.2	1,296	1,360	489.0	21.1	50.2	1.35	-8.8	104.9	11.16	19.66	35.2	3.6	6.6
21.41	57.40	50.98	129.13	0.41	1.1	1,296	1,360	489.0	21.1	50.2	1.35	-8.8	104.9	11.16	19.66	27.0	2.7	5.1
7.74	24.64	36.29	78.52	0.60	1.0	1,735	1,741	433.6	6.8	31.1	1.06	-7.1	71.4	6.46	10.54	56.3	4.0	5.6
-29.29	-28.45	-52.09	-27.66			40,616	32,123	15,973	16.6	3,078	0.87	-13.0	2,960	2.49	10.31	133.3	25.4	16.6
-0.36	13.49			1.23	6.4	993.2	1,828	121.7	205.7	54.6	1.19	2.1	-982.7	4.03	6.6	16.2	8.1	1.0
-8.37	16.96	-22.90	-13.67	0.72	2.9	12,729	35,275	23,093	18.3	157.0	0.32	186.6	1,284	1.67	1.02	77.4	0.6	0.7
-11.94	12.50	-10.00	423.26			1,300	1,300	--		-14.2	-0.14	84.7	-0.43	-404,349.43		-31.4		-9,000.0
3.96	-22.22	-19.23	-66.13			22.7	24.3	0.01		-0.89	-0.04	-98.6	-0.41	-107.03		-25.6	2,625.0	-9.8
6.82	26.16	1.42	76.09	0.47	0.5	3,211	3,320	639.3	3.4	78.0	2.41	-17.3	115.7	6.99	11.55	41.3	5.1	4.5
17.83	52.67	94.87	98.11	0.45	0.7	22,796	29,649	11,635	3.0	446.0	1.28	6.3	1,511	3.99	11.43	53.0	2.0	6.4
92.31	155.91	-39.25	-37.98			47.2	60.8	63.2	-10.5	-12.7	-0.88	-61.3	-7.1	-8.05		-3.7	0.7	1.6
31.89	59.44	47.58	215.08			929.4	781.4	92.5	-22.1	-33.8	-0.17	-176.4	-34.9	-5.71		-24.1	10.0	3.4
29.63	53.51	38.16	218.18			929.4	781.4	92.5	-22.1	-33.8	-0.17	-176.4	-34.9	-5.71		-31.8	13.2	4.5
-12.57	5.25	-1.45	66.58	1.32	2.6	37.9	--	19.3	19.5	3.7	5.03	45.0	--		11.23	10.2	2.0	1.1
4.17	-3.85	-34.21	-84.76			14.4	12.6	--		-1.6	-0.01	41.1	-1.2	-1.9		-10.8		0.4
5.49	9.89	-29.23	-84.23			14.4	12.6	--		-1.6	-0.01	41.1	-1.2	-1.9		-8.6		0.3
-99.00	-90.00	-99.91	-99.90			0.00	1.6	--		-0.03	-0.02	21.1	0.00	-325		0.0		0.0
-13.04	25.00	11.11	900.00			5.5	6.2	--		-0.28	0.00	0.0	-0.22	-119.61		-26.3		-10.2
-0.37	5.16	-25.86	-17.14	0.45	3.3	697.6	--	284.9	0.7	44.0	0.43	-20.2	127.2		4.34	31.7	2.5	1.0
8.48	12.54	-4.52	101.27	1.20	2.2	1,824	--	386.3	11.4	128.0	3.83	33.9	144.1		14.5	14.6	4.8	2.0
0.07	8.04	-15.84	15.10	0.24	4.3	37,055	--	23,651	-0.7	5,973	0.75	42.5	-2,815		11.09	7.4	1.7	0.7
-12.03	3.16	-24.15	-8.50			37,055	--	23,651	-0.7	5,973	0.75	42.5	-2,815		11.09	7.1	1.6	0.7
8.92	18.63	71.08	75.85	0.18	2.1	74,508	--	19,233	-19.2	4,754	0.59	-11.1	-22,656		14.24	14.5	3.6	2.1
10.38	20.17	78.41	111.60	0.19	2.0	74,508	--	19,233	-19.2	4,754	0.59	-11.1	-22,656		14.24	16.7	4.1	2.4
1.86	5.72	0.16	63.09	0.79	2.7	14,846	--	2,394	2.1	844.8	0.01	-6.7	-2,629		16.91	3,514.3	1,245.6	613.7
5.05	22.07	-10.87	-1.37	1.93	9.3	815.8	--	71.8	-40.5	17.9	0.45	-75.8	-199.4		1.75	46.2	11.4	0.8
67.65	73.84	18.75	7.60	2.18	3.1	4,471	--	2,003	-40.7	145.2	0.21	-67.4	1,613		7.33	330.3	22.5	31.6
7.28	10.41	64.43	154.47	0.42	3.5	44,198	--	10,144	-9.1	3,616	0.48	22.1	3,951		14.44	24.4	8.7	3.7
16.70	28.45	22.15		0.44	5.8	10,374	--	3,242	10.9	1,043	0.15	233.6	-2,145		15.4	49.6	16.0	7.6
-0.26	4.77	-11.10	33.00	0.25	5.6	74,570	--	45,561	-1.9	8,790	0.48	3.9	15,234		8.35	9.6	1.6	0.7
-7.58	1.58	-13.93	19.47			74,570	--	45,561	-1.9	8,790	0.48	3.9	15,234		8.35	9.5	1.6	0.7
3.96	3.15	-2.88	80.88	0.83	2.8	14,036	--	2,265	-1.3	868.0	0.00	-4.3	-1,397		17.01	6,606.7	2,477.5	1,147.9
0.56	35.19	8.60	62.30	1.29	2.5	11,991	--	3,865	1.5	891.8	0.94	0.7	-898.2		11.4	54.0	12.7	6.4
2.65	8.75	0.65	-21.45	0.05	0.3	49.0	--	28.2	4.5	0.74	0.22	-19.3	8.9		1.55	69.2	1.7	1.1
-2.17	-0.67	-20.64	30.45			96.6	--	26.1	2.8	5.7	0.77	44.5	11.5		6.49	17.2	3.7	1.1
0.89	11.31	-13.12		0.68	2.4	2,884	--	853.0	10.7	219.4	2.21	22.9	251.0		10.24	12.9	3.3	1.3
8.83	85.75	91.23				1,671	1,472	204.4	15.9	13.7	0.64	24.5	4.4	-2.3	7.95	113.5	7.8	6.4
-11.98	-8.33	-12.00	-70.67			10.4	10.9	0.26	592.8	-0.43	-0.02	65.1	-0.14	-308.91		-24.0	40.0	-7.5
-1.66	2.80	12.47	48.57	0.83	2.6	12,293	--	3,054	8.4	1,094	0.57	7.0	1,340		8.37	56.4	20.2	4.6
-1.94	1.23	9.15	52.56			12,293	--	3,054	8.4	1,094	0.57	7.0	1,340		8.37	11.4	4.1	0.9
14.13	40.17	27.03	151.31	0.76	1.1	441.6	--	70.5	14.9	25.0	3.76	31.9	17.1		14.65	17.9	6.3	2.5
3.78	16.88	0.48	134.16	0.60	2.1	268,226	--	88,394	4.3	28,540	2.69	56.0	14,267		10.7	10.5	3.1	1.1
0.04	-2.87	1.63	62.68	0.62	2.2	47.8	--	18.3	11.6	4.3	2.98	86.7	5.8		10.58	9.4	2.2	1.0
0.47	-1.95	-16.36	66.00	0.16	1.5	192.4	--	53.3	14.5	14.8	0.89	69.2	18.6		10.21	11.9	3.5	1.2
-17.65	11.77	-27.70				909.4	--	355.6	13.4	176.6	3.77	-19.5	--		16.02	5.1	2.6	1.3
4.10	24.09	0.93	33.61	2.49	3.1	3,345	--	644.8	4.0	224.4	5.39	22.0	260.2		17.87	15.1	5.2	2.6
-12.60	-9.48	-33.23				5,728	--	3,327	1.6	734.9	0.68	2.8	663.3		6.92	7.6	1.7	0.5
-9.77	-2.70	-31.99		0.13	2.4	5,728	--	3,327	1.6	734.9	0.68	2.8	663.3		6.92	7.8	1.7	0.5
2.56	4.83	5.33	88.12	0.72	1.7	578.0	--	103.2	18.6	33.7	2.41	75.1	43.4		10.89	17.6	5.7	1.8
-1.15	13.04	0.65	34.51	3.92	4.0	47,909	--	18,059	6.3	4,738	7.16	28.2	-28,273		13.37	13.7	3.5	1.9

I. Index of Stocks

Summer 2019

Company Name	Stock Ticker Symbol	Traded On	Sector	Overall Rating	Recommendation	Reward Rating	Risk Rating	Recent Up/Downgrade	Stock Price as of 6/30/2019	52-Week High	52-Week Low	3-Year Beta	Growth	Efficiency	Solvency	Volatility	Dividend	Total Return
Bank of Montreal	BMO	NYSE	Financials	B-	Buy	B+	C		75.07	84.36	62.79	1.16	F	E	E	F	G	F
Bank of Santa Clarita	BSCA	OTC PK	Financials	C	Hold	B	C+		19.36	21.25	17.52	0.68	E	G	E	F	—	F
Bank of South Carolina Corporation	BKSC	NAS CM	Financials	C	Hold	B+	C		18.92	22.00	16.75	0.30	E	G	E	F	G	F
Bank of the James Financial Group, Inc.	BOTJ	NAS CM	Financials	C	Hold	B	C		14.61	17.91	12.6	0.51	E	E	E	F	F	W
Bank OZK	OZK	NAS GS	Financials	C	Hold	C+	D	Up	29.36	47.18	21.02	1.98	E	E	E	W	G	W
Bank7 Corp.	BSVN	NAS GS	Financials	D-	Sell	C+	D+	Up	16.93	20.74	10.85		G	G	E	W	—	W
Bankers Cobalt Corp.	NDENF	OTC PK	Materials	D-	Sell	D	D-	Up	0.02	0.09	0.01		F	V	F	W	—	V
Bankers Cobalt Corp.	BANC.V	TSXV	Materials	D-	Sell	D	D-	Up	0.03	0.12	0.02		F	V	F	W	—	V
BankFinancial Corporation	BFIN	NAS GS	Financials	C+	Hold	B	C-	Down	13.82	18.08	13.44	0.44	G	E	E	F	G	W
BankGuam Holding Company	BKGMF	OTC PK	Financials	C	Hold	B	C		11.25	13.20	10.42	0.15	E	E	E	F	G	F
BankUnited, Inc.	BKU	NYSE	Financials	C+	Hold	B	C-	Up	33.17	42.91	28.05	1.24	E	E	E	F	G	W
Bankwell Financial Group, Inc.	BWFG	NAS	Financials	C+	Hold	B	C		28.77	33.00	26.39	0.44	F	E	E	F	F	W
Banner Corporation	BANR	NAS GS	Financials	C+	Hold	B	C-	Down	53.34	67.11	48.5	0.73	E	E	E	F	G	W
Bantek, Inc.	BANT	OTC PK	Industrials	D	Sell	C-	D-	Up	0.00	0.04	0	2.42	W	G	F	W	—	V
Banyan Gold Corp.	BYN.V	TSXV	Materials	D	Sell	D	D		0.04	0.08	0.04	1.18	F	W	G	W	—	W
Banyan Gold Corp.	BYAGF	OTC PK	Materials	D	Sell	D	D		0.03	0.06	0.02	-1.20	F	W	G	W	—	V
Baozun Inc.	BZUN	NAS GS	Consumer Discretn	C	Hold	B	D+	Down	49.55	65.93	27.81	2.25	G	G	E	W	—	F
Bar Harbor Bankshares	BHB	AMEX	Financials	C+	Hold	B	C-	Up	26.18	30.81	21.25	1.12	G	G	E	F	G	W
Barclays Bank PLC	BCS PRCCL	NYSE	Financials	E	Sell	C	C-		25.01	25.01	24.99	0.00	W	G	F	F	—	W
Barclays PLC	BCLYF	OTC PK	Financials	C-	Hold	C+	D		1.82	2.55	1.71	0.67	G	G	E	W	—	W
Barclays PLC	BCS	NYSE	Financials	C-	Hold	C	D		7.61	10.48	7.07	0.82	G	G	E	W	—	W
Bard Ventures Ltd.	CBS.V	TSXV	Materials	D-	Sell	E+	D	Down	0.14	1.63	0.14	-2.61	W	V	G	W	—	W
Bard Ventures Ltd.	BVTLF	OTC PK	Materials	D-	Sell	E+	D	Down	0.10	1.03	0.1	-0.70	W	V	G	W	—	W
Barfresh Food Group, Inc.	BRFH	OTC PK	Consumer Staples	D-	Sell	E+	D-		0.48	0.81	0.38	-1.29	F	V	G	W	—	W
Barings BDC, Inc.	BBDC	NYSE	Financials	D	Sell	C-	D-		9.87	12.39	8.7	0.43	W	F	E	W	G	W
Barker Minerals Ltd.	BML.V	TSXV	Materials	D+	Sell	D+	D		0.01	0.02	0.01	-0.42	F	W	F	W	—	W
Barker Minerals Ltd.	BKMNF	OTC PK	Materials	D+	Sell	D+	D	Up	0.01	0.01	0	11.99	F	W	F	W	—	F
Barkerville Gold Mines Ltd.	BGM.V	TSXV	Materials	D-	Sell	D-	D-		0.36	0.52	0.3	-0.61	V	V	G	W	—	W
Barkerville Gold Mines Ltd.	BGMZF	OTC PK	Materials	D-	Sell	E+	D-		0.27	0.41	0.23	-0.36	V	V	G	W	—	W
Barksdale Capital Corp.	BRO.V	TSXV	Materials	D	Sell	D-	D		0.54	0.86	0.35	-9.33	W	E	G	W	—	F
Barksdale Capital Corp.	BRKCF	OTC PK	Materials	D	Sell	D-	D		0.45	0.61	0.27	3.09	W	V	E	W	—	F
Barnes & Noble Education, Inc.	BNED	NYSE	Consumer Discretn	D	Sell	D	D		3.46	7.78	2.91	2.29	W	W	G	W	—	V
Barnes & Noble, Inc.	BKS	NYSE	Consumer Discretn	D+	Sell	C	D-		6.67	7.81	4.11	0.35	W	F	G	W	E	W
Barnes Group Inc.	B	NYSE	Industrials	C+	Hold	B	C-	Down	55.50	72.70	49.06	1.53	E	E	E	F	W	F
Barnwell Industries, Inc.	BRN	AMEX	Energy	D-	Sell	D-	D		1.14	2.95	1.03	1.12	F	V	G	W	—	W
Barolo Ventures Corp.	BVCH.V	TSXV	Materials	D+	Sell	C-	D		0.27	0.30	0.12	-4.24	W		G	F	—	E
Barolo Ventures Corp.	RNGTF	OTC PK	Materials	D	Sell	D	D		0.05	0.19	0.01	5.80	W		G	W	—	F
Baroyeca Gold & Silver Inc.	BGS.V	TSXV	Materials	D+	Sell	C	D		0.05	0.25	0.05	2.08	W	E	F	W	—	W
Baroyeca Gold & Silver Inc.	BRYGD	OTC PK	Materials	D+	Sell	C	D-	Down	0.00	0.20	0	-2.72	W	E	F	W	—	W
Barrel Energy, Inc.	BRLL	OTC PK	Materials	D+	Sell	C	D		0.11	3.00	0.08		V	G	F	W	—	F
Barrett Business Services, Inc.	BBSI	NAS GS	Industrials	C+	Hold	B+	D+		81.18	98.76	53.1	1.15	G	G	G	W	W	F
Barrick Gold Corporation	ABX.TO	TSX	Materials	D+	Sell	C	D	Up	20.59	21.67	12.54	-0.45	F	F	E	W	W	W
Barrick Gold Corporation	GOLD	NYSE	Materials	D+	Sell	C	D	Up	15.70	16.45	9.53	-0.14	F	F	E	W	W	W
Barsele Minerals Corp.	BME.V	TSXV	Materials	E+	Sell	E+	D-	Down	0.44	0.90	0.36	1.62	W	V	E	W	—	W
Barsele Minerals Corp.	BRSLF	OTC PK	Materials	E+	Sell	E+	D-	Down	0.33	0.62	0.28	1.80	W	V	E	W	—	W
Basanite Inc.	BASA	OTC PK	Materials	D	Sell	D+	D	Up	0.69	1.13	0.07	9.09	W	W	F	W	—	F
BASF SE	BASFY	OTC PK	Materials	C-	Hold	C+	D	Up	18.00	24.75	16.3	1.12	F	E	G	W	—	W
BASF SE	BFFAF	OTC PK	Materials	C-	Hold	C+	D	Up	71.34	97.66	65.64	1.21	F	E	G	W	—	W
Basic Energy Services, Inc.	BAS	NYSE	Energy	D-	Sell	D-	E+		1.88	12.40	1.58	2.15	W	W	G	V	—	V
Basilea Pharmaceutica AG	BPMUF	OTC PK	Health Care	D	Sell	D	D		36.71	68.80	36.71	1.21	W	W	G	W	—	W
Bassett Furniture Industries, Incorporated	BSET	NAS GS	Consumer Discretn	D+	Sell	C	D		14.67	28.15	13.36	0.64	W	E	E	W	G	V
Bat Group, Inc.	GLG	NAS CM	Financials	D-	Sell	D-	D-	Down	0.45	8.40	0.39	1.46	W	W	G	W	—	V

*Ratings Factors: E=Excellent, G=Good, F=Fair, W=Weak, V=Very Weak, U=Unrated

Summer 2019 — I. Index of Stocks

3-Month Total Return (%)	6-Month Total Return (%)	1-Year Total Return (%)	3-Year Total Return (%)	Dividend $ TTM	Dividend Yield TTM	Market Cap. ($Mil)	Enterprise Value ($Mil)	Revenue ($Mil)	Revenue Growth (%)	Net Income ($Mil)	Earnings/Share $	EPS Growth (%)	Cash from Operations ($Mil)	Return on Assets (%)	Return on Equity (%)	Earnings (P/E) TTM	Sales (P/S) TTM	Book (P/B) Q
1.16	17.66	1.81	33.78	3.92	5.2	47,909	--	18,059	6.3	4,738	7.16	28.2	-28,273		13.37	10.5	2.7	1.4
-0.21	9.07	-3.68	91.68			46.6	--	9.3	2.8	2.0	0.57	14.3	--		6.91	34.1	4.9	
2.94	6.35	-4.31	43.93	0.61	3.2	104.4	--	19.0	3.7	7.0	1.25	31.6	9.0		15.56	15.1	5.6	2.2
3.71	12.47	-11.29	25.42	0.24	1.6	64.0	--	28.3	12.3	5.4	1.23	65.3	8.5		9.95	11.8	2.3	1.1
2.30	32.06	-33.23	-13.58	0.86	2.9	3,776	--	934.0	-0.2	414.7	3.21	-8.0	722.1		11.18	9.1	4.1	1.0
-1.40	34.37					172.5	--	41.3	7.8	23.8	2.78	-13.8	26.6		28.08	6.1	4.2	1.8
-31.32	-2.30	-79.52				2.5	2.6	--		-10.3	-0.10	34.5	0.01	-89.95		-0.2		2.1
-14.29	20.00	-75.00				2.5	2.6	--		-10.3	-0.10	34.5	0.01	-89.95		-0.3		3.7
-6.20	-5.57	-19.87	26.28	0.40	2.9	214.5	--	65.4	12.9	19.3	1.13	94.0	17.3		10.32	12.2	3.4	1.2
-10.00	-6.17	6.43	15.86			108.6	--	91.5	1.5	12.1	1.20	20.8	38.2		8.25	9.4	1.2	0.8
-1.79	11.73	-17.55	22.09	0.84	2.5	3,263	--	1,100	3.3	305.6	2.85	-50.6	774.7		10.26	11.6	3.0	1.1
-0.17	4.60	-8.69	35.83	0.50	1.7	223.7	--	57.1	-3.2	17.9	2.28	19.9	12.0		10.45	12.6	3.9	1.3
-1.54	0.87	-9.23	43.19	1.52	2.9	1,875	--	518.9	11.6	141.1	4.22	110.8	270.8		10.2	12.7	3.6	1.2
-66.67	-88.24	-96.00	-99.90			0.51	10.3	15.8	-25.0	-4.8	-0.02	87.0	-0.75	-31.37		0.0	0.0	0.0
-11.11	14.29	-42.86	-42.86			3.0	2.6	--		-0.21	0.00	44.2	-0.33	-6.16		-16.7		1.0
8.07	25.42	-44.24				3.0	2.6	--		-0.21	0.00	44.2	-0.33	-6.16		-12.5		0.8
26.63	62.30	-9.17	682.78			2,867	2,949	672.3	4.3	36.6	1.84	12.8	--			26.9	1.5	2.9
2.91	18.79	-11.33	23.41	0.82	3.1	406.4	--	115.0	-2.0	32.4	2.09	9.5	33.1		8.84	12.5	3.6	1.1
0.00	0.00	0.00	0.00			--	--	17,360	9.3	1,106	0.47	166.6	-21,446		1.56	53.0	3.4	1.0
-9.45	-1.09	-26.85	1.11			32,797	--	25,519	2.7	5,235	0.26	217.7	--		6.37	7.0	1.2	0.4
-5.11	5.76	-20.04	13.88	0.44	5.8	32,797	--	25,519	2.7	5,235	0.26	217.7	--		6.37	29.3	5.1	1.6
-33.33	-87.56	-44.00	40.00			1.1	0.84	--		-0.19	-0.02	-17.2	-0.23	-27.13		-7.3		3.1
-48.37	-89.01	-48.32	-25.93			1.1	0.84	--		-0.19	-0.02	-17.2	-0.23	-27.13		-5.2		2.2
-32.14	-29.09	-25.78	-25.78			61.8	61.0	4.4	92.7	-7.8	-0.06	14.8	-4.5	-50.13		-7.4	13.5	22.2
0.81	12.35	4.68	-22.85	0.38	3.9	500.3	1,117	72.5	-39.0	-95.6	-1.80	-301.9	-301.6	2.34		-5.5	7.0	0.9
0.00	0.00	-50.00	-66.67			0.69	0.92	--		0.03	0.00	200.0	-0.06	-0.69	1.13	25.0		0.4
0.00	263.92	59.72	1,050.00			0.69	0.92	--		0.03	0.00	200.0	-0.06	-0.69	1.13	57.5		0.9
-4.05	-8.97	-20.22	-42.74			152.0	139.7	--		-54.0	-0.12	-13.5	-59.5	-96.84		-3.0		22.1
0.25	-3.48	-21.19	-41.58			152.0	139.7	--		-54.0	-0.12	-13.5	-59.5	-96.84		-2.3		16.9
12.50	-6.90	-32.50	5,300.00			17.3	16.5	--		-2.0	-0.06	-21.4	-0.84	-24.1		-8.5		4.5
23.82	11.44	-14.28				17.3	16.5	--		-2.0	-0.06	-21.4	-0.84	-24.1		-7.0		3.7
-24.78	-12.18	-40.96	-63.27			164.6	284.1	2,035	-7.7	-24.4	-0.54	90.1	120.8	2.24		-6.5	0.1	0.4
23.45	7.68	13.71	-19.64	0.60	9.0	487.2	681.5	3,553	-3.0	3.8	0.04	102.1	106.0	1.4	0.88	185.3	0.1	1.1
8.00	5.36	-4.63	83.17	0.64	1.2	2,852	3,688	1,506	3.1	161.4	3.08	182.4	259.8	5.51	12.81	18.0	1.9	2.3
-15.56	-17.99	-46.98	-19.72			9.4	3.1	11.1	16.3	-8.2	-1.00	-3,828.4	-2.5	-13.06		-1.1	0.9	1.0
8.00	8.00	285.71	120.41			0.70	-0.68	--		-1.3	-0.14	-15,533.3	-0.32	-1,065.39		-1.9		2.9
0.00	0.00	1,201.30	-5.52			0.70	-0.68	--		-1.3	-0.14	-15,533.3	-0.32	-1,065.39		-0.4		0.5
400.00	400.00	150.00	233.33			0.20	0.48	--		-0.08	0.00	88.6	-0.05	-15.29		-29.4		-1.6
-76.88	-81.12	-64.42	-75.33			0.20	0.48	--		-0.08	0.00	88.6	-0.05	-15.29		-2.2		-0.1
-78.43	-96.33	-56.00				4.2	4.4	--		-0.56	-0.02	-12.7	-0.42	-2,607.95		-6.2		-15.7
6.19	43.31	-12.65	121.39	1.00	1.2	601.5	592.2	934.9	0.1	44.9	5.86	64.8	102.7	3.64	45.96	13.9	0.6	5.0
10.84	17.19	23.59	-21.20	0.17	0.8	27,485	33,959	7,546	-7.7	-1,592	-1.40	-278.2	1,778	2.55		-14.7	4.8	2.3
13.50	20.07	25.33	-21.74	0.17	1.1	27,485	33,959	7,546	-7.7	-1,592	-1.40	-278.2	1,778	2.55		-11.2	3.6	1.8
-11.22	6.10	-33.08	-36.03			40.6	39.1	--		-2.2	-0.02	6.6	-0.93	-68.92		-23.8		37.8
-7.96	1.16	-31.45	-32.60			40.6	39.1	--		-2.2	-0.02	6.6	-0.93	-68.92		-18.1		28.9
396.32	717.47	265.71	36.25			132.1	133.8	0.01	-91.7	-5.8	-0.03	-35.0	-1.3	-85.51		-21.5		-88.0
0.68	6.94	-21.29	6.67	0.64	3.6	66,145	89,554	71,558	0.8	5,000	5.42	-30.3	8,076	3.43	9.64	3.3	0.2	0.4
-3.00	4.22	-22.88	0.41			66,145	89,554	71,558	0.8	5,000	5.42	-30.3	8,076	3.43	9.64	13.2	0.9	1.6
-53.00	-50.40	-83.38				49.6	350.0	927.3	1.2	-141.5	-5.33	-57.1	71.6	-5.73		-0.4	0.1	0.3
-18.57	-6.92	-46.17	-40.84			391.9	365.2	135.4	31.1	-32.2	-2.97	-64.8	-81.5	-4.61		-12.4	2.9	-5.8
-9.84	-28.44	-45.37	-39.76	0.50	3.4	154.3	121.9	467.4	2.3	9.7	0.91	-31.6	14.4	2.06	3.11	16.1	0.3	0.8
-79.92	-72.22	-92.11	-94.86			3.9	--	0.87	175.1	6.2	1.49	154.6	-0.04			0.3	2.7	1.3

https://greyhouse.weissratings.com

Data as of June 30, 2019

I. Index of Stocks — Summer 2019

Company Name	Stock Ticker Symbol	Traded On	Sector	Overall Rating	Recommendation	Reward Rating	Risk Rating	Recent Up/Downgrade	Stock Price as of 6/30/2019	52-Week High	52-Week Low	3-Year Beta	Growth	Efficiency	Solvency	Volatility	Dividend	Total Return
Batero Gold Corp.	BELDF	OTC PK	Materials	D	Sell	D	D		0.04	0.06	0.03	0.77	V	W	E	W	–	W
Batero Gold Corp.	BAT.V	TSXV	Materials	D	Sell	D	D		0.06	0.08	0.06	-0.22	V	W	E	W	–	W
Battery Road Capital Corp.	BTRYP.V	TSXV	Financials	E	Sell	D	D-	Up	0.10	0.20	0.08		W	W	E	W	–	W
Bausch Health Companies Inc.	BHC.TO	TSX	Health Care	D	Sell	D+	D		32.52	36.52	23.6	1.79	W	W	F	W	–	F
Bausch Health Companies Inc.	BHC	NYSE	Health Care	D	Sell	D+	D		24.84	28.45	17.2	2.09	W	W	F	W	–	F
Baxter International Inc.	BAX	NYSE	Health Care	B	Buy	B	B-		81.67	82.80	61.05	1.10	F	E	E	G	W	G
Bay Banks of Virginia, Inc.	BAYK	OTC PK	Financials	C	Hold	B	C-	Up	8.11	10.20	7.01	0.75	E	G	E	F	–	W
BayCom Corp	BCML	NAS GS	Financials	B-	Buy	B	C	Down	22.00	26.94	17.19	0.28	F	G	E	F	–	F
Bayer Aktiengesellschaft	BAYRY	OTC PK	Health Care	D+	Sell	C	D	Down	17.37	28.17	14.61	1.13	F	G	G	W	–	W
Bayer Aktiengesellschaft	BAYZF	OTC PK	Health Care	D+	Sell	C	D	Down	70.00	113.97	58.69	1.18	F	G	G	W	–	W
Bayhorse Silver Inc.	KXPLF	OTC PK	Materials	D	Sell	D	D-	Up	0.07	0.13	0.04	0.17	W	W	F	W	–	V
Bayhorse Silver Inc.	BHS.V	TSXV	Materials	D	Sell	D	D-	Up	0.09	0.18	0.07	-0.27	W	W	F	W	–	V
Baying Ecological Holding Group, Inc.	BYIN	OTC PK	Consumer Staples	C-	Hold	C	D+	Up	4.51	5.00	3.31	0.35	W	E	E	F	–	F
Baylin Technologies Inc.	BYLTF	OTC PK	Information Tech	D	Sell	C-	D	Up	2.75	3.33	2.52		F	W	E	F	–	W
Baylin Technologies Inc.	BYL.TO	TSX	Information Tech	C-	Hold	C	D+	Down	3.76	4.50	2.9	0.63	F	W	E	F	–	F
Baymount Incorporated	BYMH.V	TSXV	Consumer Discretn	C	Hold	C+	D	Up	0.03	0.04	0.01	1.63	W	E	F	W	–	G
Bayshore Petroleum Corp.	BSH.V	TSXV	Energy	D-	Sell	E	D	Down	0.03	0.05	0.02	1.55	W	V	G	W	–	F
Baytex Energy Corp.	BTE.TO	TSX	Energy	D	Sell	D	D		2.02	4.73	1.87	1.05	W	W	G	W	–	W
Baytex Energy Corp.	BTE	NYSE	Energy	D	Sell	D	D		1.54	3.62	1.38	1.30	W	W	G	W	U	W
BB&T Corporation	BBT	NYSE	Financials	B	Buy	B+	C	Up	48.18	53.08	40.68	1.16	F	G	E	F	G	F
BBVA Banco Francés S.A.	BBAR	NYSE	Financials	D+	Sell	C	D	Down	11.19	14.90	6.57	0.14	W	G	E	W	–	W
BBX Capital Corporation	BBXTB	OTC PK	Consumer Discretn	C	Hold	C	D+		4.39	9.51	3.8	1.65	W	G	E	W	W	W
BBX Capital Corporation	BBX	NYSE	Consumer Discretn	C	Hold	C	D+		4.86	9.48	3.83	1.93	W	G	E	W	W	W
BC Moly Ltd.	BMH.V	TSXV	Materials	D	Sell	D	D		0.06	0.06	0.03	1.90	W	W	F	W	–	W
BCB Bancorp, Inc.	BCBP	NAS	Financials	C	Hold	B	C-		12.60	15.70	10.12	0.93	E	E	E	F	G	W
BCE Inc.	BCE	NYSE	Communication Svc	B-	Buy	B	C	Up	45.60	47.14	38.75	0.53	G	E	G	F	G	F
BCE Inc.	BCE.TO	TSX	Communication Svc	B-	Buy	B	C	Up	59.73	62.75	50.72	0.26	G	E	G	F	G	F
BCM Resources Corporation	B.V	TSXV	Materials	E+	Sell	E+	D-	Down	0.09	0.26	0.07	0.91	V	V	G	W	–	W
BCM Resources Corporation	BCMRF	OTC PK	Materials	E+	Sell	E	E+	Down	0.06	0.19	0.06		V	V	G	W	–	V
BE Resources Inc.	BERH.V	TSXV	Materials	D	Sell	D+	D	Down	0.04	0.07	0.02	3.03	W	E	F	W	–	W
BE Resources Inc.	BSRSF	OTC PK	Materials	D+	Sell	C-	D	Up	0.02	0.04	0.02	438.21	W	E	F	W	–	W
BE Semiconductor Industries N.V.	BESVF	OTC PK	Information Tech	C	Hold	B-	D+	Up	24.35	31.50	20.8	0.83	F	E	E	W	E	W
BE Semiconductor Industries N.V.	BESIY	OTC PK	Information Tech	C	Hold	B	D+		24.47	31.40	18.31	1.50	F	E	E	W	E	F
Beacon Roofing Supply, Inc.	BECN	NAS GS	Industrials	D+	Sell	C-	D		35.82	45.10	24.97	1.39	W	F	G	W	–	W
Bear Creek Mining Corporation	BCM.V	TSXV	Materials	D	Sell	D	D	Down	1.70	2.04	0.89	1.25	V	W	E	W	–	W
Bear Creek Mining Corporation	BCEKF	OTC PK	Materials	D	Sell	D	D	Down	1.28	2.03	0.71	1.47	V	W	E	W	–	W
Bearclaw Capital Corp.	BRL.V	TSXV	Materials	D-	Sell	E+	D	Down	0.03	0.05	0.03	0.58	W	V	G	W	–	W
Bearing Lithium Corp.	BLILF	OTC PK	Materials	D-	Sell	D	D	Up	0.16	0.80	0.02		W	W	E	W	–	W
Bearing Lithium Corp.	BRZ.V	TSXV	Materials	D-	Sell	D	D-	Up	0.20	0.31	0.18		W	W	E	W	–	V
Beasley Broadcast Group, Inc.	BBGI	NAS	Communication Svc	C-	Hold	C+	D		3.10	12.00	3	1.50	F	G	E	W	E	W
Beauce Gold Fields Inc.	BGF.V	TSXV	Materials	E-	Sell	D+	D		0.11	0.29	0.07		W	F	E	W	–	W
Beaufield Resources Inc.	BFD.V	TSXV	Materials	D	Sell	D+	D		0.15	0.15	0.06	0.03	V	W	E	W	–	F
Beazer Homes USA, Inc.	BZH	NYSE	Consumer Discretn	D	Sell	D+	D	Down	9.50	16.08	8.16	2.36	W	W	G	W	–	W
Becle, S.A.B. de C.V.	BCCLF	OTC PK	Consumer Staples	C-	Hold	C	D+		1.58	1.68	1.1	0.52	W	E	E	W	–	W
Becton, Dickinson and Company	BDX	NYSE	Health Care	C	Hold	B-	C	Down	249.15	265.87	208.62	1.22	F	G	G	W	W	F
Bed Bath & Beyond Inc.	BBBY	NAS GS	Consumer Discretn	D+	Sell	C	D		11.47	21.45	10.46	1.59	W	G	E	W	G	W
Bee Vectoring Technologies International Inc.	BEVVF	OTC PK	Materials	D-	Sell	E+	D-		0.14	0.20	0.09	0.80	V	E	E	W	–	W
Bee Vectoring Technologies International Inc.	BEE.V	TSXV	Materials	D-	Sell	E+	D-		0.16	0.27	0.13	0.88	V	E	E	W	–	W
BeiGene, Ltd.	BGNE	NAS GS	Health Care	D	Sell	D	D		125.66	194.56	105.19	1.21	W	V	E	W	–	F
Bel Fuse Inc.	BELFA	NAS GS	Information Tech	C	Hold	B	D		15.02	25.79	12.85	2.33	F	G	E	W	F	W
Bel Fuse Inc.	BELFB	NAS GS	Information Tech	C	Hold	B	D	Up	17.34	29.00	15.85	1.79	F	G	E	W	F	W
Belden Inc.	BDC	NYSE	Information Tech	C-	Hold	C+	D		58.14	76.39	37.79	2.51	G	E	E	W	W	W

*Ratings Factors: E=Excellent, G=Good, F=Fair, W=Weak, V=Very Weak, U=Unrated

I. Index of Stocks

Summer 2019

	TOTAL RETURNS %				DIVIDEND/YIELD		SIZE		REVENUE & INCOME				EARNINGS			EFFECTIVENESS			VALUATION		
3-Month Total Return (%)	6-Month Total Return (%)	1-Year Total Return (%)	3-Year Total Return (%)	Dividend $ TTM	Dividend Yield TTM	Market Cap. ($Mil)	Enterprise Value ($Mil)	Revenue ($Mil)	Revenue Growth (%)	Net Income ($Mil)	Earnings/ Share $	EPS Growth (%)	Cash from Operations ($Mil)	Return on Assets (%)	Return on Equity (%)	Earnings (P/E) TTM	Sales (P/S) TTM	Book (P/B) Q
13.16	-2.52	-3.15	-59.81			5.3	-0.97	--		-1.0	-0.01	45.6	-1.0	-5.29		-4.9		0.4
9.09	-7.69	-7.69	-60.00			5.3	-0.97	--		-1.0	-0.01	45.6	-1.0	-5.29		-6.9		0.5
-20.00	-16.67					0.31	0.04	--		-0.05	-0.01		-0.05			-13.5		0.8
-1.25	26.93	4.77	24.60			8,741	32,519	8,401	-2.4	-1,619	-4.62	-98.6	1,476	1.44		-7.0	1.4	4.3
1.31	32.20	6.29	24.20			8,741	32,519	8,401	-2.4	-1,619	-4.62	-98.6	1,476	1.44		-5.4	1.0	3.3
2.78	25.92	11.86	94.35	0.79	1.0	41,665	44,560	11,082	3.0	1,582	2.94	94.4	1,036	6.79	18.95	27.8	3.9	5.5
5.32	11.40	-16.82	38.00			108.0	--	36.5	18.3	4.2	0.32	1,045.0	5.7		3.62	25.5	2.9	0.9
0.23	-0.90	-11.04	83.03			261.2	--	59.2	15.9	15.4	1.44	29.0	0.75		9.34	15.3	4.1	1.2
13.14	3.60	-34.77	-24.27	1.51	8.7	65,163	107,719	50,237	24.4	1,217	1.31	-86.6	9,670	2.5	2.45	13.3	0.3	0.3
10.94	1.64	-37.19	-29.87			65,163	107,719	50,237	24.4	1,217	1.31	-86.6	9,670	2.5	2.45	53.6	1.4	1.2
0.27	5.71	-14.75	-25.25			6.3	8.6	--		-2.9	-0.04	48.0	-1.5	-92.58		-1.9		-3.7
-5.56	-10.53	-15.00	-29.17			6.3	8.6	--		-2.9	-0.04	48.0	-1.5	-92.58		-2.2		-4.3
-9.80	12.75	50.33	50.33			1.2	1.4	--		-0.04	-0.16	0.8	-0.04			-28.4		-4.9
-6.45	8.87	5.71				115.0	149.4	111.1	40.2	-4.7	-0.11	40.7	-2.0	-0.11		-24.5	1.0	1.9
-11.32	-0.27	12.91	74.88			115.0	149.4	111.1	40.2	-4.7	-0.11	40.7	-2.0	-0.11		-33.6	1.4	2.7
25.00	25.00	400.00	400.00			0.52	0.52	--		-0.25	-0.01	-40.0	-0.02	-354.24		-2.8		-0.4
-14.29	100.00	100.00	-80.00			1.9	2.3	0.00	-108.1	-0.29	0.00	100.0	-1.0	-246				-4.3
-12.55	-11.01	-53.67	-71.87			856.6	2,474	964.4	41.2	-191.2	-0.44	-1,341.2	422.1	-2.07		-4.6	1.2	0.5
-10.47	-7.78	-53.33	-72.10			856.6	2,474	964.4	41.2	-191.2	-0.44	-1,341.2	422.1	-2.07		-3.5	0.9	0.4
4.92	14.04	-1.74	54.36	1.62	3.4	36,902	--	11,072	2.5	3,241	3.94	22.3	3,296		10.78	12.2	3.4	1.3
23.90	4.99	-13.08	-41.05	0.27	2.4	2,271	--	1,472	-26.5	123.0	0.20	-34.2	-552.1		9.23	55.7	4.7	6.7
-26.37	-21.44	-50.47	74.64	0.04	1.0	466.0	1,140	882.2	4.7	25.5	0.27	-65.5	81.8	4.05	6.72	16.6	0.5	0.7
-17.87	-15.59	-45.96	93.33	0.04	0.9	466.0	1,140	882.2	4.7	25.5	0.27	-65.5	81.8	4.05	6.72	18.3	0.5	0.8
140.00	140.00	-29.41	20.00			0.40	0.80	--		-0.19	-0.03	-7.9	-0.06	-130.55		-2.1		-1.0
-4.59	23.92	-13.16	39.34	0.56	4.4	206.6	--	83.7	25.8	17.6	1.03	26.3	37.5		8.92	12.2	2.4	1.1
4.45	18.47	19.29	14.79	2.33	5.1	40,946	64,677	18,002	0.3	2,295	2.42	-2.6	5,652	5.91	14.98	18.8	2.3	3.4
1.87	13.62	17.83	15.29	3.10	5.2	40,946	64,677	18,002	0.3	2,295	2.42	-2.6	5,652	5.91	14.98	24.6	3.0	4.4
-18.18	-35.71	-61.70	-63.27			2.6	2.6	--		-0.27	-0.01	-53.2	0.26	-23.31		-12.5		19.6
0.00	-42.10	-59.09				2.6	2.6	--		-0.27	-0.01	-53.2	0.26	-23.31		-8.9		13.9
33.33	166.67	-20.00	-88.57			0.68	0.69	--		-0.08	0.00	-25.0	-0.06	-395.5		-10.0		-2.5
0.00	-50.50	-50.50	19,900.00			0.68	0.69	--		-0.08	0.00	-25.0	-0.06	-395.5		-5.0		-1.2
17.07	17.07	-27.05				1,789	1,596	488.2	-27.4	127.8	1.58	-36.3	140.4			15.4	4.2	4.2
-0.67	29.54	-2.53	117.71	1.59	6.5	1,789	1,596	488.2	-27.4	127.8	1.58	-36.3	140.4			15.5	4.3	4.2
11.04	13.93	-15.00	-16.72			2,453	5,791	7,021	39.0	28.7	-0.09	-106.8	257.3	2.69	1.31	-387.2	0.4	1.4
19.72	63.46	-5.03	-30.04			133.5	98.8	--		-11.9	-0.12	-167.1	21.3	-6.56		-14.3		1.5
18.52	67.32	-5.19	-32.02			133.5	98.8	--		-11.9	-0.12	-167.1	21.3	-6.56		-10.8		1.1
0.00	-16.67	-37.50	-37.50			0.46	0.35	--		-0.42	-0.02	-284.4	-0.15	-18.71		-1.5		3.1
-19.13	-3.49					9.6	8.6	--		-0.80	-0.01	87.6	-0.11	-3.9		-11.4		0.7
-29.09	-15.22					9.6	8.6	--		-0.80	-0.01	87.6	-0.11	-3.9		-14.0		0.9
-22.01	-11.04	-72.08	-28.04	0.20	6.5	86.4	353.1	260.0	11.3	11.0	0.40	-85.4	27.0	3.46	4.04	7.7	0.3	0.3
-32.26						1.5	1.2	--		-0.02	0.00		0.00			-24.4		1.4
0.00	0.00	81.25	20.83			23.6	19.7	--		-0.80	0.00	-22.6	-0.56	-1.56		-38.2		1.7
-19.08	-2.16	-34.75	31.94			290.7	1,506	2,103	6.2	-19.5	-0.80	67.5	63.4	2.42		-11.8	0.1	0.6
1.72	21.54	10.49				5,507	5,450	983.5	-28.0	132.3	0.04	-49.0	35.5			43.1	5.8	2.2
1.19	12.95	5.25	58.39	3.06	1.2	67,204	87,123	17,035	26.2	1,078	3.37	827.9	2,875	3.22	5.08	74.0	4.0	3.2
-32.88	2.74	-38.13	-70.68	0.65	5.7	1,515	2,008	12,029	-2.6	-137.2	-1.06	-134.9	918.3	3.88		-10.8	0.1	0.6
-2.59	29.72	-22.86	-61.89			9.5	8.8	0.04		-2.2	-0.03	35.2	-2.1	-44.52		-4.8	270.6	5.9
-20.00	14.29	-36.00	-65.96			9.5	8.8	0.04		-2.2	-0.03	35.2	-2.1	-44.52		-5.6	320.0	6.9
-0.66	-8.22	-18.74	325.53			7,513	6,184	243.5	-10.1	-736.8	-166.15	-307.6	-615.2	-24.76		-0.8	2.4	0.4
-28.94	12.41	-28.94	3.73	0.24	1.6	207.4	297.8	555.3	11.9	23.1	1.91	264.6	3.5	4.13	13.52	7.9	0.3	1.0
-34.78	-3.14	-16.95	4.51	0.28	1.6	207.4	297.8	555.3	11.9	23.1	1.91	264.6	3.5	4.13	13.52	9.1	0.4	1.2
10.70	41.56	-4.29	3.84	0.20	0.3	2,294	3,493	2,567	5.1	183.5	3.58	337.9	327.0	5.03	13.46	16.2	0.9	1.6

I. Index of Stocks — Summer 2019

Company Name	Stock Ticker Symbol	Traded On	Sector	Overall Rating	Recommendation	Reward Rating	Risk Rating	Recent Up/Downgrade	Stock Price as of 6/30/2019	52-Week High	52-Week Low	3-Year Beta	Growth	Efficiency	Solvency	Volatility	Dividend	Total Return
Beleave Inc.	BLEVF	OTC PK	Health Care	D-	Sell	E+	D-		0.07	0.25	0.05	2.69	W	V	G	W	–	V
Bell Copper Corporation	BCU.V	TSXV	Materials	D	Sell	D	D	Up	0.08	0.15	0.05	2.76	F	V	F	W	–	F
Bell Copper Corporation	BCUFF	OTC PK	Materials	D	Sell	D	D	Up	0.06	0.12	0.03	3.68	F	V	F	W	–	F
Bellanca Aircraft Corp.	BLNCQ	NAS		U		U	U						U	U	U	U	U	U
Bellatrix Exploration Ltd.	BXE.TO	TSX	Energy	D-	Sell	D	E+		0.92	19.20	0.89	0.08	W	W	G	V	–	V
Bellatrix Exploration Ltd.	BXEFD	OTC PK	Energy	D-	Sell	D	E+		0.69	14.88	0.67	0.27	W	W	G	V	–	V
Bellerophon Therapeutics, Inc.	BLPH	NAS	Health Care	D	Sell	C-	D-		0.62	3.00	0.47	1.05	F	F	E	W	–	W
Bellicum Pharmaceuticals, Inc.	BLCM	NAS	Health Care	D-	Sell	E+	D-		1.99	8.68	1.54	1.91	F	V	E	W	–	V
BELLUS Health Inc.	BLUSF	OTC PK	Health Care	D	Sell	D+	D	Down	1.90	2.32	0.4	0.63	V	W	E	W	–	G
BELLUS Health Inc.	BLU.TO	TSX	Health Care	D	Sell	D+	D	Down	2.46	3.09	0.51	0.91	V	W	E	W	–	G
Belmont Resources Inc.	BEA.V	TSXV	Materials	D-	Sell	E+	D		0.08	0.80	0.04	2.49	V	V	G	W	–	V
Belo Sun Mining Corp	VNNHF	OTC PK	Materials	D-	Sell	D-	D	Down	0.19	0.33	0.12	-0.80	W	W	E	W	–	V
Belo Sun Mining Corp	BSX.TO	TSX	Materials	D-	Sell	D-	D-	Down	0.24	0.42	0.17	-1.01	W	W	E	W	–	V
BeMetals Corp.	BMET.V	TSXV	Materials	D	Sell	D+	D	Down	0.24	0.30	0.18	1.63	F	W	E	W	–	F
Benchmark Botanics Inc.	BHHKF	OTC PK	Health Care	D-	Sell	E+	D-	Up	0.41	0.51	0		W	V	G	W	–	W
Benchmark Electronics, Inc.	BHE	NYSE	Information Tech	C	Hold	C	C-		24.75	30.45	20.01	1.31	W	G	E	F	G	W
Benchmark Metals Inc.	CYRTF	OTC PK	Materials	D	Sell	D	D		0.22	0.30	0.11	0.94	W	V	E	W	–	W
Benchmark Metals Inc.	BNCH.V	TSXV	Materials	D	Sell	D	D		0.27	0.40	0.16	-1.30	W	V	E	W	–	W
Benefitfocus, Inc.	BNFT	NAS	Information Tech	D	Sell	D+	D		26.18	60.66	25.02	1.30	F	W	G	W	–	F
Bengal Energy Ltd.	BNG.TO	TSX	Energy	D	Sell	D	D		0.10	0.16	0.06	0.91	W	W	G	W	–	W
Bengal Energy Ltd.	BNGLF	OTC PK	Energy	D	Sell	D	D		0.07	0.12	0.04	-0.05	W	W	G	W	–	W
Benguet Corporation	BGUUF	OTC PK	Materials	D+	Sell	C-	D	Up	0.02	0.20	0.01	-5.49	W	F	G	W	–	F
Benitec Biopharma Limited	BNTCW	NAS CM	Health Care	U		U	U						U	U	U	U	U	U
Benitec Biopharma Limited	BNIKF	OTC PK	Health Care	D+	Sell	C-	D		0.04	0.23	0.04	1.53	F	F	E	W	–	W
Benitec Biopharma Limited	BNTC	NAS CM	Health Care	D	Sell	C-	D-		0.73	4.90	0.7	1.89	F	F	E	W	–	W
Benton Resources Inc.	BEX.V	TSXV	Materials	C	Hold	C+	D	Up	0.05	0.07	0.04	1.22	F	F	E	W	–	W
Benton Resources Inc.	BNTRF	OTC PK	Materials	C-	Hold	C	D	Up	0.03	0.06	0.02	1.49	F	F	E	W	–	W
Benz Mining Corp.	BZ.V	TSXV	Materials	D-	Sell	E+	D		0.06	0.09	0.05	-0.18	F	V	E	W	–	W
Benz Mining Corp.	BENZF	OTC PK	Materials	E+	Sell	E+	D-	Down	0.05	0.07	0.04		F	V	E	W	–	V
Bergio International, Inc.	BRGO	OTC PK	Consumer Discretn	D-	Sell	E+	D	Down	0.00	0.00	0	-2.71	V	V	F	W	–	F
Berkshire Hathaway Inc.	BRKB	NYSE	Financials	B+	Buy	A-	B	Up	212.02	224.07	185.16	0.88	G	G	E	G	–	F
Berkshire Hathaway Inc.	BRKA	NYSE	Financials	C	Hold	B	B		318,285.00	335,900.00	279,410.00	0.90	G	G	E	G	–	F
Berkshire Hills Bancorp, Inc.	BHLB	NYSE	Financials	C	Hold	B	D		30.00	44.25	25.77	1.21	E	G	E	W	G	W
Berkwood Resources Ltd.	BKR.V	TSXV	Materials	D-	Sell	E+	D-		0.06	0.13	0.04	2.67	W	V	E	W	–	V
Berkwood Resources Ltd.	CZSVF	OTC PK	Materials	D-	Sell	E+	D-		0.05	0.10	0.03	1.26	W	V	E	W	–	V
Berry Global Group, Inc.	BERY	NYSE	Materials	B-	Buy	B	C		51.47	59.16	40.5	1.19	E	E	G	F	–	F
Berry Petroleum Corporation	BRY	NAS GS	Energy	C-	Hold	C	D		10.31	18.55	7.87		F	F	G	W	G	W
Bespoke Extracts, Inc.	BSPK	OTC PK	Health Care	D-	Sell	D-	D	Down	0.04	1.77	0.03	2.89	V	W	F	W	–	W
Bessor Minerals Inc.	BST.V	TSXV	Materials	D	Sell	D	D		0.06	0.20	0.05	1.80	F	W	G	W	–	V
Bessor Minerals Inc.	TRYXF	OTC PK	Materials	C-	Hold	C+	D	Up	0.04	0.13	0	17.08	F	W	G	W	–	E
Best Buy Co., Inc.	BBY	NYSE	Consumer Discretn	B-	Buy	A-	C-		68.47	84.37	47.72	1.55	G	E	G	F	G	F
Best Hometown Bancorp, Inc.	BTHT	OTC PK	Financials	D	Sell	D	D		11.00	14.80	10.25	0.51	W	W	E	W	–	W
BEST Inc.	BEST	NYSE	Industrials	D	Sell	D	D-		5.42	12.34	3.77		W	W	G	W	–	W
Better Choice Company Inc.	BTTR	OTC PK	Consumer Staples	D	Sell	D+	D		6.25	26.52	1.33	-2.85	V	E	F	W	–	W
BetterU Education Corp.	BTRU.V	TSXV	Consumer Discretn	D-	Sell	E+	D-		0.14	0.56	0.05	2.23	F	V	F	W	–	V
BetterU Education Corp.	BTTUF	OTC PK	Consumer Discretn	D-	Sell	E+	D-		0.13	0.43	0.04		F	V	F	W	–	V
BeWhere Holdings Inc.	BEW.V	TSXV	Information Tech	D	Sell	D	D	Up	0.18	0.34	0.16	-0.13	W	V	E	W	–	W
BeWhere Holdings Inc.	BEWFF	OTC PK	Information Tech	D	Sell	D	D	Up	0.13	0.24	0.13	-0.80	W	V	E	W	–	W
Beyond Commerce, Inc.	BYOC	OTC PK	Communication Svc	D+	Sell	C	D	Up	0.00	0.11	0	8.14	V	G	F	W	–	F
Beyond Meat, Inc.	BYND	NAS GS	Consumer Staples	U		U	U		162.91	201.88	45		U	U	U	U	U	U
BeyondSpring Inc.	BYSI	NAS CM	Health Care	D	Sell	D	D	Up	22.50	27.53	13.06	1.25	W	W	G	W	–	W
BG Staffing, Inc.	BGSF	AMEX	Industrials	B-	Buy	A-	D+		18.46	29.59	15.91	1.42	E	E	E	W	E	F

*Ratings Factors: E=Excellent, G=Good, F=Fair, W=Weak, V=Very Weak, U=Unrated

I. Index of Stocks

Summer 2019

	TOTAL RETURNS %				DIVIDEND/YIELD		SIZE		REVENUE & INCOME			EARNINGS			EFFECTIVENESS		VALUATION		
3-Month Total Return (%)	6-Month Total Return (%)	1-Year Total Return (%)	3-Year Total Return (%)	Dividend $ TTM	Dividend Yield TTM	Market Cap. ($Mil)	Enterprise Value ($Mil)	Revenue ($Mil)	Revenue Growth (%)	Net Income ($Mil)	Earnings/Share $	EPS Growth (%)	Cash from Operations ($Mil)	Return on Assets (%)	Return on Equity (%)	Earnings (P/E) TTM	Sales (P/S) TTM	Book (P/B) Q
5.52	-4.41	-57.87				29.5	35.7	1.0		-24.1	-0.07	-53.8	-16.2	-54.4		-0.9	29.6	1.8
-16.67	7.14	50.00	87.50			4.1	4.1	--		-0.34	-0.01	58.3	-0.15	-5.19		-15.0		5.5
-18.87	34.47	26.40	100.00			4.1	4.1	--		-0.34	-0.01	58.3	-0.15	-5.19		-12.6		4.6
						--	--	--		--								
-85.80	-88.21	-94.01	-98.80			28.6	415.8	157.4	-10.6	-116.1	-20.60	5.5	42.2	-2.14		0.0	0.0	0.0
-85.34	-87.39	-94.14	-98.83			28.6	415.8	157.4	-10.6	-116.1	-20.60	5.5	42.2	-2.14		0.0	0.0	0.0
-4.48	-16.09	-74.05	-64.77			42.7	24.5	--		-2.1	-0.33	59.7	-17.4	-48.88		-1.9		4.2
-41.47	-33.22	-73.99	-83.95			91.6	60.5	1.5	602.4	-99.7	-2.33	16.6	-80.7	-54.13		-0.9	59.6	1.8
70.05	133.67	365.05	611.97			296.3	261.8	0.03	-79.3	-9.1	-0.07	-50.7	-8.5	-20.82		-27.7	18,974.0	8.6
64.00	134.29	355.56	613.04			296.3	261.8	0.03	-79.3	-9.1	-0.07	-50.7	-8.5	-20.82		-36.0	24,600.0	11.2
-76.56	-79.17	-79.17	-84.38			0.66	0.62	--		-1.1	-0.11	-29.5	-0.62	-44.67		-0.7		1.0
-12.60	-33.88	6.76	-70.64			76.5	51.1	--		-6.0	-0.01	-41.1	-5.7	-8		-14.0		1.8
-16.07	-40.51	2.17	-72.02			76.5	51.1	--		-6.0	-0.01	-41.1	-5.7	-8		-17.5		2.2
-4.00	6.67	20.00	554.56			19.2	19.0	--		-0.76	-0.01	40.6	-0.67	-28.81		-19.5		14.1
55.60	134.55	-38.87				76.9	78.2	--		-4.9	-0.04	19.9	-4.4	-50.25		-11.7		16.1
-5.32	18.32	-13.60	24.75	0.60	2.4	954.5	795.9	2,561	2.3	60.2	1.38	204.2	68.6	2.13	5.18	18.0	0.4	0.9
57.14	69.23	27.09				10.7	9.9	--		-1.2	-0.05	15.1	-1.3	-21.67		-4.8		2.3
38.46	45.95	58.82	-28.00			10.7	9.9	--		-1.2	-0.05	15.1	-1.3	-21.67		-5.8		2.8
-45.44	-42.76	-22.89	-26.23			851.6	982.8	264.7	9.6	-53.0	-1.66	-6.8	-7.8	-8.96		-15.8	3.2	-80.8
-13.04	-9.09	-20.00	-51.22			7.8	18.1	8.0	1.9	-1.9	-0.02	80.7	2.1	-0.53		-5.4	1.3	0.6
-15.15	-17.99	-26.45	-59.76			7.8	18.1	8.0	1.9	-1.9	-0.02	80.7	2.1	-0.53		-3.7	0.9	0.4
0.00	0.00	0.00	-94.29			14.1	21.9	16.3	-46.2	1.8	0.00	2,700.0	2.3	-3.26	2.47	7.1	0.8	0.2
						9.9	-6.3	12.9	128.8	2.1	0.00	112.7	2.3	4.7	12.84			
-54.12	-48.21	-61.00	-39.63			9.9	-6.3	12.9	128.8	2.1	0.00	112.7	2.3	4.7	12.84	9.5	0.8	0.5
-60.25	-51.49	-62.07	-44.74	0.00	0.4	9.9	-6.3	12.9	128.8	2.1	0.00	112.7	2.3	4.7	12.84	178.5	14.7	9.5
0.00	25.00	0.00	-28.57			3.2	0.41	--		0.88	0.01	150.6	2.2	-11.32	17.3	5.6		0.8
2.64	33.04	-1.17	-41.37			3.2	0.41	--		0.88	0.01	150.6	2.2	-11.32	17.3	3.9		0.5
0.00	-20.00	-20.00	-70.00			1.2	0.35	--		-0.59	-0.02	80.4	-0.41	-19.09		-2.6		1.5
6.38	-2.15	-41.18				1.2	0.35	--		-0.59	-0.02	80.4	-0.41	-19.09		-2.2		1.3
-99.00	-99.00	-99.00	-99.50			0.01	1.00	0.50	-12.5	-0.53	0.00	100.0	-0.09	-20.95			0.0	0.0
5.66	4.92	13.33	51.14			520,251	506,996	251,085	7.1	26,820	16,323.29	-32.5	37,421	3.41	7.5	0.0	0.0	0.0
5.65	5.18	11.71	51.28			520,251	506,996	251,085	7.1	26,820	16,323.29	-32.5	37,421	3.41	7.5	19.5	2.1	1.4
9.46	12.75	-24.79	26.28	0.90	3.0	1,536	--	437.6	9.3	104.2	2.24	42.4	116.4		6.82	13.4	3.2	0.9
-26.67	-21.43	-47.62	-26.67			2.4	1.5	--		-1.6	-0.04	78.1	-1.6	-25.76		-1.4		0.8
-21.05	-15.09	-46.43	-50.00			2.4	1.5	--		-1.6	-0.04	78.1	-1.6	-25.76		-1.2		0.7
-4.38	9.63	11.29	40.05			6,773	12,171	8,048	6.9	405.0	3.01	-12.9	1,050	5.53	28.55	17.1	0.9	4.4
-10.90	24.02	-8.71		0.45	4.4	844.2	1,234	593.7	25.7	106.6	-0.36	73.6	94.6	6.4	11.84	-28.4	1.4	0.9
-45.21	-11.11	-96.90	-86.75			3.1	3.7	0.07		-1.4	-0.05	89.0	-0.78	-208.13		-0.9	30.8	-3.4
10.00	10.00	-45.00	-84.29			0.82	0.63	--		0.10	0.01	106.9	-0.18	-14.66		6.3		1.4
442.86	46.15	280.00	-15.56			0.82	0.63	--		0.10	0.01	106.9	-0.18	-14.66		4.4		1.0
-2.96	35.36	-6.10	146.76	1.90	2.8	18,284	20,553	42,912	0.4	1,521	5.51	62.0	2,206	9.43	44.91	12.4	0.4	5.5
-6.38	-7.09	-18.52	0.00			8.5	--	2.8	0.2	-1.0	-1.35	-98.9	-0.73			-8.1	3.0	0.7
8.18	37.91	-53.75				2,104	2,754	3,382	2.9	-45.2	-0.12	86.6	87.6			-46.3	0.6	3.6
56.25	-35.03	-68.37	-87.28			263.9	263.8	0.00	-100.0	-0.92	-0.41	33.6	-0.60	-30.56		-15.4		-42.3
55.56	-17.65	-67.44				7.4	11.0	0.03	-50.3	-5.2	-0.10	39.9	-3.9	-121.24		-1.5	280.0	-2.9
40.45	-26.47	-62.62				7.4	11.0	0.03	-50.3	-5.2	-0.10	39.9	-3.9	-121.24		-1.3	250.0	-2.6
-20.45	-23.91	-40.68	34.62			11.7	9.0	3.4	109.3	-1.1	-0.02	44.7	-1.4	-15.41		-11.2	3.9	3.1
-23.84	-12.02	-35.85	31.00			11.7	9.0	3.4	109.3	-1.1	-0.02	44.7	-1.4	-15.41		-8.3	2.9	2.3
-90.97	-93.71	-95.78	1,976.00			5.1	8.4	0.46		-7.3	-0.01	-545.5	-0.51			-0.6	10.4	-0.4
						9,795	9,990	98.0	191.5	-23.4	-3.57	-0.8	-26.6			-45.6	11.6	-9.1
34.81	14.71	-16.60				521.7	516.1	--		-54.9	-2.42	47.7	-40.0	-180.32		-9.3		-67.2
-12.99	-6.49	-17.28	30.19	1.20	6.5	188.8	212.0	288.8	2.2	17.6	1.74	125.4	20.2	12.19	33.58	10.6	0.7	2.9

I. Index of Stocks

Summer 2019

Company Name	Stock Ticker Symbol	Traded On	Sector	Overall Rating	Recommendation	Reward Rating	Risk Rating	Recent Up/ Downgrade	Stock Price as of 6/30/2019	52-Week High	52-Week Low	3-Year Beta	Growth	Efficiency	Solvency	Volatility	Dividend	Total Return
BGC Partners, Inc.	BGCP	NAS GS	Financials	D+	Sell	C	D		5.15	12.65	4.46	2.28	F	E	E	W	E	V
Bhang Inc.	GOLDF	OTC PK	Materials	D	Sell	D	D		0.68	1.42	0.02	20.60	W	W	F	W	–	W
BHP Group	BHPBF	OTC PK	Materials	C	Hold	A+	C+		25.20	25.25	19	0.39	E	E	E	F	G	G
BHP Group	BHPLF	OTC PK	Materials	A-	Buy	A-	B		28.82	28.83	21.47	0.39	E	E	E	G	G	F
BHP Group	BHP	NYSE	Materials	B	Buy	A-	C		58.21	58.42	43.19	0.37	E	E	E	G	F	F
BHP Group	BBL	NYSE	Materials	B	Buy	A-	C		51.05	51.25	38.04	0.53	E	E	E	G	F	G
Bicycle Therapeutics plc	BCYC	NAS GS	Health Care	U		U	U		10.31	14.91	10.01		U	U	U	U	U	U
Big 5 Sporting Goods Corporation	BGFV	NAS GS	Consumer Discretn	D+	Sell	C	D-		1.93	7.95	1.91	1.41	F	G	F	W	E	V
Big Dougie Capital Corp.	STUVP.V	TSXV	Financials	E-	Sell	D+	D		0.12	0.19	0.12		W	W	E	W	–	W
Big Lots, Inc.	BIG	NYSE	Consumer Discretn	C-	Hold	C	D		29.06	50.35	25.73	2.24	W	E	G	W	G	W
Big Rock Brewery Inc.	BRBMF	OTC PK	Consumer Staples	D	Sell	D+	D		4.00	5.75	3.62	-0.59	W	W	G	W	–	F
Big Rock Brewery Inc.	BR.TO	TSX	Consumer Staples	D	Sell	D+	D		5.35	7.51	4.67	-0.39	W	W	G	W	–	F
Big Rock Partners Acquisition Corp.	BRPA	NAS CM	Health Care	D	Sell	C	D+	Up	10.53	12.04	9.91		W	F	F	G	–	F
Big Sky Petroleum Corporation	BGKYF	OTC PK	Energy	D-	Sell	D	D-		0.05	0.05	0.05	-0.35	W	W	W	W	–	V
Big Sky Petroleum Corporation	BSPH.V	TSXV	Energy	D	Sell	D	D		0.08	0.15	0.07	3.37	W	W	W	W	–	F
Bigfoot Project Investments Inc.	BGFT	OTC PK	Communication Svc	D+	Sell	C	D-		0.00	0.00	0	2.42	F	E	W	W	–	W
Biglari Holdings Inc.	BHA	NYSE	Consumer Discretn	D	Sell	D+	D		541.04	1,020.00	476.36		W	G	G	W	–	V
Bilibili Inc.	BILI	NAS GS	Communication Svc	D+	Sell	D+	D	Up	16.10	21.50	9.09		F	W	E	F	–	F
Bimini Capital Management, Inc.	BMNM	OTC PK	Financials	D	Sell	D+	D		1.94	2.69	1.5	0.03	F	W	F	W	–	W
Bio Pappel, S.A.B. de C.V.	CADGF	OTC PK	Materials	C	Hold	C+	D+		1.28	1.47	0.92	0.48	W	G	G	W	–	F
Bioanalytical Systems, Inc.	BASI	NAS CM	Health Care	C-	Hold	C	D	Up	1.95	2.59	1.18	1.78	W	W	G	W	–	G
biOasis Technologies Inc.	BIOAF	OTC PK	Health Care	E+	Sell	E+	D-	Down	0.21	0.47	0.19	-0.96	V		G	W	–	V
biOasis Technologies Inc.	BTI.V	TSXV	Health Care	E+	Sell	E+	D-	Down	0.29	0.63	0.26	-1.29	V		G	W	–	V
BioCardia, Inc.	BCDAD	OTC PK	Health Care	D-	Sell	D	D-		10.44	32.22	7.29	2.70	W	W	G	W	–	V
Biocept, Inc.	BIOC	NAS CM	Health Care	D-	Sell	E+	D-	Down	1.13	12.15	0.66	2.06	F	V	E	W	–	W
Bioceres Crop Solutions Corp.	BIOX	AMEX	Consumer Staples	E	Sell	C-	C		5.38	7.00	4.01		W	F	F	F	–	W
BioCorRx Inc.	BICX	OTC PK	Health Care	D+	Sell	C	D		4.25	14.00	3.5	2.91	W	E	F	W	–	W
BioCryst Pharmaceuticals, Inc.	BCRX	NAS GS	Health Care	D-	Sell	E+	D		3.63	9.95	2.8	1.77	W	V	G	W	–	F
Biocure Technology Inc.	BICTF	OTC PK	Health Care	E	Sell	E+	D		0.28	1.95	0.22		W	W	F	W	–	W
BioDelivery Sciences International, Inc.	BDSI	NAS CM	Health Care	D-	Sell	D-	D		4.40	5.37	2.35	-0.18	G	V	G	W	–	F
BioElectronics Corporation	BIEL	OTC PK	Health Care	D+	Sell	D	C-		0.00	0.00	0	2.83	V	W	F	F	–	F
Bio-En Holdings Corp	BENH	OTC PK	Utilities	C-	Hold	C-	C-	Up	4.25	4.25	2	1.85	V	G	F	G	–	G
Bioethics, Ltd.	BOTH	OTC PK	Financials	D	Sell	D	D		0.38	1.60	0.35	-0.35	W	W	E	F	–	F
BioForce Nanosciences Holdings, Inc.	BFNH	OTC PK	Consumer Staples	D-	Sell	E+	D		1.02	2.03	0.53	0.94	V	E	W	F	–	F
Biofrontera AG	BFFTF	OTC PK	Health Care	D	Sell	D+	D	Up	7.43	7.43	6.1		F	V	G	F	–	W
Biofrontera AG	BFRA	NAS CM	Health Care	D	Sell	D+	D	Up	17.25	18.32	11.04		F	V	G	F	–	F
Biogen Inc.	BIIB	NAS GS	Health Care	C-	Hold	C	D	Down	239.77	388.67	216.12	1.50	E	E	E	W	–	W
Biohaven Pharmaceutical Holding Company Ltd.	BHVN	NYSE	Health Care	D-	Sell	E+	D		42.51	67.86	29.17	0.26	W	V	E	F	–	F
BioHemp International, Inc.	BKIT	OTC PK	Health Care	D	Sell	D+	D-	Up	1.65	49.50	0.15	-12.27	W	E	F	W	–	W
BioHiTech Global, Inc.	BHTG	NAS CM	Industrials	D	Sell	D-	D		1.73	4.50	1.6	2.42	F	V	F	W	–	W
BIO-key International, Inc.	BKYI	NAS CM	Information Tech	D-	Sell	D-	D	Down	1.22	2.74	0.75	3.24	W	V	G	W	–	W
BioLargo, Inc.	BLGO	OTC PK	Materials	D	Sell	D	D		0.22	0.45	0.11	-0.88	W		F	W	–	V
BIOLASE, Inc.	BIOL	NAS CM	Health Care	D-	Sell	E+	D-		1.55	2.87	0.91	2.93	F	V	G	W	–	W
BioLife Solutions, Inc.	BLFS	NAS CM	Health Care	C-	Hold	C+	D	Down	16.25	26.35	9.15	1.67	G	W	E	W	–	G
BioLineRx Ltd.	BLRX	NAS CM	Health Care	D	Sell	D	D-	Up	0.36	1.84	0.31	2.61	F	V	E	W	–	W
BioMarin Pharmaceutical Inc.	BMRN	NAS GS	Health Care	D	Sell	D+	D-	Down	84.03	106.74	79.13	1.19	F	W	E	W	–	W
Biomark Diagnostics Inc	BMKDF	OTC PK	Health Care	C-	Hold	C	D	Up	0.12	0.15	0.04	0.70	W	G	E	W	–	W
Biomass Secure Power Inc.	BMSPF	OTC PK	Energy	D+	Sell	C	D		0.01	0.02	0	1.83	W	E	F	W	–	W
Biome Grow Inc.	BIOIF	OTC PK	Health Care	E	Sell	D-	D-	Up	0.36	1.58	0.32		W	W	G	W	–	W
Biomerica, Inc.	BMRA	NAS CM	Health Care	D-	Sell	D-	D-	Down	2.55	4.20	1.6	2.52	V	V	E	W	–	F
Bion Environmental Technologies, Inc.	BNET	OTC PK	Industrials	C-	Hold	C+	D		0.65	0.86	0.37	0.63	W	E	F	W	–	W
BioNano Genomics, Inc.	BNGO	NAS CM	Health Care	E+	Sell	E+	D-	Up	2.46	10.00	2.44		W	V	G	W	–	V

*Ratings Factors: E=Excellent, G=Good, F=Fair, W=Weak, V=Very Weak, U=Unrated

Data as of June 30, 2019

https://greyhouse.weissratings.com

Summer 2019 — I. Index of Stocks

3-Month Total Return (%)	6-Month Total Return (%)	1-Year Total Return (%)	3-Year Total Return (%)	Dividend $ TTM	Dividend Yield TTM	Market Cap. ($Mil)	Enterprise Value ($Mil)	Revenue ($Mil)	Revenue Growth (%)	Net Income ($Mil)	Earnings/Share $	EPS Growth (%)	Cash from Operations ($Mil)	Return on Assets (%)	Return on Equity (%)	Earnings (P/E) TTM	Sales (P/S) TTM	Book (P/B) Q
1.34	4.46	-22.16	16.52	0.64	12.4	1,756	--	2,860	100.7	200.6	0.57	180.7	13.9		21.63	9.0	0.9	2.2
-2.86	94.29	-2.86	-77.33			3.1	3.1	--		-0.10	-0.04	-119.3	-0.16	-361.61		-15.6		-8.4
7.46	33.91	27.75	147.66	1.18	4.7	140,041	155,698	43,907	16.0	5,454	1.02	16.3	18,392	9.15	16.65	24.6	3.1	2.6
6.69	27.24	28.21	149.07	1.18	4.1	140,041	155,698	43,907	16.0	5,454	1.02	16.3	18,392	9.15	16.65	28.1	3.5	3.0
7.78	29.35	27.35	150.96	2.36	4.1	140,041	155,698	43,907	16.0	5,454	1.02	16.3	18,392	9.15	16.65	56.8	7.1	6.1
6.91	31.93	26.23	157.87	2.36	4.6	140,041	155,698	43,907	16.0	5,454	1.02	16.3	18,392	9.15	16.65	49.8	6.2	5.4
						182.5	249.3	7.4	114.9	-14.5	-30.39	-0.5	-14.1			-0.3	1.2	-0.1
-39.61	-21.84	-72.77	-73.20	0.30	15.5	40.8	354.2	998.7	0.8	-0.56	-0.03	90.4	46.0	0.41		-72.3	0.0	0.2
-7.69	-14.29					0.18	-0.25	--		-0.03	-0.02		-0.07			-7.0		0.6
-21.92	5.61	-28.25	-36.74	1.20	4.1	1,134	2,749	5,266	0.5	141.2	3.49	-12.1	194.6	5.96	21.11	8.3	0.2	1.8
-10.05	-6.91	10.64	-8.08			28.5	32.8	36.6	1.2	-0.72	-0.11	-78.2	3.5	-0.87		-36.5	0.8	1.0
-10.68	-9.01	11.23	-6.96			28.5	32.8	36.6	1.2	-0.72	-0.11	-78.2	3.5	-0.87		-48.8	1.0	1.4
1.93	3.23	6.25				29.4	30.9	--		0.24	-0.25	-278.4	-0.57	0.03	4.77	-42.5		5.9
-50.53	-50.53	-50.53	-50.53			0.71	0.67	--		-0.10	-0.02	-111.0	-0.34	-201.52		-2.0		-5.3
7.14	-6.25	-45.45	100.00			0.71	0.67	--		-0.10	-0.02	-111.0	-0.34	-201.52		-3.1		-8.4
-33.33	-33.33	-50.00				0.89	1.5	-0.04	-148.2	-1.1	0.00	97.6	-0.13	-1,911.71		-0.3		-1.0
-26.69	-11.31	-42.60				334.1	606.0	789.5	-5.9	31.0	89.67	-49.0	20.1	-0.73	5.48	6.0	0.2	0.6
-11.05	12.04	11.03				5,251	4,663	529.2	48.4	-89.6	-0.30	57.5	--			-53.1	9.5	5.0
7.78	-3.00	-17.45	38.57			24.7	--	7.2	33.2	-21.9	-1.72	-11.7	2.0			-1.1	3.4	0.8
-9.28	33.24	55.99	0.72			355.9	672.6	1,047	-18.7	82.0	0.28	-12.0	118.8			4.5	0.4	0.5
-4.41	52.34	21.12	62.50			20.1	30.2	33.0	43.3	-0.93	-0.10	-276.0	3.6	-0.29		-19.6	0.6	2.0
-20.85	-36.66	-50.34	-76.65			14.0	12.6	1.0	125.6	-3.9	-0.07	-47.0	-2.9	-204.04		-2.9	11.8	43.7
-18.31	-35.56	-46.30	-75.21			14.0	12.6	1.0	125.6	-3.9	-0.07	-47.0	-2.9	-204.04		-4.0	16.3	60.4
-11.45	18.37	-20.00				50.6	49.3	0.64	18.7	-14.1	-3.19	-4.1	-10.5	-113.77		-3.3	78.9	61.9
-4.24	37.79	-79.75	-98.07			21.3	10.0	3.5	-17.3	-24.1	-7.16	65.8	-22.0	-81.33		-0.2	3.2	1.5
5.93						194.4	307.4	92.1	13.7	4.2	0.19		3.1			28.4	2.1	7.8
1.19	-26.72	-67.05	112.50			12.9	17.7	0.29	-56.1	-7.3	-2.84	-676.9	-1.7	-843.08		-1.5	38.0	-2.0
-54.05	-53.93	-37.52	29.18			400.4	376.9	22.6	14.4	-106.5	-1.00	-17.4	-99.9	-42.42		-3.6	17.7	17.8
-85.76	-32.29					22.2	23.3	0.00	109.7	-4.7	-0.05	0.0	-1.9	-106.39		-5.6		24.1
-14.23	33.74	47.90	87.23			393.9	405.6	64.1	49.1	-27.0	-0.61	36.7	-20.2	-11.35		-7.2	4.9	12.0
-12.50	16.67	-74.07	-36.36			15.2	26.9	0.90	-31.0	-2.0	0.00		-1.2					-1.2
0.00	5.99	5.99	183.33			328.7	328.8	--		-0.10	0.00	-110.5	0.01	-890.77		-3,863.6		-3,541.7
-70.58	-4.38	-4.38	-36.25			4.2	4.4	--		-0.08	-0.01	-1,166.7	-0.05	-109.7		-50.3		-14.3
-43.02	2.00	14.61	7,685.67			77.8	77.8	0.02	393.3	-0.06	0.00	-33.3	-0.04	-109.11		-1,275.0	5,100.0	2,550.0
21.88	17.29	-9.59				384.2	382.8	26.8	61.2	-9.6	-0.22	55.5	-7.6	-27.97		-34.6	12.2	21.9
33.14	50.13	47.70				384.2	382.8	26.8	61.2	-9.6	-0.22	55.5	-7.6	-27.97		-80.2	28.3	50.9
2.99	-18.31	-16.96	13.91			46,490	48,952	13,812	9.7	4,667	23.21	65.9	6,190	15.38	33.82	10.3	3.4	3.4
-17.84	22.61	11.75				2,189	1,972	--		-217.8	-5.28	12.7	-162.5	-65.86		-8.0		19.4
1,000.00	-70.00	-95.98	-99.89			41.3	41.4	--		-0.06	-1.70	20.6	0.00			-1.0		-0.2
-29.63	-10.77	-57.47	-51.24			25.8	75.5	3.5	39.4	-11.4	-0.82	32.3	-5.3	-10.02		-2.1	7.4	-9.2
-10.29	40.57	-51.20	-63.68			17.2	17.3	3.8	-34.4	-6.5	-0.61	28.0	-2.5	-31.9		-2.0	4.5	1.9
25.79	-8.33	-47.31	-51.11			32.0	35.7	1.5	99.9	-10.5	-0.08	10.7	-3.8	-164.92		-2.7	21.6	-15.3
-34.92	50.39	28.02	-71.05			33.0	41.8	46.5	0.8	-21.4	-1.04	25.4	-14.4	-28.96		-1.5	0.7	4.7
-9.32	33.42	42.42	890.91			305.5	275.3	21.7	74.0	3.7	0.16	204.4	3.1	8.74	13.46	102.3	18.2	6.9
-16.08	-17.22	-60.00	-54.43			54.1	23.8	--		-22.9	-0.20	20.5	-22.0	-24.82		-1.8		1.1
-4.30	0.51	-7.81	5.71			15,047	15,044	1,519	9.8	-89.5	-0.51	38.8	7.8	-2.19		-164.6	9.9	5.1
217.14	195.24	72.20	9.93			7.7	8.4	--		-0.45	-0.01	34.2	-0.45	-276.39		-17.0		-10.0
-11.13	101.67	-7.63	51.25			7.9	8.0	--		-0.31	0.00	0.0	-0.03	-273.06		-30.3		-4.2
-16.83	-28.17					40.3	40.2	0.26		-7.0	-0.06	-473.6	-3.4			-5.7	156.9	3.7
1.19	42.46	-34.28	67.76			24.7	23.7	5.2	-12.2	-2.3	-0.26	-87.2	-1.6	-29.15		-10.0	4.6	6.0
0.02	0.01	18.19	-27.77			18.0	30.8	--		-2.2	-0.09	36.8	-0.69	-1,208.35		-7.6		-1.2
-42.05	-49.80					26.7	24.2	12.1	26.5	-22.5	-44.58	85.4	-19.7	-60.48		-0.1	2.1	4.5

https://greyhouse.weissratings.com

Data as of June 30, 2019

I. Index of Stocks

Summer 2019

Company Name	Stock Ticker Symbol	Traded On	Sector	Overall Rating	Recommendation	Reward Rating	Risk Rating	Recent Up/Downgrade	Stock Price as of 6/30/2019	52-Week High	52-Week Low	3-Year Beta	Growth	Efficiency	Solvency	Volatility	Dividend	Total Return
BiondVax Pharmaceuticals Ltd.	BVXV	NAS CM	Health Care	D	Sell	E+	D	Up	5.75	7.26	3.51	1.48	V	V	G	W	--	W
BioNeutra Global Corporation	BGA.V	TSXV	Consumer Staples	D+	Sell	C	D-	Down	0.49	0.75	0.44	1.25	F	G	G	W	--	F
Bionik Laboratories Corp.	BNKL	OTC PK	Health Care	E+	Sell	D-	E+		3.50	100.00	1	0.02	G	V	G	V	--	V
Bionovate Technologies Corp.	BIIO	OTC PK	Health Care	D+	Sell	C	D		0.07	1.95	0.06	19.09	W	E	E	W	--	W
BioNovelus Inc.	ONOV	OTC PK	Industrials	D	Sell	D	D		0.02	0.08	0	11.46	V	F	F	W	--	V
Bio-Path Holdings, Inc.	BPTH	NAS CM	Health Care	D-	Sell	E+	D	Up	12.95	73.52	1.61	3.48	W	V	E	W	--	V
BioPharmX Corporation	BPMX	AMEX	Health Care	D-	Sell	D	D-	Down	0.61	6.75	0.57	0.25	F		G	W	--	V
BIOQUAL, Inc.	BIOQ	OTC PK	Health Care	C	Hold	A-	C+		36.75	41.00	28.5	-0.03	E	E	E	F	E	F
Bio-Rad Laboratories, Inc.	BIO	NYSE	Health Care	B-	Buy	B+	C	Down	306.80	345.15	220.05	1.37	E	G	E	F	--	G
Bio-Rad Laboratories, Inc.	BIOB	NYSE	Health Care	C	Hold	B+	C		306.18	324.25	220.93	1.18	E	G	E	F	--	G
BIOREM Inc.	BRM.V	TSXV	Industrials	B-	Buy	B	C	Up	0.35	0.45	0.32	0.12	F	G	E	F	--	F
BIOREM Inc.	BIRMF	OTC PK	Industrials	C	Hold	B	C-		0.27	0.32	0.26	0.35	F	G	E	F	--	F
BioRestorative Therapies, Inc.	BRTX	OTC PK	Health Care	D	Sell	C-	D-		0.37	4.00	0.29	0.23	W	E	E	W	--	V
Bioscience Neutraceuticals, Inc.	DEVV	OTC PK	Consumer Staples	D	Sell	D	D-		0.17	26.00	0.15		V	E	F	W	--	V
BioScrip, Inc.	BIOS	NAS GS	Health Care	D	Sell	D+	D	Down	2.45	4.14	1.56	0.18	F	W	G	W	--	W
BioSig Technologies, Inc.	BSGM	NAS CM	Health Care	D+	Sell	C-	D	Up	9.47	9.97	3.5	0.58	W	W	E	W	--	E
BioSolar, Inc.	BSRC	OTC PK	Information Tech	D	Sell	C-	D-	Down	0.02	0.17	0.02	-0.94	W	G	F	W	--	V
BioSpecifics Technologies Corp.	BSTC	NAS	Health Care	B-	Buy	B+	C	Down	59.97	73.31	42.02	0.50	E	E	E	F	--	F
Biostage, Inc.	BSTG	OTC PK	Health Care	D	Sell	D	D-		2.33	4.66	0.75	2.92	F		E	W	--	V
BioSyent Inc.	RX.V	TSXV	Health Care	C-	Hold	C+	D	Down	6.47	9.99	6.47	-0.36	G	E	E	W	--	W
BioSyent Inc.	BIOYF	OTC PK	Health Care	C-	Hold	C+	D	Down	4.98	7.63	4.84	-0.18	G	E	E	W	--	W
Bio-Techne Corporation	TECH	NAS GS	Health Care	B-	Buy	A	C-	Up	206.39	216.47	132.75	1.34	E	E	E	F	W	G
BioTelemetry, Inc.	BEAT	NAS GS	Health Care	C	Hold	B	D+		47.97	80.92	43.3	1.62	G	G	E	W	--	F
BioTime, Inc.	BTX	AMEX	Health Care	D	Sell	D	D	Up	1.04	2.81	0.66	3.18	F	W	E	W	--	V
Biotricity, Inc.	BTCY	OTC PK	Health Care	D-	Sell	D-	D-		0.69	4.45	0.42	4.21	W	W	F	W	--	V
BioVie Inc.	BIVI	OTC PK	Health Care	D-	Sell	E+	D-	Up	0.10	0.25	0.02	2.67	V	V	E	W	--	F
BioXcel Therapeutics, Inc.	BTAI	NAS CM	Health Care	D-	Sell	D-	D		10.96	14.79	2.41		V	V	E	W	--	W
Bioxytran, Inc.	BIXT	OTC PK	Health Care	D-	Sell	C-	D	Up	1.05	1.95	0.2		W		F	W	--	F
BIQI International Holding Corporation	BIQI	NAS CM	Consumer Staples	D	Sell	D	D		0.72	3.20	0.61	5.31	W	F	E	W	--	V
Birch Telecom, Inc.	BRCH	NAS	Communication Svc	U		U	U						U	U	U	U	U	U
Birchcliff Energy Ltd.	BIR.TO	TSX	Energy	C-	Hold	C+	D	Up	2.62	5.45	2.57	0.57	F	G	G	W	G	W
Birchcliff Energy Ltd.	BIREF	OTC PK	Energy	C-	Hold	C+	D	Up	2.00	4.23	1.89	0.72	F	G	G	W	G	W
Bird Construction Inc.	BDT.TO	TSX	Industrials	D+	Sell	C	D-	Down	5.65	8.36	5.11	1.05	V	G	G	W	G	W
Bird Construction Inc.	BIRDF	OTC PK	Industrials	D+	Sell	C	D-	Down	4.27	6.41	3.76	1.32	V	G	G	W	E	W
Birks Group Inc.	BGI	AMEX	Consumer Discretn	C	Hold	B	D		0.95	1.95	0.76	3.09	F	G	F	W	--	W
Bitauto Holdings Limited	BITA	NYSE	Communication Svc	D	Sell	D+	D-		10.56	25.69	9.46	-0.38	F	W	G	W	--	V
Bitterroot Resources Ltd.	BTT.V	TSXV	Materials	D	Sell	D-	D		0.05	0.12	0.02	2.52	W	V	G	W	--	W
Bitterroot Resources Ltd.	BITTF	OTC PK	Materials	D	Sell	D-	D		0.03	0.09	0.01	3.70	W	V	G	W	--	W
BJ's Restaurants, Inc.	BJRI	NAS GS	Consumer Discretn	C	Hold	B	D+		43.00	76.50	40.49	0.71	G	E	G	W	W	W
BJ's Wholesale Club Holdings, Inc.	BJ	NYSE	Consumer Staples	C	Hold	B-	C-		26.48	32.92	19.31		G	G	F	F	--	W
BK Technologies Corporation	BKTI	AMEX	Information Tech	D+	Sell	C	D		4.10	4.82	3	0.06	W	F	E	W	F	W
BKF Capital Group, Inc.	BKFG	OTC PK	Financials	C-	Hold	C	C-	Down	9.92	12.20	7.01	0.26	W	G	E	F	--	F
Black Bull Resources Inc.	BKBLF	OTC PK	Materials	E	Sell	D-	C		0.00	0.00	0		V		F	F	W	--	F
Black Cactus Global, Inc.	BLGI	OTC PK	Information Tech	D-	Sell	D-	D-		0.01	0.11	0	2.04	V	W	E	W	--	V
Black Diamond Group Limited	BDIMF	OTC PK	Industrials	D	Sell	D	D		1.52	3.04	1.22	0.88	F	W	G	W	--	W
Black Diamond Group Limited	BDI.TO	TSX	Industrials	D	Sell	D	D		1.96	3.96	1.65	0.80	F	W	G	W	--	W
Black Hills Corporation	BKH	NYSE	Utilities	B	Buy	A-	C		77.80	82.01	56.42	0.07	E	E	G	F	G	F
Black Iron Inc.	BKIRF	OTC PK	Materials	E+	Sell	E	D	Down	0.09	0.09	0.03	2.92	W	V	G	W	--	W
Black Iron Inc.	BKI.TO	TSX	Materials	E+	Sell	E	D	Down	0.11	0.12	0.05	1.29	W	V	G	W	--	W
Black Isle Resources Corp.	BLAIF	OTC PK	Materials	D	Sell	D	D		0.01	0.02	0		V	W	F	W	--	V
Black Isle Resources Corp.	BIT.V	TSXV	Materials	D	Sell	D	D	Down	0.04	0.07	0.04	0.74	V	W	F	W	--	W
Black Knight, Inc.	BKI	NYSE	Information Tech	C	Hold	B	C-	Down	60.27	62.21	42.3		G	G	E	F	--	F

*Ratings Factors: E=Excellent, G=Good, F=Fair, W=Weak, V=Very Weak, U=Unrated

Data as of June 30, 2019

I. Index of Stocks

3-Month Total Return (%)	6-Month Total Return (%)	1-Year Total Return (%)	3-Year Total Return (%)	Dividend $ TTM	Dividend Yield TTM	Market Cap. ($Mil)	Enterprise Value ($Mil)	Revenue ($Mil)	Revenue Growth (%)	Net Income ($Mil)	Earnings/ Share $	EPS Growth (%)	Cash from Operations ($Mil)	Return on Assets (%)	Return on Equity (%)	Earnings (P/E) TTM	Sales (P/S) TTM	Book (P/B) Q
3.42	30.68	-11.13	50.92			37.6	48.4	--		-20.0	-124.36	-52.4	-17.0	-51.29		-0.1		-0.1
-10.91	-18.33	-5.77	11.36			17.3	22.8	27.9	3.2	0.27	0.00	184.0	1.9	2.1	2.19	233.3	0.8	1.8
-26.32	-29.29	-55.98	-97.62			13.9	17.1	2.4	307.2	-13.3	-12.43	31.5	-10.4	-20.01		-0.3	3.8	0.4
-93.64	-80.22	-87.29	-97.15			1.1	1.3	--		-0.26	-0.02	96.9	0.00			-4.2		-3.7
-65.91	0.67	-78.54	-86.96			1.8	2.4	--		-0.26	0.00	18.5	0.00			-6.8		-2.1
-29.62	259.72	-55.95	-97.04			36.7	17.5	--		-8.2	-12.03	34.8	-6.5	-33.23		-1.1		1.8
-72.49	-71.36	-88.52	-95.86			6.5	4.4	0.04	-45.8	-16.5	-2.02	47.2	-14.7	-118.76		-0.3	148.8	4.5
-8.12	0.00	8.66	54.80	0.60	1.6	33.1	24.7	35.9	-2.0	3.7	4.09	-7.7	3.7	13.43	17.88	9.0	0.9	1.5
1.00	33.59	6.43	121.13			9,146	8,965	2,292	3.6	574.0	18.77	-26.2	288.1	1.98	12.28	16.4	4.0	1.9
1.05	34.97	7.15	120.93			9,146	8,965	2,292	3.6	574.0	18.77	-26.2	288.1	1.98	12.28	16.3	4.0	1.9
-10.26	-7.89	-4.11	32.08			10.3	5.4	18.7	2.5	3.6	0.09	234.9	0.53	6.28	48.02	3.9	0.7	1.5
-7.84	2.58	-3.79	15.96			10.3	5.4	18.7	2.5	3.6	0.09	234.9	0.53	6.28	48.02	3.0	0.6	1.1
-50.00	-53.75	-81.20	-89.58			7.2	10.7	0.12	30.1	-13.9	-1.57	1.8	-5.9	-344.88		-0.2	42.1	-0.7
-87.75	-96.46	-99.14				1.4	1.5	0.00	-61.0	-0.51	-0.61	7.4	-0.04			-0.3	55.3	-6.8
35.36	-28.57	-16.67	-2.00			315.5	941.8	719.3	-6.3	-49.0	-0.55	4.0	-21.5	2.08		-4.5	0.5	-2.0
58.63	126.83	60.17	150.86			198.3	188.3	--		-20.5	-1.33	-16.7	-11.4	-195.62		-7.1		18.6
-2.63	-41.71	-74.53	-82.07			1.8	4.2	--		-5.8	-0.14	-65.1	-0.65	-235.78		-0.2		-0.1
-5.19	1.76	38.08	57.44			437.0	352.5	33.2	23.9	19.9	2.72	66.9	24.6	14.92	21.67	22.0	13.2	4.3
-2.92	-0.85	-48.34	-89.69			15.9	14.9	--		-7.9	-1.57	67.2	-6.8	-165.38		-1.5		10.8
-12.57	-19.12	-31.72	-15.42			68.2	51.1	16.5	-1.3	4.2	0.29	-1.9	4.3	15.21	22.06	22.6	5.7	4.6
-9.29	-15.31	-30.31	-15.16			68.2	51.1	16.5	-1.3	4.2	0.29	-1.9	4.3	15.21	22.06	17.4	4.4	3.5
4.98	46.08	41.24	94.63	1.28	0.6	7,817	8,168	702.6	13.5	121.3	3.14	5.7	190.5	5.48	11.01	65.8	11.4	6.8
-22.77	-16.47	6.01	204.57			1,622	1,798	386.5	24.7	48.5	1.35	498.5	81.2	7.35	16.47	35.5	4.5	4.9
-21.80	10.05	-44.85	-53.15			155.6	132.0	5.2	38.4	56.9	0.43	140.6	-29.9	-17.2	42.63	2.4	26.5	1.0
-29.59	35.32	-78.30	-67.91			24.8	24.7	0.22		-9.6	-0.31	-17.3	-5.7	-392.35		-2.2	107.8	-27.9
-2.76	238.08	126.19	-73.61			30.1	29.1	--		-2.3	-0.01	51.4	-2.1	-57.07		-8.1		10.8
7.35	178.17	20.70				171.7	137.5	--		-22.2	-1.42	-82.9	-18.2	-29.87		-7.7		5.3
200.00	90.91					89.4	90.0	--		-0.49	-0.01		-0.33			-184.2		-136.4
-62.50	-15.29	-74.56	-77.22			7.2	-52.1	26.4	-1.7	-2.2	-0.27	-346.6	3.1	-0.25		-2.7	0.2	0.1
						--	--	165.4	97.2	-159.4	-17.22	-47.9	-124.9	-33.67				
-28.12	-10.58	-42.99	-57.17	0.10	3.9	530.9	1,078	459.8	6.1	78.8	0.28	232.4	249.2	4.2	5.93	9.4	1.5	0.5
-27.11	-5.83	-42.24	-57.44	0.08	3.9	530.9	1,078	459.8	6.1	78.8	0.28	232.4	249.2	4.2	5.93	7.2	1.2	0.4
-27.13	-0.05	-16.87	-50.06	0.39	6.9	183.0	159.2	1,029	-5.7	-0.84	-0.02	-131.0	64.3	0.03		-226.9	0.2	2.6
-26.96	14.48	-16.04	-50.08	0.29	6.9	183.0	159.2	1,029	-5.7	-0.84	-0.02	-131.0	64.3	0.03		-171.5	0.2	2.0
-14.42	12.02	-29.33	109.69			17.1	80.0	133.3	5.2	5.2	0.29	277.7	-17.1	-6.09		3.3	0.1	0.8
-31.03	-53.50	-55.61	-60.89			741.0	4,239	1,257	-11.3	-59.4	-0.74	79.4	--			-14.3	0.9	0.3
-23.08	66.67	25.00	25.00			1.6	1.7	--		-2.0	-0.06	-196.3	-0.14	-28.28		-0.9		0.6
-45.00	57.14	-16.67	-1.79			1.6	1.7	--		-2.0	-0.06	-196.3	-0.14	-28.28		-0.5		0.3
-7.42	-14.01	-29.94	0.41	0.47	1.1	891.6	1,440	1,129	7.3	49.0	2.26	-4.5	129.2	4.27	16.39	19.0	0.8	2.7
-2.18	21.69	20.36				3,685	7,558	13,089	1.7	148.9	1.06	-15.7	406.7	4.63		25.1	0.3	-24.8
-4.00	9.31	12.54	-11.85	0.08	2.0	52.1	47.3	45.3	3.5	-1.1	-0.09	59.4	6.3	-0.99		-46.9	1.2	2.0
-0.80	-12.98	-12.21	32.27			7.0	2.5	--		1.9	2.71	341.7	-0.36			3.7		1.0
0.00						--	--	--		-0.16	-0.04	5.2	-0.17	-14.74		0.0		0.0
-15.00	-5.56	-89.80	-89.38			0.99	1.2	--		-4.0	-0.03	7.2	-1.6	-368.73		-0.3		-1.6
11.40	9.94	-43.89	-60.20			82.8	169.2	129.8	6.6	-9.3	-0.17	87.0	26.8	-1.53		-8.9	0.6	0.5
5.38	4.26	-45.56	-58.16			82.8	169.2	129.8	6.6	-9.3	-0.17	87.0	26.8	-1.53		-11.5	0.8	0.7
6.67	26.97	30.44	37.56	1.99	2.6	4,697	7,916	1,777	4.0	229.2	3.92	-8.3	494.8	3.72	11.5	19.9	2.6	2.1
108.60	127.85	15.77	114.75			14.9	14.1	--		-2.3	-0.01	19.3	-1.7	-46.18		-6.1		286.3
75.00	110.00	10.53	162.50			14.9	14.1	--		-2.3	-0.01	19.3	-1.7	-46.18		-7.4		350.0
1.00	10,000.00	-65.17				3.5	3.6	--		-0.04	0.00	68.0	-0.04	-256.51		-4.2		-1.5
0.00	0.00	-20.00	14.29			3.5	3.6	--		-0.04	0.00	68.0	-0.04	-256.51		-16.7		-5.9
10.40	34.41	13.50				8,901	10,595	1,127	5.9	165.1	1.12	-26.6	400.7	4.43	9.58	54.0	7.9	4.9

I. Index of Stocks — Summer 2019

Company Name	Stock Ticker Symbol	Traded On	Sector	Overall Rating	Recommendation	Reward Rating	Risk Rating	Recent Up/Downgrade	Stock Price as of 6/30/2019	52-Week High	52-Week Low	3-Year Beta	Growth	Efficiency	Solvency	Volatility	Dividend	Total Return
Black Lion Capital Corp.	BLCH.V	TSXV	Financials	D	Sell	D	D-		0.10	0.13	0.09	-1.14	F	W	E	W	–	W
Black Mammoth Metals Corporation	BMM.V	TSXV	Materials	D+	Sell	C-	D		0.02	0.11	0.02	1.31	W	E	G	W	–	W
Black Mammoth Metals Corporation	LQRCF	OTC PK	Materials	D+	Sell	C-	D		0.04	0.08	0.03	0.46	W	E	G	W	–	V
Black Ridge Acquisition Corp.	BRAC	NAS CM	Financials	D+	Sell	C	D	Up	10.31	12.11	9.76		W	G	E	G	–	F
Black Ridge Oil & Gas, Inc.	ANFC	OTC PK	Energy	D+	Sell	C	D	Up	0.04	0.05	0.01	0.84	W	F	G	W	–	F
Black Stone Minerals, L.P.	BSM	NYSE	Energy	C+	Hold	B	C-	Down	15.28	19.29	14.9	0.72	E	E	E	F	E	W
Black Tusk Resources Inc.	BTKRF	OTC PK	Materials	E	Sell	E+	D-	Up	0.11	1.06	0.11		V	V	G	W	–	V
Blackbaud, Inc.	BLKB	NAS GS	Information Tech	C-	Hold	C	D	Down	81.85	120.35	58.23	1.38	W	E	G	W	W	W
BlackBerry Limited	BB	NYSE	Information Tech	D	Sell	D+	D		7.38	12.00	6.57	1.73	W	F	E	W	–	W
BlackBerry Limited	BB.TO	TSX	Information Tech	D	Sell	D+	D		9.65	15.50	8.94	1.45	W	F	E	W	–	W
Blackboxstocks Inc.	BLBX	OTC PK	Health Care	D	Sell	D	D		2.20	11.00	1	0.83	W	W	G	W	–	W
Blackhawk Resource Corp.	BLRZF	OTC PK	Financials	D+	Sell	C-	D	Up	0.04	0.08	0.03	1.90	W	G	E	W	–	W
Blackheath Resources Inc.	BHR.V	TSXV	Materials	D	Sell	C-	D-		0.02	0.03	0.01	6.05	F	G	F	W	–	V
Blackline Safety Corp.	BLKLF	OTC PK	Information Tech	D	Sell	D	D+		4.54	4.68	3.65	-0.89	F	V	E	F	–	G
Blackline Safety Corp.	BLN.V	TSXV	Information Tech	D	Sell	D	D		5.94	6.74	4.53	-0.37	F	V	E	F	–	F
BlackLine, Inc.	BL	NAS GS	Information Tech	C-	Hold	C	D		53.47	58.11	34.01	0.89	F	W	E	F	–	F
BlackPoll Fleet International, Inc.	BPOL	OTC PK	Industrials	D+	Sell	C-	D		0.00	0.02	0	-0.04	V	G	F	W	–	W
BlackRidge Technology International, Inc.	BRTI	OTC PK	Information Tech	D	Sell	D	D-	Up	0.12	0.65	0.05		F	W	F	W	–	V
BlackRock Capital Investment Corporation	BKCC	NAS GS	Financials	C	Hold	B-	D	Up	6.03	6.64	5.06	0.76	F	G	E	W	E	W
Blackrock Gold Corp.	BRC.V	TSXV	Materials	D	Sell	D	D		0.12	0.13	0.03	-3.41	W	V	G	W	–	W
Blackrock Gold Corp.	BKRRF	OTC PK	Materials	D	Sell	D	D		0.09	0.09	0.02	-4.76	W	V	G	W	–	W
BlackRock Science and Technology Trust II	BSTZ	NYSE	Financials	U		U	U		20.02	20.18	20		U	U	U	U	U	U
BlackRock TCP Capital Corp.	TCPC	NAS GS	Financials	C	Hold	B	D+		14.11	14.98	12.52	0.59	F	E	E	W	E	W
BlackRock, Inc.	BLK	NYSE	Financials	B-	Buy	B	C	Up	464.48	513.00	360.79	1.42	F	E	E	F	G	F
BlackStar Enterprise Group, Inc.	BEGI	OTC PK	Financials	D+	Sell	C	D	Up	0.17	1.60	0.15	0.29	W	G	F	W	–	W
Blackstone Mortgage Trust, Inc.	BXMT	NYSE	Financials	B+	Buy	B+	B+		35.36	36.77	30.84	0.43	F	G	E	G	E	F
Blind Creek Resources Ltd.	BCK.V	TSXV	Materials	D+	Sell	D+	D	Up	0.06	0.12	0.03	2.01	W	F	F	W	–	W
Blink Charging Co.	BLNK	NAS CM	Consumer Discretn	D-	Sell	D-	D-	Down	2.57	5.50	1.56	4.97	W		E	W	–	V
BlissCo Cannabis Corp.	HSTRF	OTC PK	Health Care	D	Sell	D-	D	Up	0.27	1.01	0.19		W	V	E	W	–	W
Block One Capital Inc.	BLOK.V	TSXV	Financials	D-	Sell	E+	D		0.10	0.57	0.07	-1.68	W	V	E	W	–	F
Block One Capital Inc.	BKPPF	OTC PK	Financials	E+	Sell	E+	D-	Down	0.08	0.45	0.05		W	V	E	W	–	V
Blockchain Foundry Inc.	BLFDF	OTC PK	Information Tech	D-	Sell	D	D-	Up	0.07	0.09	0.02		W	W	G	W	–	W
Blockchain Industries, Inc.	BCII	OTC PK	Financials	D	Sell	D+	D-		1.75	6.50	1.03	268.53	F	W	E	W	–	F
Blockchain Power Trust	BPWRUN.V	TSXV	Utilities	D	Sell	D+	D-	Up	0.08	0.22	0.06	1.47	F	F	G	W	–	V
Blockchain Power Trust	TNSTF	OTC PK	Utilities	D	Sell	D+	D-	Up	0.06	0.19	0.05	-0.30	F	F	G	W	–	V
BlockchainK2 Corp.	BITK.V	TSXV	Information Tech	D-	Sell	E+	D	Down	0.23	0.50	0.13	1.03	V	V	E	W	–	W
BlockchainK2 Corp.	BIDCF	OTC PK	Information Tech	D-	Sell	E+	D	Down	0.10	0.37	0.1	-13.07	V	V	E	W	–	F
Blockmint Technologies Inc.	BKMT.V	TSXV	Information Tech	E-	Sell	E	D-		0.10	0.31	0.06		V	V	E	W	–	V
Blockmint Technologies Inc.	BKLIF	OTC PK	Information Tech	E-	Sell	E+	D-		0.05	0.09	0.04		V	V	E	W	–	V
BLOK Technologies Inc.	BLPFF	OTC PK	Information Tech	D-	Sell	D-	D-		0.01	0.22	0.01		V	W	G	W	–	V
Blonder Tongue Laboratories, Inc.	BDR	AMEX	Information Tech	C	Hold	B	D+	Up	0.94	1.75	0.83	0.95	F	G	G	W	–	F
Bloom Energy Corporation	BE	NYSE	Industrials	D	Sell	D	D		11.64	38.00	8.88		F	V	G	W	–	V
Bloomin' Brands, Inc.	BLMN	NAS GS	Consumer Discretn	C	Hold	B	C-		18.82	22.22	17.08	0.24	F	G	W	F	F	W
Blox Labs Inc.	BLLXF	OTC PK	Information Tech	D-	Sell	E+	D-		0.00	0.15	0		V	W	E	W	–	V
Blox, Inc.	BLXX	OTC PK	Materials	D-	Sell	E+	D		0.20	0.25	0.03	3.90	W	V	F	W	–	F
Blucora, Inc.	BCOR	NAS GS	Financials	C+	Hold	B	C-	Up	29.32	41.35	23.83	1.27	E	F	E	F	–	F
Blue Apron Holdings, Inc.	APRN	NYSE	Consumer Discretn	D-	Sell	D	D-		7.03	62.25	6.1	1.02	G	V	E	W	–	V
Blue Capital Reinsurance Holdings Ltd.	BCRH	NYSE	Financials	D	Sell	D	D		6.40	11.85	5.3	1.22	W	W	E	W	E	W
Blue Dolphin Energy Company	BDCO	OTC PK	Energy	D+	Sell	C-	D	Up	1.05	1.50	0.22	1.72	F	W	F	W	–	W
Blue Eagle Lithium Inc.	BEAG	OTC PK	Materials	D-	Sell	E+	D		1.37	3.50	0.45		V	V	F	W	–	G
Blue Line Protection Group, Inc.	BLPG	OTC PK	Industrials	D	Sell	D	D-	Down	0.00	0.02	0	-0.62	F		F	W	–	V
Blue Moon Zinc Corp.	MOON.V	TSXV	Materials	D-	Sell	E+	D	Down	0.03	0.11	0.02	2.68	W	V	G	W	–	W

*Ratings Factors: E=Excellent, G=Good, F=Fair, W=Weak, V=Very Weak, U=Unrated

Summer 2019 — I. Index of Stocks

3-Month Total Return (%)	6-Month Total Return (%)	1-Year Total Return (%)	3-Year Total Return (%)	Dividend $ TTM	Dividend Yield TTM	Market Cap. ($Mil)	Enterprise Value ($Mil)	Revenue ($Mil)	Revenue Growth (%)	Net Income ($Mil)	Earnings/Share $	EPS Growth (%)	Cash from Operations ($Mil)	Return on Assets (%)	Return on Equity (%)	Earnings (P/E) TTM	Sales (P/S) TTM	Book (P/B) Q
-20.83	-26.92	-44.12	-52.50			0.65	0.09	--		-0.03	0.00	9.7	-0.03	-2.38		-33.9		1.6
-66.67	-60.00	-80.95	-80.95			0.17	-0.01	--		0.05	0.00	122.0	-0.05	-15.49	245.08	4.4		4.8
21.38	-36.23	-55.06	-52.24			0.17	-0.01	--		0.05	0.00	122.0	-0.05	-15.49	245.08	7.8		8.4
1.21	2.62	5.24				45.8	46.2	--		1.2	-0.18	-244.9	-1.1	-0.43	24.78	-55.9		9.2
-7.89	16.67	52.17	-59.30			16.8	157.3	--		-0.38	0.00	93.7	-0.46	-1.16	1.22	-43.8		20.6
-11.03	1.95	-10.44	26.42	1.45	9.5	3,143	3,872	551.6	38.3	262.6	1.13	72.6	399.1	10.65	23.66	13.5	5.7	3.8
0.53	-27.60					3.0	3.0	--		-0.87	-0.06	-317.5	-0.72	-160.04		-1.8		7.1
4.01	31.20	-18.82	30.58	0.48	0.6	3,922	4,601	860.3	6.5	26.0	0.54	-67.1	179.6	2.42	7.31	152.8	4.5	10.7
-16.89	3.07	-24.39	13.89			4,029	3,973	904.0	-3.0	93.0	-0.06	-109.9	100.0	-1.13	4.75	-122.4	5.0	1.5
-18.98	-1.23	-25.43	14.34			4,029	3,973	904.0	-3.0	93.0	-0.06	-109.9	100.0	-1.13	4.75	-160.0	6.6	2.0
-26.67	-20.00	-43.59	-15.38			50.9	51.5	0.78	-16.3	-1.2	-0.05	8.9	-0.64	-195.04		-43.7	65.5	-37.7
55.56	40.47	-63.19	-0.64			3.4	3.3	0.33	164.2	0.24	0.01	124.2	-0.03	-0.83	3.94	7.4	5.2	0.5
0.00	50.00	-50.00	-88.46			0.59	0.54	--		-0.17	0.00	54.8	-0.07	-106.82		-4.6		-9.4
10.67	23.77	3.54	265.73			215.4	190.2	15.5	53.6	-7.0	-0.17	10.2	-6.7	-13.52		-26.9	13.8	6.3
-1.98	23.24	-4.50	182.86			215.4	190.2	15.5	53.6	-7.0	-0.17	10.2	-6.7	-13.52		-35.3	18.1	8.2
16.24	32.68	21.66				2,943	2,830	240.6	27.5	-29.2	-0.55	11.5	17.3	-4.04		-96.9	12.2	9.2
0.00	-90.00	-100.00	-100.00			0.00	0.16	0.09	-42.3	-0.28	-0.01	-197.1	-0.13			0.0	0.0	0.0
-49.38	-42.14	-65.29				11.7	17.1	0.37	552.0	-20.3	-0.23	35.1	-11.7	-94.89		-0.5	32.0	-11.9
2.79	16.66	15.18	11.79	0.72	11.9	415.1	596.8	82.3	-11.7	9.7	0.08	23.7	200.0	4.83	1.86	73.5	6.3	0.8
200.00	200.00	41.18	26.32			4.5	4.5	--		-1.00	-0.03	-46.8	-0.78	-70.94		-4.1		9.5
291.30	229.67	8.17				4.5	4.5	--		-1.00	-0.03	-46.8	-0.78	-70.94		-3.1		7.1
						--	--	--		--		--						
1.79	12.73	8.91	26.32	1.44	10.2	829.2	1,608	193.8	7.2	42.4	0.72	-44.3	66.8	5.14	4.96	19.6	4.3	1.0
10.13	21.47	-4.67	54.67	12.86	2.8	72,145	72,355	13,961	-0.9	4,269	26.55	-16.1	2,991	1.78	13.14	17.5	5.3	2.3
-71.67	-51.43	-87.41	325.00			8.9	8.9	--		-0.32	-0.01	-41.9	-0.22	-91.37		-27.9		-77.3
2.94	12.39	18.15	62.06	2.48	7.0	4,811	--	417.1	31.7	300.7	2.56	11.7	295.0		9.46	13.8	10.5	1.3
50.00	50.00	-47.83	0.00			1.2	1.2	--		0.10	0.00	112.9	-0.21	-16.48	8.59	15.8		2.2
-11.55	44.92	-52.94	-87.79			67.3	52.1	2.7	6.7	-7.5	-0.32	99.1	-11.5	-40.49		-8.1	25.2	4.6
-22.78	38.72	-10.52				29.4	29.6	--		-3.5	-0.08	-746.1	-3.1	-19.68		-3.6		5.0
-26.92	-24.00	-67.80	216.67			4.8	4.0	0.06	25.0	-9.2	-0.22	-1,810.3	-2.1	-16.33		-0.4	105.6	2.1
-17.89	-19.09	-65.23				4.8	4.0	0.06	25.0	-9.2	-0.22	-1,810.3	-2.1	-16.33		-0.4	86.7	1.7
24.00	201.39					4.0	4.1	0.14		-6.9	-0.10	90.1	-2.9			-0.6	34.3	130.2
-30.83	-50.00	-56.25	455.55			74.8	73.7	1.6		-0.79	-0.03	42.9	4.5			-50.7	42.2	21.4
-21.05	-25.00	-62.50	-85.51			13.2	33.2	4.3	14.1	5.6	0.03	105.0	10.7	1.01	22.92	2.9	4.0	0.6
-19.89	-21.05	-66.50				13.2	33.2	4.3	14.1	5.6	0.03	105.0	10.7	1.01	22.92	2.3	3.2	0.5
28.57	-39.19	-36.62	125.00			2.6	0.21	--		-1.5	-0.10	-6.1	-0.97	-28.94		-2.2		1.5
-29.55	-57.31	-63.04	390.00			2.6	0.21	--		-1.5	-0.10	-6.1	-0.97	-28.94		-1.0		0.7
-33.33						3.4	-0.03	0.00		-4.2	-0.13	-514.9	-0.70			-0.8		1.3
-49.10						3.4	-0.03	0.00		-4.2	-0.13	-514.9	-0.70			-0.4		0.6
-1.33	-24.49	-82.97				0.95	1.1	--		-1.7	-0.04	38.3	-0.75	-198.62		-0.4		-2.4
-12.96	-14.55	-10.48	109.45			9.0	11.3	20.4	-9.9	4.0	0.39	1,608.9	-2.9	-10.14	40.06	2.4	0.5	0.7
-4.28	7.48					1,322	1,922	773.4	63.5	-308.5	-6.98	67.5	-28.1	-11.59		-1.7	1.7	-12.5
-7.24	7.96	-5.45	13.98	0.38	2.0	1,726	4,171	4,138	-1.1	106.0	1.13	-6.9	320.4	3.98	60.45	16.7	0.4	7.0
-96.13	-93.07	-98.92				4.5	4.1	0.05	20.3	-1.3	-0.01	-273.3	-1.1	-144.23		-0.1	4.0	0.4
18.18	47.62	20.30	1,641.07			27.8	27.8	--		-1.4	-0.01	-186.4	-0.26	-24.23		-15.5		40.6
-12.27	12.68	-20.54	195.86			1,419	1,541	580.3	8.8	67.2	1.20	43.7	118.3	5.09	10.59	24.4	2.5	2.1
-51.66	-58.15	-85.45				92.0	147.3	612.8	-26.4	-95.8	-7.44	62.2	-51.3	-12.75		-0.9	0.2	0.8
-9.73	15.32	-39.36	-56.05	0.60	9.4	56.1	58.3	34.1	-28.2	-27.3	-3.11	72.4	0.20	-10.66		-2.1	1.7	0.6
5.00	-11.76	176.32	-73.75			11.5	54.3	337.4	21.3	0.38	0.03	101.4	0.17	3.58		39.6	0.0	-2.6
107.58	82.67	448.00				104.4	104.6	--		-0.52	-0.01	-1,625.0	-0.24	-103.34		-198.6		428.1
-17.86	-45.24	-93.75	-96.17			0.62	4.2	3.9	-3.2	0.30	-0.01	68.0	-0.61	-52.43		-0.1	0.1	-0.1
-37.50	-44.44	-64.29	150.00			2.0	2.0	--		-0.89	-0.01	-1.2	-0.73	-66.47		-2.9		25.0

I. Index of Stocks

Summer 2019

Company Name	Stock Ticker Symbol	Traded On	Sector	Overall Rating	Recommendation	Reward Rating	Risk Rating	Recent Up/Downgrade	Stock Price as of 6/30/2019	52-Week High	52-Week Low	3-Year Beta	Growth	Efficiency	Solvency	Volatility	Dividend	Total Return
Blue Moon Zinc Corp.	BMOOF	OTC PK	Materials	D-	Sell	E+	D	Down	0.02	0.08	0.01	3.11	W	V	G	W	–	W
Blue Ribbon Income Fund	BLUBF	OTC PK	Financials	D+	Sell	C-	D	Up	6.30	7.05	5.37	0.80	V	F	E	W	E	W
Blue Ridge Real Estate Company	BRRE	OTC PK	Real Estate	D	Sell	D	D-		6.39	7.00	4.55	0.55	W	W	E	W	–	W
Blue River Resources Ltd.	BXR.V	TSXV	Materials	D	Sell	D	D		0.02	0.05	0.01	0.45	F	W	F	W	–	W
Blue River Resources Ltd.	BRVRF	OTC PK	Materials	D	Sell	D	D		0.02	0.04	0.01	1.76	F	W	F	W	–	V
Blue Sky Uranium Corp.	BSK.V	TSXV	Energy	D	Sell	D	D-		0.16	0.23	0.13	2.15	W		G	W	–	W
Blue Sky Uranium Corp.	BKUCF	OTC PK	Energy	D	Sell	D	D		0.12	0.18	0.09	-0.55	W		G	W	–	W
Blue Sphere Corporation	BLSP	OTC PK	Industrials	E+	Sell	E+	E+		0.00	0.67	0	1.37	W	V	F	V	–	V
Blue Star Gold Corp.	BAU.V	TSXV	Materials	D	Sell	D	D-		0.04	0.04	0.02	0.92	F	W	G	W	–	W
Blue Star Gold Corp.	WPCZF	OTC PK	Materials	E-	Sell	D	D-		0.02	0.02	0.01	0.92	W	V	G	W	–	W
BlueBird Battery Metals Inc.	BATT.V	TSXV	Materials	D-	Sell	D-	D		0.24	0.56	0.14	-0.11	W	V	G	W	–	W
BlueBird Battery Metals Inc.	BBBMF	OTC PK	Materials	D-	Sell	D-	D	Up	0.19	0.41	0.13	1.33	W	V	G	W	–	W
bluebird bio, Inc.	BLUE	NAS GS	Health Care	D	Sell	D+	D		123.90	183.60	87.49	2.77	W	W	E	W	–	F
Bluedrop Performance Learning Inc.	BPLI.V	TSXV	Industrials	D-	Sell	D	D-	Down	0.13	0.19	0.1	0.27	W	W	G	W	–	W
Bluedrop Performance Learning Inc.	SLCFF	OTC PK	Industrials	D-	Sell	D-	D-	Down	0.08	0.11	0.08	0.03	W	W	G	W	–	W
BlueFire Renewables, Inc.	BFRE	OTC PK	Energy	C-	Hold	C	D	Down	0.00	0.00	0	-5.15	W	E	F	W	–	F
Bluegreen Vacations Corporation	BXG	NYSE	Consumer Discretn	C	Hold	B	D		11.65	26.22	7.6		G	E	E	W	E	W
Blueknight Energy Partners, L.P.	BKEP	NAS	Energy	D+	Sell	C	D-		1.15	3.50	1	2.60	W	G	G	W	E	V
Bluelinx Holdings Inc.	BXC	NYSE	Industrials	D+	Sell	C	D	Down	19.13	43.89	18.06	1.00	F	F	G	W	–	F
Bluenose Gold Corp.	ALLXF	OTC PK	Materials	D+	Sell	C		Down	0.12	0.16	0.08	-45.98	W	G	G	W	–	G
Bluenose Gold Corp.	BNH.V	TSXV	Materials	D+	Sell	C		Down	0.12	0.33	0.09	-0.85	W	G	G	W	–	F
Blueprint Medicines Corporation	BPMC	NAS GS	Health Care	D-	Sell	D-	D	Down	92.71	100.76	44.58	1.45	W	V	E	W	–	G
Bluerock Residential Growth REIT, Inc.	BRG	AMEX	Real Estate	C	Hold	B-	D	Up	11.05	12.28	8.19	0.27	F	G	W	F	G	F
BlueRush Inc.	BTV.V	TSXV	Information Tech	D	Sell	D	D		0.07	0.15	0.07	-1.27	W	V	G	W	–	F
Bluestem Group Inc.	BGRP	OTC PK	Consumer Discretn	D	Sell	D-	D		0.48	0.75	0.4	1.04	W	W	F	W	–	W
Bluestone Resources Inc.	BBSRF	OTC PK	Materials	D	Sell	E+	D		0.73	1.16	0.65	1.16	W	V	E	W	–	F
Bluestone Resources Inc.	BSR.V	TSXV	Materials	D	Sell	E+	D		0.96	1.60	0.85	0.51	W	V	E	W	–	F
Bluewater Acquisition Corp	BAQP.V	TSXV	Financials	E	Sell	D-	D	Up	0.11	0.20	0.05		W	V	E	W	–	W
BluMetric Environmental Inc.	SEPOF	OTC PK	Industrials	D+	Sell	C	D	Up	0.13	0.19	0.12	0.69	G	G	E	W	–	W
BluMetric Environmental Inc.	BLM.V	TSXV	Industrials	C	Hold	C+	D		0.16	0.26	0.12	0.30	G	G	E	W	–	W
BMC Stock Holdings, Inc.	BMCH	NAS GS	Industrials	C+	Hold	B	D+	Up	21.08	23.15	14.66	1.35	E	E	E	W	–	F
BMGB CAPITAL CORP.	BMGBP.V	TSXV	Financials	E+	Sell	D+	C-	Up	0.17	0.20	0.15		F	W	E	E	–	W
BMTC Group Inc.	GBT.TO	TSX	Consumer Discretn	C	Hold	B	D		12.62	16.47	12.41	0.92	F	E	G	W	–	W
BNCCORP, Inc.	BNCC	OTC PK	Financials	C	Hold	B	C		30.00	30.00	18.2	1.20	F	G	E	F	–	F
Bnet Media Group, Inc.	BNTT	OTC PK	Financials	D	Sell	C	E+	Up	1.70	2.00	1.7		F	E	E	V	–	V
BNK Petroleum Inc.	BKX.TO	TSX	Energy	D+	Sell	C	D	Down	0.22	0.53	0.2	0.64	F	F	G	W	–	W
BNK Petroleum Inc.	BNKPF	OTC PK	Energy	D+	Sell	C	D	Down	0.17	0.40	0.15	0.54	F	F	G	W	–	W
BNP Paribas SA	BNPQY	OTC PK	Financials	C	Hold	B-	D	Up	23.56	32.85	21.55	1.05	G	E	E	W	E	W
BNP Paribas SA	BNPQF	OTC PK	Financials	C	Hold	B-	D	Up	46.54	65.23	43.09	1.01	G	E	E	W	E	W
Boardwalk Real Estate Investment Trust	BEIUN.TO	TSX	Real Estate	C	Hold	C+	D	Up	39.82	52.43	36.47	0.26	F	G	E	W	F	W
Boardwalk Real Estate Investment Trust	BOWFF	OTC PK	Real Estate	C-	Hold	B-	D		30.00	39.65	27.61	0.44	F	G	E	W	F	W
Boardwalktech Software Corp.	BWLK.V	TSXV	Information Tech	D-	Sell	C-	D-		0.52	5.23	0.37		W	G	F	W	–	W
Boardwalktech Software Corp.	BWLKF	OTC PK	Information Tech	E	Sell	C	D+		0.42	0.48	0.36		W	G	F	F	–	W
Boart Longyear Limited	BOARF	OTC PK	Materials	D	Sell	D	D-		0.00	0.01	0	1.62	G	W	G	W	–	V
Bobby Allison Wireless Corporation	CNTCQ	NAS	Information Tech	U	U		U						U	U	U	U	U	U
BOC Aviation Limited	BCVVF	OTC PK	Industrials	C	Hold	B	B-		8.60	9.00	5.97		E	G	F	E	G	W
BOC Hong Kong (Holdings) Limited	BHKLY	OTC PK	Financials	C	Hold	B	D		78.50	101.65	71.37	1.08	G	E	E	F	W	W
BOC Hong Kong (Holdings) Limited	BNKHF	OTC PK	Financials	C	Hold	B	C		3.81	4.81	3.54	1.16	E	E	F	E	F	W
Boingo Wireless, Inc.	WIFI	NAS GS	Communication Svc	D+	Sell	C	D		18.10	35.98	17.14	1.34	F	W	G	W	–	F
Boise Cascade Company	BCC	NYSE	Materials	C-	Hold	C	D		27.15	47.15	22	2.27	F	G	E	W	W	W
BOK Financial Corporation	BOKF	NAS GS	Financials	C+	Hold	B	D+		75.07	105.22	69.96	1.28	F	G	E	W	G	F
Bold Ventures Inc.	BOL.V	TSXV	Materials	D	Sell	D	D-	Up	0.02	0.04	0.02	0.85	F	W	G	W	–	W

*Ratings Factors: E=Excellent, G=Good, F=Fair, W=Weak, V=Very Weak, U=Unrated

I. Index of Stocks

Summer 2019

	TOTAL RETURNS %				DIVIDEND/YIELD		SIZE		REVENUE & INCOME			EARNINGS			EFFECTIVENESS			VALUATION		
3-Month Total Return (%)	6-Month Total Return (%)	1-Year Total Return (%)	3-Year Total Return (%)	Dividend $ TTM	Dividend Yield TTM	Market Cap. ($Mil)	Enterprise Value ($Mil)	Revenue ($Mil)	Revenue Growth (%)	Net Income ($Mil)	Earnings/Share $	EPS Growth (%)	Cash from Operations ($Mil)	Return on Assets (%)	Return on Equity (%)	Earnings (P/E) TTM	Sales (P/S) TTM	Book (P/B) Q
---	---	---	---	---	---	---	---	---	---	---	---	---	---	---	---	---	---	---
-38.08	-15.40	-55.36	108.33			2.0	2.0	--		-0.89	-0.01	-1.2	-0.73	-66.47		-2.3		20.0
3.09	20.18	-0.18	12.85	0.45	7.2	90.1	88.4	-17.1	-378.1	-19.1	-1.18	-680.4	21.7	-11.17		-5.4	-5.9	1.1
6.50	12.90	-6.03	-29.00			15.7	7.8	5.1	-3.9	-0.90	-0.72	-13.5	-0.89	-4.94		-8.8	3.1	
-25.00	-25.00	-62.50	-62.50			2.2	2.6	--		-0.52	0.00	73.3	-0.34	-202.31		-5.6		-3.7
11.11	-10.02	-52.83	-59.02			2.2	2.6	--		-0.52	0.00	73.3	-0.34	-202.31		-5.6		-3.7
-8.82	-8.82	-18.42	14.81			13.3	12.9	--		-2.5	-0.02	60.4	-2.8	-214.43		-6.5		35.2
-5.36	0.00	-18.59	185.71			13.3	12.9	--		-2.5	-0.02	60.4	-2.8	-214.43		-5.0		27.3
0.00	-87.50	-99.98	-100.00			0.58	27.1	10.6	467.7	-16.6	-2.90	-188.6	-0.36	-5.77		0.0	0.0	0.0
16.67	75.00	16.67	-53.33			3.5	3.8	--		-0.47	0.00	15.2	-0.76	-10.89		-9.0		3.2
47.22	47.22	-22.63	-64.49			3.5	3.8	--		-0.47	0.00	15.2	-0.76	-10.89		-5.4		1.9
-15.79	17.07	-20.00	-63.08			9.2	9.3	--		-2.4	-0.06	76.1	-1.5	-54.4		-4.0		5.3
-18.86	28.14	-18.16				9.2	9.3	--		-2.4	-0.06	76.1	-1.5	-54.4		-3.1		4.1
-19.03	27.55	-20.12	211.97			6,830	5,694	51.1	14.7	-604.9	-11.36	-37.2	-458.8	-19.47		-10.9	133.3	3.9
-7.41	4.17	-21.88	-37.50			10.3	12.6	13.5	-24.8	-1.9	-0.02	-315.5	1.0	-8.01		-5.6	0.9	8.5
-15.80	-22.75	-30.98	-27.41			10.3	12.6	13.5	-24.8	-1.9	-0.02	-315.5	1.0	-8.01		-3.8	0.6	5.7
-16.67	100.00	-50.00	-85.71			0.19	2.3	--		-1.5	0.00	-11.1	-0.04	-1,547.37		-0.1		0.0
-19.69	-6.95	-49.25		0.64	5.5	867.3	1,385	673.1	-0.2	82.1	1.10	-38.6	74.3	7.65	20.23	10.6	1.3	2.0
12.17	6.18	-60.22	-68.57	0.28	24.4	46.8	-67.4	433.9	140.7	-42.1	-1.62	-1,193.3	58.4	4.86		-0.7	0.1	0.1
-30.03	-24.42	-46.65	170.96			178.8	974.0	3,064	68.0	-41.3	-4.47	-185.0	8.7	1.38		-4.3	0.1	-9.8
0.00	43.64	6.00	78,759.06			9.7	9.6	--		0.13	0.00	-74.0	-0.03	-555.53		90.4		391.7
-20.00	0.00	-23.81	700.05			9.7	9.6	--		0.13		-74.0	-0.03	-555.53		92.3		400.0
22.45	82.79	52.08	408.00			4,529	4,213	44.3	167.8	-267.5	-6.08	-39.9	-205.6	-28.76		-15.3	92.3	11.9
2.79	24.94	30.60	11.89	0.65	5.9	249.0	2,131	204.5	38.6	-0.90	-1.96	4.8	69.2	1.46		-5.6	1.3	3.8
-22.22	-33.33	-30.00	-17.65			4.0	4.3	2.5	5.5	-3.4	-0.05	3.2	-1.9	-125.33		-1.4	2.1	-4.9
-9.43	6.67	-12.73	-33.03			64.3	450.9	1,767	-4.2	-19.2	-0.14	91.0	97.1	5.55		-3.3	0.0	-0.9
-19.72	-18.46	-28.60	83.08			59.9	43.3	--		-25.0	-0.39	-127.2	-21.9	-25.9		-1.9		1.4
-20.66	-20.00	-32.39	47.69			59.9	43.3	--		-25.0	-0.39	-127.2	-21.9	-25.9		-2.5		1.8
37.50	10.00					0.35	0.06	--		-0.18	-0.03		-0.06			-3.6		1.7
-17.61	11.11	-20.65				3.5	6.6	24.1	2.0	2.1	0.07	792.4	0.14	8.2	65.61	1.9	0.2	0.9
-31.91	14.29	-23.81	-23.81			3.5	6.6	24.1	2.0	2.1	0.07	792.4	0.14	8.2	65.61	2.3	0.2	1.1
20.53	35.82	0.62	25.18			1,402	1,735	3,674	6.7	124.7	1.85	81.4	264.6	6.8	15.17	11.4	0.4	1.6
0.00	6.25					0.32	0.14	--		-0.08	-0.03		-0.08			-6.8		2.3
-16.95	-1.56	-13.61	6.59	0.28	2.2	330.3	342.4	553.0	26.2	28.2	0.81	5.5	19.3	6.65	16.56	15.6	0.8	2.4
12.32	50.00	16.28	99.20			104.8	--	46.1	-4.9	5.9	1.65	-6.8	2.4		7.39	18.2	2.3	1.3
0.00	-5.56	-15.00				59.5	59.6	--		-0.03	0.00	63.2	0.00			-2,428.6		-171.7
-26.67	-21.43	-57.69	-25.42			39.0	67.1	23.5	52.7	4.3	0.01	151.9	11.7	2.58	3.67	19.8	2.2	0.4
-17.64	-19.91	-56.46	-20.97			39.0	67.1	23.5	52.7	4.3	0.01	151.9	11.7	2.58	3.67	15.1	1.7	0.3
5.53	11.65	-18.27	25.41	1.42	6.0	58,816	--	47,444	3.2	8,896	6.77	-0.6	--		7.68	3.5	0.6	0.3
-1.65	4.21	-23.63	8.48			58,816	--	47,444	3.2	8,896	6.77	-0.6	--		7.68	6.9	1.2	0.5
-2.06	7.12	-10.88	-18.79	1.00	2.5	1,402	3,551	335.0	1.2	89.3	1.54	42.1	93.5	1.94	3.82	25.9	5.5	0.8
-0.89	8.72	-9.50	-20.40	0.75	2.5	1,402	3,551	335.0	1.2	89.3	1.54	42.1	93.5	1.94	3.82	19.5	4.2	0.6
-5.45	-26.76	-89.80				4.7	9.5	3.6	10.3	-9.4	-1.47	-622.4	-4.8			-0.4	1.4	-0.9
16.47						4.7	9.5	3.6	10.3	-9.4	-1.47	-622.4	-4.8			-0.3	1.1	-0.7
21.21	-24.53	-52.94	-93.65			101.0	780.0	770.2	4.2	-43.5	0.00	98.3	3.7	4.58		-2.5	0.1	-0.3
						--	--	39.2	191.3	-0.86	-2.59	-1,315.2	3.1	-2.18				
10.26	10.26	37.82				5,790	17,982	1,623	23.6	620.4	0.89	5.0	1,723	3.5	15.48	9.7	3.7	1.4
-1.30	9.07	-14.10	52.90	5.62	7.2	41,568	--	6,784	10.3	4,083	0.39	2.0	-696.5		12.19	203.3	122.4	23.2
-4.75	5.25	-20.13	29.15			41,568	--	6,784	10.3	4,083	0.39	2.0	-696.5		12.19	9.9	5.9	1.1
-22.58	-9.32	-18.51	107.33			796.1	880.9	259.1	18.8	-3.1	-0.07	82.0	99.8	-0.47		-247.3	3.0	8.6
0.80	16.50	-36.42	34.70	0.34	1.3	1,058	1,455	4,855	4.6	-5.2	-0.15	-105.5	148.4	4		-176.3	0.2	1.6
-7.18	4.17	-18.66	36.99	2.00	2.7	5,364	--	1,640	5.6	450.7	6.57	22.4	-1,510		11.21	11.4	3.3	1.2
0.00	0.00	-40.00	-62.50			1.4	1.4	--		-0.07	0.00	76.9	0.05	-3.08		-25.0		2.0

Data as of June 30, 2019

I. Index of Stocks

Summer 2019

Company Name	Stock Ticker Symbol	Traded On	Sector	Overall Rating	Recommendation	Reward Rating	Risk Rating	Recent Up/Downgrade	Stock Price as of 6/30/2019	52-Week High	52-Week Low	3-Year Beta	Growth	Efficiency	Solvency	Volatility	Dividend	Total Return
Bold Ventures Inc.	BVLDF	OTC PK	Materials	D-	Sell	D	E+	Up	0.01	0.03	0.01	0.08	F	W	G	V	--	V
Bolsa Mexicana de Valores, S.A.B. de C.V.	BOMXF	OTC PK	Financials	C	Hold	B	C		1.81	2.16	1.81	0.30	F	E	E	F	--	F
Bombardier Inc.	BDRBF	OTC PK	Industrials	C-	Hold	C	D+		1.68	4.26	1.21	1.65	F	F	F	W	--	W
Bombardier Inc.	BDRAF	OTC PK	Industrials	C-	Hold	C	D+		1.69	4.23	1.3	1.60	F	F	F	W	--	W
Bombardier Inc.	BBDA.TO	TSX	Industrials	C-	Hold	C	D+		2.23	5.60	1.7	1.31	F	F	F	W	--	W
Bombardier Inc.	BBDB.TO	TSX	Industrials	C-	Hold	C	D+		2.21	5.58	1.59	1.28	F	F	F	W	--	W
Bonanza Creek Energy, Inc.	BCEI	NYSE	Energy	D+	Sell	C	D		20.11	40.38	17.64	1.47	F	F	G	W	--	W
Bonavista Energy Corporation	BNP.TO	TSX	Energy	D	Sell	D+	D-		0.51	1.63	0.46	0.84	W	W	G	W	E	V
Bonavista Energy Corporation	BNPUF	OTC PK	Energy	D	Sell	D+	D-		0.39	1.23	0.35	1.21	W	W	G	W	E	V
Bone Biologics Corporation	BBLG	OTC PK	Health Care	D	Sell	C-	D-		10.00	30.00	10	-2.04	F	G	G	W	--	F
Bonso Electronics International Inc.	BNSO	NAS CM	Information Tech	D+	Sell	C-	D		2.74	3.96	1.62	2.00	V	G	G	W	--	F
Bonterra Energy Corp.	BNEFF	OTC PK	Energy	D	Sell	C	D-	Down	4.18	15.43	3.73	0.79	G	G	G	W	F	V
Bonterra Energy Corp.	BNE.TO	TSX	Energy	D	Sell	C	D-	Down	5.40	20.29	4.9	0.54	G	G	G	W	F	V
BonTerra Resources Inc.	BTR.V	TSXV	Materials	E+	Sell	E	D-		2.02	4.90	1.46	0.94	F	V	G	W	--	V
BonTerra Resources Inc.	BONXF	OTC PK	Materials	E+	Sell	E	D-	Down	1.53	3.89	1.09	1.22	F	V	G	W	--	V
Booking Holdings Inc.	BKNG	NAS GS	Consumer Discretn	C+	Hold	B	C-	Down	1,845.17	2,131.90	1,606.27	0.86	E	E	E	F	--	W
Boot Barn Holdings, Inc.	BOOT	NYSE	Consumer Discretn	B-	Buy	A	D+		34.86	36.54	15.01	2.88	E	E	G	W	--	E
Booz Allen Hamilton Holding Corporation	BAH	NYSE	Information Tech	A-	Buy	A	B		66.20	67.00	42.91	0.91	E	E	G	E	W	E
Boralex Inc.	BLX.TO	TSX	Utilities	C-	Hold	C	D	Up	19.69	21.24	15.96	0.49	W	F	G	F	G	W
Boralex Inc.	BRLXF	OTC PK	Utilities	D+	Sell	C	D		14.92	15.44	12.63	0.49	W	F	G	F	G	W
Border Petroleum Limited	BOR.V	TSXV	Energy	D	Sell	D	D		0.01	0.02	0.01	-0.53	W	W	F	W	--	V
Border Petroleum Limited	BOPFF	OTC PK	Energy	D	Sell	D	D		0.00	0.00	0	-78.14	W	W	G	W	--	V
Boreal Metals Corp.	BMX.V	TSXV	Materials	D-	Sell	D-	D	Up	0.06	0.20	0.04		W	V	E	W	--	V
BorgWarner Inc.	BWA	NYSE	Consumer Discretn	C	Hold	B	D+		42.13	46.97	32.46	1.72	G	E	E	W	F	W
Borqs Technologies, Inc.	BRQS	NAS CM	Information Tech	D	Sell	D+	D		2.82	11.15	2.11		W	F	G	W	--	W
Boston Omaha Corporation	BOMN	NAS CM	Communication Svc	D+	Sell	C-	D		22.50	31.67	19.45	0.03	F	W	E	F	--	F
Boston Pizza Royalties Income Fund	BPZZF	OTC PK	Consumer Discretn	C	Hold	C+	D	Up	13.21	15.07	10	1.05	F	E	E	E	E	W
Boston Pizza Royalties Income Fund	BPFUN.TO	TSX	Consumer Discretn	C	Hold	C+	D	Up	17.34	19.95	13.82	0.62	F	E	E	E	E	W
Boston Private Financial Holdings, Inc.	BPFH	NAS GS	Financials	C	Hold	B-	D		11.50	16.60	10	1.08	F	E	E	W	G	W
Boston Properties, Inc.	BXP	NYSE	Real Estate	C+	Hold	B-	C	Down	128.03	140.35	107.84	0.96	F	E	E	F	G	F
Boston Scientific Corporation	BSX	NYSE	Health Care	B-	Buy	B	B-		41.93	42.40	31.56	0.68	F	G	G	G	--	F
Boston Therapeutics, Inc.	BTHE	OTC PK	Health Care	D+	Sell	C	D	Up	0.02	0.09	0.01	-0.40	F	G	F	W	--	F
Bottomline Technologies (de), Inc.	EPAY	NAS GS	Information Tech	D+	Sell	C	D	Down	44.52	74.05	39.78	1.07	F	F	E	W	--	F
Bowl America Incorporated	BWLA	AMEX	Consumer Discretn	C	Hold	B	C		14.65	16.95	13.61	0.02	E	E	E	F	G	W
Bowlin Travel Centers, Inc.	BWTL	OTC PK	Consumer Discretn	C-	Hold	C	D	Down	2.49	2.92	2.02	0.83	F	F	E	F	--	F
Box, Inc.	BOX	NYSE	Information Tech	D-	Sell	D-	D		17.55	27.56	15.3	1.51	F	V	F	W	--	F
Boxlight Corporation	BOXL	NAS CM	Information Tech	D-	Sell	E+	D		2.94	5.95	1.14		W	V	F	W	--	W
BoxScore Brands, Inc.	BOXS	OTC PK	Industrials	C-	Hold	C	D	Up	0.01	0.08	0.01	3.38	F	G	W	W	--	W
Boxwood Merger Corp.	BWMC	NAS CM	Financials	E	Sell	C	D		9.85	10.43	9.55		W	G	E	F	--	W
Boyd Gaming Corporation	BYD	NYSE	Consumer Discretn	C+	Hold	B	D+		27.42	39.35	18.98	2.43	E	G	G	W	W	F
Boyd Group Income Fund	BYDUN.TO	TSX	Industrials	B	Buy	A+	C		166.97	178.42	102.59	0.29	E	E	G	G	W	E
Boyd Group Income Fund	BFGIF	OTC PK	Industrials	C	Hold	A+	C		127.43	131.85	76.96	0.60	E	E	G	G	W	G
BP Midstream Partners LP	BPMP	NYSE	Energy	C-	Hold	C+	D		15.21	22.36	13.8		G	E	G	W	E	W
BP p.l.c.	BPAQF	OTC PK	Energy	C	Hold	B+	C+		6.91	7.91	6.07	0.56	E	G	G	F	E	F
BP p.l.c.	BP	NYSE	Energy	C+	Hold	B	C-		41.62	47.25	36.28	0.56	E	G	G	F	W	W
BP Prudhoe Bay Royalty Trust	BPT	NYSE	Energy	C	Hold	B	D	Down	15.38	37.23	14.43	0.20	E	E	E	W	E	W
BQE Water Inc.	BQE.V	TSXV	Industrials	C-	Hold	C	D+	Up	6.75	9.00	4.5	1.25	F	F	G	W	--	F
BQE Water Inc.	BTQNF	OTC PK	Industrials	C-	Hold	C	D+	Up	5.25	6.44	0	30,021.44	F	F	G	W	--	F
Brady Corporation	BRC	NYSE	Industrials	B+	Buy	A-	B	Down	49.14	50.12	36	0.69	E	E	E	G	F	F
Braemar Hotels & Resorts, Inc.	BHR	NYSE	Real Estate	C	Hold	B-	D	Up	9.78	14.03	8.32	1.22	F	G	E	W	E	F
Bragg Gaming Group Inc.	BRGGF	OTC PK	Communication Svc	D-	Sell	E+	D-		0.31	1.01	0.24	0.71	F	V	G	W	--	V
Bragg Gaming Group Inc.	BRAG.V	TSXV	Communication Svc	D-	Sell	E+	D-		0.40	1.39	0.31	1.51	F	V	G	W	--	V

*Ratings Factors: E=Excellent, G=Good, F=Fair, W=Weak, V=Very Weak, U=Unrated

I. Index of Stocks

Summer 2019

	TOTAL RETURNS %				DIVIDEND/YIELD		SIZE		REVENUE & INCOME				EARNINGS		EFFECTIVENESS				VALUATION		
3-Month Total Return (%)	6-Month Total Return (%)	1-Year Total Return (%)	3-Year Total Return (%)	Dividend $ TTM	Dividend Yield TTM	Market Cap. ($Mil)	Enterprise Value ($Mil)	Revenue ($Mil)	Revenue Growth (%)	Net Income ($Mil)	Earnings/ Share $	EPS Growth (%)	Cash from Operations ($Mil)	Return on Assets (%)	Return on Equity (%)	Earnings (P/E) TTM	Sales (P/S) TTM	Book (P/B) Q
---	---	---	---	---	---	---	---	---	---	---	---	---	---	---	---	---	---	---
0.00	-23.00	-68.91	-92.75			1.4	1.4	--		-0.07	0.00	76.9	0.05	-3.08		-12.3		1.0
-16.20	-4.74	16.77	7.09			1,105	971.0	174.6	4.8	71.7	0.12	12.8	74.6	12.57	20.82	14.7	5.7	3.0
-16.00	14.29	-56.14	16.26			4,003	12,307	15,724	-5.4	389.0	0.15	164.0	161.0	1.93		11.4	0.3	-0.7
-16.03	12.17	-56.72	1.92			4,003	12,307	15,724	-5.4	389.0	0.15	164.0	161.0	1.93		11.4	0.3	-0.7
-17.71	7.73	-56.70	2.29			4,003	12,307	15,724	-5.4	389.0	0.15	164.0	161.0	1.93		15.1	0.4	-0.9
-17.84	9.95	-56.58	16.32			4,003	12,307	15,724	-5.4	389.0	0.15	164.0	161.0	1.93		14.9	0.3	-0.9
-7.96	-1.37	-45.25				414.8	479.9	285.1	39.9	147.3	7.14	90.5	142.4	7.68	18.87	2.8	1.5	0.5
-54.87	-51.92	-63.66	-82.97	0.04	7.8	101.8	702.9	355.8	-10.1	-20.7	-0.09	77.5	205.6	0.6		-6.0	0.4	0.1
-53.07	-49.04	-62.33	-81.66	0.03	7.7	101.8	702.9	355.8	-10.1	-20.7	-0.09	77.5	205.6	0.6		-4.6	0.3	0.1
0.00	-33.38	-50.00	-80.00			300.7	309.6	--		-4.4	-0.89	36.5	-4.2	-280.57		-11.2		-28.0
-2.14	48.91	-18.45	114.06			12.8	7.4	12.0	-36.6	0.00	-0.01	-102.1	--	0.68	0.02	-249.1	1.1	0.8
-10.21	-8.10	-65.97	-74.57	0.43	10.4	137.4	378.1	148.3	-2.0	4.2	0.12	-1.6	77.4	1.21	1.1	34.8	0.9	0.4
-13.46	-12.91	-66.88	-74.99	0.57	10.6	137.4	378.1	148.3	-2.0	4.2	0.12	-1.6	77.4	1.21	1.1	44.9	1.2	0.5
5.21	-22.31	-46.84	-40.59			98.4	98.6	4.4		-90.3	-3.07	-156.5	-41.8	-121.44		-0.7	21.2	13.4
6.97	-18.83	-46.94	-39.51			98.4	98.6	4.4		-90.3	-3.07	-156.5	-41.8	-121.44		-0.5	16.1	10.2
6.73	7.54	-8.63	53.22			79,880	85,043	14,436	9.5	4,156	87.86	76.6	4,848	13.68	47.36	21.0	5.8	11.8
18.89	103.27	61.99	327.73			988.5	1,157	776.9	14.6	39.0	1.36	30.3	63.3	6.57	16.3	25.6	1.3	3.7
14.70	48.27	54.58	149.09	0.84	1.3	9,271	10,831	6,704	8.7	418.5	2.91	43.2	499.6	10.03	67.62	22.8	1.4	13.7
4.73	18.75	-2.25	13.52	0.65	3.3	1,338	3,937	380.1	7.7	-23.6	-0.35	-239.0	119.6	0.98		-55.5	5.0	2.8
6.16	14.27	-3.32	12.39	0.49	3.3	1,338	3,937	380.1	7.7	-23.6	-0.35	-239.0	119.6	0.98		-42.1	3.8	2.2
0.00	0.00	-33.33	0.00			0.49	0.58	1.0	253.0	-0.67	-0.01	60.9	-0.01	-35.42		-1.0	0.6	-0.8
66.67	66.67	-72.87	-60.23			0.49	0.58	1.0	253.0	-0.67	-0.01	60.9	-0.01	-35.42		-0.3	0.2	-0.3
-36.84	-7.69	-66.67				3.5	2.6	--		-1.3	-0.02	44.1	-0.82	-17.6		-2.7		1.0
11.94	23.15	-2.01	55.00	0.68	1.6	8,732	10,533	10,311	1.3	865.6	4.15	84.2	1,132	7.75	21.87	10.2	0.9	2.0
-41.00	-11.88	-47.78				96.2	117.3	198.3	41.5	0.83	0.03	102.0	0.98	-0.96	2.81	97.6	0.4	1.8
-10.71	-5.02	4.70				504.3	442.9	26.3	164.0	-11.1	-0.51	13.2	1.4	-2.75		-43.8	19.0	1.6
7.99	32.82	-5.75	10.69	1.04	7.9	287.9	353.6	34.9	-0.5	13.2	0.30	-40.5	27.3	6.58	6.06	44.2	9.5	1.4
6.51	20.91	-5.45	8.10	1.38	8.0	287.9	353.6	34.9	-0.5	13.2	0.30	-40.5	27.3	6.58	6.06	58.0	12.4	1.8
5.85	11.63	-25.34	13.78	0.48	4.2	963.4	--	372.9	-5.6	77.1	0.91	73.7	84.9		10.01	12.7	2.6	1.2
-4.17	15.21	4.92	6.67	3.80	3.0	19,783	33,335	2,771	4.8	504.9	3.19	-7.2	1,132	3.02	7.67	40.1	7.2	3.5
10.57	20.94	29.02	87.61			58,310	67,665	9,937	7.2	1,797	1.28	1,760.6	467.0	5.01	22.1	32.8	5.9	6.3
-32.29	-21.00	-68.40	-41.19			2.6	5.5	0.03	-22.0	-1.8	-0.02	68.4	-0.73	-58.02		-1.5	118.5	-0.5
-9.71	-6.14	-12.21	112.10			1,938	1,960	420.2	10.3	17.4	0.42	295.7	98.2	0.72	5.17	104.9	4.4	4.9
-2.08	-7.52	1.56	17.61	0.70	4.7	54.9	45.0	24.7	1.3	3.4	0.65	-6.4	3.7	7.63	13.55	22.5	3.1	3.1
8.26	23.27	23.88	77.86			10.4	14.4	28.6	8.6	0.07	0.02	-86.0	2.3	1.86	0.56	139.1	0.4	0.8
-7.92	3.78	-29.57	72.57			2,571	2,735	630.9	19.2	-134.8	-0.94	15.6	62.4	-12.35		-18.6	4.0	84.2
1.73	133.39	-43.68				31.1	32.1	36.9	33.8	-11.0	-1.09	-29.5	-1.2	-24.16		-2.7	0.8	7.0
-88.57	-68.15	-84.00	-96.27			0.21	4.7	1.3	-15.6	-0.76	-0.03	69.5	-1.2	-103.38		-0.2	0.1	0.0
0.82						248.7	247.8	--		0.98	0.03		-0.46			320.9		49.8
0.63	35.11	-19.78	55.51	0.25	0.9	3,043	7,664	2,848	18.8	119.1	1.04	-38.6	480.1	4.18	10.38	26.4	1.1	2.6
19.69	50.08	40.15	135.38	0.54	0.3	2,528	3,145	1,500	16.9	61.4	2.64	37.5	160.0	5.66	15.52	63.2	2.2	7.9
22.95	57.81	42.21	126.72	1.12	0.9	2,528	3,145	1,500	16.9	61.4	2.64	37.5	160.0	5.66	15.52	48.3	1.7	6.0
8.79	9.15	-22.07		1.18	7.8	1,593	2,141	120.1	11.0	139.7	1.33	404.4	168.8	7.52	41.38	11.4	13.3	21.2
-1.39	13.62	-2.77	53.65	0.41	5.9	141,990	211,083	295,313	17.7	9,848	0.49	121.3	24,523	3.74	9.78	14.1	0.5	1.4
-3.21	12.36	-3.52	50.71	2.44	5.9	141,990	211,083	295,313	17.7	9,848	0.49	121.3	24,523	3.74	9.78	85.2	2.9	8.3
-41.98	-29.14	-40.95	42.04	4.14	26.9	329.1	328.1	109.6	31.7	108.4	5.07	32.0	--	6,684.39	16,688.84	3.0	3.0	471.8
5.47	22.73	-3.57	92.86			6.2	6.1	3.4	11.0	0.33	0.42	227.9	-0.61	-2.95	8.47	16.1	2.4	1.8
-7.08	38.16	28.05	228.12			6.2	6.1	3.4	11.0	0.33	0.42	227.9	-0.61	-2.95	8.47	12.5	1.9	1.4
6.04	16.55	30.32	80.94	0.85	1.7	2,596	2,408	1,163	-0.2	129.6	2.43	58.0	150.7	9.37	16.62	20.3	2.3	3.2
-22.75	11.05	-9.77	-13.84	0.64	6.5	321.6	1,507	434.9	6.0	-3.7	-0.43	-177.6	66.2	1.16		-22.8	0.7	0.8
-15.74	-49.51	-58.61				23.7	23.5	12.1	44.1	-11.4	-0.38	61.7	-4.6			-0.8	1.3	1.4
-18.37	-45.21	-50.00				23.7	23.5	12.1	44.1	-11.4	-0.38	61.7	-4.6			-1.1	1.7	1.8

I. Index of Stocks — Summer 2019

Company Name	Stock Ticker Symbol	Traded On	Sector	Overall Rating	Recommendation	Reward Rating	Risk Rating	Recent Up/Downgrade	Stock Price as of 6/30/2019	52-Week High	52-Week Low	3-Year Beta	Growth	Efficiency	Solvency	Volatility	Dividend	Total Return
Braille Energy Systems Inc.	BES.V	TSXV	Consumer Discretn	E+	Sell	E+	D-	Up	0.02	0.13	0.02		W	V	G	W	–	V
Braingrid Limited	BGRDF	OTC PK	Information Tech	E-	Sell	D-	D-		0.07	0.15	0.04		W	W	G	W	–	V
Brainstorm Cell Therapeutics Inc.	BCLI	NAS CM	Health Care	D	Sell	D	D	Up	3.98	4.44	2.92	0.86	V	V	F	W	–	F
Brainsway Ltd.	BWAY	NAS	Health Care	U		U	U		10.26	12.39	8		U	U	U	U	U	U
Brainsway Ltd.	BRSYF	OTC PK	Health Care	D	Sell	D-	D	Up	5.10	6.85	4.52	-0.51	W	V	G	F	–	F
Brampton Brick Limited	BBLA.TO	TSX	Materials	C-	Hold	C	D		6.24	8.75	5.62	0.64	F	G	E	W	–	W
Brampton Brick Limited	BMPAF	OTC PK	Materials	C	Hold	C+	D	Up	4.75	6.54	4.66	-0.36	F	G	E	W	–	W
Brandywine Realty Trust	BDN	NYSE	Real Estate	C	Hold	B	D+		14.31	17.23	12.32	0.84	F	G	E	W	G	W
Brasilagro - Companhia Brasileira de Proprieda	LND	NYSE	Consumer Staples	C	Hold	B	C+	Down	4.22	4.52	3.3	0.32	F	E	E	F	–	F
Bravada Gold Corporation	BVA.V	TSXV	Materials	D+	Sell	C	D	Up	0.09	0.11	0.05	1.13	W	E	F	W	–	W
Bravada Gold Corporation	BGAVF	OTC PK	Materials	D+	Sell	C	D		0.07	0.09	0.04	1.02	W	E	F	W	–	W
Bravatek Solutions, Inc.	BVTK	OTC PK	Information Tech	D+	Sell	C	D	Up	0.33	15.00	0.26	-1.25	F	G	F	W	–	V
Braveheart Resources Inc.	BHT.V	TSXV	Materials	C	Hold	B	D+	Up	0.16	0.19	0.06	-1.39	F	G	E	W	–	E
Braveheart Resources Inc.	RIINF	OTC PK	Materials	C	Hold	B	D+	Up	0.12	0.12	0.05	-0.71	F	G	E	W	–	E
Bravern Ventures Ltd.	BAVH.V	TSXV	Materials	C-	Hold	C	D	Up	0.34	0.40	0.03	9.02	W	E	F	W	–	G
Bravern Ventures Ltd.	PCTZF	OTC PK	Materials	C	Hold	C	C-		0.03	0.03	0.03	0.16	W	E	F	G	–	G
Bravo Multinational Incorporated	BRVO	OTC PK	Industrials	D	Sell	C-	D		0.48	0.95	0.02	-0.95	F	W	F	W	–	F
BRF S.A.	BRFS	NYSE	Consumer Staples	D	Sell	D	D		7.51	8.12	4.65	0.93	W	W	F	W	–	W
BriaCell Therapeutics Corp.	BCT.V	TSXV	Health Care	D-	Sell	D-	D	Up	0.08	0.18	0.07	0.49	V	W	G	W	–	V
BriaCell Therapeutics Corp.	BCTXF	OTC PK	Health Care	D-	Sell	D-	D	Up	0.07	0.13	0.05	0.65	V	W	G	W	–	W
Bri-Chem Corp.	BRYFF	OTC PK	Industrials	D	Sell	D	D		0.12	0.34	0.1	0.01	W	G	E	W	–	W
Bri-Chem Corp.	BRY.TO	TSX	Industrials	D	Sell	D	D		0.13	0.45	0.12	0.51	W	G	E	W	–	W
Bricktown Restaurant Group, Inc.	BEER	NAS CM	Consumer Discretn	U		U	U						U	U	U	U	U	U
Bridge Bancorp, Inc.	BDGE	NAS GS	Financials	C	Hold	B-	D+		28.75	37.35	24.12	1.39	E	E	E	W	G	W
BridgeBio Pharma, Inc.	BBIO	NAS GS	Health Care	U		U	U		27.55	31.20	25.36		U	U	U	U	U	U
Bridgeline Digital, Inc.	BLIN	NAS CM	Information Tech	D	Sell	C-	E+	Up	2.37	187.50	2.25	2.97	V	G	G	V	–	V
Bridgemarq Real Estate Services Inc.	BRE.TO	TSX	Real Estate	C	Hold	C+	D+		15.01	20.15	12.36	0.39	W	E	G	F	E	W
Bridgemarq Real Estate Services Inc.	BREUF	OTC PK	Real Estate	C-	Hold	C+	D	Down	11.27	15.34	8.83	0.52	W	E	G	F	E	W
Bridgewater Bancshares, Inc.	BWB	NAS CM	Financials	D	Sell	C	D	Up	11.32	13.50	9.3		E	G	E	W	–	W
Bridgford Foods Corporation	BRID	NAS	Consumer Staples	C	Hold	B	C		29.49	32.76	12.56	1.02	F	E	E	F	–	E
Brigadier Gold Limited	BRGH.V	TSXV	Materials	D	Sell	D+	D	Down	0.15	0.25	0.05	0.81	W		G	W	–	W
Briggs & Stratton Corporation	BGG	NYSE	Industrials	D	Sell	C-	D	Down	9.94	21.40	9.35	1.61	W	F	G	W	G	V
Brigham Minerals, Inc.	MNRL	NYSE	Energy	U		U	U		21.03	22.46	18.61		U	U	U	U	U	U
Bright Horizons Family Solutions Inc.	BFAM	NYSE	Consumer Discretn	B	Buy	A	C		150.00	150.47	100.12	0.54	E	E	G	E	–	G
Bright Mountain Media, Inc.	BMTM	OTC PK	Communication Svc	D-	Sell	E+	D		1.75	3.25	0.4	-0.48	W	V	E	W	–	F
Bright Scholar Education Holdings Limited	BEDU	NYSE	Consumer Discretn	D+	Sell	C	D		9.98	17.24	8.83	1.50	E	G	E	W	–	W
Brightcove Inc.	BCOV	NAS GS	Information Tech	D	Sell	D+	D	Down	10.18	10.69	6.88	0.39	W	W	G	W	–	F
Brighthouse Financial, Inc.	BHF	NAS GS	Financials	D	Sell	D	D	Down	35.03	47.33	28.52		W	F	E	W	–	W
Brightlane Corp.	BTLN	OTC PK	Real Estate	D-	Sell	E+	D		0.24	1.25	0.04	1.47	W	V	F	W	–	W
BrightSphere Investment Group plc	BSIG	NYSE	Financials	C	Hold	B-	D+		11.11	14.87	10.04	1.83	G	E	E	W	G	W
BrightView Holdings, Inc.	BV	NYSE	Industrials	D	Sell	D+	D		18.68	23.42	9.05		W	F	E	W	–	W
Brilliance China Automotive Holdings Limited	BCAUY	OTC PK	Consumer Discretn	C-	Hold	C+	D	Up	10.98	17.92	6.89	2.44	F	E	G	W	W	W
Brinker International, Inc.	EAT	NYSE	Consumer Discretn	C	Hold	B-	D+	Down	39.04	53.61	36.82	0.60	F	E	G	W	G	W
Bristol-Myers Squibb Company	BMY	NYSE	Health Care	C-	Hold	C+	D	Down	45.10	63.69	44.3	0.71	E	E	E	W	G	W
Bristow Group Inc.	BRSWQ	OTC PK	Energy	D-	Sell	D	D-		0.12	15.12	0.06	1.94	W	W	G	W	–	V
British American Tobacco p.l.c.	BTAFF	OTC PK	Consumer Staples	C-	Hold	C+	D		36.10	55.40	30.86	0.99	F	E	G	W	E	W
British American Tobacco p.l.c.	BTI	NYSE	Consumer Staples	C-	Hold	C+	D		34.94	55.77	30.67	0.94	F	E	G	W	E	W
Brixmor Property Group Inc.	BRX	NYSE	Real Estate	C	Hold	B+	D		17.87	18.72	14.11	0.87	G	E	E	W	E	F
Brixton Metals Corporation	BBB.V	TSXV	Materials	D-	Sell	E+	D-		0.14	0.24	0.1	2.05	W	V	E	W	–	V
Brixton Metals Corporation	BBBXF	OTC PK	Materials	D-	Sell	E+	D		0.11	0.18	0.08	2.46	W	V	E	W	–	V
Broadcom Inc.	AVGO	NAS GS	Information Tech	C+	Hold	B	C	Down	285.71	323.20	197.46	0.82	F	E	G	G	G	F
Broadridge Financial Solutions, Inc.	BR	NYSE	Information Tech	B	Buy	A-	C	Up	128.70	138.24	91.34	0.72	E	E	E	F	F	F

*Ratings Factors: E=Excellent, G=Good, F=Fair, W=Weak, V=Very Weak, U=Unrated

Summer 2019 — I. Index of Stocks

3-Month Total Return (%)	6-Month Total Return (%)	1-Year Total Return (%)	3-Year Total Return (%)	Dividend $ TTM	Dividend Yield TTM	Market Cap. ($Mil)	Enterprise Value ($Mil)	Revenue ($Mil)	Revenue Growth (%)	Net Income ($Mil)	Earnings/Share $	EPS Growth (%)	Cash from Operations ($Mil)	Return on Assets (%)	Return on Equity (%)	Earnings (P/E) TTM	Sales (P/S) TTM	Book (P/B) Q
-42.86	-33.33					0.72	1.4	1.5		-2.1	-0.05	-301.6	-1.1			-0.4	0.6	1.0
-32.10						2.8	2.4	0.05	41.9	-2.3	-0.10	-14.5	-0.33			-0.7	42.6	8.1
-6.57	18.10	0.51	63.11			86.4	83.2	--		-16.7	-0.81	-180.6	-11.1	-98.08		-4.9		261.8
						114.2	109.3	16.4	47.1	-6.5	-0.42	10.6	-3.8	-12.63		-24.6	9.1	24.6
-20.31	-25.55	-4.85	58.39			114.2	109.3	16.4	47.1	-6.5	-0.42	10.6	-3.8	-12.63		-12.2	4.5	12.2
-2.35	-16.58	-22.00	-23.15			52.3	75.1	118.0	-4.9	7.7	0.68	30.5	11.0	3.5	6.26	9.1	0.6	0.6
-27.37	-27.37	-29.10	-20.94			52.3	75.1	118.0	-4.9	7.7	0.68	30.5	11.0	3.5	6.26	6.9	0.4	0.4
-8.81	13.63	-11.41	-0.12	0.74	5.2	2,521	4,631	539.0	3.3	96.0	0.53	-32.3	206.4	1.68	5.3	27.0	4.7	1.4
10.44	4.71	24.48	32.94	0.18	4.3	230.8	293.7	117.7	50.6	46.9	0.91	58.0	4.3	10.56	21.07	4.6	2.0	1.0
38.46	28.57	-5.26	-74.29			4.3	4.3	--		-0.74	-0.01	53.6	-0.31	-147.79		-6.3		-9.8
29.25	24.55	-6.04	-75.18			4.3	4.3	--		-0.74	-0.01	53.6	-0.31	-147.79		-4.8		-7.5
-35.41	-83.50	-97.64	-99.92			0.45	2.9	-0.96	-185.4	-7.2	-8.89	68.5	-0.28	-83.62		0.0	-3.5	-0.1
88.24	128.57	52.38	255.56			11.8	17.6	--		6.8	0.10	663.6	-2.3	-6.38	125.02	1.6		1.2
54.82	50.62	103.67	177.27			11.8	17.6	--		6.8	0.10	663.6	-2.3	-6.38	125.02	1.3		0.9
655.56	871.43	423.08	183.33			1.2	3.9	--		-0.98	-0.21	-6.4	-0.02	-1,225.00		-1.6		-0.2
23.08	23.08	23.08	23.08			1.2	3.9	--		-0.98	-0.21	-6.4	-0.02	-1,225.00		-0.1		0.0
-23.81	-4.42	336.36	-94.67			4.2	5.4	0.56	-71.0	-0.85	-0.15	84.1	0.17			-3.1	7.5	-2.9
29.04	33.16	60.47	-41.93			6,136	11,442	8,915	6.4	-1,416	-1.76	-420.2	-7.2	-3.57		-4.3	0.7	3.5
-27.27	0.00	-48.39	-52.94			12.0	12.1	--		-4.9	-0.03	-15.8	-3.6	-124.23		-2.4		-21.6
-23.76	29.62	-44.71	-51.86			12.0	12.1	--		-4.9	-0.03	-15.8	-3.6	-124.23		-2.0		-18.2
-26.57	-9.68	-55.68	-25.02			2.4	30.5	85.4	-7.1	-6.8	-0.29	-1,164.1	8.8	2.15		-0.4	0.0	0.2
-35.00	-23.53	-65.33	-31.58			2.4	30.5	85.4	-7.1	-6.8	-0.29	-1,164.1	8.8	2.15		-0.5	0.0	0.2
						40.0	51.7	6.8	-9.2	-0.53			-0.30					
-1.70	15.19	-18.35	12.86	0.92	3.2	561.7	--	147.6	9.1	40.1	2.00	67.7	55.4		8.92	14.4	3.8	1.2
						--	--	--		--			--					
-74.32	-83.61	-95.95	-99.18			2.3	0.64	10.5	-34.6	-23.6	-138.27	-462.1	-3.2	-14.39		0.0	0.1	-0.1
-10.52	13.44	-15.49	27.32	1.35	9.0	108.5	162.2	31.7	-8.1	7.2	-0.19	-122.1	12.8	13.83		-77.4	4.5	-5.0
-9.65	16.43	-16.88	25.43	1.02	9.0	108.5	162.2	31.7	-8.1	7.2	-0.19	-122.1	12.8	13.83		-58.1	3.4	-3.7
8.74	10.76	-11.08				340.4	--	62.9	17.6	28.0	0.91	22.6	34.6		12.99	12.5	5.5	1.5
25.92	50.84	117.00	135.17			267.7	274.1	181.6	5.5	7.6	0.84	-5.5	7.1	5.12	11.81	35.2	1.5	3.8
-18.92	0.00	-21.05	0.00			3.3	3.2	--		-0.53	-0.03	24.9	-0.56	-289.24		-4.8		35.7
-15.00	-23.29	-40.82	-45.17	0.56	5.6	418.1	808.0	1,866	0.7	-47.4	-1.15	-363.0	6.9	1.53		-8.6	0.2	0.8
						462.6	--	0.69	-48.8	0.53	0.02		0.00			865.4	667.6	7.8
18.95	34.66	47.02	132.59			8,713	10,499	1,941	8.9	162.7	2.75	8.4	296.0	5.4	20.67	54.5	4.5	10.4
-12.50	-41.47	143.06	105.88			113.8	113.6	2.1	89.9	-5.0	-0.10	-31.9	-4.0	-42.15		-18.4	51.6	32.5
-0.20	8.24	-37.39				1,242	897.1	288.0	37.7	42.2	0.33	6.6	83.2	6.19	12.88	29.9	4.3	3.0
20.90	43.99	5.49	20.33			385.2	375.5	165.5	3.7	-16.8	-0.46	4.4	1.9	-5.06		-22.0	2.3	5.5
-1.49	12.60	-12.84				4,057	9,142	7,724	0.5	195.0	1.56	291.5	3,147	0.06	1.39	22.5	0.5	0.3
20.00	60.00	-81.82	-76.00			9.5	11.2	0.10	-40.0	-0.52	-0.03	53.9	-0.47			-8.2	44.4	-4.4
-15.70	7.36	-19.92	-6.67	0.40	3.6	1,021	1,708	879.0	-6.4	131.8	1.28	262.9	-118.7	8.57	104.68	8.7	1.2	-34.7
25.88	91.39	-12.71				1,961	3,125	2,335	-0.1	-24.8	-0.25	-247.2	165.9	1.84		-74.8	0.8	1.6
11.36	53.14	-34.86	17.00	0.12	1.1	5,518	5,949	663.9	-15.4	888.8	0.18	37.3	-435.7	-1.14	18.57	62.4	83.5	12.3
-10.89	-8.83	-17.88	-3.80	1.52	3.9	1,464	2,679	3,201	2.3	151.9	3.79	36.0	197.3	11.24		10.3	0.5	-1.8
-4.90	-9.98	-15.94	-32.01	1.62	3.6	73,771	71,162	23,288	10.7	5,144	3.14	471.9	6,155	12.3	36.62	14.4	3.2	4.9
-89.64	-94.50	-99.19	-98.99			4.1	1,210	1,344	-1.7	-363.1	-10.17	-107.1	-79.1	-0.56		0.0	0.0	0.0
-9.70	11.04	-27.58	-39.08			79,757	136,921	32,667	28.9	8,031	3.50	-84.3	13,647	4.43	9.95	10.3	2.5	1.0
-15.24	9.27	-27.70	-35.38	2.57	7.4	79,757	136,921	32,667	28.9	8,031	3.50	-84.3	13,647	4.43	9.95	10.0	2.5	1.0
-1.81	25.13	8.01	-21.50	1.11	6.2	5,325	10,240	1,208	-5.2	368.2	1.22	28.6	514.1	3.28	13.02	14.7	4.4	1.9
-27.03	-10.00	-32.50	-81.25			9.5	7.5	--		-3.8	-0.05	29.6	-3.4	-32.22		-2.5		1.9
-18.12	8.00	-30.77	-79.66			9.5	7.5	--		-3.8	-0.05	29.6	-3.4	-32.22		-2.0		1.5
-3.55	14.77	20.98	106.34	9.70	3.4	113,734	145,954	21,813	11.0	3,473	8.11	-67.8	9,681	5.32	12.85	35.3	5.5	5.1
25.78	36.43	14.27	115.17	1.94	1.5	14,947	15,829	4,471	2.7	505.6	4.23	24.4	636.7	11.95	41.66	30.4	3.4	11.8

https://greyhouse.weissratings.com
Data as of June 30, 2019

I. Index of Stocks

Summer 2019

Company Name	Stock Ticker Symbol	Traded On	Sector	Overall Rating	Recommendation	Reward Rating	Risk Rating	Recent Up/Downgrade	Stock Price as of 6/30/2019	52-Week High	52-Week Low	3-Year Beta	Growth	Efficiency	Solvency	Volatility	Dividend	Total Return
BroadVision, Inc.	BVSN	NAS CM	Information Tech	E+	Sell	E+	E+		1.46	2.60	0.74	1.81	F	V	G	V	–	V
Broadway Financial Corporation	BYFC	NAS CM	Financials	C-	Hold	C	D	Up	1.47	2.25	0.95	1.28	F	G	E	W	–	W
Broadway Gold Mining Ltd.	BRD.V	TSXV	Materials	D	Sell	D-	D		0.08	0.18	0.06	0.62	W	W	E	W	–	W
Broadway Gold Mining Ltd.	BDWYF	OTC PK	Materials	D-	Sell	D-	D-		0.06	0.13	0.02	1.98	W	W	E	W	–	V
Broadwind Energy, Inc.	BWEN	NAS CM	Industrials	D	Sell	D	D	Up	2.00	2.58	1.15	1.49	W	W	F	W	–	W
Brockton Ventures Inc.	BROCP.V	TSXV	Financials	E	Sell	D-	D-	Up	0.07	0.20	0.07		W	V	E	W	–	V
Brookdale Senior Living Inc.	BKD	NYSE	Health Care	D	Sell	D	D-		6.91	10.10	5.97	1.59	W	W	F	W	–	V
Brookfield Asset Management Inc.	BAMA.TO	TSX	Financials	B+	Buy	B+	B		62.44	65.06	49.87	0.67	E	G	E	G	W	F
Brookfield Asset Management Inc.	BAM	NYSE	Financials	B+	Buy	A-	B	Down	47.67	48.74	36.58	0.95	E	G	E	G	W	F
Brookfield Business Partners L.P.	BBUUN.TO	TSX	Industrials	C	Hold	C	C-		51.36	59.66	40.56	1.05	F	F	F	F	W	F
Brookfield Business Partners L.P.	BBU	NYSE	Industrials	C	Hold	C	C		39.09	46.55	29.82	1.39	F	F	F	F	W	F
Brookfield Infrastructure Partners L.P.	BIPUN.TO	TSX	Utilities	C	Hold	B-	C-	Down	56.20	57.95	44.04	0.31	W	G	G	G	G	F
Brookfield Infrastructure Partners L.P.	BIP	NYSE	Utilities	C	Hold	B-	C-	Down	42.91	43.27	32.26	0.59	W	G	G	G	G	F
Brookfield Infrastructure Partners L.P.	BIPPRD.TO	TSX	Utilities	C-	Hold	C+	D		22.60	25.48	20.8	0.22	W	G	G	W	E	W
Brookfield Infrastructure Partners L.P.	BIPPRE.TO	TSX	Utilities	C-	Hold	C	D		21.50	25.55	19.9		W	G	G	W	E	W
Brookfield Infrastructure Partners L.P.	BIPPRA.TO	TSX	Utilities	C-	Hold	C+	D	Down	18.94	24.70	18	0.17	W	G	G	W	E	W
Brookfield Infrastructure Partners L.P.	BIPPRF.TO	TSX	Utilities	C-	Hold	C	D	Down	21.50	25.75	20.08		W	G	G	W	E	W
Brookfield Property Partners L.P.	BPY	NAS GS	Real Estate	C-	Hold	C	D+	Down	18.91	21.22	14.96	1.05	F	F	E	W	E	W
Brookfield Property Partners L.P.	BPYUN.TO	TSX	Real Estate	C	Hold	C	D+		24.80	28.49	20.41	0.75	F	F	E	W	G	W
Brookfield Property REIT Inc.	BPR	NAS GS	Real Estate	C-	Hold	B-	D-	Down	18.85	21.19	14.93		F	E	V	F	E	W
Brookfield Renewable Partners L.P.	BEPPRG.TO	TSX	Utilities	C	Hold	C+	D+		24.49	25.98	23.53	-0.07	F	G	G	F	E	W
Brookfield Renewable Partners L.P.	BEPPRM.TO	TSX	Utilities	C-	Hold	C+	D		21.30	25.17	19.3		F	G	G	W	E	W
Brookfield Renewable Partners L.P.	BEPPRK.TO	TSX	Utilities	C	Hold	C+	D	Up	21.66	25.41	20.56	0.23	F	G	G	W	E	W
Brookfield Renewable Partners L.P.	BEPPRO.TO	TSX	Utilities	C	Hold	C+	C-		24.91	25.05	24.29		F	G	G	F	E	W
Brookfield Renewable Partners L.P.	BEPPRI.TO	TSX	Utilities	C	Hold	C+	C-		25.47	26.30	24.15	0.09	F	G	G	F	E	W
Brookfield Renewable Partners L.P.	BEPUN.TO	TSX	Utilities	C	Hold	B-	D+		45.20	46.04	33.32	0.45	F	G	G	F	G	F
Brookfield Renewable Partners L.P.	BEP	NYSE	Utilities	C	Hold	B-	D+		34.56	34.71	24.51	0.72	F	G	G	E	E	F
Brookline Bancorp, Inc.	BRKL	NAS GS	Financials	C+	Hold	B	C-		14.94	19.15	12.84	0.84	E	E	E	F	G	F
Brooks Automation, Inc.	BRKS	NAS GS	Information Tech	C+	Hold	B+	D+	Down	38.64	42.17	23.02	2.02	G	E	E	F	W	E
Brown & Brown, Inc.	BRO	NYSE	Financials	A-	Buy	A-	B+	Up	33.15	33.46	25.72	0.61	E	E	G	G	W	G
Brown-Forman Corporation	BFA	NYSE	Consumer Staples	B-	Buy	B	C+	Up	54.83	57.34	44.42	0.74	G	E	E	F	W	F
Brown-Forman Corporation	BFB	NYSE	Consumer Staples	B-	Buy	B	C+	Up	55.28	57.98	44.57	0.63	G	E	E	F	W	F
Brownie's Marine Group, Inc.	BWMG	OTC PK	Consumer Discretn	D-	Sell	E+	D		0.02	0.03	0.01	5.68	W	V	F	W	–	F
BRP Inc.	DOO.TO	TSX	Consumer Discretn	C	Hold	B	D+		46.70	74.67	32.36	1.41	G	E	F	W	W	F
BRP Inc.	DOOO	NAS GS	Consumer Discretn	C+	Hold	B	D+		35.66	55.41	23.9	1.59	G	E	F	W	W	F
BRS Resources Ltd.	BRS.V	TSXV	Energy	D-	Sell	D-	D		0.04	0.05	0.03	-1.70	W	V	G	W	–	F
BRS Resources Ltd.	BRSOF	OTC PK	Energy	D-	Sell	D-	D	Down	0.00	0.03	0	0.61	W	V	G	W	–	V
BRT Apartments Corp.	BRT	NYSE	Real Estate	C	Hold	C	D+	Down	12.93	14.35	10.91	1.00	W	F	E	F	E	F
Bruker Corporation	BRKR	NAS GS	Health Care	B	Buy	A-	C		48.95	49.88	26.1	1.43	E	E	E	F	W	G
Brunswick Bancorp	BRBW	OTC PK	Financials	E	Sell	C+	C-		9.50	10.50	6.82	0.37	F	F	E	F	–	G
Brunswick Corporation	BC	NYSE	Consumer Discretn	C	Hold	B-	D		44.39	69.82	41.02	1.80	F	G	G	W	F	W
Brunswick Resources Inc.	BRU.V	TSXV	Materials	D+	Sell	C	D-	Down	0.03	0.05	0.02	-0.45	W	E	F	W	–	W
Bryn Mawr Bank Corporation	BMTC	NAS GS	Financials	C	Hold	B	D+		37.00	50.35	32.84	1.09	E	E	E	W	G	W
BSM Technologies Inc.	GPS.TO	TSX	Information Tech	D+	Sell	D+	D	Up	1.40	1.40	0.52	0.12	W	W	W	W	–	F
BSQUARE Corporation	BSQR	NAS	Information Tech	D-	Sell	D-	D-		1.18	2.95	1.18	1.49	W	V	G	W	–	V
BSR Real Estate Investment Trust	HOMU.TO	TSX	Real Estate	D	Sell	D-	C	Up	9.96	10.35	7.12		W	V	E	F	G	W
BSR Real Estate Investment Trust	BSRTF	OTC PK	Real Estate	D-	Sell	D-	C	Up	9.91	10.41	7.35		W	V	E	F	G	W
BT Group plc	BTGOF	OTC PK	Communication Svc	D+	Sell	C	D	Down	2.50	3.96	2.03	1.42	W	E	G	W	E	W
BT Group plc	BT	NYSE	Communication Svc	D+	Sell	C	D-		12.69	17.33	12.34	0.72	W	E	G	W	G	W
BTB Real Estate Investment Trust	BTBIF	OTC PK	Real Estate	C	Hold	B+	C		3.58	3.82	2.74	0.89	G	E	E	F	E	F
BTB Real Estate Investment Trust	BTBUN.TO	TSX	Real Estate	B	Buy	A-	B-	Up	4.71	4.94	4.03	0.46	G	E	E	G	E	F
BTCS Inc.	BTCS	OTC PK	Information Tech	D-	Sell	D-	D-		0.39	2.22	0.3	2.39	W	W	F	W	–	V

*Ratings Factors: E=Excellent, G=Good, F=Fair, W=Weak, V=Very Weak, U=Unrated

Summer 2019 — I. Index of Stocks

	TOTAL RETURNS %				DIVIDEND/YIELD		SIZE		REVENUE & INCOME				EARNINGS		EFFECTIVENESS			VALUATION		
3-Month Total Return (%)	6-Month Total Return (%)	1-Year Total Return (%)	3-Year Total Return (%)	Dividend $ TTM	Dividend Yield TTM	Market Cap. ($Mil)	Enterprise Value ($Mil)	Revenue ($Mil)	Revenue Growth (%)	Net Income ($Mil)	Earnings/Share $	EPS Growth (%)	Cash from Operations ($Mil)	Return on Assets (%)	Return on Equity (%)	Earnings (P/E) TTM	Sales (P/S) TTM	Book (P/B) Q
---	---	---	---	---	---	---	---	---	---	---	---	---	---	---	---	---	---	---
-16.57	37.74	-27.00	-77.61			7.4	4.1	4.5	-26.6	-4.9	-0.98	44.4	-5.6	-41.51		-1.5	1.6	3.5
11.36	34.86	-33.18	-22.22			40.1	--	12.7	-4.3	1.2	0.04	69.1	1.2		2.44	34.0	3.1	0.8
-16.67	0.00	-40.00	-25.00			2.8	2.5	--		-0.98	-0.03	20.0	-0.28	-13.95		-3.0		1.0
-21.77	0.17	-37.63				2.8	2.5	--		-0.98	-0.03	20.0	-0.28	-13.95		-2.4		0.8
18.34	67.06	-14.53	-51.22			32.0	76.7	137.1	13.6	-20.4	-1.32	-33.2	-6.1	-4.04		-1.5	0.2	0.8
-12.50	-36.36					0.13	-0.05	--		-0.09	-0.02		-0.05	-26.25		-2.9		1.0
4.38	1.47	-25.86	-53.84			1,287	7,035	3,421	-8.7	-113.7	-0.61	87.4	161.0	0.56		-11.3	0.4	1.4
0.14	21.16	19.30	54.62	0.62	1.0	45,451	233,274	61,275	25.3	3,342	3.18	41.6	5,483	2.9	7.66	19.6	1.0	2.3
2.71	26.36	20.83	53.39	0.62	1.3	45,451	233,274	61,275	25.3	3,342	3.18	41.6	5,483	2.9	7.66	15.0	0.8	1.7
-0.70	22.27	3.09	121.57	0.25	0.5	5,849	21,113	38,175	31.3	141.0	1.09	212.2	1,365	5.19	20.53	47.1	0.2	4.2
1.71	26.53	3.72	118.38	0.25	0.6	5,849	21,113	38,175	31.3	141.0	1.09	212.2	1,365	5.19	20.53	35.8	0.1	3.2
2.75	24.87	17.09	76.48	1.95	3.5	12,003	39,991	5,232	34.4	64.0	0.13	-68.2	1,457	2.66	4.31	431.6	3.0	3.4
5.35	30.07	18.67	75.44	1.95	4.5	12,003	39,991	5,232	34.4	64.0	0.13	-68.2	1,457	2.66	4.31	329.6	2.3	2.6
3.22	0.36	-4.65		1.25	5.5	12,003	39,991	5,232	34.4	64.0	0.13	-68.2	1,457	2.66	4.31	173.6	1.2	1.4
-0.99	0.15	-8.92		1.25	5.8	12,003	39,991	5,232	34.4	64.0	0.13	-68.2	1,457	2.66	4.31	165.1	1.1	1.3
-4.35	-2.58	-16.08	16.01	1.13	5.9	12,003	39,991	5,232	34.4	64.0	0.13	-68.2	1,457	2.66	4.31	145.5	1.0	1.1
-2.20	0.54			1.02	4.8	12,003	39,991	5,232	34.4	64.0	0.13	-68.2	1,457	2.66	4.31	165.1	1.1	1.3
-7.03	24.89	6.05	0.64	1.29	6.8	7,829	94,615	8,675	30.6	718.0	1.95	42.5	2,457	2.85	8.25	9.7	1.1	0.6
-9.21	20.05	5.07	1.46	1.29	5.2	7,829	94,615	8,675	30.6	718.0	1.95	42.5	2,457	2.85	8.25	12.7	1.5	0.8
-7.37	24.81			1.29	6.8	1,759	17,156	1,938	-23.2	4,058	27.66	4,289.3	329.1	1.96	73.72	0.7	0.8	4.3
0.95	1.13	0.34	20.05	1.38	5.6	10,716	30,836	3,014	10.0	116.0	0.37	476.4	1,152	2.09	2.97	65.6	2.5	1.0
2.68	4.39	-8.65		1.25	5.9	10,716	30,836	3,014	10.0	116.0	0.37	476.4	1,152	2.09	2.97	57.0	2.2	0.9
2.67	4.26	-9.29		1.25	5.8	10,716	30,836	3,014	10.0	116.0	0.37	476.4	1,152	2.09	2.97	58.0	2.2	0.9
3.00				0.20	0.8	10,716	30,836	3,014	10.0	116.0	0.37	476.4	1,152	2.09	2.97	66.7	2.6	1.0
2.03	5.47	4.83	19.15	1.44	5.6	10,716	30,836	3,014	10.0	116.0	0.37	476.4	1,152	2.09	2.97	68.2	2.6	1.0
8.45	34.04	22.13	42.22	2.01	4.5	10,716	30,836	3,014	10.0	116.0	0.37	476.4	1,152	2.09	2.97	121.1	4.7	1.8
11.38	39.78	23.71	41.62	2.01	5.8	10,716	30,836	3,014	10.0	116.0	0.37	476.4	1,152	2.09	2.97	92.6	3.6	1.4
3.63	10.16	-18.64	52.77	0.42	2.8	1,190	--	271.2	10.4	86.9	1.08	48.2	109.6		10.1	13.8	4.4	1.3
33.77	49.87	22.23	271.61	0.40	1.0	2,711	3,120	760.9	52.9	50.9	0.71	-57.7	72.8	2.95	3.48	54.4	3.7	3.7
13.00	22.61	21.54	92.03	0.32	1.0	9,350	10,711	2,127	11.2	367.3	1.30	-12.2	493.4	6.07	12.52	25.5	4.4	3.0
6.49	17.43	13.35	42.73	0.66	1.2	26,322	28,455	3,324	2.3	835.0	1.73	16.8	800.0	13.68	56.36	31.7	7.9	15.9
5.33	17.34	13.68	55.45	0.66	1.2	26,322	28,455	3,324	2.3	835.0	1.73	16.8	800.0	13.68	56.36	32.0	8.0	16.0
-4.49	87.12	-15.13	255.65			3.7	3.9	2.5	25.3	-1.3	-0.01	-280.7	-0.09	-39.22		-1.4	0.8	56.7
21.17	31.73	-26.81	139.04	0.38	0.8	3,431	4,468	4,129	14.2	180.7	1.84	-1.9	440.7	9.9		25.4	1.1	-16.4
24.45	37.94	-21.99	117.18	0.29	0.8	3,431	4,468	4,129	14.2	180.7	1.84	-1.9	440.7	9.9		19.4	0.8	-12.5
0.00	-12.50	-12.50	40.00			3.5	3.5	--		-0.66	-0.01	3.8	-0.19	-9.04		-6.9		3.5
-99.53	-99.46	-99.80	-99.38			3.5	3.5	--		-0.66	-0.01	3.8	-0.19	-9.04		0.0		0.0
-6.91	13.21	3.59	104.25	0.80	6.2	205.6	1,123	123.4	9.4	-4.0	-0.29	-112.3	34.8	0.74		-44.7	1.7	1.1
27.80	68.43	69.17	125.32	0.20	0.4	7,675	7,821	1,925	6.2	183.5	1.16	122.2	210.1	8.6	21.26	42.1	4.0	8.4
0.00	11.76	34.75	52.24			27.0	--	4.3		0.32	0.11		--			88.7	6.7	0.8
-10.80	-3.00	-28.27	6.75	0.82	1.9	3,865	5,097	5,224	6.9	156.1	1.78	4.9	324.7	8.07	10.23	25.0	0.7	2.5
0.00	-28.57	-44.44	25.00			0.76	0.80	0.00	-88.9	-0.02	0.00	44.4	0.02	-22.83		-50.0		-6.1
3.17	9.63	-18.79	41.81	1.00	2.7	745.4	--	213.4	15.6	59.2	2.92	85.9	81.0		10.68	12.7	3.5	1.3
56.74	86.00	4.89	32.86			85.6	82.9	46.6	-5.4	-15.4	-0.19	-630.7	4.5	-1.24		-7.3	2.4	2.3
-41.29	-31.40	-58.60	-77.65			15.1	2.0	67.8	-13.8	-14.1	-1.11	-18.8	-5.6	-17.71		-1.1	0.2	1.0
7.66	31.18	9.11		0.52	5.2	165.1	911.6	79.6	230.8	31.5	1.91		36.8	2.29	11.13	5.2	2.1	0.6
6.98	34.23			0.50	5.1	165.1	911.6	79.6	230.8	31.5	1.91		36.8	2.29	11.13	5.2	2.1	0.6
-15.25	-16.67	-14.97	-51.46			24,838	40,056	23,085	-26.7	2,070	0.21	-24.3	1,004			12.1	1.1	1.9
-15.17	-15.85	-5.83	-45.29	0.94	7.4	24,838	40,056	23,085	-26.7	2,070	0.21	-24.3	1,004			61.4	5.5	9.5
1.67	20.63	11.06	32.68	0.32	8.8	221.8	615.5	66.8	9.1	27.5	0.51	-3.4	33.7	3.3	13.24	7.1	3.0	0.9
-0.43	15.80	10.19	37.13	0.42	8.9	221.8	615.5	66.8	9.1	27.5	0.51	-3.4	33.7	3.3	13.24	9.3	3.9	1.2
-25.05	-23.73	-78.12	-98.20			5.4	5.6	--		-0.92	-0.08	96.5	-0.57	-266.81		-4.8		-18.0

I. Index of Stocks — Summer 2019

Company Name	Stock Ticker Symbol	Traded On	Sector	Overall Rating	Recommendation	Reward Rating	Risk Rating	Recent Up/Downgrade	Stock Price as of 6/30/2019	52-Week High	52-Week Low	3-Year Beta	Growth	Efficiency	Solvency	Volatility	Dividend	Total Return
BTU Metals Corp.	BTU.V	TSXV	Materials	D-	Sell	E+	D		0.15	0.18	0.04	-4.28	W	V	G	W	—	E
Buccaneer Gold Corp.	VRBRF	OTC PK	Materials	D	Sell	D	D	Down	0.03	0.07	0.03	-3.50	F	W	G	W	—	W
Buccaneer Gold Corp.	BGG.V	TSXV	Materials	D	Sell	D	D		0.03	0.09	0.03	0.32	F	W	G	W	—	W
Buckeye Partners, L.P.	BPL	NYSE	Energy	C-	Hold	C+	D-	Up	40.92	42.65	25.71	0.31	W	G	G	W	E	W
Buhler Industries Inc.	BUI.TO	TSX	Industrials	D	Sell	D	D		3.94	3.98	3.53	-0.10	W	W	G	W	—	W
Build-A-Bear Workshop, Inc.	BBW	NYSE	Consumer Discretn	D	Sell	D	D		5.48	9.35	3.75	1.14	W	W	G	W	—	W
Builders FirstSource, Inc.	BLDR	NAS GS	Industrials	C	Hold	B	D+		16.25	18.86	10.15	1.80	E	G	E	W	—	W
Bullfrog Gold Corp.	BFGC	OTC PK	Materials	D	Sell	C-	D		0.12	0.24	0.04	1.66	V	W	G	W	—	E
Bullion Gold Resources Corp.	BGDH.V	TSXV	Materials	D	Sell	D+	D-	Up	0.10	0.31	0.08	1.35	F	W	G	W	—	W
Bunge Limited	BG	NYSE	Consumer Staples	C	Hold	B-	D	Up	55.10	72.35	47.26	0.90	F	G	G	W	G	W
Bunzl plc	BZLFF	OTC PK	Industrials	C	Hold	B	C-		27.10	33.56	26.32	0.64	E	E	E	F	G	F
Bunzl plc	BZLFY	OTC PK	Industrials	C	Hold	B	C-	Down	27.23	33.85	25.95	0.58	E	E	E	F	G	W
Burcon Nutrascience Corporation	BU.TO	TSX	Materials	D	Sell	D	D	Up	0.71	1.87	0.13	-1.42	F	V	G	W	—	W
Burcon Nutrascience Corporation	BUROF	OTC PK	Materials	D	Sell	D	D	Up	0.53	1.26	0.09	-1.22	F	V	G	W	—	W
Burke & Herbert Bank & Trust Company	BHRB	OTC PK	Financials	C	Hold	B+	B-		2,667.00	2,990.00	2,575.01	0.16	G	G	E	G	G	F
Burlington Stores, Inc.	BURL	NYSE	Consumer Discretn	C+	Hold	B+	C-	Down	169.41	180.27	136.3	0.58	G	E	W	G	—	G
Burnham Holdings, Inc.	BURCA	OTC PK	Industrials	C-	Hold	C	D		15.00	15.75	13.59	0.28	W	G	E	F	E	W
Burnham Holdings, Inc.	BURCB	OTC PK	Industrials	D+	Sell	C	D		15.85	15.85	13	-0.52	W	G	E	W	G	W
Burzynski Research Institute, Inc.	BZYR	OTC PK	Health Care	D	Sell	C-	D-	Down	0.05	0.05	0.01	1.21	W	E	F	W	—	V
Business First Bancshares, Inc.	BFST	NAS GS	Financials	D	Sell	C+	C	Up	25.45	27.66	20.64		E	G	E	F	F	W
Butler National Corporation	BUKS	OTC PK	Industrials	B-	Buy	A-	C-		0.38	0.42	0.19	0.05	E	G	E	F	—	G
Butte Energy Inc.	BENH.V	TSXV	Energy	D+	Sell	C-	D	Up	0.10	0.10	0.04	0.06	F	W	F	W	—	F
Buzz Capital 2 Inc.	BUZHP.V	TSXV	Financials	E	Sell	D	D		0.12	0.25	0.12		F	W	E	W	—	W
Buzz Capital Inc.	BUZP.V	TSXV	Financials	D+	Sell	C	D-	Up	0.16	0.50	0.15		F	F	E	W	—	V
BV Financial, Inc.	BVFL	OTC PK	Financials	C-	Hold	C	C-	Down	14.75	15.75	8.71	0.77	F	F	E	G	—	F
BWR Exploration Inc.	BWR.V	TSXV	Materials	D	Sell	D+	D		0.04	0.06	0.03	1.65	F	W	G	W	—	W
BWX Technologies, Inc.	BWXT	NYSE	Industrials	C	Hold	B-	D+		51.44	67.42	35.91	1.32	E	E	E	W	W	F
Byline Bancorp, Inc.	BY	NYSE	Financials	C-	Hold	C	D	Up	19.06	24.20	15.39	1.01	E	G	E	W	—	W
C&F Financial Corporation	CFFI	NAS GS	Financials	C	Hold	B	D+		50.97	67.40	45.77	0.53	E	E	E	W	G	F
C&J Energy Services, Inc.	CJ	NYSE	Energy	D	Sell	D	D-	Up	12.25	24.82	10.52	1.41	F	W	E	W	—	V
C.H. Robinson Worldwide, Inc.	CHRW	NAS GS	Industrials	B-	Buy	B	C		84.17	101.20	77.72	0.71	E	E	E	F	F	F
Cable ONE, Inc.	CABO	NYSE	Communication Svc	B	Buy	A	C		1,143.49	1,192.79	704.61	0.45	E	E	E	G	W	E
Cabo Drilling Corp.	CBEEF	OTC PK	Materials	E+	Sell	E+	D-	Down	0.00	0.03	0	-1.98	W	V	F	W	—	V
Cabo Drilling Corp.	CBE.V	TSXV	Materials	D-	Sell	E+	D		0.02	0.04	0.01	0.90	W	V	F	W	—	G
Cabot Corporation	CBT	NYSE	Materials	C-	Hold	B-	D		46.09	67.80	39.57	1.76	F	G	G	W	G	W
Cabot Microelectronics Corporation	CCMP	NAS GS	Information Tech	B	Buy	A-	C		111.62	129.94	82.24	1.64	E	E	E	F	F	F
Cabot Oil & Gas Corporation	COG	NYSE	Energy	C+	Hold	B+	C-	Down	22.66	27.65	20.95	0.40	E	G	E	F	W	F
Cabral Gold Inc.	CBR.V	TSXV	Materials	E+	Sell	E	D	Down	0.17	0.33	0.1		V	V	G	W	—	V
Cabral Gold Inc.	CBGZF	OTC PK	Materials	E+	Sell	E	D-	Down	0.11	0.25	0.1		V	V	G	W	—	V
Cache Exploration Inc.	CEXPF	OTC PK	Materials	D-	Sell	E+	D		0.04	0.05	0.01	1.55	F	V	F	W	—	W
Cache Exploration Inc.	CAY.V	TSXV	Materials	D-	Sell	E+	D		0.05	0.07	0.03	0.27	F	V	F	W	—	F
CACI International Inc	CACI	NYSE	Information Tech	B	Buy	A-	C+	Up	205.49	212.85	138.39	0.95	E	E	E	F	—	G
Cactus, Inc.	WHD	NYSE	Energy	E+	Sell	B	B		31.82	40.97	24.6		E	G	E	G	—	F
Cadence Bancorporation	CADE	NYSE	Financials	C	Hold	B-	D	Up	20.54	29.97	16.13	1.80	F	E	E	W	G	W
Cadence Design Systems, Inc.	CDNS	NAS GS	Information Tech	B	Buy	A+	C		70.17	73.09	39.08	1.22	E	E	E	G	—	E
Cadillac Ventures Inc.	CDC.V	TSXV	Materials	D	Sell	D	D-		0.01	0.04	0.01	-3.65	W	W	G	W	—	W
Cadillac Ventures Inc.	CADIF	OTC PK	Materials	D	Sell	D	D	Down	0.01	0.02	0.01	9.27	W	W	G	W	—	W
Cadiz Inc.	CDZI	NAS	Utilities	D	Sell	D	D		10.94	13.55	8.53	0.59	F	V	G	W	—	W
CAE Inc.	CAE	NYSE	Industrials	A-	Buy	A	B		26.54	27.42	16.96	0.80	E	E	G	W	G	G
CAE Inc.	CAE.TO	TSX	Industrials	B	Buy	A	C+		34.77	36.86	22.1	0.50	E	E	G	W	G	G
Caesars Entertainment Corporation	CZR	NAS GS	Consumer Discretn	D	Sell	D	D		11.66	11.90	5.84	2.30	W	W	G	W	—	W
Caesarstone Ltd.	CSTE	NAS GS	Industrials	U		U	U		14.69	21.80	12.49	1.15	U	U	U	U	U	U

*Ratings Factors: E=Excellent, G=Good, F=Fair, W=Weak, V=Very Weak, U=Unrated

I. Index of Stocks

Summer 2019

TOTAL RETURNS %				DIVIDEND/YIELD		SIZE		REVENUE & INCOME			EARNINGS		EFFECTIVENESS			VALUATION		
3-Month Total Return (%)	6-Month Total Return (%)	1-Year Total Return (%)	3-Year Total Return (%)	Dividend $ TTM	Dividend Yield TTM	Market Cap. ($Mil)	Enterprise Value ($Mil)	Revenue ($Mil)	Revenue Growth (%)	Net Income ($Mil)	Earnings/ Share $	EPS Growth (%)	Cash from Operations ($Mil)	Return on Assets (%)	Return on Equity (%)	Earnings (P/E) TTM	Sales (P/S) TTM	Book (P/B) Q
36.36	76.47	200.00	275.00			7.6	7.5	--		-0.42	-0.01	82.1	-0.18	-27.45		-14.0		6.3
0.00	0.00	-63.63				1.0	0.70	--		-0.06	0.00	51.3	-0.06	-11.27		-17.4		3.4
0.00	0.00	-68.75	-28.57			1.0	0.70	--		-0.06	0.00	51.3	-0.06	-11.27		-13.2		2.6
22.34	53.50	29.25	-22.36	3.51	8.6	6,573	10,555	3,954	2.4	-90.6	-0.62	-119.6	677.9	3.84		-65.7	1.6	1.5
9.14	2.07	7.95	-19.59			75.0	105.4	207.8	-15.8	-26.5	-1.06	-267.0	-13.4	-6.98		-3.7	0.5	1.0
-10.16	41.24	-27.70	-57.98			80.5	228.5	337.8	-4.8	-17.1	-1.18	-18.6	13.4	-2.53		-4.6	0.2	0.9
23.29	48.54	-10.27	52.15			1,879	3,720	7,656	6.3	217.7	1.88	281.3	467.2	7.7	42.13	8.7	0.3	3.0
-8.33	157.45	27.37	86.15			15.5	14.9	--		-0.79	-0.01	45.6	-0.59	-69.72		-16.4		43.2
-26.92	-9.52	-76.25	18.75			1.5	1.2	--		-0.22	-0.01	59.6	-0.20	-68.07		-8.4		11.1
6.56	5.94	-17.99	3.18	2.00	3.6	7,795	15,235	45,040	-0.6	333.0	2.02	407.8	-124.0	2.85	4.75	27.3	0.2	1.4
-18.48	-9.69	-9.53	-3.04			8,962	10,728	12,113	9.4	435.0	1.30	7.4	638.5	5.91	21.13	20.8	0.8	4.2
-18.04	-10.55	-8.87	0.32	0.58	2.1	8,962	10,728	12,113	9.4	435.0	1.30	7.4	638.5	5.91	21.13	20.9	0.8	4.2
100.00	255.00	39.22	-68.44			47.7	49.0	0.03	-28.5	-3.8	-0.09	22.1	-3.4	-71.54		-8.0	1,183.3	-53.4
98.47	308.54	42.69	-69.48			47.7	49.0	0.03	-28.5	-3.8	-0.09	22.1	-3.4	-71.54		-6.0	885.2	-39.9
-8.00	-7.94	-3.39	53.37	82.00	3.1	499.8	--	109.1	2.3	28.7	150.61	6.4	--		8.55	17.7	4.7	1.5
10.22	7.08	11.47	167.67			11,243	14,603	6,768	7.9	409.9	6.00	0.2	633.6	8.8	210.31	28.3	1.7	40.0
1.49	6.54	5.32	8.78	0.88	5.9	69.5	85.7	154.9	-14.2	-0.15	-0.06	-120.4	9.0			-238.5	0.4	0.9
0.00	0.00	3.46	-10.79	0.88	5.6	69.5	85.7	154.9	-14.2	-0.15	-0.06	-120.4	9.0			-252.0	0.5	0.9
147.37	88.00	32.39	-37.42			6.2	6.2	--		-1.6	-0.01	-0.8	-0.48	-4,006.12		-3.8		-33.6
3.04	7.58	-3.30		0.34	1.3	340.0	--	72.3	44.6	16.6	1.34	88.2	23.8		7.41	19.0	4.8	1.3
18.75	15.15	83.13	120.93			26.2	27.2	57.4	17.4	3.6	0.05	258.8	10.8	7.66	17.16	6.9	0.4	0.9
0.00	0.00	35.71	58.33			21.8	22.0	--		-0.17	0.00	97.5	-0.05	-62.13		-190.0		-118.8
-22.58	-33.33					0.39	--	--		-0.13	-0.03		-0.08			-4.2		1.5
-24.39	-29.55	-77.86				0.50	0.50	--		0.14	0.01	130.6	0.15	-3.1	33.01	12.7		1.4
1.72	6.12	35.73	129.70	0.15	1.0	104.6	--	6.3	3.7	0.09	0.03	-87.7	--		0.42	558.7	7.0	2.0
-20.00	33.33	-11.11	-11.11			2.1	1.9	--		-0.39	-0.01	54.6	-0.32	-102.9		-6.8		-57.1
4.47	40.30	-15.75	52.43	0.66	1.3	4,895	5,749	1,759	2.4	209.5	2.11	34.7	170.2	9.4	71.41	24.3	2.8	20.2
2.25	14.89	-15.29				724.5	--	229.5	43.1	47.0	1.26	293.4	63.4		8.31	15.1	3.1	1.1
-1.20	-4.84	-18.48	28.64	1.47	2.9	176.9	--	97.3	5.2	17.9	5.11	132.1	36.8		12.03	10.0	1.8	1.2
-23.68	-9.06	-48.42				797.0	732.5	2,180	16.1	-174.2	-2.65	24.0	311.1	0.11		-4.6	0.4	0.7
-1.84	2.35	3.05	22.78	1.96	2.3	11,494	12,655	16,457	7.0	684.0	4.88	31.2	849.3	13.12	43.61	17.2	0.7	7.0
16.18	40.61	56.20	140.57	8.00	0.7	6,517	7,755	1,085	6.6	162.8	28.46	-32.9	417.5	7.46	22.17	40.2	6.0	8.5
0.00	-98.96	-98.57	-98.08			1.1	4.2	7.8	-9.1	-4.2	-0.05	-76.0	-0.01	-11.95		0.0	0.0	0.0
0.00	0.00	50.00	50.00			1.1	4.2	7.8	-9.1	-4.2	-0.05	-76.0	-0.01	-11.95		-0.3	0.2	1.0
13.07	10.13	-22.85	15.08	1.34	2.9	2,695	3,900	3,369	13.6	274.0	4.44	251.9	268.0	7.42	23.84	10.4	0.8	2.4
2.84	19.13	6.79	181.16	1.64	1.5	3,244	4,060	794.3	45.0	124.0	4.58	62.8	155.3	8.19	14.92	24.4	4.1	3.2
-13.73	-0.65	-3.12	-10.63	0.29	1.3	9,592	10,538	2,309	33.5	702.6	1.62	582.0	1,417	12.73	29.72	14.0	4.2	4.1
-17.07	-10.53	-24.44				5.0	4.6	--		-3.0	-0.09	-15.5	-2.8	-60.16		-1.9		3.2
-25.33	-18.25	-35.52				5.0	4.6	--		-3.0	-0.09	-15.5	-2.8	-60.16		-1.3		2.1
56.65	100.48	29.14	5.91			2.4	2.4	--		-0.74	-0.01	54.3	-0.36	-34.31		-3.4		3.3
11.11	42.86	11.11	-23.08			2.4	2.4	--		-0.74	-0.01	54.3	-0.36	-34.31		-4.1		3.9
12.57	42.76	22.28	130.76			5,111	6,774	4,783	7.8	267.4	10.55	-9.4	523.5	5.18	12.18	19.5	1.1	2.2
-11.46	16.69	-6.33				1,489	1,588	587.9	47.8	74.7	2.01	-99.9	162.9	21.68	53.54	15.8	4.1	5.5
11.29	23.92	-26.17		0.65	3.2	2,644	--	545.9	25.5	185.6	1.96	43.2	33.4		10.14	10.5	4.9	1.2
12.00	61.91	62.81	197.33			19,720	19,682	2,197	10.8	393.4	1.40	87.4	632.5	11.21	31.37	50.1	9.0	14.4
-50.00	-60.00	-66.67	-75.00			0.69	0.23	--		-0.10	0.00	82.0	-0.07	-1.31		-6.3		0.1
-64.00	20.00	-71.31	-32.08			0.69	0.23	--		-0.10	0.00	82.0	-0.07	-1.31		-4.5		0.0
13.96	6.01	-15.85	97.83			294.7	430.0	0.44	0.9	-27.6	-1.12	22.0	-12.3	-10.61		-9.8	628.7	-3.5
20.01	46.70	32.32	133.83	0.40	1.5	7,053	8,547	2,516	14.2	251.0	0.94	-5.2	401.7	4.09	14.43	28.2	2.8	4.0
17.14	40.82	30.84	135.12	0.40	1.2	7,053	8,547	2,516	14.2	251.0	0.94	-5.2	401.7	4.09	14.43	37.0	3.7	5.3
33.87	75.87	10.00	47.41			7,308	25,375	8,332	44.3	120.0	0.15	101.5	1,019	2.59	3.74	79.8	0.9	2.6
-6.91	10.87	-0.63	-54.09	0.53	3.6	504.9	491.2	278.9	-52.6	2.9	0.09	-87.7	15.2			164.9	1.8	1.1

https://greyhouse.weissratings.com

Data as of June 30, 2019

I. Index of Stocks

Summer 2019

Company Name	Stock Ticker Symbol	Traded On	Sector	Overall Rating	Recommendation	Reward Rating	Risk Rating	Recent Up/Downgrade	Stock Price as of 6/30/2019	52-Week High	52-Week Low	3-Year Beta	Growth	Efficiency	Solvency	Volatility	Dividend	Total Return
CAI International, Inc.	CAI	NYSE	Industrials	B-	Buy	A-	D+	Up	24.79	27.43	19.58	1.11	E	G	G	W	–	F
Cairo Resources Inc.	QAIH.V	TSXV	Financials	D	Sell	D	D-	Up	0.30	0.42	0.24	1.05	V	W	E	W	–	F
CaiTerra International Energy Corporation	CTIH.V	TSXV	Energy	D-	Sell	E+	D		0.01	0.02	0.01	0.98	W	V	F	W	–	W
Caladrius Biosciences, Inc.	CLBS	NAS CM	Health Care	D-	Sell	E+	D		2.25	6.84	2.18	1.14	W	V	E	W	–	W
CalAmp Corp.	CAMP	NAS GS	Information Tech	D+	Sell	C	D	Up	10.40	24.52	9.95	2.18	F	F	E	W	–	W
Calavo Growers, Inc.	CVGW	NAS GS	Consumer Staples	C+	Hold	B	D+	Up	96.26	108.00	67.52	1.28	E	E	E	F	–	F
Caledonia Mining Corporation Plc	CAL.TO	TSX	Materials	C-	Hold	B-	D+	Up	7.58	12.26	6.63		E	E	E	W	G	W
Caledonia Mining Corporation Plc	CMCL	AMEX	Materials	C-	Hold	B-	D+	Down	5.87	9.48	5.01		E	E	E	W	G	W
Caleres, Inc.	CAL	NYSE	Consumer Discretn	D+	Sell	C	D-	Down	19.88	41.09	18	1.18	F	G	G	W	W	W
CalEthos, Inc.	BUUZ	OTC PK	Real Estate	D	Sell	D	D	Down	1.60	5.25	0.18	-0.83	W	W	F	W	–	W
Calfrac Well Services Ltd.	CFWFF	OTC PK	Energy	D	Sell	D	D		1.68	4.47	1.3	1.74	W	W	E	W	–	W
Calfrac Well Services Ltd.	CFW.TO	TSX	Energy	D	Sell	D	D		2.12	5.95	1.69	1.47	W	W	G	W	–	W
Calian Group Ltd.	CGY.TO	TSX	Industrials	C	Hold	A-	C+		33.80	34.95	25.76	0.57	E	E	E	F	G	F
Calian Group Ltd.	CLNFF	OTC PK	Industrials	C	Hold	B+	C	Up	23.06	23.90	19.84	0.47	E	E	E	F	G	F
Calibre Mining Corp.	CXBMF	OTC PK	Materials	D	Sell	D	D-		0.44	0.58	0.05	4.51	W	W	E	W	–	V
Calibre Mining Corp.	CXB.V	TSXV	Materials	D	Sell	D	D-		0.61	0.75	0.3	2.50	W	W	E	W	–	W
Califfi Capital Corp.	CFIP.V	TSXV	Financials	D-	Sell	D-	D	Down	0.15	0.21	0.15		V	W	E	W	–	W
California BanCorp	CALB	OTC PK	Financials	C-	Hold	B-	D+	Up	19.50	22.85	16.6		E	G	E	W	–	W
California Nanotechnologies Corp.	CNO.V	TSXV	Materials	C-	Hold	C	D+		0.06	0.13	0.04	0.33	G	W	F	W	–	W
California Nanotechnologies Corp.	CANOF	OTC PK	Materials	C	Hold	C	D+	Up	0.04	0.08	0.03	-0.77	G	W	F	W	–	F
California Resources Corporation	CRC	NYSE	Energy	C	Hold	B	D+		19.66	50.34	13.48	3.11	F	F	W	W	–	F
California Water Service Group	CWT	NYSE	Utilities	C+	Hold	B-	C	Down	49.59	55.05	38.75	0.28	F	E	G	G	F	F
Calithera Biosciences, Inc.	CALA	NAS GS	Health Care	D	Sell	D-	D	Up	3.82	6.90	3.43	1.35	V	V	E	W	–	W
Calix, Inc.	CALX	NYSE	Information Tech	D	Sell	D	D		6.57	11.30	5.97	0.95	W	W	G	W	–	W
Callaway Golf Company	ELY	NYSE	Consumer Discretn	C+	Hold	B	C-		17.26	24.67	14.44	1.28	E	G	G	F	W	F
Callidus Capital Corporation	CCAOF	OTC PK	Financials	D-	Sell	D	D-		0.33	4.12	0.33	-0.60	F	V	W	W	–	V
Callidus Capital Corporation	CBL.TO	TSX	Financials	D-	Sell	D	D-		0.50	5.58	0.43	-1.34	F	V	W	W	–	V
Callinex Mines Inc.	CNX.V	TSXV	Materials	D	Sell	D	D-	Up	0.06	0.24	0.05	0.61	F	W	E	W	–	V
Callinex Mines Inc.	CLLXF	OTC PK	Materials	D	Sell	D	D-	Up	0.04	0.19	0.03	0.90	F	W	E	W	–	V
Callon Petroleum Company	CPE	NYSE	Energy	D+	Sell	C	D	Down	6.37	13.09	5.57	1.47	E	G	G	W	–	W
Cal-Maine Foods, Inc.	CALM	NAS GS	Consumer Staples	C	Hold	B	D+		41.66	51.55	36.65	0.51	F	G	E	W	G	W
Calumet Specialty Products Partners, L.P.	CLMT	NAS GS	Energy	D	Sell	C-	D		4.33	7.95	1.99	1.66	F	W	W	W	–	W
Calyx Ventures Inc.	CLYXF	OTC PK	Information Tech	D	Sell	D	D	Up	0.02	0.06	0.02	-629.88	W	W	F	W	–	W
Calyx Ventures Inc.	CYX.V	TSXV	Information Tech	D	Sell	D	D-	Up	0.02	0.10	0.02	0.68	W	W	F	W	–	W
Calyxt, Inc.	CLXT	NAS	Health Care	D	Sell	D-	D		12.90	20.05	8.83		F	V	E	W	–	W
Camber Energy, Inc.	CEI	AMEX	Energy	D	Sell	C-	E+		0.16	45.00	0.15	2.05	W	G	G	V	–	V
Cambium Networks Corporation	CMBM	NAS	Information Tech	U	U		U		9.50	10.50	9.25		U	U	U	U	U	U
Cambrex Corporation	CBM	NYSE	Health Care	C-	Hold	C+	D		46.26	69.43	33.8	2.22	F	E	E	W	–	W
Cambridge Bancorp	CATC	NAS CM	Financials	C	Hold	B+	C		80.12	95.06	71.35	0.05	G	E	E	F	G	F
Camden National Corporation	CAC	NAS GS	Financials	B	Buy	B+	C+	Up	45.08	47.34	33.49	0.99	E	E	E	F	G	F
Camden Property Trust	CPT	NYSE	Real Estate	C+	Hold	B	C		103.65	108.22	83.67	0.45	F	E	E	G	G	F
Cameco Corporation	CCO.TO	TSX	Energy	D+	Sell	C-	D+	Down	13.71	17.12	12.31	0.28	W	F	E	F	–	F
Cameco Corporation	CCJ	NYSE	Energy	C-	Hold	C-	D+	Down	10.45	13.04	9.39	0.57	W	F	E	F	–	F
Cameo Industries Corp.	CRU.V	TSXV	Materials	D	Sell	D-	D	Up	0.06	0.32	0.05	1.82	W	V	E	W	–	V
Cameo Industries Corp.	CRUUF	OTC PK	Materials	D	Sell	D-	D	Up	0.04	0.31	0.03	2.38	W	V	E	W	–	V
Camino Minerals Corporation	COR.V	TSXV	Materials	D	Sell	D	D		0.15	0.20	0.09	3.01	F	W	E	W	–	W
Camino Minerals Corporation	CAMZF	OTC PK	Materials	D	Sell	D	D		0.10	0.15	0.07	1.94	F	W	E	W	–	W
Campbell Soup Company	CPB	NYSE	Consumer Staples	C	Hold	B-	D	Up	39.75	43.98	32.04	0.79	F	G	F	W	G	W
Camping World Holdings, Inc.	CWH	NYSE	Consumer Discretn	D+	Sell	C	E+		12.33	27.17	10.12	2.93	G	G	V	W	G	V
Camrova Resources Inc.	CAV.V	TSXV	Materials	D+	Sell	C	D-		0.07	0.10	0.06	0.61	W	G	G	W	–	V
Camrova Resources Inc.	BAJFF	OTC PK	Materials	D	Sell	C-	D-	Up	0.00	0.08	0	1.48	W	G	G	W	–	V
Camtek Ltd.	CAMT	NAS	Information Tech	B-	Buy	B+	C	Up	8.43	11.25	6.29	2.21	E	E	E	F	–	G

*Ratings Factors: E=Excellent, G=Good, F=Fair, W=Weak, V=Very Weak, U=Unrated

Summer 2019 — I. Index of Stocks

3-Month Total Return (%)	6-Month Total Return (%)	1-Year Total Return (%)	3-Year Total Return (%)	Dividend $ TTM	Dividend Yield TTM	Market Cap. ($Mil)	Enterprise Value ($Mil)	Revenue ($Mil)	Revenue Growth (%)	Net Income ($Mil)	Earnings/Share $	EPS Growth (%)	Cash from Operations ($Mil)	Return on Assets (%)	Return on Equity (%)	Earnings (P/E) TTM	Sales (P/S) TTM	Book (P/B) Q
8.40	10.47	9.88	248.17			436.9	2,581	447.8	23.6	80.0	3.77	-10.2	194.9	3.85	12.06	6.6	1.0	0.7
0.00	11.11	-23.08	0.00			0.36	0.33	--		-0.05	-0.03	-53.9	-0.04	-59.74		-8.9		47.6
0.00	-50.00	-66.67	-50.00			0.28	0.76	--		-0.38	-0.01	-36.8	-0.03	-24.64		-1.0		-2.8
-37.15	-36.44	-65.22	-55.18			23.4	-14.0	--		-15.6	-1.59	-150.6	-19.2	-20.94		-1.4		0.7
-17.00	-20.61	-54.02	-26.19			349.5	351.4	363.8	-0.6	18.4	0.51	12.9	47.7	2.17	0.59	20.2	1.0	1.7
13.72	31.65	2.26	52.62	1.00	1.0	1,694	1,719	1,121	2.7	31.9	1.81	-21.2	53.8	10.27	11.43	53.2	1.5	5.9
-1.91	10.04	-29.10		0.28	3.6	62.2	64.2	62.9	-7.2	16.9	1.54	68.5	16.9	9.52	25.77	4.9	1.3	1.1
-0.70	13.27	-27.46		0.28	4.7	62.2	64.2	62.9	-7.2	16.9	1.54	68.5	16.9	9.52	25.77	3.8	1.0	0.8
-19.23	-28.90	-42.95	-10.68	0.28	1.4	839.4	2,120	2,880	3.4	-13.6	-0.35	-117.1	128.2	4.49		-56.0	0.3	1.3
6.67	-10.11	82.86	-9.99			26.6	26.5	--		-0.40	-0.16	-232.3	-0.16	-235.69		-9.7		-640.0
-32.53	-1.75	-59.71	-38.42			233.5	943.1	1,639	13.6	-44.0	-0.31	-302.1	201.6	3.61		-5.4	0.2	0.7
-35.56	-9.40	-61.45	-39.60			233.5	943.1	1,639	13.6	-44.0	-0.31	-302.1	201.6	3.61		-6.8	0.2	0.9
6.24	19.26	11.45	96.10	1.12	3.3	202.9	194.7	240.4	5.0	11.7	1.50	-6.4	15.2	8.79	15.48	22.5	1.1	3.4
0.00	18.69	-0.36	70.16	0.84	3.7	202.9	194.7	240.4	5.0	11.7	1.50	-6.4	15.2	8.79	15.48	15.4	0.8	2.3
15.84	63.04	-0.18	-61.39			20.8	18.4	--		-1.1	-0.03	18.8	-0.73	-3.17		-14.4		0.8
22.00	67.12	10.91	-57.93			20.8	18.4	--		-1.1	-0.03	18.8	-0.73	-3.17		-19.9		1.1
0.00	-11.76	-28.57				0.59	0.05	--		-0.08	-0.02	49.0	-0.08	-8.48		-9.4		1.5
0.00	12.07	-9.93				156.9	--	33.9	15.4	5.9	0.87	-8.3	--		7.08	22.4	3.9	1.5
-29.41	20.00	-7.69	20.00			2.5	4.3	0.79	82.8	0.04	0.00	113.3	0.16	0.92		54.6	2.4	-1.7
-26.50	-5.78	-14.58	-38.20			2.5	4.3	0.79	82.8	0.04	0.00	113.3	0.16	0.92		35.0	1.5	-1.1
-23.68	15.85	-56.18	63.02			959.4	7,115	3,195	43.6	263.0	5.21	169.2	419.0	5.12	137.48	3.8	0.3	-2.3
-8.02	5.99	28.79	54.00	0.77	1.6	2,387	3,282	692.1	0.5	60.5	1.26	-14.6	170.9	2.47	8.67	39.5	3.5	3.3
-41.41	-0.78	-27.24	-3.78			204.8	97.1	17.1	-36.7	-65.1	-1.72	-72.9	-70.5	-27.32		-2.2	8.7	1.4
-14.90	-29.35	-15.23	0.92			356.7	364.8	431.3	-12.4	-17.3	-0.33	73.3	9.0	-3.43		-20.2	0.8	2.4
8.55	13.11	-10.05	77.78	0.04	0.2	1,623	2,377	1,356	18.6	90.5	0.93	15.3	81.0	5.16	12.57	18.6	1.2	2.2
-72.44	-73.53	-91.88	-96.46	0.94	284.8	21.5	--	202.3	645.4	-153.2	-2.71	20.6	-50.6			-0.1	0.1	0.7
-67.65	-75.50	-90.78	-96.09	1.20	242.4	21.5	--	202.3	645.4	-153.2	-2.71	20.6	-50.6			-0.2	0.1	1.0
-35.29	-35.29	-76.09	-85.14			3.6	1.7	--		-1.7	-0.02	32.6	-0.83	-5.78		-2.8		0.3
-40.77	-34.86	-77.99	-87.28			3.6	1.7	--		-1.7	-0.02	32.6	-0.83	-5.78		-1.9		0.2
-16.73	-0.78	-41.61	-42.30			1,452	2,802	575.1	48.4	225.1	0.97	62.2	450.0	4.18	10.37	6.6	2.5	0.6
-7.08	0.43	-8.61	1.40	0.86	2.1	2,029	1,693	1,524	14.2	145.8	3.01	395.8	148.9	9.07	15.38	13.9	1.3	2.0
20.28	101.40	-41.88	-8.84			335.4	1,986	3,598	-0.8	-33.3	-0.44	66.4	17.2	3.13		-10.0	0.1	4.8
-38.15	11.33	-67.25	0.60			1.4	1.6	0.00	-98.0	-1.9	-0.02	-14.4	-0.23	-35.22		-0.8		-6.7
-20.00	-33.33	-71.43	33.33			1.4	1.6	0.00	-98.0	-1.9	-0.02	-14.4	-0.23	-35.22		-1.0		-8.0
-20.37	34.52	-31.85				421.9	356.1	0.38	-17.7	-30.9	-0.97	10.3	-23.0	-21.46		-13.3	1,112.1	4.8
-58.45	-86.56	-99.28				3.1	-6.1	4.0	-49.9	11.8	-47.11	96.2	-6.3	-28.81		0.0	0.2	0.1
						243.3	348.6	68.1	16.5	1.9	24.13	920.3	3.3			0.4	0.0	0.0
21.10	22.61	-9.74	-8.52			1,557	2,030	550.6	-3.6	78.8	2.33	-26.9	108.1	5.91	12.7	19.9	2.8	2.4
-4.02	-2.55	-4.49	84.73	2.02	2.5	388.3	--	96.5	8.2	24.3	5.86	47.8	21.4		15.02	13.7	3.4	1.9
6.94	28.58	0.55	76.21	1.20	2.7	699.7	--	160.1	4.6	54.5	3.48	74.5	42.6		12.71	13.0	4.4	1.6
1.94	19.66	16.67	39.66	3.14	3.0	10,021	12,243	989.0	6.2	155.3	1.61	-24.4	509.2	2.47	4.45	64.5	10.2	2.7
-14.31	-9.98	-6.20	5.22	0.18	1.3	4,134	4,344	1,485	-13.7	69.6	0.17	163.0	360.7	1.78	1.85	81.0	3.7	1.5
-12.26	-6.28	-5.14	4.54	0.18	1.7	4,134	4,344	1,485	-13.7	69.6	0.17	163.0	360.7	1.78	1.85	61.8	2.8	1.1
-52.00	20.00	-72.73	-85.60			4.9	4.8	--		-1.8	-0.03	90.6	-1.3	-17.71		-1.8		0.5
-56.43	17.34	-75.64	-88.49			4.9	4.8	--		-1.8	-0.03	90.6	-1.3	-17.71		-1.2		0.4
7.41	61.11	-17.14	7.41			6.9	6.6	--		-0.77	-0.01	69.5	-0.56	-3.26		-10.7		0.9
6.07	36.10	-19.14	-2.24			6.9	6.6	--		-0.77	-0.01	69.5	-0.56	-3.26		-7.8		0.7
4.72	21.20	1.22	-30.68	1.40	3.5	11,971	21,058	9,348	26.2	313.0	1.03	-34.6	1,127	6.65	48.64	38.4	1.3	9.7
-12.13	1.88	-46.86		0.32	2.6	458.9	3,338	4,795	7.6	-12.2	-0.36	84.5	110.5	3.97	44.05	-34.5	0.1	19.0
0.00	0.00	-31.58	-78.33			1.1	1.1	--		-0.57	-0.04	0.8	-0.47	-115.32		-1.7		-19.7
-89.72	-91.19	-93.81	-98.20			1.1	1.1	--		-0.57	-0.04	0.8	-0.47	-115.32		-0.1		-1.1
-5.60	25.82	14.38	329.74			308.1	247.0	90.9	-2.8	13.6	0.38	-4.3	-0.99			22.4	3.4	3.0

https://greyhouse.weissratings.com

Data as of June 30, 2019

I. Index of Stocks

Summer 2019

Company Name	Stock Ticker Symbol	Traded On	Sector	Overall Rating	Recommendation	Reward Rating	Risk Rating	Recent Up/Downgrade	Stock Price as of 6/30/2019	52-Week High	52-Week Low	3-Year Beta	Growth	Efficiency	Solvency	Volatility	Dividend	Total Return
Canaccord Genuity Group Inc.	CF.TO	TSX	Financials	C	Hold	C+	D+		5.19	7.49	4.9	0.98	W	G	E	W	W	F
Canaccord Genuity Group Inc.	CCORF	OTC PK	Financials	C	Hold	C+	D	Down	3.92	5.84	3.63	1.20	W	G	E	W	W	F
Canacol Energy Ltd	CNE.TO	TSX	Energy	C-	Hold	C	D+	Up	4.39	4.70	3.54	0.24	G	W	G	F	–	W
Canacol Energy Ltd	CNNEF	OTC PK	Energy	C-	Hold	C	D	Up	3.35	3.52	2.63	0.55	G	W	G	F	–	W
Canada Carbon Inc.	CCB.V	TSXV	Materials	D	Sell	D	D		0.10	0.18	0.08	0.26	W	W	G	W	–	W
Canada Carbon Inc.	BRUZF	OTC PK	Materials	D	Sell	D	D		0.09	0.13	0	0.94	W	W	G	W	–	W
Canada Coal Inc.	CCKH.V	TSXV	Energy	D-	Sell	D	D-	Down	0.03	0.10	0.02	1.93	W	W	E	W	–	V
Canada Cobalt Works Inc.	CCW.V	TSXV	Materials	D+	Sell	C	D	Up	0.31	0.90	0.27	3.36	V	G	G	W	–	F
Canada Cobalt Works Inc.	CCWOF	OTC PK	Materials	D+	Sell	C	D	Up	0.23	0.79	0.01	3.82	V	G	G	W	–	F
Canada Energy Partners Inc.	CE.V	TSXV	Energy	D	Sell	D	D	Down	0.01	0.03	0.01	4.63	W	W	F	W	–	W
Canada Energy Partners Inc.	CNDPF	OTC PK	Energy	D-	Sell	D	D-	Down	0.00	0.02	0	4.24	W	W	F	W	–	V
Canada Goose Holdings Inc.	GOOS.TO	TSX	Consumer Discretn	C	Hold	B	C-	Down	49.21	95.58	42.38	2.71	G	G	E	F	–	F
Canada Goose Holdings Inc.	GOOS	NYSE	Consumer Discretn	C+	Hold	B	C-		37.52	72.27	31.67	3.00	G	G	E	F	–	F
Canada House Wellness Group Inc.	SARSF	OTC PK	Health Care	D-	Sell	D-	D-	Down	0.08	0.34	0.08	1.06	W	W	E	W	–	W
Canada Jetlines Ltd.	JET.V	TSXV	Industrials	D-	Sell	E+	D		0.44	0.73	0.36	0.26	V	V	E	W	–	F
Canada Jetlines Ltd.	JETMF	OTC PK	Industrials	D-	Sell	E+	D		0.34	0.55	0.27	0.43	V	V	E	W	–	F
Canada One Mining Corp.	ANGUF	OTC PK	Materials	D	Sell	C-	D-	Down	0.01	0.08	0.01	0.84	W	E	F	W	–	V
Canada One Mining Corp.	CONE.V	TSXV	Materials	D	Sell	C-	D-	Down	0.03	0.10	0.02	0.96	W	E	F	W	–	V
Canada Rare Earth Corp.	LL.V	TSXV	Materials	D-	Sell	E+	D		0.07	0.11	0.04	0.77	V	V	G	W	–	F
Canada Rare Earth Corp.	RAREF	OTC PK	Materials	D-	Sell	E+	D		0.05	0.08	0.02	1.04	V	V	G	W	–	F
Canadian Apartment Properties Real Estate Inve	CDPYF	OTC PK	Real Estate	C	Hold	A-	B		37.10	38.76	30.61	0.54	E	E	E	G	G	F
Canadian Apartment Properties Real Estate Inve	CARUN.TO	TSX	Real Estate	A-	Buy	A-	B+		48.64	52.10	42.26	0.29	E	E	E	G	F	F
Canadian Banc Corp.	CNDCF	OTC PK	Financials	D+	Sell	C	D	Down	7.82	10.04	6.57	1.81	V	E	E	W	E	W
Canadian Energy Materials Corp.	CDNMF	OTC PK	Materials	E+	Sell	E	D-		0.10	0.10	0.1	-0.45	V	V	E	W	–	V
Canadian Energy Materials Corp.	CHEM.V	TSXV	Materials	E+	Sell	E-	E+	Down	0.07	0.20	0.07	-1.01	V	V	E	V	–	V
Canadian General Investments, Limited	CGRIF	OTC PK	Financials	C	Hold	C	C-	Up	19.21	20.32	14.35	1.28	W	F	E	F	G	F
Canadian Imperial Bank of Commerce	CM.TO	TSX	Financials	C	Hold	B	D+	Down	102.02	125.21	99.51	0.92	F	E	E	W	G	W
Canadian Imperial Bank of Commerce	CM	NYSE	Financials	C	Hold	B	D	Down	77.85	96.98	72.96	1.20	F	E	E	W	G	W
Canadian Imperial Venture Corp.	CQVH.V	TSXV	Energy	D-	Sell	D-	D		0.28	0.50	0.17	2.48	W	V	G	W	–	F
Canadian International Pharma Corp.	BPCOF	OTC PK	Health Care	D	Sell	C-	E+		0.01	0.03	0.01	0.41	F	G	F	V	–	V
Canadian International Pharma Corp.	CIPH.V	TSXV	Health Care	D+	Sell	C	D-		0.02	0.07	0.02	1.55	F	G	F	V	–	V
Canadian Metals Inc.	CNMTF	OTC PK	Materials	E	Sell	E+	D	Up	0.05	0.06	0.04		V	V	G	W	–	W
Canadian National Railway Company	CNR.TO	TSX	Industrials	B	Buy	B+	B-		120.00	127.96	96.46	0.70	G	E	G	G	W	G
Canadian National Railway Company	CNI	NYSE	Industrials	B	Buy	B+	B-		91.54	95.08	70.36	0.97	G	E	G	G	F	G
Canadian Natural Resources Limited	CNQ.TO	TSX	Energy	C	Hold	B	D		35.16	49.08	30.11	0.48	E	G	G	W	G	W
Canadian Natural Resources Limited	CNQ	NYSE	Energy	C	Hold	B-	D		26.83	37.41	21.85	0.76	E	G	G	W	G	W
Canadian Oil Recovery & Remediation Enterprise	CRVYF	OTC PK	Industrials	C-	Hold	C+	D	Down	0.00	0.06	0	-62.42	F	E	F	W	–	F
Canadian Oil Recovery & Remediation Enterprise	CVR.V	TSXV	Industrials	D	Sell	C-	D-		0.01	0.02	0.01	-3.36	F	E	F	W	–	F
Canadian Orebodies Inc.	CORE.V	TSXV	Materials	D-	Sell	E+	D		0.21	0.45	0.14	3.13	F	V	E	W	–	F
Canadian Orebodies Inc.	CNOBF	OTC PK	Materials	D-	Sell	E+	D		0.18	0.34	0.15	-185.44	F	V	E	W	–	F
Canadian Overseas Petroleum Limited	VELXF	OTC PK	Energy	D-	Sell	D-	D-		0.00	0.02	0	1.23	W	W	G	W	–	V
Canadian Pacific Railway Limited	CP.TO	TSX	Industrials	B	Buy	A-	B-		306.75	318.75	228.35	0.95	G	E	G	G	W	G
Canadian Pacific Railway Limited	CP	NYSE	Industrials	B+	Buy	A-	B	Up	234.13	241.20	167.48	1.23	G	E	G	G	W	G
Canadian Premium Sand Inc.	CLMPF	OTC PK	Energy	D	Sell	D	D	Up	0.74	2.66	0.74	5.62	V	W	E	W	–	F
Canadian Premium Sand Inc.	CPS.V	TSXV	Energy	D	Sell	D	D	Up	0.80	3.98	0.75	0.91	V	W	E	W	–	F
Canadian Silver Hunter Inc.	AGHH.V	TSXV	Materials	D-	Sell	E+	D	Down	0.06	0.06	0.04	-0.13	W	V	G	W	–	F
Canadian Solar Inc.	CSIQ	NAS GS	Information Tech	U		U	U		22.00	25.89	11.76	1.64	U	U	U	U	U	U
Canadian Spirit Resources Inc.	CSPUF	OTC PK	Energy	D-	Sell	D-	D	Down	0.03	0.08	0.03	1.27	W	W	E	W	–	V
Canadian Spirit Resources Inc.	SPI.V	TSXV	Energy	D-	Sell	D-	D		0.06	0.12	0.05	0.78	W	W	E	W	–	V
Canadian Tire Corporation, Limited	CDNTF	OTC PK	Consumer Discretn	C	Hold	B	B		180.25	180.25	170.82	-0.12	F	E	G	G	F	G
Canadian Tire Corporation, Limited	CTC.TO	TSX	Consumer Discretn	C	Hold	C+	C		228.00	263.30	204.79	0.61	F	E	G	F	W	W
Canadian Tire Corporation, Limited	CTCA.TO	TSX	Consumer Discretn	C	Hold	B-	D+		141.38	183.93	133.56	0.55	F	E	G	W	F	W

*Ratings Factors: E=Excellent, G=Good, F=Fair, W=Weak, V=Very Weak, U=Unrated

Summer 2019 — I. Index of Stocks

3-Month Total Return (%)	6-Month Total Return (%)	1-Year Total Return (%)	3-Year Total Return (%)	Dividend $ TTM	Dividend Yield TTM	Market Cap. ($Mil)	Enterprise Value ($Mil)	Revenue ($Mil)	Revenue Growth (%)	Net Income ($Mil)	Earnings/ Share $	EPS Growth (%)	Cash from Operations ($Mil)	Return on Assets (%)	Return on Equity (%)	Earnings (P/E) TTM	Sales (P/S) TTM	Book (P/B) Q
-5.27	-5.63	-26.76	12.20	0.20	3.9	394.6	--	888.0	13.1	53.8	0.37	2,179.6	31.5		8.27	14.2	0.7	1.0
-3.23	-2.08	-26.70	11.97	0.15	3.8	394.6	--	888.0	13.1	53.8	0.37	2,179.6	31.5		8.27	10.7	0.5	0.8
-3.94	10.30	3.05	-1.35			593.3	925.7	221.6	31.1	-23.8	-0.14	81.7	99.4	6.77		-31.8	3.6	3.7
-1.18	15.52	5.02	-0.59			593.3	925.7	221.6	31.1	-23.8	-0.14	81.7	99.4	6.77		-24.3	2.7	2.8
0.00	-20.00	5.26	-63.64			8.6	8.3	--		-0.86	-0.01	-17.4	-0.50	-9.53		-12.4		2.4
5.65	-5.59	55.70	-59.66			8.6	8.3	--		-0.86	-0.01	-17.4	-0.50	-9.53		-11.0		2.1
0.00	-37.50	-68.75	-58.33			0.60	-0.50	--		-0.22	-0.01	5.4	-0.22	-11.67		-3.6		0.7
-10.14	-34.04	-53.73	588.89			18.7	18.7	--		-5.4	-0.08	-23.0	-3.2	-411.42		-3.7		-83.8
-12.42	-33.43	-53.15	590.00			18.7	18.7	--		-5.4	-0.08	-23.0	-3.2	-411.42		-2.7		-61.5
0.00	100.00	-33.33	-50.00			0.69	1.1	--		-0.11	0.00	93.9	-0.03	-47.09		-8.3		-1.8
-66.67	-64.91	-90.91	-86.67			0.69	1.1	--		-0.11	0.00	93.9	-0.03	-47.09		-1.7		-0.4
-22.11	-13.76	-36.04				4,130	4,173	630.9	35.3	108.8	0.98	44.1	52.8	19.55	44.63	50.4	8.7	18.2
-20.20	-10.20	-35.53				4,130	4,173	630.9	35.3	108.8	0.98	44.1	52.8	19.55	44.63	38.5	6.6	13.8
-22.57	-37.46	-50.43				18.8	17.3	3.5	23.5	-10.5	-0.05	-925.0	-3.9	-26.48		-1.5	5.1	3.0
-29.03	-20.00	-24.14				32.3	30.1	--		-5.2	-0.07	-20.5	-4.6	-53.84		-6.2		7.8
-24.95	-19.63	-22.94				32.3	30.1	--		-5.2	-0.07	-20.5	-4.6	-53.84		-4.8		6.0
-60.83	-70.14	-86.44	-90.36			0.52	0.60	--		-0.32	-0.01	45.2	-0.14	-122.76		-0.9		-0.9
-25.00	-50.00	-71.43	-80.00			0.52	0.60	--		-0.32	-0.01	45.2	-0.14	-122.76		-2.0		-2.0
40.00	75.00	0.00	180.00			9.5	9.6	0.61	-51.1	-2.1	-0.01	-594.4	-0.41	-56.41		-5.6	20.0	-36.8
46.76	94.92	-15.42	177.22			9.5	9.6	0.61	-51.1	-2.1	-0.01	-594.4	-0.41	-56.41		-4.0	14.3	-26.3
-2.68	17.34	19.43	66.48	1.01	2.7	5,921	9,208	535.2	5.3	1,007	6.86	51.3	330.3	2.23	22.19	5.4	10.6	1.1
-4.96	10.95	17.48	67.46	1.35	2.8	5,921	9,208	535.2	5.3	1,007	6.86	51.3	330.3	2.23	22.19	7.1	13.9	1.5
-7.56	25.38	-7.62	87.08	0.88	11.2	86.5	-7.6	-1.2	-105.3	-7.6	-0.74	-133.3	-39.2	-1.38		-10.6	-70.7	0.9
0.00	0.00	-32.67	-78.04			1.4	1.0	--		-1.1	-0.11	-194.9	-0.89	-49.31		-0.9		1.6
-12.50	-53.33	-44.00	-92.22			1.4	1.0	--		-1.1	-0.11	-194.9	-0.89	-49.31		-0.6		1.1
9.94	27.43	4.46	54.89	0.59	3.1	399.1	-60.0	-41.9	-138.6	-54.6	-2.62	-156.5	64.2	-5.14		-7.3	-9.6	0.9
-4.67	1.73	-7.17	15.54	5.52	5.4	34,562	--	12,912	0.5	3,911	8.63	-0.1	-11,184		14.57	11.8	3.5	1.8
-2.22	6.03	-6.03	14.82	5.52	7.1	34,562	--	12,912	0.5	3,911	8.63	-0.1	-11,184		14.57	9.0	2.7	1.4
-8.33	10.00	27.91	37.50			3.1	2.8	--		-0.20	-0.02	13.0	-0.23	-28.64		-17.1		15.9
-48.89	-48.89	-73.71	-90.80			0.44	0.43	--		-0.14	0.00	47.1	-0.05	-134.26		-2.5		-2.6
-25.00	-25.00	-40.00	-86.36			0.44	0.43	--		-0.14	0.00	47.1	-0.05	-134.26		-4.1		-4.3
8.70	4.82					4.5	5.0	--		-3.4	-0.03	-144.4	-2.5	-39.19		-1.8		2.3
0.58	20.42	13.76	68.49	1.99	1.7	65,958	76,366	11,186	10.1	3,340	4.55	-18.2	4,702	9.05	25.71	26.4	7.8	6.6
3.03	25.54	15.08	67.53	1.49	1.6	65,958	76,366	11,186	10.1	3,340	4.55	-18.2	4,702	9.05	25.71	20.1	6.0	5.0
-3.73	9.38	-21.08	0.73	1.42	4.0	32,002	48,718	15,878	6.6	2,274	1.86	5.3	6,619	3.98	9.29	18.9	2.7	1.7
-1.26	14.01	-20.09	0.21	1.42	5.3	32,002	48,718	15,878	6.6	2,274	1.86	5.3	6,619	3.98	9.29	14.4	2.0	1.3
-98.20	-65.94	-92.67	-95.82			0.65	2.3	0.10	10.2	-0.31	0.00	51.4	-0.25	-429.19		-0.6	2.2	-0.1
0.00	0.00	-50.00	-90.91			0.65	2.3	0.10	10.2	-0.31	0.00	51.4	-0.25	-429.19		-2.8	10.0	-0.4
-34.38	-34.38	-16.00	1,300.00			8.6	6.9	--		-1.6	-0.03	56.9	-1.7	-58.8		-6.7		7.1
-26.20	-24.05	-18.11	516.44			8.6	6.9	--		-1.6	-0.03	56.9	-1.7	-58.8		-5.8		6.0
-90.00	0.00	-95.00	-99.80			11.4	10.4	--		-4.6	0.00	84.9	-5.5	-123.27		0.0		0.3
11.47	27.36	28.62	96.01	2.78	0.9	32,680	39,504	5,657	9.7	1,553	10.91	-12.4	2,082	9.26	30.79	28.1	7.6	8.4
14.34	32.79	30.20	94.96	2.46	1.1	32,680	39,504	5,657	9.7	1,553	10.91	-12.4	2,082	9.26	30.79	21.5	5.8	6.4
-34.96	-20.07	-44.17	293.07			12.9	8.1	--		-6.0	-0.30	-45.6	-4.8	-143.46		-2.4		4.3
-38.46	-31.62	-49.21	77.78			12.9	8.1	--		-6.0	-0.30	-45.6	-4.8	-143.46		-2.6		4.7
0.00	0.00	50.00	200.00			0.83	0.49	--		-0.23	-0.01	-61.8	-0.12	-31.58		-4.9		5.2
17.15	52.14	78.57	51.52			1,308	2,816	2,326	-31.4	155.0	2.53	51.3	--			8.7	0.6	1.1
-33.91	-42.64	-51.75	-57.18			8.2	7.0	0.02	-92.2	-5.6	-0.03	-221.1	-0.69	-5.93		-1.0		0.2
-15.38	-26.67	-42.11	-52.17			8.2	7.0	0.02	-92.2	-5.6	-0.03	-221.1	-0.69	-5.93		-1.8		0.4
0.00	26.57	26.57	134.95	3.02	1.7	6,880	15,200	10,186	3.2	522.0	8.13	-2.3	464.0	4.76	15.57	22.2	1.1	3.8
-1.82	9.01	-6.43	24.67	3.88	1.7	6,880	15,200	10,186	3.2	522.0	8.13	-2.3	464.0	4.76	15.57	28.1	1.4	4.9
-1.41	0.91	-15.87	8.32	3.88	2.7	6,880	15,200	10,186	3.2	522.0	8.13	-2.3	464.0	4.76	15.57	17.4	0.9	3.0

https://greyhouse.weissratings.com — Data as of June 30, 2019

I. Index of Stocks

Summer 2019

Company Name	Stock Ticker Symbol	Traded On	Sector	Overall Rating	Recommendation	Reward Rating	Risk Rating	Recent Up/Downgrade	Stock Price as of 6/30/2019	52-Week High	52-Week Low	3-Year Beta	Growth	Efficiency	Solvency	Volatility	Dividend	Total Return
Canadian Tire Corporation, Limited	CDNAF	OTC PK	Consumer Discretn	C	Hold	B-	D+		107.94	141.27	99.05	0.84	F	E	G	W	G	W
Canadian Utilities Limited	CU.TO	TSX	Utilities	C+	Hold	B	C	Up	36.70	38.63	29.12	0.05	F	E	G	F	G	F
Canadian Utilities Limited	CDUAF	OTC PK	Utilities	C	Hold	B	C		28.31	28.93	20.71	0.22	F	E	G	F	G	W
Canadian Utilities Limited	CUX.TO	TSX	Utilities	C	Hold	B	C		36.75	38.35	29.12	0.04	F	E	G	F	G	F
Canadian Utilities Limited	CDUUF	OTC PK	Utilities	C	Hold	B	B-		27.11	27.11	26.66		F	E	G	G	G	W
Canadian Western Bank	CWB.TO	TSX	Financials	C	Hold	B	D		29.50	38.96	24.33	1.09	F	E	E	W	G	F
Canadian Western Bank	CBWBF	OTC PK	Financials	C	Hold	B	D		22.10	29.72	18.02	1.41	F	E	E	W	G	W
Canaf Investments Inc.	CAF.V	TSXV	Materials	C	Hold	B-	D+		0.06	0.14	0.05	1.01	E	E	E	W	–	W
Canaf Investments Inc.	CAFZF	OTC PK	Materials	C	Hold	B	D+	Up	0.05	0.08	0.04	-1.24	E	E	E	W	–	W
CanAlaska Uranium Ltd.	CVV.V	TSXV	Energy	E+	Sell	E+	D-	Down	0.29	0.40	0.21	0.67	W	V	E	W	–	V
CanAlaska Uranium Ltd.	CVVUF	OTC PK	Energy	D-	Sell	E+	D-		0.22	0.30	0.16	1.25	W	V	E	W	–	W
Canandaigua National Corporation	CNND	OTC PK	Financials	C	Hold	C+	B		183.00	195.00	160	0.33	W	G	E	G	G	F
CanaQuest Medical Corp.	CANQF	OTC PK	Health Care	D+	Sell	C	D		0.18	0.39	0.03	5.57	W	E	F	W	–	F
Canarc Resource Corp.	CRCUF	OTC PK	Materials	D	Sell	D+	D		0.04	0.05	0.02	0.61	W	F	E	W	–	W
Canarc Resource Corp.	CCM.TO	TSX	Materials	D	Sell	D+	D		0.06	0.07	0.03	0.25	W	F	E	W	–	W
Canasil Resources Inc.	CNSUF	OTC PK	Materials	D-	Sell	D	D-	Up	0.06	0.12	0.03	0.88	F	W	G	W	–	V
Canasil Resources Inc.	CLZ.V	TSXV	Materials	D-	Sell	D	D-		0.07	0.13	0.05	-0.36	F	W	G	W	–	V
Canbiola, Inc.	CANB	OTC PK	Health Care	D	Sell	D	D		0.04	0.14	0.01	0.01	W	V	E	W	–	F
Can-Cal Resources Ltd.	CCRE	OTC PK	Materials	D+	Sell	C-	D		0.11	0.13	0.09	-0.17	V	G	F	W	–	G
Cancer Genetics, Inc.	CGIX	NAS CM	Health Care	D-	Sell	E+	D-		0.17	1.30	0.15	2.00	G	V	F	W	–	V
Candelaria Mining Corp.	CDELF	OTC PK	Materials	D	Sell	D	D		0.12	0.52	0.12	-0.74	F	W	E	W	–	V
Candelaria Mining Corp.	CAND.V	TSXV	Materials	D	Sell	D	D		0.23	0.85	0.15	-3.95	F	W	E	W	–	V
Candente Copper Corp.	DNT.TO	TSX	Materials	D	Sell	D	D-		0.05	0.10	0.05	0.29	W	W	G	W	–	V
Candente Copper Corp.	CCOXF	OTC PK	Materials	D	Sell	D	D		0.03	0.07	0.03	-0.59	W	W	G	W	–	W
Candente Gold Corp.	CDG.V	TSXV	Materials	D	Sell	D	D		0.03	0.04	0.02	1.89	W	W	F	W	–	V
Candente Gold Corp.	CGDXF	OTC PK	Materials	D	Sell	D	D		0.01	0.03	0.01	3.25	W	W	F	W	–	V
Canex Energy Corp.	CSCH.V	TSXV	Materials	D+	Sell	C	D		0.17	0.25	0.11	1.96	W	E	F	W	–	W
Canex Metals Inc.	NOMNF	OTC PK	Materials	D	Sell	D	D		0.02	0.04	0.02	1.72	V	F	G	W	–	W
Canex Metals Inc.	CANX.V	TSXV	Materials	D	Sell	D+	D		0.07	0.10	0.03	1.36	V	F	G	W	–	W
Can-Fite BioPharma Ltd.	CANF	AMEX	Health Care	E+	Sell	E+	E+	Down	3.03	25.95	2.66	1.86	F	V	G	V	–	V
Canfor Corporation	CFP.TO	TSX	Materials	D+	Sell	C	D	Down	10.54	33.74	8.55	2.03	F	G	G	W	–	W
Canfor Corporation	CFPZF	OTC PK	Materials	D+	Sell	C	D	Down	8.03	25.48	6.42	2.37	F	G	G	W	–	W
Canfor Pulp Products Inc.	CFPUF	OTC PK	Materials	C	Hold	B	D		8.50	21.47	8.24	1.23	G	E	E	W	F	F
Canfor Pulp Products Inc.	CFX.TO	TSX	Materials	C	Hold	B	D		10.85	28.12	10.71	1.14	G	E	E	W	F	W
Cango Inc.	CANG	NYSE	Consumer Discretn	D	Sell	C-	D-	Down	7.15	13.90	4.7		F	G	E	W	–	V
CaNickel Mining Limited	CML.V	TSXV	Materials	C-	Hold	C	D		0.07	0.16	0.06	3.28	W	E	F	W	–	W
CaNickel Mining Limited	CMLGF	OTC PK	Materials	C-	Hold	C	D	Up	0.06	0.09	0.03	5.33	W	E	F	W	–	W
Canlan Ice Sports Corp.	ICE.TO	TSX	Consumer Discretn	C	Hold	B	B-		5.02	5.94	4.32	0.20	G	G	G	G	F	F
Canna 8 Investment Trust	RCRP.V	TSXV	Financials	D-	Sell	E+	D-	Up	0.06	0.39	0.05		W	V	E	W	–	V
Canna Corporation	MPGR	OTC PK	Materials	D	Sell	D+	D	Up	0.24	0.40	0.02	11.65	F	W	F	W	–	W
Cannabics Pharmaceuticals Inc.	CNBX	OTC PK	Health Care	D+	Sell	D+	D	Up	0.29	1.35	0.26	-3.63	F	W	E	W	–	W
Cannabis Growth Opportunity Corporation	CWWBF	OTC PK	Health Care	D	Sell	B-	D+	Up	1.32	2.00	0		G	G	E	W	–	W
Cannabis Sativa, Inc.	CBDS	OTC PK	Health Care	D-	Sell	E+	D-		1.42	8.50	1.37	0.20	G	V	G	W	–	V
Cannae Holdings, Inc.	CNNE	NYSE	Financials	C	Hold	C	C-		28.55	30.38	15.87		W	F	E	F	–	F
Cannagistics Inc.	CNGT	OTC PK	Industrials	D	Sell	D	D	Up	0.22	0.80	0.05		F		F	W	–	V
CannAmerica Brands Corp.	CNNXF	OTC PK	Health Care	E	Sell	D-	D-	Up	0.12	1.50	0.09		V	W	E	W	–	V
CannaPharmaRX, Inc.	CPMD	OTC PK	Health Care	D	Sell	C-	D	Down	1.95	4.00	0.51	1.86	W	F	F	W	–	F
Cannara Biotech Inc.	LOVFF	OTC PK	Health Care	E	Sell	D	D		0.12	0.20	0.08		W	W	E	W	–	W
CannAwake Corporation	CANX	OTC PK	Real Estate	E	Sell	D	D		0.04	0.13	0.03		V	W	E	W	–	W
Cann-Is Capital Corp.	NISP.V	TSXV	Financials	D-	Sell	D-	D-		0.07	0.24	0.07		W	W	E	W	–	V
CannTrust Holdings Inc.	CTST	NYSE	Health Care	D+	Sell	C-	D	Up	4.98	11.97	4.35		F	W	E	W	–	F
CannTrust Holdings Inc.	TRST.TO	TSX	Health Care	D+	Sell	C-	D	Up	6.55	15.50	5.94		F	W	E	W	–	F

*Ratings Factors: E=Excellent, G=Good, F=Fair, W=Weak, V=Very Weak, U=Unrated

Summer 2019 — I. Index of Stocks

3-Month Total Return (%)	6-Month Total Return (%)	1-Year Total Return (%)	3-Year Total Return (%)	Dividend $ TTM	Dividend Yield TTM	Market Cap. ($Mil)	Enterprise Value ($Mil)	Revenue ($Mil)	Revenue Growth (%)	Net Income ($Mil)	Earnings/ Share $	EPS Growth (%)	Cash from Operations ($Mil)	Return on Assets (%)	Return on Equity (%)	Earnings (P/E) TTM	Sales (P/S) TTM	Book (P/B) Q
-0.87	6.70	-14.81	8.30	3.02	2.8	6,880	15,200	10,186	3.2	522.0	8.13	-2.3	464.0	4.76	15.57	13.3	0.7	2.3
1.15	21.76	15.52	13.80	1.63	4.5	7,625	16,504	3,185	-8.7	509.4	1.67	45.2	679.6	3.4	10.42	21.9	3.2	2.7
5.18	28.43	19.76	13.24	1.23	4.3	7,625	16,504	3,185	-8.7	509.4	1.67	45.2	679.6	3.4	10.42	16.9	2.4	2.1
1.15	22.16	15.78	14.16	1.63	4.4	7,625	16,504	3,185	-8.7	509.4	1.67	45.2	679.6	3.4	10.42	22.0	3.2	2.7
2.91				0.31	1.2	7,625	16,504	3,185	-8.7	509.4	1.67	45.2	679.6	3.4	10.42	16.2	2.3	2.0
5.62	16.74	-12.57	33.29	1.06	3.6	1,960	--	593.8	4.8	206.1	2.19	3.8	-1,842		10.12	13.5	4.3	1.4
6.10	19.34	-13.07	32.36	0.80	3.6	1,960	--	593.8	4.8	206.1	2.19	3.8	-1,842		10.12	10.1	3.3	1.1
-42.11	-21.43	-57.69	10.00			2.0	1.0	13.8	25.9	0.58	0.01	6.7	0.91	4.71	11.44	4.3	0.2	0.6
-32.92	-32.92	-34.56	24.21			2.0	1.0	13.8	25.9	0.58	0.01	6.7	0.91	4.71	11.44	4.2	0.2	0.6
5.56	-8.06	-14.93	-80.34			9.9	8.8	--		-1.2	-0.04	7.9	-1.0	-56.84		-7.2		7.6
7.85	-1.85	-12.85	-80.39			9.9	8.8	--		-1.2	-0.04	7.9	-1.0	-56.84		-5.4		5.7
-1.08	6.22	10.90	49.71	5.20	2.8	343.9	--	72.8	-39.8	18.8	9.96	-14.0	--			18.4	4.7	1.5
-5.26	50.00	125.00	-71.43			3.6	3.7	--		-0.87	-0.06	67.8	0.02	-648.53		-3.3		-4.6
0.00	-1.96	-15.25	-40.30			9.2	6.5	--		-1.2	-0.01	-47.1	-0.92	-3.23		-3.9		0.5
-8.33	0.00	-8.33	-31.25			9.2	6.5	--		-1.2	-0.01	-47.1	-0.92	-3.23		-5.3		0.7
16.55	-7.56	-11.29	-82.13			5.2	5.2	--		-1.0	-0.01	25.6	-0.87	-88.83		-5.7		
-7.14	-18.75	-7.14	-83.75			5.2	5.2	--		-1.0	-0.01	25.6	-0.87	-88.83		-6.8		
-13.04	-30.75	68.07	-27.80			23.2	27.1	1.1	539.2	-5.7	-0.02	-84.3	-1.2	-81.61		-2.0	26.7	-66.7
0.00	0.00	0.00	100.00			4.8	4.9	--		-0.13	0.00	-57.9	-0.06			-36.7		-4.4
-27.07	-37.38	-80.28	-91.33			9.8	25.1	26.6	-10.7	-20.5	-0.68	18.1	-12.5	-24.16		-0.3	0.3	1.3
-53.73	-65.11	-74.28				19.5	21.3	--		-5.0	-0.04	45.0	-1.8	-6.4		-2.8		0.6
-43.04	-52.63	-73.21	-58.33			19.5	21.3	--		-5.0	-0.04	45.0	-1.8	-6.4		-5.1		1.1
-10.00	-18.18	-40.00	-59.09			6.7	6.5	--		-0.37	0.00	84.1	-0.29	-0.5		-21.4		0.1
-8.23	-29.55	-49.30	-62.52			6.7	6.5	--		-0.37	0.00	84.1	-0.29	-0.5		-14.8		0.1
20.00	100.00	-14.29	-14.29			2.4	2.4	--		-0.45	0.00	36.4	-0.18	-3.25		-7.1		0.5
-22.54	25.00	-65.52	-70.59			2.4	2.4	--		-0.45	0.00	36.4	-0.18	-3.25		-2.4		0.2
0.00	61.90	-19.05	-24.44			0.53	0.58	--		-0.33	-0.15	-37.3	-0.05	-520.7		-1.1		-0.6
-25.00	9.09	-17.81	-77.14			1.5	1.2	--		-0.03	0.00	88.4	-0.12	-10.99		-20.0		0.9
44.44	44.44	30.00	-13.33			1.5	1.2	--		-0.03	0.00	88.4	-0.12	-10.99		-54.2		2.6
-77.05	-83.31	-82.59	-92.26			9.9	6.6	1.2	624.9	-6.4	-0.17	7.8	--			-18.2	103.1	40.6
-22.21	-35.97	-65.85	-16.22			1,006	2,170	3,786	3.5	120.4	0.92	-60.9	247.4	4.82	9.81	11.5	0.4	1.0
-20.36	-32.71	-65.46	-16.69			1,006	2,170	3,786	3.5	120.4	0.92	-60.9	247.4	4.82	9.81	8.7	0.3	0.7
-31.75	-27.05	-45.60	19.03	1.89	22.2	539.4	559.5	1,007	3.3	100.5	1.54	-9.6	114.8	11.7	21.36	5.5	0.6	1.2
-27.18	-32.61	-49.14	25.21	0.25	2.3	539.4	559.5	1,007	3.3	100.5	1.54	-9.6	114.8	11.7	21.36	7.0	0.7	1.6
5.78	-1.40					1,083	1,024	127.5	8.8	35.7	0.52	405.9	-6.6			13.8	4.3	0.7
-18.75	8.33	-40.91	0.00			1.9	67.4	--		-10.2	-0.27	-56.4	-0.25	-4.24		-0.2		0.0
-15.69	110.77	-20.96	-8.76			1.9	67.4	--		-10.2	-0.27	-56.4	-0.25	-4.24		-0.2		0.0
5.16	4.82	4.59	51.13	0.10	2.0	51.0	92.2	67.0	-0.1	3.0	0.23	-16.3	10.2	3.46	7.78	22.3	1.0	1.7
-63.33	-45.00					0.25	-0.16	--		-0.37	-0.07		-0.24	-66.49		-0.7		0.9
76.29	384.80	-19.20				55.0	56.6	1.1	23,273.9	1.3	-0.04	97.5	-0.44	-120.89		-6.0	26.4	-10.2
-19.44	-0.55	-68.48	458.77			39.0	33.8	0.01	41.5	1.5	0.01	131.1	-2.5	-17.64	13.85	30.2		2.1
-12.74	117.71	-5.44				20.7	-22.7	17.8	1,194.4	16.7	1.08	167.0	-1.4	29.61	49.49	1.2	1.1	0.5
-46.42	-51.86	-56.97	-11.25			30.6	32.4	0.51	24.3	-3.6	-0.17	47.8	-0.42	-34.89		-8.4	59.4	15.8
18.27	70.96	54.83				2,062	2,586	1,180	-0.5	34.4	0.48	-68.4	-5.6	-4.66		59.9	1.7	1.8
-44.86	10.00	-19.12				1.9	4.6	1.6	180.1	-2.2	-0.14	86.7	-0.59	-49.68		-1.6	3.4	-2.0
-41.84	-76.43					6.4	8.9	0.65		-2.0	-0.07		-1.4			-1.9	9.5	1.8
25.81	14.71	143.75	387.50			63.3	70.6	--		-4.2	-0.22	-8,732.0	-1.1			-8.8		5.2
-20.00						84.7	68.0	0.79		-5.3	-0.01		-3.1			-12.8	92.3	2.4
-17.75	-28.05	-35.67				1.9	6.5	--		-1.1	-0.06		-0.51			-0.7		2.0
-30.00	-30.00					0.16	-0.03	--		-0.06	-0.02	-465.0	-0.06			-3.1		1.1
-38.59	-1.37	-17.28				704.7	684.0	41.6	108.1	-9.3	-0.11	-162.5	-27.7	-1.11		-46.4	13.0	3.7
-39.91	-4.66	-18.33				704.7	684.0	41.6	108.1	-9.3	-0.11	-162.5	-27.7	-1.11		-61.0	17.1	4.9

I. Index of Stocks

Summer 2019

Company Name	Stock Ticker Symbol	Traded On	Sector	Overall Rating	Recommendation	Reward Rating	Risk Rating	Recent Up/Downgrade	Stock Price as of 6/30/2019	52-Week High	52-Week Low	3-Year Beta	Growth	Efficiency	Solvency	Volatility	Dividend	Total Return
Cannvas MedTech Inc.	CANVF	OTC PK	Health Care	E	Sell	D-	D-	Up	0.15	0.30	0.15		W	W	E	W	–	W
Canoe Mining Ventures Corp.	CLV.V	TSXV	Materials	E+	Sell	E	E+	Down	0.03	0.04	0.02	-0.50	W	V	F	W	–	V
Canoe Mining Ventures Corp.	CNMVF	OTC PK	Materials	E+	Sell	E	E+		0.01	0.02	0.01		W	V	F	V	–	V
Canon Inc.	CAJ	NYSE	Information Tech	C-	Hold	C	D+	Down	29.37	32.82	26.37	0.54	W	E	E	W	–	W
Canon Inc.	CAJFF	OTC PK	Information Tech	C	Hold	C	D+		30.03	32.23	26.26	0.60	W	E	E	W	–	W
Canopy Growth Corporation	WEED.TO	TSX	Health Care	D+	Sell	C-	D	Down	53.36	76.68	31.81	3.28	W	W	E	W	–	F
Canopy Growth Corporation	CGC	NYSE	Health Care	D+	Sell	C-	D	Down	40.66	59.25	24.21	3.55	W	W	E	W	–	F
Canopy Rivers Inc.	RIV.V	TSXV	Financials	D-	Sell	D+	D-	Up	3.13	11.82	2.4		W	F	E	W	–	V
Canopy Rivers Inc.	CNPOF	OTC PK	Financials	D-	Sell	D+	D-	Up	2.41	7.30	1.75		W	F	E	W	–	V
Canso Select Opportunities Corporation	CSOCA.V	TSXV	Financials	E	Sell	D	D-		2.75	6.00	2.5		F	W	E	W	–	V
Canso Select Opportunities Corporation	CSOCB.V	TSXV	Financials	E	Sell	D	D		2.75	5.00	2.31		F	W	E	W	–	W
Canstar Resources Inc.	ROX.V	TSXV	Materials	D-	Sell	D-	D-		0.05	0.30	0.04	2.61	V	W	G	W	–	V
Canstar Resources Inc.	CSRNF	OTC PK	Materials	D-	Sell	D-	D-	Down	0.03	0.24	0.03	4.45	V	W	G	W	–	V
Cantabio Pharmaceuticals Inc.	CTBOD	OTC PK	Health Care	D	Sell	D+	D-		25.00	220.00	10.5	5.53	W	E	F	W	–	V
Cantel Medical Corp.	CMD	NYSE	Health Care	C-	Hold	C+	D	Down	77.52	99.68	63.47	1.11	F	E	E	W	–	W
Canterbury Park Holding Corporation	CPHC	NAS	Consumer Discretn	C	Hold	B	C-		12.51	17.00	12	0.81	G	E	E	F	F	W
Canterra Minerals Corporation	CTM.V	TSXV	Materials	D	Sell	D	D		0.02	0.04	0.01	-0.27	F		F	W	–	W
Canterra Minerals Corporation	CTMCF	OTC PK	Materials	D	Sell	D	D-		0.01	0.03	0.01	1.03	F		F	W	–	V
Cantex Mine Development Corp.	CTXDF	OTC PK	Materials	D+	Sell	C	D		2.98	3.05	0.13	-3.54	W	E	F	W	–	E
Cantex Mine Development Corp.	CD.V	TSXV	Materials	D+	Sell	C	D		3.80	4.17	0.18	-3.27	W	E	F	W	–	E
Canuc Resources Corporation	CDA.V	TSXV	Energy	D	Sell	D	D-	Up	0.04	0.19	0.03	0.54	F	W	G	W	–	V
Canuc Resources Corporation	CNUCF	OTC PK	Energy	D	Sell	D	D-	Up	0.02	0.15	0.02	1.38	F	W	G	W	–	V
CanWel Building Materials Group Ltd.	CWX.TO	TSX	Industrials	C-	Hold	C+	D	Down	4.86	7.07	4.19	0.70	W	E	G	W	E	W
CanWel Building Materials Group Ltd.	CWXZF	OTC PK	Industrials	C-	Hold	C+	D	Down	3.91	5.26	3.14	0.99	W	E	G	W	E	W
Canyon Creek Food Company Ltd.	CYF.V	TSXV	Consumer Staples	C-	Hold	C	D		0.05	0.07	0.02	2.47	W	E	F	W	–	F
Capha Pharmaceuticals Inc.	FPSUF	OTC PK	Health Care	C	Hold	C+	D+	Up	0.00	0.00	0	93.64	F	G	F	W	–	W
Capital Bancorp, Inc.	CBNK	NAS GS	Financials	D-	Sell	C	D+	Up	11.98	14.28	10.21		F	G	E	W	–	W
Capital City Bank Group, Inc.	CCBG	NAS GS	Financials	B-	Buy	B+	C	Down	24.80	26.95	19.92	0.76	E	G	E	F	F	F
Capital One Financial Corporation	COF	NYSE	Financials	B-	Buy	B+	C	Up	89.33	101.26	69.9	1.29	E	E	E	F	F	F
Capital One Financial Corporation	COFPRG	NYSE	Financials	B	Buy	A-	C+	Up	25.12	25.50	20.41	0.26	E	E	E	F	E	F
Capital Power Corporation	CPXWF	OTC PK	Utilities	C	Hold	A	B		23.35	24.00	19.22	0.43	E	G	G	G	G	F
Capital Power Corporation	CPX.TO	TSX	Utilities	A-	Buy	A-	B	Up	29.91	32.44	24.79	0.33	E	G	G	G	G	F
Capital Product Partners L.P.	CPLP	NAS GS	Energy	D+	Sell	C	D-		10.41	22.58	9.68	0.77	W	G	G	W	E	V
Capital Properties, Inc.	CPTP	OTC PK	Real Estate	C	Hold	B	C-		14.25	16.49	13.5	-0.21	F	E	E	G	F	F
Capital Senior Living Corporation	CSU	NYSE	Health Care	D-	Sell	D	E+		4.51	11.37	3.48	0.67	W	W	W	V	–	V
Capital Southwest Corporation	CSWC	NAS GS	Financials	A-	Buy	B+	A-		21.01	24.18	17.22	0.28	F	E	E	E	E	F
Capitala Finance Corp.	CPTAG	NAS CM	Financials	U		U	U						U	U	U	U	U	U
Capitala Finance Corp.	CPTA	NAS GS	Financials	D+	Sell	C	D		9.30	9.69	6.46	1.08	W	F	E	W	E	W
Capitala Finance Corp.	CPTAL	NAS GS	Financials	U		U	U						U	U	U	U	U	U
Capitol Federal Financial, Inc.	CFFN	NAS GS	Financials	C+	Hold	B	C-		13.59	14.15	11.8	0.52	G	E	E	F	G	F
Capitol Investment Corp. IV	CIC	NYSE	Financials	D+	Sell	C	D	Up	10.21	10.45	9.83		W	G	E	G	–	F
Capri Holdings Limited	CPRI	NYSE	Consumer Discretn	D+	Sell	C	D	Down	34.00	75.96	32.09	1.35	W	E	G	W	–	W
Capricor Therapeutics, Inc.	CAPR	NAS CM	Health Care	D-	Sell	D-	D	Down	3.35	15.80	2.53	3.38	W	W	G	W	–	V
Capricorn Business Acquisitions Inc.	CAKH.V	TSXV	Financials	D	Sell	C-	D		0.07	0.18	0.07	0.58	F	F	E	W	–	W
Capstar Financial Holdings, Inc.	CSTR	NAS GS	Financials	C-	Hold	C+	D		14.85	19.98	13.51	0.87	F	G	E	W	W	W
Capstead Mortgage Corporation	CMO	NYSE	Financials	D+	Sell	C-	D		8.28	9.28	6.58	0.95	V	F	F	F	G	W
Capstone Companies, Inc.	CAPC	OTC PK	Industrials	D	Sell	D+	D	Down	0.14	0.29	0.11	1.12	W	F	E	W	–	W
Capstone Infrastructure Corporation	CSEPRA.TO	TSX	Utilities	D+	Sell	C	D		13.14	15.15	12.1	0.18	W	F	E	F	–	F
Capstone Mining Corp.	CS.TO	TSX	Materials	D	Sell	D	D		0.59	1.04	0.48	1.73	W	G	G	W	–	W
Capstone Mining Corp.	CSFFF	OTC PK	Materials	D	Sell	D	D		0.45	0.78	0.36	2.00	W	G	G	W	–	W
Capstone Systems Inc.	CPSN	OTC PK	Industrials	E-	Sell	C	D-		1.62	2.45	1.62		F	G	F	W	–	V
Capstone Therapeutics Corp.	CAPS	OTC PK	Health Care	D-	Sell	E+	D-		0.02	0.06	0.01	3.70	W	V	G	W	–	V

*Ratings Factors: E=Excellent, G=Good, F=Fair, W=Weak, V=Very Weak, U=Unrated

Summer 2019 — I. Index of Stocks

3-Month Total Return (%)	6-Month Total Return (%)	1-Year Total Return (%)	3-Year Total Return (%)	Dividend $ TTM	Dividend Yield TTM	Market Cap. ($Mil)	Enterprise Value ($Mil)	Revenue ($Mil)	Revenue Growth (%)	Net Income ($Mil)	Earnings/Share $	EPS Growth (%)	Cash from Operations ($Mil)	Return on Assets (%)	Return on Equity (%)	Earnings (P/E) TTM	Sales (P/S) TTM	Book (P/B) Q
-32.91	-30.63					8.8	8.5	0.11		-4.6	-0.11	-86.6	-2.8	-404.66		-1.4	66.4	12.9
0.00	-82.14	-82.14	-28.57			1.6	1.2	--		-0.53	-0.01	-35.1	-0.26	-13.7		-3.3		125.0
37.00	-88.09	-88.09				1.6	1.2	--		-0.53	-0.01	-35.1	-0.26	-13.7		-1.8		68.5
0.44	7.39	-7.23	13.13	1.15	3.9	31,344	33,902	34,766	-5.3	2,047	1.90	-6.7	3,457	3.99	7.99	15.5	0.9	1.3
4.04	10.68	-6.84	6.67			31,344	33,902	34,766	-5.3	2,047	1.90	-6.7	3,457	3.99	7.99	15.8	0.9	1.3
-6.20	43.25	31.72	1,876.30			14,062	11,541	171.6	181.6	-521.4	-2.50	-758.8	-395.3	-6.88		-21.4	106.9	3.5
-4.04	48.56	32.70	1,864.25			14,062	11,541	171.6	181.6	-521.4	-2.50	-758.8	-395.3	-6.88		-16.3	81.5	2.6
-20.56	7.19					455.3	419.7	24.7	2.5	4.3	0.02	-86.7	-2.5			142.9	22.9	2.4
-17.73	13.96					455.3	419.7	24.7	2.5	4.3	0.02	-86.7	-2.5			109.9	17.6	1.9
-9.24	2.23					5.8	-4.5	-1.6		-1.5	-0.55		0.12			-5.0	-4.6	0.7
-9.84	17.02					5.8	-4.5	-1.6		-1.5	-0.55		0.12			-5.0	-4.6	0.7
-40.00	-40.00	-85.00	-91.00			1.5	1.4	--		-1.2	-0.05	-559.0	-0.26	-15.76		-0.8		0.3
-40.04	-50.09	-30.75	-92.71			1.5	1.4	--		-1.2	-0.05	-559.0	-0.26	-15.76		-0.5		0.2
25.00	-41.04	-83.33	-99.76			0.53	1.7	--		-1.5	-0.04	38.6	-0.80	-470.9		-704.2		-1,275.5
15.56	6.92	-20.47	16.04	0.19	0.2	3,216	3,398	907.5	7.0	63.1	1.51	-30.8	84.4	7.39	10.04	51.3	3.6	4.9
-12.95	-12.26	-13.60	25.87	0.28	2.2	57.4	56.9	58.5	1.4	4.8	1.05	2.5	5.4	4.37	10.79	11.9	1.0	1.2
0.00	0.00	-42.86	-55.56			1.4	1.4	--		0.19	0.00	140.4	-0.07	-168.8		9.5		-13.3
-13.12	-16.67	-67.11	-66.10			1.4	1.4	--		0.19	0.00	140.4	-0.07	-168.8		4.8		-6.7
69.22	472.61	1,144.05	750.57			132.0	134.1	--		-1.5	-0.07	-81.4	-1.6	-25.04		-43.1		-27.0
61.02	406.67	1,087.50	375.00			132.0	134.1	--		-1.5	-0.07	-81.4	-1.6	-25.04		-55.0		-34.5
0.00	-27.27	-76.47				1.9	1.8	0.17	55.2	-1.7	-0.03	-190.3	-0.49	-102.77		-1.3	15.4	-13.8
-4.00	-56.36	-78.76				1.9	1.8	0.17	55.2	-1.7	-0.03	-190.3	-0.49	-102.77		-0.8	9.2	-8.3
-4.33	11.64	-23.18	13.49	0.56	11.5	287.7	675.6	976.2	3.7	17.9	0.23	-37.9	25.6	3.1	6.62	21.1	0.4	1.5
-1.04	20.47	-20.33	21.47	0.42	10.8	287.7	675.6	976.2	3.7	17.9	0.23	-37.9	25.6	3.1	6.62	17.0	0.3	1.2
12.50	80.00	-30.77	28.57			1.2	12.2	5.3	-7.8	-2.1	-0.06	-65.4	-0.16	-21.07		-0.8	0.3	-0.1
-99.50	-99.00	-99.90	-100.00			0.00	0.09	--		-0.09	0.00	46.2	-0.08	-17.93		0.0		0.0
0.59	5.27					164.3	--	54.8	-15.2	10.0	0.75	65.2	15.0			16.0	3.0	1.4
13.78	9.09	4.61	87.43	0.40	1.6	416.9	--	146.4	9.1	26.9	1.58	93.0	47.7		9	15.7	2.9	1.4
10.83	20.80	-1.60	58.53	1.60	1.8	41,949	--	22,375	9.8	6,081	12.05	165.2	8,232		11.87	7.4	1.9	0.9
3.70	23.28	8.63		1.30	5.2	41,949	--	22,375	9.8	6,081	12.05	165.2	8,232		11.87	2.1	0.5	0.2
-0.06	18.44	29.59	93.62	1.35	5.8	2,441	4,287	1,017	28.4	222.3	1.85	151.3	450.1	3.11	9.51	12.6	2.4	1.1
-4.81	15.31	25.12	90.65	1.79	6.0	2,441	4,287	1,017	28.4	222.3	1.85	151.3	450.1	3.11	9.51	16.2	3.0	1.4
-0.73	32.79	-3.39	20.08	1.75	16.8	189.2	397.1	169.7	-31.9	22.3	0.78	-48.9	73.7			13.4	1.1	0.3
-3.96	-5.69	-0.20	55.25	1.03	7.2	94.0	91.6	5.2	-0.4	1.4	0.22	-30.7	2.5	14.05	7.95	66.3	18.0	12.0
12.75	-33.28	-59.41	-72.85			140.3	1,380	456.6	-1.6	-59.4	-1.99	-96.2	31.3	-0.23		-2.3	0.3	4.0
0.99	12.12	25.04	94.26	1.87	8.9	367.7	573.9	51.9	47.7	33.1	1.98	-18.8	-94.7	4.76	10.42	10.6	7.0	1.1
						149.7	417.9	47.4	-3.0	-16.3	-1.07	-44.4	25.8	4.05				
19.61	29.26	26.04	-2.19	1.00	10.8	149.7	417.9	47.4	-3.0	-16.3	-1.07	-44.4	25.8	4.05		-8.7	3.2	0.8
						149.7	417.9	47.4	-3.0	-16.3	-1.07	-44.4	25.8	4.05				
3.77	9.68	11.33	22.79	0.34	2.5	1,921	--	226.1	2.6	92.7	0.67	-6.6	89.5		6.81	20.2	8.3	1.4
0.39	2.20	3.44				122.1	122.1	--		6.0	0.07	209.4	-1.5	-0.26	119.63	148.6		24.4
-27.12	-8.55	-49.22	-28.33			5,132	7,533	5,238	11.0	543.0	3.58	-6.4	694.0	10.27	24.32	9.5	1.0	2.1
-40.40	-9.48	-75.00	-92.26			11.6	4.4	1.5	-31.3	-14.0	-4.62	-7,176.0	-12.1	-73.93		-0.7	7.3	3.0
-18.75	-18.75	-18.75	-38.10			0.25	0.13	--		-0.02	0.00	61.7	-0.01	-3.25		-18.1		4.1
1.08	2.52	-19.69		0.17	1.1	262.5	--	69.9	57.1	11.2	0.76	144.7	3.8		5.5	19.6	4.0	1.0
-3.27	21.30	-4.21	5.85	0.39	4.7	708.6	--	36.6	-56.9	22.9	0.03	-95.9	165.5		2.03	329.9	19.2	0.9
-33.33	1.97	-51.87	-59.24			6.6	4.9	11.7	-65.5	-1.2	-0.02	-171.4	-2.2	-11.34		-5.7	0.6	1.2
-2.57	2.96	1.33	38.34	0.82	6.2	--	--	141.1	13.3	0.83	0.00	-102.5	71.0	2.46	1.09	-4,380.0	28.4	
-6.35	1.72	-41.00	-21.33			179.6	452.4	421.1	-3.5	-21.3	-0.06	-134.4	127.0	3.04	1.04	-10.1	0.6	0.3
-1.37	7.74	-39.15	-21.83			179.6	452.4	421.1	-3.5	-21.3	-0.06	-134.4	127.0	3.04	1.04	-7.7	0.4	0.2
0.00						332.2	332.2	0.23	6,745.5	-1.1	-0.01	-143.5	0.05			-289.3	1,620.0	-284.2
-23.39	21.79	-52.50	-60.42			1.3	2.8	2.0		-0.65	-0.01	68.4	0.24	-24.35		-2.0	0.7	-0.6

I. Index of Stocks — Summer 2019

Company Name	Stock Ticker Symbol	Traded On	Sector	Overall Rating	Recommendation	Reward Rating	Risk Rating	Recent Up/Downgrade	Stock Price as of 6/30/2019	52-Week High	52-Week Low	3-Year Beta	Growth	Efficiency	Solvency	Volatility	Dividend	Total Return
Capstone Turbine Corporation	CPST	NAS CM	Industrials	D	Sell	D	D	Up	0.76	1.82	0.55	0.90	W	V	G	W	–	W
Captiva Verde Land Corp.	CPIVF	OTC PK	Real Estate	E	Sell	E+	D+		0.17	0.23	0.11		V	V	G	F	–	W
Cara Therapeutics, Inc.	CARA	NAS	Health Care	D-	Sell	E+	D		21.15	24.30	12.19	2.10	W	V	E	W	–	E
Caracara Silver Inc.	CARAF	OTC PK	Materials	D	Sell	D	D		0.09	0.12	0.06	4.11	W	V	G	W	–	F
CARBO Ceramics Inc.	CRR	NYSE	Energy	D-	Sell	D	D-	Down	1.31	10.61	0.93	2.71	W	W	G	W	–	V
Carbon Black, Inc.	CBLK	NAS GS	Information Tech	E+	Sell	E+	D-	Down	16.41	27.27	11.8		W	V	E	W	–	W
Carbon Energy Corporation	CRBO	OTC PK	Energy	D	Sell	D+	D	Down	5.00	13.00	5	-0.34	W	F	G	W	–	W
Carbonite, Inc.	CARB	NAS	Information Tech	D+	Sell	C	D		25.87	43.63	21.84	0.74	F	F	G	W	–	F
Cardax, Inc.	CDXI	OTC PK	Health Care	C-	Hold	C	D		0.13	0.24	0.07	0.02	W	E	F	W	–	W
Cardero Resource Corp.	CDU.V	TSXV	Materials	D-	Sell	D-	D-		0.05	0.15	0.04	-0.09	W	V	F	W	–	V
Cardero Resource Corp.	CDYCF	OTC PK	Materials	D-	Sell	D-	D-		0.03	0.11	0.02	0.37	W	V	F	W	–	V
Cardiff Lexington Corporation	CDIX	OTC PK	Consumer Discretn	D	Sell	C-	D-		0.00	39.75	0	-1.19	F	E	F	W	–	V
Cardinal Energy Ltd.	CRLFF	OTC PK	Energy	C-	Hold	C	D	Up	1.94	4.32	1.33	1.44	G	F	G	W	G	V
Cardinal Energy Ltd.	CJ.TO	TSX	Energy	C-	Hold	C	D	Up	2.48	5.68	1.8	1.17	G	F	G	W	G	W
Cardinal Ethanol, LLC	CRDE	OTC PK	Energy	C-	Hold	C+	D	Up	8,100.00	9,985.00	8,100.00	-0.16	F	G	E	W	G	W
Cardinal Health, Inc.	CAH	NYSE	Health Care	C-	Hold	C+	D-		46.61	58.31	42.01	1.67	F	G	G	W	G	W
CardioComm Solutions, Inc.	EKGGF	OTC PK	Health Care	D-	Sell	E+	D	Down	0.04	0.10	0.03	0.50	W	V	G	W	–	G
CardioComm Solutions, Inc.	EKG.V	TSXV	Health Care	D-	Sell	E+	D	Down	0.06	0.13	0.04	1.67	W	V	G	W	–	F
Cardiol Therapeutics Inc.	CRTPF	OTC PK	Health Care	E-	Sell	E+	D-		3.47	10.00	2.52		W	V	E	W	–	W
Cardiol Therapeutics Inc.	CRDL.TO	TSX	Health Care	E	Sell	E+	D-		4.51	8.49	3.57		W	V	E	W	–	W
Cardiovascular Systems, Inc.	CSII	NAS GS	Health Care	C	Hold	B	D		42.65	45.61	24.84	1.27	G	F	E	W	–	E
Cardlytics, Inc.	CDLX	NAS	Communication Svc	D-	Sell	E+	D		24.59	28.29	9.8		F	V	E	W	–	F
Cardtronics plc	CATM	NAS GS	Information Tech	D	Sell	D+	D		26.82	39.10	23.57	1.48	W	F	F	W	–	W
Care.com, Inc.	CRCM	NYSE	Communication Svc	C	Hold	B	D+	Down	11.00	25.81	10.77	0.78	G	G	E	W	–	F
CareDx, Inc	CDNA	NAS	Health Care	D-	Sell	E+	D		35.97	40.50	11.85	0.71	F	V	E	W	–	E
Career Education Corporation	CECO	NAS GS	Consumer Discretn	C+	Hold	B	C-	Up	18.83	20.39	11.01	1.05	F	G	E	F	–	E
CareTrust REIT, Inc.	CTRE	NAS GS	Real Estate	B	Buy	A+	C		23.64	25.54	16.29	0.82	E	E	E	F	G	G
Careview Communications, Inc.	CRVW	OTC PK	Health Care	D-	Sell	E+	D-		0.02	0.10	0.01	0.73	F	V	F	W	–	V
Cargojet Inc.	CGGJF	OTC PK	Industrials	C	Hold	B	C	Up	56.32	66.51	53.33	-0.20	G	G	G	G	W	F
Cargojet Inc.	CJT.TO	TSX	Industrials	C+	Hold	B	C-		82.05	88.58	62	0.59	G	G	G	G	W	G
Cargojet Inc.	CGJTF	OTC PK	Industrials	C	Hold	B	C		63.08	64.90	55.1	-0.65	G	G	G	G	W	F
Cargojet Inc.	CJTA.TO	TSX	Industrials	C	Hold	B	C-		75.62	86.29	63.2	0.25	G	G	G	G	W	F
CarGurus, Inc.	CARG	NAS GS	Communication Svc	C	Hold	C+	D+		35.29	57.25	30.29		F	E	E	W	–	F
Caribbean Investment Holdings Limited	BCBHF	OTC PK	Financials	C	Hold	B	D+		0.20	0.31	0.15	2.26	F	G	E	W	–	F
Cariboo Rose Resources Ltd.	CROOF	OTC PK	Materials	D	Sell	D	D		0.02	0.03	0.01	-0.14	W	W	E	W	–	W
Cariboo Rose Resources Ltd.	CRB.V	TSXV	Materials	D	Sell	D	D		0.05	0.05	0.02	-0.58	W	W	E	W	–	F
Carl Data Solutions Inc.	CDTAF	OTC PK	Information Tech	E+	Sell	E+	D-	Down	0.06	0.13	0.04	2.94	F	V	F	W	–	V
Carlin Gold Corporation	CGD.V	TSXV	Materials	D	Sell	D	D-		0.02	0.04	0.02	-0.60	W	W	G	W	–	W
Carlisle Companies Incorporated	CSL	NYSE	Industrials	C+	Hold	B-	C	Down	138.97	142.30	92.16	1.21	F	E	E	F	W	F
Carmanah Technologies Corporation	CMHXF	OTC PK	Industrials	C	Hold	A-	C	Up	5.35	5.47	2.54	-0.89	G	G	E	F	–	G
Carmanah Technologies Corporation	CMH.TO	TSX	Industrials	B-	Buy	A-	C	Up	7.21	7.25	3.39	-1.36	G	G	E	F	–	G
CarMax, Inc.	KMX	NYSE	Consumer Discretn	C+	Hold	B	C-	Up	86.86	88.64	55.24	1.07	G	G	F	F	–	G
Carnival Corporation	CCL	NYSE	Consumer Discretn	C	Hold	B	D		45.92	67.69	44.76	1.23	E	E	G	W	G	W
Carnival plc	CUK	NYSE	Consumer Discretn	C	Hold	B	D		44.63	67.00	43.67	1.23	E	E	G	W	G	W
Carnival plc	CUKPF	OTC PK	Consumer Discretn	C	Hold	B	D+		51.11	65.74	49	1.01	E	E	G	W	G	W
Carolina Financial Corporation	CARO	NAS CM	Financials	B-	Buy	B+	C	Up	34.88	45.49	27.62	1.41	E	E	E	F	W	F
Carolina Trust BancShares, Inc.	CART	NAS CM	Financials	B-	Buy	B	C+	Up	7.77	9.35	7.2	0.54	F	G	E	F	–	W
Carpenter Technology Corporation	CRS	NYSE	Materials	C+	Hold	B	D+		48.27	60.78	32.77	2.70	F	E	E	W	F	F
Carriage Services, Inc.	CSV	NYSE	Consumer Discretn	C	Hold	C+	D+	Up	18.82	25.29	14.5	0.80	F	G	G	W	F	W
Carrizo Oil & Gas, Inc.	CRZO	NAS GS	Energy	D+	Sell	C	D		9.97	31.57	8.64	2.14	E	G	G	W	–	V
Carroll Bancorp, Inc.	CROL	OTC PK	Financials	C	Hold	C	C	Up	12.85	14.00	12.38	0.23	G	F	E	F	–	W
Carrols Restaurant Group, Inc.	TAST	NAS GS	Consumer Discretn	D	Sell	C-	D	Down	8.84	16.40	8.16	1.05	W	F	F	W	–	W

*Ratings Factors: E=Excellent, G=Good, F=Fair, W=Weak, V=Very Weak, U=Unrated

Summer 2019 — I. Index of Stocks

	TOTAL RETURNS %			DIVIDEND/YIELD		SIZE		REVENUE & INCOME			EARNINGS		EFFECTIVENESS			VALUATION		
3-Month Total Return (%)	6-Month Total Return (%)	1-Year Total Return (%)	3-Year Total Return (%)	Dividend $ TTM	Dividend Yield TTM	Market Cap. ($Mil)	Enterprise Value ($Mil)	Revenue ($Mil)	Revenue Growth (%)	Net Income ($Mil)	Earnings/Share $	EPS Growth (%)	Cash from Operations ($Mil)	Return on Assets (%)	Return on Equity (%)	Earnings (P/E) TTM	Sales (P/S) TTM	Book (P/B) Q
-15.96	26.96	-48.29	-43.70			55.2	52.8	83.4	0.7	-16.7	-0.25	-14.1	-17.7	-13.38		-3.0	0.7	2.4
-12.24						16.3	15.9	--		-0.83	-0.01	-762.5	-0.04	-47.96		-12.3		13.0
10.73	66.54	9.76	341.54			840.7	711.3	17.9		-79.2	-2.11	-30.5	-31.4	-41.49		-10.0	46.9	7.3
0.00	-15.77	-13.74	309.52			2.0	1.2	--		-0.02	0.00	42.0	-0.07	-8.01		-18.3		2.7
-63.41	-61.36	-85.71	-89.55			38.4	119.2	208.8	2.7	-73.2	-2.70	70.4	-18.1	-7.6		-0.5	0.2	0.1
15.08	23.66	-35.32				1,174	1,039	219.8	26.9	-81.2	-4.94	54.2	-50.4	-14.93		-3.3	5.3	6.7
-50.00	-45.95	-58.33	-3.81			39.1	218.1	75.3	248.8	0.74	-0.26	-137.4	19.1	2.08	2.39	-19.4	0.5	0.9
5.85	4.65	-25.12	185.23			891.1	1,351	313.6	27.3	-2.4	-0.11	-459.5	69.0	0.3		-237.1	2.9	3.4
-26.90	-30.56	-43.18	43.68			17.0	17.8	1.4	67.1	-4.1	-0.04	-49.6	-3.5	-113.58		-3.1	12.4	-3.8
-18.18	-43.75	-66.67	-78.57			2.5	5.3	--		-2.8	-0.04	-725.8	-0.94	-19.11		-1.1		2.7
-32.89	-57.43	-73.33	-83.18			2.5	5.3	--		-2.8	-0.04	-725.8	-0.94	-19.11		-0.6		1.6
-97.30	-99.89	-99.99	-100.00			0.15	2.9	3.0	109.0	-11.0	-54.49	49.2	-1.2	-61.63		0.0	0.3	-1.3
-2.57	29.01	-50.61	-68.74	0.17	8.6	217.7	411.1	245.3	5.6	43.3	0.35	162.5	64.4	4.9	7.53	5.6	0.9	0.4
-6.46	19.87	-51.50	-68.72	0.25	9.9	217.7	411.1	245.3	5.6	43.3	0.35	162.5	64.4	4.9	7.53	7.1	1.2	0.5
0.00	-14.74	-32.50	-37.69			118.3	125.3	259.8	11.7	2.0	140.09	-66.3	19.2	1.13	1.72	57.8	0.5	1.0
-2.77	5.64	-4.77	-33.08	1.91	4.1	13,893	19,537	143,530	6.8	3.0	0.10	-98.2	2,770	2.69	0.07	485.5	0.1	2.2
-30.85	36.43	-1.55	40.44			6.4	6.7	0.74	-39.4	-0.49	0.00	-800.0	-0.09	-24.67		-10.6	7.2	-76.4
-20.00	50.00	20.00	33.33			6.4	6.7	0.74	-39.4	-0.49	0.00	-800.0	-0.09	-24.67		-16.7	11.3	-120.0
-19.53						88.9	78.0	--		-14.3	-0.84	-631.9	-10.7			-4.1		5.5
-21.43	1.58					88.9	78.0	--		-14.3	-0.84	-631.9	-10.7			-5.4		7.1
13.04	51.67	29.36	145.54			1,485	1,391	238.9	13.3	2.0	0.05	212.2	12.9	0.52	1.5	875.8	6.1	10.5
48.85	131.54	9.34				555.0	565.3	154.0	13.0	-39.3	-1.85	73.8	-20.4	-15.45		-13.3	3.6	11.8
-23.72	5.63	7.62	-29.51			1,242	2,099	1,327	-10.7	10.8	0.23	107.0	263.0	2.96	2.71	117.8	0.9	3.3
-43.21	-44.08	-47.27	33.50			357.2	313.6	198.3	11.4	49.2	1.17	348.1	27.3	2.24	26.8	9.4	1.8	2.2
9.23	53.06	185.02	671.89			1,515	1,462	88.5	74.2	-45.3	-1.21	46.3	-5.4	-9.12		-29.6	16.9	15.8
13.78	63.88	15.95	246.14			1,320	1,142	591.1	1.5	62.5	0.86	387.2	58.8	12.96	18.2	21.9	2.3	3.5
0.90	29.09	44.72	100.00	0.86	3.6	2,260	2,724	158.5	12.8	59.4	0.71	81.8	107.4	3.96	8.45	33.4	13.1	2.6
18.37	8.75	-41.81	-88.40			2.4	88.6	6.0	-5.7	-14.4	-0.10	27.7	-3.2	-18.31		-0.2	0.4	0.0
-6.76	-1.44	10.46		0.66	1.2	839.6	1,326	355.3	15.2	12.0	1.25	-17.9	93.9	4.63	10.14	45.1	2.2	6.5
5.16	17.14	29.58	171.36	0.89	1.1	839.6	1,326	355.3	15.2	12.0	1.25	-17.9	93.9	4.63	10.14	65.6	3.1	9.5
6.30	4.04	31.52	162.22	0.67	1.1	839.6	1,326	355.3	15.2	12.0	1.25	-17.9	93.9	4.63	10.14	50.5	2.4	7.3
-2.70	-5.78	13.60	149.39	0.87	1.2	839.6	1,326	355.3	15.2	12.0	1.25	-17.9	93.9	4.63	10.14	60.5	2.9	8.7
-9.07	5.25	2.74				3,926	3,848	490.7	40.8	74.1	0.65	369.3	55.0	6.49	42.86	54.3	8.2	18.6
10.34	0.00	0.00	110.53			20.2	--	47.3	16.2	18.0	0.19	82.2	14.7		24.51	1.1	0.4	0.2
17.98	-3.39	-12.36	-49.09			1.7	1.7	--		-0.12	0.00	-516.7	-0.07	-3.69		-9.8		0.9
25.00	42.86	66.67	-28.57			1.7	1.7	--		-0.12	0.00	-516.7	-0.07	-3.69		-20.0		1.7
-3.12	22.71	-45.05				3.2	4.0	1.2	24.5	-2.3	-0.03	65.8	-0.88	-61.53		-1.8	3.5	4.1
-25.00	-25.00	-40.00	-50.00			1.0	0.93	--		-0.18	0.00	44.7	0.03	-4.91		-7.1		1.2
14.29	41.12	29.64	42.41	1.60	1.2	7,930	9,075	4,567	15.3	380.9	6.38	-34.4	415.8	6.51	14.42	21.8	1.8	3.1
7.43	25.62	53.13	99.11			103.6	14.6	23.6	-1.7	42.7	2.21	431.4	8.4	-1.4		2.4	4.4	1.0
7.29	20.57	51.79	92.27			103.6	14.6	23.6	-1.7	42.7	2.21	431.4	8.4	-1.4		3.3	5.9	1.3
36.40	39.00	18.26	85.96			14,366	29,273	19,146	6.5	842.4	4.79	33.5	163.0	4.07	25.47	18.1	0.8	4.3
-7.91	-3.95	-16.84	14.71	2.00	4.4	31,704	41,694	19,802	7.8	2,987	4.25	9.0	5,631	4.68	12.44	10.8	1.6	1.3
-8.79	-5.77	-20.41	10.25	2.00	4.5	30,092	40,135	19,804	7.9	2,987	4.25	9.0	5,631	4.69	12.44	10.5	1.6	1.3
-6.64	4.31	-18.65	6.61			30,092	40,135	19,804	7.9	2,987	4.25	9.0	5,631	4.69	12.44	12.0	1.8	1.5
0.64	17.97	-18.61	93.79	0.31	0.9	774.5	--	172.1	27.8	60.2	2.69	69.5	63.5		11.31	13.0	4.5	1.3
-5.01	2.64	-5.81	25.53			72.2	--	19.7	32.5	2.7	0.37	142.7	2.4		5.6	20.8	3.7	1.1
7.94	36.02	-6.65	64.36	0.80	1.7	2,287	2,945	2,357	15.1	160.9	3.31	-7.6	175.7	4.7	10.99	14.6	1.0	1.5
-1.70	21.51	-22.62	-12.54	0.30	1.6	342.6	718.6	263.7	0.1	8.8	0.48	-78.7	45.1	2.82	4.02	39.4	1.3	1.5
-20.75	-11.54	-64.39	-71.69			922.3	2,891	1,034	30.3	528.3	5.54	583.4	639.9	8.64	56.49	1.8	0.9	0.8
-2.02	1.45	-5.32	-10.05			14.5	--	4.5	16.9	0.31	0.27	110.2	0.90			48.2	3.2	0.8
-11.51	-5.76	-40.87	-24.57			392.2	1,227	1,199	7.0	1.7	-0.03	-117.2	68.9	2.4	0.99	-271.2	0.3	1.8

https://greyhouse.weissratings.com

Data as of June 30, 2019

I. Index of Stocks

Summer 2019

Company Name	Stock Ticker Symbol	Traded On	Sector	Overall Rating	Recommendation	Reward Rating	Risk Rating	Recent Up/Downgrade	Stock Price as of 6/30/2019	52-Week High	52-Week Low	3-Year Beta	Growth	Efficiency	Solvency	Volatility	Dividend	Total Return
Cars.Com Inc.	CARS	NYSE	Communication Svc	D+	Sell	C	D		19.83	32.94	19.05	0.72	W	G	G	W	–	W
Carter Bank & Trust	CARE	NAS GS	Financials	B-	Buy	B	C+	Up	19.55	21.14	14.45	0.87	G	F	E	F	–	G
Carter's, Inc.	CRI	NYSE	Consumer Discretn	C	Hold	B	D+		95.46	118.22	75.66	1.30	F	E	E	W	F	W
Cartier Iron Corporation	CRTIF	OTC PK	Materials	D	Sell	D	D	Up	0.06	0.07	0.04	3.82	W		F	W	–	W
Cartier Resources Inc.	ECR.V	TSXV	Materials	D	Sell	D	D		0.15	0.19	0.11	0.56	W	W	E	W	–	W
Cartier Resources Inc.	ECRFF	OTC PK	Materials	D	Sell	D	D		0.10	0.13	0.08	1.22	W	W	E	W	–	W
Carube Copper Corp.	CUC.V	TSXV	Materials	D	Sell	D	D		0.05	0.08	0.03	1.09	W	W	E	W	–	W
Carube Copper Corp.	CARCF	OTC PK	Materials	D	Sell	D	D		0.03	0.05	0.03	2.42	W	W	E	W	–	W
Carvana Co.	CVNA	NYSE	Consumer Discretn	D	Sell	D	D		61.98	76.85	28.44	2.40	F	V	W	W	–	G
Carver Bancorp, Inc.	CARV	NAS CM	Financials	D+	Sell	C	D		3.04	7.50	2.62	1.90	F	F	G	W	–	W
Casa Minerals Inc.	CASA.V	TSXV	Materials	D-	Sell	E+	D	Down	0.09	0.24	0.09		F	V	G	W	–	W
Casa Minerals Inc.	CASXF	OTC PK	Materials	E-	Sell	E+	D		0.08	0.12	0.08		F	V	G	W	–	W
Casa Systems, Inc.	CASA	NAS GS	Information Tech	D	Sell	C-	D-	Down	6.48	18.83	5.46		W	G	G	W	–	V
Cascadero Copper Corporation	CCD.V	TSXV	Materials	D-	Sell	E+	D-	Down	0.02	0.06	0.02	2.92	W		F	W	–	V
Cascadero Copper Corporation	CCEDF	OTC PK	Materials	D-	Sell	E+	D-	Down	0.01	0.05	0.01	1.74	W		F	W	–	V
Cascades Inc.	CAS.TO	TSX	Materials	C-	Hold	C	D		10.60	13.94	7.55	1.03	F	G	W	W	W	
Cascades Inc.	CADNF	OTC PK	Materials	D+	Sell	C	D	Down	7.99	10.63	5.78	1.09	F	G	G	W	F	W
Casella Waste Systems, Inc.	CWST	NAS GS	Industrials	C	Hold	B	D		39.09	41.72	24.61	0.70	G	F	F	G	–	E
Casey's General Stores, Inc.	CASY	NAS GS	Consumer Staples	C+	Hold	B-	C		155.59	155.89	102.47	0.81	F	E	G	F	W	F
CASI Pharmaceuticals, Inc.	CASI	NAS CM	Health Care	D	Sell	D	D		3.09	8.89	2.73	0.95	V	W	E	W	–	F
Cass Information Systems, Inc.	CASS	NAS GS	Information Tech	C	Hold	B	C-	Down	47.96	62.03	44.35	0.42	E	E	G	F	F	W
Cassava Sciences, Inc.	SAVA	NAS CM	Health Care	D-	Sell	D-	D		1.21	2.99	0.76	2.29	W	V	E	W	–	W
Cassius Ventures Ltd.	CZH.V	TSXV	Materials	C	Hold	B	D		0.06	0.08	0.04	3.38	F	E	F	W	–	G
Cassowary Capital Corporation Limited	BIRDP.V	TSXV	Financials	D-	Sell	D	D	Up	0.13	0.21	0.1		W	W	E	W	–	W
Castle Brands Inc.	ROX	AMEX	Consumer Staples	D+	Sell	C	D	Up	0.45	1.30	0.44	0.57	E	F	G	W	–	W
Castle Peak Mining Ltd	CAP.V	TSXV	Materials	D-	Sell	E+	D	Down	0.02	0.02	0.01	2.24	V	V	E	W	–	V
Castle Peak Mining Ltd	CPKOF	OTC PK	Materials	D-	Sell	E+	D		0.02	0.02	0	12.32	V	V	E	W	–	V
Castlight Health, Inc.	CSLT	NYSE	Health Care	D	Sell	D+	D	Down	2.98	5.95	1.86	1.11	F	W	E	W	–	W
Castor Maritime Inc.	CTRM	NAS CM	Industrials	E-	Sell	C	D		4.19	19.00	3.8		W	G	E	W	–	W
Catabasis Pharmaceuticals, Inc.	CATB	NAS	Health Care	D-	Sell	E+	D		7.80	10.40	3.6	1.49	F	V	E	W	–	W
Catalent, Inc.	CTLT	NYSE	Health Care	C+	Hold	B	C		53.77	54.10	29.23	1.79	F	G	E	F	–	G
Catalina Gold Corp.	CAH.V	TSXV	Energy	D	Sell	C-	D-	Up	0.07	0.08	0.07	0.15	W	G	F	W	–	W
Catalyst Biosciences, Inc.	CBIO	NAS CM	Health Care	D	Sell	D	D		7.67	14.37	6.2	2.57	W	V	E	W	–	W
Catalyst Pharmaceuticals, Inc.	CPRX	NAS CM	Health Care	D-	Sell	D-	D		3.73	6.16	1.85	2.78	W	V	E	W	–	G
Catasys, Inc.	CATS	NAS CM	Health Care	C-	Hold	C+	D		18.80	20.83	6.27	2.23	W	W	G	W	–	E
CatchMark Timber Trust, Inc.	CTT	NYSE	Real Estate	D+	Sell	D+	D	Up	10.24	13.01	6.71	1.65	W	W	E	W	G	W
Caterpillar Inc.	CAT	NYSE	Industrials	B-	Buy	B+	C		135.50	159.37	112.06	1.48	G	E	E	F	G	F
Cathay General Bancorp	CATY	NAS GS	Financials	C	Hold	B	D+		35.26	43.53	31.94	1.44	E	E	E	W	G	W
Cathedral Energy Services Ltd.	CETEF	OTC PK	Energy	D	Sell	D	D		0.34	0.97	0.28	0.73	W	W	E	W	–	W
Cathedral Energy Services Ltd.	CET.TO	TSX	Energy	D	Sell	D	D		0.43	1.31	0.38	1.01	W	W	E	W	–	W
Cavco Industries, Inc.	CVCO	NAS GS	Consumer Discretn	C	Hold	B	D+		156.26	261.80	112	1.34	G	E	E	W	–	F
Cavitation Technologies, Inc.	CVAT	OTC PK	Information Tech	D	Sell	D	D	Down	0.02	0.05	0.01	-0.18	W	F	F	W	–	W
CB Financial Services, Inc.	CBFV	NAS	Financials	C	Hold	B	D		23.13	35.00	22.77	0.39	F	E	E	W	G	W
CBA Florida, Inc.	CBAI	OTC PK	Health Care	B-	Buy	B	C+		0.01	0.01	0.01	-0.68	F	G	E	F	–	F
CBAK Energy Technology, Inc.	CBAT	NAS CM	Information Tech	D	Sell	D	D-		0.98	1.23	0.23	4.67	F	W	W	W	–	W
cbdMD, Inc.	YCBD	AMEX	Communication Svc	E+	Sell	C	C-		5.62	7.24	2.54		W	G	G	G	–	F
CBIZ, Inc.	CBZ	NYSE	Industrials	B-	Buy	B	C+	Down	19.61	24.38	18.64	0.25	E	G	G	F	–	F
CBL & Associates Properties, Inc	CBL	NYSE	Real Estate	D	Sell	C	E+	Down	0.99	5.96	0.77	2.03	W	G	E	V	E	V
CBLT Inc.	CBBLF	OTC PK	Materials	D-	Sell	D	D-	Down	0.03	0.04	0.01		W	W	G	W	–	V
CBLT Inc.	CBLT.V	TSXV	Materials	D	Sell	D	D		0.03	0.07	0.02	1.75	W	W	G	W	–	W
CBM Bancorp, Inc.	CBMB	NAS CM	Financials	D-	Sell	C	C-	Up	13.95	15.30	12.02		G	F	E	E	–	W
Cboe Global Markets, Inc.	CBOE	BATS	Financials	B-	Buy	B	C	Up	106.06	115.11	87.87	0.10	G	E	E	F	W	F

*Ratings Factors: E=Excellent, G=Good, F=Fair, W=Weak, V=Very Weak, U=Unrated

Summer 2019 — I. Index of Stocks

TOTAL RETURNS %				DIVIDEND/YIELD		SIZE		REVENUE & INCOME			EARNINGS		EFFECTIVENESS			VALUATION		
3-Month Total Return (%)	6-Month Total Return (%)	1-Year Total Return (%)	3-Year Total Return (%)	Dividend $ TTM	Dividend Yield TTM	Market Cap. ($Mil)	Enterprise Value ($Mil)	Revenue ($Mil)	Revenue Growth (%)	Net Income ($Mil)	Earnings/Share $	EPS Growth (%)	Cash from Operations ($Mil)	Return on Assets (%)	Return on Equity (%)	Earnings (P/E) TTM	Sales (P/S) TTM	Book (P/B) Q
-12.80	-7.03	-30.05				1,321	1,982	656.4	3.7	28.8	0.41	-85.2	175.3	1.87	1.76	48.5	2.0	0.8
1.82	32.54	8.31	57.38			514.3	--	110.4	44.4	10.6	0.40	528.4	52.5		2.41	49.3	4.7	1.1
-5.57	18.42	-11.94	-2.25	1.90	2.0	4,316	5,625	3,448	0.7	274.1	5.90	-5.1	329.1	10.22	32.16	16.2	1.3	5.1
8.43	8.43	9.86				3.9	4.2	--		-0.47	-0.01		61.6	-0.16	-29.3	-8.9		7.8
16.00	16.00	20.83	16.00			19.6	15.0	--		-4.2	-0.02	-245.6		-0.64	-16.05	-6.2		1.6
7.21	15.31	-2.18	16.72			19.6	15.0	--		-4.2	-0.02	-245.6		-0.64	-16.05	-4.4		1.2
-10.00	12.50	-35.71	-65.38			5.9	5.5	--		-1.3	-0.01	31.5		-1.1	-7.77	-5.9		0.8
2.93	2.93	-45.51	-57.44			5.9	5.5	--		-1.3	-0.01	31.5		-1.1	-7.77	-3.7		0.5
7.14	94.97	48.31				3,033	4,035	2,350	121.7	-83.3	-2.33	46.5	-497.4	-14.34		-26.6	1.1	48.9
-27.06	-11.63	-33.77	-18.93			11.2	--	31.9	30.2	3.1	-0.03	97.5	-1.8			-105.6	0.4	4.1
-37.93	-47.06	-40.00				2.9	2.4	--		-0.51	-0.01	18.6	-0.75	-37.91		-6.0		4.0
-30.97						2.9	2.4	--		-0.51	-0.01	18.6	-0.75	-37.91		-5.0		3.3
-21.64	-49.77	-59.53				543.2	573.7	243.5	-33.8	39.9	0.42	1,308.8	33.6	5.8	58.12	15.3	2.2	8.3
-33.33	-20.00	-69.23	-75.00			2.7	3.1	--		-0.78	0.00	-110.0	-0.44	-70.24		-4.8		-5.7
-51.60	-30.86	-77.13	-81.75			2.7	3.1	--		-0.78	0.00	-110.0	-0.44	-70.24		-2.9		-3.5
27.80	7.38	-8.84	22.17	0.16	1.5	756.3	2,322	3,645	5.9	17.3	0.14	-95.5	295.9	3.04	3.32	74.0	0.3	0.9
30.18	10.76	-10.08	20.49	0.12	1.5	756.3	2,322	3,645	5.9	17.3	0.14	-95.5	295.9	3.04	3.32	55.8	0.2	0.7
10.96	38.76	49.26	418.44			1,847	2,384	676.9	10.4	8.6	0.18	129.0	112.8	4.53	38.97	212.3	2.7	22.2
22.08	23.30	47.92	28.88	1.16	0.8	5,699	7,012	8,302	14.8	197.9	5.34	-37.7	501.6	5.56	15.22	29.1	0.7	4.1
-2.52	-29.77	-57.96	183.49			295.8	219.5	--		-32.0	-0.35	-81.2	-28.4	-19.64		-8.8		2.8
2.09	-7.20	-15.32	32.99	1.00	2.1	696.7	519.9	155.3	9.8	30.3	2.03	12.8	46.6	1.53	13.28	23.7	4.5	3.0
-1.63	49.22	-46.34	-91.61			20.8	1.9	--		-5.8	-0.58	66.3	-3.7	-24.3		-2.1		1.1
0.00	0.00	100.00	100.00			0.47	0.57	--		-0.02	0.00	8.0	-0.02	-113.33		-26.1		-3.3
0.00	0.00					0.40	-0.19	--		-0.14	-0.11		0.00	-14.96		-1.2		0.9
-35.71	-50.51	-63.11	-41.56			75.2	128.6	89.0	8.2	5.7	0.03	353.5	-8.5	4	64.71	17.6	1.0	6.0
0.00	50.00	-25.00	-62.50			1.5	-0.49	--		0.01	0.00	-98.9	-0.26	-2.27	0.35	75.0		0.7
707.69	707.69	11.11	-27.59			1.5	-0.49	--		0.01	0.00	-98.9	-0.26	-2.27	0.35	105.0		1.0
-21.16	33.04	-29.88	-24.56			429.0	386.7	155.4	10.4	-35.8	-0.26	34.3	-11.7	-10.05		-11.6	2.7	2.3
-33.91						12.4	9.8	2.0	20.2	0.33	-0.40	-91.6	0.90			-10.6	4.9	1.0
3.17	91.22	-15.22	-80.88			89.7	39.6	--		-24.3	-4.25	63.2	-23.2	-41.5		-1.8		1.8
32.67	74.92	30.32	142.97			7,835	9,794	2,478	3.5	149.0	1.06	114.3	263.1	4.17	11.08	50.8	3.2	4.8
0.00	0.00	-18.75	-87.00			0.51	0.53	0.02	-26.6	-0.69	-0.07	55.0	-0.22	-90.73		-0.9	34.2	-1.3
-3.52	-4.12	-35.38	-58.77			91.9	-11.3	0.00	-100.0	-40.1	-3.35	41.1	-38.4	-20.78		-2.3		0.9
-26.43	88.38	18.41	397.33			383.6	339.2	12.9		-28.9	-0.28	-34.2	-27.6	-27.06		-13.2	29.6	7.5
46.88	96.86	170.11	382.13			304.8	313.6	20.1	157.2	-12.9	-0.81	-335.9	-9.5	-135.16		-23.3	15.2	-28.5
6.54	47.93	-14.52	2.00	0.54	5.3	502.6	980.0	97.3	2.6	-149.0	-3.04	-738.2	24.1	0.4		-3.4	5.2	1.8
2.98	9.23	2.12	102.94	3.44	2.5	77,489	107,713	55,329	14.1	6,363	10.73	191.5	6,744	6.77	41.4	12.6	1.4	5.0
4.95	7.26	-11.10	40.87	1.17	3.3	2,834	--	617.5	12.1	274.7	3.38	44.2	338.8		13.17	10.4	4.6	1.3
-33.53	-36.37	-60.77	-13.00			16.2	34.5	120.4	3.5	-15.9	-0.33	-836.2	0.52	-9.05		-1.0	0.1	0.3
-36.76	-41.10	-63.25	-14.00			16.2	34.5	120.4	3.5	-15.9	-0.33	-836.2	0.52	-9.05		-1.3	0.2	0.3
33.27	18.87	-24.20	76.15			1,422	1,257	962.7	10.5	68.6	7.39	10.7	32.8	7.2	13.91	21.1	1.5	2.7
-9.26	2.08	-38.66	-22.66			4.8	4.3	0.99	-28.2	-0.84	0.00	-100.0	-0.31	-51.63		-5.8	4.9	-6.0
-1.93	-4.08	-30.51	21.87	0.93	4.0	125.7	--	48.1	39.6	8.6	1.59	-0.8	13.7		7.36	14.6	2.6	0.9
15.70	11.59	42.59	156.67			9.8	-2.1	--		13.1	0.01	5,050.0	-2.2	-24.76		0.8		0.7
-4.98	147.65	9.97	-62.36			31.1	69.9	26.3	-54.7	-2.2	-0.08	91.3	2.3	-5.81		-12.9	1.1	10.7
26.58	91.16					155.8	150.6	6.9	83.7	-33.9	-3.34	-54,852.5	-4.5			-1.7	8.3	-3.9
-2.92	0.31	-14.74	96.10			1,077	1,422	925.9	5.2	63.2	1.12	2.1	101.0	4.05	10.6	17.5	1.2	1.7
-37.58	-49.45	-79.75	-84.06	0.55	55.6	171.6	4,114	836.4	-8.0	-118.4	-0.95	-488.7	334.5	2.78		-1.1	0.2	0.2
34.58	86.71	-9.52				1.6	1.1	--		0.05	0.00	112.1	-0.11	-14.69	5.8	32.3		1.9
20.00	50.00	-25.00	-62.50			1.6	1.1	--		0.05	0.00	112.1	-0.11	-14.69	5.8	30.0		1.7
5.68	11.16					54.8	--	7.0	15.2	0.69	0.05		1.8		1.66	264.7	7.9	0.9
12.97	10.93	3.42	71.97	1.24	1.2	11,840	12,739	2,594	-2.2	403.5	3.57	-19.5	489.2	7.24	12.42	29.7	4.6	3.6

Data as of June 30, 2019

I. Index of Stocks — Summer 2019

Company Name	Stock Ticker Symbol	Traded On	Sector	Overall Rating	Recommendation	Reward Rating	Risk Rating	Recent Up/Downgrade	Stock Price as of 6/30/2019	52-Week High	52-Week Low	3-Year Beta	Growth	Efficiency	Solvency	Volatility	Dividend	Total Return
C-Bond Systems, Inc.	CBNT	OTC PK	Materials	D	Sell	C-	D-	Up	0.10	3.50	0.06		W	G	F	W	–	V
CBRE Group, Inc.	CBRE	NYSE	Real Estate	B	Buy	B+	C+		50.83	52.41	37.45	1.48	E	E	E	F	–	F
CBS Corporation	CBS	NYSE	Communication Svc	C	Hold	C+	D		48.82	59.59	41.38	0.85	E	G	G	W	W	W
CBS Corporation	CBSA	NYSE	Communication Svc	C-	Hold	C+	D		48.69	59.76	41.48	0.83	E	G	G	W	W	W
CBTX, Inc.	CBTX	NAS GS	Financials	D+	Sell	B-	D	Up	28.30	38.71	26.11		E	G	E	W	W	W
CCA Industries, Inc.	CAWW	OTC PK	Consumer Staples	D	Sell	D	D-		2.60	3.05	1.03	-0.18	W	F	G	W	–	W
CCL Industries Inc.	CCLLF	OTC PK	Materials	C	Hold	C	D+	Up	43.00	43.00	42.69		E	E	E	W	W	W
CCL Industries Inc.	CCLA.TO	TSX	Materials	C	Hold	B	C		63.69	67.50	48.34	0.38	E	E	E	F	W	W
CCL Industries Inc.	CCLB.TO	TSX	Materials	C+	Hold	B	C	Up	63.60	67.63	47.32	0.40	E	E	E	F	W	W
CCL Industries Inc.	CCDBF	OTC PK	Materials	C	Hold	B	C		48.11	51.33	35.81	0.52	E	E	E	F	W	W
C-Com Satellite Systems Inc.	CYSNF	OTC PK	Information Tech	C	Hold	A-	C+		1.43	1.46	0.76	0.26	E	E	E	F	G	G
C-Com Satellite Systems Inc.	CMI.V	TSXV	Information Tech	B	Buy	A-	C+	Up	1.76	1.96	0.99	-0.26	E	E	E	F	F	G
CCUR Holdings, Inc.	CCUR	OTC PK	Information Tech	D	Sell	D+	D-		3.93	5.36	3	0.37	F	W	E	W	–	W
CDK Global, Inc.	CDK	NAS GS	Information Tech	C	Hold	B-	D+		48.46	67.97	44.01	1.02	E	E	G	W	W	W
CDTI Advanced Materials, Inc.	CDTI	OTC PK	Consumer Discretn	D-	Sell	E+	D-	Up	0.31	3.25	0.29	2.93	F	V	G	W	–	V
CDW Corporation	CDW	NAS GS	Information Tech	A	Buy	A	B+	Up	110.40	111.59	74.32	1.19	E	E	G	G	W	E
Ceapro Inc.	CZO.V	TSXV	Materials	D	Sell	D	D-		0.33	0.61	0.31	1.03	W	F	E	W	–	W
Ceapro Inc.	CRPOF	OTC PK	Materials	D	Sell	D	D-		0.26	0.47	0.25	1.75	W	F	E	W	–	V
CECO Environmental Corp.	CECE	NAS GS	Industrials	D+	Sell	C-	D		9.32	9.80	6.08	0.81	W	W	E	W	–	F
Cedar Fair, L.P.	FUN	NYSE	Consumer Discretn	C-	Hold	C	D		46.03	65.96	45.58	0.75	W	E	G	W	E	W
Cedar Realty Trust, Inc.	CDR	NYSE	Real Estate	D+	Sell	C+	D-	Down	2.61	5.34	2.53	1.06	W	G	E	W	E	V
Celanese Corporation	CE	NYSE	Materials	B-	Buy	B+	C		106.14	119.29	82.91	1.25	G	E	E	F	F	F
Celcuity Inc.	CELC	NAS CM	Health Care	D	Sell	D	D		21.75	31.00	18.31		W	V	E	W	–	F
Celestica Inc.	CLS.TO	TSX	Information Tech	D+	Sell	C	D	Down	8.88	16.50	8.26	0.47	F	E	E	W	–	W
Celestica Inc.	CLS	NYSE	Information Tech	D+	Sell	C	D	Down	6.78	12.59	6.17	0.76	F	E	E	W	–	W
Celgene Corporation	CELG	NAS GS	Health Care	C	Hold	B	D		92.35	98.97	58.59	1.60	E	E	E	W	–	W
Cell MedX Corp.	CMXC	OTC PK	Health Care	D+	Sell	C	D	Down	0.20	0.30	0.05	1.12	W	E	F	W	–	W
Cell Source, Inc.	CLCS	OTC PK	Health Care	C-	Hold	C	D	Up	0.57	1.48	0.26	-1.19	W	E	F	W	–	F
Cellcom Israel Ltd.	CEL	NYSE	Communication Svc	D	Sell	D+	D		2.90	7.23	2.85	0.71	W	F	G	W	–	V
Celldex Therapeutics, Inc.	CLDX	NAS CM	Health Care	D-	Sell	E+	D-		2.49	11.62	2.4	4.27	F	V	E	W	–	V
Cellect Biotechnology Ltd.	APOP	NAS CM	Health Care	D-	Sell	E+	D-		0.49	7.50	0.47	1.74	W	V	E	W	–	V
Cellectar Biosciences, Inc.	CLRB	NAS CM	Health Care	D-	Sell	E+	D-		2.10	12.76	1.22	1.18	W	V	E	W	–	V
Cellectis S.A.	CMVLF	OTC PK	Health Care	D	Sell	D	D	Up	15.30	29.08	14.4	1.14	W	W	E	W	–	W
Cellstop Systems Inc.	KNOH.V	TSXV	Information Tech	D+	Sell	C	D	Down	0.05	0.09	0.05	1.15	V	E	F	W	–	F
Cellular Biomedicine Group, Inc.	CBMG	NAS GS	Health Care	D	Sell	D	D		15.11	25.00	12.04	2.45	V	V	E	W	–	W
CEL-SCI Corporation	CVM	AMEX	Health Care	D-	Sell	E+	D-		7.85	8.99	0.82	4.52	F	V	W	W	–	G
Celsion Corporation	CLSN	NAS CM	Health Care	D-	Sell	D-	D		1.83	3.34	1.35	1.77	W	V	E	W	–	V
Celsius Holdings, Inc.	CELH	NAS CM	Consumer Staples	D+	Sell	C-	D	Up	3.96	5.00	3.05	0.90	F	F	E	W	–	F
Celyad SA	CLYYF	OTC PK	Health Care	D-	Sell	E+	D-		12.05	27.30	12.05	0.38	W	V	E	W	–	W
CEMATRIX Corporation	CTXXF	OTC PK	Materials	D	Sell	D	D		0.14	0.17	0.13	-0.11	W	W	G	W	–	W
CEMATRIX Corporation	CVX.V	TSXV	Materials	D	Sell	D	D		0.19	0.28	0.16	1.27	W	W	G	W	–	W
Cementos Pacasmayo S.A.A.	CPAC	NYSE	Materials	D+	Sell	C	D-	Down	8.80	12.05	8.05	0.17	W	E	G	W	–	W
CEMEX, S.A.B. de C.V.	CX	NYSE	Materials	D+	Sell	C	D-		4.21	7.60	3.94	1.34	F	G	G	W	–	W
CEMEX, S.A.B. de C.V.	CXMSF	OTC PK	Materials	D+	Sell	C	D		0.40	0.79	0.4	1.12	F	G	G	W	–	W
Cemtrex, Inc.	CETX	NAS CM	Information Tech	D-	Sell	D	D-		3.80	20.24	1.4	3.08	W	W	G	W	–	V
Cengage Learning Holdings II, Inc.	CNGO	OTC PK	Consumer Discretn	D	Sell	D+	D		12.00	16.25	4	-1.51	W	W	G	W	–	F
Cenovus Energy Inc.	CVE	NYSE	Energy	D+	Sell	C	D	Up	8.85	11.29	6.15	1.35	G	F	G	W	F	W
Cenovus Energy Inc.	CVE.TO	TSX	Energy	D+	Sell	C	D	Up	11.59	14.84	8.74	1.08	G	F	G	W	W	W
Centaurus Diamond Technologies, Inc.	CTDT	OTC PK	Consumer Discretn	C-	Hold	C+	D		0.17	1.00	0.08	1.27	W	E	F	W	–	F
Centene Corporation	CNC	NYSE	Health Care	C	Hold	B	C-	Down	52.44	74.49	45.44	0.77	G	E	E	F	–	F
Centennial Resource Development, Inc.	CDEV	NAS CM	Energy	D	Sell	D+	D	Down	7.31	23.12	6.22	1.92	W	F	G	W	–	V
CenterPoint Energy, Inc.	CNP	NYSE	Utilities	B-	Buy	B	C	Down	28.51	31.42	26.55	0.48	G	E	G	F	G	F

*Ratings Factors: E=Excellent, G=Good, F=Fair, W=Weak, V=Very Weak, U=Unrated

Summer 2019 — I. Index of Stocks

3-Month Total Return (%)	6-Month Total Return (%)	1-Year Total Return (%)	3-Year Total Return (%)	Dividend $ TTM	Dividend Yield TTM	Market Cap. ($Mil)	Enterprise Value ($Mil)	Revenue ($Mil)	Revenue Growth (%)	Net Income ($Mil)	Earnings/Share $	EPS Growth (%)	Cash from Operations ($Mil)	Return on Assets (%)	Return on Equity (%)	Earnings (P/E) TTM	Sales (P/S) TTM	Book (P/B) Q
-32.14	-87.33	-95.48				7.6	8.2	0.39	-3.6	-10.0	-0.13	32.6	-2.0	-2,435.17		-0.7	19.8	-5.0
3.88	27.43	7.35	97.86			16,728	21,113	21,802	13.2	1,077	3.15	51.5	979.3	5.37	22.58	16.1	0.8	3.3
3.62	13.30	-11.78	-2.48	0.72	1.5	18,295	28,188	14,920	5.7	3,032	8.04	185.3	821.0	8.13	95.77	6.1	1.2	4.2
3.34	12.87	-12.42	-8.53	0.72	1.5	18,295	28,188	14,920	5.7	3,032	8.04	185.3	821.0	8.13	95.77	6.1	1.2	4.2
-12.82	-4.40	-15.30		0.25	0.9	711.5	--	144.8	15.4	48.7	1.94	51.0	51.6		10.24	14.6	4.9	1.4
79.31	19.82	-7.14	-17.46			19.4	21.7	16.5	-15.6	0.09	0.01	104.1	-1.8	3.19	1.11	288.9	1.2	2.3
-4.17	-4.17	-4.17		0.44	1.0	8,626	10,310	4,015	4.6	359.6	2.01	-9.0	537.6	6.63	18.4	21.4	1.9	3.8
19.83	26.73	-1.05	45.78	0.59	0.9	8,626	10,310	4,015	4.6	359.6	2.01	-9.0	537.6	6.63	18.4	31.6	2.8	5.6
16.19	28.56	0.02	47.14	0.60	0.9	8,626	10,310	4,015	4.6	359.6	2.01	-9.0	537.6	6.63	18.4	31.6	2.8	5.5
18.33	35.13	-3.17	45.34	0.45	0.9	8,626	10,310	4,015	4.6	359.6	2.01	-9.0	537.6	6.63	18.4	23.9	2.1	4.2
29.83	69.54	81.05	82.34	0.04	2.6	50.7	38.2	11.2	35.9	2.1	0.05	135.0	2.5	10.27	13.62	27.7	4.8	3.4
19.81	64.29	66.49	70.32	0.05	2.8	50.7	38.2	11.2	35.9	2.1	0.05	135.0	2.5	10.27	13.62	34.0	5.9	4.2
17.31	15.93	-25.71	-14.11			35.1	0.08	1.6	-90.0	-1.8	-0.19	-103.6	-0.03	-2.37		-20.2	22.1	0.7
-15.86	3.05	-25.24	-7.26	0.75	1.6	5,894	8,520	2,316	2.1	378.5	2.94	21.0	458.3	15.29		16.5	2.6	-12.1
-23.73	-3.74	-89.48	-96.10			1.2	-2.0	11.5	-40.6	-5.1	-1.56	67.6	-1.9	-25.69		-0.2	0.1	0.4
16.40	39.25	36.69	188.16	1.10	1.0	16,121	19,789	16,592	9.3	668.9	4.39	15.6	936.1	8.6	69.52	25.1	1.0	17.4
-10.81	-8.33	-44.07	-71.55			19.4	20.8	9.5	1.8	-0.50	-0.01	42.3	-1.6	-1.33		-41.8	2.7	1.5
-7.67	0.07	-34.34	-72.92			19.4	20.8	9.5	1.8	-0.50	-0.01	42.3	-1.6	-1.33		-32.9	2.1	1.2
29.62	41.21	51.05	13.76			326.7	394.7	349.2	6.9	-11.0	-0.33	-552.7	5.0	2.73		-28.1	0.9	1.8
-11.43	-1.00	-21.49	-3.68	3.67	8.0	2,605	4,406	1,361	2.4	126.4	2.21	-35.9	349.2	8.79		20.8	1.9	-23.8
-23.78	-14.86	-41.63	-58.74	0.20	7.7	224.3	1,027	151.3	3.1	23.4	0.14	134.0	57.0	2.33	4.34	19.2	1.5	0.6
8.62	19.94	-2.02	79.90	2.24	2.1	13,439	17,285	6,991	7.2	1,181	8.86	18.6	1,137	7.93	33.5	12.0	2.0	4.4
3.77	-8.19	-14.67				222.0	199.0	--		-7.4	-0.73	19.4	-6.2	-17.58		-30.0		9.3
-20.43	-25.44	-43.11	-26.55			890.5	1,260	6,567	6.6	175.1	1.27	87.9	109.8	2.88	12.74	7.0	0.2	0.8
-18.51	-22.43	-42.49	-26.86			890.5	1,260	6,567	6.6	175.1	1.27	87.9	109.8	2.88	12.74	5.4	0.1	0.6
5.60	47.93	20.47	-5.07			65,131	78,028	15,768	16.1	4,745	6.56	84.1	6,972	12.17	71.16	14.1	4.2	8.0
53.85	33.33	53.85	-16.67			8.9	9.2	--		-1.00	-0.02	-5.0	-0.24	-249.61		-8.7		-5.4
-4.83	-23.87	-32.02	-42.32			14.9	16.9	--		-2.8	-0.12	-6.4	-1.7	-669.7		-4.9		-2.9
-19.16	-50.93	-49.48	-52.61			330.7	1,180	1,012	-7.1	-23.4	-0.21	-184.4	231.7	0.58		-13.5	0.3	0.7
-50.50	-17.00	-66.65	-96.18			34.3	-45.6	6.9	-54.9	-50.3	-4.54	76.7	-60.4	-24.49		-0.6	4.4	0.3
-50.76	-79.24	-93.09				5.5	-3.7	--		-3.7	-11.51	62.2	-4.8			0.0		0.0
-10.64	38.16	-68.07	-93.69			19.7	11.6	--		-13.4	-4.83	52.6	-11.1	-67.35		-0.4		1.3
-17.65	-4.32	-49.00	-37.00			639.6	290.1	16.9	-45.9	-68.6	-1.62	44.9	-70.6	-15.51		-9.4	38.3	1.7
0.00	0.00	-16.67	100.00			0.19	0.32	--		-0.23	-0.05	-154.1	-0.02	-713.87		-1.1		-0.6
-11.01	-16.10	-21.30	25.60			290.5	267.7	0.22	-23.1	-39.8	-2.22	-19.7	-27.4	-23.13		-6.8	1,238.5	3.1
145.31	171.63	620.18	-31.74			264.6	272.5	0.51	188.3	-26.1	-1.17	38.6	-14.8	-44.4		-6.7	451.2	246.1
-8.80	27.08	-40.97	-89.71			37.5	25.0	0.50	0.0	-9.8	-0.54	73.6	-7.9	-30.27		-3.4	70.1	1.7
-7.91	14.78	-17.15	69.23			226.9	233.8	55.0	30.3	3.3	0.02	109.1	-14.2	-12.47	16.5	208.4	4.4	9.0
-55.86	-55.86	-68.90	-72.65			145.4	90.7	3.7	-2.7	-44.2	-3.99	40.4	-32.2	-23.76		-3.0	38.6	2.3
-10.37	-3.38	-21.30	-49.49			6.4	14.5	14.7	183.5	-1.2	-0.03	5.2	0.04	1.32		-4.5	0.4	2.2
-2.56	2.70	-17.39	-54.76			6.4	14.5	14.7	183.5	-1.2	-0.03	5.2	0.04	1.32		-6.1	0.6	3.0
-12.00	-7.16	-23.31	11.16	0.51	5.8	725.5	1,047	380.8	-1.5	23.5	0.05	-24.4	47.5	5.2	4.99	160.6	9.9	8.5
-6.55	-11.04	-35.14	-22.12	0.05	1.2	6,281	18,726	14,302	2.7	558.9	0.04	10.7	731.0	3.42	4.84	116.0	4.5	6.8
-11.11	-15.61	-33.33	-40.11			6,281	18,726	14,302	2.7	558.9	0.04	10.7	731.0	3.42	4.84	11.0	0.4	0.7
-5.74	-20.83	-76.97	-85.82			8.0	28.6	78.0	-31.3	-14.6	-10.55	-591.4	-7.8	-13.99		-0.4	0.1	0.2
45.45	20.00	29.73	-49.47			738.6	2,655	1,446	-1.4	-97.0	-1.58	-5,832.3	189.7	1.21		-7.6	0.5	0.9
3.26	29.96	-10.27	-30.30	0.20	2.3	10,850	18,169	16,208	14.6	-1,453	-1.19	-171.1	2,072	-1.19		-7.5	0.7	0.8
0.71	24.66	-11.49	-30.01	0.20	1.7	10,850	18,169	16,208	14.6	-1,453	-1.19	-171.1	2,072	-1.19		-9.8	0.9	1.1
-24.44	36.00	78.95	-29.14			36.4	36.8	--		-0.26	0.00	7.7	-0.26	-191.26		-141.7		-81.0
-0.72	-7.02	-15.27	54.67			21,677	23,051	61,028	29.3	1,082	2.61	-10.2	704.0	4.96	11.18	20.1	0.4	1.9
-18.78	-32.56	-60.51	-25.41			1,933	2,897	889.7	52.2	125.7	0.48	-8.0	639.2	3.98	4.22	15.4	2.2	0.6
-5.08	3.77	7.53	36.20	1.13	4.0	14,317	29,341	10,965	9.3	372.0	0.64	-84.4	1,923	2.09	5.69	44.9	1.3	2.2

https://greyhouse.weissratings.com

Data as of June 30, 2019

I. Index of Stocks — Summer 2019

Company Name	Stock Ticker Symbol	Traded On	Sector	Overall Rating	Recommendation	Reward Rating	Risk Rating	Recent Up/Downgrade	Stock Price as of 6/30/2019	52-Week High	52-Week Low	3-Year Beta	Growth	Efficiency	Solvency	Volatility	Dividend	Total Return
Centerra Gold Inc.	CAGDF	OTC PK	Materials	C+	Hold	B	D+	Up	6.89	7.38	3.51	-0.05	E	G	E	W	–	F
Centerra Gold Inc.	CG.TO	TSX	Materials	C+	Hold	B	D+	Up	9.02	9.61	4.76	-0.42	E	G	E	W	–	F
CenterState Bank Corporation	CSFL	NAS GS	Financials	C	Hold	B	C-	Down	22.52	31.24	19.55	1.31	E	E	E	F	F	W
Centrais Elétricas Brasileiras S.A. - Eletrobr	EBR	NYSE	Utilities	C+	Hold	B	D+	Up	8.80	10.89	3.15	-0.06	F	G	G	W	–	G
Centrais Elétricas Brasileiras S.A. - Eletrobr	EBRB	NYSE	Utilities	C+	Hold	B	D+	Up	9.05	11.33	3.43	0.00	F	G	G	W	–	F
Central European Media Enterprises Ltd.	CETV	NAS GS	Communication Svc	C+	Hold	B+	C-		4.21	4.25	2.67	1.33	G	G	G	F	–	F
Central Federal Bancshares, Inc.	CFDB	OTC PK	Financials	C-	Hold	C	D+		13.00	14.40	12.65	0.09	F	F	E	F	–	W
Central Federal Corporation	CFBK	NAS CM	Financials	C	Hold	B	C		11.87	16.95	10.62	0.72	F	G	E	F	–	W
Central Garden & Pet Company	CENTA	NAS GS	Consumer Staples	C-	Hold	B-	D	Down	24.23	41.97	23.07	0.32	G	G	E	W	–	W
Central Garden & Pet Company	CENT	NAS GS	Consumer Staples	C	Hold	B-	D		26.97	45.02	25.07	0.28	G	G	E	W	–	W
Central Natural Resources, Inc.	CTNR	OTC PK	Energy	D+	Sell	C-	D		11.00	11.80	9.15	0.84	F	W	E	W	–	W
Central Pacific Financial Corp.	CPF	NYSE	Financials	B-	Buy	B	C		29.33	30.82	23.23	0.99	E	E	E	F	G	W
Central Puerto S.A.	CEPU	NYSE	Utilities	D+	Sell	C	D-		9.10	12.75	7.01		F	E	E	W	–	V
Central Timmins Exploration Corp.	CTEC.V	TSXV	Materials	E	Sell	E+	D-	Up	0.04	0.20	0.03		V	V	G	W	–	V
Central Valley Community Bancorp	CVCY	NAS CM	Financials	B-	Buy	B	C		20.36	22.14	15.66	0.73	E	E	E	F	F	W
Centrexion Therapeutics Corporation	CNTX	NAS	Health Care	U		U	U						U	U	U	U	U	U
Centric Brands Inc.	CTRC	NAS CM	Consumer Discretn	D+	Sell	C	D-	Up	4.19	6.89	2.81	0.95	F	W	V	W	–	G
Centric Financial Corporation	CFCX	OTC PK	Financials	D	Sell	B	C-	Up	10.02	12.70	9.4	0.55	E	G	E	F	–	F
Centric Health Corporation	CHH.TO	TSX	Consumer Staples	D	Sell	D	D		0.18	0.43	0.17	-0.32	W	W	F	W	–	W
Centric Health Corporation	CHHHF	OTC PK	Consumer Staples	D	Sell	D	D		0.13	0.54	0.12	-0.38	W	W	F	W	–	W
Centrus Energy Corp.	LEU	AMEX	Energy	D+	Sell	C	D	Up	3.13	4.65	1.35	2.97	W	G	F	W	–	W
Centurion Minerals Ltd.	CTN.V	TSXV	Materials	D-	Sell	D-	D-		0.10	0.27	0.05	0.30	W	W	F	W	–	V
Century Aluminum Company	CENX	NAS GS	Materials	D	Sell	D	D		6.82	16.14	5.37	2.86	W	W	G	W	–	W
Century Bancorp, Inc.	CNBKA	NAS GS	Financials	C	Hold	A-	B		87.45	95.70	65.15	1.03	E	G	E	G	W	G
Century Casinos, Inc.	CNTY	NAS CM	Consumer Discretn	C	Hold	B-	D+	Up	9.69	10.41	5.77	1.04	F	G	E	F	–	G
Century Cobalt Corp.	CCOB	OTC PK	Materials	D	Sell	D+	D		0.09	0.20	0	3.67	W		F	W	–	F
Century Communities, Inc.	CCS	NYSE	Consumer Discretn	C+	Hold	B	D+	Up	26.25	33.80	16.35	1.46	E	G	G	W	–	F
Century Energy Ltd.	CEYFF	OTC PK	Energy	D	Sell	D	D+		0.07	0.07	0.07	-0.05	V	W	F	F	–	F
CenturyLink, Inc.	CTL	NYSE	Communication Svc	D	Sell	D+	D-	Down	11.64	24.20	9.64	0.82	W	W	F	W	E	V
Cequence Energy Ltd.	CQE.TO	TSX	Energy	D-	Sell	D	D-		0.34	2.60	0.34	1.65	W	W	G	W	–	V
Cequence Energy Ltd.	CEQXF	OTC PK	Energy	D-	Sell	D	E+		0.46	1.50	0.37	1.99	W	W	G	W	–	V
Ceragon Networks Ltd.	CRNT	NAS GS	Information Tech	C+	Hold	B	D+	Up	2.99	5.04	2.67	1.11	F	G	G	W	–	F
Cerebain Biotech Corp.	CBBT	OTC PK	Health Care	D	Sell	C-	D-		0.00	0.14	0	7.30	W	E	F	W	–	W
Cerecor Inc.	CERC	NAS CM	Health Care	D	Sell	C-	D		4.88	7.65	2.71	1.87	W	W	G	W	–	F
Ceres Global Ag Corp.	CRP.TO	TSX	Industrials	D	Sell	D	D		3.96	4.74	3.07	-0.71	W	W	G	W	–	W
Ceres Global Ag Corp.	CERGF	OTC PK	Industrials	D	Sell	D	D		3.12	3.62	2.2	-0.06	W	W	G	W	–	W
Ceridian HCM Holding Inc.	CDAY	NYSE	Information Tech	D+	Sell	D+	D+		49.63	53.88	31.39		W	W	G	F	–	W
Ceridian HCM Holding Inc.	CDAY.TO	TSX	Information Tech	D+	Sell	D+	D		64.10	71.80	40.98		W	W	G	G	–	W
Cerner Corporation	CERN	NAS GS	Health Care	C+	Hold	B	C-	Up	71.79	73.24	48.78	0.82	G	E	E	F	–	F
Cerro Mining Corp.	CRXH.V	TSXV	Materials	C-	Hold	C	D	Up	0.29	0.42	0.26	-3.31	W	G	F	W	–	F
Cerro Mining Corp.	CPSJD	OTC PK	Materials	C	Hold	C+	D+	Up	0.18	0.18	0.18	-2.10	W	G	F	F	–	F
Cerus Corporation	CERS	NAS	Health Care	D-	Sell	E+	D		4.94	8.05	4.49	1.72	F	V	E	W	–	W
Cervus Equipment Corporation	CSQPF	OTC PK	Industrials	C	Hold	B	D		9.12	11.28	8.59	0.51	F	G	G	W	G	W
Cervus Equipment Corporation	CERV.TO	TSX	Industrials	C	Hold	B	D		12.15	14.85	11.45	0.81	F	G	G	W	G	F
CES Energy Solutions Corp.	CEU.TO	TSX	Energy	D+	Sell	C	D		2.41	5.13	2.16	0.78	G	G	E	W	F	V
CES Energy Solutions Corp.	CESDF	OTC PK	Energy	D+	Sell	C	D	Down	1.79	3.95	1.59	0.98	G	G	E	W	G	V
Cesca Therapeutics Inc.	KOOL	NAS CM	Health Care	D-	Sell	E+	D-		2.70	5.25	2.1	1.84	W	V	G	W	–	V
CESP - Companhia Energética de São Paulo	CSQSY	OTC PK	Utilities	C	Hold	C	C		6.05	6.37	2.75	-0.10	F	F	E	F	–	G
CESP - Companhia Energética de São Paulo	CESDY	OTC PK	Utilities	C-	Hold	C-	D+	Down	5.20	6.44	4.14	0.67	W	F	E	W	–	F
CEVA, Inc.	CEVA	NAS GS	Information Tech	D	Sell	C-	D	Down	24.16	32.95	20.4	1.67	W	F	E	W	–	W
Ceylon Graphite Corp.	CYL.V	TSXV	Materials	D-	Sell	D-	D-		0.13	0.20	0.12	-0.96	W	V	F	W	–	W
Ceylon Graphite Corp.	CYLYF	OTC PK	Materials	D-	Sell	D-	D-		0.10	0.16	0.09	-0.28	W	V	F	W	–	W

*Ratings Factors: E=Excellent, G=Good, F=Fair, W=Weak, V=Very Weak, U=Unrated

Summer 2019 — I. Index of Stocks

3-Month Total Return (%)	6-Month Total Return (%)	1-Year Total Return (%)	3-Year Total Return (%)	Dividend $ TTM	Dividend Yield TTM	Market Cap. ($Mil)	Enterprise Value ($Mil)	Revenue ($Mil)	Revenue Growth (%)	Net Income ($Mil)	Earnings/Share $	EPS Growth (%)	Cash from Operations ($Mil)	Return on Assets (%)	Return on Equity (%)	Earnings (P/E) TTM	Sales (P/S) TTM	Book (P/B) Q
29.15	61.72	25.22	15.81			2,010	2,019	1,228	6.9	148.9	0.50	-7.2	376.0	2.72	7.5	13.8	1.7	0.9
27.22	56.06	22.89	19.95			2,010	2,019	1,228	6.9	148.9	0.50	-7.2	376.0	2.72	7.5	18.1	2.2	1.2
-5.11	8.84	-24.36	54.59	0.42	1.9	2,941	--	536.9	54.3	165.4	1.79	68.1	179.4		9.33	12.6	4.1	1.1
-1.37	40.55	178.49	131.83	0.19	2.1	12,055	24,739	6,053	-8.0	3,807	2.77	554.8	431.3	2.55	28.02	3.2	2.0	0.8
-1.22	25.25	166.11	84.94	0.33	3.7	12,055	24,739	6,053	-8.0	3,807	2.77	554.8	431.3	2.55	28.02	3.3	2.1	0.8
6.85	51.99	1.45	93.12			1,066	1,975	711.3	3.4	162.2	0.42	191.8	123.8	7.57	26.59	10.0	1.6	4.8
-4.06	-2.26	-5.80	14.04			19.0	--	2.4	3.5	0.04	0.02	585.4	0.25		0.14	557.9	8.1	0.8
-6.75	-1.08	-9.70	67.30			52.4	--	23.0	47.7	5.2	1.22	245.0	-13.0		11.63	9.7	2.3	1.1
2.84	-21.81	-39.33	20.43			1,450	1,818	2,296	8.3	96.3	1.74	-15.6	128.8	5.13	11.3	13.9	0.6	1.4
3.89	-21.14	-36.85	27.16			1,450	1,818	2,296	8.3	96.3	1.74	-15.6	128.8	5.13	11.3	15.5	0.7	1.6
0.00	18.92	10.00	-24.66			5.2	4.2	0.90	-7.0	-0.38	-0.79	30.0	-0.02	-2.58		-13.9	5.9	0.9
2.84	22.92	4.64	41.24	0.86	2.9	839.7	--	216.0	4.6	61.2	2.09	49.7	100.0		12.41	14.0	3.9	1.7
0.78	1.11	-9.45				1,362	1,542	548.8	-14.6	399.1	0.26	-52.5	128.3	0.21	48.54	34.4	25.5	15.8
-46.15	-72.00					1.4	0.17	--		-1.1	-0.03	-3,044.4	-0.95	-79.62		-1.3		2.0
4.45	11.28	-2.60	55.39	0.38	1.9	278.1	--	73.0	3.6	21.2	1.54	32.3	30.5		9.74	13.2	3.8	1.2
						--	--	--		-5.1	-0.68		-5.5					
-6.68	24.33	4.75	23.24			245.3	1,729	1,087	567.6	-201.5	-5.16	-534.7	-740.9	-0.58		-0.8	0.2	52.3
-6.36	6.60	-12.87	-16.50			87.6	--	23.2	350.4	4.6	0.72	328.6	--			13.9	2.8	1.5
-40.00	-37.93	-36.84	-10.00			29.0	103.3	84.3	-2.5	-26.4	-0.13	-978.2	7.3	-3.53		-1.4	0.5	-3.4
-41.16	-36.40	-40.08	-16.11			29.0	103.3	84.3	-2.5	-26.4	-0.13	-978.2	7.3	-3.53		-1.0	0.3	-2.4
4.33	108.67	-7.94	-10.06			29.6	103.8	196.0	-20.6	-100.0	-11.64	-273.0	-54.0	-11.73		-0.3	0.2	-0.1
66.67	11.11	-44.44	-74.36			1.0	1.5	0.06		-0.30	-0.03	-18.7	-0.23	-17.66		-3.9	26.3	-4.9
-23.02	-7.84	-56.53	11.99			605.7	903.6	1,929	15.0	-100.5	-1.15	-274.1	-57.6	-3.71		-5.9	0.3	0.8
18.73	30.45	16.37	119.30	0.48	0.6	486.9	--	108.8	6.0	37.9	6.81	58.7	37.6		13.13	12.9	4.5	1.6
10.49	35.90	11.38	65.36			285.3	351.5	173.9	9.9	3.5	0.11	-47.5	20.8	1.99	2.36	91.2	1.7	1.6
-22.42	-28.08	199.67	1,618.93			6.9	7.3	--		-0.85	-0.01	-1,222.2	-0.25	-399.93		-7.6		-19.1
6.97	51.47	-15.73	58.61			795.8	1,954	2,279	42.7	93.6	3.06	33.0	-210.4	4.64	11.46	8.6	0.4	0.9
-4.11	-4.11	-4.11	-4.11			1.7	1.7	--		-0.29	-0.01	-69.0	-0.02	-100.44		-5.8		-5.7
-1.09	-20.33	-31.31	-42.97	2.12	18.2	12,691	49,802	23,145	19.4	-8,013	-7.51	-579.7	6,547	3.67		-1.6	0.5	0.9
-33.33	-42.37	-78.75	-93.70			6.4	46.7	44.3	8.4	-7.4	-0.38	94.3	9.1	-1.64		-0.9	0.2	0.1
16.73	13.93	-57.03	-89.09			6.4	46.7	44.3	8.4	-7.4	-0.38	94.3	9.1	-1.64		-1.2	0.3	0.1
-16.25	-16.94	-16.71	95.42			239.6	209.9	257.3	-22.5	16.9	0.21	7.9	7.0			14.6	1.0	1.5
-80.00	-86.67	-99.43	-99.91			0.21	4.3	--		-1.7	-0.14	77.3	-0.40	-897.35		0.0		0.0
-13.78	55.41	12.96	104.18			208.8	209.2	19.3	-39.7	-43.6	-1.21	-433.4	-6.0	-17.76		-4.0	10.5	9.0
-10.20	-7.04	-0.75	-25.84			84.3	148.5	396.5	-7.9	-13.1	-0.47	-100.9	-27.1	-0.75		-8.4	0.3	0.8
-7.69	-2.50	2.47	-23.85			84.3	148.5	396.5	-7.9	-13.1	-0.47	-100.9	-27.1	-0.75		-6.6	0.2	0.7
-1.04	46.10	45.80				6,990	7,499	762.9	10.2	-50.1	-0.49	-68.2	24.1	0.6		-100.4	9.6	4.1
-4.99	36.85	42.00				6,990	7,499	762.9	10.2	-50.1	-0.49	-68.2	24.1	0.6		-129.7	12.4	5.4
27.29	38.38	20.43	30.66	0.18	0.3	23,362	23,039	5,463	5.6	636.3	1.93	-23.8	1,362	7.21	12.69	37.2	4.3	4.6
7.41	-12.12	-12.12	190.00			1.6	1.6	--		-0.01	0.00	64.5	-0.05	-131.82		-263.6		-13.6
99.09	99.09	99.09	67.85			1.6	1.6	--		-0.01	0.00	64.5	-0.05	-131.82		-166.3		-8.6
-20.19	-1.00	-27.35	-17.53			680.9	640.8	64.8	29.4	-62.5	-0.47	5.7	-43.1	-22.52		-10.5	10.5	9.8
-5.62	1.80	-10.51	-48.82	0.32	3.5	143.6	400.1	1,021	5.9	18.5	1.12	11.5	8.7	4.26	10.36	8.2	0.1	0.8
-7.11	-2.83	-12.63	16.97	0.42	3.5	143.6	400.1	1,021	5.9	18.5	1.12	11.5	8.7	4.26	10.36	10.9	0.2	1.0
-12.65	-23.30	-46.01	-33.21	0.06	2.5	488.8	852.7	993.4	18.0	28.1	0.10	-17.4	80.7	3.73	5.6	24.8	0.7	1.3
-14.73	-23.44	-46.99	-35.58	0.05	2.5	488.8	852.7	993.4	18.0	28.1	0.10	-17.4	80.7	3.73	5.6	18.4	0.5	0.9
-6.99	-1.82	-35.71	-91.23			6.4	8.5	10.8	-5.4	-38.3	-22.04	-256.8	-7.4	-14.92		-0.1	0.6	1.1
-1.93	31.51	97.06	124.86	0.21	3.5	2,249	2,204	422.2	-10.0	42.5	0.13	155.5	63.2	-0.29	2.16	46.7	4.7	1.1
-6.44	5.22	-5.62	69.90	0.89	17.0	2,249	2,204	422.2	-10.0	42.5	0.13	155.5	63.2	-0.29	2.16	40.1	4.0	1.0
-9.38	9.22	-20.26	-7.01			530.9	383.3	77.3	-7.8	0.46	0.02	-96.5	11.5	-0.28	0.18	1,500.6	6.9	2.2
-19.35	-19.35	-30.56				5.2	6.3	--		-1.1	-0.02	-2.6	-0.95	-25.34		-6.3		13.9
-13.81	-4.81	-23.70				5.2	6.3	--		-1.1	-0.02	-2.6	-0.95	-25.34		-5.2		11.4

I. Index of Stocks

Summer 2019

Company Name	Stock Ticker Symbol	Traded On	Sector	Overall Rating	Recommendation	Reward Rating	Risk Rating	Recent Up/Downgrade	Stock Price as of 6/30/2019	52-Week High	52-Week Low	3-Year Beta	Growth	Efficiency	Solvency	Volatility	Dividend	Total Return
CF Energy Corp.	CGFEF	OTC PK	Utilities	E+	Sell	A	B+		0.60	0.74	0.6	-3.08	F	G	G	G	G	G
CF Energy Corp.	CFY.V	TSXV	Utilities	C+	Hold	B	D+	Down	0.68	1.10	0.63	-0.27	F	G	G	W	--	F
CF Finance Acquisition Corp.	CFFAU	NAS CM	Financials	E+	Sell	C	D		10.35	11.40	10		F	G	E	G	--	W
CF Finance Acquisition Corp.	CFFA	NAS CM	Financials	E	Sell	C	D		10.03	10.04	9.52		F	G	E	G	--	W
CF Industries Holdings, Inc.	CF	NYSE	Materials	C+	Hold	B	C-	Up	47.14	56.51	38.9	0.95	F	G	G	F	G	F
CGE Energy Inc.	CGEI	OTC PK	Utilities	E	Sell	C	D		0.49	1.14	0.1	-9.95	F	G	F	W	--	F
CGG	CGGYY	OTC PK	Energy	D	Sell	D	D-		1.90	2.99	1.11	2.13	F	W	G	W	--	V
CGG	CGPVF	OTC PK	Energy	D	Sell	D+	D	Down	1.58	2.80	1.27	-5.00	F	W	G	W	--	W
CGI Inc.	GIB	NYSE	Information Tech	A-	Buy	A-	A-		76.70	78.05	57.35	0.55	E	E	E	E	--	G
CGI Inc.	GIBA.TO	TSX	Information Tech	B	Buy	A-	B	Down	100.55	104.22	75.54	0.27	E	E	E	G	--	G
CGX Energy Inc.	OYL.V	TSXV	Energy	C	Hold	B-	D+	Up	0.43	0.55	0.2	-1.82	F	G	F	W	--	F
CGX Energy Inc.	CGXEF	OTC PK	Energy	C	Hold	B	D+	Up	0.33	0.42	0.15	-0.37	F	G	F	W	--	F
ChaiNode Opportunities Corp.	CXDP.V	TSXV	Financials	E-	Sell	D	D		0.10	0.12	0.1		W	W	E	W	--	W
Chakana Copper Corp.	PERU.V	TSXV	Materials	D-	Sell	D-	D-		0.37	0.63	0.25		W	V	E	W	--	V
Chakana Copper Corp.	CHKKF	OTC PK	Materials	D-	Sell	D-	D		0.29	0.48	0.19		W	V	E	W	--	V
Champion Bear Resources Ltd.	CBA.V	TSXV	Materials	D+	Sell	C-	D	Up	0.19	0.25	0.1	-0.87	F	W	F	W	--	F
Champion Bear Resources Ltd.	CBRSF	OTC PK	Materials	D+	Sell	C-	D	Up	0.15	0.17	0.11	-0.71	F	W	F	W	--	F
Champion Technology Holdings Limited	CPIHF	OTC PK	Information Tech	E+	Sell	E	D-	Down	0.03	0.05	0.02	-10.27	W	V	G	W	--	V
Champions Oncology, Inc.	CSBR	NAS CM	Health Care	C-	Hold	C	D	Up	7.91	17.90	5.71	2.44	F	F	G	W	--	F
Change Healthcare Inc.	CHNG	NAS GS	Health Care	U		U	U		15.00	15.19	13.53		U	U	U	U	U	U
Changyou.com Limited	CYOU	NAS GS	Communication Svc	C-	Hold	C	D	Up	9.72	22.27	8.86	-0.17	F	G	W	W	--	W
ChannelAdvisor Corporation	ECOM	NYSE	Information Tech	D	Sell	D+	D	Down	8.87	15.50	8.52	0.31	F	W	E	W	--	F
Chanticleer Holdings, Inc.	BURG	NAS CM	Consumer Discretn	D	Sell	D	D-		1.03	3.28	0.82	2.77	F	W	F	W	--	V
Chantrell Ventures Corp.	CVH.V	TSXV	Materials	E+	Sell	E+	D-		0.06	0.12	0.04	1.76	W	V	G	W	--	W
Chaparral Energy, Inc.	CHAP	NYSE	Energy	D	Sell	C-	D-		4.42	20.00	3	3.74	F	G	G	W	--	V
CHAR Technologies Ltd.	YES.V	TSXV	Materials	D	Sell	D-	D	Up	0.15	0.25	0.13	0.17	W	V	G	W	--	W
Charah Solutions, Inc.	CHRA	NYSE	Industrials	D-	Sell	D+	D-		5.41	11.75	3.95		W	F	G	W	--	W
Chardan Healthcare Acquisition Corp.	CHAC	AMEX	Financials	E	Sell	C-	D+		9.79	10.10	9.55		V	G	E	F	--	W
Charles & Colvard, Ltd.	CTHR	NAS CM	Consumer Discretn	C	Hold	C	D+	Up	1.56	2.48	0.8	-2.06	F	F	G	W	--	F
Charles River Laboratories International, Inc.	CRL	NYSE	Health Care	B	Buy	B	B-		140.12	149.07	103	1.20	E	G	E	G	--	F
Charlotte's Web Holdings, Inc.	CWEB.TO	TSX	Health Care	C-	Hold	C	D		18.79	33.77	9.05		F	G	E	F	--	W
Charlotte's Web Holdings, Inc.	CWBHF	OTC PK	Health Care	C-	Hold	C	D		14.30	25.25	8.13		F	G	E	W	--	W
Chart Industries, Inc.	GTLS	NAS GS	Industrials	C+	Hold	B-	C+	Down	74.76	95.66	57.88	1.23	F	G	E	F	--	F
Charter Communications, Inc.	CHTR	NAS GS	Communication Svc	C+	Hold	B+	C-	Up	391.41	401.38	271.56	1.15	G	G	F	F	--	G
Chartwell Retirement Residences	CWSRF	OTC PK	Health Care	C	Hold	B-	D		11.60	12.00	9.68	0.96	F	G	F	F	G	W
Chartwell Retirement Residences	CSHUN.TO	TSX	Health Care	C	Hold	B-	D		15.15	15.70	13.42	0.53	F	G	F	F	G	W
Chase Corporation	CCF	AMEX	Materials	C	Hold	B-	C-	Down	105.98	131.70	80.51	0.57	F	E	E	F	--	W
Chase Packaging Corporation	CPKA	OTC PK	Materials	D+	Sell	C	D		0.09	0.16	0.02	-2.44	W	W	G	W	--	E
ChaSerg Technology Acquisition Corp.	CTAC	NAS CM	Financials	E+	Sell	C	D+		9.99	10.67	9.5		W	G	E	E	--	W
Chatham Lodging Trust	CLDT	NYSE	Real Estate	C	Hold	B-	D+		18.89	22.18	17.29	1.14	F	E	E	W	E	W
Chatham Rock Phosphate Limited	NZP.V	TSXV	Materials	D-	Sell	D-	D-	Down	0.15	0.22	0.13	1.01	W	W	E	W	--	V
Chatham Rock Phosphate Limited	GELGF	OTC PK	Materials	D-	Sell	D-	E+		0.11	0.14	0.1		W	W	E	V	--	V
CHC Student Housing Corp.	CHC.V	TSXV	Real Estate	D	Sell	D+	D-		0.80	1.55	0.77	-2.65	F	W	W	W	--	W
Check Point Software Technologies Ltd.	CHKP	NAS GS	Information Tech	U		U	U		115.23	132.76	96.29	0.70	U	U	U	U	U	U
Check-Cap Ltd.	CHEK	NAS CM	Health Care	D-	Sell	E+	D-		2.14	4.50	1.62	1.66	F	V	E	W	--	V
Checkpoint Therapeutics, Inc.	CKPT	NAS CM	Health Care	D-	Sell	E+	D-		3.25	5.20	1.5	3.59	F	V	G	W	--	W
Cheetah Canyon Resources Corp.	CRRDF	OTC PK	Energy	D	Sell	C-	D-		0.00	0.00	0	-1.55	W	G	F	W	--	V
Cheetah Mobile Inc.	CMCM	NYSE	Information Tech	D	Sell	D+	D-	Down	3.53	11.35	3.43	1.52	V	E	E	W	--	V
Chegg, Inc.	CHGG	NYSE	Consumer Discretn	C	Hold	B-	D		38.20	41.69	22.67	0.57	F	W	E	G	--	G
Chelsea Oil and Gas Ltd.	COGLF	OTC PK	Energy	D-	Sell	D-	D		0.00	0.01	0	8.40	W		F	W	--	V
Chembio Diagnostics, Inc.	CEMI	NAS CM	Health Care	D	Sell	D	D		6.17	11.55	4.85	1.60	W	V	E	W	--	W
Chemed Corporation	CHE	NYSE	Health Care	B+	Buy	A-	B	Up	352.55	357.17	260.03	0.84	E	E	E	G	W	G

*Ratings Factors: E=Excellent, G=Good, F=Fair, W=Weak, V=Very Weak, U=Unrated

Summer 2019 — I. Index of Stocks

3-Month Total Return (%)	6-Month Total Return (%)	1-Year Total Return (%)	3-Year Total Return (%)	Dividend $ TTM	Dividend Yield TTM	Market Cap. ($Mil)	Enterprise Value ($Mil)	Revenue ($Mil)	Revenue Growth (%)	Net Income ($Mil)	Earnings/Share $	EPS Growth (%)	Cash from Operations ($Mil)	Return on Assets (%)	Return on Equity (%)	Earnings (P/E) TTM	Sales (P/S) TTM	Book (P/B) Q
-11.49	-10.20	-20.19	198.97	0.03	5.0	33.8	45.2	59.5	-1.8	4.1	0.06	-47.0	3.3	4.17	9.61	9.9	0.7	1.0
-18.07	-26.08	-30.49	143.91	0.02	2.9	33.8	45.2	59.5	-1.8	4.1	0.06	-47.0	3.3	4.17	9.61	11.2	0.8	1.2
1.87	3.50					360.3	362.8	--		1.2	0.03	30,300.0	-0.12			342.7		74.4
1.31						360.3	362.8	--		1.2	0.03	30,300.0	-0.12			332.1		72.1
17.66	12.87	9.32	117.48	1.20	2.6	10,422	17,454	4,473	10.4	317.0	1.37	-27.8	1,521	3.46	7.43	34.5	2.4	3.5
-18.33	-50.51	96.00	8.89			33.2	39.8	1.5		0.30	0.00		0.17			111.4	21.7	25.5
-6.17	55.74	-23.69	-89.02			1,327	2,252	1,396	43.7	-780.7	-1.10	59.9	277.2	-2.67		-1.7	1.0	0.8
-16.84	24.41	-36.80	129.65			1,327	2,252	1,396	43.7	-780.7	-1.10	59.9	277.2	-2.67		-1.4	0.8	0.7
12.02	27.71	22.25	83.89			20,961	22,206	8,974	2.7	923.3	3.26	18.4	1,150	8.8	17.51	23.5	2.4	4.0
9.23	22.64	20.97	84.90			20,961	22,206	8,974	2.7	923.3	3.26	18.4	1,150	8.8	17.51	30.8	3.1	5.3
86.96	6.17	104.76	145.71			76.1	92.9	--		4.5	0.02	135.8	-11.2	-4.22		20.0		14.0
86.95	10.30	106.81	151.83			76.1	92.9	--		4.5	0.02	135.8	-11.2	-4.22		15.4		10.7
0.00						0.23	-0.13	--		-0.08	-0.02		0.00			-4.7		0.9
-6.33	-7.50	-33.93				27.4	22.5	--		-4.2	-0.06	44.5	-4.4			-6.5		4.2
3.20	-2.41	-34.13				27.4	22.5	--		-4.2	-0.06	44.5	-4.4			-5.1		3.3
35.71	-15.56	-2.56	100.00			7.6	7.6	--		-0.41	-0.01	23.3	-0.23	-5.12		-20.7		3.2
22.15	-14.00	-3.03	88.05			7.6	7.6	--		-0.41	-0.01	23.3	-0.23	-5.12		-15.8		2.4
0.00	-27.27	-34.69	-84.00			17.5	45.9	22.7	-7.4	-30.4	-0.06	98.0	-10.4	-9.66		-0.5	0.9	2.7
-19.61	-5.72	16.69	259.55			91.9	88.8	24.3	27.5	-0.25	-0.03	90.3	1.6	-1.48		-269.1	3.8	39.6
						--	--	--		--			--	-0.05				
12.23	2.88	13.93	37.52	9.38	96.5	504.3	12.9	359.0	-39.9	102.3	3.82	57.3	--			2.6	0.7	0.3
-27.35	-23.60	-38.40	-35.11			247.1	219.0	131.3	4.5	-6.8	-0.25	43.4	0.68	-2.62		-35.6	1.9	2.8
-44.32	-20.77	-66.01	-76.59			4.1	36.0	40.8	-1.8	-6.1	-1.70	39.9	-0.19	-6.99		-0.6	0.1	0.7
0.00	33.33	0.00	-60.00			1.1	1.0	--		-0.12	-0.01	48.2	-0.15	-164.78		-10.3		60.0
-20.93	-2.86	-75.61				204.8	543.8	224.7	-15.0	-58.7	-1.36	44.8	144.4	1.53		-3.3	0.9	0.3
-23.08	-3.23	-21.05	-31.82			5.2	5.0	1.1	157.2	-1.0	-0.02	47.5	-0.95	-23.89		-6.5	6.4	4.3
-17.78	-30.64	-47.27				159.9	409.5	748.2	44.5	-12.5	-0.42	-195.0	-11.7	8.49		-12.9	0.2	1.8
-0.06						19.1	18.8	--		0.29	-0.02	-3,983.3	-0.10			-399.6		3.8
45.17	79.31	47.17	48.57			43.7	39.7	24.6	-12.5	2.1	0.09	409.7	1.6			16.8	1.4	0.9
-2.25	25.42	25.98	77.95			6,831	8,427	2,377	24.7	228.9	4.64	75.2	392.8	6.53	17.79	30.2	2.9	4.9
-30.87	37.66					1,394	1,328	78.1	69.9	11.0	0.10	-4.8	-8.7	9.42	13.17	185.5	25.6	11.6
-29.18	43.00					1,394	1,328	78.1	69.9	11.0	0.10	-4.8	-8.7	9.42	13.17	141.2	19.5	8.8
-16.93	15.25	20.62	229.63			2,675	3,141	1,130	27.9	83.1	2.57	120.1	32.6	3.35	6.03	29.1	2.2	2.7
10.92	37.30	32.66	79.23			87,444	169,285	44,183	5.0	1,315	5.66	-84.5	11,754	2.52	3.53	69.2	2.0	2.5
5.03	22.32	5.16	8.64	0.45	3.9	2,461	4,175	674.7	5.5	13.7	0.07	-49.3	177.2	1.89	1.87	178.2	3.6	3.6
1.69	13.36	2.40	8.90	0.59	3.9	2,461	4,175	674.7	5.5	13.7	0.07	-49.3	177.2	1.89	1.87	232.7	4.8	4.6
18.81	7.14	-9.08	88.14	0.80	0.8	997.5	978.4	295.5	12.9	38.8	4.10	-7.2	43.4	10.75	16.13	25.9	3.4	3.9
50.00	125.00	12.50	260.00			5.4	4.7	--		-0.05	-0.02	-235.7	-0.05	-5.36		-4.8		7.2
1.22	3.20					71.4	70.5	--		0.72	0.12		-0.26			85.2		14.3
-1.48	8.94	-2.98	7.02	1.32	7.0	879.6	1,502	318.5	6.7	29.4	0.62	-7.2	86.1	2.4	3.7	30.2	2.8	1.1
3.45	3.45	-34.78				3.4	3.3	0.00	13.9	-0.69	-0.03	45.1	-0.79	-11.47		-4.3	1,500.0	1.0
-20.22	8.50	-43.19				3.4	3.3	0.00	13.9	-0.69	-0.03	45.1	-0.79	-11.47		-3.1	1,085.0	0.7
-36.00	-4.76	-20.00	-68.00			1.7	40.9	3.5	-9.8	-2.0	-0.72	-6.3	-1.3	1.75		-1.1	0.6	1.1
-7.69	11.97	16.83	48.88			17,543	15,784	977.9	-47.3	425.4	2.67	-44.5	680.9			43.1	18.6	4.8
-23.57	1.90	-47.42	-87.26			17.6	0.65	--		-7.9	-2.55	61.1	-7.6			-0.8		0.9
16.49	78.57	16.49				117.5	103.4	3.5	155.6	-33.5	-1.10	4.5	-28.8	-81.91		-2.9	29.8	16.5
0.00	0.00	-94.87	-98.88			0.04	0.09	0.01	-73.3	-0.59	-0.03	9.4	-0.43	-257.71		-0.1	7.3	0.0
-44.32	-44.06	-64.34	-61.17			481.9	93.4	559.3	-24.9	131.6	8.91	-35.3	--			0.4	0.1	0.1
1.22	36.43	38.41	711.04			4,529	4,353	341.5	26.8	-16.6	-0.15	11.6	86.5	-0.23		-256.0	13.1	10.6
172.73	76.47	-50.00	-78.26			0.19	4.9	0.02	-43.6	-9.9	-0.15	-1,909.1	0.08	-91.76		0.0	15.0	-0.1
12.59	14.26	-43.91	-22.68			105.9	105.9	34.0	33.8	-10.0	-0.65	-47.6	-14.2	-16.31		-9.5	3.1	3.4
10.63	26.53	10.36	170.88	1.20	0.3	5,620	5,810	1,806	6.2	205.2	12.29	83.8	295.5	15.41	37.48	28.7	3.2	9.6

https://greyhouse.weissratings.com   Data as of June 30, 2019

I. Index of Stocks — Summer 2019

Company Name	Stock Ticker Symbol	Traded On	Sector	Overall Rating	Recommendation	Reward Rating	Risk Rating	Recent Up/Downgrade	Stock Price as of 6/30/2019	52-Week High	52-Week Low	3-Year Beta	Growth	Efficiency	Solvency	Volatility	Dividend	Total Return
Chemesis International Inc.	CADMF	OTC PK	Health Care	D-	Sell	E+	D	Up	1.44	1.72	0.2		W	V	E	W	–	F
Chemical Financial Corporation	CHFC	NAS GS	Financials	C	Hold	B	D		40.61	59.10	34.62	1.99	E	E	E	W	G	W
ChemoCentryx, Inc.	CCXI	NAS GS	Health Care	D	Sell	D	D	Up	8.94	14.98	8.06	0.59	W	V	E	W	–	F
Chemtrade Logistics Income Fund	CHEUN.TO	TSX	Materials	D	Sell	C-	D	Down	9.27	16.75	8.01	0.56	W	F	G	W	E	V
Chemtrade Logistics Income Fund	CGIFF	OTC PK	Materials	D	Sell	C-	D-	Down	7.25	12.70	6	0.84	W	F	G	W	E	V
Chemung Financial Corporation	CHMG	NAS GS	Financials	C	Hold	B+	C		47.64	53.25	36.87	0.37	E	E	E	F	F	F
Cheniere Energy Partners, L.P.	CQP	AMEX	Energy	B-	Buy	A-	C	Down	42.08	45.27	32.55	1.03	E	G	F	G	G	F
Cheniere Energy, Inc.	LNG	AMEX	Energy	C+	Hold	B-	C	Down	68.22	71.03	55.09	1.02	E	F	G	G	–	F
Cherokee Inc.	CHKE	NAS CM	Consumer Discretn	D-	Sell	D-	D-	Up	0.41	1.25	0.38	1.71	W	W	F	W	–	V
Cherry Hill Mortgage Investment Corporation	CHMI	NYSE	Financials	C-	Hold	C	D	Down	15.89	19.35	15.84	0.43	W	G	G	W	E	W
Cherry Street Capital Inc.	CHSCP.V	TSXV	Financials	E	Sell	D	D-	Up	0.40	0.50	0.4		W	W	E	W	–	V
Chesapeake Energy Corporation	CHK	NYSE	Energy	D	Sell	D+	D		1.88	5.60	1.71	2.56	W	F	G	W	–	W
Chesapeake Gold Corp.	CHPGF	OTC PK	Materials	D	Sell	D	D-		1.41	1.98	1.03	0.97	W	W	E	W	–	V
Chesapeake Gold Corp.	CKG.V	TSXV	Materials	D	Sell	D	D-		1.85	2.65	1.41	0.68	W	W	E	W	–	V
Chesapeake Granite Wash Trust	CHKR	NYSE	Energy	D+	Sell	C	D		1.05	1.89	1	1.56	W	E	G	W	E	W
Chesapeake Lodging Trust	CHSP	NYSE	Real Estate	B-	Buy	B+	C		28.24	33.81	23.68	1.07	F	E	E	F	G	F
Chesapeake Utilities Corporation	CPK	NYSE	Utilities	B	Buy	B+	B-		92.90	95.99	77.2	0.57	E	E	G	G	F	F
Chesswood Group Limited	CHW.TO	TSX	Financials	C	Hold	B-	D	Down	10.05	12.59	8.81	0.75	W	G	G	W	E	W
Chesswood Group Limited	CHWWF	OTC PK	Financials	C	Hold	C+	D		7.59	9.60	6.5	0.95	W	G	G	W	E	W
Chevron Corporation	CVX	NYSE	Energy	B	Buy	A-	C+		123.11	128.55	100.22	0.79	E	E	E	F	G	F
Chewy, Inc.	CHWY	NYSE	Consumer Discretn	U		U	U		33.31	41.34	30.78		U	U	U	U	U	U
CHF Solutions, Inc.	CHFS	NAS CM	Health Care	E+	Sell	E+	D-	Down	2.90	30.66	2.57	2.42	F	V	E	W	–	V
Chibougamau Independent Mines Inc.	CBG.V	TSXV	Materials	D-	Sell	E+	D		0.18	0.27	0.04	3.69	V	V	G	W	–	E
Chibougamau Independent Mines Inc.	CMAUF	OTC PK	Materials	D-	Sell	E+	D		0.14	0.19	0.03	4.53	V	V	G	W	–	E
Chicago Rivet & Machine Co.	CVR	AMEX	Industrials	C-	Hold	C	D+	Down	27.69	34.90	26.46	-0.17	W	E	E	W	G	W
Chicken Soup for the Soul Entertainment, Inc.	CSSE	NAS	Communication Svc	D+	Sell	C-	D		7.35	13.11	6.75		W	F	E	W	–	W
Chico's FAS, Inc.	CHS	NYSE	Consumer Discretn	D+	Sell	C	D-	Down	3.29	10.44	2.98	0.47	F	G	G	W	E	V
Chilean Metals Inc.	CMX.V	TSXV	Materials	D	Sell	C-	D-		0.02	0.14	0.02	1.71	W	G	F	W	–	V
Chilean Metals Inc.	CMETF	OTC PK	Materials	D	Sell	C-	D-		0.02	0.11	0.01	3.02	W	G	F	W	–	V
Chimera Investment Corporation	CIM	NYSE	Financials	B	Buy	B+	C+	Up	18.78	19.42	16.88	0.45	F	G	G	F	E	F
Chimerix, Inc.	CMRX	NAS	Health Care	D	Sell	D	D		3.63	5.04	1.74	0.37	F	V	E	W	–	W
China Advanced Construction Materials Group, I	CADC	NAS CM	Materials	D+	Sell	C-	D		3.40	7.60	1.9	3.99	F	W	G	W	–	W
China Automotive Systems, Inc.	CAAS	NAS CM	Consumer Discretn	D	Sell	D+	D		2.31	5.00	2	1.34	F	F	G	W	–	F
China Biologic Products Holdings, Inc.	CBPO	NAS GS	Health Care	C	Hold	B-	D+	Up	95.35	107.44	60.08		F	G	E	W	–	F
China Carbon Graphite Group, Inc.	CHGI	OTC PK	Industrials	D+	Sell	C	D	Down	0.02	0.06	0.02	-0.31	W	E	F	W	–	W
China Ceramics Co., Ltd.	CCCL	NAS CM	Industrials	D-	Sell	E+	D	Down	0.83	6.45	0.72	-0.21	V	V	G	W	–	V
China Customer Relations Centers, Inc.	CCRC	NAS CM	Industrials	C	Hold	C	D+		10.85	35.10	7.9	-0.10	F	E	E	W	–	W
China Distance Education Holdings Limited	DL	NYSE	Consumer Discretn	D+	Sell	C	D		5.10	9.79	5.01	0.85	F	G	G	W	–	W
China Eastern Airlines Corporation Limited	CEA	NYSE	Industrials	C-	Hold	C+	D		29.23	42.50	25.68	1.89	F	G	F	W	–	F
China Eastern Airlines Corporation Limited	CHEAF	OTC PK	Industrials	C	Hold	B-	C-		0.57	0.66	0.57	0.42	F	G	F	F	–	F
China Education Resources Inc.	CHN.V	TSXV	Consumer Discretn	D+	Sell	C-	D	Down	0.05	0.09	0.03	-0.27	W	F	G	W	–	W
China Education Resources Inc.	CHNUF	OTC PK	Consumer Discretn	D	Sell	C-	D	Down	0.03	0.06	0.02	2.01	W	F	G	W	–	W
China Finance Online Co. Limited	JRJC	NAS GS	Financials	D-	Sell	E+	D		0.90	2.23	0.64	1.98	F	V	E	W	–	V
China Gold International Resources Corp. Ltd.	JINFF	OTC PK	Materials	D	Sell	D+	D-		1.27	1.77	1.06	1.05	F	G	W	W	–	W
China Gold International Resources Corp. Ltd.	CGG.TO	TSX	Materials	D	Sell	D+	D-		1.66	2.35	1.41	0.42	W	F	G	W	–	W
China Goldcorp Ltd.	CAUH.V	TSXV	Financials	C-	Hold	C	D	Up	0.10	0.17	0.1	0.55	F	W	E	W	–	G
China Green Agriculture, Inc.	CGA	NYSE	Materials	D	Sell	C-	D		0.50	1.22	0.45	2.00	F	F	E	W	–	V
China Herb Group Holdings Corporation	CHGH	OTC PK	Financials	D-	Sell	D-	D-	Down	1.25	3.25	1.25	0.62	W		E	W	–	V
China HGS Real Estate Inc.	HGSH	NAS CM	Real Estate	D	Sell	D	D	Down	0.85	1.87	0.8	1.69	W	F	G	W	–	W
China Index Holdings Limited	CIH	NAS GS	Industrials	U		U	U		3.45	4.58	0.34		U	U	U	U	U	U
China Internet Nationwide Financial Services I	CIFS	NAS	Financials	D	Sell	D	D	Down	1.99	16.82	0.64		V	F	E	W	–	V
China Jo-Jo Drugstores, Inc.	CJJD	NAS CM	Consumer Staples	D	Sell	D	D		1.10	3.39	1.01	0.22	W	W	F	W	–	W

*Ratings Factors: E=Excellent, G=Good, F=Fair, W=Weak, V=Very Weak, U=Unrated

Data as of June 30, 2019

Summer 2019 — I. Index of Stocks

3-Month Total Return (%)	6-Month Total Return (%)	1-Year Total Return (%)	3-Year Total Return (%)	Dividend $ TTM	Dividend Yield TTM	Market Cap. ($Mil)	Enterprise Value ($Mil)	Revenue ($Mil)	Revenue Growth (%)	Net Income ($Mil)	Earnings/Share $	EPS Growth (%)	Cash from Operations ($Mil)	Return on Assets (%)	Return on Equity (%)	Earnings (P/E) TTM	Sales (P/S) TTM	Book (P/B) Q
-8.31	92.70					131.5	132.2	6.4		-25.6	-0.45		-6.3			-3.2	16.9	6.3
-0.09	11.88	-25.35	22.70	1.36	3.4	2,906	--	738.9	7.2	275.4	3.82	58.4	368.3		9.83	10.6	4.0	1.0
-32.83	-18.28	-36.05	97.79			518.9	318.0	41.7	-50.3	-40.5	-0.80	-385.9	-42.8	-12.69		-11.2	11.3	6.4
2.44	-4.97	-31.70	-33.13	1.20	12.9	654.0	1,811	1,220	-0.7	-127.7	-1.38	-219.5	119.7	1.83		-6.7	0.7	1.2
6.53	0.12	-29.58	-32.31	0.90	12.5	654.0	1,811	1,220	-0.7	-127.7	-1.38	-219.5	119.7	1.83		-5.2	0.6	1.0
5.43	16.39	-4.30	79.15	1.04	2.2	230.5	--	80.1	13.8	19.7	4.06	119.6	28.0		12.22	11.7	2.9	1.3
2.19	21.27	23.41	73.81	2.33	5.5	20,367	36,506	6,582	31.5	1,324	2.66	65.0	1,887	7.18	164.88	15.8	3.1	22.5
2.97	17.99	5.18	94.86			17,554	48,245	7,961	19.3	255.0	0.99	328.3	1,933	3.81	48.74	69.1	2.2	-47.5
-42.27	-28.60	-30.43	-96.41			6.5	60.8	24.1	-13.8	-11.8	-0.84	79.0	-10.8	5.24		-0.5	0.3	0.5
-7.40	-7.62	-3.11	39.33	1.96	12.3	266.5	--	-1.6	-102.1	-18.3	-1.26	-128.1	60.4			-12.7	-163.0	0.9
0.00	0.00					0.32	0.01	--		-0.14	-3.13		-0.03	-16.83		-0.1		0.7
-40.13	-12.56	-63.71	-56.07			3,038	14,347	9,792	7.0	559.0	0.42	-40.3	1,800	4.83	27.81	4.5	0.3	1.3
-3.06	9.97	-8.10	-65.55			62.8	51.9	--		-2.3	-0.05	-25.9	-0.47	-2.03		-27.8		1.0
-7.50	6.94	-6.09	-65.16			62.8	51.9	--		-2.3	-0.05	-25.9	-0.47	-2.03		-36.6		1.4
-24.91	1.49	-25.29	-22.97	0.21	19.9	49.1	48.0	12.1	-19.9	10.6	0.23	-23.4	--	26.51	42.23	4.7	4.1	2.1
-0.04	17.01	-6.38	47.58	1.60	5.7	1,677	2,450	595.9	-0.4	98.7	1.65	46.4	154.7	3.17	9.53	17.2	2.8	1.6
2.35	17.64	17.91	56.02	1.52	1.6	1,523	2,162	705.7	5.1	58.4	3.55	-11.5	120.6	3.93	11.13	26.1	2.2	2.8
-6.36	6.41	0.78	25.43	0.84	8.4	135.7	--	48.9	6.6	14.1	0.84	-25.6	-81.5		12.97	12.0	3.4	1.5
-11.06	21.50	-1.94	23.62	0.63	8.4	135.7	--	48.9	6.6	14.1	0.84	-25.6	-81.5		12.97	9.1	2.6	1.1
1.05	15.57	1.87	36.18	4.62	3.8	234,514	264,048	157,123	17.6	13,835	7.23	35.4	30,632	3.5	9	17.0	1.5	1.5
						13,277	13,189	--		--			--					
-36.12	-60.91	-90.14	-99.92			6.6	-4.3	5.2	40.3	-17.4	-41.36	88.2	-14.4	-73.08		-0.1	0.5	0.5
227.27	260.00	227.27	125.00			6.4	6.2	--		-0.16	0.00	70.6	-0.10	-42.18		-45.0		33.3
366.67	218.18	206.35	304.62			6.4	6.2	--		-0.16	0.00	70.6	-0.10	-42.18		-35.0		25.9
-1.89	-9.85	-8.93	10.34	0.86	3.1	26.8	21.1	35.8	-1.4	1.6	1.64	-30.6	0.99	3.52	5.39	16.9	0.8	0.9
-18.91	-8.92	-19.77				88.1	92.4	23.3	55.6	-3.1	-0.41	-124.1	-10.8	-1.58		-18.1	3.8	1.4
-19.84	-40.13	-58.07	-63.20	0.35	10.5	388.0	1,080	2,087	-7.7	8.6	0.06	-92.3	101.9	1.03	1.42	56.5	0.2	0.7
-33.33	-66.67	-86.67	-96.67			0.54	0.78	--		-1.4	-0.05	45.5	-1.2	-282.14		-0.4		-0.6
-14.50	-60.96	-83.19	-96.08			0.54	0.78	--		-1.4	-0.05	45.5	-1.2	-282.14		-0.4		-0.5
-0.48	5.92	10.59	64.69	2.00	10.7	3,515	--	493.2	-34.0	290.8	1.28	-57.3	36.9		7.63	14.7	7.2	0.9
73.68	41.80	-22.27	-4.72			185.4	15.2	8.8	108.8	-67.3	-1.37	11.7	-50.9	-21.46		-2.7	21.0	1.1
3.03	70.00	-31.31	34.39			23.6	46.5	45.0	-12.3	-8.0	-1.53	58.4	1.6	-4.84		-2.2	0.4	2.0
-27.81	-3.42	-43.66	-26.67			74.7	106.1	471.3	-8.3	-0.47	-0.02	97.5	1.7	-0.61		-140.9	0.2	0.3
7.17	28.82	-1.27				3,715	2,923	363.8	-7.1	105.5	2.69	25.1	90.6			35.5	10.3	2.1
-38.89	10.00	-51.17	-45.00			0.61	0.63	0.81	-43.3	-0.36	-0.01	-15.8	0.12	-151		-1.7	0.8	-0.3
-49.23	3.50	-47.20	-70.83			5.0	8.9	76.6	-37.2	-61.8	-13.21	-276.5	-0.95	-35.81		-0.1	0.1	0.1
-4.07	-18.48	-67.87	9.82			198.9	177.4	75.4	-15.3	5.1	0.28	-42.0	12.3			39.1	2.6	3.8
-25.11	-28.27	-29.17	-43.39			171.1	214.3	173.4	28.6	13.4	1.59	112.3	--	1.86	14.6	3.2	0.3	0.7
-12.59	7.15	-11.10	19.35	0.36	1.2	11,692	36,814	17,621	12.1	411.2	0.03	-52.1	3,175	1.92	4.87	1,043.9	24.0	50.7
-2.56	-5.00	-19.32	14.00			11,692	36,814	17,621	12.1	411.2	0.03	-52.1	3,175	1.92	4.87	20.4	0.5	1.0
-35.71	12.50	-30.77	12.50			1.6	2.6	11.0	-6.7	-0.23	-0.01	-130.9	-0.43	-1.05		-5.8	0.2	-6.1
-0.96	48.33	-49.49	3.33			1.6	2.6	11.0	-6.7	-0.23	-0.01	-130.9	-0.43	-1.05		-4.0	0.1	-4.2
-34.15	13.37	-52.61	-80.45			21.9	--	32.6	-23.6	-15.6	-3.57	55.8	--			-0.3	0.1	0.1
2.54	10.32	-24.02	-29.44			501.4	1,678	609.5	39.6	-11.1	-0.03	-118.9	146.1	0.82		-45.4	0.8	0.3
1.22	4.40	-25.89	-29.36			501.4	1,678	609.5	39.6	-11.1	-0.03	-118.9	146.1	0.82		-59.3	1.1	0.5
-4.76	-4.76	-9.09	25.00			0.36	-0.18	--		-0.01	0.00	22.6	-0.02	-1.4		-41.7		0.9
3.37	2.75	-56.88	-61.52			23.9	-32.2	297.1	4.5	-10.8	-0.29	-145.5	-78.3	3.29		-1.7	0.1	0.1
-56.29	-50.00	66.67	-67.95			47.7	47.9	--		-0.05	0.00	-8.3	-0.03	-147.77		-961.5		-186.6
-19.05	-5.56	-42.95	-53.10			38.3	155.3	44.6	-39.9	2.8	0.06	-64.6	6.3	1.5	1.65	13.6	0.9	0.2
						331.6	331.1	66.5	27.0	26.9			22.2					
-51.11	139.73	-87.72				44.0	42.5	3.0	-88.1	-10.7	-0.48	-142.5	--			-4.1	14.8	0.7
-57.53	-45.00	-21.43	-39.89			36.2	56.0	105.2	14.7	-17.3	-0.65	-61.2	-3.0	-0.75		-1.7	0.3	2.3

https://greyhouse.weissratings.com

Data as of June 30, 2019

I. Index of Stocks — Summer 2019

Company Name	Stock Ticker Symbol	Traded On	Sector	Overall Rating	Recommendation	Reward Rating	Risk Rating	Recent Up/Downgrade	Stock Price as of 6/30/2019	52-Week High	52-Week Low	3-Year Beta	Growth	Efficiency	Solvency	Volatility	Dividend	Total Return
China Keli Electric Company Ltd.	ZKLH.V	TSXV	Industrials	D	Sell	D+	D		0.02	0.07	0.01	0.28	W		F	W	–	F
China Lending Corporation	CLDC	NAS CM	Financials	D-	Sell	E+	D		0.98	5.87	0.77	-0.33	W	V	E	W	–	V
China Life Insurance Company Limited	LFC	NYSE	Financials	C-	Hold	C+	D		12.38	14.51	9.86	1.47	F	E	E	F	–	W
China Life Insurance Company Limited	CILJF	OTC PK	Financials	C	Hold	B-	D+		2.33	2.94	1.95	1.56	F	E	E	W	–	W
China Mobile Limited	CHL	NYSE	Communication Svc	C-	Hold	C+	D	Down	45.50	55.84	43.25	0.75	F	G	G	W	F	W
China Mobile Limited	CHLKF	OTC PK	Communication Svc	C	Hold	B	D		8.94	10.93	8.57	0.82	F	G	G	W	E	W
China Natural Resources, Inc.	CHNR	NAS CM	Materials	D	Sell	D	D	Up	1.65	3.15	1.57	0.69	W	W	F	W	–	W
China Online Education Group	COE	NYSE	Consumer Discretn	D	Sell	C	D-		7.38	11.28	5.01	0.47	G	G	F	W	–	V
China Petroleum & Chemical Corporation	SNPMF	OTC PK	Energy	C	Hold	B-	D	Down	0.67	1.03	0.64	1.41	F	E	G	W	–	W
China Petroleum & Chemical Corporation	SNP	NYSE	Energy	D+	Sell	C	D-	Down	68.17	102.48	64.33	1.56	F	E	G	W	–	W
China Pharma Holdings, Inc.	CPHI	AMEX	Health Care	D+	Sell	D+	D	Up	0.32	0.84	0.19	1.52	W	W	F	W	–	F
China Rapid Finance Limited	XRF	NYSE	Financials	D-	Sell	E+	D-	Up	0.47	3.05	0.22	1.88	F	V	E	W	–	V
China Recycling Energy Corporation	CREG	NAS CM	Industrials	D-	Sell	D	D-	Down	0.43	2.60	0.34	3.41	W	W	G	W	–	V
China Resources Gas Group Limited	CRGGF	OTC PK	Utilities	C	Hold	A-	B		4.35	4.35	3.9	-0.12	E	E	G	G	G	F
China Resources Gas Group Limited	CGASY	OTC PK	Utilities	C	Hold	B+	D+		47.61	47.61	39.65		E	E	E	G	W	F
China Southern Airlines Company Limited	CHKIF	OTC PK	Industrials	C	Hold	B-	D+		0.74	1.03	0.53	0.87	F	G	G	W	–	F
China Southern Airlines Company Limited	ZNH	NYSE	Industrials	C-	Hold	C+	D		34.04	52.34	25.45	2.13	F	G	G	W	–	F
China SXT Pharmaceuticals, Inc.	SXTC	NAS CM	Consumer Staples	E-	Sell	C	D		4.00	23.35	2.84		F	G	E	W	–	W
China Techfaith Wireless Communication Technol	CNTF	NAS GS	Information Tech	U		U	U		0.51	4.07	0.26	3.36	U	U	U	U	U	U
China Telecom Corporation Limited	CHJHF	OTC PK	Communication Svc	C	Hold	B	C-		0.48	1.50	0.45	-0.21	G	G	G	F	–	F
China Telecom Corporation Limited	CHA	NYSE	Communication Svc	C	Hold	B	D		50.08	57.09	44.2	0.61	G	G	G	F	–	F
China Unicom (Hong Kong) Limited	CHUFF	OTC PK	Communication Svc	C-	Hold	C	D+		1.09	1.24	1.06	-0.09	W	F	G	F	E	W
China Unicom (Hong Kong) Limited	CHU	NYSE	Communication Svc	D+	Sell	C-	D		11.06	13.66	10.33	1.06	W	F	G	W	W	W
China XD Plastics Company Limited	CXDC	NAS	Consumer Discretn	D+	Sell	C	D		2.24	4.06	1.28	1.21	F	G	G	W	–	W
China Yuchai International Limited	CYD	NYSE	Industrials	C	Hold	B-	D+		14.19	22.08	12	2.24	E	G	G	W	–	W
ChinaCache International Holdings Ltd.	CCIH	NAS GS	Information Tech	U		U	U		0.88	1.67	0.76	1.77	U	U	U	U	U	U
ChinaNet Online Holdings, Inc.	CNET	NAS CM	Communication Svc	D-	Sell	E+	D		1.32	3.89	1.02	4.05	W	V	G	W	–	W
Chinapintza Mining Corp.	CPAH.V	TSXV	Materials	C-	Hold	C+	D	Up	0.02	0.03	0.01	1.82	F	E	G	W	–	F
Chineseinvestors.com, Inc.	CIIX	OTC PK	Financials	D	Sell	D	D	Up	0.40	1.25	0.37	1.01	W	V	G	W	–	W
Chinook Energy Inc.	CNKEF	OTC PK	Energy	D-	Sell	D	D-		0.10	0.22	0.08	0.60	F	V	G	W	–	V
Chinook Energy Inc.	CKE.TO	TSX	Energy	D-	Sell	D	D-		0.12	0.28	0.12	-0.02	F	V	G	W	–	V
Chipmos Technologies Inc.	IMOS	NAS GS	Information Tech	C	Hold	B-	D	Up	15.63	18.99	12.26	0.95	G	G	E	W	–	W
Chipotle Mexican Grill, Inc.	CMG	NYSE	Consumer Discretn	C+	Hold	A-	D	Up	724.12	749.25	383.2	1.17	E	E	E	F	–	G
Choice Bancorp, Inc.	CBKW	OTC PK	Financials	E+	Sell	E	E+		29.60	29.99	18	0.80	G	V	V	G	–	F
Choice Hotels International, Inc.	CHH	NYSE	Consumer Discretn	B	Buy	B+	B		86.08	87.64	66.71	1.00	E	E	G	G	W	F
Choice Properties Real Estate Investment Trust	CHPUN.TO	TSX	Real Estate	C	Hold	C+	D+	Down	13.70	14.37	11.31	0.57	G	F	G	F	G	F
Choice Properties Real Estate Investment Trust	PPRQF	OTC PK	Real Estate	C	Hold	C+	D		10.36	10.56	8.34	0.84	G	F	G	F	G	F
ChoiceOne Financial Services, Inc.	COFS	OTC PK	Financials	C	Hold	A-	B		29.00	30.00	24.5	0.18	E	E	E	G	G	F
Chorus Aviation Inc.	CHR.TO	TSX	Industrials	C+	Hold	B	C-	Up	7.79	8.03	4.54	1.32	F	E	G	F	G	F
Chorus Aviation Inc.	CHRRF	OTC PK	Industrials	C	Hold	B+	D+		5.84	6.16	3.55	1.57	F	E	G	W	E	F
Christopher & Banks Corporation	CBKC	OTC PK	Consumer Discretn	E+	Sell	D-	E+	Down	0.12	1.10	0.1	1.69	W	W	W	V	–	V
ChromaDex Corporation	CDXC	NAS CM	Health Care	D-	Sell	E+	D		4.63	5.00	2.79	1.16	W	V	G	W	–	F
Chubb Limited	CB	NYSE	Financials	B	Buy	A-	C+	Up	147.16	152.00	119.54	0.60	E	E	E	F	F	F
Chunghwa Telecom Co., Ltd.	CHT	NYSE	Communication Svc	C	Hold	C+	D		36.60	36.92	34.02	-0.01	F	E	E	G	–	W
Church & Dwight Co., Inc.	CHD	NYSE	Consumer Staples	B	Buy	A-	C		73.14	79.22	52.2	0.04	E	E	E	G	W	G
Churchill Downs Incorporated	CHDN	NAS GS	Consumer Discretn	B	Buy	B+	C+		113.46	117.14	74.58	1.35	E	E	G	F	–	G
Chuy's Holdings, Inc.	CHUY	NAS GS	Consumer Discretn	D+	Sell	C	D	Down	22.97	34.10	17.03	0.84	W	G	G	W	–	W
CI Financial Corp	CIX.TO	TSX	Financials	C	Hold	B-	D	Up	20.99	24.38	16.47	0.57	G	E	E	W	G	W
CI Financial Corp	CIFAF	OTC PK	Financials	C	Hold	B-	D	Up	16.33	18.95	12.02	0.65	G	E	E	G	W	W
CIBL, Inc.	CIBY	OTC PK	Communication Svc	C	Hold	C	B+		1,795.00	1,800.00	1,425.01	-0.21	W	G	E	G	–	F
CIBT Education Group Inc.	MBAIF	OTC PK	Consumer Discretn	C	Hold	B	D+		0.50	0.65	0.38	1.37	G	G	G	W	–	W
CIBT Education Group Inc.	MBA.TO	TSX	Consumer Discretn	C	Hold	B-	D+	Down	0.68	0.85	0.48	1.46	G	G	G	W	–	W

*Ratings Factors: E=Excellent, G=Good, F=Fair, W=Weak, V=Very Weak, U=Unrated

Summer 2019 — I. Index of Stocks

3-Month Total Return (%)	6-Month Total Return (%)	1-Year Total Return (%)	3-Year Total Return (%)	Dividend $ TTM	Dividend Yield TTM	Market Cap. ($Mil)	Enterprise Value ($Mil)	Revenue ($Mil)	Revenue Growth (%)	Net Income ($Mil)	Earnings/ Share $	EPS Growth (%)	Cash from Operations ($Mil)	Return on Assets (%)	Return on Equity (%)	Earnings (P/E) TTM	Sales (P/S) TTM	Book (P/B) Q
0.00	0.00	50.00	-70.00			1.0	1.6	3.6	-57.1	3.1	0.03	177.3	1.1	-39.57		0.4	0.4	-2.2
-23.83	3.17	-75.62	-80.09			24.7	--	-41.2	20.7	-42.0	-1.41	56.1	--			-0.7	-0.7	-0.7
-3.82	19.49	-1.85	21.68	0.09	0.7	104,662	109,947	101,837	3.9	3,596	0.12	-42.7	34,946	0.89	6.74	102.0	3.4	6.5
-12.33	19.52	-12.66	-11.00			104,662	109,947	101,837	3.9	3,596	0.12	-42.7	34,946	0.89	6.74	19.2	0.7	1.2
-9.60	-2.73	6.15	-5.95	1.85	4.1	187,223	123,983	85,994	-21.5	13,601	0.63	-26.0	--			72.3	10.8	6.1
-11.31	-7.74	3.00	-17.07			187,223	123,983	85,994	-21.5	13,601	0.63	-26.0	--			14.2	2.1	1.2
-0.49	1.73	-28.26	23.61			41.1	41.7	--		-0.88	-0.04	83.0	-1.2	-19.39		-45.0		-13.0
26.15	5.49	-33.81	-63.28			150.6	61.6	135.5	-5.9	-42.9	-31.64	49.2	--			-0.2	0.1	-0.1
-18.29	-4.96	-20.24	-6.94			92,987	141,631	444,534	22.6	8,735	0.07	8.2	22,403	2.71	8.15	9.3	0.2	0.7
-10.71	2.76	-17.51	18.52	5.55	8.1	92,987	141,631	444,534	22.6	8,735	0.07	8.2	22,403	2.71	8.15	942.9	18.5	75.0
-7.94	48.84	40.97	33.33			13.9	22.1	11.6	-14.0	-10.9	-0.25	41.6	0.82	-4.85		-1.3	1.2	0.5
-56.53	-58.10	-80.86				30.9	-9.1	74.3	14.0	-45.1	-0.70	82.3	-22.2			-0.7	0.4	2.1
-56.72	-35.30	-72.52	-81.18			7.0	1.2	6.2	-51.7	-68.0	-7.04	-620.9	0.14	-7.96		-0.1	0.8	0.1
0.00	11.54	10.13				10,980	12,011	6,528	27.7	567.8	0.26	21.0	1,064	5.84	19.34	16.7	1.5	3.2
11.39	13.38	13.38		0.91	1.9	10,980	12,011	6,528	27.7	567.8	0.26	21.0	1,064	5.84	19.34	182.8	15.9	34.4
-7.55	17.13	-33.18	24.58			12,209	38,969	21,920	11.0	456.0	0.04	-61.9	3,009	2.07	4.67	18.9	0.4	0.9
-19.20	13.09	-11.60	27.81	0.68	2.0	12,209	38,969	21,920	11.0	456.0	0.04	-61.9	3,009	2.07	4.67	875.1	18.7	43.6
-39.39						106.8	107.0	5.4	6.1	1.2	0.06	1.6	1.9			68.3	15.0	20.2
-51.87	-41.90	-71.99	-68.16			5.4	35.5	46.3	-24.3	-9.3	-58.28	-198.9	--	-0.7		0.0	0.0	0.0
-11.11	-11.11	0.00	29.73			40,525	52,438	56,163	0.1	3,235	0.04	3.0	3,263	2.66	6.17	12.5	0.7	
-8.29	1.59	10.75	24.86	1.43	2.9	40,525	52,438	56,163	0.1	3,235	0.04	3.0	3,263	2.66	6.17	1,304.2	72.2	
-12.10	-6.44		3.81			33,738	34,885	33,710	-17.1	1,134	0.01	494.1	--			107.9	1.0	0.7
-14.65	6.25	-11.00	12.22	0.18	1.6	33,738	34,885	33,710	-17.1	1,134	0.01	494.1	--			1,095.1	10.0	7.4
-7.26	32.01	-31.99	-33.21			114.3	1,061	1,266	-7.1	60.2	0.90	45.6	99.9	2.4	6.95	2.5	0.1	0.2
-9.62	13.34	-32.75	50.37	0.73	5.1	579.8	394.9	2,466	3.0	105.5	2.58	-20.2	--	3.45	8.95	5.5	0.2	0.5
-26.03	-16.61	-18.91	-86.25			23.5	73.9	126.3	-20.5	-54.9	-33.06	60.7	--	-9.3		0.0	0.0	0.0
-29.03	3.69	-45.90	-9.42			21.7	21.2	57.5	20.6	-14.7	-0.92	-19.8	-4.5	-13.59		-1.4	0.4	3.2
200.00	200.00	50.00	50.00			0.50	0.22	--		-0.05	0.00	47.4	-0.02	-2.94		-15.0		-1.5
-19.96	-23.04	-11.07	21.27			18.4	19.5	3.5	74.4	-8.8	-0.29	68.5	-10.6	-127.48		-1.4	5.0	-17.3
-1.74	-8.06	-34.91				20.5	22.9	23.2	20.7	-21.3	-0.10	10.6	1.4	-16.16		-1.0	0.9	0.5
-7.69	-7.69	-41.46				20.5	22.9	23.2	20.7	-21.3	-0.10	10.6	1.4	-16.16		-1.3	1.2	0.7
-6.63	-7.62	5.20		0.13	0.9	568.5	752.8	619.8	6.9	48.7	0.06	224.0	165.6	3.94	7.9	241.2	18.4	19.2
3.08	70.71	69.04	84.88			20,068	22,004	5,025	10.3	205.2	7.31	9.3	603.0	6.98	14.41	99.1	4.1	13.5
40.95	64.44	44.39	131.23			64.0	--	10.5	2.7	2.3	1.07	-26.2	--			27.7	6.1	
11.12	20.82	15.92	99.08	0.86	1.0	4,758	5,570	1,050	9.2	221.4	3.90	80.1	256.3	18.87		22.1	4.6	-25.7
-2.16	22.74	19.25	15.28	0.74	5.4	3,232	12,970	992.8	50.5	-666.5	-2.39	-128.2	569.0	4.26		-5.7	3.9	2.0
2.67	27.13	21.03	10.73	0.56	5.4	3,232	12,970	992.8	50.5	-666.5	-2.39	-128.2	569.0	4.26		-4.3	2.9	1.5
12.81	18.98	14.61	51.81	0.76	2.6	105.3	--	29.3	4.0	7.3	2.00	14.4	9.0		9.24	14.5	3.6	1.3
9.52	45.26	18.27	61.79	0.48	6.2	935.8	1,963	1,104	4.4	72.7	0.50	-44.5	193.7	5.8	20.18	15.6	1.1	3.0
10.48	45.42	17.16	46.52	0.36	6.2	935.8	1,963	1,104	4.4	72.7	0.50	-44.5	193.7	5.8	20.18	11.7	0.8	2.2
-65.71	-74.63	-87.23	-94.59			4.6	153.2	346.2	-4.7	-33.7	-0.90	-41.0	-14.1	-10.74		-0.1	0.0	0.3
13.20	36.18	22.16	40.73			257.1	240.2	35.0	43.6	-33.2	-0.61	-72.9	-20.0	-41.69		-7.6	7.3	12.3
6.34	16.35	18.70	25.17	2.94	2.0	67,380	83,125	32,748	0.3	3,920	8.42	2.9	6,251	1.79	7.56	17.5	2.1	1.3
3.54	2.55	5.72	15.66	1.21	3.3	28,325	27,643	6,983	-7.6	1,219	0.16	-4.0	2,366	5.55	9.46	232.8	40.7	22.8
1.97	11.98	39.47	53.22	0.89	1.2	18,008	19,931	4,185	7.2	586.5	2.34	-22.8	746.0	8.53	25.27	31.3	4.4	7.2
28.36	43.53	17.09	187.71	0.54	0.5	4,493	5,875	1,085	20.0	182.4	4.46	-35.9	212.2	7.26	45.07	25.4	4.3	9.8
0.97	27.90	-24.93	-32.90			385.2	600.2	406.5	8.0	5.6	0.33	-79.7	43.6	2.73	2.89	70.1	1.0	2.0
15.65	24.69	-7.91	-8.35	0.84	4.0	3,807	4,800	1,670	-1.9	456.6	1.80	9.0	495.1	12.22	35.89	11.7	3.1	4.5
19.67	31.81	-5.98	-7.92	0.63	3.9	3,807	4,800	1,670	-1.9	456.6	1.80	9.0	495.1	12.22	35.89	9.1	2.4	3.5
3.16	5.59	19.67	38.08			29.3	-0.44	0.27	-95.2	3.8	226.61	335.5	-1.9	-0.71	0.58	7.9	109.8	0.9
-6.08	3.12	-14.23	78.98			40.6	202.4	57.9	21.9	13.7	0.17	7,033.3	8.0	2.4	30.66	2.9	0.7	1.0
-1.45	3.03	-8.11	83.78			40.6	202.4	57.9	21.9	13.7	0.17	7,033.3	8.0	2.4	30.66	4.0	0.9	1.4

I. Index of Stocks

Summer 2019

Company Name	Stock Ticker Symbol	Traded On	Sector	Overall Rating	Recommendation	Reward Rating	Risk Rating	Recent Up/ Downgrade	Stock Price as of 6/30/2019	52-Week High	52-Week Low	3-Year Beta	Growth	Efficiency	Solvency	Volatility	Dividend	Total Return
Cibus Global, Ltd.	CBUS	NAS GS	Health Care	U		U	U						U	U	U	U	U	U
Cicada Ventures Ltd.	CID.V	TSXV	Materials	D+	Sell	C	D-		0.01	0.02	0.01	2.03	W	E	F	W	--	W
Cicero Inc.	CICN	OTC PK	Information Tech	C-	Hold	C+	D	Up	0.01	0.02	0	1.40	F	E	F	W	--	W
Cidara Therapeutics, Inc.	CDTX	NAS	Health Care	E+	Sell	E+	E+		1.57	5.40	1.41	2.25	W	V	E	V	--	V
Ciena Corporation	CIEN	NYSE	Information Tech	B-	Buy	B+	C	Up	41.60	46.23	25.19	0.68	E	E	E	F	--	G
Cigna Corporation	CI	NYSE	Health Care	C	Hold	B	D	Down	157.89	226.61	141.95	0.99	E	E	G	W	W	W
CIM Commercial Trust Corporation	CMCT	NAS	Real Estate	C	Hold	A-	C		19.99	21.40	12.9	0.20	F	E	E	F	G	F
Cimarex Energy Co.	XEC	NYSE	Energy	D+	Sell	C	D	Down	57.76	103.91	53.45	1.51	E	G	E	W	W	W
Cimpress N.V.	CMPR	NAS GS	Industrials	D+	Sell	C	D		89.95	155.51	73.74	0.28	F	F	F	W	--	W
Cinaport Acquisition Corp. III	CACP.V	TSXV	Financials	E	Sell	E	D-		0.09	0.20	0.07		W	V	E	W	--	V
Cincinnati Bancorp	CNNB	OTC PK	Financials	C	Hold	A-	B		14.00	14.40	11.8	0.47	E	G	E	G	--	F
Cincinnati Bell Inc.	CBB	NYSE	Communication Svc	D	Sell	D+	D-		4.99	17.60	4.78	1.29	F	F	G	W	--	V
Cincinnati Financial Corporation	CINF	NAS GS	Financials	B+	Buy	A-	B	Down	102.84	106.40	66.33	0.56	E	E	E	G	F	F
Cinedigm Corp.	CIDM	NAS	Communication Svc	D+	Sell	C-	D	Up	1.36	2.06	0.48	2.23	F	W	G	W	--	F
Cinemark Holdings, Inc.	CNK	NYSE	Communication Svc	C+	Hold	B-	C		35.23	43.51	34.03	0.39	F	E	G	F	G	W
Cineplex Inc.	CPXGF	OTC PK	Communication Svc	D+	Sell	C	D-	Down	17.45	27.50	16.68	-0.07	W	E	F	W	E	W
Cineplex Inc.	CGX.TO	TSX	Communication Svc	D+	Sell	C	D	Down	22.85	36.65	22.34	0.06	W	E	F	W	G	W
Ciner Resources LP	CINR	NYSE	Materials	C-	Hold	B-	D	Down	18.20	28.44	16.81	0.93	F	E	E	W	E	W
Cintas Corporation	CTAS	NAS GS	Industrials	B	Buy	A	C+	Down	235.68	237.55	155.98	1.09	E	E	E	F	--	E
Cipher Pharmaceuticals Inc.	CPHRF	OTC PK	Health Care	D-	Sell	D	E+	Down	0.90	2.75	0.89	1.03	W	F	G	V	--	V
Cipher Pharmaceuticals Inc.	CPH.TO	TSX	Health Care	D-	Sell	D	E+		1.30	3.66	1.11	0.68	W	F	G	V	--	V
Cipherloc Corporation	CLOK	OTC PK	Information Tech	D	Sell	D	D-		0.92	2.90	0.8	-2.55	W	F	E	W	--	V
Circa Enterprises Inc.	CTO.V	TSXV	Industrials	C	Hold	B	C-		1.00	1.48	1	0.32	F	E	E	F	--	F
CIRCOR International, Inc.	CIR	NYSE	Industrials	D+	Sell	C-	D	Up	45.74	48.70	19.73	2.33	F	F	G	W	--	W
Cirrus Logic, Inc.	CRUS	NAS GS	Information Tech	C-	Hold	C	D+		43.31	50.12	31.25	1.56	W	E	E	W	--	W
Cisco Systems, Inc.	CSCO	NAS GS	Information Tech	A-	Buy	A-	B+	Up	55.73	58.15	40.25	1.02	G	E	E	G	G	G
Cision Ltd.	CISN	NYSE	Information Tech	C-	Hold	C	D	Up	11.32	18.28	10.4	0.76	G	W	G	W	--	W
CIT Group Inc.	CIT	NYSE	Financials	B-	Buy	B+	C	Up	51.03	55.48	35.5	1.50	F	G	E	F	G	F
Citadel Exploration, Inc.	COIL	OTC PK	Energy	D-	Sell	E+	D	Down	0.06	0.33	0.06	2.37	F	V	F	W	--	W
Citi Trends, Inc.	CTRN	NAS GS	Consumer Discretn	C-	Hold	B-	D	Down	14.71	34.90	13.41	0.51	G	E	G	W	F	W
Citigroup Inc.	C	NYSE	Financials	B-	Buy	B+	C	Up	68.15	75.24	48.42	1.79	G	E	E	F	G	F
Citigroup Inc.	CPRJ	NYSE	Financials	C+	Hold	B	C	Up	27.67	28.67	25.35	0.18	G	E	E	F	E	W
Citius Pharmaceuticals, Inc.	CTXR	NAS CM	Health Care	D-	Sell	E+	D-		0.93	3.15	0.86	0.68	W	V	E	W	--	V
Citizens & Northern Corporation	CZNC	NAS CM	Financials	B	Buy	A-	B-		25.39	29.25	23.6	0.33	E	E	E	G	G	F
Citizens Community Bancorp, Inc.	CZWI	NAS	Financials	B+	Buy	B+	B+		11.18	14.25	10.5	0.58	E	G	E	G	--	G
Citizens Financial Group, Inc.	CFG	NYSE	Financials	C+	Hold	B	C-	Up	34.77	41.76	27.62	1.58	G	E	E	F	G	W
Citizens Financial Services, Inc.	CZFS	OTC PK	Financials	C	Hold	A-	B		61.00	65.84	54.96	0.23	E	E	E	G	G	F
Citizens First Corporation	CZFC	NAS	Financials	B	Buy	B+	C+	Up	25.50	27.10	20.21	0.69	E	E	E	F	W	F
Citizens Holding Company	CIZN	NAS	Financials	C	Hold	B-	D+		20.30	24.00	19.08	0.05	F	E	E	W	G	W
Citizens, Inc.	CIA	NYSE	Financials	D	Sell	D	D		7.19	8.80	6.3	0.91	W	W	E	W	--	W
Citrix Systems, Inc.	CTXS	NAS GS	Information Tech	C+	Hold	B-	C	Down	97.72	116.82	93.12	0.64	G	E	G	F	W	W
City Holding Company	CHCO	NAS GS	Financials	B	Buy	B+	B-		75.57	83.27	65.32	0.92	E	E	E	G	G	F
City Office Reit, Inc.	CIO	NYSE	Real Estate	C	Hold	B-	D		11.94	13.20	9.73	0.62	F	G	E	W	E	W
City View Green Holdings Inc.	LRZZF	OTC PK	Health Care	E-	Sell	E+	D		0.08	0.18	0.07		W	V	G	W	--	V
Civeo Corporation	CVEO	NYSE	Industrials	D	Sell	D+	D		1.61	4.64	1.12	3.46	F	W	G	W	--	W
Civista Bancshares, Inc.	CIVB	NAS CM	Financials	C+	Hold	B-	C	Up	21.80	25.88	15.55	0.93	F	G	E	F	F	F
CKX Lands, Inc.	CKX	AMEX	Real Estate	C-	Hold	C	D+	Down	9.70	11.81	9.31	-0.02	W	G	E	W	--	W
Clairvest Group Inc.	CVG.TO	TSX	Financials	C	Hold	A-	B		51.00	51.75	43.47	0.51	E	E	G	--	F	
Clairvest Group Inc.	CVTGF	OTC PK	Financials	E+	Sell	A-	B+		36.09	37.95	36.09	0.93	F	E	G	--	F	
Claren Energy Corp.	CEN.V	TSXV	Energy	D-	Sell	D	D-		0.07	0.35	0.05	0.82	W	W	F	W	--	V
Claren Energy Corp.	CNENF	OTC PK	Energy	D	Sell	D	D-	Up	0.06	0.20	0.03	0.71	W	W	F	W	--	V
Clariant AG	CLZNF	OTC PK	Materials	C	Hold	B	D		18.27	28.07	18.27	0.65	G	E	G	W	--	W

*Ratings Factors: E=Excellent, G=Good, F=Fair, W=Weak, V=Very Weak, U=Unrated

I. Index of Stocks

Summer 2019

TOTAL RETURNS %				DIVIDEND/YIELD		SIZE		REVENUE & INCOME			EARNINGS		EFFECTIVENESS			VALUATION		
3-Month Total Return (%)	6-Month Total Return (%)	1-Year Total Return (%)	3-Year Total Return (%)	Dividend $ TTM	Dividend Yield TTM	Market Cap. ($Mil)	Enterprise Value ($Mil)	Revenue ($Mil)	Revenue Growth (%)	Net Income ($Mil)	Earnings/ Share $	EPS Growth (%)	Cash from Operations ($Mil)	Return on Assets (%)	Return on Equity (%)	Earnings (P/E) TTM	Sales (P/S) TTM	Book (P/B) Q
						--	--	--		--		--						
-50.00	0.00	-50.00	-50.00			1.1	1.1	--		-0.42	0.00	-16.7	-0.20	-73.71		-3.6		-0.8
24.00	51.22	-27.06	-75.20			1.3	2.2	0.92	-2.8	-2.1	-0.01	8.2	-2.4	-260.52		-0.6	1.4	-0.3
-36.95	-34.85	-69.81	-84.86			41.8	-3.4	--		-58.8	-2.66	17.0	-59.1	-58.41		-0.6		1.0
12.22	25.68	59.57	126.83			6,452	6,327	3,362	18.0	201.2	1.20	-73.5	246.1	5.85	10.57	34.7	2.0	3.1
-1.13	-17.17	-6.97	26.19	0.04	0.0	59,913	96,150	75,145	75.0	3,090	10.54	3.9	4,937	3.3	10.94	15.0	0.8	1.4
9.31	35.93	36.23	47.95	0.50	2.5	875.7	1,047	196.6	-9.7	292.3	6.04	123.4	57.2	1.56	36.46	3.3	4.7	1.4
-18.02	-5.19	-42.22	-49.06	0.72	1.3	5,756	8,079	2,349	15.2	631.8	6.61	14.5	1,418	8.32	19.16	8.7	2.4	1.5
13.29	-15.17	-37.87	0.95			2,762	4,001	2,707	7.2	53.6	1.67	259.8	270.2	5.12	29.69	53.9	1.1	21.4
-15.00	-15.00					0.39	-0.34	--		-0.01	0.00		-0.01			-141.7		0.7
5.66	16.67	11.55	56.22			25.4	--	7.6	7.6	2.1	1.20	129.3	-1.7		9.95	11.7	3.2	1.1
-48.07	-34.86	-67.70	-76.52			251.3	2,356	1,462	31.5	-88.4	-2.04	-117.9	213.0	2.38		-2.5	0.2	-1.1
21.02	35.86	57.10	57.00	2.18	2.1	16,787	16,862	6,342	16.7	1,013	6.14	25.4	1,227	3.41	12.22	16.8	2.7	1.9
-31.31	142.12	-13.38	8.80			48.5	98.4	59.1	-15.0	-9.9	-0.27	87.9	14.6	0.57		-5.0	0.9	-1.4
-11.69	1.08	3.24	17.55	1.32	3.8	4,098	7,109	3,156	5.5	184.5	1.58	-25.1	577.5	5.14	12.69	22.3	1.3	2.8
-3.12	-0.80	-15.73	-48.64	1.32	7.6	1,103	2,632	1,212	0.1	41.8	0.65	-15.5	169.4	2.8	8.19	26.8	0.9	2.3
-5.50	-6.29	-16.80	-48.81	1.75	7.7	1,103	2,632	1,212	0.1	41.8	0.65	-15.5	169.4	2.8	8.19	35.1	1.2	3.0
-23.13	-11.14	-24.54	-17.28	2.04	11.2	366.5	610.7	495.9	0.8	52.1	2.59	27.4	130.5	11.32	42.15	7.0	0.7	2.4
17.47	41.20	28.46	161.66	2.05	0.9	24,645	27,327	6,768	6.8	845.0	7.59	13.5	974.0	9.69	27.85	31.1	3.8	7.8
-18.31	-24.83	-58.97	-81.66			39.5	50.5	23.3	-36.3	2.6	0.09	-58.8	2.5	7.2	12.39	9.6	1.0	0.9
-8.45	-22.62	-55.93	-79.97			39.5	50.5	23.3	-36.3	2.6	0.09	-58.8	2.5	7.2	12.39	13.9	1.5	1.4
-3.16	-10.68	-38.26	-67.14			37.5	26.4	0.09	-80.9	-5.0	-0.14	63.4	-3.9	-50.35		-6.8	438.1	3.3
0.00	-16.67	-16.46	26.51			7.6	10.5	21.9	-4.1	0.83	0.08	-7.8	0.45	5.52	9.5	12.8	0.5	1.1
43.03	111.96	23.96	-14.45			910.3	1,600	1,171	47.8	-26.6	-1.34	-200.4	31.8	1.58		-34.1	0.8	1.8
4.06	30.65	11.68	14.52			2,517	2,231	1,186	-22.6	90.0	1.45	-40.7	206.7	4.31	7.82	29.8	2.2	2.2
5.10	32.14	33.54	120.83	1.34	2.4	238,565	227,631	51,320	5.6	13,218	2.90	1,203.6	15,989	8.13	31.67	19.2	4.8	6.5
-18.03	-2.58	-22.94				1,679	2,962	736.9	10.8	-12.3	-0.10	92.1	119.7	3.77		-109.7	2.3	3.4
7.01	35.62	5.08	82.41	1.10	2.2	4,917	--	2,289	-3.1	469.0	4.06	64.9	961.0		7.48	12.6	2.3	0.9
-58.04	-58.04	-58.60	-77.82			3.0	13.7	0.93	173.3	-2.5	-0.07	4.9	0.02	-16.56		-0.9	3.2	-0.4
-23.50	-26.41	-46.80	0.80	0.32	2.2	175.3	258.9	763.6	-0.4	17.9	1.44	15.3	28.8	3.56	8.77	10.2	0.2	0.9
10.66	33.26	4.64	78.35	1.80	2.6	157,595	--	65,063	-0.9	18,135	6.87	332.7	-14,506		9.09	9.9	2.5	0.9
2.56	10.64	5.87	17.61	1.78	6.4	157,595	--	65,063	-0.9	18,135	6.87	332.7	-14,506		9.09	4.0	1.0	0.4
-38.74	-6.88	-56.49	-92.04			20.6	17.5	--		-12.4	-0.81	53.2	-10.8	-32.79		-1.2		0.8
-2.99	2.11	0.70	43.82	1.08	4.3	340.5	--	67.8	15.2	22.7	1.84	56.6	22.4		11.7	13.8	4.6	1.6
-6.60	5.20	-18.83	10.35	0.20	1.8	122.9	--	40.9	28.3	3.8	0.38	-33.5	8.3			29.2	2.9	0.9
8.17	19.72	-9.12	96.56	1.40	4.0	15,937	--	5,921	8.0	1,772	3.66	6.6	1,535		8.52	9.5	2.7	0.8
3.01	12.66	1.66	48.91	1.75	2.9	215.6	--	53.7	7.9	18.2	5.14	30.8	19.9		13.34	11.9	4.0	1.5
3.32	20.07	-1.09	79.91	0.28	1.1	64.9	--	19.2	-1.0	4.9	1.90	13.3	5.9			13.5	3.4	1.3
-5.99	3.34	-10.30	8.31	0.96	4.7	99.6	--	34.1	-6.4	6.1	1.25	52.8	11.6		7.1	16.2	2.9	1.1
6.36	-4.26	-7.11	-2.18			361.2	328.4	249.0	-0.6	-14.9	-0.30	62.9	80.6	0.05		-24.2	1.5	1.7
-1.37	-3.32	-5.23	56.48	1.05	1.1	12,865	13,233	2,996	4.8	541.8	3.73	545.3	945.1	7.87	100.49	26.2	4.6	23.2
0.25	12.84	2.39	88.27	2.05	2.7	1,245	--	211.0	13.8	74.0	4.66	30.2	81.1		13.32	16.2	5.9	2.0
7.81	20.57	0.30	19.43	0.94	7.9	473.3	1,274	135.1	19.9	-10.0	-0.45	-134.8	43.2	1.23		-26.5	3.5	1.7
-38.77						17.5	18.9	--		-13.7	-0.33	-10,493.6	-0.55			-0.2		3.0
-23.33	21.97	-62.65	-9.04			272.6	720.8	473.7	20.7	-43.8	-0.58	45.6	57.9	-3.18		-2.8	0.6	0.6
2.96	30.80	-9.51	75.95	0.38	1.7	340.6	--	91.1	24.4	16.8	0.95	-34.5	26.2		6.73	23.0	4.1	1.1
-2.02	-7.44	-9.61	-12.67			18.8	13.2	1.0	-22.5	0.38	0.20	-70.9	0.25	1.32	2.54	49.1	18.8	1.2
6.81	14.61	8.94	81.38	0.10	0.2	591.2	371.1	156.2	-5.3	91.2	6.03	-7.0	158.9	9.98	16.59	8.5	4.9	1.3
-4.90	-1.02	5.09	86.24	0.34	0.9	591.2	371.1	156.2	-5.3	91.2	6.03	-7.0	158.9	9.98	16.59	6.0	3.5	0.9
0.00	-12.50	-76.67	-94.17			0.32	0.46	--		-0.77	-0.13	75.3	-0.11	-53.6		-0.5		-0.6
14.20	14.20	-67.56	-95.14			0.32	0.46	--		-0.77	-0.13	75.3	-0.11	-53.6		-0.4		-0.5
-15.63	-14.07	-26.49	9.71			6,601	8,124	6,775	4.5	345.4	1.04	22.4	537.9	3.83	12.09	17.5	0.9	2.1

https://greyhouse.weissratings.com

Data as of June 30, 2019

I. Index of Stocks

Summer 2019

Company Name	Stock Ticker Symbol	Traded On	Sector	Overall Rating	Recommendation	Reward Rating	Risk Rating	Recent Up/Downgrade	Stock Price as of 6/30/2019	52-Week High	52-Week Low	3-Year Beta	Growth	Efficiency	Solvency	Volatility	Dividend	Total Return
Clariant AG	CLZNY	OTC PK	Materials	C	Hold	B-	D		18.73	27.99	17.77	1.33	G	E	G	W	–	W
Clarivate Analytics Plc	CCC	NYSE	Industrials	U		U	U		14.86	15.31	12.7		U	U	U	U	U	U
Clarke Inc.	CKI.TO	TSX	Financials	C	Hold	B+	B	Up	13.00	13.91	11.91	0.09	E	G	E	G	–	F
Clarke Inc.	CLKFF	OTC PK	Financials	C	Hold	A-	A	Up	9.82	9.82	9.37	0.17	E	G	E	E	–	F
Clarkston Financial Corporation	CKFC	OTC PK	Financials	C	Hold	C+	C-	Up	10.34	10.60	6.5	1.17	F	G	E	F	–	F
Clarmin Explorations Inc.	CX.V	TSXV	Materials	D-	Sell	D	D-	Down	0.12	0.20	0.1		F	W	G	W	–	V
Clarocity Corporation	CLY.V	TSXV	Information Tech	D	Sell	D+	D-		0.01	0.05	0.01	3.05	F		F	W	–	V
Clarocity Corporation	CLRYF	OTC PK	Information Tech	D	Sell	D	D-		0.00	0.03	0	0.81	F		F	W	–	V
Clarus Corporation	CLAR	NAS GS	Consumer Discretn	B	Buy	A-	C+	Up	14.31	14.90	7.85	1.23	E	F	E	G	W	E
Clean Coal Technologies, Inc.	CCTC	OTC PK	Industrials	D	Sell	D	D		0.12	0.29	0.07	-0.93	F	W	F	W	–	W
Clean Commodities Corp.	CLE.V	TSXV	Materials	D	Sell	D	D-		0.03	0.05	0.02	1.54	F	W	E	W	–	V
Clean Commodities Corp.	YWRLF	OTC PK	Materials	D	Sell	D	D-		0.02	0.04	0.01	2.96	F	W	E	W	–	V
Clean Energy Fuels Corp.	CLNE	NAS GS	Energy	D	Sell	D	D		2.58	3.83	1.61	0.88	W	W	E	W	–	F
Clean Energy Technologies, Inc.	CETY	OTC PK	Industrials	C	Hold	B-	D	Up	0.02	0.15	0.01	1.02	F	G	F	W	–	F
Clean Harbors, Inc.	CLH	NYSE	Industrials	C-	Hold	C	D+		69.99	77.24	46.21	1.94	W	G	E	F	–	F
Clean Seed Capital Group Ltd.	CSX.V	TSXV	Industrials	D-	Sell	E+	D-		0.21	0.60	0.19	0.87	V	V	F	W	–	W
Clean Seed Capital Group Ltd.	CLGPF	OTC PK	Industrials	D-	Sell	E+	D		0.15	0.40	0.15	0.55	V	V	F	W	–	V
CleanSpark, Inc.	CLSK	OTC PK	Industrials	D-	Sell	E+	D		2.00	15.01	1.1	0.94	W	V	E	W	–	W
Cleantech Biofuels, Inc.	CLTH	OTC PK	Energy	D	Sell	C-	D	Down	0.01	0.02	0	-0.54	W	E	F	W	–	V
Clear Blue Technologies International Inc.	CBLU.V	TSXV	Information Tech	D-	Sell	D-	D-	Up	0.18	0.86	0.16		W	W	G	W	–	V
Clear Channel Outdoor Holdings, Inc.	CCO	NYSE	Communication Svc	D	Sell	D+	D		4.64	6.38	4.23	-0.01	W	W	G	W	–	F
Clearfield, Inc.	CLFD	NAS	Information Tech	C	Hold	B-	D		12.98	16.75	8.41	1.60	F	G	E	W	–	W
Clearford Water Systems Inc.	CLI.V	TSXV	Utilities	D-	Sell	E+	D-		0.02	0.10	0.02	-1.26	W	V	F	W	–	V
Clearford Water Systems Inc.	CLIRF	OTC PK	Utilities	D-	Sell	E+	D-		0.02	0.05	0.02	0.36	W	V	F	W	–	V
ClearOne, Inc.	CLRO	NAS CM	Information Tech	D-	Sell	D-	D		2.28	3.90	1.12	1.56	W	W	E	W	–	W
ClearSign Combustion Corporation	CLIR	NAS CM	Information Tech	E+	Sell	E+	D-	Down	1.05	2.25	0.75	0.80	F	V	E	W	–	W
ClearStream Energy Services Inc.	CSM.TO	TSX	Energy	D	Sell	D+	D		0.05	0.11	0.01	7.18	F	W	G	W	–	W
ClearStream Energy Services Inc.	NWPIF	OTC PK	Energy	D	Sell	D+	D		0.05	0.08	0	17.15	F	W	G	W	–	W
Cleartronic, Inc.	CLRI	OTC PK	Information Tech	D+	Sell	C	D		0.02	0.05	0.01	1.22	F	E	F	W	–	W
Clearwater Paper Corporation	CLW	NYSE	Materials	D	Sell	D	D-		17.65	35.27	16.05	2.47	W	W	F	W	–	V
Clearwater Seafoods Incorporated	CSEAF	OTC PK	Consumer Staples	C-	Hold	C+	D	Up	3.83	4.71	3.32	0.34	F	G	G	W	G	W
Clearwater Seafoods Incorporated	CLR.TO	TSX	Consumer Staples	C-	Hold	C	D	Up	5.15	6.40	4.53	0.28	F	G	G	W	G	W
Clearway Energy, Inc.	CWEN	NYSE	Utilities	C-	Hold	B-	D		16.90	20.75	12.12	0.59	F	G	F	W	G	W
Clearway Energy, Inc.	CWENA	NYSE	Utilities	C-	Hold	B-	D		16.16	20.68	12.04	0.64	F	G	F	W	G	W
Cleghorn Minerals Ltd.	CLGMF	OTC PK	Materials	D	Sell	D	D		0.04	0.08	0.04	1.63	W	W	G	W	–	W
Cleghorn Minerals Ltd.	CZZ.V	TSXV	Materials	D	Sell	D	D		0.07	0.11	0.06	0.54	W	W	G	W	–	W
Cleveland BioLabs, Inc.	CBLI	NAS CM	Health Care	D-	Sell	E+	D		1.60	3.16	1	2.16	W	V	E	W	–	W
Cleveland-Cliffs Inc.	CLF	NYSE	Materials	B-	Buy	A-	D+	Up	10.42	13.10	7.4	2.66	G	G	F	W	F	F
CLIC Technology, Inc.	CLCI	OTC PK	Information Tech	D-	Sell	E+	D-	Up	0.27	10.00	0.01		W	V	F	W	–	V
Cliffmont Resources Ltd.	CMOH.V	TSXV	Materials	D	Sell	D+	D	Down	0.08	0.90	0.05	6.75	V	F	F	W	–	F
Cliffside Capital Ltd.	CEP.V	TSXV	Financials	D+	Sell	C-	D		0.18	0.35	0.14	0.68	W	F	W	W	–	F
Clikia Corp.	CLKA	OTC PK	Industrials	D-	Sell	D-	D-		0.00	0.30	0	3.72	W	W	F	W	–	V
Cloud Peak Energy Inc.	CLDPQ	OTC PK	Energy	E+	Sell	E+	D-		0.06	3.74	0.03	0.84	V	V	G	W	–	V
CloudCommerce, Inc.	CLWD	OTC PK	Information Tech	D-	Sell	E+	D	Down	0.01	0.03	0.01	-0.29	F	V	F	W	–	W
Cloudera, Inc.	CLDR	NYSE	Information Tech	D	Sell	D	D-		5.32	20.18	4.89	0.97	F	V	E	W	–	V
Clovis Oncology, Inc.	CLVS	NAS GS	Health Care	D-	Sell	E+	D		13.52	50.00	11.5	1.68	F	V	F	W	–	W
CLPS Incorporation	CLPS	NAS	Information Tech	D	Sell	C	D	Up	5.69	17.99	2.12		E	G	E	W	–	W
CLS Holdings USA, Inc.	CLSH	OTC PK	Health Care	D	Sell	D	D		0.32	1.35	0.24	-0.15	W		G	W	–	W
Cluny Capital Corp.	CLNH.V	TSXV	Financials	E+	Sell	E+	E+	Down	0.05	0.09	0.05	1.74	V	V	E	V	–	V
Clydesdale Resources Inc.	CEOH.V	TSXV	Materials	D-	Sell	E+	D-		0.04	0.08	0.02	-1.86	W	V	G	W	–	F
CM Finance Inc.	CMFN	NAS GS	Financials	C-	Hold	B-	D		7.61	9.60	5.58	1.29	F	G	E	W	E	W
CMC Metals Ltd.	CMB.V	TSXV	Materials	D	Sell	D	D		0.06	0.11	0.04	0.32	F	W	F	W	–	W

*Ratings Factors: E=Excellent, G=Good, F=Fair, W=Weak, V=Very Weak, U=Unrated

Summer 2019 — I. Index of Stocks

3-Month Total Return (%)	6-Month Total Return (%)	1-Year Total Return (%)	3-Year Total Return (%)	Dividend $ TTM	Dividend Yield TTM	Market Cap. ($Mil)	Enterprise Value ($Mil)	Revenue ($Mil)	Revenue Growth (%)	Net Income ($Mil)	Earnings/Share $	EPS Growth (%)	Cash from Operations ($Mil)	Return on Assets (%)	Return on Equity (%)	Earnings (P/E) TTM	Sales (P/S) TTM	Book (P/B) Q
-9.60	7.91	-16.74	24.48	0.50	2.7	6,601	8,124	6,775	4.5	345.4	1.04	22.4	537.9	3.83	12.09	17.9	0.9	2.2
						4,536	6,565	234.0	-1.3	-59.3	-36.00	23.1	42.5			-0.4	0.1	0.0
-0.76	4.00	6.47	72.00			119.3	217.3	27.4	196.6	26.1	2.12	2,219.9	7.1	2.84	17.23	6.1	5.8	1.1
2.83	3.52	9.12	74.92			119.3	217.3	27.4	196.6	26.1	2.12	2,219.9	7.1	2.84	17.23	4.6	4.4	0.9
51.95	43.61	27.65	168.57			34.2	--	8.0	9.8	0.29	0.09	-82.1	--		1.84	119.8	4.3	2.2
20.00	-20.00	-25.00				1.3	0.95	--		-0.08	-0.01	43.5	-0.08	-14.07		-19.7		5.4
100.00	100.00	-60.00	-92.31			2.1	17.6	9.6	5.3	-11.4	-0.04	2.9	-2.5	-55.53		-0.2	0.3	-0.2
-30.23	0.00	-89.25	-96.56			2.1	17.6	9.6	5.3	-11.4	-0.04	2.9	-2.5	-55.53		-0.1	0.1	-0.1
12.00	43.98	78.27	249.64	0.10	0.7	427.7	444.8	220.1	20.7	10.7	0.35	907.8	9.8	3.79	6.4	41.2	2.0	2.5
38.29	15.24	42.35	-62.19			21.7	29.9	--		-5.3	-0.04	50.4	-2.1	-3,205.00		-2.9		-1.3
-16.67	0.00	-44.44	-77.27			2.0	0.70	--		-0.51	-0.01	23.1	-0.22	-3.06		-5.0		1.1
-47.93	0.67	-63.17	-85.62			2.0	0.70	--		-0.51	-0.01	23.1	-0.22	-3.06		-3.0		0.7
-18.87	48.28	-29.51	-24.78			528.0	560.2	321.7	-9.3	-27.0	-0.15	82.5	32.1	-1.94		-17.3	1.6	1.1
2.09	69.23	21.55	-18.52			12.8	18.7	1.4	60.6	-2.2	0.00	65.4	-1.1	-24.75		-6.1	9.2	-2.0
-1.24	45.09	28.73	39.45			3,910	5,430	3,331	10.8	79.2	1.40	-26.9	351.0	3.15	6.84	50.1	1.2	3.3
-48.10	-42.25	-58.16	-46.05			9.1	11.5	--		-3.1	-0.05	-48.0	-1.0	-25.22		-3.8		3.6
-50.00	-46.83	-59.52	-48.85			9.1	11.5	--		-3.1	-0.05	-48.0	-1.0	-25.22		-2.8		2.6
-41.26	-8.68	-11.11	-38.46			89.3	88.3	1.4	373.0	-54.7	-1.51	-269.2	-3.1	-20.57		-1.3	57.8	3.7
-45.00	-50.50	-23.85	-75.25			0.98	4.2	--		-0.65	-0.01	0.0	-0.12	-9.92		-1.5		-0.2
-32.08	-48.57					6.3	5.6	2.9	57.0	-6.5	-0.20	-35.6	-4.9	-58.86		-0.9	2.3	3.6
-7.94	-10.42	1.98	-5.47			1,511	8,825	2,710	2.6	-254.0	-0.70	65.9	134.6	3.22		-6.6	0.6	-0.7
-10.24	37.79	18.00	-26.63			177.4	152.4	83.1	15.9	5.0	0.37	85.6	10.8	4.74	7.29	35.5	2.1	2.5
-42.86	-55.56	-78.95	-89.47			1.6	32.6	5.2	39.7	-8.9	-0.09	-50.1	-6.7	-24.18		-0.2	0.4	-0.1
0.00	-39.10	-72.38	-89.14			1.6	32.6	5.2	39.7	-8.9	-0.09	-50.1	-6.7	-24.18		-0.2	0.4	-0.1
7.06	89.58	-40.91	-78.13			37.8	33.6	27.2	-27.4	-17.2	-1.86	-1.4	-7.6	-8.66		-1.2	1.4	0.8
20.43	-1.87	-47.50	-79.77			28.0	14.6	0.00	-100.0	-9.6	-0.38	35.6	-8.5	-37.8		-2.7		1.9
0.00	400.00	-16.67	-50.00			4.2	210.1	288.4	1.9	-22.9	-0.21	19.2	2.6	0.2		-0.2	0.0	-0.1
40.18	1,060.00	-9.02	-56.88			4.2	210.1	288.4	1.9	-22.9	-0.21	19.2	2.6	0.2		-0.2	0.0	0.0
6.50	-18.08	-59.43	-33.44			4.4	4.6	0.88	68.9	-0.57	0.00	-15.4	-0.13	-102.29		-7.1	5.1	-3.3
-9.49	-28.19	-23.59	-71.88			291.5	1,271	1,716	-0.8	-142.5	-8.66	-255.4	108.6	2.46		-2.0	0.2	0.7
-0.80	-0.72	5.15	-61.36	0.15	3.9	255.2	592.8	451.8	-5.4	4.4	0.07	748.1	56.0	4.43	10.03	55.8	0.6	2.2
1.96	-6.09	6.85	-59.26	0.20	3.9	255.2	592.8	451.8	-5.4	4.4	0.07	748.1	56.0	4.43	10.03	75.0	0.7	3.0
14.48	0.87	3.82	33.81	1.05	6.2	1,798	8,085	1,045	3.2	12.0	0.07	179.0	494.0	2.67	0.33	249.3	1.8	1.0
13.63	-1.57	-0.14	33.62	1.05	6.5	1,798	8,085	1,045	3.2	12.0	0.07	179.0	494.0	2.67	0.33	238.4	1.7	1.0
-44.52	-44.52	-49.80				1.1	1.0	--		-0.07	0.00	-191.9	-0.08	-3.61		-13.2		1.2
-12.50	-12.50	-22.22	40.00			1.1	1.0	--		-0.07	0.00	-191.9	-0.08	-3.61		-20.6		1.8
-5.88	48.15	-36.32	-49.04			18.1	19.8	1.1	-30.8	-3.3	-0.29	65.0	-4.2	-38.62		-5.5	16.3	-7.9
7.71	34.06	25.89	113.73	0.10	1.0	2,947	4,604	2,309	31.2	1,190	3.86	275.5	277.0	13.49		2.7	1.3	11.3
147.73	-31.88					71.0	72.3	0.01		-1.1	-0.01	-2,766.7	-0.77	-93.66		-31.7		-64.9
-42.31	-28.57	-25.00	-25.00			0.50	0.50	--		-0.06	-0.01	-236.6	-0.06	-246.45		-5.4		-1.6
-10.00	0.00	-28.00	125.00			10.3	--	-1.2	-233.4	-1.00	-0.02	-1,635.7	-42.2			-8.4	-8.6	2.8
0.00	-90.00	-99.96	-100.00			0.28	1.1	0.00	300.0	-0.45	-0.24	69.0	-0.33			0.0	0.3	0.0
-26.27	-83.55	-98.29	-96.96			4.6	363.4	738.6	-16.3	-760.0	-10.03	-15,098.1	-38.6	-35.1		0.0	0.0	0.0
26.73	6.67	-50.77	-30.81			1.8	4.4	11.5	41.5	-2.4	-0.02	63.3	-0.69	-10.18		-0.7	0.2	0.5
-50.33	-51.10	-60.45				1,459	1,258	564.7	42.6	-244.7	-1.21	15.5	21.4	-9.49		-4.4	2.6	1.0
-44.50	-24.76	-69.95	9.43			716.6	916.1	110.0	64.2	-376.7	-7.16	7.0	-363.8	-29.92		-1.9	6.5	9.6
-42.99	152.89	-57.63				78.6	69.6	48.9	56.0	2.4	0.21	19.1	-0.14	4.85	23.14	26.5	1.4	4.4
-16.34	-45.76	-54.93	-58.44			40.3	42.8	5.5		-28.2	-0.38	-37.8	-10.3	-22.17		-0.8	7.2	1.3
0.00	0.00	-16.67	-73.68			0.26	0.31	--		-0.15	-0.04	-35.6	-0.06			-1.4		3.7
0.00	40.00	-50.00	250.00			0.91	0.86	--		-0.03	0.00	85.2	0.00	-12.33		-43.8		38.9
5.01	28.20	-3.10	30.94	1.00	13.1	103.6	235.2	43.2	39.2	-5.8	-0.42	-134.6	2.2	5.54		-17.9	2.4	0.7
-36.84	0.00	-31.43	-79.13			0.83	2.0	--		0.50	0.03	126.7	-0.22	-46.46		2.0		-0.8

I. Index of Stocks — Summer 2019

Company Name	Stock Ticker Symbol	Traded On	Sector	Overall Rating	Recommendation	Reward Rating	Risk Rating	Recent Up/Downgrade	Stock Price as of 6/30/2019	52-Week High	52-Week Low	3-Year Beta	Growth	Efficiency	Solvency	Volatility	Dividend	Total Return
CMC Metals Ltd.	CMCXF	OTC PK	Materials	D	Sell	D	D		0.05	0.06	0.02	-1.30	F	W	F	W	–	W
CME Group Inc.	CME	NAS GS	Financials	B	Buy	A-	C+		193.90	204.56	158.35	-0.02	E	E	E	G	F	F
CMS Energy Corporation	CMS	NYSE	Utilities	B	Buy	B+	B-		57.51	59.34	46.25	0.20	E	E	G	G	G	F
CMX Gold & Silver Corp.	CXXMF	OTC PK	Materials	D	Sell	D	D	Up	0.02	0.04	0.02	1.25	W	V	F	W	–	V
CNA Financial Corporation	CNA	NYSE	Financials	B-	Buy	B+	C		46.34	48.99	41.49	0.56	G	E	E	F	G	F
CNB Financial Corporation	CCNE	NAS GS	Financials	B-	Buy	B+	C		27.15	32.41	21.43	1.42	E	G	E	F	G	F
CNFinance Holdings Limited	CNF	NYSE	Financials	E	Sell	C	D	Up	5.93	7.74	4.75		F	G	E	W	–	W
CNH Industrial N.V.	CNHI	NYSE	Industrials	C	Hold	B-	C-	Down	10.28	12.68	8.41	1.57	F	G	E	F	–	W
CNO Financial Group, Inc.	CNO	NYSE	Financials	D	Sell	C-	D		16.41	22.54	13.64	1.58	W	F	E	W	F	W
CNOOC Limited	CEO	NYSE	Energy	C	Hold	B-	D		171.48	202.38	142.94	1.05	G	E	E	F	W	F
CNOOC Limited	CEOHF	OTC PK	Energy	B	Buy	A-	C+	Up	1.68	2.01	1.43	0.87	G	E	E	F	E	F
CNX Midstream Partners LP	CNXM	NYSE	Energy	C	Hold	B	D		13.82	20.96	13.43	0.64	E	E	G	W	E	W
CNX Resources Corporation	CNX	NYSE	Energy	D	Sell	D+	D	Down	7.14	18.37	6.78	0.33	W	F	G	W	–	V
CO2 Gro Inc.	GROW.V	TSXV	Industrials	D	Sell	C-	D-		0.39	0.70	0.12	0.20	W	W	G	W	–	E
CO2 Gro Inc.	BLONF	OTC PK	Industrials	D+	Sell	C-	D	Up	0.30	0.53	0.09	0.07	W	W	G	W	–	G
CO2 Solutions Inc.	CST.V	TSXV	Industrials	D-	Sell	D-	D-		0.06	0.11	0.03	-0.32	V	W	F	W	–	V
CO2 Solutions Inc.	COSLF	OTC PK	Industrials	D-	Sell	D-	D-		0.04	0.08	0.02	0.58	V	W	F	W	–	V
Coastal Financial Corporation	CCB	NAS GS	Financials	D-	Sell	C+	C	Up	15.28	18.90	11.85		E	G	E	F	–	W
Coates International, Ltd.	COTE	OTC PK	Consumer Discretn	D	Sell	C-	D-		0.00	0.00	0	3.13	F	E	F	W	–	V
Cobalt 27 Capital Corp.	CBLLF	OTC PK	Materials	D-	Sell	E+	D-	Down	3.18	6.96	2.45	2.08	V	V	E	W	–	V
Cobalt 27 Capital Corp.	KBLT.V	TSXV	Materials	D-	Sell	E+	D	Down	4.22	9.15	3.27	1.41	V	V	E	W	–	W
Cobalt Blockchain Inc.	COBCF	OTC PK	Materials	D	Sell	D+	D	Down	0.06	0.19	0.05	-0.75	W	W	F	W	–	F
Cobalt Blockchain Inc.	COBC.V	TSXV	Materials	D	Sell	D+	D	Down	0.08	0.25	0.05	-0.54	W	W	F	W	–	F
Cobra Venture Corporation	CBV.V	TSXV	Energy	D	Sell	D+	D		0.07	0.10	0.06	0.07	F	W	E	W	–	W
Cobra Venture Corporation	CBVTF	OTC PK	Energy	D	Sell	D	E+		0.05	0.05	0.05	-0.15	F	W	E	V	–	V
Coca-Cola Consolidated, Inc.	COKE	NAS GS	Consumer Staples	C	Hold	B-	D	Up	301.93	413.39	129.41	1.43	F	F	G	W	W	E
Coca-Cola European Partners plc	CCEP	NYSE	Consumer Staples	C	Hold	C+	C		55.50	58.35	39.94	0.11	W	G	G	G	F	F
Coca-Cola FEMSA, S.A.B. de C.V.	COCSF	OTC PK	Consumer Staples	C	Hold	C+	D+		6.29	6.50	5.59	0.16	W	G	G	W	–	F
Coca-Cola FEMSA, S.A.B. de C.V.	KOF	NYSE	Consumer Staples	C-	Hold	C+	D	Down	62.13	69.00	54.91	0.33	W	G	G	F	–	W
Coca-Cola HBC AG	CCHBF	OTC PK	Consumer Staples	C	Hold	B+	B		36.70	37.09	29.5	0.45	E	E	E	G	–	F
Coca-Cola HBC AG	CCHGY	OTC PK	Consumer Staples	C	Hold	B+	C+		37.31	38.20	28.53	0.29	E	E	E	F	–	F
Cocrystal Pharma, Inc.	COCP	NAS CM	Health Care	D-	Sell	D-	D		2.08	5.28	1.51	-0.67	W	V	E	W	–	F
Coda Octopus Group, Inc.	CODA	NAS CM	Information Tech	B	Buy	A	D+	Up	12.49	19.20	3.53	2.64	E	G	E	W	–	E
Codexis, Inc.	CDXS	NAS GS	Health Care	D	Sell	D	D		18.55	23.05	12.85	0.99	W	V	E	F	–	F
Co-Diagnostics, Inc.	CODX	NAS CM	Health Care	D	Sell	D	D	Up	0.80	4.30	0.69		F	W	E	W	–	V
Codorus Valley Bancorp, Inc.	CVLY	NAS	Financials	C	Hold	B	D		22.37	31.86	19.65	0.80	E	E	E	W	G	W
Coeur Mining, Inc.	CDE	NYSE	Materials	D	Sell	D	D-		4.23	8.55	2.78	1.06	W	F	G	W	–	V
Coffee Holding Co., Inc.	JVA	NAS CM	Consumer Staples	C-	Hold	C	D	Down	3.93	7.79	3.53	1.61	W	G	E	W	–	F
Cogeco Communications Inc.	CCA.TO	TSX	Communication Svc	C+	Hold	B	C	Down	94.01	95.76	61.68	0.22	F	G	G	F	F	F
Cogeco Communications Inc.	CGEAF	OTC PK	Communication Svc	C	Hold	B	C		69.30	69.30	46.63	0.52	F	G	G	F	F	F
Cogeco Inc.	CGO.TO	TSX	Communication Svc	C	Hold	B-	C	Down	83.28	88.17	54.93	0.45	W	G	F	F	F	G
Cogent Communications Holdings, Inc.	CCOI	NAS GS	Communication Svc	B	Buy	A-	C	Up	59.38	61.43	42.4	0.44	E	E	G	F	G	G
Cognetivity Neurosciences Ltd.	CGNSF	OTC PK	Health Care	E	Sell	D-	D-	Up	0.23	0.50	0.21		W		G	W	–	W
Cognex Corporation	CGNX	NAS GS	Information Tech	C	Hold	B	D+		47.31	59.18	34.88	2.25	G	E	E	W	W	F
Cognizant Technology Solutions Corporation	CTSH	NAS GS	Information Tech	C	Hold	B	D+	Down	63.06	83.35	56.73	1.08	G	E	E	W	W	W
Cohbar, Inc.	CWBR	NAS CM	Health Care	D-	Sell	E+	D-		1.68	7.57	1.56	2.10	W	V	E	W	–	W
Cohen & Company Inc.	COHN	AMEX	Financials	D	Sell	C-	D-		4.50	11.16	4.36	0.40	W	F	W	W	E	V
Cohen & Steers, Inc.	CNS	NYSE	Financials	B-	Buy	B+	C	Up	51.14	52.45	32.95	0.65	G	E	E	F	G	F
Coherent, Inc.	COHR	NAS GS	Information Tech	C	Hold	B-	D+		135.74	192.37	90.1	3.06	G	E	E	W	–	W
Coherus Biosciences, Inc.	CHRS	NAS	Health Care	D-	Sell	E+	D		21.49	22.03	8.32	2.20	F	V	G	W	–	F
Cohu, Inc.	COHU	NAS GS	Information Tech	D+	Sell	C	D		15.62	27.83	14.08	1.42	F	F	E	W	F	W
Coin Hodl Inc.	COIN.V	TSXV	Financials	D-	Sell	D-	D		0.13	0.35	0.13	0.28	W	V	E	W	–	W

*Ratings Factors: E=Excellent, G=Good, F=Fair, W=Weak, V=Very Weak, U=Unrated

Data as of June 30, 2019

Summer 2019 — I. Index of Stocks

TOTAL RETURNS %				DIVIDEND/YIELD		SIZE		REVENUE & INCOME			EARNINGS		EFFECTIVENESS			VALUATION		
3-Month Total Return (%)	6-Month Total Return (%)	1-Year Total Return (%)	3-Year Total Return (%)	Dividend $ TTM	Dividend Yield TTM	Market Cap. ($Mil)	Enterprise Value ($Mil)	Revenue ($Mil)	Revenue Growth (%)	Net Income ($Mil)	Earnings/Share $	EPS Growth (%)	Cash from Operations ($Mil)	Return on Assets (%)	Return on Equity (%)	Earnings (P/E) TTM	Sales (P/S) TTM	Book (P/B) Q
-20.49	2.04	-10.00	-82.35			0.83	2.0	--		0.50	0.03	126.7	-0.22	-46.46		1.5		-0.6
19.57	5.03	21.38	131.07	2.90	1.5	69,411	73,213	4,380	14.5	1,860	5.36	-57.2	2,285	2.26	7.6	36.2	15.9	2.7
4.90	18.18	25.88	39.75	1.48	2.6	16,318	28,243	6,979	4.1	629.0	2.21	23.8	1,612	3.29	13.25	26.0	2.3	3.4
-22.19	-22.19	-54.89				0.50	0.77	--		0.01	0.00	102.9	-0.05	-16.9		124.5		-3.0
8.13	11.63	9.43	91.08	1.40	3.0	12,583	15,349	10,294	5.6	864.0	3.16	-7.6	1,296	1.26	7.55	14.7	1.2	1.1
8.14	20.32	-8.88	69.67	0.68	2.5	411.9	--	125.0	17.8	36.1	2.35	47.8	41.0		13.89	11.5	3.3	1.5
7.03	3.12					406.7	--	290.9	15.2	130.5	38.61	64.1	120.0		36.03	0.2	0.1	0.1
2.84	15.69	0.19	51.81	0.18	1.8	13,870	34,967	27,429	2.8	1,129	0.82	163.1	1,877	2.35	24.34	12.5	0.5	2.6
1.80	12.77	-11.25	6.30	0.41	2.5	2,626	6,049	4,329	2.2	-347.5	-2.12	-285.3	387.9	-0.28		-7.8	0.6	0.7
-3.19	16.68	5.79	61.30	7.99	4.7	76,961	74,926	34,199	23.9	7,968	0.18	120.8	18,717	7.61	13.38	961.2	223.9	126.2
-4.00	15.07	-3.45	46.09			76,961	74,926	34,199	23.9	7,968	0.18	120.8	18,717	7.61	13.38	9.4	2.2	1.2
-5.37	-9.26	-21.59	-1.80	1.42	10.3	880.8	1,499	265.0	11.0	124.8	1.95	18.8	188.2	11.32	31.17	7.1	3.3	2.7
-32.83	-38.77	-58.49	-43.53			1,396	4,802	1,769	33.6	181.6	0.84	-79.9	935.1	2.34	5.44	8.5	0.8	0.3
-4.88	77.27	122.86	95.00			20.1	19.1	0.01	-58.5	-1.0	-0.02	81.2	-0.83	-45.24		-19.3	3,900.0	42.4
12.41	75.94	160.96				20.1	19.1	0.01	-58.5	-1.0	-0.02	81.2	-0.83	-45.24		-15.0	3,035.0	33.0
-7.69	-20.00	-36.84	-55.56			7.3	8.0	0.49	2,350.8	-5.6	-0.04	-107.1	-6.1	-57.83		-1.7	20.0	-1.2
-20.92	-26.67	-37.14	-71.59			7.3	8.0	0.49	2,350.8	-5.6	-0.04	-107.1	-6.1	-57.83		-1.3	14.7	-0.9
-6.08	-0.84					181.9	--	41.3	22.7	10.7	0.94	45.6	13.8		11.9	16.3	4.5	1.6
100.00	100.00	-92.86	-99.83			0.58	3.4	0.02	-34.3	-5.5	-0.11	72.2	-0.59	-127.31		0.0		0.0
3.79	21.90	-52.17				274.7	239.1	-187.6	-287.7	-237.7	-2.87	-385.3	-9.7	-38.55		-1.1	-1.5	0.7
3.18	19.89	-52.10	216.50			274.7	239.1	-187.6	-287.7	-237.7	-2.87	-385.3	-9.7	-38.55		-1.5	-1.9	0.9
-30.34	-11.43	-69.06	49.04			10.0	10.0	--		-13.9	-0.09	-892.1	-1.6	-569.16		-0.7		-13.8
-31.82	-21.05	-66.67	114.29			10.0	10.0	--		-13.9	-0.09	-892.1	-1.6	-569.16		-0.9		-16.7
0.00	-6.67	-26.32	-39.13			0.85	-0.63	0.70	45.5	-0.11	-0.01	66.8	0.03	-2.61		-10.3	1.6	0.5
0.00	-76.92	-76.92	-76.92			0.85	-0.63	0.70	45.5	-0.11	-0.01	66.8	0.03	-2.61		-7.5	1.2	0.3
6.41	68.48	125.46	119.15	1.00	0.3	2,156	3,503	4,656	3.8	-12.6	-1.34	-114.4	255.2	1.72		-224.6	0.6	8.0
9.51	23.39	41.46	77.15	1.16	2.1	25,780	31,822	6,835	-45.4	502.4	1.03	-34.4	1,155			53.8	3.9	3.5
-3.31	6.58	7.12	-20.70			13,052	16,162	9,461	-3.7	721.7	33.70	175.5	1,611	5.57	9.05	0.2	0.0	0.0
-3.43	3.80	12.97	-15.27	1.76	2.8	13,052	16,162	9,461	-3.7	721.7	33.70	175.5	1,611	5.57	9.05	1.8	0.3	0.2
8.23	24.41	5.01	88.69			13,567	14,269	7,860	6.6	528.2	1.43	8.5	935.7	6.27	14.73	25.7	1.7	3.8
9.25	23.42	15.13	101.46	0.59	1.6	13,567	14,269	7,860	6.6	528.2	1.43	8.5	935.7	6.27	14.73	26.1	1.8	3.9
-23.53	-36.97	-36.20	-84.93			65.8	58.3	5.1		-44.5	-1.50	-20,040.0	-4.2	-2.58		-1.4	12.5	0.9
36.95	120.09	226.96	494.76			130.1	122.0	24.0	71.7	8.4	0.79	3,792.7	5.4	14.63	35.23	15.7	5.6	4.7
-9.02	12.15	28.82	379.33			1,068	1,048	62.1	10.8	-11.3	-0.21	50.1	-12.8	-10.15		-87.8	16.2	19.8
-22.33	-36.00	-79.06				13.6	8.2	0.03	93.1	-6.3	-0.48	25.7	-4.5	-80.64		-1.7	400.0	2.5
5.69	10.15	-21.23	38.22	0.62	2.8	211.5	--	73.9	6.8	19.6	2.06	53.5	19.4		11.22	10.9	2.9	1.2
-0.24	-4.30	-43.37	-57.62			937.9	1,387	617.5	-10.2	-68.8	-0.37	-214.9	-7.3	-2.43		-11.5	1.4	1.0
-27.62	6.22	-31.05	-24.71			21.9	25.9	90.7	8.0	0.19	0.03	-80.7	7.5	1.92	2.82	113.6	0.2	0.9
10.96	45.67	49.91	51.69	2.05	2.2	3,540	6,698	1,860	12.4	212.5	4.28	-25.4	589.2	5.14	12.99	22.0	2.5	2.9
8.47	50.64	42.03	45.10	1.54	2.2	3,540	6,698	1,860	12.4	212.5	4.28	-25.4	589.2	5.14	12.99	16.2	1.9	2.2
5.97	45.00	46.37	63.55	1.68	2.0	1,020	5,300	1,946	11.4	77.7	4.73	-21.8	610.0	5.2	13.14	17.6	0.7	2.4
10.81	34.01	15.38	77.69	2.28	3.8	2,686	3,319	512.9	5.7	31.1	0.68	263.9	132.4	7.34		87.7	5.3	-16.4
-35.21	-10.75					12.0	11.7	--		-2.7	-0.07	-22.8	-1.4			-3.3		26.8
-5.56	25.71	7.89	136.21	0.20	0.4	8,107	7,578	810.3	1.7	215.2	1.22	30.1	229.9	10.33	18.99	38.8	10.3	6.8
-11.61	0.82	-19.27	15.25	0.80	1.3	35,899	33,842	16,323	7.6	2,022	3.49	40.4	2,473	10.79	18.28	18.1	2.2	3.2
-47.17	-50.15	-74.96	-20.08			71.9	55.4	--		-15.0	-0.36	-23.8	-10.1	-61.91		-4.7		4.5
-34.45	-45.34	-52.82	-35.48	0.80	17.8	5.1	--	42.5	17.6	-2.2	-1.94	-622.3	-20.9			-2.3	0.2	0.2
22.11	51.47	38.52	59.98	1.38	2.7	2,415	2,446	380.9	-0.7	118.9	2.49	21.4	72.2	21.75	36.27	20.5	6.4	10.3
-0.62	32.39	-9.59	56.89			3,284	3,388	1,700	-11.1	196.5	7.97	-17.8	229.6	7.28	15.1	17.0	1.9	2.5
56.40	140.65	45.69	37.40			1,491	1,580	37.1	2,559.4	-185.0	-2.76	26.4	-182.7	-68.05		-7.8	40.1	-38.7
7.75	-0.52	-32.54	54.78	0.24	1.5	640.7	861.4	504.4	37.5	-62.9	-1.40	-219.6	42.4	1.15		-11.1	1.3	1.2
-19.35	-3.85	-58.33	-65.75			1.4	--	-1.1	-3,303.9	-1.3	-0.09	-167.9	-0.27			-1.4	-1.6	0.8

Data as of June 30, 2019

I. Index of Stocks   Summer 2019

Company Name	Stock Ticker Symbol	Traded On	Sector	Overall Rating	Recommendation	Reward Rating	Risk Rating	Recent Up/Downgrade	Stock Price as of 6/30/2019	52-Week High	52-Week Low	3-Year Beta	Growth	Efficiency	Solvency	Volatility	Dividend	Total Return
Coin Hodl Inc.	MXRSF	OTC PK	Financials	D-	Sell	D-	D		0.10	0.21	0.09	2.75	W	V	E	W	--	W
Colabor Group Inc.	GCL.TO	TSX	Consumer Staples	D	Sell	D	D		0.89	0.96	0.35	-0.94	W	W	G	W	--	F
Colabor Group Inc.	COLFF	OTC PK	Consumer Staples	D	Sell	D	D		0.67	0.68	0.28	-0.22	W	W	G	W	--	F
Coles Group Limited	CLEGF	OTC PK	Consumer Staples	C	Hold	C	B+		8.72	8.78	8.15		F	G	G	G	--	W
Colfax Corporation	CFX	NYSE	Industrials	D+	Sell	C	D	Down	27.07	37.05	18.95	1.97	W	G	G	W	--	F
Colgate-Palmolive Company	CL	NYSE	Consumer Staples	C+	Hold	B	C	Up	72.14	74.25	57.41	0.82	G	E	G	F	F	W
Colibri Resource Corporation	CBI.V	TSXV	Materials	E+	Sell	E	D-	Down	0.05	0.08	0.03		W	V	F	W	--	W
Collectors Universe, Inc.	CLCT	NAS	Consumer Discretn	C+	Hold	B+	D+	Up	20.67	22.36	10.01	1.15	E	E	E	W	G	F
Collegium Pharmaceutical, Inc.	COLL	NAS GS	Health Care	D	Sell	D	D	Up	13.23	25.13	10.55	0.71	W	V	G	W	--	W
Collier Creek Holdings	CCH	NYSE	Financials	E+	Sell	E	D	Up	10.10	10.44	9.55		F	V	E	E	--	W
Colliers International Group Inc.	CIGI	NAS GS	Real Estate	C+	Hold	B	C-		70.77	84.20	52.01	1.65	E	E	G	F	--	F
Collingwood Resources Corp.	COLLP.V	TSXV	Financials	D-	Sell	D-	D-		0.09	0.16	0.09		V	W	E	W	--	V
CollPlant Biotechnologies Ltd.	CLGN	NAS CM	Health Care	D-	Sell	E+	D		4.13	8.73	3.13	1.13	G	V	G	W	--	W
Colonial Coal International Corp.	CCARF	OTC PK	Materials	D+	Sell	C-	D		0.31	0.49	0.16	-2.11	W	W	E	W	--	F
Colonial Coal International Corp.	CAD.V	TSXV	Materials	D	Sell	C-	D	Down	0.41	0.65	0.21	-1.74	W	W	E	W	--	F
Colony Bankcorp, Inc.	CBAN	NAS	Financials	B	Buy	A-	B-	Up	17.00	19.20	12.29	0.70	E	E	E	G	F	F
Colony Capital, Inc.	CLNY	NYSE	Real Estate	D	Sell	C-	D-		5.02	6.60	4.55	1.26	W	F	E	W	E	V
Colony Credit Real Estate, Inc.	CLNC	NYSE	Financials	D+	Sell	C	D		15.31	23.23	15.1		F	G	G	W	E	W
Colorado Resources Ltd.	CXO.V	TSXV	Materials	D-	Sell	D-	D-		0.08	0.17	0.05	-0.71	V	W	E	W	--	V
Colorado Resources Ltd.	CLASF	OTC PK	Materials	D-	Sell	D-	D		0.06	0.13	0.03	0.43	V	W	E	W	--	V
Columbia Banking System, Inc.	COLB	NAS GS	Financials	C	Hold	B	D+		35.54	43.61	30.65	1.04	E	G	E	W	G	W
Columbia Financial, Inc.	CLBK	NAS GS	Financials	C-	Hold	C	D		15.07	17.00	14.01		G	F	E	W	--	W
Columbia Property Trust, Inc.	CXP	NYSE	Real Estate	C	Hold	C+	D	Up	20.63	25.07	18.08	0.87	W	G	E	F	G	F
Columbia Sportswear Company	COLM	NAS GS	Consumer Discretn	B	Buy	B	B	Down	98.53	109.74	80.03	0.63	G	E	E	G	W	F
Columbus Acquisition Corp	BUS	AMEX	Financials	U	U		U		7.98	7.98	7.97	0.00	U	U	U	U	U	U
Columbus Energy Limited	CELH.V	TSXV	Energy	D+	Sell	C	D	Down	0.10	0.12	0.08	0.21	W	E	F	W	--	W
Columbus Gold Corp.	CGT.TO	TSX	Materials	D	Sell	D	D-		0.18	0.31	0.16	0.21	W	W	E	W	--	V
Columbus Gold Corp.	CGTFF	OTC PK	Materials	D	Sell	D	D-		0.13	0.24	0.11	0.31	W	W	E	W	--	V
Columbus McKinnon Corporation	CMCO	NAS GS	Industrials	C+	Hold	B	C-		41.17	45.85	27.66	1.58	E	G	E	F	W	F
Comcast Corporation	CMCSA	NAS GS	Communication Svc	B-	Buy	A-	C		42.00	43.96	32.08	1.04	E	E	G	F	F	F
Comerica Incorporated	CMA	NYSE	Financials	C+	Hold	B+	C-	Down	71.37	100.64	63.69	1.44	E	E	E	F	G	F
Comet Industries Ltd.	CMU.V	TSXV	Real Estate	C-	Hold	C	D	Up	3.15	3.60	2.6	0.44	W	F	G	F	--	F
Comfort Systems USA, Inc.	FIX	NYSE	Industrials	B	Buy	B+	C		50.63	59.83	41.14	1.41	E	E	E	F	W	F
Cominar Real Estate Investment Trust	CUFUN.TO	TSX	Real Estate	D	Sell	C-	D		12.45	12.95	10.41	0.06	W	F	E	W	G	W
Cominar Real Estate Investment Trust	CMLEF	OTC PK	Real Estate	D	Sell	C-	D		9.43	10.00	7.98	0.33	W	F	E	W	G	W
Command Center, Inc.	CCNI	NAS CM	Industrials	C	Hold	B	D+	Up	5.60	6.35	3.43	1.08	F	G	E	W	--	W
Commander Resources Ltd.	CMD.V	TSXV	Materials	D-	Sell	E+	D-		0.08	0.17	0.07	1.40	V	V	E	W	--	V
Commander Resources Ltd.	CMDRF	OTC PK	Materials	D-	Sell	E+	D	Down	0.06	0.16	0.05	0.61	V	V	E	W	--	V
Commerce Bancshares, Inc.	CBSH	NAS GS	Financials	B-	Buy	B	C+	Down	58.83	69.10	53.4	0.81	E	E	E	F	F	W
Commerce Resources Corp.	CCE.V	TSXV	Materials	D	Sell	D+	D		0.07	0.09	0.05	-0.07	F	W	G	W	--	W
Commerce Resources Corp.	CMRZF	OTC PK	Materials	D	Sell	D+	D		0.06	0.07	0.04	-0.89	F	W	G	W	--	W
CommerceWest Bank	CWBK	OTC PK	Financials	C	Hold	B	C-		20.75	26.50	19.25	0.71	G	G	E	F	--	F
Commercial International Bank -Egypt S.A.E	CIBEY	OTC PK	Financials	B-	Buy	B	C	Down	4.14	4.45	3.12	0.48	F	E	E	F	--	F
Commercial Metals Company	CMC	NYSE	Materials	C-	Hold	B-	D	Down	17.61	22.87	13.27	2.07	E	E	E	W	G	W
Commercial Vehicle Group, Inc.	CVGI	NAS GS	Industrials	C+	Hold	B+	D+		7.81	10.28	5.35	3.63	F	E	E	W	--	F
Commerzbank AG	CRZBF	OTC PK	Financials	C-	Hold	C+	D		7.01	11.25	6.3	1.50	G	G	E	W	--	W
Commerzbank AG	CRZBY	OTC PK	Financials	C-	Hold	C+	D		7.01	11.39	6.22	1.64	G	G	E	W	--	W
Commonwealth Bank of Australia	CMWAY	OTC PK	Financials	D	Sell	D-	C-		58.01	58.19	46.09	0.46	W	V	E	F	G	W
Commonwealth Bank of Australia	CBAUF	OTC PK	Financials	D	Sell	D-	C-		56.97	56.97	46.27	1.05	W	V	E	F	G	W
CommScope Holding Company, Inc.	COMM	NAS GS	Information Tech	C-	Hold	C	D	Up	15.09	32.48	15.02	1.81	G	G	W	G	--	W
Communications Systems, Inc.	JCS	NAS	Information Tech	D	Sell	D+	D		3.02	4.03	2.03	0.83	W	W	E	W	G	W
Community Bancorp	CMTV	OTC PK	Financials	C	Hold	B	C		16.34	19.39	15.94	-0.11	E	E	F	G	W	F

*Ratings Factors: E=Excellent, G=Good, F=Fair, W=Weak, V=Very Weak, U=Unrated

I. Index of Stocks

Summer 2019

	TOTAL RETURNS %				DIVIDEND/YIELD		SIZE		REVENUE & INCOME			EARNINGS		EFFECTIVENESS			VALUATION		
3-Month Total Return (%)	6-Month Total Return (%)	1-Year Total Return (%)	3-Year Total Return (%)	Dividend $ TTM	Dividend Yield TTM	Market Cap. ($Mil)	Enterprise Value ($Mil)	Revenue ($Mil)	Revenue Growth (%)	Net Income ($Mil)	Earnings/Share $	EPS Growth (%)	Cash from Operations ($Mil)	Return on Assets (%)	Return on Equity (%)	Earnings (P/E) TTM	Sales (P/S) TTM	Book (P/B) Q
-9.81	13.80	-62.31	-25.25			1.4	--	-1.1	-3,303.9	-1.3	-0.09	-167.9	-0.27			-1.2	-1.4	0.7
67.92	106.98	78.00	8.54			68.6	151.9	909.3	-9.7	-2.0	-0.02	87.3	14.1	1.74		-45.9	0.1	1.4
63.95	122.85	80.38	5.16			68.6	151.9	909.3	-9.7	-2.0	-0.02	87.3	14.1	1.74		-34.7	0.1	1.0
3.03	6.34					12,422	13,223	14,739	-5.2	534.6	0.40	-20.1	1,242			21.8	0.8	6.2
-5.71	33.02	-10.87	5.00			3,182	7,475	3,794	10.0	63.6	0.58	-47.8	120.4	2.51	2.81	46.9	1.0	0.9
7.75	22.58	14.03	8.76	1.69	2.3	61,933	68,590	15,426	-1.7	2,326	2.68	13.6	3,045	17.55		26.9	4.0	-112.2
-10.00	0.00	12.50				2.0	2.3			-6.2	-0.12	-304.0	-0.45	-107.71		-0.4		16.1
21.75	93.11	44.40	25.54	0.70	3.4	189.1	176.0	69.8	0.7	8.1	0.91	26.8	9.8	21.93	50.72	22.6	2.7	10.8
-15.46	-20.16	-45.73	8.27			441.7	328.9	291.2	223.3	-30.2	-0.92	59.5	131.2	-2.2		-14.4	1.5	5.1
1.71	4.66					564.3	563.6	--		5.2	0.06		-0.79			181.7		112.9
7.23	28.09	-5.81	112.70	0.10	0.1	2,794	4,171	2,908	15.3	94.2	2.37	68.7	231.5	6.67	20.51	29.9	1.0	7.0
0.00	-18.18	-55.00				0.30	-0.25	--		-0.03	0.00	-13.2	-0.01	-3.76		-20.9		0.7
-24.91	5.36	-31.40	-76.92			15.8	15.6	4.7	897.2	-2.6	-37.65	65.6	-0.25			-0.1	0.1	0.1
-20.96	-9.17	5.14	871.52			48.0	45.6	--		-1.0	-0.01	66.3	-1.0	-4.94		-45.2		3.8
-19.61	-19.61	22.39	228.00			48.0	45.6	--		-1.0	-0.01	66.3	-1.0	-4.94		-60.3		5.1
-0.18	19.28	3.30	86.08	0.30	1.8	161.5	--	50.2	1.7	11.6	1.37	35.3	15.0		12.11	12.4	2.9	1.4
-6.17	8.32	-13.81		0.44	8.8	2,439	18,895	2,652	-6.4	-553.3	-1.38	-80.8	473.6	1.32		-3.6	0.9	0.5
-1.96	-1.63	-17.12		1.74	11.4	1,968	7,672	610.8	138.3	-148.9	-1.18	-182.5	121.1	1.91		-13.0	3.2	0.7
45.45	45.45	-40.74	-80.25			7.6	7.9	--		-3.7	-0.03	12.4	-1.8	-11.73		-2.7		0.6
71.67	54.50	-43.82	-80.26			7.6	7.9	--		-3.7	-0.03	12.4	-1.8	-11.73		-2.1		0.5
10.20	0.57	-10.66	45.32	1.04	2.9	2,614	--	560.9	17.8	178.8	2.44	25.6	246.2		8.86	14.6	4.6	1.2
-3.89	-2.71	-7.32				1,680	--	185.4	22.1	25.9	0.22		44.6		3.53	67.0	9.1	1.7
-7.85	10.32	-5.30	8.61	0.80	3.9	2,411	3,802	297.6	6.2	11.5	0.09	-89.4	117.9	0.84	0.41	230.0	8.1	0.9
-5.75	17.27	9.38	85.81	0.94	1.0	6,730	6,424	2,850	12.7	297.3	4.26	163.2	270.9	9.82	17.61	23.1	2.4	3.9
0.00	0.00	0.00	0.00			--	--	--		-1.2	-0.07	-154.1	-2.5	-1.61		-120.7		1.8
11.11	17.65	-13.04	11.11			1.7	1.7	--		-0.58	-0.02	-0.9	-0.11	-1,013.54		-4.6		-16.7
-14.29	-10.00	-26.53	-67.53			23.1	21.0	--		-2.7	-0.03	-197.0	-1.5	-2.54		-6.9		1.0
-13.98	-10.41	-29.79	-73.74			23.1	21.0	--		-2.7	-0.03	-197.0	-1.5	-2.54		-5.1		0.7
19.39	39.13	-3.68	200.81	0.21	0.5	965.0	1,209	876.3	4.4	42.6	1.80	89.2	79.5	5.59	10.14	22.9	1.1	2.2
4.45	23.59	31.57	40.89	0.78	1.9	190,629	303,150	98,575	13.0	12,166	2.63	-46.4	26,054	5.46	16.51	16.0	2.0	2.5
-1.42	7.03	-19.29	95.50	2.54	3.6	11,002	--	3,405	7.9	1,293	7.74	68.0	1,298		16.78	9.2	3.4	1.5
5.00	3.28	-10.00	138.64			10.6	11.2	0.43	4.8	0.03	0.01	2,133.3	0.01	3.25	5.56	516.4	32.6	18.0
-3.31	18.30	11.44	67.62	0.37	0.7	1,868	1,990	2,256	20.5	116.1	3.09	80.7	144.3	10.06	24.59	16.4	0.8	3.6
5.61	12.81	2.73	-5.96	0.72	5.8	1,727	4,456	544.0	-16.4	-148.9	-0.83	54.1	142.3	3.14		-15.0	4.2	1.1
8.50	16.35	3.92	-10.69	0.54	5.7	1,727	4,456	544.0	-16.4	-148.9	-0.83	54.1	142.3	3.14		-11.4	3.2	0.8
42.51	48.45	-1.41	15.51			25.9	20.4	96.7	-1.5	1.4	0.29	556.9	3.1	6.06	8.03	19.5	0.3	1.4
-21.05	7.14	-51.61	-70.00			2.0	0.27	--		-0.76	-0.02	80.7	-0.53	-16.67		-3.5		1.3
-11.08	-3.17	-48.48	-74.37			2.0	0.27	--		-0.76	-0.02	80.7	-0.53	-16.67		-2.9		1.1
1.39	6.69	-3.16	55.46	0.97	1.6	6,501	--	1,286	6.6	429.7	3.74	24.4	550.9		15.07	15.7	5.1	2.3
16.67	27.27	16.67	0.00			16.6	16.5	--		-0.53	0.00	54.1	-0.18	-0.61		-41.2		0.5
15.79	18.28	17.02	-7.41			16.6	16.5	--		-0.53	0.00	54.1	-0.18	-0.61		-32.4		0.4
-3.46	5.42	-16.59	53.44	0.68	3.3	77.7	--	20.5	-2.0	5.1	1.26	-1.6	--		8.37	16.5	4.1	1.3
4.15	24.82	7.76	53.02	0.05	1.3	6,445	--	1,163	36.6	544.3	0.36	36.5	173.2		28.61	11.6	5.1	2.7
4.96	12.28	-14.76	17.66	0.48	2.7	2,077	3,318	5,193	21.9	125.1	1.05	117.2	-310.0	5.42	10.88	16.7	0.4	1.4
-1.01	38.72	8.77	52.24			244.1	370.5	925.2	16.0	45.8	1.49	514.0	55.0	10.46	42.98	5.2	0.3	1.9
-8.41	11.22	-30.28	3.96			8,836	--	9,692	2.8	843.2	0.68	234.2	12,271		2.88	10.3	0.9	0.3
-9.08	8.05	-25.02	7.24	0.14	2.1	8,836	--	9,692	2.8	843.2	0.68	234.2	12,271		2.88	10.3	0.9	0.3
15.52	17.48	13.96	24.61	3.04	5.2	102,522	--	8,401	-54.8	3,331	3.91	-7.3	8,169		6.64	14.8	13.1	2.1
12.82	23.13	5.48	5.99			102,522	--	8,401	-54.8	3,331	3.91	-7.3	8,169		6.64	14.6	12.9	2.1
-29.39	-7.54	-47.82	-47.98			2,922	10,315	4,547	0.1	104.2	0.54	-45.3	448.9	3.73	5.99	28.2	0.6	1.7
15.35	42.00	-22.20	-51.56	0.10	3.3	28.2	19.1	65.7	-16.1	-4.7	-0.52	61.6	-6.2	-4.59		-5.8	0.4	0.7
-1.63	1.31	0.26	32.27	0.76	4.7	84.8	--	30.2	4.8	8.2	1.57	19.5	9.8		13.43	10.4	2.8	1.4

https://greyhouse.weissratings.com

Data as of June 30, 2019

I. Index of Stocks

Summer 2019

Company Name	Stock Ticker Symbol	Traded On	Sector	Overall Rating	Recommendation	Reward Rating	Risk Rating	Recent Up/Downgrade	Stock Price as of 6/30/2019	52-Week High	52-Week Low	3-Year Beta	Growth	Efficiency	Solvency	Volatility	Dividend	Total Return
Community Bank System, Inc.	CBU	NYSE	Financials	B	Buy	B	B		65.09	67.79	54.46	0.99	E	G	E	G	F	F
Community Bankers Trust Corporation	ESXB	NAS CM	Financials	C+	Hold	B	C-		7.83	10.05	6.62	0.83	E	G	E	F	F	W
Community First Bancshares, Inc.	CFBI	NAS CM	Financials	D+	Sell	C	D		10.07	11.92	9.82	0.00	G	G	E	W	–	W
Community Health Systems, Inc.	CYH	NYSE	Health Care	D	Sell	D	D		2.58	5.35	2.4	3.64	F	W	G	W	–	W
Community Healthcare Trust Incorporated	CHCT	NYSE	Real Estate	B	Buy	A+	C-	Up	38.99	39.93	27.54	0.56	E	E	E	G	G	G
Community Savings Bancorp, Inc.	CCSB	OTC PK	Financials	D+	Sell	D+	D+	Up	13.55	15.42	12.56	0.47	W	W	E	F	–	W
Community Trust Bancorp, Inc.	CTBI	NAS GS	Financials	C	Hold	B	D+	Down	41.63	52.80	35.7	0.84	E	G	E	W	G	W
Community West Bancshares	CWBC	NAS	Financials	C	Hold	B	C-		9.65	12.95	9.44	0.70	E	G	E	F	F	W
CommVault Systems, Inc.	CVLT	NAS GS	Information Tech	D	Sell	D+	D	Down	48.45	70.70	45.53	0.67	W	F	E	W	–	W
Companhia Brasileira de Distribuição	CBD	NYSE	Consumer Staples	B-	Buy	B	C	Down	24.35	26.81	17.91	0.86	F	G	F	F	–	F
Companhia de Saneamento Básico do Estado de Sã	SBS	NYSE	Utilities	C+	Hold	A-	D+		11.94	13.00	5.58	0.29	G	E	E	W	–	F
Companhia Energética de Minas Gerais	CIG	NYSE	Utilities	C+	Hold	A-	D+		3.75	4.02	1.56	-1.38	G	G	G	W	–	F
Companhia Energética de Minas Gerais	CIGC	NYSE	Utilities	C	Hold	A-	D+		4.65	5.00	1.55	-1.36	G	G	G	W	–	G
Companhia Paranaense de Energia - COPEL	ELPVY	OTC PK	Utilities	C	Hold	A	C-		12.00	12.00	4.3	-0.87	E	G	G	F	–	E
Companhia Paranaense de Energia - COPEL	ELP	NYSE	Utilities	C+	Hold	A-	D+		12.43	13.23	4.7	-0.47	E	G	E	F	–	F
Companhia Siderúrgica Nacional	SID	NYSE	Materials	C+	Hold	A-	D+	Down	4.24	4.69	1.92	0.96	G	G	G	W	–	G
Compañía Cervecerías Unidas S.A.	CCU	NYSE	Consumer Staples	B	Buy	B	B-		27.65	29.48	24.3	0.48	E	E	E	G	–	F
Compañía de Minas Buenaventura S.A.A.	BVN	NYSE	Materials	D+	Sell	D+	D+	Down	16.54	17.78	11.67	-0.09	W	F	E	F	–	F
Compañía Minera Autlán, S.A.B. de C.V.	CMHFF	OTC PK	Materials	C	Hold	B-	D+		0.52	0.87	0.52	-0.49	G	E	G	W	–	W
Compass Diversified Holdings LLC	CODI	NYSE	Financials	B-	Buy	A-	C	Up	18.91	19.25	11.6	1.45	G	E	E	F	E	F
Compass Gold Corporation	CVB.V	TSXV	Materials	D	Sell	D	D		0.35	0.71	0.11		W	W	E	W	–	W
Compass Gold Corporation	COGDF	OTC PK	Materials	D-	Sell	D	D	Up	0.23	0.40	0.18		W	W	E	W	–	W
Compass Minerals International, Inc.	CMP	NYSE	Materials	C-	Hold	C+	D		54.68	70.40	38.19	1.85	F	E	G	W	G	W
Composite Alliance Group Inc.	CAG.V	TSXV	Information Tech	E-	Sell	D-	D-		0.09	0.30	0.08		W	V	G	W	–	V
Compugen Ltd.	CGEN	NAS	Health Care	D-	Sell	E+	D		3.91	4.31	2	2.93	W	V	E	W	–	W
Computer Modelling Group Ltd.	CMDXF	OTC PK	Energy	C-	Hold	C+	D		5.52	7.84	3.95	0.46	F	E	E	W	G	W
Computer Modelling Group Ltd.	CMG.TO	TSX	Energy	C-	Hold	B-	D		7.20	10.36	5.25	0.13	F	E	E	W	G	W
Computer Programs and Systems, Inc.	CPSI	NAS GS	Health Care	C	Hold	C+	D+		27.05	34.65	23.81	0.89	F	G	E	W	F	W
Computer Task Group, Incorporated	CTG	NAS GS	Information Tech	D	Sell	D	D		4.10	8.30	3.85	0.08	W	W	E	W	–	W
Computerised Medical Systems PLC	CMDSY	NAS		U		U	U						U	U	U	U	U	U
CompX International Inc.	CIX	AMEX	Industrials	C	Hold	B+	C+		15.17	16.53	11.95	0.61	E	E	E	F	F	F
comScore, Inc.	SCOR	NAS GS	Communication Svc	D	Sell	D	D		5.32	23.89	5.18	0.45	W	W	G	W	–	V
Comstock Holding Companies, Inc.	CHCI	NAS CM	Consumer Discretn	D+	Sell	C	D	Up	2.73	3.78	1.62	0.67	F	W	G	W	–	F
Comstock Metals Ltd.	CSL.V	TSXV	Materials	D-	Sell	E+	D-	Down	0.03	0.06	0.03	0.73	W	W	E	W	–	V
Comstock Metals Ltd.	CMMMF	OTC PK	Materials	D-	Sell	E+	D-	Down	0.02	0.05	0.01	0.83	W	W	E	W	–	V
Comstock Mining Inc.	LODE	AMEX	Materials	D-	Sell	D-	D-	Up	0.19	0.33	0.12	1.43	F	V	G	W	–	V
Comstock Resources, Inc.	CRK	NYSE	Energy	D-	Sell	D	D	Up	5.17	9.98	4.17		W	W	G	W	–	V
Comtech Telecommunications Corp.	CMTL	NAS GS	Information Tech	C+	Hold	B	D+		27.67	36.94	20.95	0.98	E	G	E	W	W	F
Conagra Brands, Inc.	CAG	NYSE	Consumer Staples	C	Hold	B-	D	Up	25.43	38.43	20.22	1.07	E	E	G	W	G	W
Conatus Pharmaceuticals Inc.	CNAT	NAS	Health Care	D-	Sell	E+	D-		0.29	6.74	0.25	2.54	W	V	E	W	–	V
Concert Pharmaceuticals, Inc.	CNCE	NAS	Health Care	D	Sell	D	D		11.74	18.13	9.21	0.54	W	V	E	W	–	W
Concho Resources Inc.	CXO	NYSE	Energy	C-	Hold	C	D	Down	101.84	160.81	93.31	1.49	G	G	G	W	W	W
Concierge Technologies, Inc.	CNCG	OTC PK	Financials	D+	Sell	C	D	Down	0.65	1.85	0.55	-0.47	W	E	E	W	–	W
Concord Medical Services Holdings Limited	CCM	NYSE	Health Care	D	Sell	D	D		2.25	4.20	1.85	-0.77	W	W	F	W	–	W
Concrete Leveling Systems, Inc.	CLEV	OTC PK	Industrials	D+	Sell	C	D		3.75	5.50	1	-0.79	W	E	F	W	–	F
Concrete Pumping Holdings, Inc.	BBCP	NAS CM	Industrials	D	Sell	C-	D	Up	4.88	15.25	3.64		G	F	G	W	–	V
Condor Hospitality Trust, Inc.	CDOR	AMEX	Real Estate	C	Hold	B-	D		8.99	11.32	6.1	1.48	G	G	E	W	E	W
Condor Petroleum Inc.	CNPRF	OTC PK	Energy	D-	Sell	D-	D-		0.15	0.40	0.11	1.10	W	V	G	W	–	V
Condor Petroleum Inc.	CPI.TO	TSX	Energy	D-	Sell	D-	D-		0.21	0.54	0.13	2.32	W	V	G	W	–	V
Condor Resources Inc.	CN.V	TSXV	Materials	D-	Sell	D-	D-		0.06	0.09	0.04	0.16	W	V	E	W	–	W
Condor Resources Inc.	CNRIF	OTC PK	Materials	D-	Sell	D-	D	Down	0.04	0.07	0.03	1.44	W	V	E	W	–	W
Conduent Incorporated	CNDT	NYSE	Information Tech	D	Sell	D	D		9.01	23.39	7.14	1.62	W	W	G	W	–	W

*Ratings Factors: E=Excellent, G=Good, F=Fair, W=Weak, V=Very Weak, U=Unrated

Data as of June 30, 2019

https://greyhouse.weissratings.com

Summer 2019 — I. Index of Stocks

3-Month Total Return (%)	6-Month Total Return (%)	1-Year Total Return (%)	3-Year Total Return (%)	Dividend $ TTM	Dividend Yield TTM	Market Cap. ($Mil)	Enterprise Value ($Mil)	Revenue ($Mil)	Revenue Growth (%)	Net Income ($Mil)	Earnings/Share $	EPS Growth (%)	Cash from Operations ($Mil)	Return on Assets (%)	Return on Equity (%)	Earnings (P/E) TTM	Sales (P/S) TTM	Book (P/B) Q
8.95	13.63	11.97	78.25	1.52	2.3	3,354	--	559.6	4.5	170.5	3.27	2.2	195.1		10.06	19.9	6.1	1.9
7.97	8.07	-11.85	53.78	0.06	0.8	173.6	--	52.3	7.3	14.6	0.65	99.0	19.6		10.92	12.1	3.4	1.2
-2.04	-8.37	-7.78				74.8	--	10.8	-18.5	1.2	0.16	2,743.3	3.8			63.5	7.0	1.0
-32.64	-10.10	-30.46	-78.92			293.7	14,825	13,842	-4.9	-881.0	-7.80	61.8	301.0	3.25		-0.3	0.0	-0.2
8.59	37.79	37.26	120.62	1.63	4.2	704.5	880.5	50.6	24.2	4.0	0.15	-30.6	25.8	2.02	1.45	251.7	13.8	2.6
-6.55	3.04	-4.24				5.1	--	2.1	12.3	-0.84	-2.05	-146.9	-0.92			-6.6	2.5	0.7
2.22	8.62	-14.39	36.94	1.44	3.5	739.6	--	186.1	4.4	58.4	3.29	4.1	90.2		10.47	12.6	4.0	1.3
-5.80	-0.01	-15.94	39.65	0.21	2.1	81.5	--	36.0	0.4	7.1	0.82	32.1	15.0		9.59	11.8	2.3	1.1
-24.59	-16.13	-27.36	13.71			2,213	1,755	711.0	1.7	3.6	0.06	104.2	110.2	1.98	0.9	844.1	3.1	5.6
5.66	18.25	25.07	88.62	0.38	1.6	6,528	9,745	13,440	-4.8	321.2	1.19	69.9	906.6	3.44	9.19	20.4	0.5	2.4
16.93	51.92	108.62	47.16	0.24	2.0	8,217	10,809	4,306	-6.1	761.8	1.11	0.8	1,002	7.38	14.29	10.7	1.9	1.6
11.56	9.34	111.09	112.21	0.13	3.4	6,009	9,763	6,005	-11.5	519.9	0.36	76.8	536.1	3.74	9.94	10.5	0.9	1.4
14.78	20.91	175.25	149.39	0.13	2.7	6,009	9,763	6,005	-11.5	519.9	0.36	76.8	536.1	3.74	9.94	13.1	1.1	1.7
52.87	55.74	148.96	130.25	0.20	1.7	3,295	5,765	4,095	-6.4	416.7	1.52	37.4	518.2	4.15	9.36	7.9	0.8	0.8
37.00	60.92	135.51	55.72	0.32	2.6	3,295	5,765	4,095	-6.4	416.7	1.52	37.4	518.2	4.15	9.36	8.2	0.8	0.8
11.40	98.82	144.82	109.54	0.33	7.7	5,907	13,086	4,748	-20.4	632.8	0.46	43.8	678.4			9.3	1.2	2.6
-0.67	12.65	15.92	30.92	0.45	1.6	5,110	5,180	2,710	-0.5	464.5	1.26	107.2	670.2	6.75	24.36	22.0	3.8	5.5
-3.50	4.39	22.28	46.10	0.12	0.7	4,201	4,786	1,037	-21.1	-14.6	-0.06	-192.7	239.0	-0.69		-291.2	4.0	1.5
-29.37	-29.37	-40.66	22.64			183.6	322.7	440.5	20.8	34.3	0.13	-35.1	76.5	3.94	10	4.1	0.4	0.5
23.56	56.16	18.57	49.93	1.44	7.6	1,133	2,412	1,750	32.2	105.9	1.39	2,283.4	98.9	1.97		13.6	0.7	1.5
-39.66	25.00	-30.00				10.4	9.6	--		-0.93	-0.03	76.9	-0.52	-6.04		-11.1		1.2
-8.44	-8.44					10.4	9.6	--		-0.93	-0.03	76.9	-0.52	-6.04		-7.2		0.8
4.07	36.59	-11.92	-15.15	2.88	5.3	1,853	3,165	1,459	3.2	63.8	1.86	89.5	141.2	3.76	10.56	29.4	1.3	3.4
-21.74						7.6	9.6	6.7	79.5	-1.8	-0.03	63.2	1.9			-3.4	1.4	-31.0
-6.68	67.81	19.39	-40.21			234.2	201.0	10.0		-19.5	-0.35	51.6	--			-11.1	23.3	6.3
22.52	35.50	-23.31	-13.07	0.30	5.5	440.1	398.7	57.0	-2.1	16.8	0.21	3.6	17.7	19.58	42.96	26.9	7.8	12.5
19.86	28.89	-24.93	-13.89	0.40	5.6	440.1	398.7	57.0	-2.1	16.8	0.21	3.6	17.7	19.58	42.96	35.1	10.1	16.3
-8.16	7.58	-17.48	-23.64	0.40	1.5	372.0	497.5	278.7	-1.8	17.1	1.21	219.6	28.7	4.44	11.15	22.4	1.3	2.3
-4.87	0.74	-46.05	-16.06			56.9	69.6	373.3	21.6	-2.6	-0.20	-811.1	-0.80	2.8		-20.7	0.2	0.9
						--	--	--		--			--					
0.99	10.72	18.17	39.19	0.24	1.6	188.6	152.6	121.0	9.5	15.6	1.25	13.7	15.4	6.95	10.66	12.1	1.6	1.2
-73.74	-61.11	-74.70	-77.67			336.7	553.9	415.9	1.8	-135.3	-2.36	53.8	-29.4	-6.03		-2.3	0.8	0.6
26.98	60.59	5.41	53.36			10.6	43.8	59.3	34.9	-3.7	-1.00	31.2	19.2	-3.41		-2.7	0.2	-0.7
-14.29	0.00	-45.45	-86.36			2.1	1.7	--		-3.6	-0.04	-653.9	-0.17	-20.23		-0.8		0.4
-3.26	-29.73	-35.00	-86.49			2.1	1.7	--		-3.6	-0.04	-653.9	-0.17	-20.23		-0.5		0.3
-11.17	45.15	-26.69	-89.73			16.2	24.3	0.17	52.8	-8.8	-0.14	43.1	-3.8	-15.2		-1.4	95.0	1.9
-25.61	12.15					547.8	1,789	441.8	67.9	-64.0	-7.51	57.5	173.4			-0.7	1.2	0.9
22.47	16.55	-12.45	160.14	0.40	1.5	667.9	797.7	662.9	20.3	26.4	1.08	-13.0	73.6	3.58	5.16	25.7	1.0	1.3
-7.69	22.12	-26.97	-25.34	0.85	3.3	12,357	22,798	8,891	13.5	621.4	1.44	-33.3	701.0	5.6	11.11	17.7	1.4	1.7
-73.92	-78.23	-93.19	-85.74			9.6	-23.6	30.9	-19.0	-17.7	-0.57	10.7	-33.7	-19.11		-0.5	0.3	0.4
-7.19	-3.61	-31.30	6.63			279.4	137.1	1.0	-90.2	-73.4	-3.13	-171.2	-36.9	-21.95		-3.8	268.0	1.9
-8.41	0.26	-25.71	-14.09	0.25	0.3	20,282	24,990	4,030	48.2	756.0	3.92	-48.5	2,693	3.15	5.44	26.0	5.0	1.1
-28.14	-35.88	-6.56				24.4	15.3	27.4	-5.4	1.3	0.04	-37.7	0.99	3.78	7.8	15.1	0.9	1.4
-27.65	-36.96	-45.26	-40.16			97.6	532.7	12.5	-74.4	-15.6	-2.34	20.3	--			-1.0	2.6	0.5
-10.71	50.00	15.38				24.0	24.3	0.00	-66.7	-0.03	-0.01	37.7	-0.04	-83.84		-707.6	37,500.0	-80.3
-48.63	-39.30	-50.93				284.0	672.9	254.4	13.6	-29.6	-1.83	-199.1	30.3	3.58		-2.7	0.6	0.7
3.50	30.61	-5.61	-10.06	0.78	8.7	107.2	248.8	64.3	3.7	4.6	0.32	-19.0	10.8	2.02	4.06	27.7	1.7	1.1
1.33	18.75	-62.00	-84.17			6.9	12.5	11.4	60.3	-11.1	-0.25	-89.7	5.3	-5.66		-0.6	0.6	0.3
2.50	36.67	-62.04	-82.17			6.9	12.5	11.4	60.3	-11.1	-0.25	-89.7	5.3	-5.66		-0.8	0.8	0.4
10.00	-8.33	-21.43	-45.00			4.4	4.2	--		-0.43	0.00	-4.9	-0.25	-11.86		-12.8		3.9
-16.67	-6.98	-32.20	-48.39			4.4	4.2	--		-0.43	0.00	-4.9	-0.25	-11.86		-9.3		2.8
-35.83	-14.92	-49.44				1,896	3,461	5,131	-12.9	-674.0	-3.30	-668.8	272.0	1.22		-2.7	0.4	0.7

Data as of June 30, 2019

I. Index of Stocks — Summer 2019

Company Name	Stock Ticker Symbol	Traded On	Sector	Overall Rating	Recommendation	Reward Rating	Risk Rating	Recent Up/Downgrade	Stock Price as of 6/30/2019	52-Week High	52-Week Low	3-Year Beta	Growth	Efficiency	Solvency	Volatility	Dividend	Total Return
Confederation Minerals Ltd.	CFM.V	TSXV	Materials	D-	Sell	D	D-		0.23	0.40	0.12	-4.29	W		G	W	–	V
Confederation Minerals Ltd.	CNRMF	OTC PK	Materials	D-	Sell	D	D-		0.17	0.25	0.09	-1.67	W		G	W	–	V
ConforMIS, Inc.	CFMS	NAS GS	Health Care	D-	Sell	E+	D-		4.14	4.83	0.36	1.87	G	V	G	W	–	F
Conifer Holdings, Inc.	CNFR	NAS	Financials	D	Sell	D	D		4.00	7.20	3.06	1.71	F	W	E	W	–	W
Conifex Timber Inc.	CFF.TO	TSX	Materials	D	Sell	D+	D-		1.10	6.00	0.91	1.74	F	F	G	W	–	V
Conifex Timber Inc.	CFXTF	OTC PK	Materials	D	Sell	D+	D-		0.82	4.55	0.68	2.01	F	F	G	W	–	V
CONMED Corporation	CNMD	NAS GS	Health Care	C+	Hold	B	D+	Down	85.37	87.72	56.91	0.71	F	G	E	F	W	G
Connacher Oil and Gas Limited	CLLZF	OTC PK	Energy	D	Sell	D+	D		0.00	0.02	0	-57.88	F	W	F	W	–	W
Connaught Ventures Inc.	CNVP.V	TSXV	Financials	E+	Sell	D	D		0.15	0.21	0.15		V	W	E	F	–	W
Connecticut Water Service, Inc.	CTWS	NAS GS	Utilities	B-	Buy	B	C+	Up	68.86	70.44	62.05	-0.10	G	E	G	G	F	F
ConnectOne Bancorp, Inc.	CNOB	NAS GS	Financials	C	Hold	B	D+		22.34	26.70	17.07	1.23	G	E	E	W	F	W
Conn's, Inc.	CONN	NAS GS	Consumer Discretn	C-	Hold	C	D+	Down	17.75	42.65	15.4	2.20	W	G	E	W	–	F
ConocoPhillips	COP	NYSE	Energy	B-	Buy	B	C	Down	61.27	80.24	56.75	0.71	E	G	E	F	F	F
Conquest Resources Limited	CQR.V	TSXV	Materials	D-	Sell	D	D-		0.02	0.04	0.01	4.32	W	W	G	W	–	W
Conquest Resources Limited	CQRLF	OTC PK	Materials	D-	Sell	D-	D-		0.00	0.02	0	4.76	W	W	G	W	–	W
CONSOL Coal Resources LP	CCR	NYSE	Energy	B-	Buy	A-	C	Down	15.95	21.13	14.58	0.60	E	E	G	F	E	F
CONSOL Energy Inc.	CEIX	NYSE	Energy	E+	Sell	C+	D+		26.05	47.49	24.78		F	G	F	F	–	W
Consolidated Communications Holdings, Inc.	CNSL	NAS GS	Communication Svc	D+	Sell	C	E+	Down	4.90	14.23	3.91	1.21	F	G	F	V	E	V
Consolidated Edison, Inc.	ED	NYSE	Utilities	B-	Buy	B	C+		87.26	90.51	73.3	0.22	F	E	G	F	G	F
Consolidated Firstfund Capital Corp.	FFP.V	TSXV	Financials	C-	Hold	C-	C-	Up	0.32	0.32	0.32	0.25	V	G	E	G	–	F
Consolidated HCI Holdings Corporation	CXAH.V	TSXV	Real Estate	E+	Sell	E+	E+	Down	0.12	0.30	0.12	0.07	V	V	E	V	–	W
Consolidated Water Co. Ltd.	CWCO	NAS GS	Utilities	B-	Buy	B+	C	Up	13.99	15.00	10.76	0.55	G	E	E	F	F	F
Consolidated Woodjam Copper Corp.	WCC.V	TSXV	Materials	D	Sell	D+	D		0.05	0.09	0.03	2.90	W	W	G	W	–	W
Consolidated Woodjam Copper Corp.	CWMCF	OTC PK	Materials	D	Sell	D+	D		0.03	0.05	0.02	0.51	W	W	G	W	–	W
Consolidated-Tomoka Land Co.	CTO	AMEX	Real Estate	B	Buy	B	B-	Up	59.50	67.02	49.23	0.89	G	E	E	G	W	F
Consorcio ARA, S. A. B. de C. V.	CNRFF	OTC PK	Consumer Discretn	D+	Sell	C	D		0.22	0.37	0.22	0.94	W	G	E	W	–	W
Consorteum Holdings, Inc.	CSRH	OTC PK	Information Tech	C-	Hold	C	D	Up	0.00	0.00	0	-0.37	G	G	F	W	–	W
Constantine Metal Resources Ltd.	CNSNF	OTC PK	Materials	D	Sell	D+	D		0.44	0.60	0.28	1.20	W	F	E	W	–	W
Constantine Metal Resources Ltd.	CEM.V	TSXV	Materials	D	Sell	D+	D		0.56	0.74	0.39	0.87	W	F	E	W	–	F
Constellation Alpha Capital Corp.	CNAC	NAS CM	Financials	C-	Hold	C+	D+	Up	10.30	11.62	8.75		F	G	E	G	–	W
Constellation Brands, Inc.	STZB	NYSE	Consumer Staples	C	Hold	B	C-		187.45	231.00	151.4	1.00	E	E	G	F	F	F
Constellation Brands, Inc.	STZ	NYSE	Consumer Staples	C+	Hold	B	C-	Up	188.21	233.00	150.37	1.07	E	E	G	F	F	F
Constellation Pharmaceuticals, Inc.	CNST	NAS GS	Health Care	D-	Sell	D-	D	Up	10.09	14.04	4.01		W	V	E	W	–	W
Constellation Software Inc.	CSU.TO	TSX	Information Tech	B	Buy	A	C-		1,220.25	1,245.64	814.32	0.52	E	E	G	G	W	E
Constellation Software Inc.	CNSWF	OTC PK	Information Tech	C	Hold	A	C		935.54	941.39	598.67	0.84	E	E	G	F	W	G
Constellium N.V.	CSTM	NYSE	Materials	C	Hold	C	D+	Up	10.20	13.35	6.26	2.71	W	G	F	W	–	F
Construction Partners, Inc.	ROAD	NAS GS	Industrials	D	Sell	B-	D+	Up	14.37	14.98	7.7		G	G	E	W	–	W
Consumer Capital Group, Inc	CCGN	OTC PK	Financials	D	Sell	D+	D		3.90	8.00	1.01	1.33	F	W	E	W	–	W
Consumer Portfolio Services, Inc.	CPSS	NAS	Financials	D+	Sell	D+	D		3.70	4.65	2.99	1.50	W	F	F	W	–	W
Consumers Bancorp, Inc.	CBKM	OTC PK	Financials	C	Hold	B+	D+		18.50	24.14	16.85	0.56	G	G	E	W	G	F
Contact Gold Corp.	C.V	TSXV	Materials	D-	Sell	D-	D-		0.25	0.50	0.18	-0.58	V	W	E	W	–	V
Contact Gold Corp.	CGOL	OTC PK	Materials	D-	Sell	D-	D		0.19	0.38	0.14		V	W	E	W	–	V
Contagious Gaming Inc.	CNS.V	TSXV	Consumer Discretn	D	Sell	C-	D-		0.04	0.09	0.04	1.23	F	G	G	W	–	V
Contango Oil & Gas Company	MCF	AMEX	Energy	D-	Sell	E+	D-		1.70	7.32	1.64	1.20	W	V	G	W	–	V
Contango Ore, Inc.	CTGO	OTC PK	Materials	D-	Sell	E+	D		17.50	24.95	16	0.20	W	V	G	F	–	F
Continental Building Products, Inc.	CBPX	NYSE	Industrials	C	Hold	B	D+		25.58	39.60	22.35	1.50	E	E	E	W	–	F
Continental Energy Corporation	CPPXF	OTC PK	Energy	D+	Sell	C	D	Up	0.02	0.05	0.01	7.85	W	E	F	W	–	W
Continental Gold Inc.	CGOOF	OTC PK	Materials	D	Sell	D	D		2.90	3.02	1.33	1.40	W	W	G	W	–	W
Continental Materials Corporation	CUO	AMEX	Industrials	C	Hold	B	D+	Up	16.15	24.92	10.08	1.29	F	G	E	W	–	F
Continental Precious Minerals Inc.	CZQH.V	TSXV	Materials	D	Sell	D	D		0.30	0.46	0.3	-0.53	V	W	E	W	–	V
Continental Precious Minerals Inc.	CTPMF	OTC PK	Materials	D	Sell	D	D		0.26	0.34	0.24	0.65	V	W	E	W	–	F
Continental Resources, Inc.	CLR	NYSE	Energy	C	Hold	B	D		42.26	71.95	34.61	1.76	E	G	G	W	–	W

*Ratings Factors: E=Excellent, G=Good, F=Fair, W=Weak, V=Very Weak, U=Unrated

Summer 2019 — I. Index of Stocks

3-Month Total Return (%)	6-Month Total Return (%)	1-Year Total Return (%)	3-Year Total Return (%)	Dividend $ TTM	Dividend Yield TTM	Market Cap. ($Mil)	Enterprise Value ($Mil)	Revenue ($Mil)	Revenue Growth (%)	Net Income ($Mil)	Earnings/Share $	EPS Growth (%)	Cash from Operations ($Mil)	Return on Assets (%)	Return on Equity (%)	Earnings (P/E) TTM	Sales (P/S) TTM	Book (P/B) Q
27.78	-20.69	-31.34	-58.18			2.4	2.0	--		-0.37	-0.03	75.4	-0.18	-43.56		-8.2		127.8
12.81	-30.07	-35.88	-65.47			2.4	2.0	--		-0.37	-0.03	75.4	-0.18	-43.56		-6.0		94.0
52.21	989.47	233.87	-35.61			281.0	284.6	90.8	17.4	-38.9	-0.65	38.7	-24.2	-17.58		-6.4	2.9	9.3
-4.78	30.72	-34.96	-39.94			33.4	61.4	98.4	2.7	-10.1	-1.19	53.5	-15.3	-1.9		-3.4	0.3	0.8
-29.03	-34.91	-81.48	-68.39			39.1	283.5	513.9	42.4	-16.0	-0.23	-136.4	43.2	-0.1		-4.9	0.1	0.2
-28.88	-34.06	-81.50	-53.59			39.1	283.5	513.9	42.4	-16.0	-0.23	-136.4	43.2	-0.1		-3.6	0.1	0.2
4.55	36.80	17.94	100.11	0.80	0.9	2,410	3,223	875.9	7.9	31.2	1.08	-57.0	45.8	3.21	4.67	79.3	2.8	3.5
-90.00	-66.67	-95.00	-99.00			0.00	165.8	142.1	-11.0	-154.7	-5.46	64.3	7.7	-33.73		0.0	0.0	0.0
0.00	0.00					0.23	0.07	--		-0.05	-0.02		-0.01			-6.1		1.9
1.61	4.51	8.21	33.81	1.27	1.8	830.7	1,155	118.1	7.9	20.2	1.67	-0.7	36.8	2.36	6.91	41.3	7.0	2.8
12.80	23.75	-9.88	53.72	0.32	1.4	790.6	--	162.4	21.3	67.7	2.05	85.2	81.8		10.87	10.9	4.9	1.2
-25.23	-6.13	-45.97	142.49			566.6	1,836	1,545	1.7	80.6	2.48	267.9	66.1	3.64	13.47	7.1	0.4	0.9
-8.61	0.30	-8.83	55.29	1.20	2.0	69,246	77,008	37,823	21.4	7,202	6.19	1,767.3	13,429	8.46	22.77	9.9	1.9	2.1
-25.00	0.00	-50.00	-40.00			1.4	1.4	--		-0.23	0.00	23.1	-0.12	-26.61		-7.5		4.3
-74.96	-31.67	-84.15	-84.08			1.4	1.4	--		-0.23	0.00	23.1	-0.12	-26.61		-1.6		0.9
-5.86	3.25	18.79	157.54	2.05	12.9	440.7	641.6	348.4	5.5	58.8	2.13	27.4	121.3	8.32	26.87	7.5	1.3	2.1
-23.04	-17.56	-32.07				719.3	1,567	1,483	4.8	105.0	3.71	18.1	380.0	5.42	26.13	7.0	0.5	1.7
-53.45	-46.92	-54.90	-74.33	1.55	31.6	352.8	2,731	1,382	10.9	-46.8	-0.68	-187.1	341.5	0.62		-7.2	0.3	1.0
4.45	16.17	16.08	22.64	2.91	3.3	29,049	50,047	12,487	2.6	1,378	4.35	-13.7	3,016	2.85	8.44	20.0	2.3	1.6
6.67	6.67	6.67	28.00			1.5	1.5	0.18	-73.7	-0.11	-0.02	-130.6	0.00	-3.8		-13.9	11.3	3.0
0.00	28.00	190.95	188.02			1.9	1.8	--		-0.27	-0.01	-177.1	-0.20	-11.65		-9.0		12.5
7.00	20.08	9.84	16.13	0.34	2.4	210.1	184.7	68.2	17.0	15.4	1.02	171.0	12.1	3.28	7.35	13.7	3.1	1.3
-28.57	66.67	0.00	-16.67			3.1	3.2	--		-0.11	0.00	-14.3	-0.07	-1.28		-31.3		1.1
-43.15	31.57	-25.32	-7.90			3.1	3.2	--		-0.11	0.00	-14.3	-0.07	-1.28		-17.3		0.6
-1.49	13.43	-0.07	27.63	0.35	0.6	294.6	498.8	79.7	12.2	32.7	5.99	-16.2	16.2	3.99	16.2	9.9	4.0	1.5
-3.39	-10.62	-33.77	-32.77			291.0	278.4	317.0	-29.3	31.4	0.02	-36.3	30.6			9.2	0.9	0.4
0.00	-40.00	-68.42	-33.33			0.36	16.2	--		-3.5	-0.01	-39.2	-0.61			-0.1		0.0
28.97	54.04	3.57	32.62			19.4	16.6	--		-0.76	-0.02	24.2	-0.57	-3.72		-20.4		1.0
27.27	43.59	1.82	47.37			19.4	16.6	--		-0.76	-0.02	24.2	-0.57	-3.72		-26.3		1.3
1.53	0.59	3.31				55.0	55.0	--		0.94	0.14	395.8	-0.44	-1.55	18.89	73.8		10.8
9.45	14.64	-17.74	23.17	2.69	1.4	35,841	49,650	8,116	7.1	3,436	17.57	53.0	2,246	6.48	21.48	10.7	4.5	2.8
9.50	16.47	-17.76	23.82	2.97	1.6	35,841	49,650	8,116	7.1	3,436	17.57	53.0	2,246	6.48	21.48	10.7	4.5	2.9
-24.98	121.76					260.4	169.3	--		-67.2	-12.30	78.8	-55.4	-43.24		-0.8		3.0
7.63	45.03	23.91	155.95	24.00	2.0	19,702	19,526	3,161	19.6	383.8	18.09	45.2	688.3	10.5	67.15	67.5	8.2	51.2
11.05	51.73	25.39	155.19	24.00	2.6	19,702	19,526	3,161	19.6	383.8	18.09	45.2	688.3	10.5	67.15	51.7	6.3	39.3
28.14	48.26	-0.49	132.88			1,387	3,832	6,718	13.7	219.9	1.54	731.2	75.1	2.8		6.6	0.2	-9.9
18.86	61.28	10.20				738.8	732.5	729.4	20.6	37.9	0.76	-22.0	43.3	7.14	15.67	18.8	1.0	2.4
-2.50	-1.76	-48.00	69.57			106.1	108.0	2.1	2,689.5	-1.7	-0.06	67.2	-1.9	14.81		-61.1	51.4	-24.6
4.23	16.35	-8.19	3.35			82.0	--	152.2	-1.6	13.5	0.54	108,500.0	211.5		6.98	6.8	0.6	0.4
0.31	9.66	-18.26	20.02	0.52	2.8	50.6	--	21.8	18.6	5.6	2.06	70.2	6.2		12.2	9.0	2.3	1.0
-18.03	-18.03	-30.56				15.7	23.0	--		-9.5	-0.19	-61.9	-4.8	-11.22		-1.3		0.7
-3.85	-11.14	-29.89				15.7	23.0	--		-9.5	-0.19	-61.9	-4.8	-11.22		-1.0		0.6
-20.00	-20.00	-55.56	-96.19			0.90	1.3	0.37	5.7	-0.88	-0.03	95.2	-0.70	-80.41		-1.2	3.2	-1.7
-47.37	-46.20	-71.14	-86.07			67.8	133.3	70.7	-11.2	-131.1	-4.98	-599.7	21.3	-22.98		-0.3	0.8	0.4
-29.72	-1.41	-27.08	94.44			111.2	101.5	--		-10.0	-1.62	-174.4	-1.1	-21.23		-10.8		11.4
6.67	1.15	-18.66	23.04			888.2	1,052	533.3	9.9	76.5	2.09	30.5	127.7	10.37	23.31	12.2	1.7	2.7
-31.03	122.22	-33.33	66.67			3.5	3.5	--		-0.37	0.00	69.1	-0.49	-155.95		-9.5		-14.3
35.12	81.32	2.50	13.71			545.4	819.1	--		-34.2	-0.19	-110.8	-12.5	-1.94		-15.6		3.5
-13.39	44.09	0.01	8.04			27.7	-1.7	149.6	5.3	13.7	7.99	444.6	15.9	-1.63	17.02	2.0	0.2	0.4
-15.49	-16.67	-25.93	0.00			2.7	-1.0	--		-0.65	-0.06	-343.7	-0.59	-6.32		-5.4		1.0
0.00	4.86	-9.59	35.11			2.7	-1.0	--		-0.65	-0.06	-343.7	-0.59	-6.32		-4.7		0.8
-5.65	6.21	-36.04	-3.38			15,767	21,603	4,369	33.5	941.3	2.52	-7.9	3,291	6.25	15.7	16.8	3.6	2.5

I. Index of Stocks

Summer 2019

Company Name	Stock Ticker Symbol	Traded On	Sector	Overall Rating	Recommendation	Reward Rating	Risk Rating	Recent Up/Downgrade	Stock Price as of 6/30/2019	52-Week High	52-Week Low	3-Year Beta	Growth	Efficiency	Solvency	Volatility	Dividend	Total Return
ContraFect Corporation	CFRX	NAS CM	Health Care	D	Sell	D	D-	Up	0.50	2.93	0.36	0.68	F	W	E	W	–	V
ContraVir Pharmaceuticals, Inc.	CTRV	NAS CM	Health Care	D-	Sell	D	D-		4.22	105.00	4.03	-0.11	F	W	G	W	–	V
Control4 Corporation	CTRL	NAS GS	Information Tech	C+	Hold	B+	D+		23.76	37.62	15.59	0.99	E	E	E	W	–	F
Controladora Vuela Compañía de Aviación, S.A.B	VLRS	NYSE	Industrials	D+	Sell	C	D-	Up	9.46	10.55	4.87	1.69	F	G	W	W	–	F
Controladora Vuela Compañía de Aviación, S.A.B	CTTRF	OTC PK	Industrials	C-	Hold	B	D+		0.69	0.69	0.56		F	G	W	E	–	W
Contura Energy, Inc.	CTRA	NYSE	Energy	C	Hold	B	D+	Down	50.47	81.00	49.62	-0.48	E	E	E	W	–	F
Converge Technology Solutions Corp.	CTS.V	TSXV	Information Tech	E+	Sell	C-	D	Up	0.85	1.50	0.48		F	W	G	W	–	W
Conversion Labs, Inc.	CVLB	OTC PK	Consumer Staples	D	Sell	D	D-	Up	0.12	0.34	0.09	1.41	F		G	W	–	W
Cool Holdings, Inc.	AWSM	NAS CM	Consumer Discretn	D	Sell	D	D	Up	1.63	22.61	1.15		F	W	F	W	–	V
Cool Technologies, Inc.	WARM	OTC PK	Consumer Discretn	D+	Sell	C	D	Up	0.07	0.08	0.02	-1.02	F	E	F	W	–	W
Cooper Tire & Rubber Company	CTB	NYSE	Consumer Discretn	C-	Hold	C+	D	Down	31.57	35.36	23.27	1.06	W	G	E	W	W	W
Cooper-Standard Holdings Inc.	CPS	NYSE	Consumer Discretn	D+	Sell	C	D		44.81	146.78	36.11	2.00	W	G	G	W	–	V
CooTek (Cayman) Inc.	CTK	NYSE	Information Tech	D-	Sell	D+	D+	Up	9.25	13.30	5.4		W	F	E	W	–	W
Copa Holdings, S.A.	CPA	NYSE	Industrials	U		U	U		96.50	100.00	67.38	0.85	U	U	U	U	U	U
Copart, Inc.	CPRT	NAS GS	Industrials	B+	Buy	A+	C	Up	73.36	75.50	44.61	0.58	E	E	E	F	–	E
Copper Fox Metals Inc.	CUU.V	TSXV	Materials	D	Sell	D	D		0.09	0.13	0.08	1.52						
Copper Fox Metals Inc.	CPFXF	OTC PK	Materials	D	Sell	D	D		0.07	0.10	0.06	1.01	W	F	E	W	–	W
Copper Lake Resources Ltd.	CPL.V	TSXV	Materials	D-	Sell	D-	D		0.02	0.04	0.01	0.58	V	W	F	W	–	W
Copper Lake Resources Ltd.	WTCZF	OTC PK	Materials	D-	Sell	E+	D-		0.00	0.03	0	-16.38	V	W	F	W	–	V
Copper Mountain Mining Corporation	CMMC.TO	TSX	Materials	D+	Sell	C-	D		0.84	1.29	0.65	2.19	F	F	G	W	–	F
Copper Mountain Mining Corporation	CPPMF	OTC PK	Materials	D+	Sell	C-	D		0.65	1.00	0.48	2.44	F	F	G	W	–	F
Copper North Mining Corp.	CPNVF	OTC PK	Materials	D	Sell	D	D		0.02	0.05	0.02	1.81	F	W	F	W	–	W
Copper North Mining Corp.	COL.V	TSXV	Materials	D	Sell	D	D	Up	0.04	0.07	0.03	2.40	F	W	F	W	–	W
Copper One Inc.	COPRF	OTC PK	Materials	D	Sell	D	D		0.10	0.11	0.08	0.46	W	W	E	W	–	F
Copper One Inc.	CUO.V	TSXV	Materials	D	Sell	D	D		0.15	0.18	0.1	1.01	W	W	E	W	–	F
Copper Reef Mining Corporation	CPEFF	OTC PK	Materials	D	Sell	D	D-		0.01	0.03	0.01	-0.69	V	W	G	W	–	V
Coral Gold Resources Ltd.	CLHRF	OTC PK	Materials	C	Hold	C	C		0.29	0.34	0.24	0.12	W	G	E	F	–	F
Coral Gold Resources Ltd.	CLH.V	TSXV	Materials	C	Hold	C	C		0.38	0.44	0.32	-0.33	W	G	E	F	–	F
Corbus Pharmaceuticals Holdings, Inc.	CRBP	NAS	Health Care	D-	Sell	E+	D	Down	6.86	9.11	4.5	1.44	W	V	E	W	–	F
Corby Spirit and Wine Limited	CBYDF	OTC PK	Consumer Staples	C-	Hold	B-	D	Down	13.41	16.06	13.34	-0.12	G	E	E	W	G	W
Corby Spirit and Wine Limited	CSWA.TO	TSX	Consumer Staples	C	Hold	B-	D		17.86	21.10	17.25	0.22	G	E	E	W	G	W
Corby Spirit and Wine Limited	CSWB.TO	TSX	Consumer Staples	C	Hold	B-	D		16.65	19.60	16.5	0.34	G	E	E	W	G	W
Corby Spirit and Wine Limited	CRBBF	OTC PK	Consumer Staples	D+	Sell	C+	D-		12.85	14.80	12.85	-0.17	G	E	E	W	G	V
Corcept Therapeutics Incorporated	CORT	NAS CM	Health Care	C	Hold	B	D+	Down	11.14	19.48	9.14	1.54	E	E	E	W	–	F
Cordoba Minerals Corp.	CDB.V	TSXV	Materials	D-	Sell	D-	D-	Up	0.11	0.18	0.08		W		G	W	–	V
Cordoba Minerals Corp.	CDBMF	OTC PK	Materials	D-	Sell	D-	D-	Up	0.06	0.14	0.06		W		G	W	–	V
Cordy Oilfield Services Inc.	CKK.V	TSXV	Industrials	D+	Sell	C-	D	Up	0.03	0.03	0.01	0.96	G	W	G	W	–	V
Core Gold Inc.	CGLDF	OTC PK	Materials	D	Sell	D	D		0.18	0.28	0.14	0.36	W	V	F	W	–	W
Core Gold Inc.	CGLD.V	TSXV	Materials	D	Sell	D	D		0.22	0.35	0.19	-0.03	W	V	F	W	–	W
Core Laboratories N.V.	CLB	NYSE	Energy	C-	Hold	C+	D	Up	51.23	126.53	46.32	2.09	F	E	E	W	G	W
Core Lithium Corp.	CORX	OTC PK	Materials	D	Sell	D	D-		0.10	0.55	0.1	-10.08	F	W	F	W	–	W
Core Molding Technologies, Inc.	CMT	AMEX	Materials	D	Sell	D+	D		7.12	15.32	6.37	0.51	W	F	G	W	–	W
CoreCivic, Inc.	CXW	NYSE	Real Estate	C	Hold	B	D	Up	20.84	26.09	17.16	1.49	G	E	E	W	E	W
CoreLogic, Inc.	CLGX	NYSE	Information Tech	C	Hold	B	D+	Up	41.77	55.56	31.87	1.10	W	G	G	W	–	W
Core-Mark Holding Company, Inc.	CORE	NAS GS	Consumer Discretn	C	Hold	B	D+		39.00	40.38	22.24	0.61	G	E	E	W	W	F
CorEnergy Infrastructure Trust, Inc.	CORR	NYSE	Real Estate	B+	Buy	A-	B	Up	39.69	40.96	32.52	0.72	G	E	E	G	E	F
CorePoint Lodging Inc.	CPLG	NYSE	Real Estate	D	Sell	D+	D-		12.20	26.81	10.16		W	W	G	W	E	V
Corero Network Security plc	CRREF	OTC PK	Information Tech	D	Sell	D	D		0.10	0.12	0.1	-0.47	G	V	E	W	–	F
CoreSite Realty Corporation	COR	NYSE	Real Estate	B-	Buy	A-	D+		114.09	120.93	82.64	0.74	E	E	G	F	G	F
Corindus Vascular Robotics, Inc.	CVRS	AMEX	Health Care	D-	Sell	E+	D		3.00	3.35	0.78	1.89	F	V	F	W	–	E
CorMedix, Inc.	CRMD	AMEX	Health Care	D	Sell	C-	D	Up	7.54	13.70	1.04	2.56	F	W	E	W	–	F
Cornerstone Building Brands, Inc.	CNR	NYSE	Industrials	D	Sell	C	D-	Down	5.71	21.60	4.2	2.13	F	F	G	W	–	V

*Ratings Factors: E=Excellent, G=Good, F=Fair, W=Weak, V=Very Weak, U=Unrated

Summer 2019 — I. Index of Stocks

TOTAL RETURNS %				DIVIDEND/YIELD		SIZE		REVENUE & INCOME			EARNINGS		EFFECTIVENESS			VALUATION		
3-Month Total Return (%)	6-Month Total Return (%)	1-Year Total Return (%)	3-Year Total Return (%)	Dividend $ TTM	Dividend Yield TTM	Market Cap. ($Mil)	Enterprise Value ($Mil)	Revenue ($Mil)	Revenue Growth (%)	Net Income ($Mil)	Earnings/Share $	EPS Growth (%)	Cash from Operations ($Mil)	Return on Assets (%)	Return on Equity (%)	Earnings (P/E) TTM	Sales (P/S) TTM	Book (P/B) Q
23.44	-65.62	-77.90	-82.87			39.3	20.3	--		-7.0	-0.11	73.7	-26.8	-52.15		-4.5		2.3
-73.69	-79.44	-95.60	-99.33			3.1	5.8	--		-8.7	-88.17	-44.8	-14.1	-91.43		-0.1		-1.1
44.09	37.18	-2.62	197.74			636.8	580.0	273.7	8.2	40.9	1.50	156.5	29.8	4.89	22.22	15.9	2.3	3.1
11.16	73.58	83.33	-47.47			965.1	2,813	1,482	9.9	48.8	0.05	-20.9	166.8	-0.82	14.37	196.7	6.5	51.2
0.00	23.66					965.1	2,813	1,482	9.9	48.8	0.05	-20.9	166.8	-0.82	14.37	14.4	0.5	3.8
-10.70	-22.92	-31.10				968.4	1,383	2,158	30.2	249.0	18.56	10.8	203.3	6.7	41.07	2.7	0.5	0.9
-8.60	54.55					49.2	148.2	383.6	181.5	-15.0	-0.24	-205.6	-11.3			-3.6	0.2	-43.8
-22.58	-22.58	-36.84	-53.85			5.6	5.6	9.4	113.2	-2.5	-0.06	-1,581.6	-0.42	-76.33		-2.1	0.6	13.8
-53.82	-19.31	-53.03				13.5	23.9	25.3	74.7	-28.2	-5.71	44.5	-7.4	-28.82		-0.3	0.5	-2.6
62.91	80.56	-4.04	-27.78			15.4	17.5	--		-4.3	-0.02	39.0	-2.1	-201.74		-2.7		-3.1
4.99	-1.20	20.32	9.44	0.42	1.3	1,583	1,849	2,826	0.5	75.3	1.49	9.4	235.2	4.62	6.42	21.1	0.6	1.3
-6.26	-25.91	-65.73	-40.50			785.2	1,556	3,542	-3.8	47.5	2.55	-68.4	158.1	3.63	4.9	17.6	0.2	1.0
-15.14	10.25					588.1	510.9	152.2	178.3	8.9	9.84	114.0	15.2		15.66	0.9	0.1	0.1
23.51	28.14	6.10	107.97	3.04	3.2	4,078	5,038	1,371	-45.5	-19.5	-0.46	-105.4	310.5			-209.7	3.0	2.2
22.53	54.38	30.98	213.97			16,808	17,111	1,949	12.3	547.9	2.28	46.1	611.4	18.09	35.58	32.2	9.0	10.4
-10.53	-15.00	-15.00	-32.00			29.9	32.8	--		-0.79	0.00	5.3	-1.2	-5.54		-47.2		0.7
-12.69	6.98	-10.13	-29.86			29.9	32.8	--		-0.79	0.00	5.3	-1.2	-5.54		-37.4		0.5
0.00	0.00	-33.33	-55.56			1.8	1.9	--		-0.65	-0.01	-139.1	-0.45	-4.79		-3.6		1.4
-100.00	-99.90	-100.00	-100.00			1.8	1.9	--		-0.65	-0.01	-139.1	-0.45	-4.79		0.0		0.0
-11.58	18.31	-31.15	73.20			120.5	399.9	232.5	-3.4	-3.5	-0.02	-110.7	55.7	2.64		-37.7	0.7	0.9
-6.47	22.80	-29.92	67.96			120.5	399.9	232.5	-3.4	-3.5	-0.02	-110.7	55.7	2.64		-29.2	0.5	0.7
-44.60	-15.75	-7.41	-82.98			2.3	2.3	--		-0.47	-0.01	90.1	-0.47	-1.81		-3.3		0.1
-41.67	0.00	-12.50	-76.67			2.3	2.3	--		-0.47	-0.01	90.1	-0.47	-1.81		-5.7		0.3
0.00	6.82	5.32	65.00			3.8	1.4	--		-0.76	-0.02	-129.0	-1.1	-14.2		-4.4		1.1
0.00	-6.45	11.54	383.33			3.8	1.4	--		-0.76	-0.02	-129.0	-1.1	-14.2		-6.5		1.6
-59.38	-59.38	-61.99	-62.86			2.4	2.3	--		-0.35	0.00	25.0	-0.18	-2.07		-2.7		0.2
3.98	-2.03	5.56	21.28			13.8	0.13	--		0.61	0.01	-74.6	-0.27	-2.51	1.16	37.5		0.9
0.00	-2.56	7.04	24.59			13.8	0.13	--		0.61	0.01	-74.6	-0.27	-2.51	1.16	50.0		1.3
-1.15	16.67	34.51	128.67			442.2	359.8	5.8	174.6	-70.2	-1.19	-73.0	-18.1	-49.99		-5.7	73.5	10.5
0.44	-4.64	-8.41	2.18	0.83	6.2	383.5	337.0	115.3	1.7	20.7	0.72	6.7	29.4	10.24	15.65	18.6	3.3	3.0
-0.69	-1.55	-6.47	2.38	1.32	7.4	383.5	337.0	115.3	1.7	20.7	0.72	6.7	29.4	10.24	15.65	24.7	4.4	4.0
-3.38	1.92	-5.04	11.23	1.32	7.9	383.5	337.0	115.3	1.7	20.7	0.72	6.7	29.4	10.24	15.65	23.0	4.1	3.7
-2.77	-2.69	-5.41	-26.44	0.83	6.5	383.5	337.0	115.3	1.7	20.7	0.72	6.7	29.4	10.24	15.65	17.8	3.2	2.8
-2.71	-14.44	-29.45	109.01			1,280	1,094	258.4	36.5	76.2	0.61	-45.7	104.9	19.41	30.43	18.2	5.3	4.5
15.79	-4.35	-33.33				25.1	24.4	--		-7.0	-0.03	92.6	-5.5	-129.01		-3.8		14.1
-2.91	-23.83	-53.46				25.1	24.4	--		-7.0	-0.03	92.6	-5.5	-129.01		-2.2		8.1
150.00	150.00	25.00	25.00			3.9	16.1	12.1	22.0	-0.38	0.00	56.1	0.80	-0.68		-13.9	0.4	-4.0
8.65	-2.55	-27.24	71.17			27.5	31.6	24.7	0.4	-6.1	-0.04	77.1	-6.7	-14.22		-4.1	1.1	10.2
-6.38	-8.33	-35.29	57.14			27.5	31.6	24.7	0.4	-6.1	-0.04	77.1	-6.7	-14.22		-5.0	1.3	12.6
-25.49	-12.12	-58.09	-53.54	2.20	4.3	2,272	2,636	700.0	5.9	96.5	2.17	8.1	113.9	9.35	56.78	23.7	3.3	12.4
-54.95	-71.43	-73.68	-69.70			6.8	7.1	--		-0.26	0.00	98.9	-0.05			-25.6		-15.6
-4.04	-3.78	-49.18	-45.71			58.0	119.5	278.7	48.3	-9.1	-1.18	-315.1	3.8	-1.54		-6.1	0.2	0.6
5.70	17.89	-6.53	-25.68	1.73	8.3	2,481	4,381	1,879	6.7	170.8	1.43	2.2	292.2	4.95	12.13	14.6	1.3	1.8
13.20	26.42	-19.47	12.25			3,370	5,167	1,761	-5.1	95.3	1.15	-40.9	319.5	3.24	9.55	36.3	1.9	3.4
4.92	65.15	71.77	-9.55	0.43	1.1	1,789	2,248	12,895	3.6	48.1	1.04	63.0	285.3	2.9	8.67	37.4	0.1	3.2
9.03	23.51	13.46	80.07	3.00	7.6	508.4	680.5	89.3	1.2	39.9	2.06	5.2	51.9	4.52	8.55	19.3	5.6	1.5
12.93	2.66	-50.57		0.87	7.1	708.2	1,705	874.0	5.6	-274.0	-4.69	-303.5	119.0	0.88		-2.6	0.8	0.6
0.00	-16.67	11.11	-72.22			37.6	33.2	10.0	16.7	-5.2	-0.01	52.6	-1.8	-12.84		-6.9	3.9	2.1
6.44	32.68	6.64	44.40	4.45	3.9	4,210	5,710	553.7	11.5	77.3	2.17	11.3	256.3	4.95	29.35	52.6	7.5	19.0
76.47	257.14	263.24	112.77			620.1	621.4	12.3	19.1	-34.6	-0.20	6.7	-30.7	-41.92		-15.3	47.9	441.2
-16.78	18.74	607.65	-20.63			179.4	159.6	0.57	82.2	-21.8	-1.18	57.2	-24.0	-73.13		-6.4	305.3	10.8
-4.19	-22.94	-72.94	-62.41			716.7	4,242	2,187	19.1	3.5	0.47	-3.7	-6.2			12.1	0.3	0.8

https://greyhouse.weissratings.com   Data as of June 30, 2019

I. Index of Stocks

Summer 2019

Company Name	Stock Ticker Symbol	Traded On	Sector	Overall Rating	Recommendation	Reward Rating	Risk Rating	Recent Up/Downgrade	Stock Price as of 6/30/2019	52-Week High	52-Week Low	3-Year Beta	Growth	Efficiency	Solvency	Volatility	Dividend	Total Return
Cornerstone Capital Resources Inc.	CGP.V	TSXV	Materials	D+	Sell	C	D		0.23	0.40	0.14	-0.36	F	W	E	W	—	F
Cornerstone Capital Resources Inc.	CTNXF	OTC PK	Materials	D+	Sell	C	D	Up	0.17	0.29	0.03	0.06	F	W	E	W	—	F
Cornerstone Community Bancorp	CRSB	OTC PK	Financials	C	Hold	B+	C		17.26	19.10	15.5	0.71	E	G	E	F	—	F
Cornerstone OnDemand, Inc.	CSOD	NAS GS	Information Tech	C-	Hold	C	D	Down	56.60	60.19	45.89	1.30	G	W	G	F	—	F
Corning Incorporated	GLW	NYSE	Information Tech	B	Buy	B+	C+	Up	33.23	36.56	26.87	1.23	G	E	E	F	F	F
Corning Natural Gas Holding Corporation	CNIG	OTC PK	Utilities	C	Hold	B+	B-		21.50	23.50	17.1	0.03	E	G	G	G	G	F
Corporación América Airports S.A.	CAAP	NYSE	Industrials	D	Sell	D+	D-		7.76	11.69	5.7		W	F	G	W	—	W
Corporación Inmobiliaria Vesta S.A.B. de C.V.	VESTF	OTC PK	Real Estate	C	Hold	B	C		1.51	1.58	1.27	-0.06	E	E	E	F	—	F
Corporación Interamericana de Entretenimiento,	CIEZF	OTC PK	Communication Svc	D+	Sell	C-	D	Down	0.78	1.05	0.78	0.13	F	F	G	F	—	F
Corporación Moctezuma, S.A.B. de C.V.	CMZOF	OTC PK	Materials	C	Hold	B+	B+		3.08	3.11	3.07	0.62	G	E	E	G	—	E
Corporate Office Properties Trust	OFC	NYSE	Real Estate	C+	Hold	B	D+	Up	26.47	31.01	20.04	1.00	G	G	E	W	G	F
Corpovael, S.A.B. de C.V.	CRPVF	OTC PK	Consumer Discretn	D	Sell	C	C-	Up	0.78	0.78	0.78		F	E	E	F	—	W
Correvio Pharma Corp.	CORV.TO	TSX	Health Care	D	Sell	D	D		2.93	6.90	2.6	0.74	F	V	G	W	—	W
Correvio Pharma Corp.	CORV	NAS CM	Health Care	D	Sell	D	D		2.25	5.24	1.92	0.98	F	V	G	W	—	W
Corridor Resources Inc.	CDH.TO	TSX	Energy	D+	Sell	D+	D+		0.67	0.99	0.61	0.65	W	W	E	F	—	F
Corridor Resources Inc.	CDDRF	OTC PK	Energy	D+	Sell	D+	D	Up	0.52	0.69	0.47	0.81	W	W	E	F	—	F
Corsa Coal Corp.	CSO.V	TSXV	Materials	D	Sell	C-	D	Down	0.70	1.45	0.61	0.06	W	G	G	W	—	W
Corsa Coal Corp.	CRSXF	OTC PK	Materials	D	Sell	C-	D		0.51	1.10	0.37	0.63	W	G	G	W	—	W
Corteva, Inc.	CTVA	NYSE	Materials	U		U	U		29.57	30.33	24.35		U	U	U	U	U	U
Cortex Business Solutions Inc.	CBX.V	TSXV	Information Tech	C	Hold	B	B-	Down	4.54	4.55	3.45	-0.37	G	F	E	G	—	F
Cortexyme, Inc.	CRTX	NAS GS	Health Care	U		U	U		39.80	47.50	19.5		U	U	U	U	U	U
Cortland Bancorp	CLDB	NAS CM	Financials	C	Hold	A-	C		23.05	28.68	19.1	0.06	E	E	E	F	F	F
Corus Entertainment Inc.	CJREF	OTC PK	Communication Svc	C	Hold	B	D	Up	4.72	6.00	2.75	0.64	G	G	G	W	G	W
Corus Entertainment Inc.	CJRB.TO	TSX	Communication Svc	C	Hold	B	D	Up	6.19	8.11	3.62	0.35	G	G	G	W	G	W
CorVel Corporation	CRVL	NAS GS	Health Care	B	Buy	A	C		84.51	85.60	52.3	0.82	E	E	E	F	—	G
Corvus Gold Inc.	KOR.TO	TSX	Materials	D-	Sell	E+	D		2.19	3.39	1.55	0.03	V	V	E	W	—	F
Corvus Gold Inc.	CORVF	OTC PK	Materials	D-	Sell	E+	D		1.67	2.72	1.13	0.18	V	V	E	W	—	F
Corvus Pharmaceuticals, Inc.	CRVS	NAS	Health Care	D-	Sell	D-	D-		3.39	11.70	3.22	0.87	W	V	E	W	—	V
Cosan Limited	CZZ	NYSE	Energy	C+	Hold	A-	D+		13.12	13.49	6.21	0.08	G	G	G	W	—	G
Cosmos Group Holdings Inc.	COSG	OTC PK	Industrials	D+	Sell	C	D	Up	8.99	20.00	1.55	0.32	W	G	E	F	—	W
Cosmos Holdings Inc.	COSM	OTC PK	Health Care	D-	Sell	E+	D-		3.65	9.00	2.03	1.32	F	V	F	W	—	W
Costamare Inc.	CMRE	NYSE	Industrials	C-	Hold	C+	D		5.09	8.39	4.2	1.83	W	G	G	W	E	W
CoStar Group, Inc.	CSGP	NAS GS	Industrials	B	Buy	A+	C-		542.93	562.65	315.85	1.18	E	E	E	F	—	E
Costar Technologies, Inc.	CSTI	OTC PK	Information Tech	D	Sell	D+	D	Down	8.10	11.90	6.5	0.83	W	W	G	W	—	W
Costco Wholesale Corporation	COST	NAS GS	Consumer Staples	B	Buy	A-	C+		265.58	268.94	189.51	1.03	E	E	E	F	W	G
Cotinga Pharmaceuticals Inc.	COT.V	TSXV	Health Care	D	Sell	D	D-		0.10	0.64	0.05	3.47	F	W	F	W	—	V
Cotinga Pharmaceuticals Inc.	COTQF	OTC PK	Health Care	D	Sell	D	D-		0.08	0.38	0.01	2.72	F	W	F	W	—	V
Cott Corporation	COT	NYSE	Consumer Staples	D+	Sell	C	D	Down	13.14	17.06	12.72	0.92	W	G	G	W	F	W
Cott Corporation	BCB.TO	TSX	Consumer Staples	D+	Sell	C	D	Down	17.20	22.40	16.9	0.64	W	G	G	W	W	W
Coty Inc.	COTY	NYSE	Consumer Staples	D+	Sell	C	D	Up	13.15	14.46	5.91	1.03	F	W	G	W	G	W
CounterPath Corporation	PATH.TO	TSX	Information Tech	D-	Sell	E+	D		1.87	6.45	1.46	2.67	W	V	G	W	—	W
CounterPath Corporation	CPAH	NAS CM	Information Tech	D-	Sell	E+	D		1.45	4.98	0.9	2.83	W	V	G	W	—	W
County Bancorp, Inc.	ICBK	NAS	Financials	C-	Hold	C	D		16.92	28.20	16.24	0.87	E	E	E	W	W	W
Coupa Software Incorporated	COUP	NAS GS	Information Tech	C-	Hold	C	D		126.50	129.40	52.01	1.60	F	W	E	F	—	G
Cousins Properties Incorporated	CUZ	NYSE	Real Estate	C+	Hold	B	C-	Up	36.27	40.40	30.12	0.84	F	G	E	F	G	F
Covalon Technologies Ltd.	CVALF	OTC PK	Health Care	D	Sell	D+	D		3.40	7.12	2.55	6.03	W	W	E	W	—	F
Covalon Technologies Ltd.	COV.V	TSXV	Health Care	D	Sell	D+	D		4.40	9.45	3.54	2.62	W	W	E	W	—	F
Covanta Holding Corporation	CVA	NYSE	Industrials	C	Hold	B-	D	Down	17.84	18.38	12.92	1.49	W	G	F	F	G	F
Covenant Transportation Group, Inc.	CVTI	NAS GS	Industrials	D+	Sell	C	D	Down	14.04	34.37	13.27	1.78	F	G	E	W	—	W
Covetrus, Inc.	CVET	NAS GS	Health Care	D+	Sell	C	D		23.80	50.00	22.5		F	G	G	W	—	V
Covia Holdings Corporation	CVIA	NYSE	Energy	D	Sell	D	D-		1.94	19.43	1.9		W	W	E	W	—	V
Cowen Inc.	COWN	NAS GS	Financials	C	Hold	C	C	Up	16.80	17.99	11.8	1.26	F	F	E	F	—	F

*Ratings Factors: E=Excellent, G=Good, F=Fair, W=Weak, V=Very Weak, U=Unrated

Summer 2019

I. Index of Stocks

3-Month Total Return (%)	6-Month Total Return (%)	1-Year Total Return (%)	3-Year Total Return (%)	Dividend $ TTM	Dividend Yield TTM	Market Cap. ($Mil)	Enterprise Value ($Mil)	Revenue ($Mil)	Revenue Growth (%)	Net Income ($Mil)	Earnings/ Share $	EPS Growth (%)	Cash from Operations ($Mil)	Return on Assets (%)	Return on Equity (%)	Earnings (P/E) TTM	Sales (P/S) TTM	Book (P/B) Q
-36.11	-17.86	39.39	411.11			112.1	110.2	0.08	-62.8	-6.6	-0.01	43.1	-4.5	-2.7		-22.3	2,300.0	1.0
-36.03	-10.15	36.03	351.05			112.1	110.2	0.08	-62.8	-6.6	-0.01	43.1	-4.5	-2.7		-16.6	1,714.0	0.8
1.53	7.88	-7.95	101.87			26.2	--	9.4	20.9	1.8	1.30	11.8	--		10.49	13.3	2.6	1.3
5.11	12.46	18.78	55.11			3,376	3,363	544.9	8.2	-21.1	-0.36	66.2	102.1	0.33		-156.4	6.1	44.5
1.70	13.11	26.07	83.80	0.76	2.3	26,077	33,520	11,602	13.3	2,154	2.32	240.5	2,570	4.12	15.28	14.3	2.6	2.3
8.31	17.96	26.39	61.78	0.57	2.7	65.3	122.2	36.6	11.6	3.2	0.85	45.4	5.5	3.86	8.09	25.2	2.0	1.8
-2.39	17.40	-9.77				1,242	2,514	1,396	-13.4	11.1	0.07	-81.5	159.7	4.49		109.0	0.9	1.6
2.49	13.49	7.81	-2.86			888.3	1,539	137.6	19.5	79.0	0.13	-0.2	97.2	3.64	7.78	11.5	6.6	0.9
0.00	-10.03	-14.70	68.74			377.1	378.5	637.7	14.5	1.8	0.00	151.7	20.5	5.63	12.97	250.4	0.7	3.0
-0.81	131.55	131.55	131.55			2,796	2,610	724.1	-7.0	216.6	0.25	-14.4	232.2	25.59	36.1	12.5	3.7	4.8
-4.44	27.56	-5.20	1.72	1.10	4.2	2,962	4,931	574.3	-8.8	76.0	0.71	29.4	208.9	2.58	5.15	37.4	5.1	1.8
-3.39	-3.39	-3.39				262.2	381.1	252.0	1.4	43.6	0.13	11.5	-17.1	6.95	19.58	6.1	1.1	1.1
-26.93	-6.09	-40.81	-55.13			89.0	118.4	29.4	15.9	-17.1	-0.46	51.6	-24.9	-24.61		-6.4	3.9	19.1
-25.25	-1.75	-40.00	-55.09			89.0	118.4	29.4	15.9	-17.1	-0.46	51.6	-24.9	-24.61		-4.9	3.0	14.6
-4.29	-11.84	4.69	48.89			45.3	-0.63	8.2	-27.6	-2.4	-0.03	-114.8	7.2	-3.13		-23.6	7.3	0.7
0.23	-4.24	8.97	45.30			45.3	-0.63	8.2	-27.6	-2.4	-0.03	-114.8	7.2	-3.13		-18.4	5.7	0.5
-17.65	-5.41	-33.33	-41.67			50.5	125.3	242.7	-1.2	3.9	0.04	-94.5	13.3	1.4	4.61	19.8	0.3	0.6
-15.53	-7.47	-36.65	-48.29			50.5	125.3	242.7	-1.2	3.9	0.04	-94.5	13.3	1.4	4.61	14.3	0.2	0.5
						22,142	22,123	5,646	-5.5	-26.0			-365.0	3.89				
0.00	1.79	11.00	74.62			31.6	30.2	9.8	7.7	4.0	0.43	7,354.2	1.7	9.16	57.26	10.6	4.3	4.6
						1,068	1,114	--		-5.7	-1.61	-60.5	-7.2			-24.7		-3.7
-2.63	13.79	-2.83	65.10	0.49	2.1	101.1	--	27.9	12.9	9.4	2.17	97.1	10.1		14.64	10.6	3.6	1.5
7.51	43.62	44.68	-35.33	0.28	6.0	999.8	2,423	1,277	-1.6	126.2	0.59	120.0	252.5	6.34	11.37	8.1	0.8	0.9
4.80	37.48	44.19	-34.84	0.37	6.0	999.8	2,423	1,277	-1.6	126.2	0.59	120.0	252.5	6.34	11.37	10.6	1.0	1.1
30.26	34.72	57.82	95.17			1,563	1,472	595.7	6.7	46.7	2.46	32.3	78.6	12.99	25.52	34.4	2.7	8.1
5.29	-19.78	-10.61	143.33			186.8	182.9	--		-7.8	-0.07	-2.1	-7.2	-52.92		-30.2		30.1
8.44	-17.22	-11.17	140.29			186.8	182.9	--		-7.8	-0.07	-2.1	-7.2	-52.92		-23.0		22.9
-13.30	-6.09	-69.62	-75.72			99.4	-2.6	--		-44.3	-1.52	40.8	-38.9	-22.45		-2.2		1.0
14.69	46.59	70.83	115.75			3,023	10,901	4,767	6.9	278.6	1.10	56.0	1,135	3.19	12.52	11.9	0.7	2.1
0.00	0.00	-66.70				193.2	193.4	0.73	-10.8	0.11	0.01	141.3	-0.27	-0.08		1,798.0	266.0	-1,284.3
4.29	-30.48	-43.06	-28.43			48.6	62.7	34.8	-8.1	-6.2	-0.46	20.7	-0.17	-4.46		-8.0	1.4	-13.5
1.97	17.73	-31.02	-31.24	0.40	7.9	577.3	2,060	400.6	0.2	46.4	0.14	-69.3	147.0	2.95	3.46	37.0	1.4	0.4
17.53	61.02	30.72	164.87			19,840	18,752	1,247	23.1	271.3	7.43	69.3	411.0	5.93	9.15	73.1	15.9	6.4
-10.99	-26.30	-7.43	-4.71			12.7	30.2	58.9	33.1	-2.9	-1.89	-606.1	1.5	-5.81		-4.3	0.2	0.7
10.40	32.16	28.56	83.61	2.36	0.9	116,799	115,464	149,616	7.3	3,605	8.14	19.2	5,617	7.08	26.75	32.6	0.8	8.1
-34.48	72.73	-81.00	-98.62			1.6	1.5	--		-2.6	-0.14	47.9	-1.5	-130.19		-0.7		-1.9
-10.99	88.81	-78.34	-98.50			1.6	1.5	--		-2.6	-0.14	47.9	-1.5	-130.19		-0.6		-1.6
-9.40	-2.97	-18.49	-2.75	0.24	1.8	1,782	3,188	2,386	4.0	1.8	0.01	-99.7	222.1	1.57	0.38	1,622.2	0.8	1.6
-11.61	-6.92	-19.45	-2.01	0.24	1.4	1,782	3,188	2,386	4.0	1.8	0.01	-99.7	222.1	1.57	0.38	2,123.5	1.0	2.0
15.46	106.90	-1.51	-42.35	0.25	1.9	9,881	17,643	8,833	-5.4	-1,166	-1.57	-292.6	676.2	1.58		-8.4	1.1	1.3
-30.48	3.89	-39.68	-39.68			8.5	8.7	10.7	-10.6	-5.6	-0.95	-85.5	-3.1	-26.94		-2.0	1.0	2.6
-29.95	12.32	-37.77	-39.58			8.5	8.7	10.7	-10.6	-5.6	-0.95	-85.5	-3.1	-26.94		-1.5	0.8	2.0
-2.70	-3.15	-38.21	-12.88	0.24	1.4	113.6	--	47.9	3.6	14.0	1.99	18.5	25.3		9.28	8.5	2.4	0.8
41.31	103.18	105.46				7,814	7,674	285.4	41.3	-60.5	-1.02	-12.9	43.6	-4.76		-123.7	27.0	24.4
-5.81	17.36	-2.97	37.56	1.07	3.0	5,319	6,565	503.1	6.1	98.5	0.94	-56.8	252.6	1.82	3.54	38.7	7.7	1.4
-13.11	9.59	-44.94	284.31			74.7	87.2	26.8	22.7	-0.40	-0.03	-209.7	-1.6	0.98		-119.6	2.8	7.6
-14.56	3.53	-46.34	249.21			74.7	87.2	26.8	22.7	-0.40	-0.03	-209.7	-1.6	0.98		-154.9	3.7	9.8
3.06	36.39	13.45	34.55	1.00	5.6	2,332	4,853	1,863	3.2	-44.0	-0.36	-115.3	272.0	1.55		-49.5	1.3	5.1
-26.26	-25.75	-54.67	-15.88			257.9	536.0	931.1	29.4	42.5	2.30	-29.5	97.3	5.01	13.09	6.1	0.3	0.7
-24.49						2,658	3,869	2,760	-24.4	36.4	0.47	43.0	77.0			50.7	0.8	1.2
-64.66	-42.77	-89.68				255.0	2,246	1,901	38.0	-368.3	-2.80	-285.0	65.5	1.33		-0.7	0.1	0.2
15.31	26.98	19.15	43.84			497.1	--	824.5	16.1	35.7	0.93	153.9	230.4		5.64	18.0	0.6	0.7

I. Index of Stocks — Summer 2019

Company Name	Stock Ticker Symbol	Traded On	Sector	Overall Rating	Recommendation	Reward Rating	Risk Rating	Recent Up/Downgrade	Stock Price as of 6/30/2019	52-Week High	52-Week Low	3-Year Beta	Growth	Efficiency	Solvency	Volatility	Dividend	Total Return
CPFL Energia S.A.	CPL	NYSE	Utilities	C+	Hold	B	C-	Up	15.35	18.17	10.36	-0.29	E	E	E	F	–	F
CPI Aerostructures, Inc.	CVU	AMEX	Industrials	C	Hold	C	D+	Up	8.21	10.67	5.83	0.59	F	G	E	W	–	W
CPI Card Group Inc.	PMTS.TO	TSX	Information Tech	D	Sell	D	D		3.49	5.36	2.49	1.01	W	W	G	W	–	W
CPI Card Group Inc.	PMTS	NAS CM	Information Tech	D	Sell	D	D		2.62	4.18	1.93	1.26	W	W	G	W	–	W
CPS Technologies Corporation	CPSH	NAS CM	Information Tech	D-	Sell	D-	D	Down	1.15	1.85	0.66	1.86	W	V	G	W	–	W
CR Capital Corp.	CIT.V	TSXV	Materials	D	Sell	D	D	Up	0.06	0.08	0.02	-0.08	F	W	G	W	–	W
CRA International, Inc.	CRAI	NAS GS	Industrials	C+	Hold	B	C	Down	36.88	58.75	34.25	1.28	F	G	E	F	F	F
Cracker Barrel Old Country Store, Inc.	CBRL	NAS GS	Consumer Discretn	B-	Buy	B	C+	Down	170.52	185.00	141.63	0.75	G	E	E	F	G	F
Craft Brew Alliance, Inc.	BREW	NAS GS	Consumer Staples	D	Sell	C-	D-	Down	14.00	21.00	13.16	0.31	W	F	G	W	–	W
Crane Co.	CR	NYSE	Industrials	B-	Buy	B	C		81.72	100.14	67.18	1.49	G	E	E	F	F	W
Crawford & Company	CRDB	NYSE	Financials	C	Hold	B	D	Down	9.34	10.56	8	0.61	F	E	E	W	F	W
Crawford & Company	CRDA	NYSE	Financials	C	Hold	B-	C	Down	10.46	10.50	8.11	0.80	F	E	E	F	F	F
Crawford United Corporation	CRAWA	OTC PK	Information Tech	C	Hold	A	C		18.99	19.96	8.5	0.52	E	E	G	F	–	E
Cray Inc.	CRAY	NAS GS	Information Tech	D	Sell	D+	D		34.76	36.64	18.76	0.30	W	W	E	W	–	F
Creative Learning Corporation	CLCN	OTC PK	Consumer Discretn	D	Sell	D	D		0.06	0.24	0.06	0.60	W	E	W	W	–	V
Creative Medical Technology Holdings, Inc.	CELZ	OTC PK	Health Care	D	Sell	C-	D		0.00	0.07	0	-1.80	W	E	F	W	–	V
Creative Realities, Inc.	CREX	NAS CM	Communication Svc	D-	Sell	D-	D-		2.25	9.60	1.79	1.09	F	V	G	W	–	V
Credicorp Ltd.	BAP	NYSE	Financials	B	Buy	B	B+	Down	231.00	252.49	207.41	0.45	F	E	E	G	–	F
Credit Acceptance Corporation	CACC	NAS GS	Financials	B	Buy	B	B-		473.96	509.99	347.99	0.82	F	E	E	G	–	E
Crédit Agricole S.A.	CRARY	OTC PK	Financials	C	Hold	B-	D+		5.92	7.61	5.11	1.30	E	G	G	W	–	W
Crédit Agricole S.A.	CRARF	OTC PK	Financials	C	Hold	B-	D+		11.66	15.32	10.29	1.03	E	G	G	W	–	W
Credit Suisse Group AG	CS	NYSE	Financials	C-	Hold	C+	D	Up	12.02	16.30	10.23	1.32	G	G	E	W	–	W
Credit Suisse Group AG	CSGKF	OTC PK	Financials	C-	Hold	C+	D	Up	12.00	16.32	10.3	1.32	G	G	E	W	–	W
Crédito Real, S.A.B. de C.V., Sociedad Financi	CRQDF	OTC PK	Financials	C-	Hold	C	D	Up	1.20	1.42	0.86	-0.31	F	G	E	W	–	W
CreditRiskMonitor.com, Inc.	CRMZ	OTC PK	Financials	D	Sell	C	D-	Down	1.60	2.45	1.25	-0.04	W	G	G	W	–	W
Crednology Holding Corporation	COHO	OTC PK	Information Tech	C-	Hold	C	D+	Up	0.00	0.00	0	2.74	W	G	E	W	–	F
Cree, Inc.	CREE	NAS GS	Information Tech	C-	Hold	C	D+	Down	58.69	69.21	33.72	1.28	W	W	E	F	–	G
Crescent Acquisition Corp.	CRSA	NAS CM	Financials	U		U	U		9.83	9.96	9.6		U	U	U	U	U	U
Crescent Point Energy Corp.	CPG	NYSE	Energy	D	Sell	D	D-		3.31	7.87	2.43	0.84	W	W	G	W	W	V
Crescent Point Energy Corp.	CPG.TO	TSX	Energy	D	Sell	D	D-		4.34	10.31	3.24	0.56	W	W	G	W	W	V
Crescita Therapeutics Inc.	CTX.TO	TSX	Health Care	C-	Hold	C	D+	Up	0.74	0.93	0.39	0.52	F	F	E	W	–	F
Crescita Therapeutics Inc.	CRRTF	OTC PK	Health Care	C-	Hold	C	D+	Up	0.57	0.59	0.3	0.84	F	F	E	W	–	W
Cresco Labs Inc.	CRLBF	OTC PK	Health Care	E	Sell	C	D		10.29	14.39	4.19		F	F	E	G	–	F
Crestwood Equity Partners LP	CEQP	NYSE	Energy	C	Hold	B	D+		35.13	40.55	26.55	1.12	F	G	G	F	E	G
Crestwood Equity Partners LP	CEPPU	OTC PK	Energy	C	Hold	C+	D		9.31	10.00	8.85		F	G	G	F	E	W
Cresud Sociedad Anónima Comercial, Inmobiliari	CRESY	NAS GS	Real Estate	D	Sell	D+	D-		10.32	17.61	9.15	0.50	W	F	F	W	–	W
Cresval Capital Corp.	CRV.V	TSXV	Materials	D-	Sell	D-	D	Down	0.03	0.05	0.02	-0.16	V	W	F	W	–	W
Crew Energy Inc.	CWEGF	OTC PK	Energy	D	Sell	D	D-		0.65	1.94	0.56	1.45	W	F	G	W	–	V
Crew Energy Inc.	CR.TO	TSX	Energy	D	Sell	D	D-		0.83	2.55	0.75	1.20	W	F	G	W	–	V
Crexendo, Inc.	CXDO	OTC PK	Information Tech	C-	Hold	C+	D	Up	3.29	4.00	1.5	1.57	G	W	G	W	–	E
CRH Medical Corporation	CRH.TO	TSX	Health Care	D+	Sell	C	D	Down	3.83	5.91	3.37	1.27	W	G	E	W	–	W
CRH Medical Corporation	CRHM	AMEX	Health Care	C-	Hold	C	D	Down	2.91	4.50	2.51	1.48	W	G	E	W	–	W
CRH plc	CRH	NYSE	Materials	C+	Hold	B	C	Up	32.60	36.13	24.62	0.82	G	E	E	F	G	W
CRH plc	CRHCF	OTC PK	Materials	D-	Sell	E+	D		32.00	34.94	24.5	1.19	G	V	G	W	F	W
Crimson Wine Group, Ltd.	CWGL	OTC PK	Consumer Staples	D	Sell	D+	D	Down	7.84	9.45	7.26	-0.22	W	F	E	W	–	W
Crinetics Pharmaceuticals, Inc.	CRNX	NAS GS	Health Care	D-	Sell	D	D	Up	24.72	42.00	19.23		W	W	E	W	–	W
CRISPR Therapeutics AG	CRSP	NAS	Health Care	D	Sell	D	D		45.36	66.26	22.22	3.03	V	V	E	W	–	F
Criteo S.A.	CRTO	NAS GS	Communication Svc	D+	Sell	C	D	Down	17.11	36.66	16.46	-0.14	G	E	E	W	–	W
Critical Control Energy Services Corp.	CCZ.TO	TSX	Information Tech	D-	Sell	E+	D		0.08	0.18	0.05	0.49	W	V	F	W	–	W
Critical Control Energy Services Corp.	CCZFF	OTC PK	Information Tech	D-	Sell	E+	D-		0.00	0.04	0	-0.86	W	V	F	W	–	V
Critical Elements Lithium Corporation	CRECF	OTC PK	Materials	D	Sell	D	D-		0.30	0.80	0.3	0.29	W	W	E	W	–	W
Critical Elements Lithium Corporation	CRE.V	TSXV	Materials	D	Sell	D	D-		0.41	1.05	0.39	0.32	W	W	E	W	–	W

*Ratings Factors: E=Excellent, G=Good, F=Fair, W=Weak, V=Very Weak, U=Unrated

I. Index of Stocks

3-Month Total Return (%)	6-Month Total Return (%)	1-Year Total Return (%)	3-Year Total Return (%)	Dividend $ TTM	Dividend Yield TTM	Market Cap. ($Mil)	Enterprise Value ($Mil)	Revenue ($Mil)	Revenue Growth (%)	Net Income ($Mil)	Earnings/ Share $	EPS Growth (%)	Cash from Operations ($Mil)	Return on Assets (%)	Return on Equity (%)	Earnings (P/E) TTM	Sales (P/S) TTM	Book (P/B) Q
-0.36	5.15	41.03	29.94	0.22	1.5	8,752	13,401	7,643	-10.9	586.3	0.57	37.7	858.2	5.67	17.84	26.8	2.0	5.6
22.54	29.09	-21.81	32.63			97.0	131.7	91.3	15.0	2.6	0.26	-59.7	-2.3	4.19	3.05	31.6	1.1	1.0
-23.97	13.31	15.95	-87.98			29.2	337.4	267.8	17.4	-33.2	-2.98	-33.8	-4.1	3.15		-1.2	0.2	-0.3
-24.06	16.44	17.49	-88.25			29.2	337.4	267.8	17.4	-33.2	-2.98	-33.8	-4.1	3.15		-0.9	0.1	-0.2
-32.35	9.53	-28.12	-23.33			15.2	15.4	22.7	42.9	-3.9	-0.30	-127.1	0.21	-5.51		-3.8	0.7	3.0
20.00	50.00	0.00	-33.33			0.47	0.40	--		-0.24	-0.03	57.6	-0.15	-76.06		-2.3		17.7
-28.01	-9.05	-27.20	64.43	0.77	2.1	296.5	425.1	424.0	11.2	22.3	2.61	134.4	20.2	1.8	11.07	14.1	0.7	1.5
6.17	7.53	14.06	17.69	5.00	2.9	4,100	4,334	3,096	4.5	219.7	9.12	-8.5	362.2	11.31	34.11	18.7	1.3	6.3
-2.17	-0.71	-30.86	41.84			271.8	341.2	205.7	-2.4	-3.4	-0.18	-130.1	14.0	0.21		-79.2	1.3	2.1
-2.46	16.30	3.95	55.00	1.48	1.8	4,894	5,758	3,378	16.0	349.3	5.73	96.7	239.2	6.73	22.98	14.3	1.5	3.1
0.89	4.75	10.20	26.13	0.20	2.1	538.5	826.8	1,045	-6.0	23.5	0.42	-16.1	66.6	5.19	12.3	22.1	0.5	3.1
12.73	18.86	26.27	59.05	0.28	2.7	538.5	826.8	1,045	-6.0	23.5	0.42	-16.1	66.6	5.19	12.3	24.7	0.6	3.5
35.64	84.37	123.41	1,125.16			52.0	80.8	76.3	82.9	5.0	1.59	109.8	8.7	13.64	38.84	11.9	0.8	3.6
35.04	63.73	40.16	21.58			1,436	1,276	447.9	8.4	-76.1	-1.87	46.1	82.3	-9.3		-18.6	3.2	4.5
-40.00	-53.85	-62.50	-62.50			0.73	0.69	2.4	-9.9	0.03	0.00	101.8	0.02	2.83	3.88	27.3	0.3	1.0
-59.62	-42.86	-91.60	-98.73			4.4	5.1	0.17	1,050.0	-6.9	-0.01	83.0	-1.2	-166.91		-0.4	42.0	-1.2
-19.54	5.25	-69.96	-57.06			21.9	27.5	27.9	81.8	-8.6	-2.45	39.6	-0.68	-0.56		-0.9	0.8	1.3
-3.34	4.16	4.37	65.50	6.03	2.6	18,366	--	3,775	1.4	1,224	15.34	-6.3	-1,421		17.82	15.1	4.9	2.6
5.81	25.23	34.36	169.82			8,990	--	1,129	27.8	618.3	31.94	25.0	726.2		33.37	14.8	8.0	4.4
3.60	15.60	-5.65	59.07	0.27	4.6	34,187	--	21,761	6.3	5,009	1.57	19.9	--		7.33	3.8	0.8	0.2
-2.51	9.59	-11.87	46.30			34,187	--	21,761	6.3	5,009	1.57	19.9	--		7.33	7.4	1.5	0.5
6.59	12.77	-17.40	27.87	0.26	2.1	30,184	--	20,592	-4.0	2,099	0.81	337.6	3,087		4.7	14.9	1.5	0.7
4.85	11.11	-18.43	14.72			30,184	--	20,592	-4.0	2,099	0.81	337.6	3,087		4.7	14.9	1.5	0.7
22.55	36.07	3.73	-40.30			492.3	--	342.8	8.2	111.6	0.26	22.0	11.3		14.11	4.5	1.4	
-19.60	-15.79	-31.71	-56.92	0.05	3.1	17.2	11.3	14.0	3.7	-0.06	-0.01	-8,900.0	0.53	-0.7		-181.8	1.2	6.1
50.00	-50.00	-57.14	-85.71			0.78	1.2	1.2	7.2	0.14	0.00		0.19	7.45	23.6		0.5	1.0
3.89	41.80	38.32	149.96			6,123	5,802	1,238	21.6	-274.6	-2.66	-5.0	168.2	0.37		-22.0	4.9	3.0
						307.2	305.6	--		0.17	0.01	2,850.0	0.24			1,787.3		63.3
3.71	12.39	-52.56	-76.01	0.20	6.0	1,810	5,088	2,515	8.9	-1,915	-3.49	-586.0	1,299	-13.19		-1.0	0.7	0.4
1.43	7.43	-53.10	-75.89	0.20	4.6	1,810	5,088	2,515	8.9	-1,915	-3.49	-586.0	1,299	-13.19		-1.2	1.0	0.5
7.25	48.00	4.23	-55.15			11.8	7.6	13.1	24.5	2.2	0.10	121.1	1.5	1.53	16.09	7.2	1.2	1.1
14.14	56.74	7.23	-55.25			11.8	7.6	13.1	24.5	2.2	0.10	121.1	1.5	1.53	16.09	5.5	0.9	0.8
-6.30	60.35					1,211	1,315	56.9	331.0	-8.7	-0.10	-1,587.7	-13.5			-106.4	20.5	9.6
3.44	27.69	18.89	123.96	2.40	6.8	2,524	5,162	3,374	-19.0	30.8	-0.41	85.3	235.8	1.89	2.26	-85.2	0.8	2.1
2.32	8.33	3.83		0.63	6.8	2,524	5,162	3,374	-19.0	30.8	-0.41	85.3	235.8	1.89	2.26	-22.6	0.2	0.6
-10.34	-11.72	-31.75	-21.12			508.7	7,771	231.1	-72.1	-156.1	-0.32	-172.4	420.1	1.04		-32.3	22.0	8.0
0.00	-50.00	-50.00	-37.50			0.53	0.50	--		-0.26	-0.01	-47.6	-0.10	-40.45		-2.7		-3.1
-22.17	7.76	-58.08	-84.24			98.8	356.0	161.7	0.6	11.0	0.06	-56.0	64.1	1.36	1.63	10.1	0.6	0.2
-25.89	-1.19	-59.71	-85.34			98.8	356.0	161.7	0.6	11.0	0.06	-56.0	64.1	1.36	1.63	12.9	0.8	0.2
9.67	27.03	23.22	153.08			47.4	46.5	12.6	17.7	0.08	0.01	113.5	0.87	1.49	3.99	632.7	4.0	20.3
5.80	-7.26	-9.88	-19.54			208.6	326.7	117.2	19.2	3.2	0.04	-73.1	41.5	6.09	8.79	88.3	2.4	3.6
7.78	-4.28	-7.62	-20.08			208.6	326.7	117.2	19.2	3.2	0.04	-73.1	41.5	6.09	8.79	67.1	1.8	2.7
7.73	25.84	-5.82	24.50	0.65	2.0	26,024	34,617	31,568	10.5	2,986	3.56	36.7	2,170	4.11	9.08	9.2	0.9	1.5
5.96	28.31	-9.60	22.98			26,024	34,617	31,568	10.5	2,986	3.56	36.7	2,170	4.11	9.08	9.0	0.8	1.4
-1.75	-3.21	-15.24	-6.11			184.4	183.2	69.7	13.2	2.1	0.09	-53.8	10.6	1.11	1	88.7	2.7	0.9
10.11	-18.98					596.7	445.5	2.4	-3.6	-30.7	-3.52	53.0	-22.8	-17.09		-7.0	253.3	3.9
29.86	69.57	-22.84				2,399	1,998	2.1	-94.7	-185.1	-3.74	-109.0	-117.3	-25.85		-12.1	1,131.2	6.3
-10.47	-24.49	-47.32	-59.35			1,105	955.9	2,294	-2.1	88.0	1.30	-10.2	243.4	5.76	9.84	13.1	0.5	1.1
0.00	14.29	-54.29	-60.00			2.7	14.1	20.1	-8.8	-15.2	-0.34	-508.1	-0.09	-7.34		-0.2	0.2	-2.3
-99.00	-99.93	-99.93	-99.93			2.7	14.1	20.1	-8.8	-15.2	-0.34	-508.1	-0.09	-7.34		0.0	0.0	0.0
-29.77	-43.34	-56.46	-39.16			49.6	49.9	--		-3.0	-0.02	6.3	-3.2	-7.24		-15.8		3.1
-28.07	-43.84	-55.91	-32.79			49.6	49.9	--		-3.0	-0.02	6.3	-3.2	-7.24		-21.2		4.1

https://greyhouse.weissratings.com

Data as of June 30, 2019

I. Index of Stocks

Summer 2019

Company Name	Stock Ticker Symbol	Traded On	Sector	Overall Rating	Recommendation	Reward Rating	Risk Rating	Recent Up/Downgrade	Stock Price as of 6/30/2019	52-Week High	52-Week Low	3-Year Beta	Growth	Efficiency	Solvency	Volatility	Dividend	Total Return
Crius Energy Trust	CRIUF	OTC PK	Utilities	C	Hold	B-	D		6.52	6.80	2.95	1.41	W	G	G	W	E	W
Crius Energy Trust	KWHUN.TO	TSX	Utilities	C	Hold	B-	D		8.57	8.98	4.01	1.18	W	G	G	W	E	F
Crocs, Inc.	CROX	NAS GS	Consumer Discretn	C-	Hold	C	D	Down	19.63	31.88	16.26	1.10	W	E	E	W	–	F
Crombie Real Estate Investment Trust	CRRUN.TO	TSX	Real Estate	B-	Buy	B+	C	Up	15.18	16.01	12.31	0.37	G	G	E	F	G	F
Crombie Real Estate Investment Trust	CROMF	OTC PK	Real Estate	C	Hold	B+	C		10.97	11.45	9.21	0.22	G	G	E	F	E	F
Cronos Group Inc.	CRON.TO	TSX	Health Care	C	Hold	C+	D	Up	20.97	32.95	7.33	3.00	F	G	E	W	–	F
Cronos Group Inc.	CRON	NAS	Health Care	C	Hold	C+	D+	Up	15.97	25.10	5.61	2.99	F	G	E	W	–	F
Crop Infrastructure Corp.	CRXPF	OTC PK	Real Estate	E	Sell	E+	D	Down	0.17	0.53	0.12		W	V	E	W	–	W
CROPS Inc.	COPS.V	TSXV	Materials	D	Sell	D	E+	Up	0.02	0.06	0.02	0.17	F	W	F	V	–	V
Cross Country Healthcare, Inc.	CCRN	NAS GS	Health Care	D	Sell	D	D		8.88	12.75	6.75	1.75	W	W	E	W	–	W
Cross Timbers Royalty Trust	CRT	NYSE	Energy	C-	Hold	B-	D		12.37	15.97	10.6	1.00	F	E	E	W	E	W
CrossAmerica Partners LP	CAPL	NYSE	Energy	D+	Sell	C	D-	Down	15.70	19.20	13	1.08	W	E	F	W	E	W
Crosswinds Holdings Inc.	CRSWF	OTC PK	Financials	D	Sell	C-	E+		0.09	1.55	0.08	2.28	W	G	E	W	–	V
Crosswinds Holdings Inc.	CWI.TO	TSX	Financials	D+	Sell	C	D	Down	0.12	0.24	0.09	-0.95	W	G	E	W	–	F
CrowdStrike Holdings, Inc.	CRWD	NAS GS	Information Tech	U		U	U		63.28	79.79	56		U	U	U	U	U	U
Crown Capital Partners Inc.	CRWN.TO	TSX	Financials	C	Hold	B-	D		8.35	10.48	8.35	-0.02	F	G	E	W	G	W
Crown Castle International Corp. (REIT)	CCI	NYSE	Real Estate	C+	Hold	B	C-	Down	130.47	137.85	103.21	0.39	F	E	E	G	G	F
Crown Crafts, Inc.	CRWS	NAS CM	Consumer Discretn	C-	Hold	C+	D-		4.46	6.15	4.01	0.51	F	E	E	W	E	W
Crown Equity Holdings Inc.	CRWE	OTC PK	Communication Svc	C-	Hold	C+	D	Down	2.10	3.00	1.85	-0.47	W	E	F	W	–	F
Crown Holdings, Inc.	CCK	NYSE	Materials	C+	Hold	B	C		59.44	61.40	39.05	1.47	F	G	F	F	–	F
Crown Mining Corp.	CWMZF	OTC PK	Materials	D-	Sell	D	D-	Down	0.05	0.10	0.05	1.33	V		G	W	–	W
Crown Mining Corp.	CWM.V	TSXV	Materials	D-	Sell	D-	D-	Down	0.06	0.17	0.05	1.10	V		G	W	–	W
Crown Point Energy Inc.	CWV.V	TSXV	Energy	C	Hold	B	D+	Up	0.71	0.89	0.3	0.74	G	F	G	W	–	F
Crown Point Energy Inc.	CWVLF	OTC PK	Energy	C	Hold	B	D+	Up	0.55	0.69	0.22	0.70	G	F	G	W	–	F
Crownia Holdings Ltd.	CNH.V	TSXV	Industrials	D-	Sell	E+	D-		0.05	0.20	0.05	-0.84	W	V	G	W	–	V
Crownia Holdings Ltd.	CWNHF	OTC PK	Industrials	E+	Sell	E+	E+		0.03	0.08	0.03	-1.71	W	V	G	V	–	V
Cruz Cobalt Corp.	CUZ.V	TSXV	Materials	D	Sell	D	D-		0.04	0.15	0.04	1.97	W	W	E	W	–	W
Cruz Cobalt Corp.	BKTPF	OTC PK	Materials	D	Sell	D	D-		0.03	0.11	0.02	2.43	W	W	E	W	–	W
Cruzani, Inc.	CZNI	OTC PK	Consumer Discretn	D	Sell	C-	D-	Up	0.00	0.07	0	3.99	V	G	F	W	–	V
CruzSur Energy Corp.	CZR.V	TSXV	Energy	D-	Sell	D-	D-	Up	0.26	0.90	0.12		W		F	W	–	V
CruzSur Energy Corp.	PENYF	OTC PK	Energy	D-	Sell	D-	D-	Up	0.25	0.60	0.09		W		F	W	–	V
Cryo-Cell International, Inc.	CCEL	OTC PK	Health Care	C	Hold	C+	C-	Up	7.88	9.30	5.5	0.00	F	G	G	F	–	F
CryoLife, Inc.	CRY	NYSE	Health Care	C-	Hold	C+	D	Up	29.92	36.05	23.99	0.69	F	F	E	F	–	G
CryoPort, Inc.	CYRX	NAS CM	Health Care	D	Sell	D+	D		17.95	19.20	8.28	0.45	G	W	E	W	–	E
Cryptanite Blockchain Technologies Corp.	CRBTF	OTC PK	Information Tech	E+	Sell	E+	D-	Down	0.05	0.27	0.02		F	V	G	W	–	V
CryptoStar Corp.	CSTR.V	TSXV	Information Tech	E	Sell	E+	D-	Up	0.18	0.26	0.01		W	V	F	W	–	W
Crystal Bridge Enterprises Inc.	CRYSP.V	TSXV	Financials	E+	Sell	D+	D	Up	0.12	0.20	0.11		W	W	E	W	–	W
Crystal Lake Mining Corporation	CLM.V	TSXV	Materials	D	Sell	D-	D		0.29	0.74	0.24	0.50	V	W	G	W	–	W
Crystal Lake Mining Corporation	SIOCF	OTC PK	Materials	D	Sell	D-	D		0.22	0.57	0.18	0.52	V	W	E	W	–	W
Crystal Peak Minerals Inc.	CPM.V	TSXV	Materials	D	Sell	D	D		0.15	0.44	0.12	0.58	W	W	G	W	–	V
Crystal Peak Minerals Inc.	CPMMF	OTC PK	Materials	D	Sell	D	D-		0.11	0.34	0.09	0.72	W	W	G	W	–	V
Crystal Valley Financial Corporation	CYVF	OTC PK	Financials	C-	Hold	A-	B	Up	52.00	56.00	46.6	0.24	E	G	E	G	–	F
CSB Bancorp, Inc.	CSBB	OTC PK	Financials	C	Hold	A-	B		40.45	44.99	37.27	0.16	E	G	E	G	G	F
CSG Systems International, Inc.	CSGS	NAS GS	Information Tech	C+	Hold	B	C-	Up	48.58	49.75	30.4	0.99	F	E	E	F	F	F
CSI Compressco LP	CCLP	NAS GS	Energy	D	Sell	C-	D		3.53	6.29	2.1	1.60	F	F	F	W	W	W
CSP Inc.	CSPI	NAS	Information Tech	C	Hold	B+	D+		15.11	15.50	8.78	1.02	F	E	E	W	G	G
CSS Industries, Inc.	CSS	NYSE	Consumer Discretn	D	Sell	D	E+		5.17	17.77	4.14	1.38	W	W	E	V	E	V
CSW Industrials, Inc.	CSWI	NAS GS	Industrials	B	Buy	B+	B-	Up	67.30	75.67	41.5	1.01	E	E	E	G	–	G
CSX Corporation	CSX	NAS GS	Industrials	A-	Buy	A	B	Up	76.45	80.73	58.47	1.24	E	E	E	G	W	E
CT Real Estate Investment Trust	CTRRF	OTC PK	Real Estate	C	Hold	C+	C-	Up	10.46	10.46	10.46	0.18	G	G	E	F	G	W
CT Real Estate Investment Trust	CRTUN.TO	TSX	Real Estate	C+	Hold	B	C-	Up	14.13	14.77	11.26	0.51	G	G	E	F	G	W
CTD Holdings, Inc.	CTDH	OTC PK	Health Care	D+	Sell	C	D	Up	0.46	1.18	0.3	0.86	V	G	G	W	–	F

*Ratings Factors: E=Excellent, G=Good, F=Fair, W=Weak, V=Very Weak, U=Unrated

Data as of June 30, 2019

Summer 2019 — I. Index of Stocks

	TOTAL RETURNS %				DIVIDEND/YIELD		SIZE		REVENUE & INCOME			EARNINGS			EFFECTIVENESS			VALUATION		
3-Month Total Return (%)	6-Month Total Return (%)	1-Year Total Return (%)	3-Year Total Return (%)	Dividend $ TTM	Dividend Yield TTM	Market Cap. ($Mil)	Enterprise Value ($Mil)	Revenue ($Mil)	Revenue Growth (%)	Net Income ($Mil)	Earnings/Share $	EPS Growth (%)	Cash from Operations ($Mil)	Return on Assets (%)	Return on Equity (%)	Earnings (P/E) TTM	Sales (P/S) TTM	Book (P/B) Q
1.39	111.92	45.59	35.96	0.64	9.8	369.6	453.0	1,210	18.6	-11.7	-0.21	-127.9	66.6	2.73		-30.5	0.3	1.8
1.32	106.81	42.81	41.83	0.91	10.6	369.6	453.0	1,210	18.6	-11.7	-0.21	-127.9	66.6	2.73		-40.1	0.4	2.4
-24.85	-26.31	10.59	88.57			1,411	1,709	1,101	6.0	58.7	-0.85	-2,259.2	97.0	9.87	23.97	-23.1	1.3	11.5
7.09	24.44	26.17	19.73	0.89	5.9	1,754	3,613	316.0	-2.5	99.3	0.65	-24.3	37.4	3	8.96	23.5	7.3	2.1
4.85	11.24	18.74	15.16	0.67	6.1	1,754	3,613	316.0	-2.5	99.3	0.65	-24.3	37.4	3	8.96	16.9	5.3	1.5
-17.15	47.68	145.26	9,885.71			5,338	3,497	14.6	185.3	308.2	0.28	8,871.0	-11.0	-0.74	74.42	75.4	389.1	9.6
-15.23	53.26	148.75				5,338	3,497	14.6	185.3	308.2	0.28	8,871.0	-11.0	-0.74	74.42	57.4	296.3	7.3
-26.09	-25.70	3.66				27.8	26.9	--		-11.0	-0.26		-4.7			-0.7		2.0
-42.86	-50.00	-55.56	-94.12			1.1	6.3	0.17	-61.7	-1.1	-0.02	40.7	-0.88			-1.1	8.0	-20.0
23.50	19.52	-21.97	-32.83			327.0	412.4	801.4	-7.7	-20.4	-0.58	-151.3	20.5	1.29		-15.2	0.4	1.5
9.48	10.98	-7.22	-12.47	1.19	9.7	74.2	72.8	8.2	12.8	7.6	1.27	13.6	--	46.34	86.7	9.8	9.0	8.8
-10.92	18.41	6.21	-8.77	2.10	13.4	540.8	1,205	2,269	8.3	6.3	0.16	-65.3	82.6	2.42	4.6	97.2	0.2	4.4
-41.56	-41.56	-94.19	-97.46			17.5	16.2	0.35	-0.2	-1.1	-0.01	57.9	-1.1	-10		-14.8	50.0	13.2
0.00	-11.11	17.07	-31.43			17.5	16.2	0.35	-0.2	-1.1	-0.01	57.9	-1.1	-10		-19.7	66.7	17.7
						12,446	12,813	80.5	107.8	-31.3	-0.67	30.5	15.8			-94.0	36.5	-6.2
-11.78	-11.45	-12.12	7.80	0.60	7.2	61.1	104.1	18.0	-16.2	1.7	0.17	-62.7	16.0	3.74	4.84	48.0	4.5	1.1
3.40	22.80	25.77	47.93	4.43	3.4	54,242	76,838	5,550	19.7	767.0	1.57	73.6	2,562	2.72	6.24	83.3	9.8	4.6
-12.08	-15.95	-15.60	-43.98	0.32	7.2	45.1	49.4	76.4	8.7	5.0	0.49	70.1	9.0	8.27	12.44	9.0	0.6	1.1
0.00	5.00	5.00	5.00			24.8	24.8	0.01	520.0	-0.16	-0.01	-24.8	-0.05			-148.9	2,625.0	-89.0
8.25	45.72	33.42	20.13			7,911	17,214	11,709	30.2	452.0	3.38	49.4	656.0	5.13	41.78	17.6	0.7	7.0
-31.81	-26.34	-54.23	36.73			2.0	2.0	--		-0.36	-0.01	77.3	-0.34	-160.31		-5.8		87.7
-40.00	-33.33	-52.00	-45.45			2.0	2.0	--		-0.36	-0.01	77.3	-0.34	-160.31		-6.6		100.0
26.79	7.58	14.52	29.09	0.01	1.4	39.4	36.3	43.5	234.6	8.7	0.08	366.8	25.6	14.53	21.09	8.4	1.2	1.0
32.62	36.50	26.98	35.82	0.01	1.8	39.4	36.3	43.5	234.6	8.7	0.08	366.8	25.6	14.53	21.09	6.5	0.9	0.8
-9.09	-50.00	-50.00	-90.00			2.1	2.1	-0.03	-102.8	-2.0	-0.04	47.3	-1.1	-48.72		-1.3	-100.0	2.0
-34.60	-59.84	-75.59				2.1	2.1	-0.03	-102.8	-2.0	-0.04	47.3	-1.1	-48.72		-0.8	-62.0	1.2
-20.00	-27.27	-73.33	-62.50			2.4	0.73	--		-0.78	-0.01	40.5	-0.35	-7.81		-3.5		1.0
-15.14	-17.15	-70.76	-62.87			2.4	0.73	--		-0.78	-0.01	40.5	-0.35	-7.81		-2.7		0.8
-68.86	-88.75	-97.50	-99.17			0.14	2.4	0.00		-2.9	-0.08	-71.3	-0.96	-183.58		0.0		0.0
108.00	30.00	-69.41				4.8	3.3	3.4	-31.8	-60.1	-2.48	-241.2	-2.0	-68.98		-0.1	1.8	1.7
179.55	80.42	-58.30				4.8	3.3	3.4	-31.8	-60.1	-2.48	-241.2	-2.0	-68.98		-0.1	1.8	1.7
1.03	5.07	-12.44	109.57			61.5	65.8	30.5	18.0	2.0	0.24	288.0	5.4	10.7		32.3	2.2	-7.5
5.58	6.63	8.41	157.27			1,117	1,324	268.4	29.9	0.72	0.02	125.2	20.8	2.03	0.26	1,824.4	4.1	4.1
34.76	85.05	19.51	830.05			624.9	594.4	22.3	67.8	-9.3	-0.32	8.2	-2.5	-13.23		-56.4	24.6	14.2
138.57	150.50	-50.74				2.6	2.4	1.3	31,983.3	-3.3	-0.13	8.4	-2.4	-46.65		-0.4	1.6	4.4
1,066.67	1,066.67					27.8	33.2	11.5	-26.1	-19.4	-0.09	-1,195.3	4.4	-30.6		-1.9	3.1	8.4
-25.00	-20.00					0.66	-0.01	--		-0.05	-0.02		-0.02			-6.2		1.4
0.00	-3.33	-50.00	-3.33			22.4	20.2	--		-3.5	-0.05	-40.5	-0.98	-27.06		-5.3		2.8
7.54	4.25	-49.23	-11.62			22.4	20.2	--		-3.5	-0.05	-40.5	-0.98	-27.06		-4.0		2.1
-17.14	-14.71	-54.69	-56.06			28.0	38.1	--		-6.5	-0.03	5.3	-3.8	-2.93		-4.8		0.5
-21.46	-17.04	-52.54	-55.37			28.0	38.1	--		-6.5	-0.03	5.3	-3.8	-2.93		-3.7		0.4
3.90	8.08	3.92	64.47	1.21	2.3	80.4	--	25.5	11.3	7.4	4.74	17.6	--		12.58	11.0	3.2	1.3
5.09	5.09	6.77	73.81	1.00	2.5	110.9	--	30.9	11.6	9.8	3.56	29.7	11.9		13.05	11.4	3.6	1.4
16.14	55.33	20.25	31.58	0.87	1.8	1,551	1,853	918.1	14.9	71.4	2.18	30.6	126.3	7.33	19.67	22.3	1.7	4.2
27.86	55.93	-29.15	-35.91	0.40	11.2	166.1	816.3	456.7	44.8	-33.2	-0.76	34.3	62.1	1.8		-4.6	0.4	2.9
34.61	61.84	65.40	125.71	0.60	4.0	62.5	44.9	75.0	-14.8	15.7	3.91	7,222.3	-3.3	-1.93		3.9	0.8	1.9
-13.83	-40.41	-67.50	-77.74	0.80	15.5	45.7	55.1	382.3	5.6	-53.5	-5.99	-49.2	1.00	-2.56		-0.9	0.1	0.2
18.23	40.66	27.02	116.95	0.14	0.2	1,011	1,016	350.2	7.3	45.6	2.93	476.9	59.7	10.96	17.4	23.0	2.9	3.8
3.04	23.95	21.73	219.20	0.92	1.2	61,861	76,189	12,387	8.5	3,448	4.09	-36.5	4,848	8.28	25.7	18.7	5.0	5.0
-4.87	-4.87	-4.87		0.56	5.4	2,373	5,751	364.0	4.0	98.0	0.30	-10.8	259.7	3.9	9.99	35.0	9.3	2.3
-0.99	25.63	15.22	10.74	0.75	5.3	2,373	5,751	364.0	4.0	98.0	0.30	-10.8	259.7	3.9	9.99	47.3	12.6	3.2
-23.33	-42.50	39.39	-16.35			55.7	54.6	1.0	-8.5	-5.3	-0.06	-23.1	-3.7	-202.68		-7.4	40.7	-53.5

I. Index of Stocks — Summer 2019

Company Name	Stock Ticker Symbol	Traded On	Sector	Overall Rating	Recommendation	Reward Rating	Risk Rating	Recent Up/Downgrade	Stock Price as of 6/30/2019	52-Week High	52-Week Low	3-Year Beta	Growth	Efficiency	Solvency	Volatility	Dividend	Total Return
CTI BioPharma Corp.	CTIC	NAS CM	Health Care	D-	Sell	E+	D-	Down	0.85	5.34	0.6	2.13	W	V	G	W	–	V
CTI Industries Corporation	CTIB	NAS CM	Consumer Discretn	D	Sell	D	D-		3.14	4.42	2.66	-0.06	W	W	F	W	–	W
Ctrip.com International, Ltd.	CTRP	NAS GS	Consumer Discretn	D+	Sell	C	D	Up	37.11	48.70	25	1.39	F	F	G	W	–	W
CTS Corporation	CTS	NYSE	Information Tech	C+	Hold	B	C-	Down	27.61	39.20	24.07	1.52	G	E	E	F	W	F
CUB Energy Inc.	KUB.V	TSXV	Energy	C-	Hold	C-	D+	Up	0.08	0.09	0.02	1.21	W	F	G	W	–	F
CUB Energy Inc.	TPNEF	OTC PK	Energy	C-	Hold	C-	D+	Up	0.06	0.06	0.01	-0.87	W	F	G	W	–	F
CubeSmart	CUBE	NYSE	Real Estate	B	Buy	A-	C		33.51	34.53	27.19	0.22	E	E	E	F	G	F
Cubic Corporation	CUB	NYSE	Industrials	D+	Sell	C	D		63.07	77.35	50.61	1.24	F	F	E	F	W	F
Cuda Oil and Gas Inc.	JNEXF	OTC PK	Energy	E-	Sell	D	E+		0.55	1.33	0.55		F	W	F	V	–	V
Cuda Oil and Gas Inc.	CUDA.V	TSXV	Energy	E	Sell	D	D-		0.50	1.80	0.38		F	W	F	W	–	V
Cue Biopharma, Inc.	CUE	NAS CM	Health Care	D-	Sell	E+	D		7.75	12.95	4.16		W	V	G	W	–	W
Cuentas Inc.	CUEN	OTC PK	Communication Svc	D-	Sell	D	D-	Down	1.40	12.30	0.54	0.28	W	W	G	W	–	V
CUI Global, Inc.	CUI	NAS CM	Information Tech	D-	Sell	D	E+		0.87	3.04	0.77	1.54	W	W	G	V	–	V
Cullen/Frost Bankers, Inc.	CFR	NYSE	Financials	B-	Buy	B+	C		92.78	116.45	81.87	1.12	E	E	E	F	G	F
Culp, Inc.	CULP	NYSE	Consumer Discretn	C-	Hold	C+	D		18.87	27.78	16.41	1.00	F	E	E	W	F	W
Cumberland Pharmaceuticals Inc.	CPIX	NAS GS	Health Care	C-	Hold	C-	D+	Up	6.30	7.00	4.83	-0.13	F	W	E	F	–	W
Cummins Inc.	CMI	NYSE	Industrials	B	Buy	A-	C+		168.25	171.84	124.4	1.33	E	E	E	F	G	F
Cumulus Media Inc.	CMLS	NAS	Communication Svc	D-	Sell	B-	D+		17.60	26.00	9.7		F	F	G	W	–	W
CÜR Media, Inc.	CURM	OTC PK	Communication Svc	D+	Sell	C	D		0.48	1.50	0.26	1.60	F	E	F	W	–	W
CurAegis Technologies, Inc.	CRGS	OTC PK	Consumer Discretn	D	Sell	C-	D-	Down	0.12	0.49	0.1	-0.32	W	G	F	W	–	V
Curaleaf Holdings, Inc.	CURLF	OTC PK	Health Care	D	Sell	D+	D		7.25	11.73	3.88		W	W	E	W	–	W
Curative Biosciences, Inc.	CBDX	OTC PK	Health Care	D+	Sell	C-	D		0.43	0.60	0.02	3.44	V	E	F	W	–	G
CURE Pharmaceutical Holding Corp.	CURR	OTC PK	Health Care	D	Sell	C-	D		5.20	5.62	0.72	3.48	W		F	W	–	F
Curis, Inc.	CRIS	NAS	Health Care	D	Sell	D	D-	Up	1.83	2.65	0.6	1.98	W	W	G	W	–	W
CURO Group Holdings Corp.	CURO	NYSE	Financials	E-	Sell	C	E+		10.44	32.20	8.74		W	G	V	E	–	W
Currency Exchange International, Corp.	CURN	OTC PK	Financials	C-	Hold	B-	D		17.64	24.30	16.99	0.87	G	G	E	W	–	W
Currency Exchange International, Corp.	CXI.TO	TSX	Financials	C-	Hold	B-	D		22.40	31.47	22.39	0.13	G	G	E	W	–	W
Current Water Technologies Inc.	WATR.V	TSXV	Utilities	D	Sell	D	D-	Up	0.03	0.11	0.03	1.09	W	W	G	W	–	V
Current Water Technologies Inc.	ENPRF	OTC PK	Utilities	D	Sell	D	D	Up	0.02	0.07	0.02	3.08	W	W	G	W	–	W
Currie Rose Resources Inc.	CUIRF	OTC PK	Materials	D-	Sell	D-	D	Down	0.03	0.07	0.03	-0.43	W	W	G	W	–	V
Currie Rose Resources Inc.	CUI.V	TSXV	Materials	D	Sell	D	D		0.07	0.12	0.05	1.76	W	W	G	W	–	F
Curtiss-Wright Corporation	CW	NYSE	Industrials	C+	Hold	B	C		122.63	141.29	95.23	1.26	G	E	E	F	W	F
Cushman & Wakefield plc	CWK	NYSE	Real Estate	D+	Sell	D+	D+	Up	17.68	19.79	13.25		F	W	G	F	–	W
Cuspis Capital Ltd.	CUSPP.V	TSXV	Financials	E-	Sell	E	D		0.26	0.49	0.23		W	V	E	W	–	W
Customers Bancorp, Inc.	CUBI	NYSE	Financials	C-	Hold	C+	D	Up	20.75	30.01	16.72	1.28	F	E	E	W	–	W
Cutera, Inc.	CUTR	NAS GS	Health Care	D	Sell	D-	D		19.97	44.85	12.32	1.31	W	V	G	W	–	W
CUV Ventures Corp.	CUV.V	TSXV	Consumer Discretn	D-	Sell	D-	D	Down	0.24	0.75	0.06	-6.34	W	V	E	W	–	F
CV Sciences, Inc.	CVSI	OTC PK	Consumer Staples	D	Sell	C-	D	Down	3.99	9.20	1.52	-0.47	F	W	E	W	–	F
CVB Financial Corp.	CVBF	NAS GS	Financials	C+	Hold	B	C-		21.23	24.97	19.21	1.01	E	G	E	F	G	W
CVD Equipment Corporation	CVV	NAS CM	Information Tech	D	Sell	D	D		3.75	7.78	3.35	1.43	W	W	E	W	–	V
CVR Energy, Inc.	CVI	NYSE	Energy	B	Buy	A+	C	Up	49.65	50.00	30.46	1.26	E	E	E	F	E	E
CVR Medical Corp.	CRRVF	OTC PK	Health Care	D	Sell	D	D-		0.26	0.30	0.1	2.03	F	W	G	W	–	W
CVR Medical Corp.	CVM.V	TSXV	Health Care	D	Sell	D+	D		0.20	0.38	0.2	-0.50	F	W	G	W	–	W
CVR Partners, LP	UAN	NYSE	Materials	D+	Sell	C-	D		3.76	4.35	3.05	0.55	W	W	G	W	E	W
CVS Health Corporation	CVS	NYSE	Health Care	D+	Sell	C+	D-		54.74	82.15	51.72	1.04	F	G	E	W	G	W
CWC Energy Services Corp.	CAWLF	OTC PK	Energy	D+	Sell	D+	D	Up	0.13	0.16	0.09	-0.52	W	F	E	W	–	F
CWC Energy Services Corp.	CWC.V	TSXV	Energy	D	Sell	D+	D		0.17	0.20	0.1	1.50	W	F	E	W	–	W
CX Network Group, Inc.	CXKJ	OTC PK	Communication Svc	D	Sell	C-	D	Up	0.01	0.10	0		F	G	F	W	–	V
Cyanotech Corporation	CYAN	NAS CM	Consumer Staples	D	Sell	D	D		3.25	4.20	3	0.40	F	W	G	W	–	W
Cyber Apps World Inc.	CYAP	OTC PK	Consumer Discretn	D	Sell	D	D-		0.34	1.58	0.04	5.38	V	F	G	W	–	V
Cyberfort Software, Inc.	CYBF	OTC PK	Information Tech	D	Sell	D+	D-		0.10	2.20	0.02	2.88	W	E	F	W	–	V
CyberOptics Corporation	CYBE	NAS	Information Tech	C	Hold	B-	D		16.03	22.61	14.66	1.07	E	G	E	W	–	W

*Ratings Factors: E=Excellent, G=Good, F=Fair, W=Weak, V=Very Weak, U=Unrated

Data as of June 30, 2019

Summer 2019 — I. Index of Stocks

	TOTAL RETURNS %			DIVIDEND/YIELD		SIZE		REVENUE & INCOME			EARNINGS		EFFECTIVENESS			VALUATION		
3-Month Total Return (%)	6-Month Total Return (%)	1-Year Total Return (%)	3-Year Total Return (%)	Dividend $ TTM	Dividend Yield TTM	Market Cap. ($Mil)	Enterprise Value ($Mil)	Revenue ($Mil)	Revenue Growth (%)	Net Income ($Mil)	Earnings/Share $	EPS Growth (%)	Cash from Operations ($Mil)	Return on Assets (%)	Return on Equity (%)	Earnings (P/E) TTM	Sales (P/S) TTM	Book (P/B) Q
-11.46	6.24	-83.78	-76.34			49.3	0.38	16.5	-53.3	-36.1	-0.63	5.4	-40.9	-25.53		-1.4	3.0	1.0
1.62	4.67	-22.18	-52.35			11.7	34.1	54.1	-1.3	-4.0	-1.09	-81.5	-0.10	-1.46		-2.9	0.2	1.6
-14.63	33.73	-22.70	-7.02			20,540	21,882	3,678	-11.4	344.5	0.06	-45.4	--			668.7	51.2	12.0
-5.64	7.43	-22.89	65.39	0.16	0.6	907.1	883.2	474.6	8.8	46.4	1.38	167.6	47.6	7.55	12.5	20.0	1.9	2.3
220.00	220.00	166.67	77.78			19.2	19.7	19.4	31.1	3.3	0.01	124.5	0.89	-6.06	36.09	6.6	1.3	2.5
154.82	124.24	123.35	60.17			19.2	19.7	19.4	31.1	3.3	0.01	124.5	0.89	-6.06	36.09	4.6	0.9	1.8
3.37	16.48	6.33	21.92	1.24	3.7	6,316	8,237	607.5	7.0	165.0	0.88	10.6	313.7	3.78	9.67	38.2	10.4	3.7
14.82	18.59	0.26	67.61	0.27	0.4	1,965	2,390	1,319	15.4	8.1	0.34	144.0	-71.9	1.68	0.31	187.0	1.5	2.1
-46.23						8.4	35.7	4.2	120.7	-7.1	-0.40	37.9	-3.3			-1.4	2.9	0.3
-45.05	-56.14					8.4	35.7	4.2	120.7	-7.1	-0.40	37.9	-3.3			-1.2	2.6	0.3
1.31	67.03	-36.27				161.1	138.8	1.3		-42.7	-2.11	4.7	-25.1	-50.98		-3.7	121.7	6.5
-33.01	-53.33	-81.18	-97.23			2.9	2.1	55.0	-25.0	-5.4	-4.09	-307.5	-1.00	-14.49		-0.3	0.1	-0.6
-26.69	-29.67	-70.78	-82.63			24.8	39.3	97.8	11.9	-17.1	-0.60	-25.7	-12.1	-9.19		-1.4	0.3	0.6
-4.08	7.85	-12.50	67.44	2.72	2.9	5,854	--	1,305	9.0	464.9	7.09	21.3	497.8		13.6	13.1	4.5	1.7
0.91	0.16	-22.05	-27.33	0.38	2.0	233.8	193.8	303.9	-5.9	19.7	1.56	35.8	14.1	5.65	12.29	12.1	0.8	1.4
10.53	4.65	0.48	39.69			97.9	87.0	44.1	9.9	-4.7	-0.32	45.2	2.5	-3.11		-20.0	2.2	1.8
8.62	29.65	30.14	71.52	4.56	2.7	26,496	28,677	24,205	13.1	2,479	15.43	178.7	2,907	8.9	29.74	10.9	1.1	3.4
-1.23	61.47	17.33				297.2	1,647	1,144	0.8	763.0	29.32	520.4	35.5	5.37		0.6	0.3	0.8
-6.86	-10.41	-56.82	-81.00			1.2	9.3	0.00	-100.0	-2.1	-0.83	29.0	-4.1	-309.95		-0.6		-0.1
-20.00	-37.17	-62.50	-78.18			6.1	14.0	0.04	-5.3	-6.2	-0.13	-14.3	-2.9	-251.29		-0.9	171.4	-0.6
-19.99	52.95					3,353	3,301	103.2	308.1	-64.4	-3.34	-1,822.9	-45.4	-5.49		-2.2	31.9	7.7
34.38	43.33	59.26	2.38			13.6	13.7	--		-0.52	-0.03	-513.5	-0.08	-3,832.10		-13.5		-11.9
40.54	242.11	477.78				225.6	226.2	0.55	118.3	-18.5	-0.70	-122.3	-4.0	-120.02		-7.5	269.4	-963.0
-4.69	141.46	1.10	-76.39			60.7	18.7	9.7	-5.0	-31.7	-0.96	39.7	-30.7	-26.73		-1.9	6.2	-4.4
5.24	8.64	-58.02				484.9	1,314	1,110	12.2	-8.3	-0.22	-116.5	620.2	11.27		-47.8	0.4	13.2
-2.00	-14.49	-23.30	-10.23			109.4	50.1	39.7	8.8	3.7	0.57	-12.4	10.1	4.53	6.19	30.7	2.9	1.8
-7.97	-15.63	-26.92	-12.23			109.4	50.1	39.7	8.8	3.7	0.57	-12.4	10.1	4.53	6.19	39.0	3.6	2.3
-14.29	-40.00	-68.42	-76.92			3.4	3.5	1.8	128.2	-3.3	-0.02	-122.0	-0.53	-43.4		-1.4	2.6	-15.8
-43.50	-61.69	-73.47	-60.94			3.4	3.5	1.8	128.2	-3.3	-0.02	-122.0	-0.53	-43.4		-0.9	1.7	-10.5
0.00	-34.62	-36.53	-79.70			2.0	2.0	--		-0.32	-0.01	49.5	-0.17	-22.22		-3.6		1.6
16.67	7.69	0.00	40.00			2.0	2.0	--		-0.32	-0.01	49.5	-0.17	-22.22		-7.5		3.2
8.56	22.24	4.34	57.05	0.62	0.5	5,245	6,011	2,443	6.4	287.7	6.54	29.6	355.7	7.46	18.18	18.7	2.2	3.3
-0.39	23.46					3,833	6,646	8,355	15.6	-114.7	-0.65	51.9	-46.5	0.61		-27.3	0.5	2.9
-11.86						2.0	0.32	--		-0.26	-0.03		-0.05			-8.8		1.6
12.47	13.45	-28.35	-14.04			646.3	--	301.7	-11.6	63.0	1.52	-21.7	195.5		6.64	13.7	2.2	0.9
13.02	19.72	-49.12	84.40			280.3	262.8	164.6	5.3	-37.0	-2.65	-234.3	2.4	-10.14		-7.5	1.7	7.2
-21.31	0.00	77.78	336.36			26.5	25.9	0.74	-16.1	-2.3	-0.02	3.4	-1.4	-50.44		-12.2	41.4	17.9
-33.28	-5.00	137.50	838.82			399.9	391.9	55.1	120.5	0.00	-0.01	-9.0	11.7	0.35		-366.1	6.9	12.7
0.79	6.55	-3.63	46.40	0.60	2.8	2,972	--	426.0	27.3	168.7	1.29	28.5	182.4		11.41	16.5	7.0	1.6
-4.34	1.35	-45.89	-54.02			24.6	26.1	18.6	-54.1	-7.9	-1.23	-266.0	0.86	-9.81		-3.1	1.3	0.7
21.07	53.08	47.55	308.25	3.00	6.0	4,991	6,085	7,073	17.5	324.0	3.35	6.8	823.5	9.82	24.06	14.8	0.7	3.7
24.64	52.37	-5.23				19.3	19.2	--		-5.7	-0.08	37.7	-4.3	-120.38		-3.1		26.5
-33.33	-20.00	-44.44	100.00			19.3	19.2	--		-5.7	-0.08	37.7	-4.3	-120.38		-2.4		20.4
-3.90	21.63	25.89	-48.90	0.19	5.1	425.9	959.2	363.1	11.6	-37.1	-0.33	54.5	69.7	1		-11.5	1.2	0.9
3.57	-14.58	-14.11	-36.70	2.00	3.7	71,112	158,660	209,623	12.7	-171.0	-0.45	-106.9	8,458	3.65		-122.6	0.3	1.2
-12.84	28.49	-9.79	103.79			66.2	99.0	96.8	-4.2	-2.3	-0.01	-202.7	18.2	-0.02		-17.0	0.7	0.5
-10.53	47.83	-5.56	-19.05			66.2	99.0	96.8	-4.2	-2.3	-0.01	-202.7	18.2	-0.02		-22.4	0.9	0.6
1,666.67	529,900.00	-73.50				0.11	0.13	0.12	-79.9	-0.40	-0.02	87.4	-0.38	-263.29		-0.3	1.0	-0.2
-0.61	5.52	-15.58	-37.86			19.0	25.5	32.2	-3.1	-3.2	-0.56	-279.7	-0.02	-6.31		-5.8	0.6	1.2
194.24	143.73	151.85	-96.40			11.1	11.2	--		-0.04	-0.04	-1,492.6	-0.04			-7.9		9.6
-28.57	-65.52	-93.51	-99.99			3.5	3.7	--		-0.61	-0.02		-0.10	-2,438.43		-4.6		-5.8
-10.55	-7.45	-9.44	6.02			113.9	100.8	65.6	18.1	3.5	0.48	155.9	4.0	4	6.37	33.5	1.8	2.0

I. Index of Stocks

Summer 2019

Company Name	Stock Ticker Symbol	Traded On	Sector	Overall Rating	Recommendation	Reward Rating	Risk Rating	Recent Up/Downgrade	Stock Price as of 6/30/2019	52-Week High	52-Week Low	3-Year Beta	Growth	Efficiency	Solvency	Volatility	Dividend	Total Return
Cyclacel Pharmaceuticals, Inc.	CYCC	NAS CM	Health Care	D-	Sell	D-	D-		0.54	1.87	0.51	1.33	F	V	E	W	–	V
Cyclerion Therapeutics, Inc.	CYCN	NAS GS	Health Care	E-	Sell	C-	D		11.20	21.00	9.06		V	G	E	W	–	V
Cyclone Power Technologies, Inc.	CYPW	OTC PK	Industrials	C	Hold	C	D	Up	0.00	0.00	0	0.06	W	E	F	W	–	F
Cydsa, S.A.B. de C.V.	CDSAF	OTC PK	Materials	D+	Sell	B	D	Down	1.33	1.33	1.33	0.15	E	G	E	W	–	F
Cymabay Therapeutics, Inc.	CBAY	NAS GS	Health Care	D	Sell	D-	D	Up	7.00	14.94	4.82	1.52	V	V	E	W	–	F
Cymat Technologies Ltd.	CYM.V	TSXV	Materials	D+	Sell	C-	D	Down	0.33	0.43	0.17	-0.33	F	W	F	W	–	F
Cymat Technologies Ltd.	CYMHF	OTC PK	Materials	D+	Sell	C-	D	Down	0.26	0.29	0.14	-1.67	F	W	F	W	–	F
Cynergistek, Inc.	CTEK	AMEX	Health Care	D+	Sell	B	C-	Up	4.90	5.00	3.23		F	E	E	F	–	F
Cypherpunk Holdings Inc.	KHRIF	OTC PK	Financials	D	Sell	D+	D		0.07	0.07	0.04	1.30	W	F	E	W	–	W
Cypress Development Corp.	CYP.V	TSXV	Materials	D-	Sell	E+	D		0.20	0.42	0.17	0.85	W	V	E	W	–	F
Cypress Development Corp.	CYDVF	OTC PK	Materials	D-	Sell	E+	D		0.15	0.32	0.12	1.67	W	V	E	W	–	F
Cypress Energy Partners, L.P.	CELP	NYSE	Energy	C	Hold	B	D		7.22	8.40	5.36	1.65	F	E	E	W	E	W
Cypress Hills Resource Corp.	CHYH.V	TSXV	Energy	C-	Hold	C	D		0.09	0.09	0.07	-0.09	W	E	F	W	–	W
Cypress Semiconductor Corporation	CY	NAS GS	Information Tech	C	Hold	B-	C-	Down	22.21	22.43	11.75	1.66	W	G	E	F	F	F
Cyrela Brazil Realty S.A. Empreendimentos e Pa	CYRBY	OTC PK	Consumer Discretn	C-	Hold	C	D		5.01	5.12	2.36	-0.48	W	G	E	W	–	F
CYREN Ltd.	CYRN	NAS CM	Information Tech	D	Sell	D+	D		1.66	3.79	1.52	-0.44	F	W	G	W	–	W
Cyrusone Inc.	CONE	NAS GS	Real Estate	C	Hold	B	D	Up	57.09	69.01	48.94	0.63	G	G	E	F	G	F
CytoDyn Inc.	CYDY	OTC PK	Health Care	D	Sell	D	D		0.47	0.71	0.06	0.90	W	W	F	W	–	W
Cytokinetics, Incorporated	CYTK	NAS GS	Health Care	D-	Sell	E+	D		11.07	11.48	5.75	1.49	W	V	F	W	–	F
CytomX Therapeutics, Inc.	CTMX	NAS GS	Health Care	D-	Sell	E+	D-		10.62	27.20	8.94	0.47	F	V	E	W	–	W
Cytori Therapeutics, Inc.	CYTX	NAS CM	Health Care	E+	Sell	E+	E+		0.26	1.88	0.21	1.50	W	V	E	W	–	V
Cytosorbents Corporation	CTSO	NAS CM	Health Care	D-	Sell	E+	D		6.68	14.95	5.84	1.78	W	V	E	W	–	F
CytRx Corporation	CYTR	OTC PK	Health Care	D-	Sell	E+	D-		0.34	1.29	0.26	2.01	F	V	E	W	–	V
D.R. Horton, Inc.	DHI	NYSE	Consumer Discretn	B-	Buy	A-	C	Up	43.22	47.02	32.39	1.12	F	E	E	F	W	F
Dacotah Banks, Inc.	DBIN	OTC PK	Financials	C	Hold	B+	C		36.00	55.01	32	-1.06	E	G	E	F	G	F
Daily Journal Corporation	DJCO	NAS CM	Communication Svc	D+	Sell	D+	D		228.88	257.70	192.83	0.22	W	W	E	F	–	F
Daimler AG	DDAIF	OTC PK	Consumer Discretn	C-	Hold	C+	D	Down	54.88	69.83	50.64	1.24	F	E	G	W	–	W
Dais Corporation	DLYT	OTC PK	Industrials	D	Sell	C-	D		0.00	0.07	0	-2.98	F	E	F	W	–	V
Dajin Resources Corp.	DJIFF	OTC PK	Materials	D-	Sell	D-	D-	Down	0.03	0.09	0.03	2.36	W	W	G	W	–	V
Dajin Resources Corp.	DJI.V	TSXV	Materials	D-	Sell	D-	D-	Down	0.05	0.12	0.04	2.01	W	W	E	W	–	V
Dakota Territory Resource Corp.	DTRC	OTC PK	Materials	D+	Sell	C-	D	Down	0.05	0.19	0.02	-1.98	W	E	F	W	–	W
Daktronics, Inc.	DAKT	NAS GS	Information Tech	D+	Sell	C	D-	Down	6.19	9.14	5.85	1.03	W	G	E	W	G	W
Dalmac Energy Inc.	DAL.V	TSXV	Energy	D	Sell	D	D-		0.04	0.10	0.02	1.39	W	F	W	W	–	V
Damara Gold Corp.	DMR.V	TSXV	Materials	D-	Sell	D-	D-		0.05	0.07	0.03	0.35	W	V	G	W	–	W
Damara Gold Corp.	SLMZF	OTC PK	Materials	E+	Sell	D-	E+	Down	0.02	0.03	0.02	-1.09	W	V	G	W	–	V
Dana Incorporated	DAN	NYSE	Consumer Discretn	C	Hold	B	D+		19.40	21.79	12.65	2.46	E	E	G	W	F	W
Danacore Industries Inc.	DANAP.V	TSXV	Financials	E-	Sell	D	D		0.15	0.20	0.1		V	W	E	W	–	W
Danaher Corporation	DHR	NYSE	Health Care	C+	Hold	C+	C	Down	141.98	144.57	94.59	0.71	W	E	E	G	W	F
Danaos Corporation	DAC	NYSE	Industrials	D	Sell	D	D-		7.82	35.00	7.6	1.43	W	W	G	W	–	V
Daniels Corporate Advisory Company, Inc.	DCAC	OTC PK	Industrials	C-	Hold	C+	D		0.00	0.00	0	28.45	W	G	F	W	–	F
Danone S.A.	GPDNF	OTC PK	Consumer Staples	C	Hold	B	C+		83.95	85.00	68.32	0.87	E	E	G	F	–	F
Danone S.A.	DANOY	OTC PK	Consumer Staples	B	Buy	A-	C+	Up	17.00	17.19	13.57	0.76	E	E	G	F	–	F
Danske Bank A/S	DNSKF	OTC PK	Financials	D+	Sell	C	D	Down	15.77	30.54	15.77	1.02	W	E	F	W	–	V
Daqo New Energy Corp.	DQ	NYSE	Information Tech	C-	Hold	C	D	Down	41.73	46.20	20.35	2.39	G	G	G	W	–	F
Darden Restaurants, Inc.	DRI	NYSE	Consumer Discretn	B+	Buy	A+	B-	Up	121.54	125.33	95.83	0.60	E	E	G	G	G	G
Daré Bioscience, Inc.	DARE	NAS CM	Health Care	D-	Sell	D-	D-		0.86	3.25	0.6		W	W	G	W	–	V
Darelle Online Solutions Inc.	DAR.V	TSXV	Consumer Discretn	D	Sell	D	D		0.01	0.05	0.01	-3.55	F	W	F	W	–	V
DarioHealth Corp.	DRIO	NAS CM	Health Care	E+	Sell	E	E+	Down	0.46	1.45	0.42	0.42	F	V	G	V	–	V
DarkPulse, Inc.	DPLS	OTC PK	Information Tech	D-	Sell	C-	D-	Up	0.00	0.24	0		W	G	F	W	–	V
Darling Ingredients Inc.	DAR	NYSE	Consumer Staples	C	Hold	C	C-	Down	20.02	22.62	17.99	0.85	W	G	G	G	–	F
DASAN Zhone Solutions, Inc.	DZSI	NAS CM	Information Tech	D+	Sell	C-	D	Down	12.90	15.59	9.1	-0.22	W	F	E	F	–	F
Daseke, Inc.	DSKE	NAS CM	Industrials	D	Sell	D	D		3.55	10.11	3.13	1.26	W	F	E	W	–	V

*Ratings Factors: E=Excellent, G=Good, F=Fair, W=Weak, V=Very Weak, U=Unrated

Summer 2019 — I. Index of Stocks

3-Month Total Return (%)	6-Month Total Return (%)	1-Year Total Return (%)	3-Year Total Return (%)	Dividend $ TTM	Dividend Yield TTM	Market Cap. ($Mil)	Enterprise Value ($Mil)	Revenue ($Mil)	Revenue Growth (%)	Net Income ($Mil)	Earnings/Share $	EPS Growth (%)	Cash from Operations ($Mil)	Return on Assets (%)	Return on Equity (%)	Earnings (P/E) TTM	Sales (P/S) TTM	Book (P/B) Q
-40.00	-11.48	-61.70	-88.44			9.3	-7.2	0.15		-7.8	-0.64	62.4	-8.2	-25.9		-0.8	49.5	0.4
-22.71						306.9	--	--		-97.6	-1.36		-82.7			-8.2		-39.6
-90.00	-90.00	-95.00	-99.33			0.05	1.1	0.18		-2.3	0.00	63.2	-0.25	-291.58		0.0		0.0
0.00	0.00	-17.90	12.71			789.3	1,174	553.0	9.1	43.2	0.07	39.6	103.1	5.84	8.8	18.4	1.4	1.5
-46.56	-10.49	-47.68	306.98			480.9	218.5	--		-78.6	-1.34	-40.1	-70.9	-20.71		-5.2		1.9
41.30	38.30	47.73	47.73			9.4	9.3	2.6	47.4	-0.90	-0.02	46.4	0.13	-53.97		-13.5	4.8	-25.8
44.62	53.37	65.41	36.78			9.4	9.3	2.6	47.4	-0.90	-0.02	46.4	0.13	-53.97		-10.8	3.8	-20.6
-1.01	3.38	24.05				47.9	37.8	60.5	4.7	20.1	2.07	1,708.0	6.8	5.22	4	2.4	0.8	1.2
16.67	70.61	25.47	418.10			2.7	-1.5	-0.37	-1,181.8	-1.5	-0.02	-451.6	1.6	-14.52		-4.1	-17.1	1.5
11.11	8.11	-32.20	48.15			11.3	10.5	--		-1.5	-0.02	3.4	-1.1	-27.81		-8.8		5.2
7.41	3.57	-33.52	31.82			11.3	10.5	--		-1.5	-0.02	3.4	-1.1	-27.81		-6.4		3.8
1.11	30.61	14.09	14.47	0.84	11.6	87.0	189.6	340.5	18.9	12.3	0.68	19.1	-3.5	6.46	41.15	10.7	0.3	2.9
38.46	38.46	20.00	0.00			0.68	0.75	0.00	-70.1	-0.08	-0.01	-79.1	-0.03	-1,029.89		-11.7	300.0	-3.8
51.09	76.86	44.29	160.74	0.44	2.0	8,127	8,758	2,441	2.6	365.2	0.98	1,177.0	501.3	4.36	18.51	22.6	3.4	3.8
21.60	21.90	93.04	87.51	0.29	5.7	2,003	2,312	930.8	23.1	4.8	0.01	111.1	192.8	0.24	1.69	365.7	2.1	1.4
-24.55	-40.50	-39.64	-7.78			90.2	97.8	28.4	-7.0	-14.2	-0.27	34.7	-5.6			-6.2	3.2	3.3
9.45	10.24	1.14	17.57	1.84	3.2	6,459	9,385	849.8	18.1	47.1	0.45	398.3	309.0	0.94	2.23	127.7	7.3	2.7
-3.12	-3.12	-1.64	-57.34			169.5	175.6	--		-50.9	-0.21	28.6	-47.9	-231.8		-2.2		-22.7
34.02	80.88	35.00	19.42			639.0	514.7	34.7	139.6	-105.4	-1.93	23.3	-98.3	-22.8		-5.7	17.5	182.1
1.14	-29.06	-53.54	9.37			481.2	114.2	74.8	0.9	-83.2	-1.91	-41.5	-99.9	-12		-5.6	6.4	3.9
-1.43	-15.00	-84.73	-98.74			5.6	18.4	6.4	-0.1	-11.4	-1.49	75.6	-11.1	-27.67		-0.2	0.7	1.5
-11.64	-14.58	-41.91	51.47			215.4	207.1	22.8	34.3	-19.1	-0.61	-76.8	-12.9	-35.35		-10.9	9.4	14.3
-49.18	-19.05	-69.09	-97.53			11.4	-8.6	0.25	150.0	-10.1	-0.31	71.5	-10.9	-13.28		-1.1	45.3	0.6
4.07	25.87	8.37	48.41	0.58	1.3	16,129	19,287	16,588	10.1	1,559	4.09	37.3	182.3	8.95	17.47	10.6	1.0	1.7
5.73	-28.91	14.19	39.71	0.51	1.4	401.9	--	109.0	5.3	28.4	2.54	51.1	35.4		9.86	14.2	3.7	1.3
5.96	-2.35	-0.49	-0.05			316.0	149.5	42.3	3.8	-22.8	-16.53	-288.9	-1.1	-2.71		-13.9	7.5	2.2
-4.81	4.43	-14.79	-8.84			58,800	210,156	193,667	0.1	8,184	7.65	-30.0	137.0	1.77	10.77	7.2	0.3	0.8
-68.06	-93.60	-97.71	-98.61			0.36	2.7	1.5	145.7	-2.9	-0.02	30.0	-0.93	-194.2		-0.1	0.2	0.0
-31.51	-21.05	-60.26	-78.59			5.2	5.3	--		-0.97	-0.01	-25.5	-0.37	-12.42		-4.7		1.5
-10.00	-10.00	-50.00	-76.32			5.2	5.3	--		-0.97	-0.01	-25.5	-0.37	-12.42		-7.0		2.2
-35.71	-14.29	-11.76	-57.75			2.8	3.6	--		-0.60	-0.01	-37.0	-0.15	-122.88		-4.5		-1.0
-15.86	-16.46	-24.77	10.82	0.26	4.2	279.7	217.9	569.2	-6.7	-0.96	-0.02	-119.7	29.5	-0.67		-262.3	0.5	1.5
16.67	0.00	-61.11	-66.67			0.75	10.3	14.5	-8.7	-2.0	-0.07	-23.0	2.2	-2.81		-0.5	0.1	0.3
0.00	0.00	0.00	12.50			0.90	0.81	--		-0.18	-0.01	-1,200.0	-0.19	-58.4		-5.1		
-31.25	-31.25	-34.91	-85.71			0.90	0.81	--		-0.18	-0.01	-1,200.0	-0.19	-58.4		-2.5		
10.96	45.09	-2.27	92.91	0.40	2.1	2,792	5,357	8,168	6.8	417.0	2.86	212.3	580.0	5.89	29.57	6.8	0.3	2.0
38.10						0.82	0.13	--		-0.07	0.00		-0.01	-7.98		-46.8		1.7
9.35	39.61	44.60	94.07	0.66	0.5	101,648	109,831	20,078	6.7	2,418	3.39	-6.1	3,896	4.44	8.23	41.9	5.1	3.4
-36.53	-19.43	-63.96	-81.32			120.2	1,640	459.8	1.4	-14.5	1.60	-84.2	188.1	4.48		4.9	0.3	0.2
-99.00	-99.50	-99.00	-99.00			0.00	1.2	3.3		-0.83	0.00	-200.0	-0.21	11.01		0.0	0.0	0.0
11.41	22.75	15.65	26.26			55,068	69,844	29,136	3.9	2,777	4.29	-3.2	3,668	5.09	15.88	19.6	1.9	2.9
13.07	25.31	18.86	32.08	0.28	1.7	55,068	69,844	29,136	3.9	2,777	4.29	-3.2	3,668	5.09	15.88	4.0	0.4	0.6
-13.96	-18.73	-49.00	-42.04			13,396	--	7,176	-9.9	2,042	2.17	-35.1	-24,100		8.13	7.3	1.9	0.6
28.92	76.97	17.52	81.59			554.2	682.1	224.2	-38.3	-0.27	-2.09	-101.0	80.4			-20.0	0.1	0.0
0.97	25.26	15.64	103.54	3.00	2.5	14,946	15,417	8,415	6.8	679.9	5.41	25.2	1,175	9.46	30.87	22.5	1.8	6.5
-41.44	26.97	-27.23				14.3	10.9	--		-12.1	-1.06	67.4	-11.5	-68.34		-0.8		2.6
-50.00	-33.33	-50.00	-50.00			0.56	0.55	0.09	30.0	-0.33	-0.01	8.6	-0.01	-48.96		-1.4	8.3	-50.0
-40.13	-38.40	-64.73	-90.28			19.5	13.4	7.9	33.1	-20.3	-0.78	36.0	-12.7	-118.89		-0.6	2.1	4.3
-87.50	-98.44					0.05	2.0	--		-2.5	-0.02		-0.97			0.0		0.0
-7.06	5.15	0.60	45.71			3,298	5,085	3,347	-8.5	22.2	0.12	-90.9	420.3	1.2	1.15	168.8	1.0	1.4
20.67	-7.33	32.04	122.41			267.2	324.8	296.9	16.7	1.0	0.05	-81.9	-3.7	2.3	1.64	237.1	0.7	2.8
-29.42	-3.27	-64.07				229.0	1,026	1,719	69.6	-13.7	-0.27	-169.1	127.5	1.27		-13.0	0.1	0.6

https://greyhouse.weissratings.com

Data as of June 30, 2019

I. Index of Stocks

Summer 2019

Company Name	Stock Ticker Symbol	Traded On	Sector	Overall Rating	Recommendation	Reward Rating	Risk Rating	Recent Up/Downgrade	Stock Price as of 6/30/2019	52-Week High	52-Week Low	3-Year Beta	Growth	Efficiency	Solvency	Volatility	Dividend	Total Return
Dassault Systèmes SE	DASTF	OTC PK	Information Tech	C	Hold	A-	D+		157.15	161.75	108.7	1.01	G	E	E	F	F	G
Dassault Systèmes SE	DASTY	OTC PK	Information Tech	C+	Hold	A-	D+	Up	157.90	163.00	109.24	0.96	G	E	E	F	F	G
Data Call Technologies, Inc.	DCLT	OTC PK	Communication Svc	C	Hold	C	C		0.00	0.01	0	0.88	F	F	G	F	—	F
DATA Communications Management Corp.	DGPIF	OTC PK	Industrials	D	Sell	D+	D-	Down	0.92	1.41	0.8	-0.02	F	W	F	W	—	W
DATA Communications Management Corp.	DCM.TO	TSX	Industrials	D	Sell	D+	D-	Down	1.40	1.98	1.04	-0.46	F	W	F	W	—	W
Data Deposit Box Inc.	DDBXF	OTC PK	Information Tech	D-	Sell	E+	D-		0.01	0.05	0.01	3.90	F	V	G	W	—	V
Data I/O Corporation	DAIO	NAS CM	Information Tech	C-	Hold	C	D+	Down	4.62	6.88	4.12	1.45	W	E	E	W	—	W
Data Storage Corporation	DTST	OTC PK	Information Tech	C-	Hold	C+	D	Up	0.17	0.24	0.11	3.31	G	F	F	W	—	F
Datable Technology Corporation	TTMZF	OTC PK	Information Tech	D	Sell	C-	D	Up	0.06	0.12	0.04	-7.42	G	W	G	W	—	W
Datametrex AI Limited	DM.V	TSXV	Information Tech	E+	Sell	E+	D-	Down	0.03	0.10	0.03	1.04	W	V	F	W	—	V
Datametrex AI Limited	DTMXF	OTC PK	Information Tech	D-	Sell	E+	D-		0.03	0.08	0.01		W	V	F	W	—	V
DataMiners Capital Corporation	DMCH.V	TSXV	Financials	D-	Sell	E+	D		0.21	0.30	0.21	0.40	F	V	E	W	—	W
Datasea Inc.	DTSS	NAS CM	Information Tech	E+	Sell	E+	D-	Down	1.73	17.97	1.45	1.83	V	V	F	W	—	V
DATATRAK International, Inc.	DTRK	OTC PK	Health Care	C-	Hold	C	D+	Up	6.32	8.00	2.31	1.93	W	G	E	W	—	W
Datinvest International Ltd.	DAIH.V	TSXV	Financials	D	Sell	D	D	Up	0.19	0.29	0.19	6.06	W	V	E	W	—	W
Dave & Buster's Entertainment, Inc.	PLAY	NAS GS	Consumer Discretn	C	Hold	B	D		39.68	67.05	38.77	1.10	E	E	F	W	F	W
DAVIDsTEA Inc.	DTEA	NAS	Consumer Discretn	D-	Sell	D-	E+		1.31	5.35	1.07	2.41	W	W	G	V	—	V
DaVita Inc.	DVA	NYSE	Health Care	D+	Sell	C-	D		55.41	79.11	43.4	2.04	W	G	F	W	—	W
Dawson Geophysical Company	DWSN	NAS GS	Energy	D	Sell	D	D-		2.40	8.28	2.01	1.32	F	W	F	W	—	V
Daxor Corporation	DXR	AMEX	Health Care	D	Sell	D+	D	Down	7.70	19.95	4.3	-1.14	W	W	E	W	—	F
Daybreak Oil and Gas, Inc.	DBRM	OTC PK	Energy	D	Sell	E	D+	Down	0.02	0.04	0	16.95	F	W	F	W	—	F
D-Box Technologies Inc.	DBO.TO	TSX	Consumer Discretn	D-	Sell	D	E+	Down	0.14	0.26	0.13	0.63	W	W	E	V	—	V
D-Box Technologies Inc.	DBOXF	OTC PK	Consumer Discretn	D-	Sell	D	D-	Down	0.10	0.18	0.1	0.94	W	W	E	W	—	V
DBV Technologies S.A.	DBVT	NAS GS	Health Care	D-	Sell	E+	D		7.97	25.77	3.6	2.10	W	V	E	W	—	V
DBV Technologies S.A.	DBVTF	OTC PK	Health Care	D-	Sell	E+	D-	Up	18.52	18.52	10.16	0.26	W	V	E	W	—	V
DC Acquisition Corp.	DCAP.V	TSXV	Financials	E	Sell	D	D		0.11	0.15	0.08		W	W	E	W	—	W
DCP Midstream, LP	DCP	NYSE	Energy	C	Hold	B-	D		28.80	46.67	24.18	1.54	F	G	G	W	E	W
DD3 Acquisition Corp.	DDMX	NAS CM	Financials	E	Sell	E	D+		9.99	10.02	9.7		W	V	E	G	—	W
DealNet Capital Corp.	DLS.V	TSXV	Information Tech	D	Sell	D	D-		0.08	0.12	0.05	0.32	V	F	G	W	—	V
Dean Foods Company	DF	NYSE	Consumer Staples	D-	Sell	D	D-	Down	0.93	11.14	0.89	0.47	W	W	W	W	—	W
Debut Diamonds Inc.	DBDIF	OTC PK	Materials	D	Sell	C-	D-	Down	0.00	0.01	0	-5.43	V	G	G	W	—	W
Decade Resources Ltd.	DEC.V	TSXV	Materials	D-	Sell	D-	D	Down	0.03	0.10	0.03	1.86	W	W	G	W	—	V
Decade Resources Ltd.	DECXF	OTC PK	Materials	D-	Sell	D-	D	Down	0.02	0.07	0.02	1.23	W	W	G	W	—	V
Deciphera Pharmaceuticals, Inc.	DCPH	NAS GS	Health Care	D	Sell	D-	D		23.34	43.92	18.55		V	V	E	W	—	W
Decision Diagnostics Corp.	DECN	OTC PK	Health Care	D-	Sell	E+	D-		0.04	0.10	0.01	1.00	W	V	F	W	—	W
Decisive Dividend Corporation	DE.V	TSXV	Financials	C	Hold	C+	D+		3.85	4.49	3.28	0.21	W	E	E	F	E	W
Deckers Outdoor Corporation	DECK	NYSE	Consumer Discretn	B	Buy	B+	B-		175.24	176.80	101.69	0.69	G	G	E	G	—	E
Deep Down, Inc.	DPDW	OTC PK	Energy	D	Sell	D+	D		0.76	1.00	0.67	0.18	F	W	E	W	—	W
Deep Well Oil & Gas, Inc.	DWOG	OTC PK	Energy	D	Sell	D+	D		0.03	0.06	0.01	1.26	F	W	E	W	—	W
DeepMarkit Corp.	MKT.V	TSXV	Communication Svc	D	Sell	D+	D-	Up	0.02	0.05	0.01	6.67	F		G	W	—	V
DeepMarkit Corp.	MKTDF	OTC PK	Communication Svc	D	Sell	D+	D-	Up	0.01	0.04	0	-1.14	F		G	W	—	V
Deep-South Resources Inc.	DSM.V	TSXV	Materials	D-	Sell	D-	D-	Down	0.10	0.23	0.06	2.46	W	V	F	W	—	V
Deep-South Resources Inc.	JAUGF	OTC PK	Materials	D-	Sell	D-	D-	Down	0.06	0.09	0.06	1.65	W	V	F	W	—	V
Deer Horn Capital Inc.	GODYF	OTC PK	Materials	D	Sell	D	D	Down	0.10	0.40	0.09	1.46	V		F	W	—	F
Deere & Company	DE	NYSE	Industrials	B+	Buy	A-	B	Up	164.82	169.99	128.32	1.33	E	G	E	G	F	F
Defense Metals Corp.	DEFN.V	TSXV	Materials	D-	Sell	D-	D	Down	0.18	0.25	0.12		V	V	E	W	—	W
Defense Metals Corp.	DFMTF	OTC PK	Materials	E-	Sell	E+	D		0.13	0.25	0.09		V	V	E	W	—	W
Defense Technologies International Corp.	DTII	OTC PK	Information Tech	D	Sell	C-	D-		0.21	1.28	0.02	-2.24	W	G	F	W	—	V
Defiance Silver Corp.	DEF.V	TSXV	Materials	D-	Sell	D	D-	Down	0.25	0.32	0.16	-0.71	V	W	F	W	—	W
Defiance Silver Corp.	DNCVF	OTC PK	Materials	D	Sell	D	D-		0.19	0.25	0.12	-0.56	V	W	F	W	—	W
Del Frisco's Restaurant Group, Inc.	DFRG	NAS GS	Consumer Discretn	D	Sell	D	D		7.94	13.15	4.61	0.74	W	W	F	W	—	W
Del Taco Restaurants, Inc.	TACO	NAS CM	Consumer Discretn	C	Hold	C	D+	Up	12.50	14.83	9.46	0.42	W	G	G	W	—	W

*Ratings Factors: E=Excellent, G=Good, F=Fair, W=Weak, V=Very Weak, U=Unrated

I. Index of Stocks

Summer 2019

3-Month Total Return (%)	6-Month Total Return (%)	1-Year Total Return (%)	3-Year Total Return (%)	Dividend $ TTM	Dividend Yield TTM	Market Cap. ($Mil)	Enterprise Value ($Mil)	Revenue ($Mil)	Revenue Growth (%)	Net Income ($Mil)	Earnings/Share $	EPS Growth (%)	Cash from Operations ($Mil)	Return on Assets (%)	Return on Equity (%)	Earnings (P/E) TTM	Sales (P/S) TTM	Book (P/B) Q
6.76	35.71	12.71	113.40			41,018	38,930	3,244	-11.2	596.2	2.29	-0.2	958.2			68.7	12.6	7.8
7.75	36.58	13.48	116.63	0.51	0.3	41,018	38,930	3,244	-11.2	596.2	2.29	-0.2	958.2			69.1	12.7	7.8
8.82	72.90	8.82	48.00			0.58	0.59	0.63	-0.1	-0.02	0.00	80.0	-0.02	-7.11		-18.5	0.9	37.0
-9.80	4.11	-29.23	-48.89			23.0	119.3	238.5	-0.8	0.11	0.00	98.1	16.2	4.2	2.39	-438.1	0.1	3.7
3.70	12.90	-14.63	-30.00			23.0	119.3	238.5	-0.8	0.11	0.00	98.1	16.2	4.2	2.39	-666.7	0.1	5.7
-22.67	-13.43	-74.22	-92.66			0.12	-0.63	1.5	-20.7	-1.4	-0.01	-11.4	-0.35	-28.24		-0.9	0.8	0.9
-16.46	-11.49	-26.20	95.76			38.0	25.6	27.7	-19.8	1.5	0.18	-66.7	0.48	2.98	6.51	25.9	1.4	1.6
11.61	11.25	38.40	648.92			22.2	25.6	8.9	13.4	0.30	0.00	129.4	0.67	3.68	16.02	115.3	2.6	12.1
-12.68	12.32	-16.10	-88.62			2.8	2.8	1.0	-4.8	-1.4	-0.04	62.2	-0.95	-182.73		-1.6	2.5	-7.8
-28.57	-37.50	-66.67				4.3	4.4	1.2	170.1	-14.1	-0.07	-29.2	-2.2	-19.26		-0.4	4.7	1.6
-3.77	155.00	-58.31				4.3	4.4	1.2	170.1	-14.1	-0.07	-29.2	-2.2	-19.26		-0.4	4.8	1.7
0.00	0.00	-30.00	40.00			0.18	0.14	--		-0.05	-0.04	35.6	-0.04	-39.78		-5.5		13.0
-17.98	-57.80	-90.36	-61.56			36.2	30.9	0.00	-123.0	-1.7	-0.08	5.7	-1.5	-26.29		-20.6	-8,650.0	5.9
-9.71	110.67	9.53	27.68			14.8	14.7	7.3	-14.2	0.43	0.19	-35.3	--	4.41		32.6	2.0	149.8
-69.17	-69.17	-69.17	85.00			1.4	0.68	--		-0.09	-0.01	83.0	-0.10	-6.55		-12.9		2.6
-20.58	-10.79	-17.72	-11.85	0.60	1.5	1,443	2,974	1,297	11.0	117.5	3.02	4.4	324.4	5.79	29.44	13.1	1.2	4.0
-3.38	1.08	-62.99	-89.74			34.2	81.7	159.9	-7.8	-27.6	-1.06	-17.8	-4.8	-4.56		-1.2	0.2	0.7
3.53	10.01	-21.01	-25.73			9,220	23,568	11,300	1.7	130.0	0.71	-67.3	1,208	4.39	13	78.5	0.8	2.4
-18.37	-31.43	-69.43	-67.40			55.6	41.0	155.4	-5.3	-22.8	-1.01	6.1	10.6	-9.11		-2.4	0.4	0.5
-34.47	-15.38	15.27	-2.73			28.9	33.3	0.43	-22.0	-0.89	-0.24	28.0	-1.3	0.59		-32.5	67.1	2.2
3.23	295.55	32.23	5.96			0.86	2.6	0.74	18.2	10.2	0.16	427.4	-0.03	-21.97		0.1	1.3	-0.2
-6.67	-12.50	-41.67	-76.27			18.8	15.1	26.1	-5.9	-1.3	-0.01	2.6	0.27	-1.5		-18.7	1.0	1.6
-15.08	-10.33	-42.75	-74.22			18.8	15.1	26.1	-5.9	-1.3	-0.01	2.6	0.27	-1.5		-13.6	0.7	1.2
7.12	38.61	-57.15	-74.39			589.6	452.7	13.2	23.7	-195.6	-6.74	0.0	-161.2	-59.68		-1.2	18.2	1.7
82.37	82.37	-58.61	-71.79			589.6	452.7	13.2	23.7	-195.6	-6.74	0.0	-161.2	-59.68		-2.8	42.2	4.0
0.00	5.00					2.0	-0.01	--		-0.07	-0.01			-0.02		-9.2		1.4
-9.00	14.48	-19.39	8.28	3.12	10.8	4,128	10,466	9,909	15.3	147.0	0.60	514.3	857.0	1.66	4.34	48.0	0.4	0.7
1.68	1.99					21.4	21.1	--		0.29	-0.13		-0.25			-75.6		4.3
23.08	6.67	6.67	-83.33			17.2	149.2	8.4	-38.6	14.3	0.05	140.6	-6.9	-0.61		1.6	2.7	0.9
-70.78	-75.75	-91.18	-94.25	0.30	32.4	85.0	1,416	7,570	-2.7	-388.2	-4.25	-647.0	-39.8	-2.94		-0.2	0.0	0.4
-76.47	-76.47	20.00	-88.68			3.3	2.9	--		-0.04	0.00	100.0	-0.05	-7.91				
-25.00	20.00	-66.67	-71.43			3.8	3.8	--		-2.9	-0.02	-378.1	-1.0	-15.98		-1.5		0.6
-41.00	-16.51	-74.38	-78.34			3.8	3.8	--		-2.9	-0.02	-378.1	-1.0	-15.98		-0.9		0.4
-1.31	13.36	-39.31				891.3	630.9	--		-125.8	-3.40	-5.3	-103.1	-36.29		-6.9		3.7
-24.91	105.00	3.02	-69.58			6.1	7.5	1.6	18.8	-2.6	-0.02	-21.0	-1.6			-1.7	3.5	16.4
-2.29	3.50	1.74	53.52	0.36	9.4	32.6	42.1	32.3	73.0	0.03	-0.01	-113.8	1.7	4.36	0.25	-287.3	1.3	2.5
19.23	36.27	51.06	218.73			5,107	4,549	2,020	6.2	264.3	8.98	151.5	359.5	15.11	26.62	19.5	2.6	4.9
-4.87	-6.16	-7.32	-13.64			10.1	12.8	18.8	6.8	-3.7	-0.27	-229.5	-0.37	-4.76		-2.8	0.6	0.6
0.00	25.00	-44.44	-59.54			5.8	5.7	--		-0.25	0.00	35.3	-0.25	-0.72		-22.7		0.3
200.00	0.00	-62.50	-86.36			1.3	2.7	0.00		-1.2	-0.01	50.7	-0.92	-96.38		-1.5		-1.2
88.57	3.12	-63.74	-88.14			1.3	2.7	0.00		-1.2	-0.01	50.7	-0.92	-96.38		-1.3		-1.1
-9.52	-5.00	-52.50				4.8	5.0	--		-0.59	-0.01	-30.9	-0.17	-5.84		-9.0		1.7
0.00	-32.04	-66.91				4.8	5.0	--		-0.59	-0.01	-30.9	-0.17	-5.84		-5.6		1.1
-43.33	-36.43	-74.74	-48.08			1.8	1.9	--		-0.51	-0.05	-51.0	-0.55	-111.47		-2.0		-9.1
4.26	14.00	19.95	114.11	2.97	1.8	52,247	94,111	39,036	18.4	3,329	10.27	85.0	1,547	3.65	29.78	16.1	1.4	4.4
2.94	-20.45	25.00				4.0	3.4	--		-0.64	-0.04	-642.9	-0.37	-50.61		-4.2		3.1
-7.18						4.0	3.4	--		-0.64	-0.04	-642.9	-0.37	-50.61		-3.2		2.3
-9.53	-61.30	-65.33	-99.83			1.0	2.3	--		-1.7	-2.19	93.1	-0.43	-157.04		-0.1		-0.3
8.89	-2.00	-16.95	-25.76			25.1	26.0	--		-0.71	-0.01	-3.1	-0.70	-5.75		-37.1		3.8
11.12	1.21	-11.36	-19.96			25.1	26.0	--		-0.71	-0.01	-3.1	-0.70	-5.75		-28.6		2.9
24.06	11.52	-38.81	-43.81			265.9	822.0	425.3	50.1	-95.0	-3.30	-372.4	3.9	-1.32		-2.4	0.6	1.3
22.67	24.75	-10.84	45.01			459.3	843.5	507.1	6.0	17.2	0.45	-63.4	59.3	2.76	4.07	27.9	0.9	1.1

I. Index of Stocks

Summer 2019

Company Name	Stock Ticker Symbol	Traded On	Sector	Overall Rating	Recommendation	Reward Rating	Risk Rating	Recent Up/Downgrade	Stock Price as of 6/30/2019	52-Week High	52-Week Low	3-Year Beta	Growth	Efficiency	Solvency	Volatility	Dividend	Total Return
Delcath Systems, Inc.	DCTH	OTC PK	Health Care	D	Sell	C-	D-		0.12	10.30	0.07	-0.40	F	G	F	W	–	V
Delek Logistics Partners, LP	DKL	NYSE	Energy	B-	Buy	B+	C		31.99	35.50	26.5	0.71	G	E	G	F	E	F
Delek US Holdings, Inc.	DK	NYSE	Energy	C+	Hold	A-	D+		38.89	56.36	29.51	1.57	G	G	E	W	G	F
Delivra Corp.	DVA.V	TSXV	Health Care	D	Sell	D-	D	Up	0.40	0.61	0.23	1.86	F	V	G	W	–	W
Delivra Corp.	DLRVF	OTC PK	Health Care	D	Sell	D-	D	Up	0.32	0.46	0.21		F	V	G	W	–	W
Dell Technologies Inc.	DELL	NYSE	Information Tech	C-	Hold	C-	C-		52.21	70.55	42.02		F	W	G	F	–	W
Delmar Bancorp	DBCP	OTC PK	Financials	C	Hold	C+	C+		7.60	8.22	6.95	0.56	F	G	E	F	W	F
DelMar Pharmaceuticals, Inc.	DMPI	NAS CM	Health Care	D-	Sell	D-	D-		1.28	8.50	1.18	0.87	W		G	W	–	V
Delphi Energy Corp.	DPGYF	OTC PK	Energy	D	Sell	D	D-		0.13	0.70	0.11	1.96	W	W	G	W	–	V
Delphi Energy Corp.	DEE.TO	TSX	Energy	D	Sell	D	D-		0.15	0.96	0.14	1.74	W	W	G	W	–	V
Delphi Technologies PLC	DLPH	NYSE	Consumer Discretn	D+	Sell	C	D		19.83	46.45	13.18		F	E	G	W	–	V
DelphX Capital Markets Inc.	DELX.V	TSXV	Financials	D-	Sell	D-	D-	Up	0.12	0.87	0.08		W	W	E	W	–	V
DelphX Capital Markets Inc.	DPXCF	OTC PK	Financials	D-	Sell	D-	D-	Up	0.25	0.58	0.25		W	W	E	W	–	V
Delrey Metals Corp.	DLRYF	OTC PK	Materials	E-	Sell	D-	D		0.08	0.30	0.07		V	W	E	W	–	W
Delta 9 Cannabis Inc.	NINE.V	TSXV	Health Care	D+	Sell	C	D	Up	1.05	2.35	0.92		F	G	E	W	–	V
Delta 9 Cannabis Inc.	VRNDF	OTC PK	Health Care	D+	Sell	C	D	Up	0.80	1.85	0.65		F	G	E	W	–	W
Delta Air Lines, Inc.	DAL	NYSE	Industrials	B	Buy	A-	C	Up	56.82	61.32	45.08	1.30	F	E	G	F	G	F
Delta Apparel, Inc.	DLA	AMEX	Consumer Discretn	C	Hold	B-	C	Down	23.64	24.99	16.11	1.15	F	G	G	F	–	F
Delta Galil Industries Ltd.	DELTY	OTC PK	Consumer Discretn	C	Hold	C+	C		27.50	31.60	24.93	0.14	F	E	G	F	W	F
Deltex Medical Group plc	DTXMF	OTC PK	Health Care	D-	Sell	D	E+	Up	0.01	0.01	0.01	-0.31	W	V	G	V	–	W
Deluxe Corporation	DLX	NYSE	Industrials	D+	Sell	C	D	Down	41.45	68.21	36.11	1.80	W	E	G	W	G	W
Denali Therapeutics Inc.	DNLI	NAS GS	Health Care	D	Sell	D	D	Down	20.54	28.87	12.32		W	W	E	W	–	W
Denbury Resources Inc.	DNR	NYSE	Energy	C-	Hold	C	D		1.27	6.75	1.12	2.76	F	F	G	W	–	W
Denison Mines Corp.	DML.TO	TSX	Energy	D+	Sell	D+	D	Up	0.70	0.89	0.59	0.88	W	W	E	W	–	F
Denison Mines Corp.	DNN	AMEX	Energy	D	Sell	D+	D		0.52	0.69	0.44	1.17	W	W	E	W	–	F
Denmark Bancshares, Inc.	DMKBA	OTC PK	Financials	C	Hold	B	C		24.00	24.90	23.05	0.04	E	G	E	F	–	F
Denmark Bancshares, Inc.	DMKBB	OTC PK	Financials	E	Sell	B-	C		24.00	24.00	24		E	G	E	F	–	W
Denny's Corporation	DENN	NAS CM	Consumer Discretn	B	Buy	B+	C+		20.47	21.14	13.32	0.03	E	E	F	G	–	G
DENTSPLY SIRONA Inc.	XRAY	NAS GS	Health Care	D+	Sell	C-	D	Up	57.63	59.40	33.93	0.71	F	W	G	W	W	F
Department 13 International Limited	DPTLF	OTC PK	Industrials	E+	Sell	E+	E+	Down	0.00	0.10	0	0.14	W	V	F	V	–	V
Dermavant Sciences Ltd.	DRMT	NAS	Health Care	U		U	U		13.00				U	U	U	U	U	U
Dermira, Inc.	DERM	NAS GS	Health Care	D-	Sell	E+	D-		8.98	15.48	6	1.76	F	V	G	W	–	W
Desarrolladora Homex, S.A.B. de C.V.	DHHXF	OTC PK	Consumer Discretn	D-	Sell	E+	D-	Up	0.00	0.02	0	2.68	W	V	F	W	–	V
Desert Gold Ventures Inc.	DAU.V	TSXV	Materials	C-	Hold	C	D	Up	0.15	0.26	0.14	-1.23	W	G	F	W	–	W
Desert Gold Ventures Inc.	DAUGF	OTC PK	Materials	D+	Sell	C	D	Up	0.14	0.21	0.12	-0.07	W	G	F	W	–	W
Desert Lion Energy Inc.	DSLEF	OTC PK	Materials	D-	Sell	E+	D		0.50	0.73	0.05		W	V	F	W	–	V
Desert Lion Energy Inc.	DLI.V	TSXV	Materials	D-	Sell	E+	D-		0.11	1.01	0.04		W	V	F	W	–	W
Desert Mountain Energy Corp.	DME.V	TSXV	Materials	D-	Sell	D-	D		0.20	0.27	0.13	-0.21	V	V	E	W	–	W
Desert Mountain Energy Corp.	DMEHF	OTC PK	Materials	D-	Sell	D-	D		0.16	0.20	0.11	0.97	V	V	E	W	–	W
Designer Brands Inc.	DBI	NYSE	Consumer Discretn	C-	Hold	B-	D	Down	18.90	34.63	17.55	1.42	F	G	G	W	G	W
Despegar.com, Corp.	DESP	NYSE	Consumer Discretn	D+	Sell	C	D	Up	13.96	22.18	11.11		F	G	G	W	–	V
Destination Maternity Corporation	DEST	NAS GS	Consumer Discretn	D	Sell	D	D		1.32	6.44	0.7	1.27	W	W	W	W	–	V
Destination XL Group, Inc.	DXLG	NAS GS	Consumer Discretn	D	Sell	D	D		1.69	3.52	1.53	1.35	W	W	F	W	–	W
Destiny Media Technologies Inc.	DSNY	OTC PK	Communication Svc	C	Hold	B	D+		0.23	0.35	0.07	2.03	G	G	E	W	–	F
Destiny Media Technologies Inc.	DSY.V	TSXV	Communication Svc	C	Hold	B	D+		0.28	0.46	0.16	1.84	G	G	E	W	–	F
Deswell Industries, Inc.	DSWL	NAS	Information Tech	C	Hold	A-	C		2.80	3.53	2.65	0.11	F	G	E	F	G	F
Detour Gold Corporation	DGC.TO	TSX	Materials	C-	Hold	C+	D	Up	16.60	16.74	9.38	0.01	E	F	E	W	–	W
Detour Gold Corporation	DRGDF	OTC PK	Materials	C-	Hold	C+	D	Up	12.66	12.75	7.19	0.35	E	F	E	W	–	W
Deutsche Bank Aktiengesellschaft	DB	NYSE	Financials	D	Sell	C-	D-		7.54	13.17	6.61	1.52	G	F	F	W	–	V
Deutsche Telekom AG	DTEGF	OTC PK	Communication Svc	C	Hold	C+	C-		17.37	18.21	15.55	0.18	F	G	G	F	–	W
Deutsche Telekom AG	DTEGY	OTC PK	Communication Svc	C	Hold	C+	C		17.23	17.95	15.26	0.09	F	G	G	F	–	W
Devin Energy Corporation	DVCH.V	TSXV	Energy	D+	Sell	C	D		0.08	0.15	0.05	-1.80	V	E	G	W	–	F

*Ratings Factors: E=Excellent, G=Good, F=Fair, W=Weak, V=Very Weak, U=Unrated

Summer 2019 — I. Index of Stocks

3-Month Total Return (%)	6-Month Total Return (%)	1-Year Total Return (%)	3-Year Total Return (%)	Dividend $ TTM	Dividend Yield TTM	Market Cap. ($Mil)	Enterprise Value ($Mil)	Revenue ($Mil)	Revenue Growth (%)	Net Income ($Mil)	Earnings/Share $	EPS Growth (%)	Cash from Operations ($Mil)	Return on Assets (%)	Return on Equity (%)	Earnings (P/E) TTM	Sales (P/S) TTM	Book (P/B) Q
-51.71	-58.62	-95.44	-100.00			2.2	1.7	3.4	25.5	-19.2	1.02	100.3	-14.7	-215.12		0.1	0.4	-0.1
1.49	18.21	32.77	66.94	3.19	10.0	780.8	1,493	642.2	11.4	62.7	2.56	13.8	150.5	12.29		12.5	1.2	-5.8
6.16	21.50	-20.48	232.32	1.06	2.7	2,989	4,141	10,080	19.5	524.3	6.22	126.9	884.4	8.05	29.78	6.3	0.3	1.7
-23.08	73.91	6.67	-23.08			14.5	15.7	3.9	18.3	-2.2	-0.05	-61.1	-0.82	-44.79		-8.5	4.9	-31.8
-23.71	0.06	25.05				14.5	15.7	3.9	18.3	-2.2	-0.05	-61.1	-0.82	-44.79		-6.7	3.8	-25.0
-8.27	14.92					39,270	90,111	91,173	10.7	-1,381	-1.79	40.7	6,514	0.54		-29.2	0.4	-5.8
7.42	5.93	0.99	25.89	0.10	1.3	75.9	--	15.8	-32.1	2.8	0.30	-28.8	2.7			25.7	4.8	1.1
-72.04	-65.09	-81.64	-98.34			4.9	8.9	--		-7.8	-3.36	48.0	-7.0	-81.45		-0.4		-0.7
-47.92	-52.94	-81.92	-85.50			21.2	157.5	93.6	9.5	-30.6	-0.17	-605.6	27.6	-2.87		-0.8	0.3	0.2
-51.61	-59.46	-83.33	-85.85			21.2	157.5	93.6	9.5	-30.6	-0.17	-605.6	27.6	-2.87		-0.9	0.3	0.2
2.32	38.57	-56.12		0.68	3.4	1,744	3,312	4,713	-5.3	276.0	3.11	-1.3	365.0	6.88	73.68	6.4	0.4	4.9
-44.19	-65.71	-85.88				8.1	--	-0.01	92.1	-6.8	-0.09	-73.1	-1.5			-1.4	-1,200.0	-7.8
0.00	0.00					8.1	--	-0.01	92.1	-6.8	-0.09	-73.1	-1.5			-2.9	-2,528.0	-16.5
-51.90						2.8	1.6	--		-0.57	-0.03		-0.33			-2.4		1.3
-33.54	-12.50	-29.53				70.2	75.9	9.7	1,001.4	3.4	0.03	128.5	-11.5	-10.65	12.36	32.3	9.5	2.7
-32.27	-9.33	-27.92				70.2	75.9	9.7	1,001.4	3.4	0.03	128.5	-11.5	-10.65	12.36	24.6	7.2	2.0
13.60	14.71	17.11	75.51	1.40	2.5	37,197	53,868	44,942	7.0	4,118	6.01	35.4	7,622	5.94	32.34	9.5	0.8	2.9
6.92	35.09	22.93	7.16			164.0	306.7	409.6	6.1	7.5	1.01	2,022.3	18.5	2.11	4.91	23.4	0.4	1.1
-7.70	8.37	-6.81	22.08	0.31	1.1	745.7	1,346	1,529	10.3	43.9	1.71	-13.8	49.9	4.35	9.57	16.1	0.5	1.5
20.00	20.00	140.00	-94.55			9.4	11.0	6.6	-12.7	-1.7	0.00	55.3	-1.8	-10.13		-3.2	0.9	1.8
-2.95	9.59	-35.81	-30.20	1.20	2.9	1,809	2,742	2,005	1.8	127.5	2.77	-43.2	303.9	9.76	13.08	15.0	0.9	2.0
-8.18	3.37	31.33				1,961	1,547	132.7	20,605.8	-51.6	-0.58	89.3	-13.8	-5.75		-35.2	14.7	3.8
-39.23	-26.16	-73.60	-67.10			574.3	3,386	1,426	18.1	257.4	0.56	26.4	502.4	6.41	28.45	2.3	0.4	0.5
4.48	12.90	11.11	0.00			314.4	300.6	12.2	-1.9	-21.6	-0.04	-6.2	-15.2	-5.67		-18.7	34.0	2.5
2.97	14.29	9.25	-3.54			314.4	300.6	12.2	-1.9	-21.6	-0.04	-6.2	-15.2	-5.67		-13.9	25.2	1.9
0.16	-0.05	-11.38	32.50	0.84	3.5	77.8	--	18.8	2.7	3.2	0.98	-7.7	--		5.28	24.5	4.1	1.3
1.22				0.84	3.5	77.8	--	18.8	2.7	3.2	0.98	-7.7	--		5.28	24.5	4.1	1.3
11.07	25.89	26.36	95.70			1,234	1,664	626.3	12.5	49.4	0.76	28.1	82.7	12.31		27.0	2.1	-8.9
16.78	55.62	32.91	-3.06	0.35	0.6	13,484	14,994	3,976	-1.8	-1,053	-4.68	29.9	474.0	2.22		-12.3	3.3	2.5
-98.57	-98.57	-98.75				15.6	22.6	0.73	-67.3	-7.8	-0.01	-39.1	-5.2	-71.55		-0.1	0.8	-0.3
						319.0	409.3	--	--									
-31.87	36.06	2.28	-68.74			481.9	423.2	44.5	1,078.9	-227.1	-5.34	33.2	-226.9	-28.28		-1.7	8.8	6.5
-10.00	125.00	-18.18	-95.00			22.8	104.7	61.2	99.0	46.5	0.02	-58.1	-37.9	-2.73		0.2	0.4	
-38.30	-17.14	-23.68	3.57			6.2	6.1	--		-1.4	-0.04	64.0	-0.95	-264.67		-4.0		-58.0
-10.12	13.60	-19.77	20.34			6.2	6.1	--		-1.4	-0.04	64.0	-0.95	-264.67		-3.9		-56.8
593.68	984.90	-28.16				8.9	9.2	--		-7.4	-0.15	50.5	0.41	-20.94		-3.4		5.9
37.50	83.33	-87.50				8.9	9.2	--		-7.4	-0.15	50.5	0.41	-20.94		-0.7		1.3
14.29	-4.76	11.11	-47.37			5.6	4.8	--		-0.67	-0.02	-83.2	-0.54	-25.77		-9.7		5.1
19.23	-6.34	10.95	-50.95			5.6	4.8	--		-0.67	-0.02	-83.2	-0.54	-25.77		-7.5		4.0
-15.70	-22.20	-24.41	5.13	1.00	5.3	1,422	2,641	3,350	18.4	-13.6	-0.18	-121.2	147.0	4.77		-104.5	0.4	1.9
-2.58	12.85	-32.88				945.0	647.2	409.4	-21.9	20.6	0.29	-57.5	9.1			48.0	2.4	3.8
-37.52	-49.83	-78.46	-77.96			19.0	222.5	374.7	-7.0	-14.4	-1.04	29.4	-3.9	-0.57		-1.3	0.1	0.8
-31.30	-20.28	-24.89	-62.44			84.2	405.3	473.4	-0.1	-13.5	-0.28	17.2	5.1	-0.13		-6.1	0.2	1.4
-10.16	23.01	30.91	11.76			10.6	8.0	3.7	3.4	0.66	0.01	0.0	1.1	15.32	26.24	22.9	3.4	4.5
-13.85	12.00	16.67	3.70			10.6	8.0	3.7	3.4	0.66	0.01	0.0	1.1	15.32	26.24	28.0	4.2	5.5
-6.67	-6.98	-14.24	97.75	0.13	4.6	44.5	5.3	65.7	22.5	5.3	0.33	21.1	3.0	0.4	6.51	8.5	0.7	0.5
33.44	45.10	39.03	-49.50			2,228	2,289	780.7	4.7	28.0	0.15	-71.1	297.8	2.5	1.41	111.3	3.7	1.5
38.97	50.63	40.20	-49.69			2,228	2,289	780.7	4.7	28.0	0.15	-71.1	297.8	2.5	1.41	84.9	2.9	1.1
-7.17	-5.55	-27.38	-45.31	0.05	0.7	15,540	--	27,953	-6.8	393.0	0.01	101.1	-36,783		0.63	793.7	0.6	0.2
-1.06	2.81	13.42	13.35			81,767	184,205	92,260	3.0	2,412	0.51	-45.0	22,737	4.26	7.72	34.1	0.9	2.5
3.66	6.26	17.57	21.65	1.49	8.7	81,767	184,205	92,260	3.0	2,412	0.51	-45.0	22,737	4.26	7.72	33.8	0.9	2.5
0.00	0.00	-25.00	-72.22			0.47	0.44	--		-0.02	0.00	89.9	-0.02	-20.89		-32.6		-1.4

https://greyhouse.weissratings.com

Data as of June 30, 2019

I. Index of Stocks

Summer 2019

Company Name	Stock Ticker Symbol	Traded On	Sector	Overall Rating	Recommendation	Reward Rating	Risk Rating	Recent Up/Downgrade	Stock Price as of 6/30/2019	52-Week High	52-Week Low	3-Year Beta	Growth	Efficiency	Solvency	Volatility	Dividend	Total Return
Devin Energy Corporation	DVNGF	OTC PK	Energy	D	Sell	D	D		0.00	0.12	0	-0.90	V	E	G	W	—	V
Devon Energy Corporation	DVN	NYSE	Energy	C-	Hold	C+	D	Down	28.30	46.54	20.37	2.20	F	G	G	W	W	W
Devonian Health Group Inc.	GSD.V	TSXV	Health Care	D-	Sell	D-	D-	Down	0.23	0.64	0.2	0.83	W	W	G	W	—	V
Dex Media Holdings, Inc.	DMDA	OTC PK	Communication Svc	C	Hold	C	B		10.68	11.00	10	-0.01	F	F	G	G	—	F
DexCom, Inc.	DXCM	NAS GS	Health Care	D	Sell	C-	D	Down	145.83	157.50	90.71	0.97	W	W	E	W	—	F
DFB Healthcare Acquisitions Corp.	DFBH	NAS CM	Financials	D-	Sell	C	D+	Up	10.13	10.87	9.6		F	G	E	E	—	W
DGSE Companies, Inc.	DGSE	AMEX	Consumer Discretn	D	Sell	D+	D		1.31	1.45	0.37	0.67	W	F	G	W	—	W
DHI Group, Inc.	DHX	NYSE	Communication Svc	C-	Hold	C	D+	Down	3.87	4.44	1.34	1.85	W	G	G	W	—	F
DHT Holdings, Inc.	DHT	NYSE	Energy	C-	Hold	C	D	Up	5.64	6.15	3.6	0.29	F	F	G	W	G	F
DHX Media Ltd.	DHXM	NAS GS	Communication Svc	D-	Sell	D	D		1.49	2.78	0.8		W	W	G	W	—	V
Diageo plc	DEO	NYSE	Consumer Staples	C+	Hold	B+	D+		171.61	174.74	131.43	0.43	G	E	G	G	W	G
Diageo plc	DGEAF	OTC PK	Consumer Staples	C	Hold	B+	B		42.54	43.70	33.11	0.34	G	E	G	G	F	G
Diagnos Inc.	ADK.V	TSXV	Health Care	D-	Sell	E+	D		0.30	0.75	0.24	2.23	W	V	G	W	—	W
Diagnos Inc.	DGNOF	OTC PK	Health Care	D-	Sell	E+	D		0.24	0.60	0.17	2.19	W	V	G	W	—	W
Dialog Semiconductor Plc	DLGNF	OTC PK	Information Tech	C	Hold	C	D+		38.30	39.33	14.5	1.29	W	E	E	W	—	F
Diamcor Mining Inc.	DMI.V	TSXV	Materials	E+	Sell	D-	E+	Down	0.17	0.50	0.09	-0.31	W	W	F	V	—	V
Diamcor Mining Inc.	DMIFF	OTC PK	Materials	E+	Sell	D-	E+	Down	0.13	0.31	0.07	0.25	W	W	F	V	—	V
DiaMedica Therapeutics Inc.	DMAC	NAS CM	Health Care	D	Sell	D-	D		4.66	13.77	2.46	2.21	V		E	W	—	W
DiaMedica Therapeutics Inc.	DMA.V	TSXV	Health Care	D	Sell	D-	D		4.63	18.00	3.33	1.52	V		E	W	—	W
Diamond Estates Wines & Spirits Inc.	DWWEF	OTC PK	Consumer Staples	D	Sell	D	D	Down	0.16	0.25	0.16	0.21	V	W	G	W	—	W
Diamond Estates Wines & Spirits Inc.	DWS.V	TSXV	Consumer Staples	D	Sell	D	D		0.15	0.36	0.15	-0.29	V	W	G	W	—	W
Diamond Fields Resources Inc.	DFR.V	TSXV	Materials	C-	Hold	C	D+	Up	0.16	0.19	0.07	0.36	W	W	G	W	—	G
Diamond Fields Resources Inc.	DFIFF	OTC PK	Materials	D	Sell	D+	D	Up	0.00	0.12	0	-4.37	W	W	G	W	—	W
Diamond Hill Investment Group, Inc.	DHIL	NAS GS	Financials	D+	Sell	C	D		139.66	199.95	132.51	0.38	G	E	E	W	—	W
Diamond Offshore Drilling, Inc.	DO	NYSE	Energy	D	Sell	D	D		8.50	21.92	7.12	1.95	W	W	E	W	—	W
Diamond S Shipping Inc.	DSSI	NYSE	Energy	E	Sell	D	C-		11.75	14.26	9.6		F	W	G	F	—	W
Diamondback Energy, Inc.	FANG	NAS GS	Energy	C+	Hold	B	D+	Up	107.49	140.78	85.19	1.21	E	G	G	W	W	F
Diamondhead Casino Corporation	DHCC	OTC PK	Consumer Discretn	D	Sell	C-	D-	Down	0.02	0.05	0.01	2.56	W	E	F	W	—	W
DiamondPeak Holdings Corp.	DPHC	NAS CM	Financials	U	U	U	U		9.72	9.81	9.71		U	U	U	U	U	U
DiamondRock Hospitality Company	DRH	NYSE	Real Estate	C	Hold	C+	C	Down	10.36	12.57	8.7	1.34	W	E	E	F	G	W
Diana Shipping Inc.	DSX	NYSE	Industrials	U	U	U	U		3.31	5.03	2.41	0.56	U	U	U	U	U	U
Dicerna Pharmaceuticals, Inc.	DRNA	NAS GS	Health Care	D-	Sell	E+	D		15.75	17.98	9.31	2.00	F	V	E	W	—	E
Dick's Sporting Goods, Inc.	DKS	NYSE	Consumer Discretn	C	Hold	B	D+		34.26	41.21	29.69	0.93	F	E	G	W	G	W
Diebold Nixdorf, Incorporated	DBD	NYSE	Information Tech	D	Sell	D	D		8.83	13.49	2.41	3.02	W	W	G	W	—	W
Diego Pellicer Worldwide, Inc.	DPWW	OTC PK	Real Estate	D	Sell	C-	D-		0.02	0.36	0.01	-7.33	F	E	F	W	—	V
Diffusion Pharmaceuticals Inc.	DFFN	NAS CM	Health Care	E+	Sell	E+	D-	Down	2.85	11.00	1.83	1.01	F	V	G	W	—	V
Digatrade Financial Corp.	DIGAF	OTC PK	Financials	D-	Sell	D-	D-		0.01	0.07	0	4.99	W	W	E	W	—	V
Digerati Technologies, Inc.	DTGI	OTC PK	Communication Svc	D+	Sell	C	D		0.18	0.57	0.07	1.38	W	G	F	W	—	W
Digi International Inc.	DGII	NAS GS	Information Tech	C	Hold	B-	C-		12.32	14.45	9.28	1.88	F	G	E	F	—	F
Digimarc Corporation	DMRC	NAS GS	Information Tech	D-	Sell	D-	D		43.86	66.50	14.03	0.46	W	V	E	W	—	G
DigiPath, Inc.	DIGP	OTC PK	Health Care	D-	Sell	E+	D-		0.13	0.31	0.09	2.88	F	V	G	W	—	W
Digirad Corporation	DRAD	NAS	Health Care	D-	Sell	D	D-	Down	7.05	19.50	4.2	2.55	W	W	G	W	—	W
Digital Ally, Inc.	DGLY	NAS CM	Information Tech	D-	Sell	E+	D		1.43	5.33	1.41	1.22	W	V	G	W	—	W
Digital Brand Media & Marketing Group, Inc.	DBMM	OTC PK	Communication Svc	C-	Hold	C	D+	Up	0.00	0.00	0	5.46	W	G	F	W	—	F
Digital Development Partners, Inc.	DGDM	OTC PK	Information Tech	D	Sell	C-	D	Down	0.00	0.04	0	18.09	V	E	F	W	—	W
Digital Locations, Inc.	DLOC	OTC PK	Information Tech	D+	Sell	C	D-	Up	0.00	0.05	0	-1.59	F	G	F	W	—	W
Digital Realty Trust, Inc.	DLR	NYSE	Real Estate	B-	Buy	A-	D+	Up	117.60	125.19	100.05	0.58	E	E	E	F	G	F
Digital Turbine, Inc.	APPS	NAS CM	Information Tech	D	Sell	D	D	Up	5.06	5.10	1.12	1.97	W	W	E	W	—	E
DigitalTown, Inc.	DGTW	OTC PK	Communication Svc	E+	Sell	E	D-	Down	0.00	0.20	0	0.19	V	V	F	W	—	V
Dillard's, Inc.	DDS	NYSE	Consumer Discretn	C	Hold	C+	D+		61.50	98.36	53.96	1.17	W	G	E	W	W	W
Dime Community Bancshares, Inc.	DCOM	NAS GS	Financials	C	Hold	C+	C	Down	18.63	20.55	15.48	1.08	W	G	E	F	G	W
Dimeco, Inc.	DIMC	OTC PK	Financials	C	Hold	B+	B+		40.21	44.00	36.75	0.34	G	G	E	G	G	F

*Ratings Factors: E=Excellent, G=Good, F=Fair, W=Weak, V=Very Weak, U=Unrated

Summer 2019 — I. Index of Stocks

TOTAL RETURNS %				DIVIDEND/YIELD		SIZE		REVENUE & INCOME			EARNINGS		EFFECTIVENESS			VALUATION		
3-Month Total Return (%)	6-Month Total Return (%)	1-Year Total Return (%)	3-Year Total Return (%)	Dividend $ TTM	Dividend Yield TTM	Market Cap. ($Mil)	Enterprise Value ($Mil)	Revenue ($Mil)	Revenue Growth (%)	Net Income ($Mil)	Earnings/Share $	EPS Growth (%)	Cash from Operations ($Mil)	Return on Assets (%)	Return on Equity (%)	Earnings (P/E) TTM	Sales (P/S) TTM	Book (P/B) Q
0.00	-99.83	-99.87	-99.84			0.47	0.44	--		-0.02	0.00	89.9	-0.02	-20.89		0.0		0.0
-10.92	26.80	-34.33	-19.44	0.33	1.2	11,752	16,576	9,750	15.0	2,944	6.04	709.7	2,277	2.62	6.1	4.7	1.3	1.5
-19.64	-25.00	3,266.75		0.27	120.0	13.2	16.4	5.3	222.5	-2.4	-0.03	52.6	-1.3	-9.35		-7.5	2.9	
0.00	3.14	1.67				1,102	1,671	1,793	36.0	51.1	0.49	-33.8	347.1	9.74	21.35	21.6	0.6	4.2
23.19	23.29	54.69	86.87			13,278	12,999	1,128	48.3	-129.8	-1.46	-284.1	143.7	-7.26		-99.6	11.7	19.9
2.01	3.05	3.90				316.6	315.8	--		2.7	0.09	1,112.7	-1.6	-0.37	53.83	117.7		63.3
211.90	211.98	84.51	81.94			35.3	36.7	56.0	-8.1	0.67	0.02	-77.3	-0.30	3.22	7.9	85.1	0.6	4.0
59.26	156.29	68.26	-36.97			213.0	242.8	155.6	-21.7	5.3	0.09	-74.2	11.2	2.8	3.58	40.8	1.3	1.3
29.03	47.25	24.48	29.14	0.17	3.0	800.9	1,662	428.3	24.9	-20.0	-0.15	-24.5	73.3	1.99		-37.6	1.9	0.9
-6.29	-7.45	-27.32				198.4	871.2	326.4	-1.7	-46.0	-0.35	-434.6	18.3	1.12		-4.3	0.6	0.8
4.77	22.63	21.97	74.66	3.45	2.0	101,268	116,927	16,701	6.4	3,886	1.58	-4.3	4,605	8.29	27.19	108.7	25.2	35.1
4.26	19.45	19.49	63.62			101,268	116,927	16,701	6.4	3,886	1.58	-4.3	4,605	8.29	27.19	26.9	6.3	8.7
-14.29	-14.29	-50.00	-33.33			9.1	12.4	0.23	-80.8	-3.2	-0.18	-14.5	-2.4	-134.02		-1.7	25.2	-2.0
-12.55	-5.20	-49.58	-36.80			9.1	12.4	0.23	-80.8	-3.2	-0.18	-14.5	-2.4	-134.02		-1.3	19.9	-1.6
29.30	51.03	159.93	21.97			2,707	2,069	1,405	-0.7	140.7	1.80	-16.2	280.6	7.64	10.41	21.2	2.1	2.1
-13.16	-36.54	-57.69	-85.65			8.0	7.0	3.0	-30.9	-2.0	-0.04	14.2	-2.2	-23.81		-4.5	3.3	1.6
8.09	-34.20	-56.21	-85.40			8.0	7.0	3.0	-30.9	-2.0	-0.04	14.2	-2.2	-23.81		-3.4	2.5	1.2
4.48	62.94	-56.85	1.53			56.0	42.5	0.50		-8.4	-0.92	-56.4	-7.9	-49.86		-5.1	111.5	4.0
0.00	16.62	-67.39	-15.82			56.0	42.5	0.50		-8.4	-0.92	-56.4	-7.9	-49.86		-5.1	110.8	4.0
0.00	-21.19	-38.17				17.0	35.3	22.3	-17.3	-2.1	-0.02	-527.5	-0.53	-2.3		-9.1	1.1	1.8
-25.00	-34.78	-53.12	20.00			17.0	35.3	22.3	-17.3	-2.1	-0.02	-527.5	-0.53	-2.3		-8.8	1.1	1.8
33.33	128.57	77.78	113.33			8.3	6.4	-1.1	-263.1	0.32	0.00	135.2	-0.27	-94.01		50.0	-10.1	11.4
-99.99	-99.98	-99.98	-99.99			8.3	6.4	-1.1	-263.1	0.32	0.00	135.2	-0.27	-94.01		0.0	0.0	0.0
1.39	-6.36	-24.32	-16.12			455.7	413.3	140.4	-5.1	51.3	14.60	0.8	63.0	13.89	22.09	9.6	3.5	2.2
-19.12	-12.73	-58.92	-64.55			1,170	2,915	998.7	-27.4	-272.9	-1.99	-2,192.2	151.2	-1.12		-4.3	1.2	0.3
7.21						468.7	1,370	378.1	24.8	-73.4	-1.55	-207.3	29.4	-0.56		-7.6	0.9	0.4
5.02	17.33	-17.43	22.04	0.56	0.5	17,701	23,012	2,547	77.3	692.9	6.37	23.3	1,602	3.95	8	16.9	7.0	1.3
36.36	25.00	-40.00	-86.36			0.54	4.9	--		-1.9	-0.06	-46.4	-0.18	-7.53		-0.3		-0.1
						340.2	338.9	--		0.26	0.01		-0.17			1,230.4		68.0
-5.82	17.29	-11.23	36.11	0.50	4.8	2,087	3,195	884.5	3.4	92.4	0.44	2.7	207.6	2.32	5.07	23.4	2.4	1.2
16.55	5.08	-31.89	40.85			314.4	708.8	111.2	-31.3	-0.14	-0.03	99.4	--			-98.8	3.1	0.5
11.46	48.03	34.39	398.42			1,076	708.0	7.7	134.4	-99.4	-1.70	48.2	107.0	-19.65		-9.3	139.0	6.0
-5.07	11.69	-4.21	-11.83	1.00	2.9	3,153	6,481	8,448	-2.6	317.3	3.27	6.2	509.7	4.91	17.04	10.5	0.4	1.7
-14.27	253.20	-26.42	-60.96			676.3	2,899	4,543	-0.6	-630.5	-8.28	-144.4	-18.9	0.59		-1.1	0.2	-2.2
-66.80	-87.12	-91.10	-99.88			0.87	6.4	1.5	-2.4	-9.0	-0.54	88.0	-1.2	-54.13		0.0	0.4	-0.1
-26.36	26.67	-60.42	-97.62			13.4	8.4	--		-17.8	-5.27	79.0	-10.1	-29.37		-0.5		0.7
21.43	34.92	-84.55	-97.70			2.4	2.7	--		-0.85	-0.01	46.9	-0.52	-68.38		-1.0		-7.1
-17.52	60.86	-62.12	-38.55			3.6	5.7	6.1	1,229.9	-4.3	-0.31	-488.3	1.1	-38.52		-0.6	0.5	-1.3
-3.60	21.74	-8.06	22.59			345.7	273.6	256.5	34.7	12.3	0.44	1,106.0	8.4	2.58	3.7	28.0	1.4	1.0
35.50	176.89	64.58	44.42			504.4	470.6	21.2	-14.1	-32.9	-2.88	-12.9	-23.1	-30.36		-15.2	23.7	10.1
-31.01	0.91	-32.78	-34.46			6.2	6.2	2.4	-9.7	-1.7	-0.04	12.4	-0.96	-65.53		-3.3	2.5	5.7
-24.68	22.67	-55.98	-83.88	2.20	31.2	14.3	32.3	102.6	-1.6	-5.0	-2.52	83.0	2.5	-3.37		-2.8	0.1	0.6
-61.66	-49.47	-39.15	-60.82			16.3	23.7	11.4	-3.8	-16.2	-1.83	7.1	-10.1	-58.68		-0.8	1.4	-4.7
60.00	60.00	-33.33	300.00			0.61	2.1	0.45	-19.7	-0.58	0.00	-250.0	-0.28	-184.42		-1.1	1.6	-0.2
-67.94	-61.11	-79.00	-6.67			0.36	1.1	--		-0.12	0.00	-15.4	-0.08	-1,656.75		-2.8		-0.4
-59.15	-82.42	-55.38	-95.85			0.14	2.2	0.16		-7.1	-0.25	-13,766.7	-0.67	-443.44		0.0	29.0	0.0
-0.81	12.94	10.37	22.60	4.18	3.6	24,494	37,894	3,151	17.6	341.4	1.25	23.7	1,499	1.76	3.2	93.9	7.8	2.8
51.04	173.51	237.33	400.99			413.3	402.5	103.6	38.6	-6.0	-0.07	89.7	1.3	2.54		-67.7	3.9	11.4
-90.00	-98.24	-99.70	-99.92			0.33	1.6	0.21	-34.4	-6.8	-0.08	52.1	-2.2	-2,565.19		0.0	0.2	0.0
-14.57	3.51	-36.19	5.58	0.40	0.7	1,583	2,063	6,510	0.8	168.3	6.37	-23.8	360.3	4.1	9.85	9.7	0.3	0.9
-2.19	12.26	-2.50	23.92	0.56	3.0	671.7	--	149.9	-14.8	48.0	1.30	-11.3	61.7		7.91	14.3	4.5	1.1
-0.10	1.15	10.40	67.19	1.16	2.9	101.3	--	22.1	-21.7	6.6	2.62	15.0	--			15.4	4.6	1.2

I. Index of Stocks

Summer 2019

Company Name	Stock Ticker Symbol	Traded On	Sector	Overall Rating	Recommendation	Reward Rating	Risk Rating	Recent Up/Downgrade	Stock Price as of 6/30/2019	52-Week High	52-Week Low	3-Year Beta	Growth	Efficiency	Solvency	Volatility	Dividend	Total Return
Dine Brands Global, Inc.	DIN	NYSE	Consumer Discretn	C+	Hold	B	D+	Up	94.35	101.18	65.63	0.49	F	G	G	W	G	F
Diodes Incorporated	DIOD	NAS GS	Information Tech	B	Buy	B+	C	Up	35.17	44.27	27.38	1.08	E	G	E	F	--	F
DionyMed Brands Inc.	DYMEF	OTC PK	Consumer Staples	E	Sell	D-	D		0.85	3.21	0.82		W	V	F	W	--	W
Dios Exploration Inc.	DOS.V	TSXV	Materials	D	Sell	D	D	Up	0.04	0.08	0.04	0.47	W	W	E	W	--	W
Dios Exploration Inc.	DIOSF	OTC PK	Materials	D-	Sell	D	D-		0.04	0.06	0.04	-0.96	W	W	E	W	--	W
Diplomat Pharmacy, Inc.	DPLO	NYSE	Health Care	D	Sell	D	D-		5.97	27.40	4.17	1.21	W	W	G	W	--	V
DirectView Holdings, Inc.	DIRV	OTC PK	Information Tech	D-	Sell	D-	D-	Down	0.00	0.02	0	-0.85	W	V	F	W	--	V
DIRTT Environmental Solutions Ltd.	DRTTF	OTC PK	Industrials	C-	Hold	C-	D		5.60	6.90	4.1	1.21	W	W	E	F	--	G
DIRTT Environmental Solutions Ltd.	DRT.TO	TSX	Industrials	C-	Hold	C	D		7.41	9.30	5.63	1.02	W	W	E	F	--	G
Discover Financial Services	DFS	NYSE	Financials	B-	Buy	B	C	Up	77.59	82.51	54.36	1.59	F	E	E	F	F	F
Discovery Energy Corp.	DENR	OTC PK	Energy	D-	Sell	E	D	Down	0.21	0.40	0.02	-0.49	W	V	F	W	--	W
Discovery Gold Corporation	DCGD	OTC PK	Materials	D	Sell	C	D		0.00	0.01	0	-0.74	W	G	F	W	--	F
Discovery Harbour Resources Corp.	DHR.V	TSXV	Materials	E+	Sell	E	D-	Down	0.04	0.08	0.01	0.29	F	V	V	W	--	W
Discovery Metals Corp.	AYYBF	OTC PK	Materials	D-	Sell	E+	D-	Up	0.17	0.28	0.14		W	V	G	W	--	V
Discovery Metals Corp.	DSV.V	TSXV	Materials	D-	Sell	E+	D	Down	0.22	0.41	0.17	2.86	W	V	G	W	--	F
Discovery One Investment Corp.	DOITP.V	TSXV	Financials	E	Sell	D	D	Up	0.15	0.20	0.1		W	W	F	W	--	W
Discovery, Inc.	DISCB	NAS GS	Communication Svc	C	Hold	B	C-		34.80	40.50	27	0.84	G	G	G	F	--	F
Discovery, Inc.	DISCA	NAS GS	Communication Svc	C	Hold	B	D+		29.74	34.89	23.79	1.26	G	G	G	W	--	F
Discovery, Inc.	DISCK	NAS GS	Communication Svc	C	Hold	B	C-		27.45	31.55	21.99	1.28	G	G	G	F	--	F
Discovery-Corp Enterprises Inc.	DCY.V	TSXV	Materials	E+	Sell	E+	D-	Down	0.01	0.02	0.01	-1.05	F	V	G	W	--	W
Discovery-Corp Enterprises Inc.	DSCVF	OTC PK	Materials	E+	Sell	E+	E+	Down	0.01	0.01	0.01	1.19	F	V	G	W	--	W
Dish Network Corporation	DISH	NAS GS	Communication Svc	C	Hold	B-	D	Up	38.17	41.39	23.22	1.48	G	E	G	W	--	V
Distinct Infrastructure Group Inc.	DSTFF	OTC PK	Industrials	D-	Sell	D	D-		0.19	0.72	0.16	1.21	W	W	G	W	--	V
Distinct Infrastructure Group Inc.	DUG.V	TSXV	Industrials	D	Sell	D	D-		0.06	1.01	0.05	0.07	W	W	G	W	--	V
District Copper Corp.	DCOP.V	TSXV	Materials	D	Sell	D	D		0.02	0.13	0.02	-0.83	V	W	E	W	--	W
District Copper Corp.	CAXPF	OTC PK	Materials	D	Sell	D	D	Up	0.02	0.09	0.01	-1.13	V	W	E	W	--	W
Ditech Holding Corporation	DHCPQ	OTC PK	Financials	D	Sell	D	D-		0.04	7.58	0.02		V	F	E	W	--	W
Divergent Energy Services Corp.	DVG.V	TSXV	Energy	D	Sell	D	D-		0.02	0.08	0.02	2.95	F	W	F	W	--	V
Diversicare Healthcare Services, Inc.	DVCR	NAS CM	Health Care	D	Sell	D	D		3.42	7.15	1.55	1.32	W	W	G	W	--	V
Diversified Gas & Oil PLC	DGAOF	OTC PK	Energy	E+	Sell	B-	C-	Up	1.40	1.65	1.33		E	E	E	F	E	W
Diversified Restaurant Holdings, Inc.	SAUC	NAS CM	Consumer Discretn	D	Sell	D+	D		0.74	1.55	0.63	0.36	F	W	F	W	--	W
Diversified Royalty Corp.	BEVFF	OTC PK	Consumer Discretn	C	Hold	B+	C		2.28	2.50	1.99	0.11	E	E	E	F	E	F
Diversified Royalty Corp.	DIV.TO	TSX	Consumer Discretn	B-	Buy	B	C	Up	3.01	3.28	2.55	0.39	E	E	E	F	G	W
Divestco Inc.	DVTH.V	TSXV	Energy	E+	Sell	E+	D-	Down	0.01	0.09	0.01	-0.55	V	V	F	W	--	V
Divestco Inc.	DSVTF	OTC PK	Energy	D-	Sell	E+	D		0.02	0.04	0.02	1.04	V	V	F	W	--	W
Dividend 15 Split Corp.	DVSPF	OTC PK	Financials	C-	Hold	C	D		6.73	7.95	4.61	0.94	V	G	E	W	E	F
Dixie Brands Inc.	DXBRF	OTC PK	Health Care	E	Sell	D-	D		0.72	1.21	0.46		F	V	G	F	--	W
DLH Holdings Corp.	DLHC	NAS CM	Industrials	C+	Hold	B	C-		4.89	6.78	4.16	1.11	E	E	E	F	--	E
DLT Resolution Inc.	DLTI	OTC PK	Health Care	D+	Sell	C	D-	Up	1.44	1.54	0.05	-0.14	V	F	G	W	--	E
DLV Resources Ltd.	DVRRF	OTC PK	Materials	D	Sell	D	D		0.06	0.06	0.06	0.85	W	V	E	W	--	W
DLV Resources Ltd.	DLVH.V	TSXV	Materials	D	Sell	D	D		0.04	0.23	0.04	1.23	W	V	E	W	--	W
DMC Global Inc.	BOOM	NAS GS	Energy	B-	Buy	A-	C-	Up	62.97	76.68	30.25	0.58	G	G	E	F	W	E
DMG Blockchain Solutions Inc.	DMGI.V	TSXV	Information Tech	D-	Sell	E+	D-	Up	0.18	0.44	0.13		W	V	G	W	--	V
DMG Blockchain Solutions Inc.	DMGGF	OTC PK	Information Tech	D-	Sell	E+	D-	Up	0.18	0.55	0		W	V	G	W	--	V
DNB Financial Corporation	DNBF	NAS CM	Financials	B	Buy	B+	B-	Up	44.00	46.86	25.84	1.21	E	E	E	G	W	G
Document Security Systems, Inc.	DSS	AMEX	Industrials	C-	Hold	C	D+	Down	0.50	1.99	0.44	1.99	F	F	G	W	--	W
DocuSign, Inc.	DOCU	NAS GS	Information Tech	D	Sell	D	D		50.65	68.35	35.06		G	V	E	W	--	W
Dogness (International) Corporation	DOGZ	NAS	Consumer Discretn	D	Sell	C	D		3.00	4.45	1.77		F	E	E	W	--	W
Dolby Laboratories, Inc.	DLB	NYSE	Information Tech	B	Buy	B+	B-		64.90	72.05	58.17	0.86	E	E	E	G	W	E
Dollar General Corporation	DG	NYSE	Consumer Discretn	B	Buy	B+	C		136.46	139.78	96.37	0.71	E	E	G	F	W	G
Dollar Tree, Inc.	DLTR	NAS GS	Consumer Discretn	C-	Hold	C	D	Up	108.14	113.38	78.78	0.70	F	F	G	F	--	F
Dollarama Inc.	DLMAF	OTC PK	Consumer Discretn	C	Hold	B	D+		33.92	38.95	22.55	1.29	G	E	G	W	W	F

*Ratings Factors: E=Excellent, G=Good, F=Fair, W=Weak, V=Very Weak, U=Unrated

I. Index of Stocks

Summer 2019

3-Month Total Return (%)	6-Month Total Return (%)	1-Year Total Return (%)	3-Year Total Return (%)	Dividend $ TTM	Dividend Yield TTM	Market Cap. ($Mil)	Enterprise Value ($Mil)	Revenue ($Mil)	Revenue Growth (%)	Net Income ($Mil)	Earnings/ Share $	EPS Growth (%)	Cash from Operations ($Mil)	Return on Assets (%)	Return on Equity (%)	Earnings (P/E) TTM	Sales (P/S) TTM	Book (P/B) Q
4.98	41.59	25.40	33.46	2.64	2.8	1,654	3,390	830.0	13.9	94.9	5.17	127.4	152.8	6.56		18.3	2.0	-8.7
0.51	9.67	0.74	97.47			1,780	1,796	1,242	13.7	117.2	2.30	686.6	201.5	6.9	12.31	15.3	1.5	1.8
-65.99	-68.54					53.8	80.1	21.4	1,163.8	-20.3	-1.64	-1,950.3	-6.9			-0.5	3.1	-5.9
-33.33	-20.00	-42.86	-69.23			2.3	1.9	--		-0.11	0.00	93.1	-0.18	-3.43		-23.5		1.3
9.20	-6.60	-27.44	-45.53			2.3	1.9	--		-0.11	0.00	93.1	-0.18	-3.43		-25.8		1.5
5.48	-57.27	-77.12	-82.44			445.8	1,082	5,407	13.9	-316.1	-4.25	-3,053.7	10.1	1.15		-1.4	0.1	1.0
-68.41	-63.16	-82.50	-99.95			0.95	6.4	3.5	-11.3	15.1	0.06	104.2	-2.2	-95.94		0.0	0.2	0.0
-11.26	30.55	17.57	41.77			478.0	446.3	276.1	14.3	-6.3	-0.08	-187.5	27.1	6.01		-71.9	1.7	3.9
-13.13	27.32	15.78	39.55			478.0	446.3	276.1	14.3	-6.3	-0.08	-187.5	27.1	6.01		-95.1	2.3	5.2
10.28	34.50	13.00	61.34	1.60	2.1	25,118	--	7,804	5.6	2,802	8.13	40.7	6,288		25.32	9.5	3.3	2.4
0.00	-16.00	-53.33	-19.23			31.9	34.7	--		-3.8	-0.06	19.2	-1.3	-28.55		-3.7		-22.3
-13.33	-39.53	44.44	62.50			0.65	0.66	--		-0.08	0.00		-0.01			-8.7		-3.7
-33.33	-20.00	-27.27	-33.33			0.79	1.0	--		-0.18	-0.01	4.7	-0.17	-38.17		-4.9		400.0
25.27	-17.20	-45.94				10.9	8.0	--		-4.8	-0.07	-15.9	-4.7	-38.97		-2.3		2.4
-12.00	15.79	-37.14	2,100.00			10.9	8.0	--		-4.8	-0.07	-15.9	-4.7	-38.97		-3.0		3.0
0.00						1.1	0.15	--		-0.26	-0.02		-0.10			-6.9		1.5
10.48	3.88	10.48	44.10			20,386	38,615	10,953	44.8	986.0	1.18	185.5	2,958	6.55	10.56	29.6	2.6	2.9
10.52	20.70	4.42	24.38			20,386	38,615	10,953	44.8	986.0	1.18	185.5	2,958	6.55	10.56	25.3	2.3	2.4
8.41	20.24	4.37	21.14			20,386	38,615	10,953	44.8	986.0	1.18	185.5	2,958	6.55	10.56	23.3	2.1	2.3
0.00	0.00	-33.33	-71.43			0.66	0.59	--		-0.09	0.00	42.9	-0.08	-62.26		-8.3		11.1
50.00	50.00	-16.67	-72.53			0.66	0.59	--		-0.09	0.00	42.9	-0.08	-62.26		-6.3		8.3
22.22	52.92	13.60	-24.16			17,908	31,866	13,350	-5.8	1,547	2.95	-26.1	2,499	4.19	19.02	12.9	1.5	2.0
0.00	0.00	-73.23				2.1	51.0	58.8	32.7	-12.9	-0.32	-51.4	-6.3	-2.95		-0.6	0.2	0.5
0.00	-73.91	-93.33	-95.20			2.1	51.0	58.8	32.7	-12.9	-0.32	-51.4	-6.3	-2.95		-0.2	0.1	0.2
-20.00	-50.00	-77.78	-66.67			2.1	2.0	--		-0.50	-0.01	-55.1	-0.62	-5.3		-2.6		0.2
10.34	-40.83	-67.90				2.1	2.0	--		-0.50	-0.01	-55.1	-0.62	-5.3		-2.6		0.2
-73.33	-37.79	-99.26				0.22	--	598.1	4.9	315.9	-5.39	53.3	-170.4			0.0	0.0	0.0
-50.00	0.00	-81.25	-90.62			1.4	5.3	7.7	-13.1	-0.17	0.00	98.2	-0.41	-8.3		-18.8	0.2	-0.3
-11.86	51.33	-50.68	-55.41	0.22	6.4	22.9	479.1	556.5	-3.1	-10.6	-1.66	-67.1	1.3	1.4		-2.1	0.0	-5.2
-6.67	-9.68					955.4	1,438	289.8	593.6	201.1	0.44	61.1	87.7	8.97	46.93	3.2	2.5	1.0
-18.50	-25.25	-38.33	-44.36			24.6	171.7	154.2	-4.0	-5.1	-0.17	78.3	10.9	1.72		-4.3	0.2	-1.2
3.20	14.80	0.31	74.91	0.17	7.3	248.6	278.2	20.7	16.0	7.6	0.07	-17.3	12.9	4.57	5.12	33.9	12.0	1.7
-1.51	12.21	6.17	77.68	0.22	7.4	248.6	278.2	20.7	16.0	7.6	0.07	-17.3	12.9	4.57	5.12	44.7	15.9	2.3
0.00	-85.71	-93.75	-85.71			0.27	8.6	7.3	-43.6	-8.1	-0.12	-313.1	-1.4	-23.18		0.0	0.1	-0.2
0.00	0.00	-71.61	-37.77			0.27	8.6	7.3	-43.6	-8.1	-0.12	-313.1	-1.4	-23.18		-0.2	0.2	-0.9
-0.05	28.93	-1.14	19.66	0.91	13.5	329.5	76.9	-12.6	-121.8	-37.8	-0.87	-187.3	-37.1	-2.08		-7.7	-24.1	1.2
-14.08						90.6	83.6	7.1	91.2	-25.8	-1.07	-1,567.3	-11.0			-0.7	12.8	14.8
-24.42	11.92	-9.94	-1.01			58.9	53.4	136.1	9.6	6.3	0.49	1,721.6	16.9	10.4	16.14	10.0	0.5	1.4
3.60	44.00	193.88	115.89			30.1	30.4	0.58		-0.25	-0.01	-117.2	-0.04	-21.69		-114.3	47.7	72.7
0.00	0.00	-54.59	-57.90			2.0	0.05	--		-0.15	0.00	82.6	-0.55	-4.04		-26.6		2.2
-56.25	-56.25	-83.72	-12.50			2.0	0.05	--		-0.15	0.00	82.6	-0.55	-4.04		-16.7		1.4
26.07	79.73	40.14	522.39	0.08	0.1	943.6	980.4	359.3	62.4	41.7	2.79	429.7	37.6	16.74	32.06	22.6	2.6	6.3
0.00	28.57	-28.00				12.8	13.6	8.8	144.4	-7.4	-0.08	66.1	-6.6	-13.31		-2.3	1.9	1.0
28.57	79.46	-10.00				12.8	13.6	8.8	144.4	-7.4	-0.08	66.1	-6.6	-13.31		-2.3	1.9	1.0
13.87	63.78	28.04	95.74	0.28	0.6	190.6	--	41.4	0.9	10.7	2.46	30.5	14.4		9.75	17.9	4.6	1.7
-63.42	-29.93	-62.31	-34.54			14.5	17.0	18.9	3.7	1.4	0.09	252.4	-2.2	-6.78	22.77	5.8	0.5	1.2
-2.18	25.06	-4.51				8,803	8,668	759.1	35.4	-201.5	-1.20	85.9	106.7	-10.68		-42.3	11.5	14.7
-15.26	-20.21	-25.93				77.7	60.0	30.1	42.3	4.6	0.25	-25.1	3.5	8.53	13.52	12.2	2.6	1.3
3.51	7.32	6.25	43.40	0.73	1.1	6,597	5,718	1,223	6.7	304.9	2.88	180.3	360.0	6.95	13.56	22.5	5.6	2.8
14.62	28.13	39.17	52.01	1.19	0.9	35,251	45,846	26,134	9.0	1,610	6.10	1.8	2,169	7.92	25.13	22.4	1.4	5.4
4.51	23.26	27.21	17.15			25,692	35,298	23,078	2.5	-1,483	-6.24	-188.9	1,993	6.21		-17.3	1.1	4.5
29.51	48.51	-12.67	51.92	0.12	0.4	10,976	13,467	2,747	5.8	418.1	1.29	6.3	455.2	18.82		26.3	3.9	-65.4

I. Index of Stocks

Summer 2019

Company Name	Stock Ticker Symbol	Traded On	Sector	Overall Rating	Recommendation	Reward Rating	Risk Rating	Recent Up/Downgrade	Stock Price as of 6/30/2019	52-Week High	52-Week Low	3-Year Beta	Growth	Efficiency	Solvency	Volatility	Dividend	Total Return
Dollarama Inc.	DOL.TO	TSX	Consumer Discretn	C+	Hold	B	D+	Up	45.77	52.49	30.7	0.88	G	E	G	W	W	F
Dolly Varden Silver Corporation	DV.V	TSXV	Materials	D-	Sell	E+	D		0.25	0.56	0.19	0.62	W	V	E	W	–	W
Dolly Varden Silver Corporation	DOLLF	OTC PK	Materials	D-	Sell	E+	D		0.19	0.42	0.14	0.69	W	V	E	W	–	W
Dolphin Entertainment, Inc.	DLPN	NAS CM	Communication Svc	D-	Sell	D-	D-	Down	1.08	4.07	0.71	2.62	W	V	F	W	–	V
Dominion Energy, Inc.	DCUE	NYSE	Utilities	U		U	U		102.92	107.28	100		U	U	U	U	U	U
Dominion Energy, Inc.	D	NYSE	Utilities	C	Hold	C+	C-	Down	76.72	79.47	67.3	0.28	W	E	G	F	G	F
Domino's Pizza, Inc.	DPZ	NYSE	Consumer Discretn	B	Buy	A-	C+		277.94	305.34	231.28	0.72	E	E	G	F	W	F
Domo, Inc.	DOMO	NAS	Information Tech	D	Sell	D	D	Up	27.95	47.08	13.28		F	W	G	W	–	W
Domtar Corporation	UFS.TO	TSX	Materials	B-	Buy	B+	C		57.57	70.92	46.14	1.69	F	E	E	F	G	F
Domtar Corporation	UFS	NYSE	Materials	B-	Buy	B+	C-		44.03	54.50	33.81	1.96	F	E	E	F	G	F
Donaldson Company, Inc.	DCI	NYSE	Industrials	B	Buy	B+	C+		50.58	59.43	40.27	1.67	E	E	F	F	F	F
Donegal Group Inc.	DGICB	NAS GS	Financials	C	Hold	B-	D+	Up	14.50	14.94	11.52	-0.03	G	G	E	W	G	W
Donegal Group Inc.	DGICA	NAS GS	Financials	C	Hold	B-	D+	Up	15.07	15.43	12.42	0.42	G	G	E	W	G	W
Donnelley Financial Solutions, Inc.	DFIN	NYSE	Financials	D+	Sell	C	D	Down	13.17	21.44	11.89	1.77	F	G	G	W	–	W
Dorchester Minerals, L.P.	DMLP	NAS GS	Energy	B	Buy	A-	C	Up	18.41	21.15	14.11	1.01	E	E	E	F	E	F
Dorel Industries Inc.	DIIA.TO	TSX	Consumer Discretn	D	Sell	D	D-		10.50	27.29	10.46	0.66	W	W	G	W	G	V
Dorel Industries Inc.	DIIBF	OTC PK	Consumer Discretn	D	Sell	D	D-		7.94	20.40	7.72	0.70	W	W	G	W	E	V
Dorel Industries Inc.	DIIB.TO	TSX	Consumer Discretn	D	Sell	D	D-		10.58	27.16	10.09	0.39	W	W	G	W	G	V
Dorian LPG Ltd.	LPG	NYSE	Energy	D	Sell	D	D		8.86	9.31	5.26	1.13	V	W	G	W	–	W
Dorman Products, Inc.	DORM	NAS GS	Consumer Discretn	C+	Hold	B	C	Down	85.72	97.38	65.68	0.72	G	E	E	F	–	F
Doubleview Capital Corp.	DBLVF	OTC PK	Materials	D	Sell	D+	D		0.07	0.13	0.07	0.83	W	W	G	W	–	F
Doubleview Capital Corp.	DBV.V	TSXV	Materials	D	Sell	D	D	Down	0.11	0.18	0.08	1.97	W	W	G	W	–	F
Dougherty's Pharmacy, Inc.	MYDP	OTC PK	Consumer Staples	D	Sell	D	D		0.12	0.20	0.01	12.39	V	V	F	W	–	F
Douglas Dynamics, Inc.	PLOW	NYSE	Industrials	C	Hold	B-	C-	Down	40.04	49.50	33.54	0.29	W	E	E	F	G	F
Douglas Emmett, Inc.	DEI	NYSE	Real Estate	B-	Buy	A-	C		39.43	42.41	32.32	0.59	E	G	E	F	G	F
Dova Pharmaceuticals, Inc.	DOVA	NAS	Health Care	D-	Sell	E+	D-	Up	13.46	32.05	5.62	2.40	W	V	G	W	–	V
Dover Corporation	DOV	NYSE	Industrials	C+	Hold	B	C	Up	98.54	99.46	65.83	1.65	F	E	G	F	F	F
Dover Motorsports, Inc.	DVD	NYSE	Consumer Discretn	C	Hold	C	C-		2.00	2.30	1.85	0.04	W	G	G	F	–	W
Dow Inc.	DOW	NYSE	Materials	D+	Sell	C-	D		50.91	60.52	46.75		W	G	G	W	–	V
Doxa Energy Ltd.	DXA.V	TSXV	Energy	D+	Sell	C-	D	Up	0.02	0.02	0.01	0.39	W		F	W	–	G
Doxa Energy Ltd.	DXAEF	OTC PK	Energy	D	Sell	D+	D	Up	0.01	0.02	0	5.63	W		F	W	–	F
DPW Holdings, Inc.	DPW	AMEX	Industrials	D-	Sell	E+	D-		0.23	13.30	0.12	4.10	F	V	G	W	–	V
Dr. Reddy's Laboratories Limited	RDY	NYSE	Health Care	C	Hold	B	D+		37.65	42.82	29	0.05	F	E	E	W	G	W
Dragon Victory International Limited	LYL	NAS CM	Financials	D	Sell	C-	D-		0.98	3.45	0.85		W	G	E	W	–	V
Dragonfly Capital Corp.	DRCH.V	TSXV	Financials	D	Sell	D	D+	Down	0.18	0.25	0.17	0.01	V	V	E	F	–	G
DRDGOLD Limited	DRD	NYSE	Materials	D	Sell	D+	D		2.99	3.07	1.64	1.09	W	F	G	W	–	W
DRDGOLD Limited	DRDGF	OTC PK	Materials	D	Sell	D+	D		0.16	0.24	0.16	1.69	W	F	G	W	–	V
Dream Global Real Estate Investment Trust	DRGUN.TO	TSX	Real Estate	B	Buy	A-	B-		13.59	15.44	11.58	0.62	E	E	E	G	G	F
Dream Global Real Estate Investment Trust	DUNDF	OTC PK	Real Estate	C	Hold	A-	C		10.38	11.91	8.55	0.82	E	E	E	F	G	F
Dream Hard Asset Alternatives Trust	DRAUN.TO	TSX	Financials	C	Hold	C+	C	Down	7.72	7.79	5.9	0.72	W	G	E	G	G	F
Dream Hard Asset Alternatives Trust	DDHRF	OTC PK	Financials	C	Hold	C+	C	Up	5.27	5.31	4.84		W	G	E	G	G	F
Dream Homes & Development Corporation	DREM	OTC PK	Consumer Discretn	D	Sell	D	D-		0.12	0.95	0.11	0.99	F	W	G	W	–	V
Dream Industrial Real Estate Investment Trust	DIRUN.TO	TSX	Real Estate	A-	Buy	A	B		11.74	12.36	9.25	0.56	E	G	E	G	G	G
Dream Industrial Real Estate Investment Trust	DREUF	OTC PK	Real Estate	C	Hold	A	B-		8.97	9.14	6.94	0.83	E	G	E	G	G	F
Dream Office Real Estate Investment Trust	DUN.TO	TSX	Real Estate	C+	Hold	C	B-		23.64	26.01	21.56	0.46	V	G	E	G	G	F
Dream Unlimited Corp.	DRM.TO	TSX	Real Estate	D+	Sell	C-	D	Down	7.10	9.84	6.54	0.34	V	G	G	W	–	W
Dream Unlimited Corp.	DRUNF	OTC PK	Real Estate	D+	Sell	C-	D	Down	5.43	7.41	4.83	0.54	V	G	G	W	–	W
Dril-Quip, Inc.	DRQ	NYSE	Energy	D	Sell	D	D		45.60	58.95	26.62	2.16	W	W	E	W	–	W
Drive Shack Inc.	DS	NYSE	Consumer Discretn	D	Sell	D+	D	Down	4.66	8.03	3.55	1.39	W	W	F	W	–	F
Driven Deliveries, Inc.	DRVD	OTC PK	Health Care	D+	Sell	C	D		0.92	5.85	0.03		V	G	F	W	–	F
Drone Aviation Holding Corp.	DRNE	OTC PK	Industrials	E+	Sell	E	D-	Down	0.91	2.00	0.36	3.89	F	V	G	W	–	W
Drone Delivery Canada Corp.	FLT.V	TSXV	Industrials	D-	Sell	E+	D		1.17	1.86	1.02	1.14	W	V	E	W	–	F

*Ratings Factors: E=Excellent, G=Good, F=Fair, W=Weak, V=Very Weak, U=Unrated

Data as of June 30, 2019

https://greyhouse.weissratings.com

Summer 2019 — I. Index of Stocks

3-Month Total Return (%)	6-Month Total Return (%)	1-Year Total Return (%)	3-Year Total Return (%)	Dividend $ TTM	Dividend Yield TTM	Market Cap. ($Mil)	Enterprise Value ($Mil)	Revenue ($Mil)	Revenue Growth (%)	Net Income ($Mil)	Earnings/ Share $	EPS Growth (%)	Cash from Operations ($Mil)	Return on Assets (%)	Return on Equity (%)	Earnings (P/E) TTM	Sales (P/S) TTM	Book (P/B) Q
30.17	44.85	-10.78	55.21	0.16	0.4	10,976	13,467	2,747	5.8	418.1	1.29	6.3	455.2	18.82		35.4	5.3	-88.3
-39.02	-48.45	-47.92	-60.94			10.9	9.2	--		-5.8	-0.12	14.1	-6.6	-66.28		-2.1		3.1
-31.61	-43.54	-46.81	-60.80			10.9	9.2	--		-5.8	-0.12	14.1	-6.6	-66.28		-1.6		2.4
-36.73	44.00	-70.33	-91.12			15.5	27.6	23.1	-16.6	-3.1	-0.31	-706.8	-1.0	-4.78		-3.4	0.9	1.6
						61,557	104,979	13,758	8.6	1,264	2.10	-52.9	4,712	2.64	5.65	49.0	5.9	3.1
2.60	7.30	17.45	14.05	3.51	4.6	61,557	104,979	13,758	8.6	1,264	2.10	-52.9	4,712	2.64	5.65	36.5	4.4	2.3
9.71	11.75	-0.57	129.55	2.40	0.9	11,424	15,055	3,483	18.1	365.8	8.55	29.7	407.5	37.38		32.5	3.4	-3.8
-29.33	56.06	2.38				765.0	709.2	151.3	30.2	-144.3	-8.10	92.5	-121.2	-39.88		-3.5	5.0	35.5
-12.36	23.47	-5.06	48.55	1.74	3.0	2,770	3,623	5,486	5.7	309.0	4.89	236.7	519.0	5.74	12.12	11.8	0.7	1.4
-9.86	28.77	-3.82	47.73	1.74	4.0	2,770	3,623	5,486	5.7	309.0	4.89	236.7	519.0	5.74	12.12	9.0	0.5	1.1
3.13	19.66	13.95	56.50	0.78	1.5	6,450	6,960	2,843	6.5	311.5	2.37	116.6	327.4	11.47	34.72	21.3	2.3	6.9
23.45	23.40	11.39	1.59	0.50	3.5	426.1	421.4	797.2	6.4	8.4	0.29	151.2	63.6	0.33	1.98	49.3	0.5	1.0
12.75	14.22	16.33	3.42	0.57	3.8	426.1	421.4	797.2	6.4	8.4	0.29	151.2	63.6	0.33	1.98	51.3	0.5	1.0
-12.55	-4.91	-24.96				450.4	947.9	937.4	-5.6	64.5	1.89	668.7	51.6	4.73	33.15	7.0	0.5	2.0
3.37	30.11	1.38	61.86	1.93	10.5	638.5	623.0	72.0	23.6	54.9	1.70	37.6	65.7	30.99	52.71	10.8	8.3	5.1
-12.53	-30.93	-49.02	-64.98	0.90	8.6	261.3	936.0	2,603	1.2	-457.3	-14.12	-2,093.5	97.7	2.53		-0.7	0.1	0.6
-9.27	-35.19	-48.34	-64.14	0.90	11.3	261.3	936.0	2,603	1.2	-457.3	-14.12	-2,093.5	97.7	2.53		-0.6	0.1	0.5
-9.74	-36.78	-48.07	-63.51	0.90	8.5	261.3	936.0	2,603	1.2	-457.3	-14.12	-2,093.5	97.7	2.53		-0.8	0.1	0.6
47.42	51.97	13.30	22.04			488.8	1,154	157.7	-1.0	-50.9	-0.94	-148.2	8.9	-0.3		-9.5	3.1	0.5
-2.35	-2.98	22.54	58.92			2,807	2,799	990.2	9.0	126.4	3.81	18.7	74.8	11.11	18.07	22.5	2.9	3.8
-42.41	8.85	8.16	9.13			8.6	8.5	--		-0.77	-0.01	-1.4	-0.21	-9.97		-9.9		2.1
-32.26	-4.55	-4.55	5.00			8.6	8.5	--		-0.77	-0.01	-1.4	-0.21	-9.97		-14.2		3.0
24.51	330.11	9.09	-43.06			2.8	14.2	34.4	-13.3	-3.8	-0.16	-73.7	0.22	-6.33		-0.7	0.1	-1.2
6.13	13.55	-12.88	76.57	1.08	2.7	912.7	1,206	533.3	9.6	45.5	1.96	-20.4	38.3	7.12	17.25	20.5	1.7	3.3
-2.93	17.41	1.74	23.68	1.03	2.6	6,714	12,090	899.7	7.7	116.6	0.68	11.3	447.9	1.96	3.34	57.8	7.5	2.8
49.39	65.97	-56.93				380.0	309.8	14.4		-74.9	-2.66	-67.8	-53.9	-40.14		-5.1	26.5	6.0
5.94	42.67	38.40	98.12	1.92	2.0	14,321	17,537	7,079	3.0	544.5	3.64	-25.4	629.1	6.21	16.13	27.1	2.0	5.1
-2.38	-0.93	-9.61	3.51	0.08	4.0	73.2	70.7	46.9	0.1	5.4	0.14	-44.7	6.8	5.85	9.11	14.0	1.5	1.2
-8.17				0.70	1.4	38,120	54,032	37,740		2,438			--					
0.00	0.00	50.00	50.00			0.39	3.2	0.17	-59.4	-0.30	-0.01	-3,000.0	0.07	-1.29		-1.7	3.1	-0.2
-15.38	77.42	-16.67	205.56			0.39	3.2	0.17	-59.4	-0.30	-0.01	-3,000.0	0.07	-1.29		-0.6	1.2	-0.1
-67.39	-89.55	-97.87	-97.12			8.7	26.4	28.9	110.3	-32.9	-9.20	47.1	-9.7	-27.54		0.0	0.1	0.1
-5.26	-0.11	16.64	-21.62	0.27	0.7	6,150	6,347	2,201	-0.1	268.9	1.62	76.9	399.2	5.57	14.1	23.3	2.8	3.1
-33.21	-34.11	-69.00				11.1	2.2	4.3	19.2	0.19	0.02	-87.4	-1.0	2.79	1.79	45.6	2.6	1.0
0.00	5.88	9.09	157.14			2.1	1.9	--		-0.14	-0.01	-264.6	-0.37	-115.89		-22.8		11.2
54.92	42.38	15.00	-43.40			205.4	203.8	189.0	4.5	-7.7	-1.56	-222.9	6.0	-1.8		-1.9	0.1	0.1
-34.04	-38.00	-38.00	-71.92			205.4	203.8	189.0	4.5	-7.7	-1.56	-222.9	6.0	-1.8		-0.1	0.0	0.0
-2.67	17.83	0.15	81.64	0.80	5.9	2,006	3,678	326.4	14.0	543.7	2.82	80.4	111.4	3.31	27.41	4.8	8.1	1.2
0.49	21.49	2.15	80.94	0.60	5.8	2,006	3,678	326.4	14.0	543.7	2.82	80.4	111.4	3.31	27.41	3.7	6.2	0.9
8.63	29.55	17.75	56.96	0.40	5.2	423.7	556.9	41.6	-12.0	5.8	0.08	-46.6	14.3	1.2	1.48	95.8	13.5	1.3
0.00	9.60	4.67		0.30	5.7	423.7	556.9	41.6	-12.0	5.8	0.08	-46.6	14.3	1.2	1.48	65.4	9.2	0.9
-45.45	-50.00	-52.00				2.9	2.8	3.2	14.9	0.47	0.02	570.7	0.12	32.53	365.3	6.2	0.9	11.3
0.07	26.39	21.59	67.62	0.70	6.0	1,071	1,848	152.0	8.9	79.6	0.88	25.2	62.6	3.5	11.26	13.4	8.3	1.5
3.47	31.93	22.72	68.70	0.53	5.9	1,071	1,848	152.0	8.9	79.6	0.88	25.2	62.6	3.5	11.26	10.2	6.3	1.2
-3.92	9.35	4.47	51.55	1.00	4.2	1,064	2,142	235.1	-29.1	103.1	1.73	1.7	26.0	3.3	8.57	13.7	5.9	1.3
-8.55	5.11	-26.47	-9.07	0.05	0.7	575.7	1,240	255.0	-11.1	7.6	0.05	-96.6	-47.6	1.52	1.03	135.2	3.0	1.0
-6.79	10.13	-25.24	-8.53	0.04	0.7	575.7	1,240	255.0	-11.1	7.6	0.05	-96.6	-47.6	1.52	1.03	103.4	2.3	0.7
-0.59	53.95	-11.28	-19.35			1,652	1,242	379.8	-12.8	-94.4	-2.62	9.1	35.0	-1.27		-17.4	4.3	1.5
-2.92	16.79	-39.32	9.71			312.3	597.0	301.7	0.5	-37.0	-0.64	16.9	-13.9	-2.09		-7.3	1.0	6.4
-66.63	847.87					37.6	37.8	-0.08		-2.4	-0.06		-0.32			-16.4	-511.7	-107.1
-10.34	93.62	26.39	-70.16			25.1	24.5	1.9	75.0	-7.9	-0.71	40.5	-3.6	-127.41		-1.3	13.0	12.5
7.34	-13.97	-32.76	631.25			156.9	142.6	--		-14.7	-0.09	-29.9	-9.3	-50.96		-13.0		12.4

I. Index of Stocks

Summer 2019

Company Name	Stock Ticker Symbol	Traded On	Sector	Overall Rating	Recommendation	Reward Rating	Risk Rating	Recent Up/Downgrade	Stock Price as of 6/30/2019	52-Week High	52-Week Low	3-Year Beta	Growth	Efficiency	Solvency	Volatility	Dividend	Total Return
Dropbox, Inc.	DBX	NAS GS	Information Tech	D	Sell	C-	D-	Up	24.95	34.95	18.5		G	W	E	W	—	W
DropCar, Inc.	DCAR	NAS CM	Consumer Discretn	D-	Sell	E+	D-	Down	1.08	10.98	1.01		G	V	G	W	—	V
Dropsuite Limited	EXMXF	OTC PK	Information Tech	D-	Sell	D-	D-		0.02	0.08	0.02		F	V	E	W	—	V
Drummond Ventures Corp.	DVXP.V	TSXV	Financials	E+	Sell	D+	C-	Up					F	W	E	F	—	W
DryShips Inc.	DRYS	NAS CM	Industrials	D	Sell	D+	D		3.78	7.22	3.08	-0.49	W	F	E	W	—	V
DSA Financial Corporation	DSFN	OTC PK	Financials	C	Hold	B	C-		11.00	13.00	9.55	0.28	G	G	E	F	G	W
DSG Global Inc.	DSGT	OTC PK	Information Tech	D	Sell	C-	D-		1.00	10.40	0.8	-0.84	W	E	F	W	—	V
DSP Group, Inc.	DSPG	NAS GS	Information Tech	C-	Hold	C	C-		14.30	15.67	10.15	0.77	W	F	E	G	—	G
DTE Energy Company	DTE	NYSE	Utilities	B	Buy	A-	B-		127.56	131.87	101.88	0.33	E	E	G	G	G	F
Dthera Sciences	DTHR	OTC PK	Health Care	D-	Sell	E+	D-		0.41	16.80	0.41	4.12	W		G	W	—	V
Ducommun Incorporated	DCO	NYSE	Industrials	B	Buy	A-	C	Up	44.98	52.04	31.05	0.81	E	G	E	F	—	G
Duke Energy Corporation	DUK	NYSE	Utilities	B-	Buy	B+	C		88.55	91.67	77.9	0.19	G	G	G	F	G	F
Duke Realty Corporation	DRE	NYSE	Real Estate	C+	Hold	B-	C	Down	31.21	32.59	24.67	0.67	W	E	E	G	G	F
Duluth Holdings Inc.	DLTH	NAS GS	Consumer Discretn	D+	Sell	C	D	Down	13.82	35.67	12.97	0.21	W	G	G	W	—	W
Duncan Park Holdings Corporation	DPH.V	TSXV	Materials	D	Sell	C-	D-	Down	0.10	0.50	0.07	0.40	F	G	F	W	—	V
Duncan Park Holdings Corporation	DCNPF	OTC PK	Materials	D+	Sell	D	D	Down	0.00	0.24	0	-0.15	F	G	F	W	—	V
Dundee Corporation	DCA.TO	TSX	Real Estate	D-	Sell	D	E+		0.97	1.88	0.89	0.53	W	W	E	V	—	V
Dundee Corporation	DDEJF	OTC PK	Real Estate	D-	Sell	D	E+		0.74	1.45	0.67	0.62	W	W	E	V	—	V
Dundee Energy Limited	EUGFF	OTC PK	Energy	D	Sell	D	D		0.00	0.00	0	177.74	W	W	F	W	—	W
Dundee Precious Metals Inc.	DPMLF	OTC PK	Materials	C	Hold	C+	C-		3.71	3.76	1.97	0.96	G	F	G	F	—	F
Dundee Precious Metals Inc.	DPM.TO	TSX	Materials	C	Hold	C+	C-		4.86	4.98	2.56	0.67	G	F	G	F	—	F
Dundee Sustainable Technologies Inc.	DNDDF	OTC PK	Industrials	D-	Sell	E+	D-		0.02	0.05	0.01	2.36	W	V	F	W	—	W
Dunkin' Brands Group, Inc.	DNKN	NAS GS	Consumer Discretn	B	Buy	B+	B		79.69	83.22	61.69	0.89	G	E	G	G	F	G
Dunnedin Ventures Inc.	DVI.V	TSXV	Materials	D	Sell	D	D	Down	0.08	0.23	0.06	0.16	V	W	E	W	—	W
Dunnedin Ventures Inc.	OCPFF	OTC PK	Materials	D	Sell	D	D	Down	0.06	0.17	0.05	-0.25	V	W	E	W	—	W
Dunxin Financial Holdings Limited	DXF	AMEX	Financials	D	Sell	D	D-		2.17	6.28	1.79		W	F	G	W	—	V
Duo World, Inc.	DUUO	OTC PK	Information Tech	D-	Sell	D-	D-		0.08	1.25	0.03	1.16	V	W	F	W	—	W
Duos Technologies Group, Inc.	DUOT	OTC PK	Information Tech	D	Sell	C-	D	Up	0.85	1.02	0.38	3.01	F		G	W	—	F
DuPont de Nemours, Inc.	DD	NYSE	Materials	C-	Hold	C	D		73.83	215.79	65.5	0.81	F	E	G	W	E	V
Durango Resources Inc.	DGO.V	TSXV	Materials	D	Sell	D	D		0.07	0.10	0.04	1.81	V	W	E	W	—	W
Durango Resources Inc.	ATOXF	OTC PK	Materials	D	Sell	D	D		0.06	0.07	0.04	2.28	V	W	E	W	—	W
DURECT Corporation	DRRX	NAS	Health Care	E+	Sell	E+	D-		0.66	1.75	0.46	2.16	W	V	G	W	—	W
DXC Technology Company	DXC	NYSE	Information Tech	C-	Hold	C+	D		53.80	96.75	46.46	1.94	W	G	G	W	F	W
DXI Energy Inc.	DXIEF	OTC PK	Energy	D	Sell	C-	D	Down	0.03	0.08	0.01	-0.15	W	G	F	W	—	V
DXI Energy Inc.	DXI.TO	TSX	Energy	D+	Sell	C-	D		0.03	0.11	0.02	-0.94	W	G	F	W	—	V
DXP Enterprises, Inc.	DXPE	NAS GS	Industrials	C+	Hold	B	D+		38.92	49.50	26.95	2.56	F	G	E	W	—	F
DXStorm.com Inc.	DXX.V	TSXV	Information Tech	D	Sell	C-	D		0.02	0.05	0.02	-0.89	G	W	G	W	—	V
Dyadic International, Inc.	DYAI	NAS CM	Health Care	C	Hold	C+	D+	Up	6.51	7.30	1.4	0.14	W	W	E	F	—	E
Dycom Industries, Inc.	DY	NYSE	Industrials	D+	Sell	C	D		57.85	100.25	41.78	1.17	W	G	E	W	—	W
dynaCERT Inc.	DYFSF	OTC PK	Industrials	D-	Sell	E+	D		0.18	0.31	0.13	-0.43	W	V	G	W	—	W
dynaCERT Inc.	DYA.V	TSXV	Industrials	D-	Sell	E+	D		0.25	0.41	0.17	-0.47	W	V	G	W	—	W
Dynacor Gold Mines Inc.	DNG.TO	TSX	Materials	C	Hold	B-	D		1.78	1.85	1.41	-0.16	G	E	E	W	F	W
Dynacor Gold Mines Inc.	DNGDF	OTC PK	Materials	C	Hold	B-	D		1.36	1.44	1.02	0.22	G	E	E	W	F	W
Dynagas LNG Partners LP	DLNG	NYSE	Energy	D+	Sell	C	D-	Up	1.48	9.20	1.37	1.21	W	G	G	W	E	V
Dynamo Capital Corp.	DDDP.V	TSXV	Financials	D-	Sell	D	D-	Up	0.08	0.20	0.08		W	V	E	W	—	V
Dynaresource, Inc.	DYNR	OTC PK	Materials	D	Sell	D	D-		0.95	1.25	0.36	0.96	W	F	G	W	—	W
Dynasil Corporation of America	DYSL	NAS CM	Information Tech	C-	Hold	C+	D		0.98	1.60	0.72	0.63	F	G	E	W	—	W
Dynasty Gold Corp.	DYG.V	TSXV	Materials	D	Sell	D	D		0.08	0.24	0.07	2.16	F	V	G	W	—	W
Dynasty Gold Corp.	DGDCF	OTC PK	Materials	D	Sell	D	D	Up	0.05	0.18	0.05	3.02	F	V	G	W	—	W
Dynatronics Corporation	DYNT	NAS CM	Health Care	D	Sell	D	D		1.70	3.60	1.21	0.02	F	W	G	W	—	V
Dynavax Technologies Corporation	DVAX	NAS CM	Health Care	E+	Sell	E+	D-	Down	3.86	16.20	3.57	0.77	W	V	G	W	—	V
Dynex Capital, Inc.	DX	NYSE	Financials	D+	Sell	C-	D		16.49	20.46	16.23	0.51	W	F	F	W	G	W

*Ratings Factors: E=Excellent, G=Good, F=Fair, W=Weak, V=Very Weak, U=Unrated

Data as of June 30, 2019

https://greyhouse.weissratings.com

Summer 2019 — I. Index of Stocks

	TOTAL RETURNS %				DIVIDEND/YIELD		SIZE		REVENUE & INCOME			EARNINGS			EFFECTIVENESS			VALUATION		
3-Month Total Return (%)	6-Month Total Return (%)	1-Year Total Return (%)	3-Year Total Return (%)	Dividend $ TTM	Dividend Yield TTM	Market Cap. ($Mil)	Enterprise Value ($Mil)	Revenue ($Mil)	Revenue Growth (%)	Net Income ($Mil)	Earnings/ Share $	EPS Growth (%)	Cash from Operations ($Mil)	Return on Assets (%)	Return on Equity (%)	Earnings (P/E) TTM	Sales (P/S) TTM	Book (P/B) Q
16.05	20.01	-25.30				10,259	10,037	1,461	24.3	-27.1	-0.07	97.4	426.8	-1.7		-374.1	7.0	14.6
-75.62	-25.00	-86.15				4.2	-0.12	5.5	2.7	-16.2	-11.66	54.4	-8.0	-66.04		-0.1	0.4	1.2
-52.00	-28.00	-80.36				10.3	7.9	3.9	99.1	-1.1	0.00	41.5	-0.74	-13.7		-9.0	3.0	3.0
						0.21	-0.18	--		-0.04	-0.18		-0.02					
-18.00	-31.27	-26.74	-100.00			328.4	546.8	185.2	38.6	22.5	0.23	100.6	44.3	1.88	3.38	16.2	1.8	0.5
-7.46	-6.60	-1.96	21.81	0.44	4.0	14.8	--	4.2	4.3	0.70	0.48	4.1	--		4.25	22.9	3.7	1.0
-33.33	-72.22	-82.14	-99.95			0.70	15.3	1.7	71.7	-8.2	-7.61	96.3	-1.1	-114.75		-0.1	0.4	0.0
3.47	30.83	14.86	42.86			324.8	294.6	117.6	-5.9	-1.3	-0.06	35.4	8.6	-1.64		-221.0	2.7	2.2
3.81	17.60	26.55	45.11	3.72	2.9	23,371	38,352	13,973	6.5	1,160	6.35	4.2	2,594	2.89	10.99	20.1	1.7	2.2
-91.37	-86.33	-95.12				1.1	0.10	0.01		-3.6	-1.46	59.7	-2.8	-150.24		-0.3	164.0	-12.0
2.69	27.21	33.43	136.86			517.2	764.8	651.4	13.8	13.9	1.19	-33.3	34.2	4.41	5.44	37.8	0.8	2.0
0.14	5.02	16.71	20.14	3.71	4.2	64,469	125,961	24,243	2.4	2,946	4.11	-2.5	7,034	2.3	6.67	21.6	2.7	1.5
1.96	23.86	10.85	34.09	0.85	2.7	11,218	14,147	986.0	17.0	355.3	0.99	-78.3	485.8	1.99	7.66	31.7	11.5	2.4
-42.15	-44.30	-41.56	-40.81			452.0	657.6	582.1	19.3	16.3	0.50	-25.7	29.0	5.19	11.2	27.4	0.8	3.0
-44.44	-50.00	-75.00	-75.00			0.00	0.51	--		-0.23	-0.10	84.8	-0.13	-152.16		-1.0		-0.5
-99.30	-97.88	-99.21	-99.65			0.00	0.51	--		-0.23	-0.10	84.8	-0.13	-152.16		0.0		0.0
-29.71	-15.65	-40.12	-86.73			76.2	272.1	97.2	-21.3	-125.1	-2.25	-48.3	-28.8	-3.76		-0.4	1.1	0.2
-26.00	-11.74	-39.84	-86.76			76.2	272.1	97.2	-21.3	-125.1	-2.25	-48.3	-28.8	-3.76		-0.3	0.8	0.1
100.00	19,900.00	1,900.00	-99.52			--	--	--		-6.6	-0.04	81.8	0.06	0.32		0.0		0.0
11.68	43.80	48.40	60.18			662.2	684.0	375.6	4.0	33.9	0.18	99.7	101.6	3.4	5.15	21.0	1.5	1.1
9.46	37.68	46.39	60.93			662.2	684.0	375.6	4.0	33.9	0.18	99.7	101.6	3.4	5.15	27.6	1.9	1.4
-40.93	-33.60	-64.87	-58.50			2.8	20.2	1.2	-44.9	-4.0	-0.01	-27.6	-2.0	-30.99		-1.5	5.2	-0.5
5.60	26.96	17.59	97.18	1.45	1.8	6,586	9,597	1,339	4.6	232.1	2.78	-8.4	269.2	7.35		28.7	5.0	-9.5
-6.25	-6.25	-60.53	186.04			8.4	7.7	--		-1.6	-0.01	-141.0	-1.6	-12.13		-5.4		1.3
-9.99	-3.03	-54.29	60.00			8.4	7.7	--		-1.6	-0.01	-141.0	-1.6	-12.13		-4.6		1.1
-35.45	20.49	-63.05				45.2	--	3.4	-68.2	-0.63	-1.45	-104.8	2.3			-1.5	0.3	0.0
-40.74	-73.33	-86.67				5.3	5.8	0.69	-11.1	-5.3	-0.08	-128.5	-0.35	-167.79		-1.0	7.7	-1.7
14.86	93.18	84.78	-83.81			21.2	23.6	15.3	281.6	-0.79	-0.05	94.9	-0.22	-11.11		-17.2	2.7	-15.9
-0.38	-0.27	-19.11	16.51	3.84	5.2	55,188	90,641	84,116	18.9	3,260	4.22	7.2	6,894	3.4	3.47	17.5	0.7	0.6
-7.14	0.00	-18.75	-35.00			2.0	1.7	--		-0.22	-0.01	-155.7	-1.1	-15.92		-11.0		1.3
-3.51	13.17	5.77	-56.52			2.0	1.7	--		-0.22	-0.01	-155.7	-1.1	-15.92		-9.3		1.1
0.94	31.31	-58.48	-46.23			125.5	125.0	19.2	-46.0	-24.2	-0.16	-329.5	-18.7	-25.24		-4.2	5.5	7.4
-15.96	2.36	-31.88	34.73	0.78	1.5	14,451	19,287	20,753	-4.5	1,257	4.50	-25.5	1,783	4.85	9.6	12.0	0.7	1.3
-11.02	26.42	-35.70	-74.29			4.8	8.5	1.1	-34.8	-8.6	-0.09	-47.6	-1.3	-85.54		-0.4	3.7	-1.1
-40.00	-25.00	-57.14	-81.25			4.8	8.5	1.1	-34.8	-8.6	-0.09	-47.6	-1.3	-85.54		-0.3	3.3	-0.9
-1.44	39.25	5.67	175.25			685.0	966.4	1,241	17.8	38.4	2.08	109.2	31.3	6.3	12.94	18.7	0.6	2.2
-20.00	-42.86	-50.00	-33.33			0.32	0.28	0.40	-11.2	-0.13	-0.01	52.0	-0.02	-52.35		-3.3	1.0	-18.2
100.93	242.63	336.91	312.03			174.2	134.5	1.5	84.3	-5.8	-0.22	3.2	-5.2	-10.86		-30.1	115.0	4.3
27.28	11.16	-38.78	-33.03			1,821	2,722	3,230	10.5	60.0	1.88	-53.8	43.7	3.52	7.65	30.8	0.6	2.2
-25.74	23.19	-14.63	183.63			55.1	54.3	0.07	-46.0	-8.9	-0.03	-23.9	-7.1	-128.31		-5.2	886.4	18.7
-21.88	28.21	-10.71	177.78			55.1	54.3	0.07	-46.0	-8.9	-0.03	-23.9	-7.1	-128.31		-7.3	1,250.0	26.3
9.82	5.91	6.00	-15.98	0.04	2.3	53.0	40.0	101.0	-2.5	4.4	0.11	-5.4	9.7	7.5	7.88	16.7	0.7	1.2
11.20	12.44	8.02	-15.78	0.03	2.2	53.0	40.0	101.0	-2.5	4.4	0.11	-5.4	9.7	7.5	7.88	12.7	0.5	0.9
-30.27	-54.36	-79.57	-83.61	0.63	42.2	52.6	779.4	124.6	-6.9	0.67	-0.23	-425.9	40.3	3.01	0.21	-6.4	0.4	0.3
-25.00	-25.00					0.14	-0.03	--		-0.09	-0.10		-0.06	-34.63		-0.7		1.1
-11.84	-13.65	-24.01	-36.67			16.8	17.7	13.9	15.3	-2.9	-0.18	-352.6	-0.91	-13.75		-5.1	1.2	4.2
-4.85	12.64	-27.98	-30.00			17.2	21.7	42.8	14.1	1.3	0.06	1,017.1	0.83	1.38	5.38	15.3	0.4	0.8
-40.00	-42.31	-66.67	-37.50			1.2	0.90	--		-0.28	-0.01	34.6	-0.16	-18.66		-5.4		2.2
-36.53	-43.93	-68.27	-64.16			1.2	0.90	--		-0.28	-0.01	34.6	-0.16	-18.66		-3.4		1.4
-13.27	-38.96	-40.35	-38.18			14.3	33.9	64.0	9.0	-1.2	-0.24	76.9	2.2	-1.36		-7.0	0.2	1.5
-45.71	-55.27	-74.77	-71.80			251.2	280.6	13.8	3,913.4	-159.6	-2.54	-35.6	-141.3	-32.28		-1.5	17.8	5.8
-6.44	0.33	-1.95	18.07	2.70	16.4	405.5	--	-72.9	-186.0	-89.5	-1.53	-246.5	179.0			-10.8	-15.5	2.6

https://greyhouse.weissratings.com

Data as of June 30, 2019

I. Index of Stocks

Summer 2019

Company Name	Stock Ticker Symbol	Traded On	Sector	Overall Rating	Recommendation	Reward Rating	Risk Rating	Recent Up/Downgrade	Stock Price as of 6/30/2019	52-Week High	52-Week Low	3-Year Beta	Growth	Efficiency	Solvency	Volatility	Dividend	Total Return
Dynex Power Inc.	DNX.V	TSXV	Information Tech	C-	Hold	C	D		0.64	0.65	0.25	3.91	W	W	G	W	–	E
DynTek, Inc.	DYNE	OTC PK	Information Tech	E+	Sell	E	E+		17.00	20.25	12	0.75	F	V	V	F	–	F
E*TRADE Financial Corporation	ETFC	NAS GS	Financials	C+	Hold	B	C-		44.99	63.39	40.41	1.09	F	E	E	F	W	F
e.l.f. Beauty, Inc.	ELF	NYSE	Consumer Staples	D+	Sell	C-	D	Up	14.21	16.91	6.71	2.37	W	G	E	W	–	W
E.ON SE	EONGY	OTC PK	Utilities	C	Hold	C	C	Down	10.80	11.65	9.48	0.45	W	F	G	F	–	F
E.ON SE	ENAKF	OTC PK	Utilities	C	Hold	C	C		10.88	11.44	9.53	0.46	W	F	G	F	–	F
E.S.I. Environmental Sensors Inc.	ESVH.V	TSXV	Information Tech	D	Sell	D	D-		0.03	0.04	0.03	1.69	W	F	F	W	–	V
E.S.I. Environmental Sensors Inc.	ESVFF	OTC PK	Information Tech	D-	Sell	D	E+	Down	0.00	0.03	0	2.00	W	F	F	V	–	V
E3 Metals Corp.	ETMC.V	TSXV	Materials	D	Sell	D-	D	Up	0.40	0.50	0.23	1.36	W	V	G	W	–	W
E3 Metals Corp.	EEMMF	OTC PK	Materials	D	Sell	D-	D	Up	0.32	0.38	0.22		W	V	G	W	–	W
EACO Corporation	EACO	OTC PK	Information Tech	C	Hold	B	C+		17.05	17.05	12.18	0.35	F	E	E	F	–	E
Eagle Bancorp Montana, Inc.	EBMT	NAS	Financials	C	Hold	B	C-		16.81	19.35	14.2	0.63	E	E	E	F	F	W
Eagle Bancorp, Inc.	EGBN	NAS CM	Financials	C+	Hold	B-	C	Up	54.22	65.42	45.15	1.12	E	E	E	F	–	F
Eagle Bulk Shipping Inc.	EGLE	NAS GS	Industrials	D+	Sell	C	D		5.00	6.09	3.85	0.97	G	F	E	W	–	W
Eagle Energy Inc.	EGL.TO	TSX	Energy	D-	Sell	D-	D-		0.05	0.40	0.05	1.34	W	W	G	W	–	V
Eagle Energy Inc.	EGRGF	OTC PK	Energy	D-	Sell	D-	D-		0.03	0.30	0.03	1.86	W	W	G	W	–	V
Eagle Financial Bancorp, Inc.	EFBI	NAS CM	Financials	C-	Hold	B-	C-	Up	15.80	16.61	14.56		G	G	E	F	–	F
Eagle Financial Services, Inc.	EFSI	OTC PK	Financials	C	Hold	B+	C		31.00	38.20	29.5	0.39	F	G	E	F	G	F
Eagle Graphite Incorporated	EGA.V	TSXV	Materials	D	Sell	C-	D-		0.07	0.21	0.03	3.04	W	E	F	W	–	V
Eagle Graphite Incorporated	APMFF	OTC PK	Materials	D	Sell	C-	D-		0.06	0.14	0.04	1.63	W	E	F	W	–	V
Eagle Materials Inc.	EXP	NYSE	Materials	C-	Hold	C+	D	Down	88.94	111.42	57	1.43	W	E	E	W	W	W
Eagle Pharmaceuticals, Inc.	EGRX	NAS	Health Care	C	Hold	B-	D+	Up	55.00	85.66	36.03	1.84	E	E	E	W	–	W
Eagle Plains Resources Ltd.	EPL.V	TSXV	Materials	D+	Sell	C	D	Up	0.09	0.15	0.08	0.39	G	F	E	W	–	W
Eagle Plains Resources Ltd.	EGPLF	OTC PK	Materials	D+	Sell	C	D	Up	0.07	0.12	0.05	0.52	G	F	E	W	–	V
Earl Resources Limited	ERLH.V	TSXV	Financials	E+	Sell	D-	E+	Down	0.13	0.18	0.12		W	V	F	W	–	W
Earth Alive Clean Technologies inc.	EACTF	OTC PK	Materials	E	Sell	D	D-	Up	0.12	0.24	0.12		W		G	W	–	V
Earth Science Tech, Inc.	ETST	OTC PK	Health Care	D	Sell	D+	D-		0.75	2.45	0.3	3.62	F	W	F	W	–	W
Earthstone Energy, Inc.	ESTE	NYSE	Energy	D	Sell	D+	D	Down	6.09	11.00	4.21	2.32	F	F	G	W	–	W
Earthworks Industries Inc.	EAATF	OTC PK	Industrials	D	Sell	D	D		0.06	0.13	0.03	1.47	W	W	F	W	–	W
Earthworks Industries Inc.	EWK.V	TSXV	Industrials	D	Sell	D	D		0.07	0.22	0.03	1.73	W	W	F	W	–	W
East Africa Metals Inc.	EFRMF	OTC PK	Materials	D	Sell	D+	D		0.14	0.18	0.1	1.14	W	W	G	W	–	W
East Africa Metals Inc.	EAM.V	TSXV	Materials	D	Sell	D+	D		0.20	0.29	0.14	0.25	F	W	G	W	–	W
East Asia Minerals Corporation	EAS.V	TSXV	Materials	C-	Hold	C+	D	Up	0.06	0.10	0.03	1.50	W	G	F	W	–	W
East Asia Minerals Corporation	EAIAF	OTC PK	Materials	C-	Hold	C+	D	Up	0.05	0.08	0.02	2.61	W	G	F	W	–	W
East West Bancorp, Inc.	EWBC	NAS GS	Financials	C	Hold	B	D+		45.90	68.09	40.05	1.68	E	G	E	W	F	W
East West Petroleum Corp.	EW.V	TSXV	Energy	D-	Sell	D-	D	Down	0.08	0.11	0.05	0.68	W	V	E	W	–	V
East West Petroleum Corp.	EWPMF	OTC PK	Energy	D	Sell	D	D	Up	0.06	0.30	0	1.42	W	V	E	W	–	W
EastCoal Inc.	ECXH.V	TSXV	Energy	D+	Sell	C	D	Down	0.06	0.30	0.05	2.74	F	E	E	W	–	W
Easterly Government Properties, Inc.	DEA	NYSE	Real Estate	C	Hold	C+	D		17.93	20.56	15.16	0.74	W	G	E	F	G	W
Eastern Platinum Limited	ELR.TO	TSX	Materials	D	Sell	D	D		0.25	0.34	0.17	0.66	W	W	E	W	–	W
Eastern Platinum Limited	ELRFF	OTC PK	Materials	D	Sell	D	D		0.18	0.26	0.12	1.45	W	W	E	W	–	W
Eastfield Resources Ltd.	ETF.V	TSXV	Materials	C-	Hold	C	D	Up	0.05	0.07	0.03	1.10	W	F	E	W	–	G
Eastfield Resources Ltd.	ETFLF	OTC PK	Materials	C-	Hold	C	D	Up	0.04	0.05	0.02	3.33	W	F	E	W	–	W
EastGroup Properties, Inc.	EGP	NYSE	Real Estate	B	Buy	A-	C		113.77	119.13	87.69	0.74	E	E	E	G	G	G
Eastmain Resources Inc.	ER.TO	TSX	Materials	D	Sell	D	D-	Up	0.16	0.27	0.1	1.31	F	W	E	W	–	V
Eastmain Resources Inc.	EANRF	OTC PK	Materials	D	Sell	D	D-	Up	0.13	0.20	0.07	2.10	F	W	E	W	–	V
Eastman Chemical Company	EMN	NYSE	Materials	C	Hold	B	D		77.04	103.92	64.84	1.25	G	E	G	W	G	W
Eastman Kodak Company	KODK	NYSE	Information Tech	D	Sell	D+	D-	Down	2.51	4.44	2.2	3.65	W	F	G	W	–	V
Eastside Distilling, Inc.	EAST	NAS CM	Consumer Staples	D-	Sell	E+	D		4.37	8.74	3.95	0.49	F	V	E	W	–	W
EastWest Bioscience Inc.	EAST.V	TSXV	Consumer Staples	D-	Sell	E+	D-	Up	0.09	0.39	0.06		W	V	G	W	–	V
EastWest Bioscience Inc.	HBOSF	OTC PK	Consumer Staples	E	Sell	E+	D-	Up	0.07	0.13	0.05		W	V	G	W	–	V
Eastwood Bio-Medical Canada Inc.	EBM.V	TSXV	Health Care	D-	Sell	D-	D-	Down	3.00	8.49	0.21	4.45	W	V	E	W	–	F

*Ratings Factors: E=Excellent, G=Good, F=Fair, W=Weak, V=Very Weak, U=Unrated

Summer 2019 — I. Index of Stocks

	TOTAL RETURNS %				DIVIDEND/YIELD		SIZE		REVENUE & INCOME			EARNINGS			EFFECTIVENESS			VALUATION		
3-Month Total Return (%)	6-Month Total Return (%)	1-Year Total Return (%)	3-Year Total Return (%)	Dividend $ TTM	Dividend Yield TTM	Market Cap. ($Mil)	Enterprise Value ($Mil)	Revenue ($Mil)	Revenue Growth (%)	Net Income ($Mil)	Earnings/ Share $	EPS Growth (%)	Cash from Operations ($Mil)	Return on Assets (%)	Return on Equity (%)	Earnings (P/E) TTM	Sales (P/S) TTM	Book (P/B) Q
0.00	150.98	113.33	753.33			39.3	55.8	33.0	-6.6	-3.6	-0.05	-33.6	0.03	-5.86		-13.8	1.6	3.0
-10.53	15.25	13.33	43.46			38.9	--	137.4	-12.9	1.6	0.66	-36.4	--			25.8	0.3	
-1.79	3.96	-26.32	104.07	0.42	0.9	10,918	--	2,997	11.2	1,095	4.10	60.9	1,325		16.02	11.0	3.7	1.8
32.93	62.77	-11.13				707.5	822.0	267.7	-2.8	-3.1	-0.07	-110.1	59.1	3.79		-215.3	2.6	3.3
0.43	12.92	6.26	42.82	0.35	3.3	23,529	35,518	34,438	-18.6	3,219	1.49	-31.9	1,191	-0.46	33.2	7.3	0.7	3.8
-1.98	10.68	2.54	6.25			23,529	35,518	34,438	-18.6	3,219	1.49	-31.9	1,191	-0.46	33.2	7.3	0.7	3.8
0.00	0.00	-28.57	-90.00			0.39	0.52	--		-0.18	-0.01	65.4	0.00	-4,207.99		-2.8		-0.4
-100.00	-100.00	-100.00	-100.00			0.39	0.52	--		-0.18	-0.01	65.4	0.00	-4,207.99		0.0		0.0
-14.13	23.44	12.86				7.5	7.2	--		-1.1	-0.06	29.3	-0.92	-34.09		-6.7		4.0
-6.51	24.58	18.87				7.5	7.2	--		-1.1	-0.06	29.3	-0.92	-34.09		-5.5		3.3
6.56	31.97	31.05	253.73			82.9	88.4	209.4	23.4	8.3	1.70	62.3	2.0	9.56	19.96	10.1	0.4	1.8
-2.63	4.54	-11.06	38.64	0.37	2.2	90.4	--	45.8	22.1	5.6	0.98	4.6	12.7		5.5	17.2	2.4	1.0
7.16	11.10	-11.27	18.37	0.22	0.4	1,873	--	335.8	7.7	150.3	4.36	37.5	184.5		14.09	12.4	5.6	1.6
9.65	8.93	-9.75	-44.43			365.8	672.9	308.1	14.0	12.6	0.18	137.8	42.5	2.43	2.66	28.2	1.2	0.7
-33.33	-56.52	-86.84	-92.21			1.7	32.0	23.4	-44.1	-21.6	-0.50	-32.1	4.5	-7.46		-0.1	0.1	0.0
-44.83	-60.00	-88.57	-93.38			1.7	32.0	23.4	-44.1	-21.6	-0.50	-32.1	4.5	-7.46		-0.1	0.1	0.0
1.15	3.40	-3.66				24.0	--	6.0	7.0	0.30	0.19	20.9	1.1		1.07	83.0	3.9	0.9
1.63	3.24	-8.79	50.02	0.97	3.1	105.6	--	36.0	4.1	9.0	2.60	9.6	9.1		10.37	11.9	3.0	1.2
-26.32	-12.50	-50.00	-84.44			2.0	2.0	--		-0.68	-0.02	-4.7	-0.70	-49.21		-3.9		-1.6
-14.33	-8.81	-50.85	-79.86			2.0	2.0	--		-0.68	-0.02	-4.7	-0.70	-49.21		-3.2		-1.3
21.57	46.76	-15.00	22.64	0.40	0.5	3,924	4,607	1,393	0.5	68.9	1.33	-74.9	350.3	7.97	5.24	67.0	2.9	3.3
10.00	40.20	-27.56	46.98			766.1	708.9	216.5	4.8	38.3	2.56	26.9	73.6	13.84	21.65	21.5	3.7	4.4
-10.00	-10.00	-30.77	-45.45			6.2	2.0	3.0	26.6	0.15	0.00	122.5	0.08	-7.46	2.72	56.3	2.7	1.5
-11.56	-4.05	-26.42	-40.93			6.2	2.0	3.0	26.6	0.15	0.00	122.5	0.08	-7.46	2.72	44.4	2.1	1.2
8.33	0.00	-25.71				3.2	3.2	--		-0.08	0.00	91.4	-0.08	-26.31		-50.0		325.0
-27.69	-27.69					9.7	11.1	0.91	50.1	-2.8	-0.02	-9.1	-1.8	-122.7		-4.8	15.2	-9.7
17.33	-5.05	-3.85	36.36			39.1	39.1	0.74	91.9	-2.1	-0.04	29.8	-1.2	-272.97		-17.1	52.1	833.3
-14.35	32.68	-29.60	-44.89			176.0	768.7	157.2	24.4	19.8	0.69	269.8	92.7	4.5	5.83	8.8	1.1	0.6
83.96	46.25	-29.26	-45.83			4.0	9.9	--		-0.75	-0.01	46.9	-0.39	-2.71		-5.2		2.1
100.00	27.27	-41.67	-44.00			4.0	9.9	--		-0.75	-0.01	46.9	-0.39	-2.71		-6.3		2.6
-8.12	22.35	-16.32	12.25			26.7	29.6	--		-4.4	-0.03	35.0	-2.9	-14.03		-5.2		1.8
11.43	21.88	2.63	5.41			26.7	29.6	--		-4.4	-0.03	35.0	-2.9	-14.03		-7.3		2.6
-14.29	9.09	100.00	-70.00			3.9	3.9	--		-1.5	-0.02	52.8	-0.86	-68.22		-2.4		-5.9
-30.27	17.56	94.40	-59.50			3.9	3.9	--		-1.5	-0.02	52.8	-0.86	-68.22		-2.0		-4.8
-4.68	7.68	-29.25	47.47	0.97	2.1	6,681	--	1,437	13.1	680.7	4.65	29.6	804.6		15.88	9.9	4.7	1.5
-25.00	-25.00	-28.57	-42.31			5.1	2.2	2.1	33.3	-1.4	-0.02	74.1	-0.26	-4.15		-4.8	3.2	1.6
22.34	-4.01	-29.53	-43.46			5.1	2.2	2.1	33.3	-1.4	-0.02	74.1	-0.26	-4.15		-3.7	2.4	1.2
-40.00	-42.86	-50.00	-40.00			0.52	0.66	--		-0.05	0.00	50.0	-0.04	-33.79		-12.8		-2.3
-0.96	17.89	-2.69	6.97	1.04	5.8	1,218	2,169	175.2	28.1	3.8	0.04	-51.3	64.6	1.14	0.45	417.0	6.3	1.2
8.89	44.12	-20.97	-76.89			17.3	9.3	5.8		-22.0	-0.24	-263.8	-5.1	-9.44		-1.0	3.9	0.2
1.59	45.99	-23.08	-76.28			17.3	9.3	5.8		-22.0	-0.24	-263.8	-5.1	-9.44		-0.8	2.9	0.1
-18.18	50.00	80.00	50.00			1.6	0.95	--		0.01	0.00	119.1	0.14	-5.42		112.5		1.1
18.13	52.59	66.67	162.20			1.6	0.95	--		0.01	0.00	119.1	0.14	-5.42		107.5		1.1
1.31	26.04	22.00	82.04	2.88	2.5	4,168	5,306	307.0	9.6	82.3	2.29	-20.5	184.5	3.36	9.72	49.7	13.5	4.5
14.29	-5.88	-15.79	-74.19			29.6	28.4	--		-0.93	0.00	52.2	-1.1	-2.16		-37.2		0.6
26.02	-1.03	-16.67	-73.89			29.6	28.4	--		-0.93	0.00	52.2	-1.1	-2.16		-29.1		0.5
2.35	8.28	-20.34	25.41	2.42	3.1	10,676	17,231	9,924	0.7	999.0	7.01	-27.0	1,573	5.45	17.38	11.0	1.1	1.8
-20.57	-4.20	-38.02	-83.79			107.9	514.9	1,298	-3.6	-9.0	-0.68	-168.9	-47.0	1.17	2.24	-3.7	0.1	-6.8
-26.31	-28.36	-47.03	-30.64			39.9	44.3	8.4	161.0	-10.7	-1.51	-12.2	-15.2	-31.43		-2.9	4.7	2.2
-19.05	-41.38					5.3	6.4	0.40	1,270.0	-3.2	-0.05	-66.9	-2.5	-35.69		-1.9	17.0	4.0
-22.22	-45.82					5.3	6.4	0.40	1,270.0	-3.2	-0.05	-66.9	-2.5	-35.69		-1.5	14.0	3.3
-31.03	-45.65	1,100.00	650.00			157.5	156.9	1.0	252.3	-0.60	-0.01	-19.4	-0.21	-10.63		-348.8	198.7	173.4

https://greyhouse.weissratings.com

Data as of June 30, 2019

I. Index of Stocks

Summer 2019

Company Name	Stock Ticker Symbol	Traded On	Sector	Overall Rating	Recommendation	Reward Rating	Risk Rating	Recent Up/Downgrade	Stock Price as of 6/30/2019	52-Week High	52-Week Low	3-Year Beta	Growth	Efficiency	Solvency	Volatility	Dividend	Total Return
Eastwood Bio-Medical Canada Inc.	EWOOF	OTC PK	Health Care	D-	Sell	D-	D-	Up	2.29	6.44	0.66		W	V	E	W	–	F
Eaton Corporation plc	ETN	NYSE	Industrials	B	Buy	B+	C+	Up	82.72	89.46	64.46	1.46	G	E	G	F	G	F
Eaton Vance Corp.	EV	NYSE	Financials	C	Hold	B	D+		42.80	54.44	32.28	1.52	E	E	E	W	G	W
eBay Inc.	EBAY	NAS GS	Consumer Discretn	C+	Hold	B	C-	Up	39.29	40.55	26.01	1.39	F	E	G	F	W	F
Ebix, Inc.	EBIX	NAS GS	Information Tech	C-	Hold	B-	D	Down	48.45	89.10	39.27	1.83	E	E	E	W	W	W
ECA Marcellus Trust I	ECT	NYSE	Energy	C	Hold	B	D		1.75	2.15	1.42	1.23	G	E	E	W	E	W
Ecard Inc.	ECRD	OTC PK	Information Tech	C-	Hold	C	D		1.62	8.25	0.22	-0.51	W	W	E	W	–	G
ECC Ventures 1 Corp.	EONEP.V	TSXV	Financials	D-	Sell	D	C-	Up	0.22	0.22	0.22		W	W	E	E	–	W
Echelon Financial Holdings Inc.	EGFHF	OTC PK	Financials	D	Sell	D+	D	Down	4.12	10.85	4.12	-0.99	W	W	E	W	–	W
Echelon Financial Holdings Inc.	EFH.TO	TSX	Financials	D	Sell	D+	D	Down	5.41	14.57	5.26	-0.44	W	W	E	W	–	F
Echo Global Logistics, Inc.	ECHO	NAS GS	Industrials	C	Hold	B-	D		20.40	36.75	18.83	1.80	F	G	E	W	–	W
EchoStar Corporation	SATS	NAS GS	Information Tech	D	Sell	C-	D		42.86	49.93	33.59	0.78	F	F	E	W	–	W
ECN Capital Corp.	ECN.TO	TSX	Financials	C-	Hold	C	D+		4.14	4.60	3.13	0.72	F	W	G	F	W	F
ECN Capital Corp.	ECNCF	OTC PK	Financials	C-	Hold	C	C-		3.17	3.34	2.41	1.01	F	W	G	F	F	F
Eco (Atlantic) Oil & Gas Ltd.	ECAOF	OTC PK	Energy	D	Sell	E+	D+		1.14	1.38	0.4	2.76	V	V	E	F	–	E
Eco (Atlantic) Oil & Gas Ltd.	EOG.V	TSXV	Energy	C+	Hold	B-	C+	Up	1.47	1.86	0.52	1.69	F	W	E	G	–	E
Eco Oro Minerals Corp	GYSLF	OTC PK	Materials	D	Sell	D-	D	Down	0.07	0.77	0	-2,978.39	W	W	F	W	–	V
Eco Science Solutions, Inc.	ESSI	OTC PK	Health Care	D+	Sell	C	D		0.02	0.36	0	3.31	F	E	F	W	–	W
Ecoark Holdings, Inc.	ZEST	OTC PK	Information Tech	E+	Sell	D-	E+	Down	0.58	2.54	0.44	0.85	W		G	V	–	V
eCobalt Solutions Inc.	ECS.TO	TSX	Materials	D-	Sell	D-	D-	Down	0.22	1.08	0.22	0.73	V	W	E	V	–	V
eCobalt Solutions Inc.	ECSIF	OTC PK	Materials	D-	Sell	D-	D-	Down	0.17	0.82	0.17	0.69	V	W	E	W	–	V
Ecolab Inc.	ECL	NYSE	Materials	B	Buy	B+	B-		192.20	200.93	135.77	0.63	F	E	E	E	W	G
Ecology & Environment, Inc.	EEI	NAS	Industrials	D	Sell	C-	D	Down	11.08	13.95	9.27	-0.04	W	F	E	W	–	W
Ecolomondo Corporation	ECM.V	TSXV	Industrials	D-	Sell	E+	D-		0.29	0.40	0.25		W	V	E	W	–	W
Ecolomondo Corporation	ECLMF	OTC PK	Industrials	D-	Sell	E+	D		0.22	0.27	0.19		W	V	E	W	–	W
EcoMat, Inc.	ECMT	OTC PK	Consumer Discretn	C	Hold	B-	D	Up	0.06	0.11	0.03	0.46	W	G	E	W	–	F
Economic Investment Trust Limited	ECVTF	OTC PK	Financials	C	Hold	B	C-	Up	80.00	87.22	77.7	-0.01	E	G	E	F	W	F
Ecopetrol S.A.	EC	NYSE	Energy	C	Hold	B	D		18.40	27.96	15.25	1.55	E	E	G	F	–	F
Eco-Stim Energy Solutions, Inc.	ESES	OTC PK	Energy	E+	Sell	E	D-		0.01	3.20	0	0.94	F	V	F	W	–	V
EcoSynthetix Inc.	ECSNF	OTC PK	Materials	C	Hold	C+	D	Up	2.32	2.32	1.22	0.73	W	E	F	W	–	G
EcoSynthetix Inc.	ECO.TO	TSX	Materials	C	Hold	C+	D	Up	3.08	3.19	1.55	0.37	W	E	F	W	–	G
EDAP TMS S.A.	EDAP	NAS	Health Care	C-	Hold	C	D	Up	2.88	5.42	1.35	2.93	F	F	G	W	–	F
Edesa Biotech, Inc.	EDSA	NAS CM	Health Care	U		U	U		6.75	13.56	3.59		U	U	U	U	U	U
Edgewater Bancorp, Inc.	EGDW	OTC PK	Financials	C	Hold	B-	B+		25.50	26.00	18.3	0.27	F	F	E	E	–	G
Edgewater Exploration Ltd.	EDWH.V	TSXV	Materials	D	Sell	D	D-	Down	0.10	0.17	0.06	0.10	V	F	G	W	–	W
Edgewater Exploration Ltd.	EDWZF	OTC PK	Materials	D	Sell	D	D	Down	0.06	0.12	0.06	0.31	V	F	G	W	–	W
Edgewater Wireless Systems Inc.	KPIFF	OTC PK	Information Tech	D+	Sell	C	D-		0.07	0.16	0.05	1.84	F	G	F	W	–	V
Edgewater Wireless Systems Inc.	YFI.V	TSXV	Information Tech	D	Sell	C	D-	Down	0.09	0.22	0.08	1.75	F	G	F	W	–	V
Edgewell Personal Care Company	EPC	NYSE	Consumer Staples	D	Sell	C	D-	Down	26.66	59.16	26.47	0.84	G	G	G	W	–	V
Edison Cobalt Corp.	PWMRF	OTC PK	Materials	D-	Sell	D	D-		0.03	0.13	0.03	2.36	W	W	E	W	–	V
Edison Cobalt Corp.	EDDY.V	TSXV	Materials	D	Sell	D	D-		0.06	0.18	0.04	2.75	W	W	E	W	–	V
Edison International	EIX	NYSE	Utilities	C-	Hold	C+	D	Up	65.12	71.00	45.5	0.18	F	G	G	W	G	W
Edison Nation, Inc.	EDNT	NAS CM	Consumer Discretn	D	Sell	D+	D-	Up	2.27	8.90	2.1		F	F	G	W	–	V
Editas Medicine, Inc.	EDIT	NAS GS	Health Care	D	Sell	D-	D		23.41	38.77	17.8	2.31	F	V	E	W	–	W
EDP - Energias de Portugal, S.A.	ELCPF	OTC PK	Utilities	C	Hold	C	C		3.65	4.07	3.47	0.06	W	G	G	F	–	W
EDP - Energias de Portugal, S.A.	EDPFY	OTC PK	Utilities	C-	Hold	C	D	Down	37.87	41.73	33.2	0.37	W	G	G	F	–	F
EdtechX Holdings Acquisition Corp.	EDTX	NAS CM	Financials	E+	Sell	E	D+	Up	9.86	10.73	9.3		F	V	E	G	–	W
Educational Development Corporation	EDUC	NAS	Consumer Discretn	C	Hold	B+	D+		6.76	14.35	6.66	1.13	F	E	G	W	G	F
Edwards Lifesciences Corporation	EW	NYSE	Health Care	B-	Buy	B	C		185.43	197.86	134.53	0.96	G	E	E	F	–	G
EEStor Corporation	ESU.V	TSXV	Industrials	D-	Sell	D	D-	Down	0.04	0.32	0.04	-0.29	F	W	G	W	–	V
EEStor Corporation	ZNNMF	OTC PK	Industrials	D-	Sell	D	D-	Down	0.03	0.25	0.03	0.05	F	W	G	W	–	V
Efficacious Elk Capital Corp.	EECCP.V	TSXV	Financials	E	Sell	E	E+		0.10	0.20	0.1		F	V	E	V	–	V

*Ratings Factors: E=Excellent, G=Good, F=Fair, W=Weak, V=Very Weak, U=Unrated

Summer 2019 — I. Index of Stocks

3-Month Total Return (%)	6-Month Total Return (%)	1-Year Total Return (%)	3-Year Total Return (%)	Dividend $ TTM	Dividend Yield TTM	Market Cap. ($Mil)	Enterprise Value ($Mil)	Revenue ($Mil)	Revenue Growth (%)	Net Income ($Mil)	Earnings/Share $	EPS Growth (%)	Cash from Operations ($Mil)	Return on Assets (%)	Return on Equity (%)	Earnings (P/E) TTM	Sales (P/S) TTM	Book (P/B) Q
-43.97	-43.51					157.5	156.9	1.0	252.3	-0.60	-0.01	-19.4	-0.21	-10.63		-266.0	151.5	132.3
4.49	23.37	15.06	61.09	2.74	3.3	34,999	42,610	21,663	4.1	2,179	5.03	-26.3	2,870	5.85	12.99	16.4	1.6	2.2
7.21	25.50	-15.02	38.37	1.36	3.2	4,687	4,920	1,685	3.2	395.9	3.34	24.9	345.7	10.94	29.27	12.8	2.9	4.3
7.24	40.19	9.55	72.21	0.28	0.7	34,242	39,776	10,809	5.9	2,641	2.74	282.6	2,713	6.33	41.28	14.4	3.3	6.6
-0.28	10.61	-35.95	6.33	0.30	0.6	1,479	2,212	532.5	35.5	92.6	2.95	-6.8	102.9	7.16	16.52	16.4	2.8	2.9
1.41	30.02	5.19	34.11	0.32	18.3	30.7	30.4	7.0	10.9	5.6	0.32	6.7	--	7.58	11.72	5.5	4.4	0.7
72.34	440.00	268.18	2,600.00			80.2	80.2	--		-0.03	0.00	52.9	0.00			-2,025.0		-900.0
46.67	46.67	46.67				0.61	0.37	--		-0.08	-0.02	8.1	-0.06	-17.34		-9.3		3.4
3.54	3.54	19.05	-3.08	6.56	159.3	49.4	42.7	24.8	278.5	-9.5	-0.79	-269.9	44.3	-0.12		-5.2	2.0	0.5
5.23	4.78	23.00	25.11	8.80	162.7	49.4	42.7	24.8	278.5	-9.5	-0.79	-269.9	44.3	-0.12		-6.9	2.7	0.6
-16.39	1.19	-28.92	-1.11			569.1	748.7	2,401	14.1	27.5	0.99	34.4	100.6	3.74	7.33	20.7	0.2	1.4
17.91	18.27	-4.31	13.21			4,167	4,534	2,121	8.5	-4.7	-0.04	-101.2	775.2	1.78		-1,006.1	1.9	1.0
-5.48	21.60	22.28		0.06	1.5	755.8	--	186.1	1,331.9	-182.9	-0.64	-164.4	166.1			-6.5	5.6	1.4
-2.95	25.80	22.58		0.05	1.4	755.8	--	186.1	1,331.9	-182.9	-0.64	-164.4	166.1			-5.0	4.3	1.0
6.74	128.97	159.42	1,039.90			203.2	183.6	--		8.0	0.05	183.3	8.1	27.05	47.3	22.9		9.1
1.38	110.00	153.45	764.71			203.2	183.6	--		8.0	0.05	183.3	8.1	27.05	47.3	29.6		11.7
-17.65	-44.00	-58.90	-66.67			8.9	30.8	--		-16.2	-0.15	18.5	-9.2	-420.87		-0.5		-0.2
-4.76	0.00	-77.78	-92.00			0.95	7.1	--		-4.9	-0.10	92.5	-2.3	-966.4		-0.2		-0.1
-19.31	-21.49	-56.96	-96.77			33.4	33.6	-5.0	-10,044.0	-18.4	-0.38	63.4	-10.0	-84.03		-1.6	-6.1	8.2
-34.85	-56.12	-78.71	-54.26			27.3	24.9	--		-19.3	-0.11	-286.2	-6.6	-4.3		-1.9		0.5
-32.15	-52.32	-77.35	-52.84			27.3	24.9	--		-19.3	-0.11	-286.2	-6.6	-4.3		-1.5		0.4
9.49	33.79	38.66	72.53	1.79	0.9	55,400	63,079	14,703	4.0	1,478	5.04	-1.2	2,169	6.62	18.73	38.1	3.8	6.7
1.61	-1.84	-7.41	19.69	0.40	3.6	47.8	37.7	78.6	-12.8	-1.7	-0.39	-179.0	-3.7	-3.86		-28.2	0.6	1.4
-14.71	-20.55	-14.71				39.2	39.9	0.00	-97.8	-1.3	-0.01	79.2	-0.77	-14.32		-39.2		24.8
-11.93	18.65	-14.07				39.2	39.9	0.00	-97.8	-1.3	-0.01	79.2	-0.77	-14.32		-30.1		19.1
0.00	-14.29	0.00	1,664.71			1.0	1.2	--		-0.09	-0.01	3.7	-0.02			-11.5		-5.5
-0.22	-6.33	17.41	17.41	0.90	1.1	453.5	445.1	24.4	-16.5	18.7	3.34	-18.6	16.1	1.91	2.89	24.0	18.4	0.7
-7.72	21.57	-3.35	120.34	0.96	5.2	38,168	46,294	23,156	18.7	3,836	0.09	26.6	7,525	11.6	24.89	197.2	32.7	47.4
-71.25	-96.66	-99.63	-99.91			0.20	4.3	40.7	66.4	-87.9	-4.69	-37.7	-13.6	-34.05		0.0	0.0	-0.1
42.14	65.92	82.16	135.29			137.0	93.5	21.8	10.6	-1.7	-0.03	69.6	-0.15	-2.89		-79.7	6.2	2.5
44.60	64.71	86.67	120.00			137.0	93.5	21.8	10.6	-1.7	-0.03	69.6	-0.15	-2.89		-105.8	8.2	3.3
-2.04	66.74	-4.00	-11.52			83.5	69.2	36.7	-9.1	0.37	0.01	135.2	--			225.0	2.3	2.9
						48.2	50.9	--		--			--					
14.61	34.21	33.86	64.52			17.0	--	3.0	-44.7	0.40	0.63	44.3	--			40.3	5.5	1.2
0.00	0.00	-41.18	-16.67			2.9	2.0	--		-0.35	-0.01	-109.9	-0.35	-18.67		-11.0		5.2
-7.61	-10.38	-46.48	7.05			2.9	2.0	--		-0.35	-0.01	-109.9	-0.35	-18.67		-7.1		3.3
-13.46	-9.24	-55.88	-60.29			12.0	12.0	0.30	85.4	-2.3	-0.01	40.4	-1.9	-162.4		-4.5	37.5	-23.3
-18.18	-18.18	-53.85	-57.14			12.0	12.0	0.30	85.4	-2.3	-0.01	40.4	-1.9	-162.4		-6.0	50.0	-31.0
-38.87	-28.96	-45.82	-67.03			1,443	2,525	2,162	-5.1	79.3	1.46	520.2	159.4	4.84	4.51	18.3	0.7	0.8
9.15	-26.19	-73.73				3.0	2.1	--		-0.40	-0.01	72.3	-0.64	-7.72		-4.7		0.5
37.50	-15.38	-63.33	-54.17			3.0	2.1	--		-0.40	-0.01	72.3	-0.64	-7.72		-8.3		0.8
4.76	14.89	6.68	-6.03	2.44	3.7	21,217	40,709	12,917	4.0	-363.0	-1.13	-188.8	1,622	2.44		-57.8	1.7	2.0
-54.60	-54.00	-70.93				15.2	22.1	18.8	29.5	-5.2	-1.04	-432.4	-4.7	-14.79		-2.2	0.7	0.9
-0.93	12.98	-34.70	-5.64			1,146	822.2	30.1	77.2	-108.3	-2.27	19.4	-52.3	-18.11		-10.3	38.0	5.3
-6.45	4.84	-6.93	-6.45			13,804	36,699	17,351	-4.8	526.6	0.15	-55.6	3,308	1.53	5.82	24.6	0.8	1.3
-0.40	15.52	-1.54	44.30	1.36	3.6	13,804	36,699	17,351	-4.8	526.6	0.15	-55.6	3,308	1.53	5.82	255.5	7.9	13.4
-2.77	0.60					21.1	20.6	--		0.23	-0.13		-0.39			-73.8		4.2
-12.06	-21.61	-25.86	26.93	0.20	3.0	55.3	71.8	118.8	6.1	6.7	0.80	26.0	3.9	8.01	28.83	8.4	0.5	2.1
-1.76	23.28	26.37	95.25			38,662	38,366	3,821	10.9	765.3	3.59	38.3	777.0	12.4	22.87	51.6	10.3	11.2
-33.33	-63.64	-86.44	-84.00			4.2	1.3	--		-2.7	-0.02	36.6	-2.6	-13.78		-1.8		0.3
-33.41	-67.13	-86.41	-84.20			4.2	1.3	--		-2.7	-0.02	36.6	-2.6	-13.78		-1.3		0.2
-50.00	-50.00					0.30	0.04	--		-0.09	-0.02		-0.05			-4.7		1.6

https://greyhouse.weissratings.com

Data as of June 30, 2019

I. Index of Stocks

Summer 2019

Company Name	Stock Ticker Symbol	Traded On	Sector	Overall Rating	Recommendation	Reward Rating	Risk Rating	Recent Up/Downgrade	Stock Price as of 6/30/2019	52-Week High	52-Week Low	3-Year Beta	Growth	Efficiency	Solvency	Volatility	Dividend	Total Return
EFG-Hermes Holding S.A.E	EFGHY	OTC PK	Financials	E	Sell	B-	C		2.34	2.34	2.34	0.00	F	G	E	F	–	F
eGain Corporation	EGAN	NAS CM	Information Tech	C-	Hold	B-	D	Down	7.83	19.05	5.4	0.58	G	G	G	W	–	F
Eguana Technologies Inc.	EGTYF	OTC PK	Industrials	D+	Sell	C	D	Up	0.11	0.20	0.09	1.93	W	G	F	W	–	W
Eguana Technologies Inc.	EGT.V	TSXV	Industrials	D+	Sell	C	D	Up	0.14	0.27	0.13	1.36	W	G	F	W	–	W
eHealth, Inc.	EHTH	NAS GS	Financials	C-	Hold	C	D		82.21	85.65	21.3	0.74	W	W	E	W	–	E
Eidos Therapeutics, Inc.	EIDX	NAS GS	Health Care	D	Sell	D	D	Up	28.21	34.28	8.89		V	V	E	W	–	W
Eiger BioPharmaceuticals, Inc.	EIGR	NAS	Health Care	D-	Sell	E+	D-		10.70	15.33	8.4	0.39	W	V	E	W	–	F
Eight Solutions Inc.	ES.V	TSXV	Information Tech	D	Sell	C-	D-		0.02	0.15	0.01	1.94	W	G	F	W	–	V
Ekso Bionics Holdings, Inc.	EKSO	NAS CM	Health Care	E+	Sell	E+	D-	Down	1.30	3.30	1.18	2.74	F	V	G	W	–	W
E-L Financial Corporation Limited	ELF.TO	TSX	Financials	C	Hold	B-	C	Up	743.25	834.00	734.03	0.33	G	G	E	F	W	W
E-L Financial Corporation Limited	ELFIF	OTC PK	Financials	C	Hold	B-	C	Up	562.01	663.81	530.42	0.28	G	G	E	F	W	W
El Nino Ventures Inc.	ELNOF	OTC PK	Materials	D-	Sell	E+	D	Down	0.02	0.04	0.02	1.16	W	V	E	W	–	W
El Nino Ventures Inc.	ELN.V	TSXV	Materials	D-	Sell	E+	D	Down	0.03	0.05	0.03	-0.37	W	V	E	W	–	F
El Paso Electric Company	EE	NYSE	Utilities	B-	Buy	B	C	Up	65.58	66.83	47.99	0.72	G	G	G	F	F	F
El Pollo Loco Holdings, Inc.	LOCO	NAS GS	Consumer Discretn	D	Sell	C-	D-	Down	10.58	18.47	10.02	0.59	F	F	G	W	–	W
El Puerto de Liverpool, S.A.B. de C.V.	ELPQF	OTC PK	Consumer Discretn	C-	Hold	C	D		5.52	7.74	5.52	-0.73	G	E	E	W	–	W
Elanco Animal Health Incorporated	ELAN	NYSE	Health Care	C-	Hold	C	D+	Up	34.26	37.61	28		G	F	G	F	–	W
Elastic N.V.	ESTC	NYSE	Information Tech	D	Sell	D	D		74.20	100.43	58.55		W	W	E	F	–	W
Elbit Systems Ltd.	ESLT	NAS GS	Industrials	U		U	U		148.79	160.00	109.81	0.99	U	U	U	U	U	U
Elcora Advanced Materials Corp.	ERA.V	TSXV	Materials	D	Sell	D	D-		0.08	0.26	0.06	0.62	F	W	G	W	–	W
Elcora Advanced Materials Corp.	ECORF	OTC PK	Materials	D	Sell	D	D-		0.07	0.19	0.05	0.89	F	W	G	W	–	W
Eldorado Gold Corporation	EGO	NYSE	Materials	D	Sell	D	D		5.75	5.82	2.52	1.89	W	W	E	W	–	W
Eldorado Gold Corporation	ELD.TO	TSX	Materials	D	Sell	D	D		7.51	7.65	3.36	1.46	W	W	E	W	–	W
Eldorado Resorts, Inc.	ERI	NAS GS	Consumer Discretn	B	Buy	A-	C	Up	44.72	54.99	31.87	1.81	E	G	G	F	–	E
ElectraMeccanica Vehicles Corp.	SOLO	NAS CM	Consumer Discretn	D-	Sell	E+	D-	Down	2.52	7.48	0.9		V	V	E	W	–	W
Electricité de France S.A.	ECIFF	OTC PK	Utilities	C-	Hold	C+	D	Down	12.40	17.96	12.4	0.23	W	G	G	W	G	F
Electricité de France S.A.	ECIFY	OTC PK	Utilities	C-	Hold	B-	D	Down	2.41	3.64	2.4	0.56	W	G	G	W	E	F
electroCore, Inc.	ECOR	NAS GS	Health Care	D-	Sell	E+	D-		1.84	18.99	1.49		F	V	E	W	–	V
Electromed, Inc.	ELMD	AMEX	Health Care	C	Hold	B-	D+		5.42	7.33	4.66	0.79	F	E	E	W	–	F
Electronic Arts Inc.	EA	NAS GS	Communication Svc	C	Hold	C+	D+		99.14	151.26	73.91	1.17	F	G	E	W	–	W
Electronic Systems Technology, Inc.	ELST	OTC PK	Information Tech	D	Sell	D	D		0.40	0.69	0.3	0.27	W	E	W	E	–	W
Electronic Tele-Communications, Inc.	ETCIA	OTC PK	Information Tech	D-	Sell	D-	D-	Down	0.01	0.06	0.01	-0.32	W	V	F	W	–	W
Electronics for Imaging, Inc.	EFII	NAS GS	Information Tech	D	Sell	D+	D		36.91	38.33	19.76	1.14	W	F	G	W	–	W
Electro-Sensors, Inc.	ELSE	NAS CM	Information Tech	D+	Sell	C-	D+	Up	3.40	4.05	3.11	0.35	W	F	E	F	–	W
Electrovaya Inc.	EFL.TO	TSX	Industrials	D-	Sell	D-	D-	Down	0.29	0.31	0.14	0.92	V	W	F	W	–	V
Electrovaya Inc.	EFLVF	OTC PK	Industrials	D-	Sell	D-	D-	Down	0.22	0.23	0.1	0.81	V	W	F	W	–	V
Element Fleet Management Corp.	EFN.TO	TSX	Financials	D+	Sell	C	D	Up	9.56	10.32	5.71	0.15	W	F	G	W	W	W
Element Fleet Management Corp.	ELEEF	OTC PK	Financials	D+	Sell	C	D	Up	7.29	7.62	4.35	0.38	W	F	G	W	F	F
Element Lifestyle Retirement Inc.	ELM.V	TSXV	Health Care	D-	Sell	E+	D		0.09	0.19	0.06	0.22	V	W	E	W	–	W
Element Solutions Inc	ESI	NYSE	Materials	D	Sell	D	D	Down	10.20	13.54	9.26	1.97	W	W	G	W	–	W
Elementia, S.A.B. de C.V.	ELLMF	OTC PK	Industrials	D	Sell	D	D-		0.69	0.69	0.45	0.81	W	F	G	W	–	W
Elephant Hill Capital Inc.	EHP.V	TSXV	Financials	D-	Sell	D-	D		0.08	0.15	0.08		V	W	E	W	–	W
Elevate Credit, Inc.	ELVT	NYSE	Financials	D+	Sell	C-	D		4.15	11.27	3.71	1.44	G	F	E	W	–	W
Eli Lilly and Company	LLY	NYSE	Health Care	B	Buy	B+	B-	Up	111.47	132.13	84.71	0.33	E	E	F	G	F	F
Elio Motors, Inc.	ELIO	OTC PK	Consumer Discretn	D	Sell	C-	D-		1.67	5.15	1.26	0.40	W	E	F	W	–	V
Elite Pharmaceuticals, Inc.	ELTP	OTC PK	Health Care	D-	Sell	D-	D	Down	0.04	0.13	0.03	0.77	W	V	G	W	–	W
Ellington Financial Inc.	EFC	NYSE	Financials	B	Buy	B	B-	Up	17.69	18.49	14.69	0.43	F	G	E	G	G	F
Ellington Residential Mortgage REIT	EARN	NYSE	Financials	D+	Sell	C	D		10.74	12.14	10.14	0.88	W	F	F	W	E	W
Ellipsiz Communications Ltd.	ECT.V	TSXV	Information Tech	D-	Sell	E+	D		0.08	0.40	0.05	5.34	W	V	G	W	–	W
Ellipsiz Communications Ltd.	NXIFD	OTC PK	Information Tech	E+	Sell	E+	E+	Up	0.05	0.05	0.05		W	V	G	V	–	V
Ellomay Capital Ltd.	ELLO	AMEX	Utilities	C-	Hold	C	D+		11.25	12.37	7.4	0.97	F	E	E	F	–	F
Elmira Savings Bank	ESBK	NAS CM	Financials	U		U	U		16.50	21.00	15.69	0.33	U	U	U	U	U	U

*Ratings Factors: E=Excellent, G=Good, F=Fair, W=Weak, V=Very Weak, U=Unrated

Summer 2019   I. Index of Stocks

TOTAL RETURNS %				DIVIDEND/YIELD		SIZE		REVENUE & INCOME			EARNINGS		EFFECTIVENESS			VALUATION		
3-Month Total Return (%)	6-Month Total Return (%)	1-Year Total Return (%)	3-Year Total Return (%)	Dividend $ TTM	Dividend Yield TTM	Market Cap. ($Mil)	Enterprise Value ($Mil)	Revenue ($Mil)	Revenue Growth (%)	Net Income ($Mil)	Earnings/ Share $	EPS Growth (%)	Cash from Operations ($Mil)	Return on Assets (%)	Return on Equity (%)	Earnings (P/E) TTM	Sales (P/S) TTM	Book (P/B) Q
0.00	0.00	0.00	0.00	0.06	2.4	787.1	--	268.0	27.5	64.6	0.08	3.4	293.0		8.08	27.8	6.7	2.2
-24.78	17.74	-45.62	144.69			237.4	206.3	66.0	9.4	3.5	0.12	313.2	6.3	4.61	56.24	65.4	3.6	11.0
-15.91	-19.77	-39.31	-48.37			24.2	28.6	2.5	19.8	-4.7	-0.02	-5.6	-3.9	-97.18		-5.4	9.8	-4.3
-22.22	-26.32	-44.00	-50.88			24.2	28.6	2.5	19.8	-4.7	-0.02	-5.6	-3.9	-97.18		-6.8	12.4	-5.5
33.18	124.01	276.59	510.77			1,862	1,754	277.1	44.2	-0.07	-0.09	-108.3	-1.2	3.38		-951.5	6.5	4.2
22.49	103.98	41.69				1,039	893.0	--		-36.0	-2.08	52.3	-37.4	-28.97		-13.6		7.2
-21.15	7.00	-11.57	-42.38			261.5	207.6	--		-60.7	-3.84	12.2	-53.0	-58.38		-2.8		4.1
-80.95	-83.33	-83.33	-89.19			0.81	5.5	1.7	-37.0	-4.1	-0.06	-4.5	-1.7	-1,201.89		-0.3	0.9	-0.2
-46.50	-0.76	-24.64	-71.86			96.6	93.3	12.4	47.4	-25.6	-0.41	39.5	-20.6	-54.15		-3.2	6.8	19.4
-8.16	0.59	-8.36	9.81	5.00	0.7	2,224	3,141	1,467	-4.3	205.3	32.68	-61.0	329.8	1.22	5.09	22.7	2.2	0.7
-7.42	4.54	-12.58	9.09	3.77	0.7	2,224	3,141	1,467	-4.3	205.3	32.68	-61.0	329.8	1.22	5.09	17.2	1.6	0.5
-15.35	-46.56	-49.71	-46.56			1.2	0.12	--		-0.46	-0.01	-139.1	-0.42	-17.82		-2.2		0.8
-16.67	-37.50	-37.50	-28.57			1.2	0.12	--		-0.46	-0.01	-139.1	-0.42	-17.82		-3.3		1.2
13.08	33.01	14.58	52.55	1.47	2.2	2,654	4,177	902.3	-2.1	97.4	2.38	1.5	285.6	3.06	8.55	27.5	3.0	2.3
-18.74	-29.79	-4.25	-12.27			406.6	689.2	439.0	7.7	-10.6	-0.28	-290.7	43.1	4.65		-37.2	1.0	1.6
-16.32	-28.72	-6.16	-49.94			7,504	9,195	7,104	4.0	598.0	0.45	11.1	812.1	6.1	11.97	12.4	1.0	1.4
5.42	9.39					12,529	14,804	2,292	-21.2	108.1	0.30	115.4	309.0			115.9	5.5	2.4
-9.40	6.02					5,467	5,169	191.1	73.1	-67.5	-1.49	-51.9	-4.1	-18.77		-49.8	27.5	19.5
15.12	30.22	28.22	72.21	1.76	1.2	6,531	7,492	1,896	-43.9	50.8	1.19	-78.8	64.0			125.4	3.4	3.5
-20.00	-5.88	-68.00	-80.00			5.3	5.5	--		-1.3	-0.02	13.6	-0.61	-10.63		-5.2		1.4
6.40	22.36	-65.00	-77.83			5.3	5.5	--		-1.3	-0.02	13.6	-0.61	-10.63		-4.4		1.2
22.34	98.28	17.37	-73.18			906.1	1,364	407.1	-1.0	-397.6	-2.51	-3,888.9	57.8	-5.09		-2.3	2.2	0.3
19.21	95.06	14.66	-73.04			906.1	1,364	407.1	-1.0	-397.6	-2.51	-3,888.9	57.8	-5.09		-3.0	2.9	0.4
-4.77	25.13	12.22	212.51			3,476	7,282	2,252	31.0	112.6	1.44	30.3	310.7	4.87	11.14	31.1	1.6	3.3
-29.41	137.74	-59.35				93.0	71.6	0.55	151.1	-21.4	-0.69	-72.5	-15.1	-43.43		-3.7	152.7	5.2
-13.02	-17.88	-9.69	-4.25			37,973	79,889	81,537	11.3	1,457	-0.04	-104.0	15,891	1.04	2.48	-305.4	0.3	0.7
-9.11	-18.95	-9.63	30.09	0.05	2.0	37,973	79,889	81,537	11.3	1,457	-0.04	-104.0	15,891	1.04	2.48	-59.4	0.1	0.1
-75.88	-67.66	-89.46				54.5	7.0	1.3	70.4	-60.2	-1.66	-584.6	-53.8	-79.53		-1.1	40.9	1.0
4.73	6.90	0.93	35.16			45.6	38.0	30.9	11.7	2.0	0.23	9.3	1.7	7.04	8.9	23.7	1.5	1.9
-2.99	25.02	-29.50	36.56			29,381	24,930	4,950	-3.9	1,019	3.33	0.1	1,547	7.2	20.53	29.8	6.0	5.5
-2.44	2.56	-4.76	0.00			2.0	0.98	1.5	7.9	-0.07	-0.02	81.4	-0.05	-2.68		-23.0	1.4	1.1
-33.33	-81.82	-83.33	-80.00			0.03	-0.02	0.54	-33.3	0.01	0.01	-90.2	-0.04	7.27		2.0	0.1	-0.1
39.34	46.82	12.63	-10.09			1,593	1,699	998.9	-0.6	-16.0	-0.39	24.4	58.3	0.1		-94.0	1.6	2.2
0.28	0.00	-16.05	6.58			11.5	2.9	7.8	-1.3	0.16	0.05	16.0	0.25	0.24	1.28	73.1	1.5	0.9
62.86	83.87	18.75	-91.52			23.3	34.8	4.8	-7.5	-4.0	-0.05	86.2	-5.6	-36.7		-6.2	6.3	-2.5
61.88	119.34	22.22	-91.30			23.3	34.8	4.8	-7.5	-4.0	-0.05	86.2	-5.6	-36.7		-4.8	4.9	-2.0
12.34	42.58	70.82	-1.11	0.21	2.2	3,167	--	670.4	-35.1	-107.9	-0.40	-343.7	50.9			-24.0	6.2	1.7
18.13	48.51	70.80	-21.97	0.16	2.2	3,167	--	670.4	-35.1	-107.9	-0.40	-343.7	50.9			-18.3	4.7	1.3
-41.94	-25.00	-40.00	-64.00			4.8	3.6	1.0	-23.3	-0.95	-0.01	-90.3	-1.3	-9.56		-6.6	6.1	1.9
1.49	0.00	-9.17	20.28			2,627	4,120	1,928	27.8	-338.5	-1.18	-44.2	4.5	1.93		-8.6	1.4	1.2
0.00	53.76	-37.12				493.7	1,361	1,081	-23.3	5.7	0.01	-86.7	86.9			121.4	0.7	0.6
-20.00	-20.00	-23.81				0.30	-0.01	--		-0.11	-0.02	-433.3	-0.04	-38.53		-4.2		1.3
-3.94	-7.78	-50.77				180.1	625.8	782.6	10.2	16.4	0.36	1,973.0	376.3	8.75	13.52	11.5	0.2	1.4
-13.07	-1.31	33.23	59.80	2.42	2.2	102,645	117,159	23,948	5.9	6,256	6.28	493.4	5,399	9.38	30.03	17.7	4.6	41.4
-25.45	-39.27	-64.47	-91.35			47.4	78.9	--		-7.2	-0.25	80.8	-2.7			-6.8		-0.6
-52.97	-42.47	-51.90	-87.41			35.5	51.1	7.6	1.5	-9.3	-0.01	-13.5	-6.8	-20.71		-3.6	4.7	-14.3
1.06	20.42	24.46	42.35	1.79	10.1	526.2	--	82.0	28.5	41.0	1.35	9.2	-348.5		7.5	13.1	6.4	0.9
-9.29	5.85	6.92	14.25	1.33	12.4	133.9	--	8.2	-77.4	1.6	0.13	-66.2	28.8		0.94	80.9	16.3	0.9
-20.00	60.00	-46.67	-91.11			1.6	3.9	5.6	25.5	-2.2	-0.13	-162.6	-0.96	-29.33		-0.6	0.3	-8.9
0.00	0.00	-74.49				1.6	3.9	5.6	25.5	-2.2	-0.13	-162.6	-0.96	-29.33		-0.4	0.2	-5.6
44.23	43.86	27.87	54.11			120.1	221.6	14.7	-10.3	-0.31	-0.04	94.5	5.0			-275.1	10.7	1.3
-3.38	-10.11	-15.21	2.03	0.92	5.6	57.5	--	10.4	-50.5	2.1	0.58	-52.0	--			28.4	5.5	1.2

I. Index of Stocks

Summer 2019

Company Name	Stock Ticker Symbol	Traded On	Sector	Overall Rating	Recommendation	Reward Rating	Risk Rating	Recent Up/Downgrade	Stock Price as of 6/30/2019	52-Week High	52-Week Low	3-Year Beta	Growth	Efficiency	Solvency	Volatility	Dividend	Total Return
Eloro Resources Ltd.	ELO.V	TSXV	Materials	D	Sell	D	D-		0.26	0.65	0.15	0.19	W	W	G	W	--	V
Eloro Resources Ltd.	ELRRF	OTC PK	Materials	D	Sell	D	D		0.16	0.47	0.13	-0.68	W	W	G	W	--	W
Eloxx Pharmaceuticals, Inc.	ELOX	NAS	Health Care	D-	Sell	E+	D		9.99	19.78	8.49		W	V	E	W	--	W
Elray Resources, Inc.	ELRA	OTC PK	Consumer Discretn	C-	Hold	C	D+		0.00	0.00	0	-1.19	W	E	F	W	--	F
Elron Electronic Industries Ltd.	ELRNF	OTC PK	Financials	D	Sell	D	D		1.47	4.19	1.47	1.19	F	W	E	F	--	V
Eltek Ltd.	ELTK	NAS CM	Information Tech	D-	Sell	D-	D-		4.46	11.56	1.28	-6.98	W	W	W	W	--	W
Ely Gold Royalties Inc.	ELY.V	TSXV	Materials	D+	Sell	C	D		0.19	0.20	0.09	-1.29	W	W	E	W	--	G
Ely Gold Royalties Inc.	ELYGF	OTC PK	Materials	D+	Sell	C	D		0.14	0.16	0.07	-0.97	W	W	E	W	--	G
Elysee Development Corp.	ASXSF	OTC PK	Financials	C	Hold	B	C		0.27	0.33	0.23	0.90	E	E	E	F	--	F
Elysee Development Corp.	ELC.V	TSXV	Financials	C	Hold	B	C		0.35	0.42	0.31	0.19	E	E	E	F	--	F
eMagin Corporation	EMAN	AMEX	Information Tech	D	Sell	D	D-		0.47	1.85	0.46	-0.22	F	V	G	W	--	V
eMARINE Global Inc.	EMRN	OTC PK	Industrials	D	Sell	C-	D		1.05	6.50	0.4		G	W	F	W	--	W
Embassy Bancorp, Inc.	EMYB	OTC PK	Financials	C	Hold	B	C		16.50	18.35	14.06	0.45	E	E	E	F	--	F
Embotelladora Andina S.A.	AKOB	NYSE	Consumer Staples	C-	Hold	C+	D-	Down	21.74	25.42	19.25	0.21	F	E	G	W	--	W
Embotelladora Andina S.A.	AKOA	NYSE	Consumer Staples	C-	Hold	C+	D-	Down	18.90	21.64	16.97	0.38	F	E	G	W	--	W
Embraer S.A.	ERJ	NYSE	Industrials	D	Sell	D	D		19.81	26.59	16.81	-0.58	V	F	G	W	--	W
EMC Insurance Group Inc.	EMCI	NAS GS	Financials	B-	Buy	B	C+	Up	36.05	36.24	22.98	0.11	F	G	E	F	G	F
Emclaire Financial Corp	EMCF	NAS CM	Financials	C	Hold	B+	C		32.75	38.70	28.67	0.44	G	E	E	F	G	F
EMCOR Group, Inc.	EME	NYSE	Industrials	B-	Buy	B+	C	Up	86.18	86.18	57.29	1.22	G	E	E	F	W	F
EMCORE Corporation	EMKR	NAS	Information Tech	D	Sell	D	D		3.34	5.54	3.25	0.61	W	W	E	W	--	W
Emera Incorporated	EMA.TO	TSX	Utilities	B	Buy	A-	C		53.49	54.54	38.09	0.18	E	G	G	F	G	F
Emera Incorporated	EMRAF	OTC PK	Utilities	C	Hold	A-	C		40.77	41.36	29.24	0.43	E	G	G	F	G	F
Emerald Bay Energy Inc.	EBY.V	TSXV	Energy	D	Sell	D	D		0.02	0.03	0.01	1.69	F	V	F	W	--	F
Emerald Bay Energy Inc.	EMBYF	OTC PK	Energy	D-	Sell	D	D-		0.00	0.03	0	0.13	F	V	F	W	--	W
Emerald Bioscience Inc.	EMBI	OTC PK	Health Care	D+	Sell	C	D		0.29	1.17	0.05	0.05	V	E	F	W	--	F
Emerald Expositions Events, Inc.	EEX	NYSE	Communication Svc	D	Sell	C	D-		11.05	20.98	10.67	0.62	F	F	G	W	G	W
Emerald Health Therapeutics, Inc.	EMHTF	OTC PK	Health Care	D	Sell	D+	D		1.83	4.50	1.48	2.22	W	W	E	W	--	F
Emerald Health Therapeutics, Inc.	EMH.V	TSXV	Health Care	D	Sell	D+	D		2.37	5.92	2.04	2.05	W	W	E	W	--	F
Emerge Energy Services LP	EMESZ	OTC PK	Energy	D	Sell	D	D-		0.09	8.05	0.06	3.45	W	F	G	W	--	V
Emergent BioSolutions Inc.	EBS	NYSE	Health Care	C-	Hold	C	D	Down	48.00	73.89	39.64	1.76	W	G	E	W	--	W
Emergent Capital, Inc.	EMGC	OTC PK	Financials	D	Sell	D	D		0.16	0.38	0.03	-1.11	W	W	E	W	--	V
Emerita Resources Corp.	EMO.V	TSXV	Materials	D	Sell	C-	D-	Down	0.09	0.35	0.08	-0.59	W	G	F	W	--	V
Emerson Electric Co.	EMR	NYSE	Industrials	B-	Buy	B	C		66.10	79.70	55.39	1.46	E	E	E	F	G	W
Emerson Radio Corp.	MSN	AMEX	Consumer Discretn	D	Sell	D	D		1.02	1.51	0.91	-0.03	W	W	E	W	--	W
Emgold Mining Corporation	EMR.V	TSXV	Materials	D	Sell	D+	D	Up	0.13	0.22	0.05	-0.76	W	F	G	W	--	W
Emgold Mining Corporation	EGMCF	OTC PK	Materials	D	Sell	D+	D	Up	0.10	0.15	0.03	-0.92	W	F	G	W	--	W
Emmis Communications Corporation	EMMS	NAS GS	Communication Svc	C	Hold	C+	D+	Down	4.73	5.59	3.13	1.42	W	G	G	W	--	F
Empire Company Limited	EMPA.TO	TSX	Consumer Staples	C+	Hold	B-	C+		32.97	33.24	22.38	-0.42	F	G	G	F	W	F
Empire Company Limited	EMLAF	OTC PK	Consumer Staples	C	Hold	B	C+		24.61	25.17	17.69	-0.10	F	G	G	F	W	F
Empire Industries Ltd.	ERILF	OTC PK	Industrials	D-	Sell	E+	D	Down	0.37	0.39	0.24	-1.09	W	V	F	W	--	F
Empire Industries Ltd.	EIL.V	TSXV	Industrials	D-	Sell	E+	D	Down	0.49	0.54	0.31	-0.18	W	V	F	W	--	W
Empire Metals Corp.	EP.V	TSXV	Materials	D	Sell	D-	D		0.15	0.23	0.11	-0.05	V	W	G	W	--	W
Empire Petroleum Corporation	EMPR	OTC PK	Energy	D+	Sell	C	D	Up	0.29	0.75	0.1	3.42	V	W	F	W	--	E
Empire Post Media, Inc.	EMPM	OTC PK	Communication Svc	D+	Sell	C	D		0.04	0.08	0	7.35	W	G	F	W	--	F
Empire Resorts, Inc.	NYNY	NAS	Consumer Discretn	D	Sell	D	D		9.08	20.25	6.31	2.18	W	W	F	W	--	W
Empire State Realty OP, L.P.	ESBA	NYSE Arca	Real Estate	C-	Hold	C+	D		14.56	17.79	11.99	0.76	F	E	E	W	G	W
Empire State Realty OP, L.P.	OGCP	NYSE Arca	Real Estate	C-	Hold	C+	D		14.44	17.72	12.16	0.54	F	E	E	W	G	W
Empire State Realty OP, L.P.	FISK	NYSE Arca	Real Estate	C-	Hold	C+	D		14.44	17.68	13.68	0.61	F	E	E	W	G	W
Empire State Realty Trust, Inc.	ESRT	NYSE	Real Estate	C-	Hold	C+	D		14.57	17.86	13.66	0.75	F	G	E	W	G	W
Employers Holdings, Inc.	EIG	NYSE	Financials	B	Buy	A-	C+		42.33	47.97	39.31	0.43	E	E	E	F	F	F
Empower Clinics Inc.	EPWCF	OTC PK	Health Care	D	Sell	C	D	Up	0.10	0.31	0.01		W	G	F	W	--	V
Empresa Distribuidora y Comercializadora Norte	EDN	NYSE	Utilities	D+	Sell	C	D-		18.13	37.86	15.37	0.09	W	G	E	W	--	W

*Ratings Factors: E=Excellent, G=Good, F=Fair, W=Weak, V=Very Weak, U=Unrated

Summer 2019 — I. Index of Stocks

TOTAL RETURNS %				DIVIDEND/YIELD		SIZE		REVENUE & INCOME			EARNINGS		EFFECTIVENESS			VALUATION		
3-Month Total Return (%)	6-Month Total Return (%)	1-Year Total Return (%)	3-Year Total Return (%)	Dividend $ TTM	Dividend Yield TTM	Market Cap. ($Mil)	Enterprise Value ($Mil)	Revenue ($Mil)	Revenue Growth (%)	Net Income ($Mil)	Earnings/Share $	EPS Growth (%)	Cash from Operations ($Mil)	Return on Assets (%)	Return on Equity (%)	Earnings (P/E) TTM	Sales (P/S) TTM	Book (P/B) Q
4.08	-33.77	-61.36	-12.07			7.1	7.0	--		-0.63	-0.02	55.6	-0.42	-8.69		-13.8		2.7
-32.07	-45.61	-68.43	130.00			7.1	7.0	--		-0.63	-0.02	55.6	-0.42	-8.69		-8.7		1.7
-12.21	-18.98	-45.50				398.2	360.2	--		-50.5	-1.47	63.8	-34.9	-84.1		-6.8		10.4
100.00	100.00	33.33	100.00			0.48	5.6	0.48	-17.1	-4.2	0.00	-183.3	-0.01	-74.95		-0.1	1.0	0.0
-38.49	-26.50	-63.25	-61.32			43.7	25.4	18.4	114.8	-15.4	-0.52	37.0	-19.5	-0.88		-2.8	2.3	0.6
103.00	79.84	14.36	-16.24			19.5	30.1	25.3	-22.8	-1.8	-0.87	53.4	-0.56			-5.1	0.4	10.3
8.82	48.00	68.18	48.00			13.1	10.9	--		-1.1	-0.01	28.2	-1.1	-13.12		-14.2		4.8
5.48	50.05	86.07	56.80			13.1	10.9	--		-1.1	-0.01	28.2	-1.1	-13.12		-10.7		3.6
-3.07	18.00	3.59	88.38	0.02	8.6	7.0	-1.9	1.3	29.6	0.87	0.03	126.5	0.68	5.52	8.63	8.0	5.5	0.7
-9.21	13.42	2.12	87.90	0.03	8.7	7.0	-1.9	1.3	29.6	0.87	0.03	126.5	0.68	5.52	8.63	10.4	7.2	0.9
-42.99	-53.15	-73.71	-76.34			23.3	26.6	25.5	11.6	-8.9	-0.20	12.1	-6.5	-22.34		-2.4	0.8	1.3
-50.00	162.50	-80.91				24.3	27.0	4.1	5.0	-0.92	-0.04	92.5	0.05	-16.92		-25.6	7.1	-6.1
9.49	15.47	-3.11	62.93	0.17	1.0	123.4	--	33.9	5.8	10.3	1.36	30.6	13.2		11.88	12.2	3.7	1.4
1.98	-0.64	-0.90	13.99	0.54	2.5	3,208	4,178	2,486	-13.9	144.7	0.15	-22.6	365.9	5.72	10.96	142.2	8.3	16.3
-0.18	1.14	-5.63	11.71	0.49	2.6	3,208	4,178	2,486	-13.9	144.7	0.15	-22.6	365.9	5.72	10.96	123.6	7.2	14.2
4.32	-9.91	-21.74	-4.03	0.12	0.6	3,626	2,445	4,500	-14.4	-214.4	-0.29	-224.0	447.0	0.28		-67.8	3.2	3.8
13.49	15.47	32.11	47.84	0.91	2.5	781.3	806.1	692.5	4.0	26.1	1.21	-20.1	79.2	1.03	4.36	29.8	1.1	1.3
6.49	8.26	-0.76	51.02	1.42	4.3	88.4	--	30.2	19.9	4.9	1.97	-6.2	6.1		7	16.6	2.9	1.1
17.77	46.33	13.30	86.74	0.32	0.4	4,834	5,122	8,389	9.0	300.6	5.19	34.1	272.7	6.61	17.28	16.6	0.6	2.7
-9.97	-18.34	-34.51	-27.20			95.7	45.1	88.7	-13.7	-24.8	-0.91	-1,762.9	-5.7	-11.75		-3.7	1.0	1.0
7.61	26.07	31.86	29.21	2.33	4.4	9,719	21,868	4,977	3.3	601.0	2.41	225.9	1,266	2.91	9.9	22.2	2.6	2.3
9.63	31.01	33.56	29.21	1.76	4.3	9,719	21,868	4,977	3.3	601.0	2.41	225.9	1,266	2.91	9.9	16.9	1.9	1.7
0.00	0.00	-40.00	0.00			3.7	11.6	0.81	32.4	-2.7	-0.01	55.3	-0.73	-12.94		-1.5	5.8	-0.7
0.00	-86.58	-88.24	-60.00			3.7	11.6	0.81	32.4	-2.7	-0.01	55.3	-0.73	-12.94		-0.2	0.8	-0.1
-56.76	-24.38	12.21	-41.78			39.4	37.9	--		-25.8	-0.20	-17.7	-4.3	-75.66		-1.5		-1.4
-11.87	-10.67	-44.78		0.29	2.7	794.0	1,357	375.9	8.0	-36.7	-0.52	-143.5	94.9	3.5		-21.5	2.2	1.1
-37.54	-4.38	-38.38	1,304.45			268.8	263.9	2.8	223.5	-22.2	-0.14	-49.4	-26.3	-14.65		-12.8	93.4	2.1
-39.69	-8.85	-39.54	1,254.29			268.8	263.9	2.8	223.5	-22.2	-0.14	-49.4	-26.3	-14.65		-16.5	120.9	2.7
-95.54	-94.55	-98.76	-99.20			2.8	199.7	374.7	23.3	12.7	0.41	131.8	60.2	8.34	23.83	0.2	0.0	0.0
-3.75	-18.21	-5.46	81.12			2,466	3,085	855.2	52.2	41.6	0.81	-40.6	147.6	3.56	4.45	59.1	2.9	2.5
72.22	138.46	-51.10	-95.29			24.5	--	16.7	233.3	-32.8	-0.23	-17.8	-26.0			-0.7	1.5	-2.4
-28.00	-10.00	-74.29	-74.29			3.4	3.7	--		-2.6	-0.09	14.5	-0.42	-108.29		-1.0		-3.3
-1.42	13.44	-0.83	45.79	1.96	3.0	40,626	45,625	18,061	9.2	2,314	3.67	31.4	2,804	9.2	27.27	18.0	2.3	4.8
-22.73	-30.61	-29.66	74.33			21.5	-11.5	9.0	-40.2	-2.4	-0.12	58.7	-2.2	-4.61		-8.8	2.4	0.6
-18.75	36.84	-13.33	-48.00			5.1	2.3	--		0.54	-0.01	85.3	-1.7	-46.58	34.47	-25.5		2.0
-23.94	34.93	-4.41	-60.66			5.1	2.3	--		0.54	-0.01	85.3	-1.7	-46.58	34.47	-20.1		1.6
28.19	45.54	-11.42	71.36			62.0	165.6	114.1	-23.1	23.4	1.73	-73.5	7.7	2.35	29.2	2.7	0.6	0.9
15.57	17.82	25.66	60.80	0.44	1.3	6,821	8,000	19,095	1.7	257.9	0.94	188.5	634.1	3.89	10.59	34.9	0.5	3.0
16.56	19.09	27.06	61.13	0.33	1.4	6,821	8,000	19,095	1.7	257.9	0.94	188.5	634.1	3.89	10.59	26.1	0.4	2.3
24.03	18.13	-6.88	416.81			38.5	70.4	105.7	-0.5	-37.6	-0.37	-344.1	-9.1	-13.5		-1.0	0.4	-1.6
24.05	36.11	8.89	16.67			38.5	70.4	105.7	-0.5	-37.6	-0.37	-344.1	-9.1	-13.5		-1.3	0.5	-2.1
-25.00	-11.76	0.00	-34.78			8.6	7.5	--		-0.98	-0.02	-86.1	-0.06	-9.87		-7.5		3.1
44.38	60.42	60.42	188.75			5.4	11.9	0.59		-1.4	-0.09	-25.4	-0.53	-14.09		-3.2	8.8	-10.4
336.78	406.67	660.00	7,500.00			7.4	7.4	--		0.07	0.00		0.00			95.0		
-15.69	-15.93	-53.55	-39.55			312.5	943.4	218.9	158.4	-155.4	-4.66	-139.9	-95.9	-6.52		-2.0	1.4	1.6
-7.21	3.42	-12.08	-16.04	0.42	2.9	4,437	6,161	713.7	1.5	109.1	0.36	-7.4	288.4	2.74	5.53	40.8	6.1	2.3
-7.56	3.18	-12.88	-15.79	0.42	2.9	4,437	6,161	713.7	1.5	109.1	0.36	-7.4	288.4	2.74	5.53	40.5	6.0	2.3
-7.56	4.56	-12.93	-16.61	0.42	2.9	4,437	6,161	713.7	1.5	109.1	0.36	-7.4	288.4	2.74	5.53	40.5	6.0	2.3
-7.44	3.41	-12.47	-16.22	0.42	2.9	2,580	5,039	710.9	1.2	62.4	0.36	-6.9	288.4	2.77	5.53	40.1	6.1	2.1
5.18	2.95	6.30	62.36	0.84	2.0	1,357	1,304	832.7	5.3	167.5	5.04	61.7	154.1	3.25	16.73	8.4	1.7	1.3
-2.77	53.44	-66.84				11.9	12.0	0.94	-32.7	-2.7	-0.08	30.8	-2.9	-109.64		-1.2	8.1	-2.5
-7.74	-31.84	-51.05	10.35			803.2	1,012	1,860	-35.7	81.3	0.09	-79.8	252.1	2.4	17.77	196.6	8.6	20.1

I. Index of Stocks — Summer 2019

Company Name	Stock Ticker Symbol	Traded On	Sector	Overall Rating	Recommendation	Reward Rating	Risk Rating	Recent Up/Downgrade	Stock Price as of 6/30/2019	52-Week High	52-Week Low	3-Year Beta	Growth	Efficiency	Solvency	Volatility	Dividend	Total Return
Empress Resources Corp.	EMPX.V	TSXV	Materials	D	Sell	D+	D-		0.05	0.14	0.03	-0.31	W	F	E	W	–	V
Empress Resources Corp.	DREXF	OTC PK	Materials	D	Sell	D+	D		0.06	0.08	0.05	1.30	W	F	E	W	–	V
EMX Royalty Corporation	EMX	AMEX	Materials	C	Hold	C+	C	Up	1.22	1.47	1	0.31	W	G	E	F	–	F
EMX Royalty Corporation	EMX.V	TSXV	Materials	C	Hold	C+	C	Up	1.60	1.80	1.25	0.24	W	G	E	F	–	F
Enable Midstream Partners, LP	ENBL	NYSE	Energy	C	Hold	B	D	Down	13.45	19.27	12.31	0.61	E	E	G	W	E	W
Enablence Technologies Inc.	ENA.V	TSXV	Information Tech	D	Sell	D	D-	Down	0.02	0.06	0.02	-0.26	W	W	F	W	–	V
Enablence Technologies Inc.	ENAFF	OTC PK	Information Tech	D	Sell	D	D-		0.03	0.04	0.02	0.70	W	W	F	W	–	V
Enanta Pharmaceuticals, Inc.	ENTA	NAS GS	Health Care	C	Hold	C+	D+		83.84	127.77	64.09	1.08	W	G	E	W	–	F
ENB Financial Corp	ENBP	OTC PK	Financials	C	Hold	A-	B+		39.92	40.25	34.21	0.19	E	G	E	G	G	F
Enbridge Inc.	ENB.TO	TSX	Energy	C	Hold	B	D+	Down	46.58	51.22	39.4	0.20	E	E	G	W	G	W
Enbridge Inc.	ENB	NYSE	Energy	C	Hold	B	D	Down	35.54	38.04	28.82	0.47	E	E	G	W	E	W
Encana Corporation	ECA.TO	TSX	Energy	C-	Hold	C	D	Down	6.54	18.54	6.12	1.35	E	G	G	W	W	W
Encana Corporation	ECA	NYSE	Energy	C-	Hold	C	D	Down	5.01	14.28	4.56	1.61	E	G	G	W	F	W
Encanto Potash Corp.	EPO.V	TSXV	Materials	D-	Sell	D	D-		0.10	0.30	0.09	0.13	F	W	F	W	–	V
Encanto Potash Corp.	ENCTF	OTC PK	Materials	D-	Sell	D	D-		0.07	0.22	0.07	0.07	F	W	F	W	–	V
Encision Inc.	ECIA	OTC PK	Health Care	D	Sell	D	D		0.34	0.53	0.29	0.13	V	W	G	W	–	W
Encompass Health Corporation	EHC	NYSE	Health Care	B-	Buy	B	C		61.99	82.46	56.74	1.35	E	E	G	F	F	F
Encore Capital Group, Inc.	ECPG	NAS GS	Financials	C	Hold	B	D+		34.05	41.50	20.38	1.39	E	G	E	W	–	W
enCore Energy Corp.	TGRUF	OTC PK	Materials	D	Sell	D+	D	Down	0.11	0.16	0.04	1.29	V	W	E	W	–	F
enCore Energy Corp.	EU.V	TSXV	Materials	D	Sell	D	D	Down	0.14	0.21	0.05	1.57	V	W	E	W	–	F
Encore Wire Corporation	WIRE	NAS GS	Industrials	B	Buy	B+	B-		57.02	61.68	40.96	1.15	E	E	G	G	W	F
Endava plc	DAVA	NYSE	Information Tech	C	Hold	B	D		39.95	40.93	21.13		E	G	E	F	–	W
Endeavour Silver Corp.	EDR.TO	TSX	Materials	D	Sell	D	D		2.67	4.40	2.27	0.10	V	W	E	W	–	W
Endeavour Silver Corp.	EXK	NYSE	Materials	D	Sell	D	D		2.04	3.35	1.68	0.42	V	W	E	W	–	W
Endesa, S.A.	ELEZY	OTC PK	Utilities	C	Hold	B+	C+		12.32	12.90	10.96	-0.05	E	E	G	F	–	F
Endesa, S.A.	ELEZF	OTC PK	Utilities	C	Hold	B+	C+		26.45	26.90	21	0.19	E	E	G	F	–	F
Endo International plc	ENDP	NAS GS	Health Care	D	Sell	D	D-		4.10	18.50	3.54	2.27	W	W	G	W	–	V
Endologix, Inc.	ELGX	NAS GS	Health Care	D-	Sell	D-	D-	Down	7.30	59.00	5.2	0.47	W	V	F	W	–	V
Endonovo Therapeutics, Inc.	ENDV	OTC PK	Health Care	D	Sell	C-	D		0.02	0.07	0.01	2.57	W	G	F	W	–	V
Endurance Exploration Group, Inc.	EXPL	OTC PK	Industrials	D-	Sell	E+	D-		0.12	0.33	0.05	-1.90	F	V	F	W	–	W
Endurance Gold Corporation	EDG.V	TSXV	Materials	D-	Sell	D-	D	Down	0.04	0.07	0.03	1.83	W	W	E	W	–	V
Endurance Gold Corporation	ENDGF	OTC PK	Materials	D	Sell	D	D		0.03	0.05	0.02	0.79	W	W	E	W	–	W
Endurance International Group Holdings, Inc.	EIGI	NAS GS	Information Tech	D	Sell	D	D-		4.83	10.95	4.22	1.32	W	F	W	W	–	W
Enel Américas S.A.	ENIA	NYSE	Utilities	C-	Hold	C+	D		8.49	10.52	6.96	0.25	G	E	E	W	–	W
Enel Américas S.A.	ENIAWI	NYSE	Utilities	U		U	U						U	U	U	U	U	U
Enel Generación Chile S.A.	EOCCY	OTC PK	Utilities	D+	Sell	C	D-		18.67	22.75	10.51	1.09	F	E	E	W	–	W
Enel Generación Chile S.A.	EOCCWI	NYSE	Utilities	U		U	U						U	U	U	U	U	U
Enel SpA	ENLAY	OTC PK	Utilities	B	Buy	A-	C+	Up	6.85	7.07	4.84	0.18	E	G	G	F	–	F
Ener-Core, Inc.	ENCR	OTC PK	Industrials	D	Sell	C-	D-		0.08	0.64	0.02	5.27	F	E	F	W	–	V
Enerdynamic Hybrid Technologies Corp.	EDYYF	OTC PK	Industrials	D	Sell	C-	D	Up	0.02	0.09	0.02		W	G	F	W	–	V
Enerdynamic Hybrid Technologies Corp.	EHT.V	TSXV	Industrials	D+	Sell	C	D		0.04	0.12	0.03	1.58	W	G	F	W	–	V
Enerflex Ltd.	EFX.TO	TSX	Energy	B-	Buy	B	C	Up	17.04	20.38	13.56	0.49	E	G	E	F	F	F
Enerflex Ltd.	ENRFF	OTC PK	Energy	C	Hold	B	C		12.64	15.03	10.5	0.82	E	G	E	F	G	F
Energizer Holdings, Inc.	ENR	NYSE	Consumer Staples	C-	Hold	C+	D	Down	38.22	65.57	37.39	0.62	W	G	G	W	G	W
Energold Drilling Corp.	EGD.V	TSXV	Materials	D	Sell	D+	D-		0.09	0.39	0.08	0.08	G	W	G	W	–	V
Energold Drilling Corp.	EGDFF	OTC PK	Materials	D	Sell	D+	D-		0.06	0.29	0.06	0.26	G	W	G	W	–	V
Energous Corporation	WATT	NAS CM	Industrials	D-	Sell	E+	D-	Up	4.25	15.98	3.86	1.79	F	V	E	W	–	V
Energy & Technology, Corp.	ENGT	OTC PK	Energy	D	Sell	D+	D		0.10	1.00	0.05	8.96	W	W	F	W	–	W
Energy Focus, Inc.	EFOI	NAS CM	Industrials	E+	Sell	E	D-	Down	0.41	2.40	0.38	2.94	V	V	G	W	–	V
Energy Fuels Inc.	EFR.TO	TSX	Energy	D+	Sell	C-	D		3.83	5.38	2.72	0.54	W	W	E	W	–	F
Energy Fuels Inc.	UUUU	AMEX	Energy	D+	Sell	C-	D		2.93	4.09	2.05	0.74	W	W	E	W	–	F
Energy Recovery, Inc.	ERII	NAS GS	Industrials	C	Hold	B-	D+		10.04	11.11	6.17	1.34	F	E	E	W	–	F

*Ratings Factors: E=Excellent, G=Good, F=Fair, W=Weak, V=Very Weak, U=Unrated

Summer 2019 — I. Index of Stocks

3-Month Total Return (%)	6-Month Total Return (%)	1-Year Total Return (%)	3-Year Total Return (%)	Dividend $ TTM	Dividend Yield TTM	Market Cap. ($Mil)	Enterprise Value ($Mil)	Revenue ($Mil)	Revenue Growth (%)	Net Income ($Mil)	Earnings/Share $	EPS Growth (%)	Cash from Operations ($Mil)	Return on Assets (%)	Return on Equity (%)	Earnings (P/E) TTM	Sales (P/S) TTM	Book (P/B) Q
-23.08	-28.57	-54.55	-83.33			2.3	0.26	--		-0.65	-0.02	83.5	-1.2	-37.72		-2.7		1.5
0.00	0.00	-46.02				2.3	0.26	--		-0.65	-0.02	83.5	-1.2	-37.72		-3.0		1.6
4.27	11.92	18.45	46.99			99.8	38.2	2.2	-21.5	46.3	0.55	832.0	-9.3	-12.99	83.28	2.2	43.9	1.3
3.23	6.67	16.79	60.00			99.8	38.2	2.2	-21.5	46.3	0.55	832.0	-9.3	-12.99	83.28	2.9	57.6	1.6
-2.76	5.20	-15.01	29.72	1.27	9.5	5,852	10,642	3,478	20.6	529.0	1.13	24.9	973.0	3.52	7	11.9	1.7	0.8
-42.86	-42.86	-50.00	-69.23			9.8	28.6	0.80	-82.5	-10.6	-0.02	-6.4	-6.8	-115.06		-1.2	16.7	-0.6
21.24	5.62	-37.50	-58.54			9.8	28.6	0.80	-82.5	-10.6	-0.02	-6.4	-6.8	-115.06		-1.5	20.8	-0.8
-12.00	19.55	-25.79	277.15			1,649	1,281	234.0	41.3	77.9	3.72	41.9	92.7	12.81	20.23	22.6	7.6	3.8
11.98	16.54	17.26	34.09	1.17	2.9	113.6	--	43.9	9.7	9.5	3.34	30.0	15.2		9.33	12.0	2.6	2.1
-4.01	13.90	12.72	0.97	2.82	6.1	71,825	131,156	35,437	-1.1	3,293	1.61	47.3	7,242	2.93	6.66	29.0	2.7	2.0
-1.53	18.54	14.03	0.50	2.28	6.4	71,825	131,156	35,437	-1.1	3,293	1.61	47.3	7,242	2.93	6.66	22.1	2.0	1.5
-31.54	-17.09	-61.95	-33.60	0.07	1.0	7,007	14,745	5,769	36.8	673.0	0.76	36.4	2,448	4.24	7.85	8.6	1.4	0.9
-29.46	-13.35	-61.34	-33.72	0.07	1.4	7,007	14,745	5,769	36.8	673.0	0.76	36.4	2,448	4.24	7.85	6.6	1.1	0.7
-28.57	-35.48	-54.55	-89.47			3.5	10.4	--		-1.5	-0.03	45.9	-0.50	-1.94		-3.0		0.8
-31.61	-35.68	-64.81	-90.94			3.5	10.4	--		-1.5	-0.03	45.9	-0.50	-1.94		-2.1		0.6
1.49	-2.86	4.62	-8.11			3.9	3.7	8.8	0.6	-0.24	-0.02	-175.4	-0.13	-3.49		-14.8	0.5	1.7
5.82	1.53	-7.85	72.16	1.06	1.7	6,128	9,499	4,355	8.8	310.8	3.11	5.1	706.0	8.31	22.35	19.9	1.4	4.7
23.86	43.67	-7.97	52.01			1,054	4,595	1,349	13.1	143.3	4.77	52.3	196.8	5.58	16.61	7.1	0.8	1.2
2.80	18.61	150.00	88.03			14.9	14.1	--		-0.33	0.00	-81.3	-0.24	-4.61		-37.9		2.9
0.00	16.67	180.00	86.67			14.9	14.1	--		-0.33	0.00	-81.3	-0.24	-4.61		-48.3		3.7
-0.28	15.27	20.36	59.17	0.08	0.1	1,191	1,013	1,312	11.5	80.2	3.83	23.9	101.0	8.11	11.56	14.9	0.9	1.6
49.63	65.42					1,980	1,902	357.9	34.9	27.1	0.49	2.0	50.0	11.1	18.67	80.7	6.1	9.8
-21.24	-9.18	-33.58	-46.17			267.5	247.6	139.3	-9.8	-28.0	-0.22	-565.0	9.8	-10.4		-12.3	2.5	2.6
-19.37	-5.12	-32.89	-46.60			267.5	247.6	139.3	-9.8	-28.0	-0.22	-565.0	9.8	-10.4		-9.4	1.9	2.0
1.73	8.68	16.56	25.56	0.57	4.6	28,231	34,994	22,665	-0.9	1,634	1.54	-11.6	3,158	3.98	14.48	8.0	0.6	1.2
1.73	9.52	21.44	27.04			28,231	34,994	22,665	-0.9	1,634	1.54	-11.6	3,158	3.98	14.48	17.2	1.2	2.6
-48.81	-44.89	-58.29	-74.68			927.3	8,157	2,967	-5.3	-544.6	-2.43	77.1	127.8	3.42		-1.7	0.3	-1.9
10.11	-1.95	-87.46	-93.87			122.6	330.1	149.8	-17.2	-82.0	-8.78	-13.1	-42.4	-12.09		-0.8	0.5	3.9
-10.40	-18.10	-56.33	-88.93			8.6	16.5	0.12	1,632.9	-8.2	-0.02	-57.8	-2.8	-56.1		-0.7	77.5	-0.7
59.46	-15.71	-54.62	-61.18			6.6	7.2	--		-0.39	-0.01	8.2	-0.43	-41.25		-13.1		-56.2
16.67		-50.00	-36.36			3.3	0.64	--		-1.3	-0.01	-62.7	-0.16	-1.91		-2.9		1.0
40.19	-22.28	-52.31	42.86			3.3	0.64	--		-1.3	-0.01	-62.7	-0.16	-1.91		-2.5		0.9
-33.10	-26.26	-50.46	-43.31			705.0	2,539	1,135	-3.3	8.1	0.05	109.1	145.2	3.58	5.04	97.0	0.6	3.9
-0.42	0.24	1.39	9.29	0.37	4.4	9,787	19,204	13,786	29.1	1,184	0.02	38.0	2,006	6.22	18.89	410.1	35.4	70.5
						9,787	19,204	13,786	29.1	1,184	0.02	38.0	2,006	6.22	18.89			
-2.85	18.95	-2.73	-19.79	0.90	4.8	5,226	6,288	2,336	-5.0	603.1	0.07	14.0	699.4	7.85	18.57	254.0	65.6	48.2
						5,226	6,288	2,336	-5.0	603.1	0.07	14.0	699.4	7.85	18.57			
8.07	21.19	30.33	78.97	0.18	2.6	70,393	139,437	87,675	3.4	5,624	0.55	23.4	13,362	3.72	12.83	12.5	0.8	1.9
-20.00	165.78	-81.82	-98.00			0.34	10.1	1.1		-10.7	-2.61	10.2	-2.1	-27.85		0.0	0.3	0.0
-24.52	-21.62	-39.35				8.6	19.1	0.44	-53.7	-2.0	-0.01	84.0	-2.2	-50.82		-2.0	13.6	-0.3
-12.50	-12.50	-41.67	-75.00			8.6	19.1	0.44	-53.7	-2.0	-0.01	84.0	-2.2	-50.82		-3.5	23.3	-0.6
-11.76	10.27	22.42	76.14	0.41	2.4	1,162	1,223	1,373	11.4	81.7	0.92	26.3	258.6	3.82	8.84	18.6	1.1	1.6
-11.98	11.18	19.97	59.80	0.31	2.5	1,162	1,223	1,373	11.4	81.7	0.92	26.3	258.6	3.82	8.84	13.8	0.8	1.2
-14.44	-14.13	-37.80	-18.80	1.19	3.1	2,671	5,915	1,978	10.8	22.8	0.43	-79.0	187.0	5.84	9.8	88.5	1.3	4.1
-40.00	-43.75	-76.32	-90.91			3.7	19.5	62.2	-0.2	-11.5	-0.21	10.8	-3.0	-5.2		-0.4	0.1	0.2
-39.51	-48.34	-77.86	-91.75			3.7	19.5	62.2	-0.2	-11.5	-0.21	10.8	-3.0	-5.2		-0.3	0.1	0.1
-31.12	-27.60	-72.55	-65.05			129.3	93.5	0.56	-7.8	-48.4	-1.86	17.7	-32.2	-71.3		-2.3	213.6	3.8
0.10	100.20	-58.29	-69.67			16.6	21.0	3.0	11.3	-0.58	0.00	47.0	-0.13	-6.98		-28.6	5.5	-3.3
-65.86	-28.22	-79.79	-93.21			5.0	0.84	18.1	-8.8	-9.1	-0.76	20.8	-6.8	-27.6		-0.5	0.3	0.4
-13.54	2.68	23.95	30.72			272.8	262.5	32.1	12.6	-26.6	-0.29	23.3	-7.5	-7.24		-13.0	11.0	2.7
-11.48	7.72	25.21	32.58			272.8	262.5	32.1	12.6	-26.6	-0.29	23.3	-7.5	-7.24		-9.9	8.4	2.1
16.07	53.75	24.57	20.24			547.0	471.5	80.5	17.6	25.5	0.45	47.9	7.9	5.22	24.1	22.4	6.9	4.6

https://greyhouse.weissratings.com

Data as of June 30, 2019

I. Index of Stocks

Summer 2019

Company Name	Stock Ticker Symbol	Traded On	Sector	Overall Rating	Recommendation	Reward Rating	Risk Rating	Recent Up/Downgrade	Stock Price as of 6/30/2019	52-Week High	52-Week Low	3-Year Beta	Growth	Efficiency	Solvency	Volatility	Dividend	Total Return
Energy Services of America Corporation	ESOA	OTC PK	Energy	D+	Sell	C	D	Down	0.85	1.39	0.6	0.80	W	G	G	W	–	W
Energy Transfer LP	ET	NYSE	Energy	C	Hold	B	D		14.02	19.19	11.68	1.36	E	G	G	W	E	W
Enerplus Corporation	ERF	NYSE	Energy	C	Hold	B	D	Down	7.64	13.87	6.53	1.90	E	E	E	W	W	F
Enerplus Corporation	ERF.TO	TSX	Energy	C	Hold	B	D	Down	9.99	18.04	8.76	1.60	E	E	E	W	W	F
EnerSpar Corp.	ENER.V	TSXV	Materials	D+	Sell	C-	D	Down	0.06	0.10	0.03	0.95	F	W	G	W	–	F
EnerSys	ENS	NYSE	Industrials	C	Hold	B-	D	Down	67.39	89.83	55.51	1.47	F	E	E	W	W	W
EnerTeck Corporation	ETCK	OTC PK	Materials	D	Sell	D+	D-		0.05	0.12	0.03	1.71	W	E	F	W	–	V
Enforcer Gold Corp.	VEIN.V	TSXV	Materials	E+	Sell	E+	D-	Down	0.03	0.18	0.03	-1.35	W	V	G	W	–	V
Enforcer Gold Corp.	EFRGF	OTC PK	Materials	E+	Sell	E+	E+		0.03	0.14	0.03	-0.50	W	V	G	V	–	V
Engagement Labs Inc.	ELBSD	OTC PK	Information Tech	D-	Sell	E+	D-		0.05	0.17	0.03	3.23	F	V	F	W	–	V
Engagement Labs Inc.	EL.V	TSXV	Information Tech	E+	Sell	E+	D-	Down	0.06	0.22	0.05	1.90	F	V	F	W	–	V
Enghouse Systems Limited	ENGH.TO	TSX	Information Tech	C+	Hold	B	C	Down	34.67	43.50	30.97	0.48	E	E	E	F	W	W
Enghouse Systems Limited	EGHSF	OTC PK	Information Tech	C	Hold	B	C		26.08	30.57	23.43	0.01	E	E	E	F	W	F
ENGIE SA	ENGIY	OTC PK	Utilities	C	Hold	B-	C-		14.89	16.54	12.81	0.51	F	G	G	F	E	W
ENGIE SA	ENGQF	OTC PK	Utilities	C	Hold	B-	C-		14.70	16.25	12.8	0.45	F	G	G	F	E	W
Engineer Gold Mines Ltd.	EAU.V	TSXV	Materials	D-	Sell	D	D	Up	0.10	0.13	0.05		W	W	G	W	–	W
ENGlobal Corporation	ENG	NAS CM	Energy	D	Sell	D	D		0.89	1.42	0.48	1.88	F	V	E	W	–	W
EnGold Mines Ltd.	EGM.V	TSXV	Materials	D-	Sell	E+	D		0.09	0.21	0.08	-0.35	W	V	G	W	–	W
EnGold Mines Ltd.	GWRRF	OTC PK	Materials	D-	Sell	E+	D		0.07	0.15	0.06	-0.38	W	V	G	W	–	W
Eni S.p.A.	E	NYSE	Energy	C+	Hold	B	C		32.76	39.16	29.75	0.69	E	E	E	F	–	W
Eni S.p.A.	EIPAF	OTC PK	Energy	C	Hold	B	C		15.70	19.07	14.94	1.03	E	E	E	F	–	W
EnLink Midstream, LLC	ENLC	NYSE	Energy	D	Sell	C-	D		9.84	18.00	8.9	1.67	W	F	G	W	E	W
Enlivex Therapeutics Ltd.	ENLV	NAS CM	Health Care	E	Sell	D	D		20.30	20.48	7.89		V	W	E	F	–	W
Ennis, Inc.	EBF	NYSE	Industrials	B-	Buy	B+	C-	Down	20.36	22.98	17.36	0.58	G	E	E	F	G	F
Enochian Biosciences Inc.	ENOB	NAS CM	Health Care	D	Sell	D	D		4.59	9.50	3.32		W	W	E	W	–	W
Enova International, Inc.	ENVA	NYSE	Financials	C	Hold	B	D+		22.53	39.00	17.85	1.80	F	G	E	W	–	F
Enphase Energy, Inc.	ENPH	NAS	Industrials	D+	Sell	C	D-	Up	17.92	19.13	3.7	0.73	G	W	G	W	–	E
EnPro Industries, Inc.	NPO	NYSE	Industrials	C	Hold	B	D+		63.89	78.31	55.43	1.81	E	G	E	W	F	W
Ensco Rowan plc	ESV	NYSE	Energy	D	Sell	D	D		8.39	38.04	6.54	2.60	V	W	E	W	F	V
Enservco Corporation	ENSV	AMEX	Energy	C-	Hold	C	D	Up	0.41	1.27	0.33	2.17	G	W	G	W	–	W
Ensign Energy Services Inc.	ESI.TO	TSX	Energy	C-	Hold	C+	D		4.35	7.20	4.14	0.91	F	F	G	W	E	W
Ensign Energy Services Inc.	ESVIF	OTC PK	Energy	C-	Hold	C+	D		3.29	5.50	3.13	1.46	F	F	G	W	E	W
Enssolutions Group Inc.	ENVH.V	TSXV	Materials	D+	Sell	D+	D	Up	0.02	0.03	0.01	1.61	F	W	F	W	–	F
Enstar Group Limited	ESGR	NAS GS	Financials	C	Hold	B-	D	Up	170.18	223.45	150.32	0.78	G	G	E	W	–	W
EnSync, Inc.	ESNC	OTC PK	Industrials	D-	Sell	D-	D-		0.01	0.46	0	0.02	W	V	G	W	–	V
Entasis Therapeutics Holdings Inc.	ETTX	NAS	Health Care	D-	Sell	E+	D	Up	6.37	13.70	3.97		V	V	E	W	–	W
Entegra Financial Corp.	ENFC	NAS	Financials	B-	Buy	B	C	Up	29.78	30.70	19.18	1.00	F	G	E	F	–	F
Entegris, Inc.	ENTG	NAS GS	Information Tech	B-	Buy	B+	C		38.05	42.01	23.39	1.63	E	E	E	W	G
Entera Bio Ltd.	ENTX	NAS CM	Health Care	D-	Sell	E+	D-		3.51	7.60	2.55		W	V	E	W	–	V
Entercom Communications Corp.	ETMWI	NYSE	Communication Svc	U		U	U						U	U	U	U	U	U
Entercom Communications Corp.	ETM	NYSE	Communication Svc	D	Sell	C-	D		5.78	8.60	5.16	1.79	F	F	G	W	E	W
Entergy Corporation	ETR	NYSE	Utilities	B	Buy	B+	B	Up	101.66	104.48	77.59	0.19	F	G	G	G	G	F
Entergy Texas, Inc.	EZT	NYSE	Utilities	U		U	U						U	U	U	U	U	U
Enterprise Bancorp, Inc.	EBTC	NAS GS	Financials	C	Hold	B	D+		29.01	44.04	26.96	0.61	E	E	E	W	F	W
Enterprise Diversified, Inc.	SYTE	OTC PK	Financials	D	Sell	D	D		6.35	18.00	5.1	0.56	W	W	E	W	–	W
Enterprise Financial Services Corp	EFSC	NAS GS	Financials	C+	Hold	B	C-		40.90	58.15	36.09	1.54	E	E	E	F	W	F
Enterprise Group, Inc.	E.TO	TSX	Industrials	D	Sell	D	D		0.18	0.50	0.17	0.43	W	W	E	W	–	V
Enterprise Group, Inc.	ETOLF	OTC PK	Industrials	D	Sell	D	D		0.13	0.39	0.12	1.08	W	W	E	W	–	W
Enterprise Products Partners L.P.	EPD	NYSE	Energy	B	Buy	A	C+		28.62	30.05	23.33	0.82	E	G	F	E	F
Entertainment One Ltd.	ENTMF	OTC PK	Communication Svc	C	Hold	C+	C		4.95	6.25	4	1.08	F	F	G	F	–	G
Entest Group, Inc.	ETNI	OTC PK	Financials	C-	Hold	C	D	Up	0.02	0.05	0	-1.71	W	G	E	W	–	W
Enthusiast Gaming Holdings Inc.	EGHIF	OTC PK	Communication Svc	E	Sell	D	D	Up	1.19	1.38	0.61		F	V	G	W	–	W

*Ratings Factors: E=Excellent, G=Good, F=Fair, W=Weak, V=Very Weak, U=Unrated

Data as of June 30, 2019

https://greyhouse.weissratings.com

Summer 2019 — I. Index of Stocks

	TOTAL RETURNS %				DIVIDEND/YIELD		SIZE		REVENUE & INCOME			EARNINGS		EFFECTIVENESS			VALUATION		
3-Month Total Return (%)	6-Month Total Return (%)	1-Year Total Return (%)	3-Year Total Return (%)	Dividend $ TTM	Dividend Yield TTM	Market Cap. ($Mil)	Enterprise Value ($Mil)	Revenue ($Mil)	Revenue Growth (%)	Net Income ($Mil)	Earnings/Share $	EPS Growth (%)	Cash from Operations ($Mil)	Return on Assets (%)	Return on Equity (%)	Earnings (P/E) TTM	Sales (P/S) TTM	Book (P/B) Q
-22.02	-28.57	3.66	-41.66			11.9	28.9	175.9	32.0	2.8	0.13	170.4	-0.15	5.32	13.21	6.8	0.1	0.5
-6.01	14.34	-12.59	20.52	1.22	8.7	36,728	94,520	55,326	29.4	2,198	1.21	29.1	7,183	4.82	13.38	11.6	0.7	1.8
-9.85	1.36	-38.05	24.75	0.12	1.6	1,782	2,109	937.8	33.9	279.4	1.14	96.0	525.1	10.06	20.25	6.7	2.0	1.2
-12.13	-3.24	-38.99	24.77	0.12	1.2	1,782	2,109	937.8	33.9	279.4	1.14	96.0	525.1	10.06	20.25	8.7	2.6	1.6
0.00	-8.33	-15.38	22.22			1.0	0.97	--		-0.09	0.00	80.3	-0.04	-60.92		-13.8		-22.9
5.89	-10.89	-8.43	23.38	0.70	1.0	2,888	3,629	2,808	8.8	160.2	3.74	36.0	197.9	6.06	12.92	18.0	1.1	2.2
3.00	3.00	-55.22	-74.25			1.9	3.9	0.20	33.9	-1.0	-0.03	12.1	-0.44	-127.62		-1.9	9.5	-0.3
-33.33	-60.00	-80.00	-93.33			0.49	0.46	--		-3.9	-0.18	-9.9	-0.10	-66.9		-0.2		0.5
0.00	-50.00	-79.17				0.49	0.46	--		-3.9	-0.18	-9.9	-0.10	-66.9		-0.2		0.5
-9.78	31.05	-33.23				10.2	13.1	3.0	3.5	-4.1	-0.04	39.2	-2.2	-39.98		-1.1	1.8	15.6
0.00	-25.00	-50.00	-87.76			10.2	13.1	3.0	3.5	-4.1	-0.04	39.2	-2.2	-39.98		-1.4	2.2	18.8
1.92	7.10	-8.53	33.74	0.38	1.1	1,444	1,288	264.0	0.0	51.0	0.92	23.2	75.3	9.6	18.94	37.6	7.2	6.7
4.87	-0.77	-8.25	27.93	0.29	1.1	1,444	1,288	264.0	0.0	51.0	0.92	23.2	75.3	9.6	18.94	28.3	5.4	5.0
7.87	13.22	7.48	20.62	1.35	9.1	36,087	56,728	71,588	6.4	1,245	0.41	-17.1	9,281	1.95	1.49	36.4	0.5	0.9
0.48	6.83	-2.78	0.00			36,087	56,728	71,588	6.4	1,245	0.41	-17.1	9,281	1.95	1.49	35.9	0.5	0.9
11.11	42.86	11.11				1.6	1.6	--		-0.58	-0.03		-0.36			-3.3		1.8
77.76	31.19	-32.14	-29.46			24.4	18.5	53.0	-6.2	-5.4	-0.21	65.4	0.70	-5.57		-4.2	0.5	1.7
-18.18	-25.00	-52.63	100.00			14.4	14.3	--		-1.8	-0.01	40.7	-1.4	-51.85		-9.8		10.0
1.94	-17.68	-48.99	252.43			14.4	14.3	--		-1.8	-0.01	40.7	-1.4	-51.85		-8.0		8.2
-4.41	6.46	-7.46	20.13	1.36	4.2	59,285	75,707	89,429	13.4	4,967	1.37	25.1	15,706	4.9	8.4	23.8	1.3	2.0
-8.20	4.93	-13.27	5.00			59,285	75,707	89,429	13.4	4,967	1.37	25.1	15,706	4.9	8.4	11.4	0.6	1.0
-20.40	8.24	-34.63	-23.44	0.81	8.3	4,794	10,989	7,710	24.6	-201.9	-0.60	-148.8	917.9	3.07		-16.5	0.5	1.4
66.26						200.3	186.7	--		-5.4	-1.27	-192.8	-2.1			-16.0		14.9
-0.73	7.80	6.11	39.33	0.90	4.4	532.5	480.2	400.8	8.3	37.4	1.44	11.1	51.3	8.74	13.56	14.2	1.3	1.8
-34.33	-33.77	-3.37				178.0	167.8	--		-29.9	-0.83	-270.8	-7.9	-7.02		-5.5		1.2
-1.40	16.13	-38.10	232.30			759.9	--	1,074	29.5	77.2	2.21	75.3	752.9		22.22	10.2	0.7	2.0
97.36	271.01	157.84	818.97			2,169	2,169	346.3	14.9	-3.7	-0.05	85.6	29.8	3.79		-389.6	6.0	139.8
-1.21	5.73	-7.92	53.49	0.98	1.5	1,325	1,698	1,524	10.2	25.1	1.19	-95.3	256.3	4.11	2.82	53.7	0.9	1.5
-47.82	-43.48	-70.74	-77.82	0.16	1.9	1,658	6,192	1,694	-5.3	-690.0	-6.36	-52.0	-119.6	-0.95		-1.3	0.5	0.1
-21.13	13.89	-64.03	-33.85			22.3	66.2	54.4	24.8	-3.6	-0.07	25.1	-0.48	0.27		-5.5	0.4	2.5
-15.56	-3.40	-17.79	-20.22	0.48	11.0	525.0	1,833	1,022	29.9	46.7	0.29	216.9	139.8	-1.69	3.7	14.8	0.7	0.5
-12.51	2.30	-17.11	-18.84	0.36	11.0	525.0	1,833	1,022	29.9	46.7	0.29	216.9	139.8	-1.69	3.7	11.2	0.5	0.4
0.00	0.00	-25.00	200.00			1.1	6.8	2.4	21.0	-1.5	-0.02	-9.0	-1.1	-137.05		-1.0	0.6	-0.2
-1.57	2.03	-17.63	10.55			3,656	4,648	1,608	73.9	258.9	10.94	-0.7	21.3	0.67	4.66	15.6	2.3	0.9
-52.00	-96.71	-98.42	-98.38			0.41	-0.62	12.3	71.0	-11.8	-0.21	-215.3	-10.0	-51.47		0.0	0.0	0.1
-4.04	47.11					83.7	11.2	5.0		-35.2	-43.82	94.8	-33.3	-40.06		-0.2	16.7	1.2
28.92	47.13	2.51	70.46			206.2	--	54.5	10.6	14.1	2.03	178.0	5.7		8.77	14.7	3.8	1.2
9.18	39.04	13.05	181.12	0.35	0.9	5,156	5,801	1,574	13.1	215.9	1.53	102.4	271.2	8.84	21.32	24.8	3.3	5.2
-18.85	7.01	-44.11				40.2	31.0	0.50		-7.4	-1.35	58.7	-9.8			-2.6	80.7	4.0
						824.3	2,761	1,471	85.2	-344.4	-2.51	-155.2	102.1	3.79				
11.97	4.67	-19.61	-48.93	0.36	6.2	824.3	2,761	1,471	85.2	-344.4	-2.51	-155.2	102.1	3.79		-2.3	0.5	0.6
7.96	21.27	30.34	46.65	3.62	3.6	20,167	38,663	10,895	-2.8	970.4	5.22	104.4	2,329	1.41	11.18	19.5	1.8	2.2
						--	--	1,597	4.4	166.2	3.57	101.1	373.4	2.63	12.22			
1.15	-6.70	-27.45	30.16	0.61	2.1	338.5	--	122.7	8.5	30.8	2.61	48.2	41.5		12.36	11.1	2.8	1.3
-24.85	-25.73	-59.36	-13.31			16.2	23.1	4.7	-43.8	-3.3	-1.32	-263.3	-0.39	-3.2		-4.8	3.5	1.0
0.13	10.06	-23.18	58.58	0.54	1.3	1,099	--	229.6	8.9	84.5	3.61	49.7	102.3		12.49	11.3	4.3	1.4
2.94	-10.26	-65.00	-48.53			7.3	14.4	15.8	-16.3	-6.4	-0.12	-443.9	2.4	-4.47		-1.5	0.6	0.3
1.37	0.90	-64.31	-51.18			7.3	14.4	15.8	-16.3	-6.4	-0.12	-443.9	2.4	-4.47		-1.1	0.5	0.2
0.56	23.58	10.47	21.01	1.74	6.1	62,637	90,115	35,779	14.6	4,532	2.06	52.4	6,053	5.96	19.41	13.9	1.8	2.6
-8.33	18.42	6.22	102.04			2,434	3,088	1,421	3.0	29.7	0.07	55.5	88.6	2.25	4.91	72.4	1.6	2.8
-9.14	-22.44	-57.03	59.00			0.78	1.8	--		-0.93	-0.02	-11.8	-0.75	-111.5		-0.8		-0.8
29.32	68.25					61.9	59.8	8.4	99.8	-14.1	-0.33	-132.6	-5.9	-67.99		-3.6	6.4	21.0

https://greyhouse.weissratings.com

Data as of June 30, 2019

I. Index of Stocks

Summer 2019

Company Name	Stock Ticker Symbol	Traded On	Sector	Overall Rating	Recommendation	Reward Rating	Risk Rating	Recent Up/Downgrade	Stock Price as of 6/30/2019	52-Week High	52-Week Low	3-Year Beta	Growth	Efficiency	Solvency	Volatility	Dividend	Total Return
Enthusiast Gaming Holdings Inc.	EGLX.V	TSXV	Communication Svc	E	Sell	D	D	Up	1.60	1.88	0.67		F	V	G	W	–	W
Entravision Communications Corporation	EVC	NYSE	Communication Svc	D+	Sell	C	D		2.96	5.68	2.56	1.01	W	E	E	W	E	V
ENTREC Corporation	ENTCF	OTC PK	Industrials	D	Sell	D+	D		0.09	0.20	0.09	0.91	F	W	F	W	–	W
ENTREC Corporation	ENT.TO	TSX	Industrials	D	Sell	D+	D		0.12	0.30	0.12	0.62	F	W	F	W	–	W
Entrée Resources Ltd.	EGI	AMEX	Materials	D+	Sell	C	D		0.33	0.48	0.28	1.31	F	E	G	W	–	W
Entrée Resources Ltd.	ETG.TO	TSX	Materials	D+	Sell	C	D		0.42	0.61	0.39	0.88	F	E	G	W	–	W
Envestnet, Inc.	ENV	NYSE	Information Tech	C-	Hold	C+	D		67.70	72.67	46.57	1.20	W	W	E	F	–	E
Enviro Technologies, Inc.	EVTN	OTC PK	Industrials	C-	Hold	C	D	Up	0.03	0.15	0.02	2.72	W	G	F	W	–	W
EnviroLeach Technologies Inc.	EVLLF	OTC PK	Materials	D	Sell	D	D		0.74	0.96	0.45	1.33	V	W	E	W	–	W
Environmental Packaging Technologies Holdings,	EPTI	OTC PK	Materials	D-	Sell	E+	D		0.00	0.55	0	-23.72	W	V	F	W	–	V
Environmental Tectonics Corporation	ETCC	OTC PK	Industrials	D+	Sell	C	D	Down	0.62	0.95	0.38	1.26	G	F	G	W	–	W
Environmental Waste International Inc.	YEWTF	OTC PK	Industrials	C-	Hold	C	D	Up	0.04	0.05	0.03	1.53	F	W	F	W	–	F
Environmental Waste International Inc.	EWS.V	TSXV	Industrials	D+	Sell	C-	D		0.04	0.09	0.04	-1.00	F	W	F	W	–	W
Envirotek Remediation Inc.	AKAVF	OTC PK	Industrials	C-	Hold	C	D	Up	0.10	0.10	0	-177,502	W	E	F	W	–	W
Envision Solar International, Inc.	EVSI	NAS CM	Information Tech	D	Sell	C-	D	Up	5.15	12.50	4.52	-0.59	F		F	W	–	W
Enviva Partners, LP	EVA	NYSE	Energy	C+	Hold	B	C-	Up	30.92	33.48	25.4	0.63	F	E	G	G	E	F
EnWave Corporation	ENW.V	TSXV	Industrials	C	Hold	B-	D		2.44	2.66	1.16	-0.18	G	W	E	F	–	E
EnWave Corporation	NWVCF	OTC PK	Industrials	C	Hold	B-	D		1.84	2.10	0.89	0.05	G	W	E	F	–	E
EnXnet, Inc.	EXNT	OTC PK	Energy	D+	Sell	C-	D		0.02	0.07	0.01	0.83	W	E	F	W	–	W
Enzo Biochem, Inc.	ENZ	NYSE	Health Care	D+	Sell	C	D	Up	3.57	5.74	2.32	1.60	F	G	E	W	–	W
Enzon Pharmaceuticals, Inc.	ENZN	OTC PK	Health Care	D+	Sell	C	D	Down	0.27	0.29	0.19	-0.29	W	E	F	W	–	W
EnzymeBioSystems	ENZB	OTC PK	Materials	E+	Sell	E	D-	Down	0.00	0.00	0	-0.85	V	V	G	W	–	V
EOG Resources, Inc.	EOG	NYSE	Energy	C	Hold	B	D		92.11	133.53	80.41	1.55	E	G	E	W	W	F
EP Energy Corporation	EPEG	OTC PK	Energy	D-	Sell	D	D-	Down	0.08	3.26	0.05	2.38	W	W	F	W	–	V
EPAM Systems, Inc.	EPAM	NYSE	Information Tech	B	Buy	A	C		172.93	180.55	104.77	1.60	E	E	E	F	–	E
Epizyme, Inc.	EPZM	NAS GS	Health Care	D	Sell	D	D	Up	12.20	16.59	5.14	2.03	W	V	E	W	–	W
ePlus inc.	PLUS	NAS GS	Information Tech	C+	Hold	B	C-	Up	68.87	107.25	65.52	1.47	G	E	E	F	–	F
ePower Metals Inc.	EPWMF	OTC PK	Materials	D	Sell	D	D	Up	0.06	0.23	0.04	2.77	W	V	E	W	–	F
ePower Metals Inc.	EPWR.V	TSXV	Materials	D	Sell	D	D	Up	0.15	0.31	0.15	-0.13	W	V	E	W	–	F
Epoxy, Inc.	EPXY	OTC PK	Information Tech	D+	Sell	C-	D	Up	0.07	1.50	0	-2.78	F	E	F	W	–	V
EPR Properties	EPR	NYSE	Real Estate	B	Buy	A	C	Up	74.31	80.75	62.75	0.58	E	E	E	F	G	F
Epsilon Energy Ltd.	EPSN	NAS	Energy	C	Hold	B-	D+		3.91	5.17	3.55	-0.03	E	G	E	W	–	W
Epsilon Energy Ltd.	EPS.TO	TSX	Energy	C	Hold	B-	D+	Up	5.46	6.18	4.56	-0.30	E	G	E	W	–	W
EQ Inc.	EQ.V	TSXV	Communication Svc	C-	Hold	C-	C-		0.72	0.77	0.6	0.45	F	W	G	F	–	F
EQ Inc.	CYPXF	OTC PK	Communication Svc	C-	Hold	C-	C-	Up	0.50	0.51	0.5	0.39	F	W	G	G	–	F
EQM Midstream Partners, LP	EQM	NYSE	Energy	C-	Hold	C+	D-		43.76	58.00	38.24	0.99	F	E	G	W	E	W
EQT Corporation	EQT	NYSE	Energy	D	Sell	D+	E+		14.43	57.39	14.28	0.34	G	W	G	V	W	V
Equifax Inc.	EFX	NYSE	Industrials	D+	Sell	C	D	Down	132.43	138.69	88.68	1.40	W	G	G	W	W	F
Equillium, Inc.	EQ	NAS	Health Care	E	Sell	E+	D-	Up	5.75	19.69	5.12		V	V	E	W	–	V
Equinix, Inc. (REIT)	EQIX	NAS GS	Real Estate	C+	Hold	A-	D+		498.19	516.95	335.29	0.65	E	G	E	F	F	F
Equinor ASA	STOHF	OTC PK	Energy	C+	Hold	B+	D+	Down	19.10	29.07	18.79	0.92	F	G	E	W	G	F
Equinor ASA	EQNR	NYSE	Energy	C+	Hold	B+	D+	Down	19.78	28.93	18.91	0.88	F	G	E	W	G	F
Equinox Gold Corp.	EQX.V	TSXV	Materials	D-	Sell	C-	D	Up	1.20	1.45	0.85		F	W	E	F	–	W
Equinox Gold Corp.	EQXFF	OTC PK	Materials	D-	Sell	D+	D	Up	0.90	1.21	0.64		F	W	E	F	–	W
Equitable Group Inc.	EQB.TO	TSX	Financials	B	Buy	A-	C	Up	72.67	74.76	56.12	1.60	E	E	G	F	W	F
Equitable Group Inc.	EQGPF	OTC PK	Financials	C	Hold	A-	C		54.79	54.79	43.59	1.25	E	E	G	F	F	F
Equitorial Exploration Corp.	EXX.V	TSXV	Materials	D-	Sell	E+	D		0.04	0.08	0.02	1.54	F	V	F	W	–	W
Equitorial Exploration Corp.	EQTXF	OTC PK	Materials	D-	Sell	E+	D		0.02	0.05	0.02	-0.74	F	V	F	W	–	W
Equitrans Midstream Corporation	ETRN	NYSE	Energy	C+	Hold	B	C-	Up	19.76	23.47	17.63		G	G	G	F	E	W
Equity Bancshares, Inc.	EQBK	NAS GS	Financials	C-	Hold	B-	D	Down	26.74	44.30	22.75	0.36	F	G	E	W	–	W
Equity Commonwealth	EQC	NYSE	Real Estate	B	Buy	B	B		32.27	34.18	28.48	0.32	F	G	E	G	–	F
Equity LifeStyle Properties, Inc.	ELS	NYSE	Real Estate	B+	Buy	A+	B-	Up	119.68	125.68	89.22	0.24	E	E	E	G	F	G

*Ratings Factors: E=Excellent, G=Good, F=Fair, W=Weak, V=Very Weak, U=Unrated

Summer 2019 — I. Index of Stocks

3-Month Total Return (%)	6-Month Total Return (%)	1-Year Total Return (%)	3-Year Total Return (%)	Dividend $ TTM	Dividend Yield TTM	Market Cap. ($Mil)	Enterprise Value ($Mil)	Revenue ($Mil)	Revenue Growth (%)	Net Income ($Mil)	Earnings/Share $	EPS Growth (%)	Cash from Operations ($Mil)	Return on Assets (%)	Return on Equity (%)	Earnings (P/E) TTM	Sales (P/S) TTM	Book (P/B) Q
35.59	64.95					61.9	59.8	8.4	99.8	-14.1	-0.33	-132.6	-5.9	-67.99		-4.8	8.6	28.2
-7.37	4.51	-37.29	-46.95	0.20	6.8	278.7	397.7	295.7	-45.8	15.4	0.16	-91.6	44.5	3.2	4.64	18.9	0.9	0.8
-18.26	-35.60	-41.78	-53.66			10.0	198.0	134.9	14.2	-11.6	-0.11	12.1	6.6	-0.77		-0.8	0.1	0.5
-14.29	-14.29	-38.46	-58.62			10.0	198.0	134.9	14.2	-11.6	-0.11	12.1	6.6	-0.77		-1.1	0.1	0.7
-15.90	-16.48	-21.90	9.37			56.0	58.4	--		-5.7	-0.03	85.9	-1.3	-14.68		-11.0		-1.4
-13.40	-22.22	-25.00	7.69			56.0	58.4	--		-5.7	-0.03	85.9	-1.3	-14.68		-14.1		-1.8
4.72	38.33	20.46	110.05			3,512	3,815	814.0	12.5	-20.5	-0.44	-222.3	105.6	0.33		-153.2	4.0	5.3
-35.00	-47.90	-42.35	-25.71			0.93	0.33	1.2	316.9	-0.54	-0.02	-151.5	0.45	-14.95		-1.4	0.8	-1.5
6.66	6.73	-3.09				52.9	49.4	0.10		-5.3	-0.09	-54.1	-3.9	-22.8		-8.6	490.6	4.7
-98.67	-99.64	-99.93				0.01	5.3	16.0	24.8	-1.9	-0.02	77.7	1.1	-11.61		0.0		
-11.40	26.53	-25.29	-17.31			9.7	32.0	47.4	5.5	3.2	0.20	167.5	-1.8	4.73	31.81	3.0	0.2	0.9
25.81	21.50	-2.50	62.50			5.1	8.5	0.16	16.8	-1.3	-0.01	-6.7	-0.78	-47.6		-4.9	43.3	-1.7
-27.27	-11.11	-33.33	14.29			5.1	8.5	0.16	16.8	-1.3	-0.01	-6.7	-0.78	-47.6		-5.0	44.4	-1.7
9.999 MIL	9.999 MIL	99,900.00	-39.39			1.2	1.2	--		-0.49	-0.04	45.9	-0.16	-351.83		-2.4		-0.4
-45.79	-48.24	-57.26	-28.97			25.3	29.5	4.5	14.3	-3.5	-1.22	4.8	-1.4	-49.19		-4.2	3.3	-4.4
-2.86	17.03	16.86	85.90	2.55	8.3	1,034	1,300	606.3	11.6	17.4	0.37	264.2	44.5	4.3	9.03	83.2	1.4	2.7
31.89	90.62	90.62	162.37			205.3	196.0	23.4	76.8	-0.20	0.00	92.4	5.0	1.83		-1,220.0	10.7	17.4
35.03	88.41	90.40	180.58			205.3	196.0	23.4	76.8	-0.20	0.00	92.4	5.0	1.83		-921.6	8.0	13.2
48.51	-57.14	-76.92	236.32			0.88	2.2	--		-0.27	0.00	-118.2	-0.05	-51.07		-3.1		-0.5
34.21	31.73	-30.00	-37.15			169.8	110.5	84.7	-20.4	2.1	0.04	144.1	5.7	-15.73	2.38	85.4	2.0	1.9
12.50	41.71	31.22	115.62			11.9	8.4	6.9	-1.5	5.8	0.12	28.3	-1.0	33.13	55.62	2.2	1.7	1.0
0.00	0.00	0.00	-99.98			0.00	-0.39	--		-0.63	-0.21	-121.7	-0.23	-144.53		0.0		0.0
-3.08	5.70	-24.85	15.10	0.85	0.9	53,454	59,324	17,594	41.0	3,416	5.89	7.0	7,824	8.16	18.59	15.6	3.0	2.7
-72.12	-88.94	-97.44	-98.56			20.2	4,421	1,169	9.5	-1,161	-4.67	-790.7	407.0	3.82		0.0	0.0	0.0
2.93	51.64	40.57	159.85			9,447	8,878	1,940	25.2	236.6	4.15	106.6	284.7	10.3	19.77	41.7	5.1	7.1
0.41	101.99	-7.92	20.91			1,108	785.9	29.6	195.9	-118.9	-1.64	22.7	-122.8	-23.06		-7.4	34.0	3.4
-21.96	-1.95	-27.39	70.60			937.3	1,022	1,373	-3.3	63.2	4.66	18.2	39.4	6.5	15.86	14.8	0.7	2.2
-51.16	-57.86	-54.96	-4.99			4.2	4.1	--		-1.2	-0.03	23.5	-0.81	-14.9		-1.7		0.6
-23.08	-31.82	-25.00	114.29			4.2	4.1	--		-1.2	-0.03	23.5	-0.81	-14.9		-4.3		1.4
-1.41	-33.33	-93.00	-98.92			1.8	2.0	0.15	68.0	-0.07	-0.82	80.8	-0.06	-566.13		-0.1	30.4	0.0
-3.16	18.79	20.67	14.00	4.41	5.9	5,610	8,887	634.2	6.0	302.8	3.73	31.1	497.7	4.6	10.44	19.9	8.8	1.9
-10.11	-10.93	-4.17	-22.24			106.7	90.2	29.5	16.0	5.7	0.19	-42.5	11.6	3.76	7.21	20.6	3.6	1.5
0.00	-8.85	1.49	-17.27			106.7	90.2	29.5	16.0	5.7	0.19	-42.5	11.6	3.76	7.21	28.8	5.1	2.1
-2.70	-1.37	0.00	1,700.00			26.2	27.5	4.9	13.4	-1.4	-0.04	6.9	-1.0	-33.42		-19.8	7.1	-66.7
-1.28	0.48	7.81	1,041.82			26.2	27.5	4.9	13.4	-1.4	-0.04	6.9	-1.0	-33.42		-13.8	4.9	-46.5
0.12	9.39	-6.13	-29.48	4.48	10.2	8,772	13,323	1,598	49.9	363.7	2.90	-46.6	1,166	9.9	16.42	15.1	4.4	1.8
-30.02	-24.58	-52.61	-66.21	0.12	0.8	3,687	8,770	4,955	56.2	-467.9	-1.84	-267.5	2,412	2.69		-7.8	0.7	0.3
13.75	43.57	6.40	12.71	1.56	1.2	16,001	18,798	3,393	-0.1	-347.1	-2.89	-166.9	583.6	3.57		-45.8	4.7	6.2
-27.85	-26.38					99.9	38.3	--		-15.9	-1.09	-152.5	-9.9			-5.3		1.7
11.29	42.73	19.25	40.66	9.48	1.9	41,883	52,647	5,219	12.6	420.5	5.20	62.1	1,936	3.16	5.4	95.7	7.8	5.0
-14.92	-5.73	-27.39	21.42			66,348	80,600	75,190	15.2	7,961	2.39	64.6	17,753	9.3	18.16	8.0	0.9	1.4
-9.46	-4.82	-22.50	33.78	0.69	3.5	66,348	80,600	75,190	15.2	7,961	2.39	64.6	17,753	9.3	18.16	8.3	0.9	1.5
-4.40	19.50					503.7	725.3	65.5	244.9	-50.4	-0.11	14.5	-13.5	-2.39		-10.9	10.1	1.7
-3.32	21.35					503.7	725.3	65.5	244.9	-50.4	-0.11	14.5	-13.5	-2.39		-8.2	7.6	1.2
13.16	21.71	27.49	39.51	1.16	1.6	922.1	--	295.8	9.1	127.4	7.43	3.7	-2,154		13.41	9.8	4.1	1.3
7.84	26.00	28.34	30.71	0.87	1.6	922.1	--	295.8	9.1	127.4	7.43	3.7	-2,154		13.41	7.4	3.1	1.0
33.33	-11.11	-46.67	-11.11			2.5	2.5	--		-1.2	-0.02	35.3	-0.54	-86.78		-2.7		13.3
41.18	-14.29	-55.56	-45.95			2.5	2.5	--		-1.2	-0.02	35.3	-0.54	-86.78		-1.6		8.0
-3.02	5.81			0.86	4.4	5,039	13,493	1,139	6.7	90.9	0.36	801.2	394.3			55.5	4.4	3.7
-7.06	-23.77	-36.09	25.01			420.9	--	130.0	21.0	23.0	1.44	-20.2	34.5		5.52	18.6	3.3	0.9
-1.80	8.32	11.24	21.94			3,934	1,260	180.2	-39.9	295.7	2.32	57.5	102.7	0.35	8.71	13.9	22.5	1.2
3.96	24.88	33.03	63.30	2.33	1.9	10,771	13,094	1,005	6.6	265.7	2.96	35.1	420.7	5.5	23.98	40.4	11.4	9.1

https://greyhouse.weissratings.com

Data as of June 30, 2019

I. Index of Stocks

Summer 2019

Company Name	Stock Ticker Symbol	Traded On	Sector	Overall Rating	Recommendation	Reward Rating	Risk Rating	Recent Up/Downgrade	Stock Price as of 6/30/2019	52-Week High	52-Week Low	3-Year Beta	Growth	Efficiency	Solvency	Volatility	Dividend	Total Return
Equity Residential	EQR	NYSE	Real Estate	C	Hold	B-	C-	Down	75.61	79.47	62.4	0.48	W	E	E	F	G	F
E-Qure Corp.	EQUR	OTC PK	Health Care	D	Sell	D	D-	Up	0.10	0.17	0.06	3.51	V	W	F	W	–	F
Equus Total Return, Inc.	EQS	NYSE	Financials	C-	Hold	C+	D	Up	1.60	2.37	1.55	0.01	F	G	E	W	–	W
Era Group Inc.	ERA	NYSE	Energy	D+	Sell	C-	D	Down	8.55	14.23	6.95	1.58	F	F	E	W	–	W
Erdene Resource Development Corporation	ERD.TO	TSX	Materials	D	Sell	D	D		0.20	0.44	0.18	-0.92	F	W	E	W	–	W
Erdene Resource Development Corporation	ERDCF	OTC PK	Materials	D	Sell	D	D		0.14	0.33	0.13	-0.49	F	W	E	W	–	W
Erie Indemnity Company	ERIE	NAS GS	Financials	B	Buy	A+	C	Down	249.89	257.75	115.12	0.40	E	E	E	G	W	E
Erin Ventures Inc.	EV.V	TSXV	Materials	D	Sell	D	D		0.04	0.30	0.04	-0.63	F	W	G	W	–	V
Erin Ventures Inc.	ERVFF	OTC PK	Materials	D	Sell	D	D-		0.03	0.22	0.03	-1.60	F	W	G	W	–	V
Ero Copper Corp.	ERO.TO	TSX	Materials	C	Hold	C+	D+	Up	21.80	23.00	7.62		F	G	G	G	–	G
Ero Copper Corp.	ERRPF	OTC PK	Materials	C	Hold	C+	D+	Up	16.28	17.27	5.84		F	G	G	G	–	G
Eros International Plc	EROS	NYSE	Communication Svc	D	Sell	D	D-		1.36	14.50	1.33	-0.08	W	F	E	W	–	V
Eros Resources Corp.	BPUZF	OTC PK	Materials	D-	Sell	D-	D		0.06	0.09	0.05	0.84	F	V	E	W	–	W
Eros Resources Corp.	ERC.V	TSXV	Materials	D-	Sell	D-	D		0.07	0.11	0.07	-0.66	F	V	E	W	–	W
Escalade, Incorporated	ESCA	NAS	Consumer Discretn	C	Hold	B	D+		11.16	14.65	10.5	0.53	F	E	E	W	G	W
Escalon Medical Corp.	ESMC	OTC PK	Health Care	D	Sell	D	D-		0.12	0.36	0.08	-1.59	W	W	G	W	–	W
ESCO Technologies Inc.	ESE	NYSE	Industrials	A-	Buy	A-	B	Up	79.95	79.95	56.7	1.13	E	E	E	G	W	G
eShippers Management Ltd.	EPXH.V	TSXV	Financials	D	Sell	C-	D-	Down	0.10	0.20	0.1	-0.44	W	F	E	W	–	V
ESI Energy Services Inc.	OPIEF	OTC PK	Industrials	D	Sell	C-	D	Up	0.08	0.31	0.08		F	F	E	W	–	W
Eskay Mining Corp.	ESK.V	TSXV	Materials	D	Sell	C-	D-		0.08	0.38	0.07	1.47	W	E	F	W	–	V
Eskay Mining Corp.	ESKYF	OTC PK	Materials	D+	Sell	C	D-	Up	0.07	0.29	0.05	0.52	E	E	F	W	–	W
Esperion Therapeutics, Inc.	ESPR	NAS	Health Care	D-	Sell	D-	D		48.83	60.99	36.06	1.21	W	V	E	W	–	F
Espey Mfg. & Electronics Corp.	ESP	AMEX	Industrials	C	Hold	B-	C-		24.40	32.55	23.5	0.22	F	E	E	F	G	W
Esquire Financial Holdings, Inc.	ESQ	NAS CM	Financials	C-	Hold	B	C	Up	24.85	27.88	17.62	1.07	E	G	E	F	–	W
Esrey Resources Ltd.	ESR.V	TSXV	Energy	D-	Sell	E+	D-	Down	0.03	0.18	0.02		W	V	G	W	–	V
Esrey Resources Ltd.	LNGYF	OTC PK	Energy	D-	Sell	E+	D	Down	0.00	0.11	0		W	V	G	W	–	V
ESSA Bancorp, Inc.	ESSA	NAS GS	Financials	B-	Buy	B+	C	Down	15.25	16.80	14.9	0.37	E	G	E	F	G	F
ESSA Pharma Inc.	EPIX	NAS CM	Health Care	D-	Sell	D-	D-		2.50	4.50	1.87	1.83	W	W	G	W	–	V
ESSA Pharma Inc.	EPI.V	TSXV	Health Care	D-	Sell	D-	D-		3.50	5.75	2.21	1.99	W	W	G	W	–	V
Essent Group Ltd.	ESNT	NYSE	Financials	B	Buy	A	C	Up	46.68	50.51	31.08	1.34	E	E	E	F	–	G
Essential Energy Services Ltd.	EEYUF	OTC PK	Energy	D	Sell	D	D		0.22	0.44	0.17	2.06	W	W	E	W	–	W
Essential Energy Services Ltd.	ESN.TO	TSX	Energy	D	Sell	D	D		0.31	0.59	0.24	1.67	W	W	E	W	–	W
Essential Properties Realty Trust, Inc.	EPRT	NYSE	Real Estate	D-	Sell	B	A		19.63	21.83	13.05		G	F	E	E	G	W
Essex Minerals Inc.	ESX.V	TSXV	Materials	D-	Sell	E+	D-		0.05	0.12	0.03	1.54	W	V	G	W	–	V
Essex Property Trust, Inc.	ESS	NYSE	Real Estate	B	Buy	B+	C	Up	288.37	305.23	227.05	0.27	E	E	E	F	G	F
Esstra Industries Inc.	ESS.V	TSXV	Financials	D	Sell	D-	D		0.13	0.25	0.1	-1.11	W	V	E	F	–	F
Establishment Labs Holdings Inc.	ESTA	NAS CM	Health Care	D-	Sell	D-	D-	Up	21.01	30.71	20.05		W	V	E	W	–	W
Estre Ambiental, Inc.	ESTR	NAS	Industrials	E+	Sell	E+	D-	Down	0.94	8.70	0.75		W	V	G	W	–	V
Ethan Allen Interiors Inc.	ETH	NYSE	Consumer Discretn	C-	Hold	B-	D		20.56	25.55	16.9	0.80	F	E	E	W	G	W
Ethema Health Corporation	GRST	OTC PK	Health Care	D	Sell	D-	D	Up	0.07	0.12	0.03	0.77	W	V	F	W	–	F
Ether Capital Corporation	DTSRF	OTC PK	Information Tech	D-	Sell	E+	D	Up	0.52	1.17	0.14		W	V	E	W	–	V
Ethos Gold Corp.	ECC.V	TSXV	Materials	D	Sell	D	D		0.23	0.34	0.12	-0.37	V	W	E	W	–	F
Ethos Gold Corp.	ETHOF	OTC PK	Materials	D	Sell	D	D		0.18	0.25	0.09	-0.34	V	W	E	W	–	F
Eton Pharmaceuticals, Inc.	ETON	NAS	Health Care	E+	Sell	D-	D+	Up	7.79	10.20	5.7		W	V	E	G	–	W
Etsy, Inc.	ETSY	NAS GS	Consumer Discretn	C+	Hold	B	D+	Down	62.36	73.35	38.02	0.55	G	G	E	F	–	E
Euro Manganese Inc.	EMN.V	TSXV	Materials	E	Sell	E+	D	Up	0.18	0.44	0.15		W	V	E	W	–	W
Euro Sun Mining Inc.	ESM.TO	TSX	Materials	D	Sell	D+	D		0.47	1.25	0.23	-4.94	W	W	G	W	–	F
Euro Sun Mining Inc.	CPNFF	OTC PK	Materials	D	Sell	D	D-	Up	0.36	1.00	0.17	0.24	W	W	G	W	–	W
Euro Tech Holdings Company Limited	CLWT	NAS CM	Industrials	D+	Sell	C	D		4.05	11.73	2.25	1.82	W	W	G	W	–	G
EuroDry Ltd.	EDRY	NAS CM	Industrials	U		U	U		7.30	14.50	6.08		U	U	U	U	U	U
Euromax Resources Ltd.	EOX.TO	TSX	Materials	E+	Sell	E+	D-		0.07	0.21	0.02	0.08	W	V	F	W	–	V
Euromax Resources Ltd.	EOXFF	OTC PK	Materials	D-	Sell	E+	D-	Up	0.06	0.14	0.01	2.32	W	V	F	W	–	V

*Ratings Factors: E=Excellent, G=Good, F=Fair, W=Weak, V=Very Weak, U=Unrated

Summer 2019 — I. Index of Stocks

3-Month Total Return (%)	6-Month Total Return (%)	1-Year Total Return (%)	3-Year Total Return (%)	Dividend $ TTM	Dividend Yield TTM	Market Cap. ($Mil)	Enterprise Value ($Mil)	Revenue ($Mil)	Revenue Growth (%)	Net Income ($Mil)	Earnings/Share $	EPS Growth (%)	Cash from Operations ($Mil)	Return on Assets (%)	Return on Equity (%)	Earnings (P/E) TTM	Sales (P/S) TTM	Book (P/B) Q
-0.03	15.97	22.32	27.64	2.22	2.9	28,011	37,929	2,608	4.3	550.3	1.48	-18.4	1,369	2.65	5.32	51.1	11.2	2.8
63.93	53.85	33.78	11.11			3.5	3.2	--		-2.1	-0.08	-180.3	-1.6	-669.37		-1.3		500.0
-16.68	-21.18	-32.04	-4.19			21.6	42.3	0.38	-20.7	3.0	0.22	189.6	-11.8	-3.25	6.62	7.3	56.5	0.5
-27.85	-1.95	-36.38	-5.21			190.0	313.9	215.6	-7.9	9.2	0.40	134.8	58.0	-1.26	1.92	21.3	0.9	0.4
-9.30	-17.02	-48.00	-35.00			25.9	23.5	--		-2.7	-0.02	22.9	-1.7	-12.87		-11.6		2.4
-14.13	-12.50	-49.74	-40.25			25.9	23.5	--		-2.7	-0.02	22.9	-1.7	-12.87		-8.5		1.7
42.43	91.38	121.41	178.46	3.48	1.4	11,542	11,218	2,404	28.9	297.8	5.69	38.5	328.1	13.13	32.12	43.9	5.4	12.9
-71.43	-71.43	-76.47	-85.71			2.5	2.6	--		-0.83	-0.01	49.6	-0.77	-6.26		-3.4		0.5
-67.37	-71.32	-75.34	-88.64			2.5	2.6	--		-0.83	-0.01	49.6	-0.77	-6.26		-2.6		0.4
38.06	123.82	124.74				1,412	1,556	277.0	57.5	16.3	0.17	-43.1	107.0	12.31	13.13	130.6	7.1	15.5
39.33	124.99	124.50				1,412	1,556	277.0	57.5	16.3	0.17	-43.1	107.0	12.31	13.13	97.5	5.3	11.5
-84.91	-83.63	-90.11	-90.74			98.4	446.3	272.3	12.5	-11.6	-0.22	-22.6	74.2	2.38	0.14	-6.3	0.4	0.1
-5.21	20.00	-24.05	-56.77			2.6	2.3	0.13	-64.9	-2.0	-0.04	34.2	-0.17	-5.35		-1.5	22.2	0.9
-22.22	-12.50	-36.36	-58.82			2.6	2.3	0.13	-64.9	-2.0	-0.04	34.2	-0.17	-5.35		-1.7	25.9	1.0
-2.40	-0.29	-19.47	22.19	0.63	5.6	161.5	161.7	175.7	-1.1	19.5	1.35	40.0	3.1	5.2	16.37	8.3	0.9	1.3
13.14	-1.67	-46.34	-84.85			0.88	1.2	10.1	-12.5	-0.19	-0.03	-186.6	-0.35	-1.98		-3.5	0.1	0.6
21.03	22.94	39.85	110.59	0.32	0.4	2,077	2,259	799.9	10.1	83.6	3.20	9.0	76.8	5.47	11.04	25.0	2.6	2.6
-37.50	-61.54	-61.54	-71.43			1.1	0.49	--		-0.04	0.00	80.5	-0.04	-3.24		-40.0		2.5
-49.08	-35.50	-72.00				3.9	-3.2	11.3	11.9	1.2	0.02	52.3	3.5	1.63	4.42	3.9	0.4	0.1
-15.79	-15.79	-58.97	-57.89			6.8	6.8	--		-0.53	0.00	38.5	-0.49	-182.48		-16.7		-24.2
-17.50	26.92	-56.00	-61.85			6.8	6.8	--		-0.53	0.00	38.5	-0.49	-182.48		-13.8		-20.0
21.74	10.55	26.83	201.79			1,314	1,087	145.4		-68.3	-2.74	60.7	-13.7	-18.4		-17.8	9.6	7.5
-1.41	4.61	-1.91	9.22	1.00	4.1	58.6	51.3	32.7	8.4	1.9	0.79	-27.5	-5.0	3.73	5.98	30.7	1.8	1.9
10.44	15.53	-7.66				187.2	--	35.9	32.5	9.8	1.27	79.8	7.4		10.72	19.6	5.4	1.9
-16.67	-28.57	-82.76				1.9	1.6	--		-1.4	-0.01	86.3	-2.8	-31.79		-1.8		1.9
-100.00	-100.00	-100.00				1.9	1.6	--		-1.4	-0.01	86.3	-2.8	-31.79		0.0		0.0
-2.49	0.19	-0.26	24.93	0.39	2.6	167.1	--	52.9	4.9	11.8	1.07	163.6	20.4		6.52	14.3	3.1	0.9
-28.57	18.48	-37.81	-95.69			16.8	13.2	--		-11.3	-1.87	-45.1	-9.6	-40.91		-1.3		4.3
-26.32	20.69	-33.71	-95.38			16.8	13.2	--		-11.3	-1.87	-45.1	-9.6	-40.91		-1.9		6.0
6.43	40.43	29.59	123.46			4,592	4,788	752.4	22.1	484.0	4.93	12.8	542.1	12	21.4	9.5	6.1	1.8
-1.33	11.00	-45.85	-56.47			33.5	55.8	135.0	-4.3	-9.4	-0.07	-430.0	25.5	0.67		-3.2	0.2	0.3
1.64	6.90	-44.64	-53.03			33.5	55.8	135.0	-4.3	-9.4	-0.07	-430.0	25.5	0.67		-4.5	0.3	0.4
0.10	43.47	51.66		0.86	4.4	1,121	1,764	107.2	67.9	20.6	0.39	-97.8	57.7	2.77	4.44	50.3	11.8	1.4
-28.57	25.00	-56.52				0.40	0.26	--		-0.23	-0.02	-133.0	0.05	-28.34		-2.3		2.4
-0.62	18.88	25.13	40.03	7.62	2.6	18,951	24,817	1,442	0.2	418.1	6.33	21.0	814.0	2.42	6.87	45.6	13.2	3.1
-27.78	-35.00	30.00	225.00			0.66	0.32	-0.06	88.1	-0.17	-0.03	-4,137.5	-0.07	-19.87		-4.0	-15.9	2.6
-17.61	-18.72					428.8	409.2	67.2	57.8	-25.3	-1.33	63.9	-36.0	-21.86		-15.8	6.4	7.0
-19.65	-31.88	-88.65				42.9	444.8	350.3	-17.0	-172.6	-3.78	-11,294.0	5.4	-1.05		-0.3	0.1	-0.2
6.97	23.22	-7.66	-24.75	0.76	3.7	546.5	530.0	768.3	1.6	40.5	1.50	14.5	51.7	6.21	10.46	13.7	0.7	1.5
-13.62	-9.28	-18.34	56.82			9.9	37.3	0.40	-44.3	-10.1	-0.09	-138.9	-2.8	-12.01		-0.8	21.6	-0.9
186.43	125.64	-55.93				11.9	11.1	0.04	21.9	-27.3	-1.43	-71,620.0	-1.4	-6.34		-0.4	322.2	1.6
-4.17	-9.80	53.33	-39.47			9.9	4.3	--		-1.1	-0.03	-139.6	-1.0	-11.75		-8.7		2.2
6.01	1.29	58.17	-29.69			9.9	4.3	--		-1.1	-0.03	-139.6	-1.0	-11.75		-6.8		1.7
-1.77	29.83					137.3	118.0	0.50		-17.1	-4.10	-1.2	-13.1	-53.67		-1.9	273.3	7.1
-7.11	31.87	47.63	605.43			7,495	7,249	652.1	40.2	96.1	0.74	-3.6	204.0	6.82	23.89	83.9	12.5	17.8
-29.41	-12.20					23.9	18.5	--		-6.2	-0.04	26.5	-5.4	-48.43		-4.4		4.7
3.30	-2.08	-50.53	526.67			25.8	25.2	--		-5.1	-0.09	47.7	-6.2	-71.62		-5.5		24.0
2.31	7.58	-51.12	-68.97			25.8	25.2	--		-5.1	-0.09	47.7	-6.2	-71.62		-4.1		18.1
-40.95	73.39	1.12	51.66			8.3	4.0	10.6	-39.0	-0.79	-0.39	-273.0	--			-10.4	0.8	0.6
-16.28	-16.57	-10.98				16.6	87.3	7.0	21.5	0.80	0.25	-56.4	1.1			29.3	2.4	0.4
-7.14	-7.14	-67.50	-84.88			16.4	30.7	--		-6.3	-0.04	-49.8	-3.2	-3.43		-1.6		3.9
-13.79	5.26	-60.00	-81.98			16.4	30.7	--		-6.3	-0.04	-49.8	-3.2	-3.43		-1.5		3.6

https://greyhouse.weissratings.com

Data as of June 30, 2019

I. Index of Stocks

Summer 2019

Company Name	Stock Ticker Symbol	Traded On	Sector	Overall Rating	Recommendation	Reward Rating	Risk Rating	Recent Up/Downgrade	Stock Price as of 6/30/2019	52-Week High	52-Week Low	3-Year Beta	Growth	Efficiency	Solvency	Volatility	Dividend	Total Return
Euronav NV	EURN	NYSE	Energy	C-	Hold	C	D+	Up	9.25	10.22	6.77	0.97	W	F	G	F	G	F
Euronet Worldwide, Inc.	EEFT	NAS GS	Information Tech	B	Buy	A	C		163.83	165.27	81.69	0.95	E	E	E	F	–	E
European Electric Metals Inc.	EVX.V	TSXV	Materials	D	Sell	C-	D-		0.05	0.35	0.04	-0.09	V	G	G	W	–	V
European Electric Metals Inc.	EVXXF	OTC PK	Materials	D	Sell	C-	D-		0.03	0.27	0.03	0.37	V	G	G	W	–	V
European Metals Corp.	MNTCF	OTC PK	Materials	C-	Hold	C	D+		0.00	0.00	0	6.30	V	G	F	W	–	F
Euroseas Ltd.	ESEA	NAS CM	Industrials	D	Sell	D+	D-		0.59	3.87	0.53	0.68	W	F	W	W	–	V
Eurosport Active World Corp.	EAWD	OTC PK	Industrials	D+	Sell	C	D	Down	0.40	3.75	0.1	3.50	V	G	E	W	–	F
Eurotin Inc.	TINH.V	TSXV	Materials	D-	Sell	E+	D		0.01	0.13	0.01	5.44	W	V	F	W	–	V
Evans & Sutherland Computer Corporation	ESCC	OTC PK	Information Tech	C-	Hold	C	D		0.81	1.21	0.54	0.02	F	G	G	W	–	W
Evans Bancorp, Inc.	EVBN	AMEX	Financials	A+	Buy	A+	A-		35.40	49.23	30.61	1.04	E	G	E	E	G	E
Evelo Biosciences, Inc.	EVLO	NAS GS	Health Care	D-	Sell	E+	D-		8.99	15.89	6.32		V	V	E	W	–	V
Eventbrite, Inc.	EB	NYSE	Communication Svc	D	Sell	D	D-		15.90	40.25	15.3		F	W	E	W	–	V
Everbridge, Inc.	EVBG	NAS	Information Tech	C-	Hold	C	D	Up	87.23	97.68	41.94	0.78	W	W	E	G	–	G
Evercore Inc.	EVR	NYSE	Financials	C+	Hold	B	D+		88.46	117.49	64.37	2.28	F	E	E	W	F	F
Everest Re Group, Ltd.	RE	NYSE	Financials	C+	Hold	B-	C	Up	244.36	254.57	201.09	0.03	F	G	E	F	F	F
Ever-Glory International Group, Inc.	EVK	NAS	Consumer Discretn	C	Hold	B	C		3.04	4.20	2.55	-0.25	F	G	G	F	–	F
Evergreen Gaming Corporation	EVGEF	OTC PK	Consumer Discretn	E+	Sell	B-	B+		0.30	0.34	0.28		E	E	E	G	–	W
Evergreen Gaming Corporation	TNA.V	TSXV	Consumer Discretn	B	Buy	A+	C		0.42	0.49	0.21	0.45	E	E	E	F	–	E
Evergy, Inc.	EVRG	NYSE	Utilities	B	Buy	A-	B-		60.07	61.54	54.17	0.11	E	E	G	G	G	F
Everi Holdings Inc.	EVRI	NYSE	Consumer Discretn	C	Hold	B-	D+	Up	11.86	12.29	4.76	2.31	F	F	G	W	–	E
EverQuote, Inc.	EVER	NAS	Communication Svc	D-	Sell	D-	D-		12.23	22.09	4.05		F	V	E	W	–	W
Eversource Energy	ES	NYSE	Utilities	B	Buy	A-	C+		75.41	77.87	57.49	0.29	E	E	G	F	G	F
Everspin Technologies, Inc.	MRAM	NAS	Information Tech	D-	Sell	D-	D		7.06	11.20	5.3	2.36	F	V	G	W	–	W
EVERTEC, Inc.	EVTC	NYSE	Information Tech	B	Buy	A-	C		31.25	31.63	21.65	0.41	E	E	E	F	W	G
Everton Resources Inc.	EVR.V	TSXV	Materials	D-	Sell	D	D-	Down	0.03	0.04	0.02	-1.18	W	V	F	W	–	W
Everton Resources Inc.	EVRRF	OTC PK	Materials	D-	Sell	D-	D		0.03	0.03	0.01	0.92	W	V	F	W	–	W
Evertz Technologies Limited	EVTZF	OTC PK	Information Tech	C	Hold	B	C-		13.50	13.60	11.59	0.10	F	E	E	F	G	W
Evertz Technologies Limited	ET.TO	TSX	Information Tech	B-	Buy	B	C	Up	17.74	18.23	14.68	0.02	F	E	E	F	G	F
EVI Industries, Inc.	EVI	AMEX	Industrials	C	Hold	B-	D		38.41	48.45	25.39	0.68	F	G	E	F	–	F
Eviana Health Corporation	EVNNF	OTC PK	Materials	D-	Sell	D-	D-		0.34	1.27	0.32		W	V	G	W	–	V
EVINE Live Inc.	EVLV	NAS GS	Consumer Discretn	D-	Sell	D-	D-	Down	0.39	1.74	0.32	1.00	V	W	G	W	–	V
EVIO, Inc.	EVIO	OTC PK	Health Care	D-	Sell	E+	D		0.44	1.24	0.21	3.44	W	V	F	W	–	W
EVO Payments, Inc.	EVOP	NAS	Information Tech	C-	Hold	C-	C-	Up	31.02	31.80	19.42		F	F	F	G	–	W
EVO Transportation & Energy Services, Inc.	EVOA	OTC PK	Industrials	D-	Sell	E	D		2.00	2.00	1	-13.71	F	V	F	W	–	G
Evofem Biosciences, Inc.	EVFM	NAS CM	Health Care	D	Sell	C	D		6.60	7.24	1.79		V	G	F	W	–	W
Evogene Ltd.	EVGN	NAS	Health Care	U		U	U		1.52	3.32	1.39	1.79	U	U	U	U	U	U
Evoke Pharma, Inc.	EVOK	NAS CM	Health Care	D-	Sell	E+	D-	Up	0.57	3.40	0.5	0.98	F	V	E	W	–	V
Evolent Health, Inc.	EVH	NYSE	Health Care	D	Sell	D	D		7.87	29.05	7.62	1.17	W	W	E	W	–	W
Evolus, Inc.	EOLS	NAS	Health Care	D	Sell	D	D	Up	14.37	30.40	10.22		W	W	E	W	–	F
Evolution Petroleum Corporation	EPM	AMEX	Energy	C	Hold	B	D		7.29	12.83	5.99	1.22	E	E	E	W	G	W
Evolutionary Genomics, Inc.	FNAM	OTC PK	Health Care	D	Sell	D+	D		2.05	2.05	0.18	-0.29	W	W	G	W	–	F
Evolving Systems, Inc.	EVOL	NAS CM	Information Tech	E+	Sell	E+	E+	Down	0.84	3.00	0.83	1.51	W	V	G	V	–	V
Evoqua Water Technologies Corp.	AQUA	NYSE	Industrials	D	Sell	D+	D-		13.80	22.25	7.92		F	F	G	W	–	W
Evotec SE	EVOTF	OTC PK	Health Care	C	Hold	A	C		28.00	28.30	18.65	2.02	E	E	E	F	–	E
Evotec SE	EVTCY	OTC PK	Health Care	C	Hold	A	D+		54.34	57.57	35.44	1.33	E	E	E	F	–	E
Evrim Resources Corp.	EMRRF	OTC PK	Materials	D	Sell	D	D		0.23	1.23	0.19	3.45	F	V	E	W	–	W
Evrim Resources Corp.	EVM.V	TSXV	Materials	D	Sell	D	D		0.31	1.63	0.27	2.77	F	V	E	W	–	W
eWellness Healthcare Corporation	EWLL	OTC PK	Health Care	D+	Sell	C	D		0.08	0.34	0.05	1.78	W	E	F	W	–	W
Exact Sciences Corporation	EXAS	NAS CM	Health Care	C-	Hold	C+	D		115.06	117.98	47.78	2.32	W	W	E	F	–	E
exactEarth Ltd.	XCT.TO	TSX	Industrials	D-	Sell	E+	D		0.28	1.15	0.19	0.63	W	V	G	W	–	V
exactEarth Ltd.	EXRTF	OTC PK	Industrials	D-	Sell	E+	D		0.22	0.86	0.15	-0.38	W	V	G	W	–	V
Exactus, Inc.	EXDI	OTC PK	Health Care	D	Sell	D	D-		0.95	4.00	0.05	6.35	W	W	F	W	–	W

*Ratings Factors: E=Excellent, G=Good, F=Fair, W=Weak, V=Very Weak, U=Unrated

Summer 2019 — I. Index of Stocks

3-Month Total Return (%)	6-Month Total Return (%)	1-Year Total Return (%)	3-Year Total Return (%)	Dividend $ TTM	Dividend Yield TTM	Market Cap. ($Mil)	Enterprise Value ($Mil)	Revenue ($Mil)	Revenue Growth (%)	Net Income ($Mil)	Earnings/Share $	EPS Growth (%)	Cash from Operations ($Mil)	Return on Assets (%)	Return on Equity (%)	Earnings (P/E) TTM	Sales (P/S) TTM	Book (P/B) Q
16.28	32.73	2.02	13.41	0.08	0.9	2,003	3,618	438.9	-14.5	-51.3	-0.32	-53,550.0	19.6			-28.7	4.6	0.9
17.04	61.92	96.27	139.83			8,513	8,416	2,564	10.1	241.0	4.43	58.9	382.4	6.73	19.89	37.0	3.6	6.6
-55.00	-67.86	-72.73	-95.26			1.5	1.5			-3.9	-0.09	-154.7	-3.0	-295.93		-0.5		-3.7
-55.38	-65.54	-71.70	-95.08			1.5	1.5			-3.9	-0.09	-154.7	-3.0	-295.93		-0.4		-2.9
0.00	50.00	-25.00	50.00			1.3	1.2	--		-0.08	0.00		0.00	-233.82				-1.5
-16.92	-9.90	-65.09	-23.52			7.4	57.4	26.1	9.8	2.7	0.14	121.5	-2.4			4.3	0.3	2.2
-73.33	14.29	100.00	-71.01			36.2	36.8	--		-0.81	-0.01	-1.1	-0.03			-43.5		-9.0
-50.00	-66.67	-83.33	-90.00			0.81	0.57	--		-9.2	-0.09	-167.4	-0.59	-4.43		-0.1		0.3
8.00	12.50	-19.80	3.85			9.3	4.6	36.8	22.4	3.1	0.25	170.0	2.1	8.24	52.11	3.2	0.3	1.2
-2.34	8.71	-22.66	52.77	0.98	2.8	171.5	--	61.6	19.3	16.8	3.39	55.5	25.4		13.18	10.4	2.8	1.3
13.80	-27.50	-23.88				288.1	173.5	--		-66.7	-2.47	76.6	-57.0	-32.39		-3.6		2.4
-16.58	-44.03					1,282	850.4	298.4	28.2	-83.1	-2.68	-1.8	45.1			-5.9	4.2	3.0
18.79	59.44	87.35				2,872	2,726	159.4	42.3	-49.3	-1.65	-81.2	4.5	-8.24		-52.8	17.7	15.6
-2.59	26.66	-14.65	128.86	2.08	2.4	3,633	--	2,016	17.8	348.9	7.79	155.2	477.5		46.21	11.4	1.9	4.7
14.10	14.46	8.15	50.34	5.50	2.3	9,954	10,077	7,590	10.3	242.1	5.86	-35.8	874.2	-0.02	2.89	41.7	1.3	1.2
-17.84	-23.86	-10.59	46.86			45.0	79.1	443.7	4.8	10.7	0.72	-13.2	5.9	3.84	9.6	4.2	0.1	0.4
-2.96						39.1	30.6	39.1	8.3	5.8	0.05	41.7	6.1	15.53	29.82	6.4	1.0	1.7
1.22	59.62	93.02	176.67			39.1	30.6	39.1	8.3	5.8	0.05	41.7	6.1	15.53	29.82	8.9	1.3	2.3
4.50	8.04	11.41	18.28	1.89	3.1	14,663	24,065	4,893	88.3	574.8	2.34	3.1	1,600	3.52	8.85	25.7	3.1	1.6
12.84	140.08	68.23	864.23			843.4	1,875	482.3	-43.2	13.6	0.19	128.3	149.3	3.54		62.6	1.9	-8.8
61.99	185.75	-32.13				311.8	274.1	174.9	29.3	-16.8	-3.70	-77.4	-4.5	-21.89		-3.3	1.8	7.5
8.00	18.37	33.39	42.22	2.08	2.8	24,214	39,575	8,576	8.1	1,072	3.37	7.4	2,034	2.93	9.33	22.4	2.8	2.1
-3.55	26.30	-19.31				121.0	117.1	44.6	3.9	-20.7	-1.23	4.4	-14.1	-24.39		-5.8	2.7	5.7
11.68	10.29	43.09	119.58	0.20	0.6	2,202	2,726	462.4	11.1	89.9	1.21	63.8	171.7	8.55	45.57	25.8	5.0	10.4
0.00	0.00	-14.29	-50.00			2.1	2.2	--		-0.17	0.00	98.2	-0.16	-10.99		-17.7		1.1
22.43	66.67	-7.41	-37.50			2.1	2.2	--		-0.17	0.00	98.2	-0.16	-10.99		-14.7		0.9
12.46	9.38	7.09	14.36	0.54	4.0	1,035	954.0	336.7	6.8	59.1	0.77	40.4	66.7	14.06	22.79	17.6	3.1	3.9
3.80	12.47	15.37	17.25	0.72	4.1	1,035	954.0	336.7	6.8	59.1	0.77	40.4	66.7	14.06	22.79	23.1	4.0	5.2
-0.75	12.38	-4.25	934.58			450.8	485.6	207.5	56.6	3.3	0.26	-17.7	3.2	3.3	4.97	148.8	2.3	5.9
-28.42	-22.26	-59.91				6.9	7.4	0.07		-2.5	-0.10	55.9	-3.7	-15.77		-3.3	114.5	2.3
-9.26	-9.28	-68.02	-76.06			29.8	73.0	571.7	-11.8	-40.2	-0.61	-23,426.9	0.26	-9.13		-0.6	0.1	0.6
-29.19	29.29	-59.72	631.67			12.1	17.4	3.1	24.9	-7.6	-0.53	-23.8	-3.9	-43.96		-0.8	2.6	2.0
8.58	27.34	51.46				1,001	1,831	548.0	4.7	-20.0	-0.91	78.3	83.4	-1.09		-34.2	1.5	-4.3
0.00	100.00	1,233.33				13.7	35.9	25.6	1,121.0	-6.6	-3.62	86.5	-6.8	-22.56		-0.6	0.3	-0.4
86.44	62.56	120.00				306.8	311.4	--		-74.7	-3.08	94.6	-46.0	-718.63		-2.1		-6.6
-16.94	-24.38	-46.48	-75.08			40.4	-6.8	1.0	-70.4	-11.2	-0.43	46.4	-7.9			-3.5	39.2	0.8
-58.21	-75.11	-76.82	-91.40			13.3	9.4	--		-7.5	-0.44	34.3	-6.1	-95.08		-1.3		3.3
-37.09	-60.07	-64.06	-56.73			645.1	806.2	685.1	46.3	-85.8	-1.09	-33.0	-21.7	-2.94		-7.2	0.9	0.6
-31.57	20.76	-47.40				392.8	332.5	--		-51.7	-2.03	-507.4	-42.7	-18.25		-7.1		5.2
8.00	7.80	-23.51	48.95	0.40	5.5	240.6	211.0	44.3	15.6	16.6	0.49	0.2	24.4	12.73	21.3	14.7	5.5	3.0
583.33	720.00	412.50	-41.43			12.1	15.8	0.15	2,353.3	-1.0	-0.21	-133.3	-0.66	-10.73		-9.6	82.0	-23.1
-32.26	-26.96	-70.00	-83.63			10.2	11.3	29.2	-6.2	-16.4	-1.36	-946.0	0.40	0.8		-0.6	0.4	0.6
11.02	38.69	-33.24				1,576	2,492	1,380	6.3	-18.0	-0.16	-202.0	66.5	2.98		-83.9	1.2	4.5
12.90	20.17	60.18	594.79			4,110	4,208	463.2	33.6	108.3	0.71	391.0	163.4	6.34	23.48	39.4	9.0	8.3
8.61	35.95	56.96	562.68			4,110	4,208	463.2	33.6	108.3	0.71	391.0	163.4	6.34	23.48	76.4	17.5	16.1
3.79	-4.56	-72.52	-4.92			20.0	11.1	0.21	317.7	-1.5	-0.02	36.0	-3.4	-23.13		-10.5	95.8	2.1
5.08	-6.06	-71.82	0.00			20.0	11.1	0.21	317.7	-1.5	-0.02	36.0	-3.4	-23.13		-14.2	129.2	2.9
-28.18	-57.16	-12.22	-95.49			17.5	17.7	--		-5.3	-0.04	23.4	-2.0	-422.4		-2.2		-4.6
36.05	88.04	90.24	927.32			14,859	14,391	526.2	70.9	-218.8	-1.76	-75.5	-105.2	-7.89		-65.2	27.6	19.1
-35.63	7.69	-74.77	-79.26			4.6	2.1	10.9	18.0	-12.2	-0.57	56.4	-3.3	-9.64		-0.5	0.6	1.2
-11.81	11.46	-74.40	-79.32			4.6	2.1	10.9	18.0	-12.2	-0.57	56.4	-3.3	-9.64		-0.4	0.4	0.9
-29.63	1,384.38	85.47	-88.12			32.7	31.9	0.02		-4.6	-0.79	21.1	-2.0	-81.66		-1.2	1,187.5	11.9

I. Index of Stocks

Summer 2019

Company Name	Stock Ticker Symbol	Traded On	Sector	Overall Rating	Recommendation	Reward Rating	Risk Rating	Recent Up/Downgrade	Stock Price as of 6/30/2019	52-Week High	52-Week Low	3-Year Beta	Growth	Efficiency	Solvency	Volatility	Dividend	Total Return
Exantas Capital Corp.	XAN	NYSE	Financials	C	Hold	B-	D+		11.02	12.09	9.72	0.28	W	G	E	W	E	F
Excellon Resources Inc.	EXN.TO	TSX	Materials	D	Sell	D	D		0.93	1.46	0.59	1.29	W	W	E	W	--	W
Excellon Resources Inc.	EXLLF	OTC PK	Materials	D	Sell	D	D		0.71	1.15	0.44	1.36	W	W	E	W	--	W
Excelsior Mining Corp.	MIN.TO	TSX	Materials	D	Sell	D	D		0.88	1.21	0.71	-0.48	W	V	E	W	--	F
Excelsior Mining Corp.	EXMGF	OTC PK	Materials	D	Sell	D	D		0.68	0.96	0.53	-0.14	W	V	E	W	--	F
Exchange Income Corporation	EIFZF	OTC PK	Industrials	C	Hold	B	C		28.87	29.41	19.94	0.74	F	E	G	F	G	F
Exchange Income Corporation	EIF.TO	TSX	Industrials	C+	Hold	B	C		37.60	39.34	25.58	0.59	F	E	G	F	G	F
EXCO Resources, Inc.	XCOOQ	OTC PK	Energy	D	Sell	D	D	Up	0.12	0.56	0.02	7.96	W	V	F	W	--	W
Exco Technologies Limited	EXCOF	OTC PK	Industrials	C-	Hold	B-	D		5.73	7.81	5.62	1.16	F	E	E	W	G	W
Exco Technologies Limited	XTC.TO	TSX	Industrials	C-	Hold	C+	D		7.50	10.49	7.35	0.60	F	E	E	W	G	W
eXeBlock Technology Corporation	EXXBF	OTC PK	Information Tech	E+	Sell	E+	D-		0.05	0.12	0.02		V	V	G	W	--	V
Exela Technologies, Inc.	XELA	NAS CM	Information Tech	D	Sell	D	D-		2.01	7.34	1.65		F	W	G	W	--	V
ExeLED Holdings Inc.	ELED	OTC PK	Industrials	D+	Sell	C-	D+	Up	0.00	0.00	0	0.30	V	E	G	W	--	W
Exelixis, Inc.	EXEL	NAS GS	Health Care	C+	Hold	B+	D+		21.45	25.31	13.42	1.69	E	E	E	W	--	F
Exelon Corporation	EXC	NYSE	Utilities	B+	Buy	B+	B	Up	47.56	51.18	40.97	0.36	G	G	G	G	G	F
Exeo Entertainment, Inc.	EXEO	OTC PK	Consumer Discretn	C-	Hold	C	D	Down	0.92	1.09	0.5	-0.50	E	E	E	W	--	W
EXFO Inc.	EXF.TO	TSX	Information Tech	D+	Sell	D+	D	Up	5.01	6.70	3.51	1.06	W	W	E	W	--	W
EXFO Inc.	EXFO	NAS GS	Information Tech	D+	Sell	D+	D	Up	3.82	4.97	2.66	1.43	W	W	E	W	--	W
ExGen Resources Inc.	EXG.V	TSXV	Materials	D-	Sell	E+	D-	Down	0.01	0.03	0.01	2.86	V	V	G	W	--	W
ExGen Resources Inc.	BXXRF	OTC PK	Materials	D-	Sell	E+	D		0.00	0.02	0	2.17	V	V	G	W	--	W
Exicure, Inc.	XCUR	OTC PK	Health Care	E+	Sell	E+	D-	Down	2.90	6.50	2		W	V	E	W	--	V
ExIservice Holdings, Inc.	EXLS	NAS GS	Information Tech	C+	Hold	B	C		65.87	67.68	44.29	0.81	G	G	E	F	--	F
eXp World Holdings, Inc.	EXPI	NAS	Real Estate	D-	Sell	E	D		10.65	19.72	6.61	4.27	F	V	E	W	--	F
Expedia Group, Inc.	EXPE	NAS GS	Consumer Discretn	C	Hold	B-	C-		130.14	139.77	108.11	0.96	F	G	G	F	W	F
Expeditors International of Washington, Inc.	EXPD	NAS GS	Industrials	B	Buy	B	B	Down	74.74	80.69	62.9	1.05	E	E	E	G	--	F
Experion Holdings Ltd.	EXPFF	OTC PK	Health Care	D-	Sell	D-	D-	Up	0.20	0.86	0.17		W	V	E	W	--	V
Experion Holdings Ltd.	EXP.V	TSXV	Health Care	D-	Sell	D-	D-	Up	0.25	1.15	0.22		W	V	E	W	--	V
Explor Resources Inc.	EXS.V	TSXV	Materials	D	Sell	D	D		0.03	0.04	0.02	0.19	F	W	G	W	--	V
Explor Resources Inc.	EXSFF	OTC PK	Materials	D	Sell	D	D-		0.01	0.04	0.01	-0.09	F	W	G	W	--	V
Explorex Resources Inc.	EXPXF	OTC PK	Materials	D-	Sell	E+	D-		0.17	0.28	0.16	-0.10	W	V	G	W	--	F
Exponent, Inc.	EXPO	NAS GS	Industrials	B	Buy	A-	B-	Down	58.39	60.00	44.44	0.12	E	E	E	G	W	G
Express, Inc.	EXPR	NYSE	Consumer Discretn	D	Sell	D	D-		2.76	11.69	2.52	0.98	V	F	G	W	--	V
Exro Technologies Inc.	EXROF	OTC PK	Industrials	D-	Sell	D-	D-		0.17	0.38	0.15		V	W	E	W	--	V
Extended Stay America, Inc.	STAY	NAS GS	Consumer Discretn	C+	Hold	B+	C-		16.63	22.37	14.77	1.08	F	E	E	F	G	F
Extendicare Inc.	EXETF	OTC PK	Health Care	C	Hold	B-	D+	Up	6.30	6.56	4.28	0.92	F	E	G	W	G	W
Extendicare Inc.	EXE.TO	TSX	Health Care	C	Hold	C+	D+	Up	8.30	8.71	5.95	0.63	F	E	G	W	G	W
Exterran Corporation	EXTN	NYSE	Energy	D	Sell	D+	D	Down	13.45	29.31	12.38	1.03	W	F	G	W	--	W
Extra Space Storage Inc.	EXR	NYSE	Real Estate	B	Buy	A-	C		105.61	110.79	83.7	0.17	E	E	E	F	G	F
Extraction Oil & Gas, Inc.	XOG	NAS GS	Energy	D	Sell	D	D-		4.29	15.70	3.14	2.11	W	F	G	W	--	W
Extreme Networks, Inc.	EXTR	NAS GS	Information Tech	D+	Sell	C-	D		6.20	9.08	4.81	1.87	F	W	G	W	--	W
Exxon Mobil Corporation	XOM	NYSE	Energy	C	Hold	B-	D+		75.82	87.36	64.65	1.13	G	E	G	W	G	W
Eyecarrot Innovations Corp.	EYCCF	OTC PK	Health Care	D-	Sell	E+	D-		0.02	0.26	0.01	1.90	F	V	E	W	--	V
Eyecarrot Innovations Corp.	EYC.V	TSXV	Health Care	D-	Sell	E+	D-		0.03	0.33	0.03	0.74	F	V	E	W	--	V
Eyegate Pharmaceuticals, Inc.	EYEG	NAS CM	Health Care	E+	Sell	E	D-	Down	0.25	0.86	0.21	1.93	F	V	E	W	--	V
Eyenovia, Inc.	EYEN	NAS CM	Health Care	D-	Sell	E+	D		4.15	7.49	2.4		W	V	G	W	--	W
EyePoint Pharmaceuticals, Inc.	EYPT	NAS	Health Care	D-	Sell	E+	D		1.65	3.94	1.24	1.89	W	V	G	W	--	W
EZCORP, Inc.	EZPW	NAS GS	Financials	C	Hold	B-	D+	Up	9.57	12.65	7.45	1.51	E	F	E	W	--	F
F & M Bank Corp.	FMBM	OTC PK	Financials	C	Hold	B+	C-		29.20	39.00	28.11	0.57	F	G	E	F	G	F
F&C Investment Trust PLC	FLIVF	OTC PK	Financials	C	Hold	C	C-	Up	8.80	9.70	8.1	0.44	W	G	E	G	F	F
F.N.B. Corporation	FNB	NYSE	Financials	C	Hold	B-	D	Up	11.48	13.88	9.35	1.42	E	E	E	W	G	W
F5 Networks, Inc.	FFIV	NAS GS	Information Tech	C+	Hold	B	C	Down	143.05	199.71	131.53	0.94	E	E	E	F	--	W
Fab-Form Industries Ltd.	FBF.V	TSXV	Materials	C	Hold	B	D+		0.41	0.85	0.33	2.75	E	E	E	W	--	F

*Ratings Factors: E=Excellent, G=Good, F=Fair, W=Weak, V=Very Weak, U=Unrated

Data as of June 30, 2019

Summer 2019 — I. Index of Stocks

3-Month Total Return (%)	6-Month Total Return (%)	1-Year Total Return (%)	3-Year Total Return (%)	Dividend $ TTM	Dividend Yield TTM	Market Cap. ($Mil)	Enterprise Value ($Mil)	Revenue ($Mil)	Revenue Growth (%)	Net Income ($Mil)	Earnings/Share $	EPS Growth (%)	Cash from Operations ($Mil)	Return on Assets (%)	Return on Equity (%)	Earnings (P/E) TTM	Sales (P/S) TTM	Book (P/B) Q
3.67	12.09	13.15	-3.38	0.75	6.8	346.4	--	58.1	35.0	35.5	0.80	360.5	40.6		6.43	13.8	6.0	0.6
9.41	36.76	-33.09	-16.96			70.4	67.5	23.6	-0.5	-10.3	-0.11	-30.0	-4.8	-10.85		-8.3	3.9	2.5
11.30	39.63	-32.38	-18.39			70.4	67.5	23.6	-0.5	-10.3	-0.11	-30.0	-4.8	-10.85		-6.3	3.0	1.9
-13.73	6.02	-20.72	137.84			160.0	126.3	--		-15.0	-0.07	-9.3	-12.0	-10.82		-13.0		5.2
-10.86	12.92	-18.67	144.85			160.0	126.3	--		-15.0	-0.07	-9.3	-12.0	-10.82		-10.0		4.0
19.58	48.83	18.01	43.32	1.65	5.7	923.3	1,758	941.3	14.3	53.2	1.62	-9.2	139.7	4.59	11.77	17.9	1.0	2.0
14.73	39.32	27.56	45.62	2.19	5.8	923.3	1,758	941.3	14.3	53.2	1.62	-9.2	139.7	4.59	11.77	23.2	1.3	2.6
3.53	561.42	13.39	-99.40			2.6	1,357	394.0	38.9	-182.7	-8.33	-512.8	134.0	8.98		0.0	0.0	0.0
-19.90	-6.59	-9.96	-35.81	0.26	4.6	235.3	240.1	425.7	-2.6	26.9	0.64	-7.8	37.0	7.5	10.73	9.0	0.6	0.9
-20.93	-14.47	-11.51	-32.08	0.35	4.7	235.3	240.1	425.7	-2.6	26.9	0.64	-7.8	37.0	7.5	10.73	11.7	0.7	1.2
154.67	117.13	-42.57				2.0	0.77	--		-2.7	-0.04	-37.9	-2.3	-71.12		-1.3		4.3
-37.58	-46.26	-59.15				301.8	1,811	1,597	20.3	-168.4	-1.13	58.4	13.4	1.67		-1.8	0.2	-1.5
-26.67	22.22	-12.00	37.50			0.55	15.0	0.03	-78.2	-6.1	-0.03	-93.8	-3.1	-477.36		-0.1	22.0	0.0
-9.23	10.34	1.18	175.71			6,473	5,693	855.6	46.2	650.0	2.09	158.4	505.5	21.99	63.27	10.3	7.9	4.7
-3.72	7.89	15.96	51.13	1.42	3.0	46,179	84,758	35,769	3.7	2,332	2.40	-31.5	8,186	2.44	7.29	19.9	1.3	1.5
-11.73	-11.73	-0.22	31.14			25.5	27.3	0.00	-70.7	-1.1	-0.05	23.3	-0.85	-175.76		-18.8	9,180.0	-8.5
0.20	29.12	9.63	2.87			211.4	200.7	284.6	14.0	-12.2	-0.24	-138.7	21.9	-0.38		-20.9	1.0	1.6
3.24	34.51	10.72	2.41			211.4	200.7	284.6	14.0	-12.2	-0.24	-138.7	21.9	-0.38		-15.9	0.8	1.2
-33.33	-33.33	0.00	0.00			2.7	2.5	--		-0.33	0.00	73.0	-0.50	-24.72		-10.0		6.7
-65.69	-31.37	-64.25	2.94			2.7	2.5	--		-0.33	0.00	73.0	-0.50	-24.72		-3.5		2.3
26.09	-19.44	-50.00				128.7	111.8	0.11	-98.5	-22.2	-0.53	96.9	-18.9	-55.8		-5.5	1,208.3	8.0
9.62	26.43	15.72	33.31			2,262	2,380	915.7	16.5	48.3	1.37	-12.3	108.8	4.47	7.83	48.0	2.5	3.6
-3.53	46.90	-8.19	501.69			656.9	639.1	595.2	202.9	-18.0	-0.31	44.0	26.2	-23.92		-34.7	1.1	20.8
9.60	15.49	9.12	32.38	1.28	1.0	19,360	21,054	11,324	9.1	440.0	2.84	39.4	2,448	2.52	7.78	45.8	1.7	4.7
0.41	13.40	3.75	63.61	0.95	1.3	12,855	12,015	8,304	14.9	622.2	3.53	20.1	626.8	14.43	30.37	21.2	1.6	6.0
-42.42	-48.75	-68.50				18.8	9.0	0.83		-4.9	-0.09	52.2	-2.9	-16.8		-2.2	14.4	0.9
-43.18	-54.55	-70.59				18.8	9.0	0.83		-4.9	-0.09	52.2	-2.9	-16.8		-2.7	17.7	1.1
-16.67	25.00	-28.57	-80.77			3.6	5.6	--		-1.1	-0.01	58.3	-0.42	-1.41		-4.2		0.2
-40.08	-36.46	-65.14	-87.80			3.6	5.6	--		-1.1	-0.01	58.3	-0.42	-1.41		-2.0		0.1
-14.28	-2.12	-22.68				4.0	3.9	--		-0.96	-0.05	4.4	-0.95	-67.07		-3.3		4.9
0.94	17.63	20.58	120.35	0.58	1.0	3,031	2,883	357.4	5.1	74.6	1.37	63.2	75.2	11.51	23.47	42.6	8.8	9.2
-34.75	-46.41	-71.63	-80.52			185.6	1,312	2,088	-3.5	-0.82	-0.03	-109.3	81.6	0.54		-105.8	0.1	0.3
-21.41	-36.81	-17.11				10.8	9.4	--		-2.6	-0.05	21.8	-2.1	-121.95		-3.5		7.6
-7.44	9.41	-18.88	34.95	0.89	5.4	3,133	5,260	1,240	-3.7	209.1	1.10	14.0	433.2	5.83	16.09	15.1	2.5	2.4
14.48	41.68	22.93	18.28	0.36	5.7	561.6	914.5	856.1	-0.2	22.9	0.25	768.6	31.8	3.95	4.85	24.8	0.7	6.3
12.06	36.30	21.79	18.96	0.48	5.8	561.6	914.5	856.1	-0.2	22.9	0.25	768.6	31.8	3.95	4.85	32.6	1.0	8.3
-20.32	-23.19	-47.25	12.74			488.6	939.4	1,362	3.2	14.1	0.37	-29.1	205.6	3.2		36.0	0.4	0.9
3.63	19.40	9.31	29.35	3.48	3.3	13,460	18,899	1,236	8.2	421.8	3.31	-13.5	675.5	4.94	16.53	31.9	11.5	5.6
2.88	-2.28	-71.30				698.6	2,356	964.3	41.9	68.6	0.25	135.3	699.8	1.9	4.34	17.3	0.8	0.4
-16.89	7.27	-21.42	94.97			736.3	760.2	1,022	15.6	-14.4	-0.13	47.5	100.3	1.29		-47.3	0.7	5.8
-5.02	13.75	-3.46	-6.19	3.33	4.4	320,802	367,497	275,542	12.0	18,540	4.34	-9.0	35,833	3.43	9.69	17.5	1.2	1.7
-72.42	-71.76	-87.76				2.3	-0.63	0.40	326.4	-3.8	-0.04	-2.6	-3.0	-81.09		-0.6	6.2	0.9
-78.26	-80.77	-90.00	-82.76			2.3	-0.63	0.40	326.4	-3.8	-0.04	-2.6	-3.0	-81.09		-0.6	6.4	0.9
-23.93	-48.03	-52.86	-90.42			10.9	5.1	3.2	145.8	-7.6	-0.19	76.3	-8.9	-40.44		-1.3	5.2	1.1
-28.20	59.62	-33.81				49.9	35.6	--		-19.8	-1.86	11.9	-16.6	-57.48		-2.2		4.0
-6.78	-7.30	-10.81	-41.90			175.1	167.3	3.2	9.0	-86.8	-1.26	-113.3	-31.2			-1.3	49.1	7.9
2.24	22.38	-20.91	36.52			530.6	608.5	836.9	8.3	13.6	0.23	-68.6	93.8	3.46	1.79	41.6	0.6	0.7
-8.01	-1.06	-21.82	39.96	1.25	4.3	93.4	--	36.5	-3.7	8.4	2.35	-1.2	13.6		9.15	12.4	2.8	1.1
-2.44	8.64	-4.35	50.43			4,786	5,077	-84.3	-111.6	-142.4	-0.26	-120.7	65.6	-1.37		-33.5	-56.6	1.1
8.01	19.66	-12.23	6.56	0.48	4.2	3,702	--	1,158	5.3	380.2	1.14	45.8	417.6		8.34	10.1	3.2	0.8
-6.94	-10.94	-17.30	29.68			8,539	7,226	2,194	3.9	502.6	8.26	20.7	777.8	14.19	37.31	17.3	3.9	5.8
-25.45	15.49	-34.92	382.35			2.8	2.3	2.1	4.0	0.24	0.03	22.4	0.38	15.16	28.59	15.0	1.8	3.9

I. Index of Stocks

Summer 2019

Company Name	Stock Ticker Symbol	Traded On	Sector	Overall Rating	Recommendation	Reward Rating	Risk Rating	Recent Up/Downgrade	Stock Price as of 6/30/2019	52-Week High	52-Week Low	3-Year Beta	Growth	Efficiency	Solvency	Volatility	Dividend	Total Return
Fabrinet	FN	NYSE	Information Tech	C+	Hold	B+	D+	Down	49.91	62.31	35.48	1.11	E	E	E	W	–	F
Facebook, Inc.	FB	NAS GS	Communication Svc	C+	Hold	B+	C-		189.50	218.62	123.02	1.27	E	E	E	F	–	F
FactSet Research Systems Inc.	FDS	NYSE	Financials	B	Buy	A	B-		285.41	305.38	188.31	1.04	E	E	E	G	W	G
Fair Isaac Corporation	FICO	NYSE	Information Tech	B	Buy	A+	C-		302.10	320.40	170.26	1.20	E	E	G	F	–	E
Fairfax Africa Holdings Corporation	FAHU.TO	TSX	Financials	D-	Sell	D	D-		7.78	11.99	7.25		V	W	E	W	–	W
Fairfax Africa Holdings Corporation	FFXXF	OTC PK	Financials	D	Sell	D	D		8.14	11.90	7.26	1.03	V	W	E	W	–	W
Fairfax Financial Holdings Limited	FFH.TO	TSX	Financials	C	Hold	C	D+	Up	652.41	752.10	565.99	0.43	F	G	E	W	–	W
Fairfax Financial Holdings Limited	FRFHF	OTC PK	Financials	C-	Hold	C	D		498.01	572.87	416.27	0.74	F	G	E	W	–	W
Fairfax India Holdings Corporation	FFXDF	OTC PK	Financials	D+	Sell	C	D	Down	12.67	17.24	12.17	0.30	W	G	E	F	–	W
Fairmont Resources Inc.	FRSSF	OTC PK	Materials	D	Sell	D	D-	Up	0.00	0.25	0	3.76	W	W	F	W	–	V
FairWind Energy, Inc.	FWDR	OTC PK	Industrials	D-	Sell	D	D-	Down	1.05	1.05	1.05	-0.17	W		G	W	–	W
Falco Resources Ltd.	FPRGF	OTC PK	Materials	D	Sell	D	D-		0.20	0.45	0.1	0.95	W	W	G	W	–	V
Falco Resources Ltd.	FPC.V	TSXV	Materials	D	Sell	D	D-		0.26	0.58	0.21	0.98	W	W	G	W	–	V
Falcon Gold Corp.	FG.V	TSXV	Materials	D-	Sell	D-	D		0.03	0.06	0.02	0.30	W	V	F	W	–	W
Falcon Minerals Corporation	FLMN	NAS CM	Energy	D-	Sell	C+	D	Up	8.30	11.70	6.71		F	G	E	W	E	W
FalconStor Software, Inc.	FALC	OTC PK	Information Tech	D-	Sell	D-	D	Down	0.10	0.11	0.03	1.22	W		G	W	–	W
Famous Dave's of America, Inc.	DAVE	NAS GS	Consumer Discretn	D+	Sell	C-	D+		4.17	7.25	3.6	1.23	F	F	E	W	–	W
Fancamp Exploration Ltd.	FNC.V	TSXV	Materials	C-	Hold	C	D+		0.10	0.11	0.04	1.66	W	F	E	W	–	G
Fancamp Exploration Ltd.	FNCJF	OTC PK	Materials	C-	Hold	C	D+		0.07	0.08	0.03	1.49	W	F	E	W	–	F
Fang Holdings Limited	SFUN	NYSE	Communication Svc	D	Sell	D	D-		0.65	3.89	0.62	0.95	W	W	G	W	–	V
Fanhua Inc.	FANH	NAS GS	Financials	B	Buy	A-	C	Up	33.33	34.03	19.39	1.31	G	E	E	F	E	F
Fanlogic Interactive Inc.	FLGC.V	TSXV	Information Tech	D-	Sell	D	D-		0.01	0.10	0.01	5.14	W	W	F	W	–	V
Fanlogic Interactive Inc.	FNNGF	OTC PK	Information Tech	D-	Sell	D	E+		0.00	0.07	0		W	W	F	W	–	V
Far Point Acquisition Corporation	FPAC	NYSE	Financials	D-	Sell	C	D+	Up	10.10	10.33	9.55		F	G	E	E	–	W
Far Resources Ltd.	FRRSF	OTC PK	Materials	D-	Sell	E+	D		0.05	0.88	0.04	4.24	F	V	E	W	–	W
Farfetch Limited	FTCH	NYSE	Consumer Discretn	D	Sell	D	D		20.76	32.40	15.99		W	W	E	W	–	W
Farmer Bros. Co.	FARM	NAS GS	Consumer Staples	D	Sell	D+	D		15.92	31.50	15.58	0.30	W	F	G	W	–	W
Farmers & Merchants Bancorp	FMCB	OTC PK	Financials	C	Hold	A-	B+		790.00	950.00	665	0.02	E	E	E	G	–	F
Farmers & Merchants Bancorp, Inc.	FMAO	NAS CM	Financials	C+	Hold	B+	D+		28.44	48.60	26.68	0.25	E	G	E	W	F	F
Farmers and Merchants Bancshares, Inc.	FMFG	OTC PK	Financials	C	Hold	B	C+		30.40	34.00	29	0.30	E	E	E	F	–	F
Farmers National Banc Corp.	FMNB	NAS CM	Financials	B-	Buy	B+	C		14.23	16.90	11.56	1.05	E	E	E	F	G	F
Farmland Partners Inc.	FPI	NYSE	Real Estate	C-	Hold	C+	D	Up	7.03	9.10	4.45	1.24	W	G	E	W	G	W
Farmmi, Inc.	FAMI	NAS CM	Consumer Staples	D	Sell	C-	D-		1.85	8.66	1.66		G	E	E	W	–	V
FARO Technologies, Inc.	FARO	NAS GS	Information Tech	D+	Sell	C-	D		50.38	70.20	37.58	2.15	W	F	E	W	–	F
Farstarcap Investment Corp.	FRSP.V	TSXV	Financials	E	Sell	D-	D		0.12	0.20	0.07		V	V	E	W	–	W
Fastenal Company	FAST	NAS GS	Industrials	B	Buy	A-	C+		32.21	35.94	23.69	1.58	E	E	E	F	G	F
Fastly, Inc.	FSLY	NYSE	Information Tech	U	U	U	U		18.86	25.67	16.81		U	U	U	U	U	U
FAT Brands Inc.	FAT	NAS CM	Consumer Discretn	D	Sell	D	D-		4.30	9.48	3.86		W	F	F	W	–	V
Fate Therapeutics, Inc.	FATE	NAS	Health Care	D	Sell	D	D		20.44	20.84	8.64	2.18	W	V	E	F	–	E
Fauquier Bankshares, Inc.	FBSS	NAS CM	Financials	C	Hold	B+	C		20.82	26.90	17.21	0.57	E	E	E	F	F	F
FB Financial Corporation	FBK	NYSE	Financials	C+	Hold	B	C-		35.87	44.69	30.33	0.92	F	E	E	F	W	W
FBL Financial Group, Inc.	FFG	NYSE	Financials	C	Hold	B	D		62.79	85.70	59.61	0.65	F	E	E	W	G	W
FCCC, Inc.	FCIC	OTC PK	Financials	D	Sell	D-	D		0.15	0.50	0.12	2.59	V	V	E	W	–	W
Fearless Films, Inc.	FERL	OTC PK	Communication Svc	E-	Sell	C	D		0.53	3.28	0.5		W	G	F	W	–	W
Federal Agricultural Mortgage Corporation	AGM	NYSE	Financials	C	Hold	C	C-	Up	71.75	99.11	55.64	1.09	F	F	F	F	G	F
Federal Agricultural Mortgage Corporation	AGMA	NYSE	Financials	C	Hold	C	C-	Up	62.35	87.76	53.95	0.94	F	F	F	F	G	F
Federal Life Group, Inc.	FLFG	OTC PK	Financials	E	Sell	D+	D	Up	11.40	14.98	10.77		F	W	E	W	–	W
Federal National Mortgage Association	FNMA	OTC PK	Financials	C-	Hold	C	D		2.69	3.27	0.98	3.05	F	F	G	W	–	G
Federal Realty Investment Trust	FRT	NYSE	Real Estate	C	Hold	B	D+		128.52	139.29	115.09	0.60	G	E	E	W	G	F
Federal Signal Corporation	FSS	NYSE	Industrials	B	Buy	B+	C		26.82	29.00	18.59	1.73	G	E	E	F	W	G
Federated Investors, Inc.	FII	NYSE	Financials	C+	Hold	B	C-		32.41	33.77	22.06	0.39	F	E	E	F	G	F
FedEx Corporation	FDX	NYSE	Industrials	C	Hold	B-	D		163.31	259.25	150.68	1.76	G	E	E	W	F	W

*Ratings Factors: E=Excellent, G=Good, F=Fair, W=Weak, V=Very Weak, U=Unrated

Data as of June 30, 2019

Summer 2019 — I. Index of Stocks

3-Month Total Return (%)	6-Month Total Return (%)	1-Year Total Return (%)	3-Year Total Return (%)	Dividend $ TTM	Dividend Yield TTM	Market Cap. ($Mil)	Enterprise Value ($Mil)	Revenue ($Mil)	Revenue Growth (%)	Net Income ($Mil)	Earnings/Share $	EPS Growth (%)	Cash from Operations ($Mil)	Return on Assets (%)	Return on Equity (%)	Earnings (P/E) TTM	Sales (P/S) TTM	Book (P/B) Q
-4.57	-1.64	37.80	40.43			1,838	1,493	1,525	9.1	110.8	2.95	26.6	153.8	6.37	14.16	16.9	1.2	2.2
14.47	42.27	-3.43	68.15			540,926	502,893	58,949	32.2	19,554	6.73	11.3	30,722	14.35	23.83	28.1	9.2	6.3
16.83	43.85	46.10	93.24	2.64	0.9	10,914	11,138	1,392	6.8	312.6	8.04	28.2	377.5	17.58	51.6	35.5	7.9	18.1
13.38	64.04	57.37	182.79			8,758	9,503	1,080	11.0	156.2	5.11	25.5	241.7	10.31	50.54	59.1	8.5	35.5
-8.47	-3.11	-31.75				497.1	338.2	-81.0	-218.2	-122.9	-2.10	-268.6	-192.2	-8.01		-3.7	-6.0	0.8
-4.35	3.96	-29.22				497.1	338.2	-81.0	-218.2	-122.9	-2.10	-268.6	-192.2	-8.01		-3.9	-6.2	0.9
8.09	12.89	-9.86	5.31	10.00	1.5	13,967	22,625	18,464	6.2	460.9	14.24	-82.7	1,851	1.11	3.25	45.8	1.0	1.5
10.95	17.36	-8.95	4.68	10.00	2.0	13,967	22,625	18,464	6.2	460.9	14.24	-82.7	1,851	1.11	3.25	35.0	0.8	1.1
-9.51	3.20	-23.10	20.44			1,934	2,424	114.9	-74.7	15.0	0.09	-95.6	-45.8	1.8	0.7	135.2	16.8	0.9
600.00	600.00	-99.24	-99.92			0.00	-0.02	--		-0.75	-0.16	57.8	-0.04	-163.37		0.0		0.0
0.00	0.00	-65.57	-40.00			21.6	21.7	--		-42.8	-3.75	-12,737.3	-0.08	-6,314.66		-0.3		-223.4
-17.59	-6.07	-49.99	-73.65			41.2	46.5	--		-4.3	-0.02	22.4	1.9	-2.26		-8.8		0.6
-18.75	-11.86	-50.00	-72.63			41.2	46.5	--		-4.3	-0.02	22.4	1.9	-2.26		-11.6		0.8
-14.29	0.00	-33.33	-80.00			0.87	0.87	--		-0.36	-0.01	4.3	-0.29	-19.69		-2.7		1.6
-1.71	6.08			0.47	5.7	380.6	530.4	99.5	14.5	41.6	0.66		75.7	14.18	23.01	12.7	3.8	2.7
112.24	163.96	4.00	-91.03			61.2	75.3	17.3	-28.1	-1.5	-0.04	-25.1	-2.8	4.15		-2.8	3.5	-5.1
-27.23	-1.42	-37.76	-16.43			38.7	51.2	56.2	-7.0	3.9	0.43	150.6	5.0	7.44	22	9.7	0.7	1.7
5.56	111.11	11.76	111.11			11.1	1.4	-0.08	-198.0	1.5	0.01	163.2	-0.92	-3.32	7.77	9.7	-190.0	0.9
21.70	85.60	14.04	134.94			11.1	1.4	-0.08	-198.0	1.5	0.01	163.2	-0.92	-3.32	7.77	7.6	-148.5	0.7
-46.71	-49.08	-81.37	-86.31			290.2	743.8	217.7	-45.5	-30.1	-0.01	-123.0	--			-47.6	6.7	2.3
30.21	49.81	23.48	421.57	1.03	3.1	1,814	1,501	385.3	-29.5	66.8	22.28	-10.2	79.6			1.5	0.2	0.2
-71.43	-50.00	-87.50	-96.00			0.56	0.62	0.06	249.4	-4.7	-0.08	-63.4	-1.6	-98.34		-0.1	12.5	
-76.94	-63.16	-90.80				0.56	0.62	0.06	249.4	-4.7	-0.08	-63.4	-1.6	-98.34		-0.1	5.9	
1.61	4.66	3.70				798.5	797.1	--		8.1	0.10	103,000.0	-2.4	-0.33	323.86	98.2		159.8
-51.95	-2.81	-74.68				5.3	5.0	--		-2.9	-0.03	61.6	-1.5	-31.97		-1.7		1.2
-23.59	15.65					6,225	5,525	521.6	51.1	-136.9	-0.76	19.2	-38.4			-27.4	12.1	5.8
-20.48	-31.08	-48.56	-48.19			271.3	382.8	603.4	2.1	-59.5	-3.53	-203.3	8.0	0.6		-4.5	0.5	1.6
9.88	13.80	13.48	47.13	14.05	1.8	622.0	--	140.6	13.1	49.1	61.93	64.7	67.7		15.45	12.8	4.4	1.9
-8.10	-24.50	-33.13	113.03	0.59	2.1	313.2	--	53.6	12.1	14.4	1.49	1.3	20.9		8.19	19.1	5.8	1.4
1.63	1.29	-0.44		0.87	2.9	51.2	--	16.2	1.6	4.7	2.80	18.6	5.2		10.49	10.9	3.2	1.1
2.81	15.10	-8.90	70.74	0.34	2.4	395.8	--	102.8	6.9	33.2	1.19	34.3	35.2		12.93	12.0	3.9	1.5
6.57	56.30	-19.07	-28.27	0.28	4.0	217.5	1,008	55.9	11.1	11.8	-0.11	-7,692.9	18.8	1.6	2.23	-64.4	3.9	0.7
-57.86	-53.16	-77.98				23.0	21.2	29.8	11.8	3.2	0.28	-13.0	-2.7	10.71	21.62	6.5	0.7	1.2
15.74	25.73	-6.62	56.51			873.0	758.3	404.4	8.7	4.6	0.26	134.7	16.2	0.6	1.24	191.9	2.2	2.3
50.00						0.33	0.12	--		-0.10	-0.09	-141.2	-0.09	-27.67		-1.4		2.2
2.06	25.41	35.91	63.76	0.83	2.6	18,444	18,970	5,089	12.4	771.7	1.35	25.3	719.4	19.17	33.78	23.9	3.6	7.7
						1,710	1,919	45.6	40.2	-9.7	-0.19	1.1	-10.1			-98.1	20.9	-7.2
-16.16	-8.73	-38.25		0.47	11.0	50.8	85.1	19.0	233.7	-3.0	-0.25	-292.1	0.13	6.04		-16.9	2.6	9.8
19.46	69.35	83.15	1,081.50			1,332	1,192	6.3	54.6	-72.2	-1.23	-17.9	-43.6	-29.23		-16.6	209.2	9.1
3.40	14.99	1.94	51.57	0.48	2.3	78.8	--	29.3	7.8	6.2	1.63	87.2	7.5		10.41	12.8	2.7	1.3
13.26	4.11	-11.19		0.30	0.8	1,107	--	328.6	4.2	80.1	2.54	22.7	196.8		12.27	14.1	3.4	1.6
1.57	-2.15	-15.90	26.00	1.88	3.0	1,548	1,646	740.2	0.3	103.9	4.16	-43.5	232.3	0.74	8.22	15.1	2.1	1.2
9.30	9.10	-51.63	-9.31			0.50	0.38	--		-0.07	-0.02	-28.8	-0.07	-22.69		-7.4		3.8
6.00						167.8	167.9	--		-0.97	-0.02	-177.8	-0.15			-35.3		-757.1
-1.09	19.69	-17.17	138.55	2.56	3.6	757.9	--	185.6	8.3	107.4	8.76	25.6	100.7		14.24	8.2	4.2	1.4
-7.62	12.55	-20.45	85.41	2.56	4.1	757.9	--	185.6	8.3	107.4	8.76	25.6	100.7		14.24	7.1	3.6	1.2
-2.56	0.93					40.2	10.4	14.8	-32.7	-3.0	-0.85	-66.0	-7.1			-13.4	3.0	0.7
-8.81	149.07	86.94	34.50			15,437	--	25,208	-4.5	14,098	0.02	103.3	5,473		303.22	142.3	0.6	-0.1
-6.67	9.37	5.14	-13.16	4.08	3.2	9,627	13,296	918.0	5.0	240.8	3.15	-21.2	497.4	3.46	9.63	40.8	10.4	4.3
4.48	37.37	16.36	127.89	0.32	1.2	1,617	1,839	1,114	14.8	98.6	1.62	47.0	39.7	7.77	19.31	16.5	1.5	2.9
11.07	24.96	45.31	37.53	1.08	3.3	3,152	3,437	1,179	7.8	214.5	2.11	-29.2	174.9	14	22.69	15.3	2.7	3.5
-7.84	3.51	-26.99	13.79	2.60	1.6	42,554	57,816	69,200	8.4	3,636	13.56	-17.1	6,835	6.06	18.75	12.0	0.6	2.1

https://greyhouse.weissratings.com — Data as of June 30, 2019

I. Index of Stocks

Summer 2019

Company Name	Stock Ticker Symbol	Traded On	Sector	Overall Rating	Recommendation	Reward Rating	Risk Rating	Recent Up/Downgrade	Stock Price as of 6/30/2019	52-Week High	52-Week Low	3-Year Beta	Growth	Efficiency	Solvency	Volatility	Dividend	Total Return
FedNat Holding Company	FNHC	NAS	Financials	C-	Hold	C	D	Down	13.87	26.76	13.11	0.80	F	G	E	W	F	W
Fengro Industries Corp.	FGR.V	TSXV	Materials	E+	Sell	E+	E+		0.02	0.14	0.02	0.23	F	V	V	V	–	V
Fengro Industries Corp.	ELGSF	OTC PK	Materials	E+	Sell	E+	E+		0.02	0.08	0.01	2.28	F	V	V	V	–	V
Fennec Pharmaceuticals Inc.	FENC	NAS CM	Health Care	D-	Sell	E+	D		3.83	11.00	3.26	0.23	V	V	E	W	–	F
Fennec Pharmaceuticals Inc.	FRX.TO	TSX	Health Care	D-	Sell	E+	D		5.10	14.16	4.35	0.10	V	V	E	W	–	F
Ferrari N.V.	RACE	NYSE	Consumer Discretn	B	Buy	A	C		160.86	163.64	93.85	1.19	E	E	E	F	–	G
Ferrellgas Partners, L.P.	FGP	NYSE	Utilities	D-	Sell	D-	D-		0.96	3.61	0.53	3.98	W	W	G	W	–	V
Ferro Corporation	FOE	NYSE	Materials	C	Hold	B-	D		15.35	23.88	13.52	1.88	E	G	E	W	–	W
Ferroglobe PLC	GSM	NAS GS	Materials	D	Sell	D	D-		1.64	8.79	1.44	2.74	W	W	G	W	–	V
FFBW, Inc.	FFBW	NAS CM	Financials	D+	Sell	C	D	Up	9.36	11.79	9.36		F	F	E	W	–	W
FFD Financial Corporation	FFDF	OTC PK	Financials	C	Hold	A	A+		52.70	53.99	46.15	0.06	E	G	E	E	E	F
FFI Holdings PLC	FFHHF	OTC PK	Communication Svc	E+	Sell	E	D-		0.24	0.49	0.17		F	V	G	W	–	V
FFW Corporation	FFWC	OTC PK	Financials	C	Hold	B+	C+		42.50	46.00	36.1	0.75	E	G	E	F	F	F
FGL Holdings	FG	NYSE	Financials	C	Hold	C+	D	Up	8.23	9.63	5.93	0.87	G	G	E	W	W	W
Fiat Chrysler Automobiles N.V.	FCAU	NYSE	Consumer Discretn	C+	Hold	B	D+		13.91	20.44	12.58	1.85	F	E	G	W	–	F
Fibra Danhos	GRFFF	OTC PK	Real Estate	C	Hold	B	D+	Up	1.49	1.49	1.16		F	E	E	E	E	W
FIBRA Macquarie México	DBMBF	OTC PK	Real Estate	C	Hold	B-	D+		1.13	1.26	0.83	0.72	W	G	E	W	E	F
FIBRA Prologis	FBBPF	OTC PK	Real Estate	C	Hold	A	C	Down	2.07	2.24	1.45	0.94	G	E	E	F	E	F
Fibra Terrafina	CBAOF	OTC PK	Real Estate	C+	Hold	B	D+	Up	1.57	1.75	1.1	0.46	G	E	E	W	E	W
Fibra UNO	FBASF	OTC PK	Real Estate	C	Hold	B-	D	Up	1.36	1.58	0.99	0.99	E	E	E	W	E	W
FibraHotel	DBMXF	OTC PK	Real Estate	D+	Sell	C	D-	Down	0.45	0.63	0.45	-0.06	F	E	E	W	E	V
Fibre-Crown Manufacturing Inc.	FBRH.V	TSXV	Industrials	D+	Sell	C-	D+	Up	0.09	0.10	0.09	0.02	W	F	G	W	–	F
Fibrocell Science, Inc.	FCSC	NAS CM	Health Care	D-	Sell	E+	D-	Up	1.87	3.28	1.45	1.67	W	V	G	W	–	V
FibroGen, Inc.	FGEN	NAS GS	Health Care	D	Sell	D+	D	Down	44.55	68.55	33.51	2.17	F	W	E	W	–	F
Fideicomiso Irrevocable F/2061 Fhipo	BNZIF	OTC PK	Financials	C-	Hold	B-	D-	Up	0.82	0.84	0.66	0.03	F	E	E	E	E	W
Fidelity D & D Bancorp, Inc.	FDBC	NAS	Financials	C	Hold	A-	C+		65.00	75.00	53.01	0.27	E	E	E	F	F	F
Fidelity Minerals Corp.	FMN.V	TSXV	Materials	D-	Sell	E+	D-		0.05	0.10	0.03	2.73	W	V	F	W	–	W
Fidelity Minerals Corp.	SAIDF	OTC PK	Materials	E+	Sell	E+	D-	Down	0.04	0.06	0.03	3.72	W	V	F	W	–	W
Fidelity National Financial, Inc.	FNF	NYSE	Financials	B-	Buy	B+	C-	Up	39.84	41.41	29.5	0.88	G	E	E	F	G	F
Fidelity National Information Services, Inc.	FIS	NYSE	Information Tech	C+	Hold	B	C	Down	121.34	125.26	94.53	0.58	F	E	G	E	W	G
Fidelity Southern Corporation	LION	NAS GS	Financials	B	Buy	B	B		31.15	33.32	21.18	0.71	F	G	E	G	F	F
Fidus Investment Corporation	FDUS	NAS GS	Financials	B-	Buy	A-	C	Up	15.91	16.50	11.48	1.19	F	E	E	F	E	F
FieldPoint Petroleum Corporation	FPPP	OTC PK	Energy	E+	Sell	E+	D-	Down	0.06	0.24	0.05	1.68	V	V	F	W	–	V
Fiera Capital Corporation	FRRPF	OTC PK	Financials	C-	Hold	C+	D	Down	8.73	9.89	7.93	0.41	W	G	E	E	E	W
Fiera Capital Corporation	FSZ.TO	TSX	Financials	C-	Hold	C+	D		11.30	13.35	10.54	0.39	W	G	E	W	G	W
Fiesta Restaurant Group, Inc.	FRGI	NAS GS	Consumer Discretn	D	Sell	D+	D		12.86	30.88	12.27	-0.17	F	F	G	W	–	W
Fifth Third Bancorp	FITB	NAS GS	Financials	B-	Buy	B+	C	Up	27.29	30.31	22.12	1.28	E	E	E	F	G	F
Filo Mining Corp.	FLMMF	OTC PK	Materials	E	Sell	E+	C-		2.12	2.12	1.55		V	V	G	E	–	W
Filo Mining Corp.	FIL.V	TSXV	Materials	D	Sell	E+	C-		2.87	3.01	2	0.33	V	V	G	F	–	G
Financial 15 Split Corp.	FNNCF	OTC PK	Financials	D+	Sell	C	D		5.47	7.92	2.5	2.32	V	E	E	W	E	W
Financial Gravity Companies, Inc.	FGCO	OTC PK	Financials	D-	Sell	E+	D-		0.19	0.54	0.05	-1.82	F	V	F	W	–	F
Financial Institutions, Inc.	FISI	NAS GS	Financials	C	Hold	B-	D+		28.61	33.70	24.49	1.00	E	E	E	W	G	W
FinCanna Capital Corp.	FNNZF	OTC PK	Financials	D-	Sell	D	E+		0.10	0.30	0.06		F	W	E	V	–	V
Fincera Inc.	YUANF	OTC PK	Financials	C	Hold	C+	D+	Up	15.50	18.00	7.5	0.16	G	F	F	W	–	F
Findev Inc.	FDI.V	TSXV	Financials	D+	Sell	C	D	Down	0.48	0.62	0.43	-0.04	W	E	E	W	G	W
Findev Inc.	TNSGF	OTC PK	Financials	C-	Hold	C	D		0.35	0.42	0.33	0.20	W	E	E	W	E	W
Findex.com, Inc.	FIND	OTC PK	Materials	D+	Sell	C-	D	Up	0.01	0.01	0	9.49	G	E	F	W	–	V
FingerMotion, Inc.	FNGR	OTC PK	Communication Svc	D	Sell	C-	D-	Up	5.04	8.50	1.98		F		G	W	–	F
Finisar Corporation	FNSR	NAS GS	Information Tech	D+	Sell	C-	D		22.64	24.77	15.81	1.16	W	F	E	W	–	F
Finjan Holdings, Inc.	FNJN	NAS CM	Information Tech	D+	Sell	C-	D	Down	2.20	5.54	2.11	0.16	W	F	E	W	–	F
Finlay Minerals Ltd.	FYMNF	OTC PK	Materials	D	Sell	D	D-		0.02	0.03	0.02		W	W	E	W	–	V
Finlay Minerals Ltd.	FYL.V	TSXV	Materials	D	Sell	D	D		0.04	0.05	0.02	1.97	W	W	E	W	–	W

*Ratings Factors: E=Excellent, G=Good, F=Fair, W=Weak, V=Very Weak, U=Unrated

Data as of June 30, 2019

Summer 2019 — I. Index of Stocks

3-Month Total Return (%)	6-Month Total Return (%)	1-Year Total Return (%)	3-Year Total Return (%)	Dividend $ TTM	Dividend Yield TTM	Market Cap. ($Mil)	Enterprise Value ($Mil)	Revenue ($Mil)	Revenue Growth (%)	Net Income ($Mil)	Earnings/Share $	EPS Growth (%)	Cash from Operations ($Mil)	Return on Assets (%)	Return on Equity (%)	Earnings (P/E) TTM	Sales (P/S) TTM	Book (P/B) Q
-13.54	-29.22	-39.14	-21.69	0.32	2.3	178.0	184.0	404.2	3.2	3.6	0.28	-71.8	11.1	0.93	1.69	49.6	0.4	0.8
-20.00	-60.00	-85.71	-93.33			0.76	1.7	0.95	-65.4	-2.3	-0.05	52.8	-1.5	-30.08		-0.4	1.1	22.2
-28.89	-43.46	-85.32	-94.67			0.76	1.7	0.95	-65.4	-2.3	-0.05	52.8	-1.5	-30.08		-0.3	0.9	17.8
-21.36	-38.23	-62.67	76.50			76.2	56.0	--		-10.9	-0.57	-11.1	-8.6	-29.74		-6.8		4.0
-22.14	-40.00	-62.58	82.14			76.2	56.0	--		-10.9	-0.57	-11.1	-8.6	-29.74		-9.0		5.3
21.91	64.84	20.11	310.59	1.03	0.6	30,112	31,228	4,088	2.0	944.0	4.99	44.3	1,277	10.79	68.48	32.2	7.4	18.3
-27.65	56.56	-69.80	-93.43	0.40	41.9	92.8	2,117	1,753	-18.8	-206.6	-2.13	-120.7	66.6	4.97		-0.5	0.1	-0.1
-18.48	-2.23	-26.13	19.08			1,258	2,117	1,594	7.6	70.3	0.83	20.6	149.6	5.01	18.57	18.5	0.8	3.4
-20.39	-1.20	-80.70	-79.51	0.12	7.3	277.4	720.3	2,170	13.8	-19.8	-0.13	-155.6	102.9	1.13		-12.2	0.1	0.3
-13.33	-6.40	-14.89				59.7	--	8.8	13.4	1.2	0.18	547.9	3.0		1.98	50.8	6.9	1.0
1.43	6.72	14.79	79.22	1.84	3.5	52.3	--	14.0	11.1	4.9	4.91	16.6	--		15.29	10.7	3.7	1.6
-9.57	-26.29	-76.51				39.0	24.1	45.6	27.9	3.5	0.00	81.6	4.2	2.05	5.64	-80.6	0.8	0.6
-1.16	9.54	-0.38	78.24	0.84	2.0	48.9	--	16.7	7.3	4.8	4.12	21.7	--		12.36	10.3	3.0	1.2
4.70	23.49	0.60		0.02	0.2	1,789	999.6	1,173	-32.7	132.0	0.47	156.9	1,027	0.31	7.72	17.4	1.5	1.0
9.01	11.88	-13.50	166.22	0.65	4.7	21,785	25,104	125,306	2.5	3,670	2.33	-19.8	8,640	2.95	11.84	6.0	0.2	0.8
0.00	28.38	0.55				1,867	2,167	204.0	-12.6	171.6	0.11	-42.1	133.1			13.2	11.1	0.7
5.24	24.35	13.32	-7.38			854.3	1,636	139.9	-28.7	83.7	0.11	-36.3	122.4	4.07	10.1	10.7	6.2	0.6
8.30	39.00	19.84	47.04	0.06	3.0	1,329	2,067	195.3	3.7	156.6	0.24	27.2	143.4	3.69	10.18	8.5	6.9	0.9
3.07	40.49	16.80	-1.02			1,239	2,196	213.9	13.4	83.4	0.11	67.7	168.1	3.91	5.79	14.9	5.8	0.9
-1.66	19.93	1.49	-33.01			5,162	9,604	892.5	11.4	856.4	0.22	23.8	800.6	3.07	10.33	6.2	5.9	0.7
-10.00	-28.31	-13.46	-66.02			332.8	501.7	214.2	7.6	27.6	0.03	-20.6	65.5	2.2	3.94	13.3	1.8	0.5
0.00	-5.26	-40.00	80.00			0.49	0.18	--		0.01	0.00	-14.3	0.01	-2.21	1.92	50.0		1.0
-6.03	24.67	-33.92	-89.52			18.2	12.2	--		-11.0	-1.42	70.2	-11.0	-51.37		-1.3		3.0
-17.83	-0.62	-27.91	180.37			3,841	3,372	204.9	53.5	-90.4	-1.08	36.0	-21.7	-7.06		-41.1	18.6	7.8
0.00	7.42	-9.66	-40.21			288.1	--	74.3	4.7	49.2	0.18	6.4	109.8		8.6	4.5	3.5	
8.17	2.68	3.73	223.49	1.02	1.6	245.8	--	39.1	10.0	11.3	2.96	20.4	18.4		12.18	21.9	6.4	2.5
-18.18	-10.00	-25.00	-40.00			4.1	4.7	--		-1.6	-0.04	23.0	-0.74	-40.9		-1.2		28.1
-2.44	42.86	-4.76	-53.54			4.1	4.7	--		-1.6	-0.04	23.0	-0.74	-40.9		-1.1		25.0
8.96	30.21	10.55	68.48	1.22	3.1	10,950	11,722	7,630	-1.1	737.0	2.65	7.1	921.0	6.28	14.96	15.0	1.5	2.3
9.46	21.10	16.18	77.46	1.34	1.1	39,269	48,360	8,414	-2.0	812.0	2.46	-36.9	1,933	4.3	8.19	49.3	4.7	4.0
12.77	22.87	24.28	125.86	0.60	1.9	861.5	--	273.2	2.6	38.2	1.39	-8.4	207.2			22.4	3.2	1.9
5.32	39.92	25.47	43.91	1.56	9.8	389.2	645.3	78.5	11.2	45.8	1.87	-8.8	9.4	4.64	11.41	8.5	5.0	1.0
-11.76	-7.69	-70.00	-90.77			0.64	3.0	2.1	-20.3	-3.3	-0.32	-221.2	-0.16	-36.2		-0.2	0.3	-0.4
-3.72	14.00	1.20	6.34	0.62	7.1	854.4	1,321	431.4	15.7	-7.1	-0.08	-342.7	85.0	3.2		-112.0	2.0	1.9
-6.67	5.63	2.29	9.94	0.82	7.3	854.4	1,321	431.4	15.7	-7.1	-0.08	-342.7	85.0	3.2		-145.1	2.6	2.4
-2.43	-15.62	-55.73	-40.63			347.7	715.0	685.0	3.3	5.9	0.21	133.0	52.7	2.92	2.4	60.9	0.5	1.4
7.44	17.81	-2.68	75.80	0.86	3.2	19,844	--	7,013	-4.4	2,264	3.20	-6.1	3,125		12.56	8.5	2.6	1.1
19.34						160.4	167.5	--		-20.2	-0.28	1.4	-19.5	-88.14		-7.5		-38.4
20.08	30.45	31.65				160.4	167.5	--		-20.2	-0.28	1.4	-19.5	-88.14		-10.2		-52.0
-5.12	49.76	-16.07		1.04	19.1	236.9	49.6	-13.3	-126.5	-36.4	-0.96	-176.2	-61.4	-2.51		-5.7	-16.6	1.2
-52.26	95.88	216.67				6.8	7.9	3.8	0.2	-1.1	-0.03	31.7	-0.20	-29.97		-6.3	1.8	55.9
7.25	14.30	-10.32	24.79	0.98	3.4	453.7	--	154.5	13.3	41.8	2.53	17.2	63.4		10.59	11.3	3.0	1.2
-9.82	34.26	-52.18				10.5	--	1.3	303.4	0.08	0.00	99.5	-1.1		0.71	-84.9	7.5	0.7
-7.19	1.79	-24.87	31.63	0.30	1.9	758.2	1,121	120.3	-13.2	22.2	0.44	1,807.0	--			35.3	6.3	14.3
-0.52	5.52	-6.69	-21.95	0.03	6.3	10.5	10.2	--		1.2	0.04	-11.3	0.33	-0.9	9.66	12.0		1.1
2.51	-4.57	-10.75	6.83	0.02	6.5	10.5	10.2	--		1.2	0.04	-11.3	0.33	-0.9	9.66	8.8		0.8
133.60	484.00	16.80	192.00			8.4	11.0	0.33	-17.6	-1.0	0.00	20.8	-0.06	-168.63		-6.2	29.2	-2.0
-26.74	85.81	44.83				127.9	127.0	1.5	224.8	-2.9	-0.10	20.6	-0.72	-65.73		-50.8	157.0	212.7
-2.87	5.55	27.77	31.63			2,713	2,311	1,280	-2.7	-53.2	-0.46	-5.9	172.2	-0.36		-49.8	2.1	1.7
-25.93	-11.65	-33.93	17.02			60.7	23.0	17.3	-80.9	-14.5	-0.55	-157.9	-37.0	-0.48		-4.0	3.5	1.2
-9.09	-48.59	-48.59				2.3	2.1	--		-0.12	0.00	41.4	-0.06	-0.74		-11.8		0.3
33.33	60.00	-20.00	0.00			2.3	2.1	--		-0.12	0.00	41.4	-0.06	-0.74		-23.5		0.6

https://greyhouse.weissratings.com — Data as of June 30, 2019

I. Index of Stocks — Summer 2019

Company Name	Stock Ticker Symbol	Traded On	Sector	Overall Rating	Recommendation	Reward Rating	Risk Rating	Recent Up/Downgrade	Stock Price as of 6/30/2019	52-Week High	52-Week Low	3-Year Beta	Growth	Efficiency	Solvency	Volatility	Dividend	Total Return
Finning International Inc.	FTT.TO	TSX	Industrials	C-	Hold	B-	D	Down	23.50	35.00	21.36	0.97	F	E	G	W	G	W
Finning International Inc.	FINGF	OTC PK	Industrials	C	Hold	B-	D		17.85	26.24	15.92	1.32	F	E	G	W	G	W
FinTech Acquisition Corp. III	FTAC	NAS CM	Financials	E	Sell	C	D		9.95	10.76	9.63		F	G	E	G	–	W
FinTech Acquisition Corp. III	FTACW	NAS CM	Financials	E	Sell	C	C-		1.35	2.05	0.26		F	G	E	F	–	W
Fintech Select Ltd.	SLXXF	OTC PK	Information Tech	D	Sell	D	D-		0.02	0.13	0.02	0.60	W	F	F	W	–	V
Fintech Select Ltd.	FTEC.V	TSXV	Information Tech	D	Sell	D+	D		0.04	0.11	0.03	3.95	W	F	F	W	–	V
Fiore Gold Ltd.	F.V	TSXV	Materials	D	Sell	D	D-		0.44	0.49	0.21		F	W	E	W	–	V
Fiore Gold Ltd.	FIOGF	OTC PK	Materials	D	Sell	D	D-		0.34	0.39	0.16		F	W	E	W	–	V
Firan Technology Group Corporation	FTG.TO	TSX	Information Tech	C	Hold	B	D+		3.19	3.51	1.93	0.89	F	G	E	W	–	F
Firan Technology Group Corporation	FTGFF	OTC PK	Information Tech	C	Hold	B	D+		2.52	2.55	1.54	0.75	F	G	E	W	–	F
Fire & Flower Holdings Corp.	FFLWF	OTC PK	Consumer Discretn	E-	Sell	D-	D		0.83	1.50	0.69		W	V	F	W	–	W
Fire & Flower Holdings Corp.	FAF.V	TSXV	Consumer Discretn	E-	Sell	D-	D		1.11	1.88	0.91		W	V	F	W	–	W
Fire River Gold Corp.	FVGCF	OTC PK	Materials	C-	Hold	C	D		0.02	2.41	0	68.22	W	E	E	W	–	F
Firebird Resources Inc.	FIX.V	TSXV	Materials	D+	Sell	C	D		0.02	0.05	0.02	1.85	V	G	E	W	–	W
Firebird Resources Inc.	FIRZF	OTC PK	Materials	D+	Sell	C	D		0.01	0.03	0.01	-1.03	V	G	E	W	–	W
FireEye, Inc.	FEYE	NAS GS	Information Tech	D	Sell	D+	D	Down	14.78	20.61	13.85	0.63	F	W	G	W	–	W
FireFox Gold Corp.	FFOX.V	TSXV	Materials	E	Sell	D-	D-	Up	0.14	0.39	0.09		W	W	G	W	–	V
Firestone Ventures Inc.	FV.V	TSXV	Materials	C-	Hold	C+	D-		0.04	0.10	0.04	-0.55	W	G	F	W	–	F
Firestone Ventures Inc.	FSVEF	OTC PK	Materials	C-	Hold	C+	D	Up	0.04	0.06	0.04	0.15	W	G	F	W	–	F
Fireswirl Technologies Inc.	FSW.V	TSXV	Consumer Discretn	D	Sell	C-	D-		0.22	1.50	0.18	1.92	W	G	F	W	–	V
Fireweed Zinc Ltd.	FWEDF	OTC PK	Materials	D	Sell	D	D		0.45	1.13	0.41		W	W	E	W	–	W
Fireweed Zinc Ltd.	FWZ.V	TSXV	Materials	D	Sell	D	D		0.57	1.47	0.55	0.91	W	W	E	W	–	W
Firm Capital American Realty Partners Corp.	FCAU.V	TSXV	Real Estate	D+	Sell	B-	C-	Up	10.00	10.00	7.05		G	G	G	F	F	W
Firm Capital American Realty Partners Corp.	DELAF	OTC PK	Real Estate	C	Hold	A	C+		7.00	7.07	6.3	0.58	G	G	G	F	G	F
Firm Capital Mortgage Investment Corporation	FCMGF	OTC PK	Financials	C	Hold	B	C		10.36	10.36	9.76	0.22	F	E	E	F	E	W
Firm Capital Mortgage Investment Corporation	FC.TO	TSX	Financials	B	Buy	B	C+	Up	13.79	13.97	12.59	0.15	F	E	E	F	G	F
Firm Capital Property Trust	FCDUN.V	TSXV	Real Estate	C	Hold	B-	C		6.13	6.75	5.27	0.19	W	E	E	F	G	F
Firm Capital Property Trust	FRMUF	OTC PK	Real Estate	E	Sell	C	C-		4.78	5.09	4.71		W	E	E	F	E	W
First Advantage Bancorp	FABK	OTC PK	Financials	C	Hold	B	B		24.95	26.25	22.3	0.43	G	G	E	G	–	F
First America Resources Corporation	FSTJ	OTC PK	Industrials	D	Sell	D	D-		0.15	0.25	0.05	1.53	F		F	W	–	W
First American Financial Corporation	FAF	NYSE	Financials	B	Buy	A-	C	Up	53.62	58.29	41.96	1.22	E	E	E	F	G	F
First Bancorp	FBNC	NAS GS	Financials	B-	Buy	B+	C	Down	36.10	43.14	30.5	1.40	E	G	E	F	W	F
First Bancorp of Indiana, Inc.	FBPI	OTC PK	Financials	C	Hold	C+	C-	Up	20.35	22.50	18.45	0.11	F	G	E	G	G	F
First BanCorp.	FBP	NYSE	Financials	B	Buy	A-	C+		10.85	11.94	7.59	1.20	E	E	E	F	W	F
First Bank	FRBA	NAS	Financials	C	Hold	B	C-		11.45	15.00	10.73	0.38	E	E	E	F	W	W
First Bauxite Corporation	FBX.V	TSXV	Materials	D	Sell	E+	D	Up	0.04	0.05	0.02	-0.31	W	V	F	W	–	F
First Busey Corporation	BUSE	NAS GS	Financials	C	Hold	B	D+		26.10	33.25	23.13	1.09	E	E	E	W	G	W
First Business Financial Services, Inc.	FBIZ	NAS GS	Financials	C	Hold	B-	C-		23.50	26.50	18.76	0.94	E	E	E	F	G	F
First Capital Realty Inc.	FCRGF	OTC PK	Real Estate	C	Hold	B+	C+		16.56	16.62	14.44	0.42	G	E	G	F	G	F
First Capital Realty Inc.	FCR.TO	TSX	Real Estate	B-	Buy	B	C+		21.60	22.49	18.28	0.46	G	E	G	F	G	F
First Capital, Inc.	FCAP	NAS CM	Financials	C	Hold	B+	B		48.99	54.36	33.72	-0.45	E	G	E	G	F	F
First Choice Bancorp	FCBP	NAS CM	Financials	D	Sell	C+	D		22.57	31.00	18.57	0.31	E	G	E	W	G	W
First Choice Healthcare Solutions, Inc.	FCHS	OTC PK	Health Care	D	Sell	D	D-		0.26	1.34	0.16	1.21	W	E	E	W	–	W
First Citizens Bancshares, Inc.	FCNCB	OTC PK	Financials	C	Hold	B+	B-		377.00	439.00	319	1.34	E	G	E	W	G	F
First Citizens Bancshares, Inc.	FCNCA	NAS GS	Financials	B	Buy	A-	B-	Up	436.91	488.44	355.18	1.14	E	G	E	W	G	F
First Citrus Bancorporation, Inc.	FCIT	OTC PK	Financials	D	Sell	B	B-		25.85	28.10	20.75	1.10	G	G	E	G	–	F
First Cobalt Corp.	FTSSF	OTC PK	Materials	D-	Sell	D-	D-		0.12	0.39	0.1	2.45	W	W	E	W	–	V
First Cobalt Corp.	FCC.V	TSXV	Materials	D	Sell	D	D		0.16	0.50	0.14	0.75	W	W	E	W	–	W
First Colombia Development Corp.	FCOL	OTC PK	Health Care	D-	Sell	D-	D	Down	0.66	1.00	0.15	15.88	W	V	E	W	–	V
First Commonwealth Financial Corporation	FCF	NYSE	Financials	C+	Hold	B+	C-		13.12	17.91	11.33	1.41	E	E	E	F	G	F
First Community Bankshares, Inc.	FCBC	NAS GS	Financials	B+	Buy	A-	B		32.96	36.48	27.06	0.65	E	G	E	G	G	F
First Community Corporation	FCCO	NAS CM	Financials	C	Hold	B	D	Down	17.60	26.25	17.08	0.87	G	G	E	W	F	W

*Ratings Factors: E=Excellent, G=Good, F=Fair, W=Weak, V=Very Weak, U=Unrated

Summer 2019 — I. Index of Stocks

3-Month Total Return (%)	6-Month Total Return (%)	1-Year Total Return (%)	3-Year Total Return (%)	Dividend $ TTM	Dividend Yield TTM	Market Cap. ($Mil)	Enterprise Value ($Mil)	Revenue ($Mil)	Revenue Growth (%)	Net Income ($Mil)	Earnings/Share $	EPS Growth (%)	Cash from Operations ($Mil)	Return on Assets (%)	Return on Equity (%)	Earnings (P/E) TTM	Sales (P/S) TTM	Book (P/B) Q
1.96	3.93	-25.28	22.05	0.81	3.4	2,924	4,416	5,440	6.9	144.6	0.86	-22.0	136.9	4.48	9.25	27.2	0.7	2.5
5.50	7.74	-25.12	20.37	0.60	3.4	2,924	4,416	5,440	6.9	144.6	0.86	-22.0	136.9	4.48	9.25	20.7	0.5	1.9
2.16						440.7	438.8	--		1.7	0.03	29,600.0	-0.75			337.3		88.1
51.10						440.7	438.8	--		1.7	0.03	29,600.0	-0.75			45.8		12.0
-37.15	-12.37	-65.04	-81.15			2.2	2.6	2.4	-9.8	-0.11	0.00	-109.4	-0.20	-24.96		-12.3	0.7	-0.7
0.00	14.29	-55.56	166.67			2.2	2.6	2.4	-9.8	-0.11	0.00	-109.4	-0.20	-24.96		-20.0	1.1	-1.2
41.94	31.34	-6.38				32.7	24.5	50.6	71.4	-2.2	-0.02	91.5	8.1	-3.72		-18.5	0.9	1.1
50.21	45.68	-6.14				32.7	24.5	50.6	71.4	-2.2	-0.02	91.5	8.1	-3.72		-14.2	0.7	0.8
2.57	56.37	49.77	34.03			55.2	61.1	82.1	11.0	3.4	0.14	2,251.7	7.8	7.89	10.46	23.4	1.0	2.4
9.64	61.14	58.49	52.14			55.2	61.1	82.1	11.0	3.4	0.14	2,251.7	7.8	7.89	10.46	18.5	0.8	1.9
-11.40						99.2	120.0	9.8		-23.7	-0.32	-391.2	-2.9			-2.6	6.6	3.1
-13.28						99.2	120.0	9.8		-23.7	-0.32	-391.2	-2.9			-3.5	8.8	4.2
-66.67	900.00	172.73	900.00			0.05	0.08	--		-0.18	-0.06	-19.7	-0.01			-0.3		-0.1
-25.00	-40.00	-50.00	-50.00			0.93	1.2	--		-0.09	0.00	-140.0	0.23	-44.49		-12.5		-0.9
-8.71	-32.21	-77.42	-69.27			0.93	1.2	--		-0.09	0.00	-140.0	0.23	-44.49		-7.7		-0.5
-10.64	-8.14	-4.65	-2.38			3,106	3,040	842.4	6.1	-246.7	-1.27	17.5	32.6	-4.42		-11.6	3.5	4.8
-43.75	-53.45					3.0	3.0	--		-1.6	-0.07	-40.2	-1.8	-161.38		-2.1		5.9
-33.33	-27.27	-50.00	0.00			1.6	1.8	--		-0.17	0.00	88.8	-0.12	-445.68		-12.5		-9.5
4.11	-24.60	-54.11	55.74			1.6	1.8	--		-0.17	0.00	88.8	-0.12	-445.68		-11.9		-9.1
10.00	-70.67	-82.40	-92.67			0.45	0.37	0.03	-91.4	-0.51	-0.48	74.2	-0.10	-99.44		-0.5	8.7	-0.3
-28.55	-21.26	-56.86				16.4	12.1	--		-1.5	-0.05	19.2	-1.1	-4.52		-9.3		0.9
-32.94	-28.75	-58.39				16.4	12.1	--		-1.5	-0.05	19.2	-1.1	-4.52		-11.7		1.2
41.44	26.74	47.06		0.23	2.3	52.8	69.6	8.2	65.0	7.2	0.86	485.4	1.1	3.3	10.76	11.6	11.3	1.1
10.53	8.92	14.13	61.10	0.23	3.3	52.8	69.6	8.2	65.0	7.2	0.86	485.4	1.1	3.3	10.76	8.1	7.9	0.8
6.33	10.72	10.47	24.60	0.65	6.3	295.7	--	23.3	3.8	19.8	0.73	-0.4	30.7		8.74	14.1	17.0	1.3
4.50	8.38	12.31	25.60	0.99	7.2	295.7	--	23.3	3.8	19.8	0.73	-0.4	30.7		8.74	18.8	22.6	1.7
-5.49	7.94	3.48	24.02	0.47	7.7	122.6	224.7	17.6	12.9	9.1	0.51	-54.7	9.0	2.94	9.74	11.9	6.6	1.2
-0.60				0.09	1.9	122.6	224.7	17.6	12.9	9.1	0.51	-54.7	9.0	2.94	9.74	9.3	5.1	0.9
-1.57	9.80	-0.09	71.72	0.56	2.2	93.9	--	21.1	-20.0	5.4	1.30	15.2	7.3			19.2	5.0	1.2
0.00	150.00	50.00	-50.00			1.2	1.4	--		-0.02	0.00	26.7	-0.02	-325.76		-68.2		-7.5
3.90	21.25	8.00	51.82	1.68	3.1	6,011	5,869	5,754	0.0	507.8	4.49	15.0	784.5	4.33	13.86	11.9	1.1	1.6
3.91	11.23	-11.16	113.21	0.44	1.2	1,074	--	270.2	12.8	90.9	3.06	41.9	58.0		12.17	11.8	4.0	1.4
0.01	7.26	3.35	36.28	0.62	3.1	35.6	--	14.8	13.2	1.1	-0.13	-119.1	--		2.98	-153.2	2.4	1.0
-4.03	28.37	40.53	185.83	0.09	0.8	2,350	--	549.4	11.3	211.8	0.96	187.8	275.9		10.65	11.3	4.3	1.1
1.60	-4.23	-16.79	72.92	0.12	1.1	214.8	--	57.1	32.3	17.8	0.96	67.2	36.5		9.74	11.9	3.8	1.1
0.00	0.00	0.00	-22.22			14.6	64.5	0.00	-77.7	-14.3	-0.12	-257.9	-7.1	-70.32		-0.3		-0.1
7.27	8.50	-15.84	38.28	0.82	3.1	1,452	--	338.0	11.8	102.5	2.05	33.4	145.5		9.63	12.8	4.1	1.2
16.52	22.31	-7.41	9.98	0.58	2.5	205.7	--	80.0	17.1	18.6	2.11	51.7	27.8		10.41	11.2	2.5	1.1
7.49	17.06	10.09	11.81	0.65	3.9	3,605	6,923	607.7	0.9	259.5	1.02	-33.0	218.2	2.89	7.2	16.2	7.0	1.1
0.70	16.13	8.25	10.25	0.86	4.0	3,605	6,923	607.7	0.9	259.5	1.02	-33.0	218.2	2.89	7.2	21.1	9.1	1.5
-6.29	20.61	23.58	70.11	0.93	1.9	164.8	--	32.8	4.6	9.3	2.77	15.4	14.9		11	17.7	5.0	1.9
4.97	2.84	-20.79	68.64	0.80	3.5	263.9	--	68.8	71.9	19.8	1.87	77.4	14.2		11.14	12.1	3.9	1.1
-35.00	-11.86	-80.00	-74.00			8.5	3.2	37.1	18.5	-3.1	-0.13	-101.6	-1.5	-6.81		-2.0	0.2	0.7
5.13	14.48	3.15	71.87	1.55	0.4	4,911	--	1,593	9.6	411.4	34.85	17.5	447.5		11.93	10.8	2.7	1.2
7.04	17.17	8.47	86.74	1.55	0.4	4,911	--	1,593	9.6	411.4	34.85	17.5	447.5		11.93	12.5	3.2	1.4
5.08	25.86	8.60	139.50			49.2	--	14.1	61.2	2.6	1.37	59.1	--		9.36	18.9	3.7	1.7
4.69	-8.19	-66.87				44.0	42.6	--		-20.1	-0.07	31.9	-18.3	-9.84		-1.8	0.3	
3.33	-11.43	-67.23	40.91			44.0	42.6	--		-20.1	-0.07	31.9	-18.3	-9.84		-2.4	0.4	
118.18	13,100.00	13,100.00	14.78			50.9	50.8	--		-0.45	-0.01	-684.6	-0.36	-49.81		-64.7		88.0
4.08	11.70	-14.07	63.83	0.38	2.9	1,291	--	332.8	6.9	108.8	1.09	70.7	132.6		11.47	12.0	3.9	1.3
-0.70	7.01	4.41	69.60	0.88	2.7	519.3	--	113.8	1.9	37.1	2.26	59.4	52.8		10.99	14.6	4.6	1.6
-7.49	-8.33	-28.46	31.74	0.42	2.4	134.9	--	46.5	13.6	11.0	1.42	51.7	16.7		9.93	12.4	2.9	1.2

I. Index of Stocks

Summer 2019

Company Name	Stock Ticker Symbol	Traded On	Sector	Overall Rating	Recommendation	Reward Rating	Risk Rating	Recent Up/Downgrade	Stock Price as of 6/30/2019	52-Week High	52-Week Low	3-Year Beta	Growth	Efficiency	Solvency	Volatility	Dividend	Total Return
First Data Corporation	FDC	NYSE	Information Tech	B-	Buy	A-	C-	Up	27.07	27.46	15.52	1.90	E	G	F	F	–	G
First Defiance Financial Corp.	FDEF	NAS GS	Financials	B-	Buy	B	C	Down	27.97	35.00	22.78	1.26	E	E	E	F	G	W
First Financial Bancorp.	FFBC	NAS GS	Financials	C	Hold	B	D	Down	23.85	32.45	22.07	1.42	E	E	E	W	G	W
First Financial Bankshares, Inc.	FFIN	NAS GS	Financials	B+	Buy	A-	B	Up	30.74	33.42	25.28	1.06	E	E	E	G	W	F
First Financial Corporation	THFF	NAS GS	Financials	C	Hold	B-	D	Down	40.04	53.05	37.41	1.10	E	G	E	W	–	W
First Financial Northwest, Inc.	FFNW	NAS GS	Financials	C	Hold	B	D+	Down	14.04	20.98	13.26	0.23	G	E	E	W	F	W
First Foods Group, Inc.	FIFG	OTC PK	Financials	D	Sell	C-	D		0.28	0.38	0.04	6.50	F		F	W	–	G
First Foundation Inc.	FFWM	NAS	Financials	C	Hold	B	D		13.35	19.80	11.79	1.15	E	E	E	W	F	W
First Global Data Limited	FGBDF	OTC PK	Information Tech	D	Sell	D	D-		0.00	0.18	0	98.49	V	F	F	W	–	V
First Guaranty Bancshares, Inc.	FGBI	NAS	Financials	C	Hold	B	C-		20.06	27.63	19.2	0.24	E	G	E	F	G	W
First Hartford Corporation	FHRT	OTC PK	Real Estate	C	Hold	C+	D		2.25	2.51	1.8	0.33	G	F	W	W	–	W
First Hawaiian, Inc.	FHB	NAS GS	Financials	C+	Hold	B	C-	Up	25.66	30.02	21.19	1.14	E	E	E	F	G	W
First Horizon National Corporation	FHN	NYSE	Financials	C	Hold	B	D		14.71	19.01	12.3	1.47	F	E	E	W	G	W
First Idaho Resources Inc.	FIH.V	TSXV	Materials	D-	Sell	D-	D-	Down	0.03	0.03	0.03	0.00	W	W	G	W	–	V
First Industrial Realty Trust, Inc.	FR	NYSE	Real Estate	B	Buy	B	C+		36.03	37.53	27.3	0.79	G	E	E	G	G	G
First Internet Bancorp	INBK	NAS GS	Financials	C-	Hold	C+	D	Up	19.90	34.35	17.56	0.94	F	E	E	W	W	W
First Interstate Bancsystem, Inc.	FIBK	NAS GS	Financials	B-	Buy	B	C		38.76	47.05	34.61	1.38	E	E	E	F	G	W
First Keystone Corporation	FKYS	OTC PK	Financials	C	Hold	B-	D+	Up	25.25	28.00	20.01	0.28	E	G	E	W	G	W
First Majestic Silver Corp.	AG	NYSE	Materials	D+	Sell	D+	D	Up	7.77	8.48	4.59	0.19	F	W	E	W	–	W
First Majestic Silver Corp.	FR.TO	TSX	Materials	D+	Sell	D+	D	Up	10.19	11.09	6.12	-0.10	F	W	E	W	–	W
First Merchants Corporation	FRME	NAS GS	Financials	C+	Hold	B	C-		36.73	50.44	32.49	1.33	E	E	E	F	F	W
First Mexican Gold Corp.	FMGXF	OTC PK	Materials	D-	Sell	E+	D-	Up	0.01	0.04	0.01	1.78	V	V	F	W	–	W
First Mexican Gold Corp.	FMG.V	TSXV	Materials	E+	Sell	E+	D-	Down	0.01	0.06	0.01	1.40	V	V	F	W	–	V
First Mid Bancshares, Inc.	FMBH	NAS	Financials	C+	Hold	B	C	Down	34.43	42.00	30.49	0.93	E	E	E	F	–	F
First Midwest Bancorp, Inc.	FMBI	NAS GS	Financials	C	Hold	B	B		20.24	27.70	18.1	1.43	E	G	E	F	W	W
First Mining Gold Corp.	FF.TO	TSX	Materials	D	Sell	D	D		0.23	0.46	0.21	1.02	W	W	E	W	–	V
First Mining Gold Corp.	FFMGF	OTC PK	Materials	D	Sell	D	D		0.17	0.35	0.16	1.41	W	W	E	W	–	V
First National Corporation	FXNC	NAS CM	Financials	C	Hold	A-	B-		21.75	31.00	17.61	0.57	E	E	E	G	F	G
First National Energy Corporation	FNEC	OTC PK	Utilities	C-	Hold	C	D		2.65	3.75	0.55	1.52	W	E	E	W	–	F
First National Financial Corporation	FNLIF	OTC PK	Financials	D+	Sell	C	D		24.23	24.23	18.92	1.06	W	F	W	F	E	F
First National Financial Corporation	FN.TO	TSX	Financials	D+	Sell	C	D	Down	31.24	32.51	25.38	0.81	W	F	W	F	G	F
First National of Nebraska, Inc.	FINN	OTC PK	Financials	E+	Sell	E+	E+		9,700.00	9,700.00	8,100.00	0.07	E	V	V	E	W	F
First Niles Financial, Inc.	FNFI	OTC PK	Financials	C-	Hold	C	D	Up	9.00	9.80	7	1.06	E	F	E	W	–	W
First Northern Community Bancorp	FNRN	OTC PK	Financials	C	Hold	B	C		11.45	13.14	9.83	0.77	E	E	E	F	–	F
First Northwest Bancorp	FNWB	NAS	Financials	B	Buy	B	B	Up	16.28	16.98	13.56	0.55	E	G	E	G	W	F
First Priority Tax Solutions Inc.	FPTA	OTC PK	Consumer Discretn	D	Sell	D+	D-		0.06	10.40	0.01		V	E	F	W	–	V
First Quantum Minerals Ltd.	FM.TO	TSX	Materials	C-	Hold	C	D+	Down	12.26	20.63	9.45	1.91	F	F	E	W	–	F
First Quantum Minerals Ltd.	FQVLF	OTC PK	Materials	C-	Hold	C	D+	Down	9.41	15.60	7.1	2.26	F	F	E	W	–	F
First Real Estate Investment Trust of New Jers	FREVS	OTC PK	Real Estate	C-	Hold	C+	D		17.15	18.99	14.5	-0.25	F	G	W	F	G	W
First Republic Bank	FRC	NYSE	Financials	B	Buy	B+	C+		95.86	107.75	79.42	0.93	E	E	E	F	W	F
First Savings Financial Group, Inc.	FSFG	NAS CM	Financials	C	Hold	B	C-		59.60	74.30	45.36	0.44	F	E	E	F	W	F
First Solar, Inc.	FSLR	NAS GS	Information Tech	D	Sell	D	D	Down	65.47	65.66	36.51	1.25	V	W	E	W	–	F
First United Corporation	FUNC	NAS GS	Financials	B	Buy	B+	C	Up	19.00	20.95	14.75	0.74	F	G	E	F	F	F
First US Bancshares, Inc.	FUSB	NAS CM	Financials	C	Hold	B-	D+		9.05	11.65	7.6	1.53	F	G	E	W	W	W
First Vanadium Corp.	FVANF	OTC PK	Materials	D-	Sell	E+	D	Down	0.30	1.60	0.26	1.05	W	V	E	W	–	F
First Vanadium Corp.	FVAN.V	TSXV	Materials	D-	Sell	E+	D	Down	0.40	1.96	0.36	0.78	W	V	E	W	–	F
First Western Financial, Inc.	MYFW	NAS GS	Financials	D-	Sell	C	D	Up	13.58	20.95	10.91		F	G	E	W	–	W
FirstCash, Inc.	FCFS	NAS GS	Financials	B	Buy	A-	C+		100.21	100.98	66.28	0.93	E	E	E	F	W	G
FirstEnergy Corp.	FE	NYSE	Utilities	C	Hold	C	D+	Down	42.51	44.11	34.3	0.28	F	F	F	F	G	F
Firsthand Technology Value Fund, Inc.	SVVC	NAS GS	Financials	C	Hold	B	C-		9.41	17.74	9.16	1.25	F	G	E	F	–	W
FirstService Corporation	FSV.TO	TSX	Real Estate	B-	Buy	A	C-		124.55	132.32	88.42	0.70	E	E	E	F	W	G
FirstService Corporation	FSV	NAS GS	Real Estate	B	Buy	A	C-	Up	94.99	100.19	64.87	1.01	E	E	E	F	W	G

*Ratings Factors: E=Excellent, G=Good, F=Fair, W=Weak, V=Very Weak, U=Unrated

Summer 2019 — I. Index of Stocks

3-Month Total Return (%)	6-Month Total Return (%)	1-Year Total Return (%)	3-Year Total Return (%)	Dividend $ TTM	Dividend Yield TTM	Market Cap. ($Mil)	Enterprise Value ($Mil)	Revenue ($Mil)	Revenue Growth (%)	Net Income ($Mil)	Earnings/ Share $	EPS Growth (%)	Cash from Operations ($Mil)	Return on Assets (%)	Return on Equity (%)	Earnings (P/E) TTM	Sales (P/S) TTM	Book (P/B) Q
3.64	59.80	29.58	156.34			25,547	45,251	8,719	4.7	1,073	1.12	-31.1	2,388	2.76	18.91	24.2	3.0	5.8
-3.59	15.80	-10.38	58.33	0.72	2.6	551.6	--	147.5	6.1	46.0	2.25	18.7	53.9		11.87	12.4	3.8	1.4
0.01	3.65	-21.00	40.39	0.84	3.5	2,352	--	581.8	69.4	187.9	1.91	15.0	247.1		12.24	12.5	4.0	1.1
7.29	8.48	20.64	110.84	0.44	1.4	4,143	--	373.3	12.0	154.4	1.13	19.0	216.1		14.86	27.1	11.2	3.7
-3.00	0.89	-9.25	24.18	1.03	2.6	492.1	--	150.5	10.2	47.3	3.86	64.4	62.9		10.78	10.4	3.3	1.1
-10.17	-8.72	-27.68	14.90	0.33	2.4	139.9	--	42.6	-8.8	10.0	0.97	-22.7	14.9		6.66	14.5	3.4	0.9
16.67	133.33	180.00	180.00			5.0	5.7	0.31	302.1	-1.9	-0.11	57.3	-0.41	-236.08		-2.6	16.4	-6.5
-2.47	5.28	-28.34	31.35	0.10	0.8	595.7	--	194.6	23.6	45.2	1.02	20.7	50.8		9.23	13.2	3.1	1.1
0.00	-100.00	-100.00				0.00	15.6	-8.7	-754.7	-23.8	-0.10	-40.6	-8.2	-112.91		0.0	0.0	0.0
-3.64	-9.31	-21.73	49.35	0.64	3.2	176.7	--	61.3	4.9	13.7	1.56	12.4	26.2		9.33	12.9	2.9	1.1
-0.22	-0.22	12.25	-8.37			5.2	222.4	80.6	-5.1	5.6	2.42	141.1	4.7	4.48	442.59	0.9	0.1	1.5
0.42	17.87	-8.83		1.00	3.9	3,464	--	727.2	0.7	266.4	1.96	40.4	361.6		10.38	13.1	4.8	1.3
6.32	15.06	-15.56	21.07	0.52	3.5	4,639	--	1,919	30.2	553.5	1.69	132.2	561.2		12	8.7	2.5	1.0
-25.00	-25.00	-25.00	-40.00			0.52	0.81	--		-0.04	0.00	0.0	-0.03	-9.3		-17.7		-5.2
1.58	27.92	10.17	45.09	0.90	2.5	4,557	5,915	409.3	2.6	150.8	1.19	-33.8	215.2	2.95	9.78	30.4	11.1	2.8
4.46	-1.70	-40.37	-11.74	0.24	1.2	200.6	--	67.4	4.9	21.6	2.18	-10.5	9.2		8.31	9.1	3.0	0.7
-2.34	8.09	-6.30	56.35	1.18	3.0	2,532	--	581.1	12.4	165.1	2.80	28.6	204.4		10.42	13.8	4.0	1.4
12.20	24.50	-0.36	14.58	1.08	4.3	145.9	--	32.9	4.7	9.7	1.68	17.6	14.6		8.28	15.0	4.4	1.2
17.37	35.13	5.14	-38.28			1,569	1,630	329.1	36.1	-195.7	-1.03	-175.0	56.1	-12.21		-7.6	4.6	2.5
14.75	29.64	3.98	-37.83			1,569	1,630	329.1	36.1	-195.7	-1.03	-175.0	56.1	-12.21		-9.9	6.1	3.2
-0.71	9.15	-19.64	62.46	0.92	2.5	1,824	--	413.5	14.0	161.3	3.26	41.7	201.2		11.65	11.3	4.4	1.3
-34.96	6.67	-70.37	-68.00			0.70	0.74	--		-0.77	-0.01	-134.2	-0.36	-33.45		-0.9		3.3
0.00	-33.33	-66.67	-75.00			0.70	0.74	--		-0.77	-0.01	-134.2	-0.36	-33.45		-1.1		4.2
3.84	11.99	-11.99	46.11	0.72	2.1	574.2	--	154.8	32.9	41.5	2.68	17.0	48.9		10.28	12.9	3.7	1.2
-1.51	3.07	-20.29	32.01	0.49	2.4	2,259	--	637.9	7.7	170.4	1.63	53.8	266.9		8.46	12.5	3.4	1.0
-34.29	-6.12	-49.45	-68.49			102.4	98.0	--		-7.3	-0.01	-12.0	-3.0	-1.03		-17.6		0.7
-34.00	-1.20	-48.94	-69.55			102.4	98.0	--		-7.3	-0.01	-12.0	-3.0	-1.03		-13.3		0.5
8.14	15.48	9.43	134.27	0.28	1.3	108.0	--	36.0	6.8	9.7	1.95	27.6	12.5		15	11.2	3.0	1.6
112.00	112.00	381.82	278.57			265.6	266.3	--		-0.18	0.00	-280.0	-0.04	-10,898.81		-1,394.7		-358.1
16.04	32.41	28.13	45.34	2.06	8.5	1,427	--	346.0	-14.2	117.7	1.93	-27.7	-123.5		28.9	12.6	4.2	4.6
5.55	17.03	21.22	38.58	1.88	6.0	1,427	--	346.0	-14.2	117.7	1.93	-27.7	-123.5		28.9	16.2	5.4	6.0
6.43	12.76	20.33	49.99	50.00	0.5	2,664	--	1,198	-2.9	157.7	553.66	-20.3	--			17.5	2.3	
0.65	30.24	-5.47	8.54	0.20	2.2	10.0	--	2.1	16.4	0.31	0.28	244.1	--		2.64	32.7	5.3	1.0
-0.43	11.32	-12.44	64.81			140.8	--	51.2	9.7	13.8	1.12	53.5	15.5		12.6	10.2	2.8	1.2
5.23	7.87	0.82	30.57	0.09	0.6	165.3	--	41.9	6.3	7.8	0.76	92.6	13.6		4.49	21.3	3.9	1.0
-45.45	-86.87	-98.00				0.35	0.39	0.01	-85.3	-0.04	-0.01	-156.7	-0.03			-7.8	46.2	-5.9
-16.80	13.87	-32.60	38.18	0.01	0.1	6,401	15,893	3,938	14.8	447.0	0.65	379.9	1,343	2.33	4.77	18.8	2.2	0.9
-13.88	19.70	-31.57	40.10	0.01	0.1	6,401	15,893	3,938	14.8	447.0	0.65	379.9	1,343	2.33	4.77	14.5	1.7	0.7
15.55	9.06	6.42	-16.92	0.28	1.6	116.4	437.0	59.2	7.8	2.0	0.28	-86.8	13.9	3.05	7.52	61.3	2.0	6.1
-4.49	9.41	-1.07	45.02	0.73	0.8	16,060	--	3,054	14.5	881.3	4.94	11.5	1,083		10.44	19.4	5.3	2.0
10.67	16.50	-17.26	74.74	0.62	1.0	139.0	--	58.0	42.2	12.3	5.21	25.1	-2.5		12.63	11.4	2.4	1.3
25.86	54.45	25.59	41.19			6,897	5,511	2,209	-15.6	-6.2	-0.08	91.7	-585.0	-0.98		-864.9	3.1	1.3
9.17	25.46	-5.24	100.71	0.36	1.9	134.7	--	58.1	9.7	11.3	1.60	124.1	16.1		9.69	11.9	2.3	1.1
-9.75	16.06	-21.68	7.36	0.08	0.9	57.0	--	38.0	21.3	3.3	0.49	708.6	8.8		4.21	18.6	1.6	0.7
-28.64	-51.07	-70.93	425.71			12.4	11.1	--		-2.6	-0.09	-128.5	-1.1	-41.45		-3.2		2.1
-26.85	-51.83	-69.62	464.29			12.4	11.1	--		-2.6	-0.09	-128.5	-1.1	-41.45		-4.3		2.8
0.70	22.01					108.4	--	57.5	2.0	6.1	0.69	955.2	10.7		5.44	19.6	1.9	0.9
16.76	41.18	12.18	115.45	0.97	1.0	4,323	5,099	1,799	0.9	154.2	3.49	8.0	223.8	7.13	11.21	28.7	2.4	3.3
3.60	16.26	22.07	43.40	1.48	3.5	22,592	42,978	11,270	2.1	299.0	0.11	106.3	2,108	3.87	16.78	374.5	2.0	3.3
-28.77	-13.19	-30.82	28.91			68.5	68.4	3.7	93.7	11.5	1.56	-66.3	2.2	-1.92	6.23	6.0	18.1	0.4
5.63	33.61	25.84	118.99	0.57	0.5	3,583	4,149	1,991	12.1	62.1	1.69	15.9	116.7	8.23	25.64	73.7	2.3	18.7
8.31	39.64	27.24	117.62	0.57	0.6	3,583	4,149	1,991	12.1	62.1	1.69	15.9	116.7	8.23	25.64	56.2	1.7	14.3

https://greyhouse.weissratings.com

Data as of June 30, 2019

I. Index of Stocks

Summer 2019

Company Name	Stock Ticker Symbol	Traded On	Sector	Overall Rating	Recommendation	Reward Rating	Risk Rating	Recent Up/Downgrade	Stock Price as of 6/30/2019	52-Week High	52-Week Low	3-Year Beta	Growth	Efficiency	Solvency	Volatility	Dividend	Total Return
Fiserv, Inc.	FISV	NAS GS	Information Tech	B-	Buy	B	C+	Down	90.83	92.29	68.45	0.83	F	E	G	G	–	F
Fisher & Paykel Healthcare Corporation Limited	FSPKY	OTC PK	Health Care	D+	Sell	A-	D	Down	94.53	101.43	94.53	0.19	E	E	E	F	W	F
Fisher & Paykel Healthcare Corporation Limited	FSPKF	OTC PK	Health Care	C	Hold	A-	C		9.96	10.80	8.3	0.88	E	E	E	F	F	F
FISION Corporation	FSSN	OTC PK	Information Tech	D-	Sell	D	E+	Down	0.04	0.23	0.03	-0.15	F	W	F	V	–	V
Fission 3.0 Corp.	FUU.V	TSXV	Energy	D-	Sell	D-	D-		0.10	0.30	0.08	-1.20	W	W	E	W	–	V
Fission 3.0 Corp.	FISOF	OTC PK	Energy	D-	Sell	D-	D-		0.07	0.22	0.06	-1.17	W	W	E	W	–	V
Fission Uranium Corp.	FCUUF	OTC PK	Energy	D	Sell	D	D-		0.37	0.58	0.33	1.21	W	W	E	W	–	W
Fission Uranium Corp.	FCU.TO	TSX	Energy	D	Sell	D	D-		0.47	0.75	0.45	0.98	W	W	E	W	–	W
Fitbit, Inc.	FIT	NYSE	Information Tech	D-	Sell	D-	D	Down	4.34	7.12	4.21	0.64	V	E	W	W	–	W
Fitch Street Capital Corp.	FSCH.V	TSXV	Financials	D	Sell	D+	D		0.18	0.26	0.15	-2.48	V	F	E	W	–	F
FitLife Brands, Inc.	FTLF	OTC PK	Consumer Staples	C-	Hold	C	D+	Up	9.25	11.11	2.4	-0.66	F	W	G	W	–	F
Five Below, Inc.	FIVE	NAS GS	Consumer Discretn	B	Buy	B+	C		120.78	148.22	86.57	1.00	E	E	E	F	–	G
Five Point Holdings, LLC	FPH	NYSE	Real Estate	D	Sell	D+	D-		7.08	12.39	6.64	0.93	W	F	E	W	–	W
Five Prime Therapeutics, Inc.	FPRX	NAS GS	Health Care	D-	Sell	D-	D-		6.05	17.80	5.8	1.33	W	V	E	W	–	V
Five Star Diamonds Limited	FVVSF	OTC PK	Materials	E+	Sell	D-	E+	Down	0.04	0.08	0.04		W	V	F	V	–	V
Five Star Diamonds Limited	STAR.V	TSXV	Materials	D-	Sell	D-	D-		0.07	0.14	0.05	1.76	W	V	F	W	–	V
Five Star Senior Living Inc.	FVE	NAS CM	Health Care	D	Sell	D	D	Up	0.52	1.50	0.31	0.02	W	W	W	W	–	V
Five9, Inc.	FIVN	NAS	Information Tech	C	Hold	C+	D		50.67	57.90	31.64	0.78	G	W	E	G	–	G
Fjordland Exploration Inc.	FEX.V	TSXV	Materials	D-	Sell	D-	D-	Down	0.07	0.30	0.05	-1.77	W	V	E	W	–	V
Fjordland Exploration Inc.	FEXXF	OTC PK	Materials	D-	Sell	D-	D-	Down	0.03	0.24	0.03	-3.62	W	V	E	W	–	V
Flagstar Bancorp, Inc.	FBC	NYSE	Financials	B-	Buy	B	C	Up	32.30	36.16	25.3	1.30	F	E	E	F	W	F
Flanigan's Enterprises, Inc.	BDL	AMEX	Consumer Discretn	C	Hold	B	C-		23.00	29.00	22.15	0.02	F	E	E	F	G	W
FleetCor Technologies, Inc.	FLT	NYSE	Information Tech	B	Buy	A	C		279.21	283.45	172.18	0.99	E	E	G	F	–	G
Fletcher Building Limited	FRCEF	OTC PK	Materials	D+	Sell	C	D		3.40	4.65	3.1	0.68	W	G	G	W	G	W
Fletcher Building Limited	FCREY	OTC PK	Materials	D+	Sell	C	D-		6.95	8.42	6.34	0.43	W	G	G	W	F	W
Flex LNG Ltd.	FLNG	NYSE	Energy	U	U	U			11.70	12.22	11		U	U	U	U	U	U
Flex Ltd.	FLEX	NAS GS	Information Tech	D+	Sell	C-	D		9.44	15.38	6.74	2.23	W	G	G	W	–	W
Flex Pharma, Inc.	FLKS	NAS CM	Health Care	D-	Sell	D-	D-		0.55	1.49	0.26	1.03	F	V	G	W	–	V
Flexible Solutions International Inc.	FSI	AMEX	Materials	C+	Hold	B+	D+	Up	4.17	4.39	1.23	0.71	F	G	E	W	E	E
Flexion Therapeutics, Inc.	FLXN	NAS	Health Care	D-	Sell	D-	D-		11.75	27.84	9.65	1.39	W	V	G	W	–	W
Flexpoint Sensor Systems, Inc.	FLXT	OTC PK	Information Tech	D	Sell	D	D		0.07	0.10	0.03	2.22	F	V	F	W	–	W
Flexshopper, Inc.	FPAY	NAS CM	Financials	D	Sell	D	D-		1.11	4.10	0.66	0.07	F	W	F	W	–	W
Flexsteel Industries, Inc.	FLXS	NAS GS	Consumer Discretn	D+	Sell	C	D-		16.66	40.64	16.04	1.32	W	G	E	W	G	V
FLIR Systems, Inc.	FLIR	NAS GS	Information Tech	B-	Buy	B	C	Up	53.40	63.88	40.52	1.57	G	E	E	F	W	F
Flitways Technology Inc.	FTWS	OTC PK	Industrials	D	Sell	C-	D-		0.00	0.01	0	1.90	F	E	F	W	–	V
flooidCX Corp.	FLCX	OTC PK	Communication Svc	D+	Sell	C	D-		0.22	0.40	0.08	-4.13	W	E	F	W	–	V
Floor & Decor Holdings, Inc.	FND	NYSE	Consumer Discretn	C	Hold	B-	D+		40.19	52.38	23.3	2.08	E	E	G	W	–	W
Flotek Industries, Inc.	FTK	NYSE	Materials	D	Sell	D	D		3.19	4.01	0.95	4.08	W	W	E	W	–	W
Flow Capital Corp.	AHFCF	OTC PK	Financials	E	Sell	D+	D	Up	0.11	0.14	0.07		W	F	E	W	–	W
Flow Capital Corp.	FW.V	TSXV	Financials	D-	Sell	D+	D		0.13	0.20	0.09		W	F	E	W	–	W
Flower One Holdings Inc.	FLOOF	OTC PK	Health Care	E+	Sell	D+	D	Up	2.22	2.81	0.88		W	W	G	F	–	F
Flowers Foods, Inc.	FLO	NYSE	Consumer Staples	B-	Buy	B+	C	Up	23.02	23.91	17.78	0.19	G	E	G	F	G	F
Flowserve Corporation	FLS	NYSE	Industrials	C	Hold	B-	C-		51.54	56.86	35.88	1.78	W	G	E	F	F	F
Fluence Corporation Limited	EMFGF	OTC PK	Industrials	D-	Sell	E+	D		0.25	0.42	0.22	-0.44	W	V	G	W	–	W
Fluidigm Corporation	FLDM	NAS GS	Health Care	D+	Sell	C-	D		12.18	14.90	5.5	1.12	F	W	E	W	–	F
Fluor Corporation	FLR	NYSE	Industrials	C-	Hold	C	D		32.96	60.60	27.69	2.47	W	G	E	W	G	W
FluroTech Ltd.	FLURF	OTC PK	Information Tech	E-	Sell	E+	D		0.27	0.49	0.23		W	V	E	W	–	W
FluroTech Ltd.	TEST.V	TSXV	Information Tech	D-	Sell	E+	D-		0.35	0.75	0.31		W	V	E	W	–	V
Flushing Financial Corporation	FFIC	NAS GS	Financials	C	Hold	B	D+		21.85	27.32	20.27	0.96	G	E	E	W	G	W
Flux Power Holdings, Inc	FLUX	OTC PK	Industrials	D+	Sell	C-	D	Up	1.05	3.20	0.75	1.40	W		F	W	–	F
FLY Leasing Limited	FLY	NYSE	Industrials	B-	Buy	A-	C	Up	17.39	17.39	10.42	0.85	G	G	G	F	–	F
Flyht Aerospace Solutions Ltd.	FLY.V	TSXV	Industrials	D	Sell	D+	D	Up	1.66	1.90	0.94	0.70	F	W	W	W	–	W

*Ratings Factors: E=Excellent, G=Good, F=Fair, W=Weak, V=Very Weak, U=Unrated

Summer 2019

I. Index of Stocks

3-Month Total Return (%)	6-Month Total Return (%)	1-Year Total Return (%)	3-Year Total Return (%)	Dividend $ TTM	Dividend Yield TTM	Market Cap. ($Mil)	Enterprise Value ($Mil)	Revenue ($Mil)	Revenue Growth (%)	Net Income ($Mil)	Earnings/Share $	EPS Growth (%)	Cash from Operations ($Mil)	Return on Assets (%)	Return on Equity (%)	Earnings (P/E) TTM	Sales (P/S) TTM	Book (P/B) Q
3.47	24.49	22.86	73.37			35,645	41,450	5,885	2.5	989.0	2.42	-27.3	1,312	8.66	36.87	37.6	6.2	14.9
0.00	0.00	-0.73	113.23	0.74	0.8	5,885	5,848	728.8	4.0	142.4	0.25	4.5	172.2	15.92	24.28	383.6	75.1	87.1
-5.41	20.00	-4.87	42.08			5,885	5,848	728.8	4.0	142.4	0.25	4.5	172.2	15.92	24.28	40.4	7.9	9.2
-26.72	-64.58	-74.38				4.7	6.2	0.51	-8.2	-4.6	-0.08	28.2	-3.5	-214.19		-0.6	6.3	-1.3
-5.00	-52.50	-20.83	-72.06			10.3	6.3	--		-1.9	-0.02	-71.5	-1.2	-13.15		-4.3		1.1
-1.28	-47.82	-24.77	-74.60			10.3	6.3	--		-1.9	-0.02	-71.5	-1.2	-13.15		-3.3		0.9
-5.31	-9.22	-26.75	-30.27			174.0	162.7	--		-4.2	-0.01	-4.9	-3.0	-0.95		-42.5		0.7
-7.84	-12.96	-27.69	-30.88			174.0	162.7	--		-4.2	-0.01	-4.9	-3.0	-0.95		-54.7		0.9
-25.94	-13.72	-34.44	-63.83			1,107	593.1	1,536	-1.8	-184.4	-0.75	40.6	35.4	-8.51		-5.8	0.7	1.7
0.00	0.00	-30.77	200.00			1.5	1.2	--		-0.10	-0.01	82.1	-0.18	-29.65		-21.4		6.0
65.18	115.62	168.12	-33.93			9.4	10.1	18.3	9.0	1.5	1.11	112.8	0.19	15.02	61.95	8.3	0.6	2.9
-6.95	22.01	21.34	167.21			6,759	7,215	1,628	21.3	153.5	2.74	31.9	172.0	10.04	27.56	44.1	4.2	10.6
-1.67	2.16	-37.23				486.9	2,038	47.1	-24.2	-5.7	-0.10	56.9	-355.8	-1.66		-70.0	21.9	0.8
-55.84	-32.55	-61.09	-84.84			218.2	33.5	22.7	-63.3	-155.4	-4.49	6.4	-144.6	-26.53		-1.4	9.3	0.9
0.00	0.00	-56.08				7.1	7.5	0.00	-97.9	-0.61	0.00	92.4	-0.71	-11.19		-8.5		1.1
0.00	55.56	-33.33				7.1	7.5	0.00	-97.9	-0.61	0.00	92.4	-0.71	-11.19		-15.2		2.0
-46.04	5.79	-64.07	-68.61			26.5	1,484	1,112	-1.4	-99.3	-1.99	-346.0	-44.6	-5		-0.3	0.0	0.3
-4.38	17.26	47.77	340.23			3,024	2,942	273.3	28.8	-1.5	-0.03	65.1	41.8	1.64		-1,784.2	11.0	20.1
8.33	-35.00	-60.61	-90.71			2.4	1.8	--		-0.61	-0.01	11.0	-0.07	-18.32		-5.0		1.7
-31.40	-59.55	-77.52	-94.90			2.4	1.8	--		-0.61	-0.01	11.0	-0.07	-18.32		-2.5		0.8
-2.67	22.33	-6.71	38.20	0.08	0.3	1,824	--	962.0	8.0	188.0	3.24	164.9	-21,874		12.53	10.0	1.9	1.2
-6.12	-10.08	-12.87	7.95	0.28	1.2	42.7	49.8	113.1	2.4	3.4	1.84	2.9	8.6	5.41	12.21	12.5	0.4	1.2
14.63	52.17	32.38	100.54			24,066	27,603	2,470	6.7	808.7	8.88	4.4	1,000	6.06	21.8	31.4	10.1	6.8
4.62	6.25	-29.17	-39.93			2,803	3,824	6,081	-6.2	119.0	0.14	138.9	128.5	5.21	6.31	23.7	0.5	1.0
4.98	8.98	-24.82	-31.86	0.45	6.5	2,803	3,824	6,081	-6.2	119.0	0.14	138.9	128.5	5.21	6.31	48.5	1.1	2.1
						635.5	1,045	81.3	99.8	10.1	0.27	177.7	33.5	1.93	1.51	43.0	7.8	0.8
-3.58	23.88	-32.28	-20.34			4,851	6,209	26,211	3.0	93.4	0.17	-79.1	-2,971	2.69	3.12	57.0	0.2	1.6
39.44	82.08	-43.51	-94.97			10.0	2.7	0.76	-36.8	-15.9	-0.88	55.1	-16.8	-49.24		-0.6	13.0	1.4
86.16	224.92	161.99	218.54	0.08	1.8	48.9	57.8	22.1	47.0	2.8	0.23	417.3	-3.7	3.4	15.44	17.8	2.2	2.8
-2.08	-1.18	-53.41	-22.08			446.4	393.3	30.9	1,112.0	-169.6	-4.48	-0.5	-153.4	-30.05		-2.6	14.5	6.2
41.58	48.74	-1.88	10.05			6.6	7.9	0.25	-29.5	-1.1	-0.01	-6.5	-0.29	-9.71		-6.1	26.2	4.7
33.78	54.08	-64.08	-78.65			19.6	67.7	87.5	35.9	-6.7	-1.22	45.9	-16.6	-3.85		-0.9	0.2	-1.4
-29.02	-22.46	-56.61	-54.12	0.88	5.3	131.5	102.9	456.5	-7.5	-10.5	-1.33	-149.3	25.5	1.95		-12.5	0.3	0.6
13.20	26.05	4.11	87.53	0.66	1.2	7,231	7,750	1,781	-2.9	305.0	2.18	192.3	386.5	7.53	16.53	24.4	4.1	3.8
-72.73	0.00	-82.35				0.60	1.9	0.86	-40.4	-59.7	-0.01	93.0	-0.07	-206.21		0.0	0.8	-0.1
52.78	37.50	21.55				30.0	32.4	--		-1.3	-0.01	65.1	-1.1	-1,236.43		-22.5		-9.7
-3.18	53.34	-18.89				3,948	4,852	1,784	20.5	115.0	1.09	-7.5	172.0	5.7	20.77	36.9	2.4	6.4
-1.85	200.94	-1.24	-75.25			180.5	103.0	216.8	6.2	-37.4	-0.66	-142.1	-38.2	-7.15		-4.8	0.9	0.8
45.72	22.08					8.1	17.3	3.5	227.4	2.5	-0.62	-780.9	-0.08	-0.64	12.3	-0.2	2.7	0.4
25.00	4.17	-3.85				8.1	17.3	3.5	227.4	2.5	-0.62	-780.9	-0.08	-0.64	12.3	-0.2	3.0	0.5
13.27	113.23					398.4	448.3	0.67		-9.2	-0.06	-474.0	-15.6			-38.7	616.7	5.5
9.09	28.04	13.61	40.99	0.73	3.2	4,868	6,215	4,009	1.8	171.8	0.81	22.3	295.0	5.79	13.42	28.6	1.2	3.8
15.64	38.70	30.74	24.62	0.76	1.5	6,759	7,805	3,803	2.4	161.8	1.23	6,803.8	350.1	4.92	9.85	42.0	1.8	4.0
-26.47	-13.79	-23.55				144.6	114.1	101.1	204.7	-63.8	-0.15	-97.3	-49.9	-3.98		-1.7	1.3	2.7
-7.02	41.79	106.09	35.79			840.7	824.2	117.8	15.9	-71.2	-1.58	4.0	-29.2	-11.08		-7.7	6.0	4.6
-9.48	4.89	-30.12	-25.74	0.84	2.6	4,612	4,883	18,536	-5.0	184.0	1.30	62.6	280.7	3.6	8.38	25.4	0.3	1.6
-24.24						14.5	10.6	--		-4.0	-0.08	-228.6	-2.8	-37.69		-3.4		3.2
-27.08	-12.50	-33.96				14.5	10.6	--		-4.0	-0.08	-228.6	-2.8	-37.69		-4.4		4.1
-0.37	4.57	-13.80	26.02	0.82	3.8	608.7	--	172.1	0.0	50.7	1.77	28.6	73.8		9.27	12.3	3.6	1.1
-25.00	-40.00	-30.00	126.29			53.6	56.1	7.4	135.4	-11.1	-0.30	-21.7	-8.9	-142.31		-3.6	7.2	-154.4
26.84	61.77	24.30	77.81			564.3	3,061	459.4	27.6	121.1	3.88	1,434.4	247.6	4.47	18.72	4.5	1.2	0.8
10.67	66.00	32.80	-7.78			25.9	28.3	11.9	15.1	-0.91	-0.05	53.2	-1.2	-26.56		-35.3	2.9	197.6

Data as of June 30, 2019

I. Index of Stocks

Summer 2019

Company Name	Stock Ticker Symbol	Traded On	Sector	Overall Rating	Recommendation	Reward Rating	Risk Rating	Recent Up/Downgrade	Stock Price as of 6/30/2019	52-Week High	52-Week Low	3-Year Beta	Growth	Efficiency	Solvency	Volatility	Dividend	Total Return
Flyht Aerospace Solutions Ltd.	FLYLF	OTC PK	Industrials	D	Sell	D+	D-	Up	1.32	1.43	0.67	1.27	F	W	W	W	--	W
FMC Corporation	FMC	NYSE	Materials	C	Hold	B-	C-	Down	83.09	92.76	69.36	1.16	F	E	G	F	F	F
FNCB Bancorp, Inc.	FNCB	NAS CM	Financials	C+	Hold	B	C-	Down	7.85	12.00	7.14	0.57	F	E	E	F	G	F
Foamix Pharmaceuticals Ltd.	FOMX	NAS	Health Care	D-	Sell	E+	D		2.40	7.60	2.3	2.07	W	V	E	W	--	V
Focus Financial Partners Inc.	FOCS	NAS GS	Financials	D	Sell	D+	D	Down	27.50	49.52	22.61		F	F	E	W	--	W
Focus Graphite Inc.	FMS.V	TSXV	Materials	D	Sell	D	D-		0.03	0.06	0.02	1.81	F	W	G	W	--	V
Focus Graphite Inc.	FCSMF	OTC PK	Materials	D	Sell	D	D		0.02	0.04	0.01	1.20	F	W	G	W	--	W
Focus Universal Inc.	FCUV	OTC PK	Information Tech	D+	Sell	C-	D		5.29	9.00	0.53	1.28	W	F	E	W	--	F
FogChain Corp.	FOGCF	OTC PK	Information Tech	D-	Sell	D	D-	Up	0.05	0.33	0.03		F	W	E	W	--	V
Fomento Económico Mexicano, S.A.B. de C.V.	FMX	NYSE	Consumer Staples	C	Hold	C+	D		95.92	101.12	80.86	0.49	F	E	E	F	--	F
Fonar Corporation	FONR	NAS CM	Health Care	C	Hold	B-	D		20.80	28.80	18.85	0.35	E	E	E	W	--	F
Foot Locker, Inc.	FL	NYSE	Consumer Discretn	C	Hold	B	D+		41.12	68.00	39.06	1.50	F	E	E	W	G	W
Foothills Exploration, Inc.	FTXP	OTC PK	Energy	D+	Sell	C	D	Up	0.17	0.68	0.05	4.42	W	G	F	W	--	W
Foran Mining Corporation	FOM.V	TSXV	Materials	D	Sell	D+	D		0.28	0.48	0.23	0.06	W	W	E	W	--	F
Foran Mining Corporation	FMCXF	OTC PK	Materials	D	Sell	D+	D		0.22	0.33	0.2	1.69	W	W	E	W	--	W
Forbes Energy Services Ltd.	FLSS	OTC PK	Energy	D-	Sell	D	D-	Down	2.26	9.05	2.26	1.14	W	W	G	W	--	V
Force Protection Video Equipment Corp.	FPVD	OTC PK	Consumer Discretn	D	Sell	C-	D-		0.00	0.00	0	-5.69	F		F	W	--	W
Ford Motor Company	F	NYSE	Consumer Discretn	C	Hold	C+	D+	Up	10.20	11.40	7.41	0.91	W	G	E	W	E	W
Foremost Ventures Corp.	FMVP.V	TSXV	Financials	D-	Sell	D	D		0.14	0.18	0.13		W	W	E	W	--	W
ForeScout Technologies, Inc.	FSCT	NAS	Information Tech	D	Sell	D	D	Up	33.19	46.43	22.01		W	W	E	W	--	F
Foresight Autonomous Holdings Ltd.	FRSX	NAS CM	Consumer Discretn	E+	Sell	E+	E+		1.39	3.64	0.7	2.72	W	W	E	W	--	W
Foresight Energy LP	FELP	NYSE	Energy	D	Sell	D	D-	Down	0.68	4.10	0.6	0.11	W	W	E	W	--	W
Forestar Group Inc.	FOR	NYSE	Real Estate	C	Hold	B-	D+	Up	19.10	25.95	12.77	1.85	F	G	E	W	G	F
ForeverGreen Worldwide Corporation	FVRG	OTC PK	Consumer Staples	C-	Hold	C	D		0.10	0.30	0.02	1.36	W	G	F	W	--	W
Forge Innovation Development Corp.	FGNV	OTC PK	Real Estate	D-	Sell	D+	D-	Up	1.00	1.01	0.12		W	W	E	W	--	F
FormFactor, Inc.	FORM	NAS GS	Information Tech	B	Buy	A-	C		15.39	19.27	11.38	1.70	G	E	E	F	--	F
Formula One Group	FWONB	OTC PK	Communication Svc	C-	Hold	C	D+	Up	36.00	36.50	28.55	0.82	W	F	G	F	--	G
Formula One Group	FWONA	NAS GS	Communication Svc	C-	Hold	C	D	Up	34.89	38.43	26.63	0.60	W	F	G	F	--	G
Formula One Group	FWONK	NAS GS	Communication Svc	C-	Hold	C	D	Up	36.22	39.60	27.51	0.65	W	F	G	F	--	G
Formula Systems (1985) Ltd.	FORTY	NAS GS	Information Tech	C	Hold	B	C		49.50	53.48	33.15	1.07	E	G	G	F	--	G
Forrester Research, Inc.	FORR	NAS GS	Industrials	C-	Hold	C	D	Down	47.25	51.75	36.19	0.99	W	E	G	F	--	F
Forsys Metals Corp.	FSY.TO	TSX	Energy	D	Sell	D	D	Up	0.17	0.32	0.16	0.13	F	V	E	W	--	F
Forsys Metals Corp.	FOSYF	OTC PK	Energy	D	Sell	D	D	Up	0.12	0.25	0.11	0.98	F	V	E	W	--	F
Fort St. James Nickel Corp.	FTJ.V	TSXV	Materials	D+	Sell	C	D	Up	0.15	0.42	0.12	0.54	W	E	F	W	--	F
Fort St. James Nickel Corp.	OARFF	OTC PK	Materials	C-	Hold	C	D		0.13	0.23	0.09	-0.20	W	E	F	W	--	F
Fortem Resources Inc.	FTM.V	TSXV	Energy	E+	Sell	E+	E+	Up	2.10	5.65	1.5		F	V	G	W	--	V
Fortem Resources Inc.	FTMR	OTC PK	Energy	D-	Sell	E+	D		1.58	3.95	1.34	1.47	F	V	G	W	--	F
Forterra, Inc.	FRTA	NAS GS	Materials	D	Sell	D	D-		4.92	10.06	3.25	2.18	W	W	F	W	--	W
Fortinet, Inc.	FTNT	NAS GS	Information Tech	B-	Buy	B	C	Down	76.75	96.96	61.08	1.34	E	G	E	F	--	F
Fortis Inc.	FTS.TO	TSX	Utilities	B	Buy	B+	C+		51.59	52.95	40.71	-0.13	E	G	G	F	G	F
Fortis Inc.	FTS	NYSE	Utilities	B	Buy	B+	B-		39.34	40.09	31.32	0.15	E	G	G	G	G	F
Fortive Corporation	FTV	NYSE	Industrials	B	Buy	B+	C+		80.39	89.48	62.89	1.23	G	E	E	F	W	F
Fortress Biotech, Inc.	FBIO	NAS CM	Health Care	D	Sell	D	D	Up	1.47	3.38	0.49	3.40	F	V	G	W	--	W
Fortress Global Enterprises Inc.	FTPLF	OTC PK	Materials	D-	Sell	D-	D-		0.59	2.60	0.28	1.41	V	W	F	W	--	V
Fortress Global Enterprises Inc.	FGE.TO	TSX	Materials	D-	Sell	D-	D-		0.83	3.44	0.38	1.14	V	W	F	W	--	V
Fortress Technologies Inc.	FORT.V	TSXV	Information Tech	D-	Sell	E+	D	Up	0.20	0.24	0.1		W	V	E	W	--	W
Fortress Transportation and Infrastructure Inv	FTAI	NYSE	Industrials	C	Hold	B-	D		15.23	19.35	12.84	0.90	W	G	G	F	E	W
Fortuna Silver Mines Inc.	FSM	NYSE	Materials	D+	Sell	C	D	Down	2.89	5.94	2.39	0.22	G	G	E	W	--	W
Fortuna Silver Mines Inc.	FVI.TO	TSX	Materials	D+	Sell	C	D	Down	3.77	7.78	3.22	-0.10	G	G	E	W	--	W
Fortune Bay Corp.	FTBYF	OTC PK	Materials	D	Sell	D	D		0.25	0.31	0.1	-0.11	W	W	G	W	--	W
Fortune Bay Corp.	FOR.V	TSXV	Materials	D	Sell	D	D		0.39	0.41	0.19	-0.04	W	W	G	W	--	W
Fortune Brands Home & Security, Inc.	FBHS	NYSE	Industrials	C	Hold	B-	D+	Up	55.96	58.21	35.27	1.79	F	E	G	W	F	W

*Ratings Factors: E=Excellent, G=Good, F=Fair, W=Weak, V=Very Weak, U=Unrated

Data as of June 30, 2019

Summer 2019 — I. Index of Stocks

3-Month Total Return (%)	6-Month Total Return (%)	1-Year Total Return (%)	3-Year Total Return (%)	Dividend $ TTM	Dividend Yield TTM	Market Cap. ($Mil)	Enterprise Value ($Mil)	Revenue ($Mil)	Revenue Growth (%)	Net Income ($Mil)	Earnings/ Share $	EPS Growth (%)	Cash from Operations ($Mil)	Return on Assets (%)	Return on Equity (%)	Earnings (P/E) TTM	Sales (P/S) TTM	Book (P/B) Q
21.10	77.04	34.61	-6.65			25.9	28.3	11.9	15.1	-0.91	-0.05	53.2	-1.2	-26.56		-28.1	2.3	157.1
9.20	31.63	9.96	126.12	1.37	1.6	10,939	14,214	4,709	38.9	450.6	3.35	-51.2	169.6	6.85	20.65	24.8	2.4	4.0
4.25	-7.51	-10.42	42.24	0.19	2.4	157.9	--	40.7	3.6	14.0	0.81	40,580.0	19.6		13.27	9.7	3.6	1.3
-36.34	-29.41	-51.12	-59.73			130.6	50.3	3.0	-17.9	-63.4	-1.38	33.1	-62.1	-55.69		-1.7	43.6	1.7
-20.93	7.63					1,284	2,824	974.6	34.7	8.5	0.20		109.1	2.04		138.2	1.3	2.8
-14.29	-14.29	-25.00	-71.43			8.5	8.5	--		-1.5	0.00	80.2	-1.8	-9.28		-7.1		0.5
-8.12	-7.78	-24.32	-72.64			8.5	8.5	--		-1.5	0.00	80.2	-1.8	-9.28		-5.9		0.4
-28.51	-28.51	-41.22	252.67			216.7	213.4	0.48	-52.4	-2.3	-0.06	-188.5	-1.6	-23.89		-87.7	452.1	24.2
-29.69	-33.74	-85.17				3.9	2.8	0.42		-6.8	-0.10	-1,382.9	-2.4	-121.39		-0.4	7.9	1.2
4.62	13.51	11.93	12.91	1.42	1.5	31,554	39,577	24,428	0.6	1,348	0.38	-38.1	2,164	4.22	9.78	254.5	14.1	27.0
-2.26	1.86	-20.91	0.48			134.9	113.0	90.8	-7.9	20.6	3.04	18.4	19.3	12.23	25.09	6.9	1.5	1.2
-31.49	-20.38	-21.97	-15.22	1.42	3.4	4,511	6,811	7,992	2.4	548.0	4.79	120.6	684.0	8.31	21.3	8.6	0.6	1.8
-26.41	240.00	-14.14	-88.89			3.8	13.5	2.8	250.3	-12.8	-0.62	-74.3	-0.77	-8.5		-0.3	1.4	-0.4
-19.12	-21.43	-42.71	34.15			27.2	25.0	--		-0.25	0.00	74.7	-0.67	-2.37		-131.0		1.2
8.58	-5.73	-34.17	32.99			27.2	25.0	--		-0.25	0.00	74.7	-0.67	-2.37		-102.5		0.9
-30.46	-24.67	-74.89				12.3	149.1	203.7	50.0	-35.7	-6.61	-59,152.7	-5.4	-4.83		-0.3	0.1	0.2
0.00	0.00	-75.00	-99.99			0.07	0.52	0.22	157.1	-0.80	-0.03	97.5	-0.40	-107.56		0.0	0.2	-0.2
18.17	35.00	-3.50	-1.41	0.60	5.9	40,693	173,873	158,721	-0.5	3,087	0.78	-60.4	15,052	0.91	8.57	13.2	0.3	1.1
0.00	8.00	-27.03				0.21	0.05	--		-0.05	-0.02		-0.04	-28.12		-7.0		1.7
-20.67	25.39	-0.30				1,501	1,416	313.5	29.6	-80.9	-1.89	66.4	-4.5	-12.95		-17.5	4.7	13.0
7.74	-15.94	-60.73				38.4	20.1	--		-10.6	-0.08	-178.1	-9.5			-17.3		7.8
-73.95	-79.88	-81.75	-57.79	0.23	33.8	99.2	1,545	1,133	17.5	-56.9	-0.39	55.5	130.8	4.58		-1.7	0.1	0.2
8.58	36.33	-8.17	69.93			801.4	885.1	127.4	11.1	22.8	0.54	-22.6	-351.7			35.5	6.3	1.2
-8.04	-14.17	-6.36	-69.71			3.2	9.9	11.8	-51.2	-1.7	-0.07	72.2	-0.39	-12.97		-1.5	0.3	-0.4
0.00	376.19					45.6	45.2	0.04	50.0	-0.35	-0.01	-60.0	-0.34	-21.7		-138.9	1,428.6	61.7
-1.60	9.85	17.93	71.96			1,148	1,084	543.6	1.1	107.4	1.42	176.4	80.0	3.61	20.19	10.9	2.2	1.9
16.88	26.09	10.36	84.62			8,336	13,171	1,959	8.8	-281.0	-1.22	-184.6	313.0	-0.27		-29.6	4.3	1.5
2.11	20.35	-0.60	91.70			8,336	13,171	1,959	8.8	-281.0	-1.22	-184.6	313.0	-0.27		-28.7	4.1	1.5
3.25	21.79	-2.19	101.56			8,336	13,171	1,959	8.8	-281.0	-1.22	-184.6	313.0	-0.27		-29.8	4.3	1.6
17.86	38.89	34.69	62.02	0.47	1.0	782.9	1,512	1,130	-16.7	24.8	1.66	152.5	55.6			29.9	0.7	2.0
-3.16	7.12	13.35	38.74	0.80	1.7	871.1	1,027	380.5	12.5	3.8	0.20	-65.0	56.6	2.62	2.66	236.7	2.3	6.1
-19.51	-32.65	-2.94	175.00			19.7	19.2	--		-0.44	0.00	99.3	-0.40	-1.66		-58.9		2.3
-14.06	-19.07	1.15	141.21			19.7	19.2	--		-0.44	0.00	99.3	-0.40	-1.66		-44.1		1.7
-16.67	-53.12	-53.12	200.00			1.8	1.9	--		-0.56	-0.04	-98.9	-0.06	-1,772.93		-4.1		-7.5
-1.91	124.50	124.50	1,206.60			1.8	1.9	--		-0.56	-0.04	-98.9	-0.06	-1,772.93		-3.6		-6.6
-6.67	-34.38					193.7	193.8	--		-1.4	-0.01	92.9	-0.84	-13.71		-182.6		38.8
-14.59	-22.93	-47.51	670.73			193.7	193.8	--		-1.4	-0.01	92.9	-0.84	-13.71		-137.4		29.2
14.42	28.80	-49.49				316.3	1,753	1,482	-3.3	-29.5	-0.46	-11,640.0	26.6	1.77		-10.7	0.2	3.4
-6.80	9.11	22.90	154.73			13,106	11,343	1,875	20.7	349.4	1.99	467.9	700.5	5.56	39.89	38.5	7.2	12.4
4.80	16.61	27.56	35.03	1.78	3.4	16,986	38,258	6,573	2.5	879.9	1.94	5.8	1,951	2.95	7.17	26.6	3.4	2.0
7.42	21.41	29.18	34.21	1.34	3.4	16,986	38,258	6,573	2.5	879.9	1.94	5.8	1,951	2.95	7.17	20.3	2.6	1.5
-2.99	20.74	6.43	67.47	0.28	0.4	26,939	29,174	7,047	23.3	2,817	8.08	157.5	884.8	6.03	17.21	10.0	3.9	3.9
-18.78	65.04	-49.83	-45.15			95.9	113.6	27.5	227.5	-61.7	-1.43	20.9	-96.3	-31.79		-1.0	3.4	4.5
-20.99	-53.70	-77.12	-81.33			9.5	166.9	138.0	20.3	-30.6	-2.05	62.8	4.3	-3.09		-0.3	0.1	0.1
-20.95	-51.74	-75.73	-80.24			9.5	166.9	138.0	20.3	-30.6	-2.05	62.8	4.3	-3.09		-0.4	0.1	0.2
48.15	48.15					10.8	2.9	1.6	653.4	-8.8	-0.13	-2,268.5	-0.69	-11.75		-1.6	9.1	1.7
-9.17	15.00	-8.30	117.37	1.32	8.7	1,290	2,807	435.7	80.2	0.07	0.00	-108.1	142.5	1.34		-3,807.5	3.0	1.4
-15.50	-19.27	-48.39	-53.69			460.1	432.4	251.8	-8.0	22.5	0.13	-69.1	67.0	4.79	3.8	22.5	1.9	0.8
-17.69	-23.37	-49.26	-53.74			460.1	432.4	251.8	-8.0	22.5	0.13	-69.1	67.0	4.79	3.8	29.3	2.4	1.0
60.47	62.25	-6.09				6.2	6.2	--		-0.56	-0.03	-3.9	-0.24	-1.98		-9.2		0.5
75.00	83.33	-2.53	32.76			6.2	6.2	--		-0.56	-0.03	-3.9	-0.24	-1.98		-14.4		0.7
20.23	50.10	6.64	3.81	0.84	1.5	7,828	10,249	5,558	3.9	399.3	2.77	-8.7	566.2	7.63	17.34	20.2	1.4	3.5

I. Index of Stocks

Summer 2019

Company Name	Stock Ticker Symbol	Traded On	Sector	Overall Rating	Recommendation	Reward Rating	Risk Rating	Recent Up/Downgrade	Stock Price as of 6/30/2019	52-Week High	52-Week Low	3-Year Beta	Growth	Efficiency	Solvency	Volatility	Dividend	Total Return
Fortune Minerals Limited	FT.TO	TSX	Materials	D+	Sell	C-	D	Down	0.10	0.19	0.07	2.11	W	F	E	W	–	W
Fortune Minerals Limited	FTMDF	OTC PK	Materials	D+	Sell	C-	D	Down	0.07	0.14	0.05	2.26	W	F	E	W	–	W
Fortune Valley Treasures, Inc.	FVTI	OTC PK	Consumer Discretn	D	Sell	D	D	Up	3.02	3.02	0.85		F	V	G	W	–	F
Forty Seven, Inc.	FTSV	NAS GS	Health Care	D-	Sell	D-	D		10.41	23.83	9.9		V	V	E	W	–	W
Forum Energy Metals Corp.	FDCFF	OTC PK	Energy	D	Sell	D-	D	Up	0.05	0.06	0.02	0.95	F	V	E	W	–	W
Forum Energy Metals Corp.	FMC.V	TSXV	Energy	D	Sell	D-	D	Up	0.06	0.08	0.03	-0.86	F	V	E	W	–	W
Forum Energy Technologies, Inc.	FET	NYSE	Energy	D	Sell	D	D-		3.34	13.40	3.09	2.78	W	W	G	W	–	V
Forum Merger II Corporation	FMCI	NAS CM	Financials	D-	Sell	E	D	Up	10.06	10.08	9.52		F	V	E	E	–	W
Forward Air Corporation	FWRD	NAS GS	Industrials	B	Buy	B	C+		58.24	72.81	51.54	1.58	E	E	E	F	W	F
Forward Industries, Inc.	FORD	NAS CM	Consumer Discretn	D	Sell	D+	D	Down	1.16	2.30	1.1	2.54	W	F	E	W	–	W
Forward Pharma A/S	FWP	NAS GS	Health Care	D	Sell	D	D-	Up	0.94	3.44	0.71	2.84	W	F	E	W	–	W
Fossil Group, Inc.	FOSL	NAS GS	Consumer Discretn	D	Sell	D	D		11.54	30.20	9.46	0.58	W	F	G	W	–	W
Foundation Building Materials, Inc.	FBM	NYSE	Industrials	D	Sell	D+	D		16.69	16.96	7.62	1.37	W	F	E	W	–	W
Founders Advantage Capital Corp.	FCF.V	TSXV	Financials	D	Sell	D	D-		1.15	2.08	0.96	0.66	W	W	E	W	–	V
Fountain Asset Corp.	FA.V	TSXV	Financials	C+	Hold	B	C		0.46	0.65	0.33	-0.48	F	G	E	F	–	F
Four Corners Property Trust, Inc.	FCPT	NYSE	Real Estate	B	Buy	B+	C+		27.16	29.85	24.21	0.22	G	E	E	F	G	F
Four Seasons Education (Cayman) Inc.	FEDU	NYSE	Consumer Discretn	E+	Sell	D-	E+		1.75	5.75	1.73		W	V	E	V	–	V
Fox Corporation	FOXA	NAS GS	Communication Svc	C	Hold	C+	D+		35.99	41.95	33.78		G	G	E	W	–	W
Fox Corporation	FOX	NAS GS	Communication Svc	C	Hold	C	C-		35.75	41.40	33.32		G	G	E	F	–	W
Fox Factory Holding Corp.	FOXF	NAS GS	Consumer Discretn	B+	Buy	A+	C	Up	81.51	81.92	45.35	1.74	E	E	E	F	–	E
Fox River Resources Corporation	FXRVF	OTC PK	Materials	D	Sell	D	D	Down	0.04	0.06	0.04	1.00	W	W	G	W	–	F
FP Newspapers Inc.	FP.V	TSXV	Communication Svc	D-	Sell	E+	D		0.49	0.49	0.07	0.09	W	V	G	W	–	G
FP Newspapers Inc.	FPNUF	OTC PK	Communication Svc	D-	Sell	E+	D	Up	0.09	0.09	0.06	-0.23	W	V	G	W	–	W
FPX Nickel Corp.	FPX.V	TSXV	Materials	D	Sell	D	D	Down	0.12	0.18	0.08	-0.47	W	W	G	W	–	F
FPX Nickel Corp.	FPOCF	OTC PK	Materials	D	Sell	D	D	Down	0.10	0.12	0.06	1.48	W	W	G	W	–	F
Francesca's Holdings Corporation	FRAN	NAS GS	Consumer Discretn	D	Sell	D	D-		0.48	8.48	0.37	1.93	V	F	G	W	–	V
Franchise Holdings International, Inc.	FNHI	OTC PK	Consumer Discretn	D	Sell	D+	D		0.12	2.00	0.01	5.66	F	W	F	W	–	W
Franco-Nevada Corporation	FNV.TO	TSX	Materials	C	Hold	B+	D		109.55	114.36	76.53	-0.19	E	E	E	F	W	F
Franco-Nevada Corporation	FNV	NYSE	Materials	C+	Hold	B+	D+	Up	83.51	86.81	58.26	0.08	E	E	E	F	W	F
Franklin Covey Co.	FC	NYSE	Industrials	D+	Sell	C-	D	Up	33.00	33.02	20.52	1.08	W	W	G	F	–	G
Franklin Electric Co., Inc.	FELE	NAS GS	Industrials	B	Buy	B	C+		46.61	55.59	38.87	1.26	G	E	E	F	W	F
Franklin Financial Network, Inc.	FSB	NYSE	Financials	C-	Hold	C+	D		27.63	41.50	25.25	1.40	F	E	E	W	W	W
Franklin Financial Services Corporation	FRAF	NAS CM	Financials	C	Hold	B-	B		37.47	39.56	26.83	0.56	F	G	E	G	G	F
Franklin Resources, Inc.	BEN	NYSE	Financials	C	Hold	B	D+		34.72	35.82	27.34	1.08	F	E	E	W	G	W
Franklin Street Properties Corp.	FSP	AMEX	Real Estate	C-	Hold	C+	D		7.32	9.22	5.87	1.54	F	G	E	W	G	W
Franklin Wireless Corp.	FKWL	OTC PK	Information Tech	D+	Sell	D+	D	Up	2.47	2.89	1.63	0.56	W	W	E	F	–	F
Frankly Inc.	FLKKF	OTC PK	Information Tech	D	Sell	D	D-		0.90	2.30	0.9	1.39	W	W	F	W	–	V
Frankly Inc.	TLK.V	TSXV	Information Tech	D	Sell	D	D		3.29	4.10	0.3	-16.31	W	W	F	W	–	W
Frank's International N.V.	FI	NYSE	Energy	D	Sell	D	D-		5.40	9.75	4.8	1.59	W	F	E	W	–	W
Freddie Mac	FMCC	OTC PK	Financials	C	Hold	C+	D+	Up	2.60	3.10	0.98	2.94	F	F	E	W	–	G
Frederick County Bancorp, Inc.	FCBI	OTC PK	Financials	C	Hold	B	C-		27.00	35.00	23	0.64	E	G	E	F	W	F
Fred's, Inc.	FRED	NAS GS	Consumer Discretn	D-	Sell	D-	D-	Down	0.54	3.58	0.33	2.48	W	W	F	W	–	V
Free Flow, Inc.	FFLO	OTC PK	Consumer Discretn	D	Sell	C-	D		0.56	1.50	0	5.79	W	W	E	W	–	F
Freedom Energy Inc.	FREE.V	TSXV	Energy	D	Sell	D	D-		0.02	0.09	0.01	4.30	W	W	F	W	–	V
Freedom Energy Inc.	GBAUF	OTC PK	Energy	D	Sell	D	D-		0.01	0.05	0.01	1.78	W	W	F	W	–	V
Freedom Holding Corp.	FRHC	OTC PK	Financials	C	Hold	B-	D	Up	10.79	11.01	6.3	1.74	W	G	E	W	–	G
Freedom Oil and Gas Ltd	FDMQF	OTC PK	Energy	D	Sell	D	D-		0.02	0.22	0.02	0.86	F	W	E	W	–	V
Freegold Ventures Limited	FVL.TO	TSX	Materials	D	Sell	D	D		0.07	0.13	0.05	0.68	W	W	G	W	–	V
Freegold Ventures Limited	FGOVF	OTC PK	Materials	D	Sell	D	D		0.05	0.10	0.03	2.31	W	W	G	W	–	V
Freehold Royalties Ltd.	FRHLF	OTC PK	Energy	C-	Hold	C+	D-		6.56	9.72	5.71	1.13	F	E	E	W	E	W
Freehold Royalties Ltd.	FRU.TO	TSX	Energy	C-	Hold	C+	D-		8.46	12.78	7.68	0.80	F	E	E	W	G	W
Freeport Resources Inc.	FRI.V	TSXV	Materials	C-	Hold	C	D		0.08	0.11	0.06	2.13	W	E	F	W	–	F

*Ratings Factors: E=Excellent, G=Good, F=Fair, W=Weak, V=Very Weak, U=Unrated

Data as of June 30, 2019

Summer 2019 — I. Index of Stocks

3-Month Total Return (%)	6-Month Total Return (%)	1-Year Total Return (%)	3-Year Total Return (%)	Dividend $ TTM	Dividend Yield TTM	Market Cap. ($Mil)	Enterprise Value ($Mil)	Revenue ($Mil)	Revenue Growth (%)	Net Income ($Mil)	Earnings/Share $	EPS Growth (%)	Cash from Operations ($Mil)	Return on Assets (%)	Return on Equity (%)	Earnings (P/E) TTM	Sales (P/S) TTM	Book (P/B) Q
-13.04	42.86	-20.00	0.00			26.5	30.2	--		2.7	0.01	157.1	-1.5	-1.6	5.76	13.2		0.7
-25.00	41.14	-27.43	-1.84			26.5	30.2	--		2.7	0.01	157.1	-1.5	-1.6	5.76	9.1		0.5
77.65	70.62	72.57				929.4	930.0	0.12	-51.6	-0.20	0.00	25.0	-0.16	-24.46		-5,033.3	7,550.0	-2,157.1
-32.66	-31.78	-30.83				326.4	215.4	--		-78.6	-4.52	39.4	-84.1	-46.74		-2.3		2.9
40.57	130.41	15.82	-11.02			4.9	4.9	--		-1.0	-0.01	2.6	-0.82	-22.47		-4.5		2.3
71.43	50.00	-7.69	-25.00			4.9	4.9	--		-1.0	-0.01	2.6	-0.82	-22.47		-5.4		2.8
-36.38	-21.41	-72.62	-78.89			366.4	894.4	1,086	21.0	-410.0	-3.76	-1,351.6	39.6	-0.76		-0.9	0.3	0.4
1.41	4.25					67.2	65.6	--		2.3	-0.07		-0.58			-149.3		13.4
-8.95	7.03	0.11	38.37	0.69	1.2	1,671	1,810	1,340	10.7	92.7	3.16	4.5	153.3	9.67	17.17	18.4	1.3	3.0
-21.62	-9.73	-30.95	-6.46			11.1	11.8	37.5	29.4	-1.3	-0.14	-181.0	-0.57	-4.48		-8.0	0.3	1.2
-20.78	32.76	-64.02	-70.96			44.8	-37.7	--		-8.7	-0.39	-106.8	-14.8	-7.61		-2.4		0.3
-18.21	-28.90	-60.67	-56.49			572.5	912.4	2,438	-12.2	32.6	0.63	106.4	260.1	4.58	6.47	18.3	0.2	1.1
69.27	103.29	10.97				717.5	1,435	2,096	18.1	-7.6	-0.19	-110.6	97.1	3.5		-87.6	0.3	2.0
4.55	-8.00	-38.40	-72.63	0.05	4.4	--	--	104.0	33.9	-15.4	-0.41	-184.7	15.0	2.33		-2.8	0.4	0.7
-9.00	-21.55	1.11	62.50			20.5	--	14.4	602.7	10.8	0.18	2,218.2	0.61		46.28	2.6	1.9	0.9
-8.24	6.58	13.10	53.20	1.14	4.2	1,858	2,403	148.4	9.7	83.6	1.28	9.3	92.0	4.73	13.83	21.3	12.5	2.7
1.30	-27.39	-67.83				86.9	23.0	37.3	23.6	2.2	0.01	-75.7	--			175.0	4.7	1.6
-0.50				0.23	0.6	22,269	26,348	8,876	14.4	1,141	2.32	215.5	1,624			15.5	2.5	2.6
0.86				0.23	0.6	22,269	26,348	8,876	14.4	1,141	2.32	215.5	1,624			15.4	2.5	2.6
16.99	36.01	75.86	382.02			3,111	3,173	651.1	30.5	80.9	2.07	49.9	63.2	12.96	26.38	39.4	4.9	9.2
-24.47	11.11	-6.39	3.23			1.9	1.1	--		-0.16	0.00	-172.2	-0.16	-10.99		-10.8		3.3
361.90	438.89	385.00	70.18			2.6	2.3	1.0	-8.8	-1.4	-0.21	9.4	-0.24	11.85		-2.4	3.2	1.0
0.00	-2.21	39.06	-65.96			2.6	2.3	1.0	-8.8	-1.4	-0.21	9.4	-0.24	11.85		-0.4	0.6	0.2
-29.41	-14.29	-17.24	33.33			13.4	18.4	--		-1.3	-0.01	-58.9	-0.21	-5.16		-13.5		8.8
-11.86	46.48	-14.05	48.57			13.4	18.4	--		-1.3	-0.01	-58.9	-0.21	-5.16		-11.7		7.7
-32.33	-42.44	-93.72	-95.50			16.9	274.9	414.8	-10.7	-47.2	-1.37	-787.2	6.3	-3.56		-0.4	0.0	0.3
-4.56	0.66	2.71	-86.51			--	--	0.90	97.0	-1.2	-0.05	51.7	-0.42	-89.51		-2.4	3.4	-10.1
9.25	16.29	15.76	20.15	0.97	0.9	15,626	15,715	657.3	-2.4	139.6	0.75	-34.8	480.9	2.45	2.97	146.3	31.2	4.3
11.69	21.08	17.09	19.33	0.97	1.2	15,626	15,715	657.3	-2.4	139.6	0.75	-34.8	480.9	2.45	2.97	111.5	23.8	3.3
29.77	53.85	25.95	129.97			460.8	485.8	219.5	11.0	-5.6	-0.42	-13.4	20.8	0.64		-79.0	2.1	6.1
-8.10	10.28	4.40	51.90	0.53	1.1	2,163	2,362	1,293	7.7	93.8	1.96	10.4	152.7	6.12	12.79	23.7	1.7	2.9
-5.33	4.23	-27.09	-14.15	0.08	0.3	407.0	--	111.8	1.9	27.4	1.82	-17.3	25.6		7.95	15.2	3.7	1.1
4.96	21.17	12.87	72.93	1.11	3.0	165.3	--	43.3	-11.4	6.1	1.38	176.6	9.3		5.25	27.1	3.8	1.4
5.53	19.97	11.87	30.10	1.01	2.9	17,622	14,017	5,931	-8.3	1,548	2.97	145.5	1,777	7.03	12.38	11.7	3.0	1.8
0.34	19.48	-7.15	-27.18	0.36	4.9	784.9	1,774	273.6	1.3	10.4	0.10	155.0	74.6	1.58	1.24	75.2	2.9	1.0
-4.26	20.49	33.51	7.39			26.1	15.9	39.0	13.6	-1.3	-0.13	-2.2	-0.72	-5.71		-19.2	0.7	1.7
0.00	0.00	-13.35	-88.47			76.6	87.6	19.8	-21.1	-9.4	-3.65	59.1	-4.3	-18.37		-0.3	0.1	-0.1
665.12	225.74	136.69	-64.16			76.6	87.6	19.8	-21.1	-9.4	-3.65	59.1	-4.3	-18.37		-0.9	0.4	-0.5
-13.04	2.27	-29.04	-61.05			1,216	1,083	551.3	20.0	-76.9	-0.35	55.1	-41.5	-4.21		-15.3	2.2	1.2
-7.14	142.99	61.50	42.08			8,375	--	13,745	-18.4	7,716	0.13	245.2	305.0		226.44	19.6	0.6	-0.1
10.57	-2.97	-8.45	36.73	0.32	1.2	42.4	--	15.3	18.9	2.5	1.64	88.5	2.9		7.84	16.5	2.8	1.2
-79.31	-71.23	-73.63	-96.48			19.0	239.6	1,154	-15.7	-24.9	-0.69	81.0	-117.1	-11.93		-0.8	0.0	0.2
-44.00	-40.43	460.00	-44.00			14.7	16.4	0.35	90.3	-0.01	0.00	96.5	-0.45	-0.43		-2,800.0	42.4	-37.6
-40.00	0.00	-78.57	-85.00			0.38	0.84	--		-0.69	-0.02	8.2	-0.13	-57.52		-0.7		-0.8
0.00	42.86	-85.07	-90.98			0.38	0.84	--		-0.69	-0.02	8.2	-0.13	-57.52		-0.5		-0.5
24.88	32.39	44.83	5,295.00			626.8	--	63.2	53.6	6.6	0.11	-93.0	58.5		5.4	98.9	10.0	5.3
-71.99	-81.95	-92.27	-46.88			22.6	26.4	21.8	430.2	-0.92	0.00	90.0	9.1	1.83		-12.1	0.8	0.3
7.69	7.69	0.00	-63.16			10.1	10.0	--		-0.76	0.00	-110.0	0.52	-1.11		-16.7		0.4
1.12	0.93	-6.41	-63.90			10.1	10.0	--		-0.76	0.00	-110.0	0.52	-1.11		-12.9		0.3
3.80	13.08	-27.16	-13.58	0.47	7.2	763.6	831.4	107.6	-7.5	2.1	0.02	-70.1	89.6	1.48	0.35	383.6	7.2	1.4
0.97	7.99	-27.17	-14.90	0.63	7.5	763.6	831.4	107.6	-7.5	2.1	0.02	-70.1	89.6	1.48	0.35	494.7	9.3	1.8
-15.79	-15.79	33.33	300.00			1.0	1.2	--		-0.10	-0.01	-1.6	-0.09	-5.4		-12.9		-2.7

I. Index of Stocks

Summer 2019

Company Name	Stock Ticker Symbol	Traded On	Sector	Overall Rating	Recommendation	Reward Rating	Risk Rating	Recent Up/Downgrade	Stock Price as of 6/30/2019	52-Week High	52-Week Low	3-Year Beta	Growth	Efficiency	Solvency	Volatility	Dividend	Total Return
Freeport Resources Inc.	FEERF	OTC PK	Materials	C	Hold	C	D+	Up	0.05	0.06	0.05	-1.55	W	E	F	F	—	F
Freeport-McMoRan Inc.	FCX	NYSE	Materials	C	Hold	B-	D		11.56	18.14	9.47	1.81	G	G	E	W	F	W
Freestone Resources, Inc.	FSNR	OTC PK	Materials	D-	Sell	E+	D		0.04	0.05	0.01	0.17	W	V	F	W	—	W
Freeze Tag, Inc.	FRZT	OTC PK	Communication Svc	C-	Hold	C	D	Up	0.02	0.20	0.01	-2.36	F	G	F	W	—	W
FreightCar America, Inc.	RAIL	NAS GS	Industrials	D-	Sell	D-	D		5.69	20.14	5.55	1.43	V	W	G	W	—	V
Frélii, Inc.	FRLI	OTC PK	Health Care	E+	Sell	E	D-	Down	0.75	3.00	0.62	10.56	W	V	E	W	—	F
Fremont Gold Ltd.	USTDF	OTC PK	Materials	D	Sell	D	D		0.06	0.18	0.05	0.25	V	W	E	W	—	F
Fremont Gold Ltd.	FRE.V	TSXV	Materials	D-	Sell	D-	D	Down	0.08	0.19	0.07	0.13	V	W	E	W	—	W
Frequency Electronics, Inc.	FEIM	NAS	Information Tech	D+	Sell	D+	D+		11.06	13.52	7.3	0.74	W	W	E	F	—	F
Fresenius Medical Care AG & Co. KGAA	FMCQF	OTC PK	Health Care	C-	Hold	C+	D		77.40	104.35	63	1.75	G	E	G	W	—	W
Fresenius Medical Care AG & Co. KGAA	FMS	NYSE	Health Care	C	Hold	C+	D	Up	39.05	53.40	30.99	1.88	G	E	G	W	—	W
Fresh Del Monte Produce Inc.	FDP	NYSE	Consumer Staples	D	Sell	C-	D-		26.76	45.26	24.15	0.96	F	F	G	W	—	W
Freshii Inc.	FRII.TO	TSX	Consumer Discretn	D	Sell	C-	D-		2.20	6.63	1.94	0.26	G	F	E	W	—	V
Freshii Inc.	FRHHF	OTC PK	Consumer Discretn	D	Sell	C-	D-		1.66	4.90	1.45	0.94	G	F	E	W	—	V
Freshpet, Inc.	FRPT	NAS	Consumer Staples	C	Hold	C+	D		45.44	51.85	25.81	0.43	W	W	E	F	—	E
Fresnillo PLC	FNLPF	OTC PK	Materials	C-	Hold	C+	D		11.00	15.44	9.23	-0.23	G	E	E	W	G	W
Friedman Industries, Incorporated	FRD	AMEX	Materials	C	Hold	B-	D		6.70	11.47	6.23	0.49	W	G	E	W	G	F
Friendable, Inc.	FDBL	OTC PK	Communication Svc	C-	Hold	C	D+	Down	0.00	0.00	0	-0.54	W	E	F	W	—	W
Friendly Hills Bank	FHLB	OTC PK	Financials	C	Hold	C+	C	Up	9.05	10.10	6.5	1.10	F	G	E	F	—	F
FRMO Corporation	FRMO	OTC PK	Financials	D+	Sell	C	D	Down	7.75	8.00	4	0.28	W	F	E	W	—	F
Fronsac Real Estate Investment Trust	FROUN.V	TSXV	Real Estate	C	Hold	C+	C-	Up	0.69	0.70	0.45	0.12	F	G	E	G	G	F
Front Yard Residential Corporation	RESI	NYSE	Real Estate	C-	Hold	C	D	Up	11.89	13.07	7.99	0.85	F	W	E	W	G	F
Frontdoor, Inc.	FTDR	NAS GS	Consumer Discretn	C	Hold	C+	D+		43.34	49.92	20.66		F	G	G	W	—	W
FRONTEO, Inc.	FTEO	NAS GS	Information Tech	D	Sell	D	D-		6.86	20.30	6.71	1.19	W	F	E	W	F	W
Frontera Energy Corporation	FEC.TO	TSX	Energy	D+	Sell	C	D	Up	13.10	19.80	10.19	-0.08	F	F	G	W	G	W
Frontera Energy Corporation	FECCF	OTC PK	Energy	D+	Sell	C	D	Up	10.04	14.86	8.12	0.17	F	F	G	W	G	W
Frontier Communications Corporation	FTR	NAS GS	Communication Svc	D	Sell	D+	E+		1.70	7.25	1.21	2.08	G	W	W	V	—	V
Frontier Lithium Inc.	FL.V	TSXV	Materials	D-	Sell	D-	D	Down	0.31	0.48	0.27	0.83	V	W	E	W	—	W
Frontier Lithium Inc.	HLKMF	OTC PK	Materials	D-	Sell	D-	D	Down	0.25	0.35	0.22	1.49	V	W	E	W	—	W
Frontier Oilfield Services, Inc.	FOSI	OTC PK	Energy	D-	Sell	E+	D		0.25	1.15	0.17	-1.28	W	V	F	W	—	F
Frontline Gold Corporation	FGC.V	TSXV	Materials	D+	Sell	C	D		0.01	0.02	0.01	1.65	G	G	F	W	—	W
Frontline Gold Corporation	FLDPF	OTC PK	Materials	D	Sell	C	D-	Up	0.00	0.02	0	6.85	W	G	F	W	—	V
Frontline Ltd.	FRO	NYSE	Energy	C	Hold	C	D+	Up	8.14	9.54	4.46	0.60	G	F	G	W	—	F
FRP Holdings, Inc.	FRPH	NAS GS	Real Estate	C+	Hold	B	C-		50.22	67.70	41.51	1.05	G	E	E	F	—	F
FS Bancorp, Inc.	FSBW	NAS CM	Financials	C	Hold	B+	C	Down	50.69	66.40	41.25	1.35	E	G	E	F	W	F
FS KKR Capital Corp.	FSK	NYSE	Financials	C-	Hold	B-	D		5.83	8.24	5.09	1.26	G	E	E	W	E	W
FSB Bancorp, Inc.	FSBC	NAS CM	Financials	C-	Hold	C-	C-		17.70	19.33	15.96	0.12	W	F	E	G	—	F
FSD Pharma Inc.	FSDDF	OTC PK	Health Care	D-	Sell	D	D-		0.12	0.88	0.09		F	W	E	W	—	W
FTD Companies, Inc.	FTDCQ	OTC PK	Consumer Discretn	E+	Sell	E+	E+		0.03	5.26	0.03	0.94	W	V	F	V	—	V
FTE Networks, Inc.	FTNW	AMEX	Industrials	D-	Sell	D-	D-		1.10	20.50	0.5	1.57	W	V	G	W	—	V
FTI Consulting, Inc.	FCN	NYSE	Industrials	B	Buy	A	C	Up	84.00	87.34	59.06	0.64	E	E	E	F	—	E
FTI Foodtech International Inc.	FTI.V	TSXV	Industrials	D	Sell	C-	D-		0.15	0.20	0.07	2.01	F		G	W	—	F
FTS International, Inc.	FTSI	NYSE	Energy	D+	Sell	C	D	Up	5.74	15.43	5.14		W	G	F	W	—	V
Fuel Tech, Inc.	FTEK	NAS GS	Industrials	D	Sell	D+	D	Down	1.38	3.06	0.96	1.44	W	W	F	W	—	F
FuelCell Energy, Inc.	FCEL	NAS	Industrials	D-	Sell	D-	D-		0.19	17.52	0.13	0.68	W	W	F	W	—	V
FUJIFILM Holdings Corporation	FUJIF	OTC PK	Information Tech	C	Hold	B	B-		50.05	50.05	38.01	0.29	G	E	E	G	—	F
FUJIFILM Holdings Corporation	FUJIY	OTC PK	Information Tech	B	Buy	B	B-		50.03	50.95	36.53	0.32	G	E	E	G	—	F
Fulgent Genetics, Inc.	FLGT	NAS	Health Care	D+	Sell	C-	D	Up	6.00	7.85	3.02	1.33	F	W	E	W	—	F
Fuling Global Inc.	FORK	NAS CM	Consumer Discretn	D-	Sell	E	D	Down	2.15	4.29	1.87	0.59	V	V	G	W	—	F
Full House Resorts, Inc.	FLL	NAS CM	Consumer Discretn	D	Sell	C-	D		1.85	3.41	1.6	0.92	F	W	G	W	—	W
Full Metal Minerals Ltd.	FLMTF	OTC PK	Materials	D	Sell	D+	D-		0.00	0.00	0	-0.54	W	E	F	W	—	V
Fullnet Communications, Inc.	FULO	OTC PK	Communication Svc	C	Hold	A-	D+		0.04	0.10	0.02	0.10	G	G	F	W	—	G

*Ratings Factors: E=Excellent, G=Good, F=Fair, W=Weak, V=Very Weak, U=Unrated

Summer 2019 — I. Index of Stocks

3-Month Total Return (%)	6-Month Total Return (%)	1-Year Total Return (%)	3-Year Total Return (%)	Dividend $ TTM	Dividend Yield TTM	Market Cap. ($Mil)	Enterprise Value ($Mil)	Revenue ($Mil)	Revenue Growth (%)	Net Income ($Mil)	Earnings/Share $	EPS Growth (%)	Cash from Operations ($Mil)	Return on Assets (%)	Return on Equity (%)	Earnings (P/E) TTM	Sales (P/S) TTM	Book (P/B) Q
37.62	37.62	37.62	96.30			1.0	1.2	--		-0.10	-0.01	-1.6	-0.09	-5.4		-8.4		-1.8
-8.85	11.30	-30.13	10.05	0.20	1.7	16,769	32,040	17,552	-2.1	1,941	1.32	-16.0	3,028	5.55	14.49	8.8	1.0	1.7
50.29	143.75	-26.14	-70.11			3.8	7.8	1.1	-3.5	-1.3	-0.01	-18.6	-0.69	-40.58		-2.8	3.5	-1.1
-16.00	40.00	-14.11	-79.00			1.6	1.8	2.2	1.6	0.04	0.00	100.2	0.13	7.94		52.5	0.9	-3.8
-7.78	-15.07	-65.30	-56.14			71.7	98.8	304.3	-13.8	-48.2	-3.91	-62.2	-16.4	-7.15		-1.5	0.2	0.4
-65.12	-63.02	-50.00	275.00			31.0	30.8	0.05	10,380.0	-5.1	-0.14	-90.2	-1.1	-430.71		-5.4	576.9	129.3
-39.76	-52.61	-52.57	8.08			3.1	2.3	--		-1.5	-0.03	-215.5	-1.2	-35.19		-1.7		1.0
-34.78	-46.43	-48.28	12.50			3.1	2.3	--		-1.5	-0.03	-215.5	-1.2	-35.19		-2.3		1.4
-6.49	5.54	38.25	27.20			96.6	85.7	43.8	-8.5	-12.7	-1.44	14.2	-0.76	-2.61		-7.7	2.3	1.5
-4.56	20.09	-23.34	-7.25			23,762	39,068	19,347	-3.9	2,309	7.51	57.7	2,537	4.78	18.37	10.3	1.2	1.8
-0.64	22.70	-20.72	-5.89	0.45	1.2	23,762	39,068	19,347	-3.9	2,309	7.51	57.7	2,537	4.78	18.37	5.2	0.6	0.9
-1.11	-5.04	-39.49	-47.68	0.60	2.2	1,302	2,241	4,542	9.2	-27.3	-0.57	-124.6	237.9	1.21		-47.0	0.3	0.8
0.92	-12.35	-64.46				52.0	32.3	22.0	18.7	-0.53	-0.02	58.0	3.7	0.45		-96.9	3.2	2.1
3.04	-0.01	-66.46				52.0	32.3	22.0	18.7	-0.53	-0.02	58.0	3.7	0.45		-73.1	2.4	1.6
5.31	44.71	70.83	400.99			1,630	1,646	204.9	26.6	-5.3	-0.16	-5.7	14.3	-1.94		-292.6	7.9	13.5
-2.31	2.80	-28.34	-43.01			8,103	8,420	2,104	0.5	349.8	0.47	-37.6	588.4	6.63	11.3	23.2	3.9	2.7
-10.80	0.21	6.91	15.38	0.19	2.8	47.0	44.4	188.9	92.3	8.4	1.19	1,723.9	5.8	6.04	7.23	5.7	0.3	0.6
0.00	0.00	0.00	-99.11			0.56	7.0	0.00	-52.9	-2.3	0.00	81.0	-0.45	-728.08		-0.3		-0.1
4.50	29.29	-9.50	54.70			17.5	--	5.3	9.9	0.63	0.33	-18.7	--		3.9	27.6	3.3	1.1
40.91	51.96	-0.64	72.22			340.8	273.4	12.9	-41.2	-1.2	-0.04	-109.8	0.90	4.21	7.88	-194.2	26.5	2.7
20.02	25.59	25.65	53.11	0.02	3.1	61.4	104.2	5.3	39.1	-1.7	-0.02	-138.4	2.3	3.52		-43.4	13.2	2.2
25.55	42.10	18.05	60.35	0.60	5.1	637.7	2,219	197.5	88.8	-122.0	-2.29	25.1	-39.4	-0.99		-5.2	3.2	1.5
25.70	68.64					3,668	4,344	927.0	-17.8	79.0	0.92	37.1	119.0			46.9	4.0	-11.0
-27.76	-42.86	-65.69	-56.68			125.4	152.2	101.6	-8.8	0.49	0.01	107.2	--	1.06	1.39	571.9	2.6	6.3
15.60	9.57	-26.56		0.50	3.8	977.7	1,124	1,406	16.0	-209.8	-2.10	8.3	353.8	3.11		-6.2	0.9	1.2
16.64	18.32	-24.96		0.37	3.7	977.7	1,124	1,406	16.0	-209.8	-2.10	8.3	353.8	3.11		-4.8	0.7	0.9
-17.87	-26.72	-67.71	-96.99			179.0	17,372	8,513	-5.1	-750.0	-7.99	67.7	1,843	3.89		-0.2	0.0	0.1
-10.14	-1.59	-27.06	3.33			37.3	36.1	--		-2.8	-0.02	-85.7	-1.0	-20.64		-15.9		5.7
-4.26	9.86	-23.04	9.23			37.3	36.1	--		-2.8	-0.02	-85.7	-1.0	-20.64		-12.7		4.5
-44.44	-73.12	-37.50	-50.00			3.7	12.5	1.1	-10.0	-0.93	-0.06	31.5	0.01	-15.6		-3.9	3.5	-0.5
-50.00	-50.00	-66.67	-83.33			0.54	0.95	--		-0.05	0.00	-200.0	0.07	-7.66		-25.0		-0.5
0.00	28.57	-75.45	-89.37			0.54	0.95	--		-0.05	0.00	-200.0	0.07	-7.66		-13.5		-0.3
29.00	46.40	38.67	11.88			1,382	3,120	809.7	27.1	44.8	0.26	114.7	97.2	2.57	3.83	30.9	1.7	1.2
5.48	6.90	-21.47	51.17			498.8	576.3	22.3	29.8	124.8	12.44	199.2	-41.0	0.33	1.01	4.0	22.5	1.4
2.74	20.72	-19.56	106.40	0.58	1.1	222.2	--	75.4	15.5	25.2	6.18	33.8	21.5		16.2	8.2	3.0	1.2
-0.79	16.24	-9.35	-8.70	0.76	13.0	3,047	6,353	394.0	-6.0	569.0	2.03	174.0	280.0	3.13	17.64	2.9	4.1	0.7
3.21	4.12	-0.28	36.15			33.8	--	10.7	-7.5	0.07	0.03	-77.8	2.8		0.22	522.1	3.1	1.0
-29.72	-41.88	-3.48				177.7	164.8	0.05	-1.0	-6.1	0.00	-7.9	-16.2	-35.74		-29.8		4.6
-93.91	-97.65	-99.31	-99.86			0.97	192.8	1,014	-6.4	-224.7	-8.04	5.7	-11.2	0.92		0.0	0.0	-0.7
-36.78	-52.59	-94.18	-94.01			21.3	112.4	372.3	169.7	-49.3	-9.01	-241.4	-0.58	-1.72		-0.1	0.0	-1.5
8.86	31.13	37.39	117.62			3,110	3,402	2,081	12.0	174.3	4.53	28.2	197.8	6.62	13.21	18.5	1.5	2.2
0.00	50.00	-23.08	42.86			1.6	1.6	0.12	177.8	-0.33	-0.02	-22,500.0	-0.50	-148.13		-6.7	17.1	107.1
-44.33	-17.41	-61.55				630.6	969.5	1,298	-24.5	124.7	1.14	-82.7	344.4	13.1		5.1	0.5	11.8
-21.32	12.26	32.77	-4.77			33.4	27.7	53.9	9.0	-1.1	-0.05	86.0	2.6	-0.13		-27.8	0.6	1.0
-94.06	-97.42	-98.83	-99.73			5.2	203.5	57.0	-51.6	-67.1	-10.80	-8.0	-43.8	-9.94		0.0	0.0	0.1
13.36	28.07	30.88	33.57			20,605	21,322	21,948	0.9	1,058	2.47	-31.1	2,273	3.7	6.76	20.3	1.0	1.1
9.82	29.14	29.68	28.96			20,605	21,322	21,948	0.9	1,058	2.47	-31.1	2,273	3.7	6.76	20.3	1.0	1.1
10.09	72.91	36.67				109.9	83.4	22.1	22.1	-5.6	-0.31	-17.7	1.7	-5.29		-19.3	5.0	2.2
-8.51	-44.16	-24.56	-6.52			34.0	65.1	67.1	-47.3	0.37	0.04	-89.8	0.71	0.61	0.63	53.8	0.5	0.5
-8.42	-12.32	-45.43	-1.60			49.9	150.9	166.4	4.3	-1.7	-0.11	72.5	9.7	2.71		-16.7	0.3	0.9
-99.90	-99.91	-100.00	-100.00			0.00	-0.19	--		-0.47	-0.08	-74.8	-0.14	-266.15		0.0		0.0
-60.72	5.83	27.00	52.40			0.55	1.8	2.2	12.0	0.28	0.02	570.0	0.35	7.43		1.9	0.3	-0.4

I. Index of Stocks

Summer 2019

Company Name	Stock Ticker Symbol	Traded On	Sector	Overall Rating	Recommendation	Reward Rating	Risk Rating	Recent Up/Downgrade	Stock Price as of 6/30/2019	52-Week High	52-Week Low	3-Year Beta	Growth	Efficiency	Solvency	Volatility	Dividend	Total Return
Fulton Financial Corporation	FULT	NAS GS	Financials	C+	Hold	B	C-		16.19	18.45	14.38	0.97	G	G	E	F	G	W
Funko, Inc.	FNKO	NAS GS	Consumer Discretn	D+	Sell	B-	D	Up	25.24	31.12	11.22		W	G	G	W	–	G
Fuquan Financial Company	FQFC	OTC PK	Financials	D+	Sell	C	D	Down	0.07	0.80	0.02	11.72	W	G	E	W	–	W
Fura Gems Inc.	FUGMF	OTC PK	Materials	E+	Sell	E+	E+		0.15	0.40	0.11		W	V	F	V	–	V
Fura Gems Inc.	FURA.V	TSXV	Materials	D-	Sell	D-	D-		0.16	0.50	0.14	3.20	W	V	F	W	–	W
Fuse Group Holding Inc.	FUST	OTC PK	Communication Svc	E+	Sell	E+	D-	Down	0.10	0.34	0.1	1.32	W	V	E	W	–	V
Fuse Medical, Inc.	FZMD	OTC PK	Health Care	D	Sell	C	D		0.55	1.10	0.3		F	G	G	W	–	V
Fusion Connect, Inc.	FSNNQ	OTC PK	Information Tech	D	Sell	D	D-	Up	0.02	4.41	0.01		F	W	F	W	–	V
Fusion Gold Ltd.	FMLP.V	TSXV	Financials	D-	Sell	D-	D	Up	0.30	0.30	0.11		V	V	E	W	–	W
Futu Holdings Limited	FHL	NAS	Financials	U		U	U		10.37	19.28	9.41		U	U	U	U	U	U
Future FinTech Group Inc.	FTFT	NAS CM	Consumer Staples	D-	Sell	E+	D		1.28	2.85	0.49	5.30	W	V	F	W	–	W
FutureFuel Corp.	FF	NYSE	Materials	C-	Hold	C+	D	Down	11.70	19.31	10.22	1.66	W	E	E	W	F	W
FutureLand, Corp.	FUTL	OTC PK	Real Estate	D	Sell	E+	D+		0.00	0.00	0	-0.64	V	V	F	W	–	W
Fuwei Films (Holdings) Co., Ltd.	FFHL	NAS CM	Materials	D+	Sell	C-	D		1.99	4.65	1.7	0.28	G	W	F	W	–	W
FVCBankcorp, Inc.	FVCB	NAS CM	Financials	B-	Buy	B	C+	Up	19.00	21.20	15.53	0.72	E	G	E	F	–	F
G Medical Innovations Holdings Ltd	GMMVF	OTC PK	Health Care	D-	Sell	E+	D		0.18	0.27	0.18		W	V	F	W	–	W
G. Willi-Food International Ltd.	WILC	NAS CM	Consumer Staples	U		U	U		9.99	10.75	6.61	0.20	U	U	U	U	U	U
G1 Therapeutics, Inc.	GTHX	NAS GS	Health Care	D	Sell	D	D		31.10	69.57	13.87	2.69	W	V	E	W	–	W
G2 Goldfields Inc.	LGDRF	OTC PK	Materials	D+	Sell	C	D		0.19	0.22	0.09	0.75	W	W	G	W	–	G
G2 Goldfields Inc.	GTWO.V	TSXV	Materials	D+	Sell	C-	D	Up	0.28	0.43	0.11	0.91	W	W	G	W	–	F
Gabriel Resources Ltd.	GBRRF	OTC PK	Materials	D	Sell	E+	D		0.32	0.35	0.2	1.11	W	V	G	W	–	W
Gabriel Resources Ltd.	GBU.V	TSXV	Materials	D	Sell	E+	D		0.42	0.49	0.29	0.46	W	V	G	W	–	W
Gabriella's Kitchen Inc.	GABLF	OTC PK	Consumer Staples	E	Sell	D-	D	Up	0.29	0.38	0.21		W		F	W	–	W
Gaia, Inc.	GAIA	NAS	Consumer Discretn	D	Sell	D+	D		7.58	22.10	6.95	1.24	F	W	E	W	–	W
GAIN Capital Holdings, Inc.	GCAP	NYSE	Financials	C-	Hold	C+	D	Down	4.03	8.02	3.75	0.88	F	G	E	W	E	W
Gainey Capital Corp.	GNC.V	TSXV	Materials	D-	Sell	E+	D		0.10	0.16	0.04	0.64	V	V	G	W	–	W
Gainey Capital Corp.	GNYPF	OTC PK	Materials	D-	Sell	E+	D		0.07	0.15	0.02	1.30	V	V	G	W	–	F
Gala Pharmaceutical, Inc.	GLPH	OTC PK	Health Care	D	Sell	D+	D-		0.03	0.26	0.01	-1.80	W	E	F	W	–	V
Galane Gold Ltd.	GGGOF	OTC PK	Materials	D	Sell	D	D	Down	0.05	0.05	0.03	1.28	W	W	F	W	–	W
Galane Gold Ltd.	GG.V	TSXV	Materials	D	Sell	D	D	Down	0.06	0.07	0.04	0.45	W	W	F	W	–	W
Galantas Gold Corporation	GAL.V	TSXV	Materials	D	Sell	D	D		0.07	0.15	0.06	1.37	W	W	G	W	–	V
Galantas Gold Corporation	GALKF	OTC PK	Materials	D	Sell	D	D		0.04	0.10	0.04	1.51	W	W	G	W	–	V
Galapagos NV	GLPG	NAS GS	Health Care	C-	Hold	C	D		127.56	129.39	85	1.27	W	W	E	F	–	G
Galapagos NV	GLPGF	OTC PK	Health Care	C-	Hold	C	D		126.23	126.23	95.91	0.22	W	W	E	G	–	G
Galaxy Gaming, Inc.	GLXZ	OTC PK	Consumer Discretn	C+	Hold	B	C-	Down	1.62	2.20	1.1	0.56	E	G	E	F	–	F
Galaxy Next Generation, Inc.	GAXY	OTC PK	Information Tech	D-	Sell	E	D		2.68	75.95	0.88		V	V	F	W	–	W
Galectin Therapeutics, Inc.	GALT	NAS CM	Health Care	D-	Sell	E+	D	Down	4.02	7.50	3.17	3.65	W	V	E	W	–	F
Galenfeha, Inc.	GLFH	OTC PK	Industrials	D	Sell	C	D		0.04	0.14	0.01		F	F	G	W	–	W
Galileo Exploration Ltd.	GXL.V	TSXV	Materials	D	Sell	D	D		0.03	0.04	0.02	0.87	F	W	F	W	–	W
Galmed Pharmaceuticals Ltd.	GLMD	NAS CM	Health Care	D	Sell	D	D		6.23	15.98	5.48	2.68	F	V	E	W	–	W
Galore Resources Inc.	GALOF	OTC PK	Materials	D	Sell	D	D		0.03	0.04	0.01	1.14	V	W	F	W	–	W
Galore Resources Inc.	GRI.V	TSXV	Materials	D	Sell	D	D		0.04	0.05	0.01	3.29	V	W	F	W	–	W
Galway Gold Inc.	GLW.V	TSXV	Materials	D	Sell	D	D		0.12	0.20	0.1	-1.22	W	W	E	W	–	W
Galway Gold Inc.	GAYGF	OTC PK	Materials	D	Sell	D	D		0.10	0.12	0	0.02	W	W	E	W	–	W
Galway Metals Inc.	GWM.V	TSXV	Materials	D-	Sell	D-	D	Down	0.35	0.44	0.13	0.92	W	V	E	W	–	G
Galway Metals Inc.	GAYMF	OTC PK	Materials	D	Sell	D-	D		0.27	0.30	0.1	1.25	W	V	E	W	–	G
GAMCO Investors, Inc.	GBL	NYSE	Financials	D	Sell	C-	D-		18.35	28.31	16.26	1.85	G	W	E	W	W	W
Gamehost Inc.	GH.TO	TSX	Consumer Discretn	C	Hold	C+	D+		9.56	12.95	8.88	0.59	W	E	G	W	G	W
Gamehost Inc.	GHIFF	OTC PK	Consumer Discretn	C-	Hold	C+	D	Down	7.01	9.60	6.7	0.72	W	E	G	W	E	W
GameStop Corp.	GME	NYSE	Consumer Discretn	D	Sell	D	E+		5.54	17.27	4.71	0.22	V	W	G	V	E	V
Gamida Cell Ltd.	GMDA	NAS	Health Care	E	Sell	E+	D-		5.14	15.41	4.95		V	V	G	W	–	W
Gaming and Leisure Properties, Inc.	GLPI	NAS GS	Real Estate	B	Buy	A	C+		38.70	40.82	31.19	0.61	E	E	E	F	E	F

*Ratings Factors: E=Excellent, G=Good, F=Fair, W=Weak, V=Very Weak, U=Unrated

Summer 2019 — I. Index of Stocks

	TOTAL RETURNS %				DIVIDEND/YIELD		SIZE		REVENUE & INCOME			EARNINGS			EFFECTIVENESS		VALUATION		
3-Month Total Return (%)	6-Month Total Return (%)	1-Year Total Return (%)	3-Year Total Return (%)	Dividend $ TTM	Dividend Yield TTM	Market Cap. ($Mil)	Enterprise Value ($Mil)	Revenue ($Mil)	Revenue Growth (%)	Net Income ($Mil)	Earnings/ Share $	EPS Growth (%)	Cash from Operations ($Mil)	Return on Assets (%)	Return on Equity (%)	Earnings (P/E) TTM	Sales (P/S) TTM	Book (P/B) Q
3.02	5.92	-0.32	33.84	0.49	3.0	2,733	--	791.0	3.0	215.6	1.23	21.4	263.3		9.5	13.2	3.5	1.2
17.01	92.52	111.04				754.4	1,135	715.7	29.1	10.6	0.41	-97.4	67.8	6.8	11.59	61.9	1.0	4.0
-34.75	120.44	-47.21	676.79			47.3	47.7	--		-0.37	0.00	0.0	0.02			-81.6		-81.6
-31.41	-27.71	-45.95				16.5	19.7	--		-17.6	-0.16	11.1	-10.7	-45.11		-1.0		7.6
-45.76	-46.67	-56.76	23.08			16.5	19.7	--		-17.6	-0.16	11.1	-10.7	-45.11		-1.0		8.2
-33.33	-52.38	-71.43				6.5	6.4	0.77		-3.7	-0.08	-115.0	-3.7	-78.23		-1.3	8.5	6.1
10.00	9.98	-45.54				38.6	39.3	25.1	-6.4	4.2	0.06	-8.1	1.8	-5.52		9.5	1.5	32.2
-98.77	-99.01	-99.58				1.4	611.5	376.1	9.0	-51.9	-0.95	8.5	2.9			0.0	0.0	0.0
114.29	114.29					0.44	0.25	--		-0.05	-0.12		-0.03			-2.6		3.2
-42.10						1,152	--	26.1	69.9	4.9	0.22	-8.8	137.2			46.3	2.5	-3.4
75.63	106.75	-24.26	-46.44			39.7	103.7	1.9	-89.4	-112.0	-18.59	-335.0	20.5	-5.86		-0.1	12.3	-2.5
-13.68	-24.14	-16.31	46.53	0.24	2.1	511.8	223.3	283.8	2.6	22.8	0.52	-59.2	78.5	3.93	5.88	22.4	1.8	1.3
0.00	0.00	-75.00	-99.88			0.67	1.1	0.01		-0.74	0.00	85.5	-0.14	-13.41		-0.1		
-26.30	-4.33	-31.65	-50.25			6.5	28.9	50.4	17.0	-3.4	-1.05	49.7	3.9	-0.86		-1.9	0.1	0.2
12.29	13.84	10.47	52.24			261.9	--	42.8	23.5	11.8	0.89	24.3	13.1		8.92	21.3	6.6	1.6
-5.26	-26.53	-28.00				54.3	67.7	3.1	2,709.2	-16.3	-0.05	66.5	-15.5	-60.21		-3.8	20.7	-9.9
19.21	45.84	49.55	147.90			132.3	61.1	49.7	-42.7	2.4	0.18	-66.7	3.5			56.7	2.7	1.1
89.75	65.96	-27.18				1,165	819.0	--		-88.8	-2.51	14.4	-77.7	-21.57		-12.4		3.4
22.44	82.25	156.03				14.1	13.6	--		-0.40	-0.01	21.0	-0.04	-3.04		-17.5		1.4
27.27	64.71	154.55				14.1	13.6	--		-0.40	-0.01	21.0	-0.04	-3.04		-25.7		2.1
-3.12	37.39	30.01	-5.97			155.3	201.6	--		-39.2	-0.10	-38.7	-31.9	-72.17		-3.3		-3.8
3.75	23.88	29.69	-4.60			155.3	201.6	--		-39.2	-0.10	-38.7	-31.9	-72.17		-4.2		-4.9
31.12	-6.82					49.5	51.5	1.1	4.7	-7.0	-0.09	-37.1	-4.4	-150.74		-3.1	24.8	-29.4
-16.70	-24.35	-63.65	-0.66			135.7	125.9	46.7	47.6	-34.5	-1.93	-26.8	-21.2	-19.66		-3.9	2.9	1.8
-35.02	-33.57	-44.29	-27.77	0.24	6.0	148.7	--	279.0	-10.1	48.5	0.92	73.8	-164.2			4.4	0.5	0.6
-29.63	90.00	35.71	-38.71			6.1	5.7	--		-5.6	-0.10	-1,244.4	-0.36	-71.52		-1.0		2.7
-30.80	63.02	75.25	-39.20			6.1	5.7	--		-5.6	-0.10	-1,244.4	-0.36	-71.52		-0.7		2.0
20.47	-11.15	-63.00	-93.52			2.8	3.0	0.00		-1.9	-0.03	67.0	-0.66	-289.85		-0.9		-1.9
18.39	3.16	-1.93	4.82			8.4	21.8	43.2	6.8	-1.1	0.00	-261.5	2.8	-2.21		-9.7	0.2	0.6
22.22	0.00	10.00	0.00			8.4	21.8	43.2	6.8	-1.1	0.00	-261.5	2.8	-2.21		-11.7	0.3	0.7
-12.50	-26.32	-33.33	-41.67			16.0	16.7	0.06	118.7	-2.4	-0.01	-33.7	-0.72	-7.68		-6.1	700.0	1.9
-21.82	-42.36	-50.46	-54.21			16.0	16.7	0.06	118.7	-2.4	-0.01	-33.7	-0.72	-7.68		-3.7	430.0	1.1
32.70	44.22	33.14	142.56			6,988	5,625	363.2	92.0	-46.9	-0.88	72.8	-201.3	-3.1		-145.4	19.2	5.3
25.29	11.46	23.73	203.22			6,988	5,625	363.2	92.0	-46.9	-0.88	72.8	-201.3	-3.1		-143.9	19.0	5.2
1.25	12.50	35.00	478.57			28.0	31.5	19.5	24.2	1.1	0.02	344.6	4.8	13.46	15.92	65.1	3.5	8.0
30.73	-8.84	155.23				27.8	30.4	1.9	-10.4	-5.2	-0.46	-210.3	-3.6			-5.9	14.1	-12.8
-16.42	6.63	-35.16	169.80			225.1	220.5	--		-12.0	-0.47	0.6	-9.9	-115.5		-8.6		40.0
119.18	-33.44	-68.00				3.8	5.1	3.7	93.3	0.24	0.00		0.09	10.89		36.4	0.8	-50.0
25.00	-16.67	0.00	-54.55			0.46	0.53	0.02	4.9	-0.05	0.00	94.7	-0.05	-85.07		-11.4	31.3	-3.1
-23.09	-14.19	-48.51	37.22			131.5	45.5	1.8	63.1	-10.8	-0.56	37.7	-9.4	-14.64		-11.2	74.3	1.6
87.65	31.33	95.71	469.64			3.7	3.9	--		-0.78	-0.01	-518.2	-0.17	-9.85		-4.7		1.2
166.67	33.33	100.00	166.67			3.7	3.9	--		-0.78	-0.01	-518.2	-0.17	-9.85		-5.9		1.5
0.00	-11.11	-40.00	-50.00			3.8	-2.5	--		-1.1	-0.03	-1.1	-1.1	-11.06		-4.4		0.8
25.30	35.06	-33.33	-49.32			3.8	-2.5	--		-1.1	-0.03	-1.1	-1.1	-11.06		-3.8		0.7
11.11	105.88	75.00	133.33			30.9	26.5	--		-3.5	-0.04	46.0	-4.1	-31.6		-8.5		4.7
16.55	120.87	72.64	180.29			30.9	26.5	--		-3.5	-0.04	46.0	-4.1	-31.6		-6.5		3.6
-12.14	7.16	-31.04	-41.65	0.08	0.4	498.9	432.3	328.3	-9.3	109.8	3.82	40.9	94.3	80.26		4.8	1.6	19.4
-0.91	7.55	-13.30	16.85	0.69	7.2	177.1	206.8	53.2	-1.4	12.0	0.49	-11.0	15.1	8.84	14.06	19.7	4.4	2.8
-2.33	7.12	-17.69	12.15	0.52	7.4	177.1	206.8	53.2	-1.4	12.0	0.49	-11.0	15.1	8.84	14.06	14.4	3.2	2.1
-45.63	-53.36	-59.49	-73.11	1.52	27.4	567.0	1,295	8,342	0.7	-694.4	-6.80	-19,044.0	-312.3	5.18		-0.8	0.1	0.4
-56.44	-47.60					131.6	88.2	--		-61.0	-35.08	-16.2	-29.8			-0.2		9.8
2.32	24.46	16.12	41.87	2.67	6.9	8,307	14,275	1,100	13.1	335.8	1.56	-12.8	690.1	5.3	14.52	24.8	7.6	3.8

I. Index of Stocks

Summer 2019

Company Name	Stock Ticker Symbol	Traded On	Sector	Overall Rating	Recommendation	Reward Rating	Risk Rating	Recent Up/Downgrade	Stock Price as of 6/30/2019	52-Week High	52-Week Low	3-Year Beta	Growth	Efficiency	Solvency	Volatility	Dividend	Total Return
Gannett Co., Inc.	GCI	NYSE	Communication Svc	C-	Hold	C+	D-	Down	8.01	11.99	7.41	1.85	W	G	G	W	E	W
Gardner Denver Holdings, Inc.	GDI	NYSE	Industrials	C	Hold	B-	D+		33.90	36.22	18.7	1.37	F	G	E	W	–	F
Garibaldi Resources Corp.	GGI.V	TSXV	Materials	D	Sell	D+	D		1.33	3.29	0.69	1.59	W	W	E	W	–	F
Garibaldi Resources Corp.	GGIFF	OTC PK	Materials	D	Sell	D+	D		1.02	2.50	0.51	1.49	W	W	E	W	–	F
Garmin Ltd.	GRMN	NAS GS	Consumer Discretn	A-	Buy	A	B+	Down	80.27	89.72	59.92	1.25	E	E	E	G	E	G
Garrett Motion Inc.	GTX	NYSE	Consumer Discretn	D	Sell	E+	D+	Up	15.52	22.00	11.01		G	V	G	W	–	W
Garrison Capital Inc.	GARS	NAS GS	Financials	C-	Hold	C+	D-	Up	6.94	8.84	6.03	0.84	F	G	E	W	E	W
Gartner, Inc.	IT	NYSE	Information Tech	C	Hold	B-	D+		158.97	162.79	120.89	1.44	F	G	G	F	–	G
GasLog Ltd.	GLOG	NYSE	Energy	C-	Hold	C	D	Down	14.09	23.14	12.94	0.61	G	F	G	W	G	W
GasLog Partners LP	GLOP	NYSE	Energy	C	Hold	C+	D+	Down	21.26	25.99	17.97	0.69	F	E	G	W	E	W
Gatekeeper Systems Inc.	GKPRF	OTC PK	Information Tech	D	Sell	D	D		0.07	0.10	0.06	1.78	F	W	E	W	–	W
Gatekeeper Systems Inc.	GSI.V	TSXV	Information Tech	D	Sell	D+	D		0.10	0.13	0.09	1.11	F	W	E	W	–	W
Gates Industrial Corporation plc	GTES	NYSE	Industrials	D+	Sell	C	D	Down	11.34	20.29	10.44		E	G	E	W	–	W
Gatling Exploration Inc.	GTR.V	TSXV	Materials	E+	Sell	D	D	Up	0.40	0.58	0.13		V	W	E	W	–	W
Gatling Exploration Inc.	GATGF	OTC PK	Materials	E+	Sell	D	D+	Up	0.30	0.34	0.21		V	W	E	F	–	W
GATX Corporation	GATX	NYSE	Industrials	B-	Buy	B-	C+	Down	77.74	91.12	67.47	1.56	W	G	G	F	F	F
Gaucho Group Holdings, Inc.	VINO	OTC PK	Real Estate	D-	Sell	E+	D-		0.24	0.95	0.13	-8.23	F	V	F	W	–	W
GB Sciences, Inc.	GBLX	OTC PK	Health Care	D-	Sell	E+	D-		0.13	0.47	0.12	0.34	W	V	E	W	–	V
GBLT Corp.	GBLT.V	TSXV	Industrials	D	Sell	C-	E+	Up	0.10	0.47	0.08		G	F	W	W	–	V
GCC Global Capital Corporation	GCCC.V	TSXV	Financials	D-	Sell	E+	D		0.07	0.11	0.03	1.33	V	V	E	W	–	W
GCI Liberty, Inc.	GLIBA	NAS GS	Communication Svc	C-	Hold	C	D		60.61	62.34	38.72		W	G	E	F	–	F
GCI Liberty, Inc.	GLIBB	OTC PK	Communication Svc	C-	Hold	C	C-	Down	60.65	65.00	40.51		W	G	E	G	–	W
GCP Applied Technologies Inc.	GCP	NYSE	Materials	C	Hold	C	C-	Up	22.32	31.74	21.78	0.66	W	G	E	F	–	W
GD Entertainment & Technology, Inc.	GDET	OTC PK	Communication Svc	D-	Sell	C	D		0.01	0.03	0	6.43	W	G	F	W	–	W
GDI Integrated Facility Services Inc.	GDIFF	OTC PK	Industrials	C	Hold	B	B	Up	21.00	21.00	20.93	0.84	E	G	E	G	–	F
GDI Integrated Facility Services Inc.	GDI.TO	TSX	Industrials	C	Hold	A-	C+		27.26	28.50	15.85	0.36	E	G	E	G	–	E
GDS Holdings Limited	GDS	NAS	Information Tech	D+	Sell	C	D	Down	36.74	46.18	18.59	3.02	F	W	G	W	–	F
Gear Energy Ltd.	GXE.TO	TSX	Energy	C-	Hold	C	D+	Up	0.57	1.47	0.44	1.60	F	F	G	W	–	W
Gear Energy Ltd.	GENGF	OTC PK	Energy	D+	Sell	C-	D		0.43	1.13	0.3	1.79	F	F	G	W	–	W
GEE Group, Inc.	JOB	AMEX	Industrials	D	Sell	D	D-		0.79	3.25	0.54	4.86	W	W	F	W	–	V
Gegs Capital Corp.	GEGSP.V	TSXV	Financials	E	Sell	D	D	Up	0.09	0.20	0.08		W	W	E	W	–	W
GelTech Solutions, Inc.	GLTC	OTC PK	Materials	D-	Sell	E+	D		0.17	0.48	0.12	-0.16	F	V	F	W	–	W
Gelum Capital Ltd.	JAMTF	OTC PK	Energy	E	Sell	E+	D+	Down	0.04	0.04	0.04	2.74	F	V	G	W	–	F
Gem International Resources Inc.	GEMIF	OTC PK	Materials	D	Sell	C-	D-		0.00	0.00	0	3.75	F	G	F	W	–	V
Gemphire Therapeutics Inc.	GEMP	NAS CM	Health Care	D-	Sell	E+	D-		0.80	11.43	0.57	2.99	W	V	G	W	–	V
Gen III Oil Corporation	GIII.V	TSXV	Energy	D	Sell	E+	D	Down	0.29	0.55	0.16	1.33	W	V	G	W	–	F
Gen III Oil Corporation	ISRJF	OTC PK	Energy	D	Sell	E+	D	Down	0.22	0.37	0.16	2.54	W	V	G	W	–	F
Gencan Capital Inc.	GNCNF	OTC PK	Utilities	C	Hold	C	C-	Up	0.10	0.10	0.1	-0.23	W	G	E	F	–	F
Genco Shipping & Trading Limited	GNK	NYSE	Industrials	C-	Hold	C-	D+	Up	8.20	16.32	6.83	1.18	F	F	E	W	–	W
Gencor Industries, Inc.	GENC	NAS	Industrials	C	Hold	B-	D+		12.61	16.55	10.5	0.99	G	E	E	W	–	W
Generac Holdings Inc.	GNRC	NYSE	Industrials	B	Buy	B+	C+		69.77	69.89	45.43	1.18	G	E	E	F	–	G
General Cannabis Corp	CANN	OTC PK	Industrials	D	Sell	D	D-	Up	0.81	4.51	0.78	1.64	F	W	G	W	–	W
General Dynamics Corporation	GD	NYSE	Industrials	C+	Hold	B	C-	Up	177.72	207.72	143.87	1.48	G	E	F	W	F	W
General Electric Company	GE	NYSE	Industrials	D	Sell	D	D-		10.40	14.29	6.66	1.00	W	W	G	W	W	V
General Finance Corporation	GFN	NAS	Industrials	D+	Sell	D+	D		8.13	16.15	7.03	1.41	W	W	G	W	–	F
General Finance Corporation	GFNSL	NAS	Industrials	U		U	U						U	U	U	U	U	U
General Mills, Inc.	GIS	NYSE	Consumer Staples	C	Hold	B	D+		52.22	54.39	36.42	0.89	G	E	G	W	G	F
General Moly, Inc.	GMO	AMEX	Materials	D	Sell	D+	D		0.37	0.46	0.16	-1.07	F	W	E	W	–	W
General Moly, Inc.	GMO.TO	TSX	Materials	D	Sell	D+	D		0.48	0.63	0.22	-1.15	F	W	E	W	–	W
General Motors Company	GM	NYSE	Consumer Discretn	B-	Buy	B+	C		38.32	41.50	30.56	1.26	F	G	G	F	G	F
Generation Alpha, Inc.	GNAL	OTC PK	Industrials	D	Sell	C-	D-		0.11	1.05	0.1	3.65	W	G	F	W	–	V
Generation Mining Limited	GENMF	OTC PK	Materials	D-	Sell	D+	D		0.23	0.28	0.03		W	W	E	W	–	F

*Ratings Factors: E=Excellent, G=Good, F=Fair, W=Weak, V=Very Weak, U=Unrated

Summer 2019 — I. Index of Stocks

3-Month Total Return (%)	6-Month Total Return (%)	1-Year Total Return (%)	3-Year Total Return (%)	Dividend $ TTM	Dividend Yield TTM	Market Cap. ($Mil)	Enterprise Value ($Mil)	Revenue ($Mil)	Revenue Growth (%)	Net Income ($Mil)	Earnings/ Share $	EPS Growth (%)	Cash from Operations ($Mil)	Return on Assets (%)	Return on Equity (%)	Earnings (P/E) TTM	Sales (P/S) TTM	Book (P/B) Q
-21.58	-4.60	-19.41	-26.60	0.64	8.0	917.3	1,434	2,857	-7.7	3.5	0.02	-70.5	129.9	3.89	0.34	398.5	0.3	0.9
24.36	66.34	15.42				6,847	8,285	2,691	7.1	274.1	1.33	615.7	453.1	5.88	16.58	25.5	2.6	3.9
37.11	30.39	-54.76	1,300.00			110.8	101.6	--		-1.8	-0.02	17.0	-0.63	-1.71		-80.1		4.8
39.47	35.33	-53.80	1,362.79			110.8	101.6	--		-1.8	-0.02	17.0	-0.63	-1.71		-61.3		3.7
-5.57	29.51	35.58	119.57	2.16	2.7	15,239	13,969	3,403	6.6	704.9	3.71	16.6	869.9	9.71	16.96	21.6	4.5	3.5
1.57	26.18					1,157	2,551	3,295	1.7	1,195	14.87	194.7	397.0	12.62		1.0	0.4	-0.5
-1.30	11.96	-2.55	3.56	0.97	14.0	111.4	447.7	38.8	2.5	-1.2	-0.07	-109.7	-75.9	3.65		-93.8	2.9	0.7
5.95	26.46	19.03	69.51			14,322	17,339	3,982	9.1	162.8	1.77	388.3	504.0	3.37	17.66	89.7	3.6	16.7
-18.12	-11.22	-21.47	26.83	0.60	4.3	1,136	5,142	648.8	17.9	17.4	0.08	-58.9	283.1	3.66	4.69	177.5	1.8	1.3
-2.50	19.33	-2.17	48.46	2.16	10.2	986.0	2,432	358.6	-5.2	101.1	1.47	-27.8	180.6	4.93	9.23	14.5	2.8	1.2
-23.86	-0.15	-25.56	-42.59			6.3	4.6	7.4	26.5	-1.2	-0.02	-176.7	-2.1	-14.17		-2.8	0.8	1.3
-13.64	0.00	-20.83	-32.14			6.3	4.6	7.4	26.5	-1.2	-0.02	-176.7	-2.1	-14.17		-4.0	1.1	1.8
-21.90	-13.96	-30.68				3,289	6,455	3,301	4.3	834.8	2.83	361.3	121.1	4.32	32.12	4.0	1.0	1.3
17.65	0.00					13.9	6.7	--		-1.5	-0.08	-1,090.8	-0.70	-51.53		-5.2		2.7
16.17	0.47					13.9	6.7	--		-1.5	-0.08	-1,090.8	-0.70	-51.53		-3.8		2.0
3.83	10.55	15.16	98.05	1.80	2.3	2,814	7,817	1,373	0.5	176.5	4.66	-65.3	495.6	2.55	9.67	16.7	2.1	1.6
-25.94	-32.29	-64.09				12.5	26.3	2.3	-8.7	-5.7	-0.14	24.6	-4.7	-46.52		-1.7	5.0	-1.1
-32.16	-14.07	-71.73	-60.94			31.5	48.0	3.6	120.4	-28.4	-0.16	-25.6	-11.8	-44.12		-0.8	8.0	2.9
5.26	-33.33	-64.29				8.6	10.6	24.8	16.0	-0.26	0.00	97.3	-0.48	-8.97		-45.5	0.5	55.6
55.56	55.56	-36.36	-36.36			0.67	0.76	--		-0.74	-0.06	2.0	-0.66	-35.53		-1.2		1.2
8.83	47.43	34.27				6,396	9,333	896.3	1,005.8	-24.1	-0.10	-110.8	125.6	-0.45		-601.9	7.2	1.3
21.42	42.20	35.17				6,396	9,333	896.3	1,005.8	-24.1	-0.10	-110.8	125.6	-0.45		-602.3	7.2	1.3
-23.80	-9.96	-22.37	-8.71			1,619	1,718	1,101	-0.7	43.2	0.59	-92.5	45.6	4.45	2.51	37.5	1.5	3.2
-51.15	412.00	-70.91	-99.09			7.3	10.1	0.01		-3.5	-0.01		-0.33			-0.9		-1.8
63.38	63.38	63.38	166.14			441.9	580.9	881.9	15.6	9.8	0.46	10.3	31.3	3.58	5.29	45.8	0.5	2.4
12.04	46.56	67.24	112.80			441.9	580.9	881.9	15.6	9.8	0.46	10.3	31.3	3.58	5.29	59.5	0.7	3.1
7.96	64.02	-6.18				5,129	6,478	364.2	31.2	-55.6	-3.70	13.6	12.7			-9.9	1.6	0.5
-6.56	5.56	-57.14	-3.39			95.2	165.4	79.1	8.0	2.0	0.01	239.1	25.2	0.93	1.55	73.1	1.6	0.9
-1.94	8.04	-57.84	-8.32			95.2	165.4	79.1	8.0	2.0	0.01	239.1	25.2	0.93	1.55	55.1	1.2	0.7
-34.31	21.28	-66.30	-80.58			9.5	106.4	154.9	-12.7	-10.2	-0.93	-34.9	1.6	1.8		-0.9	0.1	0.6
0.00	-10.00					0.31	-0.28	--		-0.20	-0.04		-0.03			-2.1		0.7
-1.52	-7.32	-40.26	-58.42			18.7	22.9	1.4	32.9	-4.0	-0.04	38.5	-3.1	-84.29		-4.3	13.0	-8.3
0.00	0.00	0.00	-34.82			0.17	0.18	-0.48	-197.9	0.45	0.09	114.6	0.26			0.4	-0.4	-0.5
0.00	0.00	-99.50				0.01	0.13	--		-0.20	0.00	77.0	-0.10	-2,458.33		0.0		0.0
-30.78	4.09	-84.73				11.4	5.9	--		-20.2	-1.42	53.1	-17.8	-53.18		-0.6		2.6
7.41	-3.33	-47.27	286.67			15.8	23.0	--		-5.4	-0.08	15.1	-4.0	-46.61		-3.5		-74.4
2.07	-11.65	-45.09	233.69			15.8	23.0	--		-5.4	-0.08	15.1	-4.0	-46.61		-2.6		-55.6
13.23	13.23	13.23	31.36			3.1	2.6	0.15	-59.1	0.49	0.03	4,442.9	-0.07	-0.28	204.74	3.2	10.6	3.3
11.56	5.13	-48.20	48.77			341.6	685.5	384.1	54.6	15.1	0.35	112.1	68.1	1.8	1.53	23.6	0.9	0.3
-1.41	11.79	-21.68	26.95			183.4	68.6	92.7	-3.7	14.2	0.96	43.4	-9.5	6.31	9.97	13.1	2.0	1.2
37.45	42.07	36.00	105.63			4,347	5,219	2,096	19.9	249.5	3.89	41.4	232.8	10.22	33.95	17.9	2.1	5.4
-55.74	-48.08	-77.50	-10.50			31.8	32.8	5.1	35.2	-17.0	-0.48	-17.7	-6.2	-87.99		-1.7	5.8	19.5
6.58	15.78	-3.15	40.50	3.81	2.1	51,216	65,475	37,919	22.1	3,291	11.09	14.0	2,826	6.65	27.52	16.0	1.4	4.2
5.05	44.08	-20.91	-60.99	0.26	2.5	90,696	206,784	120,241	0.9	-17,620	-2.09		-80.5	2,898	1.43		-5.0	0.8	2.6
-13.97	-19.43	-39.55	88.63			246.2	705.1	375.8	15.0	-23.4	-0.96	-931.4	53.9	5.14		-8.5	0.7	1.9
						246.2	705.1	375.8	15.0	-23.4	-0.96	-931.4	53.9	5.14				
2.39	37.67	22.09	-11.23	1.96	3.8	31,431	46,336	16,594	6.0	1,537	2.56	-31.7	2,733	6.17	23.52	20.4	1.9	4.5
61.08	69.41	-7.50	11.78			50.9	229.1	--		-9.5	-0.07	1.4	-8.3	-1.71		-5.1		0.5
52.38	65.52	-9.43	-5.88			50.9	229.1	--		-9.5	-0.07	1.4	-8.3	-1.71		-6.6		0.7
4.51	15.31	-1.39	56.34	1.52	4.0	54,353	148,915	145,828	1.0	9,125	6.29	260.8	14,727	2.01	22.75	6.1	0.4	1.3
-72.36	-66.31	-83.42	-78.44			5.0	7.5	3.1	-56.6	-18.7	-0.44	-42.2	-2.7	-163.32		-0.3	1.6	-1.0
97.12	219.07					9.9	8.3	--		-0.28	-0.01	86.1	-1.6	-93.9		-23.7		5.4

https://greyhouse.weissratings.com Data as of June 30, 2019

I. Index of Stocks
Summer 2019

Company Name	Stock Ticker Symbol	Traded On	Sector	Overall Rating	Recommendation	Reward Rating	Risk Rating	Recent Up/Downgrade	Stock Price as of 6/30/2019	52-Week High	52-Week Low	3-Year Beta	Growth	Efficiency	Solvency	Volatility	Dividend	Total Return
Generation Next Franchise Brands, Inc.	VEND	OTC PK	Industrials	C-	Hold	C	D		0.59	2.78	0.45	0.32	W	E	F	W	–	W
Generex Biotechnology Corporation	GNBT	OTC PK	Health Care	C	Hold	C+	D+		2.25	3.10	0.08	-3.30	W	G	F	W	–	F
Genesco Inc.	GCO	NYSE	Consumer Discretn	D+	Sell	C-	D	Down	42.48	51.85	37	0.45	F	W	G	W	–	W
Genesee & Wyoming Inc.	GWR	NYSE	Industrials	C+	Hold	B-	C		98.57	101.18	68.27	0.93	W	G	G	F	–	G
Genesis Energy, L.P.	GEL	NYSE	Energy	C-	Hold	B-	D-		21.74	25.52	17.55	0.93	F	G	G	W	E	W
Genesis Financial, Inc.	GFNL	OTC PK	Financials	E+	Sell	E-	D-		0.50	3.00	0.5		V	V	F	W	–	V
Genesis Healthcare, Inc.	GEN	NYSE	Health Care	D	Sell	D	D		1.19	2.61	1.1	0.91	W	W	G	W	–	W
Genesis Land Development Corp.	GNLAF	OTC PK	Real Estate	D+	Sell	C	D	Down	1.95	2.32	1.93	0.98	W	G	E	W	–	W
Genesis Land Development Corp.	GDC.TO	TSX	Real Estate	D+	Sell	C-	D	Down	2.51	3.96	2.3	-0.19	W	G	E	W	–	W
Genesis Metals Corp.	GIS.V	TSXV	Materials	D-	Sell	E+	D-		0.07	0.12	0.05	0.04	W	V	G	W	–	V
Genesis Metals Corp.	GGISF	OTC PK	Materials	D-	Sell	E+	D-		0.06	0.08	0.04	-0.56	W	V	G	W	–	V
GeneThera, Inc.	GTHR	OTC PK	Health Care	D	Sell	C-	D-	Down	0.00	0.02	0	4.20	V	E	F	W	–	W
Genetic Technologies Limited	GENE	NAS CM	Health Care	E+	Sell	E+	E+		0.60	2.04	0.51	3.84	F	V	G	W	–	W
Genfit SA	GNFT	NAS GS	Health Care	E-	Sell	D	D-		19.98	26.25	19.65		W	V	F	W	–	W
Genfit SA	GNFTF	OTC PK	Health Care	D	Sell	D	D	Up	20.20	29.19	18.1	1.00	W	V	F	W	–	W
Genie Energy Ltd.	GNE	NYSE	Utilities	C	Hold	B-	D+	Down	10.46	11.00	4.81	0.84	W	G	E	W	G	F
Genius Brands International, Inc.	GNUS	NAS CM	Consumer Discretn	D-	Sell	D-	D-	Down	1.33	2.79	1.04	-0.01	W	V	G	W	–	V
Genix Pharmaceuticals Corporation	GENX.V	TSXV	Consumer Staples	D+	Sell	D+	D+	Down	0.07	0.08	0.05	1.06	W	W	G	W	–	F
GenMark Diagnostics, Inc.	GNMK	NAS	Health Care	D-	Sell	E+	D		6.36	8.81	3.58	1.90	F	V	G	W	–	W
Genocea Biosciences, Inc.	GNCA	NAS CM	Health Care	E+	Sell	E+	D-	Down	3.99	11.28	2.24	2.68	W	V	G	W	–	V
Genomic Health, Inc.	GHDX	NAS GS	Health Care	C	Hold	B	D+		56.35	92.18	48.72	1.29	E	G	E	F	–	F
Genomma Lab Internacional, S.A.B. de C.V.	GNMLF	OTC PK	Health Care	D+	Sell	C	D	Up	0.57	0.90	0.51	0.14	F	G	E	W	–	W
Genpact Limited	G	NYSE	Information Tech	B	Buy	B	C+	Up	37.68	38.33	25.48	1.09	G	E	E	F	W	F
Genprex, Inc.	GNPX	NAS CM	Health Care	D-	Sell	D	D		1.21	8.31	0.95		W		E	W	–	W
GenSight Biologics S.A.	GSGTF	OTC PK	Health Care	E+	Sell	E+	E+	Down	1.80	3.19	1.8		W	V	G	V	–	V
Gensource Potash Corporation	GSP.V	TSXV	Materials	D	Sell	D	D		0.09	0.16	0.08	0.51	W	E	E	W	–	W
Gensource Potash Corporation	AGCCF	OTC PK	Materials	D	Sell	D	D		0.07	0.12	0.06	0.48	W	W	E	W	–	W
Gentera, S. A. B. de C. V.	CMPRF	OTC PK	Financials	C	Hold	B	D	Up	0.99	1.12	0.7	0.44	F	E	E	W	–	W
Gentex Corporation	GNTX	NAS GS	Consumer Discretn	B	Buy	B+	C	Up	24.97	24.99	17.8	1.18	G	E	E	F	F	F
Gentherm Incorporated	THRM	NAS GS	Consumer Discretn	C	Hold	C+	C-		41.45	50.30	36.16	1.24	F	G	E	F	–	F
Gentor Resources Inc.	GNTOF	OTC PK	Materials	D+	Sell	C	D	Down	0.05	0.05	0.05	0.08	W	E	F	W	–	W
Gentor Resources Inc.	GNT.V	TSXV	Materials	D+	Sell	C	D	Up	0.07	0.10	0.05	0.70	W	E	F	W	–	W
Genuine Parts Company	GPC	NYSE	Consumer Discretn	B	Buy	B+	C		102.84	115.20	90.37	0.83	G	E	G	F	G	F
Genworth Financial, Inc.	GNW	NYSE	Financials	D+	Sell	C	D	Down	3.75	5.02	2.89	0.92	G	F	E	W	–	W
Genworth MI Canada Inc.	MIC.TO	TSX	Financials	B	Buy	B+	C+		41.11	46.80	38.18	0.74	F	E	E	F	G	F
Genworth MI Canada Inc.	GMICF	OTC PK	Financials	C	Hold	B	C		31.64	35.28	28.64	1.15	F	E	E	F	G	W
GéoMégA Resources Inc.	GMA.V	TSXV	Materials	D	Sell	C-	D		0.16	0.23	0.07	0.84	W	F	G	W	–	F
GéoMégA Resources Inc.	GOMRF	OTC PK	Materials	D	Sell	C-	D		0.12	0.17	0.05	0.87	W	F	G	W	–	F
GeoPark Limited	GPRK	NYSE	Energy	C+	Hold	B	C	Down	17.90	21.88	10.89	0.60	E	F	G	F	–	G
George Risk Industries, Inc.	RSKIA	OTC PK	Information Tech	C	Hold	B	B		8.57	8.70	8.05	0.21	E	E	E	G	–	F
George Weston Limited	WN.TO	TSX	Consumer Staples	C-	Hold	C	D	Down	99.35	111.64	86.72	0.31	W	G	G	F	F	W
George Weston Limited	WNGRF	OTC PK	Consumer Staples	D+	Sell	C	D	Down	75.45	83.57	63.84	0.78	W	G	G	W	F	W
Geospace Technologies Corporation	GEOS	NAS GS	Energy	D	Sell	D+	D		13.40	16.92	9.93	2.26	F	W	E	W	–	W
Geospatial Corporation	GSPH	OTC PK	Energy	D+	Sell	C	D-	Down	0.02	0.03	0.01	-1.22	F	E	F	W	–	W
GeoVax Labs, Inc.	GOVX	OTC PK	Health Care	D	Sell	C-	D-		0.51	20.00	0.45	1.27	F	G	F	W	–	V
Gerdau S.A.	GGB	NYSE	Materials	C+	Hold	B+	D+		3.85	4.71	3.28	0.72	F	G	G	W	F	F
German American Bancorp, Inc.	GABC	NAS GS	Financials	C	Hold	B	D+		29.37	38.20	26.2	1.03	E	G	E	W	F	W
Geron Corporation	GERN	NAS GS	Health Care	D	Sell	D-	D	Up	1.52	6.99	0.95	2.46	V	W	E	W	–	W
Gespeg Resources Ltd.	GCR.V	TSXV	Materials	D	Sell	D-	D		0.03	0.05	0.02	0.29	W	W	F	W	–	V
Getchell Gold Corp.	GGLDF	OTC PK	Materials	E	Sell	D-	D		0.13	0.19	0.11		V		G	F	–	W
Getswift Limited	GSWTF	OTC PK	Information Tech	D-	Sell	D	D-	Down	0.14	0.64	0.11	2.25	W	W	E	W	–	V
Getty Copper Inc.	GTCDF	OTC PK	Materials	D	Sell	D	D		0.02	0.04	0.01	-0.69	W	W	F	W	–	W

*Ratings Factors: E=Excellent, G=Good, F=Fair, W=Weak, V=Very Weak, U=Unrated

Data as of June 30, 2019

https://greyhouse.weissratings.com

I. Index of Stocks

Summer 2019

	TOTAL RETURNS %			DIVIDEND/YIELD		SIZE		REVENUE & INCOME			EARNINGS		EFFECTIVENESS			VALUATION		
3-Month Total Return (%)	6-Month Total Return (%)	1-Year Total Return (%)	3-Year Total Return (%)	Dividend $ TTM	Dividend Yield TTM	Market Cap. ($Mil)	Enterprise Value ($Mil)	Revenue ($Mil)	Revenue Growth (%)	Net Income ($Mil)	Earnings/Share $	EPS Growth (%)	Cash from Operations ($Mil)	Return on Assets (%)	Return on Equity (%)	Earnings (P/E) TTM	Sales (P/S) TTM	Book (P/B) Q
-5.60	-9.23	-73.54	116.16			43.2	44.6	8.7	1,215.1	-22.2	-0.32	27.7	-11.7	-51.47		-1.8	4.9	-1.6
60.71	144.57	1,828.58	476.22			135.8	167.5	6.3	790.8	8.3	0.29	188.0	-8.7	-35.37		7.7	21.7	-11.1
-6.43	-3.32	4.25	-31.54			702.4	1,450	2,039	3.5	-43.3	-2.20	63.3	201.6	3.76	8.04	-19.3	0.4	1.1
13.46	33.56	22.48	78.67			5,612	8,325	2,332	3.0	208.0	3.52	-63.2	555.1	3.23	5.73	28.0	2.4	1.6
-3.45	26.36	9.05	-24.55	2.17	10.0	2,665	7,068	2,807	20.0	1.8	-0.57	-381.2	417.7	2.35		-38.4	1.0	1.6
0.00	-66.89	-87.80				17.9	19.7	--		-4.0	-0.14	-105.6	-1.4			-3.5		-18.5
-18.49	-2.46	-52.21	-30.81			125.3	4,254	4,837	-8.5	-182.0	-1.78	71.6	36.8	2		-0.7	0.0	-0.2
-15.44	-29.02	-29.02	12.85			80.7	97.1	60.9	-47.7	2.7	0.06	-79.6	13.7	1.12	1.48	31.4	1.4	0.6
-8.73	-21.81	-30.10	20.56			80.7	97.1	60.9	-47.7	2.7	0.06	-79.6	13.7	1.12	1.48	40.4	1.7	0.7
-26.32	-26.32	-6.67	-58.82			5.8	5.3	--		-1.8	-0.02	61.4	-1.6	-45.47		-3.2		5.0
-10.09	-19.81	0.17	-51.75			5.8	5.3	--		-1.8	-0.02	61.4	-1.6	-45.47		-2.6		4.2
-83.93	-67.47	-84.12	-92.29			0.11	1.4	--		-1.1	-0.03	-81.1	-0.48			-0.1		0.0
-32.05	3.45	-37.50	-70.44			12.3	10.1	0.08	-55.6	-3.9	0.00	44.0	-4.5	-66.02		-428.6		750.0
-13.47						782.1	739.2	8.9	16.9	-93.6	-3.00	-47.6	-66.5	-16.65		-6.7	69.7	26.0
-12.25	2.23	-24.54	-10.62			782.1	739.2	8.9	16.9	-93.6	-3.00	-47.6	-66.5	-16.65		-6.7	70.5	26.3
22.12	74.03	121.36	80.55	0.30	2.9	283.4	261.1	277.7	-1.6	22.7	0.78	354.5	17.8	5.51	25.52	13.4	1.0	3.2
-33.17	-35.12	-45.44	-78.37			13.9	19.4	2.1	-59.5	-12.7	-1.44	-91.1	-8.0	-14.06		-0.9	6.2	1.3
55.56		-12.50	75.00			2.0	2.0	0.33	-18.7	0.06	0.00	133.3	-0.01	-12.81		50.0	8.1	41.2
-10.55	33.05	0.95	-23.19			362.7	370.5	71.6	18.2	-51.2	-0.91	18.9	-34.6	-28.81		-7.0	5.0	14.8
-17.56	60.89	-42.01	-88.69			98.0	85.2	--		-27.5	-2.33	83.1	-38.4	-52.3		-1.7		10.1
-18.46	-11.50	12.72	120.29			2,089	1,941	410.3	17.4	42.5	1.12	661.9	66.6	7.34	17.39	50.3	5.3	7.3
0.00	9.98	-33.53	-37.64			913.2	1,157	616.7	-4.1	50.9	0.05	-27.6	86.3	7.82	12.86	11.4	0.9	1.5
7.81	41.66	31.37	49.34	0.32	0.9	7,171	8,489	3,121	11.4	278.2	1.43	0.9	361.4	6.45	19.44	26.3	2.3	4.8
-27.03	5.82	-84.68				18.9	11.9	--		-13.8	-0.97	-243.0	-8.3	-195.31		-1.3		2.6
-27.13	-5.68	-43.55				47.0	21.1	5.1	22.9	-39.2	-1.60	-29.4	-33.5	-41.37		-1.1	8.6	1.6
-10.53	-5.56	-45.16	6.25			23.9	23.5	--		-2.0	-0.01	36.0	-1.9	-12.92		-13.3		2.9
5.90	9.38	-42.42	19.86			23.9	23.5	--		-2.0	-0.01	36.0	-1.9	-12.92		-10.9		2.4
23.75	40.99	13.87	-44.07			1,349	--	926.0	2.2	159.3	0.10	14.1	221.7		16.7	9.9	1.7	1.6
21.75	27.22	10.19	77.03	0.45	1.8	6,382	5,982	1,837	1.7	430.9	1.62	10.0	538.8	14.39	22.52	15.5	3.5	3.4
11.66	5.47	6.28	27.46			1,396	1,471	1,034	3.3	37.3	1.06	71.4	119.7	6.75	6.86	39.3	1.4	2.9
0.00	-65.07	-65.07	-16.43			1.9	1.9	--		-0.29	-0.01	17.1	-0.15	-159.08		-4.6		-2.8
8.33	8.33	-18.75	-18.75			1.9	1.9	--		-0.29	-0.01	17.1	-0.15	-159.08		-6.4		-3.9
-6.65	9.27	15.39	15.22	2.97	2.9	15,021	19,087	18,886	11.2	794.1	5.39	25.1	1,069	5.36	22.26	19.1	0.8	4.2
-2.34	-18.48	-14.77	44.23			1,887	5,932	8,519	3.4	181.0	0.35	-77.1	1,658	0.52	2.43	10.6	0.2	0.1
3.44	5.93	2.69	48.30	2.40	5.8	2,744	2,935	658.1	-3.8	321.4	3.59	-22.8	336.9	5.73	10.45	11.5	5.5	1.2
8.00	14.24	4.46	46.26	1.80	5.7	2,744	2,935	658.1	-3.8	321.4	3.59	-22.8	336.9	5.73	10.45	8.8	4.2	0.9
47.62	121.43	72.22	225.32			10.7	10.8	--		-0.04	0.00	-137.1	-0.66	-24.54		-119.2		12.6
58.92	157.33	15.30	215.78			10.7	10.8	--		-0.04	0.00	-137.1	-0.66	-24.54		-92.5		9.8
3.41	30.09	-12.77	444.07			1,098	1,405	627.4	62.0	73.7	1.13	714.3	276.8	18.25	64.42	15.9	1.9	7.1
0.23	2.63	6.80	31.89	0.38	4.4	42.5	12.3	13.9	22.8	3.1	0.62	28.8	2.9	4.56	8.15	13.9	3.1	1.1
4.58	12.04	-5.40	-5.83	2.05	2.1	11,615	31,534	37,410	-0.7	-66.8	-0.51	-110.6	2,567	4.22	1.84	-193.8	0.4	3.1
6.32	16.34	-3.53	-8.45	1.54	2.0	11,615	31,534	37,410	-0.7	-66.8	-0.51	-110.6	2,567	4.22	1.84	-147.2	0.3	2.4
0.75	26.53	-6.16	-15.83			182.7	169.2	85.9	19.6	-10.1	-0.77	78.8	-0.93	-3.14		-17.4	2.1	1.1
-11.58	-11.58	-15.58	-72.00			6.0	8.0	0.75	-1.5	-1.1	0.00	36.4	-0.47	-169.74		-4.8	7.6	-1.7
-89.59	-95.57	-97.28	-98.76			0.35	2.3	1.1	10.5	-2.6	-7.02	50.0	-1.5	-251.63		-0.1	0.2	-0.1
1.58	4.19	9.98	133.63	0.10	2.5	6,221	9,744	12,129	0.4	612.3	0.36	370.1	482.3	5.14	8.76	10.8	0.5	1.0
-0.11	7.05	-17.37	51.06	0.64	2.2	734.0	--	158.9	20.0	49.8	2.07	11.3	63.9		11.81	14.2	4.6	1.5
-6.75	49.02	-56.82	-42.42			283.5	132.1	0.81	-4.9	-29.9	-0.16	6.6	-26.4	-15.53		-9.3	353.5	1.7
-28.57	-16.67	-16.67	-44.44			1.6	1.6	--		-0.21	0.00	89.4	-0.22	-161.64		-9.3		-6.4
-10.86						3.7	3.2	--		-2.8	-0.11	-0.8	-0.66			-1.2		28.6
7.78	-44.00	-47.17				25.0	-36.2	0.74	64.0	-9.7	-0.05	-36.1	-13.9	-16.28		-2.7	35.9	0.4
195.08	195.08	-30.77	200.00			2.5	3.6	--		-0.18	0.00	0.0	-0.01	-1.45		-6.4		0.7

https://greyhouse.weissratings.com

Data as of June 30, 2019

I. Index of Stocks

Summer 2019

Company Name	Stock Ticker Symbol	Traded On	Sector	Overall Rating	Recommendation	Reward Rating	Risk Rating	Recent Up/Downgrade	Stock Price as of 6/30/2019	52-Week High	52-Week Low	3-Year Beta	Growth	Efficiency	Solvency	Volatility	Dividend	Total Return
Getty Copper Inc.	GTC.V	TSXV	Materials	D+	Sell	C-	D	Up	0.03	0.07	0.02	1.92	W	W	F	W	–	G
Getty Realty Corp.	GTY	NYSE	Real Estate	B	Buy	B	B-		30.27	35.03	26.5	0.62	F	E	E	G	G	F
Gevo, Inc.	GEVO	NAS CM	Energy	D-	Sell	D	D-	Down	1.97	7.45	1.79	1.40	F	W	E	W	–	V
GEX Management, Inc.	GXXM	OTC PK	Industrials	E+	Sell	E+	D-	Down	0.00	1.86	0	-0.46	W	V	F	W	–	V
Geyser Brands Inc.	GYSR.V	TSXV	Health Care	E-	Sell	D	D		0.56	0.85	0.51		W	W	E	W	–	W
GFG Resources Inc	GFG.V	TSXV	Materials	D-	Sell	D	E+		0.19	0.35	0.17	0.13	W	W	E	V	–	V
GFG Resources Inc	GFGSF	OTC PK	Materials	D-	Sell	D	D-	Down	0.15	0.25	0.13	0.55	W	W	E	W	–	W
GFM Resources Limited	GFMH.V	TSXV	Materials	D	Sell	D	D		0.05	0.05	0.04	2.87	W		F	W	–	F
GGL Resources Corp	GGL.V	TSXV	Materials	D	Sell	D	D		0.07	0.13	0.07	-1.02	W	W	E	W	–	W
GGL Resources Corp	GGLXF	OTC PK	Materials	D	Sell	D	D		0.05	0.08	0.05	0.11	W	W	E	W	–	W
GGX Gold Corp.	GGX.V	TSXV	Materials	D+	Sell	C	D		0.24	0.42	0.15	1.15	W	G	F	W	–	W
GGX Gold Corp.	GGXXD	OTC PK	Materials	C-	Hold	C	D		0.18	0.30	0.11	0.05	W	G	F	W	–	W
GH Capital Inc.	GHHC	OTC PK	Financials	D-	Sell	D-	D-		0.00	0.13	0	3.67	W	W	F	W	–	V
Gibraltar Industries, Inc.	ROCK	NAS GS	Industrials	C	Hold	B-	D+		40.08	49.10	31.96	1.26	F	E	E	W	–	F
Gibson Energy Inc.	GBNXF	OTC PK	Energy	C	Hold	A-	C+		17.83	18.21	13.1	0.93	E	E	G	F	G	F
Gibson Energy Inc.	GEI.TO	TSX	Energy	B	Buy	A-	C+	Up	22.97	24.18	16.9	0.56	E	E	G	F	G	F
Giga Metals Corporation	GIGA.V	TSXV	Materials	D+	Sell	D+	D+		0.19	0.37	0.15	2.30	W	W	E	W	–	F
Giga Metals Corporation	HNCKF	OTC PK	Materials	D+	Sell	D+	D		0.15	0.29	0.11	1.30	W	W	E	W	–	W
GigaMedia Limited	GIGM	NAS CM	Communication Svc	U		U	U		2.50	3.20	2.25	0.14	U	U	U	U	U	U
Giga-tronics Incorporated	GIGA	OTC PK	Information Tech	D-	Sell	D-	D		0.31	0.50	0.22	1.11	F	V	F	W	–	W
GigCapital, Inc.	GIG	NYSE	Financials	D	Sell	D	D+	Up	10.30	10.41	9.76		V	W	E	G	–	F
Giggles N' Hugs, Inc.	GIGL	OTC PK	Consumer Discretn	C-	Hold	C+	D	Up	0.01	0.02	0	5.86	G	E	F	W	–	W
G-III Apparel Group, Ltd.	GIII	NAS GS	Consumer Discretn	C	Hold	B-	D		28.57	50.83	23.34	2.59	G	G	E	W	–	W
Gilat Satellite Networks Ltd.	GILT	NAS GS	Information Tech	U		U	U		8.44	10.74	7.94	0.33	U	U	U	U	U	U
Gildan Activewear Inc.	GIL	NYSE	Consumer Discretn	B-	Buy	B	C+	Down	38.45	39.55	25.33	0.87	F	E	E	F	W	F
Gildan Activewear Inc.	GIL.TO	TSX	Consumer Discretn	C+	Hold	B-	C	Down	50.37	52.95	33.03	0.59	F	E	E	G	W	F
Gilead Sciences, Inc.	GILD	NAS GS	Health Care	C-	Hold	C+	D		67.08	79.61	60.32	1.15	W	E	E	W	G	W
Gilla Inc.	GLLA	OTC PK	Consumer Staples	D	Sell	C-	D-		0.01	0.15	0	3.47	F	E	F	W	–	V
Ginger Beef Corporation	GB.V	TSXV	Consumer Staples	C	Hold	B	D+		0.19	0.20	0.1	-0.57	G	G	E	W	–	G
GINSMS Inc.	GOK.V	TSXV	Information Tech	D+	Sell	C	D-	Up	0.10	0.10	0.1	-0.39	F	G	F	W	–	W
Gitennes Exploration Inc.	GIT.V	TSXV	Materials	D	Sell	D	D	Down	0.04	0.09	0.02	3.27	W	W	G	W	–	W
Gitennes Exploration Inc.	GILXF	OTC PK	Materials	D	Sell	D	D	Down	0.02	0.06	0.01	2.43	W	W	G	W	–	W
Giyani Metals Corp.	EMM.V	TSXV	Materials	D-	Sell	E+	D-	Down	0.25	0.40	0.07	5.48	V	V	G	W	–	W
Giyani Metals Corp.	CATPF	OTC PK	Materials	D-	Sell	E+	D	Down	0.19	0.31	0.06	4.59	V	V	G	W	–	F
GK Resources Ltd.	NIKL.V	TSXV	Materials	E	Sell	D	D+		0.19	0.20	0.15		V	W	G	F	–	W
GL LIMITED	GUORF	OTC PK	Consumer Discretn	C	Hold	C	C-		0.57	0.57	0.5	0.73	W	G	E	F	–	W
GL LIMITED	GUORY	OTC PK	Consumer Discretn	D+	Sell	C	D	Down	5.81	5.83	5	0.31	W	G	E	F	–	F
Glacier Bancorp, Inc.	GBCI	NAS GS	Financials	B	Buy	B+	B-		40.05	47.67	36.84	1.11	E	G	E	G	G	F
Glacier Lake Resources Inc.	GLI.V	TSXV	Materials	E+	Sell	E+	D-		0.07	0.55	0.07	-0.72	V	W	G	W	–	V
Glacier Lake Resources Inc.	GLIIF	OTC PK	Materials	E+	Sell	E+	E+		0.05	0.47	0.05		V	W	G	V	–	V
Glacier Media Inc.	GVC.TO	TSX	Communication Svc	D	Sell	D	D		0.69	0.85	0.48	0.41	W	F	G	W	–	W
Glacier Media Inc.	GLMFF	OTC PK	Communication Svc	D	Sell	D	D		0.55	0.63	0.37	0.19	W	F	G	W	–	W
Gladstone Capital Corporation	GLAD	NAS GS	Financials	C+	Hold	B	C		9.28	9.87	6.41	1.13	F	E	E	F	E	F
Gladstone Commercial Corporation	GOOD	NAS GS	Real Estate	C	Hold	B	D		20.89	22.83	16.89	0.64	G	E	E	F	E	F
Gladstone Investment Corporation	GAIN	NAS GS	Financials	B	Buy	B+	C		11.16	12.70	8.7	0.83	F	E	E	F	E	F
Gladstone Land Corporation	LAND	NAS	Real Estate	C	Hold	B	D+	Down	11.43	13.85	11.12	0.50	G	G	E	F	G	W
Glance Technologies Inc.	GLNNF	OTC PK	Information Tech	D-	Sell	E+	D-		0.07	0.39	0.07	4.88	W	V	E	W	–	V
GlassBridge Enterprises, Inc.	GLAE	OTC PK	Information Tech	D-	Sell	E+	D-	Down	0.31	1.00	0.05	1.11	F	V	F	W	–	V
Glaukos Corporation	GKOS	NYSE	Health Care	C-	Hold	C+	D		75.85	83.14	36.89	1.83	W	W	E	F	–	E
GlaxoSmithKline plc	GLAXF	OTC PK	Health Care	C	Hold	B	C		19.96	21.30	18.14	0.55	E	E	F	F	G	W
GlaxoSmithKline plc	GSK	NYSE	Health Care	B-	Buy	B	C	Up	39.96	42.32	36.41	0.56	E	E	F	F	F	W
Glen Burnie Bancorp	GLBZ	NAS CM	Financials	C	Hold	B-	D+		10.46	13.55	10	0.73	G	G	E	W	G	W

*Ratings Factors: E=Excellent, G=Good, F=Fair, W=Weak, V=Very Weak, U=Unrated

I. Index of Stocks

Summer 2019

TOTAL RETURNS %				DIVIDEND/YIELD		SIZE		REVENUE & INCOME			EARNINGS		EFFECTIVENESS			VALUATION		
3-Month Total Return (%)	6-Month Total Return (%)	1-Year Total Return (%)	3-Year Total Return (%)	Dividend $ TTM	Dividend Yield TTM	Market Cap. ($Mil)	Enterprise Value ($Mil)	Revenue ($Mil)	Revenue Growth (%)	Net Income ($Mil)	Earnings/ Share $	EPS Growth (%)	Cash from Operations ($Mil)	Return on Assets (%)	Return on Equity (%)	Earnings (P/E) TTM	Sales (P/S) TTM	Book (P/B) Q
20.00	50.00	100.00	20.00			2.5	3.6	--		-0.18	0.00	0.0	-0.01	-1.45		-10.7		1.2
-5.31	5.03	13.28	63.95	1.37	4.5	1,241	1,663	138.0	10.8	48.6	1.18	-4.3	60.7	3.97	8.71	25.7	9.0	2.1
-9.63	-4.83	-69.27	-99.23			22.8	1.2	31.0	2.9	-31.6	-9.48	61.4	-17.2	-14.68		-0.2	0.6	0.3
-88.24	-99.91	-99.99				0.16	4.9	5.3	-55.3	-4.6	-0.13	-29.4	-13.4	-90.42		0.0	0.0	0.0
-20.00						9.2	8.0	--		-0.74	-0.06		-0.78			-9.6		0.6
-2.63	-9.76	-19.57				13.4	11.2	--		-0.70	-0.01	79.6	-1.7	-2.84		-23.7		0.8
3.04	1.67	-13.06				13.4	11.2	--		-0.70	-0.01	79.6	-1.7	-2.84		-19.6		0.7
-10.00	12.50	-70.00	125.00			0.65	1.1	--		-0.26	-0.01	-129.7	-0.17	-397.41		-3.3		-2.0
-6.67	-12.50	-33.33	-60.00			1.4	1.2	--		-0.33	-0.02	21.4	-0.18	-8.29		-4.6		0.8
-28.26	-8.75	-47.06	-59.17			1.4	1.2	--		-0.33	-0.02	21.4	-0.18	-8.29		-3.3		0.5
0.00	33.33	-11.11	-60.00			3.1	3.1	--		-1.6	-0.12	46.9	-1.1	-579.21		-2.1		-5.5
-9.96	40.19	-43.45	-33.33			3.1	3.1	--		-1.6	-0.12	46.9	-1.1	-579.21		-1.5		-4.1
-76.71	-71.67	-98.52				0.49	0.56	0.16	375.3	-1.8	-0.01	74.1	-0.17	-75.6		-0.2	1.9	-0.7
-0.84	14.22	4.92	32.94			1,291	1,281	1,014	1.9	61.8	1.89	-8.9	82.3	6.67	10.77	21.2	1.3	2.1
4.07	38.79	45.44	97.81	0.99	5.6	2,542	3,494	5,231	12.6	167.7	1.14	287.4	322.4	5.9	15.34	15.6	0.5	4.5
0.48	27.89	38.89	88.30	1.32	5.8	2,542	3,494	5,231	12.6	167.7	1.14	287.4	322.4	5.9	15.34	20.2	0.7	5.8
-2.56	0.00	-36.67	216.67			7.8	5.3	--		1.5	0.01	143.6	-0.85	-17.01	33.24	17.0		1.5
0.00	-1.32	-30.88	307.61			7.8	5.3	--		1.5	0.01	143.6	-0.85	-17.01	33.24	13.4		1.2
-9.09	-18.03	-15.54	2.88			27.6	-30.3	3.8	-67.4	-1.4	-0.13	-242.0	--			-19.9	7.3	0.5
-6.05	24.02	9.48	-71.78			3.5	9.3	11.1	13.8	-1.0	-0.11	70.7	-1.3	-2.45		-2.8	0.7	-1.2
1.08	2.49	4.33				43.2	44.5	--		-0.95	-0.60	-492.1	-1.9	-1.24		-17.1		8.6
-59.50	10.96	-37.69	-88.98			1.4	3.2	2.5	4.7	-0.58	0.00	52.0	-0.64	-28.88		-2.3	0.5	-0.7
-27.65	2.84	-37.85	-33.33			1,398	2,122	3,098	7.2	140.2	2.79	68.1	102.8	6.55	12.36	10.3	0.5	1.2
0.90	3.21	-2.03	108.59	0.45	5.3	466.3	410.6	137.1	-51.5	7.6	0.13	6.7	30.0			64.9	3.5	2.0
7.64	28.10	40.21	43.04	0.49	1.3	7,827	8,740	2,885	5.6	305.6	1.46	-6.1	451.0	7.83	15.57	26.4	2.8	4.1
4.94	23.02	38.41	44.05	0.49	1.0	7,827	8,740	2,885	5.6	305.6	1.46	-6.1	451.0	7.83	15.57	34.5	3.6	5.4
6.32	10.49	-1.20	-10.70	2.40	3.6	85,296	83,509	22,320	-9.6	5,892	4.53	74.1	7,574	8.88	27.56	14.8	3.9	3.9
-47.33	-67.08	-92.10	-95.35			1.1	5.7	4.2	-12.4	-5.8	-0.04	13.2	-1.5	-67.18		-0.2	0.3	-0.1
15.15	72.73	35.71	46.15			1.9	1.7	5.0	2.7	0.14	0.01	-30.3	0.35	5.09	8.07	17.9	0.5	1.4
0.00	0.00	-28.57	-61.54			11.4	15.4	3.1	-49.4	-0.72	0.00	14.0	-0.04	-11.23		-20.4	4.9	-3.3
40.00	0.00	-50.00	16.67			2.3	2.3	--		-0.44	-0.01	51.4	-0.24	-147.02		-6.7		-20.6
135.64	22.05	-36.53	-9.85			2.3	2.3	--		-0.44	-0.01	51.4	-0.24	-147.02		-4.6		-14.0
63.33	157.89	13.95	113.04			15.8	15.7	--		-1.8	-0.02	-86.0	-0.74	-46.19		-10.9		16.4
47.29	143.59	5.91	140.20			15.8	15.7	--		-1.8	-0.02	-86.0	-0.74	-46.19		-8.4		12.8
26.67						2.4	1.8	--		-0.16	-0.01		-0.09			-16.1		5.8
5.00	9.04	-3.90	-10.00			754.0	900.4	349.4	-1.6	35.1	0.03	-53.2	69.5	3.11	3.4	21.6	2.1	0.7
7.00	11.52	8.55	1.90	0.14	2.4	754.0	900.4	349.4	-1.6	35.1	0.03	-53.2	69.5	3.11	3.4	220.9	21.6	6.9
0.76	3.61	5.16	76.19	1.04	2.6	3,388	--	565.4	22.2	192.5	2.26	44.2	279.1		12.81	17.7	6.0	2.2
-26.32	-53.33	-86.00	-93.00			0.29	0.29	--		-1.3	-0.26	-95.0	-0.47	-131.65		-0.3		4.2
-39.17	-45.06	-87.62				0.29	0.29	--		-1.3	-0.26	-95.0	-0.47	-131.65		-0.2		3.3
40.82	15.00	-13.75	7.81			57.8	114.2	143.2	-2.8	-0.53	0.00	76.8	4.1	-1.05	0.18	-143.8	0.5	0.8
49.78	8.65	-9.06	6.92			57.8	114.2	143.2	-2.8	-0.53	0.00	76.8	4.1	-1.05	0.18	-114.6	0.4	0.6
5.34	29.51	13.60	69.58	0.84	9.1	272.4	428.8	48.1	13.3	7.8	0.29	-73.1	24.6	5.44	3.35	32.2	5.5	1.1
1.55	20.80	17.36	56.92	1.50	7.2	632.8	1,277	108.6	9.9	12.3	0.02	110.8	55.6	2.39	3.61	1,034.2	5.7	2.5
-2.21	25.22	2.73	105.51	0.90	8.1	366.3	551.2	59.7	2.2	81.6	2.47	32.1	93.6	1.06	21.43	4.5	7.5	0.9
-7.90	1.40	-5.88	21.48	0.53	4.7	234.7	573.9	35.3	23.3	3.0	0.13	481.1	10.1	1.32	1.95	88.5	5.8	1.1
-40.32	-22.22	-80.82				9.9	4.5	0.29	-84.4	-4.2	-0.03	70.4	-6.3	-44.33		-2.0	33.3	1.3
55.00	106.67	-67.37	-97.69			1.6	-1.4	8.0	-70.4	15.4	2.99	729.8	-7.3	-7.65		0.1	0.2	-0.2
-1.04	35.93	84.86	172.25			2,761	2,628	195.2	19.4	-11.6	-0.34	-193.9	25.7	-3.59		-221.5	14.1	14.9
-3.13	7.37	2.36	-2.22			99,282	133,407	41,027	3.0	5,093	1.02	264.7	10,726	8.03	118.22	19.5	2.4	18.9
-3.37	7.58	6.20	12.81	2.05	5.1	99,282	133,407	41,027	3.0	5,093	1.02	264.7	10,726	8.03	118.22	39.0	4.9	37.8
-0.95	6.62	-4.98	7.99	0.40	3.8	29.5	--	13.3	5.3	1.5	0.52	71.0	3.2		4.33	20.1	2.2	0.9

I. Index of Stocks

Summer 2019

Company Name	Stock Ticker Symbol	Traded On	Sector	Overall Rating	Recommendation	Reward Rating	Risk Rating	Recent Up/ Downgrade	Stock Price as of 6/30/2019	52-Week High	52-Week Low	3-Year Beta	Growth	Efficiency	Solvency	Volatility	Dividend	Total Return
Glen Eagle Resources Inc.	GER.V	TSXV	Materials	D	Sell	D+	D		0.10	0.18	0.08	2.17	F	W	F	W	–	W
Glen Eagle Resources Inc.	GERFF	OTC PK	Materials	D	Sell	D+	D		0.08	0.13	0.06	0.84	F	W	F	W	–	W
GLG Life Tech Corporation	GLGLF	OTC PK	Consumer Staples	D+	Sell	C	D-	Down	0.22	0.83	0.22	1.87	W	G	F	W	–	W
GLG Life Tech Corporation	GLG.TO	TSX	Consumer Staples	D+	Sell	C	D-	Down	0.30	1.08	0.29	0.88	W	G	F	W	–	W
Global Arena Holding Inc.	GAHC	OTC PK	Industrials	D	Sell	D+	D		0.00	0.01	0	3.93	W	F	F	W	–	V
Global Atomic Corporation	SYIFF	OTC PK	Energy	E+	Sell	C+	D+	Up	0.36	0.39	0.21		F	G	E	W	–	W
Global Atomic Corporation	GLO.TO	TSX	Energy	D	Sell	B-	D+		0.46	0.52	0.28		F	G	E	W	–	F
Global Battery Metals Ltd.	REZZF	OTC PK	Materials	D	Sell	D	D		0.07	0.19	0.06		W	W	E	W	–	W
Global Battery Metals Ltd.	GBML.V	TSXV	Materials	D	Sell	D	D		0.10	0.25	0.07	1.97	W	W	E	W	–	W
Global Blood Therapeutics, Inc.	GBT	NAS GS	Health Care	D+	Sell	C-	D	Up	53.97	64.94	30.15	0.79	W	W	E	W	–	E
Global Boatworks Holdings, Inc.	GBBT	OTC PK	Industrials	D	Sell	C-	D-		0.04	0.20	0.01	10.80	F	G	F	W	–	V
Global Brass and Copper Holdings, Inc.	BRSS	NYSE	Industrials	B-	Buy	A-	C	Up	43.70	44.08	24.06	1.57	E	E	E	F	W	G
Global Cord Blood Corporation	CO	NYSE	Health Care	C	Hold	B-	D+		5.80	9.60	4.82	0.16	G	G	E	W	–	W
Global Daily Fantasy Sports Inc.	DFS.V	TSXV	Communication Svc	D	Sell	C	D-	Up	0.12	0.17	0.06	1.50	W	G	G	W	–	V
Global Digital Solutions, Inc.	GDSI	OTC PK	Industrials	D+	Sell	C	D	Down	0.02	0.04	0	3.88	W	E	F	W	–	F
Global Eagle Entertainment Inc.	ENT	NAS CM	Communication Svc	D-	Sell	D	D-		0.60	3.16	0.42	1.66	F	V	F	W	–	V
Global Energy Metals Corporation	GBLEF	OTC PK	Materials	D	Sell	D-	D		0.04	0.10	0.03	-0.42	W	W	G	W	–	W
Global Energy Metals Corporation	GEMC.V	TSXV	Materials	D	Sell	D-	D	Up	0.06	0.13	0.04	-0.37	W	W	G	W	–	W
Global Fiber Technologies, Inc.	GFTX	OTC PK	Consumer Discretn	D	Sell	C-	D	Down	0.20	0.54	0.02	2.77	V	E	F	W	–	W
Global Gardens Group Inc.	VGM.V	TSXV	Consumer Staples	D+	Sell	C	D		0.02	0.04	0.01	0.39	F	G	G	W	–	V
Global Gardens Group Inc.	GGGRF	OTC PK	Consumer Staples	D	Sell	C-	E+		0.00	0.03	0		F	G	G	V	–	V
Global Healthcare REIT, Inc.	GBCS	OTC PK	Real Estate	D	Sell	C-	D-		0.33	0.42	0.18	-0.28	G	W	V	W	–	W
Global Hemp Group Inc.	GBHPF	OTC PK	Consumer Staples	D-	Sell	E+	D	Down	0.05	0.18	0.04	1.83	W	V	E	W	–	F
Global Indemnity Limited	GBLI	NAS GS	Financials	D	Sell	C-	D		29.32	42.00	26.01	0.10	W	F	E	W	G	W
Global Investments Capital Corp.	GLINP.V	TSXV	Financials	D	Sell	D	D-	Up	0.09	0.20	0.07		W	W	E	W	–	V
Global Li-Ion Graphite Corp.	GBBGF	OTC PK	Materials	D-	Sell	E+	D		0.11	0.21	0.04		V	V	G	W	–	W
Global Medical REIT Inc.	GMRE	NYSE	Real Estate	B-	Buy	B	C		10.50	11.51	8.1	0.49	G	G	E	F	E	G
Global Partners LP	GLP	NYSE	Energy	C+	Hold	B	C	Down	20.15	21.62	13.63	0.46	W	G	G	F	E	G
Global Payments Inc.	GPN	NYSE	Information Tech	B-	Buy	A-	C		159.73	163.46	94.81	0.86	E	G	G	F	W	G
Global Poletrusion Group Corp	GPGC	OTC PK	Industrials	D-	Sell	D	D		0.40	7.50	0.4	5.86	W	W	F	W	–	V
Global Self Storage, Inc.	SELF	NAS CM	Real Estate	C-	Hold	B-	D	Down	3.83	4.45	3.65	0.42	G	G	E	W	E	W
Global Ship Lease, Inc.	GSL	NYSE	Industrials	D	Sell	C-	D		7.44	11.20	4	1.73	G	W	G	W	–	W
Global Tech Industries Group, Inc.	GTII	OTC PK	Industrials	D+	Sell	C	D		0.05	0.50	0.05	2.26	W	E	F	W	–	F
Global UAV Technologies Ltd.	YRLLF	OTC PK	Industrials	D	Sell	D	D-	Up	0.02	0.07	0.01	2.96	W		G	W	–	V
Global Vanadium Corp.	GLV.V	TSXV	Materials	D-	Sell	E+	D-	Up	0.10	0.28	0.1	-1.92	W	V	E	W	–	V
Global Vanadium Corp.	WDFCF	OTC PK	Materials	E	Sell	D-	D	Up	0.14	0.21	0.12		W	V	E	W	–	W
Global Water Resources, Inc.	GWRS	NAS	Utilities	C	Hold	B	C-		10.25	11.61	9	-0.03	F	G	G	F	G	F
Global Water Resources, Inc.	GWR.TO	TSX	Utilities	C	Hold	B	D+		13.35	15.03	12	-0.29	F	G	G	F	F	F
Globalive Technology Inc.	LIVE.V	TSXV	Information Tech	E+	Sell	E	D-	Up	0.11	1.10	0.09		V	V	E	W	–	V
Globalive Technology Inc.	LVVEF	OTC PK	Information Tech	E+	Sell	E	D-	Up	0.07	0.90	0.07		V	V	E	W	–	V
GlobalSCAPE, Inc.	GSB	AMEX	Information Tech	B-	Buy	B+	C	Up	10.21	10.98	3.2	-0.08	F	E	E	F	W	E
Globalstar, Inc.	GSAT	AMEX	Communication Svc	D	Sell	D	D		0.48	0.73	0.29	-0.91	F	W	G	W	–	W
Globant S.A.	GLOB	NYSE	Information Tech	B-	Buy	A	D		99.31	105.33	46.3	0.67	E	E	E	F	–	E
Globe Photos, Inc.	GBPTD	OTC PK	Consumer Discretn	D	Sell	D	D	Up	9.00	22.00	4.4	2.08	W	W	F	W	–	F
Globex Mining Enterprises Inc.	GLBXF	OTC PK	Materials	D	Sell	D	D		0.28	0.32	0.19	2.06	W	W	E	W	–	W
Globex Mining Enterprises Inc.	GMX.TO	TSX	Materials	D	Sell	D	D		0.37	0.42	0.25	1.22	W	W	E	W	–	W
Globus Maritime Limited	GLBS	NAS CM	Industrials	D	Sell	D	D-		2.31	11.90	2.15	2.16	F	W	F	W	–	V
Globus Medical, Inc.	GMED	NYSE	Health Care	C	Hold	B	C-	Down	42.65	57.83	38.01	0.96	G	E	E	F	–	F
Glow Energy Public Company Limited	GWEFF	OTC PK	Utilities	C	Hold	B	B-		2.71	2.85	2.64	0.06	F	E	E	G	–	F
Glowpoint, Inc.	GLOW	AMEX	Communication Svc	D-	Sell	E+	D		1.01	2.33	0.8	0.70	W	V	G	W	–	V
Glu Mobile Inc.	GLUU	NAS GS	Communication Svc	D+	Sell	C-	D	Down	7.00	11.75	5.08	0.78	F	W	E	F	–	F
Gluskin Sheff + Associates Inc.	GS.TO	TSX	Financials	C-	Hold	C	D+	Up	14.24	18.05	9.07	0.72	V	E	E	W	G	W

*Ratings Factors: E=Excellent, G=Good, F=Fair, W=Weak, V=Very Weak, U=Unrated

Summer 2019 — I. Index of Stocks

3-Month Total Return (%)	6-Month Total Return (%)	1-Year Total Return (%)	3-Year Total Return (%)	Dividend $ TTM	Dividend Yield TTM	Market Cap. ($Mil)	Enterprise Value ($Mil)	Revenue ($Mil)	Revenue Growth (%)	Net Income ($Mil)	Earnings/Share $	EPS Growth (%)	Cash from Operations ($Mil)	Return on Assets (%)	Return on Equity (%)	Earnings (P/E) TTM	Sales (P/S) TTM	Book (P/B) Q
-16.67	-16.67	-20.00	-9.09			6.3	6.6	1.7	21.1	-0.58	-0.01	53.5	-0.36	-8.81		-11.5	5.0	2.9
-15.38	-15.81	-21.43	-7.23			6.3	6.6	1.7	21.1	-0.58	-0.01	53.5	-0.36	-8.81		-8.9	3.9	2.2
-39.44	-55.21	-62.09	-37.13			8.2	64.3	11.0	-18.6	-15.8	-0.42	-13.4	0.31	-11.01		-0.5	0.8	-0.1
-34.78	-55.88	-65.52	-31.82			8.2	64.3	11.0	-18.6	-15.8	-0.42	-13.4	0.31	-11.01		-0.7	1.1	-0.2
23.53	223.08	-22.22	-44.00			4.0	8.1	0.75	54.4	0.75	0.00	107.5	-0.80	-48.72		3.8	6.0	-0.6
14.70	45.46					50.0	43.9	0.50	-29.2	4.0	0.03	-54.5	-2.1	-3.63	11.59	11.1	105.6	1.4
15.00	27.78	41.54				50.0	43.9	0.50	-29.2	4.0	0.03	-54.5	-2.1	-3.63	11.59	14.2	135.3	1.7
-43.07	23.88	-63.49				2.5	3.7	--		-0.93	-0.04	-13.0	-0.88	-10		-1.9		0.6
-44.44	25.00	-58.33	-13.04			2.5	3.7	--		-0.93	-0.04	-13.0	-0.88	-10		-2.7		0.9
3.79	34.82	13.74	244.20			3,226	2,795	--		-181.6	-3.41	-12.6	-138.9	-20.29		-15.8		5.5
166.67	400.00	-80.00	-100.00			0.12	1.5	0.00	-98.4	-1.1	-0.49	98.6	-0.24	-82.23		-0.1	26.7	-0.1
28.38	74.75	37.53	73.38	0.36	0.8	959.3	1,170	1,724	5.7	60.3	2.72	22.0	104.7	8.82	33.13	16.1	0.6	4.8
-16.06	-7.79	-36.81	1.88	0.08	1.4	705.0	-38.9	110.0	-13.1	24.9	0.21	-36.4	--			27.6	6.4	1.5
33.33	50.00	-25.00				6.5	6.4	0.11	135.5	-5.6	-0.10	-106.6	-2.6	-103.95		-1.2	66.7	-16.7
-1.64	130.77	36.36	354.55			8.7	10.8	--		-1.8	0.00	-57.1	-0.44	-1,318.64		-4.6		-2.0
-19.48	-71.65	-76.86	-90.44			55.8	790.5	657.2	5.4	-235.9	-2.58	15.2	-80.4	-7.1		-0.2	0.1	-0.2
-8.70	-6.87	-56.20				3.5	3.5	--		-0.66	-0.01	60.7	-0.37	-13.36		-3.3		0.7
9.09	0.00	-50.00				3.5	3.5	--		-0.66	-0.01	60.7	-0.37	-13.36		-4.7		1.0
32.45	17.65	0.00	-33.33			5.1	5.7	--		-0.73	-0.03	-383.1	-0.15	-890.63		-5.8		-2.3
0.00	0.00	-57.14	-81.25			1.5	1.5	0.41	67.2	-3.1	-0.02	24.8	-2.5	-114.64		-0.6	5.0	-3.9
0.00	-79.00	-92.71				1.5	1.5	0.41	67.2	-3.1	-0.02	24.8	-2.5	-114.64		-0.1	0.7	-0.5
0.38	10.75	0.68	-16.94			9.1	45.9	4.1	29.4	-1.6	-0.07	34.1	0.17	0.99		-4.5	2.2	14.6
-19.57	-50.03	-55.17	993.80			9.3	9.1	0.00		-3.5	-0.02	-300.0	-0.45	-122.25		-2.9		7.8
-4.62	-17.15	-23.96		1.00	3.4	417.7	705.9	519.7	8.0	-42.8	-3.07	-249.1	-22.3	-1.15		-9.6	0.8	0.6
-15.00	-5.56	-54.05				0.19	-0.13	--		-0.02	-0.01	-194.7	-0.03	-3.03		-15.2		0.8
-31.83	147.67	-39.56				5.4	4.9	--		-0.70	-0.02	83.4	-0.45	-11.48		-6.4		1.3
6.71	21.99	24.35	105,826.86	0.80	7.6	362.8	732.8	56.8	52.6	13.6	0.34	4,604.0	21.7	2.48	4.7	31.1	5.1	1.4
6.77	31.23	30.18	104.46	1.96	9.7	680.1	2,461	12,849	35.9	51.0	1.38	-50.7	185.5	3.66	10.89	14.7	0.1	1.6
18.20	55.79	45.27	129.25	0.04	0.0	25,028	30,179	3,454	-10.3	473.0	2.98	-7.9	1,051	3.7	12.23	53.7	7.3	6.4
-78.72	-60.00	-97.98	-94.29			0.16	0.30	--		-0.10	-0.24		-0.05			-1.7		0.6
-0.70	1.81	-0.32	-16.05	0.26	6.8	29.6	47.3	8.3	7.4	0.75	0.09	819.2	2.3	1.5	1.99	42.6	3.5	0.8
29.39	40.89	-29.55	-25.00			74.0	848.0	185.5	19.1	-51.5	-5.50	52.3	51.8	4.88		-1.4	0.4	0.2
-50.00	-71.66	-42.53	-87.50			8.5	10.6	--		-2.9	-0.02	-46.7	-0.20	-756.06		-2.8		-1.5
-14.77	-40.00	-76.96	-50.00			2.1	2.0	1.5	41.9	-3.7	-0.03	-29.2	-1.8	-80.31		-0.5	1.4	7.5
-39.39	-50.00	-9.09	-96.55			1.4	1.2	--		-0.39	-0.03	32.1	-0.17	-31.78		-3.9		1.5
0.53	-17.65					1.4	1.2	--		-0.39	-0.03	32.1	-0.17	-31.78		-5.5		2.1
4.45	1.40	11.87	37.52	0.29	2.8	220.1	321.5	35.8	12.5	3.4	0.16	-30.8	11.1	2.27	16.77	62.9	6.2	8.1
1.43	-3.27	10.74	38.22	0.29	2.1	220.1	321.5	35.8	12.5	3.4	0.16	-30.8	11.1	2.27	16.77	81.9	8.0	10.6
-37.14	-45.00	-87.50				11.6	-5.9	0.43		-15.1	-0.11	-202.1	-6.1			-1.0	35.5	0.6
-48.08	-51.79	-89.62				11.6	-5.9	0.43		-15.1	-0.11	-202.1	-6.1			-0.6	21.8	0.4
67.51	134.32	182.11	203.74	0.55	5.3	175.8	161.4	36.1	8.9	7.0	0.38	1,739.7	10.0	13.26	27.6	27.2	5.0	9.4
13.58	-7.28	0.23	-57.13			696.2	1,168	131.4	12.6	-68.7	-0.06	-905.0	-2.6	-4.42		-8.0	6.0	1.8
39.54	74.90	80.53	164.83			3,634	3,633	387.7	-6.2	36.1	0.99	18.1	17.2			100.3	9.5	10.6
-55.88	-2.17	40.62	25.00			77.2	84.8	4.1	207.6	-4.2	-0.51	-697.8	-1.6	-35.69		-17.7	17.9	19.9
19.36	23.59	5.73	-0.57			14.5	12.0	1.9	-42.1	-0.54	-0.01	-349.1	-0.95	-6.23		-19.9	7.8	4.7
15.62	13.85	0.00	0.00			14.5	12.0	1.9	-42.1	-0.54	-0.01	-349.1	-0.95	-6.23		-26.1	10.2	6.1
-28.78	-23.35	-55.05	-88.43			10.1	48.2	12.5	-8.5	-3.8	-1.19	57.8	--			-1.9	0.6	0.2
-12.24	-0.70	-14.61	80.57			4,222	3,903	721.5	10.2	150.1	1.48	24.3	168.6	8.58	13.26	28.8	6.0	3.4
-4.78	1.50	-8.45	1.88			4,235	5,147	1,632	4.1	237.0	0.16	-20.1	466.5	6.2	14.74	16.7	2.4	2.8
-25.24	-23.72	-48.14	-68.54			5.1	3.6	11.7	-17.7	-6.5	-1.37	-195.8	-1.1	-6.08		-0.7	0.4	0.8
-35.06	-12.17	8.02	231.75			1,017	957.5	381.0	22.3	-5.3	-0.04	93.6	46.4	-0.53		-183.3	2.9	5.5
0.98	45.52	-5.95	16.10	1.00	7.0	327.3	306.8	86.9	-23.5	19.4	0.62	-34.6	23.0	17.35	24.58	23.0	5.1	6.4

I. Index of Stocks

Summer 2019

Company Name	Stock Ticker Symbol	Traded On	Sector	Overall Rating	Recommendation	Reward Rating	Risk Rating	Recent Up/Downgrade	Stock Price as of 6/30/2019	52-Week High	52-Week Low	3-Year Beta	Growth	Efficiency	Solvency	Volatility	Dividend	Total Return
GlycoMimetics, Inc.	GLYC	NAS	Health Care	D	Sell	D	D		11.50	17.78	8.29	2.03	V	V	E	W	–	F
GlyEco, Inc.	GLYE	OTC PK	Materials	D-	Sell	E+	D-		2.00	9.30	1.16	5.53	W	V	F	W	–	V
GMP Capital Inc.	GMP.TO	TSX	Financials	D	Sell	D+	D		2.30	2.95	1.76	1.26	W	W	E	W	G	W
GMP Capital Inc.	GMPXF	OTC PK	Financials	D	Sell	D+	D		1.77	2.23	1.24	2.16	W	W	E	W	G	W
GMS Inc.	GMS	NYSE	Industrials	C-	Hold	C	D	Up	19.70	28.47	13.61	2.22	G	G	E	W	–	W
GMV Minerals Inc.	GMVMF	OTC PK	Materials	D	Sell	D	D-		0.10	0.23	0.07	0.79	W	W	E	W	–	V
GMV Minerals Inc.	GMV.V	TSXV	Materials	D	Sell	D	D		0.14	0.32	0.07	1.15	W	W	E	W	–	V
GNC Holdings, Inc.	GNC	NYSE	Consumer Discretn	D	Sell	D	E+		1.47	4.65	1.32	1.75	W	F	G	V	–	V
Go Cobalt Mining Corp.	GOCOF	OTC PK	Materials	E+	Sell	E+	D-	Up	0.08	0.26	0.03		W	V	G	W	–	V
GobiMin Inc.	GMN.V	TSXV	Materials	D	Sell	C-	D		0.27	0.45	0.2	1.28	F	F	E	W	–	W
GobiMin Inc.	GMNFF	OTC PK	Materials	D	Sell	C-	D	Down	0.17	0.17	0.17	-0.44	F	F	E	W	–	V
GoDaddy Inc.	GDDY	NYSE	Information Tech	C	Hold	B-	D		69.73	84.97	56.67	0.48	G	G	G	F	–	F
goeasy Ltd.	GSY.TO	TSX	Financials	C+	Hold	B	C-		52.41	56.30	30.42	1.32	F	E	E	F	F	E
goeasy Ltd.	EHMEF	OTC PK	Financials	C	Hold	B	C-		41.06	41.61	23.15	1.75	F	E	E	F	F	G
Gogo Inc.	GOGO	NAS GS	Communication Svc	D	Sell	D	D		3.88	7.82	2.64	0.84	F	W	G	W	–	W
GoGold Resources Inc.	GLGDF	OTC PK	Materials	D	Sell	D-	D	Up	0.28	0.33	0.13	0.24	W	V	E	W	–	W
GoGold Resources Inc.	GGD.TO	TSX	Materials	D	Sell	D-	D	Up	0.38	0.45	0.19	-0.42	W	V	E	W	–	W
GOL Linhas Aéreas Inteligentes S.A.	GOL	NYSE	Industrials	D+	Sell	C-	D	Down	16.37	17.81	4.43	-1.71	W	W	F	W	–	F
Golar LNG Limited	GLNG	NAS GS	Energy	D	Sell	C-	D	Down	17.61	30.41	16.17	0.44	W	W	G	W	G	W
Golar LNG Partners LP	GMLP	NAS GS	Energy	D+	Sell	C	D	Down	11.28	16.99	10.23	0.90	W	E	G	W	E	W
Gold Coast Bancorp, Inc.	GLDT	OTC PK	Financials	E-	Sell	C-	D		12.50	13.45	10.02		F	F	E	W	–	W
Gold Fields Limited	GFIOF	OTC PK	Materials	D+	Sell	D+	D		3.77	4.10	2.4	-0.03	W	W	G	W	W	W
Gold Fields Limited	GFI	NYSE	Materials	D+	Sell	C-	D		5.42	5.75	2.2	-0.43	W	W	G	W	W	F
Gold Reserve Inc.	GRZ.V	TSXV	Materials	C-	Hold	C+	D		2.30	3.79	2.27	-0.80	F	F	E	W	–	W
Gold Reserve Inc.	GDRZF	OTC PK	Materials	C-	Hold	C	D		1.83	2.90	1.4	-0.37	F	F	E	W	–	W
Gold Resource Corporation	GORO	AMEX	Materials	C-	Hold	C	D	Down	3.33	7.33	2.73	1.25	F	G	E	W	W	W
Gold Rush Cariboo Corp.	GDBO.V	TSXV	Materials	D	Sell	D-	D	Up	0.10	0.17	0.05	4.15	W	W	F	W	–	W
Gold Rush Cariboo Corp.	SGRWF	OTC PK	Materials	D-	Sell	E+	D-		0.06	0.13	0.06	1.17	W	V	F	W	–	V
Gold Standard Ventures Corp	GSV.TO	TSX	Materials	D	Sell	D	D-		1.38	2.40	1.17	-0.28	W	W	E	W	–	W
Gold Standard Ventures Corp	GSV	AMEX	Materials	D	Sell	D	D-		1.06	1.86	0.86	0.02	W	W	E	W	–	W
Goldbank Mining Corporation	GLB.V	TSXV	Materials	C-	Hold	C+	D		0.11	0.17	0.07	3.38	F	G	F	W	–	F
Goldbank Mining Corporation	GLBKF	OTC PK	Materials	C	Hold	B-	D+	Up	0.11	0.11	0.1	0.47	F	G	F	F	–	G
Goldcliff Resource Corporation	GCN.V	TSXV	Materials	D	Sell	D-	D	Up	0.12	0.15	0.05	1.36	W	V	F	W	–	W
Goldcliff Resource Corporation	GCFFF	OTC PK	Materials	D	Sell	D-	D	Up	0.08	0.10	0.03	1.03	W	V	F	W	–	W
Golden Arrow Resources Corporation	GRG.V	TSXV	Materials	D-	Sell	D-	D	Down	0.22	0.55	0.19	0.67	W	W	E	W	–	W
Golden Arrow Resources Corporation	GARWF	OTC PK	Materials	D-	Sell	D-	D	Down	0.17	0.42	0.14	1.18	W	W	E	W	–	V
Golden Bull Limited	DNJR	NAS CM	Financials	D	Sell	D	D-	Up	3.25	13.56	3.04		W	W	E	W	–	W
Golden Cariboo Resources Ltd.	GCCH.V	TSXV	Materials	D	Sell	D+	D		0.05	0.08	0.03	1.91	W	F	G	W	–	W
Golden Cariboo Resources Ltd.	GCCFF	OTC PK	Materials	D	Sell	D	D	Up	0.03	0.05	0.02	1.57	W	F	G	W	–	W
Golden Dawn Minerals Inc.	GDMRF	OTC PK	Materials	E+	Sell	E	D	Down	0.04	1.08	0.04	-2.75	V	V	F	W	–	V
Golden Dawn Minerals Inc.	GOM.V	TSXV	Materials	E+	Sell	E+	D-	Down	0.30	1.48	0.1	1.75	V	V	F	W	–	V
Golden Entertainment, Inc.	GDEN	NAS	Consumer Discretn	D	Sell	D+	D		13.94	34.45	12.46	2.12	W	F	G	W	–	W
Golden Goliath Resources Ltd.	GNG.V	TSXV	Materials	D	Sell	D	D-		0.04	0.06	0.02	1.20	W	W	E	W	–	W
Golden Goliath Resources Ltd.	GGTHF	OTC PK	Materials	D	Sell	D	D		0.03	0.05	0	-0.26	W	W	E	W	–	W
Golden Growers Cooperative	GGROU	OTC PK	Consumer Staples	C-	Hold	C+	D-	Up	3.00	3.80	3	0.44	F	E	E	W	E	W
Golden Harp Resources Inc.	GHRH.V	TSXV	Materials	D-	Sell	E+	D		0.17	0.20	0.06	1.19	W	V	G	W	–	F
Golden Hope Mines Limited	GNH.V	TSXV	Materials	D+	Sell	C	D	Up	0.10	0.11	0.05	2.03	W	G	F	W	–	W
Golden Hope Mines Limited	GOLHF	OTC PK	Materials	D+	Sell	C	D		0.08	0.08	0.03	0.61	W	G	F	W	–	W
Golden Leaf Holdings Ltd.	GLDFF	OTC PK	Health Care	D-	Sell	D	D-		0.05	0.24	0.04	1.04	F	V	W	W	–	W
Golden Matrix Group, Inc.	GMGI	OTC PK	Communication Svc	D+	Sell	C-	D+	Down	0.01	0.01	0	0.97	F	W	F	W	–	W
Golden Minerals Company	AUMN.TO	TSX	Materials	D-	Sell	E+	D-		0.39	0.49	0.26	0.77	W	V	E	W	–	W
Golden Minerals Company	AUMN	AMEX	Materials	D-	Sell	E+	D-		0.29	0.38	0.19	1.54	W	V	E	W	–	W

*Ratings Factors: E=Excellent, G=Good, F=Fair, W=Weak, V=Very Weak, U=Unrated

Summer 2019 — I. Index of Stocks

3-Month Total Return (%)	6-Month Total Return (%)	1-Year Total Return (%)	3-Year Total Return (%)	Dividend $ TTM	Dividend Yield TTM	Market Cap. ($Mil)	Enterprise Value ($Mil)	Revenue ($Mil)	Revenue Growth (%)	Net Income ($Mil)	Earnings/Share $	EPS Growth (%)	Cash from Operations ($Mil)	Return on Assets (%)	Return on Equity (%)	Earnings (P/E) TTM	Sales (P/S) TTM	Book (P/B) Q
-9.80	26.10	-27.08	67.15			496.6	305.1	--		-50.8	-1.18	-3.5	-47.5	-15.15		-9.7		2.6
0.00	48.15	-73.33	-84.76			2.9	9.4	6.9	44.9	-5.8	-4.29	0.2	-1.8	-20.76		-0.5	0.4	-1.2
11.42	23.20	-14.21	-51.44	0.10	4.4	127.4	--	117.2	7.1	-12.8	-0.23	56.0	-24.6			-9.8	1.4	1.5
18.92	46.01	-15.87	-53.15	0.09	5.4	127.4	--	117.2	7.1	-12.8	-0.23	56.0	-24.6			-7.6	1.1	1.1
30.03	29.86	-23.85	-3.15			795.4	1,889	2,972	19.3	49.3	1.15	-28.4	130.3	5.71	9.27	17.2	0.3	1.3
6.68	27.09	-36.54	-60.45			4.4	4.1	--		-0.35	-0.01	-11.1	-0.31	-6.25		-9.9		1.1
3.85	35.00	-32.50	-53.45			4.4	4.1	--		-0.35	-0.01	-11.1	-0.31	-6.25		-13.5		1.5
-46.35	-36.91	-58.12	-93.63			123.4	1,610	2,311	-5.1	48.3	0.45	118.7	139.5	6.08		3.3	0.1	-0.7
-39.86	-56.57					3.8	3.2	--		-0.57	-0.01	28.4	-0.74	-44.47		-8.1		5.7
15.05	38.07	-30.97	-38.63	0.01	3.7	10.2	-10.9	1.5	440.2	-1.6	-0.03	47.7	-1.8	-1.1		-8.4	8.8	0.2
-55.43	-55.43	-55.43	-51.11	0.01	4.4	10.2	-10.9	1.5	440.2	-1.6	-0.03	47.7	-1.8	-1.1		-5.4	5.7	0.1
-7.16	9.07	-0.04	126.18			12,245	13,806	2,737	15.2	86.7	0.49	-43.3	611.1	1.32	11.98	143.5	4.7	13.4
26.81	53.11	33.20	216.67	1.07	2.0	574.7	--	268.8	10.5	45.9	3.02	48.9	-133.4		23.17	17.3	3.1	3.4
26.17	77.07	36.69	189.54	0.80	2.0	574.7	--	268.8	10.5	45.9	3.02	48.9	-133.4		23.17	13.6	2.5	2.6
-12.61	21.63	-19.00	-51.44			340.7	1,295	861.5	12.5	-151.4	-1.89	5.0	-42.3	-0.64		-2.1	0.4	-1.2
18.47	72.32	-8.64	-67.69			49.8	33.5	20.7	1.6	-63.1	-0.37	-337.1	-12.0	-41.93		-0.8	2.4	0.7
15.15	65.22	-8.43	-66.96			49.8	33.5	20.7	1.6	-63.1	-0.37	-337.1	-12.0	-41.93		-1.0	3.2	0.9
26.53	26.34	199.88	640.20	0.00	0.0	2,874	5,989	3,082	-7.3	-349.3	-1.00	-41,945.8	647.9	2.82		-16.3	1.9	-3.1
-14.94	-17.32	-38.02	21.06	0.58	3.3	1,731	4,147	478.7	159.3	-252.2	-2.51	-85.6	137.9	1.02		-7.0	3.7	1.0
-9.86	12.92	-16.00	-8.59	1.79	15.9	799.7	2,357	342.3	-15.7	43.4	0.52	-68.0	137.5	4.33	6.29	21.6	2.3	1.6
11.61	22.55	-5.30				49.1	--	7.2		0.27	0.07		--			192.0	6.9	1.2
-8.05	26.94	6.80	-11.29			4,459	6,297	2,578	-6.7	-348.2	-0.43	-1,771.9	603.3	2.66		-8.8	1.2	1.2
45.70	57.09	54.67	27.09	0.02	0.4	4,459	6,297	2,578	-6.7	-348.2	-0.43	-1,771.9	603.3	2.66		-12.7	1.8	1.7
-34.47	-19.01	-27.90	-58.86			181.9	35.0	--		42.2	0.42	-56.4	-60.4	-3.72	29.27	5.5		1.4
-29.62	-11.21	-25.35	-57.44			181.9	35.0	--		42.2	0.42	-56.4	-60.4	-3.72	29.27	4.4		1.1
-15.36	-14.16	-49.84	-0.80	0.02	0.6	207.8	215.4	109.7	-7.0	4.7	0.07	-16.1	7.7	4.12	3.67	46.7	1.9	1.5
-16.67	42.86	-33.33	66.67			3.0	4.1	--		-0.87	-0.02	-22.0	-0.28	-9.99		-4.5		1.8
-36.90	-36.90	-54.93				3.0	4.1	--		-0.87	-0.02	-22.0	-0.28	-9.99		-2.8		1.2
0.00	-18.34	-23.76	-39.47			273.4	265.5	--		-7.9	-0.03	27.2	-4.9	-3		-44.8		2.3
2.91	-14.52	-20.90	-39.43			273.4	265.5	--		-7.9	-0.03	27.2	-4.9	-3		-34.4		1.7
-26.67	37.50	-24.14	0.00			6.5	6.3	--		-1.3	-0.02	36.2	-0.35	-2.99		-5.3		-3.4
4.81	4.81	-0.38	140.09			6.5	6.3	--		-1.3	-0.02	36.2	-0.35	-2.99		-5.2		-3.4
35.29	130.00	15.00	-54.00			2.5	2.8	--		-0.17	-0.01	68.1	-0.06	-18.53		-13.2		-37.1
28.78	129.60	11.16	-68.88			2.5	2.8	--		-0.17	-0.01	68.1	-0.06	-18.53		-8.9		-25.1
-29.03	-32.31	-53.19	-69.44			20.8	30.9	--		-12.7	-0.13	-183.6	-5.5	-9.3		-1.6		0.9
-22.04	-19.89	-51.82	-69.02			20.8	30.9	--		-12.7	-0.13	-183.6	-5.5	-9.3		-1.3		0.7
-62.90	-40.91	-45.92				50.0	47.6	3.0	-57.1	-2.7	-0.18	82.8	-4.6			-18.0	16.2	4.2
25.00	0.00	-37.50	-37.50			0.72	0.63	--		0.07	0.00	222.6	-0.36	-26.8	31.65	13.2		4.6
0.00	25.22	-55.69	-51.84			0.72	0.63	--		0.07	0.00	222.6	-0.36	-26.8	31.65	7.6		2.6
-76.24	-64.46	-95.78	-83.92			3.5	9.3	--		-11.0	-0.16	-115.4	-0.70	-67.85		-0.3		-0.8
20.00	71.43	-76.92	-83.78			3.5	9.3	--		-11.0	-0.16	-115.4	-0.70	-67.85		-1.9		-5.8
-2.86	-11.88	-48.58	21.96			386.8	1,572	876.9	42.3	-32.9	-1.19	-5,404.9	94.7	2.18		-11.7	0.4	1.2
0.00	133.33	40.00	-36.36			2.9	1.4	--		-0.06	0.00	73.9	-0.83	-12.6		-58.3		2.4
51.58	97.06	109.38	-28.72			2.9	1.4	--		-0.06	0.00	73.9	-0.83	-12.6		-55.8		2.3
-6.25	0.00	-23.08	-36.84			46.5	43.4	58.3	4.2	6.7	0.43	-21.8	-0.64	16.26	26.55	6.9	0.8	1.8
112.50	36.00	54.55	41.67			3.1	2.7	--		-0.63	-0.05	-12.1	-0.06	-7		-3.8		7.0
100.00	66.67	0.00	-56.52			1.5	1.5	--		-0.15	-0.01	61.9	-0.06	-65.57		-9.4		-6.3
67.17	79.25	15.29	-54.31			1.5	1.5	--		-0.15	-0.01	61.9	-0.06	-65.57		-7.3		-4.8
-38.94	-37.99	-70.33	-83.17			31.4	41.8	17.5	40.8	-15.7	-0.03	77.2	-16.8	-14.62		-1.9	1.8	0.7
83.45	328.57	466.67	-99.11			14.5	14.2	2.6	497.6	0.12	0.00	94.1	1.4	68.78		-51.0	5.7	25.5
6.85	27.87	-2.50	-44.29			28.3	25.8	7.5	12.4	-3.6	-0.04	3.1	-5.4	-30.73		-10.4	5.0	5.8
6.56	32.75	-3.20	-47.16			28.3	25.8	7.5	12.4	-3.6	-0.04	3.1	-5.4	-30.73		-7.7	3.7	4.3

Data as of June 30, 2019

I. Index of Stocks

Summer 2019

Company Name	Stock Ticker Symbol	Traded On	Sector	Overall Rating	Recommendation	Reward Rating	Risk Rating	Recent Up/Downgrade	Stock Price as of 6/30/2019	52-Week High	52-Week Low	3-Year Beta	Growth	Efficiency	Solvency	Volatility	Dividend	Total Return
Golden Ocean Group Limited	GOGL	NAS GS	Industrials	C	Hold	B	D		5.69	10.05	4.33	1.70	G	F	G	W	F	W
Golden Predator Mining Corp.	GPY.V	TSXV	Materials	D-	Sell	E+	D-		0.26	0.46	0.18	0.40	F	V	G	W	—	V
Golden Predator Mining Corp.	NTGSF	OTC PK	Materials	D-	Sell	E+	D-		0.18	0.35	0.13	0.22	F	V	G	W	—	V
Golden Pursuit Resources Ltd.	GDP.V	TSXV	Materials	D	Sell	D	D		0.07	0.15	0.02	-0.76	W	W	F	W	—	W
Golden Pursuit Resources Ltd.	FPVTF	OTC PK	Materials	D	Sell	D	D	Down	0.06	0.09	0.05	-1.76	W	W	F	W	—	F
Golden Queen Mining Co. Ltd.	GQMNF	OTC PK	Materials	D-	Sell	D	E+		0.02	0.17	0.01	-0.53	W	W	F	V	—	V
Golden Queen Mining Co. Ltd.	GQM.TO	TSX	Materials	D-	Sell	D	E+		0.03	0.22	0.02	-0.01	W	W	F	V	—	V
Golden Ridge Resources Ltd.	GORIF	OTC PK	Materials	D-	Sell	D	D-	Up	0.13	0.40	0.06		W	W	E	W	—	V
Golden Ridge Resources Ltd.	GLDN.V	TSXV	Materials	D	Sell	D	D	Up	0.18	0.54	0.08		W	W	E	W	—	W
Golden Share Resources Corporation	GSH.V	TSXV	Materials	D-	Sell	E	D	Down	0.10	0.18	0.07	-0.13	F	V	F	W	—	W
Golden Share Resources Corporation	GLDMF	OTC PK	Materials	D-	Sell	E	D	Down	0.07	0.14	0.07	0.26	F	V	F	W	—	W
Golden Star Resources Ltd.	GSS	AMEX	Materials	D	Sell	D-	D	Down	3.96	4.67	2.43	0.96	W	V	G	W	—	F
Golden Star Resources Ltd.	GSC.TO	TSX	Materials	D	Sell	D-	D	Down	5.21	6.22	3.24	0.64	W	V	G	W	—	F
Golden Tag Resources Ltd.	GOG.V	TSXV	Materials	D-	Sell	D-	D-	Down	0.03	0.08	0.03	-0.07	W	V	G	W	—	V
Golden Tag Resources Ltd.	GTAGF	OTC PK	Materials	D-	Sell	D-	D-	Down	0.02	0.06	0.02	-0.71	W	V	G	W	—	V
Golden Valley Mines Ltd.	GZZ.V	TSXV	Materials	C	Hold	C+	D	Up	0.33	0.39	0.22	0.71	G	W	E	F	—	G
Golden Valley Mines Ltd.	GLVMF	OTC PK	Materials	C-	Hold	C+	D	Up	0.26	0.30	0.16	0.92	G	W	E	F	—	F
Goldeneye Resources Corp.	GOE.V	TSXV	Materials	D+	Sell	C	D		0.08	0.20	0.07	1.85	W	G	F	W	—	W
Goldex Resources Corporation	GDXRF	OTC PK	Materials	D-	Sell	E+	D-		0.07	0.57	0.07	-1.55	F	V	F	W	—	V
Goldex Resources Corporation	GDX.V	TSXV	Materials	D-	Sell	E+	D-		0.09	0.77	0.08	-0.43	F	V	F	W	—	V
Goldgroup Mining Inc.	GGA.TO	TSX	Materials	D	Sell	D	D		0.05	0.08	0.04	-1.27	W	W	E	W	—	W
Goldgroup Mining Inc.	GGAZF	OTC PK	Materials	D	Sell	D	D		0.03	0.06	0.02	-1.87	W	W	E	W	—	W
Goldman Sachs BDC, Inc.	GSBD	NYSE	Financials	C	Hold	B	D+		19.21	22.75	17.73	1.02	G	E	E	W	E	W
GoldMining Inc.	GLDLF	OTC PK	Materials	D	Sell	D	D		0.70	0.97	0.52	0.58	W	W	E	W	—	W
GoldMining Inc.	GOLD.TO	TSX	Materials	D	Sell	D	D-		0.90	1.11	0.71	0.17	W	W	E	W	—	W
GoldMoney Inc.	XAUMF	OTC PK	Financials	C-	Hold	C	D	Up	1.63	2.42	1.1	1.24	F	G	E	W	—	W
GoldMoney Inc.	XAU.TO	TSX	Financials	C-	Hold	C	D	Up	2.16	3.20	1.42	1.04	F	G	E	W	—	W
GoldON Resources Ltd.	GLD.V	TSXV	Materials	D-	Sell	E+	D	Down	0.68	0.90	0.12	0.45	V	V	G	W	—	E
GoldON Resources Ltd.	NCMBF	OTC PK	Materials	D-	Sell	E+	D	Down	0.58	0.68	0.09	-1.31	V	V	G	W	—	E
Goldplay Exploration Ltd.	GLYXF	OTC PK	Materials	E+	Sell	E	D-	Up	0.12	0.22	0.09		W	V	G	W	—	V
Goldplay Exploration Ltd.	GPLY.V	TSXV	Materials	E+	Sell	E	D-	Down	0.15	0.30	0.11		W	V	G	W	—	V
Goldquest Mining Corp.	GDQMF	OTC PK	Materials	D	Sell	D	D-		0.12	0.17	0.06	2.77	F	W	E	W	—	V
Goldquest Mining Corp.	GQC.V	TSXV	Materials	D	Sell	D	D-		0.15	0.22	0.08	1.85	F	W	E	W	—	V
Goldrich Mining Company	GRMC	OTC PK	Materials	D-	Sell	D-	D-	Down	0.01	0.03	0.01	-2.73	W	W	F	W	—	V
Goldsource Mines Inc.	GXS.V	TSXV	Materials	D	Sell	D	D		0.13	0.23	0.04	3.83	W	V	E	W	—	F
Goldsource Mines Inc.	GXSFF	OTC PK	Materials	D	Sell	D	D		0.10	0.16	0.02	4.65	W	V	E	W	—	F
GoldSpot Discoveries Corp.	GDDCF	OTC PK	Information Tech	E-	Sell	D-	D		0.25	0.42	0.17		W	W	E	W	—	V
GoldSpot Discoveries Corp.	SPOT.V	TSXV	Information Tech	E-	Sell	D-	D		0.32	0.58	0.22		W	W	E	W	—	W
Goldstar Minerals Inc.	GDMIF	OTC PK	Materials	D-	Sell	E+	D-	Up	0.03	0.08	0.03		W	V	G	W	—	V
Goldstar Minerals Inc.	GDM.V	TSXV	Materials	D	Sell	D	D	Up	0.05	0.12	0.03	-0.24	W	V	G	W	—	F
Goldstream Minerals Inc.	GSXH.V	TSXV	Materials	D-	Sell	E+	D		0.05	0.18	0.04	-0.05	W	V	G	W	—	V
Goldstrike Resources Ltd.	GSR.V	TSXV	Materials	D	Sell	D+	D-		0.04	0.25	0.04	-1.72	W	F	E	W	—	V
Goldstrike Resources Ltd.	APRAF	OTC PK	Materials	D	Sell	D+	D-		0.02	0.18	0.02	-2.90	W	F	E	W	—	V
Goliath Film & Media Holdings	GFMH	OTC PK	Communication Svc	D+	Sell	C	D-		0.00	0.01	0	0.37	F	G	F	W	—	W
Goliath Resources Limited	GOTRF	OTC PK	Materials	D-	Sell	D	D-	Up	0.05	0.21	0.04		W		E	W	—	V
Goliath Resources Limited	GOT.V	TSXV	Materials	D	Sell	D	D-	Up	0.08	0.29	0.06		W		E	W	—	V
Golub Capital BDC, Inc.	GBDC	NAS GS	Financials	C+	Hold	B	C-	Up	17.62	19.89	16.21	0.76	F	E	E	F	E	W
Good Gaming, Inc.	GMER	OTC PK	Communication Svc	D	Sell	D	D-		0.01	0.04	0	-0.13	F	W	F	W	—	V
Good Life Networks Inc.	GOOD.V	TSXV	Communication Svc	D	Sell	C-	D		0.20	0.55	0.1		W	F	G	W	—	W
Good Life Networks Inc.	GOOLF	OTC PK	Communication Svc	E-	Sell	C-	D		0.15	0.39	0.15		W	F	G	W	—	W
good natured Products Inc.	SLGBF	OTC PK	Materials	D	Sell	E+	D		0.11	0.12	0.06		F	V	G	W	—	W
good natured Products Inc.	GDNP.V	TSXV	Materials	D	Sell	E+	D	Up	0.14	0.15	0.09	0.74	F	V	G	W	—	W

*Ratings Factors: E=Excellent, G=Good, F=Fair, W=Weak, V=Very Weak, U=Unrated

Summer 2019 — I. Index of Stocks

TOTAL RETURNS %				DIVIDEND/YIELD		SIZE		REVENUE & INCOME			EARNINGS		EFFECTIVENESS			VALUATION		
3-Month Total Return (%)	6-Month Total Return (%)	1-Year Total Return (%)	3-Year Total Return (%)	Dividend $ TTM	Dividend Yield TTM	Market Cap. ($Mil)	Enterprise Value ($Mil)	Revenue ($Mil)	Revenue Growth (%)	Net Income ($Mil)	Earnings/ Share $	EPS Growth (%)	Cash from Operations ($Mil)	Return on Assets (%)	Return on Equity (%)	Earnings (P/E) TTM	Sales (P/S) TTM	Book (P/B) Q
18.19	-5.61	-31.45	87.02	0.33	5.7	816.7	2,039	638.1	20.9	60.4	0.41	89.0	183.1	2.68	4	13.7	1.3	0.5
18.18	0.00	-33.33	-72.04			26.3	26.2	--		-11.4	-0.09	35.6	-9.1	-58.14		-2.9		4.7
5.66	-8.52	-38.21	-75.56			26.3	26.2	--		-11.4	-0.09	35.6	-9.1	-58.14		-2.0		3.2
-17.65	-36.36	-53.33	-12.50			1.7	1.7	--		-0.81	-0.08	-564.4	-0.26	-393.79		-0.9		-6.5
-11.56	-11.56	-47.88	-25.33			1.7	1.7	--		-0.81	-0.08	-564.4	-0.26	-393.79		-0.7		-5.3
-16.00	-72.73	-87.11	-98.33			6.9	119.7	65.8	15.6	-3.9	-0.02	-6.5	-6.5	2.43		-0.9	0.1	0.2
-25.00	-71.43	-85.37	-98.18			6.9	119.7	65.8	15.6	-3.9	-0.02	-6.5	-6.5	2.43		-1.3	0.1	0.2
47.25	95.62					13.4	12.4	--		-0.30	0.00	90.3	-0.37	-10.53		-35.3		2.2
38.46	89.47	5.88				13.4	12.4	--		-0.30	0.00	90.3	-0.37	-10.53		-47.4		3.0
-4.76	-33.33	-41.18	-50.00			2.9	3.0	0.01	243.4	0.90	0.02	316.7	-0.19	-308.92		4.3	1,000.0	-8.9
0.00	0.00	-43.22	-53.65			2.9	3.0	0.01	243.4	0.90	0.02	316.7	-0.19	-308.92		3.2	737.0	-6.5
4.21	30.26	18.92	23.75			432.0	375.6	269.5	-15.2	-21.1	-0.27	-170.4	-4.2	2.86		-14.8	1.6	3.8
1.96	25.85	17.08	25.54			432.0	375.6	269.5	-15.2	-21.1	-0.27	-170.4	-4.2	2.86		-19.5	2.1	5.0
-25.00	-40.00	-57.14	-53.85			1.8	1.5	--		-0.36	0.00	-372.2	-0.32	-32.12		-6.1		5.5
-17.30	-40.25	-39.34	-40.10			1.8	1.5	--		-0.36	0.00	-372.2	-0.32	-32.12		-4.9		4.4
-4.41	35.42	16.07	25.00			33.2	45.4	0.31	1,828.1	-1.7	-0.01	43.0	-3.6	-8.99		-24.3	147.7	2.9
3.68	48.58	24.83	16.92			33.2	45.4	0.31	1,828.1	-1.7	-0.01	43.0	-3.6	-8.99		-19.4	118.2	2.3
-20.00	-11.11	-36.00	-5.88			1.4	1.4	--		-0.04	0.00	-5.9	-0.06	-138.21		-44.4		-66.7
-39.77	-36.36	-86.10	-78.71			0.87	1.8	--		-0.34	-0.03	71.9	-0.07	-25.55		-2.3		-1.3
-39.29	-34.62	-85.83	-89.38			0.87	1.8	--		-0.34	-0.03	71.9	-0.07	-25.55		-2.9		-1.6
0.00	-10.00	-30.77	-83.02			6.3	7.7	20.1	1.4	-3.5	-0.02	-1,268.8	0.67	-11.72		-2.1	0.4	1.7
-16.39	-8.79	-33.11	-85.67			6.3	7.7	20.1	1.4	-3.5	-0.02	-1,268.8	0.67	-11.72		-1.4	0.3	1.1
-7.29	4.20	-0.36	21.04	1.80	9.4	774.2	1,473	147.7	5.4	37.4	0.93	-30.4	-107.5	5.39	5.27	20.6	5.2	1.1
-1.77	24.70	3.51	-59.40			94.3	87.6	--		-5.1	-0.04	21.2	-4.1	-5.74		-18.8		1.8
-7.22	16.88	0.00	-59.64			94.3	87.6	--		-5.1	-0.04	21.2	-4.1	-5.74		-24.2		2.3
-14.70	35.83	-22.60	-53.13			127.2	92.7	216.9	-32.7	17.9	0.21	944.6	-3.5	-4.98	12.12	7.7	0.6	0.9
-16.28	30.91	-23.67	-49.77			127.2	92.7	216.9	-32.7	17.9	0.21	944.6	-3.5	-4.98	12.12	10.1	0.8	1.2
119.35	444.00	466.67	277.78			7.2	6.9	--		-0.24	-0.03	-13.0	-0.18	-57.73		-26.2		20.9
164.01	495.92	447.33	286.24			7.2	6.9	--		-0.24	-0.03	-13.0	-0.18	-57.73		-22.5		17.9
-0.50	-1.25					5.7	5.4	--		-3.4	-0.09	84.0	-3.1	-81.12		-1.3		4.8
-9.38	-19.44	-34.09				5.7	5.4	--		-3.4	-0.09	84.0	-3.1	-81.12		-1.5		5.8
57.53	59.72	-18.44	-67.14			28.4	14.8	--		-3.8	-0.02	49.8	-2.4	-15.77		-7.6		2.2
45.00	45.00	-23.68	-67.78			28.4	14.8	--		-3.8	-0.02	49.8	-2.4	-15.77		-9.5		2.8
-70.00	-70.00	-78.57	-87.23			0.84	4.9	--		-3.8	-0.03	-218.6	-1.6	-93.15		-0.2		-0.2
-13.79	177.78	108.33	-73.96			29.8	29.5	--		-3.0	-0.01	15.5	-2.1	-20.46		-9.2		4.1
-4.56	199.94	109.96	-71.65			29.8	29.5	--		-3.0	-0.01	15.5	-2.1	-20.46		-7.7		3.4
-5.80						23.0	16.8	0.88	46.4	-3.1	-0.54	-445.2	-0.65			-0.5	21.4	3.4
-7.25						23.0	16.8	0.88	46.4	-3.1	-0.54	-445.2	-0.65			-0.6	27.4	4.3
-1.45	-41.51					3.6	3.9	--		-0.64	-0.01	-49.0	-0.39	-28.1		-3.7		2.4
28.57	50.00	0.00	12.50			3.6	3.9	--		-0.64	-0.01	-49.0	-0.39	-28.1		-6.2		4.0
11.11	11.11	-64.29	-50.00			0.92	0.64	--		-0.17	-0.01	51.6	-0.21	-26.86		-6.6		11.1
0.00	-50.00	-77.78	-76.47			5.8	3.8	--		4.2	0.02	232.3	-0.44	-3.06	32.39	1.8		0.7
-35.95	-66.88	-82.11	-86.58			5.8	3.8	--		4.2	0.02	232.3	-0.44	-3.06	32.39	1.0		0.4
6.67	39.13	-31.91	0.00			0.44	0.44	0.01		-0.39	0.00	-475.0	0.00	-10.89		-1.4		-10.7
-20.62	-21.54					6.7	5.9	--		-2.6	-0.03	41.8	-3.3	-278.54		-1.7		5.5
-5.88	0.00	-65.22				6.7	5.9	--		-2.6	-0.03	41.8	-3.3	-278.54		-2.6		8.6
-0.40	8.47	4.61	23.51	1.28	7.3	1,068	2,108	155.1	10.5	79.1	1.32	-9.5	-113.0	3.72	8.23	13.4	6.8	1.1
-48.00	-72.63	-56.67	-99.13			0.28	1.8	0.10	43.1	-1.2	-0.04	91.3	-0.71	-90.55		-0.1	3.1	-0.2
-61.76	2.63	0.00				11.8	19.8	17.8	106.5	-0.38	0.00	-122.2	-7.4	2.92		-40.6	0.9	3.2
-61.12						11.8	19.8	17.8	106.5	-0.38	0.00	-122.2	-7.4	2.92		-31.5	0.7	2.5
43.76	67.65	8.57				10.7	13.8	4.6	76.8	-2.3	-0.02	15.7	-2.0	-27.26		-4.6	2.4	-4.2
40.00	47.37	7.69	-3.45			10.7	13.8	4.6	76.8	-2.3	-0.02	15.7	-2.0	-27.26		-5.7	2.9	-5.2

I. Index of Stocks

Summer 2019

Company Name	Stock Ticker Symbol	Traded On	Sector	Overall Rating	Recommendation	Reward Rating	Risk Rating	Recent Up/ Downgrade	Stock Price as of 6/30/2019	52-Week High	52-Week Low	3-Year Beta	Growth	Efficiency	Solvency	Volatility	Dividend	Total Return
Good Times Restaurants Inc.	GTIM	NAS CM	Consumer Discretn	D	Sell	C-	D		1.75	5.25	1.71	0.72	F	W	G	W	–	W
Good2Go Corp.	GOTOP.V	TSXV	Financials	D-	Sell	E+	D	Up	0.10	0.20	0.1		W	V	E	W	–	V
GoodBulk Ltd.	GBLK	NAS GS	Industrials	U		U	U						U	U	U	U	U	U
Goodfellow Inc.	GDL.TO	TSX	Industrials	D	Sell	D	D		4.90	8.30	4.9	0.68	W	F	G	W	–	W
Goodfood Market Corp.	FOOD.TO	TSX	Consumer Discretn	D-	Sell	E+	D		2.61	3.98	2.35	1.05	W	V	E	F	–	F
Goodfood Market Corp.	GDDFF	OTC PK	Consumer Discretn	D-	Sell	E+	D		2.08	2.85	1.72		W	V	E	F	–	F
Goodrich Petroleum Corporation	GDP	AMEX	Energy	C	Hold	C+	C-	Up	12.49	15.50	10.67	0.83	F	G	G	F	–	W
Goosehead Insurance, Inc	GSHD	NAS GS	Financials	D	Sell	C+	D	Up	47.13	47.32	20.49		F	G	E	F	–	W
Gopher Protocol Inc.	GOPH	OTC PK	Information Tech	D	Sell	D	D		0.12	2.84	0.06	2.06	W	W	G	W	–	W
GoPro, Inc.	GPRO	NAS GS	Consumer Discretn	D	Sell	D	D-	Up	5.52	7.65	4	0.28	W	V	G	W	–	W
Gordon Pointe Acquisition Corp.	GPAQ	NAS CM	Financials	D	Sell	C	D	Up	10.35	10.45	9.72		W	G	E	G	–	F
Gores Holdings III, Inc.	GRSH	NAS CM	Financials	E+	Sell	C	D	Up	10.04	10.10	9.55		F	G	E	G	–	W
Gores Metropoulos, Inc.	GMHI	NAS CM	Financials	E	Sell	E	D		10.08	10.56	9.65		W	V	E	G	–	W
Gossamer Bio, Inc.	GOSS	NAS GS	Health Care	C-	Hold	C-	D+		21.01	25.06	15.59		W	F	E	F	–	W
Gossan Resources Limited	GSS.V	TSXV	Materials	D-	Sell	D-	D-	Down	0.05	0.10	0.05	-0.68	V	W	G	W	–	W
Gossan Resources Limited	GSSRF	OTC PK	Materials	D	Sell	D	D		0.05	0.06	0.05	0.04	V	W	G	W	–	W
Gourmet Ocean Products Inc.	GOPH.V	TSXV	Consumer Staples	D	Sell	D+	D		0.01	0.02	0.01	5.33	W	W	F	W	–	F
GoviEx Uranium Inc.	GVXXF	OTC PK	Energy	D	Sell	D+	D		0.11	0.20	0.09	1.85	F	W	G	W	–	W
GoviEx Uranium Inc.	GXU.V	TSXV	Energy	D	Sell	D+	D		0.15	0.25	0.12	1.90	F	W	G	W	–	W
Gowest Gold Ltd.	GWA.V	TSXV	Materials	D-	Sell	D	D-		0.34	0.75	0.25	0.91	W	W	F	W	–	V
Gowest Gold Ltd.	GWSAD	OTC PK	Materials	D	Sell	D	D-	Up	0.30	0.58	0.12	-2.14	W	W	F	W	–	V
GP Strategies Corporation	GPX	NYSE	Industrials	D+	Sell	C	D		14.41	19.55	11.77	0.68	W	G	E	W	–	W
GPM Metals Inc.	GPM.V	TSXV	Materials	D-	Sell	D	E+		0.05	0.06	0.03	-0.44	W	W	G	W	–	V
GPM Metals Inc.	GPMTF	OTC PK	Materials	D-	Sell	D	D-		0.03	0.04	0.02	2.18	W	W	G	W	–	V
Graco Inc.	GGG	NYSE	Industrials	B	Buy	A-	C+		49.83	53.91	37.36	0.88	E	E	E	F	W	G
Graf Industrial Corp.	GRAF	NYSE	Financials	E+	Sell	D	D		9.97	10.19	9.5		V	W	E	E	–	W
GrafTech International Ltd.	EAF	NYSE	Industrials	D+	Sell	C	D	Down	11.20	24.36	9.6		F	G	G	W	G	V
Graham Corporation	GHM	NYSE	Industrials	C-	Hold	C	D	Down	20.09	28.98	18.96	0.70	W	G	E	W	F	W
Graham Holdings Company	GHC	NYSE	Consumer Discretn	B+	Buy	A-	B		683.31	752.74	537.4	0.47	E	E	E	G	W	F
Gran Colombia Gold Corp.	TPRFF	OTC PK	Materials	C-	Hold	C	D	Down	3.15	3.55	1.57	1.10	W	F	G	W	–	G
Gran Colombia Gold Corp.	GCM.TO	TSX	Materials	C-	Hold	C	D	Down	4.13	4.68	2.03	0.44	W	F	G	F	–	G
Gran Tierra Energy Inc.	GTE	AMEX	Energy	C-	Hold	C	D	Up	1.57	3.96	1.54	0.99	E	F	E	W	–	W
Gran Tierra Energy Inc.	GTE.TO	TSX	Energy	C-	Hold	C	D	Up	2.05	5.09	2.01	0.69	E	F	E	W	–	W
Graña y Montero S.A.A.	GRAM	NYSE	Industrials	D+	Sell	C	D-	Up	3.25	4.10	2.4	-0.41	G	W	G	W	–	W
Granada Gold Mine Inc.	GGM.V	TSXV	Materials	D	Sell	C-	D-		0.12	0.24	0.09	0.45	F	E	F	W	–	V
Granada Gold Mine Inc.	GBBFF	OTC PK	Materials	D	Sell	C-	E+		0.09	0.18	0.07	0.67	F	E	F	V	–	V
Grand Canyon Education, Inc.	LOPE	NAS GS	Consumer Discretn	B-	Buy	B	C+	Down	116.89	130.10	90.67	0.43	F	E	E	F	–	G
Grand Perfecta, Inc.	GPIW	OTC PK	Communication Svc	D+	Sell	C-	D	Up	0.04	0.10	0.01	2.49	F		F	W	–	W
Grande Portage Resources Ltd.	GPG.V	TSXV	Materials	D	Sell	D	D		0.12	0.34	0.08	-0.49	W	W	G	W	–	W
Grande Portage Resources Ltd.	GPTRF	OTC PK	Materials	D	Sell	D	D		0.10	0.25	0.06	-0.62	W	W	G	W	–	W
Grande West Transportation Group Inc	GWTNF	OTC PK	Industrials	D	Sell	D	D	Down	0.36	1.20	0.35	0.59	W	W	G	W	–	W
Grande West Transportation Group Inc	BUS.V	TSXV	Industrials	D	Sell	D	D	Down	0.47	1.65	0.45	0.50	W	W	G	W	–	W
Granite City Food & Brewery, Ltd.	GCFB	OTC PK	Consumer Discretn	D	Sell	D	D	Up	0.45	0.55	0.14	-6.12	V	W	F	W	–	W
Granite Construction Incorporated	GVA	NYSE	Industrials	D+	Sell	C	D	Down	47.00	58.93	38.55	1.42	W	G	E	W	W	W
Granite Creek Copper Ltd.	GCX.V	TSXV	Materials	D-	Sell	E+	D-	Down	0.06	0.23	0.05	1.27	V	V	F	W	–	F
Granite Falls Energy, LLC	GFGY	OTC PK	Energy	C-	Hold	C	D+		3,200.00	3,200.00	3,200.00	0.04	W	G	E	F	–	W
Granite Oil Corp.	GXO.TO	TSX	Energy	D	Sell	C-	D-		0.73	3.17	0.43	1.62	W	G	G	W	–	V
Granite Oil Corp.	GXOCF	OTC PK	Energy	D	Sell	C-	D-		0.58	2.40	0.34	1.71	W	G	G	W	–	V
Granite Point Mortgage Trust Inc.	GPMT	NYSE	Financials	B-	Buy	B+	C	Up	19.11	19.69	17.45	0.50	F	G	E	F	E	F
Granite Real Estate Investment Trust	GRPU	NYSE	Real Estate	C	Hold	A	A-		45.84	49.18	36.43	0.63	G	E	E	G	G	G
Granite Real Estate Investment Trust	GRTUN.TO	TSX	Real Estate	A-	Buy	A-	B+		60.54	64.66	52.37	0.40	E	E	G	G	G	F
Graph Blockchain Inc.	REGRF	OTC PK	Information Tech	E+	Sell	E+	D	Up	0.01	0.20	0		W	V	G	W	–	V

*Ratings Factors: E=Excellent, G=Good, F=Fair, W=Weak, V=Very Weak, U=Unrated

Summer 2019 — I. Index of Stocks

TOTAL RETURNS %				DIVIDEND/YIELD		SIZE		REVENUE & INCOME			EARNINGS		EFFECTIVENESS			VALUATION		
3-Month Total Return (%)	6-Month Total Return (%)	1-Year Total Return (%)	3-Year Total Return (%)	Dividend $ TTM	Dividend Yield TTM	Market Cap. ($Mil)	Enterprise Value ($Mil)	Revenue ($Mil)	Revenue Growth (%)	Net Income ($Mil)	Earnings/Share $	EPS Growth (%)	Cash from Operations ($Mil)	Return on Assets (%)	Return on Equity (%)	Earnings (P/E) TTM	Sales (P/S) TTM	Book (P/B) Q
-25.85	-26.47	-50.00	-49.86			21.9	33.0	105.5	16.3	-1.5	-0.13	18.8	6.0	0.13		-13.9	0.2	0.7
0.00	-9.09					0.17	--	--		-0.09	-0.04		-0.06			-2.2		1.2
						442.8	--	194.9	120.0	31.3	1.05		31.0	67.6				
-21.60	-6.62	-36.35	-55.87	0.07	1.5	31.8	72.9	357.4	-9.1	1.9	0.22	27.2	8.4	1.73	2.26	21.9	0.1	0.5
-25.85	5.67	5.67				115.6	95.4	83.7	161.7	-12.1	-0.23	-30.7	3.2	-20.77		-11.1	1.6	7.9
-20.91	17.58	8.06				115.6	95.4	83.7	161.7	-12.1	-0.23	-30.7	3.2	-20.77		-8.9	1.3	6.3
-7.21	-7.34	-5.31				153.7	241.8	103.4	113.3	7.5	0.50	169.2	60.8	7.39	12.47	25.0	1.7	2.3
60.09	78.18	83.99				706.6	627.5	68.2	44.7	-6.4	-0.51	-281.5	9.5	-18.56		-93.3	10.6	8.9
-74.33	-63.49	-92.53	-87.08			25.4	24.3	57.1	234.6	-45.8	-0.31	17.2	-7.7	-44.31		-0.4	0.4	2.0
-15.34	28.07	-13.62	-47.33			847.5	940.3	1,189	2.2	-57.1	-0.41	61.9	-10.3	-3.2		-13.4	0.7	4.0
1.37	3.50	6.48				42.0	42.0	--		1.5	-0.02	49.3	-0.48	-0.35	29.8	-417.3		8.4
1.41	3.29					502.0	501.6	--		3.4	0.09	29,000.0	4.2	-0.2	136.26	115.8		100.4
3.38						504.0	502.7	--		0.89	0.02		1.6			427.1		100.8
-1.45						1,384	915.9	--		-120.8	-13.68	-161.6	-68.3			-1.5		2.6
-23.08	-28.57	-28.57	42.86			1.3	1.2	--		-0.32	-0.01	-323.8	-0.57	-97.32		-5.3		166.7
0.00	3.22	-21.64	56.72			1.3	1.2	--		-0.32	-0.01	-323.8	-0.57	-97.32		-5.1		159.3
100.00	100.00	-33.33	0.00			0.95	1.0	0.29	-69.5	0.30	0.00	117.6	-0.14	-53.24		4.6	4.4	-16.7
-9.01	2.95	-31.19	41.88			48.4	48.1	--		-0.59	0.00	91.5	-3.5	-4.2		-137.6		0.7
-6.25	0.00	-30.23	50.00			48.4	48.1	--		-0.59	0.00	91.5	-3.5	-4.2		-187.5		0.9
-4.29	-16.25	-44.17	-76.07			15.5	25.5	--		-4.7	-0.12	-100.3	-1.1	-3.19		-2.7		0.6
2.98	11.37	-39.98	-71.50			15.5	25.5	--		-4.7	-0.12	-100.3	-1.1	-3.19		-2.4		0.6
19.19	13.73	-19.27	-30.42			241.6	382.8	529.6	3.5	7.5	0.45	-33.0	-0.80	2.75	4	31.7	0.5	1.3
12.50	28.57	-10.00	-81.55			3.8	3.6	--		-0.52	-0.01	60.1	-0.57	-102.37		-6.5		34.6
16.82	0.85	-16.67	-87.02			3.8	3.6	--		-0.52	-0.01	60.1	-0.57	-102.37		-3.6		19.2
2.06	22.01	12.12	105.60	0.59	1.2	8,298	8,470	1,652	7.2	342.3	1.99	25.0	359.8	17.24	43.56	25.1	5.2	9.8
1.42	4.07					303.8	302.6	--		-1.8	-0.06		-0.17			-165.6		60.8
-12.51	1.07	-34.75		0.34	3.0	3,254	5,252	1,919	113.7	828.0	2.81	231.0	852.9	45.77		4.0	1.7	-3.7
3.68	-9.78	-21.37	17.16	0.40	2.0	197.7	120.1	91.8	18.4	-0.31	-0.03	97.0	7.9	1.88		-669.7	2.2	2.0
0.27	6.40	17.30	46.61	5.44	0.8	3,632	3,908	2,729	2.3	310.1	57.80	-0.7	230.1	4.63	10.51	11.8	1.3	1.2
12.10	55.17	51.34	170.27			152.0	186.8	269.7	20.1	-0.83	-0.54	-193.3	86.8	9.76		-5.8	0.6	0.6
10.13	48.56	49.10	189.83			152.0	186.8	269.7	20.1	-0.83	-0.54	-193.3	86.8	9.76		-7.7	0.8	0.8
-30.84	-26.64	-54.89	-51.09			591.3	1,045	627.8	34.9	86.7	0.21	398.6	258.7	6.44	8.76	7.5	1.0	0.6
-32.57	-29.79	-55.72	-50.96			591.3	1,045	627.8	34.9	86.7	0.21	398.6	258.7	6.44	8.76	9.8	1.3	0.8
4.50	6.91	-5.23	-51.84	0.00	0.0	528.1	1,017	1,146	9.0	-20.8	-0.03	-216.7	136.2	3.11	1.13	-105.9	1.6	3.8
-14.29	-25.00	-41.46	-81.25			6.5	7.6	0.09		-1.7	-0.03	22.4	-0.49	-86.8		-4.2	92.3	-2.1
-11.26	-25.46	-44.09	-83.06			6.5	7.6	0.09		-1.7	-0.03	22.4	-0.49	-86.8		-3.1	68.8	-1.5
3.64	23.08	4.42	207.36			5,590	5,749	767.1	-23.4	228.6	4.73	3.3	156.4	10.83	19.67	24.7	7.4	4.4
-23.48	51.25	-30.28	-70.34			0.28	0.29	0.12	101.4	2.3	0.17	925.0	-0.25	-6.05		0.2	1.4	-4.7
50.00	9.09	-41.46	50.00			4.2	4.1	--		-1.1	-0.03	-54.2	-0.77	-6.11		-3.8		1.0
67.21	35.94	-30.51	42.36			4.2	4.1	--		-1.1	-0.03	-54.2	-0.77	-6.11		-3.3		0.8
-39.07	-22.38	-72.66	-35.10			26.4	32.4	40.9	-28.2	-0.08	0.00	-147.8	1.6	1.34		-81.5	0.6	1.7
-38.82	-35.42	-69.41	-18.42			26.4	32.4	40.9	-28.2	-0.08	0.00	-147.8	1.6	1.34		-105.7	0.8	2.3
99.96	15.38	69.81	-70.20			6.5	143.9	132.1	-3.8	-8.9	-0.63	-1.2	0.81	-2.36		-0.7	0.1	-0.1
8.47	17.88	-13.29	16.71	0.52	1.1	2,200	2,171	3,375	9.4	19.3	0.36	-82.2	87.6	2.4	2.78	131.5	0.7	1.7
-66.67	-47.83	-33.33	-42.86			1.4	1.1	--		-0.51	-0.11	-118.2	-0.40	-106.88		-0.5		4.8
0.00	0.00	-3.03	28.00			97.9	118.5	200.6	-7.6	-5.2	-168.76	-164.3	1.6	-4.23		-19.0	0.5	1.4
-3.95	46.00	-73.79	-87.65	0.27	36.3	21.6	54.6	24.6	-14.7	1.7	0.05	117.2	6.6	1.39	1.15	16.1	1.1	0.2
0.28	53.79	-72.58	-86.97	0.20	35.5	21.6	54.6	24.6	-14.7	1.7	0.05	117.2	6.6	1.39	1.15	12.7	0.9	0.2
3.13	7.15	12.01		1.66	8.7	1,027	--	99.2	23.8	65.5	1.43	54.0	61.2		7.23	13.4	12.0	1.0
-3.87	20.44	19.59	81.32	2.77	6.0	2,281	2,861	189.9	0.2	360.3	7.88	17.5	121.9	3.04	20.21	5.8	11.0	1.1
-4.85	16.62	18.84	83.82	2.76	4.6	2,281	2,861	189.9	0.2	360.3	7.88	17.5	121.9	3.04	20.21	7.7	14.6	1.5
-42.55	-70.16					2.6	1.9	1.2		-5.0	-0.04		-2.1			-0.3	1.3	1.6

https://greyhouse.weissratings.com

Data as of June 30, 2019

I. Index of Stocks

Summer 2019

Company Name	Stock Ticker Symbol	Traded On	Sector	Overall Rating	Recommendation	Reward Rating	Risk Rating	Recent Up/Downgrade	Stock Price as of 6/30/2019	52-Week High	52-Week Low	3-Year Beta	Growth	Efficiency	Solvency	Volatility	Dividend	Total Return
Graphene & Solar Technologies Limited	GSTX	OTC PK	Materials	D	Sell	C-	D-		0.10	4.00	0		F	G	F	W	–	V
Graphene 3D Lab Inc.	GGG.V	TSXV	Materials	D-	Sell	E+	D-		0.07	0.14	0.05	1.52	G	V	G	W	–	W
Graphene 3D Lab Inc.	GPHBF	OTC PK	Materials	D-	Sell	E+	D-		0.06	0.12	0.03	2.41	G	V	G	W	–	V
Graphic Packaging Holding Company	GPK	NYSE	Materials	C+	Hold	B	C-	Up	13.71	15.22	10.04	1.48	E	E	G	F	F	W
Graphite One Inc.	GPH.V	TSXV	Materials	D	Sell	D	D-		0.27	0.60	0.24	-0.32	W	W	E	W	–	V
Graphite One Inc.	GPHOF	OTC PK	Materials	D	Sell	D	D-		0.22	1.00	0	0.16	W	W	E	W	–	V
Gratitude Health, Inc.	GRTD	OTC PK	Consumer Staples	E+	Sell	E	D		0.04	0.15	0.01		F	V	F	W	–	W
Gratomic Inc.	GRAT.V	TSXV	Materials	D-	Sell	D-	D	Down	0.04	0.17	0.04	1.63	W	V	E	W	–	W
Gratomic Inc.	CBULF	OTC PK	Materials	D-	Sell	D-	D	Down	0.04	0.13	0.03	2.72	W	V	E	W	–	W
Gravity Co., Ltd.	GRVY	NAS	Communication Svc	U		U	U		47.13	96.50	15.44	-3.47	U	U	U	U	U	U
Gray Rock Resources Ltd.	GRK.V	TSXV	Materials	D+	Sell	D+	D	Up	0.13	0.17	0.05	0.26	F	W	G	W	–	F
Gray Television, Inc.	GTNA	NYSE	Communication Svc	C	Hold	A-	C-		15.75	23.30	12.91	1.68	G	G	E	F	–	G
Gray Television, Inc.	GTN	NYSE	Communication Svc	C+	Hold	A-	D+		16.13	25.31	13.75	1.77	G	G	E	W	–	G
Great Ajax Corp.	AJX	NYSE	Financials	B-	Buy	B+	C	Up	13.45	14.37	11.56	0.62	F	G	E	F	E	F
Great Atlantic Resources Corp.	GR.V	TSXV	Materials	D	Sell	D-	D		0.40	1.50	0.35	-11.30	W	W	F	W	–	W
Great Bear Resources Ltd.	GTBDF	OTC PK	Materials	D+	Sell	C-	D	Up	2.89	3.19	0.37	0.39	V	W	E	W	–	E
Great Bear Resources Ltd.	GBR.V	TSXV	Materials	D+	Sell	C-	D	Up	3.79	4.24	0.48	0.38	V	W	E	W	–	E
Great Canadian Gaming Corporation	GCGMF	OTC PK	Consumer Discretn	C	Hold	B+	C+		32.62	39.87	30.6	1.12	E	E	E	F	–	F
Great Canadian Gaming Corporation	GC.TO	TSX	Consumer Discretn	B	Buy	B+	C+		43.87	56.32	40.43	1.10	E	E	E	F	–	F
Great Elm Capital Corporation	GECC	NAS	Financials	C-	Hold	B-	D	Up	8.76	10.07	7.47	0.79	F	G	E	W	E	W
Great Elm Capital Group, Inc.	GEC	NAS GS	Financials	C-	Hold	C	D+	Up	4.27	4.75	2.88	0.48	F	F	E	F	–	F
Great Lakes Dredge & Dock Corporation	GLDD	NAS GS	Industrials	C+	Hold	B	C	Up	10.84	11.45	4.85	0.77	G	F	G	F	–	E
Great Lakes Graphite Inc.	GLKIF	OTC PK	Materials	D	Sell	D	D		0.04	0.10	0.01	1.09	W	W	F	W	–	W
Great Lakes Graphite Inc.	GLK.V	TSXV	Materials	D	Sell	D	D		0.04	0.06	0.02	0.52	W	W	F	W	–	W
Great Panther Mining Limited	GPL	AMEX	Materials	D	Sell	D	D		0.86	1.19	0.54	0.61	W	W	E	W	–	W
Great Panther Mining Limited	GPR.TO	TSX	Materials	D	Sell	D	D		1.13	1.58	0.7	0.45	W	W	E	W	–	W
Great Panther Mining Limited	BDREF	OTC PK	Materials	E+	Sell	D-	E+	Down	0.00	0.06	0	3.12	W	W	G	V	–	V
Great Quest Fertilizer Ltd.	GQMLF	OTC PK	Materials	D	Sell	D	D		0.07	0.08	0.06	-0.27	W	W	E	W	–	W
Great Quest Fertilizer Ltd.	GQ.V	TSXV	Materials	D	Sell	D	D		0.10	0.14	0.06	-0.44	W	W	E	W	–	W
Great Southern Bancorp, Inc.	GSBC	NAS GS	Financials	B	Buy	A-	C		59.53	61.65	43.3	1.13	E	G	E	F	F	F
Great Thunder Gold Corp.	MLBVF	OTC PK	Materials	D-	Sell	E+	D-		0.02	0.02	0.01	-1.72	V	W	F	W	–	W
Great Thunder Gold Corp.	GTG.V	TSXV	Materials	D	Sell	D-	D		0.03	0.03	0.01	2.63	V	W	F	W	–	W
Great Western Bancorp, Inc.	GWB	NYSE	Financials	C	Hold	B	D		35.08	44.60	29.52	1.68	G	E	E	W	G	W
Greatbanks Resources Ltd.	GTB.V	TSXV	Materials	D	Sell	D	D		0.10	0.20	0.04	0.87	W	W	F	W	–	W
Great-West Lifeco Inc.	GWO.TO	TSX	Financials	C	Hold	B-	C-		30.05	34.42	26.83	0.50	G	E	E	F	G	W
Great-West Lifeco Inc.	GWLIF	OTC PK	Financials	C	Hold	B-	D+		22.79	26.00	18.83	0.77	G	E	E	W	G	W
Green 2 Blue Energy Corp.	GTGEF	OTC PK	Energy	D-	Sell	D-	D-		0.03	0.13	0.02		W		F	W	–	V
Green Arrow Resources Inc.	GAR.V	TSXV	Materials	D+	Sell	C	D		0.02	0.04	0.02	1.73	F	E	F	W	–	W
Green Brick Partners, Inc.	GRBK	NAS CM	Consumer Discretn	C	Hold	B-	C-		8.30	10.70	6.65	1.05	F	G	G	F	–	W
Green Dot Corporation	GDOT	NYSE	Financials	C+	Hold	B	D+	Down	48.45	93.00	41.67	1.10	E	E	E	W	–	F
Green EnviroTech Holdings Corp.	GETH	OTC PK	Industrials	D	Sell	C-	D-		0.00	0.02	0	1.06	W	E	F	W	–	V
Green Hygienics Holdings Inc.	GRYN	OTC PK	Communication Svc	D	Sell	C-	D	Down	1.44	1.81	0.1	1.39	V	E	F	W	–	E
Green Plains Inc.	GPRE	NAS GS	Energy	D+	Sell	C	D		10.30	19.39	10.18	1.04	W	F	G	W	G	W
Green Plains Partners LP	GPP	NAS	Energy	C	Hold	B	D+		13.80	17.50	13.3	0.18	E	E	E	W	E	W
Green Rise Capital Corporation	GRCCP.V	TSXV	Financials	D	Sell	D-	D		0.19	0.35	0.15		W	V	E	W	–	W
Green Thumb Industries Inc.	GTBIF	OTC PK	Health Care	D+	Sell	C-	D		11.39	25.03	6.44		W	F	E	W	–	W
Greenbank Capital Inc	GRNBF	OTC PK	Financials	D-	Sell	E+	D-		0.14	1.07	0.06	2.51	F	V	E	W	–	W
Greenbelt Resources Corporation	GRCO	OTC PK	Industrials	D+	Sell	C	D		0.04	0.08	0.01	-0.36	G	G	F	W	–	W
GreenBox POS	GRBX	OTC PK	Information Tech	D	Sell	C-	D		0.13	1.95	0.07	4.25	W	F	F	W	–	F
Greenbriar Capital Corp.	GRB.V	TSXV	Real Estate	D-	Sell	E+	D-		0.93	1.51	0.79	0.35	W	V	F	W	–	F
Greenbriar Capital Corp.	GEBRF	OTC PK	Real Estate	D-	Sell	E+	D-		0.71	1.16	0.59	1.18	W	V	F	W	–	F
Greenbrook TMS Inc.	GBOKF	OTC PK	Health Care	E+	Sell	D	D+	Up	2.32	2.90	2.04		W	V	E	F	–	W

*Ratings Factors: E=Excellent, G=Good, F=Fair, W=Weak, V=Very Weak, U=Unrated

Summer 2019 — I. Index of Stocks

3-Month Total Return (%)	6-Month Total Return (%)	1-Year Total Return (%)	3-Year Total Return (%)	Dividend $ TTM	Dividend Yield TTM	Market Cap. ($Mil)	Enterprise Value ($Mil)	Revenue ($Mil)	Revenue Growth (%)	Net Income ($Mil)	Earnings/Share $	EPS Growth (%)	Cash from Operations ($Mil)	Return on Assets (%)	Return on Equity (%)	Earnings (P/E) TTM	Sales (P/S) TTM	Book (P/B) Q
-59.00	-43.06	-78.53				23.9	24.1	0.00		-0.97	0.00	75.7	-0.55	-521.76		-25.0		-29.3
-12.50	27.27	-50.00	-64.10			4.2	4.1	0.97	-2.0	-0.64	-0.01	60.3	-0.41	-30.07		-8.1	5.3	7.4
-7.15	24.00	-39.41	-62.90			4.2	4.1	0.97	-2.0	-0.64	-0.01	60.3	-0.41	-30.07		-6.4	4.2	5.9
9.23	30.94	-2.93	20.82	0.30	2.2	4,048	8,045	6,053	25.6	249.1	0.80	-15.2	-355.8	4.56	13.92	17.2	0.7	2.6
-10.17	-24.29	-55.83	-73.50			8.2	8.2	--		-0.96	-0.03	33.5	-1.3	-5.49		-8.7		0.8
-21.32	-18.46	-55.38	-71.69			8.2	8.2	--		-0.96	-0.03	33.5	-1.3	-5.49		-7.2		0.6
-12.82	38.37	-28.10				0.76	0.94	0.02		-1.1	-0.06	-1,838.7	-0.83	-398.11		-0.8	49.9	-6.2
-53.33	-68.18	-72.00	-53.33			4.5	5.4	--		-3.3	-0.02	-8.5	-3.0	-32.07		-1.6		1.1
-34.29	-58.65	-64.24	-37.31			4.5	5.4	--		-3.3	-0.02	-8.5	-3.0	-32.07		-1.7		1.1
-25.19	12.21	63.08	1,976.21			327.5	215.2	162.3	28.6	16.6	2.39	40.1	--			19.8	2.0	4.8
73.33	85.71	-23.53	225.00			2.2	2.3	--		0.38	0.02	119.9	-0.09	-13.55	152.85	8.3		9.4
-25.04	18.87	7.51	59.09			1,606	6,001	1,376	52.0	172.9	1.84	-47.9	332.9	5.18	11.64	8.6	1.1	1.2
-25.25	11.78	1.13	52.89			1,606	6,001	1,376	52.0	172.9	1.84	-47.9	332.9	5.18	11.64	8.8	1.2	1.2
0.45	16.70	12.21	25.84	1.26	9.4	255.1	--	57.2	5.8	28.0	1.37	-6.1	-2.1		9.49	9.9	6.5	0.8
-11.11	-27.27	-33.33	627.27			1.8	1.7	--		-1.3	-0.04	-1.1	-0.83	-275.97		-10.4		-148.2
19.33	87.53	656.39	3,487.45			113.7	104.4	--		-2.8	-0.09	-92.4	-1.5	-26.79		-32.8		7.7
18.81	80.48	689.58	1,253.57			113.7	104.4	--		-2.8	-0.09	-92.4	-1.5	-26.79		-43.0		10.1
-13.55	-8.39	-8.89	136.35			1,980	3,025	993.0	81.1	118.1	1.87	56.9	328.4	12	39.56	17.5	2.0	5.0
-12.54	-8.14	-6.52	145.50			1,980	3,025	993.0	81.1	118.1	1.87	56.9	328.4	12	39.56	23.5	2.7	6.7
7.19	16.24	8.50		1.00	11.4	88.2	161.2	26.6	-11.2	3.1	0.29	133.2	12.1	4.63	2.59	30.0	3.5	0.8
0.95	27.84	15.41				105.1	182.4	38.2	599.1	-4.6	-0.19	54.7	1.9	-0.23		-22.9	2.8	1.8
20.44	67.03	104.53	154.46			686.9	962.7	720.8	29.8	20.2	0.30	180.9	192.8	6.96	16.08	35.6	1.0	2.9
-16.13	57.26	0.26	-31.58			3.9	7.5	0.00	-99.9	-2.1	-0.02	64.8	-0.82	-168.67		-2.4		-0.9
0.00	16.67	-30.00	-46.15			3.9	7.5	0.00	-99.9	-2.1	-0.02	64.8	-0.82	-168.67		-2.2		-0.8
-11.34	28.42	-25.86	-44.16			239.9	289.0	59.1	-13.6	-19.1	-0.11	-890.0	-12.7	-4.19		-7.9	2.9	1.5
-12.40	24.18	-27.10	-43.78			239.9	289.0	59.1	-13.6	-19.1	-0.11	-890.0	-12.7	-4.19		-10.4	3.8	2.0
-99.49	-99.39	-99.58	-99.92			--	--	154.2	-7.1	-52.6	-0.04	2.0	7.8	-2.6		0.0	0.0	0.0
-1.43	-10.19	31.12	-24.89			4.5	4.8	--		-0.97	-0.02	3.9	-0.57	-10.74		-4.0		1.2
0.00	0.00	25.00	-25.93			4.5	4.8	--		-0.97	-0.02	3.9	-0.57	-10.74		-5.8		1.8
13.02	30.83	6.59	80.40	1.24	2.1	845.1	--	195.2	10.8	71.3	4.99	32.1	94.0		13.92	11.9	4.4	1.6
122.77	25.00	-10.00	-62.75			0.92	0.92	--		-0.47	-0.01	-2.1	-0.03	-14.34		-2.3		0.7
25.00	150.00	0.00	-72.22			0.92	0.92	--		-0.47	-0.01	-2.1	-0.03	-14.34		-2.6		0.8
11.96	14.65	-14.94	24.37	1.05	3.0	1,997	--	466.7	4.8	178.5	3.06	27.1	197.6		9.8	11.5	4.3	1.1
-36.67	-36.67	-68.33	90.00			0.65	0.59	--		-0.51	-0.08	15.3	-0.22	-274.46		-1.2		-1.7
-5.45	10.89	-1.81	4.08	1.60	5.3	21,248	27,376	38,999	14.0	2,305	2.23	23.5	4,690	0.53	11.14	13.5	0.8	1.8
-4.31	14.05	-0.97	3.44	1.20	5.3	21,248	27,376	38,999	14.0	2,305	2.23	23.5	4,690	0.53	11.14	10.2	0.6	1.4
-17.05	-45.65	-79.36				1.5	2.2	1.0	28.4	-5.2	-0.05	-19.2	-3.6	-176.32		-0.5	2.2	-15.6
-57.14	-40.00	-50.00	-50.00			0.12	0.19	--		-0.10	-0.01	13.9	0.02	-77.61		-1.6		-0.4
-5.79	16.74	-12.63	24.44			420.6	622.3	664.0	36.1	53.0	1.04	161.0	-28.3	6.18	13.43	8.0	0.6	0.9
-19.76	-37.12	-32.79	123.48			2,575	902.0	1,067	11.5	112.7	2.06	-3.6	277.6	2.61	12.43	23.5	2.5	2.6
-78.57	-76.92	-98.50	-99.80			0.15	2.9	--		-3.5	-0.05	49.8	-0.23	-217.24		0.0		0.0
118.09	316.27	502.94	2,953.19			49.8	49.9	--		-0.17	-0.01	-138.1	0.00	-6,574.22		-287.0		-109.5
-37.65	-18.83	-41.02	-38.04	0.48	4.7	426.3	1,271	3,440	-8.4	-2.8	-0.33	-137.3	59.3	-1.73	1.77	-31.0	0.1	0.5
-9.94	7.83	-9.60	22.65	1.90	13.8	319.3	497.7	96.0	-9.2	51.5	1.81	2.5	50.7	34.43		7.6	3.3	-4.4
0.00	26.67	-24.00				0.32	-0.02	--		-0.12	-0.06	43.0	-0.03	-22.23		-3.1		1.9
-23.04	50.83	11.50				2,257	2,181	79.5	225.3	-16.0	-0.10		-8.8	-6.36	3.59	-115.5	24.5	3.7
-39.12	-45.00	-85.98	-22.32			3.9	4.0	0.22		-2.0	-0.08	-253.5	-0.52	-132.67		-1.8	16.8	5.4
-15.12	-39.35	-47.80	21.10			11.2	11.4	0.25	939.2	-0.43	0.00	39.1	-0.20	-120.86		-26.0	45.4	-18.2
-12.10	-61.31	-36.12	293.94			21.6	22.3	0.59	-72.4	-0.03	0.00	-103.3	0.09	24.57		-650.0	37.1	-130.0
-5.10	5.68	-29.01	89.80			14.4	13.3	--		-1.5	-0.08	66.5	-0.83	-17.41		-11.6		7.7
-3.23	9.52	-28.56	78.80			14.4	13.3	--		-1.5	-0.08	66.5	-0.83	-17.41		-8.8		5.9
-1.22	8.69					141.0	153.8	24.0	60.0	-6.4	-0.17	-106.2	-7.4			-13.9	4.6	9.3

I. Index of Stocks

Summer 2019

Company Name	Stock Ticker Symbol	Traded On	Sector	Overall Rating	Recommendation	Reward Rating	Risk Rating	Recent Up/Downgrade	Stock Price as of 6/30/2019	52-Week High	52-Week Low	3-Year Beta	Growth	Efficiency	Solvency	Volatility	Dividend	Total Return
Greenbrook TMS Inc.	GTMS.TO	TSX	Health Care	E	Sell	D	D	Up	3.25	4.07	2.5		W	V	E	F	--	W
Greencastle Resources Ltd.	VGN.V	TSXV	Energy	D	Sell	D	D	Down	0.06	0.09	0.02	1.22	W	W	E	W	--	W
Greencastle Resources Ltd.	GRSFF	OTC PK	Energy	D	Sell	D	D	Down	0.04	0.06	0.04	0.07	W	W	E	W	--	W
Greene County Bancorp, Inc.	GCBC	NAS CM	Financials	C	Hold	B+	C		29.35	35.00	28.75	0.52	E	E	E	F	W	F
Greenfields Petroleum Corporation	GEEPF	OTC PK	Energy	D	Sell	C-	D-		0.36	0.97	0.32	2.51	F	F	G	W	--	V
Greenfields Petroleum Corporation	GNF.V	TSXV	Energy	D	Sell	C-	D-		0.49	1.25	0.31	1.40	F	F	G	W	--	V
Greenhill & Co., Inc.	GHL	NYSE	Financials	C-	Hold	C+	D	Down	13.41	33.45	13	0.89	W	G	W	W	W	W
Greenkraft, Inc.	GKIT	OTC PK	Industrials	D-	Sell	D-	D		0.05	0.07	0.01	4.23	W	V	F	W	--	V
Greenland Acquisition Corporation	GLACU	NAS CM	Financials	D-	Sell	D	D+		10.57	11.37	10		W	F	E	E	--	W
Greenland Acquisition Corporation	GLAC	NAS CM	Financials	D-	Sell	D	D+	Up	10.16	10.25	9.63		W	F	E	E	--	W
Greenlane Holdings, Inc.	GNLN	NAS	Consumer Discretn	U		U	U		9.95	29.00	8.68		U	U	U	U	U	U
Greenlane Renewables Inc.	GRN.V	TSXV	Energy	E+	Sell	E+	D+		0.23	0.33	0.19		V	V	G	G	--	W
Greenlight Capital Re, Ltd.	GLRE	NAS GS	Financials	D	Sell	D	D	Up	8.46	15.45	8.24	1.34	W	W	E	W	--	W
Greenpower Motor Company Inc.	GPVRF	OTC PK	Industrials	D	Sell	D	D-		0.42	0.59	0.27	2.18	F	V	W	W	--	W
Greenpower Motor Company Inc.	GPV.V	TSXV	Industrials	D	Sell	D	D-		0.52	0.75	0.36	1.87	F	V	W	W	--	W
Greenpro Capital Corp.	GRNQ	NAS CM	Financials	E+	Sell	E+	D-	Down	1.14	11.00	1.05	-3.50	F	V	E	W	--	V
Greenshield Explorations Limited	GRXH.V	TSXV	Materials	C-	Hold	C	D		0.13	0.15	0.05	-3.17	W	E	F	W	--	F
GreenSky, Inc.	GSKY	NAS GS	Information Tech	D+	Sell	C	D	Up	11.49	22.67	8.3		W	E	F	W	--	W
GreenSpace Brands Inc.	JTR.V	TSXV	Consumer Staples	D	Sell	D	D-	Up	0.26	1.07	0.2	0.79	W	W	G	W	--	V
GreenTree Hospitality Group Ltd.	GHG	NYSE	Consumer Discretn	C	Hold	B-	D+	Up	12.82	19.26	9.5		E	G	E	W	--	W
Greenville Federal Financial Corporation	GVFF	OTC PK	Financials	C	Hold	B	C+		10.50	13.51	9.5	0.22	G	G	E	F	--	F
Greenway Technologies, Inc.	GWTI	OTC PK	Energy	C-	Hold	C	D	Up	0.07	0.12	0.04	2.40	F	E	F	W	--	W
Greif, Inc.	GEF	NYSE	Materials	C	Hold	B-	D		32.20	59.00	30.12	1.21	E	E	G	W	G	W
Greif, Inc.	GEFB	NYSE	Materials	C-	Hold	B-	D	Down	44.01	63.80	36.7	0.85	E	E	G	W	G	W
Greystone Logistics, Inc.	GLGI	OTC PK	Materials	C	Hold	A-	D+		0.58	0.77	0.44	0.01	E	E	W	F	--	F
Grid Metals Corp.	GRDM.V	TSXV	Materials	D	Sell	D	D		0.12	0.17	0.05	-0.06	W	W	E	W	--	W
Grid Metals Corp.	MSMGF	OTC PK	Materials	D	Sell	D	D		0.08	0.12	0.04	-3.02	W	W	E	W	--	W
Gridiron BioNutrients, Inc.	GMVP	OTC PK	Health Care	D-	Sell	D-	E+	Up	0.02	0.14	0.01		W		G	W	--	V
Gridsum Holding Inc.	GSUM	NAS GS	Information Tech	D-	Sell	E+	D		2.80	7.00	1.29	2.76	V	V	F	W	--	W
Griffin Industrial Realty, Inc.	GRIF	NAS	Real Estate	D+	Sell	C-	D+		36.11	45.81	27.98	0.52	W	F	E	F	--	F
Griffon Corporation	GFF	NYSE	Industrials	C-	Hold	C	D+	Down	16.54	19.86	9.65	2.92	W	G	G	W	F	W
Grifols, S.A.	GIKLY	OTC PK	Health Care	C	Hold	B-	C-	Up	12.97	15.35	12.6	0.66	W	G	G	F	G	W
Grifols, S.A.	GIFLF	OTC PK	Health Care	C	Hold	B-	C-	Up	28.90	30.15	25.4	0.69	W	G	G	F	F	F
Grifols, S.A.	GRFS	NAS GS	Health Care	C	Hold	B-	C-	Up	20.57	22.05	17.42	1.08	W	G	G	F	G	W
Grifols, S.A.	GIFOF	OTC PK	Health Care	C	Hold	B-	C-	Up	20.01	21.85	17.55	1.17	W	G	G	F	G	W
Grindrod Shipping Holdings Ltd.	GRIN	NAS GS	Industrials	D-	Sell	D	D-		4.77	19.90	4.67		W	W	E	W	--	V
Gritstone Oncology, Inc.	GRTS	NAS GS	Health Care	D-	Sell	D-	D	Up	9.99	32.90	8.75		W	W	E	W	--	V
Grizzly Discoveries Inc	GZDIF	OTC PK	Materials	D	Sell	D	D		0.04	0.11	0.03	1.56	W	W	E	W	--	W
Grizzly Discoveries Inc	GZD.V	TSXV	Materials	D	Sell	D	D		0.05	0.15	0.04	-0.04	W	W	E	W	--	W
Grocery Outlet Holding Corp.	GO	NAS GS	Consumer Staples	U		U	U		32.71	35.63	27.75		U	U	U	U	U	U
Grom Social Enterprises, Inc.	GRMM	OTC PK	Communication Svc	D-	Sell	D-	D-	Down	0.20	0.42	0.1		W	V	F	W	--	V
Grosvenor Resource Corporation	GVR.V	TSXV	Materials	D-	Sell	D-	D	Down	0.10	0.20	0.09	0.38	V	W	E	W	--	W
Group 1 Automotive, Inc.	GPI	NYSE	Consumer Discretn	B-	Buy	A-	D+	Up	80.24	81.65	48.69	1.88	E	G	G	W	W	W
Group Eleven Resources Corp.	ZNG.V	TSXV	Materials	D-	Sell	D-	E+	Up	0.05	0.20	0.04		W	V	E	V	--	V
Group Eleven Resources Corp.	GRLVF	OTC PK	Materials	D-	Sell	D-	D-	Up	0.04	0.15	0.04		W	V	E	W	--	V
Group Ten Metals Inc.	PGE.V	TSXV	Materials	D-	Sell	D-	D		0.14	0.23	0.12	1.50	V	V	F	W	--	W
Group Ten Metals Inc.	PGEZF	OTC PK	Materials	D-	Sell	D-	D-		0.10	0.17	0.01	0.94	V	V	F	W	--	W
Groupon, Inc.	GRPN	NAS GS	Consumer Discretn	D	Sell	D	D-		3.51	5.52	2.8	1.21	W	W	G	W	--	W
Grow Capital, Inc.	GRWC	OTC PK	Real Estate	D	Sell	D	D-		0.22	0.25	0.05	0.97	W	W	F	W	--	F
GrowGeneration Corp.	GRWG	OTC PK	Consumer Discretn	D+	Sell	C-	D	Up	3.32	5.10	2.05	2.44	F	W	E	W	--	F
Growlife, Inc.	PHOT	OTC PK	Industrials	D	Sell	D	D		0.01	0.02	0.01	-0.55	F	W	F	W	--	W
GrowMax Resources Corp.	APEOF	OTC PK	Materials	D-	Sell	E+	D	Down	0.07	0.12	0.05	1.36	V	V	G	W	--	W

*Ratings Factors: E=Excellent, G=Good, F=Fair, W=Weak, V=Very Weak, U=Unrated

Summer 2019 — I. Index of Stocks

3-Month Total Return (%)	6-Month Total Return (%)	1-Year Total Return (%)	3-Year Total Return (%)	Dividend $ TTM	Dividend Yield TTM	Market Cap. ($Mil)	Enterprise Value ($Mil)	Revenue ($Mil)	Revenue Growth (%)	Net Income ($Mil)	Earnings/Share $	EPS Growth (%)	Cash from Operations ($Mil)	Return on Assets (%)	Return on Equity (%)	Earnings (P/E) TTM	Sales (P/S) TTM	Book (P/B) Q
-1.52	13.24					141.0	153.8	24.0	60.0	-6.4	-0.17	-106.2	-7.4			-19.4	6.5	13.1
-14.29	9.09	-29.41	-42.86			1.8	-0.24	-0.36	-352.3	-0.55	-0.02	-140.1	-0.32	-10.6		-3.9	-6.7	0.6
0.00	-24.39	-46.35	-42.53			1.8	-0.24	-0.36	-352.3	-0.55	-0.02	-140.1	-0.32	-10.6		-2.8	-4.8	0.5
-4.52	-5.51	-10.08	91.60	0.40	1.4	250.6	--	45.8	17.0	16.9	1.98	24.1	21.7		16.86	14.8	5.5	2.3
14.16	14.16	-50.97	-81.58			6.7	68.1	30.3	11.0	-11.6	-0.65	-9.5	15.1	-1.15		-0.6	0.2	0.1
-18.33	-16.95	-60.80	-83.67			6.7	68.1	30.3	11.0	-11.6	-0.65	-9.5	15.1	-1.15		-0.8	0.3	0.1
-38.18	-43.89	-52.09	-4.93	0.20	1.5	282.4	--	292.6	13.4	17.5	0.61	197.3	94.2		16.63	21.9	1.1	8.6
70.97	47.22	-28.38	-79.62			5.6	9.2	0.43	-62.4	-0.69	-0.01	35.2	-0.52	-15.66		-7.8	12.6	-2.1
1.07	3.22					19.6	19.1			-0.06	-0.30	-18,856.3	-0.60	-0.64		-34.9		4.1
0.59	3.99					19.6	19.1			-0.06	-0.30	-18,856.3	-0.60	-0.64		-33.5		3.9
						99.5	168.9	185.6	65.2	-25.9	-1.77		-18.0	-7.44		-5.6	0.5	-3.5
-11.54	-11.54					1.6	1.2	--		-0.33	-0.05	-5,888.9	-0.06			-4.3		7.6
-24.53	-2.53	-40.42	-55.19			310.6	392.3	355.2	-30.1	-201.4	-5.58	-5.3	-37.3	-5.3		-1.5	0.9	0.6
31.90	31.28	-20.71	-9.07			42.5	51.4	7.0	8,668.0	-2.3	-0.02	47.2	-4.6	-11.09		-16.9	5.6	95.5
25.30	16.85	-25.71	-13.33			42.5	51.4	7.0	8,668.0	-2.3	-0.02	47.2	-4.6	-11.09		-21.0	6.9	118.2
-47.22	-73.55	-88.60	-78.08			62.4	63.6	3.9	3.5	-9.1	-0.17	-314.4	-1.7	-15.32		-6.8	15.9	15.4
8.70	8.70	-7.41	212.50			0.28	1.2	--		-0.06	-0.02	-7.0	-0.05	-1,738.97		-5.8		-0.4
-11.00	19.94	-45.78				696.7	741.6	433.0	25.2	27.2	0.45	-95.4	264.3	12.99		25.3	4.9	51.1
0.00	-22.39	-74.51	-72.92			15.0	32.3	54.5	38.5	-9.7	-0.13	-317.0	-3.0	-7.18		-2.0	0.4	0.6
-1.99	1.60	-27.47				1,306	1,098	108.7	16.0	50.2	0.49	58.3	70.0			25.9	12.0	5.5
3.13	6.42	7.78	34.98	0.28	2.7	22.9	--	6.2	7.2	0.86	0.41	84.2	--		4.11	25.9	3.6	1.1
18.50	1.57	18.50	1.57			20.4	21.7	--		-3.2	-0.01	29.4	-1.0	-1,625.11		-6.3		-3.9
-21.75	-6.99	-37.33	0.42	1.76	5.5	1,814	4,792	4,110	8.1	151.1	3.15	-15.8	301.1	5.81	15.01	10.2	0.4	1.4
-9.13	1.87	-20.18	-0.70	2.63	6.0	1,814	4,792	4,110	8.1	151.1	3.15	-15.8	301.1	5.81	15.01	14.0	0.5	2.0
-9.38	-1.69	20.83	152.17			16.4	46.8	66.7	43.9	2.2	0.06	67.9	7.0	7.68	108.66	10.3	0.3	7.8
4.55	4.55	-32.35	15.00			3.7	2.7	--		-0.76	-0.02	-251.0	-0.65	-2.46		-6.4		0.2
9.24	10.42	-46.54	-33.75			3.7	2.7	--		-0.76	-0.02	-251.0	-0.65	-2.46		-4.4		0.2
-40.47	-56.48	-82.16				2.4	2.4	0.07	584.3	-0.91	-0.01	-545.5	-0.97	-304.55		-2.5	35.7	29.8
-0.36	12.90	-57.06				96.0	151.8	35.2	-42.4	-73.4	-2.35	-262.5	--			-1.2	2.5	-26.5
2.73	21.99	-18.73	39.89	0.45	1.3	182.9	318.3	34.8	-23.0	-0.52	-0.11	-114.4	8.5	1.27		-332.8	5.3	2.0
-11.08	62.97	-3.69	13.36	0.29	1.7	721.0	1,877	2,122	24.5	12.0	0.28	-90.1	16.3	3.66	5	59.2	0.3	1.5
-2.11	-0.99	-13.02	27.19	0.15	1.2	17,473	25,343	3,962	-18.8	532.2	0.78	-29.7	675.7			16.7	2.3	1.8
10.31	8.04	-6.62	34.11			17,473	25,343	3,962	-18.8	532.2	0.78	-29.7	675.7			37.3	5.1	4.1
8.58	14.71	-1.92	39.36	0.31	1.5	17,473	25,343	3,962	-18.8	532.2	0.78	-29.7	675.7			26.5	3.7	2.9
5.38	9.05	-4.71	29.94			17,473	25,343	3,962	-18.8	532.2	0.78	-29.7	675.7			25.8	3.6	2.8
-6.65	-23.06	-66.88				90.9	169.4	319.0	-22.1	-20.6	-1.08	66.1	-37.4	-2.91		-4.4	0.3	0.3
-20.33	-36.00					356.8	244.3	2.5		-53.9	-8.83	61.0	-30.2			-1.1	114.2	2.2
-18.07	-26.42	-47.30	4.56			2.3	2.3	--		-1.6	-0.03	-676.5	-0.15	-17.08		-1.5		0.5
-25.00	-35.71	-47.06	-25.00			2.3	2.3	--		-1.6	-0.03	-676.5	-0.15	-17.08		-1.7		0.6
						2,803	4,369	606.3	10.1	3.8	0.06	-29.7	22.2			593.7	3.7	7.3
-15.88	-27.78	-53.57				28.4	36.9	8.6	7.0	-5.4	-0.05	-22.8	-1.9	-12.84		-4.3	3.2	4.3
-20.83	-20.83	-44.12	-47.22			1.9	-0.28	--		-0.73	-0.03	-907.4	-0.15	-24.17		-3.5		1.1
25.18	54.78	24.91	68.91	1.04	1.3	1,429	4,586	11,550	0.7	160.6	8.17	-20.2	249.1	4.95	13.93	9.8	0.1	1.3
-59.09	-60.87	-72.73				2.2	3.9	--		-2.7	-0.04	12.6	-2.7	-20.11		-1.0		0.6
-60.32	-58.13					2.2	3.9	--		-2.7	-0.04	12.6	-2.7	-20.11		-0.8		0.4
-10.00	-10.00	-28.95	-22.86			6.4	6.3	--		-2.0	-0.04	-24.7	-1.6	-78.08		-3.2		8.9
-2.91	-9.56	-20.21	-41.14			6.4	6.3	--		-2.0	-0.04	-24.7	-1.6	-78.08		-2.5		6.8
0.86	9.69	-16.03	12.86			1,994	1,719	2,589	-7.4	-46.7	-0.09	-267.7	163.1	3.64		-37.0	0.8	5.9
152.75	227.82	57.12	-85.66			30.1	30.7	0.36	42.6	-1.1	-0.01	83.0	-0.29	-29.72		-22.0	72.7	32.1
14.48	54.42	-15.74				111.1	112.1	37.7	133.3	-3.9	-0.16	22.4	-2.2	-6.27		-21.4	3.0	3.0
-24.95	-16.67	-66.67	-55.22			21.5	25.4	6.1	126.8	-9.5	0.00	20.5	-4.1	-83.87		-1.9	3.5	-12.0
-0.73	36.18	-25.15	-61.01			13.9	-6.7	--		-44.4	-0.21	-3,964.7	-5.0	-52.01		-0.3		0.7

I. Index of Stocks

Summer 2019

Company Name	Stock Ticker Symbol	Traded On	Sector	Overall Rating	Recommendation	Reward Rating	Risk Rating	Recent Up/Downgrade	Stock Price as of 6/30/2019	52-Week High	52-Week Low	3-Year Beta	Growth	Efficiency	Solvency	Volatility	Dividend	Total Return
GrowMax Resources Corp.	GRO.V	TSXV	Materials	D-	Sell	E+	D	Down	0.09	0.16	0.07	0.97	V	V	G	W	–	W
GrubHub Inc.	GRUB	NYSE	Consumer Discretn	C	Hold	B	D		76.17	149.35	60.2	0.81	E	G	E	W	–	F
Gruma, S.A.B. de C.V.	GPAGF	OTC PK	Consumer Staples	C-	Hold	C	D		9.46	13.30	9.46	0.60	G	E	G	W	–	W
Grupo Aeroméxico, S.A.B. de C.V.	GRPAF	OTC PK	Industrials	D	Sell	D	D-		0.91	1.56	0.91	0.64	W	W	F	W	–	V
Grupo Aeroportuario del Centro Norte, S.A.B. d	GAERF	OTC PK	Industrials	C	Hold	A+	B		6.52	6.52	6.01	1.87	E	E	E	G	–	E
Grupo Aeroportuario del Centro Norte, S.A.B. d	OMAB	NAS GS	Industrials	C	Hold	B+	D		50.88	58.10	33.39	0.80	E	E	E	W	–	F
Grupo Aeroportuario del Pacífico, S.A.B. de C.	PAC	NYSE	Industrials	C	Hold	B	D		106.83	111.27	64.45	0.43	E	E	E	W	–	F
Grupo Aeroportuario del Pacífico, S.A.B. de C.	GPAEF	OTC PK	Industrials	C	Hold	B+	C-		10.55	10.55	6.86	1.06	E	E	E	F	–	F
Grupo Aeroportuario del Sureste, S. A. B. de C	ASRMF	OTC PK	Industrials	C-	Hold	B+	C	Down	17.37	17.85	15.45	0.46	E	E	E	F	–	F
Grupo Aeroportuario del Sureste, S. A. B. de C	ASR	NYSE	Industrials	C-	Hold	B-	D	Down	169.56	212.70	127.95	0.63	E	E	E	W	–	W
Grupo Aval Acciones Y Valores S.A.	AVAL	NYSE	Financials	C-	Hold	C+	D		7.86	8.51	5.59	1.07	G	E	E	F	–	W
Grupo Bimbo, S.A.B. de C.V.	GRBMF	OTC PK	Consumer Staples	C	Hold	B-	D	Up	2.10	2.24	1.79	0.71	F	G	G	W	–	W
Grupo Bimbo, S.A.B. de C.V.	BMBOY	OTC PK	Consumer Staples	C-	Hold	B-	D	Up	8.36	9.20	7.2	0.39	F	G	G	W	–	W
Grupo Carso, S.A.B. de C.V.	GPOVF	OTC PK	Industrials	C-	Hold	C	D+	Down	3.55	4.02	2.75	0.20	W	E	E	W	–	W
Grupo Carso, S.A.B. de C.V.	GPOVY	OTC PK	Industrials	C-	Hold	C	D+	Down	7.45	8.22	5.67	0.87	W	E	E	W	–	W
Grupo Cementos de Chihuahua, S.A.B. de C.V.	GCWOF	OTC PK	Materials	C	Hold	C+	D+		5.40	6.62	1	0.71	F	G	E	W	–	W
Grupo Famsa, S.A.B. de C.V.	GUFAF	OTC PK	Consumer Discretn	D	Sell	C-	D		0.51	0.51	0.51	-0.19	F	F	G	W	–	W
Grupo Financiero Banorte, S.A.B. de C.V.	GBOOY	OTC PK	Financials	C	Hold	B	D+		29.13	37.08	20	0.90	E	E	E	W	–	W
Grupo Financiero Banorte, S.A.B. de C.V.	GBOOF	OTC PK	Financials	C	Hold	B	D+		5.81	7.25	4.02	0.78	E	E	E	W	–	W
Grupo Financiero Galicia S.A.	GGABF	OTC PK	Financials	E+	Sell	B+	A		3.20	3.20	2.6	-2.28	G	G	E	E	–	G
Grupo Financiero Galicia S.A.	GGAL	NAS CM	Financials	D+	Sell	C	D	Down	33.91	37.78	18.3	0.43	F	G	E	W	–	W
Grupo Financiero Inbursa, S.A.B. de C.V.	GPFOF	OTC PK	Financials	C-	Hold	C+	D	Down	1.46	1.81	1.25	0.56	F	G	E	W	–	W
Grupo Financiero Inbursa, S.A.B. de C.V.	GPFOY	OTC PK	Financials	C-	Hold	C+	D-		6.80	8.58	5.93	0.28	F	G	E	W	–	W
Grupo Gigante, S. A. B. de C. V.	GPGNF	OTC PK	Consumer Staples	D+	Sell	C	D	Down	1.50	2.23	1.5	0.59	W	G	G	W	–	W
Grupo Herdez, S.A.B. de C.V.	GUZOF	OTC PK	Consumer Staples	C	Hold	C	C-	Up	2.18	2.42	1.85	0.18	G	E	E	F	–	W
Grupo Kuo, S.A.B. de C.V.	GKSDF	OTC PK	Industrials	D+	Sell	B+	C-		2.00	2.53	2	-0.17	G	G	G	F	–	F
Grupo Lala, S.A.B. de C.V.	GRPBF	OTC PK	Consumer Staples	C-	Hold	C	D	Up	1.27	1.44	0.87	-0.01	W	E	G	W	–	W
Grupo Mexicano de Desarrollo, S.A.B.	GMXDF	OTC PK	Industrials	D+	Sell	C	D		0.40	1.27	0.4	3.78	E	F	G	W	–	V
Grupo México, S.A.B. de C.V.	GMBXF	OTC PK	Materials	C+	Hold	B	D+	Up	2.65	3.15	1.87	1.23	E	E	E	W	E	W
Grupo Radio Centro, S.A.B. de C.V.	GUOHF	OTC PK	Communication Svc	D+	Sell	C-	D		0.45	0.48	0.45	0.58	W	G	G	W	–	W
Grupo Sanborns, S.A.B. de C.V.	GSAOF	OTC PK	Consumer Discretn	D	Sell	C-	D-		0.86	0.98	0.86	-0.13	W	E	E	W	–	W
Grupo Simec, S.A.B. de C.V.	SIM	AMEX	Materials	C	Hold	C+	D		8.39	10.64	7.36	0.44	F	G	E	W	–	W
Grupo Supervielle S.A.	SUPV	NYSE	Financials	D	Sell	D	D-	Down	7.39	13.79	4.3	0.03	W	W	E	W	–	V
Grupo Televisa, S.A.B.	TV	NYSE	Communication Svc	D	Sell	C	D-		8.50	21.41	8.23	0.76	F	G	G	W	–	V
Grupo Televisa, S.A.B.	GRPFF	OTC PK	Communication Svc	D	Sell	C	D-		1.85	4.12	1.8	1.06	F	G	G	W	–	V
Grupo TMM, S.A.B.	GTMAY	OTC PK	Energy	D+	Sell	C	D	Down	1.73	1.91	0.86	-0.12	W	F	G	W	–	F
GSE Systems, Inc.	GVP	NAS CM	Information Tech	D	Sell	C-	D	Down	2.38	3.85	2	1.85	W	F	E	W	–	W
GSI Technology, Inc.	GSIT	NAS GS	Information Tech	D+	Sell	C-	D	Down	8.68	9.00	4.62	1.61	W	F	E	F	–	F
GSP Resource Corp.	GSPR.V	TSXV	Materials	E	Sell	D	D	Up	0.18	0.26	0.13		W	W	E	W	–	V
GSRX Industries Inc.	GSRX	OTC PK	Consumer Staples	E+	Sell	E+	D-	Down	0.97	3.65	0.94	-0.65	W	V	E	W	–	V
Gstaad Capital Corp.	GTDH.V	TSXV	Financials	D	Sell	D+	D-	Down	0.15	0.17	0.12	0.82	W	W	E	W	–	V
GSV Capital Corp.	GSVC	NAS CM	Financials	C	Hold	C	C	Up	6.37	8.39	4.99	1.21	W	F	E	F	–	F
GSX Techedu Inc.	GSX	NYSE	Consumer Discretn	U		U	U		10.01	12.67	8.53		U	U	U	U	U	U
GT Biopharma, Inc.	GTBP	OTC PK	Health Care	D-	Sell	D-	D-		0.24	2.80	0.21	0.82	W		F	W	–	V
GT Gold Corp.	GTT.V	TSXV	Materials	D-	Sell	E+	D		0.89	2.15	0.41	-2.94	F	V	G	W	–	G
GT Gold Corp.	GTGDF	OTC PK	Materials	D-	Sell	E+	D		0.69	1.62	0.31	-2.98	F	V	G	W	–	G
GTA Financecorp Inc.	GTA.V	TSXV	Materials	D	Sell	D	D-		0.02	0.04	0.02	1.07	W	W	E	W	–	V
GTA Financecorp Inc.	GTARF	OTC PK	Materials	D	Sell	D	D		0.02	0.03	0.01	3.81	W	W	E	W	–	W
GTEC Holdings Ltd.	GGTTF	OTC PK	Health Care	D-	Sell	D	D	Up	0.36	1.20	0.1		W	W	E	W	–	V
GTEC Holdings Ltd.	GTEC.V	TSXV	Health Care	D-	Sell	D	D-	Up	0.46	1.35	0.44		W	W	E	W	–	V
GTT Communications, Inc.	GTT	NYSE	Information Tech	D	Sell	D+	D		19.46	48.30	18.19	1.98	W	W	F	W	–	F
GTX Corp	GTXO	OTC PK	Consumer Discretn	D	Sell	C-	D-		0.01	0.20	0.01	5.16	F	E	F	W	–	V

*Ratings Factors: E=Excellent, G=Good, F=Fair, W=Weak, V=Very Weak, U=Unrated

Summer 2019 — I. Index of Stocks

TOTAL RETURNS %				DIVIDEND/YIELD		SIZE		REVENUE & INCOME			EARNINGS		EFFECTIVENESS			VALUATION		
3-Month Total Return (%)	6-Month Total Return (%)	1-Year Total Return (%)	3-Year Total Return (%)	Dividend $ TTM	Dividend Yield TTM	Market Cap. ($Mil)	Enterprise Value ($Mil)	Revenue ($Mil)	Revenue Growth (%)	Net Income ($Mil)	Earnings/Share $	EPS Growth (%)	Cash from Operations ($Mil)	Return on Assets (%)	Return on Equity (%)	Earnings (P/E) TTM	Sales (P/S) TTM	Book (P/B) Q
-15.00	6.25	-26.09	-61.36			13.9	-6.7	--		-44.4	-0.21	-3,964.7	-5.0	-52.01		-0.4		0.9
13.75	0.24	-27.86	165.12			6,945	7,175	1,098	44.6	54.6	0.58	-53.5	168.0	2.47	4.17	130.6	6.4	4.8
-7.54	-14.51	-16.11	-31.77			3,945	5,108	3,885	2.1	240.2	0.56	-27.8	298.6	8.85	17.5	16.9	1.0	2.9
-8.69	-17.47	-29.75	-56.43			651.3	3,664	3,640	6.0	-125.9	-0.18	-425.4	301.8	-0.15		-5.0	0.2	1.2
285.97	285.97	285.97	285.97			2,508	2,560	409.6	1.8	155.2	0.40	24.3	205.4	16.6	34.27	16.5	6.2	5.5
20.30	31.33	25.60	25.34	1.48	2.9	2,508	2,560	409.6	1.8	155.2	0.40	24.3	205.4	16.6	34.27	128.7	48.7	42.6
23.30	30.67	20.08	22.68	5.88	5.5	5,635	5,998	672.0	9.8	259.0	0.48	5.1	384.4	10.77	21.45	224.2	83.7	49.5
20.02	27.63	10.19	228.41			5,635	5,998	672.0	9.8	259.0	0.48	5.1	384.4	10.77	21.45	22.1	8.3	4.9
0.00	12.46	12.81	16.42			5,090	5,921	806.9	6.6	258.4	0.86	-19.2	394.0	8.14	13.78	20.2	6.5	3.3
11.87	13.24	10.16	19.33	4.69	2.8	5,090	5,921	806.9	6.6	258.4	0.86	-19.2	394.0	8.14	13.78	196.8	63.0	32.4
3.49	37.59	-0.77	13.56	0.32	4.1	8,894	--	5,746	18.0	1,017	0.05	44.6	1,320		20.76	172.0	30.5	32.1
0.01	7.16	17.32	-29.36			9,988	15,754	15,038	3.7	301.6	0.06	13.1	1,097	5.81	8.49	32.5	0.7	2.4
0.84	1.57	8.08	-27.96	0.08	0.9	9,988	15,754	15,038	3.7	301.6	0.06	13.1	1,097	5.81	8.49	129.4	2.6	9.6
-9.23	4.32	16.75	-12.12			8,544	9,695	5,066	1.0	477.8	0.21	-9.0	363.4	4.88	11.49	16.9	1.6	1.8
-5.40	4.71	18.54	-4.91	0.08	1.1	8,544	9,695	5,066	1.0	477.8	0.21	-9.0	363.4	4.88	11.49	35.5	3.4	3.9
6.59	-5.75	1.12	107.54			1,830	2,317	880.1	3.6	57.6	0.17	-38.1	174.2	4.98	10.06	31.2	2.1	1.8
0.00	0.00	-11.40	68.33			173.4	795.8	753.8	-22.6	-1.8	0.00	-120.6	93.9			-148.5	0.4	0.9
11.48	27.23	6.14	29.98	1.42	4.9	16,749	--	4,411	20.9	1,816	0.63	29.4	-3,297		20.42	46.0	19.0	
11.77	21.54	2.12	14.42			16,749	--	4,411	20.9	1,816	0.63	29.4	-3,297		20.42	9.2	3.8	
23.08	23.08	-49.69	538.09			4,847	--	2,588	-37.5	125.2	0.09	-74.6	5,471		6.71	36.6	1.8	3.1
38.12	27.55	-2.46	15.99	0.30	0.9	4,847	--	2,588	-37.5	125.2	0.09	-74.6	5,471		6.71	387.5	18.7	33.0
4.11	2.64	7.17	-12.26			9,552	--	1,264	-31.1	624.8	0.09	-36.0	750.7			15.5	7.7	1.3
1.13	-2.96	0.00	-3.00	0.37	5.5	9,552	--	1,264	-31.1	624.8	0.09	-36.0	750.7			72.5	35.9	5.8
0.00	-11.76	-15.21	0.00			1,689	2,370	1,722	-1.1	48.6	0.05	-37.2	157.7	3.36	4.59	30.8	0.9	1.3
-3.11	8.46	-8.79	-11.38			893.2	1,689	1,111	3.1	60.4	0.14	13.8	138.0	6.12	13.36	15.3	0.8	2.1
0.00	0.00	0.00	19.76			1,114	1,990	1,408	6.6	74.7	0.16	-31.0	43.7	3.38	10.86	12.2	0.7	1.3
-4.51	10.43	28.28	-45.96			3,117	4,558	3,924	10.2	102.3	0.04	-29.3	278.7	4.41	7.6	30.8	0.8	2.6
-48.72	0.00	-63.64	-70.80			181.2	378.6	205.7	4.1	7.7	0.04	27.3	35.9	5.58	9.13	9.4	0.4	0.4
-1.80	31.45	-2.57	22.69			20,460	28,665	10,359	1.7	1,414	0.18	-13.8	2,951	9.43	12.53	15.1	2.0	1.7
-25.00	-25.00	-25.00	-10.00			120.2	220.5	68.0	-8.8	3.2	0.01	-51.0	21.4	2.88	1.89	36.3	1.7	0.7
0.00	0.00	-18.83	-41.94			2,248	2,620	2,677	-0.6	174.7	0.08	-14.9	171.2	5.55	10.37	11.1	0.7	1.2
-3.56	-12.60	-9.10	12.02			1,303	927.5	1,484	-4.4	137.9	2.49	25.7	156.3			3.4	0.3	0.2
21.57	-10.31	-31.04	-38.57	0.07	1.0	676.6	--	582.6	-49.1	-77.0	-0.17	-1,981.5	-210.4			-43.8	5.8	8.2
-19.89	-31.97	-53.99	-64.84	0.08	0.9	4,933	11,425	5,269	2.6	304.5	0.10	40.5	1,458	3.56	7.09	85.3	4.9	5.3
-13.95	-25.40	-47.29	-65.42			4,933	11,425	5,269	2.6	304.5	0.10	40.5	1,458	3.56	7.09	18.6	1.1	1.2
0.00	12.34	101.16	61.68			35.4	75.9	77.6	-38.7	-3.1	-0.77	-103.8	4.7	-0.75		-2.2	0.1	0.1
-14.70	9.68	-25.62	6.25			47.6	63.3	91.5	18.2	-3.1	-0.16	-163.2	1.5	2.3		-14.6	0.5	1.8
13.17	72.91	14.51	115.92			198.7	136.9	51.5	20.7	0.16	0.00	97.9	3.0	-0.38	0.18	-1,887.0	3.7	2.1
-10.00	-25.00					1.5	1.0	--		-0.19	-0.02		-0.07			-7.7		2.7
-24.22	-35.33	-73.42				56.7	62.3	5.5	251,963.6	-10.8	-0.25	78.0	-5.4	-41.22		-3.9	8.1	2.3
0.00	-6.25	3.45	15.38			0.40	0.35	--		0.00	0.00	106.3	0.02	-13.79	5.47	187.5		10.1
-23.89	20.87	-6.87	33.95			125.9	139.4	1.6	109.0	11.1	0.17	-75.5	-6.0	-0.44	5.24	37.6	93.8	0.6
						2,352	2,387	39.9	440.7	5.0	0.01	210.9	9.6			893.8	59.9	-35.1
-23.47	-63.45	-86.39	-99.75			12.6	23.9	--		-253.6	-5.06	62.9	-7.4	-8.15		-0.1		1.2
-1.11	36.92	15.58				78.7	77.0	--		-8.6	-0.10	-5.0	-9.7	-98.89		-9.3		23.1
4.55	48.07	20.40				78.7	77.0	--		-8.6	-0.10	-5.0	-9.7	-98.89		-7.2		17.9
0.00	0.00	-57.14	-75.00			0.86	0.96	--		-0.18	0.00	86.8	-0.10	-2.83		-4.3		0.2
0.00	110.50	-56.93	-14.04			0.86	0.96	--		-0.18	0.00	86.8	-0.10	-2.83		-4.8		0.2
-30.71	-6.88					44.4	45.9	0.11		-7.7	-0.10	-100.0	-5.8	-15.39		-3.7	297.8	1.3
-35.21	-13.21	-56.60				44.4	45.9	0.11		-7.7	-0.10	-100.0	-5.8	-15.39		-4.8	383.3	1.7
-41.77	-18.78	-57.79	15.42			1,087	4,711	1,680	86.2	-240.0	-4.71	-131.7	86.3	2.82		-4.1	0.7	3.0
-26.15	-27.00	-92.00	-98.62			0.80	3.3	0.54	-16.7	-2.0	-0.10	9.3	-0.33	-246		-0.1	1.3	-0.2

Data as of June 30, 2019

I. Index of Stocks

Summer 2019

Company Name	Stock Ticker Symbol	Traded On	Sector	Overall Rating	Recommendation	Reward Rating	Risk Rating	Recent Up/Downgrade	Stock Price as of 6/30/2019	52-Week High	52-Week Low	3-Year Beta	Growth	Efficiency	Solvency	Volatility	Dividend	Total Return
GTY Technology Holdings Inc.	GTYH	NAS CM	Information Tech	D	Sell	D+	D		7.04	12.24	6.72	-0.29	V	F	E	W	–	W
Guangdong Investment Limited	GGDVY	OTC PK	Utilities	C-	Hold	C+	D	Down	101.25	103.80	79.7	0.10	W	G	E	G	W	F
Guangdong Investment Limited	GGDVF	OTC PK	Utilities	C	Hold	B-	C+		1.99	2.06	1.6	0.18	W	G	E	G	E	F
Guangshen Railway Company Limited	GNGYF	OTC PK	Industrials	C-	Hold	C	D	Up	0.35	0.52	0.35	1.72	F	G	E	W	–	W
Guangshen Railway Company Limited	GSH	NYSE	Industrials	D+	Sell	C	D-	Down	17.41	28.16	17.11	0.63	F	G	E	W	–	W
Guaranty Bancshares, Inc.	GNTY	NAS GS	Financials	C+	Hold	B	C		31.11	33.98	24.27	0.01	E	G	E	F	F	W
Guaranty Federal Bancshares, Inc.	GFED	NAS	Financials	C	Hold	B+	C+		23.25	27.39	20.11	0.12	G	G	E	F	F	F
Guardant Health, Inc.	GH	NAS GS	Health Care	D+	Sell	C-	D		84.17	106.58	27.04		F	W	E	F	–	F
Guardian Capital Group Limited	GCG.TO	TSX	Financials	C	Hold	B	C	Up	24.00	25.30	20.4	0.43	G	G	E	F	F	W
Guardian Capital Group Limited	GCGA.TO	TSX	Financials	C	Hold	B	C	Up	24.25	25.55	20.13	0.40	G	G	E	F	F	F
Guardian Capital Group Limited	GCAAF	OTC PK	Financials	C	Hold	B	C-	Up	18.09	19.27	17.47	0.19	G	G	E	F	G	F
Guardion Health Sciences, Inc.	GHSI	NAS CM	Consumer Staples	U		U	U		1.35	4.00	1.23		U	U	U	U	U	U
Guerrero Ventures Inc.	GVXNF	OTC PK	Materials	D	Sell	D	D	Up	0.09	0.09	0.09	-0.70	W	W	F	W	–	W
Guerrero Ventures Inc.	GV.V	TSXV	Materials	D	Sell	D	D	Up	0.08	0.15	0.06	-0.68	W	W	F	W	–	W
Guess', Inc.	GES	NYSE	Consumer Discretn	C-	Hold	B-	D	Down	15.60	26.95	13.88	0.81	F	G	W	E	W	
Guided Therapeutics, Inc.	GTHP	OTC PK	Health Care	D	Sell	C-	D-		0.20	3.36	0.02	0.21	W	F	W	–	V	
Guidewire Software, Inc.	GWRE	NYSE	Information Tech	C	Hold	C+	D+	Up	100.20	109.06	73.82	1.04	F	F	E	F	–	G
Gulf & Pacific Equities Corp.	GUF.V	TSXV	Real Estate	D+	Sell	D+	D	Up	0.24	0.25	0.19	-0.42	W	F	E	W	–	W
Gulf Island Fabrication, Inc.	GIFI	NAS GS	Energy	D	Sell	D+	D		7.25	10.45	6.85	1.47	F	W	E	W	–	W
Gulf Resources, Inc.	GURE	NAS GS	Materials	D	Sell	D	D		0.90	1.48	0.65	1.11	W	W	E	W	–	W
Gulf West Security Network, Inc.	GWSN	OTC PK	Industrials	E	Sell	D-	D		0.10	0.75	0		W	W	F	W	–	W
Gulfport Energy Corporation	GPOR	NAS GS	Energy	D	Sell	C	E+	Down	4.87	13.41	4.65	0.99	F	G	G	V	–	F
GulfSlope Energy, Inc	GSPE	OTC PK	Energy	D	Sell	D-	D	Up	0.04	0.15	0.03	2.68	V	V	F	W	–	F
Gungnir Resources Inc.	ASWRF	OTC PK	Materials	D+	Sell	D+	D	Up	0.05	0.29	0.04	4.26	F	W	E	W	–	W
Gungnir Resources Inc.	GUG.V	TSXV	Materials	D+	Sell	C-	D	Up	0.08	0.39	0.06	4.06	F	W	E	W	–	F
Gunpoint Exploration Ltd.	GUN.V	TSXV	Materials	D	Sell	D+	D		0.45	0.55	0.32	-0.31	W	W	G	W	–	G
Gunpoint Exploration Ltd.	CJIMF	OTC PK	Materials	D	Sell	C-	D	Down	0.36	0.38	0.25	-0.03	W	W	G	F	–	G
Gunpowder Capital Corp.	GNPWF	OTC PK	Financials	D	Sell	D-	D		0.04	0.06	0.02		W	W	G	W	–	W
Guozi Zhongyu Capital Holdings Company	GZCC	OTC PK	Consumer Discretn	D-	Sell	E+	D-		0.39	3.46	0.25	0.24	W	V	G	W	–	F
Guyana Goldfields Inc.	GUY.TO	TSX	Materials	D	Sell	D+	E+		0.97	5.13	0.8	-0.24	W	F	E	V	–	V
Guyana Goldfields Inc.	GUYFF	OTC PK	Materials	D	Sell	D+	E+		0.76	3.90	0.6	0.21	W	F	E	V	–	V
Guyana Goldstrike Inc.	GYNAF	OTC PK	Materials	D-	Sell	E+	D		0.10	0.26	0.09		V	V	E	W	–	V
Guyana Goldstrike Inc.	GYA.V	TSXV	Materials	D-	Sell	E+	D		0.13	0.35	0.12	-1.31	V	V	E	W	–	F
GVIC Communications Corp.	GVCXF	OTC PK	Communication Svc	E	Sell	D+	C-		0.08	0.08	0.04		W	F	G	G	–	W
GVIC Communications Corp.	GCTC.TO	TSX	Communication Svc	D	Sell	D	D		0.11	0.15	0.05	-2.98	W	F	G	W	–	W
GVIC Communications Corp.	GCT.TO	TSX	Communication Svc	D	Sell	D	D		0.16	0.22	0.11	1.04	W	F	G	W	–	W
GW Pharmaceuticals plc	GWPRF	OTC PK	Health Care	D	Sell	D	D		13.87	16.00	7.07	2.08	W	V	E	F	–	G
GW Pharmaceuticals plc	GWPH	NAS	Health Care	D	Sell	D	D+		170.20	196.00	90.14	2.06	W	V	E	F	–	G
GWG Holdings, Inc.	GWGH	NAS CM	Financials	E+	Sell	D+	D	Up	6.49	17.50	6.3		W	F	G	F	–	W
Gyrodyne, LLC	GYRO	NAS CM	Real Estate	U		U	U		19.10	21.16	16.76	0.40	U	U	U	U	U	U
H&E Equipment Services, Inc.	HEES	NAS GS	Industrials	C+	Hold	B+	D+		29.27	40.20	18.12	2.66	G	E	G	W	G	F
H&R Block, Inc.	HRB	NYSE	Consumer Discretn	B	Buy	B+	C+	Up	29.01	29.29	22.45	0.41	G	G	E	F	G	F
H&R Real Estate Investment Trust	HRUFF	OTC PK	Real Estate	C	Hold	B	C		17.48	17.71	14.65	0.63	W	G	E	F	E	F
H&R Real Estate Investment Trust	HRUN.TO	TSX	Real Estate	C+	Hold	B	C	Up	22.90	23.66	18.94	0.21	W	G	E	F	G	F
H.B. Fuller Company	FUL	NYSE	Materials	C	Hold	B-	D+		45.94	59.58	39.22	1.62	E	G	G	W	W	W
H/Cell Energy Corporation	HCCC	OTC PK	Information Tech	D	Sell	D	D-	Up	1.00	1.95	0.51	0.23	W	W	G	W	–	W
H2O Innovation Inc.	HEO.V	TSXV	Industrials	D	Sell	D+	D		1.10	1.35	0.7	0.21	F	W	G	W	–	W
H2O Innovation Inc.	HEOFF	OTC PK	Industrials	D	Sell	D+	D-		0.85	1.00	0.54	0.07	F	W	G	W	–	W
Hadera Paper Ltd.	HAIPF	OTC PK	Materials	C	Hold	B	B		58.15	80.90	58.15	0.96	F	E	G	G	–	F
Haemonetics Corporation	HAE	NYSE	Health Care	C	Hold	B	D+		119.30	119.85	80.24	0.68	G	G	E	F	–	G
Hailiang Education Group Inc.	HLG	NAS	Consumer Discretn	C+	Hold	B	D+	Up	59.48	82.45	30.25	0.46	E	E	E	W	–	F
Halcón Resources Corporation	HK	NYSE	Energy	D-	Sell	D	E+	Down	0.18	4.90	0.16	3.25	V	F	G	V	–	V

*Ratings Factors: E=Excellent, G=Good, F=Fair, W=Weak, V=Very Weak, U=Unrated

Summer 2019 — I. Index of Stocks

TOTAL RETURNS %				DIVIDEND/YIELD		SIZE		REVENUE & INCOME			EARNINGS		EFFECTIVENESS			VALUATION		
3-Month Total Return (%)	6-Month Total Return (%)	1-Year Total Return (%)	3-Year Total Return (%)	Dividend $ TTM	Dividend Yield TTM	Market Cap. ($Mil)	Enterprise Value ($Mil)	Revenue ($Mil)	Revenue Growth (%)	Net Income ($Mil)	Earnings/Share $	EPS Growth (%)	Cash from Operations ($Mil)	Return on Assets (%)	Return on Equity (%)	Earnings (P/E) TTM	Sales (P/S) TTM	Book (P/B) Q
-19.91	-29.95	-30.30				366.2	347.4	8.0	17.3	-41.5	-0.93	-1,553.0	-25.9	-1.6		-7.6	42.9	1.0
5.52	7.78	27.77	55.66	3.09	3.1	13,111	13,410	1,275	-18.3	441.5	0.06	-54.5	--			1,676.3	519.2	128.4
2.84	3.92	24.38	46.32			13,111	13,410	1,275	-18.3	441.5	0.06	-54.5	--			33.0	10.2	2.5
-22.22	-5.41	-40.68	-22.22			3,186	3,116	2,989	4.5	110.0	0.02	-37.8	406.8	1.93	2.43	22.9	0.8	0.6
-13.28	-4.75	-35.42	-18.58	0.37	2.1	3,186	3,116	2,989	4.5	110.0	0.02	-37.8	406.8	1.93	2.43	1,137.9	41.3	28.3
6.80	5.83	-4.90	45.13	0.66	2.1	364.1	--	85.5	17.8	21.6	1.83	30.3	29.7		9.43	17.0	4.3	1.5
2.57	5.48	-1.24	56.48	0.50	2.2	104.2	--	40.9	48.5	8.1	1.81	58.6	8.9		10.22	12.9	2.6	1.3
14.21	123.20					7,711	7,291	110.6	90.6	-97.3	-4.33	38.0	-52.9			-19.5	65.4	15.5
0.65	12.45	5.55	14.59	0.53	2.2	473.4	538.8	132.9	10.5	43.1	1.45	-4.2	36.2	3.2	9.22	16.6	5.0	1.3
1.28	14.14	7.76	20.40	0.53	2.2	473.4	538.8	132.9	10.5	43.1	1.45	-4.2	36.2	3.2	9.22	16.7	5.1	1.3
0.77	-1.18	-13.24	23.00	0.40	2.2	473.4	538.8	132.9	10.5	43.1	1.45	-4.2	36.2	3.2	9.22	12.5	3.8	1.0
						30.4	30.9	0.99	72.6	-6.8	-0.34	31.1	-3.4	-63.13		-4.0	28.2	14.9
0.00	0.00	127.32	-52.21			0.32	1.2	--		-1.6	-0.31	55.5	-0.02	-57.32		-0.3		-0.7
0.00	23.08	-20.00	-60.00			0.32	1.2	--		-1.6	-0.31	55.5	-0.02	-57.32		-0.3		-0.6
-18.97	-23.01	-24.47	27.92	0.79	5.1	1,118	2,331	2,625	8.0	13.9	0.15	222.7	52.8	3.57	2.43	106.5	0.5	2.0
25.00	-16.67	-93.06	-100.00			0.66	6.6	0.06	-77.4	1.0	-2.74	98.7	-1.4	-301.79		-0.1	3.9	0.0
4.63	26.20	13.55	70.99			8,198	7,498	752.2	27.7	74.0	0.90	213.6	117.0	0.86	5.2	111.0	10.9	5.4
14.63	2.17	17.50	-12.96			3.8	20.9	3.1	0.9	0.30	0.01	249.5	1.5	2.7	2.77	16.9	1.7	0.5
-20.85	0.28	-20.77	5.38			110.5	45.4	231.6	21.7	-18.1	-1.20	58.9	-14.8	-7.07		-6.0	0.5	0.6
-10.69	33.95	-35.57	-39.87			42.3	-126.0	0.39	-99.5	-67.9	-1.45	-809.2	-2.8	-5.87		-0.6	110.0	0.1
-23.08	-44.44					0.45	1.2	0.01	-8.2	-1.4	-0.32	-1,179.0	-0.28			-0.3	41.7	-0.3
-39.50	-28.49	-60.69	-84.70			775.9	2,935	1,443	21.1	402.7	2.35	15.9	711.2	3.81	12.47	2.1	0.6	0.2
-25.45	-2.38	-59.00	5.40			44.7	49.0	--		-8.1	-0.01	-18.2	-1.0	-6.27		-4.5		8.0
1.31	3.85	-34.76	125.00			3.6	2.9	--		0.54	0.01	9.1	0.54	23.55	44	6.4		2.4
14.29	6.67	-27.27	128.57			3.6	2.9	--		0.54	0.01	9.1	0.54	23.55	44	9.5		3.6
7.14	11.11	18.42	66.67			14.9	14.6	--		-0.60	-0.01	-100.0	0.03	-6.53		-32.1		5.7
17.10	8.36	22.43	107.90			14.9	14.6	--		-0.60	-0.01	-100.0	0.03	-6.53		-25.9		4.6
-25.20	-36.61	-34.21				4.0	9.4	0.53	-42.1	-2.0	-0.05	-500.0	-0.88	-8.67		-0.8	5.8	-79.7
-75.62	24.20	-22.00	1,014.29			86.1	86.1	--		-0.06	-0.02	-546.2	0.03			-23.2		3,900.0
-14.16	-37.01	-80.52	-89.23			128.2	93.0	186.8	-6.7	-5.3	-0.03	-121.3	53.5	0.73		-31.7	0.9	0.4
-9.67	-32.34	-79.64	-89.03			128.2	93.0	186.8	-6.7	-5.3	-0.03	-121.3	53.5	0.73		-24.8	0.7	0.3
-26.41	-44.65	-59.89				5.8	5.9	--		-1.6	-0.03	15.5	-1.5	-27.73		-3.0		1.5
-29.73	-46.94	-61.76	271.43			5.8	5.9	--		-1.6	-0.03	15.5	-1.5	-27.73		-4.0		2.0
100.00						25.9	122.1	143.2	-2.8	-0.93	0.00	64.4	4.6	-0.82		-25.8	0.2	0.4
100.00	37.50	-15.38	-33.33			25.9	122.1	143.2	-2.8	-0.93	0.00	64.4	4.6	-0.82		-35.5	0.2	0.6
3.33		0.00	-22.50			25.9	122.1	143.2	-2.8	-0.93	0.00	64.4	4.6	-0.82		-50.0	0.3	0.8
2.51	84.34	17.34	80.60			5,228	4,743	48.2	239.6	-275.7	-133.76	-27.0	-252.5	-26.84		-0.1	0.7	0.1
3.53	78.41	22.92	85.14			5,228	4,743	48.2	239.6	-275.7	-133.76	-27.0	-252.5	-26.84		-1.3	9.1	0.7
-45.78	-26.50					214.0	1,940	84.0	946.1	18.4	0.07		196.7			99.2	1.8	0.6
4.01	13.96	-6.14	8.02			28.3	--	3.3	-40.1	-3.2	-23.85	-106.8	-1.3	-4.44		-0.8	0.8	0.6
19.47	45.99	-18.41	87.51	1.10	3.8	1,038	2,438	1,292	21.5	81.4	2.26	-28.7	258.0	5.98	33.93	13.0	0.8	4.0
21.43	17.24	32.59	45.56	1.01	3.5	5,859	5,800	3,095	-2.1	422.5	2.08	-27.9	606.5	11.95	95.22	13.9	1.9	10.8
2.58	18.98	22.72	28.47	1.04	6.0	4,991	10,200	821.8	-5.5	209.4	0.73	-56.0	342.3	2.56	3.87	23.9	6.1	1.0
-0.80	14.68	21.04	26.81	1.38	6.0	4,991	10,200	821.8	-5.5	209.4	0.73	-56.0	342.3	2.56	3.87	31.3	8.0	1.2
-5.48	8.17	-13.30	13.09	0.63	1.4	2,338	4,465	3,001	19.3	135.8	2.61	46.5	285.9	3.89	11.16	17.6	0.8	2.0
0.00	61.29	-56.52				7.6	8.5	7.5	21.1	-0.59	-0.08	-518.8	-0.77	-7.07		-12.2	1.0	5.4
27.91	23.60	-12.00	-29.49			46.8	55.6	84.2	8.9	-1.5	-0.04	46.9	0.40	0.76		-28.5	0.7	1.6
35.47	33.28	-11.78	-28.26			46.8	55.6	84.2	8.9	-1.5	-0.04	46.9	0.40	0.76		-22.2	0.6	1.2
-24.63	-10.58	-13.95	132.19			435.0	609.8	369.5	-22.1	26.1	3.97	58.7	29.0			14.6	1.0	1.3
39.26	24.62	33.45	322.75			6,115	6,296	967.6	7.0	55.0	1.05	22.4	159.3	5.21	7.75	113.8	6.4	9.1
54.57	18.02	-24.21	608.10			1,533	1,299	180.4	44.2	34.5	21.37	39.8	--	11.08	19.64	2.8	0.5	0.5
-86.65	-89.76	-95.91	-98.87			28.6	751.8	229.3	-21.4	-288.0	-1.82	-192.0	42.9	-0.86		-0.1	0.1	0.0

https://greyhouse.weissratings.com

Data as of June 30, 2019

I. Index of Stocks

Summer 2019

Company Name	Stock Ticker Symbol	Traded On	Sector	Overall Rating	Recommendation	Reward Rating	Risk Rating	Recent Up/Downgrade	Stock Price as of 6/30/2019	52-Week High	52-Week Low	3-Year Beta	Growth	Efficiency	Solvency	Volatility	Dividend	Total Return
Hallador Energy Company	HNRG	NAS CM	Energy	C	Hold	B	D		5.58	7.46	4.75	0.26	F	G	G	W	G	W
Halliburton Company	HAL	NYSE	Energy	C-	Hold	C+	D		22.73	47.03	20.98	1.62	F	G	E	W	G	W
Hallmark Financial Services, Inc.	HALL	NAS	Financials	B-	Buy	B+	C	Up	14.03	14.99	9.48	0.39	G	G	E	F	--	F
Halmont Properties Corporation	HMT.V	TSXV	Real Estate	C	Hold	B	D+		1.05	1.40	0.81	-0.72	G	G	G	W	--	F
Halo Labs Inc.	AGEEF	OTC PK	Health Care	E	Sell	E+	D	Up	0.47	0.68	0.17		F	V	G	W	--	W
HaloSource Corporation	HLOUF	OTC PK	Consumer Discretn	D	Sell	D	E+		0.00	0.01	0	0.10	F	W	G	V	--	W
Halozyme Therapeutics, Inc.	HALO	NAS GS	Health Care	D	Sell	D+	D		16.85	18.85	13.24	1.58	W	W	E	F	--	F
Hamilton Beach Brands Holding Company	HBB	NYSE	Consumer Discretn	D+	Sell	C	D	Up	17.94	31.30	16.22		F	E	G	W	F	W
Hamilton Lane Incorporated	HLNE	NAS GS	Financials	B-	Buy	A-	C	Up	56.79	57.64	31.81	1.01	E	E	E	F	F	G
Hamilton Thorne Ltd.	HTL.V	TSXV	Health Care	C	Hold	B-	D+	Down	1.09	1.28	0.85	1.20	W	G	E	F	--	G
Hamilton Thorne Ltd.	HTLZF	OTC PK	Health Care	C	Hold	B-	D+		0.85	0.95	0.62	1.78	W	G	E	F	--	E
Hammer Fiber Optics Holdings Corp.	HMMR	OTC PK	Communication Svc	D	Sell	D	D		0.40	1.18	0.17	1.31	W	W	F	W	--	V
Hammond Manufacturing Company Limited	HMMA.TO	TSX	Industrials	C	Hold	B	D+		2.00	2.60	1.72	0.33	F	G	G	W	G	W
Hammond Power Solutions Inc.	HPSA.TO	TSX	Industrials	D+	Sell	C	D		7.75	8.60	5.35	0.21	W	F	E	G	G	F
Hammond Power Solutions Inc.	HMDPF	OTC PK	Industrials	D+	Sell	C	D	Up	5.60	6.23	4.07	-0.05	W	F	E	W	G	F
Hampton Bay Capital Inc.	HPBP.V	TSXV	Financials	E-	Sell	D	D		0.07	0.12	0.07		W	W	E	W	--	W
Hampton Financial Corporation	HFC.V	TSXV	Financials	E+	Sell	E+	E+		0.17	0.38	0.1	-1.22	W	V	E	V	--	V
Hancock Jaffe Laboratories, Inc.	HJLI	NAS CM	Health Care	D-	Sell	D	D-	Up	1.06	3.95	0.87		F	W	G	W	--	V
Hancock Whitney Corporation	HWC	NAS GS	Financials	C+	Hold	B	C-	Up	38.98	53.00	32.59	1.64	G	G	E	F	G	W
Handa Mining Corporation	NWHAF	OTC PK	Materials	D-	Sell	D-	D		0.02	0.05	0.01	2.63	W	V	G	W	--	W
Handa Mining Corporation	HAND.V	TSXV	Materials	D-	Sell	D-	D		0.03	0.08	0.03	2.20	W	V	G	W	--	W
Hanesbrands Inc.	HBI	NYSE	Consumer Discretn	C-	Hold	B-	D		16.99	22.52	11.57	1.42	G	E	G	W	G	W
Hang Lung Properties Limited	HLPPF	OTC PK	Real Estate	C	Hold	B+	C		2.34	2.54	1.8	0.17	F	E	E	F	E	F
Hang Lung Properties Limited	HLPPY	OTC PK	Real Estate	C	Hold	B-	C		11.92	12.80	8.77	1.16	F	E	E	F	W	W
Hanger, Inc.	HNGR	NYSE	Health Care	C	Hold	C-	C	Up	18.40	24.50	15.6	1.42	W	F	G	F	--	F
Hanmi Financial Corporation	HAFC	NAS GS	Financials	C	Hold	B-	D		21.99	29.55	17.56	1.52	G	E	E	W	G	W
Hannan Metals Ltd.	HAN.V	TSXV	Materials	D	Sell	D	D	Up	0.09	0.21	0.05	2.57	F	W	G	W	--	W
Hannan Metals Ltd.	HANNF	OTC PK	Materials	D	Sell	D	D	Up	0.07	0.17	0.04	4.73	F	W	G	W	--	W
Hannon Armstrong Sustainable Infrastructure Ca	HASI	NYSE	Real Estate	C+	Hold	B	C		27.11	27.87	18.83	0.98	F	E	E	F	G	F
Hansa Resources Limited	HRL.V	TSXV	Materials	D-	Sell	E+	D		0.04	0.08	0.02	0.99	W	V	G	W	--	W
Hanwei Energy Services Corp.	HE.TO	TSX	Energy	D-	Sell	D-	D		0.02	0.04	0.02	2.09	W		F	W	--	W
Happy Creek Minerals Ltd.	HPY.V	TSXV	Materials	D	Sell	D	D		0.14	0.20	0.11	-0.48	W	W	E	W	--	W
Happy Creek Minerals Ltd.	HPYCF	OTC PK	Materials	D	Sell	D	D-		0.10	0.13	0.07	-0.16	W	W	E	W	--	W
Hardwoods Distribution Inc.	HDI.TO	TSX	Industrials	C-	Hold	C+	D		12.62	18.23	10.04	1.18	E	E	G	W	F	W
Hardwoods Distribution Inc.	HDIUF	OTC PK	Industrials	C-	Hold	C+	D	Up	9.51	13.33	7.44	1.73	E	E	G	W	G	W
Harfang Exploration Inc.	HAR.V	TSXV	Materials	D	Sell	D-	D		0.27	0.32	0.18	-0.24	W	V	E	W	--	W
Harfang Exploration Inc.	HRFEF	OTC PK	Materials	E	Sell	D	D+		0.16	0.16	0.16		W	V	E	F	--	W
Harford Bank	HFBK	OTC PK	Financials	C	Hold	B+	C+		28.40	31.90	26.65	0.28	E	E	E	F	F	F
Harley-Davidson, Inc.	HOG	NYSE	Consumer Discretn	C-	Hold	C+	D		35.59	46.22	31.36	1.38	F	E	G	W	G	W
Harleysville Financial Corporation	HARL	OTC PK	Financials	C	Hold	B	B		23.50	27.00	22.63	0.35	G	G	E	G	G	F
Harmonic Inc.	HLIT	NAS GS	Information Tech	D+	Sell	C-	D		5.55	6.32	4.15	0.89	W	W	G	W	--	F
Harmony Gold Mining Company Limited	HGMCF	OTC PK	Materials	D	Sell	D+	D	Down	1.75	1.95	1.6	-0.66	F	W	G	W	--	W
Harmony Gold Mining Company Limited	HMY	NYSE	Materials	D	Sell	D+	D		2.26	2.31	1.43	-0.50	F	W	G	W	--	W
Harpoon Therapeutics, Inc.	HARP	NAS GS	Health Care	E-	Sell	D	D		12.18	17.85	9.07		F	W	E	W	--	W
Harris Corporation	HRS	NYSE	Industrials	B+	Buy	A+	C+	Up	189.46	200.77	123.24	0.87	E	E	E	F	W	G
Harrow Health, Inc.	HROW	NAS CM	Health Care	C-	Hold	C	D+	Up	8.19	8.26	1.99	-1.10	G	W	E	W	--	F
Harsco Corporation	HSC	NYSE	Industrials	C+	Hold	B	C-	Down	27.40	30.05	18.87	1.37	F	G	E	F	--	G
Harte Gold Corp.	HRTFF	OTC PK	Materials	D-	Sell	D-	D-	Down	0.20	0.38	0.15	0.11	F	V	W	W	--	W
Harte Gold Corp.	HRT.TO	TSX	Materials	D-	Sell	D-	D-	Down	0.26	0.55	0.21	-0.20	F	V	W	W	--	W
Harte Hanks, Inc.	HHS	NYSE	Communication Svc	E+	Sell	E+	D-	Down	2.44	11.48	2.38	1.51	V		E	W	--	V
Harvard Bioscience, Inc.	HBIO	NAS	Health Care	D	Sell	C-	D-		2.01	6.70	1.92	2.15	F	W	E	W	--	W
Harvest Capital Credit Corporation	HCAP	NAS	Financials	C-	Hold	C+	D	Down	10.44	11.65	9.31	0.57	W	E	E	W	E	W

*Ratings Factors: E=Excellent, G=Good, F=Fair, W=Weak, V=Very Weak, U=Unrated

Data as of June 30, 2019

https://greyhouse.weissratings.com

Summer 2019 — I. Index of Stocks

	TOTAL RETURNS %				DIVIDEND/YIELD		SIZE		REVENUE & INCOME				EARNINGS		EFFECTIVENESS			VALUATION		
3-Month Total Return (%)	6-Month Total Return (%)	1-Year Total Return (%)	3-Year Total Return (%)	Dividend $ TTM	Dividend Yield TTM	Market Cap. ($Mil)	Enterprise Value ($Mil)	Revenue ($Mil)	Revenue Growth (%)	Net Income ($Mil)	Earnings/Share $	EPS Growth (%)	Cash from Operations ($Mil)	Return on Assets (%)	Return on Equity (%)	Earnings (P/E) TTM	Sales (P/S) TTM	Book (P/B) Q
7.13	12.18	-20.77	35.06	0.16	2.9	168.8	323.1	313.2	14.3	12.5	0.40	-55.5	59.2	2.93	4.79	13.9	0.5	0.7
-21.48	-12.87	-48.95	-44.45	0.72	3.2	19,866	29,977	23,992	8.7	1,762	2.01	552.3	2,541	6.08	19.56	11.3	0.8	2.1
34.32	31.49	39.88	25.49			254.3	274.6	404.0	5.8	24.7	1.36	264.2	-15.7	1.73	9.42	10.3	0.6	0.9
0.00	5.00	29.63	50.00			83.2	155.5	5.9	27.9	2.2	0.02	9.5	1.1	2.47	4.67	47.7	22.7	2.3
-12.80	100.00					87.5	89.3	17.4	80.7	-14.9	-0.34	5.2	-13.5	-35.29		-1.4	4.3	5.0
0.00	0.00	-98.67	-99.80			--	--	2.0	25.4	-6.3	-0.01	66.5	-6.5	-90.77		0.0	0.0	0.1
5.38	18.00	-1.06	106.24			2,445	2,231	177.9	-44.0	-51.1	-0.36	-180.7	-31.7	-5.77		-47.1	14.0	9.4
-13.91	-19.82	-35.47		0.35	1.9	248.5	340.8	741.9	-0.7	20.4	1.49	8.1	0.82	6.19	36.93	12.1	0.3	3.9
30.62	57.22	19.25		0.91	1.6	1,554	1,635	252.2	3.3	33.6	1.41	59.0	111.6	20.88	64.75	40.2	5.8	14.1
-0.91	23.86	19.78	505.56			100.0	97.1	29.8	15.5	1.5	0.01	-76.2	5.0	5.12	5.39	92.4	4.1	4.0
5.94	37.09	29.18	546.23			100.0	97.1	29.8	15.5	1.5	0.01	-76.2	5.0	5.12	5.39	72.5	3.2	3.2
-40.48	14.29	-64.60	-96.00			19.4	19.6	2.3	1,209.6	-8.4	-0.17	-56.4	-1.1	-15.73		-2.3	8.4	-4.9
2.04	6.36	-16.17	-13.81	0.02	1.0	17.3	49.7	112.5	9.4	3.3	0.29	-8.2	1.8	5.04	8.74	6.9	0.2	0.6
9.39	40.39	-4.50	24.91	0.26	3.4	69.3	90.0	248.6	14.2	-8.7	-0.74	-289.0	8.1	4.77	7.64	-10.5	0.4	1.1
3.04	29.67	-16.99	24.35	0.20	3.5	69.3	90.0	248.6	14.2	-8.7	-0.74	-289.0	8.1	4.77	7.64	-7.6	0.3	0.8
-17.65						0.52	--	--		-0.08	-0.51		-0.02			-0.1		0.8
-5.56	-43.33	-56.41		0.20	117.7	3.8	--	8.9	0.2	-1.4	-0.05	38.3	0.15			-3.5	0.6	-11.6
-30.26	-30.72	-68.82				15.2	13.5	0.19	-31.6	-9.9	-1.46	24.4	-6.2	-115.54		-0.7	69.7	5.2
-2.98	14.41	-15.67	68.82	1.08	2.8	3,341	--	1,110	7.5	330.5	3.80	39.0	358.1		10.86	10.3	3.0	1.1
-14.00	91.11	-66.27	-61.26			0.95	0.89	--		-0.75	-0.02	13.8	-0.50	-81.08		-0.8		1.8
-37.50	-28.57	-64.29	-37.50			0.95	0.89	--		-0.75	-0.02	13.8	-0.50	-81.08		-1.2		2.7
-3.27	41.76	-20.32	-28.21	0.60	3.5	6,141	10,466	6,920	5.5	553.2	1.52	741.5	577.3	7.97	63.45	11.2	0.9	5.9
-0.85	13.59	12.50	24.47			10,667	14,113	1,213	-16.2	1,031	0.23	-1.2	732.1	2.12	6.04	10.2	8.7	0.6
0.81	26.90	19.39	37.44	0.45	3.7	10,667	14,113	1,213	-16.2	1,031	0.23	-1.2	732.1	2.12	6.04	52.1	44.2	3.1
-1.87	-4.17	9.26	152.05			685.2	1,281	1,051	1.0	14.8	0.40	113.1	54.2	5.12		46.6	0.7	-22.4
4.24	15.39	-19.82	8.52	0.96	4.4	676.0	--	201.2	-4.2	57.7	1.82	5.4	80.7		10.22	12.1	3.4	1.2
-15.00	21.43	-41.38	6.25			3.4	3.5	--		-0.78	-0.02	37.1	-0.76	-12.81		-4.9		1.4
-15.00	40.79	-35.36	70.00			3.4	3.5	--		-0.78	-0.02	37.1	-0.76	-12.81		-3.9		1.1
6.05	41.44	47.07	58.49	1.33	4.9	1,705	--	69.2	76.2	56.4	0.98	151.9	56.9		7.72	27.6	24.4	2.0
-11.11	100.00	-33.33	100.00			1.7	1.2	--		-0.34	-0.01	-300.0	-0.24	-19.55		-6.9		5.9
0.00	0.00	-33.33	-60.00			3.0	6.6	8.2	-0.3	-13.2	-0.07	-589.4	1.1	-25.1		-0.3	0.5	-1.3
-18.18	-10.00	-15.62	-15.62			9.6	9.0	0.00		-0.30	0.00	60.2	-0.36	-2.46		-40.9		1.1
-6.38	-10.64	-15.98	-19.95			9.6	9.0	0.00		-0.30	0.00	60.2	-0.36	-2.46		-29.8		0.8
-0.02	17.77	-24.21	-15.82	0.31	2.5	206.2	366.1	877.5	6.5	22.9	1.06	-2.4	28.6	5.95	11.43	11.9	0.3	1.3
6.50	30.25	-29.61	-18.13	0.28	3.0	206.2	366.1	877.5	6.5	22.9	1.06	-2.4	28.6	5.95	11.43	9.0	0.2	1.0
15.22	39.47	10.42				7.5	5.0	0.00		-0.90	-0.03	59.1	-1.1	-25.11		-8.1		3.2
0.00						7.5	5.0	0.00		-0.90	-0.03	59.1	-1.1	-25.11		-5.0		2.0
-1.14	6.28	8.51	10.02	0.67	2.4	40.1	--	14.3	9.6	3.2	2.24	62.2	4.1		8.34	12.7	2.8	1.0
1.01	7.06	-11.58	-8.57	1.49	4.2	5,594	12,573	5,559	-2.3	484.6	2.93	-1.0	1,047	4.35	25.55	12.2	1.0	3.1
-0.83	3.65	1.95	46.85	1.19	5.1	88.6	--	19.0	-17.6	5.1	1.34	-8.8	--			17.5	4.8	1.2
1.09	19.10	32.14	98.92			492.8	585.8	393.5	7.7	-18.6	-0.21	75.9	23.1	-0.22		-25.8	1.2	2.2
0.00	-10.26	-19.72	-46.81			1,185	1,506	1,830	26.3	-432.0	-0.96	-1,625.5	354.2	-7.62		-1.8	0.5	0.5
19.58	35.33	48.68	-30.34			1,185	1,506	1,830	26.3	-432.0	-0.96	-1,625.5	354.2	-7.62		-2.4	0.7	0.7
24.29						296.8	173.5	2.1	-6.4	-23.3	-9.07	11.9	-18.9			-1.3	84.6	2.2
18.90	45.59	33.12	148.91	2.74	1.5	22,380	25,578	6,602	9.1	898.0	7.44	46.7	1,395	7.68	26.57	25.5	3.5	6.2
70.98	57.80	272.27	118.40			202.3	191.2	44.8	51.6	29.5	1.00	289.7	0.18	-4.78	158.8	8.2	4.9	5.5
35.58	37.14	22.32	340.51			2,197	2,870	1,762	7.3	139.9	1.70	837.7	215.1	7.29	50.75	16.2	1.3	7.7
-24.38	-32.13	-28.51	-14.82			117.5	181.1	5.9		-37.6	-0.06	14.0	-31.4	-21.24		-3.1	20.1	16.4
-26.09	-35.44	-31.08	-10.53			117.5	181.1	5.9		-37.6	-0.06	14.0	-31.4	-21.24		-4.0	26.0	21.3
-31.27	-5.43	-78.31	-82.94			15.3	47.2	262.6	-29.1	-28.6	-4.52	-408.4	-14.9	-10.99		-0.5	0.1	-0.5
-54.11	-33.66	-61.71	-30.93			75.8	138.8	122.2	42.0	-1.2	-0.04	64.1	4.4	1.64		-49.9	0.6	0.9
2.25	9.37	9.52	13.47	1.07	10.2	64.4	87.5	15.5	-12.9	3.1	0.48	127.9	23.0	4.43	3.91	21.8	4.3	0.9

https://greyhouse.weissratings.com

Data as of June 30, 2019

I. Index of Stocks

Summer 2019

Company Name	Stock Ticker Symbol	Traded On	Sector	Overall Rating	Recommendation	Reward Rating	Risk Rating	Recent Up/Downgrade	Stock Price as of 6/30/2019	52-Week High	52-Week Low	3-Year Beta	Growth	Efficiency	Solvency	Volatility	Dividend	Total Return
Harvest Gold Corporation	HVG.V	TSXV	Materials	D-	Sell	E+	D-		0.02	0.10	0.01	0.77	W	V	E	W	–	V
Harvest Gold Corporation	HVGDF	OTC PK	Materials	D-	Sell	E+	D-		0.02	0.08	0	1.86	W	V	E	W	–	V
Harvest Health & Recreation Inc.	HRVSF	OTC PK	Health Care	E	Sell	C	D		6.16	10.85	3.6		F	G	G	W	–	W
Harvest Oil & Gas Corp.	HRST	OTC PK	Energy	D-	Sell	E+	D	Up	13.40	23.30	11.01		W	V	G	W	–	W
Harvest One Cannabis Inc.	HVT.V	TSXV	Health Care	D	Sell	D	D		0.72	1.15	0.33	3.58	W	W	E	W	–	W
Harvest One Cannabis Inc.	HRVOF	OTC PK	Health Care	D	Sell	D	D		0.56	0.93	0.24	3.76	W	W	E	W	–	W
Hasbro, Inc.	HAS	NAS GS	Consumer Discretn	C+	Hold	B	C-	Up	105.92	109.60	76.84	1.24	F	E	E	F	G	F
Hash Labs Inc.	HLAB	OTC PK	Information Tech	D+	Sell	C-	D	Up	4.75	5.95	1	9.49	V	E	F	W	–	W
HashChain Technology Inc.	KASH.V	TSXV	Information Tech	E+	Sell	E	E+		0.03	0.20	0.02		W	V	E	V	–	V
HashChain Technology Inc.	HSSHF	OTC PK	Information Tech	E+	Sell	E	D-		0.04	0.15	0.02		W	V	E	W	–	V
Haverty Furniture Companies, Inc.	HVT	NYSE	Consumer Discretn	C	Hold	B	D	Down	17.03	25.09	15.81	1.39	F	E	G	W	G	W
Haverty Furniture Companies, Inc.	HVTA	NYSE	Consumer Discretn	C	Hold	B	D		17.05	24.56	16.35	1.58	F	E	G	W	G	W
HAW Capital Corp.	HAWP.V	TSXV	Financials	D-	Sell	D-	D	Down	0.15	0.15	0.15	0.72	V	W	E	W	–	W
Hawaiian Electric Industries, Inc.	HE	NYSE	Utilities	B	Buy	B	B		43.22	44.08	33.97	0.16	G	E	E	G	G	F
Hawaiian Holdings, Inc.	HA	NAS GS	Industrials	C-	Hold	C	D		27.05	44.25	24.24	1.96	G	E	E	W	F	W
Hawaiian Macadamia Nut Orchards, L.P.	NNUTU	OTC PK	Consumer Staples	C-	Hold	C	D		3,706.01	4,500.00	3,701.00	0.57	G	F	E	W	–	W
Hawkeye Gold & Diamond Inc.	HAWK.V	TSXV	Materials	D	Sell	D	D	Up	0.04	0.11	0.03	-1.29	F		F	W	–	V
Hawkeye Gold & Diamond Inc.	HWKDF	OTC PK	Materials	D-	Sell	D	D-	Up	0.00	0.04	0	-1.62	F		F	W	–	V
Hawkins, Inc.	HWKN	NAS GS	Materials	C	Hold	B	D	Up	42.82	44.03	32.01	1.02	F	E	E	W	F	W
Hawthorn Bancshares, Inc.	HWBK	NAS GS	Financials	C	Hold	A-	B+		26.35	27.52	19.28	0.28	E	G	E	G	W	G
Haynes International, Inc.	HAYN	NAS GS	Materials	C-	Hold	C	D	Up	31.50	43.20	24.46	1.96	F	G	E	W	G	W
HC2 Holdings, Inc.	HCHC	NYSE	Industrials	D+	Sell	C	D		2.45	6.58	2.07	1.41	F	F	E	W	–	V
HCA Healthcare, Inc.	HCA	NYSE	Health Care	B	Buy	B+	C+		134.10	147.42	101.3	1.24	E	E	G	F	W	F
HCI Group, Inc.	HCI	NYSE	Financials	C	Hold	B	D		39.85	59.32	36.72	0.55	G	G	E	W	G	W
HCP, Inc.	HCP	NYSE	Real Estate	C	Hold	B-	C-	Down	31.80	33.58	24.47	0.20	W	E	E	F	G	F
HD Supply Holdings, Inc.	HDS	NAS GS	Industrials	C+	Hold	B-	C	Up	39.55	47.13	35.35	1.03	F	E	E	F	–	F
HDFC Bank Limited	HDB	NYSE	Financials	B-	Buy	A-	D+	Up	128.77	130.39	85.43	0.17	E	G	E	F	–	G
HeadHunter Group PLC	HHR	NAS GS	Industrials	U		U	U		16.04	18.00	14.62		U	U	U	U	U	U
Health Insurance Innovations, Inc.	HIIQ	NAS	Financials	C	Hold	B-	D+		24.72	63.13	18.27	2.28	F	G	E	W	–	F
Health Sciences Acquisitions Corporation	HSAC	NAS CM	Financials	U		U	U		9.80	9.80	9.8		U	U	U	U	U	U
Healthcare Realty Trust Incorporated	HR	NYSE	Real Estate	C	Hold	B-	D+	Down	31.20	33.51	26.98	0.48	F	E	E	F	G	F
Healthcare Services Group, Inc.	HCSG	NAS GS	Industrials	C-	Hold	C+	D	Down	29.75	48.73	28.24	0.83	G	E	E	W	G	W
Healthcare Trust of America, Inc.	HTA	NYSE	Real Estate	C	Hold	B	D+	Down	27.05	29.39	24.21	0.44	E	E	E	W	G	W
HealthEquity, Inc.	HQY	NAS GS	Health Care	C+	Hold	B+	C-		65.27	101.58	50.29	1.27	E	E	E	F	–	F
Healthier Choices Management Corp.	HCMC	OTC PK	Consumer Staples	D	Sell	D	D+	Down	0.00	0.00	0	0.94	W		G	W	–	W
HealthLynked Corp.	HLYK	OTC PK	Health Care	D+	Sell	C	D	Up	0.21	0.62	0.1	0.36	W	E	F	W	–	W
HealthSpace Data Systems Ltd.	HDSLF	OTC PK	Health Care	D-	Sell	D-	D	Down	0.04	0.85	0.02		F	V	G	W	–	V
HealthStream, Inc.	HSTM	NAS GS	Health Care	C	Hold	B	D+	Down	26.03	31.86	23.06	0.53	E	G	E	F	–	W
HealthWarehouse.com, Inc.	HEWA	OTC PK	Consumer Discretn	E+	Sell	E	E+		0.29	0.59	0.21	-0.42	G	V	V	W	–	W
Heartland BancCorp	HLAN	OTC PK	Financials	C	Hold	B	C		80.50	105.00	78	0.65	E	G	E	F	–	F
Heartland Express, Inc.	HTLD	NAS GS	Industrials	C	Hold	B	D	Down	18.14	21.66	17	1.08	G	E	E	W	W	W
Heartland Financial USA, Inc.	HTLF	NAS GS	Financials	C	Hold	B	D		44.21	61.95	40.8	1.19	E	E	E	W	F	W
Heat Biologics, Inc.	HTBX	NAS CM	Health Care	D-	Sell	E+	D-		0.72	2.38	0.67	2.69	F	V	E	W	–	W
Heatherdale Resources Ltd.	HTR.V	TSXV	Materials	D+	Sell	C-	D		0.03	0.04	0.02	2.14	W	F	F	W	–	W
Heatherdale Resources Ltd.	HTRRF	OTC PK	Materials	D	Sell	C-	D	Down	0.02	0.03	0.01	3.82	W	F	F	W	–	W
Hecla Mining Company	HL	NYSE	Materials	D	Sell	D	D-		1.78	3.81	1.21	1.44	W	F	E	W	W	V
HedgePath Pharmaceuticals, Inc.	HPPI	OTC PK	Health Care	D	Sell	C-	D-	Up	0.06	0.38	0.04	0.11	W	G	G	W	–	V
HEICO Corporation	HEIA	NYSE	Industrials	B+	Buy	A+	C	Up	103.81	104.01	57.84	0.82	E	E	E	G	–	E
HEICO Corporation	HEI	NYSE	Industrials	B+	Buy	A+	C	Up	131.55	132.60	71.47	0.78	E	E	E	G	–	E
Heidrick & Struggles International, Inc.	HSII	NAS GS	Industrials	B-	Buy	B+	C-	Up	29.24	45.29	28.25	1.09	G	G	E	F	F	F
Heijmans N.V.	HJMNF	OTC PK	Industrials	D+	Sell	A-	C		12.50	12.50	12.5	-0.01	G	G	G	F	–	F
Helen of Troy Limited	HELE	NAS GS	Consumer Discretn	D	Sell	E	C-		131.70	145.47	95.9	0.69	G	V	E	F	–	F

*Ratings Factors: E=Excellent, G=Good, F=Fair, W=Weak, V=Very Weak, U=Unrated

Summer 2019 — I. Index of Stocks

3-Month Total Return (%)	6-Month Total Return (%)	1-Year Total Return (%)	3-Year Total Return (%)	Dividend $ TTM	Dividend Yield TTM	Market Cap. ($Mil)	Enterprise Value ($Mil)	Revenue ($Mil)	Revenue Growth (%)	Net Income ($Mil)	Earnings/Share $	EPS Growth (%)	Cash from Operations ($Mil)	Return on Assets (%)	Return on Equity (%)	Earnings (P/E) TTM	Sales (P/S) TTM	Book (P/B) Q
33.33	-60.00	-63.64				1.4	0.94	--		-1.5	-0.02	-782.1	-0.58	-35.35		-0.8		1.1
-11.14	-62.50	-64.87				1.4	0.94	--		-1.5	-0.02	-782.1	-0.58	-35.35		-0.6		0.9
-34.50	27.56					1,883	1,832	57.9	115.6	-88.8	2.06	-19.0	-39.1			3.0	30.3	4.9
-22.94	-25.14					135.6	172.8	215.0	-4.6	-606.9	-17.23	-774.4	75.7	0		-0.8	0.6	0.6
-27.27	77.78	-11.11				101.9	82.5	6.8	3,009.6	-14.7	-0.08	32.7	-14.2	-9.18		-8.5	19.4	1.8
-25.06	86.87	-5.58				101.9	82.5	6.8	3,009.6	-14.7	-0.08	32.7	-14.2	-9.18		-6.6	15.1	1.4
24.63	32.36	18.25	38.08	2.57	2.4	13,330	13,977	4,596	-9.5	359.7	2.82	68.4	592.8	8.93	22.3	37.6	2.9	8.1
-5.94	375.00	35.71	-76.25			113.5	113.8	0.00	-101.0	-6.3	-0.30	96.6	-2.0	-32,123.30		-15.8		-39.3
0.00	-14.29	-76.00				6.0	5.8	5.9	3,038.1	-29.1	-0.22	-367.2	-5.2	-28.44		-0.1	1.2	1.7
73.08	33.33	-60.93				6.0	5.8	5.9	3,038.1	-29.1	-0.22	-367.2	-5.2	-28.44		-0.2	1.5	2.1
-24.03	-7.04	-15.42	18.62	0.72	4.2	350.4	463.7	805.6	-1.6	27.6	1.29	29.8	67.5	4.61	9.58	13.2	0.4	1.2
-25.40	-7.51	-15.53	18.27	0.68	4.0	350.4	463.7	805.6	-1.6	27.6	1.29	29.8	67.5	4.61	9.58	13.2	0.4	1.2
0.00	0.00	0.00				2.3	1.9	--		-0.15	-0.04	-327.7	-0.11			-3.5		1.6
6.95	21.48	30.25	40.10	1.26	2.9	4,708	6,878	2,877	10.2	207.2	1.89	20.2	541.8	1.6	9.54	22.9	1.6	2.2
3.83	4.59	-23.87	-26.55	0.48	1.8	1,300	1,952	2,829	3.5	241.0	4.79	-22.3	433.6	6.09	26.58	5.7	0.5	1.3
-7.35	0.14	-23.11	-36.10			39.6	31.9	29.1	4.0	4.5	457.16		9.2	2.44	4.41	8.1	1.4	0.7
-12.50	-30.00	-12.50	-56.25			0.99	1.9	--		-0.24	-0.01	57.3	-0.27	-69.65		-3.5		-1.6
-96.35	-97.25	-96.71	-98.04			0.99	1.9	--		-0.24	-0.01	57.3	-0.27	-69.65		-0.1		-0.1
14.50	5.63	25.02	10.93	0.91	2.1	454.9	530.3	556.3	10.4	24.4	2.28	363.3	48.0	5.93	11.63	18.8	0.8	2.1
18.27	32.35	27.96	124.14	0.41	1.6	165.4	--	53.5	6.3	13.3	2.12	294.0	17.6		13.55	12.5	3.1	1.6
-2.84	20.37	-12.20	16.28	0.88	2.8	392.1	389.3	470.0	17.9	2.7	0.21	108.2	15.4	0.72	0.86	147.0	0.8	1.2
-2.78	-6.13	-59.37	-39.21			111.8	762.4	2,014	18.7	194.2	3.59	322.1	378.7	-0.18	84.04	0.7	0.1	0.5
4.57	10.13	31.55	79.83	1.50	1.1	45,903	84,000	47,771	7.6	3,682	10.44	41.5	6,435	10.84		12.8	1.0	-10.6
-6.04	-20.21	1.55	64.05	1.55	3.9	338.8	331.2	234.2	-0.1	13.7	0.52	141.3	53.8	3.26	7.2	77.0	1.3	1.8
1.58	16.85	30.32	17.41	1.48	4.7	15,200	21,560	1,804	-1.7	1,082	2.27	7,735.7	811.1	2.15	18.44	14.0	8.5	2.6
-7.62	6.17	-8.28	18.98			6,757	9,301	6,151	16.2	412.0	2.32	-54.5	662.0	10.16	28.53	17.1	1.1	4.9
13.88	25.46	22.50	101.59	0.63	0.5	97,254	--	8,856	9.0	3,190	1.18	7.4	-27,577		16.38	109.4	39.9	15.8
				0.31	1.9	802.0	862.0	81.1	44.0	7.0	0.14	684.0	27.3	7.79	14.29	115.4	9.9	23.9
-10.89	-5.97	-22.99	511.88			300.7	392.2	370.7	37.0	10.2	0.76	-41.9	13.0	6.68	14.12	32.5	0.8	4.3
						137.2	137.4	--		0.00	0.00		0.00			-49,000.0		1,020.8
-2.89	12.20	11.69	0.51	1.20	3.9	4,031	5,469	450.8	4.3	65.5	0.51	4,221.8	202.3	1.48	3.67	61.0	8.6	2.2
-8.51	-23.79	-29.93	-20.65	0.78	2.6	2,204	2,147	1,983	1.1	92.6	1.24	40.6	73.7	9.92	22.13	24.0	1.1	5.0
-5.05	9.03	5.21	-5.56	1.24	4.6	5,548	8,309	691.4	3.7	217.1	1.02	262.2	325.1	1.57	6.71	26.4	8.2	1.7
-10.40	12.36	-15.29	122.99			4,094	3,805	304.4	24.8	93.1	1.46	63.3	116.1	10.45	20.11	44.6	13.7	7.7
0.00	0.00	9,900.00	-50.00			6.7	28.2	15.4	18.8	-13.0	0.00	33.3	-1.0	-10.93		-0.5	0.5	-0.5
-35.94	78.26	-37.88				20.7	22.3	2.1	-8.6	-5.6	-0.07	-32.7	-2.5	-273.05		-2.9	8.8	-7.7
-4.36	16.56	20.71				3.8	4.2	2.3	17.4	-1.0	-0.01	41.6	0.08	-11.09		-5.1	2.3	2.7
-7.53	8.46	-4.83	7.82			843.1	729.8	241.9	11.1	14.3	0.44	-56.5	50.8	2.28	4.54	59.7	3.5	2.6
-26.02	38.10	-43.14	-16.91			14.2	--	15.1	87.3	-0.09	-0.01	63.7	--			-22.1	0.9	
-0.92	1.28	-7.82	63.18	1.99	2.5	162.3	--	36.0	16.0	9.6	5.81	16.7	--			13.8	3.7	1.7
-6.39	-0.34	-1.60	8.11	0.08	0.4	1,487	1,311	593.6	-6.4	76.6	0.93	4.6	150.1	5.42	12.59	19.6	2.5	2.4
3.92	1.65	-18.85	38.97	0.60	1.4	1,621	--	510.7	18.9	125.2	3.66	33.4	217.8		10.33	12.1	3.0	1.1
-42.81	-27.78	-67.22	-89.70			24.6	1.4	5.7	155.4	-18.4	-0.79	72.1	-22.1	-45.41		-0.9	4.2	0.9
0.00	25.00	-16.67	-50.00			3.5	3.4	--		0.34	0.00	2,000.0	-0.23	-23		13.2		-1.3
43.88	106.19	-35.77	-50.25			3.5	3.4	--		0.34	0.00	2,000.0	-0.23	-23		10.5		-1.1
-23.79	-23.38	-48.01	-61.87	0.01	0.6	865.5	1,423	580.0	0.9	-60.3	-0.12	-1.1	97.9	-0.16		-14.3	1.5	0.5
-35.58	5.17	-78.24	-74.77			23.4	26.2	--		-4.2	-0.01	-26.9	-3.6	-161.7		-5.4		-5.2
26.28	67.66	70.70	298.01	0.13	0.1	15,387	16,146	1,925	16.8	295.6	2.17	31.5	411.7	9.73	19.66	47.8	7.4	9.0
39.39	71.51	80.27	302.07	0.13	0.1	15,387	16,146	1,925	16.8	295.6	2.17	31.5	411.7	9.73	19.66	60.6	9.4	11.4
-25.12	-5.11	-16.55	89.98	0.56	1.9	559.0	567.0	727.5	13.4	51.2	2.63	224.9	85.1	7.69	20.33	11.1	0.8	2.0
0.00	0.00	7.67				210.8	175.9	1,865	17.3	24.1	1.12	15.1	29.2	1.83	13.18	11.2	0.2	1.6
13.28	0.39	34.80	33.72			3,294	3,603	1,564	5.8	168.5	6.40	286.5	195.3	7.72	17.33	20.6	2.2	3.3

https://greyhouse.weissratings.com

Data as of June 30, 2019

I. Index of Stocks

Summer 2019

Company Name	Stock Ticker Symbol	Traded On	Sector	Overall Rating	Recommendation	Reward Rating	Risk Rating	Recent Up/Downgrade	Stock Price as of 6/30/2019	52-Week High	52-Week Low	3-Year Beta	Growth	Efficiency	Solvency	Volatility	Dividend	Total Return
Helijet International Inc.	HJI.V	TSXV	Industrials	C-	Hold	C	D	Up	0.29	0.30	0.15	1.95	W	F	F	W	–	F
Helio Resource Corp.	HELOF	OTC PK	Materials	D+	Sell	C-	D	Up	0.05	0.08	0.04	108.87	W	G	F	W	–	V
Helio Resource Corp.	HRC.V	TSXV	Materials	D	Sell	C-	D-		0.06	0.10	0.05	1.51	W	G	F	W	–	V
Helios and Matheson Analytics Inc.	HMNY	OTC PK	Information Tech	D-	Sell	D	D-		0.00	87.00	0	0.22	F	W	G	W	–	V
Helios Technologies, Inc.	HLIO	NAS GS	Industrials	C+	Hold	B	D+	Up	45.00	58.13	30.79	1.98	E	E	E	W	W	F
Helius Medical Technologies, Inc.	HSM.TO	TSX	Health Care	D-	Sell	D-	D-	Down	3.06	14.23	2.35	-2.10	W		G	W	–	V
Helius Medical Technologies, Inc.	HSDT	NAS CM	Health Care	D-	Sell	D-	D-	Down	2.34	10.76	1.77	-1.63	W		G	W	–	V
Helix Applications Inc.	HELX.V	TSXV	Information Tech	D+	Sell	C-	D	Down	0.25	0.78	0.2	1.69	W	F	E	W	–	F
Helix Applications Inc.	BLVDF	OTC PK	Information Tech	D	Sell	D	D	Down	0.25	0.52	0.25	2.17	W	F	E	W	–	W
Helix Biopharma Corp.	HBP.TO	TSX	Health Care	D	Sell	C-	E+	Up	0.27	0.92	0.27	0.40	F	G	F	V	–	V
Helix Biopharma Corp.	HBPCF	OTC PK	Health Care	D	Sell	C-	E+	Up	0.27	0.66	0.23	-0.25	F	G	F	V	–	V
Helix Energy Solutions Group, Inc.	HLX	NYSE	Energy	C-	Hold	C	D		8.47	10.89	5.05	2.51	F	F	E	W	–	F
Helix TCS, Inc.	HLIX	OTC PK	Industrials	D+	Sell	C	D	Up	1.03	3.30	0.77	-2.16	F	F	G	W	–	F
Hellenic Telecommunications Organization S.A.	HLTOF	OTC PK	Communication Svc	C	Hold	B+	B		13.69	14.00	12.14	0.09	G	G	G	G	E	F
Hellenic Telecommunications Organization S.A.	HLTOY	OTC PK	Communication Svc	B	Buy	A-	C	Up	7.28	7.39	5.36	1.01	G	G	G	F	E	F
Hello Pal International Inc.	HLLPF	OTC PK	Information Tech	D-	Sell	E+	D	Up	0.03	0.21	0.03	0.59	W	V	F	W	–	V
Helmerich & Payne, Inc.	HP	NYSE	Energy	C-	Hold	C+	D		49.74	73.74	44.56	1.65	F	E	E	W	G	W
Helo Corp.	HLOC	OTC PK	Information Tech	D-	Sell	E+	D		1.40	5.35	0.75	3.66	W	V	G	W	–	W
HemaCare Corporation	HEMA	OTC PK	Health Care	C+	Hold	B+	C-	Up	11.75	16.00	6.55	1.41	E	G	E	F	–	G
Hemisphere Energy Corporation	HME.V	TSXV	Energy	D	Sell	D	D		0.14	0.30	0.09	1.99	W	W	G	W	–	V
Hemisphere Energy Corporation	HMENF	OTC PK	Energy	D	Sell	D	D		0.09	0.20	0.07	3.31	W	W	G	W	–	V
Hemisphere Media Group, Inc.	HMTV	NAS	Communication Svc	C-	Hold	C-	C-		12.33	15.26	11.3	0.57	W	F	E	F	–	F
Hemispherx Biopharma, Inc.	HEB	AMEX	Health Care	D-	Sell	E+	D-		4.39	14.81	3.62	1.85	W	V	G	W	–	V
Hemostemix Inc.	HMTXF	OTC PK	Health Care	D	Sell	D	D	Up	0.05	0.10	0.05	1.80	W	W	G	W	–	V
Hemostemix Inc.	HEM.V	TSXV	Health Care	D	Sell	D	D	Up	0.05	0.14	0.04	0.89	W	W	G	W	–	V
Hemp Inc.	HEMP	OTC PK	Materials	D-	Sell	E+	D-		0.02	0.05	0.02	-1.13	F	V	G	W	–	V
Hemp Naturals, Inc.	HPMM	OTC PK	Consumer Staples	D-	Sell	E+	D-		0.17	3.45	0.11		W	V	F	W	–	W
Hempco Food and Fiber Inc.	HMPPF	OTC PK	Consumer Staples	D-	Sell	E+	D		0.64	1.52	0.59	1.90	V	V	E	W	–	F
Hempco Food and Fiber Inc.	HEMP.V	TSXV	Consumer Staples	D-	Sell	E+	D		0.85	1.97	0.77	1.03	V	V	E	W	–	F
Hennessy Advisors, Inc.	HNNA	NAS CM	Financials	D+	Sell	C	D	Down	9.69	17.95	9	1.00	F	E	E	W	G	V
Hennessy Capital Acquisition Corp. IV	HCAC	NAS CM	Financials	U		U	U		9.92	10.34	9.81		U	U	U	U	U	U
Hennessy Capital Acquisition Corp. IV	HCACW	NAS CM	Financials	U		U	U		0.60	0.69	0.48		U	U	U	U	U	U
Henry Schein, Inc.	HSIC	NAS GS	Health Care	C-	Hold	C	D		69.15	91.35	56.58	0.66	G	E	G	W	–	W
Her Imports	HHER	OTC PK	Consumer Discretn	D-	Sell	E+	D	Down	0.16	3.00	0.16	-10.71	W	V	G	W	–	V
Herbalife Nutrition Ltd.	HLF	NYSE	Consumer Staples	C+	Hold	B	C	Down	42.63	61.77	40.75	0.46	F	E	G	F	–	F
Herc Holdings Inc.	HRI	NYSE	Industrials	C-	Hold	C	D+		45.91	61.01	24.16	3.91	W	F	G	W	–	W
Hercules Capital, Inc.	HTGC	NYSE	Financials	C+	Hold	B	C-		12.71	14.17	10.57	0.82	E	E	E	F	E	F
Hercules Capital, Inc.	HCXZ	NYSE	Financials	U		U	U						U	U	U	U	U	U
Hercules Capital, Inc.	HCXY	NYSE	Financials	U		U	U						U	U	U	U	U	U
Heritage Commerce Corp	HTBK	NAS GS	Financials	C	Hold	B	D		12.24	17.47	10.84	1.13	E	E	E	W	G	W
Heritage Financial Corporation	HFWA	NAS GS	Financials	B-	Buy	B	C	Down	29.05	37.40	27.81	0.99	E	E	E	F	F	F
Heritage Insurance Holdings, Inc.	HRTG	NYSE	Financials	C	Hold	B	D+		15.14	17.90	12.85	0.65	F	G	E	W	F	F
Heritage NOLA Bancorp, Inc.	HRGG	OTC PK	Financials	C-	Hold	C	C	Up	13.00	13.16	12.25		W	G	E	G	–	F
Heritage-Crystal Clean, Inc	HCCI	NAS GS	Industrials	C+	Hold	B-	C	Down	26.16	29.01	18.85	1.06	G	G	E	G	–	F
Herman Miller, Inc.	MLHR	NAS GS	Industrials	B-	Buy	B+	C		44.09	44.75	28.66	1.82	G	E	E	F	F	F
Hermitage Offshore Services Ltd.	PSV	NYSE	Energy	U		U	U		2.80	11.80	2.49	0.56	U	U	U	U	U	U
Heron Lake BioEnergy, LLC	HLBYL	OTC PK	Energy	D	Sell	C-	D-		0.50	0.80	0.5	0.17	W	F	E	W	–	W
Heron Therapeutics, Inc.	HRTX	NAS CM	Health Care	D-	Sell	E+	D	Down	18.43	42.30	16.2	1.02	F	V	E	W	–	F
Héroux-Devtek Inc.	HERXF	OTC PK	Industrials	C	Hold	B+	C		14.81	14.81	9.31	0.94	E	G	E	F	–	F
Héroux-Devtek Inc.	HRX.TO	TSX	Industrials	B-	Buy	B+	C	Up	19.04	19.61	11.05	0.46	E	G	E	F	–	F
Hersha Hospitality Trust	HT	NYSE	Real Estate	C-	Hold	C+	D		16.61	24.16	16.05	1.23	W	G	E	W	E	W
Hertz Global Holdings, Inc.	HTZ	NYSE	Industrials	D	Sell	D+	D		16.55	22.37	13.01	1.73	W	F	F	W	–	W

*Ratings Factors: E=Excellent, G=Good, F=Fair, W=Weak, V=Very Weak, U=Unrated

Summer 2019 — I. Index of Stocks

3-Month Total Return (%)	6-Month Total Return (%)	1-Year Total Return (%)	3-Year Total Return (%)	Dividend $ TTM	Dividend Yield TTM	Market Cap. ($Mil)	Enterprise Value ($Mil)	Revenue ($Mil)	Revenue Growth (%)	Net Income ($Mil)	Earnings/ Share $	EPS Growth (%)	Cash from Operations ($Mil)	Return on Assets (%)	Return on Equity (%)	Earnings (P/E) TTM	Sales (P/S) TTM	Book (P/B) Q
70.59	70.59	48.72	31.82			3.5	8.4	30.6	5.5	0.07	0.00	-96.4	0.92	2.06	5.08	290.0	0.2	3.4
0.00	23.29	-21.85	-94.60			0.50	0.46	--		-1.2	-0.11	-57.0	-0.34	-33.32		-0.5		-4.0
-14.29	-7.69	-36.84	-96.00			0.50	0.46	--		-1.2	-0.11	-57.0	-0.34	-33.32		-0.5		-4.4
-39.93	-82.91	-100.00	-100.00			8.1	-11.8	205.1	4,151.6	-287.5	-1,776.88	24.6	-342.4	-269.94		0.0	0.0	0.0
-2.51	35.50	-6.74	61.18	0.36	0.8	1,441	1,780	557.6	55.4	51.2	1.61	35.2	82.6	7.1	9.61	28.0	2.6	2.7
-66.30	-75.18	-76.82	-57.20			60.5	42.6	1.2		-26.1	-1.24	1.6	-21.6	-127.75		-2.5	71.0	6.6
-65.38	-74.00	-76.51	-55.81			60.5	42.6	1.2		-26.1	-1.24	1.6	-21.6	-127.75		-1.9	54.3	5.0
-10.71	-44.44	-69.51	51.51			12.6	7.8	--		-3.7	-0.07	-130.9	-1.4	-12.52		-3.7		1.2
0.00	-34.81	-57.00	-75.13			12.6	7.8	--		-3.7	-0.07	-130.9	-1.4	-12.52		-3.7		1.2
-42.55	-49.06	-70.00	-85.79			22.7	22.0	--		-5.3	-0.05	19.5	-4.8	-258.63		-5.1		-20.8
-27.73	-22.24	-60.15	-79.49			22.7	22.0	--		-5.3	-0.05	19.5	-4.8	-258.63		-5.1		-20.9
9.86	55.70	0.24	32.34			1,260	1,716	742.4	15.8	32.5	0.21	-27.8	121.5	1.33	2.02	40.5	1.7	0.8
-63.99	13.19	-37.58	157.50			77.7	82.3	12.1	171.9	-18.6	-0.45	70.1	-4.1	-20.29		-2.3	6.2	1.7
5.24	10.75	6.96	62.99			6,967	8,535	4,540	5.6	208.2	0.43	187.9	1,169	4.31	8.6	32.0	1.5	2.5
10.64	34.19	23.02	76.20	0.15	2.1	6,967	8,535	4,540	5.6	208.2	0.43	187.9	1,169	4.31	8.6	17.0	0.8	1.3
-68.59	-70.24	-85.43				3.9	4.7	--		-2.1	-0.03	16.0	-0.68	-61.82		-0.9		3.7
-11.47	7.06	-19.85	-10.64	2.84	5.7	5,497	5,718	2,814	29.5	74.3	0.66	-83.6	756.6	2.12	1.68	75.7	1.9	1.3
-40.43	53.85	-50.18	-47.37			51.4	52.1	3.9	211.2	-0.77	-0.02	-65.4	-0.44			-66.7	13.2	-78.2
-14.55	17.50	67.86	1,578.57			159.5	149.6	24.6	47.0	6.0	0.50	289.4	4.2	17.05	25.21	23.6	5.8	8.4
-18.18	35.00	-50.91	-27.03			9.2	33.6	13.4	70.7	-2.6	-0.03	37.1	2.6	1.1		-3.9	0.9	1.1
-18.18	31.39	-55.02	-36.93			9.2	33.6	13.4	70.7	-2.6	-0.03	37.1	2.6	1.1		-2.6	0.6	0.7
-11.80	3.79	-6.59	10.68			486.8	609.8	153.2	27.3	-5.0	-0.13	78.1	43.1	6.4		-91.9	3.1	2.1
-39.50	-47.79	-67.42	-92.67			9.0	12.9	0.31	-24.0	-10.5	-9.62	15.7	-9.6	-45.81		-0.5	16.3	4.5
-9.62	-22.95	-27.69	-84.84			10.3	9.8	--		-5.1	-0.02	30.3	-3.4	-146.21		-2.8		-29.4
-43.75	-47.06	-40.00	-81.63			10.3	9.8	--		-5.1	-0.02	30.3	-3.4	-146.21		-2.7		-28.1
-24.26	-46.55	-55.50	-49.14			86.4	101.4	0.80	299.2	-25.2	-0.01	57.3	-0.18			-2.8	178.0	17.8
-56.52	-90.40	-25.08				56.0	56.0	--		-6.5	-0.02	42.4	-0.21	-65.03		-8.3		8.7
-14.66	-18.50	-48.97				40.2	43.3	2.1	-6.7	-4.6	-0.08	-6.5	-4.8	-32.88		-8.5	18.9	7.7
-16.67	-21.30	-49.40	70.00			40.2	43.3	2.1	-6.7	-4.6	-0.08	-6.5	-4.8	-32.88		-11.3	24.9	10.2
3.70	-2.16	-41.72	-53.52	0.43	4.4	76.7	71.3	48.9	-9.9	13.8	1.74	-31.9	18.8	12.09	19.72	5.6	1.6	1.0
						372.2	370.4	--		0.32	0.01		-0.14			1,209.8		74.4
						372.2	370.4	--		0.32	0.01		-0.14			73.2		4.5
17.42	13.14	21.33	2.94			10,309	12,663	12,342	4.5	505.4	3.30	27.9	745.2	7.11	14.75	20.9	0.9	3.7
-71.04	-91.83	-86.90	-98.07			1.4	1.7	12.1	-24.4	-7.5	-1.37	-2,878.3	0.45	-1.53		-0.1	0.1	0.2
-19.49	-26.75	-20.66	52.33			6,017	7,456	4,887	8.5	310.8	2.11	69.2	530.7	14.37		20.2	1.3	-9.6
20.53	79.83	-18.60	38.91			1,316	3,621	2,021	12.5	72.5	2.51	-61.7	561.1	3.64	13.6	18.3	0.7	2.3
3.68	18.17	10.87	39.30	1.27	10.0	1,322	2,435	217.8	12.8	132.1	1.42	30.9	-453.6	5.43	14.53	9.0	5.6	1.2
						1,322	2,435	217.8	12.8	132.1	1.42	30.9	-453.6	5.43	14.53			
						1,322	2,435	217.8	12.8	132.1	1.42	30.9	-453.6	5.43	14.53			
2.05	10.46	-25.84	34.03	0.46	3.8	530.5	--	130.3	15.1	38.7	0.89	32.0	49.1		11.91	13.8	4.1	1.4
-3.32	-1.63	-14.01	88.68	0.66	2.3	1,070	--	222.5	24.8	60.5	1.66	23.7	94.6		8.57	17.5	4.8	1.4
3.39	3.97	-8.20	36.24	0.24	1.6	454.4	315.4	486.4	16.0	19.3	0.70	203.7	192.9	1.98	4.68	21.5	0.9	1.0
0.78	3.17	4.17				19.9	--	4.3	11.3	0.35	0.22	-38.2	0.82		1.45	58.5	4.7	0.8
-3.36	16.99	30.15	111.99			605.0	654.8	422.8	14.7	12.3	0.53	-47.1	39.8	3.35	5.21	49.5	1.4	2.4
26.11	49.02	32.92	65.71	0.79	1.8	2,593	2,728	2,514	7.4	146.1	2.44	13.8	186.4	8.06	20.7	18.1	1.0	3.6
-4.76	-31.71	-75.22	-93.28			56.5	186.6	11.2	-37.4	-178.8	-27.76	-372.0	-8.0			-0.1	1.6	0.4
-37.50	-37.50	-37.50	-50.00			39.0	38.6	101.8	-11.0	-4.4	-0.06	-184.9	1.7	-4.66		-8.7	0.4	0.8
-21.74	-22.40	-54.94	3.37			1,460	1,189	97.5	152.0	-189.6	-2.47	28.7	-179.1	-39.34		-7.5	14.8	4.4
25.36	50.18	19.08	23.81			527.5	700.4	367.9	21.9	20.1	0.55	88.2	53.0	3.49	6.66	27.0	1.5	1.8
20.05	63.86	26.93	29.44			527.5	700.4	367.9	21.9	20.1	0.55	88.2	53.0	3.49	6.66	34.7	1.9	2.3
-3.32	-4.22	-18.03	22.40	1.12	6.7	651.4	1,859	511.7	4.2	11.2	-0.36	-137.6	111.2	1.27	1	-46.1	1.3	0.8
-4.61	16.80	7.61	-71.61			1,393	19,692	9,549	6.7	-170.0	-1.99	-147.3	2,669	1.45		-8.3	0.2	1.5

I. Index of Stocks

Summer 2019

Company Name	Stock Ticker Symbol	Traded On	Sector	Overall Rating	Recommendation	Reward Rating	Risk Rating	Recent Up/Downgrade	Stock Price as of 6/30/2019	52-Week High	52-Week Low	3-Year Beta	Growth	Efficiency	Solvency	Volatility	Dividend	Total Return
Hertz Global Holdings, Inc.	HRI	NYSE	Industrials	U		U	U						U	U	U	U	U	U
Heska Corporation	HSKA	NAS CM	Health Care	C-	Hold	C	D	Down	83.82	114.50	68.74	1.57	W	G	E	W	--	W
Hess Corporation	HES	NYSE	Energy	C-	Hold	C+	D	Up	64.29	74.81	35.59	2.21	G	W	E	W	F	F
Hess Midstream Partners LP	HESM	NYSE	Energy	C	Hold	B	D		19.45	24.51	16.17	1.50	E	G	E	W	E	W
Hewlett Packard Enterprise Company	HPE	NYSE	Information Tech	C-	Hold	C+	D	Down	14.97	17.59	12.09	1.24	F	G	G	W	G	W
Hexcel Corporation	HXL	NYSE	Industrials	B	Buy	B	C+		79.50	79.86	53.5	1.14	G	E	E	F	W	F
Hexindai Inc.	HX	NAS	Financials	D	Sell	C-	D-		2.31	10.50	1.87		F	G	E	W	--	V
HEXO Corp.	HEXO.TO	TSX	Health Care	D	Sell	D+	D	Down	7.08	11.29	3.98	2.76	W	W	E	W	--	F
HEXO Corp.	HEXO	AMEX	Health Care	D	Sell	D+	D	Down	5.42	8.40	3.02	3.10	W	W	E	W	--	F
HF Foods Group Inc.	HFFG	NAS CM	Consumer Staples	D-	Sell	C	D	Up	33.87	35.00	10.25		W	G	E	F	--	W
HFF, Inc.	HF	NYSE	Real Estate	C+	Hold	B	C-	Up	45.36	49.25	31.38	1.76	F	E	G	F	--	G
HFX Holding Corp.	HXC.V	TSXV	Materials	C-	Hold	C	D	Up	0.06	0.07	0.05	0.51	W	G	G	W	--	W
HG Holdings, Inc.	STLY	OTC PK	Consumer Discretn	D	Sell	D	D	Up	0.61	0.71	0.4	0.24	F	W	E	W	--	W
Hibbett Sports, Inc.	HIBB	NAS GS	Consumer Discretn	C	Hold	C+	D+	Up	17.96	29.60	13.08	0.32	F	G	E	W	--	W
Hi-Crush Inc.	HCR	NYSE	Energy	D	Sell	C-	D-	Down	2.67	16.65	1.55	2.77	F	G	E	W	--	V
High Arctic Energy Services Inc	HGHAF	OTC PK	Energy	C-	Hold	C	D	Down	2.55	3.24	2.22	1.37	W	E	E	W	G	W
High Arctic Energy Services Inc	HWO.TO	TSX	Energy	C-	Hold	C	D	Down	3.38	4.34	3.07	1.08	W	E	E	W	G	W
High Liner Foods Incorporated	HLNFF	OTC PK	Consumer Staples	C-	Hold	C+	D	Up	6.47	7.92	4.7	0.16	F	E	G	W	E	W
High Liner Foods Incorporated	HLF.TO	TSX	Consumer Staples	C-	Hold	C+	D	Up	8.66	10.60	6.19	-0.77	F	E	G	W	G	W
High Mountain Capital Corporation	BUZDP.V	TSXV	Financials	D-	Sell	D	D	Up	0.13	0.20	0.11		W	W	E	W	--	W
High Sierra Technologies, Inc.	HSTI	OTC PK	Consumer Staples	E	Sell	E	E+		1.00	1.25	1		V	V	G	W	--	V
High Tide Inc.	HITIF	OTC PK	Health Care	E-	Sell	D	D		0.28	0.47	0.24		W	W	E	W	--	W
Highbank Resources Ltd.	HBK.V	TSXV	Materials	D	Sell	D	D		0.02	0.05	0.01	-0.41	W	W	G	W	--	W
Highbank Resources Ltd.	HBKRF	OTC PK	Materials	D	Sell	D	D		0.01	0.03	0.01	2.90	W	W	F	W	--	W
Highbury Projects Inc.	HPI.V	TSXV	Materials	D-	Sell	E+	D		0.28	0.30	0.21	0.31	W	V	G	W	--	W
HighCom Global Security, Inc.	HCGS	OTC PK	Materials	C-	Hold	C	D+	Up	0.01	0.03	0.01	1.17	W	F	E	W	--	W
Highland Copper Company Inc.	HI.V	TSXV	Materials	D	Sell	D	D		0.04	0.14	0.03	0.13	W	W	G	W	--	W
Highland Copper Company Inc.	HDRSF	OTC PK	Materials	D	Sell	D	D		0.03	0.12	0.02	-0.35	W	W	G	W	--	V
Highlands Bankshares, Inc.	HLND	OTC PK	Financials	C	Hold	B-	C-	Up	6.95	7.75	5.06	1.05	G	G	E	F	--	W
Highlands Bankshares, Inc.	HBSI	OTC PK	Financials	D	Sell	B	D	Up	41.00	49.50	40.55		G	G	E	W	G	W
Highlands REIT, Inc.	HHDS	OTC PK	Real Estate	D	Sell	D+	E+		0.00	0.17	0	0.15	V	G	E	V	--	V
HighPoint Resources Corporation	HPR	NYSE	Energy	D	Sell	C-	D-		1.85	7.24	1.57	2.31	G	F	G	W	--	V
Highpower International, Inc.	HPJ	NAS	Industrials	C	Hold	B	D+	Down	3.05	3.97	2.07	1.43	F	G	E	W	--	W
Highway 50 Gold Corp.	HWY.V	TSXV	Materials	D-	Sell	D-	D	Down	0.15	0.48	0.14	-0.60	V	V	G	W	--	W
Highway 50 Gold Corp.	HGGCF	OTC PK	Materials	D-	Sell	D-	D	Down	0.11	0.37	0.1	2.23	V	V	G	W	--	W
Highway Holdings Limited	HIHO	NAS CM	Industrials	C-	Hold	B-	D		2.86	5.20	2.27	1.35	G	E	G	W	E	W
Highwood Oil Company Ltd.	HOCL.V	TSXV	Energy	E	Sell	C	D		26.50	30.10	9		F	W	G	F	--	F
Highwoods Properties, Inc.	HIW	NYSE	Real Estate	C-	Hold	C	D	Down	41.37	52.00	37.09	0.77	W	E	E	W	G	W
Hill International, Inc.	HIL	NYSE	Industrials	D	Sell	D	D		2.70	6.11	2.11	1.03	W	E	W	--	W
Hill Street Beverage Company Inc.	BEER.V	TSXV	Consumer Discretn	D-	Sell	D+	D-	Up	0.19	0.51	0.16		F	W	G	W	--	W
Hill Street Beverage Company Inc.	HSEEF	OTC PK	Consumer Discretn	D-	Sell	D	D-	Up	0.14	0.38	0.12		F	W	G	W	--	W
Hillcrest Petroleum Ltd.	HRH.V	TSXV	Energy	D+	Sell	C	D	Up	0.03	0.07	0.03	-3.24	F	E	F	W	--	W
Hillcrest Petroleum Ltd.	HLRTF	OTC PK	Energy	C-	Hold	C+	D	Up	0.02	0.05	0.02	0.57	F	E	F	W	--	W
Hillenbrand, Inc.	HI	NYSE	Industrials	C+	Hold	B	C-	Up	39.23	53.41	36.22	1.29	G	E	E	F	F	F
Hill-Rom Holdings, Inc.	HRC	NYSE	Health Care	B+	Buy	A-	B	Up	104.31	108.68	81.82	1.09	E	E	E	G	W	F
Hills Bancorporation	HBIA	OTC PK	Financials	C	Hold	A-	A		65.85	65.85	58	-0.06	E	E	E	E	G	F
Hilltop Holdings Inc.	HTH	NYSE	Financials	C	Hold	B-	D+	Up	20.78	23.12	16.43	0.72	G	E	E	W	F	W
Hilton Grand Vacations Inc.	HGV	NYSE	Consumer Discretn	C	Hold	B-	D+		31.56	36.38	24.17	2.05	F	E	E	W	--	W
Hilton Worldwide Holdings Inc.	HLT	NYSE	Consumer Discretn	C-	Hold	C+	D	Down	96.53	97.10	63.76	0.82	W	E	W	F	W	F
Himax Technologies, Inc.	HIMX	NAS GS	Information Tech	U		U	U		3.44	8.20	2.83	0.92	U	U	U	U	U	U
Hingham Institution for Savings	HIFS	NAS	Financials	C	Hold	B	C-		197.36	229.99	163	0.83	E	E	E	F	W	F
Hinterland Metals Inc.	HMI.V	TSXV	Materials	D+	Sell	C-	D	Up	0.15	0.35	0.1	0.25	V	G	F	W	--	W

*Ratings Factors: E=Excellent, G=Good, F=Fair, W=Weak, V=Very Weak, U=Unrated

Summer 2019 — I. Index of Stocks

	TOTAL RETURNS %				DIVIDEND/YIELD		SIZE		REVENUE & INCOME			EARNINGS		EFFECTIVENESS			VALUATION		
3-Month Total Return (%)	6-Month Total Return (%)	1-Year Total Return (%)	3-Year Total Return (%)	Dividend $ TTM	Dividend Yield TTM	Market Cap. ($Mil)	Enterprise Value ($Mil)	Revenue ($Mil)	Revenue Growth (%)	Net Income ($Mil)	Earnings/Share $	EPS Growth (%)	Cash from Operations ($Mil)	Return on Assets (%)	Return on Equity (%)	Earnings (P/E) TTM	Sales (P/S) TTM	Book (P/B) Q
						1,393	19,692	9,549	6.7	-170.0	-1.99	-147.3	2,669	1.45				
0.30	-6.76	-18.17	134.66			649.7	654.1	124.2	-6.3	4.5	0.55	-43.7	9.8	6.57	3.93	153.4	5.4	5.4
5.92	60.59	-0.23	23.59	1.00	1.6	19,508	26,070	6,378	17.5	-144.0	-0.63	95.0	1,967	2.12	0.22	-102.9	3.0	2.1
-6.63	16.79	5.59		1.46	7.5	1,062	3,351	679.6	14.7	69.7	1.27	20.8	509.2	8.59	14.1	15.3	1.6	2.1
-1.12	16.63	4.83	57.49	0.45	3.0	20,047	29,086	30,413	0.4	290.0	0.20	-89.1	3,944	3.16	1.31	76.1	0.7	1.1
15.49	41.12	21.47	106.42	0.60	0.8	6,749	7,936	2,259	11.0	287.2	3.27	6.5	404.7	8.1	19.57	24.3	3.0	4.9
-21.69	-11.83	-76.48		0.38	16.5	113.7	76.3	81.2	-6.8	37.1	0.67	-39.8	--			3.4	1.4	0.9
-18.34	46.89	39.10				1,385	1,279	25.3	635.3	-27.0	-0.14	-36.3	-42.0	-5.29		-50.8	58.8	4.7
-16.49	53.98	41.91				1,385	1,279	25.3	635.3	-27.0	-0.14	-36.3	-42.0	-5.29		-38.9	45.0	3.6
149.96	151.45					750.8	770.0	218.9	-0.5	5.6	0.25	-20.2	8.4			134.1	3.4	21.4
-5.60	41.96	38.67	86.65			1,806	--	662.9	13.7	126.7	3.14	36.6	169.0			14.5	2.8	5.9
10.00	-8.33	0.00	57.14			0.40	0.37	--		-0.03	0.00	81.5	-0.05	-34.4		-15.7		-8.9
11.95	44.05	-13.57	-52.78			8.8	7.6	--		3.3	0.22	128.9	0.29	-3.69	24.89	2.8		0.6
-20.11	25.16	-23.74	-46.42			330.2	467.5	1,009	4.2	28.4	1.49	-11.6	73.4	5.46	8.67	12.0	0.3	1.0
-40.93	-26.85	-75.39	-73.85	1.40	52.4	271.8	774.4	784.6	6.4	77.4	0.80	-49.1	161.3	5.93	9.58	3.3	0.3	0.3
-8.52	7.16	-7.45	-8.64	0.15	5.9	128.8	119.0	149.5	-3.6	4.6	0.08	-61.6	28.6	3.55	2.66	30.5	0.9	0.8
-9.54	9.33	-9.02	-3.90	0.20	5.9	128.8	119.0	149.5	-3.6	4.6	0.08	-61.6	28.6	3.55	2.66	40.5	1.2	1.0
11.82	36.01	-9.92	-46.74	0.37	5.7	220.3	576.7	1,007	-8.3	21.3	0.62	-33.7	75.0	3.16	7.72	10.5	0.2	0.8
13.59	21.62	-9.23	-47.15	0.49	5.6	220.3	576.7	1,007	-8.3	21.3	0.62	-33.7	75.0	3.16	7.72	14.1	0.3	1.0
0.00	-13.33	-18.75				0.35	0.13	--		-0.10	-0.03		-0.06			-4.6		2.1
0.00	-20.00					20.2	20.0	--		-0.06	0.00		-0.05			-270.3		147.1
-25.16						54.8	57.4	6.9	7.0	-6.3	-0.04	-247.8	-8.5			-7.7	7.4	2.9
-50.00	0.00	-40.00	-72.73			1.6	6.8	--		-1.1	-0.01	-22.1	-0.09	-1.58		-1.8		1.1
12.50	-10.00	-73.53	-81.21			1.6	6.8	--		-1.1	-0.01	-22.1	-0.09	-1.58		-1.1		0.6
30.23	30.23	-6.67	40.00			2.0	2.0	--		-0.08	-0.01	4.4	-0.06	-47.55		-32.6		65.1
-21.84	-32.00	-57.23	-17.07			2.6	2.5	7.5	20.4	0.10	0.00	102.0	-0.40	1.1	1.45	34.0	0.4	0.3
-41.67	-56.25	-46.15	-56.25			12.6	23.1	--		-6.3	-0.01	40.2	-5.7	-10.63		-2.6		0.8
-36.58	-50.92	-44.72	-56.27			12.6	23.1	--		-6.3	-0.01	40.2	-5.7	-10.63		-2.2		0.7
5.30	33.65	-5.95	24.11			57.3	--	24.1	-3.2	4.0	0.40	347.3	8.3		7.22	17.6	3.0	1.1
-5.97	-9.07	-2.83		1.80	4.4	54.8	--	19.4	2.3	3.6	2.68	33.1	5.4		6.78	15.3	2.8	1.0
-90.00	-90.00	-90.00	-98.57			0.88	-23.9	43.1	-12.5	25.3	0.03	-86.0	14.6	0.93	9.32	0.0	0.0	0.0
-21.61	-24.49	-69.47	-72.05			389.1	1,047	438.7	66.3	49.9	0.24	113.4	254.8	2.34	4.59	7.8	0.9	0.4
-3.17	33.19	-3.02	62.23			47.5	130.4	302.3	19.9	14.6	0.93	10.6	23.6	4.19	19.62	3.3	0.2	0.6
-6.25	-25.00	-57.14	-25.00			4.0	3.8	--		-1.6	-0.05	-332.1	-0.16	-35.76		-3.2		2.3
10.00	-34.73	-57.69	-35.67			4.0	3.8	--		-1.6	-0.05	-332.1	-0.16	-35.76		-2.3		1.7
-20.03	7.74	-32.76	-16.18	0.35	12.3	10.9	2.1	19.2	-2.2	1.5	0.41	204.3	--			7.0	0.6	0.9
20.45						121.4	145.5	15.1	11.2	-1.6	-0.27	66.3	-0.31			-98.5	10.3	8.7
-10.53	9.77	-14.52	-8.55	1.88	4.5	4,290	6,655	714.3	-0.9	146.6	1.39	-21.8	342.8	2.5	6.45	29.7	6.2	2.0
-7.22	-3.23	-54.62	-28.95			150.3	197.1	413.5	-14.1	-25.4	-0.47	-212.8	-11.4	-4.19		-5.7	0.4	1.7
2.70	15.15					13.9	13.6	1.1	99.8	-10.7	-1.63	52.6	-3.9	-144.95		-0.1	15.3	16.0
3.94	10.34					13.9	13.6	1.1	99.8	-10.7	-1.63	52.6	-3.9	-144.95		-0.1	11.1	11.6
-25.00	-33.33	-50.00	-14.29			2.1	3.6	0.11	499.4	-1.3	-0.02	47.4	-0.55	-106.25		-2.0	25.0	-1.2
-29.23	-37.16	-59.46	-20.69			2.1	3.6	0.11	499.4	-1.3	-0.02	47.4	-0.55	-106.25		-1.5	19.2	-0.9
-5.16	5.61	-14.53	46.42	0.84	2.1	2,457	2,775	1,796	6.4	146.7	2.31	119.8	233.3	7.52	20.23	17.0	1.4	3.2
-0.68	20.81	19.30	123.22	0.82	0.8	6,965	8,767	2,866	2.1	227.3	3.36	17.8	427.8	5.49	14.62	31.1	2.5	4.4
6.12	8.40	15.02	47.98			615.8	--	109.4	0.8	37.1	3.95	23.1	44.3		11.33	16.7	5.6	1.8
12.78	18.30	-6.11	9.01	0.30	1.4	1,953	--	1,474	-5.8	135.8	1.43	7.8	541.8		7.15	14.5	1.3	1.0
2.63	20.50	-7.45				2,865	4,305	1,929	25.1	323.0	3.35	9.0	-170.0	11.34	66.26	9.4	1.6	5.0
16.19	36.52	24.28	124.50	0.60	0.6	28,096	36,321	3,703	7.3	761.0	2.53	-32.0	1,376	6.33	82.48	38.1	7.7	281.6
6.17	-0.86	-52.85	-59.54	0.09	2.6	592.2	683.0	353.9	-48.4	5.6	0.05	-85.4	4.6			74.8	0.8	0.7
17.73	0.26	-9.61	63.53	1.45	0.7	421.1	--	63.9	-2.7	31.3	14.32	9.5	34.8		15.05	13.8	6.7	1.9
-50.00	-40.00	-25.00	-72.73			0.49	0.44	--		-0.67	-0.16	-275.7	-0.07	-141.6		-0.9		-2.4

https://greyhouse.weissratings.com

Data as of June 30, 2019

I. Index of Stocks

Summer 2019

Company Name	Stock Ticker Symbol	Traded On	Sector	Overall Rating	Recommendation	Reward Rating	Risk Rating	Recent Up/ Downgrade	Stock Price as of 6/30/2019	52-Week High	52-Week Low	3-Year Beta	Growth	Efficiency	Solvency	Volatility	Dividend	Total Return
Hinterland Metals Inc.	HNLMF	OTC PK	Materials	D	Sell	C-	D	Up	0.01	0.24	0.01	-1.12	V	G	F	W	—	W
Histogenics Corporation	HSGX	NAS CM	Health Care	D	Sell	D	D-	Up	0.19	3.00	0.08	4.11	F	V	G	W	—	V
HIT Technologies Inc.	HTTTF	OTC PK	Consumer Discretn	D	Sell	D+	D		0.01	0.03	0.01	-3.82	G	W	F	W	—	W
HIT Technologies Inc.	HIT.V	TSXV	Consumer Discretn	D	Sell	D+	D-		0.02	0.05	0.02	3.16	G	W	F	W	—	V
Hitachi, Ltd.	HTHIY	OTC PK	Information Tech	C+	Hold	B	C-	Up	73.22	75.97	51.25	0.89	G	G	G	F	—	F
Hitachi, Ltd.	HTHIF	OTC PK	Information Tech	C	Hold	A-	C+		36.01	36.01	6.23	-6.27	G	G	G	F	—	E
HIVE Blockchain Technologies Ltd.	HVBTF	OTC PK	Information Tech	D	Sell	D-	D		0.34	0.80	0.17	6.01	W	V	E	W	—	F
HIVE Blockchain Technologies Ltd.	HIVE.V	TSXV	Information Tech	D	Sell	D-	D		0.45	1.08	0.24	1.54	W	V	E	W	—	F
HK eBus Corporation	HKEB	OTC PK	Energy	D	Sell	D	D		0.11	1.00	0.04	-12.04	W	W	F	W	—	W
HL Acquisition Corp.	HCCH	NAS CM	Financials	D-	Sell	C	D+	Up	10.11	10.47	9.5		V	G	E	E	—	W
HLS Therapeutics Inc.	HLTRF	OTC PK	Health Care	D-	Sell	D+	C-	Up	11.80	12.95	6.33		W	W	G	E	W	F
HLS Therapeutics Inc.	HLS.TO	TSX	Health Care	D	Sell	D+	D	Up	15.70	18.03	7.69		W	W	G	F	W	F
HMG/Courtland Properties, Inc.	HMG	AMEX	Real Estate	C-	Hold	C-	C-	Down	13.17	16.42	12.07	0.71	W	F	E	F	—	F
HMN Financial, Inc.	HMNF	NAS	Financials	C	Hold	B+	B+		20.84	23.34	18.45	0.19	G	E	E	G	—	F
HMS Holdings Corp.	HMSY	NAS GS	Health Care	B-	Buy	B+	C		31.73	38.15	21.46	1.31	E	G	E	F	—	G
HNI Corporation	HNI	NYSE	Industrials	C	Hold	B-	D		35.07	45.40	32.79	1.30	F	E	G	W	G	W
Ho Wah Genting Group Limited	HWGG	OTC PK	Consumer Discretn	C-	Hold	C	D	Up	1.50	2.00	1.5	0.99	W	G	G	F	—	F
Höegh LNG Partners LP	HMLP	NYSE	Energy	C+	Hold	B	C-		17.33	19.98	14.5	1.01	E	E	G	F	E	W
Hoist Capital Corp.	HTEP.V	TSXV	Financials	D-	Sell	D	D	Up	0.08	0.15	0.04		W	W	E	W	—	W
Holloway Lodging Corporation	HLLOF	OTC PK	Consumer Discretn	C	Hold	A-	B	Up	5.35	5.35	4.52	0.19	G	G	G	E	F	F
Holloway Lodging Corporation	HLC.TO	TSX	Consumer Discretn	C	Hold	B+	B		7.35	7.40	5.9	-0.07	G	G	G	E	W	F
Holly Brothers Pictures, Inc.	MINR	OTC PK	Information Tech	D+	Sell	C-	D	Up	0.35	0.61	0.35	-0.63	V	G	F	W	—	W
Holly Energy Partners, L.P.	HEP	NYSE	Energy	C	Hold	B-	D		27.00	34.00	26.33	0.53	G	E	G	W	E	W
HollyFrontier Corporation	HFC	NYSE	Energy	C+	Hold	B+	D+	Down	45.24	76.56	37.73	1.46	F	E	E	W	G	F
Hollysys Automation Technologies Ltd.	HOLI	NAS GS	Information Tech	C	Hold	B	D		18.80	24.10	16	1.50	G	E	E	W	—	F
Hologic, Inc.	HOLX	NAS GS	Health Care	C-	Hold	C	D		47.71	49.78	37.47	0.96	F	G	G	F	—	F
Home Bancorp, Inc.	HBCP	NAS GS	Financials	C+	Hold	B	C-	Up	36.40	48.24	32.59	0.56	E	E	E	F	F	F
Home Bancshares, Inc. (Conway, AR)	HOMB	NAS GS	Financials	C	Hold	B-	D	Up	19.14	24.56	15.35	1.49	E	E	E	W	G	W
Home Capital Group Inc.	HCG.TO	TSX	Financials	C-	Hold	C	D	Down	19.30	19.70	12.48	1.41	W	E	E	W	—	F
Home Capital Group Inc.	HMCBF	OTC PK	Financials	C-	Hold	C	D	Down	14.80	14.80	9.62	1.67	W	E	E	W	—	F
Home Federal Bancorp, Inc. of Louisiana	HFBL	NAS CM	Financials	C	Hold	A-	B-		34.45	37.30	25.64	0.52	G	G	E	G	F	F
Home Financial Bancorp	HWEN	OTC PK	Financials	C-	Hold	C	D+	Up	6.70	8.15	5.17	1.34	W	F	E	W	G	W
Home Loan Financial Corporation	HLFN	OTC PK	Financials	C	Hold	B	B		35.00	35.10	29	0.08	G	G	E	G	—	G
Home Treasure Finders, Inc.	HMTF	OTC PK	Real Estate	D+	Sell	C-	D		0.07	0.37	0.07	1.56	F	W	F	W	—	F
HomeFed Corporation	HOFD	OTC PK	Real Estate	D	Sell	D+	D		37.60	55.20	33.57	0.52	W	F	E	W	—	W
HomeStreet, Inc.	HMST	NAS GS	Financials	C	Hold	C+	C		29.08	31.96	20.5	1.09	W	G	E	F	—	F
HomeTrust Bancshares, Inc.	HTBI	NAS GS	Financials	B-	Buy	B	C	Down	24.93	30.00	23.93	0.38	G	G	E	F	W	F
Homology Medicines, Inc.	FIXX	NAS GS	Health Care	D	Sell	D	D+		19.31	31.80	15.07		W	W	E	F	—	W
Honda Motor Co., Ltd.	HMC	NYSE	Consumer Discretn	C	Hold	B-	D		25.84	31.04	24.43	0.86	F	E	G	W	G	W
Honda Motor Co., Ltd.	HNDAF	OTC PK	Consumer Discretn	C	Hold	B-	D		25.82	32.04	24.76	1.07	F	E	G	W	G	W
Honey Badger Exploration Inc.	HBEIF	OTC PK	Materials	D-	Sell	E+	D-		0.01	0.13	0.01	0.72	W		G	W	—	V
Honey Badger Exploration Inc.	TUF.V	TSXV	Materials	D-	Sell	D-	D-		0.03	0.18	0.02	0.53	W		G	W	—	W
Honeywell International Inc.	HON	NYSE	Industrials	B	Buy	B+	C+		173.84	177.36	123.48	1.25	G	E	E	F	F	G
Hong Kong Television Network Limited	HKTVY	OTC PK	Consumer Discretn	C-	Hold	C+	D	Up	12.07	12.07	5.16	1.09	F	W	G	W	—	G
Hooker Furniture Corporation	HOFT	NAS GS	Consumer Discretn	C	Hold	B-	D	Up	20.95	49.75	19.09	0.60	F	E	E	W	G	W
HOOKIPA Pharma Inc.	HOOK	NAS GS	Health Care	U		U	U		6.50	14.76	6.06		U	U	U	U	U	U
HooXi Network Inc.	HXI.V	TSXV	Health Care	E+	Sell	E	D-		0.74	2.74	0.5	1.25	V	V	G	W	—	V
Hope Bancorp, Inc.	HOPE	NAS GS	Financials	C-	Hold	B-	D		13.50	18.80	11.37	1.68	E	E	E	W	G	W
HopFed Bancorp, Inc.	HFBC	NAS	Financials	C	Hold	B	B-	Down	19.45	20.36	13.03	1.56	E	E	E	G	—	F
HopTo Inc.	HPTO	OTC PK	Information Tech	D+	Sell	C-	D	Up	0.29	0.46	0.15	1.70	W	W	G	W	—	F
Horace Mann Educators Corporation	HMN	NYSE	Financials	C	Hold	B-	D+		38.74	47.50	34.38	0.56	F	G	E	W	G	F
Horizon Bancorp, Inc.	HBNC	NAS GS	Financials	C+	Hold	B	C-		16.15	21.60	14.79	1.07	E	E	E	F	G	W

*Ratings Factors: E=Excellent, G=Good, F=Fair, W=Weak, V=Very Weak, U=Unrated

Summer 2019 — I. Index of Stocks

3-Month Total Return (%)	6-Month Total Return (%)	1-Year Total Return (%)	3-Year Total Return (%)	Dividend $ TTM	Dividend Yield TTM	Market Cap. ($Mil)	Enterprise Value ($Mil)	Revenue ($Mil)	Revenue Growth (%)	Net Income ($Mil)	Earnings/Share $	EPS Growth (%)	Cash from Operations ($Mil)	Return on Assets (%)	Return on Equity (%)	Earnings (P/E) TTM	Sales (P/S) TTM	Book (P/B) Q
-90.99	-92.16	-90.99	-98.11			0.49	0.44	--		-0.67	-0.16	-275.7	-0.07	-141.6		-0.1		-0.2
56.00	103.48	-92.48	-89.48			17.7	18.4	--		-3.2	-0.63	49.3	-27.6	-83.85		-0.3		-3.2
-55.87	-57.83	-68.17	-81.91			1.5	2.5	1.8	274.1	-0.76	-0.01	51.5	-0.65	-60.39		-1.6	0.7	-1.3
-20.00	-20.00	-33.33	-63.64			1.5	2.5	1.8	274.1	-0.76	-0.01	51.5	-0.65	-60.39		-2.5	1.1	-2.0
13.36	38.15	4.73	79.57			35,530	45,419	85,520	1.0	2,044	1.93	-43.2	5,544	3.14	7.32	38.0	1.0	2.4
13.27	42.56	412.96	731.64			35,530	45,419	85,520	1.0	2,044	1.93	-43.2	5,544	3.14	7.32	18.7	0.5	1.2
-10.50	61.64	-36.20	1,445.91			112.1	108.4	35.3	923.8	-73.5	-0.24	-19.9	-19.5	-6.92		-1.4	3.0	1.2
-10.00	60.71	-35.71	1,185.71			112.1	108.4	35.3	923.8	-73.5	-0.24	-19.9	-19.5	-6.92		-1.8	4.0	1.6
-45.05	-56.47	-63.00	999.01			0.11	0.35	--		-0.03	-0.03	-28.7	0.01	-519.82		-3.2		-0.4
1.92	2.64					19.6	19.4	--		0.63	-0.12	-2,842.5	-0.39			-85.9		3.9
3.35	2.08			0.11	1.0	367.7	455.3	61.4	-15.5	-23.6	-0.87	-172.7	27.5	1.24		-13.5	5.2	2.1
1.01	7.88	69.59		0.15	1.0	367.7	455.3	61.4	-15.5	-23.6	-0.87	-172.7	27.5	1.24		-18.0	7.0	2.7
-9.42	-4.58	-4.60	71.90	3.00	22.8	13.3	-7.6	0.08	144.3	-1.1	-1.07	-122.3	-1.9	-2.74		-12.3	166.3	0.6
-3.29	6.27	5.57	50.25			96.1	--	36.6	7.0	8.4	1.80	91.5	16.6		10.05	11.6	2.6	1.1
7.56	12.40	45.95	85.88			2,764	2,809	604.8	10.2	68.2	0.79	52.0	110.2	5.44	9.92	40.4	4.7	3.6
-3.18	1.19	-3.07	-13.74	1.19	3.4	1,520	1,848	2,232	1.3	91.9	2.06	4.4	188.9	6.49	17.35	17.0	0.7	2.8
-25.00	-25.00	-31.82				750.0	748.1	0.52	129.9	-2.2	0.00	-175.0	0.42	-19.28		-340.9	1,500.0	-241.9
-7.94	16.36	6.71	33.23	1.76	10.2	575.4	1,181	146.2	2.0	70.1	1.64	4.2	94.2	5.51	13.96	10.6	3.9	1.6
-20.00	-20.00					0.24	-0.19	--		-0.12	-0.03		-0.08			-2.6		0.7
14.34	14.61	18.62	57.76	0.11	2.0	87.3	199.2	79.9	-2.5	14.4	0.47	620.3	15.2	3.15	15.49	11.5	1.1	0.8
6.03	16.88	25.35	70.00	0.14	1.9	87.3	199.2	79.9	-2.5	14.4	0.47	620.3	15.2	3.15	15.49	15.8	1.5	1.1
-12.50	-12.50	-47.76	-46.15			0.42	3.4	--		-2.8	-1.72	-18,374.2	-0.21	-2,513.20		-0.2		-0.1
1.91	-1.67	5.44	-2.12	2.66	9.9	2,847	4,485	511.8	7.2	183.9	1.74	-28.1	285.8	7.49	32.63	15.5	5.6	6.9
-9.30	-10.25	-30.86	109.62	1.32	2.9	7,670	10,607	17,483	14.3	1,083	6.14	-2.1	1,437	8.85	18.27	7.4	0.5	1.3
-7.21	10.07	-13.08	14.90	0.18	1.0	1,134	691.5	560.6	5.5	127.7	2.08	25.1	134.7	6.56	14.21	9.0	2.1	1.2
0.38	17.95	21.03	43.06			12,789	15,518	3,287	3.0	-10.6	-0.06	88.8	704.5	5.04		-832.6	3.9	5.9
5.24	5.96	-20.94	46.75	0.80	2.2	344.8	--	101.0	23.1	32.0	3.45	43.5	38.8		10.82	10.6	3.3	1.1
10.16	19.38	-14.17	7.30	0.49	2.6	3,216	--	662.3	14.7	298.7	1.73	72.9	278.9		12.99	11.1	4.9	1.4
23.72	32.83	29.36	-36.24			887.7	--	303.7	57.4	95.9	1.28	458.6	-1,072		7.2	15.1	3.9	1.0
24.37	36.91	31.29	-36.33			887.7	--	303.7	57.4	95.9	1.28	458.6	-1,072		7.2	11.6	3.0	0.7
8.27	20.49	10.60	68.70	0.56	1.6	59.9	--	17.2	-0.4	4.8	2.49	39.3	6.7		9.98	13.8	3.8	1.2
-7.47	8.51	-10.92	4.60	0.16	2.4	7.7	--	3.1	-3.0	0.16	0.14	-52.9	--		1.8	49.3	2.5	0.9
6.91	17.68	26.97	85.61	1.06	3.0	49.0	--	9.5	3.1	3.1	2.21	0.7	--		11.7	15.9	5.2	1.8
-5.71	-17.50	1.54	144.44			0.88	1.7	0.60	43.0	-0.03	0.00	35.0	0.02	1.99		-25.4	1.5	-7.2
1.62	-1.05	-31.88	-6.00			582.8	613.0	117.5	-13.8	-12.3	-0.80	-163.9	6.9			-46.9	5.0	1.3
9.90	34.75	6.33	49.67			784.2	--	382.0	-12.7	32.4	1.20	-50.4	166.5		5.42	24.3	2.1	1.1
-1.46	-3.94	-11.77	37.69	0.18	0.7	451.6	--	121.5	3.4	26.3	1.40	396.6	15.7		6.51	17.9	3.7	1.1
-30.94	-11.54	-2.82				839.9	651.9	3.1	177.3	-70.5	-1.89	86.5	-49.4	-26.13		-10.2	230.7	4.2
-5.35	-1.42	-9.91	9.96	0.79	3.1	45,574	91,755	142,498	2.8	5,349	3.03	-42.6	7,019	2.32	7.66	8.5	0.3	0.6
-3.10	2.52	-12.13	-2.80			45,574	91,755	142,498	2.8	5,349	3.03	-42.6	7,019	2.32	7.66	8.5	0.3	0.6
-38.46	-20.93	-85.53	-89.29			1.4	0.59	--		-1.7	-0.03	3.5	-0.75	-203.46		-0.4		2.3
-37.50	-16.67	-81.48	-85.71			1.4	0.59	--		-1.7	-0.03	3.5	-0.75	-203.46		-0.8		4.2
10.18	34.30	29.43	70.22	3.21	1.8	126,511	132,839	40,294	-2.8	6,742	9.02	328.4	6,432	8.11	37.08	19.3	3.2	6.7
55.74	74.67	66.94	252.92			496.0	489.4	114.4	83.0	-17.0	-0.02	35.4	-30.0	-10.65		-574.8	85.9	45.1
-26.22	-17.95	-54.77	3.03	0.59	2.8	247.1	296.9	676.1	6.9	34.7	2.94	12.6	1.4	7.75	13.88	7.1	0.4	0.9
						165.2	249.8	7.3		-11.2	-11.32	-125.7	-18.4			-0.6	0.9	-0.1
-26.00	-17.78	-67.11	-88.79			9.6	9.2	--		-7.7	-0.68	-435.4	-1.8	-13.07		-1.1		2.2
4.10	16.20	-21.63	3.01	0.56	4.2	1,710	--	523.8	-3.2	181.1	1.40	22.9	240.5		9.31	9.7	3.3	0.9
-1.52	51.08	21.43	75.16	0.44	2.3	117.9	--	35.6	1.1	5.2	0.83	52.5	6.5		5.75	23.4	3.4	1.3
-27.25	20.95	-16.86	-78.28			2.9	1.9	3.4	-9.2	0.26	0.02	-69.0	-0.14	4.89		13.4	0.9	-3.2
10.39	5.37	-10.83	31.04	1.15	3.0	1,594	1,899	1,209	2.5	30.4	0.72	-82.7	253.6	0.26	2.15	53.5	1.3	1.1
1.12	4.83	-20.51	58.02	0.40	2.5	727.6	--	167.3	10.7	51.1	1.33	27.2	154.0		9.56	12.2	3.8	1.2

I. Index of Stocks

Summer 2019

Company Name	Stock Ticker Symbol	Traded On	Sector	Overall Rating	Recommendation	Reward Rating	Risk Rating	Recent Up/Downgrade	Stock Price as of 6/30/2019	52-Week High	52-Week Low	3-Year Beta	Growth	Efficiency	Solvency	Volatility	Dividend	Total Return
Horizon Global Corporation	HZN	NYSE	Consumer Discretn	D	Sell	D	D	Up	3.57	8.50	1.34	0.79	W	W	G	W	–	V
Horizon Group Properties, Inc.	HGPI	OTC PK	Financials	D	Sell	D	D		2.50	3.58	1.01	-0.64	W	W	E	W	–	W
Horizon North Logistics Inc.	HNL.TO	TSX	Industrials	C	Hold	B-	D	Up	1.89	3.27	1.48	1.13	G	F	E	W	G	F
Horizon North Logistics Inc.	HZNOF	OTC PK	Industrials	C	Hold	B-	D	Up	1.53	2.40	1.16	1.64	G	F	E	W	G	F
Horizon Petroleum Ltd.	HPL.V	TSXV	Energy	D	Sell	D	D	Up	0.07	0.08	0.03	1.02	W	W	G	W	–	W
Horizon Technology Finance Corporation	HRZN	NAS GS	Financials	C+	Hold	B+	C-	Down	11.82	13.48	10	0.47	F	E	E	F	E	F
Horizon Therapeutics Public Limited Company	HZNP	NAS GS	Health Care	C-	Hold	C	D+		24.06	29.44	15.92	1.06	F	F	E	F	–	G
Hormel Foods Corporation	HRL	NYSE	Consumer Staples	B	Buy	B	C	Up	40.27	46.26	35.44	-0.11	G	E	E	F	F	F
Hornbeck Offshore Services, Inc.	HOS	NYSE	Energy	D	Sell	D	D		1.23	6.14	1.02	2.53	W	W	E	W	–	V
Hornby Bay Mineral Exploration Ltd.	HBE.V	TSXV	Materials	D	Sell	D+	D-		0.02	0.05	0.02	0.51	V	G	F	W	–	V
Hornby Bay Mineral Exploration Ltd.	HBEXF	OTC PK	Materials	D	Sell	D+	D-	Down	0.01	0.03	0.01	0.49	V	G	F	W	–	V
Hospitality Properties Trust	HPT	NAS GS	Real Estate	C	Hold	B-	D+		24.78	29.43	22.47	1.10	G	E	E	W	E	W
Host Hotels & Resorts, Inc.	HST	NYSE	Real Estate	B-	Buy	B+	C		18.01	22.06	15.94	1.16	G	E	E	F	G	F
Hostess Brands, Inc.	TWNK	NAS CM	Consumer Staples	C	Hold	C+	C-		14.23	14.70	9.87	0.52	F	G	E	F	–	W
Hoteles City Express, S.A.B. de C.V.	HOCXF	OTC PK	Consumer Discretn	C	Hold	C+	D		1.10	1.17	1.1	0.02	F	G	E	W	–	F
Hoth Therapeutics, Inc.	HOTH	NAS CM	Health Care	E-	Sell	D-	D-		6.00	13.88	4.41		W	W	W	W	–	W
Houghton Mifflin Harcourt Company	HMHC	NAS GS	Consumer Discretn	D	Sell	D	D		5.48	10.64	5.07	0.99	W	W	G	W	–	W
Houlihan Lokey, Inc.	HLI	NYSE	Financials	C+	Hold	B	C		44.37	53.20	34.32	1.29	F	E	E	F	F	F
Houston American Energy Corp.	HUSA	AMEX	Energy	D	Sell	D+	D		0.20	0.47	0.18	0.33	F	W	E	W	–	W
Houston Wire & Cable Company	HWCC	NAS GS	Industrials	C	Hold	C+	D		5.27	9.00	4.76	1.69	F	F	E	W	–	W
Hovnanian Enterprises, Inc.	HOVVB	OTC PK	Consumer Discretn	D	Sell	D	D-		12.50	45.00	12.5	-0.16	W	W	G	W	–	V
Hovnanian Enterprises, Inc.	HOV	NYSE	Consumer Discretn	D	Sell	D	D-		7.20	44.75	6.58	1.88	W	W	G	W	–	V
Howard Bancorp, Inc.	HBMD	NAS CM	Financials	C-	Hold	C+	D	Up	14.83	19.52	12.6	0.62	F	G	E	W	–	W
HP Inc.	HPQ	NYSE	Information Tech	B-	Buy	B+	C		20.74	27.08	18.06	1.20	F	E	G	F	G	F
HP Inc.	HPQWI	NYSE	Information Tech	U		U	U						U	U	U	U	U	U
HPQ-Silicon Resources Inc.	HPQ.V	TSXV	Materials	D	Sell	D	D		0.09	0.12	0.06	1.30	W	W	G	W	–	W
HPQ-Silicon Resources Inc.	URAGF	OTC PK	Materials	D	Sell	D	D		0.07	0.08	0.04	1.23	W	W	G	W	–	W
HQDA Elderly Life Network Corp.	HQDA	OTC PK	Consumer Discretn	D+	Sell	C	D	Up	3.95	5.00	1	-1.33	V	F	G	W	–	E
HSBC Holdings plc	HSBC	NYSE	Financials	C+	Hold	B	D+	Up	41.41	48.87	38.23	0.57	E	G	E	F	W	W
HSBC Holdings plc	HBCYF	OTC PK	Financials	C+	Hold	B	C-		8.11	9.61	7.55	0.57	E	G	E	F	G	W
HSBC Holdings plc	HSBCPRA	NYSE	Financials	U		U	U						U	U	U	U	U	U
H-Source Holdings Ltd.	HSCHF	OTC PK	Health Care	D	Sell	D+	D	Up	0.04	0.18	0.02	2.62	G	W	F	W	–	V
H-Source Holdings Ltd.	HSI.V	TSXV	Health Care	D	Sell	D+	D	Up	0.05	0.23	0.03	0.83	G	W	F	W	–	V
HST Global, Inc.	HSTC	OTC PK	Health Care	C-	Hold	C	D		0.01	0.04	0	-1.99	W	E	E	F	–	F
HTC Purenergy Inc.	HTPRF	OTC PK	Materials	D+	Sell	D+	D	Up	0.53	0.55	0.07	-11,243.88	W	W	G	W	–	F
HTC Purenergy Inc.	HTC.V	TSXV	Materials	D	Sell	D+	D		1.15	1.20	0.08	7.47	W	W	G	W	–	F
HTG Molecular Diagnostics, Inc.	HTGM	NAS CM	Health Care	D	Sell	D	D	Down	1.70	5.46	1.65	1.96	F	W	G	W	–	W
Huami Corporation	HMI	NYSE	Information Tech	D-	Sell	C+	C-		9.77	19.66	7.27		E	G	E	F	–	W
Huaneng Power International, Inc.	HUNGF	OTC PK	Utilities	C	Hold	C+	D+		0.58	0.67	0.54	-0.07	F	G	G	W	–	W
Huaneng Power International, Inc.	HNP	NYSE	Utilities	C-	Hold	C+	D	Up	23.32	31.03	20.51	0.50	F	G	E	W	–	W
Huazhu Group Limited	HTHT	NAS GS	Consumer Discretn	C-	Hold	C	D	Down	36.09	45.39	24.9	1.88	F	G	F	W	–	F
Hub Group, Inc.	HUBG	NAS GS	Industrials	C	Hold	B	D+		41.24	56.60	34.02	1.43	G	E	E	W	–	W
Hubbell Incorporated	HUBB	NYSE	Industrials	B-	Buy	A-	C	Up	128.44	137.67	91.88	1.66	E	E	E	F	G	F
Hubilu Venture Corporation	HBUV	OTC PK	Real Estate	D+	Sell	C-	D		0.80	2.00	0.55	0.34	W	F	G	W	–	F
HubSpot, Inc.	HUBS	NYSE	Information Tech	C	Hold	B-	D		172.29	192.49	108.39	1.48	F	W	E	G	–	E
HudBay Minerals Inc.	HBM	NYSE	Materials	C-	Hold	C	D+	Down	5.40	7.83	3.44	2.18	F	F	E	W	–	W
HudBay Minerals Inc.	HBM.TO	TSX	Materials	C-	Hold	C	D+	Down	7.07	10.42	4.51	1.87	F	F	E	W	–	W
Hudson Global, Inc.	HSON	NAS GS	Industrials	D	Sell	D	D	Down	12.30	18.40	12	0.57	W	W	E	W	–	W
Hudson Ltd.	HUD	NYSE	Consumer Discretn	D+	Sell	C	D		14.00	23.22	12.67		G	F	G	W	–	W
Hudson Pacific Properties, Inc.	HPP	NYSE	Real Estate	C	Hold	B-	D+	Down	32.92	35.89	27.12	0.62	W	G	E	F	G	F
Hudson Resources Inc.	HUDRF	OTC PK	Materials	D	Sell	D	D		0.35	0.39	0.25	1.21	W	W	G	W	–	W
Hudson Resources Inc.	HUD.V	TSXV	Materials	D	Sell	D	D		0.45	0.53	0.32	1.13	W	W	G	W	–	W

*Ratings Factors: E=Excellent, G=Good, F=Fair, W=Weak, V=Very Weak, U=Unrated

Summer 2019 — I. Index of Stocks

TOTAL RETURNS %				DIVIDEND/YIELD		SIZE		REVENUE & INCOME			EARNINGS		EFFECTIVENESS			VALUATION		
3-Month Total Return (%)	6-Month Total Return (%)	1-Year Total Return (%)	3-Year Total Return (%)	Dividend $ TTM	Dividend Yield TTM	Market Cap. ($Mil)	Enterprise Value ($Mil)	Revenue ($Mil)	Revenue Growth (%)	Net Income ($Mil)	Earnings/Share $	EPS Growth (%)	Cash from Operations ($Mil)	Return on Assets (%)	Return on Equity (%)	Earnings (P/E) TTM	Sales (P/S) TTM	Book (P/B) Q
86.91	141.22	-39.70	-66.91			90.2	529.3	842.8	-7.0	-171.6	-6.85	-229.5	-80.7	-1.54		-0.5	0.1	-1.1
-16.67	-18.83	-37.50	-26.47			21.9	124.6	16.9	-1.0	-3.3	-0.38	85.3	1.5	-0.96		-6.7	1.3	0.4
5.00	13.10	-23.34	60.77	0.08	4.2	237.7	282.4	335.3	28.1	1.1	0.00	102.6	37.2	0.77	0.47	700.0	0.9	1.2
2.44	34.67	-18.50	50.77	0.06	4.0	237.7	282.4	335.3	28.1	1.1	0.00	102.6	37.2	0.77	0.47	565.0	0.8	1.0
44.44	85.71	18.18	-72.92			3.0	2.6	--		-1.6	-0.04	15.0	-0.98	-53.25		-1.6		-13.3
1.62	9.81	30.58	37.92	1.20	10.2	160.0	269.8	32.2	24.0	13.4	1.16	56.7	-40.2	4.93	9.24	10.2	4.3	1.0
-7.92	23.89	46.71	53.54			4,448	5,061	1,264	19.3	50.3	0.27	109.7	311.5	1.6	4.25	87.8	3.3	3.0
-8.86	-4.01	10.26	22.07	0.80	2.0	21,498	21,106	9,589	2.4	995.5	1.83	5.2	1,164	9.32	17.8	22.0	2.3	3.7
-7.52	-18.54	-68.46	-85.68			46.6	1,096	224.9	19.0	-117.1	-3.12	-893.4	-59.6	-1.84		-0.4	0.2	0.0
-20.00	-20.00	-42.86	-55.56			1.2	2.2	0.02		0.03	0.00	108.2	-0.07	-78.14		40.0	100.0	-1.3
-18.75	-9.72	-56.67	-59.38			1.2	2.2	0.02		0.03	0.00	108.2	-0.07	-78.14		26.0	65.0	-0.9
-4.88	8.40	-6.03	12.30	2.13	8.6	4,075	8,266	2,291	3.6	331.3	2.01	28.0	606.1	3.36	12.08	12.3	1.8	1.5
-5.06	9.12	-10.58	34.95	0.80	4.4	13,343	16,902	5,593	3.2	1,020	1.37	55.6	1,259	4.29	14.5	13.2	2.4	1.8
14.94	33.49	4.48	47.00			1,442	2,624	864.4	8.0	60.2	0.59	-73.8	133.7	2.81	5.12	24.2	1.7	1.2
-5.74	-5.74	-21.00	-6.15			405.3	664.6	151.0	6.6	12.7	0.03	-12.8	30.3	2.75	2.57	32.1	2.7	1.0
13.51						57.6	52.5	--		-2.0	-0.36	3.9	-1.9			-16.9		10.5
-22.71	-38.57	-30.19	-63.54			680.1	1,515	1,317	1.0	-110.2	-0.89	-30.1	-171.7	-2.31		-6.2	0.5	1.0
-2.06	21.65	-11.56	112.13	1.39	3.1	2,939	--	1,084	12.5	159.1	2.43	-6.5	224.3		18.24	18.3	2.7	3.3
-13.04	-4.76	-49.72	-13.04			12.5	12.4	1.9	39.7	-0.44	-0.01	68.7	0.27	-4.29		-18.2	6.8	1.7
-13.89	4.98	-39.43	3.08			87.5	178.8	357.1	10.2	9.0	0.55	326.0	2.9	4.4	9.15	9.6	0.2	0.9
0.00	-72.22	-71.43	-62.96			46.1	1,749	1,893	-15.3	12.4	1.78	102.9	-193.1	1.73		7.0	0.0	-0.1
-47.64	-58.91	-82.65	-82.00			46.1	1,749	1,893	-15.3	12.4	1.78	102.9	-193.1	1.73		4.1	0.0	-0.1
2.49	2.99	-18.74	11.92			282.7	--	82.9	42.3	6.1	0.31	132.0	58.5		2.06	47.5	3.4	0.9
10.05	3.67	-5.79	91.90	0.62	3.0	31,240	32,714	58,698	5.8	3,916	2.46	-5.3	4,205	8.28		8.4	0.5	-21.0
						31,240	32,714	58,698	5.8	3,916	2.46	-5.3	4,205	8.28				
0.00	41.67	6.25	-39.29			14.4	15.1	--		-1.4	-0.01	45.5	-2.4	-7.45		-12.9		3.7
-5.89	37.40	-1.86	-38.27			14.4	15.1	--		-1.4	-0.01	45.5	-2.4	-7.45		-10.4		3.0
98.49	98.49	43.64	426.67			550.3	549.9	0.30	505.2	-1.5	-0.24	-33,685.7	-0.93	-4.67		-16.8	1,881.0	20.8
3.43	4.64	-6.34	63.56	2.55	6.2	167,645	--	52,434	4.0	14,897	0.69	45.4	--		8.1	60.2	15.6	4.4
0.62	-0.43	-12.98	36.76			167,645	--	52,434	4.0	14,897	0.69	45.4	--		8.1	11.8	3.0	0.9
						167,645	--	52,434	4.0	14,897	0.69	45.4	--		8.1			
-43.27	-35.95	-68.64	-70.30			4.5	4.8	1.3	108.4	-3.0	-0.03	14.8	-2.1	-164.9		-1.5	3.7	-7.1
-37.50	-37.50	-68.75	-66.67			4.5	4.8	1.3	108.4	-3.0	-0.03	14.8	-2.1	-164.9		-1.9	4.7	-9.1
0.00	63.64	50.00	118.71			0.33	1.7	--		-0.18	0.00	-17.1	-0.02			-1.9		-0.1
378.51	641.35	346.07	160.83			66.9	74.4	1.3	896.8	-4.1	-0.12	-326.4	-3.2	-6.48		-4.3	13.7	1.6
1,050.00	995.24	751.85	389.36			66.9	74.4	1.3	896.8	-4.1	-0.12	-326.4	-3.2	-6.48		-9.3	30.0	3.5
-31.17	-32.00	-47.69	-30.61			48.7	34.4	20.5	17.1	-16.4	-0.58	59.6	-16.1	-22.63		-2.9	2.4	3.0
-25.93	-0.20	7.60				598.8	362.2	453.5	30.1	46.1	0.94	170.8	--			10.4	0.3	0.5
3.38	-9.22	-7.78	-12.63			12,957	44,702	25,654	6.7	436.3	0.02	-20.4	4,508	2.37	4.17	29.2	0.4	0.7
4.13	-5.53	-7.87	1.29	0.51	2.2	12,957	44,702	25,654	6.7	436.3	0.02	-20.4	4,508	2.37	4.17	1,171.9	15.1	28.5
-10.27	20.58	-13.46	311.99	0.32	0.9	10,246	14,303	1,148	-12.9	53.3	0.17	-73.2	217.4			216.5	9.2	10.7
0.02	12.16	-16.26	9.54			1,434	1,676	3,779	23.2	209.5	6.23	47.7	197.9	4.87	11.21	6.6	0.4	1.4
10.37	32.26	24.66	40.35	3.29	2.6	6,998	8,716	4,578	20.2	374.2	6.81	57.8	595.6	7.29	21.69	18.9	1.5	3.9
0.00	-19.19	14.29				20.6	23.8	0.20	173.0	-0.46	-0.02	-71.8	-0.07	-9.79		-45.2	102.6	-36.2
5.43	38.93	36.25	306.34			7,254	6,796	550.2	34.9	-59.5	-1.53	-20.4	95.8	-2.72		-112.7	12.7	12.1
-21.85	15.27	0.28	21.99	0.02	0.4	1,407	1,995	1,378	-9.8	30.6	0.12	-84.4	409.9	2.86	1.42	46.2	1.0	0.7
-23.90	10.25	-0.42	22.40	0.02	0.3	1,407	1,995	1,378	-9.8	30.6	0.12	-84.4	409.9	2.86	1.42	60.4	1.3	0.9
-20.64	-10.87	-20.13	-37.56			36.1	6.5	66.9	8.1	-4.8	-1.50	-153.7	-7.0	-2.31		-8.2	0.6	1.0
1.60	-16.96	-19.49				1,295	2,742	1,942	5.7	28.5	0.31	180.8	275.7	4.19	10.29	45.1	0.7	2.5
-4.07	17.58	-4.15	28.09	1.00	3.0	5,059	8,595	751.7	2.4	11.4	0.05	-91.3	239.6	1.37	0.57	621.1	6.8	1.5
23.19	24.02	1.90	16.17			61.1	82.7	--		-2.7	-0.02	67.9	0.04	-3.12		-20.4		3.4
16.88	18.42	3.45	12.50			61.1	82.7	--		-2.7	-0.02	67.9	0.04	-3.12		-26.3		4.3

https://greyhouse.weissratings.com

Data as of June 30, 2019

I. Index of Stocks

Summer 2019

Company Name	Stock Ticker Symbol	Traded On	Sector	Overall Rating	Recommendation	Reward Rating	Risk Rating	Recent Up/Downgrade	Stock Price as of 6/30/2019	52-Week High	52-Week Low	3-Year Beta	Growth	Efficiency	Solvency	Volatility	Dividend	Total Return
Hudson Technologies Inc.	HDSN	NAS CM	Industrials	D	Sell	D	D		0.85	2.39	0.7	0.99	W	W	F	W	–	W
Hudson's Bay Company	HBC.TO	TSX	Consumer Discretn	D	Sell	D	D		9.54	12.05	6.22	1.68	W	F	F	W	W	W
Hudson's Bay Company	HBAYF	OTC PK	Consumer Discretn	D	Sell	D	D		7.35	9.14	4.7	1.95	W	F	F	W	W	W
Huffington Capital Corp.	HUH.V	TSXV	Financials	D-	Sell	E+	D		0.17	0.20	0.17	0.03	V	V	E	W	–	W
Hugoton Royalty Trust	HGTXU	OTC PK	Energy	D	Sell	D+	D		0.34	0.72	0.25	-0.81	V	F	E	W	–	V
Huhtamäki Oyj	HOYFF	OTC PK	Materials	C	Hold	B	C		39.35	39.35	26.73	0.77	G	E	G	F	–	F
Humana Inc.	HUM	NYSE	Health Care	C	Hold	B	C-	Down	264.60	355.88	225.65	1.01	F	E	E	F	W	F
Humanigen, Inc.	HGEN	OTC PK	Health Care	D	Sell	D+	D	Down	1.05	1.54	0.27	2.02	F	W	F	W	–	W
Hunt Companies Finance Trust, Inc.	HCFT	NYSE	Financials	D+	Sell	C-	D	Up	3.39	3.79	2.76	1.12	W	F	E	W	E	W
Hunt Mining Corp.	HMX.V	TSXV	Materials	D	Sell	C-	D-		0.12	0.32	0.09	1.35	V	G	F	W	–	W
Hunt Mining Corp.	HGLD	OTC PK	Materials	D+	Sell	C-	D	Up	0.10	0.21	0	0.95	V	G	F	W	–	W
Hunter Douglas N.V.	HDUGF	OTC PK	Consumer Discretn	C	Hold	B	C		69.15	79.66	68.2	0.18	G	E	G	F	E	W
Hunter Oil Corp.	HOC.V	TSXV	Energy	D-	Sell	E+	D		0.19	1.83	0.12	0.49	W	V	G	W	–	W
Hunter Oil Corp.	HOILF	OTC PK	Energy	D-	Sell	E+	D		0.15	1.38	0	8.83	W	V	G	W	–	W
Huntington Bancshares Incorporated	HBAN	NAS GS	Financials	B-	Buy	B+	C-	Up	13.65	16.53	11.12	1.46	E	E	E	F	G	F
Huntington Exploration Inc.	HEI.V	TSXV	Energy	D	Sell	D+	D		0.06	0.12	0.04	-0.32	F	W	G	W	–	W
Huntington Ingalls Industries, Inc.	HII	NYSE	Industrials	B-	Buy	B+	C	Up	223.94	262.32	173.8	1.20	F	E	G	F	F	F
Huntsman Corporation	HUN	NYSE	Materials	C	Hold	B	D+	Down	20.14	33.55	17.33	1.83	F	G	G	W	G	W
Hurco Companies, Inc.	HURC	NAS GS	Industrials	C+	Hold	B	D+		35.43	46.55	31.96	0.81	G	E	E	W	W	F
Huron Consulting Group Inc.	HURN	NAS GS	Industrials	D+	Sell	C-	D		49.86	57.00	40.4	0.14	F	F	E	W	–	F
Husky Energy Inc.	HSE.TO	TSX	Energy	C-	Hold	C+	D	Down	12.52	22.99	12.27	1.19	E	G	E	W	G	W
Husky Energy Inc.	HUSKF	OTC PK	Energy	C-	Hold	C+	D	Down	9.58	17.59	9.08	1.36	E	G	E	W	G	W
Hut 8 Mining Corp.	HUT.V	TSXV	Information Tech	D-	Sell	E+	D-		2.54	3.75	0.76		F	V	F	W	–	W
Hut 8 Mining Corp.	HUTMF	OTC PK	Information Tech	D-	Sell	E+	D-		1.94	2.85	0.6		F	V	F	W	–	W
Hutchison China MediTech Limited	HNCMF	OTC PK	Health Care	D	Sell	D	D		61.60	61.95	61.1	-0.01	V	W	E	F	–	F
Hutchison China MediTech Limited	HCM	NAS GS	Health Care	D	Sell	D	D		30.20	39.68	20.83	1.13	V	W	E	W	–	F
Huttig Building Products, Inc.	HBP	NAS CM	Industrials	D	Sell	D	D		2.51	5.75	1.56	2.31	F	F	G	W	–	W
HUYA Inc.	HUYA	NYSE	Communication Svc	D+	Sell	C	D	Up	24.93	40.60	14.44		W	G	E	W	–	W
HV Bancorp, Inc.	HVBC	NAS CM	Financials	C	Hold	B-	C+		15.08	17.50	14.66	0.09	F	G	E	G	–	F
Hyatt Hotels Corporation	H	NYSE	Consumer Discretn	B-	Buy	B-	C+		75.16	83.28	63.45	0.88	F	E	E	F	W	F
Hybrid Minerals Inc.	HZ.V	TSXV	Materials	D	Sell	D	D-		0.04	0.25	0.04	-0.32	W	W	G	W	–	V
Hydro One Limited	H.TO	TSX	Utilities	C	Hold	C+	D	Up	22.54	23.20	18.57	-0.08	F	G	G	F	G	W
Hydro One Limited	HRNNF	OTC PK	Utilities	C	Hold	B-	D	Up	17.22	17.39	14.38	0.26	F	G	G	F	G	W
Hydrogenics Corporation	HYGS	NAS	Industrials	D	Sell	D+	D	Up	15.50	16.50	3.8	0.33	W	V	G	W	–	F
Hydrogenics Corporation	HYG.TO	TSX	Industrials	D	Sell	D+	D	Up	20.31	21.56	5.2	0.10	W	V	G	W	–	F
Hyduke Energy Services Inc.	HYD.TO	TSX	Energy	D-	Sell	E+	D-		0.02	0.13	0.01	1.64	F	V	F	W	–	V
HyperBlock Inc.	HYBOF	OTC PK	Information Tech	E	Sell	E+	D-		0.02	0.22	0.02		W	V	G	W	–	V
HyperSolar, Inc.	HYSR	OTC PK	Information Tech	D	Sell	D-	D	Down	0.00	0.01	0	-3.01	W	V	F	W	–	F
HyreCar Inc.	HYRE	NAS CM	Consumer Discretn	D-	Sell	D	D	Up	4.05	8.03	1.54		W	W	E	W	–	W
Hyster-Yale Materials Handling, Inc.	HY	NYSE	Industrials	C-	Hold	C	D	Down	54.31	76.79	43.26	1.66	W	E	G	W	F	W
I.D. Systems, Inc.	IDSY	NAS	Information Tech	D	Sell	D	D	Down	5.75	7.24	4.76	1.16	W	W	G	W	–	W
i3 Verticals, Inc.	IIIV	NAS GS	Information Tech	D-	Sell	D+	D		29.02	29.45	13.79		W	F	G	G	–	W
iA Financial Corporation Inc.	IDLLF	OTC PK	Financials	C-	Hold	B-	D	Down	32.01	42.37	30.96	0.75	E	E	E	W	G	W
iA Financial Corporation Inc.	IAG.TO	TSX	Financials	B-	Buy	B	C	Up	53.10	55.05	41.32	0.99	E	E	E	F	G	W
IAA, Inc.	IAAWI	NYSE	Industrials	U	U		U						U	U	U	U	U	U
IAC/InterActiveCorp	IAC	NAS GS	Communication Svc	B	Buy	B	B-	Down	218.15	242.86	144.71	0.72	F	G	E	G	–	G
IAMGOLD Corporation	IAG	NYSE	Materials	D	Sell	D+	D-		3.34	6.16	2.28	0.27	W	F	E	W	–	W
IAMGOLD Corporation	IMG.TO	TSX	Materials	D	Sell	D+	D-		4.37	8.06	3.08	-0.04	W	F	E	W	–	W
iAnthus Capital Holdings, Inc.	ITHUF	OTC PK	Health Care	D	Sell	D+	D		3.27	7.27	2.94	2.09	W	W	E	W	–	F
IBC Advanced Alloys Corp.	IAALF	OTC PK	Materials	D	Sell	D+	D-		0.14	0.28	0.13	0.32	G	W	F	W	–	V
IBC Advanced Alloys Corp.	IB.V	TSXV	Materials	D	Sell	D+	D-		0.19	0.35	0.17	0.09	G	W	F	W	–	V
IBERIABANK Corporation	IBKCN	NAS GS	Financials	B-	Buy	C	B		26.12	26.42	24.96		E	E	G	E	V	

*Ratings Factors: E=Excellent, G=Good, F=Fair, W=Weak, V=Very Weak, U=Unrated

Summer 2019 — I. Index of Stocks

TOTAL RETURNS %				DIVIDEND/YIELD		SIZE		REVENUE & INCOME				EARNINGS		EFFECTIVENESS			VALUATION		
3-Month Total Return (%)	6-Month Total Return (%)	1-Year Total Return (%)	3-Year Total Return (%)	Dividend $ TTM	Dividend Yield TTM	Market Cap. ($Mil)	Enterprise Value ($Mil)	Revenue ($Mil)	Revenue Growth (%)	Net Income ($Mil)	Earnings/Share $	EPS Growth (%)	Cash from Operations ($Mil)	Return on Assets (%)	Return on Equity (%)	Earnings (P/E) TTM	Sales (P/S) TTM	Book (P/B) Q
-56.19	-0.83	-56.63	-75.50			36.2	173.7	158.8	10.3	-56.6	-1.34	-2,637.6	25.0	-2.87		-0.6	0.2	0.6
27.03	32.16	-17.16	-34.59	0.05	0.5	1,708	7,526	7,063	-4.9	92.9	0.37	111.3	-272.9	-1.94		25.7	0.3	1.5
30.99	36.45	-15.41	-33.83	0.04	0.5	1,708	7,526	7,063	-4.9	92.9	0.37	111.3	-272.9	-1.94		19.8	0.2	1.2
0.00	0.00	-22.73	-26.09			0.20	0.09	--		-0.04	-0.04	-45.9	-0.04	-18.05		-4.6		1.7
-30.11	-38.36	-49.40	-85.20			13.6	12.6	0.16	-96.7	0.00	0.03	-62.9	--	-3.44	0	12.2	86.9	0.8
3.55	28.18	8.45	47.93			4,255	5,450	3,683	5.9	186.6	1.77	-16.0	299.7	4.82	12.6	22.2	1.1	2.8
0.76	-6.07	-10.43	47.39	2.10	0.8	35,730	38,551	58,740	8.2	1,758	12.78	0.5	-617.0	6.45	16.81	20.7	0.6	3.3
-22.22	74.97	61.54	-74.39			118.4	122.0	--		-9.5	-0.09	92.8	-5.1	-344.09		-12.2		-12.1
-0.88	20.95	5.30	9.90	0.27	7.8	80.3	--	-5.0	-119.1	-15.3	-0.91	-326.0	12.9			-3.7	-15.9	0.7
-8.00	-14.81	-58.93	-39.47			5.6	10.5	--		-3.6	-0.06	-1,427.5	-1.1	-20.9		-1.9		-1.3
10.00	-11.45	-27.74	-28.67			5.6	10.5	--		-3.6	-0.06	-1,427.5	-1.1	-20.9		-1.6		-1.1
1.25	-12.36	-7.80	45.28			2,347	3,213	2,710	-16.0	210.0	6.04	-3.9	185.9			11.5	0.9	1.6
-17.39	-5.00	268.24	1,336.13			1.9	0.30	0.43	-65.2	-5.3	-0.40	-13.4	-2.1	-8.37		-0.5	5.9	1.7
1.16	4.35	40.23	566.01			1.9	0.30	0.43	-65.2	-5.3	-0.40	-13.4	-2.1	-8.37		-0.4	4.6	1.3
8.01	17.18	-4.50	79.13	0.56	4.1	14,284	--	4,336	4.6	1,425	1.24	10.3	1,929		12.53	11.0	3.4	1.4
-8.33	-31.25	-31.25	-54.17			0.41	0.38	0.04	-57.5	-0.24	-0.02	22.9	-0.21	-64.18		-2.3	14.9	-9.7
9.63	19.97	5.33	44.77	3.30	1.5	9,305	10,934	8,382	10.4	798.0	18.48	62.5	805.0	8.98	48.64	12.1	1.1	6.0
-7.24	7.30	-29.11	67.11	0.65	3.2	4,696	7,579	9,118	4.6	182.0	0.73	-78.6	775.0	5.62	22.29	27.7	0.5	1.8
-11.42	0.84	-21.04	29.58	0.45	1.3	232.7	162.5	306.7	11.3	26.7	3.90	52.5	6.0	7.6	11.97	9.1	0.8	1.0
3.47	-1.07	21.02	-14.51			1,081	1,469	805.9	9.3	20.2	0.91	110.9	99.6	3.3	3.88	55.0	1.4	2.0
-4.99	-8.82	-35.85	-12.62	0.50	4.0	9,588	14,226	16,521	8.3	1,175	1.12	53.3	3,168	2.77	8.13	11.1	0.8	0.9
-2.27	-4.72	-35.54	-12.82	0.38	4.0	9,588	14,226	16,521	8.3	1,175	1.12	53.3	3,168	2.77	8.13	8.5	0.6	0.7
217.50	81.43	-15.05				174.7	195.9	38.5	343.0	-105.5	-1.25	-1,654.8	-7.7	-28.92		-2.0	4.9	9.4
224.59	94.46	-13.94				174.7	195.9	38.5	343.0	-105.5	-1.25	-1,654.8	-7.7	-28.92		-1.6	3.7	7.2
0.82	0.82	-10.18	88.15			3,861	3,652	164.1	-28.7	-62.0	-0.09	-52.7	-43.2			-656.0	249.9	109.1
-0.10	30.34	-1.24	131.28			3,861	3,652	164.1	-28.7	-62.0	-0.09	-52.7	-43.2			-321.6	122.5	53.5
-10.99	39.44	-48.78	-52.10			66.6	246.7	839.0	8.2	-9.1	-0.37	-36.3	7.3	-0.51		-6.9	0.1	1.1
-7.53	61.15	-23.71				5,436	4,506	647.0	94.7	32.1	0.15	117.3	--			170.2	8.5	6.0
-7.23	0.30	0.70				31.6	--	11.0	7.2	0.69	0.34	1.3	5.2		2.23	44.6	2.8	1.0
5.22	11.74	-0.86	63.98	0.83	1.1	7,917	9,418	2,496	-6.1	421.0	3.74	-38.7	300.0	2.29	10.76	20.1	3.2	2.2
-68.00	-52.94	-82.61	-75.00			0.97	0.89	--		-4.5	-0.14	-174.1	-0.66	-169.79		-0.3		-7.8
10.69	15.00	18.01	0.61	0.93	4.1	10,244	20,027	4,826	4.6	-88.4	-0.17	-118.6	1,006	3.51		-129.1	2.8	2.0
13.43	21.57	19.35	2.97	0.70	4.1	10,244	20,027	4,826	4.6	-88.4	-0.17	-118.6	1,006	3.51		-98.6	2.1	1.5
94.24	210.62	118.31	125.62			294.5	284.9	33.8	-28.8	-14.0	-0.89	-16.9	-12.2	-9.78		-17.5	8.3	10.2
91.42	196.93	95.29	125.67			294.5	284.9	33.8	-28.8	-14.0	-0.89	-16.9	-12.2	-9.78		-22.9	10.9	13.4
-25.00	0.00	-86.96	-93.48			0.80	4.8	10.4	-72.9	-7.6	-0.11	17.6	-0.97	-31.51		-0.1	0.1	-0.6
-6.00	-10.05					4.6	4.6	7.7		-45.4	-0.23		-1.6			-0.1	0.6	0.4
-41.03	-56.19	-56.19	-57.64			4.9	6.9	--		5.5	0.01	131.6	-0.91	-565.46		0.7		-0.4
-33.72	82.43	-17.52				49.8	43.5	11.6	161.1	-11.2	-1.44	-37.2	-6.2	-141.14		-2.8	4.2	10.2
-11.51	-11.01	-13.37	2.01	1.25	2.3	904.6	1,276	3,221	8.8	23.2	1.40	-49.1	16.7	1	3.9	38.9	0.3	1.7
-4.17	4.55	-5.27	18.56			101.5	94.4	53.3	15.0	-7.0	-0.40	-116.9	-1.3	-4.79		-14.3	1.9	3.4
28.46	26.45	96.75				417.6	565.1	338.9	15.6	-0.65	-0.03	96.6	14.5	4.72	3.16	-1,021.8	0.8	6.5
0.00	1.62	-17.05	2.82	1.52	4.7	4,310	6,014	9,330	9.2	494.2	4.35	10.0	514.5	0.86	11.5	7.4	0.4	0.9
8.70	25.37	7.94	46.44	1.48	2.8	4,310	6,014	9,330	9.2	494.2	4.35	10.0	514.5	0.86	11.5	12.2	0.6	1.4
						--	--	1,347	7.0	187.9			83.3	10.56	31.05			
3.70	20.41	43.22	308.98			18,346	19,515	4,374	23.5	644.6	6.71	87.6	939.1	6.15	23.12	32.5	4.5	6.6
-4.30	-6.96	-41.40	-20.48			1,558	1,335	1,048	-8.8	-111.8	-0.25	-120.5	93.9	-0.56		-13.6	1.5	0.6
-6.62	-11.36	-42.50	-19.96			1,558	1,335	1,048	-8.8	-111.8	-0.25	-120.5	93.9	-0.56		-17.8	2.0	0.8
-41.00	-18.08	-36.11				552.2	626.4	12.4	11,833.8	-79.6	-1.12	-176.2	-30.5	-5.52		-2.9	32.3	0.9
-31.08	-30.05	-44.04	-76.94			5.3	10.5	19.0	3.6	-2.3	-0.06	37.3	-0.69	-4.46		-2.2	0.3	1.0
-28.30	-24.00	-41.54	-75.00			5.3	10.5	19.0	3.6	-2.3	-0.06	37.3	-0.69	-4.46		-3.0	0.4	1.3
4.11						4,065	--	1,135	12.5	406.8	7.10	157.9	627.1		10.11	3.7	1.3	0.4

I. Index of Stocks

Summer 2019

Company Name	Stock Ticker Symbol	Traded On	Sector	Overall Rating	Recommendation	Reward Rating	Risk Rating	Recent Up/Downgrade	Stock Price as of 6/30/2019	52-Week High	52-Week Low	3-Year Beta	Growth	Efficiency	Solvency	Volatility	Dividend	Total Return
IBERIABANK Corporation	IBKC	NAS GS	Financials	C+	Hold	B	C		74.70	87.50	60.82	1.57	E	E	E	F	F	W
IBEX Technologies Inc.	IBT.V	TSXV	Health Care	D	Sell	D+	D	Down	0.11	0.27	0.09	0.73	W	F	E	W	–	W
IBEX Technologies Inc.	IBXNF	OTC PK	Health Care	D	Sell	D+	D	Down	0.08	0.20	0.07	1.35	W	F	E	W	–	W
IBI Group Inc.	IBIBF	OTC PK	Industrials	C	Hold	B-	D+	Up	3.81	5.31	2.8	0.65	G	G	G	W	–	W
IBI Group Inc.	IBG.TO	TSX	Industrials	C	Hold	B-	D+	Up	5.01	7.05	3.67	-0.10	G	G	G	W	–	W
iBio, Inc.	IBIO	AMEX	Health Care	D-	Sell	D-	D-		0.73	1.10	0.5	-0.26	F	V	E	W	–	V
iCAD, Inc.	ICAD	NAS CM	Health Care	D-	Sell	E+	D		6.53	7.22	2.43	0.84	W	V	G	W	–	F
Icahn Enterprises L.P.	IEP	NAS GS	Industrials	C+	Hold	C+	C	Down	72.51	81.88	50.33	1.39	W	G	G	F	E	F
ICC Holdings, Inc.	ICCH	NAS CM	Financials	D+	Sell	C-	D		14.07	16.00	13.01	0.16	W	F	E	W	–	W
ICF International, Inc.	ICFI	NAS GS	Industrials	C+	Hold	B	C	Down	72.20	82.25	60.22	0.37	F	E	E	F	W	F
Ichor Holdings, Ltd.	ICHR	NAS GS	Information Tech	C	Hold	C+	D+		23.60	26.25	14.23	2.73	W	E	G	W	–	F
ICICI Bank Limited	IBN	NYSE	Financials	C+	Hold	B	C-		12.60	12.63	7.61	0.21	F	G	E	F	W	G
iClick Interactive Asia Group Limited	ICLK	NAS	Communication Svc	U	U	U	U		3.78	7.07	2.72		U	U	U	U	U	U
iCo Therapeutics Inc.	ICO.V	TSXV	Health Care	D	Sell	D+	D-		0.07	0.28	0.05	2.38	V	W	G	W	–	G
iCo Therapeutics Inc.	ICOTF	OTC PK	Health Care	D	Sell	D+	D		0.04	0.20	0.03	3.26	V	W	G	W	–	G
ICON Public Limited Company	ICLR	NAS GS	Health Care	B	Buy	B+	B		151.69	155.33	118.1	0.63	E	E	E	G	–	F
Iconic Brands, Inc.	ICNB	OTC PK	Consumer Staples	D+	Sell	C	D	Up	1.08	2.14	0.45	5.98	W	W	F	W	–	G
Iconic Minerals Ltd.	ICM.V	TSXV	Materials	D-	Sell	D-	D	Up	0.10	0.19	0.08	1.51	W	V	F	W	–	F
Iconic Minerals Ltd.	BVTEF	OTC PK	Materials	D	Sell	D-	D	Up	0.08	0.14	0.06	1.66	W	V	F	W	–	F
Iconix Brand Group, Inc.	ICON	NAS GS	Consumer Discretn	D-	Sell	D-	D-		0.83	7.48	0.65	3.44	W	W	G	W	–	V
iCoreConnect Inc.	ICCT	OTC PK	Health Care	D+	Sell	D+	D		0.25	1.95	0.25	1,171.34	F	W	F	W	–	F
ICOx Innovations Inc.	ICOX	OTC PK	Information Tech	E	Sell	E	D-	Up	0.22	1.00	0.15		V		G	W	–	W
ICOx Innovations Inc.	ICOX.V	TSXV	Information Tech	E	Sell	E+	D-	Up	0.30	0.65	0.21		V		G	W	–	V
ICU Medical, Inc.	ICUI	NAS GS	Health Care	C	Hold	C+	D+		248.07	321.70	210.94	0.82	F	G	E	F	–	F
IdaCorp, Inc.	IDA	NYSE	Utilities	B	Buy	B+	B		100.96	106.13	89.31	0.33	E	E	E	G	F	F
Ideal Power Inc.	IPWR	NAS CM	Industrials	D-	Sell	E+	D-	Up	0.31	1.17	0.2	1.43	F	V	G	W	–	V
Ideanomics, Inc.	IDEX	NAS CM	Information Tech	D+	Sell	C-	D	Up	2.17	5.75	1.12	3.15	G	W	G	W	–	W
IDEAYA Biosciences, Inc.	IDYA	NAS GS	Health Care	U	U	U			10.06	16.90	9.04		U	U	U	U	U	U
Identillect Technologies Corp.	ID.V	TSXV	Information Tech	D+	Sell	C	D		0.05	0.14	0.04	2.47	G	G	F	W	–	W
Identillect Technologies Corp.	IDTLF	OTC PK	Information Tech	D+	Sell	C	D		0.05	0.09	0.04	2.92	G	G	F	W	–	W
Identiv, Inc.	INVE	NAS CM	Information Tech	D+	Sell	C-	D	Down	4.99	6.87	3.34	2.56	F	W	G	W	–	F
Idera Pharmaceuticals, Inc.	IDRA	NAS CM	Health Care	D-	Sell	E+	D-		2.64	12.00	2.25	2.88	F	V	G	W	–	F
IDEX Corporation	IEX	NYSE	Industrials	B	Buy	A	C+		169.59	170.00	117.72	1.30	E	E	E	G	W	G
IDEXX Laboratories, Inc.	IDXX	NAS GS	Health Care	B	Buy	A+	C-	Up	272.05	278.61	176.11	1.19	E	E	F	F	–	E
IDG Holdings Inc.	IDHH.V	TSXV	Consumer Discretn	D	Sell	D+	D		0.06	0.11	0.06	1.20	F	W	G	W	–	W
IDT Corporation	IDT	NYSE	Communication Svc	C-	Hold	B-	D	Up	8.45	9.41	4.82	1.36	F	G	G	W	–	W
IDW Media Holdings, Inc.	IDWM	OTC PK	Communication Svc	D-	Sell	D	D-	Down	18.07	45.46	17.18	0.31	W	W	G	W	–	V
IEC Electronics Corp.	IEC	AMEX	Information Tech	C+	Hold	B	C-		6.21	8.65	4.77	1.25	F	G	G	F	–	F
IEH Corporation	IEHC	OTC PK	Information Tech	C	Hold	A	C+		17.00	22.00	9.04	0.43	E	E	E	F	–	E
IEMR Resources Inc.	IRI.V	TSXV	Materials	D	Sell	D+	D		0.02	0.04	0.01	2.65	V	F	E	W	–	F
IES Holdings, Inc.	IESC	NAS	Industrials	B-	Buy	B	C	Up	18.46	20.24	14.61	1.19	F	E	E	F	–	F
IF Bancorp, Inc.	IROQ	NAS CM	Financials	C	Hold	B	C		20.91	25.04	18.7	0.55	E	G	E	F	F	W
iFabric Corp.	IFA.TO	TSX	Consumer Discretn	D	Sell	D	D-		1.00	2.89	0.85	0.65	W	F	E	W	–	V
iFabric Corp.	IFABF	OTC PK	Consumer Discretn	D	Sell	D	D-		0.76	1.97	0.76	-0.78	W	F	E	W	–	V
iFresh Inc.	IFMK	NAS CM	Consumer Staples	D-	Sell	D	D-		1.20	5.78	0.8	2.33	F	W	W	W	–	V
iGambit Inc.	IGMB	OTC PK	Health Care	E+	Sell	E+	D-		0.00	0.03	0	3.09	W	V	F	W	–	V
IGM Financial Inc.	IGIFF	OTC PK	Financials	C	Hold	B-	D+	Up	27.60	30.41	21.85	1.13	G	E	E	W	E	W
IGM Financial Inc.	IGM.TO	TSX	Financials	C+	Hold	B-	C-	Up	36.82	39.95	29.84	0.85	G	E	E	F	G	W
IHS Markit Ltd.	INFO	NAS GS	Industrials	B-	Buy	B+	C	Up	63.10	63.61	44.52	0.73	E	G	G	G	–	G
IIOT-OXYS, Inc.	ITOX	OTC PK	Information Tech	D-	Sell	D-	D-		0.10	2.20	0.02		W	W	F	W	–	V
II-VI Incorporated	IIVI	NAS GS	Information Tech	C+	Hold	B	D+		35.59	50.75	29.31	1.76	E	E	E	W	–	F
Ikkuma Resources Corp.	IKM.V	TSXV	Energy	D	Sell	D+	D		0.46	0.68	0.26	0.30	W	W	G	W	–	F

*Ratings Factors: E=Excellent, G=Good, F=Fair, W=Weak, V=Very Weak, U=Unrated

Summer 2019 — I. Index of Stocks

3-Month Total Return (%)	6-Month Total Return (%)	1-Year Total Return (%)	3-Year Total Return (%)	Dividend $ TTM	Dividend Yield TTM	Market Cap. ($Mil)	Enterprise Value ($Mil)	Revenue ($Mil)	Revenue Growth (%)	Net Income ($Mil)	Earnings/Share $	EPS Growth (%)	Cash from Operations ($Mil)	Return on Assets (%)	Return on Equity (%)	Earnings (P/E) TTM	Sales (P/S) TTM	Book (P/B) Q
3.92	16.97	-1.49	36.90	1.66	2.2	4,065	--	1,135	12.5	406.8	7.10	157.9	627.1		10.11	10.5	3.6	1.0
-38.89	-29.03	-48.84	0.00			2.1	0.59	3.3	-13.0	-0.53	-0.02	-106.2	0.31	-5.06		-5.4	0.9	0.5
-38.80	-32.25	-58.55	-32.84			2.1	0.59	3.3	-13.0	-0.53	-0.02	-106.2	0.31	-5.06		-3.7	0.6	0.4
11.03	35.78	-28.26	2.97			119.2	271.5	348.4	-1.9	9.7	0.30	-1.6	12.6	7.84	44.1	12.6	0.4	5.1
6.14	19.29	-24.77	2.24			119.2	271.5	348.4	-1.9	9.7	0.30	-1.6	12.6	7.84	44.1	16.5	0.5	6.7
-18.11	5.35	-12.94	-88.99			14.3	30.2	1.3	162.8	-17.5	-1.10	34.6	-13.0	-29.38		-0.7	10.6	2.1
34.92	79.89	114.80	27.79			124.2	129.1	26.1	-5.6	-9.5	-0.56	45.9	-5.0	-11.89		-11.6	4.3	24.8
2.02	32.59	12.81	94.20	7.50	10.3	14,229	30,760	10,580	-3.1	1,548	8.44	-45.6	1,222	-0.46		8.6	1.3	2.1
4.07	3.00	-12.01				42.3	39.3	53.0	7.1	0.51	0.17	2.3	8.4	0.25	0.82	83.7	0.8	0.7
-4.88	13.43	2.59	86.70	0.56	0.8	1,360	1,729	1,376	11.4	64.3	3.34	-2.4	67.8	4.93	10.01	21.6	1.0	2.1
7.66	48.06	14.95				528.2	707.5	703.4	-8.1	42.7	1.67	-26.6	60.8	5.32	19.52	14.1	0.8	2.6
10.43	21.86	61.51	104.51	0.04	0.3	41,118	--	10,352	32.3	1,196	0.17	127.8	--			73.2	7.9	4.8
-2.83	8.00	-34.72				215.4	221.5	74.7	-24.8	-8.0	-0.08	73.0	--			-50.4	5.5	4.0
-27.78	30.00	-58.06	85.71			5.4	4.9	--		-1.3	-0.01	-23.9	-0.77	-132.39		-4.5		65.0
-32.69	44.14	-63.01	92.63			5.4	4.9	--		-1.3	-0.01	-23.9	-0.77	-132.39		-2.9		41.8
12.97	19.30	15.09	126.54			8,188	8,171	2,651	36.2	332.9	6.10	16.2	322.8	10.26	25.34	24.9	3.1	5.8
-28.48	68.75	-10.93	2,060.00			10.8	9.8	0.63	-79.0	-4.7	-0.74	-333.7	-0.82			-1.5	10.6	-42.4
-24.00	-17.39	5.56	-63.46			5.8	7.4	--		-0.47	-0.01	52.9	-0.17	-6.34		-16.7		-316.7
-18.42	-0.64	1.31	-65.09			5.8	7.4	--		-0.47	-0.01	52.9	-0.17	-6.34		-13.6		-258.3
-47.11	4.98	-85.66	-98.77			9.0	662.5	175.1	-18.8	-110.3	-27.51	67.6	33.0	6.79		0.0	0.2	-0.1
83,233.33	83,233.33	83,233.33	27,677.78			14.2	16.0	1.0	33.4	-3.7	-0.08	95.0	-1.4			-3.2	12.8	-15.7
10.00	-78.00					7.0	7.5	--		-4.1	-0.21	-55.2	-4.4	-57.2		-1.0		4.0
20.00	-33.33					7.0	7.5	--		-4.1	-0.21	-55.2	-4.4	-57.2		-1.4		5.4
4.55	10.19	-15.26	129.16			5,114	4,838	1,359	-4.1	54.9	2.53	264.7	159.9	7.62	4.37	98.0	3.9	4.0
2.89	10.52	12.46	39.83	2.48	2.5	5,087	6,696	1,411	4.0	233.3	4.61	7.8	456.9	2.85	10.07	21.9	3.6	2.1
-14.42	24.60	-70.10	-93.57			4.6	2.8	0.96	-13.9	-6.9	-0.49	26.7	-5.8	-32.24		-0.6	4.7	1.3
5.85	78.06	14.21	39.10			235.6	258.2	218.8	-26.4	-3.8	-0.13	50.7	-21.1	-0.46		-17.3	1.2	3.2
						203.3	270.4	--		-9.6	-8.69	-25.8	-9.8			-1.2		-0.2
-18.18	-25.00	-35.71	-65.38			3.3	3.9	1.1	6.2	-1.2	-0.01	46.0	-0.70	-106.78		-3.8	4.1	-5.6
0.00	0.00	2.08				3.3	3.9	1.1	6.2	-1.2	-0.01	46.0	-0.70	-106.78		-4.1	4.5	-6.1
-6.73	40.17	24.75	166.84			82.4	91.2	81.1	28.1	-3.2	-0.27	60.4	-4.2	0.47		-18.4	1.0	2.4
1.93	-12.58	-74.02	-77.40			74.0	14.4	0.41	-47.8	-50.8	-1.86	45.2	-50.5	-36.94		-1.4	179.6	1.3
12.35	37.47	26.74	120.88	1.79	1.1	12,839	13,300	2,494	6.3	421.9	5.46	17.7	496.3	10.49	20.72	31.1	5.2	6.3
23.35	46.36	25.10	207.30			23,398	24,411	2,252	10.1	390.3	4.42	39.1	399.6	20.5	27,027.70	61.6	10.6	454.0
-40.00	-45.45	-50.00	-7.69			0.38	0.01	--		-0.03	0.00	7.9	-0.03	-5.51		-17.1		1.4
30.00	36.95	46.96	-19.24	0.56	6.6	222.1	138.6	1,446	-6.7	10.9	0.42	174.2	69.7	2.76	28.88	19.9	0.2	4.0
-27.25	-49.37	-58.46	-51.68			130.6	170.4	51.5	-15.7	-37.1	-6.05	-532.7	-55.6	-23.68		-3.0	2.2	4.4
-9.34	7.63	-2.51	47.16			64.0	98.4	136.7	27.8	11.1	1.05	313.4	-5.8	3.84	50.69	5.9	0.5	2.3
1.80	18.47	88.05	159.99			39.5	32.6	28.8	31.6	5.2	2.10	204.1	6.1	22.89	28.1	8.1	1.4	1.9
0.00	0.00	0.00	-40.00			1.1	0.17	--		-0.35	0.00	-111.1	-0.27	-3.4		-4.0		0.6
3.19	16.98	11.20	48.15			394.5	401.1	973.6	18.9	25.6	1.20	235.7	10.5	5.7	11.69	15.4	0.4	1.7
-0.43	4.64	-12.97	15.45	0.25	1.2	70.0	--	21.1	3.5	3.0	0.85	71.3	7.1		3.74	24.7	3.4	0.9
-30.07	-32.89	-63.64	-60.16			20.0	19.3	8.2	-49.5	-1.0	-0.04	-152.1	-1.1	-7.07		-25.6	3.3	3.5
-22.45	-42.69	-68.56	-56.19			20.0	19.3	8.2	-49.5	-1.0	-0.04	-152.1	-1.1	-7.07		-19.4	2.5	2.7
8.11	34.83	-78.18				21.5	42.5	127.6	-5.8	-8.1	-0.55	-1,414.7	-9.0	-13.28		-2.2	0.2	8.8
38.71	-14.00	-82.80	-91.71			1.7	2.1	0.06	166.5	-2.8	-0.02	-1.2	-0.59	-39.65		-0.3	21.5	1.2
12.02	24.96	2.18	22.32	1.69	6.1	6,714	7,796	2,560	-0.1	578.5	2.37	20.5	523.7	4.85	16.93	11.7	2.6	2.0
7.35	21.75	2.51	24.88	2.25	6.1	6,714	7,796	2,560	-0.1	578.5	2.37	20.5	523.7	4.85	16.93	15.6	3.5	2.7
17.26	33.35	21.32	102.31			25,303	30,468	4,251	12.2	445.8	1.10	-25.1	1,317	3.58	5.47	57.3	6.1	3.0
-16.67	-56.52	-95.83				4.2	4.8	0.25	374.4	-2.1	-0.05	-87.1	-0.46	-205.57		-1.9	16.4	-3.8
-3.76	11.85	-18.28	96.30			2,261	2,573	1,321	18.8	106.7	1.64	14.8	161.5	5.37	10.02	21.7	1.8	2.0
0.00	0.00	39.39	-30.30			38.3	74.8	51.4	94.1	-43.1	-0.40	-360.6	1.3	-20.1		-1.2	1.0	0.8

I. Index of Stocks — Summer 2019

Company Name	Stock Ticker Symbol	Traded On	Sector	Overall Rating	Recommendation	Reward Rating	Risk Rating	Recent Up/Downgrade	Stock Price as of 6/30/2019	52-Week High	52-Week Low	3-Year Beta	Growth	Efficiency	Solvency	Volatility	Dividend	Total Return
IKONICS Corporation	IKNX	NAS CM	Materials	D	Sell	D	D	Down	7.36	12.99	7.25	0.61	W	F	E	W	—	W
Illinois Tool Works Inc.	ITW	NYSE	Industrials	B	Buy	B+	C+	Up	149.08	158.69	117.75	1.31	G	E	E	F	G	F
Illumina, Inc.	ILMN	NAS GS	Health Care	B-	Buy	A-	C-		356.50	372.61	268.62	1.30	E	E	E	F	—	G
iLOOKABOUT Corp.	ILATF	OTC PK	Information Tech	E	Sell	D	D+		0.13	0.18	0.1		W	W	E	F	—	W
iLOOKABOUT Corp.	ILA.V	TSXV	Information Tech	D	Sell	D	D		0.20	0.28	0.12	1.32	W	W	E	W	—	W
IMAC Holdings, Inc.	IMAC	NAS CM	Health Care	E	Sell	D	D		3.92	7.21	2.6		W	W	F	F	—	W
Imaflex Inc.	IFLXF	OTC PK	Materials	D+	Sell	C	D-		0.47	0.77	0.47		G	G	G	W	—	W
Imaflex Inc.	IFX.V	TSXV	Materials	C	Hold	B	D+	Down	0.65	1.05	0.58	0.39	G	G	G	W	—	W
Image Chain Group Limited, Inc.	ICGL	OTC PK	Materials	D	Sell	C-	D-		0.10	284.95	0.1		V	G	F	W	—	V
Image International Group, Inc.	IMGL	OTC PK		D	Sell	C-	D-		0.03	0.30	0.02		W	G	F	W	—	W
Image Protect, Inc.	IMTL	OTC PK	Information Tech	D+	Sell	C	D-		0.00	0.04	0	-3.27	F	G	F	W	—	W
Image Sensing Systems, Inc.	ISNS	NAS CM	Information Tech	C	Hold	A-	C-		5.09	6.75	3.85	0.85	G	E	E	F	—	F
ImageWare Systems, Inc.	IWSY	OTC PK	Information Tech	D	Sell	D	D	Up	0.93	1.80	0.55	0.57	W		G	W	—	W
Imaging Dynamics Company Ltd.	IDYLF	OTC PK	Health Care	E+	Sell	E	D-	Down	0.01	0.09	0	-0.20	W	V	F	W	—	W
Imaging Dynamics Company Ltd.	IDL.V	TSXV	Health Care	E+	Sell	E	D	Down	0.03	0.15	0.01	-3.26	W	V	F	W	—	W
IMAX Corporation	IMAX	NYSE	Communication Svc	C-	Hold	C	D		19.20	26.10	17.55	0.71	F	G	E	W	—	W
iMetal Resources Inc.	ADTFF	OTC PK	Materials	D-	Sell	E+	D		0.04	0.14	0.03	1.09	W	V	E	W	—	W
iMetal Resources Inc.	IMR.V	TSXV	Materials	D-	Sell	E+	D		0.06	0.19	0.04	0.01	W	V	E	W	—	W
Imex Systems Inc.	IMEX.V	TSXV	Information Tech	D-	Sell	D-	D-		0.02	0.45	0.02	1.05	W	V	F	W	—	V
Imex Systems Inc.	IMSYF	OTC PK	Information Tech	D-	Sell	D-	D-		0.08	0.08	0.08	0.02	W	V	F	W	—	V
iMine Corporation	JRVS	OTC PK	Information Tech	D	Sell	D	D	Up	0.05	0.24	0.01	-0.09	F	W	F	W	—	W
I-Minerals Inc.	IMAHF	OTC PK	Materials	D	Sell	D	D	Up	0.06	0.18	0.05	0.23	W	W	F	W	—	W
I-Minerals Inc.	IMA.V	TSXV	Materials	D	Sell	D	D	Up	0.08	0.23	0.06	-1.55	W	W	F	W	—	W
iMining Blockchain and Cryptocurrency Inc.	IBKKF	OTC PK	Information Tech	D-	Sell	E	D	Up	0.11	0.15	0.02		V	V	G	W	—	V
iMining Blockchain and Cryptocurrency Inc.	IMIN.V	TSXV	Information Tech	D-	Sell	E	D		0.13	0.20	0.03	5.69	V	V	G	W	—	W
Immersion Corporation	IMMR	NAS GS	Information Tech	D	Sell	D-	D	Down	7.60	16.45	7.02	1.31	V	V	E	W	—	W
ImmuCell Corporation	ICCC	NAS CM	Health Care	D	Sell	D+	D		6.81	9.30	5.55	0.62	W	W	E	W	—	W
Immune Pharmaceuticals, Inc.	IMNPQ	OTC PK	Health Care	E+	Sell	E+	D-		0.00	0.24	0	3.79	W	V	W	W	—	V
Immune Therapeutics, Inc.	IMUN	OTC PK	Health Care	D	Sell	C	D-		0.01	0.03	0	3.11	F	E	F	W	—	V
Immunic, Inc.	IMUX	NAS CM	Health Care	U		U	U		11.67	28.99	8.52		U	U	U	U	U	U
ImmunoCellular Therapeutics, Ltd.	IMUC	OTC PK	Health Care	D-	Sell	D-	D-		0.02	0.26	0.01	2.91	W	W	E	W	—	V
ImmunoGen, Inc.	IMGN	NAS GS	Health Care	D-	Sell	D-	D	Down	2.05	11.43	1.76	2.22	W		G	W	—	W
Immunomedics, Inc.	IMMU	NAS	Health Care	D-	Sell	E+	D		13.85	27.33	11.55	1.55	V	V	G	W	—	F
ImmunoPrecise Antibodies Ltd.	IPA.V	TSXV	Health Care	D	Sell	D	D		0.71	1.22	0.58	-0.11	F	V	E	W	—	W
ImmunoPrecise Antibodies Ltd.	IPATF	OTC PK	Health Care	D	Sell	D	D		0.55	0.94	0.43	0.19	F	V	E	W	—	W
Immuron Limited	IMRN	NAS CM	Health Care	D-	Sell	E+	D-		3.11	14.29	2.38	-1.52	F	V	E	W	—	W
Immutep Limited	IMMP	NAS	Health Care	D-	Sell	D	E+	Down	1.83	4.21	1.71	1.55	W	V	E	W	—	W
Immutep Limited	PRRUF	OTC PK	Health Care	D	Sell	D	D	Up	0.01	0.02	0.01	-1.66	W	V	E	W	—	W
Impac Mortgage Holdings, Inc.	IMH	AMEX	Financials	D-	Sell	D	E+	Down	3.16	10.14	2.81	0.64	V	W	F	V	—	W
IMPACT Silver Corp.	IPT.V	TSXV	Materials	D	Sell	D	D		0.26	0.41	0.2	-1.06	W	W	G	W	—	W
IMPACT Silver Corp.	ISVLF	OTC PK	Materials	D	Sell	D	D		0.20	0.31	0.15	-1.13	W	W	G	W	—	W
Imperial Brands PLC	IMBBY	OTC PK	Consumer Staples	D+	Sell	C+	D-	Down	23.94	38.87	23.48	0.68	F	E	F	W	E	W
Imperial Brands PLC	IMBBF	OTC PK	Consumer Staples	D+	Sell	C+	D-	Down	23.60	39.04	23.2	0.75	F	E	F	W	E	W
Imperial Equities Inc.	IEI.V	TSXV	Real Estate	D+	Sell	C-	D	Up	4.00	4.48	3.49	-0.48	F	F	F	W	—	W
Imperial Ginseng Products Ltd.	IGPFF	OTC PK	Consumer Staples	D	Sell	D+	D	Down	0.52	1.27	0.52	0.27	W	F	E	W	—	W
Imperial Ginseng Products Ltd.	IGP.V	TSXV	Consumer Staples	D	Sell	D+	D	Down	0.72	1.89	0.7	-0.90	W	F	E	W	—	W
Imperial Metals Corporation	III.TO	TSX	Materials	D	Sell	D	D		2.35	3.50	0.93	-0.43	W	W	F	W	—	W
Imperial Metals Corporation	IPMLF	OTC PK	Materials	D	Sell	D	D		1.87	2.60	0.72	0.11	W	W	F	W	—	W
Imperial Mining Group Ltd.	IPG.V	TSXV	Materials	D-	Sell	D-	D-	Down	0.06	0.11	0.05		V	W	G	W	—	V
Imperial Oil Limited	IMO.TO	TSX	Energy	C	Hold	C+	D+	Up	35.87	44.91	33.52	0.61	E	G	G	W	F	W
Imperial Oil Limited	IMO	AMEX	Energy	C	Hold	B-	D	Up	27.41	34.56	24.29	0.90	E	G	G	W	F	W
Impinj, Inc.	PI	NAS GS	Information Tech	D	Sell	D+	D		28.83	31.10	13.25	2.76	W	W	E	W	—	F

*Ratings Factors: E=Excellent, G=Good, F=Fair, W=Weak, V=Very Weak, U=Unrated

Summer 2019 — I. Index of Stocks

TOTAL RETURNS %				DIVIDEND/YIELD		SIZE		REVENUE & INCOME			EARNINGS			EFFECTIVENESS		VALUATION		
3-Month Total Return (%)	6-Month Total Return (%)	1-Year Total Return (%)	3-Year Total Return (%)	Dividend $ TTM	Dividend Yield TTM	Market Cap. ($Mil)	Enterprise Value ($Mil)	Revenue ($Mil)	Revenue Growth (%)	Net Income ($Mil)	Earnings/Share $	EPS Growth (%)	Cash from Operations ($Mil)	Return on Assets (%)	Return on Equity (%)	Earnings (P/E) TTM	Sales (P/S) TTM	Book (P/B) Q
-10.47	-11.65	-32.09	-35.22			14.6	14.0	17.7	-0.1	-0.18	-0.10	-1,329.1	0.49	-0.68		-75.8	0.8	1.2
4.36	20.37	9.99	57.89	4.00	2.7	48,567	54,750	14,576	-0.1	2,508	7.51	43.9	2,889	14.04	68.12	19.9	3.4	15.2
16.83	19.54	29.38	164.05			52,406	51,426	3,396	15.7	851.0	5.74	48.8	1,085	8.4	21.88	62.1	15.6	13.2
-25.71						12.7	11.1	7.2	-3.6	-0.42	-0.01	-1,500.0	-0.79	-7.67		-16.3	1.5	1.9
-2.50	44.44	0.00	-7.14			12.7	11.1	7.2	-3.6	-0.42	-0.01	-1,500.0	-0.79	-7.67		-24.4	2.3	2.9
-19.18						32.6	35.2	9.2	799.3	-4.2	-0.85	-637.9	-2.1	-24.08		-4.6	2.5	3.1
-15.59	-19.92	-28.31				24.8	37.9	66.8	-1.3	1.9	0.03	-51.3	2.3	4.42	8.89	15.0	0.4	1.1
-5.80	-8.45	-27.78	62.50			24.8	37.9	66.8	-1.3	1.9	0.03	-51.3	2.3	4.42	8.89	20.7	0.5	1.5
-95.41	-95.41	-99.56				51.4	51.4	0.06	-84.3	-4.4	-0.01	-25.7	-0.54			-11.5	1,010.0	-72.1
-26.47	-50.00	-95.10				2.8	3.6	--		-0.81	-0.01	94.3	-1.2	-18.16		-5.0		-1.4
-46.58	-58.67	-62.73	-94.88			1.2	1.5	0.37	7.4	-0.21	0.00	80.7	-0.33			-2.6	1.6	-0.3
0.66	8.14	25.76	124.76			27.0	23.4	14.9	3.3	2.2	0.42	17.0	1.6	12.07	22.15	12.2	1.8	2.4
-34.04	4.49	-21.19	-21.19			97.9	105.5	4.6	13.2	-12.6	-0.18	-9.9	-10.4	-75.59		-5.3	19.8	-14.1
-81.54	-81.54	-45.45	-88.41			1.3	14.9	0.69	35.1	3.7	0.06	138.0	-3.4	-9.96		0.2	1.0	-0.1
50.00	-25.00	-14.29	-85.00			1.3	14.9	0.69	35.1	3.7	0.06	138.0	-3.4	-9.96		0.5	2.6	-0.1
-15.31	3.56	-13.51	-30.66			1,180	1,226	369.6	-6.9	22.6	0.36	121.2	93.8	4.73	5.48	53.7	3.2	2.3
-65.96	-51.98	-37.79	-50.00			4.7	4.5	--		-0.73	-0.01	1.2	-0.55	-33.28		-4.8		2.6
-60.71	-47.62	-21.43	-8.33			4.7	4.5	--		-0.73	-0.01	1.2	-0.55	-33.28		-6.6		3.6
0.00	-33.33	-86.67	-97.06			0.71	1.1	0.95	391.9	0.13	0.02	105.5	-0.86	5.25	18.19	1.3	0.8	-1.7
0.00	0.00	-4.83				0.71	1.1	0.95	391.9	0.13	0.02	105.5	-0.86	5.25	18.19	5.2	3.5	-7.0
354.00	-17.08	-67.57	-89.68			3.6	3.9	--		-1.5	-0.02	88.3	-0.19	-241.57		-2.2		-6.1
-23.72	-19.67	-64.85	-71.84			5.3	27.2	--		-3.5	-0.04	-1.9	-1.3	-48.08		-1.5		-0.3
-25.00	-28.57	-63.41	-73.68			5.3	27.2	--		-3.5	-0.04	-1.9	-1.3	-48.08		-2.0		-0.3
137.51	302.89					2.8	2.7	0.25		-3.3	-0.12	-713.8	-0.45	-98.12		-0.9	12.5	6.8
108.33	212.50	-28.57	8.70			2.8	2.7	0.25		-3.3	-0.12	-713.8	-0.45	-98.12		-1.1	14.4	7.9
-7.77	-13.34	-50.94	5.85			239.8	126.8	30.7	-72.4	-26.6	-0.86	-173.0	-23.9	-11.73		-8.8	7.7	2.6
5.01	-5.09	0.00	-3.95			49.1	47.6	12.5	28.1	-2.0	-0.37	-83.4	0.05	-2.87		-18.6	3.1	1.6
-12.00	-21.43	-97.56	-99.95			0.80	9.1	--		-16.4	-1.31	56.5	-14.7	-42.63		0.0		0.2
-16.18	14.00	-71.50	-96.74			2.5	8.0	0.05	-25.4	-8.3	-0.02	-37.9	-0.91	-1,627.77		-0.3	57.0	-0.2
						116.5	146.1	--		-4.3	-86.26	-77.7	-5.3			-0.1		-0.1
-0.58	3.03	-93.15	-99.82			0.71	-2.1	--		-5.7	-0.48	92.3	-10.9	-88.07		0.0		0.2
-22.05	-54.34	-79.42	-35.53			306.5	64.9	42.2	-60.5	-174.0	-1.21	-8.6	-106.3	-34.78		-1.7	7.2	-11.1
-25.42	-7.67	-40.04	535.32			2,653	2,217	0.39	-84.0	-268.5	-1.48	11.9	-141.8			-9.3	6,925.0	14.5
-5.33	1.43	-38.79				36.8	33.5	7.7	133.8	-4.6	-0.08	-20.8	-2.4	-11.07		-8.7	6.2	3.2
6.15	6.11	-39.06				36.8	33.5	7.7	133.8	-4.6	-0.08	-20.8	-2.4	-11.07		-6.7	4.8	2.4
-49.02	-46.38	-70.52	389.69			13.1	10.2	1.4	14.7	-2.0	-0.02	52.2	-0.57	-31.51		-207.3	299.0	88.1
-16.82	-3.18	-22.13	-42.21			59.2	46.0	3.7	-29.6	-12.8	0.00	-30.3	-7.1	-24.22		-425.6	1,663.6	257.7
0.00	0.00	-33.33	-50.00			59.2	46.0	3.7	-29.6	-12.8	0.00	-30.3	-7.1	-24.22		-2.3	9.1	1.4
-20.00	-8.93	-66.88	-78.99			66.9	--	-86.4	-62.5	-161.9	-7.72	-387.3	181.3			-0.4	-0.8	0.7
-13.56	-15.00	-32.89	-62.50			17.9	17.6	9.3	-18.6	-4.2	-0.05	-10.1	-2.1	-6.28		-5.3	2.5	0.8
-5.02	-6.76	-28.60	-61.62			17.9	17.6	9.3	-18.6	-4.2	-0.05	-10.1	-2.1	-6.28		-4.3	2.0	0.6
-30.71	-17.86	-30.99	-45.00	2.42	10.1	22,734	39,754	20,623	2.7	2,048	2.14	26.3	2,930	5.85	28.86	11.2	1.1	3.6
-32.61	-19.73	-34.72	-53.18			22,734	39,754	20,623	2.7	2,048	2.14	26.3	2,930	5.85	28.86	11.0	1.1	3.5
14.29	-1.23	-1.23	-16.67			29.2	117.1	10.7	1.1	0.52	0.05	-85.2	5.1	2.75	0.8	73.0	3.5	0.6
-24.85	-54.70	-60.93	-17.76			4.0	2.0	5.0	18.9	-1.4	-0.19	-148.9	-0.47	-3.38		-2.7	0.8	0.2
-20.00	-44.62	-57.40	-17.56			4.0	2.0	5.0	18.9	-1.4	-0.19	-148.9	-0.47	-3.38		-3.7	1.1	0.3
-19.80	62.07	29.83	-61.79			227.6	888.5	195.8	-32.6	-85.5	-0.72	-211.8	30.9	-2.6		-3.3	1.5	1.0
-12.92	85.37	35.72	-60.42			227.6	888.5	195.8	-32.6	-85.5	-0.72	-211.8	30.9	-2.6		-2.6	1.2	0.8
-14.29	-20.00	-29.41				2.5	2.1	--		-0.42	-0.01	70.6	-0.37	-8.87		-5.8		0.9
-1.67	3.84	-15.35	-3.70	0.79	2.2	20,886	24,308	25,464	14.9	1,592	2.01	209.8	3,003	4.18	8.54	17.9	1.1	1.5
1.08	8.28	-14.22	-4.20	0.59	2.2	20,886	24,308	25,464	14.9	1,592	2.01	209.8	3,003	4.18	8.54	13.7	0.8	1.2
71.10	98.42	32.49				623.5	615.4	130.6	10.1	-27.9	-1.30	7.9	-0.97	-11.13		-22.2	4.8	6.5

I. Index of Stocks

Summer 2019

Company Name	Stock Ticker Symbol	Traded On	Sector	Overall Rating	Recommendation	Reward Rating	Risk Rating	Recent Up/Downgrade	Stock Price as of 6/30/2019	52-Week High	52-Week Low	3-Year Beta	Growth	Efficiency	Solvency	Volatility	Dividend	Total Return
Impulsora del Desarrollo y el Empleo en Améric	IPSBF	OTC PK	Industrials	C	Hold	C	C	Up	1.65	1.78	1.6	0.02	W	G	G	F	--	F
IMV Inc.	IMV	NAS CM	Health Care	D-	Sell	E+	D		3.00	7.07	2.69	0.50	W	V	E	W	--	F
IMV Inc.	IMV.TO	TSX	Health Care	D-	Sell	E+	D		3.87	8.49	3.58	0.38	W	V	E	W	--	F
Inca One Gold Corp.	INCAF	OTC PK	Materials	D	Sell	C-	D		0.03	0.05	0.02	0.53	G	W	G	W	--	V
Inca One Gold Corp.	IO.V	TSXV	Materials	D	Sell	C-	D-		0.04	0.07	0.04	-0.04	G	W	G	W	--	V
Inception Mining, Inc.	IMII	OTC PK	Materials	D	Sell	D	D		0.16	0.55	0	1.95	W	W	F	W	--	W
Inceptus Capital Ltd.	ICPPF	OTC PK	Financials	D-	Sell	D	D	Up	0.16	0.18	0.16		W	W	E	W	--	W
Inceptus Capital Ltd.	ICIP.V	TSXV	Financials	D	Sell	D+	D		0.21	0.25	0.15		W	W	E	W	--	F
Income Financial Trust	INCUN.TO	TSX	Financials	D+	Sell	C	D		9.44	15.76	9.1	1.16	V	G	E	W	E	W
Income Financial Trust	ICFNF	OTC PK	Financials	D	Sell	C-	D	Up	7.37	11.85	6.84		V	G	E	W	E	W
Income Opportunity Realty Investors, Inc.	IOR	AMEX	Financials	C	Hold	B	C		13.25	13.98	10.24	0.24	F	G	E	F	--	F
Incoming, Inc.	ICNN	OTC PK	Energy	D	Sell	C	D-	Up	0.01	0.03	0.01	-0.16	W	G	F	W	--	V
Incyte Corporation	INCY	NAS GS	Health Care	C-	Hold	C+	D	Up	84.72	89.30	57	0.97	G	G	E	W	--	F
Independence Contract Drilling, Inc.	ICD	NYSE	Energy	D	Sell	D+	D		1.58	5.05	1.55	1.62	F	W	E	W	--	V
Independence Gold Corp.	IGO.V	TSXV	Materials	D	Sell	D	D		0.06	0.11	0.04	2.76	W	W	E	W	--	V
Independence Gold Corp.	IEGCF	OTC PK	Materials	D	Sell	D	D		0.04	0.08	0.03	2.85	W	W	E	W	--	V
Independence Holding Company	IHC	NYSE	Financials	A-	Buy	A	B		38.00	41.04	32.8	0.42	E	E	G	G	--	G
Independence Realty Trust, Inc.	IRT	NYSE	Real Estate	C+	Hold	B	C	Down	11.49	12.17	8.75	0.59	W	G	E	F	E	F
Independent Bank Corp.	INDB	NAS GS	Financials	B	Buy	B+	C+		74.90	95.00	66.12	1.29	E	E	E	F	F	F
Independent Bank Corporation	IBCP	NAS GS	Financials	B-	Buy	B+	C		21.57	26.65	20.18	0.67	E	E	E	F	G	F
Independent Bank Group, Inc.	IBTX	NAS GS	Financials	C	Hold	B	D+		54.41	71.35	44.14	1.58	E	E	E	W	F	W
India Globalization Capital, Inc.	IGC	AMEX	Industrials	D+	Sell	C-	D	Up	1.65	14.58	0.25	8.46	W	W	E	W	--	V
Indico Resources Ltd.	IDI.V	TSXV	Materials	D	Sell	D+	D		0.01	0.02	0.01	1.62	F	F	F	W	--	W
Indigo Books & Music Inc.	IDGBF	OTC PK	Consumer Discretn	D	Sell	D	D		5.20	12.70	5.2	1.23	V	W	G	W	--	V
Indigo Books & Music Inc.	IDG.TO	TSX	Consumer Discretn	D	Sell	D	D		8.03	17.48	6.89	0.28	V	W	G	W	--	V
Indigo Exploration Inc.	IXI.V	TSXV	Materials	D-	Sell	E+	D-	Up	0.02	0.02	0.01	-0.17	W	V	G	W	--	W
Indiva Limited	NDVA.V	TSXV	Health Care	D-	Sell	D-	D-	Up	0.46	1.00	0.32		W	W	E	W	--	V
Indiva Limited	NDVAF	OTC PK	Health Care	D-	Sell	D-	D-	Up	0.35	0.89	0.22		W	W	E	W	--	V
Indivior PLC	INVVY	OTC PK	Health Care	D	Sell	C-	D-	Down	2.62	25.71	1.98	-0.75	G	E	E	W	--	V
Indivior PLC	IZQVF	OTC PK	Health Care	D	Sell	C-	D-	Down	0.51	5.04	0.35	-0.63	G	E	E	W	--	V
Indoor Harvest Corp.	INQD	OTC PK	Industrials	D-	Sell	D	D-		0.02	0.29	0.01	-0.52	F	W	F	W	--	V
Industrial Logistics Properties Trust	ILPT	NAS GS	Real Estate	C	Hold	B-	D		20.34	24.70	18.03		G	G	E	W	E	W
Industrial Services of America, Inc.	IDSA	NAS CM	Industrials	D	Sell	D	D		0.96	2.69	0.86	2.29	F	W	G	W	--	W
Industrias Bachoco, S.A.B. de C.V.	IBA	NYSE	Consumer Staples	C-	Hold	C	D+	Up	51.35	62.50	37.66	0.60	W	E	E	W	--	W
Industrias Bachoco, S.A.B. de C.V.	IDBHF	OTC PK	Consumer Staples	C-	Hold	C	D+	Up	4.24	4.80	3.69	-0.47	W	E	E	W	--	W
Industrias CH, S. A. B. de C. V.	ICHBF	OTC PK	Materials	D+	Sell	C	D		3.69	3.69	3.69	0.17	G	G	E	W	--	W
Industrias Peñoles, S.A.B. de C.V.	IPOAF	OTC PK	Materials	D+	Sell	C	D		13.23	18.18	10.63	0.72	F	E	E	W	--	W
INFICON Holding AG	IFCNF	OTC PK	Information Tech	C	Hold	A-	B		538.00	538.00	511.25	0.06	E	E	E	G	--	G
Infineon Technologies AG	IFNNY	OTC PK	Information Tech	C-	Hold	C	D	Down	17.37	27.20	15.43	1.31	W	E	E	W	--	W
Infineon Technologies AG	IFNNF	OTC PK	Information Tech	C-	Hold	C	D+	Down	17.30	26.83	15.5	1.42	W	E	E	W	--	W
Infinera Corporation	INFN	NAS GS	Information Tech	D-	Sell	D	D-	Down	2.92	10.25	2.86	0.58	W	W	E	W	--	V
Infinite Lithium Corp.	ARXRF	OTC PK	Materials	D	Sell	D	D-	Up	0.04	0.14	0.04	2.42	F	V	E	W	--	W
Infinite Lithium Corp.	ILI.V	TSXV	Materials	D	Sell	D	D	Up	0.07	0.18	0.05	1.06	F	V	E	W	--	W
Infinity Energy Resources, Inc.	IFNY	OTC PK	Energy	C	Hold	C+	D	Up	0.09	0.20	0.03	2.43	W	E	W	F	--	E
Infinity Pharmaceuticals, Inc.	INFI	NAS GS	Health Care	D	Sell	D-	D		1.74	2.92	1	1.87	W	V	E	W	--	W
InflaRx N.V.	IFRX	NAS GS	Health Care	D	Sell	D	D		3.12	53.10	2.91		W	W	E	W	--	W
Inform Resources Corp.	IRR.V	TSXV	Materials	D	Sell	C-	D-		0.04	0.18	0.03	4.25	W	E	F	W	--	V
Information Analysis Incorporated	IAIC	OTC PK	Information Tech	D	Sell	D	D	Down	0.20	0.36	0.15	1.29	W	W	G	W	--	W
Information Services Corporation	ISV.TO	TSX	Real Estate	C	Hold	B	C-		15.91	18.29	14.36	0.55	F	E	E	F	G	W
Information Services Corporation	IRMTF	OTC PK	Real Estate	D+	Sell	B-	D+		11.97	12.02	11.97	0.24	F	E	E	W	G	W
Information Services Group, Inc.	III	NAS	Information Tech	D	Sell	C-	D	Down	3.28	5.45	2.65	0.51	F	F	E	W	--	W
Infosys Limited	INFY	NYSE	Information Tech	B	Buy	A-	C	Up	10.62	11.38	8.85	0.71	G	E	E	F	G	F

*Ratings Factors: E=Excellent, G=Good, F=Fair, W=Weak, V=Very Weak, U=Unrated

Summer 2019 — I. Index of Stocks

3-Month Total Return (%)	6-Month Total Return (%)	1-Year Total Return (%)	3-Year Total Return (%)	Dividend $ TTM	Dividend Yield TTM	Market Cap. ($Mil)	Enterprise Value ($Mil)	Revenue ($Mil)	Revenue Growth (%)	Net Income ($Mil)	Earnings/Share $	EPS Growth (%)	Cash from Operations ($Mil)	Return on Assets (%)	Return on Equity (%)	Earnings (P/E) TTM	Sales (P/S) TTM	Book (P/B) Q
3.12	3.12	12.24	50.00			4,301	8,094	616.4	-28.5	112.1	0.05	-9.3	269.3			36.7	7.7	3.0
-23.93	-40.16	-40.76	87.33			149.2	130.7	0.05	3.0	-18.9	-0.42	-68.9	-16.2	-42.07		-7.1	2,997.3	7.9
-26.98	-43.34	-41.54	86.06			149.2	130.7	0.05	3.0	-18.9	-0.42	-68.9	-16.2	-42.07		-9.2	3,870.0	10.1
-8.61	31.08	-26.07	-88.81			8.0	15.7	29.7	130.6	-2.4	-0.02	58.5	-0.46	-3.59		-2.0	0.3	1.3
-11.11	-11.11	-20.00	-88.57			8.0	15.7	29.7	130.6	-2.4	-0.02	58.5	-0.46	-3.59		-2.5	0.4	1.6
-69.00	15.91	-3.19	-69.00			9.0	18.0	3.7	-3.2	-7.9	-0.15	-75.8	-0.66	-81.3		-1.0	2.3	-0.4
0.00	0.00					0.33	0.21	--		-0.04	-0.02	65.7	-0.06	-18.48		-8.2		2.8
0.00	0.00	40.00				0.33	0.21	--		-0.04	-0.02	65.7	-0.06	-18.48		-10.7		3.6
-12.68	3.11	-30.17	6.53	1.23	13.0	16.7	16.1	-2.6	-223.9	-2.9	-1.23	-270.7	2.1	-10.72		-7.7	-8.6	1.7
-14.55	11.83	-28.70		0.93	12.6	16.7	16.1	-2.6	-223.9	-2.9	-1.23	-270.7	2.1	-10.72		-6.0	-6.7	1.3
16.67	26.07	-0.75	90.64			55.2	55.2	--		8.5	2.03	488.4	1.9	-1.27	9.13	6.5	0.6	
-6.98	-34.21	-34.21	-66.67			0.34	0.61	--		-0.36	-0.01	7.7	-0.09	-53.56		-0.9		-0.4
-1.19	36.03	28.83	10.63			18,167	16,628	1,997	30.2	252.9	1.17	247.0	471.1	7.31	13.62	72.6	9.2	8.7
-43.57	-53.39	-61.27	-69.79			121.8	244.4	177.3	85.9	-18.2	-0.34	42.9	21.7	1.23		-4.7	0.7	0.3
-21.43	37.50	-31.25	-81.03			2.4	1.6	--		-1.9	-0.03	-11.0	-0.72	-10.8		-1.6		0.3
-23.08	8.40	-36.10	-83.59			2.4	1.6	--		-1.9	-0.03	-11.0	-0.72	-10.8		-1.2		0.2
7.46	8.81	14.84	125.92	0.35	0.9	567.6	559.3	356.7	5.8	30.2	2.01	-28.8	50.3	2.32	6.87	18.9	1.6	1.2
6.39	26.59	19.67	85.11	0.90	7.8	1,028	2,016	195.0	16.2	25.4	0.28	-29.3	66.9	2.03	4.09	40.6	5.3	1.7
-7.72	7.47	-4.34	80.66	1.58	2.1	2,570	--	396.0	13.7	129.3	4.66	36.0	142.1		12.55	16.1	5.3	1.9
1.74	4.38	-13.58	65.55	0.66	3.1	506.3	--	160.8	20.3	40.1	1.65	51.4	48.2		13.08	13.1	3.2	1.5
5.87	16.50	-17.70	42.25	0.78	1.4	2,376	--	412.7	25.5	136.4	4.15	30.0	154.9		7.6	13.1	5.7	1.1
-20.67	432.26	220.33	243.75			65.2	39.6	5.1	133.3	-4.1	-0.11	-59.5	-3.3	-12.81		-14.6	12.7	1.9
-50.00	0.00	-66.67	-87.50			0.56	1.6	--		-0.29	0.00	92.5	0.00	-1,810.21		-2.5		-0.2
-31.00	-51.27	-65.54	-61.51			166.0	68.2	797.3	-5.5	-28.1	-1.04	-265.9	-2.1	-5.41		-5.0	0.2	0.5
-19.22	-27.72	-52.29	-52.49			166.0	68.2	797.3	-5.5	-28.1	-1.04	-265.9	-2.1	-5.41		-7.8	0.3	0.8
-25.00	0.00	-25.00	-40.00			1.1	1.0	--		-0.07	0.00	82.1	-0.06	-12.34		-15.0		8.3
-5.15	24.32	-33.33				29.1	26.4	0.23		-7.7	-0.10	-31.2	-8.6	-13.64		-4.8	170.4	2.0
-1.86	29.08	-30.14				29.1	26.4	0.23		-7.7	-0.10	-31.2	-8.6	-13.64		-3.7	131.5	1.5
-58.01	-61.36	-89.58	-83.46			375.2	-362.2	988.0	-8.8	249.0	0.33	277.1	413.0	10.51	1,556.25	7.9	2.0	14.4
-60.72	-61.60	-89.79	-83.03			375.2	-362.2	988.0	-8.8	249.0	0.33	277.1	413.0	10.51	1,556.25	1.5	0.4	2.8
-56.85	-57.33	-83.16	-96.24			0.84	1.7	--		-3.3	-0.12	46.6	-0.68	-822.35		-0.2		-0.3
1.34	8.20	-2.84		1.32	6.5	1,324	2,051	167.9	6.5	71.9	1.11	-32.4	103.0	3.49	7	18.4	7.9	1.3
-21.95	-15.04	-53.62	-45.73			7.8	22.3	60.7	7.3	-0.83	-0.10	4.2	-1.4	-0.43		-9.3	0.1	0.7
10.78	33.32	-9.81	13.88	0.86	1.7	2,568	1,977	3,107	-3.6	122.7	29.39	-59.0	71.7	2.63	6.17	1.8	0.1	0.1
15.02	14.67	-11.29				2,568	1,977	3,107	-3.6	122.7	29.39	-59.0	71.7	2.63	6.17	0.1	0.0	0.0
-13.18	-13.18	-13.18	-35.71			1,298	1,287	2,202	21.8	134.3	0.39	27.3	80.1		7.53	9.5	0.6	0.9
3.36	9.79	-20.64	-33.88			5,232	7,428	4,447	-2.5	253.9	0.64	-58.2	685.4	4.16	7.59	20.7	1.2	1.4
0.00	38.57	38.57	92.83			1,475	1,412	410.4	9.9	64.2	26.40	7.5	52.3	18.87	31.09	20.4	3.2	6.3
-11.38	-12.05	-29.20	27.59	0.21	1.2	19,630	19,252	6,882	-22.6	717.5	0.62	-46.9	1,342			27.8	2.9	2.6
-14.97	-13.07	-30.10	27.96			19,630	19,252	6,882	-22.6	717.5	0.62	-46.9	1,342			27.7	2.9	2.6
-32.25	-25.51	-69.87	-71.84			519.1	693.8	1,033	34.6	-309.6	-1.81	-49.4	-141.1	-8.96		-1.6	0.5	0.8
-22.45	-34.45	-58.90	-89.18			2.9	2.8	--		-0.83	-0.01	46.8	-0.85	-11.61		-2.9		0.7
-7.14	-27.78	-45.83	-81.94			2.9	2.8	--		-0.83	-0.01	46.8	-0.85	-11.61		-4.6		1.1
12.50	125.00	80.00	28.57			0.75	4.3	--		-0.45	-0.06	79.2	-0.02	-4,649.12		-1.5		0.0
-7.45	47.46	-4.92	32.82			99.1	28.6	24.3	304.8	-15.5	-0.28	65.0	-11.1	-16.23		-6.2	4.1	2.5
-92.04	-90.26	-89.53				81.0	-87.5	--		-33.7	-1.30	75.0	-30.5	-18.2		-2.4		0.5
-33.33	-33.33	-77.78	-46.67			0.61	0.58	--		-0.11	-0.01	-1.7	-0.10	-183.51		-6.6		-11.4
-11.36	18.18	-45.83	50.00			2.2	0.60	8.7	-17.4	-0.21	-0.02	-199.5	-0.43	-4.46		-9.0	0.3	1.3
-1.85	7.22	-1.83	6.43	0.80	5.0	212.1	222.2	92.2	19.4	14.6	0.83	-33.7	22.2	9.45	18.11	19.3	3.0	3.4
0.00	0.00	-6.85	3.08	0.60	5.0	212.1	222.2	92.2	19.4	14.6	0.83	-33.7	22.2	9.45	18.11	14.5	2.3	2.6
-12.53	-21.90	-20.00	-11.59			153.5	243.6	271.7	-0.1	4.6	0.09	346.0	10.9	3.62	6.31	36.9	0.6	1.9
-1.10	14.72	14.95	31.92	0.23	2.1	45,116	41,333	11,798	7.9	2,198	0.50	-7.8	2,262	13.75	22.72	21.2	3.9	4.9

I. Index of Stocks

Summer 2019

Company Name	Stock Ticker Symbol	Traded On	Sector	Overall Rating	Recommendation	Reward Rating	Risk Rating	Recent Up/Downgrade	Stock Price as of 6/30/2019	52-Week High	52-Week Low	3-Year Beta	Growth	Efficiency	Solvency	Volatility	Dividend	Total Return
Infraestructura Energética Nova, S.A.B. de C.V	IENVF	OTC PK	Utilities	C	Hold	B-	D+	Up	3.70	5.16	3.29	0.83	E	E	G	W	–	W
Infrastructure and Energy Alternatives, Inc.	IEA	NAS CM	Industrials	D	Sell	D	D-	Up	2.00	11.27	1.81		W	W	G	W	–	V
Infrastructure Materials Corp.	IFAM	OTC PK	Materials	D+	Sell	C	D		0.00	0.00	0	-0.88	W	G	G	W	–	W
InfuSystem Holdings Inc.	INFU	AMEX	Health Care	C-	Hold	C	D		4.67	5.21	2.85	-0.20	F	W	G	F	–	G
ING Groep N.V.	ING	NYSE	Financials	C	Hold	B-	D	Up	11.61	15.36	10.21	1.27	W	G	E	W	E	W
ING Groep N.V.	INGVF	OTC PK	Financials	C	Hold	B-	D	Up	11.03	15.40	10.39	1.36	W	G	E	W	E	W
Ingersoll-Rand Plc	IR	NYSE	Industrials	B+	Buy	A-	B		124.35	127.08	85.15	1.16	G	E	E	G	F	G
Ingevity Corporation	NGVT	NYSE	Materials	B	Buy	B	B-		100.37	120.41	74.98	1.94	E	E	G	G	–	F
Ingles Markets, Incorporated	IMKTA	NAS GS	Consumer Staples	C	Hold	B-	D+		31.55	37.65	25.57	0.47	G	E	G	W	F	W
Ingredion Incorporated	INGR	NYSE	Consumer Staples	C-	Hold	C+	D		80.80	113.22	75.67	0.98	F	E	E	G	G	W
InMed Pharmaceuticals Inc.	IN.TO	TSX	Health Care	D-	Sell	E+	D		0.34	1.08	0.3	2.45	V	V	E	W	–	W
InMed Pharmaceuticals Inc.	IMLFF	OTC PK	Health Care	D-	Sell	E+	D		0.26	0.82	0.22	2.66	V	V	E	W	–	W
INmune Bio Inc.	INMB	NAS CM	Health Care	E	Sell	E+	D+		9.72	11.50	7		W	V	E	G	–	W
Inner Spirit Holdings Ltd.	INSHF	OTC PK	Consumer Discretn	D-	Sell	D-	D-	Up	0.16	0.28	0.09		W	V	G	W	–	W
Innergex Renewable Energy Inc.	INGXF	OTC PK	Utilities	C	Hold	B	D+		10.49	11.19	8.21	0.63	E	G	W	F	G	W
Innergex Renewable Energy Inc.	INE.TO	TSX	Utilities	C	Hold	B	D	Down	13.78	14.75	11.66	0.38	E	G	W	F	G	W
InnerScope Hearing Technologies, Inc.	INND	OTC PK	Health Care	D+	Sell	C	D-	Up	0.03	0.16	0.01	3.10	W	G	F	W	–	W
InnerWorkings, Inc.	INWK	NAS GS	Industrials	D	Sell	D	D		3.96	9.03	3.12	0.97	W	W	G	W	–	V
Innocap, Inc.	INNO	OTC PK	Industrials	D	Sell	D	D-	Up	0.00	0.01	0	0.85	W	W	F	W	–	V
Innodata Inc.	INOD	NAS	Information Tech	D	Sell	D	D-		0.92	2.05	0.92	0.68	W	W	E	W	–	W
Innophos Holdings, Inc.	IPHS	NAS GS	Materials	C-	Hold	C+	D	Down	28.51	50.40	22.57	1.86	F	E	E	W	E	W
Innospec Inc.	IOSP	NAS GS	Materials	B-	Buy	B+	C		88.23	88.84	53.07	1.39	G	E	E	F	–	G
Innovate Biopharmaceuticals, Inc.	INNT	NAS CM	Health Care	D-	Sell	E+	D-	Up	1.11	29.09	1.07		V	W	G	W	–	V
Innovation Pharmaceuticals Inc.	IPIX	OTC PK	Health Care	D	Sell	D	D-	Up	0.19	0.64	0.07	1.22	F	W	F	W	–	V
Innovative Designs, Inc.	IVDN	OTC PK	Consumer Discretn	D-	Sell	D-	D-	Down	0.08	0.45	0.03	0.08	W	V	F	W	–	V
Innovative Food Holdings, Inc.	IVFH	OTC PK	Consumer Staples	C-	Hold	C+	D	Up	0.54	0.77	0.42	0.25	W	E	E	W	–	W
Innovative Industrial Properties, Inc.	IIPR	NYSE	Real Estate	B-	Buy	A-	C-	Up	119.69	137.78	31.61	1.96	E	F	E	G	F	E
Innovative Solutions and Support, Inc.	ISSC	NAS GS	Industrials	C-	Hold	C	D	Up	5.00	5.17	2.02	-0.31	F	F	E	W	–	F
Innoviva, Inc.	INVA	NAS GS	Health Care	C+	Hold	B	C-	Down	14.23	20.54	13.07	0.51	E	E	E	F	–	W
Innovotech Inc.	IOT.V	TSXV	Health Care	D	Sell	C-	D		0.07	0.10	0.04	0.57	W	F	G	W	–	F
Innovus Pharmaceuticals, Inc.	INNV	OTC PK	Health Care	D-	Sell	E+	D-	Down	1.54	19.37	1.25	1.74	F	V	F	W	–	V
Innsuites Hospitality Trust	IHT	AMEX	Real Estate	D	Sell	D+	D		1.51	2.70	1.24	1.04	W	F	E	W	–	W
Inogen, Inc.	INGN	NAS GS	Health Care	C	Hold	B-	D	Down	65.49	287.79	62.32	1.99	G	E	E	W	–	W
Inomin Mines Inc.	MINE.V	TSXV	Materials	D	Sell	D	D		0.03	0.07	0.02	0.13	W	V	G	W	–	W
Inovalis Real Estate Investment Trust	INOUN.TO	TSX	Real Estate	E	Sell	C	C		10.01	10.60	9.12	0.28	E	E	E	F	–	W
Inovalis Real Estate Investment Trust	IVREF	OTC PK	Real Estate	C	Hold	B+	C+	Up	7.69	7.81	7.04	0.30	F	E	E	F	E	F
Inovalon Holdings, Inc.	INOV	NAS GS	Health Care	D+	Sell	C-	D	Up	14.65	15.57	9.19	0.42	F	F	E	W	–	F
Inovio Pharmaceuticals, Inc.	INO	NAS GS	Health Care	D-	Sell	E+	D-		2.92	6.30	2.15	2.55	W	V	G	W	–	V
Inphi Corporation	IPHI	NYSE	Information Tech	D+	Sell	C-	D		49.97	51.83	29.56	1.71	W	W	E	F	–	G
Inpixon	INPX	NAS CM	Information Tech	D-	Sell	D	D-	Up	0.65	20.40	0.57	2.42	F		G	W	–	V
Inplay Oil Corp.	IPO.TO	TSX	Energy	D	Sell	C-	D		0.58	1.92	0.57	0.84	G	F	G	W	–	W
Inplay Oil Corp.	IPOOF	OTC PK	Energy	D	Sell	C-	D		0.46	1.46	0.46	1.45	G	F	G	W	–	W
Input Capital Corp.	INP.V	TSXV	Consumer Staples	D	Sell	D	D-		0.80	1.20	0.57	0.39	V	W	E	W	G	V
Input Capital Corp.	INPCF	OTC PK	Consumer Staples	D	Sell	D	D-		0.60	0.90	0.49	0.65	V	W	E	W	G	V
Inrad Optics, Inc.	INRD	OTC PK	Information Tech	C	Hold	B	D	Up	1.80	2.00	0.47	-0.20	F	F	G	W	–	E
INSCAPE Corporation	INQ.TO	TSX	Industrials	D	Sell	D+	D		1.65	2.10	1.25	0.63	F	W	E	W	–	W
INSCAPE Corporation	ICPBF	OTC PK	Industrials	D	Sell	D+	D		1.46	1.50	0.99	0.86	F	W	E	W	–	W
Inseego Corp.	INSG	NAS GS	Information Tech	D	Sell	D+	D	Down	4.34	6.00	1.73	0.89	W	W	G	W	–	F
Insight Enterprises, Inc.	NSIT	NAS GS	Information Tech	B-	Buy	A-	C		58.28	60.10	37.77	1.34	E	E	E	F	–	G
Insignia Systems, Inc.	ISIG	NAS CM	Communication Svc	D	Sell	D	D	Down	1.10	2.32	0.95	0.52	W	F	E	W	–	W
Insmed Incorporated	INSM	NAS GS	Health Care	D-	Sell	E+	D		25.30	33.13	11.31	3.58	W	V	G	W	–	F
Insperity, Inc.	NSP	NYSE	Industrials	B	Buy	A+	C+		121.62	132.50	86.63	1.02	E	E	E	F	W	G

*Ratings Factors: E=Excellent, G=Good, F=Fair, W=Weak, V=Very Weak, U=Unrated

Summer 2019 — I. Index of Stocks

	TOTAL RETURNS %				DIVIDEND/YIELD		SIZE		REVENUE & INCOME			EARNINGS			EFFECTIVENESS			VALUATION		
3-Month Total Return (%)	6-Month Total Return (%)	1-Year Total Return (%)	3-Year Total Return (%)	Dividend $ TTM	Dividend Yield TTM	Market Cap. ($Mil)	Enterprise Value ($Mil)	Revenue ($Mil)	Revenue Growth (%)	Net Income ($Mil)	Earnings/Share $	EPS Growth (%)	Cash from Operations ($Mil)	Return on Assets (%)	Return on Equity (%)	Earnings (P/E) TTM	Sales (P/S) TTM	Book (P/B) Q
-6.73	9.16	-13.15	-6.92			5,852	8,815	1,442	15.4	403.7	0.28	28.8	676.4	4.63	8.49	13.1	3.9	1.2
-63.24	-76.44	-78.54				44.5	438.4	920.0	103.2	-1.3	-2.39	-2,014.4	-5.4	-5.03		-0.8	0.1	-0.3
145.00	250.00	96.00	-54.63			2.8	2.6	--		0.10	0.00	0.0	-0.23	-29.78	59.69	24.5		12.3
-6.41	38.17	34.39	76.23			92.0	125.8	68.8	4.1	-2.3	-0.12	86.2	11.6	0.17		-40.2	1.3	4.7
-0.57	12.62	-15.01	33.53	0.62	5.3	45,160	--	15,670	-22.2	4,728	1.21	-24.3	--			9.6	2.9	0.8
-7.69	4.52	-23.00	14.63			45,160	--	15,670	-22.2	4,728	1.21	-24.3	--			9.1	2.7	0.8
16.26	37.83	42.52	118.93	2.12	1.7	29,988	34,250	15,860	8.8	1,417	5.69	11.8	1,421	6.64	20.64	21.9	1.9	4.4
-6.75	22.27	23.58	200.42			4,200	5,642	1,175	18.8	161.0	3.79	17.0	234.3	10.08	50.23	26.5	3.6	11.7
16.32	20.41	1.28	-8.26	0.66	2.1	639.2	1,480	4,158	2.1	80.1	3.95	-6.3	201.6	4.57	13.52	8.0	0.2	1.0
-13.81	-10.76	-26.34	-31.85	2.48	3.1	5,388	7,374	5,792	-1.0	403.0	5.73	-21.3	571.0	7.73	14.73	14.1	0.9	2.1
-38.18	0.00	-55.26	195.65			44.6	29.2	--		-9.2	-0.05	-16.8	-5.9	-41.4		-6.2		3.6
-38.10	4.00	-54.14	173.97			44.6	29.2	--		-9.2	-0.05	-16.8	-5.9	-41.4		-4.7		2.8
22.26						99.8	93.7	--		-11.5	-1.30	-185.5	-3.1	-33.86		-7.5		4.1
-25.02	65.25					32.2	40.2	4.6	29.1	-9.4	-0.08	-42.7	-4.4	-28.28		-2.1	4.7	6.8
-0.11	16.35	4.84	11.18	0.52	5.0	1,402	5,346	446.3	33.9	25.0	0.15	49.2	161.6	2.25	3.66	67.7	3.1	4.0
-2.55	11.79	3.57	11.49	0.69	5.0	1,402	5,346	446.3	33.9	25.0	0.15	49.2	161.6	2.25	3.66	89.0	4.1	5.3
-55.38	30.00	90.67				4.5	7.0	0.46	19.2	-5.9	-0.06	-50.8	-1.7	-69.41		-0.5	8.7	-1.6
10.31	8.20	-54.33	-49.17			203.6	358.1	1,114	-3.0	-76.9	-1.50	-1,006.1	-5.8	0.46		-2.7	0.2	1.1
-37.50	-32.43	-50.20	-80.77			0.38	0.91	--		-0.24	0.00	20.0	-0.08	-60.96		-1.6		-0.7
-27.48	-39.01	-9.71	-59.61			23.9	17.0	57.0	-5.2	-0.18	-0.01	92.4	4.1	2.2		-80.1	0.4	0.8
-4.49	21.81	-36.38	-19.03	1.92	6.7	556.6	918.8	787.8	3.5	33.9	1.70	51.2	68.3	4.84	9.92	16.7	0.7	1.6
5.99	44.81	16.20	105.62	0.95	1.1	2,160	2,285	1,505	9.6	91.5	3.72	37.3	120.1	6.69	10.93	23.7	1.4	2.6
-35.84	-54.69	-94.88				39.3	31.6	--		-12.4	-0.47	61.2	-12.4	-46.17		-2.4		21.3
75.45	86.29	-49.21	-86.01			39.3	41.5	--		-12.0	-0.07	39.5	-7.9	-96.71		-2.6		-8.5
-32.23	-52.44	-80.02	-87.52			2.3	2.4	0.24	-22.9	-0.66	-0.02	3.6	-0.39	-23.46		-3.3	9.0	2.3
10.20	14.89	-28.95	28.57			18.3	17.3	54.9	28.6	1.4	0.04	-69.0	0.37	6.65	14.54	13.1	0.3	1.7
41.33	162.18	245.70		1.75	1.5	1,174	1,262	18.8	138.7	9.7	0.95	655.2	20.5	1.74	4.61	126.3	62.2	4.6
61.29	130.17	72.12	81.16			84.5	63.3	15.2	-2.4	-1.1	-0.07	48.4	0.29	-2.03		-67.9	5.6	2.4
1.93	-16.73	3.42	39.92			1,441	1,647	263.8	15.2	399.3	3.57	177.3	250.3	36.59		4.0	6.1	7.7
55.56	16.67	-6.67	366.67			1.9	2.0	0.64	-7.4	-0.05	0.00	-112.6	-0.15	-13.32		-46.7	3.9	41.2
-69.20	-82.62	-86.67	-93.33			4.0	5.4	24.8	121.8	-8.4	-3.95	-11.7	-6.1	-30.85		-0.4	0.2	3.4
-7.06	-7.93	2.55	-31.74	0.03	2.0	14.1	16.8	6.2	-9.6	1.4	0.47	861.6	-1.8	-4.04		3.2	3.1	
-30.14	-46.53	-64.78	36.81			1,436	1,204	369.3	33.8	46.4	2.06	77.3	45.9	6.19	16.33	31.8	4.0	4.5
-28.57	-16.67	-68.75				0.32	0.18	--		-0.16	-0.01	27.6	-0.14	-24.08		-2.7		1.4
-0.94	10.39	6.39	28.97	0.83	8.3	180.2	420.9	29.5	8.1	17.0	0.70	33.8	7.8	2.31	8.13	14.3	8.0	1.2
5.35	13.69	8.48		0.62	8.1	180.2	420.9	29.5	8.1	17.0	0.70	33.8	7.8	2.31	8.13	11.0	6.1	0.9
17.48	2.95	47.24	-12.43			2,245	3,147	580.4	33.8	-30.7	-0.22	-334.0	98.3	1.54		-66.3	3.7	3.4
-19.78	-27.00	-24.74	-68.30			286.3	245.8	31.8	-4.8	-93.8	-0.99	12.1	-93.4	-30.8		-2.9	9.0	3.7
13.80	55.62	54.37	80.59			2,261	2,299	316.6	0.6	-95.5	-2.17	-6.0	86.9	-3.98		-23.0	7.0	6.1
-23.20	-77.98	-88.80	-99.99			7.0	7.8	4.3	149.1	-23.5	-40.57	94.1	-19.3	-51.41		0.0	0.7	0.4
-42.57	-34.83	-68.98				30.2	68.7	52.1	10.5	-6.8	-0.10	-6.3	21.8	-1.6		-5.6	0.8	0.3
-35.47	-29.89	-67.85				30.2	68.7	52.1	10.5	-6.8	-0.10	-6.3	21.8	-1.6		-4.4	0.6	0.2
-8.05	-4.79	-28.02	-59.79	0.04	5.0	50.0	50.4	35.7	-2.4	-3.2	-0.04	-27.9	18.1	0.47		-19.8	1.9	0.9
-7.69	-2.69	-28.55	-60.97	0.03	5.0	50.0	50.4	35.7	-2.4	-3.2	-0.04	-27.9	18.1	0.47		-14.9	1.5	0.7
11.11	89.47	89.47	500.00			24.5	26.2	10.8	-1.9	0.41	0.03	301.5	0.84	5.36	17.97	66.2	2.3	9.6
-13.16	15.38	-8.33	-47.45			18.1	15.9	71.6	-1.2	-7.1	-0.50	-2,061.6	-3.1	-10.95		-3.3	0.3	1.4
-1.34	47.70	-2.66	-33.63			18.1	15.9	71.6	-1.2	-7.1	-0.50	-2,061.6	-3.1	-10.95		-3.0	0.3	1.2
-8.44	8.50	117.00				341.7	454.7	204.3	-3.0	-7.5	-0.12	81.7	-2.4	-0.62		-37.2	1.6	-10.5
5.56	44.80	18.26	132.65			2,084	2,402	7,003	0.5	170.3	4.74	56.5	263.8	5.69	17.86	12.3	0.3	2.0
-16.67	-27.15	-34.13	-30.56			13.1	4.6	31.0	6.5	0.14	0.01	-79.3	3.3	0.79	0.91	141.0	0.4	0.9
-10.03	93.57	5.37	160.29			2,236	2,182	31.7		-329.9	-4.29	-35.8	-263.8	-28.68		-5.9	61.8	13.6
0.00	33.41	30.80	250.20	1.00	0.8	5,017	4,773	3,967	15.6	161.7	3.88	65.7	278.6	10.23	145.67	31.4	1.3	42.1

I. Index of Stocks

Summer 2019

Company Name	Stock Ticker Symbol	Traded On	Sector	Overall Rating	Recommendation	Reward Rating	Risk Rating	Recent Up/Downgrade	Stock Price as of 6/30/2019	52-Week High	52-Week Low	3-Year Beta	Growth	Efficiency	Solvency	Volatility	Dividend	Total Return
Inspira Financial Inc.	LNDZF	OTC PK	Financials	D-	Sell	E+	D-	Up	0.10	0.12	0.08	1.36	W	V	E	W	—	W
Inspira Financial Inc.	LND.V	TSXV	Financials	D-	Sell	E+	D-		0.12	0.17	0.1	-0.21	W	V	E	W	—	V
Inspire Medical Systems, Inc.	INSP	NYSE	Health Care	D	Sell	D	D		60.00	64.34	34.81		W	V	E	F	—	W
Inspired Builders, Inc.	ISRB	OTC PK	Real Estate	D	Sell	D	D		0.18	15.00	0.18	-3.50	F	W	E	W	—	W
Inspired Entertainment, Inc.	INSE	NAS CM	Consumer Discretn	D+	Sell	C-	D	Up	8.42	9.70	3.86	1.26	F	W	G	W	—	F
InspireMD, Inc.	NSPR	AMEX	Health Care	E+	Sell	E+	E+		3.49	37.62	3	3.27	W	V	E	V	—	V
InsPro Technologies Corporation	ITCC	OTC PK	Information Tech	D+	Sell	C	D	Down	0.04	0.14	0.03	2.16	W	E	G	W	—	W
Inspyr Therapeutics, Inc.	NSPX	OTC PK	Health Care	D	Sell	C-	D-		0.00	0.01	0	0.66	W	E	F	W	—	V
Installed Building Products, Inc.	IBP	NYSE	Consumer Discretn	C+	Hold	B	D+	Up	55.19	59.70	29.24	1.58	E	E	E	W	—	F
Insteel Industries, Inc.	IIIN	NAS GS	Industrials	C-	Hold	C	D		20.46	43.78	17.5	1.91	F	E	E	W	W	W
Instructure, Inc.	INST	NYSE	Information Tech	D+	Sell	C-	D	Down	41.58	50.19	29.48	0.02	F		E	F	—	F
Insulet Corporation	PODD	NAS GS	Health Care	C	Hold	B	D		116.61	122.19	70.8	0.40	F	F	E	F	—	E
Insurance Acquisition Corp.	INSU	NAS CM	Financials	U		U	U		9.85	9.85	9.83		U	U	U	U	U	U
INSYS Therapeutics, Inc.	INSYQ	OTC PK	Health Care	D-	Sell	D-	D-		0.31	11.65	0.14	3.10	W	W	G	W	—	V
Intact Financial Corporation	IFC.TO	TSX	Financials	B	Buy	B	B-		120.87	124.32	91.65	0.40	F	E	E	G	F	F
Intact Financial Corporation	IFCZF	OTC PK	Financials	C	Hold	B	B-		92.75	92.75	70.9	0.60	F	E	E	G	G	F
Intact Gold Corp.	ITG.V	TSXV	Materials	D	Sell	D	D-	Up	0.06	0.17	0.05	-0.63	W	V	E	W	—	W
Intact Gold Corp.	ITTGF	OTC PK	Materials	D-	Sell	D	D-		0.07	0.10	0.05	-0.73	W	V	E	W	—	V
Integer Holdings Corporation	ITGR	NYSE	Health Care	B-	Buy	B+	C-		84.94	92.62	63.5	1.12	E	G	E	F	—	F
Integra LifeSciences Holdings Corporation	IART	NAS GS	Health Care	C+	Hold	B	D+	Up	54.37	66.41	42.14	1.30	E	G	E	F	—	F
Integra Resources Corp.	IRRZF	OTC PK	Materials	D-	Sell	E+	D		0.67	0.72	0.44		V	V	G	W	—	W
Integra Resources Corp.	ITR.V	TSXV	Materials	D-	Sell	E+	D		0.88	0.95	0.61	0.71	V	V	G	W	—	W
Integral Technologies, Inc.	ITKG	OTC PK	Materials	D+	Sell	C	D-		0.03	0.06	0.02	0.48	G	E	F	W	—	W
Integrated Asset Management Corp.	IAM.TO	TSX	Financials	C	Hold	B+	B+		2.73	2.86	1.52	0.04	F	E	E	G	G	E
Integrated Biopharma, Inc.	INBP	OTC PK	Consumer Staples	C	Hold	B+	D+		0.23	0.25	0.1	-1.42	F	E	W	W	—	F
Integrated Cannabis Company, Inc.	ICNAF	OTC PK	Health Care	E	Sell	E	D-	Up	0.26	0.44	0.2		W	V	E	W	—	W
Integrated Media Technology Limited	IMTE	NAS CM	Information Tech	D	Sell	D-	D	Down	9.35	18.28	4.01		W	V	G	W	—	W
Integrated Ventures, Inc.	INTV	OTC PK	Information Tech	D-	Sell	D-	D-		0.14	1.02	0.08	3.18	W	W	E	W	—	W
Integrity Gaming Corp.	IGAM.V	TSXV	Consumer Discretn	D+	Sell	D+	D		0.46	0.47	0.22	-0.89	F	W	G	W	—	F
Intel Corporation	INTC	NAS GS	Information Tech	B	Buy	B	C+		47.46	59.59	42.36	0.66	E	E	E	F	G	F
IntelGenx Technologies Corp.	IGXT	OTC PK	Health Care	D-	Sell	E+	D-	Down	0.49	1.83	0.43	1.62	V	V	G	W	—	W
IntelGenx Technologies Corp.	IGX.V	TSXV	Health Care	D-	Sell	E+	D-	Down	0.66	2.36	0.6	1.29	V	V	G	W	—	W
Intellia Therapeutics, Inc.	NTLA	NAS	Health Care	D	Sell	D	D		15.23	32.95	11.03	2.47	W	W	E	W	—	W
Intellicheck, Inc.	IDN	AMEX	Information Tech	D	Sell	D+	D		5.50	6.92	1.88	-0.08	F	V	E	W	—	E
Intelligent Systems Corporation	INS	AMEX	Information Tech	B-	Buy	B	C+		26.11	48.93	8.5	1.97	G	G	E	F	—	G
Intellinetics, Inc.	INLX	OTC PK	Information Tech	D	Sell	D+	D	Up	0.13	0.14	0.08	1.28	W	E	G	W	—	V
IntelliPharmaCeutics International Inc.	IPCI.TO	TSX	Health Care	D-	Sell	D-	E+		0.29	7.20	0.2	1.70	W	W	F	W	—	V
IntelliPharmaCeutics International Inc.	IPCIF	OTC PK	Health Care	D-	Sell	D-	E+		0.22	5.40	0.15	1.80	W	W	F	W	—	V
Intelsat S.A.	I	NYSE	Communication Svc	D	Sell	D+	D	Down	19.69	37.70	14.81	0.88	W	W	G	W	—	F
Intema Solutions Inc.	ITMH.V	TSXV	Information Tech	C-	Hold	B-	D	Up	0.08	0.09	0.01	3.85	F	W	F	W	—	E
Intema Solutions Inc.	ITMZF	OTC PK	Information Tech	C-	Hold	C	D	Up	0.06	0.06	0.02	-2.02	F	W	F	F	—	W
Inter Parfums, Inc.	IPAR	NAS GS	Consumer Staples	B	Buy	A-	B-	Down	64.20	80.99	52.65	0.53	E	E	E	G	F	F
Inter Pipeline Ltd.	IPL.TO	TSX	Energy	C	Hold	B-	D		20.12	25.66	18.6	0.53	G	E	G	W	E	W
Inter Pipeline Ltd.	IPPLF	OTC PK	Energy	C	Hold	B-	D		15.35	19.49	13.66	0.85	G	E	G	W	E	W
Interbit Ltd.	BTLLF	OTC PK	Information Tech	D-	Sell	E+	D	Down	0.53	4.14	0.25	3.11	W	V	E	W	—	W
Interbit Ltd.	IBIT.V	TSXV	Information Tech	D-	Sell	E+	D	Down	0.67	5.40	0.35	2.91	W	V	E	W	—	W
Intercept Energy Services Inc.	IESCF	OTC PK	Energy	D	Sell	D+	D		0.06	0.06	0.06	21.82	W	W	F	W	—	F
Intercept Energy Services Inc.	IESH.V	TSXV	Energy	D	Sell	D	D-		0.02	0.08	0.02	3.33	W	W	F	W	—	V
Intercept Pharmaceuticals, Inc.	ICPT	NAS GS	Health Care	D-	Sell	E+	D		79.41	133.74	73.01	1.25	F	V	E	W	—	F
InterCloud Systems, Inc.	ICLD	OTC PK	Information Tech	D	Sell	C-	D-		0.00	0.06	0	3.03	F	G	F	W	—	W
Interconnect Ventures Corporation	IVC.V	TSXV	Materials	D	Sell	D	D		0.07	0.11	0.04	-0.12	F	W	G	W	—	W
Intercontinental Exchange, Inc.	ICE	NYSE	Financials	B+	Buy	B+	B+		85.51	87.26	69.69	0.38	G	E	E	E	W	F

*Ratings Factors: E=Excellent, G=Good, F=Fair, W=Weak, V=Very Weak, U=Unrated

Summer 2019 — I. Index of Stocks

3-Month Total Return (%)	6-Month Total Return (%)	1-Year Total Return (%)	3-Year Total Return (%)	Dividend $ TTM	Dividend Yield TTM	Market Cap. ($Mil)	Enterprise Value ($Mil)	Revenue ($Mil)	Revenue Growth (%)	Net Income ($Mil)	Earnings/Share $	EPS Growth (%)	Cash from Operations ($Mil)	Return on Assets (%)	Return on Equity (%)	Earnings (P/E) TTM	Sales (P/S) TTM	Book (P/B) Q
-9.70	19.88	-23.77	-64.38			4.0	--	-1.5	-154.3	-5.7	-0.13	12.0	3.8			-0.8	-1.9	0.5
-11.54	0.00	-25.81	-65.19			4.0	--	-1.5	-154.3	-5.7	-0.13	12.0	3.8			-0.9	-2.3	0.6
10.42	43.03	65.88				1,428	1,276	56.8	70.5	-23.6	-1.22	92.4	-23.2	-13.77		-49.0	24.8	9.0
0.00	0.00	-98.74	-94.00			0.18	0.17	--		-0.07	-0.07	69.2	-0.06	-551.28		-2.6		-64.3
28.55	75.42	35.81				186.9	299.3	136.9	0.5	-25.6	-1.23	-12.4	36.8	1.65		-6.9	1.3	-14.1
-49.24	-54.97	-86.37	-99.98			4.9	0.21	3.0	-5.9	-8.1	-16.65	96.1	-9.3	-63.34		-0.2	1.0	0.5
-13.73	10.00	-66.15	4.76			1.8	-0.95	19.0	-16.7	0.80	-0.01	-198.3	2.1	5.64	46.49	-3.9	0.1	0.9
-31.09	5.13	-59.00	-99.89			0.62	3.3	--		-2.2	-0.17	95.8	-0.16			0.0		0.0
14.72	64.45	-5.50	60.86			1,646	2,056	1,377	16.8	57.2	1.86	43.3	106.4	7.93	29.39	29.7	1.2	8.6
-0.23	-14.53	-38.78	-17.57	0.12	0.6	393.9	398.8	464.1	16.3	27.5	1.41	10.3	-10.7	7.1	11.82	14.5	0.9	1.6
-10.52	11.47	-2.96	133.73			1,521	1,479	219.6	25.9	-47.7	-1.36	5.8	-23.7	-12.04		-30.6	6.8	10.3
24.00	50.29	32.53	302.24			6,959	7,252	599.8	23.5	14.2	0.23	155.4	46.5	3.32	7.22	517.8	11.9	31.1
						152.6	--	--		0.00	0.00		-0.16			-49,250.0		40.7
-93.16	-91.07	-95.79	-97.48			23.5	-46.4	65.8	-48.9	-228.0	-3.07	7.3	-55.2	-40.2		-0.1	0.4	-0.1
7.84	24.48	32.11	45.36	2.92	2.4	12,818	15,431	8,290	11.1	581.5	3.94	-4.9	856.4	2.17	9.93	30.7	2.0	3.2
10.86	30.72	34.34	47.87	2.19	2.4	12,818	15,431	8,290	11.1	581.5	3.94	-4.9	856.4	2.17	9.93	23.5	1.6	2.5
-26.67	-15.38	-67.65	-93.53			0.76	-0.53	--		-0.28	-0.02	58.0	0.01	-12.63		-2.8		0.6
-27.13	-27.13	-35.71	-89.09			0.76	-0.53	--		-0.28	-0.02	58.0	0.01	-12.63		-3.7		0.8
10.90	11.72	30.48	194.01			2,771	3,710	1,237	6.5	181.5	5.58	127.4	132.4	4.39	5.54	15.2	2.3	2.6
-1.89	22.65	-17.33	42.74			4,647	5,946	1,475	14.6	82.6	0.95	8.9	187.6	4.39	6.89	57.0	3.2	3.3
10.50	10.81	6.75				51.8	47.2	--		-13.1	-0.21	-62.9	-12.6	-14.71		-3.2		2.7
7.32	8.64	3.53	8,700.00			51.8	47.2	--		-13.1	-0.21	-62.9	-12.6	-14.71		-4.2		3.6
-40.48	-20.63	-44.57	-82.27			6.2	6.8	1.1	853.9	-2.6	-0.01	53.3	-0.11			-2.1	5.2	-1.3
7.48	35.03	84.16	191.46	0.11	4.0	57.7	44.6	14.0	11.2	2.4	0.08	60.2	5.0	12.37	17.55	32.8	5.6	5.4
76.92	55.93	78.43	84.00			6.8	19.9	49.0	15.5	2.1	0.06	150.5	-0.47	9.34		4.1	0.1	4.9
3.63	-6.81					22.0	21.5	0.07		-6.8	-0.39	-64,583.3	-8.9			-0.7	145.4	8.7
-30.22	72.19	-46.11				31.6	37.3	1.0	-76.8	-11.7	-4.29	-978.8	-5.1	-15.6		-2.2	25.2	3.2
27.27	-30.00	-83.31	-96.89			4.1	4.2	0.31	29.1	-6.7	-0.78	-17.9	-0.65	-125.93		-0.2	5.2	20.0
0.00	1.11	51.67	-35.00			13.3	40.6	16.3	-0.5	-7.7	-0.23	-5.6	1.4	-2.57		-2.0	1.0	-3.3
-10.09	2.78	-1.21	64.88	1.23	2.6	212,478	229,547	70,843	10.6	20,573	4.43	92.4	28,107	11.12	28.61	10.7	3.1	2.9
-27.50	-5.21	-35.97	0.61			46.1	46.3	2.0	-51.0	-10.4	-0.13	-84.1	-8.7	-39.67		-3.7	23.2	5.9
-28.26	-8.33	-35.92	-4.35			46.1	46.3	2.0	-51.0	-10.4	-0.13	-84.1	-8.7	-39.67		-5.0	31.0	7.9
-8.20	17.42	-43.63	-38.06			696.2	419.1	33.4	22.0	-85.9	-1.96	2.1	-64.9	-16.38		-7.8	20.6	2.6
55.81	164.41	157.01	284.62			86.6	83.0	4.7	17.8	-4.1	-0.27	40.1	-3.9	-16.72		-20.5	18.5	7.1
-15.77	98.56	182.27	625.28			231.1	209.8	23.0	99.4	7.4	0.83	342.7	13.5	17.45	30.66	31.5	10.2	8.2
-2.23	27.00	-8.50	-85.89			2.4	6.0	2.4	-2.7	-2.4	-0.14	-53.4	-1.0	-79.33		-0.9	1.0	-0.5
26.09	-9.38	-94.82	-98.55			4.9	3.6	1.7	-62.6	-13.8	-2.31	25.6	-14.5	-129.29		-0.1	3.4	7.0
30.07	-10.40	-94.79	-98.54			4.9	3.6	1.7	-62.6	-13.8	-2.31	25.6	-14.5	-129.29		-0.1	2.6	5.4
29.54	-8.72	19.04	717.01			2,768	16,697	2,146	-0.4	-653.4	-4.80	-171.2	380.7	4.58		-4.1	1.3	-0.7
50.00	650.00	87.50	200.00			4.9	5.0	0.48	-9.9	-0.26	0.00	73.3	0.01	-39.87		-24.2	13.6	-30.0
12.50	12.50	18.42	182.61			4.9	5.0	0.48	-9.9	-0.26	0.00	73.3	0.01	-39.87		-18.9	10.6	-23.4
-15.42	-1.25	22.36	134.36	1.04	1.6	2,019	2,003	682.0	10.0	56.8	1.81	27.7	69.1	7.49	12.18	35.6	3.0	4.5
-6.67	9.02	-11.58	-7.66	1.70	8.5	6,300	10,894	1,987	9.3	418.3	1.06	-2.9	759.2	5.14	14.62	19.0	4.1	2.8
-4.54	13.80	-9.84	-8.57	1.28	8.4	6,300	10,894	1,987	9.3	418.3	1.06	-2.9	759.2	5.14	14.62	14.5	3.2	2.1
-36.61	-37.08	-85.22	14.09			12.2	4.8	--		-7.2	-0.30	3.8	-5.9	-44.21		-1.8		1.8
-39.09	-41.74	-85.92	1.52			12.2	4.8	--		-7.2	-0.30	3.8	-5.9	-44.21		-2.2		2.3
0.00	0.00	11.18	2,700.00			0.14	1.6	1.4	-71.0	-2.8	-0.30	0.2	-0.38	-16.44		-0.2	0.5	-0.1
0.00	0.00	-76.92	-92.50			0.14	1.6	1.4	-71.0	-2.8	-0.30	0.2	-0.38	-16.44		-0.1	0.1	0.0
-25.56	-15.57	-0.61	-46.84			2,594	2,632	196.1	34.4	-317.9	-10.75	23.2	-235.3	-44.16		-7.4	12.1	-43.0
0.00	0.00	-98.93	-100.00			0.57	8.8	32.8	279.0	-11.2	6.82	120.0	-2.8	-7.01		0.0	0.1	0.0
62.50	-18.75	-35.00	-23.53			0.48	0.06	--		-0.07	-0.01	-1.3	-0.06	-8.81		-8.6		1.6
14.73	15.65	17.33	78.77	1.03	1.2	48,216	55,512	5,019	6.9	2,008	3.48	-17.5	2,614	1.88	11.92	24.6	9.7	2.8

I. Index of Stocks

Summer 2019

Company Name	Stock Ticker Symbol	Traded On	Sector	Overall Rating	Recommendation	Reward Rating	Risk Rating	Recent Up/ Downgrade	Stock Price as of 6/30/2019	52-Week High	52-Week Low	3-Year Beta	Growth	Efficiency	Solvency	Volatility	Dividend	Total Return
Intercontinental Gold and Metals Ltd.	GXMLF	OTC PK	Industrials	D	Sell	D	D		0.07	0.41	0.07	-0.98	F	V	G	W	–	F
Intercontinental Gold and Metals Ltd.	ICAU.V	TSXV	Industrials	D	Sell	D	D		0.13	0.54	0.09	2.04	F	V	G	W	–	F
Intercontinental Hotels Group plc	IHG	NYSE	Consumer Discretn	C+	Hold	C+	C	Up	67.27	69.23	53.52	0.79	W	E	G	F	F	F
Intercontinental Hotels Group plc	ICHGF	OTC PK	Consumer Discretn	C	Hold	B-	C		65.50	66.01	50.38	0.90	W	E	G	F	G	F
Intercorp Financial Services Inc.	ITCXF	OTC PK	Financials	D+	Sell	C	C	Down	38.50	38.84	38.5		E	E	E	F	–	W
InterDigital, Inc.	IDCC	NAS GS	Information Tech	D+	Sell	C	D	Down	63.54	85.85	62.34	0.87	V	E	E	W	F	W
Interdyne Company	ITDN	OTC PK	Financials	D	Sell	D-	D		0.01	0.03	0	-0.39	V	W	E	W	–	W
Interface, Inc.	TILE	NAS GS	Industrials	C-	Hold	C+	D		15.33	24.50	13.45	1.74	F	E	G	W	F	W
Interfor Corporation	IFSPF	OTC PK	Materials	C-	Hold	B-	D	Down	10.71	18.85	8.48	2.59	F	G	E	W	–	W
Interfor Corporation	IFP.TO	TSX	Materials	C	Hold	B-	D		13.99	26.06	11.23	2.23	F	G	E	W	–	W
Interlapse Technologies Corp.	INLA.V	TSXV	Information Tech	D-	Sell	E+	D		0.95	1.64	0.5	-3.59	V	V	G	W	–	G
Interlapse Technologies Corp.	CRDAF	OTC PK	Information Tech	D-	Sell	E+	D-	Up	0.72	1.15	0	794.91	V	V	G	W	–	W
Interlink Electronics, Inc.	LINK	OTC PK	Information Tech	D	Sell	D+	E+		1.90	5.35	1.62	1.19	W	E	E	V	–	V
Interlink Plus, Inc.	ITRK	OTC PK	Consumer Discretn	D-	Sell	D-	D-	Down	0.01	0.01	0	4.59	W	W	F	W	–	V
Intermap Technologies Corporation	ITMSF	OTC PK	Information Tech	D-	Sell	E+	D-	Down	0.15	0.40	0.09	2.63	V	V	G	W	–	V
Intermap Technologies Corporation	IMP.TO	TSX	Information Tech	D-	Sell	E+	D-	Down	0.19	0.55	0.12	2.71	V	V	G	W	–	V
Intermolecular, Inc.	IMI	NAS GS	Information Tech	D	Sell	D+	D		1.17	1.98	0.88	0.61	F	W	E	W	–	W
Internap Corporation	INAP	NAS GS	Information Tech	D	Sell	D	D-		3.03	15.31	2.29	3.32	W	W	G	W	–	V
International Baler Corporation	IBAL	OTC PK	Industrials	D+	Sell	C-	D	Up	1.70	2.10	0.85	0.64	W	F	E	W	–	W
International Bancshares Corporation	IBOC	NAS GS	Financials	B-	Buy	B	C	Up	37.28	47.95	32.56	1.30	E	G	E	F	G	W
International Bethlehem Mining Corp.	IHLHF	OTC PK	Materials	D	Sell	D	D-	Up	0.01	0.02	0.01	2.98	V	W	F	W	–	W
International Bethlehem Mining Corp.	IBC.V	TSXV	Materials	D	Sell	D	D	Up	0.03	0.07	0.02	0.25	V	W	F	W	–	W
International Business Machines Corporation	IBM	NYSE	Information Tech	C	Hold	B-	D+		138.52	154.36	105.94	1.56	F	E	G	W	G	W
International Cannabrands Inc.	GEATF	OTC PK	Health Care	D-	Sell	D-	D-		0.05	0.31	0.04		W	W	E	W	–	V
International Corona Capital Corp.	IC.V	TSXV	Materials	D	Sell	D	D	Down	0.04	0.05	0.03	0.75	W	W	G	W	–	W
International Flavors & Fragrances Inc.	IFF	NYSE	Materials	C+	Hold	B	C-		143.57	152.95	121.85	0.40	G	E	E	F	F	F
International Frontier Resources Corporation	IFR.V	TSXV	Energy	D-	Sell	E+	D-	Down	0.06	0.25	0.06	0.97	V	V	G	W	–	W
International Frontier Resources Corporation	IFRTF	OTC PK	Energy	D-	Sell	E+	D		0.05	0.20	0.04	1.29	V	V	G	W	–	W
International Game Technology PLC	IGT	NYSE	Consumer Discretn	D	Sell	C-	D-		12.64	26.31	12.11	1.01	W	F	F	W	E	W
International Isotopes Inc.	INIS	OTC PK	Health Care	D	Sell	D	D-		0.06	0.10	0.04	-0.23	F	W	F	W	–	W
International Leaders Capital Corporation	ILCC	OTC PK	Consumer Discretn	D+	Sell	C	D	Up	0.51	1.35	0.51	-0.07	W	E	F	W	–	W
International Lithium Corp.	ILHMF	OTC PK	Materials	D-	Sell	D-	D-		0.03	0.09	0.02	2.02	W	W	F	W	–	V
International Lithium Corp.	ILC.V	TSXV	Materials	D-	Sell	D-	D-		0.05	0.12	0.03	2.10	W	W	F	W	–	V
International Millennium Mining Corp.	IMLMF	OTC PK	Materials	D	Sell	D	D	Down	0.01	0.03	0.01	-0.97	W	W	G	W	–	W
International Millennium Mining Corp.	IMI.V	TSXV	Materials	D	Sell	D	D-		0.03	0.03	0.02	1.05	W	W	G	W	–	W
International Money Express, Inc.	IMXI	NAS CM	Information Tech	D-	Sell	C-	D	Up	14.16	15.11	9.06		W	F	G	G	–	W
International Montoro Resources Inc.	IMT.V	TSXV	Materials	D	Sell	D	D		0.05	0.09	0.04	-0.20	W	W	F	W	–	W
International Montoro Resources Inc.	IMTFF	OTC PK	Materials	D	Sell	D	D		0.03	0.06	0.02	-1.39	W	W	F	W	–	W
International Paper Company	IP	NYSE	Materials	C	Hold	B	D		42.92	54.95	37.55	1.35	E	E	G	W	G	W
International Parkside Products Inc.	IPKSF	OTC PK	Consumer Discretn	D	Sell	D	D+	Down	0.05	0.10	0.05	-0.90	V	F	G	W	–	W
International Parkside Products Inc.	IPD.V	TSXV	Consumer Discretn	D	Sell	D	D		0.09	0.17	0.06	-0.43	V	F	G	W	–	W
International Petroleum Corporation	IPCFF	OTC PK	Energy	C-	Hold	B	D+	Up	4.83	6.32	3.36		E	G	G	W	–	W
International Petroleum Corporation	IPCO.TO	TSX	Energy	C	Hold	B-	D+	Up	5.92	9.12	4.03	2.02	E	G	G	W	–	W
International Prospect Ventures Ltd.	IZZ.V	TSXV	Materials	D	Sell	D	D		0.15	0.38	0.11	0.90	W	W	G	W	–	F
International Prospect Ventures Ltd.	URANF	OTC PK	Materials	D	Sell	D	D		0.09	0.23	0.08	0.48	W	W	G	W	–	F
International Samuel Exploration Corp.	ISSFF	OTC PK	Materials	D	Sell	D	D-		0.03	0.10	0.02		W	W	G	W	–	V
International Samuel Exploration Corp.	ISS.V	TSXV	Materials	D	Sell	D	D-		0.03	0.13	0.02	2.33	W	W	G	W	–	V
International Seaways, Inc.	INSW	NYSE	Energy	D+	Sell	C-	D	Up	19.00	24.37	15.61	0.22	F	W	E	F	–	W
International Speedway Corporation	ISCA	NAS GS	Consumer Discretn	B-	Buy	B-	B-	Down	44.74	49.95	35.12	0.53	F	E	E	G	–	F
International Speedway Corporation	ISCB	OTC PK	Consumer Discretn	C	Hold	B-	B-		44.66	46.50	35.37	0.86	F	E	E	G	–	F
International Spirits & Beverage Group, Inc.	ISBG	OTC PK	Consumer Staples	D	Sell	C-	D		0.00	0.05	0	5.61	W	G	F	W	–	V
International Stem Cell Corporation	ISCO	OTC PK	Health Care	D-	Sell	E+	D		0.97	1.90	0.68	1.03	F	V	F	W	–	V

*Ratings Factors: E=Excellent, G=Good, F=Fair, W=Weak, V=Very Weak, U=Unrated

Data as of June 30, 2019

https://greyhouse.weissratings.com

Summer 2019 — I. Index of Stocks

3-Month Total Return (%)	6-Month Total Return (%)	1-Year Total Return (%)	3-Year Total Return (%)	Dividend $ TTM	Dividend Yield TTM	Market Cap. ($Mil)	Enterprise Value ($Mil)	Revenue ($Mil)	Revenue Growth (%)	Net Income ($Mil)	Earnings/Share $	EPS Growth (%)	Cash from Operations ($Mil)	Return on Assets (%)	Return on Equity (%)	Earnings (P/E) TTM	Sales (P/S) TTM	Book (P/B) Q
-50.00	-71.89	-82.93	0.29			1.8	4.5	86.8	287.0	-0.82	-0.05	68.7	-3.4			-1.4	0.0	-8.1
-27.78	-61.19	-75.00	52.94			1.8	4.5	86.8	287.0	-0.82	-0.05	68.7	-3.4			-2.7	0.0	-15.1
11.06	26.66	10.26	88.01	1.87	2.8	11,986	13,530	3,166	6.5	351.0	1.93	-34.4	666.0	13.1		34.9	3.9	-11.2
10.08	25.12	5.65	70.01			11,986	13,530	3,166	6.5	351.0	1.93	-34.4	666.0	13.1		34.0	3.8	-10.9
0.00	0.00	-6.02				4,992	--	1,029	5.0	346.3	3.13	1.4	-824.0		16.18	12.3	4.1	1.8
-2.47	-2.97	-20.25	26.27	1.40	2.2	2,016	1,573	288.6	-45.1	31.1	0.86	-81.9	116.6	1.3	2.85	73.5	7.2	2.5
-35.71	100.00	-65.38	0.00			0.36	0.26	--		-0.03	0.00	0.0	-0.03	-15.81		-12.9		4.1
0.54	8.65	-31.94	8.72	0.26	1.7	919.6	1,611	1,237	21.7	42.2	0.70	-27.7	85.8	6.86	12.28	21.8	0.7	2.6
-4.75	5.82	-39.74	29.30			716.9	882.2	1,611	0.2	49.4	0.69	-43.5	138.4	7.03	7.08	15.4	0.5	1.0
-10.15	-3.52	-42.69	33.24			716.9	882.2	1,611	0.2	49.4	0.69	-43.5	138.4	7.03	7.08	20.2	0.6	1.4
26.67	26.67	72.73	102.13			5.4	4.7	--		-0.52	-0.08	-693.1	-0.58	-23.41		-11.7		7.6
65,119.09	19,479.97	72.87	96.71			5.4	4.7	--		-0.52	-0.08	-693.1	-0.58	-23.41		-8.9		5.7
1.60	-5.00	-46.85	-83.17			12.3	6.2	9.5	-17.7	0.57	0.08	-72.3	2.0	5.84	5.72	23.8	1.3	1.4
-0.98	-30.34	-22.31				0.35	0.52	0.05	-42.6	-0.10	0.00	-50.0	-0.06	-83.27		-3.4	7.2	-1.5
21.68	23.43	-47.27	-90.27			2.4	34.0	13.3	-34.1	-5.1	-0.30	-5,688.5	-0.46	-12.21		-0.5	0.2	-0.1
15.62	23.33	-50.00	-90.51			2.4	34.0	13.3	-34.1	-5.1	-0.30	-5,688.5	-0.46	-12.21		-0.6	0.2	-0.1
2.18	15.84	-28.66	-23.03			58.2	44.9	30.6	-17.1	-5.0	-0.10	5.3	1.3	-7.59		-11.5	1.9	1.8
-38.79	-30.50	-71.44	-65.09			78.1	787.6	316.7	12.0	-68.1	-3.09	-20.2	33.3	0.95		-1.0	0.2	-3.6
-4.76	11.11	-17.48	-17.07			8.8	4.8	10.5	-9.0	0.15	0.03	-30.0	-0.09	0.89	1.62	59.7	0.8	1.0
-1.35	10.74	-11.93	58.47	0.92	2.5	2,447	--	573.6	8.6	214.4	3.23	20.6	244.4		11.24	11.5	4.3	1.2
-58.62	-58.62	-67.30	-66.33			0.48	0.46	--		-0.49	-0.03	-62.6	-0.04	-72.35		-0.4		-0.8
-40.00	-14.29	-40.00	50.00			0.48	0.46	--		-0.49	-0.03	-62.6	-0.04	-72.35		-1.2		-2.2
0.17	25.45	3.65	7.55	6.33	4.6	122,818	160,041	78,702	-1.7	8,640	9.48	56.1	15,404	6.2	49.52	14.6	1.6	7.5
-44.72	1.43	-19.90				12.4	19.2	1.3	694.6	-7.7	-0.04	51.9	-4.7	-69.38		-1.1	10.1	3.8
0.00	0.00	-22.22	-61.11			1.8	1.8	--		0.04	0.00	107.0	-0.05	50.59		70.0		
11.22	9.74	18.59	25.95	2.92	2.0	15,318	19,503	4,344	24.1	316.7	3.47	-10.8	496.2	5.03	7.99	41.4	3.8	2.5
-33.33	-33.33	-73.33	-60.00			7.9	7.9	--		-6.6	-0.04	-126.0	-0.91	-50.9		-1.4		2.3
-25.47	-26.32	-68.79	-54.06			7.9	7.9	--		-6.6	-0.04	-126.0	-0.91	-50.9		-1.2		2.0
0.44	-9.95	-42.32	-20.66	1.00	7.9	2,584	11,544	3,612	-27.7	-23.3	-0.11	98.0	-51.1			-110.5	0.7	1.4
-5.49	-8.20	-30.00	-17.89			23.5	31.1	10.1	20.4	-0.93	0.00	69.4	-0.45	-1.38		-25.5	2.3	-17.0
-7.27	-7.27	-72.73	-85.43			127.2	127.4	0.05		-1.5	-0.26	-29.9	-0.33	-639.49		-1.9	5,100.0	-159.4
-17.41	-16.53	-58.09	-79.81			5.1	10.3	--		-1.9	-0.02	10.6	-1.1	-7.22		-1.6		3.5
-16.67	-9.09	-50.00	-77.27			5.1	10.3	--		-1.9	-0.02	10.6	-1.1	-7.22		-2.6		5.6
0.00	0.00	-44.71	-13.50			3.3	3.3	--		-0.22	0.00	58.6	-0.04	-3.03		-11.8		0.5
0.00	0.00	0.00	-37.50			3.3	3.3	--		-0.22	0.00	58.6	-0.04	-3.03		-20.8		0.9
30.27	17.80					537.8	554.4	244.9	27.1	-3.5	-0.25	-0.7	31.0	-0.48		-57.3	2.1	10.8
-25.00	-18.18	12.50	-64.00			1.3	1.8	--		-0.23	-0.01	30.8	-0.14	-6.93		-4.2		1.3
-39.58	3.57	-23.28	-52.46			1.3	1.8	--		-0.23	-0.01	30.8	-0.14	-6.93		-2.7		0.8
-5.61	10.23	-14.61	19.50	1.98	4.6	17,054	27,628	23,328	4.9	1,707	4.15	-34.8	3,296	4.58	23.56	10.3	0.7	2.3
0.00	-45.02	-43.05	17.61			1.1	1.1	3.6	-41.2	-0.14	0.01	-70.8	-0.36	-2.64		10.4	0.2	
-10.00	-18.18	-35.71	18.46			1.1	1.1	3.6	-41.2	-0.14	0.01	-70.8	-0.36	-2.64		17.3	0.4	
4.03	33.19	-22.72				738.5	1,000	476.7	82.6	110.4	1.01	107.2	235.5	7.37	20.75	4.8	1.7	1.1
-4.98	37.35	-32.96				738.5	1,000	476.7	82.6	110.4	1.01	107.2	235.5	7.37	20.75	5.9	2.1	1.3
-17.14	-12.12	-42.00	-3.33			3.0	2.5	--		-0.17	-0.01	59.8	-0.11	-9.15		-21.3		5.4
-10.86	-17.17	-47.42	15.56			3.0	2.5	--		-0.17	-0.01	59.8	-0.11	-9.15		-13.8		3.5
-4.64	-10.70	-50.56				0.97	0.97	--		-0.44	-0.01	72.8	-0.48	-9.23		-2.4		0.5
-16.67	-37.50	-50.00	-84.38			0.97	0.97	--		-0.44	-0.01	72.8	-0.48	-9.23		-2.2		0.5
9.45	13.16	-20.47				555.2	1,313	320.3	26.4	-48.7	-1.68	68.2	16.0	0.24		-11.3	1.7	0.5
3.69	3.85	1.30	44.28	0.49	1.1	1,944	1,926	674.9	0.5	77.5	1.77	-69.8	208.7	2.5	4.71	25.3	2.9	1.2
6.67	7.63	1.69	40.55	0.49	1.1	1,944	1,926	674.9	0.5	77.5	1.77	-69.8	208.7	2.5	4.71	25.3	2.9	1.2
-50.00	-72.73	-96.25	-98.04			0.49	1.2	--		-3.2	-0.08	-47.4	-0.21			0.0		0.0
-28.51	-36.51	-37.74	-52.46			7.3	9.0	10.7	32.0	-2.2	-0.32	74.3	-1.3	-25.44		-3.1	0.7	2.3

https://greyhouse.weissratings.com

Data as of June 30, 2019

I. Index of Stocks

Summer 2019

Company Name	Stock Ticker Symbol	Traded On	Sector	Overall Rating	Recommendation	Reward Rating	Risk Rating	Recent Up/Downgrade	Stock Price as of 6/30/2019	52-Week High	52-Week Low	3-Year Beta	Growth	Efficiency	Solvency	Volatility	Dividend	Total Return
International Tower Hill Mines Ltd.	ITH.TO	TSX	Materials	D	Sell	D+	D	Down	0.75	0.90	0.48	-0.61	F	W	E	W	–	W
International Tower Hill Mines Ltd.	THM	AMEX	Materials	D	Sell	D	D	Down	0.57	0.68	0.35	-0.37	F	W	E	W	–	W
International Zeolite Corp.	IZ.V	TSXV	Materials	E+	Sell	E+	D-		0.13	0.29	0.05	0.47	W	V	G	W	–	W
International Zeolite Corp.	IZCFF	OTC PK	Materials	E+	Sell	E+	D-		0.09	0.22	0.01	0.74	W	V	G	W	–	W
Internet Gold - Golden Lines Ltd.	IGLD	NAS GS	Communication Svc	U		U	U		0.31	3.19	0.26	1.42	U	U	U	U	U	U
Internet Initiative Japan Inc.	IIJIY	OTC PK	Communication Svc	C	Hold	C+	C-		9.39	12.43	8.76	0.78	F	G	E	F	–	W
Internet Initiative Japan Inc.	IIJIF	OTC PK	Communication Svc	C	Hold	C+	D		19.20	22.84	19.2	0.62	F	G	E	F	–	W
Internet of Things Inc.	ITT.V	TSXV	Information Tech	D-	Sell	E+	D-		0.02	0.06	0.02	1.11	V	V	G	W	–	W
Internet of Things Inc.	INOTF	OTC PK	Information Tech	D-	Sell	E+	D-		0.02	0.05	0.01	0.01	V	V	G	W	–	W
Interpace Diagnostics Group, Inc.	IDXG	NAS CM	Health Care	D	Sell	D	D		0.73	1.78	0.67	1.81	F	W	E	W	–	V
InterRent Real Estate Investment Trust	IIPZF	OTC PK	Real Estate	C	Hold	A-	B		10.68	10.73	8.33	0.19	G	E	E	G	F	G
InterRent Real Estate Investment Trust	IIPUN.TO	TSX	Real Estate	A-	Buy	A-	B+	Up	13.74	14.79	10.66	-0.11	G	E	E	G	F	F
Inter-Rock Minerals Inc.	IRO.V	TSXV	Consumer Staples	D	Sell	C	D		0.22	0.36	0.2		G	G	G	W	–	W
Inter-Rock Minerals Inc.	IRCKF	OTC PK	Consumer Staples	D	Sell	C	E+	Up	0.16	0.27	0.16		G	G	G	V	–	V
Intersect ENT, Inc.	XENT	NAS	Health Care	D	Sell	D+	D		22.78	38.25	22.1	0.82	W	W	E	W	–	F
INTERSHOP Communications Aktiengesellschaft	ITSHF	OTC PK	Information Tech	D	Sell	D	D		1.70	1.86	1.7	0.11	W	W	E	W	–	F
Intertape Polymer Group Inc.	ITP.TO	TSX	Materials	C	Hold	B-	C-		17.73	19.97	14.6	0.43	G	E	G	F	G	W
Intertape Polymer Group Inc.	ITPOF	OTC PK	Materials	C	Hold	B-	D+		13.50	15.06	10.91	0.84	G	E	G	W	G	W
Interxion Holding N.V.	INXN	NYSE	Information Tech	C	Hold	B-	D		75.01	76.86	50.05	0.85	F	G	G	G	–	G
Intesa Sanpaolo S.p.A.	ISNPY	OTC PK	Financials	C-	Hold	C+	D	Down	12.71	18.58	12.11	1.10	G	G	E	W	–	W
Intesa Sanpaolo S.p.A.	IITSF	OTC PK	Financials	C	Hold	C+	D		2.14	3.06	2.02	1.01	G	G	E	W	–	W
inTEST Corporation	INTT	AMEX	Information Tech	C	Hold	B-	D	Down	4.67	9.45	4.5	1.60	F	G	E	W	–	W
Intevac, Inc.	IVAC	NAS GS	Information Tech	C-	Hold	C	D+		4.83	6.54	4.21	-0.22	W	F	E	W	–	W
INTL FCStone Inc.	INTL	NAS GS	Financials	C-	Hold	C	D+	Down	38.35	57.00	34.1	1.07	F	F	G	W	–	F
Intouch Insight Ltd.	INXSF	OTC PK	Information Tech	D	Sell	D	D		0.28	0.36	0.25	0.47	F	W	E	W	–	W
Intouch Insight Ltd.	INX.V	TSXV	Information Tech	D	Sell	D	D		0.34	0.54	0.22	0.48	F	W	E	W	–	W
Intra-Cellular Therapies, Inc.	ITCI	NAS GS	Health Care	D-	Sell	D-	D		12.71	23.62	10.21	1.37	W	V	E	W	–	W
INTREorg Systems, Inc.	IORG	OTC PK	Information Tech	D	Sell	C-	D	Down	0.40	0.75	0.25	1.00	V	E	F	W	–	F
Intrepid Potash, Inc.	IPI	NYSE	Materials	C-	Hold	C	D+	Down	3.26	4.41	2.51	1.13	F	F	E	W	–	F
Intrexon Corporation	XON	NAS GS	Health Care	E+	Sell	E+	D-		7.63	19.94	3.95	1.95	V	V	G	W	–	V
IntriCon Corporation	IIN	NAS	Health Care	C-	Hold	C	D+		22.83	76.80	20.95	1.25	F	F	E	W	–	F
Intrinsyc Technologies Corporation	ITC.TO	TSX	Information Tech	D	Sell	C-	D	Down	1.11	1.75	1.02	0.02	W	F	E	W	–	W
Intrinsyc Technologies Corporation	ISYRF	OTC PK	Information Tech	D	Sell	C-	D-	Down	0.86	1.30	0.84	0.71	W	F	E	W	–	W
Intrusion Inc.	INTZ	OTC PK	Information Tech	C	Hold	C+	C	Up	4.95	5.01	1.01	-0.28	E	W	G	F	–	E
Intuit Inc.	INTU	NAS GS	Information Tech	B+	Buy	A+	C+	Up	257.99	272.14	182.61	0.88	E	E	E	G	W	E
Intuitive Surgical, Inc.	ISRG	NAS GS	Health Care	B-	Buy	B+	C	Down	517.76	589.32	430.24	1.27	E	E	E	G	–	F
Inuvo, Inc.	INUV	AMEX	Information Tech	D	Sell	D-	D		0.37	1.75	0.34	1.87	W	V	E	W	–	W
INV Metals Inc.	INV.TO	TSX	Materials	D	Sell	D	D		0.43	0.83	0.32	-0.03	W	W	E	W	–	W
INV Metals Inc.	ILNLF	OTC PK	Materials	D	Sell	D	D		0.32	0.59	0.25	0.70	W	W	E	W	–	W
Invacare Corporation	IVC	NYSE	Health Care	D	Sell	D	D		4.85	19.05	3.05	1.85	W	W	G	W	W	W
Inventronics Limited	IVX.V	TSXV	Industrials	C	Hold	B-	D	Up	0.16	0.16	0.06	2.20	G	F	F	W	–	W
InvenTrust Properties Corp.	IARE	OTC PK	Real Estate	C-	Hold	B-	D+	Down	1.55	2.10	1.55	0.28	W	G	E	W	G	W
Inventus Mining Corp.	IVS.V	TSXV	Materials	E+	Sell	E	D-		0.12	0.25	0.1	0.67	F	V	G	W	–	W
Inventus Mining Corp.	GNGXF	OTC PK	Materials	E+	Sell	E	D-		0.10	0.18	0.07	1.68	F	V	G	W	–	W
Invesco CurrencyShares Chinese Renminbi Trust	FXCH	NYSE Arca	Financials	U		U	U		71.02	73.70	69.03	0.12	U	U	U	U	U	U
Invesco Ltd.	IVZ	NYSE	Financials	C-	Hold	B-	D	Up	20.36	27.59	15.38	1.40	F	E	E	W	E	W
Invesco Mortgage Capital Inc.	IVR	NYSE	Financials	C	Hold	C+	D+		16.00	16.66	13.67	0.62	W	G	G	F	E	F
Invesque Inc.	IVQU.TO	TSX	Real Estate	C-	Hold	C+	D	Up	7.33	8.40	6.2		F	G	G	W	E	W
Invesque Inc.	MHIVF	OTC PK	Real Estate	C-	Hold	C+	D-	Up	7.30	8.41	6.25	0.34	F	G	G	W	E	W
Investar Holding Corporation	ISTR	NAS	Financials	C+	Hold	B	C	Down	23.37	29.90	19.49	0.02	E	E	E	F	W	F
Investors Bancorp, Inc.	ISBC	NAS GS	Financials	C	Hold	B-	D+		10.92	13.20	9.94	1.19	F	E	E	W	G	W
Investors Real Estate Trust	IRET	NYSE	Real Estate	C-	Hold	C	D	Down	57.74	62.24	46.3	0.92	V	G	E	F	G	F

*Ratings Factors: E=Excellent, G=Good, F=Fair, W=Weak, V=Very Weak, U=Unrated

Summer 2019 — I. Index of Stocks

3-Month Total Return (%)	6-Month Total Return (%)	1-Year Total Return (%)	3-Year Total Return (%)	Dividend $ TTM	Dividend Yield TTM	Market Cap. ($Mil)	Enterprise Value ($Mil)	Revenue ($Mil)	Revenue Growth (%)	Net Income ($Mil)	Earnings/Share $	EPS Growth (%)	Cash from Operations ($Mil)	Return on Assets (%)	Return on Equity (%)	Earnings (P/E) TTM	Sales (P/S) TTM	Book (P/B) Q
10.29	11.94	13.64	-29.91			106.9	97.2	--		-3.9	-0.02	40.9	-3.4	-3.99		-35.6		2.2
11.98	16.37	13.80	-29.80			106.9	97.2	--		-3.9	-0.02	40.9	-3.4	-3.99		-27.0		1.7
8.33	23.81	-49.02	-59.38			3.6	4.1	0.50	61.4	-0.78	-0.02	50.7	-0.60	-25.56		-6.1	9.6	13.5
-3.37	27.14	-52.15	-64.23			3.6	4.1	0.50	61.4	-0.78	-0.02	50.7	-0.60	-25.56		-4.2	6.6	9.3
-44.28	-82.83	-89.09	-97.67			8.6	3,666	1,311	-51.9	-137.4	-8.99	-4,010.4	--			0.0	0.0	-0.1
-3.69	-13.06	-3.40	-4.48			846.4	968.8	1,701	11.1	34.1	0.25	-22.5	200.2	2.41	4.82	37.0	0.5	2.5
-7.47	-6.11	0.79				846.4	968.8	1,701	11.1	34.1	0.25	-22.5	200.2	2.41	4.82	75.7	1.0	5.1
-55.56	-20.00	-63.64	-33.33			3.1	2.7	0.17		-1.3	-0.01	4.4	-0.91	-78.75		-3.0	25.0	4.3
0.00	41.59	-44.19				3.1	2.7	0.17		-1.3	-0.01	4.4	-0.91	-78.75		-3.6	30.0	5.1
-11.29	-11.39	-18.04	-81.15			27.7	21.0	23.1	34.0	-12.4	-0.43	61.6	-9.1	-12.36		-1.7	1.1	0.8
0.07	13.25	31.61	95.79	0.21	2.0	1,121	1,773	99.7	12.0	148.4	1.48	-13.2	41.2	1.66	18.97	7.2	11.4	1.3
-6.27	6.53	29.10	91.19	0.28	2.1	1,121	1,773	99.7	12.0	148.4	1.48	-13.2	41.2	1.66	18.97	9.3	14.6	1.7
0.00	-21.43	-33.33				3.8	12.2	45.0	-11.7	0.57	0.02	-40.0	3.1	5.51	15.75	10.1	0.2	1.3
-19.65	-33.04	-34.22				3.8	12.2	45.0	-11.7	0.57	0.02	-40.0	3.1	5.51	15.75	7.3	0.1	0.9
-27.36	-17.07	-39.89	81.95			711.8	616.1	110.4	9.8	-27.6	-0.90	-68.0	-17.1	-13.73		-25.3	6.4	6.0
0.00	0.00	-17.07	21.43			54.4	46.6	35.2	-13.5	-9.4	-0.26	-322.4	-5.8	-17.31		-6.5	1.8	3.6
-0.23	8.67	2.76	-3.71	0.56	3.2	794.9	1,380	1,094	17.8	45.9	0.78	-25.4	92.2	6.68	17.57	22.8	1.0	4.1
4.00	12.90	4.31	-4.12	0.56	4.2	794.9	1,380	1,094	17.8	45.9	0.78	-25.4	92.2	6.68	17.57	17.4	0.7	3.1
14.54	41.05	20.87	115.67			5,392	7,181	670.7	12.4	32.0	0.44	-32.0	232.5	3.22	4.32	168.8	7.8	7.2
-7.15	2.05	-21.56	35.01	0.96	7.5	37,400	--	17,434	1.3	4,452	0.27	-50.5	--		6.89	47.9	12.8	3.6
-11.20	-1.83	-25.69	16.30			37,400	--	17,434	1.3	4,452	0.27	-50.5			6.89	8.1	2.2	0.6
-29.24	-19.20	-35.59	22.89			48.4	44.6	77.8	8.8	3.8	0.36	533.3	-0.79	10.73	9.04	12.9	0.6	1.1
-21.21	-5.48	0.62	-13.60			110.9	88.7	102.0	1.5	6.3	0.27	303.7	3.3	-0.65	7.55	17.7	1.1	1.2
-0.39	5.36	-25.35	48.30			733.6	--	26,823	-16.9	81.3	4.21	2,191.4	-134.5		15.97	9.1	0.0	1.3
5.26	5.34	-25.55	-2.44			5.7	6.8	12.1	10.0	-1.7	-0.08	-72.8	-2.1	-17.91		-3.6	0.5	2.1
0.00	-6.85	-37.04	-6.85			5.7	6.8	12.1	10.0	-1.7	-0.08	-72.8	-2.1	-17.91		-4.3	0.6	2.5
3.33	12.78	-28.52	-64.50			700.8	411.7	--		-154.5	-2.82	-31.7	-126.8	-25.66		-4.5		2.4
0.00	0.00	9.59	-38.37			7.7	8.4	--		-0.60	-0.03	-65.9	-0.11	-1,210.08		-11.6		-2.4
-13.76	22.56	-22.20	123.29			419.8	441.1	165.6	15.3	16.2	0.12	264.4	58.5	2.52	3.9	26.4	2.6	1.0
50.49	12.21	-42.93	-67.97			1,232	1,332	144.2	-33.6	-523.9	-3.93	-266.8	-137.6	-33.89		-1.9	8.1	3.9
0.53	-11.34	-41.83	327.53			199.5	175.9	121.2	27.9	5.6	0.64	52.2	1.9	4.55	9.58	35.7	1.8	2.1
-30.19	-21.83	-27.45	-11.20			16.8	14.1	25.8	15.8	-0.48	-0.03	-194.2	-0.54	4.12		-36.3	0.9	1.9
-23.39	-15.56	-24.53	-6.65			16.8	14.1	25.8	15.8	-0.48	-0.03	-194.2	-0.54	4.12		-28.0	0.7	1.5
18.42	30.26	209.38	1,550.00			66.9	70.5	11.2	48.1	2.9	0.18	460.9	3.6	60.63		27.4	6.8	-38.0
-0.30	32.27	27.49	150.76	1.80	0.7	66,882	63,984	6,778	12.9	1,650	6.26	17.8	2,409	18.95	51.29	41.2	10.1	16.4
-8.02	9.88	7.04	143.23			59,775	57,059	3,850	16.5	1,147	9.61	44.4	1,223	10.36	18.2	53.9	16.1	8.5
-70.87	-65.43	-50.68	-73.89			12.0	15.6	68.3	-17.6	-6.9	-0.22	-111.3	-3.8	-11.06		-1.7	0.2	1.4
-20.37	-31.75	-12.24	-2.27			31.9	29.6	--		-3.3	-0.04	-15.2	-1.9	-3.31		-12.1		0.7
-17.98	-33.62	2.65	-7.65			31.9	29.6	--		-3.3	-0.04	-15.2	-1.9	-3.31		-9.0		0.5
-40.69	18.82	-74.25	-56.15	0.05	1.0	163.7	354.7	958.7	-1.4	-43.7	-1.32	41.4	-44.4	-0.82		-3.7	0.2	0.5
158.33	158.33	63.16	-6.06			0.52	2.3	3.8	15.5	0.10	0.02	379.4	0.16	8.85	33.06	8.2	0.2	2.0
0.00	0.00	3.33	-7.85			1,129	1,521	235.7	-8.1	40.1	0.05	-53.4	118.8	0.81	2.84	29.6	4.8	0.6
-11.11	-7.69	-14.29	-56.36			10.1	9.8	--		-0.58	-0.01	34.2	-0.55	-80.88		-22.2		44.4
-3.77	10.10	-3.00	-52.10			10.1	9.8	--		-0.58	-0.01	34.2	-0.55	-80.88		-18.0		35.9
-2.01	-0.06	-6.09	-3.09			--	--	--		--			--					
6.67	26.89	-18.95	-3.35	1.21	5.9	9,703	12,214	5,173	-2.8	806.6	1.96	-31.0	760.6	2.47	8.54	10.4	1.6	0.9
0.82	11.66	8.91	58.29	1.74	10.9	2,057	--	62.6	-82.6	15.4	-0.36	-114.8	295.8		0.58	-44.6	31.0	1.0
4.18	13.60	-2.04		0.74	10.1	396.0	1,224	120.1	63.6	-7.4	-0.17	-144.1	25.3	3.54		-42.0	3.7	0.9
6.14	16.69	-6.18	-8.73	0.74	10.1	396.0	1,224	120.1	63.6	-7.4	-0.17	-144.1	25.3	3.54		-41.8	3.7	0.9
0.79	-5.13	-16.80	51.62	0.19	0.8	230.3	--	61.0	22.7	15.1	1.54	62.1	18.3		8.03	15.2	3.7	1.2
-8.04	7.79	-12.79	9.65	0.42	3.9	2,930	--	669.8	-5.1	192.8	0.69	46.0	208.6		6.38	15.8	4.4	1.0
-5.01	18.02	6.69	5.23	2.80	4.9	678.7	1,541	137.2	-18.9	-6.3	-0.97	-108.8	33.5			-59.7	5.5	1.5

I. Index of Stocks

Summer 2019

Company Name	Stock Ticker Symbol	Traded On	Sector	Overall Rating	Recommendation	Reward Rating	Risk Rating	Recent Up/Downgrade	Stock Price as of 6/30/2019	52-Week High	52-Week Low	3-Year Beta	Growth	Efficiency	Solvency	Volatility	Dividend	Total Return
Investors Title Company	ITIC	NAS GS	Financials	C	Hold	B	C-		165.56	202.85	153.01	0.50	E	E	E	F	W	W
Investview, Inc.	INVU	OTC PK	Information Tech	D	Sell	D	D		0.02	0.07	0	5.88	W	W	F	W	–	W
Invictus Financial Inc.	IVFH.V	TSXV	Information Tech	C-	Hold	C+	D	Up	0.07	0.20	0.07	4.81	W	E	F	W	–	F
Invictus Financial Inc.	IVFZF	OTC PK	Information Tech	C-	Hold	C	D	Up	0.05	0.16	0.05	3.35	W	E	F	W	–	W
Invictus MD Strategies Corp.	GENE.V	TSXV	Health Care	D	Sell	D	D		0.46	2.34	0.38	2.66	F	W	E	W	–	W
Invictus MD Strategies Corp.	IVITF	OTC PK	Health Care	D	Sell	D	D		0.35	1.81	0.27	2.92	F	W	E	W	–	W
InVitae Corporation	NVTA	NYSE	Health Care	D	Sell	D-	D	Up	21.55	26.77	7.08	2.98	F	V	E	W	–	G
Invitation Homes Inc.	INVH	NYSE	Real Estate	C	Hold	B-	C-		26.53	27.92	19.21	0.42	G	F	G	G	F	F
InVivo Therapeutics Holdings Corp.	NVIV	NAS CM	Health Care	E+	Sell	E+	E+		0.74	2.75	0.65	0.82	F	V	E	V	–	W
INVO Bioscience, Inc.	IVOB	OTC PK	Health Care	C-	Hold	C	D		0.37	0.63	0.25	-2.02	W	E	F	W	–	W
InZinc Mining Ltd.	IZN.V	TSXV	Materials	D	Sell	D	D-		0.05	0.12	0.03	1.46	W	W	E	W	–	V
InZinc Mining Ltd.	LTHIF	OTC PK	Materials	D	Sell	D	D-		0.03	0.10	0.02	0.87	W	W	E	W	–	V
I-ON Digital Corp.	IONI	OTC PK	Information Tech	D	Sell	D	D-	Up	0.11	4.00	0.04		W	F	E	W	–	V
ION Geophysical Corporation	IO	NYSE	Energy	D	Sell	D	D	Up	7.93	26.85	4.53	2.85	W	V	G	W	–	F
Ionis Pharmaceuticals, Inc.	IONS	NAS GS	Health Care	B-	Buy	B+	C	Up	64.69	86.58	40.91	1.72	E	G	E	F	–	G
Ionix Technology, Inc.	IINX	OTC PK	Information Tech	D	Sell	D	E+		1.78	2.75	1.02	-0.44	F	W	E	W	–	W
Iota Communications, Inc.	IOTC	OTC PK	Information Tech	D-	Sell	D	D		0.61	1.05	0.31		W		F	W	–	W
IOU Financial Inc.	IOUFF	OTC PK	Financials	C-	Hold	C-	D+	Up	0.17	0.20	0.13	1.21	F	F	G	W	–	W
Iovance Biotherapeutics, Inc.	IOVA	NAS	Health Care	D	Sell	D	D		22.59	23.26	7.26	2.08	V	W	E	W	–	F
IPG Photonics Corporation	IPGP	NAS GS	Information Tech	C	Hold	B	D+	Down	150.52	243.43	104.64	2.22	G	E	E	W	–	F
iPic Entertainment Inc.	IPIC	NAS CM	Consumer Discretn	D-	Sell	D	D-		3.45	10.45	2.02		W	V	F	W	–	W
IPL Plastics Inc.	IPLP.TO	TSX	Materials	D-	Sell	D+	D-		9.31	13.50	8.06		W	F	E	W	–	W
Iplayco Corporation Ltd.	IPC.V	TSXV	Consumer Discretn	D	Sell	D	D	Down	0.50	0.84	0.43	1.48	W	W	G	W	–	F
iQIYI, Inc.	IQ	NAS GS	Communication Svc	D	Sell	D+	D		20.03	38.11	14.35		F	W	G	W	–	W
iQSTEL Inc.	IQST	OTC PK	Communication Svc	D-	Sell	C	D		2.44	4.80	0.43		W	G	G	W	–	F
IQVIA Holdings Inc.	IQV	NYSE	Health Care	B+	Buy	B	B+		156.63	159.55	97.65	1.16	E	G	G	G	–	F
IRadimed Corporation	IRMD	NAS CM	Health Care	C	Hold	B-	D+		20.10	38.78	19.06	1.86	F	E	E	W	–	F
iRhythm Technologies, Inc.	IRTC	NAS GS	Health Care	D	Sell	D	D		77.15	98.37	58.99	1.67	F	V	E	F	–	F
IRIDEX Corporation	IRIX	NAS	Health Care	D	Sell	D	D-		4.50	9.48	3.72	1.10	F	V	E	W	–	W
Iridium Communications Inc.	IRDM	NAS GS	Communication Svc	C	Hold	C	C-		22.33	28.24	15.7	1.79	W	F	E	G	–	G
iRobot Corporation	IRBT	NAS GS	Consumer Discretn	C+	Hold	B+	D+	Down	90.52	132.88	70.86	1.88	E	E	E	W	–	F
Iron Mountain Incorporated	IRM	NYSE	Real Estate	C	Hold	B-	D	Down	30.88	37.32	30.08	0.76	G	G	G	W	E	W
Ironclad Encryption Corporation	IRNC	OTC PK	Information Tech	D-	Sell	D-	D		0.01	0.70	0.01	0.52	W	W	F	W	–	W
Ironwood Capital Corp.	IRNP.V	TSXV	Financials	D-	Sell	D	D-		0.21	0.41	0.2		V	W	E	W	–	V
Ironwood Pharmaceuticals, Inc.	IRWD	NAS GS	Health Care	D-	Sell	E+	D		10.81	21.20	9.07	2.08	W	V	G	W	–	W
IRSA Inversiones y Representaciones Sociedad A	IRS	NYSE	Real Estate	D	Sell	C-	D-	Down	9.43	19.08	8.35	0.91	W	G	F	W	–	V
IRSA Propiedades Comerciales S.A.	IRCP	NAS GS	Real Estate	D+	Sell	C	D-	Up	20.27	37.00	16.82	0.71	W	G	G	W	–	V
Irving Resources Inc.	IRVRF	OTC PK	Materials	C-	Hold	C+	D	Up	2.34	2.40	0.7	-0.93	W	W	E	W	–	E
Isabella Bank Corporation	ISBA	OTC PK	Financials	C	Hold	C+	D	Up	23.45	27.65	22.25	0.31	G	G	E	W	G	W
iShares Core Canadian Short Term Bond Index ET	INITF	OTC PK	Financials	C-	Hold	C	D		20.45	20.65	20.22	-0.09	W	G	E	F	–	W
iShares S&P/TSX Global Gold Index ETF	IUTCF	OTC PK	Financials	D	Sell	C-	D	Down	8.61	9.08	8.23	-0.06	V	F	E	W	W	W
iSign Media Solutions Inc.	ISD.V	TSXV	Communication Svc	D	Sell	D	D		0.06	0.11	0.05	-1.41	W	W	F	W	–	W
iSign Media Solutions Inc.	ISDSF	OTC PK	Communication Svc	D	Sell	D	D		0.05	0.07	0.04	0.02	W	W	F	W	–	W
iSign Solutions Inc.	ISGN	OTC PK	Information Tech	C-	Hold	C+	D		0.34	0.90	0.26	-1.99	F	E	F	W	–	F
IsoEnergy Ltd.	ISO.V	TSXV	Energy	D	Sell	D+	D		0.50	0.66	0.28	-0.13	F	W	E	W	–	W
IsoEnergy Ltd.	ISENF	OTC PK	Energy	D	Sell	D+	D		0.36	0.50	0.21	0.40	F	W	E	W	–	W
IsoRay, Inc.	ISR	AMEX	Health Care	D-	Sell	E+	D		0.42	1.22	0.27	1.78	F	V	E	W	–	W
Israel Chemicals Ltd.	ICL	NYSE	Materials	B-	Buy	B	C	Down	5.19	6.90	4.48	0.65	F	E	G	F	G	F
Isramco, Inc.	ISRL	NAS CM	Energy	C	Hold	B	C		121.92	125.55	98.11	0.25	E	G	F	F	–	F
Issuer Direct Corporation	ISDR	AMEX	Information Tech	C	Hold	B-	D+		10.96	20.70	9.75	0.72	G	E	E	W	–	F
iStar Inc.	STAR	NYSE	Real Estate	D+	Sell	C-	D		12.11	12.24	7.84	0.26	W	F	E	W	G	W
IT Tech Packaging, Inc.	ITP	AMEX	Materials	D	Sell	D	D		0.70	1.30	0.59	1.31	W	W	G	W	–	W

*Ratings Factors: E=Excellent, G=Good, F=Fair, W=Weak, V=Very Weak, U=Unrated

Summer 2019 — I. Index of Stocks

3-Month Total Return (%)	6-Month Total Return (%)	1-Year Total Return (%)	3-Year Total Return (%)	Dividend $ TTM	Dividend Yield TTM	Market Cap. ($Mil)	Enterprise Value ($Mil)	Revenue ($Mil)	Revenue Growth (%)	Net Income ($Mil)	Earnings/Share $	EPS Growth (%)	Cash from Operations ($Mil)	Return on Assets (%)	Return on Equity (%)	Earnings (P/E) TTM	Sales (P/S) TTM	Book (P/B) Q
6.13	-7.04	-4.72	93.23	1.60	1.0	312.7	295.6	162.4	3.1	24.3	12.83	-4.3	24.1	7.57	13.4	12.9	1.9	1.7
-34.95	154.05	38.24				51.5	52.7	30.7	133.0	-2.9	0.00	96.7	-1.2	-30.93		-15.7	1.4	-23.5
0.00	0.00	-65.00	600.00			1.3	0.93	--		-0.13	-0.02	65.2	-0.07	-28.95		-4.0		-7.2
0.16	-30.44	-40.38	636.47			1.3	0.93	--		-0.13	-0.02	65.2	-0.07	-28.95		-2.8		-5.2
-45.24	-41.77	-70.13	91.67			43.2	47.4	3.6	96.3	-27.3	-0.26	9.5	-14.2	-9.31		-1.8	15.2	0.6
-42.89	-39.51	-69.30	91.89			43.2	47.4	3.6	96.3	-27.3	-0.26	9.5	-14.2	-9.31		-1.3	11.6	0.5
-6.18	111.69	198.48	181.33			1,990	1,833	160.6	87.7	-130.9	-1.79	32.9	-87.7	-21.89		-12.0	10.7	6.1
10.29	34.04	17.63		0.48	1.8	13,928	22,940	1,735	40.0	33.2	0.06	129.7	624.3	1.33	0.4	445.9	8.0	1.7
-52.74	-51.50	-57.60	-99.49			6.9	-4.8	--		-21.3	-8.46	54.7	-12.0	-44.25		-0.1		0.5
-15.42	-12.40	-15.40	-8.00			57.2	54.4	0.58	73.5	-3.4	-0.02	-406.7	2.5	-43.06		-16.1	99.4	-18.3
0.00	0.00	-54.55	-58.33			4.4	4.0	--		-0.27	0.00	59.3	-0.10	-2.21		-20.8		0.8
-28.81	-0.33	-62.62	-66.92			4.4	4.0	--		-0.27	0.00	59.3	-0.10	-2.21		-12.5		0.5
-18.82	-77.72	-95.54				4.0	3.8	7.4	-9.2	0.42	-0.01	75.9	0.02	0.68	6.38	-14.8	0.5	0.6
-45.91	42.63	-67.50	43.14			111.6	250.8	183.5	-7.6	-74.1	-5.31	-161.4	21.9	-3.62		-1.5	0.6	-8.5
-18.88	25.95	54.10	187.64			9,077	7,669	752.5	38.6	359.6	2.44	3,643.0	697.4	1.94	35.69	26.6	12.2	7.5
-13.17	-13.17	-28.80	-64.40			202.9	205.1	11.7	139.2	0.49	0.00	444.4	-1.1	4.46	9.49	363.3	17.4	20.1
38.96	56.85					132.3	212.8	3.0	1,437.5	-43.6	-0.26	-208.7	-17.7			-2.3	40.5	-1.6
-1.27	24.84	22.95	-45.50			13.4	--	8.3	60.0	1.5	0.01	144.1	2.3		19.1	12.7	1.8	1.6
138.29	151.28	74.44	190.36			2,790	2,361	--		-134.0	-1.27	9.0	-112.5	-22.99		-17.8		6.4
1.59	30.89	-29.60	93.64			7,999	7,038	1,415	-4.6	352.9	6.47	-6.5	337.3	11.01	15.98	23.3	5.7	3.5
-35.22	43.75	-56.88				24.6	240.6	141.3	-4.2	-26.1	-3.88	81.2	-7.7	-10.26		-0.9	0.2	-0.2
-13.56	-9.08	-30.00				380.0	594.7	651.2	13.9	1.4	0.01	-98.3	33.4	2.76	0.48	694.8	0.8	1.4
-29.58	-29.58	29.87	0.00			3.9	5.4	14.0	0.9	-3.2	-0.25	-5,093.9	-0.95	-19.49		-2.0	0.4	1.1
-11.84	30.32	-37.31				14,524	14,557	3,068	37.1	-1,233	-11.94	95.4	76.3			-1.7	0.7	0.8
121.82	-30.29	510.00				37.8	38.1	8.0	95.0	-1.5	-0.10	-409.0	-0.41			-24.0	4.6	-15.8
10.43	37.50	57.91	151.01			30,894	42,029	10,533	6.3	248.0	1.20	-79.3	1,185	2.27	3.63	130.5	3.0	4.7
-29.30	-12.99	0.50	-5.23			224.3	192.0	31.8	26.9	7.3	0.60	368.3	6.5	8.49	18.53	33.5	7.7	5.0
5.34	12.04	-5.51				1,905	1,890	163.9	52.3	-45.2	-1.87	-22.6	-32.9	-21.37		-41.2	11.5	38.2
1.35	1.12	-26.35	-68.86			61.4	48.4	43.7	7.6	-12.3	-0.98	22.9	-11.1	-19.72		-4.6	1.4	2.2
-15.67	19.41	39.13	168.07			2,900	4,618	537.5	16.2	-42.9	-0.46	-129.5	253.6	0.32		-48.3	4.7	1.6
-22.27	11.31	18.64	163.60			2,540	2,404	1,113	19.4	90.1	3.15	65.8	94.6	8.98	17.01	28.7	2.3	4.5
-11.65	-1.10	-4.36	-2.61	2.42	7.8	8,859	19,126	4,237	7.3	348.2	1.21	93.8	659.3	3.78	17.28	25.6	2.1	5.0
-50.34	-96.57	-98.80	-98.69			1.0	1.5	1.0		-14.0	-0.20	-27.8	-0.56	-1,772.53		0.0	0.5	-0.1
-16.00	-30.00	-58.00				0.29	-0.09	--		-0.01	-0.01	-44.3	0.02	-8.47		-16.5		1.1
-1.27	26.72	-33.73	-1.89			1,682	2,061	346.2	9.8	-298.5	-1.95	-170.9	-82.4	-16.03		-5.6	4.8	-7.1
-15.12	-25.75	-45.93	-40.71			544.8	7,754	-158.3	-141.3	14.9	0.03	-96.7	542.3	0.5		366.9	-34.3	5.2
-2.31	12.61	-36.12	-44.23	0.47	2.3	576.2	1,113	291.7	-43.8	19.7	0.16	-97.4	124.1	4.03	2.49	128.7	8.8	2.4
58.51	71.16	172.59	1,833.83			112.0	107.0	--		-2.2	-0.06	-39.8	-0.56	-18.45		-42.4		12.5
-1.26	5.09	-10.11	-6.03	1.04	4.4	185.4	--	59.0	4.1	14.1	1.74	3.1	19.3		7.14	13.5	3.2	0.9
-0.33	-1.55	-1.55	7.92	0.49	2.4	1,616	171.0	5.3	43.4	3.7	0.06	832.9	19.9	0.15	0.23	353.2	268.7	1.0
-4.87	-5.21	-5.21	-13.83	0.06	0.8	564.3	-46.6	-5.9	-151.1	-9.7	-0.15	-221.2	1.9	-0.96		-56.5	-99.4	1.0
0.00	-20.00	-25.00	-50.00			5.6	7.5	0.02	-88.2	-0.82	-0.01	83.8	-0.43	-49.39		-8.6	600.0	-2.4
-6.42	-14.11	-3.80	-53.75			5.6	7.5	0.02	-88.2	-0.82	-0.01	83.8	-0.43	-49.39		-6.9	481.0	-2.0
-10.53	-51.43	-2.86	-74.05			2.0	3.9	0.90	-11.2	-1.0	-0.18	35.9	-0.46	-164.61		-1.9	2.2	-0.4
-9.09	16.28	66.67				26.0	22.9	--		-1.4	-0.03	31.5	-1.4	-2.09		-17.5		0.9
-12.92	11.73	71.43				26.0	22.9	--		-1.4	-0.03	31.5	-1.4	-2.09		-12.6		0.7
10.38	30.42	-4.21	-52.65			28.1	21.7	7.0	22.9	-6.4	-0.10	8.5	-5.5	-43.01		-4.0	4.0	3.3
-0.44	-6.70	15.85	46.72	0.56	10.9	6,664	9,360	5,567	0.7	451.0	0.35	-63.3	757.0	5.52	11.38	14.8	1.2	1.7
7.42	2.71	3.23	57.62			331.3	390.0	83.9	28.1	16.9	6.22	175.3	19.0	15.38		19.6	4.0	70.3
-13.36	-6.32	-45.06	86.87	0.20	1.8	42.2	28.1	14.9	11.9	0.72	0.21	-66.2	2.9	2.91	3.63	53.4	2.9	1.6
46.35	34.39	17.82	36.75	0.37	3.1	783.4	3,868	537.7	-34.9	-76.6	-1.79	-198.3	-24.1	1.4		-6.8	1.5	1.0
-30.00	9.38	-34.58	-32.04			15.4	29.0	102.5	9.3	-9.2	-0.42	-116.7	11.6	-1.78		-1.7	0.2	0.1

https://greyhouse.weissratings.com — Data as of June 30, 2019

I. Index of Stocks

Summer 2019

Company Name	Stock Ticker Symbol	Traded On	Sector	Overall Rating	Recommendation	Reward Rating	Risk Rating	Recent Up/Downgrade	Stock Price as of 6/30/2019	52-Week High	52-Week Low	3-Year Beta	Growth	Efficiency	Solvency	Volatility	Dividend	Total Return
Itamar Medical Ltd.	ITMMF	OTC PK	Health Care	D	Sell	D+	D		0.37	0.55	0.21	0.65	W	W	G	W	--	F
Itasca Capital Ltd.	ICL.V	TSXV	Financials	D	Sell	D	D		0.41	0.72	0.16	-2.08	W	W	E	W	--	W
Itasca Capital Ltd.	ICLTF	OTC PK	Financials	D	Sell	D	D		0.34	0.54	0.11	-0.91	W	W	E	W	--	W
Itaú CorpBanca	ITCB	NYSE	Financials	D+	Sell	C	D-	Down	12.35	16.28	11.28	0.90	F	G	E	W	--	W
Itaú Unibanco Holding S.A.	ITUB	NYSE	Financials	C+	Hold	B	C-		9.40	10.80	6.57	0.14	F	E	G	F	--	F
Iteris, Inc.	ITI	NAS CM	Information Tech	D	Sell	D	D		5.32	5.73	3.24	0.94	W	W	E	W	--	W
Iterum Therapeutics plc	ITRM	NAS	Health Care	D-	Sell	E+	D		6.53	12.28	4.7		W	V	E	W	--	W
Itron, Inc.	ITRI	NAS GS	Information Tech	D+	Sell	C-	D	Up	61.58	66.95	44.35	1.18	W	F	G	W	--	W
ITT Inc.	ITT	NYSE	Industrials	B	Buy	A	C+		64.04	64.93	44.89	1.54	E	E	E	F	W	G
Ituran Location and Control Ltd.	ITRN	NAS GS	Information Tech	B-	Buy	B	C	Down	30.00	38.50	29.25	0.64	G	E	E	F	G	F
Ivanhoe Mines Ltd.	IVPAF	OTC PK	Materials	C-	Hold	C	D	Up	3.15	3.16	1.5	1.90	W	F	E	W	--	G
Ivanhoe Mines Ltd.	IVN.TO	TSX	Materials	C-	Hold	C	D	Up	4.11	4.16	2	1.56	W	F	E	W	--	G
IVERIC bio, Inc.	ISEE	NAS GS	Health Care	D	Sell	C-	D-	Up	1.21	2.87	1.02	0.81	V	G	E	W	--	V
Ivrnet Inc.	IVI.V	TSXV	Information Tech	D	Sell	D	D		0.02	0.06	0.02	0.63	W	W	F	W	--	W
Iweb, Inc.	IWBB	OTC PK	Information Tech	D-	Sell	D	D-	Up	2.35	6.50	2		V	W	E	W	--	W
IWG PLC	IWGFF	OTC PK	Industrials	C	Hold	B	D+	Up	4.28	4.43	2.6	1.19	F	E	G	W	G	F
IZEA Worldwide, Inc.	IZEA	NAS CM	Communication Svc	D-	Sell	E+	D-		0.52	3.00	0.48	3.49	W	V	G	W	--	V
IZON Network, Inc.	IZNN	OTC PK	Communication Svc	C-	Hold	C	D	Up	0.02	0.05	0.01	1.18	F	G	F	W	--	W
Izotropic Corporation	IZOZF	OTC PK	Health Care	E-	Sell	E+	D-		0.22	0.28	0.22		W	V	E	W	--	W
J & J Snack Foods Corp.	JJSF	NAS GS	Consumer Staples	B	Buy	B+	B-		160.52	167.50	138.4	0.18	G	E	E	G	W	F
J. Alexander's Holdings, Inc.	JAX	NYSE	Consumer Discretn	C	Hold	B-	D+	Up	10.93	13.40	7.7	0.87	G	E	E	F	--	F
J. C. Penney Company, Inc.	JCP	NYSE	Consumer Discretn	D	Sell	D	D-		1.10	2.66	0.8	2.65	W	W	F	W	--	W
J.B. Hunt Transport Services, Inc.	JBHT	NAS GS	Industrials	C	Hold	B	D	Down	89.69	129.98	83.64	1.10	E	E	E	W	W	F
J.Jill, Inc.	JILL	NYSE	Consumer Discretn	D+	Sell	C-	D		2.16	9.62	1.24	3.44	G	E	G	W	--	V
J.W. Mays, Inc.	MAYS	NAS CM	Real Estate	D+	Sell	C	D		34.00	43.66	34	0.02	F	G	E	W	--	W
j2 Global, Inc.	JCOM	NAS GS	Information Tech	B-	Buy	B	C		87.14	90.99	65.07	0.81	G	E	E	F	F	F
Jabil Inc.	JBL	NYSE	Information Tech	C+	Hold	B	C		31.09	31.50	21.49	1.07	F	G	G	F	W	F
Jack Henry & Associates, Inc.	JKHY	NAS GS	Information Tech	B-	Buy	B	C		134.54	163.68	120.2	1.15	G	E	E	F	W	F
Jack in the Box Inc.	JACK	NAS GS	Consumer Discretn	C	Hold	B	D+		81.26	93.98	74.19	0.26	F	E	G	W	F	W
Jackpot Digital Inc.	JPOTF	OTC PK	Consumer Discretn	D	Sell	D	D		0.07	0.25	0.06	3.56	F		F	W	--	V
Jackpot Digital Inc.	JP.V	TSXV	Consumer Discretn	D	Sell	D	D		0.09	0.31	0.08	0.75	F		F	W	--	V
Jacksam Corporation	JKSM	OTC PK	Consumer Staples	D-	Sell	D	D		0.40	3.90	0.3		W	W	G	W	--	W
Jacobs Engineering Group Inc.	JEC	NYSE	Industrials	B-	Buy	B	C	Up	84.01	84.12	55.17	1.27	G	G	E	F	W	G
Jade Global Holdings, Inc.	JADG	OTC PK	Consumer Discretn	D	Sell	D	D-		0.01	0.54	0.01	0.38	W	W	F	W	--	V
Jade Leader Corp.	MCKRF	OTC PK	Materials	D	Sell	D	D		0.26	0.34	0.13	2.29	W	V	E	W	--	F
Jade Leader Corp.	JADE.V	TSXV	Materials	D	Sell	D	D		0.28	0.44	0.13	2.22	W	V	E	W	--	F
Jaeger Resources Corp.	JAEG.V	TSXV	Materials	D	Sell	D	D-	Down	0.02	0.04	0.02	-0.89	F		F	W	--	W
Jaeger Resources Corp.	BDRGF	OTC PK	Materials	D	Sell	D	D	Down	0.01	0.02	0.01	-1.52	F		F	W	--	W
Jagged Peak Energy Inc.	JAG	NYSE	Energy	D	Sell	D+	D	Down	8.21	14.75	7.76	1.09	F	F	G	W	--	W
Jaguar Financial Corporation	JFC.V	TSXV	Financials	D-	Sell	E+	D-		0.03	0.10	0.03	-0.05	V	V	E	W	--	V
Jaguar Financial Corporation	JGFCF	OTC PK	Financials	D-	Sell	E+	D		0.02	0.03	0.02	1,096.95	V	V	E	W	--	V
Jaguar Health, Inc.	JAGX	NAS CM	Health Care	E+	Sell	E+	E+	Down	4.76	175.00	3.89		F	V	F	W	--	V
Jaguar Mining Inc.	JAGGF	OTC PK	Materials	D-	Sell	D	D-	Down	0.12	0.28	0.05	1.90	W	G	W	G	--	V
Jaguar Mining Inc.	JAG.TO	TSX	Materials	D-	Sell	D	D-	Down	0.15	0.37	0.07	1.52	W	G	W	G	--	V
JAKKS Pacific, Inc.	JAKK	NAS GS	Consumer Discretn	D-	Sell	D-	E+		0.70	3.30	0.51	1.95	W	W	F	V	--	V
Jakroo Inc.	JKRO	OTC PK	Consumer Discretn	E	Sell	C	D	Up	0.75	1.15	0.27		F	F	E	W	--	W
James Bay Resources Limited	JMBRF	OTC PK	Energy	C	Hold	C	C-	Up	0.18	0.23	0.13	-1.15	W	G	E	F	--	F
James E. Wagner Cultivation Corporation	JWCAF	OTC PK	Health Care	D-	Sell	E+	D		0.55	1.50	0.35		W	V	E	W	--	W
James E. Wagner Cultivation Corporation	JWCA.V	TSXV	Health Care	D-	Sell	E+	D		0.73	1.39	0.47		W	V	E	W	--	W
James Hardie Industries plc	JHX	NYSE	Materials	C	Hold	B-	D+	Up	13.39	17.38	10	0.45	G	E	G	W	E	W
James River Group Holdings, Ltd.	JRVR	NAS GS	Financials	B	Buy	A-	C	Up	46.28	47.57	34.08	0.45	E	E	E	F	G	F
Jamieson Wellness Inc.	JWEL.TO	TSX	Consumer Staples	C-	Hold	C+	D	Up	20.36	27.73	17.15		G	G	G	W	W	W

*Ratings Factors: E=Excellent, G=Good, F=Fair, W=Weak, V=Very Weak, U=Unrated

Summer 2019 — I. Index of Stocks

3-Month Total Return (%)	6-Month Total Return (%)	1-Year Total Return (%)	3-Year Total Return (%)	Dividend $ TTM	Dividend Yield TTM	Market Cap. ($Mil)	Enterprise Value ($Mil)	Revenue ($Mil)	Revenue Growth (%)	Net Income ($Mil)	Earnings/Share $	EPS Growth (%)	Cash from Operations ($Mil)	Return on Assets (%)	Return on Equity (%)	Earnings (P/E) TTM	Sales (P/S) TTM	Book (P/B) Q
-3.15	23.07	64.09	31.86			111.3	98.0	24.2	16.9	-1.7	-0.06	-6,090.0		-3.9	-9.83		-6.2	4.4	15.9
19.12	55.77	-26.50	-20.93			6.7	5.6	--		-3.7	-0.17	-158.8		-0.34	-1.32		-2.4		0.9
33.69	77.69	-0.11	-14.58			6.7	5.6	--		-3.7	-0.17	-158.8		-0.34	-1.32		-2.0		0.8
-2.76	-11.08	-15.31	1.50	0.13	1.0	4,334	--	1,479	22.1	241.2	0.00	150.0	-460.6			4.34	24,700.0	4,410.7	1,286.5
8.31	8.87	45.97	104.24	0.49	5.2	85,019	--	24,961	-11.7	6,690	0.68	-8.3	15,394			17.89	13.8	3.7	2.9
29.44	38.54	11.53	90.00			210.5	201.5	99.1	-4.4	-7.8	-0.24	-102.7	-5.8	-8.23			-22.4	1.8	5.2
-19.48	18.68	-43.24				93.8	45.1	0.72	2.3	-85.5	-7.16	96.2	-79.3	-67.42			-0.9	130.6	1.8
32.69	30.94	3.15	49.50			2,423	3,418	2,383	11.0	44.5	1.11	141.4	159.1	3.35	6.76		55.4	1.0	3.5
11.08	36.62	25.02	106.70	0.56	0.9	5,623	5,281	2,751	3.9	303.8	3.43	81.0	368.1	6.01	17.19		18.7	2.1	3.0
-11.71	-5.72	0.90	49.77	0.94	3.1	631.2	664.2	200.0	-13.2	34.6	1.64	-21.4	38.4				18.3	3.2	4.2
35.19	89.76	58.14	314.47			3,188	2,624	--		37.8	0.03	-83.6	-13.4	-1.79	2.02		101.9		1.7
30.89	81.86	55.09	315.15			3,188	2,624	--		37.8	0.03	-83.6	-13.4	-1.79	2.02		133.0		2.2
-15.38	8.04	-53.99	-97.66			50.2	-65.2	--		63.7	1.54	-61.5	-44.4	-25.51	89.63		0.8		0.4
0.00	-20.00	-33.33	-63.64			1.1	3.0	2.3	-12.9	-0.64	-0.01	-124.4	0.27	-3.75			-2.2	0.6	-4.4
6.82	17.50	-66.43				94.5	94.0	0.03	-76.1	-0.78	-0.02	-17.3	-1.5	-41.27			-119.3	3,357.1	83.0
29.70	64.62	2.49				3,865	4,450	3,382	11.5	140.4	0.15	-2.5	676.6	3.01	14.47		27.8	1.2	4.0
-61.19	-41.56	-43.47	-92.96			14.0	13.4	21.0	-10.7	-5.5	-0.61	26.5	-3.6	-18.07			-0.9	0.3	1.0
-12.97	-15.26	-64.22	-33.20			4.0	8.6	1.0	-28.3	-3.9	-0.02	99.2	-2.8	-245.57			-1.1	3.7	-0.6
-12.00						5.3	5.0	--		-0.32	-0.02	41.1	-0.38	-41.01			-11.2		15.3
1.02	13.02	5.98	47.54	1.95	1.2	3,021	2,873	1,155	1.0	87.4	4.64	-15.9	131.7	7.67	11.6		34.6	2.6	3.9
10.85	33.29	-4.96	14.33			160.6	251.9	245.1	4.1	6.3	0.42	-0.1	15.7	3.21	5.5		26.1	0.7	1.3
-25.17	6.80	-54.17	-87.34			348.5	5,288	11,903	-6.7	-331.0	-1.05	-2,803.1	508.0	-0.06			-1.1	0.0	0.3
-10.93	-3.29	-25.32	17.92	1.00	1.1	9,753	11,102	8,756	16.6	491.0	4.45	-29.8	1,077	8.72	23.68		20.2	1.1	4.4
-60.37	-49.83	-72.41				95.3	570.1	701.2	-1.7	23.6	0.53	-60.9	66.2	4.65	13.16		4.1	0.1	0.6
-11.27	-15.39	-15.42	-32.00			68.5	68.5	20.1	3.5	0.68	0.34	-81.7	3.7	2.19	1.26		101.2	3.4	1.3
1.88	28.06	3.38	52.72	1.76	2.0	4,264	5,127	1,227	7.2	142.3	2.86	6.4	414.3	6.34	13.63		30.4	3.5	3.9
17.75	27.68	14.36	83.49	0.32	1.0	4,753	7,003	23,782	16.6	176.2	1.09	65.4	743.4	3.81	8.84		28.4	0.2	2.6
-2.34	8.03	5.11	65.02	1.54	1.1	10,387	10,387	1,576	6.8	296.2	3.82	-18.1	410.6	12.17	22.36		35.2	6.6	7.3
1.05	6.42	-4.31	2.01	1.60	2.0	2,098	3,153	872.0	-11.3	120.8	4.46	4.6	134.9	14.82			18.2	2.4	-3.5
-41.76	-38.24	-37.49	-46.14			4.4	10.5	1.7	-8.7	-2.5	-0.05	59.4	-1.9	-48.86			-1.3	2.6	-0.9
-51.35	-51.35	-45.45	-64.00			4.4	10.5	1.7	-8.7	-2.5	-0.05	59.4	-1.9	-48.86			-1.7	3.3	-1.1
-72.41	-73.33					24.7	24.3	4.9	141.5	-2.2	-0.05	-47.0	-0.89				-8.8	4.3	-12.8
12.35	46.59	33.70	79.89	0.64	0.8	11,477	13,733	14,475	47.4	293.9	2.05	9.8	371.7	3.97	5.32		40.9	0.8	2.1
-90.83	-93.12	-94.71	-95.70			0.17	0.15	--		-0.63	-0.05	31.3	-0.23	-224.34			-0.3		-0.5
41.68	100.88	17.51	3,211.69			8.8	8.2	--		-0.21	-0.01	60.7	-0.27	-12.5			-43.2		7.6
24.44	43.59	-5.08	1,300.00			8.8	8.2	--		-0.21	-0.01	60.7	-0.27	-12.5			-47.5		8.3
-20.00	-33.33	-42.86	-86.67			0.71	0.75	--		1.6	0.09	90,600.0	-0.04	-24.63			0.2		-6.9
-36.65	-46.60	-59.04	2.00			0.71	0.75	--		1.6	0.09	90,600.0	-0.04	-24.63			0.1		-3.5
-22.84	-9.78	-36.80				1,752	2,359	582.2	63.1	110.0	0.51	529.9	426.4	6.83	13.82		16.0	3.0	2.1
-33.33	-14.29	-60.00	-70.00			0.25	0.00	-0.09	-148.7	-0.30	-0.03	-98.6	0.03	-35.37			-1.1	-3.5	1.7
2.20	2.20	-31.87	-65.93			0.25	0.00	-0.09	-148.7	-0.30	-0.03	-98.6	0.03	-35.37			-0.8	-2.4	1.2
-75.71	-71.06	-95.37				19.3	38.8	5.2	19.8	-34.8	-130.44	62.1	-16.6	-36.1			0.0	0.5	28.8
8.63	-13.57	-54.85	-63.12			37.5	54.3	91.1	-10.0	-16.0	-0.05	-612.6	18.7	-0.47			-2.5	0.4	0.4
7.14	-23.08	-57.75	-64.29			37.5	54.3	91.1	-10.0	-16.0	-0.05	-612.6	18.7	-0.47			-3.1	0.5	0.5
-32.99	-54.61	-78.01	-90.79			18.8	178.2	545.6	-10.8	-35.3	-1.81	59.4	8.9	-2.93			-0.4	0.0	0.7
0.00	-28.57					23.8	24.9	10.8	7.5	0.29	0.00	162.3	0.09	5.01	7.42		156.3	2.2	5.6
-21.15	-21.15	15.79				7.7	7.2	--		8.5	0.19	301.5	-1.9	-3.05	676.66		1.0		1.5
-23.49	19.57	-21.83				50.5	51.1	0.86	61,650.0	-9.6	-0.12	-38.5	-6.3				-4.7	56.1	4.5
-25.51	14.06	10.61				50.5	51.1	0.86	61,650.0	-9.6	-0.12	-38.5	-6.3				-6.2	74.5	6.0
6.50	25.46	-18.13	-2.40	0.27	2.0	5,880	7,161	2,507	22.0	228.8	0.51	54.5	287.6	8.2	60.78		26.3	2.4	6.1
15.59	30.44	20.67	60.88	1.20	2.6	1,396	1,483	881.4	2.5	70.9	2.34	73.5	277.0	1.88	9.85		19.8	1.6	1.9
7.27	-2.70	-22.05		0.36	1.8	594.5	722.9	245.7	4.1	20.9	0.52	105.3	17.7	5.94	11.86		38.9	3.3	4.3

https://greyhouse.weissratings.com

Data as of June 30, 2019

I. Index of Stocks

Summer 2019

Company Name	Stock Ticker Symbol	Traded On	Sector	Overall Rating	Recommendation	Reward Rating	Risk Rating	Recent Up/Downgrade	Stock Price as of 6/30/2019	52-Week High	52-Week Low	3-Year Beta	Growth	Efficiency	Solvency	Volatility	Dividend	Total Return
Janel Corporation	JANL	OTC PK	Industrials	C	Hold	B+	D+		9.80	10.89	5.01	0.31	G	G	G	W	–	F
Janus Henderson Group plc	JHG	NYSE	Financials	C-	Hold	C+	D		21.29	33.04	19	1.27	F	E	E	W	E	W
Japan Gold Corp.	JGLDF	OTC PK	Materials	D-	Sell	E+	D		0.22	0.28	0.06	-2.68	W	V	E	W	–	W
Japan Gold Corp.	JG.V	TSXV	Materials	D-	Sell	E+	D		0.28	0.38	0.07	-2.02	W	V	E	W	–	W
Jason Industries, Inc.	JASN	NAS CM	Industrials	D	Sell	D	D		0.68	3.70	0.55	1.86	W	W	G	W	–	W
Jasper Mining Corporation	JSP.V	TSXV	Materials	C-	Hold	C+	D		0.09	0.29	0.08	-2.75	W	E	F	W	–	F
Jaxon Mining Inc.	JAX.V	TSXV	Materials	D-	Sell	D-	D		0.05	0.15	0.05	1.65	F	V	G	W	–	W
Jaxon Mining Inc.	JXMNF	OTC PK	Materials	D-	Sell	D-	D		0.04	0.11	0.04	2.47	F	V	G	W	–	V
Jayden Resources Inc.	PNMLF	OTC PK	Materials	D-	Sell	D-	D-	Down	0.00	0.12	0	-0.62	V	W	G	W	–	V
Jayden Resources Inc.	JDN.V	TSXV	Materials	D-	Sell	D-	D-		0.02	0.20	0.01	-2.78	V	W	G	W	–	V
Jazz Pharmaceuticals plc	JAZZ	NAS GS	Health Care	C	Hold	C+	D+		138.10	181.46	113.52	0.98	E	E	E	W	–	W
Jazz Resources Inc.	JZR.V	TSXV	Materials	D-	Sell	E+	D		0.05	0.08	0.03	0.41	W	V	F	W	–	W
JBG Smith Properties	JBGS	NYSE	Real Estate	C+	Hold	B	C	Up	38.94	43.21	33.3		G	G	E	G	F	F
JD.com, Inc.	JD	NAS GS	Consumer Discretn	C	Hold	C+	D+	Up	30.29	40.04	19.21	1.41	G	F	G	W	–	W
Jefferies Financial Group Inc.	JEF	NYSE	Financials	C	Hold	B	D		18.86	25.07	16.2	1.69	F	G	G	W	G	W
JELD-WEN Holding, inc.	JELD	NYSE	Industrials	C-	Hold	C	D	Up	20.92	30.25	13.28	2.50	G	E	G	W	–	W
Jemtec Inc.	JTC.V	TSXV	Information Tech	C	Hold	A-	B		2.61	2.74	0.8	-1.11	E	G	E	G	–	E
Jeotex Inc.	DWDZF	OTC PK	Communication Svc	D	Sell	D	D	Up	0.12	1.42	0.06	26.54	W	W	F	W	–	V
Jeotex Inc.	JTXH.V	TSXV	Communication Svc	D	Sell	D	D-	Up	0.22	2.20	0.1	4.33	W	W	F	W	–	V
Jerash Holdings (US), Inc.	JRSH	NAS CM	Consumer Discretn	D	Sell	C+	D+	Up	7.29	8.50	4.77		F	G	E	W	G	W
Jericho Oil Corporation	JCO.V	TSXV	Energy	D	Sell	D	D-		0.30	0.82	0.28	0.25	W	E	E	W	–	W
Jericho Oil Corporation	JROOF	OTC PK	Energy	D	Sell	D	D-		0.22	0.62	0.21	0.54	W	E	W	–	W
Jernigan Capital, Inc.	JCAP	NYSE	Real Estate	B-	Buy	B+	C		20.94	22.20	17.91	0.36	F	E	E	F	E	F
Jerrick Media Holdings, Inc.	JMDA	OTC PK	Communication Svc	D+	Sell	C	D	Up	0.15	0.32	0.07	-1.77	W	E	F	W	–	W
JetBlue Airways Corporation	JBLU	NAS GS	Industrials	C	Hold	C	D+	Up	18.27	20.14	15.19	1.32	W	G	G	W	–	W
Jewett-Cameron Trading Company Ltd.	JCTCF	NAS CM	Industrials	C	Hold	B	C		8.10	10.00	6.23	0.38	F	E	E	F	–	F
Jianpu Technology Inc.	JT	NYSE	Financials	D	Sell	D	D		3.91	7.97	3.49		F	V	E	W	–	W
Jiayin Group Inc.	JFIN	NAS	Financials	U		U	U		14.00	22.50	10.01		U	U	U	U	U	U
Jiminex Inc.	JIMH.V	TSXV	Materials	D	Sell	D+	D-	Up	0.05	0.10	0.04	0.70	W	F	G	W	–	V
Jinhua Capital Corporation	JHCH.V	TSXV	Financials	D+	Sell	C	D	Up	0.05	0.09	0.04	2.46	W	E	E	W	–	W
JinkoSolar Holding Co., Ltd.	JKS	NYSE	Information Tech	C+	Hold	B	D+	Up	22.28	24.84	7.11	2.44	F	G	G	W	–	F
Jiulian Resources Inc.	JLR.V	TSXV	Materials	D+	Sell	C-	D	Down	0.04	0.18	0.01	3.01	W	W	G	W	–	F
JLM Couture, Inc.	JLMC	OTC PK	Consumer Discretn	C	Hold	C	C-		7.20	11.09	7.1	-0.29	W	G	E	F	–	F
JMP Group LLC	JMP	NYSE	Financials	C-	Hold	C	D	Up	3.99	5.72	3.71	1.01	F	G	E	W	G	W
John B. Sanfilippo & Son, Inc.	JBSS	NAS GS	Consumer Staples	C	Hold	B-	C-		79.40	83.57	53.12	1.01	F	E	E	F	–	F
John Bean Technologies Corporation	JBT	NYSE	Industrials	C+	Hold	B+	D+	Up	116.64	123.90	66.28	1.48	E	E	G	W	W	F
John Hancock Investments - John Hancock Tax-Ad	HTY	NYSE	Financials	U		U	U		6.82	9.30	6.12	0.63	U	U	U	U	U	U
John Marshall Bancorp, Inc.	JMSB	OTC PK	Financials	C	Hold	B-	D+		14.25	18.75	13.91	0.59	E	G	E	W	–	W
John Wiley & Sons, Inc.	JWA	NYSE	Communication Svc	C-	Hold	C+	D	Down	45.31	69.00	40.66	1.13	F	E	G	W	G	W
John Wiley & Sons, Inc.	JWB	NYSE	Communication Svc	C-	Hold	C+	D	Down	45.43	68.42	41.18	1.20	F	E	G	W	G	W
Johnson & Johnson	JNJ	NYSE	Health Care	B	Buy	B+	C		140.69	148.99	120.11	0.77	E	E	E	F	G	F
Johnson Controls International plc	JCI	NYSE	Industrials	C+	Hold	B	D+	Up	40.53	41.01	28.3	1.12	G	E	G	W	G	W
Johnson Outdoors Inc.	JOUT	NAS GS	Consumer Discretn	C+	Hold	B+	D+		76.76	107.36	54.66	1.25	E	E	E	W	W	G
Jones Energy, Inc.	JONE	OTC PK	Energy	E+	Sell	E+	E+		0.07	11.60	0.05	3.36	V	G	V	–	V
Jones Lang LaSalle Incorporated	JLL	NYSE	Real Estate	C+	Hold	B	C		138.24	174.42	119.79	1.49	F	E	E	F	–	F
Jones Soda Co.	JSDA	OTC PK	Consumer Staples	D-	Sell	E+	D		0.51	0.98	0.22	2.23	W	V	G	W	–	F
Jounce Therapeutics, Inc.	JNCE	NAS GS	Health Care	D	Sell	D	D		4.68	8.58	2.66	3.41	W	W	E	W	–	W
Jourdan Resources Inc.	JOR.V	TSXV	Materials	D-	Sell	E+	D		0.03	0.09	0.02	-1.23	W	V	G	W	–	W
Journey Energy Inc.	JRNGF	OTC PK	Energy	D+	Sell	C-	D	Up	1.90	2.25	1.07	0.62	F	W	F	W	–	F
Journey Energy Inc.	JOY.TO	TSX	Energy	D+	Sell	C-	D	Up	2.51	3.09	1.31	0.40	F	W	F	W	–	F
JPMorgan Chase & Co.	JPMPRF	NYSE	Financials	C+	Hold	B-	C		25.62	26.89	25	0.00	E	E	E	F	E	W
JPMorgan Chase & Co.	JPM	NYSE	Financials	B	Buy	A-	B-	Up	108.84	119.24	91.11	1.10	E	E	E	G	G	F

*Ratings Factors: E=Excellent, G=Good, F=Fair, W=Weak, V=Very Weak, U=Unrated

Summer 2019 — I. Index of Stocks

3-Month Total Return (%)	6-Month Total Return (%)	1-Year Total Return (%)	3-Year Total Return (%)	Dividend $ TTM	Dividend Yield TTM	Market Cap. ($Mil)	Enterprise Value ($Mil)	Revenue ($Mil)	Revenue Growth (%)	Net Income ($Mil)	Earnings/Share $	EPS Growth (%)	Cash from Operations ($Mil)	Return on Assets (%)	Return on Equity (%)	Earnings (P/E) TTM	Sales (P/S) TTM	Book (P/B) Q
26.45	7.69	12.00	188.24			8.2	24.8	84.0	12.6	0.11	0.94	-80.2	2.1	1.58	1.19	10.5	0.1	0.4
-12.83	7.34	-25.68		1.44	6.8	4,023	3,364	2,238	3.0	452.7	2.26	-42.2	574.4	5.29	8.59	9.4	1.8	0.8
7.50	26.03	119.39				24.2	21.2	--		-2.7	-0.04	25.2	-2.6	-26.46		-5.9		3.4
5.66	27.27	107.41				24.2	21.2	--		-2.7	-0.04	25.2	-2.6	-26.46		-7.7		4.4
-52.11	-50.72	-72.13	-81.77			19.1	450.4	587.7	-8.3	-19.4	-0.81	-131.9	18.7	1.61		-0.8	0.0	-0.3
12.50	5.88	-43.75	63.64			1.1	1.2	--		-0.13	-0.01	-5.2	-0.06	-48.15		-11.1		-9.1
-9.09	11.11	-56.52	38.89			4.0	3.0	--		-1.1	-0.01	61.2	-0.64	-22.41		-4.1		1.3
-26.54	-13.66	-61.61	-24.62			4.0	3.0	--		-1.1	-0.01	61.2	-0.64	-22.41		-2.9		0.9
-50.07	-97.16	-95.62	-94.81			1.0	0.82	--		7.2	0.08	941.5	-0.13	-16.25		0.0		3.2
0.00	-90.00	-86.36	-80.00			1.0	0.82	--		7.2	0.08	941.5	-0.13	-16.25		0.2		13.6
-1.46	13.48	-20.57	0.75			7,821	8,749	1,954	15.8	486.3	8.01	9.9	838.8	8.99	17.63	17.2	4.1	2.9
-10.00	0.00	-25.00	-59.09			0.66	0.93	--		-0.11	-0.01	-40.5	-0.02	-4.41		-7.6		-4.5
-5.47	13.72	9.56		0.90	2.3	5,222	7,597	665.8	14.1	69.0	0.54	174.5	171.4	0.85	2.22	71.9	7.2	1.6
2.99	39.52	-22.19	49.06			44,169	43,777	52,837	-9.8	831.2	1.11	355.9	1,689			27.4	0.4	2.2
0.82	9.65	-15.45	22.57	0.60	3.2	5,493	7,637	3,676	-21.6	966.7	2.74	22,000.0	-59.9			6.9	1.6	0.6
20.92	44.98	-26.26				2,107	3,784	4,411	14.2	120.7	1.15	199.7	257.0	5.14	14.92	18.2	0.5	2.8
56.29	161.00	226.25	741.94			5.4	4.0	1.8	74.4	0.41	0.15	1,806.3	0.37	16.3	33.22	17.1	4.0	4.8
92.43	92.43	-92.56	-99.52			0.20	10.0	2.6	-86.6	-10.6	-9.08	43.6	-0.54	-91.89		0.0	0.1	0.0
-26.67	120.00	-89.52	-99.35			0.20	10.0	2.6	-86.6	-10.6	-9.08	43.6	-0.54	-91.89		0.0	0.1	0.0
-3.45	22.61	1.68		0.15	2.1	82.5	56.1	79.4	9.3	4.3	0.36	-76.4	6.4	7.95	12.12	20.4	1.1	1.6
-28.57	-28.57	-58.33	-34.78			29.4	26.9	0.27	-12.7	-3.4	-0.03	51.2	-1.7	-3.86		-11.4	142.9	1.2
-28.06	-26.23	-57.62	-35.77			29.4	26.9	0.27	-12.7	-3.4	-0.03	51.2	-1.7	-3.86		-8.5	107.1	0.9
-2.18	6.48	13.90	78.76	1.40	6.7	451.6	--	32.9	137.9	61.1	2.19	98.7	-7.2		13.2	9.6	13.0	1.1
-6.25	-6.25	-31.82	-75.00			26.1	28.7	0.10	41.3	-11.8	-0.20	16.1	-5.3	-860.03		-0.7	214.3	-5.6
12.92	14.19	-3.13	16.15			5,498	7,069	7,775	8.5	141.0	0.47	-86.6	1,143	4.04	3.03	39.0	0.7	1.2
-5.81	10.35	2.53	49.58			32.6	28.9	48.1	-4.8	2.6	0.58	-3.7	2.9	9.8	12.35	14.0	0.7	1.6
-23.93	-2.49	-40.85				658.0	520.7	269.6	8.4	-4.4	-0.07	88.5	--			-59.5	1.0	1.1
						749.0	742.2	211.1	-22.1	61.2	4.89	-7.7	-52.3			2.9	0.8	-0.9
0.00	0.00	-10.00	-55.00			1.6	1.5	--		-0.21	-0.01	54.6	-0.14	-20.76		-5.4		2.5
0.00	11.11	0.00	-70.59			0.15	0.22	--		-0.08	-0.02	-210.3	-0.03	-2,012.20		-2.4		-0.6
26.52	126.65	55.80	13.27			980.6	2,956	2,818	-28.1	44.9	4.59	78.8	--			4.9	0.1	0.2
-68.18	-66.67	-75.00	75.00			0.83	-0.07	--		-0.07	0.00	12.2	-0.07	-16.41		-9.7		1.1
-21.74	-27.27	-0.69	161.82			11.3	7.6	28.5	-10.2	0.47	0.28	-37.4	0.35	3.92	4.41	25.9	0.4	1.0
3.63	0.14	-21.15	-11.16	0.25	6.3	84.2	--	136.6	11.8	3.2	0.15	127.2	1.7		5.88	27.3	0.6	1.0
11.25	40.83	8.50	113.96	0.05	0.1	904.3	969.2	870.9	-0.9	33.8	2.94	-0.3	75.9	7.18	14.07	27.0	1.1	3.7
27.08	68.71	28.86	105.46	0.40	0.3	3,689	4,127	1,928	13.4	122.6	3.82	90.9	160.5	8.57	27.36	30.6	1.9	7.7
1.92	10.29	-13.21	-9.93	0.64	9.4	--	--	--		--			--					
-10.66	-6.56	-23.39	10.29			185.7	--	41.2	11.7	9.7	0.71	-9.5	--			20.2	4.7	1.4
4.95	-1.86	-25.76	-0.27	1.32	2.9	2,587	2,973	1,786	0.9	159.1	2.75	-13.9	239.3	5.11	14.19	16.5	1.5	2.2
5.48	-1.50	-25.34	0.13	1.32	2.9	2,587	2,973	1,786	0.9	159.1	2.75	-13.9	239.3	5.11	14.19	16.5	1.5	2.2
2.00	12.03	18.41	28.83	3.65	2.6	373,540	388,479	81,593	3.7	14,679	5.40	1,320.6	22,138	8.61	24.02	26.1	4.7	6.3
10.56	38.78	25.32	15.63	1.04	2.6	32,253	45,665	27,733	3.7	2,364	2.56	14.0	2,585	3.68	9.39	15.8	1.3	1.8
9.10	32.05	-9.99	213.09	0.54	0.7	765.7	697.5	544.1	2.8	44.3	4.41	13.6	40.8	9.8	15.75	17.4	1.4	2.6
-10.13	-77.98	-99.14	-99.90			--	--	226.4	26.0	-1,291	-262.30	-653.0	64.1	-2.44		0.0	0.0	0.0
-10.00	7.52	-15.56	41.32	0.84	0.6	6,323	8,433	9,160	11.1	465.5	10.11	49.9	311.2	4.65	12.92	13.7	0.7	1.7
-31.45	112.06	84.12	-19.05			21.6	24.6	12.5	-0.8	-2.4	-0.06	-55.7	-2.7	-23.99		-8.8	1.7	-16.8
-24.03	38.87	-37.93				154.3	12.3	65.0	3.9	-26.7	-0.82	11.8	-65.7	-7.92		-5.7	2.4	1.6
-16.67	-16.67	-61.54	-50.00			1.1	0.88	--		-0.73	-0.01	58.6	-0.91	-35.78		-1.8		2.5
26.36	32.65	48.68	40.48			75.1	172.6	78.6	0.4	-24.7	-0.64	72.1	9.4	-0.88		-3.0	1.0	1.9
24.26	32.80	51.20	37.91			75.1	172.6	78.6	0.4	-24.7	-0.64	72.1	9.4	-0.88		-3.9	1.3	2.5
0.79	4.74	3.97	14.33	1.53	6.0	353,023	--	104,870	7.2	32,941	9.27	32.0	-31,584		12.77	2.8	0.8	0.4
8.90	14.18	6.68	97.28	2.96	2.7	353,023	--	104,870	7.2	32,941	9.27	32.0	-31,584		12.77	11.7	3.4	1.5

https://greyhouse.weissratings.com   Data as of June 30, 2019

I. Index of Stocks

Summer 2019

Company Name	Stock Ticker Symbol	Traded On	Sector	Overall Rating	Recommendation	Reward Rating	Risk Rating	Recent Up/Downgrade	Stock Price as of 6/30/2019	52-Week High	52-Week Low	3-Year Beta	Growth	Efficiency	Solvency	Volatility	Dividend	Total Return
Jubilee Gold Exploration Ltd.	JUB.V	TSXV	Materials	D+	Sell	C	D	Up	0.64	0.64	0.57	0.49	F	W	G	W	—	F
Juggernaut Exploration Ltd.	JUGRF	OTC PK	Materials	D-	Sell	D	D-		0.09	1.10	0.05		W	W	E	W	—	V
Juggernaut Exploration Ltd.	JUGR.V	TSXV	Materials	D	Sell	D+	D		0.11	0.59	0.07	-0.12	W	W	E	W	—	W
Jumei International Holding Limited	JMEI	NYSE	Consumer Discretn	D	Sell	D	D		2.49	2.80	1.44	1.02	W	W	G	W	—	W
Jumia Technologies AG	JMIA	NYSE	Consumer Discretn	U		U	U		26.27	49.77	18.13		U	U	U	U	U	U
Juniata Valley Financial Corp.	JUVF	OTC PK	Financials	C	Hold	B+	B-		20.05	24.00	19.41	-0.38	E	G	E	G	G	F
Juniper Networks, Inc.	JNPR	NYSE	Information Tech	C	Hold	C+	C-	Down	26.85	30.80	24.51	0.50	W	E	E	F	G	F
Jupai Holdings Limited	JP	NYSE	Financials	D	Sell	D	D-	Down	2.28	19.75	2.22	2.27	W	W	E	W	—	V
Jura Energy Corporation	JEC.V	TSXV	Energy	D+	Sell	C-	D	Up	0.09	0.18	0.05	1.11	F	F	F	W	—	F
Jura Energy Corporation	JECFF	OTC PK	Energy	D	Sell	D+	D	Up	0.04	0.05	0.04	-0.50	F	F	F	W	—	W
Just Energy Group Inc.	JE.TO	TSX	Utilities	C	Hold	B-	D	Up	5.48	5.76	3.66	0.68	F	G	W	W	E	V
Just Energy Group Inc.	JE	NYSE	Utilities	E+	Sell	E	D	Down	4.19	4.34	2.8	1.00	V	V	G	W	—	W
JZ Capital Partners Limited	JZCLF	OTC PK	Financials	D+	Sell	C-	D+	Up	6.05	6.33	5.44	0.22	W	F	E	F	—	W
K12 Inc.	LRN	NYSE	Consumer Discretn	C+	Hold	B	C	Down	29.51	37.43	16.07	0.43	G	G	E	F	—	G
K2 Gold Corporation	KTO.V	TSXV	Materials	D	Sell	D	D	Down	0.17	0.33	0.16	-0.21	F	W	E	W	—	W
K2 Gold Corporation	KTGDF	OTC PK	Materials	D	Sell	D	D		0.13	0.26	0.11	0.45	F	W	E	W	—	W
K92 Mining Inc.	KNTNF	OTC PK	Materials	C-	Hold	C	D+	Up	1.37	1.43	0.51	-0.09	W	W	E	W	—	G
K92 Mining Inc.	KNT.V	TSXV	Materials	C-	Hold	C	D+		1.77	1.89	0.67	-0.63	W	W	E	W	—	G
Kaanapali Land, LLC	KANP	OTC PK	Real Estate	D+	Sell	D	D+		32.84	34.75	31.5	-0.27	W	W	E	F	—	W
Kadant Inc.	KAI	NYSE	Industrials	B-	Buy	B	C	Up	90.13	111.85	76.44	1.32	G	E	E	F	W	F
Kadmon Holdings, Inc.	KDMN	NYSE	Health Care	D	Sell	C-	D		1.96	4.39	1.63	2.04	W	F	E	W	—	W
Kaiser Aluminum Corporation	KALU	NAS GS	Materials	C+	Hold	B	C-	Down	97.12	119.66	83.29	1.25	F	E	E	F	G	F
Kaixin Auto Holdings	KXIN	NAS CM	Consumer Discretn	U		U	U		2.06	4.20	2		U	U	U	U	U	U
Kaizen Discovery Inc.	CCNCF	OTC PK	Materials	E+	Sell	E+	D-	Down	0.04	0.08	0.03	1.54	F	V	G	W	—	V
Kaizen Discovery Inc.	KZD.V	TSXV	Materials	E+	Sell	E+	D-	Down	0.05	0.11	0.05	0.86	F	V	G	W	—	V
Kala Pharmaceuticals, Inc.	KALA	NAS GS	Health Care	D-	Sell	E+	D		5.88	14.45	4.03		W	W	G	W	—	V
Kaleido BioSciences, Inc.	KLDO	NAS GS	Health Care	E	Sell	E+	D		11.25	19.00	11.05		V	E	E	W	—	W
Kallo Inc.	KALO	OTC PK	Health Care	D	Sell	C-	D-		0.02	0.06	0.01	8.58	W	E	E	W	—	V
Kalmin Corp.	KLMN	OTC PK	Consumer Discretn	D	Sell	D	D	Up	0.15	12.50	0.11		V	W	F	W	—	V
KalVista Pharmaceuticals, Inc.	KALV	NAS	Health Care	D	Sell	D+	D	Down	21.60	34.92	7.88	1.67	W	W	E	F	—	F
Kalytera Therapeutics, Inc.	KALTF	OTC PK	Health Care	D-	Sell	D	D-		0.04	0.15	0.02	1.09	W	W	F	W	—	V
Kalytera Therapeutics, Inc.	KLY.V	TSXV	Health Care	D-	Sell	D	D-		0.05	0.18	0.04	1.09	W	W	F	W	—	V
Kamada Ltd.	KMDA	NAS GS	Health Care	C	Hold	B	C-	Down	5.42	6.70	4.63	0.95	G	G	E	F	—	G
Kaman Corporation	KAMN	NYSE	Industrials	C	Hold	C+	C	Down	64.12	71.00	51.34	0.89	F	E	E	F	W	F
Kandi Technologies Group, Inc.	KNDI	NAS GS	Consumer Discretn	D	Sell	D	D	Down	4.86	9.23	3.54	1.89	W	W	G	W	—	F
Kane Biotech Inc.	KNE.V	TSXV	Health Care	C-	Hold	C+	D	Up	0.12	0.14	0.06	-1.72	F	G	F	W	—	W
Kane Biotech Inc.	KNBIF	OTC PK	Health Care	C-	Hold	C	D	Up	0.10	0.10	0.04	0.15	F	G	F	W	—	W
Kansas City Life Insurance Company	KCLI	OTC PK	Financials	C-	Hold	C+	D		33.15	42.99	33	0.11	W	G	E	W	G	W
Kansas City Southern	KSU	NYSE	Industrials	B-	Buy	B	C+		120.77	125.92	90.55	1.16	F	E	E	F	W	F
Kapa Capital Inc.	KAPAP.V	TSXV	Financials	D-	Sell	D	D+	Up	0.20	0.20	0.16		W	V	E	F	—	W
KAR Auction Services, Inc.	KARWI	NYSE	Industrials	U		U	U						U	U	U	U	U	U
KAR Auction Services, Inc.	KAR	NYSE	Industrials	B	Buy	B+	C	Up	62.08	64.55	43.32	1.04	E	E	G	F	F	F
Karmin Exploration Inc.	KRMEF	OTC PK	Materials	D	Sell	D	D-		0.51	0.63	0.51	0.15	V	W	F	W	—	W
Karmin Exploration Inc.	KAR.V	TSXV	Materials	D	Sell	D	D		0.90	0.96	0.6	1.78	V	W	F	W	—	F
Karnalyte Resources Inc.	KRN.TO	TSX	Materials	D-	Sell	D-	E+	Up	0.25	0.61	0.15	1.78	W	V	E	V	—	V
Karnalyte Resources Inc.	KRLTF	OTC PK	Materials	D-	Sell	D-	E+	Up	0.20	0.30	0.13	0.97	W	V	E	V	—	V
Karsten Energy Corp.	KAYH.V	TSXV	Financials	D	Sell	C-	D		0.12	0.12	0.03	1.92	W	W	E	W	—	F
Karuna Therapeutics, Inc.	KRTX	NAS	Health Care	U		U	U		16.00				U	U	U	U	U	U
Karyopharm Therapeutics Inc.	KPTI	NAS GS	Health Care	D-	Sell	E+	D		6.13	21.71	3.92	0.78	W	V	G	W	—	W
Katipult Technology Corp.	KTPPF	OTC PK	Information Tech	D-	Sell	D-	D-	Up	0.16	2.40	0		F	V	E	W	—	V
Katipult Technology Corp.	FUND.V	TSXV	Information Tech	D-	Sell	D-	D	Up	0.22	1.72	0.15		F	V	E	W	—	V
Kaya Holdings, Inc.	KAYS	OTC PK	Health Care	D+	Sell	C	D-	Down	0.07	0.15	0.05	-1.26	F	G	F	W	—	W

*Ratings Factors: E=Excellent, G=Good, F=Fair, W=Weak, V=Very Weak, U=Unrated

Summer 2019 — I. Index of Stocks

3-Month Total Return (%)	6-Month Total Return (%)	1-Year Total Return (%)	3-Year Total Return (%)	Dividend $ TTM	Dividend Yield TTM	Market Cap. ($Mil)	Enterprise Value ($Mil)	Revenue ($Mil)	Revenue Growth (%)	Net Income ($Mil)	Earnings/Share $	EPS Growth (%)	Cash from Operations ($Mil)	Return on Assets (%)	Return on Equity (%)	Earnings (P/E) TTM	Sales (P/S) TTM	Book (P/B) Q
0.00	0.00	-3.03	12.28			3.8	3.8	0.14	221.7	-0.30	-0.04	78.6	-0.08	-3.28		-16.8	35.8	2.0
33.02	-22.73	-71.41				8.1	6.5	--		-0.51	-0.01	58.3	-0.53	-6.45		-14.2		0.9
29.41	-21.43	-72.15	120.00			8.1	6.5	--		-0.51	-0.01	58.3	-0.53	-6.45		-18.3		1.1
5.96	31.05	-1.97	-40.29			295.2	-36.4	269.6	-68.6	-81.0	-0.61	-1,367.2	--			-4.1	1.2	0.6
						2,060	1,922	--		--			--					
-1.12	-2.47	-5.96	25.66	0.88	4.4	102.3	--	24.5	9.9	6.0	1.18	28.1	7.0		9.42	17.1	4.2	1.5
4.13	1.84	1.19	32.89	0.74	2.8	9,245	7,854	4,567	-6.6	563.6	1.61	170.3	749.4	4.04	12.28	16.7	2.1	2.0
-38.87	-43.42	-87.79	-69.07			76.7	-71.1	106.7	-60.1	-89.3	-15.98	-239.2	--			-0.1	0.1	0.1
0.00	88.89	21.43	41.67			4.5	28.6	11.9	23.9	-0.25	-0.01	54.7	5.2	1.35		-16.0	0.5	0.4
0.00	-24.00	-28.44	-11.83			4.5	28.6	11.9	23.9	-0.25	-0.01	54.7	5.2	1.35		-7.2	0.2	0.2
22.06	28.56	30.35	-9.00	0.50	9.1	625.1	1,282	2,144	-24.3	-27.9	-0.10	-105.9	-48.0	3.25		-52.3	0.4	-9.5
25.24	34.33	32.53	-9.71	0.50	11.9	625.1	1,282	2,144	-24.3	-27.9	-0.10	-105.9	-48.0	3.25		-40.0	0.3	-7.2
6.19	7.13	-5.42	14.20			488.1	-273.4	53.9	184.0	-9.3	-0.15	60.0	-17.2	1.76		-41.6	9.4	0.6
-13.28	20.84	78.52	154.18			1,146	943.6	998.3	11.6	43.2	1.04	287.0	123.5	4.05	7.06	28.3	1.2	1.8
-34.00	-8.33	-19.51	-41.07			3.3	3.1	--		-0.78	-0.04	27.7	-0.48	-20.97		-4.6		1.7
-24.57	0.00	-15.90				3.3	3.1	--		-0.78	-0.04	27.7	-0.48	-20.97		-3.6		1.4
30.11	127.67	99.80	77.52			268.7	263.7	68.6	704.9	40.8	0.18	858.9	23.4	23.78	77.37	7.5	3.8	3.5
25.53	118.52	96.67	77.00			268.7	263.7	68.6	704.9	40.8	0.18	858.9	23.4	23.78	77.37	9.7	5.0	4.5
-0.48	-3.41	-5.50	1.30			60.6	33.7	5.1	-68.2	-3.1	-1.67	-129.6	-2.9	-2.4		-19.7	11.9	0.7
2.89	11.69	-3.94	86.17	0.89	1.0	1,007	1,345	655.9	16.8	60.5	5.29	81.3	65.6	6.7	16.8	17.0	1.6	2.7
-24.90	1.55	-49.61				253.8	251.1	1.0	-85.5	-30.2	-0.24	82.4	-78.3	-43.26		-8.1	242.0	3.1
-5.61	9.88	-3.32	19.87	2.30	2.4	1,558	1,828	1,593	11.4	94.0	5.62	176.4	146.9	6.44	12.52	17.3	1.0	2.1
						79.4	157.9	104.6	-52.0	-19.5	-0.12	52.7	0.27			-16.9	3.2	-2.7
14.01	-12.50	-36.48	-78.66			10.5	10.8	--		-2.7	-0.01	37.0	-2.2	-32.34		-3.6		10.3
0.00	-9.09	-16.67	-75.00			10.5	10.8	--		-2.7	-0.01	37.0	-2.2	-32.34		-5.2		14.7
-24.03	17.13	-57.55				199.2	162.0	1.4		-80.8	-2.74	74.6	-72.6	-32.13		-2.2	143.8	2.4
-19.70						333.3	226.9	--		-58.9	-8.67	-20.2	-49.5			-1.3		3.1
14.29	-33.33	-61.90	-73.33			18.4	19.5	--		-1.4	0.00	99.8	0.00	-3,977.07		-20.0		-4.0
-50.00	-90.38	-98.57				0.73	0.75	0.00	-98.9	-0.04	-0.01	-107.1	-0.03	-315.87		-17.2	1,500.0	-18.5
-22.66	10.43	168.32				372.5	261.5	18.0	391.8	-12.9	-0.97	49.3	-31.8	-13.93		-22.2	20.6	3.6
-33.11	-3.61	-69.23				19.0	20.6	--		2.5	-0.03	87.3	-4.4	-12.75		-1.3		1.9
-28.57	-23.08	-70.59				19.0	20.6	--		2.5	-0.03	87.3	-4.4	-12.75		-1.6		2.4
-6.39	11.52	6.27	48.49			216.4	166.0	123.8	14.0	26.0	0.64	110.3	11.2	11.31	25.02	8.5	1.8	1.9
10.47	16.87	-7.96	65.02	0.80	1.3	1,792	2,145	1,869	2.0	54.2	1.92	-6.2	128.1	5.05	8.44	33.4	1.0	2.8
-13.52	29.95	14.35	-26.70			255.5	319.4	122.2	14.3	-13.8	-0.28	-1,468.8	0.64	-0.27		-17.6	2.1	1.1
50.00	50.00	50.00	-31.43			7.3	8.4	0.78	484.4	-2.3	-0.03	34.3	-1.9	-66.38		-4.1	12.4	-7.9
81.13	118.28	46.34	-34.92			7.3	8.4	0.78	484.4	-2.3	-0.03	34.3	-1.9	-66.38		-3.3	9.9	-6.3
-4.81	-5.19	-14.66	-8.67	1.08	3.3	321.0	307.4	481.6	7.3	18.2	1.88	-61.9	73.5	0.27	2.53	17.6	0.7	0.4
4.31	27.14	16.26	45.18	1.44	1.2	12,148	15,225	2,750	5.3	585.7	5.75	-37.8	1,078	6.51	11.66	21.0	4.4	2.5
0.00	0.00					0.46	0.24	--		-0.11	0.00		-0.08			-111.1		2.8
						8,283	13,170	3,866	9.2	315.8	2.34	-16.2	691.2	5.08	20.9			
25.15	34.90	16.82	69.38	1.75	2.8	8,283	13,170	3,866	9.2	315.8	2.34	-16.2	691.2	5.08	20.9	26.5	2.2	5.5
-19.61	-19.61	-23.37	23.52			53.0	53.8	--		-1.7	-0.02	-11.2	-0.19	-4.55		-23.3		4.4
3.45	45.16	21.62	210.34			53.0	53.8	--		-1.7	-0.02	-11.2	-0.19	-4.55		-41.1		7.7
11.36	11.36	-35.53	-86.97			7.9	0.83	--		-4.7	-0.16	-40.7	-2.9	-19.27		-1.5		1.0
8.64	45.91	-30.69	-85.61			7.9	0.83	--		-4.7	-0.16	-40.7	-2.9	-19.27		-1.3		0.8
71.43	100.00	50.00	50.00			1.0	0.90	--		-0.02	0.00	42.3	-0.02	-4.4		-80.0		11.3
						--	--	--				--						
7.54	-32.86	-63.83	-12.68			373.1	228.9	20.5	77.6	-206.1	-3.44	-19.9	-191.1	-59.35		-1.8	18.2	3.1
8.78	-42.93	-75.17				11.1	11.8	1.0	9.0	-1.6	-0.03	2.2	-1.0	-84.93		-6.0	10.4	-12.8
4.88	-50.57	-75.57				11.1	11.8	1.0	9.0	-1.6	-0.03	2.2	-1.0	-84.93		-8.0	14.0	-17.2
-21.35	-39.05	-52.54	1.56			12.2	16.7	1.1	6.5	-3.8	-0.03	55.1	-1.1	-51.02		-2.8	10.8	-0.7

Data as of June 30, 2019

I. Index of Stocks

Summer 2019

Company Name	Stock Ticker Symbol	Traded On	Sector	Overall Rating	Recommendation	Reward Rating	Risk Rating	Recent Up/Downgrade	Stock Price as of 6/30/2019	52-Week High	52-Week Low	3-Year Beta	Growth	Efficiency	Solvency	Volatility	Dividend	Total Return
Kaymus Resources Inc.	KYSH.V	TSXV	Energy	D	Sell	D+	D		0.07	0.17	0.04	0.90	F	W	E	W	–	W
Kazia Therapeutics Limited	KZIA	NAS CM	Health Care	D-	Sell	D-	D-		2.61	4.27	2.04	2.05	W	V	E	W	–	W
KB Financial Group Inc.	KB	NYSE	Financials	C	Hold	B-	D	Down	39.49	49.81	35.89	0.68	G	E	E	W	–	W
KB Home	KBH	NYSE	Consumer Discretn	C+	Hold	B+	D+		25.39	28.26	16.82	1.23	G	G	G	W	W	F
KBL Merger Corp. IV	KBLM	NAS CM	Financials	C-	Hold	C+	D+	Up	10.47	10.69	9.17	-0.02	F	G	E	E	–	F
KBR, Inc.	KBR	NYSE	Information Tech	C	Hold	B-	C-		24.60	24.97	13.9	1.47	W	G	E	F	W	G
K-Bro Linen Inc.	KBL.TO	TSX	Industrials	C	Hold	C+	D+	Up	40.29	40.54	32	0.81	W	E	E	F	F	F
K-Bro Linen Inc.	KBRLF	OTC PK	Industrials	D+	Sell	C+	D		25.20	28.86	25.2	0.39	W	E	E	W	G	W
KBS Fashion Group Limited	KBSF	NAS CM	Consumer Discretn	D	Sell	D	D		2.26	7.95	2.11	3.10	W	W	E	W	–	W
KDA Group Inc.	KDA.V	TSXV	Health Care	D	Sell	D	D		0.25	0.39	0.09	0.37	W	V	F	W	–	F
Keane Group, Inc.	FRAC	NYSE	Energy	D	Sell	D+	D		7.02	14.55	6.61	1.39	F	F	E	W	–	W
Kearny Financial Corp.	KRNY	NAS GS	Financials	C	Hold	B-	C-		13.12	14.40	11.26	0.42	E	G	E	F	F	W
Kellogg Company	K	NYSE	Consumer Staples	C-	Hold	B-	D		53.19	74.98	51.34	0.84	G	E	G	G	G	W
Kelly Services, Inc.	KELYB	NAS GS	Industrials	C	Hold	C+	D+		23.40	34.30	20.91	0.33	F	G	E	F	W	F
Kelly Services, Inc.	KELYA	NAS GS	Industrials	C	Hold	C+	C-		25.67	26.57	19.21	0.72	F	G	E	F	W	F
Kelly Ventures Ltd.	KKLP.V	TSXV	Financials	E	Sell	D	D		0.12	0.19	0.12		W	W	E	W	–	W
Kelso Technologies Inc.	KLS.TO	TSX	Industrials	C-	Hold	C+	D	Up	1.96	2.19	0.46	2.20	F	F	E	W	–	G
Kelso Technologies Inc.	KIQ	AMEX	Industrials	C	Hold	C+	D	Up	1.49	1.66	0.36	2.54	F	F	E	W	–	G
Kelt Exploration Ltd.	KELTF	OTC PK	Energy	C-	Hold	C	D	Up	3.12	7.55	3.01	0.51	E	F	G	W	–	W
Kelt Exploration Ltd.	KEL.TO	TSX	Energy	C-	Hold	C	D	Up	3.97	10.01	3.77	0.72	E	F	G	W	–	W
Kelvin Medical, Inc.	KVMD	OTC PK	Health Care	D	Sell	D+	D		0.00	0.03	0		V	G	G	W	–	V
KEMET Corporation	KEM	NYSE	Information Tech	C+	Hold	B+	D+	Down	18.57	29.85	15.55	1.77	E	E	E	W	W	F
Kemira Oyj	KOYJF	OTC PK	Materials	C	Hold	B	B		12.90	12.90	12.9	0.05	E	E	G	G	–	F
Kemper Corporation	KMPR	NYSE	Financials	B	Buy	A+	C		86.46	91.98	61.57	1.32	E	G	E	F	W	E
KemPharm, Inc.	KMPH	NAS	Health Care	D-	Sell	D-	D-		1.76	6.85	1.15	2.96	W	W	G	W	–	V
Kenadyr Mining (Holdings) Corp.	KEN.V	TSXV	Materials	E+	Sell	E+	E+	Down	0.07	0.19	0.05	-0.45	F	V	E	V	–	V
Kenadyr Mining (Holdings) Corp.	KNDYF	OTC PK	Materials	D-	Sell	E+	D-		0.05	0.13	0.04	-0.50	F	V	E	W	–	V
Kennametal Inc.	KMT	NYSE	Industrials	C+	Hold	B	C		35.52	45.10	30.32	2.36	E	E	E	F	F	W
Kennedy-Wilson Holdings, Inc.	KW	NYSE	Real Estate	B-	Buy	B	C	Up	20.32	22.62	17.25	0.91	F	G	G	F	G	F
Kenon Holdings Ltd.	KEN	NYSE	Utilities	C	Hold	B-	D+		20.80	21.70	13.67	2.24	W	G	E	W	E	G
Kentucky Bancshares, Inc.	KTYB	OTC PK	Financials	C	Hold	A-	C+		24.40	26.25	22.5	0.61	G	E	E	F	G	F
Kentucky First Federal Bancorp	KFFB	NAS	Financials	D+	Sell	C	D		7.50	8.70	6.52	0.56	W	G	E	W	G	W
Kermode Resources Ltd.	KLM.V	TSXV	Materials	D+	Sell	C	D		0.01	0.02	0.01	0.64	W	G	G	W	–	W
Kerr Mines Inc.	KER.TO	TSX	Materials	D	Sell	D	D		0.19	0.22	0.11	0.30	W	W	G	W	–	F
Kerr Mines Inc.	KERMF	OTC PK	Materials	D	Sell	D	D		0.14	0.17	0.07	1.18	W	W	G	W	–	W
Kesselrun Resources Ltd.	KES.V	TSXV	Materials	D	Sell	D	D	Up	0.05	0.10	0.03	2.42	W	W	E	W	–	W
Kesselrun Resources Ltd.	KSSRF	OTC PK	Materials	D	Sell	D	D	Up	0.03	0.06	0.02	1.98	W	W	E	W	–	V
Kestrel Gold Inc.	KGC.V	TSXV	Materials	D+	Sell	C	D	Up	0.02	0.03	0.01	-0.20	W	G	G	W	–	W
Keurig Dr Pepper Inc.	KDP	NYSE	Consumer Staples	B	Buy	B	B		28.68	31.06	20.46		G	G	G	F	F	W
Kew Media Group Inc.	KEW.TO	TSX	Communication Svc	D-	Sell	D	D		5.43	7.84	4.5		W	W	G	W	–	W
Kewaunee Scientific Corporation	KEQU	NAS	Health Care	C	Hold	B	D		18.79	37.34	16.18	-1.02	F	E	E	W	G	W
Keweenaw Land Association, Limited	KEWL	OTC PK	Materials	C-	Hold	C	D	Up	70.50	105.00	66.5	1.04	F	G	E	W	–	W
Key Energy Services, Inc.	KEG	NYSE	Energy	D-	Sell	D-	D	Down	2.00	17.77	1.59	3.80	W	W	F	W	–	W
Key Tronic Corporation	KTCC	NAS	Information Tech	D	Sell	D	D	Down	4.99	8.24	4.97	1.00	W	W	E	W	–	W
KeyCorp	KEY	NYSE	Financials	C+	Hold	B	C-		17.34	21.91	13.66	1.47	E	E	E	F	G	W
Keyera Corp.	KEY.TO	TSX	Energy	C	Hold	B-	D+	Up	33.34	38.91	24.05	0.46	E	E	G	W	G	W
Keyera Corp.	KEYUF	OTC PK	Energy	C	Hold	B-	D	Up	25.34	29.35	17.69	0.67	E	E	G	W	G	W
Keysight Technologies, Inc.	KEYS	NYSE	Information Tech	B-	Buy	A-	C		87.12	93.77	53.21	1.28	E	G	E	G	–	E
Kezar Life Sciences, Inc.	KZR	NAS GS	Health Care	D-	Sell	D-	D		7.17	36.33	6.95		V	W	E	W	–	V
KFG Resources Ltd.	KFG.V	TSXV	Energy	D+	Sell	C	D	Down	0.06	0.08	0.04	0.08	F	W	G	W	–	G
KFG Resources Ltd.	KFGRF	OTC PK	Energy	D	Sell	C-	D		0.03	0.04	0.02	0.66	F	W	G	W	–	F
Kforce Inc.	KFRC	NAS GS	Industrials	B-	Buy	A-	C-		34.93	43.51	27.95	1.30	E	E	E	F	F	F

*Ratings Factors: E=Excellent, G=Good, F=Fair, W=Weak, V=Very Weak, U=Unrated

Summer 2019 — I. Index of Stocks

3-Month Total Return (%)	6-Month Total Return (%)	1-Year Total Return (%)	3-Year Total Return (%)	Dividend $ TTM	Dividend Yield TTM	Market Cap. ($Mil)	Enterprise Value ($Mil)	Revenue ($Mil)	Revenue Growth (%)	Net Income ($Mil)	Earnings/Share $	EPS Growth (%)	Cash from Operations ($Mil)	Return on Assets (%)	Return on Equity (%)	Earnings (P/E) TTM	Sales (P/S) TTM	Book (P/B) Q
16.67	-22.22	-41.67	250.00			1.2	0.91	0.00		-0.04	0.00	28.0	-0.06	-6.38		-38.9		4.4
-21.67	18.27	-13.17	-65.72			15.2	11.4	1.8	-59.2	-9.4	-0.19	-96.6	-3.8	-20.33		-14.0	78.7	12.5
9.24	-6.09	-12.08	50.94	1.37	3.5	15,558	--	9,235	-0.7	2,650	6.66	-13.1	-15,181		8.39	5.9	1.7	0.5
2.73	31.97	0.47	76.37	0.10	0.4	2,212	3,888	4,487	1.5	271.6	2.72	214.2	165.0	4.66	13.65	9.3	0.6	1.0
1.05	2.64	5.32				44.3	45.1	--		1.1	0.07	215.3	-0.92	-0.49	21.97	149.6		8.9
30.80	65.79	40.02	107.97	0.32	1.3	3,480	4,318	5,215	27.1	183.0	1.29	-66.0	343.0	4.12	12.43	19.1	0.7	2.0
8.08	23.30	11.70	6.28	1.20	3.0	321.1	408.7	184.5	26.3	4.6	0.44	4.5	17.1	2.4	3.04	91.8	2.3	2.9
0.00	0.00	-5.48	-15.53	0.90	3.6	321.1	408.7	184.5	26.3	4.6	0.44	4.5	17.1	2.4	3.04	57.4	1.4	1.8
-41.69	-21.53	-53.01	-58.15			5.9	-13.3	18.7	-17.7	-15.8	-6.94	-3.5	0.59	-6.42		-0.3	0.3	0.1
66.67	66.67	25.00	-45.65			14.0	28.3	17.6	-8.3	-5.3	-0.12	-5.7	0.27	-3.79		-2.1	0.8	-3.4
-36.36	-12.14	-49.13				736.1	1,059	2,046	12.7	45.8	0.40	131.0	374.5	4.62	9.34	17.7	0.4	1.6
1.37	3.57	-0.13	13.35	0.25	1.9	1,146	--	168.7	43.9	41.0	0.44	117.9	56.9		3.82	29.8	7.0	1.0
-5.62	-5.15	-20.75	-23.01	2.24	4.2	18,111	28,162	13,668	5.1	1,174	3.37	-17.9	1,378	6.32	41.94	15.8	1.3	7.1
0.00	6.64	0.49	24.98	0.30	1.3	995.1	1,113	5,527	1.3	15.9	0.39	-82.4	86.7	2.51	1.34	59.5	0.2	0.8
15.56	27.47	16.34	45.74	0.30	1.2	995.1	1,113	5,527	1.3	15.9	0.39	-82.4	86.7	2.51	1.34	65.3	0.2	0.9
-25.00	-20.00					0.18	0.04	--		-0.03	-0.01		-0.04			-9.0		1.7
106.32	243.86	256.36	83.18			70.4	69.6	15.9	126.5	1.6	0.03	127.1	0.67	13.07	18.91	65.8	6.0	10.0
110.07	251.08	231.26	82.22			70.4	69.6	15.9	126.5	1.6	0.03	127.1	0.67	13.07	18.91	50.0	4.6	7.6
-24.82	0.65	-53.96	-8.15			557.0	764.7	284.2	38.0	13.3	0.07	171.4	141.9	1.52	1.98	46.2	2.0	0.9
-27.16	-14.44	-55.14	-10.38			557.0	764.7	284.2	38.0	13.3	0.07	171.4	141.9	1.52	1.98	58.8	2.6	1.1
0.00	0.00	-99.60				0.01	-0.03	--		-0.16	0.00	-733.3	-0.08	-118.29		0.0		-1.0
11.79	6.46	-21.51	590.77	0.15	0.8	1,077	1,164	1,383	15.2	206.6	3.51	-20.1	131.7	10.68	37.45	5.3	0.8	1.7
7.95	7.95	7.95	7.95			2,241	3,215	3,045	4.3	110.6	0.71	12.6	277.2	3.7	8.89	18.2	0.7	1.6
12.95	32.45	16.33	205.20	0.98	1.1	5,748	6,820	4,233	53.1	291.6	4.57	36.2	554.2	2.82	10.78	18.9	1.3	1.7
6.67	-2.22	-71.38	-54.40			50.2	121.6	--		-42.5	-2.52	30.5	-51.2	-101.71		-0.7		-0.7
0.00	-22.22	-50.00				5.0	4.3	--		-3.3	-0.04	30.0	-2.7	-36.83		-1.9		1.5
-19.81	-16.67	-51.89				5.0	4.3	--		-3.3	-0.04	30.0	-2.7	-36.83		-1.4		1.1
-1.95	10.10	0.58	78.54	0.80	2.3	2,927	3,446	2,417	5.7	248.5	2.99	57.7	254.2	8.38	19.68	11.9	1.2	2.2
-4.74	13.33	-0.47	27.33	0.82	4.0	2,896	7,993	754.7	-9.4	147.1	1.03	51.9	19.2	0.19	14.97	19.8	3.8	2.4
7.22	40.42	52.91	268.36	14.21	68.3	1,133	1,596	364.0	-0.5	434.2	8.07	83.5	52.4	1.28	50.98	2.6	3.1	1.7
2.17	7.58	-0.49	95.76	0.50	2.1	144.9	--	48.3	3.7	12.1	2.03	12.2	14.6		11.46	12.1	3.0	1.3
-4.09	8.33	-4.90	1.62	0.40	5.3	62.8	--	9.6	-6.4	0.52	0.06	-68.7	0.71		0.78	132.7	6.5	0.9
-33.33	-33.33	-50.00	-50.00			0.50	0.48	--		-0.30	0.00	-170.8	-0.23	-34.96		-2.2		-4.8
60.87	68.18	-11.90	146.67			39.5	48.3	--		-4.5	-0.02	58.5	-5.0	-21.82		-11.0		17.6
53.85	56.95	-6.04	164.65			39.5	48.3	--		-4.5	-0.02	58.5	-5.0	-21.82		-8.3		13.3
-23.08	11.11	-41.18	-81.48			1.4	0.66	--		-0.66	-0.02	-193.6	-0.20	-3.86		-2.8		0.7
-28.40	-14.53	-49.24				1.4	0.66	--		-0.66	-0.02	-193.6	-0.20	-3.86		-1.7		0.4
0.00	33.33	-20.00	33.33			0.93	0.92	--		-0.82	-0.01	-8.1	-0.06	-114.19		-1.5		-200.0
3.10	14.16			104.20	363.3	40,344	56,160	8,997	114.0	728.0	10.70	16.3	1,453	3.91	4.81	2.7	4.5	1.8
-24.06	10.37	-29.11				56.6	195.1	180.0	5.1	-3.0	-0.40	54.8	-21.7	1.42		-13.7	0.4	1.1
-11.49	-34.78	-44.08	6.96	0.76	4.0	51.6	52.3	156.3	5.5	4.2	1.52	-18.7	8.4	4.47	9.15	12.4	0.3	1.1
-11.04	5.07	-31.39	-21.67			91.2	103.6	9.5	-29.9	1.6	1.23	89.9	-0.05			57.3	9.7	4.4
-54.23	14.94	-87.51				40.8	251.7	505.7	9.9	-87.3	-4.30	12.3	10.2	-7.71		-0.5	0.1	1.8
-18.86	-13.07	-33.56	-30.60			53.7	86.0	475.5	6.2	-11.0	-1.02	-610.6	5.0	1.9		-4.9	0.1	0.5
11.60	21.10	-8.14	76.34	0.68	3.9	17,484	--	6,145	1.1	1,855	1.72	38.7	3,273		11.98	10.1	2.9	1.2
7.36	35.59	-4.33	-0.07	1.79	5.4	5,424	7,471	3,218	12.8	259.8	1.24	11.4	485.7	5.37	13.02	26.8	2.2	3.5
9.70	39.58	-4.19	0.29	1.35	5.3	5,424	7,471	3,218	12.8	259.8	1.24	11.4	485.7	5.37	13.02	20.4	1.7	2.7
0.71	44.89	47.49	201.14			16,393	16,908	4,147	17.3	274.0	1.42	165.8	734.0	6.71	10.3	61.5	4.0	5.9
-58.43	-68.39	-58.31				137.1	42.9	--		-25.9	-4.32	73.8	-23.7	-20.88		-1.7		1.3
0.00	50.00	50.00	71.43			2.3	1.5	1.4	6.5	-0.02	0.00	87.8	0.19	-2.72		-120.0	2.1	4.2
0.00	-5.03	51.95	18.71			2.3	1.5	1.4	6.5	-0.02	0.00	87.8	0.19	-2.72		-60.8	1.1	2.1
0.66	16.46	3.80	131.99	0.72	2.1	842.0	942.6	1,399	4.3	75.7	3.01	108.1	89.3	12.48	36.27	11.6	0.6	4.8

I. Index of Stocks

Summer 2019

Company Name	Stock Ticker Symbol	Traded On	Sector	Overall Rating	Recommendation	Reward Rating	Risk Rating	Recent Up/Downgrade	Stock Price as of 6/30/2019	52-Week High	52-Week Low	3-Year Beta	Growth	Efficiency	Solvency	Volatility	Dividend	Total Return
Khiron Life Sciences Corp.	KHRN.V	TSXV	Health Care	D-	Sell	E+	D		2.30	4.35	0.87		W	V	E	F	–	W
Khiron Life Sciences Corp.	KHRNF	OTC PK	Health Care	D-	Sell	E+	D		1.76	3.28	0.66		W	V	E	F	–	W
Kibush Capital Corporation	DLCR	OTC PK	Materials	D+	Sell	C	D-		0.00	0.00	0	-2.59	F	G	F	W	–	W
Kiewit Royalty Trust	KIRY	OTC PK	Energy	D-	Sell	E			0.53	0.83	0.45	0.59	F	V	W	W	–	F
Killam Apartment Real Estate Investment Trust	KMMPF	OTC PK	Real Estate	C	Hold	A-	B+		14.13	14.65	11.38	0.44	G	E	E	G	G	G
Killam Apartment Real Estate Investment Trust	KMPUN.TO	TSX	Real Estate	B+	Buy	B+	A-	Down	18.91	19.99	14.66	0.25	G	E	E	E	G	G
Kilo Goldmines Ltd.	KOGMF	OTC PK	Materials	D-	Sell	D	D-		0.01	0.02	0.01	0.38	W	W	F	W	–	V
Kilo Goldmines Ltd.	KGL.V	TSXV	Materials	D-	Sell	D-	D-		0.01	0.04	0.01	0.06	W	W	F	W	–	V
Kilroy Realty Corporation	KRC	NYSE	Real Estate	B-	Buy	B	C+	Down	72.87	78.98	59.05	0.69	F	E	E	F	F	F
Kimball Electronics, Inc.	KE	NAS GS	Information Tech	C	Hold	B-	D+		16.08	20.90	13.51	1.06	F	G	E	W	–	W
Kimball International, Inc.	KBAL	NAS GS	Industrials	C+	Hold	B	C		16.96	18.14	13.49	0.70	E	E	E	F	F	W
Kimbell Royalty Partners, LP	KRP	NYSE	Energy	C-	Hold	C	D	Up	16.27	24.50	13.01	1.53	G	F	E	W	E	W
Kimberly-Clark Corporation	KMB	NYSE	Consumer Staples	C+	Hold	B	C		133.92	138.98	100.32	0.49	F	E	G	F	G	F
Kimberly-Clark de México, S. A. B. de C. V.	KCDMF	OTC PK	Consumer Staples	C-	Hold	C+	D		1.73	1.88	1.42	0.25	G	E	F	W	–	W
Kimberly-Clark de México, S. A. B. de C. V.	KCDMY	OTC PK	Consumer Staples	C	Hold	B	D	Up	9.37	9.81	6.86	0.19	G	E	F	W	–	W
Kimco Realty Corporation	KIM	NYSE	Real Estate	C	Hold	B	D		18.40	19.29	14.29	0.69	F	E	E	E	E	F
Kinaxis Inc.	KXS.TO	TSX	Information Tech	C	Hold	B	D		80.70	100.68	60.01	0.91	E	E	E	W	–	W
Kinaxis Inc.	KXSCF	OTC PK	Information Tech	C	Hold	B	D		61.91	76.09	43.44	1.53	E	E	E	W	–	W
Kincora Copper Limited	BZDLF	OTC PK	Materials	D	Sell	D	D		0.07	0.23	0.07	0.05	W	W	E	W	–	V
Kincora Copper Limited	KCC.V	TSXV	Materials	D	Sell	D	D-		0.12	0.29	0.08	1.36	W	W	E	W	–	V
Kinder Morgan Canada Limited	KMLGF	OTC PK	Energy	D	Sell	C	E+	Down	8.68	40.18	8.67		G	G	G	V	G	V
Kinder Morgan Canada Limited	KML.TO	TSX	Energy	D+	Sell	C	D-		11.51	52.50	11.3	-0.88	G	G	G	W	G	V
Kinder Morgan, Inc.	KMI	NYSE	Energy	C+	Hold	B	C	Down	20.41	21.50	14.62	0.92	F	G	G	F	G	F
Kindred Biosciences, Inc.	KIN	NAS CM	Health Care	D	Sell	D	D		8.36	15.75	7.56	0.26	W	V	E	W	–	F
King George Financial Corporation	KGF.V	TSXV	Real Estate	D+	Sell	C-	D	Up	0.46	0.80	0.46	-0.65	W	F	E	W	–	W
Kingold Jewelry, Inc.	KGJI	NAS CM	Consumer Discretn	D+	Sell	C	D		0.61	1.29	0.57	0.48	F	G	E	W	–	W
King's Bay Resources Corp.	KBGCF	OTC PK	Materials	E+	Sell	E	D-	Down	0.02	0.06	0.02	1.80	W	V	G	W	–	W
King's Bay Resources Corp.	KBG.V	TSXV	Materials	E+	Sell	E	D-	Down	0.04	0.08	0.03	1.79	W	V	G	W	–	W
Kingsland Energy Corp.	KLEH.V	TSXV	Energy	D	Sell	D	D-		0.45	3.20	0.45	2.87	F	W	G	W	–	V
Kingsmen Resources Ltd.	TUMIF	OTC PK	Materials	D-	Sell	D-	D	Down	0.30	0.52	0.14	1.20	V	V	G	W	–	G
Kingsmen Resources Ltd.	KNG.V	TSXV	Materials	D-	Sell	D-	D	Down	0.30	0.70	0.2	0.06	V	V	G	W	–	G
Kingstone Companies, Inc.	KINS	NAS CM	Financials	C-	Hold	C+	D-	Down	8.33	20.60	8.01	0.63	W	G	E	W	G	W
Kingsway Financial Services Inc.	KFS	NYSE	Financials	D	Sell	D	D		2.40	3.55	1.82	-0.63	W	W	W	W	–	W
Kingsway Financial Services Inc.	KFS.TO	TSX	Financials	D	Sell	D	D		2.75	4.32	2.5	0.76	W	W	W	W	–	V
Kiniksa Pharmaceuticals, Ltd.	KNSA	NAS GS	Health Care	D-	Sell	E+	D	Down	13.48	32.88	13.04		V	V	E	W	–	W
Kinross Gold Corporation	KGC	NYSE	Materials	D+	Sell	C-	D		3.86	4.01	2.38	-0.19	F	F	E	W	–	W
Kinross Gold Corporation	K.TO	TSX	Materials	D+	Sell	C-	D		5.08	5.28	3.15	-0.46	F	F	E	W	–	W
Kinsale Capital Group, Inc.	KNSL	NAS GS	Financials	D	Sell	B+	B		90.69	91.25	50.34	0.52	G	G	E	E	W	G
Kintavar Exploration Inc.	KTR.V	TSXV	Materials	D	Sell	D-	D	Up	0.15	0.45	0.11	0.24	W	V	E	W	–	W
Kirby Corporation	KEX	NYSE	Industrials	C	Hold	C+	C-		77.90	88.80	60.63	1.00	F	G	E	F	–	F
Kirin Holdings Company, Limited	KNBWF	OTC PK	Consumer Staples	C	Hold	C+	C-		21.40	25.50	20.1	-0.10	F	E	G	F	–	F
Kirin Holdings Company, Limited	KNBWY	OTC PK	Consumer Staples	C	Hold	C+	C-	Down	21.50	27.90	19.71	0.49	F	E	G	F	–	F
Kirkland Lake Gold LTD.	KL	NYSE	Materials	B+	Buy	A+	C+		42.50	44.04	17.26	-0.09	E	E	E	F	W	G
Kirkland Lake Gold LTD.	KL.TO	TSX	Materials	B	Buy	A+	C+	Down	55.74	57.99	22.42	-0.45	E	E	E	F	W	G
Kirkland's, Inc.	KIRK	NAS GS	Consumer Discretn	D	Sell	D	D-	Down	2.26	12.26	2.02	0.22	W	F	F	W	–	V
Kismet Resources Corp.	KSMTP.V	TSXV	Financials	D-	Sell	D-	D	Up	0.10	0.12	0.1		W	V	E	W	–	V
Kite Realty Group Trust	KRG	NYSE	Real Estate	C-	Hold	C+	D	Up	15.10	17.75	13.66	0.86	W	G	E	W	E	W
KKR & Co. Inc.	KKR	NYSE	Financials	B-	Buy	B	C	Up	24.90	28.73	18.3	1.73	F	G	E	F	F	F
KKR Real Estate Finance Trust Inc.	KREF	NYSE	Financials	C+	Hold	B	C-		19.80	21.41	18.54	0.20	F	G	E	F	E	W
KLA-Tencor Corporation	KLAC	NAS GS	Information Tech	B	Buy	B+	C	Up	117.74	129.03	80.65	1.62	E	E	E	F	G	F
Klondike Gold Corp.	KG.V	TSXV	Materials	D	Sell	D	D		0.35	0.44	0.17	1.02	W	W	E	W	–	W
Klondike Gold Corp.	KDKGF	OTC PK	Materials	D	Sell	D	D		0.26	0.34	0.1	1.45	W	W	E	W	–	W

*Ratings Factors: E=Excellent, G=Good, F=Fair, W=Weak, V=Very Weak, U=Unrated

Summer 2019 — I. Index of Stocks

3-Month Total Return (%)	6-Month Total Return (%)	1-Year Total Return (%)	3-Year Total Return (%)	Dividend $ TTM	Dividend Yield TTM	Market Cap. ($Mil)	Enterprise Value ($Mil)	Revenue ($Mil)	Revenue Growth (%)	Net Income ($Mil)	Earnings/Share $	EPS Growth (%)	Cash from Operations ($Mil)	Return on Assets (%)	Return on Equity (%)	Earnings (P/E) TTM	Sales (P/S) TTM	Book (P/B) Q
-40.72	53.33	91.67				199.1	171.8	2.2		-19.8	-0.35	-114.4	-14.5	-51.2		-6.6	77.7	5.9
-37.48	63.15	91.31				199.1	171.8	2.2		-19.8	-0.35	-114.4	-14.5	-51.2		-5.1	59.5	4.5
0.00	20.00	0.00	-99.79			0.27	2.1	0.12	44.8	-0.31	0.00	99.4	-0.16	-150.62		-0.4	1.2	-0.1
16.48	17.78	-3.64	23.26			6.7	6.1	1.6	15.1	0.76	0.12	10.0	--	84.1		4.4	4.2	
4.92	15.74	27.62	132.43	0.49	3.5	1,318	2,339	171.1	13.3	101.7	1.10	-23.5	69.0	2.88	11.65	12.8	7.6	1.4
-1.75	21.33	30.20	70.06	0.65	3.4	1,318	2,339	171.1	13.3	101.7	1.10	-23.5	69.0	2.88	11.65	17.1	10.2	1.8
3.14	-12.14	-26.29	-79.87			1.3	1.8	--		-1.5	-0.01	58.8	-0.67	-84.05		-1.4		-4.2
-33.33	-50.00	-60.00	-91.30			1.3	1.8	--		-1.5	-0.01	58.8	-0.67	-84.05		-1.2		-3.5
-4.75	18.34	-1.14	24.36	1.85	2.5	7,358	10,662	765.7	6.0	259.1	2.53	57.2	415.7	1.54	6.86	28.8	9.7	1.9
3.61	4.42	-13.55	33.44			408.7	488.6	1,140	10.0	29.8	1.13	62.1	0.33	4.09	8.32	14.2	0.4	1.1
19.52	20.00	6.65	62.32	0.32	1.9	622.8	531.7	757.0	10.2	38.5	1.03	11.9	63.1	9.76	19.63	16.4	0.8	3.0
-7.40	28.69	-22.46		1.65	10.1	763.2	1,349	78.7	111.0	-2.9	-0.38	87.9	41.7	1.72		-42.8	3.7	2.5
8.93	20.28	32.57	10.75	4.06	3.0	46,041	54,159	18,388	-1.0	1,771	5.08	-0.2	2,745	12.9	767.02	26.4	2.5	-151.0
6.43	12.80	11.92	-20.20			5,840	6,844	2,165	4.2	216.3	0.07	-3.3	394.6	10.95	216.22	24.6	2.5	62.9
12.44	21.68	18.33	-7.52	0.41	4.3	5,840	6,844	2,165	4.2	216.3	0.07	-3.3	394.6	10.95	216.22	133.1	13.2	339.5
0.23	26.92	15.32	-28.53	1.12	6.1	7,766	12,688	1,156	-4.6	469.9	0.95	-6.9	600.9	2.45	8.61	19.4	6.7	1.5
2.46	24.42	-8.18	57.74			1,608	1,416	159.6	16.0	16.8	0.63	-23.1	36.1	5.27	9.47	128.0	13.6	10.8
5.84	33.34	-8.35	58.75			1,608	1,416	159.6	16.0	16.8	0.63	-23.1	36.1	5.27	9.47	98.2	10.4	8.3
-3.01	-11.04	-32.57	-82.60			12.2	11.8	--		-1.7	-0.02	34.5	-0.56	-2.41		-3.0		0.1
26.32	4.35	-17.24	-65.71			12.2	11.8	--		-1.7	-0.02	34.5	-0.56	-2.41		-5.0		0.2
-24.14	-3.86	-6.95		0.98	11.3	306.5	1,292	301.3	36.0	335.0	9.01	769.7	-89.5	2.37	4.68	1.0	1.0	3.7
-26.73	-16.73	-15.66		1.30	11.3	306.5	1,292	301.3	36.0	335.0	9.01	769.7	-89.5	2.37	4.68	1.3	1.3	4.8
3.59	36.67	22.38	27.75	0.85	4.2	46,203	84,090	14,155	3.3	1,641	0.69	1,306.7	4,704	3.2	5.49	29.6	3.3	1.4
-5.54	-23.93	-22.59	152.57			326.1	231.9	2.5		-55.8	-1.66	-29.8	-52.5	-33.85		-5.0	127.4	2.7
0.00	0.00	-41.03	84.00			13.9	14.1	-0.01	97.7	-1.3	-0.03	-180.0	-0.44	-3.01		-13.7	-1,533.3	0.7
-28.31	-21.78	-51.58	-67.02			40.3	2,229	2,390	5.9	42.7	0.64	-29.6	57.5	5.23	8.28	1.0	0.0	0.1
-4.19	12.20	-51.52	-76.00			2.1	1.9	--		-0.98	-0.01	4.0	-0.72	-165.2		-1.7		8.3
0.00	14.29	-27.27	-73.33			2.1	1.9	--		-0.98	-0.01	4.0	-0.72	-165.2		-2.8		13.8
-62.50	-43.75	-62.50	-87.50			0.54	0.59	0.03	38.7	0.71	0.82	350.4	-0.03	-6.8	378.09	0.6	22.6	3.4
-42.88	19.63	97.87	356.62			3.9	3.5	--		-0.23	-0.01	-48.4	-0.23	-24.06		-22.0		13.8
-55.22	-13.04	39.53	233.33			3.9	3.5	--		-0.23	-0.01	-48.4	-0.23	-24.06		-22.2		14.0
-43.56	-53.41	-49.89	2.81	0.40	4.8	89.7	104.1	123.0	25.7	-1.5	-0.15	-129.2	24.6	-0.22		-54.1	0.7	1.1
-20.00	3.00	-15.79	-53.85			52.3	268.0	-58.8	2.9	-19.4	-0.92	-89.0	-8.0	-0.5	12.27	-2.6	-0.9	2.4
0.00	0.00	-26.67	-59.62			52.3	268.0	-58.8	2.9	-19.4	-0.92	-89.0	-8.0	-0.5	12.27	-3.0	-1.0	2.8
-23.88	-45.80	-19.43				737.4	414.5	--		-153.1	-3.63	90.0	-129.3	-34.91		-3.7		2.4
12.54	21.38	5.18	-22.18			4,847	6,405	3,102	-8.9	-65.0	-0.05	-116.9	746.8	0.92		-70.3	1.6	1.1
10.43	16.78	4.31	-21.60			4,847	6,405	3,102	-8.9	-65.0	-0.05	-116.9	746.8	0.92		-92.5	2.1	1.4
33.48	68.05	68.06		0.37	0.4	1,930	1,828	244.2	25.7	45.2	2.09	71.3	116.3	4.42	17.1	43.4	8.1	6.7
-26.83	-40.00	-59.46				9.4	4.8	--		-3.6	-0.05	-48.6	-3.7	-51.07		-3.2		1.7
1.47	17.20	-6.71	25.04			4,666	6,497	2,974	20.7	90.3	1.51	-72.2	366.8	2.76	2.84	51.7	1.6	1.4
-7.36	-4.99	-23.02	27.61			19,116	24,741	17,434	7.5	658.9	0.74	-72.5	1,704	3.14	7.93	29.1	1.1	2.4
-9.25	2.92	-19.39	27.48			19,116	24,741	17,434	7.5	658.9	0.74	-72.5	1,704	3.14	7.93	29.2	1.1	2.5
38.08	68.47	109.23		0.15	0.4	8,919	8,518	1,023	31.6	334.1	1.57	100.4	627.8	17.68	25.95	27.1	8.8	6.5
34.83	61.95	105.83		0.15	0.3	8,919	8,518	1,023	31.6	334.1	1.57	100.4	627.8	17.68	25.95	35.5	11.6	8.5
-68.74	-75.67	-80.85	-84.40			32.0	279.9	634.3	-1.5	-4.3	-0.28	-180.7	11.1	-0.71		-8.0	0.1	0.3
-4.76	-4.76					0.15	0.02	--		-0.11	-0.36		-0.06			-0.3		1.6
-4.35	13.09	-3.32	-31.95	1.59	10.5	1,267	2,916	351.4	-2.1	-46.6	-0.57	-511.7	154.4	1.59		-26.6	3.6	0.9
7.61	28.14	4.11	128.08	0.55	2.2	13,544	--	5,642	20.5	1,662	2.94	67.2	-5,293		14.49	8.5	2.4	1.5
-1.00	5.79	6.80		1.72	8.7	1,137	--	120.3	25.2	90.6	1.57	14.5	84.4		8.3	12.6	9.5	1.0
0.93	34.70	18.99	77.14	3.00	2.6	19,029	20,591	4,380	12.2	1,307	8.41	87.4	1,201	13.05	61.4	14.0	4.2	6.7
43.75	86.49	53.33	27.78			28.6	27.6	--		-1.2	-0.01	28.9	-0.95	-5.55		-28.1		2.1
42.86	91.77	51.76	27.20			28.6	27.6	--		-1.2	-0.01	28.9	-0.95	-5.55		-21.4		1.6

https://greyhouse.weissratings.com

Data as of June 30, 2019

I. Index of Stocks

Summer 2019

Company Name	Stock Ticker Symbol	Traded On	Sector	Overall Rating	Recommendation	Reward Rating	Risk Rating	Recent Up/Downgrade	Stock Price as of 6/30/2019	52-Week High	52-Week Low	3-Year Beta	Growth	Efficiency	Solvency	Volatility	Dividend	Total Return
Klondike Silver Corp.	KS.V	TSXV	Materials	D	Sell	D	D-		0.04	0.07	0.03	1.15	W	W	F	W	—	W
Klondike Silver Corp.	KLSVF	OTC PK	Materials	D	Sell	D	D-		0.02	0.05	0.02	-0.91	W	W	F	W	—	W
KLX Energy Services Holdings, Inc.	KLXE	NAS GS	Energy	D-	Sell	D+	D	Up	19.70	36.13	18.6		W	F	E	W	—	W
kneat.com, inc.	FBAYF	OTC PK	Health Care	D-	Sell	E+	D		0.88	1.18	0.62	1.07	W	V	E	W	—	F
kneat.com, inc.	KSI.V	TSXV	Health Care	D-	Sell	E+	D		1.19	1.65	0.86	0.44	W	V	E	W	—	F
Knick Exploration Inc.	KNX.V	TSXV	Materials	D	Sell	D+	D-		0.01	0.02	0.01	2.14	F	F	F	W	—	V
Knight Therapeutics Inc.	KHTRF	OTC PK	Health Care	C-	Hold	C	D		5.87	6.72	5.3	0.56	F	G	E	W	—	W
Knight Therapeutics Inc.	GUD.TO	TSX	Health Care	C-	Hold	C	D		7.67	8.81	7.1	0.37	F	G	E	W	—	W
Knighthawk Inc.	KHAH.V	TSXV	Industrials	D	Sell	D	D		0.02	0.06	0.02	1.36	V	W	G	W	—	V
Knight-Swift Transportation Holdings Inc.	KNX	NYSE	Industrials	C	Hold	B-	D+	Up	31.44	39.27	23.27	2.10	G	E	E	W	W	W
Knoll, Inc.	KNL	NYSE	Industrials	C	Hold	B	D+		22.36	24.29	15.72	1.84	G	E	G	W	G	W
KNOT Offshore Partners LP	KNOP	NYSE	Energy	C	Hold	B-	D+		19.15	22.75	17.18	0.69	W	G	G	W	E	W
Know Labs, Inc.	KNWN	OTC PK	Information Tech	D-	Sell	E	D	Down	1.44	5.75	0.62	3.85	W	V	F	W	—	F
Knowles Corporation	KN	NYSE	Information Tech	C	Hold	B-	D+		17.64	19.43	12.2	1.54	F	G	E	W	—	F
Koç Holding A.S.	KHOLY	OTC PK	Industrials	D+	Sell	C	D	Down	15.01	17.72	9.32	0.53	W	E	G	W	—	W
Kodiak Sciences Inc.	KOD	NAS	Health Care	E	Sell	D+	D	Up	11.21	13.00	5.65		W	F	E	W	—	W
Kohl's Corporation	KSS	NYSE	Consumer Discretn	C+	Hold	B+	D+	Down	46.82	83.28	45.21	1.08	F	E	G	W	G	F
Komet Resources Inc.	KMT.V	TSXV	Materials	D-	Sell	E+	D	Down	0.12	0.28	0.11	-0.01	V	V	F	W	—	V
Kona Bay Technologies Inc.	KBY.V	TSXV	Communication Svc	D+	Sell	C	D-	Up	0.07	0.15	0.05	2.18	W	G	F	W	—	V
Kona Grill, Inc.	KONAQ	OTC PK	Consumer Discretn	E+	Sell	E+	D-	Down	0.06	2.70	0.03	2.40	W	V	F	W	—	V
Konami Holdings Corporation	KNMCY	OTC PK	Communication Svc	C	Hold	B	C		46.46	49.60	36.92	0.26	G	E	E	F	—	W
Konami Holdings Corporation	KNAMF	OTC PK	Communication Svc	C-	Hold	B	C	Down	45.53	46.39	38.75	0.67	G	E	E	F	—	W
KonaTel, Inc.	KTEL	OTC PK	Communication Svc	D	Sell	D	D		0.15	0.46	0.15		W	W	G	W	—	V
Konica Minolta, Inc.	KNCAY	OTC PK	Information Tech	C	Hold	B	C		18.74	21.32	17.17	1.00	G	E	E	F	—	F
Konica Minolta, Inc.	KNCAF	OTC PK	Information Tech	C	Hold	B	B-		9.93	10.44	9.39	0.55	G	E	E	G	—	F
Koninklijke DSM N.V.	KDSKF	OTC PK	Materials	C	Hold	B+	C		123.98	124.20	78.5	1.38	G	E	E	F	—	G
Koninklijke DSM N.V.	RDSMY	OTC PK	Materials	B	Buy	A-	C		30.76	31.46	19.45	1.32	G	E	E	F	—	G
Koninklijke KPN N.V.	KKPNF	OTC PK	Communication Svc	D	Sell	E	D+		3.10	3.28	2.2	-0.97	V	V	F	W	—	W
Koninklijke KPN N.V.	KKPNY	OTC PK	Communication Svc	D	Sell	E	D+	Up	3.09	3.27	2.53	0.25	V	V	F	W	—	W
Koninklijke Philips N.V.	RYLPF	OTC PK	Health Care	C+	Hold	B	C	Up	43.05	46.64	34.3	1.03	G	G	G	F	E	F
Koninklijke Philips N.V.	PHG	NYSE	Health Care	C+	Hold	B	C		43.22	46.67	32.98	1.17	G	G	G	F	E	F
Kontoor Brands, Inc.	KTB	NYSE	Consumer Discretn	U	U	U			28.37	41.75	25.78		U	U	U	U	U	U
Kontrol Energy Corp.	KNRLF	OTC PK	Utilities	D	Sell	D+	D		0.57	0.72	0.45	-0.40	F	W	F	W	—	W
Kootenay Silver Inc	KTN.V	TSXV	Materials	D	Sell	D	D-		0.13	0.16	0.11	-0.03	F	W	E	W	—	V
Kootenay Silver Inc	KOOYF	OTC PK	Materials	D	Sell	D	D-		0.10	0.13	0.08	0.65	F	W	E	W	—	V
Kopin Corporation	KOPN	NAS GS	Information Tech	D-	Sell	E+	D		1.13	3.15	0.96	2.01	V	V	G	W	—	W
Koppers Holdings Inc.	KOP	NYSE	Materials	C	Hold	C	D+	Up	28.09	40.05	15	1.27	F	G	G	W	—	W
Kore Mining Ltd.	ERKAF	OTC PK	Materials	E	Sell	D	D		0.19	0.21	0.12		W	W	F	G	—	W
Kore Mining Ltd.	KORE.V	TSXV	Materials	E	Sell	D	D-	Up	0.29	0.35	0.08		W	W	F	W	—	W
Korea Electric Power Corporation	KEP	NYSE	Utilities	D	Sell	D+	D		11.14	15.78	10.36	0.14	W	F	G	W	—	W
Korn Ferry	KFY	NYSE	Industrials	C+	Hold	B	D+		39.45	68.98	37.08	1.37	E	G	E	W	W	F
Kornit Digital Ltd.	KRNT	NAS GS	Industrials	C	Hold	B	D		30.10	30.15	16.1	1.47	F	F	E	F	—	E
Kosmos Energy Ltd.	KOS	NYSE	Energy	D+	Sell	C-	D	Up	6.21	9.75	3.53	2.13	W	W	G	W	G	F
Koss Corporation	KOSS	NAS CM	Consumer Discretn	C	Hold	C	D+	Up	2.07	4.69	1.79	0.00	G	F	E	W	—	F
KP Tissue Inc.	KPTSF	OTC PK	Consumer Staples	D+	Sell	C	D-		6.25	7.80	5.34		V	G	G	W	E	W
KP Tissue Inc.	KPT.TO	TSX	Consumer Staples	D+	Sell	C	D-		7.99	10.85	6.58	0.71	V	G	G	W	E	W
KR Investment Ltd.	KRH.V	TSXV	Energy	D-	Sell	E+	D-		0.01	0.08	0.01	2.89	W	V	G	W	—	V
Kraig Biocraft Laboratories, Inc.	KBLB	OTC PK	Materials	C	Hold	B	D		0.41	0.51	0.04	1.79	F	E	F	W	—	E
Kraken Robotics Inc.	PNG.V	TSXV	Information Tech	D+	Sell	C	D	Up	0.71	0.92	0.22	2.67	W	F	E	W	—	G
Kraken Robotics Inc.	KRKNF	OTC PK	Information Tech	D+	Sell	C	D	Up	0.55	0.69	0.16	3.15	W	F	E	W	—	G
Kraton Corporation	KRA	NYSE	Materials	C-	Hold	C	D+	Down	30.22	50.20	19.13	3.03	W	G	G	W	—	W
Kratos Defense & Security Solutions, Inc.	KTOS	NAS GS	Industrials	C	Hold	C+	D+		22.16	22.96	11.05	0.02	W	W	E	F	—	E

*Ratings Factors: E=Excellent, G=Good, F=Fair, W=Weak, V=Very Weak, U=Unrated

Data as of June 30, 2019

Summer 2019 I. Index of Stocks

3-Month Total Return (%)	6-Month Total Return (%)	1-Year Total Return (%)	3-Year Total Return (%)	Dividend $ TTM	Dividend Yield TTM	Market Cap. ($Mil)	Enterprise Value ($Mil)	Revenue ($Mil)	Revenue Growth (%)	Net Income ($Mil)	Earnings/Share $	EPS Growth (%)	Cash from Operations ($Mil)	Return on Assets (%)	Return on Equity (%)	Earnings (P/E) TTM	Sales (P/S) TTM	Book (P/B) Q
-11.11	-20.00	-20.00	-20.00			4.8	5.1	--		-0.59	0.00	51.2	-0.25	-2.85		-9.8		0.7
-3.23	-32.58	-40.00	-48.94			4.8	5.1	--		-0.59	0.00	51.2	-0.25	-2.85		-5.9		0.4
-21.76	-20.88					454.1	585.8	530.8	44.5	3.6	-0.20	-14,464.3	61.0	5.98	1.14	-96.6	0.8	1.2
-7.79	29.82	24.15	241.39			54.2	48.4	0.96	65.2	-4.6	-0.09	-32.2	-2.4	-26.54		-10.1	51.0	5.0
-7.75	20.20	26.60	240.00			54.2	48.4	0.96	65.2	-4.6	-0.09	-32.2	-2.4	-26.54		-13.6	68.8	6.8
0.00	0.00	-66.67	-88.89			0.47	0.47	--		-0.39	0.00	43.9	0.09	-3.57		-1.1		0.1
6.85	4.33	-3.06	-4.45			834.9	356.8	9.4	19.7	17.1	0.12	19.1	-16.7	-0.46	2.2	49.5	89.8	1.1
4.92	1.05	-4.12	-5.89			834.9	356.8	9.4	19.7	17.1	0.12	19.1	-16.7	-0.46	2.2	64.7	117.5	1.4
-63.64	-20.00	-50.00	-50.00			0.18	-0.44	--		-0.08	-0.01	18.6	-0.06			-2.9		0.5
-2.91	25.90	-16.76	26.16	0.24	0.8	5,443	6,366	5,277	54.1	436.8	2.48	-21.2	916.6	4.4	8.07	12.7	1.0	1.0
18.19	38.19	11.35	5.23	0.62	2.8	1,092	1,667	1,339	14.1	76.0	1.55	-5.1	121.7	6.47	20.02	14.4	0.8	2.8
3.79	14.60	-3.53	42.47	2.08	10.9	637.9	1,747	208.3	-2.7	61.2	1.37	-30.4	113.2			14.0	3.1	1.0
6.08	1.09	80.00	-51.68			32.1	31.3	3.2	-30.3	-3.9	-0.25	40.0	-2.1	-103.05		-5.7	8.8	-91.7
4.32	31.45	15.07	32.63			1,604	1,782	828.2	9.8	65.3	0.71	-8.6	62.8	3.38	5.37	25.0	1.9	1.3
7.34	14.15	1.06	-29.96	0.26	1.8	7,622	13,916	29,446	6.9	1,009	0.40	-25.0	2,590	5.43	16.51	37.7	1.3	6.6
69.34	69.34					413.5	334.7	--		-33.1	-1.95	52.3	-20.5			-5.8		5.2
-31.26	-26.32	-33.84	41.96	2.56	5.5	7,586	13,076	20,108	-0.6	787.0	4.77	-8.3	1,856	6.35	14.58	9.8	0.4	1.4
-40.00	-27.27	-50.00	-73.03			6.7	9.4	--		-6.7	-0.09	-452.7	-1.1	-10.23		-1.3		-8.6
0.00	0.00	62.50	-56.67			0.37	0.41	0.19	16.8	-0.61	-0.11	-366.4	-0.04	-13.28		-0.6	2.3	-1.1
-94.39	-94.86	-97.66	-99.47			0.73	31.2	156.9	-12.4	-32.0	-2.48	-6.8	-1.6	-6.09		0.0	0.0	0.0
6.46	8.05	-6.39	26.25			6,368	5,178	2,294	5.2	286.0	2.08	2.2	403.9	8.33	12.6	22.3	2.8	2.6
0.00	8.64	-14.13	69.32			6,368	5,178	2,294	5.2	286.0	2.08	2.2	403.9	8.33	12.6	21.9	2.7	2.5
-31.82	-57.14	-58.62				6.1	6.3	9.7	-8.2	-0.93	-0.03	73.9	-0.20	-24.06		-5.3	0.5	2.3
-4.14	6.48	1.24	32.02			4,843	6,321	9,554	2.6	376.0	0.76	28.4	514.1	2.5	7.41	24.7	1.0	1.9
1.02	-0.10	6.43	35.10			4,843	6,321	9,554	2.6	376.0	0.76	28.4	514.1	2.5	7.41	13.1	0.5	1.0
12.68	54.34	25.92	99.97			21,421	21,928	10,571	1.2	1,094	6.17	-52.9	1,481	4.75	12.07	20.1	2.1	2.4
14.30	56.04	28.52	136.75	0.53	1.7	21,421	21,928	10,571	1.2	1,094	6.17	-52.9	1,481	4.75	12.07	5.0	0.5	0.6
0.32	9.15	19.23	-11.43			13,006	20,745	1,672	-71.1	153.9	0.07	-7.5	626.1			43.3	7.8	5.8
1.68	10.95	20.03	0.03	0.12	4.0	13,006	20,745	1,672	-71.1	153.9	0.07	-7.5	626.1			43.2	7.8	5.8
6.82	23.35	5.39	85.12			39,786	42,888	16,335	-18.9	921.8	0.98	-50.9	2,545			43.8	2.5	2.8
8.29	25.61	6.13	93.41	0.82	1.9	39,786	42,888	16,335	-18.9	921.8	0.98	-50.9	2,545			44.0	2.5	2.9
						1,615	1,843	648.3	-3.2	15.4	0.27	-80.8	206.5			105.1	2.5	1.0
3.17	11.38	-16.01				16.3	23.9	9.3	50.5	-1.4	-0.05	17.5	0.11	-2.69		-10.5	1.6	7.6
-7.41	-10.71	-19.35	-69.14			23.4	17.4	--		-1.9	-0.01	6.8	-1.3	-2.17		-13.0		0.5
-1.02	-4.43	-18.35	-68.47			23.4	17.4	--		-1.9	-0.01	6.8	-1.3	-2.17		-10.1		0.4
-10.32	2.73	-61.17	-46.70			93.2	59.8	24.4	-16.4	-41.7	-0.57	-77.4	-30.0	-31.87		-2.0	3.5	2.1
8.41	60.79	-26.94	-3.60			580.0	1,684	1,739	13.3	17.1	0.80	-57.8	92.9	5.08	16.68	35.0	0.3	7.4
6.86						17.0	17.0	--		-3.5	-0.06	29.9	-1.4	-106.74		-3.3		64.5
14.00	200.00					17.0	17.0	--		-3.5	-0.06	29.9	-1.4	-106.74		-5.0		98.3
-15.09	-23.86	-22.59	-55.52			14,255	69,613	53,998	-0.8	-1,654	-2.58	-1,821.2	4,789	-0.24		-4.3	0.1	0.1
-11.96	0.40	-34.40	113.47	0.40	1.0	2,226	1,825	1,911	12.5	93.5	1.63	-22.4	260.5	6.36	8.51	24.2	1.2	1.9
24.38	60.02	69.58	226.11			1,195	1,161	104.8	-8.2	9.3	0.25	472.0	22.4			118.5	10.3	5.9
4.80	58.33	-23.71	16.05	0.09	1.5	2,492	4,577	1,064	76.8	-96.7	-0.27	57.5	260.2	-1.2		-23.2	2.3	2.8
5.08	4.75	-14.46	4.02			15.3	15.5	23.3	3.0	0.72	0.10	119.0	1.3	2.15	4.97	21.3	0.7	1.0
-7.64	12.42	-17.92		0.54	8.7	58.0	--	--		-0.99	-0.11	78.2	0.00			-58.8		0.9
-11.42	1.62	-16.30	-22.60	0.72	9.0	58.0	--	--		-0.99	-0.11	78.2	0.00			-75.2		1.1
-66.67	-66.67	-81.82	-75.00			0.17	-0.17	--		-0.23	-0.01	42.6	-0.25	-27.83		-0.9		1.1
456.16	793.48	585.00	1,955.00			343.5	348.7	0.29	42.3	-1.4	0.00	34.6	-0.38	-112.37		-241.8	1,370.0	-38.8
-12.35	86.84	222.73	255.00			79.0	76.8	6.2	140.5	-1.5	-0.01	57.5	-4.6	-17.48		-64.0	15.9	13.2
-9.00	92.49	233.33	294.83			79.0	76.8	6.2	140.5	-1.5	-0.01	57.5	-4.6	-17.48		-49.6	12.3	10.2
-5.09	36.50	-33.90	15.12			967.5	2,563	1,966	-1.9	57.6	1.78	-49.6	196.2	4.5	8.54	17.0	0.5	1.3
45.31	61.16	96.28	469.67			2,347	2,523	635.4	3.4	1.8	0.01	102.2	23.3	2.09	1.2	2,841.0	3.8	4.2

I. Index of Stocks

Summer 2019

Company Name	Stock Ticker Symbol	Traded On	Sector	Overall Rating	Recommendation	Reward Rating	Risk Rating	Recent Up/Downgrade	Stock Price as of 6/30/2019	52-Week High	52-Week Low	3-Year Beta	Growth	Efficiency	Solvency	Volatility	Dividend	Total Return
Kronos Worldwide, Inc.	KRO	NYSE	Materials	C+	Hold	B	D+		15.22	23.45	10.51	1.78	E	E	E	W	G	W
Krystal Biotech, Inc.	KRYS	NAS CM	Health Care	D+	Sell	C-	D+	Up	38.01	46.90	14		W	W	E	F	--	G
KS Bancorp, Inc.	KSBI	OTC PK	Financials	C	Hold	B	C		26.93	30.00	24.01	0.19	E	G	E	F	--	F
KT Corporation	KT	NYSE	Communication Svc	C-	Hold	C+	D	Down	12.42	15.42	11.46	0.28	E	G	G	W	--	W
Kubota Corporation	KUBTF	OTC PK	Industrials	C	Hold	B-	D+		16.40	17.31	13.17	1.33	F	E	E	W	--	W
Kubota Corporation	KUBTY	OTC PK	Industrials	C-	Hold	C	D		82.38	88.15	66.25	1.08	F	E	E	W	--	W
Kulicke and Soffa Industries, Inc.	KLIC	NAS GS	Information Tech	B-	Buy	B+	C		22.53	28.69	17.4	1.49	G	E	E	F	F	F
KULR Technology Group, Inc.	KUTG	OTC PK	Industrials	D-	Sell	D	D-	Up	1.85	5.00	1.1		W	W	G	W	--	W
Kura Oncology, Inc.	KURA	NAS GS	Health Care	D	Sell	D	D		19.79	22.00	10.2	2.34	W	V	E	W	--	F
Kure Technologies, Inc.	KURH.V	TSXV	Information Tech	D	Sell	D	D	Up	0.04	0.13	0.03	-0.84	W		F	W	--	W
Kure Technologies, Inc.	UBSBF	OTC PK	Information Tech	D+	Sell	C-	D	Up	0.05	0.09	0	-0.75	W		F	W	--	F
KushCo Holdings, Inc.	KSHB	OTC PK	Industrials	D+	Sell	C-	D		5.02	7.20	3.76	1.19	F	W	E	W	--	F
Kutcho Copper Corp.	KCCFF	OTC PK	Materials	D	Sell	D	D		0.14	0.37	0.11	0.76	W		G	W	--	W
Kutcho Copper Corp.	KC.V	TSXV	Materials	D	Sell	D	D		0.19	0.46	0.16	0.54	W		G	W	--	W
KuuHubb Inc.	KUU.V	TSXV	Communication Svc	D-	Sell	E+	D		0.53	0.71	0.25	1.55	W	V	F	W	--	W
KuuHubb Inc.	BCDMF	OTC PK	Communication Svc	E+	Sell	E+	D-	Down	0.35	0.53	0.19	2.18	W	V	F	W	--	W
KVH Industries, Inc.	KVHI	NAS GS	Information Tech	D	Sell	D	D	Down	10.33	14.15	9.09	1.10	W	W	G	W	--	F
Kyto Technology and Life Science, Inc.	KBPH	OTC PK	Financials	D	Sell	D+	D-	Down	2.05	2.05	2.05	-0.25	V	F	E	W	--	W
L Brands, Inc.	LB	NYSE	Consumer Discretn	D+	Sell	C	D	Down	26.32	38.00	21.45	0.89	W	E	G	W	G	V
L.B. Foster Company	FSTR	NAS GS	Industrials	D+	Sell	C-	D	Up	25.19	26.48	13.91	0.82	F	W	G	W	--	F
L3 Technologies, Inc.	LLL	NYSE	Industrials	B	Buy	A-	C+		246.18	260.48	158.76	0.88	E	E	E	F	W	G
La Jolla Pharmaceutical Company	LJPC	NAS CM	Health Care	E+	Sell	E+	D-		8.99	38.39	5.01	2.95	W	V	F	W	--	W
Laboratory Corporation of America Holdings	LH	NYSE	Health Care	C+	Hold	B	C	Up	170.97	188.65	119.38	1.03	G	E	E	F	--	F
Labrador Gold Corp.	NKOSF	OTC PK	Materials	D+	Sell	D+	D	Up	0.17	0.21	0.12	2.59	W	W	E	W	--	F
Labrador Gold Corp.	LAB.V	TSXV	Materials	D	Sell	C-	D	Down	0.23	0.33	0.14	0.28	W	W	E	W	--	F
Labrador Iron Mines Holdings Limited	LBRMF	OTC PK	Materials	D	Sell	D	D		0.00	0.11	0	290.55	W	W	F	W	--	W
Labrador Iron Ore Royalty Corporation	LIFZF	OTC PK	Materials	C	Hold	A-	C		26.38	26.38	17.11	1.70	G	E	E	F	G	G
Labrador Iron Ore Royalty Corporation	LIF.TO	TSX	Materials	B	Buy	A-	C		34.58	34.72	22.25	1.21	G	E	E	F	F	G
Labrador Technologies Inc.	LTX.V	TSXV	Information Tech	D+	Sell	C-	D		0.01	0.05	0.01	0.48	V	E	F	W	--	W
Ladder Capital Corp	LADR	NYSE	Financials	B	Buy	B+	B	Down	16.49	18.82	14.75	1.03	F	G	E	G	E	F
Ladenburg Thalmann Financial Services Inc.	LTS	AMEX	Financials	C-	Hold	C+	D		3.70	4.02	2.15	1.58	F	E	E	W	W	F
L'Air Liquide S.A.	AIQUF	OTC PK	Materials	C	Hold	B	B		138.10	138.10	118.04	0.46	G	E	G	G	--	F
L'Air Liquide S.A.	AIQUY	OTC PK	Materials	D+	Sell	E	C+		27.61	27.83	23.18	0.61	F	V	G	F	--	F
LAIX Inc.	LAIX	NYSE	Consumer Discretn	D-	Sell	D-	D	Up	10.48	16.50	7.01		F	V	G	W	--	W
Lake Area Corn Processors, LLC	LKCRU	OTC PK	Energy	D-	Sell	C	C	Up	3.26	3.30	3.09		W	G	G	F	--	W
Lake Shore Bancorp, Inc.	LSBK	NAS	Financials	C	Hold	B	C		15.00	17.40	14.53	0.22	G	G	E	F	G	W
Lakeland Bancorp, Inc.	LBAI	NAS GS	Financials	C+	Hold	B	C-	Up	15.98	20.85	13.77	1.05	E	G	E	F	G	W
Lakeland Financial Corporation	LKFN	NAS GS	Financials	B	Buy	B+	C+	Up	46.41	51.25	37.79	1.18	E	E	E	F	G	F
Lakeland Industries, Inc.	LAKE	NAS	Consumer Discretn	D+	Sell	C-	D	Up	11.00	14.45	9.9	0.79	W	F	E	W	--	F
Lakeview Hotel Investment Corp.	LHR.V	TSXV	Consumer Discretn	D	Sell	D+	D		0.12	0.21	0.02	1.66	V	W	F	W	--	G
Lam Research Corporation	LRCX	NAS GS	Information Tech	C+	Hold	B+	C-	Down	186.13	209.50	122.64	1.57	E	E	E	F	F	F
Lamar Advertising Company (REIT)	LAMR	NAS GS	Real Estate	B	Buy	A-	C+		80.21	84.50	64.51	0.95	E	E	E	F	G	F
Lamb Weston Holdings, Inc.	LW	NYSE	Consumer Staples	B	Buy	B+	C+	Down	61.70	83.86	58.83	0.16	E	E	G	F	W	F
Lancaster Colony Corporation	LANC	NAS GS	Consumer Staples	B-	Buy	B	C-	Down	147.21	194.38	137.46	-0.13	G	E	E	F	F	F
Landcadia Holdings II, Inc.	LCA	NAS CM	Financials	U		U	U		9.73	9.75	9.7		U	U	U	U	U	U
Landec Corporation	LNDC	NAS GS	Consumer Staples	C-	Hold	C	D	Down	9.46	15.57	9.02	0.69	G	G	G	W	--	W
Landmark Bancorp, Inc.	LARK	NAS	Financials	C	Hold	B	C-		23.40	28.08	21	0.35	G	E	E	F	G	W
Landmark Infrastructure Partners LP	LMRK	NAS	Real Estate	B	Buy	A-	C	Up	16.72	17.01	10.32	1.16	E	E	E	F	E	F
Lands' End, Inc.	LE	NAS CM	Consumer Discretn	D+	Sell	D	D+		12.48	28.35	11.76	1.47	W	F	G	W	--	W
Landstar System, Inc.	LSTR	NAS GS	Industrials	B-	Buy	B	C+		105.27	128.70	90.23	1.36	E	E	E	F	W	F
LandStar, Inc.	LDSR	OTC PK	Information Tech	D	Sell	C	D		0.00	0.02	0	-11.23	F	G	F	W	--	W
Lanesborough Real Estate Investment Trust	LRTUN.V	TSXV	Real Estate	D-	Sell	D	D-		0.01	0.02	0.01	2.53	W	W	E	W	--	W

*Ratings Factors: E=Excellent, G=Good, F=Fair, W=Weak, V=Very Weak, U=Unrated

Summer 2019   I. Index of Stocks

TOTAL RETURNS %				DIVIDEND/YIELD		SIZE		REVENUE & INCOME			EARNINGS		EFFECTIVENESS			VALUATION		
3-Month Total Return (%)	6-Month Total Return (%)	1-Year Total Return (%)	3-Year Total Return (%)	Dividend $ TTM	Dividend Yield TTM	Market Cap. ($Mil)	Enterprise Value ($Mil)	Revenue ($Mil)	Revenue Growth (%)	Net Income ($Mil)	Earnings/Share $	EPS Growth (%)	Cash from Operations ($Mil)	Return on Assets (%)	Return on Equity (%)	Earnings (P/E) TTM	Sales (P/S) TTM	Book (P/B) Q
11.01	36.22	-26.44	229.65	0.70	4.6	1,764	1,904	1,668	-6.8	164.6	1.42	-57.6	137.3	7.79	19.72	10.7	1.1	2.1
27.08	83.71	163.59				644.0	540.8	--		-12.9	-1.04	43.0	-10.3	-10.96		-36.6		5.0
5.94	0.36	-5.03	99.47	0.27	1.0	29.8	--	15.4	8.6	2.2	1.69	-2.6	--		8.78	15.9	2.3	1.4
-1.27	-13.45	-3.30	-4.88	0.40	3.2	5,963	9,908	21,131	-0.8	647.6	2.64	57.5	3,875	2.24	5.48	4.7	0.1	0.3
17.49	18.17	6.16	27.54			20,439	26,939	17,160	6.9	1,319	1.07	5.0	1,083	4.4	11.05	15.3	1.2	1.6
12.57	17.00	4.29	26.58			20,439	26,939	17,160	6.9	1,319	1.07	5.0	1,083	4.4	11.05	77.0	5.9	8.2
3.78	13.21	-2.77	97.34	0.48	2.1	1,465	862.9	726.8	-18.8	93.9	1.34	136.3	149.8	5.53	11.02	16.8	2.0	1.8
-26.00	-31.48					148.2	148.1	1.2	167.7	-1.8	-0.02	46.7	-1.2	-229.95		-80.1	117.8	-293.7
21.78	47.03	14.39	599.29			889.9	732.5	--		-59.8	-1.63	-1.7	-50.1	-25.25		-12.1		5.1
-58.82	-46.15	-50.00	-65.00			0.40	0.43	--		-0.44	-0.03	62.7	-0.09	-27.01		-1.2		-20.6
8.89	8.89	0.00	-43.68			0.40	0.43	--		-0.44	-0.03	62.7	-0.09	-27.01		-1.7		-28.8
-12.54	-2.14	9.15	213.75			446.0	430.0	93.4	186.7	-41.0	-0.53	-206.3	-59.3	-21.41		-9.5	4.7	4.0
-36.40	-9.27	-61.05				9.6	24.7	--		-4.1	-0.08	-5.2	-1.6	-4.31		-1.7		0.7
-36.21	-30.19	-56.47	-22.92			9.6	24.7	--		-4.1	-0.08	-5.2	-1.6	-4.31		-2.3		0.9
6.00	70.97	1.92	17.78			22.5	26.9	14.9	-6.9	-17.3	-0.31	-68.4	-1.0	-48.71		-1.7	2.0	8.4
44.87	83.12	-20.27	-60.32			22.5	26.9	14.9	-6.9	-17.3	-0.31	-68.4	-1.0	-48.71		-1.2	1.3	5.6
-0.39	-2.09	-21.44	32.61			184.7	211.5	170.6	6.7	-10.5	-0.62	-1.3	5.3	-3		-16.8	1.1	1.9
-12.77	-12.77	-12.77	-31.67			12.0	14.5	0.01		-0.23	-0.05	-63.3	-0.21	-17.97		-43.4	1,205.9	-11.4
-4.53	5.92	-24.77	-52.83	1.80	6.8	7,273	15,653	13,240	3.3	636.0	2.28	-30.4	1,383	9.59		11.5	0.6	-8.1
36.02	61.89	9.28	140.95			266.5	356.9	655.0	21.3	-25.5	-2.48	-542.0	9.8	3.69		-10.2	0.4	2.1
19.81	46.57	30.60	83.28	3.30	1.3	19,559	22,507	10,573	9.9	1,019	12.80	42.5	1,289			19.2	1.9	3.2
36.42	-5.47	-69.30	-45.22			243.6	263.0	13.6	1,586.3	-180.6	-6.85	-7.8	-139.2	-56.12		-1.3	17.8	32.9
13.51	37.31	-4.75	35.19			16,841	23,331	11,276	5.0	896.1	8.79	-25.1	1,317	5.39	12.69	19.5	1.5	2.4
14.05	51.74	3.68	118.40			9.7	9.0	--		-0.23	-0.01	52.3	-0.29	-2.12		-24.2		2.0
18.42	32.35	-18.18	164.71			9.7	9.0	--		-0.23	-0.01	52.3	-0.29	-2.12		-31.3		2.6
-90.00	100.00	-80.00	-96.00			0.03	0.08	--		-0.48	0.00	94.2	-0.76	-21.49		-0.1		0.2
22.07	52.59	66.26	278.66	2.33	8.8	1,686	1,635	102.4	-12.1	104.4	1.63	-7.6	116.9	8.21	23.92	16.2	16.6	4.0
19.32	49.59	64.37	281.32	2.00	5.8	1,686	1,635	102.4	-12.1	104.4	1.63	-7.6	116.9	8.21	23.92	21.2	21.8	5.3
-50.00	-66.67	-66.67	0.00			0.66	0.73	0.01	-30.5	-0.76	-0.01	-300.0	-0.48	-365.7		-0.7		-1.0
-0.41	10.07	15.49	86.37	1.35	8.2	1,757	--	346.9	-4.3	151.3	1.29	-12.3	243.5		11.34	12.7	5.0	1.2
32.62	62.18	6.98	62.96	0.05	1.4	550.2	--	1,381	6.2	31.7	-0.03	70.9	58.4		9.86	-142.3	0.4	2.2
9.91	12.41	12.46	42.81			58,938	73,690	24,805	7.9	2,496	5.82	-0.3	5,538	4.91	12.74	23.7	2.4	2.9
11.02	15.63	14.76	64.79	0.44	1.6	58,938	73,690	24,805	7.9	2,496	5.82	-0.3	5,538	4.91	12.74	4.7	0.5	0.6
15.42	33.50					515.1	418.4	117.8	209.9	-68.6	-2.54	2.2	--			-4.1	4.3	22.4
-0.91	1.88	-1.21				96.6	125.4	76.5	-6.6	2.6	0.09	-60.5	6.8	1.34	3.84	36.8	1.3	1.4
-4.30	1.18	-10.04	17.52	0.44	2.9	87.7	--	20.2	4.7	4.0	0.65	13.4	5.9		4.98	23.1	4.5	1.1
7.69	11.30	-17.87	55.76	0.47	2.9	806.1	--	199.6	8.1	63.8	1.31	13.6	79.8		10.04	12.2	4.0	1.2
2.87	16.57	-2.06	63.97	1.08	2.3	1,181	--	190.7	11.2	83.8	3.25	36.5	102.7		16.48	14.3	6.3	2.2
-4.35	4.17	-21.99	29.56			88.2	77.6	99.4	2.0	-0.87	-0.12	-214.8	2.4	1.4		-93.1	0.9	1.1
130.00	155.56	155.56	-25.81			1.7	51.2	12.4	-15.4	-10.0	-0.51	-215.6	-1.4	-1.88		-0.2	0.2	-0.1
6.57	39.09	11.76	140.38	4.40	2.4	27,906	26,542	10,418	1.2	2,671	16.03	55.5	3,014	13.2	44.17	11.6	2.8	5.3
2.44	18.97	23.15	47.21	3.75	4.7	8,021	12,219	1,651	6.1	341.4	3.44	16.2	584.8	6.05	31.76	23.3	4.9	7.2
-16.29	-15.71	-9.24		0.78	1.3	9,025	11,433	3,671	10.0	468.2	3.10	16.5	615.4	13.77		19.9	2.5	-160.7
-6.24	-14.22	7.64	25.54	2.55	1.7	4,049	3,862	1,292	7.3	149.9	5.44	13.8	187.3	13.56	22.25	27.1	3.1	5.7
						384.6	384.7	--		-0.02	0.00		0.00			-2,372.6		-3,602.9
-22.65	-19.21	-37.14	-9.13			276.1	421.6	546.3	21.9	6.8	0.24	-68.1	17.4	1.11	2.84	39.3	0.5	1.0
3.18	3.92	-10.26	14.99	0.78	3.3	102.3	--	40.9	0.4	10.5	2.39	146.5	17.2		11.59	9.8	2.5	1.1
5.03	65.00	35.82	38.26	1.47	8.8	423.7	789.7	63.5	12.4	115.1	4.12	563.9	27.7	2.96	36	4.1	6.7	1.1
-25.18	-10.86	-55.03	-20.61			403.9	783.9	1,414	-1.7	7.4	0.23	-78.2	53.1	2.17	2.39	55.1	0.3	1.3
-3.74	10.91	-3.59	61.97	0.66	0.6	4,228	4,082	4,604	17.6	261.1	6.40	33.1	347.3	15.75	36.39	16.5	0.9	5.8
-41.18	-82.14	-94.15	900.00			7.3	8.7	0.17		-1.4	0.00	29.4	-0.68			-0.8		-1.4
100.00	100.00	0.00	-90.48			0.16	201.0	12.8	-14.0	-26.5	-1.25	24.5	-4.0	1.22		0.0	0.0	0.0

https://greyhouse.weissratings.com   Data as of June 30, 2019

I. Index of Stocks

Summer 2019

Company Name	Stock Ticker Symbol	Traded On	Sector	Overall Rating	Recommendation	Reward Rating	Risk Rating	Recent Up/Downgrade	Stock Price as of 6/30/2019	52-Week High	52-Week Low	3-Year Beta	Growth	Efficiency	Solvency	Volatility	Dividend	Total Return
Lanesborough Real Estate Investment Trust	LRTEF	OTC PK	Real Estate	D-	Sell	D-	E+	Up	0.00	0.01	0	0.60	W	W	E	V	–	V
Lanesborough Real Estate Investment Trust	WONK.TO	TSX	Real Estate	E	Sell	D	D+		3.00	3.00	3	0.00	W	W	E	F	–	F
Lannett Company, Inc.	LCI	NYSE	Health Care	D	Sell	D	D		6.09	14.55	3.33	3.01	F	W	G	W	–	V
Lantheus Holdings, Inc.	LNTH	NAS	Health Care	B-	Buy	A-	C-	Up	27.63	28.48	12.59	1.77	G	E	E	F	–	E
Lantronix, Inc.	LTRX	NAS CM	Information Tech	C	Hold	B-	D+	Up	3.40	6.47	2.34	1.01	F	F	E	W	–	E
Lara Exploration Ltd.	LRA.V	TSXV	Materials	D-	Sell	E+	D-	Up	0.47	0.74	0.41	1.01	W	V	E	W	–	W
Lara Exploration Ltd.	LRAXF	OTC PK	Materials	D-	Sell	E+	D-	Up	0.35	0.56	0.3	1.49	W	V	E	W	–	W
Laramide Resources Ltd.	LMRXF	OTC PK	Energy	D	Sell	D	D		0.25	0.40	0.18	1.56	W	W	G	W	–	F
Laramide Resources Ltd.	LAM.TO	TSX	Energy	D	Sell	D	D		0.32	0.52	0.24	1.08	W	W	G	W	–	F
Laredo Oil, Inc.	LRDC	OTC PK	Energy	D+	Sell	C	D	Down	0.05	0.12	0.03	1.73	W	G	F	W	–	W
Laredo Petroleum, Inc.	LPI	NYSE	Energy	D	Sell	C-	D-		2.92	10.43	2.4	1.41	G	G	G	W	–	V
Largo Resources Ltd.	LGO.TO	TSX	Materials	C+	Hold	B+	D+		1.71	4.65	1.44	0.76	G	G	E	W	–	F
Largo Resources Ltd.	LGORF	OTC PK	Materials	C+	Hold	B+	D+		1.29	3.56	1.07	1.21	G	G	E	W	–	F
Las Vegas Sands Corp.	LVS	NYSE	Consumer Discretn	C+	Hold	B	C-	Up	58.78	77.15	47.39	1.35	G	E	E	F	G	F
Las Vegas Xpress, Inc.	LVXI	OTC PK	Industrials	D-	Sell	D	D-		0.00	6.00	0	-0.11	W	W	F	W	–	V
Lassonde Industries Inc.	LSDAF	OTC PK	Consumer Staples	C-	Hold	C+	D	Down	151.02	211.95	126.91	-0.11	F	E	E	W	F	F
Lassonde Industries Inc.	LASA.TO	TSX	Consumer Staples	C-	Hold	C	D	Down	193.28	286.70	166.33	-0.19	F	E	E	W	W	W
LATAM Airlines Group S.A.	LTM	NYSE	Industrials	D+	Sell	C-	D	Down	9.23	12.30	8.05	0.82	W	F	F	W	–	W
Latin American Minerals Inc.	LATNF	OTC PK	Materials	D	Sell	C-	D-	Up	0.01	0.04	0.01	2.89	W	G	G	W	–	V
Latin American Minerals Inc.	LAT.V	TSXV	Materials	D	Sell	C-	D-	Up	0.02	0.05	0.01	1.50	W	G	G	W	–	V
Lattice Biologics Ltd.	LBL.V	TSXV	Health Care	D+	Sell	C	D	Up	0.03	0.11	0.01	-0.54	W	E	F	W	–	W
Lattice Biologics Ltd.	LBLTF	OTC PK	Health Care	D+	Sell	C	D	Up	0.02	0.07	0	8.87	W	E	F	W	–	W
Lattice Semiconductor Corporation	LSCC	NAS GS	Information Tech	C	Hold	B	D		14.03	15.37	5.38	1.37	G	W	E	F	–	E
Laura Ashley Holdings plc	LARAF	OTC PK	Consumer Discretn	D-	Sell	D	E+	Down	0.02	0.07	0.02	-0.45	W	F	G	V	–	V
Laureate Education, Inc.	LAUR	NAS GS	Consumer Discretn	B	Buy	B+	C	Up	15.31	17.20	13.58	0.23	G	G	G	F	–	F
Laurentian Bank of Canada	LB.TO	TSX	Financials	C	Hold	B-	D		45.49	48.41	36.21	0.66	G	E	E	W	G	W
Laurentian Bank of Canada	LRCDF	OTC PK	Financials	C	Hold	B-	D		34.74	36.63	26.18	0.96	G	E	E	W	G	W
Laurion Mineral Exploration Inc.	LME.V	TSXV	Materials	C-	Hold	C+	D	Up	0.11	0.11	0.07	-0.42	W	E	F	W	–	E
Laurion Mineral Exploration Inc.	LMEFF	OTC PK	Materials	E+	Sell	E	D-		0.07	0.08	0.05	-1.25	W	V	F	W	–	E
Lawson Products, Inc.	LAWS	NAS GS	Industrials	C+	Hold	B	C	Up	35.65	40.36	23.19	-0.10	F	G	E	F	–	G
Lazard Ltd	LAZ	NYSE	Financials	C-	Hold	C+	D	Down	34.31	54.64	31.07	1.60	W	E	E	W	G	W
La-Z-Boy Incorporated	LZB	NYSE	Consumer Discretn	C+	Hold	B	C	Down	30.82	39.15	25.3	0.92	F	E	E	F	F	F
Lazydays Holdings, Inc.	LAZY	NAS CM	Consumer Discretn	D	Sell	C-	D-	Up	5.02	9.51	4.13		F	F	G	W	–	V
LCI Industries	LCII	NYSE	Consumer Discretn	C	Hold	B	D+		90.12	102.23	59.68	1.51	E	E	E	W	G	W
LCNB Corp.	LCNB	NAS CM	Financials	C	Hold	B	C-		19.15	20.65	14.56	0.81	E	E	E	F	G	W
Le Château Inc.	CTU.V	TSXV	Consumer Discretn	D	Sell	D	D		0.04	0.35	0.02	2.72	F	W	F	W	–	V
Le Mare Gold Corp.	SLLTF	OTC PK	Materials	D	Sell	D	D-		0.04	0.30	0		F	W	F	W	–	V
Le Mare Gold Corp.	LMGC.V	TSXV	Materials	D-	Sell	D	D-	Down	0.04	0.18	0.03	0.26	F	W	F	W	–	V
Leading Edge Materials Corp.	LEM.V	TSXV	Materials	D	Sell	D	D	Up	0.28	0.58	0.1	-3.15	F	W	E	W	–	W
Leading Edge Materials Corp.	LEMIF	OTC PK	Materials	D	Sell	D	D	Up	0.21	0.43	0.07	-2.83	F	W	E	W	–	V
Leaf Group Ltd.	LEAF	NYSE	Consumer Discretn	D	Sell	D	D		7.13	12.05	6.53	1.61	W	W	E	W	–	W
Leafbuyer Technologies, Inc.	LBUY	OTC PK	Communication Svc	D	Sell	D	D-		0.79	2.40	0.43	4.13	F	W	G	W	–	W
Leagold Mining Corporation	LMCNF	OTC PK	Materials	D+	Sell	C	D	Up	1.54	2.06	0.95	0.99	G	F	G	W	–	V
Leagold Mining Corporation	LMC.TO	TSX	Materials	C	Hold	C+	D+	Up	2.00	2.69	1.28	5.96	G	F	G	W	–	F
LeanLife Health Inc.	LNLHF	OTC PK	Consumer Staples	D-	Sell	D-	D		0.05	0.05	0.05		W	W	F	W	–	W
Leap Therapeutics, Inc.	LPTX	NAS	Health Care	D-	Sell	E+	D-		1.73	9.28	1.35	2.27	W	V	E	W	–	V
Lear Corporation	LEA	NYSE	Consumer Discretn	C	Hold	B	C-	Down	140.46	193.95	114.45	1.61	F	E	E	F	F	W
Learning Tree International, Inc.	LTRE	OTC PK	Consumer Discretn	D+	Sell	C	D	Up	0.75	1.38	0.2	0.17	F	E	F	W	–	V
LED Medical Diagnostics Inc.	LMD.V	TSXV	Health Care	D	Sell	D+	D-		0.35	0.56	0.3	0.16	F	W	G	W	–	W
LED Medical Diagnostics Inc.	LEDIF	OTC PK	Health Care	D	Sell	D+	D	Down	0.26	0.43	0.2	0.68	F	W	G	W	–	W
Lee Enterprises, Incorporated	LEE	NYSE	Communication Svc	C-	Hold	C	D+	Down	2.24	3.69	1.84	0.92	W	G	G	W	–	F
Legacy Acquisition Corp.	LGC	NYSE	Financials	D	Sell	C	D+		10.13	10.15	9.53		F	G	E	E	–	F

*Ratings Factors: E=Excellent, G=Good, F=Fair, W=Weak, V=Very Weak, U=Unrated

Summer 2019 — I. Index of Stocks

3-Month Total Return (%)	6-Month Total Return (%)	1-Year Total Return (%)	3-Year Total Return (%)	Dividend $ TTM	Dividend Yield TTM	Market Cap. ($Mil)	Enterprise Value ($Mil)	Revenue ($Mil)	Revenue Growth (%)	Net Income ($Mil)	Earnings/Share $	EPS Growth (%)	Cash from Operations ($Mil)	Return on Assets (%)	Return on Equity (%)	Earnings (P/E) TTM	Sales (P/S) TTM	Book (P/B) Q
-10.03	-10.03	0.00	-96.25			0.16	201.0	12.8	-14.0	-26.5	-1.25	24.5	-4.0	1.22		0.0	0.0	0.0
0.00	0.00	0.00	0.00			0.16	201.0	12.8	-14.0	-26.5	-1.25	24.5	-4.0	1.22		-2.4	5.0	-0.9
-19.44	19.41	-55.38	-74.36			230.9	803.8	692.5	6.7	-275.9	-7.37	-715.8	196.9	6.13		-0.8	0.4	0.7
12.82	83.83	88.60	656.99			1,073	1,228	347.3	4.4	42.3	1.08	-66.8	72.3	9.79	72.31	25.6	3.2	12.9
9.68	17.24	19.30	214.81			76.4	58.2	48.8	9.4	1.8	0.08	601.8	-1.8	3.24	6.08	40.1	1.6	2.0
-9.62	8.05	-22.95	-61.16			13.8	12.0	--		-2.0	-0.06	-31.1	-0.97	-33.48		-8.2		9.4
-7.83	11.44	-24.89	-61.81			13.8	12.0	--		-2.0	-0.06	-31.1	-0.97	-33.48		-6.2		7.1
-3.68	-16.68	22.95	36.69			32.6	39.7	--		-3.4	-0.03	-53.9	-2.8	-1.07		-9.0		0.6
-10.00	-26.74	23.53	36.96			32.6	39.7	--		-3.4	-0.03	-53.9	-2.8	-1.07		-11.5		0.8
6.21	-20.03	-56.41	-52.10			2.6	2.6	8.5	-11.2	-0.03	0.00	86.8	0.03	-1.83		-68.4	0.3	-1.8
-5.81	-19.11	-68.90	-71.71			667.8	1,709	1,055	18.2	228.6	0.98	-58.4	468.8	8.02	21.63	3.0	0.6	0.6
-18.57	-39.79	-4.47	280.00			692.6	570.7	362.3	101.3	205.1	0.31	457.6	321.7	44.12	108.21	5.6	2.5	3.2
-17.83	-38.28	-5.74	248.65			692.6	570.7	362.3	101.3	205.1	0.31	457.6	321.7	44.12	108.21	4.2	1.9	2.4
-1.24	18.62	-18.07	59.56	3.04	5.2	45,423	54,539	13,796	4.2	1,539	1.96	-59.1	4,124	10.6	28.1	30.0	3.3	8.2
-50.00	-95.00	-100.00	-100.00			0.34	1.2	0.00	-100.0	-5.6	-12.49	88.2	-0.27	-4,373.99		0.0		-0.1
13.01	2.73	-31.32	35.80	2.28	1.5	1,021	1,321	1,250	6.0	49.2	7.04	-31.0	103.7	5.8	9.74	21.4	0.8	2.1
14.72	0.41	-30.83	8.68	3.03	1.6	1,021	1,321	1,250	6.0	49.2	7.04	-31.0	103.7	5.8	9.74	27.4	1.1	2.7
-11.90	-6.76	-8.33	45.90	0.04	0.4	5,620	14,722	9,713	-1.6	28.0	0.05	-84.7	1,418	1.89	1.28	200.7	0.6	1.7
-21.48	-17.24	-83.71	-94.16			1.5	0.99	--		-16.0	-0.14	-374.8	-0.15	-122.16		-0.1		-8.0
0.00	0.00	-70.00	-92.31			1.5	0.99	--		-16.0	-0.14	-374.8	-0.15	-122.16		-0.1		-16.7
0.00	150.00	-77.27	-86.49			1.8	3.9	1.7	-4.6	-0.93	-0.01	-237.5	0.34	-18.01		-2.5	1.4	-0.4
52.39	822.22	-66.31	-83.40			1.8	3.9	1.7	-4.6	-0.93	-0.01	-237.5	0.34	-18.01		-2.5	1.4	-0.4
19.51	106.02	114.85	175.10			1,852	1,986	398.3	4.8	-13.0	-0.12	78.7	70.8	4.59		-115.2	4.8	6.6
-33.33	-51.22	-55.56	-93.33			18.2	18.0	327.8	-4.3	-8.6	-0.01	-587.5	1.2	1.01		-1.7	0.0	0.3
3.24	3.31	3.59				3,367	6,306	3,340	5.6	392.4	2.10	440.3	94.4	2.54	2.21	7.3	1.0	1.5
10.66	21.63	6.88	6.26	2.58	5.7	1,467	--	726.5	-7.6	143.9	3.18	-28.0	1,784		7.56	14.3	2.7	1.1
13.57	24.23	9.15	0.37	1.96	5.7	1,467	--	726.5	-7.6	143.9	3.18	-28.0	1,784		7.56	10.9	2.0	0.9
23.53	10.53	23.53	950.00			12.3	12.3	--		-1.2	-0.01	-239.3	-1.1	-733.93		-11.1		-65.6
4.57	38.11	16.75	632.00			12.3	12.3	--		-1.2	-0.01	-239.3	-1.1	-733.93		-7.7		-45.8
15.90	12.25	47.93	82.82			319.7	344.6	356.5	12.9	9.1	0.98	-70.1	12.3	4.23	9.12	36.4	0.9	3.0
-3.40	-3.35	-25.54	46.40	1.64	4.8	3,788	--	2,711	-2.4	464.5	3.65	63.2	576.5		51.14	9.4	1.5	5.5
-6.85	13.34	1.54	17.67	0.51	1.7	1,443	1,307	1,745	10.2	68.6	1.44	-13.9	150.7	7.82	10.61	21.4	0.8	2.1
5.94	-4.71	-41.54				42.5	276.2	603.4	-3.1	-1.5	-0.71	-12.6	17.8	2.16		-7.1	0.1	0.5
17.38	40.12	1.52	19.61	2.45	2.7	2,254	2,595	2,417	5.1	135.6	5.37	-0.5	214.3	9.28	19.36	16.8	0.9	3.1
12.80	27.81	-2.14	34.05	0.67	3.5	254.9	--	61.2	19.3	16.8	1.30	4.7	20.6		9	14.8	4.2	1.1
-61.11	-46.15	-85.11				0.80	80.6	146.4	-7.5	-18.4	-0.62	0.5	-6.0	-5.17		-0.1	0.0	-0.1
-29.82	-3.38	-34.43				0.54	0.69	--		-1.1	-0.16	87.7	-0.60	-116.41		-0.3		1.4
-52.94	-75.76	-75.76	-97.33			0.54	0.69	--		-1.1	-0.16	87.7	-0.60	-116.41		-0.3		1.4
77.42	27.91	-28.57	-50.89			20.0	18.7	--		-2.5	-0.03	23.3	-2.3	-5.31		-9.8		1.3
90.91	40.00	-26.32	-48.78			20.0	18.7	--		-2.5	-0.03	23.3	-2.3	-5.31		-7.5		1.0
-11.21	3.94	-34.29	35.55			184.3	174.5	155.3	14.6	-27.6	-1.09	14.9	-5.0	-18.29		-6.5	1.2	3.2
-37.28	55.31	-32.64				37.9	39.1	1.6	61.4	-6.5	-0.15	-292.9	-3.1	-172.95		-5.3	22.0	27.5
12.41	32.76	-19.79				434.1	625.0	446.6	70.6	29.2	0.11	192.4	70.1	3.48	6.86	13.8	1.0	0.7
8.70	27.39	-21.26	445.46			434.1	625.0	446.6	70.6	29.2	0.11	192.4	70.1	3.48	6.86	17.9	1.3	1.0
5.33	5.33	-46.14				3.7	3.7	--		-1.7	-0.03	38.1	-1.4	-119.92		-1.6		-19.0
-8.69	-18.93	-80.06				39.8	19.7	--		-21.1	-1.89	36.3	-27.4	-63.72		-0.9		2.3
4.84	16.58	-24.02	45.79	2.90	2.1	8,745	10,254	20,575	-3.0	1,025	15.75	-18.9	1,595	7.87	24.12	8.9	0.4	2.1
114.29	97.37	-51.61	-33.04			9.9	7.8	64.3	-9.0	-2.1	-0.16	6.0	-1.6	-4.14		-4.7	0.2	-0.7
-10.26	-2.78	-14.63	-72.00			10.3	16.0	14.7	5.6	0.13	-0.02	61.7	-0.70	-1.86	3.6	-19.4	0.9	3.4
-2.83	-1.25	-16.93	-73.37			10.3	16.0	14.7	5.6	0.13	-0.02	61.7	-0.70	-1.86	3.6	-14.5	0.7	2.5
-29.78	5.16	-22.76	20.43			129.3	574.9	531.3	-3.6	16.2	0.28	-66.4	52.0	9.21		7.9	0.2	-4.4
0.90	3.90	5.19				379.9	377.6	--		3.4	0.09	643.0	-2.4	-0.1	67.42	112.7		76.0

https://greyhouse.weissratings.com

Data as of June 30, 2019

I. Index of Stocks — Summer 2019

Company Name	Stock Ticker Symbol	Traded On	Sector	Overall Rating	Recommendation	Reward Rating	Risk Rating	Recent Up/Downgrade	Stock Price as of 6/30/2019	52-Week High	52-Week Low	3-Year Beta	Growth	Efficiency	Solvency	Volatility	Dividend	Total Return
Legacy Education Alliance, Inc.	LEAI	OTC PK	Consumer Discretn	D	Sell	C-	D		0.18	0.45	0.1	1.28	W	G	F	W	—	W
Legacy Housing Corporation	LEGH	NAS GS	Consumer Discretn	E+	Sell	B-	C-		12.44	14.99	8.93		F	G	E	F	—	W
Legacy Reserves Inc.	LGCY	NAS GS	Energy	D	Sell	D	D	Down	0.04	7.14	0.04	0.57	W	W	F	W	—	W
Legacy Ventures International, Inc.	LGYV	OTC PK	Consumer Staples	D	Sell	D	D		3.00	5.00	2		W	W	F	W	—	W
LegacyTexas Financial Group, Inc.	LTXB	NAS GS	Financials	B-	Buy	B+	C	Up	40.60	47.18	30.19	1.69	E	E	E	F	G	F
Legend Power Systems Inc.	LPS.V	TSXV	Information Tech	D	Sell	D	D		0.30	0.65	0.22	1.52	W	V	E	W	—	W
Legend Power Systems Inc.	LPSIF	OTC PK	Information Tech	D	Sell	D	D		0.23	0.48	0.17	0.69	W	V	E	W	—	W
Legg Mason, Inc.	LM	NYSE	Financials	C-	Hold	C+	D	Up	37.26	37.61	23.25	1.26	F	G	E	W	G	W
Leggett & Platt, Incorporated	LEG	NYSE	Consumer Discretn	C	Hold	B-	D		37.95	46.71	33.48	1.13	F	E	E	W	G	W
Legrand SA	LGRDY	OTC PK	Industrials	B	Buy	A-	B-		14.48	14.85	11.05	0.54	E	E	E	G	—	F
Legrand SA	LGRVF	OTC PK	Industrials	C	Hold	B	C		73.10	73.75	55.4	1.06	E	E	E	F	—	F
Leidos Holdings, Inc.	LDOS	NYSE	Information Tech	B	Buy	A-	C	Up	79.39	80.00	50.33	1.31	E	E	G	F	F	G
Leis Industries Limited	LESH.V	TSXV	Real Estate	D-	Sell	E+	D		0.75	0.75	0.4	-1.62	V	V	E	W	—	G
Leisure Acquisition Corp.	LACQ	NAS CM	Financials	D	Sell	C	D		10.17	10.17	9.62		W	G	E	G	—	W
Leju Holdings Limited	LEJU	NYSE	Consumer Discretn	D	Sell	D	D-		1.30	2.35	1.05	2.32	W	W	E	W	—	W
LeMaitre Vascular, Inc.	LMAT	NAS	Health Care	C	Hold	B	D+	Down	27.85	39.00	21.79	1.56	G	E	E	W	W	F
LendingClub Corporation	LC	NYSE	Financials	D	Sell	D	D		2.97	4.55	2.46	1.24	W	W	E	W	—	W
LendingTree, Inc.	TREE	NAS GS	Financials	C+	Hold	A	D		420.57	424.84	183.25	2.50	E	G	E	W	—	E
Lennar Corporation	LENB	NYSE	Consumer Discretn	C	Hold	B	D+		38.52	45.45	29.8	1.04	E	E	G	W	W	W
Lennar Corporation	LEN	NYSE	Consumer Discretn	C+	Hold	B	D+	Up	48.43	55.77	37.29	1.06	E	E	G	W	W	F
Lennox International Inc.	LII	NYSE	Industrials	B+	Buy	A-	B+		273.33	287.42	177.36	0.83	G	E	G	G	W	G
Leo Holdings Corp.	LHC	NYSE	Financials	D-	Sell	C	D+		10.27	10.79	9.65		W	G	E	E	—	W
LeoNovus Inc.	LVNSF	OTC PK	Information Tech	D-	Sell	E+	D		0.04	0.21	0.04	2.24	V	V	E	W	—	F
LeoNovus Inc.	LTV.V	TSXV	Information Tech	D-	Sell	E+	D-		0.06	0.28	0.06	2.09	V	V	E	W	—	W
Leon's Furniture Limited	LNF.TO	TSX	Consumer Discretn	C	Hold	B-	D		15.34	18.75	14.01	-0.15	F	E	G	W	G	W
Leon's Furniture Limited	LEFUF	OTC PK	Consumer Discretn	C-	Hold	C+	D	Down	11.66	13.98	10.7	-0.08	F	E	G	W	G	W
Leucrotta Exploration Inc.	LXE.V	TSXV	Energy	D	Sell	D+	D-		0.86	2.08	0.81	0.66	F	W	E	W	—	V
Leucrotta Exploration Inc.	LCRTF	OTC PK	Energy	D	Sell	D+	D-		0.66	1.50	0.63	1.19	F	W	E	W	—	V
Level One Bancorp, Inc.	LEVL	NAS GS	Financials	D	Sell	C	D	Up	23.40	28.53	20.89		G	G	E	W	W	W
LevelBlox, Inc.	LVBX	OTC PK	Information Tech	D	Sell	C-	D		0.02	0.11	0.01	-0.11	W	E	F	W	—	W
Levi Strauss & Co.	LEVI	NYSE	Consumer Discretn	C	Hold	C+	C-		21.07	24.50	18.92		E	E	E	F	—	W
Leviathan Cannabis Group Inc.	LVCNF	OTC PK	Health Care	D-	Sell	D	D	Up	0.27	2.03	0		W	W	E	W	—	V
Levon Resources Ltd.	LVN.TO	TSX	Materials	D	Sell	D	D-		0.12	0.25	0.07	0.65	W	W	E	W	—	W
Levon Resources Ltd.	LVNVF	OTC PK	Materials	D	Sell	D	D		0.09	0.18	0.06	0.58	W	W	E	W	—	W
LexaGene Holdings Inc.	LXXGF	OTC PK	Health Care	D-	Sell	D-	D-		0.47	0.75	0.35	0.46	V		G	W	—	W
LexaGene Holdings Inc.	LXG.V	TSXV	Health Care	D	Sell	D	D		0.62	0.96	0.5	-0.20	V		G	W	—	W
Lexicon Pharmaceuticals, Inc.	LXRX	NAS GS	Health Care	D-	Sell	E+	D		6.10	13.31	4.25	1.51	W	V	G	W	—	V
LexinFintech Holdings Ltd.	LX	NAS	Financials	C	Hold	B-	D+	Up	11.63	14.66	6.48		G	G	E	W	—	W
Lexington Realty Trust	LXP	NYSE	Real Estate	C+	Hold	B+	D+		9.30	9.88	7.66	0.86	F	E	E	W	G	F
LF Capital Acquisition Corp.	LFAC	NAS CM	Financials	D-	Sell	C-	D		10.18	10.56	9.55		F	F	E	E	—	W
LG Display Co., Ltd.	LPL	NYSE	Information Tech	D	Sell	D+	D	Down	7.65	10.39	6.71	1.12	W	F	G	W	—	W
LGBTQ Loyalty Holdings, Inc.	LFAP	OTC PK	Information Tech	C-	Hold	C	D		0.10	0.27	0	13.48	W	E	F	W	—	G
LGC Capital Ltd.	LG.V	TSXV	Financials	D-	Sell	E+	D		0.10	0.25	0.08	2.79	V	V	E	W	—	F
LGC Capital Ltd.	LGGCF	OTC PK	Financials	E+	Sell	E	D-	Down	0.07	0.30	0.01		V	E	V	W	—	V
LGI Homes, Inc.	LGIH	NAS GS	Consumer Discretn	C+	Hold	B+	D+	Up	70.50	75.49	37.16	1.08	F	E	G	W	—	G
LHC Group, Inc.	LHCG	NAS GS	Health Care	B-	Buy	B+	C	Down	117.87	122.20	80.84	0.95	E	G	E	G	—	G
Lianluo Smart Limited	LLIT	NAS CM	Health Care	D-	Sell	E+	D-		1.23	2.03	0.84	0.76	W	V	F	W	—	W
Libbey Inc.	LBY	AMEX	Consumer Discretn	D-	Sell	D	D-	Down	1.74	11.54	1.57	2.20	W	W	W	W	—	V
Libby K Industries Inc.	LBBP.V	TSXV	Financials	E-	Sell	D-	D-		0.09	0.20	0.09		V	W	E	W	—	V
Liberated Solutions, Inc.	LIBE	OTC PK	Industrials	D-	Sell	D-	D-		0.00	0.01	0	0.90	W	W	F	W	—	V
Liberated Syndication Inc.	LSYN	OTC PK	Information Tech	C+	Hold	B+	C-		2.79	3.01	1.05	0.74	G	G	E	F	—	G
Libero Copper Corporation	LBC.V	TSXV	Materials	D-	Sell	D-	D	Down	0.10	0.14	0.07	1.20	V	V	G	W	—	W

*Ratings Factors: E=Excellent, G=Good, F=Fair, W=Weak, V=Very Weak, U=Unrated

Summer 2019 — I. Index of Stocks

3-Month Total Return (%)	6-Month Total Return (%)	1-Year Total Return (%)	3-Year Total Return (%)	Dividend $ TTM	Dividend Yield TTM	Market Cap. ($Mil)	Enterprise Value ($Mil)	Revenue ($Mil)	Revenue Growth (%)	Net Income ($Mil)	Earnings/Share $	EPS Growth (%)	Cash from Operations ($Mil)	Return on Assets (%)	Return on Equity (%)	Earnings (P/E) TTM	Sales (P/S) TTM	Book (P/B) Q
-5.09	4.71	-62.92	-22.61			4.1	2.4	92.2	-9.2	-9.2	-0.40	-370.1	0.39	-19.41		-0.5	0.0	-0.1
-3.04	10.38					307.6	315.1	72.6	-14.2	10.0	0.42	58.0	5.6			29.4	4.2	1.5
-92.10	-96.76	-99.43	-97.78			4.5	1,305	535.9	13.0	-98.9	-1.04	-552.7	157.4	0.25		0.0	0.0	0.0
9.09	-11.76	-14.29				0.95	0.98	--		-0.59	-2.00	76.0	-0.02	-12.72		-1.5		-6.9
8.49	28.99	5.17	73.55	0.88	2.2	1,930	--	351.4	8.1	157.5	3.29	60.4	220.8		15	12.3	5.5	1.7
33.33	-6.25	-50.00	0.00			23.3	16.7	3.5	-22.2	-2.9	-0.03	-33.0	-2.7	-27.16		-10.3	8.7	3.6
36.73	-15.99	-48.45	-53.55			23.3	16.7	3.5	-22.2	-2.9	-0.03	-33.0	-2.7	-27.16		-7.9	6.7	2.8
34.80	48.65	10.47	45.71	1.36	3.7	3,227	4,962	2,903	-7.6	-28.5	-0.38	-112.9	560.9	3.88	0.18	-97.2	1.1	0.9
-9.30	8.05	-11.15	-15.13	1.54	4.1	4,982	7,342	4,396	9.6	289.2	2.14	2.8	427.6	6.41	24.19	17.7	1.2	4.2
11.81	40.75	40.75	40.75	0.23	1.6	19,281	22,192	7,067	6.8	912.0	3.39	5.6	1,066	7.16	17.04	4.3	0.6	0.7
7.18	31.83	-1.72	33.15			19,281	22,192	7,067	6.8	912.0	3.39	5.6	1,066	7.16	17.04	21.6	2.8	3.6
25.07	52.90	37.97	149.64	1.28	1.6	11,401	14,404	10,328	2.9	668.0	4.45	73.0	1,034	5.38	19.88	17.9	1.1	3.5
0.00	0.00	226.09	50.00			4.9	5.1	--		-0.37	-0.06	-18.1	-0.34	-65.33		-13.4		68.2
1.33	3.67	5.28				61.5	60.0	--		2.5	-0.22	-1,019.5	-1.3	-0.3	49.84	-45.4		12.3
-16.13	1.55	-9.72	-69.27			176.5	68.6	368.3	-2.0	-5.2	-0.04	96.5	--			-32.5	0.5	0.8
-6.78	19.11	-16.57	104.03	0.31	1.1	547.8	507.1	108.1	5.2	22.6	1.10	25.0	15.5	8.76	18.33	25.3	5.2	4.1
-1.66	12.50	-21.01	-35.57			1,283	--	688.1	-2.0	-117.1	-0.28	27.2	-408.7			-10.6	1.9	1.5
20.93	90.72	100.13	417.69			5,417	5,804	846.2	27.0	64.5	4.58	71.0	116.1	5.35	21.7	91.8	7.1	15.4
-2.75	22.43	-8.19	9.30	0.16	0.4	15,277	24,884	21,459	61.5	1,800	5.47	45.8	1,330	5.84	13.29	7.0	0.6	0.8
-2.59	23.03	-6.63	10.75	0.16	0.3	15,277	24,884	21,459	61.5	1,800	5.47	45.8	1,330	5.84	13.29	8.9	0.7	1.1
3.68	25.68	42.15	103.71	2.69	1.0	10,719	12,155	3,839	-1.1	390.5	9.60	36.4	438.0	14.44		28.5	2.9	-52.8
2.47	5.85	6.07				256.7	256.3	--		1.8	0.07	279.9	-1.1	-0.63	36.85	139.3		51.3
-57.10	-61.25	-69.35	37.42			13.0	11.0	0.01	0.0	-6.4	-0.02	-75.2	-8.1	-46.6		-1.7		3.6
-57.14	-58.62	-67.57	71.43			13.0	11.0	0.01	0.0	-6.4	-0.02	-75.2	-8.1	-46.6		-2.4		5.1
7.45	4.09	-13.56	8.97	0.56	3.7	907.4	1,294	1,709	-1.9	80.8	1.00	-0.3	98.9	5.12	12.94	15.4	0.8	1.9
8.78	-7.85	-13.94	8.12	0.42	3.6	907.4	1,294	1,709	-1.9	80.8	1.00	-0.3	98.9	5.12	12.94	11.7	0.6	1.4
-1.15	-12.24	-55.90	-48.50			131.4	128.9	23.5	-2.2	0.01	0.00	89.0	10.7	-0.3	0	-344.0	7.4	0.8
0.88	-5.52	-55.59	-45.79			131.4	128.9	23.5	-2.2	0.01	0.00	89.0	10.7	-0.3	0	-262.0	5.6	0.6
-2.46	5.21	-13.03		0.14	0.6	181.4	--	58.7	11.5	14.7	1.88	21.8	5.1		11.01	12.5	3.1	1.2
-21.33	-28.48	-74.07	-75.16			2.6	2.7	0.01		-1.4	-0.02	-228.3	-0.43	-2,714.16		-1.6		-2.7
-7.14						8,270	8,597	5,666	10.1	448.7	1.17	117.9	410.0	10.1	72.48	18.0	1.5	11.7
23.99	270,700.00					28.2	28.8	0.12	5,985.0	-6.4	-0.09	-2,751.5	-1.8	-21.05		-2.9	225.7	0.8
4.55	-23.33	-42.50	-54.00			10.2	9.4	--		-2.5	-0.02	44.0	-1.8	-2.29		-5.5		0.3
-0.66	-15.34	-44.55	-53.11			10.2	9.4	--		-2.5	-0.02	44.0	-1.8	-2.29		-4.3		0.3
0.14	13.11	-34.80				33.8	31.8	--		-7.5	-0.12	-91.7	-5.7	-191.64		-3.9		12.2
-4.62	8.77	-34.04				33.8	31.8	--		-7.5	-0.12	-91.7	-5.7	-191.64		-5.1		16.0
15.97	-3.02	-52.12	-55.01			648.3	762.1	47.2	-52.2	-100.3	-0.95	23.1	-127.5	-16.03		-6.4	13.7	-14.2
11.51	50.26	-4.28				2,060	2,485	698.9	40.8	284.6	3.15	772.0	--			3.7	1.5	1.5
1.75	15.12	13.23	17.72	0.56	6.0	2,184	3,651	374.0	-6.1	269.8	1.09	1,145.3	209.2	2.78	20.92	8.5	5.9	1.8
1.29	4.09	5.71				197.6	197.5	--		1.1	0.06	321.7	-1.2	-0.79	45.81	178.0		39.5
-10.74	-5.90	-2.92	-28.34			5,498	13,801	22,026	-7.3	-196.9	-0.55	-120.2	3,173	0.09		-13.9	0.1	0.2
-40.62	3,553.85	1,133.77	850.00			27.5	27.5	0.00	-29.6	-2.3	-0.01	-36.9	-0.09	-5,246.52		-6.7		-52.8
5.56	5.56	-42.42				37.9	40.3	-0.05	-121.8	-12.4	-0.03	-9.5	-4.6	-31.58		-2.8	-950.0	3.0
5.87	-5.91	-46.31				37.9	40.3	-0.05	-121.8	-12.4	-0.03	-9.5	-4.6	-31.58		-2.0	-676.5	2.2
16.45	52.30	23.08	132.29			1,616	2,263	1,513	10.1	146.3	5.88	10.7	-39.0	9.26	24.47	12.0	1.2	2.4
9.50	25.73	37.63	183.82			3,712	4,099	2,021	82.2	77.4	2.50	-1.7	106.2	6.53	9.63	47.2	1.8	2.7
-17.99	2.52	-35.25	-24.53			21.9	21.4	0.26	-70.8	-5.5	-0.31	-0.6	-1.2			-3.9	84.8	7.0
-42.00	-51.93	-78.41	-87.48			38.8	520.1	794.1	0.0	-9.5	-0.43	89.5	26.1	2.31		-4.1	0.1	0.9
-28.00						0.33	-0.16	--		-0.15	-0.02		-0.09			-3.8		0.9
0.00	-50.00	-97.56	-99.97			0.32	0.90	--		-0.66	0.00	98.4	-0.39	-313.66		-0.1		-0.5
56.74	110.57	64.12				82.9	79.7	23.2	76.7	4.8	0.16	308.4	8.2	8.19	18.72	17.4	3.6	3.0
-5.00	18.75	11.76	-44.12			5.2	5.4	--		-0.59	-0.01	-46.4	-0.51	-32.02		-9.4		5.7

I. Index of Stocks

Summer 2019

Company Name	Stock Ticker Symbol	Traded On	Sector	Overall Rating	Recommendation	Reward Rating	Risk Rating	Recent Up/ Downgrade	Stock Price as of 6/30/2019	52-Week High	52-Week Low	3-Year Beta	Growth	Efficiency	Solvency	Volatility	Dividend	Total Return
Libero Copper Corporation	LBCMF	OTC PK	Materials	D-	Sell	D-	D		0.09	0.10	0.04	1.16	V	V	G	W	–	F
Liberty Broadband Corporation	LBRDB	OTC PK	Communication Svc	D+	Sell	C-	D	Down	100.85	100.85	74.5	0.57	V	F	E	F	–	G
Liberty Broadband Corporation	LBRDA	NAS GS	Communication Svc	C-	Hold	C-	D+		101.33	103.22	68.76	1.25	V	F	E	F	–	G
Liberty Broadband Corporation	LBRDK	NAS GS	Communication Svc	C-	Hold	C-	D+		102.75	104.60	68.47	1.24	V	F	E	F	–	G
Liberty Expedia Holdings, Inc.	LEXEB	NAS GS	Consumer Discretn	D+	Sell	C-	D	Down	42.56	48.05	39.59	0.61	F	F	G	W	–	W
Liberty Expedia Holdings, Inc.	LEXEA	NAS GS	Consumer Discretn	D+	Sell	C-	D		46.77	50.82	37.2	1.13	F	F	G	W	–	W
Liberty Global plc	LBTYK	NAS GS	Communication Svc	D+	Sell	C-	D	Up	26.21	28.77	19.24	1.36	W	F	F	W	–	W
Liberty Global plc	LBTYB	NAS GS	Communication Svc	D+	Sell	C-	D	Up	24.80	30.05	20.7	1.33	W	F	F	W	–	W
Liberty Global plc	LBTYA	NAS GS	Communication Svc	D+	Sell	C-	D	Up	26.75	29.72	19.88	1.38	W	F	F	W	–	W
Liberty Gold Corp.	LGDTF	OTC PK	Materials	D	Sell	D	D		0.37	0.41	0.21	1.37	F	W	E	W	–	W
Liberty Gold Corp.	LGD.TO	TSX	Materials	D	Sell	D	D		0.48	0.55	0.29	1.12	F	W	E	W	–	W
Liberty Health Sciences Inc.	LHSIF	OTC PK	Health Care	D	Sell	D	D		0.47	1.28	0.41		W	W	E	W	–	V
Liberty Latin America Ltd.	LILA	NAS GS	Communication Svc	D+	Sell	C-	D	Up	17.28	22.20	13.96		G	W	G	W	–	W
Liberty Latin America Ltd.	LILAK	NAS GS	Communication Svc	D+	Sell	C-	D	Up	17.35	21.93	13.96		G	W	G	W	–	W
Liberty Oilfield Services Inc.	LBRT	NYSE	Energy	C-	Hold	C	D	Up	16.21	23.51	12.32		F	G	E	W	W	W
Liberty One Lithium Corp.	LBY.V	TSXV	Materials	D	Sell	D-	D	Up	0.09	0.30	0.06	-0.15	F	V	E	W	–	V
Liberty One Lithium Corp.	LRTTF	OTC PK	Materials	D-	Sell	D-	D-	Up	0.06	0.23	0.04	2.38	F	V	E	W	–	V
Liberty Property Trust	LPT	NYSE	Real Estate	B	Buy	B	B	Down	49.91	51.41	39.82	0.65	F	E	E	G	G	F
Liberty Star Uranium & Metals Corp.	LBSR	OTC PK	Materials	C	Hold	C+	C-	Up	0.00	0.00	0	0.94	F	E	F	F	–	F
Liberty Tax, Inc.	TAXA	OTC PK	Consumer Discretn	D	Sell	C-	D	Down	9.55	12.50	8	0.34	W	F	G	W	–	W
Liberty TripAdvisor Holdings, Inc.	LTRPA	NAS GS	Communication Svc	D+	Sell	C	D	Up	12.32	20.63	10.57	0.72	G	W	G	W	–	W
Liberty TripAdvisor Holdings, Inc.	LTRPB	NAS GS	Communication Svc	D+	Sell	C	D	Up	12.49	21.98	12.44	-0.16	G	W	G	W	–	W
LiCo Energy Metals Inc.	WCTXF	OTC PK	Materials	D-	Sell	E+	D-		0.03	0.43	0.02	2.85	W	V	E	W	–	V
LiCo Energy Metals Inc.	LIC.V	TSXV	Materials	D-	Sell	E+	D-		0.04	0.50	0.04	2.16	W	V	E	W	–	V
LICT Corporation	LICT	OTC PK	Communication Svc	C	Hold	A-	A-		16,400.00	16,750.00	13,700.00	0.25	E	E	E	E	–	G
Life & Banc Split Corp.	LFBCF	OTC PK	Financials	D+	Sell	C-	D	Up	5.83	7.46	3.64	2.02	V	F	E	W	E	W
Life Clips, Inc.	LCLP	OTC PK	Consumer Discretn	D+	Sell	C	D-		0.00	0.00	0	-0.68	W	G	F	W	–	W
Life On Earth, Inc.	LFER	OTC PK	Consumer Staples	D	Sell	D	D		0.19	0.63	0.14	1.36	W	W	F	W	–	W
Life Storage, Inc.	LSI	NYSE	Real Estate	B-	Buy	B+	C-		94.69	102.91	88.92	0.34	E	E	E	F	G	F
Lifeloc Technologies, Inc.	LCTC	OTC PK	Information Tech	C-	Hold	C	D+	Down	4.50	6.99	3.5	0.44	W	G	E	W	–	W
LifeLogger Technologies Corp.	LOGG	OTC PK	Information Tech	C-	Hold	C+	D	Up	0.03	0.04	0	2.66	F	E	F	W	–	F
Lifestore Financial Group, Inc.	LSFG	OTC PK	Financials	C	Hold	A-	A-		33.75	34.00	25.5	0.30	E	G	E	E	–	G
Lifetime Brands, Inc.	LCUT	NAS GS	Consumer Discretn	D+	Sell	C	D	Up	9.21	13.75	7.69	1.25	F	F	G	W	F	W
Lifevantage Corporation	LFVN	NAS CM	Consumer Staples	C	Hold	B+	D	Down	11.80	17.08	5.65	0.89	E	E	E	W	–	F
Lifeway Foods, Inc.	LWAY	NAS	Consumer Staples	D	Sell	D	D-		3.59	5.56	1.81	1.72	F	W	E	W	–	V
Lift & Co. Corp.	LFCOF	OTC PK	Communication Svc	E-	Sell	C-	D-		0.20	0.61	0.2		W	G	G	W	–	V
Lift & Co. Corp.	LIFT.V	TSXV	Communication Svc	D-	Sell	C-	D	Up	0.26	1.07	0.19		W	G	G	W	–	V
Ligand Pharmaceuticals Incorporated	LGND	NAS	Health Care	C	Hold	B	D		114.04	278.62	98.56	1.73	G	G	E	W	–	W
Lightbridge Corporation	LTBR	NAS CM	Industrials	D-	Sell	E+	D	Up	0.65	1.12	0.49	3.35	W	V	E	W	–	W
LightInTheBox Holding Co., Ltd.	LITB	NYSE	Consumer Discretn	D-	Sell	E+	D		1.50	2.22	0.6	-1.82	V	V	F	W	–	W
LightPath Technologies, Inc.	LPTH	NAS CM	Information Tech	D	Sell	C-	D-		0.87	2.75	0.83	1.66	W	F	E	W	–	W
Lightspeed POS Inc.	LSPD.TO	TSX	Information Tech	D	Sell	D	D+		35.23	38.14	18.05		W	V	E	E	–	W
Lightwave Logic, Inc.	LWLG	OTC PK	Materials	D-	Sell	E+	D		0.75	1.30	0.62	0.97	W	V	E	W	–	W
Lilis Energy, Inc.	LLEX	AMEX	Energy	D	Sell	D	D-		0.60	5.84	0.48	2.53	F	W	F	W	–	V
Limbach Holdings, Inc.	LMB	NAS CM	Industrials	C-	Hold	C	D+	Up	8.28	12.18	3.56	1.10	W	G	E	W	–	W
Limelight Networks, Inc.	LLNW	NAS GS	Information Tech	D+	Sell	D+	D+		2.69	5.32	2.21	1.66	W	W	E	W	–	F
Limestone Bancorp, Inc.	LMST	NAS CM	Financials	C	Hold	B+	C		15.05	17.65	11.91	0.45	G	E	E	F	–	F
Limoneira Company	LMNR	NAS GS	Consumer Staples	C-	Hold	C+	D	Down	19.39	33.42	18.07	1.06	F	G	G	W	F	W
Linamar Corporation	LNR.TO	TSX	Consumer Discretn	C-	Hold	C+	D		48.07	67.00	42.55	0.99	E	E	E	W	W	W
Linamar Corporation	LIMAF	OTC PK	Consumer Discretn	C-	Hold	C+	D		36.73	51.45	31.61	1.36	E	E	E	W	W	W
Lincoln Educational Services Corporation	LINC	NAS GS	Consumer Discretn	D	Sell	D	D	Down	2.20	3.34	1.55	-0.82	W	W	G	W	–	W
Lincoln Electric Holdings, Inc.	LECO	NAS GS	Industrials	C+	Hold	B	C	Down	80.33	97.93	72.27	1.30	E	E	E	F	F	W

*Ratings Factors: E=Excellent, G=Good, F=Fair, W=Weak, V=Very Weak, U=Unrated

Summer 2019 — I. Index of Stocks

3-Month Total Return (%)	6-Month Total Return (%)	1-Year Total Return (%)	3-Year Total Return (%)	Dividend $ TTM	Dividend Yield TTM	Market Cap. ($Mil)	Enterprise Value ($Mil)	Revenue ($Mil)	Revenue Growth (%)	Net Income ($Mil)	Earnings/Share $	EPS Growth (%)	Cash from Operations ($Mil)	Return on Assets (%)	Return on Equity (%)	Earnings (P/E) TTM	Sales (P/S) TTM	Book (P/B) Q
8.46	130.75	26.44	32.61			5.2	5.4	--		-0.59	-0.01	-46.4	-0.51	-32.02		-9.1		5.5
13.44	35.37	30.97	90.97			18,605	19,055	13.9	-36.0	70.7	0.39	-96.5	-34.1	-0.11	0.67	260.5	1,323.5	1.7
9.26	41.25	33.84	78.15			18,605	19,055	13.9	-36.0	70.7	0.39	-96.5	-34.1	-0.11	0.67	261.7	1,329.8	1.7
10.75	42.95	35.52	79.73			18,605	19,055	13.9	-36.0	70.7	0.39	-96.5	-34.1	-0.11	0.67	265.4	1,348.4	1.8
-6.67	7.39	-7.48				2,669	18,213	11,536	8.5	-148.0	-2.60	16.9	2,435	-0.26		-16.4	0.2	1.1
9.20	19.74	6.78				2,669	18,213	11,536	8.5	-148.0	-2.60	16.9	2,435	-0.26		-18.0	0.2	1.2
6.85	27.60	-2.60	-9.25			19,428	49,507	11,731	0.5	1,919	2.43	164.9	3,463	1.23		10.8	1.7	4.4
-6.77	18.10	-11.43	-14.81			19,428	49,507	11,731	0.5	1,919	2.43	164.9	3,463	1.23		10.2	1.6	4.2
6.02	25.65	-4.19	-9.23			19,428	49,507	11,731	0.5	1,919	2.43	164.9	3,463	1.23		11.0	1.7	4.5
40.09	53.81	15.75	-31.67			75.9	78.6	--		-10.2	-0.05	33.6	-9.0	-17.24		-6.8		3.3
37.14	54.84	15.66	-32.39			75.9	78.6	--		-10.2	-0.05	33.6	-9.0	-17.24		-8.8		4.3
-29.85	-32.06	-34.81				160.5	154.0	5.4	3,990.0	-21.5	-0.07	1.9	-10.7	-5.95		-6.5	29.4	1.9
-9.86	20.33	-11.38				3,144	10,543	3,739	4.2	-342.4	-1.92	59.6	841.4	2.52		-9.0	0.8	1.0
-9.87	20.82	-11.16				3,144	10,543	3,739	4.2	-342.4	-1.92	59.6	841.4	2.52		-9.0	0.8	1.0
4.63	26.53	-14.58		0.20	1.2	1,109	1,575	2,195	26.7	120.8	1.73	48.5	370.1	15.11	32.56	9.4	0.8	2.5
-26.09	-5.56	-67.92	112.50			5.0	-0.35	--		-1.9	-0.03	84.5	-1.1	-17.57		-2.9		1.0
-31.33	-1.70	-72.16				5.0	-0.35	--		-1.9	-0.03	84.5	-1.1	-17.57		-2.1		0.7
1.69	20.42	15.28	45.77	1.61	3.2	7,400	10,523	689.5	0.2	393.8	2.66	3.5	256.5	1.77	4.86	18.8	10.8	2.2
175.00	175.00	-26.67	-54.17			4.7	4.9	--		-0.87	0.00	40.0	-0.29	-758.65		-3.7		-2.8
-3.92	-18.72	18.90	-16.09	0.64	6.7	134.3	126.3	158.4	-9.8	-8.0	-0.99	-387.6	27.1	3.84		-9.7	0.9	1.8
-12.93	-21.28	-25.33	-39.43			925.5	4,156	1,613	2.8	-35.0	-0.48	91.6	408.0	1.61	0.99	-25.9	0.6	2.9
-16.43	-34.00	-23.12	-41.35			925.5	4,156	1,613	2.8	-35.0	-0.48	91.6	408.0	1.61	0.99	-26.3	0.6	2.9
-65.18	-51.43	-91.24	-97.30			0.84	0.69	--		-1.7	-0.09	76.3	-0.75	-25.76		-0.3		0.2
-60.00	-50.00	-91.11	-95.00			0.84	0.69	--		-1.7	-0.09	76.3	-0.75	-25.76		-0.5		0.3
5.13	13.49	18.84	229.98			323.1	338.9	117.3	8.8	28.1	1,395.79	22.9	44.7	10.54	20.8	11.8	2.8	2.2
1.21	60.54	-5.80	54.47	0.91	15.5	156.6	36.5	-43.0	-219.9	-57.0	-2.36	-292.4	-34.3	-8.61		-2.5	-3.4	1.4
-40.00	-50.00	-25.00	-99.94			0.38	3.1	-0.09	-195.7	-3.5	0.00	97.9	-0.61	198.18		-0.1		0.0
-40.78	-17.61	-57.89	-82.77			7.6	8.8	4.0	32.0	-4.2	-0.16	-62.6	-0.80	-52.63		-1.2	1.5	16.3
-2.23	4.06	1.32	2.52	4.00	4.2	4,406	6,237	558.2	3.8	207.2	4.44	88.3	267.6	3.59	10.13	21.3	7.9	2.2
-18.18	-20.35	0.00	8.43			11.0	9.6	8.3	1.2	0.24	0.09	515.0	0.32	2.11	3.91	50.9	1.4	1.8
6.38	257.14	42.86	-98.84			0.24	1.3	--		-1.1	-0.12	66.5	0.00			-0.2		-0.1
15.98	19.47	30.99	109.58	0.25	0.7	35.5	--	12.4	207.1	2.3	2.29	193.7	--			14.7	2.8	1.4
-2.00	-5.10	-28.25	-34.30	0.17	1.9	192.7	583.6	736.3	26.0	5.0	0.23	149.4	24.1	2.86	1.81	39.2	0.3	0.7
-19.73	-9.65	83.94	-12.46			169.2	155.2	223.8	12.0	6.5	0.45	130.2	16.3	10.05	29.58	26.3	0.8	6.8
62.44	86.98	-29.05	-60.11			56.7	60.0	99.2	-14.1	-3.5	-0.22	-613.0	2.7	-1.64		-16.0	0.6	1.3
-33.98						13.6	13.1	4.4	147.1	-6.0	-0.09	-0.3	-5.2	-99.86		-2.2	3.9	-9.4
-37.04	4.08					13.6	13.1	4.4	147.1	-6.0	-0.09	-0.3	-5.2	-99.86		-2.8	4.9	-11.7
-7.68	-16.05	-45.17	-3.06			2,235	1,383	238.8	42.1	764.4	35.09	1,560.2	178.6	6.58	96.93	3.3	10.2	2.1
18.18	16.03	-36.27	-69.03			23.7	0.18	--		-14.1	-0.49	45.4	-7.1	-21.56		-1.3		0.9
21.95	17.19	-31.19	-55.49			100.9	137.3	152.9	-51.8	-56.3	-1.70	-267.8	-5.3			-0.9	0.3	-2.2
-42.13	-42.13	-60.82	-50.63			22.6	24.7	33.1	-1.1	-1.7	-0.07	-121.6	-0.03	-0.34		-13.0	0.7	0.6
67.68						2,261	2,050	41.4	34.9	-167.2	-4.58	-233.5	-0.24			-7.7	37.0	15.0
-36.44	13.64	-34.21	15.38			62.3	60.9	--		-6.3	-0.08	4.2	-4.5	-66.81		-9.3		12.7
-49.54	-49.96	-88.52	-69.98			55.1	379.4	68.9	120.2	-39.1	-1.04	42.2	85.7	-3.19		-0.6	0.7	1.9
15.80	111.22	-29.71	-8.91			63.3	95.9	559.9	14.0	2.7	0.35	162.8	21.3	2.08	5.86	23.5	0.1	1.3
-10.93	15.45	-39.69	90.78			309.0	273.7	186.8	-2.6	1.1	0.00	100.0	12.1	-4.23	0.75		1.7	1.9
0.66	12.05	-1.96	96.71			111.2	--	41.2	8.8	9.7	1.30	-79.0	12.1		10.51	11.6	2.7	1.2
-17.13	-0.51	-20.75	19.01	0.28	1.4	344.6	451.2	138.7	5.9	3.1	0.18	-86.8	15.3	-0.08	1.59	110.4	2.6	1.6
2.58	7.25	-13.35	12.25	0.48	1.0	2,392	3,981	5,875	11.1	433.2	6.55	-0.8	619.7	6.04	15.68	7.3	0.5	1.1
4.69	11.98	-12.22	13.22	0.36	1.0	2,392	3,981	5,875	11.1	433.2	6.55	-0.8	619.7	6.04	15.68	5.6	0.4	0.8
-31.46	-3.93	26.44	51.72			55.5	120.3	264.6	2.4	-5.1	-0.22	31.5	-2.6	-0.98		-10.0	0.2	1.6
-3.74	4.47	-5.88	48.26	1.80	2.2	5,045	5,542	3,030	8.2	297.7	4.58	20.8	311.3	10.21	32.26	17.6	1.7	5.8

Data as of June 30, 2019

I. Index of Stocks — Summer 2019

Company Name	Stock Ticker Symbol	Traded On	Sector	Overall Rating	Recommendation	Reward Rating	Risk Rating	Recent Up/Downgrade	Stock Price as of 6/30/2019	52-Week High	52-Week Low	3-Year Beta	Growth	Efficiency	Solvency	Volatility	Dividend	Total Return
Lincoln Mining Corporation	LNCLF	OTC PK	Materials	D	Sell	D	D		0.01	0.02	0	8.14	W	W	F	W	–	V
Lincoln Mining Corporation	LMG.V	TSXV	Materials	D-	Sell	D-	D-	Down	0.01	0.03	0.01	-0.54	W	W	F	W	–	V
Lincoln National Corporation	LNC	NYSE	Financials	C+	Hold	B	C	Up	63.01	71.27	48.07	1.82	F	E	E	F	F	W
Lincoln Ventures Ltd.	TEKXF	OTC PK	Materials	D	Sell	D	D-		0.08	0.09	0.08	-0.58	F	W	F	W	–	V
Lincoln Ventures Ltd.	LXH.V	TSXV	Materials	D	Sell	D	D-		0.13	0.30	0.08	-0.90	F	W	F	W	–	V
Lindblad Expeditions Holdings, Inc.	LIND	NAS CM	Consumer Discretn	C+	Hold	B	C	Up	17.47	18.43	11.98	0.15	G	F	G	F	–	G
Linde plc	LIN	NYSE	Materials	A	Buy	A	A-	Up	199.53	204.76	145.95	0.49	E	E	G	E	F	G
Lindsay Corporation	LNN	NYSE	Industrials	C	Hold	C+	D		81.12	109.50	76.35	0.20	W	G	E	W	F	W
LINE Corporation	LN	NYSE	Communication Svc	D	Sell	D+	D-	Down	28.50	46.48	27.04	1.21	W	F	E	W	–	W
LINE Corporation	LNNFF	OTC PK	Communication Svc	D	Sell	D+	D-		28.27	45.77	28.25	-0.30	W	F	E	W	–	W
Lingerie Fighting Championships, Inc.	BOTY	OTC PK	Communication Svc	D	Sell	D	D-	Down	0.00	0.00	0	1.86	W	W	F	W	–	W
Lingo Media Corporation	LMDCF	OTC PK	Communication Svc	D	Sell	D	D-	Up	0.12	0.12	0.05	-1.10	V	W	G	W	–	W
Lingo Media Corporation	LM.V	TSXV	Communication Svc	D	Sell	D	D-	Up	0.16	0.18	0.05	-0.09	V	W	G	W	–	W
Link Motion Inc.	LKM	NYSE	Information Tech	U		U	U		0.15	1.25	0.15	1.67	U	U	U	U	U	U
Linx S.A.	LINX	NYSE	Information Tech	U		U	U		8.89	9.07	8.8		U	U	U	U	U	U
Lion One Metals Limited	LIO.V	TSXV	Materials	D	Sell	D+	D		0.70	0.79	0.35	0.51	W	W	E	W	–	F
Lion One Metals Limited	LOMLF	OTC PK	Materials	D	Sell	D+	D		0.54	0.60	0.24	0.61	W	W	E	W	–	F
Lions Bay Mining Corp.	LMNGF	OTC PK	Materials	E	Sell	E+	D		0.07	0.14	0		W	V	G	W	–	V
Lions Gate Entertainment Corp.	LGFA	NYSE	Communication Svc	D	Sell	C-	D-		11.66	26.30	11.38	0.91	G	F	G	W	–	V
Lions Gate Entertainment Corp.	LGFB	NYSE	Communication Svc	D	Sell	C-	D-		11.08	24.68	10.76	1.07	G	F	G	W	–	V
Lipocine Inc.	LPCN	NAS CM	Health Care	D-	Sell	E+	D		1.99	2.64	1.04	0.54	F	V	E	W	–	W
LiqTech International, Inc.	LIQT	NAS CM	Industrials	D	Sell	D	D	Up	9.52	10.69	2.59	1.11	F	V	E	W	–	E
Liquid Media Group Ltd.	YVR	NAS CM	Communication Svc	D-	Sell	E+	D	Up	1.79	7.20	1.6		W	V	G	W	–	W
Liquidia Technologies, Inc.	LQDA	NAS CM	Health Care	E+	Sell	E+	D-	Up	7.92	38.46	7.61		V	V	E	W	–	V
Liquidity Services, Inc.	LQDT	NAS GS	Consumer Discretn	D	Sell	D+	D		6.03	9.16	5.17	0.69	F	W	E	W	–	W
Liquidmetal Technologies, Inc.	LQMT	OTC PK	Materials	D	Sell	C-	D-		0.12	0.26	0.09	1.37	G	W	E	W	–	W
Lite Access Technologies Inc.	LTCCF	OTC PK	Information Tech	D-	Sell	D-	D-		0.17	0.76	0.13	1.06	W	V	E	W	–	V
Lite Access Technologies Inc.	LTE.V	TSXV	Information Tech	D-	Sell	D-	D-		0.20	0.95	0.18	0.67	W	V	E	W	–	V
LiteLink Technologies Inc.	LLNKF	OTC PK	Information Tech	E+	Sell	D	D	Up	0.12	0.30	0.02		W	W	E	W	–	W
Lithia Motors, Inc.	LAD	NYSE	Consumer Discretn	B-	Buy	A-	C-	Up	119.74	121.96	67.9	1.03	E	E	G	F	W	F
Lithion Energy Corp.	BRSGF	OTC PK	Materials	D+	Sell	C	D	Up	0.26	0.26	0.02	2.00	W	F	E	W	–	E
Lithion Energy Corp.	LNC.V	TSXV	Materials	D+	Sell	C	D	Up	0.40	0.45	0.05	2.26	W	F	E	W	–	E
Lithium Americas Corp.	LAC.TO	TSX	Materials	D	Sell	D+	D		5.03	7.18	3.74	0.92	F	W	E	W	–	F
Lithium Americas Corp.	LAC	NYSE	Materials	D	Sell	D+	D		3.84	5.54	2.75	1.27	F	W	E	W	–	F
Lithium Chile Inc.	LITH.V	TSXV	Materials	D	Sell	D	D		0.41	1.01	0.39	1.83	W	W	E	W	–	F
Lithium Chile Inc.	LTMCF	OTC PK	Materials	D-	Sell	D-	D-		0.30	0.97	0.29		W	W	E	W	–	V
Lithium Corporation	LTUM	OTC PK	Materials	D	Sell	D	D-		0.09	0.28	0.05	2.42	W	V	G	W	–	F
Lithium Energi Exploration, Inc.	LXENF	OTC PK	Materials	D	Sell	D-	D		0.14	0.30	0.11	3.12	V	V	F	W	–	W
Lithium Energi Exploration, Inc.	LEXI.V	TSXV	Materials	D-	Sell	D-	D-		0.17	0.38	0.15	2.05	V	V	F	W	–	W
Lithium Energy Products Inc.	LEP.V	TSXV	Materials	D-	Sell	E+	D-	Down	0.10	0.44	0.09	1.24	W	V	G	W	–	V
Lithium Energy Products Inc.	NHRIF	OTC PK	Materials	D-	Sell	E+	D	Down	0.13	0.73	0.06	2.99	W	V	G	W	–	V
Lithium Exploration Group, Inc.	LEXG	OTC PK	Materials	D	Sell	C-	D-		0.01	0.02	0	2.65	F	G	E	W	–	V
Lithoquest Diamonds Inc.	LDI.V	TSXV	Materials	E+	Sell	E+	D-		0.09	0.50	0.08		V	V	E	W	–	V
Lithoquest Diamonds Inc.	CWVWF	OTC PK	Materials	E+	Sell	E	D-		0.08	0.37	0.06		V	V	E	W	–	V
Littelfuse, Inc.	LFUS	NAS GS	Information Tech	C+	Hold	B	C-		176.73	231.85	155.15	1.27	E	E	E	F	W	F
LivaNova PLC	LIVN	NAS GS	Health Care	D+	Sell	C	D		71.99	131.54	64.8	0.37	F	W	E	W	–	W
Live Current Media Inc.	LIVC	OTC PK	Information Tech	D-	Sell	E+	D	Down	0.07	0.10	0.01	1.63	V	V	G	W	–	F
Live Nation Entertainment, Inc.	LYV	NYSE	Communication Svc	C	Hold	B	D		66.93	67.48	46.02	1.07	G	F	G	G	–	E
Live Oak Bancshares, Inc.	LOB	NAS GS	Financials	C	Hold	B-	D+	Up	17.11	32.95	13.09	1.65	G	E	E	W	W	W
Live Ventures Incorporated	LIVE	NAS CM	Consumer Discretn	D+	Sell	C	D	Down	7.17	13.25	6.25	1.54	W	E	G	W	–	W
Livent Corporation	LTHMWI	NYSE	Materials	U		U	U						U	U	U	U	U	U
Livent Corporation	LTHM	NYSE	Materials	D	Sell	C-	D-	Down	7.05	19.90	6.22		F	G	E	W	–	V

*Ratings Factors: E=Excellent, G=Good, F=Fair, W=Weak, V=Very Weak, U=Unrated

Summer 2019 — I. Index of Stocks

3-Month Total Return (%)	6-Month Total Return (%)	1-Year Total Return (%)	3-Year Total Return (%)	Dividend $ TTM	Dividend Yield TTM	Market Cap. ($Mil)	Enterprise Value ($Mil)	Revenue ($Mil)	Revenue Growth (%)	Net Income ($Mil)	Earnings/Share $	EPS Growth (%)	Cash from Operations ($Mil)	Return on Assets (%)	Return on Equity (%)	Earnings (P/E) TTM	Sales (P/S) TTM	Book (P/B) Q
150.00	25.00	-28.57	-79.80			0.26	1.0	--		-1.3	-0.02	-131.1	-0.69	-256.65		-0.6		-0.4
-50.00	-75.00	-75.00	-91.67			0.26	1.0	--		-1.3	-0.02	-131.1	-0.69	-256.65		-0.3		-0.2
8.65	25.14	3.54	82.05	1.40	2.2	12,750	17,552	16,780	16.8	1,526	6.96	-22.6	472.0	0.45	9.42	9.1	0.8	0.8
-7.08	-7.08	44.67	-99.69			1.9	1.8	--		-1.3	-0.43	90.7	-0.69	-15.68		-0.2		-133.3
-16.67	31.58	-16.67	-99.04			1.9	1.8	--		-1.3	-0.43	90.7	-0.69	-15.68		-0.3		-208.3
14.93	32.05	34.08	86.45			800.3	933.3	317.0	10.9	15.2	0.31	1,415.0	61.2	3.33	12.33	55.7	2.6	6.2
15.42	28.93	29.96	96.66	4.23	2.1	108,032	122,873	18,861	61.3	4,436	12.46	172.9	4,145	2.88	13.47	16.0	5.8	2.1
-14.82	-13.52	-16.22	26.78	1.24	1.5	875.0	888.9	514.0	-4.5	13.1	1.21	-41.5	3.0	2.8	4.82	67.0	1.7	3.2
-17.75	-16.25	-32.80				6,820	6,546	1,932	20.3	-114.0	-0.48	-347.2	40.3	-2.79		-59.6	3.5	4.0
-23.51	-20.41	-31.38				6,820	6,546	1,932	20.3	-114.0	-0.48	-347.2	40.3	-2.79		-59.1	3.5	4.0
0.00	-50.00	-66.67	-99.93			0.12	0.61	0.01	-29.5	1.4	0.00	92.3	-0.11	-231.44		-0.3		-0.1
38.81	128.18	18.86	-72.01			4.2	4.3	1.5	-12.9	0.10	0.00	100.1	0.30	19.1	95.01	1,166.0	2.7	21.6
3.33	138.46	63.16	-73.28			4.2	4.3	1.5	-12.9	0.10	0.00	100.1	0.30	19.1	95.01	1,550.0	3.7	28.7
0.00	0.00	-86.01	-95.68			20.1	-82.9	112.2	-62.5	-135.7	-6.80	-515.0	--			0.0	0.0	0.0
						1,436	1,509	--		--			--	3.35	5.25			
22.81	72.84	22.81	-14.63			54.9	46.9	--		-1.6	-0.02	17.7	-1.3	-1.57		-45.8		1.3
14.48	76.07	29.34	-15.36			54.9	46.9	--		-1.6	-0.02	17.7	-1.3	-1.57		-35.3		1.0
-34.02	-15.14					0.90	0.67	--		-0.22	-0.06		-0.15	-65.99		-1.1		3.4
-25.69	-27.76	-52.90		0.27	2.3	2,459	5,453	3,681	-10.9	-284.3	-1.34	-162.0	427.5	1.66		-8.7	0.7	0.9
-26.72	-26.77	-52.74		0.27	2.4	2,459	5,453	3,681	-10.9	-284.3	-1.34	-162.0	427.5	1.66		-8.3	0.7	0.8
-14.59	85.98	55.47	-68.26			42.9	34.9	0.00	-100.0	-12.2	-0.56	38.9	-11.3	-27.01		-3.5		3.9
15.53	76.30	217.33	266.15			195.3	193.9	17.3	60.3	-2.2	-0.13	74.2	-3.0	-12.93		-75.5	10.6	20.2
-49.58	-5.54					7.4	6.2	0.46	212.4	-6.9	-5.47	-1,647.1	-0.51	-23.74		-0.3	15.6	1.1
-27.34	-64.42					147.6	106.5	1.8	-72.8	-39.4	-12.16	84.9	-31.9	-48.18		-0.7	71.4	4.0
-20.87	-5.04	-8.64	-16.13			202.0	138.1	214.1	-13.7	-14.1	-0.44	53.4	-17.5	-5.28		-13.8	0.9	1.6
-16.50	7.27	-50.61	-16.78			113.4	79.4	0.68	91.2	-6.8	-0.01	20.2	-6.0	-10.83		-13.6	177.1	2.5
-47.42	-40.60	-68.85	-86.33			6.6	5.7	11.5	66.4	-6.0	-0.14	17.2	-7.5	-26.37		-1.2	0.6	0.8
-53.49	-45.95	-71.43	-87.26			6.6	5.7	11.5	66.4	-6.0	-0.14	17.2	-7.5	-26.37		-1.5	0.8	1.0
4.81	-17.21					21.0	16.2	0.14		-3.3	-0.03		-1.3			-4.4	88.9	1.6
30.83	59.88	25.80	76.91	1.17	1.0	2,772	6,434	12,011	14.3	270.0	11.24	14.6	548.0	5.42	22.72	10.7	0.2	2.2
422.00	603.50	301.54	63.12			12.3	11.5	--		-0.13	0.00	-110.0	-0.13	-5.33		-56.7		4.8
515.38	627.27	400.00	166.67			12.3	11.5	--		-0.13	0.00	-110.0	-0.13	-5.33		-87.0		7.3
-3.08	25.44	-27.52	9.35			341.0	362.0	5.0	19.2	-28.2	-0.32	22.7	-18.7	-12.38		-15.8	88.9	5.6
-0.78	30.17	-26.86	9.65			341.0	362.0	5.0	19.2	-28.2	-0.32	22.7	-18.7	-12.38		-12.1	67.8	4.3
-27.68	-23.58	-53.98	1,925.00			31.5	30.0	--		-2.6	-0.03	-149.0	-2.0	-19.72		-15.9		5.7
-26.83	-21.18	-54.47				31.5	30.0	--		-2.6	-0.03	-149.0	-2.0	-19.72		-11.9		4.3
-24.66	-25.54	-67.79	-1.22			8.5	8.0	--		-0.10	0.00	76.2	-0.39	-15.33		-88.9		17.4
3.17	-15.87	-37.63				8.8	13.1	--		-4.5	-0.07	-129.8	-3.3	-28.75		-2.0		3.2
0.00	-21.43	-42.11	-17.50			8.8	13.1	--		-4.5	-0.07	-129.8	-3.3	-28.75		-2.4		3.9
0.00	-31.03	-71.43	-75.00			1.0	0.21	--		-1.3	-0.11	-31.3	-0.11	-16.81		-0.9		0.6
0.00	124.14	-62.75	-57.52			1.0	0.21	--		-1.3	-0.11	-31.3	-0.11	-16.81		-1.1		0.8
-17.74	-29.70	-75.12	-99.38			0.45	3.6	--		-2.8	-0.19	98.7	-0.95	-70.3		0.0		0.0
-5.26	-48.57	-82.00				3.2	2.0	--		-1.5	-0.03	59.7	-1.1	-20.35		-2.7		1.4
17.23	-46.11	-80.65				3.2	2.0	--		-1.5	-0.03	59.7	-1.1	-20.35		-2.3		1.2
-2.74	5.68	-21.42	55.71	1.72	1.0	4,370	4,600	1,706	26.0	165.5	6.54	32.1	293.5	6.34	11.23	27.0	2.6	2.9
-25.73	-19.13	-28.85	47.34			3,479	3,668	1,107	6.9	-217.5	-4.49	-813.5	102.1	1.52		-16.0	3.1	2.3
-25.11	18.58	61.70	611.50			2.5	2.2	--		-0.80	-0.02	-2,400.0	-0.70	-51.07		-3.1		8.2
4.74	38.74	37.46	197.07			14,164	16,015	11,033	11.2	41.7	-0.19	64.5	635.1	1.92	4.73	-349.0	1.3	13.4
18.72	16.12	-43.64	26.71	0.12	0.7	687.5	--	188.5	2.3	41.4	1.00	-62.2	-59.7		8.72	17.1	3.7	1.4
-6.88	-3.24	-42.96	-22.40			13.5	79.5	207.3	19.2	4.1	1.11	-39.9	12.3	3.22	10.53	6.5	0.1	0.3
						1,029	1,077	330.1	-13.2	72.8	0.51	202.1	72.6					
-42.54	-49.96					1,029	1,077	330.1	-13.2	72.8	0.51	202.1	72.6			13.9	3.1	2.0

https://greyhouse.weissratings.com
Data as of June 30, 2019

I. Index of Stocks

Summer 2019

Company Name	Stock Ticker Symbol	Traded On	Sector	Overall Rating	Recommendation	Reward Rating	Risk Rating	Recent Up/Downgrade	Stock Price as of 6/30/2019	52-Week High	52-Week Low	3-Year Beta	Growth	Efficiency	Solvency	Volatility	Dividend	Total Return
LivePerson, Inc.	LPSN	NAS GS	Information Tech	D+	Sell	C	D	Down	27.58	30.91	16.98	0.51	W	W	E	W	–	G
LiveRamp Holdings, Inc.	RAMP	NYSE	Information Tech	B-	Buy	B	C		47.43	63.23	29.13	1.74	F	G	E	F	–	G
LiveTiles Limited	LVTSF	OTC PK	Information Tech	D-	Sell	E+	D-	Up	0.32	0.43	0.27		W	V	E	W	–	W
LiveWorld, Inc.	LVWD	OTC PK	Information Tech	D-	Sell	E+	D		0.02	0.05	0.01	2.25	W	V	G	W	–	W
LiveXLive Media, Inc.	LIVX	NAS CM	Communication Svc	D-	Sell	D-	D	Down	4.15	7.23	2.52	2.48	W	W	F	W	–	W
Living 3D Holdings, Inc.	LTDH	OTC PK	Information Tech	D	Sell	C	D-	Up	1.86	2.05	1.6		V	G	G	W	–	W
Lixte Biotechnology Holdings, Inc.	LIXT	OTC PK	Health Care	D+	Sell	C-	D	Up	0.92	1.84	0.16	-0.20	W	W	G	W	–	E
LKA Gold Incorporated	LKAI	OTC PK	Materials	D	Sell	D	D	Up	0.08	0.43	0.05	-1.20	W	W	F	W	–	W
LKQ Corporation	LKQ	NAS GS	Consumer Discretn	C-	Hold	C+	D		26.26	36.10	22.74	1.55	E	G	G	W	–	W
Lloyds Banking Group plc	LYG	NYSE	Financials	C	Hold	C+	D+		2.88	3.47	2.43	1.13	E	G	E	W	–	W
Lloyds Banking Group plc	LLDTF	OTC PK	Financials	C	Hold	C+	D+		0.73	0.92	0.6	1.08	E	G	E	W	–	W
LM Funding America, Inc.	LMFA	NAS CM	Financials	E+	Sell	E+	E+		1.23	8.69	1	2.54	W	V	G	V	–	V
Loblaw Companies Limited	LBLCF	OTC PK	Consumer Staples	C	Hold	B-	C-		51.26	53.23	40	0.22	F	G	G	F	F	W
Loblaw Companies Limited	L.TO	TSX	Consumer Staples	C	Hold	B-	D+		67.04	71.52	51.9	0.04	F	G	G	F	W	W
Localiza Rent a Car S.A.	LZRFY	OTC PK	Industrials	C+	Hold	B	D+	Down	10.69	11.37	4.91	-0.44	G	E	E	W	W	G
Lockheed Martin Corporation	LMT	NYSE	Industrials	B-	Buy	B	C+		359.09	363.33	241.18	1.22	F	E	G	F	G	F
Lode-Star Mining Inc.	LSMG	OTC PK	Materials	C-	Hold	C+	D		0.05	0.15	0.02	3.30	W	E	F	W	–	G
Loews Corporation	L	NYSE	Financials	B	Buy	B	B	Up	53.77	54.73	42.06	0.59	G	G	E	G	W	F
Logansport Financial Corp.	LOGN	OTC PK	Financials	C	Hold	B-	C		39.60	46.95	36.55	0.17	E	G	E	F	–	W
LogicBio Therapeutics, Inc.	LOGC	NAS	Health Care	E	Sell	D	D	Up	12.40	20.07	6.7		V	W	E	W	–	W
Logicquest Technology, Inc.	LOGQ	OTC PK	Communication Svc	C-	Hold	C+	D	Up	0.15	0.64	0.1	-2.92	W	E	E	W	–	F
Logistec Corporation	LGTA.TO	TSX	Industrials	C	Hold	C	D+	Up	41.00	57.00	40.4	0.41	W	G	E	W	W	W
Logistec Corporation	LTKBF	OTC PK	Industrials	C-	Hold	C+	D	Down	30.68	42.26	30.31	-0.03	W	G	E	W	W	F
Logistec Corporation	LGTB.TO	TSX	Industrials	C	Hold	C	D+		41.00	57.00	40.2	0.01	W	G	E	W	W	F
Logitech International S.A.	LOGI	NAS GS	Information Tech	C+	Hold	B	C-		38.88	49.96	29.06	1.55	G	E	E	F	–	F
LogMeIn, Inc.	LOGM	NAS GS	Information Tech	C-	Hold	C	D	Down	73.03	112.53	68	1.03	W	G	G	W	F	W
Loma Negra Compañía Industrial Argentina Socie	LOMA	NYSE	Materials	D+	Sell	C	D	Down	11.48	13.44	6.36		G	E	G	W	–	W
Lomiko Metals Inc.	LMR.V	TSXV	Materials	D-	Sell	E+	D-		0.04	0.09	0.04	1.94	V	V	G	W	–	V
Lomiko Metals Inc.	LMRMF	OTC PK	Materials	D-	Sell	E+	D-		0.03	0.07	0.02	2.92	V	V	G	W	–	V
Loncor Resources Inc.	LONCF	OTC PK	Materials	D	Sell	D	D		0.04	0.09	0.02	1.84	V	W	G	W	–	W
Loncor Resources Inc.	LN.TO	TSX	Materials	D	Sell	D	D		0.09	0.14	0.06	1.76	V	W	G	W	–	W
Lone Star Gold, Inc.	LSTG	OTC PK	Materials	E-	Sell	C	D		0.36	2.12	0.05	-2.29	W	G	F	W	–	F
Lonestar Resources US Inc.	LONE	NAS	Energy	D	Sell	D	D	Down	2.36	11.24	1.93	2.04	W	W	F	W	–	W
Long Blockchain Corp.	LBCC	OTC PK	Consumer Staples	D	Sell	D	D	Up	0.40	0.61	0.05	-0.57	F	W	G	W	–	W
Longevity Acquisition Corporation	LOAC	NAS CM	Financials	E+	Sell	D+	C-	Up	10.10	10.13	9.64		W	F	E	G	–	W
Longfin Corp.	LFIN	OTC PK	Financials	D	Sell	D	D		0.88	11.50	0.3		W	W	E	W	–	V
Longwen Group Corp.	LWLW	OTC PK	Information Tech	C-	Hold	C+	D		2.10	4.00	0.9	-3,605.92	W	E	E	W	–	F
Loon Energy Corporation	LNEH.V	TSXV	Energy	D+	Sell	C-	D	Up	0.04	0.15	0.02	-0.97	W	W	F	W	–	G
LOOPShare LTD.	LOOP.V	TSXV	Information Tech	D	Sell	D	D		0.08	0.22	0.04	2.42	W		F	W	–	W
LOOPShare LTD.	LPPPF	OTC PK	Information Tech	E+	Sell	D	D	Up	0.05	0.19	0.03		W		F	W	–	W
Loral Space & Communications Inc.	LORL	NAS GS	Communication Svc	C-	Hold	C	D		34.38	48.09	33.33	0.78	W	G	E	W	–	W
Lorne Park Capital Partners Inc.	LPC.V	TSXV	Financials	D+	Sell	C-	D+		0.45	0.50	0.3	-0.40	F	W	G	F	–	F
Los Andes Copper Ltd.	LSANF	OTC PK	Materials	D	Sell	D+	D	Down	0.28	0.28	0.14	1.97	V	W	E	W	–	F
Los Andes Copper Ltd.	LA.V	TSXV	Materials	D	Sell	D	D		0.31	0.38	0.15	0.77	V	W	E	W	–	F
LottoGopher Holdings Inc.	LTTGF	OTC PK	Consumer Discretn	D	Sell	D	D-	Up	0.02	0.08	0		F	W	G	W	–	V
Lotus Ventures Inc.	LTTSF	OTC PK	Health Care	D-	Sell	D-	D	Up	0.14	0.34	0.1		W	V	E	W	–	W
Louisiana-Pacific Corporation	LPX	NYSE	Materials	B-	Buy	B+	C	Up	25.97	32.16	20.39	1.47	G	E	E	F	F	F
Lowe's Companies, Inc.	LOW	NYSE	Consumer Discretn	C+	Hold	B	C	Down	99.36	118.23	84.75	1.52	G	E	F	F	F	F
LPL Financial Holdings Inc.	LPLA	NAS GS	Financials	B+	Buy	A+	B-	Up	80.18	86.09	52.03	0.70	E	E	E	G	W	G
LRAD Corporation	LRAD	NAS CM	Information Tech	C	Hold	C+	D	Up	3.14	3.69	2.08	0.49	F	W	E	F	–	G
LSB Industries, Inc.	LXU	NYSE	Materials	D	Sell	D	D		3.61	10.00	3.12	3.81	W	W	G	W	–	V
LSC Communications, Inc.	LKSD	NYSE	Industrials	D	Sell	D	E+		3.73	16.46	3.62	1.33	W	W	F	V	E	V

*Ratings Factors: E=Excellent, G=Good, F=Fair, W=Weak, V=Very Weak, U=Unrated

Summer 2019 — I. Index of Stocks

3-Month Total Return (%)	6-Month Total Return (%)	1-Year Total Return (%)	3-Year Total Return (%)	Dividend $ TTM	Dividend Yield TTM	Market Cap. ($Mil)	Enterprise Value ($Mil)	Revenue ($Mil)	Revenue Growth (%)	Net Income ($Mil)	Earnings/ Share $	EPS Growth (%)	Cash from Operations ($Mil)	Return on Assets (%)	Return on Equity (%)	Earnings (P/E) TTM	Sales (P/S) TTM	Book (P/B) Q
-4.04	48.04	31.65	355.12			1,687	1,640	258.0	14.1	-40.7	-0.68	-140.2	-20.2	-4.91		-40.7	6.6	9.4
-11.84	22.91	58.10	129.13			3,271	2,210	285.6	29.8	1,029	13.20	4,538.8	-461.2	-8.21		3.6	11.3	2.5
20.75	-25.58					187.7	172.0	7.1	206.8	-28.9	-0.06	-174.0	-22.4	-106.86		-5.3	23.0	10.7
-24.12	101.33	-62.25	-62.34			0.50	-0.44	5.0	-49.9	-0.89	-0.03	11.5	0.32			-0.5	0.1	0.6
-23.01	-15.31	-27.95	-72.33			217.9	221.6	33.7	351.1	-37.8	-0.73	-27.4	-5.8	-35.45		-5.7	6.4	22.9
6.29	6.29	-27.06				131.5	131.5	0.00	-58.9	-0.31	0.00	17.0	-0.02	-140.94		-422.7		-173.8
2.22	15.00	230.94	360.00			61.7	61.3	--		-2.2	-0.04	-34.0	-1.4	-57.1		-25.3		296.8
-36.59	-37.08	-45.47	-79.55			2.3	2.4	--		-0.52	-0.02	74.8	-0.40	-46.72		-4.2		-24.8
-6.91	9.60	-17.40	-13.68			8,245	13,571	12,256	21.2	425.2	1.34	-24.1	742.8	5.37	9.35	19.5	0.7	1.7
-7.59	16.69	-8.45	8.43	0.16	5.7	50,968	--	23,127	-1.9	5,730	0.07	0.9	--		8.8	42.7	10.0	3.5
-10.06	13.12	-7.41	-7.21			50,968	--	23,127	-1.9	5,730	0.07	0.9	--		8.8	10.8	2.5	0.9
-14.59	-0.81	-71.40	-98.51			3.8	--	2.6	-24.1	-0.92	-0.55	97.8	-0.89			-2.3	1.5	0.7
4.44	15.59	3.05	3.19	0.91	1.8	18,772	30,784	36,087	0.6	445.6	1.16	-64.4	2,310	4.03	5.27	44.1	0.5	2.3
1.33	11.63	25.80	27.74	1.20	1.8	18,772	30,784	36,087	0.6	445.6	1.16	-64.4	2,310	4.03	5.27	57.7	0.7	3.0
31.80	42.12	82.95	228.87	0.06	0.6	7,506	8,623	2,253	10.9	183.7	0.27	2.7	-266.8	5.69	17.38	39.6	3.4	6.0
22.26	39.33	24.98	61.18	8.60	2.4	101,457	114,444	56,463	12.1	5,593	19.56	142.1	4,169	10.13	463.96	18.4	1.8	41.2
-25.00	104.55	80.72	40.62			2.3	2.6	--		-0.31	-0.01	45.1	-0.08	-30.4		-7.4		-1.9
12.48	20.03	11.91	39.95	0.25	0.5	16,394	30,987	14,242	1.6	737.0	2.34	-32.3	3,790	1.21	3.16	22.9	1.2	0.9
-0.62	11.74	5.79	23.78	1.40	3.5	24.4	--	7.1	1.3	2.1	3.32	3.6	--		9.35	11.9	3.4	1.1
20.74	23.14					278.9	207.7	--		-19.4	-4.56	39.9	-17.2			-2.7		3.8
-54.55	50.00	7.14	-25.00			0.35	1.7	--		-0.54	-0.24	-0.3	0.00	-27,712.50		-0.6		-0.1
-6.43	1.00	-26.18	-4.20	0.36	0.9	399.7	592.0	470.9	20.9	14.4	1.08	-5.4	37.8	2.44	7.42	38.1	1.1	2.8
-8.16	-18.88	-11.03	-6.52	0.30	1.0	399.7	592.0	470.9	20.9	14.4	1.08	-5.4	37.8	2.44	7.42	28.5	0.8	2.1
-6.38	-3.80	-23.39	7.90	0.40	1.0	399.7	592.0	470.9	20.9	14.4	1.08	-5.4	37.8	2.44	7.42	38.1	1.1	2.8
1.67	24.82	-9.70	160.14	0.45	1.2	6,495	5,879	2,788	8.6	257.6	1.52	23.5	305.2	9.02	23.13	25.6	2.4	5.5
-8.95	-8.20	-27.71	24.61	1.25	1.7	3,639	3,808	1,232	14.0	35.6	0.67	-75.6	369.7	1.05	1.18	108.2	3.0	1.3
4.74	6.79	8.30				1,368	1,525	901.3	-44.6	63.8	2.68	-70.7	134.5	12.94	19.59	4.3	0.3	0.7
-38.46	0.00	-20.00	-90.00			2.3	2.2	--		-4.2	-0.10	-96.7	-0.07	-47.7		-0.4		1.1
-42.20	9.49	-33.33	-91.02			2.3	2.2	--		-4.2	-0.10	-96.7	-0.07	-47.7		-0.3		0.8
-6.11	-27.12	-24.43	-63.28			8.1	8.6	--		-0.75	0.00	-2,000.0	-0.76	-1.63		-10.2		0.3
28.57	20.00	20.00	-43.75			8.1	8.6	--		-0.75	0.00	-2,000.0	-0.76	-1.63		-21.4		0.6
-66.82	-27.55	-67.73	6.13			0.51	0.53	--		-0.27	-0.19		-0.04			-1.9		-5.2
-40.40	-33.14	-72.30	-74.68			58.8	503.5	194.2	81.6	-22.7	-1.43	52.4	88.1	4.53		-1.7	0.3	0.4
1.27	185.71	8.11	-94.44			11.7	11.9	2.9	-42.7	-8.5	-0.77	53.3	-4.4	-50.27		-0.5	2.3	0.8
1.30	2.02					18.2	17.5	--		-0.01	-0.21		-0.45			-47.6		3.6
-40.81	75.20	-90.78				65.3	74.5	110.0	1,183.1	-18.5	-0.26	77.3	-4.0			-3.4	0.6	0.5
61.54	110.00	162.50	162.50			0.27	0.29	--		-0.01	-0.09	34.7	0.00			-24.7		-8.6
0.00	0.00	100.00	300.00			0.73	1.3	--		-0.19	-0.01	-140.9	-0.12	-701.89		-5.1		-1.2
-25.00	66.67	50.00	-70.59			6.4	8.4	--		-2.4	-0.04	21.6	-1.9	-82.43		-1.8		-18.8
-40.89	81.12					6.4	8.4	--		-2.4	-0.04	21.6	-1.9	-82.43		-1.3		-13.0
-4.47	-7.63	-8.69	-1.29			1,063	807.5	--		43.8	1.39	-35.4	6.7	-1.17	14.4	24.7		3.2
12.50	0.00	9.76	50.00			17.5	20.0	8.7	98.0	0.18	0.00	105.0	0.67	5.3	27.91	112.5	2.1	20.2
90.28	94.53	31.75	334.38			64.2	61.8	--		-1.6	-0.01	19.2	-0.59	-0.43		-47.1		1.2
40.91	55.00	6.90	77.14			64.2	61.8	--		-1.6	-0.01	19.2	-0.59	-0.43		-52.5		1.3
65.29	170.27	-54.55				3.9	3.7	0.04	124.9	-5.8	-0.08	49.4	-4.7	-150.68		-0.3	50.0	1.5
-21.31	0.21					11.0	10.6	--		-2.1	-0.03	-16.2	-2.5	-14.84		-4.3		1.2
5.61	19.92	-1.55	65.08	0.53	2.0	3,206	3,233	2,719	-3.4	330.7	2.29	-21.4	425.8	11.94	22.36	11.3	1.3	2.5
-7.93	9.17	5.48	34.76	1.92	1.9	77,791	96,742	71,691	3.7	2,371	2.92	-36.1	4,901	9.26	52.8	34.0	1.1	24.4
15.88	34.83	23.04	295.68	1.00	1.3	6,689	8,606	5,319	18.5	501.3	5.65	83.9	639.1	9.28	49.68	14.2	1.3	6.7
12.14	30.83	21.24	75.42			102.3	91.8	31.2	14.9	-0.30	-0.01	73.4	-2.5	0.17		-210.7	3.3	3.0
-43.59	-33.15	-29.90	-67.03			103.9	741.5	371.9	-8.1	-78.2	-3.93	-79.5	23.5	-1.41		-0.9	0.3	0.3
-41.27	-41.60	-73.39		1.04	27.9	125.0	1,134	3,742	0.8	-138.0	-4.16	-111.4	162.0	-0.48		-0.9	0.0	0.8

I. Index of Stocks

Summer 2019

Company Name	Stock Ticker Symbol	Traded On	Sector	Overall Rating	Recommendation	Reward Rating	Risk Rating	Recent Up/ Downgrade	Stock Price as of 6/30/2019	52-Week High	52-Week Low	3-Year Beta	Growth	Efficiency	Solvency	Volatility	Dividend	Total Return
LSC Lithium Corporation	LSC.V	TSXV	Materials	D	Sell	D	D		0.66	0.81	0.29	-1.45	V	W	E	W	—	W
LSI Industries Inc.	LYTS	NAS GS	Industrials	D	Sell	D+	D-		3.56	5.69	2.48	1.45	W	W	E	W	G	W
LTC Properties, Inc.	LTC	NYSE	Real Estate	C+	Hold	B+	D+		44.91	48.13	40.11	0.65	G	E	E	W	G	F
Luby's, Inc.	LUB	NYSE	Consumer Discretn	D	Sell	D	D	Up	1.19	2.76	0.99	1.54	W	W	G	W	—	V
Lucara Diamond Corp.	LUC.TO	TSX	Materials	D+	Sell	C	D-		1.58	2.39	1.38	1.00	W	E	E	W	G	W
Lucara Diamond Corp.	LUCRF	OTC PK	Materials	D+	Sell	C	D-		1.20	1.83	1.01	1.21	W	E	E	W	E	W
Luckin Coffee Inc.	LK	NAS GS	Consumer Discretn	U		U	U		18.40	25.96	13.71		U	U	U	U	U	U
Luckwel Pharmaceuticals Inc.	LWEL	OTC PK	Health Care	D+	Sell	C	D		4.00	5.00	3.26	-0.29	W	G	F	F	—	G
Lucky Minerals Inc.	LKY.V	TSXV	Materials	D-	Sell	E+	D		0.06	0.21	0.05	-0.72	V	V	F	W	—	W
Lucky Minerals Inc.	LKMNF	OTC PK	Materials	D-	Sell	E+	D		0.05	0.16	0.04	2.24	V	V	E	W	—	V
Luckystrike Resources Ltd.	LUKY.V	TSXV	Materials	D-	Sell	D	D		0.14	0.55	0.12		W	W	E	W	—	V
Luckystrike Resources Ltd.	LCKYF	OTC PK	Materials	E	Sell	D	D		0.09	0.35	0.09		W	W	E	W	—	V
Lululemon Athletica Inc.	LULU	NAS GS	Consumer Discretn	B	Buy	A	C-		180.11	190.52	110.71	1.26	E	E	E	F	—	E
Lumber Liquidators Holdings, Inc.	LL	NYSE	Consumer Discretn	D	Sell	D	D		11.34	26.74	8.81	2.14	W	W	F	W	—	W
Lumentum Holdings Inc.	LITE	NAS GS	Information Tech	C-	Hold	C	D	Down	52.43	69.95	37	1.75	W	F	E	W	—	F
Lumina Gold Corp.	LUM.V	TSXV	Materials	D-	Sell	E+	D-		0.58	0.82	0.46	0.01	W	V	G	W	—	W
Lumina Gold Corp.	LMGDF	OTC PK	Materials	D-	Sell	E+	D-		0.45	1.03	0.35	0.73	W	V	G	W	—	W
Luminex Corporation	LMNX	NAS GS	Health Care	C-	Hold	C+	D	Down	20.32	35.37	20.01	1.08	W	G	E	W	W	F
Luminex Resources Corp.	LUMIF	OTC PK	Materials	E+	Sell	D-	D		0.51	0.63	0		W	V	E	W	—	W
Luminex Resources Corp.	LR.V	TSXV	Materials	D-	Sell	D-	D		0.67	1.05	0.51		W	V	E	W	—	W
Luna Innovations Incorporated	LUNA	NAS CM	Information Tech	C+	Hold	B-	C	Up	4.31	4.73	2.68	0.22	W	G	E	F	—	W
Lund Enterprises Corp.	LEN.V	TSXV	Materials	D	Sell	D	D	Down	0.13	0.25	0.11	1.80	W	W	G	W	—	W
Lund Enterprises Corp.	LGDOF	OTC PK	Materials	D+	Sell	C-	D		0.16	0.18	0.08	1.86	W	W	G	W	—	G
Lundin Gold Inc.	LUG.TO	TSX	Materials	D+	Sell	C-	D+		6.53	6.79	4.33	0.02	F	W	E	F	—	F
Lundin Gold Inc.	FTMNF	OTC PK	Materials	D+	Sell	D+	D+		5.05	5.14	3.25	0.39	F	W	E	F	—	W
Lundin Mining Corporation	LUN.TO	TSX	Materials	C	Hold	C+	D+	Up	7.06	7.96	4.7	1.57	F	G	E	W	W	W
Lundin Mining Corporation	LUNMF	OTC PK	Materials	C	Hold	B-	D+	Up	5.37	6.04	3.6	1.89	F	G	E	W	F	W
Luokung Technology Corp.	LKCO	NAS CM	Communication Svc	U		U	U		6.28	98.39	4.95		U	U	U	U	U	U
Lupaka Gold Corp.	LPKGF	OTC PK	Materials	D-	Sell	D-	D-	Down	0.05	0.15	0.04	-0.11	W	W	G	W	—	V
Lupaka Gold Corp.	LPK.V	TSXV	Materials	D-	Sell	D-	D-	Down	0.07	0.21	0.05	1.67	W	W	G	W	—	W
Luther Burbank Corporation	LBC	NAS GS	Financials	D	Sell	C+	D+		10.76	12.47	7.92		E	G	E	W	F	W
Luvu Brands, Inc.	LUVU	OTC PK	Consumer Discretn	C	Hold	B-	D+		0.02	0.05	0.02	0.79	F	G	F	W	—	W
Luxfer Holdings PLC	LXFR	NYSE	Industrials	D	Sell	B	D+		24.13	28.06	16.39		F	G	E	F	F	F
LVMH Moët Hennessy - Louis Vuitton, Société Eu	LVMHF	OTC PK	Consumer Discretn	C	Hold	A+	C+		419.94	424.04	272.3	0.82	E	E	G	F	F	G
LVMH Moët Hennessy - Louis Vuitton, Société Eu	LVMUY	OTC PK	Consumer Discretn	B+	Buy	A+	C+	Up	83.66	84.94	54.36	0.79	E	E	G	F	E	G
LXRandCo, Inc.	GGBBF	OTC PK	Consumer Discretn	E+	Sell	E+	D+	Up	0.19	0.19	0.19		F	V	G	F	—	W
LXRandCo, Inc.	LXR.TO	TSX	Consumer Discretn	D-	Sell	E+	D-		0.30	0.85	0.17	1.09	F	V	G	W	—	V
Lydall, Inc.	LDL	NYSE	Industrials	D+	Sell	C	D		19.39	48.45	17.9	1.91	W	E	E	W	—	W
Lyft, Inc.	LYFT	NAS GS	Industrials	U		U	U		65.27	88.60	47.17		U	U	U	U	U	U
LyondellBasell Industries N.V.	LYB	NYSE	Materials	C	Hold	B	D		86.64	116.63	73.94	1.48	F	E	E	W	G	W
M&T Bank Corporation	MTB	NYSE	Financials	B	Buy	B+	C+	Up	168.72	180.77	133.78	1.17	E	G	E	F	F	F
M.D.C. Holdings, Inc.	MDC	NYSE	Consumer Discretn	B	Buy	A	C+		32.21	34.00	23.28	1.06	G	E	E	F	G	G
M/I Homes, Inc.	MHO	NYSE	Consumer Discretn	C+	Hold	B	C-		28.08	30.03	20.35	1.02	F	G	E	F	—	F
M2 Cobalt Corp.	MCCBF	OTC PK	Materials	D-	Sell	D-	E+	Up	0.14	0.75	0.12		W	W	E	V	—	V
MabVax Therapeutics Holdings, Inc.	MBVXQ	OTC PK	Health Care	E+	Sell	E+	E+		0.03	2.55	0.01	3.31	G	V	V	W	—	V
Macarthur Minerals Limited	MMS.V	TSXV	Materials	D-	Sell	D-	D		0.08	0.17	0.02	0.93	F	V	G	W	—	F
Macatawa Bank Corporation	MCBC	NAS GS	Financials	B-	Buy	B+	C		10.26	12.92	8.81	0.62	E	E	E	F	G	F
MacDonald Mines Exploration Ltd.	BMK.V	TSXV	Materials	D+	Sell	C	D		0.05	0.07	0.03	3.38	F	E	F	W	—	W
MacDonald Mines Exploration Ltd.	MCDMF	OTC PK	Materials	D+	Sell	C	D		0.04	0.05	0.02	5.56	F	E	F	W	—	W
Mace Security International, Inc.	MACE	OTC PK	Information Tech	D	Sell	D	D		0.29	0.41	0.13	0.35	F	W	G	W	—	W
Macerich Company	MAC	NYSE	Real Estate	D+	Sell	C	D-		33.44	60.95	32.04	0.90	W	E	E	W	E	W
Mach7 Technologies Limited	TDMMF	OTC PK	Health Care	D-	Sell	E+	D	Down	0.34	0.34	0.16	0.94	F	V	G	W	—	W

*Ratings Factors: E=Excellent, G=Good, F=Fair, W=Weak, V=Very Weak, U=Unrated

Summer 2019   I. Index of Stocks

3-Month Total Return (%)	6-Month Total Return (%)	1-Year Total Return (%)	3-Year Total Return (%)	Dividend $ TTM	Dividend Yield TTM	Market Cap. ($Mil)	Enterprise Value ($Mil)	Revenue ($Mil)	Revenue Growth (%)	Net Income ($Mil)	Earnings/ Share $	EPS Growth (%)	Cash from Operations ($Mil)	Return on Assets (%)	Return on Equity (%)	Earnings (P/E) TTM	Sales (P/S) TTM	Book (P/B) Q
0.00	15.79	-13.16				81.8	81.0	--		-7.4	-0.06	-113.7	-5.7	-3.03		-11.4		1.1
42.77	16.44	-29.07	-62.09	0.20	5.6	92.3	134.5	330.7	-3.3	-19.9	-0.77	-22.1	11.0	1.2		-4.6	0.3	0.8
-1.35	9.71	10.25	2.78	2.28	5.1	1,785	2,462	160.9	-3.3	155.0	3.89	79.6	120.7	4.59	20.08	11.5	11.1	2.3
-16.78	0.85	-54.58	-75.51			35.6	72.3	347.2	-6.3	-17.3	-0.58	20.6	-13.9	-4.71		-2.1	0.1	0.3
1.06	10.94	-17.53	-48.69	0.10	6.3	477.7	459.5	199.5	-9.3	26.0	0.06	-59.8	61.6	7.41	10.15	26.9	3.2	2.6
2.53	12.56	-16.94	-48.28	0.08	6.3	477.7	459.5	199.5	-9.3	26.0	0.06	-59.8	61.6	7.41	10.15	20.4	2.4	2.0
						4,331	4,875	70.9	3,380.7	-81.8	-2,494.24	-40.5	-93.0			0.0	0.0	0.0
0.00	0.00	0.00	247.83			573.5	574.2	--		-0.79	-0.01	57.4	-0.47	-1,699.24		-307.7		-701.8
-47.62	-63.33	-45.00	0.00			5.1	6.2	--		-3.6	-0.04	-3.3	-2.3	-69.4		-1.5		2.6
-49.39	-52.13	-33.58				5.1	6.2	--		-3.6	-0.04	-3.3	-2.3	-69.4		-1.2		2.2
-37.78	-6.67					4.2	3.1	--		-1.7	-0.04		-0.26			-3.8		0.6
-47.92	-20.09					4.2	3.1	--		-1.7	-0.04		-0.26			-2.4		0.4
7.50	48.36	44.16	157.78			23,464	23,553	3,421	23.1	505.3	3.81	71.6	644.1	20.38	33.65	47.3	6.9	17.2
11.29	13.06	-54.29	-22.80			325.3	493.7	1,089	4.5	-57.3	-2.00	-324.0	-21.6	2.95		-5.7	0.3	2.3
-4.97	26.12	-7.61	122.82			4,006	4,146	1,462	25.0	22.9	0.32	-85.6	240.0	4.16	1.85	163.1	2.7	2.7
-3.33	7.41	-21.62	-9.38			136.8	125.3	--		-23.7	-0.09	-36.0	-11.6	-23.64		-6.8		12.5
4.77	6.23	-19.61	-17.14			136.8	125.3	--		-23.7	-0.09	-36.0	-11.6	-23.64		-5.3		9.7
-11.79	-11.80	-28.95	8.65	0.24	1.2	913.9	878.0	315.6	1.3	8.1	0.18	-76.1	29.8	1.53	1.74	112.1	2.9	1.9
-3.95	16.48					21.0	21.3	--		-24.7	-1.37		-1.7	-40.07		-0.4		0.6
-5.63	11.67					21.0	21.3	--		-24.7	-1.37		-1.7	-40.07		-0.5		0.8
1.17	35.53	44.63	253.28			121.3	101.4	49.0	54.2	12.0	0.37	-35.3	1.5	1.75	4.63	11.8	3.0	1.9
0.00	0.00	8.33	62.50			1.1	1.1	--		-0.35	-0.03	-174.8	-0.21	-616.05		-4.1		-7.7
0.00	0.00	64.21	70.51			1.1	1.1	--		-0.35	-0.03	-174.8	-0.21	-616.05		-4.9		-9.2
23.91	30.08	48.07	19.38			1,107	1,417	--		-4.2	-0.03	94.4	-21.9	-1.61		-234.9		2.4
28.50	36.94	51.44	20.00			1,107	1,417	--		-4.2	-0.03	94.4	-21.9	-1.61		-181.7		1.8
13.70	29.11	1.08	75.66	0.12	1.7	3,962	3,812	1,671	-18.9	166.3	0.23	-60.0	365.6	2.9	4.51	31.2	3.1	1.4
16.55	33.28	2.14	73.83	0.09	1.7	3,962	3,812	1,671	-18.9	166.3	0.23	-60.0	365.6	2.9	4.51	23.7	2.4	1.1
-15.82						1,258	1,261	--		--			--					
-17.54	-34.90	-59.55	-58.33			7.4	6.9	--		-0.02	0.00	99.1	-1.5	1.59		-52.2		0.7
-23.53	-35.00	-59.38	-59.38			7.4	6.9	--		-0.02	0.00	99.1	-1.5	1.59		-72.2		1.0
8.30	22.02	-5.85		0.23	2.1	606.0	--	128.8	3.6	46.0	0.80	-47.2	71.5		8.05	13.5	4.7	1.0
-26.17	-20.00	-26.67	92.98			1.6	4.0	16.9	4.4	0.23	0.00	475.0	0.13	13.72		7.3	0.1	-0.9
-0.69	43.34	42.85		0.50	2.1	656.3	752.4	488.6	6.8	12.2	0.43	-41.1	46.4	8.93	7.07	55.5	1.3	3.7
14.68	44.33	28.82	185.71			210,981	219,433	55,228	14.3	7,497	14.88	22.7	9,967	8.7	21.89	28.2	3.8	5.7
15.41	45.51	30.45	190.49	1.03	1.2	210,981	219,433	55,228	14.3	7,497	14.88	22.7	9,967	8.7	21.89	5.6	0.8	1.1
0.00	0.00					6.3	6.3	29.6	7.9	-16.6	-1.12	85.6	-0.99	-28.1		-0.2	0.1	0.9
-22.37	34.09	-60.14				6.3	6.3	29.6	7.9	-16.6	-1.12	85.6	-0.99	-28.1		-0.3	0.2	1.4
-18.05	-5.64	-55.48	-47.85			339.9	637.0	812.3	12.1	27.8	1.60	-43.5	63.1	4.23	7.48	12.1	0.4	0.9
-16.63						18,968	23,423	776.0	95.4	-1,138	-48.53	-315.0	-84.8			-1.3	2.0	-0.6
4.69	7.82	-17.10	35.44	4.05	4.7	32,085	42,988	38,015	6.1	4,272	11.05	-17.4	5,122	10.74	42.79	7.8	0.9	3.2
7.86	20.90	2.41	60.87	4.00	2.4	23,051	--	5,934	6.9	2,048	13.90	57.8	2,019		13.09	12.1	3.9	1.6
9.89	25.73	20.44	88.29	1.13	3.5	1,982	2,687	3,103	18.3	212.6	3.42	33.1	107.9	6.19	13.97	9.4	0.7	1.2
3.81	31.09	7.88	55.31			774.1	1,627	2,330	16.9	107.3	3.75	61.7	6.0	5.35	12.95	7.5	0.3	0.9
-1.46	13.35	-49.83				--	--	--		-2.4	-0.04	45.4	-1.4	-8.84		-3.6		0.7
-40.00	-78.57	-96.67	-99.76			0.28	2.0	4.7		-10.5	-2.31	79.0	-4.9	-61.26		0.0	0.1	8.1
-20.00	166.67	100.00	0.00			19.5	19.0	--		-2.7	-0.01	18.0	-1.9	-27.33		-5.8		4.6
3.58	9.12	-13.93	55.14	0.27	2.6	349.3	--	78.9	9.8	28.3	0.82	62.0	30.7		15.14	12.4	4.4	1.8
11.11	100.00	-9.09	0.00			3.2	3.0	--		-0.95	-0.02	67.1	-0.49	-85.81		-2.6		-4.2
17.02	141.86	-14.86	26.06			3.2	3.0	--		-0.95	-0.02	67.1	-0.49	-85.81		-2.2		-3.5
-9.06	-2.68	-17.09	-16.86			18.4	20.6	11.8	11.3	-2.5	-0.04	-3,158.3	-0.37	-7.79		-7.4	1.6	2.6
-21.58	-19.72	-37.58	-52.91	2.99	8.9	4,723	10,346	1,015	-3.3	101.4	0.70	138.0	348.2	2.06	3.46	47.8	4.7	1.7
78.95	78.95	41.67				48.8	47.0	6.2	-12.7	-4.4	-0.03	72.6	-3.3	-23.05		-11.2	8.1	5.5

I. Index of Stocks — Summer 2019

Company Name	Stock Ticker Symbol	Traded On	Sector	Overall Rating	Recommendation	Reward Rating	Risk Rating	Recent Up/Downgrade	Stock Price as of 6/30/2019	52-Week High	52-Week Low	3-Year Beta	Growth	Efficiency	Solvency	Volatility	Dividend	Total Return
Mack-Cali Realty Corporation	CLI	NYSE	Real Estate	C+	Hold	B+	D+	Up	23.18	24.88	18.74	0.88	F	G	E	W	G	F
Mackenzie Master Limited Partnership	MKZUN.TO	TSX	Financials	C	Hold	C	D+		0.94	1.10	0.9	0.28	W	E	E	W	–	W
Mackinac Financial Corporation	MFNC	NAS CM	Financials	B	Buy	B+	B-	Up	15.90	17.58	12.6	0.69	E	E	E	G	G	F
Maclos Capital Inc.	LMSMF	OTC PK	Health Care	D-	Sell	E+	D		0.02	0.17	0.01	-2.30	W	V	E	W	–	F
MACOM Technology Solutions Holdings, Inc.	MTSI	NAS GS	Information Tech	D	Sell	D	D		14.72	25.82	12.33	2.31	W	W	E	W	–	V
Macquarie Infrastructure Corporation	MIC	NYSE	Industrials	C	Hold	B	D	Up	40.00	47.74	33.71	1.55	E	G	G	W	E	W
Macro Enterprises Inc.	MCR.V	TSXV	Energy	C+	Hold	B-	C	Up	3.90	4.47	2.63	0.80	F	F	E	F	–	E
Macro Enterprises Inc.	MCESF	OTC PK	Energy	C	Hold	B-	C		2.97	3.29	2.1	1.29	F	F	E	F	–	E
MacroGenics, Inc.	MGNX	NAS GS	Health Care	D	Sell	D-	D	Up	16.65	32.32	9.87	1.35	W	V	E	W	–	W
Macy's, Inc.	M	NYSE	Consumer Discretn	D+	Sell	C	D	Down	21.53	41.99	20.02	0.56	E	G	G	W	E	W
Madalena Energy Inc.	MVN.V	TSXV	Energy	D-	Sell	D-	D-		0.12	0.24	0.11	0.29	W	W	G	W	–	W
Madalena Energy Inc.	MDLNF	OTC PK	Energy	D-	Sell	D-	D-		0.09	0.18	0.08	0.66	W	W	G	W	–	W
Madeira Minerals Ltd.	MDEH.V	TSXV	Financials	D+	Sell	C-	D	Up	0.03	0.04	0.02	1.50	V	E	E	W	–	F
Madison Pacific Properties Inc.	MPC.TO	TSX	Real Estate	C	Hold	B+	D+		3.34	4.68	3.2	0.31	G	E	E	W	G	F
Madison Pacific Properties Inc.	MDPCF	OTC PK	Real Estate	C	Hold	B+	C	Up	2.50	2.50	2.5	-0.24	G	E	E	F	E	F
Madison Technologies Inc.	MDEX	OTC PK	Industrials	C-	Hold	C	D	Up	0.05	0.15	0.01	0.30	F	E	E	W	–	F
Madrigal Pharmaceuticals, Inc.	MDGL	NAS CM	Health Care	D	Sell	D	D		100.45	315.00	89.83	1.80	W	W	E	W	–	F
Mag One Products Inc.	MGPRF	OTC PK	Materials	D	Sell	D	D-	Up	0.06	0.19	0	0.07	F	W	F	W	–	V
MAG Silver Corp.	MAG	AMEX	Materials	D	Sell	D	D		10.66	11.95	6.12	0.42	W	W	E	W	–	W
MAG Silver Corp.	MAG.TO	TSX	Materials	D	Sell	D	D		13.97	15.74	8.1	0.08	W	W	E	W	–	W
Magal Security Systems Ltd.	MAGS	NAS	Information Tech	U		U	U		4.80	5.91	3.88	1.40	U	U	U	U	U	U
Magellan Aerospace Corporation	MAL.TO	TSX	Industrials	C	Hold	B-	C-		15.99	19.25	13.2	0.37	F	E	E	F	F	W
Magellan Aerospace Corporation	MALJF	OTC PK	Industrials	C	Hold	B-	D+		12.64	14.58	9.98	1.03	F	E	E	W	F	W
Magellan Gold Corporation	MAGE	OTC PK	Materials	D	Sell	D+	D		1.80	3.80	0.8	3.22	W		F	W	–	W
Magellan Health, Inc.	MGLN	NAS GS	Health Care	C-	Hold	C	D		71.78	99.78	51.88	0.72	F	G	E	W	–	W
Magellan Midstream Partners, L.P.	MMP	NYSE	Energy	C	Hold	B-	D+		63.20	72.90	54.25	0.73	E	E	G	W	E	W
Magenta Therapeutics, Inc.	MGTA	NAS	Health Care	D-	Sell	E+	D		14.74	21.00	5.31		W	V	E	W	–	W
Magic Software Enterprises Ltd.	MGIC	NAS GS	Information Tech	B-	Buy	B	C+	Down	9.01	10.20	7.29	1.08	W	G	E	G	E	F
Magna Gold Corp.	MGR.V	TSXV	Materials	D-	Sell	D	D	Up	0.28	0.45	0.2		W	W	E	W	–	W
Magna International Inc.	MG.TO	TSX	Consumer Discretn	C+	Hold	B	C	Down	64.86	81.27	57.34	1.14	E	E	G	F	F	F
Magna International Inc.	MGA	NYSE	Consumer Discretn	C+	Hold	B	C-	Down	49.51	61.65	42.51	1.42	E	E	G	F	G	F
Magna Terra Minerals Inc.	MTT.V	TSXV	Materials	D	Sell	D	D		0.03	0.06	0.02	1.35	F	W	F	W	–	W
Magna Terra Minerals Inc.	BRIOF	OTC PK	Materials	D+	Sell	D+	D		0.03	0.04	0.02	0.95	F	W	F	W	–	F
MagnaChip Semiconductor Corporation	MX	NYSE	Information Tech	D	Sell	D+	D		10.30	13.06	5.75	2.00	W	W	G	W	–	F
Magna-Lab Inc.	MAGAA	OTC PK	Health Care	D+	Sell	C	D	Down	0.30	0.80	0.03	11.43	W	E	F	W	–	F
Magnitude Mining Ltd.	MMLP.V	TSXV	Financials	D-	Sell	D-	D-		0.16	0.25	0.14		W	V	E	W	–	V
Magnolia Colombia Ltd.	MCO.V	TSXV	Energy	D	Sell	D-	D		0.12	0.16	0.06	3.01	W	V	E	W	–	F
Magnolia Oil & Gas Corporation	MGY	NYSE	Energy	D	Sell	E			11.51	15.23	9.88	1.23	W	V	E	F	–	F
Magnum Goldcorp Inc.	MGI.V	TSXV	Materials	D	Sell	D	D		0.05	0.07	0.02	-0.23	F	W	F	W	–	V
Magyar Bancorp, Inc.	MGYR	NAS	Financials	C	Hold	B-	C		12.15	13.50	11.26	0.02	F	G	E	F	–	W
Magyar Telekom Távközlési Nyilvánosan Müködö R	MYTAY	OTC PK	Communication Svc	C-	Hold	C	D	Down	7.39	8.59	6.59	0.53	F	E	G	W	–	W
Magyar Telekom Távközlési Nyilvánosan Müködö R	MGYTF	OTC PK	Communication Svc	C-	Hold	C	D		1.47	1.69	1.33	-0.08	F	E	G	W	–	W
Maiden Holdings, Ltd.	MHLD	NAS GS	Financials	D-	Sell	D-	D-		0.63	8.90	0.48	0.47	W	V	G	W	–	V
Main Street Capital Corporation	MAIN	NYSE	Financials	B	Buy	B+	B-	Up	40.80	41.88	31.95	0.69	E	E	E	G	G	F
MainStreet Bancshares, Inc.	MNSB	NAS CM	Financials	B-	Buy	B-	B-	Up	21.89	25.50	16.62	0.76	G	G	E	G	–	F
Mainstreet Equity Corp.	MEQ.TO	TSX	Real Estate	C	Hold	A-	B-		55.20	57.00	40.45	0.27	E	G	G	G	–	G
Mainstreet Equity Corp.	MEQYF	OTC PK	Real Estate	C	Hold	A-	B	Up	42.53	42.53	35.65	-0.28	E	G	G	E	–	F
Majesco	MJCO	NAS	Information Tech	C	Hold	C	C-		8.60	9.27	6.03	0.63	F	F	E	F	–	F
Majestic Gold Corp.	MJGCF	OTC PK	Materials	C	Hold	B	D+		0.05	0.08	0.04	1.37	E	G	G	W	–	W
Majestic Gold Corp.	MJS.V	TSXV	Materials	C	Hold	B-	D		0.06	0.11	0.05	0.25	E	G	G	W	–	W
Major Drilling Group International Inc.	MDI.TO	TSX	Materials	D	Sell	D+	D-		4.14	7.02	3.89	-0.23	F	W	E	W	–	W
Major Drilling Group International Inc.	MJDLF	OTC PK	Materials	D	Sell	D+	D-		3.20	5.32	2.92	0.09	F	W	E	W	–	W

*Ratings Factors: E=Excellent, G=Good, F=Fair, W=Weak, V=Very Weak, U=Unrated

Summer 2019 — I. Index of Stocks

3-Month Total Return (%)	6-Month Total Return (%)	1-Year Total Return (%)	3-Year Total Return (%)	Dividend $ TTM	Dividend Yield TTM	Market Cap ($Mil)	Enterprise Value ($Mil)	Revenue ($Mil)	Revenue Growth (%)	Net Income ($Mil)	Earnings/Share $	EPS Growth (%)	Cash from Operations ($Mil)	Return on Assets (%)	Return on Equity (%)	Earnings (P/E) TTM	Sales (P/S) TTM	Book (P/B) Q
5.36	22.38	17.53	-1.88	0.80	3.5	2,093	5,403	523.4	-13.0	285.6	3.02	671.1	156.2	0.93	15.6	7.7	4.5	1.2
-1.05	-2.08	11.20	56.32	0.10	10.4	4.5	3.8	0.95	-8.9	0.63	0.10	-9.7	0.46	59.43	95.57	9.4	6.2	9.9
3.97	21.38	-5.58	55.34	0.48	3.0	170.8	--	55.3	33.4	10.0	0.95	13.5	23.9		8.45	16.8	3.1	1.1
-33.33	-83.33	-86.25	100.00			0.53	0.30	--		-0.08	0.00	84.9	-0.04	-12.96		-6.3		2.6
-10.68	-1.87	-36.52	-53.59			967.1	1,469	568.2	-11.5	-171.5	-2.76	-65.2	52.0	-3.13		-5.3	1.7	1.6
-0.46	15.33	4.22	-27.20	4.00	10.0	3,442	6,329	1,871	11.1	129.7	1.48	-73.5	407.0	2.56	3.69	27.0	2.0	1.2
4.00	30.00	33.56	143.75			90.7	100.7	229.9	194.4	13.6	0.34	511.0	16.2	9.83	20.74	11.6	0.6	1.7
5.48	33.90	55.08	135.91			90.7	100.7	229.9	194.4	13.6	0.34	511.0	16.2	9.83	20.74	8.9	0.4	1.3
-4.91	32.04	-19.72	-35.61			812.6	521.0	65.1	-59.4	-166.9	-3.88	-335.7	-151.9	-28.45		-4.3	11.7	2.5
-9.40	-25.83	-40.84	-22.19	1.51	7.0	6,650	13,820	25,718	-0.4	1,104	3.55	-33.0	1,375	4.45	18.18	6.1	0.3	1.1
-11.54	-30.30	-47.73	-34.29			47.7	49.0	29.0	-7.7	-3.2	-0.01	89.5	3.4	-3.27		-19.2	2.2	1.8
-12.51	-26.64	-46.77	-33.70			47.7	49.0	29.0	-7.7	-3.2	-0.01	89.5	3.4	-3.27		-14.9	1.7	1.4
0.00	-14.29	50.00	100.00			0.43	0.26	--		0.04	0.00	115.0	-0.15	-28.48		16.7		3.2
-2.62	0.21	4.00	29.83	0.11	3.1	139.7	280.7	24.2	-8.6	25.8	0.44	-37.0	9.9	2.19	10.85	7.6	8.1	0.8
-1.98	-1.98	-1.98	39.80	0.08	3.2	139.7	280.7	24.2	-8.6	25.8	0.44	-37.0	9.9	2.19	10.85	5.7	6.1	0.6
-47.37	-50.00	-74.75	-66.67			0.84	1.1	0.00	-47.8	-0.05	0.00	34.1	-0.04	-81.94		-17.2	250.0	-2.6
-20.28	-3.82	-63.86				1,549	1,072	--		-41.5	-2.73	-9.8	-23.3	-9.75		-36.7		3.3
7.29	-13.58	-51.31	-93.67			2.5	2.5	--		-0.99	-0.02	64.6	-0.17	-174.57		-2.8		-2.2
2.60	46.23	1.04	-11.17			916.1	785.7	--		-6.4	-0.08	-12.6	-3.4	-2.25		-128.4		4.3
-1.13	40.12	-0.43	-11.47			916.1	785.7	--		-6.4	-0.08	-12.6	-3.4	-2.25		-168.3		5.6
-8.57	12.41	-9.94	0.42			111.1	67.7	43.4	-32.6	-0.27	-0.02	92.2	--			-202.5	2.6	1.4
-10.69	12.26	4.68	-3.10	0.39	2.4	709.2	756.0	756.0	1.9	70.2	1.21	3.1	88.9	6.43	12.06	13.3	1.2	1.6
-5.88	21.45	14.09	-4.37	0.29	2.3	709.2	756.0	756.0	1.9	70.2	1.21	3.1	88.9	6.43	12.06	10.5	1.0	1.2
-10.00	63.64	24.14	-83.26			6.5	9.2	0.16		-2.3	-0.97	35.2	-0.59	-55.97		-1.9	39.1	-2.3
10.06	27.47	-25.23	12.19			1,726	2,343	7,249	14.4	13.2	0.48	-88.6	119.2	1.09	1.01	151.1	0.2	1.3
5.69	17.04	-1.55	-1.91	3.94	6.2	14,435	18,878	2,777	9.1	1,331	5.82	55.3	1,282	8.32	55.96	10.9	5.2	5.5
-13.35	158.60	7.75				567.0	439.7	--		-61.2	-4.56	77.7	-47.2	-41.94		-3.2		3.7
4.65	20.04	14.53	49.28	0.31	3.4	440.5	405.7	212.2	-17.8	14.8	0.28	-19.0	19.9			32.1	2.1	1.8
-31.25	-31.25					7.9	6.7	--		-0.69	-0.03		-2.6	-8.9		-8.7		2.1
0.19	5.98	-14.48	58.97	1.39	2.1	15,688	20,579	40,626	5.6	2,742	8.15	31.6	3,735	6.19	22.81	8.0	0.5	1.8
2.73	10.43	-13.39	58.04	1.39	2.8	15,688	20,579	40,626	5.6	2,742	8.15	31.6	3,735	6.19	22.81	6.1	0.4	1.4
-44.44	-16.67	-37.50	-37.50			1.7	1.7	--		-0.54	-0.01	56.9	-0.40	-10.68		-3.3		1.0
0.11	29.63	33.33	43.59			1.7	1.7	--		-0.54	-0.01	56.9	-0.40	-10.68		-3.7		1.2
38.81	60.19	2.49	95.08			352.5	565.2	742.5	8.6	-40.8	-1.29	-231.2	31.5	2.59		-8.0	0.5	-7.6
900.00	-62.50	757.14	462.85			0.35	1.6	--		-0.15	-0.13	-2.8	-0.03	-666.67		-2.4		-0.2
6.67	6.67	-46.67				0.23	0.07	--		-0.09	-0.05		-0.07	-36.02		-3.1		2.0
9.09	60.00	-7.69	84.62			5.3	4.0	--		-0.74	-0.01	4.5	-0.90	-24.5		-9.4		2.9
-5.03	6.97	6.57				1,829	3,175	1,080	526.7	101.7	0.59	-45.4	759.3	9.38	14.45	19.7	1.7	1.1
66.67	150.00	-16.67	-82.14			0.84	0.91	--		-0.24	-0.01	14.0	-0.04	-6.19		-4.5		0.6
6.96	3.29	-3.90	20.31			70.7	--	21.5	8.4	2.8	0.47	86.4	4.0		5.34	26.0	3.3	1.3
-4.25	3.01	10.98	11.61	0.35	4.8	1,531	3,079	2,406	2.5	137.3	0.13	-13.5	533.0	3.88	6.55	56.1	3.2	3.8
-9.67	-0.60	2.16	-99.80			1,531	3,079	2,406	2.5	137.3	0.13	-13.5	533.0	3.88	6.55	11.2	0.6	0.8
-21.74	-60.13	-92.09	-93.82	0.50	79.4	52.3	685.5	1,816	-6.2	-603.5	-7.48	-208.5	-224.0	-5.28		-0.1	0.0	0.4
10.98	21.33	15.38	57.34	2.36	5.8	2,559	3,524	238.8	11.7	175.1	2.88	-4.4	9.5	5.11	12	14.2	10.6	1.7
0.41	25.80	5.49				177.2	--	19.8	-15.0	6.9	0.84	-5.8	4.5			26.1	9.1	1.4
15.51	31.74	27.99	54.80			394.6	1,174	96.5	14.4	58.6	6.20	-19.2	29.3	2.22	10.62	8.9	5.2	0.9
19.31	19.31	34.62	61.28			394.6	1,174	96.5	14.4	58.6	6.20	-19.2	29.3	2.22	10.62	6.9	4.0	0.7
21.13	21.81	38.49	68.30			369.1	331.4	139.9	13.7	6.9	0.18	223.4	7.7	5.14	9.59	48.2	2.5	3.8
10.63	25.59	-17.12	8.68			47.9	63.7	35.1	6.9	4.7	0.00	12.2	9.0	5.17	8.03	10.7	1.5	0.7
-14.29	-14.29	-20.00	-7.69			47.9	63.7	35.1	6.9	4.7	0.00	12.2	9.0	5.17	8.03	13.0	1.8	0.9
-5.05	-7.17	-37.74	-47.92			253.3	245.7	292.3	9.1	-13.6	-0.18	20.5	16.0	-0.08		-23.5	1.1	1.2
-1.54	-2.59	-35.09	-40.98			253.3	245.7	292.3	9.1	-13.6	-0.18	20.5	16.0	-0.08		-18.2	0.8	1.0

https://greyhouse.weissratings.com — Data as of June 30, 2019

I. Index of Stocks

Summer 2019

Company Name	Stock Ticker Symbol	Traded On	Sector	Overall Rating	Recommendation	Reward Rating	Risk Rating	Recent Up/Downgrade	Stock Price as of 6/30/2019	52-Week High	52-Week Low	3-Year Beta	Growth	Efficiency	Solvency	Volatility	Dividend	Total Return
Major League Football, Inc.	MLFB	OTC PK	Communication Svc	D+	Sell	C-	D	Up	0.04	0.05	0	5.69	V	E	F	W	–	W
MakeMyTrip Limited	MMYT	NAS GS	Consumer Discretn	D	Sell	D	D		25.02	38.75	19.66	0.27	W	W	E	W	–	W
MakingORG, Inc.	CQCQ	OTC PK	Consumer Staples	D	Sell	E+	D+		4.20	4.20	4.2	0.00	W	V	F	F	–	F
Makita Corporation	MKEWF	OTC PK	Industrials	D+	Sell	C	D-		34.95	45.00	33.15	0.01	G	E	E	W	–	W
Makita Corporation	MKTAY	OTC PK	Industrials	C	Hold	B-	D		34.20	51.04	31	1.15	G	E	E	W	–	W
Mako Mining Corp.	MAKOF	OTC PK	Materials	D-	Sell	E+	D	Down	0.08	0.16	0.01	198,797.36	V	V	G	W	–	V
Mako Mining Corp.	MKO.V	TSXV	Materials	D-	Sell	E+	D-	Down	0.12	0.22	0.09	-0.58	V	V	G	W	–	V
Malibu Boats, Inc.	MBUU	NAS	Consumer Discretn	B-	Buy	B+	C		37.69	59.57	32.09	2.44	E	E	E	F	–	F
Mallinckrodt plc	MNK	NYSE	Health Care	D-	Sell	D-	D-	Down	9.01	36.65	8.16	2.80	W	W	G	W	–	V
Malvern Bancorp, Inc.	MLVF	NAS	Financials	A	Buy	A+	B		21.06	25.65	18.03	0.63	E	E	E	G	–	E
MAM Software Group, Inc.	MAMS	NAS CM	Information Tech	B	Buy	B+	C+	Up	10.40	10.56	6.53	0.49	E	E	E	G	–	G
MamaMancini's Holdings, Inc.	MMMB	OTC PK	Consumer Staples	C	Hold	C+	D		0.45	1.00	0.33	0.78	E	G	G	W	–	W
Mammoth Energy Services, Inc.	TUSK	NAS GS	Energy	C	Hold	B-	D	Down	7.07	40.75	5.55	1.59	G	G	E	W	E	W
Mammoth Resources Corp.	MTH.V	TSXV	Materials	D	Sell	D	D		0.03	0.09	0.03	-1.31	W	W	F	W	–	W
Mammoth Resources Corp.	MMMRF	OTC PK	Materials	E-	Sell	D	E+		0.01	0.05	0.01		W	W	F	V	–	W
Manado Gold Corp.	MDO.V	TSXV	Materials	D	Sell	D	D		0.05	0.05	0.04	1.52	F	W	F	W	–	W
Manchester United plc	MANU	NYSE	Communication Svc	C-	Hold	C+	D	Down	18.16	27.70	16.91	0.67	F	G	G	F	–	W
Mandalay Resources Corporation	MNDJF	OTC PK	Materials	D-	Sell	D-	D-		0.10	0.18	0.03	5.01	W	W	G	W	–	V
Mandalay Resources Corporation	MND.TO	TSX	Materials	D-	Sell	D-	D-		0.14	0.24	0.05	3.03	W	W	G	W	–	V
Manganese X Energy Corp.	SNCGF	OTC PK	Materials	D-	Sell	D-	D-		0.09	0.16	0.07	1.86	V		G	W	–	W
Manganese X Energy Corp.	MN.V	TSXV	Materials	D	Sell	D	D		0.12	0.20	0.08	-1.09	V		G	W	–	W
Manhattan Associates, Inc.	MANH	NAS GS	Information Tech	C	Hold	B-	D+		67.74	70.81	39.01	1.59	F	E	E	F	–	F
Manhattan Bridge Capital, Inc.	LOAN	NAS CM	Financials	C+	Hold	B+	C-		6.30	8.00	5.34	0.25	F	E	E	F	E	F
Manhattan Scientifics, Inc.	MHTX	OTC PK	Health Care	E+	Sell	E+	D-		0.01	0.02	0	2.15	W	V	F	W	–	V
Manitex Capital Inc.	MNX.V	TSXV	Health Care	D	Sell	D	D		0.14	0.42	0.14	1.44	W	W	G	W	–	W
Manitex International, Inc.	MNTX	NAS CM	Industrials	D	Sell	D	D		5.51	13.26	4.8	1.56	W	W	G	W	–	W
Manitou Gold Inc.	MNTUF	OTC PK	Materials	E+	Sell	E+	D-	Down	0.04	0.08	0.03	0.96	V	V	G	W	–	W
Manitou Gold Inc.	MTU.V	TSXV	Materials	E+	Sell	E+	D-	Down	0.05	0.11	0.03	2.33	V	V	G	W	–	W
Mannatech, Incorporated	MTEX	NAS GS	Consumer Staples	D+	Sell	C-	D		16.61	21.00	15.99	0.36	W	F	G	W	G	W
Manning & Napier, Inc.	MN	NYSE	Financials	D+	Sell	C	D-		1.77	3.35	1.65	1.03	V	G	E	W	G	V
MannKind Corporation	MNKD	NAS	Health Care	D	Sell	D	D		1.12	3.04	0.94	2.16	W	W	E	W	–	W
ManpowerGroup Inc.	MAN	NYSE	Industrials	C	Hold	B	D+		95.27	97.26	61.57	1.89	F	E	E	W	–	W
ManTech International Corporation	MANT	NAS GS	Information Tech	B	Buy	A-	C	Up	65.12	68.11	48.25	0.80	E	E	E	F	F	F
Manufactured Housing Properties Inc.	MHPC	OTC PK	Real Estate	D	Sell	D	D		1.00	1.05	0.3		W	W	F	W	–	W
Manulife Financial Corporation	MFC.TO	TSX	Financials	B	Buy	B+	C	Up	23.78	25.18	18.33	1.14	E	E	E	F	G	F
Manulife Financial Corporation	MFC	NYSE	Financials	B-	Buy	B+	C	Up	18.15	18.95	13.33	1.42	E	E	E	F	G	F
Maple Gold Mines Ltd.	MGMLF	OTC PK	Materials	D-	Sell	D-	D-	Down	0.07	0.12	0.05	1.35	W		G	W	–	V
Maple Gold Mines Ltd.	MGM.V	TSXV	Materials	D-	Sell	D-	D-	Down	0.09	0.16	0.08	1.00	W		G	W	–	V
Maple Leaf Foods Inc.	MFI.TO	TSX	Consumer Staples	C	Hold	B	C-		28.77	35.60	26.05	0.43	G	E	G	F	W	F
Maple Leaf Foods Inc.	MLFNF	OTC PK	Consumer Staples	C	Hold	B-	C-		21.84	26.21	19.52	0.76	G	E	G	F	W	F
Maple Leaf Green World Inc.	MGWFF	OTC PK	Health Care	D-	Sell	E+	D-		0.08	0.51	0.07	2.29	F	V	G	W	–	V
Maple Peak Investments Inc.	MAP.V	TSXV	Consumer Discretn	D	Sell	D	D		0.07	0.15	0.06	2.70	W	W	E	W	–	V
Maplewood International Real Estate Investment	MWIUN.V	TSXV	Real Estate	C	Hold	C+	D+		0.62	0.78	0.6	0.09		G	E	W	–	W
Marathon Gold Corporation	MGDPF	OTC PK	Materials	D	Sell	D+	D		0.88	0.94	0.49	0.14	W	W	E	W	–	F
Marathon Gold Corporation	MOZ.TO	TSX	Materials	D+	Sell	D+	D	Up	1.15	1.23	0.65	-0.25	W	W	E	W	–	F
Marathon Oil Corporation	MRO	NYSE	Energy	D+	Sell	C-	D	Down	14.20	24.20	12.57	1.92	W	F	E	W	W	F
Marathon Patent Group, Inc.	MARA	NAS CM	Information Tech	D	Sell	D	D-	Up	2.71	6.24	1.32	3.05	F		G	W	–	V
Marathon Petroleum Corporation	MPC	NYSE	Energy	C	Hold	B+	D	Down	54.37	88.45	45.47	1.53	G	E	G	W	G	F
Marchex, Inc.	MCHX	NAS GS	Communication Svc	D+	Sell	C-	D		4.49	5.57	2.47	1.77	W	F	E	F	–	F
Marcus & Millichap, Inc.	MMI	NYSE	Real Estate	B	Buy	B+	C+		30.55	43.50	29.49	1.19	G	E	E	F	–	F
Margaret Lake Diamonds Inc.	DIA.V	TSXV	Materials	D	Sell	D	D		0.05	0.11	0.02	-3.35	V	W	E	W	–	W
Margaret Lake Diamonds Inc.	DDIAF	OTC PK	Materials	D	Sell	D	D	Up	0.04	0.06	0.02		V	W	E	W	–	W

*Ratings Factors: E=Excellent, G=Good, F=Fair, W=Weak, V=Very Weak, U=Unrated

Summer 2019 — I. Index of Stocks

3-Month Total Return (%)	6-Month Total Return (%)	1-Year Total Return (%)	3-Year Total Return (%)	Dividend $ TTM	Dividend Yield TTM	Market Cap. ($Mil)	Enterprise Value ($Mil)	Revenue ($Mil)	Revenue Growth (%)	Net Income ($Mil)	Earnings/Share $	EPS Growth (%)	Cash from Operations ($Mil)	Return on Assets (%)	Return on Equity (%)	Earnings (P/E) TTM	Sales (P/S) TTM	Book (P/B) Q
35.47	1,094.68	124.38	-88.42			3.4	3.8	--		-1.7	-0.03	-70.1	-0.20	-132.61		-1.2		-0.7
-6.47	6.02	-28.41	75.58			2,576	2,265	675.3	50.9	-218.4	-2.20	-14.5	-125.5	-8.08		-11.4	3.8	1.6
0.00	0.00	0.00	0.48			149.3	149.7	--		-0.31	-0.01	-131.6	-0.12	-56.65		-477.3		-2,100.0
1.01	-7.17	-20.11	-45.05			9,317	7,756	4,430	7.1	508.1	1.87	9.7	188.9	7.2	9.71	18.7	2.1	1.9
-0.45	-3.50	-22.27	5.49			9,317	7,756	4,430	7.1	508.1	1.87	9.7	188.9	7.2	9.71	18.3	2.1	1.8
-27.67	-40.00	-44.60	-62.14			28.7	27.2	3.9		-14.4	-0.07	-2,551.9	-3.1	-7.43		-1.1	4.0	0.8
-7.69	-25.00	-40.00	-53.85			28.7	27.2	3.9		-14.4	-0.07	-2,551.9	-3.1	-7.43		-1.7	6.1	1.2
-6.38	8.24	-11.11	221.31			785.9	904.8	627.9	44.9	59.1	2.82	119.6	57.9	14.77	39.47	13.4	1.3	4.3
-58.80	-43.51	-53.02	-83.98			755.2	6,463	3,434	0.5	-3,434	-41.29	-323.3	812.2	1.74		-0.2	0.2	0.3
2.98	6.04	-13.69	36.31			161.7	--	28.0	3.6	8.9	1.28	36.6	9.9		7.3	16.5	5.8	1.2
22.35	30.49	20.23	80.87			131.2	131.1	37.3	7.9	3.8	0.30	-21.8	4.8	9.77	25.36	34.3	3.4	7.9
-37.50	-41.78	-55.00	-39.18			14.2	20.7	28.1	-6.0	0.58	0.01	-33.9	2.0	10.95		36.0	0.5	-17.6
-58.61	-60.53	-79.83		0.50	7.1	317.3	442.4	1,458	31.3	208.8	4.63	73.6	182.4	19.78	31.1	1.5	0.2	0.4
-28.57	-44.44	-44.44	-68.75			0.62	0.82	--		-0.14	0.00	70.6	-0.12	-3.84		-5.3		0.7
-80.16						0.62	0.82	--		-0.14	0.00	70.6	-0.12	-3.84		-2.1		0.3
0.00	28.57	12.50	-85.00			0.69	0.67	--		-0.23	-0.02	60.0	-0.23	-214.86		-2.7		-11.8
-7.06	-2.65	-11.46	19.38	0.18	1.0	2,988	3,381	843.5	-1.2	31.0	0.19	14.7	260.9	2.97	4.97	96.7	3.6	5.1
18.60	73.48	-34.06	-88.45			93.6	119.6	102.3	-35.0	-63.8	-0.15	-51.1	5.4	-5.72		-0.7	0.5	0.7
17.39	80.00	-30.77	-88.20			93.6	119.6	102.3	-35.0	-63.8	-0.15	-51.1	5.4	-5.72		-0.9	0.6	1.0
-18.52	35.41	-14.79	-78.74			6.0	5.9	--		-0.98	-0.02	31.1	-0.68	-115.56		-4.9		8.7
-25.00	4.35	-4.00	140.00			6.0	5.9	--		-0.98	-0.02	31.1	-0.68	-115.56		-6.5		11.7
24.50	60.98	45.12	10.56			4,376	4,313	577.0	-0.8	103.0	1.56	-2.7	121.2	25.19	70.23	43.3	7.7	30.1
3.80	14.14	-9.02	49.04	0.48	7.6	60.9	--	5.7	16.6	4.3	0.47	7.8	4.5		15.39	13.3	10.7	1.8
-6.98	66.67	-47.60	-80.00			6.7	7.8	--		-5.9	-0.01	-28.8	-0.58	-14.82		-0.8		-10.9
-43.75	-18.18	-64.47	-61.43			1.3	-0.40	4.6	387.2	-2.5	-0.22	-80.2	-1.0	-19.66		-0.6	0.4	0.3
-28.16	-7.86	-55.92	-16.26			108.5	161.2	242.9	5.7	-10.8	-0.56	-46.8	4.9	1.85		-9.9	0.5	1.2
6.25	-8.60	-30.33	30.77			4.6	4.5	--		-1.9	-0.02	-14.2	-1.9	-212.36		-2.0		7.1
25.00	25.00	-23.08	-37.50			4.6	4.5	--		-1.9	-0.02	-14.2	-1.9	-212.36		-2.4		8.3
-5.72	-11.07	-12.84	-7.96	1.25	7.5	39.8	28.5	170.1	-4.1	-2.9	-1.22	-278.8	-1.3	1.75		-13.6	0.2	1.6
-12.84	-1.49	-38.59	-76.10	0.20	11.3	27.7	-102.6	153.9	-18.3	2.5	-0.62	-441.5	19.7	7.34	12.89	-2.9	0.9	0.2
-41.97	-2.18	-40.43	-81.02			210.3	257.1	41.8	260.7	-71.5	-0.46	61.9	-27.7	-54.29		-2.4	5.0	-1.1
17.86	49.34	14.30	69.27	2.10	2.2	5,699	6,583	21,514	-1.3	513.2	8.03	-4.7	643.4	5.65	18.36	11.9	0.3	2.2
21.72	26.48	23.85	94.05	1.04	1.6	2,597	2,704	1,987	12.2	83.1	2.08	-31.1	158.8	3.75	6	31.3	1.3	1.8
0.00	0.00	88.68				12.9	25.3	2.0	85.1	-1.8	-0.17	-45.8	-0.57	-0.83		-6.1	6.1	-26.3
6.01	27.16	4.96	56.62	0.97	4.1	35,522	41,690	39,735	-1.4	4,199	2.08	174.5	14,692	0.63	12.36	11.4	1.2	1.4
8.66	32.65	6.34	55.99	0.97	5.3	35,522	41,690	39,735	-1.4	4,199	2.08	174.5	14,692	0.63	12.36	8.7	0.9	1.1
16.90	2.87	-32.56	-28.92			15.6	12.4	--		-2.6	-0.01	77.9	-4.3	-35.43		-5.8		4.8
5.88	-10.00	-35.71	-30.77			15.6	12.4	--		-2.6	-0.01	77.9	-4.3	-35.43		-7.1		6.0
-5.87	7.17	-11.80	8.63	0.55	1.9	2,706	3,188	2,734	-0.6	94.1	0.74	-24.0	218.6	4.97	6.04	38.9	1.3	2.4
-2.51	11.04	-10.32	11.13	0.42	1.9	2,706	3,188	2,734	-0.6	94.1	0.74	-24.0	218.6	4.97	6.04	29.6	1.0	1.8
-44.06	-16.49	-77.40	-13.81			12.6	13.9	--		-4.2	-0.03	41.6	1.5	-17.29		-2.9		2.4
-22.22	-30.00	-39.13	-65.85			3.1	0.09	--		-0.68	-0.01	-134.7	-0.76	-5.99		-6.1		0.6
3.33	-4.62	41.00	17.93			2.8	6.6	0.75	0.3	0.40	0.07	-34.8	0.14	3.19	8.82	9.4	5.0	0.8
23.90	60.16	33.81	141.61			141.2	126.4	--		-2.5	-0.02	40.4	-0.54	-1.63		-53.4		2.3
19.79	53.33	32.18	121.15			141.2	126.4	--		-2.5	-0.02	40.4	-0.54	-1.63		-69.7		2.9
-15.30	1.48	-30.60	-0.21	0.20	1.4	11,614	16,350	5,538	11.1	914.0	1.08	324.4	3,100	2.49	7.54	13.1	2.1	1.0
29.05	68.53	-28.68	-93.66			17.3	16.6	1.6	127.9	-11.5	-2.01	86.1	-5.4	-46.04		-1.4	11.1	8.0
-9.87	-4.89	-19.25	66.52	1.98	3.6	36,027	75,942	106,112	36.7	2,736	5.23	-23.9	7,918	4.41	11.39	10.4	0.3	1.1
-4.06	69.43	45.31	69.82			187.8	145.2	89.8	2.2	-3.1	-0.08	17.1	7.7	-2.03		-59.1	2.3	2.0
-24.14	-10.75	-22.01	24.69			1,193	957.2	801.0	8.1	84.9	2.16	47.1	91.7	12.93	22.35	14.2	1.5	2.8
-30.77	-18.18	-47.06	-47.06			1.9	1.5	--		-0.31	-0.01	-163.6	-0.21	-7.16		-7.8		0.8
22.04	59.17	-46.57				1.9	1.5	--		-0.31	-0.01	-163.6	-0.21	-7.16		-6.6		0.7

I. Index of Stocks

Summer 2019

Company Name	Stock Ticker Symbol	Traded On	Sector	Overall Rating	Recommendation	Reward Rating	Risk Rating	Recent Up/Downgrade	Stock Price as of 6/30/2019	52-Week High	52-Week Low	3-Year Beta	Growth	Efficiency	Solvency	Volatility	Dividend	Total Return
Margaux Resources Ltd.	MARFF	OTC PK	Materials	D-	Sell	E+	D	Up	0.05	0.14	0.02	2.75	W	V	G	W	--	W
Margaux Resources Ltd.	MRL.V	TSXV	Materials	D-	Sell	E+	D		0.09	0.23	0.03	3.66	W	V	G	W	--	W
Marifil Mines Limited	MFM.V	TSXV	Materials	D	Sell	D	D	Up	0.15	0.20	0.05	1.50	W	W	G	W	--	W
Marifil Mines Limited	MFMLF	OTC PK	Materials	D	Sell	D	D	Up	0.12	0.15	0.04	-0.54	W	W	G	W	--	W
Marijuana Company of America, Inc.	MCOA	OTC PK	Health Care	D	Sell	D	D	Down	0.01	0.04	0.01	-5.74	W	W	F	W	--	W
MariMed Inc.	MRMD	OTC PK	Industrials	D	Sell	C-	D		2.15	5.80	1.92	2.25	W	W	E	W	--	F
Marin Software Incorporated	MRIN	NAS	Information Tech	D-	Sell	E+	D		2.44	12.00	2.15	-0.44	V	V	G	W	--	V
Marine Petroleum Trust	MARPS	NAS CM	Energy	D+	Sell	C	D	Down	2.22	4.85	1.22	1.46	W	E	E	W	E	W
Marine Products Corporation	MPX	NYSE	Consumer Discretn	C+	Hold	B+	D+	Down	15.89	24.82	12.48	1.20	E	E	E	W	G	F
MarineMax, Inc.	HZO	NYSE	Consumer Discretn	C-	Hold	C+	D	Down	16.43	26.11	15.34	1.07	E	G	G	W	--	W
Marinus Pharmaceuticals, Inc.	MRNS	NAS	Health Care	D-	Sell	E+	D		3.92	10.54	2.36	3.56	V	V	E	E	--	F
Maritime Resources Corp.	MAE.V	TSXV	Materials	D-	Sell	D-	D		0.10	0.13	0.07	0.18	V	W	E	W	--	W
Maritime Resources Corp.	MRTMF	OTC PK	Materials	D-	Sell	D-	D		0.07	0.10	0.05	-0.35	V	W	E	W	--	W
Marizyme, Inc.	MRZM	OTC PK	Health Care	D	Sell	D	D		1.01	3.40	0.18	-3.10	W	W	E	W	--	W
Markel Corporation	MKL	NYSE	Financials	C+	Hold	B	C-	Up	1,071.16	1,228.32	950.16	0.67	E	G	E	F	--	F
Marker Therapeutics, Inc.	MRKR	NAS CM	Health Care	D	Sell	D	D		7.69	10.92	4.18	0.95	W	W	E	W	--	F
MarketAxess Holdings Inc.	MKTX	NAS GS	Financials	B	Buy	A+	C-		316.34	342.98	172.09	0.06	E	E	E	G	W	G
Marksmen Energy Inc.	MAH.V	TSXV	Energy	D	Sell	D	D		0.06	0.21	0.05	-0.73	W	W	F	W	--	W
Marksmen Energy Inc.	MKSEF	OTC PK	Energy	D	Sell	D	D		0.04	0.16	0.04	-1.00	W	W	F	W	--	W
Marlin Business Services Corp.	MRLN	NAS GS	Financials	C	Hold	B	D+		23.32	31.60	17.51	0.59	E	E	E	W	F	W
Marquee Energy Ltd.	MQX.V	TSXV	Energy	D-	Sell	D	E+	Down	0.02	0.04	0.02	0.04	F	W	G	V	--	W
Marriott International, Inc.	MAR	NAS GS	Consumer Discretn	C+	Hold	B	C	Down	138.29	140.37	100.62	1.23	G	E	F	F	W	F
Marriott Vacations Worldwide Corporation	VAC	NYSE	Consumer Discretn	C-	Hold	C	D	Down	96.50	126.84	60.68	2.31	W	G	G	W	F	W
Marrone Bio Innovations, Inc.	MBII	NAS CM	Materials	D-	Sell	E+	D		1.45	2.18	1.1	-0.55	G	V	G	W	--	F
Marsh & McLennan Companies, Inc.	MMC	NYSE	Financials	B+	Buy	A-	B	Down	99.33	100.20	74.3	0.62	E	E	E	E	F	G
Martello Technologies Group Inc.	DRKOF	OTC PK	Information Tech	D-	Sell	D	D	Up	0.15	1.25	0.15		F	W	E	W	--	V
Martello Technologies Group Inc.	MTLO.V	TSXV	Information Tech	D-	Sell	D	D-	Up	0.20	1.67	0.18		F	W	E	W	--	V
Marten Transport, Ltd.	MRTN	NAS GS	Industrials	C+	Hold	B	C-		17.69	24.55	15.39	1.59	G	E	E	W	F	W
Martin Marietta Materials, Inc.	MLM	NYSE	Materials	C+	Hold	B	C	Up	226.72	232.44	150.75	0.97	G	E	G	F	W	F
Martin Midstream Partners L.P.	MMLP	NAS GS	Energy	D+	Sell	C	D-	Down	6.97	14.32	6.03	0.39	F	F	F	W	E	V
Martina Minerals Corp.	MTNH.V	TSXV	Materials	C-	Hold	C	D		0.12	0.12	0.04	-0.84	W	E	F	W	--	F
Martinrea International Inc.	MRETF	OTC PK	Consumer Discretn	C	Hold	B	D+		8.04	11.86	7.08	1.47	E	E	G	W	F	F
Martinrea International Inc.	MRE.TO	TSX	Consumer Discretn	C+	Hold	B	D+		10.64	15.51	9.33	1.16	E	E	G	W	W	F
Marvell Technology Group Ltd.	MRVL	NAS GS	Information Tech	C-	Hold	C+	D		23.89	25.74	14.34	1.47	F	F	E	F	W	G
MAS Gold Corp.	MAS.V	TSXV	Materials	D-	Sell	E+	D	Down	0.09	0.16	0.04	0.30	V	V	G	W	--	W
Masco Corporation	MAS	NYSE	Industrials	C+	Hold	B+	C-		39.00	41.00	27.03	1.56	E	E	G	F	W	F
Masimo Corporation	MASI	NAS GS	Health Care	B	Buy	A	C+		145.72	148.63	96.14	1.20	E	E	E	G	--	E
Mason Graphite Inc.	LLG.V	TSXV	Materials	D	Sell	D+	D-		0.33	1.45	0.25	0.53	W	F	E	W	--	V
Mason Graphite Inc.	MGPHF	OTC PK	Materials	D	Sell	D+	D-		0.27	1.09	0.18	0.80	W	F	E	W	--	V
Mason Resources Corp.	MNR.TO	TSX	Materials	D	Sell	D+	D	Down	0.40	0.40	0.14	0.02	W	W	E	W	--	F
Masonite International Corporation	DOOR	NYSE	Industrials	C-	Hold	C	D		52.42	73.30	43.76	1.80	F	E	E	W	--	W
MassRoots, Inc.	MSRT	OTC PK	Health Care	D-	Sell	D	D-		0.02	0.25	0.02	-0.31	F	W	F	W	--	V
MasTec, Inc.	MTZ	NYSE	Industrials	B	Buy	B+	C+	Up	49.06	53.80	37.24	1.15	E	E	E	F	--	E
Mastech Digital, Inc.	MHH	AMEX	Industrials	C	Hold	B	D+	Down	4.81	11.49	4.51	1.03	G	G	E	W	--	W
MasterCard Incorporated	MA	NYSE	Information Tech	B+	Buy	A+	C+	Up	261.10	269.85	171.89	0.89	E	E	E	G	W	E
MasterCraft Boat Holdings, Inc.	MCFT	NAS	Consumer Discretn	C+	Hold	B	D+	Up	20.19	39.50	17.6	2.04	E	E	G	W	--	F
Mastermind, Inc.	MMND	OTC PK	Communication Svc	D-	Sell	C-	D-	Up	1.45	9.74	0.75		F	G	E	W	--	V
Matachewan Consolidated Mines, Limited	MWCAF	OTC PK	Energy	D	Sell	D+	D-		0.10	0.17	0.1	-0.59	W	F	E	W	--	V
Matachewan Consolidated Mines, Limited	MCMA.V	TSXV	Energy	D	Sell	C-	D		0.15	0.25	0.12	1.03	W	F	E	W	--	V
Matador Resources Company	MTDR	NYSE	Energy	C-	Hold	C	D		19.05	34.91	13.97	2.25	E	G	G	W	--	W
Matamec Explorations Inc.	MAT.V	TSXV	Materials	D	Sell	D+	D		0.03	0.03	0.03	-0.04	W	F	F	W	--	W
Match Group, Inc.	MTCH	NAS GS	Communication Svc	B	Buy	A+	C		68.23	75.28	33.3	0.19	E	E	G	F	--	E

*Ratings Factors: E=Excellent, G=Good, F=Fair, W=Weak, V=Very Weak, U=Unrated

Summer 2019 — I. Index of Stocks

3-Month Total Return (%)	6-Month Total Return (%)	1-Year Total Return (%)	3-Year Total Return (%)	Dividend $ TTM	Dividend Yield TTM	Market Cap. ($Mil)	Enterprise Value ($Mil)	Revenue ($Mil)	Revenue Growth (%)	Net Income ($Mil)	Earnings/ Share $	EPS Growth (%)	Cash from Operations ($Mil)	Return on Assets (%)	Return on Equity (%)	Earnings (P/E) TTM	Sales (P/S) TTM	Book (P/B) Q
216.46	190.70	-68.09	-47.37			5.7	5.6	--		-5.7	-0.09	-134.4	-0.53	-87.67		-0.5		2.3
50.00	200.00	-60.00	-62.50			5.7	5.6	--		-5.7	-0.09	-134.4	-0.53	-87.67		-1.0		4.1
25.00	130.77	-16.67	50.00			6.7	6.2	--		-0.99	-0.02	40.9	-0.76	-16.54		-6.1		2.9
29.59	151.21	-3.24	-16.79			6.7	6.2	--		-0.99	-0.02	40.9	-0.76	-16.54		-4.7		2.3
-31.22	-48.08	-72.27	35.79			29.9	30.8	0.35	771.9	-19.5	-0.01	-48.2	-2.1	-172.03		-1.3	105.9	-4.8
-36.95	-31.20	-5.29				457.5	481.2	13.3	89.8	-11.7	-0.06	-406.5	-8.1	-3.4		-34.2	34.4	6.9
-45.05	-60.13	-57.57	-84.91			14.7	22.1	56.7	-19.1	-36.7	-6.33	-4.2	-9.8	-22.08		-0.4	0.3	0.6
-6.13	38.96	-42.22	-31.13	0.33	14.7	4.4	3.5	0.91	-4.7	0.67	0.33	-12.6	--	43.91	70.26	6.7	4.9	4.8
17.94	-4.23	-9.60	112.15	0.44	2.8	542.2	524.1	304.1	11.1	28.3	0.84	33.8	27.3	20.23	38.94	18.9	1.7	7.3
-13.75	-9.87	-14.87	0.80			375.2	609.1	1,215	11.7	39.1	1.69	41.3	27.6	5.43	11.38	9.7	0.3	1.0
-0.51	29.80	-44.48	201.54			206.0	148.6	--		-43.2	-0.99	-40.5	-33.4	-43.42		-4.0		3.6
5.56	11.76	-5.00	-61.22			13.7	13.0	--		-2.4	-0.02	-28.7	-2.3	-9.75		-4.1		1.9
-6.18	3.33	-27.91	-65.72			13.7	13.0	--		-2.4	-0.02	-28.7	-2.3	-9.75		-3.1		1.4
-34.84	-46.84	-42.05	-75.12			19.8	19.8	0.01	-81.1	-0.27	-0.10	83.9	-0.17	-1.68		-10.1	1,442.9	0.7
9.11	5.54	-1.43	16.20			14,831	15,917	7,738	24.3	512.6	37.35	111.9	853.9	1.72	5.27	28.7	1.9	1.5
27.53	61.22	-17.13	27.91			349.8	292.7	0.21	12.5	-150.1	-4.22	-262.2	-16.0	-295.98		-1.8	1,708.9	6.3
28.55	53.03	57.41	129.12	1.86	0.6	11,925	11,671	445.3	9.9	177.4	4.69	15.8	231.8	19.76	30.37	67.5	26.9	18.9
-42.11	-67.65	-50.00	-60.71			4.2	5.0	0.71	-1.1	-0.66	-0.01	-7.8	-0.11	-7.09		-8.0	7.6	1.6
-35.58	-66.85	-51.02	-60.89			4.2	5.0	0.71	-1.1	-0.66	-0.01	-7.8	-0.11	-7.09		-6.3	6.0	1.2
8.31	8.99	-21.50	63.00	0.56	2.4	284.4	--	104.5	12.5	23.9	1.91	-19.7	75.1		12.42	12.2	2.7	1.4
0.00	0.00	-42.86				6.6	32.2	26.8	17.5	-20.1	-0.05	19.5	4.3	-8.37		-0.4	0.3	0.2
11.88	29.86	11.94	129.91	1.71	1.2	46,049	57,067	5,238	3.6	1,884	5.37	33.1	1,833	6.36	72.9	25.7	9.1	28.8
2.43	39.93	-9.48	57.79	1.75	1.8	4,326	8,136	2,245	70.2	42.8	0.48	-94.5	101.7	3.97	1.8	199.3	2.0	1.3
-11.59	0.00	-19.89	88.31			160.6	176.9	25.6	39.7	-21.2	-0.19	76.8	-17.3	-22.48		-7.5	6.3	16.8
7.36	27.14	24.97	60.42	1.66	1.7	50,792	64,667	15,021	3.4	1,676	3.28	4.9	2,516	7.34	21.25	30.3	3.4	6.4
-31.50	-13.97					28.4	26.0	6.7	152.5	-3.7	-0.05	-357.6	-3.4	-6.97		-3.1	4.2	1.9
-32.76	-22.00					28.4	26.0	6.7	152.5	-3.7	-0.05	-357.6	-3.4	-6.97		-4.0	5.4	2.4
0.28	9.15	-22.97	56.07	0.11	0.6	966.1	881.5	799.7	12.3	58.2	1.07	-36.7	164.2	5.63	10.37	16.6	1.2	1.6
14.82	35.47	3.55	28.63	1.92	0.9	14,165	17,801	4,105	11.4	502.8	7.95	-26.1	718.0	4.84	10.42	28.5	3.5	2.9
-43.17	-26.72	-40.94	-55.10	1.75	25.1	271.1	1,090	939.4	-6.1	27.1	0.70	75.2	101.9	1.81		10.0	0.3	1.7
228.57	228.57	187.50	15.00			0.41	1.8	--		-0.12	-0.03	-84.7	-0.04	-831.04		-4.3		-0.3
-8.25	2.95	-27.80	41.74	0.14	1.7	670.8	1,398	2,837	-0.3	141.2	1.65	7.1	217.5	6.05	16.65	4.9	0.2	0.Q
-9.68	0.01	-23.78	37.75	0.18	1.7	670.8	1,398	2,837	-0.3	141.2	1.65	7.1	217.5	6.05	16.65	6.5	0.3	1.0
23.39	53.11	11.17	168.89	0.24	1.0	15,791	17,050	2,924	19.8	-356.2	-0.54	-150.7	633.8	-0.72		-44.1	5.4	2.2
-45.16	6.25	13.33	88.89			2.8	2.7	--		-0.74	-0.02	-166.2	-0.32	-49.24		-4.5		9.1
-0.01	35.84	6.39	35.05	0.47	1.2	11,448	14,636	8,347	7.2	701.0	2.29	34.1	956.0	13.62	666.67	17.0	1.4	-78.4
6.69	38.04	47.64	187.93			7,775	7,204	877.0	8.7	197.2	3.51	66.3	210.0	12.37	22.27	41.5	9.4	7.7
-16.46	-27.47	-75.74	-54.79			34.3	23.1	--		4.8	0.04	288.5	-4.1	-3.62	7.41	9.1		0.7
-10.53	-21.34	-74.02	-53.23			34.3	23.1	--		4.8	0.04	288.5	-4.1	-3.62	7.41	7.3		0.5
0.00	0.00	113.51				23.6	17.3	--		-1.2	-0.02	61.2	-0.69	-2.9		-23.8		0.7
4.86	14.18	-26.58	-17.84			1,318	2,183	2,183	5.8	75.7	2.73	-46.4	194.6	5.83	11.95	19.2	0.6	2.2
-77.13	-70.81	-92.58	-97.74			3.6	6.1	0.02	-87.9	-12.0	-0.07	81.3	-3.2	-378.89		-0.2	181.0	-0.5
3.90	22.19	-2.08	131.74			3,686	5,500	7,031	2.7	276.2	3.52	-12.7	399.6	6.91	19.65	14.0	0.5	2.6
-23.04	-23.04	-38.02	43.37			52.9	94.9	179.0	13.2	6.3	0.56	118.6	2.6	6.07	19.57	8.6	0.3	1.5
11.33	40.69	33.20	194.60	1.16	0.4	266,693	266,319	15,259	14.4	6,229	5.98	47.3	6,500	23.43	112.59	43.6	17.7	51.7
-10.78	7.51	-30.90	84.55			378.0	498.3	439.0	48.5	44.6	2.37	34.8	52.7	18.17	73.69	8.5	0.9	4.6
16.00	31.82	-75.83				49.1	48.4	5.7	10.4	1.0	0.03	-25.4	0.03	43.89	63.36	54.9	8.6	23.4
-13.66	-13.49	-39.51	-60.02			1.4	-0.27	0.23	21.2	-0.06	-0.01	-31.6	-0.05	-0.17		-13.4	5.6	0.5
-11.76	0.00	-31.82	-53.97			1.4	-0.27	0.23	21.2	-0.06	-0.01	-31.6	-0.05	-0.17		-20.0	8.3	0.8
-3.25	22.98	-36.79	-5.08			2,221	3,759	816.1	40.3	197.4	1.71	27.7	531.6	6.35	14.29	11.2	2.7	1.3
0.00	0.00	0.00	-50.00			2.6	2.6	0.01	600.0	0.38	0.00	227.3	-0.66	-10.18	15.34	8.9		1.2
22.12	62.18	83.01	406.25			19,181	20,612	1,787	24.2	501.2	1.69	17.1	573.7	15.84	144.12	40.3	11.3	133.0

https://greyhouse.weissratings.com — Data as of June 30, 2019

I. Index of Stocks

Summer 2019

Company Name	Stock Ticker Symbol	Traded On	Sector	Overall Rating	Recommendation	Reward Rating	Risk Rating	Recent Up/Downgrade	Stock Price as of 6/30/2019	52-Week High	52-Week Low	3-Year Beta	Growth	Efficiency	Solvency	Volatility	Dividend	Total Return
Materialise NV	MTLS	NAS GS	Information Tech	U		U	U		18.31	22.99	11.16	-0.37	U	U	U	U	U	U
Materion Corporation	MTRN	NYSE	Materials	C+	Hold	B	C	Up	65.20	71.97	42.5	0.95	F	G	E	F	W	E
Matica Enterprises Inc.	MMJFF	OTC PK	Health Care	D	Sell	D	D		0.06	0.24	0.04	7.73	W	V	E	W	–	F
Matinas BioPharma Holdings, Inc.	MTNB	AMEX	Health Care	D	Sell	D-	D	Up	0.85	1.50	0.32	2.66	W	V	E	W	–	F
Matrix Service Company	MTRX	NAS GS	Energy	C-	Hold	C-	D+	Up	19.86	25.75	15.43	1.59	F	F	E	W	–	F
Matson, Inc.	MATX	NYSE	Industrials	C+	Hold	B	C	Up	38.67	41.96	30.6	1.67	F	E	G	F	F	F
Mattel, Inc.	MAT	NAS GS	Consumer Discretn	D-	Sell	D	D-	Down	10.89	17.73	9.09	1.98	W	W	F	W	–	W
Matthews International Corporation	MATW	NAS GS	Industrials	C-	Hold	C+	D		34.24	61.25	33.04	1.11	E	E	E	W	F	W
Maui Land & Pineapple Company, Inc.	MLP	NYSE	Real Estate	D+	Sell	C-	D		10.15	14.20	9.23	1.41	W	E	W	–	W	
MAV Beauty Brands Inc.	MAV.TO	TSX	Consumer Staples	D-	Sell	D	D-	Up	6.40	14.15	6.13		W	F	E	W	–	V
MAV Beauty Brands Inc.	MAVBF	OTC PK	Consumer Staples	E-	Sell	D	D		5.64	6.74	5.64		W	F	E	W	–	W
Maverix Metals Inc.	MMX.TO	TSX	Materials	C-	Hold	C	D+		5.75	6.20	3.26	-0.08	W	F	E	F	–	G
Maverix Metals Inc.	MMX	AMEX	Materials	C-	Hold	C	D+		4.48	4.74	2.5	0.60	W	F	E	F	–	G
Mawson Resources Limited	MWSNF	OTC PK	Materials	D-	Sell	D-	D	Down	0.14	0.27	0.12	0.70	V	W	E	W	–	W
Mawson Resources Limited	MAW.TO	TSX	Materials	D	Sell	D-	D		0.18	0.39	0.17	0.12	V	W	E	W	–	W
Max Resource Corp.	MXROF	OTC PK	Materials	D-	Sell	E+	D		0.11	0.38	0.07	2.01	W	V	E	W	–	F
Max Resource Corp.	MXR.V	TSXV	Materials	D-	Sell	E+	D		0.12	0.50	0.09	0.28	W	V	E	W	–	F
Max Sound Corporation	MAXD	OTC PK	Information Tech	C-	Hold	C	D-	Up	0.00	0.00	0	0.29	F	E	F	W	–	W
Maxar Technologies Inc.	MAXR	NYSE	Industrials	D	Sell	D	D-	Up	7.43	55.28	3.83	0.55	W	W	F	W	W	V
Maxcom Telecomunicaciones S.A.B. de C.V.	MXMTY	OTC PK	Communication Svc	D	Sell	D	D-		0.11	0.32	0.07	-5.14	F	W	G	W	–	V
Maxcom Telecomunicaciones S.A.B. de C.V.	MXTSF	OTC PK	Communication Svc	D	Sell	D	D-		0.28	0.28	0.28	-0.58	F	W	G	W	–	V
Maxim Integrated Products, Inc.	MXIM	NAS GS	Information Tech	B	Buy	B+	C+	Up	60.15	63.68	46.64	1.45	G	E	E	F	G	F
Maxim Power Corp.	MXGFF	OTC PK	Utilities	D	Sell	D+	D		1.39	1.82	1.32	0.86	W	F	E	W	–	W
Maxim Power Corp.	MXG.TO	TSX	Utilities	D	Sell	D+	D-		1.85	2.58	1.78	-0.11	W	F	E	W	–	W
MAXIMUS, Inc.	MMS	NYSE	Information Tech	B+	Buy	A-	B		72.24	76.84	60	0.65	E	E	E	G	W	F
MaxLinear, Inc.	MXL	NYSE	Information Tech	D+	Sell	C-	D		23.35	28.70	14.87	1.84	W	F	E	W	–	F
MaxTech Ventures Inc.	MTEHF	OTC PK	Materials	D-	Sell	D-	D-	Up	0.02	0.25	0.02	1.48	W	W	G	W	–	V
Maya Gold and Silver Inc.	MYA.TO	TSX	Materials	D+	Sell	C-	D		1.91	3.00	1.58	0.92	W	W	E	W	–	F
Maya Gold and Silver Inc.	MYAGF	OTC PK	Materials	D+	Sell	C-	D		1.49	2.28	1.2	0.30	W	W	E	W	–	F
Mayr-Melnhof Karton AG	MNHFY	OTC PK	Materials	C	Hold	B	C		31.65	34.40	29.98	0.22	E	E	E	F	–	F
Mayr-Melnhof Karton AG	MNHFF	OTC PK	Materials	C	Hold	B-	D		125.72	134.56	125.72	0.02	E	E	E	W	–	W
Mayville Engineering Company, Inc.	MEC	NYSE	Materials	U		U	U		14.61	17.40	11.95		U	U	U	U	U	U
Mazarin Inc.	MAZH.V	TSXV	Materials	C	Hold	B+	D+	Up	0.07	0.18	0.06	3.28	F	G	G	W	–	F
MB Bancorp, Inc.	MBCQ	OTC PK	Financials	C	Hold	B	B-		16.20	18.25	13.86	0.76	F	F	E	G	–	F
MB Financial, Inc.	MBFPP	OTC	Financials	C	Hold	B+	C		25.92				E	G	E	F	G	F
MBIA Inc.	MBI	NYSE	Financials	D+	Sell	D+	D		9.29	11.62	7.95	0.82	W	W	E	W	–	F
MBMI Resources Inc.	MBRH.V	TSXV	Materials	D	Sell	C-	E+		0.02	0.07	0.02	2.23	W	E	F	W	–	V
MBMI Resources Inc.	MBRTF	OTC PK	Materials	D+	Sell	C	D	Down	0.01	1.00	0.01	32.44	W	E	F	W	–	W
MBN Corporation	OSNDF	OTC PK	Financials	C	Hold	C	B		4.78	5.03	4.78	0.15	W	G	E	G	–	F
MBT Financial Corp.	MBTF	NAS GS	Financials	C	Hold	C	C-	Down	10.02	12.49	8.75	1.17	W	E	E	F	G	W
MC Endeavors, Inc.	MSMY	OTC PK	Information Tech	D	Sell	D	D-	Up	0.00	0.02	0		F	W	F	W	–	V
MCAN Mortgage Corporation	MAMTF	OTC PK	Financials	C	Hold	B+	C-	Up	12.83	14.75	9.19	1.23	F	E	E	F	E	F
MCAN Mortgage Corporation	MKP.TO	TSX	Financials	B-	Buy	B+	C	Up	15.84	19.46	12.21	0.78	F	E	E	F	E	F
McChip Resources Inc.	MCS.V	TSXV	Energy	C-	Hold	C+	D	Down	0.70	0.93	0.58	0.21	W	G	E	W	E	F
McChip Resources Inc.	MCCHF	OTC PK	Energy	C	Hold	B-	D		0.54	0.60	0.54	0.30	W	G	E	F	E	F
McCormick & Company, Incorporated	MKC	NYSE	Consumer Staples	B	Buy	A-	C+	Up	155.87	159.57	108.2	0.02	G	E	G	G	F	G
McCormick & Company, Incorporated	MKCV	NYSE	Consumer Staples	C	Hold	A-	C+		155.03	160.10	108.07	0.04	G	E	G	G	F	G
McCoy Global Inc.	MCB.TO	TSX	Energy	D	Sell	D	D-		0.62	1.45	0.56	0.47	F	W	E	W	–	V
McCoy Global Inc.	MCCRF	OTC PK	Energy	D	Sell	D	D-		0.48	1.07	0.45	0.50	F	W	E	W	–	V
McDermott International, Inc.	MDR	NYSE	Energy	D	Sell	D	D	Up	9.07	20.63	5.91	4.32	W	V	F	W	–	V
McDonald's Corporation	MCD	NYSE	Consumer Discretn	B	Buy	B	B		206.27	206.39	153.13	0.32	G	E	E	G	F	G
McEwen Mining Inc.	MUX.TO	TSX	Materials	D	Sell	D	D		2.26	3.28	1.67	0.06	F	W	G	W	–	W

*Ratings Factors: E=Excellent, G=Good, F=Fair, W=Weak, V=Very Weak, U=Unrated

Summer 2019 — I. Index of Stocks

3-Month Total Return (%)	6-Month Total Return (%)	1-Year Total Return (%)	3-Year Total Return (%)	Dividend $ TTM	Dividend Yield TTM	Market Cap. ($Mil)	Enterprise Value ($Mil)	Revenue ($Mil)	Revenue Growth (%)	Net Income ($Mil)	Earnings/Share $	EPS Growth (%)	Cash from Operations ($Mil)	Return on Assets (%)	Return on Equity (%)	Earnings (P/E) TTM	Sales (P/S) TTM	Book (P/B) Q
17.52	-8.91	44.40	156.08			968.4	966.3	109.9	-32.0	0.37	0.01	112.4	19.1			2,816.9	9.0	6.2
14.76	46.50	21.48	184.69	0.43	0.7	1,327	1,337	1,206	0.3	27.2	1.30	42.1	71.9	2.28	5.08	50.1	1.1	2.3
-23.81	6.46	-64.44	348.00			18.0	12.3	--		-2.2	-0.01	64.8	-0.45	-10.64		-7.6		1.5
-25.01	38.92	92.68	22.81			121.2	96.1	0.09	-45.4	-14.0	-0.14	14.5	-10.5	-29.46		-5.9	1,210.6	3.6
0.25	14.67	6.20	27.72			532.4	484.9	1,311	20.3	0.49	0.00	-100.0	27.7	2.29	0.15		0.4	1.6
6.91	21.33	3.70	29.00	0.84	2.2	1,656	2,760	2,244	7.7	107.3	2.49	-55.2	308.5	3.04	14.85	15.5	0.7	2.2
-16.42	9.56	-33.35	-61.10			3,762	6,607	4,492	-7.5	-403.5	-1.17	67.8	53.6	-0.03		-9.3	0.8	7.3
-5.38	-14.15	-40.81	-31.96	0.79	2.3	1,086	2,023	1,585	1.0	72.5	2.28	-28.4	136.6	3.27	8.48	15.0	0.7	1.3
-10.81	7.75	-8.14	53.47			195.9	196.5	11.3	-35.0	0.37	0.01	-96.8	0.92	-5.99	1.19	1,537.9	17.2	6.3
-21.86	-35.81					182.5	293.8	102.2	113.7	-7.4	-0.17	-56.7	-4.3	3.69		-36.8	2.6	1.1
-16.19						182.5	293.8	102.2	113.7	-7.4	-0.17	-56.7	-4.3	3.69		-32.5	2.3	1.0
18.80	27.78	64.29				472.9	486.2	26.6	51.2	2.3	0.01	-62.4	17.0	2.19	1.48	463.7	25.0	3.1
23.57	33.49	77.73				472.9	486.2	26.6	51.2	2.3	0.01	-62.4	17.0	2.19	1.48	361.1	19.5	2.4
-20.27	-4.04	-38.73	-42.65			19.5	14.8	--		-2.8	-0.02	-32.2	-1.9	-6.61		-6.7		0.8
-25.00	-7.69	-37.93	-35.71			19.5	14.8	--		-2.8	-0.02	-32.2	-1.9	-6.61		-9.0		1.0
-51.09	48.38	-10.41	65.56			6.0	5.1	--		-3.2	-0.06	-238.4	-2.9	-190.47		-1.8		6.4
-60.66	-40.00	-40.00	84.62			6.0	5.1	--		-3.2	-0.06	-238.4	-2.9	-190.47		-2.0		7.0
-33.33	-50.00	-75.00	-97.14			0.66	7.1	--		-5.8	0.00	91.1	-0.83	-1,609.92		-0.1		0.0
87.95	-36.65	-84.38	-87.62	0.76	10.2	442.7	3,765	2,087	15.0	-1,354	-22.94	-1,613.2	21.7	-1.46		-0.3	0.2	0.8
-43.20	-54.56	-45.90	-71.60			18.9	133.8	72.3	-26.5	-15.4	-0.11	-57.9	14.2	-0.84		-1.1	0.2	0.5
0.00	-37.58	-37.58				18.9	133.8	72.3	-26.5	-15.4	-0.11	-57.9	14.2	-0.84		-2.6	0.6	1.2
15.08	22.06	6.70	91.58	1.84	3.1	16,386	15,480	2,391	-2.4	654.1	2.33	54.5	785.0	11.88	36.2	25.8	7.0	9.9
-6.32	4.66	-26.66	-33.97			73.9	36.1	21.2	189,373.2	4.7	0.09	-63.4	-6.8	-3.88	4.2	16.3	3.6	0.7
-6.57	-11.90	-25.10	-32.97			73.9	36.1	21.2	189,373.2	4.7	0.09	-63.4	-6.8	-3.88	4.2	21.6	4.8	0.9
1.77	12.28	16.37	44.11	0.80	1.1	4,610	4,644	2,557	4.1	224.0	3.44	1.1	334.2	12.23	19.99	21.0	1.8	4.0
-7.52	32.44	48.54	33.35			1,649	1,845	358.8	-18.9	-32.9	-0.48	-94.7	106.8	-1.88		-48.7	4.6	4.0
-58.75	-79.59	-88.08				1.2	1.2	--		-1.3	-0.02	42.2	-0.78	-96.36		-0.8		2.9
-14.73	4.37	-31.29	241.07			114.0	96.9	2.1		-1.9	-0.03	12.2	1.8	-1.94		-73.5	73.5	3.7
-11.31	12.03	-28.19	223.91			114.0	96.9	2.1		-1.9	-0.03	12.2	1.8	-1.94		-57.3	57.3	2.9
-1.48	-2.52	-2.32	19.10	0.63	2.0	2,504	2,851	2,765	0.7	191.7	9.57	2.4	321.0	5.72	11.74	3.3	0.2	0.4
-6.57	-11.11	-11.11	-13.39			2,504	2,851	2,765	0.7	191.7	9.57	2.4	321.0	5.72	11.74	13.1	0.9	1.6
						289.9	478.4	143.7	64.8	2.5	0.18	-41.5	-1.5			79.9	1.4	-6.9
-12.50	-22.22	-6.67	366.67			2.5	1.4	0.95	-11.8	2.1	0.04	888.6	-0.57	4.23	133.01	1.6	3.5	1.5
-1.28	16.13	-2.41	20.45			29.8	--	5.1	32.0	2.5	1.34	2,784.9	0.79		7.74	12.1	5.8	0.9
7.12	14.87	8.51		1.50	5.8	--	--	933.2	-1.8	213.9	2.55	-26.9	842.2		7.08	10.2	2.4	0.8
-5.97	5.57	3.34	42.27			837.8	6,735	227.0	-48.4	-215.0	-2.43	82.0	-288.0	1.17		-3.8	3.5	0.7
0.00	-25.00	-70.00	-91.67			0.17	1.1	--		-0.59	-0.03	33.1	-0.21	-319.27		-0.5		-0.1
-29.00	18.33	-87.25	18.33			0.17	1.1	--		-0.59	-0.03	33.1	-0.21	-319.27		-0.2		0.0
-3.93	-2.27	11.19	24.74	0.24	5.1	23.0	-8.1	1.9	204.7	2.2	0.53	182.9	3.8	3.04	8.39	9.1	11.3	0.8
-0.41	9.99	-2.33	59.52	0.40	4.0	230.8	--	49.0	-14.7	8.7	0.37	-25.0	17.9		6.99	27.3	4.7	1.8
18.20	59.73	-78.01				1.7	1.9	0.15	39.1	-0.65	0.00	-28.6	-0.21			-3.3	14.8	-7.4
10.51	42.64	0.35	45.69	0.96	7.5	290.1	--	50.3	-0.7	30.5	1.28	-4.7	11.1		12.94	10.0	6.1	1.3
0.64	25.51	-5.12	40.70	1.33	8.4	290.1	--	50.3	-0.7	30.5	1.28	-4.7	11.1		12.94	12.3	7.5	1.0
-5.41	-9.58	22.60	35.05	0.03	4.3	3.0	0.24	0.44	-85.6	0.00	0.00	-100.1	-0.08	-1.55		-1,400.0	8.9	1.0
-0.44	57.63	57.63	59.55	0.02	4.2	3.0	0.24	0.44	-85.6	0.00	0.00	-100.1	-0.08	-1.55		-1,082.0	6.9	0.8
5.21	12.55	37.95	61.27	2.18	1.4	20,568	25,111	5,403	7.9	658.8	4.93	-19.8	945.3	5.84	21.33	31.6	3.9	6.2
5.14	11.94	37.94	60.71	2.18	1.4	20,568	25,111	5,403	7.9	658.8	4.93	-19.8	945.3	5.84	21.33	31.4	3.8	6.1
-29.55	-38.00	-55.71	-66.12			13.0	12.0	40.1	25.0	-1.0	-0.04	90.3	-3.9	0.14		-15.4	0.4	0.6
-32.33	-41.26	-52.28	-64.65			13.0	12.0	40.1	25.0	-1.0	-0.04	90.3	-3.9	0.14		-11.8	0.3	0.4
24.93	33.58	-54.15	-36.08			1,648	5,566	8,308	170.3	-2,778	-15.39	-862.4	-352.1	1		-0.6	0.2	2.4
9.55	18.93	35.24	88.22	5.50	2.7	157,499	200,504	20,842	-6.5	5,877	7.54	14.1	7,342	13.44		27.4	7.6	-24.0
8.13	-9.70	-17.65	-51.41	0.01	0.2	619.2	660.3	103.2	9.6	-49.8	-0.15	-184.3	-21.4	-3.97		-14.9	7.4	1.6

I. Index of Stocks

Summer 2019

Company Name	Stock Ticker Symbol	Traded On	Sector	Overall Rating	Recommendation	Reward Rating	Risk Rating	Recent Up/Downgrade	Stock Price as of 6/30/2019	52-Week High	52-Week Low	3-Year Beta	Growth	Efficiency	Solvency	Volatility	Dividend	Total Return
McEwen Mining Inc.	MUX	NYSE	Materials	D	Sell	D	D		1.72	2.52	1.23	0.33	F	W	G	W	–	W
McGrath Rentcorp	MGRC	NAS GS	Industrials	B-	Buy	B	C	Down	61.91	65.81	45.85	0.63	G	E	E	F	G	F
mCig, Inc.	MCIG	OTC PK	Industrials	D	Sell	D	D		0.06	0.35	0.05	-0.70	W	W	E	W	–	W
McKesson Corporation	MCK	NYSE	Health Care	D+	Sell	C	D		133.92	139.86	106.11	1.29	W	G	G	W	W	W
McLaren Resources Inc.	MLRNF	OTC PK	Materials	E+	Sell	E+	E+		0.02	0.02	0.02	-0.45	W	V	G	V	–	V
McorpCX, Inc.	MCCX	OTC PK	Information Tech	D	Sell	C-	E+		0.08	0.30	0.06	2.05	G	W	E	V	–	V
McorpCX, Inc.	MCX.V	TSXV	Information Tech	D	Sell	C-	D-		0.11	0.30	0.08	0.33	G	W	E	W	–	V
McRae Industries, Inc.	MCRAA	OTC PK	Consumer Discretn	D+	Sell	C	D		24.35	30.99	22.55	0.28	W	E	E	W	F	W
McRae Industries, Inc.	MCRAB	OTC PK	Consumer Discretn	D+	Sell	C	D	Down	23.50	30.50	23.1	0.11	W	E	E	W	F	W
MCTC Holdings, Inc.	MCTC	OTC PK	Industrials	C-	Hold	C+	D	Up	0.09	0.19	0.01	-5.66	W	E	F	W	–	F
MDC Partners Inc.	MDZA.TO	TSX	Communication Svc	E	Sell	C-	D+		27.80	27.80	27.8	0.00	W	F	G	F	–	F
MDC Partners Inc.	MDCA	NAS GS	Communication Svc	D	Sell	D+	D-		2.50	6.00	1.65	0.37	W	F	G	W	–	V
MDJM Ltd.	MDJH	NAS CM	Real Estate	E-	Sell	D	D-		2.86	7.90	2		V	F	E	W	–	V
MDU Resources Group, Inc.	MDU	NYSE	Utilities	C+	Hold	B	C-	Down	25.38	29.62	22.73	0.48	F	G	E	F	G	W
Mechanical Technology, Incorporated	MKTY	OTC PK	Information Tech	C+	Hold	A-	D+		1.07	1.70	0.6	0.56	F	G	G	W	–	F
Mechel PAO	MTLPR	NYSE	Materials	C	Hold	C	D+		0.95	1.10	0.6	-0.68	W	G	E	W	–	F
Mechel PAO	MTL	NYSE	Materials	D+	Sell	C	D	Down	2.09	3.45	1.81	0.61	W	G	F	W	–	W
Med BioGene Inc.	MBI.V	TSXV	Health Care	D	Sell	C-	D-		0.05	0.08	0.02	1.23	F	E	F	W	–	V
Med BioGene Inc.	MBGNF	OTC PK	Health Care	D	Sell	C-	D-		0.06	0.06	0.02	4.31	F	E	F	W	–	V
Medalist Diversified REIT, Inc.	MDRR	NAS CM	Real Estate	E	Sell	C	D-	Up	4.56	9.75	3.71		F	F	G	W	E	V
Medallion Financial Corp.	MFIN	NAS GS	Financials	D+	Sell	C-	D		6.36	7.80	4.07	1.47	W	F	E	W	–	F
Medallion Resources Ltd.	MLLOF	OTC PK	Materials	C-	Hold	C	D	Up	0.17	0.21	0.06	-1.79	W	E	F	W	–	F
Medallion Resources Ltd.	MDL.V	TSXV	Materials	C-	Hold	C	D	Up	0.22	0.28	0.08	-1.81	W	E	F	W	–	F
MedAmerica Properties Inc.	MAMP	OTC PK	Real Estate	D+	Sell	C	D-	Up	3.53	6.00	1.9	-4.62	F	G	G	W	–	V
Medexus Pharmaceuticals Inc.	MDP.V	TSXV	Health Care	D+	Sell	D+	D	Up	4.59	7.35	3.8	-0.20	W	W	E	W	–	F
Medexus Pharmaceuticals Inc.	PDDPF	OTC PK	Health Care	D	Sell	D	D		3.56	4.74	2.98		W	W	E	W	–	W
Medgold Resources Corp.	MED.V	TSXV	Materials	D-	Sell	E+	D-		0.10	0.50	0.09	0.54	W	V	E	W	–	W
Medgold Resources Corp.	MGLDF	OTC PK	Materials	D-	Sell	E+	D-		0.08	0.38	0.07	1.31	W	V	E	W	–	W
Mediagrif Interactive Technologies Inc.	MDF.TO	TSX	Communication Svc	D	Sell	D+	D-	Down	7.31	12.91	6.87	-0.14	W	F	G	W	G	W
Mediagrif Interactive Technologies Inc.	MECVF	OTC PK	Communication Svc	D	Sell	D+	D-	Down	5.31	7.56	5.31	-0.17	W	F	G	W	G	V
MediaValet Inc.	VRXWF	OTC PK	Information Tech	D	Sell	D	D-		0.03	0.04	0.01	3.15	F	W	F	W	–	V
MediaValet Inc.	MVP.V	TSXV	Information Tech	D	Sell	D	D-		0.04	0.05	0.02	-1.17	F	W	F	W	–	V
Medibio Limited	MDBIF	OTC PK	Health Care	D-	Sell	E+	D-		0.01	0.19	0	2.37	F	V	G	W	–	W
Medical Facilities Corporation	DR.TO	TSX	Health Care	C-	Hold	B-	D	Down	12.31	17.64	11.97	1.00	W	G	G	W	E	W
Medical Facilities Corporation	MFCSF	OTC PK	Health Care	C-	Hold	B-	D	Down	9.40	13.26	8.88	1.29	W	G	G	W	E	W
Medical Imaging Corp.	MEDD	OTC PK	Health Care	D	Sell	D	D-		0.01	0.02	0	2.43	W	W	F	W	–	W
Medical Marijuana, Inc.	MJNA	OTC PK	Health Care	D-	Sell	D-	D		0.05	0.12	0.04	-2.14	F	V	G	W	–	W
Medical Properties Trust, Inc.	MPW	NYSE	Real Estate	B	Buy	A	B-	Down	17.37	18.92	13.79	0.40	E	E	E	G	G	F
Medicenna Therapeutics Corp.	MDNA.TO	TSX	Health Care	D-	Sell	E+	D-	Up	1.52	2.38	0.64	1.97	W	V	G	W	–	W
Medicenna Therapeutics Corp.	MDNAF	OTC PK	Health Care	D-	Sell	E+	D-	Up	1.19	1.74	0.51		W	V	G	W	–	W
Medicine Man Technologies, Inc.	MDCL	OTC PK	Industrials	D	Sell	D	D	Down	3.33	4.17	1.06	1.48	G	V	E	W	–	E
MediciNova, Inc.	MNOV	NAS	Health Care	D	Sell	D	D		9.61	13.37	6.68	1.88	V	W	E	W	–	F
Medico International Inc.	MDDT	OTC PK	Health Care	D+	Sell	C	D-	Down	2.23	3.90	1.62	3.32	V	G	E	W	–	W
Medicure Inc.	MCUJF	OTC PK	Health Care	D	Sell	C-	D-	Down	3.80	5.68	3.55	0.80	W	G	E	W	–	W
Medicure Inc.	MPH.V	TSXV	Health Care	D	Sell	C-	D-	Down	4.95	7.45	4.68	0.60	W	G	E	W	–	W
Medidata Solutions, Inc.	MDSO	NAS GS	Health Care	C	Hold	B	D		90.37	98.60	60.1	1.08	G	E	E	F	–	G
Medifast, Inc.	MED	NYSE	Consumer Staples	B	Buy	A	D+	Up	128.69	260.98	106.31	0.71	E	E	E	W	F	F
Medifirst Solutions, Inc	MFST	OTC PK	Health Care	D	Sell	C-	D-	Up	0.02	0.40	0.02	1.67	W	E	F	W	–	W
Medifocus Inc.	MFS.V	TSXV	Health Care	D+	Sell	C	D	Down	0.02	0.04	0.02	2.02	F	E	F	W	–	W
Medifocus Inc.	MDFZF	OTC PK	Health Care	C-	Hold	C	D		0.02	0.03	0.01	7.16	F	E	F	W	–	W
MediGus Ltd.	MDGS	NAS CM	Health Care	E+	Sell	E+	E+		2.30	10.20	2.11	1.82	F	V	E	V	–	V
MediPharm Labs Corp.	LABS.V	TSXV	Health Care	E	Sell	D	D		5.09	7.39	0.91		W	W	E	W	–	F

*Ratings Factors: E=Excellent, G=Good, F=Fair, W=Weak, V=Very Weak, U=Unrated

Summer 2019

I. Index of Stocks

3-Month Total Return (%)	6-Month Total Return (%)	1-Year Total Return (%)	3-Year Total Return (%)	Dividend $ TTM	Dividend Yield TTM	Market Cap. ($Mil)	Enterprise Value ($Mil)	Revenue ($Mil)	Revenue Growth (%)	Net Income ($Mil)	Earnings/Share $	EPS Growth (%)	Cash from Operations ($Mil)	Return on Assets (%)	Return on Equity (%)	Earnings (P/E) TTM	Sales (P/S) TTM	Book (P/B) Q
10.97	-6.25	-16.03	-51.89	0.01	0.6	619.2	660.3	103.2	9.6	-49.8	-0.15	-184.3	-21.4	-3.97		-11.3	5.6	1.2
8.44	23.11	0.58	127.44	1.40	2.3	1,500	1,799	515.3	9.1	83.4	3.40	-48.3	158.0	6.43	15.01	18.2	3.0	2.6
-54.84	-59.91	-78.57	65.60			32.0	31.8	3.0	-64.6	-3.0	-0.01	-383.3	-1.9	-27.97		-9.1	10.0	3.8
16.52	22.46	-0.17	-21.97	1.56	1.2	24,960	31,211	214,319	2.9	34.0	0.07	-69.6	4,036	3.22	2.4	2,041.5	0.1	3.1
0.00	-96.41	-96.41	-96.41			1.0	0.89	--		-0.64	-0.01	-23.5	-0.42	-83.94		-2.0		11.9
-19.00	15.71	-37.69	-92.06			1.7	0.10	4.4	54.9	-0.20	-0.01	42.9	0.10	-5.6		-8.1	0.4	1.0
16.67	-12.50	-47.50	-89.50			1.7	0.10	4.4	54.9	-0.20	-0.01	42.9	0.10	-5.6		-10.5	0.5	1.3
-1.09	2.15	-13.50	9.12	0.52	2.1	57.9	25.4	73.9	-29.2	2.2	0.91	-56.9	4.1	1.76	2.94	26.9	0.8	0.8
-15.29	-15.29	-22.12	-16.45	0.52	2.2	57.9	25.4	73.9	-29.2	2.2	0.91	-56.9	4.1	1.76	2.94	25.9	0.8	0.8
1,153.33	487.50	443.35	4,600.00			17.3	17.4	--		-0.08	0.00	-33.3	-0.05			-117.5		-104.4
0.00	0.00	0.00	0.00			179.8	1,606	1,478	-1.2	-94.4	-1.80	-155.8	-2.9	4.13		-15.5	1.1	-4.4
12.61	-5.30	-46.24	-85.17			179.8	1,606	1,478	-1.2	-94.4	-1.80	-155.8	-2.9	4.13		-1.4	0.1	-0.4
-17.34						33.3	26.6	2.4	-56.5	-0.52	-0.05	-144.3	-0.64	-4.94		-57.4	12.4	4.1
0.02	9.48	-8.90	18.50	0.81	3.2	5,027	7,353	4,646	3.7	270.8	1.38	-5.6	395.7	3.65	10.67	18.4	1.1	1.9
5.94	85.61	139.44	71.03	0.37	34.6	10.2	8.4	6.1	-17.1	1.6	0.17	70.2	0.79			6.4	1.7	2.9
31.93	41.33	4.25	370.22	0.10	10.0	435.0	7,600	4,999	-2.5	201.3	1.45	886.7	1,091	11.56		0.7	0.0	0.0
1.95	4.50	-31.70	25.90			435.0	7,600	4,999	-2.5	201.3	1.45	886.7	1,091	11.56		1.4	0.0	-0.1
25.00	100.00	-23.08	-92.31			0.51	0.50	--		-0.06	-0.01	23.9	0.00	-416.24		-7.5		-2.9
225.51	225.51	-0.54	-89.58			0.51	0.50	--		-0.06	-0.01	23.9	0.00	-416.24		-8.6		-3.3
-37.38	-45.66			0.35	7.7	21.0	56.3	6.9	136.6	-3.0	-1.48	-16.2	0.10			-3.1	1.5	1.4
-7.29	38.26	14.39	-8.30			154.9	1,208	150.5	668.9	-8.9	-0.37	43.4	88.9	0.13		-17.1	1.0	0.6
111.26	152.90	90.54	49.03			6.5	6.5	--		-0.66	-0.02	-7.5	-0.47	-117.98		-7.3		-16.5
120.00	131.58	100.00	57.14			6.5	6.5	--		-0.66	-0.02	-7.5	-0.47	-117.98		-9.6		-21.8
13.87	-13.90	-41.17	-58.47			9.2	9.2	--		-0.51	-0.20	69.4	-0.36	-98.56		-17.8		-113.9
4.79	2.00	-28.00	91.25			58.4	53.4	17.7	139.8	-5.1	-0.78	-40.4	-2.0	-0.4		-5.9	3.4	1.6
8.18	-3.10	-33.82				58.4	53.4	17.7	139.8	-5.1	-0.78	-40.4	-2.0	-0.4		-4.6	2.7	1.3
-37.50	-20.00	-76.47	-25.93			7.2	6.2	--		-1.1	-0.01	43.4	-0.73	-48.26		-8.7		8.1
-20.65	-20.41	-76.85				7.2	6.2	--		-1.1	-0.01	43.4	-0.73	-48.26		-6.8		6.3
-25.28	-23.64	-39.47	-52.75	0.50	6.8	82.9	91.8	63.3	0.3	-19.2	-1.29	-444.7	9.7	4.49		-5.7	1.7	1.4
-35.34	-35.34	-35.34	-56.73	0.38	7.2	82.9	91.8	63.3	0.3	-19.2	-1.29	-444.7	9.7	4.49		-4.1	1.3	1.1
57.47	82.67	-18.69	-71.61			7.0	10.2	2.5	37.9	-3.0	-0.01	65.6	-2.4	-64.3		-2.1	2.5	-1.5
33.33	60.00	0.00	-61.90			7.0	10.2	2.5	37.9	-3.0	-0.01	65.6	-2.4	-64.3		-3.1	3.7	-2.1
-8.33	-31.25	-90.83				1.6	0.53	2.0	-16.1	-11.1	-0.06	12.3	-9.9	-44.64		-0.2	1.1	0.3
-28.24	-15.91	-7.72	-18.97	1.13	9.1	291.3	538.5	433.1	9.9	6.4	0.11	-69.3	80.0	8.6	19.07	110.7	0.9	3.2
-26.11	-10.72	-7.42	-19.98	0.85	9.0	291.3	538.5	433.1	9.9	6.4	0.11	-69.3	80.0	8.6	19.07	84.5	0.7	2.4
-14.86	0.00	-42.20	-92.12			0.28	6.4	6.5	14.1	-3.4	-0.09	-10.4	0.47	-4.37		-0.1	0.0	0.0
-14.33	-33.76	-48.46	27.76			190.9	202.2	51.9	115.9	-33.9	-0.01	75.7	-37.0			-5.2	3.6	2.3
-5.75	11.55	31.27	39.43	1.00	5.8	6,850	9,975	763.7	0.9	1,002	2.70	214.8	441.2	3.67	22.96	6.4	8.7	1.4
100.00	117.14	3.40				33.4	31.6	--		-3.6	-0.14	40.6	-6.1	-61.88		-10.8		22.2
94.29	80.95	-0.58				33.4	31.6	--		-3.6	-0.14	40.6	-6.1	-61.88		-8.5		17.3
48.66	156.15	134.51	88.14			105.2	104.8	9.5	128.6	-2.0	-0.15	67.8	2.0	-4.28		-21.5	9.8	6.2
17.77	19.38	20.73	31.82			413.8	351.0	--		-14.8	-0.35	-1.6	-8.1	-12.64		-27.2		5.5
20.54	-55.40	-55.40				8.2	8.7	--		-0.07	-0.02	-3.3	-0.03			-118.6		-15.5
-18.67	-15.41	-31.07	-18.86			57.4	15.6	21.3	4.7	-0.11	-0.02	-101.0	-1.1	-2.38		-196.8	2.8	1.0
-19.51	-19.38	-30.18	-18.45			57.4	15.6	21.3	4.7	-0.11	-0.02	-101.0	-1.1	-2.38		-256.5	3.6	1.3
24.03	37.47	14.16	104.46			5,424	5,421	660.0	16.7	52.7	0.85	5.2	90.3	2.6	9.1	106.3	8.5	8.5
0.65	4.27	-17.01	331.30	2.73	2.1	1,531	1,424	568.3	72.5	64.3	5.31	90.2	75.5	27.32	54.58	24.2	2.8	12.5
-61.94	-45.56	-94.02	-99.63			0.31	0.71	0.05	107.3	-1.6	-0.61	59.3	-0.39	-131.47		0.0	2.3	-0.1
-20.00	-20.00	-33.33	-42.86			3.7	9.8	2.8	0.8	-2.3	-0.01	-63.2	0.19	-12.79		-1.6	1.3	-0.4
-19.60	33.11	-19.60	-31.63			3.7	9.8	2.8	0.8	-2.3	-0.01	-63.2	0.19	-12.79		-1.6	1.3	-0.4
-21.77	-8.69	-52.08	-94.96			8.9	-2.2	0.44	-6.6	-6.6	-0.24	54.1	-4.2	-45.21		-9.5	403.5	21.6
63.14	190.86					563.5	561.6	24.2		-5.8	-0.48	-883.2	-1.9			-10.6	21.8	20.9

I. Index of Stocks

Summer 2019

Company Name	Stock Ticker Symbol	Traded On	Sector	Overall Rating	Recommendation	Reward Rating	Risk Rating	Recent Up/Downgrade	Stock Price as of 6/30/2019	52-Week High	52-Week Low	3-Year Beta	Growth	Efficiency	Solvency	Volatility	Dividend	Total Return
MediPharm Labs Corp.	MEDIF	OTC PK	Health Care	E	Sell	D	D		3.88	5.65	0.91		W	W	E	W	–	F
Medite Cancer Diagnostics, Inc.	MDIT	OTC PK	Health Care	D-	Sell	D-	D-		0.02	0.35	0.01	4.74	W	V	F	W	–	V
MediWound Ltd.	MDWD	NAS	Health Care	D	Sell	C	D-	Down	3.45	7.30	3	1.03	F	F	G	W	–	W
MediXall Group, Inc.	MDXL	OTC PK	Health Care	D	Sell	D	D-		2.10	8.00	1	0.02	W		E	W	–	W
Medley Capital Corporation	MCC	NYSE	Financials	D	Sell	D	D		2.20	4.03	2.19	1.44	V	W	E	W	E	V
Medley Management Inc.	MDLY	NYSE	Financials	D+	Sell	C	D		2.41	5.74	2.16	1.43	W	G	E	W	–	V
MedMen Enterprises Inc.	MMNFF	OTC PK	Health Care	D	Sell	D	D		2.63	7.57	1.88		F	W	G	W	–	V
MedMira Inc.	MIR.V	TSXV	Health Care	D+	Sell	C	D-	Up	0.02	0.02	0.01	0.41	F	E	F	W	–	V
MedMira Inc.	MMIRF	OTC PK	Health Care	D+	Sell	C	D-	Up	0.00	0.01	0	4.61	F	E	F	W	–	V
MEDNAX, Inc.	MD	NYSE	Health Care	D	Sell	C-	D-	Down	24.60	48.77	23.05	1.07	W	G	E	W	–	V
MedoveX Corp.	MDVX	OTC PK	Health Care	D	Sell	D	D-	Down	0.41	0.65	0.21	0.33	W	W	G	W	–	W
Medpace Holdings, Inc.	MEDP	NAS GS	Health Care	B-	Buy	B+	C	Down	64.15	71.66	41.84	1.54	E	E	E	F	–	F
Medtainer, Inc.	MDTR	OTC PK	Materials	D	Sell	C-	D-		0.49	2.99	0.18	0.83	F		G	W	–	W
Medtronic plc	MDT	NYSE	Health Care	B	Buy	B+	C+	Up	97.48	100.15	81.66	0.54	E	E	E	F	F	F
MedX Health Corp	MDXHF	OTC PK	Health Care	D	Sell	D	D	Down	0.11	0.13	0.1	0.23	W	W	F	W	–	F
MedX Health Corp	MDX.V	TSXV	Health Care	D	Sell	D	D	Down	0.13	0.18	0.13	0.18	W	W	F	W	–	F
MEG Energy Corp.	MEGEF	OTC PK	Energy	D	Sell	D	D		3.90	9.10	3.08	0.57	W	W	G	W	–	W
MEG Energy Corp.	MEG.TO	TSX	Energy	D	Sell	D	D		5.09	11.70	4.06	0.26	W	W	G	W	–	W
Mega Copper Ltd.	MCU.V	TSXV	Materials	D	Sell	E+	D		0.16	0.18	0.16	0.70	W	V	G	F	–	F
Mega Uranium Ltd.	MGA.TO	TSX	Energy	D	Sell	D	D		0.10	0.16	0.09	0.22	W	W	E	W	–	W
Mega Uranium Ltd.	MGAFF	OTC PK	Energy	D	Sell	D	D		0.07	0.13	0.06	0.37	W	W	E	W	–	W
Mega View Digital Entertainment Corp.	MVDH.V	TSXV	Communication Svc	D+	Sell	C-	D		0.05	0.05	0.05	-2.48	W	W	G	F	–	G
Megacable Holdings, S. A. B. de C. V.	MHSDF	OTC PK	Communication Svc	C	Hold	B	C		4.31	5.07	3.55	0.22	E	E	E	F	–	F
Megastar Development Corp.	MDV.V	TSXV	Materials	D	Sell	D	D		0.10	0.11	0.04	2.90	V	W	G	W	–	F
MEI Pharma, Inc.	MEIP	NAS CM	Health Care	D-	Sell	E+	D	Down	2.51	4.80	1.82	1.01	W	V	E	W	–	F
MeiraGTx Holdings plc	MGTX	NAS GS	Health Care	D-	Sell	E+	D		25.34	25.56	7.98		W	V	E	W	–	W
Melco Resorts & Entertainment Limited	MLCO	NAS GS	Consumer Discretn	C+	Hold	B+	D+	Up	21.86	29.30	15.33	1.56	E	G	F	W	E	F
Melcor Developments Ltd.	MODVF	OTC PK	Real Estate	C	Hold	C+	D+		9.62	11.23	9.07	0.32	W	G	E	W	G	W
Melcor Developments Ltd.	MRD.TO	TSX	Real Estate	C	Hold	C+	C-		12.60	15.23	12.01	0.35	W	G	E	F	G	W
Melcor Real Estate Investment Trust	MRUN.TO	TSX	Real Estate	C	Hold	C+	D+	Up	7.68	8.47	6.76	0.06	F	G	E	F	E	W
Melinta Therapeutics, Inc.	MLNT	NAS GS	Health Care	D	Sell	D+	D-	Up	5.70	34.50	1.62		W	F	G	W	–	V
Melior Resources Inc.	CCJMF	OTC PK	Materials	D	Sell	D	D		0.34	0.62	0.24	0.13	W	V	F	W	–	W
Melior Resources Inc.	MLR.V	TSXV	Materials	D-	Sell	D-	D	Down	0.33	1.08	0.21	0.40	W	V	F	W	–	W
Melkior Resources Inc.	MKRIF	OTC PK	Materials	D+	Sell	D+	D	Down	0.03	0.10	0.02	-2.90	W	F	E	W	–	F
Melkior Resources Inc.	MKR.V	TSXV	Materials	D+	Sell	D+	D	Down	0.03	0.13	0.03	-2.45	W	F	E	W	–	F
Mellanox Technologies, Ltd.	MLNX	NAS GS	Information Tech	B	Buy	A-	C	Up	111.22	121.13	65.68	0.04	E	G	E	F	–	G
Melrose Bancorp, Inc.	MELR	NAS CM	Financials	C	Hold	B+	C		17.83	20.15	16.99	0.13	E	E	E	F	E	F
Memex Inc.	OEE.V	TSXV	Information Tech	D-	Sell	E+	D	Up	0.03	0.07	0.02	2.08	G	V	G	W	–	V
Memex Inc.	MENXF	OTC PK	Information Tech	D-	Sell	E+	D		0.02	0.06	0.01	3.83	G	V	G	W	–	V
Menlo Therapeutics Inc.	MNLO	NAS GS	Health Care	D-	Sell	E+	D-	Up	5.56	12.00	3.74		V	V	E	W	–	V
Mentor Capital, Inc.	MNTR	OTC PK	Financials	D	Sell	D-	D		0.32	1.13	0.29	2.61	W	V	E	W	–	V
MER Telemanagement Solutions Ltd.	MTSL	NAS CM	Information Tech	D	Sell	D	D-	Up	1.03	6.45	0.72	1.34	F	V	F	W	–	V
Mercadolibre, Inc.	MELI	NAS GS	Consumer Discretn	C	Hold	B	D		610.67	672.55	257.52	1.41	F	F	E	F	–	E
Mercantile Bank Corporation	MBWM	NAS GS	Financials	B-	Buy	B	C	Up	32.10	38.47	26.4	1.09	E	E	E	F	G	W
Mercer International Inc.	MERC	NAS GS	Materials	B-	Buy	A	D+	Up	15.18	19.14	9.36	1.72	E	E	E	W	G	F
Merchants Bancorp	MBIN	NAS CM	Financials	D+	Sell	B-	D+	Up	16.86	28.93	15.47		G	E	E	W	F	W
Merck & Co., Inc.	MRK	NYSE	Health Care	B	Buy	B+	C+		83.83	86.50	59.92	0.34	G	E	E	F	G	F
Merck Kommanditgesellschaft auf Aktien	MKKGY	OTC PK	Health Care	C+	Hold	B	C-	Down	21.04	23.13	19.16	0.62	F	E	G	F	–	W
Merck Kommanditgesellschaft auf Aktien	MKGAF	OTC PK	Health Care	C	Hold	B	C-		104.20	115.70	95.66	0.71	F	E	G	F	–	W
Mercury General Corporation	MCY	NYSE	Financials	B-	Buy	A-	C-	Up	61.31	61.83	43.46	0.02	E	E	E	F	G	F
Mercury Systems, Inc.	MRCY	NAS GS	Industrials	B	Buy	A+	D+	Up	67.58	79.83	36.97	1.43	E	G	E	F	–	E
Meredith Corporation	MDPEB	OTC PK	Communication Svc	D+	Sell	B	D+	Down	60.50	60.50	60.5	-0.13	F	G	G	F	G	F

*Ratings Factors: E=Excellent, G=Good, F=Fair, W=Weak, V=Very Weak, U=Unrated

I. Index of Stocks

Summer 2019

3-Month Total Return (%)	6-Month Total Return (%)	1-Year Total Return (%)	3-Year Total Return (%)	Dividend $ TTM	Dividend Yield TTM	Market Cap. ($Mil)	Enterprise Value ($Mil)	Revenue ($Mil)	Revenue Growth (%)	Net Income ($Mil)	Earnings/Share $	EPS Growth (%)	Cash from Operations ($Mil)	Return on Assets (%)	Return on Equity (%)	Earnings (P/E) TTM	Sales (P/S) TTM	Book (P/B) Q
67.46	218.27					563.5	561.6	24.2		-5.8	-0.48	-883.2	-1.9			-8.1	16.6	15.9
-43.08	-34.71	-88.90	-95.96			1.9	8.8	8.1	19.5	-5.3	-0.15	30.7	-5.2	-14.08		-0.2	0.2	0.3
-32.75	-12.66	-50.00	-54.78			93.8	74.5	3.3	35.0	-0.62	-0.02	97.5	-10.9	-18.56		-147.4	28.1	18.2
-16.33	-6.67	-30.00				153.3	153.4	0.00	-90.1	-2.7	-0.04	-9.5	-2.4	-255.64		-52.1		283.8
-31.25	-19.88	-33.32	-54.56	0.35	15.9	119.8	444.7	55.9	-33.0	-84.9	-1.56	-21.5	66.7	1.51		-1.4	2.1	0.4
-31.09	-37.31	-24.10	-41.16	0.63	26.1	14.0	66.7	55.9	-14.6	-1.3	-0.41	-43.2	11.7	6.86		-5.9	0.3	-1.3
-17.82	-6.30	-20.54				456.6	592.5	117.2	466.7	-134.9	-2.43	-4,069.1	-220.0	-41.88		-1.1	2.7	1.5
0.00	50.00	-25.00	-57.14			7.5	13.8	0.42	-19.0	-1.8	0.00	3.1	-0.61	-295.3		-4.8	25.0	-1.0
-84.83	-4.76	-87.80	-94.59			7.5	13.8	0.42	-19.0	-1.8	0.00	3.1	-0.61	-295.3		-0.7	3.3	-0.1
-10.02	-25.02	-43.28	-64.62			2,097	4,199	3,596	3.5	-37.7	-0.56	-115.9	346.7	4.57	8.34	-43.8	0.6	0.8
-20.49	29.98	-11.85	-72.97			40.1	39.1	2.0	-35.7	-7.3	-0.23	7.4	-5.7	-62.01		-1.8	17.4	4.0
10.02	23.87	48.91				2,285	2,366	742.3	62.9	77.8	2.09	78.1	167.3	6.75	13.74	30.7	3.2	3.7
-44.32	-39.51	-57.72	512.50			27.1	27.7	2.4	14.4	-0.25	0.00	47.8	-0.05	-7.75		-104.3	11.0	15.0
8.36	9.81	15.43	23.72	2.00	2.1	130,736	146,327	30,557	2.0	4,631	3.42	51.3	7,007	4.53	9.2	28.5	4.3	2.6
-2.99	7.66	-7.50	142.89			13.9	14.4	0.80	-5.1	-3.3	-0.02	-82.2	-1.7	-235.67		-4.5	19.1	-11.4
-16.13	-10.34	-7.14	73.33			13.9	14.4	0.80	-5.1	-3.3	-0.02	-82.2	-1.7	-235.67		-5.3	22.4	-13.4
1.04	-30.51	-52.20	-22.69			1,151	4,054	2,233	8.5	-234.8	-0.80	-201.9	71.5	0.21		-4.9	0.5	0.4
-1.93	-33.11	-52.96	-22.88			1,151	4,054	2,233	8.5	-234.8	-0.80	-201.9	71.5	0.21		-6.3	0.7	0.5
0.00	0.00	-8.57	255.56			4.4	4.4	--		-0.15	-0.01	22.7	-0.34	-30.8		-27.6		18.2
0.00	-20.83	-32.14	-32.14			23.6	20.5	--		-6.2	-0.02	-75.9	-1.1	-2.7		-4.7		0.8
-0.71	-14.32	-29.72	-33.27			23.6	20.5	--		-6.2	-0.02	-75.9	-1.1	-2.7		-3.4		0.6
12.50	12.50	12.50	800.00			0.25	0.28			-0.04	-0.01	28.1	-0.01			-7.6		-6.3
-7.53		2.56	7.42			3,726	3,869	1,034	8.5	236.6	0.29	14.5	409.7	9.56	16.25	15.1	3.5	2.5
66.67	185.71	66.67	150.00			3.2	3.0	--		-0.20	-0.01	-103.1	-0.17	-19.37		-15.4		7.3
-18.24	2.45	-35.31	83.21			178.9	96.6	4.3	184.5	-39.1	-0.97	-42.3	-25.1	-42.54		-2.6	41.3	4.7
42.44	162.86	126.25				844.9	621.2	0.79		-84.4	-4.28	11.1	40.7	-32.7		-5.9	931.6	5.9
-0.05	26.52	-19.61	100.99	0.59	2.7	10,054	13,735	3,938	-25.5	341.9	2.11	-0.1	--			10.4	0.9	1.6
-0.22	8.13	-11.85	-1.10	0.39	4.1	319.5	888.0	196.4	-4.9	38.9	1.16	-22.3	25.1	3.08	4.46	8.3	1.6	0.4
-5.67	4.31	-12.83	-0.01	0.52	4.1	319.5	888.0	196.4	-4.9	38.9	1.16	-22.3	25.1	3.08	4.46	10.8	2.0	0.5
3.45	8.81	1.63	18.62	0.68	8.8	77.1	371.4	53.4	1.3	8.0	0.13	-87.6	8.2	3.43	5.29	57.4	1.9	0.7
65.70	39.52	-82.46				67.1	110.6	95.7	264.6	-154.3	-15.69	93.2	-157.4	-15.96		-0.4	0.7	0.4
0.00	-25.69	-52.83	41.50			7.5	23.6	2.7		-12.2	-0.42	-242.2	-8.7	-44.19		-0.8	3.7	-1.0
-26.67	-43.10	-61.18	-5.71			7.5	23.6	2.7		-12.2	-0.42	-242.2	-8.7	-44.19		-0.8	3.6	-1.0
-16.79	-41.24	-40.07	-2.06			4.4	3.1	--		0.42	0.00	337.5	-0.27	-2.61	5.39	17.5		0.7
-40.00	-66.67	-64.71	-14.29			4.4	3.1	--		0.42	0.00	337.5	-0.27	-2.61	5.39	15.8		0.7
-5.54	21.02	31.86	139.29			6,094	5,617	1,143	23.4	145.0	2.63	364.7	297.9	6.63	11.5	42.3	5.4	4.4
-5.45	-3.99	-6.89	20.00	0.34	1.9	35.6	--	7.9	-2.3	1.6	0.68	-8.1	1.7		3.7	26.4	5.3	0.9
-44.44	0.00	-50.00	-80.00			2.6	2.7	2.4	33.9	-1.1	-0.01	61.8	-1.0	-30.87		-3.0	1.4	-31.3
-17.24	84.62	-34.25	-77.46			2.6	2.7	2.4	33.9	-1.1	-0.01	61.8	-1.0	-30.87		-2.9	1.4	-30.0
-29.44	41.48	-30.15				133.1	12.3	10.1	119.1	-57.7	-2.49	53.2	-59.5	-24.85		-2.2	12.8	1.1
-26.25	4.68	-65.80	-20.85			7.5	6.4	5.3	54.3	-2.7	-0.12	-391.1	-0.05	-10.85		-2.8	1.4	1.8
-47.18	-40.50	-14.93	-66.67			3.4	2.3	3.0	-27.5	-0.12	-0.03	85.6	--			-29.6	1.3	1.4
22.83	109.07	105.75	362.19			30,117	28,409	1,592	25.6	-11.8	-0.41	62.4	406.3	-0.61		-1,497.1	17.6	13.6
-1.42	13.60	-8.15	59.12	1.00	3.1	527.2	--	137.6	6.2	43.0	2.60	24.2	51.1		11.43	12.4	3.8	1.4
11.97	49.66	-10.00	122.39	0.51	3.4	996.1	1,811	1,574	21.6	154.6	2.35	78.4	202.5	10.25	25.65	6.5	0.6	1.6
-21.54	-16.47	-39.62		0.26	1.5	484.0	--	132.1	9.7	58.4	1.91	-18.5	330.1		13.62	8.9	3.7	1.3
2.13	12.72	42.85	64.82	2.13	2.5	215,832	234,134	43,073	5.8	8,399	3.17	454.5	11,103	8.7	27.01	26.4	5.1	7.9
-6.66	2.53	9.92	10.14	0.39	1.8	45,779	53,883	17,481	4.2	3,697	8.50	30.3	2,692	3.13	5.98	2.5	0.5	0.5
-8.44	0.63	8.93	7.06			45,779	53,883	17,481	4.2	3,697	8.50	30.3	2,692	3.13	5.98	12.3	2.6	2.3
23.10	23.18	41.82	40.04	2.51	4.1	3,394	3,541	3,615	8.0	172.7	3.12	129.6	479.8	2.48	10.15	19.7	0.9	2.0
6.02	46.02	78.78	179.95			3,740	3,907	630.6	38.3	44.1	0.92	10.3	97.2	4.32	5.62	73.6	5.1	3.9
0.00	0.00	27.60	60.58	2.21	3.7	2,462	5,404	3,169	66.2	76.1	-0.06	-102.5	207.3	4.09	9.16	-991.8	0.9	2.6

I. Index of Stocks

Summer 2019

Company Name	Stock Ticker Symbol	Traded On	Sector	Overall Rating	Recommendation	Reward Rating	Risk Rating	Recent Up/Downgrade	Stock Price as of 6/30/2019	52-Week High	52-Week Low	3-Year Beta	Growth	Efficiency	Solvency	Volatility	Dividend	Total Return
Meredith Corporation	MDP	NYSE	Communication Svc	C	Hold	B-	D		53.74	62.40	47.46	1.25	F	G	G	F	G	W
Meridian Bancorp, Inc.	EBSB	NAS GS	Financials	C+	Hold	B	C	Up	17.49	19.75	13.67	0.79	E	E	E	F	F	W
Meridian Bioscience, Inc.	VIVO	NAS GS	Health Care	C-	Hold	C	D	Down	11.69	19.84	10.77	0.08	G	E	E	W	–	W
Meridian Corporation	MRBK	NAS GS	Financials	D	Sell	C+	C-		16.81	18.88	15.26		F	G	E	F	–	W
Meridius Resources Limited	MRI.V	TSXV	Materials	D-	Sell	E+	D-	Up	0.14	0.22	0.09		W	V	G	W	–	W
Merion, Inc.	EWLU	OTC PK	Consumer Staples	C-	Hold	C	D	Up	0.35	1.10	0.22		W	E	F	W	–	F
Merit Medical Systems, Inc.	MMSI	NAS GS	Health Care	B-	Buy	B	C		59.36	66.34	49.4	1.33	E	G	E	G	–	G
Meritage Homes Corporation	MTH	NYSE	Consumer Discretn	B-	Buy	A-	C-	Up	50.80	53.32	32.02	0.96	F	E	E	F	–	F
Meritor, Inc.	MTOR	NYSE	Industrials	B-	Buy	A-	C-	Up	24.25	25.78	15.01	2.04	E	E	G	F	–	G
Merrimack Pharmaceuticals, Inc.	MACK	NAS	Health Care	D	Sell	D	D-	Up	5.91	7.50	3.34	2.14	W	W	G	W	–	V
Mersana Therapeutics, Inc.	MRSN	NAS GS	Health Care	D	Sell	D	D-	Up	4.08	19.60	2.85	1.39	F	V	E	W	–	V
Merus N.V.	MRUS	NAS	Health Care	D	Sell	D	D	Up	14.12	26.74	11	0.18	F	V	E	W	–	W
Meryllion Resources Corp.	MYRLF	OTC PK	Materials	D	Sell	D+	D-	Down	0.00	0.02	0	-2.95	W	E	F	W	–	V
Mesa Air Group, Inc.	MESA	NAS GS	Industrials	D-	Sell	C	D	Up	9.19	16.41	6.36		F	G	G	W	–	W
Mesa Exploration Corp.	MSA.V	TSXV	Materials	D+	Sell	C	D		0.06	0.07	0.06	0.19	W	G	F	W	–	F
Mesa Exploration Corp.	MSAJF	OTC PK	Materials	D+	Sell	C	D		0.04	0.04	0.04	1.01	W	G	F	W	–	F
Mesa Laboratories, Inc.	MLAB	NAS GS	Health Care	C	Hold	B	D+	Down	237.23	263.27	167.34	0.15	G	G	E	F	W	F
Mesa Royalty Trust	MTR	NYSE	Energy	C	Hold	B	C-		11.22	15.55	9.48	1.10	G	E	E	F	E	W
Mesabi Trust	MSB	NYSE	Materials	B	Buy	A	C+		29.35	32.68	22.88	1.02	E	E	E	F	E	F
Meso Numismatics, Inc.	MSSV	OTC PK	Consumer Discretn	D	Sell	C-	D		0.04	0.30	0.01	2.12	W	G	F	W	–	W
Mesoblast Limited	MEOBF	OTC PK	Health Care	D	Sell	D	D		0.93	1.75	0.7	1.15	W	W	E	W	–	W
Mesoblast Limited	MESO	NAS GS	Health Care	D	Sell	D	D		5.05	8.78	3.35	1.00	W	W	E	W	–	W
Meta Financial Group, Inc.	CASH	NAS GS	Financials	C	Hold	B	D+		28.21	33.92	17.84	1.45	E	E	E	W	W	W
MetalCORP Limited	MTC.V	TSXV	Materials	D+	Sell	C	D-	Up	0.01	0.02	0.01	2.19	W	G	F	W	–	W
MetalCORP Limited	MTLCF	OTC PK	Materials	C-	Hold	C	D	Up	0.00	0.02	0	119.11	W	G	F	W	–	W
Metalex Ventures Ltd.	MTX.V	TSXV	Materials	D	Sell	E+	D	Up	0.04	0.06	0.02	2.26	W	V	F	W	–	W
Metalex Ventures Ltd.	MXTLF	OTC PK	Materials	D-	Sell	E+	D		0.03	0.03	0.01	-0.07	W	V	F	W	–	W
Metalink Ltd.	MTLKD	NAS CM	Information Tech	U	U		U						U	U	U	U	U	U
Metalla Royalty & Streaming Ltd.	MTA.V	TSXV	Materials	C-	Hold	C	D+	Down	1.00	1.43	0.63	1.24	F	W	E	F	W	G
Metalla Royalty & Streaming Ltd.	MTAFF	OTC PK	Materials	C-	Hold	C	D+	Down	0.77	1.08	0.48	1.69	F	W	E	F	F	G
Metallic Minerals Corp.	MMG.V	TSXV	Materials	D-	Sell	D-	D-	Down	0.15	0.30	0.11	-0.33	W	V	G	W	–	W
Metallic Minerals Corp.	MMNGF	OTC PK	Materials	D-	Sell	D-	D-	Down	0.12	0.24	0.08	-0.93	W	V	G	W	–	V
Metallis Resources Inc.	MTS.V	TSXV	Materials	D	Sell	C-	D		0.53	1.42	0.39	2.00	W	F	E	W	–	F
Metallis Resources Inc.	MTLFF	OTC PK	Materials	D	Sell	C-	D		0.42	1.24	0.3	2.39	W	F	E	W	–	F
Metalore Resources Limited	MTLRF	OTC PK	Energy	D	Sell	D+	D	Down	0.71	2.19	0.71	1.01	F	F	E	W	–	V
Metalore Resources Limited	MET.V	TSXV	Energy	D	Sell	C-	D-	Down	0.90	2.85	0.9	0.77	F	F	E	W	–	V
Metals Creek Resources Corp.	MCREF	OTC PK	Materials	D	Sell	D	D		0.04	0.08	0.02	2.65	F	W	E	W	–	W
Metals Creek Resources Corp.	MEK.V	TSXV	Materials	D	Sell	D	D-		0.04	0.11	0.03	1.44	F	W	E	W	–	V
Metanor Resources Inc.	MTO.V	TSXV	Materials	D-	Sell	E+	D		0.58	0.65	0.46	0.25	V	V	G	W	–	W
Meteorite Capital Inc.	MTRP.V	TSXV	Financials	E	Sell	E	D	Up	0.11	0.25	0.06		W	V	E	W	–	W
Methanex Corporation	MEOH	NAS GS	Materials	C+	Hold	B+	D+		45.00	83.23	41.3	1.56	E	E	G	W	G	F
Methanex Corporation	MX.TO	TSX	Materials	C+	Hold	B+	D+		58.91	107.07	55.21	1.28	E	E	G	W	F	F
Methode Electronics, Inc.	MEI	NYSE	Information Tech	C-	Hold	C+	D		27.90	41.30	20.99	1.86	G	E	E	W	F	W
MetLife, Inc.	MET	NYSE	Financials	C+	Hold	B	C	Up	49.15	50.40	37.76	0.86	F	G	E	W	G	W
Metro Inc.	MRU.TO	TSX	Consumer Staples	B-	Buy	B	C+		49.20	51.64	39.04	-0.09	F	E	G	G	W	F
Metro Inc.	MTRAF	OTC PK	Consumer Staples	C	Hold	B	B-		37.54	38.46	30.53	0.11	F	E	G	G	F	F
MetroGAS S.A.	MGSBF	OTC PK	Utilities	D	Sell	C-	D		0.74	0.74	0.74	0.83	W	F	G	W	–	W
Metropolitan Bank Holding Corp.	MCB	NYSE	Financials	D+	Sell	B-	D+	Up	44.38	54.26	29.05		E	G	E	W	–	W
Metso Corporation	MXTOF	OTC PK	Industrials	C	Hold	B	C		36.71	36.71	25.46	0.68	G	E	E	F	–	F
Metso Corporation	MXCYY	OTC PK	Industrials	C	Hold	A-	C		9.86	9.86	6.22	1.52	G	E	E	F	–	F
Mettler-Toledo International Inc.	MTD	NYSE	Health Care	B	Buy	A-	C+		833.55	839.61	500.74	1.43	E	E	G	–	G	
Metwood, Inc.	MTWD	OTC PK	Materials	D-	Sell	E+	D	Down	0.15	0.21	0.08	-5.26	W	V	G	W	–	F

*Ratings Factors: E=Excellent, G=Good, F=Fair, W=Weak, V=Very Weak, U=Unrated

I. Index of Stocks

Summer 2019

3-Month Total Return (%)	6-Month Total Return (%)	1-Year Total Return (%)	3-Year Total Return (%)	Dividend $ TTM	Dividend Yield TTM	Market Cap. ($Mil)	Enterprise Value ($Mil)	Revenue ($Mil)	Revenue Growth (%)	Net Income ($Mil)	Earnings/Share $	EPS Growth (%)	Cash from Operations ($Mil)	Return on Assets (%)	Return on Equity (%)	Earnings (P/E) TTM	Sales (P/S) TTM	Book (P/B) Q
-2.41	7.24	7.60	20.66	2.24	4.2	2,462	5,404	3,169	66.2	76.1	-0.06	-102.5	207.3	4.09	9.16	-881.0	0.8	2.3
10.78	23.33	-8.16	27.31	0.26	1.5	894.4	--	171.1	2.5	58.8	1.13	29.8	63.0		8.77	15.5	5.3	1.3
-32.78	-31.15	-25.04	-30.29	0.50	4.3	498.3	480.2	206.6	-1.0	27.5	0.65	57.2	41.9	11.03	15.43	18.1	2.4	2.7
-2.64	1.27	-5.30				107.7	--	47.5	-0.2	7.1	1.10	124.9	16.5			15.3	2.3	1.0
-26.32	-28.21					1.3	1.0	--		-0.25	-0.02	38.3	-0.16	-36.76		-9.3		7.3
-41.68	-46.17	-66.36				62.0	66.3	0.48	-39.7	-2.3	-0.01	-26.2	-1.4	-82.51		-25.9	129.6	-11.0
-1.59	7.99	12.96	216.76			3,265	3,684	918.1	20.8	42.9	0.78	124.0	92.1	3	5.27	75.9	3.7	3.5
11.40	37.97	18.69	42.14			1,944	2,953	3,494	5.5	208.9	5.20	32.2	311.8	5.09	12.4	9.8	0.6	1.1
20.17	44.86	19.16	276.55			2,025	2,818	4,403	15.5	258.0	2.93	-12.5	111.0	8.73	71.07	8.3	0.5	4.9
-15.21	51.54	16.57	-84.29			78.9	37.0	--		-33.2	-2.49	-106.8	-61.9	-41.2		-2.4		1.6
-18.56	0.74	-77.23				194.7	62.2	48.6	197.6	-30.0	-1.54	80.3	-62.5	-14.82		-2.6	2.6	1.6
10.75	2.84	-33.18	76.50			330.1	127.5	33.8	2.6	-25.6	-1.12	64.5	-45.6	-11.11		-12.6	9.8	3.4
3.85	-75.45	-78.40				0.52	0.51	--		-0.22	0.00	-21.4	0.00	-787.77		-0.8		-9.0
9.40	30.73					264.5	1,031	668.6	7.9	40.6	0.69	-64.7	147.5	6.26	12.34	13.4	0.5	0.6
0.00	0.00	-7.69	-20.00			0.80	0.84	--		-0.26	-0.02	69.3	-0.20	-76.36		-4.0		-2.2
0.00	0.00	-31.95	-32.07			0.80	0.84	--		-0.26	-0.02	69.3	-0.20	-76.36		-2.7		-1.5
0.96	14.59	16.66	102.62	0.64	0.3	925.5	938.0	103.1	7.2	7.5	1.86	316.4	30.6	7	7.1	127.2	9.4	8.3
-9.08	5.32	-19.59	35.66	1.20	10.7	20.9	20.3	2.4	-22.5	2.1	1.15	-27.2	--	37.44	72.6	9.8	8.9	7.5
3.50	35.00	35.36	285.13	3.44	11.7	385.1	367.9	46.1	26.5	44.2	3.37	25.2	45.2	141.67	419.36	8.7	8.4	38.4
-58.87	-5.85	-79.48	-89.74			0.20	1.1	0.02	-28.0	-4.2	-0.88	-3,245.0	-0.17			-0.1	8.6	0.0
3.33	12.05	-9.71	32.86			489.5	498.5	16.5	1.5	-89.9	-0.18	-93.6	-58.9	-7.96		-5.0	28.3	0.9
-1.75	27.85	-5.96	29.82			489.5	498.5	16.5	1.5	-89.9	-0.18	-93.6	-58.9	-7.96		-27.3	153.5	5.0
43.09	47.33	-13.40	74.06	0.20	0.7	1,113	--	356.7	32.2	63.0	1.68	1.6	161.7		10.37	16.8	3.1	1.4
0.00	-33.33	-33.33	-33.33			0.71	0.93	--		-0.21	0.00	73.2	-0.12	-103.28		-4.6		-2.0
100.00	-33.33	-33.33	300.00			0.71	0.93	--		-0.21	0.00	73.2	-0.12	-103.28		-1.8		-0.8
16.67	75.00	-12.50	-41.67			3.0	2.7	--		1.3	0.01	208.1	0.03	-3.66		3.7		-3.1
69.15	61.10	69.15	-17.08			3.0	2.7	--		1.3	0.01	208.1	0.03	-3.66		3.6		-3.0
						0.44	-1.5	--		-0.25	-0.09		-0.23					
-25.75	23.92	33.39	466.44	0.01	1.3	101.0	100.6	6.8	54.8	-1.6	-0.02	56.5	1.9	-0.49		-54.4	16.6	3.3
-23.16	29.69	37.48	575.54	0.01	1.2	101.0	100.6	6.8	54.8	-1.6	-0.02	56.5	1.9	-0.49		-42.0	12.8	2.5
-18.92	-14.29	-41.18	100.00			7.5	7.3	--		-3.0	-0.05	17.2	-2.7	-107.16		-2.9		13.4
-13.98	-9.98	-42.17	-33.33			7.5	7.3	--		-3.0	-0.05	17.2	-2.7	-107.16		-2.4		10.7
3.92	17.78	-58.27	130.43			13.4	11.8	--		-1.4	-0.05	-170.5	-0.40	-15.89		-11.3		3.4
10.03	34.98	-55.43	105.60			13.4	11.8	--		-1.4	-0.05	-170.5	-0.40	-15.89		-9.0		2.7
-42.64	-42.72	-55.49	-67.84			1.2	0.80	0.55	-2.2	0.31	0.17	114.5	0.18	3.12	3.96	4.1	2.3	0.2
-36.17	-44.79	-57.14	-65.38			1.2	0.80	0.55	-2.2	0.31	0.17	114.5	0.18	3.12	3.96	5.2	2.9	0.2
38.46	41.73	3.39	-70.97			2.1	1.5	--		-0.37	-0.01	-34.8	-0.35	-6.66		-5.8		0.4
14.29	-11.11	0.00	-71.43			2.1	1.5	--		-0.37	-0.01	-34.8	-0.35	-6.66		-6.5		0.5
0.00	0.00	0.00	-27.50			45.1	46.2	21.6	-49.1	-17.0	-0.18	-2,289.2	-10.3			-3.3	2.7	3.9
10.00	-21.43					0.42	-0.08	--		-0.18	-0.07	-3,563.2	-0.12			-1.6		1.1
-19.22	-4.78	-33.17	66.11	1.35	3.0	3,456	5,601	3,703	15.3	438.8	5.42	32.8	948.7	8.38	27.75	8.3	0.9	2.3
-21.18	-8.57	-33.94	66.76	1.35	2.3	3,456	5,601	3,703	15.3	438.8	5.42	32.8	948.7	8.38	27.75	10.9	1.2	3.1
-0.21	20.50	-29.59	-10.21	0.44	1.6	1,034	1,243	1,000	10.1	91.6	2.44	61.4	102.0	7.68	13.88	11.4	1.1	1.5
16.80	23.26	16.11	61.53	1.70	3.5	46,711	128,711	69,429	11.8	5,251	5.14	27.5	12,514	0.66	9.12	9.6	0.7	0.8
0.01	4.98	11.82	13.43	0.76	1.5	9,535	11,458	12,249	18.3	484.9	1.92	-67.8	487.4	6.4	12.73	25.7	1.0	2.9
2.52	8.87	12.30	16.76	0.57	1.5	9,535	11,458	12,249	18.3	484.9	1.92	-67.8	487.4	6.4	12.73	19.6	0.8	2.2
0.00	-48.97	-48.97	23.33			270.9	483.8	1,145	-15.4	-25.8	-0.05	-118.4	179.7	8.29		-16.3	0.4	1.3
28.64	44.56	-15.14				369.3	--	85.2	30.7	27.8	3.31	26.1	20.9		10.76	13.4	4.3	1.4
9.50	42.56	2.54	19.00			5,969	6,247	3,813	17.7	284.6	1.89	105.8	243.4	6.99	17.68	19.5	1.5	3.3
18.96	50.99	23.43	81.35	0.12	1.2	5,969	6,247	3,813	17.7	284.6	1.89	105.8	243.4	6.99	17.68	5.2	0.4	0.9
18.44	49.50	45.55	133.16			20,675	21,698	2,954	5.8	531.1	20.76	44.8	587.2	16.87	94.63	40.2	7.1	36.8
0.00	0.00	0.00	-50.00			2.7	2.7	1.9	-2.0	-0.46	-0.03	50.6	-0.06	-22.41		-5.8	1.4	3.1

I. Index of Stocks

Summer 2019

Company Name	Stock Ticker Symbol	Traded On	Sector	Overall Rating	Recommendation	Reward Rating	Risk Rating	Recent Up/Downgrade	Stock Price as of 6/30/2019	52-Week High	52-Week Low	3-Year Beta	Growth	Efficiency	Solvency	Volatility	Dividend	Total Return
Mexco Energy Corporation	MXC	AMEX	Energy	D+	Sell	C-	D		3.80	14.49	2.49	1.93	F	W	E	W	–	W
Mexican Gold Corp.	MEXGF	OTC PK	Materials	D-	Sell	D	D-		0.08	0.25	0.06	1.09	W		G	W	–	V
Mexican Gold Corp.	MEX.V	TSXV	Materials	D-	Sell	D	D-		0.13	0.32	0.07	1.81	W		G	W	–	V
Mexichem, S.A.B. de C.V.	MXCHY	OTC PK	Materials	C-	Hold	C+	D	Down	4.50	7.05	4.07	-0.05	E	G	G	W	–	W
Mexichem, S.A.B. de C.V.	MXCHF	OTC PK	Materials	C-	Hold	C+	D	Down	2.17	3.50	1.99	1.06	E	G	G	W	–	W
Mexus Gold US	MXSG	OTC PK	Materials	D-	Sell	D	D-	Down	0.01	0.02	0	2.29	W		F	W	–	V
MFA Financial, Inc.	MFA	NYSE	Financials	C	Hold	B	C-		7.24	8.15	6.4	0.56	F	E	E	F	E	W
MG Capital Corporation	MGXP.V	TSXV	Financials	D-	Sell	E+	D	Up	0.09	0.09	0.07		V	V	E	W	–	W
MGE Energy, Inc.	MGEE	NAS GS	Utilities	B-	Buy	B+	C	Up	72.90	76.44	56.64	0.63	E	E	E	F	F	F
MGIC Investment Corporation	MTG	NYSE	Financials	B-	Buy	A-	C-	Up	13.14	14.97	9.41	1.51	G	E	E	F	–	G
MGM Growth Properties LLC	MGP	NYSE	Real Estate	B-	Buy	B	C+	Down	30.33	33.30	25.5	0.57	F	G	E	F	E	F
MGM Holdings Inc.	MGMB	OTC PK	Communication Svc	D+	Sell	C	C		92.50	93.25	92.5	0.04	W	G	E	G	–	W
MGM Resorts International	MGM	NYSE	Consumer Discretn	C	Hold	B-	D+		28.44	31.66	21.62	1.18	G	G	G	F	F	W
MGP Ingredients, Inc.	MGPI	NAS GS	Consumer Staples	C+	Hold	B	C-		65.16	100.00	53.66	2.34	G	E	E	F	W	F
MGT Capital Investments, Inc.	MGTI	OTC PK	Information Tech	D-	Sell	D-	D-		0.07	1.08	0.03	2.54	W		F	W	–	V
MGX Minerals Inc.	MGXMF	OTC PK	Materials	D-	Sell	E+	D		0.19	0.87	0.16	2.65	W	V	E	W	–	W
Micro Focus International plc	MFGP	NYSE	Information Tech	U		U	U		25.80	32.93	17.76		U	U	U	U	U	U
Microbix Biosystems Inc.	MBX.TO	TSX	Health Care	D+	Sell	C-	D	Up	0.28	0.39	0.16	-0.53	F	W	F	W	–	F
Microbix Biosystems Inc.	MBXBF	OTC PK	Health Care	D	Sell	C-	D		0.24	0.26	0.13	-0.28	F	W	F	W	–	W
Microbot Medical Inc.	MBOT	NAS CM	Health Care	D-	Sell	E+	D-		4.99	19.40	1.38	9.26	V	V	E	W	–	V
Microchip Technology Incorporated	MCHP	NAS GS	Information Tech	C+	Hold	B	D+	Up	87.14	101.35	60.7	1.59	E	G	G	F	F	F
Micromem Technologies Inc.	MMTIF	OTC PK	Information Tech	D+	Sell	C	D	Up	0.04	0.13	0.02	1.71	F	G	F	W	–	W
Micron Solutions, Inc.	MICR	AMEX	Health Care	D	Sell	D	D-		2.44	3.96	2.3	0.17	W	W	G	W	–	W
Micron Technology, Inc.	MU	NAS GS	Information Tech	C+	Hold	B+	D+		38.07	58.15	28.39	1.75	E	E	E	W	–	F
Micropac Industries, Inc.	MPAD	OTC PK	Information Tech	C	Hold	C	B		9.30	10.00	7.5	-0.06	W	G	E	G	–	F
Microsoft Corporation	MSFT	NAS GS	Information Tech	A	Buy	A+	B	Up	134.15	138.40	93.96	1.02	E	E	E	G	W	E
MicroStrategy Incorporated	MSTR	NAS GS	Information Tech	C-	Hold	C	D		141.03	152.38	115.5	0.64	W	G	E	W	–	W
Microvision, Inc.	MVIS	NAS	Information Tech	D	Sell	D	D	Up	0.78	1.44	0.51	1.95	F		G	W	–	W
Microwave Filter Company, Inc.	MFCO	OTC PK	Information Tech	D+	Sell	C-	D	Up	0.44	0.80	0.35	0.65	F	F	E	W	–	W
MICT, Inc.	MICT	NAS CM	Industrials	D-	Sell	E+	D		0.79	1.94	0.29	-1.59	W	V	G	W	–	W
Mid Penn Bancorp, Inc.	MPB	NAS	Financials	C	Hold	B	D+		24.73	35.45	21.54	0.79	F	E	E	W	G	W
Mid-America Apartment Communities, Inc.	MAA	NYSE	Real Estate	C	Hold	B-	C-		116.32	120.39	91.21	0.39	F	E	E	F	G	F
Midas Gold Corp.	MDRPF	OTC PK	Materials	D-	Sell	D-	D		0.47	0.87	0.41	0.12	W	V	E	W	–	W
Midas Gold Corp.	MAX.TO	TSX	Materials	D-	Sell	D-	D		0.62	1.10	0.56	-0.13	W	V	E	W	–	W
Midasco Capital Corp.	MGCH.V	TSXV	Materials	C-	Hold	C+	D	Up	0.09	0.13	0.09	-0.21	W	G	G	W	–	F
Mid-Con Energy Partners, LP	MCEP	NAS GS	Energy	D	Sell	D	D-		0.44	2.00	0.36	1.74	W	W	G	W	–	V
Middlefield Banc Corp.	MBCN	NAS CM	Financials	C	Hold	B	C-		39.52	52.45	38.5	0.39	G	G	E	F	G	W
Middlesex Water Company	MSEX	NAS GS	Utilities	B	Buy	B	C+		58.48	63.68	41.77	0.29	G	E	G	F	F	F
Midland Exploration Inc.	MD.V	TSXV	Materials	D+	Sell	D+	D		1.00	1.46	0.66	-0.16	W	W	E	F	–	F
Midland Exploration Inc.	MIDLF	OTC PK	Materials	D+	Sell	D+	D		0.77	1.10	0.51	-0.16	W	W	E	F	–	F
Midland States Bancorp, Inc.	MSBI	NAS GS	Financials	C	Hold	B	D+		26.39	36.06	19.56	1.33	E	G	E	W	G	W
Midnight Sun Mining Corp	MMA.V	TSXV	Materials	D	Sell	D	D		0.13	0.28	0.1	1.78	W	W	E	W	–	W
Midnight Sun Mining Corp	MDNGF	OTC PK	Materials	D	Sell	D	D		0.08	0.20	0.08	1.99	W	W	E	W	–	W
Midpoint Holdings Ltd.	MPT.V	TSXV	Financials	D-	Sell	D-	D-		0.04	0.15	0.03	1.95	F	V	G	W	–	W
MidSouth Bancorp, Inc.	MSL	NYSE	Financials	D	Sell	D+	D		11.29	16.15	10.07	1.46	W	W	E	W	W	W
Mid-Southern Bancorp, Inc.	MSVB	NAS CM	Financials	D-	Sell	B	B	Up	12.71	14.00	11.55		E	G	E	G	W	W
Midstates Petroleum Company, Inc.	MPO	NYSE	Energy	D+	Sell	C	D		5.74	14.84	5.44	2.33	W	G	E	W	–	W
Midwest Energy Emissions Corp.	MEEC	OTC PK	Industrials	D-	Sell	D-	D-		0.27	0.35	0.12	1.12	W	V	F	W	–	W
Midwest Holding Inc.	MDWT	OTC PK	Financials	D-	Sell	D-	D	Down	0.08	0.20	0.02	-2.30	W	V	E	W	–	W
MidWestOne Financial Group, Inc.	MOFG	NAS GS	Financials	C	Hold	B	D		27.72	35.20	23.8	1.04	E	E	E	W	G	W
Mikros Systems Corporation	MKRS	OTC PK	Industrials	C	Hold	C	D+		0.24	0.51	0.2	0.14	F	E	E	W	–	W
Milacron Holdings Corp.	MCRN	NYSE	Industrials	C-	Hold	C	D		13.08	22.09	11.11	2.37	G	G	G	W	–	W

*Ratings Factors: E=Excellent, G=Good, F=Fair, W=Weak, V=Very Weak, U=Unrated

Summer 2019 — I. Index of Stocks

3-Month Total Return (%)	6-Month Total Return (%)	1-Year Total Return (%)	3-Year Total Return (%)	Dividend $ TTM	Dividend Yield TTM	Market Cap. ($Mil)	Enterprise Value ($Mil)	Revenue ($Mil)	Revenue Growth (%)	Net Income ($Mil)	Earnings/Share $	EPS Growth (%)	Cash from Operations ($Mil)	Return on Assets (%)	Return on Equity (%)	Earnings (P/E) TTM	Sales (P/S) TTM	Book (P/B) Q
-6.34	42.86	-27.48	44.49			7.8	7.6	2.7	-0.7	-0.01	-0.01	92.1	1.0	0.05		-294.6	2.9	0.9
-6.81	-25.45	-65.11	-63.56			5.1	5.0	--		-2.9	-0.09	17.0	-2.7	-347.59		-0.9		51.3
-3.85	-19.35	-60.94	-50.00			5.1	5.0	--		-2.9	-0.09	17.0	-2.7	-347.59		-1.4		78.1
-1.32	-8.61	-22.85	10.56	0.18	4.1	4,386	9,077	7,208	16.5	323.9	0.16	51.7	1,326	5.54	12.56	28.1	1.3	3.8
-3.98	-5.65	-22.50	9.15			4,386	9,077	7,208	16.5	323.9	0.16	51.7	1,326	5.54	12.56	13.6	0.6	1.8
-29.29	59.68	-18.85	-80.12			11.4	12.2	--		-2.7	0.00	32.7	-1.1	-110.9		-3.0		-33.0
-2.76	6.44	0.52	31.43	0.80	11.1	3,262	--	402.3	-0.9	307.3	0.68	-13.8	179.1		9.25	10.7	8.1	1.0
28.57	28.57	12.50				0.17	-0.01	--		-0.14	-0.05	-3,553.3	-0.06	-40.49		-1.6		1.4
8.49	23.48	18.14	40.59	1.35	1.9	2,527	2,967	569.7	1.0	88.2	2.54	-10.3	159.3	4.06	10.92	28.7	4.4	3.1
-1.20	28.45	22.23	128.52			4,678	5,253	1,150	7.4	678.4	1.82	68.5	575.4	9.88	19.25	7.2	4.3	1.2
-6.04	15.27	3.01	41.92	1.82	6.0	2,746	12,627	1,058	32.6	71.2	0.95	35.3	-4.6	2.79	3.97	32.0	2.4	1.4
0.00	0.00	-0.80	17.83			4,141	5,449	1,620	23.5	107.4	2.40	-78.6	46.8	2.72	5.76	38.6	2.6	2.3
12.25	21.02	2.09	34.01	0.50	1.8	15,278	33,893	11,684	11.3	274.6	0.46	-86.3	1,545	2.77	3.37	61.4	1.3	2.3
-15.62	13.91	-27.66	72.07	0.36	0.6	1,109	1,159	377.2	8.3	38.1	2.22	-9.5	28.8	11.27	20.01	29.4	2.9	5.4
28.30	30.52	-91.28	-97.93			15.7	16.1	1.1	-70.8	-20.4	-0.27	77.1	-7.0	-131.46		-0.3	7.6	-42.5
-16.09	-36.39	-75.49	2.82			26.1	26.7	--		-20.4	-0.18	22.6	-16.6	-59.11		-1.1		1.3
-0.43	54.68	62.95		1.34	5.2	8,928	13,158	1,930	45.7	173.6	0.65	-15.0	391.4	2.83	3.05	39.5	4.1	1.5
12.00	43.59	-5.08	36.59			20.7	25.8	10.2	13.6	-6.1	-0.05	-314.4	0.08	2.69		-5.7	2.7	3.4
42.75	74.67	21.52	51.23			20.7	25.8	10.2	13.6	-6.1	-0.05	-314.4	0.08	2.69		-4.9	2.3	2.9
-34.60	177.22	-56.58				21.5	14.2	--		-7.7	-2.27	-79.0	-6.8	-40.15		-2.2		2.3
7.86	22.67	-1.92	86.60	1.46	1.7	20,733	30,609	5,350	34.4	355.9	1.41	43.3	1,675	5.42	8.31	61.9	4.1	3.9
-25.69	35.84	-57.89	-83.52			10.9	13.4	--		-1.4	-0.01	71.1	-1.1	-125.67		-7.0		-2.8
-20.22	-9.03	-30.72	-45.70			7.0	13.6	19.1	-4.1	-1.4	-0.51	-15.8	0.07	-5.29		-4.8	0.4	1.9
-3.23	20.59	-28.36	193.07			42,022	41,208	29,985	16.0	13,060	10.89	31.9	17,661	15.78	30.69	3.5	1.5	1.2
-3.12	14.54	10.89	17.68	0.10	1.1	24.0	11.2	20.9	6.4	1.3	0.49	-10.5	1.6	2.4	5.29	19.0	1.2	1.0
15.15	34.69	38.22	188.17	1.80	1.3	1027970	982,774	122,211	15.4	34,926	4.50	125.0	47,495	10.06	40.12	29.8	8.5	10.8
-2.60	11.15	10.79	-16.13			1,444	1,009	490.0	-2.9	12.9	1.04	191.0	18.4	-0.48	2.37	135.2	3.0	3.0
-19.42	24.51	-26.00	-52.75			81.2	76.7	17.3	53.5	-28.2	-0.31	13.5	-20.7	-88.64		-2.6	4.6	-33.0
4.76	-2.22	-32.31	-29.03			1.1	0.75	3.7	26.1	0.12	0.05	152.4	0.19	4.68	10.64	9.2	0.3	0.9
-38.28	11.21	-30.30	-57.43			8.7	10.3	8.7	-60.0	-2.7	-0.27	71.3	-4.1	-33.19		-2.9	0.9	-61.2
1.31	1.37	-27.33	67.93	0.63	2.6	209.3	--	69.5	54.8	13.7	1.75	28.0	10.9		7.46	14.1	3.0	0.9
7.04	24.61	19.29	23.94	3.77	3.2	13,260	18,018	1,587	3.3	237.5	2.05	-29.6	736.3	2.25	3.83	56.7	8.4	2.2
-21.70	-24.50	-36.90	-26.22			127.8	127.8	--		-17.0	-0.08	62.5	-25.8	-19.54		-6.1		4.0
-21.52	-27.06	-36.08	-24.39			127.8	127.8	--		-17.0	-0.08	62.5	-25.8	-19.54		-8.1		5.3
-10.00	0.00	-35.71	28.57			0.84	0.77	--		-0.07	-0.01	22.1	-0.08	-67.01		-15.0		-64.3
-44.03	-46.72	-73.99	-76.60			13.6	118.5	63.6	15.8	-11.5	-0.54	63.6	17.0	-4.38		-0.8	0.2	0.2
-5.84	-4.03	-20.81	34.87	1.12	2.8	128.7	--	44.0	5.9	12.8	3.95	26.1	13.0		10.19	10.0	2.9	1.0
5.35	12.11	39.63	49.31	0.94	1.6	963.1	1,183	137.6	4.4	34.5	2.09	51.3	44.5	2.91	14.1	28.0	7.1	3.8
-20.63	3.09	16.28	9.89			52.5	43.7	0.07	-6.0	-0.81	-0.01	17.1	-0.95	-4.17		-76.3	1,000.0	2.7
-19.32	5.95	17.13	17.88			52.5	43.7	0.07	-6.0	-0.81	-0.01	17.1	-0.95	-4.17		-58.5	766.0	2.1
9.38	21.49	-20.77	36.68	0.93	3.5	634.8	--	248.4	32.0	51.6	2.11	340.7	79.2		8.53	12.5	2.6	1.0
13.04	18.18	-48.00	30.00			8.8	8.8	--		-0.67	-0.01	51.2	-0.15	-4.54		-15.7		1.4
-13.49	-1.18	-56.02	-7.08			8.8	8.8	--		-0.67	-0.01	51.2	-0.15	-4.54		-10.1		0.9
-41.67	-12.50	-50.00	-46.15			2.8	2.1	0.32	-19.1	-0.43	0.00	26.3	-0.35	-18.45		-8.3	11.7	4.4
-2.42	5.80	-16.71	21.29	0.04	0.4	188.7	--	62.6	-7.0	-33.7	-2.23	-89.0	26.8			-5.1	3.0	1.1
-0.29	9.11			0.06	0.5	45.3	--	7.9	10.7	1.5	0.42	44.1	2.7		3.96	30.0	5.4	0.9
-42.31	-18.93	-57.36				117.2	180.8	171.4	-17.9	28.0	0.97	124.6	98.2	4.71	5.79	5.9	0.8	0.3
-2.36	7.40	27.86	-63.72			20.5	31.8	13.0	-46.4	-0.54	-0.01	82.5	0.04	-14.44		-33.2	1.6	-3.2
33.33	-23.15	60.00	-85.45			81.9	99.2	1.7	56.8	-5.8	-0.25	-135.7	-20.2	-5.87		-0.3	1.1	-0.4
0.53	13.62	-16.22	5.32	0.99	3.6	450.8	--	121.1	10.5	29.8	2.44	50.7	43.0		8.46	11.4	2.8	0.9
-35.14	-27.27	-50.00	128.57			8.5	7.4	8.1	2.0	0.26	0.01	-23.3	0.46	6.53	11.08	42.9	1.1	3.5
15.75	10.47	-31.77	-7.04			922.2	1,632	1,197	-3.3	34.8	0.49	11.3	109.5	4.39	8.14	26.7	0.8	1.7

I. Index of Stocks   Summer 2019

Company Name	Stock Ticker Symbol	Traded On	Sector	Overall Rating	Recommendation	Reward Rating	Risk Rating	Recent Up/Downgrade	Stock Price as of 6/30/2019	52-Week High	52-Week Low	3-Year Beta	Growth	Efficiency	Solvency	Volatility	Dividend	Total Return
Milestone Pharmaceuticals Inc.	MIST	NAS GS	Health Care	U		U	U		23.15	25.50	15.09		U	U	U	U	U	U
Milestone Scientific Inc.	MLSS	AMEX	Health Care	E+	Sell	E+	E+		0.37	1.09	0.26	2.52	W	V	G	V	–	V
Mill City Ventures III, Ltd.	MCVT	OTC PK	Financials	C	Hold	B	D+		0.59	2.00	0.25	2.02	F	G	E	W	–	F
Millendo Therapeutics, Inc.	MLND	NAS CM	Health Care	E+	Sell	E+	D		11.14	17.34	6.77		V	V	E	W	–	W
Millennial ESports Corp.	GAME.V	TSXV	Consumer Discretn	D-	Sell	D-	D-	Down	0.10	2.70	0.1	1.72	F	V	F	W	–	V
Millennial ESports Corp.	MLLLD	OTC PK	Consumer Discretn	D-	Sell	D-	D-	Down	0.09	2.43	0.08		F	V	F	W	–	V
Millennial Lithium Corp.	MLNLF	OTC PK	Materials	D	Sell	D	D		1.21	1.92	0.67	4.04	F	V	E	W	–	F
Millennial Lithium Corp.	ML.V	TSXV	Materials	D	Sell	D	D		1.56	2.53	1.04	3.36	F	V	E	W	–	F
Millennium Investment & Acquisition Company In	MILC	OTC PK	Financials	D	Sell	D	D-		0.41	0.98	0.3	-1.01	V	F	E	W	–	V
Miller Industries, Inc.	MLR	NYSE	Industrials	B	Buy	B+	B-	Down	30.54	35.26	22.8	1.42	F	E	E	G	F	F
Miller Industries, Inc.	MLLS	OTC PK	Real Estate	C	Hold	C	C		0.80	0.86	0.67	0.07	W	E	E	F	–	F
Millicom International Cellular S.A.	TIGO	NAS GS	Communication Svc	C-	Hold	C	D	Down	55.55	74.71	49.57	0.27	W	G	G	F	–	W
Millrock Resources Inc.	MLRKF	OTC PK	Materials	D-	Sell	E+	D-		0.08	0.23	0.05	-0.06	W	V	G	W	–	V
Millrock Resources Inc.	MRO.V	TSXV	Materials	D-	Sell	E+	D-		0.11	0.30	0.07	-0.64	W	V	G	W	–	V
Mills Music Trust	MMTRS	OTC PK	Communication Svc	E+	Sell	E+	E+		35.00	35.00	22	-1.08	G	V	V	F	G	F
Milner Consolidated Silver Mines Ltd.	MCAH.V	TSXV	Materials	D-	Sell	D-	D	Down	0.07	0.11	0.02	1.74	W	V	G	W	–	F
Mimecast Limited	MIME	NAS GS	Information Tech	C-	Hold	C	D		46.13	54.57	29.66	0.95	W	W	E	F	–	G
Minaean SP Construction Corp.	MSP.V	TSXV	Industrials	D-	Sell	D-	D-		0.05	0.28	0.05	-2.27	W	W	G	W	–	V
Minaurum Gold Inc.	MGG.V	TSXV	Materials	D	Sell	D	D		0.46	0.65	0.32	1.47	V	V	E	W	–	F
Minaurum Gold Inc.	MMRGF	OTC PK	Materials	D	Sell	D	D		0.35	0.50	0.23	1.56	V	V	E	W	–	F
Minco Capital Corp.	MGHCF	OTC PK	Financials	D	Sell	D	D	Up	0.07	0.11	0.04	1.60	F	W	E	W	–	W
Minco Capital Corp.	MMM.V	TSXV	Financials	D	Sell	D	D		0.10	0.15	0.07	2.47	F	W	E	W	–	W
Minco Silver Corporation	MSV.TO	TSX	Materials	D	Sell	D+	D		0.64	0.69	0.35	1.33	W	F	E	W	–	W
Minco Silver Corporation	MISVF	OTC PK	Materials	D	Sell	D+	D		0.47	0.51	0.24	1.40	W	F	E	W	–	W
MIND C.T.I. Ltd	MNDO	NAS	Information Tech	U		U	U		2.21	2.50	2.08	0.59	U	U	U	U	U	U
Minera Alamos Inc.	MAIFF	OTC PK	Materials	D-	Sell	D-	D-		0.10	0.12	0.06	2.15	W	W	G	W	–	W
Minera Alamos Inc.	MAI.V	TSXV	Materials	D-	Sell	D-	D-		0.13	0.15	0.09	1.10	W	W	G	W	–	W
Minera Frisco, S.A.B. de C.V.	MSNFY	OTC PK	Materials	D-	Sell	D	D-	Down	0.34	0.85	0.34	0.15	W	W	F	W	–	V
Minera Frisco, S.A.B. de C.V.	MFRVF	OTC PK	Materials	D-	Sell	D	E+	Down	0.16	0.45	0.16	1.53	W	W	F	V	–	V
Mineral Hill Industries Ltd.	MHI.V	TSXV	Energy	D+	Sell	C	D		0.15	0.22	0.09	-0.37	W	E	F	W	–	W
Mineral Hill Industries Ltd.	MHIFF	OTC PK	Energy	C-	Hold	C+	C-	Down	0.12	0.13	0.12	0.52	W	E	F	G	–	F
Mineral Mountain Mining & Milling Company	MMMM	OTC PK	Materials	D+	Sell	C	D		0.09	0.41	0.07	1.65	V	G	F	W	–	F
Mineral Mountain Resources Ltd.	MNRLF	OTC PK	Materials	D-	Sell	E+	D		0.10	0.24	0.05	0.49	W	V	G	W	–	W
Mineral Mountain Resources Ltd.	MMV.V	TSXV	Materials	D-	Sell	E+	D		0.12	0.30	0.07	1.01	W	V	G	W	–	W
Minerals Technologies Inc.	MTX	NYSE	Materials	C	Hold	B-	D		52.07	80.80	47.07	1.56	F	E	E	W	W	W
Minerva Neurosciences, Inc.	NERV	NAS	Health Care	D-	Sell	E+	D		5.46	12.95	4.07	1.44	V	V	E	W	–	W
Mineworx Technologies Ltd.	MWXRF	OTC PK	Materials	D	Sell	D-	D		0.09	0.17	0.07	2.86	W	E	E	W	–	F
Mineworx Technologies Ltd.	MWX.V	TSXV	Materials	D-	Sell	D-	D	Down	0.10	0.23	0.09	2.55	W	E	E	W	–	F
Minfocus Exploration Corp.	MNNFF	OTC PK	Materials	D-	Sell	E+	D	Up	0.04	0.07	0.02		W	V	F	W	–	V
Minfocus Exploration Corp.	MFX.V	TSXV	Materials	D-	Sell	E+	D		0.04	0.14	0.03	0.40	W	V	F	W	–	V
MinKap Resources Inc.	KAP.V	TSXV	Materials	D-	Sell	D-	D-	Up	0.03	0.21	0.03	0.16	W	W	G	W	–	V
MinKap Resources Inc.	KPZIF	OTC PK	Materials	D-	Sell	D-	D-	Up	0.04	0.17	0.04	0.08	W	W	G	W	–	V
Minnova Corp.	MCI.V	TSXV	Materials	D-	Sell	D	D-	Down	0.11	0.82	0.09	-0.34	W	W	F	W	–	V
Minnova Corp.	AGRDF	OTC PK	Materials	D	Sell	D	D-		0.07	0.53	0.07	0.25	W	W	F	W	–	V
Minsud Resources Corp.	MSR.V	TSXV	Materials	D	Sell	D	D		0.08	0.09	0.01	1.78	W	W	E	W	–	W
MINT Income Fund	MICFF	OTC PK	Financials	D+	Sell	C-	D	Up	4.08	5.03	4.08	0.47	V	F	E	W	E	W
Minto Apartment Real Estate Investment Trust	MIUN.TO	TSX	Real Estate	D-	Sell	C	C		18.61	20.58	15.45		F	F	F	E	F	W
Mira X Acquisition Corp.	MIRAP.V	TSXV	Financials	D-	Sell	E+	D	Up	0.14	0.30	0.14		W	V	E	W	–	W
Mirage Energy Corporation	MRGE	OTC PK	Energy	D+	Sell	C	D	Down	0.09	0.14	0.01	-1.23	W	E	F	W	–	F
miRagen Therapeutics, Inc.	MGEN	NAS CM	Health Care	E+	Sell	E+	D-	Down	2.21	7.94	2.01	0.71	W	V	G	W	–	V
Miramont Resources Corp.	MRRMF	OTC PK	Materials	D-	Sell	D-	D		0.10	0.48	0.09		V	W	E	W	–	V
Mirasol Resources Ltd.	MRZ.V	TSXV	Materials	D-	Sell	D-	D-	Down	0.70	1.91	0.53	1.93	W	W	E	W	–	V

*Ratings Factors: E=Excellent, G=Good, F=Fair, W=Weak, V=Very Weak, U=Unrated

Summer 2019 — I. Index of Stocks

3-Month Total Return (%)	6-Month Total Return (%)	1-Year Total Return (%)	3-Year Total Return (%)	Dividend $ TTM	Dividend Yield TTM	Market Cap. ($Mil)	Enterprise Value ($Mil)	Revenue ($Mil)	Revenue Growth (%)	Net Income ($Mil)	Earnings/Share $	EPS Growth (%)	Cash from Operations ($Mil)	Return on Assets (%)	Return on Equity (%)	Earnings (P/E) TTM	Sales (P/S) TTM	Book (P/B) Q
						567.0	634.7	--		-10.5	-17.33	-11.3	-14.7			-1.3		-0.2
7.99	20.19	-51.32	-86.30			15.1	12.5	9.7	3.6	-6.3	-0.18	13.2	-1.3	-29.56		-2.1	1.5	5.5
-16.43	-4.38	5.35	-4.38	0.05	8.6	6.5	5.5	0.15	-13.4	1.6	0.15	152.7	-1.2	-3.14	15.78	3.9	43.0	0.6
-23.07	51.56					149.1	86.6	--		-28.5	-2.13	99.3	-24.6			-5.2		2.4
-91.11	-87.88	-94.87				0.84	1.8	6.3	371.0	-12.3	-1.12	55.3	-3.7	-39.82		-0.1	0.2	0.2
-82.29	-86.31	-94.29				0.84	1.8	6.3	371.0	-12.3	-1.12	55.3	-3.7	-39.82		-0.1	0.2	0.2
2.98	55.43	-12.95	435.40			98.9	61.8	--		-12.4	-0.16	50.6	-6.7	-10.48		-7.5		1.6
-2.50	39.29	-15.22	183.64			98.9	61.8	--		-12.4	-0.16	50.6	-6.7	-10.48		-9.7		2.1
3.22	-41.01	-55.60	-44.95			4.5	4.1	0.17	-46.0	-2.2	-0.20	-127.4	-2.6	-0.25		-2.0	26.5	0.1
-1.28	13.98	22.54	63.90	0.72	2.4	348.2	361.7	749.8	19.9	35.7	3.13	38.5	6.0	8.1	16.12	9.7	0.5	1.5
-7.25	11.11	-0.82	100.00			4.0	2.9	0.54	-14.4	0.11	0.02	-31.5	0.09	4.26	9.47	37.2	7.4	3.4
-5.14	-2.38	0.26	11.59	2.64	4.8	5,616	10,968	4,097	0.1	-13.0	-0.14	-117.7	772.0	2.87		-399.4	1.4	2.2
25.18	0.38	-59.26	-77.44			6.0	4.5	4.0		-3.3	-0.06	-1,602.6	-1.3	-15.83		-1.4	1.2	1.4
16.67	-4.55	-57.14	-75.86			6.0	4.5	4.0		-3.3	-0.06	-1,602.6	-1.3	-15.83		-1.8	1.6	1.9
22.27	19.81	94.20	127.08	6.03	17.2	9.7	--	1.0	17.7	0.80	2.87	35.6	--			12.2	9.3	
18.18	62.50	62.50	333.33			0.52	0.44	0.01	189.7	-0.07	-0.01	23.3	-0.05	-45.55		-8.2	65.0	13.0
-2.45	38.45	12.32	359.00			2,830	2,795	340.4	30.0	-7.0	-0.13	44.5	66.2	0.1		-368.2	8.2	16.3
-44.44	-64.29	-75.00	-85.29			2.2	2.3	0.40	-63.7	0.04	0.00	-87.5	-0.07	4.94	8.94	71.4	7.3	5.9
13.75	-5.21	-21.55	378.95			108.4	101.7	--		-3.7	-0.01	-28.7	-3.6	-25.89		-32.7		13.2
15.94	-3.00	-19.54	331.11			108.4	101.7	--		-3.7	-0.01	-28.7	-3.6	-25.89		-25.1		10.1
-20.67	42.39	-26.06	-72.69			3.7	-5.4	-1.6	73.8	-2.4	-0.05	66.9	-0.56	-14.62		-1.5	-2.2	0.4
-20.83	26.67	-32.14	-70.77			3.7	-5.4	-1.6	73.8	-2.4	-0.05	66.9	-0.56	-14.62		-2.0	-3.0	0.5
31.96	56.10	0.00	-45.30			29.6	13.5	--		0.40	0.01	109.5	-0.62	-1.52	0.37	108.5		0.5
27.03	57.72	3.50	-49.38			29.6	13.5	--		0.40	0.01	109.5	-0.62	-1.52	0.37	79.7		0.4
2.79	10.64	14.74	51.33	0.26	11.8	43.8	32.6	9.0	-50.2	2.6	0.13	-52.9	2.0			16.5	4.8	2.1
17.35	34.90	14.05	-3.08			34.9	33.1	--		-19.5	-0.07	-72.3	-4.2	-305.48		-1.4		16.5
13.64	31.58	8.70	0.00			34.9	33.1	--		-19.5	-0.07	-72.3	-4.2	-305.48		-1.8		21.2
-28.72	-27.17	-51.80	-72.98			385.8	1,686	680.2	-14.6	-171.6	-0.07	-140.4	207.8	-0.12		-4.9	1.2	1.9
-31.11	-32.61	-56.94	-75.00			385.8	1,686	680.2	-14.6	-171.6	-0.07	-140.4	207.8	-0.12		-2.3	0.6	0.9
0.00	0.00	-18.92	-34.78			2.1	2.3	--		-0.11	-0.01	57.3	-0.31	-103.71		-16.0		-7.6
0.00	32.32	32.32	32.32			2.1	2.3	--		-0.11	-0.01	57.3	-0.31	-103.71		-12.7		-6.1
-55.26	-55.26	-52.78	21.43			5.8	5.9	--		-0.94	-0.01	-157.9	-0.41	-181.84		-5.8		-28.3
-5.51	-5.97	-52.00	-61.04			6.2	6.2	--		-1.3	-0.02	-27.4	-0.62	-16.4		-5.2		1.6
-17.24	-17.24	-60.00	-63.64			6.2	6.2	--		-1.3	-0.02	-27.4	-0.62	-16.4		-6.5		2.0
-12.11	2.95	-30.20	0.01	0.20	0.4	1,835	2,725	1,814	6.6	168.2	4.75	-15.5	198.7	5.16	12.47	11.0	1.0	1.3
-30.27	-17.89	-32.17	-46.05			213.1	134.3	--		-53.6	-1.38	-60.7	-40.6	-22.72		-4.0		2.8
0.14	-14.18	-11.34	104.33			22.5	21.5	--		-3.8	-0.02	-208.2	-0.55	-14.76		-5.7		4.7
-9.52	-29.63	-24.00	90.00			22.5	21.5	--		-3.8	-0.02	-208.2	-0.55	-14.76		-6.3		5.3
-23.38	37.27	-60.48				0.56	0.55	--		-1.2	-0.11	-290.8	-0.04	-75.37		-0.3		2.0
-42.86	14.29	-61.90	-80.95			0.56	0.55	--		-1.2	-0.11	-290.8	-0.04	-75.37		-0.4		2.2
-50.00	-66.67	-75.00	-90.00			0.24	0.14	--		-0.55	-0.06	-98.6	-0.06	-54.73		-0.5		1.2
0.00	0.00	-66.36	-56.29			0.24	0.14	--		-0.55	-0.06	-98.6	-0.06	-54.73		-0.8		1.7
-46.15	-85.00	-85.00	-86.88			2.6	2.6	--		-0.13	0.00	90.7	-0.13	-0.59		-23.9		0.3
-34.31	-80.43	-87.37	-70.00			2.6	2.6	--		-0.13	0.00	90.7	-0.13	-0.59		-16.4		0.2
33.33	60.00	6.67	45.45			9.3	8.9	--		-0.30	0.00	27.6	-0.27	-1.71		-38.1		1.3
0.00	0.00	-20.90	-2.66	0.36	8.9	92.8	8.1	-7.7	-167.8	-10.7	-0.46	-489.9	47.2	-5.01		-8.8	-12.2	0.9
-8.00	2.26	20.45		0.41	2.2	349.8	815.2	32.8	108.7	11.3	0.71		14.4			26.0	9.0	1.7
-36.36	-6.67	-53.33				0.37	0.14	--		-0.39	-0.11	-99.3	-0.39	-11.25		-1.2		3.5
14.67	32.31	493.10				34.0	34.5	--		-2.6	-0.01	-63.0	-0.24	-1,917.96		-11.5		-11.8
-21.35	-17.54	-65.36				68.3	27.7	4.0	-52.3	-39.7	-1.29	-20.3	-31.3	-35.4		-1.7	17.2	1.7
-15.75	-61.12	-45.65				5.7	3.1	--		-2.6	-0.05	-66.3	-2.0	-22.55		-2.0		0.9
-11.39	-36.94	-59.77	-70.34			28.8	11.8	--		-3.5	-0.07	24.1	-4.5	-14.16		-9.5		2.0

Data as of June 30, 2019

I. Index of Stocks — Summer 2019

Company Name	Stock Ticker Symbol	Traded On	Sector	Overall Rating	Recommendation	Reward Rating	Risk Rating	Recent Up/Downgrade	Stock Price as of 6/30/2019	52-Week High	52-Week Low	3-Year Beta	Growth	Efficiency	Solvency	Volatility	Dividend	Total Return
Mirasol Resources Ltd.	MRZLF	OTC PK	Materials	D-	Sell	D-	D-	Down	0.53	1.45	0.39	2.02	W	W	E	W	–	V
Mirati Therapeutics, Inc.	MRTX	NAS GS	Health Care	D-	Sell	E+	D		104.71	106.31	28.5	2.42	V	V	E	W	–	E
Misonix, Inc.	MSON	NAS	Health Care	C-	Hold	C	D		24.10	26.41	12.2	0.40	W	W	E	F	–	E
Mission NewEnergy Limited	MNELF	OTC PK	Energy	D	Sell	D+	D		0.01	0.37	0	-2.97	W	W	G	W	–	F
Mission Ready Solutions Inc.	MSNVF	OTC PK	Industrials	D	Sell	D	D	Up	0.19	0.25	0.14	-0.04	W	V	G	W	–	F
Mission Ready Solutions Inc.	MRS.V	TSXV	Industrials	D	Sell	D	D	Up	0.25	0.32	0.18	0.53	W	V	G	W	–	F
Mistras Group, Inc.	MG	NYSE	Industrials	D	Sell	D	D-		14.44	23.60	12.38	0.97	W	F	E	W	–	W
Mitcham Industries, Inc.	MIND	NAS GS	Energy	D+	Sell	C-	D	Up	3.95	4.39	2.5	2.41	G	W	E	W	–	F
Mitchells & Butlers plc	MBPFF	OTC PK	Consumer Discretn	D+	Sell	B	C	Down	3.43	3.43	3.17	0.01	G	G	G	F	–	F
Mitek Systems, Inc.	MITK	NAS CM	Information Tech	D+	Sell	C-	D	Down	9.81	13.07	6.32	-0.80	W	F	E	W	–	F
Mitsubishi UFJ Financial Group, Inc.	MBFJF	OTC PK	Financials	C-	Hold	C+	D	Down	4.66	6.38	4.57	1.23	F	G	E	W	–	W
Mitsubishi UFJ Financial Group, Inc.	MUFG	NYSE	Financials	C-	Hold	C+	D	Down	4.71	6.47	4.49	1.06	F	G	E	W	–	W
Mitsui & Co., Ltd.	MITSY	OTC PK	Industrials	C	Hold	B	D		326.16	371.95	282.64	0.46	E	G	E	F	–	F
Mitsui & Co., Ltd.	MITSF	OTC PK	Industrials	C	Hold	B	C		16.36	17.78	14.65	0.59	E	G	E	F	–	F
MiX Telematics Limited	MIXT	NYSE	Information Tech	C	Hold	B	D	Down	14.92	20.07	13.01	0.37	E	E	E	F	W	F
Mizuho Financial Group, Inc.	MZHOF	OTC PK	Financials	D+	Sell	C	D	Down	1.44	1.86	1.37	0.88	W	G	E	W	–	W
Mizuho Financial Group, Inc.	MFG	NYSE	Financials	D+	Sell	C-	D	Down	2.85	3.65	2.66	0.87	W	G	E	W	–	W
MJ Biotech, Inc.	MJTV	OTC PK	Consumer Staples	D	Sell	D	D-		0.00	0.01	0	-1.54	F		E	W	–	W
MJ Holdings, Inc.	MJNE	OTC PK	Health Care	E+	Sell	E	D-		0.54	5.20	0.45		V	V	E	W	–	V
MJardin Group, Inc.	MJARF	OTC PK	Health Care	E	Sell	D	D-	Up	1.25	6.68	0.77		F	W	G	W	–	V
MK2 Ventures Ltd.	MKH.V	TSXV	Materials	D-	Sell	D-	D-		0.16	0.39	0.15	0.49	W	V	G	W	–	F
MK2 Ventures Ltd.	MKVNF	OTC PK	Materials	D	Sell	D-	D		0.16	0.16	0.13	2.54	W	V	G	F	–	G
Mkango Resources Ltd.	MKA.V	TSXV	Materials	D	Sell	D	D	Up	0.14	0.19	0.1	0.75	V	V	E	W	–	G
MKS Instruments, Inc.	MKSI	NAS GS	Information Tech	C+	Hold	B+	D+		78.49	103.86	56.37	1.74	G	E	E	W	W	F
ML Gold Corp.	MLG.V	TSXV	Materials	D-	Sell	E+	D		0.53	1.35	0.12	-6.91	W	V	G	W	–	W
ML Gold Corp.	MLGCF	OTC PK	Materials	D-	Sell	E+	D		0.36	0.88	0.07	-5.38	W	V	G	W	–	W
MMA Capital Holdings, Inc.	MMAC	NAS CM	Financials	A-	Buy	A-	A-	Up	33.90	35.50	20.02	0.91	F	E	E	E	–	G
MMEX Resources Corporation	MMEX	OTC PK	Energy	D+	Sell	C	D		0.00	0.48	0	-69.68	W	G	F	W	–	W
Mmtec, Inc.	MTC	NAS CM	Information Tech	E-	Sell	D-	D		12.94	14.58	3.38		V	W	G	W	–	W
Mobetize Corp.	MPAY	OTC PK	Financials	D	Sell	C-	D-		0.02	1.85	0.01	4.75	F	G	F	W	–	V
Mobi724 Global Solutions Inc.	MOS.V	TSXV	Information Tech	D	Sell	D	D	Up	0.05	0.14	0.04	0.90	W	W	G	W	–	W
Mobi724 Global Solutions Inc.	MOBIF	OTC PK	Information Tech	D	Sell	D	D	Up	0.05	0.10	0.03	1.51	W	W	G	W	–	W
Mobile Mini, Inc.	MINI	NAS GS	Industrials	C-	Hold	B-	D	Down	29.86	50.40	29.46	1.39	F	G	G	W	G	W
Mobile TeleSystems Public Joint Stock Company	MBT	NYSE	Communication Svc	C	Hold	B-	D+		9.32	9.63	6.64	1.11	F	E	W	W	E	W
MobileIron, Inc.	MOBL	NAS GS	Information Tech	D-	Sell	E+	D		6.09	6.58	3.98	0.85	F	V	G	W	–	G
MobileSmith, Inc.	MOST	OTC PK	Health Care	C-	Hold	C	D		1.85	2.51	0.75	-1.95	W	E	F	W	–	F
Mobio Technologies Inc.	MBIOF	OTC PK	Communication Svc	D+	Sell	C-	D	Up	0.06	0.06	0.06	2.98	F	F	G	W	–	F
Mobio Technologies Inc.	MBO.V	TSXV	Communication Svc	D	Sell	D+	D-		0.07	0.22	0.06	1.16	F	F	G	W	–	V
Mobiquity Technologies, Inc.	MOBQ	OTC PK	Communication Svc	D	Sell	D+	D	Down	0.13	0.24	0.04	2.06	W		E	W	–	F
Mobivity Holdings Corp.	MFON	OTC PK	Communication Svc	D	Sell	C-	D	Up	1.08	1.90	0.71	-0.81	F	W	G	W	=	W
Model N, Inc.	MODN	NYSE	Information Tech	D+	Sell	C-	D	Up	19.47	20.33	12.6	0.47	F	W	G	W	–	F
Modern Media Acquisition Corp.	MMDM	NAS CM	Financials	C-	Hold	C	D	Up	11.30	13.68	9.95	0.09	W	G	E	G	–	F
Moderna, Inc.	MRNA	NAS GS	Health Care	D	Sell	D	D		14.34	29.79	13.03		W	W	E	W	–	W
Modine Manufacturing Company	MOD	NYSE	Consumer Discretn	C	Hold	B	D+	Down	14.16	18.50	9.75	2.00	E	G	G	W	–	F
Modular Medical, Inc.	MODD	OTC PK	Health Care	D	Sell	D	D		0.20	0.20	0.2	0.62	V	W	E	W	–	W
Moelis & Company	MC	NYSE	Financials	C	Hold	B	D+	Down	34.52	65.94	31.64	2.22	F	E	E	W	G	W
Mogo Inc.	MOGO	NAS CM	Financials	C-	Hold	C	D	Up	3.53	4.05	1.98	2.73	F	W	E	W	–	G
Mogo Inc.	MOGO.TO	TSX	Financials	C-	Hold	C	D	Up	4.67	5.23	2.71	2.51	F	W	E	W	–	G
MOGU Inc.	MOGU	NYSE	Consumer Discretn	D	Sell	D+	D-	Down	2.83	25.69	2.5		F	W	E	W	–	V
Mohawk Group Holdings, Inc.	MWK	NAS CM	Consumer Discretn	U		U	U		7.98	10.74	6.11		U	U	U	U	U	U
Mohawk Industries, Inc.	MHK	NYSE	Consumer Discretn	C-	Hold	C	D	Up	145.09	228.49	109.35	1.50	F	E	G	W	–	W
Mojave Jane Brands Inc.	HHPHF	OTC PK	Health Care	D-	Sell	D-	D		0.25	0.73	0.12		W	V	E	W	–	V

*Ratings Factors: E=Excellent, G=Good, F=Fair, W=Weak, V=Very Weak, U=Unrated

Summer 2019 — I. Index of Stocks

TOTAL RETURNS %				DIVIDEND/YIELD		SIZE		REVENUE & INCOME			EARNINGS		EFFECTIVENESS			VALUATION		
3-Month Total Return (%)	6-Month Total Return (%)	1-Year Total Return (%)	3-Year Total Return (%)	Dividend $ TTM	Dividend Yield TTM	Market Cap. ($Mil)	Enterprise Value ($Mil)	Revenue ($Mil)	Revenue Growth (%)	Net Income ($Mil)	Earnings/Share $	EPS Growth (%)	Cash from Operations ($Mil)	Return on Assets (%)	Return on Equity (%)	Earnings (P/E) TTM	Sales (P/S) TTM	Book (P/B) Q
-9.64	-34.19	-59.27	-70.87			28.8	11.8	--		-3.5	-0.07	24.1	-4.5	-14.16		-7.2		1.5
41.77	151.04	114.57	1,779.89			3,994	3,690	4.7	-50.3	-124.6	-3.83	-49.1	-96.6	-35.04		-27.4	779.1	13.3
22.40	48.31	90.51	385.81			232.4	223.3	37.7	4.9	-6.8	-0.75	-4.3	-2.6	-12.22		-32.1	6.0	9.9
-79.32	-93.80	-92.11	-78.31			0.35	0.29	--		-0.13	0.00	-167.4	-0.13	-36.42		-2.8		-4.6
-6.36	-13.64	6.38				32.4	31.5	2.1	-30.3	-3.1	-0.02	56.1	-1.1	-54.92		-8.0	12.2	19.4
-5.66	16.28	6.38	525.00			32.4	31.5	2.1	-30.3	-3.1	-0.02	56.1	-1.1	-54.92		-10.5	16.0	25.5
5.63	-0.76	-23.88	-37.24			413.7	698.5	731.5	0.9	-1.4	-0.07	-40.6	44.0	2.23		-202.2	0.6	1.5
0.25	51.92	-0.50	6.76			47.9	61.7	45.2	20.6	-16.4	-1.50	28.7	-3.9	-9.03		-2.6	1.1	1.4
0.00	0.00	0.89	-14.25			1,534	3,974	2,897	-0.5	144.3	0.34	73.2	328.6	3.65	5.96	10.2	0.5	0.6
-16.58	-8.40	10.22	42.79			390.9	366.4	74.8	46.4	-8.8	-0.24	-234.2	8.7	-0.49		-40.9	5.1	3.9
-9.78	-4.12	-18.03	10.17			61,455	--	39,168	40.8	11,230	0.85	333.0	--		7.31	5.5	1.6	0.4
-5.80	-2.48	-16.02	12.28	0.15	3.1	61,455	--	39,168	40.8	11,230	0.85	333.0	--		7.31	5.5	1.6	0.4
4.05	6.49	-1.84	39.29			28,551	64,498	56,524	30.9	3,534	2.03	-11.2	4,639	1.42	9.65	160.6	10.0	14.9
5.01	8.92	-0.91	33.22			28,551	64,498	56,524	30.9	3,534	2.03	-11.2	4,639	1.42	9.65	8.1	0.5	0.8
-9.02	-0.40	-14.60	244.06	0.17	1.2	335.4	313.6	145.5	17.3	14.3	0.02	30.9	34.0	9.28	11.58	606.5	59.4	72.0
-7.69	-4.00	-17.24	-5.26			36,815	--	23,211	-5.4	4,634	0.18	-9.7	--		5.66	7.9	1.6	0.5
-7.77	-4.31	-12.74	7.64	0.10	3.6	36,815	--	23,211	-5.4	4,634	0.18	-9.7	--		5.66	15.6	3.1	0.9
-56.25	-76.67	-83.33	-99.63			0.04	0.63	--		4.3	0.05	106.8	-0.07			0.0		0.0
-24.65	-47.55	-73.25				43.9	42.5	--		-1.8	-0.07	-2,255.2	-4.0			-7.8		6.7
-53.01	-59.28					83.4	178.4	23.0	36.8	-68.9	-0.89	-1,037.0	-27.1			-1.4	4.2	0.8
-47.54	-27.27	-38.46	-15.79			3.9	3.0	--		-0.69	-0.02	-525.7	-0.26	-53.76		-7.3		6.0
0.00	0.00	24.65	490.34			3.9	3.0	--		-0.69	-0.02	-525.7	-0.26	-53.76		-7.1		5.9
-9.68	16.67	0.00	75.00			14.2	-7.1	--		-5.3	-0.05	-64.5	-7.0	-41.89		-2.9		0.8
-12.45	22.97	-15.44	97.26	0.80	1.0	4,267	4,860	1,984	-2.4	300.2	5.46	-20.6	370.1	9.2	16.59	14.4	2.2	2.2
292.59	112.00	-41.11	17.78			12.0	12.0	--		-2.2	-0.21	-26.3	-0.49	-46.41		-2.5		2.3
416.26	54.00	-41.64	19.44			12.0	12.0	--		-2.2	-0.21	-26.3	-0.49	-46.41		-1.7		1.6
11.11	33.41	32.16	88.33			199.5	308.0	13.8	4.9	45.5	6.79	-3.6	18.7	0.2	15.75	5.0	14.4	0.9
-89.52	-96.33	-99.18	-99.33			0.30	1.1	--		-4.6	-0.19	64.5	-2.1	-292.81		0.0		-0.1
175.31						259.7	259.6	0.03		-2.3	-0.07	-315.3	-1.9	-368.45		-183.3	12,940.0	-523.9
81.82	81.82	-98.86	-99.83			0.31	1.4	0.41	-5.7	-1.1	-4.64	22.3	-0.48	-285.99		0.0	0.0	-0.2
0.00	-28.57	-56.52	0.00			8.3	9.2	2.0	-5.7	-5.0	-0.02	-18.6	-2.8	-34.49		-2.0	5.2	3.9
16.25	3.56	-48.33	158.33			8.3	9.2	2.0	-5.7	-5.0	-0.02	-18.6	-2.8	-34.49		-1.9	4.8	3.6
-11.57	-6.44	-34.55	1.65	1.05	3.5	1,330	2,320	602.2	9.4	-4.8	-0.13	-104.7	164.0	4.38		-222.2	2.2	1.6
21.51	32.76	14.51	41.75	0.66	7.1	8,302	14,576	5,697	-25.0	714.5	1.52	-22.5	1,846			6.1	0.8	4.5
10.73	33.55	33.85	102.33			662.1	573.2	197.6	9.0	-43.8	-0.42	29.2	12.8	-13.85		-14.6	3.3	13.6
-0.56	-2.63	-26.00	32.14			52.3	96.8	2.6	-27.5	-8.7	-0.31	-34.0	-5.7	-158.42		-6.0	20.4	-1.1
-73.30	-73.30	-73.30	-64.49			2.0	2.3	0.04	-76.9	-0.68	-0.04	15.6	-0.68	-11.54	133.9	-1.7	42.3	2.2
0.00	-12.50	-65.00	-56.25			2.0	2.3	0.04	-76.9	-0.68	-0.04	15.6	-0.68	-11.54	133.9	-1.9	46.7	2.4
-32.76	-2.18	68.09	27.75			95.9	104.1	3.0	785.5	-50.9	-0.11	-46.1	-52.7	-137.37		-1.2	27.2	11.8
10.20	-10.00	3.85	20.00			49.7	52.6	10.3	1.1	-7.5	-0.18	-6.9	-4.8	-51.11		-6.0	4.8	-37.0
11.07	45.41	6.68	51.05			632.4	627.3	146.3	-1.3	-29.7	-0.95	2.7	8.0	-8.51		-20.5	4.3	12.4
9.10	10.89	13.57				69.5	69.2	--		2.0	0.08	886.1	-1.6	-0.85	12.96	142.3		13.9
-27.06	1.34					4,718	3,642	93.2	-53.2	-354.4	-2.86	30.1	-316.9			-5.0	50.6	3.3
2.39	31.72	-21.98	66.59			718.3	1,129	2,213	5.2	84.8	1.65	296.8	103.3	4.76	16.53	8.6	0.3	1.3
0.00	0.00	-25.93	-25.93			3.6	-3.0	--		-1.7	-0.11	-198.9	-1.4	-29.32		-1.9		0.5
-16.80	5.87	-35.60	104.31	1.94	5.6	1,637	--	804.2	10.1	120.9	2.73	96.6	261.1		57.96	12.7	2.0	4.7
47.09	52.82	28.96	135.34			97.1	--	21.7	16.1	-17.6	-0.77	1.0	-20.2			-4.6	3.8	-8.6
44.14	46.39	28.65	141.97			97.1	--	21.7	16.1	-17.6	-0.77	1.0	-20.2			-6.1	5.0	-11.4
-77.98	-86.77					302.5	80.7	127.5	9.0	-51.9	-136.16	26.4	-34.8	-8.33		0.0	0.0	0.0
						140.0	160.2	17.8	24.7	-8.4	-0.73	32.0	-11.9			-11.0	5.2	-74.4
15.17	23.80	-31.35	-21.33			10,508	13,997	10,014	3.4	774.5	10.36	-20.8	1,168	5.25	10.39	14.0	1.1	1.4
-11.04	66.42	-63.61				27.9	24.0	0.11		-10.0	-0.12	1.4	-9.0	-32.98		-2.1	249.8	1.0

https://greyhouse.weissratings.com   Data as of June 30, 2019

I. Index of Stocks — Summer 2019

Company Name	Stock Ticker Symbol	Traded On	Sector	Overall Rating	Recommendation	Reward Rating	Risk Rating	Recent Up/Downgrade	Stock Price as of 6/30/2019	52-Week High	52-Week Low	3-Year Beta	Growth	Efficiency	Solvency	Volatility	Dividend	Total Return
MOJO Organics, Inc.	MOJO	OTC PK	Consumer Staples	D	Sell	C-	D-		0.20	0.45	0.1	3.59	G	W	G	W	–	F
Molecular Templates, Inc.	MTEM	NAS CM	Health Care	D-	Sell	E+	D	Down	7.80	8.58	3.19		F	V	E	W	–	W
Moleculin Biotech, Inc.	MBRX	NAS CM	Health Care	D-	Sell	E+	D-		1.22	3.15	0.78	2.05	V	V	E	W	–	W
Molina Healthcare, Inc.	MOH	NYSE	Health Care	B-	Buy	B	C		141.34	159.00	96.74	1.33	F	G	E	F	–	G
Molori Energy Inc.	MOL.V	TSXV	Energy	D+	Sell	C-	D		0.15	1.10	0.07	1.44	V	G	F	W	–	W
Molori Energy Inc.	MOLOF	OTC PK	Energy	D+	Sell	C-	D		0.23	0.86	0	5.25	V	G	F	W	–	W
Molson Coors Brewing Company	TAP	NYSE	Consumer Staples	D+	Sell	C+	D-	Down	55.33	71.04	53.25	0.96	E	E	G	W	G	W
Molson Coors Brewing Company	TAPA	NYSE	Consumer Staples	D+	Sell	C+	D-	Down	57.30	75.90	54.42	0.78	E	E	G	W	G	W
Molson Coors Canada Inc.	MXGBF	OTC PK	Consumer Staples	D	Sell	C-	D-	Down	62.98	73.55	62.98		F	F	G	W	G	V
Molson Coors Canada Inc.	TPXA.TO	TSX	Consumer Staples	D	Sell	C	D-	Down	76.00	100.00	75.51	-0.13	F	F	G	W	F	W
Molson Coors Canada Inc.	TPXB.TO	TSX	Consumer Staples	D	Sell	C	D-		75.00	98.44	74.12	0.66	F	F	G	W	F	W
Momenta Pharmaceuticals, Inc.	MNTA	NAS GS	Health Care	D	Sell	D-	D		12.36	32.20	9.55	2.22	V	W	E	W	–	W
Momo Inc.	MOMO	NAS GS	Communication Svc	C	Hold	B	D+	Down	36.00	49.38	22.85	2.38	G	E	E	W	–	W
Monaker Group, Inc.	MKGI	NAS CM	Consumer Discretn	C-	Hold	C+	D	Up	2.92	3.71	0.85	2.28	F	G	F	W	–	W
Monarca Minerals Inc.	MMN.V	TSXV	Materials	D	Sell	D	D		0.06	0.08	0.02	-0.14	W	W	F	W	–	W
Monarca Minerals Inc.	ORAGF	OTC PK	Materials	D	Sell	D	D-		0.05	0.06	0.01	2.70	W	W	F	W	–	V
Monarch Casino & Resort, Inc.	MCRI	NAS GS	Consumer Discretn	B-	Buy	B	C+		42.45	49.63	34.45	0.90	E	E	E	F	–	F
Monarch Gold Corporation	MRQRF	OTC PK	Materials	D	Sell	D	D		0.18	0.24	0.11	-0.02	V	W	G	W	–	W
Monarch Gold Corporation	MQR.TO	TSX	Materials	D	Sell	D	D		0.23	0.33	0.15	-0.26	V	W	G	W	–	W
Mondelez International, Inc.	MDLZ	NAS GS	Consumer Staples	B-	Buy	B	C+	Down	54.12	55.71	38.79	0.79	F	E	G	F	F	F
Mondias Natural Products Inc.	NHP.V	TSXV	Health Care	E	Sell	E+	D-	Up	0.17	0.43	0.15		W	V	E	W	–	W
Moneta Porcupine Mines Inc.	ME.TO	TSX	Materials	D-	Sell	E+	D-		0.11	0.16	0.07	-0.43	F	V	E	W	–	W
Moneta Porcupine Mines Inc.	MPUCF	OTC PK	Materials	D-	Sell	E+	D-		0.09	0.12	0.06	-0.40	F	V	E	W	–	W
MoneyGram International, Inc.	MGI	NAS GS	Information Tech	D	Sell	D	D-		2.62	7.05	1.33	3.58	W	W	G	W	–	V
MongoDB, Inc.	MDB	NAS	Information Tech	D	Sell	D	D	Down	151.49	184.78	47.69		W	V	E	F	–	G
Mongolia Growth Group Ltd.	YAK.V	TSXV	Real Estate	D+	Sell	C-	D		0.33	0.42	0.25	0.73	W	F	E	W	–	W
Mongolia Growth Group Ltd.	MNGGF	OTC PK	Real Estate	D+	Sell	C-	D		0.23	0.32	0.17	1.23	W	F	E	W	–	W
Monitor Ventures Inc.	MVIH.V	TSXV	Industrials	D-	Sell	E+	D-		0.19	0.98	0.16	1.03	F	V	F	W	–	W
Monitor Ventures Inc.	AVCVF	OTC PK	Industrials	D-	Sell	E+	D-		0.14	0.80	0.12	0.69	F	V	F	W	–	V
Monmouth Real Estate Investment Corporation	MNR	NYSE	Real Estate	C	Hold	B-	D	Up	13.44	17.51	11.88	0.77	F	G	E	W	G	W
Monocle Acquisition Corporation	MNCL	NAS CM	Financials	E	Sell	E	D		9.90	10.00	9.2		V	V	E	F	–	W
Monolithic Power Systems, Inc.	MPWR	NAS GS	Information Tech	B-	Buy	A-	C	Down	132.82	161.22	101.99	1.64	E	E	E	F	W	F
Monotype Imaging Holdings Inc.	TYPE	NAS GS	Information Tech	C-	Hold	C	D	Down	16.80	22.30	15.29	0.85	W	E	E	W	G	W
Monro, Inc.	MNRO	NAS GS	Consumer Discretn	B-	Buy	B	C		83.54	89.72	57.4	0.84	G	E	G	F	W	F
Monroe Capital Corporation	MRCC	NAS GS	Financials	C	Hold	B-	D	Up	11.43	14.05	9.1	1.33	F	E	E	W	E	W
Monster Beverage Corporation	MNST	NAS GS	Consumer Staples	B-	Buy	B+	C		63.57	66.38	47.74	1.20	E	E	E	F	–	F
Monster Uranium Corp.	MUH.V	TSXV	Materials	D+	Sell	C-	D	Up	0.11	0.32	0.1	1.13	W	E	E	W	–	W
Monster Uranium Corp.	MURCF	OTC PK	Materials	D	Sell	C-	D	Down	0.11	0.22	0.1	0.79	W	E	F	W	–	W
Montage Resources Corporation	MR	NYSE	Energy	D	Sell	D+	D-	Down	6.02	29.40	5.85	0.73	G	W	G	W	–	V
MontaVista Software, LLC	CAVM	NAS	Information Tech	U	U		U		23.83			0.00	U	U	U	U	U	U
Montego Resources Inc.	MONGF	OTC PK	Materials	E+	Sell	E+	E+	Down	0.04	0.19	0.04		F	V	G	V	–	V
Montero Mining and Exploration Ltd.	MON.V	TSXV	Materials	D-	Sell	D-	D-		0.07	0.25	0.05	1.52	W		G	W	–	V
Montero Mining and Exploration Ltd.	MXTRF	OTC PK	Materials	D-	Sell	D-	D-		0.05	0.19	0.05	0.86	W		G	W	–	V
Monument Mining Limited	MMTMF	OTC PK	Materials	D	Sell	D	D		0.04	0.06	0.03	2.48	W	F	E	W	–	W
Monument Mining Limited	MMY.V	TSXV	Materials	D	Sell	D	D-		0.05	0.08	0.04	1.44	W	F	E	W	–	V
Moody's Corporation	MCO	NYSE	Financials	C	Hold	A	D-	Down	195.33	201.38	129.26	1.45	E	E	V	F	W	G
Moog Inc.	MOGB	NYSE	Industrials	C	Hold	B	B		87.25	97.36	72.6	1.28	G	E	E	G	W	F
Moog Inc.	MOGA	NYSE	Industrials	B	Buy	B	B		90.26	98.52	68.37	1.54	G	E	E	G	W	F
Moovly Media Inc.	MVY.V	TSXV	Communication Svc	D	Sell	D+	D-	Down	0.05	0.12	0.04	0.91	G	W	F	W	–	V
Moovly Media Inc.	MVVYF	OTC PK	Communication Svc	D	Sell	D+	D		0.04	0.07	0.04		G	W	F	W	–	V
Moregain Pictures, Inc.	MGPC	OTC PK	Consumer Discretn	D	Sell	C-	D		0.05	9.90	0.01	-23.82	V	G	F	W	–	F
Morgan Group Holding Co.	MGHL	OTC PK	Financials	D-	Sell	E+	D-		0.34	0.86	0.07	0.90	W	V	E	W	–	F

*Ratings Factors: E=Excellent, G=Good, F=Fair, W=Weak, V=Very Weak, U=Unrated

I. Index of Stocks

Summer 2019

	TOTAL RETURNS %				DIVIDEND/YIELD		SIZE		REVENUE & INCOME			EARNINGS		EFFECTIVENESS			VALUATION		
3-Month Total Return (%)	6-Month Total Return (%)	1-Year Total Return (%)	3-Year Total Return (%)	Dividend $ TTM	Dividend Yield TTM	Market Cap. ($Mil)	Enterprise Value ($Mil)	Revenue ($Mil)	Revenue Growth (%)	Net Income ($Mil)	Earnings/ Share $	EPS Growth (%)	Cash from Operations ($Mil)	Return on Assets (%)	Return on Equity (%)	Earnings (P/E) TTM	Sales (P/S) TTM	Book (P/B) Q
17.65	25.00	11.11	-60.00			5.7	5.6	1.7	22.7	-0.41	-0.01	69.6	-0.01	-68.92		-13.5	3.2	31.3
35.30	116.67	50.00				286.8	217.2	19.8	894.5	-27.7	-0.90	95.9	-6.5	-15.51		-8.7	14.5	3.0
43.66	18.45	-28.24	-81.95			55.1	46.6	--		-14.0	-0.51	8.8	-13.2	-45.86		-2.4		2.9
2.27	24.35	43.46	184.16			8,851	7,280	17,644	-7.8	798.0	11.92	235.9	-459.0	9.19	47.11	11.9	0.5	4.9
-51.67	-27.50	-81.41	-54.69			3.3	3.4	0.15	-78.9	-4.5	-0.49	-77.8	-0.46	84.77		-0.3	9.2	-1.1
-14.19	47.59	-62.15	-2.28			3.3	3.4	0.15	-78.9	-4.5	-0.49	-77.8	-0.46	84.77		-0.5	14.4	-1.8
-5.94	0.32	-16.25	-38.90	2.05	3.7	11,974	22,316	10,741	-1.3	989.8	4.57	-39.5	1,918	3.3	7.27	12.1	1.1	0.9
-11.62	-6.11	-16.07	-37.27	2.05	3.6	11,974	22,316	10,741	-1.3	989.8	4.57	-39.5	1,918	3.3	7.27	12.5	1.2	0.9
-2.93	-2.93			2.03	3.2	1,006	7,298	2,567	2.0	90.2	-0.91	98.7	271.5	0.8	3.78	-69.0	0.4	0.5
-14.05	-3.73	-21.96	-36.79	2.70	3.6	1,006	7,298	2,567	2.0	90.2	-0.91	98.7	271.5	0.8	3.78	-83.3	0.5	0.6
-8.97	-1.13	-20.46	-36.49	2.70	3.6	1,006	7,298	2,567	2.0	90.2	-0.91	98.7	271.5	0.8	3.78	-82.3	0.5	0.5
-12.46	12.16	-37.89	20.82			1,176	931.8	74.9	-36.1	-173.3	-2.12	-52.0	-155.0	-20.84		-5.8	16.2	2.8
-2.79	49.70	-17.74	250.34	0.60	1.7	7,465	6,407	1,569	2.7	204.2	1.92	-47.4	371.7			18.7	2.4	2.4
46.00	143.31	26.41	-46.91			31.3	32.8	0.51	17.3	4.3	0.51	120.9	-3.6	-40.89	94.77	5.8	55.0	3.6
22.22	120.00	22.22	-78.00			2.1	2.9	--		-0.58	-0.01	42.3	-0.24	-1.47		-4.7		0.4
41.84	82.40	46.60	-63.52			2.1	2.9	--		-0.58	-0.01	42.3	-0.24	-1.47		-3.9		0.3
-3.41	13.05	-3.21	106.07			763.5	866.4	242.8	3.9	34.4	1.85	24.5	59.2	6.4	11.86	23.0	3.3	2.5
-24.05	-5.09	-14.01	-37.29			42.7	42.9	26.2	65.1	-2.5	-0.01	2.7	-5.6	-4.66		-16.0	1.6	1.3
-30.77	-10.00	-19.64	-42.31			42.7	42.9	26.2	65.1	-2.5	-0.01	2.7	-5.6	-4.66		-20.5	2.0	1.7
9.67	36.38	34.69	36.82	1.04	1.9	77,956	96,896	25,711	-2.0	3,357	2.29	6.9	4,006	3.44	12.85	23.6	3.1	3.0
-15.00	3.03					8.2	7.9	0.41	91.4	-1.2	-0.03	-250.0	-0.59			-6.4	26.6	18.1
10.00	-8.33	-18.52	-50.00			22.4	21.2	--		-2.6	-0.01	46.8	-2.4	-68.64		-11.0		11.8
22.31	-0.34	-8.90	-46.02			22.4	21.2	--		-2.6	-0.01	46.8	-2.4	-68.64		-8.9		9.6
20.74	27.80	-60.48	-62.25			147.9	970.2	1,383	-13.4	-44.6	-0.70	-36.3	-0.90	1.07		-3.8	0.1	-0.5
3.63	88.19	207.84				8,382	8,204	308.2	67.7	-103.1	-1.95	52.7	-30.7	-10.88		-77.8	26.9	33.8
-17.72	12.07	30.00	-30.11			8.2	8.1	1.1	-5.0	1.6	0.04	161.8	-0.43	-1	7.33	8.5	9.9	0.5
-4.70	11.48	13.11	-27.19			8.2	8.1	1.1	-5.0	1.6	0.04	161.8	-0.43	-1	7.33	6.1	7.1	0.4
-5.00	-17.39	-5.00	-69.60			0.42	0.55	--		1.5	0.51	1,503.8	-0.05	-19.02		0.4		-0.9
-4.15	-16.36	0.71	-68.49			0.42	0.55	--		1.5	0.51	1,503.8	-0.05	-19.02		0.3		-0.6
1.81	10.90	-12.59	18.33	0.68	5.1	1,266	2,433	151.3	16.6	27.1	0.12	-72.3	93.3	2.65	3.2	114.5	8.3	2.0
1.43						52.9	51.6	--		0.36	-0.01		-0.18			-1,414.3		10.6
-1.09	15.84	-0.51	105.38	1.40	1.1	5,719	5,362	594.6	19.0	109.6	2.45	47.4	164.0	9.29	17.7	54.2	10.1	8.4
-15.71	6.39	-15.55	-24.33	0.46	2.8	675.0	713.5	241.4	0.6	16.1	0.39	46.8	19.4	4.9	4.87	43.6	2.8	2.1
-1.64	22.77	40.14	37.80	1.02	1.2	2,772	3,164	1,200	6.4	79.8	2.37	23.3	152.9	6.53	12.01	35.3	2.4	4.0
-2.90	24.24	-4.98	6.88	1.40	12.3	233.7	590.1	59.6	10.3	11.9	0.58	6.1	-89.0	4.87	4.47	19.6	3.9	0.9
16.73	29.63	11.96	23.47			34,555	33,695	3,902	12.2	1,038	1.87	24.7	1,136	17.9	27.42	34.0	8.9	9.3
-26.67	-26.67	-51.11	-37.14			0.28	0.27	--		-0.05	-0.01	-29.1	0.00	-41.2		-7.8		-1.5
0.00	11.20	-58.66	-38.39			0.28	0.27	--		-0.05	-0.01	-29.1	0.00	-41.2		-7.8		-1.5
-60.73	-58.42	-75.23	-90.24			214.4	848.2	546.4	39.4	7.4	0.45	136.3	212.9	3.05	0.94	13.4	0.3	0.2
0.00	0.00	0.00	0.00			--	--	8.8		-2.1	-0.07		-3.5			-329.1	77.8	-8.8
0.00	-78.15	-86.45				1.7	1.5	--		-1.9	-0.04	64.4	-1.2	-35.77		-0.9		1.0
-40.91	-18.75	-74.00	-72.92			1.1	1.1	--		-2.7	-0.13	-432.5	-0.38	-134		-0.5		46.4
-38.85	-19.57	-75.31	-80.65			1.1	1.1	--		-2.7	-0.13	-432.5	-0.38	-134		-0.4		34.3
-17.78	8.82	-17.78	-62.89			12.4	0.47	19.3	-2.2	0.68	0.00	105.9	-2.5	0.36	0.3	19.5	0.6	0.1
-9.09	-9.09	-23.08	-60.00			12.4	0.47	19.3	-2.2	0.68	0.00	105.9	-2.5	0.36	0.3	26.3	0.8	0.1
9.17	40.96	15.79	127.27	1.88	1.0	37,035	42,086	4,458	2.4	1,310	6.75	27.6	1,437	12.76	353.34	28.9	8.5	300.6
2.12	13.73	13.69	71.68	1.00	1.2	3,138	3,851	2,791	7.7	167.7	4.72	81.0	166.0	5.38	13.06	18.5	1.1	2.3
4.36	17.79	17.92	78.22	1.00	1.1	3,138	3,851	2,791	7.7	167.7	4.72	81.0	166.0	5.38	13.06	19.1	1.1	2.4
-35.71	-43.75	-52.63				4.2	6.1	0.72	19.7	-2.6	-0.02	35.9	-1.2	-140.98		-2.3	8.3	-2.7
-30.00	-51.52	-30.42				4.2	6.1	0.72	19.7	-2.6	-0.02	35.9	-1.2	-140.98		-1.8	6.5	-2.1
-95.00	-98.33	-99.44	-66.67			0.36	0.53	--		-0.83	-0.12	-127.4	-0.15	-1,417.52		-0.4		-1.4
277.78	240.00	183.33	126.67			1.7	1.5	--		-0.05	-0.01	37.7	-0.08	-20.79		-32.1		14.5

Data as of June 30, 2019

I. Index of Stocks

Summer 2019

Company Name	Stock Ticker Symbol	Traded On	Sector	Overall Rating	Recommendation	Reward Rating	Risk Rating	Recent Up/Downgrade	Stock Price as of 6/30/2019	52-Week High	52-Week Low	3-Year Beta	Growth	Efficiency	Solvency	Volatility	Dividend	Total Return
Morgan Stanley	MS	NYSE	Financials	B-	Buy	B	C	Up	43.49	51.53	36.74	1.27	F	G	E	F	G	F
Morguard Corporation	MRC.TO	TSX	Real Estate	C	Hold	B+	C+		186.50	203.92	161.1	0.41	F	G	G	F	W	F
Morguard Corporation	MRCBF	OTC PK	Real Estate	C	Hold	A-	B-		145.06	145.06	124.65	0.73	F	G	G	G	W	F
Morguard North American Residential Real Estat	MNARF	OTC PK	Real Estate	C	Hold	A	A-		13.66	13.66	11.4	0.23	G	G	E	E	G	F
Morguard North American Residential Real Estat	MRGUN.TO	TSX	Real Estate	B	Buy	A-	B-		17.98	18.74	14.74	0.24	G	G	E	G	G	F
Morguard Real Estate Investment Trust	MGRUF	OTC PK	Real Estate	C	Hold	B-	D		9.24	10.07	7.83	0.57	F	G	E	W	E	W
Morguard Real Estate Investment Trust	MRTUN.TO	TSX	Real Estate	C	Hold	B-	D+		11.97	13.28	10.45	0.19	F	G	E	W	E	W
Morien Resources Corp.	MOX.V	TSXV	Materials	D	Sell	D+	D		0.48	0.61	0.42	0.25	W	F	E	F	F	W
Morien Resources Corp.	APMCF	OTC PK	Materials	D	Sell	C-	D		0.36	0.47	0.3	0.96	W	F	E	F	F	W
Morneau Shepell Inc.	MSIXF	OTC PK	Industrials	C	Hold	B	C		20.55	21.50	18.07	0.13	F	E	E	G	G	F
Morneau Shepell Inc.	MSI.TO	TSX	Industrials	C	Hold	B	D+	Down	29.23	30.78	23.64	-0.08	F	E	E	G	F	F
Morningstar, Inc.	MORN	NAS GS	Financials	B	Buy	A-	C		143.22	149.70	99.67	0.86	E	E	E	F	W	G
Morphic Holding, Inc.	MORF	NAS	Health Care	U		U	U		18.00	21.00	17.53		U	U	U	U	U	U
Morphosys AG	MOR	NAS GS	Health Care	D	Sell	D+	D		23.87	35.90	21.75		F	W	E	W	–	W
Morphosys AG	MPSYF	OTC PK	Health Care	D+	Sell	C	D	Up	103.00	142.85	87.55	0.78	F	W	E	F	–	F
Mosaic Acquisition Corp.	MOSC	NYSE	Financials	D	Sell	C	C-		10.17	10.20	9.65		F	G	E	G	–	W
Mosaic Capital Corporation	M.V	TSXV	Financials	C	Hold	C+	D		5.60	6.24	3.7	0.19	W	G	E	W	G	W
MoSys, Inc.	MOSY	NAS CM	Information Tech	D-	Sell	E+	D-		0.18	2.17	0.12	2.15	G	V	E	W	–	V
Motif Bio Plc	MTFBF	OTC PK	Health Care	D-	Sell	E+	D-		0.03	0.50	0.03	-0.13	W		G	W	–	V
Motorcar Parts of America, Inc.	MPAA	NAS GS	Consumer Discretn	D+	Sell	C-	D		18.47	27.19	12.09	1.73	W	G	G	W	–	W
Motorola Solutions, Inc.	MSI	NYSE	Information Tech	B	Buy	B	B	Down	164.60	169.30	108.25	0.80	F	E	G	W	E	
Motus GI Holdings, Inc.	MOTS	NAS CM	Health Care	D-	Sell	E+	D-		3.02	10.66	2.34		W	V	E	W	–	W
Mount Dakota Energy Corp.	MMOH.V	TSXV	Energy	C-	Hold	C	D	Up	0.04	0.10	0.04	-0.01	F	E	F	W	–	W
Mount Logan Capital Inc.	PYCFF	OTC PK	Financials	D+	Sell	C-	D	Down	0.32	0.42	0.32	-0.52	W	F	E	F	–	W
Mount TAM Biotechnologies, Inc.	MNTM	OTC PK	Health Care	D	Sell	C-	D-	Up	0.03	0.06	0.01	2.66	W	E	F	W	–	V
Mountain Boy Minerals Ltd.	MTB.V	TSXV	Materials	D	Sell	D	D-		0.18	0.43	0.15	-0.42	W	W	E	W	–	W
Mountain Boy Minerals Ltd.	MBYMF	OTC PK	Materials	D	Sell	D	D-		0.13	0.34	0.12	-1.61	W	W	E	W	–	W
Mountain High Acquisitions Corp.	MYHI	OTC PK	Consumer Staples	D	Sell	D	D-		0.02	0.11	0.01	0.03	W	W	F	W	–	W
Mountain Province Diamonds Inc.	MPVD	NAS GS	Materials	D	Sell	D	E+		1.05	2.55	0.8	0.08	W	F	G	V	–	V
Mountain Province Diamonds Inc.	MPVD.TO	TSX	Materials	D	Sell	D	E+		1.39	3.30	1.08	-0.21	W	F	G	V	–	V
Movado Group, Inc.	MOV	NYSE	Consumer Discretn	C+	Hold	B	D+		26.65	52.10	24.48	0.92	F	G	E	W	G	F
Moxian, Inc.	MOXC	NAS CM	Consumer Discretn	D-	Sell	D	D-	Down	2.25	13.00	1	2.35	W	W	F	W	–	V
mPhase Technologies, Inc.	XDSL	OTC PK	Industrials	D+	Sell	C-	D		1.00	2.00	0.01	54.13	V	G	F	W	–	F
MPLX LP	MPLX	NYSE	Energy	C	Hold	B	D+	Down	31.83	39.01	28.32	0.83	E	E	G	W	E	W
MPX International Corporation	MPXOF	OTC PK	Health Care	E-	Sell	C-	D		0.40	0.64	0.23		F	F	E	W	–	W
Mr. Amazing Loans Corporation	MRAL	OTC PK	Financials	D-	Sell	E+	D-	Up	0.11	0.30	0.08	1.55	F	V	E	W	–	V
Mr. Cooper Group Inc.	COOP	NAS CM	Financials	D+	Sell	C	D-	Down	7.83	20.04	6.57	0.83	F	G	G	W	–	V
MRC Global Inc.	MRC	NYSE	Industrials	C	Hold	B-	D+	Up	16.98	22.98	11.62	2.10	F	G	G	W	–	W
MRI Interventions, Inc.	MRIC	OTC PK	Health Care	D-	Sell	D-	D-		3.20	3.74	1.33	0.68	G	V	F	W	–	W
MSA Safety Incorporated	MSA	NYSE	Industrials	B	Buy	B+	B-		104.47	113.06	86.72	0.92	E	E	E	G	F	F
MSB Financial Corp.	MSBF	NAS	Financials	C	Hold	B-	C-		15.74	21.95	13.26	0.58	E	G	E	F	–	W
MSC Industrial Direct Co., Inc.	MSM	NYSE	Industrials	C	Hold	B	D		73.32	90.25	69.81	1.19	G	E	E	W	G	W
MSCI Inc.	MSCI	NYSE	Financials	B+	Buy	A+	C+		234.10	246.07	134.28	1.30	E	E	E	F	W	E
MSG Networks Inc.	MSGN	NYSE	Communication Svc	C+	Hold	B	C	Down	20.31	28.13	19.83	0.52	E	E	E	F	–	W
MTBC, Inc.	MTBC	NAS	Health Care	C-	Hold	C	D		5.03	5.65	3.25	1.68	F	F	E	W	–	G
MTS Systems Corporation	MTSC	NAS GS	Information Tech	C+	Hold	B	C	Up	57.77	59.10	38.42	1.51	G	E	E	F	F	F
MTY Food Group Inc.	MTY.TO	TSX	Consumer Discretn	B-	Buy	B+	C	Down	63.74	73.19	48.9	0.26	E	E	G	F	W	F
MTY Food Group Inc.	MTYFF	OTC PK	Consumer Discretn	C	Hold	B+	C		49.11	54.40	36.94	0.52	E	E	G	F	W	F
Mudrick Capital Acquisition Corporation	MUDS	NAS CM	Financials	D	Sell	C	D+	Up	10.18	10.27	9.6		F	G	E	G	–	W
Mueller Industries, Inc.	MLI	NYSE	Industrials	C	Hold	B	D		28.80	34.24	21.49	1.46	G	E	E	W	W	W
Mueller Water Products, Inc.	MWA	NYSE	Industrials	C-	Hold	C	D		9.61	12.59	8.47	1.14	F	E	E	W	F	W
Mullen Group Ltd.	MLLGF	OTC PK	Industrials	C-	Hold	C+	D-	Up	7.52	12.39	7.1	0.72	F	G	E	W	E	W

*Ratings Factors: E=Excellent, G=Good, F=Fair, W=Weak, V=Very Weak, U=Unrated

Summer 2019 — I. Index of Stocks

3-Month Total Return (%)	6-Month Total Return (%)	1-Year Total Return (%)	3-Year Total Return (%)	Dividend $ TTM	Dividend Yield TTM	Market Cap. ($Mil)	Enterprise Value ($Mil)	Revenue ($Mil)	Revenue Growth (%)	Net Income ($Mil)	Earnings/Share $	EPS Growth (%)	Cash from Operations ($Mil)	Return on Assets (%)	Return on Equity (%)	Earnings (P/E) TTM	Sales (P/S) TTM	Book (P/B) Q
4.38	11.95	-7.55	89.04	1.20	2.8	73,160	--	39,316	0.1	8,509	4.66	32.7	11,698		10.72	9.3	1.9	1.0
-5.25	6.31	13.47	17.90	0.60	0.3	1,603	6,690	893.5	2.3	180.8	15.89	-41.1	200.5	2.77	6.29	11.7	2.4	0.8
0.35	14.61	19.48	60.28	0.45	0.3	1,603	6,690	893.5	2.3	180.8	15.89	-41.1	200.5	2.77	6.29	9.1	1.8	0.6
6.17	9.77	18.37	61.08	0.51	3.7	462.1	1,797	189.5	5.8	74.0	2.19	-59.9	49.3	2.64	9.27	6.2	2.4	0.6
-1.13	7.27	23.89	62.51	0.67	3.7	462.1	1,797	189.5	5.8	74.0	2.19	-59.9	49.3	2.64	9.27	8.2	3.2	0.8
1.52	21.83	-0.02	-1.24	0.72	7.8	553.6	1,574	214.2	-1.9	55.5	0.82	73.4	62.2	3.18	4.62	11.3	3.3	0.5
-2.43	10.61	-2.24	1.04	0.96	8.0	553.6	1,574	214.2	-1.9	55.5	0.82	73.4	62.2	3.18	4.62	14.7	4.3	0.6
-2.54	9.08	-4.97	63.89	0.01	2.1	19.5	17.2	0.69	162.1	-0.52	-0.01	-10,200.0	0.32	-13.35		-47.0	36.8	11.8
-2.10	21.25	-10.45	62.01	0.01	2.1	19.5	17.2	0.69	162.1	-0.52	-0.01	-10,200.0	0.32	-13.35		-35.6	27.9	8.9
-0.69	14.95	2.06	66.92	0.59	2.9	1,435	1,864	578.6	16.7	12.4	0.21	-61.8	56.8	3.86	3.42	100.2	2.4	3.0
7.28	20.62	9.51	84.41	0.78	2.7	1,435	1,864	578.6	16.7	12.4	0.21	-61.8	56.8	3.86	3.42	142.5	3.4	4.2
15.24	30.68	12.95	89.68	1.06	0.7	6,109	5,906	1,035	9.5	174.3	4.04	8.1	313.9	9.11	19.09	35.5	6.0	6.3
						514.7	468.5	6.1		-5.2	-0.47	46.0	0.19			-38.0	32.5	-3.5
5.85	-5.24	-18.95				2,979	2,644	101.0	50.3	-68.2	-2.18	27.3	-34.8	-6.14		-10.9	7.5	1.4
13.50	0.00	-14.88	173.94			2,979	2,644	101.0	50.3	-68.2	-2.18	27.3	-34.8	-6.14		-47.2	32.2	6.2
0.99	3.46	5.06				438.6	437.6	--		5.7	0.13	563.3	-0.72	-0.16	113.73	77.1		87.8
7.21	40.68	3.69	27.95	0.42	7.5	44.1	243.5	324.1	28.8	5.8	0.06	-85.7	12.1	2.15	5.4	94.9	0.2	-5.5
-0.82	11.11	-89.37	-95.50			7.8	4.5	15.9	34.4	-11.7	-0.55	34.4	-0.07	5.49		-0.3	0.5	1.1
-84.38	-91.67	-93.75	-96.15			11.0	13.2	--		-14.0	-0.07	65.1	-21.4	-48.59		-0.4		-0.8
-2.84	14.29	-2.33	-32.49			347.4	443.1	465.7	10.1	4.6	0.22	-79.7	-24.5	3.01		84.3	0.8	1.2
18.67	47.76	42.84	174.09	2.23	1.4	27,124	32,240	7,533	14.7	1,000.0	5.78	791.1	1,826	10.29		28.5	3.8	-24.5
-23.93	8.63	-58.46				64.8	50.5	0.03	1,150.0	-21.2	-1.23	20.9	-17.0	-68.21		-2.5	2,745.5	5.0
0.00	-33.33	60.00	60.00			0.41	0.42	--		-0.20	-0.02	3.4	-0.17	-116.86		-2.0		-0.4
-5.01	-20.06	-10.87	79.94			26.5	--	0.95	180.6	0.20	-0.02	-84.5	17.1		0.89	-13.6	28.2	0.8
57.89	50.00	-32.43	-96.00			1.7	3.1	--		-1.6	-0.03	40.6	-0.84	-1,306.39		-1.0		-0.7
-12.20	-18.18	-57.65	-20.00			4.8	2.0	--		-0.20	-0.01	74.3	-0.15	-3.81		-30.0		0.6
-4.48	-1.74	-60.18	-30.48			4.8	2.0	--		-0.20	-0.01	74.3	-0.15	-3.81		-21.7		0.5
-31.62	-58.93	-72.22	-13.04			4.2	4.3	0.14	-5.9	-5.4	-0.04	0.4	0.05	-30.5		-0.5	40.0	28.6
16.67	-25.53	-55.51	-77.09	0.03	2.9	222.5	520.9	233.1	25.3	-12.5	-0.07	-172.6	96.2	2.85		-15.6	1.0	0.6
15.83	-27.60	-55.30	-76.77	0.04	2.9	222.5	520.9	233.1	25.3	-12.5	-0.07	-172.6	96.2	2.85		-20.6	1.3	0.8
-32.55	-13.15	-44.22	36.51	0.80	3.0	614.3	609.9	699.0	17.3	57.4	2.44	1,930.5	63.2	6.16	12.03	10.9	0.9	1.3
-51.61	31.58	-75.18	-93.75			30.3	38.0	0.44	137.9	-5.0	-0.37	41.4	-3.8	-445.72		-6.1	69.7	-3.4
-33.33	1,900.00	100.00	100.00			11.6	12.6	--		-2.3	-0.39	-222.2	-0.23	-6,617.26		-2.6		-6.4
-2.19	9.62	1.10	19.27	2.57	8.1	25,284	40,772	6,402	50.0	1,900	2.29	56.3	2,994	6.69	24.13	13.9	4.0	3.8
-23.50						51.1	28.1	0.40	5,056.4	-6.0	-0.18		-3.1	-14.46		-2.2	33.6	1.0
10.00	10.00	-53.19	-99.59			0.90	--	0.75	407.0	-1.9	-0.11	77.1	-1.3			-1.0	2.5	0.6
-19.94	-33.19	-51.31	-69.37			712.9	13,928	2,038	-8.9	857.6	7.71	306.7	3,829	0.1	72.65	1.0	0.4	0.4
-4.01	38.73	-21.39	28.44			1,410	2,689	4,132	8.9	74.0	0.55	269.2	23.0	3.24	6.95	31.1	0.4	2.1
1.59	89.63	52.38	-60.00			43.2	44.8	8.2	17.2	-5.7	-0.52	35.2	-3.3	-30		-6.1	4.3	80.0
0.81	13.58	10.92	121.21	1.56	1.5	4,042	4,299	1,358	8.1	115.0	2.93	163.2	247.8	9.02	17.79	35.7	3.0	6.2
-13.75	-13.71	-24.23	22.74			75.5	--	18.7	13.4	4.3	0.81	40.3	5.8		6.33	19.5	4.4	1.2
-10.35	-2.17	-11.31	14.23	2.47	3.4	4,045	4,586	3,321	9.4	294.7	5.25	-0.6	320.0	12.46	21.42	14.0	1.2	2.9
19.36	61.96	44.10	229.21	2.32	1.0	19,823	21,948	1,454	9.8	571.0	6.42	70.7	612.0	13	1,088.98	36.5	13.8	-62.6
-6.36	-13.57	-16.42	32.66			1,521	2,375	723.9	5.2	190.2	2.52	-32.6	187.8	23.42		8.1	2.1	-3.0
11.28	32.02	24.81	491.76			60.5	52.5	57.3	79.7	-2.5	-0.68	-42.3	7.1	-3.95		-7.4	1.1	1.6
6.24	45.45	13.38	41.40	1.20	2.1	1,037	1,424	828.8	6.2	44.4	2.30	-23.4	56.7	4.03	9.28	25.1	1.4	2.1
8.74	3.81	29.95	50.41	0.63	1.0	1,222	1,409	303.2	35.5	52.0	2.06	-38.8	84.6	6.23	13.72	31.0	5.3	3.4
15.76	10.95	32.83	52.86	0.48	1.0	1,222	1,409	303.2	35.5	52.0	2.06	-38.8	84.6	6.23	13.72	23.9	4.1	2.6
1.09	3.04	5.60				264.7	264.3	--		2.4	0.09	18,800.0	-0.62	-0.19	48.6	108.9		52.9
-7.27	23.85	-1.72	6.43	0.40	1.4	1,631	2,145	2,480	6.5	96.1	1.68	20.8	169.7	7.65	17.55	17.1	0.7	2.9
-2.88	6.47	-15.73	-6.43	0.20	2.1	1,522	1,836	931.3	7.0	30.2	0.18	-72.6	102.4	5.91	5.59	52.3	1.6	2.8
-13.17	-18.86	-33.24	-28.07	0.45	6.0	770.7	1,189	981.9	9.8	-25.2	-0.24	-162.8	109.1	3.75		-30.9	0.8	1.2

https://greyhouse.weissratings.com

Data as of June 30, 2019

I. Index of Stocks

Summer 2019

Company Name	Stock Ticker Symbol	Traded On	Sector	Overall Rating	Recommendation	Reward Rating	Risk Rating	Recent Up/Downgrade	Stock Price as of 6/30/2019	52-Week High	52-Week Low	3-Year Beta	Growth	Efficiency	Solvency	Volatility	Dividend	Total Return
Mullen Group Ltd.	MTL.TO	TSX	Industrials	C-	Hold	C+	D-	Up	9.65	16.93	9.36	0.00	F	G	E	W	G	W
Multi Soft II, Inc.	MSOF	OTC PK	Information Tech	D+	Sell	C	E+		0.00	0.00	0	1.58	F	E	F	V	–	W
Multi Solutions II, Inc.	MUSS	OTC PK	Information Tech	C-	Hold	C	D	Up	0.10	0.54	0.02	-6.06	W	E	F	W	–	W
Multi-Color Corporation	LABL	NAS GS	Industrials	D	Sell	C-	D	Down	49.95	68.65	29.96	1.57	W	F	G	W	W	W
Mundoro Capital Inc.	MUN.V	TSXV	Materials	D-	Sell	D-	D	Down	0.12	0.25	0.1	-0.56	W	V	E	W	–	W
Mundoro Capital Inc.	MUNMF	OTC PK	Materials	D-	Sell	D-	D	Down	0.09	0.19	0.08	-0.28	W	V	E	W	–	W
Murchison Minerals Ltd.	MUR.V	TSXV	Materials	D-	Sell	E+	D-		0.08	0.18	0.06	1.75	W	V	G	W	–	V
Murphy Oil Corporation	MUR	NYSE	Energy	C	Hold	B	D		24.23	36.53	21.51	1.49	F	G	E	W	G	W
Murphy USA Inc.	MUSA	NYSE	Consumer Discretn	C+	Hold	C+	C	Down	84.00	88.58	69.98	0.80	F	E	E	F	–	F
MusclePharm Corporation	MSLP	OTC PK	Consumer Staples	D-	Sell	D-	D		0.39	1.43	0.2	1.63	W		G	W	–	V
Must Capital Inc.	MUSTH.V	TSXV	Health Care	D-	Sell	D	D-	Down	0.09	0.88	0.08	-0.96	W	W	F	W	–	V
Mustang Bio, Inc.	MBIO	NAS	Health Care	D-	Sell	E+	D-	Up	3.51	10.20	2.18			W	V	E	W	–	V
MutualFirst Financial, Inc.	MFSF	NAS	Financials	C	Hold	B	D+		33.28	38.90	24.28	1.14	G	E	E	W	G	W
MV Oil Trust	MVO	NYSE	Energy	C+	Hold	B+	D+		8.09	12.63	5.56	0.71	E	E	E	W	E	F
MVB Financial Corp.	MVBF	NAS CM	Financials	C	Hold	B	C-	Down	16.70	19.90	14.31	0.18	F	G	E	F	W	F
MVC Capital, Inc.	MVC	NYSE	Financials	C+	Hold	B-	C	Up	9.28	9.91	7.96	0.67	F	G	E	F	E	F
MX Gold Corp.	MXLGF	OTC PK	Materials	E+	Sell	E+	D-		0.00	0.04	0	0.10	V	V	F	W	–	V
My Size, Inc.	MYSZ	NAS CM	Information Tech	D-	Sell	E+	D-		0.69	1.48	0.6	3.16	V	W	E	W	–	V
MyDx, Inc.	MYDX	OTC PK	Information Tech	D+	Sell	C	D-		0.00	0.00	0	-3.65	W	G	F	W	–	W
Myers Industries, Inc.	MYE	NYSE	Materials	C	Hold	B	D		19.13	25.70	14.24	1.57	F	G	E	W	G	F
Mylan N.V.	MYL	NAS GS	Health Care	D	Sell	D+	D	Down	18.97	39.59	16.63	2.09	W	F	G	W	–	V
MYM Nutraceuticals Inc.	MYMMF	OTC PK	Consumer Staples	D-	Sell	E+	D	Down	0.21	1.17	0.18	3.32	V	V	E	W	–	F
MYnd Analytics, Inc.	MYND	NAS CM	Health Care	D	Sell	D	D-		1.27	2.78	0.62	3.90	F		G	W	–	V
MyoKardia, Inc.	MYOK	NAS GS	Health Care	D	Sell	D	D		48.30	67.79	39.01	1.15	V	W	E	W	–	F
Myomo, Inc.	MYO	AMEX	Health Care	D-	Sell	E+	D-		0.74	3.07	0.73	1.12	F	V	E	W	–	V
MYOS RENS Technology Inc.	MYOS	NAS CM	Consumer Staples	D-	Sell	E+	D		1.52	2.50	1.04	0.36	F	V	G	W	–	W
Myovant Sciences Ltd.	MYOV	NYSE	Health Care	D	Sell	D-	D	Up	9.24	27.45	8.52	1.10	V	V	F	W	–	W
MYR Group Inc.	MYRG	NAS GS	Industrials	C	Hold	B	D+		36.64	39.60	26.24	1.11	F	E	E	W	–	F
Myriad Genetics, Inc.	MYGN	NAS GS	Health Care	D+	Sell	C	D		26.76	50.44	22.07	1.33	W	G	E	W	–	W
Nabis Holdings Inc.	NABIF	OTC PK	Financials	E-	Sell	E+	D-		0.22	0.79	0.22		V	W	E	W	–	V
Nabors Industries Ltd.	NBR	NYSE	Energy	D	Sell	D+	D		2.68	6.85	1.81	3.11	F	W	G	W	F	V
Nabriva Therapeutics plc	NBRV	NAS GS	Health Care	D-	Sell	E+	D-		2.22	3.62	1.12	2.57	F	V	E	W	–	F
NACCO Industries, Inc.	NC	NYSE	Energy	C+	Hold	B	D+	Up	49.62	52.57	28.77	-0.19	G	E	E	W	W	F
Naikun Wind Energy Group Inc.	NKW.V	TSXV	Utilities	D	Sell	D	D		0.06	0.14	0.05	0.37	V	W	F	W	–	W
Naikun Wind Energy Group Inc.	NKWFF	OTC PK	Utilities	D	Sell	D	D		0.04	0.09	0.04	-0.33	V	W	F	W	–	V
Naked Brand Group Limited	NAKD	NAS CM	Consumer Discretn	E+	Sell	E+	D-		0.14	6.99	0.13		W	V	F	W	–	V
Nam Tai Property Inc.	NTP	NYSE	Real Estate	D+	Sell	D+	D		9.76	11.10	8.24	0.16	W	F	E	F	–	F
NAMI Corp.	NINK	OTC PK	Materials	D+	Sell	D	C-	Down	2.31	2.35	2		W	W	F	E	–	W
Namibia Critical Metals Inc.	NMI.V	TSXV	Materials	D	Sell	D	D		0.14	0.35	0.08	-7.07	V	W	E	W	–	F
Namibia Critical Metals Inc.	NMREF	OTC PK	Materials	D	Sell	D	D		0.11	0.26	0.06	-7.26	V	W	E	W	–	F
NamSys Inc.	CTZ.V	TSXV	Information Tech	B-	Buy	A	D+		0.85	0.89	0.5	0.31	E	E	E	W	–	G
NamSys Inc.	NMYSF	OTC PK	Information Tech	C	Hold	B+	D+	Up	0.59	0.62	0.39	0.29	E	E	E	W	–	F
Nano Dimension Ltd.	NNDM	NAS CM	Information Tech	E+	Sell	E+	E+		0.48	2.59	0.42	1.83	F	V	E	V	–	V
Nano One Materials Corp.	NNOMF	OTC PK	Materials	D-	Sell	E+	D		1.06	1.33	0.72	2.20	V	V	G	W	–	F
Nano One Materials Corp.	NNO.V	TSXV	Materials	D-	Sell	E+	D		1.35	1.79	0.94	1.85	V	V	G	W	–	F
NanoFlex Power Corporation	OPVS	OTC PK	Information Tech	D	Sell	C-	D-		0.08	0.39	0	0.51	W	E	F	W	–	V
Nanometrics Incorporated	NANO	NAS GS	Information Tech	C+	Hold	B	D+		35.45	48.26	25.52	1.52	E	E	E	W	–	F
Nanophase Technologies Corporation	NANX	OTC PK	Materials	D	Sell	D+	D-		0.56	1.10	0.3	0.49	F	W	F	W	–	W
NanoSphere Health Sciences Inc.	NSHSF	OTC PK	Health Care	D	Sell	D	D-	Up	0.16	0.39	0.13		F	W	E	W	–	V
NanoString Technologies, Inc.	NSTG	NAS	Health Care	D-	Sell	E+	D		27.58	31.25	11.12	1.29	W	V	E	W	–	E
Nanotech Security Corp.	NTS.V	TSXV	Industrials	D	Sell	D	D-		0.46	1.21	0.43	1.17	F	W	E	W	–	V
Nanotech Security Corp.	NTSFF	OTC PK	Industrials	D	Sell	D	D-		0.34	0.91	0.32	1.14	F	W	E	W	–	V

*Ratings Factors: E=Excellent, G=Good, F=Fair, W=Weak, V=Very Weak, U=Unrated

Summer 2019 — I. Index of Stocks

TOTAL RETURNS %				DIVIDEND/YIELD		SIZE		REVENUE & INCOME			EARNINGS		EFFECTIVENESS			VALUATION		
3-Month Total Return (%)	6-Month Total Return (%)	1-Year Total Return (%)	3-Year Total Return (%)	Dividend $ TTM	Dividend Yield TTM	Market Cap. ($Mil)	Enterprise Value ($Mil)	Revenue ($Mil)	Revenue Growth (%)	Net Income ($Mil)	Earnings/Share $	EPS Growth (%)	Cash from Operations ($Mil)	Return on Assets (%)	Return on Equity (%)	Earnings (P/E) TTM	Sales (P/S) TTM	Book (P/B) Q
-19.00	-17.17	-35.05	-22.88	0.60	6.2	770.7	1,189	981.9	9.8	-25.2	-0.24	-162.8	109.1	3.75		-39.7	1.0	1.5
-52.38	-52.38	-86.84	-99.99			0.00	0.62	--		-0.08	-0.07	6.7	-0.04	-166.06		0.0		0.0
-54.55	-33.55	-33.77	-53.49			0.19	0.82	--		-0.09	-0.04	2.6	-0.04	-139.16		-2.2		-0.3
0.30	46.19	-23.14	-15.90	0.20	0.4	1,026	2,510	1,726	32.6	-29.0	-1.43	-137.2	159.4			-35.0	0.6	1.6
-33.33	-51.02	14.29	-4.00			6.3	4.0	0.08	129.0	-1.4	-0.02	34.5	-1.3	-23.28		-5.3	109.1	3.0
-39.12	-48.51	8.07	-9.57			6.3	4.0	0.08	129.0	-1.4	-0.02	34.5	-1.3	-23.28		-3.9	79.6	2.2
-11.76	25.00	-44.44	-78.57			2.7	2.1	--		-1.1	-0.03	41.4	-1.6	-38.83		-2.9		5.8
-17.12	6.63	-25.62	-10.45	1.00	4.1	4,207	8,033	2,570	30.8	283.0	1.62	236.0	1,158	3.6	5.53	15.0	1.6	0.9
-1.12	11.90	11.60	15.62			2,702	3,492	12,375	11.1	179.6	5.50	-32.4	339.4	7.4	23.9	15.3	0.2	3.4
-48.33	-37.50	-40.38	-85.75			6.4	24.2	106.6	3.9	-7.9	-0.54	-569.8	-0.77	-5.19		-0.7	0.1	-0.3
-5.56	-66.00	-77.33	-97.88			0.86	0.93	--		-0.51	-0.11	9.1	-0.04	-2,858.80		-0.8		-0.6
1.15	15.08	-49.71				139.5	113.6	-0.05	-200.0	-34.0	-1.24	5.2	-20.2	-38.71		-2.8	-2,064.7	3.5
12.12	27.14	-10.05	34.91	0.78	2.3	286.8	--	83.6	25.4	20.1	2.31	34.9	21.8		9.99	14.4	3.5	1.4
1.45	28.02	-10.01	90.01	1.37	16.9	93.0	93.0	18.2	77.5	17.4	1.52	84.8	--	71.73	114.76	5.3	5.1	6.7
9.78	-3.39	-6.37	31.14	0.14	0.8	194.4	--	90.7	8.1	12.6	1.04	37.1	4.4		7.61	16.0	2.4	1.1
4.24	13.53	3.04	38.70	0.60	6.5	164.5	297.1	27.2	16.4	4.8	0.32	-57.9	-4.6	3.18	2.02	29.1	6.0	0.7
-38.24	-34.38	-91.61	-98.79			--	--	0.26		-17.2	-0.07	-349.7	-0.74	-8.73		0.0	2.3	0.3
-15.45	-11.10	-25.49				20.8	15.6	0.02		-2.1	-0.10	75.5	-3.6	-32.44		-6.7	1,155.7	5.1
-50.00	-50.00	-78.26	-99.27			4.1	9.4	0.19	-52.9	-8.9	0.00	-420.0	-0.35	-220.64		-0.4		-0.3
10.88	28.40	2.58	56.82	0.54	2.8	678.4	693.7	553.3	-1.7	-3.4	-0.08	60.7	63.1	5.41		-231.3	1.2	4.3
-32.83	-30.44	-47.78	-55.70			9,778	23,452	11,245	-5.3	240.4	0.46	-65.6	1,680	2.87	1.92	41.3	0.9	0.8
-50.62	-47.68	-81.16				25.9	23.1	0.49	-52.3	-11.3	-0.10	-180.6	-4.5	-35.89		-2.1	52.7	1.7
-9.67	62.82	-26.59	-68.25			16.1	14.0	1.6	140.9	-8.9	-1.31	47.0	-8.1	-166.52		-1.0	6.8	5.6
-6.90	-2.93	-1.53	294.93			2,225	1,669	28.2	96.5	-87.3	-2.20	-23.9	-86.2	-13.03		-22.0	69.3	3.6
-38.33	-48.97	-74.04				12.7	3.4	3.0	78.8	-10.6	-0.82	79.7	-10.5	-51.59		-0.9	3.7	1.3
-6.17	1.33	4.83	-18.28			13.9	12.7	0.45	4.4	-3.0	-0.40	40.4	-2.2	-52.32		-3.8	25.8	3.2
-61.26	-44.00	-59.26				828.1	771.4	--		-273.6	-4.08	-69.8	-224.1	-113.34		-2.3		153.7
5.32	32.42	4.36	60.07			608.6	736.3	1,654	14.1	32.8	1.97	27.9	54.6	3.99	10.33	18.6	0.4	1.8
-22.88	-6.43	-27.97	-9.53			1,963	2,077	830.6	10.9	15.3	0.20	-89.4	100.1	1.9	1.5	136.4	2.4	1.8
-56.68						21.9	20.0	--		-6.3	-0.16	-133.4	-3.1	-15.48		-1.4		8.2
-22.43	34.33	-56.47	-69.06	0.14	5.2	973.3	4,685	3,123	14.2	-614.5	-1.90	-3.1	477.3	-0.6		-1.4	0.3	0.4
-7.11	51.02	-34.51				161.6	94.3	3.8	-66.0	-121.7	-2.10	8.6	-77.0	-54.24		-1.1	40.1	2.6
33.34	52.39	48.11	52.79	0.69	1.4	346.7	294.4	110.6	2.7	35.2	5.05	3.7	15.2			9.8	3.1	1.3
0.00		-29.41	-20.00			3.1	3.2	--		-0.80	-0.01	-41.4	-0.44	-96.49		-4.9		-5.3
-17.39	-37.60	-36.81	-28.03			3.1	3.2	--		-0.80	-0.01	-41.4	-0.44	-96.49		-3.1		-3.3
-50.10	-82.65	-97.82				8.6	24.3	77.1	-17.5	-34.0	-1.44	-12.9	-6.5	-21.66		-0.1	0.1	0.6
-1.41	9.66	-10.65	91.28	0.28	2.9	372.8	287.4	1.1	-14.6	-17.6	-0.47	-470.8	-9.3	-0.41		-20.7	347.3	1.6
-1.70	-1.70					3,296	3,296	0.00	-99.3	-0.76	0.00	14.3	-0.40	-119.13		-3,850.0		-1,155.0
21.74	-9.68	-60.00	33.33			19.2	18.5	--		-1.3	-0.01	-513.3	-0.99	-3.74		-22.6		1.1
22.22	-1.79	-56.52	22.22			19.2	18.5	--		-1.3	-0.01	-513.3	-0.99	-3.74		-17.7		0.9
6.25	60.38	41.67	136.11			17.7	14.7	2.8	16.9	0.97	0.03	5.9	1.2	26.19	39.58	28.0	12.5	11.9
-0.72	38.59	32.23				17.7	14.7	2.8	16.9	0.97	0.03	5.9	1.2	26.19	39.58	19.5	8.7	8.3
-30.03	-53.43	-76.94	-92.76			65.5	--	3.4	325.6	-11.9	-0.13	56.1	--			-3.7	13.8	3.0
8.93	15.94	7.98	140.66			68.3	66.5	--		-4.0	-0.06	-59.1	-1.5	-65.2		-17.2		29.9
2.27	8.00	2.27	132.76			68.3	66.5	--		-4.0	-0.06	-59.1	-1.5	-65.2		-22.0		38.2
48.15	47.37	-76.92	-88.49			14.0	23.4	0.85	144.3	-17.7	-0.24	27.3	-3.5	-651.3		-0.3	13.6	-1.0
18.01	28.21	-0.95	74.72			875.2	738.6	309.3	9.8	44.2	1.80	10.1	69.8	9.21	15.23	19.7	2.8	2.7
-0.45	-25.67	-44.25	-18.49			21.2	26.1	14.8	27.4	-1.7	-0.05	8.0	-2.3	-14.92		-11.3	1.3	20.4
-42.65	-7.14	-42.01				16.5	16.1	0.30		-4.2	-0.04	61.2	-2.8	-68.34		-3.6	57.8	10.3
18.17	89.03	102.65	122.96			966.6	914.8	111.3	-7.2	-80.1	-2.74	-56.4	-64.5	-26.66		-10.1	7.8	10.2
-29.23	-20.69	-61.67	-58.56			24.2	16.5	6.6	-8.5	-1.1	-0.02	-27.2	1.2	-1.63		-21.4	4.8	1.5
-28.59	-16.38	-62.18	-60.59			24.2	16.5	6.6	-8.5	-1.1	-0.02	-27.2	1.2	-1.63		-16.0	3.6	1.1

Data as of June 30, 2019

I. Index of Stocks

Summer 2019

Company Name	Stock Ticker Symbol	Traded On	Sector	Overall Rating	Recommendation	Reward Rating	Risk Rating	Recent Up/Downgrade	Stock Price as of 6/30/2019	52-Week High	52-Week Low	3-Year Beta	Growth	Efficiency	Solvency	Volatility	Dividend	Total Return
NanoVibronix, Inc.	NAOV	NAS CM	Health Care	D	Sell	D	D		3.05	4.98	2.5	-0.68	W	W	G	W	–	W
NanoViricides, Inc.	NNVC	AMEX	Health Care	D-	Sell	D-	D-		0.25	0.68	0.2	1.90	F	V	E	W	–	V
NanoXplore, Inc.	GRA.V	TSXV	Materials	D	Sell	D	D		1.26	1.95	1.03		W	W	E	W	–	W
NanoXplore, Inc.	NNXPF	OTC PK	Materials	D	Sell	D	D		0.95	1.39	0.84		W	W	E	W	–	W
NantHealth, Inc.	NH	NAS GS	Health Care	D-	Sell	E+	D-		0.57	3.64	0.48	1.23	F	V	G	W	–	V
NantKwest, Inc.	NK	NAS GS	Health Care	D-	Sell	D-	D-		1.05	4.23	0.93	1.58	W	V	E	W	–	V
Napco Security Technologies, Inc.	NSSC	NAS GS	Information Tech	B	Buy	A+	C	Down	29.09	34.91	12.9	0.59	E	E	E	G	–	E
Napier Ventures Inc.	NPRVF	OTC PK	Materials	D	Sell	D	D-		0.23	0.34	0.13	0.07	F	W	F	W	–	V
Napier Ventures Inc.	NAP.V	TSXV	Materials	D	Sell	D	D		0.30	0.43	0.17	0.72	F	W	F	W	–	W
NASB Financial, Inc.	NASB	OTC PK	Financials	C	Hold	B+	B	Up	40.55	43.70	33.31	-0.23	F	G	E	G	G	F
Nascent Biotech, Inc.	NBIO	OTC PK	Health Care	D	Sell	D	D		0.19	0.57	0.1	-0.39	W	W	F	W	–	W
Nasdaq, Inc.	NDAQ	NAS GS	Financials	B	Buy	B	C+	Up	96.17	98.73	75.49	0.73	G	G	E	G	F	F
Naspers Limited	NAPRF	OTC PK	Consumer Discretn	D	Sell	E	D+	Down	239.10	267.65	162.5	1.35	F	V	E	W	–	F
Naspers Limited	NPSNY	OTC PK	Consumer Discretn	C+	Hold	B+	D+		48.14	52.70	32.31	1.24	G	E	E	W	–	F
Natcore Technology Inc.	NTCXF	OTC PK	Information Tech	D+	Sell	C	D	Up	0.02	0.12	0	7.92	F	G	F	W	–	V
Natcore Technology Inc.	NXT.V	TSXV	Information Tech	D+	Sell	C	D	Up	0.06	0.15	0.06	-1.37	F	G	F	W	–	W
Natera, Inc.	NTRA	NAS GS	Health Care	D-	Sell	E+	D		27.01	29.62	11.08	1.18	F	V	W	W	–	E
Nate's Food Co., Inc.	NHMD	OTC PK	Consumer Staples	D	Sell	D+	D		0.00	0.00	0	4.06	F	W	F	W	–	W
Nathan's Famous, Inc.	NATH	NAS GS	Consumer Discretn	C	Hold	B	D+		75.99	107.05	62.2	0.81	G	E	E	W	W	F
National Access Cannabis Corp.	NACNF	OTC PK	Health Care	D	Sell	D	D		0.48	4.99	0.35		F	V	E	W	–	W
National Access Cannabis Corp.	META.V	TSXV	Health Care	D	Sell	D	D		0.62	1.32	0.44		F	V	E	W	–	W
National American University Holdings, Inc.	NAUH	OTC PK	Consumer Discretn	E+	Sell	E+	D-		0.05	1.87	0.04	0.29	W	V	F	W	–	W
National Australia Bank Limited	NAUBF	OTC PK	Financials	C	Hold	B-	D	Up	18.47	20.86	15.79	0.56	F	E	E	W	E	W
National Australia Bank Limited	NABZY	OTC PK	Financials	C	Hold	B-	D		9.42	10.68	7.84	0.52	F	E	E	W	E	W
National Bank Holdings Corporation	NBHC	NYSE	Financials	B	Buy	B+	C		35.80	41.44	29.26	1.14	E	E	E	F	F	F
National Bank of Canada	NTIOF	OTC PK	Financials	C	Hold	B+	C+		46.74	51.95	39.85	1.05	E	E	E	F	G	F
National Bank of Canada	NA.TO	TSX	Financials	B+	Buy	A-	B	Up	61.43	65.95	54.37	0.78	E	E	E	G	G	F
National Bank of Greece S.A.	NBGIF	OTC PK	Financials	C-	Hold	C+	D	Up	2.71	3.35	0.26	4.99	F	W	E	W	–	E
National Bankshares, Inc.	NKSH	NAS CM	Financials	C+	Hold	B	D+	Up	37.34	48.10	33.65	0.61	G	G	E	W	–	W
National Beverage Corp.	FIZZ	NAS GS	Consumer Staples	C-	Hold	C+	D	Down	44.06	127.32	40.05	1.65	E	E	E	W	–	W
National CineMedia, Inc.	NCMI	NAS GS	Communication Svc	C	Hold	B	D		6.35	10.94	5.88	0.86	F	E	G	W	E	W
National Energy Services Reunited Corp.	NESR	NAS CM	Energy	D	Sell	E	D+	Up	8.57	14.38	7.42	0.63	W	V	E	W	–	W
National Fuel Gas Company	NFG	NYSE	Utilities	C+	Hold	B	C-	Down	51.87	61.71	49.6	0.81	G	E	G	F	G	F
National General Holdings Corp.	NGHC	NAS	Financials	C+	Hold	B	C-	Down	22.68	28.89	21.22	0.34	E	E	E	F	W	F
National Grid plc	NGGTF	OTC PK	Utilities	C-	Hold	C	D+	Down	10.49	11.73	9.45	0.54	W	E	G	W	E	W
National Grid plc	NGG	NYSE	Utilities	D+	Sell	C	D		52.75	59.01	46.36	0.56	W	E	G	W	F	W
National Health Investors, Inc.	NHI	NYSE	Real Estate	C+	Hold	B	C-	Down	77.53	84.57	70.54	0.24	F	E	E	F	G	F
National HealthCare Corporation	NHC	AMEX	Health Care	B	Buy	B+	B-	Up	80.40	86.53	69.57	0.29	G	E	E	G	G	F
National Holdings Corporation	NHLD	NAS CM	Financials	D	Sell	D+	D	Down	2.83	3.70	2.53	1.10	W	W	E	W	–	F
National Instruments Corporation	NATI	NAS GS	Information Tech	B-	Buy	B	C		41.50	51.00	38.01	1.01	E	E	E	F	G	W
National Oilwell Varco, Inc.	NOV	NYSE	Energy	D	Sell	D	D-		21.43	49.08	19.57	1.61	W	W	E	W	W	W
National Presto Industries, Inc.	NPK	NYSE	Industrials	C-	Hold	C+	D	Down	89.98	140.33	89.24	0.54	W	E	E	W	G	W
National Research Corporation	NRC	NAS GS	Health Care	B	Buy	A+	C+		55.28	58.34	35.35	0.22	E	E	G	W	G	E
National Retail Properties, Inc.	NNN	NYSE	Real Estate	B	Buy	A-	C		52.92	55.97	42.97	0.15	E	E	E	F	G	F
National Storage Affiliates Trust	NSA	NYSE	Real Estate	C	Hold	B	C-	Down	28.39	32.28	24.44	0.27	F	G	E	F	G	F
National Vision Holdings, Inc.	EYE	NAS GS	Consumer Discretn	D+	Sell	C	D		31.47	46.63	25.6		G	F	G	W	–	W
National Western Life Group, Inc.	NWLI	NAS GS	Financials	C	Hold	B-	D		255.68	335.00	251.5	0.55	E	E	E	W	–	W
Natixis S.A.	NTXFY	OTC PK	Financials	D+	Sell	C+	D-		38.56	71.80	37.48	1.22	W	G	G	W	G	W
Natixis S.A.	NTXFF	OTC PK	Financials	C-	Hold	C+	D	Up	3.90	7.11	3.9	0.81	W	G	G	W	E	W
Natural Alternatives International, Inc.	NAII	NAS	Consumer Staples	C	Hold	B	C		11.55	14.25	8.73	0.37	G	E	E	F	–	F
Natural Gas Services Group, Inc.	NGS	NYSE	Energy	D	Sell	C	D-		15.77	24.50	14.87	1.14	W	G	E	W	–	W
Natural Grocers by Vitamin Cottage, Inc.	NGVC	NYSE	Consumer Staples	C	Hold	B	D		9.79	24.50	9.43	1.26	G	G	E	W	–	F

*Ratings Factors: E=Excellent, G=Good, F=Fair, W=Weak, V=Very Weak, U=Unrated

I. Index of Stocks

Summer 2019

3-Month Total Return (%)	6-Month Total Return (%)	1-Year Total Return (%)	3-Year Total Return (%)	Dividend $ TTM	Dividend Yield TTM	Market Cap. ($Mil)	Enterprise Value ($Mil)	Revenue ($Mil)	Revenue Growth (%)	Net Income ($Mil)	Earnings/Share $	EPS Growth (%)	Cash from Operations ($Mil)	Return on Assets (%)	Return on Equity (%)	Earnings (P/E) TTM	Sales (P/S) TTM	Book (P/B) Q
-23.56	-4.39	-37.11	-42.45			20.9	20.7	0.32	20.8	-6.0	-0.92	-1.1	-3.6	-149.18		-3.3	63.7	-44.3
-12.80	13.64	-41.18	-84.47			19.2	15.0	--		-7.9	-0.11	24.6	-8.7	-28.89		-2.2		1.5
-3.08	-20.75	-31.89				106.8	109.1	37.7	679.8	-5.7	-0.06	-3.9	-3.4	-6.58		-21.3	3.6	4.4
-4.02	-20.34	-31.10				106.8	109.1	37.7	679.8	-5.7	-0.06	-3.9	-3.4	-6.58		-16.0	2.7	3.3
-41.82	12.55	-82.77	-95.69			62.7	266.2	90.9	1.2	-189.9	-1.74	-28.2	-21.2	-7.93		-0.3	0.7	-3.8
-38.60	-4.55	-64.77	-82.70			103.6	20.7	0.05	20.5	-86.6	-1.09	12.7	-60.9	-24.89		-1.0	2,100.0	0.6
41.90	89.26	100.62	358.83			537.4	531.9	100.6	11.6	11.2	0.60	57.0	8.9	10.83	17.75	48.8	5.4	8.1
81.23	-9.09	-33.43	5.02			6.7	6.7	--		-0.35	-0.01	43.4	-0.26	-123.93		-18.6		-38.3
53.85	15.38	-30.23	7.14			6.7	6.7	--		-0.35	-0.01	43.4	-0.26	-123.93		-24.2		-50.0
2.60	9.36	3.83	55.34	2.00	4.9	299.5	--	85.1	-30.8	21.6	2.92	-26.5	--			13.9	3.5	1.3
13.06	9.74	-62.69	-53.36			6.2	6.1	--		-1.8	-0.07	16.3	-0.68	-252.95		-2.9		-11.8
11.42	20.64	7.17	62.84	1.79	1.9	15,936	19,423	4,166	0.9	528.0	3.15	-27.9	990.0	4.46	9.41	30.5	3.9	2.9
4.63	22.62	4.36	58.25			102,179	96,099	3,344	-49.8	3,422	15.66	-40.0	370.0	0.08	12.83	15.3	31.0	3.7
6.48	22.03	1.35	72.07	0.09	0.2	102,179	96,099	3,344	-49.8	3,422	15.66	-40.0	370.0	0.08	12.83	3.1	6.3	0.7
-22.58	60.00	-75.95	-92.67			4.2	3.7	--		-1.2	-0.01	38.8	-0.85	-225.42		-1.6		-0.8
0.00	0.00	-53.85	-85.54			4.2	3.7	--		-1.2	-0.01	38.8	-0.85	-225.42		-4.1		-2.0
35.39	107.13	42.38	128.90			1,880	1,911	262.1	17.8	-129.4	-2.17	15.4	-103.4	-30.16		-12.5	6.5	343.2
-30.77	-43.75	-60.87	-94.46			0.48	0.99	0.00	-28.9	-0.59	0.00	72.3	-0.01	-2,725.65		-0.7		-0.5
12.75	18.63	-19.06	90.91	1.10	1.5	320.0	390.0	101.8	-2.3	21.5	5.08	736.1	11.2	20.05		15.0	3.1	-4.5
-16.41	23.92	-34.47				89.0	102.9	15.8	1,111.1	-14.7	-0.09	-4.6	-18.2	-19.24		-5.2	5.5	2.6
-21.52	12.73	-36.08				89.0	102.9	15.8	1,111.1	-14.7	-0.09	-4.6	-18.2	-19.24		-6.7	7.1	3.3
-19.23	-78.11	-94.90	-97.12			1.3	19.9	62.0	-22.7	-21.7	-0.89	-74.1	-3.1	-14.86		-0.1	0.0	-0.3
3.82	16.97	-7.46	0.38			52,393	--	12,988	-7.8	4,136	1.42	-2.4	-365.6		11.08	13.0	4.3	1.4
5.43	11.16	-2.93	20.27	0.70	7.4	52,393	--	12,988	-7.8	4,136	1.42	-2.4	-365.6		11.08	6.6	2.2	0.7
8.85	17.28	-6.17	88.68	0.67	1.9	1,110	--	264.3	34.6	71.9	2.28	370.2	59.4		10.57	15.7	4.3	1.6
3.26	15.71	1.64	55.17	1.96	4.2	15,689	--	5,204	0.2	1,648	4.59	3.7	-9,484		15.58	10.2	3.0	1.8
1.12	11.21	0.72	55.97	2.60	4.2	15,689	--	5,204	0.2	1,648	4.59	3.7	-9,484		15.58	13.4	4.0	2.3
55.75	135.35	768.59	1,080.83			2,448	--	1,266	32.4	-88.5	-0.09	82.1	-1,554			-28.9	2.0	0.4
-9.09	4.45	-19.13	23.24	1.30	3.5	242.9	--	45.7	0.5	17.3	2.49	26.8	19.3		9.43	15.0	5.6	1.3
-22.02	-38.41	-56.96	-19.77			2,055	1,894	1,014	3.9	140.9	3.01	-5.7	139.4	24.69	42.49	14.6	2.0	6.1
-7.76	4.52	-19.02	-41.26	0.68	10.7	491.0	1,649	438.1	0.9	30.6	0.39	-51.7	146.8	8.7		16.4	1.1	-1.3
-17.68	-2.17	-18.38				744.7	1,009	704.3		77.2	0.82	256.7	81.1	10.11	16.99	10.4	1.1	0.9
-14.46	2.58	0.44	3.49	1.71	3.3	4,477	6,509	1,675	5.0	294.3	3.39	-26.0	667.7	4.96	14.68	15.3	2.7	2.1
-6.41	-4.99	-14.22	11.97	0.16	0.7	2,567	3,630	4,723	6.2	230.9	1.77	84.1	661.4	2.12	9.16	12.8	0.6	1.4
-10.53	10.90	-4.48	-22.70			36,058	71,071	19,574	-3.6	1,973	0.58	-58.5	5,662	3.59	7.59	18.1	1.8	1.4
-2.30	13.28	0.87	-12.12	3.06	5.8	36,058	71,071	19,574	-3.6	1,973	0.58	-58.5	5,662	3.59	7.59	91.1	9.2	7.1
-2.20	4.21	8.15	21.27	4.10	5.3	3,354	4,637	298.0	4.6	151.6	3.58	-3.1	233.2	4.73	11.08	21.7	11.2	2.4
4.93	3.74	17.46	37.55	2.02	2.5	1,231	1,347	984.0	1.6	83.0	5.44	103.4	96.7	3.09	11.49	14.8	1.3	1.6
-4.24	1.07	-11.56	-5.67			36.5	--	205.4	0.8	-3.0	-0.25	55.5	0.38			-11.5	0.2	0.8
-5.98	-5.34	1.28	68.30	0.96	2.3	5,472	5,047	1,358	4.4	154.0	1.14	164.7	276.7	7.12	13.1	36.4	4.1	4.6
-18.94	-16.48	-50.04	-31.78	0.20	0.9	8,270	10,401	8,598	16.9	-40.0	-0.11	77.5	612.0	0.51		-194.1	1.0	0.6
-19.03	-20.76	-24.21	19.78	1.00	1.1	629.4	473.7	310.3	-8.1	34.9	4.98	-23.9	46.0	7.07	10.45	18.1	2.0	1.9
42.88	43.66	50.09	331.91	0.72	1.3	1,370	1,409	120.1	1.6	30.9	1.19	27.5	38.9	19.68	52.39	46.6	11.7	60.2
-4.11	11.40	25.35	19.68	2.00	3.8	8,609	12,023	633.5	6.2	269.2	1.48	-13.6	485.3	3.59	6.72	35.7	13.5	2.4
-0.73	10.33	-3.27	49.72	1.21	4.3	1,614	3,710	341.5	21.3	11.1	0.01	-88.6	174.3	2.48	4.26	2,653.3	4.7	2.2
0.74	8.59	-14.16				2,462	3,354	1,590	12.5	16.0	0.19	-71.9	111.9	1.91	2.18	167.1	1.6	3.2
-3.01	-13.29	-16.12	31.69	0.36	0.1	929.7	837.7	659.1	-13.2	130.1	35.78	14.4	343.2	0.81	6.83	7.2	1.4	0.5
-15.92	-4.56	-41.35	30.63	7.39	19.2	12,598	--	8,366	-21.4	1,300	0.39	-32.7	--			97.8	14.5	5.3
-24.22	-18.34	-48.07	-18.00			12,598	--	8,366	-21.4	1,300	0.39	-32.7	--			9.9	1.5	0.5
-0.43	20.94	14.36	7.64			86.9	59.2	147.2	17.4	9.6	1.36	151.2	4.7	6.78	13.75	8.5	0.6	1.0
-8.79	2.27	-31.14	-29.63			208.6	169.5	68.8	8.3	0.56	0.04	-97.2	14.4	0.1	0.22	367.6	3.0	0.8
-18.96	-37.72	-24.81	-24.52			219.7	264.2	882.6	8.7	10.1	0.45	-3.4	43.7	3.63	6.86	22.0	0.3	1.4

I. Index of Stocks

Summer 2019

Company Name	Stock Ticker Symbol	Traded On	Sector	Overall Rating	Recommendation	Reward Rating	Risk Rating	Recent Up/Downgrade	Stock Price as of 6/30/2019	52-Week High	52-Week Low	3-Year Beta	Growth	Efficiency	Solvency	Volatility	Dividend	Total Return
Natural Health Farm Holdings Inc.	NHEL	OTC PK	Health Care	D	Sell	D+	D-	Up	0.11	6.00	0.07		W	F	G	W	--	W
Natural Health Trends Corp.	NHTC	NAS CM	Consumer Staples	D	Sell	C-	D-	Down	7.78	27.23	7.53	0.24	V	E	E	W	E	V
Natural Resource Partners L.P.	NRP	NYSE	Energy	B	Buy	A	C	Up	35.40	44.71	28.4	0.70	G	E	E	F	G	F
Naturally Splendid Enterprises Ltd.	NSP.V	TSXV	Consumer Staples	D-	Sell	E+	D-		0.10	0.40	0.1	-0.09	W	V	G	W	--	V
Naturally Splendid Enterprises Ltd.	NSPDF	OTC PK	Consumer Staples	D-	Sell	E+	D-		0.08	0.31	0.07	0.00	W	V	G	W	--	V
NaturalShrimp Incorporated	SHMP	OTC PK	Consumer Staples	D	Sell	D	D		0.12	0.95	0.01	9.68	W	W	F	W	--	F
NatureBank Asset Management Inc.	COO.V	TSXV	Industrials	D-	Sell	D-	D	Down	0.02	0.04	0.02	0.13	F	V	F	W	--	W
Nature's Sunshine Products, Inc.	NATR	NAS CM	Consumer Staples	D	Sell	C-	D		8.64	10.73	6.12	0.54	F	F	E	W	--	W
Natus Medical Incorporated	BABY	NAS GS	Health Care	D	Sell	D	D		25.29	37.90	23.54	0.32	W	W	E	W	--	W
Natuzzi S.p.A.	NTZ	NYSE	Consumer Discretn	U		U	U		2.34	8.35	2.18	1.17	U	U	U	U	U	U
Nautilus Marine Services PLC	GBEYF	OTC PK	Energy	D-	Sell	D-	E+		0.01	0.06	0.01	-0.63	W	W	G	V	--	W
Nautilus Minerals Inc.	NUSMF	OTC PK	Materials	D	Sell	D	D		0.02	0.15	0	0.92	W	W	G	W	--	V
Nautilus, Inc.	NLS	NYSE	Consumer Discretn	D	Sell	D+	E+		2.16	16.00	2.05	0.49	V	G	E	V	--	W
Navidea Biopharmaceuticals, Inc.	NAVB	AMEX	Health Care	D	Sell	D	D-	Up	0.67	7.39	0.54	1.35	F	W	G	W	--	V
Navient Corporation	NAVI	NAS GS	Financials	C-	Hold	C	D+	Up	13.30	14.48	8.23	2.08	F	F	W	W	G	W
Navigant Consulting, Inc.	NCI	NYSE	Industrials	C	Hold	B	D+	Down	22.92	27.40	18.85	0.82	F	E	E	W	W	W
Navigator Acquisition Corp.	NAQP.V	TSXV	Financials	D-	Sell	D	D	Up	0.37	0.39	0.11		W	V	E	F	--	F
Navigator Holdings Ltd.	NVGS	NYSE	Energy	D	Sell	D+	D		9.15	13.50	8.7	1.13	W	F	G	W	--	W
Navion Capital Inc.	NAVNP.V	TSXV	Financials	D-	Sell	D	D+		0.30	0.30	0.17		W	W	E	G	--	W
Navios Maritime Acquisition Corporation	NNA	NYSE	Energy	D	Sell	C-	D		6.40	9.90	2.9	3.26	F	W	G	W	E	V
Navios Maritime Containers L.P.	NMCI	NAS GS	Industrials	E	Sell	C	D-	Up	1.90	4.85	1.77		F	F	G	W	--	V
Navios Maritime Holdings Inc.	NMPRH	NYSE	Industrials	D	Sell	D+	D		6.24	15.00	2.9	2.54	W	W	F	W	--	W
Navios Maritime Holdings Inc.	NM	NYSE	Industrials	D	Sell	D	D		4.21	9.25	1.69	2.80	W	W	F	W	--	W
Navios Maritime Partners L.P.	NMM	NYSE	Industrials	D	Sell	C-	D	Down	13.10	31.65	11.43	1.92	W	W	E	W	E	V
Navis Resources Corp.	SUVRF	OTC PK	Materials	D-	Sell	E+	D	Up	0.24	0.28	0.24	-0.02	W	V	G	W	--	W
Navistar International Corporation	NAV	NYSE	Industrials	C+	Hold	B+	D+		33.84	44.34	23.69	2.02	F	E	G	W	--	F
Navy Resources Corp.	NVY.V	TSXV	Materials	D	Sell	D	D-	Down	0.15	0.24	0.15	0.55	W	W	F	W	--	W
NBS Capital Inc.	NBSP.V	TSXV	Financials	E	Sell	D	D+		0.20	0.20	0.2		W	W	E	F	--	W
NBT Bancorp Inc.	NBTB	NAS GS	Financials	B-	Buy	B	C		36.73	41.88	30.36	0.85	E	G	E	F	G	W
NCR Corporation	NCR	NYSE	Information Tech	D	Sell	C-	D		30.90	33.18	20.93	1.15	W	F	F	W	--	F
NCS Multistage Holdings, Inc.	NCSM	NAS GS	Energy	E+	Sell	E+	E+		3.71	17.63	2.46	2.63	W	V	E	V	--	V
nDivision Inc.	NDVN	OTC PK	Information Tech	E+	Sell	E+	D-		0.46	1.00	0.4		F	V	G	W	--	V
Nebula Acquisition Corporation	NEBU	NAS CM	Financials	D	Sell	C	D+	Up	10.09	11.52	9.65		W	G	E	G	--	W
Neenah, Inc.	NP	NYSE	Materials	C-	Hold	C	D		66.31	96.15	56.67	1.44	W	E	E	W	G	W
Nektar Therapeutics	NKTR	NAS GS	Health Care	C-	Hold	C	D+		34.68	69.76	29.22	2.92	F	F	E	W	--	F
Nelnet, Inc.	NNI	NYSE	Financials	C	Hold	C	C		58.37	63.97	47.59	0.33	W	F	F	F	W	F
Nemaska Lithium Inc.	NMX.TO	TSX	Materials	D-	Sell	D	D-	Down	0.25	0.94	0.25	0.27	V	W	E	W	--	V
Nemaska Lithium Inc.	NMKEF	OTC PK	Materials	D-	Sell	D	D-	Down	0.19	0.72	0.19	0.48	V	W	E	W	--	V
Nemaura Medical Inc.	NMRD	NAS CM	Health Care	E+	Sell	E+	D-		1.01	3.98	0.8	2.10	V	G	W	--	W	
Neo Lithium Corp.	NLC.V	TSXV	Materials	D	Sell	D	D-	Up	0.65	1.40	0.55	1.52	V	W	E	W	--	W
Neo Lithium Corp.	NTTHF	OTC PK	Materials	D	Sell	D	D	Up	0.50	1.15	0.38	1.94	V	W	E	W	--	W
Neo Performance Materials Inc.	NEO.TO	TSX	Materials	D	Sell	C	D		12.68	18.49	9.86		F	G	E	W	F	W
Neo Performance Materials Inc.	NOPMF	OTC PK	Materials	D	Sell	C	D		9.37	14.00	7.46		F	G	E	W	G	W
Neogen Corporation	NEOG	NAS GS	Health Care	C	Hold	B	D+		61.02	97.38	50.6	1.09	E	E	E	W	--	F
Neogenomics, Inc.	NEO	NAS CM	Health Care	C	Hold	C+	D		21.54	24.84	11.05	0.60	W	F	E	F	--	E
Neon Therapeutics, Inc.	NTGN	NAS GS	Health Care	D-	Sell	E+	D-	Up	4.65	15.12	4.2		W	V	E	W	--	V
Neonode Inc.	NEON	NAS CM	Information Tech	D	Sell	D	D-	Up	2.26	4.75	1.31	1.75	F	V	E	W	--	W
NeoPhotonics Corporation	NPTN	NYSE	Information Tech	D	Sell	D	D		4.24	9.48	3.26	1.87	F	W	G	W	--	W
Neos Therapeutics, Inc.	NEOS	NAS	Health Care	E+	Sell	E+	D-		1.21	6.94	1.13	2.35	F	V	W	W	--	V
Neovasc Inc.	NVCN.TO	TSX	Health Care	D-	Sell	E+	D-	Up	0.74	6.00	0.5	2.16	W		G	W	--	V
Neovasc Inc.	NVCN	NAS CM	Health Care	D-	Sell	E+	D-	Up	0.55	4.58	0.37	2.38	W		G	W	--	V
Nephros, Inc.	NEPH	OTC PK	Health Care	D-	Sell	E+	D		0.60	0.71	0.41	1.82	W	V	G	W	--	F

*Ratings Factors: E=Excellent, G=Good, F=Fair, W=Weak, V=Very Weak, U=Unrated

Summer 2019   I. Index of Stocks

3-Month Total Return (%)	6-Month Total Return (%)	1-Year Total Return (%)	3-Year Total Return (%)	Dividend $ TTM	Dividend Yield TTM	Market Cap. ($Mil)	Enterprise Value ($Mil)	Revenue ($Mil)	Revenue Growth (%)	Net Income ($Mil)	Earnings/Share $	EPS Growth (%)	Cash from Operations ($Mil)	Return on Assets (%)	Return on Equity (%)	Earnings (P/E) TTM	Sales (P/S) TTM	Book (P/B) Q
-47.20	-95.76	-94.72				17.1	16.4	0.69	212.5	-1.1	-0.01	-787.5	-0.29	-31.97		-14.9	25.1	8.0
-39.78	-57.95	-67.06	-65.39	0.52	6.7	86.9	-27.7	158.9	-16.4	20.3	1.79	-7.7	7.2	8.28	21.96	4.4	0.6	1.0
-12.99	-3.07	20.62	188.00	1.80	5.1	434.0	1,080	179.1	3.1	146.8	7.91	54.8	192.1	5.71	23.2	4.5	4.0	1.0
-23.08	-25.93	-41.18	-61.54			8.9	10.4	1.9	95.3	-4.8	-0.05	-558.9	-2.3	-43.97		-2.1	5.5	5.1
-14.20	-15.24	-36.91	-61.44			8.9	10.4	1.9	95.3	-4.8	-0.05	-558.9	-2.3	-43.97		-1.7	4.6	4.3
-42.62	611.25	565.75	-72.49			37.7	40.6	--		-4.6	-0.04	-66.7	-0.77	-36.88		-3.2		-6.8
-20.00	33.33	0.00	-71.43			0.80	1.2	2.2	31.4	0.58	0.01	105.6	0.50	12.61		1.8	0.5	-0.8
-6.90	11.48	-9.53	-10.56			166.5	145.6	368.7	6.5	0.41	0.02	102.6	13.5	3.11	0.16	436.4	0.5	1.4
-0.39	-25.31	-28.46	-31.91			851.3	920.5	517.0	2.4	-49.8	-1.49	-103.3	33.2	1.36		-17.0	1.6	2.3
-55.25	-42.96	-70.58	-68.18			25.7	-22.5	268.9	-46.7	0.54	0.14	100.9	22.9			17.0	0.0	0.0
-86.43	-86.43	-94.00	-99.67			0.73	7.6	--		-9.1	-0.25	0.3	-6.8	-13.74		0.0		0.0
-56.99	-49.21	-89.33	-86.52			10.9	22.7	--		-12.2	-0.02	-12.1	-6.4	-2.47		-0.9		0.1
-61.90	-80.51	-86.46	-87.39			64.1	86.4	366.3	-10.2	-2.0	-0.08	-108.8	-18.8	0.02		-27.8	0.2	0.4
-76.75	-71.41	-84.89	-94.06			12.0	11.7	1.0	-31.7	-11.8	-1.43	34.0	4.4	-51.98		-0.5	6.5	-11.6
14.77	54.09	7.30	34.19	0.64	4.8	3,183		1,512	-18.4	397.0	1.53	30.0	1,044		11.17	8.7	2.2	0.9
17.26	-1.59	3.86	52.00	0.20	0.9	901.8	904.7	697.4	8.5	113.1	2.47	56.9	41.3	2.07	3.48	9.3	1.4	1.4
0.00	208.33					2.0	1.4	--		-0.32	-0.09		-0.22			-4.2		4.5
-14.65	2.01	-29.62	-19.88			510.9	1,319	308.3	3.1	-9.7	-0.18	-425.1	58.2	1.31		-50.8	1.7	0.5
0.00	0.00	76.47				0.46	0.33	--		-0.05	-0.03	-183.2	-0.02	-34.41		-11.2		4.9
3.91	109.37	-18.64	-58.50	1.50	23.4	87.9	1,251	218.9	4.8	-61.0	-6.15	41.3	-17.4	0.13		-1.0	0.4	0.2
-17.39	-34.48					65.7	268.2	135.8	58.7	9.7	0.28	-10.4	40.1	4.94	5.47	6.8	0.5	0.4
-1.69	108.78	-49.66	76.34			51.7	2,352	541.1	11.7	-233.2	-18.41	-30.5	56.2	1.79		-0.3	0.2	0.3
73.25	55.87	-49.41	-46.71			51.7	2,352	541.1	11.7	-233.2	-18.41	-30.5	56.2	1.79		-0.2	0.1	0.2
-3.01	5.80	-51.01	-25.33	1.20	9.2	146.9	600.1	225.1	1.3	-28.1	-2.47	-440.6	72.4	2.8		-5.3	0.7	0.2
0.00	-11.23	-17.77	-79.49			1.6	1.1	--		-0.50	-0.13	32.9	-0.24	-40.4		-1.9		4.7
4.70	32.24	-15.65	212.47			3,355	7,767	11,352	24.2	321.0	3.21	108.2	176.0	5.34		10.5	0.3	-0.9
-3.23	-3.23	-34.78	-36.17			1.7	1.9	--		-0.09	-0.01	-55.3	-0.10	-142.96		-25.4		-12.9
0.00						0.76	0.43	--		-0.15	-0.02		-0.42			-8.0		3.1
2.49	8.18	-1.66	45.32	1.03	2.8	1,607	--	410.0	7.6	115.7	2.63	31.6	146.9		11.65	14.0	4.0	1.6
15.30	36.18	2.42	19.49			3,712	7,910	6,424	-2.0	-71.0	-1.08	-202.9	542.0	5.12		-28.7	0.6	8.2
-31.04	-28.10	-73.87				173.1	210.6	209.1	-2.1	-213.3	-4.73	-4,141.8	19.3	1.26		-0.8	0.8	1.1
-25.87	-19.30	-40.26				18.9	19.4	4.8	5.8	-1.8	-0.05	45.7	-1.0	-41.08		-10.1	3.9	32.4
1.00	3.49	4.56				346.8	345.9	--		3.5	0.10	1,411.8	-1.4	-0.13	70.65	98.2		69.4
2.82	15.22	-20.01	3.32	1.72	2.6	1,118	1,374	1,008	0.4	32.0	1.86	-59.7	87.6	5.37	8.14	35.7	1.1	2.8
6.09	3.15	-28.05	152.03			6,045	5,000	1,184	268.7	658.6	3.52	524.4	689.8	30.69	77.86	9.9	5.1	3.7
6.43	12.97	0.69	87.44	0.70	1.2	2,318	--	990.8	14.1	155.6	3.82	-33.6	73.3		6.82	15.3	2.4	1.0
-24.24	-60.94	-69.14	-80.92			161.4	400.8	--		-26.4	-0.04	-211.7	-30.3	-1.88		-6.7		0.5
-22.12	-57.67	-68.09	-81.10			161.4	400.8	--		-26.4	-0.04	-211.7	-30.3	-1.88		-5.2		0.4
-0.98	9.78	-66.11	-49.25			210.1	206.2	--		-4.5	-0.03	-59.9	-3.6	-50.78		-40.2		94.4
-19.75	12.07	-47.58				58.2	28.1	--		0.59	0.00	107.2	2.6	-6.63	1.06	132.7		1.5
-18.09	17.64	-46.41				58.2	28.1	--		0.59	0.00	107.2	2.6	-6.63	1.06	102.4		1.2
6.65	-15.02	-17.76		0.39	3.0	379.0	317.0	442.5	-1.2	44.4	1.10	79.3	-0.88	5.58	10.11	11.6	1.2	1.1
6.38	-14.69	-19.39		0.29	3.1	379.0	317.0	442.5	-1.2	44.4	1.10	79.3	-0.88	5.58	10.11	8.5	0.9	0.8
8.11	9.18	-24.23	52.67			3,180	2,934	413.7	6.5	61.9	1.18	5.1	65.5	6.82	10.66	51.8	7.7	5.1
10.07	77.58	62.32	173.35			2,204	2,323	308.9	25.4	-0.43	0.06	148.2	36.6	2.29		337.6	6.6	6.3
-24.14	-13.25	-65.50				131.7	59.1	--		-81.4	-10.12	71.5	-69.7	-59.65		-0.5		1.6
-22.87	19.58	-40.05	-85.47			19.9	14.2	8.2	-20.5	-2.9	-0.47	42.8	-2.8	-17.69		-4.8	2.4	1.8
-32.27	-33.85	-29.92	-53.56			197.1	202.6	333.3	15.0	-39.5	-0.88	36.6	31.8	-5.09		-4.8	0.6	1.3
-56.00	-27.54	-80.64	-86.59			60.2	76.4	53.9	67.2	-44.8	-1.33	44.1	-34.8	-23.06		-0.9	1.1	53.3
42.31	-11.90	-87.67	-99.03			42.2	42.5	2.0	-53.0	-60.8	-4.14	92.7	-23.8	-124.44		-0.2	14.9	-16.3
39.75	-9.90	-87.02	-99.06			42.2	42.5	2.0	-53.0	-60.8	-4.14	92.7	-23.8	-124.44		-0.1	11.1	-12.2
25.13	5.26	0.00	122.88			41.2	43.0	6.5	59.4	-3.4	-0.05	-86.3	-3.7	-26.84		-11.3	6.0	14.8

https://greyhouse.weissratings.com   Data as of June 30, 2019

I. Index of Stocks

Summer 2019

Company Name	Stock Ticker Symbol	Traded On	Sector	Overall Rating	Recommendation	Reward Rating	Risk Rating	Recent Up/Downgrade	Stock Price as of 6/30/2019	52-Week High	52-Week Low	3-Year Beta	Growth	Efficiency	Solvency	Volatility	Dividend	Total Return
Neptune Dash Technologies Corp.	DASH.V	TSXV	Information Tech	E+	Sell	E	D-		0.19	0.23	0.03		F	V	G	W	–	W
Neptune Dash Technologies Corp.	NPPTF	OTC PK	Information Tech	E+	Sell	E	D-		0.14	0.47	0.02		F	V	G	W	–	W
Neptune Wellness Solutions Inc.	NEPT	NAS CM	Consumer Staples	C-	Hold	C	D	Up	4.46	5.22	2.42	2.53	W	W	E	W	–	E
Neptune Wellness Solutions Inc.	NEPT.TO	TSX	Consumer Staples	C-	Hold	C	D	Up	5.82	6.96	3.31	2.18	W	W	E	W	–	E
Nerds on Site Inc.	NOSUF	OTC PK	Information Tech	E-	Sell	D	D		0.17	0.23	0.15		W	W	E	W	–	W
NervGen Pharma Corp.	NGENF	OTC PK	Health Care	E-	Sell	D	D		1.10	1.53	0.95		V	F	E	W	–	V
NervGen Pharma Corp.	NGEN.V	TSXV	Health Care	E-	Sell	D	D		1.39	2.10	1.35		V	F	E	W	–	W
Nestlé S.A.	NSRGF	OTC PK	Consumer Staples	B	Buy	B	C+		103.30	104.37	76.17	0.46	G	E	G	F	–	F
Nestlé S.A.	NSRGY	OTC PK	Consumer Staples	B	Buy	B	C+		102.76	108.90	76.31	0.45	G	E	G	F	–	F
Net 1 UEPS Technologies, Inc.	UEPS	NAS GS	Information Tech	D	Sell	D	D-		4.00	9.66	2.78	0.59	W	F	G	W	–	V
Net Element, Inc.	NETE	NAS CM	Information Tech	D-	Sell	D-	D		4.39	10.60	3.75	1.53	F	V	G	W	–	W
NetApp, Inc.	NTAP	NAS GS	Information Tech	B-	Buy	B+	C	Up	61.00	88.08	54.5	1.37	E	E	G	F	G	F
NETCENTS TECHNOLOGY INC.	NTTCF	OTC PK	Information Tech	D	Sell	D	D		0.55	1.69	0.42		W	W	F	W	–	W
NetEase, Inc.	NTES	NAS GS	Communication Svc	B-	Buy	A-	D+	Up	261.35	289.69	184.6	0.64	E	E	E	W	E	F
Netflix, Inc.	NFLX	NAS GS	Communication Svc	C	Hold	B-	D	Down	370.02	419.77	231.23	1.40	F	E	E	F	–	G
NETGEAR, Inc.	NTGR	NAS GS	Information Tech	D	Sell	C-	D-		25.99	78.30	24.63	0.99	W	G	E	W	–	V
Netlist, Inc.	NLST	OTC PK	Information Tech	D-	Sell	E+	D		0.32	1.10	0.1	1.58	F	V	G	W	–	W
NetScout Systems, Inc.	NTCT	NAS GS	Information Tech	D	Sell	D+	D	Down	24.95	31.78	21.58	1.09	W	F	E	W	–	W
NetSol Technologies, Inc.	NTWK	NAS CM	Information Tech	C-	Hold	C	D+	Down	5.56	10.53	5.12	0.04	W	G	E	W	–	F
Network Media Group Inc.	NMGGF	OTC PK	Communication Svc	D+	Sell	C	D		0.11	0.15	0.06	0.00	G	W	G	W	–	F
Network Media Group Inc.	NTE.V	TSXV	Communication Svc	D+	Sell	C	D-		0.15	0.21	0.08	1.21	G	W	G	W	–	F
Network-1 Technologies, Inc.	NTIP	AMEX	Information Tech	C-	Hold	C	D	Down	2.38	3.10	2	0.50	W	G	E	W	E	W
Neuralstem, Inc.	CUR	NAS CM	Health Care	D-	Sell	E+	D-		0.28	1.59	0.25	2.57	F	V	G	W	–	V
Neurocrine Biosciences, Inc.	NBIX	NAS GS	Health Care	D	Sell	D+	D		82.40	126.98	64.72	1.10	W	W	E	W	–	F
NeuroMetrix, Inc.	NURO	NAS CM	Health Care	D	Sell	D+	E+		0.40	1.48	0.36	0.79	G	F	E	V	–	V
Neuronetics, Inc.	STIM	NAS	Health Care	D-	Sell	D-	D-		10.93	39.39	8.9		W	V	E	W	–	V
NeuroOne Medical Technologies Corporation	NMTC	OTC PK	Health Care	D	Sell	D	D-	Down	3.41	10.00	2.85		W		F	W	–	W
Neurotrope, Inc.	NTRP	NAS CM	Health Care	D-	Sell	E+	D		8.27	11.93	3.33	2.41	W	V	E	W	–	W
Neutra Corp.	NTRR	OTC PK	Consumer Staples	D	Sell	D	D-		0.00	0.14	0	-0.75	V	E	E	W	–	V
NeutriSci International Inc.	NRXCF	OTC PK	Consumer Staples	D	Sell	C-	D-		0.05	0.20	0.04	1.94	G		G	W	–	W
NeutriSci International Inc.	NU.V	TSXV	Consumer Staples	D	Sell	C-	D-		0.07	0.26	0.07	1.39	G		G	W	–	W
Nevada Canyon Gold Corp.	NGLD	OTC PK	Materials	D	Sell	D	D		0.04	0.06	0.04	0.00	W	W	F	W	–	W
Nevada Copper Corp.	NCU.TO	TSX	Materials	D	Sell	D	D-		0.34	0.68	0.3	0.96	W	W	E	W	–	W
Nevada Copper Corp.	NEVDF	OTC PK	Materials	D	Sell	D	D		0.27	0.51	0.24	1.30	W	W	E	W	–	W
Nevada Energy Metals Inc.	SSMLF	OTC PK	Materials	E+	Sell	E+	E+		0.08	0.15	0.08	1.05	V	V	E	V	–	V
Nevada Energy Metals Inc.	BFF.V	TSXV	Materials	E+	Sell	E+	E+		0.12	0.23	0.1	0.28	V	V	E	V	–	V
Nevada Exploration Inc.	NGE.V	TSXV	Materials	E+	Sell	E+	D-	Down	0.28	0.50	0.12	0.13	W	V	G	W	–	W
Nevada Exploration Inc.	NVDEF	OTC PK	Materials	E+	Sell	E+	D-	Down	0.22	0.39	0.09	0.01	W	V	G	W	–	W
Nevada Sunrise Gold Corporation	NEV.V	TSXV	Materials	E+	Sell	E	D-		0.05	0.15	0.05	-1.63	W	V	G	W	–	V
Nevada Sunrise Gold Corporation	NVSGF	OTC PK	Materials	E+	Sell	E	D	Down	0.04	0.12	0.03	-0.65	W	V	G	W	–	V
Nevada Zinc Corporation	GDSKF	OTC PK	Materials	D-	Sell	D	E+	Up	0.06	0.12	0.06	-0.64	W		G	V	–	V
Nevada Zinc Corporation	NZN.V	TSXV	Materials	D-	Sell	D	E+	Up	0.10	0.17	0.05	1.45	W		G	V	–	V
Nevado Resources Corporation	VDOH.V	TSXV	Materials	D	Sell	D+	E+	Up	0.11	0.70	0.09	2.60	W	F	W	W	–	V
Nevro Corp.	NVRO	NYSE	Health Care	D	Sell	D	D		64.87	80.29	34.75	1.07	W	W	E	W	–	W
New Age Beverages Corporation	NBEV	NAS CM	Consumer Staples	D+	Sell	C-	D	Down	4.47	9.99	1.3	1.65	W	W	E	W	–	F
New Age Metals Inc.	NMTLF	OTC PK	Materials	D	Sell	D-	D		0.06	0.08	0.03	2.99	W	W	E	W	–	W
New Age Metals Inc.	NAM.V	TSXV	Materials	D	Sell	D-	D		0.07	0.10	0.05	1.85	W	W	E	W	–	W
New Bancorp, Inc.	NWBB	OTC PK	Financials	C	Hold	B	C		28.00	28.50	15.26	1.15	G	F	E	F	–	G
New Carolin Gold Corp.	LADFF	OTC PK	Materials	D-	Sell	D-	D-		0.07	0.27	0.05	3.61	V	W	F	W	–	V
New Carolin Gold Corp.	LAD.V	TSXV	Materials	D-	Sell	D-	D-		0.09	0.39	0.08	2.01	V	W	F	W	–	V
New Concept Energy, Inc.	GBR	AMEX	Energy	D	Sell	D	D	Up	1.85	12.75	1.36	2.67	F	V	G	W	–	F
New Destiny Mining Corp.	NED.V	TSXV	Materials	D	Sell	D	D	Down	0.13	0.25	0.1	0.04	W	W	F	W	–	W

*Ratings Factors: E=Excellent, G=Good, F=Fair, W=Weak, V=Very Weak, U=Unrated

Summer 2019 — I. Index of Stocks

3-Month Total Return (%)	6-Month Total Return (%)	1-Year Total Return (%)	3-Year Total Return (%)	Dividend $ TTM	Dividend Yield TTM	Market Cap. ($Mil)	Enterprise Value ($Mil)	Revenue ($Mil)	Revenue Growth (%)	Net Income ($Mil)	Earnings/Share $	EPS Growth (%)	Cash from Operations ($Mil)	Return on Assets (%)	Return on Equity (%)	Earnings (P/E) TTM	Sales (P/S) TTM	Book (P/B) Q
216.67	216.67	-9.52				11.7	11.2	0.35	177.7	-14.2	-0.19	10.7	12.8	-18.54		-1.0	45.2	7.2
250.00	218.18	-13.31				11.7	11.2	0.35	177.7	-14.2	-0.19	10.7	12.8	-18.54		-0.8	33.3	5.3
41.59	72.20	37.23	328.85			360.7	355.9	18.6	-13.7	-17.6	-0.23	-227.8	-6.2	-9.85		-19.8	19.2	6.9
37.91	64.41	35.66	324.82			360.7	355.9	18.6	-13.7	-17.6	-0.23	-227.8	-6.2	-9.85		-25.8	25.0	9.0
-4.73						13.1	11.7	6.7	2.8	-1.5	-0.02	-73.4	-1.7	-18.34		-7.4	2.0	4.4
						29.5	22.6	--		-3.3	-0.21		-2.7			-5.3		4.3
-0.71						29.5	22.6	--		-3.3	-0.21		-2.7			-6.6		5.4
7.82	29.29	35.03	37.18			297,435	329,623	93,780	2.6	10,383	3.44	47.5	15,664	7.11	17.41	30.0	3.3	5.3
9.91	30.07	37.25	47.36	2.03	2.0	297,435	329,623	93,780	2.6	10,383	3.44	47.5	15,664	7.11	17.41	29.9	3.3	5.2
12.04	-11.11	-56.19	-55.75			223.9	274.4	402.4	-35.0	-91.7	-1.62	-227.0	31.6	-2.78		-2.5	0.6	0.5
-24.18	-28.03	-37.82	-75.88			18.1	24.2	64.9	3.8	-4.4	-1.15	70.2	-2.4	-9.82		-3.8	0.3	2.2
-8.98	4.50	-19.34	179.78	1.60	2.6	14,641	12,529	6,146	3.8	1,169	4.53	1,106.6	1,341	7.89	69.46	13.5	2.5	13.4
-28.77	-1.37	-53.52				27.3	27.7	0.06	-30.9	-6.5	-0.15	21.9	-3.3	-67.11		-3.6	425.5	-28.2
10.93	10.85	7.00	55.82	2.22	0.9	33,443	28,774	10,620	28.6	1,163	224.42	5.6	2,199	7.41	15.9	1.2	0.1	0.2
4.35	44.49	-6.42	320.62			161,780	169,624	16,614	30.2	1,265	2.79	87.3	-2,824	4.27	26.02	132.6	10.1	28.4
-21.05	-19.47	-32.57	-8.48			818.5	647.9	1,305	35.9	4.6	0.12	-61.3	-20.3	3.44	2.58	215.0	0.7	1.3
-31.18	-15.79	90.48	-71.68			45.1	55.5	29.8	-21.2	-16.5	-0.14	33.9	-11.9	-24.94		-2.3	1.5	-5.0
-9.76	5.77	-16.69	17.19			1,933	1,997	909.9	-7.8	-73.3	-0.93	-200.8	149.8	-0.14		-27.0	2.2	0.9
-13.53	-5.60	-1.59	-2.28			64.9	67.4	67.1	14.2	6.3	0.54	4,384.8	13.2	4.46	11.03	10.4	1.0	1.1
-5.98	7.45	0.48	-19.00			8.3	8.4	2.7	-1.2	-0.03	0.00	84.9	10.4	0.92		-42.1	2.9	3.6
0.00	42.86	20.00	-9.09			8.3	8.4	2.7	-1.2	-0.03	0.00	84.9	10.4	0.92		-60.0	4.1	5.1
-8.11	5.11	-17.64	-6.24	0.10	4.2	56.9	4.5	3.2	-89.1	-1.1	-0.06	-113.7	-10.2	-2.16		-42.8	17.4	1.0
-37.89	-13.18	-75.44	-92.40			5.6	1.7	0.26	0.0	-5.9	-0.36	61.5	-7.5	-60.04		-0.8	19.7	1.6
-3.68	20.42	-15.24	87.78			7,522	7,462	518.6	122.8	-39.2	-0.48	60.4	27.4	6.12		-172.5	14.5	18.4
-63.30	-44.83	-69.70	-97.13			3.5	-3.1	14.3	-19.5	0.91	-0.11	98.4	1.2	-62.26	12.09	-3.6	0.4	0.4
-28.75	-42.44	-60.66				200.1	138.8	55.4	28.6	-26.1	-31.65	62.2	-21.9	-19.15		-0.4	3.6	3.1
-17.83	-38.00	-11.43				45.0	43.0	--		-4.8	-0.50	36.6	-3.3			-6.8		99.4
61.21	138.33	-13.76	-42.56			107.1	83.0	--		-13.7	-1.47	-0.1	-10.9	-44.39		-5.6		4.6
-86.67	-93.43	-98.12	-99.65			0.15	0.72	0.00	-200.0	-2.4	-0.16	-113.4	-0.27	-1,077.97		0.0		-0.1
-20.36	-4.02	-31.31				6.0	5.9	0.08	-31.6	-1.8	-0.02	6.6	-1.4	-198.6		-3.2	77.5	60.3
-22.22	-6.67	-33.33	-36.36			6.0	5.9	0.08	-31.6	-1.8	-0.02	6.6	-1.4	-198.6		-4.1	100.0	77.8
-28.57	0.00	2.50	-83.60			1.8	1.4	--		0.57	0.01	-67.5	-0.06	-20.01	102.19	7.6		2.2
-15.00	-19.05	-44.26	-42.37			197.4	232.4	--		-9.8	-0.02	84.7	-7.4	-1.36		-18.8		0.8
-11.24	-14.31	-42.95	-41.59			197.4	232.4	--		-9.8	-0.02	84.7	-7.4	-1.36		-14.7		0.6
-32.11	-11.06	-44.29	-96.26			0.92	0.00	--		-0.86	-0.16	-201.1	-1.0	-41.07		-0.5		0.8
-4.17	-8.00	-37.84	-95.58			0.92	0.00	--		-0.86	-0.16	-201.1	-1.0	-41.07		-0.7		1.2
-15.15	3.70	133.33	-30.00			18.6	18.3	0.01	-3.1	-0.05	-2.6	-2.7	-192.35			-5.9	2,800.0	38.4
-15.84	-11.01	135.54	-30.10			18.6	18.3	0.01	-3.1	-0.05	-2.6	-2.7	-192.35			-4.5	2,167.0	29.7
-37.50	-52.38	-62.96	-81.82			1.9	1.5	--		-4.4	-0.11	-2,189.1	-1.2	-79.38		-0.5		3.5
-27.72	-50.95	-64.36	-80.93			1.9	1.5	--		-4.4	-0.11	-2,189.1	-1.2	-79.38		-0.4		2.9
-21.78	-40.46	-60.86	-78.87			5.3	5.1	--		-0.73	-0.01	74.8	-1.1	-139.01		-5.7		38.1
5.56	0.00	-36.67	-68.33			5.3	5.1	--		-0.73	-0.01	74.8	-1.1	-139.01		-9.4		63.3
-21.43	10.00	-63.33	-89.00			0.52	0.41	--		-0.05	-0.01	51.3	-0.14	-26.97		-7.6		61.1
5.34	69.77	-17.73	-7.16			1,980	1,921	381.8	10.4	-75.6	-2.50	-85.6	-21.2	-9.45		-26.0	5.2	9.2
-14.20	-14.53	146.96	182.91			337.0	281.3	98.9	86.8	-11.1	-0.23	-45.2	-10.3	-6.65		-19.3	3.4	2.2
6.88	54.51	-2.92	-50.60			4.4	3.4	--		-1.2	-0.02	-268.1	-1.0	-29.73		-3.8		2.2
-13.33	18.18	-13.33	-51.86			4.4	3.4	--		-1.2	-0.02	-268.1	-1.0	-29.73		-4.3		2.5
64.71	77.22	43.59	116.55			18.3	--	5.4	0.9	0.40	0.59	-45.0	3.7		2.57	47.6	3.5	1.2
-40.56	-37.58	-73.65	-89.60			2.2	2.0	--		-1.4	-0.06	-17.9	-1.1	-4.89		-1.3		0.4
-43.75	-35.71	-74.29	-91.00			2.2	2.0	--		-1.4	-0.06	-17.9	-1.1	-4.89		-1.6		0.4
2.21	33.09	7.55	-22.27			9.5	9.3	0.66	-17.8	-0.22	-0.13	90.7	-0.52	-4.69		-14.0	14.4	1.9
-13.79	-26.47	25.00	56.25			1.4	1.3	--		-0.56	-0.05	-11.6	-0.31	-777.64		-2.5		-7.9

https://greyhouse.weissratings.com

Data as of June 30, 2019

I. Index of Stocks — Summer 2019

Company Name	Stock Ticker Symbol	Traded On	Sector	Overall Rating	Recommendation	Reward Rating	Risk Rating	Recent Up/Downgrade	Stock Price as of 6/30/2019	52-Week High	52-Week Low	3-Year Beta	Growth	Efficiency	Solvency	Volatility	Dividend	Total Return
New Dimension Resources Ltd.	NWDMF	OTC PK	Materials	D-	Sell	E+	D		0.03	0.18	0.02	2.59	W	V	G	W	–	V
New Dimension Resources Ltd.	NDR.V	TSXV	Materials	D-	Sell	E+	D-		0.05	0.26	0.04	0.90	W	V	G	W	–	V
New Energy Metals Corp.	NEMCF	OTC PK	Materials	E+	Sell	E	D-		0.21	0.92	0.12		V	V	G	W	–	V
New Energy Metals Corp.	ENRG.V	TSXV	Materials	E+	Sell	E	D-		0.30	1.28	0.14		V	V	G	W	–	V
New England Realty Associates Limited Partners	NEN	AMEX	Real Estate	C	Hold	C+	D		59.65	69.95	52	0.40	F	G	G	F	W	W
New Fortress Energy LLC	NFE	NAS GS	Energy	E-	Sell	D	D		10.92	16.11	8.9		W	W	W	W	–	W
New Frontier Corporation	NFC	NYSE	Financials	D-	Sell	C	D+	Up	10.10	10.12	9.44		F	G	E	E	–	W
New Gold Inc.	NGD	AMEX	Materials	D-	Sell	D-	D-		0.90	2.18	0.61	1.58	F	V	G	W	–	V
New Gold Inc.	NGD.TO	TSX	Materials	D-	Sell	D-	D-		1.18	2.86	0.82	1.19	F	V	G	W	–	V
New Jersey Mining Company	NJMC	OTC PK	Materials	C	Hold	C	D+		0.15	0.23	0.11	0.35	F	F	E	W	–	F
New Jersey Resources Corporation	NJR	NYSE	Utilities	C+	Hold	B-	C+	Down	49.92	51.83	43.51	0.49	F	E	G	G	F	F
New Look Vision Group Inc.	BCI.TO	TSX	Consumer Discretn	C	Hold	B	C		34.62	35.74	26.01	0.23	E	E	G	F	W	F
New Media Investment Group Inc.	NEWM	NYSE	Communication Svc	C-	Hold	C+	D		9.41	19.10	8.51	1.13	F	G	G	W	E	W
New Millennium Iron Corp	NML.TO	TSX	Materials	D	Sell	D	D+		0.08	0.11	0.04	-0.55	W	W	E	W	–	W
New Millennium Iron Corp	NWLNF	OTC PK	Materials	D	Sell	D	D		0.05	0.08	0.03	0.65	W	W	E	W	–	W
New Mountain Finance Corporation	NMFC	NYSE	Financials	B	Buy	B+	C	Up	13.79	14.38	12.06	0.54	F	E	E	F	E	F
New Mountain Finance Corporation	NMFX	NYSE	Financials	C	Hold	B	A-		25.68	26.56	22.38		F	E	E	E	G	W
New Nadina Explorations Limited	NNA.V	TSXV	Materials	D-	Sell	E+	D-		0.09	0.18	0.05	3.90	V	V	G	W	–	W
New Nadina Explorations Limited	NNADF	OTC PK	Materials	D-	Sell	E+	D	Down	0.06	0.13	0.03	4.66	V	V	G	W	–	W
New Oriental Education & Technology Group Inc.	EDU	NYSE	Consumer Discretn	C	Hold	B	D+	Down	95.75	99.47	50.3	1.46	G	E	E	W	–	F
New Oroperu Resources Inc.	ORO.V	TSXV	Materials	D	Sell	D	D-	Up	0.29	0.40	0.22	-0.11	W	W	G	W	–	W
New Oroperu Resources Inc.	NOPUF	OTC PK	Materials	D	Sell	D	D-	Up	0.17	0.25	0.16	0.72	W	W	G	W	–	W
New Pacific Metals Corp.	NUAG.V	TSXV	Materials	C	Hold	C	D+		2.40	2.55	1.18	1.16	W	F	E	F	–	E
New Pacific Metals Corp.	NUPMF	OTC PK	Materials	C	Hold	C	D+		1.86	1.94	0.86	1.28	W	F	E	F	–	E
New Peoples Bankshares, Inc.	NWPP	OTC PK	Financials	C	Hold	C	C	Up	1.95	2.10	1.25	0.40	W	G	E	F	–	F
New Relic, Inc.	NEWR	NYSE	Information Tech	C-	Hold	C	D		87.57	114.78	70.3	0.70	F	W	E	F	–	F
New Residential Investment Corp.	NRZ	NYSE	Financials	C+	Hold	B	C-	Down	15.84	18.75	13.86	1.14	F	G	E	F	E	W
New Senior Investment Group Inc.	SNR	NYSE	Real Estate	D+	Sell	C-	D	Up	6.76	7.93	4.04	0.78	W	F	F	W	E	W
New West Energy Services Inc.	NWE.V	TSXV	Energy	D	Sell	D	D-		0.02	0.09	0.02	-0.17	F	W	F	W	–	V
New World Resource Corp.	NW.V	TSXV	Materials	D	Sell	E+	D	Down	0.21	0.30	0.13	0.34	W	V	E	W	–	F
New York Community Bancorp, Inc.	NYCBPRA	NYSE	Financials	C+	Hold	B	C-	Up	25.66	28.23	22.06	0.50	G	E	E	F	G	W
New York Community Bancorp, Inc.	NYCB	NYSE	Financials	C	Hold	B-	D		9.84	12.72	8.61	1.37	G	E	E	W	E	W
New York Mortgage Trust, Inc.	NYMT	NAS GS	Financials	B-	Buy	B+	C	Up	6.16	6.54	5.58	0.41	F	G	F	F	E	F
Newater Technology, Inc.	NEWA	NAS CM	Industrials	D+	Sell	C-	D		5.58	29.69	5.01		W	F	G	W	–	W
NewBridge Global Ventures, Inc.	NBGV	OTC PK	Health Care	D-	Sell	D	D-	Up	0.31	6.01	0.21		W	W	G	W	–	V
Newell Brands Inc.	NWL	NAS GS	Consumer Discretn	D	Sell	D	D-		15.19	28.00	13.04	1.09	W	V	G	W	E	W
Newgioco Group, Inc.	NWGI	OTC PK	Consumer Discretn	D	Sell	D	D		0.34	0.75	0.23	1.90	W	W	W	W	–	W
NewLink Genetics Corporation	NLNK	NAS	Health Care	D-	Sell	D-	D-		1.52	5.01	1.28	0.73	F	V	E	W	–	W
Newmac Resources Inc.	NER.V	TSXV	Materials	D+	Sell	C-	D		0.09	0.10	0.06	-0.02	W	W	G	W	–	F
Newmac Resources Inc.	NEWRF	OTC PK	Materials	D	Sell	D	E+		0.00	0.00	0	1.78	W	W	G	V	–	V
Newmark Group, Inc.	NMRK	NAS GS	Real Estate	D+	Sell	C	D-		8.86	15.12	7.02		F	E	G	W	G	V
NewMarket Corporation	NEU	NYSE	Materials	C+	Hold	B	C-	Down	398.65	452.54	352.89	0.38	F	E	E	F	F	W
Newmont Goldcorp Corporation	NEM	NYSE	Materials	C	Hold	C+	C-		38.08	38.74	29.06	-0.10	F	F	E	E	F	W
Newnorth Projects Ltd.	NNP.V	TSXV	Real Estate	D	Sell	D-	D		0.08	0.17	0.08	-0.12	W	W	E	W	–	W
Newpark Resources, Inc.	NR	NYSE	Energy	C	Hold	C+	D+		7.24	11.35	6.3	1.39	F	F	E	W	–	F
Newport Exploration Ltd.	NWX.V	TSXV	Materials	C	Hold	B	D+		0.32	0.36	0.22	0.10	F	E	E	W	–	F
Newport Exploration Ltd.	NWXPF	OTC PK	Materials	C	Hold	B	D+	Up	0.23	0.24	0.17	0.14	F	E	E	W	–	W
NewRange Gold Corp.	NRG.V	TSXV	Materials	D-	Sell	E+	D		0.17	0.25	0.07	-3.82	F	V	G	W	–	W
NewRange Gold Corp.	NRGOF	OTC PK	Materials	D-	Sell	E+	D		0.13	0.21	0.04	-2.79	F	V	G	W	–	W
News Corporation	NWS	NAS GS	Communication Svc	D	Sell	D	D		13.86	16.15	10.85	1.24	W	W	G	W	–	W
News Corporation	NWSA	NAS GS	Communication Svc	D	Sell	D+	D		13.43	15.81	10.65	1.19	W	W	G	W	–	W
Newtek Business Services Corp.	NEWTZ	NAS	Financials	U		U	U						U	U	U	U	U	U

*Ratings Factors: E=Excellent, G=Good, F=Fair, W=Weak, V=Very Weak, U=Unrated

Summer 2019

I. Index of Stocks

TOTAL RETURNS %				DIVIDEND/YIELD		SIZE		REVENUE & INCOME			EARNINGS		EFFECTIVENESS			VALUATION		
3-Month Total Return (%)	6-Month Total Return (%)	1-Year Total Return (%)	3-Year Total Return (%)	Dividend $ TTM	Dividend Yield TTM	Market Cap. ($Mil)	Enterprise Value ($Mil)	Revenue ($Mil)	Revenue Growth (%)	Net Income ($Mil)	Earnings/ Share $	EPS Growth (%)	Cash from Operations ($Mil)	Return on Assets (%)	Return on Equity (%)	Earnings (P/E) TTM	Sales (P/S) TTM	Book (P/B) Q
-17.50	-25.00	-81.14	-90.36			2.4	2.2	--		-1.4	-0.04	-66.0	-1.1	-27.77		-0.8		0.6
-9.09	-9.09	-80.00	-84.62			2.4	2.2	--		-1.4	-0.04	-66.0	-1.1	-27.77		-1.2		0.8
7.19	-44.17	-75.37				4.9	4.8	--		-3.1	-0.61	-156.0	-0.89	-63.01		-0.4		0.9
50.00	-37.50	-76.56				4.9	4.8	--		-3.1	-0.61	-156.0	-0.89	-63.01		-0.5		1.3
-8.45	8.27	-9.57	13.86	1.24	2.1	219.4	463.3	59.9	2.5	3.8	0.03	-45.1	26.8	4.05		1,754.5	110.3	-174.1
10.19						227.5	787.6	61.3	20.3	-48.3	-1.47	-290.2	-71.1			-7.4	2.5	3.0
1.92	3.38					408.7	406.7	--		4.3	0.11	8,925.0	-0.74	-0.59	170.7	95.4		81.7
4.07	15.94	-55.38	-79.19			520.6	1,200	579.2	40.7	-1,210	-2.10	-572.5	254.3	-21.06		-0.4	0.9	0.6
3.51	12.38	-55.81	-78.93			520.6	1,200	579.2	40.7	-1,210	-2.10	-572.5	254.3	-21.06		-0.6	1.2	0.7
-6.38	5.72	-35.71	37.43			18.5	22.3	3.7	-21.7	0.88	0.01	1,300.0	-1.6	-12.64	9.71	21.4	5.0	3.2
0.82	11.37	13.61	44.68	1.17	2.3	4,454	5,721	2,869	5.5	129.3	1.44	-48.7	257.6	1.79	8.52	34.6	1.6	2.8
16.49	17.51	4.92	21.27	0.60	1.7	411.9	536.0	223.3	15.4	10.7	0.69	16.7	29.4	5.24	10.02	50.4	2.4	5.5
-9.79	-12.03	-43.46	-25.31	1.51	16.1	569.6	1,103	1,573	14.4	9.8	0.16	326.4	122.6	3.26	1.4	59.5	0.4	0.8
15.38	25.00	15.38	7.14			10.3	-2.5	0.00		0.81	0.00	102.7	2.6	-7.15	3.88	16.7		0.7
-3.11	20.39	9.28	3.92			10.3	-2.5	0.00		0.81	0.00	102.7	2.6	-7.15	3.88	11.8		0.5
3.25	14.25	12.52	45.91	1.36	9.9	1,110	2,553	242.8	17.1	92.4	1.08	-15.2	-448.9	4.57	8.74	12.8	5.5	1.0
3.13	8.69			1.10	4.3	1,110	2,553	242.8	17.1	92.4	1.08	-15.2	-448.9	4.57	8.74	23.8	10.1	1.9
-14.29	20.00	-41.94	-33.33			1.0	0.83	--		-0.86	-0.06	-75.3	-0.78	-65.95		-1.5		3.3
-32.76	8.86	-45.57	-36.00			1.0	0.83	--		-0.86	-0.06	-75.3	-0.78	-65.95		-1.0		2.1
10.99	74.54	1.99	135.07			15,195	12,733	2,358	5.6	285.7	1.79	-1.0	--			53.5	6.5	7.3
29.55	-8.06	-6.56	-20.83			3.5	3.4	--		-0.03	0.00	94.5	-0.09	-161.58		-203.6		-135.7
4.74	-25.33	-44.00	-39.22			3.5	3.4	--		-0.03	0.00	94.5	-0.09	-161.58		-120.0		-80.0
6.67	66.67	51.90	515.38			260.5	243.3	0.54	155.7	-1.1	-0.01	76.1	-0.91	-0.82		-260.9	600.0	4.1
10.42	110.13	55.88	533.11			260.5	243.3	0.54	155.7	-1.1	-0.01	76.1	-0.91	-0.82		-201.6	463.8	3.1
8.33	39.29	-1.02	30.00			46.6	--	31.5	4.3	1.2	0.05	-58.1	5.6		2.44	37.4	1.5	0.9
-11.02	9.08	-13.09	207.37			5,089	4,753	479.2	35.0	-40.9	-0.72	13.3	115.5	-2.62		-121.7	10.4	14.6
-7.06	9.04	-4.06	66.04	2.00	12.6	6,580	--	1,284	-40.7	505.3	1.42	-68.6	-2,043		8.62	11.2	4.8	1.0
29.81	66.54	-2.28	-11.48	0.52	7.7	555.7	2,440	462.7	6.8	-157.2	-1.93	-1,906.0	94.3	2.56		-3.5	1.2	2.1
-33.33	-50.00	-71.43	-90.00			0.67	7.6	12.7	-8.3	-1.8	-0.05	-9.5	1.6	-8.34		-0.4	0.1	-1.1
0.00	10.81	-4.65	86.36			2.1	-0.96	--		-1.6	-0.12	-153.5	-0.07	-1.37		-1.8		1.0
2.47	15.49	1.68		1.59	6.2	4,599	--	1,088	-13.8	413.4	0.78	-12.1	550.5		6.17	33.0	11.0	2.0
-15.20	10.03	-5.76	-20.79	0.68	6.9	4,599	--	1,088	-13.8	413.4	0.78	-12.1	550.5		6.17	12.6	4.2	0.8
4.57	9.83	17.43	53.24	0.80	13.0	1,298	--	166.5	18.3	117.4	0.63	-11.1	25.3		10.05	9.8	7.2	1.1
-21.92	0.41	-73.86				60.3	71.5	20.6	-18.9	-0.03	0.12	-50.4	-7.3			48.0	2.9	2.2
-46.55	-82.08					19.6	21.2	0.03	-6.9	-3.4	-0.08	-308.5	-1.3	-27.21		-3.8	775.0	1.5
0.06	-14.79	-37.85	-64.38	0.92	6.1	6,427	14,051	8,532	-8.0	-7,122	-15.15	-442.2	881.3	1.48		-1.0	0.8	1.3
-2.86	-2.86	-19.05	126.67			26.5	31.1	35.2	27.8	-6.9	-0.11	-384.7	-0.48	-4.33		-3.0	0.7	3.4
-20.42	4.11	-68.46	-85.96			56.7	-48.1	2.7	-92.5	-45.3	-1.22	42.8	-30.8	-22.55		-1.3	21.2	0.5
0.00	38.46	12.50	38.46			0.67	0.63	--		-0.16	-0.02	27.1	-0.09	-1.37		-5.5		0.2
-100.00	-100.00	-100.00	-100.00			0.67	0.63	--		-0.16	-0.02	27.1	-0.09	-1.37		0.0		0.0
7.49	14.11	-35.47		0.37	4.2	1,582	3,623	2,065	21.9	103.6	0.51	223.7	297.5	3.96	22.84	17.3	1.2	2.8
-8.02	-0.97	1.22	7.85	7.00	1.8	4,460	5,232	2,237	-0.4	236.4	20.78	31.3	207.0	10.8	39.63	19.2	2.0	8.3
10.17	14.15	7.30	8.57	1.44	3.8	31,212	33,051	7,239	-3.6	236.0	0.43	806.3	2,135	3.45	2.56	87.7	2.8	1.9
-11.11	-52.94	-48.39	-48.39			0.74	0.15	--		-0.82	-0.07	-252.6	-0.34	-5.68		-1.2		0.5
-19.91	4.93	-34.18	33.33			655.3	810.9	930.7	14.0	26.3	0.29	1,151.5	65.5	3.78	4.7	25.3	0.7	1.2
0.00	36.17	14.92	98.01			25.5	20.3	--		2.7	0.02	-11.1	3.9	-24.26	41.2	16.6		5.3
10.57	34.15	-4.13	83.17			25.5	20.3	--		2.7	0.02	-11.1	3.9	-24.26	41.2	11.9		3.8
10.00	-25.00	-21.43	65.00			11.8	11.6	--		-1.9	-0.02	53.1	-1.6	-44.25		-7.2		7.0
11.98	6.39	-18.84	120.17			11.8	11.6	--		-1.9	-0.02	53.1	-1.6	-44.25		-5.7		5.5
11.33	21.86	-10.93	31.40	0.20	1.4	7,948	8,997	10,301	22.5	-165.0	-0.29	89.3	953.0	2.67		-47.6	0.8	0.9
8.48	20.30	-12.16	30.91	0.20	1.5	7,948	8,997	10,301	22.5	-165.0	-0.29	89.3	953.0	2.67		-46.2	0.8	0.9
						438.7	799.1	52.2	27.4	36.6	1.95	-15.4	-70.0	1.17	12.83			

I. Index of Stocks

Summer 2019

Company Name	Stock Ticker Symbol	Traded On	Sector	Overall Rating	Recommendation	Reward Rating	Risk Rating	Recent Up/Downgrade	Stock Price as of 6/30/2019	52-Week High	52-Week Low	3-Year Beta	Growth	Efficiency	Solvency	Volatility	Dividend	Total Return
Newtek Business Services Corp.	NEWT	NAS	Financials	B	Buy	A	C+	Up	22.95	24.24	15.59	0.92	F	E	E	F	E	G
Newton Energy Corporation	NTNH.V	TSXV	Energy	D-	Sell	D-	D		0.22	0.54	0.2	1.84	W	V	G	W	--	W
Newtown Lane Marketing, Incorporated	NTWN	OTC PK	Consumer Staples	D+	Sell	C	D	Down	0.13	0.15	0.05	-3.21	F	E	F	W	--	W
Nexa Resources S.A.	NEXA.TO	TSX	Materials	D	Sell	C-	D-	Down	13.85	18.50	11		W	G	E	W	--	W
Nexa Resources S.A.	NEXA	NYSE	Materials	D	Sell	C-	D-	Down	9.85	14.33	8.22		W	G	E	W	--	W
Nexeon MedSystems Inc.	NXNN	OTC PK	Health Care	D-	Sell	D	D-		3.51	20.00	1.1		W	W	G	W	--	V
NexGen Energy Ltd.	NXE.TO	TSX	Energy	D-	Sell	D	D-	Down	2.06	3.31	1.81	0.90	V	W	E	W	--	W
NexGen Energy Ltd.	NXE	AMEX	Energy	D	Sell	D	D-		1.58	2.53	1.35	1.09	V	W	E	W	--	W
NexgenRx Inc.	NXG.V	TSXV	Financials	D+	Sell	D+	D	Down	0.26	0.31	0.23	0.20	W	W	E	F	--	F
Nexia Health Technologies Inc.	NGHH.V	TSXV	Health Care	E+	Sell	E	D-	Down	0.01	0.04	0.01	3.54	W	V	G	W	--	W
Nexien BioPharma, Inc.	NXEN	OTC PK	Health Care	D-	Sell	D-	D	Up	0.09	3.75	0.03		W	V	G	W	--	V
NexJ Systems Inc.	NEXJF	OTC PK	Information Tech	D	Sell	D-	D		0.94	1.55	0.86	1.67	V	W	G	W	--	W
NexJ Systems Inc.	NXJ.TO	TSX	Information Tech	D-	Sell	D-	D	Down	1.05	2.50	0.91	1.27	V	W	G	W	--	W
Nexoptic Technology Corp.	NXO.V	TSXV	Information Tech	D	Sell	D-	D		0.53	1.13	0.35	0.73	V	W	E	W	--	W
Nexoptic Technology Corp.	NXOPF	OTC PK	Information Tech	D	Sell	D-	D		0.39	0.85	0.27	1.56	V	W	E	W	--	W
NexPoint Residential Trust, Inc.	NXRT	NYSE	Real Estate	C	Hold	B-	C-	Down	39.80	41.91	27.48	0.25	F	G	E	G	G	G
Nexstar Media Group, Inc.	NXST	NAS GS	Communication Svc	B	Buy	A-	B-		100.16	119.93	70.09	1.29	G	E	E	G	F	G
Next Green Wave Holdings Inc.	NXGWF	OTC PK	Health Care	E	Sell	D-	D		0.21	1.05	0.17		W	W	E	W	--	W
NextCure, Inc.	NXTC	NAS GS	Health Care	U		U	U		14.16	22.75	13.86		U	U	U	U	U	U
NextDecade Corporation	NEXT	NAS CM	Energy	D-	Sell	D-	D-		6.10	6.87	3.15		W	W	E	W	--	W
NexTech AR Solutions Corp.	NEXCF	OTC PK	Information Tech	E	Sell	D	D	Up	0.47	1.01	0.25		W	W	E	F	--	W
Nexteer Automotive Group Limited	NTXVF	OTC PK	Consumer Discretn	C	Hold	B-	D+		1.18	1.69	1.18	0.19	G	E	E	W	--	W
NextEra Energy Partners, LP	NEP	NYSE	Utilities	B-	Buy	B	C	Down	48.47	50.66	39.35	0.66	F	G	G	F	G	F
NextEra Energy, Inc.	NEE	NYSE	Utilities	B	Buy	B	B-	Down	204.55	208.91	163.52	0.15	F	E	G	E	F	G
NextEra Energy, Inc.	NEEPRR	NYSE	Utilities	A-	Buy	A-	B		65.39	66.51	55.46	0.13	F	E	G	E	E	F
NextGen Healthcare, Inc.	NXGN	NAS GS	Health Care	C	Hold	B	D+	Up	19.06	23.73	13.89	1.21	G	G	E	W	--	F
Nextleaf Solutions Ltd.	OILFF	OTC PK	Health Care	E	Sell	E+	D		0.37	0.72	0.25		V	V	E	F	--	W
NextSource Materials Inc.	NSRCF	OTC PK	Materials	E+	Sell	E	D-	Down	0.07	0.12	0.05		W	V	G	W	--	W
NextSource Materials Inc.	NEXT.TO	TSX	Materials	E+	Sell	E	D-	Down	0.09	0.16	0.05		W	V	G	W	--	W
Nexus Gold Corp	NXS.V	TSXV	Materials	D-	Sell	E+	D-		0.10	0.36	0.08	1.75	W	V	G	W	--	V
Nexus Gold Corp	NXXGF	OTC PK	Materials	D-	Sell	E+	D-		0.08	0.27	0.04	2.00	W	V	G	W	--	V
Nexus Real Estate Investment Trust	NXRUN.V	TSXV	Real Estate	B	Buy	B+	B-		1.97	2.06	1.77	0.38	E	E	G	E	E	F
NF Energy Saving Corporation	BIMI	NAS CM	Industrials	D	Sell	D+	D	Down	2.39	25.00	2.2	-2.01	W	W	G	W	--	F
NFI Group Inc.	NFI.TO	TSX	Industrials	C	Hold	B-	D		37.01	52.48	28.47	0.80	G	E	G	W	G	W
NFI Group Inc.	NFYEF	OTC PK	Industrials	C-	Hold	B-	D	Down	28.44	40.30	21.56	1.11	G	E	G	W	G	W
NGEx Resources Inc.	NGQRF	OTC PK	Materials	D-	Sell	E+	D		0.81	0.87	0.73	1.03	V	V	E	W	--	F
NGEx Resources Inc.	NGQ.TO	TSX	Materials	D-	Sell	E+	D	Down	1.08	1.18	0.94	0.37	V	V	E	W	--	F
NGL Energy Partners LP	NGL	NYSE	Energy	C+	Hold	B+	D+	Up	14.57	15.16	8.71	1.25	F	G	G	E	E	F
NGM Biopharmaceuticals, Inc.	NGM	NAS GS	Health Care	U		U	U		14.64	18.75	12		U	U	U	U	U	U
Nhs Industries Ltd.	NNHHF	OTC PK	Real Estate	D-	Sell	D-	D	Up	0.03	0.09	0.02		W	V	G	W	--	V
NI Holdings, Inc.	NODK	NAS CM	Financials	C	Hold	B+	B-	Up	18.31	19.64	14.37	0.12	G	G	E	G	--	F
NIC Inc.	EGOV	NAS GS	Information Tech	C	Hold	B	D		15.92	18.05	11.76	1.22	G	E	E	W	F	W
NICE Ltd.	NICE	NAS GS	Information Tech	U		U	U		137.25	146.89	100.54	0.53	U	U	U	U	U	U
Nicholas Financial, Inc.	NICK	NAS GS	Financials	D	Sell	D+	D	Down	9.15	12.50	7.92	0.30	W	E	W	F	--	W
Nickel Creek Platinum Corp.	NCPCF	OTC PK	Materials	E+	Sell	E+	D-	Down	0.04	0.18	0.02	0.38	W	V	G	W	--	V
Nickel Creek Platinum Corp.	NCP.TO	TSX	Materials	E+	Sell	E+	D-	Down	0.06	0.24	0.03	0.13	W	V	G	W	--	V
Nickel North Exploration Corp.	NNX.V	TSXV	Materials	D	Sell	D	D-		0.02	0.03	0.01	0.91	W	W	F	W	--	W
Nicola Mining Inc.	HUSIF	OTC PK	Materials	D-	Sell	E+	D		0.09	0.11	0.06	1.50	W	V	F	W	--	V
Nicola Mining Inc.	NIM.V	TSXV	Materials	D-	Sell	E+	D		0.10	0.17	0.08	0.67	W	V	F	W	--	W
Nicolet Bankshares, Inc.	NCBS	NAS CM	Financials	B	Buy	B+	B-		62.40	63.37	46.02	0.63	E	E	G	--	F	
Nidec Corporation	NJDCY	OTC PK	Industrials	B	Buy	A-	C	Up	33.67	39.31	26.02	1.43	F	E	E	F	E	F
Nidec Corporation	NNDNF	OTC PK	Industrials	C	Hold	B	C-		134.50	150.50	110	1.54	F	E	E	F	F	F

*Ratings Factors: E=Excellent, G=Good, F=Fair, W=Weak, V=Very Weak, U=Unrated

Summer 2019 — I. Index of Stocks

3-Month Total Return (%)	6-Month Total Return (%)	1-Year Total Return (%)	3-Year Total Return (%)	Dividend $ TTM	Dividend Yield TTM	Market Cap ($Mil)	Enterprise Value ($Mil)	Revenue ($Mil)	Revenue Growth (%)	Net Income ($Mil)	Earnings/Share $	EPS Growth (%)	Cash from Operations ($Mil)	Return on Assets (%)	Return on Equity (%)	Earnings (P/E) TTM	Sales (P/S) TTM	Book (P/B) Q
16.58	38.23	26.21	148.23	1.84	8.0	438.7	799.1	52.2	27.4	36.6	1.95	-15.4	-70.0	1.17	12.83	11.8	8.4	1.5
2.33	-6.38	2.33	-45.00			1.1	0.58	--		-0.15	-0.03	84.3	-0.15	-23.56		-8.0		2.9
22.93	28.71	-13.33	-31.58			1.8	2.1	--		-0.05	0.00	15.9	-0.03	-158.3		-35.1		-5.2
-16.42	-9.57	-6.96		0.53	3.8	1,306	2,270	2,385	-7.4	5.7	0.04	-96.1	188.7	2.74	0.7	322.8	0.8	0.8
-20.05	-13.44	-12.78				1,306	2,270	2,385	-7.4	5.7	0.04	-96.1	188.7	2.74	0.7	229.6	0.6	0.6
-28.95	-41.01	-64.18				7.1	11.0	9.8	750.0	-1.7	-0.83	71.7	0.63	-19.72		-4.2	0.7	0.8
-5.07	-13.08	-13.08	-18.25			558.4	587.2	--		-16.3	-0.12	-31.2	-8.0	-5.17		-16.7		5.5
-3.07	-9.71	-12.71	-18.75			558.4	587.2	--		-16.3	-0.12	-31.2	-8.0	-5.17		-12.8		4.2
-13.33	1.96	4.00	62.50			13.9	16.7	6.1	36.7	-0.34	-0.01	51.9	0.13	-1.24		-51.0	3.0	11.9
-50.00	-50.00	-66.67	-88.89			0.36	-0.26	--		-0.52	-0.01	3.1	-0.36	-6.6		-0.5		-0.8
-18.18	-51.35	-97.72				4.8	4.6	--		-3.5	-0.07	-35.7	-0.73	-225.42		-1.3		6.5
-32.05	7.07	-39.18	-20.94			16.9	13.6	15.9	-17.1	-4.2	-0.21	-61.7	-2.0	-12.9		-4.5	1.2	2.4
-38.24	-18.60	-50.00	-49.28			16.9	13.6	15.9	-17.1	-4.2	-0.21	-61.7	-2.0	-12.9		-5.0	1.4	2.7
0.00	-15.87	-48.54	53.62			54.9	54.2	--		-10.3	-0.08	0.0	-4.6	-15.41		-6.5		1.8
-2.50	-15.13	-50.32	50.00			54.9	54.2	--		-10.3	-0.08	0.0	-4.6	-15.41		-4.8		1.4
4.12	16.25	44.18	145.14	1.08	2.7	941.0	1,879	153.0	7.5	-16.0	-0.74	-123.8	50.0	0.91		-53.8	6.1	3.4
-8.97	32.36	36.76	134.08	1.65	1.7	4,617	8,503	2,778	10.8	396.2	8.35	-23.2	682.1	6.84	22.86	12.0	1.7	2.4
-56.50	-8.91					27.2	26.0	--		-5.1	-0.04	0.0	-3.8	-18.86		-4.8		1.8
						321.6	363.3	1.4		-6.2	-4.46	-22.3	-7.1			-3.2	14.4	-0.4
20.55	24.74	-10.29				671.7	683.4	--		-37.8	-0.42	12.0	-25.5	-18		-14.5		8.9
6.50	-41.00					25.0	23.2	0.45		-2.0	-0.05		-1.5			-9.9	49.9	4.7
-17.48	-18.73	-16.90	15.69			3,144	2,888	3,912	0.9	379.7	0.15	7.8	613.2	8.61	24.4	7.9	0.8	1.8
4.87	19.16	11.24	87.60	1.84	3.8	2,722	9,818	736.0	-10.4	97.0	1.19	722.4	328.0	1.67	3.75	40.8	3.7	1.6
7.26	19.98	25.82	72.82	5.83	2.9	97,966	140,892	16,938	-0.7	2,891	6.00	-65.4	6,900	2.77	6.9	34.1	5.8	2.9
7.04	16.08	21.12		3.06	4.7	97,966	140,892	16,938	-0.7	2,891	6.00	-65.4	6,900	2.77	6.9	10.9	1.9	0.9
13.25	23.77	-4.17	67.05			1,235	1,215	529.2	-0.4	24.5	0.37	1,005.1	50.5	3.54	7	51.5	2.3	3.3
48.65						40.2	37.5	0.21	-28.9	-4.9	-0.11	-247.9	-2.2			-3.5	71.2	6.8
-5.22	4.07	-1.00				34.8	33.5	--		-2.1	0.00	47.4	-1.9	-120.89		-18.1		82.3
-5.26	0.00	-5.26				34.8	33.5	--		-2.1	0.00	47.4	-1.9	-120.89		-22.0		100.0
-17.39	0.00	-72.46	-76.25			5.0	4.7	--		-2.9	-0.10	27.9	-2.2	-60.7		-1.0		1.5
-13.06	18.30	-72.49				5.0	4.7	--		-2.9	-0.10	27.9	-2.2	-60.7		-0.8		1.2
-0.68	7.18	6.01	39.43	0.16	8.1	152.5	368.2	41.4	13.3	28.1	0.30	54.0	16.8	3.88	17.53	6.5	4.8	1.1
-66.80	-87.42	-8.43	259.38			18.1	23.8	6.5	3.4	-2.9	-0.39	-53.9	-0.32	-4.14		-6.1	2.8	0.8
13.63	12.17	-21.89	0.06	1.60	4.3	1,758	2,579	2,507	5.0	145.7	2.33	-19.5	151.1	6.89	18.54	15.9	0.9	2.9
17.91	17.42	-18.06	0.64	1.21	4.2	1,758	2,579	2,507	5.0	145.7	2.33	-19.5	151.1	6.89	18.54	12.2	0.7	2.2
9.88	11.43	-1.47	13.33			205.4	197.9	--		-20.0	-0.08	-174.4	-13.2	-67.05		-9.6		14.2
8.00	8.00	-3.57	38.82			205.4	197.9	--		-20.0	-0.08	-174.4	-13.2	-67.05		-12.7		18.8
8.16	64.26	32.94	5.17	1.56	10.7	1,835	4,338	24,017	42.1	360.0	1.99	281.2	337.3	1.78		7.3	0.1	0.9
						964.0	1,066	93.5	21.7	-1.6	-0.21	90.7	-10.9			-70.7	1.1	-0.8
-44.15	19.08					0.92	1.3	0.07	-2.2	-0.65	-0.02	-554.4	-0.08	-21.83		-1.2	10.6	1.4
12.68	13.02	8.92				406.7	339.9	230.0	19.4	38.7	1.74	123.7	20.8	6.47	14.09	10.5	1.8	1.4
-5.89	30.90	3.51	-16.71	0.32	2.0	1,065	897.7	343.4	1.0	54.3	0.80	1.6	61.7	14.46	27.18	19.8	3.1	4.9
15.47	27.91	31.72	128.26			8,412	8,433	746.3	-44.0	85.8	1.35	-41.5	245.8			101.9	11.7	4.2
2.58	-12.86	5.54	-9.67			72.4	--	34.6	-0.7	1.7	0.21	156.0	17.9			43.9	2.1	0.7
-19.38	-35.11	-75.60	-87.16			10.8	9.8	--		-25.2	-0.11	-781.0	-2.5	-45.74		-0.3		0.4
0.00	-25.00	-70.00	-83.78			10.8	9.8	--		-25.2	-0.11	-781.0	-2.5	-45.74		-0.6		0.7
0.00	0.00	-50.00	0.00			0.87	1.5	--		-0.22	0.00	41.7	-0.15	-1.72		-5.4		0.2
11.69	23.77	-10.09	-15.73			17.6	22.1	--		-3.8	-0.02	19.8	-2.3	-21.28		-5.1		-6.9
5.26	0.00	-20.00	-31.03			17.6	22.1	--		-3.8	-0.02	19.8	-2.3	-21.28		-5.5		-7.5
6.03	30.95	11.85	74.59			584.8	--	145.8	5.2	41.7	4.22	18.7	53.2		11.01	14.8	4.2	1.5
4.91	19.19	-10.76	79.77			39,800	41,174	13,695	2.0	999.3	3.39	-15.1	1,535	4.7	11.15	9.9	0.7	1.1
13.56	19.56	-10.40	82.99			39,800	41,174	13,695	2.0	999.3	3.39	-15.1	1,535	4.7	11.15	39.7	2.9	4.4

https://greyhouse.weissratings.com

Data as of June 30, 2019

I. Index of Stocks

Summer 2019

Company Name	Stock Ticker Symbol	Traded On	Sector	Overall Rating	Recommendation	Reward Rating	Risk Rating	Recent Up/Downgrade	Stock Price as of 6/30/2019	52-Week High	52-Week Low	3-Year Beta	Growth	Efficiency	Solvency	Volatility	Dividend	Total Return
Nielsen Holdings Plc	NLSN	NYSE	Industrials	D	Sell	C	D-		22.33	32.07	20.53	1.11	W	F	G	W	E	W
NightFood Holdings, Inc.	NGTF	OTC PK	Consumer Staples	C-	Hold	C+	D	Down	0.60	0.92	0.16	6.22	W	E	F	W	–	F
Nighthawk Gold Corp.	NHK.TO	TSX	Materials	D	Sell	D	D		0.52	0.60	0.3	-0.57	W	W	E	W	–	W
Nighthawk Gold Corp.	MIMZF	OTC PK	Materials	D	Sell	D	D		0.40	0.46	0.22	-0.36	W	W	E	W	–	W
NII Holdings, Inc.	NIHD	NAS GS	Communication Svc	D	Sell	D	D		1.77	8.51	1.67	-1.42	W	V	G	W	–	W
Nike, Inc.	NKE	NYSE	Consumer Discretn	B	Buy	B+	C+	Up	83.66	90.00	66.53	1.09	E	E	E	F	W	F
Niko Resources Ltd.	NKRSF	OTC PK	Energy	D-	Sell	D-	D-		0.00	0.08	0	4.22	W	W	F	W	–	V
Nine Energy Service, Inc.	NINE	NYSE	Energy	D	Sell	D	D		16.30	40.39	15.51		F	W	E	W	–	W
NIO Inc.	NIO	NYSE	Consumer Discretn	D-	Sell	D-	D-	Down	2.60	13.80	2.35		F	V	G	W	–	V
Niobay Metals Inc.	MDNNF	OTC PK	Materials	D-	Sell	E+	D	Down	0.15	0.23	0.11	2.17	F	V	G	W	–	W
Niobay Metals Inc.	NBY.V	TSXV	Materials	D-	Sell	E+	D-	Down	0.19	0.37	0.15	-0.21	F	V	G	W	–	W
NIOCAN Inc.	NIO.V	TSXV	Materials	C-	Hold	C+	D	Down	0.13	0.36	0.06	1.85	W	G	F	W	–	F
NIOCAN Inc.	NIOCF	OTC PK	Materials	C	Hold	B-	D	Up	0.10	0.25	0.05	3.20	W	G	F	W	–	G
NioCorp Developments Ltd.	NB.TO	TSX	Materials	D-	Sell	E+	D-		0.56	0.72	0.52	-0.45	F	V	F	W	–	W
NioCorp Developments Ltd.	NIOBF	OTC PK	Materials	D-	Sell	E+	D-		0.44	0.55	0.39	-0.21	F	V	F	W	–	W
Nippon Dragon Resources Inc.	NIP.V	TSXV	Materials	D	Sell	C-	D-		0.02	0.03	0.01	1.01	F	F	F	W	–	W
Nippon Dragon Resources Inc.	RCCMF	OTC PK	Materials	D+	Sell	C	D	Up	0.02	0.03	0	1.11	F	F	F	W	–	W
Nippon Telegraph and Telephone Corporation	NPPXF	OTC PK	Communication Svc	C	Hold	B-	C		46.13	46.94	35.27	0.32	F	E	E	F	–	W
Nippon Telegraph and Telephone Corporation	NTTYY	OTC PK	Communication Svc	C+	Hold	C+	C	Up	46.41	48.97	35.36	0.30	F	E	E	F	–	W
NiSource Inc.	NI	NYSE	Utilities	C	Hold	B-	D+		28.61	29.75	24.19	0.30	F	G	G	F	G	F
Nissan Motor Co., Ltd.	NSANF	OTC PK	Consumer Discretn	C-	Hold	C	D		7.20	9.80	6.65	0.71	F	G	E	W	–	W
Nissan Motor Co., Ltd.	NSANY	OTC PK	Consumer Discretn	C-	Hold	C	D		14.32	19.69	13.21	0.79	F	G	E	W	–	W
Nitinat Minerals Corporation	NZZ.V	TSXV	Materials	D+	Sell	C	D-	Up	0.05	0.14	0.03	-5.53	W	F	F	W	–	F
Nitinat Minerals Corporation	NITMF	OTC PK	Materials	D	Sell	D+	E+		0.07	0.11	0.04	0.55	W	F	F	V	–	V
Niu Technologies	NIU	NAS	Consumer Discretn	E+	Sell	D+	D	Up	6.14	13.60	5.66		F	W	E	W	–	W
NL Industries, Inc.	NL	NYSE	Industrials	D	Sell	C-	D	Down	4.17	9.50	2.95	2.45	F	F	E	W	–	W
nLIGHT, Inc.	LASR	NAS GS	Information Tech	D+	Sell	C	D		18.47	43.63	16.25		W	G	E	W	–	W
NMI Holdings, Inc.	NMIH	NAS	Financials	B	Buy	A+	C		28.39	31.34	15.62	1.64	E	E	E	F	–	E
NN, Inc.	NNBR	NAS GS	Industrials	D	Sell	D+	D		8.95	22.15	5.55	2.23	W	W	G	W	G	W
Noah Holdings Limited	NOAH	NYSE	Financials	C	Hold	B-	D		42.19	60.14	34.2	1.95	G	E	E	W	–	F
Nobilis Health Corp.	HLTH	AMEX	Health Care	D	Sell	C-	D-		0.15	1.25	0.1	0.48	F	F	E	W	–	V
Nobility Homes, Inc.	NOBH	OTC PK	Consumer Discretn	C	Hold	A-	B		22.50	25.00	18.8	0.78	E	E	E	G	–	F
Noble Corporation plc	NE	NYSE	Energy	D	Sell	D	D		1.79	7.44	1.5	2.73	V	W	G	W	–	V
Noble Energy, Inc.	NBL	NYSE	Energy	D	Sell	C-	D	Down	21.82	37.76	17.11	1.75	F	W	G	W	F	W
Noble Group Limited	NOBGF	OTC PK	Industrials	D-	Sell	E+	D		0.06	0.13	0.05	0.30	F	V	F	W	–	W
Noble Group Limited	NOBGY	OTC PK	Industrials	D-	Sell	E+	D-		0.57	1.11	0.4	2.07	F	V	F	W	–	V
Noble Iron Inc.	NIR.V	TSXV	Information Tech	D	Sell	D	D	Down	0.20	0.40	0.18	-2.66	W	W	E	W	–	W
Noble Iron Inc.	TXDSF	OTC PK	Information Tech	D-	Sell	D	E+	Down	0.13	0.20	0.13	-0.41	W	W	E	V	–	V
Noble Metal Group Incorporated	NBMLF	OTC PK	Materials	D+	Sell	D+	D	Up	0.00	0.02	0	-28,644.34	F	W	F	W	–	W
Noble Metal Group Incorporated	NMGH.V	TSXV	Materials	D+	Sell	D+	D+	Up	0.01	0.02	0.01	0.42	F	W	F	W	–	W
Noble Midstream Partners LP	NBLX	NYSE	Energy	C	Hold	B	D		32.48	56.40	26.08	1.33	E	E	G	W	E	W
Noble Mineral Exploration Inc.	NOB.V	TSXV	Materials	D	Sell	D	D	Up	0.08	0.18	0.06	0.47	V	V	F	W	–	W
Noble Mineral Exploration Inc.	NLPXF	OTC PK	Materials	D	Sell	D-	D	Up	0.06	0.13	0.04	0.94	V	V	F	W	–	W
Noble Roman's, Inc.	NROM	OTC PK	Consumer Discretn	D+	Sell	C	D	Up	0.61	0.75	0.33	0.31	G	W	G	W	–	W
Nocera, Inc.	NCRA	OTC PK	Industrials	E	Sell	C	D+		2.00	2.50	0.35		W	G	G	W	–	W
Nocopi Technologies, Inc.	NNUP	OTC PK	Materials	C+	Hold	A-	D+	Up	0.04	0.29	0.03	0.89	E	E	G	W	–	F
Nodechain, Inc.	NODC	OTC PK	Information Tech	D-	Sell	D	D-		0.02	0.09	0.01	2.08	W		F	W	–	V
Nokia Corporation	NOK	NYSE	Information Tech	D	Sell	D+	D	Down	4.97	6.65	4.71	-0.05	W	F	G	W	–	W
Nokia Corporation	NOKBF	OTC PK	Information Tech	D	Sell	D+	D	Down	4.92	6.61	4.63	-0.08	W	F	G	W	–	W
Nomad Foods Limited	NOMD	NYSE	Consumer Staples	B	Buy	B	C+		20.75	22.67	15.87	0.70	G	G	G	F	–	G
Nomura Holdings, Inc.	NRSCF	OTC PK	Financials	D	Sell	D	D		3.49	5.06	3.17	1.22	V	F	F	W	–	W
Nomura Holdings, Inc.	NMR	NYSE	Financials	D	Sell	D	D		3.58	5.10	3.05	1.45	V	F	F	W	–	W

*Ratings Factors: E=Excellent, G=Good, F=Fair, W=Weak, V=Very Weak, U=Unrated

Summer 2019 — I. Index of Stocks

	TOTAL RETURNS %				DIVIDEND/YIELD		SIZE		REVENUE & INCOME				EARNINGS			EFFECTIVENESS			VALUATION		
3-Month Total Return (%)	6-Month Total Return (%)	1-Year Total Return (%)	3-Year Total Return (%)	Dividend $ TTM	Dividend Yield TTM	Market Cap. ($Mil)	Enterprise Value ($Mil)	Revenue ($Mil)	Revenue Growth (%)	Net Income ($Mil)	Earnings/ Share $	EPS Growth (%)	Cash from Operations ($Mil)	Return on Assets (%)	Return on Equity (%)	Earnings (P/E) TTM	Sales (P/S) TTM	Book (P/B) Q
---	---	---	---	---	---	---	---	---	---	---	---	---	---	---	---	---	---	---
-4.15	-1.21	-23.09	-50.43	1.40	6.3	7,938	16,828	6,468	-2.8	-741.0	-2.09	-273.6	1,132	4.04		-10.7	1.2	2.9
-9.77	215.79	45.45	201.51			31.8	32.5	0.36	165.5	-4.8	-0.11	12.4	-1.4	-275.84		-5.6	84.5	-20.1
52.94	18.18	23.81	79.31			88.0	78.0	--		-1.8	-0.01	-481.3	-0.84	-1.52		-55.9		1.8
60.08	24.60	26.93	63.82			88.0	78.0	--		-1.8	-0.01	-481.3	-0.84	-1.52		-43.0		1.4
-8.76	-58.74	-55.30	-37.46			180.0	1,037	586.3	-26.8	-107.0	-1.07	53.8	-118.4	-0.97		-1.7	0.3	-1.6
-0.17	14.68	17.94	63.40	1.06	1.3	131,493	130,934	38,722	9.7	4,177	2.57	142.1	6,163	13.2	44.57	32.6	3.5	14.7
-71.07	-88.93	-94.78	-98.74			0.19	-4.9	13.2	-46.9	-79.3	-0.85	-139.2	10.1	-16.53		0.0	0.0	0.0
-29.50	-26.04	-50.67				500.5	879.0	883.1	44.3	-37.3	-1.26	57.9	78.2	4.84		-12.9	0.5	0.8
-48.10	-59.81					2,737	3,565	961.7		-3,293	-38.28	36.7	-947.8	-42.94		-0.1	2.8	7.8
-9.20	13.85	-13.45	34.55			6.6	5.2	--		-1.2	-0.03	37.4	-1.0	-25.06		-5.8		3.9
-13.64	-5.00	-9.52	-45.71			6.6	5.2	--		-1.2	-0.03	37.4	-1.0	-25.06		-7.5		5.0
-38.10	-29.73	100.00	52.94			2.6	4.2	0.01	31.8	-0.35	-0.01	1.5	-0.14	-3.75		-9.6	433.3	-2.1
-38.33	0.00	63.33	46.27			2.6	4.2	0.01	31.8	-0.35	-0.01	1.5	-0.14	-3.75		-7.2	326.7	-1.6
-5.08	-13.85	-6.67	-30.00			98.8	103.2	--		-7.3	-0.03	37.4	-4.6	-32.31		-16.8		32.0
-3.96	-8.96	-6.94	-29.52			98.8	103.2	--		-7.3	-0.03	37.4	-4.6	-32.31		-13.1		25.0
0.00	33.33	-33.33	-75.00			2.5	3.9	0.55	520.6	-0.22	0.00	81.2	0.06	-3.5		-15.4	6.1	-0.8
3.81	18.24	16.08	-72.81			2.5	3.9	0.55	520.6	-0.22	0.00	81.2	0.06	-3.5		-11.6	4.6	-0.6
5.78	11.26	-0.86	-1.37			88,496	142,894	107,554	2.4	8,736	4.47	10.0	22,278	5.56	9.53	10.3	0.8	1.1
9.74	14.11	1.08	1.06			88,496	142,894	107,554	2.4	8,736	4.47	10.0	22,278	5.56	9.53	10.4	0.8	1.1
0.97	13.95	12.85	22.13	0.79	2.8	10,674	20,671	5,234	4.1	-107.8	-0.39	-170.1	551.0	0.32		-73.6	2.1	2.2
-13.25	-5.01	-24.76	-19.10			28,269	93,209	108,771	1.8	4,414	1.13	-40.0	14,427	1.03	5.91	6.4	0.3	0.6
-13.45	-10.05	-26.22	-20.88			28,269	93,209	108,771	1.8	4,414	1.13	-40.0	14,427	1.03	5.91	12.7	0.5	1.2
-30.77	50.00	-67.86	-25.00			1.1	1.1	--		-0.05	0.00	45.4	-0.11			-9.6		3.9
55.23	46.20	-38.57	-92.67			1.1	1.1	--		-0.05	0.00	45.4	-0.11			-14.7		6.0
-24.94	-9.84					456.4	384.1	186.9	54.7	-3.2	-0.12	97.2	--			-52.2	1.3	2.7
10.90	26.36	-51.51	57.36			203.2	112.2	121.0	9.5	-40.1	-0.82	-132.9	17.0	1.09		-5.1	1.7	0.7
-16.05	4.53	-44.48				683.5	541.2	190.8	26.2	9.8	0.24	-87.1	2.6	4.01	6.91	77.7	3.6	3.1
8.23	61.40	74.17	439.73			1,917	2,034	296.6	44.5	118.5	1.72	189.4	153.0	9.97	17.5	16.5	6.6	2.6
17.18	38.50	-51.66	-30.27	0.28	3.1	379.2	1,302	814.8	29.0	-277.1	-7.06	-230.9	39.2	0.45		-1.3	0.5	1.0
-8.34	-3.32	-19.91	82.64			2,550	2,094	374.1	-16.1	95.2	0.77	-24.7	--			54.5	14.1	5.1
-56.79	-50.94	-87.32	-93.12			11.9	191.0	281.7	-12.3	1.6	0.02	-74.4	10.8	3.4	4.31	8.7	0.0	0.1
4.65	20.82	11.71	70.27	1.00	4.4	86.5	54.8	48.0	28.1	6.2	1.59	73.6	6.0	8.44	13.04	14.2	1.8	1.8
-37.19	-34.43	-71.13	-77.98			446.0	4,538	1,077	-0.4	-813.6	-3.30	-125.7	76.2	-0.7		-0.5	0.4	0.1
-11.92	19.58	-36.75	-35.03	0.45	2.1	10,435	18,008	4,782	6.2	-933.0	-1.96	-47.1	2,281	1.8		-11.1	2.2	1.1
14.00	-1.72	-40.00	-55.81			79.5	2,865	4,947	-31.0	-2,186	-1.68	27.4	231.5	-2.42		0.0	0.0	-0.1
0.00	20.74	-41.84	-94.02			79.5	2,865	4,947	-31.0	-2,186	-1.68	27.4	231.5	-2.42		-0.3	0.2	-0.7
-33.33	-39.39	-42.03	-50.00			4.2	-0.54	4.6	18.2	-2.9	-0.11	-117.9	-3.5	-20.04		-1.9	1.2	0.9
-55.77	-55.77	-55.77	-85.64			4.2	-0.54	4.6	18.2	-2.9	-0.11	-117.9	-3.5	-20.04		-1.3	0.8	0.6
-92.21	-92.21	-70.00	20.00			0.39	6.5	--		0.44	0.01	110.4	0.02	-0.74		0.2		0.0
-50.00	0.00	-66.67	-50.00			0.39	6.5	--		0.44	0.01	110.4	0.02	-0.74		0.9		-0.2
-8.67	24.10	-30.94		2.29	7.1	1,292	2,883	545.7	90.4	166.9	4.00	-6.1	278.1	6.63	17.01	8.1	2.4	2.2
-28.57	-16.67	0.00	0.00			7.1	5.9	--		-2.2	-0.02	-214.6	-0.60	-16.6		-3.2		2.9
-22.20	0.26	-1.29	-7.66			7.1	5.9	--		-2.2	-0.02	-214.6	-0.60	-16.6		-2.4		2.2
35.56	60.53	-8.68	10.91			13.2	23.7	12.4	17.4	-3.0	-0.14	12.3	1.2	8.55		-4.2	1.3	1.5
124.72						24.7	24.8	4.8		1.7	0.14	14,100.0	-0.53			14.3	5.1	14.1
5.00	-0.94	0.00	281.82			2.5	2.3	3.3	101.5	1.6	0.02	189.2	0.20	61.97	133.78	2.0	0.8	1.2
37.40	-28.00	-21.74				1.5	1.6	0.06	-54.1	-12.6	-0.15	-2,259.4	-0.04	-8,004.70		-0.1	30.0	25.7
-11.87	-13.69	-12.18	-0.75	0.05	0.9	27,716	26,391	26,239	-1.2	-695.4	-0.13	46.1	-356.5	1.47		-37.5	1.1	1.7
-10.29	-13.37	-12.03	-2.76			27,716	26,391	26,239	-1.2	-695.4	-0.13	46.1	-356.5	1.47		-37.1	1.1	1.6
0.05	25.30	6.25	159.05			4,035	5,774	2,603	12.9	152.0	0.86	-15.8	389.7	3.75	5.92	24.1	1.4	1.7
0.00	-6.68	-32.63	-9.11			11,846	--	10,860	-16.7	-688.2	-0.21	-132.4	-3,032			-16.7	1.1	0.5
-0.28	-4.42	-24.37	11.70	0.05	1.4	11,846	--	10,860	-16.7	-688.2	-0.21	-132.4	-3,032			-17.2	1.1	0.5

I. Index of Stocks

Summer 2019

Company Name	Stock Ticker Symbol	Traded On	Sector	Overall Rating	Recommendation	Reward Rating	Risk Rating	Recent Up/Downgrade	Stock Price as of 6/30/2019	52-Week High	52-Week Low	3-Year Beta	Growth	Efficiency	Solvency	Volatility	Dividend	Total Return
Non-Invasive Monitoring Systems, Inc.	NIMU	OTC PK	Health Care	D-	Sell	E+	D-	Up	0.10	0.16	0.04	-1.00	V		G	W	–	W
Noodles & Company	NDLS	NAS GS	Consumer Discretn	D	Sell	D	D		7.47	13.50	5.85	0.48	W	W	F	W	–	W
Noram Ventures Inc.	NRM.V	TSXV	Materials	D-	Sell	E+	D		0.09	0.32	0.08	1.28	W	V	E	W	–	V
Noram Ventures Inc.	NRVTF	OTC PK	Materials	D-	Sell	E+	D-		0.09	0.22	0.09	0.31	W	V	E	W	–	V
Noranda Income Fund	NIFUN.TO	TSX	Materials	D+	Sell	C-	D		2.61	3.17	1.07	0.39	W	W	E	W	–	F
Noranda Income Fund	NNDIF	OTC PK	Materials	D+	Sell	C-	D		1.98	2.36	0.87	0.78	W	W	E	W	–	F
Norbord Inc.	OSB	NYSE	Materials	C	Hold	B	D		24.58	44.15	19.46	1.90	G	E	G	W	G	W
Norbord Inc.	OSB.TO	TSX	Materials	C	Hold	B	D	Down	32.21	57.29	26.31	1.62	G	E	G	W	G	W
Nordea Bank Abp	NRDBY	OTC PK	Financials	D+	Sell	C	D	Down	7.30	13.30	6.98	1.14	W	E	F	W	–	W
Nordea Bank Abp	NBNKF	OTC PK	Financials	D+	Sell	C	D	Down	7.25	11.02	7.14	0.85	W	E	F	W	–	W
Nordic American Tankers Limited	NAT	NYSE	Energy	D	Sell	C-	D		2.24	3.47	1.81	0.76	F	W	G	W	E	V
Nordic Gold Inc.	FIEIF	OTC PK	Materials	D-	Sell	D+	D-		0.03	0.12	0.02		V	G	G	W	–	V
Nordic Gold Inc.	NOR.V	TSXV	Materials	D	Sell	C-	D		0.04	0.17	0.03	-1.09	V	G	G	W	–	W
Nordson Corporation	NDSN	NAS GS	Industrials	B	Buy	B+	C+	Up	138.69	149.23	110.16	1.08	E	E	E	F	W	F
Nordstrom, Inc.	JWN	NYSE	Consumer Discretn	C-	Hold	C+	D	Down	31.45	67.75	30.55	0.67	F	E	F	W	G	W
Norfolk Southern Corporation	NSC	NYSE	Industrials	B	Buy	A-	B-	Down	193.40	211.46	138.65	1.24	G	G	G	F	E	
Noront Resources Ltd.	NOT.V	TSXV	Materials	D-	Sell	E+	D		0.24	0.38	0.21	1.03	W	V	F	W	–	W
Noront Resources Ltd.	NOSOF	OTC PK	Materials	D-	Sell	E+	D		0.18	0.29	0.15	1.21	W	V	F	W	–	W
Norra Metals Corp.	NORA.V	TSXV	Materials	E+	Sell	E+	E+	Down	0.05	0.14	0.04	0.20	V		G	V	–	V
Norris Industries, Inc.	NRIS	OTC PK	Energy	E+	Sell	E+	E+	Down	0.06	0.36	0.05	-0.16	W	V	G	W	–	V
Norsk Hydro ASA	NHYKF	OTC PK	Materials	C-	Hold	C	D	Down	3.54	5.95	3.45	1.16	W	G	G	W	–	W
Norsk Hydro ASA	NHYDY	OTC PK	Materials	C-	Hold	C	D	Down	3.62	6.21	3.45	0.89	W	G	G	W	–	W
Nortec Minerals Corp.	NMNZF	OTC PK	Materials	D	Sell	D	D	Up	0.02	0.05	0	1.77	W	W	G	W	–	V
Nortec Minerals Corp.	NVT.V	TSXV	Materials	D-	Sell	D	D-		0.02	0.08	0.02	3.18	W	W	G	W	–	V
Nortech Systems Incorporated	NSYS	NAS CM	Information Tech	D+	Sell	D+	D		4.02	8.08	3.21	1.54	W	F	E	W	–	F
North America Frac Sand, Inc.	NAFS	OTC PK	Materials	D+	Sell	C	D	Up	0.02	0.03	0	-3.61	W	G	E	W	–	W
North American Construction Group Ltd.	NOA.TO	TSX	Energy	B-	Buy	B+	C	Down	14.02	18.36	6.62	0.39	E	G	G	F	W	F
North American Construction Group Ltd.	NOA	NYSE	Energy	B	Buy	B+	C		10.68	13.62	5.35	0.68	E	G	G	F	W	F
North American Financial 15 Split Corp.	FNCSF	OTC PK	Financials	C-	Hold	C	D	Up	4.61	6.74	2.85	2.10	V	G	E	W	E	W
North American Nickel Inc.	WSCRF	OTC PK	Materials	D	Sell	D	D-		0.01	0.06	0.01	2.22	F	W	E	W	–	V
North American Nickel Inc.	NAN.V	TSXV	Materials	D	Sell	D	D-		0.02	0.08	0.02	1.06	F	W	E	W	–	V
North American Palladium Ltd.	PALDF	OTC PK	Materials	B-	Buy	A-	C-		11.36	19.91	6.62	1.93	E	G	E	F	W	F
North American Palladium Ltd.	PDL.TO	TSX	Materials	B-	Buy	A-	C-		14.89	26.30	8.62	1.69	E	G	E	F	W	F
North Arrow Minerals Inc.	NAR.V	TSXV	Materials	D	Sell	D	D-		0.06	0.22	0.05	0.53	W	W	E	W	–	V
North Arrow Minerals Inc.	NHAWF	OTC PK	Materials	D	Sell	D	D-		0.04	0.16	0.04	0.84	W	W	E	W	–	V
North Bud Farms Inc.	NOBDF	OTC PK	Health Care	E+	Sell	D	D	Up	0.22	0.37	0.15		V	W	E	W	–	W
North European Oil Royalty Trust	NRT	NYSE	Energy	C	Hold	C+	D+		6.87	8.44	5.12	0.99	W	E	E	E	W	
Northcliff Resources Ltd.	NCFFF	OTC PK	Materials	D	Sell	D	D		0.04	0.07	0.04	1.58	F	W	E	W	–	W
Northcliff Resources Ltd.	NCF.TO	TSX	Materials	D	Sell	D	D		0.06	0.11	0.05	0.12	F	W	E	W	–	W
Northeast Bank	NBN	NAS	Financials	C+	Hold	B	C		20.22	23.10	15.54	1.06	F	E	E	F	W	F
Northern Dynasty Minerals Ltd.	NDM.TO	TSX	Materials	D	Sell	D-	D		0.75	1.47	0.56	1.99	V	W	E	W	–	W
Northern Dynasty Minerals Ltd.	NAK	AMEX	Materials	D	Sell	D-	D		0.57	1.12	0.41	2.06	V	W	E	W	–	W
Northern Graphite Corporation	NGPHF	OTC PK	Materials	D	Sell	D	D-		0.11	0.33	0.09	2.11	W	W	E	W	–	V
Northern Graphite Corporation	NGC.V	TSXV	Materials	D	Sell	D	D-		0.13	0.43	0.13	1.88	W	W	E	W	–	V
Northern Lion Gold Corp.	NL.V	TSXV	Materials	D-	Sell	E+	D		0.32	0.46	0.15	0.50	W	V	G	W	–	W
Northern Lion Gold Corp.	NLGCF	OTC PK	Materials	D-	Sell	E+	D	Down	0.15	0.16	0.15	-0.52	W	V	G	W	–	W
Northern Minerals & Exploration Ltd.	NMEX	OTC PK	Energy	C-	Hold	C	D	Up	0.10	0.12	0.02	4.51	W	E	F	W	–	G
Northern Oil and Gas, Inc.	NOG	AMEX	Energy	D+	Sell	C	D	Down	1.99	4.49	1.85	2.28	G	F	G	W	–	F
Northern Power Systems Corp.	NPS.TO	TSX	Industrials	D	Sell	D	D-		0.04	0.25	0.03	0.32	F	W	F	W	–	V
Northern Power Systems Corp.	NRTHF	OTC PK	Industrials	D	Sell	D	D-		0.00	0.08	0	0.44	F	W	F	W	–	V
Northern Shield Resources Inc.	NRN.V	TSXV	Materials	D-	Sell	D-	D		0.09	0.12	0.02	0.56	W	V	G	W	–	F
Northern Shield Resources Inc.	NSHRF	OTC PK	Materials	D-	Sell	D-	D		0.07	0.09	0.02	0.61	W	V	G	W	–	F

*Ratings Factors: E=Excellent, G=Good, F=Fair, W=Weak, V=Very Weak, U=Unrated

Summer 2019 — I. Index of Stocks

3-Month Total Return (%)	6-Month Total Return (%)	1-Year Total Return (%)	3-Year Total Return (%)	Dividend $ TTM	Dividend Yield TTM	Market Cap. ($Mil)	Enterprise Value ($Mil)	Revenue ($Mil)	Revenue Growth (%)	Net Income ($Mil)	Earnings/Share $	EPS Growth (%)	Cash from Operations ($Mil)	Return on Assets (%)	Return on Equity (%)	Earnings (P/E) TTM	Sales (P/S) TTM	Book (P/B) Q
17.65	0.00	-9.09	-42.86			15.5	14.9	--		-1.7	-0.02	-205.7	-0.28	-75.55		-6.2		125.0
12.50	10.18	-39.02	-23.07			328.3	633.4	457.4	1.6	-6.7	-0.17	68.0	6.5	0.91		-44.5	0.7	7.2
-37.93	-66.67	-40.00	-83.64			2.5	2.3	--		-1.1	-0.04	74.7	-0.38	-44.89		-2.2		1.5
-19.02	-57.22	-32.11	-84.63			2.5	2.3	--		-1.1	-0.04	74.7	-0.38	-44.89		-2.2		1.5
16.52	103.91	99.48	14.66	0.03	1.2	74.6	198.5	866.0	24.1	-21.1	-0.56	-168.2	7.4	-2.06		-4.7	0.1	0.6
30.43	122.93	112.16	20.25	0.04	2.0	74.6	198.5	866.0	24.1	-21.1	-0.56	-168.2	7.4	-2.06		-3.5	0.1	0.5
-7.60	-3.98	-31.31	56.79	4.49	18.3	2,004	2,660	2,324	1.7	277.0	3.18	-42.9	507.0	13.99	29.31	7.7	0.9	2.5
-9.85	-7.85	-31.91	58.19	5.90	18.3	2,004	2,660	2,324	1.7	277.0	3.18	-42.9	507.0	13.99	29.31	10.1	1.1	3.3
-9.94	-6.24	-17.97	4.45	0.52	7.2	29,532	--	9,954	-5.8	3,154	0.77	-8.0	21,404		8.7	9.5	3.0	0.9
-20.82	-15.26	-22.10	-14.16			29,532	--	9,954	-5.8	3,154	0.77	-8.0	21,404		8.7	9.4	2.9	0.9
11.21	16.06	-7.99	-80.21	0.19	8.5	318.0	699.2	262.0	-11.8	-68.1	-0.48	74.8	-3.4			-4.7	1.2	0.5
3.09	-59.24	-75.00				5.2	4.5	--		-21.3	-0.08	-673.0	-3.9	-25.3		-0.4		-0.6
0.00	-65.00	-76.67	75.00			5.2	4.5	--		-21.3	-0.08	-673.0	-3.9	-25.3		-0.5		-0.7
5.70	18.56	9.79	78.36	1.40	1.0	7,968	9,197	2,200	-3.0	322.1	5.49	-14.8	454.2	8.33	22.73	25.3	3.7	5.4
-28.22	-30.34	-37.95	-6.78	1.48	4.7	4,864	9,280	15,741	0.4	514.0	3.05	12.4	1,293	5.6	59.73	10.3	0.3	7.5
4.21	31.91	31.65	150.34	3.32	1.7	51,438	63,304	11,581	8.3	2,791	10.10	-47.3	3,791	7.06	17.58	19.2	4.5	3.4
-7.84	4.44	-32.86	-20.34			68.3	111.2	--		-13.0	-0.04	25.2	-7.1	-34.37		-6.1		-3.6
-7.14	12.00	-30.29	-19.99			68.3	111.2	--		-13.0	-0.04	25.2	-7.1	-34.37		-4.7		-2.8
-9.09	-16.67	-52.38	-88.51			1.9	1.5	--		-0.99	-0.03	69.7	-0.70	-92.04		-1.7		5.2
-39.33	-62.88	-80.28	-96.29			5.6	7.4	0.50	278.2	-0.92	-0.01	75.2	-0.42	-19.15		-6.1	11.5	9.1
-12.99	-23.04	-43.09	0.97			7,307	9,287	18,911	21.1	273.0	0.13	-75.8	704.5	1.77	2.43	26.5	0.4	0.7
-8.69	-17.13	-38.55	12.75	0.11	3.0	7,307	9,287	18,911	21.1	273.0	0.13	-75.8	704.5	1.77	2.43	27.1	0.4	0.8
0.00	-2.68	-70.00	103.40			1.1	1.4	--		-0.22	0.00	-24.0	-0.09	-7.03		-6.6		0.9
-33.33	-50.00	-71.43	-42.86			1.1	1.4	--		-0.22	0.00	-24.0	-0.09	-7.03		-6.5		0.9
-13.64	12.18	10.77	8.83			10.8	33.0	115.1	4.2	0.20	0.07	106.9	0.46	1.29	0.93	56.7	0.1	0.5
125.00	414.29	81.82	-49.44			1.3	15.2	--		-0.23	0.00	95.0	0.11			-5.3		-0.1
-8.66	19.63	80.62	283.34	0.08	0.6	268.8	571.7	366.0	48.4	8.6	0.31	76.6	89.5	3.28	7.23	45.6	1.2	3.0
-6.68	24.35	82.13	281.63	0.08	0.8	268.8	571.7	366.0	48.4	8.6	0.31	76.6	89.5	3.28	7.23	34.8	0.9	2.3
-4.29	74.32	-22.49	69.20	0.83	18.0	88.0	1.5	-7.2	-132.3	-17.1	-1.03	-192.9	-29.5	-2.82		-4.5	-11.3	1.0
-22.31	-49.50	-84.13	-81.23			8.0	7.0	--		-2.1	0.00	35.7	-1.8	-2.77		-3.7		0.2
-25.00	-57.14	-80.00	-80.00			8.0	7.0	--		-2.1	0.00	35.7	-1.8	-2.77		-5.6		0.2
4.07	51.10	58.67	196.75	0.10	0.9	667.5	653.7	333.9	35.9	108.7	1.85	213.3	129.7	12.82	27.87	6.2	2.0	1.6
1.24	39.45	56.90	197.95	0.13	0.9	667.5	653.7	333.9	35.9	108.7	1.85	213.3	129.7	12.82	27.87	8.1	2.6	2.0
-20.00	-33.33	-61.29	-65.71			4.2	3.4	--		-0.72	-0.01	21.8	-0.46	-4.42		-7.0		0.4
-33.96	-50.00	-78.62	-73.26			4.2	3.4	--		-0.72	-0.01	21.8	-0.46	-4.42		-4.1		0.2
-10.00	32.52					13.0	11.3	--		-1.6	-0.03	-1,277.3	-0.98	-26.04		-7.1		2.5
0.34	23.90	-5.95	-0.50	0.78	11.4	63.1	61.0	7.9	-0.3	7.1	0.78	-0.5	7.9	225.51	7,702.05	8.9	8.0	848.2
-38.40	1.99	-47.20	-58.47			7.3	8.3	--		-1.0	-0.01	15.7	-0.98	-3.23		-6.3		0.4
-26.67	-15.38	-42.11	-45.00			7.3	8.3	--		-1.0	-0.01	15.7	-0.98	-3.23		-9.3		0.5
-3.39	22.00	-7.06	80.34	0.04	0.2	182.8	--	65.1	10.1	18.8	2.05	18.0	25.4		13.12	9.9	2.9	1.2
-9.64	-6.25	5.63	89.87			204.5	189.9	--		-15.5	-0.05	71.3	-52.2	-24.2		-14.6		2.4
-6.88	-1.71	3.67	84.71			204.5	189.9	--		-15.5	-0.05	71.3	-52.2	-24.2		-11.1		1.8
-14.06	4.37	-63.54	-68.29			6.4	4.8	--		-0.57	-0.01	42.8	-0.73	-2.73		-12.6		0.6
-23.53	-7.14	-67.90	-70.79			6.4	4.8	--		-0.57	-0.01	42.8	-0.73	-2.73		-14.9		0.7
-14.86	23.53	5.00	96.88			2.1	2.0	--		-0.20	-0.02	-24.7	-0.14	-25.42		-13.9		12.6
0.00	0.00	-1.18	-20.31			2.1	2.0	--		-0.20	-0.02	-24.7	-0.14	-25.42		-6.8		6.1
-12.61	198.46	49.23	288.00			5.3	5.5	0.04	-36.5	-0.83	-0.02	-45.1	-0.16	-265.36		-5.5	121.3	-6.2
-27.11	-13.48	-32.54	-56.64			765.2	1,610	489.8	105.9	33.6	-0.15	60.5	297.6	18.95		-13.6	1.5	2.4
0.00	0.00	-52.94	-84.31			0.73	1.1	18.4	-60.1	-2.4	-0.10	5.0	-5.4	-9.71		-0.4	0.1	-0.2
0.00	0.00	-99.75	-99.86			0.73	1.1	18.4	-60.1	-2.4	-0.10	5.0	-5.4	-9.71		0.0	0.0	0.0
54.55	70.00	183.33	-50.00			14.1	14.0	--		-0.85	0.00	0.0	-0.68	-30.99		-20.7		14.2
45.62	77.41	156.04	-45.81			14.1	14.0	--		-0.85	0.00	0.0	-0.68	-30.99		-17.1		11.7

I. Index of Stocks

Summer 2019

Company Name	Stock Ticker Symbol	Traded On	Sector	Overall Rating	Recommendation	Reward Rating	Risk Rating	Recent Up/Downgrade	Stock Price as of 6/30/2019	52-Week High	52-Week Low	3-Year Beta	Growth	Efficiency	Solvency	Volatility	Dividend	Total Return
Northern Superior Resources Inc.	NSUPF	OTC PK	Materials	D	Sell	D	D		0.10	0.30	0.1	3.02	W	W	E	W	—	W
Northern Superior Resources Inc.	SUP.V	TSXV	Materials	D	Sell	D	D		0.14	0.40	0.11	1.35	W	W	E	W	—	W
Northern Technologies International Corporatio	NTIC	NAS	Materials	C	Hold	B	C-		25.20	41.90	23.25	0.78	F	E	E	F	F	F
Northern Trust Corporation	NTRS	NAS GS	Financials	C+	Hold	B	C-		87.84	115.61	75.96	1.15	E	G	E	F	G	F
Northern Uranium Corp.	NRUNF	OTC PK	Energy	C-	Hold	C	D+	Down	0.00	0.00	0	-1.90	F	G	F	W	—	W
Northern Uranium Corp.	UNO.V	TSXV	Energy	D+	Sell	C	D	Up	0.01	0.02	0.01	1.02	F	G	F	W	—	W
Northern Vertex Mining Corp.	NEE.V	TSXV	Materials	D	Sell	D	D		0.25	0.43	0.16	0.40	W	W	G	W	—	V
Northern Vertex Mining Corp.	NHVCF	OTC PK	Materials	D	Sell	D	D		0.19	0.34	0.12	0.81	W	W	G	W	—	V
Northfield Bancorp, Inc. (Staten Island, NY)	NFBK	NAS GS	Financials	C	Hold	B-	C-		15.51	17.27	12.76	0.77	E	G	E	F	G	W
Northfield Capital Corporation	NFDA.V	TSXV	Financials	C	Hold	B	B	Up	32.50	32.50	26	0.63	G	G	E	G	—	F
NorthIsle Copper and Gold Inc.	NTCPF	OTC PK	Materials	D	Sell	D	D-		0.04	0.10	0.03	-0.65	V	W	E	W	—	W
NorthIsle Copper and Gold Inc.	NCX.V	TSXV	Materials	D	Sell	D	D		0.07	0.14	0.05	-0.57	V	W	E	W	—	W
Northland Power Inc.	NPI.TO	TSX	Utilities	B	Buy	A-	C+	Up	25.40	26.21	19.91	0.30	E	G	F	F	G	F
Northland Power Inc.	NPIFF	OTC PK	Utilities	C	Hold	A-	C		19.44	20.02	15	0.57	E	G	F	F	G	F
Northrim BanCorp, Inc.	NRIM	NAS GS	Financials	B-	Buy	B+	C	Down	34.78	45.40	29.66	0.95	G	G	E	F	G	F
Northrop Grumman Corporation	NOC	NYSE	Industrials	B-	Buy	B+	C	Up	318.28	325.28	223.63	0.87	E	E	E	F	F	F
Northsight Capital, Inc.	NCAP	OTC PK	Communication Svc	D	Sell	C-	D-		0.00	0.03	0	1.41	W	E	F	W	—	V
Northstar Electronics, Inc.	NEIK	OTC PK	Industrials	D	Sell	C-	D	Down	0.01	0.03	0.01	1.26	V	E	F	W	—	W
Northstar Realty Europe Corp.	NRE	NYSE	Real Estate	B	Buy	B+	C		16.25	18.44	12.5	0.73	F	G	E	F	G	F
Northview Apartment Real Estate Investment Tru	NPRUF	OTC PK	Real Estate	C	Hold	A-	B		20.15	21.99	17.65	0.81	G	E	E	G	E	F
Northview Apartment Real Estate Investment Tru	NVUUN.TO	TSX	Real Estate	B+	Buy	A-	B	Down	26.42	29.51	23.93	0.54	G	E	E	G	G	F
Northwest Bancshares, Inc.	NWBI	NAS GS	Financials	B-	Buy	B+	C	Down	17.29	18.81	15.5	0.71	G	E	E	F	G	F
Northwest Biotherapeutics, Inc.	NWBO	OTC PK	Health Care	C-	Hold	B-	D	Up	0.26	0.35	0.18	1.95	F	G	F	W	—	F
NorthWest Healthcare Properties Real Estate In	NWHUN.TO	TSX	Real Estate	C+	Hold	B-	C		11.74	12.35	9.27	0.45	W	G	E	G	G	F
NorthWest Healthcare Properties Real Estate In	NWHUF	OTC PK	Real Estate	C	Hold	B-	C		9.08	9.15	6.85	0.74	W	G	E	F	E	F
Northwest Indiana Bancorp	NWIN	OTC PK	Financials	C	Hold	B+	B		43.60	46.59	39.28	0.24	F	E	E	G	G	F
Northwest Natural Holding Company	NWN	NYSE	Utilities	B-	Buy	B	C	Up	68.58	71.81	57.2	0.33	G	G	G	F	G	F
Northwest Pipe Company	NWPX	NAS GS	Industrials	B	Buy	B+	C	Up	25.06	26.48	16.52	0.53	F	G	E	F	—	G
Northwestern Corporation	NWE	NYSE	Utilities	B	Buy	A-	C		71.86	74.47	55.98	0.28	E	E	G	F	G	F
Norvista Capital Corporation	NVV.V	TSXV	Materials	D+	Sell	C	D	Up	0.09	0.15	0.06	1.43	F	G	E	W	—	W
Norwegian Cruise Line Holdings Ltd.	NCLH	NYSE	Consumer Discretn	B-	Buy	B	C	Up	51.84	59.71	39.36	1.71	E	E	G	F	—	F
Norwood Financial Corp.	NWFL	NAS	Financials	A-	Buy	A-	B		33.17	40.58	28.08	0.27	E	G	E	G	G	G
NorZinc Ltd.	NZC.TO	TSX	Materials	D-	Sell	E+	D-		0.10	0.15	0.08	1.46	W	V	E	W	—	W
NorZinc Ltd.	NORZF	OTC PK	Materials	D-	Sell	E+	D		0.07	0.12	0.05	2.25	W	V	E	W	—	W
Notox Technologies Corp.	NTOX	OTC PK	Consumer Discretn	C-	Hold	C	D		2.74	2.95	1.98	0.45	W	G	F	W	—	F
Nouveau Monde Graphite Inc.	NMGRF	OTC PK	Materials	D-	Sell	D-	D	Down	0.18	0.26	0.17	0.37	W	W	G	W	—	W
Nouveau Monde Graphite Inc.	NOU.V	TSXV	Materials	D	Sell	D-	D		0.23	0.33	0.21	-0.17	W	W	G	W	—	W
Nova Leap Health Corp.	NLH.V	TSXV	Health Care	D+	Sell	C	D	Down	0.30	0.40	0.24	0.56	F	W	G	W	—	F
Nova Lifestyle, Inc.	NVFY	NAS	Consumer Discretn	D	Sell	C-	D	Down	0.75	1.98	0.41	2.49	W	G	E	W	—	W
Nova Measuring Instruments Ltd.	NVMI	NAS GS	Information Tech	U	U	U	U		25.62	30.46	20.83	1.17	U	U	U	U	U	U
NovaBay Pharmaceuticals, Inc.	NBY	AMEX	Health Care	E+	Sell	E+	D-	Down	1.73	4.04	0.23	7.67	W	V	G	W	—	V
NovaGold Resources Inc.	NG	AMEX	Materials	D	Sell	D	D	Up	5.78	5.81	3.41	-0.05	W	W	G	W	—	W
NovaGold Resources Inc.	NG.TO	TSX	Materials	D	Sell	D	D		7.59	7.61	4.49	-0.43	W	W	G	W	—	W
Novan, Inc.	NOVN	NAS	Health Care	D-	Sell	E+	D		2.81	3.24	0.65	1.90	F	V	G	W	—	V
Novanta Inc.	NOVT	NAS GS	Information Tech	B	Buy	A+	C		93.29	94.31	55.68	1.59	E	E	E	G	—	E
Novartis AG	NVS	NYSE	Health Care	B-	Buy	B	C	Down	90.94	96.31	72.3	0.49	E	E	G	F	—	F
Novartis AG	NVSEF	OTC PK	Health Care	B-	Buy	B	C	Down	90.20	96.50	70.95	0.42	E	E	G	F	—	F
NovaTeqni Technology Corporation	NTQ.V	TSXV	Information Tech	D	Sell	D-	D		0.30	0.85	0.2	11.95	W	W	G	W	—	W
NovaTeqni Technology Corporation	NVTQD	OTC PK	Information Tech	D-	Sell	D-	D	Down	0.18	0.80	0.13	14.08	W	W	G	W	—	V
Novation Companies, Inc.	NOVC	OTC PK	Health Care	D+	Sell	C-	D	Down	0.03	0.10	0.01	1.89	W	F	G	W	—	W
Novavax, Inc.	NVAX	NAS GS	Health Care	D-	Sell	E+	D		6.16	51.60	4.64	2.64	F	V	G	W	—	V
Novelion Therapeutics Inc.	NVLN	NAS GS	Health Care	D-	Sell	E+	D-		0.81	4.10	0.7	3.58	W	V	F	W	—	V

*Ratings Factors: E=Excellent, G=Good, F=Fair, W=Weak, V=Very Weak, U=Unrated

I. Index of Stocks

Summer 2019

TOTAL RETURNS %				DIVIDEND/YIELD		SIZE		REVENUE & INCOME			EARNINGS		EFFECTIVENESS			VALUATION		
3-Month Total Return (%)	6-Month Total Return (%)	1-Year Total Return (%)	3-Year Total Return (%)	Dividend $ TTM	Dividend Yield TTM	Market Cap. ($Mil)	Enterprise Value ($Mil)	Revenue ($Mil)	Revenue Growth (%)	Net Income ($Mil)	Earnings/Share $	EPS Growth (%)	Cash from Operations ($Mil)	Return on Assets (%)	Return on Equity (%)	Earnings (P/E) TTM	Sales (P/S) TTM	Book (P/B) Q
-46.78	-52.64	-60.88	-61.68			3.7	2.2	--		-0.93	-0.03	21.0	-0.49	-6.76		-3.4		0.5
-36.36	-44.00	-53.33	-44.00			3.7	2.2	--		-0.93	-0.03	21.0	-0.49	-6.76		-5.0		0.7
-2.40	-9.22	-27.93	145.59	0.46	1.8	114.3	111.2	55.1	22.7	7.2	1.53	35.6	1.4	0.46	13.87	16.5	2.2	2.1
-1.81	7.56	-13.17	46.81	2.30	2.6	19,121	--	5,957	6.7	1,522	6.54	20.9	2,539		14.6	13.4	3.2	2.0
0.00	-5.71	-5.71				0.62	0.61	--		-0.94	-0.01	-625.0	0.00	-126.6		-0.6		-1.1
-50.00	-50.00	-66.67	-75.00			0.62	0.61	--		-0.94	-0.01	-625.0	0.00	-126.6		-0.9		-1.7
21.95	-5.66	-38.27	-34.21			46.8	59.0	15.5		-8.0	-0.04	-45.4	-4.1	-1.94		-6.1	3.8	1.2
16.28	8.38	-38.21	-37.40			46.8	59.0	15.5		-8.0	-0.04	-45.4	-4.1	-1.94		-4.7	2.9	0.9
11.58	16.51	-4.06	15.60	0.41	2.6	772.0	--	117.4	0.3	38.4	0.82	52.6	48.8		5.81	19.0	6.3	1.1
17.12	20.37	18.18	88.41			58.3	-12.3	3.5	-0.2	2.1	0.93	111.4	-0.88	1.57	2.88	34.9	22.1	1.1
-21.49	-35.52	-52.33	-33.27			6.3	6.0	0.08		-0.32	0.00	74.3	-0.18	-2.22		-14.8	66.7	0.6
-12.50	-26.32	-44.00	-22.22			6.3	6.0	0.08		-0.32	0.00	74.3	-0.18	-2.22		-25.9	116.7	1.1
7.92	19.45	9.00	33.64	1.20	4.7	3,488	9,592	1,194	2.0	236.0	1.24	38.5	866.0	4.19	27.93	20.5	4.0	7.2
11.27	25.10	10.85	33.79	0.90	4.7	3,488	9,592	1,194	2.0	236.0	1.24	38.5	866.0	4.19	27.93	15.7	3.1	5.5
1.27	9.85	-8.60	46.46	1.14	3.3	238.2	--	95.3	6.1	20.3	2.90	52.0	29.5		10.03	12.0	2.6	1.2
19.72	32.50	5.22	54.25	6.12	1.9	54,044	69,773	31,549	19.8	3,353	19.33	10.8	3,151	7.31	40.84	16.5	1.7	6.2
-18.06	-70.67	-91.27	-97.87			0.27	3.2	0.05	192.0	-2.0	-0.02	-194.3	-0.88	-235.05		-0.1	7.3	-0.1
-11.11	3.70	15.46	-58.85			1.4	2.1	--		-0.37	0.00	43.6	-0.14	-273.85		-3.2		-0.3
-5.74	12.15	16.46	106.50	0.60	3.7	817.6	1,031	106.0	-19.2	219.8	4.27	1,486.4	22.9	-0.1	33.89	3.8	7.8	1.2
-7.46	16.14	8.01	44.64	1.23	6.1	1,205	2,915	284.3	7.5	193.2	3.44	-3.9	109.0	3.09	17.34	5.9	4.0	0.9
-8.94	11.66	6.34	43.58	1.63	6.2	1,205	2,915	284.3	7.5	193.2	3.44	-3.9	109.0	3.09	17.34	7.7	5.3	1.2
2.28	4.70	3.00	37.39	0.70	4.1	1,837	--	414.2	-2.2	105.6	1.02	3.2	135.6		8.34	17.0	4.4	1.4
-7.43	23.33	-1.52	-56.66			145.6	152.4	0.62	54.8	-35.2	-0.09	70.9	-39.6	-73.58		-2.9	235.5	-2.4
2.20	28.91	12.06	47.13	0.80	6.8	1,050	3,843	282.7	-4.5	21.4	0.22	-34.1	82.4	3.23	4.78	53.2	4.9	1.9
5.66	36.44	14.57	47.45	0.60	6.6	1,050	3,843	282.7	-4.5	21.4	0.22	-34.1	82.4	3.23	4.78	41.1	3.8	1.4
4.31	2.09	2.91	61.42	1.21	2.8	150.5	--	45.1	18.0	9.0	2.93	-8.8	9.0		8.45	14.9	3.2	1.2
5.45	15.72	9.15	20.54	1.90	2.8	2,086	2,993	727.9	0.7	66.2	2.28	219.7	110.9	2.65	8.77	30.1	2.7	2.5
2.92	7.51	27.47	135.53			244.0	249.6	201.4	47.6	24.4	2.50	388.7	-5.8	0.63	11.71	10.0	1.2	1.1
3.31	22.91	30.21	29.21	2.25	3.1	3,625	5,726	1,235	-3.5	211.3	4.18	25.2	320.4	3.13	11.05	17.2	3.0	1.8
-25.00	38.46	0.00	-37.93			4.9	2.1	2.9	9,202.8	1.6	0.02	382.7	-0.93	12.07	16.15	3.9	2.2	0.6
-4.58	23.49	8.79	34.86			11,166	17,643	6,165	11.3	969.8	4.35	24.7	2,000	5.01	16.8	11.9	1.8	1.9
9.05	4.01	-5.59	96.56	0.92	2.8	207.5	--	42.6	6.4	13.7	2.18	52.4	19.5		11.4	15.2	4.9	1.6
18.75	26.67	-34.48	-64.15			26.8	22.0	--		-9.4	-0.03	7.0	-8.0	-41.63		-3.4		3.9
14.15	21.24	-30.91	-64.51			26.8	22.0	--		-9.4	-0.03	7.0	-8.0	-41.63		-2.7		3.0
0.00	38.38	37.00				157.7	158.0	--		-0.70	-0.01	82.1	-0.11	-31.01		-226.5		-78.3
4.74	-3.22	-21.47	-23.31			38.9	41.3	--		-6.4	-0.04	-22.2	0.80	-11.16		-4.5		1.9
0.00	-16.36	-24.59	-29.23			38.9	41.3	--		-6.4	-0.04	-22.2	0.80	-11.16		-5.7		2.4
5.26	-4.76	3.45				13.9	17.2	13.0	469.4	-0.92	-0.02	61.0	-0.65	-4.11		-17.9	1.4	2.6
-5.14	60.21	-55.39	92.10			20.8	-26.0	77.0	-30.5	3.5	0.12	-51.2	48.8	2.81	4.8	6.5	0.3	0.3
3.89	13.77	-6.22	133.97			716.5	553.9	125.7	-43.4	29.2	1.02	-37.7	25.1			25.1	5.8	2.6
45.38	110.98	-29.17	-31.35			33.2	34.7	11.1	-36.8	-8.6	-0.57	-56.6	-8.3	-50.83		-3.0	2.7	26.2
38.28	47.07	33.80	-4.62			1,883	1,824	--		-106.8	-0.33	-181.0	-8.8	-3.42		-17.3		12.6
34.81	42.13	31.09	-3.44			1,883	1,824	--		-106.8	-0.33	-181.0	-8.8	-3.42		-22.7		16.5
172.84	301.43	-4.10				73.3	73.9	6.4	115.9	-14.5	-0.56	68.9	-21.1	-47.45		-5.1	11.4	-31.0
11.31	50.20	52.43	531.62			3,265	3,435	624.6	11.7	49.5	1.59	372.8	74.7	6.58	13.41	58.7	5.3	8.6
8.31	23.98	44.80	40.01	1.84	2.0	208,874	232,964	51,692	4.4	12,352	5.27	54.1	13,671	4.84	21.02	17.3	4.1	4.5
-6.53	7.13	27.13	14.76			208,874	232,964	51,692	4.4	12,352	5.27	54.1	13,671	4.84	21.02	17.1	4.1	4.4
900.00	757.14	-64.71	-37.50			0.87	0.96	2.5	65.1	-0.07	0.00	94.4	-0.12	11.03		-157.9	4.6	-54.6
625.81	714.23	-74.08				0.87	0.96	2.5	65.1	-0.07	0.00	94.4	-0.12	11.03		-94.3	2.7	-32.6
-53.70	-3.85	-19.35	-60.51			2.5	83.5	57.8	43.7	4.8	0.04	137.4	-6.9	-1.9		0.6	0.0	0.0
-42.95	-83.26	-77.01	-95.58			144.6	384.8	28.6	-18.6	-181.6	-9.39	22.5	-169.4	-42.88		-0.7	4.4	-1.0
-32.25	-5.15	-77.67	-88.40			15.4	323.6	135.1	-0.6	-107.3	-5.68	17.5	-24.6	-5.36		-0.1	0.1	-0.1

Data as of June 30, 2019

I. Index of Stocks

Summer 2019

Company Name	Stock Ticker Symbol	Traded On	Sector	Overall Rating	Recommendation	Reward Rating	Risk Rating	Recent Up/Downgrade	Stock Price as of 6/30/2019	52-Week High	52-Week Low	3-Year Beta	Growth	Efficiency	Solvency	Volatility	Dividend	Total Return
Novo Integrated Sciences, Inc.	NVOS	OTC PK	Health Care	D	Sell	C-	D		1.10	2.99	0.6	-2.14	F	W	E	W	–	F
Novo Nordisk A/S	NVO	NYSE	Health Care	C+	Hold	B	C-		50.86	52.83	41.23	0.79	E	E	E	F	–	F
Novo Nordisk A/S	NONOF	OTC PK	Health Care	C+	Hold	B	C-		50.31	52.71	40.99	1.05	E	E	E	F	–	F
Novo Resources Corp.	NSRPF	OTC PK	Materials	D	Sell	C-	D		1.70	3.45	1.38	0.14	F	W	E	W	–	F
Novo Resources Corp.	NVO.V	TSXV	Materials	D	Sell	C-	D		2.23	4.48	1.87	0.01	F	W	E	W	–	F
NovoCure Limited	NVCR	NAS GS	Health Care	D+	Sell	C	D	Up	60.85	62.15	26.02	1.79	G	W	E	W	–	E
Novoheart Holdings Inc.	NVH.V	TSXV	Health Care	D+	Sell	C	D	Up	0.27	0.49	0.25		F	G	G	W	–	W
Novoheart Holdings Inc.	PFRCF	OTC PK	Health Care	D	Sell	C+	D		0.36	0.37	0.19		F	G	G	W	–	W
Novra Technologies, Inc.	NVI.V	TSXV	Information Tech	D	Sell	D+	D	Down	0.13	0.20	0.12	-0.36	W	W	F	W	–	W
Novra Technologies, Inc.	NVRVF	OTC PK	Information Tech	D	Sell	D	D		0.13	0.14	0.09	0.09	W	W	F	W	–	W
Novus Robotics Inc.	NRBT	OTC PK	Industrials	D	Sell	C-	D-		0.07	0.40	0.03	5.11	F	G	E	W	–	V
Novus Therapeutics, Inc.	NVUS	NAS CM	Health Care	D-	Sell	D-	D		0.99	7.86	0.91	4.43	W	W	G	W	–	V
NOW Inc.	DNOW	NYSE	Industrials	C-	Hold	C	D	Up	14.35	18.56	10.36	1.71	F	F	E	W	–	W
NRC Group Holdings Corp.	NRCG	AMEX	Industrials	E+	Sell	D+	D	Up	10.90	11.50	6.41		F	W	G	W	–	W
NRG Energy, Inc.	NRG	NYSE	Utilities	C	Hold	C+	C	Down	34.03	43.66	29.9	0.47	F	F	G	F	W	F
NRG Metals Inc.	NGZ.V	TSXV	Materials	E+	Sell	E+	D-	Down	0.17	1.28	0.12	2.05	W	V	G	W	–	V
NRG Metals Inc.	NRGMF	OTC PK	Materials	E+	Sell	E+	D-	Down	0.13	1.02	0.08	2.84	W	V	G	W	–	V
NSGold Corporation	NSX.V	TSXV	Materials	D	Sell	D+	D		0.10	0.15	0.07	1.49	F	W	G	W	–	W
NTG Clarity Networks Inc.	NCI.V	TSXV	Information Tech	D	Sell	D	D-		0.06	0.07	0.02	0.11	W	V	G	W	–	V
NTG Clarity Networks Inc.	NYWKF	OTC PK	Information Tech	D	Sell	D	D		0.03	0.04	0.01	-2.43	W	V	G	W	–	V
NTN Buzztime, Inc.	NTN	AMEX	Communication Svc	D	Sell	D+	D		3.73	5.84	1.8	0.88	F	W	E	W	–	W
Nu Skin Enterprises, Inc.	NUS	NYSE	Consumer Staples	C	Hold	B	D		48.35	88.68	44.36	0.75	F	E	E	W	G	W
Nuance Communications, Inc.	NUAN	NAS GS	Information Tech	C-	Hold	C	D+	Up	15.85	18.16	12.67	1.11	F	F	E	F	–	W
Nubeva Technologies Ltd.	NBVAF	OTC PK	Information Tech	E+	Sell	E	D-		0.14	0.80	0.12		V		E	W	–	V
Nubeva Technologies Ltd.	NBVA.V	TSXV	Information Tech	E+	Sell	E	D-		0.21	1.08	0.15		V		E	W	–	V
Nubian Resources Ltd.	NBR.V	TSXV	Materials	D-	Sell	E+	D	Down	0.08	0.24	0.07	-0.10	W	V	G	W	–	W
NuCana plc	NCNA	NAS GS	Health Care	D	Sell	D	D-	Up	9.79	30.10	9.17		W	W	E	W	–	W
Nucor Corporation	NUE	NYSE	Materials	C	Hold	B	D+	Down	54.57	68.84	47.13	1.65	E	E	E	W	G	W
Nukkleus Inc.	NUKK	OTC PK	Information Tech	D+	Sell	C-	D	Up	0.08	0.25	0.05	0.80	V	F	G	W	–	F
NuLegacy Gold Corporation	NULGF	OTC PK	Materials	D	Sell	D	D-		0.02	0.17	0.02	-0.72	W	W	E	W	–	V
NuLegacy Gold Corporation	NUG.V	TSXV	Materials	D	Sell	D	D-		0.04	0.22	0.03	-0.92	W	W	E	W	–	V
Nu-Med Plus, Inc.	NUMD	OTC PK	Health Care	D	Sell	D	D		0.75	1.00	0.45	0.77	V	W	F	W	–	W
Nuo Therapeutics, Inc.	AURX	OTC PK	Health Care	D+	Sell	C	D	Up	0.23	0.54	0.03	8.36	W	G	F	W	–	W
NuRAN Wireless Inc.	NRRWF	OTC PK	Information Tech	D-	Sell	E+	D		0.06	0.11	0.03	1.99	W	V	F	W	–	V
NuStar Energy L.P.	NS	NYSE	Energy	C-	Hold	C+	D		26.53	29.12	19.81	1.64	W	G	F	W	E	W
Nutanix, Inc.	NTNX	NAS GS	Information Tech	D-	Sell	E+	D		25.60	63.38	24.61	1.37	W	V	G	W	–	W
Nutra Pharma Corp.	NPHC	OTC PK	Health Care	C-	Hold	C+	D-		0.00	0.00	0	8.96	F	E	F	W	–	W
NutraLife BioSciences, Inc.	NLBS	OTC PK	Consumer Staples	D	Sell	D+	D		0.19	0.34	0.1	0.02	W		G	W	–	F
Nutriband Inc.	NTRB	OTC PK	Consumer Staples	D	Sell	D+	D		8.00	12.25	4.01		W	W	E	W	–	F
Nutrien Ltd.	NTR.TO	TSX	Materials	B	Buy	B+	C	Up	70.30	76.17	59.97		G	E	G	F	F	F
Nutrien Ltd.	NTR	NYSE	Materials	C+	Hold	B	C-	Up	53.69	58.99	43.96		G	E	G	F	G	W
Nutritional High International Inc.	SPLIF	OTC PK	Health Care	D-	Sell	E+	D		0.14	0.32	0.1	-0.47	W	V	G	W	–	F
NuVasive, Inc.	NUVA	NAS GS	Health Care	C	Hold	B	D	Up	57.68	72.41	43.51	1.22	E	G	E	W	–	F
Nuvectra Corporation	NVTR	NAS	Health Care	D	Sell	D	D		3.26	25.17	3.15	0.79	W	V	E	W	–	W
Nuvera Communications, Inc.	NUVR	OTC PK	Communication Svc	C	Hold	A-	B+		18.82	20.00	17.15	0.38	E	E	G	G	G	F
Nuverra Environmental Solutions, Inc.	NES	AMEX	Energy	D-	Sell	D	D-	Down	4.03	14.05	3.74		W	W	E	W	–	V
NuVista Energy Ltd.	NUVSF	OTC PK	Energy	D+	Sell	C	D	Down	2.02	6.94	2.02	2.46	G	G	G	W	–	W
NuVista Energy Ltd.	NVA.TO	TSX	Energy	D+	Sell	C	D	Down	2.60	9.57	2.46	0.95	G	G	G	W	–	W
Nuvo Pharmaceuticals Inc.	NRI.TO	TSX	Health Care	D	Sell	D+	E+		0.82	3.95	0.6	2.05	W	F	F	V	–	V
Nuvo Pharmaceuticals Inc.	NRIFF	OTC PK	Health Care	D	Sell	D+	E+		0.63	2.87	0.45	2.65	W	F	F	V	–	V
Nuvus Gro Corp.	NUVG	OTC PK	Information Tech	D	Sell	D	D-		0.05	0.16	0.03	0.67	W	W	F	W	–	V
Nuzee, Inc.	NUZE	OTC PK	Consumer Staples	D-	Sell	E+	D		20.00	20.00	0.65	-7.81	W	V	E	W	–	E

*Ratings Factors: E=Excellent, G=Good, F=Fair, W=Weak, V=Very Weak, U=Unrated

I. Index of Stocks

	TOTAL RETURNS %				DIVIDEND/YIELD		SIZE		REVENUE & INCOME			EARNINGS			EFFECTIVENESS			VALUATION		
3-Month Total Return (%)	6-Month Total Return (%)	1-Year Total Return (%)	3-Year Total Return (%)	Dividend $ TTM	Dividend Yield TTM	Market Cap. ($Mil)	Enterprise Value ($Mil)	Revenue ($Mil)	Revenue Growth (%)	Net Income ($Mil)	Earnings/Share $	EPS Growth (%)	Cash from Operations ($Mil)	Return on Assets (%)	Return on Equity (%)	Earnings (P/E) TTM	Sales (P/S) TTM	Book (P/B) Q
-28.10	-45.00	29.41				246.0	246.1	9.0	3.4	-0.75	0.00	70.0	-0.92	-2.07		-305.6	26.2	9.9
-2.29	12.18	13.82	3.19	0.88	1.7	121,017	120,294	17,725	2.4	5,955	2.47	-0.4	6,976	29.72	82.56	20.6	6.9	17.1
-2.14	11.68	11.97	-1.83			121,017	120,294	17,725	2.4	5,955	2.47	-0.4	6,976	29.72	82.56	20.4	6.8	16.9
-21.30	-19.05	-48.64	136.11			303.8	271.2	--		-11.5	-0.07	33.8	-5.4	-6.99		-23.5		2.5
-23.37	-20.36	-49.20	139.78			303.8	271.2	--		-11.5	-0.07	33.8	-5.4	-6.99		-30.8		3.3
29.03	85.29	95.66	453.18			5,827	5,735	269.3	38.6	-55.0	-0.59	18.0	10.6	-4.97		-102.8	21.4	46.1
-41.11	6.00	-32.05				19.3	19.3	0.14	840.5	-6.1	-0.07	88.9	-2.0	-127.57		-4.0	176.7	-23.9
-3.22	56.80	17.99				19.3	19.3	0.14	840.5	-6.1	-0.07	88.9	-2.0	-127.57		-5.4	238.3	-32.2
-10.34	-13.33	-33.33	44.44			3.3	5.7	8.4	18.3	-0.49	-0.02	-163.5	1.2	-4.11		-5.8	0.5	6.6
8.07	14.62	-17.77				3.3	5.7	8.4	18.3	-0.49	-0.02	-163.5	1.2	-4.11		-5.7	0.5	6.6
78.67	27.62	-78.26	-94.33			3.5	2.1	3.3	1.0	0.07	0.00	-89.8	0.21	1.06	4.68	54.4	1.1	2.5
-76.36	-44.53	-83.99				12.9	4.3	--		-16.1	-1.71	28.7	-13.6	-50.88		-0.6		0.9
-0.14	25.22	8.55	-13.45			1,560	1,667	3,148	13.2	68.0	0.61	338.1	83.0	3	5.58	23.6	0.5	1.3
24.86	45.53					414.7	853.3	289.5	29.1	-54.5	-4.19	-1,357.0	-41.3			-2.6	1.4	-2.8
-20.36	-11.75	11.18	143.79	0.12	0.4	9,091	15,328	9,578	9.4	471.0	1.67	130.8	342.0	3.73	77.26	20.4	1.0	-5.9
-8.33	-41.07	-86.02	-51.47			4.4	5.1	--		-4.9	-0.15	20.8	-4.0	-105.6		-1.1		7.1
-10.29	-37.45	-86.20	-52.57			4.4	5.1	--		-4.9	-0.15	20.8	-4.0	-105.6		-0.9		5.4
-9.09	42.86	-16.67	42.86			1.2	1.2	--		-0.09	-0.01	23.9	-0.08	-3.56		-14.9		0.9
120.00	83.33	-8.33	-52.17			2.3	7.7	8.6	-28.4	-0.31	-0.01	-442.3	0.20	0.56		-6.2	0.4	-1.5
99.42	-13.75	-59.84	-77.00			2.3	7.7	8.6	-28.4	-0.31	-0.01	-442.3	0.20	0.56		-3.9	0.2	-1.0
-7.44	87.38	-15.99	-58.60			10.7	15.0	22.4	2.8	-0.16	-0.07	87.9	2.3	2.26		-54.7	0.5	1.6
1.72	-18.22	-37.07	20.27	1.47	3.0	2,683	2,886	2,686	12.1	129.4	2.29	-8.5	195.7	11.63	16.07	21.1	1.0	3.3
-5.65	21.27	14.77	4.97			4,599	5,889	1,939	3.9	47.3	0.16	123.1	452.6	2.56		97.2	2.3	2.2
-54.92	-59.99	-82.20				8.7	3.0	2.4	917.2	-6.7	-0.11	-182.5	-2.4	-51.66		-1.3	3.1	1.3
-29.31	-47.44	-79.29				8.7	3.0	2.4	917.2	-6.7	-0.11	-182.5	-2.4	-51.66		-1.9	4.6	2.0
-16.67	-28.57	-68.75	87.50			1.7	1.6	--		-0.30	-0.01	40.4	-0.24	-14.26		-6.4		3.3
-37.80	-37.72	-52.03				310.7	220.3	--		-16.7	-0.52	62.4	-20.4	-16.05		-18.9		3.1
-5.29	5.88	-11.15	23.96	1.58	2.9	16,632	20,061	25,595	21.9	2,508	7.96	94.6	2,917	12.7	26.55	6.9	0.7	1.6
33.33	33.33	100.00	-92.08			18.4	18.6	19.2	-11.1	-0.37	0.00	-100.0	-0.04	-104.9		-50.0	1.0	-20.0
-74.39	-76.92	-85.01	-92.61			8.2	4.4	--		-2.4	-0.01	25.9	-1.3	-6.79		-2.6		0.3
-69.57	-70.83	-81.08	-90.67			8.2	4.4	--		-2.4	-0.01	25.9	-1.3	-6.79		-4.4		0.5
-11.56	0.00	-25.00	87.50			31.1	31.4	--		-1.5	-0.04	-149.7	-0.63	-378.13		-19.9		-138.9
51.32	475.00	64.29				5.5	5.6	1.2	76.5	-1.6	-0.08	90.7	-0.78	-126.28		-2.9	4.4	-7.7
13.92	63.66	-38.18				7.7	11.4	3.2	-33.9	-2.8	-0.03	-51.7	-1.6	-24.08		-2.2	2.1	-30.6
1.20	34.94	26.39	-25.02	2.40	9.1	2,859	7,643	1,972	9.4	-200.7	-6.59	-632.4	524.6	3.52		-4.0	1.5	2.5
-30.04	-36.43	-50.68				4,761	4,271	1,240	12.3	-514.2	-2.88	-66.7	74.6	-18.85		-8.9	3.8	15.6
50.00	0.00	-85.00	-96.67			1.4	4.4	0.14	17.5	-7.4	-0.01	44.0	-1.1	-579.66		-0.1		-0.2
0.05	-2.01	16.63	72.82			25.0	25.3	3.7	62.7	-2.7	-0.03	89.6	-1.4	-47.17		-6.7	5.6	9.3
-17.10	-6.43	-27.27				173.6	173.4	0.44		-3.5	-0.16	-20.8	-1.4	-164.28		-49.9	396.0	83.3
0.27	12.31	1.76		1.69	2.4	31,848	42,432	18,805	189.8	3,615	5.83	2,782.7	1,877	3.1	0.05	12.1	2.3	1.8
3.07	17.18	3.08		1.69	3.2	31,848	42,432	18,805	189.8	3,615	5.83	2,782.7	1,877	3.1	0.05	9.2	1.7	1.3
-33.57	-5.17	-53.23	359.87			45.4	50.4	13.1	2,520.6	-8.9	-0.03	-20.5	-7.4	-42.61		-4.3	3.1	5.3
2.51	19.25	9.72	-1.85			2,993	3,580	1,116	7.5	49.0	0.93	19.6	207.3	4.14	6.12	62.1	2.7	3.6
-70.81	-79.41	-84.17	-55.77			58.0	23.3	53.0	67.9	-52.4	-3.26	13.9	-39.3	-22.31		-1.0	1.1	0.7
-0.21	8.59	4.98	183.18	0.49	2.6	97.5	154.4	61.0	30.2	8.4	1.62	-18.7	19.6	6.3	11.52	11.6	1.6	1.3
-56.00	-43.79	-66.58				63.3	99.6	190.4	2.1	-33.5	-2.70	-29.7	16.2	-4.78		-1.5	0.3	0.3
-41.28	-14.77	-70.14	-58.61			446.7	864.4	416.5	30.8	59.4	0.27	-22.1	182.3	4.89	6.93	7.5	1.1	0.4
-40.50	-33.84	-71.71	-56.45			446.7	864.4	416.5	30.8	59.4	0.27	-22.1	182.3	4.89	6.93	9.7	1.4	0.6
-64.81	-61.32	-69.40	-88.20			7.1	87.9	22.9	95.6	-10.1	-0.89	-1,451.1	-9.1	1.08		-0.9	0.4	1.0
-62.94	-56.55	-68.04	-88.17			7.1	87.9	22.9	95.6	-10.1	-0.89	-1,451.1	-9.1	1.08		-0.7	0.3	0.8
35.20	6.21	-55.87	-98.68			3.0	3.0	--		-0.65	-0.01	76.5	-0.04			-4.5		-2.0
207.69	164.90	1,566.67	13,233.33			803.3	802.4	1.4	-4.3	-6.2	-0.16	-126.1	-2.4	-145.99		-125.5	584.8	331.1

I. Index of Stocks — Summer 2019

Company Name	Stock Ticker Symbol	Traded On	Sector	Overall Rating	Recommendation	Reward Rating	Risk Rating	Recent Up/Downgrade	Stock Price as of 6/30/2019	52-Week High	52-Week Low	3-Year Beta	Growth	Efficiency	Solvency	Volatility	Dividend	Total Return
NV Gold Corporation	NVX.V	TSXV	Materials	D	Sell	D+	D		0.14	0.26	0.07	-3.17	W	W	E	W	–	W
NV Gold Corporation	NVGLF	OTC PK	Materials	D	Sell	D	D		0.10	0.19	0.05	-2.35	W	W	E	W	–	W
NV5 Global, Inc.	NVEE	NAS CM	Industrials	C+	Hold	B+	D+		80.19	96.70	51.46	0.70	E	E	E	W	–	G
NVE Corporation	NVEC	NAS CM	Information Tech	C	Hold	B	D+	Down	70.30	134.86	66.35	1.34	F	E	E	W	G	W
nVent Electric Plc	NVT	NYSE	Industrials	C	Hold	C+	C		24.69	29.84	19.71		W	G	G	F	G	W
NVIDIA Corporation	NVDA	NAS GS	Information Tech	C+	Hold	B	D+		163.23	292.76	124.46	2.51	G	E	E	W	W	F
NVR, Inc.	NVR	NYSE	Consumer Discretn	B-	Buy	B+	C-	Up	3,333.62	3,489.00	2,040.71	0.61	E	E	E	F	–	F
NxGold Ltd.	NXN.V	TSXV	Materials	D-	Sell	D-	D-		0.07	0.23	0.05	0.94	V	W	E	W	–	V
NxGold Ltd.	LBHRF	OTC PK	Materials	D-	Sell	D-	D-		0.04	0.17	0.04		V	W	E	W	–	V
NXP Semiconductors N.V.	NXPI	NAS GS	Information Tech	C	Hold	B	D+		99.23	111.49	67.62	1.47	F	E	G	W	W	W
NXT Energy Solutions Inc.	NSFDF	OTC PK	Energy	D-	Sell	D-	D-	Down	0.32	0.74	0.15	1.36	W	W	E	W	–	V
NXT Energy Solutions Inc.	SFD.TO	TSX	Energy	D-	Sell	D-	D	Down	0.43	0.91	0.22	1.46	W	W	E	W	–	V
Nxt-ID, Inc.	NXTD	NAS CM	Information Tech	D	Sell	D+	D-		0.76	2.04	0.53	2.19	G	W	E	W	–	V
Nymox Pharmaceutical Corporation	NYMX	NAS CM	Health Care	D	Sell	D+	D-		1.58	3.80	1.25	2.30	F		E	W	–	W
O2Micro International Limited	OIIM	NAS GS	Information Tech	U		U	U		1.33	2.40	1.26	1.07	U	U	U	U	U	U
Oak Ridge Financial Services, Inc.	BKOR	OTC PK	Financials	C	Hold	B+	B-		14.20	16.25	12.45	0.77	E	G	E	G	–	F
Oak Valley Bancorp	OVLY	NAS CM	Financials	C	Hold	B+	C		19.41	25.65	16.39	0.43	E	E	E	F	–	F
Oaktree Capital Group, LLC	OAK	NYSE	Financials	B-	Buy	B	C		49.49	50.76	38.65	0.64	F	G	G	F	E	F
Oaktree Specialty Lending Corporation	OCSL	NAS GS	Financials	C	Hold	B-	D+		5.38	5.75	4.08	0.91	W	G	E	W	E	F
Oaktree Strategic Income Corporation	OCSI	NAS GS	Financials	C	Hold	B	C-		8.42	8.87	7.52	0.50	F	G	E	F	E	F
Oasis Midstream Partners LP	OMP	NYSE	Energy	D+	Sell	A-	C	Up	21.82	24.21	14.98		E	E	G	F	E	F
Oasis Petroleum Inc.	OAS	NYSE	Energy	D	Sell	D	D		5.62	14.57	4.54	1.81	W	W	G	W	–	W
Obalon Therapeutics, Inc.	OBLN	NAS	Health Care	D-	Sell	E+	D-	Up	0.69	3.70	0.37	-5.41	F	V	G	W	–	V
ObsEva SA	OBSV	NAS GS	Health Care	D	Sell	E+	D	Up	10.80	19.40	9.73	0.91	W	V	E	W	–	W
Obsidian Energy Ltd.	OBE	NYSE	Energy	D	Sell	D	D-	Up	1.23	8.26	0.99	0.90	W	W	G	W	–	V
Obsidian Energy Ltd.	OBE.TO	TSX	Energy	D	Sell	D	D-	Up	1.60	10.71	1.32	0.92	W	W	G	W	–	V
Occidental Petroleum Corporation	OXY	NYSE	Energy	C-	Hold	B-	D	Down	49.75	86.60	47	1.16	E	E	E	W	E	W
Ocean Bio-Chem, Inc.	OBCI	NAS CM	Consumer Staples	C	Hold	B-	D+		3.36	4.78	2.9	0.46	F	E	E	W	–	F
Ocean Power Technologies, Inc.	OPTT	NAS CM	Industrials	D	Sell	D	D-		1.93	20.00	1.76	3.34	F	V	G	W	–	V
Ocean Thermal Energy Corporation	CPWR	OTC PK	Utilities	D	Sell	C-	D-		0.04	0.15	0.04	-1.05	F	E	F	W	–	V
Oceaneering International, Inc.	OII	NYSE	Energy	D	Sell	D	D		19.56	28.62	10.74	2.68	W	F	E	W	–	W
OceanFirst Financial Corp.	OCFC	NAS GS	Financials	C+	Hold	B	C-		24.33	30.89	21.3	0.88	E	E	E	F	G	W
Oceanic Iron Ore Corp.	FEO.V	TSXV	Materials	D	Sell	D+	D		0.10	0.15	0.04	-0.37	F	W	G	W	–	W
Oceanic Iron Ore Corp.	FEOVF	OTC PK	Materials	D	Sell	D+	D		0.06	0.06	0.03	0.44	F	W	G	W	–	W
Oceanus Resources Corporation	OCN.V	TSXV	Materials	D-	Sell	D-	D-		0.07	0.18	0.05	0.17	W	W	F	W	–	V
Oceanus Resources Corporation	OCNSF	OTC PK	Materials	D-	Sell	D-	D-		0.05	0.14	0.04	0.15	W	W	F	W	–	V
Och-Ziff Capital Management Group Inc.	OZM	NYSE	Financials	D	Sell	D+	D		21.63	23.00	8.64	1.22	V	W	E	W	E	W
Oconee Federal Financial Corp.	OFED	NAS CM	Financials	C	Hold	C	C-		22.55	29.00	22.26	0.44	W	G	E	F	F	W
Ocular Therapeutix, Inc.	OCUL	NAS	Health Care	D-	Sell	E+	D-		4.42	7.61	2.35	2.81	W	V	G	W	–	V
Oculus VisionTech, Inc.	OVTZ	OTC PK	Information Tech	D+	Sell	C	D		0.08	0.18	0.05	-0.36	F	E	F	W	–	W
Oculus VisionTech, Inc.	OVT.V	TSXV	Information Tech	D+	Sell	C	D		0.11	0.13	0.07	-1.21	F	E	F	W	–	W
Ocwen Financial Corporation	OCN	NYSE	Financials	D	Sell	D+	D		1.94	4.46	1.2	1.63	F	W	W	W	–	W
Odonate Therapeutics, Inc.	ODT	NAS GS	Health Care	D-	Sell	E+	D		35.13	36.28	11.54		W	V	G	W	–	F
Odyssey Group International, Inc.	ODYY	OTC PK	Health Care	D+	Sell	C	D		1.25	1.90	1.25		W	E	F	W	–	F
Odyssey Marine Exploration, Inc.	OMEX	NAS CM	Industrials	C	Hold	B-	D	Up	5.82	9.87	3.16	1.80	F	E	F	W	–	F
Odyssey Resources Limited	ODXH.V	TSXV	Materials	D	Sell	D+	D	Up	0.03	0.06	0.02	2.00	F	W	F	W	–	F
Office Depot, Inc.	ODP	NAS GS	Consumer Discretn	C-	Hold	B-	D	Down	1.95	3.82	1.83	2.07	F	G	G	W	G	W
Office Properties Income Trust	OPI	NAS GS	Real Estate	D+	Sell	C	D-		25.16	68.84	23.36	1.87	F	G	E	W	E	V
OFG Bancorp	OFG	NYSE	Financials	B	Buy	A-	C		23.66	24.95	13.98	1.64	G	E	E	F	W	G
OFS Capital Corporation	OFS	NAS GS	Financials	C+	Hold	B	D+	Up	12.00	12.81	9.53	0.73	G	E	E	W	E	W
OGE Energy Corp.	OGE	NYSE	Utilities	B	Buy	B	B-	Up	42.13	44.41	34.13	0.31	F	E	G	G	G	F
OHA Investment Corporation	OHAI	NAS GS	Financials	D	Sell	D+	D		1.14	1.65	0.85	0.94	W	W	E	W	E	W

*Ratings Factors: E=Excellent, G=Good, F=Fair, W=Weak, V=Very Weak, U=Unrated

Summer 2019   I. Index of Stocks

	TOTAL RETURNS %				DIVIDEND/YIELD		SIZE		REVENUE & INCOME				EARNINGS			EFFECTIVENESS			VALUATION		
3-Month Total Return (%)	6-Month Total Return (%)	1-Year Total Return (%)	3-Year Total Return (%)	Dividend $ TTM	Dividend Yield TTM	Market Cap. ($Mil)	Enterprise Value ($Mil)	Revenue ($Mil)	Revenue Growth (%)	Net Income ($Mil)	Earnings/Share $	EPS Growth (%)	Cash from Operations ($Mil)	Return on Assets (%)	Return on Equity (%)	Earnings (P/E) TTM	Sales (P/S) TTM	Book (P/B) Q
---	---	---	---	---	---	---	---	---	---	---	---	---	---	---	---	---	---	---
-6.90	35.00	-32.50	35.00			4.8	4.2	--		-0.79	-0.02	37.1	-0.43	-10.7		-6.4		1.1
-11.89	16.25	-31.10	19.48			4.8	4.2	--		-0.79	-0.02	37.1	-0.43	-10.7		-4.9		0.8
36.54	37.69	17.07	206.30			1,008	1,045	440.9	21.3	28.1	2.37	-1.6	47.7	6.01	10.95	33.9	2.3	3.1
-26.59	-17.87	-40.06	43.34	4.00	5.7	340.7	321.3	26.5	-11.4	14.5	2.99	4.1	14.2	11.64	17.15	23.5	12.9	4.1
-7.61	13.86	2.17		0.70	2.8	4,312	5,265	2,213	3.7	234.9	1.32	-33.6	294.3	4.61	7.49	18.8	2.0	1.6
-7.81	22.40	-31.98	259.98	0.63	0.4	99,407	94,159	10,729	-2.3	3,291	5.29	-11.9	3,018	14.06	37.78	30.9	9.4	10.2
18.75	37.78	12.54	97.96			11,968	11,847	7,349	11.8	819.6	203.50	43.9	873.0	20.51	48.7	16.4	1.8	6.3
-12.50	-12.50	-65.85	-65.00			4.4	1.9	--		-2.3	-0.03	-39.2	-1.1	-15.41		-2.2		0.6
-26.37	-39.86	-73.94				4.4	1.9	--		-2.3	-0.03	-39.2	-1.1	-15.41		-1.3		0.4
15.80	38.32	-8.99	31.22	1.00	1.0	28,298	33,838	9,232	-0.9	2,129	6.62	137.3	4,045	1.89	18.24	15.0	3.1	2.9
13.16	45.98	-47.11	-70.00			22.0	22.4	--		-5.2	-0.08	35.4	-4.3	-16.29		-4.0		1.3
11.84	37.10	-52.78	-69.64			22.0	22.4	--		-5.2	-0.08	35.4	-4.3	-16.29		-5.3		1.7
-15.09	15.57	-54.34	-78.20			22.3	38.1	17.0	23.8	-6.8	-0.27	55.7	-2.0	1.31		-2.8	1.2	1.4
-22.41	10.92	-54.08	-57.77			107.0	96.0	0.18	-40.4	-10.8	-0.18	29.2	-7.6	-106.89		-8.8	605.8	10.6
-22.22	-7.64	-26.52	-10.74			35.1	0.96	30.7	-49.0	4.1	7.87	166.0	--			0.2	0.0	0.0
2.08	12.36	0.81	60.46	0.10	0.7	37.3	--	18.3	10.8	3.2	1.22	27.5	--		10.88	11.6	2.0	1.2
5.03	8.29	-14.30	111.35	0.27	1.4	157.3	--	43.7	9.8	11.8	1.45	20.9	16.4		12.22	13.4	3.6	1.5
2.07	23.13	30.26	37.91	3.05	6.2	3,448	10,618	1,315	-13.3	224.8	2.88	-18.3	-821.3	2.11	15.87	17.2	2.7	3.6
5.10	29.09	25.47	45.07	0.38	7.1	758.4	1,338	146.6	-1.8	149.8	1.06	205.0	49.6	4.27	17.11	5.1	5.2	0.8
4.99	12.06	7.19	38.65	0.62	7.4	248.1	552.9	50.1	10.7	10.6	0.36	383.4	-46.9	3.82	3.64	23.5	5.0	0.9
9.27	44.62	28.74		1.76	8.1	737.4	1,393	301.9	46.5	61.4	1.98	513.1	186.3	11.55	28.11	11.0	2.4	3.0
-6.49	2.93	-57.46	-38.78			1,810	4,810	2,344	69.4	-150.8	-0.49	-219.7	943.0	3.24		-11.6	0.8	0.5
-52.78	-69.15	-67.57				22.4	19.0	9.5	-2.6	-33.5	-1.67	28.4	-28.5	-56.6		-0.4	1.7	2.5
-15.56	-9.92	-25.62				491.3	376.5	0.02	0.0	-82.6	-1.97	11.4	-70.1	-38.41		-5.5	36,000.0	3.8
-38.48	-50.79	-83.88	-87.08			89.0	535.5	301.5	-6.2	-224.3	-3.12	-56.9	31.0	-4.61		-0.4	0.3	0.1
-40.63	-52.87	-84.13	-87.16			89.0	535.5	301.5	-6.2	-224.3	-3.12	-56.9	31.0	-4.61		-0.5	0.4	0.1
-24.06	-15.39	-37.31	-22.71	3.12	6.3	37,214	46,486	18,065	35.7	4,054	5.31	115.4	7,608	6.38	19.32	9.4	2.1	1.8
-12.52	3.75	-1.11	53.97			31.5	36.2	42.5	11.5	3.0	0.32	16.9	0.09	7.17	11.37	10.4	0.7	1.1
-57.68	-71.02	-89.15	-96.32			5.4	3.1	0.66	22.8	-13.0	-14.08	26.4	-12.4	-81.45		-0.1	2.8	1.4
-16.48	-33.04	-68.22				5.0	11.8	--		-7.2	-0.06	17.9	-1.0	-300.24		-0.7		-0.3
22.33	62.59	-22.47	-29.36			1,935	2,568	1,987	5.0	-188.0	-1.92	-254.0	50.1	-1.35		-10.2	1.0	1.4
0.89	9.65	-16.92	48.03	0.66	2.7	1,232	--	282.1	35.4	87.7	1.80	72.7	122.9		8.21	13.5	4.3	1.1
17.65	100.00	81.82	-56.52			5.3	7.2	--		-0.78	-0.01	42.4	-0.13			-8.9		0.2
0.00	76.20	-37.77	-51.65			5.3	7.2	--		-0.78	-0.01	42.4	-0.13			-5.2		0.1
-40.91	-35.00	-63.89	-76.79			7.1	6.9	--		-0.96	-0.01	22.5	-0.72	-4.27		-9.4		0.8
-34.47	-24.01	-63.66	-73.60			7.1	6.9	--		-0.96	-0.01	22.5	-0.72	-4.27		-7.3		0.6
42.77	133.15	19.39	-34.41	1.00	4.6	445.4	1,565	502.0	-40.7	-35.1	0.23	-84.8	-7.4	-0.53		93.1	0.9	-1.3
-14.31	-8.06	-20.75	20.49	0.40	1.8	128.2	--	16.7	-0.8	3.7	0.63	1.8	6.2		4.33	35.8	7.8	1.5
11.06	7.02	-39.03	-12.65			189.3	169.5	2.1	19.8	-63.3	-1.63	19.4	-56.1	-45.83		-2.7	91.3	7.4
1.18	7.08	-11.07	-76.06			5.2	5.2	--		-0.20	0.00	6.4	0.00	-626.9		-17.5		-4.5
5.00	-8.70	-8.70	-65.00			5.2	5.2	--		-0.20	0.00	6.4	0.00	-626.9		-23.9		-6.1
7.78	44.78	-52.33	20.50			260.8	8,249	1,107	-2.3	-117.8	-0.88	-20.0	273.8	2.57		-2.2	0.2	0.5
63.24	166.34	52.14				940.2	830.7	--		-100.7	-4.10	-60.7	-81.7	-40.25		-8.6		9.6
0.00	0.00	-21.88				85.9	86.6	--		-0.34	0.00	-12.8	-0.10	-548.94		-284.1		-87.4
-19.17	64.87	-30.38	189.55			53.7	61.6	3.6	220.4	-4.6	-0.53	40.0	-5.9	-112.51		-11.0	15.1	-2.3
20.00	20.00	20.00	50.00			0.83	1.1	--		-0.08	0.00	40.5	-0.08	-13.44		-13.6		11.5
-46.92	-21.10	-24.04	-33.12	0.10	5.1	1,065	3,512	10,954	5.4	70.0	0.12	-36.0	470.0	3.04	3.41	15.8	0.1	0.5
-8.15	-10.13	-54.99	-62.32	4.54	18.0	1,210	4,191	492.6	38.4	5.6	-0.44	-171.0	101.7	1.33	0.93	-56.8	2.5	0.7
21.21	46.94	69.17	215.86	0.27	1.1	1,214	--	345.0	13.3	91.0	1.64	89.8	118.6		9.24	14.5	3.5	1.3
4.39	21.03	17.32	32.65	1.36	11.3	160.3	424.0	46.2	34.3	9.8	0.73	50.5	-88.5	4.56	5.5	16.3	3.5	0.9
-0.80	9.83	24.48	49.30	1.43	3.4	8,433	11,697	2,268	-1.3	417.6	2.08	-34.8	813.0	2.71	10.68	20.3	3.7	2.1
-8.06	15.91	-22.05	-31.54	0.08	7.0	23.0	58.1	7.7	-23.6	-10.4	-0.52	-1.4	-5.2	2.38		-2.2	3.0	0.6

I. Index of Stocks

Summer 2019

Company Name	Stock Ticker Symbol	Traded On	Sector	Overall Rating	Recommendation	Reward Rating	Risk Rating	Recent Up/Downgrade	Stock Price as of 6/30/2019	52-Week High	52-Week Low	3-Year Beta	Growth	Efficiency	Solvency	Volatility	Dividend	Total Return
Ohio Valley Banc Corp.	OVBC	NAS	Financials	C	Hold	B	D+		37.85	54.45	26.45	0.34	G	G	E	W	F	F
Ohr Pharmaceutical, Inc.	OHRP	NAS CM	Health Care	D-	Sell	E+	D-		3.58	6.28	1.58	0.31	W	V	G	W	–	V
Oi S.A.	OIBRC	NYSE	Communication Svc	D	Sell	D+	D	Down	1.93	5.14	1.53	0.43	W	F	G	W	–	W
Oi S.A.	OIBRQ	OTC PK	Communication Svc	D	Sell	D+	D	Down	0.39	0.89	0.23	1.35	W	F	G	W	–	W
Oil States International, Inc.	OIS	NYSE	Energy	D	Sell	D+	D-		17.66	37.39	13.2	2.74	F	W	E	W	–	W
Oil-Dri Corporation of America	ODC	NYSE	Consumer Staples	C	Hold	B-	D	Up	32.71	46.73	24.25	1.06	F	E	E	W	G	W
Okta, Inc.	OKTA	NAS GS	Information Tech	D+	Sell	C-	D	Down	122.74	136.61	41.88	1.00	W	W	E	G	–	G
Old Dominion Freight Line, Inc.	ODFL	NAS GS	Industrials	B-	Buy	B	C	Down	147.26	170.22	115	1.60	E	E	E	F	W	F
Old Line Bancshares, Inc.	OLBK	NAS CM	Financials	C	Hold	B	C-	Down	26.10	35.72	24.12	0.78	E	E	E	F	F	W
Old National Bancorp	ONB	NAS GS	Financials	C+	Hold	B	C-		16.51	20.95	14.45	1.07	E	G	E	F	G	W
Old Point Financial Corporation	OPOF	NAS CM	Financials	A-	Buy	A-	B+		22.23	29.90	19	0.75	E	G	E	E	W	G
Old Republic International Corporation	ORI	NYSE	Financials	A-	Buy	A	B	Up	22.34	23.05	19.55	0.58	E	E	E	G	G	F
Old Second Bancorp, Inc.	OSBC	NAS GS	Financials	C+	Hold	B	C	Down	12.71	16.30	11.32	1.25	E	E	E	F	W	F
Olin Corporation	OLN	NYSE	Materials	C	Hold	B	D		21.75	32.00	17.87	1.55	G	E	G	W	G	W
Olivut Resources Ltd.	OLV.V	TSXV	Materials	D-	Sell	D-	D-		0.10	0.16	0.07	-0.11	V		G	W	–	W
Olivut Resources Ltd.	OLVRF	OTC PK	Materials	D-	Sell	D-	D-		0.06	0.12	0.05	1.02	V		G	W	–	W
Ollie's Bargain Outlet Holdings, Inc.	OLLI	NAS	Consumer Discretn	B	Buy	A	C	Up	87.93	103.03	59.72	1.06	E	E	E	F	–	E
Olympia Financial Group Inc.	OLY.TO	TSX	Financials	C	Hold	A	C+		53.49	56.00	38.01	1.30	E	E	E	F	G	E
Olympic Steel, Inc.	ZEUS	NAS GS	Materials	D+	Sell	C	D	Down	13.45	24.23	12.09	2.15	F	G	E	W	W	W
Omega Flex, Inc.	OFLX	NAS	Industrials	B-	Buy	A-	D+	Down	75.40	96.00	51.02	0.51	G	E	E	W	W	G
Omega Healthcare Investors, Inc.	OHI	NYSE	Real Estate	B-	Buy	B+	C		36.51	40.30	28.65	0.39	G	E	E	F	E	F
Omeros Corporation	OMER	NAS	Health Care	D-	Sell	E+	D		15.42	27.00	10.3	2.70	W	V	G	W	–	W
Omineca Mining and Metals Ltd.	OMM.V	TSXV	Materials	D+	Sell	C	D	Up	0.07	0.09	0.02	2.74	W	W	F	W	–	G
Omineca Mining and Metals Ltd.	OMMSF	OTC PK	Materials	D+	Sell	C-	D	Up	0.05	0.07	0.01	0.11	W	W	F	W	–	F
Omnicell, Inc.	OMCL	NAS GS	Health Care	C	Hold	B-	D+	Down	86.23	92.59	51.55	1.49	W	G	E	F	–	E
Omnicom Group Inc.	OMC	NYSE	Communication Svc	B-	Buy	B	C	Up	81.00	84.35	65.85	0.35	G	E	G	F	G	W
OmniComm Systems, Inc.	OMCM	OTC PK	Health Care	D-	Sell	E+	D	Down	0.22	0.44	0.01	1.19	W	V	G	W	–	F
Omni-Lite Industries Canada Inc.	OML.V	TSXV	Industrials	D	Sell	D	D		1.02	1.35	0.85	-0.06	W	W	E	W	–	W
Omni-Lite Industries Canada Inc.	OLNCF	OTC PK	Industrials	D	Sell	D	D		0.78	0.95	0.63	0.32	W	W	E	W	–	W
Omnitek Engineering Corp.	OMTK	OTC PK	Consumer Discretn	D	Sell	D	D-	Up	0.06	0.47	0.04	3.38	G	V	W	W	–	W
OMNOVA Solutions Inc.	OMN	NYSE	Materials	D	Sell	D+	D		6.49	10.80	5.48	2.14	W	F	G	W	–	W
OMV Aktiengesellschaft	OMVJF	OTC PK	Energy	C	Hold	B	B-		48.50	57.30	48.5	0.00	E	G	E	G	–	F
OMV Aktiengesellschaft	OMVKY	OTC PK	Energy	C	Hold	B	C		48.29	58.19	42.39	0.92	E	G	E	F	–	F
On Deck Capital, Inc.	ONDK	NYSE	Financials	D+	Sell	C-	D		4.10	9.41	3.9	1.37	W	F	E	W	–	F
ON Semiconductor Corporation	ON	NAS GS	Information Tech	C+	Hold	B	C-		20.39	24.31	14.55	2.04	G	E	E	F	–	F
On Track Innovations Ltd.	OTIV	NAS CM	Information Tech	D	Sell	D	D-		0.43	1.23	0.42	1.81	V	W	G	W	–	V
OncBioMune Pharmaceuticals, Inc.	OBMP	OTC PK	Health Care	D-	Sell	D-	D	Down	0.01	0.04	0.01	1.94	W	W	F	W	–	V
OncoCyte Corporation	OCX	AMEX	Health Care	D-	Sell	D-	D		2.50	6.92	1.17	5.24	F	V	E	W	–	W
Oncolix, Inc.	ONCX	OTC PK	Health Care	D	Sell	C-	D-		0.00	0.03	0		V	G	F	W	–	W
Oncolytics Biotech Inc.	ONC.TO	TSX	Health Care	E+	Sell	E	D-		2.19	8.00	2.18	1.48	F	V	E	W	–	V
Oncolytics Biotech Inc.	ONCY	NAS CM	Health Care	E+	Sell	E	D-		1.69	6.04	1.6	1.76	F	V	E	W	–	W
Onconova Therapeutics, Inc.	ONTX	NAS CM	Health Care	D	Sell	C-	D-	Up	2.97	11.17	1.69	3.40	W	G	G	W	–	V
OncoSec Medical Incorporated	ONCS	NAS CM	Health Care	D-	Sell	E+	D-		2.53	19.60	2.3	2.09	W	V	E	W	–	V
Oncternal Therapeutics, Inc.	ONCT	NAS CM	Health Care	U	U	U	U		7.01	8.23	4.86		U	U	U	U	U	U
Ondas Holdings Inc.	ONDS	OTC PK	Information Tech	E+	Sell	C	C-	Up	6.00	6.50	4.5		F	G	F	E	–	W
ONE Gas, Inc.	OGS	NYSE	Utilities	B	Buy	B+	B-		89.72	92.66	73.75	0.49	E	E	G	G	F	F
One Horizon Group, Inc.	OHGI	OTC PK	Communication Svc	E+	Sell	E+	D-	Down	0.03	0.68	0.03	2.71	F	V	G	W	–	V
One Liberty Properties, Inc.	OLP	NYSE	Real Estate	B-	Buy	B	C		29.05	31.78	23.02	0.82	G	E	E	F	E	F
One Stop Systems, Inc.	OSS	NAS CM	Information Tech	D	Sell	D	D-		1.52	4.75	1.52		W	W	E	W	–	V
OneLife Technologies Corp.	OLMM	OTC PK	Health Care	D-	Sell	E+	D		0.02	0.72	0.01		W	W	F	W	–	V
OneMain Holdings, Inc.	OMF	NYSE	Financials	C+	Hold	B	D+	Up	33.20	37.29	22.47	2.16	F	G	E	W	G	F
ONEnergy Inc.	OEG.V	TSXV	Utilities	D	Sell	C-	D-		0.06	0.08	0.04	-1.85	W	G	F	W	–	V

*Ratings Factors: E=Excellent, G=Good, F=Fair, W=Weak, V=Very Weak, U=Unrated

Summer 2019 — I. Index of Stocks

3-Month Total Return (%)	6-Month Total Return (%)	1-Year Total Return (%)	3-Year Total Return (%)	Dividend $ TTM	Dividend Yield TTM	Market Cap. ($Mil)	Enterprise Value ($Mil)	Revenue ($Mil)	Revenue Growth (%)	Net Income ($Mil)	Earnings/Share $	EPS Growth (%)	Cash from Operations ($Mil)	Return on Assets (%)	Return on Equity (%)	Earnings (P/E) TTM	Sales (P/S) TTM	Book (P/B) Q
7.73	14.30	-27.78	87.19	0.84	2.2	180.1	--	48.7	0.1	9.8	2.06	26.6	13.8		8.44	18.3	3.7	1.5
57.02	102.72	-7.25	-93.49			10.1	8.0	--		-8.9	-3.17	43.0	-3.3	-18.45		-1.1		1.1
-2.53	21.38	-47.91	-22.78	0.00	0.1	2,343	7,145	5,705	-21.3	-1,420	-1.02	-109.2	401.1	-3.72		-1.9	2.0	1.6
-2.53	32.99	-53.60	24.23	0.00	0.1	2,343	7,145	5,705	-21.3	-1,420	-1.02	-109.2	401.1	-3.72		-0.4	0.4	0.3
7.23	20.55	-45.24	-43.51			1,067	1,419	1,085	40.4	-30.3	-0.52	62.7	149.7	-0.57		-33.8	1.0	0.8
4.22	19.92	-20.94	2.11	0.96	2.9	248.7	237.8	272.5	2.4	11.5	1.52	65.7	23.2	2.81	8.6	21.5	0.9	1.8
50.95	99.22	143.63				14,009	13,884	440.9	53.2	-151.5	-1.38	-25.2	32.5	-10.28		-89.0	31.4	58.5
1.35	20.39	-1.34	157.62	0.60	0.4	11,920	11,754	4,109	16.5	629.7	7.70	25.1	895.0	15.44	24.55	19.1	2.9	4.3
2.57	1.82	-23.36	52.54	0.44	1.7	444.7	--	106.8	47.4	29.7	1.74	17.7	27.8		10.04	15.0	4.2	1.2
0.56	10.22	-9.85	51.51	0.52	3.2	2,872	--	710.6	13.4	199.1	1.23	63.3	216.0		8.08	13.4	4.1	1.0
5.77	7.76	-20.84	24.02	0.46	2.1	115.6	--	45.1	13.9	6.0	1.16	11,660.0	10.8		6	19.2	2.6	1.1
7.15	10.92	16.10	42.42	0.79	3.5	6,668	7,550	6,560	6.7	778.6	2.59	68.9	765.9	3.19	14.53	8.6	1.0	1.2
1.11	-1.25	-12.39	96.05	0.04	0.3	380.0	--	122.3	15.4	33.0	1.09	65.0	58.4		14.75	11.7	3.2	1.6
-5.98	13.43	-20.69	3.18	0.80	3.7	3,586	6,969	6,789	5.9	348.7	2.08	-36.5	931.2	4.23	12.45	10.5	0.5	1.3
-4.76	5.26	-16.67	-74.03			4.4	3.5	--		-0.70	-0.01	-56.6	-0.51	-62.6		-7.7		13.5
-24.81	-0.13	-8.28	-75.64			4.4	3.5	--		-0.70	-0.01	-56.6	-0.51	-62.6		-4.7		8.2
3.13	34.06	20.53	266.83			5,582	5,798	1,290	14.7	143.3	2.18	3.0	132.7	8.23	15.8	40.4	4.5	5.7
8.39	44.63	37.61	228.36	2.52	4.7	98.1	91.5	38.3	13.4	7.8	3.22	43.9	6.6	21.1	72.94	16.6	3.4	10.5
-16.64	-6.61	-34.85	-47.29	0.08	0.6	148.0	486.4	1,785	30.2	28.2	2.46	48.5	-8.2	4.26	9.56	5.5	0.1	0.5
0.22	39.48	-1.97	103.28	1.00	1.3	760.9	718.2	109.7	8.0	20.4	2.02	29.8	20.2	20.76	31.18	37.4	6.9	10.8
-2.93	7.52	25.93	37.90	2.64	7.2	7,832	12,495	885.2	-1.3	267.1	1.32	228.5	556.5	3.63	7.25	27.7	8.8	2.1
-10.76	33.16	-15.60	50.59			756.5	889.6	50.1	-7.6	-121.0	-2.48	-70.8	-105.4	-68.17		-6.2	15.1	-6.3
-7.14	225.00	160.00	-27.78			4.2	10.3	--		-0.89	-0.01	-40.2	0.12	-9.24		-4.8		-3.4
-5.45	333.33	102.33	-1.89			4.2	10.3	--		-0.89	-0.01	-40.2	0.12	-9.24		-3.8		-2.8
7.47	42.58	63.94	156.10			3,554	3,642	807.2	8.1	38.3	0.93	-16.8	111.6	3.19	5.87	93.1	4.5	4.9
11.47	13.92	9.80	12.61	2.50	3.1	17,834	22,330	15,130	-1.2	1,326	5.86	22.9	1,948	5.35	43.34	13.8	1.2	7.4
-27.87	0.00	-15.38	7.32			35.0	45.4	24.6	-10.3	1.8	0.00	-120.2	2.5	8.81		-64.7	1.4	-2.6
2.00	17.24	-8.93	-27.66			8.8	9.4	8.2	32.8	-4.1	-0.37	-4,619.5	0.54	-1.02		-2.8	1.4	0.8
4.45	23.43	-6.45	-27.80			8.8	9.4	8.2	32.8	-4.1	-0.37	-4,619.5	0.54	-1.02		-2.1	1.1	0.6
-38.89	-21.43	-63.82	-85.14			1.1	1.2	1.3	11.9	-0.48	-0.02	48.7	-0.06	-17.55		-2.4	0.9	78.6
-10.61	-11.82	-34.77	9.08			291.0	578.2	760.1	-3.4	8.9	0.19	110.2	56.4	4.77	11.02	33.6	0.4	5.1
-10.68	-8.09	-13.93	66.63			15,803	20,930	27,044	17.4	1,681	4.87	550.1	4,857	5.62	12.74	10.0	0.6	1.1
-7.68	13.92	-11.91	94.69	1.42	2.9	15,803	20,930	27,044	17.4	1,681	4.87	550.1	4,857	5.62	12.74	9.9	0.6	1.1
-24.49	-31.55	-42.25	-16.84			311.3	--	204.4	38.5	35.5	0.44	1,067.1	278.7		11.44	9.4	1.6	1.0
0.59	24.86	-8.48	135.18			8,409	10,376	5,887	7.4	601.9	1.39	-30.4	1,186	7.2	19.56	14.7	1.5	2.6
-35.44	-29.08	-62.96	-52.67			17.6	14.6	19.0	-14.9	-1.7	-0.04	-2,443.8	-3.3	-8.39		-10.5	0.9	1.7
-18.75	-40.91	-76.87	-97.57			2.0	5.0	--		-7.3	-0.05	61.5	-1.5	-455.79		-0.1		-0.2
-36.55	70.07	-3.85	-34.55			129.9	91.5	--		-15.8	-0.38	35.8	-15.6	-32.02		-6.5		3.4
0.00	-99.00	-99.30				0.05	6.1	--		-7.2	-0.08	-175.6	-2.1	-117.11		0.0		0.0
-12.40	-10.98	-69.07	-51.97			33.9	23.6	--		-13.2	-0.78	13.5	-8.1	-69.33		-2.8		9.8
-9.63	-5.59	-67.62	-52.29			33.9	23.6	--		-13.2	-0.78	13.5	-8.1	-69.33		-2.2		7.6
-13.91	43.48	-52.87	-96.70			17.8	7.4	0.73	-35.9	-23.1	-4.33	85.1	-23.8	-144.2		-0.7	23.9	-11.4
-50.40	-59.84	-81.67	-84.94			26.9	3.8	--		-35.2	-6.07	42.0	-27.1	-69.28		-0.4		0.9
						107.7	134.4	--		--			--					
0.00	0.00					302.8	322.1	0.17	-20.2	-14.5	-0.30	16.8	-10.8			-20.2	1,764.7	-14.7
1.28	15.86	22.79	51.32	1.92	2.1	4,727	6,324	1,656	1.8	175.1	3.30	-1.9	366.7	3.27	8.49	27.2	2.9	2.3
-2.49	-64.64	-93.95	-99.29			2.8	4.1	0.71	-27.2	-11.9	-0.21	65.7	-3.2	-45.76		-0.2	3.9	0.5
0.28	21.19	15.46	48.11	1.80	6.2	571.9	1,009	81.4	4.7	18.8	0.93	-34.8	40.8	2.68	6.35	31.3	6.8	1.9
-28.63	-26.57	-65.84				21.8	22.4	40.0	41.1	-1.3	-0.11	-19.2	-0.08	-7.81		-13.6	0.5	0.8
-60.00	-75.00	-88.89				2.0	4.6	--		-7.8	-0.10	-231.6	-0.77	-125.22		-0.2		-1.1
6.44	39.03	0.89	54.73	0.50	1.5	4,518	--	2,374	12.7	475.0	3.48	74.2	2,039		12.96	9.5	1.9	1.1
33.33	-70.00	-70.00	-84.21			1.1	4.0	-25.5	-48.4	-4.6	-0.19	31.3	0.69	0.55		-0.3	-0.1	-0.4

I. Index of Stocks

Summer 2019

Company Name	Stock Ticker Symbol	Traded On	Sector	Overall Rating	Recommendation	Reward Rating	Risk Rating	Recent Up/Downgrade	Stock Price as of 6/30/2019	52-Week High	52-Week Low	3-Year Beta	Growth	Efficiency	Solvency	Volatility	Dividend	Total Return
ONEOK, Inc.	OKE	NYSE	Energy	B	Buy	A-	C+		67.40	71.99	50.26	1.00	E	E	G	F	G	F
OneSmart International Education Group Limited	ONE	NYSE	Consumer Discretn	C-	Hold	C	D	Up	7.88	12.38	6.71		W	G	G	W	–	W
OneSoft Solutions Inc.	OSSIF	OTC PK	Information Tech	D-	Sell	E+	D	Down	0.53	0.76	0.28	0.61	F	V	E	F	–	G
OneSoft Solutions Inc.	OSS.V	TSXV	Information Tech	D-	Sell	E+	D		0.68	1.03	0.35	0.60	F	V	E	F	–	G
OneSpan Inc.	OSPN	NAS CM	Information Tech	D	Sell	D	D	Down	14.25	21.61	11.41	2.18	W	W	E	W	–	W
OneSpaWorld Holdings Limited	OSW	NAS CM	Consumer Discretn	E	Sell	C-	C-	Down	15.50	15.74	11.35		W	F	G	E	–	W
Onex Corporation	ONEX.TO	TSX	Financials	C	Hold	C+	D+	Up	78.78	99.82	71.28	0.31	F	G	E	W	W	W
Onex Corporation	ONEXF	OTC PK	Financials	C	Hold	C+	D	Up	60.25	75.96	50.19	0.56	F	G	E	W	W	W
OP Bancorp	OPBK	NAS	Financials	C+	Hold	B+	C-		10.24	14.10	8.07	0.48	E	G	E	F	F	F
Opawica Explorations Inc.	OPWEF	OTC PK	Materials	E+	Sell	E+	D-	Down	0.05	0.05	0.05	-0.35	V	V	G	W	–	V
Opawica Explorations Inc.	OPW.V	TSXV	Materials	D-	Sell	E+	D-		0.08	0.13	0.05	3.27	V	V	G	W	–	V
Open Text Corporation	OTEX	NAS GS	Information Tech	B-	Buy	B	C	Down	41.19	42.34	30.99	0.54	G	E	E	G	F	F
Open Text Corporation	OTEX.TO	TSX	Information Tech	B-	Buy	B+	C	Down	53.98	55.80	42.1	0.25	G	E	E	F	W	G
Opera Limited	OPRA	NAS GS	Information Tech	C-	Hold	C	D	Up	10.36	15.62	5.31		F	G	E	W	–	W
Opes Acquisition Corp.	OPES	NAS CM	Financials	D	Sell	C	D	Up	10.30	10.35	9.3		V	G	E	E	–	F
OpGen, Inc.	OPGN	NAS CM	Health Care	E+	Sell	E+	E+	Down	0.41	2.41	0.36	1.33	F	V	G	V	–	V
Ophectra Real Estate & Investments Ltd	DMEDF	OTC PK	Real Estate	D	Sell	D-	D	Down	0.22	0.65	0	-210.91	V	V	E	W	–	F
Opiant Pharmaceuticals, Inc.	OPNT	NAS CM	Health Care	D-	Sell	D-	D		13.00	29.55	9.98	0.33	F	V	E	W	–	F
Opko Health, Inc.	OPK	NAS GS	Health Care	D	Sell	D	D-		2.22	6.40	1.73	1.93	F	W	G	W	–	V
Oppenheimer Holdings Inc.	OPY	NYSE	Financials	B-	Buy	B	C		27.42	34.15	23.51	1.12	F	G	E	F	F	F
Opsens Inc.	OPS.TO	TSX	Health Care	D	Sell	D+	D-		0.89	1.00	0.62	0.49	F	W	E	W	–	W
Opsens Inc.	OPSSF	OTC PK	Health Care	D	Sell	D+	D-		0.70	0.75	0.45	0.69	F	W	E	W	–	W
Optec International, Inc.	OPTI	OTC PK	Industrials	D	Sell	D+	D		0.09	9.05	0.07	-10.82	W	F	G	W	–	W
Optex Systems Holdings, Inc	OPXS	OTC PK	Industrials	C-	Hold	C+	D	Down	2.06	2.31	1	1.22	W	G	E	W	–	G
Optibase Ltd.	OBAS	NAS	Real Estate	U	U	U			12.15	12.25	7.55	0.07	U	U	U	U	U	U
Optical Cable Corporation	OCC	NAS	Information Tech	C-	Hold	C	D	Up	3.98	6.40	3.2	0.75	F	W	E	W	–	F
OptimizeRx Corporation	OPRX	NAS CM	Health Care	C-	Hold	C+	D	Up	15.41	18.39	8.92	0.08	F	W	E	W	–	G
OptimumBank Holdings, Inc.	OPHC	NAS CM	Financials	C	Hold	C+	D	Up	3.58	6.49	2.15	2.13	F	F	E	W	–	W
OptiNose, Inc.	OPTN	NAS GS	Health Care	D-	Sell	D-	D		6.40	30.00	5.66		F	V	G	W	–	W
Optiva Inc.	OPT.TO	TSX	Information Tech	D-	Sell	D-	D		40.25	51.50	38	-0.33	F	V	G	W	–	W
Optiva Inc.	RKNEF	OTC PK	Information Tech	D-	Sell	D-	D		31.01	39.99	29.01	-0.25	F	V	G	W	–	W
Opus Bank	OPB	NAS GS	Financials	D+	Sell	C	D		21.18	30.70	17.79	1.69	F	G	E	W	F	W
Opus One Resources Inc.	OOR.V	TSXV	Materials	D-	Sell	E+	D	Down	0.05	0.10	0.02	-2.89	V	V	E	W	–	W
Oracle Corporation	ORCL	NYSE	Information Tech	B	Buy	B+	B-		56.77	57.47	42.4	1.13	E	E	G	G	F	F
Oracle Energy Corp.	OEC.V	TSXV	Energy	D+	Sell	C-	D	Up	0.03	0.35	0.02	2.28	V	G	F	W	–	V
Oracle Energy Corp.	OECCF	OTC PK	Energy	D	Sell	C-	D	Down	0.02	0.21	0.01	13.97	V	G	F	W	–	F
Oragenics, Inc.	OGEN	AMEX	Health Care	D	Sell	D	D-	Up	0.50	3.74	0.38	1.91	W	F	E	W	–	V
Oramed Pharmaceuticals Inc.	ORMP	NAS CM	Health Care	D-	Sell	E+	D		3.54	7.61	2.78	1.48	W	V	E	W	–	W
Oranco, Inc.	ORNC	OTC PK	Consumer Discretn	D-	Sell	C	D+	Up	0.25	0.69	0.18		W	G	E	W	–	W
Orange S.A.	ORAN	NYSE	Communication Svc	C	Hold	B-	C-		15.73	17.54	14.84	0.17	F	G	G	F	G	W
Orange S.A.	FNCTF	OTC PK	Communication Svc	C	Hold	B-	C-		15.70	17.35	14.7	0.27	F	G	G	F	G	W
OraSure Technologies, Inc.	OSUR	NAS GS	Health Care	C-	Hold	B-	D	Down	9.19	17.76	8.01	1.28	G	G	E	W	–	W
ORBCOMM Inc.	ORBC	NAS GS	Communication Svc	D	Sell	D	D-		7.19	11.25	6.19	1.19	F	W	E	W	–	W
Orbit Garant Drilling Inc.	OGD.TO	TSX	Materials	D	Sell	C-	D		1.00	2.23	0.92	-0.45	F	F	E	W	–	W
Orbit Garant Drilling Inc.	OBGRF	OTC PK	Materials	C-	Hold	C	D	Up	0.79	0.79	0.79	-0.80	F	F	E	F	–	F
Orbital Tracking Corp.	TRKK	OTC PK	Communication Svc	D-	Sell	E+	D-		0.50	1.73	0.15	5.56	F	V	G	W	–	V
Orca Gold Inc.	ORG.V	TSXV	Materials	D-	Sell	E+	D	Down	0.35	0.62	0.32	-1.20	W	V	E	W	–	F
Orca Gold Inc.	CANWF	OTC PK	Materials	D-	Sell	E+	D	Down	0.28	0.49	0.24	-0.82	W	V	E	W	–	F
Orchard Therapeutics plc	ORTX	NAS GS	Health Care	D	Sell	D	D+		13.37	21.64	8.65		W	V	E	F	–	W
Orchid Island Capital, Inc.	ORC	NYSE	Financials	D	Sell	C-	D-		6.37	8.35	5.83	0.49	W	F	F	W	E	W
Orchids Paper Products Company	TISUQ	OTC PK	Consumer Staples	D-	Sell	D	D-	Down	0.07	5.09	0.03	2.01	W	W	F	W	–	V
Orefinders Resources Inc.	ORX.V	TSXV	Materials	D	Sell	D	D-		0.05	0.09	0.03	-0.15	W	W	G	W	–	W

*Ratings Factors: E=Excellent, G=Good, F=Fair, W=Weak, V=Very Weak, U=Unrated

Summer 2019 — I. Index of Stocks

3-Month Total Return (%)	6-Month Total Return (%)	1-Year Total Return (%)	3-Year Total Return (%)	Dividend $ TTM	Dividend Yield TTM	Market Cap. ($Mil)	Enterprise Value ($Mil)	Revenue ($Mil)	Revenue Growth (%)	Net Income ($Mil)	Earnings/Share $	EPS Growth (%)	Cash from Operations ($Mil)	Return on Assets (%)	Return on Equity (%)	Earnings (P/E) TTM	Sales (P/S) TTM	Book (P/B) Q
-1.63	30.61	1.50	71.32	3.41	5.1	27,820	38,298	12,271	-2.0	1,224	2.95	89.0	2,045	6.61	18.42	22.9	2.3	4.3
0.51	2.20	-29.33				1,273	1,219	439.7	91.4	37.8	-94.40	-8,481.8	43.1	4.55	31.64	-0.1	0.1	0.2
-25.47	46.57	51.17	213.63			58.3	56.3	1.4	73.5	-2.4	-0.03	2.1	-0.78	-41.03		-18.5	39.5	22.3
-28.42	44.68	51.11	267.57			58.3	56.3	1.4	73.5	-2.4	-0.03	2.1	-0.78	-41.03		-23.8	50.8	28.7
-27.63	8.94	-29.46	-10.43			569.6	485.3	214.5	9.0	-3.6	-0.10	82.3	-12.2	-0.94		-149.8	2.7	2.3
13.97						947.3	1,176	414.0	-19.0	-43.8	-0.30		-2.7			-51.7	2.3	1.4
5.14	7.89	-16.51	0.71	0.35	0.4	6,004	-203.4	18,447	-18.6	3,227	32.31	4.5	1,111	2.06	53.39	2.4	0.4	1.2
8.00	12.56	-15.33	0.99	0.27	0.4	6,004	-203.4	18,447	-18.6	3,227	32.31	4.5	1,111	2.06	53.39	1.9	0.3	0.9
17.85	18.90	-20.24	76.83	0.10	1.0	160.7	--	52.2	16.9	15.8	0.96	31.3	34.6		12.64	10.7	3.2	1.2
-17.13	-85.48	-85.48	-95.42			0.49	0.46	--		-0.24	-0.03	79.0	-0.20	-14.3		-1.4		0.4
14.29	14.29	-33.33	-93.33			0.49	0.46	--		-0.24	-0.03	79.0	-0.20	-14.3		-2.4		0.7
7.52	28.04	19.80	49.08	0.78	1.9	11,078	12,930	2,876	5.6	275.2	1.02	19.6	852.0	4.78	7.31	40.4	3.9	2.9
4.77	22.98	18.36	49.92	0.78	1.5	11,078	12,930	2,876	5.6	275.2	1.02	19.6	852.0	4.78	7.31	53.0	5.1	3.8
59.63	79.86					1,143	983.7	184.1	28.9	33.9	0.63	139.5	28.0	3.45	4.96	16.5	3.2	0.7
1.38	3.52	6.19				39.1	39.0	--		1.4	-0.17	-2,229.6	-0.84	-0.35	27.59	-62.3		7.8
-31.31	-67.45	-76.43	-98.95			7.2	5.3	3.1	-5.0	-14.2	-1.99	73.7	-11.8	-62.75		-0.2	1.2	1.7
-66.48	5.52	14,426.67	43,480.00			11.4	11.4	0.05	-86.8	-1.6	-0.11	-39.2	-1.1	-11.4		-1.9	64.1	1.4
-0.15	-6.13	-9.15	54.77			51.9	28.2	17.7	-40.8	-13.6	-3.77	15.3	-4.2	-42.84		-3.5	2.9	3.0
-12.25	-29.75	-53.46	-76.03			1,367	1,522	957.8	0.3	-190.7	-0.33	42.5	-122.6	-4.62		-6.8	1.4	0.8
4.58	8.80	-1.47	94.50	0.44	1.6	357.1	--	925.0	1.7	33.4	2.38	-4.6	211.4		6.15	11.5	0.4	0.6
15.58	21.92	-8.25	-40.67			61.1	53.9	22.4	36.6	-1.3	-0.02	62.2	-0.32	-4.21		-50.3	3.6	5.4
18.10	33.41	-2.35	-39.41			61.1	53.9	22.4	36.6	-1.3	-0.02	62.2	-0.32	-4.21		-39.4	2.8	4.2
-69.95	-90.83	-99.04	-56.42			0.99	1.8	0.02	-84.9	-5.1	-0.28	-2,741.4	-0.28	-22.23		-0.3	108.9	-0.4
3.00	56.06	88.99	24.01			17.3	16.0	24.5	20.6	-0.09	-0.16	-285.6	0.95	12.83		-13.2	0.7	2.3
20.89	42.61	41.28	65.53			63.4	217.3	8.4	-49.3	-1.5	-0.29	-31.5	--			-41.9	7.5	1.2
-14.78	7.28	3.38	79.27			29.7	40.8	79.1	1.3	-3.8	-0.52	-3,046.1	5.8	-4.09		-7.7	0.4	1.3
19.00	56.61	50.34	366.97			212.9	203.4	22.3	58.3	0.42	0.03	120.9	2.5	4.34	3.21	498.7	9.0	9.7
-8.39	19.40	-21.28	-5.24			6.7	--	4.9	43.5	0.94	0.80	254.7	-0.16		23.24	4.5	1.4	1.3
-34.83	-7.51	-77.51				264.1	168.1	10.7	1,134.1	-105.0	-2.59	70.7	-98.5	-29.73		-2.5	24.7	2.9
-4.19	-14.87	-11.73	-55.03			162.1	189.6	111.9	-13.0	-16.9	-3.25	89.2	-32.2	-1.82		-12.4	2.0	-8.9
-7.46	-5.09	-12.65	-52.62			162.1	189.6	111.9	-13.0	-16.9	-3.25	89.2	-32.2	-1.82		-9.6	1.6	-6.8
7.13	9.78	-25.63	-32.22	0.44	2.1	766.4	--	221.1	-20.9	28.9	0.74	-46.0	64.4		2.79	28.5	3.7	0.8
11.11	66.67	-50.00	-61.54			2.5	2.3	--		-0.70	-0.01	-137.0	0.00	-21.71		-4.6		2.2
7.21	27.74	31.63	52.19	0.81	1.4	189,374	208,522	39,506	0.3	11,083	3.01	260.4	14,551	7.11	32.02	18.9	5.0	8.8
-16.67	-16.67	-91.67	-87.50			1.3	1.5	--		-4.0	-0.07	-1,032.1	-2.6	-779.26		-0.3		-2.0
-21.05	-42.31	87.50	-55.88			1.3	1.5	--		-4.0	-0.07	-1,032.1	-2.6	-779.26		-0.2		-1.2
-18.85	-43.29	-64.87	-91.64			22.8	0.21	--		-11.1	-0.93	32.9	-9.9	-38.27		-0.5		1.0
-0.28	14.94	-51.97	-56.08			61.5	32.9	2.6	5.1	-15.3	-0.94	-28.9	-14.5	-24.81		-3.8	24.0	2.4
-63.77	-59.02					24.5	16.3	17.0	11.3	7.7	0.08	-95.0	4.5	30.27	67.91	3.2	1.5	3.2
0.15	0.02	-1.53	11.82	1.00	6.3	41,748	74,666	48,867	124.5	2,298	0.67	75.3	11,198	3.24	6.48	23.5	0.9	1.2
-1.26	-0.06	-4.15	0.00			41,748	74,666	48,867	124.5	2,298	0.67	75.3	11,198	3.24	6.48	23.5	0.9	1.2
-17.50	-19.32	-45.40	36.55			570.2	428.7	169.1	-3.5	19.3	0.31	17.7	32.0	6.13	7.14	29.4	3.3	2.0
6.52	-12.53	-26.71	-25.18			572.9	776.7	274.2	1.5	-21.6	-0.28	70.2	21.7	-0.59		-26.0	2.1	2.3
-28.57	-39.39	-54.55	-41.18			28.2	48.6	116.6	-10.1	0.49	0.01	183.5	5.1	1.45	0.83	75.8	0.3	0.6
-54.98	-54.98	-54.98	-21.20			28.2	48.6	116.6	-10.1	0.49	0.01	183.5	5.1	1.45	0.83	60.0	0.3	0.5
66.67	150.00	-65.52	-94.87			0.88	0.85	5.4	-14.7	-1.4	-1.24	84.6	-0.68	-28.81		-0.4	0.1	0.6
-27.08	-35.19	-41.67	9.38			56.3	30.5	--		-11.2	-0.06	33.7	-12.3	-62.37		-5.8		2.3
-26.12	-28.28	-36.55	12.00			56.3	30.5	--		-11.2	-0.06	33.7	-12.3	-62.37		-4.6		1.9
-21.21	2.61					1,272	977.0	2.1		-122.6	-3.18	46.1	-100.2			-4.2	561.8	4.0
-0.80	4.96	-3.47	-3.17	0.97	15.2	340.8	--	-6.4	-28.2	-17.4	-0.33	7.4	50.9			-19.3	-49.0	0.9
-94.51	-92.14	-98.20	-99.79			0.75	183.3	186.7	14.9	-37.7	-3.54	-664.6	-17.5	-2.98		0.0	0.0	0.0
0.00	25.00	-37.50	-9.09			4.4	4.1	--		-0.66	-0.01	73.0	-0.57	-4.19		-6.9		0.7

https://greyhouse.weissratings.com
Data as of June 30, 2019

I. Index of Stocks — Summer 2019

Company Name	Stock Ticker Symbol	Traded On	Sector	Overall Rating	Recommendation	Reward Rating	Risk Rating	Recent Up/Downgrade	Stock Price as of 6/30/2019	52-Week High	52-Week Low	3-Year Beta	Growth	Efficiency	Solvency	Volatility	Dividend	Total Return
Orefinders Resources Inc.	ORFDF	OTC PK	Materials	D	Sell	D	D		0.04	0.07	0.03	0.14	W	W	G	W	–	W
O'Reilly Automotive, Inc.	ORLY	NAS GS	Consumer Discretn	B-	Buy	B+	C-		367.57	414.63	270.97	0.73	E	E	W	F	–	F
Orestone Mining Corp.	ORS.V	TSXV	Materials	D+	Sell	C-	D	Up	0.16	0.25	0.06	0.84	V	W	G	W	–	E
Orex Minerals Inc.	ORMNF	OTC PK	Materials	E+	Sell	E+	D-	Down	0.05	0.13	0.03	0.86	V	V	E	W	–	V
Orex Minerals Inc.	REX.V	TSXV	Materials	E+	Sell	E+	D-		0.06	0.17	0.05	1.41	V	V	E	W	–	V
Orezone Gold Corporation	ORE.V	TSXV	Materials	D-	Sell	E+	D	Down	0.64	0.86	0.39	0.33	W	V	E	W	–	W
Orezone Gold Corporation	ORZCF	OTC PK	Materials	D-	Sell	E+	D	Down	0.53	0.65	0.3	0.72	W	V	E	W	–	W
Orford Mining Corporation	ORM.V	TSXV	Materials	D-	Sell	D-	D-		0.10	0.33	0.07		F	V	G	W	–	V
Organic Garage Ltd.	OG.V	TSXV	Consumer Staples	D	Sell	D	D		0.16	0.58	0.16	-0.47	W	W	G	W	–	W
Organic Potash Corporation	OPCGF	OTC PK	Materials	E	Sell	E+	C		0.03	0.03	0.03		W	V	F	F	–	W
OrganiGram Holdings Inc.	OGI.V	TSXV	Health Care	C	Hold	C+	D+	Down	8.36	11.30	4.11	2.07	F	G	E	W	–	G
OrganiGram Holdings Inc.	OGI	NAS GS	Health Care	C	Hold	C+	D+	Down	6.41	8.44	2.97	2.29	F	G	E	W	–	G
OrganiMax Nutrient Corp.	KMAX.V	TSXV	Materials	E+	Sell	E+	E+	Down	0.06	0.63	0.06	0.14	W	V	G	V	–	V
OrganiMax Nutrient Corp.	BNRJF	OTC PK	Materials	E+	Sell	E+	D-	Down	0.03	0.42	0.03	-0.18	W	V	G	W	–	V
Organización Soriana, S. A. B. de C. V.	ONZBF	OTC PK	Consumer Staples	D	Sell	C	D-		1.20	1.90	1.2	0.14	W	G	G	W	–	W
Organogenesis Holdings Inc.	ORGO	NAS CM	Health Care	E-	Sell	D-	D-		7.43	310.90	6.28		W	W	E	W	–	V
Organovo Holdings, Inc.	ONVO	NAS	Health Care	D-	Sell	E+	D-		0.44	1.44	0.37	1.70	F	V	E	W	–	V
Organto Foods Inc.	OGO.V	TSXV	Consumer Staples	D	Sell	D	D		0.06	0.17	0.05	0.52	F	W	F	W	–	V
Organto Foods Inc.	OGOFF	OTC PK	Consumer Staples	D	Sell	D	D		0.04	0.13	0.03	1.46	F	W	F	W	–	V
Orgenesis Inc.	ORGS	NAS CM	Health Care	D	Sell	D-	D		4.35	9.25	3.78	1.44	W	V	G	W	–	W
Origin Agritech Limited	SEED	NAS GS	Consumer Staples	D-	Sell	E+	D		5.99	10.91	4.75	1.02	W	V	F	W	–	V
Origin Bancorp, Inc.	OBNK	NAS GS	Financials	D	Sell	C	D	Up	32.99	41.86	27.41		E	G	E	W	W	W
Origin Gold Corporation	OIC.V	TSXV	Materials	D-	Sell	E+	D-		0.11	0.14	0.07		W	V	G	W	–	W
Origin House	ORHOF	OTC PK	Health Care	D+	Sell	D+	D		7.03	9.75	3.18	1.86	W	W	E	W	–	F
Original Sixteen to One Mine, Inc.	OSTO	OTC PK	Materials	D	Sell	D	D		0.00	0.18	0	-1,773.25	W	W	F	W	–	W
OriginClear, Inc.	OCLN	OTC PK	Industrials	D	Sell	C-	D-		0.00	0.03	0	-1.54	F	F	F	W	–	V
Orion Energy Systems, Inc	OESX	NAS CM	Industrials	D+	Sell	C-	D	Up	2.85	3.09	0.53	2.89	F	W	G	W	–	G
Orion Engineered Carbons S.A.	OEC	NYSE	Materials	C	Hold	B	D	Down	21.10	36.55	17.52	1.47	F	E	G	W	G	F
Orion Group Holdings, Inc.	ORN	NYSE	Industrials	D-	Sell	D-	D	Down	2.35	9.83	1.8	0.90	W	W	W	W	–	V
Orion Nutraceuticals Inc.	ORONF	OTC PK	Health Care	E-	Sell	D-	D-		0.07	0.34	0.04		W	W	G	W	–	V
Oritani Financial Corp.	ORIT	NAS GS	Financials	B-	Buy	B+	C	Down	17.38	18.01	14.07	1.00	F	E	E	F	E	F
ORIX Corporation	IX	NYSE	Financials	C	Hold	B-	D+		74.42	85.83	67	0.64	G	G	E	W	W	W
ORIX Corporation	ORXCF	OTC PK	Financials	C	Hold	B	D+		14.90	16.92	13.85	0.60	G	G	E	W	E	W
Orla Mining Ltd.	ORRLF	OTC PK	Materials	D	Sell	D	D		0.80	1.14	0	0.69	W	W	E	W	–	W
Orla Mining Ltd.	OLA.TO	TSX	Materials	D	Sell	D	D		1.07	1.55	0.85	0.30	W	W	E	W	–	W
Orletto Capital II Inc.	OLTP.V	TSXV	Financials	E+	Sell	E	D	Up	0.11	0.20	0.09		W	V	E	W	–	W
Ormat Technologies, Inc.	ORA	NYSE	Utilities	C	Hold	B-	C-	Down	62.54	63.73	45.79	0.88	F	G	G	F	W	F
Oroco Resource Corp.	OCO.V	TSXV	Materials	D-	Sell	D-	D		0.48	0.74	0.17	0.03	W	V	G	W	–	E
Oroco Resource Corp.	ORRCF	OTC PK	Materials	D-	Sell	D-	D		0.36	0.56	0.13	0.09	W	V	G	W	–	E
Oronova Energy Inc.	ONV.V	TSXV	Energy	D	Sell	D	D	Up	0.06	0.16	0.05	5.06	V	W	G	W	–	W
Oronova Energy Inc.	ONVRF	OTC PK	Energy	E	Sell	D-	D-	Up	0.05	0.10	0.05		V	W	G	W	–	V
Orrstown Financial Services, Inc.	ORRF	NAS CM	Financials	C	Hold	B	D+		22.00	27.00	17.3	0.79	E	E	E	W	G	W
Orthofix Medical Inc.	OFIX	NAS GS	Health Care	C-	Hold	C	D+	Down	52.55	74.44	47.79	0.68	W	G	E	F	–	W
OrthoPediatrics Corp.	KIDS	NAS	Health Care	D+	Sell	C-	D	Up	38.50	47.82	25.11		F	W	E	F	–	F
Orvana Minerals Corp.	ORV.TO	TSX	Materials	D+	Sell	C	D		0.28	0.32	0.12	-0.21	G	W	G	W	–	W
Orvana Minerals Corp.	ORVMF	OTC PK	Materials	D+	Sell	C-	D		0.22	0.24	0.09	0.54	G	W	G	W	–	W
Oryx Petroleum Corporation Limited	OXC.TO	TSX	Energy	C-	Hold	C+	D+		0.30	0.42	0.16	1.75	F	F	G	W	–	F
Oryx Petroleum Corporation Limited	ORXPF	OTC PK	Energy	C-	Hold	C+	D	Up	0.19	0.28	0.14	1.45	F	F	G	W	–	W
Oshkosh Corporation	OSK	NYSE	Industrials	B-	Buy	A-	C		82.53	84.86	51.42	2.15	E	E	E	F	W	F
OSI Systems, Inc.	OSIS	NAS GS	Information Tech	C+	Hold	B	C-	Up	110.24	114.42	67.15	0.42	G	G	G	F	–	G
Osino Resources Corp.	OSIIF	OTC PK	Materials	D-	Sell	E+	D	Up	0.26	0.32	0.18		W	V	E	F	–	W
Osino Resources Corp.	OSI.V	TSXV	Materials	D-	Sell	E+	D		0.35	0.64	0.2		W	V	E	W	–	W

*Ratings Factors: E=Excellent, G=Good, F=Fair, W=Weak, V=Very Weak, U=Unrated

Summer 2019 — I. Index of Stocks

TOTAL RETURNS %				DIVIDEND/YIELD		SIZE		REVENUE & INCOME			EARNINGS		EFFECTIVENESS			VALUATION		
3-Month Total Return (%)	6-Month Total Return (%)	1-Year Total Return (%)	3-Year Total Return (%)	Dividend $ TTM	Dividend Yield TTM	Market Cap. ($Mil)	Enterprise Value ($Mil)	Revenue ($Mil)	Revenue Growth (%)	Net Income ($Mil)	Earnings/ Share $	EPS Growth (%)	Cash from Operations ($Mil)	Return on Assets (%)	Return on Equity (%)	Earnings (P/E) TTM	Sales (P/S) TTM	Book (P/B) Q
2.50	23.12	-52.87				4.4	4.1	--		-0.66	-0.01	73.0	-0.57	-4.19		-5.7		0.6
-5.38	7.45	33.05	35.42			28,772	34,102	9,664	6.2	1,341	16.56	23.1	1,736	13.03	336.79	22.2	3.0	77.3
3.33	47.62	72.22	3.33			2.8	2.8	--		-0.30	-0.02	-29.4	-0.07	-11.63		-6.4		2.1
-8.20	-20.31	-47.00	-92.84			5.2	4.0	--		-2.1	-0.02	0.0	-1.5	-24.99		-2.5		1.5
-20.00	-25.00	-57.14	-92.86			5.2	4.0	--		-2.1	-0.02	0.0	-1.5	-24.99		-3.2		1.9
23.08	14.29	-20.99	-42.86			104.0	69.1	--		-15.9	-0.08	-22.6	-14.8	-47.07		-8.4		3.7
34.72	26.29	-18.81	-37.50			104.0	69.1	--		-15.9	-0.08	-22.6	-14.8	-47.07		-6.9		3.0
-20.00	-33.33	-50.00				5.8	5.5	--		-1.7	-0.03	78.9	-0.90	-10.47		-3.1		1.2
-31.91	-40.74	-48.39				4.5	5.4	18.1	17.3	-1.5	-0.05	-45.5	-0.43	-3.82		-3.5	0.3	1.0
-9.67						2.5	2.6	--		1.2	0.01	1,026.7	-0.04	-134.14		2.0		-4.9
-4.89	79.78	56.26	703.85			994.5	993.7	34.7	358.4	33.7	0.24	693.7	-22.1	15.39	20.66	35.6	31.3	5.6
-2.21	86.88	58.49	701.35			994.5	993.7	34.7	358.4	33.7	0.24	693.7	-22.1	15.39	20.66	27.3	24.0	4.3
-55.56	-63.64	-90.00	-98.47			0.43	0.42	--		-0.64	-0.07	-35.6	-0.61	-20.15		-0.9		0.4
-60.16	-72.83	-94.50	-98.97			0.43	0.42	--		-0.64	-0.07	-35.6	-0.61	-20.15		-0.4		0.2
-9.05	-9.05	-30.10	-47.82			2,108	4,013	5,856	-28.5	118.4	0.07	-51.0	-202.6			18.1	0.4	0.7
-1.33						678.5	736.0	171.5	-8.3	-38.0	-0.68	-26.6	-50.0			-11.0	3.9	20.8
-56.15	-55.76	-68.49	-86.96			57.0	20.6	3.1	-32.9	-26.6	-0.23	29.0	-20.4	-37.69		-1.9	17.0	1.5
-8.33	-15.38	-31.25	-84.29			7.1	8.2	1.3	186.7	-3.7	-0.03	63.8	-2.4	-79.17		-2.2	7.1	-6.6
-14.03	-12.45	-11.91	-83.58			7.1	8.2	1.3	186.7	-3.7	-0.03	63.8	-2.4	-79.17		-1.7	5.6	-5.2
-22.04	-5.43	-47.97	-7.05			70.1	98.4	23.3	114.5	-21.0	-1.49	-25.3	-18.1	-14.2		-2.9	2.9	3.4
-20.13	22.24	-21.19	-63.67			19.1	30.4	2.0	108.8	-19.5	-5.36	-21.7	--			-1.1	11.1	-5.3
-2.84	-3.35	-18.25		0.16	0.5	783.4	--	200.3	25.5	52.4	2.20	179.2	69.8		10.51	15.0	3.9	1.4
10.00	10.00	-12.00				4.3	3.8	--		-0.70	-0.02	48.8	-0.64	-62.72		-6.5		12.0
-17.78	44.35	95.28				473.7	456.5	22.2	733.5	-15.7	-0.22	-11.1	-37.6	-17.27		-31.5	21.7	3.2
-99.86	-99.90	-99.95	-99.80			0.00	0.64	0.22	-47.7	-0.33	-0.02	-24.7	-0.02	-18.74		0.0	0.0	0.0
-71.43	-80.00	-99.00	-99.92			1.0	7.6	4.0	0.7	1.2	0.03	112.5	-3.7	-241.89		0.0	0.1	-0.1
216.67	379.80	163.89	139.50			85.3	85.9	65.8	9.0	-6.7	-0.23	50.6	-5.1	-7.54		-12.5	1.3	4.7
13.80	-13.08	-28.55	57.95	0.80	3.8	1,256	1,902	1,556	10.3	116.0	1.91	55.5	120.9	8.28	85.18	11.0	0.8	7.4
-26.79	-43.65	-72.19	-52.53			68.3	175.9	527.2	-8.6	-106.4	-3.74	-1,839.5	9.4	-7.73		-0.6	0.1	0.5
-54.28						2.6	2.6	--		-1.4	-0.06	-2,395.7	-1.1			-1.2		1.0
5.16	20.85	15.59	39.01	1.00	5.8	750.5	--	110.7	-0.6	52.8	1.19	65.6	52.7		9.73	14.6	6.9	1.4
3.17	5.70	-2.98	29.01	2.75	3.7	19,058	50,791	22,296	-15.2	2,650	2.07	-4.6	5,444	2.15	11.1	36.0	4.3	3.7
6.89	2.05	-12.87	21.14			19,058	50,791	22,296	-15.2	2,650	2.07	-4.6	5,444	2.15	11.1	7.2	0.9	0.7
1.08	0.44	-19.83				146.3	145.8	--		-28.9	-0.16	-17.4	-26.8	-12		-4.9		1.2
2.88	1.90	-15.75				146.3	145.8	--		-28.9	-0.16	-17.4	-26.8	-12		-6.6		1.5
0.00	10.00					0.34	--	--		-0.08	-0.02		-0.03			-5.9		1.7
13.50	20.17	18.43	50.84	0.42	0.7	3,174	4,512	734.3	6.9	54.4	1.07	-67.3	203.5	4	4.47	58.5	4.3	2.4
84.62	146.15	128.57	1,500.00			35.8	35.5	--		-1.1	-0.01	10.8	-0.79	-33.67		-38.7		23.3
85.51	157.51	133.08	2,038.82			35.8	35.5	--		-1.1	-0.01	10.8	-0.79	-33.67		-29.3		17.7
-40.00	-14.29	-29.41	-20.00			2.0	1.9	--		-0.55	-0.02	13.0	-0.56	-243.2		-3.6		27.3
6.39	-21.02					2.0	1.9	--		-0.55	-0.02	13.0	-0.56	-243.2		-3.1		23.7
12.47	22.33	-13.12	30.57	0.56	2.6	249.3	--	74.8	14.4	12.3	1.42	20.5	18.0		7.64	15.5	2.7	1.2
-6.09	0.04	-9.38	24.88			1,002	983.3	453.4	3.1	9.5	0.49	-35.4	52.4	4.14	2.89	108.3	2.2	2.9
-12.96	12.51	37.50				574.6	543.0	60.1	25.4	-10.0	-0.76	88.8	-14.0	-5.11		-50.5	9.2	7.1
44.74	77.42	77.42	34.15			28.6	39.2	147.1	-4.5	-1.9	-0.01	83.9	9.7	0.07		-19.4	0.3	0.5
54.07	96.09	58.14	50.73			28.6	39.2	147.1	-4.5	-1.9	-0.01	83.9	9.7	0.07		-15.2	0.2	0.4
42.86	57.89	36.36	-61.04			117.7	182.2	65.9	171.3	49.6	0.10	183.1	19.3	5.4	8.53	3.1	2.4	0.3
25.45	37.37	20.77	-71.96			117.7	182.2	65.9	171.3	49.6	0.10	183.1	19.3	5.4	8.53	1.9	1.5	0.2
12.30	37.84	21.29	86.82	1.05	1.3	5,770	6,267	8,026	7.4	542.2	7.43	44.9	545.4	8.87	22.36	11.1	0.7	2.3
27.24	50.38	41.57	98.95			1,996	2,269	1,161	10.1	53.2	2.85	262.8	105.1	4.82	10.56	38.7	1.8	3.8
-17.72	31.71					14.3	12.0	--		-4.6	-0.09	0.7	-2.6	-88.38		-3.0		5.1
-5.41	45.83	-43.55				14.3	12.0	--		-4.6	-0.09	0.7	-2.6	-88.38		-4.0		6.9

I. Index of Stocks

Summer 2019

Company Name	Stock Ticker Symbol	Traded On	Sector	Overall Rating	Recommendation	Reward Rating	Risk Rating	Recent Up/Downgrade	Stock Price as of 6/30/2019	52-Week High	52-Week Low	3-Year Beta	Growth	Efficiency	Solvency	Volatility	Dividend	Total Return
Osisko Gold Royalties Ltd	OR	NYSE	Materials	C-	Hold	C	D	Up	10.38	12.08	7	0.03	G	W	E	W	W	W
Osisko Gold Royalties Ltd	OR.TO	TSX	Materials	C-	Hold	C	D	Up	13.59	16.08	9.27	-0.26	G	W	E	W	W	W
Osisko Metals Incorporated	OM.V	TSXV	Materials	D+	Sell	C-	D	Up	0.61	0.72	0.46	0.66	W	W	E	W	--	F
Osisko Metals Incorporated	OMZNF	OTC PK	Materials	D	Sell	D+	D		0.47	0.54	0.36	0.62	W	W	E	W	--	F
Osisko Mining Inc.	OSK.TO	TSX	Materials	D	Sell	D	D		3.34	3.75	1.6	-0.88	V	W	E	W	--	F
Osisko Mining Inc.	OBNNF	OTC PK	Materials	D	Sell	D	D		2.56	2.83	1.22	-0.64	V	W	E	W	--	F
Osmotica Pharmaceuticals plc	OSMT	NAS GS	Health Care	E	Sell	D	D-	Up	3.55	9.90	2.2		F	W	G	W	--	V
Osprey Gold Development Ltd.	OSSPF	OTC PK	Materials	D-	Sell	D-	D-	Down	0.04	0.06	0.02	-0.11	F	V	E	W	--	V
Osprey Gold Development Ltd.	OS.V	TSXV	Materials	D	Sell	D-	D	Down	0.05	0.07	0.04	0.25	F	V	E	W	--	W
Ossen Innovation Co., Ltd.	OSN	NAS CM	Materials	C	Hold	C+	D+	Up	2.05	3.11	1.06	2.79	F	G	E	W	--	W
OTC Markets Group Inc.	OTCM	OTC PK	Financials	C	Hold	B+	C+		32.13	40.00	26.27	0.40	E	E	E	F	F	F
Otelco Inc.	OTEL	NAS CM	Communication Svc	C	Hold	A-	B-		15.20	18.31	14.38	0.50	F	E	G	G	--	F
Otis Gold Corp.	OOO.V	TSXV	Materials	D	Sell	D	D-		0.09	0.25	0.07	-0.04	W	W	E	W	--	V
Otis Gold Corp.	OGLDF	OTC PK	Materials	D	Sell	D	D-		0.07	0.21	0.05	1.26	W	W	E	W	--	V
Otonomy, Inc.	OTIC	NAS GS	Health Care	D-	Sell	E+	D		2.53	4.05	1.5	1.84	F	V	G	W	--	V
Ottawa Bancorp, Inc.	OTTW	NAS CM	Financials	C	Hold	B	C		13.02	14.00	12.75	0.47	G	G	E	F	F	W
Otter Tail Corporation	OTTR	NAS GS	Utilities	B	Buy	B	B	Down	52.04	53.35	44.22	0.25	G	E	G	G	G	F
Outcrop Gold Corp.	OCG.V	TSXV	Materials	D-	Sell	E+	D		0.28	0.45	0.1	1.13	W	V	E	W	--	W
Outcrop Gold Corp.	MRDDF	OTC PK	Materials	D-	Sell	E+	D		0.21	0.33	0.07	0.78	W	V	E	W	--	W
Outlook Therapeutics, Inc.	OTLK	NAS CM	Health Care	D-	Sell	D	D-	Down	2.04	10.96	0.85	-0.90	W	W	F	W	--	V
Ovation Science Inc.	OVATF	OTC PK	Health Care	E	Sell	D	D+		0.34	0.48	0.27		W	W	E	W	--	V
Overseas Shipholding Group, Inc.	OSG	NYSE	Energy	D	Sell	D	D		1.86	4.06	1.46	0.86	W	W	E	W	--	W
Overstock.com, Inc.	OSTK	NAS	Consumer Discretn	D-	Sell	D-	D-		13.02	48.00	8.96	3.35	W	V	G	W	--	W
Ovid Therapeutics Inc.	OVID	NAS GS	Health Care	E+	Sell	E+	D-	Down	1.84	11.45	1.53	2.24	V	V	E	W	--	V
Owens & Minor, Inc.	OMI	NYSE	Health Care	D-	Sell	D	E+	Down	3.15	19.16	2.61	2.43	W	W	G	V	W	V
Owens Corning	OC	NYSE	Industrials	C	Hold	B-	D		56.96	67.30	40.64	1.59	F	E	G	W	F	W
Owens-Illinois, Inc.	OI	NYSE	Materials	C	Hold	C+	D	Down	16.69	20.78	15.67	1.31	G	G	F	W	W	W
Owl Capital Corp.	OCCP.V	TSXV	Financials	D-	Sell	D	D+		0.34	0.39	0.28		W	W	E	F	--	W
Oxbridge Re Holdings Limited	OXBR	NAS CM	Financials	D-	Sell	E+	D		1.10	3.00	0.51	2.90	F	V	E	W	--	V
Oxford Bank Corporation	OXBC	OTC PK	Financials	C	Hold	C+	B		20.00	20.00	16.3	0.14	W	G	E	G	--	G
Oxford Immunotec Global PLC	OXFD	NAS	Health Care	C	Hold	C	C-	Down	13.76	19.19	11.66	0.49	F	F	E	F	--	F
Oxford Industries, Inc.	OXM	NYSE	Consumer Discretn	C+	Hold	B	C		73.71	97.19	63.5	1.08	F	E	G	F	F	F
Oxford Square Capital Corp.	OXSQL	NAS GS	Financials	U	U		U						U	U	U	U	U	U
Oxford Square Capital Corp.	OXSQ	NAS GS	Financials	C-	Hold	C	D+		6.39	7.52	5.89	0.69	W	E	E	F	E	W
Ozop Surgical Corp.	OZSC	OTC PK	Health Care	E	Sell	C-	D-	Up	0.04	2.10	0.02		W	G	F	W	--	V
P Squared Renewables Inc.	PSQP.V	TSXV	Utilities	D-	Sell	E+	D		0.16	0.21	0.1	0.17	W	V	G	W	--	W
P&F Industries, Inc.	PFIN	NAS	Consumer Discretn	C	Hold	C	D+	Up	8.11	9.00	6.03	0.19	F	F	E	W	F	F
P&P Ventures Inc.	PPVH.V	TSXV	Consumer Staples	D+	Sell	C-	D	Up	0.11	0.11	0.06	-1.49	V	W	G	W	--	G
P. H. Glatfelter Company	GLT	NYSE	Materials	D	Sell	D+	D		16.41	20.51	9.29	1.74	W	W	G	W	G	W
P.A.M. Transportation Services, Inc.	PTSI	NAS	Industrials	C	Hold	A+	D+		58.60	70.00	34.31	1.63	E	E	G	W	--	E
PACCAR Inc	PCAR	NAS GS	Industrials	B	Buy	A-	C	Up	70.69	73.00	53.43	1.49	G	E	E	F	F	F
Pacgen Life Science Corporation	PBS.V	TSXV	Health Care	D-	Sell	D-	D-		0.02	0.06	0.02	0.23	F	V	G	W	--	V
Pacific Arc Resources Ltd.	PAVH.V	TSXV	Materials	D-	Sell	E+	D	Down	0.23	0.45	0.2	0.14	V	V	E	W	--	V
Pacific Basin Shipping Limited	PCFBY	OTC PK	Industrials	D+	Sell	C	D		3.59	5.60	3.59	-0.16	F	F	E	W	F	W
Pacific Basin Shipping Limited	PCFBF	OTC PK	Industrials	C	Hold	C+	D+		0.21	0.30	0.19	0.35	F	F	E	W	G	F
Pacific Bay Minerals Ltd.	PBM.V	TSXV	Materials	E+	Sell	E	D-	Down	0.06	0.20	0.06	0.25	W	V	F	W	--	V
Pacific Bay Minerals Ltd.	PBMFF	OTC PK	Materials	E+	Sell	E	E+	Down	0.04	0.06	0.04	0.01	W	V	F	W	--	V
Pacific Biosciences of California, Inc.	PACB	NAS GS	Health Care	D-	Sell	E+	D		6.01	7.84	3.33	0.82	W	V	E	W	--	F
Pacific Booker Minerals Inc.	BKM.V	TSXV	Materials	D+	Sell	C	D		1.90	4.10	0.65	-2.11	W	W	E	W	--	G
Pacific Booker Minerals Inc.	PBMLF	OTC PK	Materials	C-	Hold	C	D	Up	1.50	3.10	0.5	-1.66	W	W	E	W	--	E
Pacific City Financial Corporation	PCB	NAS GS	Financials	B	Buy	A-	C	Up	16.97	20.95	13.36	0.81	G	G	E	F	W	G
Pacific Coast Oil Trust	ROYT	NYSE	Energy	C+	Hold	A	D+		2.19	2.95	1.48	1.40	G	G	E	W	E	F

*Ratings Factors: E=Excellent, G=Good, F=Fair, W=Weak, V=Very Weak, U=Unrated

Summer 2019 — I. Index of Stocks

3-Month Total Return (%)	6-Month Total Return (%)	1-Year Total Return (%)	3-Year Total Return (%)	Dividend $ TTM	Dividend Yield TTM	Market Cap. ($Mil)	Enterprise Value ($Mil)	Revenue ($Mil)	Revenue Growth (%)	Net Income ($Mil)	Earnings/Share $	EPS Growth (%)	Cash from Operations ($Mil)	Return on Assets (%)	Return on Equity (%)	Earnings (P/E) TTM	Sales (P/S) TTM	Book (P/B) Q
-8.22	20.79	13.38	-14.99	0.20	1.9	1,608	1,770	355.4	40.1	-101.7	-0.65	-223.9	63.7	-4.33		-15.9	4.5	1.3
-10.47	15.82	11.42	-14.88	0.20	1.5	1,608	1,770	355.4	40.1	-101.7	-0.65	-223.9	63.7	-4.33		-20.8	5.9	1.6
25.77	19.61	1.67	35.55			63.3	54.3	--		-3.5	-0.03	35.8	-5.4	-4.73		-21.8		1.4
29.67	22.70	2.08	32.90			63.3	54.3	--		-3.5	-0.03	35.8	-5.4	-4.73		-16.8		1.1
8.44	13.61	97.63	49.11			669.8	608.6	--		-45.6	-0.18	-60.7	-6.5	-6.54		-18.1		2.3
10.82	19.07	98.45	49.43			669.8	608.6	--		-45.6	-0.18	-60.7	-6.5	-6.54		-13.9		1.8
-11.14	-50.63					186.4	398.1	189.2	-23.6	-117.0	-7.45	72.8	31.5			-0.5	1.0	0.5
-2.20	-12.09	-6.98				1.8	1.6	--		-0.56	-0.01	75.7	-0.50	-11.4		-3.3		0.9
0.00	-9.09	-9.09	42.86			1.8	1.6	--		-0.56	-0.01	75.7	-0.50	-11.4		-4.1		1.1
10.81	70.83	-26.79	-15.64			13.5	53.4	66.1	-50.1	5.6	2.56	5.2	10.4			0.8	0.1	0.0
0.35	11.87	17.42	128.42	0.60	1.9	364.8	360.4	57.3	7.9	16.0	1.34	20.4	21.2	26.42	97.01	23.9	6.6	20.7
-5.88	-5.86	1.33	269.83			51.8	119.4	65.1	-4.1	9.8	2.83	-22.2	19.1	9.43	119.91	5.4	0.8	4.0
-15.00	-15.00	-55.26	-37.04			10.5	9.9	--		-1.2	-0.01	-1,675.0	-0.58	-1.53		-12.0		0.7
0.00	5.11	-48.42	-39.13			10.5	9.9	--		-1.2	-0.01	-1,675.0	-0.58	-1.53		-9.9		0.5
3.69	47.09	-35.13	-83.86			77.6	25.1	0.64	-46.1	-50.9	-1.66	32.2	-39.1	-29.49		-1.5	122.2	1.1
-1.59	-1.23	-2.92	15.88	0.22	1.7	43.3	--	10.9	5.9	1.9	0.60	108.3	3.4		3.68	21.9	3.8	0.8
5.14	6.55	11.95	76.11	1.37	2.6	2,069	2,723	921.2	5.1	82.5	2.06	3.6	156.0	3.84	11.38	25.3	2.3	2.8
-22.54	37.50	-31.25	-69.44			6.1	4.9	--		-1.8	-0.13	31.7	-1.7	-50.31		-2.1		3.4
-18.27	18.06	-21.30	-73.77			6.1	4.9	--		-1.8	-0.13	31.7	-1.7	-50.31		-1.6		2.6
-72.62	-49.00	-71.02	-92.30			57.6	78.4	3.3	-31.5	-40.6	-5.51	56.0	-33.0	-102.86		-0.4	7.2	-0.9
11.45						7.9	6.8	0.12		-0.47	-0.03	-372.2	-0.34	-19.54		-13.5	69.0	5.3
-17.70	15.53	-51.94	-55.65			158.6	687.7	352.9	-8.0	13.0	0.14	-77.9	35.4	1.29	4	13.7	0.5	0.5
-19.68	-8.82	-56.45	-16.48			459.3	459.3	1,744	-0.8	-194.4	-6.33	-9.3	-180.2	-24.62		-2.1	0.2	3.3
2.22	-26.10	-76.77				71.2	11.6	--		-52.6	-2.03	-5.4	-45.5	-45.64		-0.9		1.2
-22.53	-50.17	-81.16	-90.34	0.34	10.8	198.2	2,072	9,928	6.0	-459.3	-7.68	-856.0	36.4	1.84		-0.4	0.0	0.4
22.23	31.67	-7.95	20.66	0.86	1.5	6,184	10,116	7,033	6.6	497.0	4.48	80.5	742.0	4.87	11.82	12.7	0.9	1.5
-12.26	-1.91	1.35	-2.31	0.10	0.6	2,591	8,497	6,779	-3.0	239.0	1.50	9.2	347.0	3.92	14.09	11.1	0.4	2.9
-12.99	15.52	-4.29				0.51	0.28	--		-0.05	-0.02	-491.7	-0.04	-11.03		-15.7		3.1
0.00	76.85	-37.14	-75.54			6.3	2.8	3.8	-82.9	-5.7	-1.00	73.8	-11.2	-32.36		-1.1	1.7	0.8
6.95	15.27	12.68	105.13			45.8	--	9.8	-34.4	2.1	0.91	3.6	--			22.1	4.7	1.2
-20.32	8.01	4.08	59.08			366.3	185.1	62.9	40.0	129.6	4.77	415.9	-15.9	-4.58	12.98	2.9	5.8	1.7
-5.41	5.12	-9.98	43.33	1.39	1.9	1,254	1,631	1,117	2.8	67.4	4.00	-2.3	97.4	6.95	14.38	18.4	1.1	2.5
						304.5	434.5	57.2	-2.0	-8.0	-0.18	-121.8	-55.6	5.53				
1.90	2.99	4.50	81.22	0.80	12.5	304.5	434.5	57.2	-2.0	-8.0	-0.18	-121.8	-55.6	5.53		-35.3	5.3	1.0
-94.53	-96.82					1.2	2.3	0.19	283.3	-3.1	-0.11	-18.6	-0.99	-148.91		-0.3	5.3	-0.4
-5.88	-5.88	-5.88				0.37	0.19	--		-0.09	-0.03	69.3	-0.06	-26.11		-5.4		3.0
-3.44	3.39	-3.11	-5.14	0.20	2.5	25.6	32.0	63.6	3.4	0.77	0.19	189.9	2.6	1.51	1.73	41.6	0.4	0.6
0.00	40.00	31.25	110.00			0.20	0.01	--		-0.09	-0.04	-36.7	-0.09	-8.88		-2.7		1.5
18.25	65.97	-12.39	-3.55	0.52	3.2	723.0	1,050	884.2	42.7	-178.0	-4.07	-12,785.4	301.3	1.56	0.3	-4.0	0.8	1.4
21.83	47.64	28.23	286.54			348.7	534.2	542.5	21.1	30.9	5.09	-15.4	86.4	6.64	22.43	11.5	0.7	2.4
4.02	25.00	20.19	58.40	3.20	4.5	24,490	30,935	24,329	16.6	2,312	6.60	24.1	2,830	7.24	26.16	10.7	1.0	2.7
0.00	-42.86	-66.67	-42.86			0.99	0.83	0.47	71.3	-0.21	0.00	-6.5	-0.34	-21.39		-6.1	2.7	3.0
2.27	-25.00	-67.86	-10.00			2.8	2.5	--		-0.17	-0.01	-127.5	-0.11	-44.78		-19.4		27.8
-11.11	-22.25	-34.47	88.89	0.14	3.9	871.1	1,493	1,592	7.0	72.3	0.02	2,600.0	189.6	2.07	6.04	221.6	10.2	13.2
5.00	9.38	-19.85	90.91			871.1	1,493	1,592	7.0	72.3	0.02	2,600.0	189.6	2.07	6.04	13.0	0.6	0.8
-7.69	-52.00	-60.00	-80.00			0.66	0.72	--		-0.06	-0.01	84.6	-0.09	-16.14		-7.9		18.2
-10.89	-33.17	-66.58	-76.27			0.66	0.72	--		-0.06	-0.01	84.6	-0.09	-16.14		-5.3		12.2
-17.67	-18.01	72.21	-20.61			917.6	898.0	75.7	-13.9	-108.7	-0.76	7.7	-73.0	-35.32		-7.9	12.0	9.7
-33.10	41.79	100.00	77.57			23.8	22.3	--		-0.34	-0.02	-13.9	-0.16	-0.52		-96.5		1.7
-30.56	50.00	100.00	94.30			23.8	22.3	--		-0.34	-0.02	-13.9	-0.16	-0.52		-76.1		1.3
-2.52	13.18	-1.22	76.50	0.17	1.0	271.8	--	76.1	9.2	24.6	1.60	19.4	35.9		13.5	10.6	3.6	1.3
6.53	43.58	11.25	38.62	0.35	15.8	84.5	84.4	12.5	47.7	11.2	0.29	50.6	--	3.36	5.37	7.6	6.8	0.4

I. Index of Stocks

Summer 2019

Company Name	Stock Ticker Symbol	Traded On	Sector	Overall Rating	Recommendation	Reward Rating	Risk Rating	Recent Up/Downgrade	Stock Price as of 6/30/2019	52-Week High	52-Week Low	3-Year Beta	Growth	Efficiency	Solvency	Volatility	Dividend	Total Return
Pacific Drilling S.A.	PACD	NYSE	Energy	D-	Sell	D-	D-	Up	12.82	9,500.00	9.85	1.49	W	V	E	W	–	V
Pacific Empire Minerals Corp.	PEMSF	OTC PK	Materials	E+	Sell	E+	D+	Up	0.06	0.06	0.06		V	V	G	F	–	W
Pacific Empire Minerals Corp.	PEMC.V	TSXV	Materials	D-	Sell	E+	D	Up	0.07	0.14	0.06		V	V	G	W	–	V
Pacific Ethanol, Inc.	PEIX	NAS CM	Energy	D	Sell	D	D-		0.76	3.24	0.75	2.27	F	W	G	W	–	V
Pacific GeoInfo Corp	PGOH.V	TSXV	Information Tech	D	Sell	D-	D+		0.01	0.03	0.01	-3.66	F	V	G	F	–	E
Pacific Green Technologies Inc.	PGTK	OTC PK	Industrials	D-	Sell	E+	D		3.75	4.25	0.51	-0.31	W	V	G	W	–	E
Pacific Health Care Organization, Inc.	PFHO	OTC PK	Health Care	C	Hold	B+	C		5.30	5.95	2.75	0.71	F	E	E	F	–	G
Pacific Imperial Mines Inc.	PPM.V	TSXV	Materials	D-	Sell	D-	D	Down	0.02	0.04	0.01	1.55	V	V	G	W	–	W
Pacific Iron Ore Corporation	POC.V	TSXV	Materials	D-	Sell	E+	D		0.08	0.10	0.06	1.09	W	V	G	W	–	V
Pacific Mercantile Bancorp	PMBC	NAS GS	Financials	C	Hold	B	C-		8.34	10.45	6.8	0.90	F	G	E	F	–	F
Pacific Paradym Energy Inc.	PPEH.V	TSXV	Energy	D+	Sell	C	D		0.02	0.06	0.01	-1.15	W	E	F	W	–	W
Pacific Premier Bancorp, Inc.	PPBI	NAS GS	Financials	C	Hold	B	D+		30.62	40.10	23.01	1.55	E	G	E	W	G	W
Pacific Ridge Exploration Ltd.	PEX.V	TSXV	Materials	D	Sell	D+	D		0.05	0.07	0.04	-1.37	W	F	E	W	–	W
Pacific Ridge Exploration Ltd.	PEXZF	OTC PK	Materials	D	Sell	D+	D		0.03	0.05	0.02	0.39	W	F	E	W	–	W
Pacific Rim Cobalt Corp.	PCRCF	OTC PK	Materials	E+	Sell	E+	D-	Up	0.09	0.32	0.07		W	V	F	W	–	W
Pacific Silk Road Resources Group Inc.	PP.V	TSXV	Materials	D+	Sell	C	D	Up	0.02	0.05	0.02	2.36	W	E	F	W	–	W
Pacific Silk Road Resources Group Inc.	PPOTF	OTC PK	Materials	D	Sell	C-	D-		0.01	0.04	0.01	1.73	W	E	F	W	–	V
Pacific Ventures Group, Inc.	PACV	OTC PK	Consumer Staples	E+	Sell	E	D-	Down	0.01	0.04	0	0.51	W	V	F	W	–	V
Pacific West Bank	PWBO	OTC PK	Financials	C-	Hold	C	C-		14.85	18.00	14	0.23	W	F	E	G	–	F
Pacira BioSciences, Inc.	PCRX	NAS GS	Health Care	D	Sell	D+	D		43.94	55.00	30	0.56	W	F	E	W	–	F
Packaging Corporation of America	PKG	NYSE	Materials	C+	Hold	B	C-		93.96	118.88	77.9	1.36	E	E	E	F	G	W
Pacton Gold Inc.	PAC.V	TSXV	Materials	D	Sell	D	D		0.16	0.74	0.11	1.53	V	W	E	W	–	F
Pacton Gold Inc.	PACXF	OTC PK	Materials	D	Sell	D	D		0.13	0.58	0.08	1.12	V	W	E	W	–	F
PacWest Bancorp	PACW	NAS GS	Financials	C	Hold	B-	D		38.25	52.15	31.16	1.48	E	G	E	W	E	W
PagerDuty, Inc.	PD	NYSE	Information Tech	U		U	U		47.78	59.82	36		U	U	U	U	U	U
PagSeguro Digital Ltd.	PAGS	NYSE	Information Tech	C	Hold	C+	D+	Up	37.64	38.25	17.02		F	E	E	W	–	W
PAID, Inc.	PAYD	OTC PK	Information Tech	D-	Sell	E	D	Down	2.98	4.00	2.3	-0.20	W	V	F	W	–	W
Painted Pony Energy Ltd.	PONY.TO	TSX	Energy	D	Sell	C-	D-		0.97	3.54	0.96	1.32	G	F	G	W	–	V
Painted Pony Energy Ltd.	PDPYF	OTC PK	Energy	D	Sell	C-	D-		0.78	2.75	0.72	1.59	G	F	G	W	–	V
Palamina Corp.	PLMNF	OTC PK	Materials	D-	Sell	E+	D	Down	0.25	0.31	0.16	-0.29	V	V	G	W	–	F
Palamina Corp.	PA.V	TSXV	Materials	D-	Sell	E+	D	Down	0.32	0.41	0.21	-0.35	V	V	G	W	–	F
Palatin Technologies, Inc.	PTN	AMEX	Health Care	D+	Sell	C	D	Up	1.11	1.78	0.59	1.60	V	F	E	W	–	G
Paleo Resources, Inc.	PRE.V	TSXV	Energy	D-	Sell	D	D-	Down	0.04	0.10	0.03	-1.51	F	V	W	W	–	W
Paleo Resources, Inc.	PRIEF	OTC PK	Energy	D-	Sell	D	D-	Down	0.03	0.08	0.02	0.04	F	V	W	W	–	W
Palladium One Mining Inc.	NKORF	OTC PK	Materials	D	Sell	D	D		0.07	0.07	0.03	-0.10	W	W	F	W	–	W
Palladium One Mining Inc.	PDM.V	TSXV	Materials	D	Sell	D+	D		0.09	0.15	0.03	3.31	W	W	F	W	–	W
Palo Alto Networks, Inc.	PANW	NYSE	Information Tech	C-	Hold	C	D	Down	204.89	260.63	160.08	0.87	G	W	E	F	–	F
Paloma Resources Inc.	PLOH.V	TSXV	Energy	D	Sell	D	D		0.12	0.20	0.1	-0.66	W	W	F	W	–	F
Palomar Holdings, Inc.	PLMR	NAS GS	Financials	U		U	U		24.83	25.99	18.06		U	U	U	U	U	U
Pampa Energía S.A.	PAM	NYSE	Utilities	D+	Sell	C	D-		34.80	43.67	19.5	0.26	W	G	E	W	–	W
Pan American Silver Corp.	PAAS	NAS GS	Materials	D+	Sell	C	D-		12.90	18.40	10.26	0.31	F	G	E	W	W	W
Pan American Silver Corp.	PAAS.TO	TSX	Materials	D+	Sell	C	D-		16.90	24.14	13.83	0.01	F	G	E	W	W	W
Pan Andean Minerals Ltd.	PAD.V	TSXV	Materials	D	Sell	D+	D		0.09	0.13	0.03	0.95	W	V	E	W	–	F
Pan Andean Minerals Ltd.	BCGOF	OTC PK	Materials	D	Sell	D+	D		0.07	0.08	0.02	3.36	W	V	G	W	–	G
Pan Global Resources Inc.	PGZ.V	TSXV	Materials	D-	Sell	E+	D		0.10	0.28	0.07	0.85	V	V	E	W	–	F
Pan Global Resources Inc.	PGNRF	OTC PK	Materials	D-	Sell	E+	D	Up	0.08	0.20	0.06	2.38	V	V	E	W	–	F
Pan Orient Energy Corp.	POE.V	TSXV	Energy	D+	Sell	C-	D		2.12	2.16	0.97	0.39	V	W	E	W	–	G
Pan Orient Energy Corp.	POEFF	OTC PK	Energy	D+	Sell	C-	D		1.63	1.65	0.74	0.59	V	W	E	W	–	G
Panasonic Corporation	PCRFF	OTC PK	Consumer Discretn	D+	Sell	C	D	Down	8.30	13.66	7.76	1.01	G	E	G	W	–	W
Panasonic Corporation	PCRFY	OTC PK	Consumer Discretn	D+	Sell	C	D	Down	8.24	13.59	7.76	1.01	G	E	G	W	–	W
Pancontinental Resources Corporation	PUCCF	OTC PK	Materials	D-	Sell	D	D-	Down	0.03	0.07	0.01	-2.71	V	W	G	W	–	W
Pancontinental Resources Corporation	PUC.V	TSXV	Materials	D-	Sell	D-	D-	Down	0.04	0.09	0.02	-2.94	V	W	G	W	–	W

*Ratings Factors: E=Excellent, G=Good, F=Fair, W=Weak, V=Very Weak, U=Unrated

Summer 2019 — I. Index of Stocks

TOTAL RETURNS %				DIVIDEND/YIELD		SIZE		REVENUE & INCOME			EARNINGS		EFFECTIVENESS			VALUATION		
3-Month Total Return (%)	6-Month Total Return (%)	1-Year Total Return (%)	3-Year Total Return (%)	Dividend $ TTM	Dividend Yield TTM	Market Cap. ($Mil)	Enterprise Value ($Mil)	Revenue ($Mil)	Revenue Growth (%)	Net Income ($Mil)	Earnings/Share $	EPS Growth (%)	Cash from Operations ($Mil)	Return on Assets (%)	Return on Equity (%)	Earnings (P/E) TTM	Sales (P/S) TTM	Book (P/B) Q
-9.97	-0.50	-99.29	-99.98			961.8	1,679	248.7	-16.1	-2,170	3.10		-42.8	-4.13		4.1	3.9	0.6
0.00	0.00					2.3	2.0	--		-0.80	-0.03	-8.8	-0.87	-65.4		-2.2		2.3
0.00	27.27	-50.00				2.3	2.0	--		-0.80	-0.03	-8.8	-0.87	-65.4		-2.6		2.7
-23.56	-5.86	-69.03	-84.45			37.8	324.0	1,471	-10.6	-65.3	-1.51	-104.9	-22.4	-4.93		-0.5	0.0	0.1
-50.00	-50.00	-50.00	-50.00			0.08	0.12	--		-0.15	-0.01	9.2	-0.18	-71.54		-0.5		-1.9
29.31	50.00	114.29	74.42			170.6	167.0	0.00	-100.0	-10.7	-0.25	-71.2	-0.83	-48.05		-15.2		14.9
10.42	17.78	6.00	165.00			17.0	10.3	7.0	7.9	1.3	0.39	13.1	0.72	12.68	16.43	13.8	2.7	2.0
-40.00	0.00	-57.14	-25.00			0.78	0.60	--		-0.21	0.00	8.8	-0.23	-42		-4.8		5.8
7.14	15.38	-6.25	-53.12			0.39	0.08	--		-1.6	-0.23	-412.8	-0.30	-84.06		-0.3		1.9
7.06	16.32	-14.02	21.22			183.6	--	50.6	0.6	24.5	1.03	94.8	19.6		18.93	8.1	3.9	1.4
50.00	0.00	-40.00	50.00			0.42	0.63	0.06	24.0	-0.18	-0.01	35.9	-0.03	-786.68		-3.0	8.8	-0.3
15.36	24.63	-19.61	35.92	0.44	1.4	1,920	--	445.9	42.6	134.1	2.30	26.4	315.4		8.2	13.3	4.3	1.0
-10.00	12.50	-10.00	-30.77			1.1	0.24	--		0.26	0.01	183.6	-0.40	-30.44	26.69	7.4		1.3
-13.02	6.41	-20.19	-49.91			1.1	0.24	--		0.26	0.01	183.6	-0.40	-30.44	26.69	4.8		0.8
-56.34	13.33	-65.46				5.8	4.7	--		-4.5	-0.09		-3.7	-75.15		-1.0		3.8
0.00	33.33	-33.33	-66.67			0.40	0.57	--		-0.32	-0.01	-53.2	-0.06	-523.73		-1.7		-0.6
0.00	0.00	-70.59	-41.18			0.40	0.57	--		-0.32	-0.01	-53.2	-0.06	-523.73		-0.8		-0.3
10.77	-67.79	-77.62	-99.42			1.6	5.0	4.5		-1.4	-0.01	49.4	-1.7	-49.77		-0.7	0.4	-0.6
2.41	6.07	-1.00	47.03			39.3	--	2.1	-6.7	-1.1	-0.32	49.1	--			-46.8	18.4	1.1
15.33	3.36	41.51	13.01			1,815	1,731	354.0	21.3	7.4	0.17	121.1	55.1	2.37	2.45	251.2	5.1	5.5
-4.77	16.00	-13.47	60.21	3.16	3.4	8,809	11,093	7,058	7.0	784.7	8.28	13.3	1,214	11.16	30.96	11.4	1.3	3.2
-27.27	-44.83	-73.77	18.52			18.4	17.2	--		-5.4	-0.07	-95.8	-3.3	-41.3		-2.3		1.8
-21.57	-41.82	-72.74	34.74			18.4	17.2	--		-5.4	-0.07	-95.8	-3.3	-41.3		-1.8		1.5
3.25	19.91	-19.13	19.31	2.40	6.3	4,537	--	1,135	4.1	459.7	3.71	16.3	623.9		9.52	10.3	4.1	1.0
						3,635	3,297	71.1	48.1	-18.3	-0.65	9.8	-6.9			-73.1	21.8	11.6
24.43	105.91	35.30				12,319	11,702	763.3	27.7	283.4	0.90	38.2	-259.9	-1.51	18.17	41.9	15.8	6.8
4.56	-1.97	-21.06				4.8	4.3	9.5	19.6	-11.2	-6.97	-1,187.3	0.30	-5.72		-0.4	0.5	2.6
-43.27	-31.69	-58.55	-87.27			119.0	742.2	308.5	41.3	9.1	0.04	-85.1	130.3	3.04	1.1	23.5	0.5	0.2
-38.43	-26.10	-55.57	-86.85			119.0	742.2	308.5	41.3	9.1	0.04	-85.1	130.3	3.04	1.1	18.8	0.4	0.2
-1.52	3.89	-5.67	66.13			8.8	8.1	--		-2.2	-0.07	-32.7	-1.9	-111.17		-3.3		13.0
6.67	-7.25	-5.88	88.24			8.8	8.1	--		-2.2	-0.07	-32.7	-1.9	-111.17		-4.3		16.9
15.64	58.55	13.61	152.27			239.3	220.8	20.7	-74.3	-4.6	-0.03	-116.8	-4.3	-10.83		-43.5	11.1	14.0
-27.27	-50.00	-11.11	-52.94			7.2	14.3	0.45	4.8	-2.9	-0.01	80.8	-1.2	-13.69		-3.2	21.1	8.3
-7.78	-28.89	-34.83	-59.29			7.2	14.3	0.45	4.8	-2.9	-0.01	80.8	-1.2	-13.69		-2.6	16.8	6.7
-2.86	54.55	-29.90	-53.42			2.8	2.8	--		-0.52	-0.02	-5.8	-0.15	-104.09		-2.9		-6.3
21.43	112.50	21.43	-46.88			2.8	2.8	--		-0.52	-0.02	-5.8	-0.15	-104.09		-3.6		-7.9
-14.05	11.27	-0.01	73.02			19,664	18,189	2,752	29.6	-63.4	-0.67	63.3	1,102	-0.39		-303.6	7.0	13.5
-11.11	-14.29	0.00	100.00			0.64	0.62	0.01	-32.5	-0.13	-0.04	-52.0	-0.03	-146.31		-3.2	36.4	-3.4
						582.7	591.3	22.3	20.4	-14.4	-0.85	-357.7	2.5			-29.3	18.9	4.1
28.56	14.40	-7.03	29.66			2,626	4,593	3,682	-35.3	229.3	0.13	-66.4	777.8	7.14	11.08	258.9	17.7	44.6
-2.77	-10.27	-25.74	-12.65	0.14	1.1	2,697	2,970	810.2	-1.8	-3.8	-0.05	-105.5	107.7	-0.03		-242.9	2.8	1.1
-5.18	-13.93	-26.61	-12.14	0.14	0.8	2,697	2,970	810.2	-1.8	-3.8	-0.05	-105.5	107.7	-0.03		-318.3	3.7	1.5
0.00	142.86	-22.73	-15.00			3.9	3.8	--		-0.64	-0.02	72.7	-0.53	-137.67		-5.0		2.3
3.09	288.76	-12.16	54.76			3.9	3.8	--		-0.64	-0.02	72.7	-0.53	-137.67		-3.9		1.8
18.75	-17.39	-58.70	375.00			6.8	5.7	--		-1.3	-0.01	12.7	-1.5	-55.07		-6.6		4.1
-3.85	-9.91	-52.23	80.72			6.8	5.7	--		-1.3	-0.01	12.7	-1.5	-55.07		-5.2		3.2
10.99	39.47	72.36	65.62			88.7	78.1	--		-0.42	-0.01	86.3	-0.08	-1.21		-275.3		1.1
13.99	43.41	77.17	65.48			88.7	78.1	--		-0.42	-0.01	86.3	-0.08	-1.21		-211.7		0.8
-3.77	-8.79	-37.83	-3.21			19,444	21,917	73,854	5.7	1,895	0.81	38.8	2,171	3.21	14.96	10.2	0.3	1.2
-4.74	-8.34	-38.35	-3.29			19,444	21,917	73,854	5.7	1,895	0.81	38.8	2,171	3.21	14.96	10.2	0.3	1.2
11.06	-20.64	-44.10	-10.04			5.0	4.4	0.01	-64.3	-1.8	-0.01	-135.9	-2.0	-350.69		-2.0		7.8
33.33	-20.00	-46.67	14.29			5.0	4.4	0.01	-64.3	-1.8	-0.01	-135.9	-2.0	-350.69		-3.2		12.5

https://greyhouse.weissratings.com

Data as of June 30, 2019

I. Index of Stocks

Summer 2019

Company Name	Stock Ticker Symbol	Traded On	Sector	Overall Rating	Recommendation	Reward Rating	Risk Rating	Recent Up/Downgrade	Stock Price as of 6/30/2019	52-Week High	52-Week Low	3-Year Beta	Growth	Efficiency	Solvency	Volatility	Dividend	Total Return
Pangaea Logistics Solutions, Ltd.	PANL	NAS CM	Industrials	C+	Hold	B+	C-	Up	3.29	4.35	2.78	0.18	E	G	E	F	–	F
Pangolin Diamonds Corp.	PAN.V	TSXV	Materials	D	Sell	D	D		0.04	0.07	0.03	-0.56	W	W	G	W	–	W
Pangolin Diamonds Corp.	KGHZF	OTC PK	Materials	E-	Sell	C-	D		0.02	0.05	0.02	-1.24	W	W	G	W	–	G
Panhandle Oil and Gas Inc.	PHX	NYSE	Energy	C-	Hold	C	D		13.31	21.33	12.73	0.58	F	G	E	W	W	W
Panoro Minerals Ltd.	POROF	OTC PK	Materials	D	Sell	D+	D		0.13	0.24	0.12	0.84	W	W	G	W	–	W
Panoro Minerals Ltd.	PML.V	TSXV	Materials	D	Sell	D+	D		0.15	0.31	0.13	0.59	W	W	G	W	–	W
Papa John's International, Inc.	PZZA	NAS GS	Consumer Discretn	D+	Sell	C	D-		43.38	60.56	38.05	0.55	W	G	G	W	F	W
Par Pacific Holdings, Inc.	PARR	NYSE	Energy	C+	Hold	B	C-	Up	20.06	21.43	13.68	1.22	F	G	G	F	–	F
PAR Technology Corporation	PAR	NYSE	Information Tech	C-	Hold	C	D	Up	27.61	29.77	15.22	-0.50	W	W	E	F	–	G
Para Resources Inc.	PBR.V	TSXV	Materials	D	Sell	D	D		0.17	0.22	0.12	1.10	W	V	G	W	–	W
Para Resources Inc.	PRSRF	OTC PK	Materials	D	Sell	D	D		0.10	0.16	0.1	1.50	W	V	G	W	–	W
Paradise, Inc.	PARF	OTC PK	Consumer Staples	D+	Sell	D+	D	Down	37.75	39.00	25.9	-0.95	W	F	E	F	–	F
Paragon ID SA	PAGDF	OTC PK	Information Tech	E+	Sell	C-	C-	Up	33.03	33.03	15.82		F	W	G	E	–	W
Paragon Technologies, Inc.	PGNT	OTC PK	Information Tech	C	Hold	C+	D+	Up	1.90	3.05	0.65	0.64	W	G	G	W	–	F
Parallax Health Sciences, Inc.	PRLX	OTC PK	Health Care	D	Sell	D	D		0.16	0.30	0.05	4.43	W		F	W	–	W
Parallel Mining Corp.	PARLF	OTC PK	Materials	D	Sell	D	D	Up	0.02	0.05	0.02		W	W	F	W	–	W
Parallel Mining Corp.	PAL.V	TSXV	Materials	D-	Sell	D	D-	Up	0.02	0.08	0.02	3.76	W	W	F	W	–	V
Paramount Gold Nevada Corp.	PZG	AMEX	Materials	D	Sell	D	D		0.83	1.29	0.7	1.03	F	W	G	W	–	V
Paramount Group, Inc.	PGRE	NYSE	Real Estate	D+	Sell	C-	D		13.67	16.05	12.18	0.85	W	F	E	W	G	W
Paramount Resources Ltd.	POU.TO	TSX	Energy	D	Sell	C-	D		6.30	15.84	5.75	1.24	F	F	G	W	–	W
Paramount Resources Ltd.	PRMRF	OTC PK	Energy	D	Sell	C-	D		4.92	12.11	4.25	1.31	F	F	G	W	–	W
Paratek Pharmaceuticals, Inc.	PRTK	NAS	Health Care	D-	Sell	E+	D-		3.85	12.30	3.4	2.28	W	V	F	W	–	W
ParcelPal Technology Inc.	PTNYF	OTC PK	Industrials	D	Sell	D+	D		0.20	0.35	0.14	4.52	W	V	E	W	–	F
Pareteum Corporation	TEUM	NAS CM	Communication Svc	D	Sell	D	D	Down	2.38	5.93	1.45	1.47	W	V	E	W	–	F
Parex Resources Inc.	PXT.TO	TSX	Energy	C+	Hold	B	D+		21.17	26.78	13.62	0.88	E	E	E	W	–	F
Parex Resources Inc.	PARXF	OTC PK	Energy	C	Hold	B	D+		16.66	20.00	10.6	1.16	E	E	E	W	–	F
Paringa Resources Limited	PNGZF	OTC PK	Energy	D	Sell	D	D-		0.07	0.35	0.07	0.55	W	W	E	W	–	W
Paringa Resources Limited	PNRL	NAS CM	Energy	E	Sell	D	E+	Up	3.27	10.38	3.27		W	W	E	W	–	V
Park City Group, Inc.	PCYG	NAS CM	Information Tech	D+	Sell	C	D	Down	5.14	10.33	4.94	1.98	E	E	E	W	–	W
Park Electrochemical Corp.	PKE	NYSE	Information Tech	C	Hold	B-	D	Down	16.65	23.97	14.88	1.09	G	E	E	W	G	W
Park Hotels & Resorts Inc.	PK	NYSE	Real Estate	B-	Buy	B+	C-		27.35	34.27	25.3	1.33	F	E	E	F	E	F
Park Lawn Corporation	PRRWF	OTC PK	Consumer Discretn	D	Sell	B	C-	Up	21.70	21.70	15.99		E	G	E	F	F	W
Park Lawn Corporation	PLC.TO	TSX	Consumer Discretn	B-	Buy	B+	C-	Up	28.59	29.94	20.25	0.05	E	G	E	F	W	G
Park National Corporation	PRK	AMEX	Financials	C	Hold	B	C-		98.49	114.62	79.27	0.95	E	G	E	F	G	W
Parke Bancorp, Inc.	PKBK	NAS CM	Financials	B	Buy	A-	C		23.49	24.45	16.71	0.86	E	E	E	F	F	F
Parker Drilling Company	PKD	NYSE	Energy	E	Sell	D-	C-		19.08	24.09	14.57		W	W	E	G	–	W
Parker-Hannifin Corporation	PH	NYSE	Industrials	B	Buy	B+	C+	Up	168.45	193.19	140.82	1.78	E	E	E	F	F	F
ParkerVision, Inc.	PRKR	OTC PK	Information Tech	D	Sell	C-	E+		0.09	0.88	0.06	2.61	F	E	F	V	–	V
Parkit Enterprise Inc.	PKT.V	TSXV	Industrials	C	Hold	C+	D+	Up	0.30	0.37	0.25	0.40	F	G	E	W	–	W
Parkit Enterprise Inc.	PKTEF	OTC PK	Industrials	C	Hold	C+	D+	Up	0.23	0.27	0.18	0.43	F	G	E	W	–	W
Parkland Fuel Corporation	PKIUF	OTC PK	Energy	C	Hold	A	C		31.50	36.29	23.54	0.56	E	E	G	F	G	G
Parkland Fuel Corporation	PKI.TO	TSX	Energy	B	Buy	A	C	Up	41.52	47.45	31.59	0.28	E	E	G	F	F	G
Park-Ohio Holdings Corp.	PKOH	NAS GS	Industrials	C	Hold	B-	D	Up	31.90	43.15	28.01	1.48	F	E	E	W	F	W
Parks! America, Inc.	PRKA	OTC PK	Consumer Discretn	C	Hold	B	D+	Down	0.14	0.19	0.13	0.70	G	G	E	W	–	W
Parkway Acquisition Corp.	PKKW	OTC PK	Financials	C	Hold	B	C		11.75	13.49	10.67	0.29	E	G	E	F	–	F
Parsley Energy, Inc.	PE	NYSE	Energy	D+	Sell	C	D		18.60	33.25	14.17	0.93	E	F	G	W	–	W
Parsons Corporation	PSN	NYSE	Industrials	U		U	U		37.01	38.33	29.03		U	U	U	U	U	U
Partner Communications Company Ltd.	PTNR	NAS GS	Communication Svc	C-	Hold	C	D		4.17	5.60	3.35	0.85	F	G	G	W	–	W
Partner Jet Corp.	PJT.V	TSXV	Industrials	C-	Hold	C	D+		0.25	0.39	0.17	0.31	W	E	E	W	–	W
Partners Real Estate Investment Trust	PTSRF	OTC PK	Real Estate	D	Sell	D+	D-		0.41	2.43	0.11	5.71	W	W	E	W	E	V
Partners Real Estate Investment Trust	PARUN.TO	TSX	Real Estate	D	Sell	D+	E+		0.53	3.39	0.49	0.92	W	W	E	V	E	V
Partners Value Investments LP	PVVLF	OTC PK	Financials	C	Hold	B-	C		31.20	32.67	27.64		F	G	E	F	–	W

*Ratings Factors: E=Excellent, G=Good, F=Fair, W=Weak, V=Very Weak, U=Unrated

Data as of June 30, 2019

I. Index of Stocks

Summer 2019

	TOTAL RETURNS %			DIVIDEND/YIELD		SIZE		REVENUE & INCOME			EARNINGS		EFFECTIVENESS			VALUATION		
3-Month Total Return (%)	6-Month Total Return (%)	1-Year Total Return (%)	3-Year Total Return (%)	Dividend $ TTM	Dividend Yield TTM	Market Cap. ($Mil)	Enterprise Value ($Mil)	Revenue ($Mil)	Revenue Growth (%)	Net Income ($Mil)	Earnings/ Share $	EPS Growth (%)	Cash from Operations ($Mil)	Return on Assets (%)	Return on Equity (%)	Earnings (P/E) TTM	Sales (P/S) TTM	Book (P/B) Q
3.17	10.37	11.86	42.58	0.04	1.1	146.3	335.5	373.5	-1.8	17.1	0.39	69.8	49.3	4.86	10.12	8.4	0.4	0.9
0.00	-11.11	-27.27	-73.33			4.3	4.0	--		-0.32	0.00	23.3	-0.24	-111.2		-17.4		36.4
-56.52	-56.52	-47.37	-86.22			4.3	4.0	--		-0.32	0.00	23.3	-0.24	-111.2		-8.7		18.2
-16.14	-10.30	-29.79	-15.03	0.16	1.2	220.5	264.1	44.2	-8.1	10.6	0.62	-38.4	20.6	2.23	7.98	21.3	5.1	1.6
-12.67	-14.15	-37.32	-15.92			30.2	35.8	--		-1.9	-0.01	-68.2	-2.5	-1.84		-17.7		0.7
-25.00	-34.78	-44.44	-9.09			30.2	35.8	--		-1.9	-0.01	-68.2	-2.5	-1.84		-20.3		0.8
-16.16	8.31	-14.59	-31.33	0.90	2.1	1,379	2,151	1,544	-13.4	-16.8	-0.61	-123.5	45.6	6.67		-71.4	0.9	-4.2
12.32	43.39	15.35	33.47			994.0	2,028	3,837	47.4	85.3	1.65	27.4	21.2	2.8	15.88	12.2	0.3	1.6
16.50	24.71	65.73	501.53			442.8	458.6	190.3	-14.5	-26.9	-1.67	-434.8	-4.5	-5.81		-16.5	2.3	10.2
-15.38	17.86	-8.33	-31.25			24.4	30.4	--		-7.5	-0.04	13.5	-6.0	-7.82		-4.3		2.2
-32.53	1.20	-31.62				24.4	30.4	--		-7.5	-0.04	13.5	-6.0	-7.82		-2.6		1.3
30.17	14.39	9.42	62.52			19.6	13.1	20.1	-5.4	-0.60	-1.15	-258.5	0.33	-0.81		-32.9	1.0	0.9
108.78	108.78					67.8	119.7	117.5	93.6	-4.1	-2.47	-12.5	8.7	-0.22		-13.4	0.5	1.8
31.03	80.95	52.00	5.56			3.2	11.4	90.0	16.2	0.94	0.55	172.0	2.7	4.04	16.27	3.4	0.0	0.6
105.00	45.78	-21.90	485.71			30.0	34.4	0.06	-32.3	18.3	0.08	165.7	-1.3	-161.32		2.2	546.7	-3.6
-33.33	-41.18	-51.92				1.0	1.00	--		-0.74	-0.01	63.8	-0.25	-169.38		-1.5		-100.0
-20.00	-20.00	-60.00	-77.78			1.0	1.00	--		-0.74	-0.01	63.8	-0.25	-169.38		-1.5		-100.0
-3.09	-2.39	-31.98	-47.81			22.0	21.6	--		-5.2	-0.21	45.7	-4.7	-6.27		-3.9		0.4
-3.12	9.70	-9.04	-4.84	0.40	2.9	3,205	7,281	766.4	4.6	11.7	0.05	-87.4	215.4	1.25	0.47	290.9	4.2	0.8
-11.52	-7.22	-58.22	-34.78			628.3	1,277	665.7	26.8	-277.0	-2.11	-218.8	172.7	-7.59		-3.0	1.2	0.5
-6.99	-1.80	-56.59	-33.15			628.3	1,277	665.7	26.8	-277.0	-2.11	-218.8	172.7	-7.59		-2.3	1.0	0.4
-28.57	-25.68	-62.25	-70.88			124.8	99.0	18.7	48.4	-120.2	-3.76	-20.4	-97.9	-29.82		-1.0	6.7	7.8
-26.45	21.59	24.68				15.2	14.2	2.7	247.1	-3.3	-0.04	-9.3	-1.0	-58.45		-4.4	5.6	11.1
-46.64	45.12	-3.64	-44.00			265.7	280.8	51.4	245.5	-16.6	-0.21	63.6	-12.3	-3.73		-11.5	4.8	1.6
2.27	32.15	-13.31	66.82			2,359	1,920	874.0	52.4	413.4	2.61	120.8	531.9	21.46	37.05	8.1	3.8	2.5
8.00	41.68	-8.57	70.35			2,359	1,920	874.0	52.4	413.4	2.61	120.8	531.9	21.46	37.05	6.4	3.0	2.0
-49.25	-47.92	-77.70	-54.67			32.2	37.4	--		-7.0	-0.02	18.5	-6.2	-4.79		-3.1		0.4
-35.88	-56.97					32.2	37.4	--		-7.0	-0.02	18.5	-6.2	-4.79		-148.6		20.1
-36.15	-14.33	-36.54	-38.66			102.1	89.0	22.8	9.2	5.0	0.22	82.9	3.9	6.2	12.16	23.3	4.6	2.3
4.86	13.87	-10.02	68.46	0.40	2.4	341.2	189.6	51.1	27.1	113.5	5.57	451.8	3.8	2.51	4.29	3.0	6.7	2.2
-12.23	7.47	-2.35		2.33	8.5	5,513	8,477	2,722	-3.3	418.0	2.07	4.9	473.0	2.8	7.53	13.2	2.0	1.0
16.89	29.12	17.05		0.34	1.6	626.8	692.8	140.4	87.8	6.3	0.27	9.7	19.3	2	2.97	80.9	3.7	1.7
6.38	27.10	18.77	129.46	0.46	1.6	626.8	692.8	140.4	87.8	6.3	0.27	9.7	19.3	2	2.97	106.6	4.8	2.3
4.92	18.60	-8.79	27.20	3.94	4.0	1,640	--	350.0	4.3	104.7	6.67	8.0	135.6		13.11	14.8	4.4	1.8
16.19	25.61	1.95	138.67	0.56	2.4	252.8	--	51.9	23.9	26.1	2.39	86.1	33.0		17.63	9.8	4.9	1.6
						287.1	388.3	528.5	16.4	-227.1	-24.49	-102.3	10.1	-0.71		-0.8	0.3	0.8
-0.15	14.74	10.84	73.49	3.16	1.9	21,610	25,748	14,456	3.4	1,452	10.90	48.1	1,788	8.27	24.43	15.5	1.5	3.6
-68.97	-40.00	-84.21	-97.38			2.8	7.7	0.07	-61.6	-18.7	-0.70	27.3	-8.6	-127.11		-0.1	39.1	-0.1
-6.35	5.36	0.00	-1.67			7.8	5.5	5.1	408.1	2.7	0.08	1,633.3	-0.88	17.34	15.17	3.8	1.9	0.6
-1.16	9.48	0.83	-12.25			7.8	5.5	5.1	408.1	2.7	0.08	1,633.3	-0.88	17.34	15.17	3.0	1.5	0.5
7.33	27.75	31.36	104.16	0.89	2.8	4,650	7,732	11,674	34.0	200.2	1.45	206.4	383.3	6.07	14.57	21.7	0.4	3.6
2.84	23.31	32.45	106.71	1.18	2.8	4,650	7,732	11,674	34.0	200.2	1.45	206.4	383.3	6.07	14.57	28.6	0.5	4.7
-1.87	7.20	-14.19	17.03	0.50	1.6	387.2	986.2	1,673	13.4	55.0	4.42	92.7	53.0	5.16	17.88	7.2	0.2	1.2
-6.67	-11.95	-6.67	64.71			10.5	9.6	6.1	2.8	1.1	0.02	22.8	1.9	11.18	15.7	9.3	1.7	1.4
6.82	7.48	-7.94		0.22	1.9	73.0	--	30.4	21.8	5.2	0.87	58.5	6.6		7.71	13.5	2.4	1.0
-2.05	18.62	-38.43	-27.71			5,229	8,306	1,861	60.6	262.2	0.95	50.8	1,205	3.5	5.1	19.6	2.8	0.9
						3,680	4,484	904.4	19.8	9.7	0.12	-61.2	-60.1			308.4	3.2	-3.2
6.65	-13.66	10.90	-2.11			678.8	1,132	886.9	-4.9	13.7	0.08	-15.8	187.3	1.24	3.36	50.4	0.8	1.8
-10.71	16.28	-32.43	-7.41			1.7	0.82	8.7	-19.9	0.13	0.01	-70.7	0.25	3.51	6.16	17.9	0.3	1.1
-17.87	-12.25	-18.12	-18.40	0.15	35.7	18.6	66.7	34.4	-15.1	-21.0	-0.46	-5,888.6	12.8	3.63		-0.9	0.6	0.3
-5.87	-18.63	-18.11	-17.39	0.19	36.6	18.6	66.7	34.4	-15.1	-21.0	-0.46	-5,888.6	12.8	3.63		-1.2	0.7	0.3
4.00	8.56	13.66		0.21	0.7	2,347	-1,394	83.0	-7.5	135.7	1.12	83.0	24.1	1.17	4.04	28.0	33.2	0.7

I. Index of Stocks — Summer 2019

Company Name	Stock Ticker Symbol	Traded On	Sector	Overall Rating	Recommendation	Reward Rating	Risk Rating	Recent Up/Downgrade	Stock Price as of 6/30/2019	52-Week High	52-Week Low	3-Year Beta	Growth	Efficiency	Solvency	Volatility	Dividend	Total Return
Partners Value Investments LP	PVFUN.V	TSXV	Financials	C	Hold	B-	B		41.92	44.95	36	0.21	F	G	E	G	--	F
Party City Holdco Inc.	PRTY	NYSE	Consumer Discretn	D+	Sell	C	D		7.23	16.95	6.28	0.51	W	G	F	W	--	V
Pascal Biosciences Inc.	BIMUF	OTC PK	Health Care	D-	Sell	E+	D-		0.12	0.39	0.11	-1.25	V	V	E	W	--	V
Pascal Biosciences Inc.	PAS.V	TSXV	Health Care	D-	Sell	E+	D-		0.16	0.52	0.14	-0.72	V	V	E	W	--	V
Pasinex Resources Limited	PSXRF	OTC PK	Materials	D	Sell	D-	D	Down	0.05	0.08	0.05	-0.46	V		G	W	--	W
Pason Systems Inc.	PSI.TO	TSX	Energy	B-	Buy	B+	C	Up	18.72	24.57	17.18	0.56	E	E	E	F	G	F
Pason Systems Inc.	PSYTF	OTC PK	Energy	C	Hold	B	C		14.29	18.60	12.55	0.78	E	E	E	F	G	W
PASSUR Aerospace, Inc.	PSSR	OTC PK	Industrials	D-	Sell	D-	D-		1.59	1.73	1.05	0.55	W	V	F	W	--	W
Pathfinder Bancorp, Inc.	PBHC	NAS CM	Financials	C	Hold	B	C		15.20	16.25	12.86	-0.57	F	E	E	F	F	W
Patrick Industries, Inc.	PATK	NAS GS	Industrials	C	Hold	B	D+		47.74	67.50	27.32	2.77	E	E	G	W	--	F
Patriot National Bancorp, Inc.	PNBK	NAS	Financials	C	Hold	B-	D		15.12	25.50	13.8	0.76	F	G	E	W	W	F
Patriot One Technologies Inc.	PAT.TO	TSX	Industrials	D	Sell	D-	D		1.90	3.01	1.33	1.08	V	V	E	W	--	W
Patriot Scientific Corporation	PTSC	OTC PK	Information Tech	D	Sell	D	D-	Up	0.00	0.01	0	2.05	W	V	E	W	--	W
Patriot Transportation Holding, Inc.	PATI	NAS GS	Industrials	C-	Hold	C	D	Down	17.35	22.20	17.1	0.00	W	G	E	W	--	W
Pattern Energy Group Inc.	PEGI	NAS GS	Utilities	C	Hold	B	D	Down	22.81	23.88	16.81	1.14	W	G	F	F	E	F
Pattern Energy Group Inc.	PEGI.TO	TSX	Utilities	C	Hold	B	D	Down	29.65	31.74	22.16	0.83	W	G	F	G	F	F
Patterson Companies, Inc.	PDCO	NAS GS	Health Care	D+	Sell	C	D		23.65	26.60	18.94	1.55	W	E	E	W	G	W
Patterson-UTI Energy, Inc.	PTEN	NAS GS	Energy	D	Sell	D+	D		11.72	19.29	9.49	1.88	W	W	E	W	W	W
PAVmed Inc.	PAVMW	NAS CM	Health Care	U		U	U						U	U	U	U	U	U
PAVmed Inc.	PAVM	NAS CM	Health Care	D-	Sell	E+	D		1.13	1.70	0.86	0.55	V	W	G	W	--	V
Paychex, Inc.	PAYX	NAS GS	Information Tech	B+	Buy	A+	B-		82.10	88.43	61.32	0.87	E	E	G	G	G	G
Paycom Software, Inc.	PAYC	NYSE	Information Tech	B	Buy	A+	D+		224.56	233.43	96.44	1.33	E	E	G	F	--	E
Paylocity Holding Corporation	PCTY	NAS GS	Information Tech	B-	Buy	A+	D	Up	94.70	103.80	53.46	1.17	E	G	G	F	--	E
Payment Data Systems, Inc.	PYDS	NAS CM	Information Tech	D+	Sell	C	D		3.39	3.82	1.38	1.38	F	W	F	W	--	G
PayPal Holdings, Inc.	PYPL	NAS GS	Information Tech	B	Buy	A+	C		113.67	119.95	74.66	0.85	E	E	G	G	--	E
PaySign, Inc.	PAYS	NAS CM	Information Tech	B	Buy	A+	D	Up	12.35	13.63	2.23	1.34	E	E	G	F	--	E
PB Bancorp, Inc.	PBBI	NAS CM	Financials	C	Hold	A-	B		11.35	12.20	10.5	0.25	E	E	E	G	G	F
PBF Energy Inc.	PBF	NYSE	Energy	C+	Hold	B+	D+	Up	29.90	53.91	23.67	1.62	G	G	G	W	G	F
PBF Logistics LP	PBFX	NYSE	Energy	B-	Buy	B+	C-	Down	21.05	23.69	19.17	0.36	F	E	F	F	E	F
PC Connection, Inc.	CNXN	NAS GS	Information Tech	B-	Buy	B+	C	Down	34.99	43.05	27.04	1.39	G	E	E	F	--	E
PCM, Inc.	PCMI	NAS	Information Tech	C+	Hold	B+	D+	Down	34.89	39.69	14.16	1.56	F	G	E	W	--	G
PCSB Financial Corporation	PCSB	NAS CM	Financials	C	Hold	B-	B-	Up	19.97	21.00	18.16	0.36	G	G	E	G	W	W
PCT Ltd	PCTL	OTC PK	Materials	D-	Sell	D-	D-		0.01	1.30	0	0.61	W	V	F	W	--	V
PCTEL, Inc.	PCTI	NAS GS	Information Tech	D+	Sell	C-	D	Up	4.50	6.33	3.88	0.03	W	W	E	W	G	W
PDC Energy, Inc.	PDCE	NAS GS	Energy	D	Sell	C-	D		35.15	65.34	26.59	1.68	G	W	G	W	--	W
PDF Solutions, Inc.	PDFS	NAS GS	Information Tech	D	Sell	D	D		13.02	14.00	7.56	1.25	W	W	E	W	--	W
PDL BioPharma, Inc.	PDLI	NAS GS	Health Care	D+	Sell	D+	D		3.05	3.89	2.25	0.50	W	F	E	W	--	F
PDL Community Bancorp	PDLB	NAS	Financials	D+	Sell	C-	D+	Up	14.15	15.95	12.42		F	F	E	F	--	W
PDS Biotechnology Corporation	PDSB	NAS CM	Health Care	E-	Sell	C	D		6.17	10.25	5.03		F	G	G	W	--	W
pdvWireless, Inc.	ATEX	NAS CM	Communication Svc	D+	Sell	C-	D		46.94	51.33	24.25	0.15	W	W	E	F	--	F
Peabody Energy Corporation	BTU	NYSE	Energy	C	Hold	B-	D		22.95	46.27	21.42	0.79	F	F	E	W	F	W
Peak Pharmaceuticals, Inc.	PKPH	OTC PK	Health Care	D	Sell	D	D		0.02	0.25	0.02	-0.01	W	W	F	W	--	F
Peak Positioning Technologies Inc.	PKKFF	OTC PK	Information Tech	D	Sell	D	D		0.02	0.04	0.02	1.81	F	V	E	W	--	W
Peak Resorts, Inc.	SKIS	NAS	Consumer Discretn	D+	Sell	C	D	Down	4.40	5.55	3.75	0.76	W	F	G	W	E	W
Peapack-Gladstone Financial Corporation	PGC	NAS GS	Financials	C	Hold	B	C-		27.71	35.59	23.96	1.27	E	E	E	F	W	W
Pearl River Holdings Limited	PRH.V	TSXV	Materials	C-	Hold	C	D+	Up	0.25	0.35	0.1	0.43	W	G	E	W	--	W
Pearson plc	PSORF	OTC PK	Communication Svc	C	Hold	C+	D+		10.20	11.85	10	0.14	F	G	W	G	G	W
Pearson plc	PSO	NYSE	Communication Svc	C	Hold	C+	D+		10.23	13.19	9.7	0.33	F	G	W	G	G	W
Pebblebrook Hotel Trust	PEB	NYSE	Real Estate	C-	Hold	C+	D		28.01	39.88	26.59	1.65	G	G	E	W	G	W
PEDEVCO Corp.	PED	AMEX	Energy	D+	Sell	C	D	Down	2.17	4.44	0.48	1.92	F	W	G	W	--	F
Pedro Resources Ltd.	PEDH.V	TSXV	Information Tech	E+	Sell	E+	D-	Down	0.17	0.29	0.16	1.38	W	V	E	W	--	W
Peeks Social Ltd.	PEEK.V	TSXV	Communication Svc	D	Sell	D	D-	Up	0.04	0.23	0.04		F	W	G	W	--	W

*Ratings Factors: E=Excellent, G=Good, F=Fair, W=Weak, V=Very Weak, U=Unrated

Summer 2019 — I. Index of Stocks

3-Month Total Return (%)	6-Month Total Return (%)	1-Year Total Return (%)	3-Year Total Return (%)	Dividend $ TTM	Dividend Yield TTM	Market Cap. ($Mil)	Enterprise Value ($Mil)	Revenue ($Mil)	Revenue Growth (%)	Net Income ($Mil)	Earnings/Share $	EPS Growth (%)	Cash from Operations ($Mil)	Return on Assets (%)	Return on Equity (%)	Earnings (P/E) TTM	Sales (P/S) TTM	Book (P/B) Q
4.15	6.89	17.28		0.28	0.7	2,347	-1,394	83.0	-7.5	135.7	1.12	83.0	24.1	1.17	4.04	37.6	44.6	1.0
-14.03	-28.91	-53.05	-45.35			678.1	3,523	2,433	1.3	94.2	0.96	-48.4	26.2	4.48	9.44	7.6	0.3	0.7
-32.64	-37.55	-55.24	-69.18			6.4	4.6	--		-3.1	-0.06	-71.3	-2.3	-112.33		-2.0		3.4
-30.43	-30.43	-54.93	-68.00			6.4	4.6	--		-3.1	-0.06	-71.3	-2.3	-112.33		-2.6		4.6
0.00	-35.14	-40.00	19.70			4.4	4.9	--		-7.1	-0.05	-267.8	-0.75	-21.78		-1.0		12.6
-3.61	7.14	-9.24	17.63	0.72	3.9	1,222	1,094	239.8	17.8	52.9	0.61	122.4	69.8	14.89	18.75	30.8	6.7	5.6
-1.54	11.24	-8.07	17.39	0.54	3.8	1,222	1,094	239.8	17.8	52.9	0.61	122.4	69.8	14.89	18.75	23.5	5.1	4.2
17.78	38.26	-0.62	-57.03			12.2	18.3	15.1	9.0	-5.4	-0.70	4.5	1.2	-11.46		-2.3	0.8	6.3
18.72	6.09	-3.25	42.55	0.24	1.6	69.3	--	28.9	11.2	3.5	0.82	-6.8	6.0		5.45	18.5	2.3	1.0
7.11	59.93	-17.40	24.26			1,138	1,838	2,319	25.9	110.6	4.63	17.9	202.1	9.04	26.5	10.3	0.5	2.7
-2.54	6.42	-24.52	15.20	0.04	0.3	59.3	--	28.1	1.0	2.5	0.61	-30.6	4.3		3.58	24.7	2.1	0.9
-19.15	18.01	23.38				201.2	153.8	--		-12.9	-0.11	-0.6	-11.0	-19.38		-17.6		5.0
-57.58	-33.33	-41.67	-9.68			1.1	-0.64	--		-0.86	0.00	26.7	-0.74	-18.23		-1.3		0.6
-7.71	-11.88	-21.14	-12.55			58.1	39.0	113.2	1.2	2.9	0.87	-29.2	8.8	0.83	5.52	20.0	0.5	1.1
4.30	26.77	30.97	30.64	1.69	7.4	2,247	5,730	503.8	19.6	-23.9	-0.37	-134.6	259.2	0.28		-62.1	4.4	2.3
0.85	20.74	28.54	30.29	1.69	5.7	2,247	5,730	503.8	19.6	-23.9	-0.37	-134.6	259.2	0.28		-80.7	5.7	3.1
11.11	21.94	7.44	-43.74	1.04	4.4	2,211	2,871	5,575	2.0	83.6	0.88	-59.4	48.2	3.22	5.63	26.9	0.4	1.5
-17.80	14.43	-35.16	-39.73	0.16	1.4	2,440	3,343	3,222	12.6	-315.6	-1.47	-1,564.2	764.5	-0.74		-8.0	0.8	0.7
						38.2	44.1	--		-18.7	-0.78	-17.6	-10.5	-181.21				
0.00	18.93	17.84				38.2	44.1	--		-18.7	-0.78	-17.6	-10.5	-181.21		-1.4		-4.1
4.63	28.91	24.76	62.76	2.30	2.8	29,499	29,572	3,663	10.0	1,033	2.85	6.3	1,310	10	44.47	28.8	8.1	11.4
20.28	85.22	124.49	455.98			12,915	12,882	612.4	31.0	143.2	2.45	10.1	207.6	6.31	39.14	91.8	21.4	32.4
7.55	58.79	60.07	136.34			5,017	4,878	443.9	24.3	42.0	0.76	18.0	107.7	1.42	17.13	124.5	11.8	17.5
27.44	86.26	107.98	151.11			57.3	55.6	25.8	46.4	-3.8	-0.32	15.6	-3.7	-3.73		-10.5	1.7	5.4
9.45	36.52	37.82	222.56			133,555	127,705	15,894	15.1	2,213	1.85	17.1	6,859	3.18	14.85	61.5	8.5	8.8
59.15	268.66	420.66	6,403.42			579.6	574.1	26.0	55.6	3.0	0.06	64.6	34.3	4.45	38.51	197.0	25.9	54.0
4.41	6.93	2.09	43.79	0.33	2.9	79.9	--	18.0	13.2	4.2	0.58	46.9	5.9		5.02	19.6	4.5	1.0
-3.94	-4.28	-25.61	45.82	1.20	4.0	3,584	6,091	26,600	16.5	327.1	2.80	-34.2	773.5	4.11	11.78	10.7	0.1	1.2
2.06	12.01	10.61	23.60	2.01	9.6	1,305	2,134	298.2	13.9	81.6	1.64	7.9	127.3	10.78	59.49	12.8	3.5	83.3
-2.64	20.12	5.82	55.23			922.3	846.6	2,708	-5.5	66.0	2.47	12.9	67.7	7.29	12.82	14.2	0.3	1.7
-5.96	102.61	127.30	216.89			430.1	572.6	2,155	-1.5	24.6	1.94	2,398.2	111.8	3.66	16.96	18.0	0.2	2.7
2.21	3.41	1.57		0.13	0.7	330.9	--	46.0	10.1	9.3	0.55	352.2	14.3		3.31	36.0	7.1	1.2
-95.17	-96.24	-99.02				0.34	2.0	0.42	172.9	-3.6	-0.08	-26.1	-0.82	-36.95		-0.1	0.7	0.2
-8.97	9.25	-24.83	10.38			80.1	46.7	81.8	-9.3	-12.3	-0.72	-512.0	7.1	-2.73		-6.3	1.0	1.2
-15.38	21.21	-42.56	-36.45			2,330	3,644	1,308	36.3	-105.0	-1.60	43.9	866.0	-0.88		-22.0	1.8	1.0
6.63	56.87	10.34	-2.40			422.2	342.2	81.6	-20.3	-10.0	-0.32	-345.2	9.9	-3.1		-41.0	5.2	2.1
-18.01	10.11	31.47	0.33			364.9	127.6	110.5	-21.0	-63.8	-0.42	-161.6	4.6	-0.8		-7.3	3.6	0.5
1.14	11.86	-10.33				249.2	--	39.0	11.1	2.4	0.14	166.5	8.3		1.43	103.4	6.5	1.5
-15.71						31.9	6.7	--		5.2	1.32	453.1	-3.1			4.7		1.3
39.37	27.87	86.64	137.07			693.0	616.3	6.5	2.2	-42.0	-2.88	-69.6	-23.1	-9.64		-16.3	106.1	3.8
-18.65	-19.11	-44.22		0.53	2.3	2,458	3,158	5,390	-5.9	562.0	4.80	413.6	1,108	4.13	16.51	4.8	0.5	0.8
-78.47	-82.42	-86.39	-19.47			1.7	1.7	--		-0.05	0.00	-100.0	-0.03	-195.69		-35.2		-7.8
-34.45	-16.67	-20.14	-64.29			12.9	23.5	2.0	1,614.1	-2.7	0.00	33.3	-16.2	-5.12		-5.0	6.9	2.0
-2.92	-5.82	-7.79	11.46	0.28	6.4	66.7	300.7	155.0	22.2	0.51	-0.48	-59.3	27.7	5.24	8.75	-9.1	0.6	1.0
5.88	10.75	-19.45	55.61	0.20	0.7	527.1	--	157.1	7.4	44.8	2.32	8.4	82.1		9.91	12.0	3.5	1.1
-7.41	56.25	-28.57	72.41			5.2	7.8	41.1	6.8	0.50	0.02	185.1	2.0	0.94	4.73	15.6	0.2	0.7
-5.56	-10.92	-10.13	-15.70			8,014	8,293	5,499	-5.7	776.8	1.00	51.2	584.2	2.98	13.92	10.2	1.4	1.4
-4.88	-12.64	-9.04	-5.85	0.24	2.4	8,014	8,293	5,499	-5.7	776.8	1.00	51.2	584.2	2.98	13.92	10.3	1.5	1.4
-10.17	0.60	-24.92	28.27	1.52	5.4	3,659	6,373	1,015	32.1	-5.4	-0.03	-101.9	150.7	1.83		-1,089.9	3.6	1.0
-16.54	169.90	3.33	-1.36			116.8	108.0	5.4	86.2	54.8	4.06	168.9	-2.1	-11.07	389.53	0.5	11.1	1.4
-5.56	-19.05	-32.00	-47.69			2.6	2.0	--		-0.41	-0.02	57.4	-0.42	-48.05		-7.1		5.7
-46.67	-60.00	-82.61				7.7	8.1	4.5	120.5	-2.3	-0.01	41.3	-1.4			-3.8	2.2	0.5

Data as of June 30, 2019

I. Index of Stocks — Summer 2019

Company Name	Stock Ticker Symbol	Traded On	Sector	Overall Rating	Recommendation	Reward Rating	Risk Rating	Recent Up/Downgrade	Stock Price as of 6/30/2019	52-Week High	52-Week Low	3-Year Beta	Growth	Efficiency	Solvency	Volatility	Dividend	Total Return
Peeks Social Ltd.	PKSLF	OTC PK	Communication Svc	D	Sell	D	D-	Up	0.03	0.17	0.03		F	W	G	W	—	V
PeerLogix, Inc.	LOGX	OTC PK	Information Tech	C	Hold	C+	D	Up	0.09	0.24	0.04	0.92	W	E	F	W	—	F
PeerStream, Inc.	PEER	OTC PK	Communication Svc	D	Sell	D	D		3.25	7.00	1.05	-0.70	F	W	G	W	—	W
Pegasystems Inc.	PEGA	NAS GS	Information Tech	C-	Hold	C+	D	Down	70.35	76.49	43.21	1.15	W	F	E	F	W	G
Pelangio Exploration Inc.	PX.V	TSXV	Materials	D-	Sell	D-	D-	Down	0.15	0.38	0.12	3.21	V	W	G	W	—	W
Pelangio Exploration Inc.	PGXPF	OTC PK	Materials	D-	Sell	D-	D-	Down	0.12	0.29	0.02	1.99	V	W	G	W	—	W
Peloton Therapeutics, Inc.	PLTX	NAS GS	Health Care	U		U	U						U	U	U	U	U	U
Pembina Pipeline Corporation	PBA	NYSE	Energy	B	Buy	A	B-	Down	36.62	37.93	28.3	0.80	E	E	G	G	G	F
Pembina Pipeline Corporation	PPL.TO	TSX	Energy	B+	Buy	A-	B	Down	47.99	50.65	39.15	0.52	E	E	G	G	G	F
PEN Inc.	PENC	OTC PK	Materials	D	Sell	D	D		0.64	1.00	0.15	2.81	W	W	F	W	—	W
Pender Growth Fund Inc.	PTF.V	TSXV	Financials	D+	Sell	C-	D		3.62	4.25	3	0.14	W	F	E	F	—	F
Pender Growth Fund Inc.	PNDDF	OTC PK	Financials	D	Sell	C-	D		2.92	3.20	2.29		W	F	E	W	—	W
Pengrowth Energy Corporation	PGF.TO	TSX	Energy	D-	Sell	D-	D-		0.48	1.24	0.46	1.28	W	V	F	W	—	V
Pengrowth Energy Corporation	PGHEF	OTC PK	Energy	D-	Sell	D-	D-		0.36	0.97	0.32	1.49	W	V	F	W	—	V
Penn National Gaming, Inc.	PENN	NAS GS	Consumer Discretn	C	Hold	B-	D+		19.24	36.90	17.3	1.96	E	G	G	W	—	F
Penn Virginia Corporation	PVAC	NAS GS	Energy	C-	Hold	C	D	Down	30.26	96.13	27.33	1.35	G	G	W	G	—	W
PennantPark Floating Rate Capital Ltd.	PFLT	NAS GS	Financials	C	Hold	C+	D+	Down	11.46	13.95	11.05	0.76	W	E	E	W	E	W
PennantPark Investment Corporation	PNNT	NAS GS	Financials	C-	Hold	C+	D	Down	6.26	7.84	6.21	0.90	W	E	E	W	E	W
Pennine Petroleum Corporation	PNN.V	TSXV	Energy	D-	Sell	D	D-	Up	0.01	0.04	0.01	2.45	W	W	F	W	—	V
Pennine Petroleum Corporation	PNNEF	OTC PK	Energy	D-	Sell	D	D-	Up	0.01	0.03	0.01	-1.10	W	W	F	W	—	V
Penns Woods Bancorp, Inc.	PWOD	NAS GS	Financials	C	Hold	B	D+		42.89	46.50	34.84	0.49	E	E	E	W	G	W
Pennsylvania Real Estate Investment Trust	PEI	NYSE	Real Estate	D	Sell	D+	D-		6.19	11.68	5.46	1.22	W	F	E	W	E	V
PennyMac Financial Services, Inc.	PFSI	NYSE	Financials	B-	Buy	B-	B-	Up	22.38	24.50	18.77	0.22	F	G	E	G	—	F
PennyMac Mortgage Investment Trust	PMT	NYSE	Financials	B	Buy	B+	B		21.74	21.99	17.88	0.60	F	G	E	G	E	F
Pensare Acquisition CORP.	WRLS	NAS CM	Financials	D+	Sell	D+	D		10.39	10.90	9.85		W	F	E	G	—	F
Penske Automotive Group, Inc.	PAG	NYSE	Consumer Discretn	C+	Hold	B	C-		47.62	53.84	38.49	1.43	E	E	G	F	—	F
Pentair plc	PNR	NYSE	Industrials	D+	Sell	C	D	Down	36.49	46.00	34.72	0.94	W	E	G	W	F	W
Penumbra, Inc.	PEN	NYSE	Health Care	C	Hold	B	D		160.02	170.00	110.84	0.93	G	G	E	F	—	G
People Corporation	PEO.V	TSXV	Industrials	D+	Sell	C-	D	Down	8.10	8.52	6.18	0.35	W	W	E	G	—	F
Peoples Bancorp Inc.	PEBO	NAS GS	Financials	C+	Hold	B	C-	Down	32.16	39.55	28.35	0.93	E	E	E	F	G	F
Peoples Bancorp of North Carolina, Inc.	PEBK	NAS	Financials	B+	Buy	B	A		27.99	32.82	20.03	0.84	F	G	E	E	W	E
Peoples Financial Corporation	PFBX	OTC PK	Financials	C-	Hold	C	D	Up	11.62	14.08	11.2	0.39	G	F	E	W	—	W
Peoples Financial Services Corp.	PFIS	NAS GS	Financials	C	Hold	B	C		43.00	49.73	39.01	-0.14	G	G	E	F	G	F
People's United Financial, Inc.	PBCT	NAS GS	Financials	C+	Hold	B	C-		16.60	19.00	13.66	1.37	F	E	E	F	G	W
People's Utah Bancorp	PUB	NAS CM	Financials	C+	Hold	B	C-	Down	29.26	36.85	25.18	0.56	E	G	E	F	F	F
Pepcap Resources, Inc.	WAVH.V	TSXV	Energy	D+	Sell	D+	D		0.06	0.07	0.03	2.45	W	W	F	W	—	F
Pepsico, Inc.	PEP	NAS GS	Consumer Staples	B	Buy	A-	C		131.69	135.24	104.53	0.54	G	E	E	F	G	F
Perceptron, Inc.	PRCP	NAS	Information Tech	D	Sell	D+	D	Down	4.64	12.25	4.28	1.51	W	F	E	W	—	W
Peregrine Industries, Inc.	PGID	OTC PK	Consumer Discretn	D	Sell	C-	D		0.30	1.01	0.3	-1.05	F		F	W	—	F
Perficient, Inc.	PRFT	NAS GS	Information Tech	B-	Buy	B+	C		33.61	35.99	20.92	0.87	E	G	E	F	—	G
Performance Food Group Company	PFGC	NYSE	Consumer Staples	B	Buy	B+	C		39.76	41.85	28.05	0.91	E	E	E	F	—	G
Performance Shipping Inc.	DCIX	NAS GS	Industrials	D-	Sell	D-	D-		0.95	2.48	0.56	1.02	W	V	G	W	—	V
Performant Financial Corporation	PFMT	NAS GS	Industrials	D	Sell	D	D		1.07	2.86	1.04	-0.59	W	W	G	W	—	W
Perion Network Ltd.	PERI	NAS GS	Communication Svc	D+	Sell	C-	D+	Up	2.87	3.95	2.47	1.18	F	F	G	W	—	W
Perisson Petroleum Corporation	POG.V	TSXV	Energy	D-	Sell	E	D		0.15	0.54	0.05	-0.48	W	V	G	W	—	F
PerkinElmer, Inc.	PKI	NYSE	Health Care	C+	Hold	B	C	Down	95.00	103.00	71.31	1.44	F	G	E	G	W	F
Perkins Oil & Gas, Inc.	OOIL	OTC PK	Energy	D	Sell	D+	D-		0.05	3.29	0.01	-1.26	W	E	F	W	—	V
Perma-Fix Environmental Services, Inc.	PESI	NAS CM	Industrials	D	Sell	D+	D		3.98	5.00	1.9	1.47	W	W	G	W	—	W
Perma-Pipe International Holdings, Inc.	PPIH	NAS	Industrials	D+	Sell	D+	C-	Down	9.07	9.70	8.31	-0.02	W	W	G	G	—	F
Permex Petroleum Corporation	OILCF	OTC PK	Energy	D-	Sell	D	D-	Up	0.11	0.28	0.09		F	W	G	W	—	V
Permian Basin Royalty Trust	PBT	NYSE	Energy	C	Hold	B-	D		5.76	9.48	5.45	0.95	G	E	E	W	E	W
Permianville Royalty Trust	PVL	NYSE	Energy	C	Hold	C+	D+	Up	2.64	3.80	1.7	1.70	W	E	E	W	E	W

*Ratings Factors: E=Excellent, G=Good, F=Fair, W=Weak, V=Very Weak, U=Unrated

I. Index of Stocks

Summer 2019

TOTAL RETURNS %				DIVIDEND/YIELD		SIZE		REVENUE & INCOME			EARNINGS		EFFECTIVENESS			VALUATION		
3-Month Total Return (%)	6-Month Total Return (%)	1-Year Total Return (%)	3-Year Total Return (%)	Dividend $ TTM	Dividend Yield TTM	Market Cap. ($Mil)	Enterprise Value ($Mil)	Revenue ($Mil)	Revenue Growth (%)	Net Income ($Mil)	Earnings/ Share $	EPS Growth (%)	Cash from Operations ($Mil)	Return on Assets (%)	Return on Equity (%)	Earnings (P/E) TTM	Sales (P/S) TTM	Book (P/B) Q
-49.46	-45.16	-79.38				7.7	8.1	4.5	120.5	-2.3	-0.01	41.3	-1.4			-3.1	1.8	0.4
-42.18	-7.35	-28.78	48.40			5.6	7.7	0.03	132.7	-5.4	-0.11	34.4	-0.92	-2,605.46		-0.8	148.4	-0.5
-8.19	-23.53	-53.57				22.1	17.0	25.5	14.8	-2.3	-0.35	59.4	0.49	-1.84		-9.3	0.9	1.4
9.18	48.56	28.59	172.31	0.12	0.2	5,551	5,407	868.9	0.2	-30.3	-0.41	-156.2	71.4	-3.76		-173.7	6.4	9.4
-50.85	16.00	-3.33	-73.64			4.2	3.2	0.00	175.0	-0.91	-0.03	14.2	-0.80	-66.55		-4.9		11.3
-48.24	22.11	-12.78	-71.00			4.2	3.2	0.00	175.0	-0.91	-0.03	14.2	-0.80	-66.55		-3.9		9.1
						711.4	844.2	--		-9.5	-1.08	-12.6	-10.3					
0.62	26.54	12.32	42.43	2.30	6.3	18,682	26,552	5,707	26.8	960.4	1.70	16.0	1,803	3.76	8.88	21.6	3.3	2.1
-1.87	21.38	11.09	43.47	2.30	4.8	18,682	26,552	5,707	26.8	960.4	1.70	16.0	1,803	3.76	8.88	28.3	4.3	2.7
16.36	88.24	-36.00	-74.40			3.1	3.9	5.2	-36.2	-0.63	-0.21	-38.4	0.19	-25.67		-3.0	0.4	-1.5
3.43	16.77	-9.50	172.18			22.3	22.3	0.11	-75.5	-0.32	-0.08	-72.4	-0.04			-46.8	142.0	1.1
27.53	17.45	-2.52				22.3	22.3	0.11	-75.5	-0.32	-0.08	-72.4	-0.04			-37.8	114.6	0.9
-15.18	-22.13	-47.22	-79.44			202.7	805.0	389.5	-7.9	-427.4	-0.77	11.5	27.9	-4.81		-0.6	0.7	1.6
-14.01	-21.06	-46.56	-79.53			202.7	805.0	389.5	-7.9	-427.4	-0.77	11.5	27.9	-4.81		-0.5	0.5	1.2
-2.78	3.27	-42.57	41.57			2,243	12,586	4,025	28.2	89.1	0.93	-82.8	411.5	5.09	9.74	20.8	0.6	1.2
-34.15	-44.23	-64.25				457.1	971.2	447.1	131.9	175.8	11.43	1,069.1	302.7	13.93	55	2.7	1.0	1.1
-8.79	1.03	-7.93	20.03	1.14	10.0	444.3	896.9	87.1	44.1	15.5	0.40	-62.8	-132.1	4.61	2.94	28.7	5.1	0.9
-8.03	1.16	-0.03	29.23	0.72	11.5	419.7	1,056	108.5	-5.6	31.4	0.45	-28.9	-250.5	3.94	5.1	14.0	3.9	0.7
-66.67	-66.67	-83.33	-66.67			0.65	0.76	0.06	-24.0	-1.2	-0.01	-41.7	-0.25	-36.35		-0.7	16.7	-0.9
0.00	-24.16	-32.50				0.65	0.76	0.06	-24.0	-1.2	-0.01	-41.7	-0.25	-36.35		-2.0	45.0	-2.5
5.28	7.25	-0.44	20.92	1.88	4.4	201.3	--	57.2	4.8	15.4	3.29	50.7	23.6		10.84	13.0	3.5	1.4
1.79	8.67	-37.52	-62.44	0.84	13.6	479.0	2,200	362.6	-3.0	-121.5	-2.14	-141.5	126.9	1.48		-2.9	1.2	1.0
0.40	7.49	12.87	82.98			1,753	--	1,313	7.8	117.2	0.84	3.6	-99.2		12.8	26.6	1.4	1.0
6.97	17.49	25.52	88.39	1.88	8.7	1,661	--	397.5	10.1	178.1	2.31	62.5	-551.3		10.9	9.4	4.0	1.0
1.17	2.77	5.16				93.8	96.9	--		0.99	-0.45	7.4	-2.0	-0.93	19.79	-23.1		18.8
8.72	21.22	3.12	63.52	1.50	3.2	3,983	12,547	22,603	2.5	463.1	5.45	-26.7	531.1	3.32	17.89	8.7	0.2	1.5
-16.57	-1.32	-11.04	0.14	0.71	2.0	6,272	7,642	2,921	0.9	295.8	1.68	-54.8	350.4	4.21	9.58	21.7	2.2	3.4
8.55	28.37	14.06	183.92			5,559	5,414	470.7	29.6	11.8	0.30	-17.8	16.0	4.44	1.85	535.9	12.3	12.7
10.05	14.08	-0.61	153.92			376.0	414.5	111.8	21.9	-9.8	-0.17	-468.8	10.5	5.27		-47.5	4.4	5.2
4.16	10.31	-11.99	63.54	1.22	3.8	655.7	--	188.5	12.5	48.9	2.50	10.8	69.9		9.86	12.8	3.3	1.2
4.20	12.98	-11.44	69.69	0.67	2.4	166.7	--	60.0	6.6	13.7	2.28	21.3	17.8		11.31	12.3	2.8	1.3
0.69	1.57	-16.81	13.71	0.02	0.2	57.4	--	23.3	-0.6	0.74	0.15	-74.3	4.4		0.83	77.9	2.5	0.6
-5.33	0.81	-7.82	22.53	1.34	3.1	318.2	--	81.8	3.2	25.5	3.44	31.0	30.5		9.24	12.5	3.9	1.1
1.20	18.60	-4.89	32.31	0.70	4.2	6,510	--	1,611	9.1	474.8	1.29	23.0	413.4		7.62	12.9	3.9	1.0
11.34	-2.49	-17.55	83.55	0.45	1.5	550.1	--	115.8	17.3	42.1	2.21	83.8	65.7		14.91	13.2	4.8	1.8
0.00	0.00	-31.25	37.50			1.8	1.9	--		-1.0	-0.03	53.8	-0.02	-145.69		-1.9		-7.1
8.88	21.17	25.05	41.08	3.74	2.8	184,606	212,537	64,983	1.5	12,585	8.86	161.3	10,379	8.71	99.9	14.9	2.9	13.0
-37.95	-36.94	-54.78	3.46			44.6	38.4	82.2	-1.5	2.1	0.22	-34.1	1.9	2.61	4.5	21.1	0.5	0.9
-41.18	-70.00	200.00	-3.23			6.9	6.9	--		-0.03	0.00	90.3	0.01			-200.0		-200.0
22.40	52.91	27.60	71.83			1,107	1,222	511.2	3.2	26.7	0.81	30.9	64.1	4.93	7.41	41.4	2.1	3.0
0.38	25.43	7.03	52.05			4,182	5,359	18,439	5.6	168.0	1.60	-4.7	397.9	4.24	14.64	24.9	0.2	3.3
-16.67	46.15	-37.91	-100.00			34.5	17.1	20.3	-14.6	-46.6	-5.86	95.8	--			-0.2	0.6	0.1
-48.80	-28.67	-50.00	-33.54			56.9	107.0	133.5	-14.4	-25.0	-0.48	-1,265.8	-2.0	-7.8		-2.2	0.4	0.8
5.51	10.38	-14.58	-14.58			74.2	85.7	195.7	-28.6	5.9	0.21	107.4	21.8			13.7	0.4	0.5
-27.50	-57.35	107.14				99.1	104.4	1.9	0.6	-4.1	-0.01	-115.8	-1.9	-32.13		-17.7	69.1	-26.4
-0.19	23.11	31.65	89.08	0.28	0.3	10,537	12,471	2,783	16.6	247.3	2.22	-11.9	320.3	3.9	9.51	42.7	3.8	4.0
-97.52	-96.24	-93.51				1.5	1.6	--		-23.0	-2.85	-1,451.9	-0.04			0.0		-14.3
15.70	59.84	-10.06	-26.30			48.0	52.6	48.6	-2.3	-2.2	-0.19	22.8	-0.80	-1.16		-20.7	1.0	1.8
3.19	1.80	-2.99	27.39			71.8	87.4	124.4	12.4	-0.91	-0.12	87.6	6.4	1.84		-73.7	0.6	1.4
0.63	-27.82					4.1	4.1	1.1	500.1	-1.4	-0.04	11.5	-0.40	-10.66		-2.5	3.4	0.9
-22.53	1.40	-34.59	-2.52	0.49	8.6	268.5	266.2	26.9	-12.4	25.7	0.55	-12.7	--	415.52	5,316.31	10.4	10.0	587.8
-22.68	45.53	-21.45	32.96	0.34	13.0	87.1	86.5	13.9	78.5	13.0	0.39	-71.0	--	9.18	14.98	6.7	6.3	1.1

I. Index of Stocks — Summer 2019

Company Name	Stock Ticker Symbol	Traded On	Sector	Overall Rating	Recommendation	Reward Rating	Risk Rating	Recent Up/Downgrade	Stock Price as of 6/30/2019	52-Week High	52-Week Low	3-Year Beta	Growth	Efficiency	Solvency	Volatility	Dividend	Total Return
Perpetual Energy Inc.	PMT.TO	TSX	Energy	D	Sell	D	D-		0.20	0.68	0.17	1.55	W	F	F	W	—	V
Perpetual Energy Inc.	PMGYF	OTC PK	Energy	D	Sell	D	D-		0.16	0.53	0.13	1.05	W	F	F	W	—	V
Perpetual Federal Savings Bank	PFOH	OTC PK	Financials	C	Hold	B	B		29.86	32.27	27.85	0.30	F	G	E	G	E	F
Perrigo Company plc	PRGO	NYSE	Health Care	D	Sell	D	D		46.60	80.66	36.28	1.87	W	F	G	W	F	W
Pershimex Resources Corporation	PRO.V	TSXV	Materials	D	Sell	D	D-		0.04	0.06	0.03	0.79	F	W	G	W	—	W
Pershing Square Holdings, Ltd.	PSHZF	OTC PK	Financials	C-	Hold	C-	D+	Up	17.60	17.97	12.38	1.43	W	W	E	F	—	F
Personalis, Inc.	PSNL	NAS	Health Care	U		U	U		27.93	31.88	23.5		U	U	U	U	U	U
Perspecta Inc.	PRSP	NYSE	Information Tech	C-	Hold	C	D+	Up	23.06	26.64	15.74		W	G	G	W	W	W
Perusahaan Perseroan (Persero) PT Telekomunika	TLKMF	OTC PK	Communication Svc	C	Hold	B	D+		0.28	0.30	0.2	0.98	G	E	E	W	—	F
Perusahaan Perseroan (Persero) PT Telekomunika	TLK	NYSE	Communication Svc	C-	Hold	B	D-		28.93	29.10	21.75	-0.05	G	E	E	W	—	F
Peruvian Metals Corp.	PER.V	TSXV	Materials	D-	Sell	E+	D-		0.04	0.10	0.03	0.66	W	V	F	W	—	W
Peruvian Metals Corp.	DUVNF	OTC PK	Materials	D-	Sell	E+	D		0.02	0.07	0.02	1.91	W	V	F	W	—	W
PetIQ, Inc.	PETQ	NAS GS	Health Care	D+	Sell	C	D		31.25	43.93	21.29		F	F	E	W	—	F
PetMed Express, Inc.	PETS	NAS GS	Consumer Discretn	C	Hold	B-	D		15.84	46.03	15.27	0.84	E	E	E	W	E	W
Petrichor Energy Inc.	PTP.V	TSXV	Energy	D	Sell	C-	D-		0.01	0.03	0.01	1.73	W	G	F	W	—	V
Petrichor Energy Inc.	ODEFF	OTC PK	Energy	E-	Sell	C-	D-		0.01	0.03	0.01	0.23	W	G	F	W	—	V
Petro River Oil Corp.	PTRC	OTC PK	Energy	D-	Sell	D-	D-		0.35	1.75	0.29	3.04	F	V	G	W	—	V
PetroChina Company Limited	PCCYF	OTC PK	Energy	C-	Hold	C+	D	Down	0.54	0.80	0.54	1.19	G	G	G	W	—	W
PetroChina Company Limited	PTR	NYSE	Energy	D+	Sell	C+	D-	Down	55.42	83.24	54.12	1.10	G	G	G	W	—	W
Petrodorado Energy Ltd.	PDQ.V	TSXV	Energy	D	Sell	D	D	Up	0.06	0.08	0.03	-0.21	W	W	E	W	—	W
Petrodorado Energy Ltd.	PTRDF	OTC PK	Energy	D	Sell	D	D	Up	0.04	0.04	0.02	-0.09	W	W	E	W	—	W
PetroFrontier Corp.	PFC.V	TSXV	Energy	D	Sell	D	D		0.07	0.11	0.04	0.80	W	W	F	W	—	W
PetroFrontier Corp.	PFRRF	OTC PK	Energy	D	Sell	D	D		0.05	0.07	0.03	2.11	W	W	F	W	—	W
PetroGas Company	PTCO	OTC PK	Energy	D	Sell	C-	D-		0.26	43.70	0.26	-0.20	W	E	F	W	—	V
Petrogress, Inc.	PGAS	OTC PK	Energy	C-	Hold	C	D	Up	1.95	2.09	0.25	2.20	F	F	E	W	—	W
Petróleo Brasileiro S.A. - Petrobras	PBRA	NYSE	Energy	C	Hold	B-	D+	Down	14.16	15.75	8.47	0.11	G	G	G	W	W	G
Petróleo Brasileiro S.A. - Petrobras	PBR	NYSE	Energy	C	Hold	B-	C-	Down	15.54	17.90	9.75	0.35	G	G	G	F	W	F
Petrolia Energy Corporation	BBLS	OTC PK	Energy	D-	Sell	E+	D		0.07	0.22	0.04	-0.66	W	V	F	W	—	W
Petrolympic Ltd.	PCQ.V	TSXV	Energy	D-	Sell	D-	D	Down	0.07	0.13	0.05	0.56	V	W	F	W	—	W
Petrolympic Ltd.	PCQRF	OTC PK	Energy	D	Sell	D-	D		0.05	0.09	0.03	0.89	V	W	F	W	—	W
Petroshale Inc.	PSHIF	OTC PK	Energy	C-	Hold	C+	D	Down	0.76	1.69	0.67	0.58	G	F	G	W	—	W
Petroshale Inc.	PSH.V	TSXV	Energy	C	Hold	C+	D+		1.01	2.18	0.86	1.00	G	F	G	W	—	W
PetroShare Corp.	PRHR	OTC PK	Energy	D-	Sell	E+	D-		0.19	1.55	0.12	2.48	W	V	F	W	—	W
PetroTal Corp.	PTALF	OTC PK	Energy	D	Sell	D	D		0.22	0.26	0.12		W	V	E	W	—	F
PetroTal Corp.	TAL.V	TSXV	Energy	D	Sell	D	D		0.30	0.34	0.19		W	V	E	F	—	F
Petroteq Energy Inc.	PQE.V	TSXV	Energy	D	Sell	D	D	Up	0.28	1.84	0.28	-0.24	F	V	G	W	—	V
Petroteq Energy Inc.	PQEFF	OTC PK	Energy	D	Sell	D	D	Up	0.21	1.43	0.21	-0.02	F	V	G	W	—	V
Petro-Victory Energy Corp.	VRY.V	TSXV	Energy	C-	Hold	C+	D	Down	0.03	0.04	0.02	0.11	W	G	F	W	—	F
Petro-Victory Energy Corp.	PTVRF	OTC PK	Energy	C-	Hold	C+	D	Up	0.02	0.02	0.01	55.69	W	G	F	W	—	F
Petrox Resources Corp.	PTC.V	TSXV	Energy	E+	Sell	E+	D-	Down	0.01	0.02	0.01	0.37	F	V	G	W	—	V
Petrus Resources Ltd.	PRQ.TO	TSX	Energy	D-	Sell	D	D-	Down	0.30	1.28	0.21	1.08	W	W	G	W	—	V
Petrus Resources Ltd.	PTRUF	OTC PK	Energy	D-	Sell	D	D-	Down	0.25	0.89	0.18	1.92	W	W	G	W	—	V
PetVivo Holdings, Inc.	PETV	OTC PK	Health Care	D+	Sell	C	D		0.20	1.27	0.13	-1.93	W	G	F	W	—	W
Peyto Exploration & Development Corp.	PEY.TO	TSX	Energy	D	Sell	C	E+		3.89	12.44	3.78	0.50	W	E	G	G	G	V
Peyto Exploration & Development Corp.	PEYUF	OTC PK	Energy	D	Sell	C	E+	Down	2.97	9.60	2.88	0.74	W	E	G	V	E	V
PFB Corporation	PFB.TO	TSX	Industrials	C	Hold	B+	C+		11.00	12.38	7.91	0.13	G	G	E	F	F	F
PFB Corporation	PFBOF	OTC PK	Industrials	C	Hold	A-	C		7.35	7.77	6.53	0.32	G	G	E	F	G	F
Pfeiffer Vacuum Technology AG	PFFVF	OTC PK	Industrials	C	Hold	B+	B-	Up	157.10	157.10	139.28	0.49	G	E	E	G	—	G
Pfenex Inc.	PFNX	AMEX	Health Care	D	Sell	D-	D		5.68	7.40	3.13	0.66	W	V	E	W	—	F
Pfizer Inc.	PFE	NYSE	Health Care	B	Buy	B	B		43.43	46.47	36	0.42	F	E	G	G	G	F
PFSweb, Inc.	PFSW	NAS CM	Information Tech	D	Sell	D	D-		3.71	10.57	3.5	0.93	W	F	G	W	—	V
PG&E Corporation	PCG	NYSE	Utilities	D	Sell	D	D		23.95	49.42	5.07	0.55	W	W	G	W	—	V

*Ratings Factors: E=Excellent, G=Good, F=Fair, W=Weak, V=Very Weak, U=Unrated

Summer 2019 — I. Index of Stocks

TOTAL RETURNS %				DIVIDEND/YIELD		SIZE ($Mil)		REVENUE & INCOME			EARNINGS		EFFECTIVENESS			VALUATION		
3-Month Total Return (%)	6-Month Total Return (%)	1-Year Total Return (%)	3-Year Total Return (%)	Dividend $ TTM	Dividend Yield TTM	Market Cap. ($Mil)	Enterprise Value ($Mil)	Revenue ($Mil)	Revenue Growth (%)	Net Income ($Mil)	Earnings/ Share $	EPS Growth (%)	Cash from Operations ($Mil)	Return on Assets (%)	Return on Equity (%)	Earnings (P/E) TTM	Sales (P/S) TTM	Book (P/B) Q
-42.86	5.26	-67.74	-91.49			9.1	111.0	57.4	-4.4	-14.3	-0.24	36.5	22.6	-1.11		-0.8	0.2	0.1
-40.13	9.02	-65.49	-90.64			9.1	111.0	57.4	-4.4	-14.3	-0.24	36.5	22.6	-1.11		-0.7	0.2	0.1
1.16	4.65	6.93	65.40	0.94	3.2	73.8	--	9.6	-16.0	4.5	1.82	-12.5	--			16.4	7.7	1.0
-1.23	17.75	-35.37	-44.95	0.78	1.7	6,337	8,865	4,689	-5.6	114.0	0.84	-7.8	515.1	2.4	1.91	55.8	1.4	1.1
33.33	33.33	-33.33	-68.00			3.2	3.0	--		-0.02	0.00	102.4	-0.34	-6.07		400.0		0.7
3.07	43.07	22.41	29.07	0.20	1.1	3,768	108.8	27.2	112.6	-109.1	-0.64	22.3	-580.0	-0.38		-27.4	130.5	1.0
						831.0	908.6	14.1	238.0	-5.7	-1.84	-4.4	0.07			-15.2	6.1	-0.8
11.39	41.95	15.22		0.21	0.9	3,750	6,370	4,030	43.0	72.0	0.42	-70.8	462.0	4.23	2.94	54.4	0.9	1.7
1.10	7.84	30.33	3.77			28,589	31,390	9,277	-3.8	1,288	0.01	-18.9	3,398	11.51	21.77	21.3	2.9	3.7
10.58	13.99	16.20	5.51	0.62	2.1	28,589	31,390	9,277	-3.8	1,288	0.01	-18.9	3,398	11.51	21.77	2,242.6	309.1	388.8
-11.11	14.29	-27.27	-60.00			2.5	2.4	--		-1.4	-0.02	33.8	-0.78	-46.65		-2.2		6.0
-1.11	-7.69	-31.43	-69.23			2.5	2.4	--		-1.4	-0.02	33.8	-0.78	-46.65		-1.3		3.6
0.97	32.64	19.96				698.8	834.5	562.0	78.6	2.9	0.19	126.6	7.8	1.76	2.41	165.9	1.2	2.6
-27.59	-31.86	-63.02	-4.47	1.08	6.8	316.4	215.9	283.4	3.5	37.7	1.84	1.5	45.1	19.95	30.14	8.6	1.2	2.4
-33.33	-33.33	-60.00	-90.00			0.27	7.2	--		-3.3	-0.09	49.2	-0.19	-129.65		-0.1		0.0
-12.53	-12.05	-65.97	-90.80			0.27	7.2	--		-3.3	-0.09	49.2	-0.19	-129.65		-0.1		0.0
-36.36	-25.53	-73.08	-86.33			6.3	5.2	1.8	499.9	-6.2	-0.55	50.0	0.16	-18.96		-0.6	3.6	1.5
-14.94	-11.35	-27.24	-18.42			176,458	279,233	357,784	14.6	7,912	0.04	91.0	52,380	3.59	5.06	12.8	0.3	0.5
-12.91	-6.47	-22.33	-8.84	2.04	3.7	176,458	279,233	357,784	14.6	7,912	0.04	91.0	52,380	3.59	5.06	1,313.3	28.4	55.5
0.00	50.00	50.00	-20.00			1.1	-0.01	--		-0.17	-0.01	72.3	-0.13	-9.29		-8.3		1.4
0.00	39.23	-22.98	-23.79			1.1	-0.01	--		-0.17	-0.01	72.3	-0.13	-9.29		-5.0		0.8
8.33	8.33	-27.78	-13.33			7.0	9.9	2.4	-32.5	-1.5	-0.01	34.8	-0.45	-5.53		-6.4	4.1	1.2
-9.62	56.67	-29.43	-3.49			7.0	9.9	2.4	-32.5	-1.5	-0.01	34.8	-0.45	-5.53		-4.7	3.0	0.9
-86.62	-97.39	-99.15	-99.99			1.0	1.2	0.00	13.3	-0.16	-0.52	-26.0	-0.04	-140.49		-0.5	46.6	-0.2
-2.01	144.45	95.00	-22.31			7.6	6.6	8.6	11.4	0.34	0.05	690.1	0.72	1.97	3.25	40.8	0.9	0.7
-0.09	22.66	70.36	165.02	0.39	2.7	97,448	195,835	80,935	1.5	6,110	0.47	798.5	24,252	4.74	8.03	30.3	2.3	2.5
-1.38	19.59	59.26	131.45	0.11	0.7	97,448	195,835	80,935	1.5	6,110	0.47	798.5	24,252	4.74	8.03	33.2	2.5	2.8
7.69	-45.16	-12.61	0.00			11.4	13.0	0.75	368.3	-36.6	-0.28	-616.2	-0.94	-31.24		-0.3	21.2	1.3
27.27	16.67	-39.13	-36.36			5.9	5.9	--		-0.86	-0.01	-119.4	-0.24	-466.41		-8.9		-25.9
12.77	47.22	-49.04	-51.91			5.9	5.9	--		-0.86	-0.01	-119.4	-0.24	-466.41		-6.7		-19.6
-12.23	-9.08	-51.94	68.19			147.9	285.2	68.8	158.1	18.2	0.10	689.1	62.4	5.98	16.17	7.5	2.1	1.1
-12.93	-9.01	-51.90	80.36			147.9	285.2	68.8	158.1	18.2	0.10	689.1	62.4	5.98	16.17	9.9	2.8	1.4
-55.81	-55.81	-87.33	-88.82			5.3	26.7	21.4	96.3	-21.4	-0.76	-94.5	7.2	-7.61		-0.3	0.3	-0.6
39.03	80.04	11.31				153.4	135.7	14.3		-4.7	-0.01	95.9	-1.8	-1.82		-21.2	8.1	1.5
33.33	46.34	25.00				153.4	135.7	14.3		-4.7	-0.01	95.9	-1.8	-1.82		-29.4	11.3	2.1
-35.29	-54.92	-73.81	-93.68			27.4	33.3	-0.25	41.1	-18.7	-0.23	65.4	-9.8	-21.66		-1.2	-105.8	0.8
-34.13	-51.76	-73.58	-93.83			27.4	33.3	-0.25	41.1	-18.7	-0.23	65.4	-9.8	-21.66		-0.9	-80.8	0.6
25.00	66.67	66.67	400.00			6.4	7.6	--		-1.1	0.00	-21.2	-1.0	-218.24		-6.3		-2.4
-11.11	-20.00	77.78	159,900.00			6.4	7.6	--		-1.1	0.00	-21.2	-1.0	-218.24		-4.0		-1.6
0.00	-50.00	-80.00	-50.00			0.21	0.01	0.47	1.2	-0.10	0.00	95.2	-0.03	-9.09		-2.9	0.6	0.9
-33.33	-38.14	-72.22	-84.54			11.3	109.8	50.9	-17.1	-7.6	-0.16	91.8	24.7	-0.18		-1.9	0.3	0.2
-27.46	-29.80	-70.26	-82.26			11.3	109.8	50.9	-17.1	-7.6	-0.16	91.8	24.7	-0.18		-1.5	0.2	0.1
-50.00	-60.00	-83.47	-85.61			4.4	4.4	0.00	-100.0	-4.4	-0.23	-68.6	-0.94	-170.51		-0.9		-12.7
-44.66	-43.81	-59.66	-86.42	0.48	12.3	488.7	1,403	355.1	-27.4	81.2	0.49	-43.6	331.3	3.37	6.3	7.9	1.8	0.5
-43.45	-41.49	-59.19	-86.61	0.36	12.2	488.7	1,403	355.1	-27.4	81.2	0.49	-43.6	331.3	3.37	6.3	6.0	1.4	0.4
-1.42	17.67	37.76	31.92	0.33	3.0	56.5	61.8	100.3	20.2	4.4	0.65	128.6	12.3	7.45	10.98	17.0	0.8	1.8
0.00	8.63	18.13	9.93	0.25	3.4	56.5	61.8	100.3	20.2	4.4	0.65	128.6	12.3	7.45	10.98	11.3	0.5	1.2
12.80	12.80	45.47	72.26			1,401	1,362	745.0	2.3	71.8	7.27	3.1	72.1	8.3	16.87	21.6	2.1	3.6
-9.70	67.06	12.70	-27.55			178.9	133.6	21.5	-27.7	-32.2	-1.09	4.0	-39.5	-29.02		-5.2	8.3	3.1
3.61	2.88	23.53	40.68	1.40	3.2	241,115	276,405	53,859	2.3	11,477	1.95	-45.7	15,542	6.26	17.73	22.2	4.6	4.1
-30.00	-28.52	-60.74	-61.67			72.0	137.4	257.5	-5.3	0.81	0.03	808.3	11.9	1.91	1.85	109.1	0.3	1.6
38.84	0.25	-43.92	-60.09			12,675	35,512	16,714	-1.2	-7,157	-13.79	-569.0	5,484	1.74		-1.7	0.8	1.0

I. Index of Stocks

Summer 2019

Company Name	Stock Ticker Symbol	Traded On	Sector	Overall Rating	Recommendation	Reward Rating	Risk Rating	Recent Up/Downgrade	Stock Price as of 6/30/2019	52-Week High	52-Week Low	3-Year Beta	Growth	Efficiency	Solvency	Volatility	Dividend	Total Return
PGS ASA	PGEJF	OTC PK	Energy	D	Sell	D	D		1.88	5.13	1.5	1.59	F	W	G	W	–	W
PGS ASA	PGSVY	OTC PK	Energy	D	Sell	D	D		1.55	5.23	1.22	2.89	F	W	G	W	–	W
PGT Innovations, Inc.	PGTI	NYSE	Industrials	C	Hold	B	D+		16.51	26.40	13.35	0.87	E	E	E	W	–	F
Pharma-Bio Serv, Inc.	PBSV	OTC PK	Health Care	C	Hold	B-	D+		0.95	1.25	0.43	0.33	F	F	E	W	–	F
PharmaCielo Ltd.	PCLO.V	TSXV	Health Care	E-	Sell	D	D-		6.83	11.50	4.95		W	W	E	W	–	W
PharmaCielo Ltd.	PHCEF	OTC PK	Health Care	E-	Sell	D-	D-		5.45	9.98	4.51		W	W	E	W	–	W
PharmaCyte Biotech, Inc.	PMCB	OTC PK	Health Care	E+	Sell	E+	D-	Down	0.04	0.07	0.04	2.23	F	V	G	W	–	W
Pharmagreen Biotech Inc.	PHBI	OTC PK	Health Care	D-	Sell	C	D-		2.22	3.99	0.65		F	G	F	W	–	W
Pharmaxis Ltd	PXSLY	OTC PK	Health Care	D	Sell	D	D-		2.70	3.96	2.57	-0.39	W	W	E	W	–	W
Pharol, SGPS S.A.	PHRZF	OTC PK	Communication Svc	D	Sell	D	D-		0.16	0.23	0.16	1.49	W	V	E	W	–	W
Pharol, SGPS S.A.	PTGCY	OTC PK	Communication Svc	D	Sell	D	D		0.14	0.25	0.1	2.26	W	V	E	W	–	W
PhaseBio Pharmaceuticals, Inc.	PHAS	NAS	Health Care	E	Sell	E+	D		12.77	16.65	2.55		W	V	E	W	–	F
PHI Group Inc.	PHIL	OTC PK	Financials	D	Sell	D	D-		0.00	0.05	0	2.18	F	W	E	W	–	V
PHI, Inc.	PHIIQ	OTC PK	Energy	D	Sell	D	D-		0.76	11.07	0.52	2.08	W	W	G	W	–	V
PHI, Inc.	PHIKQ	OTC PK	Energy	D	Sell	D	D-		0.12	10.61	0.09	2.08	W	W	G	W	–	V
Phibro Animal Health Corporation	PAHC	NAS	Health Care	C+	Hold	B	D+	Up	31.50	54.62	27.32	0.36	G	E	E	W	F	W
Philip Morris International Inc.	PM	NYSE	Consumer Staples	C	Hold	B-	D		77.92	92.74	64.67	1.01	G	E	G	W	G	W
Philippine Metals Inc.	PHIXF	OTC PK	Materials	D	Sell	D+	E+		0.04	0.07	0.03	7.09	W		G	W	–	F
Philippine Metals Inc.	PHI.V	TSXV	Materials	D	Sell	D+	D-		0.08	0.14	0.04	2.93	W		G	W	–	F
Phillips 66	PSX	NYSE	Energy	C+	Hold	B+	D+		91.75	123.97	78.44	1.03	G	E	E	W	G	F
Phillips 66 Partners LP	PSXP	NYSE	Energy	C+	Hold	B	C-	Up	48.53	55.02	40.76	0.88	E	E	G	F	E	W
Phio Pharmaceuticals Corp.	PHIO	NAS CM	Health Care	D-	Sell	D	D-	Down	0.38	2.36	0.27	1.86	F	W	E	W	–	W
Phivida Holdings Inc.	PHVAF	OTC PK	Consumer Staples	D-	Sell	E+	D		0.30	1.06	0.29		W	V	E	W	–	V
Phoenix Apps Inc.	PXPP	OTC PK	Information Tech	E	Sell	D	D-	Up	0.25	2.00	0.19		V	E	F	W	–	V
Phoenix Canada Oil Company Limited	PCO.V	TSXV	Financials	D+	Sell	D+	D+		1.35	1.58	1.33	-0.45	V	F	E	F	–	F
Phoenix Canada Oil Company Limited	PHXCF	OTC PK	Financials	D	Sell	D	D	Down	0.98	1.05	0.98	-0.03	V	F	E	W	–	W
Phoenix Gold Resources Corp.	PXA.V	TSXV	Materials	D-	Sell	D	D-	Down	0.05	0.07	0.04	0.10	V	W	F	W	–	W
Phoenix New Media Limited	FENG	NYSE	Communication Svc	D	Sell	D	D		3.64	5.30	2.83	2.26	V	W	E	W	–	W
PhoneX Holdings, Inc.	PXHI	OTC PK	Information Tech	D-	Sell	E+	D		0.40	0.45	0.01	-4.75	W	V	F	W	–	F
Photon Control Inc.	PHO.TO	TSX	Information Tech	C	Hold	B-	D+		1.15	2.60	0.84	1.26	F	E	E	W	–	W
Photon Control Inc.	POCEF	OTC PK	Information Tech	C	Hold	B-	D+		0.91	2.00	0.63	1.68	F	E	E	W	–	W
Photronics, Inc.	PLAB	NAS GS	Information Tech	C	Hold	B-	D		8.44	11.58	7.6	0.87	G	G	E	W	–	W
Phunware, Inc.	PHUN	NAS CM	Information Tech	E	Sell	E+	E+	Up	2.59	550.00	2.55		W	V	E	W	–	V
PHX Energy Services Corp.	PHX.TO	TSX	Energy	D+	Sell	C-	D		2.88	3.50	1.9	1.10	F	W	E	W	–	F
PHX Energy Services Corp.	PHXHF	OTC PK	Energy	D+	Sell	C-	D		2.10	2.60	1.49	1.55	F	W	E	W	–	F
Physicians Realty Trust	DOC	NYSE	Real Estate	C+	Hold	B	D+		17.26	19.16	15.16	0.46	E	G	E	W	G	W
Physinorth Acquisition Corporation Inc.	PSNP.V	TSXV	Financials	E-	Sell	D	D		0.30	0.60	0.2		W	W	E	W	–	W
PICO Holdings, Inc.	PICO	NAS GS	Industrials	C-	Hold	C	D	Up	11.07	12.70	8.85	0.79	G	F	E	W	–	W
Piedmont Lithium Limited	PDDTF	OTC PK	Materials	D-	Sell	E+	D-	Up	0.10	0.18	0.1		V	V	E	W	–	W
Piedmont Lithium Limited	PLL	NAS CM	Materials	D-	Sell	E+	D-	Up	11.95	15.58	5.76		V	V	E	W	–	W
Piedmont Office Realty Trust, Inc.	PDM	NYSE	Real Estate	C+	Hold	B	C		19.74	21.40	16.44	0.77	F	E	E	F	G	F
Pier 1 Imports, Inc.	PIR	NYSE	Consumer Discretn	D-	Sell	E+	D-		7.93	53.40	5.57	5.11	V	V	F	W	–	V
Pieridae Energy Limited	PEA.V	TSXV	Energy	D	Sell	D	D-	Up	0.86	4.55	0.75		W	F	G	W	–	V
Pieridae Energy Limited	PTOAF	OTC PK	Energy	D	Sell	D	D-	Up	0.65	3.40	0.63		W	F	G	W	–	V
Pieris Pharmaceuticals, Inc.	PIRS	NAS CM	Health Care	D-	Sell	E+	D		4.43	6.55	2.39	0.78	W	V	E	W	–	F
Pilgrim's Pride Corporation	PPC	NAS GS	Consumer Staples	C	Hold	B-	D+	Up	24.74	29.32	14.83	1.18	W	G	G	W	–	F
Pillarstone Capital REIT	PRLE	OTC PK	Real Estate	D+	Sell	C	D-	Up	1.80	3.00	1.6	0.67	W	G	W	W	–	W
Pima Zinc Corp.	RAEWF	OTC PK	Materials	D-	Sell	E+	D		0.08	0.08	0.04	1.32	V	V	G	W	–	G
Pimco Mortgage Income Trust Inc	PMTG	NYSE		U		U	U							U	U	U	U	U	U
Pinduoduo Inc.	PDD	NAS GS	Consumer Discretn	D	Sell	D+	D		20.76	31.99	16.53		F	W	E	W	–	W
Pine Cliff Energy Ltd.	PNE.TO	TSX	Energy	D-	Sell	D-	D-		0.17	0.45	0.16	0.48	F	V	G	W	–	V
Pine Cliff Energy Ltd.	PIFYF	OTC PK	Energy	D-	Sell	D-	D-		0.14	0.32	0.14	0.77	F	V	G	W	–	V

*Ratings Factors: E=Excellent, G=Good, F=Fair, W=Weak, V=Very Weak, U=Unrated

Summer 2019 — I. Index of Stocks

3-Month Total Return (%)	6-Month Total Return (%)	1-Year Total Return (%)	3-Year Total Return (%)	Dividend $ TTM	Dividend Yield TTM	Market Cap. ($Mil)	Enterprise Value ($Mil)	Revenue ($Mil)	Revenue Growth (%)	Net Income ($Mil)	Earnings/Share $	EPS Growth (%)	Cash from Operations ($Mil)	Return on Assets (%)	Return on Equity (%)	Earnings (P/E) TTM	Sales (P/S) TTM	Book (P/B) Q
-16.63	-5.53	-59.31	-12.96			532.5	1,867	802.2	-9.4	-113.6	-0.34	75.0	491.7	4.26		-5.6	0.8	1.0
-30.18	14.81	-65.82	-28.24			532.5	1,867	802.2	-9.4	-113.6	-0.34	75.0	491.7	4.26		-4.6	0.7	0.8
17.68	5.03	-19.85	70.73			963.3	1,318	732.0	35.9	54.9	1.01	18.9	92.3	9.13	18.9	16.4	1.3	2.4
-10.38	-8.65	97.51	10.43			21.8	6.5	20.0	56.2	5.3	0.23	249.5	2.0	4.71	12.18	4.2	1.1	1.0
-28.41						501.9	471.6	--		-19.4	-0.23	-88.2	-8.7			-29.1		14.4
-22.91						501.9	471.6	--		-19.4	-0.23	-88.2	-8.7			-23.2		11.5
-13.91	5.41	-43.48	-28.31			45.4	44.7	--		-4.2	0.00	64.7	-3.6	-43.55		-9.5		8.1
13.85	30.59	-45.85				165.8	165.8	--		-0.49	-0.01	32.3	-0.30			-331.3		-270.7
-31.68	-31.68	-23.08	-11.18			68.9	49.5	16.0	-43.9	-3.0	-0.06	12.5	5.2			-41.9	66.5	69.1
-28.89	-28.89	-38.49	14.29			147.8	104.5	--		-6.7	-0.01	99.3	2.6	-1.57		-20.8		0.8
-26.04	-8.66	-45.25	39.61			147.8	104.5	--		-6.7	-0.01	99.3	2.6	-1.57		-17.8		0.7
47.46	318.69					365.6	322.9	1.3		-20.1	-11.01	10.0	-22.0			-1.2	236.9	7.1
-50.00	-94.12	-99.74	-99.99			1.0	27.1	1.9	89.3	-1.4	-0.02	61.3	-3.1	-0.42		0.0	0.1	-0.2
-3.80	-70.85	-92.76	-95.77			3.7	753.2	665.9	10.0	-159.8	-10.10	-2,904.6	-13.8	-1.9		-0.1	0.0	0.0
-74.90	-94.04	-98.89	-99.35			3.7	753.2	665.9	10.0	-159.8	-10.10	-2,904.6	-13.8	-1.9		0.0	0.0	0.0
-2.48	0.13	-30.11	77.59	0.46	1.5	1,274	1,519	835.9	4.1	68.0	1.68	17.2	42.4	8.69	34.08	18.8	1.5	6.0
-9.37	19.07	1.01	-8.99	4.56	5.9	121,228	150,900	29,480	-0.3	7,709	4.94	28.4	9,339	16.9		15.8	4.1	-10.1
75.57	13.61	1,288.12	18.14			1.1	0.99	--		-0.13	-0.01	-355.8	-0.26	-85.52		-4.0		55.5
77.78	100.00	33.33	-5.88			1.1	0.99	--		-0.13	-0.01	-355.8	-0.26	-85.52		-7.3		100.0
-3.11	10.03	-15.05	28.30	3.30	3.6	41,613	55,519	110,969	19.3	5,275	11.28	13.1	6,607	5.34	21.78	8.1	0.4	1.7
-5.53	19.34	2.56	6.28	3.22	6.6	6,053	8,716	1,094	12.4	566.0	4.06	44.6	926.0	5.09	34.34	12.0	6.1	1.9
-14.17	23.44	-81.68	-98.58			9.1	-3.0	0.14	257.9	-7.2	-1.01	74.1	-7.8	-54.2		-0.4	58.0	0.8
-40.52	-25.95	-48.43				27.0	19.7	0.06	246.6	-8.4	-0.14	-65.7	-5.4	-61.01		-2.2	335.7	2.1
-3.85	-87.50					11.3	11.4	--		-0.13	0.00	-40.0	-0.05			-89.3		-67.6
-6.90	-6.90	0.00	3.05			5.2	-1.7	0.00	-45.5	-0.20	-0.04	-243.5	-0.35	-3.84		-32.2	13,500.0	1.0
0.00	0.00	-3.39	-0.70			5.2	-1.7	0.00	-45.5	-0.20	-0.04	-243.5	-0.35	-3.84		-23.4	9,801.0	0.7
28.57	-35.71	-35.71	-35.71			0.17	0.44	--		-0.18	-0.04	-725.0	-0.03	-53.12		-1.2		-0.3
-8.77	17.80	-13.74	0.83			264.9	120.1	148.6	-37.0	-25.7	-2.92	-2,654.6	--			-1.3	0.2	0.1
100.00	83.49	316.67	-60.00			11.3	15.9	74.2	-27.8	-13.6	-0.56	-205.9	0.06	-12.65		-0.7	0.2	9.4
-6.50	16.16	-50.85	57.53			93.6	66.5	31.3	-12.8	6.0	0.05	19.1	8.6	8.81	15.66	23.0	4.0	3.2
-8.02	31.97	-48.20	62.81			93.6	66.5	31.3	-12.8	6.0	0.05	19.1	8.6	8.81	15.66	18.2	3.2	2.6
-10.50	-12.90	8.90	-4.85			566.0	570.2	537.3	10.4	39.2	0.56	50.7	90.4	3.18	5.97	15.1	1.1	0.7
-82.15	-76.11					100.7	101.3	31.2	37.4	-6.1	-0.12	77.1	-7.4	-6.91		-21.1	2.5	9.2
-11.11	24.68	35.85	7.87			123.8	176.3	257.8	31.6	-11.9	-0.22	21.4	16.9	0		-13.4	0.6	1.4
-12.10	26.51	35.40	-4.11			123.8	176.3	257.8	31.6	-11.9	-0.22	21.4	16.9	0		-9.7	0.4	1.0
-8.41	11.01	13.71	-5.38	0.92	5.3	3,177	4,871	422.7	22.9	56.2	0.30	32.6	208.7	1.7	2.32	57.3	7.7	1.3
0.00						0.54	0.24	--		-0.02	0.00		-0.02	-6.21		-88.2		2.5
10.81	22.32	-6.19	68.63			224.2	207.4	27.4	1,682.0	6.2	0.30	197.5	5.7	2.84	3.26	37.1	8.3	1.3
0.00	0.00	-28.57				79.6	70.1	--		-9.9	-0.02	-34.9	-9.3	-52.2		-5.6		6.5
53.40	82.44	-17.38				79.6	70.1	--		-9.9	-0.02	-34.9	-9.3	-52.2		-671.4		781.1
-4.56	18.68	4.35	9.35	0.84	4.3	2,479	4,044	529.0	-4.8	122.7	0.96	-21.7	209.8	2.04	6.98	20.5	4.7	1.4
-49.58	27.86	-83.68	-91.65			32.2	954.3	1,553	-13.7	-198.8	-2.46	-1,981.5	-98.8	-14.68		-3.2	0.4	7.1
-50.86	-68.03	-80.45				55.1	83.9	19.8	23,659.2	-34.2	-0.60	-219.6	-17.6	-12.27		-1.4	3.4	1.0
-50.87	-58.76	-80.90				55.1	83.9	19.8	23,659.2	-34.2	-0.60	-219.6	-17.6	-12.27		-1.1	2.6	0.7
38.87	52.23	-11.93	163.69			218.2	107.4	33.5	19.3	-28.4	-0.54	-34.7	-47.5	-13.71		-8.3	6.7	7.2
12.15	58.69	21.99	2.15			6,171	8,465	10,916	-1.1	212.5	0.85	-70.5	611.4	4.36	10.13	29.0	0.6	2.9
9.09	-25.00	-35.71	-20.00			0.73	71.8	16.7	-1.9	1.3	0.19	83.9	5.6	3.7	41.8	9.5	0.3	0.7
0.00	0.00	62.50	705.03			0.36	0.26	--		-0.28	-0.06	-313.0	-0.19	-79.92		-1.3		2.1
						--	--	--		--				--				
-10.98	-5.89					23,959	19,611	1,987	332.3	-790.2	-3.28	-379.7	751.8			-6.3	3.0	1.6
-30.61	-29.17	-50.72	-80.23			42.5	85.8	78.6	-8.3	-48.6	-0.16	23.6	7.2	-5.9		-1.1	0.7	1.3
-28.70	-22.15	-47.16	-78.00			42.5	85.8	78.6	-8.3	-48.6	-0.16	23.6	7.2	-5.9		-0.8	0.5	1.0

https://greyhouse.weissratings.com

Data as of June 30, 2019

I. Index of Stocks

Summer 2019

Company Name	Stock Ticker Symbol	Traded On	Sector	Overall Rating	Recommendation	Reward Rating	Risk Rating	Recent Up/Downgrade	Stock Price as of 6/30/2019	52-Week High	52-Week Low	3-Year Beta	Growth	Efficiency	Solvency	Volatility	Dividend	Total Return
Pine Trail Real Estate Investment Trust	PTUN.V	TSXV	Real Estate	D-	Sell	C-	D	Up	0.14	0.19	0.11		F	W	E	W	G	W
Pinecrest Resources Ltd.	PNCRF	OTC PK	Materials	D	Sell	D	D-		0.17	0.19	0.14	0.44	W	W	E	W	–	W
Pinecrest Resources Ltd.	PCR.V	TSXV	Materials	D	Sell	D	D-		0.17	0.28	0.16	0.05	W	W	E	W	–	W
Pinedale Energy Limited	MCF.V	TSXV	Energy	E+	Sell	E+	E+	Down	0.09	0.26	0.09		F	V	V	W	–	V
Pinetree Capital Ltd.	PNPFF	OTC PK	Financials	D-	Sell	D-	D-	Down	1.12	1.69	0.85	1.39	W	V	E	W	–	V
Pinetree Capital Ltd.	PNP.TO	TSX	Financials	D-	Sell	D-	D-	Down	1.53	2.29	1.2	0.80	W	V	E	W	–	W
Pingtan Marine Enterprise Ltd.	PME	NAS CM	Consumer Staples	C	Hold	B	D+	Up	2.52	3.35	1.71	0.38	E	G	G	W	–	W
Pinnacle Bank	PBNK	OTC PK	Financials	E+	Sell	E	E+		12.05	14.23	11	0.70	E	V	V	F	–	F
Pinnacle Financial Partners, Inc.	PNFP	NAS GS	Financials	C+	Hold	B	C-	Up	56.68	66.54	43.23	1.60	E	E	E	F	W	W
Pinnacle Renewable Energy Inc.	PL.TO	TSX	Energy	D	Sell	C	D		9.70	17.00	8.53		W	F	G	W	G	W
Pinnacle West Capital Corporation	PNW	NYSE	Utilities	B-	Buy	B	C	Down	93.74	99.81	77.19	0.13	G	E	F	G	F
Pintec Technology Holdings Limited	PT	NAS	Financials	E	Sell	D+	D-		2.99	15.10	2.34		G	F	E	W	–	V
Pioneer Corporation	PNCOY	OTC PK	Consumer Discretn	D	Sell	D	D-		0.51	1.30	0.51	1.31	W	W	E	W	–	V
Pioneer Energy Services Corp.	PES	NYSE	Energy	D	Sell	D	D-		0.26	6.00	0.25	3.15	F	W	G	W	–	V
Pioneer Natural Resources Company	PXD	NYSE	Energy	C	Hold	C+	D+	Up	150.81	193.76	119.08	1.35	E	G	E	W	W	W
Pioneer Power Solutions, Inc.	PPSI	NAS CM	Industrials	D	Sell	D+	D	Down	4.73	6.05	4.4	0.29	F	F	G	W	–	W
Pioneering Technology Corp.	PTE.V	TSXV	Consumer Discretn	D-	Sell	D-	D-		0.04	0.31	0.04	0.18	W	W	E	W	–	V
Pioneering Technology Corp.	PTEFF	OTC PK	Consumer Discretn	D-	Sell	D-	D-		0.04	0.24	0.03	0.69	W	W	E	W	–	V
Piper Jaffray Companies	PJC	NYSE	Financials	C+	Hold	B	C	Up	73.21	82.52	61.35	1.24	F	G	E	F	F	F
Pipestone Energy Corp.	PIPE.V	TSXV	Energy	E-	Sell	D	D-		1.22	2.50	1.16		W	W	E	W	–	W
Pipestone Energy Corp.	BKBEF	OTC PK	Energy	E	Sell	D+	D		0.91	1.70	0.17		W	W	E	F	–	F
Pistol Bay Mining Inc.	SLTFF	OTC PK	Materials	D	Sell	D+	D	Down	0.04	0.05	0.02	2.04	W	F	F	W	–	W
Pistol Bay Mining Inc.	PST.V	TSXV	Materials	D	Sell	D	D	Down	0.04	0.08	0.03	1.76	W	F	F	W	–	W
Pitney Bowes Inc.	PBI	NYSE	Industrials	D+	Sell	C	D-		4.22	9.30	3.41	2.63	W	G	W	W	G	V
Pivot Technology Solutions, Inc.	PVVTF	OTC PK	Information Tech	D	Sell	D+	D		0.97	1.47	0.69	1.28	V	F	G	W	E	W
Pivot Technology Solutions, Inc.	PTG.TO	TSX	Information Tech	D	Sell	D+	D		1.43	1.97	0.83	1.06	V	F	G	W	E	W
Pivotal Acquisition Corp.	PVT	NYSE	Financials	E	Sell	E	D		10.18	10.40	9.75		V	V	E	G	–	W
Pivotal Software, Inc.	PVTL	NYSE	Information Tech	D	Sell	D+	D	Down	10.42	29.15	10.1		F	W	E	W	–	W
Pixelworks, Inc.	PXLW	NAS	Information Tech	D	Sell	D+	D		3.00	5.75	2.6	2.91	F	W	E	W	–	W
Pizza Pizza Royalty Corp.	PZA.TO	TSX	Consumer Discretn	C-	Hold	C+	D		9.98	12.50	8.3	0.58	F	E	E	W	E	W
Pizza Pizza Royalty Corp.	PZRIF	OTC PK	Consumer Discretn	C-	Hold	B-	D		7.62	9.35	6.1	0.79	F	E	E	W	E	W
PJT Partners Inc.	PJT	NYSE	Financials	C-	Hold	C	D+	Down	40.29	61.18	35.28	1.63	W	G	E	W	W	F
PJX Resources Inc.	PJX.V	TSXV	Materials	D-	Sell	D-	D		0.18	0.36	0.15	-1.82	V	V	E	W	–	F
PJX Resources Inc.	PJXRF	OTC PK	Materials	D-	Sell	D-	D		0.15	0.27	0.12	-0.01	V	V	E	W	–	F
Plains All American Pipeline, L.P.	PAA	NYSE	Energy	C+	Hold	B+	D+		23.97	27.70	19.34	0.96	E	E	G	W	E	F
Plains GP Holdings, L.P.	PAGP	NYSE	Energy	C+	Hold	B	D+	Up	24.49	27.00	19.17	0.88	G	G	G	W	E	W
Planet 13 Holdings Inc.	PLNHF	OTC PK	Health Care	D-	Sell	C-	D	Up	1.99	2.70	0.5		F	W	E	W	–	F
Planet Fitness, Inc.	PLNT	NYSE	Consumer Discretn	B+	Buy	A+	C+	Down	73.13	81.90	42.06	0.43	E	E	G	G	–	E
Planet Green Holdings Corp.	PLAG	AMEX	Consumer Staples	D+	Sell	C	D	Up	4.72	11.51	1.85	1.07	W	G	G	W	–	W
Planet Health Corp.	PHLH.V	TSXV	Consumer Staples	D	Sell	C-	E+		0.40	0.40	0.3	0.77	F	G	F	V	–	V
Planet Ventures Inc.	PNXPF	OTC PK	Financials	D	Sell	D	D		0.06	0.12	0.05	2.46	W	V	E	W	–	F
Planet Ventures Inc.	PXI.V	TSXV	Financials	D	Sell	D	D		0.07	0.17	0.05	1.01	W	V	E	W	–	F
Plantronics, Inc.	PLT	NYSE	Information Tech	D+	Sell	C	D	Up	36.17	82.28	30.9	1.57	F	F	E	F	F	W
Plastic2Oil, Inc.	PTOI	OTC PK	Energy	D+	Sell	C	D	Down	0.03	0.08	0.01	4.31	W	E	F	W	–	W
Plata Latina Minerals Corporation	PLLMF	OTC PK	Materials	D-	Sell	E+	D		0.03	0.03	0.01	3.08	W	V	G	W	–	W
Plata Latina Minerals Corporation	PLA.V	TSXV	Materials	D-	Sell	E+	D		0.03	0.05	0.02	1.66	W	V	G	W	–	F
Plateau Energy Metals Inc.	PLU.V	TSXV	Energy	D	Sell	D	D		0.60	1.69	0.46	2.28	V		E	W	–	F
Plateau Energy Metals Inc.	PLUUF	OTC PK	Energy	D	Sell	D	D		0.45	1.27	0.34	2.36	V		E	W	–	F
Platform 9 Capital Corp.	PNP.V	TSXV	Financials	D-	Sell	D-	D	Up	0.08	0.25	0.08		W	W	E	W	–	V
Platform Eight Capital Corp.	PECP.V	TSXV	Financials	D-	Sell	C	D		0.10	0.19	0.1		F	G	E	W	–	V
Platinex Inc.	PANXF	OTC PK	Materials	D+	Sell	C	D	Up	0.04	0.07	0.04	5.58	V	G	F	W	–	W
Platinum Group Metals Ltd.	PTM.TO	TSX	Materials	D-	Sell	E+	D-		1.66	2.91	1.2	0.71	F	V	G	W	–	V

*Ratings Factors: E=Excellent, G=Good, F=Fair, W=Weak, V=Very Weak, U=Unrated

Data as of June 30, 2019

Summer 2019 — I. Index of Stocks

3-Month Total Return (%)	6-Month Total Return (%)	1-Year Total Return (%)	3-Year Total Return (%)	Dividend $ TTM	Dividend Yield TTM	Market Cap. ($Mil)	Enterprise Value ($Mil)	Revenue ($Mil)	Revenue Growth (%)	Net Income ($Mil)	Earnings/Share $	EPS Growth (%)	Cash from Operations ($Mil)	Return on Assets (%)	Return on Equity (%)	Earnings (P/E) TTM	Sales (P/S) TTM	Book (P/B) Q
4.67	19.61	-10.01		0.00	2.9	3.7	3.7	0.12		-0.11	-0.01		0.15	-1.91		-15.1	36.8	2.4
0.00	18.27	20.06				7.8	7.1	--		-0.31	-0.01	65.0	-0.26	-1.72		-33.4		1.0
-17.50	-25.00	-21.43	-19.51			7.8	7.1	--		-0.31	-0.01	65.0	-0.26	-1.72		-33.0		0.9
5.88	-14.29	-57.14				7.7	14.8	5.3	44.6	-8.9	-0.30	-5,828.0	0.54	-39.11		-0.3	1.9	56.3
18.02	20.87	-33.99	-46.67			10.5	5.2	-0.80	-659.3	-1.2	-0.13	-2.3	0.34	-5.07		-8.4	-12.6	0.8
19.53	21.43	-32.89	-49.00			10.5	5.2	-0.80	-659.3	-1.2	-0.13	-2.3	0.34	-5.07		-11.5	-17.3	1.1
9.69	18.87	-10.61	116.96	0.04	1.6	199.2	260.9	71.8	4.9	10.6	0.13	-48.4	58.8	4.15	7.76	18.7	2.8	1.5
0.42	8.56	-8.21	81.58			62.9	--	18.1	31.8	3.5	0.77	41.6	--			15.6	3.1	
2.82	23.90	-7.42	26.68	0.62	1.1	4,335	--	922.2	21.2	369.9	4.78	56.7	540.5		9.48	11.9	4.7	1.1
-13.26	-15.17	-29.62		0.60	6.2	246.1	558.3	279.0	20.8	6.6	0.16	114.1	30.9	1.82	4.42	60.8	1.2	2.4
-0.63	11.77	20.34	31.00	2.91	3.1	10,525	16,149	3,739	4.4	525.7	4.67	12.0	1,284	3.02	10.35	20.1	2.8	2.0
-76.89	-67.99					112.0	179.5	127.0	148.3	2.4	-5.72	48.3	-16.3			-0.5	0.0	0.0
-29.17	-5.17	-62.22	-70.35			--	--	3,220	-2.1	-112.0	-0.30	-64.3	117.9	-0.97		-1.7	0.1	0.3
-86.00	-80.08	-95.38	-93.88			20.3	468.2	592.2	19.6	-53.0	-0.69	13.1	23.8	-0.93		-0.4	0.0	0.1
-1.37	15.81	-19.89	1.21	0.48	0.3	25,400	26,744	9,287	42.7	1,150	6.72	9.5	3,292	6.56	9.72	22.5	2.7	2.1
-4.07	-8.16	-7.25	-9.21			41.3	63.8	107.6	-7.6	0.56	0.06	105.4	2.0	-1.98	3.29	75.7	0.4	2.4
-50.00	-50.00	-85.71	-85.96			1.7	-0.16	2.9	-57.5	-3.0	-0.05	-475.3	-2.8	-18.4		-0.7	0.8	0.3
-51.37	-35.45	-83.02	-86.65			1.7	-0.16	2.9	-57.5	-3.0	-0.05	-475.3	-2.8	-18.4		-0.7	0.7	0.3
0.08	12.31	-2.40	117.96	1.50	2.1	926.8	--	807.2	-4.3	65.9	4.56	177.6	391.9		8.84	16.1	1.2	1.5
-39.00						176.3	203.2	0.79	-43.1	-12.0	-0.03	-204.2	-12.7			-41.8	283.7	0.8
-39.10						176.3	203.2	0.79	-43.1	-12.0	-0.03	-204.2	-12.7			-31.2	212.1	0.6
39.53	129.41	2.63	14.71			1.5	1.6	--		-0.56	-0.02	-168.6	-0.60	-26.51		-1.9		1.2
-20.00	33.33	-27.27	-63.64			1.5	1.6	--		-0.56	-0.02	-168.6	-0.60	-26.51		-1.9		1.2
-37.83	-27.93	-46.74	-70.18	0.48	11.3	762.7	3,284	3,510	7.1	167.5	0.89	-34.8	287.0	3.31	101.92	4.8	0.2	9.0
1.41	45.81	-23.20	24.72	0.12	12.4	43.0	205.3	1,300	-16.6	-5.7	-0.15	-57.1	12.2	0.65		-6.5	0.0	-91.7
15.08	59.02	-15.13	18.20	0.16	11.2	43.0	205.3	1,300	-16.6	-5.7	-0.15	-57.1	12.2	0.65		-9.6	0.0	-134.9
4.20						70.6	69.6	--		0.46	-0.02		-0.26			-431.4		14.1
-49.69	-34.79	-59.39				2,833	2,125	687.5	26.4	-141.1	-0.54	72.1	112.4	-5.05		-19.3	4.1	2.2
-23.27	1.35	-16.67	64.84			112.6	94.8	77.9	6.4	-4.1	-0.12	48.7	3.4	-4.86		-25.9	1.4	2.4
1.30	17.33	-11.94	-16.61	0.86	8.6	243.1	276.3	26.9	-3.3	20.4	0.69	2.1	21.0	6.09	9.32	14.5	11.8	1.5
4.03	30.53	-12.05	-11.67	0.65	8.5	243.1	276.3	26.9	-3.3	20.4	0.69	2.1	21.0	6.09	9.32	11.0	9.0	1.1
-4.65	3.20	-24.85	84.00	0.20	0.5	955.9	--	574.4	12.2	23.0	0.86	154.4	136.0		7.99	46.9	2.8	-7.7
-12.20	-25.00	-12.20	9.09			13.6	12.5	--		-2.6	-0.03	-46.4	-2.1	-206.56		-6.4		16.7
-5.66	-17.31	-1.32	16.37			13.6	12.5	--		-2.6	-0.03	-46.4	-2.1	-206.56		-5.3		13.9
-0.54	23.40	7.74	11.21	1.26	5.3	17,422	29,091	34,032	21.7	2,898	3.55	399.3	3,120	5.94	24.35	6.8	0.6	1.7
0.25	26.51	8.43	7.25	0.96	3.9	3,906	25,377	34,033	21.8	445.0	2.80	159.1	3,116	5.62	20.77	8.7	0.1	2.0
22.84	113.98					264.0	252.9	31.4	174.8	-12.3	-0.12	-716.9	-3.2	-6.71		-16.5	8.2	6.9
7.54	39.08	68.35	352.79			6,140	7,093	556.8	23.8	95.5	1.09	108.5	194.2	9.46		67.1	11.1	-17.9
0.43	101.49	-3.18	-82.84			37.2	34.8	6.8	65.7	20.0	3.47	110.9	-12.4	-0.65		1.4	3.8	3.1
33.33	33.33	0.00	-80.95			1.1	1.1	--		-0.04	-0.01	14.2	-0.08	-115.83		-36.7		-3.3
-29.50	-6.21	-27.35	129.26			5.6	2.9	-1.4	-206.3	-1.8	-0.02	-269.9	-0.74	-30.48		-2.7	-3.9	2.0
-31.58	8.33	-45.83	30.00			5.6	2.9	-1.4	-206.3	-1.8	-0.02	-269.9	-0.74	-30.48		-2.9	-4.1	2.1
-20.53	11.44	-52.76	-11.08	0.60	1.7	1,371	2,796	1,675	95.4	-135.6	-3.40	-3,752.7	116.0	1.38		-10.6	0.8	1.9
48.89	235.00	68.55	-18.79			3.3	14.5	--		-2.7	-0.02	-185.3	-0.41	-41.89		-1.3		-0.2
163.64	69.59	26.09	47.96			1.4	1.1	--		-0.89	-0.01	1.5	-0.58	-44.51		-2.2		3.0
25.00	25.00	-37.50	-50.00			1.4	1.1	--		-0.89	-0.01	1.5	-0.58	-44.51		-1.9		2.6
3.45	-9.09	-52.38	87.50			36.4	34.8	--		-6.8	-0.09	-58.2	-5.5	-390.36		-6.4		44.8
2.63	-8.67	-51.54	89.68			36.4	34.8	--		-6.8	-0.09	-58.2	-5.5	-390.36		-4.8		33.9
-55.88	-55.88	-60.53				0.31	-0.12	--		-0.18	-0.03		-0.11	-38.98		-2.2		1.0
-20.83	-40.62	-48.65				0.39	0.14	--		0.46	0.08	518.3	0.03	-0.03	32.75	1.1		0.6
-8.00	-8.00	-60.85	268.00			3.0	3.0	--		-2.3	-0.02	-117.8	-0.06	-124.38		-1.6		-24.5
-37.12	-14.87	22.96	-96.19			42.7	112.8	--		-23.5	-1.05	97.1	-7.0	-5.93		-1.6		-1.4

Data as of June 30, 2019

I. Index of Stocks

Summer 2019

Company Name	Stock Ticker Symbol	Traded On	Sector	Overall Rating	Recommendation	Reward Rating	Risk Rating	Recent Up/Downgrade	Stock Price as of 6/30/2019	52-Week High	52-Week Low	3-Year Beta	Growth	Efficiency	Solvency	Volatility	Dividend	Total Return
Platinum Group Metals Ltd.	PLG	AMEX	Materials	D-	Sell	E+	D-		1.29	2.17	0.91	0.94	F	V	G	W	–	V
Plato Gold Corp.	PTOZF	OTC PK	Materials	C-	Hold	C	D	Up	0.02	0.04	0.01	3.53	W	G	F	W	–	W
Plato Gold Corp.	PGC.V	TSXV	Materials	C-	Hold	C	D	Up	0.03	0.06	0.01	3.12	W	G	F	W	–	F
Playa Hotels & Resorts N.V.	PLYA	NAS GS	Consumer Discretn	C-	Hold	C	D	Up	7.65	11.48	5.98	0.40	E	F	E	W	–	W
PlayAGS, Inc.	AGS	NYSE	Consumer Discretn	D+	Sell	C	D-	Up	19.14	32.80	17.49		E	W	G	W	–	W
Players Network, Inc.	PNTV	OTC PK	Health Care	D+	Sell	C	D	Down	0.02	0.08	0.01	-0.34	W	E	F	W	–	W
Playfair Mining Ltd.	PLY.V	TSXV	Materials	D-	Sell	D-	D		0.04	0.09	0.02	2.45	F	V	G	W	–	W
Playfair Mining Ltd.	PLYFF	OTC PK	Materials	D-	Sell	D-	D		0.02	0.06	0.01	1.12	F	V	G	W	–	V
Plaza Retail REIT	PLZUN.TO	TSX	Real Estate	C	Hold	B	C-		4.19	4.40	3.68	0.32	E	G	E	F	G	W
Plaza Retail REIT	PAZRF	OTC PK	Real Estate	C	Hold	B-	D+	Up	3.28	3.29	2.72	0.62	E	G	E	W	E	W
PLDT Inc.	PHTCF	OTC PK	Communication Svc	C-	Hold	C	D		23.80	27.34	21.07	-0.11	F	E	G	W	–	W
PLDT Inc.	PHI	NYSE	Communication Svc	D+	Sell	C+	D-	Down	25.37	27.65	19.36	0.19	F	E	G	W	–	W
Pledge Petroleum Corp.	PROP	OTC PK	Energy	E	Sell	E	D		0.04	0.09	0		V	V	F	W	–	W
Plexus Corp.	PLXS	NAS GS	Information Tech	B-	Buy	B	C+	Up	57.66	66.98	47.63	1.36	F	E	E	F	–	W
Plug Power Inc.	PLUG	NAS CM	Industrials	D	Sell	D	D	Up	2.22	2.87	0.99	0.67	W	V	F	W	–	F
Plumas Bancorp	PLBC	NAS CM	Financials	C	Hold	B+	C		24.49	28.50	20.51	0.41	E	E	E	F	–	F
Pluralsight, Inc.	PS	NAS GS	Information Tech	D	Sell	D	D	Up	29.83	38.37	17.88		F	V	E	W	–	W
Pluristem Therapeutics Inc.	PSTI	NAS CM	Health Care	E+	Sell	E+	D-	Down	0.61	1.38	0.5	1.38	V	V	G	W	–	V
Plus Products Inc.	PLPRF	OTC PK	Health Care	E	Sell	D-	D		2.85	6.01	2.55		W	V	E	W	–	W
PLx Pharma Inc.	PLXP	NAS CM	Health Care	D-	Sell	E+	D	Down	6.83	7.20	1	7.54	W	V	G	W	–	W
Plymouth Industrial REIT, Inc.	PLYM	AMEX	Real Estate	D+	Sell	C	D		19.04	19.60	10.95	0.90	F	W	E	F	E	W
Plyzer Technologies Inc.	PLYZ	OTC PK	Communication Svc	D+	Sell	C	D	Down	0.25	0.70	0.16	2.23	W	E	F	W	–	F
PNM Resources, Inc.	PNM	NYSE	Utilities	B	Buy	B+	C	Up	50.86	52.10	37.18	0.33	E	G	G	G	F	G
POCML 5 Inc.	PCMLP.V	TSXV	Financials	E-	Sell	D	D		0.41	0.70	0.41		W	W	E	W	–	W
POET Technologies Inc.	POETF	OTC PK	Information Tech	D-	Sell	E+	D		0.31	0.34	0.17	1.27	W	V	E	W	–	W
POET Technologies Inc.	PTK.V	TSXV	Information Tech	D-	Sell	E+	D		0.39	0.46	0.23	0.70	W	V	E	W	–	W
Point Capital, Inc.	PTCI	OTC PK	Consumer Discretn	D-	Sell	E+	D-	Down	0.40	1.00	0.23	-8.57	V	V	E	W	–	W
Point Loma Resources Ltd.	FMTNF	OTC PK	Energy	D-	Sell	E	D		0.12	0.27	0.11	1.82	F	V	F	W	–	W
Point Loma Resources Ltd.	PLX.V	TSXV	Energy	D-	Sell	E	D		0.16	0.37	0.14	0.45	F	V	F	W	–	W
Pointer Telocation Ltd.	PNTR	NAS CM	Industrials	C	Hold	B-	C	Down	15.18	16.16	10.25	0.98	W	G	E	F	–	F
Points International Ltd.	PTS.TO	TSX	Consumer Discretn	C	Hold	B-	D+		15.84	24.32	12.24	0.76	F	E	E	F	–	F
Points International Ltd.	PCOM	NAS CM	Consumer Discretn	C	Hold	B-	D+		12.15	18.48	8.3	1.05	F	E	E	W	–	F
Polar Power, Inc.	POLA	NAS CM	Industrials	D	Sell	C-	D-		4.12	6.65	3.45	0.24	F	F	E	W	–	W
Polaris Industries Inc.	PII	NYSE	Consumer Discretn	C	Hold	B	D+	Up	88.82	128.98	70.27	1.63	F	E	G	W	G	W
Polaris Infrastructure Inc.	PIF.TO	TSX	Utilities	C+	Hold	B	D+	Up	14.51	14.90	8.32	-0.07	E	G	E	W	G	W
Polaris Infrastructure Inc.	RAMPF	OTC PK	Utilities	C	Hold	B	D+		11.16	11.20	6.14	0.86	E	G	E	W	G	W
PolarityTE, Inc.	PTE	NAS CM	Health Care	D-	Sell	E+	D		5.74	30.88	4.96	1.65	W	V	E	W	–	W
Pollard Banknote Limited	PBL.TO	TSX	Consumer Discretn	A-	Buy	A-	B		24.15	27.75	18.14	0.41	E	E	E	G	W	G
Pollard Banknote Limited	PBKOF	OTC PK	Consumer Discretn	C	Hold	B	C+		18.15	21.37	15.71	-0.35	E	E	E	G	W	F
Polydex Pharmaceuticals Limited	POLXF	OTC PK	Health Care	C-	Hold	C	D	Up	0.96	1.29	0.75	-0.24	W	G	E	W	–	W
Polymet Mining Corp.	POM.TO	TSX	Materials	D	Sell	D	D		0.53	1.60	0.49	0.69	V	W	F	W	–	W
Polymet Mining Corp.	PLM	AMEX	Materials	D	Sell	D	D		0.43	1.25	0.36	1.03	V	W	F	W	–	W
PolyOne Corporation	POL	NYSE	Materials	C-	Hold	C+	D	Down	30.44	45.70	24.47	1.67	G	E	G	W	G	W
Pond Technologies Holdings Inc.	IOGIF	OTC PK	Consumer Staples	E+	Sell	E+	D	Down	0.54	1.27	0.36		W	V	G	W	–	V
Pond Technologies Holdings Inc.	POND.V	TSXV	Consumer Staples	D-	Sell	E+	D		0.70	1.80	0.48		W	V	G	W	–	V
Pool Corporation	POOL	NAS GS	Consumer Discretn	B	Buy	A	C+	Up	187.90	193.03	136.83	0.97	E	E	G	F	W	G
Pool Safe Inc.	POOL.V	TSXV	Consumer Discretn	E+	Sell	E+	D-	Down	0.07	0.14	0.06	0.80	F	V	F	W	–	W
Pope Resources, A Delaware Limited Partnership	POPE	NAS CM	Materials	C	Hold	B	D		68.42	73.50	62.5	0.32	G	G	G	F	G	W
Popular, Inc.	BPOP	NAS GS	Financials	B	Buy	A-	C+		53.47	58.99	44.22	1.22	G	E	E	F	F	F
Portage Biotech Inc.	PTGEF	OTC PK	Health Care	E-	Sell	E+	D		0.09	0.13	0.07		V	V	F	W	–	W
Porter Holding International, Inc.	ULNV	OTC PK	Consumer Discretn	C-	Hold	C+	D		4.00	5.27	3.02	-0.37	F	G	G	W	–	W
Portland General Electric Company	POR	NYSE	Utilities	B	Buy	B+	C		53.91	55.98	42.1	0.30	E	E	G	F	G	F

*Ratings Factors: E=Excellent, G=Good, F=Fair, W=Weak, V=Very Weak, U=Unrated

Data as of June 30, 2019

https://greyhouse.weissratings.com

Summer 2019 — I. Index of Stocks

3-Month Total Return (%)	6-Month Total Return (%)	1-Year Total Return (%)	3-Year Total Return (%)	Dividend $ TTM	Dividend Yield TTM	Market Cap. ($Mil)	Enterprise Value ($Mil)	Revenue ($Mil)	Revenue Growth (%)	Net Income ($Mil)	Earnings/Share $	EPS Growth (%)	Cash from Operations ($Mil)	Return on Assets (%)	Return on Equity (%)	Earnings (P/E) TTM	Sales (P/S) TTM	Book (P/B) Q
-32.81	-14.00	29.13	-96.16			42.7	112.8	--		-23.5	-1.05	97.1	-7.0	-5.93		-1.2		-1.1
118.39	35.71	-52.50	280.00			4.5	4.4	--		0.10	0.00	1,200.0	-0.30	-25.82	51.92	17.3		4.8
50.00	100.00	-40.00	200.00			4.5	4.4	--		0.10	0.00	1,200.0	-0.30	-25.82	51.92	27.3		7.5
0.39	9.76	-29.23				997.7	1,901	634.4	12.8	40.1	0.32	659.9	112.5	2.52	5.35	24.0	1.6	1.1
-19.82	-15.57	-24.44				677.8	1,203	293.5	28.1	-11.4	-0.33	80.9	90.0	3.3		-58.4	2.3	4.9
-0.80	-41.23	-46.78	447.46			17.3	18.4	0.27	51.6	-14.1	-0.03	-73.6	-0.78	-149.07		-0.9	62.0	-1.4
-12.50	40.00	-53.33	-36.36			1.8	1.7	--		-0.14	0.00	35.9	-0.05	-137.92		-14.0		3.0
-8.50	66.36	-64.47	-62.42			1.8	1.7	--		-0.14	0.00	35.9	-0.05	-137.92		-7.3		1.6
1.98	11.23	1.70	3.30	0.28	6.7	327.3	819.3	85.8	8.0	23.9	0.22	58.2	29.3	3.59	6.91	18.9	5.1	1.3
8.74	21.17	5.22	5.13	0.21	6.4	327.3	819.3	85.8	8.0	23.9	0.22	58.2	29.3	3.59	6.91	14.8	4.0	1.0
12.00	7.11	12.96	-44.65			5,475	8,386	3,131	-1.4	354.6	1.64	16.8	1,163	3.06	15.36	14.6	1.6	2.5
18.98	22.18	14.05	-36.88	0.91	3.6	5,475	8,386	3,131	-1.4	354.6	1.64	16.8	1,163	3.06	15.36	15.5	1.8	2.7
5.00	-3.00					20.3	20.4	--		-0.40	0.00		-0.12			-52.5		-60.0
-4.93	14.86	-3.08	38.51			1,736	1,832	3,052	14.5	146.2	4.47	548.9	29.5	4.89	16.28	12.9	0.6	2.0
-8.26	68.18	11.56	26.14			544.8	787.0	164.1	47.4	-92.2	-0.42	22.8	-69.9	-13.3		-5.3	3.0	-435.3
8.80	7.70	-10.88	178.33	0.41	1.7	126.2	--	42.0	13.2	14.5	2.78	53.5	19.7		22.35	8.8	3.0	1.7
-3.90	31.18	23.32				2,842	2,692	252.0	40.6	-79.4	-0.89	73.2	10.1	-15.04		-33.6	9.0	14.2
-37.11	-18.99	-49.79	-54.32			91.0	80.5	0.05	8.0	-36.5	-0.32	-32.3	-28.6	-73.69		-1.9	1,519.0	8.4
-30.22	-6.46					123.1	99.2	9.2	416.1	-8.2	-0.32	1.3	-7.7			-9.0	7.8	2.7
30.10	313.94	74.00				59.8	56.8	0.99	15.0	-14.9	-3.19	-180.3	-9.1	-24.57		-2.1	60.4	-13.4
13.88	58.55	28.22		1.50	7.9	165.7	619.7	54.0	70.0	-17.7	-5.96	-23.9	14.9	-0.05		-3.2	1.7	-6.5
-7.41	-30.56	-58.33	400.00			--	--	--		-23.9	-0.40	-1,755.6	-1.6	-8,318.13		-0.6		-16.0
8.20	26.22	34.12	60.96	1.11	2.2	4,051	7,265	1,468	2.5	89.4	1.11	23.5	454.0	2.02	5.89	45.9	2.8	2.4
-36.92						0.62	0.23	--		-0.12	-0.05		-0.02			-7.8		2.2
23.27	55.72	39.10	-53.17			85.6	84.6	3.2	16.7	-15.8	-0.07	-31.3	-9.3	-31.93		-4.7	27.8	4.6
16.42	47.17	36.84	-55.17			85.6	84.6	3.2	16.7	-15.8	-0.07	-31.3	-9.3	-31.93		-6.0	35.1	5.8
0.00	-60.00	-73.33	-60.00			9.4	9.6	0.00	100.0	-1.1	-0.04	-444.0	-0.07	-27.34		-9.8		32.0
-17.01	-7.69	-35.73				8.7	10.4	4.4	18.0	-10.5	-0.15	-4.9	-1.7	-13.65		-0.8	1.9	-5.0
-20.00	-11.11	-36.00	-61.90			8.7	10.4	4.4	18.0	-10.5	-0.15	-4.9	-1.7	-13.65		-1.1	2.6	-6.6
-3.62	26.50	26.50	168.20			124.3	125.5	56.4	-29.5	4.0	0.47	-76.8	3.2			32.3	2.2	1.8
-12.20	18.03	-26.43	34.24			164.3	99.2	383.1	8.0	7.3	0.50	53.7	13.5	4.97	18.26	31.8	0.6	5.8
-9.46	23.98	-25.41	33.52			164.3	99.2	383.1	8.0	7.3	0.50	53.7	13.5	4.97	18.26	24.4	0.5	4.4
-12.90	-14.35	-33.66				41.8	42.1	26.9	88.0	-0.46	-0.05	72.5	-7.4	-1.63		-91.2	1.6	1.9
4.66	19.61	-25.16	19.18	2.42	2.7	5,424	7,494	6,362	12.6	327.9	5.18	44.5	442.1	7.93	35.4	17.2	0.9	6.2
32.29	61.40	10.64	110.66	0.60	4.1	173.6	327.2	72.7	18.3	15.0	0.90	325.8	35.7	5.33	7.82	16.2	3.4	1.1
41.32	69.69	11.77	106.75	0.60	5.4	173.6	327.2	72.7	18.3	15.0	0.90	325.8	35.7	5.33	7.82	12.4	2.6	0.9
-44.11	-57.51	-76.31	31.95			141.5	104.8	3.0	18,725.0	-65.3	-3.10	55.7	-35.1			-1.9	41.2	2.2
9.77	20.97	13.79	210.93	0.14	0.6	471.6	566.0	266.1	10.6	14.0	0.54	-14.5	19.0	7.8	16.86	45.1	2.4	7.0
10.13	-1.98	10.31	205.04	0.11	0.6	471.6	566.0	266.1	10.6	14.0	0.54	-14.5	19.0	7.8	16.86	33.9	1.8	5.3
6.67	18.52	-5.88	-27.82			3.3	2.3	4.9	-6.4	0.23	0.07	-46.0	0.73	2.06	4.02	14.4	0.7	0.6
-43.01	-52.25	-59.23	-47.00			130.1	371.4	--		-13.1	-0.04	-2.5	-5.0	-0.91		-13.0		0.9
-34.18	-43.93	-54.24	-39.85			130.1	371.4	--		-13.1	-0.04	-2.5	-5.0	-0.91		-10.4		0.8
4.73	9.04	-28.22	-4.26	0.76	2.5	2,369	3,800	3,532	5.9	151.1	1.89	374.4	202.3	5.82	26.24	16.1	0.7	4.2
26.18	-12.51	-46.60				12.1	14.8	4.2	962.4	-4.2	-0.21	-3.0	-3.5	-20.66		-2.5	2.6	1.6
29.63	-15.66	-41.67				12.1	14.8	4.2	962.4	-4.2	-0.21	-3.0	-3.5	-20.66		-3.3	3.3	2.1
14.55	27.84	24.90	116.30	1.90	1.0	7,473	8,320	3,010	6.4	235.8	5.67	19.9	191.6	13.03	99.34	33.2	2.5	33.2
0.00	-41.67	-22.22				3.5	3.8	0.24	-38.1	-0.78	-0.02	22.8	-0.34	-51.5		-3.8	18.9	36.8
5.25	10.52	-1.17	26.45	3.80	5.6	298.5	743.3	103.6	-3.6	4.4	0.97	-79.0	34.1	0.99	0.79	70.2	2.9	5.2
3.61	14.98	20.19	103.61	1.10	2.1	5,168	--	2,162	29.9	694.8	6.85	584.6	829.5		13.23	7.8	2.4	1.0
-15.24						96.6	100.0	--		-2.1			--					
-16.49	-6.98	-10.11				2,032	2,033	4.1	156.1	1.4	0.00	190.3	1.2	56.99		1,428.6	493.8	-2,352.9
4.58	19.32	28.71	36.35	1.47	2.7	4,817	7,244	2,071	5.0	221.0	2.47	24.0	592.0	2.64	8.85	21.9	2.3	1.9

https://greyhouse.weissratings.com

Data as of June 30, 2019

I. Index of Stocks

Summer 2019

Company Name	Stock Ticker Symbol	Traded On	Sector	Overall Rating	Recommendation	Reward Rating	Risk Rating	Recent Up/Downgrade	Stock Price as of 6/30/2019	52-Week High	52-Week Low	3-Year Beta	Growth	Efficiency	Solvency	Volatility	Dividend	Total Return
Portman Ridge Finance Corporation	PTMN	NAS GS	Financials	D	Sell	C-	D	Down	2.36	3.80	2.31	-0.07	V	F	E	W	E	W
Portofino Resources Inc.	POR.V	TSXV	Materials	D-	Sell	E+	D-		0.04	0.36	0.03	1.91	W	V	G	W	—	V
Portola Pharmaceuticals, Inc.	PTLA	NAS GS	Health Care	D-	Sell	E+	D		26.69	42.17	14.81	2.54	F	V	G	W	—	W
Portsmouth Square, Inc.	PRSI	OTC PK	Consumer Discretn	C	Hold	A-	B		82.00	82.00	71	-0.03	G	G	G	G	—	F
POSCO	PKX	NYSE	Materials	C	Hold	B-	D		53.11	74.95	46.89	1.09	F	G	E	W	—	W
Posera Ltd.	PRRSF	OTC PK	Information Tech	D-	Sell	D-	D		0.06	0.12	0.06	0.64	W	W	E	W	—	V
Posera Ltd.	PAY.TO	TSX	Information Tech	D-	Sell	D-	D	Down	0.10	0.16	0.07	0.83	W	W	E	W	—	W
Positive Physicians Holdings, Inc.	PPHI	NAS CM	Financials	U		U	U		14.00	14.50	10.8		U	U	U	U	U	U
PositiveID Corporation	PSID	OTC PK	Health Care	D	Sell	C-	D-		0.00	0.01	0	5.18	F	E	F	W	—	V
Post Holdings, Inc.	POST	NYSE	Consumer Staples	C+	Hold	B-	C+	Down	102.78	113.73	83.88	0.65	G	G	G	G	—	F
Postal Realty Trust, Inc.	PSTL	NYSE	Real Estate	U		U	U		15.26	17.37	14.25		U	U	U	U	U	U
Postmedia Network Canada Corp.	PNCB.TO	TSX	Communication Svc	D	Sell	D	D		1.25	4.05	0.7	3.08	W	W	G	W	—	F
Postmedia Network Canada Corp.	PNCA.TO	TSX	Communication Svc	D	Sell	D	D		1.15	4.50	0.7	2.71	W	W	G	W	—	F
Postmedia Network Canada Corp.	PCDAF	OTC PK	Communication Svc	D	Sell	D	D	Up	0.89	1.40	0.68	1.40	W	W	G	W	—	F
PostNL N.V.	PSTNY	OTC PK	Industrials	D+	Sell	D+	D		1.85	4.15	1.66		W	E	F	W	—	V
PostNL N.V.	TNTFF	OTC PK	Industrials	D	Sell	C-	D	Down	1.71	3.74	1.71	0.89	W	E	F	W	—	W
Potbelly Corporation	PBPB	NAS GS	Consumer Discretn	D	Sell	D	D		4.84	14.15	4.38	1.49	W	W	G	W	—	V
PotlatchDeltic Corporation	PCH	NAS GS	Real Estate	C	Hold	B	D+		38.16	51.70	28.07	1.50	E	E	E	W	G	W
PotNetwork Holdings, Inc.	POTN	OTC PK	Consumer Staples	D+	Sell	C	D-	Up	0.07	0.36	0.05	8.82	F	G	E	W	—	F
Pounce Technologies Inc.	POIH.V	TSXV	Information Tech	D	Sell	D	D		0.14	0.18	0.14	0.54	W	W	F	W	—	W
Poverty Dignified, Inc.	PVDG	OTC PK	Utilities	D	Sell	C-	D-		0.00	0.35	0	-0.20	W	E	F	W	—	V
Powell Industries, Inc.	POWL	NAS GS	Industrials	C	Hold	B-	D	Up	37.31	41.42	22.55	1.35	F	G	E	W	G	W
Power Corporation of Canada	PWCDF	OTC PK	Financials	C	Hold	B	C-		21.33	24.28	17.24	0.87	F	G	E	F	G	W
Power Corporation of Canada	POW.TO	TSX	Financials	B-	Buy	B	C	Up	27.89	32.60	23.35	0.56	F	G	E	F	G	W
Power Financial Corporation	POFNF	OTC PK	Financials	C	Hold	B-	C-		22.69	24.85	18.37	0.88	G	E	E	F	E	W
Power Financial Corporation	PWF.TO	TSX	Financials	C+	Hold	B-	C	Up	29.71	33.27	25.05	0.57	G	E	E	F	G	W
Power Group Projects Corp.	CBBWF	NYSE	Materials	U		U	U						U	U	U	U	U	U
Power Group Projects Corp.	PGP.V	TSXV	Materials	E+	Sell	E+	D-	Down	0.11	1.00	0.07	2.80	V		G	W	—	V
Power Integrations, Inc.	POWI	NAS GS	Information Tech	C	Hold	B-	C-	Down	77.04	81.37	47.35	1.28	F	E	E	F	W	F
Power Metals Corp.	PWM.V	TSXV	Materials	D-	Sell	E+	D		0.09	0.39	0.07	1.20	W	V	G	W	—	W
Power Metals Corp.	PWRMF	OTC PK	Materials	D-	Sell	E+	D		0.07	0.30	0.05	1.59	W	V	G	W	—	V
Power REIT	PW	AMEX	Real Estate	C	Hold	B-	D+		5.90	6.40	5.1	0.01	G	G	E	W	—	V
PowerBand Solutions Inc.	PBX.V	TSXV	Consumer Discretn	D-	Sell	E+	D-	Down	0.08	0.27	0.07		G	V	G	W	—	V
PowerBand Solutions Inc.	PWWBF	OTC PK	Consumer Discretn	D-	Sell	E+	D-		0.06	0.25	0.05		G	V	G	W	—	V
Powerbridge Technologies Co., Ltd.	PBTS	NAS CM	Information Tech	E-	Sell	C	D		3.79	7.85	3.07		W	G	G	W	—	V
PowerOre Inc.	PORE.V	TSXV	Materials	D-	Sell	E+	D	Up	0.09	0.16	0.05		W	V	G	W	—	W
PowerVerde, Inc.	PWVI	OTC PK	Industrials	D-	Sell	E	D	Down	0.09	0.94	0.01	2.91	V	V	G	W	—	W
Powin Energy Corporation	PWON	OTC PK	Industrials	D	Sell	D-	D		1.76	3.00	0.5	-0.44	W	V	F	W	—	F
PPDAI Group Inc.	PPDF	NYSE	Financials	D+	Sell	C	D	Up	4.26	6.96	2.85		F	E	E	W	—	W
PPG Industries, Inc.	PPG	NYSE	Materials	B-	Buy	B	C	Up	115.89	121.29	94.37	0.91	G	E	E	F	F	F
PPL Corporation	PPL	NYSE	Utilities	C	Hold	B	D		31.19	32.89	27.31	0.60	E	G	G	W	G	W
PPX Mining Corp.	PPX.V	TSXV	Materials	D-	Sell	D	D-	Down	0.07	0.11	0.05	0.63	W	V	F	W	—	F
PPX Mining Corp.	SNNGF	OTC PK	Materials	D	Sell	D	D-		0.05	0.08	0.03	0.12	W	V	F	W	—	W
PRA Group, Inc.	PRAA	NAS GS	Financials	C-	Hold	C	D	Up	27.41	43.75	22.62	1.57	W	E	W	W	—	W
PRA Health Sciences, Inc.	PRAH	NAS GS	Health Care	B-	Buy	B	C	Down	95.95	121.98	82.12	1.50	E	G	G	F	—	F
Prairie Provident Resources Inc.	PPR.TO	TSX	Energy	D-	Sell	D	E+		0.09	0.52	0.08	1.24	F	V	F	V	—	V
Prairie Provident Resources Inc.	PRPRF	OTC PK	Energy	D-	Sell	D	D-	Down	0.07	0.38	0.07	2.41	F	V	F	W	—	V
PrairieSky Royalty Ltd.	PREKF	OTC PK	Energy	C-	Hold	C+	D		14.08	19.93	11.81	0.90	G	E	E	W	G	W
PrairieSky Royalty Ltd.	PSK.TO	TSX	Energy	C-	Hold	C+	D		18.60	26.78	15.71	0.69	G	E	E	W	G	W
PreCheck Health Services, Inc.	HLTY	OTC PK	Health Care	D	Sell	D	D		0.40	1.35	0.21	0.11	W	W	F	W	—	W
Precious Metals and Mining Trust	PMMTF	OTC PK	Financials	D	Sell	C-	D-		1.02	1.35	0.95	0.35	W	F	E	W	—	W
Precipio, Inc.	PRPO	NAS CM	Health Care	D-	Sell	E+	D		2.65	10.80	1.65	3.59	G	V	F	W	—	V

*Ratings Factors: E=Excellent, G=Good, F=Fair, W=Weak, V=Very Weak, U=Unrated

Data as of June 30, 2019

Summer 2019 — I. Index of Stocks

3-Month Total Return (%)	6-Month Total Return (%)	1-Year Total Return (%)	3-Year Total Return (%)	Dividend $ TTM	Dividend Yield TTM	Market Cap. ($Mil)	Enterprise Value ($Mil)	Revenue ($Mil)	Revenue Growth (%)	Net Income ($Mil)	Earnings/Share $	EPS Growth (%)	Cash from Operations ($Mil)	Return on Assets (%)	Return on Equity (%)	Earnings (P/E) TTM	Sales (P/S) TTM	Book (P/B) Q
-19.48	-12.01	-1.03	11.07	0.40	17.0	88.2	206.3	26.1	-4.6	-23.1	-0.62	-524.1	-2.2	2.72		-3.8	3.4	0.6
-55.56	-33.33	-86.67	-84.62			0.73	0.62	--		-0.62	-0.04	62.3	-0.67	-44.45		-0.9		1.8
-20.54	56.17	-29.76	11.95			1,818	1,776	55.7	131.3	-344.2	-5.19	2.5	-301.3	-44.87		-5.2	32.2	37.5
13.38	13.38	17.14	51.85			60.2	166.9	60.4	9.1	8.5	11.62	380.5	11.8	17.17		7.1	1.0	-0.9
-4.79	-2.31	-25.39	31.11	1.61	3.0	16,957	28,255	58,506	5.6	1,303	16.15	-50.7	5,150	4.04	3.31	3.3	0.1	0.1
-23.39	-21.24	-62.67				8.7	4.5	7.1	-19.7	-2.9	-0.03	-162.5	-1.8	-7.93		-1.8	1.0	0.7
-5.00	11.76	-36.67	-26.92			8.7	4.5	7.1	-19.7	-2.9	-0.03	-162.5	-1.8	-7.93		-3.1	1.6	1.2
0.00						50.6	50.7	6.1		-3.6	-1.00		--			-14.0	8.2	0.7
0.00	-50.00	-98.82	-100.00			0.20	7.2	4.6	-11.1	-8.0	-69.10		-3.7	-120.38		0.0	0.0	0.0
-6.11	16.95	18.93	27.96			7,534	13,958	6,037	5.2	250.5	3.28	-21.1	660.5	4.03	7.89	31.3	1.3	2.3
						81.1	115.6	--		--	--		--					
-19.35	5.04	25.00	-44.44			89.3	268.6	494.7	-13.9	-34.4	-0.37	-176.8	22.7	1.33		-3.4	0.2	-1.4
-22.30	-11.54	17.35	-61.67			89.3	268.6	494.7	-13.9	-34.4	-0.37	-176.8	22.7	1.33		-3.1	0.2	-1.3
0.00	0.00	16.05	-49.23			89.3	268.6	494.7	-13.9	-34.4	-0.37	-176.8	22.7	1.33		-2.4	0.2	-1.0
-15.30	-3.47	-46.38		0.22	11.7	838.1	1,181	3,195	6.2	27.3	0.06	-81.9	-38.6	4.58	208.66	32.2	0.3	16.8
-34.23	-19.34	-53.15	-60.60			838.1	1,181	3,195	6.2	27.3	0.06	-81.9	-38.6	4.58	208.66	29.8	0.3	15.6
-44.24	-39.65	-63.19	-60.46			115.9	348.3	417.8	-2.7	-25.1	-1.04	-158.9	22.0	0.6		-4.7	0.3	1.5
3.23	24.68	-14.02	42.31	1.60	4.2	2,579	3,254	956.4	31.2	114.8	1.78	-9.9	163.0	4.42	8.79	21.4	2.7	2.0
-56.48	-18.06	-80.14	2,262.07			46.2	49.2	25.6	77.8	0.24	0.00	0.0	-0.93	4.51	63.28	171.3	1.5	34.3
0.00	0.00	-20.59	-90.36			2.5	2.6	--		-0.18	-0.01	78.6	-0.39	-54.71		-18.2		-14.1
-92.22	-99.07	-99.23				0.13	1.5	--		-1.3	-0.13	43.7	-0.31	-1,029.36		0.0		0.0
33.08	50.49	10.08	11.24	1.04	2.8	431.0	359.9	490.1	31.6	0.10	0.01	100.4	8.1	0.39	0.03	5,829.7	0.9	1.5
-6.76	22.80	2.84	19.86	1.16	5.5	9,120	35,654	41,955	11.2	844.0	1.72	-34.0	5,112	0.57	8.43	12.4	0.2	0.9
-9.42	17.38	1.38	19.28	1.55	5.6	9,120	35,654	41,955	11.2	844.0	1.72	-34.0	5,112	0.57	8.43	16.2	0.3	1.2
-1.88	22.14	3.75	18.28	1.34	5.9	15,033	35,006	41,288	13.1	1,781	2.34	18.3	5,115	0.62	10.13	9.7	0.4	1.1
-4.04	17.81	2.19	18.48	1.78	6.0	15,033	35,006	41,288	13.1	1,781	2.34	18.3	5,115	0.62	10.13	12.7	0.5	1.5
						1.3	0.28	--		-5.9	-0.40	58.2	-2.3	-45.63				
-4.55	-30.00	-89.50	-76.67			1.3	0.28	--		-5.9	-0.40	58.2	-2.3	-45.63		-0.3		1.9
12.01	28.06	5.26	61.45	0.66	0.9	2,255	2,043	402.1	-6.5	63.0	2.12	138.0	69.3	4.96	11.83	36.4	5.6	4.2
-39.29	-55.26	-73.02	-26.09			6.6	6.0	--		-5.0	-0.05	28.5	-2.0	-43.89		-1.7		2.2
-31.70	-52.18	-72.41	-27.42			6.6	6.0	--		-5.0	-0.05	28.5	-2.0	-43.89		-1.3		1.8
-0.17	9.26	-4.53	-20.06			11.0	22.1	2.0	-0.4	0.82	0.29	14.9	1.0	3.66	6.85	20.3	5.6	1.2
-11.11	-33.33	-65.22				5.2	6.1	0.63	397.8	-3.0	-0.06	53.1	-2.8	-38.17		-1.4	7.0	2.0
1.10	-24.85	-66.60				5.2	6.1	0.63	397.8	-3.0	-0.06	53.1	-2.8	-38.17		-1.2	5.6	1.6
-26.26						33.8	31.0	23.2	7.1	1.5	0.22	-61.2	2.8	2.55	26.7	16.9	1.1	4.1
0.00	80.00	-33.33				2.3	2.0	--		-0.70	-0.05		-0.53	-39.76		-1.9		4.2
6.82	80.77	-21.67	-57.27			3.0	3.0	0.03	-96.1	-0.83	-0.03	-304.7	-0.08	-160.43		-3.6	94.0	-104.4
21.38	3.53	-7.37	486.67			79.9	89.0	19.3	3,085.3	-17.2	-0.39	-76.9	-6.7	-27.21		-4.5	4.1	-13.6
15.09	21.38	-25.58		0.17	4.0	1,307	838.7	760.7	19.2	406.7	6.45	215.5	310.8	11.51	50.21	0.7	0.4	0.3
4.17	15.47	11.54	21.07	1.92	1.7	27,357	32,633	15,217	1.2	1,319	5.45	-12.1	1,093	6.48	25.26	21.3	1.8	5.6
0.04	12.92	14.88	-1.31	1.65	5.3	22,511	44,918	7,738	1.5	1,841	2.56	50.9	2,729	4.4	15.77	12.2	2.9	1.9
-13.33	-23.53	-31.58	44.44			24.4	30.1	--		-2.4	-0.01	84.1	-1.6	-11.31		-12.8		11.8
-14.77	-26.23	-38.27	41.07			24.4	30.1	--		-2.4	-0.01	84.1	-1.6	-11.31		-8.8		8.2
1.90	11.51	-29.36	17.34			1,244	3,839	930.0	10.3	59.7	1.31	-56.5	62.1	2.89	5.99	20.9	1.3	1.1
-11.33	7.98	3.43	134.02			6,300	7,414	2,892	16.9	159.0	2.40	58.6	336.2	6.23	15.49	40.0	2.2	5.7
-47.06	-56.10	-75.00				11.7	103.4	58.1	7.8	-32.4	-0.23	49.5	4.9	-4.56		-0.4	0.3	0.8
-47.41	-48.18	-72.89				11.7	103.4	58.1	7.8	-32.4	-0.23	49.5	4.9	-4.56		-0.3	0.2	0.7
4.03	11.95	-24.23	-16.34	0.59	4.2	3,312	3,327	193.9	-3.3	65.7	0.28	-28.4	175.2	2.43	3.3	50.9	17.0	1.7
2.29	8.43	-26.69	-14.94	0.78	4.2	3,312	3,327	193.9	-3.3	65.7	0.28	-28.4	175.2	2.43	3.3	67.3	22.5	2.3
-38.45	-58.78	-60.78				6.2	7.5	0.13	-80.7	-7.8	-0.80	-419.1	-0.44	-612.38		-0.5	44.0	-5.1
-6.92	6.66	-14.73	-37.31	0.14	13.3	21.0	-0.26	-3.6	-339.1	-4.2	-0.22	-172.7	6.0	-10.07		-4.6	-5.3	0.9
30.86	14.35	-51.14				15.7	19.8	2.9	31.0	-14.9	-8.87	96.8	-7.5	-23.91		-0.3	3.2	1.2

https://greyhouse.weissratings.com   Data as of June 30, 2019

I. Index of Stocks

Summer 2019

Company Name	Stock Ticker Symbol	Traded On	Sector	Overall Rating	Recommendation	Reward Rating	Risk Rating	Recent Up/Downgrade	Stock Price as of 6/30/2019	52-Week High	52-Week Low	3-Year Beta	Growth	Efficiency	Solvency	Volatility	Dividend	Total Return
Precipitate Gold Corp.	PRG.V	TSXV	Materials	D-	Sell	D-	D		0.10	0.15	0.04	-2.84	F	V	E	W	–	W
Precipitate Gold Corp.	PREIF	OTC PK	Materials	D-	Sell	D-	D		0.08	0.12	0.03	-2.30	F	V	E	W	–	W
Precision BioSciences, Inc.	DTIL	NAS GS	Health Care	E-	Sell	D-	D-		13.23	19.00	11.77		W	V	G	W	–	V
Precision Drilling Corporation	PDS	NYSE	Energy	D	Sell	D	D		1.85	4.12	1.62	2.57	W	W	G	W	–	W
Precision Drilling Corporation	PD.TO	TSX	Energy	D	Sell	D	D		2.42	5.33	2.2	2.30	W	W	G	W	–	W
Precision Optics Corporation, Inc.	PEYE	OTC PK	Health Care	D	Sell	D	D		1.14	1.85	0.53	0.90	F	V	G	F	–	F
Predictive Oncology Inc.	POAI	NAS CM	Health Care	E+	Sell	E+	E+	Down	0.80	1.58	0.4	4.42	F	V	W	W	–	V
Predictive Technology Group, Inc.	PRED	OTC PK	Health Care	C-	Hold	C+	D-	Up	4.30	6.91	0.77	1.40	F	W	E	W	–	E
Preferred Apartment Communities, Inc.	APTS	NYSE	Real Estate	C	Hold	B-	D		14.61	18.60	13.14	0.47	W	G	E	W	E	F
Preferred Bank	PFBC	NAS GS	Financials	C	Hold	B	D+		47.57	69.48	39.87	1.46	E	G	E	W	G	W
Preferred Dental Technologies Inc.	PDTTF	OTC PK	Health Care	E+	Sell	D-	D-	Down	0.03	0.04	0.03		F	V	F	W	–	V
Preformed Line Products Company	PLPC	NAS GS	Industrials	C	Hold	B	D	Down	53.99	91.86	45.12	1.65	G	E	E	W	F	F
Premier Biomedical, Inc.	BIEI	OTC PK	Health Care	D-	Sell	D	D-	Down	0.01	0.56	0.01	1.72	W	W	F	W	–	V
Premier Diversified Holdings Inc.	PRDGF	OTC PK	Health Care	D-	Sell	E+	D-		0.02	0.04	0.01	-2.74	W	V	G	W	–	W
Premier Diversified Holdings Inc.	PDH.V	TSXV	Health Care	D-	Sell	E+	D-		0.03	0.05	0.01	1.33	W	V	G	W	–	W
Premier Financial Bancorp, Inc.	PFBI	NAS	Financials	C+	Hold	B	C		15.00	20.91	14.07	0.80	E	G	E	F	G	W
Premier Gold Mines Limited	PG.TO	TSX	Materials	D	Sell	D	D-		2.03	2.85	1.39	0.30	W	F	E	W	–	W
Premier Gold Mines Limited	PIRGF	OTC PK	Materials	D	Sell	D	D-		1.57	2.16	1.05	0.44	W	F	E	W	–	W
Premier Health Group Inc.	PHGRF	OTC PK	Health Care	E	Sell	D+	D-	Up	0.24	0.81	0.22		W	F	E	W	–	V
Premier Products Group, Inc.	PMPG	OTC PK	Consumer Staples	D+	Sell	C	D	Down	0.00	0.01	0	1.86	W	E	E	W	–	W
Premier, Inc.	PINC	NAS GS	Health Care	D+	Sell	D+	D		39.18	47.22	31.31	0.22	W	W	G	F	–	F
Premium Brands Holdings Corporation	PBH.TO	TSX	Consumer Staples	C	Hold	B	D+		89.85	114.48	66.99	0.09	E	E	G	W	F	W
Premium Brands Holdings Corporation	PRBZF	OTC PK	Consumer Staples	C	Hold	B	D+		65.75	85.41	52.25	0.48	E	E	G	W	F	W
Presidio Bank	PDOB	OTC PK	Financials	B	Buy	B+	B	Up	29.20	29.30	20.35	0.82	E	G	E	G	–	F
Presidio, Inc.	PSDO	NAS GS	Information Tech	C-	Hold	C	D+	Down	13.50	17.81	12.04	1.32	W	G	E	W	W	W
Pressure BioSciences, Inc.	PBIO	OTC PK	Health Care	D+	Sell	C	D	Up	3.00	4.10	1.52	0.91	W	E	F	W	–	W
Prestige Consumer Healthcare Inc.	PBH	NYSE	Health Care	D	Sell	C-	D-	Down	30.92	41.76	26.25	0.86	W	F	G	W	–	F
Prestige International Inc.	PGINF	OTC PK	Industrials	D+	Sell	C	D	Up	11.60	11.75	11.6		E	E	E	W	–	W
Pretium Resources Inc.	PVG.TO	TSX	Materials	C-	Hold	C	D+		13.16	13.69	8.59	-1.17	F	F	G	W	–	F
Pretium Resources Inc.	PVG	NYSE	Materials	C	Hold	C	D+	Up	10.05	10.40	6.53	-0.86	F	F	G	W	–	F
Prevail Therapeutics Inc.	PRVL	NAS	Health Care	U	U	U	U		15.00	16.90	12.05		U	U	U	U	U	U
PreveCeutical Medical Inc.	PRVCF	OTC PK	Health Care	D	Sell	D	D	Up	0.04	0.20	0.01		W		G	W	–	V
PRGX Global, Inc.	PRGX	NAS GS	Information Tech	C-	Hold	C	D+	Down	6.43	10.02	5.75	0.27	F	F	E	W	–	F
Priam Properties Inc.	PRMI	NYSE	Real Estate	U		U	U						U	U	U	U	U	U
PriceSmart, Inc.	PSMT	NAS GS	Consumer Staples	C-	Hold	C+	D	Up	51.89	93.95	48.06	0.83	G	E	E	W	G	W
Prime City One Capital Corp.	PMOH.V	TSXV	Real Estate	D-	Sell	D-	D-		0.04	0.13	0.03	2.71	W		G	W	–	V
Prime Dividend Corp.	PDV.TO	TSX	Financials	D+	Sell	C-	D	Up	6.40	9.71	5.01	1.34	V	F	E	W	E	W
Prime Meridian Holding Company	PMHG	OTC PK	Financials	C	Hold	B+	C		20.30	23.25	17.75	0.66	E	E	E	F	–	F
Prime Meridian Resources Corp.	PMR.V	TSXV	Financials	D+	Sell	C	D		0.10	0.11	0.07	0.50	W	E	E	W	–	W
PrimeEnergy Resources Corporation	PNRG	NAS CM	Energy	C	Hold	B-	C-		132.90	184.20	67.01	0.71	W	G	G	F	–	G
Primerica, Inc.	PRI	NYSE	Financials	B	Buy	A-	C+		121.38	132.17	90.28	1.65	E	E	E	F	W	G
Primo Water Corporation	PRMW	NAS	Consumer Staples	D	Sell	D+	D	Down	12.24	20.72	10.7	1.12	W	W	G	W	–	W
Primoris Services Corporation	PRIM	NAS GS	Industrials	C-	Hold	C+	D		20.37	28.90	17.82	1.38	G	E	E	W	W	W
Princeton Capital Corporation	PIAC	OTC PK	Financials	D+	Sell	C	D		0.18	0.39	0.13	0.85	F	W	E	W	–	G
Principal Financial Group, Inc.	PFG	NAS GS	Financials	C+	Hold	B	C-	Up	56.80	61.12	40.42	1.50	E	E	E	F	G	W
Principia Biopharma Inc.	PRNB	NAS GS	Health Care	D-	Sell	C-	D	Up	33.20	38.34	22		W	G	E	W	–	W
Priority Technology Holdings, Inc.	PRTH	NAS CM	Information Tech	D-	Sell	D	D-	Up	7.92	12.99	5.54		W	F	G	W	–	V
Prism Resources Inc.	PRS.V	TSXV	Materials	D	Sell	D	D-	Up	0.03	0.06	0.03	0.42	W	F	F	W	–	V
Private Bancorp of America, Inc.	PBAM	OTC PK	Financials	C	Hold	C+	C		23.63	26.25	22.25	0.34	F	G	E	F	–	F
Prize Mining Corporation	PRZFF	OTC PK	Materials	D	Sell	D+	D		0.02	0.15	0.01	0.94	W	F	E	W	–	V
Prize Mining Corporation	PRZ.V	TSXV	Materials	D	Sell	D+	D-		0.02	0.27	0.02	-6.53	W	F	E	W	–	V
PRO Real Estate Investment Trust	PRVUN.TO	TSX	Real Estate	B	Buy	B+	B-	Up	7.18	7.35	5.4	0.46	F	E	E	G	E	F

*Ratings Factors: E=Excellent, G=Good, F=Fair, W=Weak, V=Very Weak, U=Unrated

Data as of June 30, 2019

Summer 2019 — I. Index of Stocks

3-Month Total Return (%)	6-Month Total Return (%)	1-Year Total Return (%)	3-Year Total Return (%)	Dividend $ TTM	Dividend Yield TTM	Market Cap. ($Mil)	Enterprise Value ($Mil)	Revenue ($Mil)	Revenue Growth (%)	Net Income ($Mil)	Earnings/Share $	EPS Growth (%)	Cash from Operations ($Mil)	Return on Assets (%)	Return on Equity (%)	Earnings (P/E) TTM	Sales (P/S) TTM	Book (P/B) Q
-13.04	-9.09	100.00	-65.52			6.3	5.9	--		-0.88	-0.01	4.2	-0.67	-26.28		-8.7		4.7
-19.85	-7.87	167.17	-64.66			6.3	5.9	--		-0.88	-0.01	4.2	-0.67	-26.28		-7.0		3.7
-24.14						666.3	602.2	10.4	240.8	-47.2	-2.96	-183.7	-32.8			-4.5	20.3	19.6
-21.61	6.32	-43.77	-63.29			541.6	1,777	1,199	13.4	-191.5	-0.66	-94.0	226.3	0.19		-2.8	0.5	0.5
-23.42	1.68	-44.24	-63.17			541.6	1,777	1,199	13.4	-191.5	-0.66	-94.0	226.3	0.19		-3.7	0.6	0.6
-5.00	-14.93	115.09	153.33			13.7	12.4	5.9	78.5	-0.49	-0.05	32.4	-0.75	-10.61		-23.8	2.3	5.6
3.23	25.79	-31.65	-79.81			24.5	26.8	1.3	40.8	-11.6	-0.83	7.1	-5.6	-96.56		-1.0	10.0	200.0
83.10	405.88	321.57	298.15			1,172	1,174	30.0	217.2	-8.7	-0.04	0.6	3.1			-120.8	39.0	10.4
0.39	6.72	-6.13	23.50	1.04	7.1	633.3	3,475	418.4	31.7	26.8	-1.61	1.2	140.3	1.21	1.83	-9.1	1.5	0.4
6.57	10.99	-21.80	80.01	1.10	2.3	721.4	--	153.7	15.4	73.1	4.78	42.6	95.5		18.21	10.0	4.7	1.7
-11.29	-11.29	-10.57				2.1	2.1	--		-0.48	-0.01	81.0	-0.18	-22.05		-4.5		6.5
2.36	-0.68	-39.04	40.40	0.80	1.5	273.1	288.8	419.9	7.2	22.9	4.47	36.8	24.5	4.46	9.2	12.1	0.7	1.1
-66.70	-87.05	-97.57	-99.81			0.14	0.31	0.04	-30.1	-0.90	-0.24	-123.9	-0.45	-249.15		-0.1	2.4	-0.1
-19.19	-11.11	-20.00	-88.41			3.9	3.6	0.99	-12.7	-1.0	-0.01	67.7	-0.97	-31.41		-2.5	2.7	1.8
20.00	100.00	50.00	-81.25			3.9	3.6	0.99	-12.7	-1.0	-0.01	67.7	-0.97	-31.41		-4.8	5.1	3.4
-1.21	3.59	-19.29	36.45	0.60	4.0	219.5	--	69.4	9.2	21.2	1.50	24.0	28.0		10.37	10.0	3.2	1.0
30.13	22.29	-21.62	-44.54			325.5	300.8	97.8	-44.1	-19.3	-0.10	-352.3	-15.8	-3.58		-20.6	4.3	1.5
34.68	29.02	-19.69	-43.94			325.5	300.8	97.8	-44.1	-19.3	-0.10	-352.3	-15.8	-3.58		-16.0	3.4	1.1
-53.13	-63.30					16.1	16.9	1.7	1,266.7	-2.9	-0.05	-187.0	-1.4	-39.46		-4.6	9.1	3.3
-56.67	-50.00	-46.94	-44.68			0.74	1.2	--		-0.24	0.00	78.4	-0.13			-3.3		-0.6
14.96	6.09	7.73	24.26			2,422	2,443	1,680	3.1	130.0	-17.80	-132.2	506.1	10.29		-2.2	3.0	-4.0
16.61	22.86	-19.68	72.68	2.00	2.2	2,562	3,684	2,453	36.5	72.6	2.20	9.3	116.6	5.35	14.54	40.8	1.2	5.1
15.98	22.22	-23.98	72.33	1.51	2.3	2,562	3,684	2,453	36.5	72.6	2.20	9.3	116.6	5.35	14.54	29.9	0.9	3.7
11.03	40.38	10.61	113.92			184.6	--	31.2	25.7	6.5	1.01	32.1	--			28.9	6.0	2.3
-10.24	4.29	2.83		0.16	1.2	1,117	2,028	2,989	8.2	40.0	0.42	-68.6	155.9	3	5.87	31.9	0.4	1.8
-14.29	44.23	-9.91	-74.35			5.8	11.1	2.4	2.5	-9.5	-16.06	-143.5	-6.0	-124.88		-0.2	2.2	-0.8
3.83	1.01	-19.50	-42.87			1,602	3,373	975.8	-6.3	-35.8	-0.71	-111.3	189.3	5.21		-43.4	1.6	1.5
0.00	0.00	-13.75				971.4	854.9	326.5	14.3	29.7	0.46	22.0	--	7.83	12.65	25.1	2.3	3.2
17.92	17.40	38.09	-0.53			1,848	2,438	468.3	75.1	48.8	0.26	329.0	212.5	5.55	5.58	50.9	5.2	2.7
20.94	23.31	40.36	-1.08			1,848	2,438	468.3	75.1	48.8	0.26	329.0	212.5	5.55	5.58	38.9	4.0	2.0
						510.0	547.9	--		-9.9	-2.81	-163.2	-12.3			-5.3		-2.4
-0.56	5.26	-36.91				13.6	17.0	0.01	-21.5	-8.9	-0.03	28.7	-5.6	-179.51		-1.4		-6.1
-19.73	-31.67	-33.71	28.09			151.6	182.4	173.9	5.5	2.9	0.11	-12.5	3.0	1.91	2.38	58.6	0.8	2.5
						171.0	186.5	--		--			--					
-12.55	-10.02	-43.10	-40.26	0.70	1.4	1,565	1,548	3,194	4.0	76.1	2.50	1.2	136.7	6.21	10.14	20.8	0.5	2.1
-46.15	-12.50	-63.16	-74.07			0.33	0.28	--		-0.12	-0.04	32.5	-0.14	-181.99		-1.0		11.7
-2.80	13.49	-23.29	26.95	0.75	11.7	4.6	-0.25	-0.82	-138.6	-1.6	-1.70	-225.1	1.5	-4.67		-3.8	-7.5	1.3
-0.73	11.17	0.90	50.95	0.12	0.6	63.8	--	15.2	16.4	4.2	1.32	32.0	5.3		8.43	15.4	4.2	1.2
-28.57	-28.57	-28.57	-33.33			1.6	3.1	--		-0.75	-0.04	32.6	-0.07	-536.77		-2.8		-0.7
-21.36	87.18	87.18	119.31			269.3	338.5	116.2	14.1	8.2	2.42	-68.3	40.4	2.75	8.12	54.8	2.3	2.8
-0.37	26.94	23.69	124.97	1.18	1.0	5,139	6,391	1,975	11.4	337.5	7.71	-3.5	498.1	2.46	22.9	15.7	2.6	3.4
-20.52	-12.57	-30.10	13.02			472.9	671.6	298.5	-0.2	-57.3	-1.44	-869.3	27.3	4.09		-8.5	1.7	5.2
-2.16	8.72	-25.33	16.74	0.24	1.2	1,037	1,504	3,097	33.3	78.7	1.53	20.6	51.1	6.29	14.68	13.3	0.3	1.7
-30.77	43.88	-9.55	-10.00			21.7	20.9	3.1	25.0	-0.10	0.00	78.0	45.3	0.88		-163.6	6.9	0.5
14.72	33.07	11.70	61.23	2.67	4.7	15,822	17,718	15,098	8.4	1,579	5.53	-31.2	5,586	0.42	12.49	10.3	1.1	1.2
-1.78	15.76					792.4	628.8	49.9	201.9	2.4	-4.93	87.3	-15.3			-6.7	15.9	5.0
19.28	6.01					530.7	1,013	408.8	-8.8	-18.3	-0.26	-184.2	17.5	3.33		-30.1	1.3	-5.9
-14.29	20.00	-45.45	-75.00			1.2	1.3	--		-1.4	-0.03	-52.0	-0.01	-161.8		-1.1		-1.8
1.85	4.23	-8.41	50.51			120.5	--	23.7	18.4	3.2	0.63	-43.3	--			37.6	5.1	1.5
-20.15	-19.55	-84.29	-95.38			2.4	2.2	--		-5.9	-0.07	5.2	-5.1	-11.67		-0.3		0.2
-33.33	-55.56	-88.57	-90.00			2.4	2.2	--		-5.9	-0.07	5.2	-5.1	-11.67		-0.3		0.2
4.71	31.58	13.92	57.04	0.63	8.8	157.5	381.2	34.3	39.0	13.0	0.47	16.5	12.1	3.32	10.74	15.4	6.0	1.5

https://greyhouse.weissratings.com

Data as of June 30, 2019

I. Index of Stocks

Summer 2019

Company Name	Stock Ticker Symbol	Traded On	Sector	Overall Rating	Recommendation	Reward Rating	Risk Rating	Recent Up/Downgrade	Stock Price as of 6/30/2019	52-Week High	52-Week Low	3-Year Beta	Growth	Efficiency	Solvency	Volatility	Dividend	Total Return
ProAm Explorations Corporation	PMX.V	TSXV	Energy	D+	Sell	C-	D	Down	0.02	0.04	0.02	1.17	F	W	F	W	–	F
ProAssurance Corporation	PRA	NYSE	Financials	C-	Hold	C+	D		36.00	49.48	34.11	0.69	F	G	E	W	G	W
Probe Metals Inc.	PRB.V	TSXV	Materials	D-	Sell	E+	D-		1.29	1.49	0.91	-1.33	W	V	E	W	–	W
Probe Metals Inc.	PROBF	OTC PK	Materials	D-	Sell	E+	D-		1.00	1.12	0.68	-0.93	W	V	E	W	–	W
Probility Media Corporation	PBYA	OTC PK	Consumer Discretn	D	Sell	D	D-	Up	0.00	0.16	0	4.06	F	W	F	W	–	V
Processa Pharmaceuticals, Inc.	PCSA	OTC PK	Health Care	E+	Sell	E+	D-		2.44	4.78	1.5		V	W	E	W	–	V
Procyon Corporation	PCYN	OTC PK	Health Care	C	Hold	C+	D+		0.22	0.32	0.14	-0.30	G	F	E	W	–	F
Pro-Dex, Inc.	PDEX	NAS CM	Health Care	B-	Buy	B+	C	Down	13.24	17.95	6.15	2.28	E	E	E	F	–	F
Prodigy Ventures Inc.	PGV.V	TSXV	Information Tech	D+	Sell	C	D-		0.20	0.25	0.11	-1.25	F	E	E	W	–	W
Professional Diversity Network, Inc.	IPDN	NAS CM	Communication Svc	D	Sell	D	D	Up	2.51	4.46	0.73	2.83	W	W	F	W	–	W
Proficient Alpha Acquisition Corp.	PAAC	NAS CM	Financials	U	U	U	U		9.74	9.76	9.72		U	U	U	U	U	U
Profire Energy, Inc.	PFIE	NAS CM	Energy	C	Hold	B	D+		1.51	4.45	1.3	1.46	E	E	E	W	–	F
Profound Medical Corp.	PRFMF	OTC PK	Health Care	D-	Sell	E+	D		0.59	0.83	0.37	1.95	F	V	G	W	–	W
Profound Medical Corp.	PRN.TO	TSX	Health Care	D-	Sell	E+	D		0.79	1.09	0.46	2.03	F	V	G	W	–	W
Progenics Pharmaceuticals, Inc.	PGNX	NAS GS	Health Care	D	Sell	D-	D		5.82	9.42	3.62	2.50	W	V	E	W	–	W
ProGreen US, Inc.	PGUS	OTC PK	Real Estate	D	Sell	D	D		0.00	0.02	0	1.54	W	W	F	W	–	W
Progress Software Corporation	PRGS	NAS GS	Information Tech	C+	Hold	B	C		40.63	47.60	30.23	1.05	F	E	E	F	F	G
Progressive Planet Solutions Inc.	PLAN.V	TSXV	Materials	D-	Sell	E+	D-		0.04	0.10	0.03	0.84	F	V	G	W	–	V
Progressive Planet Solutions Inc.	ASHXF	OTC PK	Materials	D-	Sell	E+	D-		0.02	0.04	0.02	4.35	F	V	G	W	–	V
Prologis, Inc.	PLD	NYSE	Real Estate	B+	Buy	A-	B	Down	79.36	82.82	55.21	1.07	G	E	E	G	G	G
ProMetic Life Sciences Inc.	PLI.TO	TSX	Health Care	E+	Sell	E+	E+		0.02	1.01	0.02	1.75	W	V	G	V	–	V
ProMetic Life Sciences Inc.	PFSCF	OTC PK	Health Care	E+	Sell	E+	E+		0.02	0.75	0.02	2.19	W	V	G	V	–	V
ProMIS Neurosciences, Inc.	PMN.TO	TSX	Health Care	D	Sell	D	D		0.25	0.44	0.19	1.83	V		G	W	–	F
ProMIS Neurosciences, Inc.	ARFXF	OTC PK	Health Care	D	Sell	D	D		0.19	0.34	0.14	2.20	V		G	W	–	F
Promotora de Informaciones, S.A.	PRISY	OTC PK	Communication Svc	D	Sell	D	D-		1.51	2.47	1.47	0.86	F	W	G	W	–	V
Promotora de Informaciones, S.A.	GPOPF	OTC PK	Communication Svc	D	Sell	D	E+	Up	2.00	2.00	1.9	-0.33	F	W	G	V	–	V
Promotora y Operadora de Infraestructura, S. A	PYOIF	OTC PK	Industrials	D+	Sell	C	D	Down	9.14	10.45	9.14	-0.05	W	E	E	W	–	W
Promotora y Operadora de Infraestructura, S. A	PUODY	OTC PK	Industrials	D+	Sell	C	D-	Down	202.00	225.00	163.05	0.27	W	E	E	W	–	W
ProntoForms Corporation	PPRRF	OTC PK	Information Tech	D	Sell	E+	D+	Up	0.37	0.39	0.22	1.08	F	V	G	F	–	F
ProntoForms Corporation	PFM.V	TSXV	Information Tech	D	Sell	E+	D		0.48	0.56	0.3	0.70	F	V	G	F	–	G
Proofpoint, Inc.	PFPT	NAS	Information Tech	D	Sell	D+	D	Down	116.81	131.43	75.92	1.43	W	W	E	F	–	F
Propel Media, Inc.	PROM	OTC PK	Communication Svc	C	Hold	B	D		0.11	0.28	0.01	-0.37	G	G	G	W	–	F
ProPetro Holding Corp.	PUMP	NYSE	Energy	B-	Buy	B+	C	Up	19.32	25.38	11.27	1.62	F	G	E	F	–	F
ProPhase Labs, Inc.	PRPH	NAS CM	Health Care	D+	Sell	C-	D+	Down	2.10	4.00	2.08	-0.46	W	F	E	F	–	F
Prophecy Development Corp.	PCY.TO	TSX	Energy	D	Sell	D	D	Up	0.18	0.74	0.11	-3.96	W	W	G	W	–	W
Prophecy Development Corp.	PRPCF	OTC PK	Energy	D	Sell	D	D	Up	0.14	0.56	0.09	-2.81	W	W	G	W	–	W
ProPhotonix Limited	STKR	OTC PK	Information Tech	D	Sell	D+	D	Down	0.07	0.18	0.01	-0.18	W	F	G	W	–	W
ProQR Therapeutics N.V.	PRQR	NAS	Health Care	D-	Sell	E+	D	Down	9.62	24.00	6.25	-0.48	F	V	E	W	–	F
PROS Holdings, Inc.	PRO	NYSE	Information Tech	D	Sell	D	D		62.04	66.31	28.18	0.68	F	V	F	F	–	E
ProSmart Enterprises Inc.	SCCRF	OTC PK	Communication Svc	D-	Sell	D-	D-	Up	0.07	0.18	0.06		W	W	E	W	–	V
ProSmart Enterprises Inc.	PROS.V	TSXV	Communication Svc	D-	Sell	D-	D-		0.04	0.38	0.04	2.24	W	W	E	W	–	V
Prospect Capital Corporation	PSEC	NAS GS	Financials	C	Hold	B	D		6.46	7.60	5.7	0.91	F	E	E	W	E	W
Prospect Capital Corporation	PBY	NYSE	Financials	U	U	U							U	U	U	U	U	U
Prospect Park Capital Corp.	PPK.V	TSXV	Financials	C-	Hold	C	D+	Up	0.07	0.12	0.03	4.62	F	W	E	W	–	F
Prosper Gold Corp.	PGX.V	TSXV	Materials	D-	Sell	E+	D-		0.07	0.18	0.06	-0.88	W	V	F	W	–	V
Prosper Gold Corp.	PRGCF	OTC PK	Materials	D-	Sell	E+	D-		0.04	0.14	0.04	0.51	W	V	F	W	–	V
Prospera Energy Inc.	PEI.V	TSXV	Energy	D+	Sell	C-	D	Up	0.05	0.18	0.04	2.99	F	F	F	W	–	W
Prospera Energy Inc.	GXRFF	OTC PK	Energy	C-	Hold	C	D	Up	0.04	0.06	0.03	0.70	F	F	F	W	–	F
Prosperity Bancshares, Inc.	PB	NYSE	Financials	B-	Buy	B	C+		65.59	76.25	57.01	1.27	G	G	E	F	G	W
Prospero Silver Corp.	PSL.V	TSXV	Materials	D-	Sell	E+	D		0.06	0.14	0.04	0.38	V	E	W	W	–	V
Prospero Silver Corp.	PSRVF	OTC PK	Materials	D-	Sell	E+	D	Down	0.05	0.11	0.04	3.16	W	V	E	W	–	W
Protagenic Therapeutics, Inc.	PTIX	OTC PK	Health Care	D	Sell	D	D	Up	1.50	2.50	1.25	-0.17	W	W	G	W	–	W

*Ratings Factors: E=Excellent, G=Good, F=Fair, W=Weak, V=Very Weak, U=Unrated

Summer 2019 — I. Index of Stocks

3-Month Total Return (%)	6-Month Total Return (%)	1-Year Total Return (%)	3-Year Total Return (%)	Dividend $ TTM	Dividend Yield TTM	Market Cap. ($Mil)	Enterprise Value ($Mil)	Revenue ($Mil)	Revenue Growth (%)	Net Income ($Mil)	Earnings/Share $	EPS Growth (%)	Cash from Operations ($Mil)	Return on Assets (%)	Return on Equity (%)	Earnings (P/E) TTM	Sales (P/S) TTM	Book (P/B) Q
-50.00	-33.33	-20.00	100.00			0.24	0.23	0.03	4.0	-0.08	-0.01	-260.0	-0.02	-3.66		-3.7	11.8	1.2
3.71	-8.39	5.19	-10.54	1.24	3.4	1,935	2,168	953.9	13.0	66.9	1.25	-13.6	138.3	1.01	4.27	28.9	2.0	1.2
26.47	-3.01	0.00	21.70			108.8	87.4	--		-12.3	-0.12	-0.7	-12.7	-40.68		-10.9		7.2
34.48	1.53	1.53	22.84			108.8	87.4	--		-12.3	-0.12	-0.7	-12.7	-40.68		-8.4		5.5
0.00	-50.00	-99.94				0.23	7.4	13.4	96.2	-11.4	-0.21	-85.8	-2.6	-66.73		0.0	0.0	0.0
-2.40	-24.92	-45.17				94.4	93.6	--		-3.4	-0.09	-12.2	-3.1	-20.61		-27.1		10.3
-20.68	-23.39	30.65	48.07			1.8	1.5	4.1	0.5	0.14	0.01	131.7	0.14	3.71	6.75	16.3	0.5	0.9
-8.31	6.77	99.10	155.60			54.5	46.7	26.4	21.1	3.4	0.79	52.9	4.4	14.26	19.54	16.7	2.1	3.1
66.67	17.65	14.29	-2.44			17.6	16.0	13.9	41.0	0.23	0.00	35.7	1.0	5.52	10.73	105.3	1.7	10.3
-18.56	177.56	-34.84	-35.72			13.3	13.4	7.5	-48.3	-14.2	-2.97	44.6	-2.7	-39.37		-0.9	1.7	-6.8
						121.8	121.5	--		--			--					
-15.17	2.03	-60.26	39.81			71.5	56.3	44.3	3.9	5.9	0.10	-10.5	6.7	9.78	12.72	15.1	1.6	1.6
0.00	53.62	-25.79	-42.07			65.0	55.5	2.8	-23.6	-14.3	-0.13	43.1	-13.6	-23.68		-4.5	22.8	3.6
-1.25	51.92	-20.20	-46.62			65.0	55.5	2.8	-23.6	-14.3	-0.13	43.1	-13.6	-23.68		-6.0	30.5	4.8
26.52	43.70	-28.15	37.26			493.2	442.4	16.7	33.3	-73.0	-0.91	-32.6	-51.0	-22.42		-6.4	29.4	5.9
-33.33	-20.00	-95.96	-84.91			1.00	3.8	0.04	-34.5	-3.3	-0.01	-59.5	-0.94	-30.37		-0.1		-0.2
6.41	16.76	0.84	71.20	0.61	1.5	1,808	1,789	392.7	-2.3	60.0	1.32	23.0	114.2	8.67	18.33	30.8	4.7	5.9
0.00	-12.50	-41.67	-91.25			1.8	1.8	--		-0.84	-0.02	71.3	-0.48	-24.33		-2.0		1.1
1.83	6.61	-45.39	-92.34			1.8	1.8	--		-0.84	-0.02	71.3	-0.48	-24.33		-1.4		0.8
10.78	37.61	25.35	81.06	2.02	2.6	50,060	64,466	3,175	7.8	1,631	2.70	-19.3	1,949	2	8.09	29.3	16.4	2.3
-93.10	-92.86	-95.96	-99.29			353.8	485.8	39.3	29.0	-146.0	-0.20	-58.3	-51.4	-31.28		-0.1	0.4	-0.3
-91.28	-90.92	-94.76	-99.11			353.8	485.8	39.3	29.0	-146.0	-0.20	-58.3	-51.4	-31.28		-0.1	0.4	-0.3
-15.25	4.17	-35.90	66.67			49.8	48.5	0.00	-94.6	-8.4	-0.03	-46.4	-7.2	-341.77		-7.3		73.5
-14.43	4.39	-35.76	71.02			49.8	48.5	0.00	-94.6	-8.4	-0.03	-46.4	-7.2	-341.77		-5.5		54.8
-11.78	-16.97	-23.51	-75.04	0.05	3.4	1,118	2,264	1,124	-28.1	-300.9	-1.81	9.2	104.5			-0.8	0.8	-2.4
0.00	0.00	-34.67	-74.20			1,118	2,264	1,124	-28.1	-300.9	-1.81	9.2	104.5			-1.1	1.0	-3.1
0.00	0.00	5.09	-19.12			4,275	3,552	448.8	-17.7	205.5	0.52	-14.2	298.6			17.5	7.5	1.8
5.62	10.79	12.05	-4.29	9.70	4.8	4,275	3,552	448.8	-17.7	205.5	0.52	-14.2	298.6			385.9	165.3	40.4
0.48	67.32	30.64				45.2	44.8	12.9	25.8	-2.3	-0.02	40.7	-0.49	-16.14		-17.9	3.1	-98.6
-11.11	47.69	21.52	50.00			45.2	44.8	12.9	25.8	-2.3	-0.02	40.7	-0.49	-16.14		-22.9	4.0	-126.3
-1.85	37.21	0.82	99.20			6,503	6,305	757.5	33.7	-119.9	-2.26	-66.6	203.9	-5.75		-51.6	8.5	12.8
10.00	-8.26	-58.49	175.00			27.5	79.8	89.7	27.3	9.6	0.04	39.8	23.0	43.52		2.9	0.3	-1.0
-14.55	58.36	23.21				1,940	2,025	1,866	56.1	207.0	2.25	164.6	374.5	19.36	31.35	8.6	1.1	2.2
-30.46	-29.15	-30.03	129.42			24.3	17.6	12.0	-3.7	-2.8	-0.25	-19.8	-0.55	-6.53		-8.5	2.0	1.6
-14.29	-33.33	-24.37	-19.64			13.1	10.4	--		-14.0	-0.16	30.7	-2.4	-81.57		-1.1		-14.8
-9.29	-25.26	-19.61	3.56			13.1	10.4	--		-14.0	-0.16	30.7	-2.4	-81.57		-0.9		-11.8
-10.96	3.17	-59.38	73.33			6.1	6.1	16.4	-7.6	-1.3	-0.01	-169.3	-0.50	-6.55		-4.6	0.4	1.4
-31.97	-38.21	32.69	100.42			374.1	282.1	6.3	506.9	-46.5	-1.28	32.5	-35.9	-35.66		-7.5	59.8	4.1
47.26	101.56	70.39	293.41			2,350	2,331	205.2	16.2	-62.3	-1.76	27.0	2.3	-8.28		-35.3	11.4	77.1
0.00	0.00					0.98	0.54	0.06		-3.9	-0.16	10.7	-2.9	-27.45		-0.4	33.1	0.3
0.00	0.00	-86.67	-89.47			0.98	0.54	0.06		-3.9	-0.16	10.7	-2.9	-27.45		-0.3	20.0	0.2
-0.04	5.05	5.87	15.33	0.72	11.2	2,371	4,631	713.4	9.7	219.9	0.60	-8.8	282.0	5.07	6.59	10.8	3.3	0.7
						2,371	4,631	713.4	9.7	219.9	0.60	-8.8	282.0	5.07	6.59			
116.67	116.67	85.71	62.50			0.49	0.48	--		0.03	0.00	176.9	-0.01	23.77		21.7		-8.4
-13.33	-35.00	-35.00	-77.59			3.0	3.0	--		-0.92	-0.02	54.1	-0.51	-65.14		-4.0		12.8
-20.54	-42.95	-44.44	-83.42			3.0	3.0	--		-0.92	-0.02	54.1	-0.51	-65.14		-2.8		8.7
-10.00	-18.18	-35.71	-47.06			2.0	5.6	3.2	166.3	-4.1	-0.08	-38.5	1.1	-27.97		-0.6	0.8	-0.5
0.00	0.00	-42.86	-4.99			2.0	5.6	3.2	166.3	-4.1	-0.08	-38.5	1.1	-27.97		-0.5	0.7	-0.4
-4.50	7.15	-0.84	50.09	1.59	2.4	4,557	--	739.5	4.5	329.9	4.72	18.1	376.2		8.26	13.9	6.2	1.1
-14.29	0.00	-57.14	-55.56			2.6	2.3	--		-1.6	-0.03	-28.6	-0.64	-32.22		-1.9		1.2
-16.07	4.21	-56.48	62.07			2.6	2.3	--		-1.6	-0.03	-28.6	-0.64	-32.22		-1.5		0.9
-25.00	-25.00	-14.77	-90.94			15.4	15.0	--		-2.6	-0.25	-16.3	-1.0	-152.64		-6.0		-42.5

https://greyhouse.weissratings.com

Data as of June 30, 2019

I. Index of Stocks

Summer 2019

Company Name	Stock Ticker Symbol	Traded On	Sector	Overall Rating	Recommendation	Reward Rating	Risk Rating	Recent Up/Downgrade	Stock Price as of 6/30/2019	52-Week High	52-Week Low	3-Year Beta	Growth	Efficiency	Solvency	Volatility	Dividend	Total Return
Protagonist Therapeutics, Inc.	PTGX	NAS	Health Care	D	Sell	D	D		11.98	14.36	5.49	1.85	W	V	E	W	–	F
Protalex, Inc.	PRTX	OTC PK	Health Care	D	Sell	C-	D-		0.02	0.61	0	-1.85	F	E	G	W	–	V
Protalix BioTherapeutics, Inc.	PLX	AMEX	Health Care	D+	Sell	C	D	Up	0.47	0.83	0.27	3.86	W	G	G	W	–	W
Protech Home Medical Corp.	PTQ.V	TSXV	Health Care	D	Sell	D+	D		0.79	1.07	0.5		F	W	G	W	–	W
Protech Home Medical Corp.	PHMZF	OTC PK	Health Care	D	Sell	C-	D		0.62	1.00	0.25		F	W	G	W	–	F
Protect Pharmaceutical Corporation	PRTT	OTC PK	Health Care	D+	Sell	C	D		0.67	2.25	0.55	0.43	V	E	F	W	–	F
Protective Insurance Corporation	PTVCB	NAS	Financials	D+	Sell	C	D		16.67	25.10	15.81	0.55	F	F	E	W	F	W
Protective Insurance Corporation	PTVCA	NAS	Financials	D+	Sell	C	D		17.00	24.86	15.05	0.87	F	F	E	W	F	W
Proteo, Inc.	PTEO	OTC PK	Health Care	D+	Sell	C	D	Up	0.03	0.19	0.02	2.80	W	G	G	W	–	W
Proteon Therapeutics, Inc.	PRTO	NAS	Health Care	D-	Sell	E+	D		0.41	3.94	0.35	-0.67	W	V	G	W	–	V
Proteostasis Therapeutics, Inc.	PTI	NAS	Health Care	D-	Sell	E+	D		0.94	10.38	0.91	-1.72	F	V	E	W	–	V
Prothena Corporation plc	PRTA	NAS GS	Health Care	D-	Sell	D	D-		10.09	15.91	8.63	1.96	W	V	E	W	–	V
Proto Labs, Inc.	PRLB	NYSE	Industrials	C+	Hold	B+	D+		112.17	166.60	94.2	1.76	E	E	E	W	–	F
ProtoKinetix, Incorporated	PKTX	OTC PK	Health Care	D	Sell	C-	D-		0.21	0.32	0.05	2.10	W		G	W	–	E
Provectus Biopharmaceuticals, Inc.	PVCT	OTC PK	Health Care	D	Sell	D+	D		0.06	0.08	0.01	1.53	F	W	F	W	–	W
Provention Bio, Inc.	PRVB	NAS CM	Health Care	D-	Sell	D-	D	Up	11.28	22.82	1.52		V	E	V	E	–	W
Providence Gold Mines Inc.	PRRVF	OTC PK	Materials	D-	Sell	E+	D		0.11	0.16	0.06		V	V	E	W	–	W
Providence Gold Mines Inc.	PHD.V	TSXV	Materials	D-	Sell	E+	D	Down	0.10	0.20	0.08	0.78	V	V	E	W	–	W
Provident Bancorp, Inc.	PVBC	NAS CM	Financials	C	Hold	B-	C		26.98	30.80	19.81	1.09	F	E	E	F	–	F
Provident Financial Holdings, Inc.	PROV	NAS GS	Financials	C	Hold	B	C		20.58	21.80	14.67	0.75	F	G	E	F	G	F
Provident Financial Services, Inc.	PFS	NYSE	Financials	B-	Buy	B	C		24.17	28.44	22.22	0.54	E	E	E	F	G	W
Provision Holding, Inc.	PVHO	OTC PK	Information Tech	D	Sell	C-	D-		0.01	0.03	0	0.08	W	E	F	W	–	V
Prudential Bancorp, Inc.	PBIP	NAS	Financials	C	Hold	B	C+		17.94	19.84	13.92	-0.03	E	G	E	F	W	W
Prudential Financial, Inc.	PRU	NYSE	Financials	B-	Buy	B	C	Up	99.23	106.64	75.61	1.49	F	E	E	F	G	W
Prudential plc	PUK	NYSE	Financials	C	Hold	C+	C		43.35	47.97	33.32	1.48	F	E	E	F	F	W
Prudential plc	PUKPF	OTC PK	Financials	C	Hold	B	C-		21.02	23.86	16.78	1.36	F	E	E	F	G	W
PS Business Parks, Inc.	PSB	NYSE	Real Estate	B	Buy	A-	C+		169.27	178.60	120.21	0.45	E	E	E	F	F	G
Psychemedics Corporation	PMD	NAS CM	Health Care	C-	Hold	C+	D	Down	9.50	22.31	9.25	0.60	G	E	E	W	E	W
PT Indosat Tbk	PTITF	OTC PK	Communication Svc	D	Sell	D	D		0.16	0.20	0.11	1.17	W	F	F	W	–	W
PTC Inc.	PTC	NAS GS	Information Tech	D+	Sell	C-	D	Down	87.71	107.44	76.67	0.98	W	F	E	F	–	F
PTC Therapeutics, Inc.	PTCT	NAS GS	Health Care	D	Sell	D+	D		43.14	48.99	27.53	1.52	W	V	E	W	–	E
Public Joint Stock Company Rostelecom	ROSYY	OTC PK	Communication Svc	C-	Hold	C	D	Up	7.30	7.55	5.67	0.03	W	G	G	F	W	F
Public Service Enterprise Group Incorporated	PEG	NYSE	Utilities	B	Buy	B	B		58.79	61.63	49.23	0.43	G	E	G	G	G	F
Public Storage	PSA	NYSE	Real Estate	B-	Buy	B+	C	Up	237.04	247.63	193.89	0.00	G	E	E	F	G	F
Publicis Groupe S.A.	PGPEF	OTC PK	Communication Svc	C-	Hold	C	D		50.87	70.94	50.87	0.45	F	G	G	W	–	W
Publicis Groupe S.A.	PUBGY	OTC PK	Communication Svc	C-	Hold	C	D		12.78	17.91	12.76	0.40	F	G	G	W	–	W
Puhui Wealth Investment Management Co., Ltd.	PHCF	NAS CM	Financials	E	Sell	D+	D-	Up	2.80	6.30	2.52		V	G	E	W	–	V
Pulmatrix, Inc.	PULM	NAS CM	Health Care	D-	Sell	E+	D-		0.94	5.90	0.72	2.02	F	W	F	W	–	V
Pulse Biosciences, Inc.	PLSE	NAS CM	Health Care	D-	Sell	E+	D		13.10	19.77	8.6	1.79	V	V	E	W	–	W
Pulse Evolution Group, Inc.	DGLF	OTC PK	Information Tech	D-	Sell	D-	D		7.81	23.63	3	5.10	W		G	W	–	V
Pulse Oil Corp.	PUL.V	TSXV	Energy	D+	Sell	C-	D	Up	0.16	0.35	0.14	-0.70	F	W	E	W	–	W
Pulse Seismic Inc.	PLSDF	OTC PK	Energy	D	Sell	D+	D		1.73	2.06	1	2.40	V	F	E	W	–	W
Pulse Seismic Inc.	PSD.TO	TSX	Energy	D	Sell	D+	D		2.15	2.73	1.29	1.65	V	F	E	W	–	W
PulteGroup, Inc.	PHM	NYSE	Consumer Discretn	B-	Buy	A-	C		31.55	33.15	20.64	0.59	E	E	G	F	W	F
Puma Biotechnology, Inc.	PBYI	NAS GS	Health Care	D	Sell	D+	D-	Up	12.71	60.95	12.22	2.13	G	W	G	W	–	V
Puma Exploration Inc.	PUXPF	OTC PK	Materials	D	Sell	D	D		0.02	0.06	0.02	1.48	W	W	G	W	–	V
Puma Exploration Inc.	PUMA.V	TSXV	Materials	D	Sell	D	D-		0.03	0.07	0.02	0.18	W	W	G	W	–	V
Pura Naturals, Inc.	PNAT	OTC PK	Consumer Staples	D	Sell	C-	D-	Down	0.00	0.02	0	7.57	W	G	F	W	–	V
Puradyn Filter Technologies, Inc.	PFTI	OTC PK	Consumer Discretn	D-	Sell	E+	D	Down	0.03	0.07	0.01	1.49	F	V	F	W	–	F
Pure Acquisition Corp.	PACQ	NAS CM	Financials	D-	Sell	C	D+		10.15	10.20	9.59		W	G	E	E	–	W
PURE Bioscience, Inc.	PURE	OTC PK	Consumer Staples	D	Sell	D+	E+		0.35	0.79	0.29	1.13	F		G	W	–	V
Pure Cycle Corporation	PCYO	NAS CM	Utilities	C	Hold	C	C-	Up	10.40	11.74	8.35	0.68	F	F	E	F	–	F

*Ratings Factors: E=Excellent, G=Good, F=Fair, W=Weak, V=Very Weak, U=Unrated

Data as of June 30, 2019

https://greyhouse.weissratings.com

Summer 2019 — I. Index of Stocks

TOTAL RETURNS %				DIVIDEND/YIELD		SIZE		REVENUE & INCOME			EARNINGS		EFFECTIVENESS			VALUATION		
3-Month Total Return (%)	6-Month Total Return (%)	1-Year Total Return (%)	3-Year Total Return (%)	Dividend $ TTM	Dividend Yield TTM	Market Cap. ($Mil)	Enterprise Value ($Mil)	Revenue ($Mil)	Revenue Growth (%)	Net Income ($Mil)	Earnings/ Share $	EPS Growth (%)	Cash from Operations ($Mil)	Return on Assets (%)	Return on Equity (%)	Earnings (P/E) TTM	Sales (P/S) TTM	Book (P/B) Q
-2.76	88.36	78.27				280.3	175.8	21.7	-29.6	-45.4	-1.94	-15.2	-51.5	-21.62		-6.2	13.4	2.8
-80.00	-60.78	-96.00	-99.33			0.95	0.98	--		-4.6	-0.13	13.2	-2.9	-732.52		-0.2		-0.4
9.53	59.59	6.82	-27.24			69.7	99.1	40.1	61.1	-24.3	-0.16	43.4	-5.6	-17.41		-2.9	1.7	-1.2
-14.13	37.39	21.54				50.3	61.4	63.4	6.6	-0.34	-0.01	77.8	10.7	2.04		-106.8	1.1	3.6
-8.51	54.08	45.74				50.3	61.4	63.4	6.6	-0.34	-0.01	77.8	10.7	2.04		-83.7	0.9	2.8
-48.54	-60.65	-5.77	11.48			13.3	13.4	--		-0.02	-0.01	89.9	0.00			-49.2		-88.0
-10.31	0.46	-30.26	-22.78	0.76	4.6	245.8	148.8	456.1	15.9	-31.7	-2.14	-372.5	104.1	-1.61		-7.8	0.5	0.7
-12.28	2.24	-24.36	-17.38	0.76	4.5	245.8	148.8	456.1	15.9	-31.7	-2.14	-372.5	104.1	-1.61		-8.0	0.6	0.7
-40.00	-3.23	-50.00	-49.98			0.75	0.63	0.06	-83.7	-0.09	0.00		-0.06	-34.8		-7.9	13.6	-1.1
-18.60	-81.88	-84.01	-94.29			8.0	12.5	--		-21.2	-1.14	44.8	-22.9	-47.53		-0.4		-1.2
-24.37	-68.10	-66.39	-92.18			47.9	-43.4	6.9	31.1	-65.2	-1.58	23.5	-60.2	-40.7		-0.6	6.9	0.5
-14.20	-1.56	-31.27	-72.12			402.2	18.6	0.91	-96.7	-127.8	-3.21	26.0	-14.1	-13.72		-3.2	440.6	1.3
6.60	0.91	-6.02	101.82			3,012	2,903	451.3	21.3	74.0	2.72	27.5	114.8	9.31	14.37	41.2	6.8	5.6
196.07	176.33	109.34	218.85			54.8	54.8	--		-1.3	-0.01	10.5	-0.45	-252.24		-40.6		345.4
5.88	23.53	-12.50	-81.47			24.2	40.5	--		-6.6	-0.02	46.4	-5.5	-134.74		-3.6		-1.3
399.12	552.02					421.4	370.2	--		-32.4	-1.66	-11.9	-24.0	-59		-6.8		8.6
38.38	25.51	31.63				2.7	2.4	--		-0.45	-0.02	61.1	-0.50	-26.34		-6.9		2.7
-9.52	-17.39	-24.00	-44.12			2.7	2.4	--		-0.45	-0.02	61.1	-0.50	-26.34		-5.9		2.3
19.49	24.91	0.86	74.63			250.2	--	38.6	-3.1	9.5	1.02	15.8	16.1		7.75	26.5	6.5	2.0
4.53	32.93	9.56	28.31	0.56	2.7	154.3	--	54.5	-10.4	5.0	0.67	207.8	67.6		4.16	30.8	2.8	1.3
-6.59	3.57	-9.54	43.93	0.88	3.6	1,608	--	341.3	3.0	121.4	1.86	22.6	154.9		9.06	13.0	4.6	1.1
-42.57	1.80	-52.79	-96.70			1.4	10.4	0.02	-98.4	-3.1	-0.03	76.5	-2.4	-50.9		-0.3	85.0	-0.1
4.74	7.40	-1.73	34.64	0.20	1.1	160.0	--	26.7	2.6	9.2	1.01	38.8	9.9		6.91	17.7	6.0	1.2
9.35	25.45	10.36	59.90	3.80	3.8	40,287	62,628	64,295	7.3	3,643	8.57	-52.3	22,448	0.42	6.8	11.6	0.6	0.7
7.62	25.83	-2.16	44.69	2.14	4.9	55,666	80,098	33,177	-70.2	4,009	1.56	30.5	3,132	0.45	18.34	27.9	3.4	5.1
-0.38	20.80	-6.37	31.79			55,666	80,098	33,177	-70.2	4,009	1.56	30.5	3,132	0.45	18.34	13.5	1.6	2.5
7.50	30.51	36.42	76.93	4.20	2.5	4,641	5,778	417.6	3.1	206.6	5.59	39.1	277.0	5.52	12.68	30.3	11.1	5.8
-30.12	-38.06	-46.28	-22.21	0.72	7.6	52.3	48.3	41.6	2.8	4.0	0.71	-32.8	6.9	15.6	21.03	13.4	1.3	2.8
0.00	45.45	-27.27	-68.63			989.2	2,892	1,633	-22.9	-150.5	-0.03	-459.7	287.0	-1.89		-5.8	0.5	1.1
-2.95	6.52	-6.23	149.25			10,090	10,509	1,252	3.3	7.7	0.06	-82.4	273.9	2.27	0.7	1,528.1	8.3	8.3
17.93	34.77	34.06	542.92			2,521	2,279	262.3	17.1	-180.9	-3.52	-107.6	-54.2	-9.46		-12.3	9.2	4.9
12.31	13.83	15.20	5.65	0.57	7.8	2,878	6,594	3,899	-25.5	140.4	0.06	-41.3	920.4			119.9	4.5	4.7
0.79	16.36	12.06	46.94	1.84	3.1	29,714	45,190	9,858	5.8	1,580	3.11	-21.7	2,991	3.31	10.93	18.9	3.0	2.0
9.13	19.47	7.38	4.61	8.00	3.4	41,344	46,620	2,826	2.3	1,735	8.62	27.5	2,077	8.58	19.33	27.5	14.6	8.2
-5.28	-9.31	-26.29	-21.62			11,910	13,930	10,611	1.0	1,077	4.57	7.9	2,231	3.83	14.52	11.1	1.1	1.5
-4.02	-8.84	-25.11	-18.13	0.46	3.6	11,910	13,930	10,611	1.0	1,077	4.57	7.9	2,231	3.83	14.52	2.8	0.3	0.4
-12.47	-51.72					32.2	25.2	4.1	-37.8	0.48	0.05	-50.5	-0.32	3.69	2.75	59.1	6.8	3.6
-26.76	-68.76	-78.69	-95.22			17.1	15.0	0.00	-100.0	-20.5	-3.98	58.4	-17.1	-87.41		-0.2		0.7
-25.78	15.01	-12.49	201.85			271.3	220.1	--		-39.0	-2.17	-9.0	-26.2	-45.78		-6.0		4.6
-21.82	13.73	-34.92	-93.49			178.6	211.1	--		-10.6	-2.56	-158.3	-3.2	-9.04		-3.1		0.3
-3.03	-20.00	-33.33				18.3	13.1	1.7	74.8	0.29	0.00	131.1	0.39	-0.81	3.11	114.3	18.8	1.7
-3.62	68.94	-15.61	-0.86			88.1	116.9	10.1	-70.5	-2.8	-0.05	-121.2	5.2	-2.36		-33.0	9.2	3.8
-11.89	52.48	-20.96	-6.62			88.1	116.9	10.1	-70.5	-2.8	-0.05	-121.2	5.2	-2.36		-41.1	11.5	4.7
11.86	22.06	12.98	77.68	0.42	1.3	8,744	11,023	10,215	14.5	1,018	3.55	102.8	1,440	8.96	22.11	8.9	0.9	1.8
-67.39	-39.73	-77.44	-56.31			490.8	520.1	283.5	201.0	-99.3	-2.61	60.0	-34.0	-15.33		-4.9	1.7	11.3
-25.00	-34.78	-61.44	-71.21			5.3	5.3	--		-0.98	0.00	60.0	-0.96	-2.22		-3.3		0.3
-14.29	-25.00	-53.85	-50.00			5.3	5.3	--		-0.98	0.00	60.0	-0.96	-2.22		-6.5		0.6
24.00	19.23	-76.34				2.5	3.4	0.37	-21.4	-8.1	-0.14	-36.0	-0.32	-241.94		0.0	1.2	-0.2
-40.44	-46.40	76.32	-18.79			1.8	11.6	3.8	55.3	-0.55	-0.01	64.6	-0.14	-2.54		-3.4	0.5	-0.2
1.00	3.05	5.40				525.3	524.6	--		6.0	0.12		-1.4	-0.15	176.26	87.3		77.1
-25.53	-18.60	-46.32	-68.18			26.5	26.1	1.8	1.4	-7.1	-0.10	16.8	-3.0	-164.63		-3.5	14.3	22.0
3.38	8.45	9.47	120.81			247.5	236.4	10.8	308.4	0.95	0.04	190.3	-2.5	0.13	1.37	260.0	22.9	3.5

I. Index of Stocks

Summer 2019

Company Name	Stock Ticker Symbol	Traded On	Sector	Overall Rating	Recommendation	Reward Rating	Risk Rating	Recent Up/Downgrade	Stock Price as of 6/30/2019	52-Week High	52-Week Low	3-Year Beta	Growth	Efficiency	Solvency	Volatility	Dividend	Total Return
Pure Energy Minerals Limited	PE.V	TSXV	Materials	D	Sell	D	D-	Up	0.09	0.21	0.05	2.47	W	W	G	W	–	V
Pure Energy Minerals Limited	PEMIF	OTC PK	Materials	D	Sell	D	D-	Up	0.06	0.17	0.03	2.93	W	W	G	W	–	V
Pure Global Cannabis Inc.	PURE.V	TSXV	Health Care	D-	Sell	E+	D-	Up	0.12	0.49	0.11		W	V	G	W	–	V
Pure Global Cannabis Inc.	PRCNF	OTC PK	Health Care	D-	Sell	E+	D-	Up	0.08	0.50	0.02		W	V	G	W	–	V
Pure Gold Mining Inc.	PGM.V	TSXV	Materials	D-	Sell	E+	D		0.56	0.81	0.49	-0.30	W	V	E	W	–	W
Pure Gold Mining Inc.	LRTNF	OTC PK	Materials	D-	Sell	E+	D		0.43	0.62	0.36	0.06	W	V	E	W	–	W
Pure Multi-Family REIT LP	RUFUN.TO	TSX	Real Estate	B-	Buy	B	C		9.63	9.70	7.58	0.02	G	E	E	F	G	W
Pure Multi-Family REIT LP	PMULF	OTC PK	Real Estate	A-	Buy	A	B		5.32	8.80	4.62	0.07	F	E	E	G	G	F
Pure Nickel Inc.	PNCKF	OTC PK	Materials	D	Sell	D+	D		0.04	0.04	0	5.18	W	W	F	W	–	G
Pure Nickel Inc.	NIC.V	TSXV	Materials	D	Sell	D	D		0.04	0.05	0.01	4.82	W	W	F	W	–	W
Pure Storage, Inc.	PSTG	NYSE	Information Tech	D	Sell	D+	D	Down	15.35	29.14	13.99	2.13	W	W	E	W	–	F
PureBase Corporation	PUBC	OTC PK	Materials	D+	Sell	C	D-		0.11	0.20	0.02	-5.02	F	E	F	W	–	V
PureCircle Limited	PCRTF	OTC PK	Consumer Staples	D	Sell	D	D-		3.24	5.23	3.1	0.83	W	F	E	W	–	W
Purepoint Uranium Group Inc.	PTU.V	TSXV	Energy	D-	Sell	E+	D		0.07	0.11	0.06	1.27	W	V	G	W	–	W
Purepoint Uranium Group Inc.	PUMGF	OTC PK	Energy	D-	Sell	E+	D		0.06	0.08	0.04	1.89	W	V	G	W	–	F
PureTech Health PLC	PTCHF	OTC PK	Health Care	D+	Sell	C-	D+		2.85	3.02	1.73	0.74	W	W	E	F	–	F
Purple Innovation, Inc.	PRPL	NAS CM	Consumer Discretn	D	Sell	C	D-		6.75	8.83	4.2		F	F	G	W	–	W
Puxin Limited	NEW	NYSE	Consumer Discretn	D-	Sell	D-	D		6.24	22.07	5		W	V	F	W	–	V
Puyi Inc.	PUYI	NAS	Financials	U		U	U		10.50	11.50	5.4		U	U	U	U	U	U
PVH Corp.	PVH	NYSE	Consumer Discretn	C	Hold	B	D		93.28	159.84	82.51	1.89	F	E	G	W	–	W
PwrCor, Inc.	PWCO	OTC PK	Utilities	D	Sell	C-	D-	Up	0.12	0.19	0.01	2.20		E	W	W	–	F
PyroGenesis Canada Inc.	PYR.V	TSXV	Industrials	D+	Sell	C-	D	Up	0.53	0.77	0.38	1.25	W		F	W	–	W
PyroGenesis Canada Inc.	PYRNF	OTC PK	Industrials	D	Sell	D+	D	Up	0.42	0.58	0.29	1.43	W		F	W	–	W
Pyxis Tankers Inc.	PXS	NAS CM	Industrials	D	Sell	D	D		1.04	3.70	0.64	-2.56	W	W	F	W	–	W
Pyxus International, Inc.	PYX	NYSE	Consumer Staples	D	Sell	D+	D	Down	15.70	52.43	11.3	0.85	W	W	F	W	–	W
Pzena Investment Management, Inc	PZN	NYSE	Financials	C	Hold	B-	D	Down	8.50	10.48	7.36	1.28	G	E	E	W	W	W
Q BioMed Inc.	QBIO	OTC PK	Health Care	D-	Sell	D-	D	Down	1.52	3.60	0.9	4.02	W	W	G	W	–	W
Q2 Holdings, Inc.	QTWO	NYSE	Information Tech	C-	Hold	C	D		76.37	79.57	43.41	1.37	W	W	E	F	–	E
Q2Earth, Inc.	QPWR	OTC PK	Materials	D-	Sell	D-	D-		0.05	0.10	0.01	3.11	W	W	G	W	–	V
QAD Inc.	QADB	NAS GS	Information Tech	C-	Hold	C	D		30.99	49.40	28.35	0.88	W	F	E	F	W	F
QAD Inc.	QADA	NAS GS	Information Tech	D+	Sell	C	D	Down	39.79	61.80	38.32	1.14	W	F	E	F	W	F
QCR Holdings, Inc.	QCRH	NAS	Financials	C	Hold	B-	D+		34.47	49.55	30.15	0.98	E	E	E	W	W	W
QEP Resources, Inc.	QEP	NYSE	Energy	D	Sell	D	D		6.99	13.77	5	1.90	W	W	G	W	–	W
Q-Gold Resources Ltd.	QGR.V	TSXV	Materials	D	Sell	C-	D		0.18	0.30	0.12	-0.38	F		G	W	–	F
Q-Gold Resources Ltd.	QGLDF	OTC PK	Materials	D	Sell	D+	D	Up	0.16	0.20	0.15	-0.87	F		G	W	–	W
QHY Group	QHYG	OTC PK	Industrials	D	Sell	D+	D		0.22	0.51	0.12		W		F	W	–	F
QIAGEN N.V.	QGEN	NYSE	Health Care	B-	Buy	B	C+	Down	40.19	41.55	32.33	0.82	E	G	E	G	–	F
Qiwi plc	QIWI	NAS GS	Information Tech	C	Hold	C	D+		20.02	20.90	11.61	-0.18	W	E	G	W	–	W
QMC Quantum Minerals Corp	QMCQF	OTC PK	Materials	D-	Sell	E+	D		0.13	0.32	0.12	8.53	F	V	G	W	–	F
QMC Quantum Minerals Corp	QMC.V	TSXV	Materials	D-	Sell	E+	D		0.18	0.45	0.16	4.33	F	V	G	W	–	F
QMX Gold Corporation	QMX.V	TSXV	Materials	D	Sell	D	D		0.07	0.13	0.04	0.32	F	W	E	W	–	W
QMX Gold Corporation	QMXGF	OTC PK	Materials	D	Sell	D	D		0.05	0.10	0.03	0.94	F	W	E	W	–	W
QNB Corp.	QNBC	OTC PK	Financials	C	Hold	B	D+		36.53	47.30	36.15	0.66	G	E	E	W	G	W
Qorvo, Inc.	QRVO	NAS GS	Information Tech	C-	Hold	C	D+		67.06	86.50	54.74	1.22	F	F	E	F	–	W
QPAGOS	QPAG	OTC PK	Information Tech	D	Sell	D	D-	Up	0.01	0.53	0.01	0.33	F	W	F	W	–	V
Qrons Inc.	QRON	OTC PK	Health Care	D-	Sell	D-	D-		1.25	3.90	0.72		V	W	G	W	–	W
QS Energy, Inc.	QSEP	OTC PK	Energy	C-	Hold	C	D	Down	0.22	0.38	0.06	0.37	W	E	F	W	–	G
QTS Realty Trust, Inc.	QTS	NYSE	Real Estate	C	Hold	B-	D	Up	45.80	47.13	34.27	1.12	F	G	E	W	G	F
Quad/Graphics, Inc.	QUAD	NYSE	Industrials	D+	Sell	C	D-	Down	8.01	24.93	7.22	1.86	W	G	G	W	E	V
Quadro Resources Ltd.	QRO.V	TSXV	Materials	D	Sell	D+	D-		0.03	0.08	0.03	1.44	W	F	E	W	–	V
Quaint Oak Bancorp, Inc.	QNTO	OTC PK	Financials	C	Hold	B	C+		13.94	14.00	11.82	0.60	F	G	E	F	F	W
Quaker Chemical Corporation	KWR	NYSE	Materials	B	Buy	B	B-		196.39	224.30	151.43	1.68	E	E	E	G	W	F

*Ratings Factors: E=Excellent, G=Good, F=Fair, W=Weak, V=Very Weak, U=Unrated

Data as of June 30, 2019

Summer 2019 — I. Index of Stocks

3-Month Total Return (%)	6-Month Total Return (%)	1-Year Total Return (%)	3-Year Total Return (%)	Dividend $ TTM	Dividend Yield TTM	Market Cap. ($Mil)	Enterprise Value ($Mil)	Revenue ($Mil)	Revenue Growth (%)	Net Income ($Mil)	Earnings/Share $	EPS Growth (%)	Cash from Operations ($Mil)	Return on Assets (%)	Return on Equity (%)	Earnings (P/E) TTM	Sales (P/S) TTM	Book (P/B) Q
6.25	54.55	-55.26	-87.31			12.3	12.9	--		-4.2	-0.03	-19.7	-0.39	-9.11		-3.1		0.5
-14.04	69.73	-58.88	-88.27			12.3	12.9	--		-4.2	-0.03	-19.7	-0.39	-9.11		-2.2		0.4
-40.00	-33.33					14.5	20.0	0.02		-19.5	-0.15	-518.9	-8.3	-50.49		-0.8	1,200.0	3.0
-48.98	-42.31					14.5	20.0	0.02		-19.5	-0.15	-518.9	-8.3	-50.49		-0.5	750.0	1.9
3.70	-11.11	-11.11	-22.22			114.0	109.0	--		-14.3	-0.06	42.6	-14.2			-9.7		10.4
6.79	-6.03	-10.16	-20.09			114.0	109.0	--		-14.3	-0.06	42.6	-14.2			-7.5		8.0
9.73	20.31	10.80	51.32	0.38	3.9	582.6	1,208	110.3	11.0	51.5	0.64	25.6	54.3	2.83	9.64	15.0	7.3	1.4
-16.96	-7.42	-18.99	10.75	0.38	7.1	582.6	1,208	110.3	11.0	51.5	0.64	25.6	54.3	2.83	9.64	8.3	4.0	0.8
483.33	288.89	110.84	84.21			2.5	2.3	--		-0.71	-0.01	-677.8	-0.22	-48.55		-3.4		-4.7
300.00	300.00	100.00	100.00			2.5	2.3	--		-0.71	-0.01	-677.8	-0.22	-48.55		-3.9		-5.4
-28.50	-2.91	-35.15	51.23			3,885	3,302	1,431	30.3	-214.4	-0.90	-16.2	152.5	-7.02		-17.1	2.6	5.2
81.24	-24.00	-6.71	-84.80			16.1	17.3	0.49	-16.6	-1.0	-0.01	19.5	-0.68	-222.4		-16.3	33.5	-3.1
2.86	-2.26	-36.84	-10.94			568.3	671.4	128.3	2.5	-9.4	-0.06	-353.2	5.9	2.58		-58.7	4.4	2.8
-12.50	7.69	7.69	7.69			11.5	10.8	--		-1.0	0.00	33.3	-1.3	-41.06		-14.6		18.0
-9.09	46.34	15.38	-9.09			11.5	10.8	--		-1.0	0.00	33.3	-1.3	-41.06		-12.5		15.4
34.43	25.00	59.22	46.91			824.2	478.4	20.7	718.5	-43.7	-0.16	-252.1	-72.8	-16.64		-18.2	38.9	2.9
39.46	17.39	-19.74				65.7	85.0	308.3	35.5	-2.7	-0.32	66.0	-14.4	-5.56		-20.9	0.2	-91.3
-9.43	9.47	-70.61				514.9	604.8	253.2	62.1	-97.9	-2.95	-75.7	-22.6			-2.1	1.0	3.2
54.41						633.3	603.6	--		--			--					
-26.67	1.09	-38.30	4.53	0.15	0.2	6,988	11,436	9,699	5.0	649.0	8.43	2.2	905.0	4.92	11.43	11.1	0.7	1.2
-0.41	-14.29	-30.43	321.05			25.2	25.1	0.95	-7.1	-0.35	0.00	50.0	-0.22	-40.03		-75.0	27.3	1,200.0
-14.52	-1.85	3.92	125.53			56.4	61.6	2.8	-51.8	-5.9	-0.05	4.9	-1.7	-41.08		-11.4	25.0	-53.0
-10.35	6.62	8.91	147.94			56.4	61.6	2.8	-51.8	-5.9	-0.05	4.9	-1.7	-41.08		-8.9	19.6	-41.6
-7.14	-1.89	-5.19	-64.75			21.9	88.1	21.5	-27.0	-7.0	-0.33	-17.3	-2.4			-3.1	1.0	0.6
-38.12	28.16	-2.18	4.60			142.8	1,287	1,802	-2.4	-70.5	-7.79	-234.8	-248.3	2.7		-2.0	0.1	0.8
4.24	2.85	-3.04	31.24	0.58	6.8	151.9	201.3	151.7	2.2	13.4	0.73	183.3	83.7	33.05	81.7	11.6	4.2	6.6
-25.12	52.00	-54.76	-31.22			22.3	24.1	--		-9.5	-0.67	43.5	-6.2	-185.52		-2.3		-11.0
10.36	58.21	33.05	187.54			3,567	3,623	257.6	26.1	-48.7	-1.12	-85.4	0.81	-5.09		-68.0	13.0	22.1
71.70	111.63	-28.79	-54.50			2.1	5.7	0.21	176.9	-1.0	-0.02	59.8	-0.84	-617.39		-2.1	11.7	-0.5
3.14	4.46	-22.04	83.75	0.24	0.8	752.7	629.5	324.9	1.6	5.8	0.26	196.0	29.4	0.93	4.54	118.7	1.9	4.7
-5.11	1.49	-20.53	108.43	0.29	0.7	752.7	629.5	324.9	1.6	5.8	0.26	196.0	29.4	0.93	4.54	152.4	2.4	6.0
1.23	8.20	-27.54	35.24	0.24	0.7	543.2	--	179.6	25.1	45.5	2.92	9.5	65.0		10.72	11.8	3.1	1.1
-9.34	24.82	-43.17	-60.55			1,664	3,722	1,784	9.4	-1,075	-4.54	-888.3	734.1	-12.16		-1.5	0.9	0.6
-30.77	-25.00	20.00	-59.09			2.7	2.4	--		-0.54	-0.03	34.3	-0.54	-248.3		-6.3		16.7
4.87	4.87	127.61	-44.64			2.7	2.4	--		-0.54	-0.03	34.3	-0.54	-248.3		-5.4		14.4
-37.14	-32.31	10.00				19.2	19.5	--		-5.2	-0.36	-2,041.9	-0.09			-0.6		10.3
-0.17	18.48	12.48	94.05			9,090	10,127	1,507	3.7	187.6	0.81	246.3	356.0	3.68	7.23	49.5	6.2	3.5
42.61	48.86	31.81	61.96	0.28	1.4	1,256	702.5	364.7	1.8	44.6	0.73	-17.2	220.4			27.6	3.4	3.4
-29.10	-1.90	-54.93	2,133.33			9.4	9.0	--		-1.5	-0.03	59.9	-1.3	-27.98		-4.9		3.5
-30.77	-5.26	-52.63	414.29			9.4	9.0	--		-1.5	-0.03	59.9	-1.3	-27.98		-6.6		4.7
18.18	18.18	-40.91	0.00			11.5	13.1	--		-1.6	-0.01	30.4	-1.5	-4.76		-6.9		0.7
38.89	19.76	-43.10	25.94			11.5	13.1	--		-1.6	-0.01	30.4	-1.5	-4.76		-5.3		0.5
-0.89	-3.43	-18.88	25.38	1.30	3.6	127.6	--	40.0	5.5	11.8	3.37	39.1	14.7		11.39	10.8	3.2	1.2
-4.51	10.31	-16.67	27.13			7,917	8,125	3,090	3.9	133.1	1.06	418.3	810.4	3.01	2.91	63.5	2.7	1.8
-57.93	-87.74	-98.48	-99.42			0.84	2.8	7.7	72.6	-4.3	-0.05	52.7	-1.7	-115.3		-0.1	0.1	-0.2
4.17	-45.65	-50.00				16.2	16.2	--		-3.7	-0.29	-82.8	-0.54	-797.74		-4.3		-520.8
-24.14	151.43	107.55	41.94			65.1	64.9	--		-4.6	-0.02	1.6	-2.3	-155.54		-12.2		-64.7
2.19	26.64	19.02	-6.87	1.70	3.7	2,537	4,377	449.2	-1.1	15.3	-0.23	-130.8	183.9	1.34	1.13	-201.2	5.3	2.8
-31.55	-30.77	-58.19	-55.10	1.20	15.0	412.8	1,690	4,231	3.2	-10.5	-0.24	-116.4	199.8	3.57		-32.8	0.1	1.1
-16.67	-16.67	-50.00	-72.22			0.53	0.36	--		-0.23	-0.01	68.2	-0.12	-9.01		-3.1		0.5
14.61	17.68	6.89	25.76	0.30	2.2	27.2	--	12.1	7.3	2.1	1.07	35.5	3.4		9.12	13.0	2.3	1.1
-2.76	10.86	28.57	139.87	1.48	0.8	2,619	2,586	866.7	3.5	60.6	4.52	133.3	76.1	8.66	14.02	43.4	3.0	5.9

https://greyhouse.weissratings.com

Data as of June 30, 2019

I. Index of Stocks — Summer 2019

Company Name	Stock Ticker Symbol	Traded On	Sector	Overall Rating	Recommendation	Reward Rating	Risk Rating	Recent Up/Downgrade	Stock Price as of 6/30/2019	52-Week High	52-Week Low	3-Year Beta	Growth	Efficiency	Solvency	Volatility	Dividend	Total Return
QUALCOMM Incorporated	QCOM	NAS GS	Information Tech	C	Hold	B-	D+		75.43	90.34	49.1	1.64	W	E	G	W	G	F
Quálitas Controladora, S.A.B. de C.V.	QUCOF	OTC PK	Financials	C	Hold	B-	C		2.54	2.54	2.54		F	E	E	F	—	W
Qualstar Corporation	QBAK	NAS CM	Information Tech	C	Hold	B	D+		5.86	9.18	4.51	0.89	F	G	E	W	—	W
Qualtrics International Inc.	XM	NAS GS	Information Tech	E	Sell	C	D+		19.50				F	F	G	F	—	W
Qualys, Inc.	QLYS	NAS GS	Information Tech	B-	Buy	A-	C-	Down	85.46	98.30	65.94	0.64	E	E	E	F	—	G
Quanex Building Products Corporation	NX	NYSE	Industrials	D+	Sell	C-	D	Down	18.53	19.75	10.7	1.63	W	F	E	W	F	W
Quanta Services, Inc.	PWR	NYSE	Industrials	B	Buy	B	C+	Up	37.99	41.00	27.9	1.53	F	E	E	F	W	F
Quanta, Inc.	QNTA	OTC PK	Health Care	D-	Sell	E+	D		1.90	5.00	1		W	V	G	F	—	W
Quanterix Corporation	QTRX	NAS	Health Care	D-	Sell	E+	D		34.94	36.13	13		F	V	E	F	—	F
QuantRx Biomedical Corporation	QTXB	OTC PK	Health Care	D-	Sell	D-	D-	Down	0.00	0.01	0	2.41	W	W	F	W	—	V
Quantum Blockchain Technologies Ltd.	QBCP.V	TSXV	Financials	D-	Sell	D	D	Up	0.10	0.20	0.07		F	W	E	W	—	W
Quantum Computing Inc.	QUBT	OTC PK	Information Tech	D-	Sell	E	D		4.25	14.96	0.32	8.37	W	V	F	W	—	F
Quantum Energy, Inc.	QEGY	OTC PK	Energy	D	Sell	D	D		0.11	0.75	0.07	-0.97	W	W	F	W	—	W
Quantum Materials Corp.	QTMM	OTC PK	Information Tech	D+	Sell	C	D	Up	0.03	0.06	0.02	2.86	W	E	F	W	—	W
Quantum Medical Transport, Inc.	DRWN	OTC PK	Health Care	D	Sell	C-	D+		0.00	0.00	0	7.94	W	F	F	W	—	F
Quantum Numbers Corp.	QNCCF	OTC PK	Information Tech	D-	Sell	E+	D		0.08	0.10	0.08		F	V	E	F	—	W
Quantum Numbers Corp.	QNC.V	TSXV	Information Tech	D-	Sell	E+	D		0.11	0.20	0.06	1.96	F	V	E	W	—	G
Quarta-Rad, Inc.	QURT	OTC PK	Industrials	E+	Sell	E+	D-	Down	2.00	2.00	2		W	V	G	W	—	F
Quarterhill Inc.	QTRH.TO	TSX	Information Tech	D	Sell	D+	D		1.41	2.00	1.16	0.45	W	W	E	W	G	W
Quarterhill Inc.	QTRH	NAS GS	Information Tech	D	Sell	D+	D		1.08	1.55	0.86	0.60	W	W	E	W	G	W
Quartz Mountain Resources Ltd.	QZMRF	OTC PK	Materials	D+	Sell	C	D	Down	0.23	0.69	0.22	170.15	W	E	F	W	—	W
Quartz Mountain Resources Ltd.	QZM.V	TSXV	Materials	D+	Sell	C	D	Down	0.31	0.80	0.27	0.32	W	E	F	W	—	W
Quaterra Resources Inc.	QTRRF	OTC PK	Materials	D	Sell	D	D		0.04	0.10	0.04	2.05	V	W	E	W	—	W
Quaterra Resources Inc.	QTA.V	TSXV	Materials	D	Sell	D	D	Down	0.06	0.13	0.05	1.50	V	W	E	W	—	W
Qudian Inc.	QD	NYSE	Financials	C-	Hold	C	D	Up	7.84	9.30	4		E	E	E	W	—	W
Quebec Precious Metals Corporation	CJC.V	TSXV	Materials	D	Sell	D-	D		0.38	0.45	0.22	-0.13	V	W	E	W	—	W
Quebec Precious Metals Corporation	CJCFF	OTC PK	Materials	D	Sell	D	D		0.29	0.33	0.16	0.50	V	W	E	W	—	W
Quebecor Inc.	QBRA.TO	TSX	Communication Svc	C	Hold	B	C-		31.50	34.24	25.11	0.28	G	G	W	E	W	F
Quebecor Inc.	QBRB.TO	TSX	Communication Svc	C+	Hold	B	C-		31.07	33.61	25.12	0.24	G	G	W	E	W	F
Quebecor Inc.	QBCRF	OTC PK	Communication Svc	C	Hold	B+	C-		23.67	24.94	19.14	0.57	G	G	W	G	W	F
Quendale Capital Corp.	QOCP.V	TSXV	Financials	D-	Sell	D	D	Up	0.28	0.34	0.18		W	W	E	W	—	W
Quest Diagnostics Incorporated	DGX	NYSE	Health Care	C+	Hold	B	C	Up	100.53	115.64	78.95	0.85	G	E	E	F	F	W
Quest Patent Research Corporation	QPRC	OTC PK	Industrials	C-	Hold	C+	D	Up	0.02	0.04	0	1.41	F	G	F	W	—	F
Quest PharmaTech Inc.	QPT.V	TSXV	Health Care	D	Sell	D	D	Down	0.12	0.20	0.1	0.89	W	W	F	W	—	W
Quest PharmaTech Inc.	QPTFF	OTC PK	Health Care	D	Sell	D	D	Down	0.08	0.14	0.08	0.74	W	W	F	W	—	W
Quest Resource Holding Corporation	QRHC	NAS CM	Industrials	D	Sell	D+	D		2.79	3.10	1.26	0.86	W	W	E	W	—	W
Quest Solution, Inc.	QUES	OTC PK	Information Tech	D	Sell	D	D		0.40	0.65	0.15	1.60	W	V	F	W	—	F
Questerre Energy Corporation	QEC.TO	TSX	Energy	D+	Sell	C-	D+	Up	0.25	0.61	0.22	0.74	W	F	G	W	—	W
Questerre Energy Corporation	QTEYF	OTC PK	Energy	D+	Sell	C-	D+	Up	0.26	0.39	0.16	1.00	W	F	G	W	—	W
Questor Technology Inc.	QUTIF	OTC PK	Energy	C	Hold	A+	D+		3.73	3.90	1.67	0.59	E	E	E	W	—	E
Questor Technology Inc.	QST.V	TSXV	Energy	B	Buy	A+	D+	Up	4.93	5.36	2.05	0.48	E	E	E	W	—	E
Quick Start Holdings, Inc.	QSHI	OTC PK	Financials	E	Sell	C	D+		0.01	0.06	0.01	7.20	V	G	E	W	—	W
QuickLogic Corporation	QUIK	NAS	Information Tech	D-	Sell	E+	D-		0.60	1.22	0.47	1.97	F	V	G	W	—	F
Quidel Corporation	QDEL	NAS GS	Health Care	C+	Hold	B	C	Up	58.65	77.63	44.27	1.60	E	G	E	F	—	F
QuinStreet, Inc.	QNST	NAS GS	Communication Svc	B-	Buy	B+	C-	Down	15.83	20.02	12.12	-0.17	G	G	E	F	—	F
Quintana Energy Services Inc.	QES	NYSE	Energy	D	Sell	D	D-	Up	1.60	8.93	1.6		W	W	E	W	—	V
Quinto Resources Inc.	QIT.V	TSXV	Materials	E+	Sell	E	D-		0.05	0.10	0.02	-4.17	W	V	G	W	—	V
Quisitive Technology Solutions, Inc.	QUIS.V	TSXV	Information Tech	D-	Sell	E+	D-	Up	0.12	0.35	0.09		W	V	G	W	—	V
Quisitive Technology Solutions, Inc.	QUISF	OTC PK	Information Tech	E	Sell	D-	D		0.10	0.19	0.09		W	V	G	W	—	W
Qumu Corporation	QUMU	NAS CM	Information Tech	D+	Sell	C-	D	Up	4.06	4.78	1.85	0.70	F	W	G	W	—	F
Quorum Health Corporation	QHC	NYSE	Health Care	D-	Sell	D	D-	Down	1.35	6.25	0.95	1.77	W	W	G	W	—	V
Quorum Information Technologies Inc.	QIFTF	OTC PK	Information Tech	D+	Sell	C-	D		0.55	0.61	0.44	0.35	W	F	E	F	—	F

*Ratings Factors: E=Excellent, G=Good, F=Fair, W=Weak, V=Very Weak, U=Unrated

Summer 2019
I. Index of Stocks

3-Month Total Return (%)	6-Month Total Return (%)	1-Year Total Return (%)	3-Year Total Return (%)	Dividend $ TTM	Dividend Yield TTM	Market Cap. ($Mil)	Enterprise Value ($Mil)	Revenue ($Mil)	Revenue Growth (%)	Net Income ($Mil)	Earnings/Share $	EPS Growth (%)	Cash from Operations ($Mil)	Return on Assets (%)	Return on Equity (%)	Earnings (P/E) TTM	Sales (P/S) TTM	Book (P/B) Q
34.61	35.54	40.52	61.02	2.48	3.3	91,700	97,773	21,227	-5.8	2,457	1.89	160.1	2,767	5.89	17.75	39.9	4.3	23.7
0.00						1,238	1,185	1,699	2.0	157.1	0.33	81.3	57.4	3.68	32.04	7.8	0.6	
7.13	13.79	-25.35	67.48			11.5	7.2	12.2	9.1	1.0	0.51	-10.3	-0.12	6.69	15.18	11.6	1.0	1.6
0.00	0.00					70.4	62.2	289.6	39.8	1.5	-1.35	-4.7	52.5			-14.5	12.6	-1.0
5.19	13.81	0.54	196.53			3,346	3,090	289.4	19.3	61.4	1.47	116.1	126.8	5.81	16.61	58.2	12.3	9.0
16.87	38.32	5.91	10.16	0.32	1.7	608.9	814.4	898.9	3.6	-10.4	-0.34	-140.1	83.1	3.38		-53.9	0.7	1.7
1.59	26.71	14.40	73.54	0.08	0.2	5,399	6,990	11,561	19.1	376.2	2.49	29.2	250.0	5.53	10.27	15.3	0.5	1.5
-5.00	-5.00	36.69				74.5	75.0	0.36	774.0	-1.5	-0.04	-17.4	-0.83			-44.0	208.8	301.6
40.94	90.31	148.15				946.7	920.4	42.4	69.4	-33.7	-1.52	80.3	-24.0	-28.33		-23.0	18.5	23.0
-33.33	-4.76	-42.86	-77.53			0.31	2.2	--		-0.74	-0.01	-581.0	-0.24	-16.76		-0.4		-0.2
17.65	0.00					0.23	0.01	--		-0.06	-0.03		-0.01	-17.92		-2.9		1.4
4.94	37.10	11.84	3,441.67			22.5	24.4	--		-10.4	-8.31	-687.1	-1.9			-0.5		-9.7
-15.32	-65.00	-57.15	54.41			5.1	5.2	--		-0.39	-0.01	19.3	-0.19	-1,840.23		-10.9		-23.3
-17.43	-15.50	-42.20	-76.69			16.8	19.9	0.01	-59.9	-7.4	-0.02	42.2	-1.00	-161.14		-1.9		-3.0
0.00	0.00	-50.00	0.00			1.0	1.5	0.80	19.8	0.03	0.00		0.03					1.0
-4.55	-7.64	38.06				4.8	4.3	--		-0.63	-0.01	51.8	-0.61	-27.86		-7.6		4.8
-12.50	0.00	40.00	61.54			4.8	4.3	--		-0.63	-0.01	51.8	-0.61	-27.86		-10.0		6.3
0.00	0.00	14.29				30.7	30.6	0.84	-28.7	-0.10	-0.01	-1,000.0	-0.05	-31.95		-317.5	36.4	500.0
-6.43	10.30	0.55	-52.33	0.05	3.6	127.6	80.8	105.2	-24.4	-37.0	-0.32	-817.4	-14.2	-4.37		-4.4	1.6	0.8
-5.26	15.59	1.52	-52.65	0.04	3.5	127.6	80.8	105.2	-24.4	-37.0	-0.32	-817.4	-14.2	-4.37		-3.4	1.2	0.6
0.00	-27.10	-67.69	7.62			0.79	0.78	--		-0.12	-0.04	37.7	-0.08	-58.06		-6.2		-0.3
3.33	14.81	-61.25	-31.11			0.79	0.78	--		-0.12	-0.04	37.7	-0.08	-58.06		-8.5		-0.5
-36.35	-3.49	-17.17	-9.78			9.3	5.4	--		-2.2	-0.01	-145.5	-1.5	-2.93		-3.8		0.3
-33.33	9.09	-20.00	0.00			9.3	5.4	--		-2.2	-0.01	-145.5	-1.5	-2.93		-5.6		0.4
56.49	79.00	-13.75				2,189	2,618	855.0	-0.4	352.2	1.15	17.8	--			6.8	2.7	1.3
33.33	26.67	-13.00	-16.96			13.0	10.4	--		-1.1	-0.03	-186.5	-2.2	-9.44		-13.8		1.7
30.02	40.10	-10.28	-16.01			13.0	10.4	--		-1.1	-0.03	-186.5	-2.2	-9.44		-10.6		1.3
-2.46	11.19	19.31	75.24	0.28	0.9	6,084	11,062	3,184	-1.0	403.1	1.62	13.3	963.1	6.44	43.72	19.5	2.5	17.7
-3.95	9.24	17.40	72.55	0.28	0.9	6,084	11,062	3,184	-1.0	403.1	1.62	13.3	963.1	6.44	43.72	19.2	2.5	17.5
-1.23	13.90	19.39	71.26	0.21	0.9	6,084	11,062	3,184	-1.0	403.1	1.62	13.3	963.1	6.44	43.72	14.6	1.9	13.3
0.00	55.56	-6.67				0.29	0.12	--		-0.01	-0.01		-0.02			-25.5		2.3
13.55	24.07	-6.83	36.30	2.06	2.1	13,509	18,027	7,538	0.9	723.0	5.23	-6.9	1,295	6.47	14.68	19.2	1.8	2.6
242.86	93.55	1,500.00	943.48			9.2	13.6	6.6	217.7	-2.2	-0.01	-48.7	-0.15	123.24		-4.1	1.4	-1.8
-14.29	20.00	-36.84	140.00			15.3	15.8	--		-3.8	-0.02	10.9	-5.7	-61.52		-5.3		-2.3
-19.23	-11.11	-37.78	86.67			15.3	15.8	--		-3.8	-0.02	10.9	-5.7	-61.52		-3.7		-1.6
65.09	112.98	40.20	-7.00			42.8	48.1	105.8	-12.2	-1.3	-0.08	75.3	1.2	-0.6		-33.1	0.4	0.7
-20.20	134.71	43.01	166.00			30.7	47.6	56.2	3.3	-5.2	-0.13	-111.2	2.7	-3.86		-3.2	0.4	12.6
-43.82	6.38	-51.92	28.21			81.5	80.1	22.0	12.6	9.5	0.02	129.8	9.9	7.36	6.92	15.9	4.4	0.7
-31.07	57.17	-49.62	94.07			81.5	80.1	22.0	12.6	9.5	0.02	129.8	9.9	7.36	6.92	16.7	4.6	0.7
11.19	70.09	11.10	382.14			102.0	97.1	19.2	9.2	5.6	0.21	36.7	6.7	21.47	29.66	18.1	5.4	4.6
7.41	58.01	10.79	435.87			102.0	97.1	19.2	9.2	5.6	0.21	36.7	6.7	21.47	29.66	23.9	7.1	6.1
-60.00	-63.64	-86.55	1,500.00			4.6	--	--		-0.02	0.00		0.00					
-2.65	-21.75	-48.23	-35.29			69.1	61.9	13.1	11.2	-13.3	-0.14	21.0	-11.8	-29.84		-4.2	4.4	3.7
-9.63	22.11	-11.54	235.14			2,335	2,460	501.1	34.3	65.1	1.56	697.9	133.4	6.71	16.45	37.5	5.0	5.1
19.83	-0.38	21.49	387.08			793.9	726.9	444.7	18.8	64.5	1.23	582.2	41.0	2.75	37.07	12.9	1.9	3.7
-63.22	-54.80	-80.32				54.1	100.3	604.8	22.5	-10.7	-0.32	-173.3	40.2	-1.75		-5.0	0.1	0.3
11.11	-28.57	-41.18	-47.37			1.6	1.5	--		-0.34	-0.01	48.3	-0.23	-67.55		-5.6		55.6
-11.11	-33.33					8.2	15.6	15.5	541.0	-6.5	-0.08	-320.3	-2.9	-12.86		-1.5	0.7	2.6
-33.07	-36.67					8.2	15.6	15.5	541.0	-6.5	-0.08	-320.3	-2.9	-12.86		-1.2	0.6	2.2
61.75	105.05	89.72	-8.35			39.7	36.6	27.3	3.8	-0.04	-0.02	98.7	-1.1	-6.74		-225.6	1.4	5.9
-6.25	-56.31	-73.32	-87.44			42.2	1,344	1,835	-9.7	-140.3	-4.80	26.7	50.2	1.73		-0.3	0.0	-0.3
16.49	14.79	4.95	33.41			34.4	41.8	12.6	24.7	-0.61	-0.01	-512.0	1.0			-53.5	2.7	2.0

I. Index of Stocks

Summer 2019

Company Name	Stock Ticker Symbol	Traded On	Sector	Overall Rating	Recommendation	Reward Rating	Risk Rating	Recent Up/Downgrade	Stock Price as of 6/30/2019	52-Week High	52-Week Low	3-Year Beta	Growth	Efficiency	Solvency	Volatility	Dividend	Total Return
Quorum Information Technologies Inc.	QIS.V	TSXV	Information Tech	D+	Sell	C-	D		0.74	0.85	0.55	-0.55	W	F	E	F	--	G
QuoteMedia, Inc.	QMCI	OTC PK	Financials	C	Hold	B-	D+		0.15	0.18	0.05	1.91	G	W	G	W	--	E
Quotient Limited	QTNT	NAS	Health Care	D-	Sell	E+	D		9.45	11.15	5.52	0.40	F	V	W	W	--	F
Quotient Technology Inc.	QUOT	NYSE	Consumer Discretn	D	Sell	D	D		10.73	15.98	8.92	0.34	W	W	E	W	--	W
Qurate Retail, Inc.	QRTEA	NAS GS	Consumer Discretn	D+	Sell	C	D	Down	12.25	25.03	11.17		F	E	G	W	--	V
Qutoutiao Inc.	QTT	NAS GS	Communication Svc	D-	Sell	D	D-		3.99	20.39	3.92		W	W	E	W	--	V
QX Metals Corp.	QX.V	TSXV	Materials	E+	Sell	D-	E+	Down	0.06	0.27	0.06	0.26	W	V	G	V	--	V
QX Metals Corp.	BLSSF	OTC PK	Materials	D-	Sell	D-	D-		0.05	0.19	0.03	1.78	W	V	G	W	--	V
Qyou Media Inc.	QYOUF	OTC PK	Communication Svc	D-	Sell	D-	D-		0.05	0.22	0.04		F	V	G	W	--	V
Qyou Media Inc.	QYOU.V	TSXV	Communication Svc	E+	Sell	D-	E+	Down	0.08	0.24	0.06	1.94	F	V	G	V	--	V
R&R Real Estate Investment Trust	RRRUN.V	TSXV	Real Estate	D+	Sell	C	D	Down	0.09	0.12	0.07	1.14	G	F	E	W	--	W
R.R. Donnelley & Sons Company	RRD	NYSE	Industrials	D	Sell	D+	E+		2.02	6.76	1.92	2.29	F	W	G	V	G	V
R1 RCM Inc.	RCM	NAS GS	Health Care	C-	Hold	B-	D	Down	12.17	12.59	7.1	0.29	G	W	W	F	--	E
Ra Medical Systems, Inc.	RMED	NYSE	Health Care	D-	Sell	D-	D-	Up	3.42	22.00	2.9		W	V	E	W	--	V
Ra Pharmaceuticals, Inc.	RARX	NAS	Health Care	D	Sell	D	D		28.68	29.39	8.27	1.10	W	V	E	W	--	G
Rackla Metals Inc.	RMETF	OTC PK	Materials	D+	Sell	C-	D		0.10	0.12	0.05	1.11	V	G	G	W	--	W
RADA Electronic Industries Ltd.	RADA	NAS CM	Industrials	C-	Hold	C	D		3.35	3.96	2.35	0.13	W	W	E	F	--	E
Radcom Ltd.	RDCM	NAS CM	Information Tech	D	Sell	D	D-		8.00	21.75	6.96	0.69	W	F	E	W	--	W
Radian Group Inc.	RDN	NYSE	Financials	B	Buy	A+	C-	Up	22.73	24.62	14.78	1.60	E	E	E	F	W	G
Radiant Logistics, Inc.	RLGT	AMEX	Industrials	C+	Hold	B+	D+	Down	5.92	7.33	3.83	2.07	E	E	E	W	--	G
Radient Technologies Inc.	RDDTF	OTC PK	Consumer Staples	D	Sell	D+	D		0.61	1.03	0.33	2.40	V	F	E	W	--	F
Radient Technologies Inc.	RTI.V	TSXV	Consumer Staples	D	Sell	D+	D		0.79	1.35	0.6	2.40	V	F	E	W	--	F
Radisson Mining Resources Inc.	RDS.V	TSXV	Materials	D	Sell	D	D	Down	0.14	0.15	0.09	0.26	W	F	E	W	--	W
Radisson Mining Resources Inc.	RMRDF	OTC PK	Materials	D	Sell	D+	D	Down	0.12	0.13	0.06	1.65	W	F	E	W	--	F
Radius Gold Inc.	RDUFF	OTC PK	Materials	C-	Hold	C	D	Up	0.19	0.31	0.05	-0.79	W	W	E	W	--	E
Radius Gold Inc.	RDU.V	TSXV	Materials	C-	Hold	C	D	Up	0.24	0.47	0.09	-1.50	W	W	E	W	--	E
Radius Health, Inc.	RDUS	NAS	Health Care	D-	Sell	E+	D		23.77	30.54	12.81	1.14	F	V	F	W	--	W
RadNet, Inc.	RDNT	NAS	Health Care	C	Hold	C+	C		13.49	16.54	9.97	0.67	F	F	F	F	--	F
Radware Ltd.	RDWR	NAS GS	Information Tech	U		U	U		24.52	28.50	21.43	0.79	U	U	U	U	U	U
Rafael Holdings, Inc.	RFL	AMEX	Real Estate	D	Sell	C	D+	Up	27.49	28.84	6.9		F	W	E	F	--	G
Raging River Exploration Inc.	RRX.TO	TSX	Energy	D+	Sell	C+	D		5.99	6.25	4.77	0.16	E	G	G	W	--	W
Rainy Hollow Ventures Inc.	RHVP.V	TSXV	Financials	D-	Sell	D	D	Up	0.24	0.35	0.22		W	W	E	W	--	W
Rainy Mountain Royalty Corp	RMO.V	TSXV	Materials	D	Sell	D	D-		0.02	0.04	0.02	1.00	W	W	G	W	--	V
Rainy Mountain Royalty Corp	RMNXF	OTC PK	Materials	D-	Sell	D-	D-		0.01	0.03	0.01	1.45	W	W	G	W	--	V
Raise Production Inc.	RPC.V	TSXV	Energy	D	Sell	D	D-		0.09	0.35	0.07	-1.44	F	W	E	W	--	V
Raise Production Inc.	GLKFF	OTC PK	Energy	D	Sell	D	D-		0.07	0.23	0.07	0.02	F	W	E	W	--	V
RAIT Financial Trust	RASF	OTC PK	Real Estate	D	Sell	D	D-		0.52	5.13	0.5	6.18	W	W	F	W	--	V
Ralph Lauren Corporation	RL	NYSE	Consumer Discretn	C	Hold	C+	C-		113.10	147.79	95.63	1.20	W	E	E	F	F	F
Ramaco Resources, Inc.	METC	NAS GS	Materials	C-	Hold	C	D	Up	5.22	8.94	4.35	1.11	F	G	E	W	--	W
Rambus Inc.	RMBS	NAS GS	Information Tech	D	Sell	D	D		12.10	13.61	7.17	1.19	W	W	E	W	--	W
Rand Capital Corporation	RAND	NAS CM	Financials	D+	Sell	D+	D+	Up	2.53	3.60	2.05	-0.06	W	F	E	W	--	W
Randolph Bancorp, Inc.	RNDB	NAS	Financials	C-	Hold	C	D+	Up	14.98	17.24	13.16	0.38	F	W	E	F	--	W
Range Resources Corporation	RRC	NYSE	Energy	D-	Sell	D	E+	Down	6.89	18.60	6.43	0.94	W	W	G	V	W	W
Ranger Energy Services, Inc.	RNGR	NYSE	Energy	D+	Sell	C-	D	Up	7.69	10.78	4.7		G	F	G	W	--	W
Ranpak Holdings Corp.	PACK	NYSE	Financials	D	Sell	D	D	Up	8.70	10.35	8.51		V	W	E	F	--	W
Rapid7, Inc.	RPD	NAS	Information Tech	D	Sell	D	D		55.79	58.74	26.27	1.42	F	V	E	F	--	E
Rare Element Resources Ltd.	REEMF	OTC PK	Materials	D	Sell	D+	D-	Up	0.31	0.60	0.03	-3.37	V	W	G	W	--	F
Rasna Therapeutics, Inc.	RASP	OTC PK	Health Care	D-	Sell	E+	D-	Up	0.15	1.40	0.05	-0.32	F	V	F	W	--	V
Rassini, S.A.B. de C.V.	SNCCF	OTC PK	Consumer Discretn	D+	Sell	B-	D+	Down	2.07	2.07	1.97	-0.19	F	E	E	W	--	W
Rassini, S.A.B. de C.V.	SNCVF	OTC PK	Consumer Discretn	D+	Sell	B	B+	Down	4.15	4.15	3.97	-0.07	F	E	E	G	--	F
Rathdowney Resources Ltd.	RATHF	OTC PK	Materials	D	Sell	D	D	Down	0.08	0.11	0.01	0.84	W	W	F	W	--	W
Rathdowney Resources Ltd.	RTH.V	TSXV	Materials	D	Sell	D	D	Down	0.11	0.15	0.03	-0.56	W	W	F	W	--	W

*Ratings Factors: E=Excellent, G=Good, F=Fair, W=Weak, V=Very Weak, U=Unrated

Summer 2019   I. Index of Stocks

TOTAL RETURNS %				DIVIDEND/YIELD		SIZE		REVENUE & INCOME			EARNINGS		EFFECTIVENESS			VALUATION		
3-Month Total Return (%)	6-Month Total Return (%)	1-Year Total Return (%)	3-Year Total Return (%)	Dividend $ TTM	Dividend Yield TTM	Market Cap. ($Mil)	Enterprise Value ($Mil)	Revenue ($Mil)	Revenue Growth (%)	Net Income ($Mil)	Earnings/ Share $	EPS Growth (%)	Cash from Operations ($Mil)	Return on Assets (%)	Return on Equity (%)	Earnings(P/E) TTM	Sales (P/S) TTM	Book (P/B) Q
15.62	10.45	19.35	48.00			34.4	41.8	12.6	24.7	-0.61	-0.01	-512.0	1.0			-71.8	3.6	2.7
31.11	102.05	47.50	158.77			13.3	15.8	11.3	14.8	0.60	0.01	131.1	1.9	11.16	61.5	25.0	1.3	-8.5
5.47	56.98	15.53	19.02			625.4	673.1	29.1	17.8	-105.4	-1.95	4.3	-75.7	-32.39		-4.9	21.1	363.5
7.84	-0.09	-18.09	-12.55			1,005	888.5	398.3	18.4	-30.2	-0.32	-21.9	38.0	-0.92		-33.5	2.5	2.9
-23.00	-36.76	-42.19				5,265	12,860	13,925	23.2	587.0	1.29	-54.8	1,131	4.83	10.98	9.5	0.4	1.0
-65.15	-34.70					1,002	782.8	501.3	369.5	-310.9	-0.49	-199.0	--			-8.1	7.9	30.9
-14.29	-20.00	-77.78				0.67	0.49	--		-0.35	-0.02	78.3	-0.32	-13.92		-2.5		0.7
18.13	33.19	-66.46				0.67	0.49	--		-0.35	-0.02	78.3	-0.32	-13.92		-2.3		0.7
0.97	-7.50	-63.83				8.3	8.3	3.0	-37.1	-5.1	-0.05	44.8	-2.5	-80.41		-1.1	1.7	3.8
14.29	-5.88	-60.00				8.3	8.3	3.0	-37.1	-5.1	-0.05	44.8	-2.5	-80.41		-1.6	2.6	5.8
0.00	12.50	0.00	-10.00			2.3	34.5	17.1	140.0	2.6	-0.02	61.2	3.7	3.55	21.16	-4.4	0.2	0.2
-56.70	-43.37	-63.64	-89.69	0.12	5.9	143.0	2,271	6,614	-5.4	-10.2	-0.15	-281.9	213.8	4.29		-13.2	0.0	-0.5
27.30	54.25	33.01	554.30			1,345	1,888	997.1	95.4	-21.8	-0.39	56.9	99.3	1.8		-31.6	1.3	352.8
-4.20	-54.94					44.2	-6.8	7.0	21.8	-42.8	-3.96	-59.5	-25.0	-67.94		-0.9	6.2	0.7
28.21	57.76	189.70				1,213	1,027	2.5		-67.5	-1.92	23.4	-57.5	-26.97		-14.9	484.5	6.3
66.94	99.04	3.50	22.20			2.2	2.1	--		-0.15	-0.01	-105.4	-0.17	-44.86		-13.6		-38.3
13.18	27.38	20.50	204.55			127.5	107.5	21.0	-19.8	0.18	0.00	-98.1	--			2,093.8	5.6	3.0
10.50	12.68	-59.60	-29.76			109.9	59.0	25.5	-31.4	-3.0	-0.23	-203.4	--			-35.5	4.3	1.4
8.98	42.45	40.12	134.25	0.01	0.0	4,728	5,827	1,345	9.9	662.5	3.04	321.7	777.1	8.26	19.59	7.5	3.7	1.3
-2.47	41.63	49.49	93.46			293.5	328.5	919.7	13.5	16.7	0.26	360.6	34.8	5.13	14.09	22.8	0.3	2.4
-18.71	11.06	-39.13				163.0	139.4	0.26	-31.2	-17.8	-0.07	-25.0	-9.7	-30.42		-8.6	680.7	4.1
-21.78	2.60	-41.48	731.58			163.0	139.4	0.26	-31.2	-17.8	-0.07	-25.0	-9.7	-30.42		-11.1	877.8	5.2
16.67	47.37	16.67	3.70			14.6	14.1	0.00	-100.0	-0.49	0.00	-129.8	-0.45	-3.09		-35.9		1.9
44.88	47.81	15.90	23.43			14.6	14.1	0.00	-100.0	-0.49	0.00	-129.8	-0.45	-3.09		-29.7		1.6
158.15	115.91	159.21	96.28			15.5	11.9	--		-1.1	-0.01	-252.8	-1.0	-9.72		-15.0		3.2
135.00	80.77	135.00	95.83			15.5	11.9	--		-1.1	-0.01	-252.8	-1.0	-9.72		-18.5		3.9
24.45	60.18	-17.78	-33.55			1,096	1,083	114.5	212.4	-202.5	-4.45	24.0	-169.0	-32.42		-5.3	9.5	39.0
9.67	30.59	-10.96	162.45			675.6	1,856	1,015	9.8	35.8	0.72	650.4	119.3	2.33	25.26	18.7	0.7	5.0
-5.51	8.93	-2.85	124.34			1,151	859.6	118.4	-44.0	6.9	0.15	183.5	37.9			169.1	10.0	3.1
126.63	232.00	205.11				382.9	393.8	4.7	2.0	-3.8	-0.29	65.8	-3.3	-2.41		-95.7	80.7	3.2
0.00	0.00	5.83	-40.63			1,056	1,248	371.3	37.3	62.8	0.27	40.6	253.1	5.24	8.36	22.3	3.7	1.8
-11.11	-5.88	-30.43				0.47	0.05	--		-0.06	-0.03		-0.03	-8.14		-7.6		1.5
33.33	0.00	-20.00	-55.56			0.82	0.81	--		-0.24	0.00	77.3	-0.18	-4.06		-4.4		0.5
-37.98	-38.74	-50.00	-77.84			0.82	0.81	--		-0.24	0.00	77.3	-0.18	-4.06		-1.7		0.2
-10.00	-45.45	-73.13	-64.71			7.8	7.3	0.31	-17.3	-2.0	-0.02	-1.7	-1.8	-18.89		-5.1	34.6	1.7
-30.54	-43.10	-74.43	-81.72			7.8	7.3	0.31	-17.3	-2.0	-0.02	-1.7	-1.8	-18.89		-3.9	26.2	1.3
-70.79	-7.31	-87.91	-99.60			0.96	--	-6.7	-136.5	-123.5	-72.61	28.3	7.4			0.0	-0.1	0.0
-12.60	11.68	-9.49	37.34	2.56	2.3	8,740	7,683	6,313	2.1	430.9	5.25	167.0	783.8	7.31	12.78	21.5	1.4	2.7
-10.77	13.48	-26.58				213.1	229.9	229.1	117.3	26.7	0.65	441.8	26.7	8.79	19.91	8.0	0.9	1.4
18.40	56.94	-6.85	5.77			1,331	1,191	233.2	-31.9	-148.8	-1.38	-139.6	99.1	-3.3		-8.8	5.7	1.3
-8.99	-1.89	-5.98	-34.27			16.0	18.1	2.5	65.5	0.58	0.09	166.6	0.33	0.76	1.83	27.6	6.5	0.5
-1.45	7.38	-9.67	22.89			82.2	--	31.0	15.4	-1.4	-0.26	39.8	-19.1			-58.3	2.7	1.1
-38.35	-28.18	-59.13	-84.29	0.08	1.2	1,681	5,528	3,387	33.2	-1,794	-7.28	-954.7	880.8	-0.03		-1.0	0.5	0.4
5.05	45.09	-17.04				65.7	232.5	328.8	75.4	4.4	0.42	157.6	38.6	2.96	4.25	18.3	0.2	0.6
-14.79	-13.43	-10.31				412.0	414.0	--		-3.7	-0.09	-798.5	-2.1	-2.01		-92.3		71.8
12.57	80.96	95.07	356.92			2,689	2,636	262.8	25.0	-50.9	-1.08	7.6	-14.8	-6.43		-51.6	10.2	30.2
77.14	496.15	70.33	235.14			24.7	22.7	--		-2.0	-0.03	-120.7	-2.1	-41.04		-12.1		35.6
0.00	-72.22	-86.36				10.3	10.5	--		-1.9	-0.03	69.8	-0.74	-22.12		-5.5		3.9
0.00	0.00	9.97				600.5	559.5	1,010	4.0	67.4	0.27	-3.3	116.8	9.35	19.57	7.7	0.5	1.5
0.00	0.00	10.25	21.08			600.5	559.5	1,010	4.0	67.4	0.27	-3.3	116.8	9.35	19.57	15.3	1.0	2.9
-11.76	22.49	-14.94	-62.41			13.6	14.3	--		-3.2	-0.02	29.5	-1.2	-177.52		-3.8		-2.4
0.00	10.00	-8.33	-43.59			13.6	14.3	--		-3.2	-0.02	29.5	-1.2	-177.52		-5.6		-3.6

I. Index of Stocks — Summer 2019

Company Name	Stock Ticker Symbol	Traded On	Sector	Overall Rating	Recommendation	Reward Rating	Risk Rating	Recent Up/Downgrade	Stock Price as of 6/30/2019	52-Week High	52-Week Low	3-Year Beta	Growth	Efficiency	Solvency	Volatility	Dividend	Total Return
Rattler Midstream LP	RTLR	NAS GS	Energy	U		U	U		19.94	20.00	17.49		U	U	U	U	U	U
RAVE Restaurant Group, Inc.	RAVE	NAS CM	Consumer Discretn	D+	Sell	D+	D+	Up	3.10	3.60	0.64	0.78	W	W	E	W	–	F
Raven Industries, Inc.	RAVN	NAS GS	Industrials	B-	Buy	B	C		34.99	49.80	32.4	1.58	E	E	E	F	F	F
Ravenquest Biomed Inc.	RVVQF	OTC PK	Industrials	D-	Sell	E+	D		0.42	0.86	0.29		F	V	G	W	–	V
Raymond James Financial, Inc.	RJF	NYSE	Financials	B-	Buy	B	C	Up	82.50	97.62	69.12	1.33	F	E	E	F	F	F
Rayonier Advanced Materials Inc.	RYAM	NYSE	Materials	C-	Hold	C+	D	Down	6.21	22.07	6.01	2.97	W	G	G	W	G	W
Rayonier Inc.	RYN	NYSE	Real Estate	C+	Hold	B+	C-		29.97	39.68	26.3	0.92	E	E	E	F	G	F
Raytheon Company	RTN	NYSE	Industrials	B-	Buy	B+	C	Up	178.06	210.89	144.27	1.06	G	E	E	F	F	F
Razer Inc.	RAZFF	OTC PK	Information Tech	D	Sell	D	D	Up	0.22	0.30	0.13		F	W	E	W	–	W
Razor Energy Corp.	RZE.V	TSXV	Energy	D	Sell	C-	D	Down	1.85	3.30	1.75	0.39	W	W	W	W	E	W
Razor Energy Corp.	RZREF	OTC PK	Energy	D	Sell	D+	D	Down	1.42	2.47	1.42	0.74	W	W	W	W	E	W
RBB Bancorp	RBB	NAS GS	Financials	C-	Hold	C+	D	Up	19.88	33.09	17.03		E	G	E	W	F	W
RBC Bearings Incorporated	ROLL	NAS GS	Industrials	B	Buy	B+	C		163.44	169.84	123.5	1.03	E	E	E	F	–	F
RBI Ventures Ltd.	RBIH.V	TSXV	Consumer Staples	D	Sell	C-	D-		0.07	1.38	0.05	0.59	F	G	F	W	–	V
RBI Ventures Ltd.	RBRWF	OTC PK	Consumer Staples	D	Sell	C-	D-		0.05	0.55	0.05	1.87	F	G	F	W	–	V
RCI Hospitality Holdings, Inc.	RICK	NAS	Consumer Discretn	C+	Hold	B	D+		17.86	34.84	15.61	1.49	E	G	W	W	W	F
RCM Technologies, Inc.	RCMT	NAS	Industrials	D+	Sell	C	D	Down	3.70	5.07	2.54	1.64	F	G	E	W	–	W
RE Royalties Ltd.	RE.V	TSXV	Utilities	E	Sell	D+	D		0.78	1.10	0.75		F	W	E	W	G	W
RE/MAX Holdings, Inc.	RMAX	NYSE	Real Estate	C-	Hold	C+	D	Down	30.00	56.77	27.84	1.51	G	E	E	W	G	W
REAC Group, Inc.	REAC	OTC PK	Communication Svc	D	Sell	C-	D-	Up	0.10	7.00	0.1	-3.25	W	E	F	W	–	V
Reading International, Inc.	RDIB	NAS CM	Communication Svc	C	Hold	C	C-		23.25	34.64	21.95	0.04	W	G	G	F	–	F
Reading International, Inc.	RDI	NAS CM	Communication Svc	C-	Hold	C	D+	Down	12.80	16.72	12.56	0.79	W	G	G	W	–	F
Ready Capital Corporation	RC	NYSE	Financials	B-	Buy	B+	C	Up	14.76	17.30	13.44	0.67	F	G	E	F	E	F
Real Goods Solar, Inc.	RGSE	OTC PK	Industrials	E+	Sell	E	D-	Down	0.29	0.88	0.06	-2.77	F	V	G	W	–	V
Real Matters Inc.	REAL.TO	TSX	Consumer Discretn	D	Sell	D+	D		7.01	7.17	2.95	1.38	F	W	E	W	–	W
Real Matters Inc.	RLLMF	OTC PK	Consumer Discretn	D	Sell	D+	D		5.25	5.25	2.5		F	W	E	W	–	W
Realm Therapeutics Plc	RLM	NAS CM	Health Care	D-	Sell	D-	D	Up	2.74	13.00	1.35		W	V	E	W	–	W
RealNetworks, Inc.	RNWK	NAS GS	Information Tech	D	Sell	D	D		1.89	3.91	1.76	1.39	W	W	E	W	–	W
Realogy Holdings Corp.	RLGY	NYSE	Real Estate	D	Sell	C	E+		7.00	24.87	6.52	2.00	W	G	G	V	G	V
RealPage, Inc.	RP	NAS GS	Information Tech	C+	Hold	B+	D+	Up	57.95	66.25	42.9	1.36	E	G	E	F	–	F
Realty Income Corporation	O	NYSE	Real Estate	B-	Buy	A-	C		69.42	74.14	52.74	0.20	E	E	E	F	G	F
Reata Pharmaceuticals, Inc.	RETA	NAS	Health Care	D-	Sell	E+	D		91.55	104.53	34	2.38	V	V	G	W	–	G
Rebel Capital 2.0 Corp.	RBZP.V	TSXV	Financials	E	Sell	E+	D-	Up	0.08	0.20	0.06		W	V	E	W	–	V
Recipe Unlimited Corporation	RECP.TO	TSX	Consumer Discretn	C	Hold	C+	C-		26.00	31.49	23.61	0.24	F	E	G	F	W	W
Reco International Group Inc.	RGI.V	TSXV	Industrials	D+	Sell	C	D		0.05	0.06	0.03	3.75	W	G	G	W	–	F
Recon Technology, Ltd.	RCON	NAS CM	Energy	D	Sell	D	D		0.78	1.75	0.63	2.39	F	V	E	W	–	W
Recro Pharma, Inc.	REPH	NAS CM	Health Care	D	Sell	E+	D	Up	9.64	10.32	4.78	0.51	W	V	G	W	–	F
Red Eagle Mining Corporation	R.TO	TSX	Materials	E+	Sell	E+	E+		0.02	0.20	0.01	0.68	V	V	V	V	–	V
Red Eagle Mining Corporation	RDEMF	OTC PK	Materials	E+	Sell	E+	E+		0.00	0.15	0	155.39	V	V	V	W	–	V
Red Hat, Inc.	RHT	NYSE	Information Tech	B-	Buy	A	C-		188.17	189.14	115.31	-0.26	E	E	E	F	–	G
Red Lion Hotels Corporation	RLH	NYSE	Consumer Discretn	D	Sell	D	D		6.92	14.75	6.62	0.84	V	F	G	W	–	W
Red Metal Resources Ltd.	RMES	OTC PK	Materials	D	Sell	C-	D	Down	0.02	0.05	0.02	1.54	F	F	F	W	–	W
Red Moon Resources Inc.	RMK.V	TSXV	Materials	D	Sell	D	D		0.06	0.12	0.01	1.60	V	W	F	W	–	F
Red Oak Mining Corp.	ROCH.V	TSXV	Energy	D+	Sell	C	D		0.33	0.33	0.27	1.74	F	G	E	W	–	G
Red Pine Exploration Inc.	RPX.V	TSXV	Materials	E+	Sell	E+	D-		0.04	0.08	0.03	0.17	W	V	E	W	–	V
Red Pine Exploration Inc.	RDEXF	OTC PK	Materials	E+	Sell	E+	D-		0.04	0.06	0.02	2.54	W	V	E	W	–	V
Red River Bancshares, Inc.	RRBI	NAS GS	Financials	U		U	U		48.00	58.00	47.12		U	U	U	U	U	U
Red River Capital Corp.	XBTP.V	TSXV	Financials	D-	Sell	D	D	Up	0.13	0.20	0.1		F	W	E	W	–	W
Red Robin Gourmet Burgers, Inc.	RRGB	NAS GS	Consumer Discretn	D	Sell	D+	D-		31.78	51.28	24.57	1.72	W	F	G	W	–	W
Red Rock Capital Corp.	RCCH.V	TSXV	Financials	D	Sell	D	D		0.04	0.29	0.04	-0.76	W	W	E	W	–	W
Red Rock Resorts, Inc.	RRR	NAS GS	Consumer Discretn	C	Hold	B	D+	Down	21.39	36.99	18.78	2.15	F	G	F	W	F	F
Red Trail Energy, LLC	REGX	OTC PK	Energy	D	Sell	D+	D	Down	1.00	1.28	1	0.05	W	F	E	W	–	W

*Ratings Factors: E=Excellent, G=Good, F=Fair, W=Weak, V=Very Weak, U=Unrated

Summer 2019 — I. Index of Stocks

TOTAL RETURNS %				DIVIDEND/YIELD		SIZE		REVENUE & INCOME			EARNINGS		EFFECTIVENESS			VALUATION		
3-Month Total Return (%)	6-Month Total Return (%)	1-Year Total Return (%)	3-Year Total Return (%)	Dividend $ TTM	Dividend Yield TTM	Market Cap. ($Mil)	Enterprise Value ($Mil)	Revenue ($Mil)	Revenue Growth (%)	Net Income ($Mil)	Earnings/Share $	EPS Growth (%)	Cash from Operations ($Mil)	Return on Assets (%)	Return on Equity (%)	Earnings (P/E) TTM	Sales (P/S) TTM	Book (P/B) Q
						871.4	861.1	245.8	264.0	87.9	0.81		226.5	8.91	11.67	24.8	3.1	
106.67	307.89	110.88	-19.90			46.7	46.4	12.1	-31.5	3.4	0.18	185.9	0.95	2.77	82.95	16.9	3.9	9.0
-7.78	-2.76	-8.98	101.58	0.52	1.5	1,261	1,204	393.7	-0.3	42.9	1.18	-15.9	61.1	9.2	14.18	29.7	3.2	4.0
-0.32	26.09	-27.55				47.2	57.6	0.73	27.6	-25.1	-0.24	-215.9	-7.1	-19.27		-1.8	66.0	3.1
3.22	12.36	-7.83	80.87	1.28	1.6	11,616	--	7,462	8.9	1,005	6.81	36.7	936.3		15.79	12.1	1.6	1.8
-53.30	-38.27	-62.02	-46.80	0.28	4.5	309.3	1,482	2,095	63.4	81.9	1.10	-81.3	187.6	3.57	11.68	5.7	0.2	0.5
-4.10	10.51	-19.63	32.21	1.08	3.6	3,876	4,889	804.5	-2.9	86.5	0.67	-44.0	302.8	3.29	6.06	45.0	4.8	2.5
-1.09	17.71	-5.89	41.91	3.55	2.0	49,597	53,644	27,520	7.4	3,057	10.73	45.0	2,733	6.92	26.53	16.6	1.8	4.3
3.86	68.58	-4.72				1,924	1,308	712.4	37.6	-97.0	-0.01	51.3	-38.4	-6.13		-15.0	2.7	3.0
-23.57	-15.93	-22.61		0.11	6.1	22.2	56.3	81.0	59.3	-4.3	-0.29	-226.2	16.0	-2.2		-6.4	0.4	8.8
-24.06	-12.90	-20.05		0.08	5.9	22.2	56.3	81.0	59.3	-4.3	-0.29	-226.2	16.0	-2.2		-4.9	0.3	6.8
5.29	13.44	-37.77		0.38	1.9	399.1	--	97.7	26.8	37.6	2.00	8.4	48.6		11.39	9.9	4.2	1.0
28.78	24.92	23.90	135.54			4,002	4,016	702.5	4.1	105.2	4.26	19.3	108.5	7.76	11.67	38.4	5.8	4.1
-63.89	-66.67	-91.33	-87.00			0.17	0.18	--		-0.06	-0.02	95.0	-1.4	-110.47		-4.0		-2.3
0.00	0.00	-90.00	-79.92			0.17	0.18	--		-0.06	-0.02	95.0	-1.4	-110.47		-3.1		-1.8
-21.28	-13.24	-42.47	75.60	0.12	0.7	173.1	316.7	168.6	10.6	13.7	1.40	-30.8	29.1	7.15	8.98	12.8	1.0	1.1
-6.09	13.15	-25.25	-17.53			47.2	86.6	201.1	5.2	3.1	0.24	20.6	1.4	5.17	11.94	15.2	0.2	1.6
-17.07	-20.42			0.01	1.3	19.1	--	0.87	221.1	-2.4	-0.11	-481.4	-0.92			-6.9	28.8	1.8
-21.82	-1.90	-41.57	-19.11	0.82	2.7	534.2	360.2	231.2	16.2	26.5	1.49	147.5	84.9	9.97	73.41	20.2	2.3	1.1
-89.47	-97.50	-98.00	-100.00			1.5	1.8	--		-3.3	-7.93	56.6	-0.09	-30,670.71		0.0		-1.2
-12.70	-15.49	-11.33	80.51			311.5	731.7	295.0	3.1	9.2	0.39	-70.5	26.4	1.98	5.1	59.0	1.8	3.0
-19.85	-12.09	-20.84	7.20			311.5	731.7	295.0	3.1	9.2	0.39	-70.5	26.4	1.98	5.1	32.5	1.0	1.7
0.27	9.23	-2.03		1.60	10.8	655.3	--	208.0	-10.6	70.9	2.17	32.3	93.1		11.1	6.8	2.3	0.9
1.73	-45.11	-51.80	-99.77			33.3	33.3	12.1	-18.2	-42.2	-1.42	35.7	-13.6	-60.73		-0.2	2.3	3.8
34.55	100.29	24.07				457.3	396.3	265.3	-11.4	-4.6	-0.05	71.4	8.0	-3.88		-130.8	2.4	3.7
44.19	76.72	22.86				457.3	396.3	265.3	-11.4	-4.6	-0.05	71.4	8.0	-3.88		-97.9	1.8	2.8
-29.20	48.92					12.8	-6.1	0.25	-77.4	-13.6	-73.91	27.2	-15.0	-29.03		0.0	2.0	0.0
-36.77	-17.44	-47.34	-54.99			71.7	64.3	89.3	13.5	-18.3	-0.49	-48.7	-23.1	-10.74		-3.9	0.8	1.2
-36.98	-53.74	-68.56	-74.14	0.36	5.1	799.5	5,182	5,964	-2.9	105.0	0.72	-74.5	421.0	3.52	4.68	9.7	0.1	0.4
-4.12	20.98	5.46	166.56			5,348	5,811	902.5	25.5	35.1	0.37	1,193.3	178.0	2.68	4.37	157.2	6.1	4.9
-5.44	11.39	32.95	15.58	2.67	3.9	21,855	29,027	1,364	10.4	391.4	1.33	18.7	939.2	2.82	5.13	52.2	15.5	2.6
8.56	70.23	160.97	357.06			2,752	2,528	27.9	-58.1	-113.8	-4.00	-165.2	-88.5	-29.29		-22.9	97.9	-596.8
33.33	-27.27					0.12	0.02	--		-0.08	-0.02		-0.06			-3.6		1.8
0.11	2.31	-5.23	-6.01	0.44	1.7	1,214	2,118	953.3	39.1	56.9	0.89	-19.2	161.8	4.74	15.6	29.2	1.7	4.3
12.50	0.00	-25.00	350.00			0.88	1.2	2.5	-22.8	-0.04	0.00	-101.2	-0.26	0.86		-225.0	0.5	3.6
-19.99	9.06	-44.08	-26.41			16.0	18.2	11.1	18.1	-5.7	-0.36	52.8	-5.3	-12.09		-2.2	1.3	1.1
66.49	40.12	100.83	21.26			213.8	263.5	82.9	14.1	-69.2	-3.29	-14.8	-40.8	-17.18		-2.9	2.6	-11.2
0.00	0.00	-92.11	-97.95			5.1	88.6	--		-85.5	-0.21	-307.7	-13.0	-41.31		-0.1		6.8
100.00	100.00	-99.85	-99.96			5.1	88.6	--		-85.5	-0.21	-307.7	-13.0	-41.31		0.0		0.1
3.43	7.78	39.71	163.25			33,512	31,415	3,362	15.1	434.0	2.31	62.3	1,013	6.69	28.96	81.6	10.5	20.6
-15.71	-14.78	-39.03	-4.42			171.1	279.5	129.7	-23.4	-4.7	-0.22	-181.1	1.2	-1.04	1.8	-32.2	1.3	1.1
-62.96	-60.00	-60.00	-33.33			0.75	1.4	--		-0.10	0.00	72.2	-0.20	-14.51		-8.0		-2.5
-14.29	-14.29	-20.00	140.00			2.3	2.2	--		-0.17	0.00	-142.9	-0.07	-4.92		-17.7		2.3
0.00	0.00	10.00	230.00			5.1	5.2	--		-0.20	-0.01	74.4	-0.28	-425.04		-31.7		-150.0
-20.00	0.00	-33.33	-72.41			11.3	9.9	--		-2.9	-0.01	31.8	-3.2	-77.11		-4.4		7.6
7.50	22.86	-25.86	-52.22			11.3	9.9	--		-2.9	-0.01	31.8	-3.2	-77.11		-4.8		8.1
						350.4	--	18.2	9.4	5.7	0.85	10.4	9.7			56.5	17.6	1.6
0.00	25.00					0.29	0.06	--		-0.09	-0.04		-0.04	-32.19		-3.5		1.8
7.73	18.94	-32.81	-37.16			412.1	1,128	1,327	-4.4	-10.2	-0.78	-144.7	94.5	1.04		-40.5	0.3	1.1
-87.72	-94.17	-94.17	104.16			0.78	0.08	--		-0.10	0.00	6.3	-0.08	-6.54		-11.7		1.6
-16.69	7.24	-34.03	6.55	0.40	1.9	1,487	4,660	1,707	4.3	117.7	1.28	66.2	294.6	4.97	20.52	16.8	1.5	2.8
0.00	-20.00	-25.93	-9.09			40.1	32.5	103.2	-1.7	-5.6	-0.15	-220.1	1.5	-4.8		-6.6	0.4	0.6

https://greyhouse.weissratings.com — Data as of June 30, 2019

I. Index of Stocks

Summer 2019

Company Name	Stock Ticker Symbol	Traded On	Sector	Overall Rating	Recommendation	Reward Rating	Risk Rating	Recent Up/Downgrade	Stock Price as of 6/30/2019	52-Week High	52-Week Low	3-Year Beta	Growth	Efficiency	Solvency	Volatility	Dividend	Total Return
Red Violet, Inc.	RDVT	NAS CM	Industrials	D	Sell	D	D	Up	12.40	13.46	4.76		G	V	E	W	–	W
Redfin Corporation	RDFN	NAS GS	Real Estate	D	Sell	D	D		17.79	26.01	13.5		W	W	E	W	–	W
Redfund Capital Corp.	PNNRF	OTC PK	Financials	E+	Sell	E+	E+		0.09	0.51	0.09	-1.17	W		E	V	–	V
RedHawk Holdings Corp.	IDNG	OTC PK	Health Care	D-	Sell	E+	D-		0.00	0.01	0	0.48	W	V	F	W	–	V
Redhawk Resources, Inc.	RDKH.V	TSXV	Materials	D+	Sell	C	D-		0.04	0.08	0.04	1.07	W	G	F	W	–	W
RedHill Biopharma Ltd.	REDIF	OTC PK	Health Care	E+	Sell	E+	D-		0.79	0.97	0.75	-0.07	F	V	E	W	–	W
RedHill Biopharma Ltd.	RDHL	NAS	Health Care	E+	Sell	E+	D-		6.46	11.49	5.13	2.10	F	V	E	W	–	W
RediShred Capital Corp.	KUT.V	TSXV	Industrials	B	Buy	A	C	Up	1.07	1.14	0.55	0.81	E	G	E	F	–	E
RediShred Capital Corp.	RDCPF	OTC PK	Industrials	C	Hold	A	B		0.75	0.75	0.67	-2.89	E	G	E	G	–	E
Redline Communications Group Inc.	RDL.TO	TSX	Information Tech	D	Sell	D	D		1.42	2.10	1.15	-0.38	W	W	E	W	–	W
Redline Communications Group Inc.	RDLCF	OTC PK	Information Tech	D	Sell	D	D		1.06	1.51	0.92	0.28	W	W	E	W	–	W
Redstar Gold Corp.	RGCTF	OTC PK	Materials	D	Sell	D	D-		0.02	0.03	0.01	0.16	W	W	E	W	–	W
Redstar Gold Corp.	RGC.V	TSXV	Materials	D	Sell	D	D-	Up	0.03	0.04	0.02	0.16	W	W	E	W	–	W
Redwood Trust, Inc.	RWT	NYSE	Financials	B	Buy	B+	B-	Up	16.26	17.50	14.29	0.50	F	G	G	G	E	F
Reebonz Holding Limited	RBZ	NAS	Consumer Discretn	E	Sell	E+	D-	Up	3.87	39.68	3.75		W	V	F	W	–	V
Reed's, Inc.	REED	NAS CM	Consumer Staples	D-	Sell	E+	D		3.65	4.05	1.9	1.19	W	V	E	W	–	F
Reflect Scientific, Inc.	RSCF	OTC PK	Health Care	D-	Sell	D-	D-		0.05	0.20	0.04	3.41	F	V	G	W	–	F
Regal Beloit Corporation	RBC	NYSE	Industrials	B	Buy	B+	C+		80.73	87.31	66.04	1.50	G	E	E	F	W	F
Regalwood Global Energy Ltd.	RWGE	NYSE	Financials	D	Sell	C	C-		10.25	10.25	9.75		F	G	E	G	–	F
Regen BioPharma, Inc.	RGBP	OTC PK	Health Care	D	Sell	D	D-		0.00	0.03	0	1.61	F	W	F	W	–	V
Regency Centers Corporation	REG	NAS GS	Real Estate	C+	Hold	B+	D+		66.90	70.26	55.5	0.57	E	E	E	W	G	F
Regency Gold Corp.	RAUH.V	TSXV	Materials	D+	Sell	C-	D		0.20	0.23	0.14	0.17	F	F	E	W	–	W
Regeneron Pharmaceuticals, Inc.	REGN	NAS GS	Health Care	C	Hold	B-	D	Down	310.67	442.00	295.27	0.99	E	E	E	W	–	W
RegeneRx Biopharmaceuticals, Inc.	RGRX	OTC PK	Health Care	D	Sell	D+	D	Down	0.19	0.35	0.07	-0.47	W	F	G	W	–	W
Regenicin, Inc.	RGIN	OTC PK	Health Care	C-	Hold	C	D	Up	0.02	0.08	0	2.26	F	W	E	W	–	W
Regent Pacific Properties Inc.	RPP.V	TSXV	Real Estate	C	Hold	A-	D+		0.09	0.12	0.05	-1.47	G	G	F	W	–	F
Regenxbio Inc.	RGNX	NAS GS	Health Care	D	Sell	D+	D	Down	49.73	85.10	38.56	1.06	W	W	E	W	–	F
REGI U.S., Inc.	RGUS	OTC PK	Industrials	D+	Sell	C-	D		0.05	0.13	0.01	2.32	W	E	F	W	–	W
Regional Brands Inc.	RGBD	OTC PK	Industrials	D	Sell	C-	D-	Down	18.00	18.00	11	1.01	W	F	E	W	–	W
Regional Health Properties, Inc.	RHE	AMEX	Health Care	D	Sell	D	D		1.79	5.30	0.72		W	W	E	W	–	W
Regional Management Corp.	RM	NYSE	Financials	C	Hold	B	D+	Down	25.37	36.31	22.9	0.61	E	G	E	W	–	F
Regions Financial Corporation	RF	NYSE	Financials	C+	Hold	B+	C-		14.58	19.99	12.39	1.57	G	G	E	F	G	F
Regis Corporation	RGS	NYSE	Consumer Discretn	D+	Sell	C-	D	Down	16.70	22.40	15.06	0.81	W	F	E	F	–	F
Rego Payment Architectures, Inc.	RPMT	OTC PK	Information Tech	C-	Hold	C	D		0.16	0.33	0.09	0.85	W	E	F	W	–	W
Regulus Resources Inc.	RGLSF	OTC PK	Materials	D+	Sell	C-	D+	Down	1.08	1.69	0.94	0.74	W	F	E	W	–	W
Regulus Resources Inc.	REG.V	TSXV	Materials	D+	Sell	C-	D+	Down	1.40	2.30	1.25	0.43	W	F	E	W	–	W
Regulus Therapeutics Inc.	RGLS	NAS CM	Health Care	E+	Sell	E+	E+		1.21	8.99	0.8	1.77	F	V	G	V	–	V
Reign Sapphire Corporation	RGNP	OTC PK	Consumer Discretn	D+	Sell	C	D	Up	0.01	0.02	0	2.52	F	E	F	W	–	W
Reinsurance Group of America, Incorporated	RGA	NYSE	Financials	B	Buy	B+	B	Up	154.54	155.60	127.84	0.65	F	E	E	G	F	F
Reitmans (Canada) Limited	RTMNF	OTC PK	Consumer Discretn	D	Sell	C	E+		1.80	2.49	1.79	-0.48	W	F	E	V	E	V
Reitmans (Canada) Limited	RET.TO	TSX	Consumer Discretn	D+	Sell	C	D-	Down	2.82	4.45	1.93	-0.14	W	F	E	W	G	W
Reitmans (Canada) Limited	RTMAF	OTC PK	Consumer Discretn	D+	Sell	C	D-	Down	2.16	3.35	1.63	0.06	W	F	E	W	E	W
Reitmans (Canada) Limited	RETA.TO	TSX	Consumer Discretn	D+	Sell	C	D-	Down	2.87	4.53	1.85	-0.15	W	F	E	W	E	W
Reko International Group Inc.	REKO.V	TSXV	Industrials	C	Hold	C+	C-	Up	3.74	4.00	2.53	1.15	W	E	F	W	–	W
Rekor Systems, Inc.	REKR	NAS CM	Industrials	D	Sell	D	D-		1.89	3.50	0.43		F	W	F	W	–	W
Relevium Technologies Inc.	RLV.V	TSXV	Consumer Staples	D-	Sell	E+	D		0.10	0.19	0.05	1.03	W	V	G	W	–	W
Relevium Technologies Inc.	RLLVF	OTC PK	Consumer Staples	D-	Sell	E+	D		0.08	0.13	0.05		W	V	G	W	–	W
Reliability Incorporated	RLBY	OTC PK	Information Tech	D	Sell	D	D		0.04	0.09	0.02	3.01	W	W	G	W	–	F
Reliance Global Group, Inc.	RELI	OTC PK	Financials	D	Sell	D	D-	Up	0.13	0.34	0	-2.96	V		E	W	–	F
Reliance Steel & Aluminum Co.	RS	NYSE	Materials	B	Buy	A-	C	Up	92.97	94.97	68.62	1.33	G	E	E	F	F	F
Reliance Worldwide Corporation Limited	RLLWF	OTC PK	Industrials	C	Hold	B	D+		2.50	4.55	2.45	0.43	E	G	E	W	G	W
Reliant Bancorp, Inc.	RBNC	NAS CM	Financials	B-	Buy	B+	C		22.90	30.00	19.03	0.17	E	E	E	F	F	F

*Ratings Factors: E=Excellent, G=Good, F=Fair, W=Weak, V=Very Weak, U=Unrated

Summer 2019 — I. Index of Stocks

TOTAL RETURNS %				DIVIDEND/YIELD		SIZE ($Mil)		REVENUE & INCOME			EARNINGS		EFFECTIVENESS			VALUATION		
3-Month Total Return (%)	6-Month Total Return (%)	1-Year Total Return (%)	3-Year Total Return (%)	Dividend $ TTM	Dividend Yield TTM	Market Cap. ($Mil)	Enterprise Value ($Mil)	Revenue ($Mil)	Revenue Growth (%)	Net Income ($Mil)	Earnings/ Share $	EPS Growth (%)	Cash from Operations ($Mil)	Return on Assets (%)	Return on Equity (%)	Earnings (P/E) TTM	Sales (P/S) TTM	Book (P/B) Q
84.52	88.16	42.86				127.6	123.5	18.7	81.1	-6.2	-0.60	70.2	-6.4	-9.12		-20.7	6.8	3.6
-12.36	23.03	-22.72				1,619	1,401	517.2	32.6	-72.7	-0.80	90.1	-63.4	-10.98		-22.2	3.1	5.2
-38.74	-66.67	-86.90	-86.90			4.3	4.1	0.03		-3.6	-0.05	-572.4	-1.4	-553.3		-1.8	132.8	6.6
-21.43	-26.67	-74.42	-94.09			0.93	5.2	0.19	-48.2	-1.5	0.00	-111.1	-0.60	-17.42		-0.3	3.7	-0.2
0.00	0.00	-53.33	-74.07			1.6	3.8	--		-0.44	-0.01	97.9	-0.27	-77.98		-4.3		-0.9
0.64	4.67	-19.07	-31.74			182.4	139.5	7.7	18.6	-38.8	-0.16	36.4	-32.5	-46.1		-4.9	29.2	5.3
-23.55	20.52	-20.15	-37.88			182.4	139.5	7.7	18.6	-38.8	-0.16	36.4	-32.5	-46.1		-40.2	240.2	43.8
42.67	69.84	81.36	256.67			54.3	59.8	12.8	31.9	2.1	0.03	83.7	2.7	6.93	20.19	30.7	5.7	4.6
203.28	203.28	203.28	203.28			54.3	59.8	12.8	31.9	2.1	0.03	83.7	2.7	6.93	20.19	21.5	4.0	3.3
-13.94	-2.07	-20.22	-29.00			18.6	11.1	27.2	12.8	-1.2	-0.08	-3.1	-0.64	-3.12		-18.7	0.9	1.4
-7.66	-0.56	-20.63	-31.59			18.6	11.1	27.2	12.8	-1.2	-0.08	-3.1	-0.64	-3.12		-14.0	0.7	1.1
-18.52	-22.27	-39.40	-48.18			5.7	3.7	--		-0.27	0.00	92.9	-1.0	-4.07		-17.1		1.0
-16.67	0.00	-28.57	-54.55			5.7	3.7	--		-0.27	0.00	92.9	-1.0	-4.07		-25.0		1.4
2.53	10.66	6.23	50.89	1.20	7.4	1,575	--	227.3	-8.2	127.2	1.28	-24.2	-1,675		9.19	12.7	9.0	1.0
-72.96	-75.19					22.0	93.6	89.6	-14.9	-35.8	-64.47	-994.6	-6.6	-10.79		-0.1	0.0	-0.5
28.98	71.36	30.36	47.18			122.9	128.2	38.3	1.5	-12.0	-0.45	59.5	-13.4	-31.09		-8.0	2.8	22.6
-9.80	12.75	-9.80	-5.25			3.6	3.4	1.5	17.6	-0.35	0.00	-9.3	0.01	-33.52		-9.6	2.5	6.9
0.00	15.67	1.45	58.87	1.14	1.4	3,457	4,528	3,621	5.7	258.7	5.94	18.1	338.5	5.22	10.83	13.6	1.0	1.4
1.49	4.70	5.13				384.4	383.9	--		5.2	0.14	838.3	-0.23	-0.13	104.84	73.3		76.9
-28.57	-61.54	-95.65	-99.00			0.52	2.1	0.13	15.8	-2.0	-0.01	76.9	-1.1	-97.16		-0.1	1.7	0.0
-0.81	16.48	10.96	-9.16	2.28	3.4	11,180	15,089	1,170	6.1	286.9	1.69	17.7	591.8	2.34	4.46	39.6	9.6	1.8
0.00	0.00	-2.50	95.00			3.8	2.5	--		-0.18	-0.01	66.0	-0.42	-7.37		-15.4		2.3
-23.26	-14.33	-9.11	-8.57			33,915	31,392	6,911	14.0	2,428	21.12	71.6	2,473	13.76	30.32	14.7	5.2	3.6
-19.57	2.83	-7.50	-60.21			24.3	24.0	0.07	11.6	-1.3	-0.02	-40.7	-1.0	-93.97		-9.7	370.0	-12.3
-34.00	24.53	-66.89	-23.85			3.0	3.5	--		-0.54	0.00	32.2	-0.16	-959		-5.0		-0.9
21.43	-22.73	21.43	41.67			2.6	19.2	2.3	5.4	0.74	0.02	-54.1	1.5	3.61	15.08	5.2	1.5	0.7
-10.49	19.40	-30.74	517.76			1,822	1,545	87.0	-38.9	-36.5	-1.05	-175.7	17.2	-7.45		-47.6	20.8	3.7
-9.26	25.00	-47.17				5.5	7.1	0.08		-3.2	-0.03	-46.3	-0.66	-568.57		-1.6	71.4	-1.9
38.46	5.88	5.88	-60.00			22.9	21.7	38.9	7.1	0.72	0.53	-24.0	1.7	2.74	4.79	34.2	0.6	1.3
55.91	57.28	-25.29				3.0	185.5	19.5	-14.1	-9.2	-10.47	-67.2	1.2	0.66		-0.2	0.2	-0.1
4.88	7.05	-28.56	89.33			303.1	947.7	313.5	13.2	34.8	2.88	10.5	145.2	5.73	12.97	8.8	1.0	1.1
3.92	11.29	-16.08	91.29	0.56	3.8	14,773	--	5,462	-1.6	1,739	1.56	38.7	2,088		9.86	9.4	2.7	1.0
-15.78	-0.36	0.91	37.90			656.7	693.1	1,116	-11.2	-4.1	-0.13	-251.8	4.7	2.17		-128.7	0.6	1.8
-11.77	6.47	-48.48	21.91			19.1	29.6	0.07		-5.8	-0.06	-31.7	-1.3	-572.7		-2.8	319.4	-0.9
-16.10	13.43	-20.67	12.43			97.1	88.3	--		8.3	0.08	312.2	-4.3	-6.92	26.8	13.0		2.6
-19.08	7.69	-22.22	13.82			97.1	88.3	--		8.3	0.08	312.2	-4.3	-6.92	26.8	16.8		3.4
17.48	10.00	-84.53	-96.03			24.9	30.3	6.8	9,388.9	-35.9	-4.06	61.3	-32.1	-51.25		-0.3	1.8	-2.2
-22.76	20.50	-35.22				0.98	2.8	0.05	122.2	-1.8	-0.03	62.7	-0.04	-38.55		-0.4	24.1	-0.3
10.04	13.18	17.81	74.93	2.40	1.6	9,668	11,109	13,122	3.5	785.1	12.18	-54.9	1,698	1.08	8.41	12.7	0.8	1.0
-67.70	-67.70	-67.70	-67.70	0.15	8.4	138.0	216.8	684.0	-9.5	-1.7	-0.03	84.2	22.7	1.13		-67.9	0.2	0.5
-12.62	-20.00	-26.75	-23.05	0.20	7.1	138.0	216.8	684.0	-9.5	-1.7	-0.03	84.2	22.7	1.13		-106.4	0.3	0.7
-23.21	-22.63	-27.75	-25.58	0.15	7.0	138.0	216.8	684.0	-9.5	-1.7	-0.03	84.2	22.7	1.13		-81.5	0.2	0.6
-13.01	-20.00	-26.27	-22.54	0.20	7.0	138.0	216.8	684.0	-9.5	-1.7	-0.03	84.2	22.7	1.13		-108.3	0.3	0.8
19.11	31.23	6.86	20.69			18.3	25.0	36.1	10.3	1.3	0.20	-7.7	1.7	2.52	3.88	18.6	0.7	0.7
185.00	231.75	8.06				36.6	59.6	49.0	63.9	-6.4	-0.43	31.6	-4.5	-10.12		-4.4	0.7	25.2
25.00	0.00	-25.93	5.26			10.8	12.3	3.1	22.7	-2.8	-0.03	49.4	-2.4	-26.47		-3.7	3.7	4.0
21.21	2.24	-25.79				10.8	12.3	3.1	22.7	-2.8	-0.03	49.4	-2.4	-26.47		-2.9	3.0	3.2
16.13	60.00	2.86	-28.00			0.61	0.71	--		-0.03	0.00	-25.0	-0.02	-234.63		-18.0		-4.0
-18.90	-33.17	611.23	-73.40			19.6	19.6	0.01	-72.7	-1.2	-0.06	-61.9	-0.18	-214.87		-2.3		332.5
4.78	32.27	8.54	37.47	2.10	2.3	6,251	8,501	11,734	16.7	654.8	9.21	1.1	768.5	7.58	13.77	10.1	0.5	1.3
-23.55	-20.63	-38.57				1,924	2,225	708.0	35.3	66.5	0.09	-10.7	69.4	7.69	11.63	26.8	2.8	2.0
1.43	1.99	-17.68	56.00	0.34	1.5	258.6	--	61.6	31.9	14.2	1.24	28.9	24.7		4.57	18.5	4.3	1.2

https://greyhouse.weissratings.com

Data as of June 30, 2019

I. Index of Stocks

Summer 2019

Company Name	Stock Ticker Symbol	Traded On	Sector	Overall Rating	Recommendation	Reward Rating	Risk Rating	Recent Up/Downgrade	Stock Price as of 6/30/2019	52-Week High	52-Week Low	3-Year Beta	Growth	Efficiency	Solvency	Volatility	Dividend	Total Return
Reliq Health Technologies Inc.	RHT.V	TSXV	Health Care	E+	Sell	E	D	Down	0.26	1.95	0.17	-0.10	W	V	E	W	--	F
Reliq Health Technologies Inc.	RQHTF	OTC PK	Health Care	E+	Sell	E	D	Down	0.21	1.49	0.12	1.23	W	V	E	W	--	F
Reliv' International, Inc.	RELV	NAS CM	Consumer Staples	D	Sell	D	D		4.15	5.89	3.8	1.01	W	W	G	W	--	W
Relmada Therapeutics, Inc.	RLMD	OTC PK	Health Care	D	Sell	D	D		1.94	3.42	0.8	-1.13	V	W	G	W	--	F
RELX PLC	RLXXF	OTC PK	Industrials	C	Hold	B+	C+		24.50	25.30	19.1	0.67	G	E	G	G	G	F
RELX PLC	RELX	NYSE	Industrials	B	Buy	B+	C+		24.48	24.93	19.23	0.47	G	E	G	F	G	F
Remark Holdings, Inc.	MARK	NAS CM	Consumer Discretn	D-	Sell	E+	D-		0.84	4.63	0.81	2.77	F	V	F	W	--	V
Remedent, Inc.	REMI	OTC PK	Health Care	D	Sell	D	D		0.15	0.26	0.11	-0.94	W	W	G	W	--	W
Remington Resources Inc.	RGM.V	TSXV	Materials	D+	Sell	C	D-	Up	0.17	0.29	0.16	-0.17	W	G	G	W	--	V
Remora Royalties, Inc.	RRI	NAS	Energy	U		U	U						U	U	U	U	U	U
REMSleep Holdings, Inc.	RMSL	OTC PK	Health Care	D+	Sell	C-	D	Up	0.05	1.20	0.01	-5.13	W	E	F	W	--	W
Renaissance Gold Inc.	REN.V	TSXV	Materials	D-	Sell	E+	D		0.23	0.30	0.15	1.23	F	V	E	W	--	W
Renaissance Gold Inc.	RNSGF	OTC PK	Materials	D-	Sell	E+	D		0.20	0.22	0.11	1.52	F	V	E	W	--	W
Renaissance Oil Corp.	RNSFF	OTC PK	Energy	D	Sell	D+	D-		0.11	0.19	0.08	1.22	W	W	E	W	--	W
Renaissance Oil Corp.	ROE.V	TSXV	Energy	D	Sell	D+	D-		0.15	0.25	0.11	0.86	W	W	E	W	--	W
RenaissanceRe Holdings Ltd.	RNR	NYSE	Financials	B-	Buy	B	C+	Up	176.55	185.50	117.35	0.14	G	G	E	F	W	F
Renasant Corporation	RNST	NAS GS	Financials	C	Hold	B-	D+		35.32	47.65	28.02	1.50	E	E	E	W	F	W
ReneSola Ltd	SOL	NYSE	Information Tech	U		U	U		1.27	2.63	1.15	2.39	U	U	U	U	U	U
Renewable Energy and Power, Inc.	RBNW	OTC PK	Industrials	D-	Sell	D-	D-		0.00	1.00	0	3.57	W	W	F	W	--	V
Renewable Energy Group, Inc.	REGI	NAS GS	Energy	C	Hold	C	D+	Down	16.14	32.52	13.4	0.92	W	G	G	W	--	F
Rennova Health, Inc.	RNVA	OTC PK	Health Care	D-	Sell	D-	D-		0.00	1.55	0	123.42	W	W	E	W	--	W
RenovaCare, Inc.	RCAR	OTC PK	Health Care	D	Sell	C-	D-	Up	1.43	3.98	0.95	3.60	W	F	E	W	--	W
Renoworks Software Inc.	ROWKF	OTC PK	Information Tech	D-	Sell	E	D	Down	0.23	0.34	0.11	1.60	F	V	G	W	--	W
Renoworks Software Inc.	RW.V	TSXV	Information Tech	D-	Sell	E	D	Down	0.30	0.50	0.15	1.09	F	V	G	W	--	F
Renren Inc.	RENN	NYSE	Consumer Discretn	D	Sell	D	D-		0.97	2.55	0.87	0.39	F	W	F	W	--	V
Rent-A-Center, Inc.	RCII	NAS GS	Consumer Discretn	C	Hold	B	D+	Up	26.02	26.75	11.98	0.46	G	F	G	W	--	E
Replay Acquisition Corp.	RPLAU	NYSE	Financials	U		U	U		10.02	10.15	9.99		U	U	U	U	U	U
Replay Acquisition Corp.	RPLA	NYSE	Financials	U		U	U		9.76	9.90	9.62		U	U	U	U	U	U
RepliCel Life Sciences Inc.	REPCF	OTC PK	Health Care	D	Sell	D	D	Down	0.23	0.51	0.21	0.66	F	W	G	W	--	W
RepliCel Life Sciences Inc.	RP.V	TSXV	Health Care	D	Sell	D	D	Down	0.30	0.68	0.27	-0.21	F	W	G	W	--	W
Repligen Corporation	RGEN	NAS GS	Health Care	B-	Buy	A	D	Up	83.82	83.91	45	1.07	E	G	E	F	--	E
Replimune Group, Inc.	REPL	NAS GS	Health Care	D-	Sell	D	D	Up	13.81	23.55	8.88		W	W	E	W	--	W
Repro Med Systems, Inc.	REPR	OTC PK	Health Care	C	Hold	B	D		2.90	2.97	1.17	-0.07	W	G	E	G	--	E
Repsol, S.A.	REPYF	OTC PK	Energy	C	Hold	B	C-		15.82	20.23	15.35	0.84	F	E	E	F	--	F
Repsol, S.A.	REPYY	OTC PK	Energy	C+	Hold	B	C-	Down	15.47	20.35	15.21	0.64	F	E	E	F	--	F
Republic Bancorp, Inc.	RBCAA	NAS GS	Financials	B	Buy	A+	C		48.80	50.70	35.17	0.86	E	E	E	F	F	G
Republic Bank of Arizona	RBAZ	OTC PK	Financials	C	Hold	B	C-		8.50	9.45	6.75	1.18	E	G	E	F	--	F
Republic First Bancorp, Inc.	FRBK	NAS	Financials	C-	Hold	C+	D	Down	4.89	8.20	4.55	1.23	G	G	E	W	--	W
Republic Services, Inc.	RSG	NYSE	Industrials	B+	Buy	B+	B		86.58	87.78	67.48	0.48	G	E	G	E	F	G
RESAAS Services Inc.	RSS.V	TSXV	Communication Svc	E+	Sell	E+	D-	Down	0.24	0.55	0.17	-1.85	G	V	G	W	--	F
RESAAS Services Inc.	RSASF	OTC PK	Communication Svc	E+	Sell	E+	D-	Down	0.19	0.38	0.13	-2.26	G	V	G	W	--	V
Research Frontiers Incorporated	REFR	NAS CM	Information Tech	D-	Sell	E+	D		3.19	3.71	0.78	1.57	W	V	E	W	--	G
Research Solutions, Inc.	RSSS	OTC PK	Information Tech	D	Sell	D	D		2.49	2.70	1.5	0.16	F	V	E	F	--	F
Reservoir Capital Corp.	RSERF	OTC PK	Utilities	D-	Sell	D+	D	Up	0.04	0.05	0.01		W	W	E	W	--	W
ReShape Lifesciences Inc.	RSLS	OTC PK	Health Care	D-	Sell	D-	D-		0.05	448.00	0.04	2.48	W	V	F	W	--	V
Resideo Technologies, Inc.	REZI	NYSE	Industrials	D+	Sell	C	D	Up	21.10	32.55	17.6		G	F	G	W	--	W
ResMed Inc.	RMD	NYSE	Health Care	B	Buy	B+	C+		120.60	123.33	90.64	0.33	G	E	E	G	W	F
Resolute Forest Products Inc.	RFP.TO	TSX	Materials	C	Hold	B	D+		8.52	20.48	8.04	1.69	E	G	E	W	--	F
Resolute Forest Products Inc.	RFP	NYSE	Materials	C	Hold	B	D+		6.53	15.75	6.01	1.96	E	G	E	W	--	F
Resolve Ventures Inc.	RSV.V	TSXV	Materials	D-	Sell	D-	D-	Down	0.10	0.13	0.07	0.90	V	W	F	W	--	V
Resonant Inc.	RESN	NAS CM	Information Tech	D-	Sell	E+	D		2.27	5.82	0.92	3.78	F	V	G	W	--	W
Resort Savers, Inc.	RSSV	OTC PK	Energy	D	Sell	C+	D		0.28	0.33	0.03		F	G	E	W	--	W

*Ratings Factors: E=Excellent, G=Good, F=Fair, W=Weak, V=Very Weak, U=Unrated

Summer 2019 — I. Index of Stocks

3-Month Total Return (%)	6-Month Total Return (%)	1-Year Total Return (%)	3-Year Total Return (%)	Dividend $ TTM	Dividend Yield TTM	Market Cap. ($Mil)	Enterprise Value ($Mil)	Revenue ($Mil)	Revenue Growth (%)	Net Income ($Mil)	Earnings/Share $	EPS Growth (%)	Cash from Operations ($Mil)	Return on Assets (%)	Return on Equity (%)	Earnings (P/E) TTM	Sales (P/S) TTM	Book (P/B) Q
-8.93	-25.00	-86.36	64.52			24.0	22.6	0.09	-94.9	-12.5	-0.11	-87.5	-10.6	-90.88		-2.4	364.3	7.3
-2.17	-13.62	-85.02	88.55			24.0	22.6	0.09	-94.9	-12.5	-0.11	-87.5	-10.6	-90.88		-1.9	296.3	6.0
2.84	-1.19	-14.08	5.87			7.2	5.8	35.6	-8.8	-1.0	-0.55	31.2	-1.8	-4.46		-7.6	0.2	0.6
0.49	68.65	90.15	-20.84			64.7	62.7	--		-16.5	-0.91	-55.8	-9.1	-177.72		-2.1		126.8
13.54	20.99	16.95	40.80			47,171	55,159	10,000	5.7	1,897	0.95	-9.2	2,644	9.19	62.12	25.7	4.9	16.2
16.08	20.88	16.88	47.99	0.54	2.2	47,171	55,159	10,000	5.7	1,897	0.95	-9.2	2,644	9.19	62.12	25.7	4.9	16.2
-55.08	-28.81	-79.00	-79.71			36.1	64.1	81.8	13.6	-16.4	-0.42	90.7	-16.6	-16.79		-2.0	0.4	-1.8
-25.00	-34.78	-21.05	7.14			3.0	3.0	1.7	-38.8	-0.64	-0.03	-190.1	0.03	-6.72	48.3	-4.4	1.8	1.0
0.00	-17.50	-43.10	-67.00			0.45	0.36	--		-0.28	-0.08	88.0	-0.18	-93.54		-2.2		-2.9
						--	--	33.5	66.8	-13.7			5.5					
221.43	-25.00	-93.48	-97.75			0.72	1.1	--		-0.84	0.25	235.3	-0.13	-107.92		0.2		-0.2
24.32	43.75	21.05	-45.24			12.0	9.9	--		-1.8	-0.03	14.6	-1.3	-33.04		-7.7		4.3
37.00	51.54	39.82	-36.02			12.0	9.9	--		-1.8	-0.03	14.6	-1.3	-33.04		-6.6		3.7
5.21	3.81	-34.34	-31.88			33.1	33.4	3.4	-8.0	0.21	0.00	102.9	-0.90	-1.88	0.94	155.7	9.0	1.3
3.45	3.45	-30.23	-28.57			33.1	33.4	3.4	-8.0	0.21	0.00	102.9	-0.90	-1.88	0.94	214.3	12.4	1.9
24.13	34.21	48.55	60.76	1.34	0.8	7,796	10,774	2,483	21.5	448.0	9.96	239.8	1,636	1.94	7.83	17.7	3.0	1.6
4.42	19.31	-21.39	21.99	0.84	2.4	2,071	--	559.8	17.0	158.2	2.87	36.0	278.7		8.74	12.3	3.7	1.0
-23.94	9.48	-50.78	-78.83			48.4	251.7	50.3	121.0	0.96	-0.18	99.4	--			-7.2	0.1	0.1
7.20	-77.03	-99.46	-100.00			0.00	0.70	0.62	-19.8	-2.6	-44.93	35.5	-0.40	-230.9		0.0	0.0	0.0
-28.33	-36.28	-8.03	97.31			607.2	801.6	2,173	-10.3	34.5	0.38	-89.5	288.3	2.82	5.96	42.0	0.3	0.9
0.00	-91.67	-99.99	-100.00			0.57	29.1	11.2	1,238.3	-27.9	-1,999.62	-97.0	-13.1	-54.76		0.0	0.0	0.0
-8.92	1.41	-59.72	-40.66			124.7	109.7	--		-2.0	-0.02	50.1	-1.8	-14.34		-57.4		8.4
-21.43	-25.24	75.19	-10.67			7.8	7.9	3.2	29.4	-0.21	-0.01	71.6	-0.30	-11.12		-36.4	2.5	-35.9
-16.67	-27.71	87.50	-9.09			7.8	7.9	3.2	29.4	-0.21	-0.01	71.6	-0.30	-11.12		-47.6	3.2	-46.9
-41.37	-35.51	-59.18	12.82			67.4	159.6	333.7	17.1	-80.0	-18.53	42.4	--			-0.1	0.0	0.0
23.20	62.42	77.01	128.94			1,407	1,994	2,659	0.0	35.7	0.65	571.8	218.8	6.06	12.98	40.0	0.5	4.8
						350.8	350.9	--		-0.01	0.00		0.00			-5,273.7		8,350.0
						350.8	350.9	--		-0.01	0.00		0.00			-5,136.8		8,133.3
1.05	-15.69	-19.21	-73.75			6.4	5.5	0.14		-2.4	-0.10	50.1	-1.0	-174.48		-2.4	45.3	-8.4
-9.09	-16.67	-14.29	-71.43			6.4	5.5	0.14		-2.4	-0.10	50.1	-1.0	-174.48		-3.1	58.8	-10.9
42.79	63.30	79.10	236.36			4,024	3,952	209.8	35.0	21.2	0.46	-34.7	41.0	2.57	3.47	182.8	18.5	5.9
-6.18	38.52					437.0	300.2	--		-31.0	-3.90	-18.0	-23.6	-16.18		-3.5		3.1
83.60	80.12	130.16	752.94			112.5	108.8	18.3	11.8	0.42	0.01	-77.4	0.45	6.86	4.88	367.1	6.2	12.1
-7.49	-1.74	-19.49	24.18			23,407	35,827	51,866	22.2	2,728	1.73	14.7	5,263	3.19	6.6	9.2	0.5	0.7
-6.59	-1.41	-16.32	52.80	0.83	5.4	23,407	35,827	51,866	22.2	2,728	1.73	14.7	5,263	3.19	6.6	9.0	0.5	0.7
11.80	32.91	7.95	97.47	1.01	2.1	1,022	--	262.4	10.7	79.9	3.78	50.3	111.5		11.66	12.9	3.9	1.4
18.06	17.24	-1.28	95.40			15.5	--	4.8	13.1	0.70	0.41	21.8	--		5.16	20.6	3.0	1.0
-8.43	-19.57	-38.10	19.27			287.7	--	95.5	12.4	7.3	0.12	-15.6	27.1		3.02	39.6	3.1	1.2
7.45	21.04	27.75	84.58	1.47	1.7	27,843	36,436	10,084	0.1	1,033	3.17	-19.9	2,215	4.93	13.07	27.3	2.8	3.5
33.33	-4.00	-35.14	-89.57			10.5	10.4	0.56	53.8	-2.9	-0.06	65.4	-2.6	-94.82		-3.9	23.1	20.2
17.90	17.18	-23.29	-91.62			10.5	10.4	0.56	53.8	-2.9	-0.06	65.4	-2.6	-94.82		-3.1	18.4	16.1
38.70	132.85	303.80	-8.33			98.9	96.6	1.5	-4.9	-2.7	-0.10	-8.0	-2.1	-30.17		-31.8	61.1	26.9
15.81	-0.40	36.07	137.14			60.6	55.5	28.5	2.9	-0.97	-0.04	50.5	0.70	-7.27		-56.1	2.1	20.3
67.60	100.96					11.3	15.6	0.62	386.4	-1.1	-0.04	-2,133.3	0.02			-1.0	14.5	1.3
-83.93	-79.55	-99.98	-100.00			21.9	22.6	3.5	430.0	-74.4	-1,722.41	-0.5	-23.9	-19.68		0.0	0.1	0.0
10.76	5.13					2,589	3,663	4,878	5.5	408.0	3.41	208.1	326.0	1.88	19.52	6.2	0.5	1.6
17.82	8.42	17.52	110.21	1.48	1.2	17,293	18,482	2,525	11.1	445.6	3.08	44.3	446.6	10.13	21.8	39.2	6.9	8.6
-18.86	-20.00	-28.16	57.20			595.7	1,017	3,677	4.6	267.0	2.85	1,003.2	396.0	6.74	16.71	3.0	0.2	0.5
-18.27	-16.39	-26.96	57.16	1.50	23.0	595.7	1,017	3,677	4.6	267.0	2.85	1,003.2	396.0	6.74	16.71	2.3	0.2	0.4
-24.00	5.56	-9.52	-93.60			1.5	1.4	--		-0.67	-0.10	16.8	-0.24	-43.12		-1.0		-105.6
-23.05	136.46	-59.46	-45.82			63.8	51.6	0.50	-23.4	-26.2	-0.97	27.8	-19.5	-55.46		-2.4	125.4	3.7
34.90	1.78	57.30				145.9	146.8	51.6	8,307.8	1.8	0.00		-0.29		25.52	73.7	2.8	14.7

https://greyhouse.weissratings.com

Data as of June 30, 2019

I. Index of Stocks

Summer 2019

Company Name	Stock Ticker Symbol	Traded On	Sector	Overall Rating	Recommendation	Reward Rating	Risk Rating	Recent Up/Downgrade	Stock Price as of 6/30/2019	52-Week High	52-Week Low	3-Year Beta	Growth	Efficiency	Solvency	Volatility	Dividend	Total Return
Resource Capital Gold Corp.	RCGH.V	TSXV	Materials	D-	Sell	E+	D-		0.01	0.05	0.01	0.86	W	V	F	W	–	V
Resource Capital Gold Corp.	GDPEF	OTC PK	Materials	D-	Sell	E+	D	Down	0.00	0.03	0	136.69	W	V	F	W	–	V
Resources Connection, Inc.	RECN	NAS GS	Industrials	B-	Buy	B	C		15.71	19.50	12.72	1.02	F	E	E	F	G	W
RespireRx Pharmaceuticals Inc.	RSPI	OTC PK	Health Care	D+	Sell	C	D-	Up	0.70	1.14	0.15	0.40	F	E	F	W	–	V
Restaurant Brands International Inc.	QSR	NYSE	Consumer Discretn	B	Buy	A-	C		69.02	70.50	50.2	0.97	G	E	F	F	G	G
Restaurant Brands International Limited Partne	QSPUN.TO	TSX	Consumer Discretn	C	Hold	A-	C		89.95	93.11	69.24	0.74	E	E	G	F	F	G
Restaurant Brands International Limited Partne	RSTRF	OTC PK	Consumer Discretn	C	Hold	A-	C+		70.96	70.96	50.96	1.03	E	E	G	F	G	G
Restoration Robotics, Inc.	HAIR	NAS	Health Care	D-	Sell	E+	D-	Up	0.63	3.79	0.35		F	V	G	W	–	V
resTORbio, Inc.	TORC	NAS GS	Health Care	D-	Sell	D-	D		10.25	20.60	6.21		V	W	E	W	–	V
Resverlogix Corp.	RVX.TO	TSX	Health Care	C-	Hold	C	D		3.00	4.94	2.25	-0.08	W	G	F	W	–	F
Resverlogix Corp.	RVXCF	OTC PK	Health Care	C-	Hold	C	D		2.30	4.14	1.49	0.33	W	G	F	W	–	F
Retail Holdings N.V.	RHDGF	OTC PK	Consumer Discretn	C-	Hold	C	D	Up	3.00	12.50	2.65	-0.85	W	E	G	W	E	W
Retail Opportunity Investments Corp.	ROIC	NAS GS	Real Estate	C	Hold	B-	D		16.99	19.80	15.44	0.86	E	G	E	W	G	W
Retail Properties of America, Inc.	RPAI	NYSE	Real Estate	C-	Hold	C+	D		11.63	13.33	10.58	0.68	W	E	E	W	G	W
Retail Value Inc.	RVI	NYSE	Real Estate	D-	Sell	C-	D+		34.40	38.00	24.5		F	W	G	W	–	W
ReTo Eco-Solutions, Inc.	RETO	NAS CM	Materials	D	Sell	C-	D-		1.01	5.80	0.95		W	G	G	W	–	V
Retractable Technologies, Inc.	RVP	AMEX	Health Care	D	Sell	D	D		0.73	1.34	0.54	0.68	F	W	E	W	–	W
Retrophin, Inc.	RTRX	NAS	Health Care	D	Sell	D	D		20.08	33.00	17.53	0.72	W	W	E	W	–	F
Return Energy Inc.	RTN.V	TSXV	Energy	D-	Sell	D-	D	Down	0.03	0.08	0.02	0.40	F	V	G	W	–	V
Return Energy Inc.	DALXF	OTC PK	Energy	D	Sell	D-	D		0.02	0.05	0.01	13.25	F	V	G	W	–	W
Reunion Gold Corporation	RGD.V	TSXV	Materials	D	Sell	E+	D	Up	0.19	0.23	0.12	0.50	W	V	E	F	–	E
Reunion Gold Corporation	RGDFF	OTC PK	Materials	D	Sell	E+	D	Up	0.14	0.17	0.1	1.66	W	V	E	F	–	G
REV Group, Inc.	REVG	NYSE	Industrials	D+	Sell	C	D-	Up	13.89	17.88	6.42	2.88	F	F	G	W	F	W
Revance Therapeutics, Inc.	RVNC	NAS	Health Care	D-	Sell	D-	D		12.63	30.60	10.37	0.68	F	V	E	W	–	V
Revelo Resources Corp.	INCKF	OTC PK	Materials	D-	Sell	E+	D-	Up	0.01	0.02	0	5.55	V	V	F	W	–	V
Revelo Resources Corp.	RVL.V	TSXV	Materials	D-	Sell	D-	D	Up	0.02	0.03	0.01	-2.65	V	V	F	W	–	W
Reven Housing REIT, Inc.	RVEN	NAS CM	Real Estate	D	Sell	D+	D		4.00	4.85	2.59	0.38	W	W	E	W	W	W
Revere Bank	REVB	OTC PK	Financials	E+	Sell	E	E+		27.80	31.45	26.45	0.24	E	V	V	F	–	F
Reviv3 Procare Company	RVIV	OTC PK	Consumer Staples	E	Sell	D	D-	Up	0.70	1.19	0.25		F	V	E	W	–	W
Revival Gold Inc.	RVG.V	TSXV	Materials	D-	Sell	E+	D	Down	0.60	0.97	0.44	-0.34	V	V	G	W	–	F
Revival Gold Inc.	RVLGF	OTC PK	Materials	D-	Sell	E+	D-		0.45	0.73	0.32		V	V	G	W	–	F
Revive Therapeutics Ltd.	RVVTF	OTC PK	Health Care	D-	Sell	E+	D	Up	0.07	0.19	0.06	2.63	F	V	E	W	–	V
Revive Therapeutics Ltd.	RVV.V	TSXV	Health Care	D-	Sell	E+	D-	Up	0.09	0.25	0.09	3.13	F	V	E	W	–	V
Revlon, Inc.	REV	NYSE	Consumer Staples	D	Sell	D	D		19.31	29.62	14	0.19	W	W	F	W	–	W
Revolution Lighting Technologies, Inc.	RVLT	NAS CM	Industrials	D-	Sell	D-	D-		0.25	4.40	0.15	3.00	W	W	G	W	–	V
Revolve Group, Inc.	RVLV	NYSE	Consumer Discretn	U	U	U	U		34.30	48.36	25.11		U	U	U	U	U	U
ReWalk Robotics Ltd.	RWLK	NAS CM	Health Care	E+	Sell	E+	E+		4.02	33.75	2.46	1.95	G	V	G	W	–	V
RewardStream Solutions Inc.	REW.V	TSXV	Information Tech	D-	Sell	D	E+	Up	0.14	0.34	0.09	-0.28	F	W	G	V	–	V
REX American Resources Corporation	REX	NYSE	Energy	C	Hold	B	C-	Down	71.02	89.80	61.71	0.94	F	E	E	F	–	W
Rexahn Pharmaceuticals, Inc.	REXN	NAS CM	Health Care	D-	Sell	E+	D-		5.30	23.28	4.71	1.54	W	V	E	W	–	V
Rexford Industrial Realty, Inc.	REXR	NYSE	Real Estate	B-	Buy	B+	C-	Down	40.17	41.27	28.17	0.87	G	G	E	G	F	G
Rexnord Corporation	RXN	NYSE	Industrials	C	Hold	C+	D+	Up	29.40	32.11	21.38	1.51	F	G	E	F	–	F
Rezolute, Inc.	RZLT	OTC PK	Health Care	E+	Sell	E	D-	Down	0.17	0.51	0.09	5.46	V		G	W	–	V
RF Industries, Ltd.	RFIL	NAS	Information Tech	C	Hold	B	D+	Down	8.20	12.75	5.14	0.74	F	G	E	W	W	G
RGC Resources, Inc.	RGCO	NAS	Utilities	C	Hold	B+	C+		28.43	31.33	24.16	-0.65	E	E	G	F	F	F
RH	RH	NYSE	Consumer Discretn	C+	Hold	B	D+	Down	113.46	162.10	84.11	1.77	E	G	F	W	–	F
Rhinebeck Bancorp, Inc.	RBKB	NAS CM	Financials	E	Sell	C-	D		11.09	12.30	10.65		W	G	E	W	–	W
Rhino Resource Partners LP	RHNO	OTC PK	Energy	D	Sell	D	D-	Up	1.00	1.80	0.09	-0.31	F	W	G	W	–	V
Rhyolite Resources Ltd.	RYE.V	TSXV	Materials	D	Sell	D+	D		0.15	0.26	0.15	0.91	F	W	E	W	–	W
Rhythm Pharmaceuticals, Inc.	RYTM	NAS	Health Care	D-	Sell	E+	D		21.69	36.40	20.64		V	V	E	W	–	W
Ribbon Communications Inc.	RBBN	NAS GS	Information Tech	D	Sell	D	D		4.89	7.89	4.23	1.24	W	W	G	W	–	W
RiceBran Technologies	RIBT	NAS CM	Consumer Staples	D	Sell	D+	D		2.82	3.87	1.97	0.09	W	W	E	W	–	F

*Ratings Factors: E=Excellent, G=Good, F=Fair, W=Weak, V=Very Weak, U=Unrated

Summer 2019 — I. Index of Stocks

3-Month Total Return (%)	6-Month Total Return (%)	1-Year Total Return (%)	3-Year Total Return (%)	Dividend $ TTM	Dividend Yield TTM	Market Cap. ($Mil)	Enterprise Value ($Mil)	Revenue ($Mil)	Revenue Growth (%)	Net Income ($Mil)	Earnings/Share $	EPS Growth (%)	Cash from Operations ($Mil)	Return on Assets (%)	Return on Equity (%)	Earnings (P/E) TTM	Sales (P/S) TTM	Book (P/B) Q
0.00	0.00	-80.00	-90.91			1.3	7.3	--		-3.2	-0.02	-23.7	-0.34	-4.12		-0.6		0.2
-98.33	-98.53	-99.77	-99.86			1.3	7.3	--		-3.2	-0.02	-23.7	-0.34	-4.12		0.0		0.0
-4.92	13.77	-5.96	24.03	0.52	3.3	503.0	513.1	730.6	18.0	26.1	0.81	28.9	31.1	5	9.45	19.4	0.7	1.8
-17.65	7.69	-30.00	-87.55			2.7	4.2	--		-2.4	-0.68	52.1	-0.43	-867.39		-1.0		-0.4
5.99	34.48	19.63	82.88	1.90	2.8	17,524	32,077	5,369	11.2	599.2	2.36	-19.3	1,430	5.73	27.73	29.3	6.0	10.1
4.14	27.50	17.49	82.29	1.90	2.1	28,056	40,796	5,369	11.2	1,110	2.67	-18.4	1,461	5.82	27.73	33.7	6.9	9.8
10.12	36.92	23.07	89.88	1.90	2.7	28,056	40,796	5,369	11.2	1,110	2.67	-18.4	1,461	5.82	27.73	26.6	5.4	7.7
7.49	28.53	-80.62				25.7	35.4	22.3	7.3	-28.7	-0.80	89.3	-29.6	-53.81		-0.8	1.2	-4.7
46.01	16.48	13.89				366.4	223.3	--		-38.8	-1.37	81.1	-40.3	-18.24		-7.5		2.6
-11.76	0.00	21.46	160.87			469.3	574.2	--		-110.3	-0.61	-21.1	-43.3	-209.02		-4.9		-3.7
-8.87	3.91	22.81	155.17			469.3	574.2	--		-110.3	-0.61	-21.1	-43.3	-209.02		-3.8		-2.9
-73.21	-68.91	-71.73	-52.71	9.00	300.0	14.0	73.0	231.3	149.6	0.40	0.09	-83.2	-9.1	6.67	8.14	34.3	0.1	0.5
-1.21	7.95	-7.97	-10.68	0.78	4.6	1,942	3,536	297.5	5.6	45.3	0.40	13.1	126.7	2.14	3.81	42.9	7.2	1.7
-5.29	7.60	-5.40	-19.86	0.66	5.7	2,476	4,209	479.7	-7.6	59.1	0.27	-79.2	207.0	2.05	3.26	43.7	5.2	1.4
9.17	35.86	14.50		1.30	3.8	655.1	1,684	270.3	-9.2	-21.0	8.29		81.8	2.28		4.2	2.4	1.0
-40.24	-25.19	-80.58				23.0	41.8	18.4	-48.2	2.3	0.10	-67.7	4.8			10.0	1.3	0.5
13.88	13.70	1.22	-72.32			23.8	17.8	33.5	-4.9	-1.3	-0.06	41.9	-2.4	-2.4		-11.3	0.7	1.0
-12.77	-9.87	-22.44	12.75			832.1	616.4	165.4	3.5	-125.3	-3.07	-79.3	-30.7	-8.74		-6.6	5.0	2.9
20.00	50.00	-57.14	-40.00			2.5	3.3	1.6	0.8	-2.1	-0.02	50.5	-1.3	-14.13		-1.6	2.1	1.7
60.00	33.33	-72.46	1,500.00			2.5	3.3	1.6	0.8	-2.1	-0.02	50.5	-1.3	-14.13		-0.8	1.1	0.9
8.82	2.78	15.62	1,133.33			58.8	52.2	--		-13.3	-0.04	-183.3	-13.4	-63.68		-4.5		6.7
1.97	5.26	12.00	2,233.33			58.8	52.2	--		-13.3	-0.04	-183.3	-13.4	-63.68		-3.4		5.1
30.46	88.33	-14.45		0.20	1.4	866.7	1,323	2,391	-0.5	-12.8	-0.21	-125.8	-14.5	2.61		-65.2	0.4	1.7
-19.96	-34.90	-54.73	-4.82			555.8	316.3	3.8	903.4	-142.8	-3.82	5.3	-104.5	-29.46		-3.3	137.9	2.5
844.00	52.26	-52.80	-89.53			1.9	4.0	--		-3.6	-0.02	-53.2	-1.5	-58.24		-0.4		-1.5
0.00	50.00	-25.00	-82.35			1.9	4.0	--		-3.6	-0.02	-53.2	-1.5	-58.24		-0.7		-2.3
13.28	20.39	3.35	-23.23	0.03	0.8	44.2	91.8	9.5	15.0	-3.6	-0.34	-106.1	0.57	-0.14		-11.9	4.6	1.5
-4.14	0.00	-10.03	161.03			335.4	--	73.5	36.8	19.3	2.03	57.4	--			13.7	3.9	
-12.50	-30.00					28.9	28.5	1.1	93.3	-0.16	0.00	72.5	-0.15	-11.89		-184.2	25.6	43.2
-16.67	-20.00	-26.83	1,100.00			21.6	21.4	--		-5.4	-0.13	-32.5	-4.8	-53.66		-4.5		6.2
-16.91	-19.16	-29.21				21.6	21.4	--		-5.4	-0.13	-32.5	-4.8	-53.66		-3.4		4.6
-7.24	10.87	-57.24	-6.43			5.0	3.8	--		-1.1	-0.02	30.4	-0.90	-58.53		-4.2		5.2
-18.18	-5.26	-61.70	-10.00			5.0	3.8	--		-1.1	-0.02	30.4	-0.90	-58.53		-5.0		6.3
-6.76	-21.73	14.26	-36.75			996.9	4,149	2,557	-3.9	-279.0	-5.28	-17.8	-101.9	0.48		-3.7	0.4	-0.9
11.10	-39.73	-93.61	-95.86			6.0	68.2	148.6	-15.3	-52.6	-2.50	-1,899.8	-9.8	-1.52		-0.1	0.0	0.1
						2,408	2,395	522.8	23.7	30.3	0.33	504.4	30.4	16.58	43.5	103.0	2.9	20.3
-29.73	-8.22	-83.25	-97.46			25.6	27.1	6.5	-4.2	-19.3	-11.43	58.4	-14.0	-60.95		-0.4	2.0	7.2
0.00	-3.45	-51.72				1.9	1.7	0.24	-74.6	-1.6	-0.08	78.3	-1.3	-398.77		-1.8	10.1	9.7
-12.71	8.15	-10.87	25.59			445.6	313.6	470.4	2.2	25.0	3.89	-42.5	53.0	0.29	7	18.2	1.0	1.1
-17.06	-54.47	-69.75	-82.78			21.3	3.6	--		-14.6	-5.11	-127.8	-17.6	-55.35		-1.0		1.3
11.89	38.67	29.30	107.50	0.69	1.7	4,179	4,858	224.3	28.5	42.0	0.34	-40.5	113.8	1.49	2.4	119.5	17.7	2.1
19.08	29.34	1.55	57.05			3,096	4,043	2,051	10.8	34.3	0.23	-48.3	258.1	6.06	15.47	130.3	1.8	2.5
-14.00	81.05	-61.78	-80.89			36.8	52.6	--		-39.8	-0.68	-48.4	-15.4	-190.18		-0.3		-0.4
21.66	18.17	11.77	330.53	0.08	1.0	76.8	62.9	48.0	29.1	3.9	0.40	-10.0	0.94	9.81	15.86	20.4	1.7	2.6
6.09	-4.10	1.04	86.71	0.64	2.3	228.7	313.6	68.4	4.7	8.9	1.10	29.4	13.8	3.46	10.81	25.8	3.4	2.7
-14.00	-4.62	-20.01	339.43			2,084	4,247	2,547	4.6	158.3	5.98	360.6	331.6	9.24		19.0	1.1	-8.4
-6.02						118.7	--	25.3	-19.1	4.1	0.09		12.9			130.3	4.7	1.2
-17.01	-0.99	-37.50	-56.52			14.2	71.2	248.5	12.0	-20.4	-1.66	5.1	10.8	-2.88		-0.6	0.1	0.1
-42.31	0.00	-9.09	-25.00			5.9	3.9	--		-0.05	0.00	35.0	-0.07	-2.25		-115.4		3.9
-27.34	-19.76	-31.60				746.8	529.0	--		-86.6	-2.62	26.9	-81.8	-30.57		-8.3		3.4
-4.31	-3.93	-30.54	-39.63			536.4	618.5	575.7	44.7	-62.7	-0.61	24.7	6.6	-1.47		-8.1	0.9	0.9
-20.79	-5.05	38.92	65.89			93.1	82.7	17.6	32.2	-9.4	-0.38	-74.0	-9.1	-19.08		-7.4	4.7	2.7

I. Index of Stocks

Summer 2019

Company Name	Stock Ticker Symbol	Traded On	Sector	Overall Rating	Recommendation	Reward Rating	Risk Rating	Recent Up/Downgrade	Stock Price as of 6/30/2019	52-Week High	52-Week Low	3-Year Beta	Growth	Efficiency	Solvency	Volatility	Dividend	Total Return
Rich Pharmaceuticals, Inc.	RCHA	OTC PK	Health Care	C-	Hold	C+	D-	Up	0.00	0.00	0	0.38	W	G	F	W	—	W
Richards Packaging Income Fund	RPKIF	OTC PK	Materials	C	Hold	A-	B		33.75	33.75	22.96	1.02	E	E	E	G	G	G
Richards Packaging Income Fund	RPIUN.TO	TSX	Materials	C	Hold	A-	B		43.40	45.24	30.99	0.47	E	E	E	G	F	G
Richardson Electronics, Ltd.	RELL	NAS GS	Information Tech	D+	Sell	C	D	Down	5.44	10.40	5	0.10	W	F	E	W	G	W
Richco Investors Inc.	RIIH.V	TSXV	Financials	D+	Sell	B-	D	Down	0.04	0.04	0.03	0.32	W	E	E	W	—	G
Richco Investors Inc.	RIIK.V	TSXV	Financials	D+	Sell	C	D-	Up	0.01	0.01	0.01	0.93	W	E	E	W	—	W
Richelieu Hardware Ltd.	RCH.TO	TSX	Industrials	C-	Hold	C+	D		22.13	31.59	20.03	0.74	F	E	E	W	W	W
Richelieu Hardware Ltd.	RHUHF	OTC PK	Industrials	C-	Hold	C+	D		16.72	23.51	15.25	1.16	F	E	E	W	W	W
Richmond Minerals Inc.	RMD.V	TSXV	Materials	D	Sell	D	D-	Up	0.02	0.06	0.02	-0.67	F	W	G	W	—	V
Richmond Minerals Inc.	RMDFF	OTC PK	Materials	D	Sell	D	D-		0.01	0.03	0.01	0.66	F	W	G	W	—	V
Rider Investment Capital Corp.	RDRP.V	TSXV	Financials	D-	Sell	D-	D		0.08	0.20	0.07		W	W	E	W	—	V
Ridgefield Acquisition Corporation	RDGA	OTC PK	Information Tech	D	Sell	D	D		2.00	2.75	1	-1.06	V	W	F	W	—	F
RIFCO Inc.	RFC.V	TSXV	Financials	D	Sell	D	D		0.77	1.35	0.69	1.13	W	F	G	W	—	W
Rigel Pharmaceuticals, Inc.	RIGL	NAS GS	Health Care	D-	Sell	E+	D-		2.45	3.65	1.96	1.17	W	V	E	W	—	W
Right On Brands, Inc.	RTON	OTC PK	Consumer Discretn	D-	Sell	D	D-	Down	0.01	0.20	0.01	1.61	W		F	W	—	V
RigNet, Inc.	RNET	NAS GS	Energy	D-	Sell	D-	D-	Down	9.79	24.05	7.22	1.96	W	V	G	W	—	V
Riley Exploration-Permian, LLC	REPX	NYSE	Energy	U		U	U						U	U	U	U	U	U
Riley Resources Corp.	RLY.V	TSXV	Materials	D+	Sell	C-	D	Up	0.20	0.41	0.15	1.47	V	W	G	W	—	G
Rimini Street, Inc.	RMNI	NAS	Information Tech	D+	Sell	C	D	Up	5.15	8.55	4		F	G	F	W	—	W
Ring Energy, Inc.	REI	AMEX	Energy	D+	Sell	C	D-	Up	3.22	14.61	3.15	1.94	E	F	G	W	—	V
Ring the Bell Capital Corp.	RTBP.V	TSXV	Financials	D-	Sell	C-	C-	Up	0.20	0.20	0.2		F	F	E	G	—	F
RingCentral, Inc.	RNG	NYSE	Information Tech	C	Hold	C+	D		114.45	127.00	64.41	0.96	W	W	E	F	—	E
Rio Silver Inc.	RYO.V	TSXV	Materials	C-	Hold	C+	D		0.04	0.06	0.03	1.17	F	E	F	W	—	W
Rio Tinto Group	RTNTF	OTC PK	Materials	C	Hold	A	B-		68.15	71.38	50.48	0.54	E	E	E	G	G	G
Rio Tinto Group	RTPPF	OTC PK	Materials	C	Hold	A	C+		60.45	61.70	43.47	0.58	E	E	E	F	G	F
Rio Tinto Group	RIO	NYSE	Materials	B	Buy	A	C+		61.95	63.27	44.62	0.48	E	E	E	F	G	G
Rio2 Limited	RIO.V	TSXV	Materials	D	Sell	D-	D		0.42	1.15	0.31	5.52	W	V	E	W	—	W
Rio2 Limited	RIOFF	OTC PK	Materials	E-	Sell	D	D		0.32	0.71	0.24	-32.43	W	W	E	W	—	W
Riocan Real Estate Investment Trust	RIOCF	OTC PK	Real Estate	C	Hold	B+	C-		19.85	20.31	16.51	0.52	F	E	E	F	G	F
Riocan Real Estate Investment Trust	REIUN.TO	TSX	Real Estate	B-	Buy	B	C		26.08	27.08	23.37	0.33	F	E	E	F	G	F
Riot Blockchain, Inc.	RIOT	NAS CM	Information Tech	D-	Sell	E+	D		3.07	8.56	1.29	3.50	W	V	F	W	—	W
RISE Education Cayman Ltd	REDU	NAS	Consumer Discretn	C-	Hold	C	D	Up	9.41	14.79	6.7		G	G	E	W	—	W
RISE Life Science Corp.	MCUIF	OTC PK	Health Care	D-	Sell	E	D		0.12	0.28	0.09	0.48	W	V	G	W	—	W
RiseTech Capital Corp.	RTCCP.V	TSXV	Financials	E	Sell	D	D		0.12	0.20	0.1		W	W	E	W	—	W
Ritchie Bros. Auctioneers Incorporated	RBA.TO	TSX	Industrials	C+	Hold	B	C	Down	43.58	50.66	41.38	0.41	F	E	E	F	F	F
Ritchie Bros. Auctioneers Incorporated	RBA	NYSE	Industrials	B-	Buy	B	C	Down	33.25	38.77	30.76	0.71	F	E	E	F	F	F
Rite Aid Corporation	RAD	NYSE	Consumer Staples	D	Sell	D	E+		8.57	40.40	6.14	1.79	W	F	G	V	—	V
Ritter Pharmaceuticals, Inc.	RTTR	NAS CM	Health Care	D-	Sell	D	D-	Up	1.06	2.75	0.47	1.16	W	W	G	W	—	V
River Financial Corporation	RVRF	OTC PK	Financials	E+	Sell	B	A-		28.00	30.00	20.7		E	E	E	E	G	W
Riverside Resources Inc.	RVSDF	OTC PK	Materials	D	Sell	D	D		0.10	0.26	0.1	-0.90	W	W	E	W	—	W
Riverside Resources Inc.	RRI.V	TSXV	Materials	D	Sell	D	D		0.15	0.32	0.13	-1.10	W	W	E	W	—	W
Riverview Bancorp, Inc.	RVSB	NAS GS	Financials	B-	Buy	B+	C-	Up	8.14	9.99	5.46	0.81	E	E	E	F	F	F
Riverview Financial Corporation	RIVE	NAS	Financials	C	Hold	B-	D		10.73	14.55	10.11	0.63	F	G	E	W	G	W
Riviera Resources, Inc.	RVRA	OTC PK	Energy	D	Sell	D+	D-		12.70	25.00	11.68		W	F	G	W	—	V
RIWI Corp.	RWCRF	OTC PK	Communication Svc	C-	Hold	C	D	Up	2.05	2.50	0.81	0.27	F	F	E	W	—	F
Rizal Resources Corporation	RZL.V	TSXV	Materials	D	Sell	D-	D		0.01	0.05	0.01	0.37	W		F	W	—	W
RJK Explorations Ltd.	RJXA.V	TSXV	Materials	D-	Sell	E+	D	Down	0.11	0.23	0.04	3.75	W	V	E	W	—	F
RJK Explorations Ltd.	RJKAF	OTC PK	Materials	D-	Sell	E+	D		0.07	0.13	0	1.83	W	V	E	W	—	F
RLI Corp.	RLI	NYSE	Financials	B-	Buy	B+	C	Up	85.73	91.49	64.48	0.68	G	E	E	F	W	F
RLJ Lodging Trust	RLJ	NYSE	Real Estate	C	Hold	B-	D		17.78	23.31	15.91	1.61	G	E	E	W	E	W
RMG Acquisition Corp.	RMG	NYSE	Financials	U		U	U		9.77	9.80	9.72		U	U	U	U	U	U
Roadman Investments Corp.	LITT.V	TSXV	Financials	D-	Sell	E+	D	Down	0.05	0.22	0.04	1.78	V	V	E	W	—	F

*Ratings Factors: E=Excellent, G=Good, F=Fair, W=Weak, V=Very Weak, U=Unrated

Summer 2019 — I. Index of Stocks

3-Month Total Return (%)	6-Month Total Return (%)	1-Year Total Return (%)	3-Year Total Return (%)	Dividend $ TTM	Dividend Yield TTM	Market Cap. ($Mil)	Enterprise Value ($Mil)	Revenue ($Mil)	Revenue Growth (%)	Net Income ($Mil)	Earnings/Share $	EPS Growth (%)	Cash from Operations ($Mil)	Return on Assets (%)	Return on Equity (%)	Earnings (P/E) TTM	Sales (P/S) TTM	Book (P/B) Q
-50.00	0.00	-50.00	-99.17			0.21	1.9	0.12		-1.7	-0.01	84.9	-0.51	-1,770.74		0.0		0.0
21.01	49.68	20.55	118.52	0.99	3.0	359.8	425.7	248.1	6.7	17.2	1.57	26.9	20.0	12.61	21.91	21.5	1.5	4.5
14.85	31.00	17.40	103.21	1.32	3.0	359.8	425.7	248.1	6.7	17.2	1.57	26.9	20.0	12.61	21.91	27.6	1.9	5.8
-20.00	-32.83	-40.75	15.45	0.24	4.4	71.0	21.6	170.0	9.6	0.79	0.05	-63.5	-2.0	0.66	0.59	102.3	0.4	0.5
0.00	0.00	16.67	600.00			0.18	0.36	--		-0.02	0.00	-7.1	-0.01	-131.3		-23.3		-2.5
0.00	0.00	0.00	0.00			0.18	0.36	--		-0.02	0.00	-7.1	-0.01	-131.3		-3.3		-0.4
-6.85	1.25	-19.88	-8.64	0.25	1.1	960.5	977.3	771.6	2.5	49.9	0.86	-4.9	31.0	10.02	14.13	25.6	1.7	3.5
-6.48	4.54	-21.68	-10.61	0.19	1.1	960.5	977.3	771.6	2.5	49.9	0.86	-4.9	31.0	10.02	14.13	19.3	1.2	2.6
-40.00	-25.00	-57.14	-72.73			0.82	0.85	--		-0.19	0.00	7.9	-0.11	-10.68		-4.3		1.0
-68.52	-78.26	-78.26	-83.78			0.82	0.85	--		-0.19	0.00	7.9	-0.11	-10.68		-2.6		0.6
-20.00	-11.11	-38.46				0.15	-0.02	--		-0.07	-0.03	-486.3	-0.04	-30.49		-2.7		1.2
33.33	0.00	33.33	33.33			2.5	2.7	--		-0.06	-0.05	-1.4	-0.04	-547.06		-38.5		-10.7
-14.44	-3.75	-38.40	-46.90			12.7	--	8.5	-4.1	-1.2	-0.05	-1,124.5	7.8			-14.2	2.0	0.8
-0.81	9.38	-14.04	8.89			409.6	313.4	57.1	6,248.1	-63.7	-0.39	39.8	-36.0	-30.53		-6.3	7.2	4.3
-82.97	-90.40	-94.67	-85.08			0.50	0.56	0.16	3,332.6	-3.2	-0.05	-481.4	-0.65	-77.32		-0.2	3.2	2.1
-0.91	-23.99	-7.64	-26.11			190.6	253.9	242.5	15.1	-68.9	-3.64	-229.8	14.2	-1.98		-2.7	0.8	4.1
						--	--	42.4	100.4	25.5	15.90	265.9	22.8					
8.11	21.21	90.48	81.82			1.6	1.4	--		-0.09	-0.01	-40.3	-0.07	-12.45		-21.3		7.2
1.98	4.67	-22.21				336.3	427.4	259.2	16.1	-59.6	-1.26	12.2	10.3	12.99		-4.1	1.4	-1.3
-45.52	-38.20	-75.42	-65.15			218.4	300.7	125.7	56.4	14.4	0.22	93.1	93.9	2.81	3.14	14.7	1.6	0.4
0.00	0.00	66.67				1.2	0.57	--		-0.02	0.00	84.3	-0.01	-3.57		-100.0		2.5
6.48	44.11	61.54	489.95			9,378	9,236	724.8	33.8	-29.8	-0.37	-477.0	80.1	-1.35		-306.6	12.9	28.3
0.00	0.00	-12.50	-12.50			1.1	1.1	--		-0.22	-0.01	11.3	-0.10	-1,057.77		-6.4		-3.2
5.07	25.46	13.90	98.75			104,608	110,094	40,522	1.2	13,638	7.91	62.3	11,821	8.36	27.59	8.6	2.9	2.6
6.80	26.13	12.26	111.55			104,608	110,094	40,522	1.2	13,638	7.91	62.3	11,821	8.36	27.59	7.6	2.6	2.3
6.77	38.40	23.17	160.62	3.07	5.0	104,608	110,094	40,522	1.2	13,638	7.91	62.3	11,821	8.36	27.59	7.8	2.6	2.3
-5.68	-10.75	-48.12	8,200.00			37.4	33.9	--		-7.2	-0.13	-7.0	-3.7	-13.87		-3.3		0.9
-6.10	-11.22	-47.10	3,426.44			37.4	33.9	--		-7.2	-0.13	-7.0	-3.7	-13.87		-2.5		0.7
2.32	17.44	13.95	6.61	1.09	5.5	6,047	10,577	944.4	-0.5	445.4	1.44	-12.6	305.2	3.03	7.47	13.8	6.4	1.1
-0.75	12.88	12.94	7.74	1.44	5.5	6,047	10,577	944.4	-0.5	445.4	1.44	-12.6	305.2	3.03	7.47	18.1	8.4	1.4
-2.23	95.54	-53.20	6.91			49.0	57.2	8.3	606.6	-55.2	-3.99	-12.2	-16.6	-42.51		-0.8	5.4	-6.2
-3.88	18.96	-33.17				534.2	428.9	151.9	-2.4	14.8	0.51	336.3	--			18.4	1.8	3.7
-30.12	5.45	-58.18	-18.31			8.0	10.6	0.22		-10.1	-0.13	-35.0	-4.2	-72.23		-0.9	32.2	-1.8
-20.00	20.00					0.23	-0.21	--		-0.11	-0.03		-0.10			-4.0		0.7
-3.45	-0.67	0.38	8.67	0.72	1.7	3,611	4,166	1,213	17.6	122.5	1.12	49.7	148.9	5.42	15.4	39.0	4.0	5.7
-1.02	3.37	1.04	7.99	0.72	2.2	3,611	4,166	1,213	17.6	122.5	1.12	49.7	148.9	5.42	15.4	29.8	3.0	4.4
-34.18	-37.78	-75.65	-94.38			460.9	7,129	21,640	0.5	-422.2	-8.05	-145.3	-228.7	0.82		-1.1	0.0	0.0
23.40	70.97	-57.94	-93.37			9.6	6.1	--		-19.6	-3.73	12.9	-16.2	-87.82		-0.3		45.9
-6.67	-6.67					159.7	--	39.1	13.7	8.9	1.64	2.5	10.4		8.83	17.1	4.2	1.4
-13.08	-22.05	-54.65	-64.38			7.2	3.2	--		-0.63	-0.01	-49.5	-0.31	-7.91		-7.4		0.7
-9.09	-9.09	-50.00	-60.53			7.2	3.2	--		-0.63	-0.01	-49.5	-0.31	-7.91		-10.6		1.1
12.89	14.91	-2.65	81.07	0.15	1.8	184.1	--	58.0	8.3	17.3	0.75	67.1	20.2		13.81	10.8	3.2	1.4
-4.85	1.46	-12.99	-0.32	0.40	3.7	98.2	--	50.2	41.1	7.4	0.80	738.9	9.3		6.63	13.5	2.0	0.9
-7.97	-14.48					808.0	799.6	635.3	-27.6	-17.6	-0.22	-103.3	-19.8	-4.17		-57.0	1.4	0.7
-0.24	106.76	95.18	24.27			30.2	28.4	3.0	109.3	0.73	0.03	167.7	0.56	18.2	34.71	61.1	13.2	13.3
-66.67	-50.00	-33.33	-83.33			1.9	-6.0	--		-3.0	-0.01	27.7	-1.3	-14.68		-0.9		0.2
0.00	133.33	110.00	-30.00			4.0	4.0	--		-0.88	-0.02	86.8	-0.27	-34.13		-4.9		2.9
-15.83	76.75	135.67	-49.50			4.0	4.0	--		-0.88	-0.02	86.8	-0.27	-34.13		-3.3		1.9
20.24	26.38	32.43	47.00	0.89	1.0	3,820	3,973	896.1	14.0	117.4	2.61	19.5	232.5	2.57	13.59	32.9	4.3	4.3
0.62	10.39	-14.49	4.89	1.32	7.4	3,071	5,543	1,733	13.5	194.7	0.95	112.0	418.9	2.59	5.63	18.7	1.8	1.0
0.21						280.9	278.9	--		0.33	0.01		-0.28			849.6		56.2
-55.00	-25.00	-57.14	350.00			3.2	3.0	0.03	-83.0	-1.3	-0.02	-1,343.8	-0.86	-49.96		-2.0	150.0	2.0

I. Index of Stocks

Summer 2019

Company Name	Stock Ticker Symbol	Traded On	Sector	Overall Rating	Recommendation	Reward Rating	Risk Rating	Recent Up/Downgrade	Stock Price as of 6/30/2019	52-Week High	52-Week Low	3-Year Beta	Growth	Efficiency	Solvency	Volatility	Dividend	Total Return
Roadrunner Transportation Systems, Inc.	RRTS	NYSE	Industrials	E+	Sell	D-	E+	Down	8.95	87.00	7.98	2.15	W	W	E	V	--	V
Roan Resources, Inc.	ROAN	NYSE	Energy	D	Sell	D	D-		1.69	42.00	1.02	1.58	W	W	G	W	--	V
Robert Half International Inc.	RHI	NYSE	Industrials	B-	Buy	B	C		56.48	79.91	52.79	1.29	E	E	E	F	F	W
Robex Resources Inc.	RBX.V	TSXV	Materials	D+	Sell	C	D	Down	0.07	0.12	0.07	0.04	G	G	G	W	--	W
Robex Resources Inc.	RSRBF	OTC PK	Materials	D+	Sell	C	D-	Down	0.04	0.08	0.04	-0.20	G	G	G	W	--	W
RoboGroup T.E.K. Ltd.	ROBOF	OTC PK	Industrials	D	Sell	D	D		0.29	0.48	0.15	2.12	W	W	G	W	--	F
Roche Holding AG	RHHBY	OTC PK	Health Care	B-	Buy	A-	C	Down	34.95	35.90	27.14	0.49	E	E	E	F	--	F
Roche Holding AG	RHHVF	OTC PK	Health Care	C	Hold	B+	C		279.00	287.30	216.15	0.47	E	E	E	F	--	F
Roche Holding AG	RHHBF	OTC PK	Health Care	C	Hold	B+	C		281.59	285.01	221.5	0.42	E	E	E	F	--	F
Rochester Resources Ltd.	RCT.V	TSXV	Materials	D+	Sell	C	D	Down	0.03	0.06	0.03	1.00	W	E	F	W	--	W
Rochester Resources Ltd.	RCTFF	OTC PK	Materials	D+	Sell	C	D	Down	0.02	0.04	0.02	1.85	W	E	F	W	--	W
Rock Tech Lithium Inc.	RCK.V	TSXV	Materials	D-	Sell	E+	D-		0.64	1.35	0.54	0.99	W	V	E	W	--	W
Rock Tech Lithium Inc.	RCKTF	OTC PK	Materials	D-	Sell	E+	D-		0.48	0.91	0.44	0.56	W	V	E	W	--	W
Rocket Pharmaceuticals, Inc.	RCKT	NAS	Health Care	D-	Sell	E+	D		15.66	25.96	10.75		W	V	E	W	--	W
RocketFuel Blockchain, Inc.	RKFL	OTC PK	Information Tech	D-	Sell	C-	D-	Up	5.00	10.00	1.11		W	G	G	W	--	W
Rockhaven Resources Ltd.	RKHNF	OTC PK	Materials	D	Sell	D+	D		0.10	0.14	0.06	0.23	F	W	E	W	--	W
Rockhaven Resources Ltd.	RK.V	TSXV	Materials	D	Sell	D+	D		0.14	0.19	0.09	-0.82	F	W	E	W	--	W
Rockridge Resources Ltd.	ROCK.V	TSXV	Materials	D	Sell	D-	D		0.20	0.39	0.19		V	W	E	W	--	W
Rockwealth Resources Corp.	RWR.V	TSXV	Materials	D	Sell	D+	D	Down	0.14	0.20	0.11	0.79	V	E	F	W	--	W
Rockwealth Resources Corp.	CRZHF	OTC PK	Materials	D	Sell	D+	D	Down	0.10	0.10	0.08	-0.78	V	E	F	W	--	W
Rockwell Automation, Inc.	ROK	NYSE	Industrials	B-	Buy	B	C+		162.13	198.23	141.46	1.59	E	E	E	F	F	W
Rockwell Diamonds Inc.	RDIAF	OTC PK	Materials	C-	Hold	C	D	Up	0.00	0.00	0	11.05	F	G	F	W	--	W
Rockwell Medical, Inc.	RMTI	NAS	Health Care	D-	Sell	E+	D-		3.00	6.88	2.19	1.42	W	V	E	W	--	W
Rocky Brands, Inc.	RCKY	NAS GS	Consumer Discretn	B	Buy	A-	C		26.39	33.45	22.44	-0.04	F	E	E	F	F	F
Rocky Mountain Chocolate Factory, Inc.	RMCF	NAS	Consumer Staples	C-	Hold	C	D+		8.27	11.56	7.95	0.32	W	E	E	W	G	W
Rocky Mountain Dealerships Inc.	RME.TO	TSX	Industrials	C	Hold	B	D		7.61	12.25	7.61	0.18	F	G	F	W	G	W
Rocky Mountain Dealerships Inc.	RCKXF	OTC PK	Industrials	C	Hold	B	D		5.90	9.22	5.87	0.72	F	G	F	W	E	W
Rocky Mountain High Brands, Inc.	RMHB	OTC PK	Consumer Staples	D-	Sell	E+	D-	Down	0.10	0.33	0.04	-0.42	W		F	W	--	W
Rocky Mountain Liquor Inc.	RUM.V	TSXV	Consumer Staples	D	Sell	D	D		0.02	0.15	0.02	1.16	W	W	F	W	--	W
Rogers Communications Inc.	RCIAF	OTC PK	Communication Svc	C	Hold	B+	B-		54.52	54.53	45.79	0.22	G	E	G	G	G	F
Rogers Communications Inc.	RCIA.TO	TSX	Communication Svc	C	Hold	B	C+		69.80	74.15	62.4	-0.02	G	E	G	F	F	F
Rogers Communications Inc.	RCIB.TO	TSX	Communication Svc	B	Buy	B	C+		69.49	73.82	61.72	-0.03	G	E	G	F	F	F
Rogers Communications Inc.	RCI	NYSE	Communication Svc	B	Buy	B	C+		53.03	55.93	46.59	0.26	G	E	G	F	G	F
Rogers Corporation	ROG	NYSE	Information Tech	C+	Hold	B	D+	Up	165.63	206.43	89.21	3.01	F	E	E	W	--	E
Rogers Sugar Inc.	RSI.TO	TSX	Consumer Staples	C+	Hold	B	C-	Down	5.68	6.17	5.23	0.43	G	E	G	F	G	W
Rogers Sugar Inc.	RSGUF	OTC PK	Consumer Staples	C	Hold	B+	C-		4.37	4.57	3.92	0.60	G	E	G	F	E	W
Rogue Resources Inc.	RRS.V	TSXV	Materials	D-	Sell	D-	D-		0.07	0.26	0.06	1.00	W	W	E	W	--	V
Rogue Resources Inc.	GCRIF	OTC PK	Materials	D-	Sell	D-	D-		0.06	0.20	0.04	2.05	W	W	E	W	--	V
Rojo Resources Ltd.	LKYSF	OTC PK	Energy	D	Sell	C-	D-		0.00	0.00	0	2.25	V	G	F	W	--	V
Rojo Resources Ltd.	RJH.V	TSXV	Energy	D	Sell	C-	D	Down	0.19	0.22	0.1	-1.03	V	G	F	W	--	V
Rokk3r Inc.	ROKK	OTC PK	Information Tech	D	Sell	D	D-		1.00	4.00	0.5	1.66	F	W	E	W	--	W
Rokmaster Resources Corp.	RKR.V	TSXV	Materials	D-	Sell	E+	D-		0.04	0.13	0.03	0.97	W	V	F	W	--	W
Rokmaster Resources Corp.	RKMSF	OTC PK	Materials	E+	Sell	E+	D-	Down	0.03	0.07	0.03	-1.07	W	V	F	W	--	W
Roku, Inc.	ROKU	NAS GS	Consumer Discretn	D	Sell	D+	D		93.23	108.32	26.3		W	W	E	W	--	G
Rollins, Inc.	ROL	NYSE	Industrials	B	Buy	B+	C		36.63	43.91	33.75	0.62	E	E	E	G	W	F
Romios Gold Resources Inc.	RG.V	TSXV	Materials	D	Sell	D	D-		0.05	0.09	0.04	1.50	W	W	G	W	--	W
Romios Gold Resources Inc.	RMIOF	OTC PK	Materials	D	Sell	D	D-		0.04	0.07	0.02	0.47	W	W	G	W	--	W
Roots Corporation	ROOT.TO	TSX	Consumer Discretn	D	Sell	C-	D		3.51	11.37	2.91		F	F	F	W	--	V
Roots Corporation	RROTF	OTC PK	Consumer Discretn	D	Sell	C	D		2.69	8.40	2.13		F	F	F	W	--	V
Roper Technologies, Inc.	ROP	NYSE	Industrials	B	Buy	A	B-		362.94	370.31	245.59	1.03	E	E	E	G	W	G
Rorine International Holding Corporation	RIHC	OTC PK	Information Tech	C-	Hold	C	D		1.01	6.80	0.6	-0.33	W	E	E	W	--	F
RosCan Gold Corporation	RCGCF	OTC PK	Materials	E-	Sell	E+	D-		0.13	0.23	0.09		V	V	G	W	--	V

*Ratings Factors: E=Excellent, G=Good, F=Fair, W=Weak, V=Very Weak, U=Unrated

Data as of June 30, 2019

https://greyhouse.weissratings.com

Summer 2019 — I. Index of Stocks

3-Month Total Return (%)	6-Month Total Return (%)	1-Year Total Return (%)	3-Year Total Return (%)	Dividend $ TTM	Dividend Yield TTM	Market Cap. ($Mil)	Enterprise Value ($Mil)	Revenue ($Mil)	Revenue Growth (%)	Net Income ($Mil)	Earnings/Share $	EPS Growth (%)	Cash from Operations ($Mil)	Return on Assets (%)	Return on Equity (%)	Earnings (P/E) TTM	Sales (P/S) TTM	Book (P/B) Q
-17.64	-28.34	-83.11	-94.86			336.2	696.9	2,153	-1.3	-169.0	-93.96	-51.9	1.9	-2.68		-0.1	0.1	0.9
-71.36	-79.88	-95.59				257.8	865.4	328.8	41.5	-211.1	-1.38	-615.5	167.4			-1.2	0.8	0.2
-11.88	1.16	-11.19	69.04	1.18	2.1	6,580	6,588	5,873	9.3	447.9	3.72	49.9	583.2	18.28	40.87	15.2	1.1	6.1
-6.67	-12.50	-30.00	-33.33			30.9	56.1	58.5	14.7	4.1	0.01	-61.1	11.8	6.89	10.53	10.5	0.7	1.0
-11.84	-27.51	-34.79	-48.33			30.9	56.1	58.5	14.7	4.1	0.01	-61.1	11.8	6.89	10.53	6.7	0.4	0.6
13.55	40.39	-36.67	185.00			13.4	13.0	11.9	-21.6	-2.3	-0.06	-23.6	-3.0	-11.36		-4.5	0.9	2.3
2.49	15.58	30.81	19.19	0.68	1.9	239,405	248,021	60,837	7.4	10,788	12.55	23.4	20,383	15.26	36.82	2.8	0.5	1.1
2.05	13.92	29.08	10.21			239,405	248,021	60,837	7.4	10,788	12.55	23.4	20,383	15.26	36.82	22.2	4.0	8.5
4.84	16.89	25.29	9.00			239,405	248,021	60,837	7.4	10,788	12.55	23.4	20,383	15.26	36.82	22.4	4.0	8.6
-25.00	0.00	-25.00	-70.00			0.48	7.7	6.0	-1.8	-4.6	-0.22	-180.5	0.02	-17.5		-0.1	0.1	0.0
-43.65	9.44	-34.66	-48.31			0.48	7.7	6.0	-1.8	-4.6	-0.22	-180.5	0.02	-17.5		-0.1	0.1	0.0
-24.71	-23.81	-50.77	93.94			17.2	15.9	--		-2.6	-0.08	15.4	-1.2	-37.79		-8.5		5.9
-28.93	-31.97	-47.39	122.63			17.2	15.9	--		-2.6	-0.08	15.4	-1.2	-37.79		-6.4		4.4
-9.32	7.63	-18.65				787.5	636.3	--		-78.6	-1.89	34.5	-58.2	-20.53		-8.3		4.0
0.00	25.00	-49.49				113.4	113.4	--		-3.5	-0.18		-0.31			-28.3		-50,000.0
-2.94	-1.00	-1.98	-33.56			16.2	15.9	--		-0.22	0.00	79.2	-0.27	-0.52		-66.0		0.6
-3.57	-6.90	8.00	-35.71			16.2	15.9	--		-0.22	0.00	79.2	-0.27	-0.52		-90.0		0.9
-14.89	-25.93	-13.04				3.9	2.6	--		-0.61	-0.04	-1,530.4	-0.41	-27		-5.3		2.4
-6.67	21.74	3.70	-30.00			1.1	1.1	--		-0.03	0.00	96.8	-0.12	-435.74		-140.0		-2.6
0.85	20.99	-25.19	-43.35			1.1	1.1	--		-0.03	0.00	96.8	-0.12	-435.74		-98.0		-1.8
-6.20	10.10	0.66	57.12	3.83	2.4	19,190	20,519	6,728	3.4	970.8	7.91	149.4	1,062	13.05	59.13	20.5	2.9	14.4
0.00	0.00	0.00	-99.88			0.01	12.4	--		-0.39	-0.01	94.8	-0.48			0.0		0.0
-45.36	20.48	-31.97	-58.51			190.2	165.4	64.0	11.0	-35.3	-0.65	-24.5	-21.2	-43.15		-4.6	2.7	8.5
7.57	6.50	-11.31	149.82	0.50	1.9	195.1	178.5	257.2	2.3	14.9	1.98	29.8	16.6	6.09	9.99	13.3	0.8	1.3
-8.96	-1.36	-20.44	-2.97	0.48	5.8	49.3	45.1	34.5	-9.3	2.2	0.37	-26.0	4.0	7.33	11.21	22.2	1.4	2.4
-14.11	-9.77	-25.93	26.90	0.49	6.4	111.7	495.1	770.6	1.9	11.7	0.58	-32.6	23.2	3.49	7.87	13.0	0.2	1.0
-11.54	-0.31	-23.78	24.63	0.37	6.2	111.7	495.1	770.6	1.9	11.7	0.58	-32.6	23.2	3.49	7.87	10.1	0.2	0.8
-15.97	-50.00	-56.52	-86.49			10.9	11.4	0.40	444.0	-2.3	-0.03	85.5	-4.1	-214.91		-3.6	25.0	-13.5
-55.56	-50.00	-75.00	-80.95			0.87	21.8	33.9	-0.3	-1.0	-0.02	14.5	0.49	1.29		-1.1	0.0	-2.0
2.91	7.10	19.74	58.87	1.48	2.7	27,162	40,622	11,476	0.6	1,546	2.99	2.0	3,357	7.3	26.15	18.2	2.5	4.5
-2.37	1.46	13.57	46.53	1.96	2.8	27,162	40,622	11,476	0.6	1,546	2.99	2.0	3,357	7.3	26.15	23.3	3.1	5.8
-2.87	0.75	14.35	49.03	1.96	2.8	27,162	40,622	11,476	0.6	1,546	2.99	2.0	3,357	7.3	26.15	23.2	3.1	5.8
-0.38	5.02	15.60	48.30	1.96	3.7	27,162	40,622	11,476	0.6	1,546	2.99	2.0	3,357	7.3	26.15	17.7	2.4	4.4
7.75	67.34	50.42	182.69			3,072	3,145	904.3	8.7	89.9	4.82	12.7	75.1	6.21	10.79	34.4	3.4	3.5
-6.12	6.75	12.17	14.40	0.36	6.3	454.4	717.4	614.8	4.4	32.3	0.30	38.9	43.7	5.96	12.18	19.0	1.0	2.3
-2.09	13.31	14.38	14.81	0.27	6.2	454.4	717.4	614.8	4.4	32.3	0.30	38.9	43.7	5.96	12.18	14.6	0.8	1.8
7.69	-17.65	-69.57	-88.33			0.87	0.80	--		-0.43	-0.03	95.8	-0.30	-2.59		-2.5		0.1
-0.50	-28.48	-67.99	-88.47			0.87	0.80	--		-0.43	-0.03	95.8	-0.30	-2.59		-2.1		0.1
0.00	0.00	-99.97	-99.97			0.73	0.73	--		-0.22	-0.04	-56.9	-0.13	-170.59		0.0		0.0
15.15	-52.50	-52.50	-63.81			0.73	0.73	--		-0.22	-0.04	-56.9	-0.13	-170.59		-4.5		-8.6
-18.03	0.00	-52.15	0.00			101.5	102.4	3.4		-3.0	-0.03	98.2	-3.7	-53.48		-34.0	29.9	131.6
-12.50	-53.33	-61.11	-76.67			0.65	0.77	--		-0.41	-0.02	23.2	-0.28	-36.4		-1.8		-12.1
-54.72	-54.72	-66.91	-39.06			0.65	0.77	--		-0.41	-0.02	23.2	-0.28	-36.4		-1.5		-10.1
44.79	209.12	124.00				10,574	10,384	812.6	48.0	-12.0	-0.12	99.0	17.9	-2.17		-792.8	12.7	29.3
-11.88	3.27	5.82	107.38	0.40	1.1	11,997	12,063	1,842	7.9	227.4	0.69	21.2	272.1	16.47	32.91	52.8	6.5	16.7
-16.67	11.11	-9.09	-44.44			7.6	5.3	--		-0.40	0.00	54.6	-0.54	-10.04		-25.0		2.8
-15.43	30.55	-0.74	-42.78			7.6	5.3	--		-0.40	0.00	54.6	-0.54	-10.04		-20.0		2.2
-15.42	12.50	-67.01				112.6	311.2	251.9	-2.6	5.4	0.11	-63.4	17.0	3.31	3.56	31.7	0.6	1.0
-11.83	24.08	-66.86				112.6	311.2	251.9	-2.6	5.4	0.11	-63.4	17.0	3.31	3.56	24.3	0.5	0.7
6.85	38.00	34.46	122.12	1.75	0.5	37,688	42,078	5,276	11.7	1,103	10.56	6.9	1,439	6.12	14.42	34.4	7.2	4.6
-32.50	-85.11	-84.18	-50.61			24.5	24.8	--		-0.04	0.00	95.7	-0.05			-632.8		-82.3
-32.36						13.8	11.4	0.00		-2.3	-0.03	-155.3	-2.1	-106.21		-4.4		6.1

I. Index of Stocks — Summer 2019

Company Name	Stock Ticker Symbol	Traded On	Sector	Overall Rating	Recommendation	Reward Rating	Risk Rating	Recent Up/Downgrade	Stock Price as of 6/30/2019	52-Week High	52-Week Low	3-Year Beta	Growth	Efficiency	Solvency	Volatility	Dividend	Total Return
RosCan Gold Corporation	ROS.V	TSXV	Materials	D-	Sell	D-	D	Down	0.15	0.33	0.05	3.74	V	V	G	W	–	G
Rosehearty Energy Inc.	GAXFF	OTC PK	Materials	D	Sell	E	C		0.00	0.00	0	-8.31	V	V	G	F	–	F
Rosehill Resources Inc.	ROSE	NAS CM	Energy	D	Sell	C-	D		3.51	9.45	1.95	3.70	W	G	W	W	–	V
Rosetta Stone Inc.	RST	NYSE	Communication Svc	C	Hold	C	D+	Up	22.58	26.88	14.14	0.09	W	G	F	F	–	E
Rosita Mining Corporation	RST.V	TSXV	Materials	D	Sell	D+	D		0.04	0.08	0.03	5.25	V	F	F	W	–	W
Rosita Mining Corporation	MDLXF	OTC PK	Materials	D	Sell	D	D		0.00	0.05	0	14.76	V	F	F	W	–	W
Ross River Minerals Inc.	RRMH.V	TSXV	Materials	D-	Sell	E	D	Down	0.26	0.26	0.1	2.30	W	V	F	W	–	G
Ross River Minerals Inc.	RRMLF	OTC PK	Materials	D-	Sell	E	D	Down	0.07	0.08	0	-182.04	W	V	F	W	–	F
Ross Stores, Inc.	ROST	NAS GS	Consumer Discretn	B	Buy	B+	C+		100.54	105.31	75.91	0.86	E	E	E	F	W	F
Roughrider Exploration Limited	REL.V	TSXV	Energy	D	Sell	C-	E+	Up	0.06	0.15	0.06	1.13	W	G	G	V	–	V
Route1 Inc.	ROIUF	OTC PK	Information Tech	D	Sell	D+	D	Down	0.05	0.06	0.03	2.48	F	W	G	W	–	G
Route1 Inc.	ROI.V	TSXV	Information Tech	D	Sell	D+	D	Down	0.05	0.08	0.03	1.41	F	W	G	W	–	F
Routemaster Capital Inc.	RM.V	TSXV	Financials	D	Sell	C-	D-		0.05	0.23	0.04	0.32	W	G	E	W	–	V
Routemaster Capital Inc.	RDNAF	OTC PK	Financials	D+	Sell	C	D	Up	0.05	0.14	0	-0.25	W	G	E	W	–	W
Rover Metals Corp.	ROVR.V	TSXV	Materials	D-	Sell	E+	D		0.07	0.11	0.03		W	V	G	W	–	W
Rover Metals Corp.	ROVMF	OTC PK	Materials	E-	Sell	E+	D		0.05	2.01	0.04		W	V	G	W	–	W
Roxgold Inc.	ROGFF	OTC PK	Materials	C	Hold	C+	D+	Up	0.81	0.97	0.55	-0.37	G	G	E	W	–	W
Roxgold Inc.	ROXG.TO	TSX	Materials	C	Hold	C+	D+	Up	1.05	1.15	0.72	-0.75	G	G	E	W	–	W
Royal Bank of Canada	RYPRT	NYSE	Financials	C	Hold	A-	C		30.70	35.33	28.05	0.09	E	G	E	F	E	F
Royal Bank of Canada	RY	NYSE	Financials	B+	Buy	A	B-	Up	78.99	81.56	65.76	0.98	E	G	E	G	G	F
Royal Bank of Canada	RY.TO	TSX	Financials	B	Buy	B+	B		103.46	107.91	90.1	0.70	E	G	E	G	G	F
Royal Bank of Canada	RYPRM.TO	TSX	Financials	C	Hold	B	D		18.99	24.71	18.15	0.30	E	G	E	W	E	W
Royal Caribbean Cruises Ltd.	RCL	NYSE	Consumer Discretn	B	Buy	A-	C	Up	119.20	133.60	89.48	1.48	E	E	G	F	F	F
Royal Dutch Shell plc	RYDBF	OTC PK	Energy	C	Hold	B+	C		33.00	37.07	28.25	0.58	E	E	G	F	G	F
Royal Dutch Shell plc	RYDAF	OTC PK	Energy	B	Buy	B+	C+	Up	32.84	36.00	27.55	0.54	E	E	G	F	G	F
Royal Dutch Shell plc	RDSA	NYSE	Energy	B	Buy	B+	C	Up	65.09	71.85	55.04	0.58	E	E	G	F	G	F
Royal Dutch Shell plc	RDSB	NYSE	Energy	B-	Buy	B+	C		65.91	75.28	56.26	0.58	E	E	G	F	G	F
Royal Energy Resources, Inc.	ROYE	OTC PK	Energy	D	Sell	C-	D	Down	3.20	5.00	1.07	-2.13	F	F	G	W	–	W
Royal Financial Inc.	RYFL	OTC PK	Financials	C	Hold	B	C		15.42	17.90	13.75	0.52	E	G	E	F	–	F
Royal Gold, Inc.	RGLD	NAS GS	Materials	C	Hold	B	D+	Up	101.96	102.62	70.16	-0.05	G	G	E	F	W	F
Royal Helium Ltd.	RHC.V	TSXV	Energy	D-	Sell	E+	D-		0.02	0.07	0.01		W	V	G	W	–	V
Royal Nickel Corporation	RNKLF	OTC PK	Materials	D	Sell	D+	D	Up	0.49	0.90	0.05	1.25	W	W	G	W	–	F
Royal Nickel Corporation	RNX.TO	TSX	Materials	D	Sell	D+	D	Up	0.63	1.18	0.07	1.28	W	W	G	W	–	F
Royal Standard Minerals Inc.	RYSMF	OTC PK	Materials	D+	Sell	C-	D	Down	0.01	3.14	0	-238.24	W	E	F	W	–	W
Royale Energy, Inc.	ROYL	OTC PK	Energy	D	Sell	D	D		0.25	0.48	0.12	4.27	F		F	W	–	W
Royalty North Partners Ltd.	RNP.V	TSXV	Financials	D	Sell	D+	D-	Up	0.14	0.19	0.1	0.46	W	F	G	W	–	W
RPC, Inc.	RES	NYSE	Energy	C-	Hold	C+	D		7.12	17.24	6.7	1.03	G	G	E	W	G	V
RPM International Inc.	RPM	NYSE	Materials	C	Hold	C+	C-	Down	59.82	68.13	51.95	1.11	W	E	E	F	F	F
RPT Realty	RPT	NYSE	Real Estate	C-	Hold	C+	D		12.01	14.42	11.26	0.70	W	E	E	W	E	W
RSA Insurance Group plc	RSNAY	OTC PK	Financials	C	Hold	B	C-		7.19	9.30	6.13	0.27	F	G	E	F	G	W
RSA Insurance Group plc	RSAIF	OTC PK	Financials	C	Hold	B	C-		7.27	8.33	6.46	0.45	F	G	E	F	G	W
RSI International Systems Inc.	RSY.V	TSXV	Information Tech	D+	Sell	C-	D	Up	0.09	0.12	0.03	0.77	F	W	E	W	–	W
RSI International Systems Inc.	RSYFF	OTC PK	Information Tech	D-	Sell	D			0.04	0.04	0.04		F	W	E	W	–	W
RT Minerals Corp	RTMFF	OTC PK	Materials	D-	Sell	E+	D-	Up	0.04	0.08	0.04	0.50	W	V	G	W	–	V
RT Minerals Corp	RTM.V	TSXV	Materials	E+	Sell	E+	D-		0.05	0.10	0.05	0.01	W	V	G	W	–	V
RTI Surgical Holdings, Inc.	RTIX	NAS GS	Health Care	D	Sell	D+	D	Down	4.42	6.15	3.51	1.42	W	W	E	F	–	F
RTW Retailwinds, Inc.	RTW	NYSE	Consumer Discretn	D	Sell	D	D	Down	1.81	5.55	1.56	0.85	W	W	G	W	–	W
Rubicon Minerals Corporation	RMX.TO	TSX	Materials	E+	Sell	E+	E+	Down	0.66	1.73	0.63	-0.10	W	V	G	V	–	V
Rubicon Minerals Corporation	RBYCF	OTC PK	Materials	E+	Sell	E+	E+	Down	0.49	1.26	0.47	0.13	W	V	G	V	–	V
Rubicon Organics Inc.	ROMJF	OTC PK	Health Care	E+	Sell	E+	D	Up	2.26	2.61	1.3		W	V	G	F	–	W
Rubicon Technology, Inc.	RBCN	NAS CM	Information Tech	C-	Hold	C-	C-	Up	8.35	9.46	7.24	0.55	F	W	E	F	–	F
Rubius Therapeutics, Inc.	RUBY	NAS GS	Health Care	D-	Sell	D-	D	Down	14.96	33.01	12.71		V	W	E	W	–	W

*Ratings Factors: E=Excellent, G=Good, F=Fair, W=Weak, V=Very Weak, U=Unrated

Summer 2019 — I. Index of Stocks

TOTAL RETURNS %				DIVIDEND/YIELD		SIZE		REVENUE & INCOME			EARNINGS		EFFECTIVENESS			VALUATION		
3-Month Total Return (%)	6-Month Total Return (%)	1-Year Total Return (%)	3-Year Total Return (%)	Dividend $ TTM	Dividend Yield TTM	Market Cap. ($Mil)	Enterprise Value ($Mil)	Revenue ($Mil)	Revenue Growth (%)	Net Income ($Mil)	Earnings/Share $	EPS Growth (%)	Cash from Operations ($Mil)	Return on Assets (%)	Return on Equity (%)	Earnings (P/E) TTM	Sales (P/S) TTM	Book (P/B) Q
-50.00	100.00	130.77	900.00			13.8	11.4	0.00		-2.3	-0.03	-155.3	-2.1	-106.21		-5.2		7.3
0.00	0.00	9,900.00	0.00			0.00	-0.01	--		-0.11	-0.01	-7,300.0	-0.16	-293.64		0.0		0.1
8.67	50.64	-56.45				50.5	628.7	302.6	177.2	21.6	-4.11	-72.0	208.8	6.62	7.61	-0.9	0.2	1.6
6.76	40.42	39.30	203.49			537.9	516.6	175.4	-2.4	-15.6	-0.72	-88.8	4.3	-5.47		-31.4	3.0	-54.9
-22.22	16.67	0.00	-46.15			1.8	1.8	--		-0.24	0.00	-442.9	-0.10	-5.1		-9.2		1.8
-95.59	-88.46	-93.18	-97.36			1.8	1.8	--		-0.24	0.00	-442.9	-0.10	-5.1		-0.4		0.1
0.00	0.00	36.84	160.00			1.7	1.9	--		-0.04	0.00	-169.6	-0.05	-6.03		-54.2		-9.9
0.00	0.00	-50.59	19.14			1.7	1.9	--		-0.04	0.00	-169.6	-0.05	-6.03		-14.4		-2.6
9.67	23.91	19.38	87.20	0.96	1.0	36,666	38,664	15,192	5.4	1,590	4.30	11.9	2,104	16.88	49.72	23.4	2.4	11.2
-20.00	-14.29	-52.00	-90.40			0.63	0.51	--		-1.3	-0.10	-38.2	-0.32	-120.33		-0.6		-66.7
6.64	39.52	124.15	22.63			13.9	14.3	21.4	373.4	-0.60	0.00	32.0	0.27	4.15		-27.4	0.8	25.9
-23.08	-16.67	42.86	25.00			13.9	14.3	21.4	373.4	-0.60	0.00	32.0	0.27	4.15		-29.4	0.9	27.8
0.00	-18.18	-76.32	-55.00			1.4	3.6	-3.7	-247.3	-6.2	-0.16	-273.5	-0.95	-83.54		-0.3	-0.5	-0.6
51.61	67.86	-54.50	4,600.00			1.4	3.6	-3.7	-247.3	-6.2	-0.16	-273.5	-0.95	-83.54		-0.3	-0.5	-0.6
18.18	85.71	-35.00				2.3	2.2	--		-1.4	-0.04	-227.9	-0.68	-52.44		-1.8		4.4
25.00						2.3	2.2	--		-1.4	-0.04	-227.9	-0.68	-52.44		-1.4		3.4
19.64	39.83	-1.59	-26.02			296.0	304.8	155.5	-8.4	20.7	0.05	-34.9	61.8	9.25	14.74	16.7	2.1	1.8
15.38	34.62	-2.78	-27.08			296.0	304.8	155.5	-8.4	20.7	0.05	-34.9	61.8	9.25	14.74	21.8	2.7	2.4
2.60	3.56	9.99	16.65	1.69	5.5	113,118	--	32,745	3.7	9,675	6.56	7.3	-24,544		16.11	4.7	1.4	0.8
5.25	18.16	10.26	50.87	3.92	5.0	113,118	--	32,745	3.7	9,675	6.56	7.3	-24,544		16.11	12.0	3.5	2.0
2.63	13.30	8.82	51.65	3.92	3.8	113,118	--	32,745	3.7	9,675	6.56	7.3	-24,544		16.11	15.8	4.6	2.6
-2.55	-6.28	-18.50	12.30	0.90	4.7	113,118	--	32,745	3.7	9,675	6.56	7.3	-24,544		16.11	2.9	0.8	0.5
6.61	25.57	17.04	94.02	2.80	2.4	24,990	36,416	9,906	12.6	1,842	8.75	15.7	3,633	4.71	16.5	13.6	2.5	2.2
5.26	11.77	-7.63	25.95			264,027	340,079	382,879	18.7	23,454	2.83	54.8	52,243	4.98	11.97	11.7	0.7	1.4
2.69	14.11	-5.36	25.10			264,027	340,079	382,879	18.7	23,454	2.83	54.8	52,243	4.98	11.97	11.6	0.7	1.4
5.21	14.86	-1.16	46.39	3.20	4.9	264,027	340,079	382,879	18.7	23,454	2.83	54.8	52,243	4.98	11.97	23.0	1.4	2.7
4.89	14.07	-3.85	49.83	3.76	5.7	264,027	340,079	382,879	18.7	23,454	2.83	54.8	52,243	4.98	11.97	23.3	1.4	2.7
60.00	6.67	58.42	-71.56			59.5	102.4	249.3	12.3	-14.8	-0.84	29.7	10.3	-5.12		-3.8	0.2	0.5
0.13	7.83	-9.29	32.93			39.2	--	13.3	17.6	1.7	0.67	-15.1	--		5.09	23.1	2.9	1.1
11.44	23.50	12.94	53.59	1.03	1.0	6,680	6,862	419.7	-6.7	94.0	1.44	178.0	257.9	3.12	4.08	70.9	15.9	3.1
100.00	33.33	-55.56				2.8	2.5	--		-1.8	-0.01	-866.7	-0.57	-10.87		-1.7		2.4
32.12	39.15	511.84	60.13			267.7	273.2	102.1	47.2	0.68	0.00	99.7	-7.5	8.22		-705.7	2.3	8.6
26.00	28.57	500.00	57.50			267.7	273.2	102.1	47.2	0.68	0.00	99.7	-7.5	8.22		-900.0	2.9	10.9
-96.63	-99.63	-98.34	-98.58			0.02	0.12	--		-0.03	-0.03	20.5	-0.02	-165.1		-0.4		-0.1
-22.75	82.09	-39.30	-40.72			12.9	32.1	3.5	142.6	-24.5	-0.55	-361.6	-3.4	-7.83		-0.5	3.6	-0.6
-6.67	40.00	7.69	-95.69			1.2	5.8	1.2	125.7	0.61	0.04	108.1	0.63	5.57	15.64	3.4	1.3	0.4
-37.12	-27.26	-49.71	-49.13	0.35	4.9	1,532	1,466	1,619	-6.6	122.5	0.57	-41.2	356.5	7.35	13.31	12.6	0.9	1.6
3.81	4.47	5.42	34.83	1.37	2.3	7,841	10,167	5,521	5.0	218.8	1.64	-41.8	395.1	5.99	14.28	36.4	1.4	5.5
0.98	2.68	-2.28	-22.73	0.88	7.3	965.0	1,969	257.9	-0.9	20.8	0.16	-76.3	92.7	2.34	2.5	73.1	3.7	1.4
8.45	11.28	-16.85	30.04	0.27	3.8	7,467	7,550	9,360	2.3	471.1	0.42	27.1	251.0	1.69	9.15	17.1	0.8	1.5
10.55	12.09	-17.95	3.03			7,467	7,550	9,360	2.3	471.1	0.42	27.1	251.0	1.69	9.15	17.3	0.8	1.5
0.00	125.00	63.64	-50.00			2.5	-1.3	3.2	-13.7	3.6	0.10	825.9	0.11	3.94	166.85	0.9	1.0	0.8
0.00	0.00	-30.96				2.5	-1.3	3.2	-13.7	3.6	0.10	825.9	0.11	3.94	166.85	0.4	0.4	0.3
-28.13	-40.02	-48.57	-97.12			0.46	0.39	--		-0.84	-0.09	44.1	-0.23	-39.12		-0.4		0.5
-28.57	-9.09	-50.00	-97.14			0.46	0.39	--		-0.84	-0.09	44.1	-0.23	-39.12		-0.5		0.7
-24.57	17.55	-2.86	23.46			326.7	554.5	280.7	0.4	-9.4	-0.17	-1,293.7	2.5	0.86		-26.1	1.0	1.4
-24.27	-35.82	-64.72	19.87			115.2	292.5	875.4	-6.5	-1.1	-0.03	-113.0	16.6	0.78		-67.8	0.1	1.5
-44.07	-49.03	-40.00	-91.85			35.3	37.4	--		-16.8	-0.25	11.4	-14.0	-32.39		-2.6		5.2
-44.77	-49.98	-41.80	-92.50			35.3	37.4	--		-16.8	-0.25	11.4	-14.0	-32.39		-1.9		3.8
1.67	74.39					83.0	86.9	1.1	37.0	-22.8	-0.69	-271.7	-5.6	-35.54		-3.3	72.8	5.4
1.83	6.10	5.30	24.63			22.4	-3.3	3.8	-21.9	1.1	0.38	107.9	-0.46	-3.99	3.11	22.0	6.1	0.7
-16.98	-8.16					1,196	869.9	--		-106.5	-3.39	48.2	-70.3	-21.23		-4.4		3.2

https://greyhouse.weissratings.com

Data as of June 30, 2019

I. Index of Stocks

Summer 2019

Company Name	Stock Ticker Symbol	Traded On	Sector	Overall Rating	Recommendation	Reward Rating	Risk Rating	Recent Up/ Downgrade	Stock Price as of 6/30/2019	52-Week High	52-Week Low	3-Year Beta	Growth	Efficiency	Solvency	Volatility	Dividend	Total Return
Rudolph Technologies, Inc.	RTEC	NYSE	Information Tech	C	Hold	B-	D+		28.42	30.90	18.13	1.19	F	E	E	W	–	F
Rugby Mining Limited	RBMNF	OTC PK	Materials	D	Sell	D-	D	Up	0.12	0.23	0.11	2.33	W	V	G	W	–	W
Rugby Mining Limited	RUG.V	TSXV	Materials	D-	Sell	D-	D-	Down	0.15	0.32	0.13	0.41	W	V	G	W	–	W
Ruhnn Holding Limited	RUHN	NAS GS	Consumer Discretn	E-	Sell	D	D		3.19	12.14	3.06		F	W	F	W	–	V
RumbleON, Inc.	RMBL	NAS CM	Consumer Discretn	D	Sell	D	D		4.32	10.98	3.95	1.97	F	V	E	W	–	W
Running Fox Resource Corp.	RFXRF	OTC PK	Energy	D	Sell	D-	D		0.01	0.02	0.01	-0.26	W	W	G	W	–	W
Running Fox Resource Corp.	RUN.V	TSXV	Energy	D	Sell	D	D	Up	0.02	0.03	0.01	0.97	W	W	G	W	–	F
Rupert Resources Ltd.	RUP.V	TSXV	Materials	D	Sell	D	D		0.93	1.12	0.75	-0.82	V	W	E	W	–	W
Rupert Resources Ltd.	RUPRF	OTC PK	Materials	D	Sell	D	D		0.67	0.80	0.58	0.05	V	W	E	W	–	W
Rush Enterprises, Inc.	RUSHA	NAS GS	Industrials	C+	Hold	B	C-	Down	36.37	46.22	31.53	1.54	F	G	G	F	W	F
Rush Enterprises, Inc.	RUSHB	NAS GS	Industrials	C	Hold	B	C		37.30	46.99	32.35	1.42	F	G	G	F	W	F
Rusoro Mining Ltd.	RMLFF	OTC PK	Materials	D+	Sell	C	D	Up	0.06	0.32	0.04	-3.15	W	E	F	W	–	W
Rusoro Mining Ltd.	RML.V	TSXV	Materials	D+	Sell	C	D	Up	0.07	0.42	0.06	-3.37	W	E	F	W	–	W
Russel Metals Inc.	RUS.TO	TSX	Industrials	C	Hold	B	D		21.95	30.99	19.72	1.10	F	E	E	W	G	W
Russel Metals Inc.	RUSMF	OTC PK	Industrials	C	Hold	B	D		16.87	23.22	13.87	1.41	F	E	E	W	E	W
Ruth's Hospitality Group, Inc.	RUTH	NAS GS	Consumer Discretn	C+	Hold	B	C-	Down	22.74	33.95	21.7	0.74	E	E	G	F	F	W
Ryanair Holdings plc	RYAAY	NAS GS	Industrials	D+	Sell	C	D		63.85	118.76	60.83	1.12	F	E	G	W	–	W
Ryanair Holdings plc	RYAOF	OTC PK	Industrials	C-	Hold	C	D		11.50	17.92	11.5	0.24	F	E	G	W	–	W
RYB Education, Inc.	RYB	NYSE	Consumer Discretn	D	Sell	D+	D-	Up	6.73	22.94	5.6		W	F	G	W	–	V
Ryder System, Inc.	R	NYSE	Industrials	C-	Hold	B-	D	Down	56.49	79.95	44.8	2.03	W	G	G	W	G	W
Ryerson Holding Corporation	RYI	NYSE	Materials	C-	Hold	C+	D	Down	8.08	12.85	5.99	1.63	F	G	F	W	–	W
Ryman Hospitality Properties, Inc.	RHP	NYSE	Real Estate	B	Buy	A-	C+		79.41	90.02	64.36	1.18	E	E	G	F	G	F
RYU Apparel Inc.	RYU.V	TSXV	Consumer Discretn	D-	Sell	E+	D-		0.05	0.23	0.05	0.61	F	V	E	W	–	W
RYU Apparel Inc.	RYPPF	OTC PK	Consumer Discretn	D-	Sell	E+	D-		0.04	0.20	0.03	1.14	F	V	E	W	–	W
S&P Global Inc.	SPGI	NYSE	Financials	B-	Buy	A-	C-	Down	226.99	235.58	156.68	0.90	G	E	W	F	W	G
S&T Bancorp, Inc.	STBA	NAS GS	Financials	B-	Buy	B+	C		37.16	47.77	35.16	0.68	G	E	E	F	G	F
S&W Seed Company	SANW	NAS CM	Consumer Staples	D	Sell	D	D		2.64	3.40	1.81	1.31	W	W	G	W	–	W
Sabina Gold & Silver Corp.	SBB.TO	TSX	Materials	D	Sell	D	D-		1.36	1.67	0.99	-0.13	W	W	E	W	–	W
Sabina Gold & Silver Corp.	SGSVF	OTC PK	Materials	D	Sell	D	D-		1.04	1.28	0.73	0.27	W	W	E	W	–	W
Sabine Royalty Trust	SBR	NYSE	Energy	B	Buy	A	C		48.27	52.59	30.27	0.91	E	E	E	F	E	F
Sable Resources Ltd.	SAE.V	TSXV	Materials	D-	Sell	E+	D	Down	0.13	0.37	0.09	-1.18	V	V	E	W	–	F
Sable Resources Ltd.	SBLRF	OTC PK	Materials	D-	Sell	E+	D	Down	0.09	0.28	0.07	12.07	V	V	E	W	–	W
Sabra Health Care REIT, Inc.	SBRA	NAS GS	Real Estate	C	Hold	B-	D		19.45	23.83	15.7	1.03	F	E	E	W	E	W
Sabre Corporation	SABR	NAS GS	Information Tech	C	Hold	B-	D		22.38	26.78	19.41	0.86	F	E	G	W	G	W
Sachem Capital Corp.	SACH	AMEX	Financials	C	Hold	B+	C		5.33	5.64	3.8	0.29	F	E	E	F	E	F
Saddle Ranch Media, Inc.	SRMX	OTC PK	Communication Svc	D	Sell	D	D-		0.00	0.00	0	1.78	W	W	F	W	–	W
SAExploration Holdings, Inc.	SAEX	NAS CM	Energy	D-	Sell	D-	D-		3.48	73.80	1.82	4.37	F	V	F	W	–	W
Safe Bulkers, Inc.	SB	NYSE	Industrials	U		U	U		1.54	3.63	1.28	0.86	U	U	U	U	U	U
Safeguard Scientifics, Inc.	SFE	NYSE	Financials	D+	Sell	D+	D+	Up	12.06	13.18	7.98	0.57	W	F	E	W	–	W
Safehold Inc.	SAFE	NYSE	Real Estate	C-	Hold	B-	C	Up	29.06	31.08	16.13	0.20	F	G	E	F	F	F
Safe-T Group Ltd	SFET	NAS CM	Information Tech	U		U	U		1.60	15.30	1.58		U	U	U	U	U	U
Safety Insurance Group, Inc.	SAFT	NAS GS	Financials	B	Buy	A	B-	Down	93.91	99.70	77.58	0.62	E	E	E	G	G	F
Saga Communications, Inc.	SGA	NAS	Communication Svc	C-	Hold	C+	D		30.37	39.00	28	0.69	W	E	E	W	E	W
Sage Therapeutics, Inc.	SAGE	NAS	Health Care	D	Sell	D	D		180.44	185.61	79.88	2.62	W	V	E	W	–	G
Sahara Energy Ltd.	SAH.V	TSXV	Energy	D+	Sell	C	D		0.02	0.03	0.02	1.33	G	W	E	W	–	W
Sahara Energy Ltd.	SAHRF	OTC PK	Energy	C-	Hold	C	D	Up	0.01	0.02	0.01	0.97	G	W	E	W	–	W
Saia, Inc.	SAIA	NAS GS	Industrials	C+	Hold	B+	C-		62.68	83.75	52.04	1.21	E	E	E	F	–	F
SailPoint Technologies Holdings, Inc.	SAIL	NYSE	Information Tech	D+	Sell	C	D	Down	19.81	34.60	16.63		F	F	E	F	–	W
Saint Jean Carbon Inc.	TORVF	OTC PK	Materials	D-	Sell	D-	D-		0.01	0.04	0.01	4.85	F	V	G	W	–	V
Saint Jean Carbon Inc.	SJL.V	TSXV	Materials	D-	Sell	D-	D-		0.04	0.06	0.02	1.51	F	V	G	W	–	V
Saipem S.p.A.	SAPMF	OTC PK	Energy	C-	Hold	B-	D	Up	5.15	6.20	4.16	0.96	F	W	G	F	–	E
Saipem S.p.A.	SAPMY	OTC PK	Energy	D	Sell	C-	D		9.92	12.81	7.06	2.05	F	W	G	W	–	F

*Ratings Factors: E=Excellent, G=Good, F=Fair, W=Weak, V=Very Weak, U=Unrated

Summer 2019 — I. Index of Stocks

3-Month Total Return (%)	6-Month Total Return (%)	1-Year Total Return (%)	3-Year Total Return (%)	Dividend $ TTM	Dividend Yield TTM	Market Cap. ($Mil)	Enterprise Value ($Mil)	Revenue ($Mil)	Revenue Growth (%)	Net Income ($Mil)	Earnings/Share $	EPS Growth (%)	Cash from Operations ($Mil)	Return on Assets (%)	Return on Equity (%)	Earnings (P/E) TTM	Sales (P/S) TTM	Book (P/B) Q
27.85	41.82	-2.50	89.72			909.1	753.6	261.6	-2.2	37.5	1.17	-8.1	28.9	6.15	10.43	24.3	3.4	2.4
-22.00	10.66	-48.08	-39.74			9.6	8.9	--		-1.8	-0.02	12.6	-1.6	-228.02		-5.0		13.7
-28.57	-11.76	-50.00	-45.45			9.6	8.9	--		-1.8	-0.02	12.6	-1.6	-228.02		-6.4		17.7
						263.9	250.3	158.1	40.7	-16.9	-2.14	-22,673.7	-6.5			-1.5	0.3	-1.9
-20.73	-18.49	-25.00				99.3	164.4	371.5	2,320.6	-29.8	-1.77	-80.8	-27.0	-25.67		-2.4	0.2	3.0
-4.55	-4.55	-60.62	-56.85			0.63	-0.22	--		-0.28	-0.01	0.0	-0.18	-11.93		-1.2		0.4
0.00	50.00	-25.00	-40.00			0.63	-0.22	--		-0.28	-0.01	0.0	-0.18	-11.93		-2.9		1.0
12.05	-13.89	-5.10	24.00			86.0	85.2	--		-4.3	-0.04	-2.6	-1.9	-9.47		-23.4		6.0
14.42	-1.34	-6.47	16.38			86.0	85.2	--		-4.3	-0.04	-2.6	-1.9	-9.47		-16.8		4.3
-12.44	4.63	-15.05	79.13	0.48	1.3	1,341	3,120	5,614	14.3	155.1	3.92	-9.2	58.4	4.68	14.67	9.3	0.3	1.2
-10.63	3.54	-13.75	86.99	0.48	1.3	1,341	3,120	5,614	14.3	155.1	3.92	-9.2	58.4	4.68	14.67	9.5	0.3	1.3
-30.10	-43.37	-7.50	-48.13			29.1	45.6	--		-12.6	-0.02	-26.9	-0.19	-2,066.71		-2.4		-0.3
-39.13	-46.15	-6.67	-48.15			29.1	45.6	--		-12.6	-0.02	-26.9	-0.19	-2,066.71		-3.0		-0.4
-4.53	9.49	-13.48	13.83	1.52	6.9	1,039	1,498	3,252	21.7	164.2	2.62	57.8	69.8	9.99	23.37	8.4	0.4	1.8
-2.12	14.31	-13.89	13.57	1.14	6.8	1,039	1,498	3,252	21.7	164.2	2.62	57.8	69.8	9.99	23.37	6.4	0.3	1.4
-11.02	2.34	-18.21	52.09	0.48	2.1	693.1	921.8	455.6	7.0	41.9	1.40	31.5	74.7	10.33	44.97	16.2	1.5	6.8
-14.71	-10.56	-43.18	-5.60			12,692	13,241	9,116	14.5	1,336	1.15	-16.7	2,153	7.52	23.55	55.5	7.9	13.0
-14.31	-21.54	-39.63	-25.32			12,692	13,241	9,116	14.5	1,336	1.15	-16.7	2,153	7.52	23.55	10.0	1.4	2.3
0.90	11.42	-66.18				192.5	176.3	114.5	8.9	-6.1	-0.21	-702.3	--			-31.8	1.7	1.9
-7.50	20.56	-16.72	4.22	2.16	3.8	3,011	10,298	8,686	16.4	285.1	5.38	-63.7	1,804	3.34	10.6	10.5	0.3	1.2
-7.45	28.46	-27.21	-47.70			305.3	1,568	4,698	34.6	125.1	3.31	870.6	7.2	5.47	212.54	2.4	0.1	2.8
-5.26	21.15	-0.01	88.40	3.50	4.4	4,037	6,823	1,354	13.7	266.7	5.18	56.0	332.6	4.66	47.64	15.3	3.1	9.2
-23.08	-58.33	-70.59	-68.75			21.6	29.4	4.1	50.5	-13.9	-0.03	18.9	-11.6	-47.17		-1.7	6.0	4.1
-16.93	-55.56	-68.28	-71.01			21.6	29.4	4.1	50.5	-13.9	-0.03	18.9	-11.6	-47.17		-1.4	4.8	3.3
9.60	35.62	12.64	130.99	2.14	0.9	55,858	60,553	6,263	1.4	1,877	7.45	20.5	1,997	19.51	118.16	30.5	9.0	170.8
-5.70	-0.44	-11.90	72.49	1.06	2.9	1,276	--	263.6	-2.0	102.1	2.93	26.4	120.7		11.11	12.7	4.9	1.4
-3.65	38.22	-16.19	-38.60			87.9	148.1	72.8	1.0	-10.4	-0.37	43.6	-24.6	-2.47		-7.1	1.2	0.9
7.09	11.48	-9.93	22.52			302.7	273.7	--		-6.7	-0.02	-45.2	-1.5	-1.44		-56.4		1.2
11.59	16.99	-8.75	21.64			302.7	273.7	--		-6.7	-0.02	-45.2	-1.5	-1.44		-43.2		0.9
5.81	36.67	10.51	78.12	3.55	7.4	703.7	695.5	55.5	48.1	52.8	3.62	51.6	--	431	901.66	13.3	12.7	110.4
-19.35	-37.50	-45.65	212.50			13.9	13.3	--		-6.3	-0.05	-9.4	-5.5	-65.38		-2.5		4.3
-11.43	-34.97	-59.05	1,760.00			13.9	13.3	--		-6.3	-0.05	-9.4	-5.5	-65.38		-1.9		3.2
1.34	24.06	-3.45	22.98	1.80	9.3	3,491	6,691	599.9	17.3	138.9	0.73	-43.4	310.9	2.62	4.29	26.7	5.8	1.1
5.86	5.42	-6.90	-7.11	0.56	2.5	6,148	9,177	3,928	7.0	306.5	1.11	20.6	680.8	5.7	34.19	20.2	1.6	6.4
21.57	35.75	45.74		0.52	9.8	100.8	--	10.2	32.8	7.9	0.50	15.7	6.1		14.05	10.7	8.1	1.5
-16.67	-42.86	-76.47				2.1	4.1	0.00	-100.0	-0.32	0.00	85.7	0.19			-2.0		0.4
6.42	76.65	-88.55	-99.23			14.9	123.3	150.9	93.5	-77.5	-80.19	58.5	-35.0	-18.17		0.0	0.3	0.9
1.32	-11.49	-56.25	52.48			155.9	663.9	96.1	-35.1	15.5	0.10	109.8	46.7			16.1	1.6	0.3
10.74	44.09	-6.15	2.64			248.2	246.0	--		12.2	0.58	116.4	-25.0	-4.04	14.82	20.6		2.8
36.56	52.68	55.47		0.61	2.1	895.7	1,586	58.3	97.1	14.6	0.80	575.9	5.3	2.51	4.01	36.3	15.3	1.5
-51.66	-41.82	-92.00				4.5	2.7	0.92	-24.5	-4.8	-0.16	55.7	-1.9			-10.0	112.7	35.1
7.20	16.66	13.93	73.23	3.20	3.4	1,445	1,459	849.4	0.6	104.0	6.77	73.1	121.7	4.35	14.44	13.9	1.7	1.9
-7.86	-6.49	-18.11	-9.63	1.20	4.0	180.9	163.1	124.6	3.9	13.5	2.27	-75.3	27.5	4.97	7.41	13.4	1.4	1.0
12.90	102.76	18.83	538.73			9,229	7,920	90.7		-461.7	-9.75	-33.7	-332.0	-24.02		-18.5	96.4	7.0
-20.00	0.00	-33.33	0.00			4.4	-2.7	0.15	285.5	-0.44	0.00	25.0	-0.40	-3.13		-13.3	40.0	0.6
0.00	-9.09	-37.50	42.86			4.4	-2.7	0.15	285.5	-0.44	0.00	25.0	-0.40	-3.13		-6.7	20.0	0.3
1.08	13.12	-22.76	163.92			1,608	1,832	1,672	13.4	106.1	4.04	5.0	251.3	7.86	16.02	15.5	1.0	2.3
-29.70	-14.69	-20.31				1,757	1,714	259.8	30.2	1.2	0.00	100.7	39.4	1.01	0.35	6,190.6	6.7	4.7
-56.52	-8.26	-75.00	-95.14			2.0	2.0	0.33		-1.5	-0.02	16.6	-0.28	-25.35		-0.6	2.2	0.3
0.00	40.00	-12.50	-78.12			2.0	2.0	0.33		-1.5	-0.02	16.6	-0.28	-25.35		-2.1	7.8	0.9
-1.90	18.39	11.96	1,150.67			4,991	6,995	7,523	-25.7	-490.3	-0.65	34.4	673.3			-8.0	0.7	
-4.34	35.15	10.96	43.40			4,991	6,995	7,523	-25.7	-490.3	-0.65	34.4	673.3			-15.3	1.3	

I. Index of Stocks

Summer 2019

Company Name	Stock Ticker Symbol	Traded On	Sector	Overall Rating	Recommendation	Reward Rating	Risk Rating	Recent Up/Downgrade	Stock Price as of 6/30/2019	52-Week High	52-Week Low	3-Year Beta	Growth	Efficiency	Solvency	Volatility	Dividend	Total Return
Saker Aviation Services, Inc.	SKAS	OTC PK	Industrials	C	Hold	B-	D+	Up	3.00	4.50	2.1	1.34	W	G	E	W	--	G
Salazar Resources Limited	SRLZF	OTC PK	Materials	D+	Sell	C-	D+	Down	0.12	0.15	0.07	-0.17	W	F	E	W	--	F
Salazar Resources Limited	SRL.V	TSXV	Materials	C-	Hold	C	D	Down	0.19	0.20	0.1	-0.37	W	F	E	W	--	G
Salem Media Group, Inc.	SALM	NAS	Communication Svc	D+	Sell	C	D-		2.24	6.25	1.85	1.84	W	G	G	W	E	V
salesforce.com, inc.	CRM	NYSE	Information Tech	C+	Hold	B+	C-	Down	150.69	167.56	113.6	0.96	E	G	E	G	--	F
Salisbury Bancorp, Inc.	SAL	NAS CM	Financials	C	Hold	B	C		39.20	48.44	33.2	0.40	E	E	E	F	G	F
Sally Beauty Holdings, Inc.	SBH	NYSE	Consumer Discretn	C-	Hold	C+	D	Down	12.86	23.61	12	0.37	G	E	G	W	--	W
Salon Media Group, Inc.	SLNM	OTC PK	Communication Svc	D	Sell	C-	D-		0.02	0.05	0.02	-1.47	F	E	F	W	--	V
Sama Resources Inc.	SME.V	TSXV	Materials	D+	Sell	C-	D	Down	0.28	0.44	0.22	0.16	W	F	E	W	--	F
Sama Resources Inc.	SAMMF	OTC PK	Materials	E-	Sell	D	D-		0.21	0.33	0.17	1.11	W	W	E	W	--	W
Samoth Oilfield Inc.	SCD.V	TSXV	Energy	D-	Sell	E+	D-		0.06	0.15	0.06	0.53	W	V	G	W	--	W
Samsonite International S.A.	SMSOF	OTC PK	Consumer Discretn	C-	Hold	C	D	Down	2.17	4.00	1.99	0.89	F	E	G	W	--	W
Samsonite International S.A.	SMSEY	OTC PK	Consumer Discretn	D+	Sell	C	D-	Down	11.14	20.59	9.8	1.07	F	E	G	W	--	W
San Juan Basin Royalty Trust	SJT	NYSE	Energy	C-	Hold	C+	D	Down	3.75	6.25	3.55	0.50	F	E	E	W	E	W
San Marco Resources Inc.	SMN.V	TSXV	Materials	D-	Sell	E+	D-		0.04	0.23	0.04	-1.20	W	V	G	W	--	V
San Marco Resources Inc.	SMREF	OTC PK	Materials	D-	Sell	E+	D-		0.03	0.16	0.02	-1.60	W	V	G	W	--	V
Sanara MedTech Inc.	SMTI	OTC PK	Health Care	D	Sell	D-	D		4.90	10.00	2	2.41	W	V	E	W	--	W
Sanatana Resources Inc.	SADMF	OTC PK	Materials	D	Sell	D+	D	Down	0.03	0.05	0.01	4.90	V	W	F	W	--	F
Sanatana Resources Inc.	STA.V	TSXV	Materials	D	Sell	D	D	Down	0.04	0.06	0.02	0.38	V	W	F	W	--	F
Sanchez Energy Corporation	SNEC	OTC PK	Energy	D	Sell	D+	D-		0.09	5.13	0.06	1.85	W	F	G	W	--	V
Sanchez Midstream Partners LP	SNMP	AMEX	Energy	D+	Sell	C	D-		2.15	12.15	1.27	1.38	F	E	G	W	E	V
Sanderson Farms, Inc.	SAFM	NAS GS	Consumer Staples	C	Hold	B-	D	Up	131.73	154.82	93.98	1.03	W	G	E	F	W	G
Sandfire Resources America Inc.	SFR.V	TSXV	Materials	D-	Sell	E+	D		0.13	0.22	0.06	1.93	W	V	E	W	--	W
Sandfire Resources America Inc.	SRAFF	OTC PK	Materials	D-	Sell	E+	D		0.10	0.25	0.05	2.19	W	V	E	W	--	W
SandRidge Energy, Inc.	SD	NYSE	Energy	D	Sell	C-	D-		6.56	18.27	5.86	1.37	W	G	G	W	--	V
SandRidge Mississippian Trust I	SDT	NYSE	Energy	D+	Sell	C	D		0.65	2.05	0.45	0.87	W	E	E	W	E	W
Sandridge Mississippian Trust II	SDR	NYSE	Energy	D+	Sell	C-	D		0.63	1.97	0.42	1.02	V	E	E	W	E	W
SandRidge Permian Trust	PER	NYSE	Energy	C-	Hold	C	D		1.83	3.00	1.45	1.21	W	E	E	W	E	W
Sandspring Resources Ltd.	SSPXF	OTC PK	Materials	D-	Sell	E+	D		0.15	0.28	0.11	0.11	W	V	G	W	--	V
Sandspring Resources Ltd.	SSP.V	TSXV	Materials	D-	Sell	E+	D		0.20	0.35	0.15	0.11	W	V	G	W	--	V
Sandston Corporation	SDON	OTC PK	Information Tech	D+	Sell	C-	D	Down	0.03	0.09	0.03	-0.80	V	E	F	W	--	F
Sandstorm Gold Ltd.	SSL.TO	TSX	Materials	C	Hold	B-	D	Up	7.40	7.84	4.6	-0.11	G	G	E	F	--	F
Sandstorm Gold Ltd.	SAND	AMEX	Materials	C	Hold	B-	D	Up	5.64	5.92	3.48	0.21	G	G	E	W	--	F
Sandy Spring Bancorp, Inc.	SASR	NAS GS	Financials	C	Hold	B	D+		34.35	43.55	29.83	0.92	E	G	E	W	G	W
Sangamo Therapeutics, Inc.	SGMO	NAS GS	Health Care	D	Sell	D+	D		10.55	19.25	6.26	2.30	W	W	E	W	--	W
Sangoma Technologies Corporation	STC.V	TSXV	Information Tech	B-	Buy	B+	C		1.57	1.84	1.02	1.96	G	G	G	G	--	E
Sangoma Technologies Corporation	SAMOF	OTC PK	Information Tech	B	Buy	B+	C		1.20	1.38	0.82	2.09	G	G	G	F	--	E
Sanibel Ventures Corp.	SBELP.V	TSXV	Financials	E	Sell	D	D		0.26	0.43	0.16		W	W	E	W	--	W
Sanmina Corporation	SANM	NAS GS	Information Tech	C	Hold	B	D+		30.04	34.71	22.3	1.38	G	G	G	W	--	W
Sanofi	SNY	NAS GS	Health Care	C	Hold	C	C-		43.10	45.62	39.48	0.51	W	G	G	F	E	F
Sanofi	SNYNF	OTC PK	Health Care	C	Hold	C	C-	Up	86.05	91.46	77.32	0.19	W	G	G	F	E	F
Santa Cruz County Bank	SCZC	OTC PK	Financials	C-	Hold	B	E+	Down	48.00	57.50	45	0.87	E	G	V	F	--	F
Santa Fe Financial Corporation	SFEF	OTC PK	Consumer Discretn	C	Hold	B	C		34.50	38.00	34.45	0.28	G	F	G	F	--	F
Santa Rosa Resources Corp.	STRH.V	TSXV	Information Tech	D+	Sell	C-	D	Up	0.08	0.14	0.08	0.72	V	E	F	W	--	F
Santacruz Silver Mining Ltd.	SZSMF	OTC PK	Materials	D-	Sell	D-	D		0.08	0.09	0.03	1.04	F	V	F	W	--	V
Santacruz Silver Mining Ltd.	SCZ.V	TSXV	Materials	D-	Sell	D-	D-		0.09	0.12	0.05	0.65	F	V	F	W	--	V
Santander Consumer USA Holdings Inc.	SC	NYSE	Financials	B	Buy	B+	C+	Up	23.51	23.67	16.1	0.72	F	G	E	F	G	G
Santos Limited	SSLZY	OTC PK	Energy	C	Hold	B	C-		4.94	5.43	3.47	1.30	G	F	E	F	G	F
Santos Limited	STOSF	OTC PK	Energy	C	Hold	B	C-		4.93	5.20	3.51	1.38	G	F	E	F	G	G
SANUWAVE Health, Inc.	SNWV	OTC PK	Health Care	C-	Hold	C+	D		0.15	0.45	0.1	-1.48	F	E	F	W	--	F
SAP SE	SAPGF	OTC PK	Information Tech	C+	Hold	B	C	Down	134.50	136.28	93.8	0.94	F	E	E	F	--	G
SAP SE	SAP	NYSE	Information Tech	C+	Hold	B	C	Down	134.68	136.15	94.81	0.93	F	E	E	F	--	G

*Ratings Factors: E=Excellent, G=Good, F=Fair, W=Weak, V=Very Weak, U=Unrated

Summer 2019 — I. Index of Stocks

3-Month Total Return (%)	6-Month Total Return (%)	1-Year Total Return (%)	3-Year Total Return (%)	Dividend $ TTM	Dividend Yield TTM	Market Cap. ($Mil)	Enterprise Value ($Mil)	Revenue ($Mil)	Revenue Growth (%)	Net Income ($Mil)	Earnings/Share $	EPS Growth (%)	Cash from Operations ($Mil)	Return on Assets (%)	Return on Equity (%)	Earnings (P/E) TTM	Sales (P/S) TTM	Book (P/B) Q
-7.69	20.48	33.16	132.56			3.0	0.59	11.1	-7.8	0.59	0.46	42.3	0.66	7.64	11.35	6.5	0.3	0.6
6.74	40.55	11.94	67.12			18.3	14.4	--		0.21	0.00	131.2	-1.5	-6.54	1.42	64.2		1.0
35.71	65.22	40.74	72.73			18.3	14.4	--		0.21	0.00	131.2	-1.5	-6.54	1.42	100.0		1.5
-5.99	12.30	-46.63	-59.82	0.26	11.6	58.7	373.9	259.5	-1.2	-3.7	-0.14	-115.5	19.1	2.32		-15.6	0.2	0.3
-2.89	11.89	11.52	94.31			117,017	117,406	14,013	25.7	1,158	1.47	56.8	3,897	1.23	8.42	102.7	8.5	7.1
-7.32	10.42	-8.83	40.17	1.12	2.9	110.1	--	40.6	5.0	9.2	3.27	37.7	12.8		9.05	12.0	2.7	1.0
-29.38	-24.13	-21.49	-55.00			1,545	3,169	3,898	-1.1	244.9	2.02	6.0	303.3	13.42		6.4	0.4	-10.7
6.11	-9.91	-41.95	-92.04			2.9	5.5	2.9	-40.1	-3.0	-0.02	34.6	-0.82	-146.13		-1.0	1.0	-0.7
16.67	-1.75	-12.50	180.00			42.3	39.3	0.29	291.8	-3.1	-0.02	-116.4	-1.2	-2.92		-16.8	186.7	1.3
11.72	9.74	-13.40	159.16			42.3	39.3	0.29	291.8	-3.1	-0.02	-116.4	-1.2	-2.92		-12.6	140.5	1.0
0.00	-7.69	-29.41	20.00			1.5	0.92	0.03	948.4	-0.36	-0.01	-2,360.0	0.25	-41.33		-5.3	60.0	5.8
-31.92	-19.84	-39.86	-21.27			3,189	5,472	3,741	2.6	215.6	0.15	-37.3	370.8	5.07	11.96	14.5	0.8	1.6
-28.95	-18.98	-38.69	-18.04	0.34	3.0	3,189	5,472	3,741	2.6	215.6	0.15	-37.3	370.8	5.07	11.96	74.7	4.3	8.1
-31.39	-25.17	-31.12	-34.21	0.37	9.9	174.8	171.7	19.4	-38.1	17.8	0.38	-52.3	--	126.75	295.83	9.8	9.0	30.8
-33.33	-66.67	-79.49	-73.33			2.1	1.7	--		-1.1	-0.02	17.6	-0.48	-67.37		-2.4		4.7
-43.01	-62.96	-74.62	-56.00			2.1	1.7	--		-1.1	-0.02	17.6	-0.48	-67.37		-2.0		3.8
-11.71	40.00	-30.00	-10.91			11.6	24.4	6.4	-4.5	-0.77	-0.32	-260.2	0.04	-16.71		-15.1	1.8	-1.0
-6.21	11.85	2.37	187.62			5.7	5.8	--		-1.5	-0.01	-191.7	-0.61	-245.83		-2.9		-10.8
-20.00	-11.11	-11.11	100.00			5.7	5.8	--		-1.5	-0.01	-191.7	-0.61	-245.83		-3.8		-14.3
-50.32	-63.87	-97.85	-98.72			9.4	3,002	1,022	19.2	22.7	-0.89	-33.3	247.6	4.35		-0.1	0.0	0.0
3.67	41.30	-78.42	-67.85	0.90	41.9	38.0	558.6	81.6	2.6	13.9	-1.92	10.9	61.3	1.41	4.79	-1.1	0.4	-0.5
0.38	33.50	28.11	66.96	1.28	1.0	2,918	2,921	3,239	-5.8	-8.9	-0.41	-103.4	135.2	-0.39		-319.6	0.9	2.1
56.25	47.06	19.05	19.05			77.9	71.2	--		-10.6	-0.02	-22.6	-9.4	-67.13		-6.2		9.8
41.98	50.31	20.54	46.47			77.9	71.2	--		-10.6	-0.02	-22.6	-9.4	-67.13		-4.9		7.6
-19.01	-13.57	-62.19				231.5	244.5	320.7	-4.4	26.5	0.74	157.6	146.7	2.03	3.2	8.9	0.7	0.3
-32.83	-13.61	-61.33	-57.47	0.17	26.7	18.1	15.2	7.7	-5.0	5.2	0.19	-9.4	--	13.09	18.82	3.5	2.4	0.7
-36.11	-19.34	-58.71	-39.71	0.17	27.3	31.2	28.8	13.0	-11.8	9.5	0.19	-16.4	--	13.83	22.13	3.3	2.4	0.8
-18.94	4.54	-15.53	20.84	0.41	22.4	96.1	93.2	27.8	2.5	24.4	0.46	1.8	--	13.14	20.61	3.9	3.5	0.9
-17.78	-15.07	-17.47	-66.16			35.1	34.5	--		-6.5	-0.04	29.7	-6.2	-15.61		-4.4		2.5
-22.00	-20.41	-18.75	-65.79			35.1	34.5	--		-6.5	-0.04	29.7	-6.2	-15.61		-5.5		3.2
-25.00	-40.00	-62.50	-22.28			0.51	0.51	--		-0.02	0.00	0.0	-0.02	-6,250.00		-23.1		-23.1
-0.94	19.55	24.79	30.05			1,006	1,028	71.8	4.3	8.0	0.03	200.9	48.7	1.58	1.33	221.6	19.6	2.3
1.08	24.50	26.74	29.36			1,006	1,028	71.8	4.3	8.0	0.03	200.9	48.7	1.58	1.33	168.9	14.9	1.8
11.39	11.66	-14.17	34.00	1.14	3.3	1,223	--	317.7	32.0	109.5	3.06	40.4	130.7		10.38	11.2	3.9	1.1
13.20	-2.85	-24.10	89.75			1,217	881.4	79.9	74.5	-90.3	-0.89	-26.1	10.2	-14.86		-11.8	13.5	3.3
1.95	28.69	28.69	398.41			63.2	76.1	73.9	98.4	0.38	0.03	-12.6	3.6	5.1	1.33	48.3	1.2	2.7
7.37	35.07	38.22	495.00			63.2	76.1	73.9	98.4	0.38	0.03	-12.6	3.6	5.1	1.33	37.0	0.9	2.1
30.00	40.54					0.40	0.24	--		-0.07	-0.06		-0.03			-4.1		3.5
4.12	26.22	2.35	16.93			2,073	2,311	8,004	16.2	113.6	1.59	254.8	149.6	4.04	7.46	18.9	0.3	1.3
0.04	3.09	11.50	16.56	1.16	2.7	107,642	127,723	30,748	-25.0	2,447	1.96	-73.1	--			22.0	1.8	0.8
-0.58	2.08	11.29	6.34			107,642	127,723	30,748	-25.0	2,447	1.96	-73.1	--			43.9	3.5	1.6
-0.99	5.38	-1.60	72.83	0.30	0.6	113.5	--	28.9	14.7	7.4	3.07	7.5	--			15.7	4.0	
-2.38	-9.21	-4.17	13.11			42.8	133.2	60.8	13.3	5.0	4.00	241.7	11.5	14.34		8.6	0.7	-0.9
-27.27	0.00	-40.74	14.29			0.43	0.57	--		-0.05	-0.01	-34.6	-0.05	-164.87		-10.8		-2.9
59.57	66.67	-5.30	-74.96			12.0	17.0	13.3	6.3	-5.7	-0.03	76.8	-0.98	-17.48		-2.3	1.0	-37.5
63.64	50.00	-10.00	-77.22			12.0	17.0	13.3	6.3	-5.7	-0.03	76.8	-0.98	-17.48		-2.8	1.2	-45.0
13.28	36.72	28.29	152.94	0.80	3.4	8,270	--	3,948	11.3	921.1	2.56	-27.4	5,886		13.27	9.2	2.1	1.2
-2.18	29.96	8.63	50.49	0.08	1.6	10,477	14,040	3,660	18.1	630.0	0.30	271.4	1,578	4.31	8.73	16.6	2.9	1.4
4.01	33.60	8.35	47.60			10,477	14,040	3,660	18.1	630.0	0.30	271.4	1,578	4.31	8.73	16.5	2.9	1.4
-17.14	-44.21	-66.97	253.66			26.4	38.5	1.7	80.4	-8.0	-0.05	33.3	-3.1	-444.76		-2.8	13.6	-1.5
17.98	35.86	21.18	79.12			160,783	168,594	29,552	7.8	3,781	3.16	-23.1	5,183	6.34	11.78	42.5	5.4	4.9
19.08	37.10	20.13	87.86	1.22	0.9	160,783	168,594	29,552	7.8	3,781	3.16	-23.1	5,183	6.34	11.78	42.6	5.4	4.9

https://greyhouse.weissratings.com

Data as of June 30, 2019

I. Index of Stocks

Summer 2019

Company Name	Stock Ticker Symbol	Traded On	Sector	Overall Rating	Recommendation	Reward Rating	Risk Rating	Recent Up/Downgrade	Stock Price as of 6/30/2019	52-Week High	52-Week Low	3-Year Beta	Growth	Efficiency	Solvency	Volatility	Dividend	Total Return
Sapiens International Corporation N.V.	SPNS	NAS CM	Information Tech	U		U	U		16.30	17.41	9.53	1.45	U	U	U	U	U	U
Sappi Limited	SPPJY	OTC PK	Materials	D+	Sell	C	D	Down	3.82	7.49	3.55	1.00	F	E	G	W	–	W
Saputo Inc.	SAP.TO	TSX	Consumer Staples	C+	Hold	B-	C	Down	39.03	46.41	35.56	-0.20	F	E	E	F	W	F
Saputo Inc.	SAPIF	OTC PK	Consumer Staples	C	Hold	B	C		29.26	34.96	28.26	0.09	F	E	E	F	F	F
Saratoga Investment Corp.	SAR	NYSE	Financials	B	Buy	A-	C		24.39	27.91	18.6	0.75	F	E	E	F	E	F
Sare Holding, S.A.B. de C.V.	SARHF	OTC PK	Consumer Discretn	D-	Sell	D	E+		0.00	0.00	0	-0.25	V	W	F	V	–	W
Sarepta Therapeutics, Inc.	SRPT	NAS GS	Health Care	D	Sell	D+	D		129.76	165.87	95.21	1.53	W	W	E	F	–	F
Sasol Limited	SASOF	OTC PK	Materials	C	Hold	B	C		33.37	38.80	27.9	0.72	F	E	G	F	G	F
Sasol Limited	SSL	NYSE	Materials	C	Hold	B-	D	Down	24.85	39.73	23.92	0.98	F	E	G	W	G	W
Satori Resources Inc.	STRRF	OTC PK	Materials	D	Sell	D	D	Up	0.04	0.07	0.03	1.84	F	W	E	W	–	W
Satori Resources Inc.	BUD.V	TSXV	Materials	D	Sell	D	D	Up	0.06	0.10	0.04	2.45	F	W	E	W	–	W
Saturn Oil & Gas Inc.	SAEUF	OTC PK	Energy	D+	Sell	C	D-	Up	0.09	0.23	0.09	0.80	F	F	F	W	–	F
Saturn Oil & Gas Inc.	SOIL.V	TSXV	Energy	D+	Sell	C	D-	Up	0.12	0.30	0.09	0.54	F	F	F	W	–	F
Sauer Energy, Inc.	SENY	OTC PK	Industrials	D-	Sell	E+	D-		0.01	0.04	0	2.38	F	V	F	W	–	V
Saul Centers, Inc.	BFS	NYSE	Real Estate	C	Hold	B	D		54.37	60.65	45.49	1.00	E	E	E	W	G	W
Savanna Capital Corp.	SACP.V	TSXV	Financials	D	Sell	D	D	Up	0.11	0.16	0.07		W	W	E	W	–	W
Savara Inc.	SVRA	NAS GS	Health Care	D-	Sell	E+	D	Down	2.41	13.25	2.32	0.40	W	V	E	W	–	W
Savaria Corporation	SIS.TO	TSX	Industrials	C	Hold	B	D+	Down	13.25	20.95	11.41	0.34	E	E	E	W	F	W
Savaria Corporation	SISXF	OTC PK	Industrials	C	Hold	B	D+		10.05	16.08	8.56	0.70	E	E	E	W	G	W
Saville Resources Inc.	SRE.V	TSXV	Materials	D-	Sell	D-	D		0.04	0.07	0.03	0.09	W	V	E	W	–	W
SB Financial Group, Inc.	SBFG	NAS CM	Financials	B-	Buy	B	C	Up	16.55	20.53	16.05	0.76	G	E	E	F	F	W
SB One Bancorp	SBBX	NAS	Financials	C	Hold	B	C-		22.30	30.40	19.3	1.13	E	G	E	F	W	W
SBA Communications Corporation	SBAC	NAS GS	Real Estate	C	Hold	B-	C-	Down	224.83	236.56	146.13	0.43	G	F	E	G	–	G
SBD Capital Corp.	SBDCF	OTC PK	Consumer Staples	E+	Sell	D-	E+	Up	0.05	0.39	0.05		W	W	G	W	–	V
SBT Bancorp, Inc.	SBTB	OTC PK	Financials	C	Hold	A	B+		50.50	51.50	34.5	0.50	E	G	E	G	–	E
Scandium International Mining Corp.	SCY.TO	TSX	Materials	E+	Sell	E+	D-	Down	0.13	0.32	0.11	0.31	F	V	E	W	–	W
Scandium International Mining Corp.	SCYYF	OTC PK	Materials	E+	Sell	E+	D-	Down	0.10	0.24	0.09	0.84	F	V	E	W	–	W
ScanSource, Inc.	SCSC	NAS GS	Information Tech	C-	Hold	C+	D	Down	32.38	44.30	28.55	1.12	G	G	E	W	–	W
Schlumberger Limited	SLB	NYSE	Energy	C-	Hold	C+	D		39.11	69.61	34.46	1.86	W	G	G	W	G	W
Schmitt Industries, Inc.	SMIT	NAS CM	Information Tech	D	Sell	D+	D	Down	2.26	4.12	2.15	0.80	W	W	E	W	–	F
Schneider National, Inc.	SNDR	NYSE	Industrials	D+	Sell	C	D	Down	17.99	28.47	16.68	1.61	E	E	W	W	W	W
Schnitzer Steel Industries, Inc.	SCHN	NAS GS	Materials	C+	Hold	B+	D		25.93	37.95	20.94	1.23	E	E	E	W	G	F
Scholar Rock Holding Corporation	SRRK	NAS GS	Health Care	D-	Sell	D-	D-		15.01	30.00	13.09		W	V	E	W	–	W
Scholastic Corporation	SCHL	NAS GS	Communication Svc	C-	Hold	C	D	Down	33.40	47.94	31.38	0.93	F	G	E	W	F	W
School Specialty, Inc.	SCOO	OTC PK	Consumer Discretn	D	Sell	D	D		5.41	19.90	5.35	0.83	W	W	F	W	–	V
Schooner Capital Corp.	SCHP.V	TSXV	Financials	D-	Sell	D-	D-		0.07	0.22	0.05		W	W	E	W	–	V
Schultze Special Purpose Acquisition Corp.	SAMA	NAS CM	Financials	U		U	U		9.90	18.00	9.56		U	U	U	U	U	U
Schwabo Capital Corporation	SBOH.V	TSXV	Financials	C-	Hold	C+	D		0.15	0.23	0.09	1.37	W	E	E	W	–	E
Schweitzer-Mauduit International, Inc.	SWM	NYSE	Materials	C	Hold	B	D+		32.10	44.69	24.35	1.64	G	E	E	W	G	W
SCI Engineered Materials, Inc.	SCIA	OTC PK	Information Tech	C	Hold	B+	D+		2.40	4.75	1.31	2.12	G	G	G	W	–	F
Science Applications International Corporation	SAIC	NYSE	Information Tech	C+	Hold	B+	C-	Up	85.24	93.31	58.19	0.94	E	E	E	F	F	F
Scientific Energy, Inc.	SCGY	OTC PK	Consumer Discretn	D	Sell	D+	D-		0.03	0.03	0.03	0.98	V	E	F	W	–	V
Scientific Games Corporation	SGMS	NAS GS	Consumer Discretn	D+	Sell	C	D		18.71	51.53	14.79	1.73	G	W	G	W	–	W
Scientific Industries, Inc.	SCND	OTC PK	Health Care	C	Hold	B	B		4.50	5.00	2.96	0.32	F	G	E	G	–	F
SciPlay Corporation	SCPL	NAS GS	Communication Svc	U		U	U		13.71	18.75	12.72		U	U	U	U	U	U
SCOR SE	SZCRF	OTC PK	Financials	C	Hold	C+	C+		44.65	49.45	37.56	0.41	W	G	E	F	E	F
SCOR SE	SCRYY	OTC PK	Financials	C	Hold	C+	C	Down	4.28	4.92	3.54	0.34	W	G	E	F	E	F
Scores Holding Company, Inc.	SCRH	OTC PK	Consumer Discretn	D-	Sell	D-	D-	Down	0.00	0.01	0	3.18	V	W	G	W	–	V
Scorpio Bulkers Inc.	SALT	NYSE	Industrials	D+	Sell	C	D		4.50	7.55	3.57	1.04	G	W	G	W	F	W
Scorpio Bulkers Inc.	SLTB	NYSE	Industrials	U		U	U						U	U	U	U	U	U
Scorpio Gold Corporation	SGN.V	TSXV	Materials	D+	Sell	C-	D	Up	0.11	0.16	0.01	2.07	W	F	F	W	–	F
Scorpio Gold Corporation	SRCRF	OTC PK	Materials	D+	Sell	C-	D	Up	0.08	0.13	0.01	6.77	W	F	F	W	–	F

*Ratings Factors: E=Excellent, G=Good, F=Fair, W=Weak, V=Very Weak, U=Unrated

TOTAL RETURNS %				DIVIDEND/YIELD		SIZE		REVENUE & INCOME			EARNINGS		EFFECTIVENESS			VALUATION		
3-Month Total Return (%)	6-Month Total Return (%)	1-Year Total Return (%)	3-Year Total Return (%)	Dividend $ TTM	Dividend Yield TTM	Market Cap. ($Mil)	Enterprise Value ($Mil)	Revenue ($Mil)	Revenue Growth (%)	Net Income ($Mil)	Earnings/Share $	EPS Growth (%)	Cash from Operations ($Mil)	Return on Assets (%)	Return on Equity (%)	Earnings (P/E) TTM	Sales (P/S) TTM	Book (P/B) Q
6.68	51.35	70.19	47.75	0.40	2.5	815.0	854.7	144.3	-46.4	6.6	0.13		6,857.9	21.0		123.3	5.7	4.1
-15.11	-26.77	-38.30	-6.30	0.14	3.7	2,071	3,770	5,901	7.4	311.0	0.57	-4.8	459.0	4.63	15.73	6.7	0.4	1.0
-13.87	0.69	-8.66	6.45	0.66	1.7	11,624	13,365	10,294	14.4	575.0	1.47	-13.0	673.4	6.37	14.79	26.6	1.5	3.8
-12.18	2.98	-9.53	4.30	0.50	1.7	11,624	13,365	10,294	14.4	575.0	1.47	-13.0	673.4	6.37	14.79	19.9	1.1	2.8
12.01	26.28	-3.21	94.24	2.14	8.8	189.4	435.7	47.7	23.6	18.5	2.60	-10.9	-40.0	4.61	11.41	9.4	3.9	1.0
0.00	0.00	0.00	-75.21			3.2	36.4	15.5	-7.8	-10.0	0.00	-8.7	3.3	-0.07		-1.2	1.4	0.6
9.34	20.30	-2.98	628.58			9,622	8,720	323.4	59.5	-403.2	-5.95	-108.4	-499.2	-14.84		-21.8	28.8	7.1
11.38	19.61	0.21	28.10			15,432	23,987	14,866	12.6	1,190	1.92	-16.0	3,563	4.47	7.68	17.4	1.4	1.3
-19.34	-13.93	-28.15	2.10	0.70	2.8	15,432	23,987	14,866	12.6	1,190	1.92	-16.0	3,563	4.47	7.68	13.0	1.0	1.0
-23.40	28.57	-28.00	-10.00			1.8	1.3	--		-0.39	-0.01	38.6	-0.26	-11.96		-3.1		1.1
-26.67	22.22	-21.43	-54.17			1.8	1.3	--		-0.39	-0.01	38.6	-0.26	-11.96		-4.7		1.7
-21.42	-35.85	-4.75	17.88			21.4	34.9	5.7	552.2	-0.12	0.00	90.5	-4.0	-1.7		-104.8	3.8	2.7
-17.24	-35.14	-4.00	26.32			21.4	34.9	5.7	552.2	-0.12	0.00	90.5	-4.0	-1.7		-133.3	4.8	3.5
-26.86	-13.51	-83.59	-96.80			0.61	0.76	0.03		-1.3	-0.02	33.5	-0.57	-41.61		-0.4	21.3	0.7
6.01	17.23	5.32	1.72	2.10	3.9	1,240	2,503	231.3	2.9	51.4	1.75	20.7	116.2	4.59	15.83	31.1	5.4	6.9
-12.50	5.00	-30.00				0.20	0.04	--		-0.02	-0.01	87.5	-0.01	-5.92		-15.0		1.8
-67.82	-67.26	-78.69				90.9	11.5	--		-46.8	-1.38	39.7	-40.5	-22.34		-1.8		0.9
-8.13	6.45	-15.33	77.19	0.41	3.1	508.6	594.7	241.3	47.7	13.7	0.30	-17.5	17.9	5.63	10.67	44.0	2.5	4.1
-5.19	19.02	-15.10	75.20	0.31	3.1	508.6	594.7	241.3	47.7	13.7	0.30	-17.5	17.9	5.63	10.67	33.4	1.9	3.1
-20.00	0.00	-33.33	-46.67			1.9	1.1	--		-0.38	-0.01	73.6	-0.50	-14.27		-4.9		1.4
-7.70	1.28	-16.76	59.56	0.34	2.1	106.8	--	49.8	7.6	11.4	1.43	-19.4	14.6		8.97	11.5	2.7	0.9
3.96	10.09	-24.62	73.00	0.30	1.4	209.2	--	57.8	44.1	14.4	1.70	105.3	21.6		8.59	13.1	3.7	1.1
15.34	38.37	36.32	117.14			25,462	37,595	1,901	7.8	41.9	0.37	-55.5	894.7	4.31		615.0	13.5	-7.7
-67.65	-84.55					1.9	1.9	0.07	243.4	-0.82	-0.03	65.1	-0.63	-219.79		-1.4	17.2	8.2
1.41	43.27	48.64	174.95	0.60	1.2	69.8	--	17.8	10.2	2.8	2.03	54.2	1.5		8.84	24.9	3.9	2.2
-16.13	-35.00	4.00	-21.21			30.9	30.1	--		-2.0	-0.01	39.8	-1.7	-78.89		-20.0		27.1
-14.21	-29.60	-3.55	-14.50			30.9	30.1	--		-2.0	-0.01	39.8	-1.7	-78.89		-15.9		21.5
-9.98	-6.01	-20.54	-9.17			832.2	1,160	3,906	3.6	56.4	2.19	34.2	6.5	3.4	6.31	14.8	0.2	0.9
-9.06	9.64	-38.98	-43.59	2.00	5.1	54,172	68,986	32,865	4.8	2,034	1.45	259.1	5,471	2.72	5.63	27.0	1.7	1.5
-8.57	-20.48	-5.19	21.74			9.1	8.0	13.8	0.6	-0.72	-0.18	-13.1	-0.87	-2.83		-12.4	0.7	1.1
-14.94	-1.85	-32.92		0.24	1.3	3,186	3,196	5,032	11.4	258.2	1.46	-37.9	599.7	6.31	12.61	12.4	0.6	1.5
9.19	20.80	-22.65	84.08	0.75	2.9	673.4	812.0	2,360	17.2	126.2	4.42	33.7	193.6	6.19	16.22	5.9	0.3	1.1
-20.24	-29.66	-5.00				438.7	285.3	3.1		-51.2	-2.86	81.5	18.9	-29.64		-5.3	123.7	4.0
-15.77	-15.54	-23.33	-8.14	0.60	1.8	1,176	849.0	1,679	2.9	48.5	1.31	359.7	137.1	2.26	3.82	25.4	0.7	0.9
-13.44	-27.28	-72.33	-62.13			37.9	214.7	670.1	1.4	-45.0	-6.46	-1,054.3	6.0	1.63		-0.8	0.1	0.9
7.69	16.67					0.13	-0.06	--		-0.08	-0.03	94.5	-0.05			-2.1		1.0
1.54						36.2	35.4	--		0.52	-0.02		-0.25			-419.5		7.2
3.57	52.63	61.11	190.00			0.24	0.51	--		-0.05	-0.02	5.1	-0.01	-2,900.00		-7.0		-0.8
-16.38	27.42	-22.61	9.67	1.75	5.5	991.6	1,554	1,037	2.6	91.4	2.95	121.2	96.0	5.47	16.24	10.9	1.0	1.8
-31.43	3.00	76.47	275.00			10.4	10.1	13.5	85.9	0.99	0.21	897.7	0.30	9.41	31.28	11.2	0.8	3.2
16.46	37.41	5.79	62.64	1.30	1.5	5,031	7,050	5,099	12.7	143.0	2.96	-27.1	274.0	6.43	16.02	28.8	1.0	3.4
0.00	0.00	-41.18	-41.18			3.4	3.6	--		-0.38	0.00	-30.8	-0.40	-228.87		-8.8		-2.2
-8.60	6.98	-61.93	114.32			1,739	10,639	3,388	6.9	-174.6	-1.96	48.7	483.2	4.13		-9.5	0.5	-0.7
0.00	22.28	46.39	58.10			6.7	5.1	10.5	44.0	0.55	0.36	206.8	0.89	7.02	9.46	12.6	0.7	1.1
						311.5	302.8	232.1	20.3	32.4	0.62		41.3			22.0	1.3	1.9
0.00	3.84	21.33				8,112	9,933	15,150	-16.1	295.7	1.51	-7.7	397.5			29.6	0.4	1.2
5.78	1.18	21.81	60.09	0.14	3.3	8,112	9,933	15,150	-16.1	295.7	1.51	-7.7	397.5			2.8	0.0	0.1
-16.67	42.86	-80.00	-77.27			0.33	0.38	0.62	-41.8	-1.6	-0.01	-763.6	-0.22	-116.75		-0.2	0.5	-0.2
15.88	-16.24	-35.64	62.16	0.08	1.8	303.6	1,066	180.0	11.0	-12.3	-0.18	78.1	51.9			-24.6	1.7	0.4
						303.6	1,066	180.0	11.0	-12.3	-0.18	78.1	51.9					
-25.00	250.00	250.00	-41.67			5.0	7.2	8.3	-58.9	3.2	0.05	188.6	1.5	1.74	56.88	2.1	0.8	0.9
-28.64	351.15	178.76	-48.96			5.0	7.2	8.3	-58.9	3.2	0.05	188.6	1.5	1.74	56.88	1.5	0.6	0.6

I. Index of Stocks — Summer 2019

Company Name	Stock Ticker Symbol	Traded On	Sector	Overall Rating	Recommendation	Reward Rating	Risk Rating	Recent Up/Downgrade	Stock Price as of 6/30/2019	52-Week High	52-Week Low	3-Year Beta	Growth	Efficiency	Solvency	Volatility	Dividend	Total Return
Scorpio Tankers Inc.	STNG	NYSE	Energy	D+	Sell	C-	D	Up	27.16	29.70	14.75	0.94	F	W	G	W	F	W
Scorpio Tankers Inc.	SBNA	NYSE	Energy	U		U	U						U	U	U	U	U	U
Scottie Resources Corp.	SCOT.V	TSXV	Materials	D-	Sell	E+	D		0.19	0.25	0.07	5.61	V	V	G	W	–	G
Scott's Liquid Gold-Inc.	SLGD	OTC PK	Consumer Staples	C	Hold	C	D+		1.48	3.30	1.37	0.62	W	G	E	W	–	W
ScoZinc Mining Ltd.	SZM.V	TSXV	Materials	D	Sell	D	D-		0.45	0.90	0.39	0.73	F	W	G	W	–	V
ScoZinc Mining Ltd.	SWNLF	OTC PK	Materials	D	Sell	D	D-		0.32	0.65	0.3	0.45	F	W	G	W	–	V
scPharmaceuticals Inc.	SCPH	NAS GS	Health Care	E+	Sell	E+	D-	Down	3.32	6.10	2.44		V	V	E	W	–	V
Scully Royalty Ltd.	SRL	NYSE	Financials	U		U	U		13.38	15.73	4		U	U	U	U	U	U
SCWorx Corp.	WORX	NAS CM	Health Care	E	Sell	D	D		5.29	11.39	2.65		W	V	G	W	–	W
SCYNEXIS, Inc.	SCYX	NAS	Health Care	D-	Sell	E+	D	Down	1.30	2.15	0.35	3.59	W	V	G	W	–	W
Sea Limited	SE	NYSE	Communication Svc	D-	Sell	E+	D	Down	33.77	34.84	10.52		W	V	E	W	–	F
Seaboard Corporation	SEB	AMEX	Consumer Staples	C	Hold	C	C-	Up	4,009.19	4,743.71	3,434.71	0.38	W	G	E	G	W	F
Seabridge Gold Inc.	SEA.TO	TSX	Materials	D	Sell	D+	D	Down	17.58	20.10	13.65	-0.32	W	W	E	F	–	F
Seabridge Gold Inc.	SA	NYSE	Materials	D	Sell	D+	D	Down	13.44	15.30	10.4	-0.02	W	W	E	W	–	F
SeaChange International, Inc.	SEAC	NAS GS	Information Tech	D-	Sell	E+	D	Down	1.35	3.47	1.13	1.07	V	V	G	W	–	V
Seacoast Banking Corporation of Florida	SBCF	NAS GS	Financials	C+	Hold	B	C	Down	24.57	34.95	21.74	1.14	E	G	E	F	–	W
Seacor Holdings Inc.	CKH	NYSE	Energy	C-	Hold	C	D	Up	46.22	57.95	34.63	0.95	F	F	E	W	–	W
SEACOR Marine Holdings Inc.	SMHI	NYSE	Energy	D	Sell	D	D		14.31	26.20	11.42	1.43	W	W	E	W	–	W
SeaDrill Limited	SDRL	NYSE	Energy	D-	Sell	D-	D-		4.17	26.72	3		W	W	G	W	–	V
Seadrill Partners LLC	SDLP	NYSE	Energy	D	Sell	C	D-	Down	0.39	3.94	0.33	1.08	W	G	E	W	E	V
Seafarer Exploration Corp.	SFRX	OTC PK	Industrials	C-	Hold	C	D		0.01	0.02	0	3.84	W	E	F	F	–	F
Seagate Technology plc	STX	NAS GS	Information Tech	C+	Hold	B+	D+		46.72	59.66	35.38	1.92	G	E	G	W	G	F
Seahawk Ventures Inc.	SEHKF	OTC PK	Materials	D-	Sell	D	D-	Down	0.19	0.35	0.1	1.09	W	W	G	W	–	V
Sealed Air Corporation	SEE	NYSE	Materials	C+	Hold	B	C	Up	42.27	47.13	30.22	1.07	F	E	G	F	F	F
Seanergy Maritime Holdings Corp.	SHIP	NAS CM	Industrials	D	Sell	D	D-		0.63	16.35	0.52	1.49	W	W	W	W	–	V
Search Minerals Inc.	SMY.V	TSXV	Materials	D	Sell	D	D		0.05	0.06	0.03	0.13	F	W	F	W	–	W
Search Minerals Inc.	SHCMF	OTC PK	Materials	D	Sell	D	D	Down	0.04	0.04	0.03	1.44	F	W	F	W	–	V
Searchlight Resources Inc.	CNYCF	OTC PK	Materials	D-	Sell	D	D-		0.02	0.15	0.01	1.27	W	W	G	W	–	V
Searchlight Resources Inc.	SCLT.V	TSXV	Materials	D-	Sell	D	D-		0.03	0.07	0.02	-0.65	W	W	G	W	–	V
Sears Holdings Corporation	SHLDQ	OTC PK	Consumer Discretn	D-	Sell	E+	D-		0.33	2.77	0.12	3.74	W	V	G	W	–	V
Sears Hometown and Outlet Stores, Inc.	SHOS	NAS CM	Consumer Discretn	D	Sell	D	D		2.47	3.35	1.57	0.64	W	F	G	W	–	W
Seashore Resource Partners Corp.	SSHP.V	TSXV	Financials	E	Sell	D	D	Up	0.13	0.20	0.13		W	W	E	W	–	W
Seaspan Corporation	SSW	NYSE	Industrials	C+	Hold	A-	D	Up	9.49	10.72	7.05	0.68	G	G	G	W	G	F
SeaSpine Holdings Corporation	SPNE	NAS GS	Health Care	D+	Sell	C-	D		13.05	20.75	12.07	-0.15	F	W	E	W	–	F
Seattle Genetics, Inc.	SGEN	NAS GS	Health Care	D+	Sell	C	D		67.30	84.37	50.71	1.81	F	W	E	F	–	F
Seaway Energy Services Inc.	SEWH.V	TSXV	Energy	D-	Sell	E+	D	Down	0.16	0.25	0.15	-0.81	W	V	E	W	–	W
SeaWorld Entertainment, Inc.	SEAS	NYSE	Consumer Discretn	C-	Hold	C	D+		29.78	32.73	20.77	1.34	W	F	F	W	–	F
Sebastiani Ventures Corp.	SBSH.V	TSXV	Materials	D-	Sell	E+	D	Down	0.16	0.18	0.14	0.06	W	V	G	W	–	F
Second Sight Medical Products, Inc.	EYES	NAS CM	Health Care	D-	Sell	E+	D-		0.82	1.98	0.64	1.47	W	V	E	W	–	V
Secoo Holding Limited	SECO	NAS	Consumer Discretn	D+	Sell	C	D	Up	7.31	15.48	6.65		W	G	E	W	–	W
Secova Metals Corp.	SEK.V	TSXV	Materials	D-	Sell	D	D-		0.03	0.14	0.02	2.51	F	W	F	W	–	V
Secova Metals Corp.	SEKZF	OTC PK	Materials	D	Sell	D	D-	Up	0.02	0.08	0.01	2.13	F	W	F	W	–	V
Sector 10, Inc.	SECI	OTC PK	Industrials	D+	Sell	C	D		4.00	71.00	0.5	-129.56	W	E	E	W	–	V
Sector 5, Inc.	SFIV	OTC PK	Consumer Discretn	D	Sell	C-	D	Down	0.11	0.62	0.1	-0.03	W	G	G	W	–	V
Secure Energy Services Inc.	SES.TO	TSX	Energy	C-	Hold	C+	D	Down	7.09	9.44	6.25	0.89	G	G	E	W	G	W
Secure Energy Services Inc.	SECYF	OTC PK	Energy	C-	Hold	C+	D	Down	5.29	6.94	4.32	1.19	G	G	E	W	G	W
SecureWorks Corp.	SCWX	NAS GS	Information Tech	D+	Sell	C-	D		13.35	24.91	10.58	1.19	W	W	E	W	–	F
Security Bancorp, Inc.	SCYT	OTC PK	Financials	C	Hold	B+	A-		57.00	59.00	55.5	0.22	G	G	E	E	–	F
Security Devices International, Inc.	SDEV	OTC PK	Industrials	E+	Sell	E	D	Down	0.17	0.20	0.08	0.53	W	V	F	W	–	W
Security Devices International, Inc.	SDZ.V	TSXV	Industrials	D-	Sell	E	D	Down	0.18	0.24	0.16	0.57	W	V	F	W	–	W
Security Federal Corporation	SFDL	OTC PK	Financials	C	Hold	A-	B-		32.25	34.64	27.75	0.94	E	E	G	G	W	F
Security National Financial Corporation	SNFCA	NAS	Financials	C	Hold	C	C		5.08	5.72	4.58	-0.09	W	G	E	F	–	W

*Ratings Factors: E=Excellent, G=Good, F=Fair, W=Weak, V=Very Weak, U=Unrated

Summer 2019 — I. Index of Stocks

3-Month Total Return (%)	6-Month Total Return (%)	1-Year Total Return (%)	3-Year Total Return (%)	Dividend $ TTM	Dividend Yield TTM	Market Cap. ($Mil)	Enterprise Value ($Mil)	Revenue ($Mil)	Revenue Growth (%)	Net Income ($Mil)	Earnings/Share $	EPS Growth (%)	Cash from Operations ($Mil)	Return on Assets (%)	Return on Equity (%)	Earnings (P/E) TTM	Sales (P/S) TTM	Book (P/B) Q
37.83	49.82	-3.49	-32.29	0.40	1.5	1,305	3,654	465.8	-9.2	-118.4	-3.71	51.0	52.7			-7.3	2.7	0.7
						1,305	3,654	465.8	-9.2	-118.4	-3.71	51.0	52.7					
15.62	146.67	32.14	362.50			8.9	8.8	--		-1.0	-0.02	-58.6	-0.13	-40.26		-10.5		9.8
-41.27	-40.80	-29.19	12.98			18.4	14.5	36.4	-7.0	2.1	0.16	-39.4	3.7	6.98	9.32	9.1	0.5	0.8
-18.18	-19.64	-48.86	-35.71			2.3	2.3	--		-1.1	-0.23	23.5	-0.48	-4.7		-2.0		0.2
-2.10	-39.31	-56.46	-30.91			2.3	2.3	--		-1.1	-0.23	23.5	-0.48	-4.7		-1.4		0.2
10.30	-17.00	-41.86				61.7	-10.4	--		-29.4	-1.59	87.3	-25.9	-17.37		-2.1		0.9
82.29	200.13	118.27				167.7	--	20.6	-90.0	97.1	7.74	359.1	-1.1			1.7	8.1	0.6
-26.53						34.8	40.2	2.4	2.3	-6.3	-69.47	-168,507.3	-2.3			-0.1	9.9	14.6
-8.45	145.75	-21.21	-41.44			69.7	42.5	0.26	0.0	-31.4	-0.65	24.6	-26.6	-39.13		-2.0	254.9	5.8
43.52	202.87	130.51				15,027	13,435	818.9	72.3	-1,218	-3.42	-21.8	-344.8			-9.9	15.3	8.2
-4.51	12.77	0.55	42.87	7.50	0.2	4,680	4,687	6,547	9.3	8.0	6.95	-95.8	123.0	0.81	0.24	576.7	0.7	1.4
-1.12	2.81	20.49	-4.46			828.1	813.2	--		-10.2	-0.17	33.5	-7.9	-2.02		-101.3		3.7
1.51	7.52	22.74	-4.82			828.1	813.2	--		-10.2	-0.17	33.5	-7.9	-2.02		-77.5		2.8
0.75	4.65	-59.82	-58.33			49.4	33.4	56.0	-28.8	-43.4	-1.22	-436.8	-20.3	-13.92		-1.1	0.9	1.1
-7.46	-3.68	-23.05	57.90			1,256	--	260.8	6.9	72.0	1.44	23.9	95.8		9	17.0	4.9	1.4
7.31	24.15	-19.17	37.30			856.4	1,338	860.5	23.0	65.2	2.72	-11.4	71.2	2.99	10.95	17.0	1.1	1.2
6.63	21.17	-37.10				304.7	707.2	258.1	35.0	-74.3	-3.42	1.8	-43.5	-3.23		-4.2	1.3	0.6
-50.00	-56.01	-77.46				417.0	6,266	763.0	-57.2	-4,301	-43.01	-574.9	-206.0			-0.1	0.6	0.2
-55.04	-75.50	-87.67	-90.15	0.22	56.4	35.8	3,601	815.1	-13.5	34.2	0.37	-57.9	357.4	1.73	1.46	1.1	0.0	0.0
63.46	608.33	347.37	672.73			35.1	36.1	--		-1.4	0.00	0.0	-0.64	-599.11		-21.3		-28.3
3.05	25.22	-12.19	147.01	2.52	5.4	12,934	16,068	10,854	0.9	1,490	5.14	79.7	1,781	12.08	97.61	9.1	1.2	7.7
2.15	-31.56	-51.73	-51.28			4.6	4.1	--		-0.28	-0.01	32.0	-0.10	-11		-18.6		4.4
-8.63	24.46	1.21	0.37	0.64	1.5	6,582	9,913	4,714	3.4	451.2	2.86	-13.5	248.8	8.52		14.8	1.4	-22.5
-85.11	-91.92	-95.20	-98.09			5.6	227.0	91.5	22.3	-21.1	-8.46	-186.7	7.3	2.66		-0.1	0.0	0.1
12.50	12.50	-10.00	-50.00			7.8	8.6	--		-0.60	0.00	37.5	-0.42	-2.58		-12.9		1.1
8.11	26.98	-32.20	-38.46			7.8	8.6	--		-0.60	0.00	37.5	-0.42	-2.58		-11.4		1.0
-20.32	-3.85	-45.05	-37.69			0.47	0.49	--		-0.67	-0.03	64.4	-0.53	-69.08		-0.7		-4.6
-16.67	-16.67	-44.44	-66.67			0.47	0.49	--		-0.67	-0.03	64.4	-0.53	-69.08		-0.9		-5.7
-55.21	95.00	-85.33	-97.44			36.2	22.2	13,191	-27.1	-1,700	-15.64	-43.6	-1,064	-8.89		0.0	0.0	0.0
19.32	37.22	14.88	-59.90			56.1	290.9	1,360	-17.7	-56.1	-2.48	32.3	23.7	-2.59		-1.0	0.0	0.5
-10.71	-28.57					0.20	0.00	--		-0.08	-0.04		-0.02			-3.4		1.4
12.38	22.80	2.80	-13.53	0.50	5.3	2,042	6,479	1,157	35.3	496.4	2.21	107.6	536.9	3.86	18.43	4.3	1.7	0.6
-13.40	-27.18	3.82	29.85			246.6	201.7	146.4	10.0	-35.4	-2.16	7.1	-13.1	-15.45		-6.1	1.7	1.9
-6.29	20.52	3.60	73.59			10,856	10,505	709.3	38.1	-124.3	-0.78	34.9	-113.6	-8.96		-85.8	15.2	8.3
0.00	0.00	-84.00	190.91			3.4	2.0	--		-0.62	-0.03	35.9	-0.66	-22.77		-5.6		3.3
20.66	32.41	37.68	114.94			2,507	4,163	1,376	6.3	70.6	0.79	133.0	311.3	5.88	30.4	37.9	1.8	11.0
14.29	14.29	18.52	236.84			2.3	2.1	--		-0.07	0.00	84.1	-0.07	-14.93		-43.2		15.5
4.83	-12.66	-51.13	-74.82			102.0	73.1	7.0	-11.1	-35.0	-0.47	12.4	-30.2	-82.22		-1.8	11.3	3.6
-16.93	-16.93	-15.98				367.3	462.9	664.4	10.5	16.3	0.15	-81.1	--			50.1	1.2	3.3
-25.00	20.00	-70.00	-94.55			1.6	1.7	--		-1.3	-0.04	30.9	-1.2	-13.71		-0.7		0.4
-40.00	92.31	-70.97	-87.50			1.6	1.7	--		-1.3	-0.04	30.9	-1.2	-13.71		-0.5		0.3
-20.00	-55.56	321.05	99,900.00			1.2	2.0	--		-1.3	-4.27	-6.9	0.00			-0.9		-0.1
-57.60	-64.67	-77.45	-94.22			2.2	2.6	6.9	1,272.0	-2.4	-0.13	-1,162.8	-0.57	-136.47		-0.8	0.3	-0.9
-13.72	7.48	2.06	-8.29	0.27	3.8	859.8	1,196	2,303	14.2	11.4	0.06	143.0	161.0	2.02	1.74	109.2	0.5	1.8
-14.40	24.63	0.56	-17.96	0.20	3.9	859.8	1,196	2,303	14.2	11.4	0.06	143.0	161.0	2.02	1.74	81.5	0.4	1.4
-24.28	-17.95	10.06	3.33			1,088	1,005	525.4	9.4	-33.6	-0.42	-204.5	72.6	-2.77		-32.1	2.0	1.6
-3.39	0.97	6.05	66.98	1.00	1.8	22.0	--	8.2	3.6	1.6	4.19	-3.8	--		7.95	13.6	2.7	1.1
17.32	13.41	10.32	-29.17			17.7	18.6	0.23	-16.2	-2.7	-0.03	43.5	-1.8	-97.47		-6.2	77.3	-39.5
0.00	0.00	-12.20	28.57			17.7	18.6	0.23	-16.2	-2.7	-0.03	43.5	-1.8	-97.47		-6.6	81.8	-41.9
4.16	14.61	8.26	63.23	0.36	1.1	95.3	--	35.1	7.6	7.6	2.45	25.4	13.9		9.37	13.2	3.0	1.1
4.31	1.60	3.57	23.65			87.6	143.5	259.0	-10.1	6.7	0.38	-77.6	17.8	0.86	3.94	13.3	0.3	0.5

I. Index of Stocks

Summer 2019

Company Name	Stock Ticker Symbol	Traded On	Sector	Overall Rating	Recommendation	Reward Rating	Risk Rating	Recent Up/Downgrade	Stock Price as of 6/30/2019	52-Week High	52-Week Low	3-Year Beta	Growth	Efficiency	Solvency	Volatility	Dividend	Total Return
Seedo Corp.	SEDO	OTC PK	Information Tech	E+	Sell	D	D	Up	2.28	5.00	0.27		W		F	F	--	F
Seelos Therapeutics, Inc.	SEEL	NAS CM	Health Care	E-	Sell	E+	D-		2.32	7.49	1.32		V		G	W	--	W
Sego Resources Inc.	SGZ.V	TSXV	Materials	D	Sell	D	D		0.05	0.07	0.03	0.43	V	W	G	W	--	F
SEI Investments Company	SEIC	NAS GS	Financials	C+	Hold	B	D+	Up	55.36	64.90	42.27	1.15	E	E	E	W	--	F
Select Bancorp, Inc.	SLCT	NAS	Financials	C+	Hold	B	C		11.38	14.25	10.14	0.40	F	G	E	F	--	W
Select Energy Services, Inc.	WTTR	NYSE	Energy	D+	Sell	D+	D+	Up	11.75	15.85	6.05	2.71	F	W	E	W	--	W
Select Interior Concepts, Inc.	SIC	NAS CM	Consumer Discretn	D-	Sell	C-	D	Up	10.98	14.73	5.94		G	F	G	W	--	W
Select Medical Holdings Corporation	SEM	NYSE	Health Care	C	Hold	B	D		15.68	21.65	12.96	1.03	F	G	G	W	--	F
Select Sands Corp.	SLSDF	OTC PK	Materials	D	Sell	D	D-		0.05	0.39	0.04	0.39	W	W	E	W	--	W
Select Sands Corp.	SNS.V	TSXV	Materials	D	Sell	D	D-		0.07	0.51	0.06	0.15	W	W	E	W	--	W
Selecta Biosciences, Inc.	SELB	NAS	Health Care	E+	Sell	E+	D-	Down	1.88	16.55	1.41	1.24	F	V	G	W	--	V
Selective Insurance Group, Inc.	SIGI	NAS GS	Financials	A	Buy	A	A-	Up	74.01	78.50	54.7	0.57	E	E	E	W	G	G
SELLAS Life Sciences Group, Inc.	SLS	NAS CM	Health Care	D-	Sell	D	D-		0.12	3.87	0.12		W		G	W	--	V
SEMAFO (Holding) Limited	SCA.V	TSXV	Materials	D+	Sell	C	D		0.12	0.13	0.04	0.81	W	W	E	W	--	G
SEMAFO Inc.	SMF.TO	TSX	Materials	C-	Hold	C	D	Up	4.93	5.45	2.24	-0.55	F	F	E	W	--	F
SEMAFO Inc.	SEMFF	OTC PK	Materials	C-	Hold	C	D	Up	3.76	4.09	1.73	-0.18	F	F	E	W	--	F
SemGroup Corporation	SEMG	NYSE	Energy	D+	Sell	C	D-	Up	11.62	26.79	11.06	0.90	W	G	G	W	E	V
SemiLEDs Corporation	LEDS	NAS CM	Information Tech	D-	Sell	E+	D		3.06	6.25	2.46	3.14	F	V	F	W	--	F
Semler Scientific, Inc.	SMLR	OTC PK	Health Care	B	Buy	A+	C-	Up	43.75	49.00	14.5	0.86	E	E	E	F	--	E
Sempra Energy	SRE	NYSE	Utilities	B-	Buy	B	C+	Down	135.54	141.86	104.88	0.33	F	G	G	G	G	F
Semtech Corporation	SMTC	NAS GS	Information Tech	B-	Buy	B	C		48.22	60.55	39.54	2.06	E	G	E	F	--	F
Seneca Financial Corp.	SNNF	OTC PK	Financials	D+	Sell	C	D	Up	8.60	9.25	7.61		F	G	E	W	--	F
Seneca Foods Corporation	SENEB	NAS GS	Consumer Staples	D	Sell	D+	D		25.88	35.37	24.08	0.59	W	F	G	W	--	W
Seneca Foods Corporation	SENEA	NAS GS	Consumer Staples	D	Sell	D+	D		26.68	35.90	21.97	1.14	W	F	G	W	--	W
SenesTech, Inc.	SNES	NAS CM	Health Care	D-	Sell	E+	D	Up	1.58	1.95	0.55	1.57	F	V	E	W	--	V
Senior Housing Properties Trust	SNH	NAS GS	Real Estate	D+	Sell	C	D-	Down	8.29	19.18	7.49	0.72	W	G	E	W	E	V
Senmiao Technology Limited	AIHS	NAS CM	Financials	D-	Sell	E+	D-		2.73	7.38	2.5		W	V	E	W	--	W
Sennen Potash Corporation	SNNJF	OTC PK	Materials	D-	Sell	D	E+		0.18	0.37	0.18	-0.58	W		G	V	--	V
Sennen Potash Corporation	SN.V	TSXV	Materials	D	Sell	D+	D-	Up	0.45	0.50	0.45	0.44	W		G	W	--	W
Sensata Technologies Holding PLC	ST	NYSE	Industrials	B-	Buy	B	C	Up	48.61	56.28	40.78	1.23	E	E	E	F	--	F
Senseonics Holdings, Inc.	SENS	AMEX	Health Care	D-	Sell	E+	D-		1.95	4.89	1.74	1.22	W	V	G	W	--	W
Sensient Technologies Corporation	SXT	NYSE	Materials	C+	Hold	B	C-	Up	72.21	78.40	51.93	1.06	F	E	E	F	F	F
Sensus Healthcare, Inc.	SRTS	NAS CM	Health Care	D	Sell	D	D	Down	5.38	9.23	4.75	-0.25	W	W	E	W	--	W
Sentinel Energy Services Inc.	STNL	NAS CM	Financials	D	Sell	C	D		10.15	14.21	9.78		F	G	E	G	--	F
Sentry Select Primary Metals Corp.	SPMLF	OTC PK	Financials	D	Sell	C-	D		1.34	1.75	1.25	-0.34	W	F	E	W	--	W
Senvest Capital Inc.	SVCTF	OTC PK	Financials	D+	Sell	C-	D	Up	129.82	180.00	117.29	1.02	W	F	E	W	--	F
Senvest Capital Inc.	SEC.TO	TSX	Financials	D+	Sell	C-	D	Up	168.61	220.01	159.99	0.75	W	F	E	W	--	W
Sequans Communications S.A.	SQNS	NYSE	Information Tech	U		U	U		0.90	2.17	0.75	1.88	U	U	U	U	U	U
Sequential Brands Group, Inc.	SQBG	NAS CM	Consumer Discretn	D	Sell	D	D-		0.52	2.28	0.49	0.57	W	W	G	W	--	V
Serengeti Resources Inc.	SIR.V	TSXV	Materials	D	Sell	D+	D	Down	0.23	0.60	0.12	-3.87	W	W	E	W	--	F
Serengeti Resources Inc.	SGRNF	OTC PK	Materials	D	Sell	D+	D	Down	0.17	0.35	0.09	-1.98	W	W	E	W	--	F
Seres Therapeutics, Inc.	MCRB	NAS GS	Health Care	D-	Sell	D	D-	Down	2.88	9.35	2.02	2.35	W	W	G	W	--	W
Seritage Growth Properties	SRG	NYSE	Real Estate	D	Sell	C-	D		43.67	51.89	30.6	1.79	W	F	E	W	F	F
Semova Corp.	SVA.V	TSXV	Health Care	D-	Sell	E+	D		0.25	0.26	0.15	0.86	W	V	E	W	--	W
Semova Corp.	SEOVF	OTC PK	Health Care	D-	Sell	E+	D		0.16	0.20	0.11	0.89	W	V	E	W	--	W
Serrano Resources Ltd.	MIRXF	OTC PK	Energy	D+	Sell	D+	D		0.04	0.06	0.03	0.04	W		F	W	--	F
Serrano Resources Ltd.	SCH.V	TSXV	Energy	D+	Sell	D+	D		0.06	0.09	0.03	1.11	W		F	W	--	F
Service Corporation International	SCI	NYSE	Consumer Discretn	B	Buy	B	B		46.15	47.09	35.43	0.91	G	E	G	F	F	F
Service Team Inc.	SVTE	OTC PK	Industrials	D-	Sell	E+	D+	Down	0.00	0.00	0	0.19	W	V	G	W	--	W
ServiceMaster Global Holdings, Inc.	SERV	NYSE	Consumer Discretn	C-	Hold	C	D	Up	52.55	62.70	34.28	1.14	F	G	E	W	--	F
ServiceNow, Inc.	NOW	NYSE	Information Tech	C	Hold	B	D		278.51	292.98	147.63	0.96	G	W	E	G	--	E
ServiceSource International, Inc.	SREV	NAS GS	Information Tech	D	Sell	D	D-		0.92	4.02	0.85	1.36	F	W	E	W	--	V

*Ratings Factors: E=Excellent, G=Good, F=Fair, W=Weak, V=Very Weak, U=Unrated

Summer 2019 — I. Index of Stocks

3-Month Total Return (%)	6-Month Total Return (%)	1-Year Total Return (%)	3-Year Total Return (%)	Dividend $ TTM	Dividend Yield TTM	Market Cap. ($Mil)	Enterprise Value ($Mil)	Revenue ($Mil)	Revenue Growth (%)	Net Income ($Mil)	Earnings/ Share $	EPS Growth (%)	Cash from Operations ($Mil)	Return on Assets (%)	Return on Equity (%)	Earnings (P/E) TTM	Sales (P/S) TTM	Book (P/B) Q
-47.59	-24.00					45.6	44.5	0.01		-8.5	-0.49	-149.0	-4.8			-4.7	4,560.0	-26.8
-18.88						49.4	38.1	--		-36.6	-4.25	-1,217.2	-8.5			-0.6		15.5
12.50	50.00	0.00	80.00			3.6	3.6	--		-0.57	-0.01	-195.2	-0.47	-9.8		-7.3		1.4
7.02	22.24	-10.61	26.80	0.66	1.2	8,444	7,824	1,619	3.0	480.0	3.01	7.1	544.1	13.95	29.54	18.4	5.4	5.2
0.71	-6.41	-15.20	41.37			219.9	--	52.1	30.3	15.2	0.89	308.8	14.9		8.65	12.8	4.2	1.0
-1.01	82.17	-21.51				939.8	1,319	1,515	56.4	27.5	0.37	365.0	233.8	4.09	3.6	31.4	0.6	1.1
-12.51	66.11					283.5	463.9	522.3	34.1	-1.0	-0.04	85.2	24.2	2.43		-271.1	0.5	1.9
12.64	1.23	-12.16	46.27			2,123	7,145	5,081	16.4	137.8	1.02	-23.4	494.2	4.74	10.82	15.4	0.4	2.6
-28.48	-11.82	-83.76	-71.75			4.4	5.6	16.0	-18.9	-1.9	-0.02	-280.9	3.8	-1.4		-2.4	0.3	0.2
-35.00	-18.75	-84.34	-71.74			4.4	5.6	16.0	-18.9	-1.9	-0.02	-280.9	3.8	-1.4		-3.1	0.4	0.3
-12.15	-35.17	-85.36	-86.57			84.2	58.7	0.91	1,204.3	-61.5	-2.52	18.7	-66.0	-50.08		-0.8	79.3	5.7
15.30	24.29	35.45	110.95	0.78	1.1	4,384	4,959	2,658	6.5	221.4	3.71	60.1	509.3	2.32	12.35	20.0	1.7	2.3
-87.80	-90.78	-96.58				6.2	4.1	--		-24.2	-2.63	73.9	-30.0	-61.23		-0.1		1.0
-4.17	130.00	155.56	27.78			22.5	20.9	--		-0.27	0.00	42.9	-0.20	-1.66		-95.8		3.1
30.42	77.98	31.12	-23.80			1,251	1,328	372.5	46.2	14.2	0.04	-22.0	168.4	3.47	2.5	125.5	4.3	2.2
33.95	84.33	33.67	-23.50			1,251	1,328	372.5	46.2	14.2	0.04	-22.0	168.4	3.47	2.5	95.8	3.3	1.7
-17.51	-8.11	-48.46	-52.78	1.89	16.3	924.3	4,442	2,409	5.3	-0.55	-0.54	3.4	239.0	0.93	0.23	-21.7	0.4	0.7
-17.65	19.47	-15.83	77.63			11.0	14.8	6.6	-20.4	-3.3	-0.92	13.7	-3.3	-19.53		-3.3	1.7	3.2
1.74	32.58	195.61	2,891.45			282.6	278.1	23.8	60.1	6.2	0.78	2,515.5	6.8	59.95	265.82	56.1	15.0	45.0
8.89	27.33	21.54	33.44	3.65	2.7	37,191	66,604	11,623	8.5	1,151	3.38	474.9	3,432	2.38	7.03	40.0	3.2	2.5
-4.40	6.63	2.49	117.11			3,215	3,144	628.1	9.3	64.0	0.94	71.0	155.3	5.5	9.21	51.3	5.2	4.6
0.00	7.50	0.58				16.1	--	6.5	10.2	0.91	0.48	114.6	0.78		4.79	17.9	2.5	0.8
-5.01	-7.70	-7.90	-29.73			251.4	544.6	1,200	3.2	5.7	0.58	166.7	117.3	-2.21		44.4	0.2	0.6
8.68	-7.68	-1.00	-23.31			251.4	544.6	1,200	3.2	5.7	0.58	166.7	117.3	-2.21		45.7	0.2	0.6
12.06	173.40	-9.71				39.5	37.0	0.30	364.1	-11.6	-0.59	39.0	-8.8	-111.21		-2.7	125.4	8.7
-28.25	-25.81	-49.79	-49.36	1.32	15.9	1,971	5,818	1,108	2.0	80.9	0.34	-77.1	350.3	2.41	2.65	24.6	1.8	0.7
-37.95	-27.20	-50.63				75.7	68.2	0.57	68.6	-11.2	-0.48	-700.7	-2.9	-15.1		-5.7	125.2	6.9
-47.62	-48.52	-52.96	-83.80			3.5	3.2	--		-0.66	-0.07	33.1	-1.2	-115.24		-2.6		10.4
0.00	0.00	-10.00	-59.09			3.5	3.2	--		-0.66	-0.07	33.1	-1.2	-115.24		-6.6		26.8
9.41	10.45	1.91	45.93			7,857	10,524	3,506	3.6	593.6	3.55	43.9	610.0	6.08	23.67	13.7	2.3	3.1
-20.41	-26.97	-53.68	-50.26			345.2	293.0	19.4	121.2	-101.1	-0.62	-16.2	-100.4	-61.18		-3.1	17.8	7.9
7.29	30.83	2.98	10.17	1.41	2.0	3,056	3,752	1,378	0.0	152.0	3.59	37.3	88.7	6.81	17.82	20.1	2.2	3.5
-25.17	-23.47	-24.81				88.9	78.7	25.9	16.8	-3.0	-0.20	19.2	-12.2	-8.14		-27.1	3.4	3.3
1.00	1.20	3.05				437.7	437.7	--		1.7	0.04	155.6	-0.92	-0.76	33.7	259.6		87.6
-9.34	0.93	-17.44	0.58	0.18	13.5	20.6	-0.84	-3.7	-295.0	-4.3	-0.30	-163.0	7.7	-10.04		-4.5	-5.2	1.0
-3.53	9.42	-19.98	29.80			344.6	-1,252	-150.1	-148.9	-57.3	-21.37	-170.3	-115.7	-5.34		-6.1	-2.3	0.5
-6.33	4.08	-21.66	23.75			344.6	-1,252	-150.1	-148.9	-57.3	-21.37	-170.3	-115.7	-5.34		-7.9	-3.0	0.7
-18.92	12.50	-55.88	-51.61			85.3	121.6	17.3	-64.1	-18.2	-0.20	41.8	-13.5			-4.5	4.9	-17.0
-58.74	-31.58	-74.88	-93.13			33.5	751.1	168.8	1.6	-133.6	-2.08	29.9	24.8	4.89		-0.3	0.2	0.2
-6.12	-2.13	70.37	187.50			17.1	16.7	--		-1.2	-0.01	50.0	-0.04	-3	0.82	-16.8		1.6
-9.29	0.00	50.91	130.56			17.1	16.7	--		-1.2	-0.01	50.0	-0.04	-3	0.82	-12.1		1.2
-58.62	-39.75	-68.70	-90.21			195.2	165.0	31.6	-4.4	-95.4	-2.34	-3.0	-68.5	-44.6		-1.2	3.7	-1.7
-2.54	35.96	4.71	-0.61	1.00	2.3	1,559	3,083	198.2	-9.1	-90.8	-2.69	-101.5	30.5	-1.66		-16.2	7.9	2.0
61.29	38.89	6.38	-9.09			32.8	31.1	--		-2.8	-0.02	-14.6	-2.9	-72.28		-14.5		20.3
32.14	23.29	-4.60	-22.57			32.8	31.1	--		-2.8	-0.02	-14.6	-2.9	-72.28		-9.3		13.0
53.60	-32.63	-21.47	300.00			3.1	3.1	--		4.4	0.06	123.6	0.01	-25.99		0.7		-6.0
-8.33	-8.33	-31.25	266.67			3.1	3.1	--		4.4	0.06	123.6	0.01	-25.99		0.9		-8.6
15.46	17.21	31.08	86.74	0.70	1.5	8,410	11,798	3,194	2.6	444.5	2.39	0.9	589.3	2.96	27.69	19.3	2.7	5.0
0.00	0.00	0.00	-97.96			0.89	1.1	3.5	-5.9	-0.16	0.00	100.0	0.00	0.16			0.3	
12.36	44.49	31.78	106.66			7,145	8,367	2,686	74.3	-11.0	-0.09	-102.5	312.0	5.66	0	-567.5	2.7	3.1
14.46	54.44	61.54	327.62			51,668	51,099	2,809	35.1	-38.9	-0.23	54.0	921.9	-0.58		-1,206.2	18.1	43.1
2.23	-8.91	-77.06	-75.73			85.8	102.6	235.3	-2.4	-19.0	-0.21	38.2	5.2	-2.94		-4.5	0.4	0.9

https://greyhouse.weissratings.com

Data as of June 30, 2019

I. Index of Stocks

Summer 2019

Company Name	Stock Ticker Symbol	Traded On	Sector	Overall Rating	Recommendation	Reward Rating	Risk Rating	Recent Up/Downgrade	Stock Price as of 6/30/2019	52-Week High	52-Week Low	3-Year Beta	Growth	Efficiency	Solvency	Volatility	Dividend	Total Return
ServisFirst Bancshares, Inc.	SFBS	NAS GS	Financials	C	Hold	B	D+		33.72	44.95	29.9	1.37	E	E	E	W	F	W
Servotronics, Inc.	SVT	AMEX	Industrials	C	Hold	B	C		9.76	13.70	9.15	1.14	F	E	E	F	–	F
Sesen Bio, Inc.	SESN	NAS	Health Care	D-	Sell	E+	D		1.60	2.60	0.66	-0.02	W	V	E	W	–	W
Seven Aces Limited	QNIIF	OTC PK	Consumer Discretn	C	Hold	B-	D	Up	0.60	0.84	0.54	2.11	E	W	F	W	–	F
Seven Aces Limited	ACES.V	TSXV	Consumer Discretn	C	Hold	B-	D	Up	0.75	1.25	0.66	-1.27	E	W	F	W	–	F
Seven Generations Energy Ltd.	VII.TO	TSX	Energy	D	Sell	C	D-	Down	6.62	17.24	6.23	0.33	E	G	G	W	–	V
Seven Generations Energy Ltd.	SVRGF	OTC PK	Energy	D	Sell	C	D-	Down	5.17	15.60	4.72	0.69	E	G	G	W	–	V
Severn Bancorp, Inc.	SVBI	NAS CM	Financials	B	Buy	B+	B-		8.63	9.94	7.22	1.10	E	E	E	G	W	F
Seychelle Environmental Technologies, Inc.	SYEV	OTC PK	Consumer Discretn	D-	Sell	D-	D-	Down	0.09	0.31	0.01	2.34	W	W	E	W	–	W
SG Blocks, Inc.	SGBX	NAS CM	Industrials	D-	Sell	D-	D-		0.81	5.90	0.68	0.12	F	V	G	W	–	V
SGL Carbon SE	SGLFF	OTC PK	Industrials	D+	Sell	C	D		7.45	14.22	6.43	1.83	F	G	E	W	–	W
SGOCO Group, Ltd.	SGOC	NAS CM	Information Tech	D-	Sell	E	D	Down	0.99	1.44	0.8	0.71	V	V	G	W	–	W
Shake Shack Inc.	SHAK	NYSE	Consumer Discretn	C+	Hold	A-	D	Up	69.96	70.32	40.67	1.53	E	G	E	W	–	G
ShaMaran Petroleum Corp	SNM.V	TSXV	Energy	D	Sell	D+	D	Down	0.08	0.15	0.07	1.30	F	W	G	W	–	W
ShaMaran Petroleum Corp	SHASF	OTC PK	Energy	D	Sell	D+	D		0.06	0.11	0.05	1.44	F	W	G	W	–	W
Shareworks by Morgan Stanley	SUM.TO	TSX	Information Tech	C	Hold	B	D+		19.15	19.20	10.05	0.70	F	G	E	G	–	E
Sharing Services Global Corporation	SHRG	OTC PK	Consumer Discretn	D	Sell	D+	D-		0.17	0.39	0.14	-0.59	W	F	G	W	–	V
Sharps Compliance Corp.	SMED	NAS CM	Health Care	D	Sell	D	D		3.48	4.22	2.97	0.57	W	W	E	W	–	W
SharpSpring, Inc.	SHSP	NAS CM	Information Tech	D+	Sell	C	D		12.95	21.10	8.63	1.34	W	W	E	F	–	G
Shaw Communications Inc.	SJRA.V	TSXV	Communication Svc	C	Hold	C	D+	Up	26.25	30.00	23.7	0.40	W	E	G	W	G	W
Shaw Communications Inc.	SJR	NYSE	Communication Svc	C	Hold	C+	C		20.38	21.08	17.5	0.48	W	E	G	F	G	F
Shaw Communications Inc.	SJRB.TO	TSX	Communication Svc	C	Hold	C+	C-		26.74	28.10	23.82	0.19	W	E	G	F	G	F
ShawCor Ltd.	SAWLF	OTC PK	Energy	D+	Sell	C	D		13.45	21.80	11.27	2.17	W	G	E	W	G	W
ShawCor Ltd.	SCL.TO	TSX	Energy	D+	Sell	C	D		18.22	28.89	15.11	1.18	W	G	E	W	G	W
Shell Midstream Partners, L.P.	SHLX	NYSE	Energy	C-	Hold	B-	D		20.34	25.08	15.86	1.00	E	E	E	W	E	W
Shenandoah Telecommunications Company	SHEN	NAS GS	Communication Svc	C	Hold	C	C-		38.76	51.41	31.1	0.56	W	G	G	F	–	F
Shentang International, Inc.	SHNL	OTC PK	Materials	D-	Sell	D	D		0.09	0.38	0.05	-32.51	V		F	W	–	F
Sherpa II Holdings Corp.	SHRPP.V	TSXV	Financials	D-	Sell	D	D	Up	0.08	0.15	0.08		W	W	E	W	–	W
Sherritt International Corporation	SHERF	OTC PK	Materials	D-	Sell	D	D-	Down	0.15	0.92	0.13	1.18	V	W	E	W	–	V
Sherritt International Corporation	S.TO	TSX	Materials	D-	Sell	D	D-	Down	0.19	1.18	0.17	0.18	V	W	E	W	–	V
ShiftPixy, Inc.	PIXY	NAS CM	Industrials	D	Sell	D	D-		0.49	5.37	0.27	1.56	F	W	F	W	–	V
Shiloh Industries, Inc.	SHLO	NAS GS	Consumer Discretn	D	Sell	D+	D-	Down	4.60	12.28	3.98	2.02	F	F	G	W	–	W
Shine Minerals Corp.	SMR.V	TSXV	Materials	D-	Sell	D-	D-		0.05	0.15	0.04	3.37	W	W	G	W	–	V
Shine Minerals Corp.	PAUFF	OTC PK	Materials	D-	Sell	D-	D-	Down	0.04	0.10	0.04	0.54	W	W	G	W	–	V
Shineco, Inc.	TYHT	NAS CM	Consumer Staples	D	Sell	C-	D		0.68	1.90	0.43	1.80	W	G	E	W	–	W
Shinhan Financial Group Co., Ltd.	SHG	NYSE	Financials	C+	Hold	B-	C-	Up	39.00	41.79	34.02	0.76	F	G	E	F	–	W
Ship Finance International Limited	SFL	NYSE	Energy	C	Hold	B-	D	Up	12.43	15.15	10.31	1.26	F	E	G	W	E	W
Shoal Point Energy Ltd.	SHPNF	OTC PK	Energy	D	Sell	D	D	Up	0.07	0.08	0.01	8,024.75	W	V	E	W	–	F
ShockWave Medical, Inc.	SWAV	NAS GS	Health Care	U		U	U		55.01	68.39	24.58		U	U	U	U	U	U
Shoe Carnival, Inc.	SCVL	NAS GS	Consumer Discretn	C+	Hold	B	D+	Down	26.77	45.00	23.98	1.15	F	E	E	W	W	F
Shopify Inc.	SHOP	NYSE	Information Tech	C	Hold	C+	D		300.96	338.94	117.64	1.37	W	W	E	F	–	E
Shopify Inc.	SHOP.TO	TSX	Information Tech	C	Hold	C+	D		394.66	446.40	159.25	1.06	W	W	E	F	–	E
Shore Bancshares, Inc.	SHBI	NAS GS	Financials	C+	Hold	B	C-	Up	15.78	19.84	12.95	0.80	E	G	E	F	G	W
Shoshoni Gold Ltd.	SHJ.V	TSXV	Materials	D+	Sell	C	D-		0.03	0.08	0.03	-0.12	W	G	F	W	–	W
Shoshoni Gold Ltd.	NSVLF	OTC PK	Materials	D	Sell	C	D-	Down	0.02	0.02	0.02	-0.40	W	G	F	W	–	W
ShotSpotter, Inc.	SSTI	NAS CM	Information Tech	D+	Sell	C	D		43.95	66.14	26.55	2.60	W	F	E	W	–	F
Shufersal Ltd.	SHUFF	OTC PK	Consumer Staples	C	Hold	B	B	Up	6.80	6.80	6.8	0.25	G	E	G	E	–	F
Shutterfly, Inc.	SFLY	NAS GS	Consumer Discretn	D	Sell	D+	D	Down	50.53	92.21	35.08	1.31	W	F	G	W	–	W
Shutterstock, Inc.	SSTK	NYSE	Consumer Discretn	C-	Hold	C	D	Down	38.92	55.76	31.77	1.00	F	E	E	W	–	W
Sibanye Gold Limited	SBGLF	OTC PK	Materials	D+	Sell	C-	D		1.14	1.27	0.53	0.82	F	F	G	W	–	W
Sibanye Gold Limited	SBGL	NYSE	Materials	D+	Sell	C	D-		4.80	4.94	2.02	0.25	F	F	G	W	–	W
SI-BONE, Inc.	SIBN	NAS	Health Care	E	Sell	D-	D-		18.94	23.03	14.08		W	W	E	W	–	W

*Ratings Factors: E=Excellent, G=Good, F=Fair, W=Weak, V=Very Weak, U=Unrated

I. Index of Stocks

Summer 2019

3-Month Total Return (%)	6-Month Total Return (%)	1-Year Total Return (%)	3-Year Total Return (%)	Dividend $ TTM	Dividend Yield TTM	Market Cap ($Mil)	Enterprise Value ($Mil)	Revenue ($Mil)	Revenue Growth (%)	Net Income ($Mil)	Earnings/Share $	EPS Growth (%)	Cash from Operations ($Mil)	Return on Assets (%)	Return on Equity (%)	Earnings (P/E) TTM	Sales (P/S) TTM	Book (P/B) Q
-0.24	5.84	-19.73	48.47	0.52	1.5	1,804	--	265.6	14.7	139.3	2.58	35.1	171.1		20.27	13.1	6.9	2.4
-20.13	-3.03	3.78	3.60	0.16	1.6	23.2	24.0	49.3	14.9	3.3	1.37	96.6	1.5	6.25	10.9	7.1	0.5	0.7
66.67	12.68	-19.60	-17.53			161.9	119.7	--		-36.2	-0.52	48.0	-26.4	-19		-3.1		3.3
10.24	-23.65	-27.09	3,213.33			40.3	112.9	73.2	42.2	-0.10	-0.01	91.4	15.6	16.39		-57.4	0.7	-4.3
-1.32	-21.88	-28.57	1,566.67			40.3	112.9	73.2	42.2	-0.10	-0.01	91.4	15.6	16.39		-72.1	0.9	-5.4
-32.72	-38.59	-54.16	-73.18			1,782	3,354	2,434	23.9	325.2	0.90	14.6	1,246	6.47	9.13	7.4	1.0	0.6
-29.81	-35.34	-52.51	-74.06			1,782	3,354	2,434	23.9	325.2	0.90	14.6	1,246	6.47	9.13	5.8	0.8	0.5
-7.57	10.25	0.54	46.41	0.12	1.4	110.2	--	39.6	23.7	9.3	0.72	155.3	10.9		9.62	12.0	2.8	1.1
-8.16	-10.00	-70.97	-57.35			2.4	0.33	3.2	-40.3	-0.24	-0.01	-140.7	0.05	-1.53		-8.0	0.8	0.7
-58.92	-70.64	-84.11				4.1	3.9	8.4	39.7	-4.6	-1.08	71.9	-4.2	-23.61		-0.8	0.4	0.5
-6.88	15.86	-30.37	-31.27			969.2	1,252	1,242	16.7	21.3	0.18	-89.3	31.2	1.02	4.41	42.1	0.8	1.5
-14.30	10.46	-16.81	-74.96			79.6	99.4	--		--	-0.37	62.8	--			-2.7		0.5
22.35	60.79	4.31	98.24			2,078	2,344	492.8	29.3	14.2	0.48	1,263.1	83.5	3.12	7.93	146.6	4.3	8.8
-5.88	0.00	-23.81	14.29			131.7	286.1	55.2	24.9	-16.2	-0.01	0.0	49.1	1.67		-16.0	3.2	1.2
-2.63	-14.35	-36.21	3.93			131.7	286.1	55.2	24.9	-16.2	-0.01	0.0	49.1	1.67		-11.1	2.2	0.8
0.26	66.09	66.38	224.58			827.9	738.9	108.3	25.9	4.9	0.08	27.3	13.1	1.41	3.21	225.8	10.2	7.0
-30.08	-38.82	-46.56				21.3	21.0	64.3	6,595.1	-1.4	-0.34	-176.9	0.98	-30.42		-0.5	0.2	4.4
-6.45	5.78	-9.84	-21.27			56.2	52.6	42.1	3.6	-0.42	-0.03	-27,100.0	1.6	-0.37		-127.9	1.3	2.2
-16.45	0.00	48.85	142.51			141.5	137.8	19.8	35.5	-10.3	-1.20	-89.0	-5.2	-16.66		-10.8	5.8	5.8
-8.49	7.85	-8.49	2.89	1.18	4.5	10,474	13,463	4,056	3.5	342.0	0.65	-22.0	1,145	4.82	12.82	40.3	3.3	3.0
-0.72	14.89	5.76	21.66	1.19	5.8	10,474	13,463	4,056	3.5	342.0	0.65	-22.0	1,145	4.82	12.82	31.3	2.6	2.4
-3.09	10.38	4.54	22.52	1.19	4.4	10,474	13,463	4,056	3.5	342.0	0.65	-22.0	1,145	4.82	12.82	41.0	3.4	3.1
-16.85	19.67	-30.50	-40.32	0.45	3.4	973.6	1,078	1,074	-11.6	9.0	0.13	-80.8	59.0	1.29	1.16	106.2	0.9	1.2
-8.06	13.12	-26.30	-39.11	0.60	3.3	973.6	1,078	1,074	-11.6	9.0	0.13	-80.8	59.0	1.29	1.16	143.9	1.2	1.7
3.23	29.75	0.01	-25.71	1.56	7.7	4,745	3,118	556.1	20.6	532.1	2.14	90.9	549.4	10.31	709.66	9.5	8.2	1.4
-13.66	-10.79	16.63	8.65	0.27	0.7	1,931	2,972	638.0	4.2	55.7	1.11	-21.3	266.5	3.98	12.93	35.0	3.0	4.3
-15.00	8.28	-43.33	16,900.00			4.0	4.0	--		-0.06	0.00	-108.3	-0.01			-34.0		-141.7
-28.57	-46.43					0.25	-0.06	--		-0.08	-0.14		-0.05			-0.6		1.1
-51.32	-50.08	-81.52	-74.79			57.5	459.1	110.2	-38.7	-94.6	-0.25	-125.3	-21.6	-1.77		-0.6	0.5	0.1
-54.22	-53.09	-82.08	-75.95			57.5	459.1	110.2	-38.7	-94.6	-0.25	-125.3	-21.6	-1.77		-0.8	0.7	0.1
-64.26	-68.38	-81.80				17.1	20.2	44.3	88.0	-12.9	-0.45	5.5	-5.4	-49.59		-1.1	0.4	-3.0
-16.06	-19.86	-46.82	-38.42			109.3	340.2	1,127	5.7	-0.99	-0.05	-120.3	45.9	1.99		-99.1	0.1	0.6
-9.09	-16.67	-62.96	-44.44			1.4	1.1	--		-0.48	-0.02	59.8	-0.42	-80.14		-2.1		5.0
0.00	-33.81	-56.95	-35.66			1.4	1.1	--		-0.48	-0.02	59.8	-0.42	-80.14		-1.8		4.1
-40.34	15.27	-60.91				15.6	-14.9	32.3	-25.5	-1.5	-0.07	-112.8	5.9	0.51		-9.5	0.5	0.2
5.01	8.97	5.32	28.77	1.06	2.7	18,328	--	11,573	17.2	2,896	6.01	14.8	-22,856		9.1	6.5	1.6	0.6
4.71	21.39	-7.46	21.20	1.40	11.3	1,338	3,663	440.9	17.7	82.6	0.73	-10.7	199.6	3.56	6.99	17.1	3.0	1.1
50.00	350.00	114.29	-63.08			3.1	2.7	--		-0.38	-0.01	95.4	-0.27	-8.34		-7.1		1.5
71.37						1,541	1,421	7.3	449.9	-12.8	-1.37	75.7	-14.4			-40.3	70.9	11.9
-25.18	-24.25	-19.45	14.24	0.32	1.2	393.3	621.3	1,026	0.3	39.1	2.52	69.0	56.3	5.45	13.17	10.6	0.4	1.4
47.93	125.51	105.36	954.52			33,785	31,892	1,179	55.1	-72.8	-0.68	-57.3	35.5	-3.21		-445.7	28.3	15.8
44.28	116.82	102.88	962.06			33,785	31,892	1,179	55.1	-72.8	-0.68	-57.3	35.5	-3.21		-584.5	37.1	20.7
5.09	12.70	-14.96	45.06	0.37	2.3	201.7	--	77.8	51.7	24.7	1.93	95.3	17.6		14.07	8.2	2.6	1.1
-14.29	-14.29	-33.33	-80.00			0.21	0.31	--		-0.14	-0.02	88.5	0.03	-66.04		-1.9		-0.6
-45.71	-45.71	-45.71	-47.22			0.21	0.31	--		-0.14	-0.02	88.5	0.03	-66.04		-1.2		-0.4
11.55	49.49	16.89				497.6	468.9	37.4	43.4	-1.9	-0.18	89.7	9.7	-1.01		-250.4	12.9	17.6
29.52	29.52	29.52	195.65			1,575	3,198	3,525	2.7	67.8	0.29	-14.9	114.8	2.66	13.93	23.7	0.5	3.4
25.48	26.23	-44.24	13.50			1,733	2,600	2,087	74.2	-6.1	-0.28	-125.4	182.1	3.04		-183.7	0.8	2.9
-16.48	8.90	-13.93	0.86			1,371	1,188	633.6	9.3	29.6	0.83	-30.7	100.8	3.78	9.09	46.9	2.2	4.6
-0.87	117.14	72.73	-65.45			3,110	4,716	3,835	11.2	-175.7	-0.08	63.7	886.5	0.6		-14.7	0.7	1.6
17.07	81.82	99.17	-58.93			3,110	4,716	3,835	11.2	-175.7	-0.08	63.7	886.5	0.6		-61.7	2.8	6.6
3.27	-7.43					465.2	389.0	44.0	-10.7	-19.5	-1.93	67.2	-15.9			-9.8	10.5	5.6

I. Index of Stocks

Summer 2019

Company Name	Stock Ticker Symbol	Traded On	Sector	Overall Rating	Recommendation	Reward Rating	Risk Rating	Recent Up/Downgrade	Stock Price as of 6/30/2019	52-Week High	52-Week Low	3-Year Beta	Growth	Efficiency	Solvency	Volatility	Dividend	Total Return
Siebert Financial Corp.	SIEB	NAS CM	Financials	C-	Hold	C-	D+		8.54	20.80	8.17	0.12	F	W	E	W	–	F
Siemens Aktiengesellschaft	SIEGY	OTC PK	Industrials	C	Hold	B-	C-		58.89	70.90	51.51	0.81	G	E	G	F	–	W
Siemens Aktiengesellschaft	SMAWF	OTC PK	Industrials	C	Hold	B-	C-		119.00	141.57	102.4	0.96	G	E	G	F	–	W
Siemens Gamesa Renewable Energy, S.A.	GCTAF	OTC PK	Industrials	C-	Hold	C	D	Up	16.91	18.06	10.74	1.72	F	G	G	W	–	W
Siemens Gamesa Renewable Energy, S.A.	GCTAY	OTC PK	Industrials	C-	Hold	C	D+	Up	3.28	3.55	2.1	1.75	F	G	G	W	–	W
Sienna Biopharmaceuticals, Inc.	SNNA	NAS GS	Health Care	E+	Sell	E+	E+		0.93	18.05	0.93		W	V	G	V	–	V
Sienna Resources Inc.	SIE.V	TSXV	Materials	D-	Sell	D-	D-	Down	0.06	0.11	0.04	2.10	W	V	G	W	–	V
Sienna Resources Inc.	SNNAF	OTC PK	Materials	D-	Sell	D-	D-	Down	0.04	0.10	0.03	2.97	W	V	G	W	–	V
Sienna Senior Living Inc.	SIA.TO	TSX	Health Care	C+	Hold	B	C-	Up	19.31	19.80	15.44	0.41	F	G	F	G	G	F
Sienna Senior Living Inc.	LWSCF	OTC PK	Health Care	C	Hold	B	C-		14.79	14.95	11.47	0.71	F	G	F	F	G	F
Sientra, Inc.	SIEN	NAS GS	Health Care	D-	Sell	E+	D-		5.96	26.79	5	1.70	F	V	G	W	–	W
Sierra Bancorp	BSRR	NAS GS	Financials	B-	Buy	B+	C	Up	26.19	31.19	22.68	1.37	E	G	E	F	G	F
Sierra Madre Developments Inc.	SMDXF	OTC PK	Materials	D	Sell	C-	C-		0.04	0.04	0.04	-21.94	V	G	F	G	–	F
Sierra Madre Developments Inc.	SMGH.V	TSXV	Materials	D	Sell	C-	D-		0.06	0.15	0.06	-0.16	V	G	F	W	–	V
Sierra Metals Inc.	SMT.TO	TSX	Materials	C-	Hold	C+	D		1.63	3.66	1.55	0.69	E	F	G	W	–	W
Sierra Metals Inc.	SMTS	AMEX	Materials	C-	Hold	C+	D		1.28	2.73	1.22	0.84	E	F	G	W	–	W
Sierra Oncology, Inc.	SRRA	NAS	Health Care	D-	Sell	D-	D	Down	0.58	3.18	0.53	0.93	W	V	E	W	–	W
Sierra Wireless, Inc.	SWIR	NAS GS	Information Tech	D	Sell	D	D		11.70	22.58	10.8	1.79	W	W	E	W	–	W
Sierra Wireless, Inc.	SW.TO	TSX	Information Tech	D	Sell	D	D		15.35	29.38	14.35	1.54	W	W	E	W	–	W
SIFCO Industries, Inc.	SIF	AMEX	Industrials	D-	Sell	D	D-	Down	2.84	5.80	2.69	0.70	W	W	G	W	–	V
Sify Technologies Limited	SIFY	NAS CM	Communication Svc	C	Hold	B-	D+		1.40	2.09	1.15	0.71	F	G	W	G	–	F
SIGA Technologies, Inc.	SIGA	NAS	Health Care	C+	Hold	B	D+		5.59	8.47	4.68	0.97	G	E	E	W	–	W
Sigma Labs, Inc.	SGLB	NAS CM	Industrials	D-	Sell	D	D-		1.34	2.58	0.73	-0.15	W	V	E	W	–	W
Sigma Lithium Resources Corporation	SGMA.V	TSXV	Materials	D	Sell	D	D-		1.88	2.40	1.59		W	W	G	W	–	W
Sigma Lithium Resources Corporation	SGMLF	OTC PK	Materials	D-	Sell	D-	D-		1.19	1.78	1.19		W	W	G	W	–	V
SigmaTron International, Inc.	SGMA	NAS CM	Information Tech	D	Sell	D	D-		2.70	7.95	2.18	2.42	W	W	G	W	–	V
Signal Advance, Inc.	SIGL	OTC PK	Information Tech	D+	Sell	C	D	Down	0.13	0.55	0.04	7.71	W	G	F	W	–	F
Signature Bank	SBNY	NAS GS	Financials	C	Hold	B-	C-		118.98	137.94	98.54	1.55	E	E	E	F	F	W
Signature Resources Ltd.	SGGTF	OTC PK	Materials	D	Sell	D	D		0.06	0.10	0.05	-0.49	V	W	G	W	–	W
Signature Resources Ltd.	SGU.V	TSXV	Materials	D	Sell	D	D		0.07	0.12	0.05	-0.45	V	W	G	W	–	W
Signet Jewelers Limited	SIG	NYSE	Consumer Discretn	D	Sell	C-	D-	Down	17.68	71.07	16.71	1.09	W	F	G	E	V	
Silgan Holdings Inc.	SLGN	NAS GS	Materials	B-	Buy	B	C	Up	29.83	30.90	22.24	0.93	G	E	G	F	F	F
Silicom Ltd.	SILC	NAS GS	Information Tech	C-	Hold	C+	D	Down	32.37	45.50	28.63	0.70	F	G	E	W	–	W
Silicon Laboratories Inc.	SLAB	NAS GS	Information Tech	C+	Hold	B	C-		102.08	110.43	73.13	1.39	G	G	E	F	–	F
Silicon Motion Technology Corporation	SIMO	NAS GS	Information Tech	U	U	U			42.43	61.85	31.73	1.28	U	U	U	U	U	U
Silk Road Energy Inc.	SLK.V	TSXV	Energy	D	Sell	D+	D		0.04	0.08	0.02	-0.17	W	W	F	W	–	F
Silk Road Medical, Inc	SILK	NAS	Health Care	U	U	U			46.51	51.50	30.87		U	U	U	U	U	U
Silver Bull Resources, Inc.	SVB.TO	TSX	Materials	D	Sell	D	D		0.10	0.19	0.09	-0.27	W	W	E	W	–	W
Silver Bull Resources, Inc.	SVBL	OTC PK	Materials	D	Sell	D	D		0.08	0.14	0.07	0.57	W	W	E	W	–	W
Silver Grail Resources Ltd.	SVG.V	TSXV	Materials	D	Sell	D	D		0.04	0.10	0.02	2.23	W	W	G	W	–	W
Silver Grail Resources Ltd.	SVGAF	OTC PK	Materials	D	Sell	D	D		0.04	0.08	0.01	1.77	W	W	G	W	–	W
Silver Mountain Mines Inc.	SMM.V	TSXV	Materials	D	Sell	D	D-		0.01	0.02	0.01	0.01	F	W	E	W	–	V
Silver Mountain Mines Inc.	SVMMF	OTC PK	Materials	D+	Sell	C-	D	Up	0.01	0.02	0.01	-2.46	F	W	E	W	–	W
Silver One Resources Inc.	SVE.V	TSXV	Materials	D	Sell	D+	D		0.18	0.29	0.13	-7.94	F	W	E	W	–	F
Silver One Resources Inc.	SLVRF	OTC PK	Materials	D	Sell	D	D-	Up	0.14	0.23	0.09	-0.88	F	W	E	W	–	V
Silver Predator Corp.	SPD.V	TSXV	Materials	D	Sell	D	D		0.07	0.12	0.06	0.44	F	W	E	W	–	V
Silver Predator Corp.	SVROF	OTC PK	Materials	D	Sell	D	D-		0.05	0.07	0.04	0.85	F	W	E	W	–	W
Silver Range Resources Ltd.	SLRRF	OTC PK	Materials	D	Sell	D	D		0.08	0.13	0.05	0.81	W	W	E	W	–	W
Silver Range Resources Ltd.	SNG.V	TSXV	Materials	D	Sell	D	D		0.10	0.18	0.07	0.43	W	W	E	W	–	W
Silver Spruce Resources Inc.	SSE.V	TSXV	Materials	D+	Sell	C	D		0.04	0.06	0.02	1.45	W	G	F	W	–	W
Silver Spruce Resources Inc.	SSEBF	OTC PK	Materials	D+	Sell	C	D		0.03	0.05	0.01	-2.00	W	G	F	W	–	W
Silver Viper Minerals Corp.	VIPR.V	TSXV	Materials	D-	Sell	E+	D		0.25	0.28	0.07		V	V	G	W	–	W

*Ratings Factors: E=Excellent, G=Good, F=Fair, W=Weak, V=Very Weak, U=Unrated

Summer 2019 — I. Index of Stocks

3-Month Total Return (%)	6-Month Total Return (%)	1-Year Total Return (%)	3-Year Total Return (%)	Dividend $ TTM	Dividend Yield TTM	Market Cap. ($Mil)	Enterprise Value ($Mil)	Revenue ($Mil)	Revenue Growth (%)	Net Income ($Mil)	Earnings/Share $	EPS Growth (%)	Cash from Operations ($Mil)	Return on Assets (%)	Return on Equity (%)	Earnings (P/E) TTM	Sales (P/S) TTM	Book (P/B) Q
-28.77	-38.78	-13.56	667.11			231.9	--	28.3	49.6	11.3	0.42	167.9	4.3		89.89	20.6	8.2	12.8
10.32	8.44	-6.68	27.10	3.29	5.6	93,490	127,890	97,450	-0.2	5,180	6.33	-33.8	8,143	2.63	10.25	9.3	0.5	1.0
11.01	7.30	-7.89	19.95			93,490	127,890	97,450	-0.2	5,180	6.33	-33.8	8,143	2.63	10.25	18.8	1.0	1.9
5.62	41.39	25.91				11,356	11,395	5,759	13.5	85.0	0.13	-27.1	894.1			135.1	2.0	1.7
4.33	43.52	24.02		0.00	0.1	11,356	11,395	5,759	13.5	85.0	0.13	-27.1	894.1			26.2	0.4	0.3
-60.01	-61.97	-94.00				28.2	1.2	--		-72.8	-3.41	62.2	-60.0	-33.35		-0.3		0.8
22.22	10.00	-42.11	-72.50			2.2	1.9	--		-0.42	-0.01	55.1	-0.42	-9.32		-5.9		3.6
29.76	31.03	-49.63	-71.74			2.2	1.9	--		-0.42	-0.01	55.1	-0.42	-9.32		-4.4		2.7
3.72	25.91	21.72	32.20	0.92	4.8	977.1	1,739	503.4	13.4	7.1	0.11	-62.2	70.2	2.06	1.67	176.8	2.5	3.1
8.25	31.11	23.77	31.01	0.69	4.7	977.1	1,739	503.4	13.4	7.1	0.11	-62.2	70.2	2.06	1.67	135.4	1.9	2.4
-31.02	-52.92	-69.37	-9.01			293.3	291.1	71.0	62.4	-89.7	-3.22	13.4	-68.1	-41.38		-1.9	2.4	4.1
7.98	10.19	-4.15	71.84	0.68	2.6	401.4	--	112.5	9.4	31.9	2.07	40.0	37.4		11.81	12.7	3.6	1.4
1,113.33	1,113.33	1,113.33	1,113.33			0.45	0.44	--		-0.14	-0.03	-386.8	-0.02			-1.4		-0.3
-15.38	-45.00	-45.00	-45.00			0.45	0.44	--		-0.14	-0.03	-386.8	-0.02			-2.1		-0.4
-23.83	-30.64	-54.34	30.40			202.7	280.5	219.9	3.6	8.4	0.05	49,700.0	52.0	7.31	7.18	32.9	1.2	1.6
-20.99	-26.01	-52.26	30.05			202.7	280.5	219.9	3.6	8.4	0.05	49,700.0	52.0	7.31	7.18	25.8	1.0	1.2
-66.61	-54.97	-80.31	-70.81			43.4	-41.9	--		-54.8	-0.74	6.0	-48.1	-30.78		-0.8		0.5
-3.94	-13.97	-26.65	-28.35			422.8	379.4	780.5	9.0	-27.5	-0.77	-748.3	25.8	-0.81		-15.3	0.5	1.0
-6.17	-17.30	-27.49	-28.00			422.8	379.4	780.5	9.0	-27.5	-0.77	-748.3	25.8	-0.81		-20.0	0.7	1.3
3.65	-11.58	-47.63	-72.16			16.4	40.7	115.6	4.4	-6.8	-1.23	47.6	4.9	-3.99		-2.3	0.1	0.4
-12.14	-0.93	-27.99	40.40			211.0	302.9	158.4	-50.6	7.9	0.05	-40.2	--			26.8	1.3	1.4
-8.21	-24.56	-6.83	531.64			452.5	430.2	485.8	5,410.5	435.0	5.25	1,149.8	77.4	133.19		1.1	1.0	4.3
-9.46	-8.26	42.67	-74.18			14.7	12.8	0.35	-44.5	-5.9	-0.76	24.9	-4.2	-106.76		-1.8	35.8	5.0
17.50	1.62	3.30				98.2	100.8	--		-7.6	-0.15	95.0	-1.8			-12.8		16.4
-5.78	-23.31	-19.73				98.2	100.8	--		-7.6	-0.15	95.0	-1.8			-8.1		10.4
-5.92	11.11	-63.71	-54.54			11.4	61.1	285.5	3.5	-6.2	-1.48	-360.8	-2.4	0.6		-1.8	0.0	0.2
15.95	174.30	27.55	42.99			2.1	2.1	0.14	-40.4	0.02	0.00	109.8	0.07			106.3	14.3	12.2
-7.98	17.77	-4.73	-0.29	2.24	1.9	6,465	--	1,294	43.3	614.9	11.25	112.5	1,046		14.38	10.6	5.0	1.4
-4.89	-4.26	-39.36				5.4	5.4	--		-0.49	-0.01	-30.4	-0.46	-10.26		-9.7		1.7
0.00	-12.50	-33.33	55.56			5.4	5.4	--		-0.49	-0.01	-30.4	-0.46	-10.26		-11.7		2.0
-35.12	-41.73	-67.99	-76.18	1.48	8.4	922.7	3,974	6,221	-5.6	-170.8	-3.90	-122.8	775.2	2.97		-4.5	0.2	0.8
1.68	28.95	13.56	24.78	0.42	1.4	3,315	6,034	4,464	3.9	225.0	2.03	-22.7	440.9	5.29	26.09	14.7	0.8	3.7
-15.39	-6.31	-14.48	18.97			246.0	223.0	102.6	-18.3	10.9	1.42	-49.9	--			22.8	2.4	1.6
28.00	30.04	2.03	121.48			4,424	4,168	851.0	7.0	62.6	1.42	7.0	183.3	3.12	6.08	71.9	5.2	4.2
10.27	23.89	-17.18	1.59	1.19	2.8	1,550	1,269	123.4	-68.9	15.1	1.68	-69.9	--			25.3	3.1	0.7
0.00	-11.11	14.29	60.00			0.37	0.36	0.01	-69.5	-0.32	-0.03	-81.2	-0.01	-276.21		-1.5	50.0	-1.4
						1,427	1,598	12.8	123.7	-24.2	-20.12	-175.1	-8.6			-2.3	4.4	-0.4
-23.08	-33.33	-42.86	-35.48			19.3	15.8	--		-2.5	-0.01	28.4	-3.6	-24.13		-8.6		2.2
-18.40	-18.81	-39.78	-30.18			19.3	15.8	--		-2.5	-0.01	28.4	-3.6	-24.13		-7.0		1.8
0.00	33.33	-33.33	-38.46			0.85	0.71	--		-0.14	-0.01	-400.0	-0.02	-6.98		-8.0		1.5
53.48	21.72	-17.91	-47.39			0.85	0.71	--		-0.14	-0.01	-400.0	-0.02	-6.98		-7.1		1.3
-50.00	-33.33	-50.00	-50.00			0.37	0.36	--		-0.02	0.00	70.6	-0.03	-0.42		-20.0		0.1
-22.22	0.00	16.67	48.94			0.37	0.36	--		-0.02	0.00	70.6	-0.03	-0.42		-28.0		
2.86	2.86	-10.00	1,250.03			14.8	14.6	--		-1.2	-0.01	56.4	-0.74	-5.23		-15.0		1.9
2.27	13.40	-6.93				14.8	14.6	--		-1.2	-0.01	56.4	-0.74	-5.23		-11.6		1.5
7.69	-6.67	-12.50	-81.33			1.5	1.2	--		0.05	0.00	119.8	-0.16	1.89	3.89	38.9		1.4
16.55	-0.76	-13.17	-78.43			1.5	1.2	--		0.05	0.00	119.8	-0.16	1.89	3.89	28.9		1.1
-15.31	-7.78	-26.22	-26.55			5.4	4.9	--		-1.0	-0.01	36.5	-0.39	-17.15		-5.9		1.8
-13.64	-13.64	-44.12	-26.92			5.4	4.9	--		-1.0	-0.01	36.5	-0.39	-17.15		-6.7		2.0
0.00	75.00	40.00	-50.00			2.3	2.4	--		-0.48	-0.01	47.5	-0.29	-29.55		-4.9		-13.0
66.70	79.67	83.75	-27.65			2.3	2.4	--		-0.48	-0.01	47.5	-0.29	-29.55		-4.5		-12.0
38.89	212.50	61.29				8.1	7.4	--		-2.2	-0.05	-35.4	-2.2	-58.5		-4.8		11.6

https://greyhouse.weissratings.com — Data as of June 30, 2019

I. Index of Stocks

Summer 2019

Company Name	Stock Ticker Symbol	Traded On	Sector	Overall Rating	Recommendation	Reward Rating	Risk Rating	Recent Up/Downgrade	Stock Price as of 6/30/2019	52-Week High	52-Week Low	3-Year Beta	Growth	Efficiency	Solvency	Volatility	Dividend	Total Return
Silver Viper Minerals Corp.	VIPRF	OTC PK	Materials	D-	Sell	E+	D	Up	0.18	0.21	0.07		V	V	G	W	--	W
SilverBow Resources, Inc.	SBOW	NYSE	Energy	D+	Sell	C	D	Down	13.89	31.94	12.71	0.42	G	E	G	W	--	W
Silvercorp Metals Inc.	SVM.TO	TSX	Materials	C	Hold	B	D+	Down	3.31	3.73	2.43	0.59	E	E	E	W	F	W
Silvercorp Metals Inc.	SVM	AMEX	Materials	C	Hold	B	D+	Down	2.51	2.86	1.83	0.85	E	E	E	W	F	W
Silvercrest Asset Management Group Inc.	SAMG	NAS	Financials	C+	Hold	B	C-	Down	13.51	18.27	12	0.34	G	E	E	F	--	F
SilverCrest Metals Inc.	SILV	AMEX	Materials	D	Sell	D+	D	Down	3.94	4.30	1.91	0.53	V	W	E	W	--	G
SilverCrest Metals Inc.	SIL.V	TSXV	Materials	D	Sell	D+	D	Down	5.18	5.40	2.6	0.18	V	W	E	W	--	G
SilverSun Technologies, Inc.	SSNT	NAS CM	Information Tech	C	Hold	B-	D+	Up	3.14	4.56	2	0.06	G	G	G	W	--	W
Simba Essel Energy Inc.	SMB.V	TSXV	Energy	D-	Sell	E+	D-		0.02	0.03	0.01	1.15	V	V	F	W	--	V
Simba Essel Energy Inc.	SMBZF	OTC PK	Energy	D-	Sell	E+	D		0.01	0.03	0	-2.36	V	V	F	W	--	V
Simlatus Corporation	SIML	OTC PK	Information Tech	E	Sell	C	D		0.01	0.10	0		F	G	F	W	--	V
Simmons First National Corporation	SFNC	NAS GS	Financials	C	Hold	B	D		22.83	32.45	22.08	1.13	E	E	E	W	G	W
Simon Property Group, Inc.	SPG	NYSE	Real Estate	C	Hold	B	D	Down	159.93	191.49	158.63	0.54	G	E	G	W	G	F
Simplicity Esports and Gaming Company	WINR	OTC PK	Consumer Discretn	E+	Sell	E	D-	Down	1.50	11.05	0.56		V	V	G	W	--	V
Simpson Manufacturing Co., Inc.	SSD	NYSE	Industrials	B-	Buy	A-	C		65.86	78.36	49.54	1.40	E	E	E	F	W	F
Sims Metal Management Limited	SMUPF	OTC PK	Materials	C	Hold	B	D		7.14	10.60	7.14	0.59	E	E	E	W	G	W
Sims Metal Management Limited	SMSMY	OTC PK	Materials	C	Hold	B	D		7.70	12.77	6.33	1.22	G	E	E	W	G	W
Simulations Plus, Inc.	SLP	NAS CM	Health Care	B	Buy	A+	C-		28.35	29.98	16.7	0.15	E	E	E	G	W	E
SINA Corporation	SINA	NAS GS	Communication Svc	C-	Hold	C+	D	Down	43.43	85.86	38.84	1.78	G	G	E	W	--	W
Sincerity Applied Materials Holdings Corp.	SINC	OTC PK	Materials	D+	Sell	C	D	Up	50.00	5,000.00	50		F	G	G	W	--	V
Sinclair Broadcast Group, Inc.	SBGI	NAS GS	Communication Svc	B-	Buy	B+	C	Up	53.20	66.57	25.13	1.06	G	E	G	F	F	G
Singlepoint, Inc.	SING	OTC PK	Information Tech	D	Sell	D+	D		0.02	0.05	0.01	4.90	F	W	F	W	--	W
Sino United Worldwide Consolidated Ltd.	SUIC	OTC PK	Consumer Discretn	D	Sell	D	D-		5.00	6.99	2.12	-0.42	F	W	G	W	--	W
Sino-Global Shipping America, Ltd.	SINO	NAS CM	Industrials	D	Sell	D	D		0.70	1.60	0.64	2.91	F	W	E	W	--	W
Sinopec Shanghai Petrochemical Company Limited	SHI	NYSE	Materials	D+	Sell	C	D-	Down	39.77	63.49	38.68	1.02	W	E	E	W	--	W
Sinopec Shanghai Petrochemical Company Limited	SPTJF	OTC PK	Materials	C-	Hold	C	D		0.44	0.65	0.44	0.08	W	E	E	W	--	W
Sinorama Corporation	SNNN	OTC PK	Consumer Discretn	D	Sell	C-	D-		0.25	2.00	0.25	-0.70	W	G	F	W	--	V
Sinovac Biotech Ltd.	SVA	NAS GS	Health Care	C-	Hold	C	D	Down	6.47	8.05	5.73	0.15	F	G	E	W	--	F
Sintana Energy Inc.	SEI.V	TSXV	Energy	C-	Hold	C	D	Up	0.12	0.29	0.05	3.42	W	E	F	W	--	G
Sintana Energy Inc.	ZDEXF	OTC PK	Energy	C-	Hold	C	D	Up	0.10	0.20	0.04	3.47	W	E	F	W	--	G
Sintx Technologies, Inc.	SINT	NAS CM	Health Care	E+	Sell	E+	E+		0.09	1.06	0.09	1.15	F	V	G	W	--	V
Sipup Corporation	SPUP	OTC PK	Consumer Staples	D	Sell	D	D-		0.16	0.51	0.1	-1.08	W	W	E	W	--	W
SIQ Mountain Industries Inc.	SIQ.V	TSXV	Consumer Discretn	D-	Sell	E+	D		0.15	0.20	0.04	-0.69	V	V	G	W	--	V
Sir Royalty Income Fund	SIRZF	OTC PK	Consumer Discretn	C	Hold	A-	B		11.75	12.55	10.69	0.48	G	E	E	G	E	F
Sir Royalty Income Fund	SRVUN.TO	TSX	Consumer Discretn	C	Hold	B+	A-		15.46	16.92	13.15	0.26	G	E	E	E	E	F
Sirios Resources Inc.	SOI.V	TSXV	Materials	D	Sell	D	D		0.17	0.28	0.12	1.18	W	W	E	W	--	W
Sirios Resources Inc.	SIREF	OTC PK	Materials	D	Sell	D	D		0.15	0.20	0.09	2.09	W	W	E	W	--	W
Sirius International Insurance Group, Ltd.	SG	NAS GS	Financials	D+	Sell	C	D	Up	11.80	17.95	10.5		G	F	E	W	--	W
Sirius XM Holdings Inc.	SIRI	NAS GS	Communication Svc	C	Hold	B	D+	Down	5.57	7.29	5.23	0.96	E	E	W	F	W	F
Sirona Biochem Corp.	SBM.V	TSXV	Health Care	C	Hold	B+	D	Up	0.50	0.69	0.07	-0.40	G	G	F	W	--	E
Sirona Biochem Corp.	SRBCF	OTC PK	Health Care	D-	Sell	D-	D		0.38	0.49	0.05	-0.21	F	V	G	W	--	V
Sirrus Corp.	SRUP	OTC PK	Health Care	C-	Hold	C	D+	Up	0.00	0.01	0	0.37	W	E	F	W	--	W
SITE Centers Corp.	SITC	NYSE	Real Estate	D+	Sell	C	D-		13.12	18.11	10.71	0.77	W	E	E	W	E	W
SiteOne Landscape Supply, Inc.	SITE	NYSE	Industrials	C	Hold	C	D+		68.92	95.04	45.32	1.11	W	G	G	W	--	F
SITO Mobile, Ltd.	SITO	NAS CM	Information Tech	D-	Sell	E+	D		0.84	2.62	0.65	2.78	W	V	G	W	--	V
Six Flags Entertainment Corporation	SIX	NYSE	Consumer Discretn	C-	Hold	B-	D	Down	49.16	72.39	46.68	1.08	F	E	F	W	E	W
Sixty North Gold Mining Ltd.	SXNTF	OTC PK	Materials	D-	Sell	E+	D-	Up	0.03	0.16	0.03		W	W	E	W	--	V
Siyata Mobile Inc.	SYATF	OTC PK	Information Tech	D	Sell	D-	D		0.37	0.45	0.25	1.77	W	V	G	W	--	F
Siyata Mobile Inc.	SIM.V	TSXV	Information Tech	D-	Sell	D-	D	Down	0.48	0.60	0.33	1.05	W	V	G	W	--	F
SJW Group	SJW	NYSE	Utilities	C+	Hold	B-	C		60.43	67.95	51.82	0.14	F	E	E	F	F	F
SK Telecom Co.,Ltd	SKM	NYSE	Communication Svc	C+	Hold	B	D+	Down	24.55	28.56	22.71	0.57	G	E	G	W	--	F
Skandinaviska Enskilda Banken AB (publ.)	SVKEF	OTC PK	Financials	C-	Hold	C+	D	Down	9.41	10.99	8.83	0.71	G	E	G	W	--	F

*Ratings Factors: E=Excellent, G=Good, F=Fair, W=Weak, V=Very Weak, U=Unrated

Summer 2019 — I. Index of Stocks

3-Month Total Return (%)	6-Month Total Return (%)	1-Year Total Return (%)	3-Year Total Return (%)	Dividend $ TTM	Dividend Yield TTM	Market Cap. ($Mil)	Enterprise Value ($Mil)	Revenue ($Mil)	Revenue Growth (%)	Net Income ($Mil)	Earnings/Share $	EPS Growth (%)	Cash from Operations ($Mil)	Return on Assets (%)	Return on Equity (%)	Earnings (P/E) TTM	Sales (P/S) TTM	Book (P/B) Q
20.51	118.67					8.1	7.4	--		-2.2	-0.05	-35.4	-2.2	-58.5		-3.5		8.6
-40.34	-41.17	-51.31	-42.12			163.1	588.5	276.6	34.1	82.2	6.97	28.8	147.0	10.51	33.13	2.0	0.6	0.6
-3.24	17.21	-3.71	18.90	0.03	0.8	428.7	382.8	170.5	0.3	39.7	0.23	-14.9	67.8	8.59	12.83	14.5	3.3	1.6
-1.78	21.94	-3.02	18.14	0.03	1.0	428.7	382.8	170.5	0.3	39.7	0.23	-14.9	67.8	8.59	12.83	11.0	2.5	1.2
-6.73	4.89	-13.94	24.15	0.58	4.3	115.3	139.2	96.9	3.4	9.1	1.09	50.9	23.1	10.12	20.8	12.5	1.2	2.0
15.20	48.68	92.98	337.78			338.6	310.8	--		-5.7	-0.07	-9.8	-4.9	-8.21		-53.2		5.7
15.88	40.00	91.14	338.98			338.6	310.8	--		-5.7	-0.07	-9.8	-4.9	-8.21		-70.0		7.4
4.67	27.12	-19.19	92.76			14.1	16.0	42.2	16.7	0.30	0.07	149.7	0.75	2.49	6.84	47.4	0.4	3.2
0.00	0.00	-40.00	-81.25			4.6	4.6	--		-1.8	0.00	-246.2	-0.36	-15.67		-3.3		1.4
12.36	0.00	-56.14	-84.66			4.6	4.6	--		-1.8	0.00	-246.2	-0.36	-15.67		-2.2		1.0
89.09	30.00					1.7	2.8	0.17	20.1	-7.8	-0.74	38.4	-0.24			0.0	7.4	-0.2
-6.33	-3.77	-23.11	10.92	0.62	2.7	2,189	--	656.5	23.3	212.1	2.28	45.7	269.2		9.62	10.0	3.2	0.9
-11.75	-2.66	-2.30	-14.48	8.10	5.1	49,417	73,444	5,621	0.6	2,368	7.64	14.0	3,745	5.81	67.12	20.9	8.8	15.6
38.89	-35.33	-85.07				10.4	10.3	0.01		-3.1	-1.24	-56,213.6	-1.3	-8.29		-1.2	625.0	2.2
14.88	23.42	7.70	80.10	0.88	1.3	2,941	2,866	1,093	9.1	123.9	2.67	33.8	152.6	10.09	14.45	24.7	2.7	3.5
-0.10	-0.10	-41.14	19.00			1,589	1,471	5,102	17.0	141.8	0.68	-15.7	107.8	3.42	8.93	10.4	0.3	0.9
3.08	9.29	-34.16	51.12	0.34	4.4	1,589	1,471	5,102	17.0	141.8	0.68	-15.7	107.8	3.42	8.93	11.3	0.3	1.0
35.62	51.68	28.96	311.46	0.24	0.9	496.6	486.7	31.2	13.9	7.4	0.41	-13.1	10.9	15	23.36	69.4	16.3	14.7
-23.57	-20.43	-47.76	-8.30			3,021	3,206	1,605	-8.1	94.9	1.30	-33.5	--			33.4	1.9	1.1
-99.00	-99.00	-97.67				3,680	3,680	1.3	-45.6	1.3	26.79	128.4	-0.44	4.88		1.9	1.9	-323.4
39.46	102.90	67.58	96.41	0.78	1.5	4,860	7,944	3,112	16.4	319.8	3.22	-41.3	646.2	6.02	21.02	16.5	1.6	3.1
10.91	52.09	-56.51	34.05			29.3	30.8	1.2	174.2	-9.0	-0.01	87.8	-1.7	-343.71		-2.4	20.8	-5.5
0.00	0.00	-58.68	-66.67			167.5	167.6	0.11	-91.2	0.00	0.00	100.0	-0.02	9.8			7,142.9	-2,173.9
-20.59	-8.72	-40.09	4.63			10.9	2.6	47.1	130.4	-4.7	-0.35	-296.7	-4.3	-9.51		-2.0	0.2	0.5
-10.74	-0.22	-26.89	8.25	3.30	8.3	6,901	5,261	15,973	10.9	621.5	0.06	-31.9	599.7	5.61	13.11	695.3	27.2	93.2
-12.51	-12.51	-34.71	5.61			6,901	5,261	15,973	10.9	621.5	0.06	-31.9	599.7	5.61	13.11	7.7	0.3	1.0
0.00	-71.26	-87.50				3.8	-7.6	101.2	25.1	-0.98	-0.06	72.3	-1.0	0.17		-3.9	0.0	-1.6
0.00	-7.31	-13.27	9.29			640.0	515.3	107.2	-38.5	7.7	0.11	-76.0	19.3			59.8	4.3	1.8
20.00	84.62	60.00	60.00			10.8	10.8	--		-1.4	-0.01	-86.3	-0.36	-295.74		-8.1		-4.0
33.90	142.57	113.51	63.61			10.8	10.8	--		-1.4	-0.01	-86.3	-0.36	-295.74		-6.6		-3.3
-51.54	-42.76	-90.16	-99.46			2.1	-1.4	2.2	-79.5	-6.9	-2.82	28.4	-6.7	-32.81		0.0	0.9	0.3
-68.00	6.67	23.08	-36.00			0.72	0.73			-0.01	0.00	-6.9	0.00	-4.58		-51.6		12.4
0.00	3.45	-25.00				2.6	2.4	--		-0.87	-0.04	-83.7	-0.81	-54.11		-4.0		5.0
0.09	13.99	11.63	44.50	0.94	8.0	98.7	98.4	8.8	-15.9	8.8	0.92	10.1	7.9	11.27	12.73	12.8	14.2	1.4
-2.27	12.79	11.58	42.83	1.25	8.1	98.7	98.4	8.8	-15.9	8.8	0.92	10.1	7.9	11.27	12.73	16.9	18.7	1.9
-27.66	17.24	-17.07	-55.84			20.2	19.3	--		-1.4	-0.01	-14.1	-0.45	-1.99		-16.2		1.3
-13.27	57.93	-13.27	-49.57			20.2	19.3	--		-1.4	-0.01	-14.1	-0.45	-1.99		-14.1		1.1
-5.98	-13.74					1,360	2,207	1,529	29.7	42.5	0.03	102.6	110.2	0.88	2.17	432.2	1.0	0.8
-1.90	-2.21	-17.70	48.61	0.05	0.9	25,663	33,229	6,140	11.5	1,048	0.22	46.3	1,862	11.59		25.1	4.2	167.8
191.18	482.35	482.35	182.86			80.7	82.5	0.60	33.6	-1.3	-0.01	63.6	-0.83	-109.72		-65.1	150.0	-41.3
188.89	475.57	434.75	173.98			80.7	82.5	0.60	33.6	-1.3	-0.01	63.6	-0.83	-109.72		-49.6	114.2	-31.4
0.00	0.00	-97.73				0.12	0.31	0.06		-1.5	0.00	-750.0	-0.28	-1,101.61		-0.1		0.0
-3.32	18.43	-5.93	-44.98	0.80	6.1	2,356	4,739	617.2	-31.7	204.4	0.92	161.4	249.3	1.92	8.54	14.3	3.9	1.6
22.70	23.98	-17.69	98.10			2,826	3,659	2,158	13.7	66.8	1.54	35.2	70.4	5.02	27.9	44.8	1.3	10.2
-44.74	0.00	-65.00	-75.44			21.5	20.1	37.0	-22.2	-16.9	-0.67	13.5	-8.2	-40.08		-1.3	0.6	2.4
2.57	-7.53	-26.96	0.39	3.24	6.6	4,142	7,083	1,463	5.4	269.2	3.15	1.8	395.1	12.38		15.6	2.8	-5.4
-36.86	-17.01					2.8	2.7	--		-0.74	-0.02	-8.3	-0.44	-13.14		-2.1		0.9
-8.63	15.93	46.10	38.55			42.9	42.2	10.9	-11.9	-9.5	-0.10	-56.3	-1.9	-25.94		-3.9	3.7	4.3
-9.43	9.09	39.13	37.14			42.9	42.2	10.9	-11.9	-9.5	-0.10	-56.3	-1.9	-25.94		-5.1	4.7	5.6
-2.59	11.50	-7.65	68.55	1.16	1.9	1,718	1,842	400.3	1.3	43.4	1.97	-28.0	94.0	3.4	6.44	30.7	4.3	1.9
0.16	-8.57	8.64	33.06	0.78	3.2	16,021	23,211	15,293	-2.8	2,536	35.43	3.3	3,878	1.86	13.25	0.7	0.1	0.1
-5.43	2.28	-3.39	14.20			20,304	--	5,084	-4.4	2,680	1.23	40.8	-4,086		17.56	7.6	4.0	1.4

https://greyhouse.weissratings.com Data as of June 30, 2019

I. Index of Stocks

Summer 2019

Company Name	Stock Ticker Symbol	Traded On	Sector	Overall Rating	Recommendation	Reward Rating	Risk Rating	Recent Up/Downgrade	Stock Price as of 6/30/2019	52-Week High	52-Week Low	3-Year Beta	Growth	Efficiency	Solvency	Volatility	Dividend	Total Return
Skechers U.S.A., Inc.	SKX	NYSE	Consumer Discretn	C	Hold	B	D+		30.93	35.66	21.45	1.32	E	E	E	W	–	F
Skeena Resources Limited	SKE.V	TSXV	Materials	D-	Sell	E+	D		0.39	0.70	0.27	1.76	W	V	G	W	–	W
Skeena Resources Limited	SKREF	OTC PK	Materials	D-	Sell	E+	D		0.30	0.52	0.19	2.18	W	V	G	W	–	W
Skinvisible, Inc.	SKVI	OTC PK	Consumer Staples	D	Sell	C-	D	Down	0.22	2.00	0.1	1.01	W	E	F	W	–	V
Skkynet Cloud Systems, Inc.	SKKY	OTC PK	Information Tech	E+	Sell	E+	E+	Down	0.30	0.61	0.1	-1.06	F	V	E	W	–	V
Sky Gold Corp.	SKYG.V	TSXV	Materials	D-	Sell	E+	D		0.05	0.10	0.03	1.51	W	V	G	W	–	W
Sky Gold Corp.	SRKZF	OTC PK	Materials	D-	Sell	E+	D		0.03	0.06	0.02	0.59	W	V	G	W	–	V
Sky Solar Holdings, Ltd.	SKYS	NAS CM	Utilities	D	Sell	D	D		0.51	1.58	0.45	0.91	W	W	F	W	–	V
Sky440, Inc.	SKYF	OTC PK	Information Tech	D	Sell	C	D+		0.00	0.00	0	1.11	W	G	F	W	–	F
Skychain Technologies Inc.	SCT.V	TSXV	Information Tech	D-	Sell	E	D		0.09	2.00	0.06	-0.31	W	V	E	W	–	W
Skyharbour Resources Ltd.	SYHBF	OTC PK	Energy	D	Sell	D	D		0.24	0.44	0.23	1.48	W	W	E	W	–	W
Skyharbour Resources Ltd.	SYH.V	TSXV	Energy	D	Sell	D	D		0.32	0.57	0.31	1.31	W	W	E	W	–	W
Skyline Champion Corporation	SKY	NYSE	Consumer Discretn	D	Sell	C-	D		26.96	35.30	12.72		W	F	E	W	–	W
Skyscape Capital Inc.	SKYP.V	TSXV	Financials	D-	Sell	D	D	Up	0.50	0.50	0.5		F	W	E	W	–	W
SkyWest, Inc.	SKYW	NAS GS	Industrials	B	Buy	A-	C	Up	58.06	65.80	42.38	1.49	F	G	G	F	W	G
Skyworks Solutions, Inc.	SWKS	NAS GS	Information Tech	C	Hold	B	D+		76.95	103.95	60.12	1.16	F	E	E	W	F	W
SL Green Realty Corp.	SLG	NYSE	Real Estate	C	Hold	B-	D		79.59	106.54	76.77	1.08	F	G	E	W	G	W
Slack Technologies, Inc.	WORK	NYSE	Information Tech	U		U	U		36.25	42.00	34.81		U	U	U	U	U	U
Slam Exploration Ltd.	SLMXF	OTC PK	Materials	E+	Sell	E+	D-	Down	0.01	0.03	0.01	3.28	W	V	G	W	–	V
Slam Exploration Ltd.	SXL.V	TSXV	Materials	D-	Sell	E+	D		0.03	0.05	0.02	-0.60	W	V	G	W	–	V
SLANG Worldwide Inc.	SLGWF	OTC PK	Health Care	E-	Sell	D-	D		1.25	2.50	1.03		W	V	E	W	–	W
Slate Office REIT	SLTTF	OTC PK	Real Estate	D+	Sell	C+	D-		4.51	6.25	4.32		F	E	E	W	E	W
Slate Office REIT	SOTUN.TO	TSX	Real Estate	C-	Hold	B-	D	Down	5.88	8.08	5.65	0.68	F	E	E	W	E	W
Slate Retail REIT	SRRTF	OTC PK	Real Estate	C-	Hold	C	D		9.57	10.03	8.65	0.49	F	F	E	F	E	W
Slate Retail REIT	SRTUN.TO	TSX	Real Estate	C-	Hold	C	D		12.63	13.11	11.2	0.16	F	F	E	F	E	W
Sleep Country Canada Holdings Inc.	SCCAF	OTC PK	Consumer Discretn	C-	Hold	C+	D	Up	14.27	24.55	13.38	0.30	G	E	G	W	G	W
Sleep Country Canada Holdings Inc.	ZZZ.TO	TSX	Consumer Discretn	C-	Hold	C	D		18.97	33.20	16.01	0.58	G	E	G	W	G	W
Sleep Number Corporation	SNBR	NAS GS	Consumer Discretn	B-	Buy	B+	C		39.09	49.56	26.22	1.30	E	E	F	F	–	F
SLM Corporation	SLM	NAS GS	Financials	C+	Hold	B	C	Up	9.46	12.16	7.95	1.71	F	E	E	F	W	W
SM Energy Company	SM	NYSE	Energy	D	Sell	D+	D	Down	12.29	33.76	10.17	2.30	W	F	G	W	F	W
Smart Employee Benefits Inc.	SMEYF	OTC PK	Information Tech	E+	Sell	E+	D-	Down	0.15	0.20	0.14	0.76	W	V	F	W	–	F
Smart Employee Benefits Inc.	SEB.V	TSXV	Information Tech	D	Sell	E+	D		0.20	0.28	0.16	-0.16	W	V	F	W	–	F
SMART Global Holdings, Inc.	SGH	NAS GS	Information Tech	D-	Sell	B-	C		21.52	35.10	16.94	1.06	G	F	E	G	–	F
Smart Sand, Inc.	SND	NAS GS	Energy	D+	Sell	C	D		2.37	6.19	1.92	2.30	E	G	E	W	–	W
Smartag International, Inc.	SMRN	OTC PK	Communication Svc	D	Sell	D+	D-		0.04	0.35	0.02	60.91	W	W	G	W	–	F
SmartCentres Real Estate Investment Trust	CWYUF	OTC PK	Real Estate	C	Hold	B+	C-		25.14	26.08	20.87	0.57	F	E	E	F	G	F
SmartCentres Real Estate Investment Trust	SRUUN.TO	TSX	Real Estate	B-	Buy	B	C	Down	33.27	35.23	29.19	0.36	F	E	E	F	G	F
SmartCool Systems Inc.	SSC.V	TSXV	Industrials	D-	Sell	E+	D		0.05	0.07	0.04	0.17	F	V	F	W	–	F
SmartCool Systems Inc.	SSCFF	OTC PK	Industrials	D-	Sell	E+	D	Down	0.04	0.05	0.02	1.10	F	V	F	W	–	F
SmartFinancial, Inc.	SMBK	NAS CM	Financials	C	Hold	B	C-		21.40	27.69	16.17	0.67	E	G	E	F	–	W
SmartMetric, Inc.	SMME	OTC PK	Information Tech	C-	Hold	C	D		0.06	0.15	0.02	0.41	W	E	F	W	–	F
Smartset Services Inc.	SMARP.V	TSXV	Financials	E	Sell	D	E+		0.11	0.40	0.11		W	F	E	V	–	V
Smartsheet Inc.	SMAR	NYSE	Information Tech	D	Sell	D	D		47.70	50.64	20.34		W	V	E	F	–	W
SMG Industries Inc.	SMGI	OTC PK	Energy	D-	Sell	E+	D	Down	0.45	0.80	0.18		G	V	F	W	–	W
Smith & Nephew plc	SNNUF	OTC PK	Health Care	C	Hold	B	B-		21.42	21.85	16.51	0.21	G	E	E	G	F	F
Smith & Nephew plc	SNN	NYSE	Health Care	C+	Hold	B	C		43.16	44.07	32.22	0.13	G	E	E	G	W	F
Smith Micro Software, Inc.	SMSI	NAS CM	Information Tech	D	Sell	C-	D	Up	2.99	3.48	1.62	1.10	W	W	E	W	–	G
Smith-Midland Corporation	SMID	OTC PK	Materials	C	Hold	B	C		8.80	8.98	6.1	1.01	E	E	F	F	–	F
Smoke Cartel, Inc.	SMKC	OTC PK	Consumer Discretn	E+	Sell	E+	D-		0.65	4.84	0.43	0.98	W	V	G	W	–	V
Smooth Rock Ventures Corp.	SOCK.V	TSXV	Energy	E+	Sell	E	D	Down	0.11	0.12	0.04	3.36	W	V	G	W	–	F
Smsa Crane Acquisition Corp.	SSCR	OTC PK	Financials	E+	Sell	D	D	Up	2.50	3.75	0.1		V		E	F	–	F
SMTC Corporation	SMTX	NAS	Information Tech	D+	Sell	C	D	Down	3.77	5.98	2.3	0.56	F	W	G	W	–	F

*Ratings Factors: E=Excellent, G=Good, F=Fair, W=Weak, V=Very Weak, U=Unrated

Summer 2019

I. Index of Stocks

	TOTAL RETURNS %				DIVIDEND/YIELD		SIZE		REVENUE & INCOME			EARNINGS		EFFECTIVENESS			VALUATION		
3-Month Total Return (%)	6-Month Total Return (%)	1-Year Total Return (%)	3-Year Total Return (%)	Dividend $ TTM	Dividend Yield TTM	Market Cap. ($Mil)	Enterprise Value ($Mil)	Revenue ($Mil)	Revenue Growth (%)	Net Income ($Mil)	Earnings/ Share $	EPS Growth (%)	Cash from Operations ($Mil)	Return on Assets (%)	Return on Equity (%)	Earnings (P/E) TTM	Sales (P/S) TTM	Book (P/B) Q
-6.84	33.55	3.76	9.84			4,868	5,414	4,689	7.6	292.1	1.88	45.2	501.5	8.05	16.9	16.5	1.0	2.3
-8.33	32.76	-1.28	-57.22			30.2	31.2	--		-10.5	-0.11	8.8	-11.5	-30.89		-3.4		3.0
-5.60	40.21	-0.17	-54.62			30.2	31.2	--		-10.5	-0.11	8.8	-11.5	-30.89		-2.6		2.3
-24.31	-68.86	-75.78	-31.88			0.63	3.6	0.06	-90.2	-0.28	-0.10	80.4	-0.10	-112.89		-2.2	10.2	-0.1
49.00	-45.82	-51.15	-66.89			15.3	14.9	1.5	8.1	-0.49	-0.01	34.4	0.13	-41.09		-30.1	10.4	38.7
28.57	50.00	-35.71	-50.00			2.9	2.9	--		-1.5	-0.02	-21.5	-0.50	-44.26		-1.9		2.0
-3.46	56.40	-43.13	-60.15			2.9	2.9	--		-1.5	-0.02	-21.5	-0.50	-44.26		-1.4		1.4
-36.64	-15.69	-57.92	-82.53			26.5	244.7	31.5	-44.5	-30.1	-4.71	27.9	--			-0.1	0.1	0.1
0.00	0.00	-66.67	0.00			0.51	0.96	--		-0.36	0.00		0.01					-0.2
-60.00	-67.27	-94.71	-84.00			0.44	0.25	0.39		-0.73	-0.13	-2,788.0	-0.43	-27.47		-0.7	1.5	0.3
-11.17	-13.68	-15.93	33.75			15.6	13.8	--		-1.4	-0.03	-60.9	-0.77	-8.31		-8.0		1.9
-7.25	-13.51	-14.67	77.78			15.6	13.8	--		-1.4	-0.03	-60.9	-0.77	-8.31		-10.8		2.5
42.57	91.75	-22.31				1,527	1,488	1,360	27.7	-58.2	-1.10	-436.8	65.2	-3.19		-24.5	1.1	3.7
0.00	0.00	-12.28				0.38	--			-0.07	-0.07	82.2	-0.09	-10.3		-6.7		1.4
8.73	30.03	14.55	134.55	0.44	0.8	2,975	5,876	3,162	0.1	314.2	5.96	-29.4	791.6	5.19	16.59	9.7	1.0	1.5
-3.94	15.63	-18.75	33.64	1.52	2.0	13,289	12,331	3,685	-4.3	1,071	5.98	26.9	1,207	15.8	26.28	12.9	3.7	3.3
-11.37	1.74	-18.73	-12.88	3.36	4.2	6,712	13,859	1,224	-15.8	200.5	2.00	6.0	409.3	1.89	3.03	39.7	5.7	1.2
						18,289	18,899	134.8	66.6	-33.3	-0.26	-26.6	-14.1			-136.9	33.9	-8.1
39.39	72.50	-20.19	-77.00			0.77	0.63	--		-0.33	-0.01	57.1	-0.09	-23.36		-1.7		2.0
25.00	25.00	-16.67	-66.67			0.77	0.63	--		-0.33	-0.01	57.1	-0.09	-23.36		-3.1		3.6
-13.89						278.4	272.0	5.8	9,783.2	-23.3	-0.19	-421.7	-8.7			-6.5	40.7	1.9
-0.20	-5.64	-14.16		0.48	10.6	305.9	1,233	169.8	32.4	57.4	0.82	19.8	50.1	3.32	12.81	5.5	1.9	0.7
-2.84	4.13	-15.63	1.59	0.63	10.8	305.9	1,233	169.8	32.4	57.4	0.82	19.8	50.1	3.32	12.81	7.2	2.4	0.9
1.79	15.94	6.54	14.52	0.85	8.9	402.0	1,300	144.1	12.6	-22.6	-0.51	-134.9	49.8	4.02		-18.8	2.9	1.0
-1.35	13.06	6.20	18.22	0.85	6.7	402.0	1,300	144.1	12.6	-22.6	-0.51	-134.9	49.8	4.02		-24.7	3.9	1.3
-12.13	-6.26	-44.03		0.57	4.0	536.9	895.4	485.7	3.9	43.6	1.16	-5.5	57.4	8.27	20.42	12.3	1.1	2.5
-1.02	-2.46	-39.75	-10.85	0.75	4.0	536.9	895.4	485.7	3.9	43.6	1.16	-5.5	57.4	8.27	20.42	16.4	1.5	3.3
-18.38	21.66	31.09	88.93			1,181	1,731	1,569	9.0	74.4	2.22	47.1	150.4	9.99		17.6	0.8	-9.5
-4.54	13.94	-16.61	67.80	0.06	0.6	4,089	--	1,179	19.8	519.4	1.14	62.7	-71.9		18.36	8.3	3.5	1.6
-28.34	-19.75	-52.85	-54.07	0.10	0.8	1,379	4,080	1,533	22.2	13.4	0.09	-87.1	699.0	1.45	0.49	137.5	0.9	0.5
-9.82	-9.82	-22.54	-54.74			25.3	42.9	56.1	-12.2	-10.7	-0.07	-49.2	3.4	-6.58		-2.3	0.5	-3.0
-4.76	-4.76	5.26	-9.09			25.3	42.9	56.1	-12.2	-10.7	-0.07	-49.2	3.4	-6.58		-3.0	0.6	-4.0
-9.84	-27.40	-32.13				493.4	607.5	1,407	39.4	105.4	4.53	78.0	93.4	11.99	36.93	4.8	0.4	2.0
-46.14	15.05	-52.02				97.1	182.2	221.6	43.2	21.7	0.53	3.0	58.8	9.39	10.71	4.4	0.4	0.4
5.12	-87.69	-82.76	2,055.00			4.2	4.2	0.00	-99.6	-0.44	0.00		-0.23	-272.41		-9.4		143.7
-1.43	14.45	15.86	3.57	1.35	5.4	3,614	7,244	623.6	3.7	242.7	1.79	-7.9	277.7	3.22	7.57	14.1	5.7	1.1
-3.98	11.10	14.86	5.52	1.79	5.4	3,614	7,244	623.6	3.7	242.7	1.79	-7.9	277.7	3.22	7.57	18.6	7.6	1.4
11.11	11.11	0.00	100.00			9.1	10.4	0.63	12.8	-2.3	-0.01	-39.5	-1.5	-75.5		-4.4	17.9	-62.5
11.11	-4.71	-10.39	25.00			9.1	10.4	0.63	12.8	-2.3	-0.01	-39.5	-1.5	-75.5		-3.1	12.5	-43.8
11.05	20.09	-17.28	38.06			298.6	--	84.6	47.3	19.4	1.47	109.6	25.3		7.78	14.5	3.6	1.0
-40.10	32.23	8.91	-29.53			15.9	15.9	--		-1.5	-0.01	-36.4	-0.48	-886.14		-10.0		-8.1
-73.75	-73.75					0.16	-0.13	--		-0.07	-0.02		-0.05	-9.73		-4.7		
19.58	92.42	95.41				5,455	5,306	197.6	57.7	-59.4	-0.57	82.1	-3.9	-16.45		-83.5	25.5	31.2
-2.17	-10.00	-40.00				6.4	9.1	5.2	78.1	-1.9	-0.17	40.3	-0.19	-31.84		-2.7	1.1	-11.0
10.58	20.36	17.56	34.74			18,750	19,848	4,904	2.9	663.0	0.76	-13.7	931.0	7.61	13.93	28.3	3.8	3.8
8.74	17.15	17.60	39.81	0.70	1.6	18,750	19,848	4,904	2.9	663.0	0.76	-13.7	931.0	7.61	13.93	57.0	7.7	7.7
6.79	60.75	30.57	16.80			95.9	91.4	29.3	28.0	-0.31	-0.05	88.3	-1.7	2.93		-57.1	3.2	3.7
18.92	17.33	5.02	255.24			45.2	46.2	41.3	-0.2	2.4	0.47	71.4	12.4	5.88	13.49	18.6	1.1	2.3
-23.53	-40.91	-57.52	-94.75			14.3	15.6	2.0	-53.3	-1.5	-0.07	-712.0	-0.27			-8.7	7.2	17.5
16.67	162.50	75.00	31.25			3.5	3.4	--		-0.72	-0.02	-121.6	-0.03	-114.85		-4.3		52.5
0.00	-33.33					25.1	25.2	--		-0.08	-0.01	-413.3	-0.02			-324.7		-735.3
2.45	-5.28	34.40	150.08			88.0	183.9	281.7	96.7	0.76	0.03	106.0	-5.6	2.88	2.84	139.1	0.3	2.6

https://greyhouse.weissratings.com   377   Data as of June 30, 2019

I. Index of Stocks

Summer 2019

Company Name	Stock Ticker Symbol	Traded On	Sector	Overall Rating	Recommendation	Reward Rating	Risk Rating	Recent Up/ Downgrade	Stock Price as of 6/30/2019	52-Week High	52-Week Low	3-Year Beta	Growth	Efficiency	Solvency	Volatility	Dividend	Total Return
Smurfit Kappa Group plc	SMFKY	OTC PK	Materials	C-	Hold	C	D	Up	30.39	43.50	24.1	0.78	W	F	E	W	G	F
Smurfit Kappa Group plc	SMFTF	OTC PK	Materials	C-	Hold	C	D	Up	30.25	42.64	25.11	1.11	W	F	E	W	G	F
Snap Inc.	SNAP	NYSE	Communication Svc	D-	Sell	E+	D		14.58	15.01	4.82	1.09	W	V	E	W	–	W
Snap-on Incorporated	SNA	NYSE	Industrials	C+	Hold	B+	C-		163.48	189.46	135.29	1.32	E	E	E	F	F	F
SNC-Lavalin Group Inc.	SNCAF	OTC PK	Industrials	D	Sell	D	D		20.00	44.33	17.57	0.84	W	W	G	W	F	V
SNC-Lavalin Group Inc.	SNC.TO	TSX	Industrials	D	Sell	D	D		26.20	58.68	23.44	0.44	W	W	G	W	W	V
Snipp Interactive Inc.	SNIPF	OTC PK	Communication Svc	D	Sell	D	D	Up	0.04	0.10	0.03	1.16	F	V	G	W	–	V
Snipp Interactive Inc.	SPN.V	TSXV	Communication Svc	D	Sell	D	D	Up	0.05	0.13	0.05	1.58	F	V	G	W	–	W
Social Capital Hedosophia Holdings Corp.	IPOA	NYSE	Financials	D+	Sell	C	D	Up	10.41	10.45	9.83		F	G	E	G	–	W
Social Life Network, Inc.	WDLF	OTC PK	Communication Svc	D	Sell	D	D-		0.12	0.25	0.04	-0.23	W	W	E	W	–	W
Social Reality, Inc.	SRAX	NAS CM	Communication Svc	D+	Sell	D+	D	Up	4.34	6.00	1.55	3.34	W	F	G	W	–	F
Sociedad Química y Minera de Chile S.A.	SQM	NYSE	Materials	C	Hold	B	D	Down	31.55	49.60	28.3	0.76	G	E	E	W	G	W
Société d'Exploration Minière Vior Inc.	SXMVF	OTC PK	Materials	D+	Sell	C-	D	Up	0.08	0.11	0.05	1.62	W	F	E	W	–	F
Société d'Exploration Minière Vior Inc.	VIO.V	TSXV	Materials	C-	Hold	C	D	Up	0.11	0.14	0.06	1.07	W	F	E	W	–	G
Socket Mobile, Inc.	SCKT	NAS CM	Information Tech	D	Sell	C-	D-		2.15	2.58	1.35	1.11	W	F	G	W	–	W
Sodexo S.A.	SDXOF	OTC PK	Consumer Discretn	C	Hold	B-	C-		114.81	117.40	90	0.64	F	E	G	F	–	F
Sodexo S.A.	SDXAY	OTC PK	Consumer Discretn	C	Hold	B	C-		23.23	23.76	19.11	0.46	F	E	G	F	–	F
Softrock Minerals Ltd.	SFT.V	TSXV	Energy	D	Sell	D+	D-	Up	0.01	0.03	0.01	3.78	F	F	G	W	–	W
Sogou Inc.	SOGO	NYSE	Communication Svc	D+	Sell	C	D-		4.27	12.38	3.85		F	G	E	W	–	V
Sohu.com Limited	SOHU	NAS GS	Communication Svc	D	Sell	D	D-		14.05	37.39	13.11		F	W	G	W	–	W
Sokoman Minerals Corp.	SIC.V	TSXV	Materials	D	Sell	D-	D		0.10	0.58	0.05	2.27	V	V	E	W	–	F
Sokoman Minerals Corp.	SICNF	OTC PK	Materials	D-	Sell	D-	D	Down	0.08	0.45	0	3.39	V	V	E	W	–	F
Solar Alliance Energy Inc.	SAENF	OTC PK	Utilities	C-	Hold	C	D	Up	0.05	0.09	0.01	3.38	W	E	F	W	–	W
Solar Alliance Energy Inc.	SOLR.V	TSXV	Utilities	C-	Hold	C	D	Up	0.06	0.14	0.03	0.20	W	E	F	W	–	W
Solar Capital Ltd.	SLRC	NAS GS	Financials	B-	Buy	B+	C		20.23	22.00	18.45	0.74	F	E	E	F	E	W
Solar Integrated Roofing Corporation	SIRC	OTC PK	Industrials	D	Sell	D	D-	Up	0.04	0.35	0.03	3.46	W	F	E	W	–	V
Solar Senior Capital Ltd.	SUNS	NAS GS	Financials	B-	Buy	B	C	Down	15.99	17.56	14.5	0.63	F	E	E	F	E	W
SolarEdge Technologies, Inc.	SEDG	NAS GS	Information Tech	C+	Hold	B+	D+		61.06	61.89	32.43	0.25	E	E	E	W	–	F
Solaris Oilfield Infrastructure, Inc.	SOI	NYSE	Energy	C	Hold	B	D+	Up	14.99	19.31	10.5	1.82	E	E	E	W	G	W
Solarvest BioEnergy Inc.	SVS.V	TSXV	Consumer Staples	C-	Hold	C	D	Up	0.19	0.35	0.15	0.37	W	E	F	W	–	W
SolarWindow Technologies, Inc.	WNDW	OTC PK	Information Tech	D	Sell	C-	D		3.59	4.35	1.5	2.27	F	F	E	W	–	W
SolarWinds Corporation	SWI	NYSE	Information Tech	C	Hold	C-	C+	Up	18.27	21.22	12.25		F	W	E	F	–	W
Solei Systems, Inc.	SOLI	OTC PK	Consumer Staples	D+	Sell	C	D	Up	0.95	1.30	0		W	G	F	W	–	
Soleno Therapeutics, Inc.	SLNO	NAS CM	Health Care	D-	Sell	E+	D		2.72	5.07	1.11	-1.22	V	V	E	W	–	V
Sol-Gel Technologies Ltd.	SLGL	NAS	Health Care	U		U	U		9.15	9.96	5.41		U	U	U	U	U	U
Solid Biosciences Inc.	SLDB	NAS GS	Health Care	D-	Sell	E+	D		5.05	54.54	4.46		W	V	G	W	–	V
SolidusGold Inc.	SDC.V	TSXV	Materials	D-	Sell	D	D-	Down	0.08	0.14	0.06	0.53	W	W	G	W	–	W
Soligenix, Inc.	SNGX	NAS CM	Health Care	D-	Sell	D-	D-		0.72	2.20	0.65	1.61	F	V	E	W	–	V
Solitario Zinc Corp.	SLR.TO	TSX	Materials	D	Sell	D	D		0.44	0.60	0.26	1.91	W	W	E	W	–	W
Solitario Zinc Corp.	XPL	AMEX	Materials	D	Sell	D	D		0.34	0.54	0.19	2.25	W	W	E	W	–	W
Soliton, Inc.	SOLY	NAS CM	Health Care	E-	Sell	E+	D		14.62	29.00	4.12		V	V	G	F	–	F
Solon Eiendom ASA	BNRPF	OTC PK	Real Estate	D+	Sell	B+	D	Down	3.25	3.25	3.25	-31.9K	E	G	G	W	–	W
Solstice Gold Corp.	SGC.V	TSXV	Materials	D	Sell	D	D	Up	0.20	0.27	0.11		W	V	E	W	–	W
Solution Financial Inc.	SFI.V	TSXV	Financials	D-	Sell	C-	D		0.37	0.49	0.17		F	W	G	W	–	W
Sona Nanotech Inc.	LMTCF	OTC PK	Health Care	E+	Sell	E	D	Up	0.21	0.27	0.1		W	V	F	W	–	W
Sonic Automotive, Inc.	SAH	NYSE	Consumer Discretn	C	Hold	B	D+	Up	23.15	24.05	12.78	2.03	F	G	G	W	F	W
Sonic Foundry, Inc.	SOFO	OTC PK	Information Tech	D	Sell	C-	E+		0.90	2.32	0.6	2.32	W	G	F	V	–	V
Sonim Technologies, Inc.	SONM	NAS	Information Tech	U		U	U		12.77	18.26	9.66		U	U	U	U	U	U
Sonoco Products Company	SON	NYSE	Materials	B+	Buy	A-	B		64.02	66.23	50.3	0.73	E	E	E	G	G	F
Sonoma Pharmaceuticals, Inc.	SNOA	NAS CM	Health Care	E+	Sell	E+	D-	Down	7.40	25.20	5.76	1.52	F	V	E	W	–	V
Sonora Gold & Silver Corp.	SOC.V	TSXV	Materials	D	Sell	D	D-	Up	0.05	0.10	0.04	0.94	F	W	G	W	–	W
Sonora Gold & Silver Corp.	SOCJF	OTC PK	Materials	D	Sell	D	D	Up	0.04	0.07	0.03	1.67	F	W	G	W	–	W

*Ratings Factors: E=Excellent, G=Good, F=Fair, W=Weak, V=Very Weak, U=Unrated

Summer 2019 — I. Index of Stocks

3-Month Total Return (%)	6-Month Total Return (%)	1-Year Total Return (%)	3-Year Total Return (%)	Dividend $ TTM	Dividend Yield TTM	Market Cap. ($Mil)	Enterprise Value ($Mil)	Revenue ($Mil)	Revenue Growth (%)	Net Income ($Mil)	Earnings/Share $	EPS Growth (%)	Cash from Operations ($Mil)	Return on Assets (%)	Return on Equity (%)	Earnings (P/E) TTM	Sales (P/S) TTM	Book (P/B) Q
14.22	18.25	-21.43	48.61	0.80	2.6	7,188	10,908	10,567	9.2	-727.1	-3.09	-254.3	1,211	7.57		-9.8	0.7	2.3
8.81	15.94	-23.69	32.68			7,188	10,908	10,567	9.2	-727.1	-3.09	-254.3	1,211	7.57		-9.8	0.7	2.3
35.13	155.34	8.81				19,538	18,705	1,270	40.2	-1,181	-0.90	31.3	-524.1	-24.15		-16.3	15.4	9.0
6.33	14.67	3.19	14.68	3.67	2.2	9,058	10,075	4,059	0.1	694.8	12.23	22.9	733.9	11.1	22.52	13.4	2.3	2.8
-21.12	-38.87	-53.43	-46.95	0.59	2.9	3,504	6,402	7,638	-1.6	-1,068	-6.08	-453.4	-306.9	0.6		-3.3	0.5	1.4
-22.81	-41.82	-54.07	-46.78	0.77	3.0	3,504	6,402	7,638	-1.6	-1,068	-6.08	-453.4	-306.9	0.6		-4.3	0.6	1.8
-6.62	-0.24	-19.38	-70.85			8.6	6.6	12.2	-8.4	-2.6	-0.01	50.0	0.51	-12.41		-3.5	0.8	1.1
-23.08	-9.09	-16.67	-71.43			8.6	6.6	12.2	-8.4	-2.6	-0.01	50.0	0.51	-12.41		-4.2	0.9	1.3
2.16	4.10	4.00				209.3	209.4	--		13.3	-0.02	66.6	-1.1	-0.09	265	-500.5		41.9
-28.85	-21.00	-1.25	-37.63			15.2	15.1	0.17	-4.3	-4.4	-0.04	1.7	-4.9	-2,957.62		-3.3	107.7	118.5
26.90	127.23	-6.06	-37.37			53.6	53.9	8.4	-58.5	6.6	0.65	158.9	-16.0	-41.07	59.63	6.7	5.3	5.2
-15.78	-16.18	-32.40	42.65	0.99	3.2	8,304	8,854	2,251	4.4	406.5	1.54	-7.4	475.4	8.9	18.64	20.5	3.7	4.0
22.01	68.89	4.11	13.43			3.8	2.2	0.10	12.1	-0.65	-0.02	-502.6	-0.57	-13.62		-5.0	33.0	1.3
15.79	57.14	22.22	37.50			3.8	2.2	0.10	12.1	-0.65	-0.02	-502.6	-0.57	-13.62		-7.2	47.8	1.8
10.26	48.28	-13.05	-40.44			12.9	15.9	17.1	-12.9	-0.33	-0.06	80.4	0.73	-0.83		-36.3	0.8	1.0
4.79	16.99	17.76	10.06			16,899	20,232	24,663	4.7	748.2	5.04	-12.4	1,454	3.96	17.59	22.8	0.7	3.7
6.36	18.18	21.40	20.39	1.05	4.5	16,899	20,232	24,663	4.7	748.2	5.04	-12.4	1,454	3.96	17.59	4.6	0.1	0.7
0.00	0.00	-60.00	-33.33			0.30	0.27	0.02	-8.7	-0.05	0.00	46.4	-0.06	-21.43		-6.7	25.0	5.6
-26.12	-22.22	-62.41				1,671	579.6	827.1	-16.8	46.5	0.12	-56.8	--			36.3	2.0	1.7
-12.68	-22.67	-60.73				551.2	35.8	1,397	-24.9	-112.4	-2.91	79.7	18.6			-4.8	0.4	0.9
-34.48	-32.14	72.73	280.00			7.4	5.2	--		-2.3	-0.03	-96.9	-2.1	-64.71		-3.8		3.0
-28.15	-25.38	94.00	-81.30			7.4	5.2	--		-2.3	-0.03	-96.9	-2.1	-64.71		-3.1		2.5
-41.25	188.34	-6.00	-4.47			8.9	9.1	1.1	-64.4	-1.6	-0.02	79.6	-1.1	-117.8		-3.0	6.7	-3.0
-42.11	120.00	-8.33	-21.43			8.9	9.1	1.1	-64.4	-1.6	-0.02	79.6	-1.1	-117.8		-3.5	7.9	-3.5
-1.59	7.37	7.82	37.16	1.64	8.1	854.9	1,189	153.8	4.0	71.7	1.70	-2.3	133.4	3.65	7.74	11.9	5.6	0.9
-31.61	-41.08	-86.82	-96.96			3.7	4.7	5.9	9.5	-0.21	0.00	-230.0	-0.29			-14.7	0.3	0.3
-5.89	7.51	6.62	30.78	1.41	8.8	256.5	460.1	40.7	19.7	15.7	0.98	-31.8	-154.3	3.89	5.88	16.4	6.3	1.0
61.71	75.11	23.35	214.58			2,903	2,695	999.2	42.4	112.2	2.34	2.8	181.6	8.45	19.4	26.1	3.0	4.6
-8.93	28.11	8.42		0.30	2.0	468.5	605.4	216.3	132.4	48.8	1.78	269.5	134.9	18.83	34.24	8.4	2.0	2.5
-7.32	-5.00	-5.00	-17.39			5.7	6.5	--		-0.70	-0.02	56.9	-1.2	-64.23		-8.0		-3.8
20.07	71.77	-5.77	-5.53			190.1	171.4	--		-5.2	-0.12	35.2	-2.5	-22.67		-29.7		9.7
-3.64	35.63					5,598	7,085	852.0	12.1	-39.0	0.91	124.5	211.4			20.1	6.6	2.2
427.78	37,900.00	94,999,900				110.6	111.0	0.01	-32.5	-0.35	0.00	11.8	-0.09			-316.7	9,500.0	-65.5
29.52	55.43	15.74	-55.04			86.4	66.2	--		-17.1	-0.71	49.6	-12.9	-25.7		-3.8		3.7
35.56	52.50	20.24				173.4	120.1	0.04	-75.9	-17.6	-1.02	67.5	--			-9.0	4,159.1	2.7
-47.34	-80.58	-85.47				178.8	92.1	--		-88.5	-2.56	9.8	-79.0	-36.36		-2.0		1.8
-6.25	0.00	-25.00	-67.39			3.2	3.1	--		-0.20	0.00	53.9	-0.18	-51.21		-20.8		150.0
-19.06	-18.83	-21.83	-89.25			13.3	6.3	5.3	0.9	-8.2	-0.56	50.9	-8.1	-65.92		-1.3	2.5	2.5
-16.98	33.33	-22.81	-37.14			19.8	8.5	--		-3.0	-0.05	-53.2	-1.0	-7.1		-8.5		1.0
-15.00	40.50	-19.62	-37.43			19.8	8.5	--		-3.0	-0.05	-53.2	-1.0	-7.1		-6.5		0.7
100.27						219.4	214.6	--		-11.2	-5.32	-8.9	-7.8	-172		-2.8		48.4
0.00	0.00	1.624 MIL				312.0	571.0	105.2	-26.7	5.1	0.09	165.0	-134.0	2.41	9.35	34.7	1.9	2.2
33.33	29.03	0.00				10.6	7.7	--		-0.74	-0.01	74.3	-0.58	-6.36		-18.5		1.2
-10.98	-13.10	65.91				22.0	23.9	4.1	-2.2	-1.5	-0.02	-378.8	4.1	-1.07		-15.4	7.3	4.0
-8.64	45.92					10.2	10.2	--		-3.9	-0.07	-220.4	-1.1			-2.8		-109.1
61.80	73.94	8.91	46.45	0.32	1.4	997.3	3,712	9,940	-0.4	96.1	2.24	8.3	-5.5	4.83	11.94	10.3	0.1	1.2
-26.23	38.46	-59.86	-84.54			5.8	12.0	32.7	-7.9	-14.3	-2.91	-267.5	-3.3	-15.34		-0.3	0.2	-0.6
						259.6	263.1	26.5	45.6	-6.2	-0.39	94.9	-4.5			-32.5	7.6	330.0
5.38	23.38	27.20	49.28	1.66	2.6	6,405	8,022	5,438	5.2	313.2	3.09	59.6	562.5	6.53	17.43	20.7	1.2	3.6
-14.31	20.23	-66.16	-79.95			9.8	3.6	18.2	7.1	-13.3	-2.18	21.8	-12.0	-38.54		-3.4	3.5	6.6
-35.71	-18.18	-47.06	-18.18			2.4	2.3	--		-0.11	0.00	60.9	-0.13	-10.48		-25.0		6.2
16.67	-7.89	-57.83				2.4	2.3	--		-0.11	0.00	60.9	-0.13	-10.48		-19.4		4.8

I. Index of Stocks

Summer 2019

Company Name	Stock Ticker Symbol	Traded On	Sector	Overall Rating	Recommendation	Reward Rating	Risk Rating	Recent Up/Downgrade	Stock Price as of 6/30/2019	52-Week High	52-Week Low	3-Year Beta	Growth	Efficiency	Solvency	Volatility	Dividend	Total Return
Sonoro Energy Ltd.	SNV.V	TSXV	Energy	D+	Sell	C	D	Up	0.07	0.08	0.02	-0.18	F	G	F	W	--	W
Sonoro Energy Ltd.	SNVFF	OTC PK	Energy	C-	Hold	C	D	Up	0.06	0.06	0.02	1.77	F	G	F	W	--	W
Sonoro Metals Corp.	SMO.V	TSXV	Materials	D-	Sell	E+	D		0.18	0.20	0.07	-1.33	V	V	G	W	--	F
Sonoro Metals Corp.	SMOFF	OTC PK	Materials	D-	Sell	E+	D	Down	0.14	0.16	0.07	-0.97	V	V	G	W	--	F
Sonos, Inc.	SONO	NAS GS	Consumer Discretn	D	Sell	C-	D-		11.14	23.60	9.23		W	G	E	W	--	V
Sono-Tek Corporation	SOTK	OTC PK	Information Tech	C-	Hold	C	D	Down	2.50	3.10	1.7	-0.40	W	G	E	F	--	F
Sony Corporation	SNEJF	OTC PK	Consumer Discretn	B	Buy	A-	C	Up	51.99	60.78	41.11	1.00	E	E	G	F	W	F
Sony Corporation	SNE	NYSE	Consumer Discretn	B	Buy	A-	C	Up	52.70	61.02	41.91	1.03	E	E	G	F	W	F
SOPerior Fertilizer Corp.	POTRF	OTC PK	Materials	D	Sell	D	D		0.05	0.08	0.02	3.02	W	W	G	W	--	W
SOPerior Fertilizer Corp.	SOP.TO	TSX	Materials	D	Sell	D	D		0.06	0.11	0.03	1.68	W	W	G	W	--	W
Sophiris Bio, Inc.	SPHS	NAS CM	Health Care	D-	Sell	E+	D-		0.78	3.49	0.71	4.03	W	V	G	W	--	V
SORL Auto Parts, Inc.	SORL	NAS	Consumer Discretn	C	Hold	B	D+		3.41	5.67	1.77	2.03	E	G	G	W	--	W
Sorrento Therapeutics, Inc.	SRNE	NAS CM	Health Care	D-	Sell	E+	D	Down	3.39	7.55	1.8	3.02	W	V	G	W	--	W
Sotheby's	BID	NYSE	Consumer Discretn	C-	Hold	C	D+	Down	59.08	59.18	32.01	2.04	W	G	G	W	--	W
Sotherly Hotels Inc.	SOHO	NAS	Real Estate	C-	Hold	B-	D		6.85	7.69	5.43	1.03	W	G	W	F	E	F
Sound Financial Bancorp, Inc.	SFBC	NAS CM	Financials	C	Hold	B+	C		34.65	40.87	32.01	0.44	E	E	F	F	F	F
Source Energy Services Ltd.	SHLE.TO	TSX	Energy	D-	Sell	D	D-	Down	0.72	5.55	0.68	1.38	W	W	G	W	--	V
Source Energy Services Ltd.	SCEYF	OTC PK	Energy	D-	Sell	D	E+	Down	0.83	4.22	0.76		W	W	G	V	--	V
South Dakota Soybean Processors, LLC	SDSYA	OTC PK	Consumer Staples	D-	Sell	B	A-	Up	3.48	3.60	3.19		F	E	G	E	E	W
South Jersey Industries, Inc.	SJI	NYSE	Utilities	C	Hold	C+	D	Up	33.38	36.72	26.06	0.89	F	G	G	F	G	F
South Plains Financial, Inc.	SPFI	NAS GS	Financials	U		U	U		16.41	18.70	16.04		U	U	U	U	U	U
South Star Mining Corp.	STS.V	TSXV	Materials	D	Sell	D-	D		0.13	0.50	0.06	2.40	W		E	W	--	W
South Star Mining Corp.	STSBF	OTC PK	Materials	E	Sell	E+	D-	Up	0.10	0.20	0.05		W		E	W	--	V
South State Corporation	SSB	NAS GS	Financials	C	Hold	B	D+		72.94	90.80	56.55	1.61	F	E	E	W	F	W
SouthCrest Financial Group, Inc.	SCSG	OTC PK	Financials	D+	Sell	C-	D		9.65	12.30	8.7	0.59	W	F	E	F	--	F
Southcross Energy Partners, L.P.	SXEEQ	OTC PK	Energy	E+	Sell	E+	E+	Down	0.04	1.67	0.02	2.66	W	V	V	W	--	V
Southern Arc Minerals Inc.	SA.V	TSXV	Materials	C-	Hold	C	D+	Up	0.49	0.62	0.27	-0.50	W	G	E	W	--	W
Southern Arc Minerals Inc.	SOACF	OTC PK	Materials	C-	Hold	C	D+	Up	0.35	0.47	0.2	0.58	W	G	E	W	--	W
Southern Copper Corporation	SCCO	NYSE	Materials	C+	Hold	B+	D+	Up	38.98	49.56	29.01	0.88	E	E	E	W	G	F
Southern Energy Corp.	SOU.V	TSXV	Energy	D	Sell	D	D		0.07	0.20	0.03	0.45	W	V	E	W	--	W
Southern Energy Corp.	MAXMF	OTC PK	Energy	D	Sell	D	D		0.06	0.12	0.03	2.67	W	V	E	W	--	F
Southern First Bancshares, Inc.	SFST	NAS	Financials	C+	Hold	B	C-		38.50	47.20	27.33	1.24	E	E	E	F	--	F
Southern Missouri Bancorp, Inc.	SMBC	NAS	Financials	C+	Hold	B	C	Down	34.01	40.00	29.92	0.94	E	E	E	F	F	W
Southern National Bancorp of Virginia, Inc.	SONA	NAS	Financials	C+	Hold	B	C-		15.01	18.00	12.87	1.29	E	E	E	F	G	W
Southern Silver Exploration Corp.	SSVFF	OTC PK	Materials	D-	Sell	D-	D	Down	0.13	0.20	0.08	0.78	F	V	E	W	--	W
Southern Silver Exploration Corp.	SSV.V	TSXV	Materials	D-	Sell	D-	D-		0.16	0.27	0.11	-0.35	F	V	E	W	--	W
Southside Bancshares, Inc.	SBSI	NAS GS	Financials	C+	Hold	B	C	Down	32.12	37.32	29.28	0.73	E	E	E	F	G	W
Southwest Airlines Co.	LUV	NYSE	Industrials	C+	Hold	B	C-		50.74	64.02	44.28	1.72	F	E	G	F	W	W
Southwest Gas Holdings, Inc.	SWX	NYSE	Utilities	B-	Buy	B+	C		88.69	91.70	72.68	0.33	E	E	G	F	F	F
Southwest Georgia Financial Corporation	SGB	AMEX	Financials	C	Hold	B	C		19.85	24.04	19.13	0.44	E	G	E	F	F	W
Southwest Iowa Renewable Energy, LLC	SWIOU	OTC PK	Energy	D	Sell	D+	D	Down	4,700.00	5,500.00	4,700.00	-0.23	W	F	G	W	--	W
Southwestern Energy Company	SWN	NYSE	Energy	D+	Sell	C	D		3.06	6.23	3.02	0.95	E	G	G	W	--	W
So-Young International Inc.	SY	NAS	Communication Svc	U		U	U		14.64	22.80	12.47		U	U	U	U	U	U
SP Plus Corporation	SP	NAS GS	Industrials	C+	Hold	B	C		32.06	41.35	27.13	1.07	E	G	G	F	--	F
Spackman Equities Group Inc.	SQG.V	TSXV	Communication Svc	D-	Sell	E+	D-		0.02	0.04	0.02	0.06	W	V	G	W	--	V
Spanish Broadcasting System, Inc.	SBSAA	OTC PK	Communication Svc	D	Sell	C-	D-		0.19	0.51	0.06	-0.79	F	G	F	W	--	V
Spanish Mountain Gold Ltd.	SPA.V	TSXV	Materials	D	Sell	D	D		0.08	0.10	0.05	1.27	W	F	E	W	--	W
Spanish Mountain Gold Ltd.	SPAZF	OTC PK	Materials	D	Sell	D	D-		0.06	0.09	0.03	0.72	W	F	E	W	--	W
SPAR Group, Inc.	SGRP	NAS CM	Communication Svc	D	Sell	D	D		0.69	1.49	0.45	1.09	W	W	E	W	--	W
Spark Energy, Inc.	SPKE	NAS GS	Utilities	C	Hold	B-	D+	Up	11.04	11.71	7.2	0.52	E	E	E	W	E	W
Spark Networks SE	LOV	AMEX	Communication Svc	D	Sell	C-	D		11.43	17.64	7.87		F	W	G	W	--	W
Spark New Zealand Limited	NZTCF	OTC PK	Communication Svc	C	Hold	B	C-		2.63	3.08	2.38	0.44	F	E	G	F	G	W

*Ratings Factors: E=Excellent, G=Good, F=Fair, W=Weak, V=Very Weak, U=Unrated

Summer 2019 — I. Index of Stocks

3-Month Total Return (%)	6-Month Total Return (%)	1-Year Total Return (%)	3-Year Total Return (%)	Dividend $ TTM	Dividend Yield TTM	Market Cap. ($Mil)	Enterprise Value ($Mil)	Revenue ($Mil)	Revenue Growth (%)	Net Income ($Mil)	Earnings/Share $	EPS Growth (%)	Cash from Operations ($Mil)	Return on Assets (%)	Return on Equity (%)	Earnings (P/E) TTM	Sales (P/S) TTM	Book (P/B) Q
160.00	85.71	-7.14	-83.75			4.2	4.2	--		-1.5	-0.02	81.7	-1.1	-169.51		-3.4		-4.3
187.37	184.50	19.54	42.25			4.2	4.2	--		-1.5	-0.02	81.7	-1.1	-169.51		-3.0		-3.8
-7.69	2.86	50.00	125.00			4.8	4.6	--		-2.2	-0.08	-608.3	-1.5	-70.12		-2.3		12.9
0.94	5.11	16.67	206.35			4.8	4.6	--		-2.2	-0.08	-608.3	-1.5	-70.12		-1.8		10.0
9.43	14.96					1,168	912.3	1,188	8.7	10.1	-0.14	77.1	91.1	3.33	4.9	-77.1	1.0	4.1
0.00	-11.97	31.58	180.90			38.0	33.4	11.6	5.5	0.16	0.01	-55.1	-0.11	0.43	1.9	378.8	3.3	4.4
26.47	7.86	0.76	91.69			65,713	58,991	78,094	1.5	8,228	6.35	87.8	11,298	2.59	23.29	8.2	0.9	1.9
24.29	9.81	2.42	89.55	0.23	0.4	65,713	58,991	78,094	1.5	8,228	6.35	87.8	11,298	2.59	23.29	8.3	0.9	2.0
6.53	63.17	11.93	-78.70			8.7	9.9	--		-3.0	-0.02	30.1	-0.72	-3.05		-2.7		0.4
10.00	37.50	-8.33	-79.25			8.7	9.9	--		-3.0	-0.02	30.1	-0.72	-3.05		-3.2		0.5
-22.18	-4.04	-71.91	-61.28			23.0	21.2	--		-5.8	-0.20	37.2	-13.1	-51.11		-4.0		-58.5
20.92	80.42	-26.35	89.44			65.8	332.2	496.5	17.2	13.4	0.69	-48.0	99.0	2.64	7.43	5.0	0.1	0.4
-29.08	40.08	-52.92	-40.94			390.1	573.4	21.1	-86.2	-279.0	-2.44	-6,648.8	-132.1	-18.75		-1.4	19.7	3.1
55.88	48.89	9.51	120.12			2,754	3,788	1,013	-3.8	108.1	2.08	-8.0	-59.8	4.61	21.13	28.4	2.7	6.4
4.02	23.54	7.78	56.75	0.51	7.4	93.3	524.0	183.0	16.8	-1.3	-0.53	-34.2	24.4	2.6		-12.8	0.5	9.0
1.55	4.29	-8.10	54.03	0.56	1.6	87.2	--	32.3	14.9	6.9	2.68	29.4	8.8		9.87	12.9	2.8	1.2
-45.04	-40.00	-85.25				33.1	218.8	319.1	23.5	-9.6	-0.17	-152.7	50.7	0.06		-4.3	0.1	0.2
-9.74	-1.45	-77.04				33.1	218.8	319.1	23.5	-9.6	-0.17	-152.7	50.7	0.06		-5.0	0.2	0.2
6.10	8.41					105.9	141.7	384.9	1.5	32.2	1.06	997.5	30.1	13.41	45.18	3.3	0.3	1.3
4.05	23.74	2.35	21.91	1.14	3.4	3,077	5,886	1,757	31.2	-7.9	-0.17	-119.4	260.6	2.07		-196.9	1.7	2.0
						295.0	--	36.0	7.8	4.8	0.32	-13.5	29.3			51.3	6.7	1.5
38.89	38.89	-75.00	56.25			4.1	3.1	--		-2.2	-0.08	-64.4	-1.7	-47.58		-1.5		1.0
52.02	43.85					4.1	3.1	--		-2.2	-0.08	-64.4	-1.7	-47.58		-1.2		0.8
6.45	23.83	-15.02	16.99	1.49	2.0	2,555	--	631.9	9.7	180.9	4.96	41.9	215.5		7.7	14.7	4.1	1.1
-1.14	9.94	-18.80	43.87	0.14	1.5	59.7	--	23.7	3.6	-0.87	-1.32	-1,309.4	--			-7.3	2.5	
-78.80	-82.67	-97.15	-97.88			3.6	502.2	583.4	-12.4	-518.7	-6.44	-621.7	8.9	-1.98		0.0	0.0	
-2.00	8.89	4.26	22.50			5.4	-4.2	--		3.6	0.15	300.4	-1.7	-12.08	19.81	3.3		0.5
-4.04	31.06	10.28	16.83			5.4	-4.2	--		3.6	0.15	300.4	-1.7	-12.08	19.81	2.4		0.3
1.00	32.21	-10.21	62.91	1.60	4.1	30,133	36,282	7,009	1.4	1,460	1.89	65.1	1,957	11.84	22.4	20.6	4.3	4.5
-53.33	-60.00	40.00	40.00			11.9	18.9	3.6	559.9	-3.2	-0.05	-159.0	-1.5	-5.6		-1.4	4.0	1.1
-45.64	-25.61	379.23	114.83			11.9	18.9	3.6	559.9	-3.2	-0.05	-159.0	-1.5	-5.6		-1.2	3.5	1.0
14.41	21.26	-14.06	60.22			289.0	--	71.0	16.4	23.1	2.99	51.0	38.2		13.74	12.9	4.2	1.6
5.72	0.22	-12.63	46.21	0.52	1.5	317.1	--	81.7	15.4	27.0	2.94	31.4	39.6		12.61	11.6	3.9	1.4
1.90	14.73	-13.24	33.70	0.34	2.3	362.0	--	96.6	21.6	31.5	1.30	406.0	38.7		9.24	11.6	3.8	1.0
-0.68	-0.68	-36.49	-59.65			12.0	11.5	--		-2.1	-0.02	25.3	-0.82	-6.12		-5.9		3.3
-8.57	-11.11	-40.74	-61.90			12.0	11.5	--		-2.1	-0.02	25.3	-0.82	-6.12		-7.3		4.1
-2.62	3.02	-0.96	25.57	1.21	3.8	1,083	--	206.0	12.6	76.7	2.21	24.7	101.2		10.2	14.6	5.3	1.4
0.96	9.24	1.31	39.77	0.66	1.3	27,555	28,401	22,170	4.4	2,389	4.21	-28.0	4,996	7.43	24.62	12.1	1.3	2.8
8.09	19.08	18.47	26.16	2.11	2.4	4,736	7,052	2,959	11.7	198.0	3.81	-8.7	536.4	3.25	9.23	23.3	1.6	2.0
-6.03	-0.19	-13.65	42.19	0.48	2.4	50.5	--	22.1	4.4	4.6	1.82	17.4	6.4		10.73	10.9	2.3	1.1
-14.55	-14.55	-16.07	-22.98			62.6	85.5	217.5	0.8	-5.4	-406.47	-205.4	6.9	-1.73		-11.6	0.3	0.7
-34.89	-13.31	-42.80	-77.97			1,650	3,602	3,932	20.0	923.0	1.68	18.0	1,301	7.2	35.98	1.8	0.4	0.6
						1,468	1,519	57.0	74.4	12.7	0.05	-61.8	13.2			314.2	11.6	-10.8
-4.89	10.29	-15.96	41.86			720.6	1,573	812.1	-8.0	48.5	2.15	-4.5	65.6	4.86	14.58	14.9	0.9	1.9
-20.00	-20.00	-33.33	-20.00			2.3	2.6	-7.9	-9.1	-8.5	-0.06	-22.9	-0.14	-71.16		-0.4	-0.4	1.3
2.78	42.58	-53.67	-94.88			1.4	422.3	145.8	6.2	15.9	2.17	-41.9	3.3	6.29		0.1	0.0	0.0
14.29	33.33	-11.11	0.00			14.2	13.6	--		-0.36	0.00	71.9	-0.45	-0.5		-44.4		0.3
30.80	23.51	-16.22	-3.12			14.2	13.6	--		-0.36	0.00	71.9	-0.45	-0.5		-34.4		0.3
6.15	37.72	-46.09	-33.01			14.3	38.0	231.8	18.2	-1.1	-0.06	-90.4	3.2	5.41	8.27	-12.5	0.1	0.8
26.86	56.39	21.62	-18.30	0.73	6.6	156.1	364.4	961.9	8.3	11.9	0.30	2,907.1	99.4	6.19	15.96	37.1	0.2	3.5
-30.73	36.07	8.24				148.5	149.3	123.6	27.6	-3.6	-0.03	96.7	9.7	2.07		-405.3	12.0	66.8
0.96	-3.66	1.94	9.49			4,824	6,040	2,482	-2.5	254.9	0.14	-10.9	529.3	9.92	24.09	19.0	2.0	4.9

I. Index of Stocks

Summer 2019

Company Name	Stock Ticker Symbol	Traded On	Sector	Overall Rating	Recommendation	Reward Rating	Risk Rating	Recent Up/Downgrade	Stock Price as of 6/30/2019	52-Week High	52-Week Low	3-Year Beta	Growth	Efficiency	Solvency	Volatility	Dividend	Total Return
Spark New Zealand Limited	SPKKY	OTC PK	Communication Svc	C-	Hold	C+	D	Down	13.08	14.83	11.75	0.36	F	E	G	W	W	W
Spark Power Group Inc.	SPG.TO	TSX	Utilities	D-	Sell	E+	D-	Up	1.95	3.40	1.28		W	V	G	W	–	V
Spark Therapeutics, Inc.	ONCE	NAS GS	Health Care	D	Sell	C-	D	Down	102.18	114.20	34.53	1.44	F	W	E	W	–	G
Sparta Capital Ltd.	SAY.V	TSXV	Industrials	D	Sell	D	D		0.03	0.08	0.02	0.68	W	W	F	W	–	W
Sparta Capital Ltd.	SCAXF	OTC PK	Industrials	D	Sell	D	D	Down	0.03	0.05	0.03	1.50	W	W	F	W	–	W
Spartan Energy Acquisition Corp.	SPAQ	NYSE	Financials	U		U	U		10.03	10.03	9.51		U	U	U	U	U	U
Spartan Motors, Inc.	SPAR	NAS GS	Industrials	C	Hold	B-	D+		10.68	16.10	6.7	1.84	F	G	E	W	–	F
SpartanNash Company	SPTN	NAS GS	Consumer Staples	C-	Hold	C+	D		11.46	26.50	10.7	1.68	F	G	E	W	E	V
Sparton Resources Inc.	SPNRF	OTC PK	Energy	D	Sell	D+	D-		0.03	0.09	0.03	0.77	W	F	F	W	–	W
Sparton Resources Inc.	SRI.V	TSXV	Energy	D	Sell	D+	D-		0.03	0.12	0.03	-0.32	W	F	F	W	–	W
Speakeasy Cannabis Club Ltd.	SPBBF	OTC PK	Consumer Staples	D-	Sell	E+	D		0.51	0.92	0.22		W	V	G	W	–	W
Spearmint Resources Inc.	SPMTF	OTC PK	Materials	D	Sell	D	D	Up	0.02	0.08	0	0.77	F	V	G	W	–	W
Spectra Inc.	SSA.V	TSXV	Consumer Discretn	B-	Buy	A+	D+		0.05	0.07	0.03	0.96	E	E	G	W	–	E
Spectra7 Microsystems Inc.	SPVNF	OTC PK	Information Tech	D	Sell	C-	E+	Up	0.04	0.17	0.03	3.92	F	G	F	V	–	V
Spectra7 Microsystems Inc.	SEV.TO	TSX	Information Tech	D	Sell	C-	D-	Up	0.05	0.22	0.04	2.96	F	G	F	W	–	V
Spectral Capital Corporation	FCCN	OTC PK	Information Tech	D+	Sell	C	D		0.00	0.01	0	2.17	W	W	E	W	–	W
Spectral Medical Inc.	EDTXF	OTC PK	Health Care	D-	Sell	D-	D		0.27	0.37	0.16	0.50	F	V	E	W	–	W
Spectral Medical Inc.	EDT.TO	TSX	Health Care	D-	Sell	D-	D		0.37	0.50	0.2	0.28	F	V	E	W	–	W
Spectrum Brands Holdings, Inc.	SPB	NYSE	Consumer Staples	C-	Hold	C+	D	Up	52.12	92.72	40.54	1.91	F	G	G	W	G	W
Spectrum Global Solutions, Inc.	SGSI	OTC PK	Industrials	D-	Sell	D	D-	Down	0.10	4.00	0.05	-3.49	F	V	F	W	–	V
Spectrum Pharmaceuticals, Inc.	SPPI	NAS GS	Health Care	D	Sell	D	D		8.71	25.29	6.22	3.65	V	V	E	W	–	F
Speedway Motorsports, Inc.	TRK	NYSE	Consumer Discretn	C	Hold	B-	D+		18.68	18.93	13.47	0.95	F	G	E	W	G	W
Spero Therapeutics, Inc.	SPRO	NAS GS	Health Care	D	Sell	E+	D	Up	11.11	18.23	5.52		F	V	E	W	–	W
Sphere 3D Corp.	ANY	NAS CM	Information Tech	D	Sell	D	D-	Up	1.60	8.70	1.06	2.53	G	V	F	W	–	V
Spherix Incorporated	SPEX	NAS CM	Industrials	D	Sell	D	D		2.40	6.59	2.15	1.19	W	F	E	W	–	W
Sphinx Resources Ltd.	SFX.V	TSXV	Materials	D-	Sell	E+	D		0.04	0.07	0.03	1.26	F	V	G	W	–	W
Sphinx Resources Ltd.	DONFF	OTC PK	Materials	D-	Sell	E+	D		0.04	0.04	0.02	0.29	F	V	G	W	–	W
SPI Energy Co., Ltd.	SPI	NAS GS	Information Tech	E+	Sell	E	D	Down	2.05	7.32	0.61		V	V	F	W	–	W
Spin Master Corp.	SNMSF	OTC PK	Consumer Discretn	C	Hold	B-	D		29.02	45.00	27.08	0.55	F	E	E	W	–	F
Spin Master Corp.	TOY.TO	TSX	Consumer Discretn	C	Hold	B-	D+		37.91	59.40	34.93	0.53	F	E	E	W	–	F
Spindle, Inc.	SPDL	OTC PK	Information Tech	D-	Sell	D	D-		0.00	0.08	0	1.18	W	W	F	W	–	V
Spindletop Oil & Gas Co.	SPND	OTC PK	Energy	D	Sell	D+	D	Down	2.75	4.00	2.09	0.07	W	F	E	W	–	W
Spine Injury Solutions, Inc.	SPIN	OTC PK	Health Care	D-	Sell	E+	D-	Down	0.03	0.30	0.03	2.48	W	W	G	W	–	V
Spire Inc.	SR	NYSE	Utilities	B	Buy	B+	B-		83.73	87.13	70.25	0.24	E	E	G	G	G	F
Spirent Communications plc	SPNUF	OTC PK	Information Tech	C	Hold	B	C		1.94	2.09	1.45	0.89	F	G	E	F	G	G
Spirent Communications plc	SPMYY	OTC PK	Information Tech	C	Hold	B	D+		7.87	8.74	5.82	0.89	F	G	E	F	W	F
Spirit AeroSystems Holdings, Inc.	SPR	NYSE	Industrials	B	Buy	B+	C		80.14	100.34	64.48	1.26	E	E	E	F	W	F
Spirit Airlines, Inc.	SAVE	NYSE	Industrials	C	Hold	B	D+		46.95	65.35	34.36	0.62	F	G	W	W	–	F
Spirit Banner Capital Corp.	SBCCP.V	TSXV	Financials	D	Sell	D	D		0.11	0.16	0.06		W	W	E	W	–	W
Spirit Banner II Capital Corp.	SBTCP.V	TSXV	Financials	E+	Sell	D-	D	Up	0.15	0.20	0.1		V	W	E	W	–	W
Spirit Bear Capital Corp.	SBGH.V	TSXV	Financials	D	Sell	D+	D		0.12	0.18	0.06	-0.63	W	W	E	W	–	F
Spirit MTA REIT	SMTA	NYSE	Real Estate	D	Sell	D+	D	Up	8.32	11.61	6.36		W	F	G	W	–	V
Spirit of Texas Bancshares, Inc.	STXB	NAS GS	Financials	D	Sell	B-	B	Up	22.50	23.53	16.7		E	G	E	G	–	W
Spirit Realty Capital, Inc.	SRC	NYSE	Real Estate	C	Hold	B	D	Up	42.28	45.38	33.86	0.42	F	E	E	W	G	W
Spirits Time International, Inc.	SRSG	OTC PK	Consumer Discretn	E	Sell	E+	D-		2.60	3.50	2.6		W	V	G	W	–	W
Splunk Inc.	SPLK	NAS GS	Information Tech	D+	Sell	D+	D	Down	124.23	143.70	83.69	1.75	W	W	E	F	–	F
Spok Holdings, Inc.	SPOK	NAS GS	Communication Svc	C-	Hold	C+	D	Up	15.02	17.25	12.21	0.20	W	G	E	W	G	W
Sports Field Holdings, Inc.	SFHI	OTC PK	Consumer Discretn	D+	Sell	C	D	Down	0.20	0.65	0.13	-5.49	F	E	F	W	–	W
Sportscene Group Inc.	SPSA.V	TSXV	Consumer Discretn	C	Hold	B	B		6.39	7.15	4	-0.13	G	G	G	G	–	E
Sportsman's Warehouse Holdings, Inc.	SPWH	NAS GS	Consumer Discretn	D+	Sell	C	D	Down	3.71	6.69	3.41	0.95	F	G	F	W	–	W
Spot Coffee (Canada) Ltd.	SPP.V	TSXV	Consumer Discretn	D-	Sell	E+	D		0.10	0.17	0.06	2.77	W	V	F	W	–	W
Spot Coffee (Canada) Ltd.	SCFFF	OTC PK	Consumer Discretn	D-	Sell	E+	D		0.08	0.12	0.04	3.04	W	V	F	W	–	W

*Ratings Factors: E=Excellent, G=Good, F=Fair, W=Weak, V=Very Weak, U=Unrated

Data as of June 30, 2019

Summer 2019 — I. Index of Stocks

TOTAL RETURNS %				DIVIDEND/YIELD		SIZE		REVENUE & INCOME			EARNINGS		EFFECTIVENESS			VALUATION		
3-Month Total Return (%)	6-Month Total Return (%)	1-Year Total Return (%)	3-Year Total Return (%)	Dividend $ TTM	Dividend Yield TTM	Market Cap. ($Mil)	Enterprise Value ($Mil)	Revenue ($Mil)	Revenue Growth (%)	Net Income ($Mil)	Earnings/Share $	EPS Growth (%)	Cash from Operations ($Mil)	Return on Assets (%)	Return on Equity (%)	Earnings (P/E) TTM	Sales (P/S) TTM	Book (P/B) Q
1.51	-2.92	8.32	27.87	0.75	5.8	4,824	6,040	2,482	-2.5	254.9	0.14	-10.9	529.3	9.92	24.09	94.3	9.7	24.2
-12.95	-20.73					72.5	139.2	102.3	57.0	-35.2	-2.70		72.5	-4.4	6.53		-0.7	1.0	4.2
-10.16	165.06	23.67	115.52			3,925	3,600	69.8	163.8	-86.8	-2.36		67.7	-156.0	-17.41		-43.3	55.5	8.7
-14.29	-25.00	-50.00	0.00			4.2	4.2	8.4	13.5	-0.58	0.00		64.5	-0.77	-27.62		-9.1	0.7	-60.0
0.00	0.00	-42.83				4.2	4.2	8.4	13.5	-0.58	0.00		64.5	-0.77	-27.62		-8.7	0.6	-57.4
2.14	4.15					692.1	691.1	--		4.8	0.07			-1.3		143.7		138.3
22.73	46.71	-27.00	86.20	0.10	0.9	377.5	394.8	877.1	23.0	12.2	0.35	-42.1	5.2	3.01	6.84	30.8	0.4	2.0
-27.57	-30.25	-53.26	-55.32	0.74	6.5	416.2	1,487	8,222	2.8	28.7	0.78	153.0	124.5	2.73	4.11	14.8	0.1	0.6
-16.67	0.00	-56.14	-23.55			2.9	3.4	0.06	-22.3	-0.44	0.00	-240.0	-0.32	-19.66		-7.4	62.5	6.8
-40.00	-40.00	-60.00	-40.00			2.9	3.4	0.06	-22.3	-0.44	0.00	-240.0	-0.32	-19.66		-8.8	75.0	8.1
-38.52	108.07	14.44				41.7	41.8	--		-17.7	-0.70			-2.7	-65.81		-0.7		7.9
-42.08	-25.23	-46.67				2.8	2.7	--		-0.28	0.00		74.4	-0.14	-12.45		-7.6		2.4
11.11	66.67	-9.09	150.00			2.3	2.7	1.5	0.6	0.25	0.00		64.0	0.40	44.43		12.2	2.0	-25.0
-24.53	-34.43	-54.02	-90.00			8.2	17.1	4.7	-47.3	-13.5	-0.07		28.9	-5.2	-141.96		-0.6	2.0	-1.0
-40.00	-43.75	-64.00	-91.35			8.2	17.1	4.7	-47.3	-13.5	-0.07		28.9	-5.2	-141.96		-0.7	2.3	-1.1
0.00	113.04	22.50	-59.17			0.58	0.50	0.00		-0.17	0.00		17.7	-0.03	-12,904.41		-3.5		-1.0
-3.69	42.86	1.89	-63.37			63.7	60.8	2.4	-19.9	-2.1	-0.01		33.1	-1.2	-29.66		-28.4	25.0	15.1
0.00	42.31	-7.50	-61.05			63.7	60.8	2.4	-19.9	-2.1	-0.01		33.1	-1.2	-29.66		-39.0	34.3	20.7
-4.15	23.92	-35.27	-33.00	1.26	2.4	2,542	4,733	3,520	1.9	914.1	21.86	55.3	-4.8	3.54	11.04	2.4	0.8	1.3
-40.44	-50.00	-92.46	-95.68			3.1	15.1	41.6	188.7	-2.8	-1.89		52.2	-1.4	-7.73		-0.1	0.0	-0.2
-18.45	-2.24	-58.80	33.59			959.5	650.8	78.8	-39.2	-123.3	-1.17		-24.9	-75.7	-22.23		-7.4	12.1	3.5
29.36	18.94	10.70	20.99	0.60	3.2	762.8	894.5	495.4	8.2	51.7	1.26	-64.9	91.0	3.45	5.6	14.8	1.5	0.8
-7.95	66.57	-23.80				194.7	93.7	10.5	252.0	-36.1	-2.18		97.1	-38.6	-22.9		-5.1	18.2	1.7
-34.56	-52.94	-57.62	-98.87			3.7	11.6	8.8	229.9	-21.2	-11.10		67.6	-6.5	-13.85		-0.1	0.4	-0.5
-37.94	-0.93	-46.76	-75.34			5.1	3.4	0.03	-96.9	2.1	1.01	134.9	-2.5	-21.15	20.95	2.4	172.7	0.4
-30.00	-12.50	-12.50	16.67			3.4	2.6	0.02	119.4	-0.58	-0.01		60.8	-0.75	-65.51		-6.3	350.0	5.9
17.92	4.50	37.93	22.87			3.4	2.6	0.02	119.4	-0.58	-0.01		60.8	-0.75	-65.51		-6.4	360.0	6.1
-56.20	166.23	-53.41				29.8	94.4	--		--	-5.56		58.6	--			-0.4		-4.1
3.61	2.85	-33.17	46.27			2,951	2,918	1,585	-1.5	125.3	1.21	-22.5	175.6	10.9	21.47	24.0	1.9	4.5
0.64	-0.99	-35.22	45.30			2,951	2,918	1,585	-1.5	125.3	1.21	-22.5	175.6	10.9	21.47	31.3	2.5	5.9
-66.67	-87.50	-99.60	-99.89			0.09	0.93	-0.02	-119.9	-3.7	-0.04		53.7	-0.95	-385.17		0.0	-1.0	0.0
-21.43	-28.57	-30.90	38.19			18.7	4.3	6.1	8.1	-0.02	0.00		-123.6	0.57	-0.34		-808.8	3.1	1.1
-57.05	-65.11	-85.03	-91.55			0.53	2.1	1.3	-36.8	-1.1	-0.06		-334.4	-0.08	-19.31		-0.5	0.4	0.4
2.74	15.36	20.94	32.00	2.34	2.8	4,249	7,007	1,995	1.9	221.9	4.36	-4.9	444.5	3.18	9.72	19.2	2.1	1.8
0.52	30.20	31.08	99.04			1,208	1,087	476.9	4.9	55.8	0.09	92.3	60.2	8.07	15.73	21.5	2.5	3.3
0.90	34.80	35.62	119.99	0.16	2.0	1,208	1,087	476.9	4.9	55.8	0.09	92.3	60.2	8.07	15.73	87.1	10.2	13.5
-11.71	13.56	-4.86	91.05	0.48	0.6	8,291	9,361	7,454	6.1	654.7	6.13	108.1	845.5	10.16	45.24	13.1	1.1	6.4
-9.28	-18.38	32.74	11.34			3,213	5,224	3,475	26.0	256.7	3.75	-23.5	540.5	5.51	13.89	12.5	0.9	1.6
0.00	-4.35	0.00				0.84	-0.05	--		-0.10	-0.01	-57.6		-0.04	-7.24		-10.6		1.3
0.00	15.38					0.57	0.04	--		-0.18	-0.03			-0.02			-4.4		1.6
0.00	0.00	-17.24	380.00			2.5	1.7	--		-0.09	0.00	26.2		-0.09	-7.88		-25.0		4.7
28.20	21.10	3.88		1.66	20.0	359.1	2,386	241.6	4.6	-250.9	-6.18		-7,644.4	90.2	2.06		-1.4	1.5	-2.5
6.13	3.45	8.91				310.1	--	60.4	25.6	11.8	1.08		23.6	13.8	7.67	20.9	4.7	1.4
8.13	22.88	9.77	-5.77	2.50	5.9	3,693	5,962	410.1	-3.8	144.9	1.52	62.8	314.6	1.75	5.14	27.9	8.8	1.4
0.00	-8.77					18.9	19.5	--		-0.47	-0.08	-8.2		-0.15			-32.7		-59.5
1.97	20.86	26.52	132.90			18,656	17,852	1,916	37.5	-312.5	-2.12	-55.1	255.0	-5.26		-58.5	9.7	13.1
10.69	14.73	3.20	-9.48	0.50	3.3	288.6	224.3	168.1	-2.7	-1.2	-0.06		92.1	10.4	-0.51		-236.9	1.7	1.1
-37.89	-64.91	-33.33	-70.37			4.7	6.7	8.3	24.4	-3.2	-0.16		-45.4	-0.43	-142.27		-1.3	0.5	-0.6
3.90	29.09	55.76	140.72	0.15	2.4	41.6	56.2	85.2	7.7	2.6	0.31	9.6	4.9	3.98	9.25	21.0	0.6	1.9
-24.44	-11.88	-29.87	-52.80			159.9	568.2	843.1	1.2	24.1	0.55	45.0	44.7	5.28	37.1	6.8	0.2	1.9
-23.08	66.67	-28.57	185.71			9.7	11.0	6.4	-2.1	-0.37	0.00	-70.0	-0.67	-9.51		-29.4	2.0	-15.6
-16.49	75.17	-23.82	208.59			9.7	11.0	6.4	-2.1	-0.37	0.00	-70.0	-0.67	-9.51		-23.2	1.6	-12.3

I. Index of Stocks

Summer 2019

Company Name	Stock Ticker Symbol	Traded On	Sector	Overall Rating	Recommendation	Reward Rating	Risk Rating	Recent Up/Downgrade	Stock Price as of 6/30/2019	52-Week High	52-Week Low	3-Year Beta	Growth	Efficiency	Solvency	Volatility	Dividend	Total Return
Spotify Technology S.A.	SPOT	NYSE	Communication Svc	D	Sell	D	D-		143.25	198.99	103.29		W	W	E	W	–	W
Spotlight Innovation Inc.	STLT	OTC PK	Health Care	E+	Sell	E+	D-		0.01	0.05	0	0.23	W	V	F	W	–	V
Sprague Resources LP	SRLP	NYSE	Energy	C-	Hold	C+	D		17.70	28.00	13.76	1.40	W	G	G	W	E	W
Spring Bank Pharmaceuticals, Inc.	SBPH	NAS CM	Health Care	D-	Sell	E+	D-		3.92	15.00	3.8	0.43	W	V	E	W	–	W
Sprint Corporation	S	NYSE	Communication Svc	D+	Sell	C-	D		6.59	7.90	5.35	0.20	W	F	G	F	–	F
Sprott Inc.	SII.TO	TSX	Financials	C	Hold	B-	D+	Down	3.33	3.54	2.36	0.48	F	E	E	F	G	F
Sprott Inc.	SPOXF	OTC PK	Financials	C	Hold	B	C-	Down	2.54	2.70	1.75	0.81	F	E	E	F	G	F
Sprott Physical Gold Trust	PHYS	NYSE Arca	Financials	U		U	U		11.31	11.49	9.35	0.00	U	U	U	U	U	U
Sprott Physical Platinum and Palladium Trust	SPPP	NYSE Arca	Financials	U		U	U		11.60	12.22	7.21	0.57	U	U	U	U	U	U
Sprott Physical Silver Trust	PSLV	NYSE Arca	Financials	U		U	U						U	U	U	U	U	U
Sprott Resource Holdings Inc.	SRHIF	OTC PK	Materials	D	Sell	D	D-	Up	0.96	1.90	0.7	0.80	W	W	G	W	–	W
Sprott Resource Holdings Inc.	SRHI.TO	TSX	Materials	D	Sell	D	D-	Up	1.29	2.30	0.98	0.62	W	W	G	W	–	W
Sproutly Canada, Inc.	SRUTF	OTC PK	Health Care	D-	Sell	D	D	Up	0.52	1.88	0.19		V	W	F	W	–	W
Sprouts Farmers Market, Inc.	SFM	NAS GS	Consumer Staples	C-	Hold	C+	D	Down	18.53	29.67	18.26	0.35	E	E	G	W	–	W
Spruce Ridge Resources Ltd.	SHL.V	TSXV	Materials	D	Sell	D	D	Down	0.04	0.13	0.02	0.77	V	W	F	W	–	F
Spruce Ridge Resources Ltd.	SRCGF	OTC PK	Materials	C-	Hold	C-	C-	Down	0.04	0.05	0.03	-5.22	V	W	F	G	–	G
SPS Commerce, Inc.	SPSC	NAS GS	Information Tech	C+	Hold	A-	D+	Down	101.64	115.00	72.13	0.39	E	G	E	F	–	G
SPX Corporation	SPXC	NYSE	Industrials	C+	Hold	B-	C	Down	32.59	39.28	25.22	1.33	G	G	G	F	–	F
SPX FLOW, Inc.	FLOW	NYSE	Industrials	C-	Hold	C-	D+	Up	40.33	54.13	27.23	1.82	W	F	G	W	–	F
SPYR, Inc.	SPYR	OTC PK	Communication Svc	D+	Sell	C	D-		0.09	0.33	0.05	2.92	W	G	F	W	–	V
SQI Diagnostics Inc.	SQD.V	TSXV	Health Care	D-	Sell	E+	D	Up	0.16	0.17	0.05	1.31	G	V	G	W	–	V
SQI Diagnostics Inc.	SQIDF	OTC PK	Health Care	D-	Sell	E+	D	Up	0.11	0.13	0.04	2.70	G	V	G	W	–	V
SQL Technologies Corp.	SQFL	OTC PK	Industrials	D+	Sell	C+	D		3.00	3.00	3	-0.38	W	E	F	F	–	F
Square, Inc.	SQ	NYSE	Information Tech	C-	Hold	C+	D		71.28	101.15	49.82	2.91	G	W	E	F	–	F
SRC Energy Inc.	SRCI	AMEX	Energy	C-	Hold	C	D	Up	4.99	12.04	4.01	1.92	E	G	G	W	–	W
SRG Graphite Inc.	SRG.V	TSXV	Materials	D-	Sell	D-	D	Down	0.72	1.43	0.64	0.22	W	V	G	W	–	F
SS&C Technologies Holdings, Inc.	SSNC	NAS GS	Information Tech	B-	Buy	A-	C-	Up	56.68	67.73	40.96	1.48	E	G	G	F	W	G
SSB Bancorp, Inc.	SSBP	OTC PK	Financials	D	Sell	C	D		8.20	9.55	8.03		F	G	E	W	–	W
SSLJ.com Limited	YGTY	NAS CM	Consumer Discretn	U		U	U		1.70	20.90	1.25		U	U	U	U	U	U
SSR Mining Inc.	SSRM.TO	TSX	Materials	C-	Hold	C	D		17.73	20.00	10.71	-0.67	F	G	E	W	–	F
SSR Mining Inc.	SSRM	NAS GS	Materials	C-	Hold	C	D		13.52	15.17	8.11	-0.34	F	G	E	W	–	F
STAAR Surgical Company	STAA	NAS	Health Care	C	Hold	B-	D	Up	30.19	54.00	21.7	2.61	E	F	E	W	–	F
Staffing 360 Solutions, Inc.	STAF	NAS CM	Industrials	D+	Sell	C-	D	Up	1.55	5.65	1.22	2.50	G	W	F	W	G	V
STAG Industrial, Inc.	STAG	NYSE	Real Estate	B	Buy	A-	C		30.19	31.66	23.24	0.65	E	E	E	F	G	F
Stage Stores, Inc.	SSI	NYSE	Consumer Discretn	D	Sell	D	D-		0.77	2.49	0.67	1.31	V	W	F	W	–	V
StageZero Life Sciences Ltd.	GNWSF	OTC PK	Health Care	C-	Hold	C	D	Up	0.13	0.16	0.01	1.58	W	E	F	W	–	F
StageZero Life Sciences Ltd.	SZLS.TO	TSX	Health Care	C-	Hold	C	D	Up	0.19	0.21	0.03	2.60	W	E	F	W	–	F
Stakeholder Gold Corp.	SKHRF	OTC PK	Materials	D-	Sell	D	D-	Down	0.03	0.12	0.02	0.17	F	W	F	W	–	V
Stakeholder Gold Corp.	SRC.V	TSXV	Materials	D-	Sell	D	D-	Down	0.05	0.20	0.03	1.07	F	W	F	W	–	V
Stampede Drilling Inc.	SDI.V	TSXV	Energy	D+	Sell	C	D	Up	0.28	0.45	0.15	0.22	G	W	E	W	–	W
Stamper Oil & Gas Corp.	STMGF	OTC PK	Energy	D	Sell	D	D	Down	0.02	0.09	0.01	4.28	W	W	F	W	–	V
Stamper Oil & Gas Corp.	STMP.V	TSXV	Energy	D	Sell	D	D	Down	0.03	0.11	0.02	4.21	W	W	F	W	–	V
Stamps.com Inc.	STMP	NAS GS	Consumer Discretn	D+	Sell	C	D-	Down	43.16	284.45	32.54	1.87	G	E	E	W	–	V
Standard AVB Financial Corp.	STND	NAS CM	Financials	C	Hold	B	C-		27.65	39.45	26.97	0.24	E	G	E	F	G	F
Standard Chartered PLC	SCBFF	OTC PK	Financials	D	Sell	D+	D	Down	8.95	9.55	6.64	0.79	W	F	E	F	–	W
Standard Diversified Inc.	SDI	AMEX	Consumer Staples	D+	Sell	C	D		18.70	22.50	10.76	-0.59	W	F	G	F	–	F
Standard Diversified Inc.	SDOIB	OTC PK	Consumer Staples	C-	Hold	C	D	Up	16.00	16.50	11.5		W	F	G	F	–	F
Standard Lithium Ltd.	STLHF	OTC PK	Materials	D-	Sell	D-	D		0.62	1.39	0.48	2.53	W	V	E	W	–	W
Standard Lithium Ltd.	SLL.V	TSXV	Materials	D	Sell	D	D	Up	0.80	1.77	0.67	2.13	W	V	E	W	–	W
Standard Metals Processing, Inc.	SMPR	OTC PK	Materials	D	Sell	C-	D		0.05	0.23	0.02	-1.22	W	E	F	W	–	W
Standard Motor Products, Inc.	SMP	NYSE	Consumer Discretn	C+	Hold	B	C	Down	45.42	56.54	42.03	0.49	F	E	E	F	F	W
Standex International Corporation	SXI	NYSE	Industrials	C-	Hold	C+	D		72.43	114.20	62.02	1.59	F	E	E	W	W	W

*Ratings Factors: E=Excellent, G=Good, F=Fair, W=Weak, V=Very Weak, U=Unrated

Summer 2019 — I. Index of Stocks

3-Month Total Return (%)	6-Month Total Return (%)	1-Year Total Return (%)	3-Year Total Return (%)	Dividend $ TTM	Dividend Yield TTM	Market Cap. ($Mil)	Enterprise Value ($Mil)	Revenue ($Mil)	Revenue Growth (%)	Net Income ($Mil)	Earnings/Share $	EPS Growth (%)	Cash from Operations ($Mil)	Return on Assets (%)	Return on Equity (%)	Earnings (P/E) TTM	Sales (P/S) TTM	Book (P/B) Q
4.08	27.72	-14.58				25,881	24,884	6,513	28.4	-76.7	-0.68	92.7	537.4	-0.74		-209.9	4.0	9.4
-39.00	-64.12	-69.50	-98.44			0.22	5.9	0.02		-4.4	-0.13	81.9	-2.6	-24.19		-0.1	12.2	-0.1
-1.84	28.92	-18.15	1.58	2.67	15.1	402.4	1,104	3,698	13.2	38.8	1.33	-11.5	99.3	4.45	22.87	13.3	0.1	2.7
-62.74	-57.02	-68.59	-57.85			64.5	21.3	--		-23.2	-1.57	30.9	-25.8	-33.76		-2.5		1.3
16.43	12.84	20.48	52.19			26,958	59,887	33,600	3.7	-1,943	-0.48	-126.7	10,429	2.49		-13.6	0.8	1.0
9.90	33.25	12.27	54.30	0.12	3.6	620.1	585.8	74.3	-12.8	16.4	0.05	-60.1	49.8	3.99	5.84	64.0	11.5	2.9
12.48	38.45	13.49	56.69	0.09	3.6	620.1	585.8	74.3	-12.8	16.4	0.05	-60.1	49.8	3.99	5.84	48.8	8.8	2.2
8.23	9.81	11.76	4.14			--	--	--		--			--					
12.08	17.77	43.03	74.44			--	--	--		--			--					
						--												
-10.26	19.24	-46.39				33.4	43.2	35.3	492.7	-24.5	-0.72	13.5	-11.2	-3.4		-1.3	0.9	0.4
-11.03	15.18	-43.91				33.4	43.2	35.3	492.7	-24.5	-0.72	13.5	-11.2	-3.4		-1.8	1.2	0.5
-2.73	63.09					100.4	100.8	--		-8.5	-0.18	-282.7	-5.2	-10.39		-3.0		1.6
-14.65	-20.09	-17.20	-15.66			2,186	3,823	5,334	10.6	148.3	1.16	-11.3	302.5	6.9	24.61	15.9	0.4	4.0
-27.27	-20.00	60.00	14.29			3.0	3.1	--		-0.43	0.00	-269.2	-0.35	-19.15		-8.3		3.6
-5.73	-2.70	227.27	227.27			3.0	3.1	--		-0.43	0.00	-269.2	-0.35	-19.15		-7.5		3.2
-4.51	24.88	36.59	77.07			1,821	1,657	256.1	12.7	27.4	1.55	4,867.6	55.9	4.99	8.86	65.6	7.1	5.4
-5.86	18.42	-7.15	129.83			1,430	1,840	1,530	6.5	68.0	1.52	-19.8	118.9	2.85	17.74	21.5	1.0	3.4
26.82	33.37	-7.10	64.81			1,715	2,354	2,091	4.1	48.0	1.13	-30.7	111.8	4.66	5.02	35.8	0.8	1.8
30.43	18.58	-70.00	-67.21			18.0	20.2	0.46	459.8	-3.6	-0.02	80.2	-1.2	-235.1		-4.9	39.1	-6.0
77.78	128.57	3.23	-46.67			22.7	24.0	1.1	70.7	-5.6	-0.04	18.5	-4.3	-74.16		-4.3	23.9	35.6
92.11	160.23	-7.66	-52.25			22.7	24.0	1.1	70.7	-5.6	-0.04	18.5	-4.3	-74.16		-3.1	17.1	25.4
0.00	0.00	0.00				177.3	225.8	7.6	-5.5	-14.3	-0.27	86.4	-8.8	-66.9		-10.9	21.2	-2.4
-4.01	27.58	15.81	700.90			30,149	30,106	3,589	48.2	-52.6	-0.13	27.8	275.5	-0.61		-533.1	8.3	26.8
0.81	10.89	-54.22	-25.30			1,215	1,899	680.8	50.4	244.0	1.00	16.9	554.1	8.36	16.17	5.0	1.8	0.7
-18.18	-5.26	-38.46				38.1	36.8	--		-9.8	-0.14	-91.5	-7.8	-163.02		-5.1		48.7
-9.52	26.75	9.98	112.09	0.36	0.6	14,340	22,706	4,136	144.8	132.8	0.49	-68.3	707.6	4.02	3.52	115.2	3.6	3.0
-3.53	-5.20	-12.30				18.4	--	4.6	9.2	0.45	0.20	6,703.3	-0.16		2.2	40.2	3.9	0.9
-32.00	28.36	-91.25				15.0	24.0	16.3	201.1	-23.7	-2.97	-80.1	-22.0	-87.11		-0.6	0.8	132.8
3.81	10.33	37.55	11.16			1,638	1,452	449.0	4.7	14.5	0.11	-74.4	48.5	1.55	0.78	160.2	4.8	2.1
6.29	14.87	39.53	10.82			1,638	1,452	449.0	4.7	14.5	0.11	-74.4	48.5	1.55	0.78	122.1	3.7	1.6
-16.02	-3.42	-2.61	473.95			1,343	1,252	129.4	33.0	5.8	0.12	947.8	11.0	3.58	6.28	250.5	10.9	9.8
9.84	4.67	13.86	-81.95	0.02	1.3	12.8	67.8	279.0	34.3	-5.0	-1.29	77.7	-4.6	1.94		-1.2	0.0	1.8
2.73	24.96	16.08	52.93	1.43	4.7	3,793	5,277	363.4	15.4	75.9	0.60	29.0	202.9	1.82	4.94	50.2	9.6	2.2
-21.81	-22.80	-66.21	-78.18	0.20	26.1	22.0	675.4	1,623	-4.0	-103.5	-3.67	-101.7	-13.0	-5.24		-0.2	0.0	0.1
0.78	268.27	150.00	-11.14			28.2	32.4	0.23	4.1	-9.3	-0.07	-274.5	-3.3	-92.18		-1.7	68.4	-2.3
8.57	280.00	153.33	8.57			28.2	32.4	0.23	4.1	-9.3	-0.07	-274.5	-3.3	-92.18		-2.5	100.0	-3.4
30.43	-46.62	-75.00	-90.90			1.2	1.2	--		-0.28	-0.01	87.0	-0.26	-229.78		-2.6		-5.2
11.11	-28.57	-67.74	-87.80			1.2	1.2	--		-0.28	-0.01	87.0	-0.26	-229.78		-4.4		-8.6
60.00	75.00	-9.68	69.70			28.1	35.4	16.1	51.6	-1.8	-0.02	81.8	0.29	-1.23		-17.5	2.4	1.3
-10.48	31.47	-78.64	-43.03			0.66	0.95	--		-1.8	-0.05	40.4	-0.54	-2,844.70		-0.3		-0.9
0.00	25.00	-77.27	-54.55			0.66	0.95	--		-1.8	-0.05	40.4	-0.54	-2,844.70		-0.5		-1.2
-46.52	-72.21	-82.62	-48.97			747.4	731.0	589.4	18.5	137.4	7.33	-17.5	254.2	13.29	23.66	5.9	1.3	1.2
1.36	-7.20	-5.87	28.96	0.88	3.2	128.7	--	32.8	-1.2	8.8	1.86	48.5	14.1		6.44	14.9	4.0	0.9
14.97	18.48	0.28	22.53			29,376	--	6,750	-34.4	-473.0	-1.05	-129.8	--			-8.6	4.4	
3.89	25.50	24.83				293.5	534.4	383.7	27.5	-1.7	-0.11	-125.9	6.7	8.92	15.08	-165.3	0.8	6.2
8.84	4.92	14.29				293.5	534.4	383.7	27.5	-1.7	-0.11	-125.9	6.7	8.92	15.08	-141.5	0.7	5.3
0.47	-3.30	-23.22				53.3	46.5	--		-6.1	-0.09	77.0	-8.3			-7.2		1.9
-1.23	-10.11	-27.93	128.57			53.3	46.5	--		-6.1	-0.09	77.0	-8.3			-9.3		2.4
6.06	-32.56	-74.99	-56.25			6.8	19.7	--		-1.0	-0.01	3.4	-0.17	-1.64		-6.2		-0.4
-6.96	-4.86	-7.74	28.08	0.88	1.9	1,015	1,126	1,114	1.7	47.2	2.05	59.4	49.7	7.78	13.16	22.1	0.9	2.2
-1.01	9.65	-28.89	-7.07	0.78	1.1	916.3	1,113	809.9	3.3	68.1	5.36	79.9	61.8	5.81	10.1	13.5	1.1	1.9

I. Index of Stocks

Summer 2019

Company Name	Stock Ticker Symbol	Traded On	Sector	Overall Rating	Recommendation	Reward Rating	Risk Rating	Recent Up/Downgrade	Stock Price as of 6/30/2019	52-Week High	52-Week Low	3-Year Beta	Growth	Efficiency	Solvency	Volatility	Dividend	Total Return
Stanley Black & Decker, Inc.	SWK	NYSE	Industrials	C	Hold	B-	C		143.18	155.22	106.41	1.47	F	E	G	F	F	F
Stans Energy Corp.	HRE.V	TSXV	Materials	C	Hold	B	D	Up	0.05	0.08	0.02	0.73	F	E	F	W	–	G
Stans Energy Corp.	HREEF	OTC PK	Materials	C	Hold	B	D	Up	0.03	0.06	0.01	0.60	F	E	F	W	–	G
Stantec Inc.	STN.TO	TSX	Industrials	C	Hold	C+	D+		31.20	35.04	29.03	0.50	F	G	E	F	W	W
Stantec Inc.	STN	NYSE	Industrials	C	Hold	C+	D+		23.81	26.74	21.44	0.79	F	G	E	W	F	W
Star Buffet, Inc.	STRZ	OTC PK	Consumer Discretn	D-	Sell	D-	D-	Down	0.40	0.90	0.25	3.70	W	W	F	W	–	V
Star Bulk Carriers Corp.	SBLK	NAS GS	Industrials	C-	Hold	C	D+		9.18	15.38	6.16	1.02	G	F	G	W	–	W
Star Diamond Corporation	SHGDF	OTC PK	Materials	D	Sell	D	D		0.15	0.29	0.12	-0.78	W	V	E	W	–	F
Star Diamond Corporation	DIAM.TO	TSX	Materials	D	Sell	D	D		0.21	0.38	0.17	-0.47	W	V	E	W	–	F
Star Gold Corp.	SRGZ	OTC PK	Materials	D-	Sell	E+	D		0.03	0.30	0.02	-0.73	F	V	E	W	–	F
Star Group, L.P.	SGU	NYSE	Utilities	B-	Buy	A-	C	Up	9.96	10.25	8.87	0.11	G	G	G	F	G	F
Star Navigation Systems Group Ltd.	SNAVF	OTC PK	Industrials	D	Sell	D+	D		0.03	0.11	0.03	1.15	W		F	W	–	F
Starbucks Corporation	SBUX	NAS GS	Consumer Discretn	B-	Buy	B	C+	Down	83.56	85.20	47.37	0.52	G	E	G	G	F	F
Starco Brands, Inc.	STCB	OTC PK	Consumer Discretn	D+	Sell	C	D	Up	3.00	5.90	2.91	0.72	F	G	G	W	–	V
Starcore International Mines Ltd.	SAM.TO	TSX	Materials	D-	Sell	D	E+	Down	0.11	0.17	0.07	0.03	F	W	G	V	–	V
Starr Peak Exploration Ltd.	LSGEF	OTC PK	Materials	C	Hold	C+	D+		0.20	0.20	0.2	1.99	W	G	F	W	–	G
Starr Peak Exploration Ltd.	STE.V	TSXV	Materials	C	Hold	C+	D+		0.30	0.33	0.09	0.41	W	G	F	W	–	E
Start Scientific, Inc.	STSC	OTC PK	Energy	D+	Sell	C	D		1.40	31.80	0.6	10.16	W	E	E	W	–	F
StarTek, Inc.	SRT	NYSE	Information Tech	D-	Sell	D+	D	Up	7.73	8.93	5.26		W	W	G	W	–	W
StartMonday Technology Corp.	STMDF	OTC PK	Information Tech	D-	Sell	D-	D-		0.02	0.10	0.01	1.72	W		G	W	–	V
Starwood Property Trust, Inc.	STWD	NYSE	Financials	B-	Buy	B-	B		22.47	23.28	19.16	0.59	W	E	E	G	E	F
State Auto Financial Corporation	STFC	NAS GS	Financials	B	Buy	B-	A-	Up	34.57	35.05	28.57	0.28	F	G	E	E	W	F
State Bank Corp.	SBAZ	OTC PK	Financials	C	Hold	B	C		11.96	17.80	11.49	0.57	E	G	E	F	F	F
State Street Corporation	STT	NYSE	Financials	C	Hold	B-	D		55.65	95.68	53.53	1.62	E	E	E	W	G	W
Stealth BioTherapeutics Corp	MITO	NAS	Health Care	U		U	U		12.17	20.99	11.11		U	U	U	U	U	U
Stealth Technologies, Inc.	STTH	OTC PK	Information Tech	D	Sell	C-	D-		0.01	0.06	0	4.48	W	G	F	W	–	V
StealthGas Inc.	GASS	NAS GS	Energy	U		U	U		3.39	4.18	2.73	1.31	U	U	U	U	U	U
Steel Connect, Inc.	STCN	NAS GS	Information Tech	D	Sell	D+	D		1.82	2.26	1.54	-0.01	W	W	G	F	–	W
Steel Dynamics, Inc.	STLD	NAS GS	Materials	C	Hold	B	D		30.36	49.70	25.03	1.84	E	E	E	W	G	W
Steel Partners Holdings L.P.	SPLP	NYSE	Industrials	D	Sell	D	D		13.72	17.20	12.93	0.47	W	F	G	W	–	W
Steelcase Inc.	SCS	NYSE	Industrials	B	Buy	A-	C	Up	16.65	19.35	13.1	1.29	F	E	E	F	G	F
Stein Mart, Inc.	SMRT	NAS GS	Consumer Discretn	D	Sell	D	D-		0.88	3.28	0.65	-0.26	W	W	F	W	–	W
Stelco Holdings Inc.	STZHF	OTC PK	Materials	D	Sell	D+	D	Down	11.40	20.21	9.5		F	W	E	W	G	W
Stelco Holdings Inc.	STLC.TO	TSX	Materials	D	Sell	D+	D	Down	14.92	26.30	13.6		F	W	E	W	F	W
Stella-Jones Inc.	STLJF	OTC PK	Materials	C	Hold	B	C-	Up	36.04	36.21	27.89	0.72	G	E	E	F	W	W
Stella-Jones Inc.	SJ.TO	TSX	Materials	C+	Hold	B-	C	Up	47.23	48.67	37.4	0.32	G	E	E	F	W	W
Stellar AfricaGold Inc.	SPX.V	TSXV	Materials	D-	Sell	E+	D	Down	0.03	0.05	0.01	0.98	W	V	F	W	–	W
Stellar AfricaGold Inc.	STLXF	OTC PK	Materials	D-	Sell	E+	D	Down	0.01	0.03	0.01	2.67	W	V	F	W	–	W
Stellus Capital Investment Corporation	SCM	NYSE	Financials	B	Buy	A-	C		13.80	15.30	11.65	0.64	F	E	E	F	E	F
Stelmine Canada Ltd.	STH.V	TSXV	Materials	D	Sell	D	D	Up	0.15	0.20	0.09	2.80	W	V	G	W	–	W
Stem Holdings, Inc.	STMH	OTC PK	Real Estate	D-	Sell	D-	D-		1.43	5.55	1.32		W	W	G	W	–	V
StemGen, Inc.	SGNI	OTC PK	Communication Svc	E-	Sell	C-	D-		1.05	2.00	0.11		W	G	G	W	–	V
Stemline Therapeutics, Inc.	STML	NAS CM	Health Care	D-	Sell	E+	D		15.08	17.85	7.82	1.22	W	V	E	W	–	V
STEP Energy Services Ltd.	STEP.TO	TSX	Energy	D	Sell	D+	D-		1.90	11.32	1.65	1.97	F	F	E	W	–	V
STEP Energy Services Ltd.	SNVVF	OTC PK	Energy	D-	Sell	D+	D-	Up	1.44	6.25	1.31		F	F	E	W	–	V
Stepan Company	SCL	NYSE	Materials	B-	Buy	B	C	Down	89.83	95.32	69.17	1.02	G	E	E	F	W	F
Steppe Gold Ltd.	STGO.TO	TSX	Materials	E+	Sell	E+	D-	Down	0.72	1.48	0.59		W	V	G	W	–	V
Stereotaxis, Inc.	STXS	OTC PK	Health Care	D	Sell	D+	D	Down	2.82	2.90	0.7	1.15	W	V	G	W	–	E
Stericycle, Inc.	SRCL	NAS GS	Industrials	D	Sell	D	D		47.76	71.43	34.36	1.99	W	W	G	W	–	W
Steris Plc	STE	NYSE	Health Care	B+	Buy	A+	B-	Up	146.54	146.96	99.14	0.75	E	E	E	G	W	G
Sterling Bancorp	STL	NYSE	Financials	C	Hold	B	C-		20.94	24.65	15.62	1.69	E	E	E	F	W	W
Sterling Bancorp, Inc. (Southfield, MI)	SBT	NAS CM	Financials	D+	Sell	C+	D	Up	10.04	13.92	6.65		E	E	W	W	W	F

*Ratings Factors: E=Excellent, G=Good, F=Fair, W=Weak, V=Very Weak, U=Unrated

Summer 2019 — I. Index of Stocks

TOTAL RETURNS %				DIVIDEND/YIELD		SIZE		REVENUE & INCOME			EARNINGS		EFFECTIVENESS			VALUATION		
3-Month Total Return (%)	6-Month Total Return (%)	1-Year Total Return (%)	3-Year Total Return (%)	Dividend $ TTM	Dividend Yield TTM	Market Cap. ($Mil)	Enterprise Value ($Mil)	Revenue ($Mil)	Revenue Growth (%)	Net Income ($Mil)	Earnings/ Share $	EPS Growth (%)	Cash from Operations ($Mil)	Return on Assets (%)	Return on Equity (%)	Earnings (P/E) TTM	Sales (P/S) TTM	Book (P/B) Q
6.95	21.72	8.77	42.41	2.64	1.8	21,696	27,872	14,107	5.9	604.5	3.98	-39.3	1,179	5.67	7.4	36.0	1.5	3.0
25.00	233.33	66.67	150.00			7.0	18.0	--		-2.5	-0.02	19.2	-3.5	-1,300.91		-2.8		-0.8
-2.94	168.73	96.43	65.00			7.0	18.0	--		-2.5	-0.02	19.2	-3.5	-1,300.91		-1.8		-0.5
-1.11	5.43	-6.44	3.36	0.57	1.8	2,655	3,930	2,613	9.1	41.9	0.37	-70.9	157.8	3.99	9.37	83.9	1.3	2.5
1.32	9.98	-5.18	2.93	0.57	2.4	2,655	3,930	2,613	9.1	41.9	0.37	-70.9	157.8	3.99	9.37	64.1	1.0	1.9
53.85	-38.46	-57.89	-33.33			1.3	5.9	26.0	-1.8	-0.54	-0.18	-609.3	0.59	-3.42		-2.3	0.1	-0.4
40.37	3.61	-29.38	219.86			832.9	2,100	463.1	39.5	32.3	0.44	355.2	61.1			20.7	1.8	0.6
-16.06	-16.52	10.29	4.21			61.5	60.1	--		-3.7	-0.01	-109.5	-2.1	-4.33		-15.9		1.2
-18.00	-21.15	20.59	7.89			61.5	60.1	--		-3.7	-0.01	-109.5	-2.1	-4.33		-21.6		1.6
-25.00	-75.00	-40.12	-50.82			2.3	1.8	--		-0.43	-0.01	11.1	-0.35	-22.86		-5.4		2.3
4.55	10.84	7.09	31.82	0.48	4.8	498.8	693.1	1,792	17.2	44.9	0.74	-6.0	75.4	4.02	12.52	13.4	0.3	1.4
-31.99	3.23	-4.48	126.95			11.3	12.7	0.26	27.0	-2.0	0.00	2.1	-2.3	-197.29		-6.8	64.0	-13.9
13.50	33.12	76.00	61.64	1.44	1.7	101,208	108,294	25,553	8.9	3,032	2.31	-24.3	12,419	13.24		36.2	4.1	-20.1
0.00	3.09	-33.33	-60.00			476.3	476.9	0.19	1,974.4	-0.24	0.00	99.9	-0.19	-97.72		-1,875.0	2,727.3	-535.7
10.53	16.67	-34.38	-86.88			4.0	5.4	26.0	26.2	-11.6	-0.24	-2,541.2	-2.9	-11.83		-0.4	0.2	0.2
278.02	278.02	278.02	89.01			4.5	4.5	--		0.16	0.01	215.1	-0.03	-74.05		24.3		32.4
233.33	87.50	160.87	275.00			4.5	4.5	--		0.16	0.01	215.1	-0.03	-74.05		35.7		47.6
-5.41	-22.22	-91.67	600.00			0.52	1.4	--		-0.20	-0.64	-4.7	-0.05			-2.2		-0.3
-3.25	13.51					296.5	596.3	443.5	25.9	-21.6	-0.68	-700.9	0.08			-11.3	0.7	1.3
-9.83	91.00	-74.63				1.6	--	0.19	139.1	-2.4	-0.04	0.3	-2.2			-0.6	7.8	-5.0
0.31	15.01	9.48	40.43	1.92	8.5	6,298	--	671.2	7.1	356.3	1.29	-14.4	400.4		7.96	17.4	9.3	1.4
4.87	0.68	10.34	69.66	0.40	1.2	1,500	1,550	1,320	-5.8	64.3	1.45	464.6	-33.1	1.77	7.37	23.9	1.2	1.7
-6.69	-1.99	-21.77	91.33	0.27	2.3	96.8	--	27.6	23.9	6.7	0.83	34.7	--		11.83	14.4	3.5	1.7
-16.14	-11.80	-40.01	14.68	1.83	3.3	20,766	--	11,967	7.2	2,599	6.40	22.6	10,457		10.31	8.7	1.8	1.0
-10.38						426.3	372.5	--		-26.6	-55.91	-20.5	-21.2			-0.2		0.0
33.69	87.50	-87.90	-97.87			0.15	0.75	3.0	-38.6	-1.6	-0.24	-318.9	-0.51	-107.79		0.0	0.0	0.0
-3.69	20.64	-11.72	-14.18			135.1	465.4	78.2	-49.3	-11.1	-0.28	-815.7	14.0			-12.1	1.7	0.2
-12.92	6.43	-10.34	70.09			110.4	517.9	817.6	48.7	-36.3	-0.64	-290.8	2.5	0.63		-2.9	0.1	1.2
-12.43	2.35	-32.68	36.32	0.86	2.8	6,747	8,272	12,035	23.1	1,235	5.31	51.3	1,419	14.25	33.32	5.7	0.6	1.7
-2.00	-0.22	-16.74	1.49	0.75	5.5	342.4	852.5	1,605	13.5	-7.8	-0.52	-135.9	110.1	2.75		-26.2	0.3	0.7
10.25	13.52	26.28	38.94	0.55	3.3	1,953	2,506	3,514	14.3	126.8	1.05	55.8	177.9	5.91	15.27	15.9	0.6	2.3
-12.76	-16.09	-64.18	-87.33			42.3	586.2	1,261	-4.6	-9.4	-0.22	51.7	71.3	0.5		-4.1	0.0	0.9
-4.33	11.32	-34.19		0.92	8.1	1,009	868.8	1,904	42.3	202.8	2.27	-85.9	326.1	14.65	52.23	5.0	0.5	2.7
-9.30	6.77	-31.46		0.40	2.7	1,009	868.8	1,904	42.3	202.8	2.27	-85.9	326.1	14.65	52.23	6.6	0.7	3.5
9.47	29.81	1.84	1.27	0.39	1.1	2,488	3,034	1,655	12.8	110.1	1.58	-14.6	90.6	6.4	11.9	22.8	1.5	2.6
6.46	22.93	-1.54	1.34	0.52	1.1	2,488	3,034	1,655	12.8	110.1	1.58	-14.6	90.6	6.4	11.9	29.9	2.0	3.4
25.00	66.67	-44.44	0.00			1.2	2.8	--		-0.51	-0.01	59.6	0.17	-121.52		-3.1		-1.4
-36.74	-2.44	-59.46	-51.42			1.2	2.8	--		-0.51	-0.01	59.6	0.17	-121.52		-1.5		-0.7
-0.84	11.47	17.16	86.99	1.36	9.9	260.9	506.2	56.2	38.1	29.0	1.80	18.4	-53.8	4.43	11.83	7.7	4.0	1.0
25.00	66.67	-16.67	76.47			3.4	3.3	--		-0.19	-0.01	38.0	-0.34	-16.18		-11.2		0.5
-25.52	-28.50	-73.27				56.4	54.7	1.2	27.9	-13.0	-1.15	-118.4	-3.6	-26.68		-1.2	18.2	1.1
-47.50						47.7	48.2	0.00		-0.25	-0.01		-0.03			-71.9		-59.0
22.70	47.70	-7.77	120.79			604.7	482.0	5.5	826.6	-94.0	-3.03	-2.6	-77.2	-49		-5.0	102.1	5.5
-4.04	-1.04	-82.66				96.6	300.2	587.9	20.4	-44.3	-0.67	-178.4	77.0	-0.75		-2.9	0.2	0.4
-3.77	1.54					96.6	300.2	587.9	20.4	-44.3	-0.67	-178.4	77.0	-0.75		-2.2	0.2	0.3
2.46	22.69	16.31	64.21	0.98	1.1	2,031	2,075	1,984	1.4	107.0	4.58	16.8	174.6	5.98	13.31	19.6	1.1	2.4
-10.00	-15.29	-40.50				22.8	45.9	--		-11.9	-0.33	-30.3	-9.5	-14.54		-2.2		1.8
43.51	145.22	273.51	193.75			167.3	169.8	29.4	-5.6	-3.4	-0.09	74.5	-2.3	-9.63		-31.4	5.7	-266.0
-10.55	30.49	-26.09	-52.22			4,348	7,506	3,421	-4.5	-305.0	-3.43	-2,724.4	91.5	3.97		-13.9	1.3	1.7
15.96	40.01	43.23	134.67	1.36	0.9	12,390	13,361	2,782	6.2	304.1	3.57	5.0	539.5	6.01	9.53	41.1	4.5	3.9
11.80	27.56	-10.41	45.14	0.28	1.3	4,391	--	1,018	38.0	449.8	1.99	117.7	440.5		10.35	10.6	4.4	1.0
0.30	41.69	-24.39		0.04	0.4	520.4	--	140.5	19.1	63.4	1.20	33.6	64.5		20.21	8.4	3.8	1.5

I. Index of Stocks

Summer 2019

Company Name	Stock Ticker Symbol	Traded On	Sector	Overall Rating	Recommendation	Reward Rating	Risk Rating	Recent Up/Downgrade	Stock Price as of 6/30/2019	52-Week High	52-Week Low	3-Year Beta	Growth	Efficiency	Solvency	Volatility	Dividend	Total Return
Sterling Consolidated Corp.	STCC	OTC PK	Industrials	C-	Hold	C	D	Up	0.07	0.25	0.04	-0.90	F	F	F	W	–	G
Sterling Construction Company, Inc.	STRL	NAS GS	Industrials	C+	Hold	B+	D+	Down	13.35	16.07	9.71	1.94	E	G	E	W	–	F
Steuben Trust Corporation	SBHO	OTC PK	Financials	C	Hold	C	C-		39.25	58.49	38	0.26	W	G	E	F	–	F
Steven Madden, Ltd.	SHOO	NAS GS	Consumer Discretn	B	Buy	B+	C		33.37	39.30	27.88	1.23	E	E	E	F	F	F
Stewardship Financial Corporation	SSFN	NAS CM	Financials	B-	Buy	B+	C	Up	15.39	15.52	8.2	1.56	E	G	E	F	W	F
Stewart Information Services Corporation	STC	NYSE	Financials	C+	Hold	B	C	Down	40.13	45.75	39.37	0.50	F	E	E	F	G	W
Stifel Financial Corp.	SF	NYSE	Financials	C+	Hold	B	C-	Up	57.26	59.93	38.39	1.89	F	E	E	F	W	F
Stingray Group Inc.	RAYB.TO	TSX	Communication Svc	D+	Sell	C	D-		5.92	9.35	5.63	0.49	F	G	G	W	G	W
Stingray Group Inc.	RAYA.TO	TSX	Communication Svc	D+	Sell	C	D-		6.14	9.49	5.51	0.51	F	G	G	W	G	W
Stitch Fix, Inc.	SFIX	NAS GS	Consumer Discretn	C	Hold	C+	D		30.42	52.44	16.05		F	E	E	W	–	F
STMicroelectronics N.V.	STMEF	OTC PK	Information Tech	C+	Hold	B+	D+		17.25	23.09	12.94	1.26	E	E	E	W	–	F
STMicroelectronics N.V.	STM	NYSE	Information Tech	C+	Hold	B+	D+		17.51	24.40	12	1.89	E	E	E	W	–	F
Stock Yards Bancorp, Inc.	SYBT	NAS GS	Financials	C+	Hold	B	C		35.95	39.55	28.02	0.52	E	E	E	F	G	W
Stoke Therapeutics, Inc.	STOK	NAS GS	Health Care	U		U	U		28.86	30.14	23.38		U	U	U	U	U	U
Stolt-Nielsen Limited	SOIEF	OTC PK	Industrials	C-	Hold	C	D+	Down	12.41	17.74	10.65	0.80	F	G	G	W	–	W
StoneCastle Financial Corp.	BANX	NAS GS	Financials	B-	Buy	B-	B-	Up	21.65	23.05	16.75	0.61	G	F	E	G	E	F
StoneCo Ltd.	STNE	NAS GS	Information Tech	C-	Hold	C	D	Up	28.80	45.62	16.14		G	G	E	W	–	W
StoneMor Partners L.P.	STON	NYSE	Consumer Discretn	D-	Sell	D	D-		1.61	6.07	1.61	0.98	W	W	G	W	–	V
Stoneridge, Inc.	SRI	NYSE	Consumer Discretn	C+	Hold	B	C-	Down	32.45	36.54	21.91	1.51	G	E	E	F	–	F
Stora Enso Oyj	SEOAY	OTC PK	Materials	C	Hold	B-	D+	Down	11.35	20.15	10.27	1.31	F	E	G	W	–	W
Stora Enso Oyj	SEOBF	OTC PK	Materials	E	Sell	B	C		5.81	5.82	5.81	0.00	F	E	G	F	–	F
Stora Enso Oyj	SEOJF	OTC PK	Materials	C	Hold	B	C-		10.83	16.36	10.4	0.56	F	E	G	F	–	F
StorageVault Canada Inc.	SVI.V	TSXV	Real Estate	C-	Hold	C	D		2.88	2.99	2.26	0.22	W	W	G	G	W	G
StorageVault Canada Inc.	SVAUF	OTC PK	Real Estate	C-	Hold	D+	C-		2.16	2.16	1.78	0.66	W	W	G	G	W	F
STORE Capital Corporation	STOR	NYSE	Real Estate	B	Buy	A-	C+		33.21	35.59	26.64	0.24	E	E	E	F	G	F
Storm Resources Ltd.	SRX.TO	TSX	Energy	D+	Sell	C	D		1.78	3.24	1.43	0.63	F	G	G	W	–	W
Storm Resources Ltd.	SRMLF	OTC PK	Energy	C-	Hold	C	D	Up	1.66	2.44	1.31	-0.25	F	G	G	W	–	W
Stornoway Diamond Corporation	SWY.TO	TSX	Materials	E+	Sell	D-	E+		0.03	0.50	0.02	0.59	W	V	F	V	–	V
Stornoway Diamond Corporation	SWYDF	OTC PK	Materials	E+	Sell	D-	E+	Down	0.01	0.38	0.01	0.62	W	V	F	V	–	V
STR Holdings, Inc.	STRI	OTC PK	Information Tech	D	Sell	D-	D		0.18	0.46	0.13	0.52	V	V	E	W	–	W
Strad Inc.	SDY.TO	TSX	Energy	C-	Hold	C	D+	Up	1.67	1.75	1.13	0.28	G	F	E	F	–	F
Strad Inc.	STRDF	OTC PK	Energy	C-	Hold	C	D+	Up	1.26	1.28	0.9	-0.03	G	F	E	F	–	W
Strata Power Corporation	SPOWF	OTC PK	Energy	D-	Sell	D-	D-	Down	0.02	0.06	0.01	1.65	V	W	F	W	–	V
Strata Skin Sciences, Inc.	SSKN	NAS CM	Health Care	D	Sell	D+	D	Down	2.27	3.88	1.68	1.96	F	W	E	W	–	W
Stratabound Minerals Corp.	AGSM	OTC PK	Materials	D	Sell	D+	D		7.10	7.25	4	20.17	W	V	G	W	–	E
Stratabound Minerals Corp.	SB.V	TSXV	Materials	D-	Sell	D-	D-	Down	0.09	0.39	0.06	0.29	W	V	G	W	–	V
Stratasys Ltd.	SSYS	NAS GS	Information Tech	D+	Sell	C-	D	Down	25.67	28.84	17.06	2.08	F	W	E	W	–	W
Strata-X Energy Ltd.	SXE.V	TSXV	Energy	D-	Sell	E+	D		0.05	0.10	0.04	-1.02	W	V	G	W	–	V
Strata-X Energy Ltd.	STRXF	OTC PK	Energy	D-	Sell	E+	D		0.03	0.06	0.02	3.49	W	V	G	W	–	V
Strategem Capital Corporation	SGE.V	TSXV	Financials	C-	Hold	C	D		1.76	1.87	1.76	0.98	F	G	E	F	–	W
Strategic Acquisitions, Inc.	STQN	OTC PK	Financials	E+	Sell	E+	D-	Down	0.51	0.90	0.35	-0.53	V	V	E	W	–	W
Strategic Education, Inc.	STRA	NAS GS	Consumer Discretn	C	Hold	B-	D+		180.43	186.95	102.22	0.29	W	G	E	F	W	E
Strategic Environmental & Energy Resources, In	SENR	OTC PK	Industrials	D-	Sell	D-	D-		0.08	0.34	0.06	0.91	V	W	F	W	–	W
Strategic Metals Ltd.	SMD.V	TSXV	Materials	D	Sell	D	D		0.35	0.47	0.28	0.41	W	W	E	W	–	W
Strategic Metals Ltd.	SMDZF	OTC PK	Materials	D	Sell	D	D		0.27	0.36	0.21	0.52	W	W	E	W	–	W
Strategic Oil & Gas Ltd.	SOGH.V	TSXV	Energy	E+	Sell	E+	E+		0.01	1.00	0.01	-1.33	W	V	G	V	–	V
Strategic Oil & Gas Ltd.	SOGFF	OTC PK	Energy	E+	Sell	E+	E+		0.00	0.81	0	-0.61	W	V	G	V	–	V
Strategic Resources Inc.	SCCFF	OTC PK	Materials	D-	Sell	E	D	Down	0.46	0.46	0.12	-3.74	V	V	G	W	–	E
Strategic Resources Inc.	SR.V	TSXV	Materials	D-	Sell	E	D	Down	0.61	0.70	0.16	-3.29	V	V	G	W	–	E
STRATTEC Security Corporation	STRT	NAS	Consumer Discretn	D	Sell	C-	D		22.92	38.00	22.92	1.04	F	F	E	W	F	W
Stratus Properties Inc.	STRS	NAS GS	Real Estate	D	Sell	D+	D		28.64	33.95	22.01	0.39	W	F	G	F	–	W
Streamline Health Solutions, Inc.	STRM	NAS CM	Health Care	D	Sell	D	D		1.79	2.09	0.57	0.80	W	W	G	W	–	W

*Ratings Factors: E=Excellent, G=Good, F=Fair, W=Weak, V=Very Weak, U=Unrated

Data as of June 30, 2019

https://greyhouse.weissratings.com

Summer 2019 — I. Index of Stocks

3-Month Total Return (%)	6-Month Total Return (%)	1-Year Total Return (%)	3-Year Total Return (%)	Dividend $ TTM	Dividend Yield TTM	Market Cap. ($Mil)	Enterprise Value ($Mil)	Revenue ($Mil)	Revenue Growth (%)	Net Income ($Mil)	Earnings/Share $	EPS Growth (%)	Cash from Operations ($Mil)	Return on Assets (%)	Return on Equity (%)	Earnings (P/E) TTM	Sales (P/S) TTM	Book (P/B) Q
12.90	-12.50	-36.36	154.55			3.3	7.4	7.6	17.0	0.05	0.00	105.7	-0.13	4.66	5.07	70.0	0.4	2.5
5.53	28.61	0.91	173.57			352.7	391.5	1,039	1.2	24.5	0.91	55.7	43.5	4.2	17.51	14.7	0.3	2.2
2.98	-0.28	-13.68	35.16	1.35	3.4	65.9	--	11.0	3.0	2.7	1.59	-5.1	--			24.6	6.0	1.2
-1.47	11.89	-5.91	57.38	0.55	1.7	2,864	2,849	1,676	6.8	135.0	1.57	7.4	165.8	11	16.67	21.2	1.7	3.5
57.24	58.28	39.86	146.88	0.12	0.8	134.1	--	33.1	9.6	7.9	0.91	62.1	7.8		10.05	17.0	4.0	1.6
-6.61	-1.07	-3.41	8.92	1.20	3.0	957.0	1,068	1,868	-4.2	44.5	1.88	9.4	73.2	4.12	8.42	21.3	0.5	1.4
9.05	40.14	9.40	91.81	0.54	0.9	4,052	--	3,011	1.8	404.4	4.90	102.9	534.5		12.74	11.7	1.5	1.3
-17.55	-8.92	-29.15	-11.58	0.23	3.9	356.5	629.1	161.6	58.9	-9.1	-0.14	-762.6	26.5	4.24		-43.4	2.8	2.1
-12.69	-3.04	-25.14	-6.05	0.25	4.1	356.5	629.1	161.6	58.9	-9.1	-0.14	-762.6	26.5	4.24		-45.0	2.9	2.2
9.11	75.53	6.89				3,069	2,777	1,464	25.5	48.0	0.45	264.4	85.9	3.58	14.5	68.2	2.2	8.2
6.48	27.49	-28.87	227.37			15,599	15,491	9,514	8.7	1,226	1.35	31.7	1,731	7.78	19.88	12.8	1.6	2.4
22.58	27.14	-18.79	220.82	0.20	1.2	15,599	15,491	9,514	8.7	1,226	1.35	31.7	1,731	7.78	19.88	13.0	1.7	2.4
6.38	11.76	-4.03	41.58	1.01	2.8	820.5	--	157.9	11.8	57.8	2.51	41.9	66.0		16.14	14.3	5.2	2.2
						942.1	843.5	--		-5.7	-6.89	-147.5	-6.5			-4.2		0.3
4.92	8.70	-15.01	23.22	0.25	2.0	740.4	3,177	2,112	3.7	24.0	0.39	-67.3	346.4	2.1	1.07	32.1	0.4	0.5
2.89	17.44	3.13	48.97	1.52	7.0	141.9	174.3	9.1	7.1	4.7	0.71	-21.0	--			30.3	16.1	1.0
-29.84	63.64					7,989	8,028	221.9	84.9	120.1	0.47	3,359.3	-615.4		16.11	60.9	36.6	5.9
-57.18	-29.69	-73.08	-92.70			61.6	395.1	309.7	-7.1	-76.5	-2.02	8.3	7.2	-1.18		-0.8	0.2	-2.5
13.98	35.10	-9.48	120.60			931.1	990.2	858.6	1.5	50.1	1.72	0.9	65.5	7.36	18.31	18.9	1.1	3.2
-4.46	2.68	-39.48	58.20	0.86	7.6	9,634	13,277	12,210	3.0	1,123	1.41	20.4	1,267	6.08	14.56	8.0	0.7	1.2
0.00	0.00	0.00	0.00			9,634	13,277	12,210	3.0	1,123	1.41	20.4	1,267	6.08	14.56	4.1	0.4	0.6
-19.03	-21.83		32.19			9,634	13,277	12,210	3.0	1,123	1.41	20.4	1,267	6.08	14.56	7.7	0.7	1.2
6.67	17.67	16.48	290.36	0.01	0.4	795.5	1,338	77.5	36.1	-19.3	-0.06	-103.7	18.9	-0.02		-52.2	13.2	5.5
3.12	10.70	20.17		0.01	0.4	795.5	1,338	77.5	36.1	-19.3	-0.06	-103.7	18.9	-0.02		-39.2	9.9	4.1
-1.07	17.47	26.34	33.58	1.32	4.0	7,531	10,820	571.6	21.4	212.6	1.00	3.4	399.3	2.98	5.86	33.2	12.9	1.9
-23.28	1.71	-43.31	-54.94			164.9	235.4	167.7	39.8	24.1	0.20	13.3	67.8	4.7	8.07	9.0	1.3	0.7
-4.88	5.29	-31.73	-32.01			164.9	235.4	167.7	39.8	24.1	0.20	13.3	67.8	4.7	8.07	8.4	1.2	0.7
-84.38	-86.49	-94.05	-97.37			17.6	244.8	124.3	-22.0	-278.6	-0.32	-159.8	11.4	-10.39		-0.1	0.2	0.1
-89.53	-89.42	-95.67	-98.06			17.6	244.8	124.3	-22.0	-278.6	-0.32	-159.8	11.4	-10.39		0.0	0.1	0.1
-45.45	-40.00	-37.93	-35.71			3.6	0.58	9.0	-34.1	-8.9	-0.46	-361.2	-5.3	-19.46		-0.4	0.4	0.2
18.44	39.17	5.70	11.33			72.1	88.7	93.3	1.0	0.78	0.01	118.5	28.0	1.72	0.74	124.6	1.0	0.9
22.98	25.68	7.63	9.07			72.1	88.7	93.3	1.0	0.78	0.01	118.5	28.0	1.72	0.74	94.0	0.8	0.7
0.00	-10.46	-48.33	-95.92			0.31	0.31	--		-0.03	0.00	-103.4	0.15	-51.21		-9.7		-0.7
-21.18	-20.35	9.13	-30.05			76.5	67.9	29.9	-1.8	-5.6	-0.29	94.6	3.7	-4.91		-7.9	2.6	2.3
0.00	77.50	610.00	92,107.79			2.3	2.0	--		-0.03	0.00	91.4	-0.27	-9.43		-5,071.4		122.4
-29.17	-52.78	-68.52	-68.52			2.3	2.0	--		-0.03	0.00	91.4	-0.27	-9.43		-60.7		1.5
9.00	40.89	35.75	22.76			1,387	1,048	664.7	0.9	-0.19	-0.02	97.1	41.3	-0.26		-1,216.6	2.1	1.2
-23.08	0.00	-14.29	-60.00			3.4	3.0	0.04	-48.9	-11.4	-0.15	-1,681.9	-0.68	-89.06		-0.3	125.0	2.1
-16.57	18.90	-42.11	-66.99			3.4	3.0	0.04	-48.9	-11.4	-0.15	-1,681.9	-0.68	-89.06		-0.2	75.5	1.2
-0.56	0.00	-2.22	58.56			5.8	-3.2	0.23	-60.3	-0.03	-0.01	-111.6	5.9	0.11		-161.5	32.8	0.9
0.00	-43.33	-1.92	-36.25			1.3	1.2	--		-0.09	-0.04	-1.9	-0.09	-34.64		-13.6		10.5
35.20	60.11	62.11	309.04	2.25	1.3	3,869	3,597	764.2	67.4	-13.6	-0.97	-156.8	88.5	3.5		-185.9	5.2	2.7
-39.23	6.04	-72.76	-87.26			4.8	6.5	7.7	-0.2	-2.8	-0.05	-0.9	-1.4	-28.68		-1.7	0.6	-2.0
6.06	4.48	-22.22	-29.29			23.9	25.4	--		-3.2	-0.04	-24.3	-1.2	-1.96		-9.6		0.8
7.37	6.60	-23.20	-23.88			23.9	25.4	--		-3.2	-0.04	-24.3	-1.2	-1.96		-7.3		0.6
-71.43	-81.82	-98.92	-99.71			13.8	90.5	26.1	10.3	-58.0	-1.25	-101.3	2.5	-21.01		0.0	0.0	-0.1
-99.58	-99.58	-99.99	-100.00			13.8	90.5	26.1	10.3	-58.0	-1.25	-101.3	2.5	-21.01		0.0	0.0	0.0
108.55	108.55	230.43	406.67			14.5	14.5	--		-0.11	-0.01	-110.5	-0.06	-112.03		-38.0		-65.1
165.22	165.22	205.00	248.57			14.5	14.5	--		-0.11	-0.01	-110.5	-0.06	-112.03		-50.8		-87.1
-23.16	-22.43	-24.41	-41.88	0.56	2.4	84.6	142.2	475.0	10.2	-13.0	-3.56	-230.4	28.0	2.65		-6.4	0.2	0.5
7.19	16.90	-9.22	65.57			234.2	566.4	89.5	15.6	-1.3	-0.16	-128.4	-22.2	0.6		-180.0	2.6	1.9
68.87	141.89	26.95	39.84			35.7	46.6	21.5	-13.0	-5.0	-0.26	-193.4	2.2	0.38		-6.9	1.9	5.2

https://greyhouse.weissratings.com

Data as of June 30, 2019

I. Index of Stocks

Summer 2019

Company Name	Stock Ticker Symbol	Traded On	Sector	Overall Rating	Recommendation	Reward Rating	Risk Rating	Recent Up/Downgrade	Stock Price as of 6/30/2019	52-Week High	52-Week Low	3-Year Beta	Growth	Efficiency	Solvency	Volatility	Dividend	Total Return
Street Capital Group Inc.	CXSNF	OTC PK	Financials	D	Sell	D	D-		0.50	0.72	0.33	1.59	W	W	E	W	—	V
Street Capital Group Inc.	SCB.TO	TSX	Financials	D	Sell	D	D		0.66	0.94	0.45	1.09	W	W	E	W	—	V
Stria Lithium Inc.	SRCAF	OTC PK	Materials	D-	Sell	E+	D-		0.02	0.04	0.01	-1.99	W	V	G	W	—	V
Stria Lithium Inc.	SRA.V	TSXV	Materials	D-	Sell	D-	D-		0.02	0.05	0.02	1.13	W	V	G	W	—	V
StrikeForce Technologies, Inc.	SFOR	OTC PK	Information Tech	D+	Sell	C	D		0.00	0.03	0	2.30	F	E	F	W	—	W
Strikepoint Gold Inc.	SKP.V	TSXV	Materials	D-	Sell	D-	D		0.13	0.25	0.11	-0.76	V	W	G	W	—	W
Strikepoint Gold Inc.	STKXF	OTC PK	Materials	D-	Sell	D-	D-		0.09	0.18	0.08	-0.92	V	W	G	W	—	W
Strikewell Energy Corp.	SKK.V	TSXV	Energy	C	Hold	C+	D		0.13	0.17	0.13	-0.95	W	E	F	F	—	F
Strongbow Exploration Inc.	SBW.V	TSXV	Materials	D	Sell	D	D		0.08	0.23	0.07	-0.07	W	F	G	W	—	W
Strongbow Exploration Inc.	SBWFF	OTC PK	Materials	D	Sell	D+	D		0.05	0.17	0.05	1.71	W	F	G	W	—	W
Strongbridge Biopharma plc	SBBP	NAS GS	Health Care	D	Sell	D+	D	Down	3.24	6.55	2.76	0.27	F	W	E	W	—	W
Strongco Corporation	SQP.TO	TSX	Industrials	D	Sell	D+	D		1.55	2.78	1.45	0.66	W	W	F	W	—	F
Stroud Resources Ltd.	SDURF	OTC PK	Materials	C-	Hold	C	D	Up	0.00	0.00	0	1,388.91	W	G	F	W	—	W
Stroud Resources Ltd.	SDR.V	TSXV	Materials	C-	Hold	C	D		0.01	0.02	0.01	4.66	W	G	F	W	—	W
Stryker Corporation	SYK	NYSE	Health Care	B+	Buy	B+	B+	Down	202.54	205.33	144.75	0.99	E	E	E	G	W	G
Stuart Olson Inc.	SOX.TO	TSX	Industrials	D+	Sell	C	D-	Down	3.35	7.99	3.28	0.32	V	G	G	W	G	W
Stuart Olson Inc.	CUUHF	OTC PK	Industrials	D+	Sell	C	D-	Down	2.71	5.72	2.48	0.79	V	G	G	W	E	W
Studio City International Holdings Limited	MSC	NYSE	Consumer Discretn	C-	Hold	C	D	Up	19.61	28.59	12.73		G	F	E	W	—	W
Sturgis Bancorp, Inc.	STBI	OTC PK	Financials	C	Hold	A-	B		22.36	32.20	19.1	0.24	E	G	E	G	G	G
Sturm, Ruger & Company, Inc.	RGR	NYSE	Consumer Discretn	C	Hold	B-	D+		53.47	70.00	49.19	0.69	F	E	E	W	F	W
STWC Holdings, Inc.	STWC	OTC PK	Industrials	D	Sell	D+	D	Down	0.99	2.90	0.27	-3.03	W	W	F	W	—	F
Subscribe Technologies Inc.	SRBBF	OTC PK	Information Tech	D-	Sell	D-	E+	Up	0.02	0.09	0.01		W	W	G	W	—	W
Subsea 7 S.A.	SUBCY	OTC PK	Energy	C	Hold	C	D+	Up	12.06	16.14	8.9	1.34	W	G	E	W	—	W
Subsea 7 S.A.	ACGYF	OTC PK	Energy	C	Hold	C	D+	Up	11.70	13.38	9.05	2.21	W	G	E	W	—	W
Suburban Propane Partners, L.P.	SPH	NYSE	Utilities	C	Hold	B	D		23.89	24.63	18.63	0.94	E	E	G	E	W	E
Success Entertainment Group International Inc.	SEGN	OTC PK	Communication Svc	D+	Sell	C	E+		2.50	2.50	1	1.61	W	G	E	W	—	W
SugarBud Craft Growers Corp.	RLLRF	OTC PK	Health Care	D	Sell	D-	D	Up	0.13	0.21	0.04		W	V	E	W	—	W
SugarBud Craft Growers Corp.	SUGR.V	TSXV	Health Care	D-	Sell	D-	D	Down	0.18	0.27	0.06	1.54	W	V	E	W	—	F
SugarMade, Inc.	SGMD	OTC PK	Materials	D+	Sell	C	D		0.04	0.20	0.02	0.14	W	E	F	W	—	W
Sulliden Mining Capital Inc.	SMC.TO	TSX	Materials	D-	Sell	E+	D-		0.07	0.29	0.07	-0.21	F	V	G	W	—	V
Sumitomo Mitsui Financial Group, Inc.	SMFNF	OTC PK	Financials	C	Hold	B-	D+		35.41	41.82	32.05	0.83	F	G	E	W	—	W
Sumitomo Mitsui Financial Group, Inc.	SMFG	NYSE	Financials	C	Hold	B-	D+		6.99	8.44	6.33	0.92	F	G	E	W	—	W
Summer Energy Holdings, Inc.	SUME	OTC PK	Utilities	D+	Sell	C-	D	Up	1.88	2.49	1.35	0.75	F	W	E	W	—	F
Summer Infant, Inc.	SUMR	NAS CM	Consumer Discretn	D	Sell	D	D		0.53	1.98	0.44	0.97	F	W	F	W	—	V
Summit Financial Group, Inc.	SMMF	NAS CM	Financials	B-	Buy	A-	D+	Up	26.49	27.50	17.94	1.13	E	E	E	F	F	F
Summit Hotel Properties, Inc.	INN	NYSE	Real Estate	C	Hold	B-	D+	Up	11.45	14.80	9.29	1.16	G	E	E	W	E	W
Summit Industrial Income REIT	SMUUN.TO	TSX	Real Estate	A+	Buy	A+	B+		12.89	13.50	8.55	0.17	E	E	G	G	G	E
Summit Industrial Income REIT	SMMCF	OTC PK	Real Estate	C	Hold	A+	A-		9.81	9.81	6.52	0.36	E	E	E	G	G	E
Summit Materials, Inc.	SUM	NYSE	Materials	D+	Sell	C-	D		18.50	27.40	11.25	2.29	F	F	G	W	—	W
Summit Midstream Partners, LP	SMLP	NYSE	Energy	D+	Sell	C	D-		6.90	17.73	6.45	1.24	W	G	G	W	E	V
Summit State Bank	SSBI	NAS	Financials	C	Hold	B	D+		11.61	16.10	10.65	0.25	G	E	E	W	G	W
Summit Therapeutics plc	SMXXF	OTC PK	Health Care	D	Sell	D	D-		0.40	0.45	0.4	-0.61	F	W	E	W	—	V
Summit Wireless Technologies, Inc.	WISA	NAS CM	Information Tech	D-	Sell	D	E+	Up	1.19	5.61	0.98		F		G	W	—	W
Summus Solutions N.V.	SS.V	TSXV	Energy	D+	Sell	C-	D		0.10	0.15	0.05	1.89	W	E	F	W	—	W
Summus Solutions N.V.	WENEF	OTC PK	Energy	D+	Sell	C	D+		0.10	0.10	0.07	0.09	W	E	F	F	—	F
Sun BioPharma, Inc.	SNBP	OTC PK	Health Care	D-	Sell	D-	D-		2.45	5.77	2	0.94	W	W	G	W	—	V
Sun Communities, Inc.	SUI	NYSE	Real Estate	B	Buy	A	C	Up	126.60	131.00	94.63	0.25	E	G	E	E	F	G
Sun Life Financial Inc.	SLF	NYSE	Financials	B	Buy	B+	C+	Up	41.23	41.76	31.49	0.95	F	E	E	F	G	F
Sun Life Financial Inc.	SLF.TO	TSX	Financials	B	Buy	B	C+	Up	54.00	55.97	43.13	0.67	F	E	E	F	G	F
Sun Metals Corp.	SMTTF	OTC PK	Materials	E+	Sell	D	D+	Up	0.38	0.55	0.16		V	V	E	F	—	F
Sun Metals Corp.	SUNM.V	TSXV	Materials	D	Sell	D	D	Up	0.50	0.65	0.12		V	V	E	W	—	W
Sun Pacific Holding Corp.	SNPW	OTC PK	Information Tech	D	Sell	D+	D-		0.00	0.06	0		W	F	F	W	—	V

*Ratings Factors: E=Excellent, G=Good, F=Fair, W=Weak, V=Very Weak, U=Unrated

Summer 2019 — I. Index of Stocks

3-Month Total Return (%)	6-Month Total Return (%)	1-Year Total Return (%)	3-Year Total Return (%)	Dividend $ TTM	Dividend Yield TTM	Market Cap. ($Mil)	Enterprise Value ($Mil)	Revenue ($Mil)	Revenue Growth (%)	Net Income ($Mil)	Earnings/ Share $	EPS Growth (%)	Cash from Operations ($Mil)	Return on Assets (%)	Return on Equity (%)	Earnings (P/E) TTM	Sales (P/S) TTM	Book (P/B) Q
32.56	9.89	-21.30	-47.59			61.4	--	43.0	-12.8	-34.1	-0.28	-1,358.3	-18.5			-1.8	1.4	0.9
29.41	17.86	-21.43	-47.20			61.4	--	43.0	-12.8	-34.1	-0.28	-1,358.3	-18.5			-2.4	1.9	1.2
-20.48	-35.77	-56.05	-82.60			1.1	1.1	--		-0.26	0.00	-13.9	-0.29	-9.83		-4.1		1.3
-20.00	-20.00	-50.00	-83.33			1.1	1.1	--		-0.26	0.00	-13.9	-0.29	-9.83		-4.9		1.6
-39.58	-79.72	-83.14	190.00			7.4	13.9	0.30	18.1	-3.9	0.00	-54.6	-1.9	-333.3		-1.7	29.0	-0.5
-3.85	-16.67	-50.00	-30.56			8.4	7.8	--		-6.2	-0.09	-64.1	-4.5	-165.75		-1.4		16.0
-3.87	-10.90	-46.42	-48.80			8.4	7.8	--		-6.2	-0.09	-64.1	-4.5	-165.75		-1.1		12.2
-16.67	-16.67	-19.35	4.17			0.82	10.6	0.39	-13.2	-1.8	-0.21	-32.7	0.06	-1.89		-0.6	2.8	-0.1
-31.82	-42.31	-62.50	-44.44			5.0	7.0	--		0.25	0.00	107.5	-1.5	-6.98	3.68	37.5		1.0
-35.16	-30.30	-63.12	34.02			5.0	7.0	--		0.25	0.00	107.5	-1.5	-6.98	3.68	26.0		0.7
-37.33	-25.17	-44.62	-16.92			175.5	72.9	18.5	69.5	42.1	0.31	110.5	-84.9	-32.54	85.27	10.4	9.5	1.8
-0.64	-1.90	-33.76	-3.12			15.8	191.2	316.9	8.4	0.13	0.01	116.6	5.5	2.95	0.65	158.2	0.1	1.0
399,900.00	399,900.00	-20.00	-31.03			1.5	1.6	0.02	-18.4	-0.27	0.00	-1,600.0	-0.05	-2,307.02		-2.7	40.0	-0.7
-33.33	100.00	0.00	0.00			1.5	1.6	0.02	-18.4	-0.27	0.00	-1,600.0	-0.05	-2,307.02		-6.7	100.0	-1.7
3.27	31.19	20.92	80.62	2.03	1.0	75,569	82,629	13,876	9.0	3,522	9.27	247.9	2,626	8.2	33.68	21.9	5.5	6.5
-23.17	-29.54	-52.73	-31.53	0.36	10.8	71.4	193.1	702.9	-15.3	1.0	0.02	-94.1	-14.9	1.6	0.68	182.1	0.1	0.6
-19.94	-18.33	-49.26	-27.81	0.27	10.1	71.4	193.1	702.9	-15.3	1.0	0.02	-94.1	-14.9	1.6	0.68	147.3	0.1	0.5
23.10	19.57					1,541	3,051	427.4	7.5	-13.5	-1.21	79.8	73.3			-16.2	0.6	0.5
-10.24	13.31	20.34	113.66	0.59	2.6	47.1	--	18.2	3.7	3.3	1.56	19.1	--		8.88	14.3	2.6	1.2
1.36	2.83	-5.00	-5.66	1.12	2.1	933.5	801.3	478.5	-1.6	49.7	2.81	12.5	64.2	12.91	19.4	19.0	2.0	3.4
-18.85	-49.23	94.12	167.50			34.0	34.7	0.12	-31.2	-2.5	-0.08	-457.3	-1.7	-239.33		-12.3	235.7	-22.0
-33.54	-41.11	-64.67				0.90	0.89	--		-0.71	-0.02	24.1	-0.66	-198.7		-1.4		7.9
-0.87	26.52	-20.79	44.76	0.18	1.5	3,660	3,697	4,124	5.8	173.9	0.53	-42.0	475.9	1.83	2.79	22.9	0.9	0.7
-6.02	29.28	-21.50	57.26			3,660	3,697	4,124	5.8	173.9	0.53	-42.0	475.9	1.83	2.79	22.2	0.9	0.7
9.93	30.04	12.90	-0.22	2.40	10.1	1,473	2,723	1,316	-1.0	81.3	1.29	27.0	227.4	4.57	13.5	18.5	1.1	2.6
-50.00	-50.00	-50.00	-16.67			187.8	187.9	1.5	176.2	0.49	0.01	183.5	0.09	59.79	234.08	378.8	122.0	409.8
25.42	208.52	-10.39				47.9	46.4	0.79	-55.8	-8.0	-0.03	-652.3	-0.11	-23.93		-3.8	57.6	4.0
20.69	191.67	-5.41	84.21			47.9	46.4	0.79	-55.8	-8.0	-0.03	-652.3	-0.11	-23.93		-5.3	79.6	5.5
-28.43	-63.32	-71.03	21.67			25.1	26.4	4.9	14.6	-12.1	-0.04	-60.3	-2.5	-110.38		-1.0	3.8	-8.9
-22.22	-44.00	-72.55	-82.28			2.2	-7.4	--		-17.1	-0.42	-262.5	-1.6	-5.03		-0.2		0.3
-0.67	9.29	-8.38	23.92			49,102	--	28,570	-3.5	6,871	4.90	4.5	--		5.2	7.2	1.7	0.5
-1.55	6.88	-8.48	33.41	0.28	4.0	49,102	--	28,570	-3.5	6,871	4.90	4.5	--		5.2	1.4	0.3	0.1
-5.53	-5.53	-23.27	22.08			59.0	70.4	152.7	18.9	-7.0	-0.26	-1,361.1	-14.1	-6.28		-7.3	0.4	4.3
-24.22	-44.47	-59.21	-68.81			10.0	72.0	174.1	-5.7	-2.9	-0.16	44.0	-5.6	1.76		-3.3	0.1	1.2
3.72	40.26	-0.37	70.68	0.56	2.1	337.6	--	85.9	1.1	27.7	2.22	30.5	39.2		12.64	12.0	3.9	1.4
0.50	22.12	-15.17	7.41	0.72	6.3	1,203	2,144	566.0	5.3	94.1	0.76	52.0	154.1	2.38	8	15.2	2.1	1.0
8.03	39.30	56.60	160.19	0.52	4.0	1,164	1,864	82.9	56.3	126.2	1.59	36.2	39.4	3.2	24.73	8.1	15.7	1.9
10.51	47.90	57.61	159.53	0.38	3.9	1,164	1,864	82.9	56.3	126.2	1.59	36.2	39.4	3.2	24.73	6.2	11.9	1.5
20.84	50.41	-28.29	3.01			2,073	3,933	2,119	8.0	20.8	0.17	-84.8	230.1	2.62	1.65	112.0	1.0	1.6
-26.16	-30.99	-47.56	-55.69	2.01	29.2	570.6	2,100	520.9	10.8	2.2	-0.35	-141.7	229.4	3.1	0.75	-19.9	1.0	0.7
-1.66	1.74	-21.86	19.84	0.48	4.1	68.9	--	23.4	12.0	5.5	0.90	31.6	4.4		8.96	12.9	3.0	1.1
0.00	0.00	-84.18	-79.80			48.4	13.6	73.2	174.7	13.1	0.20	148.8	-24.1	8.76	44.78	2.0	0.9	1.3
-38.02	-66.19					23.3	23.0	1.6	66.7	-56.6	-63.07	41.9	-11.4	-295.8		0.0	11.8	15.7
0.00	100.00	-33.33	-9.09			0.23	1.5	0.06	-4.4	-0.23	-0.08	-61.1	-0.01	-38.49		-1.2	4.9	-0.2
0.00	0.00	0.00	12.23			0.23	1.5	0.06	-4.4	-0.23	-0.08	-61.1	-0.01	-38.49		-1.2	4.9	-0.2
-16.95	-30.00	-63.70	-93.88			12.4	12.4	--		-5.7	-1.18	32.2	-2.6	-110.51		-2.1		-21.1
6.73	26.47	32.24	82.47	2.92	2.3	11,479	15,080	1,148	14.6	111.6	1.31	39.8	385.4	2.55	4.17	96.4	9.5	3.5
9.02	29.05	8.69	47.15	2.00	4.9	24,363	25,387	24,645	11.9	1,961	3.12	8.4	1,671	0.78	10.73	13.2	1.0	1.5
6.17	23.72	7.23	47.81	2.00	3.7	24,363	25,387	24,645	11.9	1,961	3.12	8.4	1,671	0.78	10.73	17.3	1.3	1.9
13.90	90.61					47.7	42.6	--		-6.6	-0.09	-564.5	-4.2	-92.36		-4.2		10.0
9.89	75.44	156.41				47.7	42.6	--		-6.6	-0.09	-564.5	-4.2	-92.36		-5.5		13.2
-75.00	-89.92	-97.89				0.23	8.8	0.57	-15.9	-1.8	-0.03	82.5	-0.91	-20.12		0.0	0.2	-0.1

https://greyhouse.weissratings.com

Data as of June 30, 2019

I. Index of Stocks

Summer 2019

Company Name	Stock Ticker Symbol	Traded On	Sector	Overall Rating	Recommendation	Reward Rating	Risk Rating	Recent Up/Downgrade	Stock Price as of 6/30/2019	52-Week High	52-Week Low	3-Year Beta	Growth	Efficiency	Solvency	Volatility	Dividend	Total Return
Suncoke Energy Partners, L.P.	SXCP	NYSE	Materials	C-	Hold	C+	D	Down	12.41	17.80	9.61	1.97	W	E	G	W	E	W
SunCoke Energy, Inc.	SXC	NYSE	Materials	C	Hold	B-	D		8.69	13.96	7.29	1.23	E	G	G	W	--	W
Suncor Energy Inc.	SU	NYSE	Energy	C+	Hold	B+	D+	Up	31.09	42.55	25.81	1.07	E	E	G	W	G	F
Suncor Energy Inc.	SU.TO	TSX	Energy	C+	Hold	B	C-		40.73	55.47	35.53	0.77	E	E	G	F	G	F
Sundance Energy Australia Limited	SDCJF	OTC PK	Energy	C-	Hold	C	D	Down	0.17	0.35	0.03	-9.43	G	W	G	W	--	F
Sundance Energy Australia Limited	SNDE	NAS	Energy	D	Sell	C-	D-		1.91	6.75	1.55	2.57	G	W	G	W	--	V
Sunesis Pharmaceuticals, Inc.	SNSS	NAS CM	Health Care	D-	Sell	E+	D		0.67	2.60	0.2	4.44	F	V	G	W	--	W
Sunlands Technology Group	STG	NYSE	Consumer Discretn	D	Sell	C-	D-		2.40	9.26	2.01		G	W	G	W	--	V
SunLink Health Systems, Inc.	SSY	AMEX	Health Care	C-	Hold	C	D	Up	1.49	2.02	0.81	0.84	W	W	E	F	--	G
Sunniva Inc.	SNNVF	OTC PK	Health Care	D	Sell	D	D	Up	2.05	6.79	1.86		F	W	G	W	--	V
Sunnyside Bancorp, Inc.	SNNY	OTC PK	Financials	D	Sell	D+	D		12.95	16.29	11.45	0.60	W	F	E	W	--	W
Sunoco LP	SUN	NYSE	Energy	B-	Buy	B	C	Up	31.44	31.88	23.8	0.82	F	G	F	F	E	F
SunOpta Inc.	SOY.TO	TSX	Consumer Staples	D	Sell	D	D		4.16	11.97	2.92	-0.06	W	W	F	W	--	W
SunOpta Inc.	STKL	NAS GS	Consumer Staples	D	Sell	D	D		3.18	9.10	2.21	0.28	W	W	F	W	--	W
Sunora Foods Inc.	SNF.V	TSXV	Consumer Staples	C	Hold	B-	D+		0.15	0.17	0.09	-0.34	F	G	E	W	E	W
SunPower Corporation	SPWR	NAS GS	Information Tech	D-	Sell	E+	D		10.54	11.01	4.55	2.26	W	V	G	W	--	W
Sunrun Inc.	RUN	NAS GS	Industrials	C-	Hold	C+	D	Down	18.60	19.28	8.81	1.14	W	F	G	W	--	E
Sunset Pacific Petroleum Ltd	SSPAF	OTC PK	Energy	D+	Sell	C	D-		0.03	0.03	0.03	-0.99	W	E	F	W	--	W
Sunset Pacific Petroleum Ltd	SPK.V	TSXV	Energy	C-	Hold	C	D		0.03	0.06	0.02	2.62	W	E	F	W	--	W
Sunshine Biopharma, Inc.	SBFM	OTC PK	Health Care	D-	Sell	D-	D-	Down	0.00	0.20	0	-0.29	W	W	F	W	--	V
Sunshine Oilsands Ltd.	SUNYF	OTC PK	Energy	D	Sell	D	D	Up	0.01	0.04	0	-340.41	F	W	F	W	--	V
Sunstock, Inc.	SSOK	OTC PK	Consumer Discretn	D	Sell	D+	D-		0.01	0.06	0	0.67	G	W	G	W	--	W
Sunstone Hotel Investors, Inc.	SHO	NYSE	Real Estate	C	Hold	C	D+	Down	13.69	17.09	12.7	1.27	W	E	E	W	F	W
SunTrust Banks, Inc.	STI	NYSE	Financials	B-	Buy	B+	C		61.51	75.08	46.05	1.54	F	E	E	F	G	F
Sunvalley Solar, Inc.	SSOL	OTC PK	Information Tech	D	Sell	D	D		0.03	0.08	0.02	4.26	V	F	G	W	--	V
Sunworks, Inc.	SUNW	NAS CM	Industrials	D-	Sell	E+	D	Down	0.60	1.97	0.25	3.32	V	V	G	W	--	W
Suny Cellular Communication Ltd	SCIXF	OTC PK	Information Tech	C	Hold	B	D+		0.58	0.58	0.07	5.26	F	E	E	W	--	F
Super League Gaming, Inc.	SLGG	NAS CM	Communication Svc	E	Sell	D-	D		8.24	11.55	6		W	V	E	W	--	W
SuperCom Ltd.	SPCB	NAS CM	Information Tech	D	Sell	D+	D-		1.09	2.47	0.98	1.18	F	W	G	W	--	V
Superconductor Technologies Inc.	SCON	NAS CM	Information Tech	E+	Sell	E+	D-	Down	0.85	12.88	0.7	2.21	W	V	E	W	--	V
Superior Drilling Products, Inc.	SDPI	AMEX	Energy	D	Sell	D+	D		1.01	5.05	0.88	1.14	W	W	G	W	--	W
Superior Energy Services, Inc.	SPN	NYSE	Energy	D-	Sell	D-	D-		1.22	11.14	1.21	2.60	W	V	G	W	--	W
Superior Gold Inc.	SUPGF	OTC PK	Materials	D	Sell	D	D		0.58	1.04	0.33		W	W	G	W	--	W
Superior Gold Inc.	SGI.V	TSXV	Materials	D	Sell	D	D		0.71	1.36	0.44	0.41	W	W	G	W	--	W
Superior Group of Companies, Inc.	SGC	NAS	Consumer Discretn	C	Hold	C+	D		17.21	22.36	15.01	0.15	E	E	E	W	F	W
Superior Industries International, Inc.	SUP	NYSE	Consumer Discretn	D+	Sell	C	D-		3.38	22.95	3.22	2.94	F	G	G	W	E	V
Superior Mining International Corporation	SUIH.V	TSXV	Materials	C-	Hold	C	D	Up	0.07	0.10	0.06	0.56	W	E	F	W	--	F
Superior Mining International Corporation	SUIFF	OTC PK	Materials	D+	Sell	C	D-		0.05	0.05	0.05	-1.93	W	E	F	W	--	F
Superior Plus Corp.	SPB.TO	TSX	Utilities	C+	Hold	B	C-	Up	13.24	13.65	9.17	0.45	G	G	G	F	G	W
Superior Plus Corp.	SUUIF	OTC PK	Utilities	C	Hold	B	C	Up	10.10	10.35	6.87	0.89	G	G	G	F	G	W
Supernus Pharmaceuticals, Inc.	SUPN	NAS	Health Care	C	Hold	B	D+	Down	32.03	61.25	29.6	1.27	E	E	E	W	--	F
Support.com, Inc.	SPRT	NAS CM	Information Tech	D	Sell	D	D		1.55	3.03	1.48	-0.15	W	W	E	W	--	W
Supreme Metals Corp.	SMATF	OTC PK	Materials	E	Sell	D	D		0.02	0.03	0.02		W	W	G	W	--	W
Supremex Inc.	SUMXF	OTC PK	Materials	C-	Hold	C	D		2.23	2.67	1.77	0.52	W	G	G	W	E	W
Supremex Inc.	SXP.TO	TSX	Materials	C-	Hold	C	D		2.76	3.63	2.14	0.48	W	G	G	W	E	W
Surface Oncology, Inc.	SURF	NAS	Health Care	D-	Sell	D	D-		2.83	17.95	2.73		F	V	E	W	--	V
Surge Components, Inc.	SPRS	OTC PK	Information Tech	C	Hold	B	D+		2.50	3.00	0.61	2.72	F	G	E	W	--	E
Surge Copper Corp.	SURG.V	TSXV	Materials	D	Sell	D	D-		0.06	0.14	0.04	2.16	F	W	E	W	--	V
Surge Copper Corp.	GRJVF	OTC PK	Materials	D	Sell	D	E+		0.03	0.11	0.03	1.51	F	W	E	V	--	V
Surge Energy Inc.	ZPTAF	OTC PK	Energy	D	Sell	D+	D		0.96	2.11	0.83	0.71	W	W	G	W	E	W
Surge Energy Inc.	SGY.TO	TSX	Energy	D	Sell	C-	D		1.27	2.73	1.06	0.33	W	W	G	W	E	W
Surge Exploration Inc.	SUR.V	TSXV	Materials	E+	Sell	E	D-	Down	0.05	0.17	0.03	-0.29	W	V	G	W	--	V

*Ratings Factors: E=Excellent, G=Good, F=Fair, W=Weak, V=Very Weak, U=Unrated

Summer 2019 — I. Index of Stocks

TOTAL RETURNS %				DIVIDEND/YIELD		SIZE		REVENUE & INCOME			EARNINGS			EFFECTIVENESS			VALUATION		
3-Month Total Return (%)	6-Month Total Return (%)	1-Year Total Return (%)	3-Year Total Return (%)	Dividend $ TTM	Dividend Yield TTM	Market Cap. ($Mil)	Enterprise Value ($Mil)	Revenue ($Mil)	Revenue Growth (%)	Net Income ($Mil)	Earnings/Share $	EPS Growth (%)	Cash from Operations ($Mil)	Return on Assets (%)	Return on Equity (%)	Earnings (P/E) TTM	Sales (P/S) TTM	Book (P/B) Q
2.04	26.86	-5.89	66.33	1.60	12.9	573.7	1,428	907.7	5.0	48.8	1.06	-57.5	122.4			11.8	0.6	1.1
0.58	2.24	-34.46	59.16			565.7	1,480	1,492	8.7	27.3	0.42	-79.1	163.8	4.41	6.86	20.9	0.4	1.2
-3.21	14.45	-19.31	27.58	1.56	5.0	48,620	61,800	29,545	14.7	3,033	1.87	1.2	8,706	4.55	8.87	16.6	1.7	1.5
-5.65	9.74	-20.36	28.34	1.56	3.8	48,620	61,800	29,545	14.7	3,033	1.87	1.2	8,706	4.55	8.87	21.7	2.2	1.9
-36.54	-30.38	226.73	83.33			134.5	456.6	97.7	2.9	-8.9	-0.08	88.7	47.5			-2.2	1.2	0.3
-31.79	-15.11	-64.30				134.5	456.6	97.7	2.9	-8.9	-0.08	88.7	47.5			-25.1	13.5	3.3
-43.59	64.13	-67.41	-79.55			48.7	56.8	0.00	-100.0	-25.2	-0.64	49.4	-24.0	-55.5		-1.1		-5.7
-32.96	-21.31	-73.71				410.4	219.5	241.8	30.3	-76.5	-0.02	71.4	--			-134.8	42.6	-136.4
-4.92	33.29	15.80	166.57			10.4	4.3	46.7	-1.1	-0.99	-0.13	56.0	-0.52	-5.54		-11.5	0.2	0.6
-39.91	-10.93	-65.22				79.4	112.1	21.1	42.8	-20.0	-0.58	13.7	-21.6	-12.79		-3.5	3.7	1.2
2.37	7.92	-19.67	1.57			9.7	--	2.5	-10.0	-0.03	-0.04	90.1	0.32			-326.2	4.0	0.9
3.82	26.02	42.44	46.94	3.30	10.5	2,602	6,165	16,937	33.7	217.0	1.68	152.4	45.0	5.62	28.14	18.8	0.2	3.2
-11.30	-20.76	-62.01	-23.81			278.1	896.9	1,253	-0.7	-79.2	-1.01	35.8	-17.7	0.47		-4.1	0.3	2.4
-8.88	-17.19	-61.69	-24.29			278.1	896.9	1,253	-0.7	-79.2	-1.01	35.8	-17.7	0.47		-3.1	0.3	1.8
-3.33	3.57	20.83	20.83			4.5	1.7	10.1	-10.3	0.13	0.00	247.6	0.60	3.07	4.23	46.8	0.6	2.0
63.66	108.30	36.18	-28.45			1,501	2,351	1,682	-9.4	-784.8	-5.57	5.9	-459.2	-5.74		-1.9	0.9	-5.2
30.34	75.47	42.53	238.80			2,141	4,605	810.1	41.7	-15.2	-0.14	-110.7	-5.3	-1.51		-132.7	2.6	2.3
40.10	40.10	40.10	-18.08			1.4	1.9	--		-0.33	0.00	50.6	-0.30	-1,516.39		-6.9		-2.0
-28.57	0.00	-54.55	-50.00			1.4	1.9	--		-0.33	0.00	50.6	-0.30	-1,516.39		-6.0		-1.7
-55.56	-78.95	-96.36	-97.54			0.42	1.6	0.48	421.6	-2.1	-0.04	-48.8	-0.58	-62.28		-0.1	0.7	-1.4
7,900.00	-33.33	-68.00	-77.14			63.9	287.3	24.3	-25.5	-90.9	-0.02	63.4	-14.6	-3.13		-0.5	2.1	0.3
-13.77	-51.32	56.54	-99.25			5.9	7.0	0.41	3,847.6	-9.4	-0.21	80.6	-0.31	-426.46		-0.1	5.1	-1.3
-5.59	5.68	-13.34	35.76	0.69	5.0	3,130	3,744	1,140	-3.7	230.7	0.96	102.4	306.3	2.86	8.98	14.3	2.7	1.3
5.12	25.53	-3.49	69.34	2.00	3.3	27,300	--	8,971	4.5	2,712	5.69	17.1	1,946		11.08	10.8	3.1	1.2
-8.04	-1.27	-60.38	-60.38			0.65	0.33	3.0	-74.3	-1.7	-0.07	-248.1	-0.54	-31.54		-0.4	0.2	-1.0
39.93	117.39	-40.09	-73.57			16.6	21.8	66.8	-12.8	-8.5	-0.33	-20.2	-2.9	-12.36		-1.8	0.2	2.8
728.57	-3.33	-3.33	823.57			116.0	179.8	319.7	2.7	16.2	0.07	13.2	-6.3	10.83	28.66	7.9	0.4	2.0
1.35						69.0	47.5	0.81	158.2	-28.6	-5.39	-51.4	-8.5			-1.5	61.0	3.0
-26.85	-19.26	-29.45	-70.62			16.3	23.3	31.2	57.1	-4.3	-0.58	28.9	--	-5		-1.9	0.5	0.5
-40.14	-27.35	-90.96	-97.05			4.7	1.7	1.3	89.6	-8.3	-3.52	58.2	-7.1	-92.06		-0.2	2.2	0.7
-25.19	-17.89	-46.28	-50.00			25.3	31.3	18.7	11.0	-0.27	-0.02	-3,200.0	5.1	0.1		-65.2	1.4	1.7
-74.90	-62.92	-87.41	-93.01			190.3	1,401	2,115	8.2	-846.1	-5.47	-382.4	217.4	-0.91		-0.2	0.1	0.8
39.95	-5.84	-38.37				52.5	43.8	118.3	24.2	-10.3	-0.11	-63.4	8.6	-7.96		-5.1	0.5	1.5
33.96	-14.46	-42.74				52.5	43.8	118.3	24.2	-10.3	-0.11	-63.4	8.6	-7.96		-6.3	0.6	1.9
2.49	1.27	-17.08	-2.97	0.40	2.3	264.1	378.4	359.8	29.0	16.9	1.10	21.9	26.2	5.86	11.62	15.7	0.7	1.7
-25.83	-23.83	-80.64	-85.67	0.36	10.7	84.9	870.8	1,473	11.6	17.6	-0.02	97.8	170.4	3.44	3.05	-142.0	0.1	0.2
-31.58	-31.58	-27.78	30.00			2.6	2.5	--		-1.1	-0.04	55.5	-0.23	-144.67		-1.5		108.3
0.00	0.00	-15.00	-46.88			2.6	2.5	--		-1.1	-0.04	55.5	-0.23	-144.67		-1.2		85.0
16.79	39.94	10.54	53.36	0.72	5.4	1,764	3,225	2,185	8.1	57.6	0.33	257.2	240.7	4.83	7.61	40.3	1.1	2.6
21.14	46.57	13.44	55.72	0.54	5.4	1,764	3,225	2,185	8.1	57.6	0.33	257.2	240.7	4.83	7.61	30.8	0.8	2.0
-6.65	-1.02	-45.11	68.05			1,678	1,749	403.9	20.6	103.0	1.91	40.1	134.8	9.35	24.76	16.8	4.3	3.5
-32.02	-38.00	-46.74	-41.95			29.4	-18.4	71.1	14.0	-6.9	-0.37	-550.0	0.47	2.11		-4.2	0.4	0.6
-8.42						2.4	4.1	--		-3.7	-0.02	-1,627.3	-0.32	-128.18		-0.9		-2.0
-8.64	30.13	-25.66	-32.85	0.20	8.8	59.4	121.2	149.2	4.5	-4.7	-0.17	-152.6	9.0	6.42		-13.3	0.4	1.1
-15.85	19.28	-11.16	-36.64	0.26	9.4	59.4	121.2	149.2	4.5	-4.7	-0.17	-152.6	9.0	6.42		-16.4	0.5	1.4
-39.14	-31.31	-82.52				78.8	-39.9	28.4	-49.9	-42.0	-1.35	90.1	-62.5	-19.97		-2.1	2.8	0.8
56.25	309.84	117.39	237.84			13.5	11.7	33.8	8.7	2.6	0.49	216.0	1.0	11.56	43.21	5.1	0.4	1.8
-15.38	10.00	-45.00	-67.65			2.5	2.5	--		-0.17	0.00	42.9	-0.41	-0.86		-19.6		0.2
-40.00	-53.08	-60.00	-96.22			2.5	2.5	--		-0.17	0.00	42.9	-0.41	-0.86		-10.7		0.1
-1.65	-6.65	-41.71	-40.49	0.08	7.8	303.9	662.8	222.0	26.1	-59.2	-0.20	-213.2	96.6	-2.94		-4.8	1.3	0.5
-3.35	-7.79	-41.56	-40.55	0.10	7.8	303.9	662.8	222.0	26.1	-59.2	-0.20	-213.2	96.6	-2.94		-6.3	1.8	0.6
80.00	-30.77	-65.38	-72.31			2.6	2.6	--		-1.9	-0.03	-63.7	-1.1	-104.22		-1.8		6.8

https://greyhouse.weissratings.com

Data as of June 30, 2019

I. Index of Stocks

Summer 2019

Company Name	Stock Ticker Symbol	Traded On	Sector	Overall Rating	Recommendation	Reward Rating	Risk Rating	Recent Up/Downgrade	Stock Price as of 6/30/2019	52-Week High	52-Week Low	3-Year Beta	Growth	Efficiency	Solvency	Volatility	Dividend	Total Return
Surge Exploration Inc.	SURJF	OTC PK	Materials	E+	Sell	E	D-	Down	0.03	0.14	0.02	-0.07	W	V	G	W	–	V
Surge Holdings, Inc.	SURG	OTC PK	Communication Svc	D	Sell	D+	D+	Up	0.50	0.94	0.22		W		G	F	–	W
Surgery Partners, Inc.	SGRY	NAS GS	Health Care	D	Sell	C-	D		7.94	18.70	7.76	2.55	G	W	F	W	–	W
SurModics, Inc.	SRDX	NAS GS	Health Care	D+	Sell	C-	D		39.90	82.35	38.06	1.55	W	F	E	W	–	F
Surna Inc.	SRNA	OTC PK	Industrials	D	Sell	D	D-		0.04	0.19	0.04	0.85	F		F	W	–	V
Susglobal Energy Corp.	SNRG	OTC PK	Utilities	E	Sell	E+	D-	Up	0.45	5.00	0.15		W	W	F	W	–	V
Sustainco Inc.	SMS.V	TSXV	Industrials	D	Sell	D+	D		0.17	0.24	0.14	1.81	W	W	G	W	–	F
Sutro Biopharma, Inc.	STRO	NAS	Health Care	D-	Sell	D-	D	Up	11.34	15.90	8.5		W	V	E	W	–	W
Sutter Gold Mining Inc.	SGM.V	TSXV	Materials	D-	Sell	D-	D-		0.01	0.02	0.01	1.75	W	V	F	W	–	V
Sutter Gold Mining Inc.	SGMNF	OTC PK	Materials	D-	Sell	D-	D-		0.01	0.02	0.01	2.40	W	V	F	W	–	V
Suzano S.A.	SUZ	NYSE	Materials	D+	Sell	C	D	Down	17.43	27.37	15.18	0.80	W	F	E	F	–	F
Suzano S.A.	SUZWI	NYSE	Materials	U		U	U						U	U	U	U	U	U
SVB & T Corporation	SVBT	OTC PK	Financials	D-	Sell	B	A		80.73	83.50	69.05		G	G	E	E	–	W
SVB Financial Group	SIVB	NAS GS	Financials	C+	Hold	B+	D+		221.29	333.74	177.7	2.43	E	G	E	W	–	F
Svenska Cellulosa Aktiebolaget SCA (publ)	SVCBF	OTC PK	Materials	D+	Sell	C-	D		8.00	11.85	7.27	1.56	W	E	G	W	–	W
Svenska Cellulosa Aktiebolaget SCA (publ)	SVCBY	OTC PK	Materials	D+	Sell	C-	D		8.58	11.79	7.35	1.18	W	E	G	W	–	W
Svenska Handelsbanken AB (publ)	SVNLY	OTC PK	Financials	C-	Hold	C	D	Down	4.92	6.35	4.77	0.64	G	E	F	W	–	W
Svenska Handelsbanken AB (publ)	SVNLF	OTC PK	Financials	C-	Hold	C	D	Down	9.89	12.85	9.6	0.85	G	E	F	W	–	W
SVMK Inc.	SVMK	NAS GS	Information Tech	D	Sell	D+	D		15.94	20.00	10.05		F	W	G	W	–	W
SW Innovative Holdings, Inc.	SWHI	OTC PK	Communication Svc	D	Sell	C-	D-	Down	0.00	0.00	0	-0.61	F		F	W	–	W
Swedbank AB (publ)	SWDBY	OTC PK	Financials	D+	Sell	C	D	Down	15.08	25.15	14.05	0.72	E	E	F	W	–	W
Swedbank AB (publ)	SWDBF	OTC PK	Financials	D+	Sell	C	D	Down	14.56	24.90	14.17	0.54	E	E	F	W	–	W
Swedish Match AB (publ)	SWMAF	OTC PK	Consumer Staples	C	Hold	B	C		43.45	57.85	38.46	0.43	G	E	G	F	–	F
Swedish Match AB (publ)	SWMAY	OTC PK	Consumer Staples	C	Hold	B+	C		21.39	28.68	18.98	0.38	G	E	G	F	–	F
Sweet Natural Trading Co. Limited	NTRL.V	TSXV	Consumer Staples	D	Sell	D	D		0.04	0.10	0.03	-1.68	W	W	F	W	–	V
Sweet Natural Trading Co. Limited	XYLTF	OTC PK	Consumer Staples	D	Sell	D	D		0.03	0.07	0.02	2.05	W	W	F	W	–	V
Swiss Water Decaffeinated Coffee Inc.	SWP.TO	TSX	Consumer Staples	C	Hold	B-	C-	Up	6.14	6.69	4.51	0.58	G	E	E	F	G	W
Swiss Water Decaffeinated Coffee Inc.	SWSSF	OTC PK	Consumer Staples	C	Hold	B-	D+	Up	4.56	4.96	3.57	0.74	G	E	E	W	G	W
Swisscom AG	SCMWY	OTC PK	Communication Svc	C+	Hold	B	C-	Down	50.09	50.60	43.02	0.08	G	E	G	F	–	F
Swisscom AG	SWZCF	OTC PK	Communication Svc	C	Hold	B	C-		502.25	503.98	432.1	0.24	G	E	G	F	–	F
Switch, Inc.	SWCH	NYSE	Information Tech	D+	Sell	C	D	Up	13.05	14.37	6.39		W	G	G	W	W	W
SWK Holdings Corporation	SWKH	OTC PK	Financials	C	Hold	B-	C	Up	9.80	10.75	9.12	-0.16	F	G	E	F	–	W
Sykes Enterprises, Incorporated	SYKE	NAS GS	Information Tech	C	Hold	C+	D+		26.87	31.41	22.67	1.00	F	G	E	W	–	W
Sylogist Ltd.	SYZ.V	TSXV	Information Tech	B-	Buy	B+	C-	Down	11.20	14.76	10.84	0.03	E	E	E	F	G	F
Sylogist Ltd.	SYZLF	OTC PK	Information Tech	C	Hold	B+	D		8.72	9.99	8.25	0.00	E	E	E	W	G	F
Symantec Corporation	SYMC	NAS GS	Information Tech	D+	Sell	C	D	Down	21.09	24.77	17.43	1.36	W	G	G	W	F	W
Symbility Solutions Inc.	SY.V	TSXV	Information Tech	D+	Sell	B+	C+	Down	0.61	0.62	0.48	-0.54	G	G	E	F	–	F
Synacor, Inc.	SYNC	NAS	Information Tech	D	Sell	D	D		1.58	2.50	1.4	0.13	W	W	G	W	–	W
Synalloy Corporation	SYNL	NAS	Materials	C	Hold	B	D+	Down	15.60	24.80	12.45	-0.17	F	G	E	W	–	F
Synaptics Incorporated	SYNA	NAS GS	Information Tech	D	Sell	D	D		29.21	52.16	26.34	1.22	V	F	E	W	–	W
Synchronoss Technologies, Inc.	SNCR	NAS GS	Information Tech	D	Sell	D	D	Up	7.55	8.49	3.9	-0.20	F	W	G	W	–	V
Synchrony Financial	SYF	NYSE	Financials	C+	Hold	B+	D+	Up	34.29	35.50	21.78	1.39	E	E	E	W	F	F
Syncora Holdings Ltd.	SYCRF	OTC PK	Financials	C	Hold	B-	C-	Down	5.05	5.30	2.72	1.45	W	G	E	G	–	E
Syndax Pharmaceuticals, Inc.	SNDX	NAS GS	Health Care	D-	Sell	E+	D		9.05	9.45	3.39	2.30	F	V	E	W	–	W
Syneos Health, Inc.	SYNH	NAS GS	Health Care	D+	Sell	C	D	Down	49.63	56.34	36.27	1.45	F	F	G	W	–	F
Synergy CHC Corp.	SNYR	OTC PK	Consumer Staples	D	Sell	D	D-	Up	0.24	0.32	0.1	-0.66	W	W	G	W	–	W
Synergy Pharmaceuticals Inc.	SGYPQ	OTC PK	Health Care	E+	Sell	E	D-		0.01	2.09	0.01	5.63	F	V	G	W	–	V
Synex International Inc.	SXI.TO	TSX	Utilities	D	Sell	D	D		0.18	0.49	0.14	1.01	W	W	F	W	–	V
Synlogic, Inc.	SYBX	NAS	Health Care	D	Sell	D	D	Up	8.91	14.59	5.75		W	V	E	W	–	W
SYNNEX Corporation	SNX	NYSE	Information Tech	C	Hold	B	D+		98.05	110.39	71.83	1.25	F	E	E	W	F	W
Synopsys, Inc.	SNPS	NAS GS	Information Tech	B	Buy	A	B-		125.62	130.64	79.14	1.26	E	E	E	G	–	E
Synovus Financial Corp.	SNV	NYSE	Financials	C	Hold	B	D		34.09	55.42	29.93	1.50	E	E	E	W	G	W

*Ratings Factors: E=Excellent, G=Good, F=Fair, W=Weak, V=Very Weak, U=Unrated

Summer 2019 — I. Index of Stocks

	TOTAL RETURNS %				DIVIDEND/YIELD		SIZE		REVENUE & INCOME				EARNINGS		EFFECTIVENESS			VALUATION		
3-Month Total Return (%)	6-Month Total Return (%)	1-Year Total Return (%)	3-Year Total Return (%)	Dividend $ TTM	Dividend Yield TTM	Market Cap. ($Mil)	Enterprise Value ($Mil)	Revenue ($Mil)	Revenue Growth (%)	Net Income ($Mil)	Earnings/Share $	EPS Growth (%)	Cash from Operations ($Mil)	Return on Assets (%)	Return on Equity (%)	Earnings (P/E) TTM	Sales (P/S) TTM	Book (P/B) Q
45.80	-20.72	-78.13	-78.22			2.6	2.6	--		-1.9	-0.03	-63.7	-1.1	-104.22		-1.0		3.8
-16.81	24.98	117.39				48.2	49.3	15.8	14.1	-3.6	-0.04	-193.4	-1.9	-52.12		-12.2	2.8	-23.8
-29.86	-19.55	-48.10	-52.43			392.5	4,359	1,777	23.1	-208.3	-5.03	-138.4	135.0	3.44		-1.6	0.2	1.0
-6.06	-16.21	-27.65	69.43			534.6	488.1	90.2	22.0	-1.9	-0.16	-322.2	2.7	0.64		-257.3	6.1	4.7
-42.46	-39.48	-79.22	-61.44			8.5	8.8	9.3	21.2	-3.8	-0.02	43.7	-1.1	-72.68		-2.2	0.9	-24.9
-30.77	-40.00					19.1	24.3	1.1	175.9	-4.5	-0.11	-194.3	-1.2	-62.8		-4.0	16.6	-8.2
-24.44	21.43	21.43	-83.00			2.0	2.6	12.1	16.6	-0.39	-0.03	-278.6	-0.01	-3.63		-6.8	0.2	1.8
5.88	30.49					260.0	103.7	35.6	-16.2	-26.0	-21.95	66.6	21.5			-0.5	7.3	2.0
-33.33	-33.33	-50.00	-87.50			0.95	47.1	--		-5.7	-0.05	-9.1	-1.6	-4.44		-0.2		0.0
-5.88	60.00	-31.29	-78.83			0.95	47.1	--		-5.7	-0.05	-9.1	-1.6	-4.44		-0.3		0.0
-24.27	-9.24	-22.84	154.11	0.21	1.2	11,844	26,947	4,270	21.4	-483.1	-0.39	-163.7	1,333	3.99		-44.2	5.3	4.5
						11,844	26,947	4,270	21.4	-483.1	-0.39	-163.7	1,333	3.99				
0.91	0.91	21.39		1.45	1.8	45.1	--	13.0	51.6	3.0	5.29	68.3	--			15.3	3.5	1.1
-0.58	16.52	-24.12	145.41			11,578	--	2,768	36.0	1,068	19.92	82.2	925.9		21.8	11.1	4.3	2.2
-6.43	10.04	-26.81	-73.47			6,143	7,151	2,360	7.3	432.8	0.62	-97.2	403.6	3.57	10.17	13.0	2.4	1.4
1.84	13.01	-17.67	-70.69	0.13	1.6	6,143	7,151	2,360	7.3	432.8	0.62	-97.2	403.6	3.57	10.17	13.9	2.6	1.5
-7.43	-6.08	-5.91	-3.87	0.21	4.3	19,500	--	4,832	-0.2	2,025	1.03	5.5	1,911		13.13	4.8	2.0	0.6
-7.62	-9.31	-8.05	-12.52			19,500	--	4,832	-0.2	2,025	1.03	5.5	1,911		13.13	9.6	4.0	1.3
-10.45	42.07					2,074	2,214	264.5	17.9	-157.8	-1.46	-325.4	47.4	-13.01		-10.9	7.6	8.7
0.00	-57.89	0.00	-99.20			0.34	0.46	0.04	-9.1	0.15	0.00	180.0	-0.01			2.0		-2.0
4.55	-25.77	-22.88	-10.78	1.27	8.4	16,829	--	4,944	0.0	2,393	2.14	3.3	-17,572		16.89	7.1	3.4	1.2
-6.79	-34.85	-31.32	-27.56			16,829	--	4,944	0.0	2,393	2.14	3.3	-17,572		16.89	6.8	3.3	1.2
-12.22	12.97	-11.05	33.90			7,249	8,376	1,484	4.3	412.5	2.40	10.1	421.2	19.57		18.1	5.0	-13.7
-15.03	12.75	-11.79	48.71	0.43	2.0	7,249	8,376	1,484	4.3	412.5	2.40	10.1	421.2	19.57		8.9	2.5	-6.7
-36.36	-22.22	-12.50	-84.44			3.1	6.8	4.1	-15.9	-3.4	-0.06	20.5	-1.4	-50.1		-0.5	0.5	-0.6
-50.00	-24.24	-37.50	-88.43			3.1	6.8	4.1	-15.9	-3.4	-0.06	20.5	-1.4	-50.1		-0.4	0.4	-0.4
-3.76	23.79	3.69	-8.40	0.25	4.1	42.4	70.9	70.8	5.9	3.1	0.25	4.0	3.7	4.14	8.74	24.9	0.8	1.6
-4.00	26.11	2.22	-9.82	0.19	4.1	42.4	70.9	70.8	5.9	3.1	0.25	4.0	3.7	4.14	8.74	18.5	0.6	1.2
6.74	8.98	17.52	18.01	1.84	3.7	25,911	34,988	11,802	-2.2	1,547	29.86	-4.9	3,904	5.4	17.88	1.7	0.2	0.3
2.84	4.78	13.85	9.94			25,911	34,988	11,802	-2.2	1,547	29.86	-4.9	3,904	5.4	17.88	16.8	2.2	3.1
27.62	91.77	8.04		0.09	0.7	1,018	2,108	415.2	7.3	4.1	0.08	104.1	190.8	2.59	3.96	163.9	7.8	5.1
-0.31	3.16	-3.45	-2.00			126.4	--	17.5	-15.5	9.1	0.70	545.8	21.4		4.23	14.0	7.3	0.6
-5.29	9.81	-7.69	-2.33			1,140	1,317	1,614	-0.1	49.7	1.17	102.7	119.8	4.63	6.03	22.9	0.7	1.4
-4.46	-8.25	-1.36	16.65	0.37	3.3	201.6	176.7	29.7	8.7	9.7	0.42	28.6	10.5	12.71	30.59	26.4	8.5	7.7
-0.42	-10.62	2.26	23.01	0.28	3.2	201.6	176.7	29.7	8.7	9.7	0.42	28.6	10.5	12.71	30.59	20.6	6.6	6.0
-7.70	14.46	5.44	8.76	0.30	1.4	13,038	15,447	4,731	-2.1	31.0	0.04	-97.9	1,495	2.45	0.3	595.8	3.0	2.3
0.00	0.00	19.61	62.67			112.4	94.8	30.2	13.9	13.1	0.05	819.7	2.4	2.94	4.72	11.2	5.1	4.2
-1.25	0.00	-21.00	-50.31			62.5	61.3	142.8	-2.5	-7.4	-0.20	-33.5	5.3	-3.14		-7.9	0.4	1.3
1.23	-6.70	-19.50	102.28	0.25	1.6	139.9	266.4	307.2	41.3	8.3	0.93	84.4	-9.5	5.07	8.31	16.8	0.5	1.3
-22.54	-21.35	-41.32	-44.29			1,008	1,148	1,566	-6.2	21.8	0.62	119.8	118.7	-0.25	3.06	47.5	0.7	1.4
27.53	32.46	17.42	-75.60			305.2	557.3	330.2	-17.4	-201.5	-5.82	-178.5	-57.0	-9.12		-1.3	0.9	1.8
8.39	47.85	6.77	52.59	0.84	2.5	23,637	--	8,409	16.5	3,257	4.48	70.4	9,716		22.41	7.7	2.9	1.6
9.07	32.20	60.83	454.95			455.0	504.6	5.6	-93.8	30.6	-0.31	-117.1	-898.2	4.44		-16.4	79.0	0.7
69.48	124.01	30.59	-6.41			245.2	151.2	1.5	-30.5	-68.9	-2.66	10.5	-65.5	-40.42		-3.4	161.6	3.6
-2.46	29.79	5.93	31.40			5,149	8,146	4,452	67.5	18.8	0.18	108.7	337.1	2.43	0.66	282.3	1.2	1.8
77.78	41.18	-31.43	-60.66			21.6	28.0	33.6	-2.7	-4.6	-0.05	-125.5	1.2	-7.64		-4.5	0.6	4.0
-32.63	-94.27	-99.63	-99.82			--	--	41.3	457.2	-137.3	-0.56	51.5	-121.9	-74.02		0.0	0.0	0.0
-43.75	-49.30	-63.27	-59.09			5.3	16.1	2.5	-10.7	-0.83	-0.02	-20.4	0.06	-0.26		-8.3	2.7	0.6
14.46	27.76	-6.56				282.6	196.8	2.5	-6.8	-50.2	-2.00	73.9	-42.6	-23.11		-4.5	90.0	2.0
5.90	23.44	-6.70	9.72	1.45	1.5	4,961	8,211	20,751	15.2	363.3	8.18	24.6	-51.9	4.94	13.13	12.0	0.2	1.4
10.26	50.19	47.81	141.07			18,830	18,497	3,231	10.0	605.5	3.97	568.5	629.0	4.43	16.88	31.7	6.0	4.8
-0.16	8.48	-33.87	29.27	1.10	3.2	5,369	--	1,501	13.1	445.5	3.34	36.7	605.1		11.79	10.2	3.7	1.2

I. Index of Stocks

Summer 2019

Company Name	Stock Ticker Symbol	Traded On	Sector	Overall Rating	Recommendation	Reward Rating	Risk Rating	Recent Up/Downgrade	Stock Price as of 6/30/2019	52-Week High	52-Week Low	3-Year Beta	Growth	Efficiency	Solvency	Volatility	Dividend	Total Return
Synstream Energy Corp.	SHM.V	TSXV	Energy	D+	Sell	C	D	Up	0.03	0.07	0.02	-0.67	W	E	F	W	–	V
Synthesis Energy Systems, Inc.	SES	NAS CM	Energy	E+	Sell	D-	E+		0.35	3.28	0.3	0.84	F	V	G	V	–	V
Synthetic Biologics, Inc.	SYN	AMEX	Health Care	D-	Sell	D	E+		0.55	9.07	0.49	2.15	F	W	E	V	–	V
Synthorx, Inc.	THOR	NAS GS	Health Care	E+	Sell	E+	D	Up	13.06	23.53	11		W	V	E	W	–	W
Sypris Solutions, Inc.	SYPR	NAS	Consumer Discretn	D	Sell	D	D		0.83	1.75	0.71	1.43	W	W	G	W	–	W
Syros Pharmaceuticals, Inc.	SYRS	NAS GS	Health Care	D-	Sell	E+	D-		7.95	13.18	5.17	1.61	F	V	E	W	–	W
Sysco Corporation	SYY	NYSE	Consumer Staples	B	Buy	A-	B-		70.44	75.98	59.44	0.66	E	E	E	G	F	G
Sysorex, Inc.	SYSX	OTC PK	Information Tech	D-	Sell	C	D	Up	0.01	0.06	0.01		W	G	F	W	–	W
Systemax Inc.	SYX	NYSE	Industrials	C+	Hold	B+	D+		21.66	47.75	19.6	0.58	F	G	E	W	F	F
T. Rowe Price Group, Inc.	TROW	NAS GS	Financials	B-	Buy	B+	C	Up	108.54	125.35	84.59	1.03	E	E	E	F	G	F
T2 Biosystems, Inc.	TTOO	NAS	Health Care	D-	Sell	E+	D-		1.57	8.11	1.35	1.31	F	V	G	W	–	W
Tabcorp Holdings Limited	TABCF	OTC PK	Consumer Discretn	C	Hold	B-	C-		3.11	3.64	2.85	0.55	F	E	G	F	G	W
Tabcorp Holdings Limited	TACBY	OTC PK	Consumer Discretn	C	Hold	C+	D		6.13	7.35	5.88	0.98	F	E	G	W	G	W
Table Trac, Inc.	TBTC	OTC PK	Consumer Discretn	C	Hold	B	C-		2.50	3.60	1.7	-0.43	F	G	E	F	–	F
Tableau Software, Inc.	DATA	NYSE	Information Tech	C-	Hold	C	D	Down	164.39	173.37	93.71	1.38	F	W	E	F	–	G
Tabula Rasa Healthcare, Inc.	TRHC	NAS	Health Care	D	Sell	D+	D		49.23	91.16	40.86	1.60	W	W	W	W	–	F
Tactile Systems Technology, Inc.	TCMD	NAS	Health Care	C	Hold	B	D	Down	54.01	76.63	37.4	1.89	G	G	E	F	–	F
TAG Oil Ltd.	TAO.TO	TSX	Energy	D-	Sell	E+	D-		0.33	0.44	0.31	-0.29	W	V	G	W	–	W
TAG Oil Ltd.	TAOIF	OTC PK	Energy	D-	Sell	E+	D-		0.25	0.33	0.22	-0.02	W	V	G	W	–	W
Taiga Building Products Ltd.	TBL.TO	TSX	Industrials	C-	Hold	C+	D		1.09	1.74	1	0.44	W	G	G	W	–	F
Taiga Building Products Ltd.	TGAFF	OTC PK	Industrials	C-	Hold	C+	D	Down	0.78	1.25	0.75	0.30	W	G	G	W	–	W
Taiga Gold Corp.	TGGDF	OTC PK	Materials	D-	Sell	E+	D-		0.06	0.12	0.04		V	V	E	W	–	V
Tailored Brands, Inc.	TLRD	NYSE	Consumer Discretn	C-	Hold	C+	D-		5.75	28.78	5.03	2.40	G	G	F	W	E	W
Tailwind Capital Corporation	TWP.V	TSXV	Financials	D-	Sell	D	C-	Up	0.20	0.20	0.16		W	W	E	E	–	W
Taitron Components Incorporated	TAIT	NAS CM	Information Tech	C+	Hold	B	C-	Down	3.12	7.65	1.48	2.47	W	G	E	F	G	G
Taiwan Semiconductor Manufacturing Company Lim	TSM	NYSE	Information Tech	C	Hold	B	D+	Down	39.59	45.64	34.21	0.99	F	E	E	F	W	F
Tajiri Resources Corp.	TAJ.V	TSXV	Materials	D	Sell	D-	D		0.07	0.18	0.04	-1.80	W	V	G	W	–	W
Takeda Pharmaceutical Company Limited	TKPHF	OTC PK	Health Care	C-	Hold	C	D		35.00	43.70	31.22	0.94	G	G	E	W	–	W
Takeda Pharmaceutical Company Limited	TAK	NYSE	Health Care	C-	Hold	C	D		17.57	21.95	15.5	0.95	G	G	E	W	–	W
Takeda Pharmaceutical Company Limited	TAKWI	NYSE	Health Care	U		U	U						U	U	U	U	U	U
Take-Two Interactive Software, Inc.	TTWO	NAS GS	Communication Svc	C+	Hold	B	C-		113.39	139.91	84.41	0.72	E	G	E	F	–	F
Takung Art Co., Ltd.	TKAT	AMEX	Communication Svc	D-	Sell	E+	D-	Down	0.66	1.87	0.45	0.70	W	V	G	W	–	V
TAL Education Group	TAL	NYSE	Consumer Discretn	C	Hold	B+	D		38.09	41.60	21.08	0.27	E	E	E	W	–	F
Talend S.A.	TLND	NAS	Information Tech	D-	Sell	E+	D	Down	37.44	73.52	31.35	0.02	W	V	G	W	–	F
Talend S.A.	TLND	NAS	Information Tech	U		U	U						U	U	U	U	U	U
Tallgrass Energy, LP	TGE	NYSE	Energy	C	Hold	B	D	Down	20.40	26.35	20.05	-0.12	F	G	G	W	E	W
Talos Energy Inc.	TALO	NYSE	Energy	C-	Hold	C	D+	Up	23.31	37.64	14.6		F	F	G	W	–	W
Tamarack Valley Energy Ltd	TVE.TO	TSX	Energy	D+	Sell	C	D		2.11	5.20	1.81	0.79	F	F	G	W	–	W
Tamarack Valley Energy Ltd	TNEYF	OTC PK	Energy	D+	Sell	C	D		1.69	4.00	1.41	1.28	F	F	G	W	–	W
Tandem Diabetes Care, Inc.	TNDM	NAS	Health Care	D-	Sell	E+	D-		62.85	74.81	20.08	-0.24	F	V	E	W	–	G
Tandy Leather Factory, Inc.	TLF	NAS	Consumer Discretn	D+	Sell	C	D		5.45	8.05	4.9	0.73	W	G	E	W	–	W
Tangelo Games Corp.	GEL.V	TSXV	Communication Svc	D-	Sell	E+	D	Up	0.03	0.03	0.02	0.02	W	V	F	W	–	W
Tanger Factory Outlet Centers, Inc.	SKT	NYSE	Real Estate	D+	Sell	C+	D-	Down	16.02	24.91	15.48	0.78	F	E	E	W	E	W
Tango Mining Limited	TGV.V	TSXV	Energy	D-	Sell	D	E+	Down	0.01	0.04	0.01	1.35	F	W	W	W	–	V
Tango Mining Limited	FDGMF	OTC PK	Energy	D	Sell	D+	D-		0.03	0.03	0.03	2.47	F	W	W	W	–	W
Tantech Holdings Ltd	TANH	NAS CM	Materials	D	Sell	D	D-	Down	1.46	2.90	1.1	-0.20	V	F	E	W	–	W
Tanzanian Gold Corporation	TRX	AMEX	Materials	D+	Sell	C	D		0.83	0.94	0.25	2.51	W	W	G	W	–	G
Tanzanian Gold Corporation	TNX.TO	TSX	Materials	D+	Sell	C	D		1.07	1.32	0.34	2.38	W	W	G	W	–	G
Taoping Inc.	TAOP	NAS CM	Information Tech	D+	Sell	C-	D	Down	0.72	1.70	0.64	0.85	G	W	W	W	–	W
Tapestry, Inc.	TPR	NYSE	Consumer Discretn	C-	Hold	C+	D		31.04	54.35	27.93	1.14	G	E	E	W	G	W
Tapinator, Inc.	TAPM	OTC PK	Communication Svc	D-	Sell	E+	D-		0.05	0.09	0.02	4.48	F	V	G	W	–	V
Taranis Resources Inc.	TRO.V	TSXV	Materials	D	Sell	D	D-		0.07	0.12	0.05	0.27	F	W	G	W	–	W

*Ratings Factors: E=Excellent, G=Good, F=Fair, W=Weak, V=Very Weak, U=Unrated

Summer 2019 — I. Index of Stocks

3-Month Total Return (%)	6-Month Total Return (%)	1-Year Total Return (%)	3-Year Total Return (%)	Dividend $ TTM	Dividend Yield TTM	Market Cap. ($Mil)	Enterprise Value ($Mil)	Revenue ($Mil)	Revenue Growth (%)	Net Income ($Mil)	Earnings/Share $	EPS Growth (%)	Cash from Operations ($Mil)	Return on Assets (%)	Return on Equity (%)	Earnings (P/E) TTM	Sales (P/S) TTM	Book (P/B) Q
20.00	20.00	-45.45	-89.29			1.0	1.2	0.03	-33.1	-0.33	-0.01	46.5	-0.07	-223.62		-3.6	60.0	-2.2
-38.59	-50.00	-89.33	-95.83			3.9	7.1	0.42	-66.9	-11.2	-1.02	52.4	-5.9	-30.38		-0.3	9.2	2.9
-20.29	-5.37	-92.51	-99.11			9.1	-0.13	--		-14.6	-3.44	43.5	-15.4	-51.64		-0.2		1.1
-37.72	-17.86					410.6	234.6	--		-61.3	-17.68	-214.2	-20.6			-0.7		2.4
-25.89	-0.24	-48.77	-5.68			17.7	30.3	87.6	4.2	-4.0	-0.20	57.0	-1.9	-3.98		-4.2	0.2	1.2
-8.73	43.11	-21.75	-56.20			337.4	264.4	2.1	476.8	-64.3	-1.92	9.0	-58.2	-38.36		-4.2	126.0	4.2
6.94	14.49	5.40	52.92	1.50	2.1	36,204	44,418	59,955	3.7	1,587	3.02	24.8	2,400	8.81	66.36	23.3	0.6	15.3
-40.43	-34.76					0.47	7.9	3.5	-88.4	-8.1	-0.28	52.0	-15.9	-119.28		-0.1	0.1	0.0
-1.74	-7.14	-20.11	277.95	1.46	6.7	810.7	802.6	773.9	10.3	219.8	5.81	199.3	-14.6	7.56	24.62	3.7	1.1	5.6
10.33	20.59	-3.45	70.03	2.92	2.7	25,667	25,058	5,372	6.4	1,896	7.57	22.1	1,678	18.12	27.37	14.3	4.8	4.1
-41.20	-47.32	-80.38	-81.13			69.6	82.0	10.0	65.2	-53.4	-1.25	31.0	-41.3	-60.42		-1.3	7.0	-44.1
-6.89	9.12	-6.89	-7.16			6,308	8,682	3,911	112.1	135.4	0.07	229.6	332.8	2.87	2.6	46.7	1.6	1.2
-10.51	5.98	-3.43	8.67	0.26	4.3	6,308	8,682	3,911	112.1	135.4	0.07	229.6	332.8	2.87	2.6	92.0	3.2	2.4
-27.33	-11.03	42.86	150.00			11.3	10.7	8.1	27.4	0.70	0.14	22.3	-0.53	8.25	20.37	17.6	1.4	3.0
32.24	39.01	68.88	241.70			14,351	13,565	1,192	29.1	-119.5	-1.42	36.4	126.2	-5.07		-116.0	11.8	13.9
-11.76	-20.85	-23.09				1,007	1,202	221.3	48.1	-40.2	-2.15	-1,066.3	-11.0	-0.81		-22.9	4.5	5.5
2.80	23.23	3.91				1,017	975.3	154.5	32.9	8.1	0.42	8.0	12.5	3	9.86	129.3	6.8	11.1
-5.80	-1.52	-17.72	-59.88			21.1	19.0	22.1	33.2	-38.6	-0.46	-267.3	10.4	1.69		-0.7	1.3	0.6
-3.33	2.48	-19.48	-59.68			21.1	19.0	22.1	33.2	-38.6	-0.46	-267.3	10.4	1.69		-0.6	1.0	0.5
3.81	-4.39	-33.54	21.11			96.0	295.1	1,080	-3.2	13.9	0.12	-22.5	37.5	5.5	15.82	9.3	0.1	1.3
-4.55	-20.37	-38.16	14.75			96.0	295.1	1,080	-3.2	13.9	0.12	-22.5	37.5	5.5	15.82	6.6	0.1	1.0
0.00	-13.04	-45.45				3.9	3.6	--		-0.74	-0.01	-312.9	-0.38	-17.68		-4.7		0.8
-25.50	-56.71	-76.73	-41.86	0.72	12.5	290.5	2,408	3,203	-4.1	76.5	1.50	-31.8	214.2	6.11		3.8	0.1	-71.8
0.00	0.00	29.03				0.30	0.02	--		-0.08	-0.04		-0.02	-19.63		-4.8		1.8
21.20	82.07	96.25	284.57	0.12	3.7	17.8	13.4	8.0	14.4	1.5	0.26	179.5	2.1	6.84	12.16	12.0	2.3	1.4
-1.86	6.60	10.16	65.26	1.01	2.6	200,619	181,632	32,805	-0.8	10,949	0.42	-5.5	18,514	10.27	19.59	93.8	31.3	18.2
40.00	-12.50	-57.58	100.00			3.9	3.8	--		-0.71	-0.01	-175.0	-0.74	-20.62		-5.8		2.2
-16.30	6.06	-15.82	-16.59			55,424	102,141	16,117	1.2	987.3	1.25	-42.6	3,052	1.84	3	28.0	1.7	2.9
-14.92	4.96	-15.08	-17.70			55,424	102,141	16,117	1.2	987.3	1.25	-42.6	3,052	1.84	3	14.1	0.9	1.5
						55,424	102,141	16,117	1.2	987.3	1.25	-42.6	3,052	1.84	3			
17.51	8.43	-3.96	213.67			12,073	10,502	2,668	48.8	333.8	2.91	93.3	843.5	3.28	18.92	39.0	4.8	5.9
-16.46	0.00	-47.62	-89.92			7.4	6.4	5.1	-60.0	-8.8	-0.79	-503.8	-19.9	-10.8		-0.8	1.5	0.8
6.63	42.23	1.14	292.46			22,540	21,286	1,863	8.6	290.2	0.16	39.8	--			237.3	36.9	27.2
-24.61	3.97	-36.55				1,137	1,140	215.3	32.5	-47.9	-1.59	-37.3	-10.4	-14.54		-23.5	5.3	64.2
						1,137	1,140	215.3	32.5	-47.9	-1.59	-37.3	-10.4	-14.54				
-15.79	-10.62	-1.24	15.41	2.06	10.1	3,656	7,384	811.5	17.5	171.0	1.09	150.9	664.7	3.82	20.01	18.7	4.1	1.9
-13.60	42.13	-28.12				1,263	1,901	918.5	101.7	134.8	2.17	156.4	264.9	9.11	32.78	10.7	1.4	1.4
-13.88	-7.05	-53.73	-39.54			364.5	519.2	272.4	21.4	23.0	0.10	285.3	171.4	2.69	3.81	22.0	1.8	0.8
-6.58	6.88	-45.79	-36.58			364.5	519.2	272.4	21.4	23.0	0.10	285.3	171.4	2.69	3.81	17.6	1.4	0.6
-1.43	68.45	180.71	-13.43			3,650	3,538	222.6	92.1	-112.9	-2.12	79.8	-0.17	-13.96		-29.7	16.3	30.1
-5.22	-5.05	-30.13	-23.02			48.7	37.8	83.6	1.4	1.6	0.16	-66.5	9.3	4.11	2.6	33.6	0.6	0.8
0.00	0.00	66.67	-68.75			3.5	76.0	26.8	-3.7	-38.8	-0.21	-129.5	5.9	-2.03		-0.1	0.2	-0.1
-22.97	-19.93	-28.88	-52.65	1.41	8.8	1,496	3,187	494.7	-1.3	83.1	0.86	21.5	241.5	4.08	15.99	18.6	3.0	3.1
-33.33	-50.00	-66.67	-83.33			1.9	2.1	10.1	3.2	-0.84	0.00	52.0	0.54	-8.01		-2.8	0.2	100.0
0.00	2.79	-12.50	-40.80			1.9	2.1	10.1	3.2	-0.84	0.00	52.0	0.54	-8.01		-7.8	0.7	280.0
-2.67	-17.53	-47.29	-66.05			42.1	56.2	13.6	-67.9	-0.02	0.00	-100.4	-8.3			-2,433.3	3.1	0.4
1.22	144.12	107.45	64.39			117.8	123.0	--		-6.5	-0.05	-48.6	-2.4	-4.62		-15.5		4.2
-2.73	125.26	98.15	59.70			117.8	123.0	--		-6.5	-0.05	-48.6	-2.4	-4.62		-20.0		5.4
-28.73	-35.73	-44.63	-40.02			30.1	43.8	20.6	13.1	1.7	0.03	97.2	2.5	0.27	11.7	20.7	1.4	3.6
-4.03	-6.23	-31.23	-10.90	1.35	4.4	9,006	9,271	5,997	8.4	706.2	2.42	107.7	1,012	7.78	21.18	12.8	1.5	2.6
48.48	139.02	-43.35	-76.41			4.3	3.7	2.8	-13.1	-2.7	-0.03	50.5	0.27	-53.23		-1.5	1.6	4.7
-27.78	-7.14	-43.48	-31.58			3.3	3.4	--		-0.07	0.00	77.6	0.00	-1.89		-59.1		1.3

I. Index of Stocks

Summer 2019

Company Name	Stock Ticker Symbol	Traded On	Sector	Overall Rating	Recommendation	Reward Rating	Risk Rating	Recent Up/Downgrade	Stock Price as of 6/30/2019	52-Week High	52-Week Low	3-Year Beta	Growth	Efficiency	Solvency	Volatility	Dividend	Total Return
Taranis Resources Inc.	TNREF	OTC PK	Materials	D	Sell	D+	D-		0.05	0.09	0.03	0.31	F	W	G	W	—	W
Tarena International, Inc.	TEDU	NAS GS	Consumer Discretn	D	Sell	D+	D-		2.50	9.36	2.4	0.49	F	F	E	W	—	V
Targa Resources Corp.	TRGP	NYSE	Energy	C	Hold	B-	D	Up	38.33	59.21	33.55	1.10	G	G	G	W	E	W
Target Capital Inc.	TCI.V	TSXV	Financials	D-	Sell	E+	D		0.03	0.16	0.03	-2.86	W	V	E	W	—	W
Target Capital Inc.	TRGCF	OTC PK	Financials	D-	Sell	E+	D-		0.03	0.09	0.02		W	V	E	W	—	V
Target Corporation	TGT	NYSE	Consumer Discretn	C+	Hold	B+	C-		85.87	90.39	60.15	0.83	G	E	G	F	G	F
Target Group Inc.	CBDY	OTC PK	Health Care	D	Sell	C-	D	Up	0.08	0.30	0.02	-4.32	W	F	G	W	—	W
Target Hospitality Corp.	TH	NAS CM	Consumer Discretn	E-	Sell	C	D		9.00	11.70	8.92		W	G	F	W	—	W
Targeted Microwave Solutions Inc.	TMS.V	TSXV	Industrials	D	Sell	D	D	Down	0.03	0.05	0.02	-1.84	F	W	F	W	—	W
Targeted Microwave Solutions Inc.	TGTMF	OTC PK	Industrials	D	Sell	D	D-		0.02	0.03	0.01	0.28	F	W	F	W	—	W
Tarku Resources Ltd.	TKU.V	TSXV	Materials	D-	Sell	E+	D		0.03	0.05	0.02	1.04	W	V	G	W	—	W
Taro Pharmaceutical Industries Ltd.	TARO	NYSE	Health Care	U		U	U		85.48	117.76	76.93	1.11	U	U	U	U	U	U
Taronis Technologies, Inc.	TRNX	NAS CM	Materials	E+	Sell	E+	E+		0.17	19.35	0.16	-2.15	F	V	G	V	—	V
Taseko Mines Limited	TKO.TO	TSX	Materials	D	Sell	D+	D		0.68	1.46	0.6	2.36	W	W	G	W	—	W
Taseko Mines Limited	TGB	AMEX	Materials	D	Sell	D+	D		0.52	1.12	0.44	2.81	W	W	G	W	—	W
TAT Technologies Ltd.	TATT	NAS	Industrials	U		U	U		5.71	8.16	5.65	0.66	U	U	U	U	U	U
Tata Motors Limited	TTM	NYSE	Consumer Discretn	D+	Sell	C	D		11.92	20.35	10.29	0.92	F	G	G	W	—	W
Taubman Centers, Inc.	TCO	NYSE	Real Estate	C-	Hold	C+	D		40.99	65.50	40.09	0.95	F	E	E	W	E	W
Tauriga Sciences, Inc.	TAUG	OTC PK	Consumer Staples	D-	Sell	E+	D-	Up	0.07	1.00	0.01	1.56	W	V	G	W	—	F
Tautachrome, Inc.	TTCM	OTC PK	Information Tech	D+	Sell	C-	D	Up	0.00	0.01	0	-1.31	W	G	F	W	—	V
Taylor Devices, Inc.	TAYD	NAS CM	Industrials	C	Hold	B-	D		10.99	13.29	9.99	0.45	F	G	G	W	—	W
Taylor Morrison Home Corporation	TMHC	NYSE	Consumer Discretn	C	Hold	B	C-		20.31	22.02	14.73	0.89	G	G	G	F	—	W
TC Energy Corporation	TRP.TO	TSX	Energy	B-	Buy	B+	C	Up	64.26	66.93	47.9	0.59	E	G	G	F	G	F
TC Energy Corporation	TRP	NYSE	Energy	B	Buy	A-	C	Up	49.03	50.47	34.58	0.87	E	G	G	F	G	F
TC PipeLines, LP	TCP	NYSE	Energy	C-	Hold	B-	D-		37.57	38.30	24.93	0.36	F	G	G	W	E	F
TCF Financial Corporation	TCF	NYSE	Financials	C+	Hold	B+	C-	Down	20.41	26.55	18.17	1.43	G	E	E	F	G	F
TCG BDC, Inc.	CGBD	NAS GS	Financials	C	Hold	B-	D	Up	14.98	18.00	12.19	0.96	F	E	E	W	E	W
TCR2 Therapeutics Inc.	TCRR	NAS GS	Health Care	E-	Sell	D	D		14.48	25.47	13.04		W	W	E	W	—	W
TD Ameritrade Holding Corporation	AMTD	NAS GS	Financials	B-	Buy	B	C		49.59	60.99	45.7	0.82	F	E	E	F	F	F
TDb Split Corp.	XTD.TO	TSX	Financials	C	Hold	B-	D+		6.24	7.09	5.1	0.70	W	E	E	F	E	F
TDH Holdings, Inc.	PETZ	NAS CM	Consumer Staples	E+	Sell	E+	D-	Down	0.80	5.86	0.44		V	V	F	W	—	V
TDK Corporation	TTDKF	OTC PK	Information Tech	C	Hold	B	D+		71.30	112.60	66.74	1.48	F	E	E	W	—	F
TDK Corporation	TTDKY	OTC PK	Information Tech	C	Hold	B	D+		77.09	114.00	64.66	1.77	F	E	E	W	—	F
TE Connectivity Ltd.	TEL	NYSE	Information Tech	B-	Buy	B+	C	Up	95.16	96.78	69.84	1.23	E	E	E	F	F	F
Team, Inc.	TISI	NYSE	Industrials	D	Sell	D	D		15.25	25.55	13.91	1.35	W	W	E	W	—	W
TearLab Corporation	TEAR	OTC PK	Health Care	D-	Sell	D	E+		0.07	0.24	0.03	0.57	F	V	G	V	—	V
Tearlach Resources Limited	TEAH.V	TSXV	Materials	C	Hold	B	D	Up	0.20	0.28	0.03	1.56	F	G	F	W	—	E
Tech Central, Inc.	TCHC	OTC PK	Communication Svc	D-	Sell	D	D-		0.30	1.01	0.2	-4.95	W	W	E	W	—	W
Tech Data Corporation	TECD	NAS GS	Information Tech	B-	Buy	B+	C	Up	102.53	111.08	66.93	1.32	E	E	E	F	—	F
TechCare Corp.	TECR	OTC PK	Health Care	E+	Sell	E+	D-	Down	0.17	0.41	0.04	4.41	F	V	G	W	—	W
Technical Communications Corporation	TCCO	NAS CM	Information Tech	D-	Sell	E+	D	Down	3.99	5.95	2.28	1.59	G	V	G	W	—	F
Technicolor SA	TCLRY	OTC PK	Communication Svc	D	Sell	D	E+		0.86	1.60	0.85	0.97	F	W	F	V	—	V
Technicolor SA	THNRF	OTC PK	Communication Svc	D	Sell	D	E+		0.92	1.46	0.92	0.06	F	W	F	V	—	V
TechnipFMC plc	FTI	NYSE	Energy	D	Sell	D+	D		25.34	33.60	18.2	1.73	W	W	G	W	F	W
TechPrecision Corporation	TPCS	OTC PK	Industrials	C	Hold	B-	D		1.24	1.28	0.61	0.20	W	G	E	F	—	G
TechTarget, Inc.	TTGT	NAS	Communication Svc	C+	Hold	B	D+	Up	20.83	34.47	11.12	0.63	E	G	E	W	—	F
Teck Resources Limited	TCKRF	OTC PK	Materials	C	Hold	B+	C-		23.00	25.60	19.21	1.04	E	E	E	F	W	F
Teck Resources Limited	TECKA.TO	TSX	Materials	C	Hold	B+	C-		29.70	34.99	23.89	0.48	E	E	E	F	W	F
Teck Resources Limited	TECKB.TO	TSX	Materials	B-	Buy	B+	C-	Up	29.93	34.49	23.9	0.55	E	E	E	F	W	F
Teck Resources Limited	TECK	NYSE	Materials	B-	Buy	B+	C-	Up	22.82	26.40	18.17	0.87	E	E	E	F	W	F
Tecnoglass Inc.	TGLS	NAS CM	Materials	C-	Hold	C+	D	Down	6.16	10.29	6.08	0.99	F	G	E	W	E	W
Tecogen Inc.	TGEN	NAS CM	Industrials	D	Sell	D	D		3.62	4.20	2.94	-0.60	W	W	E	W	—	F

*Ratings Factors: E=Excellent, G=Good, F=Fair, W=Weak, V=Very Weak, U=Unrated

Summer 2019 — I. Index of Stocks

3-Month Total Return (%)	6-Month Total Return (%)	1-Year Total Return (%)	3-Year Total Return (%)	Dividend $ TTM	Dividend Yield TTM	Market Cap. ($Mil)	Enterprise Value ($Mil)	Revenue ($Mil)	Revenue Growth (%)	Net Income ($Mil)	Earnings/Share $	EPS Growth (%)	Cash from Operations ($Mil)	Return on Assets (%)	Return on Equity (%)	Earnings (P/E) TTM	Sales (P/S) TTM	Book (P/B) Q
-24.89	-42.66	-36.06	-29.83			3.3	3.4	--		-0.07	0.00	77.6	0.00	-1.89		-48.5		1.1
-53.87	-61.77	-66.80	-74.90			132.7	39.4	260.0	-3.0	-29.8	-0.55	-203.7	--			-4.6	0.5	0.8
-4.40	14.32	-17.40	18.37	3.64	9.5	8,911	18,105	10,328	12.8	-60.1	-0.79	-313.9	1,097	1.68		-48.8	0.9	1.6
-40.00	-14.29	-62.50	500.00			2.4	0.27	0.50	-10.8	-2.8	-0.03	-137.5	-0.61	-51.06		-1.0	6.5	1.2
3.59	-31.03	-56.59				2.4	0.27	0.50	-10.8	-2.8	-0.03	-137.5	-0.61	-51.06		-0.9	5.7	1.0
7.87	34.56	17.50	37.25	2.56	3.0	43,994	57,466	76,201	4.0	3,014	5.72	5.7	5,782	6.79	26.98	15.0	0.6	4.0
-13.07	-17.50	-17.50	-99.97			39.7	38.5	0.00	-100.0	-3.3	-0.07	87.7	-1.8	-14.58		-1.1		1.1
-6.44						902.0	1,240	238.5	66.1	-9.3	-0.37	-127.8	12.4			-24.2	3.0	7.2
-16.67	-28.57	0.00	-94.74			1.3	1.8	--		-0.42	0.00	96.2	-0.36	-80.24		-5.8		-4.3
0.20	3.27	1.20	-94.74			1.3	1.8	--		-0.42	0.00	96.2	-0.36	-80.24		-4.7		-3.5
-44.44	0.00	-37.50	-66.67			1.4	1.4			-0.33	0.00	68.0	-0.25	-27.26		-5.3		3.6
-19.82	0.89	-15.06	-30.59			3,294	2,251	179.9	-72.8	58.4	1.51	-71.3	58.6			56.5	18.3	1.7
-72.64	-96.65	-98.47	-99.99			5.2	11.6	13.5	234.7	-18.2	-8.51	97.5	-10.6	-36.93		0.0	0.2	0.1
-12.82	6.25	-50.72	11.48			127.5	369.9	267.0	1.6	-19.1	-0.09	-4,142.9	68.4	1.02		-7.6	0.6	0.6
-9.61	9.35	-50.07	10.82			127.5	369.9	267.0	1.6	-19.1	-0.09	-4,142.9	68.4	1.02		-5.8	0.5	0.5
-7.90	-4.83	-27.26	-14.54			50.7	43.6	45.2	-57.6	-2.5	-0.28	-205.2	-0.56			-20.1	1.1	0.6
-2.93	-3.17	-38.08	-64.27			7,604	14,374	45,266	15.9	1,395	0.66	-2.1	--			17.9	0.9	2.8
-21.86	-8.78	-27.03	-36.30	2.66	6.5	2,507	6,341	639.6	-0.3	77.6	0.89	-4.3	286.4	2.43		46.1	3.9	-21.5
-67.40	166.12	73.87	-90.12			4.8	4.2	0.00	-80.0	-0.85	-0.02	44.5	-0.93	-54.63		-3.0		40.8
1,025.00	200.00	-50.00	-55.00			15.4	16.7	--		-2.9	0.00	-1,700.0	-0.44	-1,358.87		-2.8		-5.0
-11.01	-9.62	6.99	-36.72			38.2	32.8	31.0	27.9	1.7	0.48	52.6	3.6	3.08	4.88	22.8	1.2	1.1
11.90	26.94	0.30	44.76			2,181	4,183	4,400	13.7	213.3	1.89	213.8	106.6	4.55	9.33	10.7	0.5	0.9
6.74	33.09	18.65	27.14	2.88	4.5	45,474	87,868	10,471	-0.3	3,026	3.18	16.3	5,404	3.95	12.78	20.2	5.7	3.1
9.39	38.71	20.13	25.41	2.35	4.8	45,474	87,868	10,471	-0.3	3,026	3.18	16.3	5,404	3.95	12.78	15.4	4.3	2.4
1.97	28.05	59.49	-17.83	2.60	6.9	2,679	4,825	716.0	25.2	-180.0	-2.71	-178.8	558.0	10.01		-13.9	3.7	4.4
-0.24	7.30	-15.00	81.46	0.60	2.9	3,310	--	1,420	6.3	301.1	1.78	12.3	576.8		12.03	11.5	2.3	1.4
2.96	20.58	-3.71		1.48	9.9	908.0	1,975	215.2	20.7	51.8	0.83	-45.2	-187.2	4.62	4.72	18.0	4.3	0.9
-15.57						344.5	182.9	--		-17.6	-21.06	47.3	-17.3			-0.7		1.8
-0.06	3.02	-8.72	92.54	1.11	2.2	27,438	--	5,623	25.0	2,008	3.55	94.4	5,505		25.23	14.0	5.0	3.3
0.97	17.00	1.59	67.25	0.60	9.6	16.1	-25.4	1.9	-72.0	-0.01	0.00	-100.1	3.4	2.06		-3,284.2	11.0	1.4
-19.51	43.11	-83.01				10.0	18.7	12.1	-58.2	-9.4	-0.97	-6,677.0	-0.13			-0.8	0.6	-4.4
-9.09	-0.15	-30.08	21.38			9,759	11,589	12,488	13.0	673.6	5.32	-45.9	1,352	3.38	9.41	13.4	0.7	1.1
-2.36	7.89	-24.54	40.78			9,759	11,589	12,488	13.0	673.6	5.32	-45.9	1,352	3.38	9.41	14.5	0.8	1.2
19.56	28.66	8.67	82.82	1.78	1.9	32,056	35,503	14,032	9.7	2,830	8.12	119.7	2,577	7.67	30.19	11.7	2.3	3.2
-12.86	2.14	-31.46	-35.30			461.3	873.6	1,214	-0.2	-69.5	-2.31	21.0	47.3	-1.85		-6.6	0.4	1.1
-34.25	-16.28	-63.08	-98.88			0.88	26.1	24.2	-9.8	-2.7	-0.24	88.3	2.8	9.64		-0.3	0.0	0.0
300.00	400.00	150.00	150.00			9.6	9.7	--		-0.20	-0.01	29.2	-0.08	-1,498.11		-25.0		-95.2
-32.78	-69.75	-45.00				6.0	6.0	0.04	12.5	-0.60	-0.03	-269.5	-0.01	-587.05		-10.0	159.2	65.8
2.30	26.72	23.99	47.06			3,741	4,570	37,097	5.6	362.3	9.53	206.7	1,010	3.21	12.53	10.8	0.1	1.3
-45.80	323.94	-32.59				6.0	5.8	0.28	959.6	-2.3	-0.07	3.0	-2.2	-119.21		-2.3	22.1	9.8
21.65	56.47	-12.19	59.07			7.4	5.6	5.1	51.9	-0.78	-0.42	63.2	0.23	-14.71		-9.4	1.5	5.0
-20.00	-13.60	-30.88	-86.64			380.1	1,213	4,699	-2.3	-87.3	-0.21	55.4	254.3	0.64		-4.1	0.1	1.2
-16.06	-25.61	-44.55	-87.47			380.1	1,213	4,699	-2.3	-87.3	-0.21	55.4	254.3	0.64		-4.3	0.1	1.2
7.86	30.31	-17.78		0.52	2.1	11,322	11,474	12,341	-16.6	-1,996	-4.43	-1,027.7	137.6	1.98		-5.7	0.9	1.1
27.18	27.84	90.77	453.82			35.9	38.5	16.7	-12.3	0.20	0.01	-94.2	0.10	7.58	12.42	203.3	2.3	3.9
28.03	72.01	-25.34	160.38			574.8	591.9	124.0	10.5	14.2	0.49	58.0	29.9	6.2	10.98	42.7	4.7	4.3
0.27	8.47	-9.92	97.69	0.22	1.0	12,830	16,656	9,589	1.1	2,273	3.92	10.5	2,931	5.53	13.53	5.9	1.4	0.8
-3.22	3.30	-8.68	82.58	0.30	1.0	12,830	16,656	9,589	1.1	2,273	3.92	10.5	2,931	5.53	13.53	7.6	1.8	1.0
-2.91	4.35	-7.54	101.75	0.30	1.0	12,830	16,656	9,589	1.1	2,273	3.92	10.5	2,931	5.53	13.53	7.6	1.8	1.0
-0.61	8.62	-6.52	100.32	0.20	0.9	12,830	16,656	9,589	1.1	2,273	3.92	10.5	2,931	5.53	13.53	5.8	1.4	0.7
-15.12	-20.07	-22.97	-34.95	0.56	9.1	272.2	456.9	391.0	16.4	5.7	0.13	-68.7	0.28	6.23	3.31	49.2	0.6	1.6
-9.17	2.12	0.42	-23.08			89.8	89.9	33.9	-7.2	-9.0	-0.37	-367,000.0	-3.8	-2.19		-9.9	2.7	3.7

https://greyhouse.weissratings.com Data as of June 30, 2019

I. Index of Stocks

Summer 2019

Company Name	Stock Ticker Symbol	Traded On	Sector	Overall Rating	Recommendation	Reward Rating	Risk Rating	Recent Up/Downgrade	Stock Price as of 6/30/2019	52-Week High	52-Week Low	3-Year Beta	Growth	Efficiency	Solvency	Volatility	Dividend	Total Return
Tecsys Inc.	TCYSF	OTC PK	Information Tech	C-	Hold	C+	D		11.05	12.93	9.37	0.55	W	E	E	F	F	F
Tecsys Inc.	TCS.TO	TSX	Information Tech	C-	Hold	C+	D		13.88	17.50	10.3	0.95	W	E	E	F	W	F
Teekay Corporation	TK	NYSE	Energy	D	Sell	D	D		3.30	8.06	2.82	1.17	W	W	F	W	–	V
Teekay LNG Partners L.P.	TGP	NYSE	Energy	C	Hold	B-	D+		13.88	17.50	10.74	1.35	F	G	G	W	G	W
Teekay Offshore Partners L.P.	TOO	NYSE	Energy	D	Sell	D+	E+	Down	1.24	2.73	1.03	1.23	F	W	F	V	–	V
Teekay Tankers Ltd.	TNK	NYSE	Energy	D	Sell	D+	D		1.22	1.42	0.87	0.69	F	F	G	W	–	W
Tefron Ltd.	TFRFF	OTC PK	Consumer Discretn	D+	Sell	C-	D+		1.70	1.90	0.75	-0.80	F	F	G	W	–	F
TEGNA Inc.	TGNA	NYSE	Communication Svc	C+	Hold	B	D+	Up	14.88	16.57	10.24	1.48	F	E	E	W	F	F
Tejon Ranch Co.	TRC	NYSE	Real Estate	D	Sell	D	D		16.50	24.57	16.04	0.98	W	F	E	W	–	W
Teladoc Health, Inc.	TDOC	NYSE	Health Care	D+	Sell	C-	D		62.82	89.05	42.08	1.80	F	W	E	F	–	F
Telaria, Inc.	TLRA	NYSE	Information Tech	C-	Hold	C	D	Up	7.38	9.19	2.19	1.91	W	W	G	W	–	E
Tele2 AB (publ)	TLTZF	OTC PK	Communication Svc	C	Hold	B-	C+		13.88	13.88	11.78	0.03	G	G	G	G	–	F
Tele2 AB (publ)	TLTZY	OTC PK	Communication Svc	C	Hold	B	B		7.18	7.18	5.73	0.47	G	G	G	G	–	F
Telecom Argentina S.A.	TCMFF	OTC PK	Communication Svc	E-	Sell	C	D		3.55	3.95	1		F	E	G	W	–	V
Telecom Argentina S.A.	TEO	NYSE	Communication Svc	E-	Sell	C	D		17.32	21.32	12.34		F	E	G	W	–	V
Telecom Italia S.p.A.	TIAJF	OTC PK	Communication Svc	D	Sell	D+	D-		0.50	0.69	0.43	0.36	W	F	G	W	–	W
Telecom Italia S.p.A.	TIAOF	OTC PK	Communication Svc	D	Sell	D+	D-		0.56	0.79	0.49	0.71	W	F	G	W	–	W
Telecom Italia S.p.A.	TI	NYSE	Communication Svc	D	Sell	D+	E+		5.50	7.75	4.87	0.47	W	F	G	W	–	W
Telecom Italia S.p.A.	TIA	NYSE	Communication Svc	D	Sell	D+	D-		5.13	6.86	4.34	0.57	W	F	G	W	–	W
Teledyne Technologies Incorporated	TDY	NYSE	Industrials	A-	Buy	A	B		267.65	269.35	189.35	1.27	E	E	G	–	G
Teleflex Incorporated	TFX	NYSE	Health Care	C	Hold	B	D+	Down	327.75	337.96	226.02	1.10	F	G	E	F	W	G
Telefonaktiebolaget LM Ericsson (publ)	ERIXF	OTC PK	Information Tech	C-	Hold	C	D	Up	9.62	10.41	7.2	0.33	F	F	E	F	–	F
Telefonaktiebolaget LM Ericsson (publ)	ERIC	NAS GS	Information Tech	C-	Hold	C	D	Up	9.59	10.46	7.38	0.29	F	F	E	F	–	F
Telefônica Brasil S.A.	VIV	NYSE	Communication Svc	C	Hold	B-	D+	Down	13.04	13.60	9.21	-0.02	G	E	G	W	–	W
Telefónica del Perú S.A.A.	CPNBF	OTC PK	Communication Svc	D	Sell	D+	D		0.41	0.41	0	289.48	W	W	G	W	–	F
Telefónica, S.A.	TEF	NYSE	Communication Svc	C-	Hold	C	D	Down	8.26	9.11	7.7	0.26	G	E	G	W	–	W
Telefónica, S.A.	TEFOF	OTC PK	Communication Svc	C-	Hold	C+	D	Down	8.19	9.23	7.59	0.79	G	E	G	W	–	W
Teléfonos de México, S.A.B. de C.V.	TMXLF	OTC PK	Communication Svc	D+	Sell	D	D+		0.00	0.05	0	156.31	W	W	G	W	–	F
Telekom Austria AG	TKAGY	OTC PK	Communication Svc	C	Hold	B	C-		15.16	17.76	14.23	0.17	G	G	G	F	–	F
Telekom Malaysia Berhad	MYTEF	OTC PK	Communication Svc	D+	Sell	C	D-	Up	0.81	0.81	0.48	1.90	F	G	G	W	–	W
Telenav, Inc.	TNAV	NAS GS	Information Tech	D-	Sell	E+	D	Down	7.90	8.12	3.35	0.51	W	V	E	W	–	W
Telenor ASA	TELNF	OTC PK	Communication Svc	C	Hold	B	C+		21.86	22.02	18.05	0.38	G	E	G	F	–	F
Telenor ASA	TELNY	OTC PK	Communication Svc	B-	Buy	B	C+		21.54	22.27	17.86	0.30	G	E	G	F	–	F
Telephone and Data Systems, Inc.	TDS	NYSE	Communication Svc	B-	Buy	B	C	Up	30.33	37.29	24	0.65	E	G	E	F	F	F
Telesites, S.A.B. de C.V.	TSSLF	OTC PK	Communication Svc	C	Hold	C+	D	Up	0.62	0.81	0.49	0.04	E	F	G	F	–	F
Telia Company AB (publ)	TLSNF	OTC PK	Communication Svc	C	Hold	B-	C-		4.36	4.80	4.17	0.38	F	G	G	F	–	W
Telia Company AB (publ)	TLSNY	OTC PK	Communication Svc	C	Hold	C	D+	Up	8.79	9.68	8.21	0.13	F	G	G	F	–	W
Teligent, Inc.	TLGT	NAS GS	Health Care	D-	Sell	D	D-	Down	0.62	4.52	0.42	1.71	W	W	W	W	–	V
Tel-Instrument Electronics Corp.	TIKK	OTC PK	Industrials	D	Sell	D	D		2.50	6.00	2.25	1.28	W	W	F	W	–	W
Telkom SA SOC Limited	TLKGY	OTC PK	Communication Svc	C	Hold	B	D		26.45	26.78	12.95	0.25	F	E	E	W	W	G
Telkonet, Inc.	TKOI	OTC PK	Information Tech	D	Sell	D	D-		0.12	0.18	0.08	0.32	W	W	G	W	–	W
Tellurian Inc.	TELL	NAS CM	Energy	D-	Sell	E+	D-	Down	7.77	11.80	5.9	2.32	W	V	E	W	–	W
Telo Genomics Corp.	TELO.V	TSXV	Health Care	D	Sell	C-	D-		0.03	0.14	0.03	3.12	F	G	F	W	–	W
Telo Genomics Corp.	TDSGF	OTC PK	Health Care	D	Sell	C-	D-		0.02	0.25	0	1.63	F	G	F	W	–	V
Telson Mining Corporation	TSN.V	TSXV	Materials	D	Sell	D	D-		0.34	0.78	0.28	0.82	W	V	F	W	–	F
Telson Mining Corporation	SOHFF	OTC PK	Materials	D	Sell	D	D		0.27	0.60	0.22	0.67	W	V	F	W	–	F
Telstra Corporation Limited	TTRAF	OTC PK	Communication Svc	C-	Hold	C+	D	Up	2.67	2.70	1.88	0.92	W	E	G	W	G	W
Telstra Corporation Limited	TLSYY	OTC PK	Communication Svc	D+	Sell	C	D		13.43	13.55	9.52	0.82	W	E	G	W	W	W
TELUS Corporation	T.TO	TSX	Communication Svc	B	Buy	B+	B	Down	48.34	51.22	43.88	0.26	G	E	G	G	G	F
TELUS Corporation	TU	NYSE	Communication Svc	B	Buy	B+	B-		36.90	38.32	32.46	0.55	G	E	G	G	G	F
Tembo Gold Corp	TBGPF	OTC PK	Materials	D	Sell	D-	D		0.02	0.03	0.01	3.26	W	V	F	W	–	W
Tembo Gold Corp	TEM.V	TSXV	Materials	D	Sell	D-	D		0.02	0.04	0.01	-0.65	W	V	F	W	–	W

*Ratings Factors: E=Excellent, G=Good, F=Fair, W=Weak, V=Very Weak, U=Unrated

Data as of June 30, 2019

Summer 2019 — I. Index of Stocks

3-Month Total Return (%)	6-Month Total Return (%)	1-Year Total Return (%)	3-Year Total Return (%)	Dividend $ TTM	Dividend Yield TTM	Market Cap. ($Mil)	Enterprise Value ($Mil)	Revenue ($Mil)	Revenue Growth (%)	Net Income ($Mil)	Earnings/Share $	EPS Growth (%)	Cash from Operations ($Mil)	Return on Assets (%)	Return on Equity (%)	Earnings (P/E) TTM	Sales (P/S) TTM	Book (P/B) Q
-1.79	2.64	-3.13	75.08	0.16	1.4	138.4	138.9	53.8	2.2	0.81	0.06	-86.9	3.2	-0.12		198.4	2.7	4.7
-0.64	5.79	-8.61	54.09	0.21	1.5	138.4	138.9	53.8	2.2	0.81	0.06	-86.9	3.2	-0.12		249.2	3.4	5.9
-16.46	-0.25	-55.35	-48.90	0.28	8.3	332.2	7,247	1,795	3.7	-142.9	-1.42	10.1	254.2	2.09		-2.3	0.2	0.5
-5.84	31.61	-12.48	39.24	0.61	4.4	1,091	4,772	545.2	22.0	56.3	0.38	255.8	145.4	2.75	3.7	36.6	2.0	0.7
6.90	0.81	-49.98	-75.44	0.04	3.2	508.9	4,066	1,430	23.6	-142.3	-0.45	77.3	350.0	4.26		-2.7	0.4	0.5
28.30	29.79	4.27	-54.63			328.1	1,358	819.8	74.7	-20.9	-0.09	79.5	43.8	1.05		-14.2	0.4	0.3
61.90	86.81	75.26	17.24			20.3	48.8	146.0	20.3	0.05	0.05	125.1	-5.6	3.61	1.07	32.3	0.1	
5.92	39.70	37.59	12.83	0.28	1.9	3,219	6,198	2,222	14.2	424.5	1.96	57.1	524.4	8.26	34.41	7.6	1.5	2.3
-4.62	-1.43	-32.21	-27.18			428.2	440.8	42.8	-0.5	2.9	0.10	81.3	6.2	-0.26	0.67	157.7	10.0	1.0
17.03	29.77	8.87	330.86			4,498	4,467	456.8	63.1	-103.4	-1.52	23.5	1.1	-3.6		-41.4	9.8	4.5
19.22	163.57	80.44	326.59			336.7	333.5	59.2	25.2	-7.6	-0.16	-359.7	-8.3	-4.7		-46.1	5.6	6.3
11.04	11.04	17.88	56.48			9,946	13,312	2,755	12.0	164.5	0.26	934.1	749.7	4.56	6.33	53.9	3.5	2.4
9.25	17.56	19.88	86.16	0.08	1.1	9,946	13,312	2,755	12.0	164.5	0.26	934.1	749.7	4.56	6.33	27.9	1.8	1.2
61.36	29.09	-22.39				7,552	9,510	5,573	-4.2	-127.1	-0.06	-109.0	1,444	4.39		-60.2	1.4	1.3
22.25	18.58	-9.34		0.33	1.9	7,552	9,510	5,573	-4.2	-127.1	-0.06	-109.0	1,444	4.39		-293.6	6.7	6.4
-4.76	8.72	-27.01	-23.08			11,327	49,400	21,664	-6.0	-1,684	-0.12	-304.2	5,971	2.89		-4.2	0.5	
-10.32	1.00	-22.17	-26.26			11,327	49,400	21,664	-6.0	-1,684	-0.12	-304.2	5,971	2.89		-4.7	0.5	
-10.28	0.55	-24.45	-29.67			11,327	49,400	21,664	-6.0	-1,684	-0.12	-304.2	5,971	2.89		-46.5	5.4	
-4.47	9.15	-20.59	-10.77	0.23	4.5	11,327	49,400	21,664	-6.0	-1,684	-0.12	-304.2	5,971	2.89		-43.4	5.0	
14.59	32.00	34.57	183.44			9,699	10,593	2,951	8.0	342.6	9.21	27.7	455.4	6.89	15.55	29.1	3.4	4.1
9.34	29.08	22.29	94.78	1.36	0.4	15,127	17,117	2,475	10.2	185.5	3.95	10.7	414.5	4.52	7.15	82.9	6.2	5.9
2.18	8.63	30.55	34.33			31,758	31,442	24,148	0.2	-382.4	-0.12	86.3	1,497	2.87		-81.8	1.3	3.5
4.81	11.02	28.10	33.79	0.14	1.5	31,758	31,442	24,148	0.2	-382.4	-0.12	86.3	1,497	2.87		-81.6	1.3	3.5
13.02	14.97	23.34	23.20	1.14	8.7	20,963	23,602	11,568	-14.3	2,434	1.44	66.2	3,305	4.68	12.21	9.1	1.9	1.2
0.00	0.00	36.67	14.77			617.9	1,787	2,438	-4.4	-110.8	-0.03	18.4	160.4	-0.64		-12.3	0.6	0.8
1.62	0.05	1.41	7.02	0.35	4.2	42,089	112,734	57,096	-6.0	3,961	0.66	7.8	16,731	2.96	14.36	12.5	0.7	1.9
-4.38	-1.09	-3.02	0.49			42,089	112,734	57,096	-6.0	3,961	0.66	7.8	16,731	2.96	14.36	12.4	0.7	1.9
9,900.00	4,900.00	0.00	0.00			3.1	2,184	3,645	-30.3	-294.6	-0.01	-54.8	55.8			0.0	0.0	0.0
2.41	3.53	-6.39	46.60	0.46	3.0	5,003	9,155	5,155	0.2	348.3	0.52	18.8	1,473	4.18	12.08	28.9	2.0	3.5
24.62	68.75	-42.14	-63.18			3,691	5,326	2,883	0.3	75.0	0.02	-63.4	656.1	4.84		40.9	1.1	1.8
26.81	103.61	36.21	57.68			360.6	274.1	179.0	-11.7	-46.6	-1.04	0.7	-0.08	-10.45		-7.6	2.0	3.8
10.07	16.51	4.90	52.44			31,347	40,930	13,335	-3.1	1,634	1.11	3.3	4,470	7.79	18.94	19.6	2.4	5.3
10.29	14.37	10.79	62.69	1.20	5.6	31,347	40,930	13,335	-3.1	1,634	1.11	3.3	4,470	7.79	18.94	19.3	2.4	5.2
-0.87	-5.11	13.90	14.18	0.65	2.1	3,460	6,715	5,141	2.2	154.0	1.33	-2.0	1,130	1.28	3.56	22.8	0.7	0.8
-2.07	12.29	-11.92				2,059	3,754	356.5	8.6	-9.5	0.00	56.7	197.5	2.75		-239.7	6.6	3.8
0.28	-4.13	-10.80	4.60			18,595	29,457	9,442	-0.6	639.4	0.15	176.5	2,853	2.82	8.21	29.2	2.0	1.7
-0.26	-3.89	2.42	12.67	0.36	4.1	18,595	29,457	9,442	-0.6	639.4	0.15	176.5	2,853	2.82	8.21	58.9	3.9	3.4
-40.90	-51.13	-82.06	-91.32			33.4	189.7	64.4	12.9	-40.2	-0.75	-92.9	-9.8	-4.15		-0.8	0.5	3.3
-9.09	-31.88	-26.47	-41.86			8.1	13.0	10.1	-16.3	-1.1	-0.56	80.4	-1.0	6.77		-4.5	0.9	-1.7
29.76	56.06	98.80	82.34	0.77	2.9	3,310	3,832	3,242	6.2	215.5	0.42	-18.6	669.3	6.43	10.71	62.6	4.1	6.4
7.02	16.19	0.00	-38.38			16.5	16.4	9.6	20.3	-2.7	-0.02	36.2	-4.7	-15.36		-5.1	1.7	4.4
-30.38	15.45	-7.72				2,075	2,046	8.4	-31.0	-134.7	-0.63	-5.7	-112.8	-24.55		-12.4	200.8	6.8
-25.00	-40.00	-80.65				1.5	1.6	--		-1.6	-0.02	70.9	-0.55	-117.26		-1.2		-3.2
-42.86	-49.87	14.29				1.5	1.6	--		-1.6	-0.02	70.9	-0.55	-117.26		-0.8		-2.1
-5.56	-11.69	-54.67	100.00			36.2	51.9	32.9		-4.1	-0.04	55.9	5.4	-4.16		-9.7	1.6	12.5
-8.41	-3.57	-54.71	57.80			36.2	51.9	32.9		-4.1	-0.04	55.9	5.4	-4.16		-7.7	1.3	9.9
16.09	34.17	37.70	-31.36			32,037	44,632	19,227	-3.6	2,328	0.20	-20.2	5,769	4.8	21.6	13.6	1.7	3.1
14.44	39.26	46.66	-20.43	0.51	3.8	32,037	44,632	19,227	-3.6	2,328	0.20	-20.2	5,769	4.8	21.6	68.4	8.3	15.6
-1.54	9.40	8.21	32.99	2.18	4.5	22,149	34,219	10,851	3.1	1,234	2.06	1.0	3,063	5.59	16.56	23.5	2.7	3.8
1.00	14.07	9.63	32.27	2.18	5.9	22,149	34,219	10,851	3.1	1,234	2.06	1.0	3,063	5.59	16.56	17.9	2.0	2.9
24.93	26.51	-19.23	-51.50			2.5	2.6	--		-0.41	0.00	97.4	-0.01	-5.32		-8.1		1.2
-20.00	33.33	0.00	-63.64			2.5	2.6	--		-0.41	0.00	97.4	-0.01	-5.32		-7.7		1.2

I. Index of Stocks

Summer 2019

Company Name	Stock Ticker Symbol	Traded On	Sector	Overall Rating	Recommendation	Reward Rating	Risk Rating	Recent Up/Downgrade	Stock Price as of 6/30/2019	52-Week High	52-Week Low	3-Year Beta	Growth	Efficiency	Solvency	Volatility	Dividend	Total Return
Temple Hotels Inc.	TPH.TO	TSX	Consumer Discretn	D	Sell	D	E+		1.76	3.15	1.52	0.02	W	W	F	V	–	V
Temple Hotels Inc.	TMPHF	OTC PK	Consumer Discretn	D	Sell	D	D-		1.40	2.34	1.4	0.90	W	W	F	W	–	V
Tempur Sealy International, Inc.	TPX	NYSE	Consumer Discretn	C	Hold	B	D+	Up	72.23	75.41	38.9	1.99	G	E	F	W	–	F
Tenable Holdings, Inc.	TENB	NAS GS	Information Tech	D	Sell	D	D		27.94	39.38	20		F	V	E	W	–	W
Tenaga Nasional Berhad	TNABY	OTC PK	Utilities	D+	Sell	C	D-		12.95	16.00	10.81	0.26	F	E	E	W	–	W
Tenaga Nasional Berhad	TNABF	OTC PK	Utilities	C	Hold	B-	C-		3.06	3.65	3.06	-0.08	F	E	E	F	–	W
Tenaris S.A.	TS	NYSE	Energy	C	Hold	C+	D+		25.87	39.04	20.45	1.34	G	E	E	W	–	W
Tenaris S.A.	TNRSF	OTC PK	Energy	C	Hold	B-	D+		13.10	17.65	11.55	0.94	G	E	E	W	–	W
Tenax Therapeutics, Inc.	TENX	NAS CM	Health Care	D-	Sell	E+	D-		1.34	7.20	1.03	1.79	W	V	E	W	–	V
Tencent Music Entertainment Group	TME	NYSE	Communication Svc	C	Hold	B-	D+	Down	14.97	19.97	11.81		E	G	E	F	–	W
Tenet Healthcare Corporation	THC	NYSE	Health Care	D	Sell	D+	D	Down	20.31	39.74	16.61	1.92	W	F	G	W	–	W
Tengasco, Inc.	TGC	AMEX	Energy	D+	Sell	C-	D		0.86	2.47	0.7	1.29	W	F	E	W	–	F
Tennant Company	TNC	NYSE	Industrials	C	Hold	B	D+		60.15	86.03	48.97	1.44	G	G	E	W	W	W
Tenneco Inc.	TEN	NYSE	Consumer Discretn	D+	Sell	C	D-		10.69	47.94	9.8	2.50	W	G	G	W	E	V
Tenth Avenue Petroleum Corp.	TPC.V	TSXV	Energy	D	Sell	D	D-	Up	0.04	0.08	0.01	0.55	F	V	W	W	–	W
Tenzing Acquisition Corp.	TZAC	NAS CM	Financials	E+	Sell	E	D	Up	10.27	10.56	9.65		F	V	E	E	–	W
Teradata Corporation	TDC	NYSE	Information Tech	D+	Sell	C-	D	Down	35.51	49.42	33.83	1.18	W	F	G	F	–	F
Teradyne, Inc.	TER	NAS GS	Information Tech	C+	Hold	B	C-		46.65	49.83	28.73	1.57	F	G	E	W	W	G
Terago Inc.	TGO.TO	TSX	Communication Svc	C	Hold	C	D	Up	11.07	13.06	6.67	0.30	F	W	G	F	–	G
Terago Inc.	TRAGF	OTC PK	Communication Svc	C-	Hold	C	D		8.36	8.71	7.4	-0.67	F	W	G	F	–	G
Teranga Gold Corporation	TGZ.TO	TSX	Materials	C-	Hold	C	D	Down	3.96	5.03	2.97	-0.81	F	G	G	W	–	W
Teranga Gold Corporation	TGCDF	OTC PK	Materials	C-	Hold	C	D+	Down	3.02	3.81	2.23	-0.42	F	G	G	W	–	W
Teras Resources Inc.	TRA.V	TSXV	Materials	D	Sell	D	D		0.05	0.12	0.04	1.31	F	W	E	W	–	W
Teras Resources Inc.	TRARF	OTC PK	Materials	D	Sell	D	D		0.04	0.07	0.03	2.04	F	W	E	W	–	V
Terex Corporation	TEX	NYSE	Industrials	D+	Sell	C	D	Down	31.06	45.47	25.47	2.01	W	F	G	F	W	W
Ternium Argentina S.A.	SDDFF	OTC PK	Materials	D+	Sell	C	D	Down	0.26	0.55	0.26	0.06	F	E	G	W	–	W
Ternium S.A.	TX	NYSE	Materials	C	Hold	B	D	Down	22.18	37.45	20.89	0.11	E	E	E	W	–	W
Terra Firma Capital Corporation	TII.V	TSXV	Financials	D+	Sell	D+	D	Up	0.57	0.67	0.43	0.56	W	F	E	W	–	W
Terra Firma Capital Corporation	TFCCF	OTC PK	Financials	D	Sell	D+	D		0.38	0.47	0.35	0.55	W	F	E	W	–	W
Terra Tech Corp.	TRTC	OTC PK	Health Care	D	Sell	D	D-	Up	0.61	2.53	0.46	2.03	F	V	G	W	–	V
Terrace Energy Corp.	TCRRF	OTC PK	Energy	D	Sell	D	D	Up	0.01	0.02	0	3.59	W	W	G	W	–	W
Terrace Energy Corp.	TZR.V	TSXV	Energy	D-	Sell	D-	D		0.02	0.04	0.01	5.96	W	W	G	W	–	W
Terraco Gold Corp.	TCEGF	OTC PK	Materials	D	Sell	D	D		0.09	0.10	0.04	1.14	W	F	E	W	–	W
Terraco Gold Corp.	TEN.V	TSXV	Materials	D	Sell	D	D		0.12	0.13	0.06	0.63	W	F	E	W	–	W
TerraForm Power, Inc.	TERP	NAS GS	Utilities	C	Hold	B	D+		14.09	14.59	9.9	0.15	F	F	G	F	G	G
TerrAscend Corp.	TRSSF	OTC PK	Health Care	D	Sell	D	D	Down	4.86	10.44	2.95	0.58	W	W	E	W	–	F
TerraVest Industries Inc.	TVK.TO	TSX	Energy	C	Hold	B+	A-		13.31	13.50	9	0.22	F	E	G	E	F	G
TerraVest Industries Inc.	TRRVF	OTC PK	Energy	C	Hold	B+	A-	Up	9.44	9.50	7.59	0.04	F	E	G	E	G	G
TerraX Minerals Inc.	TXR.V	TSXV	Materials	D	Sell	D	D-		0.42	0.50	0.33	0.48	W	W	E	W	–	W
TerraX Minerals Inc.	TRXXF	OTC PK	Materials	D	Sell	D	D-		0.32	0.36	0.25	0.88	W	W	E	W	–	W
Terreno Realty Corporation	TRNO	NYSE	Real Estate	B+	Buy	A	B-	Down	48.00	48.79	33.52	0.76	E	E	E	G	F	G
Terreno Resources Corp.	TNOH.V	TSXV	Materials	D	Sell	D	D-		0.03	0.05	0.02	2.98	F	W	G	W	–	W
Territorial Bancorp Inc.	TBNK	NAS GS	Financials	C+	Hold	B	C-	Up	28.75	31.94	24.96	0.73	E	E	E	F	G	W
Tervita Corporation	TEV.TO	TSX	Energy	D-	Sell	D+	D-	Up	7.10	10.50	5.6		F	W	G	W	–	V
Tervita Corporation	TRVCF	OTC PK	Energy	D-	Sell	C	C-	Up	5.86	5.86	0.96		F	W	G	E	–	F
Tesco PLC	TSCDY	OTC PK	Consumer Staples	C	Hold	C+	C-		8.71	10.38	7.06	0.80	W	G	G	F	W	W
Tesco PLC	TSCDF	OTC PK	Consumer Staples	C	Hold	B-	C		2.86	3.48	2.32	0.79	W	G	G	F	G	F
Tesla, Inc.	TSLA	NAS GS	Consumer Discretn	D	Sell	D	D-		222.84	387.46	176.99	0.33	W	W	G	W	–	W
Tesoro Minerals Corp.	TES.V	TSXV	Materials	D	Sell	D	D-		0.05	0.07	0.05	1.62	W		G	W	–	W
TESSCO Technologies Incorporated	TESS	NAS GS	Information Tech	C	Hold	B	D+		18.92	20.00	10.2	1.62	F	E	E	W	G	F
Teton Advisors, Inc	TETAA	OTC PK	Financials	C	Hold	B-	C		51.32	52.00	49	0.23	F	E	E	G	W	F
Teton Advisors, Inc	TETAB	OTC PK	Financials	C-	Hold	C+	C+	Up	45.50	45.50	4.5	45,720.21	F	E	E	G	W	W

*Ratings Factors: E=Excellent, G=Good, F=Fair, W=Weak, V=Very Weak, U=Unrated

Summer 2019 — I. Index of Stocks

TOTAL RETURNS %				DIVIDEND/YIELD		SIZE		REVENUE & INCOME			EARNINGS		EFFECTIVENESS			VALUATION		
3-Month Total Return (%)	6-Month Total Return (%)	1-Year Total Return (%)	3-Year Total Return (%)	Dividend $ TTM	Dividend Yield TTM	Market Cap. ($Mil)	Enterprise Value ($Mil)	Revenue ($Mil)	Revenue Growth (%)	Net Income ($Mil)	Earnings/ Share $	EPS Growth (%)	Cash from Operations ($Mil)	Return on Assets (%)	Return on Equity (%)	Earnings (P/E) TTM	Sales (P/S) TTM	Book (P/B) Q
0.57	-14.98	-41.72	-75.54			100.7	434.8	124.5	-4.2	-24.3	-0.97	-39.9	6.1	2.27		-1.8	0.4	-1.9
0.00	-3.45	-30.02	-79.88			100.7	434.8	124.5	-4.2	-24.3	-0.97	-39.9	6.1	2.27		-1.5	0.3	-1.5
23.43	74.13	47.44	28.96			3,953	5,772	2,756	5.4	105.8	1.92	-25.1	85.3	5.62	59.7	37.6	1.5	15.7
-13.07	25.52					2,695	2,408	288.6	39.8	-79.1	-1.45	32.0	-3.9	-16.04		-19.2	9.1	21.0
8.28	3.36	-7.50	2.69	0.66	5.1	18,776	34,470	12,603	8.1	783.9	0.14	-58.8	3,677	2.7	5.27	93.8	5.8	5.2
0.00	-16.16	-26.62	74.86			18,776	34,470	12,603	8.1	783.9	0.14	-58.8	3,677	2.7	5.27	22.2	1.4	1.2
-5.54	23.02	-27.14	2.49	0.82	3.2	15,410	15,198	7,664	27.7	884.0	0.75	52.3	1,188	4.3	7.32	34.6	4.0	2.5
-5.75	12.95	-28.30	-8.05			15,410	15,198	7,664	27.7	884.0	0.75	52.3	1,188	4.3	7.32	17.5	2.0	1.3
-40.44	12.61	-78.46	-97.22			8.3	-2.3	--		-7.3	-7.65	-60.0	-6.1	-46.17		-0.2		0.8
-13.02	11.72					24,478	21,793	2,361	20.9	161.3	0.19	-56.0	658.1			80.5	5.3	2.1
-28.94	17.40	-41.32	-23.96			2,095	19,922	18,159	-4.8	-7.0	-0.08	98.6	946.0	4.44	14.13	-269.4	0.1	-15.6
-14.00	-13.13	10.66	7.50			9.2	6.1	5.7	17.2	0.23	0.02	-76.4	1.2	-0.11	3.25	45.3	1.6	1.4
-2.69	18.26	-22.22	21.70	0.87	1.5	1,093	1,449	1,113	2.6	35.5	1.92	3,778.4	62.8	4.45	11.36	31.3	1.0	3.4
-51.21	-60.31	-75.55	-75.30	1.00	9.4	864.5	6,795	13,673	43.0	-120.0	-0.76	-119.8	289.0	4.33		-14.1	0.1	0.5
33.33	33.33	0.00	14.29			0.32	0.98	0.58	32.7	-0.17	-0.02	75.8	-0.02	-2.46		-2.1	0.7	9.1
1.64	4.22					26.7	26.4	--		0.64	0.00		-0.24	-0.42	39.03	-4,277.2		5.3
-18.76	-5.15	-10.87	42.78			4,141	4,051	2,126	-2.1	27.0	0.22	136.2	229.0	1.27	4.86	163.0	2.0	8.9
19.19	50.21	24.95	154.54	0.36	0.8	7,996	7,530	2,107	-2.8	473.9	2.57	100.9	576.8	10.96	28.08	18.2	3.9	5.5
3.94	4.24	60.43	119.21			133.2	178.1	40.4	-5.6	-3.6	-0.24	41.3	11.2	-0.26		-46.0	4.3	5.4
4.63	7.53	66.01	42.72			133.2	178.1	40.4	-5.6	-3.6	-0.24	41.3	11.2	-0.26		-34.7	3.3	4.0
0.00	0.00	-15.57	-28.00			324.6	424.0	318.5	3.6	6.1	0.05	-82.3	127.9	2.57	1.19	83.7	1.3	0.7
1.87	4.00	-14.56	-28.29			324.6	424.0	318.5	3.6	6.1	0.05	-82.3	127.9	2.57	1.19	63.8	1.0	0.6
0.00	11.11	-28.57	-65.52			7.3	7.3	0.00	-57.1	-0.64	0.00	43.6	-0.40	-2.07		-14.3		0.5
-20.72	31.33	-30.63	-67.78			7.3	7.3	0.00	-57.1	-0.64	0.00	43.6	-0.40	-2.07		-11.3		0.4
-2.47	14.84	-23.49	67.42	0.42	1.4	2,211	3,513	5,001	11.8	-3.2	-0.12	-106.0	-126.8	4.59	12.99	-258.8	0.5	2.8
-37.30	-37.30	-52.73	-46.67			1,349	1,492	2,421	-41.8	339.4	0.08	-40.1	128.7	5.83	14.73	3.5	0.5	0.5
-13.65	-14.00	-32.83	35.67	1.20	5.4	4,354	7,278	11,231	7.8	1,358	69.18	40.9	2,026	9.22	21.1	0.3	0.0	0.1
1.79	26.67	-12.31	9.62			24.7	--	3.4	26.3	1.5	0.02	121.5	-1.7		3.63	24.1	9.9	0.9
-6.09	3.84	-19.60	-12.93			24.7	--	3.4	26.3	1.5	0.02	121.5	-1.7		3.63	16.1	6.6	0.6
-38.38	-0.41	-72.89	-87.71			64.2	88.5	30.1	-20.0	-34.8	-0.47	22.6	-19.9	-15.62		-1.3	1.9	0.6
-57.14	15.91	-44.57	-91.01			1.4	17.8	--		-2.3	-0.03	24.3	0.39	-5.23		-0.2		0.0
33.33	300.00	33.33	-71.43			1.4	17.8	--		-2.3	-0.03	24.3	0.39	-5.23		-0.7		-0.2
28.57	57.89	28.57	-22.81			13.4	22.2	--		-1.3	-0.01	-89.4	-0.22	-0.94		-10.1		0.6
33.33	84.62	33.33	-20.00			13.4	22.2	--		-1.3	-0.01	-89.4	-0.22	-0.94		-13.5		0.8
3.85	31.66	28.69	112.94	0.78	5.6	2,947	9,348	864.4	47.3	-79.0	-0.41	15.5	286.1	1.07		-34.5	3.4	1.5
-12.63	13.32	49.54				423.4	452.9	16.2	5,384,566.7	-22.9	-0.37	-138.9	-27.1	-22.64		-13.2	12.7	9.1
2.80	33.01	30.51	135.37	0.40	3.0	175.4	259.3	228.6	31.2	16.5	0.89	95.9	9.4	8.8	23.66	14.9	1.1	3.4
1.83	14.14	25.30	148.20	0.30	3.2	175.4	259.3	228.6	31.2	16.5	0.89	95.9	9.4	8.8	23.66	10.6	0.8	2.4
15.07	0.00	10.53	2.44			42.3	41.6	--		-1.2	-0.01	38.3	-1.1	-3.51		-40.8		2.4
21.89	13.85	15.36	4.87			42.3	41.6	--		-1.2	-0.01	38.3	-1.1	-3.51		-31.4		1.8
13.72	38.56	30.48	103.44	0.94	2.0	3,011	3,395	155.4	12.5	68.8	1.16	13.2	82.7	1.87	5.82	41.5	19.0	2.3
-16.67	-16.67	-37.50	-58.33			0.65	0.55	--		-0.39	-0.02	72.5	-0.31	-137.83		-1.6		12.5
7.26	13.81	-4.10	23.61	0.88	3.1	263.5	--	65.1	3.5	20.9	2.23	37.0	22.7		8.88	12.9	4.1	1.1
12.88	13.06					634.5	1,283	1,614	1.8	-60.6	-0.49	13.0	78.2	3.31		-14.4	0.5	3.1
20.08	510.25					634.5	1,283	1,614	1.8	-60.6	-0.49	13.0	78.2	3.31		-11.9	0.4	2.5
-2.79	19.81	-13.02	37.68	0.22	2.5	28,056	34,380	83,427	12.0	1,732	0.18	-8.1	2,592	2.73	10.17	49.0	1.0	4.4
-3.99	17.36	-14.01	32.57			28,056	34,380	83,427	12.0	1,732	0.18	-8.1	2,592	2.73	10.17	16.1	0.3	1.4
-20.02	-33.26	-36.32	10.43			39,708	51,645	22,594	81.2	-968.7	-5.79	58.5	1,857	-0.3		-38.5	1.7	8.4
0.00	11.11	11.11	-9.09			2.6	2.5	--		-0.31	-0.01	34.6	-0.34	-151.31		-9.8		83.3
24.11	59.99	16.69	70.42	0.80	4.2	161.1	175.4	606.8	4.6	5.5	0.65	7.6	8.2	2.51	5.12	29.1	0.3	1.5
0.00	-0.44	2.95	20.82	0.20	0.4	65.7	63.5	26.5	-15.0	2.6	1.12	-65.1	6.5	14.58	10.24	45.9	2.5	2.8
0.00	878.48	197.3 MIL		0.20	0.4	65.7	63.5	26.5	-15.0	2.6	1.12	-65.1	6.5	14.58	10.24	40.7	2.2	2.5

https://greyhouse.weissratings.com   Data as of June 30, 2019

I. Index of Stocks

Summer 2019

Company Name	Stock Ticker Symbol	Traded On	Sector	Overall Rating	Recommendation	Reward Rating	Risk Rating	Recent Up/Downgrade	Stock Price as of 6/30/2019	52-Week High	52-Week Low	3-Year Beta	Growth	Efficiency	Solvency	Volatility	Dividend	Total Return
Tetra Bio-Pharma Inc.	TBP.V	TSXV	Health Care	D-	Sell	E+	D	Down	0.29	1.42	0.28	1.32	F	V	E	W	--	W
Tetra Bio-Pharma Inc.	TBPMF	OTC PK	Health Care	D-	Sell	E+	D	Down	0.22	1.10	0.21	1.64	F	V	E	W	--	W
Tetra Tech, Inc.	TTEK	NAS GS	Industrials	B	Buy	A+	C	Up	76.65	76.66	48.52	0.94	E	E	E	F	W	G
TETRA Technologies, Inc.	TTI	NYSE	Energy	D	Sell	D	D-		1.64	5.11	1.29	2.71	F	W	G	W	--	V
Tetragon Financial Group Limited	TGONF	OTC PK	Financials	B	Buy	B+	B	Up	12.33	13.12	11.2	0.39	E	E	E	G	G	F
Tetraphase Pharmaceuticals, Inc.	TTPH	NAS GS	Health Care	D-	Sell	E+	D-		0.48	4.05	0.46	1.86	F	V	G	W	--	W
Teuton Resources Corp.	TUO.V	TSXV	Materials	D	Sell	D+	D		0.18	0.24	0.1	2.09	W	F	E	W	--	W
Teuton Resources Corp.	TEUTF	OTC PK	Materials	D	Sell	D+	D		0.13	0.18	0.07	2.20	W	F	E	W	--	W
Teva Pharmaceutical Industries Limited	TEVA	NYSE	Health Care	D-	Sell	D	D-	Down	9.08	25.96	7.96	2.43	W	W	G	W	--	V
Teva Pharmaceutical Industries Limited	TEVJF	OTC PK	Health Care	D-	Sell	D	E+	Down	8.45	25.00	8.35	0.99	W	W	G	V	--	W
Texas Capital Bancshares, Inc.	TCBI	NAS GS	Financials	C	Hold	B-	D+		61.09	99.95	47.86	1.69	G	G	E	W	--	W
Texas Instruments Incorporated	TXN	NAS GS	Information Tech	B	Buy	A-	C+		115.86	119.32	87.7	1.24	E	E	E	F	G	F
Texas Mineral Resources Corp.	TMRC	OTC PK	Materials	C	Hold	B-	D	Up	0.35	0.57	0.1	-2.37	W	G	F	W	--	G
Texas Pacific Land Trust	TPL	NYSE	Energy	B	Buy	A+	C-		784.95	915.66	409	1.33	E	E	E	F	W	G
Texas Roadhouse, Inc.	TXRH	NAS GS	Consumer Discretn	C+	Hold	B	C	Down	54.42	75.24	50.84	0.81	E	E	E	F	F	W
Texas South Energy, Inc.	TXSO	OTC PK	Energy	D-	Sell	E+	D-	Down	0.00	0.05	0	-0.17	V	V	G	W	--	W
TexCom, Inc.	TEXC	OTC PK	Industrials	D	Sell	D-	D	Up	0.00	0.01	0	-1.92	W	V	F	W	--	W
Textainer Group Holdings Limited	TGH	NYSE	Industrials	D+	Sell	C	D		9.73	16.40	9.1	1.97	G	F	G	W	--	W
Textmunication Holdings, Inc.	TXHD	OTC PK	Communication Svc	D	Sell	D	E+		0.15	1.97	0.07	-1.60	W		F	W	--	W
Textron Inc.	TXT	NYSE	Industrials	C+	Hold	B	D+		51.87	72.87	43.27	1.86	F	E	G	W	W	F
TFI International Inc.	TFII.TO	TSX	Industrials	B-	Buy	B+	C		39.53	49.00	33.36	0.95	F	E	F	F	F	F
TFI International Inc.	TFIFF	OTC PK	Industrials	C	Hold	A-	C		30.25	37.69	23.96	1.35	F	E	G	F	F	F
TFS Financial Corporation	TFSL	NAS GS	Financials	C+	Hold	B	C-	Up	17.79	18.08	14.19	0.10	F	G	E	F	G	F
TG Therapeutics, Inc.	TGTX	NAS CM	Health Care	D-	Sell	D-	D	Up	7.98	14.10	3.32	2.01	W	V	G	W	--	W
THC Therapeutics, Inc.	THCT	OTC PK	Health Care	C-	Hold	C	D	Up	4.49	17.95	0.3	5.86	W	G	F	W	--	F
The 4 Less Group Inc.	FLES	OTC PK	Consumer Discretn	C-	Hold	C	D		0.07	2.50	0	1,185.59	W	E	F	W	--	W
The AES Corporation	AES	NYSE	Utilities	B	Buy	B	B		16.54	18.52	12.55	0.63	F	F	G	G	G	F
The Alkaline Water Company Inc.	WTER.V	TSXV	Consumer Staples	D-	Sell	E+	D-		2.85	7.40	1.95		F	V	E	W	--	W
The Alkaline Water Company Inc.	WTER	NAS CM	Consumer Staples	D-	Sell	E+	D		2.20	5.56	1.44	1.43	F	V	E	W	--	F
The Allstate Corporation	ALL	NYSE	Financials	B	Buy	B+	C+	Up	100.14	103.99	77	0.69	E	E	E	F	F	F
The American Energy Group, Ltd.	AEGG	OTC PK	Energy	D+	Sell	C	D	Up	0.05	0.14	0.03	-0.65	W	E	F	W	--	W
The Andersons, Inc.	ANDE	NAS GS	Consumer Staples	C-	Hold	C+	D	Down	27.08	41.70	26.09	1.15	F	G	G	W	G	W
The Bancorp, Inc.	TBBK	NAS GS	Financials	C	Hold	B	D+	Up	8.99	11.02	7.64	0.81	G	F	E	W	--	F
The Bank Holdings	TBHSW	NAS	Financials	U	U	U	U		7.27	10.00	7.27	0.00	U	U	U	U	U	U
The Bank of N.T. Butterfield & Son Limited	NTB	NYSE	Financials	B-	Buy	A-	D+	Up	34.84	53.63	29.43	1.65	E	E	E	W	G	F
The Bank of New York Mellon Corporation	BK	NYSE	Financials	C+	Hold	B	C-	Down	43.39	55.70	42.13	0.94	G	E	E	F	G	W
The Bank of Nova Scotia	BNS.TO	TSX	Financials	C+	Hold	B	C-	Down	70.98	78.60	66.36	0.71	E	E	E	F	G	W
The Bank of Nova Scotia	BNS	NYSE	Financials	C	Hold	B	D+	Down	54.17	60.60	48.34	0.98	E	E	E	W	G	W
The Bank of Princeton	BPRN	NAS GS	Financials	C	Hold	C	C		29.83	35.45	26.77	0.62	W	G	E	F	W	W
The Becker Milk Company Limited	BCKMF	OTC PK	Real Estate	D+	Sell	C	D-		10.45	10.45	10.45	-0.31	F	E	E	W	--	V
The Becker Milk Company Limited	BEKB.TO	TSX	Real Estate	C	Hold	C+	D+		13.25	14.89	12.1	0.33	F	E	E	W	--	W
The Blackstone Group L.P.	BX	NYSE	Financials	B-	Buy	B+	C	Down	44.31	45.64	26.88	1.63	F	E	E	F	G	G
The Boeing Company	BA	NYSE	Industrials	C	Hold	B+	D-	Down	364.02	446.01	292.47	1.33	G	E	W	G	F	F
The Boston Beer Company, Inc.	SAM	NYSE	Consumer Staples	B	Buy	A-	C	Up	365.53	366.75	230.93	0.81	E	E	E	F	--	E
The Brink's Company	BCO	NYSE	Industrials	C-	Hold	C	D		80.68	86.34	59.08	1.17	W	G	F	F	W	F
The Buckle, Inc.	BKE	NYSE	Consumer Discretn	D+	Sell	C	D	Down	17.19	29.65	14.81	0.70	W	E	E	W	E	W
The Caldwell Partners International Inc.	CWL.TO	TSX	Industrials	C	Hold	B	D+	Down	1.18	1.66	1.04	0.75	F	E	E	W	G	F
The Caldwell Partners International Inc.	CWLPF	OTC PK	Industrials	C	Hold	B+	D		0.88	1.23	0.84	0.21	F	E	E	W	E	F
The Carlyle Group L.P.	CG	NAS GS	Financials	C+	Hold	B+	C-	Up	22.18	25.25	15.09	1.55	G	G	G	F	G	F
The Castle Group, Inc.	CAGU	OTC PK	Consumer Discretn	C	Hold	B	D+		0.38	0.75	0.24	0.95	F	G	G	W	--	F
The Cato Corporation	CATO	NYSE	Consumer Discretn	C-	Hold	C+	D		12.09	26.88	11.85	0.37	F	E	E	W	E	W
The Charles Schwab Corporation	SCHW	NYSE	Financials	C+	Hold	B	C-		40.20	54.26	37.83	0.92	F	E	E	F	F	F

*Ratings Factors: E=Excellent, G=Good, F=Fair, W=Weak, V=Very Weak, U=Unrated

Summer 2019 — I. Index of Stocks

3-Month Total Return (%)	6-Month Total Return (%)	1-Year Total Return (%)	3-Year Total Return (%)	Dividend $ TTM	Dividend Yield TTM	Market Cap ($Mil)	Enterprise Value ($Mil)	Revenue ($Mil)	Revenue Growth (%)	Net Income ($Mil)	Earnings/Share $	EPS Growth (%)	Cash from Operations ($Mil)	Return on Assets (%)	Return on Equity (%)	Earnings (P/E) TTM	Sales (P/S) TTM	Book (P/B) Q
-54.76	-65.66	-58.09	470.00			40.2	34.2	0.09		-7.3	-0.05	4.1	-10.6	-55.48		-6.1	570.0	3.6
-50.84	-64.00	-55.40	679.72			40.2	34.2	0.09		-7.3	-0.05	4.1	-10.6	-55.48		-4.8	446.0	2.9
29.53	50.25	34.50	168.57	0.51	0.7	4,206	4,349	2,262	7.2	160.0	2.85	16.7	261.3	6.43	16.59	26.9	1.9	4.3
-29.31	2.50	-64.04	-72.06			206.0	1,230	1,043	36.7	-18.8	-0.16	79.5	85.3	1.67		-10.3	0.2	1.2
-3.00	12.02	6.68	47.93	0.73	5.9	1,146	882.5	331.1	36.5	241.5	2.42	39.1	--	7.11	11.54	5.1	3.7	0.5
-60.00	-54.29	-86.21	-87.85			26.0	-27.0	18.3	81.6	-70.1	-1.32	43.7	-60.9	-36.85		-0.4	1.4	0.4
-12.50	75.00	0.00	-20.45			5.2	4.4	--		-0.32	-0.01	-14.5	-0.28	-9.27		-20.1		1.9
20.44	80.81	11.50	-22.21			5.2	4.4	--		-0.32	-0.01	-14.5	-0.28	-9.27		-15.4		1.4
-41.72	-42.13	-63.25	-80.91			9,920	38,198	18,084	-17.1	-3,375	-3.46	78.1	1,062	2.6		-2.6	0.6	0.7
-47.35	-47.35	-65.38	-86.09			9,920	38,198	18,084	-17.1	-3,375	-3.46	78.1	1,062	2.6		-2.4	0.5	0.6
11.85	19.78	-33.74	41.28			3,071	--	924.8	10.3	311.7	6.01	39.4	-520.9		12.84	10.2	3.3	1.3
11.17	25.27	9.24	107.71	2.93	2.5	108,701	110,768	15,589	1.6	5,431	5.51	38.3	7,184	23.11	56.69	21.1	7.1	12.8
76.61	41.21	75.28	122.17			16.3	16.9	--		-1.1	-0.02	49.4	-0.20	-147.71		-14.7		-9.6
1.78	44.51	13.49	388.55	1.75	0.2	6,088	5,978	431.0	134.6	305.9	39.35	153.4	311.0	88.37	137.71	20.0	14.1	18.2
-11.51	-7.19	-17.44	27.92	1.10	2.0	3,909	4,195	2,520	10.6	154.1	2.14	0.9	357.5	7.03	17.08	25.4	1.6	4.0
-76.67	-82.50	-82.50	-96.11			3.5	4.8	--		-4.9	-0.01	-42.9	2.5	-13.44		-0.7		0.6
-19.51	-47.62	-60.24	-70.00			0.04	8.3	1.3	4.5	-0.75	-0.07	-25.3	0.00			-0.1	0.0	0.0
0.31	2.21	-37.43	-9.20			558.5	3,863	721.5	14.5	48.7	0.84	7.5	294.3	2.97	4.12	11.6	0.8	0.5
-61.39	-76.86	-24.80	-99.43			1.8	1.9	1.0	6.8	-3.0	-0.54	-119.6	-0.15	-330.59		-0.3	0.8	41.8
3.57	13.72	-20.94	50.96	0.08	0.2	12,073	15,617	13,785	-4.3	1,212	4.90	230.0	976.0	4.88	22.19	10.6	0.9	2.3
0.82	12.95	-0.65	80.60	0.93	2.4	2,538	4,188	3,933	4.5	235.7	2.63	55.5	492.6	6.71	21.19	15.1	0.9	3.0
1.92	17.12	-0.06	76.79	0.70	2.3	2,538	4,188	3,933	4.5	235.7	2.63	55.5	492.6	6.71	21.19	11.5	0.7	2.3
9.42	14.52	19.79	23.18	1.00	5.6	4,900	--	306.5	-4.1	82.9	0.28	-10.4	95.0		4.79	63.5	16.1	2.8
6.97	100.50	-39.32	33.67			680.7	626.0	0.15	0.0	-167.1	-2.15	-8.2	-134.2	-87.78		-3.7	4,433.3	34.4
-49.78	780.39	22.68				62.1	62.4	--		-31.6	-2.41	-2,864.1	-0.15	-737.2		-1.9		-65.9
72,900.00	36,400.00	7,200.00	12,066.67			0.03	1.5	0.03	-6.2	-5.6	-38.46	-614.1	-0.18	-339.09		0.0	0.4	0.0
-7.94	17.82	26.78	57.89	0.53	3.2	10,978	31,632	10,646	-0.4	673.0	1.01	243.7	2,465	4.36	14.24	16.4	1.0	3.4
-10.66	-33.10	-2.40				91.0	90.6	30.2	70.8	-6.9	-0.23	27.1	-6.2	-41.06		-12.2	3.1	29.4
-7.56	-32.10	4.76	23.60			91.0	90.6	30.2	70.8	-6.9	-0.23	27.1	-6.2	-41.06		-9.4	2.4	22.7
7.16	23.39	11.87	56.41	1.92	1.9	33,357	41,761	41,035	3.8	2,569	7.00	-24.8	5,263	1.93	11	14.3	0.8	1.6
28.57	-10.00	-39.19	-55.45			3.2	5.8	--		-1.0	-0.01	7.6	-0.53	-8,495.99		-3.1		-0.8
-17.68	-8.06	-19.48	-16.47	0.67	2.5	874.2	2,461	4,386	26.4	29.2	1.10	-29.9	221.1	1.07	3.19	24.7	0.2	0
10.04	13.08	-14.87	52.89			507.6	--	275.7	33.2	92.5	1.61	225.0	-218.2		23.78	5.6	1.9	1.2
0.00	0.00	0.00	0.00			--	--	-15.0	-747,550.0	-45.5	-7.86	-22.6	-2.7			-0.9	-2.8	-7.1
-0.50	13.69	-22.27	158.14	1.64	4.7	1,833	--	529.0	12.7	203.1	3.67	26.5	246.7		23.61	9.5	3.6	2.1
-13.39	-5.95	-18.28	24.92	1.12	2.6	41,547	--	16,112	1.3	4,041	3.87	-3.4	5,899		9.69	11.2	2.6	1.1
-0.44	4.45	-2.13	24.89	3.39	4.8	66,095	--	20,448	1.8	6,442	5.08	-5.5	-39,772		13.03	14.0	4.4	1.8
2.09	8.87	-0.93	24.16	3.39	6.3	66,095	--	20,448	1.8	6,442	5.08	-5.5	-39,772		13.03	10.7	3.3	1.4
-8.18	6.79	-10.20		0.09	0.3	201.0	--	39.1	0.5	11.4	1.65	-12.3	16.7		6.35	18.1	5.3	1.1
-43.58	-43.58	-43.58	-43.58	0.61	5.8	18.3	17.6	2.2	-14.5	1.6	0.88	-30.6	0.93	1.91	5.98	11.9	8.4	0.7
-5.02	9.43	-5.18	11.27	0.80	6.0	18.3	17.6	2.2	-14.5	1.6	0.88	-30.6	0.93	1.91	5.98	15.1	10.7	0.9
29.22	51.17	48.70	127.11	2.17	4.9	29,194	--	6,922	1.7	1,655	2.42	253.8	1,946		25.25	18.3	7.7	4.6
-2.23	16.30	11.01	216.25	7.53	2.1	204,809	212,995	100,662	5.5	10,132	17.48	12.9	14,974	6.05	1,324.44	20.8	2.1	1,640.5
25.63	53.06	22.13	123.77			4,217	4,145	1,057	18.5	107.0	9.06	6.9	187.5	13.31	23.1	40.3	4.0	8.6
7.69	27.67	1.22	201.03	0.60	0.7	4,023	5,753	3,515	2.2	-41.9	-0.82	-1,477.1	269.3	4.56		-97.8	1.2	24.4
-6.28	-4.59	-30.55	-4.92	1.00	5.8	834.6	970.3	881.9	-2.7	92.4	1.90	0.7	118.7	10.26	23.17	9.1	1.0	2.1
-9.68	-5.94	17.86	23.70	0.09	7.4	18.3	10.2	51.4	9.5	1.2	0.06	-1.8	1.8	5.73	11.34	19.9	0.5	2.2
-8.80	-20.21	11.45	20.28	0.07	7.5	18.3	10.2	51.4	9.5	1.2	0.06	-1.8	1.8	5.73	11.34	14.9	0.4	1.6
22.66	41.70	11.83	74.37	1.26	5.7	2,442	9,494	2,811	-13.7	219.7	1.69	-6.5	20.1	4.68	21.28	13.1	0.9	3.5
-16.22	49.60	25.67	50.80			3.8	5.4	26.8	1.3	0.32	0.02	0.0	2.7	2.99	12.57	23.3	0.1	2.3
-17.67	-11.01	-48.67	-58.44	1.32	10.9	287.4	268.2	821.7	-3.2	28.3	1.15	182.7	43.3	2.99	8.45	10.5	0.4	0.9
-5.46	-1.34	-21.25	68.43	0.60	1.5	53,667	--	10,457	17.0	3,688	2.60	47.7	9,613		18.01	15.5	5.2	2.9

https://greyhouse.weissratings.com
Data as of June 30, 2019

I. Index of Stocks

Summer 2019

Company Name	Stock Ticker Symbol	Traded On	Sector	Overall Rating	Recommendation	Reward Rating	Risk Rating	Recent Up/Downgrade	Stock Price as of 6/30/2019	52-Week High	52-Week Low	3-Year Beta	Growth	Efficiency	Solvency	Volatility	Dividend	Total Return
The Cheesecake Factory Incorporated	CAKE	NAS GS	Consumer Discretn	C	Hold	B-	D+		43.92	60.19	41.63	0.89	F	E	G	W	G	W
The Chefs' Warehouse, Inc.	CHEF	NAS GS	Consumer Staples	C	Hold	C+	C-	Down	34.00	39.26	26.45	0.73	F	G	E	F	–	F
The Chemours Company	CC	NYSE	Materials	C+	Hold	B	D+		24.90	48.97	21.06	2.22	G	E	G	W	G	F
The Children's Place, Inc.	PLCE	NAS GS	Consumer Discretn	C	Hold	B	D		93.68	160.23	82.05	1.55	F	E	G	W	F	W
The Clorox Company	CLX	NYSE	Consumer Staples	B	Buy	B+	C		152.27	167.70	127.34	0.50	E	E	G	F	G	F
The Coca-Cola Company	KO	NYSE	Consumer Staples	B	Buy	B	C+	Up	51.08	52.20	43.17	0.30	G	E	G	F	G	F
The Coffeesmiths Collective, Inc.	COFE	OTC PK	Consumer Discretn	D	Sell	D	D	Up	0.64	2.00	0.32	-1.66	W	W	G	W	–	W
The Community Financial Corporation	TCFC	NAS CM	Financials	C	Hold	B	C-		32.96	37.09	26.47	0.45	E	G	E	F	F	W
The Container Store Group, Inc.	TCS	NYSE	Consumer Discretn	C	Hold	B	D+	Up	7.23	12.42	4.21	2.76	E	G	G	W	–	F
The Cooper Companies, Inc.	COO	NYSE	Health Care	B	Buy	A-	C+		331.57	334.33	228.65	0.92	E	G	E	G	–	G
The Coretec Group Inc.	CRTG	OTC PK	Industrials	D-	Sell	E+	D-		0.05	0.10	0.03	0.71	W	V	F	W	–	V
The Crypto Company	CRCW	OTC PK	Information Tech	D-	Sell	E+	D		1.05	12.00	1.05		V	V	E	W	–	V
The Cushing Renaissance Fund	SZCRT	NYSE	Financials	U	U		U		0.19	0.32	0.16		U	U	U	U	U	U
The Descartes Systems Group Inc	DSG.TO	TSX	Information Tech	B-	Buy	A-	D+		48.10	56.01	33.96	0.48	E	G	E	F	–	G
The Descartes Systems Group Inc	DSGX	NAS GS	Information Tech	B-	Buy	A	D+		36.69	41.60	25.19	0.76	E	G	E	F	–	G
The Dewey Electronics Corporation	DEWY	OTC PK	Industrials	C	Hold	B+	D+	Up	3.23	4.00	1.55	-0.10	G	F	G	W	–	E
The Dixie Group, Inc.	DXYN	NAS	Consumer Discretn	D	Sell	D	D-		0.63	2.40	0.34	2.44	W	W	G	W	–	V
The E.W. Scripps Company	SSP	NAS GS	Communication Svc	C-	Hold	C	D	Down	14.88	23.41	12.44	2.03	F	G	E	W	W	F
The Eastern Company	EML	NAS	Industrials	C	Hold	B	C		27.15	30.95	21.67	1.06	E	E	E	F	F	F
The Ensign Group, Inc.	ENSG	NAS GS	Health Care	B+	Buy	A+	C+		56.28	58.35	34.69	0.89	E	E	E	G	W	E
The Estée Lauder Companies Inc.	EL	NYSE	Consumer Staples	B	Buy	A-	C		182.05	184.70	121.47	0.77	G	E	E	F	W	G
The ExOne Company	XONE	NAS GS	Industrials	D	Sell	D+	D	Down	8.23	11.73	5.73	2.66	F	W	G	W	–	W
The First Bancorp, Inc.	FNLC	NAS GS	Financials	C	Hold	B	D+	Down	25.73	31.61	24.49	0.61	G	G	E	W	G	W
The First Bancshares, Inc.	FBMS	NAS	Financials	B-	Buy	B+	C		30.00	43.53	27.85	0.77	E	G	E	F	W	F
The First of Long Island Corporation	FLIC	NAS CM	Financials	C	Hold	B	C-		20.88	25.85	17.53	0.74	E	G	E	F	G	W
The Flowr Corporation	FLWR.V	TSXV	Health Care	D-	Sell	D+	D	Up	6.17	8.42	2.74		F	W	E	W	–	W
The Flowr Corporation	FLWPF	OTC PK	Health Care	E	Sell	D+	D	Up	4.69	6.30	2.18		F	W	E	W	–	W
The Gabelli Go Anywhere Trust	GGOPRA	AMEX	Financials	U	U		U		41.42	45.00	40.88	-0.02	U	U	U	U	U	U
The Gap, Inc.	GPS	NYSE	Consumer Discretn	C	Hold	B-	D		17.72	33.93	17.12	0.77	F	E	G	W	G	W
The GEO Group, Inc.	GEO	NYSE	Real Estate	C	Hold	B-	D+		20.76	28.06	18.18	1.03	E	E	E	E	E	W
The Goldfield Corporation	GV	AMEX	Industrials	C-	Hold	C+	D	Down	2.24	4.96	1.98	1.18	F	G	E	W	–	W
The Goldman Sachs Group, Inc.	GS	NYSE	Financials	C	Hold	B	D+		199.32	245.08	151.7	1.28	F	G	E	W	F	W
The Goodyear Tire & Rubber Company	GT	NAS GS	Consumer Discretn	C-	Hold	C	D		15.24	25.41	13.23	1.79	F	G	G	W	G	V
The Gorman-Rupp Company	GRC	NYSE	Industrials	C+	Hold	B	C-	Down	31.76	38.26	29.57	0.68	G	E	E	F	F	F
The Greater Cannabis Company, Inc.	GCAN	OTC PK	Health Care	D-	Sell	C-	D		0.11	0.74	0.05		V	G	F	W	–	W
The Green Organic Dutchman Holdings Ltd.	TGOD.TO	TSX	Health Care	D	Sell	D	D	Up	3.18	10.24	2.19		W	W	E	W	–	W
The Green Organic Dutchman Holdings Ltd.	TGODF	OTC PK	Health Care	D	Sell	D	D		2.45	7.89	1.61		W	W	E	W	–	W
The Greenbrier Companies, Inc.	GBX	NYSE	Industrials	C-	Hold	C	D		29.28	64.87	26.94	1.81	W	E	E	G	W	W
The Habit Restaurants, Inc.	HABT	NAS	Consumer Discretn	D	Sell	C-	D	Down	10.10	18.30	9.6	0.89	F	F	G	W	–	W
The Hackett Group, Inc.	HCKT	NAS GS	Information Tech	C	Hold	B-	D+	Down	16.51	22.84	15.16	0.58	E	E	E	W	–	W
The Hain Celestial Group, Inc.	HAIN	NAS GS	Consumer Staples	D	Sell	D	D		21.23	31.16	14.45	1.27	W	W	G	W	–	W
The Hanover Insurance Group, Inc.	THG	NYSE	Financials	B	Buy	A-	B-		126.10	131.44	104.59	0.40	G	E	E	G	F	F
The Hartford Financial Services Group, Inc.	HIG	NYSE	Financials	B	Buy	B+	C	Up	55.40	56.31	40.54	0.50	F	G	E	F	F	F
The Hershey Company	HSY	NYSE	Consumer Staples	B	Buy	B+	C		134.88	139.34	90.52	0.07	E	E	G	F	F	F
The Home Depot, Inc.	HD	NYSE	Consumer Discretn	B	Buy	A-	C+		207.02	215.43	158.09	1.22	E	E	G	F	G	F
The Howard Hughes Corporation	HHC	NYSE	Real Estate	C-	Hold	C	C-		131.25	142.36	89.51	1.19	W	G	E	F	–	W
The InterGroup Corporation	INTG	NAS CM	Real Estate	C	Hold	B-	C		31.50	39.35	25.75	0.56	G	F	G	F	–	F
The Interpublic Group of Companies, Inc.	IPG	NYSE	Communication Svc	C+	Hold	B-	C		22.06	25.10	19.61	0.73	G	E	G	F	G	W
The J. M. Smucker Company	SJM	NYSE	Consumer Staples	C	Hold	C+	C		116.89	128.43	91.32	0.59	W	E	G	F	G	W
The Joint Corp.	JYNT	NAS CM	Health Care	D-	Sell	D-	D		17.89	19.81	6.51	0.58	F	V	G	W	–	E
The Kansai Electric Power Company, Incorporate	KAEPF	OTC PK	Utilities	D+	Sell	B	C		14.35	14.35	14.35	0.04	G	G	G	F	–	F
The Kansai Electric Power Company, Incorporate	KAEPY	OTC PK	Utilities	C	Hold	B	C		5.63	8.15	5.6	0.55	G	G	G	F	–	W

*Ratings Factors: E=Excellent, G=Good, F=Fair, W=Weak, V=Very Weak, U=Unrated

I. Index of Stocks

Summer 2019

TOTAL RETURNS %				DIVIDEND/YIELD		SIZE		REVENUE & INCOME			EARNINGS		EFFECTIVENESS			VALUATION		
3-Month Total Return (%)	6-Month Total Return (%)	1-Year Total Return (%)	3-Year Total Return (%)	Dividend $ TTM	Dividend Yield TTM	Market Cap. ($Mil)	Enterprise Value ($Mil)	Revenue ($Mil)	Revenue Growth (%)	Net Income ($Mil)	Earnings/Share $	EPS Growth (%)	Cash from Operations ($Mil)	Return on Assets (%)	Return on Equity (%)	Earnings (P/E) TTM	Sales (P/S) TTM	Book (P/B) Q
-8.81	4.32	-19.47	0.01	1.32	3.0	1,986	3,023	2,341	2.6	100.0	2.17	-31.0	249.9	5.03	17.6	20.3	0.8	3.7
9.01	8.52	18.47	131.14			1,018	1,412	1,483	11.3	21.0	0.71	14.0	41.9	4.14	7.54	47.7	0.7	3.3
-31.42	-8.79	-41.64	208.01	1.00	4.0	4,083	7,711	6,284	-3.0	792.0	4.39	-6.3	900.0	7.91	87.24	5.7	0.7	5.1
-0.22	3.08	-23.30	27.86	2.12	2.3	1,485	2,073	1,914	2.4	73.9	4.50	1.3	173.8	5.87	23.71	20.8	0.8	5.3
-5.02	0.69	16.75	20.52	3.84	2.5	19,394	21,823	6,278	3.3	796.0	6.11	-0.2	1,003	13.25	98.39	24.9	3.2	24.9
10.51	10.01	21.43	27.80	1.58	3.1	217,913	253,597	32,250	-4.9	6,744	1.58	361.0	7,756	6.54	34.02	32.4	6.8	12.3
-17.95	-27.27	-20.00				119.1	137.3	10.0	110.0	-2.7	-0.02	-51.4	-3.4	-11.74		-38.8	10.3	-33.3
14.55	13.95	-6.23	48.17	0.45	1.4	184.0	--	53.7	10.3	13.9	2.49	96.3	18.2		9.11	13.2	3.4	1.2
-14.44	54.16	-15.34	42.60			353.5	613.6	895.1	4.4	21.7	0.45	11.6	54.9	4.68	8.45	16.2	0.4	1.3
12.41	32.83	41.25	96.93	0.06	0.0	16,409	18,231	2,594	10.9	427.1	8.56	229.7	788.4	4.85	12.69	38.7	6.4	4.6
27.40	0.87	-50.53				3.2	5.1	--		-1.0	-0.01	89.0	-0.40	-33.14		-3.2		-1.8
-91.25	-89.50	-97.61				22.4	21.0	3.0	3,505.9	-18.9	-0.91	-1,129.3	-6.7	-131.33		-1.2	7.5	2.4
						--	--	--		--			--					
-0.48	34.28	13.31	97.29			3,083	3,312	286.2	14.5	31.6	0.40	15.3	82.7	3.88	5.97	120.3	13.2	6.8
2.03	39.72	14.84	96.41			3,083	3,312	286.2	14.5	31.6	0.40	15.3	82.7	3.88	5.97	91.7	10.0	5.2
5.90	34.58	61.50	65.64			4.4	4.2	3.5	-18.7	0.80	0.71	2,172.4	0.14			4.6	1.3	1.8
-31.95	-10.99	-72.22	-82.04			9.9	153.2	394.8	-4.6	-25.1	-1.60	-112.4	4.8	-1.26		-0.4	0.0	0.2
-29.71	-4.03	9.96	-3.99	0.20	1.3	1,202	1,924	1,246	33.6	40.0	0.47	199.9	122.7	4.28	6.35	31.7	1.0	1.3
-2.83	12.44	-3.37	77.52	0.44	1.6	169.2	194.5	235.7	3.6	13.0	2.07	98.9	14.3	6.04	13.74	13.1	0.7	1.7
13.19	46.79	55.61	188.35	0.19	0.3	3,012	4,255	2,098	10.4	96.6	1.76	54.3	194.7	5.49	16.54	32.0	1.5	4.7
11.01	42.38	29.14	114.41	1.67	0.9	65,879	66,405	14,568	9.7	1,814	4.90	59.6	2,398	12.27	39	37.2	4.6	14.4
-3.06	26.23	14.94	-17.20			134.6	131.0	62.3	6.1	-10.8	-0.67	45.1	-8.4	-7.59		-12.3	2.2	2.3
3.15	0.87	-6.75	39.49	1.16	4.5	280.1	--	61.9	4.9	24.2	2.24	18.5	23.7		12.76	11.5	4.5	1.4
-1.80	0.24	-16.40	73.81	0.25	0.8	515.2	--	115.3	53.6	24.9	1.75	30.8	42.0		6.99	17.2	4.1	1.1
-4.79	7.12	-14.12	17.98	0.66	3.2	519.9	--	109.3	6.2	41.3	1.61	7.9	57.6		11.05	13.0	4.9	1.4
-2.37	46.90					419.4	433.2	3.0		-14.2	-0.28	-360.0	-6.8			-21.7	181.5	20.5
0.42	51.11					419.4	433.2	3.0		-14.2	-0.28	-360.0	-6.8			-16.5	137.9	15.6
-0.20	1.01	3.45		2.00	4.8	--	--	--		--			--					
-31.50	-29.55	-45.24	-4.72	0.97	5.5	6,698	13,260	16,503	1.9	1,066	2.77	26.1	1,476	7.5	31.5	6.4	0.4	1.9
13.56	12.38	-17.33	19.16	1.90	9.2	2,473	5,333	2,377	4.4	150.8	1.26	9.9	308.4	4.01	13.91	16.5	1.0	2.4
-0.44	-2.18	-47.91	-27.04			54.9	85.9	151.2	28.5	4.4	0.18	-44.4	6.4	3.74	7.33	12.8	0.4	0.9
4.73	23.31	-9.36	45.93	3.25	1.6	72,919	--	34,489	1.2	9,878	24.02	130.8	-23,621		11.22	8.3	2.2	0.9
-14.05	-23.86	-33.62	-36.09	0.62	4.1	3,543	10,282	15,243	-1.7	557.0	2.32	133.2	941.0	3.38	11.69	6.6	0.2	0.7
-6.00	0.23	-3.57	30.35	0.53	1.7	829.7	781.2	414.6	8.1	37.6	1.44	19.9	36.3	7.29	11.94	22.1	2.0	2.8
5.10	-22.72					3.7	3.9	0.00	-100.0	-1.1	-0.04	-1,422.2	-0.17			-2.9		-6.8
-33.47	24.22	-50.39				666.9	535.8	3.2		-39.5	-0.16	-64.5	-31.2	-10.06		-20.3	267.2	2.8
-30.99	32.43	-49.32				666.9	535.8	3.2		-39.5	-0.16	-64.5	-31.2	-10.06		-15.6	205.9	2.2
-11.05	-24.35	-36.13	14.58	1.00	3.4	948.9	1,287	2,594	15.8	84.6	2.57	-43.1	-35.6	3.43	6.52	11.4	0.4	1.8
-5.43	-4.90	2.54	-37.73			209.4	383.0	418.4	21.4	1.9	0.09	141.5	45.4	1.27	1.83	112.5	0.5	1.7
4.23	3.71	2.90	30.92	0.35	2.1	491.0	496.1	261.8	2.2	23.6	0.73	-12.4	13.9	11.49	21.57	22.5	2.0	3.8
-9.16	36.44	-28.81	-55.57			2,211	2,935	2,364	-3.1	-239.7	-2.30	-402.3	56.3	2.25		-9.2	0.9	1.4
10.88	18.95	12.93	71.81	7.09	5.6	5,132	5,617	4,383	6.9	445.7	10.49	116.0	400.8	1.93	10.06	12.0	1.2	1.8
12.88	28.07	11.47	39.99	1.20	2.2	20,027	25,046	19,182	8.6	1,840	5.01	161.1	2,410	1.04	12.28	11.1	1.1	1.4
18.63	28.43	46.98	51.06	2.89	2.1	28,163	32,324	7,836	3.0	1,132	5.37	13.5	1,578	13.73	93.18	25.1	3.6	19.9
9.69	23.38	8.79	74.10	4.78	2.3	227,781	260,097	109,637	7.5	11,230	9.92	29.0	13,632	20.36		20.9	2.1	-106.4
19.46	37.06	-0.11	18.60			5,662	8,694	1,257	22.0	87.4	2.02	-46.9	237.3	1.4	2.75	65.1	4.5	1.8
3.58	-3.11	17.31	26.00			73.3	207.8	75.1	7.3	5.8	1.63	282.3	14.6	7.86		19.3	1.1	-1.7
6.56	10.29	-3.26	8.87	1.10	5.0	8,538	13,531	8,262	9.1	625.0	1.60	22.5	1,202	4.77	26.28	13.8	1.0	3.7
1.40	26.34	10.45	-13.90	3.40	2.9	13,295	19,154	7,838	6.5	514.4	4.53	-61.6	1,141	4.54	6.49	25.8	1.7	1.7
26.43	110.97	124.47	695.11			246.6	250.5	35.4	26.1	1.6	0.11	183.5	5.9	5.49	101.74	157.3	7.2	119.0
0.00	0.00	0.70	-2.65			10,134	44,459	29,834	5.4	1,040	1.16	-24.0	--	1.76	7.55	12.3	0.4	0.9
-25.73	-23.84	-21.70	19.53			10,134	44,459	29,834	5.4	1,040	1.16	-24.0	--	1.76	7.55	4.8	0.2	0.4

I. Index of Stocks

Summer 2019

Company Name	Stock Ticker Symbol	Traded On	Sector	Overall Rating	Recommendation	Reward Rating	Risk Rating	Recent Up/Downgrade	Stock Price as of 6/30/2019	52-Week High	52-Week Low	3-Year Beta	Growth	Efficiency	Solvency	Volatility	Dividend	Total Return
The Keg Royalties Income Fund	KEGUN.TO	TSX	Consumer Discretn	C	Hold	B-	D+		17.03	17.90	15.01	0.24	F	E	E	W	G	W
The Keg Royalties Income Fund	KRIUF	OTC PK	Consumer Discretn	C	Hold	B-	D+		12.80	13.51	11.49	0.71	F	E	E	W	E	W
The Kraft Heinz Company	KHC	NAS GS	Consumer Staples	D	Sell	C-	D-	Down	30.77	64.99	26.96	1.09	W	F	G	W	E	V
The Kroger Co.	KR	NYSE	Consumer Staples	C-	Hold	C+	D	Down	21.39	32.74	21.3	0.82	G	E	G	W	F	W
The L.S. Starrett Company	SCX	NYSE	Industrials	C	Hold	B-	D		6.74	9.33	4.62	0.49	F	F	E	W	–	W
The L.S. Starrett Company	SCXLB	OTC PK	Industrials	C	Hold	B	D+	Up	7.60	8.30	4.55	0.18	F	F	E	W	–	W
The LGL Group, Inc.	LGL	AMEX	Information Tech	B	Buy	A	C+	Up	7.83	9.65	5.1	1.02	E	G	E	F	–	E
The Liberty Braves Group	BATRB	OTC PK	Communication Svc	C-	Hold	C	D+		26.45	31.80	24.09	0.58	F	W	G	F	–	F
The Liberty Braves Group	BATRK	NAS GS	Communication Svc	C-	Hold	C-	C-		27.44	29.74	23.44	0.73	F	W	G	G	–	F
The Liberty Braves Group	BATRA	NAS GS	Communication Svc	C-	Hold	C-	C-		27.41	29.66	23.54	0.80	F	W	G	G	–	F
The Liberty SiriusXM Group	LSXMA	NAS GS	Communication Svc	C	Hold	B-	D+		37.38	48.57	34.92	1.18	F	G	G	W	–	W
The Liberty SiriusXM Group	LSXMB	NAS GS	Communication Svc	C	Hold	B-	D+		36.94	49.94	35.46	0.89	F	G	G	W	–	W
The Liberty SiriusXM Group	LSXMK	NAS GS	Communication Svc	C	Hold	B-	C-		37.52	48.56	34.84	1.18	F	G	G	F	–	W
The Lovesac Company	LOVE	NAS	Consumer Discretn	D-	Sell	D	D		28.94	46.79	16.46		W	W	E	F	–	W
The Madison Square Garden Company	MSG	NYSE	Communication Svc	C-	Hold	C-	D+	Down	277.98	330.00	240.33	0.36	W	F	E	F	–	F
The Manitowoc Company, Inc.	MTW	NYSE	Industrials	D	Sell	D	D		17.67	28.11	13.22	2.68	W	W	G	W	–	W
The Marcus Corporation	MCS	NYSE	Communication Svc	C+	Hold	B	C		32.69	45.82	32.05	0.54	F	E	G	F	F	F
The Marquie Group, Inc.	TMGI	OTC PK	Communication Svc	D-	Sell	C-	D-	Up	0.00	0.45	0		F	G	F	W	–	V
The McClatchy Company	MNI	AMEX	Communication Svc	D-	Sell	D-	D-	Down	2.62	10.44	1.95	0.02	V	W	F	W	–	V
The Medicines Company	MDCO	NAS GS	Health Care	D	Sell	D-	D		35.58	41.57	16.69	1.88	W	V	G	W	–	W
The Meet Group, Inc.	MEET	NAS CM	Communication Svc	D+	Sell	C-	D	Down	3.34	6.27	3.05	1.13	F	E	E	W	–	W
The Michaels Companies, Inc.	MIK	NAS GS	Consumer Discretn	D+	Sell	C	D-		8.72	21.11	7.78	1.18	F	E	F	W	–	W
The Middleby Corporation	MIDD	NAS GS	Industrials	B-	Buy	B+	C	Up	131.84	140.15	96.65	1.35	E	E	E	F	–	F
The Mint Corporation	MITJF	OTC PK	Financials	D	Sell	D	D	Down	0.03	0.17	0.03	2.36	F	W	E	W	–	W
The Mint Corporation	MIT.V	TSXV	Financials	D	Sell	D	D	Down	0.06	0.24	0.04	2.15	F	W	E	W	–	W
The Monarch Cement Company	MCEM	OTC PK	Materials	C	Hold	B	C		62.10	75.00	57.25	0.20	G	E	E	F	–	F
The Mosaic Company	MOS	NYSE	Materials	C-	Hold	C+	D	Down	24.39	37.37	20.81	1.70	G	G	G	W	W	W
The National Security Group, Inc.	NSEC	NAS	Financials	C-	Hold	C+	D		11.75	17.70	10.63	0.03	G	G	E	W	F	W
The New Home Company Inc.	NWHM	NYSE	Consumer Discretn	D	Sell	D	D-		4.01	10.50	3.57	1.64	W	F	G	W	–	V
The New York Times Company	NYT	NYSE	Communication Svc	B	Buy	B	C+		32.85	34.87	21.34	1.11	F	E	E	G	W	G
The North West Company Inc.	NWC.TO	TSX	Consumer Staples	C	Hold	B	C-	Down	29.46	33.16	27.03	-0.20	E	E	G	F	G	W
The North West Company Inc.	NNWWF	OTC PK	Consumer Staples	C	Hold	B	C-		22.81	24.20	21.18	0.38	E	E	G	F	G	W
The O.T. Mining Corporation	OTMN	OTC PK	Materials	D	Sell	D-	D		0.08	0.24	0.04	-0.50	W	V	F	W	–	G
The OLB Group, Inc.	OLBG	OTC PK	Health Care	D+	Sell	C	D		0.45	0.55	0.1	0.25	F	F	E	W	–	W
The ONE Group Hospitality, Inc.	STKS	NAS CM	Consumer Discretn	C-	Hold	C-	D+	Down	3.19	4.00	1.87	0.58	W	W	F	W	–	F
The Peck Company, Inc.	PECK	NAS CM	Industrials	U	U	U	U		7.28	10.66	5.73		U	U	U	U	U	U
The PNC Financial Services Group, Inc.	PNC	NYSE	Financials	B-	Buy	B+	C	Up	134.66	147.23	108.45	1.15	G	E	E	F	G	F
The Procter & Gamble Company	PG	NYSE	Consumer Staples	B-	Buy	B	C	Down	109.78	112.63	77.29	0.33	G	E	E	F	G	F
The Progressive Corporation	PGR	NYSE	Financials	A	Buy	A+	B	Up	79.69	84.30	56.71	0.56	E	E	E	G	W	E
The Providence Service Corporation	PRSC	NAS GS	Health Care	C-	Hold	C	D		57.29	83.90	54.02	0.54	F	G	E	F	–	F
The Rank Group Plc	RANKF	OTC PK	Consumer Discretn	D+	Sell	C	D		2.10	2.41	1.84	0.45	W	E	G	W	G	W
The RealReal, Inc.	REAL	NAS GS	Consumer Discretn	U		U	U		18.00				U	U	U	U	U	U
The Reserve Petroleum Company	RSRV	OTC PK	Energy	C	Hold	B-	C		209.00	214.00	183	-0.16	E	E	E	F	–	F
The RMR Group Inc.	RMR	NAS CM	Real Estate	C+	Hold	B+	D+	Down	43.96	98.00	41.69	1.80	G	E	E	W	G	F
The Royal Bank of Scotland Group plc	RBS PRFCL	NYSE	Financials	D+	Sell	C-	D		25.38	25.39	25.37	0.04	W	F	G	F	W	W
The Royal Bank of Scotland Group plc	RBS	NYSE	Financials	C-	Hold	C	C-		5.65	7.31	4.98	1.06	F	F	F	F	–	W
The Royal Bank of Scotland Group plc	RBS PRRCL	NYSE	Financials	E	Sell	C	D		25.35	25.36	25.35	0.00	F	F	F	F	–	W
The Royal Bank of Scotland Group plc	RBSPF	OTC PK	Financials	C	Hold	C+	D+	Up	2.75	3.59	2.42	0.93	F	F	E	W	–	W
the Rubicon Project, Inc.	RUBI	NYSE	Consumer Discretn	D-	Sell	E+	D		6.09	7.50	2.69	1.79	W	V	G	W	–	F
The Scotts Miracle-Gro Company	SMG	NYSE	Materials	C	Hold	B	C-	Up	98.05	99.47	57.96	1.03	F	G	G	F	F	F
The Second Cup Ltd	SCU.TO	TSX	Consumer Discretn	D	Sell	C-	D		1.68	3.30	1.63	1.19	F	F	G	W	–	W
The Second Cup Ltd	SCUPF	OTC PK	Consumer Discretn	D	Sell	C-	D		1.27	2.51	1.26	1.69	F	F	G	W	–	W

*Ratings Factors: E=Excellent, G=Good, F=Fair, W=Weak, V=Very Weak, U=Unrated

Summer 2019 — I. Index of Stocks

3-Month Total Return (%)	6-Month Total Return (%)	1-Year Total Return (%)	3-Year Total Return (%)	Dividend $ TTM	Dividend Yield TTM	Market Cap. ($Mil)	Enterprise Value ($Mil)	Revenue ($Mil)	Revenue Growth (%)	Net Income ($Mil)	Earnings/Share $	EPS Growth (%)	Cash from Operations ($Mil)	Return on Assets (%)	Return on Equity (%)	Earnings (P/E) TTM	Sales (P/S) TTM	Book (P/B) Q
0.46	8.31	3.86	12.08	1.14	6.7	147.3	156.0	22.8	1.1	13.0	0.58	63.2	18.8	7.65	18.61	29.3	8.5	2.8
2.60	14.23	1.21	10.74	0.81	6.3	147.3	156.0	22.8	1.1	13.0	0.58	63.2	18.8	7.65	18.61	22.0	6.4	2.1
-5.13	-27.49	-48.43	-59.43	2.05	6.7	37,538	67,697	26,268	0.7	-10,192	-8.36	-193.7	2,574	3.27		-3.7	1.4	0.7
-12.00	-21.64	-23.27	-37.31	0.56	2.6	17,078	37,240	121,162	-1.2	3,110	3.70	75.8	4,164	3.96	23.56	5.8	0.1	2.2
-10.80	27.00	5.37	-40.04			47.1	55.3	224.5	5.4	5.4	0.77	218.0	7.1	2.98	6.09	8.8	0.2	0.5
-0.65	59.66	12.59	-33.07			47.1	55.3	224.5	5.4	5.4	0.77	218.0	7.1	2.98	6.09	9.9	0.2	0.6
13.47	29.62	50.85	141.52			38.2	19.0	25.6	12.5	1.8	0.37	741.3	1.6	3.55	6.75	21.1	1.5	1.4
1.73	1.73	7.22	63.27			1,398	1,701	436.0	6.6	-14.0	-0.28	47.1	94.0	0.11		-93.4	3.1	3.6
-2.10	11.14	6.65	95.58			1,398	1,701	436.0	6.6	-14.0	-0.28	47.1	94.0	0.11		-96.9	3.2	3.7
-2.63	10.93	6.41	92.08			1,398	1,701	436.0	6.6	-14.0	-0.28	47.1	94.0	0.11		-96.8	3.2	3.7
-1.61	2.27	-17.56	24.10			11,974	27,351	6,140	11.5	537.0	1.61	-54.6	1,774	3.24	4.81	23.3	2.0	1.1
-6.79	2.04	-19.42	21.11			11,974	27,351	6,140	11.5	537.0	1.61	-54.6	1,774	3.24	4.81	23.0	2.0	1.1
-1.44	2.71	-17.59	25.07			11,974	27,351	6,140	11.5	537.0	1.61	-54.6	1,774	3.24	4.81	23.3	2.0	1.1
2.48	21.39	35.68				420.5	384.8	180.1	62.3	-10.1	-3.97	-119.0	-9.6	-7.86		-7.3	2.2	5.7
-5.29	5.96	-8.35	68.42			6,604	5,536	1,685	9.0	38.6	1.60	-62.8	146.8	0.28	0.94	174.1	3.9	2.5
8.40	22.20	-30.65	-13.38			632.4	981.3	1,879	13.1	-83.8	-2.37	-342.3	-499.3	3.05		-7.5	0.3	1.1
-18.40	-15.79	2.17	74.15	0.62	1.9	1,010	1,535	674.1	7.8	45.4	1.58	-31.5	133.4	4.07	8.68	20.7	1.5	1.7
-93.41	-99.57					0.05	1.1	0.00	9.8	-3.7	-0.09	70.7	-0.30			0.0		0.0
-50.10	-68.05	-73.13	-80.79			20.8	820.3	788.7	-10.5	-82.8	-10.59	70.7	2.0	-0.42		-0.3	0.0	-0.1
27.71	88.05	2.57	2.57			2,629	3,276	-1.6	-104.7	-212.2	-2.88	63.8	-202.3	-11.77		-12.4	-1,624.7	-34.8
-34.64	-25.78	-23.92	-36.02			252.1	272.1	190.5	34.8	6.6	0.09	109.2	24.5	2.74	3.44	37.6	1.4	1.3
-26.72	-34.93	-53.14	-68.11			1,379	5,523	5,210	-2.8	330.4	2.04	8.2	445.6	13.47		4.3	0.3	-0.9
3.03	29.98	26.95	14.76			7,339	9,247	2,825	18.2	320.7	5.76	11.0	358.1	8.07	20.26	22.9	2.6	4.3
-55.93	-67.81	-73.68	-15.50			8.3	21.8	0.00		30.4	0.18	422.6	0.37	-67.88		0.2		-0.5
-35.29	-65.62	-69.44	10.00			8.3	21.8	0.00		30.4	0.18	422.6	0.37	-67.88		0.3		-0.7
-0.58	-1.65	-15.09	93.82	1.65	2.7	239.8	236.0	172.9	6.4	23.8	6.16	70.9	32.4	8.65	13.81	10.1	1.4	1.4
-10.03	-15.12	-13.46	1.50	0.13	0.5	9,409	14,220	9,553	23.0	558.5	1.45	833.3	1,305	3.56	5.21	16.9	1.0	0.9
-0.91	-8.85	-26.77	-31.26	0.20	1.7	29.7	36.8	66.9	2.6	2.8	1.09	755.6	3.5	1.8	5.69	10.8	0.4	0.6
-16.98	-23.33	-59.82	-56.55			80.4	441.4	663.2	-11.5	-15.6	-0.77	-204.0	-122.5	0.97		-5.2	0.1	0.3
0.30	47.12	27.17	189.46	0.17	0.5	5,453	5,127	1,747	4.4	133.9	0.80	1,094.2	164.4	5.42	13.45	41.1	3.1	5.2
3.95	-4.59	2.17	11.13	1.30	4.4	1,094	1,470	1,550	0.8	71.6	1.46	20.2	110.0	6.67	24.12	20.2	0.9	4.7
7.31	4.60	7.96	20.75	0.98	4.3	1,094	1,470	1,550	0.8	71.6	1.46	20.2	110.0	6.67	24.12	15.6	0.7	3.6
0.00	-20.00	-11.11	66.67			2.5	3.1	--		-0.13	0.00	30.8	-0.15			-17.8		-12.3
233.33	80.00	-13.46	350.00			73.1	85.6	14.8	3.1	-2.4	-0.01	95.7	-0.60	-4.69		-48.9	5.0	-35.4
3.74	13.12	27.60	20.38			91.3	156.7	88.9	12.8	3.9	0.14	194.1	8.8	5.51	46.24	23.2	1.1	6.8
						39.8	43.5	--		--			--					
10.40	18.49	2.31	83.43	3.80	2.8	60,791	--	16,802	4.3	5,333	10.90	0.2	6,319		11.25	12.4	3.7	1.4
6.76	22.21	45.33	46.52	2.90	2.6	275,364	297,224	67,093	1.0	11,029	4.19	11.4	15,290	7.25	20.08	26.2	4.3	5.1
10.19	38.97	39.25	169.71	2.61	3.3	46,538	51,712	33,824	21.1	2,976	5.03	56.2	6,406	5.54	25.67	15.8	1.4	4.0
-13.49	-4.75	-27.48	29.88			738.7	797.0	1,562	24.4	-23.8	-2.25	-159.2	35.7	3.08		-25.5	0.5	2.4
5.53	9.38	-11.80	-34.78			793.0	783.2	914.6	0.5	39.1	0.10	-48.8	109.0	5.71	7.54	21.0	0.9	1.6
						1,489	1,761	69.3	49.1	-23.2	-1.53	-66.5	-22.6			-11.8	4.5	-1.2
8.12	15.64	15.02	21.58	7.00	3.4	32.7	9.5	7.8	26.7	2.4	15.09	454.8	4.7	3.4	7.17	13.9	4.2	1.0
-29.16	-17.15	-41.74	56.09	1.30	3.0	713.9	579.4	310.1	-10.0	76.9	4.74	-16.1	198.2	22.8	36.26	9.3	2.3	2.5
0.00	0.00	0.00	7.80			33,417	--	16,275	-3.4	2,727	0.16	13.5	--		4.13	154.4	18.9	5.1
-14.13	8.17	-12.52	22.54	0.14	2.4	33,417	--	16,275	-3.4	2,727	0.16	13.5	--		4.13	34.4	4.2	1.1
0.00	0.00	0.00	1.64			33,417	--	16,275	-3.4	2,727	0.16	13.5	--		4.13	154.2	18.8	5.1
-14.06	6.18	-19.35	20.61			33,417	--	16,275	-3.4	2,727	0.16	13.5	--		4.13	16.7	2.0	0.6
0.83	65.49	109.28	-52.75			315.2	248.7	132.2	-1.6	-46.6	-0.92	72.9	-16.4	-9.3		-6.6	2.4	2.9
26.36	63.19	22.31	55.54	2.20	2.2	5,439	7,809	2,917	12.8	252.8	4.47	6.8	279.2	6.4	55.31	22.0	1.9	8.8
-12.95	-8.20	-36.12	-36.84			25.4	70.9	20.6	13.9	1.6	0.08	153.1	2.0	0.81	6.56	21.2	1.6	1.2
-11.09	-1.91	-36.65	-40.72			25.4	70.9	20.6	13.9	1.6	0.08	153.1	2.0	0.81	6.56	16.0	1.2	0.9

I. Index of Stocks — Summer 2019

Company Name	Stock Ticker Symbol	Traded On	Sector	Overall Rating	Recommendation	Reward Rating	Risk Rating	Recent Up/Downgrade	Stock Price as of 6/30/2019	52-Week High	52-Week Low	3-Year Beta	Growth	Efficiency	Solvency	Volatility	Dividend	Total Return
The Sherwin-Williams Company	SHW	NYSE	Materials	C+	Hold	B	C		454.75	479.64	355.28	1.23	G	E	G	F	W	F
The Simply Good Foods Company	SMPL	NAS CM	Consumer Staples	B	Buy	B	B		23.60	25.08	14.08	0.73	E	G	E	E	--	G
The Singing Machine Company, Inc.	SMDM	OTC PK	Consumer Discretn	D+	Sell	C-	D		0.26	0.44	0.16	0.99	W	F	E	W	--	W
The Southern Banc Company, Inc.	SRNN	OTC PK	Financials	D	Sell	D	D	Down	8.35	11.50	8.05	-0.03	W	W	E	W	--	W
The Southern Company	SO	NYSE	Utilities	B	Buy	B+	C	Up	55.08	56.54	42.5	0.28	F	G	G	F	G	F
The St. Joe Company	JOE	NYSE	Real Estate	C	Hold	C+	C	Up	16.80	18.45	12.63	1.11	G	G	E	F	--	W
The Stars Group Inc.	TSGI.TO	TSX	Consumer Discretn	D+	Sell	C	D	Up	22.23	50.63	20.25	0.98	F	F	G	W	--	W
The Stars Group Inc.	TSG	NAS GS	Consumer Discretn	D+	Sell	C-	D	Up	17.00	38.20	15.1	1.28	F	F	G	W	--	W
The Supreme Cannabis Company, Inc.	FIRE.TO	TSX	Health Care	D	Sell	D+	D		1.56	2.43	1.15	2.62	W	W	E	W	--	F
The Supreme Cannabis Company, Inc.	SPRWF	OTC PK	Health Care	D	Sell	D+	D		1.20	2.04	0.85	3.04	W	W	E	W	--	F
The Timken Company	TKR	NYSE	Industrials	B	Buy	A-	C	Up	50.47	52.45	33.98	1.78	E	E	E	F	F	F
The TJX Companies, Inc.	TJX	NYSE	Consumer Discretn	B	Buy	B+	C+		52.88	56.64	41.49	0.90	G	E	G	F	F	F
The Toro Company	TTC	NYSE	Industrials	B	Buy	A-	C		66.97	75.13	52.97	1.03	E	E	E	F	W	G
The Toronto-Dominion Bank	TD	NYSE	Financials	B	Buy	B+	C+	Up	58.10	62.00	47.73	0.99	F	E	E	F	G	F
The Toronto-Dominion Bank	TD.TO	TSX	Financials	B	Buy	B	B		76.12	80.05	65.56	0.71	F	E	E	G	G	F
The Trade Desk, Inc.	TTD	NAS	Information Tech	C+	Hold	A	C	Up	231.45	258.00	83.66	2.74	E	E	E	F	--	E
The Travelers Companies, Inc.	TRV	NYSE	Financials	B+	Buy	A-	B	Up	149.20	153.63	111.08	0.81	E	E	G	F	F	F
The Walt Disney Company	DIS	NYSE	Communication Svc	B	Buy	B	B-		139.30	143.51	100.35	0.70	G	E	G	G	--	F
The Wendy's Company	WEN	NAS GS	Consumer Discretn	A-	Buy	A-	B	Up	19.49	20.14	14.96	0.64	E	E	G	F	G	G
The Westaim Corporation	WED.V	TSXV	Financials	C	Hold	B-	C	Up	2.67	3.35	2.29	0.31	G	G	E	F	--	W
The Westaim Corporation	WEDXF	OTC PK	Financials	C	Hold	B-	D+	Up	2.03	2.57	1.73	0.64	G	G	E	W	--	W
The Western Investment Company Of Canada Limit	WI.V	TSXV	Consumer Discretn	D+	Sell	C	D	Up	0.40	0.50	0.27	0.61	F	F	G	W	--	W
The Western Union Company	WU	NYSE	Information Tech	B-	Buy	B	C	Up	19.68	20.80	16.42	0.70	F	G	F	F	G	W
The Williams Companies, Inc.	WMB	NYSE	Energy	C	Hold	B-	D		27.54	32.22	20.36	1.41	F	G	G	W	G	F
The Wonderfilm Media Corporation	WNDR.V	TSXV	Communication Svc	D-	Sell	D-	D		0.21	0.72	0.18		W	W	E	W	--	V
The Wonderfilm Media Corporation	WDRFF	OTC PK	Communication Svc	D-	Sell	D-	D-	Up	0.17	0.53	0.13		W	W	E	W	--	V
The Yield Growth Corp.	BOSQF	OTC PK	Consumer Staples	E-	Sell	E+	D-		0.29	0.72	0.19		W	V	E	W	--	W
The York Water Company	YORW	NAS GS	Utilities	C+	Hold	B	C		34.70	36.50	28.95	0.13	F	E	G	F	F	F
The9 Limited	NCTY	NAS CM	Communication Svc	D+	Sell	C	D		1.21	8.13	0.78	1.87	W	E	F	W	--	W
theglobe.com, inc.	TGLO	OTC PK	Communication Svc	D+	Sell	C	D	Down	0.04	0.18	0.01	8.31	W	E	F	W	--	W
THEMAC Resources Group Limited	MACQF	OTC PK	Materials	D	Sell	D	D		0.04	0.06	0.03	1.10	W	W	F	W	--	W
THEMAC Resources Group Limited	MAC.V	TSXV	Materials	D	Sell	D+	D		0.06	0.09	0.03	1.64	W	W	F	W	--	F
theMaven, Inc.	MVEN	OTC PK	Communication Svc	D-	Sell	E+	D		0.66	1.30	0.25	1.22	W	V	G	W	--	W
Theralase Technologies Inc.	TLTFF	OTC PK	Health Care	D-	Sell	E+	D		0.33	0.45	0.2	1.00	W	V	E	W	--	F
Theralase Technologies Inc.	TLT.V	TSXV	Health Care	D-	Sell	E+	D		0.44	0.60	0.27	0.41	W	V	E	W	--	F
Therapeutic Solutions International, Inc.	TSOI	OTC PK	Health Care	D	Sell	C-	D-		0.00	0.03	0	-1.87	W	E	F	W	--	V
TherapeuticsMD, Inc.	TXMD	NAS GS	Health Care	E+	Sell	E+	D-	Down	2.51	6.94	2.21	2.23	V	V	G	W	--	V
Therapix Biosciences Ltd.	TRPX	NAS CM	Health Care	D-	Sell	D-	D		2.50	9.30	2.22	0.85	W	W	E	W	--	W
Theratechnologies Inc.	THERF	OTC PK	Health Care	D	Sell	C-	D		5.48	10.04	3.85	0.29	F	W	G	W	--	F
Theratechnologies Inc.	TH.TO	TSX	Health Care	D	Sell	C-	D		7.23	13.33	5.17	0.05	F	W	G	W	--	F
Theravance Biopharma, Inc.	TBPH	NAS	Health Care	D-	Sell	E+	D		15.96	35.48	15.18	1.46	F	V	G	W	--	W
Therma Bright Inc.	THRBF	OTC PK	Health Care	E-	Sell	C-	E+		0.02	0.03	0.02		W	E	G	V	--	V
Therma Bright Inc.	THRM.V	TSXV	Health Care	C-	Hold	C+	D		0.03	0.07	0.02	4.34	W	E	W	V	--	W
Thermal Energy International Inc.	TMGEF	OTC PK	Industrials	D	Sell	C-	D-	Down	0.05	0.07	0.04	-0.57	W	E	G	W	--	W
Thermal Energy International Inc.	TMG.V	TSXV	Industrials	D	Sell	C-	D	Down	0.07	0.10	0.06	-0.57	W	F	G	W	--	W
Thermo Fisher Scientific Inc.	TMO	NYSE	Health Care	B+	Buy	A	B-		293.77	298.38	202.83	1.21	E	E	E	G	W	G
Thermon Group Holdings, Inc.	THR	NYSE	Industrials	C+	Hold	B	C		25.51	27.95	18.37	1.63	G	G	E	F	--	F
theScore, Inc.	SCR.V	TSXV	Communication Svc	D	Sell	D+	D	Down	0.37	0.42	0.22	0.10	F	W	E	W	--	F
theScore, Inc.	TSCRF	OTC PK	Communication Svc	D	Sell	D+	D	Down	0.28	0.32	0.16	0.60	F	W	E	W	--	F
TheStreet, Inc.	TST	NAS CM	Financials	D+	Sell	C	D	Down	6.10	25.00	5.48	-1.24	W	G	E	W	--	W
Third Century Bancorp	TDCB	OTC PK	Financials	C	Hold	B	C		12.15	14.10	9.2	0.89	E	G	E	F	--	F
Third Point Offshore Investors Limited	TPNTF	OTC PK	Financials	D+	Sell	D+	D	Down	14.95	16.47	13.5	0.31	V	F	E	F	--	W

*Ratings Factors: E=Excellent, G=Good, F=Fair, W=Weak, V=Very Weak, U=Unrated

I. Index of Stocks

Summer 2019

	TOTAL RETURNS %			DIVIDEND/YIELD		SIZE		REVENUE & INCOME			EARNINGS		EFFECTIVENESS			VALUATION		
3-Month Total Return (%)	6-Month Total Return (%)	1-Year Total Return (%)	3-Year Total Return (%)	Dividend $ TTM	Dividend Yield TTM	Market Cap. ($Mil)	Enterprise Value ($Mil)	Revenue ($Mil)	Revenue Growth (%)	Net Income ($Mil)	Earnings/Share $	EPS Growth (%)	Cash from Operations ($Mil)	Return on Assets (%)	Return on Equity (%)	Earnings (P/E) TTM	Sales (P/S) TTM	Book (P/B) Q
5.73	17.34	13.36	61.51	3.98	0.9	41,760	53,225	17,610	8.8	1,104	11.66	-36.1	1,867	5.77	30.88	39.0	2.4	12.1
14.06	27.64	62.87				1,933	1,905	460.2	12.3	46.8	0.58	18.6	57.5	4.69	7.13	40.5	4.4	2.4
-35.98	-9.79	-21.64	-17.97			10.1	12.6	48.2	-22.0	0.21	0.00	-121.6	2.4	5.27	7.75	-164.1	0.2	1.1
-10.31	-4.57	-25.78	-17.33			6.4	--	4.0	64.6	-0.56	-0.74	28.8	--			-11.3	1.6	0.6
8.51	28.34	24.87	21.73	2.42	4.4	57,299	106,448	22,535	-4.6	3,372	3.23	197.3	6,180	2.13	11.89	17.0	2.6	2.2
0.48	28.15	-6.15	-0.88			1,011	1,083	106.4	0.0	33.6	0.53	-35.7	38.3	1.96	5.93	31.5	9.5	2.0
-5.00	-0.22	-52.77	21.48			4,872	9,765	2,217	59.7	-150.0	-1.00	-176.5	538.2	1.79		-22.3	2.8	1.4
-2.58	4.10	-52.18	21.52			4,872	9,765	2,217	59.7	-150.0	-1.00	-176.5	538.2	1.79		-17.1	2.1	1.1
-28.44	19.08	-4.29	339.44			349.2	349.5	20.0	376.4	-10.5	-0.04	-233.3	-7.6	-3.31		-41.1	22.6	3.0
-26.43	26.32	-1.64	352.66			349.2	349.5	20.0	376.4	-10.5	-0.04	-233.3	-7.6	-3.31		-31.6	17.4	2.3
18.70	38.73	18.87	83.96	1.12	2.2	3,842	5,552	3,677	15.5	314.5	4.03	29.5	429.1	7.49	19.72	12.5	1.1	2.3
0.10	21.71	12.71	48.80	0.82	1.5	64,126	73,090	39,562	7.6	3,044	2.44	12.4	3,513	14.37	58.56	21.7	1.7	12.5
-2.58	21.13	12.90	61.26	0.88	1.3	7,128	7,759	2,760	8.7	293.2	2.71	15.8	390.4	11.09	41.04	24.7	2.6	8.9
7.93	19.67	5.62	52.58	2.75	4.7	106,099	--	28,485	3.7	8,805	4.71	6.4	6,015		14.39	12.3	3.7	1.8
5.24	14.80	4.28	53.45	2.75	3.6	106,099	--	28,485	3.7	8,805	4.71	6.4	6,015		14.39	16.2	4.9	2.4
24.10	102.23	151.00				10,259	10,121	512.6	50.5	89.2	1.92	55.0	84.5	7.07	25.77	120.6	21.4	24.0
9.59	27.63	24.73	40.04	3.13	2.1	38,982	46,066	30,667	4.9	2,650	9.84	29.9	4,465	2.07	11.2	15.2	1.3	1.6
25.82	29.82	35.06	51.86	1.72	1.2	250,698	313,055	59,760	5.0	13,478	8.90	18.6	9,631	5.54	17.85	15.7	3.6	2.8
10.84	26.10	15.96	121.12	0.37	1.9	4,497	7,877	1,290	4.1	471.9	1.94	153.5	217.5	3.56	85.5	10.1	3.6	7.0
4.30	4.30	-17.59	12.46	0.12	4.7	291.3	-58.9	28.9	14.9	21.0	0.13	103.8	-3.5	3.37	6.1	20.0	13.5	1.1
6.28	6.84	-16.81	15.42	0.09	4.7	291.3	-58.9	28.9	14.9	21.0	0.13	103.8	-3.5	3.37	6.1	15.2	10.3	0.8
11.11	0.00	-6.98	-33.33			9.3	10.6	0.19	94.9	0.85	0.03	350.5	-0.55	-1.76	7.22	14.7	64.5	1.0
6.69	17.93	1.01	17.57	0.78	4.0	8,476	11,272	5,538	-1.3	811.4	1.79	259.9	928.2	7.34		11.0	1.6	-22.8
-2.58	31.81	6.93	52.47	1.44	5.2	33,372	58,184	8,652	6.4	-112.0	-0.03	-101.1	3,374	2.71	0.87	-1,043.2	3.9	2.3
-36.36	-63.79	-63.79				6.2	8.6	0.99	-89.4	-3.1	-0.13	-32.9	-4.4	-21.93		-1.6	7.0	1.0
-32.54	-57.50					6.2	8.6	0.99	-89.4	-3.1	-0.13	-32.9	-4.4	-21.93		-1.3	5.7	0.8
-38.97						25.6	21.3	1.6	8.3	-9.8	-0.13	-63.9	-4.0			-2.3	14.9	6.1
2.33	7.88	8.65	16.47	0.69	2.0	449.6	545.7	48.6	-0.7	13.6	1.05	4.3	18.5	3.92	10.98	33.1	9.2	3.5
-40.98	22.22	15.56	-76.27			53.8	127.7	2.7	-75.7	-38.7	-5.72	36.4	--	-29.28		-0.2	4.0	-0.1
-1.20	-50.27	-54.15	4,016.67			16.4	16.7	--		-0.22	0.00	37.5	-0.27	-765.67		-74.1		-41.2
25.00	2.56	-23.08	-4.76			3.3	82.6	--		-8.2	-0.10	-1.1	-0.89	-0.95		-0.4		-0.2
-8.33	83.33	-15.38	37.50			3.3	82.6	--		-8.2	-0.10	-1.1	-0.89	-0.95		-0.5		-0.2
16.25	112.22	-47.20				20.2	23.2	0.38		-10.7	-0.50	-122.1	-6.6	-95.44		-1.3	42.6	3.6
-2.94	45.18	17.44	5.43			49.1	47.8	1.1	-39.1	-2.6	-0.02	43.7	-2.7	-62.77		-16.8	42.9	20.3
-5.38	44.26	18.92	7.32			49.1	47.8	1.1	-39.1	-2.6	-0.02	43.7	-2.7	-62.77		-22.3	57.1	27.0
-75.56	-73.81	-94.76	-78.00			1.3	1.8	0.01	92.9	-2.0	0.00	-53.9	-0.47	-550.03		-0.6		-0.7
-48.78	-35.97	-62.37	-70.85			605.5	560.0	16.3	-1.8	-147.7	-0.64	-68.5	-125.3	-58.88		-3.9	37.2	10.0
-21.01	-25.60	-40.19	-68.83			10.4	9.9	--		-4.7	-42.22	49.2	-4.6			-0.1		1.2
3.01	-5.19	-44.81	160.82			423.9	423.5	52.2	52.2	-3.9	-0.05	74.1	2.8	-1.46		-108.1	8.1	12.4
0.84	-8.13	-44.89	162.91			423.9	423.5	52.2	52.2	-3.9	-0.05	74.1	2.8	-1.46		-142.6	10.7	16.3
-30.12	-31.88	-30.31	-30.15			895.9	961.9	57.4	178.3	-223.0	-4.10	24.2	-243.9	-30.9		-3.9	15.3	-7.9
-13.39						3.7	3.8	0.01	-67.4	-1.1	-0.01	25.5	0.09	-224.13		-3.1		-13.8
20.00	50.00	0.00	200.00			3.7	3.8	0.01	-67.4	-1.1	-0.01	25.5	0.09	-224.13		-4.3		-18.8
-5.86	-6.83	-26.83	71.76			8.0	7.3	17.2	50.2	-0.09	0.00	-340.0	1.0	-2.06		-37.5	0.4	2.9
-7.14	-13.33	-18.75	62.50			8.0	7.3	17.2	50.2	-0.09	0.00	-340.0	1.0	-2.06		-54.2	0.6	4.2
8.76	32.25	43.28	107.25	0.72	0.3	117,502	135,287	24,630	11.9	3,174	7.84	39.2	5,114	4.46	11.8	37.5	4.8	4.2
4.25	27.11	12.23	36.42			832.6	1,017	412.6	33.7	22.8	0.69	93.3	23.2	4.6	6.72	37.2	2.1	2.4
7.25	27.59	5.71	29.82			94.3	88.0	21.8	5.4	-5.2	-0.02	13.4	-2.3	-14.85		-21.1	5.2	6.7
7.60	30.34	11.62	23.71			94.3	88.0	21.8	5.4	-5.2	-0.02	13.4	-2.3	-14.85		-16.3	4.0	5.2
-8.16	2.43	-2.71	77.55			39.1	-75.8	47.2	-1.8	67.9	13.25	119.0	-4.0	-5.01		0.5	0.7	0.3
10.10	14.37	-10.98	42.84	0.27	2.2	14.3	--	5.9	8.0	0.61	0.51	-12.5	--		3.81	23.8	2.5	0.9
0.40	9.12	-8.84	7.55			699.5	699.4	-85.3	-135.1	-116.2	-2.47	-171.6	40.7	-7.63		-6.1	-8.3	0.9

I. Index of Stocks

Summer 2019

Company Name	Stock Ticker Symbol	Traded On	Sector	Overall Rating	Recommendation	Reward Rating	Risk Rating	Recent Up/Downgrade	Stock Price as of 6/30/2019	52-Week High	52-Week Low	3-Year Beta	Growth	Efficiency	Solvency	Volatility	Dividend	Total Return
Third Point Reinsurance Ltd.	TPRE	NYSE	Financials	D	Sell	D+	D		10.11	14.40	8.85	1.11	F	F	E	W	–	W
THL Credit, Inc.	TCRD	NAS GS	Financials	D+	Sell	C+	D-		6.65	8.75	5.8	1.08	W	G	E	W	E	W
Thomson Reuters Corporation	TRI.TO	TSX	Industrials	B-	Buy	B+	C	Down	84.15	88.82	58.11	0.14	F	E	G	F	F	G
Thomson Reuters Corporation	TRI	NYSE	Industrials	B-	Buy	B+	C	Down	64.23	67.24	43.85	0.41	F	E	G	F	F	F
Thor Explorations Ltd.	THX.V	TSXV	Materials	D	Sell	D+	D		0.17	0.19	0.13	0.95	W	W	G	W	–	F
Thor Industries, Inc.	THO	NYSE	Consumer Discretn	C-	Hold	C+	D		58.24	109.94	47.71	2.32	F	E	E	W	G	W
Three Shores Bancorporation, Inc.	TSHR	OTC PK	Financials	D	Sell	B-	C	Up	9.00	12.00	9		G	G	E	F	–	W
THT Heat Transfer Technology, Inc.	THTI	OTC PK	Industrials	C-	Hold	C	D	Up	0.05	0.15	0.03	4.46	F	F	E	W	–	W
Thunder Bridge Acquisition, Ltd.	TBRG	NAS CM	Financials	D-	Sell	C	D	Up	10.44	10.60	9.6		V	G	E	E	–	W
Thunder Energies Corporation	TNRGD	OTC PK	Information Tech	D	Sell	C-	D-		0.05	0.64	0.01	-5.84	W	E	F	W	–	V
Thunder Mountain Gold, Inc.	THM.V	TSXV	Materials	D	Sell	D	D	Down	0.17	0.17	0.14	-1.26	V	W	F	W	–	F
Thunder Mountain Gold, Inc.	THMG	OTC PK	Materials	D-	Sell	D-	D	Down	0.07	0.21	0.03	-0.80	V	W	F	W	–	W
Thunderbird Entertainment Group Inc.	TBRD.V	TSXV	Communication Svc	E	Sell	D	D-	Up	1.39	3.10	1.1		W	F	G	W	–	V
Thunderbird Entertainment Group Inc.	THBRF	OTC PK	Communication Svc	E-	Sell	D	D-		1.06	1.90	0.86		W	F	G	W	–	V
Thunderstruck Resources Ltd.	AWE.V	TSXV	Materials	D	Sell	D	D	Up	0.06	0.11	0.04	-1.35	F	V	G	W	–	W
Thunderstruck Resources Ltd.	THURF	OTC PK	Materials	D	Sell	D	D	Up	0.04	0.15	0.03	-0.46	F	V	G	W	–	W
Tiberius Acquisition Corporation	TIBR	NAS CM	Financials	D	Sell	C-	D	Up	10.20	10.30	9.5		V	G	E	E	–	W
Tidal Royalty Corp.	TDRYF	OTC PK	Financials	D-	Sell	E+	D-		0.23	0.68	0.02		W	V	E	W	–	W
Tidelands Royalty Trust "B"	TIRTZ	OTC PK	Energy	D	Sell	D+	D-		0.18	0.63	0.07	2.82	W	F	E	W	–	V
Tidewater Inc.	TDW	NYSE	Energy	D	Sell	D	D		23.08	36.09	18.36		F	V	E	W	–	W
Tidewater Midstream and Infrastructure Ltd.	TWMIF	OTC PK	Energy	D+	Sell	B-	D+	Up	1.07	1.16	0.92		F	G	G	W	G	W
Tidewater Midstream and Infrastructure Ltd.	TWM.TO	TSX	Energy	C	Hold	B-	C-	Down	1.39	1.57	1.21	0.32	F	G	G	F	F	F
Tiffany & Co.	TIF	NYSE	Consumer Discretn	C	Hold	B	D+		91.98	141.64	73.04	1.40	F	E	E	W	F	F
Tiger International Resources Inc.	TGILF	OTC PK	Materials	D	Sell	C-	D		0.05	0.06	0.04	-0.68	W	E	F	W	–	W
Tiger International Resources Inc.	TGR.V	TSXV	Materials	D+	Sell	C	D		0.06	0.17	0.04	-0.22	W	E	F	W	–	W
Tiger Oil and Energy, Inc.	TGRO	OTC PK	Energy	D	Sell	D	D-		0.00	0.03	0	1.00	V	E	F	W	–	V
Tile Shop Holdings, Inc.	TTS	NAS GS	Consumer Discretn	D+	Sell	C	D		3.93	9.50	3.7	0.99	F	G	G	W	G	V
Tilly's, Inc.	TLYS	NYSE	Consumer Discretn	C	Hold	B	D		7.78	25.46	7.64	1.64	G	G	E	W	–	W
Tilray, Inc.	TLRY	NAS GS	Health Care	D	Sell	D+	D-		46.35	300.00	20.1		F	W	E	W	–	W
TILT Holdings Inc.	SVVTF	OTC PK	Health Care	E	Sell	D	D		0.89	3.00	0.84		W	W	F	W	–	V
Tilting Capital Corp.	TLLH.V	TSXV	Financials	D+	Sell	C	D	Up	0.16	0.35	0.12	-1.18	F	G	E	W	–	W
Tilting Capital Corp.	TLLZF	OTC PK	Financials	D	Sell	C-	E+	Up	0.18	0.18	0.18	1.76	F	G	E	V	–	V
TIM Participações S.A.	TSU	NYSE	Communication Svc	C	Hold	C+	D+		15.08	17.68	12.79	0.25	F	E	G	W	–	W
Timbercreek Financial Corporation	TF.TO	TSX	Financials	B	Buy	B	B-	Up	9.41	9.54	8.5	0.41	F	E	E	G	G	F
Timberland Bancorp, Inc.	TSBK	NAS	Financials	C+	Hold	B+	C-		26.60	39.45	21.91	1.64	E	E	E	F	F	F
Timberline Resources Corporation	TBR.V	TSXV	Materials	D	Sell	D	D-	Up	0.10	0.19	0.07	-0.72	F	W	G	W	–	V
Timberline Resources Corporation	TLRS	OTC PK	Materials	D	Sell	D	D-	Up	0.08	0.14	0	0.69	F	W	G	W	–	V
TIMIA Capital Corp.	TCA.V	TSXV	Financials	C	Hold	C+	D	Up	0.21	0.27	0.16	0.65	F	W	G	F	–	G
TimkenSteel Corporation	TMST	NYSE	Materials	D	Sell	D	D		7.83	18.84	6.66	2.77	F	W	G	W	–	W
Tinka Resources Limited	TK.V	TSXV	Materials	D	Sell	D	D		0.28	0.56	0.25	0.26	W	W	E	W	–	W
Tinka Resources Limited	TKRFF	OTC PK	Materials	D	Sell	D	D		0.21	0.45	0.19	0.66	W	W	E	W	–	W
Tinkerine Studios Ltd.	TKSTF	OTC PK	Information Tech	C-	Hold	C	D	Up	0.05	0.09	0.01	-1.09	W	G	F	W	–	F
Tinkerine Studios Ltd.	TTD.V	TSXV	Information Tech	D+	Sell	C	D	Up	0.03	0.05	0.01	2.21	W	G	F	W	–	W
Tintina Mines Limited	TTS.V	TSXV	Materials	C-	Hold	C	D	Up	0.05	0.08	0.02	-0.92	W	E	F	W	–	W
Tiptree Inc.	TIPT	NAS CM	Financials	C	Hold	C	C-		6.36	7.10	5.01	0.11	F	G	E	F	G	W
Tisdale Resources Corp.	SNRAF	OTC PK	Energy	D	Sell	D	D	Down	0.11	0.52	0.11	-27.99	W	W	F	W	–	W
Tisdale Resources Corp.	TRC.V	TSXV	Energy	D-	Sell	D-	D-	Down	0.14	0.66	0.14	0.59	W	W	F	W	–	V
Titan International, Inc.	TWI	NYSE	Industrials	D	Sell	D+	D-		4.83	11.04	3.82	2.39	F	F	G	W	W	W
Titan Logix Corp.	TPCFF	OTC PK	Information Tech	C-	Hold	C	D+	Up	0.44	0.48	0.34	0.84	F	F	E	W	–	F
Titan Logix Corp.	TLA.V	TSXV	Information Tech	C-	Hold	C	D	Up	0.55	0.74	0.47	1.17	F	F	E	W	–	F
Titan Machinery Inc.	TITN	NAS GS	Industrials	C-	Hold	C	D+		19.98	20.85	11.99	2.46	F	F	G	W	–	F
Titan Medical Inc.	TMD.TO	TSX	Health Care	D-	Sell	D-	D	Down	3.06	9.00	1.44	4.34	W	W	G	W	–	V

*Ratings Factors: E=Excellent, G=Good, F=Fair, W=Weak, V=Very Weak, U=Unrated

Data as of June 30, 2019

https://greyhouse.weissratings.com

I. Index of Stocks

Summer 2019

3-Month Total Return (%)	6-Month Total Return (%)	1-Year Total Return (%)	3-Year Total Return (%)	Dividend $ TTM	Dividend Yield TTM	Market Cap. ($Mil)	Enterprise Value ($Mil)	Revenue ($Mil)	Revenue Growth (%)	Net Income ($Mil)	Earnings/Share $	EPS Growth (%)	Cash from Operations ($Mil)	Return on Assets (%)	Return on Equity (%)	Earnings (P/E) TTM	Sales (P/S) TTM	Book (P/B) Q
-2.51	6.20	-19.12	-8.59			927.9	987.5	540.5	-33.0	-158.8	-1.76	-226.0	73.1	-2.59		-5.8	1.7	0.7
3.86	14.45	-3.40	-11.76	0.96	14.4	212.8	426.7	64.4	-14.8	-16.7	-0.52	-146.7	88.0	5.46		-12.9	3.3	0.7
6.80	30.13	47.90	65.19	1.49	1.8	32,116	33,314	5,609	4.9	4,404	7.79	569.9	1,585	2.36	1.2	10.8	7.6	4.7
9.49	35.62	64.55	80.71	1.49	2.3	32,116	33,314	5,609	4.9	4,404	7.79	569.9	1,585	2.36	1.2	8.3	5.8	3.6
6.25	6.25	-10.53	30.77			48.0	47.9	--		-1.7	0.00	48.4	-1.0	-2.65		-34.7		2.0
-6.65	13.41	-38.98	-2.34	1.54	2.6	3,207	5,184	7,427	-11.5	129.4	2.42	-72.3	445.1	5.82	6.56	24.1	0.4	1.6
-7.31	-0.66	15.38				216.1	--	43.9	69.7	11.2	0.47	123.8	--			19.2	4.9	1.7
-47.00	53.87	-68.20	-74.89			0.98	4.6	73.0	41.2	4.1	0.20	226.0	4.8	2.8	7.16	0.2	0.0	0.0
2.35	5.99					83.3	83.5	--		2.0	-0.25	-22,281.8	-1.2		81.32	-42.4		16.7
-59.02	-37.50	-82.14	-99.19			0.34	0.72	--		-0.68	-0.19	63.4	-0.18	-6,873.06		-0.3		-0.5
0.00	0.00	-15.38	10.00			4.2	4.5	--		-0.73	-0.01	-5.0	-0.31	-50.65		-13.0		-8.2
-12.50	-22.22	-44.22	-41.62			4.2	4.5	--		-0.73	-0.01	-5.0	-0.31	-50.65		-5.5		-3.5
-16.27	-5.44					49.4	71.1	36.2	-65.2	-2.1	-0.10	-360.6	0.48			-14.2	1.9	1.8
-14.75						49.4	71.1	36.2	-65.2	-2.1	-0.10	-360.6	0.48			-10.8	1.4	1.4
-15.38	-21.43	-15.38	37.50			2.4	2.4	--		-0.30	-0.01	45.8	-0.27			-9.5		2.9
-28.95	-25.93	-31.03	6.38			2.4	2.4	--		-0.30	-0.01	45.8	-0.27			-6.9		2.1
1.29	4.19	6.14				57.7	59.3	--		2.2	-0.07	-935.8	-1.3	-0.28	44.24	-147.0		11.5
-25.57	-25.57					76.1	65.7	--		-13.7	-0.08	72.7	-7.1	-63.6		-2.9		3.2
-30.77	20.00	-75.34	-83.01			0.25	-0.21	0.13	-33.1	-0.01	-0.01	-116.0	--	-1.23		-30.5	1.9	0.6
-0.39	18.72	-20.88				865.8	917.4	437.2	3.7	-154.1	-5.02	90.6	6.8	-1.35		-4.6	2.0	0.8
1.71	17.37	16.98		0.03	2.8	350.6	706.3	276.7	38.4	6.4	0.02	26.8	32.9	0.58	1.57	55.3	1.3	1.1
-1.42	11.98	14.65	18.53	0.04	2.9	350.6	706.3	276.7	38.4	6.4	0.02	26.8	32.9	0.58	1.57	71.7	1.7	1.4
-11.67	17.65	-28.35	66.22	2.23	2.4	11,167	12,619	4,412	2.5	569.3	4.65	38.4	463.1	7.81	17.68	19.8	2.5	3.5
11.63	11.63	-66.90	-66.90			0.43	0.43	--		-0.10	-0.01	-15.7	-0.01	-536.8		-5.0		-1.2
-35.29	-31.25	-35.29	-57.69			0.43	0.43	--		-0.10	-0.01	-15.7	-0.01	-536.8		-5.7		-1.3
-50.00	-83.87	-96.88	-93.06			0.17	0.88	0.00	-80.6	-2.0	-0.02	-95.9	-0.14	-3,570.71		0.0		-0.2
-32.45	-26.81	-48.60	-78.06	0.20	5.1	204.5	410.7	353.0	2.7	7.8	0.15	12.9	28.0	2.76	5.2	26.3	0.6	1.4
-31.57	-21.30	-44.57	65.60			229.7	394.6	605.1	4.4	24.4	0.82	49.8	43.8	4.86	14.86	9.5	0.4	1.4
-29.71	-38.32					4,507	4,613	56.8	143.6	-92.8	-1.02	-524.5	-69.4	-8.1		-45.3	77.4	11.8
-57.18	-66.30					268.7	339.1	37.9		-621.3	-2.23		4.8			-0.4	7.1	0.8
-34.04	-48.33	-35.42	-48.33			0.25	0.35	--		-0.07	-0.03	70.2	-0.03	112.23		-4.8		-1.7
0.00	0.00	-73.96	-73.96			0.25	0.35	--		-0.07	-0.03	70.2	-0.03	112.23		-5.5		-1.9
0.33	0.03	-7.65	57.64	0.30	2.0	7,296	9,378	4,518	-11.4	629.3	0.26	49.3	1,513	4.5	11.8	58.0	8.1	7.1
1.67	11.30	10.86	40.92	0.69	7.3	593.3	--	52.5	3.5	41.6	0.51	-2.7	59.8		7.72	18.5	14.7	1.4
-4.66	12.37	-26.42	96.99	0.56	2.1	221.8	--	57.6	12.8	20.6	2.55	20.8	22.7		14.68	10.4	3.9	1.4
5.56	18.75	-42.42	-82.73			4.9	5.2	--		-1.8	-0.04	73.7	-1.6	-7.25		-2.7		0.4
19.97	36.49	-38.25	-81.91			4.9	5.2	--		-1.8	-0.04	73.7	-1.6	-7.25		-2.2		0.3
-8.70	13.51	23.53	90.91			6.0	11.6	1.5	60.1	-0.23	-0.01	-710.0	-0.99	-0.99		-34.4	5.1	3.0
-28.03	-10.31	-52.63	-12.22			350.5	573.8	1,601	14.3	-25.6	-0.58	36.8	4.3	-0.52		-13.5	0.2	0.7
-18.84	-15.15	-46.15	21.74			56.5	48.0	--		-2.4	-0.01	7.0	-1.4	-4.47		-30.1		1.9
-18.24	-9.78	-46.08	25.29			56.5	48.0	--		-2.4	-0.01	7.0	-1.4	-4.47		-22.9		1.4
394.06	330.17	41.76	-0.20			0.94	0.87	0.34	-44.0	-0.30	-0.01	-8.9	-0.10	-50.64		-8.2	7.2	-10.2
-16.67	66.67	-37.50	-50.00			0.94	0.87	0.34	-44.0	-0.30	-0.01	-8.9	-0.10	-50.64		-4.1	3.6	-5.1
11.11	11.11	0.00	-28.57			0.97	10.1	--		-0.16	-0.01	35.1	-0.18	-144.31		-7.9		-0.1
1.44	16.83	-4.95	32.81	0.15	2.3	219.6	456.8	661.7	10.5	4.3	0.11	-83.8	46.1	0.77		56.7	0.3	0.6
-55.71	-55.71	-78.37	109.25			1.2	1.3	--		-0.17	-0.02	96.3	-0.15	-109.16		-6.8		-6.9
-26.32	-17.65	-75.86	-92.63			1.2	1.3	--		-0.17	-0.02	96.3	-0.15	-109.16		-8.5		-8.6
-17.44	1.78	-55.17	-19.27	0.02	0.4	289.8	820.6	1,587	3.3	1.7	-0.16	77.3	-16.1	1.22		-31.1	0.2	1.0
12.01	18.29	12.15	-18.72			12.0	5.0	4.2	49.9	0.27	0.01	134.6	-0.22	-0.02	2.16	46.4	2.9	1.0
3.77	14.58	10.00	-17.91			12.0	5.0	4.2	49.9	0.27	0.01	134.6	-0.22	-0.02	2.16	58.5	3.7	1.3
27.99	52.52	28.57	87.78			435.6	932.5	1,294	10.4	13.4	0.59	563.9	76.5	2.14	4.11	33.9	0.3	1.3
-23.69	80.00	-64.34	-87.56			72.6	48.6	--		-50.1	-2.45	22.6	-54.9	-103.18		-1.3		-20.8

I. Index of Stocks

Summer 2019

Company Name	Stock Ticker Symbol	Traded On	Sector	Overall Rating	Recommendation	Reward Rating	Risk Rating	Recent Up/Downgrade	Stock Price as of 6/30/2019	52-Week High	52-Week Low	3-Year Beta	Growth	Efficiency	Solvency	Volatility	Dividend	Total Return
Titan Medical Inc.	TMDI	NAS CM	Health Care	D-	Sell	D-	D	Down	2.34	7.48	1.05	4.76	W	W	G	W	–	V
Titan Mining Corporation	TI.TO	TSX	Materials	D-	Sell	D-	D-	Down	0.34	1.47	0.34		W	W	F	W	–	V
Titan Mining Corporation	TNMCF	OTC PK	Materials	D-	Sell	D-	D-	Up	0.30	1.05	0.3		W	W	F	W	–	V
Titan Pharmaceuticals, Inc.	TTNP	NAS CM	Health Care	D-	Sell	D-	E+		1.31	6.60	1.03	0.62	W	W	G	V	–	V
Titanium Corporation Inc.	TIC.V	TSXV	Materials	E+	Sell	E	D	Down	0.68	1.20	0.47	1.30	V	V	G	W	–	W
Titanium Corporation Inc.	TITUF	OTC PK	Materials	E+	Sell	E	D	Down	0.57	0.74	0.36	0.94	V	V	G	W	–	W
Titanium Holdings Group, Inc.	TTHG	OTC PK	Consumer Staples	D	Sell	D+	D		0.09	0.21	0.09	-1.11	F	W	E	W	–	V
Titanium Transportation Group Inc.	TTTGF	OTC PK	Industrials	C	Hold	B	D		1.00	1.60	0.98	0.13	F	G	G	W	–	F
Titanium Transportation Group Inc.	TTR.V	TSXV	Industrials	C	Hold	B	D		1.33	2.40	1.2	0.96	F	G	G	W	–	F
TitanStar Properties Inc.	TSP.V	TSXV	Real Estate	D	Sell	D+	D-		0.01	0.02	0.01	1.93	F	F	F	W	–	V
Tivity Health, Inc.	TVTY	NAS GS	Health Care	C-	Hold	B-	D	Down	16.65	41.46	16.25	1.18	F	G	G	W	–	W
TiVo Corporation	TIVO	NAS GS	Information Tech	D	Sell	D+	D-		7.18	14.20	6.61	0.94	W	W	G	W	E	V
Tix Corporation	TIXC	OTC PK	Communication Svc	D	Sell	D-	D	Up	0.54	0.60	0.01	1.26	V	V	G	W	–	F
TKK Symphony Acquisition Corporation	TKKS	NAS CM	Financials	D-	Sell	C	D	Up	10.03	10.04	9.46			V	G	E	E	–	W
TMAC Resources Inc.	TMMFF	OTC PK	Materials	D	Sell	D+	D-		4.77	5.66	2.71	-1.70	F	W	G	W	–	V
TMAC Resources Inc.	TMR.TO	TSX	Materials	D	Sell	D+	D-		6.23	7.52	3.57	-1.75	F	W	G	W	–	V
T-Mobile US, Inc.	TMUS	NAS GS	Communication Svc	B	Buy	B+	C+		73.29	80.93	57.89	0.58	E	G	G	F	–	F
TMSR Holding Company Limited	TMSR	NAS CM	Industrials	D	Sell	C-	D-		1.63	10.32	1.12		F	F	G	W	–	V
TMX Group Limited	X.TO	TSX	Financials	B	Buy	A-	C+		90.51	93.95	68.87	0.68	E	E	E	F	F	G
TMX Group Limited	TMXXF	OTC PK	Financials	C	Hold	A-	C+		68.29	68.29	53.13	0.18	E	E	E	F	G	G
TNR Gold Corp.	TNR.V	TSXV	Materials	D	Sell	D-	D		0.03	0.06	0.03	0.83	W	W	G	W	–	W
TNR Gold Corp.	TRRXF	OTC PK	Materials	D	Sell	D	D-		0.02	0.04	0.01	1.97	W	W	G	W	–	W
Toachi Mining Inc.	TIMGF	OTC PK	Materials	E+	Sell	E+	E+		0.04	0.12	0.02	0.76	V	W	G	V	–	V
Toachi Mining Inc.	TIM.V	TSXV	Materials	D-	Sell	E+	D-		0.05	0.15	0.04	1.37	V	W	G	W	–	V
Tocagen Inc.	TOCA	NAS GS	Health Care	D-	Sell	E+	D		6.45	15.80	4.13	3.86	F	V	E	W	–	V
Tofutti Brands, Inc.	TOFB	OTC PK	Consumer Staples	C-	Hold	C	D		2.36	3.17	1.45	1.82	W	G	E	W	–	V
Toga Limited	TOGLD	OTC PK	Communication Svc	D	Sell	C-	D		10.15	10.15	4.3	3.05	W		E	W	–	E
Toll Brothers, Inc.	TOL	NYSE	Consumer Discretn	C+	Hold	B	C-		36.52	39.80	28.68	0.67	E	E	E	F	W	F
TomaGold Corporation	TOGOF	OTC PK	Materials	D	Sell	D	D		0.04	0.06	0	45.81	F	W	E	W	–	V
TomaGold Corporation	LOT.V	TSXV	Materials	D	Sell	D	D-		0.05	0.08	0.04	-0.69	F	W	E	W	–	W
TOMI Environmental Solutions, Inc.	TOMZ	OTC PK	Industrials	D	Sell	D	D-		0.13	0.18	0.05	-0.85	F	V	G	W	–	F
Tompkins Financial Corporation	TMP	AMEX	Financials	C+	Hold	B	C		81.55	91.99	69.02	0.82	E	E	E	F	G	W
Tonix Pharmaceuticals Holding Corp.	TNXP	NAS	Health Care	E+	Sell	E+	E+		1.37	48.03	1.25	1.04	F	V	E	V	–	V
Tootsie Roll Industries, Inc.	TR	NYSE	Consumer Staples	C	Hold	C+	C-		36.65	40.82	26.96	0.31	W	E	E	F	W	F
Tootsie Roll Industries, Inc.	TROLB	OTC PK	Consumer Staples	C	Hold	C	C-		35.00	35.00	33.01	-0.09	W	E	E	F	W	W
Top Ships Inc.	TOPS	NAS CM	Energy	D	Sell	D	D-		0.44	2.70	0.43	-0.33	F	W	F	W	–	V
Top Strike Resources Corp.	TPPRF	OTC PK	Financials	E	Sell	D	C-		0.05	0.05	0.03		W	W	E	F	–	W
TopBuild Corp.	BLD	NYSE	Consumer Discretn	C+	Hold	B	D+		80.55	86.96	41.27	1.17	E	G	E	W	–	F
TORC Oil & Gas Ltd.	VREYF	OTC PK	Energy	C-	Hold	C+	D		3.10	6.07	2.93	1.24	E	G	G	W	E	W
TORC Oil & Gas Ltd.	TOG.TO	TSX	Energy	C-	Hold	C+	D		4.22	8.12	3.81	1.00	E	G	G	W	G	W
Torchlight Energy Resources, Inc.	TRCH	NAS CM	Energy	D	Sell	D+	D		1.39	1.98	0.53	3.37	W	W	G	W	–	F
Torchmark Corporation	TMK	NYSE	Financials	B	Buy	B+	B	Up	88.44	91.28	69.68	0.99	E	E	G	W	F	F
Torex Gold Resources Inc	TXG.TO	TSX	Materials	D+	Sell	C-	D	Down	13.32	18.21	7.52	-0.47	F	F	G	W	–	W
Torex Gold Resources Inc	TORXF	OTC PK	Materials	D+	Sell	C-	D	Down	10.19	13.52	5.74	-0.22	F	F	G	W	–	W
Torino Power Solutions Inc.	TRWRF	OTC PK	Information Tech	D-	Sell	D-	D	Up	0.04	0.12	0.02	5.11	W	W	G	W	–	V
Torm Plc	TRMD	NAS GS	Energy	D	Sell	C	D		9.00	22.62	4.37		F	W	E	F	–	F
Tornado Global Hydrovacs Ltd.	TGH.V	TSXV	Industrials	C-	Hold	C+	D	Down	0.20	0.23	0.09	0.23	G	W	E	W	–	G
Tornado Global Hydrovacs Ltd.	TRRNF	OTC PK	Industrials	C-	Hold	C+	D		0.13	0.15	0.08	1.40	G	W	E	W	–	G
Toromont Industries Ltd.	TMTNF	OTC PK	Industrials	C	Hold	B	C+		46.71	52.74	38.57	1.26	G	E	E	F	F	F
Toromont Industries Ltd.	TIH.TO	TSX	Industrials	B	Buy	B	C+		61.30	70.62	51.02	0.92	G	E	E	F	W	F
Torotel, Inc.	TTLO	OTC PK	Industrials	D	Sell	D	D		0.83	1.04	0.56	0.55	W	W	G	W	–	W
Torq Resources Inc.	TRBMF	OTC PK	Materials	D	Sell	D	D	Up	0.38	0.43	0.25	-0.04	F	W	E	W	–	W

*Ratings Factors: E=Excellent, G=Good, F=Fair, W=Weak, V=Very Weak, U=Unrated

Summer 2019 — I. Index of Stocks

3-Month Total Return (%)	6-Month Total Return (%)	1-Year Total Return (%)	3-Year Total Return (%)	Dividend $ TTM	Dividend Yield TTM	Market Cap. ($Mil)	Enterprise Value ($Mil)	Revenue ($Mil)	Revenue Growth (%)	Net Income ($Mil)	Earnings/Share $	EPS Growth (%)	Cash from Operations ($Mil)	Return on Assets (%)	Return on Equity (%)	Earnings (P/E) TTM	Sales (P/S) TTM	Book (P/B) Q
-22.00	91.80	-64.11	-87.64			72.6	48.6	--		-50.1	-2.45	22.6	-54.9	-103.18		-1.0		-15.9
-43.33	-65.66	-76.22				27.2	55.0	--		-15.4	-0.15	-2.8	-11.7	-12.29		-2.3		1.2
-36.10	-57.49					27.2	55.0	--		-15.4	-0.15	-2.8	-11.7	-12.29		-2.0		1.1
-28.42	-5.07	-79.78	-96.10			17.7	16.9	6.5	424.6	-10.9	-1.88	52.9	-11.7	-75.78		-0.7	2.7	5.8
-24.44	30.77	-15.00	60.00			45.5	45.3	--		-4.3	-0.05	-44.8	-3.6	-126.69		-12.8		1,700.0
-11.60	54.32	-15.28	76.78			45.5	45.3	--		-4.3	-0.05	-44.8	-3.6	-126.69		-10.8		1,427.5
-7.37	-41.33	-31.03	-70.07			0.81	0.17	5.8	-5.6	-0.14	-0.02	25.9	-0.09	-1.64		-5.8	0.1	0.2
-10.52	-12.24	-3.26	-16.68			37.2	103.5	136.1	20.1	4.0	0.10	331.6	16.5	4.12	14.29	9.6	0.3	1.2
0.76	4.72	-7.64	-26.11			37.2	103.5	136.1	20.1	4.0	0.10	331.6	16.5	4.12	14.29	12.7	0.4	1.6
0.00	0.00	0.00	-60.00			1.9	26.8	2.7	23,012.7	0.44	0.00	109.9	3.7	0.07	10.06	4.6	0.9	0.5
-0.95	-32.70	-53.62	45.92			794.2	1,937	670.5	18.5	81.7	1.90	17.8	72.6	6.34	19.9	8.8	1.1	1.5
-21.25	-21.38	-44.04	-46.36	0.62	8.6	896.4	1,646	664.3	-18.1	-358.3	-2.90	-1,481.6	127.1	-0.26		-2.5	1.3	0.6
35.07	170.00	116.00	-72.75			9.4	8.8	13.1	-19.1	-6.8	-0.40	-28.6	-0.23	-2.28		-1.4	0.7	1.8
1.21	4.48					69.4	69.3	--		3.0	-0.07		-0.66	-0.26	122.46	-147.1		13.9
38.88	4.17	18.04	-58.15			536.1	632.2	162.1	130.0	-15.3	-0.16	51.8	35.0	0.43		-29.0	3.4	0.8
36.62	-5.18	15.37	-58.05			536.1	632.2	162.1	130.0	-15.3	-0.16	51.8	35.0	0.43		-37.9	4.4	1.0
5.99	15.89	22.44	72.41			62,612	103,581	43,864	5.8	3,125	3.65	-29.6	4,521	4.58	12.74	20.1	1.4	2.4
-15.98	6.54	-54.08				35.5	35.9	23.0	-40.0	-0.21	-0.01	-111.3	-1.4	0.24		-149.5	1.4	1.7
6.36	28.54	10.28	88.75	2.40	2.7	3,865	4,599	790.1	28.2	217.0	3.87	-27.7	260.9	1.19	8.5	23.4	6.4	2.0
9.67	26.59	8.62	86.31	1.81	2.7	3,865	4,599	790.1	28.2	217.0	3.87	-27.7	260.9	1.19	8.5	17.7	4.9	1.5
-28.57	-28.57	-50.00	-66.67			3.0	5.8	--		-0.35	0.00	68.1	-0.55	-57.56		-10.9		-1.4
-9.87	-0.81	-48.18	-60.29			3.0	5.8	--		-0.35	0.00	68.1	-0.55	-57.56		-9.0		-1.1
-40.16	-37.54	-70.98	-97.30			3.1	4.2	--		-4.3	-0.06	44.7	-4.3	-194.11		-0.6		-2.5
-41.18	-28.57	-64.29	-86.84			3.1	4.2	--		-4.3	-0.06	44.7	-4.3	-194.11		-0.8		-3.3
-38.69	-18.87	-30.42				153.4	110.0	18.0	46,146.2	-53.2	-2.53	-12.3	-39.4	-35.94		-2.6	8.2	3.3
49.37	29.67	-0.84	12.38			12.2	12.1	12.8	-12.4	0.20	0.04	-83.0	-0.01	0.81	5.56	59.5	1.0	3.2
14.04	49.26	51.49	24,066.67			920.9	918.3	5.9	7,851.0	-18.5	-0.14	-1,019.2	0.03	-95.24		-72.6	153.8	125.2
0.59	10.66	1.42	43.09	0.44	1.2	5,254	8,025	7,448	18.1	745.6	4.96	38.4	841.7	5.5	15.74	7.4	0.7	1.1
0.00	0.00	-15.97	-61.90			5.3	5.0	--		-0.75	-0.01	36.3	-0.55	-8.4		-7.8		1.2
0.00	0.00	-23.08	-64.29			5.3	5.0	--		-0.75	-0.01	36.3	-0.55	-8.4		-9.8		1.5
4.17	21.95	22.55	-70.24			15.6	20.3	5.5	6.1	-3.6	-0.04	-52.0	-1.7	-20.09		-3.0	2.8	6.9
6.70	9.38	-2.25	34.53	1.98	2.4	1,249	--	286.2	6.4	82.9	5.39	44.1	104.6		13.54	15.1	4.3	1.9
-44.76	-30.10	-97.01	-99.34			8.7	-7.2	--		-25.4	-20.36	32.3	-25.8	-78.14		-0.1		0.5
-1.70	14.17	22.07	14.53	0.35	1.0	2,363	2,213	519.1	0.5	57.7	0.87	-26.1	101.8	4.89	7.83	41.9	4.7	3.2
6.30	3.79	3.79	10.47	0.35	1.0	2,363	2,213	519.1	0.5	57.7	0.87	-26.1	101.8	4.89	7.83	40.1	4.4	3.1
-46.06	-47.57	-54.33	-100.00			13.5	154.1	41.0	4.3	-11.1	-0.64	99.8	0.72	-1.02		-0.7	0.2	0.1
19.35						11.3	7.5	--		-0.41	0.00	-318.2	-0.28	-7.65		-9.9		1.3
23.58	79.40	1.08	130.14			2,773	3,510	2,512	28.4	146.3	4.13	-20.3	173.1	7.24	13.78	19.5	1.1	2.5
-9.89	1.87	-39.14	-42.49	0.20	6.6	701.2	972.4	356.1	31.7	14.0	0.07	288.7	221.4	1.95	1.27	44.0	1.9	0.6
-9.29	1.01	-39.04	-39.87	0.27	6.4	701.2	972.4	356.1	31.7	14.0	0.07	288.7	221.4	1.95	1.27	59.9	2.6	0.8
-16.77	139.66	6.92	143.86			100.1	118.5	1.1	7.1	-5.7	-0.08	-81.6	-2.0	-7.3		-17.0	88.5	5.5
8.33	20.25	9.85	54.45	0.65	0.7	9,723	11,306	4,353	3.6	713.2	6.24	-50.5	978.2	2.56	12.02	14.2	2.3	1.6
-22.56	4.96	16.13	-40.00			865.4	1,096	460.8	47.7	11.7	0.13	182.0	206.6	3.93	1.56	106.1	2.5	1.5
-20.66	9.36	17.65	-40.08			865.4	1,096	460.8	47.7	11.7	0.13	182.0	206.6	3.93	1.56	81.2	1.9	1.2
9.38	-12.06	-50.14				2.0	2.0	--		-0.63	-0.01	80.1	-0.08	-272.24		-2.9		-43.8
20.00	51.26	24.14				639.3	1,226	658.7	1.8	-12.3	-0.18	-472.0	108.1	1.14		-49.5	1.0	0.8
21.88	30.00	95.00	30.00			18.8	17.7	36.5	64.2	-0.61	0.00	70.7	1.9	-0.49		-40.6	0.7	2.0
0.04	64.69	121.23				18.8	17.7	36.5	64.2	-0.61	0.00	70.7	1.9	-0.49		-27.8	0.5	1.3
-6.19	21.29	10.58	73.39	0.75	1.6	3,807	4,184	2,692	31.7	198.8	2.43	39.1	175.6	7.71	21.03	19.3	1.4	3.8
-9.45	15.39	9.51	75.52	1.00	1.6	3,807	4,184	2,692	31.7	198.8	2.43	39.1	175.6	7.71	21.03	25.3	1.9	5.0
15.12	-12.62	18.57	-5.47			4.4	6.3	18.8	2.0	-1.8	-0.33	-133.0	-0.31	-8.29		-2.5	0.2	1.2
20.81	27.81	14.54				28.3	19.2	--		-3.4	-0.04	11.6	-2.5	-19.91		-8.6		3.3

I. Index of Stocks

Summer 2019

Company Name	Stock Ticker Symbol	Traded On	Sector	Overall Rating	Recommendation	Reward Rating	Risk Rating	Recent Up/ Downgrade	Stock Price as of 6/30/2019	52-Week High	52-Week Low	3-Year Beta	Growth	Efficiency	Solvency	Volatility	Dividend	Total Return
Torq Resources Inc.	TORQ.V	TSXV	Materials	D	Sell	D+	D		0.48	0.58	0.32	-0.52	F	W	E	W	--	W
Torrent Capital Ltd.	TORR.V	TSXV	Financials	C	Hold	B+	D	Down	0.33	0.50	0.21	0.07	G	G	E	W	--	F
Torrent Capital Ltd.	TRRPF	OTC PK	Financials	C	Hold	B+	B-		0.23	0.34	0.23	-9.58	G	G	E	G	--	F
Torstar Corporation	TSB.TO	TSX	Communication Svc	D	Sell	D+	D		0.92	1.38	0.57	0.43	W	W	E	W	E	W
Torstar Corporation	TORSF	OTC PK	Communication Svc	D	Sell	D+	D		0.75	1.03	0.44	1.79	W	W	E	W	E	W
Tortoise Acquisition Corp.	SHLL	NYSE	Financials	U		U	U		9.85	10.00	9.61		U	U	U	U	U	U
Toscana Energy Income Corporation	TSCEF	OTC PK	Energy	E+	Sell	D-	E+		0.02	0.34	0.02	2.39	W	V	F	V	--	V
Toscana Energy Income Corporation	TEI.TO	TSX	Energy	E+	Sell	D-	E+		0.02	0.49	0.02	0.65	W	V	F	V	--	V
Total Brain Limited	BRRZY	OTC PK	Health Care	D-	Sell	E+	D		0.05	0.12	0.05	-2,129.46	W	V	E	W	--	W
Total Energy Services Inc.	TOT.TO	TSX	Energy	C-	Hold	C+	D		8.17	12.80	7.85	0.30	F	G	E	W	F	W
Total Energy Services Inc.	TOTZF	OTC PK	Energy	C-	Hold	C+	D		6.24	8.91	6.2	0.48	F	G	E	W	G	W
TOTAL S.A.	TOT	NYSE	Energy	B-	Buy	B+	C		55.60	65.69	49.7	0.73	E	E	G	F	G	F
TOTAL S.A.	TTFNF	OTC PK	Energy	B-	Buy	B+	C	Up	55.55	64.97	50.05	0.65	E	E	G	F	G	F
Total System Services, Inc.	TSS	NYSE	Information Tech	B	Buy	A	C	Up	128.22	131.01	75.58	0.51	E	E	E	G	W	E
Total Telcom Inc.	TTLTF	OTC PK	Information Tech	C	Hold	B	D+	Up	0.11	0.12	0.1	-0.88	E	E	E	W	--	W
Total Telcom Inc.	TTZ.V	TSXV	Information Tech	C	Hold	B	D+		0.16	0.19	0.12	0.46	E	E	E	W	--	F
Totally Hip Technologies Inc.	THP.V	TSXV	Information Tech	D	Sell	D	D-		0.14	0.25	0.11	-0.44	V		G	W	--	F
Tottenham Acquisition I Limited	TOTA	NAS CM	Financials	D-	Sell	D	D+	Up	10.25	10.25	9.63		V	F	E	E	--	W
Toucan Interactive Corp.	TCNT	OTC PK	Industrials	D	Sell	D-	D	Down	1.29	3.00	0.41	0.81	V	W	G	W	--	W
Touch America Holdings Inc.	TAA	NYSE	Communication Svc	U		U	U		0.45			0.00	U	U	U	U	U	U
Touchstone Bank	TSBA	OTC PK	Financials	D	Sell	C	E+	Down	12.60	14.55	12.08	0.13	W	F	V	F	--	W
Touchstone Exploration Inc.	PBEGF	OTC PK	Energy	D+	Sell	C-	D		0.17	0.28	0.13	1.57	W	W	G	W	--	F
Touchstone Exploration Inc.	TXP.TO	TSX	Energy	D+	Sell	C-	D		0.28	0.37	0.18	1.43	W	W	G	W	--	F
ToughBuilt Industries, Inc.	TBLT	NAS CM	Consumer Discretn	E	Sell	C-	D-	Up	0.33	5.55	0.27		W	G	F	W	--	V
Tourmaline Oil Corp.	TOU.TO	TSX	Energy	C-	Hold	C+	D		16.69	25.79	15.39	0.52	E	G	G	W	F	W
Tourmaline Oil Corp.	TRMLF	OTC PK	Energy	C-	Hold	C+	D		12.85	19.65	11.56	0.69	E	G	G	W	F	W
Tower International, Inc.	TOWR	NYSE	Consumer Discretn	C-	Hold	C+	D	Down	19.22	36.65	17.15	1.86	F	G	G	W	G	W
Tower Resources Ltd.	TWR.V	TSXV	Materials	D	Sell	D	D		0.05	0.13	0.02	-0.34	V	W	E	W	--	W
Tower Resources Ltd.	TWRFF	OTC PK	Materials	D	Sell	D	D		0.03	0.10	0.01	4.09	V	W	E	W	--	W
Tower Semiconductor Ltd.	TSEM	NAS GS	Information Tech	C	Hold	B-	D		15.51	23.55	13.56	1.70	F	E	E	W	--	F
Towerstream Corporation	TWER	OTC PK	Communication Svc	E+	Sell	E+	E+		0.58	15.00	0.51	-2.77	F	V	F	V	--	V
Town Sports International Holdings, Inc.	CLUB	NAS	Consumer Discretn	D	Sell	C-	D	Down	2.13	14.85	2.1	0.09	W	F	F	W	--	W
TowneBank	TOWN	NAS GS	Financials	C	Hold	B	D+		27.19	33.70	22.88	1.16	E	E	E	W	F	W
Townsquare Media, Inc.	TSQ	NYSE	Communication Svc	D+	Sell	C	D	Up	5.24	9.79	3.95	1.91	F	F	G	W	G	W
Toyota Motor Corporation	TM	NYSE	Consumer Discretn	C+	Hold	B	C-	Up	123.67	135.57	111.12	0.73	F	E	G	F	G	F
Toyota Motor Corporation	TOYOF	OTC PK	Consumer Discretn	C	Hold	B+	C-		61.24	68.09	55.99	0.76	F	E	G	F	E	F
TP ICAP plc	TULLF	OTC PK	Financials	C	Hold	C+	D+	Up	4.20	4.20	3.35	0.65	W	G	E	W	E	W
TPG Pace Holdings Corp.	TPGH	NYSE	Financials	C-	Hold	C	C-	Up	10.39	10.50	9.84		F	G	E	E	--	F
TPG RE Finance Trust, Inc.	TRTX	NYSE	Financials	B-	Buy	B	C	Up	19.08	20.89	17.81		F	G	E	F	E	W
TPG Specialty Lending, Inc.	TSLX	NYSE	Financials	B-	Buy	B+	C-	Down	19.49	21.24	17.48	0.73	F	E	E	F	E	F
TPI Composites, Inc.	TPIC	NAS	Industrials	D+	Sell	C	D	Down	24.43	32.74	19.54	1.53	W	F	E	F	--	F
TPT Global Tech, Inc.	TPTW	OTC PK	Information Tech	D-	Sell	E+	D		0.11	0.20	0.02	-1.70	V	V	F	W	--	W
Track Group, Inc.	TRCK	OTC PK	Information Tech	D	Sell	D	E+	Up	0.53	1.02	0.47	1.66	F	W	F	V	--	V
Trackloop Analytics Corp.	TLOOF	OTC PK	Information Tech	E-	Sell	D	D-		0.01	0.16	0.01		F	W	G	W	--	W
TrackX Holdings Inc.	TKXHF	OTC PK	Information Tech	D	Sell	D	D	Up	0.16	0.37	0.14	0.36	W	W	G	W	--	W
TrackX Holdings Inc.	TKX.V	TSXV	Information Tech	D	Sell	D	D	Up	0.22	0.48	0.18	0.11	W	W	G	W	--	W
TRACON Pharmaceuticals, Inc.	TCON	NAS	Health Care	D-	Sell	E+	D-		0.79	2.75	0.5	2.55	W	V	G	W	--	V
Tractor Supply Company	TSCO	NAS GS	Consumer Discretn	B-	Buy	B+	C	Up	108.20	109.67	74.93	1.12	G	E	G	F	W	F
Tradeweb Markets Inc.	TW	NAS GS	Financials	U		U	U		42.43	46.33	33.68		U	U	U	U	U	U
Trakopolis IoT Corp.	TRAK.V	TSXV	Information Tech	E+	Sell	E	D-	Down	0.14	0.89	0.13	-0.27	F	V	G	W	--	W
Trans World Entertainment Corporation	TWMC	NAS	Consumer Discretn	E+	Sell	E+	E+	Down	0.26	1.40	0.26	0.73	W	V	G	V	--	V
TransAct Energy Corp.	TEGY	OTC PK	Materials	D+	Sell	C-	D		0.04	0.14	0.02	0.39	V	E	F	W	--	W

*Ratings Factors: E=Excellent, G=Good, F=Fair, W=Weak, V=Very Weak, U=Unrated

Summer 2019 — I. Index of Stocks

TOTAL RETURNS %				DIVIDEND/YIELD		SIZE		REVENUE & INCOME			EARNINGS		EFFECTIVENESS			VALUATION		
3-Month Total Return (%)	6-Month Total Return (%)	1-Year Total Return (%)	3-Year Total Return (%)	Dividend $ TTM	Dividend Yield TTM	Market Cap. ($Mil)	Enterprise Value ($Mil)	Revenue ($Mil)	Revenue Growth (%)	Net Income ($Mil)	Earnings/Share $	EPS Growth (%)	Cash from Operations ($Mil)	Return on Assets (%)	Return on Equity (%)	Earnings (P/E) TTM	Sales (P/S) TTM	Book (P/B) Q
15.66	7.87	6.67	23.08			28.3	19.2	--		-3.4	-0.04	11.6	-2.5	-19.91		-10.8		4.2
-17.72	-18.75	35.42	-9.72			5.9	5.7	4.7	2,645.3	3.9	0.16	859.5	0.09	37.15	59.67	2.0	1.7	0.9
-17.47	-21.32	286.67	286.67			5.9	5.7	4.7	2,645.3	3.9	0.16	859.5	0.09	37.15	59.67	1.4	1.2	0.7
10.34	35.17	-18.19	-27.90	0.10	10.9	57.0	28.2	404.6	-14.3	-18.5	-0.23	-24.7	14.5	2.31		-4.0	0.2	0.5
7.47	60.09	-19.38	-22.87	0.07	10.0	57.0	28.2	404.6	-14.3	-18.5	-0.23	-24.7	14.5	2.31		-3.3	0.2	0.4
						286.9	285.5	--		0.19	0.01		-0.02			1,492.4		57.4
-82.95	-77.61	-95.02	-99.25			2.2	37.8	11.9	-20.9	-12.5	-1.77	-12.8	-1.2	-9.38		0.0	0.0	0.0
-83.33	-80.00	-94.81	-99.09			2.2	37.8	11.9	-20.9	-12.5	-1.77	-12.8	-1.2	-9.38		0.0	0.0	0.0
49,900.00	49,900.00	49,900.00	-93.01			14.1	11.8	2.0	19.2	-11.8	-0.02	57.4	-3.4	-15.05		-2.2	13.5	2.2
-15.07	-11.21	-25.49	-37.59	0.24	2.9	284.6	473.5	662.0	16.7	19.8	0.42	1,249.4	109.0	2.38	4.63	19.3	0.6	0.9
-12.03	-8.12	-25.26	-37.56	0.18	2.9	284.6	473.5	662.0	16.7	19.8	0.42	1,249.4	109.0	2.38	4.63	14.7	0.4	0.7
1.41	8.67	-3.49	37.23	2.54	4.6	145,762	178,394	185,938	19.0	11,921	4.38	37.7	26,251	4.66	9.87	12.7	0.8	1.2
-2.71	7.78	-7.49	22.49			145,762	178,394	185,938	19.0	11,921	4.38	37.7	26,251	4.66	9.87	12.7	0.8	1.2
38.37	59.94	52.96	157.34	0.52	0.4	22,691	26,610	4,076	-13.8	596.4	3.27	-2.8	1,057	7.06	24.48	39.2	5.7	9.6
-7.44	-7.44	-53.53	348.00			2.9	1.8	1.1	-11.7	0.34	0.01	17.4	0.56	11.07	21.51	8.8	2.5	1.6
3.33	19.23	6.90	210.00			2.9	1.8	1.1	-11.7	0.34	0.01	17.4	0.56	11.07	21.51	12.1	3.4	2.2
-30.00	0.00	-30.00	180.00			13.1	12.0	--		-0.74	-0.01	77.3	-0.14	-71.58		-22.2		116.7
1.58	3.54					20.4	19.8	--		-0.04	-0.18	-188.3	-0.29	-1		-57.2		4.1
214.63	7.50	77.93	-14.00			9.2	9.2	--		-0.03	0.00	-241.7	-0.02	-50.75		-314.6		-165.4
0.00	0.00	0.00	0.00			--	--	-169.6	-235.9	-70.6	-0.74	-164.6	-6.9	-3.03		-0.6	-0.3	0.0
2.36	1.85	-6.71	35.58	0.28	2.2	41.8	--	10.0	29.6	0.77	0.28	-60.1	--			45.2	4.2	
15.46	22.79	-21.26	-13.00			34.3	38.0	29.8	49.7	0.07	0.00	-257.9	10.0	8.35	0.22	-58.0	0.8	0.8
27.27	36.59	7.69	21.74			34.3	38.0	29.8	49.7	0.07	0.00	-257.9	10.0	8.35	0.22	-93.3	1.3	1.3
-80.93	-71.00					5.9	4.6	16.4	7.7	-25.7	-5.36	-267.2	-12.2	-69.42		-0.1	0.2	-0.5
-19.18	1.24	-27.12	-45.83	0.42	2.5	3,459	4,608	1,334	2.0	272.8	0.99	-8.2	998.0	3.29	4.79	16.8	3.4	0.8
-16.88	4.32	-25.62	-45.41	0.32	2.5	3,459	4,608	1,334	2.0	272.8	0.99	-8.2	998.0	3.29	4.79	12.9	2.6	0.6
-10.19	-18.29	-40.49	1.93	0.51	2.7	397.6	720.6	1,387	7.4	26.5	1.25	-45.3	178.8	4.19	22.63	15.4	0.3	1.3
28.57	80.00	-64.00	0.00			3.6	3.4	--		-0.72	-0.01	-19.7	-0.50	-8.7		-5.7		1.2
27.21	154.41	-70.43	23.57			3.6	3.4	--		-0.72	-0.01	-19.7	-0.50	-8.7		-4.4		0.9
-5.37	3.54	-29.60	32.11			1,649	1,284	981.4	-29.3	101.9	0.99	-65.8	243.4			15.7	1.7	1.3
-42.50	-71.67	-73.98	-99.74			0.23	35.4	24.6	-6.1	-10.2	-25.89	43.6	-1.8	-10.08		0.0	0.0	0.0
-56.44	-66.14	-84.68	-17.12			56.6	869.8	452.6	10.1	-3.1	-0.12	-148.7	49.2	1.61		-17.1	0.1	-0.8
9.50	13.70	-14.39	40.35	0.66	2.4	1,953	--	532.2	14.3	140.5	1.95	37.7	264.4		9.55	14.0	3.7	1.3
-7.18	31.42	-15.27	-25.55	0.30	5.7	99.4	643.5	436.3	5.3	-11.3	-0.71	59.8	43.4	4.7		-7.3	0.3	0.3
3.86	8.04	-1.41	35.29	3.50	2.8	175,587	324,084	272,595	2.8	17,049	5.82	-22.3	33,937	2.95	9.88	21.2	1.3	2.0
1.98	7.44	-6.82	23.49			175,587	324,084	272,595	2.8	17,049	5.82	-22.3	33,937	2.95	9.88	10.5	0.7	1.0
0.00	15.30	-27.76				2,130	--	2,309	4.2	42.5	0.08	-61.9	192.9		1.94	55.5	1.0	1.0
1.46	3.90	4.63				584.4	584.1	--		8.1	0.14	1,187.5	0.18	-0.09	162.25	72.1		116.9
-2.70	5.80	0.21		1.72	9.0	1,413	--	144.8	15.1	110.2	1.70	0.4	110.3		8.36	11.2	9.0	1.0
-1.41	9.67	21.43	54.07	1.69	8.7	1,287	2,007	256.6	17.9	123.9	1.90	-2.2	201.4	6.16	11.7	10.3	5.0	1.2
-14.19	-0.08	-17.21				855.4	1,078	1,075	7.5	-15.5	-0.47	-138.7	-12.3	-0.1		-52.5	0.8	4.0
40.19	54.64	-30.09	-87.50			14.4	25.6	0.85	-48.7	-7.3	-0.05	-77.2	-0.65			-2.0	17.2	-1.7
-3.64	3.92	-47.00	-89.61			6.0	34.2	32.1	8.2	-4.6	-0.42	-33.5	6.0	-1.09		-1.3	0.2	-12.0
-76.18						0.49	0.38	0.01		-1.5	-0.03	22.3	-1.2	-71.84		-0.3	50.0	0.6
-43.40	-36.10	-1.97	-56.20			12.4	13.8	5.1	28.2	-3.4	-0.05	-19.7	-1.8	-60.57		-3.5	2.4	-8.5
-42.11	-36.23	-4.35	-54.17			12.4	13.8	5.1	28.2	-3.4	-0.05	-19.7	-1.8	-60.57		-4.7	3.2	-11.5
-41.91	27.42	-70.74	-82.41			23.7	-0.75	0.00	-100.0	-33.8	-1.13	2.1	-31.6	-42.98		-0.7		1.6
14.00	30.90	40.71	20.27	1.28	1.2	13,053	15,798	8,050	9.2	537.8	4.38	28.4	703.2	10.27	38.43	24.7	1.6	8.8
				0.08	0.2	6,065	--	365.4	16.8	71.7	183.40	98.3	91.5			0.2	16.6	1.3
-58.82	-57.58	-82.72				2.8	5.4	4.8	-37.1	-2.8	-0.11	26.2	-1.9	-57.03		-1.3	0.8	-1.4
-42.09	-57.38	-72.63	-92.90			9.4	38.3	401.7	-8.2	-97.0	-2.67	-78.3	-15.1	-11.96		-0.1	0.0	0.2
-62.77	-56.25	-70.83	-46.97			2.1	2.4	--		-1.9	-0.03	-104.2	-0.29	-90.65		-1.0		-0.3

https://greyhouse.weissratings.com

Data as of June 30, 2019

I. Index of Stocks

Summer 2019

Company Name	Stock Ticker Symbol	Traded On	Sector	Overall Rating	Recommendation	Reward Rating	Risk Rating	Recent Up/Downgrade	Stock Price as of 6/30/2019	52-Week High	52-Week Low	3-Year Beta	Growth	Efficiency	Solvency	Volatility	Dividend	Total Return
TransAct Technologies Incorporated	TACT	NAS	Information Tech	C+	Hold	B	D+		11.09	15.95	8.4	1.41	F	E	E	W	G	F
TransAlta Corporation	TAC	NYSE	Utilities	C-	Hold	C	D+	Up	6.11	7.61	3.99	1.24	W	W	G	F	F	F
TransAlta Corporation	TA.TO	TSX	Utilities	C-	Hold	C	D+		7.99	10.14	5.44	1.00	W	W	G	F	W	F
TransAlta Renewables Inc.	TRSWF	OTC PK	Utilities	C	Hold	B+	C-		10.43	10.70	7.24	0.86	E	E	G	F	E	F
TransAlta Renewables Inc.	RNW.TO	TSX	Utilities	B-	Buy	B+	C-	Up	13.76	14.18	9.76	0.55	E	E	E	F	G	F
Transat A.T. Inc.	TRZ.TO	TSX	Consumer Discretn	D+	Sell	C	D	Up	13.42	14.24	4.5	0.82	W	F	E	W	—	F
Transat A.T. Inc.	TRZBF	OTC PK	Consumer Discretn	D+	Sell	C	D	Up	10.20	10.20	3.78	-0.53	W	F	E	W	—	F
Transatlantic Mining Corp.	TCO.V	TSXV	Materials	D	Sell	C-	D-	Down	0.02	0.16	0.02	-1.54	F	G	F	W	—	V
Transatlantic Mining Corp.	TRRGF	OTC PK	Materials	D	Sell	C-	D	Down	0.01	0.10	0.01	2.98	F	G	F	W	—	V
TransAtlantic Petroleum Ltd.	TNP.TO	TSX	Energy	D	Sell	C-	D		1.05	2.40	0.89	-0.06	G	W	F	W	—	W
TransAtlantic Petroleum Ltd.	TAT	AMEX	Energy	D	Sell	C-	D-		0.81	1.86	0.65	0.54	G	W	F	W	—	W
TransBiotec, Inc	IMLE	OTC PK	Information Tech	D	Sell	C-	D-	Down	0.00	0.03	0	1.86	F	E	F	W	—	V
Transcat, Inc.	TRNS	NAS	Industrials	B	Buy	A	B-	Down	25.75	27.00	17.56	0.98	E	E	E	G	—	G
Transcontinental Inc.	TCLA.TO	TSX	Industrials	C-	Hold	C	D		14.70	32.36	14.04	0.55	W	E	G	W	G	W
Transcontinental Inc.	TCLAF	OTC PK	Industrials	C-	Hold	C	D		11.26	24.36	10.43	0.76	W	E	G	W	G	W
Transcontinental Inc.	TCLB.TO	TSX	Industrials	C-	Hold	C	D		14.80	32.42	14.06	0.67	W	E	G	W	G	W
Transcontinental Realty Investors, Inc.	TCI	NYSE	Real Estate	C-	Hold	C	D+	Down	24.79	38.34	22.85	0.96	W	G	E	W	—	F
TransDigm Group Incorporated	TDG	NYSE	Industrials	B	Buy	A+	C+		476.08	501.17	307.36	1.40	E	E	G	F	—	E
TransEnterix, Inc.	TRXC	AMEX	Health Care	D-	Sell	E+	D	Down	1.28	6.98	1.03	2.83	W	V	E	W	—	W
Transgene SA	TRGNF	OTC PK	Health Care	D+	Sell	C-	D+	Up	2.90	3.78	2.73	0.65	F	F	G	W	—	W
TransGlobe Energy Corporation	TGL.TO	TSX	Energy	D+	Sell	C-	D	Down	1.85	5.45	1.81	1.18	F	F	E	W	—	W
TransGlobe Energy Corporation	TGA	NAS GS	Energy	D+	Sell	C-	D	Down	1.42	4.13	1.37	1.44	F	F	E	W	—	W
Transition Metals Corp.	TNTMF	OTC PK	Materials	D	Sell	D	D		0.14	0.17	0.07	0.03	W	W	E	W	—	F
Transition Metals Corp.	XTM.V	TSXV	Materials	D	Sell	D	D		0.19	0.23	0.06	0.72	W	W	E	W	—	F
Translate Bio, Inc.	TBIO	NAS GS	Health Care	D-	Sell	E+	D		12.86	16.60	4.81		W	V	E	W	—	W
Trans-Lux Corporation	TNLX	OTC PK	Information Tech	D	Sell	D	D		0.30	1.50	0.22	-1.66	W	F	F	W	—	V
TransMedics Group, Inc.	TMDX	NAS	Health Care	U		U	U		27.74	31.54	19.76		U	U	U	U	U	U
Transocean Ltd.	RIG	NYSE	Energy	D	Sell	D	D		6.32	14.47	5.28	2.00	W	W	E	W	—	W
Transportadora de Gas Del Sur S.A.	TGS	NYSE	Energy	C	Hold	B	D+	Down	14.19	17.78	8.81	-0.07	G	E	E	W	—	W
Transportation and Logistics Systems, Inc.	TLSS	OTC PK	Industrials	C-	Hold	B-	D	Up	12.00	16.25	0.6	2.15	W	G	F	W	—	G
TransUnion	TRU	NYSE	Industrials	C	Hold	B	D+	Down	72.12	79.48	52.15	1.23	G	E	E	F	—	F
Traqer Corp.	TAQR	OTC PK	Materials	E	Sell	E+	D-	Up	1.20	3.00	1.05		W	V	F	W	—	V
TravelCenters of America LLC	TA	NAS GS	Consumer Discretn	D	Sell	D+	D		3.52	6.10	3.35	1.96	W	W	G	W	—	W
Travelzoo	TZOO	NAS GS	Communication Svc	C+	Hold	B+	D+		15.33	22.85	7	0.92	G	E	E	W	—	G
Traverse Energy Ltd.	TVETF	OTC PK	Energy	D-	Sell	E+	D		0.02	0.15	0.01	-0.15	W	V	F	W	—	V
Traverse Energy Ltd.	TVL.V	TSXV	Energy	E+	Sell	E+	E+	Down	0.04	0.20	0.03	-0.01	W	V	F	V	—	V
Treasury Metals Inc.	TML.TO	TSX	Materials	D	Sell	D	D		0.28	0.53	0.21	0.52	W	W	G	W	—	V
Treasury Metals Inc.	TSRMF	OTC PK	Materials	D	Sell	D	D		0.22	0.39	0.15	-0.06	W	W	G	W	—	V
Trecora Resources	TREC	NYSE	Materials	D	Sell	D+	D		9.32	15.60	6.69	1.19	W	F	E	W	—	W
Tredegar Corporation	TG	NYSE	Materials	C	Hold	B	D		16.39	26.50	14.85	1.02	G	G	E	W	G	W
Tree Island Steel Ltd.	TSL.TO	TSX	Materials	D+	Sell	C	D-		2.00	3.09	1.88	-0.09	F	F	G	W	G	W
Tree Island Steel Ltd.	TWIRF	OTC PK	Materials	D+	Sell	C	D-		1.53	2.09	1.53	-0.81	F	F	G	W	G	W
Tree of Knowledge International Corp.	TOKIF	OTC PK	Health Care	E+	Sell	E+	D-	Up	0.09	0.92	0.02		W	V	G	W	—	V
Treehouse Foods, Inc.	THS	NYSE	Consumer Staples	D	Sell	D+	D		53.75	67.88	41.18	1.08	W	W	E	W	—	W
Tremont Mortgage Trust	TRMT	NAS CM	Financials	D	Sell	C-	E+		4.04	13.80	3.87		F	F	E	V	E	V
Trenchant Capital Corp.	TCC.V	TSXV	Financials	D-	Sell	D	E+		0.45	0.45	0.2	2.64	V	W	V	W	—	F
Tres-Or Resources Ltd.	TRS.V	TSXV	Materials	D-	Sell	D	D-		0.20	0.35	0.15	2.30	V	W	G	W	—	W
Tres-Or Resources Ltd.	TRSFD	OTC PK	Materials	D	Sell	D	D		0.01	0.33	0.01	-2,196.79	V	W	G	W	—	W
Trevali Mining Corporation	TREVF	OTC PK	Materials	D	Sell	D	D-		0.21	0.71	0.19	1.83	W	W	E	W	—	V
Trevali Mining Corporation	TV.TO	TSX	Materials	D	Sell	D	D-		0.28	0.93	0.26	1.71	W	W	E	W	—	V
Trevena, Inc.	TRVN	NAS GS	Health Care	D-	Sell	E+	D		1.02	3.58	0.38	4.61	W	V	E	W	—	W
Trevi Therapeutics, Inc.	TRVI	NAS	Health Care	U		U	U		7.90	10.62	5.69		U	U	U	U	U	U

*Ratings Factors: E=Excellent, G=Good, F=Fair, W=Weak, V=Very Weak, U=Unrated

Summer 2019   I. Index of Stocks

TOTAL RETURNS %				DIVIDEND/YIELD		SIZE		REVENUE & INCOME			EARNINGS		EFFECTIVENESS			VALUATION		
3-Month Total Return (%)	6-Month Total Return (%)	1-Year Total Return (%)	3-Year Total Return (%)	Dividend $ TTM	Dividend Yield TTM	Market Cap. ($Mil)	Enterprise Value ($Mil)	Revenue ($Mil)	Revenue Growth (%)	Net Income ($Mil)	Earnings/ Share $	EPS Growth (%)	Cash from Operations ($Mil)	Return on Assets (%)	Return on Equity (%)	Earnings (P/E) TTM	Sales (P/S) TTM	Book (P/B) Q
24.91	24.19	-4.06	61.54	0.36	3.3	82.7	84.5	53.9	-1.2	5.5	0.72	83.7	1.7	12.4	21.08	15.4	1.6	3.0
-16.94	48.99	29.26	30.01	0.12	2.0	1,733	5,757	1,758	-2.9	-257.9	-1.01	-196.6	363.9	0.35		-6.1	1.0	1.2
-19.16	42.51	27.22	30.11	0.16	2.0	1,733	5,757	1,758	-2.9	-257.9	-1.01	-196.6	363.9	0.35		-8.0	1.3	1.6
4.76	43.29	21.19	30.52	0.71	6.8	2,771	3,484	343.4	-0.4	187.2	0.72	396.0	292.0	2.48	10.83	14.5	8.0	1.6
3.08	38.45	19.98	32.25	0.94	6.8	2,771	3,484	343.4	-0.4	187.2	0.72	396.0	292.0	2.48	10.83	19.1	10.6	2.0
193.65	131.78	63.06	101.80			385.9	-220.9	2,208	-4.3	-32.7	-0.87	-122.9	21.2	-2.4		-15.4	0.2	1.2
169.91	140.57	61.14	68.70			385.9	-220.9	2,208	-4.3	-32.7	-0.87	-122.9	21.2	-2.4		-11.7	0.2	0.9
-60.00	-50.00	-50.00	-95.00			1.3	1.3	--		-1.7	-0.02	53.4	-0.40	-12.25		-0.8		-3.1
-69.12	-43.48	-56.23				1.3	1.3	--		-1.7	-0.02	53.4	-0.40	-12.25		-0.5		-2.0
-13.22	-27.08	-43.55	-2.78			42.5	105.7	72.9	27.6	-7.3	-0.14	32.2	25.4	9.46		-7.4	0.8	12.7
-10.99	-22.86	-42.14	-2.04			42.5	105.7	72.9	27.6	-7.3	-0.14	32.2	25.4	9.46		-5.7	0.6	9.8
12.20	109.09	-48.89	-23.33			0.70	1.5	--		-0.43	0.00	54.9	-0.06			-1.2		-0.2
13.34	41.95	36.97	159.97			188.0	208.3	160.9	3.7	7.1	0.95	17.5	12.6	6.33	12.88	27.1	1.2	3.1
-11.98	-21.86	-50.12	-6.82	0.85	5.8	979.3	2,047	2,360	47.6	104.1	1.18	-53.2	265.5	5.79	9.26	12.4	0.5	1.0
-9.22	-19.14	-49.13	-10.40	0.64	5.7	979.3	2,047	2,360	47.6	104.1	1.18	-53.2	265.5	5.79	9.26	9.5	0.4	0.8
-10.30	-22.59	-49.85	-5.90	0.85	5.7	979.3	2,047	2,360	47.6	104.1	1.18	-53.2	265.5	5.79	9.26	12.5	0.6	1.0
-21.80	-8.83	-28.23	158.50			216.1	644.2	101.9	-18.4	176.1	20.12	1,583.2	-200.5	0.56	60.98	1.2	2.1	0.6
6.00	41.99	41.35	119.89			25,318	40,224	4,219	17.1	844.5	14.67	13.7	1,021	8.24		32.5	6.4	-17.0
-42.86	-47.76	-73.98	5.79			278.2	260.8	21.5	116.6	-83.4	-0.40	48.5	-60.4	-19.06		-3.2	12.9	1.9
-9.94	-7.64	-19.44	-4.92			170.4	218.9	8.4	-1.0	8.4	0.14	123.3	-33.5	-16.96	22.11	20.6	21.2	4.3
-25.40	-18.35	-47.37	-21.27	0.07	3.8	103.1	129.1	188.9	25.3	17.0	0.23	122.4	63.3	12.87	8.3	7.9	0.7	0.6
-23.24	-14.35	-46.24	-21.38	0.07	4.9	103.1	129.1	188.9	25.3	17.0	0.23	122.4	63.3	12.87	8.3	6.1	0.6	0.5
82.24	103.07	43.59	4.68			6.2	5.4	0.08	-40.4	-1.9	-0.05	-239.3	-0.07	-12.24		-2.8	79.0	1.4
72.73	153.33	58.33	5.56			6.2	5.4	0.08	-40.4	-1.9	-0.05	-239.3	-0.07	-12.24		-3.8	105.6	1.9
30.56	76.65	11.63				654.6	544.9	2.9		-109.4	-40.70	-347.3	-26.7	-22.86		-0.3	200.0	6.1
-67.39	-34.78	-60.00	-88.00			4.0	8.7	13.5	-48.0	-5.3	-2.15	-112.2	-2.3	-20.83		-0.1	0.1	-0.3
						585.1	793.9	15.2	73.9	-25.7	-8.80	-28.0	-19.5			-3.2	2.6	-0.2
-28.34	-9.84	-52.84	-42.75			3,895	12,064	3,108	15.6	-1,957	-4.11	52.9	404.0	0.51		-1.5	1.2	0.3
19.50	9.47	24.28	151.82	1.75	12.3	2,207	2,332	1,172	-16.9	344.2	0.44	-15.5	399.9	24.68	57.56	32.4	9.6	13.1
269.23	700.00	300.00				110.7	118.3	23.9	873.4	-34.2	-13.08	-981.2	-2.3	-164.43		-0.9	2.6	-3.4
9.66	29.38	1.29	129.37	0.30	0.4	13,506	17,494	2,399	19.0	274.4	1.44	-39.1	399.6	5.17	14.4	49.9	5.7	6.8
-4.00	-49.58					366.9	367.1	--		-0.14	0.00	97.9	-0.15			-3,000.0		-2,400.0
-13.73	-5.38	-0.85	-54.93			142.2	2,452	6,244	17.0	-123.2	-3.20	-538.3	50.8	0.11		-1.1	0.0	0.3
18.01	93.07	-11.64	93.07			181.9	178.6	111.3	2.1	5.3	0.43	69.2	8.5	11.11	32.47	35.7	1.7	11.6
-50.00	-40.81	-87.42	-94.18			2.8	8.0	4.6	-31.8	-13.6	-0.13	-222.1	0.98	-33.38		-0.1	0.4	0.2
-41.67	-36.36	-82.05	-92.47			2.8	8.0	4.6	-31.8	-13.6	-0.13	-222.1	0.98	-33.38		-0.3	0.8	0.3
-11.29	-9.84	-38.20	-51.75			33.4	36.3	0.00	66.7	-3.2	-0.02	-2.3	-2.6	-2		-12.3		0.8
-4.84	2.01	-33.32	-49.54			33.4	36.3	0.00	66.7	-3.2	-0.02	-2.3	-2.6	-2		-9.7		0.6
3.10	21.83	-37.45	-6.33			230.1	343.1	281.3	7.7	-2.9	-0.13	-117.1	18.0	0.9		-72.7	0.8	1.2
-0.18	4.00	-28.47	11.66	0.44	2.7	542.6	637.9	1,055	5.6	26.5	0.79	-50.3	93.9	4.79	7.2	20.6	0.5	1.5
-1.96	-5.62	-28.89	-41.00	0.08	4.0	44.0	122.0	169.3	-8.8	0.36	0.01	117.9	0.64	2.78	0.82	175.4	0.3	1.4
-0.81	-21.01	-22.95	-44.96	0.06	4.0	44.0	122.0	169.3	-8.8	0.36	0.01	117.9	0.64	2.78	0.82	134.2	0.3	1.1
-37.52	-33.05					23.1	23.1	1.3	207.3	-17.1	-0.38	-50.7	-1.7	-53.11		-0.3	2.9	1.1
-16.26	7.91	1.07	-45.51			3,017	5,506	5,632	-9.9	-54.6	-0.98	84.0	410.1	3.02		-54.9	0.5	1.4
-53.88	-54.57	-67.88		0.33	8.2	33.1	--	3.8	550.7	-0.08	-0.03	97.9	-1.3			-129.5	3.4	0.2
66.67	83.67	12.50	73.08			4.0	17.2	--		-0.06	0.00	86.0	-0.31	-1.58		-173.1		93.8
700.00	-20.00	566.67	-55.56			1.6	1.6	--		-0.45	0.00	-16.7	0.01	-4.99		-47.6		11.0
-22.72	100.00	58,723.53	-20.63			1.6	1.6	--		-0.45	0.00	-16.7	0.01	-4.99		-2.4		0.6
-25.56	-27.96	-67.69	-48.02			173.7	232.1	418.7	3.3	-233.3	-0.28	-806.5	96.6	0.63		-0.7	0.4	0.3
-28.21	-32.53	-67.06	-46.15			173.7	232.1	418.7	3.3	-233.3	-0.28	-806.5	96.6	0.63		-1.0	0.6	0.5
-34.62	147.27	-32.00	-83.39			94.2	57.3	5.7		-26.9	-0.35	65.1	-22.7	-21.77		-2.9	15.8	2.0
						140.9	256.5	--		-10.8	-30.62	-54.1	-8.8			-0.3		0.0

https://greyhouse.weissratings.com   Data as of June 30, 2019

I. Index of Stocks — Summer 2019

Company Name	Stock Ticker Symbol	Traded On	Sector	Overall Rating	Recommendation	Reward Rating	Risk Rating	Recent Up/Downgrade	Stock Price as of 6/30/2019	52-Week High	52-Week Low	3-Year Beta	Growth	Efficiency	Solvency	Volatility	Dividend	Total Return
Trex Company, Inc.	TREX	NYSE	Industrials	B-	Buy	B+	C		69.67	90.74	50.88	2.00	E	E	E	F	–	F
Trez Capital Mortgage Investment Corporation	TZZ.TO	TSX	Financials	D	Sell	C-	E+		0.19	2.99	0.08	1.97	W	G	E	V	–	V
Trez Capital Senior Mortgage Investment Corpor	TZS.TO	TSX	Financials	D+	Sell	C	D-	Up	2.31	2.66	2.12	0.21	W	G	E	W	–	W
Tri Origin Exploration Ltd.	TOE.V	TSXV	Materials	D	Sell	D	D	Up	0.01	0.04	0.01	1.67	W	V	G	W	–	W
Tri Origin Exploration Ltd.	TROIF	OTC PK	Materials	D	Sell	D	D		0.01	0.03	0.01	2.15	W	V	G	W	–	W
TRI Pointe Group, Inc.	TPH	NYSE	Consumer Discretn	C	Hold	B	D+		11.72	17.45	10.37	1.00	F	E	E	W	–	W
Triangle Industries Ltd.	TLDH.V	TSXV	Industrials	D-	Sell	E+	D		0.17	0.36	0.15	-2.47	W	V	G	W	–	F
Tribune Media Company	TRBAB	OTC PK	Communication Svc	D+	Sell	B-	C		35.61	35.61	35.61	-0.07	G	G	E	F	G	W
Tribune Media Company	TRCO	NYSE	Communication Svc	B	Buy	A-	C		46.31	46.47	31.61	-0.05	G	G	E	F	F	F
Tribune Publishing Company	TPCO	NAS	Communication Svc	D+	Sell	C	D	Down	8.18	18.65	8.1	1.29	W	G	E	W	–	W
Trican Well Service Ltd.	TCW.TO	TSX	Energy	D	Sell	D	D		1.17	3.23	0.96	1.00	W	W	E	W	–	W
Trican Well Service Ltd.	TOLWF	OTC PK	Energy	D	Sell	D	D		0.89	2.49	0.66	1.36	W	W	E	W	–	W
Tricida, Inc.	TCDA	NAS GS	Health Care	D-	Sell	E+	D		38.20	40.83	19.43		V	V	E	W	–	W
TriCo Bancshares	TCBK	NAS GS	Financials	B	Buy	B+	B-		37.82	41.31	31.05	0.96	E	E	E	G	F	F
Tricon Capital Group Inc.	TCN.TO	TSX	Real Estate	B-	Buy	B	C+	Down	9.99	11.88	9.33	0.58	F	E	E	F	W	F
Tricon Capital Group Inc.	TCNGF	OTC PK	Real Estate	C+	Hold	B	C-	Up	7.71	8.70	6.99	0.75	F	E	E	F	G	W
Trident Acquisitions Corp.	TDAC	NAS CM	Financials	D-	Sell	C	D		10.35	10.36	9.73		W	G	E	E	–	W
Trident Brands Incorporated	TDNT	OTC PK	Consumer Staples	D+	Sell	C	D	Up	0.57	0.75	0.1	0.26	W	G	F	W	–	W
Trifecta Gold Ltd.	TRRFF	OTC PK	Materials	D-	Sell	D-	E+	Up	0.03	0.08	0.02	0.20	W	W	E	V	–	V
Trifecta Gold Ltd.	TG.V	TSXV	Materials	D-	Sell	D-	D-		0.04	0.12	0.04	0.54	W	W	E	W	–	V
Trigon Metals Inc.	TM.V	TSXV	Materials	D	Sell	D-	D	Up	0.11	0.21	0.05	1.59	W	V	G	W	–	V
Trigon Metals Inc.	PNTZF	OTC PK	Materials	D-	Sell	D-	D-		0.07	0.13	0.05	-0.34	W	E	E	W	–	W
Trillion Energy International Inc.	TCFF	OTC PK	Energy	D-	Sell	E+	D		0.13	0.24	0.03	0.72	F	V	G	W	–	F
Trillium Therapeutics Inc.	TRIL.TO	TSX	Health Care	E+	Sell	E+	D-	Down	0.44	8.70	0.4	2.21	W	V	G	W	–	V
Trillium Therapeutics Inc.	TRIL	NAS CM	Health Care	E+	Sell	E+	D-	Down	0.32	6.75	0.3	2.50	W	V	G	W	–	V
Trilogy International Partners Inc.	TRL.TO	TSX	Communication Svc	D+	Sell	C	D-	Up	2.93	4.43	1.22	-0.24	G	W	G	W	F	V
Trilogy International Partners Inc.	TLLYF	OTC PK	Communication Svc	D+	Sell	C	D	Up	2.12	3.35	0.97		G	W	G	W	G	V
Trilogy Metals Inc.	TMQ	AMEX	Materials	D	Sell	E+	D		3.02	3.13	1.48	1.09	W	V	G	F	–	E
Trilogy Metals Inc.	TMQ.TO	TSX	Materials	D	Sell	E+	D+		3.96	4.10	2.03	0.74	W	V	G	F	–	E
TriMas Corporation	TRS	NAS GS	Industrials	B	Buy	B+	B-		30.28	33.45	25.18	0.81	E	G	E	G	–	F
Trimble Inc.	TRMB	NAS GS	Information Tech	B	Buy	A-	C	Up	44.41	44.55	29.75	1.59	E	G	E	F	–	G
TriMetals Mining Inc.	TMIB.TO	TSX	Materials	D	Sell	D+	D		0.08	0.29	0.06	0.62	F	F	G	W	–	V
TriMetals Mining Inc.	TMI.TO	TSX	Materials	D	Sell	D+	D		0.06	0.10	0.03	0.72	F	F	G	W	–	V
TriMetals Mining Inc.	TMIAF	OTC PK	Materials	D	Sell	D+	D-		0.04	0.08	0.02	1.57	F	F	G	W	–	V
TriMetals Mining Inc.	TMIBF	OTC PK	Materials	D	Sell	D+	D		0.06	0.23	0.04	0.97	F	F	G	W	–	V
Trine Acquisition Corp.	TRNE	NYSE	Financials	U		U	U		9.73	9.78	9.61		U	U	U	U	U	U
TriNet Group, Inc.	TNET	NYSE	Industrials	B-	Buy	B+	C		67.62	70.70	38.74	1.28	F	E	G	F	–	E
Trinidad Drilling Ltd.	TDG.TO	TSX	Energy	D	Sell	D	D		1.68	1.97	1.33	0.08	W	W	G	W	–	W
Trinity Bank, N.A.	TYBT	OTC PK	Financials	C	Hold	B-	B		64.00	67.00	59.5	0.04	F	G	E	G	–	F
Trinity Biotech plc	TRIB	NAS GS	Health Care	U		U	U		1.64	5.20	1.57	1.74	U	U	U	U	U	U
Trinity Industries, Inc.	TRN	NYSE	Industrials	C-	Hold	C+	D		20.24	39.35	18.99	1.61	W	G	W	G	G	W
Trinity Merger Corp.	TMCX	NAS CM	Financials	D-	Sell	C	D+		10.31	10.35	9.71		F	G	E	E	–	W
Trinity Place Holdings Inc.	TPHS	AMEX	Real Estate	D	Sell	D	D		4.01	6.91	3.53	0.36	W	W	G	W	–	W
Trinseo S.A.	TSE	NYSE	Materials	C-	Hold	B-	D	Down	41.99	82.18	36.65	1.97	G	E	E	W	G	W
Trio-Tech International	TRT	AMEX	Information Tech	C-	Hold	C	D	Up	2.88	5.53	2.46	1.72	F	G	E	W	–	W
TripAdvisor, Inc.	TRIP	NAS GS	Communication Svc	C	Hold	B	D	Up	46.58	69.00	42.01	0.59	G	G	E	W	–	F
TriplePoint Venture Growth BDC Corp.	TPVG	NYSE	Financials	B	Buy	A	C		14.21	14.61	10.25	1.04	F	E	E	F	E	F
Triple-S Management Corporation	GTS	NYSE	Health Care	D+	Sell	D+	D	Up	23.02	40.47	15.45	0.18	W	F	E	W	–	W
TriStar Gold, Inc.	TSG.V	TSXV	Materials	D	Sell	D	D-	Up	0.17	0.25	0.09	0.04	W	W	E	W	–	W
TriStar Gold, Inc.	TSGZF	OTC PK	Materials	D	Sell	D	D-	Up	0.14	0.17	0.07	0.37	W	W	E	W	–	W
Tristate Capital Holdings, Inc.	TSC	NAS GS	Financials	C	Hold	B	C-		21.21	30.10	18.2	1.43	E	E	E	F	–	W
Trisura Group Ltd.	TSU.TO	TSX	Financials	E+	Sell	C	C-		29.80	30.68	24.58	0.21	G	F	E	E	–	W

*Ratings Factors: E=Excellent, G=Good, F=Fair, W=Weak, V=Very Weak, U=Unrated

Summer 2019 — I. Index of Stocks

3-Month Total Return (%)	6-Month Total Return (%)	1-Year Total Return (%)	3-Year Total Return (%)	Dividend $ TTM	Dividend Yield TTM	Market Cap ($Mil)	Enterprise Value ($Mil)	Revenue ($Mil)	Revenue Growth (%)	Net Income ($Mil)	Earnings/Share $	EPS Growth (%)	Cash from Operations ($Mil)	Return on Assets (%)	Return on Equity (%)	Earnings (P/E) TTM	Sales (P/S) TTM	Book (P/B) Q
10.20	19.79	10.71	235.68			4,076	4,149	692.6	17.1	129.0	2.20	24.1	126.2	21.42	41.28	31.7	5.9	11.2
81.85	95.32	1,474.47	1,578.16			1.6	--	0.34	-87.5	1.8	0.15	219.6	-34.4		11	1.2	6.3	0.4
0.43	3.12	-0.43	-11.91			13.0	--	0.97	-22.7	0.54	0.07	2,734.6	-0.23		3.06	31.3	17.4	1.0
-60.00	-33.33	-60.00	-84.62			0.91	1.0	--		-0.10	0.00	97.0	-0.10	-6.65		-12.5		0.6
-30.00	64.71	7.69	-71.31			0.91	1.0	--		-0.10	0.00	97.0	-0.10	-6.65		-17.5		0.9
-9.85	5.87	-27.56	2.81			1,667	2,992	3,174	5.8	227.1	1.54	6.1	145.9	5.3	11.37	7.6	0.5	0.8
-15.00	-35.85	-52.78	580.00			3.4	3.3	--		-0.81	-0.03	-224.7	-0.81	-86.09		-5.4		29.3
0.00	0.00	-10.67	37.90	1.00	2.8	4,088	5,895	2,021	9.1	384.6	4.34	-8.7	469.3	3	11.03	8.2	1.6	0.9
1.11	3.46	24.51	57.41	1.00	2.2	4,088	5,895	2,021	9.1	384.6	4.34	-8.7	469.3	3	11.03	10.7	2.0	1.1
-19.45	-14.58	-45.09	-27.49			292.0	379.6	1,037	2.3	258.7	7.33	4,478.2	-73.4	2.85		1.1	0.3	0.8
-10.69	2.63	-61.00	-48.46			259.0	313.1	639.6	-25.2	-161.4	-0.53	-734.3	82.7	-3.24		-2.2	0.6	0.6
-8.61	6.34	-60.87	-48.10			259.0	313.1	639.6	-25.2	-161.4	-0.53	-734.3	82.7	-3.24		-1.7	0.4	0.4
1.06	62.07	46.92				1,877	1,697	--		-120.2	-13.15	51.5	-103.6	-49.62		-2.9		10.2
-3.16	14.10	0.47	49.59	0.74	2.0	1,152	--	281.9	24.3	77.1	2.68	47.8	89.4		11.36	14.1	4.1	1.4
-13.21	5.14	-7.46	27.25	0.28	2.8	1,479	1,921	241.8	-3.7	140.1	0.92	18.6	-7.7	7.08	10.87	10.8	6.0	1.2
-9.52	10.48	-0.52	16.27	0.21	2.7	1,479	1,921	241.8	-3.7	140.1	0.92	18.6	-7.7	7.08	10.87	8.4	4.7	0.9
1.67	3.82	6.05				73.3	72.6	--		2.2	-0.09	-6,364.3	-0.87	-0.55	87.68	-114.4		14.7
27.23	5.56	-25.97	-28.75			18.4	31.9	4.7	-28.1	-9.6	-0.30	-19.4	-6.9	-76.33		-1.9	3.9	-1.2
-33.95	-20.82	-58.17				1.1	0.92	--		-0.28	-0.01	80.3	-0.25	-9.33		-2.9		0.5
-27.27	-20.00	-50.00				1.1	0.92	--		-0.28	-0.01	80.3	-0.25	-9.33		-4.6		0.8
23.53	90.91	-47.50	-80.91			3.7	4.2	--		-2.1	-0.08	38.7	-1.9	-221.27		-1.4		-4.1
6.26	25.86	-73.26	-98.19			3.7	4.2	--		-2.1	-0.08	38.7	-1.9	-221.27		-1.0		-2.8
-17.72	48.23	82.84	-43.48			10.9	11.0	4.3	2.2	-2.1	-0.03	29.4	-0.46	-14.61		-4.7	2.5	4.4
-52.69	-82.04	-94.05	-96.17			9.4	0.33	--		-34.0	-2.31	24.5	-31.1	-40.58		-0.2		4.0
-53.21	-82.17	-94.29	-96.33			9.4	0.33	--		-34.0	-2.31	24.5	-31.1	-40.58		-0.1		2.9
30.78	79.13	-33.13		0.02	0.7	125.7	609.1	783.2	-0.9	-19.7	-0.40	-4.9	70.8	2.39		-7.3	0.2	-2.3
23.16	81.48	-35.11		0.01	0.7	125.7	609.1	783.2	-0.9	-19.7	-0.40	-4.9	70.8	2.39		-5.3	0.2	-1.7
21.77	75.58	79.76	502.07			398.5	367.5	--		-23.2	-0.18	9.6	-21.0	-26.98		-16.8		13.4
18.92	69.96	72.17	509.23			398.5	367.5	--		-23.2	-0.18	9.6	-21.0	-26.98		-22.0		17.6
-0.72	11.90	4.41	72.63			1,383	1,632	881.3	5.6	78.1	1.69	61.2	121.2	7.45	12.94	17.9	1.6	2.2
10.23	39.04	35.64	85.89			11,175	12,977	3,168	14.0	286.6	1.13	132.0	551.4	4.82	10.95	39.4	3.6	4.1
-11.11	14.29	-58.97	-72.88			10.9	10.8	--		1.7	0.01	136.9	-0.87	-1.33	5.02	12.1		0.5
9.09	50.00	-33.33	-80.00			10.9	10.8	--		1.7	0.01	136.9	-0.87	-1.33	5.02	9.1		0.4
10.51	24.24	-46.54	-82.46			10.9	10.8	--		1.7	0.01	136.9	-0.87	-1.33	5.02	6.2		0.3
-14.99	30.37	-60.54	-75.77			10.9	10.8	--		1.7	0.01	136.9	-0.87	-1.33	5.02	9.1		0.4
						86.4	85.0	--		-0.09	-0.03		-0.54			-361.7		17.3
13.95	64.13	23.28	245.35			4,733	4,903	3,576	7.5	201.0	2.80	-1.1	290.0	7.46	60.18	24.2	1.4	11.7
0.00	0.60	-5.08	-33.60			350.0	731.9	463.9	33.0	-412.5	-1.51	-568.8	64.3	-3.3		-1.1	1.0	0.8
-1.39	-1.39	8.60	37.66	1.17	1.8	71.1	--	6.5	-13.2	2.8	2.51	-17.7	--			25.5	11.1	2.3
-41.84	-26.46	-66.26	-85.45			34.3	86.8	48.3	-51.3	-23.6	-4.51	40.2	0.81			-0.4	0.2	0.2
-5.82	0.41	-11.81	67.44	0.56	2.8	2,628	7,440	3,213	56.5	149.7	1.04	-76.9	20.3	2.46	4.14	19.6	0.8	1.2
0.88	3.51	5.42				444.6	444.2	--		4.8	0.11	111,100.0	-1.7	-0.34	190.69	92.9		89.0
-2.91	-5.20	-40.77	-41.63			127.9	263.0	3.8	321.8	-8.5	-0.27	-191.9	-0.09	-2.36		-14.9	33.8	2.2
-7.85	-4.71	-38.96	9.62	1.60	3.8	1,714	2,433	4,514	1.1	208.0	4.80	-35.4	478.9	4.39	27.57	8.8	0.4	2.3
-13.38	14.92	-32.96	-19.88			10.6	7.7	39.3	-6.9	1.8	0.48	113.9	4.3	1.89	6.97	6.1	0.3	0.5
-9.08	-13.02	-17.78	-23.83			6,476	5,837	1,613	3.3	135.0	0.96	568.7	413.0	5.31	9.32	48.6	4.1	4.3
6.43	34.82	27.89	90.15	1.44	10.1	352.7	470.6	68.8	39.3	39.7	1.80	29.0	-14.7	5.4	13.84	7.9	5.1	1.1
-0.95	32.53	-41.59	-3.24			527.2	467.6	3,048	3.3	-32.4	-1.42	-154.2	-192.9	-0.81		-16.2	0.2	0.6
54.55	25.93	-10.53	-43.33			23.2	22.9	--		-0.80	-0.01	70.1	-1.1	-4.49		-32.7		1.6
47.53	37.50	-0.22	-42.73			23.2	22.9	--		-0.80	-0.01	70.1	-1.1	-4.49		-26.4		1.3
4.48	10.76	-17.79	62.78			622.6	--	168.2	16.8	58.6	1.93	35.9	63.7		12.51	11.0	3.6	1.4
-0.70	14.40	12.58				150.3	117.8	84.2	18.1	7.1	1.04	101.7	18.3	0.88	7.18	28.6	2.4	2.0

https://greyhouse.weissratings.com
Data as of June 30, 2019

I. Index of Stocks

Summer 2019

Company Name	Stock Ticker Symbol	Traded On	Sector	Overall Rating	Recommendation	Reward Rating	Risk Rating	Recent Up/Downgrade	Stock Price as of 6/30/2019	52-Week High	52-Week Low	3-Year Beta	Growth	Efficiency	Solvency	Volatility	Dividend	Total Return
Trisura Group Ltd.	TRRSF	OTC PK	Financials	E+	Sell	C	C-		22.45	23.23	18.79	0.51	G	F	E	E	—	W
Triton Emission Solutions Inc.	DSOX	OTC PK	Industrials	D+	Sell	C	D-	Up	0.00	0.02	0	-0.55	W	E	F	W	—	W
Triton International Limited	TRTN	NYSE	Industrials	B-	Buy	B+	C-	Up	32.28	39.56	28.2	1.87	E	G	G	F	E	F
Triumph Bancorp, Inc.	TBK	NAS GS	Financials	C+	Hold	B	D+		28.93	44.70	27.21	1.48	E	E	E	W	—	F
Triumph Gold Corp.	TIG.V	TSXV	Materials	D	Sell	D-	D	Up	0.44	0.80	0.31	0.89	W	V	G	W	—	F
Triumph Gold Corp.	TIGCF	OTC PK	Materials	D	Sell	D-	D	Up	0.34	0.60	0.23	1.30	W	V	G	W	—	F
Triumph Group, Inc.	TGI	NYSE	Industrials	D	Sell	D	D		21.45	26.00	11.16	3.17	W	W	G	W	W	W
Trius Investments Inc.	TRUH.V	TSXV	Financials	D	Sell	D+	D		0.15	0.20	0.11	-1.03	W	F	E	W	—	W
trivago N.V.	TRVG	NAS GS	Communication Svc	D	Sell	D+	D-		3.99	7.54	3.41	0.70	F	F	E	W	—	V
Troilus Gold Corp.	CHXMF	OTC PK	Materials	D-	Sell	D-	D-	Up	0.58	0.81	0.4		W	W	G	W	—	V
Troilus Gold Corp.	TLG.TO	TSX	Materials	D-	Sell	D	D-	Up	0.80	1.45	0.4		W	W	G	W	—	V
TRON Group Inc.	TGRP	OTC PK	Communication Svc	D	Sell	C	D-		0.15	2.49	0.15		F	G	F	W	—	W
Tronox Holdings plc	TROX	NYSE	Materials	D+	Sell	C-	D		12.14	21.04	6.46	2.93	W	F	G	W	F	W
Troubadour Resources Inc.	TR.V	TSXV	Materials	D-	Sell	E+	D		0.07	0.25	0.06		V	W	G	W	—	V
Troubadour Resources Inc.	TROUF	OTC PK	Materials	E-	Sell	D-	D		0.06	0.11	0.06		V	W	G	W	—	V
TrovaGene, Inc.	TROV	NAS CM	Health Care	E+	Sell	E+	E+		2.57	9.65	2.43	1.09	G	V	E	V	—	V
Troy Energy Corp.	TEGH.V	TSXV	Materials	D	Sell	D+	D		0.03	0.04	0.01	-0.76	F	W	F	W	—	F
True Grit Resources Ltd.	TGIH.V	TSXV	Materials	D	Sell	D	D		0.01	0.07	0.01	-0.96	W	W	F	W	—	W
True Nature Holding, Inc.	TNTY	OTC PK	Health Care	D	Sell	D+	D		0.10	0.22	0.04	4.29	V	E	F	W	—	W
True North Commercial Real Estate Investment T	TNTUN.TO	TSX	Real Estate	B-	Buy	B-	B-		6.60	6.87	5.3	0.49	W	E	E	G	E	F
True North Gems Inc.	TNGMF	OTC PK	Materials	D+	Sell	C-	D		0.08	0.48	0	27.65	W	G	F	W	—	V
True North Gems Inc.	TGX.V	TSXV	Materials	D	Sell	C-	D-		0.11	1.00	0.1	1.99	W	G	F	W	—	W
TrueBlue, Inc.	TBI	NYSE	Industrials	C	Hold	C	D+		21.68	29.85	20.56	1.53	W	G	E	W	—	W
TrueCar, Inc.	TRUE	NAS GS	Communication Svc	D	Sell	D+	D-	Down	5.21	14.55	5.02	0.83	F	W	E	W	—	W
Trueclaim Exploration Inc.	TRMNF	OTC PK	Materials	D	Sell	D	D		0.06	0.11	0.06	23.37	W	F	E	W	—	V
Trueclaim Exploration Inc.	TRM.V	TSXV	Materials	D	Sell	D	D-		0.10	0.20	0.07	3.45	W	F	E	W	—	W
Truett-Hurst, Inc.	THST	OTC PK	Consumer Staples	D	Sell	D	D-		1.31	3.19	1.2	0.28	W	F	G	W	—	W
Trulieve Cannabis Corp.	TCNNF	OTC PK	Health Care	E-	Sell	C	D		10.59	21.00	6.68		W	G	E	W	—	W
Trupanion, Inc.	TRUP	NAS	Financials	C-	Hold	C+	D	Up	34.81	46.70	22.38	2.16	G	W	E	W	—	G
TrustCo Bank Corp NY	TRST	NAS GS	Financials	C+	Hold	B	D+		7.81	9.45	6.51	1.18	E	E	E	W	G	W
Trustmark Corporation	TRMK	NAS GS	Financials	B	Buy	B+	C+		32.73	36.64	26.84	1.23	G	E	E	F	G	F
Trutankless, Inc.	TKLS	OTC PK	Industrials	D+	Sell	D+	D		0.50	1.12	0.3	0.81	F		F	W	—	W
Trxade Group, Inc.	TRXD	OTC PK	Consumer Discretn	D	Sell	D	D-		0.55	0.75	0.23	1.26	W	V	E	W	—	W
Tsakos Energy Navigation Limited	TNP	NYSE	Energy	D	Sell	D	D-		3.18	3.82	2.56	1.05	W	F	G	W	—	W
TSO3 Inc.	TOS.TO	TSX	Health Care	E+	Sell	E	D-	Down	0.41	1.05	0.28	2.60	V	V	G	W	—	V
TSO3 Inc.	TSTIF	OTC PK	Health Care	E+	Sell	E	D-	Down	0.31	0.79	0.21	3.19	V	V	G	W	—	V
Tsodilo Resources Limited	TSD.V	TSXV	Materials	D	Sell	D	D-		0.12	0.54	0.12	-1.86	F	W	G	W	—	V
Tsodilo Resources Limited	TSDRF	OTC PK	Materials	D	Sell	D	D-		0.09	0.40	0.09	-1.18	F	W	G	W	—	V
TSR, Inc.	TSRI	NAS CM	Information Tech	D	Sell	D	D	Down	4.75	8.60	4.5	1.88	W	W	E	W	—	W
TSS, Inc.	TSSI	OTC PK	Industrials	C+	Hold	B+	D+	Up	0.73	1.09	0.38	0.63	G	E	G	W	—	F
TTEC Holdings, Inc.	TTEC	NAS GS	Information Tech	C	Hold	B	D+		45.79	46.30	23.01	0.73	F	E	E	W	G	F
TTM Technologies, Inc.	TTMI	NAS GS	Information Tech	C	Hold	B-	D		10.12	19.91	8.49	2.68	G	G	E	W	—	W
TuanChe Limited	TC	NAS CM	Communication Svc	E	Sell	D	D	Up	3.19	7.93	2.05		F	V	E	W	—	W
Tucows Inc.	TC.TO	TSX	Information Tech	C	Hold	B-	D+		78.29	120.79	64.5	0.87	F	E	G	F	—	F
Tucows Inc.	TCX	NAS CM	Information Tech	C	Hold	B-	C-	Down	59.47	90.21	49.69	1.17	F	E	G	F	—	F
Tudor Gold Corp.	TDRRF	OTC PK	Materials	D	Sell	D	D		0.33	0.38	0.15	1.45	W	W	G	W	—	W
Tudor Gold Corp.	TUD.V	TSXV	Materials	D	Sell	D	D		0.44	0.48	0.2	0.47	W	W	G	W	—	W
Tuesday Morning Corporation	TUES	NAS GS	Consumer Discretn	D	Sell	D	D-	Down	1.64	3.55	1.46	1.61	W	W	G	W	—	V
Tufin Software Technologies Ltd.	TUFN	NYSE	Information Tech	U	U	U	U		26.20	27.94	18.05		U	U	U	U	U	U
Tullow Oil plc	TUWLF	OTC PK	Energy	C-	Hold	C	D+		2.58	3.52	2.09	0.84	G	F	G	W	—	W
Tullow Oil plc	TUWOY	OTC PK	Energy	C-	Hold	C	D+		1.37	1.71	1	0.82	G	F	G	W	—	W
Tuniu Corporation	TOUR	NAS	Consumer Discretn	D-	Sell	D	D-	Down	3.17	8.48	2.48	1.52	W	W	G	W	—	V

*Ratings Factors: E=Excellent, G=Good, F=Fair, W=Weak, V=Very Weak, U=Unrated

Summer 2019 — I. Index of Stocks

	TOTAL RETURNS %				DIVIDEND/YIELD		SIZE		REVENUE & INCOME			EARNINGS		EFFECTIVENESS			VALUATION		
3-Month Total Return (%)	6-Month Total Return (%)	1-Year Total Return (%)	3-Year Total Return (%)	Dividend $ TTM	Dividend Yield TTM	Market Cap. ($Mil)	Enterprise Value ($Mil)	Revenue ($Mil)	Revenue Growth (%)	Net Income ($Mil)	Earnings/Share $	EPS Growth (%)	Cash from Operations ($Mil)	Return on Assets (%)	Return on Equity (%)	Earnings (P/E) TTM	Sales (P/S) TTM	Book (P/B) Q
1.63	18.59	12.76				150.3	117.8	84.2	18.1	7.1	1.04	101.7	18.3	0.88	7.18	21.5	1.8	1.5
-55.56	-50.00	-55.56	-87.10			0.35	12.4	--		-1.9	-0.02	18.9	-0.04	-426.05		-0.2		0.0
4.80	9.93	12.73		2.08	6.4	2,449	9,901	1,430	13.5	360.9	4.52	-8.6	994.1	4.73	16.1	7.2	1.8	1.1
-3.31	-2.33	-29.35	84.97			769.7	--	251.9	38.5	54.4	2.03	10.5	85.1		10.38	14.3	3.1	1.2
22.22	-10.20	39.68	137.84			30.7	30.7	--		-6.6	-0.09	-7.2	-6.0	-115.74		-4.9		14.3
20.68	-6.51	47.15	157.73			30.7	30.7	--		-6.6	-0.09	-7.2	-6.0	-115.74		-3.8		11.1
12.18	79.86	15.62	-33.75	0.16	0.8	1,070	2,466	3,365	5.2	-321.8	-6.48	24.7	-174.4	2.22		-3.3	0.3	-1.9
0.00	-17.14	-14.71	21.65			1.2	-0.04	0.01	65.1	0.12	0.01	113.2	-0.16	-13.49	8.69	14.2	120.8	1.3
-9.93	-29.63	-13.45				1,404	1,302	1,003	-16.4	8.4	0.02	111.4	66.0	1.3	0.84	238.9	1.4	1.4
-19.78	5.45	-60.81				37.0	31.9	--		-12.1	-0.24	66.2	-14.9	-82.55		-2.4		7.2
-14.89	9.59	-38.46				37.0	31.9	--		-12.1	-0.24	66.2	-14.9	-82.55		-3.3		10.0
-86.96	-80.00	-70.59				24.5	31.9	1.0	-40.7	-0.55	0.00	-101.6	-0.28	-56.53		-44.1	24.6	-3.0
-4.09	57.08	-37.17	199.81	0.18	1.5	1,813	4,287	1,767	0.3	3.0	0.02	100.6	213.0	3.39	4.79	793.5	0.9	2.7
-44.00	-44.00	-54.84				1.1	0.81	--		-0.37	-0.02	-99.0	-0.27	-17.02		-3.5		1.6
-41.90						1.1	0.81	--		-0.37	-0.02	-99.0	-0.27	-17.02		-2.9		1.3
-29.40	-21.42	-45.00	-99.21			14.0	5.0	0.44	-13.8	-15.6	-8.49	77.7	-13.7	-78.66		-0.3	23.9	1.2
-25.00	0.00	-25.00	-40.00			0.95	0.96	--		-0.09	0.00	72.5	0.09	-7.8		-13.6		2.1
-50.00	-60.00	-66.67	100.00			0.26	0.58	--		-0.04	0.00	-285.7	0.05	-1.04		-7.7		-2.9
43.06	0.00	13.64	-87.01			3.6	4.4	--		-1.8	-0.08	-86.9	-0.40			-1.3		-1.8
0.74	25.55	7.75	48.10	0.59	9.0	289.5	735.4	70.9	44.6	24.7	0.44	-36.1	40.6	3.72	9.9	15.1	5.4	1.4
-24.38	-55.74	-73.72	-98.95			1.0	3.4	--		-0.69	-0.18	84.0	-0.22	-262.32		-0.5		-0.3
-19.23	5.00	-79.00	-98.95			1.0	3.4	--		-0.69	-0.18	84.0	-0.22	-262.32		-0.6		-0.4
-8.41	-0.64	-19.55	21.73			764.2	821.4	2,497	0.1	65.3	1.63	13.4	102.4	4.79	11.23	13.3	0.3	1.4
-19.47	-43.80	-48.31	-30.16			548.6	417.1	358.1	9.0	-33.6	-0.32	9.1	29.0	-4.47		-16.0	1.5	1.6
0.00	-21.60	-26.98	-37.20			2.7	1.6	--		-0.46	-0.02	-174.9	-0.69	-33.51		-3.2		2.3
0.00	33.33	-25.93	-50.00			2.7	1.6	--		-0.46	-0.02	-174.9	-0.69	-33.51		-5.1		3.7
0.77	-32.40	-12.67	-15.49			4.9	6.6	6.7	373.8	-0.07	-0.02	89.6	13.7	-1.32	7.07	-67.2	0.9	0.6
-22.45	25.68					1,167	1,201	132.0	287.4	50.8	0.47	580.0	27.1		78.66	22.4	8.8	9.9
10.47	38.46	-9.80	173.66			1,201	1,192	321.2	24.1	-0.74	-0.03	51.3	14.6	-0.31		-1,200.3	3.7	9.2
1.82	15.31	-9.22	40.78	0.27	3.5	756.2	--	177.7	2.8	61.2	0.63	29.8	68.3		12.7	12.3	4.3	1.5
-2.64	16.94	2.46	50.42	0.92	2.8	2,119	--	587.1	0.1	146.1	2.17	33.1	196.3		9.25	15.1	3.6	1.3
-40.33	24.07	25.00	-45.95			19.5	21.2	1.8	74.1	-4.3	-0.13	-18.3	-2.0	-201.37		-3.8	10.1	-10.1
17.02	83.33	9.98	-41.36			18.5	19.5	4.5	45.7	0.05	0.00	-130.7	0.08	-0.46	10.12	-203.7	4.4	15.2
4.83	20.03	-10.86	-23.37	0.15	4.7	278.6	1,727	424.7	-17.8	-61.5	-1.01	-79.9	53.3			-3.1	0.7	0.2
10.81	10.81	-55.43	-81.36			29.2	35.9	3.2	-79.5	-12.2	-0.14	-22.9	-18.3	-40.06		-3.0	11.9	-31.8
7.45	9.00	-56.12	-81.85			29.2	35.9	3.2	-79.5	-12.2	-0.14	-22.9	-18.3	-40.06		-2.3	9.0	-24.0
-48.94	-57.14	-76.00	-83.78			4.1	4.7	--		-0.79	-0.03	32.5	0.18	-7.31		-4.7		0.9
-45.04	-55.91	-73.34	-82.47			4.1	4.7	--		-0.79	-0.03	32.5	0.18	-7.31		-3.6		0.7
-10.25	-5.80	-31.69	52.18			9.3	4.7	64.1	-2.1	-0.60	-0.30	-245.3	-0.17	-3.7		-15.6	0.2	1.2
-8.14	-10.10	69.81	386.67			12.7	10.5	22.1	18.0	2.3	0.12	225.9	2.3	11.04	207.68	6.0	0.6	5.2
27.91	67.60	33.38	84.45	0.58	1.3	2,120	2,453	1,528	0.9	50.2	1.09	762.3	180.9	6.02	15.28	42.2	1.4	6.0
-14.24	4.98	-42.86	44.57			1,067	2,327	2,804	4.0	160.2	1.25	46.2	324.3	3.46	14.05	8.1	0.4	0.9
-53.57	-52.67					241.8	166.4	73.8	50.7	-12.4	-1.70	32.4	--			-1.9	0.8	0.7
-28.02	-5.87	-3.00	147.56			633.6	727.1	329.2	-7.4	16.2	1.50	-31.8	36.6	4.88	21.75	52.2	2.6	10.0
-26.53	-2.20	-2.51	148.93			633.6	727.1	329.2	-7.4	16.2	1.50	-31.8	36.6	4.88	21.75	39.7	2.0	7.6
5.11	126.53	9.18	-66.69			39.5	40.0	--		-3.3	-0.04	-190.5	-0.20	-12.4		-8.4		2.7
10.13	85.11	8.75	-68.93			39.5	40.0	--		-3.3	-0.04	-190.5	-0.20	-12.4		-10.9		3.5
-27.75	-3.53	-44.41	-75.30			73.3	94.7	1,007	0.8	-10.7	-0.26	61.4	19.4	-1.39		-6.4	0.1	0.4
						849.8	865.8	--		--			--					
-15.41	17.81	-15.69	-15.41			3,778	8,209	1,859	7.9	84.8	0.06	137.8	1,204	1.52	3.04	43.7	2.0	1.2
-6.47	32.28	-12.65	10.87	0.02	1.6	3,778	8,209	1,859	7.9	84.8	0.06	137.8	1,204	1.52	3.04	23.2	1.1	0.7
-36.35	-36.73	-62.13	-61.25			391.0	208.9	248.0	-24.1	-27.1	-0.67	66.3	--			-4.8	0.5	0.3

Data as of June 30, 2019

I. Index of Stocks

Summer 2019

Company Name	Stock Ticker Symbol	Traded On	Sector	Overall Rating	Recommendation	Reward Rating	Risk Rating	Recent Up/Downgrade	Stock Price as of 6/30/2019	52-Week High	52-Week Low	3-Year Beta	Growth	Efficiency	Solvency	Volatility	Dividend	Total Return
Tupperware Brands Corporation	TUP	NYSE	Consumer Discretn	D+	Sell	C	D-	Down	19.21	42.85	18.19	0.58	F	E	G	W	G	V
Turkcell Iletisim Hizmetleri A.S.	TKC	NYSE	Communication Svc	C-	Hold	C	D	Down	5.40	7.16	3.93	0.45	F	E	G	W	–	W
Turkcell Iletisim Hizmetleri A.S.	TKCZF	OTC PK	Communication Svc	D	Sell	C-	E+		2.70	2.70	2.7	-0.28	F	E	G	V	–	V
Turning Point Brands, Inc.	TPB	NYSE	Consumer Staples	B	Buy	A	C	Up	47.74	55.53	26.39	0.64	G	E	G	F	W	E
Turning Point Therapeutics, Inc.	TPTX	NAS GS	Health Care	U		U	U		38.92	47.72	24.21		U	U	U	U	U	U
TurnKey Capital, Inc.	TKCI	OTC PK	Information Tech	D+	Sell	C	D	Up	0.02	0.11	0.01	6.81	W	E	F	W	–	W
Turquoise Hill Resources Ltd.	TRQ.TO	TSX	Materials	D+	Sell	C	D		1.64	3.90	1.47	0.55	F	G	E	W	–	V
Turquoise Hill Resources Ltd.	TRQ	NYSE	Materials	D+	Sell	C	D		1.25	2.97	1.12	0.75	F	G	E	W	–	V
Turtle Beach Corporation	HEAR	NAS	Consumer Discretn	C-	Hold	C	D	Down	11.49	34.50	8.25	1.40	G	W	E	W	–	F
Tuscan Holdings Corp.	THCB	NAS CM	Financials	U		U	U		9.90	11.72	9.71		U	U	U	U	U	U
Tutor Perini Corporation	TPC	NYSE	Industrials	C-	Hold	C	D	Down	13.40	22.03	12.62	1.84	F	G	E	W	–	W
TV Azteca, S.A.B. de C.V.	AZTEF	OTC PK	Communication Svc	D	Sell	D	D		0.09	0.16	0.08	0.61	F	W	G	W	–	W
TVA GROUP Inc.	TVAB.TO	TSX	Communication Svc	D	Sell	D	D		1.95	3.63	1.31	0.79	W	F	G	W	–	W
TVA GROUP Inc.	TVAGF	OTC PK	Communication Svc	D	Sell	D	D-	Up	1.47	1.47	1.47	0.43	W	F	G	W	–	W
TVI Pacific Inc.	TVIPF	OTC PK	Materials	D	Sell	D	D	Down	0.01	0.01	0	-0.39	W	W	G	W	–	W
TVI Pacific Inc.	TVI.V	TSXV	Materials	D	Sell	D	D	Down	0.01	0.02	0.01	0.18	W	W	G	W	–	W
TWC Enterprises Limited	TWC.TO	TSX	Consumer Discretn	C	Hold	C	B		14.00	15.80	11.99	-0.27	W	G	E	G	W	G
TWC Enterprises Limited	CLKXF	OTC PK	Consumer Discretn	C	Hold	C	C-	Up	10.86	10.86	9.45	-0.05	W	G	E	F	W	F
Twelve Seas Investment Company	BROGU	NAS CM	Financials	D-	Sell	C	D+		10.64	10.68	10.04		F	G	E	E	–	W
Twelve Seas Investment Company	BROG	NAS CM	Financials	D-	Sell	C	D+	Up	10.15	10.17	9.5		F	G	E	E	–	W
Twilio Inc.	TWLO	NYSE	Information Tech	C	Hold	B-	D	Up	137.32	151.00	53.37	1.19	F	W	E	W	–	E
Twin Disc, Incorporated	TWIN	NAS GS	Industrials	C	Hold	B-	D	Up	14.72	27.97	13.33	2.47	F	F	E	W	–	W
Twin River Worldwide Holdings, Inc.	TRWH	NYSE	Consumer Discretn	C	Hold	C	C-		30.32	33.98	27.9		G	G	G	F	–	V
Twinlab Consolidated Holdings, Inc.	TLCC	OTC PK	Consumer Staples	D-	Sell	E+	D		0.70	0.89	0.45	0.00	W	V	F	W	–	W
Twist Bioscience Corporation	TWST	NAS GS	Health Care	E+	Sell	E+	D	Up	28.14	34.46	12.38		F	V	E	F	–	F
Twitter, Inc.	TWTR	NYSE	Communication Svc	C	Hold	B	D+	Down	34.75	46.90	26.19	0.11	E	E	E	W	–	G
Two Hands Corporation	TWOH	OTC PK	Information Tech	D	Sell	C-	D-	Up	0.07	4.35	0.03	2.32	F	G	F	W	–	V
Two Harbors Investment Corp.	TWO	NYSE	Financials	D+	Sell	C	D		12.87	16.23	12.06	0.63	W	F	E	W	E	W
Two River Bancorp	TRCB	NAS	Financials	C	Hold	B	C-		14.31	19.86	11.54	0.40	E	G	E	F	F	W
Two Rivers Water & Farming Company	TURV	OTC PK	Real Estate	C-	Hold	C	D	Up	0.55	0.64	0.08	1.57	F	F	F	W	–	F
Twyford Ventures Inc.	TWY.V	TSXV	Materials	D-	Sell	E	D	Down	0.22	0.26	0.21	0.69	W	V	G	F	–	W
TX Holdings, Inc.	TXHG	OTC PK	Industrials	D	Sell	D	D		0.01	0.02	0	0.04	F	W	F	W	–	W
Tyler Technologies, Inc.	TYL	NYSE	Information Tech	C	Hold	B	D+	Down	213.16	252.47	173.26	0.81	G	E	E	F	–	F
Tyme Technologies, Inc.	TYME	NAS CM	Health Care	E+	Sell	E+	D-	Down	1.11	4.64	0.92	0.69	V	V	G	W	–	V
Tyner Resources Ltd.	TIPH.V	TSXV	Energy	D-	Sell	D-	D		0.12	0.35	0.1	0.40	W	V	G	W	–	W
Tyner Resources Ltd.	TIPNF	OTC PK	Energy	D-	Sell	D-	D		0.11	0.15	0.11	-0.88	W	V	G	W	–	V
Typhoon Exploration Inc.	TYPFF	OTC PK	Materials	E+	Sell	E+	D	Down	0.03	0.04	0.02	-1.42	W	V	G	W	–	V
Typhoon Exploration Inc.	TYP.V	TSXV	Materials	D-	Sell	E+	D	Down	0.02	0.07	0.02	1.08	W	V	G	W	–	V
Tyson Foods, Inc.	TSN	NYSE	Consumer Staples	C+	Hold	B	C-	Up	79.65	84.30	49.77	0.58	F	E	G	F	–	F
U.S. Auto Parts Network, Inc.	PRTS	NAS GS	Consumer Discretn	D	Sell	D+	D-		1.21	1.80	0.88	1.73	F	F	G	W	–	V
U.S. Bancorp	USB	NYSE	Financials	B	Buy	A-	C	Up	51.98	55.56	43.14	1.19	E	E	E	F	G	F
U.S. Concrete, Inc.	USCR	NAS CM	Materials	C	Hold	C+	D+	Up	48.71	55.25	27.68	1.34	F	F	G	W	–	W
U.S. Energy Corp.	USEG	NAS CM	Energy	E+	Sell	E+	D-	Down	0.50	1.95	0.18	1.73	V	V	E	W	–	V
U.S. Global Investors, Inc.	GROW	NAS CM	Financials	D	Sell	D	D		1.80	2.35	0.92	2.32	V	W	E	W	F	W
U.S. Gold Corp.	USAU	NAS CM	Materials	D-	Sell	E+	D		1.02	1.69	0.74	1.02	F	V	E	W	–	W
U.S. Lithium, Corp.	LITH	OTC PK	Materials	D-	Sell	E+	D-	Down	0.26	0.96	0.09	2.49	W	V	G	W	–	V
U.S. Neurosurgical Holdings, Inc.	USNU	OTC PK	Health Care	D+	Sell	C-	D		0.20	0.34	0.16	-0.61	F	F	G	W	–	W
U.S. Physical Therapy, Inc.	USPH	NYSE	Health Care	C	Hold	B	D+		120.47	129.65	95.5	1.28	F	E	E	F	W	G
U.S. Silica Holdings, Inc.	SLCA	NYSE	Energy	D	Sell	D+	D		12.43	27.91	9.3	2.75	W	W	G	W	F	W
U.S. Stem Cell, Inc.	USRM	OTC PK	Health Care	D+	Sell	C-	D	Down	0.01	0.04	0.01	8.30	W	E	F	W	–	V
U.S. Well Services, Inc.	USWS	NAS CM	Energy	E	Sell	D	D	Up	4.85	10.40	4.67		F	W	G	W	–	W
U.S. Xpress Enterprises, Inc.	USX	NYSE	Industrials	D-	Sell	C-	D-		5.04	16.34	4.83		G	F	G	W	–	V

*Ratings Factors: E=Excellent, G=Good, F=Fair, W=Weak, V=Very Weak, U=Unrated

Summer 2019 — I. Index of Stocks

TOTAL RETURNS %				DIVIDEND/YIELD		SIZE		REVENUE & INCOME			EARNINGS			EFFECTIVENESS			VALUATION		
3-Month Total Return (%)	6-Month Total Return (%)	1-Year Total Return (%)	3-Year Total Return (%)	Dividend $ TTM	Dividend Yield TTM	Market Cap. ($Mil)	Enterprise Value ($Mil)	Revenue ($Mil)	Revenue Growth (%)	Net Income ($Mil)	Earnings/Share $	EPS Growth (%)	Cash from Operations ($Mil)	Return on Assets (%)	Return on Equity (%)	Earnings (P/E) TTM	Sales (P/S) TTM	Book (P/B) Q
-23.64	-36.91	-50.13	-57.56	1.90	9.9	936.2	1,844	2,014	-10.2	157.1	3.17	158.1	132.7	13.17		6.1	0.5	-5.1
-0.18	-3.23	-14.25	-30.02	0.32	6.0	4,520	6,940	4,294	-14.0	523.5	0.24	-5.0	1,449	7.15	12.31	22.5	2.8	3.9
0.00	-59.49	-59.49	-59.49			4,520	6,940	4,294	-14.0	523.5	0.24	-5.0	1,449	7.15	12.31	11.2	1.4	2.0
5.11	71.17	50.08	383.62	0.18	0.4	935.2	1,153	350.4	19.6	28.8	1.45	33.3	18.7	13.83	40.1	32.9	2.7	10.5
						1,214	1,272	--		-13.5	-3.97	-182.5	-10.2			-9.8		-2.2
-50.11	4.52	-65.70	-90.70			0.93	1.2	0.03	-73.2	-0.26	-0.01	8.7	0.01	-1,652.62		-3.5	31.4	-1.0
-25.11	-22.27	-53.80	-60.77			2,514	4,294	1,287	35.8	436.7	0.22	93.1	154.9	1.15	5.05	7.6	2.6	0.4
-23.78	-19.87	-53.36	-60.82			2,514	4,294	1,287	35.8	436.7	0.22	93.1	154.9	1.15	5.05	5.8	2.0	0.3
-1.54	-17.75	-45.29	190.18			168.1	161.2	291.4	65.9	31.9	1.82	160.1	45.2	49.22	236.22	6.3	0.6	3.5
1.64						82.2	81.4	--		0.28	0.00		-0.03			-4,304.4		16.5
-22.50	-14.92	-27.57	-39.34			672.4	1,497	4,385	-6.1	95.2	1.88	-22.1	-30.0	3.04	6.52	7.1	0.2	0.4
-14.82	-13.24	-14.82	-14.82			265.4	833.7	742.6	-3.1	-61.9	-0.02	16.8	286.5	2.87		-4.5	0.4	1.9
-8.02	21.88	-40.91	-51.85			64.2	128.3	421.0	-7.2	5.0	0.11	145.4	22.0	1.85	2.5	17.8	0.2	0.4
-22.12	-22.12	-22.12				64.2	128.3	421.0	-7.2	5.0	0.11	145.4	22.0	1.85	2.5	13.4	0.2	0.3
110.81	-22.00	-36.17	-36.07			2.5	1.8	--		-2.7	0.00	-158.0	0.14	-4.56		-1.7		0.4
-50.00	-50.00	-66.67	-80.00			2.5	1.8	--		-2.7	0.00	-158.0	0.14	-4.56		-1.1		0.3
-1.63	7.98	10.28	53.61	0.08	0.6	291.1	289.2	131.5	-1.2	173.5	6.35	12,715.7	-20.1	1.74	2.35	2.2	2.9	1.2
13.30	14.12	7.06	14.12	0.06	0.6	291.1	289.2	131.5	-1.2	173.5	6.35	12,715.7	-20.1	1.74	2.35	1.7	2.3	0.9
1.33	3.78	5.66				271.8	271.7	--		3.0	0.12	115,800.0	-0.40		119.41	92.0		57.0
1.30	3.57					271.8	271.7	--		3.0	0.12	115,800.0	-0.40		119.41	87.7		54.4
9.22	59.64	145.92	358.96			18,272	17,979	754.1	71.1	-134.7	-1.31	-67.0	-18.1	-4.22		-104.6	21.2	5.2
-8.11	-2.26	-40.24	42.08			192.8	240.2	304.0	37.8	17.4	1.40	254.2	-6.6	6.72	10.88	10.5	0.6	1.0
1.24						1,248	1,581	342.5	-18.1	56.1	1.55	4.6	78.8			19.6	3.4	3.1
2.94	0.00	16.67	-35.78			179.0	265.6	73.6	-9.2	-24.2	-0.10	27.5	-8.8	-12.5		-7.1	2.4	-3.4
25.35	27.73					913.3	818.1	40.0	133.6	-86.0	-15.16	40.4	-59.2			-1.9	19.6	6.8
5.72	22.23	-22.42	111.63			26,644	23,670	3,164	23.6	1,335	1.73	31,937.0	1,449	3.19	21.72	20.1	8.5	3.8
-10.00	-34.55	-97.23	-99.93			14.2	14.7	0.22	2.4	-9.3	-0.73	47.3	-0.30	-1,151.60		-0.1	51.4	-12.6
-7.84	-1.32	-12.93	24.60	1.88	14.6	3,511	--	208.9	-72.1	-405.0	-1.80	-157.7	665.5			-7.2	15.6	0.9
-9.30	16.33	-24.02	49.97	0.24	1.6	123.0	--	41.2	9.5	11.3	1.30	51.3	13.5		9.92	11.0	3.0	1.0
92.81	313.53	285.96	59.42			28.1	59.7	0.07	-65.1	4.7	0.15	136.9	-0.55	-4.97	49.53	3.7	392.9	-2.1
-12.00	-13.73	-13.73	109.52			2.4	2.3	--		-0.09	-0.01	-3.2	-0.03	-65.04		-34.4		
58.33	35.71	-50.00	5.56			0.46	3.0	3.9	5.1	-0.02	0.00	-500.0	0.10	2.91		-23.8	0.1	-0.2
4.25	17.44	-3.41	33.25			8,173	8,206	961.2	11.5	137.0	3.42	-22.8	229.5	5.28	10.46	62.4	8.8	6.0
-43.65	-70.63	-67.73	-85.22			124.3	110.6	--		-33.0	-0.32	-53.8	-20.1	-75.48		-3.5		11.9
-25.00	-27.27	-42.86	-76.00			0.37	0.06	--		-0.14	-0.04	21.2	-0.05	-22.45		-3.4		1.9
-2.10	-26.12	-44.53	-30.00			0.37	0.06	--		-0.14	-0.04	21.2	-0.05	-22.45		-3.2		1.8
52.38	31.09	-42.34	-77.14			0.63	0.43	--		-7.8	-0.19	-2,223.5	-0.30	-82.9		-0.2		0.7
-42.86	-33.33	-69.23	-76.47			0.63	0.43	--		-7.8	-0.19	-2,223.5	-0.30	-82.9		-0.1		0.4
16.19	53.87	17.61	30.60	1.43	1.8	29,057	41,204	40,686	1.7	2,055	5.60	-25.6	2,763	6.42	16.03	14.2	0.7	2.2
19.80	28.72	-16.55	-68.81			43.0	48.0	285.8	-5.0	-9.2	-0.27	-146.9	2.5	-5.72		-4.4	0.2	1.2
8.20	15.87	7.17	42.47	1.48	2.9	82,755	--	20,915	4.1	7,120	4.18	14.5	10,426		13.95	12.4	4.0	1.8
20.24	43.81	-5.05	-14.96			793.5	1,580	1,512	10.8	31.2	1.88	116.7	118.8	3.63	10.25	25.9	0.5	2.6
-36.78	-28.66	-61.58	-71.94			6.7	5.7	5.3	-6.8	-1.5	-0.16	-414.1	-1.1	-7.44		-3.2	1.2	0.7
64.69	59.89	13.67	7.35	0.03	1.7	27.2	15.8	5.4	-16.0	-3.9	-0.26	-2,923.7	-2.7	-6.39		-6.9	5.1	1.3
15.90	15.91	-18.64				19.7	16.5	--		-7.7	-0.52	59.1	-5.4	-45.5		-2.0		2.5
8.33	-25.71	-65.79	-90.70			0.68	0.76	--		-0.21	-0.08	11.9	-0.09	-17.58		-3.2		-2.8
5.79	0.50	-39.09	59.40			1.6	2.4	3.4	3.2	-0.30	-0.04	-183.0	2.1	8.66		-5.3	0.5	0.5
14.34	18.46	24.78	111.10	1.00	0.8	1,537	1,769	457.1	8.6	36.2	1.43	-12.5	71.0	8.33	15.16	84.2	3.4	7.0
-27.30	18.07	-52.04	-60.42	0.25	2.0	914.3	2,237	1,587	16.2	-251.4	-3.40	-259.8	244.0	2.06		-3.7	0.6	0.9
-57.73	-37.37	-68.90	-45.29			3.7	7.9	6.3	3.6	-2.7	-0.01	-108.6	-0.43	-51.03		-1.3	0.6	-0.5
-36.35	-24.81					264.0	502.0	617.0	9.0	-81.1	-1.75	-153.4	69.3	-5.3		-2.8	0.4	1.5
-23.64	-7.18	-63.13				245.8	847.4	1,795	11.0	28.5	0.61	169.6	139.7	5.57	28.88	8.3	0.1	1.0

I. Index of Stocks

Summer 2019

Company Name	Stock Ticker Symbol	Traded On	Sector	Overall Rating	Recommendation	Reward Rating	Risk Rating	Recent Up/Downgrade	Stock Price as of 6/30/2019	52-Week High	52-Week Low	3-Year Beta	Growth	Efficiency	Solvency	Volatility	Dividend	Total Return
U308 Corp.	UWE.TO	TSX	Energy	E+	Sell	E+	D-	Down	0.14	0.35	0.1	1.21	F	V	F	W	—	V
U308 Corp.	UWEFF	OTC PK	Energy	E+	Sell	E+	D-	Down	0.12	0.29	0.07	1.35	F	V	F	W	—	V
UAS Drone Corp.	USDR	OTC PK	Industrials	D+	Sell	C	D		10.00	15.00	10	-1.07	W	E	F	W	—	W
Uber Technologies, Inc.	UBER	NYSE	Industrials	U	U	U			45.13	45.75	36.08		U	U	U	U	U	U
Ubiquiti Networks, Inc.	UBNT	NAS GS	Information Tech	B	Buy	B	C+	Down	131.21	174.95	79.55	1.76	G	E	E	F	W	G
UBS Group AG	UBS	NYSE	Financials	D+	Sell	C	D	Down	11.84	16.68	11.32	1.18	F	E	G	W	—	W
Ucore Rare Metals Inc.	UURAF	OTC PK	Materials	D	Sell	D	D	Up	0.18	0.25	0.07	-1.85	F	W	E	W	—	W
UDR, Inc.	UDR	NYSE	Real Estate	C	Hold	B-	D+	Down	44.58	47.11	36.4	0.49	W	E	E	F	G	F
UEX Corporation	UEX.TO	TSX	Energy	D-	Sell	D-	D-	Down	0.17	0.26	0.14	0.26	V	V	E	W	—	W
UEX Corporation	UEXCF	OTC PK	Energy	D-	Sell	D-	D	Down	0.13	0.22	0.1	1.15	V	V	E	W	—	W
UFP Technologies, Inc.	UFPT	NAS CM	Materials	B	Buy	A-	C+		40.63	42.87	27.8	0.77	E	E	E	F	—	G
UGE International Ltd.	UGEIF	OTC PK	Industrials	D+	Sell	C	D	Up	0.06	0.27	0.05	0.51	W	G	F	W	—	V
UGE International Ltd.	UGE.V	TSXV	Industrials	D+	Sell	C	D	Up	0.08	0.34	0.07	1.32	W	G	F	W	—	V
UGI Corporation	UGI	NYSE	Utilities	B	Buy	B	B-		52.81	59.31	50.31	0.52	G	G	G	G	F	F
Ulta Beauty, Inc.	ULTA	NAS GS	Consumer Discretn	B	Buy	A	C		344.22	365.54	224.43	1.19	E	E	E	F	—	G
Ultra Clean Holdings, Inc.	UCTT	NAS GS	Information Tech	C	Hold	B-	D+		13.60	17.35	6.94	1.38	E	G	E	W	—	W
Ultra Lithium Inc	ULI.V	TSXV	Materials	D-	Sell	D-	D-	Down	0.08	0.23	0.08	1.71	W	V	E	W	—	V
Ultra Lithium Inc	ULTXF	OTC PK	Materials	D-	Sell	D-	D-	Down	0.06	0.17	0.05	1.92	W	V	E	W	—	V
Ultra Petroleum Corp.	UPL	NAS GS	Energy	D	Sell	C-	E+		0.19	2.35	0.18	0.04	G	G	F	V	—	V
Ultragenyx Pharmaceutical Inc.	RARE	NAS GS	Health Care	D	Sell	D	D	Up	62.06	90.98	37.44	2.94	W	V	E	W	—	F
Ultralife Corporation	ULBI	NAS	Industrials	C+	Hold	B	D+	Down	8.32	11.97	6.3	1.48	G	E	E	W	—	W
Ultrapar Participações S.A.	UGP	NYSE	Energy	D+	Sell	C	D	Down	5.31	7.90	4.43	-0.44	W	E	E	W	—	W
ULURU Inc.	ULUR	OTC PK	Health Care	D-	Sell	D-	D		0.03	0.10	0.01	2.18	F	V	G	W	—	W
Umatrin Holding Limited	UMHL	OTC PK	Consumer Discretn	D	Sell	D	D	Up	0.02	0.05	0.02	2.13	W	W	F	W	—	V
UMB Financial Corporation	UMBF	NAS GS	Financials	C	Hold	B	C-	Down	64.56	80.39	57	1.12	E	G	E	F	F	W
UMH Properties, Inc.	UMH	NYSE	Real Estate	C	Hold	B	D	Up	12.49	16.69	11.14	0.74	G	G	E	F	G	W
Umpqua Holdings Corporation	UMPQ	NAS GS	Financials	C	Hold	B	D		16.41	23.57	15.09	1.15	F	E	E	W	G	W
Under Armour, Inc.	UAA	NYSE	Consumer Discretn	D+	Sell	C	D	Up	25.30	27.50	16.52	0.81	F	F	E	W	—	F
Under Armour, Inc.	UA	NYSE	Consumer Discretn	D+	Sell	C	D	Up	22.15	24.17	15.05	0.98	F	F	E	W	—	F
Unico American Corporation	UNAM	NAS	Financials	D	Sell	D	D-		5.91	8.15	5.19	-0.40	W	W	E	W	—	W
UniCredit S.p.A.	UNCFF	OTC PK	Financials	D+	Sell	C	D		11.99	17.73	10.75	0.85	F	F	E	W	—	W
Unifi, Inc.	UFI	NYSE	Consumer Discretn	D+	Sell	C	D		17.71	33.62	16.85	0.88	W	G	E	W	—	W
Unifin Financiera, S.A.B. de C.V., SOFOM, E.N.	UFFRF	OTC PK	Financials	C-	Hold	C+	D	Up	2.26	2.26	2.11	-0.04	E	G	E	W	—	W
UniFirst Corporation	UNF	NYSE	Industrials	C+	Hold	B	C		185.49	191.95	132.38	0.90	E	E	E	F	W	F
Unigold Inc.	UGD.V	TSXV	Materials	D	Sell	D	D-		0.16	0.23	0.09	-1.51	W	W	E	W	—	V
Unigold Inc.	UGDIF	OTC PK	Materials	D	Sell	D	D-		0.12	0.14	0.07	-1.32	W	W	E	W	—	V
Unilever N.V.	UNLVF	OTC PK	Consumer Staples	C	Hold	B+	C+		52.55	55.20	52.55	0.19	G	E	G	F	G	F
Unilever N.V.	UN	NYSE	Consumer Staples	B	Buy	A-	B-		60.37	62.29	52.08	0.39	G	E	G	G	G	F
Unilever plc	UL	NYSE	Consumer Staples	B	Buy	A-	B-		61.67	63.45	50.8	0.46	G	E	G	G	G	F
Unilever plc	UNLYF	OTC PK	Consumer Staples	C	Hold	A-	B-		62.15	63.50	51.5	0.47	G	E	G	G	G	F
Unilock Capital Corp.	UUUP.V	TSXV	Financials	E	Sell	D-	D		0.12	0.20	0.12		W	W	E	W	—	W
Union Bankshares, Inc.	UNB	NAS	Financials	C	Hold	B	D		35.02	54.00	29.52	0.58	F	E	E	W	G	W
Union Pacific Corporation	UNP	NYSE	Industrials	B	Buy	B+	B	Down	166.01	180.02	128.08	1.14	G	E	G	F	F	F
Unique Foods Corporation	UPZS	OTC PK	Consumer Discretn	E+	Sell	E+	D-		0.00	0.16	0	3.88	F	V	F	W	—	V
uniQure N.V.	QURE	NAS GS	Health Care	D-	Sell	E+	D		75.24	82.49	21.98	1.43	W	V	E	W	—	E
Uniroyal Global Engineered Products, Inc.	UNIR	OTC PK	Consumer Discretn	D+	Sell	C	D-		1.10	1.75	1	-0.78	F	G	F	W	—	W
Uni-Select Inc.	UNS.TO	TSX	Consumer Discretn	D+	Sell	C	D-		12.18	25.40	11.81	0.74	F	G	G	W	F	V
Uni-Select Inc.	UNIEF	OTC PK	Consumer Discretn	D+	Sell	C	D-		9.21	17.94	9.21	0.22	F	G	G	W	G	V
Uniserve Communications Corporation	USS.V	TSXV	Communication Svc	D-	Sell	E+	D-		0.11	0.67	0.07	0.64	F	V	F	W	—	V
Uniserve Communications Corporation	USSHF	OTC PK	Communication Svc	D-	Sell	E+	D-		0.09	0.25	0.09	-0.59	F	V	F	W	—	V
Unisync Corp.	USYNF	OTC PK	Consumer Discretn	C-	Hold	C	C-	Down	2.59	3.15	2.57	-0.09	W	F	G	F	—	F
Unisync Corp.	UNI.TO	TSX	Consumer Discretn	C-	Hold	C	D+	Down	3.79	4.50	3	0.24	W	F	G	F	—	F

*Ratings Factors: E=Excellent, G=Good, F=Fair, W=Weak, V=Very Weak, U=Unrated

Summer 2019 — I. Index of Stocks

3-Month Total Return (%)	6-Month Total Return (%)	1-Year Total Return (%)	3-Year Total Return (%)	Dividend $ TTM	Dividend Yield TTM	Market Cap. ($Mil)	Enterprise Value ($Mil)	Revenue ($Mil)	Revenue Growth (%)	Net Income ($Mil)	Earnings/Share $	EPS Growth (%)	Cash from Operations ($Mil)	Return on Assets (%)	Return on Equity (%)	Earnings (P/E) TTM	Sales (P/S) TTM	Book (P/B) Q
-12.90	-42.55	-52.63	-77.50			2.4	2.7	--		-1.0	-0.05	37.7	-0.70	-29.29		-2.8		6.2
4.23	-30.30	-41.12	-73.20			2.4	2.7	--		-1.0	-0.05	37.7	-0.70	-29.29		-2.6		5.7
0.00	0.00	0.00				11.7	12.4	--		-0.14	-0.12	0.9	-0.06	-314.46		-83.1		-15.0
						76,520	93,540	3,099	19.9	-1,012	-2.26	-222.7	-722.0			-20.0	6.6	-2.5
-10.79	33.12	55.81	257.77	1.00	0.8	9,261	9,356	1,145	17.3	321.9	4.45	91.9	205.2	25.33	135.81	29.5	8.1	49.2
4.13	0.69	-17.91	6.11	0.69	5.8	44,025	--	29,642	-1.4	4,116	1.07	261.7	7,306		7.65	11.1	1.5	0.8
143.51	119.33	34.08	-37.65			49.8	52.3	--		-3.3	-0.01	17.0	-1.6	-4.88		-14.8		1.7
-1.28	15.03	22.63	37.30	1.31	2.9	12,562	17,349	1,061	6.0	145.9	0.52	-19.9	565.8	1.76	4.09	86.5	11.7	4.3
10.00	6.45	-29.79	-28.26			47.9	42.5	--		-5.8	-0.02	-12.1	-5.4	-25.15		-10.5		4.7
16.82	12.31	-29.46	-26.60			47.9	42.5	--		-5.8	-0.02	-12.1	-5.4	-25.15		-8.0		3.6
12.55	29.73	28.78	96.28			301.6	325.3	194.9	26.8	16.3	2.19	82.7	26.9	7.18	12.03	18.5	1.6	2.1
-54.72	-29.51	-76.59	-80.66			4.7	8.1	13.2	-38.6	-5.9	-0.13	-114.0	-1.8	-33.35		-0.5	0.3	-1.0
-44.83	-23.81	-75.00	-78.95			4.7	8.1	13.2	-38.6	-5.9	-0.13	-114.0	-1.8	-33.35		-0.6	0.5	-1.3
-4.23	1.71	3.44	26.86	1.08	2.1	9,199	13,812	7,520	4.4	386.4	2.17	-38.8	1,124	4.41	10.66	24.3	1.3	2.4
-0.29	43.75	43.62	45.73			20,122	21,466	6,916	13.1	686.4	11.50	19.5	950.5	14.15	36.85	29.9	2.9	10.4
33.20	65.65	-14.95	148.18			534.9	770.8	1,042	0.7	12.5	0.31	-87.1	54.7	4.03	3.11	43.4	0.5	1.2
-11.11	-5.88	-54.29	-60.00			5.8	5.3	--		-0.72	-0.01	55.3	-0.11	-10.19		-7.8		2.7
0.08	-34.66	-50.99	-61.50			5.8	5.3	--		-0.72	-0.01	55.3	-0.11	-10.19		-6.3		2.2
-68.01	-72.11	-91.33				37.6	2,300	838.4	4.3	78.4	0.39	-78.4	309.6	7.34		0.5	0.0	0.0
-9.19	48.22	-18.49	22.33			3,567	2,880	59.0	343.9	-324.6	-6.35	-30.5	-296.9	-25.62		-9.8	56.0	4.0
-17.71	22.90	-11.96	80.48			130.9	110.5	83.0	-4.1	23.2	1.43	181.1	11.3	2.7	24.9	5.8	1.6	1.3
-11.79	-20.21	-7.36	-46.30	0.15	2.8	5,786	8,607	24,017	-5.1	345.6	0.32	-10.9	915.5	3.79	12.69	16.6	0.2	2.3
-37.78	-49.09	-44.00	-57.64			5.6	3.7	0.57	17.0	-2.2	-0.01	81.5	-1.8	-13.86		-2.6	10.0	1.3
0.00	0.00	-22.48	-69.23			3.6	4.0	0.49	-48.8	-0.31	0.00	48.4	-0.49	-12.55		-12.5	7.7	-9.1
-0.07	7.55	-13.96	32.89	1.19	1.8	3,168	--	956.8	0.0	196.5	3.97	-23.8	323.7		8.7	16.3	3.3	1.4
-10.07	9.54	-12.49	31.91	0.72	5.8	493.5	1,222	134.1	15.6	-3.0	-0.63	33.6	42.1	1.44		-19.9	3.6	3.4
-1.62	4.20	-25.19	23.75	0.84	5.1	3,618	--	1,143	1.0	311.3	1.41	12.6	384.4		7.66	11.7	3.2	0.9
18.84	44.41	8.07	-32.57			10,691	11,694	5,213	3.1	6.4	0.01	107.1	516.4	2.84	0.32	1,961.2	2.2	5.6
16.89	38.52	1.42	-34.66			10,691	11,694	5,213	3.1	6.4	0.01	107.1	516.4	2.84	0.32	1,717.1	1.9	4.9
-0.67	-7.94	-24.71	-46.28			31.4	27.7	31.9	-12.8	-1.6	-0.31	81.1	-4.3	-0.94		-18.8	1.0	0.6
-6.11	7.05	-25.99	11.29			27,205	--	19,526	0.2	4,802	2.49	41.8	--		7.34	4.8	1.4	
-8.95	-21.01	-44.03	-31.04			326.3	434.2	710.6	6.3	12.2	0.65	-60.1	10.8	1.68	3.13	27.1	0.5	0.8
7.51	7.51	-34.39	-10.77			792.8	3,429	985.8	29.2	100.2	0.30	50.3	709.7	8.36	19.14	7.5	0.8	1.2
20.27	31.27	5.10	76.86	0.45	0.2	3,536	3,187	1,737	5.4	157.2	8.13	48.4	239.8	6.67	11.06	22.8	2.1	2.2
40.91	-3.12	-22.50	-57.53			5.4	5.1	--		-0.37	-0.01	43.1	-0.37	-0.69		-18.0		0.2
63.41	21.27	-18.67	-57.06			5.4	5.1	--		-0.37	-0.01	43.1	-0.37	-0.69		-14.4		0.2
0.00	-4.80	0.10	18.09			157,581	181,852	60,287	-0.6	10,996	4.10	68.8	7,922	13.08	73.31	12.8	2.3	10.4
4.27	14.40	12.92	46.90	1.54	2.6	157,581	181,852	60,287	-0.6	10,996	4.10	68.8	7,922	13.08	73.31	14.7	2.7	11.9
7.62	20.42	16.64	49.37	1.79	2.9	161,136	185,532	60,287	-0.6	10,996	4.10	68.8	7,922	13.08	73.31	15.1	2.7	12.2
9.15	20.42	14.55	36.62			161,136	185,532	60,287	-0.6	10,996	4.10	68.8	7,922	13.08	73.31	15.2	2.7	12.3
-29.41	-14.29					0.37	0.08	--		-0.12	-0.06		-0.06			-2.1		1.7
-22.06	-23.91	-31.29	7.16	1.22	3.5	156.5	--	37.5	2.6	6.9	1.55	-25.2	8.8		11.03	22.6	4.2	2.3
1.02	22.65	20.49	109.06	3.36	2.0	117,508	143,581	22,741	5.4	6,047	8.19	-41.0	8,744	8.96	28.71	20.3	5.3	6.6
-27.27	-80.49	-99.20	-99.93			0.18	690.0	1,976	98.0	-646.4	-381.49		-125.9			0.0	0.0	0.0
28.81	179.29	95.18	920.90			2,843	2,697	8.9	-32.6	-94.1	-2.53	7.5	-81.0	-26.06		-29.7	317.1	18.0
-21.43	-26.67	-37.14	-72.50			20.6	60.5	98.5	-0.3	1.4	-0.09	57.5	4.2	3.54	9.51	-11.7	0.2	1.6
-11.93	-35.05	-40.25	-61.23	0.37	3.0	393.4	1,032	1,750	11.2	24.8	0.58	-43.6	55.4	2.95	4.71	21.1	0.3	1.0
-9.82	-47.28	-43.19	-64.71	0.28	3.0	393.4	1,032	1,750	11.2	24.8	0.58	-43.6	55.4	2.95	4.71	15.9	0.2	0.8
-27.59	-45.45	-80.00	-88.57			1.8	4.2	9.0	33.6	-3.8	-0.25	-182.6	-2.4	-38.98		-0.4	0.2	-1.8
-63.27	-63.27	-88.24	-94.12			1.8	4.2	9.0	33.6	-3.8	-0.25	-182.6	-2.4	-38.98		-0.4	0.2	-1.6
0.00	-17.78	47.97				50.6	66.2	47.9	-30.0	-1.1	-0.06	-113.3	5.7	-2.53		-45.6	1.0	1.9
11.14	-4.05	12.13	85.78			50.6	66.2	47.9	-30.0	-1.1	-0.06	-113.3	5.7	-2.53		-66.7	1.4	2.8

I. Index of Stocks

Summer 2019

Company Name	Stock Ticker Symbol	Traded On	Sector	Overall Rating	Recommendation	Reward Rating	Risk Rating	Recent Up/Downgrade	Stock Price as of 6/30/2019	52-Week High	52-Week Low	3-Year Beta	Growth	Efficiency	Solvency	Volatility	Dividend	Total Return
Unisys Corporation	UIS	NYSE	Information Tech	D+	Sell	D+	D	Down	9.46	20.95	8.98	1.38	F	F	G	W	--	W
Unit Corporation	UNT	NYSE	Energy	D	Sell	D	D		8.93	29.06	7.68	2.00	W	F	G	W	--	W
United Bancorp, Inc.	UBCP	NAS CM	Financials	C	Hold	B	D+		11.42	13.75	10.25	0.33	E	G	E	W	G	W
United Bancorporation of Alabama, Inc.	UBAB	OTC PK	Financials	C	Hold	B+	B		20.25	22.00	18.5	0.49	G	G	E	G	W	F
United Bancshares, Inc.	UBOH	NAS	Financials	C	Hold	B+	C+		21.11	24.00	18.8	0.67	F	G	E	F	F	F
United Bankshares, Inc.	UBSI	NAS GS	Financials	C+	Hold	B	C-	Up	36.80	39.95	29.13	1.36	E	G	E	F	G	W
United Battery Metals Corp.	UBMCF	OTC PK	Materials	E+	Sell	E+	D-	Up	0.03	1.58	0.01		W	V	G	W	--	V
United Cannabis Corporation	CNAB	OTC PK	Health Care	D	Sell	D	D	Up	0.33	0.91	0.3	-2.22	W	W	F	W	--	W
United Community Banks, Inc.	UCBI	NAS GS	Financials	C+	Hold	B	C-	Up	28.17	31.93	20.23	1.58	E	E	E	F	F	F
United Community Financial Corp.	UCFC	NAS GS	Financials	B-	Buy	B+	C	Down	9.43	11.98	8.49	0.65	F	E	E	F	G	F
United Continental Holdings, Inc.	UAL	NAS GS	Industrials	B-	Buy	B	C	Up	86.43	97.85	67.94	1.26	F	E	G	F	--	F
United Corporations Limited	UCPLF	OTC PK	Financials	C	Hold	B-	C	Up	71.32	77.14	68.89	0.08	E	G	E	F	W	W
United Financial Bancorp, Inc.	UBNK	NAS GS	Financials	C	Hold	B	D		13.96	18.20	12.82	0.59	G	E	E	W	G	W
United Fire Group, Inc.	UFCS	NAS GS	Financials	C	Hold	B-	D+		47.60	61.56	40.86	-0.50	F	G	E	W	G	W
United Health Products, Inc.	UEEC	OTC PK	Health Care	D	Sell	D+	D	Down	0.94	1.02	0.3	1.19	V	W	F	W	--	G
United Hunter Oil & Gas Corp.	UHO.V	TSXV	Energy	D	Sell	C	D-	Up	0.10	0.36	0.06	-0.22	V	G	F	W	--	V
United Insurance Holdings Corp.	UIHC	NAS CM	Financials	D+	Sell	C	D-		14.29	22.43	13.21	1.22	F	G	E	W	F	W
United Microelectronics Corporation	UMC	NYSE	Information Tech	C-	Hold	C+	D		2.22	2.96	1.64	1.00	W	G	E	W	--	W
United Natural Foods, Inc.	UNFI	NYSE	Consumer Staples	D	Sell	D+	D-		8.54	44.94	8.07	2.58	F	F	G	W	--	V
United Parcel Service, Inc.	UPS	NYSE	Industrials	C	Hold	B	D		101.70	125.09	89.89	1.41	G	E	G	W	G	W
United Rail, Inc.	URAL	OTC PK	Industrials	D-	Sell	E+	D-		0.01	0.20	0.01	4.56	F	V	F	W	--	W
United Rentals, Inc.	URI	NYSE	Industrials	C+	Hold	B	D+		131.97	173.00	94.28	2.63	G	E	G	W	--	F
United Security Bancshares	UBFO	NAS GS	Financials	B	Buy	A-	C		11.00	11.50	9.18	0.51	E	G	E	F	G	F
United States Antimony Corporation	UAMY	AMEX	Materials	D+	Sell	C	D	Up	0.56	1.05	0.42	1.11	W	F	G	W	--	F
United States Basketball League, Inc.	USBL	OTC PK	Communication Svc	D+	Sell	C-	D		0.15	0.25	0.15	-0.86	V	E	F	W	--	W
United States Cellular Corporation	USM	NYSE	Communication Svc	C+	Hold	B	C		45.02	59.74	32.33	0.34	E	G	E	F	--	F
United States Lime & Minerals, Inc.	USLM	NAS GS	Materials	C	Hold	B+	C		79.99	85.95	68.2	0.30	E	E	E	F	W	F
United States Steel Corporation	X	NYSE	Materials	D+	Sell	C	D	Down	15.11	38.89	11.67	2.74	E	G	G	W	W	W
United Technologies Corporation	UTX	NYSE	Industrials	B	Buy	B+	C+	Up	128.97	144.40	100.48	1.33	E	E	G	F	F	F
United Therapeutics Corporation	UTHR	NAS GS	Health Care	D	Sell	C-	D	Down	77.01	130.00	75.72	0.87	W	G	E	W	--	W
United-Guardian, Inc.	UG	NAS	Consumer Staples	C	Hold	B	C		18.94	20.81	15.51	-0.34	E	E	E	F	--	F
UnitedHealth Group Incorporated	UNH	NYSE	Health Care	B	Buy	B+	C+	Down	246.34	287.94	208.07	0.69	E	E	E	F	W	F
Uniti Group Inc.	UNIT	NAS GS	Real Estate	D+	Sell	C	D-	Down	9.69	21.89	8.06	1.16	W	E	E	W	F	V
Unitil Corporation	UTL	NYSE	Utilities	B	Buy	A-	B-		59.79	61.85	46.21	0.29	E	E	G	G	F	F
Unity Bancorp, Inc.	UNTY	NAS	Financials	C	Hold	B+	C	Down	22.06	25.50	16.74	0.83	E	E	E	F	W	F
Unity Biotechnology, Inc.	UBX	NAS GS	Health Care	D-	Sell	E+	D-		8.36	24.56	7.3		W	V	E	W	--	V
Unity Metals Corp.	URGYF	OTC PK	Energy	D-	Sell	D-	D-		0.58	0.96	0.11	3.06	W	V	F	W	--	F
Unity Metals Corp.	UTY.V	TSXV	Energy	D-	Sell	D-	D-		0.66	1.40	0.1	-0.02	W	V	F	W	--	F
Universal Copper Ltd.	ECMXF	OTC PK	Materials	D-	Sell	E+	D-	Up	0.05	0.21	0.04		W	V	E	W	--	V
Universal Copper Ltd.	UNV.V	TSXV	Materials	D-	Sell	E+	D		0.07	0.26	0.06	1.34	W	V	E	W	--	W
Universal Corporation	UVV	NYSE	Consumer Staples	C+	Hold	B	D+	Up	60.41	76.98	50.67	0.38	G	E	E	W	G	W
Universal Display Corporation	OLED	NAS GS	Information Tech	C+	Hold	A	D	Up	187.99	190.00	78.75	1.88	E	E	E	W	W	E
Universal Electronics Inc.	UEIC	NAS GS	Consumer Discretn	D+	Sell	C	D		39.29	47.65	23.29	1.32	F	G	E	W	--	W
Universal Forest Products, Inc.	UFPI	NAS GS	Industrials	C+	Hold	B	D+	Up	37.57	38.63	24.14	1.94	G	E	E	W	--	F
Universal Health Realty Income Trust	UHT	NYSE	Real Estate	C	Hold	B	D	Down	83.98	91.53	58.7	1.07	F	E	E	F	G	G
Universal Health Services, Inc.	UHS	NYSE	Health Care	B-	Buy	B	C		128.15	142.22	109.37	1.16	E	E	E	F	W	F
Universal Insurance Holdings, Inc.	UVE	NYSE	Financials	C	Hold	B	D+	Down	27.48	50.50	27.22	1.07	G	E	E	W	F	W
Universal Logistics Holdings, Inc.	ULH	NAS GS	Industrials	C+	Hold	B+	D+		22.01	37.68	17.4	2.58	E	E	E	W	F	F
Universal mCloud Corp.	MCLDF	OTC PK	Information Tech	D-	Sell	D	D-		0.28	0.56	0.18		F	W	F	W	--	W
Universal mCloud Corp.	MCLD.V	TSXV	Information Tech	D	Sell	D	D		0.35	0.63	0.28		F	W	F	W	--	W
Universal Security Instruments, Inc.	UUU	AMEX	Information Tech	D	Sell	D	D		1.27	2.65	0.98	0.95	F	W	G	W	--	W
Universal Stainless & Alloy Products, Inc.	USAP	NAS GS	Materials	C	Hold	B-	D		15.25	30.91	12.53	1.81	F	G	G	W	--	W

*Ratings Factors: E=Excellent, G=Good, F=Fair, W=Weak, V=Very Weak, U=Unrated

Summer 2019 — I. Index of Stocks

3-Month Total Return (%)	6-Month Total Return (%)	1-Year Total Return (%)	3-Year Total Return (%)	Dividend $ TTM	Dividend Yield TTM	Market Cap. ($Mil)	Enterprise Value ($Mil)	Revenue ($Mil)	Revenue Growth (%)	Net Income ($Mil)	Earnings/Share $	EPS Growth (%)	Cash from Operations ($Mil)	Return on Assets (%)	Return on Equity (%)	Earnings (P/E) TTM	Sales (P/S) TTM	Book (P/B) Q
-18.17	-16.87	-25.51	39.73			489.7	847.0	2,812	1.0	15.5	0.22	165.6	53.7	4.8		43.6	0.2	-0.4
-38.54	-37.99	-65.48	-44.22			495.3	1,394	827.8	7.6	-56.7	-1.10	-152.3	341.3	2.65		-8.1	0.6	0.4
6.08	-0.08	-10.60	32.98	0.53	4.6	62.9	--	22.4	14.4	4.7	0.83	11.7	5.7		9.68	13.7	2.8	1.2
-4.03	0.12	10.31	160.63	0.16	0.8	74.0	--	14.5	13.8	3.1	1.28	137.4	--			15.8	3.4	1.1
-6.40	-2.91	-2.11	28.45	0.50	2.4	69.0	--	37.8	20.8	8.2	2.50	93.4	2.4		10.32	8.4	1.8	0.8
2.26	21.41	3.94	15.12	1.36	3.7	3,758	--	692.3	-1.2	258.3	2.49	49.2	227.3		7.9	14.8	5.4	1.1
-45.65	-76.19					0.58	0.46	--		-2.5	-0.11	-1,839.7	-1.9	-230.5		-0.2		0.6
-7.56	-1.49	-54.79	83.33			25.6	29.4	11.4	2,494.7	-18.7	-0.27	-29.6	-5.7	-105.77		-1.2	2.3	4.3
13.52	33.32	-7.43	69.44	0.64	2.3	2,227	--	534.2	16.8	172.7	2.14	97.4	233.4		12.06	13.2	4.2	1.5
2.18	7.93	-12.03	73.59	0.28	3.0	460.1	--	114.4	6.0	37.3	0.75	31.0	48.1		12.2	12.6	4.1	1.5
9.96	3.92	24.47	121.90			22,742	38,763	41,860	9.0	2,274	8.32	13.9	6,363	5.25	25.07	10.4	0.6	2.3
0.24	3.96	-3.23	7.55	2.24	3.1	879.9	851.2	125.8	22.4	98.4	8.04	23.4	37.4	5.26	7.39	8.9	6.9	0.7
-1.98	-3.58	-18.16	22.10	0.48	3.4	705.2	--	218.6	3.4	56.8	1.11	-0.1	107.0		8.01	12.6	3.3	1.0
8.92	-12.25	-5.48	33.99	1.26	2.7	1,200	1,124	1,125	6.9	26.4	1.01	-66.4	97.2	0.52	2.74	47.3	1.1	1.3
0.00	59.34	11.90	1,112.90			165.6	165.7	0.02	-96.5	-5.0	-0.03	2.7	-1.2	-709.37		-32.3		-303.2
-13.64	-13.64	-71.64	-62.00			1.3	1.2	--		-0.48	-0.03	-87.1	-0.29	-124.39		-3.5		-23.2
-10.21	-13.03	-25.62	-5.94	0.24	1.7	614.1	665.9	754.2	5.9	1.4	0.03	-92.6	14.4	0.18	0.29	569.3	0.8	1.1
18.09	24.72	-16.87	21.42	0.08	3.7	5,278	5,455	4,796	-3.7	182.2	0.01	-49.3	1,651	0.53	0.18	158.6	6.1	3.9
-35.69	-16.76	-80.18	-81.01			450.1	3,641	17,572	76.2	-271.1	-5.34	-258.5	241.8	2.41		-1.6	0.0	0.3
-6.91	7.30	-0.62	6.80	3.74	3.7	87,539	108,223	71,908	5.5	4,557	5.24	-10.1	10,921	6.94	187.53	19.4	1.2	25.3
7.53	-90.00	-90.00	-99.23			25.0	25.7	1.0		0.69	0.19	915.2	-0.05			0.1	0.0	0.0
17.23	30.02	-10.51	109.58			10,376	22,596	8,430	20.1	1,088	13.20	-20.4	2,878	8.12	33.83	10.0	1.3	3.1
4.25	17.73	3.49	124.89	0.41	3.7	186.4	--	42.0	14.6	14.9	0.88	48.5	11.3		13.85	12.5	4.5	1.7
28.32	-6.66	15.91	143.91			38.4	39.9	9.1	-9.8	0.64	0.01	124.1	-0.91	-7.11	6.17	95.1	4.2	3.6
0.66	-16.48	-10.59	153.33			0.53	2.7	--		-0.07	-0.04	-113.9	-0.04			-3.8		-0.2
-1.47	-12.07	21.77	19.04			3,888	5,824	3,992	2.5	160.0	1.83	479.2	808.0	1.25	4.16	24.5	1.0	0.9
4.05	11.13	-3.23	39.35	0.54	0.7	447.5	383.2	146.9	2.1	20.6	3.65	-23.6	39.7	5.53	9.41	21.9	3.1	2.0
-21.78	-16.76	-56.01	-2.14	0.20	1.3	2,605	4,560	14,528	14.6	1,151	6.47	95.6	1,066	5.4	29.99	2.3	0.2	0.6
1.90	23.84	5.86	39.57	2.91	2.3	111,289	155,154	69,624	13.7	5,318	6.49	16.0	7,369	4.73	15.29	19.9	1.6	2.8
-34.30	-26.69	-30.91	-24.29			3,374	2,826	1,601	-8.2	-149.9	-3.44	-131.2	-124.7	-2.92		-22.4	2.1	1.5
1.58	4.99	6.66	40.51	1.10	5.8	87.0	77.1	13.5	-1.2	4.5	0.98	5.8	4.8	23.74	36.7	19.3	6.4	7.2
2.15	0.87	2.09	85.81	3.78	1.5	234,108	264,820	231,367	11.4	12,617	12.87	13.4	10,578	7.15	24.01	19.1	1.0	4.5
-11.43	-37.96	-47.58	-52.69	1.30	13.4	1,784	6,928	1,032	8.4	17.4	0.04	276.6	504.9	4.82		221.2	1.7	-1.1
12.23	19.30	20.39	56.03	1.47	2.5	891.9	1,355	450.4	5.7	43.9	2.95	32.6	87.9	3.27	12.15	20.3	2.0	2.4
16.44	10.39	-4.84	93.26	0.29	1.3	239.1	--	61.5	12.3	22.4	2.04	47.8	42.2		16.81	10.8	3.9	1.7
2.83	-50.18	-43.85				358.7	208.5	--		-79.0	-2.18	86.1	-65.3	-32.56		-3.8		2.5
-30.46	391.20	327.56	-20.59			8.9	8.8	--		-0.19	-0.02	75.4	0.14	-65.87		-36.3		61.4
-48.84	46.67	277.14	-8.33			8.9	8.8	--		-0.19	-0.02	75.4	0.14	-65.87		-41.5		70.2
-26.39	-5.36	-61.59				1.9	1.9	--		-1.0	-0.05	41.0	-0.35	-42.6		-1.2		1.0
-36.36	-12.50	-53.33	-53.33			1.9	1.9	--		-1.0	-0.05	41.0	-0.35	-42.6		-1.6		1.3
4.92	13.16	-4.59	23.24	3.00	5.0	1,510	1,677	2,227	9.5	104.1	4.11	-0.8	164.5	5.29	7.97	14.7	0.7	1.1
23.61	104.03	127.02	188.06	0.32	0.2	8,875	8,356	291.6	-9.9	84.4	1.77	-14.9	117.0	6.14	12.42	106.0	30.3	12.4
5.17	60.11	17.63	-43.80			544.5	627.4	699.7	0.1	11.5	0.79	200.1	20.3	0.35	4.35	49.6	0.8	2.1
26.33	47.13	4.42	36.08	0.38	1.0	2,305	2,557	4,510	10.3	151.3	2.43	14.8	145.0	7.66	14.37	15.5	0.5	2.1
11.85	38.39	34.21	68.27	2.70	3.2	1,155	1,422	78.6	4.9	18.8	1.37	-21.0	40.8	3.7	9.29	61.5	14.7	6.0
-3.94	10.46	14.63	-2.01	0.40	0.3	11,549	15,795	10,889	3.9	790.0	8.50	5.6	1,368	6.79	14.87	15.1	1.1	2.1
-12.02	-27.10	-19.88	68.68	0.64	2.3	952.1	821.4	868.9	13.1	117.1	3.28	1.0	209.2	6.48	23.33	8.4	1.1	1.8
13.50	22.68	-14.36	91.70	0.42	1.9	634.7	1,072	1,504	18.7	59.0	2.08	72.6	126.6	8.19	29.52	10.6	0.4	2.8
-12.54	27.48	-26.64				24.7	24.7	2.5	106.5	-10.0	-0.13	23.2	-7.9	-104.86		-2.2	10.1	65.7
-16.67	16.67	-43.55				24.7	24.7	2.5	106.5	-10.0	-0.13	23.2	-7.9	-104.86		-2.8	12.8	83.3
-1.81	17.59	5.83	-64.72			2.9	10.2	17.5	25.1	-1.6	-0.70	42.0	-0.05	-0.05		-1.8	0.2	0.3
-10.03	-5.46	-36.41	47.20			133.8	199.8	252.5	16.1	9.8	1.15	-21.7	11.1	2.55	4.51	13.3	0.5	0.6

https://greyhouse.weissratings.com

Data as of June 30, 2019

I. Index of Stocks

Summer 2019

Company Name	Stock Ticker Symbol	Traded On	Sector	Overall Rating	Recommendation	Reward Rating	Risk Rating	Recent Up/Downgrade	Stock Price as of 6/30/2019	52-Week High	52-Week Low	3-Year Beta	Growth	Efficiency	Solvency	Volatility	Dividend	Total Return
Universal Technical Institute, Inc.	UTI	NYSE	Consumer Discretn	D	Sell	D	D	Down	3.40	4.20	1.86	0.41	W	W	G	W	–	W
Univest Financial Corporation	UVSP	NAS GS	Financials	C+	Hold	B	C	Up	25.70	29.05	20.18	0.98	E	E	E	F	G	W
Unum Group	UNM	NYSE	Financials	C	Hold	B-	D		32.90	41.28	26.77	1.55	F	G	E	W	G	W
Unum Therapeutics Inc.	UMRX	NAS GS	Health Care	D-	Sell	E+	D-		2.19	17.66	2.1		W	V	E	W	–	V
UP Fintech Holding Limited	TIGR	NAS GS	Financials	E-	Sell	D	D		5.25	23.89	4.09		F	W	E	W	–	V
Upco International Inc.	UCCPF	OTC PK	Communication Svc	D-	Sell	D-	D-	Up	0.08	0.17	0.01		W		G	W	–	V
UPD Holding Corp.	UPDC	OTC PK	Consumer Staples	D+	Sell	C	D	Up	0.04	0.07	0.01	0.92	W	F	F	W	–	F
Upland Software, Inc.	UPLD	NAS	Information Tech	C	Hold	B-	D		43.85	54.87	25.12	0.53	F	W	G	F	–	E
UPM-Kymmene Oyj	UPMKF	OTC PK	Materials	C	Hold	B	C-		26.10	37.89	24.7	0.84	E	E	E	F	–	F
UPM-Kymmene Oyj	UPMKY	OTC PK	Materials	C+	Hold	B	C-	Down	26.18	40.64	24.26	0.98	E	E	E	F	–	F
Upper Canyon Minerals Corp.	UCMH.V	TSXV	Materials	D+	Sell	C-	D	Up	0.25	0.39	0.17	-0.81	W	W	G	W	–	F
UpperSolution.com	URSL	OTC PK	Information Tech	D+	Sell	C	D	Up	0.10	5.15	0.05		W	G	F	W	–	W
Upwork Inc.	UPWK	NAS GS	Industrials	D	Sell	D	D-		16.06	25.00	14.08		F	W	E	W	–	W
UQM Technologies, Inc.	UQM	AMEX	Consumer Discretn	D-	Sell	E+	D		1.64	1.68	0.8	2.54	W	V	F	W	–	G
Uranium Energy Corp.	UEC	AMEX	Energy	D	Sell	D	D		1.34	1.89	1.12	1.03	W	W	E	W	–	F
Uranium Participation Corporation	U.TO	TSX	Financials	C	Hold	C	D+	Up	4.02	5.14	3.99	0.37	F	F	E	W	–	F
Uranium Participation Corporation	URPTF	OTC PK	Financials	C-	Hold	C	D	Down	3.06	3.89	3.03	0.59	F	F	E	W	–	F
Uranium Trading Corporation	UTC	AMEX	Industrials	U		U	U						U	U	U	U	U	U
Uravan Minerals Inc.	UVN.V	TSXV	Energy	D-	Sell	E+	D-	Down	0.04	0.05	0.02	-0.19	W	V	G	W	–	V
Uravan Minerals Inc.	URVNF	OTC PK	Energy	D-	Sell	E+	D	Down	0.03	0.04	0.01	0.37	W	V	G	W	–	W
Urban Edge Properties	UE	NYSE	Real Estate	C-	Hold	C+	D-		17.32	23.37	16.13	1.16	F	E	E	W	G	W
Urban One, Inc.	UONE	NAS CM	Communication Svc	C	Hold	B-	D+		2.10	3.60	1.74	0.19	G	G	G	W	–	W
Urban One, Inc.	UONEK	NAS CM	Communication Svc	C-	Hold	C+	D	Down	1.95	2.41	1.6	1.01	G	G	G	W	–	W
Urban Outfitters, Inc.	URBN	NAS GS	Consumer Discretn	C	Hold	B	D		23.14	52.50	22.19	0.81	G	E	E	W	–	W
Urban Tea, Inc.	MYT	NAS CM	Consumer Staples	D+	Sell	C-	D	Up	0.57	2.77	0.5	1.79	V	G	F	W	–	G
Urbana Corporation	URNAF	OTC PK	Financials	D	Sell	C-	D	Down	1.74	2.14	1.7	0.93	W	F	E	W	–	W
Urbana Corporation	URB.TO	TSX	Financials	D+	Sell	C-	D		2.40	3.45	2.14	0.43	W	F	E	W	–	W
Urbana Corporation	UBAAF	OTC PK	Financials	D+	Sell	C-	D		1.71	2.15	1.52	0.89	W	F	E	W	–	W
Urbana Corporation	URBA.TO	TSX	Financials	B	Buy	B+	C		2.30	2.90	2	0.75	G	E	E	F	E	F
Urbanfund Corp.	UFC.V	TSXV	Real Estate	C	Hold	B	C		0.77	0.93	0.5	0.28	F	E	E	F	F	F
UrbanGold Minerals Inc.	UGM.V	TSXV	Materials	E	Sell	E+	D		0.13	0.17	0.1		V	V	G	W	–	W
Urbanimmersive Inc.	UBMRF	OTC PK	Information Tech	D	Sell	D	D-	Up	0.05	0.11	0.05	1.56	F	V	F	W	–	V
Urbanimmersive Inc.	UI.V	TSXV	Information Tech	D	Sell	D	D-	Up	0.07	0.15	0.05	0.41	F	V	F	W	–	V
Urbi, Desarrollos Urbanos, S.A.B. de C.V.	URBDF	OTC PK	Consumer Discretn	D	Sell	C-	D	Down	0.08	0.19	0.07	-7.87	W	G	G	W	–	W
UR-Energy Inc.	URG	AMEX	Energy	D+	Sell	C	D	Down	0.91	0.99	0.54	1.11	V	W	G	F	–	G
UR-Energy Inc.	URE.TO	TSX	Energy	D+	Sell	C	D	Down	1.19	1.30	0.74	0.73	V	W	G	F	–	G
Urogen Pharma Ltd.	URGN	NAS	Health Care	D	Sell	D	D	Up	32.94	55.49	31.89	1.10	V	W	E	W	–	W
Urovant Sciences Ltd.	UROV	NAS GS	Health Care	D-	Sell	E+	D	Up	7.76	14.49	4.06		V	W	E	W	–	W
Urstadt Biddle Properties Inc.	UBP	NYSE	Real Estate	C	Hold	B	D+		16.96	18.50	14.75	0.71	F	E	E	W	E	F
Urstadt Biddle Properties Inc.	UBA	NYSE	Real Estate	C	Hold	B	D+		21.26	23.16	18.5	0.55	F	E	E	W	G	F
UrtheCast Corp.	LFDEF	OTC PK	Industrials	E+	Sell	E	D-		0.09	0.23	0.07	0.29	V	V	F	W	–	V
UrtheCast Corp.	UR.TO	TSX	Industrials	E+	Sell	E	D-		0.11	0.36	0.09	-0.78	V	V	F	W	–	V
URU Metals Limited	NULTF	OTC PK	Energy	D	Sell	D+	D		0.01	0.01	0.01	88.58	W	F	E	W	–	W
US Ecology, Inc.	ECOL	NAS GS	Industrials	C+	Hold	B-	C	Down	57.59	77.15	54.24	0.61	F	E	E	F	W	F
US Foods Holding Corp.	USFD	NYSE	Consumer Staples	C+	Hold	B	C	Down	35.65	40.92	27.51	0.57	G	G	E	F	–	F
US Metro Bank	USMT	OTC PK	Financials	D	Sell	B+	C	Up	3.60	4.12	2.11	0.45	E	G	E	F	–	F
US Nuclear Corp.	UCLE	OTC PK	Information Tech	D-	Sell	E+	D		1.03	2.85	0.2	5.34	W	V	G	W	–	F
USA Equities Corp.	USAQ	OTC PK	Health Care	D+	Sell	C	D		0.25	0.95	0.12	-13.51	V	E	E	W	–	F
USA Technologies, Inc.	USAT	NAS	Information Tech	D+	Sell	C-	D	Up	7.18	16.83	3.19	1.93	F	W	E	W	–	F
USA Truck, Inc.	USAK	NAS GS	Industrials	D+	Sell	C	D	Down	9.76	24.86	9.63	1.56	W	G	G	W	–	W
USA Zhimingde International Group Corporation	ZMDC	OTC PK	Communication Svc	C-	Hold	C	D	Up	0.15	0.20	0	17.21	W	E	E	W	–	F
USANA Health Sciences, Inc.	USNA	NYSE	Consumer Staples	C	Hold	B	D+	Down	76.68	137.95	69.58	0.55	G	E	E	W	–	F

*Ratings Factors: E=Excellent, G=Good, F=Fair, W=Weak, V=Very Weak, U=Unrated

Data as of June 30, 2019

https://greyhouse.weissratings.com

Summer 2019 — I. Index of Stocks

3-Month Total Return (%)	6-Month Total Return (%)	1-Year Total Return (%)	3-Year Total Return (%)	Dividend $ TTM	Dividend Yield TTM	Market Cap. ($Mil)	Enterprise Value ($Mil)	Revenue ($Mil)	Revenue Growth (%)	Net Income ($Mil)	Earnings/ Share $	EPS Growth (%)	Cash from Operations ($Mil)	Return on Assets (%)	Return on Equity (%)	Earnings (P/E) TTM	Sales (P/S) TTM	Book (P/B) Q
-0.29	-7.86	8.27	53.85			86.7	144.0	319.9	0.2	-35.7	-1.63	-103.9	-4.7	-7.72		-2.1	0.3	2.0
5.10	22.33	-4.72	39.66	0.80	3.1	752.7	--	201.8	3.2	53.8	1.83	10.0	85.2		8.64	14.0	3.7	1.2
-1.27	15.14	-8.31	14.73	1.04	3.2	6,971	9,993	11,687	2.7	530.8	2.45	-46.8	1,753	0.8	5.72	13.4	0.6	0.8
-50.34	-51.55	-84.49				66.0	6.0	10.6	20.7	-39.5	-1.32	48.8	-36.0	-40.96		-1.7	6.2	1.3
-57.18						707.4	--	18.9	34.2	-4.8	-1.68	20.1	-14.9			-3.1	0.9	0.2
-8.54	-45.11	-52.92				4.1	4.0	2.1	-64.2	-2.6	-0.04	-10.3	-2.4	-326.62		-2.0	2.7	12.7
-33.33	296.04	33.33	0.00			6.5	7.3	0.00		-0.49	-0.01	-246.7	-0.27	-22.8		-7.7		5.4
4.88	66.67	27.51	470.96			1,109	1,378	166.8	53.3	-15.5	-0.77	10.5	12.7	2.39		-56.8	5.4	11.1
-7.85	3.54	-30.37	38.10			13,935	14,078	12,346	5.0	1,722	3.22	40.7	1,740	6.2	15.42	8.1	1.1	1.2
-4.93	6.10	-23.76	59.36	1.00	3.8	13,935	14,078	12,346	5.0	1,722	3.22	40.7	1,740	6.2	15.42	8.1	1.1	1.2
0.00	0.00	-36.71	900.00			3.7	3.4	--		-0.05	0.00	79.7	-0.06	-7.69		-92.6		13.0
-22.96	48.57	-97.79				1.5	1.5	0.00	-75.9	-0.04	0.00	6.1	0.00			-33.6		-18.6
-18.06	-10.08					1,721	1,649	263.1	22.3	-17.9	-0.31	33.3	-26.1			-51.5	6.5	7.0
-1.20	83.24	69.81	163.67			92.8	94.5	16.2	94.0	-7.1	-0.13	-32.8	-6.2	-28.89		-12.6	5.6	22.2
-5.63	11.67	-15.19	63.41			242.1	240.4	--		-15.6	-0.09	27.9	-11.7	-9.51		-14.3		3.0
-9.46	-9.05	-0.99	-0.25			422.9	419.2	54.7	17.3	51.3	0.37	12.4	-4.3	7.52	12.25	10.8	10.1	1.3
-7.33	-6.19	-0.38	-1.03			422.9	419.2	54.7	17.3	51.3	0.37	12.4	-4.3	7.52	12.25	8.2	7.7	1.0
						--	--	--		-0.03	-0.09		--					
16.67	40.00	-12.50	-82.50			1.1	1.1	--		-2.9	-0.07	-3,345.0	-0.05	-76.89		-0.5		1.9
22.80	101.34	3.45	-80.81			1.1	1.1	--		-2.9	-0.07	-3,345.0	-0.05	-76.89		-0.4		1.6
-8.17	6.70	-20.71	-33.37	0.88	5.1	2,085	3,367	412.8	8.6	110.0	0.95	195.1	132.5	2.68	12.22	18.2	5.3	2.2
-14.69	4.48	-15.15	-29.21			88.7	1,037	437.9	-0.1	156.9	3.32	78.6	44.5	4.76	146.14	0.6	0.2	0.5
-3.47	11.43	-6.02	-36.07			88.7	1,037	437.9	-0.1	156.9	3.32	78.6	44.5	4.76	146.14	0.6	0.2	0.5
-20.94	-30.68	-49.71	-11.54			2,267	3,053	3,959	6.7	289.3	2.65	113.7	418.4	8.74	20.71	8.7	0.6	1.7
-72.31	-40.24	-45.36	-57.31			14.8	13.9	13.1	-74.6	-78.3	-6.16	-72.2	-3.2	-45.23		-0.1	0.6	-0.3
-2.02	3.99	-18.59	17.11	0.05	3.1	88.4	81.2	-6.2	-180.8	-9.3	-0.19	-461.8	21.2	-3.55		-9.4	-14.0	0.5
2.13	2.86	-16.32	22.47	0.07	2.9	88.4	81.2	-6.2	-180.8	-9.3	-0.19	-461.8	21.2	-3.55		-12.9	-19.2	0.7
1.36	15.02	-18.69	12.73	0.05	3.1	88.4	81.2	-6.2	-180.8	-9.3	-0.19	-461.8	21.2	-3.55		-9.2	-13.7	0.5
3.60	7.63	-16.03	15.52	0.07	3.0	88.4	81.2	-6.2	-180.8	-9.3	-0.19	-461.8	21.2	-3.55		-12.4	-18.4	0.7
-1.28	1.29	6.77	132.73	0.02	2.9	27.2	44.3	4.9	-36.7	3.1	0.06	-54.3	-0.47	1.72	8.96	13.3	8.4	1.1
18.18	18.18					3.4	2.3	--		-0.90	-0.07	-62.1	-0.67			-1.9		5.2
-15.68	-13.93	-20.98				3.5	6.1	3.0	245.8	-1.0	-0.02	44.6	-0.80	-19.5		-3.1	1.1	9.5
-13.33	-27.78	-35.00	-68.29			3.5	6.1	3.0	245.8	-1.0	-0.02	44.6	-0.80	-19.5		-4.1	1.5	12.8
21.69	-41.41	-65.61	5.47			7.9	31.4	20.4	-47.3	-15.9	-0.10	-275.0	-4.4	1.21		-0.8	0.6	0.1
10.30	54.18	34.00	57.43			144.9	154.7	8.6	-80.0	-6.2	-0.04	-956.0	-13.0	-5.79		-21.3	16.9	3.1
7.21	46.91	33.71	60.81			144.9	154.7	8.6	-80.0	-6.2	-0.04	-956.0	-13.0	-5.79		-27.8	22.0	4.0
-9.83	-25.07	-34.34				684.9	441.4	0.65	-92.5	-83.7	-4.99	-113.5	-45.6	-25.72		-6.6	986.2	2.9
-22.40	23.96					235.4	163.5	--		-111.3	-4.62	-119.7	-109.0	-122.43		-1.7		3.2
2.77	10.44	0.22	-8.27	0.97	5.7	775.0	1,362	135.6	3.6	34.6	0.58	6.3	68.1	3.23	5.95	29.5	4.9	1.7
2.68	12.40	-1.28	1.74	1.09	5.1	775.0	1,362	135.6	3.6	34.6	0.58	6.3	68.1	3.23	5.95	37.0	6.1	2.2
-6.52	-27.58	-55.32	-88.10			11.2	34.3	12.0	-54.8	-59.9	-0.48	-94.2	-5.7	-13.27		-0.2	0.9	0.9
-8.33	-35.29	-52.17	-88.42			11.2	34.3	12.0	-54.8	-59.9	-0.48	-94.2	-5.7	-13.27		-0.2	1.2	1.1
0.00	0.00	440.00	-86.50			2.2	-0.41	--		0.18	0.23	109.0	-0.45	-7.25	3.35	0.0	0.0	0.0
2.95	-6.57	-8.64	35.49	0.72	1.3	1,272	1,614	576.9	12.3	48.4	2.19	-9.8	71.2	5.38	13.95	26.3	2.2	3.5
2.24	14.34	-5.99	47.13			7,789	11,357	24,383	0.8	410.7	1.88	-13.3	571.4	4.76	13.34	19.0	0.3	2.4
3.75	9.09	-10.67	89.47			58.4	--	17.8	582.8	3.6	0.22	110.8	--			16.1	3.3	1.2
30.38	98.08	-54.02	758.33			18.0	18.2	3.3	-2.4	-2.1	-0.12	-184.4	-0.69	-16.65		-8.3	5.4	9.2
-16.67	-58.33	525.00	127.27			0.90	1.3	--		-0.05	-0.01	-321.9	-0.04			-18.5		-1.6
79.05	93.53	-48.16	75.55			430.8	454.2	128.2	39.8	-11.3	-0.23	-132.0	6.2	0.91		-31.2	3.0	3.4
-32.27	-34.76	-57.49	-42.86			80.9	262.3	543.0	15.6	12.7	1.53	-8.0	33.6	4.31	16.82	6.4	0.2	1.0
9,275.00	9,275.00	-59.46	194.12			0.28	--	--		-0.05	-0.03	-14.9	0.00			-5.3		-1.5
-7.95	-33.30	-33.73	41.29			1,790	1,556	1,170	8.0	121.5	4.93	73.3	138.1	20.53	30.66	15.6	1.6	4.6

I. Index of Stocks — Summer 2019

Company Name	Stock Ticker Symbol	Traded On	Sector	Overall Rating	Recommendation	Reward Rating	Risk Rating	Recent Up/Downgrade	Stock Price as of 6/30/2019	52-Week High	52-Week Low	3-Year Beta	Growth	Efficiency	Solvency	Volatility	Dividend	Total Return
US-China Biomedical Technology, Inc.	UCBB	OTC PK	Health Care	E+	Sell	E-	E+		0.05	1.00	0.04	0.84	V		G	W	–	V
USD Partners LP	USDP	NYSE	Energy	C	Hold	B-	C-	Down	11.18	11.75	9.15	-0.01	W	E	G	F	E	F
Usha Resources Ltd.	USHAP.V	TSXV	Financials	E	Sell	D-	D	Up	0.10	0.22	0.1		V	W	E	W	–	V
Utah Medical Products, Inc.	UTMD	NAS GS	Health Care	C+	Hold	B	C-	Down	90.52	115.15	73.98	0.86	G	E	E	F	W	F
UTG, Inc.	UTGN	OTC PK	Financials	C	Hold	A-	B+		30.01	34.00	26	-0.25	G	G	E	G	–	F
UTStarcom Holdings Corp.	UTSI	NAS GS	Information Tech	U		U	U		3.09	4.14	2.59	1.62	U	U	U	U	U	U
Uwharrie Capital Corp	UWHR	OTC PK	Financials	C	Hold	B-	C-		4.85	5.93	4.51	-0.65	E	G	E	F	–	W
Uxin Limited	UXIN	NAS GS	Consumer Discretn	D	Sell	D	D-	Up	2.09	10.37	1.41		F	V	G	W	–	V
V.F. Corporation	VFC	NYSE	Consumer Discretn	B-	Buy	B	C		86.70	97.00	67.18	1.55	G	E	E	F	F	F
V.F. Corporation	VFCWI	NYSE	Consumer Discretn	U		U	U						U	U	U	U	U	U
VAALCO Energy, Inc.	EGY	NYSE	Energy	C	Hold	B-	D+		1.76	3.38	1.22	2.47	E	F	E	W	–	F
Vaccinex, Inc.	VCNX	NAS	Health Care	D-	Sell	D-	D	Up	5.05	12.00	3.32		W		G	W	–	W
Vail Resorts, Inc.	MTN	NYSE	Consumer Discretn	C+	Hold	B	C-		221.70	302.76	179.6	0.92	E	G	G	F	G	F
Val-d'Or Mining Corporation	VDOMF	OTC PK	Materials	D-	Sell	E+	D	Down	0.05	0.09	0.05	0.19	W	V	E	W	–	W
Val-d'Or Mining Corporation	VZZ.V	TSXV	Materials	D-	Sell	E+	D	Down	0.08	0.14	0.08	0.64	W	V	E	W	–	W
Valdor Technology International Inc.	VTI.V	TSXV	Information Tech	D	Sell	C-	D-		0.06	0.40	0.05	3.27	W	E	F	W	–	V
Vale S.A.	VALE	NYSE	Materials	C+	Hold	B	C	Down	13.43	16.13	10.89	0.31	G	E	G	F	–	F
Valener Inc	VNR.TO	TSX	Utilities	B	Buy	A-	C		25.78	26.25	18.1	0.38	E	E	E	F	G	F
Valener Inc	VNRCF	OTC PK	Utilities	C	Hold	A-	C+		19.70	20.00	13.75	0.57	E	E	E	F	G	F
Valens Groworks Corp.	VGWCF	OTC PK	Health Care	D-	Sell	E	D	Down	3.19	3.66	0.79	2.07	W	V	E	W	–	G
Valeo SA	VLEEF	OTC PK	Consumer Discretn	D+	Sell	C	D		28.00	56.45	25.94	1.14	F	E	G	W	–	W
Valeo SA	VLEEY	OTC PK	Consumer Discretn	D+	Sell	C	D		16.28	28.94	12.82	1.71	F	E	G	W	–	W
Valeritas Holdings, Inc.	VLRX	NAS CM	Health Care	E+	Sell	E+	E+		2.64	37.60	2.1	1.84	F	V	W	V	–	V
Valero Energy Corporation	VLO	NYSE	Energy	C	Hold	B-	D+	Down	83.93	122.42	68.81	1.63	F	E	E	W	G	F
Valeura Energy Inc.	VLE.TO	TSX	Energy	D	Sell	D+	D		2.31	4.92	2.09	1.52	W	W	E	W	–	F
Valeura Energy Inc.	PNWRF	OTC PK	Energy	D	Sell	D+	D		1.75	3.93	1.59	1.96	W	W	E	W	–	F
Valgold Resources Ltd.	VAL.V	TSXV	Materials	D	Sell	E+	D	Up	0.13	0.13	0.11	0.57	W	V	G	F	–	G
Valhi, Inc.	VHI	NYSE	Materials	C	Hold	B	D+		2.69	5.55	1.63	3.20	G	E	G	W	G	W
Validian Corporation	VLDI	OTC PK	Information Tech	C-	Hold	C+	D	Up	0.03	0.10	0.01	-4.44	W	E	F	W	–	F
Valley National Bancorp	VLY	NAS GS	Financials	C+	Hold	B	C-	Up	10.49	13.08	8.42	1.41	E	E	E	F	G	W
Valmont Industries, Inc.	VMI	NYSE	Industrials	C	Hold	C	D+		123.38	157.15	103.01	1.57	F	E	E	W	W	W
ValOre Metals Corp.	VO.V	TSXV	Energy	D	Sell	D	D-		0.23	0.70	0.11	2.79	V	W	E	W	–	V
ValOre Metals Corp.	KVLQF	OTC PK	Energy	D	Sell	D	D		0.18	0.48	0	3.98	V	W	E	W	–	V
Valterra Resource Corporation	VQA.V	TSXV	Materials	D	Sell	D	D		0.02	0.04	0.02	0.84	W	W	F	W	–	W
Valterra Resource Corporation	VRSCF	OTC PK	Materials	D	Sell	D	D		0.02	0.03	0.01	0.40	W	W	F	W	–	W
Value Line, Inc.	VALU	NAS CM	Financials	C	Hold	B	C		28.50	30.64	17.12	0.03	F	E	E	F	G	G
Valuesetters, Inc.	VSTR	OTC PK	Information Tech	D+	Sell	C	D+		0.00	0.01	0	4.26	W	F	F	W	–	F
Valvoline Inc.	VVV	NYSE	Materials	C-	Hold	C+	D	Down	19.54	23.16	16.9	1.00	F	E	G	W	F	W
Vanadian Energy Corp.	VEC.V	TSXV	Materials	D-	Sell	E+	D-		0.04	0.18	0.03	0.52	W	V	F	W	–	W
Vanadian Energy Corp.	URCFF	OTC PK	Materials	D-	Sell	E+	D		0.03	0.15	0.02	-0.15	W	V	F	W	–	W
Vanadium One Iron Corp.	VDMRF	OTC PK	Materials	D	Sell	D+	D		0.08	0.21	0.04	3.07	W	V	G	W	–	F
Vanadium One Iron Corp.	VONE.V	TSXV	Materials	D	Sell	D	D		0.11	0.29	0.06	-0.97	W	V	G	W	–	F
Vanadiumcorp Resource Inc.	APAFF	OTC PK	Materials	D-	Sell	D-	D		0.05	0.15	0.01	1.88	V	V	G	W	–	F
Vanadiumcorp Resource Inc.	VRB.V	TSXV	Materials	D-	Sell	D-	D-		0.07	0.12	0.06	0.65	W	V	G	W	–	W
Vanda Pharmaceuticals Inc.	VNDA	NAS	Health Care	D+	Sell	C	D	Down	14.42	33.44	13.33	0.17	F	F	E	W	–	W
Vangold Mining Corp.	VAN.V	TSXV	Materials	D-	Sell	E+	D		0.04	0.14	0.03	0.48	W	V	F	W	–	W
Vangold Mining Corp.	VGLDF	OTC PK	Materials	D-	Sell	E+	D		0.04	0.10	0.02	106.26	W	V	F	W	–	W
Vanguard Natural Resources, Inc.	VNRRQ	OTC PK	Energy	D-	Sell	D-	D-		0.01	6.70	0.01		W	W	F	W	–	V
Vanity Capital Inc.	VNTYF	OTC PK	Materials	D-	Sell	E	D		0.01	0.82	0	1,456.14	V	V	G	W	–	V
Vanity Capital Inc.	VYC.V	TSXV	Materials	D-	Sell	E+	D		1.15	1.15	0.22	-0.90	V	V	G	W	–	G
Vanjia Corporation	VNJA	OTC PK	Consumer Discretn	D	Sell	D	D+		14.38	14.38	14.38	-0.14	W	W	E	W	–	W
Vanstar Mining Resources Inc.	VMNGF	OTC PK	Materials	D-	Sell	D+	D	Up	0.18	0.19	0.07		W	F	E	F	–	F

*Ratings Factors: E=Excellent, G=Good, F=Fair, W=Weak, V=Very Weak, U=Unrated

Summer 2019

I. Index of Stocks

3-Month Total Return (%)	6-Month Total Return (%)	1-Year Total Return (%)	3-Year Total Return (%)	Dividend $ TTM	Dividend Yield TTM	Market Cap. ($Mil)	Enterprise Value ($Mil)	Revenue ($Mil)	Revenue Growth (%)	Net Income ($Mil)	Earnings/ Share $	EPS Growth (%)	Cash from Operations ($Mil)	Return on Assets (%)	Return on Equity (%)	Earnings (P/E) TTM	Sales (P/S) TTM	Book (P/B) Q
-78.26	-81.13	-89.13	-98.57			0.99	0.95	--		-0.71	-0.05	-29.6	-0.54	-412.71		-1.1		500.0
6.07	13.68	17.65	77.49	1.44	12.8	301.5	521.5	113.2	4.4	15.1	0.55	-36.9	47.2	5.83	22.42	20.4	2.7	5.2
0.00	-35.48					0.15	0.01	--		-0.05	-0.02		-0.05			-4.8		1.5
3.56	11.75	-18.45	51.11	1.10	1.2	337.0	304.7	41.8	-0.5	17.6	4.70	93.7	16.4	11.01	20.13	19.3	8.1	3.7
-0.30	-7.66	15.42	102.09			98.8	80.4	52.6	55.7	21.4	6.47	128.7	-9.1	4.34	18.73	4.6	1.9	0.8
-16.94	16.60	-25.00	57.65			110.1	64.3	35.3	-20.2	2.8	0.07	279.7	-0.84			41.6	3.1	1.1
-0.21	-6.73	-17.71	15.66			34.4	--	28.7	8.5	2.4	0.34	334.3	5.2		6.51	14.2	1.2	1.0
-43.21	-58.86	-78.61				613.5	810.8	440.1	54.6	-174.6	-1.80	98.4	--			-1.2	0.5	0.6
6.32	32.10	15.58	68.51	1.99	2.3	34,434	36,677	13,849	12.1	1,260	3.14	90.8	1,664	11.49	31.53	27.6	2.5	8.0
						34,434	36,677	13,849	12.1	1,260	3.14	90.8	1,664	11.49	31.53			
-20.00	28.47	-35.06	84.82			105.2	95.7	97.1	16.4	96.1	1.56	577.3	35.6	17.66	134.2	1.1	1.1	0.9
-6.31	32.89					58.0	70.6	0.61	106.8	-30.7	-7.43	64.8	-28.6	-210.47		-0.7	94.8	-3.3
2.75	6.05	-16.62	75.94	6.46	2.9	8,925	10,452	2,239	11.5	307.0	7.41	-23.6	633.9	7.35	16.83	29.9	4.1	5.4
-8.95	-28.61	-39.91	-14.92			2.4	2.0	--		-0.43	-0.01	37.1	-0.33	-20.5		-4.2		1.6
-6.25	-25.00	-31.82	-31.82			2.4	2.0	--		-0.43	-0.01	37.1	-0.33	-20.5		-6.1		2.3
-8.33	-72.50	-81.67	-93.12			0.24	-0.05	0.13	-29.3	-0.22	-0.04	21.8	-0.25	-630.01		-1.4	2.5	-0.2
6.33	3.15	7.42	206.92	0.53	3.9	68,900	87,960	36,351	6.6	3,644	0.71	-20.7	12,980	8.71	8.15	19.0	1.9	1.6
-1.41	35.79	33.04	39.23	1.19	4.6	772.8	907.0	67.1	27.4	48.9	1.16	25.4	48.6	5.34	7.94	22.3	15.1	1.9
6.39	41.49	35.22	39.03	0.90	4.6	772.8	907.0	67.1	27.4	48.9	1.16	25.4	48.6	5.34	7.94	17.1	11.6	1.4
49.12	187.50	258.04				383.1	367.5	1.7	5,285.2	-14.1	-0.17	-81.2	-8.3	-27.41		-18.8	175.3	7.9
-2.98	3.32	-52.23	-44.13			7,783	11,575	22,613	8.4	655.7	2.74	-33.1	2,560	4.18	12.52	10.2	0.3	1.3
13.41	15.95	-40.45	-24.73	0.57	3.5	7,783	11,575	22,613	8.4	655.7	2.74	-33.1	2,560	4.18	12.52	6.0	0.2	0.7
-60.89	-60.05	-90.29				14.0	20.4	26.7	23.1	-49.0	-29.21	80.2	-37.0	-60.81		-0.1	0.5	9.2
0.05	16.76	-20.06	81.62	3.40	4.1	35,019	44,088	109,365	17.8	2,794	6.55	-32.1	5,110	5.07	13.14	12.8	0.3	1.6
-4.15	-27.59	-50.54	83.33			152.4	103.8	8.8	-18.1	-5.9	-0.07	27.2	2.2	-3.87		-33.7	22.7	2.9
-1.74	-24.87	-49.81	76.97			152.4	103.8	8.8	-18.1	-5.9	-0.07	27.2	2.2	-3.87		-25.5	17.2	2.2
0.00	0.00	13.64	92.31			5.3	4.7	--		-0.17	0.00	-4,000.0	-0.06	-35.79		-30.5		22.7
16.12	37.19	-44.20	98.76	0.08	3.0	912.4	2,293	1,834	-5.5	191.1	0.55	-33.7	115.6	5.04	23.86	4.9	0.5	-47.5
142.38	81.79	218.12	-32.67			17.5	19.2	--		-0.55	0.00	72.4	-0.43	-915.26		-31.8		-3.4
9.07	20.95	-11.29	34.39	0.44	4.2	3,480	--	945.5	23.8	332.8	0.96	83.2	701.0		9.95	10.9	3.7	1.1
-4.81	13.75	-17.14	-2.98	1.50	1.2	2,697	3,404	2,751	-2.0	91.6	4.11	-19.5	127.9	5.65	8.4	30.0	1.0	2.5
2.22	70.37	-64.62	-71.25			8.6	7.7	--		-1.3	-0.05	-56.0	-0.96	-1.97		-5.0		0.3
4.50	155.71	-69.14	-74.43			8.6	7.7	--		-1.3	-0.05	-56.0	-0.96	-1.97		-3.9		0.2
-20.00	33.33	-33.33	-50.00			1.2	1.2	--		-0.20	0.00	62.3	-0.11	-18.51		-7.7		-11.1
-24.42	-16.75	-43.45	-33.87			1.2	1.2	--		-0.20	0.00	62.3	-0.11	-18.51		-6.3		-9.1
14.92	15.02	25.33	101.24	0.77	2.7	275.6	252.0	35.9	0.5	10.3	1.06	-28.1	8.8	3.02	22.56	26.8	7.7	5.9
32.14	208.33	131.25	146.67			2.8	3.9	0.32	297.9	0.04	0.00	125.0	0.03	-14.59		37.0	9.3	-1.9
6.03	3.32	-6.31		0.39	2.0	3,677	4,911	2,319	5.7	225.0	1.17	9.2	346.0	12.09		16.8	1.6	-12.3
-27.27	-52.94	-60.00	-80.00			1.3	0.82	--		-0.39	-0.01	0.0	-0.25	-107.96		-2.8		1.4
-21.83	-55.22	-46.43	-81.16			1.3	0.82	--		-0.39	-0.01	0.0	-0.25	-107.96		-2.1		1.1
-5.54	-11.91	7.99	1,228.81			4.3	4.0	--		-0.52	-0.01	52.1	-0.34	-19		-6.2		2.0
-12.00	-4.35	22.22	10.00			4.3	4.0	--		-0.52	-0.01	52.1	-0.34	-19		-8.7		2.8
-2.94	-28.17	-24.99	38.18			12.1	11.7	--		-2.2	-0.01	-220.0	-0.46	-26.03		-5.5		4.4
-18.75	-35.00	-27.78	44.44			12.1	11.7	--		-2.2	-0.01	-220.0	-0.46	-26.03		-6.8		5.4
-23.22	-43.80	-24.70	28.98			763.7	511.5	197.2	15.2	21.5	0.40	445.3	38.0	3.22	8.29	35.8	3.9	2.7
0.00	0.00	-66.67	-55.56			1.4	1.3	--		-0.68	-0.02	71.8	-0.30	-31.29		-1.8		1.5
0.00	21.95	-60.78	12.99			1.4	1.3	--		-0.68	-0.02	71.8	-0.30	-31.29		-1.8		1.5
-98.05	-99.46	-99.85				0.16	905.1	455.4	-0.3	-93.6	-4.65	-144.5	32.3	-0.44		0.0	0.0	0.0
0.00	-98.88	-96.28	-97.41			9.2	8.9	--		-0.47	-0.05	19.1	-0.20	-38.1		-0.2		0.3
0.00	0.00	283.33	270.97			9.2	8.9	--		-0.47	-0.05	19.1	-0.20	-38.1		-23.5		37.2
0.00	0.00	0.00	-4.20			--	--	0.03		-0.04	0.00	100.0	0.00	0.33				143,800.0
36.66	37.77					8.5	6.4	--		-0.22	-0.01	-121.3	3.0	-11.78		-30.1		3.7

Data as of June 30, 2019

I. Index of Stocks — Summer 2019

Company Name	Stock Ticker Symbol	Traded On	Sector	Overall Rating	Recommendation	Reward Rating	Risk Rating	Recent Up/Downgrade	Stock Price as of 6/30/2019	52-Week High	52-Week Low	3-Year Beta	Growth	Efficiency	Solvency	Volatility	Dividend	Total Return
Vanstar Mining Resources Inc.	VSR.V	TSXV	Materials	C-	Hold	C	D	Down	0.23	0.36	0.08	1.55	W	F	E	W	—	E
Vantex Resources Ltd	VANTF	OTC PK	Materials	D	Sell	D-	D	Up	0.18	0.22	0.12	2.90	V	W	G	W	—	W
Vantex Resources Ltd	VAX.V	TSXV	Materials	D-	Sell	D-	D		0.26	0.40	0.14	3.27	V	W	G	W	—	W
Vapotherm, Inc.	VAPO	NYSE	Health Care	E+	Sell	D-	D+	Up	21.50	22.29	14.7		F	V	G	F	—	W
Varex Imaging Corporation	VREX	NAS GS	Health Care	C-	Hold	C+	D		30.01	39.39	21.57	1.77	F	G	E	W	—	W
Varian Medical Systems, Inc.	VAR	NYSE	Health Care	B-	Buy	B-	B-	Down	133.02	142.50	101.42	0.89	F	E	E	G	—	F
Varonis Systems, Inc.	VRNS	NAS GS	Information Tech	D	Sell	D+	D		60.15	82.00	48.67	1.10	W	W	E	F	—	F
Vascular Biogenics Ltd.	VBLT	NAS	Health Care	D-	Sell	D-	D	Down	1.26	2.35	0.6	1.62	W	W	E	W	—	V
Vaso Corporation	VASO	OTC PK	Health Care	D-	Sell	D-	E+		0.02	0.12	0.02	1.19	W	W	F	V	—	V
Vatic Ventures Corp.	VTTCF	OTC PK	Materials	D-	Sell	E+	D	Up	0.07	0.14	0.01		V	V	F	W	—	W
Vatic Ventures Corp.	VCV.V	TSXV	Materials	D-	Sell	E+	D		0.10	0.19	0.06	0.63	V	V	F	W	—	W
Vaulted Gold Bullion Trust	VBBTL	OTC	Financials	E	Sell	D	D+		1,275.10			-0.11	V	W	E	F	—	W
Vaulted Gold Bullion Trust	VTTBL	OTC	Financials	E	Sell	D	D+		1,275.10			-0.09	V	W	E	F	—	W
Vaxart, Inc.	VXRT	NAS CM	Health Care	E+	Sell	E+	E+	Down	0.68	7.60	0.6		F	V	G	V	—	V
Vaxil Bio Ltd.	VXL.V	TSXV	Health Care	E+	Sell	E+	D-	Down	0.04	0.10	0.03	1.90	F	V	G	W	—	W
Vaxil Bio Ltd.	VXLLF	OTC PK	Health Care	E+	Sell	E+	D-	Down	0.04	0.08	0.01	1.56	F	V	G	W	—	W
VBI Vaccines Inc.	VBIV	NAS CM	Health Care	D-	Sell	D-	D		1.10	3.00	0.58	0.46	F	V	E	W	—	W
Vecima Networks Inc.	VCM.TO	TSX	Information Tech	C-	Hold	C	D		9.00	9.79	8.12	0.61	W	G	E	W	F	W
Vecima Networks Inc.	VNWTF	OTC PK	Information Tech	C-	Hold	C	D		6.84	7.11	6.35	0.12	W	G	E	W	F	W
VectoIQ Acquisition Corp.	VTIQ	NAS CM	Financials	D-	Sell	C	D		10.12	10.18	9.51		W	G	E	E	—	W
Vector Group Ltd.	VGR	NYSE	Consumer Staples	C-	Hold	C+	D		9.63	18.50	8.62	0.91	F	E	G	W	E	W
Vectrus, Inc.	VEC	NYSE	Industrials	C+	Hold	B	D+	Up	39.38	42.25	19.61	1.81	F	E	E	W	—	F
Vedanta Limited	VEDL	NYSE	Materials	D	Sell	C-	D-	Down	10.26	13.88	8.34	0.38	W	F	G	W	—	W
Vedanta Resources Limited	VDNRF	OTC PK	Materials	D+	Sell	C	C		10.65	11.00	9.95	0.89	F	F	G	F	—	F
Veeco Instruments Inc.	VECO	NAS GS	Information Tech	D	Sell	D-	D	Up	12.26	16.30	6.27	1.53	F	V	G	W	—	W
Veeva Systems Inc.	VEEV	NYSE	Health Care	B	Buy	A+	C-		160.51	173.65	73.47	1.21	E	E	E	G	—	E
Vegalab, Inc.	VEGL	OTC PK	Industrials	D-	Sell	D-	D-		1.00	3.75	0.01	1.29	V	V	E	W	—	W
Vela Minerals Ltd.	VLA.V	TSXV	Materials	D	Sell	D+	D	Down	0.14	0.27	0.14	1.00	V	F	G	W	—	W
Velan Inc.	VLNSF	OTC PK	Industrials	D	Sell	C-	D-		6.81	6.81	6.25	1.30	F	F	E	W	F	V
Velan Inc.	VLN.TO	TSX	Industrials	D	Sell	C-	D-		8.92	14.08	7.85	0.26	F	F	E	W	W	W
Velocity Minerals Ltd.	VLC.V	TSXV	Materials	D-	Sell	E+	D		0.39	0.40	0.13		V	V	G	W	—	F
Velocity Minerals Ltd.	VLCJF	OTC PK	Materials	D-	Sell	E+	D		0.28	0.30	0.09		V	V	G	W	—	F
Venator Materials PLC	VNTR	NYSE	Materials	D	Sell	D	D-		5.33	17.35	3.59		W	W	G	W	—	V
Vendetta Mining Corp.	VTT.V	TSXV	Materials	E+	Sell	E+	D-	Down	0.10	0.22	0.09	0.11	F	V	G	W	—	W
Vendetta Mining Corp.	VDTAF	OTC PK	Materials	E+	Sell	E+	D-		0.08	0.17	0.07	0.54	F	V	G	W	—	W
Venerable Ventures Ltd.	VLV.V	TSXV	Materials	D	Sell	D	D		0.06	0.13	0.06	1.41	W	W	F	W	—	W
Ventas, Inc.	VTR	NYSE	Real Estate	C	Hold	B	D+		69.42	73.74	51.8	0.34	G	E	E	F	G	F
VentriPoint Diagnostics Ltd.	VPT.V	TSXV	Health Care	D+	Sell	C-	D		0.16	0.31	0.1	-0.83	V	E	F	W	—	W
VentriPoint Diagnostics Ltd.	VPTDF	OTC PK	Health Care	D	Sell	D+	D	Down	0.13	0.23	0.07	-1.03	V	E	F	W	—	W
Venzee Technologies Inc.	SNSFF	OTC PK	Information Tech	D-	Sell	D	E+		0.05	0.33	0.04		F		G	V	—	V
Venzee Technologies Inc.	VENZ.V	TSXV	Information Tech	D-	Sell	D	E+		0.07	0.46	0.06		F		G	W	—	V
Veolia Environnement S.A.	VEOEY	OTC PK	Utilities	C+	Hold	B	C		24.18	24.75	18.9	0.29	G	G	G	F	—	F
Veolia Environnement S.A.	VEOEF	OTC PK	Utilities	C	Hold	B-	C	Up	22.00	28.80	18.9	0.27	G	G	G	F	—	F
VEON Ltd.	VEON	NAS GS	Communication Svc	D+	Sell	C	D	Down	2.84	3.15	2.07	1.45	F	G	G	W	—	W
Veoneer, Inc.	VNE	NYSE	Consumer Discretn	D-	Sell	D-	D	Down	17.48	57.93	15.41		W	W	E	W	—	V
Vera Bradley, Inc.	VRA	NAS GS	Consumer Discretn	C-	Hold	C	D+	Up	11.42	17.38	7.94	0.83	W	G	E	W	—	F
Veracyte, Inc.	VCYT	NAS	Health Care	D+	Sell	C	D		26.53	29.43	8.77	0.01	G	W	E	F	—	E
Verastem, Inc.	VSTM	NAS	Health Care	D-	Sell	E+	D	Down	1.60	10.35	1.16	2.61	W	V	G	W	—	F
Verb Technology Company, Inc.	VERB	NAS CM	Information Tech	C-	Hold	C	D	Up	1.98	18.71	1.64	-0.12	W	E	F	W	—	W
VEREIT, Inc.	VER	NYSE	Real Estate	C	Hold	B	D		8.89	9.72	6.88	0.34	W	G	E	F	G	F
Vericel Corporation	VCEL	NAS CM	Health Care	D	Sell	D+	D	Down	18.51	21.01	8.95	1.37	F	W	E	F	—	F
VerifyMe, Inc.	VRME	OTC PK	Information Tech	D	Sell	D	D		0.15	0.40	0.1	-0.84	W	W	E	W	—	F

*Ratings Factors: E=Excellent, G=Good, F=Fair, W=Weak, V=Very Weak, U=Unrated

Summer 2019 — I. Index of Stocks

3-Month Total Return (%)	6-Month Total Return (%)	1-Year Total Return (%)	3-Year Total Return (%)	Dividend $ TTM	Dividend Yield TTM	Market Cap ($Mil)	Enterprise Value ($Mil)	Revenue ($Mil)	Revenue Growth (%)	Net Income ($Mil)	Earnings/Share $	EPS Growth (%)	Cash from Operations ($Mil)	Return on Assets (%)	Return on Equity (%)	Earnings (P/E) TTM	Sales (P/S) TTM	Book (P/B) Q
17.95	91.67	130.00	187.50			8.5	6.4	--		-0.22	-0.01	-121.3	3.0	-11.78		-39.0		4.7
-18.02	50.54	-20.87	-82.83			0.66	0.59	--		-0.58	-0.17	-252.0	0.00	-9.9		-1.0		0.2
-16.13	73.33	6.12	-82.67			0.66	0.59	--		-0.58	-0.17	-252.0	0.00	-9.9		-1.5		0.3
14.54	13.16					373.8	362.7	43.9	18.1	-46.5	-27.31	40.6	-32.4			-0.8	8.3	8.9
-11.13	27.00	-18.14				1,149	1,475	777.5	1.9	12.6	0.33	-74.4	72.7	3.48	3.03	90.8	1.5	2.7
-5.18	18.78	16.24	89.24			12,098	11,556	3,031	9.7	380.8	4.13	255.0	337.9	8.84	23.87	32.2	4.0	7.0
1.86	13.43	-20.65	165.09			1,820	1,712	273.1	19.1	-36.2	-1.25	-95.2	20.2	-8.4		-48.2	6.6	16.6
-19.23	42.36	-43.37	-69.27			45.2	0.91	0.64	-95.4	-17.5	-0.51	-15.2	-14.9	-18.94		-2.5	70.8	0.9
-42.56	-2.18	-49.09	-86.42			3.7	13.7	72.0	-2.7	-4.5	-0.03	1.1	-1.6	-5.38		-0.8	0.1	1.3
0.00	29.66	-41.99				3.3	3.4	--		-1.6	-0.08	-102.1	-1.5	-289.63		-1.0		4.7
0.00	53.85	-37.50	-72.22			3.3	3.4	--		-1.6	-0.08	-102.1	-1.5	-289.63		-1.3		6.5
-1.22	0.02	2.15	-2.98			--	--	-24.0	-2,147.5	-24.0	-39.60	-152.1	--	-6.34		-32.2	-8.2	1.0
-1.22	0.02	2.15	-2.98			--	--	-24.0	-2,147.5	-24.0	-39.60	-152.1	--	-6.34		-32.2	-8.2	1.0
-63.23	-69.60	-76.97				10.8	6.6	8.1	60.2	-21.7	-3.03	95.4	-8.6	-21.99		-0.2	0.6	0.5
-11.11	33.33	-42.86	-80.00			2.6	2.2	--		-0.81	-0.01	55.8	-0.49	-60.76		-4.4		21.1
9.83	137.50	-20.83	-73.24			2.6	2.2	--		-0.81	-0.01	55.8	-0.49	-60.76		-4.1		20.0
-41.18	-23.08	-60.14	-71.13			107.4	79.9	3.5	286.1	-66.0	-0.92	-7.0	-51.0	-29.84		-1.2	30.4	1.2
-4.79	12.19	6.68	-3.42	0.22	2.4	153.3	118.9	67.6	26.6	0.19	0.00	-99.2	7.0	-0.32	0.16	3,103.5	3.0	1.5
-3.16	0.02	4.34	-3.56	0.17	2.4	153.3	118.9	67.6	26.6	0.19	0.00	-99.2	7.0	-0.32	0.16	2,357.6	2.3	1.1
1.30	3.79	5.64				300.0	299.1	--		2.9	0.07	67,300.0	-0.53	-0.36	115.32	150.6		60.0
-7.17	7.49	-38.52	-31.41	1.60	16.6	1,357	2,489	1,401	3.2	65.8	0.39	-33.3	160.8	10.21		24.4	1.0	-2.3
49.11	82.31	27.53	44.20			449.8	494.9	1,285	12.2	36.3	3.18	-38.9	45.3	5.66	17.28	12.4	0.4	2.0
0.20	-8.88	-15.20	75.77	1.03	10.0	9,463	16,056	6,432	-54.0	207.5	0.06	-84.5	--			163.9	5.9	4.2
0.00	0.00	27.09	99.07			--	--	15,650	16.6	-25.7	2.08	2,463.6	1,624	5.85	15.33	5.1	0.2	
16.98	65.90	-14.27	-23.18			596.8	663.8	482.9	-10.5	-409.8	-8.72	-473.7	-48.2	-1.92		-1.4	1.2	1.4
29.35	83.34	110.64	386.25			23,638	22,327	911.4	25.5	259.0	1.65	60.2	396.5	10.1	22.43	97.3	27.8	17.7
-4.76	-33.33	-61.54	-44.64			23.8	23.9	13.6	1,182.8	-2.3	-0.10	-172.6	-0.90	-19.59		-10.1	1.8	4.2
-17.65	-53.33	-53.33	-48.15			0.19	-0.47	--		-0.12	-0.07	41.8	-0.03	-15.29		-2.1		0.5
9.41	9.41	-47.79	-49.83	0.09	1.3	146.9	128.8	366.9	8.6	-4.9	-0.23	72.6	-9.6	0.28		-30.1	0.4	0.5
-2.19	5.48	-35.51	-45.56	0.12	1.4	146.9	128.8	366.9	8.6	-4.9	-0.23	72.6	-9.6	0.28		-39.5	0.5	0.6
34.48	116.67	151.61				28.7	26.4	--		-2.6	-0.04	76.3	-1.4	-24.97		-11.1		7.3
34.78	98.72	117.97				28.7	26.4	--		-2.6	-0.04	76.3	-1.4	-24.97		-8.0		5.3
-5.33	28.43	-67.24				568.0	1,337	2,205	-3.9	-244.0	-2.30	-207.5	202.0	1.67		-2.3	0.3	0.7
-5.00	-36.67	-48.65	5.56			11.8	11.8	--		-3.0	-0.02	54.6	-2.3	-100.44		-4.5		8.3
-9.41	-31.86	-47.26				11.8	11.8	--		-3.0	-0.02	54.6	-2.3	-100.44		-3.7		6.8
-29.41	-40.00	-45.45	-60.00			0.22	0.30	--		-0.13	-0.03	3.4	-0.11	-6.75		-2.1		0.3
6.47	18.62	26.14	9.69	3.17	4.6	25,759	36,844	3,715	3.0	456.5	1.26	-63.4	1,410	2.51	4.34	55.1	6.7	2.5
-5.88	10.34	-45.76	3.23			7.5	7.7	0.08		-2.5	-0.05	-1,190.5	-2.4	-207.37		-3.5	123.1	-8.3
0.93	23.27	-42.11	19.52			7.5	7.7	0.08		-2.5	-0.05	-1,190.5	-2.4	-207.37		-2.8	99.9	-6.7
-21.35	-7.55	-84.04				5.5	5.3	0.23	54.2	-5.1	-0.08	53.9	-4.0	-154.87		-0.6	18.2	81.7
-18.75	-31.58	-83.75				5.5	5.3	0.23	54.2	-5.1	-0.08	53.9	-4.0	-154.87		-0.9	24.1	108.3
12.54	23.09	18.31	30.33	0.80	3.3	13,387	25,686	30,363	8.2	515.3	0.84	28.5	2,337	2.32	8.33	28.9	0.5	2.0
-4.35	8.91	4.27	8.64			13,387	25,686	30,363	8.2	515.3	0.84	28.5	2,337	2.32	8.33	26.3	0.4	1.8
35.24	27.67	30.46	-1.74	0.23	8.0	4,968	12,204	8,960	-5.1	1,189	0.67	271.8	2,618	5.35		4.2	0.6	1.3
-24.62	-28.12	-56.96				1,947	1,437	2,128	-8.8	-382.0	-4.38	-66.7	-190.3	-9.03		-4.0	0.7	0.9
-14.07	34.04	-21.78	-17.07			390.7	417.3	420.5	-5.5	19.7	0.56	113.0	40.2	3.94	6.87	20.4	0.9	1.4
6.04	118.00	186.81	429.54			1,273	1,232	101.5	34.3	-15.7	-0.42	55.2	-7.1	-9.85		-63.1	10.8	13.2
-45.39	-54.42	-76.88	26.98			118.2	32.5	28.4		-89.5	-1.48	18.8	-90.8	-43.58		-1.1	4.2	1.3
-72.54	-56.72	-72.95	3.94			44.2	47.6	0.03	135.7	-6.6	-0.60	68.1	-4.3	-258.93		-3.3	761.5	-3.5
5.46	26.21	26.86	9.69	0.55	6.2	8,652	15,044	1,261	1.1	-48.3	-0.13	-351.1	538.1	2.01		-69.9	7.0	1.2
7.12	6.56	87.92	730.04			812.8	756.4	94.6	30.4	-3.3	-0.10	77.7	-0.66	-1.9		-189.7	8.6	7.9
-37.76	-31.82	-30.88	25.00			16.2	15.2	0.12		-2.3	-0.03	77.5	-2.0	-70.93		-5.0	125.0	13.5

Data as of June 30, 2019

I. Index of Stocks — Summer 2019

Company Name	Stock Ticker Symbol	Traded On	Sector	Overall Rating	Recommendation	Reward Rating	Risk Rating	Recent Up/Downgrade	Stock Price as of 6/30/2019	52-Week High	52-Week Low	3-Year Beta	Growth	Efficiency	Solvency	Volatility	Dividend	Total Return
Verint Systems Inc.	VRNT	NAS GS	Information Tech	C+	Hold	C+	C+	Up	53.35	63.94	39.96	0.77	F	F	E	G	–	G
VeriSign, Inc.	VRSN	NAS GS	Information Tech	A-	Buy	A	B		207.29	214.36	131.28	0.83	E	E	G	G	–	E
Verisk Analytics, Inc.	VRSK	NAS GS	Industrials	B	Buy	A-	C+		144.62	147.94	102.74	0.76	E	E	G	G	W	G
Veritas Farms, Inc.	VFRM	OTC PK	Health Care	D-	Sell	E+	D		1.46	1.83	0.2		F	V	G	W	–	F
Veritec, Inc.	VRTC	OTC PK	Information Tech	C-	Hold	C	D		0.04	0.30	0.02	5.77	W	G	F	W	–	W
Veritex Holdings, Inc.	VBTX	NAS	Financials	C+	Hold	B	C-	Up	25.67	32.99	20.34	1.59	E	G	E	F	F	W
Veritiv Corporation	VRTV	NYSE	Industrials	D	Sell	D	D		18.82	51.00	17.38	1.47	W	F	E	W	–	W
Veritone, Inc.	VERI	NAS	Information Tech	D-	Sell	D-	D		7.98	18.21	3.65	1.29	F	V	E	W	–	W
Verizon Communications Inc.	VZ	NYSE	Communication Svc	B-	Buy	B	C	Down	57.25	61.58	49.41	0.49	F	E	G	F	G	F
Vermilion Energy Inc.	VET	NYSE	Energy	C-	Hold	C+	D		21.60	37.81	19.43	1.50	E	E	G	W	E	W
Vermilion Energy Inc.	VET.TO	TSX	Energy	C-	Hold	C+	D		28.29	49.67	26.54	1.22	E	E	G	W	E	W
Vermillion, Inc.	VRML	NAS CM	Health Care	D-	Sell	E+	D		0.88	1.57	0.27	5.05	F	V	G	W	–	W
Verona Pharma plc	VNAPF	OTC PK	Health Care	D-	Sell	D-	D-		0.82	1.62	0.75	-0.48	V	W	E	W	–	V
Verona Pharma plc	VRNA	NAS	Health Care	D-	Sell	D-	D-		5.26	16.09	5.25	-0.96	V	W	E	W	–	V
Verra Mobility Corporation	VRRM	NAS CM	Information Tech	C-	Hold	C	D+	Down	12.56	15.07	9		G	W	E	F	–	W
Verrica Pharmaceuticals Inc.	VRCA	NAS	Health Care	D-	Sell	D-	D-		9.68	20.30	6.44		W	W	E	W	–	V
VersaBank	VB.TO	TSX	Financials	C	Hold	B+	C		6.99	7.90	6.55	0.62	E	E	E	F	W	F
VersaBank	VRRKF	OTC PK	Financials	D-	Sell	B-	C	Up	5.40	5.94	5.17		E	E	E	F	W	W
Versailles Financial Corporation	VERF	OTC PK	Financials	C	Hold	B	D+		23.00	75.00	21	-0.34	G	F	E	W	–	G
Versapay Corporation	VPYYF	OTC PK	Information Tech	D-	Sell	D-	D-	Up	1.15	1.88	0.79		W	V	G	W	–	V
Versapay Corporation	VPY.V	TSXV	Information Tech	D-	Sell	D-	D		1.48	2.60	0.91	1.09	W	V	G	W	–	F
Verseon Corporation	VERS	OTC PK	Health Care	E+	Sell	E+	E+		0.56	1.60	0.56	-0.11	V	W	G	V	–	F
Verso Corporation	VRS	NYSE	Materials	C+	Hold	B+	D+		18.87	34.60	16.55	1.79	F	G	G	W	–	F
Versum Materials, Inc.	VSM	NYSE	Information Tech	B-	Buy	B+	C-		51.57	52.58	25.02	1.69	E	E	E	F	W	G
Vertex Energy, Inc.	VTNR	NAS CM	Energy	D+	Sell	C-	D		1.52	2.04	0.85	1.97	F	W	G	W	–	F
Vertex Pharmaceuticals Incorporated	VRTX	NAS GS	Health Care	B	Buy	B	C+		178.58	195.81	145.37	1.15	E	G	E	F	–	F
Vertex Resource Group Ltd.	VTX.V	TSXV	Industrials	D	Sell	D+	D		0.40	0.80	0.27		W	F	G	W	–	W
Vertical Computer Systems, Inc.	VCSY	OTC PK	Information Tech	C-	Hold	C+	D		0.01	0.02	0.01	-0.55	F	E	F	W	–	W
Vertical Exploration Inc.	CVVRF	OTC PK	Materials	D	Sell	D	D		0.07	0.09	0.06	3.23	W	V	G	W	–	W
Vertical Exploration Inc.	VERT.V	TSXV	Materials	D-	Sell	D-	D-	Down	0.04	0.15	0.03	0.41	W	V	G	W	–	V
Veru Inc.	VERU	NAS CM	Consumer Staples	D	Sell	D	D		2.12	2.30	1.18	-0.31	V	W	G	W	–	F
Verus International, Inc.	VRUS	OTC PK	Consumer Staples	D	Sell	C-	D-		0.03	0.04	0	3.10	F		W	W	–	Unrated
Vet Online Supply, Inc.	VTNL	OTC PK	Consumer Discretn	D+	Sell	C	D-		0.00	0.00	0	-1.07	F	E	F	W	–	W
VGrab Communications Inc.	VGRBF	OTC PK	Information Tech	D+	Sell	C	D		0.18	0.34	0.12	1.01	V	E	F	W	–	F
Viabuilt Ventures Inc.	VBVT	OTC PK	Materials	D+	Sell	C	D	Up	0.50	1.25	0.06	1.13	V	G	F	W	–	W
Viacom Inc.	VIAB	NAS GS	Communication Svc	C	Hold	B-	D	Up	29.27	34.44	23.31	1.03	F	E	E	W	G	W
Viacom Inc.	VIA	NAS GS	Communication Svc	C	Hold	B-	D+	Up	34.03	38.00	27.01	1.07	F	E	E	W	F	W
Viad Corp	VVI	NYSE	Industrials	B-	Buy	B	C	Up	65.87	67.45	46.17	0.87	G	G	G	F	W	G
ViaSat, Inc.	VSAT	NAS GS	Information Tech	C-	Hold	C	D+	Up	81.37	97.31	55.93	0.99	F	W	G	F	–	F
VIASPACE Inc.	VSPC	OTC PK	Industrials	C	Hold	C+	C-		0.00	0.01	0	3.92	W	E	F	F	–	F
Viavi Solutions Inc.	VIAV	NAS GS	Information Tech	C-	Hold	C	D	Down	13.30	14.00	9.17	0.66	W	F	E	F	–	G
Vical Incorporated	VICL	NAS CM	Health Care	D-	Sell	D-	D		0.85	1.47	0.77	-0.12	W	W	E	W	–	V
VICI Properties Inc.	VICI	NYSE	Real Estate	B+	Buy	A-	B	Up	21.71	23.27	17.64		G	G	E	G	G	F
Vicon Industries, Inc.	VCON	OTC PK	Information Tech	D-	Sell	E+	D-		0.04	0.38	0.03	3.07	F	V	G	W	–	V
Vicor Corporation	VICR	NAS GS	Industrials	C	Hold	B-	D+		29.31	64.50	27.82	0.18	F	G	E	W	–	F
Victoria Gold Corp.	VIT.V	TSXV	Materials	D	Sell	D	D	Down	0.39	0.55	0.3	0.86	V	W	E	W	–	W
Victoria Gold Corp.	VITFF	OTC PK	Materials	D	Sell	D	D	Down	0.30	0.41	0.22	0.96	V	W	E	W	–	W
Victory Capital Corp.	VICP.V	TSXV	Financials	D-	Sell	D	D-		0.10	0.11	0.06		F	V	E	W	–	V
Victory Capital Holdings, Inc.	VCTR	NAS GS	Financials	C+	Hold	B	C-	Up	17.40	18.80	7.27		G	G	E	F	–	F
Victory Oilfield Tech, Inc.	VYEY	OTC PK	Energy	E+	Sell	E	D-		0.80	1.90	0.3	7.14	V	V	G	W	–	V
Victory Resources Corporation	VRCFF	OTC PK	Materials	E+	Sell	E	D-	Down	0.02	0.10	0.02	-3.11	V	V	G	W	–	V
Video Display Corporation	VIDE	OTC PK	Information Tech	D+	Sell	D+	D+	Down	1.30	1.50	0.83	0.23	W	W	E	F	–	F

*Ratings Factors: E=Excellent, G=Good, F=Fair, W=Weak, V=Very Weak, U=Unrated

Summer 2019 — I. Index of Stocks

3-Month Total Return (%)	6-Month Total Return (%)	1-Year Total Return (%)	3-Year Total Return (%)	Dividend $ TTM	Dividend Yield TTM	Market Cap. ($Mil)	Enterprise Value ($Mil)	Revenue ($Mil)	Revenue Growth (%)	Net Income ($Mil)	Earnings/Share $	EPS Growth (%)	Cash from Operations ($Mil)	Return on Assets (%)	Return on Equity (%)	Earnings (P/E) TTM	Sales (P/S) TTM	Book (P/B) Q
-9.42	27.08	21.39	66.25			3,509	3,973	1,256	7.9	69.8	1.05	516.4	248.2	2.84	6.17	50.7	2.9	2.8
14.50	41.13	50.59	150.02			24,706	25,246	1,222	3.9	610.8	5.03	30.9	795.1	20.26		41.3	20.4	-17.6
9.08	34.33	36.37	87.37	0.50	0.4	23,669	26,381	2,439	9.7	600.1	3.59	4.3	973.5	8.51	27.56	40.3	9.9	10.9
124.62	386.67	521.28				177.6	178.4	3.3	177.0	-5.3	-0.05	-22.4	-5.3	-56.39		-27.5	50.0	32.6
-33.33	100.00	0.00	-66.67			1.6	5.6	0.42	17.1	-0.66	-0.02	-160.9	-0.43	-315.57		-2.4	3.7	-0.3
5.76	19.97	-16.94	67.08	0.25	1.0	1,393	--	164.7	82.4	36.4	1.31	26.8	55.0		4.3	19.6	8.6	1.2
-28.93	-23.03	-52.17	-47.37			302.5	1,649	8,537	0.8	-26.6	-1.69	2.2	80.5	1.34		-11.1	0.0	0.6
51.42	104.62	-51.28				162.3	111.4	34.8	121.7	-64.4	-3.49	40.8	-33.6	-39.56		-2.3	4.5	2.8
-2.10	5.74	17.52	19.63	2.40	4.2	236,769	372,283	131,219	2.5	16,015	3.87	-49.2	34,772	7.1	30.11	14.8	1.8	4.2
-11.04	9.32	-34.34	-15.48	2.76	12.8	3,339	4,837	1,294	54.3	215.3	1.30	428.7	646.8	4.58	13.2	16.6	2.6	1.6
-13.25	4.73	-35.15	-14.88	2.76	9.8	3,339	4,837	1,294	54.3	215.3	1.30	428.7	646.8	4.58	13.2	21.8	3.4	2.1
-31.62	183.63	9.56	-15.18			83.3	78.5	3.2	5.4	-12.2	-0.17	16.6	-10.1	-111.46		-5.3	20.8	18.3
0.00	-43.79	-57.99	-59.25			78.2	10.0	--		-13.1	-0.12	71.9	-28.6	-22.35		-6.6		1.1
-17.94	-45.49	-65.91				78.2	10.0	--		-13.1	-0.12	71.9	-28.6	-22.35		-42.4		7.3
9.69	26.74					1,991	2,768	291.8	53.1	-39.9	-0.58	-648.0	53.2			-21.6	6.7	6.4
-14.34	10.25	-50.61				248.9	165.9	--		-26.3	-1.85	52.1	-22.6	-30.32		-5.2		3.0
-4.32	-1.14	1.86		0.05	0.7	112.5	--	40.5	10.1	14.9	0.62	46.0	-23.6		8.78	11.3	3.6	1.0
-3.82	4.99			0.04	0.7	112.5	--	40.5	10.1	14.9	0.62	46.0	-23.6		8.78	8.7	2.8	0.8
-8.00	-36.11	-5.15	19.54			7.6	--	1.9	15.0	0.23	0.63	473.1	--		2.03	36.3	4.4	0.7
25.08	44.48					49.5	51.7	4.3	57.8	-10.0	-0.26	-19.5	-8.9	-24.19		-4.5	11.5	8.2
2.07	37.04	-36.75	43.69			49.5	51.7	4.3	57.8	-10.0	-0.26	-19.5	-8.9	-24.19		-5.8	14.9	10.5
-47.14	-54.55	-60.37				85.1	95.8	--		-21.7	-0.15	-13.7	-18.0	-24.69		-3.8		2.7
-10.36	-14.73	-13.32				654.4	714.4	2,682	8.0	209.0	6.00	1,956.6	229.0	6.74	24.73	3.1	0.3	0.7
3.29	90.72	40.22		0.30	0.6	5,634	6,246	1,367	8.7	228.8	2.09	29.1	295.1	17.13	108.57	24.7	4.2	20.9
-6.17	46.15	46.15	10.95			77.9	162.7	178.7	17.5	-4.9	-0.29	16.7	4.3	-0.67		-5.3	0.3	2.8
-2.11	10.63	21.00	114.02			45,738	42,927	3,265	35.2	2,155	8.29	860.8	1,342	9.67	59.5	21.5	14.2	9.7
8.11	29.03	-33.33				28.5	112.8	120.5	17.2	1.6	0.01	149.3	4.0	0.74	3.38	27.8	0.3	0.8
27.36	28.57	-12.62	-40.00			15.8	33.6	4.0	6.1	-3.2	0.00	2.9	-0.79	-180.78		-4.0	4.1	-0.5
0.00	-20.02	-15.78	4,453.33			1.6	1.4	--		-0.32	-0.01	36.6	-0.27	-24.33		-10.7		5.3
-56.25	-50.00	-68.18	-65.00			1.6	1.4	--		-0.32	-0.01	36.6	-0.27	-24.33		-5.5		2.7
41.33	63.08	0.47	68.25			133.1	138.1	24.1	82.7	-22.0	-0.39	-38.5	-11.4	-12.77		-5.4	5.5	4.0
171.90	1,216.00	487.50	167.02			75.4	75.9	9.0	120.3	-0.18	0.00	74.3	-0.47	-21.06		-36.6	8.0	
0.00	0.00	-90.91				0.58	1.4	0.01	54.3	-0.81	0.00	98.8	-0.51	-2,353.28		-0.5		-0.2
0.00	-9.91	20.00	157.14			6.4	6.7	--		-0.58	-0.02	-24.1	-0.17	-1,167.47		-10.9		-5.7
455.56	733.33	53.85	-88.24			0.59	0.60	--		-0.20	-0.17	-967.4	-0.06			-2.9		-1.0
7.35	14.63	0.64	-21.10	0.80	2.7	12,033	20,808	12,770	-1.0	1,613	4.00	-25.4	2,242	7.65	20.94	7.3	0.9	1.5
3.91	20.31	0.02	-18.94	0.80	2.4	12,033	20,808	12,770	-1.0	1,613	4.00	-25.4	2,242	7.65	20.94	8.5	1.1	1.7
18.92	32.37	21.28	127.53	0.40	0.6	1,336	1,624	1,304	3.6	40.8	1.98	-2.0	102.0	4.72	9.3	33.4	1.0	3.2
4.97	40.22	24.21	20.62			4,931	6,090	2,068	29.7	-67.6	-1.14	1.4	327.6	-1.16		-71.2	2.4	2.6
-42.31	400.00	66.67	-50.00			7.3	7.3	0.15	96.2	-2.4	0.00	-150.0	-0.03	-211.21		-3.0		-15.0
7.17	33.27	31.68	100.60			3,042	3,111	1,105	35.9	-35.9	-0.16	-464.0	127.8	1.58		-82.5	2.8	4.2
-30.74	-27.16	-29.58	-80.75			19.3	-26.2	0.91	-92.0	-14.6	-0.67	37.5	-15.0	-17.87		-1.3	20.6	0.4
-0.41	18.46	10.66		1.15	5.3	9,683	13,342	893.7	115.3	562.3	1.47	184.9	497.2	4.46	8.66	14.8	9.9	1.3
-28.57	-20.00	-87.49	-92.45			0.70	4.3	27.7	4.1	-5.4	-0.33	56.7	-3.9	-21.17		-0.1	0.0	-26.7
-4.34	-21.88	-31.92	194.57			1,180	1,118	291.7	22.2	32.1	0.78	505.8	34.9	10.43	19.09	37.6	4.1	6.2
-11.49	2.67	10.00	-17.20			251.8	339.8	--		-9.1	-0.01	-164.6	-6.3	-2.3		-30.3		1.4
-7.43	10.27	14.51	-19.47			251.8	339.8	--		-9.1	-0.01	-164.6	-6.3	-2.3		-23.4		1.1
0.00	-37.50	-37.50				0.39	-0.05	--		-0.04	-0.01	72.2	-0.05	-4.31		-10.2		0.9
16.78	87.10	72.28				1,176	1,379	395.9	-4.4	67.7	0.94	84.5	126.4	9.15	15.58	18.5	3.2	2.5
0.00	166.67	-60.00	-82.46			22.4	24.6	0.40	49.3	-31.7	-18.24	-475.9	-11.9	-44.63		0.0	56.3	1.4
-18.52	-50.75	-65.26	-90.96			1.8	1.1	--		-1.6	-0.02	-13.9	-0.83	-94.32		-0.7		1.4
8.33	30.00	20.93	27.45			7.6	7.9	15.0	25.8	0.07	0.01	101.6	0.20	-3.54	1.43	158.5	0.5	1.6

https://greyhouse.weissratings.com

Data as of June 30, 2019

I. Index of Stocks

Summer 2019

Company Name	Stock Ticker Symbol	Traded On	Sector	Overall Rating	Recommendation	Reward Rating	Risk Rating	Recent Up/Downgrade	Stock Price as of 6/30/2019	52-Week High	52-Week Low	3-Year Beta	Growth	Efficiency	Solvency	Volatility	Dividend	Total Return
Viemed Healthcare, Inc.	VMD.TO	TSX	Health Care	D	Sell	B	D+		8.94	10.50	3.71		E	G	E	W	–	G
Viemed Healthcare, Inc.	VIEMF	OTC PK	Health Care	D	Sell	B	D+		6.86	8.00	2.85		E	G	E	W	–	G
View Systems, Inc.	VSYM	OTC PK	Information Tech	D	Sell	E+	C		0.00	0.01	0	1.32	F	V	F	F	–	F
ViewRay, Inc.	VRAY	NAS	Health Care	D-	Sell	E+	D	Down	8.63	13.21	4.86	1.35	W	V	E	W	–	G
Vigil Health Solutions Inc.	VGL.V	TSXV	Health Care	D+	Sell	C	D	Down	0.30	0.56	0.26	0.27	F	E	E	W	–	W
Vigil Health Solutions Inc.	VIGLF	OTC PK	Health Care	D+	Sell	C	D		0.22	0.43	0.22	0.28	F	E	E	W	–	V
Viking Energy Group, Inc.	VKIN	OTC PK	Energy	D	Sell	D+	D	Down	0.18	0.42	0.14	0.59	W		W	W	–	F
Viking Therapeutics, Inc.	VKTX	NAS CM	Health Care	D	Sell	D+	D		8.37	24.00	6.97	2.96	W	V	E	W	–	F
Village Bank and Trust Financial Corp.	VBFC	NAS CM	Financials	C	Hold	B	B-		33.75	35.50	28.77	0.32	F	E	E	G	–	F
Village Farms International, Inc.	VFF.TO	TSX	Consumer Staples	D+	Sell	C	D	Down	15.08	24.25	3.98	3.39	W	F	E	W	–	G
Village Farms International, Inc.	VFF	NAS CM	Consumer Staples	D+	Sell	C	D	Down	11.47	18.10	2.93	3.69	W	F	E	W	–	G
Village Roadshow Limited	VLRDF	OTC PK	Communication Svc	D	Sell	D	D		2.35	2.35	1.58	0.90	W	W	G	W	–	W
Village Super Market, Inc.	VLGEA	NAS GS	Consumer Staples	C+	Hold	B	C-		27.03	32.20	23.75	0.68	F	E	E	F	G	W
Vince Holding Corp.	VNCE	NYSE	Consumer Discretn	D	Sell	D-	D		13.95	24.19	8.63	1.43	W	V	G	W	–	F
Viomi Technology Co., Ltd	VIOT	NAS GS	Consumer Discretn	C-	Hold	C	D	Up	8.00	15.84	7.24		W	G	E	F	–	W
Viper Energy Partners LP	VNOM	NAS GS	Energy	B-	Buy	A-	D+	Up	29.46	44.00	22.76	1.59	E	E	E	W	G	F
Vipshop Holdings Limited	VIPS	NYSE	Consumer Discretn	C-	Hold	C	D	Up	8.46	11.23	4.31	2.11	F	E	E	W	–	W
VIQ Solutions Inc.	VQS.V	TSXV	Information Tech	D-	Sell	D	D-	Down	0.13	0.24	0.1	-0.24	W	W	F	W	–	W
VIQ Solutions Inc.	VQSLF	OTC PK	Information Tech	D-	Sell	D	D-	Down	0.09	0.16	0.08	-1.35	W	W	F	W	–	W
Virco Mfg. Corporation	VIRC	NAS	Industrials	B	Buy	A-	B-		4.85	5.35	3.7	1.10	G	G	G	G	–	F
Vireo Health International Inc.	VREOF	OTC PK	Health Care	E-	Sell	C-	D		2.55	5.06	2.2		G	W	E	W	–	W
Virgin Trains USA LLC	VTUS	NAS	Industrials	U		U	U						U	U	U	U	U	U
Virginia Energy Resources Inc.	VEGYF	OTC PK	Energy	D+	Sell	C	D	Up	0.06	0.28	0.06	-0.04	W	W	E	W	–	G
Virginia Energy Resources Inc.	VUI.V	TSXV	Energy	D+	Sell	C	D	Up	0.08	0.37	0.08	-0.10	W	W	E	W	–	G
Virginia National Bankshares Corporation	VABK	OTC PK	Financials	C	Hold	B+	C-		36.01	49.90	32.76	0.56	G	E	E	F	G	F
VirnetX Holding Corp	VHC	AMEX	Information Tech	D	Sell	C-	D		6.13	7.04	2.34	2.94	W		E	W	–	G
VirTra, Inc.	VTSI	NAS CM	Industrials	D+	Sell	C	D	Down	2.66	5.94	2.3	0.96	F	G	E	W	–	W
Virtu Financial, Inc.	VIRT	NAS GS	Financials	C	Hold	B	D+	Down	21.21	29.17	19.65	-0.99	F	G	E	W	G	F
VirtualArmour International Inc.	VTLR	OTC PK	Information Tech	D	Sell	D	D		0.14	0.50	0.1		W	W	G	W	–	V
Virtus Investment Partners, Inc.	VRTS	NAS GS	Financials	C+	Hold	B	D+	Up	105.60	134.25	70	1.75	F	E	E	W	F	F
Virtusa Corporation	VRTU	NAS GS	Information Tech	C-	Hold	C	D	Down	43.52	58.60	37.8	1.51	G	E	E	W	–	F
Visa Inc.	V	NYSE	Information Tech	B	Buy	A	B-	Down	171.23	174.94	121.6	0.81	E	E	E	G	W	G
Viscount Mining Corp.	VML.V	TSXV	Materials	D-	Sell	E+	D-	Down	0.17	0.29	0.15	-0.62	W	V	G	W	–	V
Viscount Mining Corp.	VLMGF	OTC PK	Materials	D-	Sell	E+	D-	Down	0.13	0.24	0.09	-1.08	W	V	G	W	–	V
Vishay Intertechnology, Inc.	VSH	NYSE	Information Tech	C	Hold	B	D+	Down	16.18	26.50	15.06	1.70	F	E	E	W	F	W
Vishay Precision Group, Inc.	VPG	NYSE	Information Tech	B	Buy	A+	C	Up	38.92	45.00	26.34	1.16	E	E	E	F	–	E
Visible Gold Mines Inc.	VGMIF	OTC PK	Materials	D	Sell	D	D		0.06	0.06	0.03	1.26	W	W	G	W	–	W
Visible Gold Mines Inc.	VGD.V	TSXV	Materials	D	Sell	D	D		0.08	0.11	0.04	1.35	W	W	G	W	–	W
Vision Lithium Inc.	VLI.V	TSXV	Materials	D+	Sell	C-	D	Up	0.07	0.40	0.05	-1.29	F	F	E	W	–	W
Vision Lithium Inc.	ABEPF	OTC PK	Materials	D	Sell	D+	D-		0.05	0.30	0.04		F	F	E	W	–	V
Vision-Sciences Inc.	CGNT	NAS CM	Health Care	U		U	U						U	U	U	U	U	U
Visionstate Corp.	VSSSF	OTC PK	Information Tech	D-	Sell	D	E+	Down	0.02	0.03	0.02		W	W	F	V	–	V
Visionstate Corp.	VIS.V	TSXV	Information Tech	D	Sell	D	D		0.02	0.06	0.02	0.24					–	
Visium Technologies, Inc.	VISM	OTC PK	Information Tech	D	Sell	C-	D-		0.10	1.44	0.01	1.79	W	E	F	W	–	V
Viskase Companies, Inc.	VKSC	OTC PK	Materials	D	Sell	D	D		2.50	3.60	2.05	0.50	W	W	G	W	–	W
Vislink Technologies, Inc.	VISL	NAS CM	Information Tech	E+	Sell	E+	E+	Down	1.62	7.40	1.26	1.15	F	V	F	V	–	V
Vista Gold Corp.	VGZ.TO	TSX	Materials	D-	Sell	D-	D	Down	1.02	1.24	0.56	0.35	W	V	E	W	–	W
Vista Gold Corp.	VGZ	AMEX	Materials	D	Sell	D-	D		0.77	0.92	0.37	0.49	W	V	E	W	–	W
Vista Outdoor Inc.	VSTO	NYSE	Consumer Discretn	D-	Sell	D-	E+		8.46	19.41	7.47	0.47	W	V	G	V	–	V
VistaGen Therapeutics, Inc.	VTGN	NAS CM	Health Care	E+	Sell	E+	D-	Down	0.71	2.44	0.52	-0.17	W	V	E	W	–	V
Visteon Corporation	VC	NAS GS	Consumer Discretn	D	Sell	C-	D	Down	57.60	139.45	44.04	2.39	W	E	E	W	–	W
Vistra Energy Corp.	VST	NYSE	Utilities	B	Buy	B	B	Up	22.24	27.86	20.84	0.59	G	G	G	G	F	F

*Ratings Factors: E=Excellent, G=Good, F=Fair, W=Weak, V=Very Weak, U=Unrated

Summer 2019 — I. Index of Stocks

3-Month Total Return (%)	6-Month Total Return (%)	1-Year Total Return (%)	3-Year Total Return (%)	Dividend $ TTM	Dividend Yield TTM	Market Cap. ($Mil)	Enterprise Value ($Mil)	Revenue ($Mil)	Revenue Growth (%)	Net Income ($Mil)	Earnings/Share $	EPS Growth (%)	Cash from Operations ($Mil)	Return on Assets (%)	Return on Equity (%)	Earnings (P/E) TTM	Sales (P/S) TTM	Book (P/B) Q
37.54	79.88	106.47				256.7	256.4	71.6	40.4	10.0	0.25	17.8	22.0	13.77	31.62	35.8	4.9	9.2
41.34	87.62	114.32				256.7	256.4	71.6	40.4	10.0	0.25	17.8	22.0	13.77	31.62	27.5	3.8	7.1
43.48	13.79	32.00	106.25			1.1	1.5	0.12	139.3	0.87	0.00	433.3	-0.04	-99.63		1.7	11.0	-1.1
16.31	55.22	22.41	123.00			836.7	759.1	75.1	27.2	-104.9	-1.20	-46.3	-108.4	-22.8		-7.2	11.1	5.9
-3.23	-16.67	-34.78	36.36			4.1	2.0	4.7	-4.7	0.21	0.01	-12.6	0.18	3.81	6.07	27.0	1.1	1.5
-9.10	-26.58	-38.56				4.1	2.0	4.7	-4.7	0.21	0.01	-12.6	0.18	3.81	6.07	20.0	0.8	1.1
-10.42	-32.39	-10.42	-37.22			16.3	122.0	15.2	284.9	-25.5	-0.29	-218.2	-1.4	-2.42		-0.6	1.1	1.8
-1.65	10.57	-14.42	609.32			603.0	305.2	--		-23.4	-0.38	44.1	-16.6	-9.29		-22.2		2.1
3.53	16.73	0.00	50.00			48.5	--	23.9	13.3	3.4	2.39	194.9	6.1		9.47	14.1	2.0	1.3
-20.34	235.11	133.08	879.22			565.1	604.0	152.4	-2.7	3.6	0.06	-11.6	-2.4	-4.51	3.86	252.6	4.9	6.6
-18.48	247.58	135.28	924.93			565.1	604.0	152.4	-2.7	3.6	0.06	-11.6	-2.4	-4.51	3.86	192.1	3.7	5.0
5.86	46.88	45.06	-47.66			384.0	614.1	719.8	-4.2	-130.7	-0.81	-247.1	43.9	0.5		-2.9	0.6	1.4
-1.93	3.62	-4.99	3.48	1.00	3.7	389.3	334.1	1,639	1.7	24.8	1.72	-3.8	66.9	4.61	8.09	15.7	0.2	1.2
13.05	43.08	-14.42	-72.70			162.7	302.2	279.6	3.9	-3.4	-0.30	-107.1	5.8	1.06		-46.2	0.6	2.4
-25.99	2.73			0.09	1.1	554.1	391.9	321.5	97.7	5.3	-2.47	-586.1	4.3			-3.2	0.6	1.2
-8.08	18.63	0.90	92.94	2.07	7.0	1,845	2,782	287.9	43.6	134.8	1.99	64.3	241.7	8.59	23.59	14.8	5.7	2.3
8.46	51.07	-21.81	-21.08			5,630	4,984	9,552	-17.8	262.5	0.08	-16.4	--			109.7	3.1	10.3
-7.41	-7.41	-46.81	4.17			17.9	30.8	14.8	25.0	-6.9	-0.04	-349.5	-0.43	-13.88		-3.0	1.6	9.0
-13.14	-15.37	-51.74	17.51			17.9	30.8	14.8	25.0	-6.9	-0.04	-349.5	-0.43	-13.88		-2.1	1.1	6.2
12.89	18.40	11.13	15.91	0.06	1.2	75.4	140.8	205.0	8.7	-1.1	-0.08	74.5	1.1	0.77		-63.0	0.4	1.4
-41.02						203.0	179.5	16.3	62.7	-4.6	-0.86	-485.0	-4.5			-3.0	9.3	1.8
						2,985	3,591	5.2		-95.8			-70.7					
-53.76	-47.32	-62.66	141.54			3.5	3.4	--		-0.54	-0.01	54.1	-0.52	-1.45		-6.5		0.2
-54.29	-40.74	-58.97	77.78			3.5	3.4	--		-0.54	-0.01	54.1	-0.52	-1.45		-8.3		0.2
-6.35	10.77	-25.86	66.96	1.17	3.3	96.8	--	25.0	-10.4	6.9	2.71	-9.2	10.3		9.93	13.3	3.7	1.3
0.66	147.18	85.76	52.87			417.5	409.2	0.07	-94.4	-23.4	-0.36	-1.8	-21.8	-148.94		-17.0	6,811.1	47.8
-38.62	-13.43	-46.09	-31.89			20.6	17.7	17.9	14.6	0.59	0.07	-80.4	1.3	2.81	5.81	40.0	1.2	2.1
-10.35	-16.06	-16.81	39.77	0.96	4.5	2,485	--	1,181	11.0	108.0	0.98	-45.8	385.6		13.58	21.6	1.9	2.2
-28.91	-25.00	-60.28				8.0	9.2	15.9	50.0	-0.84	-0.01	48.2	0.44	-9.84		-10.2	0.5	-5.5
7.80	34.17	-16.93	58.52	2.10	2.0	737.9	1,068	553.9	16.7	74.0	8.56	67.6	-24.0	2.62	11.19	12.3	1.6	1.4
-18.53	6.93	-10.08	54.11			1,312	1,586	1,248	22.3	16.1	0.36	453.0	68.6	3.92	3.32	120.1	1.1	3.4
10.87	31.20	29.85	132.61	0.96	0.6	374,204	384,774	21,674	12.0	11,128	4.84	22.5	12,489	12.86	32.55	35.4	18.0	13.0
-15.00	-19.05	-29.17	-77.92			7.0	6.9	--		-0.68	-0.01	0.0	-0.70	-17.18		-12.5		4.3
-19.06	-27.89	-29.79	-77.47			7.0	6.9	--		-0.68	-0.01	0.0	-0.70	-17.18		-9.8		3.4
-11.58	-8.53	-28.81	41.48	0.35	2.2	2,337	2,176	3,063	13.0	358.9	2.38	3,388.1	291.2	8.77	24.24	6.8	0.8	1.6
14.17	34.62	0.44	198.24			525.9	469.0	303.2	13.3	26.9	1.99	54.7	41.7	8.08	12.57	19.5	1.7	2.3
76.38	76.38	-10.92	-82.36			1.3	1.2	--		-0.41	-0.03	16.0	-0.15	-3.49		-2.2		0.2
-11.11	60.00	14.29	-80.00			1.3	1.2	--		-0.41	-0.03	16.0	-0.15	-3.49		-3.0		0.2
-48.00	-40.91	-80.88	30.00			4.0	3.7	--		-1.0	-0.01	58.2	-0.58	-5.9		-4.9		0.5
-42.68	-43.64	-81.64				4.0	3.7	--		-1.0	-0.01	58.2	-0.58	-5.9		-3.8		0.4
						--	--	17.8	8.8	-7.5	-0.81	-0.9	-5.0	-35.79				
-20.68	-37.01	-37.01				2.2	2.4	0.12	-36.8	-0.44	0.00	58.0	-0.20	-37.14		-6.2	23.4	-7.8
0.00	-20.00	-60.00				2.2	2.4	0.12	-36.8	-0.44	0.00	58.0	-0.20	-37.14		-5.9	22.2	-7.4
81.82	-22.36	-55.56	-99.58			4.2	5.3	--		-2.4	-0.27	60.4	-0.51	-686.09		-0.4		-1.3
-9.42	-12.28	-23.08	-7.41			133.0	407.7	393.3	-1.3	-17.8	-0.34	-56.5	7.7	2.31		-7.4	0.3	2.1
-52.35	-42.76	-74.95	-98.67			3.1	11.8	36.8	-23.8	-14.6	-8.75	45.3	-5.6	-25		-0.2	0.1	0.4
15.91	45.71	13.33	-58.87			77.7	66.6	--		-10.4	-0.11	-0.6	-7.1	-22.24		-9.2		5.5
15.33	49.99	13.65	-59.33			77.7	66.6	--		-10.4	-0.11	-0.6	-7.1	-22.24		-7.0		4.2
3.68	-24.60	-46.52	-81.76			488.4	1,169	2,059	-10.8	-648.4	-11.27	-963.7	97.5	0.47		-0.8	0.2	0.8
-40.68	-52.30	-46.92	-79.54			30.1	20.8	--		-24.6	-0.91	27.1	-14.5	-121.37		-0.8		4.3
-15.48	-5.50	-55.20	-13.07			1,629	1,889	2,907	-7.7	113.0	3.86	-31.8	82.0	4.36	20	14.9	0.6	3.3
-13.35	0.73	-4.42		0.25	1.1	10,733	21,653	11,303	133.7	477.0	0.89	159.6	1,881	4.27	6.84	25.1	1.0	1.4

https://greyhouse.weissratings.com

Data as of June 30, 2019

I. Index of Stocks

Summer 2019

Company Name	Stock Ticker Symbol	Traded On	Sector	Overall Rating	Recommendation	Reward Rating	Risk Rating	Recent Up/Downgrade	Stock Price as of 6/30/2019	52-Week High	52-Week Low	3-Year Beta	Growth	Efficiency	Solvency	Volatility	Dividend	Total Return
Vital Energy Inc.	VUX.V	TSXV	Energy	D+	Sell	C	D		0.05	0.10	0.03	4.03	E	W	G	W	–	W
VitalHub Corp.	VHI.V	TSXV	Health Care	D	Sell	D	D	Down	0.16	0.26	0.11	0.59	G	V	G	W	–	F
Vitalibis, Inc.	VCBD	OTC PK	Health Care	D-	Sell	D-	E+		0.40	4.91	0.2		W	W	E	W	–	V
Vitality Biopharma, Inc.	VBIO	OTC PK	Health Care	D	Sell	D	D-		0.30	2.33	0	2.59	F		E	W	–	V
Vitality Products Inc.	VPRIF	OTC PK	Consumer Staples	C-	Hold	C+	D	Up	0.09	0.18	0.07	-3.81	W	G	F	W	–	F
Vitality Products Inc.	VPI.V	TSXV	Consumer Staples	C-	Hold	C	D	Up	0.13	0.26	0.08	-1.45	W	G	F	W	–	F
Vitamin Shoppe, Inc.	VSI	NYSE	Consumer Discretn	D	Sell	D	D		3.80	13.95	3.32	2.53	F	W	F	W	–	W
Vitaxel Group Limited	VXEL	OTC PK	Consumer Discretn	D-	Sell	D-	D-	Down	0.10	0.30	0.1		W	W	F	W	–	V
Vitreous Glass Inc.	VCI.V	TSXV	Materials	C	Hold	B	B		3.95	4.02	3.41	0.44	F	E	E	G	–	F
Vitreous Glass Inc.	VCIGF	OTC PK	Materials	C	Hold	B-	B-	Up	2.83	2.90	2.63	0.26	F	E	E	G	–	W
Vitro, S.A.B. de C.V.	VITOF	OTC PK	Materials	D+	Sell	C	D		2.45	2.73	2.45	-0.25	W	E	E	W	–	W
Viva Entertainment Group Inc.	OTTV	OTC PK	Information Tech	D	Sell	C-	D-		0.02	0.48	0.01	6.02	F	E	F	W	–	V
Viva Gold Corp.	VAUCF	OTC PK	Materials	D-	Sell	E+	D-	Up	0.25	0.40	0.2		V	V	G	W	–	W
Viva Gold Corp.	VAU.V	TSXV	Materials	D-	Sell	E+	D		0.32	0.48	0.25	1.65	V	V	G	W	–	F
Vivendi SA	VIVHY	OTC PK	Communication Svc	C	Hold	C+	C-		27.01	29.97	23.27	0.71	W	G	G	G	–	F
Vivendi SA	VIVEF	OTC PK	Communication Svc	C	Hold	C+	C-		26.96	29.81	23.6	0.66	W	G	G	G	–	F
ViveRE Communities Inc.	VCOM.V	TSXV	Real Estate	C-	Hold	C	D	Up	0.15	0.25	0.07	1.58	W	F	F	F	–	G
Viveve Medical, Inc.	VIVE	NAS CM	Health Care	D-	Sell	E+	D-	Up	0.39	3.71	0.35	0.02	F	V	G	W	–	V
Vivic Corp.	VIVC	OTC PK	Consumer Discretn	E	Sell	C-	D		2.05	3.30	0.1		V	G	G	W	–	F
Vivint Solar, Inc.	VSLR	NYSE	Industrials	C-	Hold	C+	D	Up	7.30	7.84	3.55	0.66	W	F	G	W	–	E
VIVO Cannabis Inc.	VIVO.V	TSXV	Health Care	D	Sell	D	D-		0.52	1.98	0.44	4.25	F	V	E	W	–	W
VivoPower International PLC	VVPR	NAS CM	Utilities	D-	Sell	D-	D		1.43	3.33	0.59	3.46	W	W	G	W	–	V
Vivos Inc.	RDGL	OTC PK	Health Care	D	Sell	D+	D-		0.03	0.32	0.02	2.95	W	E	F	W	–	V
VIVUS, Inc.	VVUS	NAS GS	Health Care	D	Sell	D	D		3.69	9.10	2.15	2.75	W	W	G	W	–	V
Vizsla Resources Corp.	VZLA.V	TSXV	Materials	E+	Sell	D	D+	Up	0.16	0.20	0.13		V	W	E	F	–	W
VMware, Inc.	VMW	NYSE	Information Tech	B	Buy	A-	C+	Down	171.66	206.80	129.33	1.33	E	E	G	G	–	G
VNUE, Inc.	VNUE	OTC PK	Information Tech	D+	Sell	C	D-	Up	0.00	0.05	0	-0.45	W	E	F	W	–	V
VOC Energy Trust	VOC	NYSE	Energy	B-	Buy	A	D+		4.94	6.86	3.32	2.47	E	E	E	W	E	G
Vocera Communications, Inc.	VCRA	NYSE	Health Care	D+	Sell	D+	D	Down	31.50	42.60	28.31	0.24	W	W	E	F	–	F
Vodafone Group Plc	VOD	NAS GS	Communication Svc	D	Sell	D	E+		16.26	25.47	15.53	0.77	W	F	G	W	W	W
Vodafone Group Plc	VODPF	OTC PK	Communication Svc	D	Sell	D+	D-	Down	1.61	2.59	1.54	0.81	W	F	G	W	E	W
Voice Mobility International, Inc.	VMYH.V	TSXV	Information Tech	C-	Hold	C	D	Up	0.04	0.08	0.03	-0.83	W	E	F	W	–	F
Voice Mobility International, Inc.	VMII	OTC PK	Information Tech	C-	Hold	C	D	Up	0.00	0.21	0	35.47	W	E	F	W	–	F
Voip-Pal.Com Inc.	VPLM	OTC PK	Communication Svc	E+	Sell	E	D-	Down	0.02	0.11	0.01	0.77	W	V	E	W	–	V
Volcanic Gold Mines Inc.	VG.V	TSXV	Materials	D	Sell	D	D-		0.30	1.05	0.14	3.82	F	W	G	W	–	W
Volcanic Gold Mines Inc.	VLMZF	OTC PK	Materials	D-	Sell	D	D-		0.36	0.48	0.14	0.98	F	W	G	W	–	V
VolitionRx Limited	VNRX	AMEX	Health Care	D-	Sell	E+	D		3.16	3.63	1.44	2.79	W	V	E	W	–	W
Volt Energy Corp.	ABETF	OTC PK	Energy	D	Sell	C-	D-	Up	0.05	0.05	0.05	0.76	W	G	G	W	–	W
Volt Energy Corp.	VOLT.V	TSXV	Energy	D	Sell	C-	D-	Up	0.04	0.15	0.03	3.79	W	G	G	W	–	W
Volt Information Sciences, Inc.	VISI	AMEX	Industrials	D	Sell	D	D		4.50	5.00	2.07	2.43	W	W	E	W	–	W
Voltaic Minerals Corp.	VTCCF	OTC PK	Materials	D	Sell	D+	D-		0.14	0.15	0.1	2.30	W	F	E	W	–	W
Voltaic Minerals Corp.	VLT.V	TSXV	Materials	D	Sell	C-	D		0.26	0.28	0.13	1.81	W	F	E	W	–	W
Voltari Corporation	VLTC	OTC PK	Real Estate	D	Sell	D	D		0.85	1.00	0.31	-0.82	W	W	F	W	–	W
VON Capital Corp.	VONP.V	TSXV	Financials	D-	Sell	D	D-		0.08	0.14	0.08		F	W	E	W	–	V
Vonage Holdings Corp.	VG	NYSE	Communication Svc	D+	Sell	C-	D	Down	11.62	14.73	7.92	0.26	F	F	G	W	–	F
Vornado Realty Trust	VNO	NYSE	Real Estate	C-	Hold	B-	D		63.68	77.59	59.48	0.90	F	E	E	W	G	W
Vortex Brands Co.	VTXB	OTC PK	Industrials	E	Sell	C	D		0.01	0.01	0.01		W	G	F	F	–	W
VOTI Detection Inc.	VOTI.V	TSXV	Information Tech	E	Sell	D-	D-	Up	2.35	3.15	1.8		W	V	G	W	–	W
Voxeljet AG	VJET	NYSE	Industrials	D-	Sell	D-	D-		1.83	4.75	1.55	2.91	W	W	E	W	–	W
VOXX International Corporation	VOXX	NAS GS	Consumer Discretn	D	Sell	D	D	Down	4.02	6.25	3.41	1.40	W	W	E	W	–	W
Voya Financial, Inc.	VOYA	NYSE	Financials	C	Hold	C	C		54.25	55.61	36.66	1.39	F	F	E	F	W	F
Voyager Digital (Canada) Ltd.	VYGR.V	TSXV	Information Tech	D	Sell	D	D	Up	0.62	1.18	0.24	3.38	V		G	W	–	F

*Ratings Factors: E=Excellent, G=Good, F=Fair, W=Weak, V=Very Weak, U=Unrated

Summer 2019 — I. Index of Stocks

3-Month Total Return (%)	6-Month Total Return (%)	1-Year Total Return (%)	3-Year Total Return (%)	Dividend $ TTM	Dividend Yield TTM	Market Cap. ($Mil)	Enterprise Value ($Mil)	Revenue ($Mil)	Revenue Growth (%)	Net Income ($Mil)	Earnings/Share $	EPS Growth (%)	Cash from Operations ($Mil)	Return on Assets (%)	Return on Equity (%)	Earnings (P/E) TTM	Sales (P/S) TTM	Book (P/B) Q
-16.67	25.00	-16.67	-50.00			3.1	2.8	3.1	34.4	-0.51	-0.01	27.5	1.5	-2.69		-6.3	1.3	0.6
-13.51	10.34	-25.58				19.5	18.6	6.6	111.5	-0.62	0.00	83.8	-1.6	-0.71		-33.3	3.3	2.5
-75.67	-77.83	-82.58				12.3	12.4	0.19		-4.1	-0.14	-350.0	-0.81	-743.07		-2.9	63.3	70.0
-38.78	-43.40	-81.71	-44.44			16.0	8.5	0.18	68.1	-4.6	-0.18	13.7	-3.1	-33.13		-1.7	54.6	0.7
-21.05	-30.23	-15.89	171.08			3.2	2.9	0.41	25.1	-0.27	-0.01	-877.8	-0.13	-21.09		-10.2	7.8	-2.7
-13.33	-35.00	-42.22	100.00			3.2	2.9	0.41	25.1	-0.27	-0.01	-877.8	-0.13	-21.09		-14.8	11.3	-3.8
-47.08	-18.28	-45.32	-87.25			89.4	631.8	1,102	-3.1	3.6	0.15	101.3	72.2	2.36	3.93	25.7	0.1	0.5
-49.50	-49.50	-66.89				5.5	5.4	0.04		-66.4	-2.1	-0.04	-135.4	-0.52		-2.6	168.3	-1.3
9.57	17.87	22.08	58.27	0.39	9.9	18.9	17.7	6.8	2.5	1.6	0.25	1.5	1.8	34.77	50.51	15.7	3.7	8.2
3.97	14.44	16.31		0.29	10.4	18.9	17.7	6.8	2.5	1.6	0.25	1.5	1.8	34.77	50.51	11.3	2.6	5.9
-10.13	-1.06	-14.63	-19.67			1,226	1,769	2,236	1.6	117.0	0.24	-46.1	202.6	5.12	8.14	10.2	0.6	0.8
37.12	-54.75	-92.76	-99.96			1.3	2.3	0.04	4.0	-5.3	-0.37	94.8	-0.72	-2,488.02		-0.1	45.3	-0.1
2.26	21.27					5.1	5.0	--		-1.5	-0.08	-16.2	-1.1	-91		-2.9		9.0
-20.00	0.00	-3.03	433.33			5.1	5.0	--		-1.5	-0.08	-16.2	-1.1	-91		-3.8		11.6
-5.47	13.90	11.88	60.63	0.42	1.6	33,942	33,589	16,431	15.3	156.0	0.12	-88.4	1,378	2.33	0.92	219.8	2.1	1.7
-6.42	13.04	9.97	53.10			33,942	33,589	16,431	15.3	156.0	0.12	-88.4	1,378	2.33	0.92	219.4	2.1	1.7
-40.82	52.63	61.11	383.33			4.7	7.4	0.20		-0.73	-0.04	-90.1	-0.14	-17.7		-3.3	17.9	4.4
-61.01	-63.32	-84.60	-90.94			17.9	31.6	17.8	11.8	-47.3	-1.36	33.9	-39.5	-56.92		-0.3	1.0	-3.9
8.47	2.50					10.9	11.0	0.00	-100.0	-0.04	-0.01	-850.0	-0.03			-269.7		-891.3
47.77	94.67	48.98	160.71			880.5	2,215	291.4	2.9	-28.9	-0.25	-116.2	-101.5	-3.57		-29.4	3.0	3.4
-46.39	-25.71	-62.04				117.0	73.6	10.8	977.0	-9.9	-0.04	82.5	-18.4	-6.4		-12.7	11.1	0.9
16.18	126.83	-38.93				19.2	37.0	35.9	-21.9	-24.6	-1.81	-2,146.7	-4.9	-1.29		-0.8	0.5	0.6
40.74	-50.52	18.75	-99.05			41.6	52.4	--		-7.0	-0.12	9.0	-0.92	-5,232.97		-0.3		-3.6
-11.93	57.02	-48.03	-66.45			39.3	229.8	69.3	37.9	-34.2	-3.22	15.0	-18.6	-0.76		-1.1	0.6	-0.8
-3.12	14.81					3.9	3.6	--		-0.37	-0.03		-0.08			-5.1		2.1
-3.56	30.47	41.42	267.04			70,245	71,787	9,231	13.9	1,985	4.79	46.9	3,841	7.05	38.84	35.8	7.8	125.5
-18.75	-70.45	-93.53	-95.81			0.48	1.8	0.09	70.7	-1.8	-0.02	-50.0	-0.61	-209.1		-0.1	13.0	-0.1
-11.18	37.06	7.75	107.63	0.73	14.7	84.0	83.9	13.5	62.8	12.7	0.75	41.9	--	11.02	17.63	6.6	6.2	1.2
-0.22	-18.90	2.21	151.60			980.7	878.2	174.7	3.0	-16.6	-0.55	-74.6	14.1	-2.88		-57.7	5.6	6.2
-10.31	-16.66	-31.03	-36.26	1.71	10.5	43,616	79,699	50,574	-7.3	-9,444	-0.34	-434.6	14,969	1.73		-47.3	8.9	6.3
-9.04	-19.10	-31.20	-44.67			43,616	79,699	50,574	-7.3	-9,444	-0.34	-434.6	14,969	1.73		-4.7	0.9	0.6
0.00	0.00	40.00	600.00			0.00	9.6	0.07	-11.3	-0.95	-0.24	1.5	0.00	-388.57		-0.2	2.0	0.0
-98.50	-40.00	100.00	-92.17			0.00	9.6	0.07	-11.3	-0.95	-0.24	1.5	0.00	-388.57		0.0	0.1	0.0
-23.91	-79.58	-77.27	-73.84			34.2	31.7	--		-8.3	0.00	25.0	-2.1	-137.91		-3.7		9.2
7.14	114.29	-70.44	-70.44			2.0	1.8	--		-2.3	-0.35	31.0	-0.55	-118.71		-0.9		34.9
67.24	-23.76	-69.86	-74.08			2.0	1.8	--		-2.3	-0.35	31.0	-0.55	-118.71		-1.0		42.2
0.32	71.74	68.09	0.96			124.8	111.8	--		-17.6	-0.53	12.5	-14.9	-54.42		-6.0		7.9
-65.71	-65.71	-65.71	-63.64			0.32	0.29	--		-0.99	-0.09	-10,066.7	-0.43	-176.24		-0.5		
-46.15	-22.22	-75.00	-82.50			0.32	0.29	--		-0.99	-0.09	-10,066.7	-0.43	-176.24		-0.4		
-4.26	101.79	32.35	-23.47			95.5	106.7	1,028	-6.1	-22.7	-1.08	-260.9	3.7	-2.01		-4.2	0.1	2.3
0.00	32.28	-13.00				3.8	3.6	--		-0.29	-0.03	81.5	-0.24	-16.69		-4.7		1.6
23.81	73.33	26.83	-92.57			3.8	3.6	--		-0.29	-0.03	81.5	-0.24	-16.69		-8.9		2.9
0.00	55.93	-7.10	-75.85			7.6	98.0	2.0	521.4	-1.9	-1.19	-11.9	0.66	-3.17		-0.7	3.8	-0.1
0.00	-11.11	-46.67				0.18	-0.01	--		-0.02	-0.01	72.8	-0.04	-3.93		-8.8		1.3
16.67	35.75	-9.29	100.00			2,817	3,418	1,075	6.2	10.7	0.04	144.4	102.5	2.55	2.05	316.6	2.6	5.3
-4.76	4.59	-10.22	-10.50	2.58	4.1	12,151	23,429	2,190	3.9	634.3	3.05	502.9	601.3	2.18	10.72	20.9	5.6	3.4
58.67						2.5	2.5	--		-0.21	0.00		-0.10			-11.9		
4.44	6.82					42.1	42.9	19.5	1.1	-4.8	-0.28	-2,393.8	-4.3			-8.4	2.8	9.2
-16.82	2.81	-47.71	-59.96			44.2	48.2	30.7	10.5	-11.2	-0.11	-16.0	-10.9	-8.19		-16.4	7.2	4.5
-14.65	1.77	-26.24	45.65			97.3	43.3	446.8	-11.9	-46.1	-1.90	-230.6	22.6	-1.25		-2.1	0.2	0.2
8.70	37.33	15.15	132.69	0.04	0.1	7,773	13,514	8,744	2.5	503.0	3.02	122.6	1,598	0.38	6.83	18.0	0.9	0.9
40.91	313.33	313.33	313.33			31.3	--	0.03		-4.9	-0.12	-115.3	-1.7			-5.2	885.7	26.6

https://greyhouse.weissratings.com

Data as of June 30, 2019

I. Index of Stocks

Summer 2019

Company Name	Stock Ticker Symbol	Traded On	Sector	Overall Rating	Recommendation	Reward Rating	Risk Rating	Recent Up/Downgrade	Stock Price as of 6/30/2019	52-Week High	52-Week Low	3-Year Beta	Growth	Efficiency	Solvency	Volatility	Dividend	Total Return
Voyager Digital (Canada) Ltd.	VYGVF	OTC PK	Information Tech	D	Sell	D	D-	Up	0.43	1.27	0	103.90	V		G	W	–	F
Voyager Therapeutics, Inc.	VYGR	NAS GS	Health Care	D-	Sell	E+	D		26.30	28.79	7.76	2.23	F	V	E	W	–	E
Voyageur Minerals Ltd.	VYYRF	OTC PK	Materials	D-	Sell	D-	D	Down	0.08	0.10	0.04		W	V	F	W	–	F
Voyageur Minerals Ltd.	VM.V	TSXV	Materials	D-	Sell	D-	D	Down	0.08	0.12	0.05	2.70	W	V	F	W	–	F
VPR Brands, LP	VPRB	OTC PK	Consumer Staples	D	Sell	D	D		0.05	0.12	0.03	1.15	F	W	F	W	–	W
VR Resources Ltd.	VRR.V	TSXV	Materials	D	Sell	D	D		0.14	0.40	0.12	-1.05	W	W	E	W	–	W
VR Resources Ltd.	VRRCF	OTC PK	Materials	D	Sell	D	D	Up	0.10	0.30	0.09		W	W	E	W	–	W
VSE Corporation	VSEC	NAS GS	Industrials	C-	Hold	C+	D		28.00	50.66	24.06	0.93	F	E	E	W	W	W
vTv Therapeutics Inc.	VTVT	NAS CM	Health Care	D	Sell	D	D	Down	1.42	6.09	0.68	-5.89	F		F	W	–	V
Vulcan Materials Company	VMC	NYSE	Materials	C+	Hold	B	C	Up	135.41	136.45	82.52	0.88	G	E	E	F	W	F
Vulcan Minerals Inc.	VUL.V	TSXV	Energy	D	Sell	E+	D		0.04	0.07	0.03	-0.06	W	V	G	W	–	W
Vulcan Minerals Inc.	VULMF	OTC PK	Energy	D-	Sell	E+	D	Down	0.02	0.04	0.02	1.89	W	V	G	W	–	W
Vuzix Corporation	VUZI	NAS CM	Consumer Discretn	D-	Sell	E+	D-		4.27	8.45	1.77	2.50	W	V	E	W	–	V
VVC Exploration Corporation	VVCVF	OTC PK	Materials	D	Sell	D	D		0.03	0.04	0.01	1.10	W	V	G	W	–	F
VVC Exploration Corporation	VVC.V	TSXV	Materials	D	Sell	D	D		0.04	0.05	0.02	0.05	W	V	G	W	–	F
Vycor Medical, Inc.	VYCO	OTC PK	Health Care	D+	Sell	C	D		0.16	0.35	0.03	2.29	G	G	F	W	–	G
Vystar Corporation	VYST	OTC PK	Materials	D	Sell	D	D		0.04	0.16	0	61.65	F		F	W	–	W
W&E Source Corp.	WESC	OTC PK	Consumer Discretn	D+	Sell	C	D-	Up	0.01	0.01	0	5.70	F	E	F	W	–	W
W&T Offshore, Inc.	WTI	NYSE	Energy	C+	Hold	B	D+	Up	4.76	9.88	3.62	3.21	E	G	G	W	–	F
W. P. Carey Inc.	WPC	NYSE	Real Estate	B	Buy	A-	B-		81.42	86.41	62.12	0.32	E	E	E	G	G	F
W. R. Berkley Corporation	WRB	NYSE	Financials	B+	Buy	B+	B+		65.06	67.61	45.91	0.65	G	E	E	G	W	G
W. R. Grace & Co.	GRA	NYSE	Materials	C+	Hold	C+	C		75.53	78.93	59.22	0.81	F	E	G	F	W	F
W.W. Grainger, Inc.	GWW	NYSE	Industrials	C+	Hold	B	C-		266.13	372.06	255.09	1.26	G	E	E	F	F	W
Wabash National Corporation	WNC	NYSE	Industrials	C	Hold	B	D+		16.08	20.78	12.25	2.20	F	E	G	W	F	W
WABCO Holdings Inc.	WBC	NYSE	Industrials	C+	Hold	B	C		132.13	146.68	98.9	1.12	G	E	E	F	–	F
Wabtec Corporation	WAB	NYSE	Industrials	C-	Hold	C	D		69.07	115.40	61.95	1.51	W	G	E	W	W	W
Wabtec Corporation	WABWI	NYSE	Industrials	U		U	U						U	U	U	U	U	U
Wacoal Holdings Corp.	WACLY	OTC PK	Consumer Discretn	C-	Hold	C	D		132.20	147.20	119.5	0.53	W	G	E	W	–	W
Wacoal Holdings Corp.	WACLF	OTC PK	Consumer Discretn	D+	Sell	B-	C+		28.70	28.70	28.7	-0.19	W	G	E	G	–	G
Waddell & Reed Financial, Inc.	WDR	NYSE	Financials	C	Hold	B	D		16.63	21.63	15.96	1.37	F	E	E	W	E	W
WageWorks, Inc.	WAGE	NYSE	Industrials	C	Hold	C+	D	Up	50.92	56.80	25.15	1.68	F	G	E	W	–	W
Wah Fu Education Group Limited	WAFU	NAS CM	Consumer Discretn	U		U	U		2.94	5.20	2.28		U	U	U	U	U	U
Waitr Holdings Inc.	WTRH	NAS GS	Consumer Discretn	E	Sell	D-	D		5.98	15.06	5.31		F	V	E	W	–	V
Wajax Corporation	WJXFF	OTC PK	Industrials	C-	Hold	B-	D	Down	11.78	21.08	11.53	1.10	F	E	G	W	E	W
Wajax Corporation	WJX.TO	TSX	Industrials	C-	Hold	B-	D	Down	15.19	28.17	14.86	0.99	F	E	G	W	G	W
Walgreens Boots Alliance, Inc.	WBA	NAS GS	Consumer Staples	C-	Hold	C+	D	Down	54.52	86.31	49.31	0.76	E	E	G	W	G	W
Walker & Dunlop, Inc.	WD	NYSE	Financials	B-	Buy	B	C	Up	52.77	60.67	37.96	1.21	F	E	E	F	F	F
Walker River Resources Corp.	WRR.V	TSXV	Materials	D	Sell	D	D	Up	0.17	0.27	0.05	0.96	W	V	G	W	–	E
Walker River Resources Corp.	WRRZF	OTC PK	Materials	D	Sell	D	D		0.14	0.19	0.08	3.07	W	V	G	W	–	G
Wall Financial Corporation	WFICF	OTC PK	Real Estate	D	Sell	B	D		17.50	21.91	17.22		G	E	G	W	–	W
Wall Financial Corporation	WFC.TO	TSX	Real Estate	C	Hold	B	C		22.27	29.85	21.5	0.32	G	E	G	F	–	F
Wall Street Media Co., Inc.	WSCO	OTC PK	Industrials	D	Sell	D-	D		0.12	0.30	0.12	-0.27	W	V	F	W	–	W
Wallbridge Mining Company Limited	WM.TO	TSX	Materials	D+	Sell	B-	D		0.36	0.47	0.06	1.95	W	W	G	W	–	E
Wallbridge Mining Company Limited	WLBMF	OTC PK	Materials	D+	Sell	C	D		0.28	0.35	0.05	2.05	W	W	G	W	–	G
Wal-Mart de México, S.A.B. de C.V.	WMMVY	OTC PK	Consumer Staples	C	Hold	B	D		27.70	31.13	23.08	0.33	F	E	G	F	–	F
Wal-Mart de México, S.A.B. de C.V.	WMMVF	OTC PK	Consumer Staples	C+	Hold	B	C		2.77	3.10	2.27	0.61	F	E	G	F	–	F
Walmart Inc.	WMT	NYSE	Consumer Staples	C+	Hold	B-	C		110.10	112.22	83.4	0.68	F	E	G	F	F	F
Wangton Capital Corp.	WTH.V	TSXV	Financials	D+	Sell	C-	D	Up	0.09	0.11	0.06	-1.28	W	G	E	W	–	V
Warrior Gold Inc.	WARGF	OTC PK	Materials	D	Sell	D+	D		0.07	0.09	0.03	-105.09	V	F	E	W	–	F
Warrior Gold Inc.	WAR.V	TSXV	Materials	D	Sell	D+	D		0.09	0.13	0.04	0.14	V	F	E	W	–	F
Warrior Met Coal, Inc.	HCC	NYSE	Materials	E	Sell	C	C		25.75	33.49	20.88	0.56	G	F	E	F	–	V
Waseco Resources Inc.	WRI.V	TSXV	Materials	D+	Sell	C	D	Down	0.04	0.05	0.02	1.77	W	E	F	W	–	F

*Ratings Factors: E=Excellent, G=Good, F=Fair, W=Weak, V=Very Weak, U=Unrated

Summer 2019 — I. Index of Stocks

3-Month Total Return (%)	6-Month Total Return (%)	1-Year Total Return (%)	3-Year Total Return (%)	Dividend $ TTM	Dividend Yield TTM	Market Cap. ($Mil)	Enterprise Value ($Mil)	Revenue ($Mil)	Revenue Growth (%)	Net Income ($Mil)	Earnings/Share $	EPS Growth (%)	Cash from Operations ($Mil)	Return on Assets (%)	Return on Equity (%)	Earnings (P/E) TTM	Sales (P/S) TTM	Book (P/B) Q
35.14	12,185.71	15,825.93	2,050.00			31.3	--	0.03		-4.9	-0.12	-115.3	-1.7			-3.6	614.3	18.5
38.49	188.38	29.56	143.29			968.7	610.2	11.9	23.5	-95.5	-2.94	-10.9	60.7	-19.2		-8.9	73.9	9.6
19.31	41.88	49.59				3.3	3.4	--		-0.43	-0.01	47.1	-0.28	-51.94		-9.7		15.1
-11.76	7.14	15.38				3.3	3.4	--		-0.43	-0.01	47.1	-0.28	-51.94		-9.2		14.2
-35.73	-43.82	-9.09	-80.00			4.3	6.1	4.9	28.9	-0.96	-0.01	46.5	-0.88	-1.96		-4.3	0.9	-6.3
-6.67	-22.22	-61.64				5.7	4.7	--		-0.97	-0.02	1.4	-0.57	-11.09		-6.8		1.4
-33.33	-24.81	-63.82				5.7	4.7	--		-0.97	-0.02	1.4	-0.57	-11.09		-4.9		1.0
-12.30	-6.06	-41.42	-13.25	0.39	1.4	305.3	610.7	690.2	-6.7	34.6	3.16	-11.7	8.3	4.67	10.81	8.9	0.5	0.9
-15.48	-37.44	-1.39	-75.93			42.4	95.9	11.3	385.6	-7.1	-0.73	52.4	-26.9	-73.52		-1.9	2.9	-0.7
17.09	40.21	7.69	20.28	1.18	0.9	17,887	21,250	4,525	14.3	526.1	3.93	-13.1	856.0	5.02	10.43	34.4	4.0	3.4
0.00	-22.22	-30.00	16.67			1.6	2.0	--		-1.2	-0.02	7.6	-0.40	-37.29		-1.7		2.1
-25.93	-41.00	-49.75	33.33			1.6	2.0	--		-1.2	-0.02	7.6	-0.40	-37.29		-1.0		1.2
37.30	-7.97	-41.10	-31.57			117.9	108.6	7.9	35.0	-22.9	-0.90	9.8	-21.9	-37.32		-4.7	14.9	4.8
-15.54	18.58	0.00	-10.71			8.2	8.5	--		-1.5	-0.01	12.9	-0.56	-14.32		-5.6		3.4
40.00	16.67	16.67	0.00			8.2	8.5	--		-1.5	-0.01	12.9	-0.56	-14.32		-6.5		3.9
-14.89	33.33	-44.83	-72.84			3.8	4.3	1.5	19.8	-1.2	-0.07	24.9	-0.13	-42.06		-2.3	2.4	-3.9
-29.23	4,006.50	0.16	2.66			42.8	44.8	0.53	2,944.3	-6.7	-0.02	23.8	-1.6	-128.09		-2.6	68.4	-58.7
0.00	60.77	25.00	17.48			0.41	0.41	0.00	75.0	-0.06	0.00	-20.0	-0.04	-214.58		-8.3		-3.1
-31.31	16.38	-33.61	116.36			668.6	1,216	560.8	13.2	173.4	1.19	106.0	331.6	12.42		4.0	1.2	-1.8
3.96	26.55	28.66	41.52	4.12	5.1	13,874	19,857	1,009	17.0	414.8	3.14	20.0	549.1	2.77	8.18	25.9	13.5	2.0
16.42	35.24	39.11	87.66	0.41	0.6	11,914	14,017	7,737	0.4	655.1	3.40	10.3	718.6	2.35	11.74	19.1	1.6	2.1
-2.26	18.66	4.70	10.04	1.02	1.4	5,054	6,872	1,970	12.6	148.7	2.22	1,253.6	324.0	7.03	49.36	34.0	2.6	14.5
-8.93	-4.52	-11.88	30.61	5.52	2.1	14,755	16,950	11,254	5.7	803.5	14.15	26.8	1,037	14.43	41.4	18.8	1.3	7.5
18.32	25.86	-11.03	36.41	0.31	1.9	891.3	1,249	2,309	21.8	62.9	1.06	-41.3	158.3	6.01	12.63	15.2	0.4	1.8
0.49	24.84	13.03	50.03			6,770	7,154	3,761	5.6	377.6	7.20	-8.8	438.3	6.58	29.9	18.3	1.8	5.4
-5.16	1.15	-29.22	2.42	0.48	0.7	12,765	17,308	4,901	21.9	202.1	2.09	-27.3	321.8	3.06	3.14	33.1	1.7	1.2
						12,765	17,308	4,901	21.9	202.1	2.09	-27.3	321.8	3.06	3.14			
6.34	6.61	-8.19	35.45			1,798	1,597	1,763	1.2	39.8	0.57	-57.7	134.0	1.02	0.24	231.6	4.9	4.2
0.00	0.00	0.00	160.91			1,798	1,597	1,763	1.2	39.8	0.57	-57.7	134.0	1.02	0.24	50.3	1.1	0.9
-2.71	-4.03	-2.11	28.85	1.00	6.0	1,249	563.2	1,122	-4.0	169.3	2.14	16.3	289.3	9.86	18.96	7.8	1.1	1.5
35.43	90.00	1.64	-9.38			2,030	1,154	472.2	-0.8	26.0	0.64	-54.5	178.7	1.47	2.9	79.9	4.4	3.1
						12.9	9.1	5.8	12.4	0.68	0.21	6.7	-0.42	4.49	9.57	13.8	1.6	1.3
-50.13	-43.16					464.6	540.5	85.5	231.1	-49.1	-1.57	49.0	-22.5			-3.8	4.5	1.8
-4.96	1.27	-39.32	18.71	0.75	6.4	231.5	508.7	1,154	10.3	25.9	1.28	9.4	-23.5	4.67	11.52	9.2	0.2	1.1
-7.08	-3.27	-34.71	18.88	1.00	6.6	231.5	508.7	1,154	10.3	25.9	1.28	9.4	-23.5	4.67	11.52	11.9	0.3	1.4
-12.04	-18.71	-6.25	-27.02	1.76	3.2	49,848	66,619	136,097	9.7	5,133	5.32	33.1	6,284	4.97	17.99	10.3	0.4	2.0
4.30	23.79	-3.55	141.12	1.10	2.1	1,622	--	749.7	8.4	168.8	5.11	-16.2	-248.3		19.12	10.3	2.2	1.7
17.86	175.00	175.00	230.00			17.2	16.3	--		-0.56	-0.01	58.2	-0.46	-7.86		-32.4		5.3
19.78	326.25	326.25				17.2	16.3	--		-0.56	-0.01	58.2	-0.46	-7.86		-26.8		4.4
-17.22	-17.22	-12.36		2.26	12.9	576.1	1,117	514.2	225.3	97.3	2.87	1,228.9	342.4	9.83	56.44	6.1	1.2	3.8
-5.23	-6.55	-17.66	64.51	3.00	13.5	576.1	1,117	514.2	225.3	97.3	2.87	1,228.9	342.4	9.83	56.44	7.8	1.5	4.9
-0.92	-0.92	-40.50	-60.33			3.2	3.3	0.06	24.0	0.00	0.00	100.0	0.00	95.24			51.7	-25.9
7.46	132.26	453.85	350.00			122.2	119.4	--		-2.2	-0.01	-27.9	-1.1	-3.25		-65.5		5.5
13.58	147.58	464.90	264.21			122.2	119.4	--		-2.2	-0.01	-27.9	-1.1	-3.25		-50.3		4.2
4.27	11.63	7.81	32.59	1.05	3.8	48,464	49,630	32,208	2.0	1,915	0.11	-13.5	2,389	10.13	26.31	251.8	14.9	67.4
2.94	10.10	4.92	20.43			48,464	49,630	32,208	2.0	1,915	0.11	-13.5	2,389	10.13	26.31	25.2	1.5	6.7
13.96	20.79	31.08	65.73	2.10	1.9	314,305	387,675	515,640	2.0	8,378	2.88	-3.9	26,155	6.23	11.5	38.3	0.6	4.6
6.25	0.00	-15.00	-69.64			0.68	0.55	--		0.07	0.01	103.9	-0.05	-24.47		13.9		25.0
0.00	80.49	-19.04	1,270.37			3.7	3.6	--		-0.83	-0.02	-66.2	-0.85	-25.03		-3.4		0.9
13.33	21.43	-19.05	466.67			3.7	3.6	--		-0.83	-0.02	-66.2	-0.85	-25.03		-3.9		1.0
-2.02	24.17	13.26		0.20	0.8	1,328	1,496	1,338	0.5	628.5	11.96	20.5	492.1	22.38	89.54	2.2	1.0	1.6
33.33	60.00	33.33	-27.27			1.2	1.2	--		-0.18	-0.01	-13.3	-0.13	-331.14		-7.8		-2.8

https://greyhouse.weissratings.com — Data as of June 30, 2019

I. Index of Stocks

Summer 2019

Company Name	Stock Ticker Symbol	Traded On	Sector	Overall Rating	Recommendation	Reward Rating	Risk Rating	Recent Up/Downgrade	Stock Price as of 6/30/2019	52-Week High	52-Week Low	3-Year Beta	Growth	Efficiency	Solvency	Volatility	Dividend	Total Return
Waseco Resources Inc.	WSRUF	OTC PK	Materials	D+	Sell	C	D	Down	0.02	0.03	0.02	0.37	W	E	F	W	–	W
Washington Federal, Inc.	WAFD	NAS GS	Financials	B-	Buy	B	C	Up	34.11	35.25	24.67	1.15	F	E	E	F	F	W
Washington Prime Group Inc.	WPG	NYSE	Real Estate	D+	Sell	C	D-	Down	3.73	8.44	3.46	0.94	W	G	E	W	E	V
Washington Real Estate Investment Trust	WRE	NYSE	Real Estate	C-	Hold	C	D		26.61	31.85	22.53	1.00	W	E	E	W	G	W
Washington Trust Bancorp, Inc.	WASH	NAS GS	Financials	B-	Buy	B+	C-	Up	52.20	62.45	45.93	0.83	E	E	E	F	G	F
Waste Connections, Inc.	WCN	NYSE	Industrials	B	Buy	A-	C		95.57	96.14	70.28	0.59	E	E	E	E	W	G
Waste Connections, Inc.	WCN.TO	TSX	Industrials	B-	Buy	A-	C-		125.14	128.98	93.51	0.30	E	E	E	E	W	G
Waste Management, Inc.	WM	NYSE	Industrials	A-	Buy	A-	B		115.84	117.34	79.97	0.60	E	E	G	E	F	G
Water Now, Inc.	WTNW	OTC PK	Utilities	D-	Sell	E+	D	Up	0.33	1.25	0.17		W	W	F	W	–	V
Waterfront Capital Corporation	WFGCF	OTC PK	Financials	D	Sell	E+	D	Down	0.03	0.07	0.03	-0.20	W	V	E	F	–	G
Waterfront Capital Corporation	WFGH.V	TSXV	Financials	D-	Sell	E+	D	Down	0.08	0.09	0.02	2.04	W	V	E	W	–	E
Waterloo Brewing Ltd.	WBR.TO	TSX	Consumer Staples	C	Hold	C+	D	Up	3.51	4.52	2.52	0.67	F	G	G	W	–	F
Waterloo Brewing Ltd.	BIBLF	OTC PK	Consumer Staples	C	Hold	C+	D+	Up	2.75	3.48	1.98	0.89	F	G	G	F	–	F
Waters Corporation	WAT	NYSE	Health Care	B-	Buy	B	B-	Down	213.47	255.21	167.94	1.07	G	E	E	G	–	F
Waterside Capital Corporation	WSCC	OTC PK	Financials	C-	Hold	C+	D	Up	0.05	0.09	0.03	13.09	F	G	E	W	–	G
Waterstone Financial, Inc.	WSBF	NAS GS	Financials	C+	Hold	B	C		16.99	17.78	15.2	0.13	F	E	E	F	G	W
Watford Holdings Ltd.	WTRE	NAS GS	Financials	E	Sell	D+	C-		27.37	28.99	23.7		W	F	E	G	–	W
Watsco, Inc.	WSOB	NYSE	Industrials	C	Hold	B	C		165.19	183.26	132.69	1.02	G	E	E	F	G	F
Watsco, Inc.	WSO	NYSE	Industrials	B-	Buy	B	C	Up	163.47	187.46	131.88	0.97	G	E	E	F	G	F
Watts Water Technologies, Inc.	WTS	NYSE	Industrials	B	Buy	B+	C	Up	92.59	93.35	61.17	1.54	E	E	E	F	W	G
WAVE Life Sciences Ltd.	WVE	NAS	Health Care	D-	Sell	E+	D-		26.25	56.00	22.25	0.86	W	V	E	W	–	V
Wave Sync Corp.	WAYS	OTC PK	Information Tech	D-	Sell	D	E+	Down	0.06	2.25	0.05	-2.26	V	F	F	V	–	V
Wavefront Technology Solutions Inc.	WEE.V	TSXV	Energy	D	Sell	D	D-		0.10	0.49	0.09	1.73	F	V	E	W	–	W
Wavefront Technology Solutions Inc.	WFTSF	OTC PK	Energy	D	Sell	D	D-		0.06	0.38	0.06	1.62	F	V	E	W	–	W
Waverley Pharma Inc.	WAVE.V	TSXV	Health Care	D-	Sell	D	E+		0.10	0.29	0.06		F	W	E	V	–	V
Wayfair Inc.	W	NYSE	Consumer Discretn	D	Sell	E+	D		147.65	173.72	76.6	2.51	W	V	G	W	–	E
Wayne Savings Bancshares, Inc.	WAYN	OTC PK	Financials	C	Hold	A-	B+		21.39	22.00	17.66	0.28	E	G	E	G	F	F
Wayside Technology Group, Inc.	WSTG	NAS	Information Tech	C-	Hold	C	D		11.37	14.43	9.6	0.50	W	E	E	W	E	W
WCF Bancorp, Inc.	WCFB	NAS CM	Financials	C-	Hold	C	D	Up	8.63	9.45	7.85	0.51	W	G	E	W	F	W
WD-40 Company	WDFC	NAS GS	Consumer Staples	B	Buy	B+	C+		158.10	187.50	143.75	0.25	E	E	E	G	F	F
Wealth Minerals Ltd.	WMLLF	OTC PK	Materials	D-	Sell	E+	D-		0.25	0.80	0.22	1.02	W	V	E	W	–	V
Wealth Minerals Ltd.	WML.V	TSXV	Materials	D-	Sell	E+	D-		0.34	1.05	0.31	0.56	W	V	E	W	–	V
Wealthbridge Acquisition Limited	HHHH	NAS CM	Financials	E	Sell	D	D+		10.19	10.24	9.59		V	F	E	G	–	W
Wearable Health Solutions, Inc.	WHSI	OTC PK	Health Care	D+	Sell	C	D		0.02	0.02	0	29.82	W	G	F	W	–	W
Weatherford International plc	WFTIF	OTC PK	Energy	D-	Sell	D-	D-		0.06	3.63	0.04	3.41	W	V	G	W	–	V
Web Global Holdings, Inc.	WEBB	OTC PK		E-	Sell	C	D		0.02	0.07	0.01		V	G	E	W	–	W
Webco Industries, Inc.	WEBC	OTC PK	Materials	C	Hold	B	B		127.00	148.50	105	0.78	F	G	E	G	–	F
Webster Financial Corporation	WBS	NYSE	Financials	C	Hold	B	D	Down	46.68	69.63	43.95	1.30	E	E	E	W	G	W
WEC Energy Group, Inc.	WEC	NYSE	Utilities	B	Buy	B+	B		83.08	85.70	63.19	0.22	E	E	G	G	G	F
Weconnect Tech International Inc.	WECT	OTC PK	Information Tech	D-	Sell	D+	D		0.19	0.45	0.02		G	W	E	W	–	V
WEED, Inc.	BUDZ	OTC PK	Health Care	D	Sell	D	D-		0.57	4.75	0.56	1.32	W		G	W	–	F
WeedMD Inc.	WDDMF	OTC PK	Health Care	D	Sell	D+	D	Down	1.19	1.95	0.73		F	W	E	W	–	W
WeedMD Inc.	WMD.V	TSXV	Health Care	D+	Sell	C-	D	Up	1.57	2.49	0.99	2.24	F	W	E	W	–	W
Weekend Unlimited Inc.	WKULF	OTC PK	Health Care	E-	Sell	E+	D	Down	0.06	0.34	0.04		W	V	E	W	–	V
Weibo Corporation	WB	NAS GS	Communication Svc	C	Hold	B	D	Down	43.90	92.99	40.31	1.94	E	E	E	W	–	W
Weidai Ltd.	WEI	NYSE	Financials	E+	Sell	C	D		9.05	13.63	9.05		E	G	E	W	–	W
Weight Watchers International, Inc.	WW	NAS GS	Consumer Discretn	C	Hold	B-	D		19.10	104.05	16.71	1.01	G	E	G	W	–	W
Weingarten Realty Investors	WRI	NYSE	Real Estate	C-	Hold	B-	D	Down	27.25	32.02	23.8	0.82	F	E	E	W	G	W
Weis Markets, Inc.	WMK	NYSE	Consumer Staples	C-	Hold	B-	D	Down	36.30	55.04	35.26	-0.15	F	E	E	W	G	W
Welbilt, Inc.	WBT	NYSE	Industrials	C	Hold	C	D+	Up	16.40	23.85	10.66	1.67	W	G	F	W	–	W
WellCare Health Plans, Inc.	WCG	NYSE	Health Care	C+	Hold	B-	C		286.07	324.99	220.63	0.99	F	E	E	F	–	G
Wellesley Bancorp, Inc.	WEBK	NAS CM	Financials	C	Hold	B+	B-		33.35	35.50	27.74	0.72	G	G	E	G	W	F

*Ratings Factors: E=Excellent, G=Good, F=Fair, W=Weak, V=Very Weak, U=Unrated

Data as of June 30, 2019

https://greyhouse.weissratings.com

Summer 2019 — I. Index of Stocks

3-Month Total Return (%)	6-Month Total Return (%)	1-Year Total Return (%)	3-Year Total Return (%)	Dividend $ TTM	Dividend Yield TTM	Market Cap. ($Mil)	Enterprise Value ($Mil)	Revenue ($Mil)	Revenue Growth (%)	Net Income ($Mil)	Earnings/Share $	EPS Growth (%)	Cash from Operations ($Mil)	Return on Assets (%)	Return on Equity (%)	Earnings (P/E) TTM	Sales (P/S) TTM	Book (P/B) Q
-6.40	-27.20	-59.57	-32.14			1.2	1.2	--		-0.18	-0.01	-13.3	-0.13	-331.14		-3.7		-1.4
17.69	31.33	5.78	57.46	0.76	2.2	2,744	--	539.1	6.7	206.9	2.51	15.5	179.4		10.37	13.6	5.1	1.4
-28.24	-16.68	-45.44	-48.32	1.00	26.8	695.6	3,997	711.8	-2.9	74.4	0.32	-68.3	256.2	2.34	7.38	11.7	1.2	0.9
-5.50	17.84	-7.70	-2.01	1.20	4.5	2,130	3,397	335.2	0.8	17.9	0.21	2.9	138.3	1.95	1.69	126.7	6.3	2.1
5.38	9.95	-8.92	54.30	1.80	3.5	904.3	--	194.5	4.3	69.7	4.00	38.3	82.3		15.79	13.1	4.7	1.9
7.89	30.02	28.32	106.58	0.62	0.7	25,192	29,088	5,027	7.4	547.6	2.07	-20.4	1,468	4.4	8.52	46.3	5.0	3.8
5.14	24.79	26.72	107.24	0.62	0.5	25,192	29,088	5,027	7.4	547.6	2.07	-20.4	1,468	4.4	8.52	60.6	6.6	5.0
12.50	32.99	46.29	92.65	1.96	1.7	49,195	59,894	15,099	3.7	1,876	4.35	-6.4	3,651	7.56	30.04	26.6	3.3	7.7
-34.00	-5.71					12.5	13.5	0.12	-27.2	-5.1	-0.15	-86.4	-3.5	-129.42		-2.2	100.0	-12.0
-53.62	-50.00	-50.00	18.52			2.7	2.7	--		-0.37	-0.01	38.0	-0.36	-58.41		-3.8		10.7
0.00	33.33	14.29	220.00			2.7	2.7	--		-0.37	-0.01	38.0	-0.36	-58.41		-9.4		26.7
-11.43	34.84	-14.64	54.10	0.09	2.6	94.5	114.6	42.1	19.1	2.3	0.07	1,930.6	7.9	4.5	8.34	53.3	3.0	4.6
-11.36	39.00	-14.83	63.94	0.07	2.5	94.5	114.6	42.1	19.1	2.3	0.07	1,930.6	7.9	4.5	8.34	41.7	2.3	3.6
-14.03	15.54	10.15	59.32			14,831	14,907	2,403	2.6	590.8	7.78	2,746.7	604.4	11.75	38.33	27.4	6.4	15.5
66.67	25.00	-20.00	66.67			0.10	0.24	--		-0.19	-0.10	1.6	-0.07	-438.98		-0.5		0.0
4.11	6.55	3.81	33.56	0.48	2.8	448.9	--	172.1	-2.5	30.3	1.10	17.0	40.9		7.76	15.5	2.6	1.2
1.37						620.8	1,439	649.8	2.7	-0.03	-0.87	-36.0	207.2			-31.6	1.0	0.7
15.80	24.94	-2.79	34.27	6.10	3.7	6,161	6,673	4,551	3.5	243.8	6.45	8.1	265.1	10.16	18.92	25.6	1.3	4.3
16.53	21.16	-3.94	34.49	6.10	3.7	6,161	6,673	4,551	3.5	243.8	6.45	8.1	265.1	10.16	18.92	25.3	1.2	4.2
16.90	45.05	19.84	72.57	0.86	0.9	3,145	3,382	1,575	5.9	130.8	3.81	65.6	171.3	7.27	14.86	24.3	2.0	3.5
-30.67	-37.93	-29.62	30.27			899.3	654.3	16.0	224.8	-155.6	-5.16	-22.7	-40.8	-36.95		-5.1	53.4	4.6
-96.52	-97.49	-97.18	-99.06			1.2	2.2	0.09	-62.0	-5.7	-0.31	-16.7	-0.28	-50.97		-0.2	13.8	-0.8
-32.14	-60.42	-75.32	-56.82			6.3	4.2	3.0	76.4	-0.56	-0.01	78.6	0.34	-5.3		-14.6	2.8	3.2
-46.17	-60.31	-79.57	-60.44			6.3	4.2	3.0	76.4	-0.56	-0.01	78.6	0.34	-5.3		-9.7	1.9	2.1
-39.39	-64.29	-61.54				4.1	2.0	0.35		-0.95	-0.02	60.4	-0.86	-14.66		-5.7	15.4	1.9
-1.43	62.72	24.45	283.51			13,531	14,144	7,320	41.7	-596.7	-6.61	-96.1	16.6	-21.16		-22.3	1.8	-28.2
6.50	16.65	16.64	82.28	0.59	2.8	57.2	--	16.5	8.6	3.5	1.28	66.2	3.0		8.44	16.7	3.5	1.4
1.72	19.65	-14.52	-29.23	0.68	6.0	51.3	40.1	185.8	13.9	3.4	0.74	-38.0	11.4	3.68	8.37	15.4	0.3	1.2
5.27	9.93	-2.35	16.67	0.20	2.3	20.8	--	3.5	-1.4	-0.07	-0.04	-248.9	-0.11			-207.0	5.9	0.7
-6.42	-13.28	8.65	45.86	2.30	1.5	2,181	2,239	412.3	4.8	67.0	4.78	20.2	60.9	13.62	43.16	33.1	5.3	14.0
-12.92	-20.43	-67.96	-55.28			34.8	34.7	--		-22.5	-0.19	-67.2	-4.4	-39.51		-1.3		1.1
-16.25	-22.09	-68.10	-55.92			34.8	34.7	--		-22.5	-0.19	-67.2	-4.4	-39.51		-1.8		1.4
4.06						24.4	24.3	--		-0.02	-0.11		-0.19			-93.0		4.9
291.11	5,766.67	252.00	-89.14			1.7	2.8	0.32	-50.8	-0.01	0.00	78.2	0.02	6.05		-14.7	5.2	-1.0
-91.87	-85.87	-98.26	-98.93			57.2	8,018	5,667	-1.2	-3,047	-3.05	-15.4	-306.0	0.81		0.0	0.0	0.0
-20.00	-41.82	-46.31				49.9	49.9	--		-1.2	0.00		-0.02			-40.0		
1.60	13.39	17.59	238.49			114.1	219.9	459.2	26.7	17.9	19.36	363.2	--	4.16	10.2	6.6	0.3	0.6
-7.58	-2.84	-25.35	54.90	1.39	3.0	4,301	--	1,177	13.0	379.9	4.02	39.2	380.5		13.37	11.6	3.7	1.5
6.68	22.26	33.01	42.63	2.29	2.8	26,207	38,193	7,770	1.8	1,089	3.44	-11.8	2,287	2.85	11	24.2	3.4	2.6
28.81	18.75	-34.48				112.8	112.8	0.29	320.7	-1.2	0.00	94.7	-1.4	-98.64		-90.5	475.0	-172.7
-43.73	-50.52	-87.89	719.90			61.8	61.6	--		-35.0	-0.34	-309.9	-2.5	-784.92		-1.7		24.9
-17.48	37.41	-20.11				136.8	150.2	7.7	278.7	-1.4	-0.01	87.4	-4.7	-7.14		-89.5	17.5	2.2
-19.49	33.05	-20.30				136.8	150.2	7.7	278.7	-1.4	-0.01	87.4	-4.7	-7.14		-118.1	23.1	2.9
-32.11	-21.94					22.1	21.7	0.02		-36.6	-0.14	30.5	-5.9			-0.4		1.8
-24.74	-25.39	-50.07	63.32			9,879	9,288	1,341	3.1	482.3	2.13	18.9	80.8			20.7	7.6	5.1
-20.31	-3.10					637.5	524.8	590.2	8.4	82.7	0.87	-23.5	1.9	7.21	22.67	10.4	1.1	1.3
-3.44	-53.74	-80.71	67.40			1,280	2,965	1,469	6.0	174.0	2.47	-11.7	229.4	15.67		7.7	0.9	-1.6
-5.98	11.85	-1.88	-13.87	1.58	5.8	3,506	5,454	521.8	-7.1	230.4	1.78	-49.1	283.0	2.78	13.51	15.3	6.7	2.2
-9.68	-21.48	-31.19	-20.38	1.23	3.4	976.4	1,088	3,510	0.6	60.9	2.26	-40.8	131.3	3.23	6	16.1	0.3	1.0
1.23	46.56	-26.56	-0.91			2,312	3,760	1,615	10.0	63.3	0.45	-54.8	-652.0	6.75	39.86	36.7	1.4	12.5
6.66	23.34	16.58	174.99			14,393	13,553	22,530	27.3	489.5	10.14	11.9	-196.7	4.71	14.2	28.2	0.7	3.3
6.75	14.60	-0.73	67.07	0.23	0.7	81.7	--	27.1	9.5	5.9	2.34	53.7	5.9		9.2	14.3	3.1	1.2

https://greyhouse.weissratings.com

Data as of June 30, 2019

I. Index of Stocks   Summer 2019

Company Name	Stock Ticker Symbol	Traded On	Sector	Overall Rating	Recommendation	Reward Rating	Risk Rating	Recent Up/Downgrade	Stock Price as of 6/30/2019	52-Week High	52-Week Low	3-Year Beta	Growth	Efficiency	Solvency	Volatility	Dividend	Total Return
Wellness Center USA, Inc.	WCUI	OTC PK	Health Care	D	Sell	D+	D	Down	0.04	0.20	0.03	2.64	W	E	F	W	–	V
Wells Fargo & Company	WFC	NYSE	Financials	C	Hold	B-	D		46.29	59.53	43.02	1.15	G	E	E	W	G	W
Welltower Inc.	WELL	NYSE	Real Estate	C+	Hold	B	C-	Down	81.63	85.26	59.56	0.23	G	E	E	F	G	F
WEQ Holdings Inc.	WEQ.TO	TSX	Industrials	D	Sell	D+	D		2.13	2.19	1.41	-1.17	W	W	F	W	–	F
WEQ Holdings Inc.	WONEF	OTC PK	Industrials	D	Sell	D	D-		0.00	1.61	0	-1.35	W	W	F	W	–	W
Werner Enterprises, Inc.	WERN	NAS GS	Industrials	C+	Hold	B	C-		30.85	42.80	27.27	1.49	G	E	E	F	W	F
WesBanco, Inc.	WSBC	NAS GS	Financials	C+	Hold	B	D+		37.52	51.12	34.14	1.23	E	E	E	W	G	F
Wescan Energy Corp.	WCE.V	TSXV	Energy	D+	Sell	C	D		0.06	0.12	0.04	2.75	W	F	G	W	–	F
Wescan Goldfields Inc.	WGF.V	TSXV	Materials	D+	Sell	C	D-	Up	0.04	0.11	0.01	-1.03	V	G	G	W	–	W
Wescan Goldfields Inc.	WEGOF	OTC PK	Materials	D+	Sell	C	D		0.03	0.04	0.02	0.85	V	G	G	W	–	W
Wesco Aircraft Holdings, Inc.	WAIR	NYSE	Industrials	C-	Hold	C	D+	Up	10.51	14.23	7.38	0.08	G	F	E	W	–	W
WESCO International, Inc.	WCC	NYSE	Industrials	C	Hold	C+	D		50.58	63.20	43.94	1.70	G	G	E	W	–	W
Wesdome Gold Mines Ltd.	WDO.TO	TSX	Materials	B-	Buy	A	D+		5.48	5.74	2.95	-0.39	E	E	E	W	–	G
Wesdome Gold Mines Ltd.	WDOFF	OTC PK	Materials	B-	Buy	A	D+		4.17	4.35	2	-0.18	E	E	E	W	–	G
West Bancorporation, Inc.	WTBA	NAS GS	Financials	C	Hold	B	D+		21.02	26.51	18.06	0.70	G	E	E	W	G	W
West Coast Ventures Group Corp.	WCVC	OTC PK	Consumer Discretn	D	Sell	D	D		0.06	0.28	0.01		W	W	F	W	–	W
West End Indiana Bancshares, Inc.	WEIN	OTC PK	Financials	C	Hold	B-	D+		25.00	31.75	24.11	0.30	E	G	E	W	W	W
West Fraser Timber Co. Ltd.	WFTBF	OTC PK	Materials	C	Hold	B	D		45.34	71.46	38.97	1.86	G	E	E	W	–	F
West Fraser Timber Co. Ltd.	WFT.TO	TSX	Materials	C	Hold	B	D+	Down	59.18	95.85	52.01	1.47	G	E	E	W	–	F
West High Yield (W.H.Y.) Resources Ltd.	WHYRF	OTC PK	Materials	D+	Sell	C	D	Up	0.19	0.31	0.19	1.31	V	G	F	W	–	F
West High Yield (W.H.Y.) Resources Ltd.	WHY.V	TSXV	Materials	D+	Sell	C	D	Up	0.30	0.60	0.2	2.10	V	G	F	W	–	F
West Kirkland Mining Inc.	WKM.V	TSXV	Materials	D	Sell	D+	D-		0.06	0.08	0.03	0.80	F	W	E	W	–	W
West Kirkland Mining Inc.	WKLDF	OTC PK	Materials	D	Sell	D+	D		0.05	0.06	0.02	2.67	F	W	E	W	–	W
West Pharmaceutical Services, Inc.	WST	NYSE	Health Care	B	Buy	A	C	Up	123.58	125.09	91.75	1.35	E	E	E	F	W	G
Westamerica Bancorporation	WABC	NAS GS	Financials	B	Buy	B	B		60.99	65.39	52.05	1.02	E	G	E	G	G	F
WestBond Enterprises Corporation	WBE.V	TSXV	Materials	C	Hold	A+	C+		0.19	0.19	0.09	0.40	E	E	G	F	G	G
Westbridge Energy Corporation	WEBH.V	TSXV	Energy	C-	Hold	C	D		0.10	0.24	0.07	0.29	W	E	F	W	–	F
Westbridge Energy Corporation	WEGYF	OTC PK	Energy	D+	Sell	C	D	Down	0.07	0.11	0.05	-3.18	W	E	F	W	–	W
Westbury Bancorp, Inc.	WBBW	OTC PK	Financials	C	Hold	B	B		25.00	25.00	19.77	0.39	E	G	E	G	–	F
Westcore Energy Ltd.	WTR.V	TSXV	Energy	D	Sell	C-	D-		0.01	0.08	0.01	1.45	F	E	F	W	–	V
Westell Technologies, Inc.	WSTL	NAS CM	Information Tech	D-	Sell	D-	D	Down	1.76	3.00	1.66	0.84	V	W	E	W	–	W
Western Alliance Bancorporation	WAL	NYSE	Financials	C	Hold	B-	D+		44.41	60.01	37.39	1.63	E	E	E	W	–	W
Western Asset Mortgage Capital Corporation	WMC	NYSE	Financials	B-	Buy	B	C	Up	10.07	11.38	8.26	0.94	F	G	G	F	E	W
Western Atlas Resources Inc.	WA.V	TSXV	Materials	D-	Sell	E+	D-		0.08	0.14	0.05		W	V	E	W	–	V
Western Atlas Resources Inc.	PPZRF	OTC PK	Materials	E	Sell	D-	D+		0.05	0.05	0.05		W	V	E	F	–	W
Western Capital Resources, Inc.	WCRS	OTC PK	Consumer Discretn	C-	Hold	C+	D	Down	3.48	5.00	3	0.25	F	G	E	W	G	W
Western Copper and Gold Corporation	WRN	AMEX	Materials	D	Sell	D	D		0.68	0.87	0.35	2.24	W	W	E	W	–	W
Western Copper and Gold Corporation	WRN.TO	TSX	Materials	D	Sell	D	D		0.88	1.14	0.52	1.87	W	W	E	W	–	W
Western Digital Corporation	WDC	NAS GS	Information Tech	C-	Hold	C	D		44.55	80.12	33.83	2.11	W	G	G	W	G	W
Western Energy Services Corp.	WRG.TO	TSX	Energy	D	Sell	D+	E+		0.23	1.09	0.21	0.96	G	W	G	V	–	V
Western Energy Services Corp.	WEEEF	OTC PK	Energy	D	Sell	D+	E+		0.17	0.84	0.17	0.64	G	W	G	V	–	V
Western Forest Products Inc.	WFSTF	OTC PK	Materials	D+	Sell	C	D	Down	1.25	2.04	1.12	1.40	W	E	G	W	G	W
Western Forest Products Inc.	WEF.TO	TSX	Materials	D+	Sell	C	D	Down	1.59	2.75	1.51	1.12	W	E	G	W	G	W
Western Magnesium Corporation	MLYF	OTC PK	Materials	D-	Sell	E+	D		0.13	0.43	0.02	-2.35	V	V	F	W	–	E
Western Magnesium Corporation	WMG.V	TSXV	Materials	D-	Sell	E+	D		0.18	0.25	0.03	-2.41	V	V	F	W	–	E
Western New England Bancorp, Inc.	WNEB	NAS GS	Financials	C	Hold	B	C-		8.95	11.25	8.5	0.18	E	E	E	F	F	W
Western Pacific Resources Corp.	WRP.V	TSXV	Materials	C-	Hold	C	D		0.35	1.08	0.32	1.50	F	G	F	W	–	W
Western Pacific Resources Corp.	WRPSF	OTC PK	Materials	D+	Sell	C	D	Down	0.17	0.82	0.05	0.31	F	G	F	W	–	W
Western Pacific Trust Company	WP.V	TSXV	Financials	C	Hold	B-	D	Up	0.18	0.27	0.07	3.65	G	G	G	W	–	F
Western Resources Corp.	WRX.TO	TSX	Materials	D	Sell	D+	D-		0.25	0.40	0.11	1.53	F	F	E	W	–	V
Western Resources Corp.	WTRNF	OTC PK	Materials	D	Sell	D+	D-		0.17	0.30	0.08	1.12	F	F	E	W	–	V
Western Troy Capital Resources Inc.	WRY.V	TSXV	Materials	D	Sell	D	D	Down	0.10	0.10	0.03	3.73	W	W	F	W	–	W

*Ratings Factors: E=Excellent, G=Good, F=Fair, W=Weak, V=Very Weak, U=Unrated

Summer 2019 — I. Index of Stocks

3-Month Total Return (%)	6-Month Total Return (%)	1-Year Total Return (%)	3-Year Total Return (%)	Dividend $ TTM	Dividend Yield TTM	Market Cap. ($Mil)	Enterprise Value ($Mil)	Revenue ($Mil)	Revenue Growth (%)	Net Income ($Mil)	Earnings/ Share $	EPS Growth (%)	Cash from Operations ($Mil)	Return on Assets (%)	Return on Equity (%)	Earnings (P/E) TTM	Sales (P/S) TTM	Book (P/B) Q
-38.46	-27.27	-66.67	-52.94			4.3	4.8	0.17	66.6	-3.8	-0.05	-104.3	-1.2	-1,983.73		-0.9	25.0	-3.4
-4.79	3.02	-10.70	10.05	1.76	3.8	208,043	--	83,717	-2.8	23,117	4.53	12.2	28,794		11.62	10.2	2.5	1.2
5.06	20.39	37.49	27.65	3.48	4.3	33,055	47,364	4,809	12.3	636.1	1.55	-1.6	1,559	2.48	4.19	52.5	6.7	2.2
0.00	0.00	29.09	-80.68			26.6	74.7	73.2	30.9	-8.8	-0.53	81.5	8.6	-3.12		-4.0	0.5	11.8
-99.99	-99.99	-99.99	-100.00			26.6	74.7	73.2	30.9	-8.8	-0.53	81.5	8.6	-3.12		0.0	0.0	0.0
0.67	15.67	-6.85	61.31	0.36	1.2	2,156	2,225	2,491	14.4	176.4	2.46	-16.5	457.1	7.47	14.18	12.5	0.9	1.7
-5.53	4.79	-15.55	35.67	1.20	3.2	2,049	--	468.3	25.4	149.9	2.89	24.6	210.4		8.75	13.0	4.4	1.0
20.00	50.00	-36.84	100.00			1.4	1.6	1.3	6.7	-0.43	-0.01	-127.9	0.13	-5.06		-4.1	1.5	0.7
-12.50	-12.50	-50.00	-30.00			1.2	1.0	--		0.03	0.00	126.1	-0.09	-50.42	143.06	58.3		18.4
0.00	17.39	-60.33	-10.30			1.2	1.0	--		0.03	0.00	126.1	-0.09	-50.42	143.06	45.0		14.2
20.11	30.88	-6.99	-17.83			1,048	1,873	1,639	10.8	36.3	0.36	114.0	47.4	3.89	5.25	29.3	0.6	1.5
-4.40	7.46	-10.71	-1.11			2,147	3,479	8,144	3.1	225.3	4.82	36.1	272.6	4.53	10.36	10.5	0.3	1.0
28.04	25.40	84.51	181.03			569.9	557.0	93.3	17.0	15.3	0.11	485.3	35.4	8.55	12.96	49.3	8.2	5.9
30.61	29.95	82.47	177.16			569.9	557.0	93.3	17.0	15.3	0.11	485.3	35.4	8.55	12.96	37.5	6.2	4.5
3.29	9.40	-14.35	31.12	0.81	3.9	343.8	--	70.9	1.8	28.0	1.70	14.5	31.8		14.97	12.4	4.9	1.8
2.56	-10.45	22.45				2.7	5.0	3.2	15.0	-2.2	-0.09	-136.0	-0.87	-55.71		-0.7	0.7	-0.7
-8.00	2.61	-12.15	11.73	0.28	1.1	24.8	--	11.8	9.3	1.4	1.31	180.0	5.6		4.65	19.1	2.2	0.8
-5.66	-8.39	-29.86	60.72	0.61	1.3	3,096	3,844	4,579	10.6	468.4	5.92	-11.6	573.0	10.63	21.74	7.7	0.7	1.5
-10.06	-12.68	-31.87	66.00	0.80	1.4	3,096	3,844	4,579	10.6	468.4	5.92	-11.6	573.0	10.63	21.74	10.0	0.9	2.0
-22.42	-36.56	-33.12	5.00			15.0	17.8	--		-2.6	-0.04	-15.7	-1.5	-113.59		-4.8		-4.4
-10.61	-18.06	-26.25	34.09			15.0	17.8	--		-2.6	-0.04	-15.7	-1.5	-113.59		-7.3		-6.6
10.00	22.22	-15.38	-52.17			17.1	16.9	--		-0.59	0.00	6.3	-0.40	-1.01		-36.7		0.7
4.58	16.58	-11.43	-45.40			17.1	16.9	--		-0.59	0.00	6.3	-0.40	-1.01		-30.5		0.6
15.04	28.77	25.91	69.90	0.59	0.5	9,081	9,089	1,745	7.3	218.7	2.90	19.3	291.2	8.29	16.35	42.6	5.3	6.6
-1.01	10.56	9.01	39.88	1.61	2.6	1,642	--	201.9	1.8	73.7	2.74	38.3	93.6		11.9	22.3	8.1	2.5
7.20	26.94	63.92	87.34	0.01	5.4	4.8	6.8	8.7	13.1	0.32	0.01	31.4	1.2	4.35	8.04	20.1	0.8	1.6
-28.57	0.00	25.00	53.85			0.64	0.61	--		-0.27	-0.04	-158.5	-0.02	-35.35		-2.7		-1.7
-8.32	-8.32	18.29	43.88			0.64	0.61	--		-0.27	-0.04	-158.5	-0.02	-35.35		-1.9		-1.2
10.86	21.95	11.96	26.26			77.4	--	28.1	6.1	2.8	0.77	-6.0	2.6		3.65	32.4	3.2	1.1
-50.00	-33.33	-86.67	-92.00			0.53	0.86	0.20	-64.8	-0.71	-0.01	52.0	-0.78	-24		-0.7	3.6	-0.6
-14.15	-6.38	-37.37	-37.14			27.2	1.8	43.6	-25.6	-11.4	-0.74	-32,021.7	-0.76	-7.89		-2.4	0.6	0.7
7.58	12.52	-23.05	42.39			4,594	--	975.4	15.2	455.7	4.34	29.1	604.0		18.18	10.2	4.8	1.7
-4.31	17.76	2.39	45.91	1.24	12.3	536.0	--	55.6	-48.7	32.6	0.73	-64.4	-4.3		6.58	13.8	8.7	0.9
7.14	0.00	-42.31				3.2	3.1	--		-1.4	-0.04	-1,650.0	-0.60	-30.63		-2.0		2.2
0.00						3.2	3.1	--		-1.4	-0.04	-1,650.0	-0.60	-30.63		-1.3		1.4
-2.14	-5.02	-3.50	-26.51	0.20	5.8	32.7	5.3	113.8	-5.4	-1.0	-0.11	-102.9	-15.6	0.5		-32.0	0.3	0.5
17.61	64.52	-18.36	-8.76			70.1	67.2	--		-2.3	-0.02	-14.7	-1.7	-2.79		-29.7		2.0
14.29	54.39	-20.00	-8.33			70.1	67.2	--		-2.3	-0.02	-14.7	-1.7	-2.79		-38.8		2.6
-2.62	22.61	-40.13	11.15	2.00	4.5	13,053	19,941	18,052	-11.4	199.0	0.50	-13.0	2,241	3.43	1.85	89.1	0.7	1.3
-29.23	-47.73	-77.88	-93.07			16.2	200.7	168.0	-9.0	-32.3	-0.36	9.0	27.1	-3.59		-0.6	0.1	0.1
-28.63	-47.81	-79.36	-93.18			16.2	200.7	168.0	-9.0	-32.3	-0.36	9.0	27.1	-3.59		-0.5	0.1	0.1
-8.82	-4.31	-32.46	-6.39	0.07	5.4	458.8	529.0	901.0	0.7	38.0	0.10	-35.2	48.8	4.84	8.75	12.9	0.5	1.1
-12.82	-10.30	-36.80	-8.77	0.09	5.7	458.8	529.0	901.0	0.7	38.0	0.10	-35.2	48.8	4.84	8.75	16.4	0.7	1.4
253.54	287.76	453.24	655.57			35.3	35.0	--		-2.2	-0.01	-162.5	-1.6	-80.61		-12.6		63.0
218.18	288.89	600.00	600.00			35.3	35.0	--		-2.2	-0.01	-162.5	-1.6	-80.61		-16.7		83.3
-3.88	-7.73	-16.78	24.55	0.18	2.0	235.0	--	67.1	1.2	16.3	0.58	62.6	22.2		6.94	15.6	3.6	1.0
-15.66	-12.50	-56.25	-41.67			0.46	0.46	--		-0.25	-0.16	33.4	-0.03	-253.32		-2.2		-1.1
-44.37	-70.32	-66.40	-72.73			0.46	0.46	--		-0.25	-0.16	33.4	-0.03	-253.32		-1.1		-0.5
24.14	24.14	12.50	140.00			3.4	4.0	0.74	8.8	0.04	0.00	68.8	0.01	2.94	5.2	-360.0	6.1	-29.5
63.33	-2.00	-37.18				34.7	35.4	--		1.7	0.02	307.0	0.09	-0.97	1.44	13.8		0.2
50.17	-9.04	-43.00				34.7	35.4	--		1.7	0.02	307.0	0.09	-0.97	1.44	9.6		0.1
0.00	300.00	0.00	-20.00			0.62	0.59	--		-0.13	-0.02	87.1	-0.21	-177.59		-6.1		-7.7

https://greyhouse.weissratings.com

Data as of June 30, 2019

I. Index of Stocks

Summer 2019

Company Name	Stock Ticker Symbol	Traded On	Sector	Overall Rating	Recommendation	Reward Rating	Risk Rating	Recent Up/Downgrade	Stock Price as of 6/30/2019	52-Week High	52-Week Low	3-Year Beta	Growth	Efficiency	Solvency	Volatility	Dividend	Total Return
Western Troy Capital Resources Inc.	WTCRF	OTC PK	Materials	D	Sell	D	D	Down	0.07	0.07	0.07	0.20	W	W	F	W	–	W
Westhaven Ventures Inc.	WHN.V	TSXV	Materials	D	Sell	D	D	Down	0.74	1.43	0.13	-8.61	V	W	E	W	–	F
Westhaven Ventures Inc.	WTHVF	OTC PK	Materials	D	Sell	D	D	Down	0.57	1.03	0.1	-5.91	V	W	E	W	–	F
Westjet Airlines Ltd.	WJA.TO	TSX	Industrials	C	Hold	B-	C-		30.72	31.00	16.71	-0.43	F	G	G	F	W	F
Westjet Airlines Ltd.	WJAFF	OTC PK	Industrials	C	Hold	B-	C-		23.00	23.01	12.33	-0.25	F	G	G	F	F	F
WestKam Gold Corp.	WKG.V	TSXV	Materials	D	Sell	D	D-		0.01	0.02	0.01	-0.06	W	W	F	W	–	V
WestKam Gold Corp.	ERRCF	OTC PK	Materials	D-	Sell	D	D-		0.01	0.02	0	2.49	W	W	F	W	–	V
Westlake Chemical Corporation	WLK	NYSE	Materials	C	Hold	B	D+	Down	69.13	112.85	57.2	1.49	F	E	E	W	F	F
Westlake Chemical Partners LP	WLKP	NYSE	Materials	B-	Buy	B	C	Up	24.48	27.75	20.25	0.18	G	E	E	F	E	W
Westleaf Inc.	WL.V	TSXV	Health Care	E-	Sell	D-	D-		0.60	4.00	0.41		V	W	E	W	–	V
Westleaf Inc.	WSLFF	OTC PK	Health Care	E-	Sell	D-	D-		0.46	5.00	0.3		V	W	E	W	–	V
Westminster Resources Ltd.	WMR.V	TSXV	Materials	D-	Sell	D-	D-		0.05	0.14	0.03	2.12	W	V	G	W	–	V
Westminster Resources Ltd.	WMRSF	OTC PK	Materials	D-	Sell	D	D-	Down	0.07	0.07	0.07	0.30	W	V	G	W	–	V
Westmoreland Coal Company	WLBAQ	OTC PK	Energy	D-	Sell	D-	D-		0.01	0.20	0.01	5.31	W	V	F	W	–	V
Westmoreland Resource Partners, LP	WMLPQ	OTC PK	Energy	D-	Sell	E+	D	Up	0.18	5.58	0	19.63	W	V	F	W	–	V
Westpac Banking Corporation	WBK	NYSE	Financials	C-	Hold	C+	D		19.75	22.35	16.41	0.70	W	E	E	W	E	W
Westpac Banking Corporation	WEBNF	OTC PK	Financials	C	Hold	C+	D	Up	19.49	22.02	16.58	0.48	W	E	E	W	E	W
Westport Fuel Systems Inc.	WPRT	NAS GS	Industrials	D	Sell	D+	D		2.60	3.77	1.17	0.12	W	W	G	W	–	F
Westport Fuel Systems Inc.	WPRT.TO	TSX	Industrials	D	Sell	D+	D		3.41	4.87	1.55	-0.08	W	W	G	W	–	F
WestRock Company	WRK	NYSE	Materials	C-	Hold	C+	D		35.75	58.51	32.01	1.61	E	E	G	W	G	W
Westshore Terminals Investment Corporation	WTSHF	OTC PK	Industrials	C	Hold	B	D		16.58	21.17	13.34	0.82	F	E	G	W	G	W
Westshore Terminals Investment Corporation	WTE.TO	TSX	Industrials	C	Hold	B	D		21.81	27.50	17.64	0.61	F	E	G	F	W	F
Westwater Resources, Inc.	WWR	NAS CM	Energy	D-	Sell	E+	D-	Up	6.43	22.00	3.5	1.36	W	V	G	W	–	V
Westwood Holdings Group, Inc.	WHG	NYSE	Financials	D+	Sell	C	D	Down	33.01	61.92	28.1	1.28	W	E	E	W	E	W
WEX Inc.	WEX	NYSE	Information Tech	C	Hold	B	D+		203.81	212.13	131.35	1.25	F	G	E	F	–	E
Weyco Group, Inc.	WEYS	NAS GS	Consumer Discretn	C+	Hold	B	D+		25.78	39.93	25.01	1.05	F	E	E	W	G	W
Weyerhaeuser Company	WY	NYSE	Real Estate	C-	Hold	C	D		25.97	37.44	20.52	1.81	W	E	E	W	G	W
Weyland Tech Inc.	WEYL	OTC PK	Information Tech	D-	Sell	D-	D-		0.67	3.29	0.25	2.13	F	V	E	W	–	V
Wheaton Precious Metals Corp.	WPM	NYSE	Materials	C+	Hold	B+	D+		23.92	25.24	15.08	-0.37	E	G	E	W	F	F
Wheaton Precious Metals Corp.	WPM.TO	TSX	Materials	C+	Hold	B+	D+		31.36	33.85	19.87	-0.66	E	G	E	W	W	F
Wheeler Real Estate Investment Trust, Inc.	WHLR	NAS CM	Real Estate	D	Sell	D+	D-	Up	1.43	6.30	0.72	4.75	F	F	E	W	–	V
Where Food Comes From, Inc.	WFCF	OTC PK	Industrials	C-	Hold	C	D	Up	1.77	2.50	1.62	1.08	F	G	E	W	–	W
Whirlpool Corporation	WHR	NYSE	Consumer Discretn	C	Hold	C+	D+	Up	142.31	156.51	99.4	1.99	W	G	F	W	G	W
White Gold Corp.	WHGOF	OTC PK	Materials	D	Sell	D+	D	Down	0.97	1.44	0.46	-1.23	W	W	E	W	–	F
White Gold Corp.	WGO.V	TSXV	Materials	D	Sell	D+	D	Down	1.27	2.00	0.54	-2.36	W	W	E	W	–	F
White Metal Resources Corp.	WHM.V	TSXV	Materials	D-	Sell	D-	D	Down	0.05	0.25	0.04	2.61	W	W	G	W	–	W
White Metal Resources Corp.	TNMLF	OTC PK	Materials	D	Sell	D-	D	Up	0.04	0.19	0.02	3.60	W	W	G	W	–	W
White Mountains Insurance Group, Ltd.	WTM	NYSE	Financials	B	Buy	B	B	Up	1,015.90	1,052.17	832.88	0.43	F	G	E	G	W	F
Whitecap Resources Inc.	SPGYF	OTC PK	Energy	C-	Hold	C+	D	Up	3.28	7.27	2.81	1.30	F	G	G	W	E	W
Whitecap Resources Inc.	WCP.TO	TSX	Energy	C-	Hold	C+	D-	Up	4.28	9.52	3.8	0.98	F	G	G	W	G	W
WhiteHorse Finance, Inc.	WHF	NAS GS	Financials	B	Buy	A-	C+		13.82	15.30	11.89	0.56	E	E	E	F	E	F
Whitemud Resources Inc.	WMKH.V	TSXV	Materials	D-	Sell	D-	D		0.01	0.03	0.01	1.59	W	V	F	W	–	W
Whitestone REIT	WSR	NYSE	Real Estate	C	Hold	B	D	Down	12.55	14.65	11.5	1.03	G	E	E	W	E	W
Whiting Petroleum Corporation	WLL	NYSE	Energy	D	Sell	C-	D	Down	18.20	55.39	15.4	2.26	F	F	G	W	–	W
Whiting USA Trust II	WHZT	OTC PK	Energy	C+	Hold	A-	D+	Down	1.18	3.16	1	0.86	E	E	E	W	E	F
Wi2Wi Corporation	ISEYF	OTC PK	Information Tech	C-	Hold	C	D	Up	0.05	0.10	0.05	0.83	W	G	E	W	–	W
Wi2Wi Corporation	YTY.V	TSXV	Information Tech	C-	Hold	C	D	Up	0.07	0.16	0.07	1.16	W	G	E	W	–	W
WideOpenWest, Inc.	WOW	NYSE	Communication Svc	C-	Hold	C	D	Up	7.02	12.91	6.4	1.36	F	G	F	W	–	W
WidePoint Corporation	WYY	AMEX	Information Tech	D	Sell	C-	D		0.43	0.63	0.38	0.23	F	W	G	W	–	W
Wildsky Resources Inc.	WSK.V	TSXV	Materials	D	Sell	D	D		0.11	1.01	0.06	-0.34	W	W	E	W	–	V
Wildsky Resources Inc.	HWTHF	OTC PK	Materials	D	Sell	D	D		0.09	0.77	0.05	4.90	W	W	E	W	–	V
Wilhelmina International, Inc.	WHLM	NAS CM	Industrials	D+	Sell	C-	D		6.20	7.00	4.68	0.44	F	F	G	W	–	W

*Ratings Factors: E=Excellent, G=Good, F=Fair, W=Weak, V=Very Weak, U=Unrated

Summer 2019 — I. Index of Stocks

3-Month Total Return (%)	6-Month Total Return (%)	1-Year Total Return (%)	3-Year Total Return (%)	Dividend $ TTM	Dividend Yield TTM	Market Cap. ($Mil)	Enterprise Value ($Mil)	Revenue ($Mil)	Revenue Growth (%)	Net Income ($Mil)	Earnings/Share $	EPS Growth (%)	Cash from Operations ($Mil)	Return on Assets (%)	Return on Equity (%)	Earnings (P/E) TTM	Sales (P/S) TTM	Book (P/B) Q
0.00	-26.20	-26.20	-31.00			0.62	0.59	--		-0.13	-0.02	87.1	-0.21	-177.59		-4.2		-5.3
-32.11	-46.38	448.15	410.34			50.5	49.0	--		-2.2	-0.03	-239.2	-0.35	-32.53		-27.6		12.6
-32.96	-43.25	385.90	466.24			50.5	49.0	--		-2.2	-0.03	-239.2	-0.35	-32.53		-21.2		9.7
60.49	75.96	83.08	60.05	0.56	1.8	2,667	3,650	3,653	2.0	75.4	0.66	-62.9	703.2	1.33	4.34	46.4	1.0	2.1
60.91	78.72	81.87	57.73	0.42	1.8	2,667	3,650	3,653	2.0	75.4	0.66	-62.9	703.2	1.33	4.34	34.7	0.7	1.5
-50.00	-37.50	-66.67	-92.86			0.99	1.1	--		-0.73	0.00	53.0	-0.15	0.13	0.21	-1.6		0.1
97.30	47.77	-35.40	-86.73			0.99	1.1	--		-0.73	0.00	53.0	-0.15	0.13	0.21	-2.4		0.2
2.65	7.84	-34.22	76.84	1.00	1.5	8,890	12,093	8,510	3.2	781.0	5.96	-46.2	1,331	6.29	13.85	11.6	1.1	1.6
10.56	8.45	7.20	48.84	1.71	7.0	861.4	1,837	1,300	10.2	52.0	1.61	-2.2	443.4	13.92	33.58	15.2	0.6	1.7
-75.00						65.1	53.5	0.05		-11.6	-0.12	-545.1	-5.8			-5.1	1,500.0	1.3
-74.53						65.1	53.5	0.05		-11.6	-0.12	-545.1	-5.8			-3.9	1,140.0	1.0
-10.00	-18.18	-68.97	-94.38			1.6	1.6	--		-1.4	-0.05	11.1	-0.28	-26.77		-0.9		0.7
0.00	0.00	-39.15	-88.90			1.6	1.6	--		-1.4	-0.05	11.1	-0.28	-26.77		-1.4		1.0
17.39	-31.47	-90.36	-99.85			0.25	992.8	1,265	-11.7	-211.1	-11.25	-119.2	101.6	1.69		0.0	0.0	0.0
1,150.00	16.67	-87.93	-95.77			0.22	326.1	267.8	-14.2	-139.0	-6.08	-353.1	11.0	-4.37		0.0	0.0	0.0
11.14	17.79	-1.38	11.40	1.32	6.7	67,642	--	14,829	-10.3	5,168	1.46	-20.1	-1,089		11.05	13.5	5.0	1.5
8.10	12.92	-8.33	-4.18			67,642	--	14,829	-10.3	5,168	1.46	-20.1	-1,089		11.05	13.3	4.9	1.5
56.63	89.78	0.00	55.69			347.0	373.5	279.6	18.3	-20.3	-0.15	-189.9	-33.1	-8.44		-16.8	1.2	4.0
52.91	83.33	-0.87	57.87			347.0	373.5	279.6	18.3	-20.3	-0.15	-189.9	-33.1	-8.44		-22.1	1.6	5.2
-4.74	-1.78	-34.69	6.12	1.80	5.0	9,189	19,847	17,322	10.6	847.3	3.27	-55.2	2,351	3.59	7.34	10.9	0.5	0.8
10.21	12.63	-6.37	32.91	0.48	2.9	1,108	1,306	280.8	3.6	98.1	1.44	12.0	111.3	11.54	20.38	11.6	3.9	2.3
8.29	6.98	-6.86	31.29	0.64	2.9	1,108	1,306	280.8	3.6	98.1	1.44	12.0	111.3	11.54	20.38	15.2	5.2	3.1
-12.52	-11.68	-67.19	-91.70			10.3	9.8	--		-35.4	-37.39	17.8	-10.7	-59.68		-0.2		0.5
-4.70	-1.03	-39.65	-23.53	2.84	8.6	278.9	187.3	112.6	-16.4	19.2	2.25	-13.2	40.7	8.95	12.28	14.7	2.5	1.8
6.66	47.88	6.82	139.30			8,815	11,624	1,520	15.9	135.8	3.11	-26.4	385.1	3.2	7.41	65.5	5.8	4.9
-17.54	-11.44	-28.12	2.07	0.93	3.6	256.2	266.8	303.0	6.6	21.5	2.07	22.9	9.1	6.32	10.16	12.4	0.9	1.2
-0.96	22.33	-24.35	5.53	1.36	5.2	19,342	25,951	7,254	-1.6	190.0	0.24	-73.4	962.0	4.16	2.14	107.5	2.7	2.2
36.67	21.76	-61.73	-76.08			31.2	28.2	27.0	59.5	-3.6	-0.11	-17.0	-5.5	-34.02		-6.3	1.0	4.6
-1.02	24.66	12.56	14.72	0.36	1.5	10,647	11,729	819.8	-2.9	416.3	0.93	572.8	470.3	2.47	8.2	25.6	13.0	2.0
-3.52	19.52	11.14	15.33	0.36	1.2	10,647	11,729	819.8	-2.9	416.3	0.93	572.8	470.3	2.47	8.2	33.6	17.0	2.7
-12.80	66.28	-62.95	-85.88			13.9	493.5	65.4	8.1	-14.0	-2.89	-7.7	12.1	1.76		-0.5	0.2	-11.8
-9.80	-11.60	-3.91	-26.33			44.1	46.7	18.1	13.4	0.62	0.03	3,485.7	1.1	2.1	4.02	70.4	2.4	4.2
8.77	34.99	1.39	-3.63	4.65	3.3	9,014	16,296	20,886	-2.3	194.0	3.66	-3.4	1,047	4.05	4.94	38.9	0.4	3.2
12.34	-18.15	61.02	711.67			111.5	98.2	--		-5.0	-0.05	-295.9	-2.8	-2.47		-20.2		1.5
10.43	-22.56	58.75	1,593.33			111.5	98.2	--		-5.0	-0.05	-295.9	-2.8	-2.47		-26.3		2.0
0.00	12.50	-35.71	-35.71			1.7	1.7	--		-0.20	0.00	72.0	-0.17	-11.87		-9.2		2.3
47.08	26.07	-38.72	-30.65			1.7	1.7	--		-0.20	0.00	72.0	-0.17	-11.87		-7.2		1.8
9.86	19.07	12.88	23.55	1.00	0.1	3,190	3,175	760.6	132.5	191.2	60.73	-52.1	-27.4	3.16	5.23	16.7	4.2	1.0
-3.60	8.16	-48.95	-51.26	0.25	7.5	1,346	2,364	959.5	28.5	16.1	0.03	107.4	540.4	0.96	0.66	110.8	1.4	0.6
-6.54	5.10	-48.68	-51.64	0.33	7.6	1,346	2,364	959.5	28.5	16.1	0.03	107.4	540.4	0.96	0.66	144.6	1.8	0.8
-0.17	12.60	6.06	79.22	1.42	10.3	283.9	429.4	62.6	8.2	50.5	2.46	27.6	54.6	4.6	16.58	5.6	4.5	0.9
-50.00	0.00	-33.33	0.00			2.7	21.4	2.4	-8.5	10.6	0.03	5,960.0	-0.05	2.08		0.3	1.5	-0.3
5.33	5.13	9.81	8.36	1.14	9.1	499.9	1,123	118.7	-7.4	21.2	0.52	109.8	39.5	2.11	6.18	24.2	4.3	1.5
-30.19	-18.05	-65.67	-49.89			1,661	4,544	1,994	20.3	258.6	2.80	122.4	1,008	3.39	6.35	6.5	0.8	0.4
-19.20	-12.15	-37.25	256.29	0.76	64.7	21.7	21.5	15.4	119.6	16.7	0.91	114.6	--	74.76	121.48	1.3	1.4	2.0
0.00	-12.31	-66.35	-24.00			7.9	6.6	9.8	0.9	0.15	0.00	14.3	0.02	1.12	2.46	57.0	0.8	1.1
0.00	0.00	-50.00	16.67			7.9	6.6	9.8	0.9	0.15	0.00	14.3	0.02	1.12	2.46	87.5	1.1	1.6
-24.52	-0.14	-27.33				592.5	2,927	1,156	-1.5	120.3	1.48	336.3	252.1	5.24		4.8	0.5	-2.1
-5.95	3.68	-22.67	-31.44			35.8	37.4	85.5	10.6	-0.61	-0.02	61.9	-2.0	0.91		-25.5	0.4	1.4
37.50	10.00	-45.00	-56.00			1.2	1.1	--		-0.66	-0.05	-3.2	-0.39	-5.21		-2.4		0.3
76.80	54.55	-22.32	-69.46			1.2	1.1	--		-0.66	-0.05	-3.2	-0.39	-5.21		-1.9		0.3
6.90	11.31	-11.17	-8.15			32.1	30.9	78.2	6.0	0.52	0.10	40.0	3.9	1.43	1.99	65.1	0.4	1.2

https://greyhouse.weissratings.com

Data as of June 30, 2019

I. Index of Stocks — Summer 2019

Company Name	Stock Ticker Symbol	Traded On	Sector	Overall Rating	Recommendation	Reward Rating	Risk Rating	Recent Up/Downgrade	Stock Price as of 6/30/2019	52-Week High	52-Week Low	3-Year Beta	Growth	Efficiency	Solvency	Volatility	Dividend	Total Return
Willamette Valley Vineyards, Inc.	WVVI	NAS CM	Consumer Staples	C	Hold	C+	D+		6.91	8.55	6.66	0.28	F	E	E	W	–	W
Willdan Group, Inc.	WLDN	NAS	Industrials	C	Hold	B	C-	Down	37.54	40.70	27.61	0.97	G	G	E	F	–	F
William Lyon Homes	WLH	NYSE	Consumer Discretn	C	Hold	B-	D+	Up	18.01	25.23	9.85	0.87	F	G	G	W	–	W
William Penn Bancorp, Inc.	WMPN	OTC PK	Financials	C	Hold	C	C-	Up	36.80	42.00	30.5	1.03	W	F	E	G	–	F
Williams Industrial Services Group Inc.	WLMS	OTC PK	Industrials	D	Sell	D	D		2.17	3.11	1.41	1.15	F	V	G	W	–	W
Williams-Sonoma, Inc.	WSM	NYSE	Consumer Discretn	B-	Buy	B+	C	Up	64.26	73.99	45.01	0.94	F	E	G	F	G	F
Willis Lease Finance Corporation	WLFC	NAS	Industrials	B	Buy	A	B-	Up	55.48	58.00	30.81	0.66	E	G	F	G	–	E
Willis Towers Watson Public Limited Company	WLTW	NAS GS	Financials	B	Buy	B+	B	Down	188.95	192.96	134.5	0.65	E	E	E	G	W	G
WillScot Corporation	WSC	NAS CM	Industrials	D+	Sell	C	D		14.79	18.19	8.21		F	W	G	W	–	F
Wilmington Capital Management Inc.	WCMA.TO	TSX	Financials	C	Hold	C+	C		5.05	5.05	2.75	0.08	W	F	E	F	–	G
Wilmington Capital Management Inc.	WCMB.TO	TSX	Financials	C-	Hold	C	C-		5.00	5.65	3.5	0.36	W	F	E	F	–	F
Wilton Resources Inc.	WLTNF	OTC PK	Energy	D	Sell	D	D	Down	0.27	1.09	0.27	1.56	W	W	G	W	–	V
Wilton Resources Inc.	WIL.V	TSXV	Energy	D	Sell	D	D	Down	0.50	1.45	0.28	1.65	W	W	G	W	–	V
Windstream Holdings, Inc.	WINMQ	OTC PK	Communication Svc	E+	Sell	D-	E+	Down	0.25	6.00	0.2	1.82	W	W	F	V	–	V
Windtree Therapeutics, Inc.	WINT	OTC PK	Health Care	D+	Sell	C	D	Up	4.60	5.35	2.05	-0.99	F	F	G	W	–	W
Wingstop Inc.	WING	NAS GS	Consumer Discretn	B	Buy	A+	C-	Up	94.66	94.75	47.83	0.88	E	E	G	G	W	E
Winland Holdings Corporation	WELX	OTC PK	Information Tech	D	Sell	C-	D		1.10	1.60	0.85		W	G	E	W	–	W
Winmark Corporation	WINA	NAS	Consumer Discretn	C	Hold	A-	A-		174.43	194.85	141.1	0.35	E	E	E	E	W	G
Winnebago Industries, Inc.	WGO	NYSE	Consumer Discretn	C+	Hold	B+	D+	Up	38.22	43.15	19.77	1.24	E	E	E	W	W	F
Winpak Ltd.	WPK.TO	TSX	Materials	C	Hold	C+	D+		43.54	50.46	40.64	-0.17	G	E	E	W	W	W
Winpak Ltd.	WIPKF	OTC PK	Materials	C	Hold	C+	D+		33.22	37.92	31.5	0.11	G	E	E	W	–	W
Wintrust Financial Corporation	WTFC	NAS GS	Financials	C+	Hold	B	C-	Up	72.19	92.56	61.53	1.32	E	G	E	F	W	F
Wipro Limited	WIT	NYSE	Information Tech	B-	Buy	B	C	Up	4.33	4.63	3.53	0.49	G	E	E	F	–	F
Wireless Telecom Group, Inc.	WTT	AMEX	Information Tech	D	Sell	D+	D		1.55	2.25	1.4	0.23	F	W	E	W	–	W
WisdomTree Investments, Inc.	WETF	NAS GS	Financials	C-	Hold	C	D	Up	6.25	9.78	5.73	1.11	F	E	E	W	F	W
Wix.com Ltd.	WIX	NAS GS	Information Tech	U		U	U		140.95	149.59	80.2	0.88	U	U	U	U	U	U
Wizard Entertainment, Inc.	WIZD	OTC PK	Communication Svc	C-	Hold	C	D	Up	0.14	0.28	0.05	-4.24	F	E	F	W	–	W
WNS (Holdings) Limited	WNS	NYSE	Information Tech	B	Buy	A	C+		58.98	59.86	39.24	1.08	E	E	E	F	–	G
WO Group, Inc.	PAPA	OTC PK	Financials	D-	Sell	D	D	Up	0.00	0.01	0	1.09	V		E	W	–	W
WOD Retail Solutions Inc.	WODI	OTC PK	Information Tech	D	Sell	D	D		0.20	1.80	0.1	4.57	F		E	W	–	V
Woden Venture Capital Corporation	WODH.V	TSXV	Financials	D-	Sell	E+	D		0.05	0.05	0.02	-0.20	W	V	E	W	–	F
Wolfden Resources Corporation	WLFFF	OTC PK	Materials	D-	Sell	D-	D-		0.11	0.33	0.1	1.06	W	V	E	W	–	W
Wolfden Resources Corporation	WLF.V	TSXV	Materials	D-	Sell	D-	D-		0.15	0.43	0.14	0.91	W	V	E	W	–	W
Wolverine Energy and Infrastructure Inc.	WEII.V	TSXV	Energy	E	Sell	C	D+		1.04	1.25	0.84		G	F	G	F	–	W
Wolverine Technologies Corp.	WOLV	OTC PK	Materials	C-	Hold	C+	D-	Up	0.00	0.01	0	1.37	F	E	F	W	–	W
Wolverine World Wide, Inc.	WWW	NYSE	Consumer Discretn	B-	Buy	B	C		27.34	39.77	26.54	1.51	F	E	E	F	F	F
Woodward, Inc.	WWD	NAS GS	Industrials	B	Buy	B+	B	Down	113.08	116.46	68.4	1.31	G	E	E	G	W	G
Woori Financial Group Inc.	WF	NYSE	Financials	C	Hold	B-	D	Down	36.80	46.53	33.57	0.30	F	E	E	W	–	W
Workday, Inc.	WDAY	NAS GS	Information Tech	C-	Hold	C	D	Down	206.26	221.00	117.24	0.94	W	W	E	G	–	E
Workhorse Group Inc.	WKHS	NAS CM	Consumer Discretn	C-	Hold	C	D	Up	2.84	3.27	0.37	2.19	F	G	F	W	–	W
Workiva Inc.	WK	NYSE	Information Tech	D-	Sell	E+	D	Down	57.31	58.69	24.1	1.02	G	V	G	F	–	E
World Acceptance Corporation	WRLD	NAS GS	Financials	C+	Hold	B	C		163.86	164.65	89.78	1.62	F	G	E	F	–	E
World Financial Split Corp.	WFS.TO	TSX	Financials	D	Sell	D	D		2.39	3.89	2.02	2.62	W	G	W	–	W	
World Fuel Services Corporation	INT	NYSE	Energy	C	Hold	B	D	Up	35.11	35.78	19.79	1.10	F	G	E	W	W	F
World Wrestling Entertainment, Inc.	WWE	NYSE	Communication Svc	C+	Hold	B	D+	Down	72.20	100.45	58.5	1.42	G	E	E	F	W	F
Worldpay, Inc.	WP	NYSE	Information Tech	C	Hold	B-	D+	Up	123.23	126.87	70.41	0.79	F	F	G	F	–	E
Worlds Inc.	WDDD	OTC PK	Communication Svc	D+	Sell	C-	D+	Down	0.30	0.50	0.11	1.01	W		G	W	–	G
Worldwide Resources Corp.	WRH.V	TSXV	Materials	C-	Hold	C+	D		0.03	0.07	0.02	2.15	F	E	F	W	–	F
Worldwide Resources Corp.	ECNRF	OTC PK	Materials	C	Hold	B-	C-	Up	0.03	0.03	0.03	0.27	F	E	F	F	–	F
Worthington Industries, Inc.	WOR	NYSE	Materials	C	Hold	B-	D		38.91	48.57	31.42	1.40	F	E	E	W	F	W
Wow Unlimited Media Inc.	WOW.V	TSXV	Communication Svc	D	Sell	D	D		0.79	1.75	0.79	0.43	W	W	G	W	–	W
Wow Unlimited Media Inc.	WOWMF	OTC PK	Communication Svc	D	Sell	D	D		0.72	1.31	0.65	2.14	W	W	G	W	–	W

*Ratings Factors: E=Excellent, G=Good, F=Fair, W=Weak, V=Very Weak, U=Unrated

Summer 2019

I. Index of Stocks

3-Month Total Return (%)	6-Month Total Return (%)	1-Year Total Return (%)	3-Year Total Return (%)	Dividend $ TTM	Dividend Yield TTM	Market Cap. ($Mil)	Enterprise Value ($Mil)	Revenue ($Mil)	Revenue Growth (%)	Net Income ($Mil)	Earnings/Share $	EPS Growth (%)	Cash from Operations ($Mil)	Return on Assets (%)	Return on Equity (%)	Earnings (P/E) TTM	Sales (P/S) TTM	Book (P/B) Q
-5.34	0.65	-16.44	-17.54			34.3	57.9	23.5	12.5	3.0	0.39	-11.2	3.0	4.34	6.32	17.7	1.5	1.2
3.82	10.41	21.21	263.41			417.7	504.4	309.5	19.2	7.4	0.78	-38.0	24.8	3.59	6.76	48.1	1.3	2.9
14.86	66.60	-21.66	19.35			662.6	2,155	2,170	13.5	91.4	2.34	37.5	-101.5	3.25	12.56	7.7	0.3	0.8
6.67	10.68	21.91	77.52	0.32	0.9	146.5	--	5.0	-25.1	1.2	0.35	-38.6	--			106.0	24.9	2.1
-2.69	-6.87	-28.38	3.33			40.6	79.1	196.4	6.5	-21.1	-1.17	52.6	-14.3	-2.49		-1.9	0.2	2.2
13.14	31.00	8.15	37.82	1.77	2.8	5,051	6,610	5,710	6.1	341.2	4.20	34.4	477.1	8.76	29.42	15.3	0.9	4.5
31.19	63.46	78.05	148.01			326.0	1,665	388.2	45.9	57.0	8.99	-5.0	193.9	5.19	17.2	6.2	0.9	1.1
7.96	25.66	26.35	67.63	2.50	1.3	24,419	29,429	8,533	4.4	767.0	5.87	78.5	1,223	2.38	7.47	32.2	2.9	2.4
34.70	57.51	0.61				1,608	3,380	871.7	81.1	-53.2	-0.58	87.3	47.6	3.1		-25.7	1.8	2.6
0.00	44.29	57.32	60.32			39.1	37.1	0.34	233.0	1.4	0.14	166.2	-0.44	-1.86	7.97	37.2	149.4	2.8
-11.50	42.86	48.81	-28.47			39.1	37.1	0.34	233.0	1.4	0.14	166.2	-0.44	-1.86	7.97	36.8	147.9	2.8
-45.11	-63.58	-50.55	-40.62			20.5	20.4	--		-1.7	-0.03	66.4	-1.3	-138.95		-8.2		-42.1
-25.37	-51.46	-37.50	0.00			20.5	20.4	--		-1.7	-0.03	66.4	-1.3	-138.95		-14.9		-76.9
-10.93	-88.81	-95.61	-99.39			10.7	9,775	5,579	-6.1	-2,912	-68.49	-15.8	992.0	1.35		0.0	0.0	0.0
6.73	-8.00	22.67	-87.96			148.1	157.0	1.6	10.5	-22.6	-5.29	79.1	-22.0	-19.65		-0.9	91.1	2.4
26.05	46.79	89.89	359.79	0.36	0.4	2,783	3,091	163.8	19.3	22.2	0.74	-9.3	38.9	19.14		127.8	17.1	-12.6
-26.17	-4.35	-8.33				4.2	3.1	3.8	5.3	0.02	0.01	-90.5	-0.28	-0.84	0.97	189.7	1.1	1.8
0.33	10.04	19.96	78.80	0.70	0.4	656.2	706.0	72.7	3.7	30.4	7.30	19.1	38.8	55.2		23.9	10.1	-30.5
24.33	61.34	-5.09	82.14	0.43	1.1	1,208	1,464	1,991	2.9	109.7	3.46	12.9	105.2	9.69	19.79	11.0	0.6	2.0
0.02	-8.47	-0.24	-6.07	0.15	0.3	2,156	1,816	892.0	1.4	111.0	1.71	-5.2	141.2	9.11	12.35	25.5	3.2	3.0
5.53	-1.04	-12.22	-10.41	0.11	0.4	2,156	1,816	892.0	1.4	111.0	1.71	-5.2	141.2	9.11	12.35	19.5	2.4	2.3
6.37	10.59	-16.68	52.27	0.88	1.2	4,091	--	1,316	12.7	350.3	5.98	24.5	442.5		10.94	12.1	3.1	1.3
9.34	12.61	20.59	-2.01	0.01	0.2	24,500	20,366	8,380	-0.9	1,287	0.21	9.2	1,662	7.5	16.42	20.3	3.1	3.2
-3.94	-11.43	-27.28	12.32			33.0	36.4	52.6	5.6	-0.68	-0.04	74.3	1.6	0.52		-41.2	0.6	1.0
-13.08	-4.02	-31.60	-25.90	0.12	1.9	969.1	1,236	280.7	20.0	36.0	0.21	-3.3	50.2	7.39	10.33	30.0	3.7	2.6
18.60	57.63	41.59	394.39			7,028	6,685	302.0	-29.1	-25.6	-0.54	56.5	60.8			-260.8	22.9	45.6
21.74	-22.22	-48.13	-66.63			9.8	11.6	13.5	-13.4	-3.0	-0.05	16.6	-0.74	-34.82		-2.7	0.7	-2.0
9.36	43.92	13.40	124.86			2,952	2,860	809.1	6.8	105.4	2.03	22.5	149.7	9.32	20.13	29.1	3.8	5.3
-10.71	-16.67	-16.67	-16.67			--	--	--		-0.05	0.00		-0.04					-25.0
-33.33	100.00	-86.67	-95.24			0.03	5.2	--		24.2	257.17	176.9	1.1	-1,824.51		0.0		0.0
100.00	66.67	25.00	900.00			0.29	0.27	--		-0.05	-0.01	67.2	-0.07	-15.43		-7.6		17.9
-16.54	-26.97	-43.37				14.8	12.3	--		-3.4	-0.03	27.2	-2.6	-106.38		-3.7		7.2
-14.29	-33.33	-43.40	11.11			14.8	12.3	--		-3.4	-0.03	27.2	-2.6	-106.38		-5.0		9.7
8.33						84.0	130.5	31.5	56.8	-0.29	0.00		1.4			371.4	2.7	3.7
80.00	28.57	32.35	-22.41			2.1	2.2	--		-0.22	0.00	37.5	-0.19	-732.94		-9.0		-11.3
-23.72	-15.51	-22.25	47.01	0.34	1.2	2,427	3,299	2,229	-2.8	193.9	1.98	575.7	26.4	6.51	20.73	13.8	1.1	2.7
19.97	56.15	50.05	111.90	0.61	0.5	7,024	8,119	2,719	25.1	250.3	3.90	43.3	383.5	6.4	15.9	29.0	2.7	4.1
2.56	-15.65	-13.70	59.44			8,302	--	-2,345	-127.8	1,817	2.41	34.3	-5,293		9.62	15.3	-10.4	1.5
8.44	29.27	72.01	191.66			46,696	46,333	3,029	32.7	-460.1	-2.10	-32.8	631.6	-5.72		-98.3	15.2	22.7
353.67	468.00	84.42	-55.62			185.9	196.9	0.57	-93.7	-36.3	-0.69	31.5	-22.9	-159.73		-4.1	278.4	-9.7
17.20	65.92	131.09	362.18			2,588	2,515	254.4	17.9	-47.9	-1.09	4.9	9.7	-13.68		-52.5	10.2	670.3
40.29	57.09	43.75	290.61			1,397	1,640	544.5	8.3	37.2	4.13	-30.5	244.7	7.95	13.52	39.7	2.7	2.5
-14.03	15.46	-33.61	6.22			2.2	-0.40	-1.0	-138.9	-2.7	-1.61	-286.0	12.2	-5.27		-1.5	-2.9	1.2
19.63	69.83	75.71	-21.32	0.28	0.8	2,361	3,050	39,248	13.2	133.7	1.97	177.7	57.1	3.12	7.45	17.8	0.1	1.3
-15.91	-0.88	-2.31	325.13	0.48	0.7	5,635	5,547	924.9	15.6	76.4	0.83	42.6	190.8	8.67	25.94	87.3	6.1	18.0
10.59	61.32	51.02	130.90			38,321	45,902	4,045	2.4	146.8	0.48	86.9	1,018	1.05	1.44	255.1	9.3	3.6
36.36	50.00	9.13	344.44			17.0	15.2	--		2.2	0.03	141.8	-2.4	-54.46		10.3		-20.3
-28.57	-16.67	0.00	25.00			0.15	1.4	--		-0.14	-0.02	-12.7	0.00	-329.92		-1.3		-0.1
34.23	34.23	34.23	5.76			0.15	1.4	--		-0.14	-0.02	-12.7	0.00	-329.92		-1.9		-0.1
6.00	13.13	-7.13	11.65	0.92	2.4	2,158	2,932	3,841	12.8	146.5	2.44	-29.2	205.9	3.82	15.32	15.9	0.6	2.6
-25.47	-13.19	-47.68	31.67			19.3	46.0	62.8	47.4	-7.6	-0.27	-132.2	0.61	-7.77		-3.0	0.4	1.5
-4.98	11.42	-31.13	14.78			19.3	46.0	62.8	47.4	-7.6	-0.27	-132.2	0.61	-7.77		-2.7	0.4	1.3

https://greyhouse.weissratings.com

Data as of June 30, 2019

I. Index of Stocks

Summer 2019

Company Name	Stock Ticker Symbol	Traded On	Sector	Overall Rating	Recommendation	Reward Rating	Risk Rating	Recent Up/Downgrade	Stock Price as of 6/30/2019	52-Week High	52-Week Low	3-Year Beta	Growth	Efficiency	Solvency	Volatility	Dividend	Total Return
WPP plc	WPP	NYSE	Communication Svc	D+	Sell	C+	D-		62.02	84.64	50.31	0.97	F	E	G	W	F	W
WPP plc	WPPGF	OTC PK	Communication Svc	C-	Hold	B-	D-	Up	12.33	17.15	9.95	1.01	F	E	G	W	E	W
WPT Industrial Real Estate Investment Trust	WIRU.TO	TSX	Real Estate	E+	Sell	B-	C-		13.25	14.49	12.1	0.25	E	G	E	F	G	W
WPT Industrial Real Estate Investment Trust	WPTIF	OTC PK	Real Estate	C	Hold	B+	B		13.31	14.45	11	0.53	F	E	E	G	G	F
WPX Energy, Inc.	WPX	NYSE	Energy	C-	Hold	C	D	Down	11.27	20.80	9.89	1.91	F	F	G	W	--	F
Wrap Technologies, Inc.	WRTC	NAS CM	Information Tech	D-	Sell	E+	D		5.84	8.00	2.1		W	V	E	W	--	W
Wright Investors' Service Holdings, Inc.	WISH	OTC PK	Financials	D	Sell	D	D		0.40	0.60	0.3	1.33	W	W	E	W	--	W
Wright Medical Group N.V.	WMGI	NAS GS	Health Care	C-	Hold	C	D	Down	29.27	32.86	24.1	0.70	F	W	G	F	--	F
WSFS Financial Corporation	WSFS	NAS GS	Financials	C	Hold	B-	D+		40.69	57.70	33.75	1.21	F	E	E	W	W	W
WSP Global Inc.	WSPOF	OTC PK	Industrials	C	Hold	A-	B-		53.58	56.79	42.89	0.99	E	E	E	G	F	F
WSP Global Inc.	WSP.TO	TSX	Industrials	B	Buy	B+	C+		71.17	74.59	56.09	0.67	E	E	E	G	F	F
WVS Financial Corp.	WVFC	NAS	Financials	C	Hold	B+	B		17.30	18.44	12.25	0.89	G	G	E	G	F	F
Wyndham Destinations, Inc.	WYND	NYSE	Consumer Discretn	C-	Hold	C+	D		43.26	47.55	33.55	1.70	F	E	G	W	G	W
Wyndham Hotels & Resorts, Inc.	WH	NYSE	Consumer Discretn	C	Hold	C	D+	Up	55.90	62.38	43.03		W	G	G	W	F	W
Wynn Resorts, Limited	WYNN	NAS GS	Consumer Discretn	C+	Hold	B	D+		123.95	168.36	90.06	1.76	G	E	G	W	G	F
X Financial	XYF	NYSE	Financials	E-	Sell	C-	D-		3.73	20.30	3.64		G	G	E	W	--	V
X4 Pharmaceuticals, Inc.	XFOR	NAS CM	Health Care	E-	Sell	D	D		15.66	23.93	11.32		W	V	G	W	--	W
Xander Resources Inc.	XND.V	TSXV	Materials	D-	Sell	D-	D-		0.09	0.14	0.03	4.78	W	W	G	W	--	V
XBiotech Inc.	XBIT	NAS GS	Health Care	D-	Sell	E+	D		7.45	11.74	2.13	0.21	F	V	E	W	--	V
Xcel Brands, Inc.	XELB	NAS	Communication Svc	D	Sell	D+	D-		1.49	2.95	1	1.99	G	F	E	W	--	V
Xcel Energy Inc.	XEL	NAS GS	Utilities	B-	Buy	B+	C	Down	59.28	61.97	44.54	0.25	E	E	G	F	G	F
Xebec Adsorption Inc.	XBC.V	TSXV	Industrials	C	Hold	A-	D	Up	1.58	1.80	0.64	0.83	G	F	F	W	--	E
Xebec Adsorption Inc.	XEBEF	OTC PK	Industrials	C	Hold	B	D	Up	1.21	1.35	0.5	0.89	G	F	F	W	--	E
Xencor, Inc.	XNCR	NAS	Health Care	C-	Hold	C	D	Up	40.50	48.38	27.75	1.04	F	F	E	F	--	F
Xenetic Biosciences, Inc.	XBIO	NAS CM	Health Care	E+	Sell	E+	D-	Down	8.33	76.68	6.12	2.11	V	V	G	W	--	V
Xenia Hotels & Resorts, Inc.	XHR	NYSE	Real Estate	B-	Buy	B+	C-	Up	20.99	25.08	16.47	1.23	G	E	E	F	G	F
Xenon Pharmaceuticals Inc.	XENE	NAS	Health Care	D	Sell	D-	D		9.87	15.92	5.41	1.39	V	V	E	W	--	G
Xeris Pharmaceuticals, Inc.	XERS	NAS GS	Health Care	D-	Sell	D-	D-		10.75	27.98	6.85		W	V	E	W	--	V
Xerox Corporation	XRX	NYSE	Information Tech	C	Hold	B-	D+		35.33	35.62	18.58	2.11	W	G	G	W	G	F
Xiana Mining Inc.	XIA.V	TSXV	Materials	D	Sell	D	D	Down	0.49	0.63	0.31	5.87	W	W	F	W	--	F
Xiana Mining Inc.	DRIFF	OTC PK	Materials	D	Sell	D	D	Down	0.36	0.45	0.23	2.96	W	W	F	W	--	F
XIB I Capital Corp.	XIBP.V	TSXV	Financials	E+	Sell	D	D	Up	0.11	0.20	0.11		W	W	E	W	--	W
Xilinx, Inc.	XLNX	NAS GS	Information Tech	B	Buy	A-	B-	Down	118.18	141.60	64.15	1.46	E	E	E	G	W	F
Ximen Mining Corp.	XIM.V	TSXV	Materials	D	Sell	D+	D	Down	0.61	0.86	0.14	3.35	W	W	G	W	--	F
Ximen Mining Corp.	XXMMF	OTC PK	Materials	D	Sell	D+	D	Down	0.45	10.27	0.1	3.73	W	W	G	W	--	F
Xinyuan Real Estate Co., Ltd.	XIN	NYSE	Real Estate	C	Hold	B-	D		4.14	5.10	3.6	1.41	E	G	F	W	E	W
XOMA Corporation	XOMA	NAS	Health Care	D+	Sell	C-	D	Up	14.76	25.99	11.02	0.57	W	F	G	W	--	F
XORTX Therapeutics Inc.	XRTXF	OTC PK	Health Care	E+	Sell	D	D	Up	0.15	0.19	0.09		F	W	F	F	--	W
XPEL Technologies Corp.	XPLT	OTC PK	Consumer Discretn	C	Hold	B+	D+	Down	5.24	7.21	3.84	0.10	E	G	E	W	--	F
XPEL Technologies Corp.	DAPU.V	TSXV	Consumer Discretn	D+	Sell	B+	D+	Up	5.25	7.20	3.83		E	G	E	W	--	F
Xperi Corporation	XPER	NAS GS	Information Tech	C-	Hold	C	D		20.30	25.84	12.08	-0.08	W	G	E	W	G	W
XPO Logistics, Inc.	XPO	NYSE	Industrials	C	Hold	B	D+	Down	55.06	116.27	41.05	2.13	E	G	G	W	--	F
XpresSpa Group, Inc.	XSPA	NAS CM	Consumer Discretn	E+	Sell	E+	D-	Down	2.05	8.80	1.5	1.00	F	V	F	W	--	F
XSport Global, Inc.	XSPT	OTC PK	Information Tech	D	Sell	C-	D-		0.02	0.40	0.02		W	E	F	W	--	V
XsunX, Inc.	XSNX	OTC PK	Information Tech	C	Hold	C+	C-	Up	0.00	0.00	0	1.17	W	G	F	F	--	F
Xtant Medical Holdings, Inc.	XTNT	AMEX	Health Care	D-	Sell	E+	D-	Down	2.45	6.37	1.61	1.36	W	V	G	W	--	V
X-Terra Resources Inc.	XTT.V	TSXV	Materials	E+	Sell	E+	D-	Down	0.08	0.17	0.07	1.73	V	V	G	W	--	V
X-Terra Resources Inc.	XTRRF	OTC PK	Materials	E+	Sell	E+	D-	Down	0.07	0.10	0.07	-0.32	V	V	G	W	--	V
Xtierra Inc.	XAG.V	TSXV	Materials	D	Sell	D+	D		0.05	0.08	0.03	2.73	W	W	F	W	--	F
Xtierra Inc.	XRESF	OTC PK	Materials	D+	Sell	C-	D	Up	0.03	0.04	0.01	1.75	W	W	F	W	--	G
XTL Biopharmaceuticals Ltd.	XTLB	NAS CM	Health Care	U	U		U		2.04	3.85	1.43	1.34	U	U	U	U	U	U
Xunlei Limited	XNET	NAS GS	Information Tech	D	Sell	D	D-		2.50	12.60	1.99	2.55	W	W	E	W	--	W

*Ratings Factors: E=Excellent, G=Good, F=Fair, W=Weak, V=Very Weak, U=Unrated

Data as of June 30, 2019

Summer 2019 — I. Index of Stocks

3-Month Total Return (%)	6-Month Total Return (%)	1-Year Total Return (%)	3-Year Total Return (%)	Dividend $ TTM	Dividend Yield TTM	Market Cap. ($Mil)	Enterprise Value ($Mil)	Revenue ($Mil)	Revenue Growth (%)	Net Income ($Mil)	Earnings/Share $	EPS Growth (%)	Cash from Operations ($Mil)	Return on Assets (%)	Return on Equity (%)	Earnings (P/E) TTM	Sales (P/S) TTM	Book (P/B) Q
21.43	18.88	-16.70	-30.40	3.97	6.4	15,672	21,305	20,817	2.1	1,431	1.14	-38.7	2,200	2.68	11.81	54.6	3.8	6.5
14.65	16.27	-21.75	-38.38			15,672	21,305	20,817	2.1	1,431	1.14	-38.7	2,200	2.68	11.81	10.9	0.8	1.3
-3.23	4.40	0.14	36.85	0.76	5.7	755.6	1,180	98.4	16.0	52.5	1.06	17.9	54.8	3.19	8.54	12.5	7.4	1.1
-2.57	7.69	1.01	40.63	0.76	5.7	755.6	1,180	98.4	16.0	52.5	1.06	17.9	54.8	3.19	8.54	12.6	7.4	1.1
-13.77	2.08	-38.21	25.92			4,759	7,313	2,352	81.9	218.0	0.49	180.9	1,010	2.97	5.33	23.2	2.0	1.1
-14.12	82.50	66.86				173.0	162.4	0.14		-4.4	-0.17	-252.0	-3.8	-36.73		-33.5	1,145.1	14.4
-11.11	5.26	-2.44	-68.00			7.9	-0.71	--		-1.8	-0.09	-35.0	-2.1	-14.07		-4.4		0.9
-6.72	10.41	13.19	79.90			3,692	4,691	867.8	13.2	-180.6	-1.57	2.8	-52.3	0.24		-18.6	4.2	4.0
4.43	8.97	-23.82	34.73	0.45	1.1	2,173	--	411.1	15.0	110.4	3.35	57.4	95.7		8.7	12.2	3.9	1.2
0.08	24.13	-3.05	102.72	1.13	2.1	5,697	7,578	6,228	10.6	200.0	1.92	17.8	484.5	3.87	8.29	28.0	0.9	2.3
-2.37	23.68	4.53	101.75	1.50	2.1	5,697	7,578	6,228	10.6	200.0	1.92	17.8	484.5	3.87	8.29	37.1	1.2	3.1
1.35	17.38	9.76	60.52	0.36	2.1	30.9	--	5.6	-17.0	2.1	1.16	9.3	1.6			15.0	5.4	0.9
8.67	22.92	1.94	56.75	1.72	4.0	4,050	9,300	3,942	2.9	718.0	7.24	-7.0	461.0	5.3	927.27	6.0	1.0	-6.9
12.17	25.43	-2.86		1.08	1.9	5,439	7,318	1,358	32.0	144.0	1.44	-39.4	222.0	7.15	10.92	38.9	4.0	4.0
6.26	29.30	-22.38	49.22	3.25	2.6	13,279	20,639	6,654	4.6	881.6	8.17	90.3	1,279	5.58	81.91	15.2	2.0	6.4
-34.47	-9.82			0.09	2.4	579.3	407.5	537.5	49.1	142.9	1.83	106.6	-0.32	18.38	33.53	2.0	0.6	0.5
-17.97						194.5	195.0	--		-22.2	-9.93	47.9	-18.5			-1.6		3.6
0.00	200.00	-35.71	-77.50			0.77	0.75	--		-0.10	-0.01	-16.7	-0.08	-14.44		-9.2		3.1
-30.89	50.20	76.12	-60.99			305.0	293.0	--		-22.9	-0.64	17.3	-17.7	-28.69		-11.7		7.3
-6.88	39.25	-33.78	-70.90			28.2	57.8	37.0	15.5	0.72	0.03	106.2	6.3	1.83	0.71	47.5	0.8	0.3
6.28	22.06	33.72	48.96	1.57	2.7	30,510	49,535	11,727	2.8	1,285	2.51	6.5	3,028	2.56	10.76	23.7	2.6	2.5
7.48	119.44	107.89	1,164.00			70.2	75.1	20.4	78.7	-0.83	-0.03	26.5	-3.8	-0.38		-62.7	4.4	351.1
7.91	133.56	110.37	1,159.12			70.2	75.1	20.4	78.7	-0.83	-0.03	26.5	-3.8	-0.38		-47.9	3.4	268.3
25.12	16.65	9.40	144.57			2,282	1,954	152.5	206.7	39.1	0.64	157.2	-74.2	2.84	6.82	63.7	15.4	3.7
-65.64	-57.93	-85.10	-86.52			7.2	5.3	--		-6.8	-1.14	-287.4	-6.1	-24.91		-7.3		7.6
-4.63	23.82	-10.41	53.88	1.10	5.2	2,364	3,491	1,087	9.7	154.7	1.37	0.6	245.1	2.57	9.03	15.3	2.2	1.3
2.49	66.72	14.10	67.86			254.4	168.1	--		-42.1	-1.83	-22.2	-35.2	-34.43		-5.4		3.0
7.50	-36.62	-44.01				289.6	174.1	2.5	67.2	-73.5	-5.84	64.0	-69.6	-41.03		-1.8	103.5	2.7
10.37	81.23	50.87	63.09	1.00	2.8	7,936	12,649	9,601	-6.3	471.0	1.86	196.7	1,150	3.94	8.74	19.0	0.9	1.6
2.08	-2.00	-20.97	1,860.00			20.1	25.1	9.5		-4.9	-0.09	-509.9	-0.89			-5.3	2.8	-3.8
-19.61	-19.47	-13.23	1,087.33			20.1	25.1	9.5		-4.9	-0.09	-509.9	-0.89			-3.8	2.0	-2.8
-30.00	-19.23					0.24	-0.26	--		-0.08	-0.02		-0.05			-6.0		0.7
-6.32	41.04	84.31	180.56	1.45	1.2	29,665	27,734	3,059	24.0	889.8	3.46	94.7	1,091	11.75	34.08	34.2	10.0	10.5
8.93	154.17	248.57	103.33			17.6	17.1	--		-1.2	-0.05	30.7	-0.94	-146.48		-11.8		36.5
17.86	137.19	255.23	81.60			17.6	17.1	--		-1.2	-0.05	30.7	-0.94	-146.48		-8.8		27.2
-12.75	13.26	-4.80	8.44	0.49	11.8	248.0	3,127	2,512	34.3	103.0	3.38	144.0	--	3.49	18.58	1.2	0.1	0.2
19.03	20.20	-28.14	62.45			128.8	111.6	13.0	-75.5	-6.3	-0.93	-141.1	-5.6	-8.27		-15.8	10.6	5.4
-22.12	62.64					9.8	9.8	--		-0.67	-0.01	80.9	-0.55	-32.34		-14.0		78.6
-12.96	-7.26	30.80	355.65			144.7	146.0	109.4	37.2	8.5	0.31	166.8	7.1	21.35	44.39	16.9	1.3	6.4
-12.65	-7.08	29.63				144.7	146.0	109.4	37.2	8.5	0.31	166.8	7.1	21.35	44.39	17.0	1.3	6.4
-11.84	10.25	34.72	-24.33	0.80	3.9	1,000	1,343	397.2	6.8	7.6	0.17	110.4	144.3	2.59	0.97	122.4	2.5	1.7
3.34	-1.73	-44.80	126.12			5,063	12,681	17,208	7.3	396.4	2.75	0.5	1,025	3.58	12.02	20.0	0.4	2.1
-31.67	-35.13	-67.98	-94.88			4.0	22.9	48.6	-2.7	-16.2	-10.34	72.9	-4.0	-15.87		-0.2	0.1	0.6
-75.00	-90.48	-94.74				0.94	2.0	1.4		-2.0	-0.06	3.1	-0.75	-271.36		-0.4	0.6	-0.3
40.00	16.67	-63.16	-75.00			1.1	1.3	1.4	275.2	-1.6	0.00	-55.6	-0.02	23.61		-0.5	0.8	-0.4
-18.60	7.93	-56.25	-89.02			32.2	100.9	71.0	-9.5	-67.6	-5.14	83.7	1.5	-5.88		-0.5	0.5	-0.8
-50.00	-11.11	-38.46	-57.89			2.3	2.3	--		-2.4	-0.08	-149.8	-0.15	-85.07		-1.0		6.8
-3.00	-24.56	-39.38				2.3	2.3	--		-2.4	-0.08	-149.8	-0.15	-85.07		-0.9		5.8
-10.00	-18.18	0.00	50.00			4.8	7.6	--		-0.19	0.00	83.2	-0.06	-603.9		-30.0		-2.1
-25.00	-3.23	-16.67	108.33			4.8	7.6	--		-0.19	0.00	83.2	-0.06	-603.9		-20.0		-1.4
-11.52	11.81	6.54	-64.30			9.9	4.8	--		1.9	0.00	248.0	--			550.0		125.6
-33.51	-30.56	-77.72	-51.83			168.6	-113.7	128.1	-45.8	-56.6	-4.21	-140.1	--			-0.6	0.3	0.1

https://greyhouse.weissratings.com

Data as of June 30, 2019

I. Index of Stocks

Summer 2019

Company Name	Stock Ticker Symbol	Traded On	Sector	Overall Rating	Recommendation	Reward Rating	Risk Rating	Recent Up/Downgrade	Stock Price as of 6/30/2019	52-Week High	52-Week Low	3-Year Beta	Growth	Efficiency	Solvency	Volatility	Dividend	Total Return
XXL Energy Corp.	XL.V	TSXV	Energy	C	Hold	B-	D		0.20	0.37	0.14	0.63	G	G	F	W	–	F
XXL Energy Corp.	XLEFF	OTC PK	Energy	C	Hold	B-	D		0.15	0.20	0.14	0.58	G	G	F	W	–	F
Xylem Inc.	XYL	NYSE	Industrials	B	Buy	B+	C+		81.86	84.41	60.65	1.24	G	E	E	F	W	G
Xynomic Pharmaceuticals Holdings, Inc.	XYN	NAS CM	Health Care	U		U	U		3.63	5.94	2.29		U	U	U	U	U	U
Yamana Gold Inc.	YRI.TO	TSX	Materials	D	Sell	D+	D	Down	3.23	4.20	2.41	0.52	F	W	G	W	W	W
Yamana Gold Inc.	AUY	NYSE	Materials	D	Sell	D+	D	Down	2.47	3.23	1.78	0.82	F	W	G	W	W	W
Yandex N.V.	YNDX	NAS GS	Communication Svc	U		U	U		38.84	39.97	24.9	1.15	U	U	U	U	U	U
Yangaroo Inc.	YOOIF	OTC PK	Communication Svc	D	Sell	D+	D	Down	0.09	0.17	0.09	1.88	W	F	G	W	–	W
Yangaroo Inc.	YOO.V	TSXV	Communication Svc	D	Sell	D+	D-	Down	0.12	0.22	0.12	1.64	W	F	G	W	–	W
Yangarra Resources Ltd.	YGR.TO	TSX	Energy	C	Hold	B	D+	Down	2.26	6.07	2.08	0.92	E	G	G	W	–	W
Yangarra Resources Ltd.	YGRAF	OTC PK	Energy	C	Hold	B	D+		1.72	4.61	1.58	1.29	E	G	G	W	–	F
Yangtze River Port and Logistics Limited	YRIV	NAS GS	Industrials	D	Sell	D	D		0.55	13.55	0.3	0.64	W	W	G	W	–	V
Yatra Online, Inc.	YTRA	NAS CM	Consumer Discretn	D-	Sell	E+	D-	Up	3.81	6.67	3.63	1.03	F	V	F	W	–	W
YDx Innovation Corp.	YDRMF	OTC PK	Communication Svc	D	Sell	D-	D		0.07	0.16	0.05	-1.05	W	W	G	W	–	W
YDx Innovation Corp.	YDX.V	TSXV	Communication Svc	D	Sell	D-	D		0.08	0.22	0.07	0.21	W	W	G	W	–	V
Yellow Pages Limited	Y.TO	TSX	Communication Svc	D	Sell	D	D		7.42	10.73	5.3	-0.63	W	W	G	W	–	W
Yellow Pages Limited	YLWDF	OTC PK	Communication Svc	D	Sell	D	D		5.81	8.08	4.2	0.09	W	W	G	W	–	W
Yellowhead Mining Inc.	YMI.V	TSXV	Materials	D+	Sell	C	D-		0.84	0.98	0.1	-0.57	F	W	G	W	–	G
Yelp Inc.	YELP	NYSE	Communication Svc	C	Hold	B-	D		33.95	52.50	29.33	1.03	G	G	E	W	–	F
YETI Holdings, Inc.	YETI	NYSE	Consumer Discretn	C	Hold	C+	C-		28.57	36.60	12.4		G	G	F	F	–	W
Yew Bio-Pharm Group, Inc.	YEWB	OTC PK	Consumer Staples	D	Sell	C-	D	Down	0.11	0.38	0.11	-1.23	F	F	E	W	–	W
Yext, Inc.	YEXT	NYSE	Information Tech	D	Sell	D	D		19.62	27.19	12.9	1.10	W	V	E	W	–	F
Yield10 Bioscience, Inc.	YTEN	NAS CM	Health Care	D-	Sell	E+	D-		0.92	1.77	0.68	1.39	W	V	G	W	–	V
Yintech Investment Holdings Limited	YIN	NAS GS	Financials	D	Sell	D	D		4.37	8.54	3.66	0.52	W	F	E	W	–	V
Yirendai Ltd.	YRD	NYSE	Financials	C-	Hold	B-	D		13.59	22.50	9.61	1.47	F	E	E	W	–	W
Y-mAbs Therapeutics, Inc.	YMAB	NAS GS	Health Care	D-	Sell	D-	D	Up	22.27	31.00	15.17		V	W	E	W	–	W
Ynvisible Interactive Inc.	YNV.V	TSXV	Information Tech	D	Sell	D+	D	Up	0.49	0.54	0.23		F	W	G	W	–	F
Ynvisible Interactive Inc.	YNVYF	OTC PK	Information Tech	D	Sell	D+	D	Up	0.35	0.45	0.19		F	W	G	W	–	F
Yongsheng Capital Inc.	YSCH.V	TSXV	Financials	D	Sell	D+	D		0.06	0.07	0.04	-0.66	W	W	E	W	–	F
Yorbeau Resources Inc.	YRB.TO	TSX	Materials	D	Sell	D	D		0.04	0.05	0.02	2.32	W	F	E	W	–	W
Yorbeau Resources Inc.	YRBAF	OTC PK	Materials	D	Sell	D	D-	Up	0.01	0.02	0.01	0.96	W	F	E	W	–	V
Yorkton Ventures Inc.	YVI.V	TSXV	Energy	D+	Sell	C-	D		0.07	0.12	0.07	1.57	F	W	G	W	–	F
Youngevity International, Inc.	YGYI	NAS CM	Consumer Staples	D	Sell	D	D		5.74	16.25	3.57	1.02	W	V	G	W	–	F
YPF Sociedad Anónima	YPF	NYSE	Energy	C-	Hold	C-	D+		18.30	18.59	11.99	0.90	G	F	G	W	–	W
YRC Worldwide Inc.	YRCW	NAS GS	Industrials	D	Sell	D	D	Down	3.87	11.04	2.41	4.67	W	F	G	W	–	V
YSS Corp.	YSS.V	TSXV	Consumer Discretn	D	Sell	C-	D	Up	0.31	2.70	0.27	1.63	W	F	E	W	–	W
YSS Corp.	ALZTD	OTC PK	Consumer Discretn	D+	Sell	C-	D	Up	0.24	2.07	0.17	1.92	W	F	E	W	–	F
Yum China Holdings, Inc.	YUMC	NYSE	Consumer Discretn	B	Buy	A-	C	Up	46.08	48.27	30.1	1.22	E	E	E	F	W	F
Yum! Brands, Inc.	YUM	NYSE	Consumer Discretn	B-	Buy	B	C	Down	110.56	111.29	77.09	0.30	G	E	G	F	F	F
Yuma Energy, Inc.	YUMA	AMEX	Energy	D-	Sell	D-	D-		0.18	0.98	0.09	2.34	W	V	W	W	–	V
Yunji Inc.	YJ	NAS	Consumer Discretn	U		U	U		10.75	18.20	9.94		U	U	U	U	U	U
YY Inc.	YY	NAS GS	Communication Svc	C+	Hold	B	D+		69.04	104.89	55.55	1.78	G	E	E	W	–	F
Zadar Ventures Ltd.	ZADDF	OTC PK	Materials	D-	Sell	D-	D-		0.08	0.55	0.08	3.26	W	W	G	W	–	V
Zadar Ventures Ltd.	ZAD.V	TSXV	Materials	D-	Sell	D-	E+		0.12	0.65	0.08	2.58	W	W	G	W	–	V
Zafgen, Inc.	ZFGN	NAS GS	Health Care	D-	Sell	E+	D		1.18	12.36	1.18	0.15	F	V	E	W	–	V
ZAGG Inc	ZAGG	NAS GS	Consumer Discretn	D+	Sell	C	D	Down	6.90	17.95	6.24	1.31	W	G	E	W	–	W
Zai Lab Limited	ZLAB	NAS	Health Care	D	Sell	D	D		35.79	35.90	14.29		W	V	E	W	–	F
Zardoya Otis, S.A.	ZRDZF	OTC PK	Industrials	D+	Sell	B	D		9.59	9.59	9.59	-0.30	G	E	E	W	G	W
Zargon Oil & Gas Ltd.	ZARFD	OTC PK	Energy	D-	Sell	D-	D-	Up	0.28	7.00	0.26	1.26	W	W	G	W	–	V
Zargon Oil & Gas Ltd.	ZAR.TO	TSX	Energy	D-	Sell	D-	D-	Up	0.39	9.40	0.33	1.48	W	W	G	W	–	V
Zayo Group Holdings, Inc.	ZAYO	NYSE	Communication Svc	C	Hold	B-	D+	Up	33.10	39.66	20.27	0.84	E	F	G	W	–	W
ZCL Composites Inc.	ZCL.TO	TSX	Energy	C	Hold	C	D+		10.00	10.00	5.43	0.77	W	E	E	W	–	W

*Ratings Factors: E=Excellent, G=Good, F=Fair, W=Weak, V=Very Weak, U=Unrated

Summer 2019 — I. Index of Stocks

3-Month Total Return (%)	6-Month Total Return (%)	1-Year Total Return (%)	3-Year Total Return (%)	Dividend $ TTM	Dividend Yield TTM	Market Cap. ($Mil)	Enterprise Value ($Mil)	Revenue ($Mil)	Revenue Growth (%)	Net Income ($Mil)	Earnings/Share $	EPS Growth (%)	Cash from Operations ($Mil)	Return on Assets (%)	Return on Equity (%)	Earnings (P/E) TTM	Sales (P/S) TTM	Book (P/B) Q
-20.00	-23.08	-9.09	33.33			1.1	27.5	7.1	6,389.6	-1.6	-0.23	3.5	4.5	13.12		-0.9	0.2	-0.1
0.20	-22.27	-18.86	117.54			1.1	27.5	7.1	6,389.6	-1.6	-0.23	3.5	4.5	13.12		-0.7	0.2	-0.1
3.86	26.18	24.96	97.37	0.90	1.1	14,729	17,069	5,227	7.7	549.0	3.03	55.4	606.0	5.78	20.47	27.0	2.8	5.3
						168.0	174.3	--		-28.6	-3.27	-303.3	-14.7	-626.39		-1.1		-1.7
-7.18	2.41	-15.61	-48.68	0.02	0.6	2,339	4,212	1,756	-5.3	-129.0	-0.14	62.5	294.0	1.1		-23.0	1.8	0.8
-5.36	6.67	-13.72	-49.00	0.02	0.8	2,339	4,212	1,756	-5.3	-129.0	-0.14	62.5	294.0	1.1		-17.6	1.3	0.6
9.10	39.16	10.03	85.57			12,686	12,253	1,051	-34.8	132.9	0.40	-12.6	220.5			97.3	12.3	4.9
-28.57	-12.55	-46.88	44.07			5.6	5.4	5.5	-10.8	0.04	0.00	-400.0	0.16	0.81	2.91	-35.4	1.0	3.5
-27.27	-7.69	-40.00	9.09			5.6	5.4	5.5	-10.8	0.04	0.00	-400.0	0.16	0.81	2.91	-50.0	1.4	4.9
-23.39	-14.39	-59.35	109.26			147.0	281.1	100.2	52.5	29.9	0.35	87.5	69.9	7.97	16.18	6.5	2.0	1.0
-20.47	0.06	-58.91	107.15			147.0	281.1	100.2	52.5	29.9	0.35	87.5	69.9	7.97	16.18	5.0	1.5	0.7
-0.34	-86.41	-95.24	-90.46			98.2	216.0	--		-13.2	-0.08	-4.6	-6.0	-0.42		-7.0		0.5
-22.72	-3.30	-25.88				160.0	120.0	190.0	36.1	-62.0	-1.84	49.5	-13.8	-20.07		-2.1	0.7	-34.7
-33.07	-29.28	-18.24				5.6	6.0	1.5	-9.5	-1.6	-0.02	61.2	-1.6	-92.16		-3.5	3.9	-5.9
-42.86	-30.43	-23.81				5.6	6.0	1.5	-9.5	-1.6	-0.02	61.2	-1.6	-92.16		-4.1	4.5	-6.8
19.87	13.28	-18.73	-58.96			158.7	321.5	399.2	-27.5	73.4	2.43	113.7	104.2	14.79		3.1	0.6	-2.6
27.79	31.88	-11.56	-61.31			158.7	321.5	399.2	-27.5	73.4	2.43	113.7	104.2	14.79		2.4	0.5	-2.1
0.00	21.74	409.09	27.27			12.2	11.7	--		-0.38	-0.04	20.4	-0.36	-12.12		-23.6		5.7
-2.10	-1.37	-13.22	21.82			2,665	2,303	955.6	9.1	59.0	0.68	-61.1	162.9	1.31	5.65	50.3	3.0	2.7
-10.41	92.78					2,414	2,712	592.6	-8.5	44.4	0.53	260.1	62.4			53.7	4.1	67.8
-51.74	-55.12	-71.27	53.89			5.6	11.2	46.1	29.1	-1.1	-0.03	-166.5	23.3	1.21		-3.1	0.1	0.1
-8.49	34.29	3.10				2,180	1,932	245.9	33.6	-75.7	-0.75	-2.1	4.7	-15.46		-26.2	8.5	9.3
-19.03	23.10	-34.53	-88.71			11.5	11.7	0.62	-8.8	-9.1	-0.90	67.4	-8.0	-40.33		-1.0	15.7	1.9
-31.72	-29.52	-45.98	-64.17			312.2	--	148.9	-32.5	-100.3	-28.75	-3,126.5	--			-0.2	0.1	0.0
3.90	30.67	-32.25	1.31			836.2	572.5	599.0	-27.3	114.1	3.67	-44.9	74.9			3.7	0.7	0.6
-1.02	18.65					761.5	629.9	--		-41.4	-1.29	-23.9	-36.2			-17.2		6.1
22.50	81.48	66.10				26.0	25.1	--		-2.2	-0.04	76.4	-2.1	-54.81		-11.9		49.5
12.33	74.45	58.59				26.0	25.1	--		-2.2	-0.04	76.4	-2.1	-54.81		-8.5		35.2
10.00	10.00	-15.38	1,000.00			0.08	-0.05	--		-0.02	-0.01	-46.3	-0.03	-5.47		-5.6		0.9
16.67	75.00	-12.50	-61.11			8.7	8.1	0.08	-95.6	-0.64	0.00	-159.5	-0.89	-2.7		-15.9	175.0	0.6
0.00	-12.50	-44.22	-82.39			8.7	8.1	0.08	-95.6	-0.64	0.00	-159.5	-0.89	-2.7		-6.4	70.0	0.2
-41.67	-33.33	-30.00	40.00			0.64	-0.05	--		-0.07	-0.01	43.3	-0.07	-5.83		-11.9		1.0
-1.37	1.77	37.98	-5.36			165.8	186.3	175.8	3.4	-30.0	-1.44	-103.3	-15.8	-10.04		-4.0	0.9	3.5
33.67	40.02	30.70	-3.85	0.08	0.4	7,204	15,264	15,221	-1.6	768.3	1.96	-24.1	4,509	2.23	8.48	9.4	0.5	0.8
-43.26	20.19	-61.26	-53.82			133.8	1,228	5,060	2.5	-14.3	-0.44	-2,873.2	186.8	3.38		-8.7	0.0	-0.4
-26.19	3.33	-71.30	47.62			31.7	25.1	0.12		-10.8	-0.27	-1,617.3	-1.6			-1.2	387.5	1.8
-28.27	36.20	-65.96	14.76			31.7	25.1	0.12		-10.8	-0.27	-1,617.3	-1.6			-0.9	301.3	1.4
5.64	38.66	20.53		0.46	1.0	17,430	18,232	8,498	10.0	642.0	1.63	31.3	1,126	9.19	21.35	28.3	2.1	5.9
11.99	21.73	44.38	99.91	1.56	1.4	33,829	44,393	5,571	-4.5	1,371	4.25	-1.1	1,287	23.37		26.0	6.3	-4.3
63.77	92.60	-65.76				4.3	41.5	19.8	-17.3	-28.0	-1.28	-78.7	-0.26	-5.37		-0.1	0.2	0.7
						2,318	2,886	645.7	76.1	-1.4	-8.70	0.8	100.2			-1.2	0.2	1.1
-14.51	13.93	-33.00	107.83			5,446	3,832	1,982	4.1	654.7	192.07	62.8	143.2			0.4	0.1	0.1
-58.27	-60.35	-80.32	-90.04			1.5	1.5	--		-1.1	-0.11	-45.8	-0.26	-78.57		-0.8		4.6
15.00	-54.00	-71.25	-89.55			1.5	1.5	--		-1.1	-0.11	-45.8	-0.26	-78.57		-1.1		6.7
-55.13	-76.31	-87.71	-79.97			44.0	-38.9	--		-58.5	-1.73	13.6	-50.7	-36.18		-0.7		0.5
-24.75	-25.97	-60.34	39.68			200.6	293.5	504.9	-6.3	17.7	0.64	-34.5	4.0	5.58	12.07	10.8	0.4	1.3
29.07	58.22	57.04				2,369	2,110	0.13		-97.6	-1.77	42.7	--			-20.2	15,560.9	8.3
0.00	0.00	0.00	-66.01			3,547	3,495	930.9	6.6	172.5	0.37	2.4	192.1			26.2	4.9	9.4
-37.95	-59.41	-95.89	-95.74			6.7	6.7	22.4	-15.4	-4.7	-14.34	-112.4	-0.34	-3.99		0.0	0.3	0.3
-45.00	-57.22	-95.82	-95.57			6.7	6.7	22.4	-15.4	-4.7	-14.34	-112.4	-0.34	-3.99		0.0	0.4	0.4
17.13	47.50	-9.19	23.09			7,798	13,668	2,585	0.1	130.8	0.54	71.2	977.8	3.54	9.39	60.8	3.0	6.3
0.10	56.74	21.38	37.11	0.54	5.4	232.8	231.8	135.5	-6.8	9.9	0.32	-26.8	7.3	8.26	12.19	31.1	2.3	4.2

I. Index of Stocks

Summer 2019

Company Name	MARKET			RATINGS					STOCK PRICES			BETA	RATINGS FACTORS*					
	Stock Ticker Symbol	Traded On	Sector	Overall Rating	Recommendation	Reward Rating	Risk Rating	Recent Up/ Downgrade	Stock Price as of 6/30/2019	52-Week High	52-Week Low	3-Year Beta	Growth	Efficiency	Solvency	Volatility	Dividend	Total Return
Zovio Inc	ZVO	NAS GS	Consumer Discretn	D	Sell D		D-	Down	3.44	13.63	3.22	1.90	W	W	E	W	--	V
Zscaler, Inc.	ZS	NAS GS	Information Tech	D+	Sell C-		D	Up	77.50	82.25	30.72		W	W	E	F	--	F
ZTO Express (Cayman) Inc.	ZTO	NYSE	Industrials	C	Hold B		C-	Down	19.20	22.67	14.69	0.85	G	G	E	F	--	F
ZTR Acquisition Corp.	ZTRH.V	TSXV	Energy	E+	Sell E+		D-	Down	0.01	0.20	0.01	0.64	W		F	W	--	V
Zumiez Inc.	ZUMZ	NAS GS	Consumer Discretn	C	Hold B+		D+	Down	25.51	32.70	17.57	1.87	G	G	E	W	--	F
Zuora, Inc.	ZUO	NYSE	Information Tech	D	Sell D		D-		15.03	35.68	13.04		F	W	E	W	--	W
Zurich Insurance Group AG	ZFSVF	OTC PK	Financials	C	Hold B+		B+		348.15	348.15	283.85	0.35	G	E	E	G	--	F
Zurich Insurance Group AG	ZURVY	OTC PK	Financials	B+	Buy A-		B+	Up	34.73	35.10	28.51	0.36	G	E	E	G	--	F
Zyla Life Sciences	ZCOR	OTC PK	Health Care	E-	Sell D+		D		2.20	3.05	2.19		F	W	G	W	--	W
Zyla Life Sciences	EGLTQ	OTC PK	Health Care	D	Sell D		D-		0.01	0.68	0	8.24	F	W	G	W	--	V
Zymeworks Inc.	ZYME	NYSE	Health Care	D	Sell D		D	Down	22.08	23.17	10.72	1.49	W	V	E	W	--	F
Zymeworks Inc.	ZYME.TO	TSX	Health Care	D	Sell D		D	Down	28.81	30.43	14.34	1.10	W	V	E	W	--	F
Zynerba Pharmaceuticals, Inc.	ZYNE	NAS	Health Care	D-	Sell E+		D		12.71	16.47	2.75	4.80	W	V	E	W	--	F
Zynex, Inc.	ZYXI	NAS CM	Health Care	C	Hold C+		D+	Down	8.69	11.75	2.4	1.63	E	W	E	W	--	E
Zynga Inc.	ZNGA	NAS GS	Communication Svc	C	Hold C		D+		6.04	6.55	3.32	0.19	W	W	E	F	--	E

*Ratings Factors: E=Excellent, G=Good, F=Fair, W=Weak, V=Very Weak, U=Unrated

Data as of June 30, 2019

Summer 2019 — I. Index of Stocks

TOTAL RETURNS %				DIVIDEND/YIELD		SIZE		REVENUE & INCOME			EARNINGS		EFFECTIVENESS			VALUATION		
3-Month Total Return (%)	6-Month Total Return (%)	1-Year Total Return (%)	3-Year Total Return (%)	Dividend $ TTM	Dividend Yield TTM	Market Cap. ($Mil)	Enterprise Value ($Mil)	Revenue ($Mil)	Revenue Growth (%)	Net Income ($Mil)	Earnings/ Share $	EPS Growth (%)	Cash from Operations ($Mil)	Return on Assets (%)	Return on Equity (%)	Earnings (P/E) TTM	Sales (P/S) TTM	Book (P/B) Q
-45.66	-49.93	-48.27	-50.36			103.9	-13.0	435.1	-5.9	-4.3	-0.16	-1,213.0	-8.9	-0.58		-21.2	0.2	0.8
9.08	94.72	119.48				9,739	9,386	272.9	60.0	-30.3	-0.25	82.2	54.9	-3.15		-312.0	35.4	34.0
8.17	21.56	-2.12				15,128	12,668	2,114	-0.1	441.0	0.56	-17.4	488.4			34.3	7.1	3.0
-66.67	-75.00	-93.33	-94.74			0.33	1.3	--		-7.9	-0.18	-590.0	-0.08	-91.02		-0.1		-1.0
5.54	34.19	-4.28	84.59			656.7	836.5	985.3	3.4	48.6	1.92	67.3	79.1	6.17	13.02	13.3	0.7	1.7
-22.96	-14.84	-46.95				1,670	1,504	247.6	31.7	-78.7	-0.74	59.3	-17.9	-15.5		-20.4	6.6	9.6
5.98	17.11	19.50	48.94			51,199	58,420	47,205	0.5	3,716	24.83	80.4	4,388	0.85	11.93	14.0	1.1	1.7
10.35	22.63	24.62	73.08	1.59	4.6	51,199	58,420	47,205	0.5	3,716	24.83	80.4	4,388	0.85	11.93	1.4	0.1	0.2
-27.87						20.6	113.0	41.7	54.5	13.7	1.84	206.6	-49.7	-13.77	62.84	1.2	1.5	0.3
0.00	292.86	-98.03	-99.82			20.6	113.0	41.7	54.5	13.7	1.84	206.6	-49.7	-13.77	62.84	0.0	0.0	0.0
42.64	61.76	51.13				860.1	684.8	64.9	25.9	-29.0	-0.95	-15.5	20.4	-9.82		-23.2	10.9	4.2
42.48	54.64	47.97				860.1	684.8	64.9	25.9	-29.0	-0.95	-15.5	20.4	-9.82		-30.2	14.2	5.4
131.51	335.27	30.36	93.46			267.7	199.7	0.09		-36.8	-2.27	18.6	-31.6	-34.59		-5.6	2,888.6	3.9
95.28	236.82	195.55	3,470.25			281.6	275.6	34.2	27.4	10.0	0.30	10.3	10.2	47.34	118.59	29.0	8.6	23.9
14.83	55.27	49.50	155.93			5,649	5,532	964.4	10.2	-119.0	-0.13	-378.3	173.7	-1.32		-46.1	5.8	3.2

Section II:
Best Performing Stocks

Investment Ratings and analysis of our selections for Best Performing Stocks. Stocks are listed in order by their performance over several time periods.

Section II: Contents

This section contains Weiss Investment Ratings, key rating factors, and summary financial data for our selections of "Best Performing Stocks".

Company Name
Legal name of a firm, the title by which a formally organized or incorporated firm is known as a legal entity or artificial-person. Shown on the certificate of incorporation (firm's 'birth certificate'), it must be displayed clearly at the firm's legal or registered office, and disclosed on all formal documents such as agreements, checks, and official stationery. Also known as corporate name.

MARKET

Stock Ticker Symbol
An arrangement of characters (usually letters) representing a particular security listed on an exchange or otherwise traded publicly. When a company issues securities to the public marketplace, it selects an available ticker symbol for its securities which investors use to place trade orders. Every listed security has a unique ticker symbol, facilitating the vast array of trade orders that flow through the financial markets every day.

Traded On /Exchange
The stock exchange on which the company is listed. The core function of a stock exchange is to ensure fair and orderly trading, as well as efficient dissemination of price information.
Exchanges such as: NYSE (New York Stock Exchange), AMEX (American Stock Exchange), NNM (NASDAQ National Market), and NASQ (NASDAQ Small Cap) give companies, governments and other groups a platform to sell securities to the investing public.

RATINGS

Overall Rating
The Weiss rating measured on a scale from A to E based on each stock's performance and risk. See the preceding section, "What Our Ratings Mean," for an explanation of each letter grade rating.

Buy-Hold-Sell Recommendation
Weiss Ratings' opinion of investment action based on a Weiss rating. We recommend buying stocks rated A and B, holding C rated stocks, and selling D and E.

Reward Rating
Primarily based on a stock's total return to shareholders over the trailing five years and, based on sales, net income, earnings trends and anticipated dividends, its prospects for future returns. Additionally, based on the stock's current price, other important ratios are factored in. Based on proprietary modeling the individual components of the risk and reward ratings are calculated and weighted and the final rating is generated.

Risk Rating
Primarily based on the level of volatility in the stock's daily, monthly and quarterly returns and on the company's financial stability. Stocks with very stable returns are considered less risky and receive a higher risk rating. Stocks with greater volatility are considered riskier, and will receive a lower risk rating. Companies with poor financial stability are considered riskier investments than those that are financially stable.

Recent Upgrade/Downgrade
An "Up" or "Down" indicates that the Weiss Investment Rating has changed since the publication of the last print edition. If a stock has had a rating change since March 31, 2019, the change is identified with an "Up" or "Down."

PRICE

Stock Price
The price at which a stock is traded on a regular trading day. Stock prices in this guide are listed as of June 30, 2019.

TOTAL RETURNS

1-Year Total Return
The rate of return on an investment over a period of one year that includes interest, capital gains, dividends and distributions realized.

3-Year Total Return
The rate of return on an investment over a period of three years that includes interest, capital gains, dividends and distributions realized.

DIVIDEND & EARNINGS

Dividend Yield (TTM)
Dividends paid out each year relative to the share price. Expressed as a percentage and measures how much cash flow an investor is getting for each invested dollar. This is a TTM figure (trailing twelve months), which is a representation of a company's financial performance over the most recent 12 months. TTM uses the latest available financial data from a company's interim, quarterly or annual reports.

Earnings Per Share (Earnings/Share)
The amount of a company's profit that can be allocated to one share of its stock and does not include dilutive effects on convertibles.

Earnings Per Share (EPS) Growth
The percentage change in earnings per share over time. It helps investors to identify the stocks that are increasing or decreasing in profitability. This is a TTM figure (trailing twelve months), which is a representation of a company's financial performance over the most recent 12 months. TTM uses the latest available financial data from a company's interim, quarterly or annual reports.

VALUATION

Price/Earnings (P/E) TTM
A ratio that measures the value of a company by comparing its current share price to its earnings per share. A high P/E ratio suggests that investors are expecting higher earnings growth. This is a TTM figure (trailing twelve months), which is a representation of a company's financial performance over the most recent 12 months. TTM uses the latest available financial data from a company's interim, quarterly or annual reports.

Price/Sales (P/S) TTM
A ratio that measures value placed on each dollar of a company's sales or revenues. Generally, a stock with lower P/S ratio is a better investment since the investor pays less for each unit of sales. This is a TTM figure (trailing twelve months), which is a representation of a company's financial performance over the most recent 12 months. TTM uses the latest available financial data from a company's interim, quarterly or annual reports.

II: Best Performing Stocks

Summer 2019

Company Name	Stock Ticker Symbol	Traded On	Overall Rating	Recommendation	Reward Rating	Risk Rating	Recent Up/Downgrade	Stock Price as of 6/30/2019	1-Year Total Return (%)	3-Year Total Return (%)	Dividend Yield TTM	Earnings/Share $	EPS Growth (%)	Earnings (P/E) TTM	Sales (P/S) TTM
Intelligent Systems Corporation	INS	AMEX	B-	Buy	B	C+		26.11	182.27	625.28		0.83	342.7	31.5	10.2
AudioCodes Ltd.	AUDC	NAS GS	B	Buy	A	C+		15.22	100.97	286.55	2.0	0.31	152.7	49.2	3.5
NMI Holdings, Inc.	NMIH	NAS	B	Buy	A+	C		28.39	74.17	439.73		1.72	189.4	16.5	6.6
Planet Fitness, Inc.	PLNT	NYSE	B+	Buy	A+	C+	Down	73.13	68.35	352.79		1.09	108.5	67.1	11.1
CareTrust REIT, Inc.	CTRE	NAS GS	B	Buy	A+	C		23.64	44.72	100.00	3.6	0.71	81.8	33.4	13.1
Ulta Beauty, Inc.	ULTA	NAS GS	B	Buy	A	C		344.22	43.62	45.73		11.50	19.5	29.9	2.9
Molina Healthcare, Inc.	MOH	NYSE	B-	Buy	B	C		141.34	43.46	184.16		11.92	235.9	11.9	0.5
IAC/InterActiveCorp	IAC	NAS GS	B	Buy	B	B-	Down	218.15	43.22	308.98		6.71	87.6	32.5	4.5
Lennox International Inc.	LII	NYSE	B+	Buy	A-	B+		273.33	42.15	103.71	1.0	9.60	36.4	28.5	2.9
Bio-Techne Corporation	TECH	NAS GS	B-	Buy	A	C-	Up	206.39	41.24	94.63	0.6	3.14	5.7	65.8	11.4
EPAM Systems, Inc.	EPAM	NYSE	B	Buy	A	C		172.93	40.57	159.85		4.15	106.6	41.7	5.1
Monro, Inc.	MNRO	NAS GS	B-	Buy	B	C		83.54	40.14	37.80	1.2	2.37	23.3	35.3	2.4
Church & Dwight Co., Inc.	CHD	NYSE	B	Buy	A-	C		73.14	39.47	53.22	1.2	2.34	-22.8	31.3	4.4
America's Car-Mart, Inc.	CRMT	NAS GS	B	Buy	A	C+		87.72	38.36	233.66		6.73	36.2	13.0	0.9
Roper Technologies, Inc.	ROP	NYSE	B	Buy	A	B-		362.94	34.46	122.12	0.5	10.56	6.9	34.4	7.2
Valener Inc	VNR.TO	TSX	B	Buy	A-	C		25.78	33.04	39.23	4.6	1.16	25.4	22.3	15.1
Equity LifeStyle Properties, Inc.	ELS	NYSE	B+	Buy	A+	B-	Up	119.68	33.03	63.30	1.9	2.96	35.1	40.4	11.4
Realty Income Corporation	O	NYSE	B-	Buy	A-	C		69.42	32.95	15.58	3.9	1.33	18.7	52.2	15.5
Parkland Fuel Corporation	PKI.TO	TSX	B	Buy	A	C	Up	41.52	32.45	106.71	2.8	1.45	206.4	28.6	0.5
Norfolk Southern Corporation	NSC	NYSE	B	Buy	A-	B-	Down	193.40	31.65	150.34	1.7	10.10	-47.3	19.2	4.5
Comcast Corporation	CMCSA	NAS GS	B-	Buy	A-	C		42.00	31.57	40.89	1.9	2.63	-46.4	16.0	2.0
Medical Properties Trust, Inc.	MPW	NYSE	B	Buy	A	B-	Down	17.37	31.27	39.43	5.8	2.70	214.8	6.4	8.7
Northwestern Corporation	NWE	NYSE	B	Buy	A-	C		71.86	30.21	29.21	3.1	4.18	25.2	17.2	3.0
Killam Apartment Real Estate Investment Trust	KMPUN.TO	TSX	B+	Buy	B+	A-	Down	18.91	30.20	70.06	3.4	1.10	-23.5	17.1	10.2
Essent Group Ltd.	ESNT	NYSE	B	Buy	A	C	Up	46.68	29.59	123.46		4.93	12.8	9.5	6.1
InterRent Real Estate Investment Trust	IIPUN.TO	TSX	A-	Buy	A-	B+		13.74	29.10	91.19	2.1	1.48	-13.2	9.3	14.6
W. P. Carey Inc.	WPC	NYSE	B	Buy	A-	B-		81.42	28.66	41.52	5.1	3.14	20.0	25.9	13.5
Quaker Chemical Corporation	KWR	NYSE	B	Buy	B	B-		196.39	28.57	139.87	0.8	4.52	133.3	43.4	3.0
Sonoco Products Company	SON	NYSE	B+	Buy	A-	B		64.02	27.20	49.28	2.6	3.09	59.6	20.7	1.2
The AES Corporation	AES	NYSE	B	Buy	B	B		16.54	26.78	57.89	3.2	1.01	243.7	16.4	1.0
Waste Connections, Inc.	WCN.TO	TSX	B-	Buy	A-	C-		125.14	26.72	107.24	0.5	2.07	-20.4	60.6	6.6
DTE Energy Company	DTE	NYSE	B	Buy	A-	B-		127.56	26.55	45.11	2.9	6.35	4.2	20.1	1.7
STORE Capital Corporation	STOR	NYSE	B	Buy	A-	C+		33.21	26.34	33.58	4.0	1.00	3.4	33.2	12.9
Ameren Corporation	AEE	NYSE	B	Buy	B+	B		74.65	26.00	56.43	2.5	3.48	48.5	21.5	3.1
National Retail Properties, Inc.	NNN	NYSE	B	Buy	A-	C		52.92	25.35	19.68	3.8	1.48	-13.6	35.7	13.5
Essex Property Trust, Inc.	ESS	NYSE	B	Buy	B+	C	Up	288.37	25.13	40.03	2.6	6.33	21.0	45.6	13.2
Capital Power Corporation	CPX.TO	TSX	A-	Buy	A-	B	Up	29.91	25.12	90.65	6.0	1.85	151.3	16.2	3.0
Capital Southwest Corporation	CSWC	NAS GS	A-	Buy	B+	A-		21.01	25.04	94.26	8.9	1.98	-18.8	10.6	7.0
Arbor Realty Trust, Inc.	ABR	NYSE	B+	Buy	B+	B		11.81	24.95	127.72	10.3	1.34	8.5	8.8	3.2
OGE Energy Corp.	OGE	NYSE	B	Buy	B	B-	Up	42.13	24.48	49.30	3.4	2.08	-34.8	20.3	3.7
Ellington Financial Inc.	EFC	NYSE	B	Buy	B	B-	Up	17.69	24.46	42.35	10.1	1.35	9.2	13.1	6.4
Agree Realty Corporation	ADC	NYSE	B	Buy	B+	B-		63.83	24.29	52.05	3.5	1.75	-15.4	36.5	15.7
American Assets Trust, Inc.	AAT	NYSE	B-	Buy	B+	C-	Up	46.25	23.94	20.44	2.4	0.66	47.0	69.6	9.0
Morguard North American Residential Real Estat	MRGUN.TO	TSX	B	Buy	A-	B-		17.98	23.89	62.51	3.7	2.19	-59.9	8.2	3.2
ONE Gas, Inc.	OGS	NYSE	B	Buy	B+	B-		89.72	22.79	51.32	2.1	3.30	-1.9	27.2	2.9
Inter Parfums, Inc.	IPAR	NAS GS	B	Buy	A-	B-	Down	64.20	22.36	134.36	1.6	1.81	27.7	35.6	3.0
Apartment Investment and Management Company	AIV	NYSE	B	Buy	A-	C		49.73	22.30	29.50	3.1	5.66	128.6	8.8	7.6
MGIC Investment Corporation	MTG	NYSE	B-	Buy	A-	C-	Up	13.14	22.23	128.52		1.82	68.5	7.2	4.3
EastGroup Properties, Inc.	EGP	NYSE	B	Buy	A-	C		113.77	22.00	82.04	2.5	2.29	-20.5	49.7	13.5
Advanced Emissions Solutions, Inc.	ADES	NAS	B	Buy	A	C		12.43	21.76	114.31	8.1	2.16	70.9	5.7	5.8
CSX Corporation	CSX	NAS GS	A-	Buy	A	B	Up	76.45	21.73	219.20	1.2	4.09	-36.5	18.7	5.0
TPG Specialty Lending, Inc.	TSLX	NYSE	B-	Buy	B+	C-	Down	19.49	21.43	54.07	8.7	1.90	-2.2	10.3	5.0

Summer 2019 — II: Best Performing Stocks

Company Name	Stock Ticker Symbol	Traded On	Overall Rating	Recommendation	Reward Rating	Risk Rating	Recent Up/Downgrade	Stock Price as of 6/30/2019	1-Year Total Return (%)	3-Year Total Return (%)	Dividend Yield TTM	Earnings/ Share $	EPS Growth (%)	Earnings (P/E) TTM	Sales (P/S) TTM
Five Below, Inc.	FIVE	NAS GS	B	Buy	B+	C		120.78	21.34	167.21		2.74	31.9	44.1	4.2
Spire Inc.	SR	NYSE	B	Buy	B+	B-		83.73	20.94	32.00	2.8	4.36	-4.9	19.2	2.1
EPR Properties	EPR	NYSE	B	Buy	A	C	Up	74.31	20.67	14.00	5.9	3.73	31.1	19.9	8.8
Natural Resource Partners L.P.	NRP	NYSE	B	Buy	A	C	Up	35.40	20.62	188.00	5.1	7.91	54.8	4.5	4.0
Ollie's Bargain Outlet Holdings, Inc.	OLLI	NAS	B	Buy	A	C	Up	87.93	20.53	266.83		2.18	3.0	40.4	4.5
Union Pacific Corporation	UNP	NYSE	B	Buy	B+	B	Down	166.01	20.49	109.06	2.0	8.19	-41.0	20.3	5.3
AvalonBay Communities, Inc.	AVB	NYSE	B-	Buy	B+	C	Down	201.44	20.42	23.70	3.0	7.24	28.0	27.8	12.2
Pinnacle West Capital Corporation	PNW	NYSE	B-	Buy	B	C	Down	93.74	20.34	31.00	3.1	4.67	12.0	20.1	2.8
TransAlta Renewables Inc.	RNW.TO	TSX	B-	Buy	B+	C-	Up	13.76	19.98	32.25	6.8	0.72	396.0	19.1	10.6
Hill-Rom Holdings, Inc.	HRC	NYSE	B+	Buy	A-	B	Up	104.31	19.30	123.22	0.8	3.36	17.8	31.1	2.5
Brookfield Asset Management Inc.	BAMA.TO	TSX	B+	Buy	B+	B		62.44	19.30	54.62	1.0	3.18	41.6	19.6	1.0
America First Multifamily Investors, L.P.	ATAX	NAS GS	B	Buy	B+	B-		7.10	19.00	66.02	7.0	0.59	37.9	12.1	8.1
Granite Real Estate Investment Trust	GRTUN.TO	TSX	A-	Buy	A-	B+		60.54	18.84	83.82	4.6	7.88	17.5	7.7	14.6
Atmos Energy Corporation	ATO	NYSE	B	Buy	B+	B		104.83	18.44	43.23	2.0	4.18	-23.8	25.1	4.1
Open Text Corporation	OTEX.TO	TSX	B-	Buy	B+	C	Down	53.98	18.36	49.92	1.5	1.02	19.6	53.0	5.1
Chesapeake Utilities Corporation	CPK	NYSE	B	Buy	B+	B-		92.90	17.91	56.02	1.6	3.55	-11.5	26.1	2.2
BCE Inc.	BCE.TO	TSX	B-	Buy	B	C	Up	59.73	17.83	15.29	5.2	2.42	-2.6	24.6	3.0
Dunkin' Brands Group, Inc.	DNKN	NAS GS	B	Buy	B+	B		79.69	17.59	97.18	1.8	2.78	-8.4	28.7	5.0
Verizon Communications Inc.	VZ	NYSE	B-	Buy	B	C	Down	57.25	17.52	19.63	4.2	3.87	-49.2	14.8	1.8
Graham Holdings Company	GHC	NYSE	B+	Buy	A-	B		683.31	17.30	46.61	0.8	57.80	-0.7	11.8	1.3
Stellus Capital Investment Corporation	SCM	NYSE	B	Buy	A-	C		13.80	17.16	86.99	9.9	1.80	18.4	7.7	4.0
MAXIMUS, Inc.	MMS	NYSE	B+	Buy	A-	B		72.24	16.37	44.11	1.1	3.44	1.1	21.0	1.8
Stepan Company	SCL	NYSE	B-	Buy	B	C	Down	89.83	16.31	64.21	1.1	4.58	16.8	19.6	1.1
Gaming and Leisure Properties, Inc.	GLPI	NAS GS	B	Buy	A	C+		38.70	16.12	41.87	6.9	1.56	-12.8	24.8	7.6
STAG Industrial, Inc.	STAG	NYSE	B	Buy	A-	C		30.19	16.08	52.93	4.7	0.60	29.0	50.2	9.6
Exelon Corporation	EXC	NYSE	B+	Buy	B+	B	Up	47.56	15.96	51.13	3.0	2.40	-31.5	19.9	1.3
V.F. Corporation	VFC	NYSE	B-	Buy	B	C		86.70	15.58	68.51	2.3	3.14	90.8	27.6	2.5
Liberty Property Trust	LPT	NYSE	B	Buy	B	B	Down	49.91	15.28	45.77	3.2	2.66	3.5	18.8	10.8
SmartCentres Real Estate Investment Trust	SRUUN.TO	TSX	B-	Buy	B	C	Down	33.27	14.86	5.52	5.4	1.79	-7.9	18.6	7.6
Jernigan Capital, Inc.	JCAP	NYSE	B-	Buy	B+	C		20.94	13.90	78.76	6.7	2.19	98.7	9.6	13.0
Canadian National Railway Company	CNR.TO	TSX	B	Buy	B+	B-		120.00	13.76	68.49	1.7	4.55	-18.2	26.4	7.8
Alexandria Real Estate Equities, Inc.	ARE	NYSE	B	Buy	B+	B-		140.06	13.43	52.15	2.8	3.32	27.8	42.1	11.3
Ares Commercial Real Estate Corporation	ACRE	NYSE	B+	Buy	B+	B+	Up	14.67	13.31	53.40	8.6	1.32	13.4	11.1	7.5
Getty Realty Corp.	GTY	NYSE	B	Buy	B	B-		30.27	13.28	63.95	4.5	1.18	-4.3	25.7	9.0
Accenture plc	ACN	NYSE	A-	Buy	A	B	Up	183.00	13.19	75.14	1.6	6.87	20.8	26.6	2.9
Four Corners Property Trust, Inc.	FCPT	NYSE	B	Buy	B+	C+		27.16	13.10	53.20	4.2	1.28	9.3	21.3	12.5
Riocan Real Estate Investment Trust	REIUN.TO	TSX	B-	Buy	B	C		26.08	12.94	7.74	5.5	1.44	-12.6	18.1	8.4
The Toro Company	TTC	NYSE	B	Buy	A-	C		66.97	12.90	61.26	1.3	2.71	15.8	24.7	2.6
New Mountain Finance Corporation	NMFC	NYSE	B	Buy	B+	C	Up	13.79	12.52	45.91	9.9	1.08	-15.2	12.8	5.5
Eldorado Resorts, Inc.	ERI	NAS GS	B	Buy	A-	C	Up	44.72	12.22	212.51		1.44	30.3	31.1	1.6
Public Service Enterprise Group Incorporated	PEG	NYSE	B	Buy	B	B		58.79	12.06	46.94	3.1	3.11	-21.7	18.9	3.0
Metro Inc.	MRU.TO	TSX	B-	Buy	B	C+		49.20	11.82	13.43	1.5	1.92	-67.8	25.7	1.0
American Campus Communities, Inc.	ACC	NYSE	B-	Buy	B+	C	Up	45.98	11.75	0.48	4.0	0.86	100.7	53.5	7.0
ATCO Ltd.	ACOX.TO	TSX	B-	Buy	B	C	Up	43.80	11.51	9.96	3.6	2.31	62.5	18.9	1.4
Atrium Mortgage Investment Corporation	AI.TO	TSX	B	Buy	B	B		13.34	11.40	41.14	6.8	0.72	-0.6	18.5	20.2
Equity Commonwealth	EQC	NYSE	B	Buy	B	B		32.27	11.24	21.94		2.32	57.5	13.9	22.5
Pembina Pipeline Corporation	PPL.TO	TSX	B+	Buy	A-	B	Down	47.99	11.09	43.47	4.8	1.70	16.0	28.3	4.3
VICI Properties Inc.	VICI	NYSE	B+	Buy	A-	B	Up	21.71	10.66		5.3	1.47	184.9	14.8	9.9
Chimera Investment Corporation	CIM	NYSE	B	Buy	B+	C+	Up	18.78	10.59	64.69	10.7	1.28	-57.3	14.7	7.2
Enterprise Products Partners L.P.	EPD	NYSE	B	Buy	A	C+		28.62	10.47	21.01	6.1	2.06	52.4	13.9	1.8
Hormel Foods Corporation	HRL	NYSE	B	Buy	B	C	Up	40.27	10.26	22.07	2.0	1.83	5.2	22.0	2.3
AllianceBernstein Holding L.P.	AB	NYSE	A-	Buy	A	B		29.08	10.21	71.82	8.4	2.39	2.1	12.2	10.8

II: Best Performing Stocks

Summer 2019

Company Name	Stock Ticker Symbol	Traded On	Overall Rating	Recommendation	Reward Rating	Risk Rating	Recent Up/Downgrade	Stock Price as of 6/30/2019	1-Year Total Return (%)	3-Year Total Return (%)	Dividend Yield TTM	Earnings/Share $	EPS Growth (%)	Earnings (P/E) TTM	Sales (P/S) TTM
First Industrial Realty Trust, Inc.	FR	NYSE	B	Buy	B	C+		36.03	10.17	45.09	2.5	1.19	-33.8	30.4	11.1
Starwood Property Trust, Inc.	STWD	NYSE	B-	Buy	B-	B		22.47	9.48	40.43	8.5	1.29	-14.4	17.4	9.3
Columbia Sportswear Company	COLM	NAS GS	B	Buy	B	B	Down	98.53	9.38	85.81	1.0	4.26	163.2	23.1	2.4
Extra Space Storage Inc.	EXR	NYSE	B	Buy	A-	C		105.61	9.31	29.35	3.3	3.31	-13.5	31.9	11.5
Westamerica Bancorporation	WABC	NAS GS	B	Buy	B	B		60.99	9.01	39.88	2.6	2.74	38.3	22.3	8.1
ALLETE, Inc.	ALE	NYSE	B	Buy	B	B		82.12	8.92	43.99	2.8	3.75	10.3	21.9	2.8
Royal Bank of Canada	RY.TO	TSX	B	Buy	B+	B		103.46	8.82	51.65	3.8	6.56	7.3	15.8	4.6
Norwegian Cruise Line Holdings Ltd.	NCLH	NYSE	B-	Buy	B	C	Up	51.84	8.79	34.86		4.35	24.7	11.9	1.8
Capital One Financial Corporation	COFPRG	NYSE	B	Buy	A-	C+	Up	25.12	8.63		5.2	12.05	165.2	2.1	0.5
D.R. Horton, Inc.	DHI	NYSE	B-	Buy	A-	C	Up	43.22	8.37	48.41	1.3	4.09	37.3	10.6	1.0
First Capital Realty Inc.	FCR.TO	TSX	B-	Buy	B	C+		21.60	8.25	10.25	4.0	1.02	-33.0	21.1	9.1
TELUS Corporation	T.TO	TSX	B	Buy	B+	B	Down	48.34	8.21	32.99	4.5	2.06	1.0	23.5	2.7
Solar Capital Ltd.	SLRC	NAS GS	B-	Buy	B+	C		20.23	7.82	37.16	8.1	1.70	-2.3	11.9	5.6
True North Commercial Real Estate Investment T	TNTUN.TO	TSX	B-	Buy	B-	B-		6.60	7.75	48.10	9.0	0.44	-36.1	15.1	5.4
Apollo Commercial Real Estate Finance, Inc.	ARI	NYSE	B	Buy	B+	B	Up	18.28	7.64	53.02	10.1	1.55	3.4	11.8	10.4
Lancaster Colony Corporation	LANC	NAS GS	B-	Buy	B	C-	Down	147.21	7.64	25.54	1.7	5.44	13.8	27.1	3.1
CenterPoint Energy, Inc.	CNP	NYSE	B-	Buy	B	C	Down	28.51	7.53	36.20	4.0	0.64	-84.4	44.9	1.3
Performance Food Group Company	PFGC	NYSE	B	Buy	B+	C		39.76	7.03	52.05		1.60	-4.7	24.9	0.2
Tetragon Financial Group Limited	TGONF	OTC PK	B	Buy	B+	B	Up	12.33	6.68	47.93	5.9	2.42	39.1	5.1	3.7
Solar Senior Capital Ltd.	SUNS	NAS GS	B-	Buy	B	C	Down	15.99	6.62	30.78	8.8	0.98	-31.8	16.4	6.3
CubeSmart	CUBE	NYSE	B	Buy	A-	C		33.51	6.33	21.92	3.7	0.88	10.6	38.2	10.4
WhiteHorse Finance, Inc.	WHF	NAS GS	B	Buy	A-	C+		13.82	6.06	79.22	10.3	2.46	27.6	5.6	4.5
Jack Henry & Associates, Inc.	JKHY	NAS GS	B-	Buy	B	C		134.54	5.11	65.02	1.1	3.82	-18.1	35.2	6.6
First Community Bankshares, Inc.	FCBC	NAS GS	B+	Buy	A-	B		32.96	4.41	69.60	2.7	2.26	59.4	14.6	4.6
Kforce Inc.	KFRC	NAS GS	B-	Buy	A-	C-		34.93	3.80	131.99	2.1	3.01	108.1	11.6	0.6
UGI Corporation	UGI	NYSE	B	Buy	B	B-		52.81	3.44	26.86	2.1	2.17	-38.8	24.3	1.3
MGM Growth Properties LLC	MGP	NYSE	B-	Buy	B	C+	Down	30.33	3.01	41.92	6.0	0.95	35.3	32.0	2.4
Gladstone Investment Corporation	GAIN	NAS GS	B	Buy	B+	C		11.16	2.73	105.51	8.1	2.47	32.1	4.5	7.5
Nutrien Ltd.	NTR.TO	TSX	B	Buy	B+	C	Up	70.30	1.76		2.4	5.83	2,782.7	12.1	2.3
Douglas Emmett, Inc.	DEI	NYSE	B-	Buy	A-	C		39.43	1.74	23.68	2.6	0.68	11.3	57.8	7.5
Life Storage, Inc.	LSI	NYSE	B-	Buy	B+	C-		94.69	1.32	2.52	4.2	4.44	88.3	21.3	7.9
Ritchie Bros. Auctioneers Incorporated	RBA	NYSE	B-	Buy	B	C	Down	33.25	1.04	7.99	2.2	1.12	49.7	29.8	3.0
Ituran Location and Control Ltd.	ITRN	NAS GS	B-	Buy	B	C	Down	30.00	0.90	49.77	3.1	1.64	-21.4	18.3	3.2
National Bank of Canada	NA.TO	TSX	B+	Buy	A-	B	Up	61.43	0.72	55.97	4.2	4.59	3.7	13.4	4.0
Bank of Montreal	BMO.TO	TSX	B	Buy	B+	B-	Up	98.43	0.65	34.51	4.0	7.16	28.2	13.7	3.5
TriCo Bancshares	TCBK	NAS GS	B	Buy	B+	B-		37.82	0.47	49.59	2.0	2.68	47.8	14.1	4.1
TPG RE Finance Trust, Inc.	TRTX	NYSE	B-	Buy	B	C	Up	19.08	0.21		9.0	1.70	0.4	11.2	9.0
Dream Global Real Estate Investment Trust	DRGUN.TO	TSX	B	Buy	A-	B-		13.59	0.15	81.64	5.9	2.82	80.4	4.8	8.1
Forward Air Corporation	FWRD	NAS GS	B	Buy	B	C+		58.24	0.11	38.37	1.2	3.16	4.5	18.4	1.3
Prosperity Bancshares, Inc.	PB	NYSE	B-	Buy	B	C+		65.59	-0.84	50.09	2.4	4.72	18.1	13.9	6.2
First Republic Bank	FRC	NYSE	B	Buy	B+	C+		95.86	-1.07	45.02	0.8	4.94	11.5	19.4	5.3
Kilroy Realty Corporation	KRC	NYSE	B-	Buy	B	C+	Down	72.87	-1.14	24.36	2.5	2.53	57.2	28.8	9.7
Pacific City Financial Corporation	PCB	NAS GS	B	Buy	A-	C	Up	16.97	-1.22	76.50	1.0	1.60	19.4	10.6	3.6
Omega Flex, Inc.	OFLX	NAS	B-	Buy	A-	D+	Down	75.40	-1.97	103.28	1.3	2.02	29.8	37.4	6.9
Commerce Bancshares, Inc.	CBSH	NAS GS	B-	Buy	B	C+	Down	58.83	-3.16	55.46	1.6	3.74	24.4	15.7	5.1
Alphabet Inc.	GOOG	NAS GS	B	Buy	B+	C+		1,076.01	-3.43	58.23		39.87	69.2	27.0	5.3
SunTrust Banks, Inc.	STI	NYSE	B-	Buy	B+	C		61.51	-3.49	69.34	3.3	5.69	17.1	10.8	3.1
Walker & Dunlop, Inc.	WD	NYSE	B-	Buy	B	C	Up	52.77	-3.55	141.12	2.1	5.11	-16.2	10.3	2.2
Vistra Energy Corp.	VST	NYSE	B	Buy	B	B	Up	22.24	-4.42		1.1	0.89	159.6	25.1	1.0
Alphabet Inc.	GOOGL	NAS GS	B	Buy	B+	C+		1,076.63	-4.45	55.75		39.87	69.2	27.0	5.3
Artesian Resources Corporation	ARTNA	NAS GS	B-	Buy	B	C+	Up	35.90	-5.93	17.64	2.7	1.55	0.7	23.2	4.1
Resources Connection, Inc.	RECN	NAS GS	B-	Buy	B	C		15.71	-5.96	24.03	3.3	0.81	28.9	19.4	0.7

Data as of June 30, 2019

https://greyhouse.weissratings.com

II: Best Performing Stocks

Company Name	MARKET Stock Ticker Symbol	MARKET Traded On	Overall Rating	Recommendation	RATINGS Reward Rating	RATINGS Risk Rating	Recent Up/Downgrade	PRICE Stock Price as of 6/30/2019	TOTAL RETURNS 1-Year Total Return (%)	TOTAL RETURNS 3-Year Total Return (%)	DIVIDEND & EARNINGS Dividend Yield TTM	DIVIDEND & EARNINGS Earnings/ Share $	DIVIDEND & EARNINGS EPS Growth (%)	VALUATION Earnings (P/E) TTM	VALUATION Sales (P/S) TTM
Tricon Capital Group Inc.	TCN.TO	TSX	B-	Buy	B	C+	Down	9.99	-7.46	27.25	2.8	0.92	18.6	10.8	6.0
Northrim BanCorp, Inc.	NRIM	NAS GS	B-	Buy	B+	C	Down	34.78	-8.60	46.46	3.3	2.90	52.0	12.0	2.6
TD Ameritrade Holding Corporation	AMTD	NAS GS	B-	Buy	B	C		49.59	-8.72	92.54	2.2	3.55	94.4	14.0	5.0
Xenia Hotels & Resorts, Inc.	XHR	NYSE	B-	Buy	B+	C-	Up	20.99	-10.41	53.88	5.2	1.37	0.6	15.3	2.2
Host Hotels & Resorts, Inc.	HST	NYSE	B-	Buy	B+	C		18.01	-10.58	34.95	4.4	1.37	55.6	13.2	2.4
United Community Financial Corp.	UCFC	NAS GS	B-	Buy	B+	C	Down	9.43	-12.03	73.59	3.0	0.75	31.0	12.6	4.1
CBIZ, Inc.	CBZ	NYSE	B-	Buy	B	C+	Down	19.61	-14.74	96.10		1.12	2.1	17.5	1.2
Heidrick & Struggles International, Inc.	HSII	NAS GS	B-	Buy	B+	C-	Up	29.24	-16.55	89.98	1.9	2.63	224.9	11.1	0.8
SB Financial Group, Inc.	SBFG	NAS CM	B-	Buy	B	C	Up	16.55	-16.76	59.56	2.1	1.43	-19.4	11.5	2.7
Carolina Financial Corporation	CARO	NAS CM	B-	Buy	B+	C	Up	34.88	-18.61	93.79	0.9	2.69	69.5	13.0	4.5
The Bank of N.T. Butterfield & Son Limited	NTB	NYSE	B-	Buy	A-	D+	Up	34.84	-22.27	158.14	4.7	3.67	26.5	9.5	3.6

Section III:
High Yield BUYs

Investment Ratings and analysis of our selections for High Yield BUYs. Stocks are listed in order by their dividend yield.

Section III: Contents

This section contains Weiss Investment Ratings, key rating factors, and summary financial data for our selections of "High Yield BUYs".

Company Name
Legal name of a firm, the title by which a formally organized or incorporated firm is known as a legal entity or artificial-person. Shown on the certificate of incorporation (firm's 'birth certificate'), it must be displayed clearly at the firm's legal or registered office, and disclosed on all formal documents such as agreements, checks, and official stationery. Also known as corporate name.

MARKET

Stock Ticker Symbol
An arrangement of characters (usually letters) representing a particular security listed on an exchange or otherwise traded publicly. When a company issues securities to the public marketplace, it selects an available ticker symbol for its securities which investors use to place trade orders. Every listed security has a unique ticker symbol, facilitating the vast array of trade orders that flow through the financial markets every day.

Traded On /Exchange
The stock exchange on which the company is listed. The core function of a stock exchange is to ensure fair and orderly trading, as well as efficient dissemination of price information.
Exchanges such as: NYSE (New York Stock Exchange), AMEX (American Stock Exchange), NNM (NASDAQ National Market), and NASQ (NASDAQ Small Cap) give companies, governments and other groups a platform to sell securities to the investing public.

RATINGS

Overall Rating
The Weiss rating measured on a scale from A to E based on each stock's performance and risk. See the preceding section, "What Our Ratings Mean," for an explanation of each letter grade rating.

Buy-Hold-Sell Recommendation
Weiss Ratings' opinion of investment action based on a Weiss rating. We recommend buying stocks rated A and B, holding C rated stocks, and selling D and E.

Reward Rating
Primarily based on a stock's total return to shareholders over the trailing five years and, based on sales, net income, earnings trends and anticipated dividends, its prospects for future returns. Additionally, based on the stock's current price, other important ratios are factored in. Based on proprietary modeling the individual components of the risk and reward ratings are calculated and weighted and the final rating is generated.

Risk Rating
Primarily based on the level of volatility in the stock's daily, monthly and quarterly returns and on the company's financial stability. Stocks with very stable returns are considered less risky and receive a higher risk rating. Stocks with greater volatility are considered riskier, and will receive a lower risk rating. Companies with poor financial stability are considered riskier investments than those that are financially stable.

Recent Upgrade/Downgrade
An "Up" or "Down" indicates that the Weiss Investment Rating has changed since the publication of the last print edition. If a stock has had a rating change since March 31, 2019, the change is identified with an "Up" or "Down."

PRICE

Stock Price
The price at which a stock is traded on a regular trading day. Stock prices in this guide are listed as of June 30, 2019.

TOTAL RETURNS

1-Year Total Return
The rate of return on an investment over a period of one year that includes interest, capital gains, dividends and distributions realized.

3-Year Total Return
The rate of return on an investment over a period of three years that includes interest, capital gains, dividends and distributions realized.

DIVIDEND & EARNINGS

Dividend Yield (TTM)
Dividends paid out each year relative to the share price. Expressed as a percentage and measures how much cash flow an investor is getting for each invested dollar. This is a TTM figure (trailing twelve months), which is a representation of a company's financial performance over the most recent 12 months. TTM uses the latest available financial data from a company's interim, quarterly or annual reports.

Earnings Per Share (Earnings/Share)
The amount of a company's profit that can be allocated to one share of its stock and does not include dilutive effects on convertibles.

Earnings Per Share (EPS) Growth
The percentage change in earnings per share over time. It helps investors to identify the stocks that are increasing or decreasing in profitability. This is a TTM figure (trailing twelve months), which is a representation of a company's financial performance over the most recent 12 months. TTM uses the latest available financial data from a company's interim, quarterly or annual reports.

VALUATION

Price/Earnings (P/E) TTM
A ratio that measures the value of a company by comparing its current share price to its earnings per share. A high P/E ratio suggests that investors are expecting higher earnings growth. This is a TTM figure (trailing twelve months), which is a representation of a company's financial performance over the most recent 12 months. TTM uses the latest available financial data from a company's interim, quarterly or annual reports.

Price/Sales (P/S) TTM
A ratio that measures value placed on each dollar of a company's sales or revenues. Generally, a stock with lower P/S ratio is a better investment since the investor pays less for each unit of sales. This is a TTM figure (trailing twelve months), which is a representation of a company's financial performance over the most recent 12 months. TTM uses the latest available financial data from a company's interim, quarterly or annual reports.

III: High Yield BUYs

Summer 2019

Company Name	Stock Ticker Symbol	Traded On	Overall Rating	Recommendation	Reward Rating	Risk Rating	Recent Up/Downgrade	Stock Price as of 6/30/2019	1-Year Total Return (%)	3-Year Total Return (%)	Dividend Yield TTM	Earnings/Share $	EPS Growth (%)	Earnings (P/E) TTM	Sales (P/S) TTM
TransAlta Renewables Inc.	RNW.TO	TSX	B-	Buy	B+	C-	Up	13.76	19.98	32.25	6.8	0.72	396.0	19.1	10.6
Power Corporation of Canada	POW.TO	TSX	B-	Buy	B	C	Up	27.89	1.38	19.28	5.6	1.72	-34.0	16.2	0.3
SmartCentres Real Estate Investment Trust	SRUUN.TO	TSX	B-	Buy	B	C	Down	33.27	14.86	5.52	5.4	1.79	-7.9	18.6	7.6
Manulife Financial Corporation	MFC	NYSE	B-	Buy	B+	C	Up	18.15	6.34	55.99	5.3	2.08	174.5	8.7	0.9
Star Group, L.P.	SGU	NYSE	B-	Buy	A-	C	Up	9.96	7.09	31.82	4.8	0.74	-6.0	13.4	0.3
Valener Inc	VNR.TO	TSX	B	Buy	A-	C		25.78	33.04	39.23	4.6	1.16	25.4	22.3	15.1
Granite Real Estate Investment Trust	GRTUN.TO	TSX	A-	Buy	A-	B+		60.54	18.84	83.82	4.6	7.88	17.5	7.7	14.6
TELUS Corporation	T.TO	TSX	B	Buy	B+	B	Down	48.34	8.21	32.99	4.5	2.06	1.0	23.5	2.7
TC Energy Corporation	TRP.TO	TSX	B-	Buy	B+	C	Up	64.26	18.65	27.14	4.5	3.18	16.3	20.2	5.7
The Southern Company	SO	NYSE	B	Buy	B+	C	Up	55.08	24.87	21.73	4.4	3.23	197.3	17.0	2.6
Emera Incorporated	EMA.TO	TSX	B	Buy	A-	C		53.49	31.86	29.21	4.4	2.41	225.9	22.2	2.6
Algonquin Power & Utilities Corp.	AQN	NYSE	B	Buy	A-	B-	Up	12.09	31.32	52.66	4.4	0.43	424.6	28.2	3.7
National Bank of Canada	NA.TO	TSX	B+	Buy	A-	B	Up	61.43	0.72	55.97	4.2	4.59	3.7	13.4	4.0
Duke Energy Corporation	DUK	NYSE	B-	Buy	B+	C		88.55	16.71	20.14	4.2	4.11	-2.5	21.6	2.7
Verizon Communications Inc.	VZ	NYSE	B-	Buy	B	C	Down	57.25	17.52	19.63	4.2	3.87	-49.2	14.8	1.8
Huntington Bancshares Incorporated	HBAN	NAS GS	B-	Buy	B+	C-	Up	13.65	-4.50	79.13	4.1	1.24	10.3	11.0	3.4
Manulife Financial Corporation	MFC.TO	TSX	B	Buy	B+	C	Up	23.78	4.96	56.62	4.1	2.08	174.5	11.4	1.2
Northwest Bancshares, Inc.	NWBI	NAS GS	B-	Buy	B+	C	Down	17.29	3.00	37.39	4.1	1.02	3.2	17.0	4.4
Kennedy-Wilson Holdings, Inc.	KW	NYSE	B-	Buy	B	C	Up	20.32	-0.47	27.33	4.0	1.03	51.9	19.8	3.8
Bank of Montreal	BMO.TO	TSX	B	Buy	B+	B-	Up	98.43	0.65	34.51	4.0	7.16	28.2	13.7	3.5
The Western Union Company	WU	NYSE	B-	Buy	B	C	Up	19.68	1.01	17.57	4.0	1.79	259.9	11.0	1.6
Domtar Corporation	UFS	NYSE	B-	Buy	B+	C-		44.03	-3.82	47.73	4.0	4.89	236.7	9.0	0.5
Prudential Financial, Inc.	PRU	NYSE	B-	Buy	B	C	Up	99.23	10.36	59.90	3.8	8.57	-52.3	11.6	0.6
NextEra Energy Partners, LP	NEP	NYSE	B-	Buy	B	C	Down	48.47	11.24	87.60	3.8	1.19	722.4	40.8	3.7
Royal Bank of Canada	RY.TO	TSX	B	Buy	B+	B		103.46	8.82	51.65	3.8	6.56	7.3	15.8	4.6
Sun Life Financial Inc.	SLF.TO	TSX	B	Buy	B	C+	Up	54.00	7.23	47.81	3.7	3.12	8.4	17.3	1.3
The Toronto-Dominion Bank	TD.TO	TSX	B	Buy	B	B		76.12	4.28	53.45	3.6	4.71	6.4	16.2	4.9
ATCO Ltd.	ACOX.TO	TSX	B-	Buy	B	C	Up	43.80	11.51	9.96	3.6	2.31	62.5	18.9	1.4
Entergy Corporation	ETR	NYSE	B	Buy	B+	B	Up	101.66	30.34	46.65	3.6	5.22	104.4	19.5	1.8
Washington Trust Bancorp, Inc.	WASH	NAS GS	B-	Buy	B+	C-	Up	52.20	-8.92	54.30	3.5	4.00	38.3	13.1	4.7
Fortis Inc.	FTS.TO	TSX	B	Buy	B+	C+		51.59	27.56	35.03	3.4	1.94	5.8	26.6	3.4
BB&T Corporation	BBT	NYSE	B	Buy	B+	C	Up	48.18	-1.74	54.36	3.4	3.94	22.3	12.2	3.4
Consolidated Edison, Inc.	ED	NYSE	B-	Buy	B	C+		87.26	16.08	22.64	3.3	4.35	-13.7	20.0	2.3

Section IV:
Stocks with High Volatility

Investment Ratings and analysis of our selections for Stocks with High Volatility. Stocks are listed in order by their beta.

Section IV: Contents

This section contains Weiss Investment Ratings, key rating factors, and summary financial data for our selections of "Stocks with High Volatility".

Company Name
Legal name of a firm, the title by which a formally organized or incorporated firm is known as a legal entity or artificial-person. Shown on the certificate of incorporation (firm's 'birth certificate'), it must be displayed clearly at the firm's legal or registered office, and disclosed on all formal documents such as agreements, checks, and official stationery. Also known as corporate name.

MARKET

Stock Ticker Symbol
An arrangement of characters (usually letters) representing a particular security listed on an exchange or otherwise traded publicly. When a company issues securities to the public marketplace, it selects an available ticker symbol for its securities which investors use to place trade orders. Every listed security has a unique ticker symbol, facilitating the vast array of trade orders that flow through the financial markets every day.

Traded On /Exchange
The stock exchange on which the company is listed. The core function of a stock exchange is to ensure fair and orderly trading, as well as efficient dissemination of price information.
Exchanges such as: NYSE (New York Stock Exchange), AMEX (American Stock Exchange), NNM (NASDAQ National Market), and NASQ (NASDAQ Small Cap) give companies, governments and other groups a platform to sell securities to the investing public.

RATINGS

Overall Rating
The Weiss rating measured on a scale from A to E based on each stock's performance and risk. See the preceding section, "What Our Ratings Mean," for an explanation of each letter grade rating.

Buy-Hold-Sell Recommendation
Weiss Ratings' opinion of investment action based on a Weiss rating. We recommend buying stocks rated A and B, holding C rated stocks, and selling D and E.

Reward Rating
Primarily based on a stock's total return to shareholders over the trailing five years and, based on sales, net income, earnings trends and anticipated dividends, its prospects for future returns. Additionally, based on the stock's current price, other important ratios are factored in. Based on proprietary modeling the individual components of the risk and reward ratings are calculated and weighted and the final rating is generated.

Risk Rating
Primarily based on the level of volatility in the stock's daily, monthly and quarterly returns and on the company's financial stability. Stocks with very stable returns are considered less risky and receive a higher risk rating. Stocks with greater volatility are considered riskier, and will receive a lower risk rating. Companies with poor financial stability are considered riskier investments than those that are financially stable.

Recent Upgrade/Downgrade
An "Up" or "Down" indicates that the Weiss Investment Rating has changed since the publication of the last print edition. If a stock has had a rating change since March 31, 2019, the change is identified with an "Up" or "Down."

PRICE

Stock Price
The price at which a stock is traded on a regular trading day. Stock prices in this guide are listed as of June 30, 2019.

BETA

3-Year Beta
A three year measure of volatility, or systematic risk, of a security in comparison to the market as a whole. A beta of less than 1 means that the security will be less volatile than the market, a beta larger than 1 means more volatility. Beta value cannot be calculated if less than 24 months of pricing is available.

TOTAL RETURNS

1-Year Total Return
The rate of return on an investment over a period of one year that includes interest, capital gains, dividends and distributions realized.

3-Year Total Return
The rate of return on an investment over a period of three years that includes interest, capital gains, dividends and distributions realized.

DIVIDEND & EARNINGS

Dividend Yield (TTM)
Dividends paid out each year relative to the share price. Expressed as a percentage and measures how much cash flow an investor is getting for each invested dollar. This is a TTM figure (trailing twelve months), which is a representation of a company's financial performance over the most recent 12 months. TTM uses the latest available financial data from a company's interim, quarterly or annual reports.

Earnings Per Share (Earnings/Share)
The amount of a company's profit that can be allocated to one share of its stock and does not include dilutive effects on convertibles.

Earnings Per Share (EPS) Growth
The percentage change in earnings per share over time. It helps investors to identify the stocks that are increasing or decreasing in profitability. This is a TTM figure (trailing twelve months), which is a representation of a company's financial performance over the most recent 12 months. TTM uses the latest available financial data from a company's interim, quarterly or annual reports.

VALUATION

Price/Earnings (P/E) TTM
A ratio that measures the value of a company by comparing its current share price to its earnings per share. A high P/E ratio suggests that investors are expecting higher earnings growth. This is a TTM figure (trailing twelve months), which is a representation of a company's financial performance over the most recent 12 months. TTM uses the latest available financial data from a company's interim, quarterly or annual reports.

Price/Sales (P/S) TTM
A ratio that measures value placed on each dollar of a company's sales or revenues. Generally, a stock with lower P/S ratio is a better investment since the investor pays less for each unit of sales. This is a TTM figure (trailing twelve months), which is a representation of a company's financial performance over the most recent 12 months. TTM uses the latest available financial data from a company's interim, quarterly or annual reports.

IV: Stocks with High Volatility

Summer 2019

Company Name	Stock Ticker Symbol	Traded On	Overall Rating	Recommendation	Reward Rating	Risk Rating	Recent Up/Downgrade	Stock Price as of 6/30/19	3-Year Beta	1-Year Total Return (%)	3-Year Total Return (%)	Dividend Yield TTM	Earnings/Share $	EPS Growth (%)	Earnings (P/E) TTM	Sales (P/S) TTM
Boot Barn Holdings, Inc.	BOOT	NYSE	B-	Buy	A	D+		34.86	2.88	61.99	327.73		1.36	30.3	25.6	1.3
Cleveland-Cliffs Inc.	CLF	NYSE	B-	Buy	A-	D+	Up	10.42	2.66	25.89	113.73	1.0	3.86	275.5	2.7	1.3
Coda Octopus Group, Inc.	CODA	NAS CM	B	Buy	A	D+	Up	12.49	2.64	226.96	494.76		0.79	3,792.7	15.7	5.6
VOC Energy Trust	VOC	NYSE	B-	Buy	A	D+		4.94	2.47	7.75	107.63	14.7	0.75	41.9	6.6	6.2
Malibu Boats, Inc.	MBUU	NAS	B-	Buy	B+	C		37.69	2.44	-11.11	221.31		2.82	119.6	13.4	1.3
Pro-Dex, Inc.	PDEX	NAS CM	B-	Buy	B+	C	Down	13.24	2.28	99.10	155.60		0.79	52.9	16.7	2.1
Camtek Ltd.	CAMT	NAS	B-	Buy	B+	C	Up	8.43	2.21	14.38	329.74		0.38	-4.3	22.4	3.4
Oshkosh Corporation	OSK	NYSE	B-	Buy	A-	C		82.53	2.15	21.29	86.82	1.3	7.43	44.9	11.1	0.7
Sangoma Technologies Corporation	SAMOF	OTC PK	B	Buy	B+	C		1.20	2.09	38.22	495.00		0.03	-12.6	37.0	0.9
Semtech Corporation	SMTC	NAS GS	B-	Buy	B	C		48.22	2.06	2.49	117.11		0.94	71.0	51.3	5.2
Meritor, Inc.	MTOR	NYSE	B-	Buy	A-	C-	Up	24.25	2.04	19.16	276.55		2.93	-12.5	8.3	0.5
Trex Company, Inc.	TREX	NYSE	B-	Buy	B+	C		69.67	2.00	10.71	235.68		2.20	24.1	31.7	5.9
Intelligent Systems Corporation	INS	AMEX	B-	Buy	B	C+		26.11	1.97	182.27	625.28		0.83	342.7	31.5	10.2
Sangoma Technologies Corporation	STC.V	TSXV	B-	Buy	B+	C		1.57	1.96	28.69	398.41		0.03	-12.6	48.3	1.2
Domtar Corporation	UFS	NYSE	B-	Buy	B+	C-		44.03	1.96	-3.82	47.73	4.0	4.89	236.7	9.0	0.5
Innovative Industrial Properties, Inc.	IIPR	NYSE	B-	Buy	A-	C-	Up	119.69	1.96	245.70		1.5	0.95	655.2	126.3	62.2
Ameriprise Financial, Inc.	AMP	NYSE	B-	Buy	A-	C-	Up	144.03	1.95	6.84	81.91	2.6	13.11	21.2	11.0	1.6
Ingevity Corporation	NGVT	NYSE	B	Buy	B	B-		100.37	1.94	23.58	200.42		3.79	17.0	26.5	3.6
North American Palladium Ltd.	PALDF	OTC PK	B-	Buy	A-	C-		11.36	1.93	58.67	196.75	0.9	1.85	213.3	6.2	2.0
First Data Corporation	FDC	NYSE	B-	Buy	A-	C-	Up	27.07	1.90	29.58	156.34		1.12	-31.1	24.2	3.0
Group 1 Automotive, Inc.	GPI	NYSE	B-	Buy	A-	D+	Up	80.24	1.88	24.91	68.91	1.3	8.17	-20.2	9.8	0.1
Triton International Limited	TRTN	NYSE	B-	Buy	B+	C-	Up	32.28	1.87	12.73		6.4	4.52	-8.6	7.2	1.8
Herman Miller, Inc.	MLHR	NAS GS	B-	Buy	B+	C		44.09	1.82	32.92	65.71	1.8	2.44	13.8	18.1	1.0
Eldorado Resorts, Inc.	ERI	NAS GS	B	Buy	A-	C	Up	44.72	1.81	12.22	212.51		1.44	30.3	31.1	1.6
Citigroup Inc.	C	NYSE	B-	Buy	B+	C	Up	68.15	1.79	4.64	78.35	2.6	6.87	332.7	9.9	2.5
Parker-Hannifin Corporation	PH	NYSE	B	Buy	B+	C+		168.45	1.78	10.84	73.49	1.9	10.90	48.1	15.5	1.5
The Timken Company	TKR	NYSE	B	Buy	A-	C	Up	50.47	1.78	18.87	83.96	2.2	4.03	29.5	12.5	1.1
Lantheus Holdings, Inc.	LNTH	NAS	B-	Buy	A-	C-	Up	27.63	1.77	88.60	656.99		1.08	-66.8	25.6	3.2
Ubiquiti Networks, Inc.	UBNT	NAS GS	B	Buy	B	C+	Down	131.21	1.76	55.81	257.77	0.8	4.45	91.9	29.5	8.1
Fox Factory Holding Corp.	FOXF	NAS GS	B+	Buy	A+	C	Up	81.51	1.74	75.86	382.02		2.07	49.9	39.4	4.9
LiveRamp Holdings, Inc.	RAMP	NYSE	B-	Buy	B	C		47.43	1.74	58.10	129.13		13.20	4,538.8	3.6	11.3
KKR & Co. Inc.	KKR	NYSE	B-	Buy	B	C	Up	24.90	1.73	4.11	128.08	2.2	2.94	67.2	8.5	2.4
Federal Signal Corporation	FSS	NYSE	B	Buy	B+	C		26.82	1.73	16.36	127.89	1.2	1.62	47.0	16.5	1.5
Ionis Pharmaceuticals, Inc.	IONS	NAS GS	B-	Buy	B+	C	Up	64.69	1.72	54.10	187.64		2.44	3,643.0	26.6	12.2
Mercer International Inc.	MERC	NAS GS	B-	Buy	A	D+	Up	15.18	1.72	-10.00	122.39	3.4	2.35	78.4	6.5	0.6
Norwegian Cruise Line Holdings Ltd.	NCLH	NYSE	B-	Buy	B	C	Up	51.84	1.71	8.79	34.86		4.35	24.7	11.9	1.8
FormFactor, Inc.	FORM	NAS GS	B	Buy	A-	C		15.39	1.70	17.93	71.96		1.42	176.4	10.9	2.2
Domtar Corporation	UFS.TO	TSX	B-	Buy	B+	C		57.57	1.69	-5.06	48.55	3.0	4.89	236.7	11.8	0.7
Versum Materials, Inc.	VSM	NYSE	B-	Buy	B+	C-		51.57	1.69	40.22		0.6	2.09	29.1	24.7	4.2
North American Palladium Ltd.	PDL.TO	TSX	B-	Buy	A-	C-		14.89	1.69	56.90	197.95	0.9	1.85	213.3	8.1	2.6
LegacyTexas Financial Group, Inc.	LTXB	NAS GS	B-	Buy	B+	C	Up	40.60	1.69	5.17	73.55	2.2	3.29	60.4	12.3	5.5
Quaker Chemical Corporation	KWR	NYSE	B	Buy	B	B-		196.39	1.68	28.57	139.87	0.8	4.52	133.3	43.4	3.0
Donaldson Company, Inc.	DCI	NYSE	B	Buy	B+	C+		50.58	1.67	13.95	56.50	1.5	2.37	116.6	21.3	2.3
Hubbell Incorporated	HUBB	NYSE	B-	Buy	A-	C	Up	128.44	1.66	24.66	40.35	2.6	6.81	57.8	18.9	1.5
Primerica, Inc.	PRI	NYSE	B	Buy	A-	C+		121.38	1.65	23.69	124.97	1.0	7.71	-3.5	15.7	2.6
The Bank of N.T. Butterfield & Son Limited	NTB	NYSE	B-	Buy	A-	D+	Up	34.84	1.65	-22.27	158.14	4.7	3.67	26.5	9.5	3.6
OFG Bancorp	OFG	NYSE	B	Buy	A-	C		23.66	1.64	69.17	215.86	1.1	1.64	89.8	14.5	3.5
NMI Holdings, Inc.	NMIH	NAS	B	Buy	A+	C		28.39	1.64	74.17	439.73		1.72	189.4	16.5	6.6
Monolithic Power Systems, Inc.	MPWR	NAS GS	B-	Buy	A-	C	Down	132.82	1.64	-0.51	105.38	1.1	2.45	47.4	54.2	10.1
Cabot Microelectronics Corporation	CCMP	NAS GS	B	Buy	A-	C		111.62	1.64	6.79	181.16	1.5	4.58	62.8	24.4	4.1
Ansys, Inc.	ANSS	NAS GS	B	Buy	A-	C		200.87	1.63	16.16	132.01		4.92	52.5	40.8	12.9
The Blackstone Group L.P.	BX	NYSE	B-	Buy	B+	C	Down	44.31	1.63	48.70	127.11	4.9	2.42	253.8	18.3	7.7

Data as of June 30, 2019

IV: Stocks with High Volatility

Company Name	Stock Ticker Symbol	Traded On	Overall Rating	Recommendation	Reward Rating	Risk Rating	Recent Up/Downgrade	Stock Price as of 6/30/19	3-Year Beta	1-Year Total Return (%)	3-Year Total Return (%)	Dividend Yield TTM	Earnings/Share $	EPS Growth (%)	Earnings (P/E) TTM	Sales (P/S) TTM
Entegris, Inc.	ENTG	NAS GS	B-	Buy	B+	C		38.05	1.63	13.05	181.12	0.9	1.53	102.4	24.8	3.3
KLA-Tencor Corporation	KLAC	NAS GS	B	Buy	B+	C	Up	117.74	1.62	18.99	77.14	2.6	8.41	87.4	14.0	4.2
Amazon.com, Inc.	AMZN	NAS GS	B	Buy	A+	D+	Up	1,904.28	1.62	11.92	168.99		23.94	201.8	79.6	4.0
ProPetro Holding Corp.	PUMP	NYSE	B-	Buy	B+	C	Up	19.32	1.62	23.21			2.25	164.6	8.6	1.1
Zebra Technologies Corporation	ZBRA	NAS GS	B	Buy	B+	B		207.63	1.61	44.88	309.04		7.87	262.6	26.4	2.6
Old Dominion Freight Line, Inc.	ODFL	NAS GS	B-	Buy	B	C	Down	147.26	1.60	-1.34	157.62	0.4	7.70	25.1	19.1	2.9
EPAM Systems, Inc.	EPAM	NYSE	B	Buy	A	C		172.93	1.60	40.57	159.85		4.15	106.6	41.7	5.1
Radian Group Inc.	RDN	NYSE	B	Buy	A+	C-	Up	22.73	1.60	40.12	134.25	0.0	3.04	321.7	7.5	3.7
Equitable Group Inc.	EQB.TO	TSX	B	Buy	A-	C	Up	72.67	1.60	27.49	39.51	1.6	7.43	3.7	9.8	4.1
Armstrong World Industries, Inc.	AWI	NYSE	B	Buy	A	B-		97.82	1.59	57.99	165.60	0.5	3.83	36.4	25.6	4.9
Trimble Inc.	TRMB	NAS GS	B	Buy	A-	C	Up	44.41	1.59	35.64	85.89		1.13	132.0	39.4	3.6
Novanta Inc.	NOVT	NAS GS	B	Buy	A+	C		93.29	1.59	52.43	531.62		1.59	372.8	58.7	5.3
Rockwell Automation, Inc.	ROK	NYSE	B-	Buy	B	C+		162.13	1.59	0.66	57.12	2.4	7.91	149.4	20.5	2.9
Viper Energy Partners LP	VNOM	NAS GS	B-	Buy	A-	D+	Up	29.46	1.59	0.90	92.94	7.0	1.99	64.3	14.8	5.7
Discover Financial Services	DFS	NYSE	B-	Buy	B	C	Up	77.59	1.59	13.00	61.34	2.1	8.13	40.7	9.5	3.3
Raven Industries, Inc.	RAVN	NAS GS	B-	Buy	B	C		34.99	1.58	-8.98	101.58	1.5	1.18	-15.9	29.7	3.2
Forward Air Corporation	FWRD	NAS GS	B	Buy	B	C+		58.24	1.58	0.11	38.37	1.2	3.16	4.5	18.4	1.3
Fastenal Company	FAST	NAS GS	B	Buy	A-	C+		32.21	1.58	35.91	63.76	2.6	1.35	25.3	23.9	3.6
Global Brass and Copper Holdings, Inc.	BRSS	NYSE	B-	Buy	A-	C	Up	43.70	1.57	37.53	73.38	0.8	2.72	22.0	16.1	0.6
FLIR Systems, Inc.	FLIR	NAS GS	B-	Buy	B	C	Up	53.40	1.57	4.11	87.53	1.2	2.18	192.3	24.4	4.1
Stewardship Financial Corporation	SSFN	NAS CM	B-	Buy	B+	C	Up	15.39	1.56	39.86	146.88	0.8	0.91	62.1	17.0	4.0
Bank of America Corporation	BAC	NYSE	B	Buy	B+	C+	Up	28.21	1.56	0.48	134.16	2.1	2.69	56.0	10.5	3.1
GATX Corporation	GATX	NYSE	B-	Buy	B-	C+	Down	77.74	1.56	15.16	98.05	2.3	4.66	-65.3	16.7	2.1
Analog Devices, Inc.	ADI	NAS GS	B	Buy	A	B-		112.84	1.56	20.08	121.67	2.2	4.18	41.5	27.0	6.8
Best Buy Co., Inc.	BBY	NYSE	B-	Buy	A-	C-		68.47	1.55	-6.10	146.76	2.8	5.51	62.0	12.4	0.4
V.F. Corporation	VFC	NYSE	B-	Buy	B	C		86.70	1.55	15.58	68.51	2.3	3.14	90.8	27.6	2.5
Watts Water Technologies, Inc.	WTS	NYSE	B	Buy	B+	C	Up	92.59	1.54	19.84	72.57	0.9	3.81	65.6	24.3	2.0
Moog Inc.	MOGA	NYSE	B	Buy	B	B		90.26	1.54	17.92	78.22	1.1	4.72	81.0	19.1	1.1
SunTrust Banks, Inc.	STI	NYSE	B-	Buy	B+	C		61.51	1.54	-3.49	69.34	3.3	5.69	17.1	10.8	3.1
ITT Inc.	ITT	NYSE	B	Buy	A	C+		64.04	1.54	25.02	106.70	0.9	3.43	81.0	18.7	2.1
Medpace Holdings, Inc.	MEDP	NAS GS	B-	Buy	B+	C	Down	64.15	1.54	48.91			2.09	78.1	30.7	3.2
Quanta Services, Inc.	PWR	NYSE	B	Buy	B	C+	Up	37.99	1.53	14.40	73.54	0.2	2.49	29.2	15.3	0.5
Wolverine World Wide, Inc.	WWW	NYSE	B-	Buy	B	C		27.34	1.51	-22.25	47.01	1.2	1.98	575.7	13.8	1.1
MGIC Investment Corporation	MTG	NYSE	B-	Buy	A-	C-	Up	13.14	1.51	22.23	128.52		1.82	68.5	7.2	4.3
Regal Beloit Corporation	RBC	NYSE	B	Buy	B+	C+		80.73	1.50	1.45	58.87	1.4	5.94	18.1	13.6	1.0

Section V:
Undervalued Stocks by Sector

Investment Ratings and analysis of our selections for Undervalued Stocks by Sector. Stocks are listed in order by sector, and in ascending order by their price to book ratio.

Section V: Contents

This section contains Weiss Investment Ratings, key rating factors, and summary financial data for our selections of "Undervalued Stocks by Sector".

Company Name
Legal name of a firm, the title by which a formally organized or incorporated firm is known as a legal entity or artificial-person. Shown on the certificate of incorporation (firm's 'birth certificate'), it must be displayed clearly at the firm's legal or registered office, and disclosed on all formal documents such as agreements, checks, and official stationery. Also known as corporate name.

MARKET

Stock Ticker Symbol
An arrangement of characters (usually letters) representing a particular security listed on an exchange or otherwise traded publicly. When a company issues securities to the public marketplace, it selects an available ticker symbol for its securities which investors use to place trade orders. Every listed security has a unique ticker symbol, facilitating the vast array of trade orders that flow through the financial markets every day.

Traded On /Exchange
The stock exchange on which the company is listed. The core function of a stock exchange is to ensure fair and orderly trading, as well as efficient dissemination of price information.
Exchanges such as: NYSE (New York Stock Exchange), AMEX (American Stock Exchange), NNM (NASDAQ National Market), and NASQ (NASDAQ Small Cap) give companies, governments and other groups a platform to sell securities to the investing public.

RATINGS

Overall Rating
The Weiss rating measured on a scale from A to E based on each stock's performance and risk. See the preceding section, "What Our Ratings Mean," for an explanation of each letter grade rating.

Buy-Hold-Sell Recommendation
Weiss Ratings' opinion of investment action based on a Weiss rating. We recommend buying stocks rated A and B, holding C rated stocks, and selling D and E.

Reward Rating
Primarily based on a stock's total return to shareholders over the trailing five years and, based on sales, net income, earnings trends and anticipated dividends, its prospects for future returns. Additionally, based on the stock's current price, other important ratios are factored in. Based on proprietary modeling the individual components of the risk and reward ratings are calculated and weighted and the final rating is generated.

Risk Rating
Primarily based on the level of volatility in the stock's daily, monthly and quarterly returns and on the company's financial stability. Stocks with very stable returns are considered less risky and receive a higher risk rating. Stocks with greater volatility are considered riskier, and will receive a lower risk rating. Companies with poor financial stability are considered riskier investments than those that are financially stable.

Recent Upgrade/Downgrade
An "Up" or "Down" indicates that the Weiss Investment Rating has changed since the publication of the last print edition. If a stock has had a rating change since March 31, 2019, the change is identified with an "Up" or "Down."

PRICE

Stock Price
The price at which a stock is traded on a regular trading day. Stock prices in this guide are listed as of June 30, 2019.

TOTAL RETURNS

1-Year Total Return
The rate of return on an investment over a period of one year that includes interest, capital gains, dividends and distributions realized.

3-Year Total Return
The rate of return on an investment over a period of three years that includes interest, capital gains, dividends and distributions realized.

DIVIDEND & EARNINGS

Dividend Yield (TTM)
Dividends paid out each year relative to the share price. Expressed as a percentage and measures how much cash flow an investor is getting for each invested dollar. This is a TTM figure (trailing twelve months), which is a representation of a company's financial performance over the most recent 12 months. TTM uses the latest available financial data from a company's interim, quarterly or annual reports.

Earnings Per Share (Earnings/Share)
The amount of a company's profit that can be allocated to one share of its stock and does not include dilutive effects on convertibles.

Earnings Per Share (EPS) Growth
The percentage change in earnings per share over time. It helps investors to identify the stocks that are increasing or decreasing in profitability. This is a TTM figure (trailing twelve months), which is a representation of a company's financial performance over the most recent 12 months. TTM uses the latest available financial data from a company's interim, quarterly or annual reports.

VALUATION

Price/Earnings (P/E) TTM
A ratio that measures the value of a company by comparing its current share price to its earnings per share. A high P/E ratio suggests that investors are expecting higher earnings growth. This is a TTM figure (trailing twelve months), which is a representation of a company's financial performance over the most recent 12 months. TTM uses the latest available financial data from a company's interim, quarterly or annual reports.

Price/Sales (P/S) TTM
A ratio that measures value placed on each dollar of a company's sales or revenues. Generally, a stock with lower P/S ratio is a better investment since the investor pays less for each unit of sales. This is a TTM figure (trailing twelve months), which is a representation of a company's financial performance over the most recent 12 months. TTM uses the latest available financial data from a company's interim, quarterly or annual reports.

Book (P/B) Q
Price to book ratio compares a stock's market daily value to its quarterly book value. This ratio indicates how much shareholders are paying for the net assets of a company and answers the question: how many times a company's stock is trading per share compared to the company's book value per share. A lower P/B could mean that the stock is undervalued and may have a potential for future growth, however, other valuation measures should be considered before investing. Generally, a P/B ratio of 1.0 or less is viewed as good. This is a quarterly figure.

V: Undervalued by Sector

Summer 2019

Sector: Communication Services

Company Name	Stock Ticker Symbol	Traded On	Overall Rating	Recommendation	Reward Rating	Risk Rating	Recent Up/Downgrade	Stock Price as of 6/30/19	1-Year Total Return (%)	3-Year Total Return (%)	Dividend Yield TTM	Earnings/ Share $	EPS Growth (%)	Earnings (P/E) TTM	Sales (P/S) TTM	Book (P/B) Q
Cogent Communications Holdings, Inc.	CCOI	NAS GS	B	Buy	A-	C	Up	59.38	15.38	77.69	3.8	0.68	263.9	87.7	5.3	-16.4
NetEase, Inc.	NTES	NAS GS	B-	Buy	A-	D+	Up	261.35	7.00	55.82	0.9	224.42	5.6	1.2	0.1	0.2
Telephone and Data Systems, Inc.	TDS	NYSE	B-	Buy	B	C	Up	30.33	13.90	14.18	2.1	1.33	-2.0	22.8	0.7	0.8
Tribune Media Company	TRCO	NYSE	B	Buy	A-	C		46.31	24.51	57.41	2.2	4.34	-8.7	10.7	2.0	1.1
T-Mobile US, Inc.	TMUS	NAS GS	B	Buy	B+	C+		73.29	22.44	72.41		3.65	-29.6	20.1	1.4	2.4
Nexstar Media Group, Inc.	NXST	NAS GS	B	Buy	A-	B-		100.16	36.76	134.08	1.7	8.35	-23.2	12.0	1.7	2.4
Comcast Corporation	CMCSA	NAS GS	B-	Buy	A-	C		42.00	31.57	40.89	1.9	2.63	-46.4	16.0	2.0	2.5
Sinclair Broadcast Group, Inc.	SBGI	NAS GS	B-	Buy	B+	C	Up	53.20	67.58	96.41	1.5	3.22	-41.3	16.5	1.6	3.1
Alphabet Inc.	GOOG	NAS GS	B	Buy	B+	C+		1,076.01	-3.43	58.23		39.87	69.2	27.0	5.3	4.1
Alphabet Inc.	GOOGL	NAS GS	B	Buy	B+	C+		1,076.63	-4.45	55.75		39.87	69.2	27.0	5.3	4.1
Verizon Communications Inc.	VZ	NYSE	B-	Buy	B	C	Down	57.25	17.52	19.63	4.2	3.87	-49.2	14.8	1.8	4.2
The New York Times Company	NYT	NYSE	B	Buy	B	C+		32.85	27.17	189.46	0.5	0.80	1,094.2	41.1	3.1	5.2
IAC/InterActiveCorp	IAC	NAS GS	B	Buy	B	B-	Down	218.15	43.22	308.98		6.71	87.6	32.5	4.5	6.6
Cable ONE, Inc.	CABO	NYSE	B	Buy	A	C		1,143.49	56.20	140.57	0.7	28.46	-32.9	40.2	6.0	8.5

Sector: Consumer Discretionary

Company Name	Stock Ticker Symbol	Traded On	Overall Rating	Recommendation	Reward Rating	Risk Rating	Recent Up/Downgrade	Stock Price as of 6/30/19	1-Year Total Return (%)	3-Year Total Return (%)	Dividend Yield TTM	Earnings/ Share $	EPS Growth (%)	Earnings (P/E) TTM	Sales (P/S) TTM	Book (P/B) Q
The Home Depot, Inc.	HD	NYSE	B	Buy	A-	C+		207.02	8.79	74.10	2.3	9.92	29.0	20.9	2.1	-106.4
Choice Hotels International, Inc.	CHH	NYSE	B	Buy	B+	B		86.08	15.92	99.08	1.0	3.90	80.1	22.1	4.6	-25.7
Starbucks Corporation	SBUX	NAS GS	B-	Buy	B	C+	Down	83.56	76.00	61.64	1.7	2.31	-24.3	36.2	4.1	-20.1
Planet Fitness, Inc.	PLNT	NYSE	B+	Buy	A+	C+	Down	73.13	68.35	352.79		1.09	108.5	67.1	11.1	-17.9
AutoZone, Inc.	AZO	NYSE	B-	Buy	B+	C		1,084.08	59.79	37.15		55.97	14.1	19.4	2.4	-16.8
Wingstop Inc.	WING	NAS GS	B	Buy	A+	C-	Up	94.66	89.89	359.79	0.4	0.74	-9.3	127.8	17.1	-12.6
Dunkin' Brands Group, Inc.	DNKN	NAS GS	B	Buy	B+	B		79.69	17.59	97.18	1.8	2.78	-8.4	28.7	5.0	-9.5
Sleep Number Corporation	SNBR	NAS GS	B-	Buy	B+	C		39.09	31.09	88.93		2.22	47.1	17.6	0.8	-9.5
Domino's Pizza, Inc.	DPZ	NYSE	B	Buy	A-	C+		277.94	-0.57	129.55	0.9	8.55	29.7	32.5	3.4	-3.8
LVMH Moët Hennessy - Louis Vuitton, Société Eu	LVMUY	OTC PK	B+	Buy	A+	C+	Up	83.66	30.45	190.49	1.2	14.88	22.7	5.6	0.8	1.1
M.D.C. Holdings, Inc.	MDC	NYSE	B	Buy	A	C+		32.21	20.44	88.29	3.5	3.42	33.1	9.4	0.7	1.2
D.R. Horton, Inc.	DHI	NYSE	B-	Buy	A-	C	Up	43.22	8.37	48.41	1.3	4.09	37.3	10.6	1.0	1.7
PulteGroup, Inc.	PHM	NYSE	B-	Buy	A-	C		31.55	12.98	77.68	1.3	3.55	102.8	8.9	0.9	1.8
Norwegian Cruise Line Holdings Ltd.	NCLH	NYSE	B-	Buy	B	C	Up	51.84	8.79	34.86		4.35	24.7	11.9	1.8	1.9
Lithia Motors, Inc.	LAD	NYSE	B-	Buy	A-	C-	Up	119.74	25.80	76.91	1.0	11.24	14.6	10.7	0.2	2.2
Royal Caribbean Cruises Ltd.	RCL	NYSE	B	Buy	A-	C	Up	119.20	17.04	94.02	2.4	8.75	15.7	13.6	2.5	2.2
Park Lawn Corporation	PLC.TO	TSX	B-	Buy	B+	C-	Up	28.59	18.77	129.46	1.6	0.27	9.7	106.6	4.8	2.3
America's Car-Mart, Inc.	CRMT	NAS GS	B	Buy	A	C+		87.72	38.36	233.66		6.73	36.2	13.0	0.9	2.3
Aaron's, Inc.	AAN	NYSE	B	Buy	A-	C		60.98	39.59	190.36	0.2	2.87	-28.9	21.2	1.1	2.3
Monarch Casino & Resort, Inc.	MCRI	NAS GS	B-	Buy	B	C+		42.45	-3.21	106.07		1.85	24.5	23.0	3.3	2.5
Clarus Corporation	CLAR	NAS GS	B	Buy	A-	C+	Up	14.31	78.27	249.64	0.7	0.35	907.8	41.2	2.0	2.5
Asbury Automotive Group, Inc.	ABG	NYSE	B	Buy	A-	C+	Up	83.94	19.66	61.02		8.47	21.7	9.9	0.2	3.2
Eldorado Resorts, Inc.	ERI	NAS GS	B	Buy	A-	C	Up	44.72	12.22	212.51		1.44	30.3	31.1	1.6	3.3
MTY Food Group Inc.	MTY.TO	TSX	B-	Buy	B+	C	Down	63.74	29.95	50.41	1.0	2.06	-38.8	31.0	5.3	3.4
Steven Madden, Ltd.	SHOO	NAS GS	B	Buy	B+	C		33.37	-5.91	57.38	1.7	1.57	7.4	21.2	1.7	3.5
Garmin Ltd.	GRMN	NAS GS	A-	Buy	A	B+	Down	80.27	35.58	119.57	2.7	3.71	16.6	21.6	4.5	3.5
Boot Barn Holdings, Inc.	BOOT	NYSE	B-	Buy	A	D+		34.86	61.99	327.73		1.36	30.3	25.6	1.3	3.7
Columbia Sportswear Company	COLM	NAS GS	B	Buy	B	B	Down	98.53	9.38	85.81	1.0	4.26	163.2	23.1	2.4	3.9
Monro, Inc.	MNRO	NAS GS	B-	Buy	B	C		83.54	40.14	37.80	1.2	2.37	23.3	35.3	2.4	4.0
Genuine Parts Company	GPC	NYSE	B	Buy	B+	C		102.84	15.39	15.22	2.9	5.39	25.1	19.1	0.8	4.2
Malibu Boats, Inc.	MBUU	NAS	B-	Buy	B+	C		37.69	-11.11	221.31		2.82	119.6	13.4	1.3	4.3
Williams-Sonoma, Inc.	WSM	NYSE	B-	Buy	B+	C	Up	64.26	8.15	37.82	2.8	4.20	34.4	15.3	0.9	4.5

Data as of June 30, 2019

V: Undervalued by Sector

Sector: Consumer Discretionary (con't)

Company Name	Stock Ticker Symbol	Traded On	Overall Rating	Recommendation	Reward Rating	Risk Rating	Recent Up/Downgrade	Stock Price as of 6/30/19	1-Year Total Return (%)	3-Year Total Return (%)	Dividend Yield TTM	Earnings/Share $	EPS Growth (%)	Earnings (P/E) TTM	Sales (P/S) TTM	Book (P/B) Q
Service Corporation International	SCI	NYSE	B	Buy	B	B		46.15	31.08	86.74	1.5	2.39	0.9	19.3	2.7	5.0
Dollar General Corporation	DG	NYSE	B	Buy	B+	C		136.46	39.17	52.01	0.9	6.10	1.8	22.4	1.4	5.4
Ollie's Bargain Outlet Holdings, Inc.	OLLI	NAS	B	Buy	A	C	Up	87.93	20.53	266.83		2.18	3.0	40.4	4.5	5.7
Yum China Holdings, Inc.	YUMC	NYSE	B	Buy	A-	C	Up	46.08	20.53		1.0	1.63	31.3	28.3	2.1	5.9
NVR, Inc.	NVR	NYSE	B-	Buy	B+	C-	Up	3,333.62	12.54	97.96		203.50	43.9	16.4	1.8	6.3
Cracker Barrel Old Country Store, Inc.	CBRL	NAS GS	B-	Buy	B	C+	Down	170.52	14.06	17.69	2.9	9.12	-8.5	18.7	1.3	6.3
Darden Restaurants, Inc.	DRI	NYSE	B+	Buy	A+	B-	Up	121.54	15.64	103.54	2.5	5.41	25.2	22.5	1.8	6.5
A&W Revenue Royalties Income Fund	AWUN.TO	TSX	B-	Buy	B+	C		42.40	38.77	48.27	4.1	1.37	-2.9	31.0	16.5	6.5
Great Canadian Gaming Corporation	GC.TO	TSX	B	Buy	B+	C+		43.87	-6.52	145.50		1.87	56.9	23.5	2.7	6.7
The Wendy's Company	WEN	NAS GS	A-	Buy	A-	B	Up	19.49	15.96	121.12	1.9	1.94	153.5	10.1	3.6	7.0
V.F. Corporation	VFC	NYSE	B-	Buy	B	C		86.70	15.58	68.51	2.3	3.14	90.8	27.6	2.5	8.0
Tractor Supply Company	TSCO	NAS GS	B-	Buy	B+	C	Up	108.20	40.71	20.27	1.2	4.38	28.4	24.7	1.6	8.8
Fox Factory Holding Corp.	FOXF	NAS GS	B+	Buy	A+	C	Up	81.51	75.86	382.02		2.07	49.9	39.4	4.9	9.2
Churchill Downs Incorporated	CHDN	NAS GS	B	Buy	B+	C+		113.46	17.09	187.71	0.5	4.46	-35.9	25.4	4.3	9.8
Restaurant Brands International Inc.	QSR	NYSE	B	Buy	A-	C		69.02	19.63	82.88	2.8	2.36	-19.3	29.3	6.0	10.1
Bright Horizons Family Solutions Inc.	BFAM	NYSE	B	Buy	A	C		150.00	47.02	132.59		2.75	8.4	54.5	4.5	10.4
Ulta Beauty, Inc.	ULTA	NAS GS	B	Buy	A	C		344.22	43.62	45.73		11.50	19.5	29.9	2.9	10.4
Five Below, Inc.	FIVE	NAS GS	B	Buy	B+	C		120.78	21.34	167.21		2.74	31.9	44.1	4.2	10.6

Sector: Consumer Staples

Company Name	Stock Ticker Symbol	Traded On	Overall Rating	Recommendation	Reward Rating	Risk Rating	Recent Up/Downgrade	Stock Price as of 6/30/19	1-Year Total Return (%)	3-Year Total Return (%)	Dividend Yield TTM	Earnings/Share $	EPS Growth (%)	Earnings (P/E) TTM	Sales (P/S) TTM	Book (P/B) Q
Lamb Weston Holdings, Inc.	LW	NYSE	B	Buy	B+	C+	Down	61.70	-9.24		1.3	3.10	16.5	19.9	2.5	-160.7
Nomad Foods Limited	NOMD	NYSE	B	Buy	B	C+		20.75	6.25	159.05		0.86	-15.8	24.1	1.4	1.7
Keurig Dr Pepper Inc.	KDP	NYSE	B	Buy	B	B		28.68			363.3	10.70	16.3	2.7	4.5	1.8
The Simply Good Foods Company	SMPL	NAS CM	B	Buy	B	B		23.60	62.87			0.58	18.6	40.5	4.4	2.4
Metro Inc.	MRU.TO	TSX	B-	Buy	B	C+		49.20	11.82	13.43	1.5	1.92	-67.8	25.7	1.0	2.9
Performance Food Group Company	PFGC	NYSE	B	Buy	B+	C		39.76	7.03	52.05		1.60	-4.7	24.9	0.2	3.3
Hormel Foods Corporation	HRL	NYSE	B	Buy	B	C	Up	40.27	10.26	22.07	2.0	1.83	5.2	22.0	2.3	3.7
Inter Parfums, Inc.	IPAR	NAS GS	B	Buy	A-	B-	Down	64.20	22.36	134.36	1.6	1.81	27.7	35.6	3.0	4.5
The Procter & Gamble Company	PG	NYSE	B-	Buy	B	C	Down	109.78	45.33	46.52	2.6	4.19	11.4	26.2	4.3	5.1
Alimentation Couche-Tard Inc.	ATDB.TO	TSX	B	Buy	A	C+		83.26	44.42	56.76	0.5	3.45	26.1	24.1	0.8	5.3
Lancaster Colony Corporation	LANC	NAS GS	B-	Buy	B	C-	Down	147.21	7.64	25.54	1.7	5.44	13.8	27.1	3.1	5.7
McCormick & Company, Incorporated	MKC	NYSE	B	Buy	A-	C+	Up	155.87	37.95	61.27	1.4	4.93	-19.8	31.6	3.9	6.2
Church & Dwight Co., Inc.	CHD	NYSE	B	Buy	A-	C		73.14	39.47	53.22	1.2	2.34	-22.8	31.3	4.4	7.2
Costco Wholesale Corporation	COST	NAS GS	B	Buy	A-	C+		265.58	28.56	83.61	0.9	8.14	19.2	32.6	0.8	8.1
The Boston Beer Company, Inc.	SAM	NYSE	B	Buy	A-	C	Up	365.53	22.13	123.77		9.06	6.9	40.3	4.0	8.6
Monster Beverage Corporation	MNST	NAS GS	B-	Buy	B+	C		63.57	11.96	23.47		1.87	24.7	34.0	8.9	9.3
Turning Point Brands, Inc.	TPB	NYSE	B	Buy	A	C	Up	47.74	50.08	383.62	0.4	1.45	33.3	32.9	2.7	10.5

V: Undervalued by Sector

Summer 2019

Sector: Energy

Company Name	Stock Ticker Symbol	Traded On	Overall Rating	Recommendation	Reward Rating	Risk Rating	Recent Up/ Downgrade	Stock Price as of 6/30/19	1-Year Total Return (%)	3-Year Total Return (%)	Dividend Yield TTM	Earnings/ Share $	EPS Growth (%)	Earnings (P/E) TTM	Sales (P/S) TTM	Book (P/B) Q
TOTAL S.A.	TTFNF	OTC PK	B-	Buy	B+	C	Up	55.55	-7.49	22.49		4.38	37.7	12.7	0.8	1.2
TOTAL S.A.	TOT	NYSE	B-	Buy	B+	C		55.60	-3.49	37.23	4.6	4.38	37.7	12.7	0.8	1.2
ProPetro Holding Corp.	PUMP	NYSE	B-	Buy	B+	C	Up	19.32	23.21			2.25	164.6	8.6	1.1	2.2
North American Construction Group Ltd.	NOA	NYSE	B	Buy	B+	C		10.68	82.13	281.63	0.8	0.31	76.6	34.8	0.9	2.3
North American Construction Group Ltd.	NOA.TO	TSX	B-	Buy	B+	C	Down	14.02	80.62	283.34	0.6	0.31	76.6	45.6	1.2	3.0
Dorchester Minerals, L.P.	DMLP	NAS GS	B	Buy	A-	C	Up	18.41	1.38	61.86	10.5	1.70	37.6	10.8	8.3	5.1
Pason Systems Inc.	PSI.TO	TSX	B-	Buy	B+	C	Up	18.72	-9.24	17.63	3.9	0.61	122.4	30.8	6.7	5.6

Sector: Financials

Company Name	Stock Ticker Symbol	Traded On	Overall Rating	Recommendation	Reward Rating	Risk Rating	Recent Up/ Downgrade	Stock Price as of 6/30/19	1-Year Total Return (%)	3-Year Total Return (%)	Dividend Yield TTM	Earnings/ Share $	EPS Growth (%)	Earnings (P/E) TTM	Sales (P/S) TTM	Book (P/B) Q
MSCI Inc.	MSCI	NYSE	B+	Buy	A+	C+		234.10	44.10	229.21	1.0	6.42	70.7	36.5	13.8	-62.6
Berkshire Hathaway Inc.	BRKB	NYSE	B+	Buy	A-	B	Up	212.02	13.33	51.14		16,323.29	-32.5	0.0	0.0	0.0
Capital One Financial Corporation	COFPRG	NYSE	B	Buy	A-	C+	Up	25.12	8.63		5.2	12.05	165.2	2.1	0.5	0.2
Tetragon Financial Group Limited	TGONF	OTC PK	B	Buy	B+	B		12.33	6.68	47.93	5.9	2.42	39.1	5.1	3.7	0.5
Great Ajax Corp.	AJX	NYSE	B-	Buy	B+	C	Up	13.45	12.21	25.84	9.4	1.37	-6.1	9.9	6.5	0.8
Capital One Financial Corporation	COF	NYSE	B-	Buy	B+	C	Up	89.33	-1.60	58.53	1.8	12.05	165.2	7.4	1.9	0.9
Citizens Community Bancorp, Inc.	CZWI	NAS	B+	Buy	B+	B+		11.18	-18.83	10.35	1.8	0.38	-33.5	29.2	2.9	0.9
ESSA Bancorp, Inc.	ESSA	NAS GS	B-	Buy	B+	C	Down	15.25	-0.26	24.93	2.6	1.07	163.6	14.3	3.1	0.9
SB Financial Group, Inc.	SBFG	NAS CM	B-	Buy	B	C	Up	16.55	-16.76	59.56	2.1	1.43	-19.4	11.5	2.7	0.9
First Northwest Bancorp	FNWB	NAS	B	Buy	B	B	Up	16.28	0.82	30.57	0.6	0.76	92.6	21.3	3.9	1.0
Popular, Inc.	BPOP	NAS GS	B	Buy	A-	C+		53.47	20.19	103.61	2.1	6.85	584.6	7.8	2.4	1.0
Stellus Capital Investment Corporation	SCM	NYSE	B	Buy	A-	C		13.80	17.16	86.99	9.9	1.80	18.4	7.7	4.0	1.0
TPG RE Finance Trust, Inc.	TRTX	NYSE	B-	Buy	B	C	Up	19.08	0.21		9.0	1.70	0.4	11.2	9.0	1.0
Bain Capital Specialty Finance, Inc.	BCSF	NYSE	B	Buy	B	B		19.23			6.4	1.19	2.1	16.2	8.1	1.0
Solar Senior Capital Ltd.	SUNS	NAS GS	B-	Buy	B	C	Down	15.99	6.62	30.78	8.8	0.98	-31.8	16.4	6.3	1.0
Reinsurance Group of America, Incorporated	RGA	NYSE	B	Buy	B+	B	Up	154.54	17.81	74.93	1.6	12.18	-54.9	12.7	0.8	1.0
Granite Point Mortgage Trust Inc.	GPMT	NYSE	B-	Buy	B+	C	Up	19.11	12.01		8.7	1.43	54.0	13.4	12.0	1.0
New Mountain Finance Corporation	NMFC	NYSE	B	Buy	B+	C	Up	13.79	12.52	45.91	9.9	1.08	-15.2	12.8	5.5	1.0
Ares Capital Corporation	ARCC	NAS GS	A-	Buy	A	B	Up	17.73	18.47	66.30	9.1	1.94	4.7	9.1	5.4	1.0
Saratoga Investment Corp.	SAR	NYSE	B	Buy	A-	C		24.39	-3.21	94.24	8.8	2.60	-10.9	9.4	3.9	1.0
TriplePoint Venture Growth BDC Corp.	TPVG	NYSE	B	Buy	A	C		14.21	27.89	90.15	10.1	1.80	29.0	7.9	5.1	1.1
Carolina Trust BancShares, Inc.	CART	NAS CM	B-	Buy	B	C+	Up	7.77	-5.81	25.53		0.37	142.7	20.8	3.7	1.1
Severn Bancorp, Inc.	SVBI	NAS CM	B	Buy	B+	B-		8.63	0.54	46.41	1.4	0.72	155.3	12.0	2.8	1.1
First United Corporation	FUNC	NAS GS	B	Buy	B+	C	Up	19.00	-5.24	100.71	1.9	1.60	124.1	11.9	2.3	1.1
Mackinac Financial Corporation	MFNC	NAS CM	B	Buy	B+	B-	Up	15.90	-5.58	55.34	3.0	0.95	13.5	16.8	3.1	1.1
Prosperity Bancshares, Inc.	PB	NYSE	B-	Buy	B	C+		65.59	-0.84	50.09	2.4	4.72	18.1	13.9	6.2	1.1
Capital Southwest Corporation	CSWC	NAS GS	A-	Buy	B+	A-		21.01	25.04	94.26	8.9	1.98	-18.8	10.6	7.0	1.1
The First Bancshares, Inc.	FBMS	NAS	B-	Buy	B+	C		30.00	-16.40	73.81	0.8	1.75	30.8	17.2	4.1	1.1
BayCom Corp	BCML	NAS GS	B-	Buy	B	C	Down	22.00	-11.04	83.03		1.44	29.0	15.3	4.1	1.2
Santander Consumer USA Holdings Inc.	SC	NYSE	B	Buy	B+	C+	Up	23.51	28.29	152.94	3.4	2.56	-27.4	9.2	2.1	1.2
Flagstar Bancorp, Inc.	FBC	NYSE	B-	Buy	B	C	Up	32.30	-6.71	38.20	0.3	3.24	164.9	10.0	1.9	1.2
Assurant, Inc.	AIZ	NYSE	B-	Buy	B	C	Up	104.36	1.84	34.52	2.3	4.69	-46.8	22.3	0.8	1.2
Entegra Financial Corp.	ENFC	NAS	B-	Buy	B	C	Up	29.78	2.51	70.46		2.03	178.0	14.7	3.8	1.2
MGIC Investment Corporation	MTG	NYSE	B-	Buy	A-	C-	Up	13.14	22.23	128.52		1.82	68.5	7.2	4.3	1.2
International Bancshares Corporation	IBOC	NAS GS	B-	Buy	B	C	Up	37.28	-11.93	58.47	2.5	3.23	20.6	11.5	4.3	1.2
Arbor Realty Trust, Inc.	ABR	NYSE	B+	Buy	B+	B		11.81	24.95	127.72	10.3	1.34	8.5	8.8	3.2	1.2
Independence Holding Company	IHC	NYSE	A-	Buy	A	B		38.00	14.84	125.92	0.9	2.01	-28.8	18.9	1.6	1.2
Pacific City Financial Corporation	PCB	NAS GS	B	Buy	A-	C	Up	16.97	-1.22	76.50	1.0	1.60	19.4	10.6	3.6	1.3
Evans Bancorp, Inc.	EVBN	AMEX	A+	Buy	A+	A-		35.40	-22.66	52.77	2.8	3.39	55.5	10.4	2.8	1.3
Blackstone Mortgage Trust, Inc.	BXMT	NYSE	B+	Buy	B+	B+		35.36	18.15	62.06	7.0	2.56	11.7	13.8	10.5	1.3

Summer 2019 — V: Undervalued by Sector

Sector: Financials (con't)

Company Name	Stock Ticker Symbol	Traded On	Overall Rating	Recommendation	Reward Rating	Risk Rating	Recent Up/Downgrade	Stock Price as of 6/30/19	1-Year Total Return (%)	3-Year Total Return (%)	Dividend Yield TTM	Earnings/Share $	EPS Growth (%)	Earnings (P/E) TTM	Sales (P/S) TTM	Book (P/B) Q
Radian Group Inc.	RDN	NYSE	B	Buy	A+	C-	Up	22.73	40.12	134.25	0.0	3.04	321.7	7.5	3.7	1.3
Equitable Group Inc.	EQB.TO	TSX	B	Buy	A-	C	Up	72.67	27.49	39.51	1.6	7.43	3.7	9.8	4.1	1.3
OFG Bancorp	OFG	NYSE	B	Buy	A-	C		23.66	69.17	215.86	1.1	1.64	89.8	14.5	3.5	1.3
Carolina Financial Corporation	CARO	NAS CM	B-	Buy	B+	C		34.88	-18.61	93.79	0.9	2.69	69.5	13.0	4.5	1.3
Peoples Bancorp of North Carolina, Inc.	PEBK	NAS	B+	Buy	B	A		27.99	-11.44	69.69	2.4	2.28	21.3	12.3	2.8	1.3
BB&T Corporation	BBT	NYSE	B	Buy	B+	C	Up	48.18	-1.74	54.36	3.4	3.94	22.3	12.2	3.4	1.3
TriCo Bancshares	TCBK	NAS GS	B	Buy	B+	B-		37.82	0.47	49.59	2.0	2.68	47.8	14.1	4.1	1.4
Capital City Bank Group, Inc.	CCBG	NAS GS	B-	Buy	B+	C	Down	24.80	4.61	87.43	1.6	1.58	93.0	15.7	2.9	1.4
First Interstate Bancsystem, Inc.	FIBK	NAS GS	B-	Buy	B	C		38.76	-6.30	56.35	3.0	2.80	28.6	13.8	4.0	1.4
Starwood Property Trust, Inc.	STWD	NYSE	B-	Buy	B-	B		22.47	9.48	40.43	8.5	1.29	-14.4	17.4	9.3	1.4
The PNC Financial Services Group, Inc.	PNC	NYSE	B	Buy	B+	C	Up	134.66	2.31	83.43	2.8	10.90	0.2	12.4	3.7	1.4
Washington Federal, Inc.	WAFD	NAS GS	B-	Buy	B	C	Up	34.11	5.78	57.46	2.2	2.51	15.5	13.6	5.1	1.4
Mercantile Bank Corporation	MBWM	NAS GS	B-	Buy	B	C	Up	32.10	-8.15	59.12	3.1	2.60	24.2	12.4	3.8	1.4
Heritage Financial Corporation	HFWA	NAS GS	B-	Buy	B	C	Down	29.05	-14.01	88.68	2.3	1.66	23.7	17.5	4.8	1.4
Riverview Bancorp, Inc.	RVSB	NAS GS	B-	Buy	B+	C-	Up	8.14	-2.65	81.07	1.8	0.75	67.1	10.8	3.2	1.4
First Defiance Financial Corp.	FDEF	NAS GS	B-	Buy	B	C	Down	27.97	-10.38	58.33	2.6	2.25	18.7	12.4	3.8	1.4
Huntington Bancshares Incorporated	HBAN	NAS GS	B-	Buy	B+	C-	Up	13.65	-4.50	79.13	4.1	1.24	10.3	11.0	3.4	1.4
First Citizens Bancshares, Inc.	FCNCA	NAS GS	B	Buy	A-	B-	Up	436.91	8.47	86.74	0.4	34.85	17.5	12.5	3.2	1.4
Colony Bankcorp, Inc.	CBAN	NAS	B	Buy	A-	B-	Up	17.00	3.30	86.08	1.8	1.37	35.3	12.4	2.9	1.4
Republic Bancorp, Inc.	RBCAA	NAS GS	B	Buy	A+	C		48.80	7.95	97.47	2.1	3.78	50.3	12.9	3.9	1.4
Bank of Montreal	BMO	NYSE	B-	Buy	B+	C		75.07	1.81	33.78	5.2	7.16	28.2	10.5	2.7	1.4
Farmers National Banc Corp.	FMNB	NAS CM	B-	Buy	B+	C		14.23	-8.90	70.74	2.4	1.19	34.3	12.0	3.9	1.5
United Community Financial Corp.	UCFC	NAS GS	B-	Buy	B+	C	Down	9.43	-12.03	73.59	3.0	0.75	31.0	12.6	4.1	1.5
Independent Bank Corporation	IBCP	NAS GS	B-	Buy	B+	C		21.57	-13.58	65.55	3.1	1.65	51.4	13.1	3.2	1.5
Nicolet Bankshares, Inc.	NCBS	NAS CM	B	Buy	B+	B-		62.40	11.85	74.59		4.22	18.7	14.8	4.2	1.5
CNB Financial Corporation	CCNE	NAS GS	B-	Buy	B+	C		27.15	-8.88	69.67	2.5	2.35	47.8	11.5	3.3	1.5
Newtek Business Services Corp.	NEWT	NAS	B	Buy	A	C+	Up	22.95	26.21	148.23	8.0	1.95	-15.4	11.8	8.4	1.5
JPMorgan Chase & Co.	JPM	NYSE	B	Buy	A-	B-	Up	108.84	6.68	97.28	2.7	9.27	32.0	11.7	3.4	1.5
Camden National Corporation	CAC	NAS GS	B	Buy	B+	C+	Up	45.08	0.55	76.21	2.7	3.48	74.5	13.0	4.4	1.6
National Bank Holdings Corporation	NBHC	NYSE	B	Buy	B+	C		35.80	-6.17	88.68	1.9	2.28	370.2	15.7	4.3	1.6
NBT Bancorp Inc.	NBTB	NAS GS	B-	Buy	B	C		36.73	-1.66	45.32	2.8	2.63	31.6	14.0	4.0	1.6
Citizens & Northern Corporation	CZNC	NAS CM	B	Buy	A-	B-		25.39	0.70	43.82	4.3	1.84	56.6	13.8	4.6	1.6
Parke Bancorp, Inc.	PKBK	NAS CM	B	Buy	A-	C		23.49	1.95	138.67	2.4	2.39	86.1	9.8	4.9	1.6
FVCBankcorp, Inc.	FVCB	NAS CM	B-	Buy	B	C+	Up	19.00	10.47	52.24		0.89	24.3	21.3	6.6	1.6
The Travelers Companies, Inc.	TRV	NYSE	B+	Buy	A-	B	Up	149.20	24.73	40.04	2.1	9.84	29.9	15.2	1.3	1.6
M&T Bank Corporation	MTB	NYSE	B	Buy	B+	C+	Up	168.72	2.41	60.87	2.4	13.90	57.8	12.1	3.9	1.6
Torchmark Corporation	TMK	NYSE	B	Buy	B+	B	Up	88.44	9.85	54.45	0.7	6.24	-50.5	14.2	2.3	1.6
Norwood Financial Corp.	NWFL	NAS	A-	Buy	A-	B		33.17	-5.59	96.56	2.8	2.18	52.4	15.2	4.9	1.6
Atrium Mortgage Investment Corporation	AI.TO	TSX	B	Buy	B	B		13.34	11.40	41.14	6.8	0.72	-0.6	18.5	20.2	1.7
Main Street Capital Corporation	MAIN	NYSE	B	Buy	B+	B-	Up	40.80	15.38	57.34	5.8	2.88	-4.4	14.2	10.6	1.7
Central Pacific Financial Corp.	CPF	NYSE	B-	Buy	B	C		29.33	4.64	41.24	2.9	2.09	49.7	14.0	3.9	1.7
United Security Bancshares	UBFO	NAS GS	B	Buy	A-	C		11.00	3.49	124.89	3.7	0.88	48.5	12.5	4.5	1.7
Kemper Corporation	KMPR	NYSE	B	Buy	A+	C		86.46	16.33	205.20	1.1	4.57	36.2	18.9	1.3	1.7
Cullen/Frost Bankers, Inc.	CFR	NYSE	B-	Buy	B+	C		92.78	-12.50	67.44	2.9	7.09	21.3	13.1	4.5	1.7
Walker & Dunlop, Inc.	WD	NYSE	B-	Buy	B	C	Up	52.77	-3.55	141.12	2.1	5.11	-16.2	10.3	2.2	1.7
Brookfield Asset Management Inc.	BAM	NYSE	B+	Buy	A-	B	Down	47.67	20.83	53.39	1.3	3.18	41.6	15.0	0.8	1.7
The Hanover Insurance Group, Inc.	THG	NYSE	B	Buy	A-	B-		126.10	12.93	71.81	5.6	10.49	116.0	12.0	1.2	1.8
Macatawa Bank Corporation	MCBC	NAS GS	B-	Buy	B+	C		10.26	-13.93	55.14	2.6	0.82	62.0	12.4	4.4	1.8
Arrow Financial Corporation	AROW	NAS GS	B-	Buy	B+	C		33.88	-2.59	39.99	3.1	2.51	15.6	13.5	4.4	1.8
The Toronto-Dominion Bank	TD	NYSE	B	Buy	B+	C+	Up	58.10	5.62	52.58	4.7	4.71	6.4	12.3	3.7	1.8
U.S. Bancorp	USB	NYSE	B	Buy	A-	C	Up	51.98	7.17	42.47	2.9	4.18	14.5	12.4	4.0	1.8
Bank of Marin Bancorp	BMRC	NAS CM	B+	Buy	A-	B		42.31	5.33	88.12	1.7	2.41	75.1	17.6	5.7	1.8

V: Undervalued by Sector

Summer 2019

Sector: Financials (con't)

Company Name	Stock Ticker Symbol	Traded On	Overall Rating	Recommendation	Reward Rating	Risk Rating	Recent Up/ Downgrade	Stock Price as of 6/30/19	1-Year Total Return (%)	3-Year Total Return (%)	Dividend Yield TTM	Earnings/ Share $	EPS Growth (%)	Earnings (P/E) TTM	Sales (P/S) TTM	Book (P/B) Q
Essent Group Ltd.	ESNT	NYSE	B	Buy	A	C	Up	46.68	29.59	123.46		4.93	12.8	9.5	6.1	1.8
Raymond James Financial, Inc.	RJF	NYSE	B-	Buy	B	C	Up	82.50	-7.83	80.87	1.6	6.81	36.7	12.1	1.6	1.8
Fidelity Southern Corporation	LION	NAS GS	B	Buy	B	B		31.15	24.28	125.86	1.9	1.39	-8.4	22.4	3.2	1.9
Bank of Montreal	BMO.TO	TSX	B	Buy	B+	B-	Up	98.43	0.65	34.51	4.0	7.16	28.2	13.7	3.5	1.9
Community Bank System, Inc.	CBU	NYSE	B	Buy	B	B		65.09	11.97	78.25	2.3	3.27	2.2	19.9	6.1	1.9
Independent Bank Corp.	INDB	NAS GS	B	Buy	B+	C+		74.90	-4.34	80.66	2.1	4.66	36.0	16.1	5.3	1.9
Washington Trust Bancorp, Inc.	WASH	NAS GS	B-	Buy	B+	C-	Up	52.20	-8.92	54.30	3.5	4.00	38.3	13.1	4.7	1.9
BancFirst Corporation	BANF	NAS GS	B	Buy	B+	C		55.91	-4.52	101.27	2.2	3.83	33.9	14.6	4.8	2.0
First Republic Bank	FRC	NYSE	B	Buy	B+	C+		95.86	-1.07	45.02	0.8	4.94	11.5	19.4	5.3	2.0
TMX Group Limited	X.TO	TSX	B	Buy	A-	C+		90.51	10.28	88.75	2.7	3.87	-27.7	23.4	6.4	2.0
City Holding Company	CHCO	NAS GS	B	Buy	B+	B-		75.57	2.39	88.27	2.7	4.66	30.2	16.2	5.9	2.0
The Bank of N.T. Butterfield & Son Limited	NTB	NYSE	B-	Buy	A-	D+	Up	34.84	-22.27	158.14	4.7	3.67	26.5	9.5	3.6	2.1
Lakeland Financial Corporation	LKFN	NAS GS	B	Buy	B+	C+	Up	46.41	-2.06	63.97	2.3	3.25	36.5	14.3	6.3	2.2
Glacier Bancorp, Inc.	GBCI	NAS GS	B	Buy	B+	B-		40.05	5.16	76.19	2.6	2.26	44.2	17.7	6.0	2.2
Commerce Bancshares, Inc.	CBSH	NAS GS	B-	Buy	B	C+	Down	58.83	-3.16	55.46	1.6	3.74	24.4	15.7	5.1	2.3
Brookfield Asset Management Inc.	BAMA.TO	TSX	B+	Buy	B+	B		62.44	19.30	54.62	1.0	3.18	41.6	19.6	1.0	2.3
Selective Insurance Group, Inc.	SIGI	NAS GS	A	Buy	A	A-	Up	74.01	35.45	110.95	1.1	3.71	60.1	20.0	1.7	2.3
Presidio Bank	PDOB	OTC PK	B	Buy	B+	B	Up	29.20	10.61	113.92		1.01	32.1	28.9	6.0	2.3
The Toronto-Dominion Bank	TD.TO	TSX	B	Buy	B	B		76.12	4.28	53.45	3.6	4.71	6.4	16.2	4.9	2.4
Discover Financial Services	DFS	NYSE	B-	Buy	B	C	Up	77.59	13.00	61.34	2.1	8.13	40.7	9.5	3.3	2.4
Willis Towers Watson Public Limited Company	WLTW	NAS GS	B	Buy	B+	B	Down	188.95	26.35	67.63	1.3	5.87	78.5	32.2	2.9	2.4
NMI Holdings, Inc.	NMIH	NAS	B	Buy	A+	C		28.39	74.17	439.73		1.72	189.4	16.5	6.6	2.6
Bank of Hawaii Corporation	BOH	NYSE	B	Buy	B	C+	Up	81.62	0.93	33.61	3.1	5.39	22.0	15.1	5.2	2.6
CME Group Inc.	CME	NAS GS	B	Buy	A-	C+		193.90	21.38	131.07	1.5	5.36	-57.2	36.2	15.9	2.7
Intercontinental Exchange, Inc.	ICE	NYSE	B+	Buy	B+	B+		85.51	17.33	78.77	1.2	3.48	-17.5	24.6	9.7	2.8
Brown & Brown, Inc.	BRO	NYSE	A-	Buy	A-	B+	Up	33.15	21.54	92.03	1.0	1.30	-12.2	25.5	4.4	3.0
Intact Financial Corporation	IFC.TO	TSX	B	Buy	B	B-		120.87	32.11	45.36	2.4	3.94	-4.9	30.7	2.0	3.2
Arthur J. Gallagher & Co.	AJG	NYSE	A-	Buy	A-	A-		85.94	34.80	104.54	2.0	3.69	29.0	23.3	2.4	3.2
TD Ameritrade Holding Corporation	AMTD	NAS GS	B-	Buy	B	C		49.59	-8.72	92.54	2.2	3.55	94.4	14.0	5.0	3.2
Primerica, Inc.	PRI	NYSE	B	Buy	A-	C+		121.38	23.69	124.97	1.0	7.71	-3.5	15.7	2.6	3.4
First Financial Bankshares, Inc.	FFIN	NAS GS	B+	Buy	A-	B	Up	30.74	20.64	110.84	1.4	1.13	19.0	27.1	11.2	3.7
The Progressive Corporation	PGR	NYSE	A	Buy	A+	B	Up	79.69	39.25	169.71	3.3	5.03	56.2	15.8	1.4	4.1
Credit Acceptance Corporation	CACC	NAS GS	B	Buy	B	B-		473.96	34.36	169.82		31.94	25.0	14.8	8.0	4.1
American Express Company	AXP	NYSE	B	Buy	B	B+		123.94	29.72	124.62	1.2	7.84	128.3	15.8	2.8	4.1
Morningstar, Inc.	MORN	NAS GS	B	Buy	A-	C		143.22	12.95	89.68	0.7	4.04	8.1	35.5	6.0	6.2
Marsh & McLennan Companies, Inc.	MMC	NYSE	B+	Buy	A-	B	Down	99.33	24.97	60.42	1.7	3.28	4.9	30.3	3.4	6.2
LPL Financial Holdings Inc.	LPLA	NAS GS	B+	Buy	A+	B-	Up	80.18	23.04	295.68	1.3	5.65	83.9	14.2	1.3	6.2

Sector: Health Care

Company Name	Stock Ticker Symbol	Traded On	Overall Rating	Recommendation	Reward Rating	Risk Rating	Recent Up/ Downgrade	Stock Price as of 6/30/19	1-Year Total Return (%)	3-Year Total Return (%)	Dividend Yield TTM	Earnings/ Share $	EPS Growth (%)	Earnings (P/E) TTM	Sales (P/S) TTM	Book (P/B) Q
HCA Healthcare, Inc.	HCA	NYSE	B	Buy	B+	C+		134.10	31.55	79.83	1.1	10.44	41.5	12.8	1.0	-10.
Roche Holding AG	RHHBY	OTC PK	B-	Buy	A-	C	Down	34.95	30.81	19.19	1.9	12.55	23.4	2.8	0.5	1.
National HealthCare Corporation	NHC	AMEX	B	Buy	B+	B-	Up	80.40	17.46	37.55	2.5	5.44	103.4	14.8	1.3	1.
Universal Health Services, Inc.	UHS	NYSE	B-	Buy	B	C		128.15	14.63	-2.01	0.3	8.50	5.6	15.1	1.1	2.
Anthem, Inc.	ANTM	NYSE	B	Buy	B	B-		282.42	19.32	131.65	1.1	15.12	-3.2	18.7	0.8	2.
Integer Holdings Corporation	ITGR	NYSE	B-	Buy	B+	C-		84.94	30.48	194.01		5.58	127.4	15.2	2.3	2.
LHC Group, Inc.	LHCG	NAS GS	B-	Buy	B+	C	Down	117.87	37.63	183.82		2.50	-1.7	47.2	1.8	2.
Pro-Dex, Inc.	PDEX	NAS CM	B-	Buy	B+	C	Down	13.24	99.10	155.60		0.79	52.9	16.7	2.1	3.

Data as of June 30, 2019

Summer 2019   V: Undervalued by Sector

Sector: Health Care (con't)

Company Name	Stock Ticker Symbol	Traded On	Overall Rating	Recommendation	Reward Rating	Risk Rating	Recent Up/Downgrade	Stock Price as of 6/30/19	1-Year Total Return (%)	3-Year Total Return (%)	Dividend Yield TTM	Earnings/Share $	EPS Growth (%)	Earnings (P/E) TTM	Sales (P/S) TTM	Book (P/B) Q
Merit Medical Systems, Inc.	MMSI	NAS GS	B-	Buy	B	C		59.36	12.96	216.76		0.78	124.0	75.9	3.7	3.5
QIAGEN N.V.	QGEN	NYSE	B-	Buy	B	C+	Down	40.19	12.48	94.05		0.81	246.3	49.5	6.2	3.5
HMS Holdings Corp.	HMSY	NAS GS	B-	Buy	B+	C		31.73	45.95	85.88		0.79	52.0	40.4	4.7	3.6
Medpace Holdings, Inc.	MEDP	NAS GS	B-	Buy	B+	C	Down	64.15	48.91			2.09	78.1	30.7	3.2	3.7
Steris Plc	STE	NYSE	B+	Buy	A+	B-	Up	146.54	43.23	134.67	0.9	3.57	5.0	41.1	4.5	3.9
Pfizer Inc.	PFE	NYSE	B	Buy	B	B		43.43	23.53	40.68	3.2	1.95	-45.7	22.2	4.6	4.1
Thermo Fisher Scientific Inc.	TMO	NYSE	B+	Buy	A	B-		293.77	43.28	107.25	0.3	7.84	39.2	37.5	4.8	4.2
BioSpecifics Technologies Corp.	BSTC	NAS	B-	Buy	B+	C	Down	59.97	38.08	57.44		2.72	66.9	22.0	13.2	4.3
Hill-Rom Holdings, Inc.	HRC	NYSE	B+	Buy	A-	B	Up	104.31	19.30	123.22	0.8	3.36	17.8	31.1	2.5	4.4
Novartis AG	NVSEF	OTC PK	B-	Buy	B	C	Down	90.20	27.13	14.76		5.27	54.1	17.1	4.1	4.4
Novartis AG	NVS	NYSE	B-	Buy	B	C	Down	90.94	44.80	40.01	2.0	5.27	54.1	17.3	4.1	4.5
Agilent Technologies, Inc.	A	NYSE	B	Buy	B+	B	Up	73.19	20.50	74.65	0.9	3.47	379.8	21.1	4.7	4.5
UnitedHealth Group Incorporated	UNH	NYSE	B	Buy	B+	C+	Down	246.34	2.09	85.81	1.5	12.87	13.4	19.1	1.0	4.5
The Cooper Companies, Inc.	COO	NYSE	B	Buy	A-	C+		331.57	41.25	96.93	0.0	8.56	229.7	38.7	6.4	4.6
IQVIA Holdings Inc.	IQV	NYSE	B+	Buy	B	B+		156.63	57.91	151.01		1.20	-79.3	130.5	3.0	4.7
Encompass Health Corporation	EHC	NYSE	B-	Buy	B	C		61.99	-7.85	72.16	1.7	3.11	5.1	19.9	1.4	4.7
The Ensign Group, Inc.	ENSG	NAS GS	B+	Buy	A+	C+		56.28	55.61	188.35	0.3	1.76	54.3	32.0	1.5	4.7
Abbott Laboratories	ABT	NYSE	B	Buy	B+	C+		83.69	38.97	137.14	1.4	1.47	464.5	56.9	4.8	4.8
Charles River Laboratories International, Inc.	CRL	NYSE	B	Buy	B	B-		140.12	25.98	77.95		4.64	75.2	30.2	2.9	4.9
PRA Health Sciences, Inc.	PRAH	NAS GS	B-	Buy	B	C	Down	95.95	3.43	134.02		2.40	58.6	40.0	2.2	5.7
ICON Public Limited Company	ICLR	NAS GS	B	Buy	B+	B		151.69	15.09	126.54		6.10	16.2	24.9	3.1	5.8
Repligen Corporation	RGEN	NAS GS	B-	Buy	A	D	Up	83.82	79.10	236.36		0.46	-34.7	182.8	18.5	5.9
Boston Scientific Corporation	BSX	NYSE	B-	Buy	B	B-		41.93	29.02	87.61		1.28	1,760.6	32.8	5.9	6.3
Johnson & Johnson	JNJ	NYSE	B	Buy	B+	C		140.69	18.41	28.83	2.6	5.40	1,320.6	26.1	4.7	6.3
Stryker Corporation	SYK	NYSE	B+	Buy	B+	B+	Down	202.54	20.92	80.62	1.0	9.27	247.9	21.9	5.5	6.5
West Pharmaceutical Services, Inc.	WST	NYSE	B	Buy	A	C	Up	123.58	25.91	69.90	0.5	2.90	19.3	42.6	5.3	6.6
Bio-Techne Corporation	TECH	NAS GS	B-	Buy	A	C-	Up	206.39	41.24	94.63	0.6	3.14	5.7	65.8	11.4	6.8
Varian Medical Systems, Inc.	VAR	NYSE	B-	Buy	B-	B-	Down	133.02	16.24	89.24		4.13	255.0	32.2	4.0	7.0
Amedisys, Inc.	AMED	NAS GS	B-	Buy	B+	C	Down	119.67	39.18	145.53		3.73	205.8	32.1	2.3	7.4
Masimo Corporation	MASI	NAS GS	B	Buy	A	C+		145.72	47.64	187.93		3.51	66.3	41.5	9.4	7.7
Merck & Co., Inc.	MRK	NYSE	B	Buy	B+	C+		83.83	42.85	64.82	2.5	3.17	454.5	26.4	5.1	7.9
CorVel Corporation	CRVL	NAS GS	B	Buy	A	C		84.51	57.82	95.17		2.46	32.3	34.4	2.7	8.1
Bruker Corporation	BRKR	NAS GS	B	Buy	A-	C		48.95	69.17	125.32	0.4	1.16	122.2	42.1	4.0	8.4
Intuitive Surgical, Inc.	ISRG	NAS GS	B-	Buy	B+	C	Down	517.76	7.04	143.23		9.61	44.4	53.9	16.1	8.5
ResMed Inc.	RMD	NYSE	B	Buy	B+	C+		120.60	17.52	110.21	1.2	3.08	44.3	39.2	6.9	8.6
Chemed Corporation	CHE	NYSE	B+	Buy	A-	B	Up	352.55	10.36	170.88	0.3	12.29	83.8	28.7	3.2	9.6
Vertex Pharmaceuticals Incorporated	VRTX	NAS GS	B	Buy	B	C+		178.58	21.00	114.02		8.29	860.8	21.5	14.2	9.7
Amgen Inc.	AMGN	NAS GS	B-	Buy	B+	C-	Down	184.02	3.43	35.03	3.0	12.53	313.8	14.7	4.9	10.4

Sector: Industrials

Company Name	Stock Ticker Symbol	Traded On	Overall Rating	Recommendation	Reward Rating	Risk Rating	Recent Up/Downgrade	Stock Price as of 6/30/19	1-Year Total Return (%)	3-Year Total Return (%)	Dividend Yield TTM	Earnings/Share $	EPS Growth (%)	Earnings (P/E) TTM	Sales (P/S) TTM	Book (P/B) Q
TransDigm Group Incorporated	TDG	NYSE	B	Buy	A+	C+		476.08	41.35	119.89		14.67	13.7	32.5	6.4	-17.0
CAI International, Inc.	CAI	NYSE	B-	Buy	A-	D+	Up	24.79	9.88	248.17		3.77	-10.2	6.6	1.0	0.7
FLY Leasing Limited	FLY	NYSE	B-	Buy	A-	C	Up	17.39	24.30	77.81		3.88	1,434.4	4.5	1.2	0.8
Arcosa, Inc.	ACA	NYSE	B-	Buy	B	C		36.98			0.3	1.63	74.7	22.7	1.2	1.1
Willis Lease Finance Corporation	WLFC	NAS	B	Buy	A	B-	Up	55.48	78.05	148.01		8.99	-5.0	6.2	0.9	1.1
Triton International Limited	TRTN	NYSE	B-	Buy	B+	C-	Up	32.28	12.73		6.4	4.52	-8.6	7.2	1.8	1.1
Quanta Services, Inc.	PWR	NYSE	B	Buy	B	C+	Up	37.99	14.40	73.54	0.2	2.49	29.2	15.3	0.5	1.5
Miller Industries, Inc.	MLR	NYSE	B	Buy	B+	B-	Down	30.54	22.54	63.90	2.4	3.13	38.5	9.7	0.5	1.5

V: Undervalued by Sector

Sector: Industrials (con't)

Summer 2019

Company Name	Stock Ticker Symbol	Traded On	Overall Rating	Recommendation	Reward Rating	Risk Rating	Recent Up/Downgrade	Stock Price as of 6/30/19	1-Year Total Return (%)	3-Year Total Return (%)	Dividend Yield TTM	Earnings/Share $	EPS Growth (%)	Earnings (P/E) TTM	Sales (P/S) TTM	Book (P/B)
Encore Wire Corporation	WIRE	NAS GS	B	Buy	B+	B-		57.02	20.36	59.17	0.1	3.83	23.9	14.9	0.9	1.
CBIZ, Inc.	CBZ	NYSE	B-	Buy	B	C+	Down	19.61	-14.74	96.10		1.12	2.1	17.5	1.2	1.
Resources Connection, Inc.	RECN	NAS GS	B-	Buy	B	C		15.71	-5.96	24.03	3.3	0.81	28.9	19.4	0.7	1.
Aecon Group Inc.	ARE.TO	TSX	B-	Buy	B	C	Up	18.96	26.35	21.60	2.9	0.79	158.5	24.0	0.5	1.
Ducommun Incorporated	DCO	NYSE	B	Buy	A-	C	Up	44.98	33.43	136.86		1.19	-33.3	37.8	0.8	2.
Jacobs Engineering Group Inc.	JEC	NYSE	B-	Buy	B	C	Up	84.01	33.70	79.89	0.8	2.05	9.8	40.9	0.8	2.
Eaton Corporation plc	ETN	NYSE	B	Buy	B+	C+	Up	82.72	15.06	61.09	3.3	5.03	-26.3	16.4	1.6	2.
TriMas Corporation	TRS	NAS GS	B	Buy	B+	B-		30.28	4.41	72.63		1.69	61.2	17.9	1.6	2.
Alamo Group Inc.	ALG	NYSE	B-	Buy	B	C	Up	99.36	12.26	69.06	0.5	6.31	58.4	15.8	1.1	2.
FTI Consulting, Inc.	FCN	NYSE	B	Buy	A	C	Up	84.00	37.39	117.62		4.53	28.2	18.5	1.5	2.
Steelcase Inc.	SCS	NYSE	B	Buy	A-	C	Up	16.65	26.28	38.94	3.3	1.05	55.8	15.9	0.6	2.
Héroux-Devtek Inc.	HRX.TO	TSX	B-	Buy	B+	C	Up	19.04	26.93	29.44		0.55	88.2	34.7	1.9	2.
Oshkosh Corporation	OSK	NYSE	B-	Buy	A-	C		82.53	21.29	86.82	1.3	7.43	44.9	11.1	0.7	2.
United Continental Holdings, Inc.	UAL	NAS GS	B-	Buy	B	C	Up	86.43	24.47	121.90		8.32	13.9	10.4	0.6	2.
The Timken Company	TKR	NYSE	B	Buy	A-	C	Up	50.47	18.87	83.96	2.2	4.03	29.5	12.5	1.1	2.
Moog Inc.	MOGA	NYSE	B	Buy	B	B		90.26	17.92	78.22	1.1	4.72	81.0	19.1	1.1	2.
Kansas City Southern	KSU	NYSE	B-	Buy	B	C+		120.77	16.26	45.18	1.2	5.75	-37.8	21.0	4.4	2.
McGrath Rentcorp	MGRC	NAS GS	B-	Buy	B	C	Down	61.91	0.58	127.44	2.3	3.40	-48.3	18.2	3.0	2.
ESCO Technologies Inc.	ESE	NYSE	A-	Buy	A-	B	Up	79.95	39.85	110.59	0.4	3.20	9.0	25.0	2.6	2.
Kadant Inc.	KAI	NYSE	B-	Buy	B	C	Up	90.13	-3.94	86.17	1.0	5.29	81.3	17.0	1.6	2.
EMCOR Group, Inc.	EME	NYSE	B-	Buy	B+	C	Up	86.18	13.30	86.74	0.4	5.19	34.1	16.6	0.6	2.
PACCAR Inc	PCAR	NAS GS	B	Buy	A-	C	Up	70.69	20.19	58.40	4.5	6.60	24.1	10.7	1.0	2.
United Technologies Corporation	UTX	NYSE	B	Buy	B+	C+	Up	128.97	5.86	39.57	2.3	6.49	16.0	19.9	1.6	2.
Delta Air Lines, Inc.	DAL	NYSE	B	Buy	A-	C	Up	56.82	17.11	75.51	2.5	6.01	35.4	9.5	0.8	2.
Astronics Corporation	ATRO	NAS GS	B-	Buy	A-	C-	Up	41.50	33.01	72.59		3.67	1,015.6	11.3	1.7	2.
Federal Signal Corporation	FSS	NYSE	B	Buy	B+	C		26.82	16.36	127.89	1.2	1.62	47.0	16.5	1.5	2.
Forward Air Corporation	FWRD	NAS GS	B	Buy	B	C+		58.24	0.11	38.37	1.2	3.16	4.5	18.4	1.3	3.
IHS Markit Ltd.	INFO	NAS GS	B-	Buy	B+	C	Up	63.10	21.32	102.31		1.10	-25.1	57.3	6.1	3.
WSP Global Inc.	WSP.TO	TSX	B	Buy	B+	C+		71.17	4.53	101.75	2.1	1.92	17.8	37.1	1.2	3.
Crane Co.	CR	NYSE	B-	Buy	B	C		81.72	3.95	55.00	1.8	5.73	96.7	14.3	1.5	3.
Transcat, Inc.	TRNS	NAS	B	Buy	A	B-	Down	25.75	36.97	159.97		0.95	17.5	27.1	1.2	3.
L3 Technologies, Inc.	LLL	NYSE	B	Buy	A-	C+		246.18	30.60	83.28	1.3	12.80	42.5	19.2	1.9	3.
Norfolk Southern Corporation	NSC	NYSE	B	Buy	A-	B-	Down	193.40	31.65	150.34	1.7	10.10	-47.3	19.2	4.5	3.
Cummins Inc.	CMI	NYSE	B	Buy	A-	C+		168.25	30.14	71.52	2.7	15.43	178.7	10.9	1.1	3.
Watts Water Technologies, Inc.	WTS	NYSE	B	Buy	B+	C	Up	92.59	19.84	72.57	0.9	3.81	65.6	24.3	2.0	3.
Simpson Manufacturing Co., Inc.	SSD	NYSE	B-	Buy	A-	C		65.86	7.70	80.10	1.3	2.67	33.8	24.7	2.7	3.
Thomson Reuters Corporation	TRI	NYSE	B-	Buy	B+	C	Down	64.23	64.55	80.71	2.3	7.79	569.9	8.3	5.8	3.
Comfort Systems USA, Inc.	FIX	NYSE	B	Buy	B+	C		50.63	11.44	67.62	0.7	3.09	80.7	16.4	0.8	3.
Herman Miller, Inc.	MLHR	NAS GS	B-	Buy	B+	C		44.09	32.92	65.71	1.8	2.44	13.8	18.1	1.0	3.
Waste Connections, Inc.	WCN	NYSE	B	Buy	A-	C		95.57	28.32	106.58	0.7	2.07	-20.4	46.3	5.0	3.
Hubbell Incorporated	HUBB	NYSE	B-	Buy	A-	C	Up	128.44	24.66	40.35	2.6	6.81	57.8	18.9	1.5	3.
Fortive Corporation	FTV	NYSE	B	Buy	B+	C+		80.39	6.43	67.47	0.4	8.08	157.5	10.0	3.9	3.
Mercury Systems, Inc.	MRCY	NAS GS	B	Buy	A+	D+	Up	67.58	78.78	179.95		0.92	10.3	73.6	5.1	3.
Teledyne Technologies Incorporated	TDY	NYSE	A-	Buy	A	B		267.65	34.57	183.44		9.21	27.7	29.1	3.4	4.
RBC Bearings Incorporated	ROLL	NAS GS	B	Buy	B+	C		163.44	23.90	135.54		4.26	19.3	38.4	5.8	4.
Woodward, Inc.	WWD	NAS GS	B	Buy	B+	B	Down	113.08	50.05	111.90	0.5	3.90	43.3	29.0	2.7	4.
Albany International Corp.	AIN	NYSE	B	Buy	A-	B-		80.68	36.29	118.19	0.9	3.15	242.2	25.7	2.6	4.
Watsco, Inc.	WSO	NYSE	B-	Buy	B	C	Up	163.47	-3.94	34.49	3.7	6.45	8.1	25.3	1.2	4.
The Middleby Corporation	MIDD	NAS GS	B-	Buy	B+	C	Up	131.84	26.95	14.76		5.76	11.0	22.9	2.6	4.
Tetra Tech, Inc.	TTEK	NAS GS	B	Buy	A+	C	Up	76.65	34.50	168.57	0.7	2.85	16.7	26.9	1.9	4.
Raytheon Company	RTN	NYSE	B-	Buy	B+	C	Up	178.06	-5.89	41.91	2.0	10.73	45.0	16.6	1.8	4.
Old Dominion Freight Line, Inc.	ODFL	NAS GS	B-	Buy	B	C	Down	147.26	-1.34	157.62	0.4	7.70	25.1	19.1	2.9	4.

Data as of June 30, 2019

Sector: Industrials (con't)

V: Undervalued by Sector — Summer 2019

Company Name	Stock Ticker Symbol	Traded On	Overall Rating	Recommendation	Reward Rating	Risk Rating	Recent Up/Downgrade	Stock Price as of 6/30/19	1-Year Total Return (%)	3-Year Total Return (%)	Dividend Yield TTM	Earnings/Share $	EPS Growth (%)	Earnings (P/E) TTM	Sales (P/S) TTM	Book (P/B) Q
Ingersoll-Rand Plc	IR	NYSE	B+	Buy	A-	B		124.35	42.52	118.93	1.7	5.69	11.8	21.9	1.9	4.4
Ritchie Bros. Auctioneers Incorporated	RBA	NYSE	B-	Buy	B	C	Down	33.25	1.04	7.99	2.2	1.12	49.7	29.8	3.0	4.4
Deere & Company	DE	NYSE	B+	Buy	A-	B	Up	164.82	19.95	114.11	1.8	10.27	85.0	16.1	1.4	4.4
Air Canada	AC.TO	TSX	B	Buy	B+	B-	Up	40.60	95.29	382.19		1.87	-64.3	21.7	0.8	4.4
AMETEK, Inc.	AME	NYSE	B+	Buy	A-	B	Up	88.26	23.95	101.43	0.6	3.45	10.6	25.6	4.1	4.5
Roper Technologies, Inc.	ROP	NYSE	B	Buy	A	B-		362.94	34.46	122.12	0.5	10.56	6.9	34.4	7.2	4.6
Thomson Reuters Corporation	TRI.TO	TSX	B-	Buy	B+	C	Down	84.15	47.90	65.19	1.8	7.79	569.9	10.8	7.6	4.7
Kforce Inc.	KFRC	NAS GS	B-	Buy	A-	C-		34.93	3.80	131.99	2.1	3.01	108.1	11.6	0.6	4.8
Emerson Electric Co.	EMR	NYSE	B-	Buy	B	C		66.10	-0.83	45.79	3.0	3.67	31.4	18.0	2.3	4.8
Hexcel Corporation	HXL	NYSE	B	Buy	B	C+		79.50	21.47	106.42	0.8	3.27	6.5	24.3	3.0	4.9
Meritor, Inc.	MTOR	NYSE	B-	Buy	A-	C-	Up	24.25	19.16	276.55		2.93	-12.5	8.3	0.5	4.9
CSX Corporation	CSX	NAS GS	A-	Buy	A	B	Up	76.45	21.73	219.20	1.2	4.09	-36.5	18.7	5.0	5.0
Caterpillar Inc.	CAT	NYSE	B-	Buy	B+	C		135.50	2.12	102.94	2.5	10.73	191.5	12.6	1.4	5.0
Waste Connections, Inc.	WCN.TO	TSX	B-	Buy	A-	C-		125.14	26.72	107.24	0.5	2.07	-20.4	60.6	6.6	5.0
Canadian National Railway Company	CNI	NYSE	B	Buy	B+	B-		91.54	15.08	67.53	1.6	4.55	-18.2	20.1	6.0	5.0
Xylem Inc.	XYL	NYSE	B	Buy	B+	C+		81.86	24.96	97.37	1.1	3.03	55.4	27.0	2.8	5.3
Generac Holdings Inc.	GNRC	NYSE	B	Buy	B+	C+		69.77	36.00	105.63		3.89	41.4	17.9	2.1	5.4
KAR Auction Services, Inc.	KAR	NYSE	B	Buy	B+	C	Up	62.08	16.82	69.38	2.8	2.34	-16.2	26.5	2.2	5.5
Huntington Ingalls Industries, Inc.	HII	NYSE	B-	Buy	B+	C	Up	223.94	5.33	44.77	1.5	18.48	62.5	12.1	1.1	6.0
Expeditors International of Washington, Inc.	EXPD	NAS GS	B	Buy	B	B	Down	74.74	3.75	63.61	1.3	3.53	20.1	21.2	1.6	6.0
Robert Half International Inc.	RHI	NYSE	B-	Buy	B	C		56.48	-11.19	69.04	2.1	3.72	49.9	15.2	1.1	6.1
MSA Safety Incorporated	MSA	NYSE	B	Buy	B+	B-		104.47	10.92	121.21	1.5	2.93	163.2	35.7	3.0	6.2
Northrop Grumman Corporation	NOC	NYSE	B-	Buy	B+	C	Up	318.28	5.22	54.25	1.9	19.33	10.8	16.5	1.7	6.2
Harris Corporation	HRS	NYSE	B+	Buy	A+	C+	Up	189.46	33.12	148.91	1.5	7.44	46.7	25.5	3.5	6.2
IDEX Corporation	IEX	NYSE	B	Buy	A	C+		169.59	26.74	120.88	1.1	5.46	17.7	31.1	5.2	6.3
CoStar Group, Inc.	CSGP	NAS GS	B	Buy	A+	C-		542.93	30.72	164.87		7.43	69.3	73.1	15.9	6.4
Spirit AeroSystems Holdings, Inc.	SPR	NYSE	B	Buy	B+	C		80.14	-4.86	91.05	0.6	6.13	108.1	13.1	1.1	6.4
Canadian Pacific Railway Limited	CP	NYSE	B+	Buy	A-	B	Up	234.13	30.20	94.96	1.1	10.91	-12.4	21.5	5.8	6.4
Canadian National Railway Company	CNR.TO	TSX	B	Buy	B+	B-		120.00	13.76	68.49	1.7	4.55	-18.2	26.4	7.8	6.6
Badger Daylighting Ltd.	BAD.TO	TSX	B-	Buy	A-	C	Down	47.39	50.51	124.08	1.2	1.35	-8.8	35.2	3.6	6.6
Donaldson Company, Inc.	DCI	NYSE	B	Buy	B+	C+		50.58	13.95	56.50	1.5	2.37	116.6	21.3	2.3	6.9
Waste Management, Inc.	WM	NYSE	A-	Buy	A-	B		115.84	46.29	92.65	1.7	4.35	-6.4	26.6	3.3	7.7
Fastenal Company	FAST	NAS GS	B	Buy	A-	C+		32.21	35.91	63.76	2.6	1.35	25.3	23.9	3.6	7.7
Allison Transmission Holdings, Inc.	ALSN	NYSE	B	Buy	B+	B-	Down	45.89	16.40	75.40	1.3	5.03	27.0	9.1	2.1	7.7
Cintas Corporation	CTAS	NAS GS	B	Buy	A	C+	Down	235.68	28.46	161.66	0.9	7.59	13.5	31.1	3.8	7.8
Boyd Group Income Fund	BYDUN.TO	TSX	B	Buy	A+	C		166.97	40.15	135.38	0.3	2.64	37.5	63.2	2.2	7.9
Canadian Pacific Railway Limited	CP.TO	TSX	B	Buy	A-	B-		306.75	28.62	96.01	0.9	10.91	-12.4	28.1	7.6	8.4
The Toro Company	TTC	NYSE	B	Buy	A-	C		66.97	12.90	61.26	1.3	2.71	15.8	24.7	2.6	8.9
HEICO Corporation	HEIA	NYSE	B+	Buy	A+	C	Up	103.81	70.70	298.01	0.1	2.17	31.5	47.8	7.4	9.0
Exponent, Inc.	EXPO	NAS GS	B	Buy	A-	B-	Down	58.39	20.58	120.35	1.0	1.37	63.2	42.6	8.8	9.2
Copart, Inc.	CPRT	NAS GS	B+	Buy	A+	C	Up	73.36	30.98	213.97		2.28	46.1	32.2	9.0	10.4
Omega Flex, Inc.	OFLX	NAS	B-	Buy	A-	D+	Down	75.40	-1.97	103.28	1.3	2.02	29.8	37.4	6.9	10.8
Verisk Analytics, Inc.	VRSK	NAS GS	B	Buy	A-	C+		144.62	36.37	87.37	0.4	3.59	4.3	40.3	9.9	10.9

https://greyhouse.weissratings.com   Data as of June 30, 2019

V: Undervalued by Sector

Summer 2019

Sector: Information Technology

Company Name	Stock Ticker Symbol	Traded On	Overall Rating	Recommendation	Reward Rating	Risk Rating	Recent Up/Downgrade	Stock Price as of 6/30/19	1-Year Total Return (%)	3-Year Total Return (%)	Dividend Yield TTM	Earnings/Share $	EPS Growth (%)	Earnings (P/E) TTM	Sales (P/S) TTM	Book (P/B) Q
HP Inc.	HPQ	NYSE	B-	Buy	B+	C		20.74	-5.79	91.90	3.0	2.46	-5.3	8.4	0.5	-21.0
VeriSign, Inc.	VRSN	NAS GS	A-	Buy	A	B		207.29	50.59	150.02		5.03	30.9	41.3	20.4	-17.6
The LGL Group, Inc.	LGL	AMEX	B	Buy	A	C+	Up	7.83	50.85	141.52		0.37	741.3	21.1	1.5	1.4
ManTech International Corporation	MANT	NAS GS	B	Buy	A-	C	Up	65.12	23.85	94.05	1.6	2.08	-31.1	31.3	1.3	1.8
Diodes Incorporated	DIOD	NAS GS	B	Buy	B+	C	Up	35.17	0.74	97.47		2.30	686.6	15.3	1.5	1.8
CACI International Inc	CACI	NYSE	B	Buy	A-	C+	Up	205.49	22.28	130.76		10.55	-9.4	19.5	1.1	2.2
Vishay Precision Group, Inc.	VPG	NYSE	B	Buy	A+	C	Up	38.92	0.44	198.24		1.99	54.7	19.5	1.7	2.3
LiveRamp Holdings, Inc.	RAMP	NYSE	B-	Buy	B	C		47.43	58.10	129.13		13.20	4,538.8	3.6	11.3	2.5
AstroNova, Inc.	ALOT	NAS	B	Buy	B+	C+	Up	25.71	38.56	75.72	1.1	0.92	74.4	28.0	1.3	2.5
Dolby Laboratories, Inc.	DLB	NYSE	B	Buy	B+	B-		64.90	6.25	43.40	1.1	2.88	180.3	22.5	5.6	2.8
Open Text Corporation	OTEX	NAS GS	B-	Buy	B	C	Down	41.19	19.80	49.08	1.9	1.02	19.6	40.4	3.9	2.9
SS&C Technologies Holdings, Inc.	SSNC	NAS GS	B-	Buy	A-	C-	Up	56.68	9.98	112.09	0.6	0.49	-68.3	115.2	3.6	3.0
Cabot Microelectronics Corporation	CCMP	NAS GS	B	Buy	A-	C		111.62	6.79	181.16	1.5	4.58	62.8	24.4	4.1	3.2
Open Text Corporation	OTEX.TO	TSX	B-	Buy	B+	C	Down	53.98	18.36	49.92	1.5	1.02	19.6	53.0	5.1	3.8
j2 Global, Inc.	JCOM	NAS GS	B-	Buy	B	C		87.14	3.38	52.72	2.0	2.86	6.4	30.4	3.5	3.9
Trimble Inc.	TRMB	NAS GS	B	Buy	A-	C	Up	44.41	35.64	85.89		1.13	132.0	39.4	3.6	4.1
Mellanox Technologies, Ltd.	MLNX	NAS GS	B	Buy	A-	C	Up	111.22	31.86	139.29		2.63	364.7	42.3	5.4	4.4
Semtech Corporation	SMTC	NAS GS	B-	Buy	B	C		48.22	2.49	117.11		0.94	71.0	51.3	5.2	4.6
Coda Octopus Group, Inc.	CODA	NAS CM	B	Buy	A	D+	Up	12.49	226.96	494.76		0.79	3,792.7	15.7	5.6	4.7
Genpact Limited	G	NYSE	B	Buy	B	C+	Up	37.68	31.37	49.34	0.9	1.43	0.9	26.3	2.3	4.8
Synopsys, Inc.	SNPS	NAS GS	B	Buy	A	B-		125.62	47.81	141.07		3.97	568.5	31.7	6.0	4.8
Infosys Limited	INFY	NYSE	B	Buy	A-	C	Up	10.62	14.95	31.92	2.1	0.50	-7.8	21.2	3.9	4.9
Entegris, Inc.	ENTG	NAS GS	B-	Buy	B+	C		38.05	13.05	181.12	0.9	1.53	102.4	24.8	3.3	5.2
The Descartes Systems Group Inc	DSGX	NAS GS	B-	Buy	A	D+		36.69	14.84	96.41		0.40	15.3	91.7	10.0	5.2
WNS (Holdings) Limited	WNS	NYSE	B	Buy	A	C+		58.98	13.40	124.86		2.03	22.5	29.1	3.8	5.3
First Data Corporation	FDC	NYSE	B-	Buy	A-	C-	Up	27.07	29.58	156.34		1.12	-31.1	24.2	3.0	5.8
Keysight Technologies, Inc.	KEYS	NYSE	B-	Buy	A-	C		87.12	47.49	201.14		1.42	165.8	61.5	4.0	5.9
Ansys, Inc.	ANSS	NAS GS	B	Buy	A-	C		200.87	16.16	132.01		4.92	52.5	40.8	12.9	6.3
Euronet Worldwide, Inc.	EEFT	NAS GS	B	Buy	A	C		163.83	96.27	139.83		4.43	58.9	37.0	3.6	6.6
KLA-Tencor Corporation	KLAC	NAS GS	B	Buy	B+	C	Up	117.74	18.99	77.14	2.6	8.41	87.4	14.0	4.2	6.7
The Descartes Systems Group Inc	DSG.TO	TSX	B-	Buy	A-	D+		48.10	13.31	97.29		0.40	15.3	120.3	13.2	6.8
FleetCor Technologies, Inc.	FLT	NYSE	B	Buy	A	C		279.21	32.38	100.54		8.88	4.4	31.4	10.1	6.8
Amphenol Corporation	APH	NYSE	B+	Buy	A-	B	Up	95.65	10.97	76.14	1.0	3.88	78.0	24.6	3.6	6.9
EPAM Systems, Inc.	EPAM	NYSE	B	Buy	A	C		172.93	40.57	159.85		4.15	106.6	41.7	5.1	7.1
Jack Henry & Associates, Inc.	JKHY	NAS GS	B-	Buy	B	C		134.54	5.11	65.02	1.1	3.82	-18.1	35.2	6.6	7.3
Zebra Technologies Corporation	ZBRA	NAS GS	B	Buy	B+	B		207.63	44.88	309.04		7.87	262.6	26.4	2.6	7.6
MAM Software Group, Inc.	MAMS	NAS CM	B	Buy	B+	C+	Up	10.40	20.23	80.87		0.30	-21.8	34.3	3.4	7.9
Napco Security Technologies, Inc.	NSSC	NAS GS	B	Buy	A+	C	Down	29.09	100.62	358.83		0.60	57.0	48.8	5.4	8.1
Intelligent Systems Corporation	INS	AMEX	B-	Buy	B	C+		26.11	182.27	625.28		0.83	342.7	31.5	10.2	8.2
Monolithic Power Systems, Inc.	MPWR	NAS GS	B-	Buy	A-	C	Down	132.82	-0.51	105.38	1.1	2.45	47.4	54.2	10.1	8.4
Novanta Inc.	NOVT	NAS GS	B	Buy	A+	C		93.29	52.43	531.62		1.59	372.8	58.7	5.3	8.6
Accenture plc	ACN	NYSE	A-	Buy	A	B	Up	183.00	13.19	75.14	1.6	6.87	20.8	26.6	2.9	8.8
PayPal Holdings, Inc.	PYPL	NAS GS	B	Buy	A+	C		113.67	37.82	222.56		1.85	17.1	61.5	8.5	8.8
Qualys, Inc.	QLYS	NAS GS	B-	Buy	A-	C-	Down	85.46	0.54	196.53		1.47	116.1	58.2	12.3	9.0
EVERTEC, Inc.	EVTC	NYSE	B	Buy	A-	C		31.25	43.09	119.58	0.6	1.21	63.8	25.8	5.0	10.4
Xilinx, Inc.	XLNX	NAS GS	B	Buy	A-	B-	Down	118.18	84.31	180.56	1.2	3.46	94.7	34.2	10.0	10.5
Microsoft Corporation	MSFT	NAS GS	A	Buy	A+	B	Up	134.15	38.22	188.17	1.3	4.50	125.0	29.8	8.5	10.8

Summer 2019

V: Undervalued by Sector

Sector: Materials

Company Name	Stock Ticker Symbol	Traded On	Overall Rating	Recommendation	Reward Rating	Risk Rating	Recent Up/ Downgrade	Stock Price as of 6/30/19	1-Year Total Return (%)	3-Year Total Return (%)	Dividend Yield TTM	Earnings/ Share $	EPS Growth (%)	Earnings (P/E) TTM	Sales (P/S) TTM	Book (P/B) Q
Reliance Steel & Aluminum Co.	RS	NYSE	B	Buy	A-	C	Up	92.97	8.54	37.47	2.3	9.21	1.1	10.1	0.5	1.3
North American Palladium Ltd.	PALDF	OTC PK	B-	Buy	A-	C-		11.36	58.67	196.75	0.9	1.85	213.3	6.2	2.0	1.6
Mercer International Inc.	MERC	NAS GS	B-	Buy	A	D+	Up	15.18	-10.00	122.39	3.4	2.35	78.4	6.5	0.6	1.6
Westlake Chemical Partners LP	WLKP	NYSE	B-	Buy	B	C	Up	24.48	7.20	48.84	7.0	1.61	-2.2	15.2	0.6	1.7
Nutrien Ltd.	NTR.TO	TSX	B	Buy	B+	C	Up	70.30	1.76		2.4	5.83	2,782.7	12.1	2.3	1.8
North American Palladium Ltd.	PDL.TO	TSX	B-	Buy	A-	C-		14.89	56.90	197.95	0.9	1.85	213.3	8.1	2.6	2.0
UFP Technologies, Inc.	UFPT	NAS CM	B	Buy	A-	C+		40.63	28.78	96.28		2.19	82.7	18.5	1.6	2.1
Linde plc	LIN	NYSE	A	Buy	A	A-	Up	199.53	29.96	96.66	2.1	12.46	172.9	16.0	5.8	2.1
Innospec Inc.	IOSP	NAS GS	B-	Buy	B+	C		88.23	16.20	105.62	1.1	3.72	37.3	23.7	1.4	2.6
BHP Group	BHPLF	OTC PK	A-	Buy	A-	B		28.82	28.21	149.07	4.1	1.02	16.3	28.1	3.5	3.0
Sonoco Products Company	SON	NYSE	B+	Buy	A-	B		64.02	27.20	49.28	2.6	3.09	59.6	20.7	1.2	3.6
Silgan Holdings Inc.	SLGN	NAS GS	B-	Buy	B	C	Up	29.83	13.56	24.78	1.4	2.03	-22.7	14.7	0.8	3.7
Air Products and Chemicals, Inc.	APD	NYSE	B+	Buy	A-	B	Up	223.50	46.35	90.11	2.0	7.67	48.1	29.2	5.5	4.4
AptarGroup, Inc.	ATR	NYSE	B	Buy	B+	C	Up	121.55	32.89	67.88	1.4	3.04	-13.8	40.0	2.8	5.2
BHP Group	BBL	NYSE	B	Buy	A-	C		51.05	26.23	157.87	4.6	1.02	16.3	49.8	6.2	5.4
BHP Group	BHP	NYSE	B	Buy	A-	C		58.21	27.35	150.96	4.1	1.02	16.3	56.8	7.1	6.1
Kirkland Lake Gold LTD.	KL	NYSE	B+	Buy	A+	C+		42.50	109.23		0.4	1.57	100.4	27.1	8.8	6.5
Ecolab Inc.	ECL	NYSE	B	Buy	B+	B-		192.20	38.66	72.53	0.9	5.04	-1.2	38.1	3.8	6.7
Kirkland Lake Gold LTD.	KL.TO	TSX	B	Buy	A+	C+	Down	55.74	105.83		0.3	1.57	100.4	35.5	11.6	8.5

Sector: Real Estate

Company Name	Stock Ticker Symbol	Traded On	Overall Rating	Recommendation	Reward Rating	Risk Rating	Recent Up/ Downgrade	Stock Price as of 6/30/19	1-Year Total Return (%)	3-Year Total Return (%)	Dividend Yield TTM	Earnings/ Share $	EPS Growth (%)	Earnings (P/E) TTM	Sales (P/S) TTM	Book (P/B) Q
Pure Multi-Family REIT LP	PMULF	OTC PK	A-	Buy	A	B		5.32	-18.99	10.75	7.1	0.64	25.6	8.3	4.0	0.8
Morguard North American Residential Real Estat	MRGUN.TO	TSX	B	Buy	A-	B-		17.98	23.89	62.51	3.7	2.19	-59.9	8.2	3.2	0.8
Jernigan Capital, Inc.	JCAP	NYSE	B-	Buy	B+	C		20.94	13.90	78.76	6.7	2.19	98.7	9.6	13.0	1.1
Northview Apartment Real Estate Investment Tru	NVUUN.TO	TSX	B+	Buy	A-	B	Down	26.42	6.34	43.58	6.2	3.44	-3.9	7.7	5.3	1.2
Xenia Hotels & Resorts, Inc.	XHR	NYSE	B-	Buy	B+	C-	Up	20.99	-10.41	53.88	5.2	1.37	0.6	15.3	2.2	1.3
MGM Growth Properties LLC	MGP	NYSE	B-	Buy	B	C+	Down	30.33	3.01	41.92	6.0	0.95	35.3	32.0	2.4	1.4
Pure Multi-Family REIT LP	RUFUN.TO	TSX	B-	Buy	B	C		9.63	10.80	51.32	3.9	0.64	25.6	15.0	7.3	1.4
True North Commercial Real Estate Investment T	TNTUN.TO	TSX	B-	Buy	B-	B-		6.60	7.75	48.10	9.0	0.44	-36.1	15.1	5.4	1.4
CorEnergy Infrastructure Trust, Inc.	CORR	NYSE	B+	Buy	A-	B	Up	39.69	13.46	80.07	7.6	2.06	5.2	19.3	5.6	1.5
Canadian Apartment Properties Real Estate Inve	CARUN.TO	TSX	A-	Buy	A-	B+		48.64	17.48	67.46	2.8	6.86	51.3	7.1	13.9	1.5
Dream Industrial Real Estate Investment Trust	DIRUN.TO	TSX	A-	Buy	A	B		11.74	21.59	67.62	6.0	0.88	25.2	13.4	8.3	1.5
PRO Real Estate Investment Trust	PRVUN.TO	TSX	B	Buy	B+	B-	Up	7.18	13.92	57.04	8.8	0.47	16.5	15.4	6.0	1.5
InterRent Real Estate Investment Trust	IIPUN.TO	TSX	A-	Buy	A-	B+	Up	13.74	29.10	91.19	2.1	1.48	-13.2	9.3	14.6	1.7
Host Hotels & Resorts, Inc.	HST	NYSE	B-	Buy	B+	C		18.01	-10.58	34.95	4.4	1.37	55.6	13.2	2.4	1.8
Killam Apartment Real Estate Investment Trust	KMPUN.TO	TSX	B+	Buy	B+	A-	Down	18.91	30.20	70.06	3.4	1.10	-23.5	17.1	10.2	1.8
American Campus Communities, Inc.	ACC	NYSE	B-	Buy	B+	C	Up	45.98	11.75	0.48	4.0	0.86	100.7	53.5	7.0	1.8
One Liberty Properties, Inc.	OLP	NYSE	B-	Buy	B	C		29.05	15.46	48.11	6.2	0.93	-34.8	31.3	6.8	1.9
Kilroy Realty Corporation	KRC	NYSE	B-	Buy	B	C+	Down	72.87	-1.14	24.36	2.5	2.53	57.2	28.8	9.7	1.9
STORE Capital Corporation	STOR	NYSE	B	Buy	A-	C+		33.21	26.34	33.58	4.0	1.00	3.4	33.2	12.9	1.9
Agree Realty Corporation	ADC	NYSE	B	Buy	B+	B-		63.83	24.29	52.05	3.5	1.75	-15.4	36.5	15.7	1.9
EPR Properties	EPR	NYSE	B	Buy	A	C	Up	74.31	20.67	14.00	5.9	3.73	31.1	19.9	8.8	1.9
Summit Industrial Income REIT	SMUUN.TO	TSX	A+	Buy	A+	B+		12.89	56.60	160.19	4.0	1.59	36.2	8.1	15.7	1.9
Alexandria Real Estate Equities, Inc.	ARE	NYSE	B	Buy	B+	B-		140.06	13.43	52.15	2.8	3.32	27.8	42.1	11.3	2.1
Getty Realty Corp.	GTY	NYSE	B	Buy	B	B-		30.27	13.28	63.95	4.5	1.18	-4.3	25.7	9.0	2.1
Rexford Industrial Realty, Inc.	REXR	NYSE	B-	Buy	B+	C-	Down	40.17	29.30	107.50	1.7	0.34	-40.5	119.5	17.7	2.1
Life Storage, Inc.	LSI	NYSE	B-	Buy	B+	C-		94.69	1.32	2.52	4.2	4.44	88.3	21.3	7.9	2.2
STAG Industrial, Inc.	STAG	NYSE	B	Buy	A-	C		30.19	16.08	52.93	4.7	0.60	29.0	50.2	9.6	2.2
Terreno Realty Corporation	TRNO	NYSE	B+	Buy	A	B-	Down	48.00	30.48	103.44	2.0	1.16	13.2	41.5	19.0	2.3

https://greyhouse.weissratings.com

Data as of June 30, 2019

V: Undervalued by Sector

Summer 2019

Sector: Real Estate (con't)

Company Name	Stock Ticker Symbol	Traded On	Overall Rating	Recommendation	Reward Rating	Risk Rating	Recent Up/Downgrade	Stock Price as of 6/30/19	1-Year Total Return (%)	3-Year Total Return (%)	Dividend Yield TTM	Earnings/Share $	EPS Growth (%)	Earnings (P/E) TTM	Sales (P/S) TTM	Book (P/B) Q
National Retail Properties, Inc.	NNN	NYSE	B	Buy	A-	C		52.92	25.35	19.68	3.8	1.48	-13.6	35.7	13.5	2.4
CareTrust REIT, Inc.	CTRE	NAS GS	B	Buy	A+	C		23.64	44.72	100.00	3.6	0.71	81.8	33.4	13.1	2.6
Community Healthcare Trust Incorporated	CHCT	NYSE	B	Buy	A+	C-	Up	38.99	37.26	120.62	4.2	0.15	-30.6	251.7	13.8	2.6
Realty Income Corporation	O	NYSE	B-	Buy	A-	C		69.42	32.95	15.58	3.9	1.33	18.7	52.2	15.5	2.6
Four Corners Property Trust, Inc.	FCPT	NYSE	B	Buy	B+	C+		27.16	13.10	53.20	4.2	1.28	9.3	21.3	12.5	2.7
American Assets Trust, Inc.	AAT	NYSE	B-	Buy	B+	C-	Up	46.25	23.94	20.44	2.4	0.66	47.0	69.6	9.0	2.7
First Industrial Realty Trust, Inc.	FR	NYSE	B	Buy	B	C+		36.03	10.17	45.09	2.5	1.19	-33.8	30.4	11.1	2.8
Digital Realty Trust, Inc.	DLR	NYSE	B-	Buy	A-	D+	Up	117.60	10.37	22.60	3.6	1.25	23.7	93.9	7.8	2.8
Douglas Emmett, Inc.	DEI	NYSE	B-	Buy	A-	C		39.43	1.74	23.68	2.6	0.68	11.3	57.8	7.5	2.8
CBRE Group, Inc.	CBRE	NYSE	B	Buy	B+	C+		50.83	7.35	97.86		3.15	51.5	16.1	0.8	3.3
Sun Communities, Inc.	SUI	NYSE	B	Buy	A	C	Up	126.60	32.24	82.47	2.3	1.31	39.8	96.4	9.5	3.5
CubeSmart	CUBE	NYSE	B	Buy	A-	C		33.51	6.33	21.92	3.7	0.88	10.6	38.2	10.4	3.7
Gaming and Leisure Properties, Inc.	GLPI	NAS GS	B	Buy	A	C+		38.70	16.12	41.87	6.9	1.56	-12.8	24.8	7.6	3.8
EastGroup Properties, Inc.	EGP	NYSE	B	Buy	A-	C		113.77	22.00	82.04	2.5	2.29	-20.5	49.7	13.5	4.5
Innovative Industrial Properties, Inc.	IIPR	NYSE	B-	Buy	A-	C-	Up	119.69	245.70		1.5	0.95	655.2	126.3	62.2	4.6
Extra Space Storage Inc.	EXR	NYSE	B	Buy	A-	C		105.61	9.31	29.35	3.3	3.31	-13.5	31.9	11.5	5.6
PS Business Parks, Inc.	PSB	NYSE	B	Buy	A-	C+		169.27	36.42	76.93	2.5	5.59	39.1	30.3	11.1	5.8
Lamar Advertising Company (REIT)	LAMR	NAS GS	B	Buy	A-	C+		80.21	23.15	47.21	4.7	3.44	16.2	23.3	4.9	7.2
Equity LifeStyle Properties, Inc.	ELS	NYSE	B+	Buy	A+	B-	Up	119.68	33.03	63.30	1.9	2.96	35.1	40.4	11.4	9.1
Ryman Hospitality Properties, Inc.	RHP	NYSE	B	Buy	A-	C+		79.41	-0.01	88.40	4.4	5.18	56.0	15.3	3.1	9.2

Sector: Utilities

Company Name	Stock Ticker Symbol	Traded On	Overall Rating	Recommendation	Reward Rating	Risk Rating	Recent Up/Downgrade	Stock Price as of 6/30/19	1-Year Total Return (%)	3-Year Total Return (%)	Dividend Yield TTM	Earnings/Share $	EPS Growth (%)	Earnings (P/E) TTM	Sales (P/S) TTM	Book (P/B) Q
Consolidated Water Co. Ltd.	CWCO	NAS GS	B-	Buy	B+	C	Up	13.99	9.84	16.13	2.4	1.02	171.0	13.7	3.1	1.2
Capital Power Corporation	CPX.TO	TSX	A-	Buy	A-	B	Up	29.91	25.12	90.65	6.0	1.85	151.3	16.2	3.0	1.4
Star Group, L.P.	SGU	NYSE	B-	Buy	A-	C	Up	9.96	7.09	31.82	4.8	0.74	-6.0	13.4	0.3	1.4
Duke Energy Corporation	DUK	NYSE	B-	Buy	B+	C		88.55	16.71	20.14	4.2	4.11	-2.5	21.6	2.7	1.5
Fortis Inc.	FTS	NYSE	B	Buy	B+	B-		39.34	29.18	34.21	3.4	1.94	5.8	20.3	2.6	1.5
Evergy, Inc.	EVRG	NYSE	B	Buy	A-	B-		60.07	11.41	18.28	3.1	2.34	3.1	25.7	3.1	1.6
Fortis Inc.	FTS.TO	TSX	B	Buy	B+	C+		51.59	27.56	35.03	3.4	1.94	5.8	26.6	3.4	2.0
Southwest Gas Holdings, Inc.	SWX	NYSE	B-	Buy	B+	C		88.69	18.47	26.16	2.4	3.81	-8.7	23.3	1.6	2.0
Eversource Energy	ES	NYSE	B	Buy	A-	C+		75.41	33.39	42.22	2.8	3.37	7.4	22.4	2.8	2.2
IdaCorp, Inc.	IDA	NYSE	B	Buy	B+	B		100.96	12.46	39.83	2.5	4.61	7.8	21.9	3.6	2.2
Hawaiian Electric Industries, Inc.	HE	NYSE	B	Buy	B	B		43.22	30.25	40.10	2.9	1.89	20.2	22.9	1.6	2.2
CenterPoint Energy, Inc.	CNP	NYSE	B-	Buy	B	C	Down	28.51	7.53	36.20	4.0	0.64	-84.4	44.9	1.3	2.2
Unitil Corporation	UTL	NYSE	B	Buy	A-	B-		59.79	20.39	56.03	2.5	2.95	32.6	20.3	2.0	2.2
Xcel Energy Inc.	XEL	NAS GS	B-	Buy	B+	C	Down	59.28	33.72	48.96	2.7	2.51	6.5	23.7	2.6	2.2
Alliant Energy Corporation	LNT	NAS GS	B+	Buy	A-	B	Up	48.93	19.19	35.08	2.8	2.20	6.2	22.3	3.2	2.2
Otter Tail Corporation	OTTR	NAS GS	B	Buy	B	B	Down	52.04	11.95	76.11	2.6	2.06	3.6	25.3	2.3	2.2
Connecticut Water Service, Inc.	CTWS	NAS GS	B-	Buy	B	C+	Up	68.86	8.21	33.81	1.8	1.67	-0.7	41.3	7.0	2.2
CMS Energy Corporation	CMS	NYSE	B	Buy	B+	B-		57.51	25.88	39.75	2.6	2.21	23.8	26.0	2.3	3.0
American Water Works Company, Inc.	AWK	NYSE	B	Buy	B	B-		115.26	37.47	49.12	1.6	3.17	30.1	36.3	6.0	3.0

Data as of June 30, 2019

Section VI:
BUY Rated Stocks by Sector

Investment Ratings and analysis of BUY Rated Stocks by Sector. Stocks are first listed by sector, then by rating and lastly alphabetically by name.

Section VI: Contents

This section contains Weiss Investment Ratings, key rating factors, and summary financial data for our selections of "BUY Rated Stocks by Sector".

Company Name
Legal name of a firm, the title by which a formally organized or incorporated firm is known as a legal entity or artificial-person. Shown on the certificate of incorporation (firm's 'birth certificate'), it must be displayed clearly at the firm's legal or registered office, and disclosed on all formal documents such as agreements, checks, and official stationery. Also known as corporate name.

MARKET

Stock Ticker Symbol
An arrangement of characters (usually letters) representing a particular security listed on an exchange or otherwise traded publicly. When a company issues securities to the public marketplace, it selects an available ticker symbol for its securities which investors use to place trade orders. Every listed security has a unique ticker symbol, facilitating the vast array of trade orders that flow through the financial markets every day.

Traded On /Exchange
The stock exchange on which the company is listed. The core function of a stock exchange is to ensure fair and orderly trading, as well as efficient dissemination of price information.
Exchanges such as: NYSE (New York Stock Exchange), AMEX (American Stock Exchange), NNM (NASDAQ National Market), and NASQ (NASDAQ Small Cap) give companies, governments and other groups a platform to sell securities to the investing public.

RATINGS

Overall Rating
The Weiss rating measured on a scale from A to E based on each stock's performance and risk. See the preceding section, "What Our Ratings Mean," for an explanation of each letter grade rating.

Buy-Hold-Sell Recommendation
Weiss Ratings' opinion of investment action based on a Weiss rating. We recommend buying stocks rated A and B, holding C rated stocks, and selling D and E.

Reward Rating
Primarily based on a stock's total return to shareholders over the trailing five years and, based on sales, net income, earnings trends and anticipated dividends, its prospects for future returns. Additionally, based on the stock's current price, other important ratios are factored in. Based on proprietary modeling the individual components of the risk and reward ratings are calculated and weighted and the final rating is generated.

Risk Rating
Primarily based on the level of volatility in the stock's daily, monthly and quarterly returns and on the company's financial stability. Stocks with very stable returns are considered less risky and receive a higher risk rating. Stocks with greater volatility are considered riskier, and will receive a lower risk rating. Companies with poor financial stability are considered riskier investments than those that are financially stable.

Recent Upgrade/Downgrade
An "Up" or "Down" indicates that the Weiss Investment Rating has changed since the publication of the last print edition. If a stock has had a rating change since March 31, 2019, the change is identified with an "Up" or "Down."

PRICE

Stock Price
The price at which a stock is traded on a regular trading day. Stock prices in this guide are listed as of June 30, 2019.

TOTAL RETURNS

1-Year Total Return
The rate of return on an investment over a period of one year that includes interest, capital gains, dividends and distributions realized.

3-Year Total Return
The rate of return on an investment over a period of three years that includes interest, capital gains, dividends and distributions realized.

DIVIDEND & EARNINGS

Dividend Yield (TTM)
Dividends paid out each year relative to the share price. Expressed as a percentage and measures how much cash flow an investor is getting for each invested dollar. This is a TTM figure (trailing twelve months), which is a representation of a company's financial performance over the most recent 12 months. TTM uses the latest available financial data from a company's interim, quarterly or annual reports.

Earnings Per Share (Earnings/Share)
The amount of a company's profit that can be allocated to one share of its stock and does not include dilutive effects on convertibles.

Earnings Per Share (EPS) Growth
The percentage change in earnings per share over time. It helps investors to identify the stocks that are increasing or decreasing in profitability. This is a TTM figure (trailing twelve months), which is a representation of a company's financial performance over the most recent 12 months. TTM uses the latest available financial data from a company's interim, quarterly or annual reports.

VALUATION

Price/Earnings (P/E) TTM
A ratio that measures the value of a company by comparing its current share price to its earnings per share. A high P/E ratio suggests that investors are expecting higher earnings growth. This is a TTM figure (trailing twelve months), which is a representation of a company's financial performance over the most recent 12 months. TTM uses the latest available financial data from a company's interim, quarterly or annual reports.

Price/Sales (P/S) TTM
A ratio that measures value placed on each dollar of a company's sales or revenues. Generally, a stock with lower P/S ratio is a better investment since the investor pays less for each unit of sales. This is a TTM figure (trailing twelve months), which is a representation of a company's financial performance over the most recent 12 months. TTM uses the latest available financial data from a company's interim, quarterly or annual reports.

Book (P/B) Q
Price to book ratio compares a stock's market daily value to its quarterly book value. This ratio indicates how much shareholders are paying for the net assets of a company and answers the question: how many times a company's stock is trading per share compared to the company's book value per share. A lower P/B could mean that the stock is undervalued and may have a potential for future growth, however, other valuation measures should be considered before investing. Generally, a P/B ratio of 1.0 or less is viewed as good. This is a quarterly figure.

VI: BUY Rated Stocks by Sector

Summer 2019

Sector: Communication Services

Company Name	Stock Ticker Symbol	Traded On	Overall Rating	Recommendation	Reward Rating	Risk Rating	Recent Up/Downgrade	Stock Price as of 6/30/19	1-Year Total Return (%)	3-Year Total Return (%)	Dividend Yield TTM	Earnings/Share $	EPS Growth (%)	Earnings (P/E) TTM	Sales (P/S) TTM	Book (P/B) Q
Alphabet Inc.	GOOG	NAS GS	B	Buy	B+	C+		1,076.01	-3.43	58.23		39.87	69.2	27.0	5.3	4.1
Alphabet Inc.	GOOGL	NAS GS	B	Buy	B+	C+		1,076.63	-4.45	55.75		39.87	69.2	27.0	5.3	4.1
Cable ONE, Inc.	CABO	NYSE	B	Buy	A	C		1,143.49	56.20	140.57	0.7	28.46	-32.9	40.2	6.0	8.5
Cogent Communications Holdings, Inc.	CCOI	NAS GS	B	Buy	A-	C	Up	59.38	15.38	77.69	3.8	0.68	263.9	87.7	5.3	-16.4
Hellenic Telecommunications Organization S.A.	HLTOY	OTC PK	B	Buy	A-	C	Up	7.28	23.02	76.20	2.1	0.43	187.9	17.0	0.8	1.3
IAC/InterActiveCorp	IAC	NAS GS	B	Buy	B	B-	Down	68.15	43.22	308.98		6.71	87.6	32.5	4.5	6.6
Match Group, Inc.	MTCH	NAS GS	B	Buy	A+	C		68.23	83.01	406.25		1.69	17.1	40.3	11.3	133.0
Nexstar Media Group, Inc.	NXST	NAS GS	B	Buy	A-	B-		100.16	36.76	134.08	1.7	8.35	-23.2	12.0	1.7	2.4
Rogers Communications Inc.	RCIB.TO	TSX	B	Buy	B	C+		69.49	14.35	49.03	2.8	2.99	2.0	23.2	3.1	5.8
Rogers Communications Inc.	RCI	NYSE	B	Buy	B	C+		53.03	15.60	48.30	3.7	2.99	2.0	17.7	2.4	4.4
TELUS Corporation	T.TO	TSX	B	Buy	B+	B	Down	48.34	8.21	32.99	4.5	2.06	1.0	23.5	2.7	3.8
TELUS Corporation	TU	NYSE	B	Buy	B+	B-		36.90	9.63	32.27	5.9	2.06	1.0	17.9	2.0	2.9
The New York Times Company	NYT	NYSE	B	Buy	B	C+		32.85	27.17	189.46	0.5	0.80	1,094.2	41.1	3.1	5.2
The Walt Disney Company	DIS	NYSE	B	Buy	B	B-		139.30	35.06	51.86	1.2	8.90	18.6	15.7	3.6	2.8
T-Mobile US, Inc.	TMUS	NAS GS	B	Buy	B+	C+		73.29	22.44	72.41		3.65	-29.6	20.1	1.4	2.4
Tribune Media Company	TRCO	NYSE	B	Buy	A-	C		46.31	24.51	57.41	2.2	4.34	-8.7	10.7	2.0	1.1
BCE Inc.	BCE.TO	TSX	B-	Buy	B	C	Up	59.73	17.83	15.29	5.2	2.42	-2.6	24.6	3.0	4.4
BCE Inc.	BCE	NYSE	B-	Buy	B	C	Up	45.60	19.29	14.79	5.1	2.42	-2.6	18.8	2.3	3.4
Comcast Corporation	CMCSA	NAS GS	B-	Buy	A-	C		42.00	31.57	40.89	1.9	2.63	-46.4	16.0	2.0	2.5
NetEase, Inc.	NTES	NAS GS	B-	Buy	A-	D+	Up	261.35	7.00	55.82	0.9	224.42	5.6	1.2	0.1	0.2
Omnicom Group Inc.	OMC	NYSE	B-	Buy	B	C	Up	81.00	9.80	12.61	3.1	5.86	22.9	13.8	1.2	7.4
QuinStreet, Inc.	QNST	NAS GS	B-	Buy	B+	C-	Down	15.83	21.49	387.08		1.23	582.2	12.9	1.9	3.7
Sinclair Broadcast Group, Inc.	SBGI	NAS GS	B-	Buy	B+	C	Up	53.20	67.58	96.41	1.5	3.22	-41.3	16.5	1.6	3.1
Telenor ASA	TELNY	OTC PK	B-	Buy	B	C+		21.54	10.79	62.69	5.6	1.11	3.3	19.3	2.4	5.2
Telephone and Data Systems, Inc.	TDS	NYSE	B-	Buy	B	C	Up	30.33	13.90	14.18	2.1	1.33	-2.0	22.8	0.7	0.8
Verizon Communications Inc.	VZ	NYSE	B-	Buy	B	C	Down	57.25	17.52	19.63	4.2	3.87	-49.2	14.8	1.8	4.2

Sector: Consumer Discretionary

Company Name	Stock Ticker Symbol	Traded On	Overall Rating	Recommendation	Reward Rating	Risk Rating	Recent Up/Downgrade	Stock Price as of 6/30/19	1-Year Total Return (%)	3-Year Total Return (%)	Dividend Yield TTM	Earnings/Share $	EPS Growth (%)	Earnings (P/E) TTM	Sales (P/S) TTM	Book (P/B) Q
Garmin Ltd.	GRMN	NAS GS	A-	Buy	A	B+	Down	80.27	35.58	119.57	2.7	3.71	16.6	21.6	4.5	3.5
Pollard Banknote Limited	PBL.TO	TSX	A-	Buy	A-	B		24.15	13.79	210.93	0.6	0.54	-14.5	45.1	2.4	7.0
The Wendy's Company	WEN	NAS GS	A-	Buy	A-	B	Up	19.49	15.96	121.12	1.9	1.94	153.5	10.1	3.6	7.0
Darden Restaurants, Inc.	DRI	NYSE	B+	Buy	A+	B-	Up	121.54	15.64	103.54	2.5	5.41	25.2	22.5	1.8	6.5
Fox Factory Holding Corp.	FOXF	NAS GS	B+	Buy	A+	C	Up	81.51	75.86	382.02		2.07	49.9	39.4	4.9	9.2
Graham Holdings Company	GHC	NYSE	B+	Buy	A-	B		683.31	17.30	46.61	0.8	57.80	-0.7	11.8	1.3	1.2
LVMH Moët Hennessy - Louis Vuitton, Société Eu	LVMUY	OTC PK	B+	Buy	A+	C+	Up	83.66	30.45	190.49	1.2	14.88	22.7	5.6	0.8	1.1
Planet Fitness, Inc.	PLNT	NYSE	B+	Buy	A+	C+	Down	73.13	68.35	352.79		1.09	108.5	67.1	11.1	-17.9
Aaron's, Inc.	AAN	NYSE	B	Buy	A-	C		60.98	39.59	190.36	0.2	2.87	-28.9	21.2	1.1	2.3
Amazon.com, Inc.	AMZN	NAS GS	B	Buy	A+	D+	Up	1,904.28	11.92	168.99		23.94	201.8	79.6	4.0	19.4
America's Car-Mart, Inc.	CRMT	NAS GS	B	Buy	A	C+		87.72	38.36	233.66		6.73	36.2	13.0	0.9	2.3
Asbury Automotive Group, Inc.	ABG	NYSE	B	Buy	A-	C+		83.94	19.66	61.02		8.47	21.7	9.9	0.2	3.2
BAB, Inc.	BABB	OTC PK	B	Buy	A	C	Up	0.77	19.85	55.18	5.2	0.07	0.1	11.1	2.4	2.0
Bright Horizons Family Solutions Inc.	BFAM	NYSE	B	Buy	A	C		150.00	47.02	132.59		2.75	8.4	54.5	4.5	10.4
Choice Hotels International, Inc.	CHH	NYSE	B	Buy	B+	B		86.08	15.92	99.08	1.0	3.90	80.1	22.1	4.6	-25.7
Churchill Downs Incorporated	CHDN	NAS GS	B	Buy	B+	C+		113.46	17.09	187.71	0.5	4.46	-35.9	25.4	4.3	9.8
Clarus Corporation	CLAR	NAS GS	B	Buy	A-	C+	Up	14.31	78.27	249.64	0.7	0.35	907.8	41.2	2.0	2.5
Columbia Sportswear Company	COLM	NAS GS	B	Buy	B	B	Down	98.53	9.38	85.81	1.0	4.26	163.2	23.1	2.4	3.9
Deckers Outdoor Corporation	DECK	NYSE	B	Buy	B+	B-		175.24	51.06	218.73		8.98	151.5	19.5	2.6	4.9
Denny's Corporation	DENN	NAS CM	B	Buy	B+	C+		20.47	26.36	95.70		0.76	28.1	27.0	2.1	-8.9

VI: BUY Rated Stocks by Sector

Sector: Consumer Discretionary (con't)

Company Name	Stock Ticker Symbol	Traded On	Overall Rating	Recommendation	Reward Rating	Risk Rating	Recent Up/Downgrade	Stock Price as of 6/30/19	1-Year Total Return (%)	3-Year Total Return (%)	Dividend Yield TTM	Earnings/Share $	EPS Growth (%)	Earnings (P/E) TTM	Sales (P/S) TTM	Book (P/B) Q
Dollar General Corporation	DG	NYSE	B	Buy	B+	C		136.46	39.17	52.01	0.9	6.10	1.8	22.4	1.4	5.4
Domino's Pizza, Inc.	DPZ	NYSE	B	Buy	A-	C+		277.94	-0.57	129.55	0.9	8.55	29.7	32.5	3.4	-3.8
Dunkin' Brands Group, Inc.	DNKN	NAS GS	B	Buy	B+	B		79.69	17.59	97.18	1.8	2.78	-8.4	28.7	5.0	-9.5
Eldorado Resorts, Inc.	ERI	NAS GS	B	Buy	A-	C	Up	44.72	12.22	212.51		1.44	30.3	31.1	1.6	3.3
Evergreen Gaming Corporation	TNA.V	TSXV	B	Buy	A+	C		0.42	93.02	176.67		0.05	41.7	8.9	1.3	2.3
Ferrari N.V.	RACE	NYSE	B	Buy	A	C		160.86	20.11	310.59	0.6	4.99	44.3	32.2	7.4	18.3
Five Below, Inc.	FIVE	NAS GS	B	Buy	B+	C		120.78	21.34	167.21		2.74	31.9	44.1	4.2	10.6
Gentex Corporation	GNTX	NAS GS	B	Buy	B+	C	Up	24.97	10.19	77.03	1.8	1.62	10.0	15.5	3.5	3.4
Genuine Parts Company	GPC	NYSE	B	Buy	B+	C		102.84	15.39	15.22	2.9	5.39	25.1	19.1	0.8	4.2
Great Canadian Gaming Corporation	GC.TO	TSX	B	Buy	B+	C+		43.87	-6.52	145.50		1.87	56.9	23.5	2.7	6.7
H&R Block, Inc.	HRB	NYSE	B	Buy	B+	C+		29.01	32.59	45.56	3.5	2.08	-27.9	13.9	1.9	10.8
Laureate Education, Inc.	LAUR	NAS GS	B	Buy	B+	C	Up	15.31	3.59			2.10	440.3	7.3	1.0	1.5
Lululemon Athletica Inc.	LULU	NAS GS	B	Buy	A	C-		180.11	44.16	157.78		3.81	71.6	47.3	6.9	17.2
M.D.C. Holdings, Inc.	MDC	NYSE	B	Buy	A	C+		32.21	20.44	88.29	3.5	3.42	33.1	9.4	0.7	1.2
McDonald's Corporation	MCD	NYSE	B	Buy	B	B		206.27	35.24	88.22	2.7	7.54	14.1	27.4	7.6	-24.0
Nike, Inc.	NKE	NYSE	B	Buy	B+	C+	Up	83.66	17.94	63.40	1.3	2.57	142.1	32.6	3.5	14.7
Ollie's Bargain Outlet Holdings, Inc.	OLLI	NAS	B	Buy	A	C		87.93	20.53	266.83		2.18	3.0	40.4	4.5	5.7
Pool Corporation	POOL	NAS GS	B	Buy	A	C+	Up	187.90	24.90	116.30	1.0	5.67	19.9	33.2	2.5	33.2
Restaurant Brands International Inc.	QSR	NYSE	B	Buy	A-	C		69.02	19.63	82.88	2.8	2.36	-19.3	29.3	6.0	10.1
Rocky Brands, Inc.	RCKY	NAS GS	B	Buy	A-	C		26.39	-11.31	149.82	1.9	1.98	29.8	13.3	0.8	1.3
Ross Stores, Inc.	ROST	NAS GS	B	Buy	B+	C+		100.54	19.38	87.20	1.0	4.30	11.9	23.4	2.4	11.2
Royal Caribbean Cruises Ltd.	RCL	NYSE	B	Buy	A-	C	Up	119.20	17.04	94.02	2.4	8.75	15.7	13.6	2.5	2.2
Service Corporation International	SCI	NYSE	B	Buy	B	B		46.15	31.08	86.74	1.5	2.39	0.9	19.3	2.7	5.0
Sony Corporation	SNEJF	OTC PK	B	Buy	A-	C	Up	51.99	0.76	91.69		6.35	87.8	8.2	0.9	1.9
Sony Corporation	SNE	NYSE	B	Buy	A-	C	Up	52.70	2.42	89.55	0.4	6.35	87.8	8.3	0.9	2.0
Steven Madden, Ltd.	SHOO	NAS GS	B	Buy	B+	C		33.37	-5.91	57.38	1.7	1.57	7.4	21.2	1.7	3.5
The Home Depot, Inc.	HD	NYSE	B	Buy	A-	C+		207.02	8.79	74.10	2.3	9.92	29.0	20.9	2.1	-106.4
The TJX Companies, Inc.	TJX	NYSE	B	Buy	B+	C+		52.88	12.71	48.80	1.5	2.44	12.4	21.7	1.7	12.5
Ulta Beauty, Inc.	ULTA	NAS GS	B	Buy	A	C		344.22	43.62	45.73		11.50	19.5	29.9	2.9	10.4
Wingstop Inc.	WING	NAS GS	B	Buy	A+	C-	Up	94.66	89.89	359.79	0.4	0.74	-9.3	127.8	17.1	-12.6
Yum China Holdings, Inc.	YUMC	NYSE	B	Buy	A-	C	Up	46.08	20.53		1.0	1.63	31.3	28.3	2.1	5.9
A&W Revenue Royalties Income Fund	AWUN.TO	TSX	B-	Buy	B+	C		42.40	38.77	48.27	4.1	1.37	-2.9	31.0	16.5	6.5
Acushnet Holdings Corp.	GOLF	NYSE	B-	Buy	B	C		26.18	10.07		2.1	1.22	-9.5	21.4	1.2	2.2
AutoZone, Inc.	AZO	NYSE	B-	Buy	B+	C		1,084.08	59.79	37.15		55.97	14.1	19.4	2.4	-16.8
Best Buy Co., Inc.	BBY	NYSE	B-	Buy	A-	C-		68.47	-6.10	146.76	2.8	5.51	62.0	12.4	0.4	5.5
Boot Barn Holdings, Inc.	BOOT	NYSE	B-	Buy	A	D+		34.86	61.99	327.73		1.36	30.3	25.6	1.3	3.7
Cracker Barrel Old Country Store, Inc.	CBRL	NAS GS	B-	Buy	B	C+	Down	170.52	14.06	17.69	2.9	9.12	-8.5	18.7	1.3	6.3
D.R. Horton, Inc.	DHI	NYSE	B-	Buy	A-	C	Up	43.22	8.37	48.41	1.3	4.09	37.3	10.6	1.0	1.7
Diversified Royalty Corp.	DIV.TO	TSX	B-	Buy	B	C	Up	3.01	6.17	77.68	7.4	0.07	-17.3	44.7	15.9	2.3
General Motors Company	GM	NYSE	B-	Buy	B+	C		38.32	-1.39	56.34	4.0	6.29	260.8	6.1	0.4	1.3
Gildan Activewear Inc.	GIL	NYSE	B-	Buy	B	C+	Down	38.45	40.21	43.04	1.3	1.46	-6.1	26.4	2.8	4.1
Grand Canyon Education, Inc.	LOPE	NAS GS	B-	Buy	B	C+	Down	116.89	4.42	207.36		4.73	3.3	24.7	7.4	4.4
Group 1 Automotive, Inc.	GPI	NYSE	B-	Buy	A-	D+	Up	80.24	24.91	68.91	1.3	8.17	-20.2	9.8	0.1	1.3
Hyatt Hotels Corporation	H	NYSE	B-	Buy	B-	C+		75.16	-0.86	63.98	1.1	3.74	-38.7	20.1	3.2	2.2
International Speedway Corporation	ISCA	NAS GS	B-	Buy	B-	B-	Down	44.74	1.30	44.28	1.1	1.77	-69.8	25.3	2.9	1.2
Lithia Motors, Inc.	LAD	NYSE	B-	Buy	A-	C-	Up	119.74	25.80	76.91	1.0	11.24	14.6	10.7	0.2	2.2
Malibu Boats, Inc.	MBUU	NAS	B-	Buy	B+	C		37.69	-11.11	221.31		2.82	119.6	13.4	1.3	4.3
Meritage Homes Corporation	MTH	NYSE	B-	Buy	A-	C-	Up	50.80	18.69	42.14		5.20	32.2	9.8	0.6	1.1
Monarch Casino & Resort, Inc.	MCRI	NAS GS	B-	Buy	B	C+		42.45	-3.21	106.07		1.85	24.5	23.0	3.3	2.5
Monro, Inc.	MNRO	NAS GS	B-	Buy	B	C		83.54	40.14	37.80	1.2	2.37	23.3	35.3	2.4	4.0
MTY Food Group Inc.	MTY.TO	TSX	B-	Buy	B+	C	Down	63.74	29.95	50.41	1.0	2.06	-38.8	31.0	5.3	3.4
Norwegian Cruise Line Holdings Ltd.	NCLH	NYSE	B-	Buy	B	C	Up	51.84	8.79	34.86		4.35	24.7	11.9	1.8	1.9

VI: BUY Rated Stocks by Sector

Summer 2019

Sector: Consumer Discretionary (con't)

Company Name	Stock Ticker Symbol	Traded On	Overall Rating	Recommendation	Reward Rating	Risk Rating	Recent Up/Downgrade	Stock Price as of 6/30/19	1-Year Total Return (%)	3-Year Total Return (%)	Dividend Yield TTM	Earnings/Share $	EPS Growth (%)	Earnings (P/E) TTM	Sales (P/S) TTM	Book (P/B) Q
NVR, Inc.	NVR	NYSE	B-	Buy	B+	C-	Up	3,333.62	12.54	97.96		203.50	43.9	16.4	1.8	6.3
O'Reilly Automotive, Inc.	ORLY	NAS GS	B-	Buy	B+	C-		367.57	33.05	35.42		16.56	23.1	22.2	3.0	77.3
Park Lawn Corporation	PLC.TO	TSX	B-	Buy	B+	C-	Up	28.59	18.77	129.46	1.6	0.27	9.7	106.6	4.8	2.3
PulteGroup, Inc.	PHM	NYSE	B-	Buy	A-	C		31.55	12.98	77.68	1.3	3.55	102.8	8.9	0.9	1.8
Sleep Number Corporation	SNBR	NAS GS	B-	Buy	B+	C		39.09	31.09	88.93		2.22	47.1	17.6	0.8	-9.5
Spectra Inc.	SSA.V	TSXV	B-	Buy	A+	D+		0.05	-9.09	150.00		0.00	64.0	12.2	2.0	-25.0
Starbucks Corporation	SBUX	NAS GS	B-	Buy	B	C+	Down	83.56	76.00	61.64	1.7	2.31	-24.3	36.2	4.1	-20.1
Tractor Supply Company	TSCO	NAS GS	B-	Buy	B+	C	Up	108.20	40.71	20.27	1.2	4.38	28.4	24.7	1.6	8.8
V.F. Corporation	VFC	NYSE	B-	Buy	B	C		86.70	15.58	68.51	2.3	3.14	90.8	27.6	2.5	8.0
Williams-Sonoma, Inc.	WSM	NYSE	B-	Buy	B+	C	Up	64.26	8.15	37.82	2.8	4.20	34.4	15.3	0.9	4.5
Wolverine World Wide, Inc.	WWW	NYSE	B-	Buy	B	C		27.34	-22.25	47.01	1.2	1.98	575.7	13.8	1.1	2.7
Yum! Brands, Inc.	YUM	NYSE	B-	Buy	B	C	Down	110.56	44.38	99.91	1.4	4.25	-1.1	26.0	6.3	-4.3

Sector: Consumer Staples

Company Name	Stock Ticker Symbol	Traded On	Overall Rating	Recommendation	Reward Rating	Risk Rating	Recent Up/Downgrade	Stock Price as of 6/30/19	1-Year Total Return (%)	3-Year Total Return (%)	Dividend Yield TTM	Earnings/Share $	EPS Growth (%)	Earnings (P/E) TTM	Sales (P/S) TTM	Book (P/B) Q
Armanino Foods of Distinction, Inc.	AMNF	OTC PK	B+	Buy	A-	B	Down	3.42	32.06	73.08	2.7	0.20	39.1	17.1	2.7	6.2
Alimentation Couche-Tard Inc.	ATDB.TO	TSX	B	Buy	A	C+		83.26	44.42	56.76	0.5	3.45	26.1	24.1	0.8	5.3
Church & Dwight Co., Inc.	CHD	NYSE	B	Buy	A-	C		73.14	39.47	53.22	1.2	2.34	-22.8	31.3	4.4	7.2
Compañía Cervecerías Unidas S.A.	CCU	NYSE	B	Buy	B	B-		27.65	15.92	30.92	1.6	1.26	107.2	22.0	3.8	5.5
Costco Wholesale Corporation	COST	NAS GS	B	Buy	A-	C+		265.58	28.56	83.61	0.9	8.14	19.2	32.6	0.8	8.1
Danone S.A.	DANOY	OTC PK	B	Buy	A-	C+	Up	17.00	18.86	32.08	1.7	4.29	-3.2	4.0	0.4	0.6
Hormel Foods Corporation	HRL	NYSE	B	Buy	B	C	Up	40.27	10.26	22.07	2.0	1.83	5.2	22.0	2.3	3.7
Inter Parfums, Inc.	IPAR	NAS GS	B	Buy	A-	B-	Down	64.20	22.36	134.36	1.6	1.81	27.7	35.6	3.0	4.5
J & J Snack Foods Corp.	JJSF	NAS GS	B	Buy	B+	B-		160.52	5.98	47.54	1.2	4.64	-15.9	34.6	2.6	3.5
Keurig Dr Pepper Inc.	KDP	NYSE	B	Buy	B	B		28.68				363.3	10.70	16.3	2.7	4.5	1.8
Lamb Weston Holdings, Inc.	LW	NYSE	B	Buy	B+	C+	Down	61.70	-9.24		1.3	3.10	16.5	19.9	2.5	-160.2
McCormick & Company, Incorporated	MKC	NYSE	B	Buy	A-	C+	Up	155.87	37.95	61.27	1.4	4.93	-19.8	31.6	3.9	6.2
Medifast, Inc.	MED	NYSE	B	Buy	A	D+	Up	128.69	-17.01	331.30	2.1	5.31	90.2	24.2	2.8	12.5
Nestlé S.A.	NSRGF	OTC PK	B	Buy	B	C+		103.30	35.03	37.18		3.44	47.5	30.0	3.3	5.3
Nestlé S.A.	NSRGY	OTC PK	B	Buy	B	C+		102.76	37.25	47.36	2.0	3.44	47.5	29.9	3.3	5.2
Nomad Foods Limited	NOMD	NYSE	B	Buy	B	C+		20.75	6.25	159.05		0.86	-15.8	24.1	1.4	1.
Pepsico, Inc.	PEP	NAS GS	B	Buy	A-	C		131.69	25.05	41.08	2.8	8.86	161.3	14.9	2.9	13.
Performance Food Group Company	PFGC	NYSE	B	Buy	B+	C		39.76	7.03	52.05		1.60	-4.7	24.9	0.2	3.
Sysco Corporation	SYY	NYSE	B	Buy	A-	B-		70.44	5.40	52.92	2.1	3.02	24.8	23.3	0.6	15.2
The Boston Beer Company, Inc.	SAM	NYSE	B	Buy	A-	C	Up	365.53	22.13	123.77		9.06	6.9	40.3	4.0	8.
The Clorox Company	CLX	NYSE	B	Buy	B+	C		152.27	16.75	20.52	2.5	6.11	-0.2	24.9	3.2	24.
The Coca-Cola Company	KO	NYSE	B	Buy	B	C+	Up	51.08	21.43	27.80	3.1	1.58	361.0	32.4	6.8	12.
The Estée Lauder Companies Inc.	EL	NYSE	B	Buy	A-	C		182.05	29.14	114.41	0.9	4.90	59.6	37.2	4.6	14.
The Hershey Company	HSY	NYSE	B	Buy	B+	C		134.88	46.98	51.06	2.1	5.37	13.5	25.1	3.6	19.
The Simply Good Foods Company	SMPL	NAS CM	B	Buy	B	B		23.60	62.87			0.58	18.6	40.5	4.4	2.
Turning Point Brands, Inc.	TPB	NYSE	B	Buy	A	C	Up	47.74	50.08	383.62	0.4	1.45	33.3	32.9	2.7	10.
Unilever N.V.	UN	NYSE	B	Buy	A-	B-		60.37	12.92	46.90	2.6	4.10	68.8	14.7	2.7	11.
Unilever plc	UL	NYSE	B	Buy	A-	B-		61.67	16.64	49.37	2.9	4.10	68.8	15.1	2.7	12.
WD-40 Company	WDFC	NAS GS	B	Buy	B+	C+		158.10	8.65	45.86	1.5	4.78	20.2	33.1	5.3	14.
Brown-Forman Corporation	BFA	NYSE	B-	Buy	B	C+	Up	54.83	13.35	42.73	1.2	1.73	16.8	31.7	7.9	15.
Brown-Forman Corporation	BFB	NYSE	B-	Buy	B	C+	Up	55.28	13.68	55.45	1.2	1.73	16.8	32.0	8.0	16.
Companhia Brasileira de Distribuição	CBD	NYSE	B-	Buy	B	C	Down	24.35	25.07	88.62	1.6	1.19	69.9	20.4	0.5	2.

Data as of June 30, 2019

VI: BUY Rated Stocks by Sector

Sector: Consumer Staples (con't)

Company Name	Stock Ticker Symbol	Traded On	Overall Rating	Recommendation	Reward Rating	Risk Rating	Recent Up/Downgrade	Stock Price as of 6/30/19	1-Year Total Return (%)	3-Year Total Return (%)	Dividend Yield TTM	Earnings/Share $	EPS Growth (%)	Earnings (P/E) TTM	Sales (P/S) TTM	Book (P/B) Q
Flowers Foods, Inc.	FLO	NYSE	B-	Buy	B+	C	Up	23.02	13.61	40.99	3.2	0.81	22.3	28.6	1.2	3.8
Lancaster Colony Corporation	LANC	NAS GS	B-	Buy	B	C-	Down	147.21	7.64	25.54	1.7	5.44	13.8	27.1	3.1	5.7
Metro Inc.	MRU.TO	TSX	B-	Buy	B	C+		49.20	11.82	13.43	1.5	1.92	-67.8	25.7	1.0	2.9
Mondelez International, Inc.	MDLZ	NAS GS	B-	Buy	B	C+	Down	54.12	34.69	36.82	1.9	2.29	6.9	23.6	3.1	3.0
Monster Beverage Corporation	MNST	NAS GS	B-	Buy	B+	C		63.57	11.96	23.47		1.87	24.7	34.0	8.9	9.3
The Procter & Gamble Company	PG	NYSE	B-	Buy	B	C	Down	109.78	45.33	46.52	2.6	4.19	11.4	26.2	4.3	5.1

Sector: Energy

Company Name	Stock Ticker Symbol	Traded On	Overall Rating	Recommendation	Reward Rating	Risk Rating	Recent Up/Downgrade	Stock Price as of 6/30/19	1-Year Total Return (%)	3-Year Total Return (%)	Dividend Yield TTM	Earnings/Share $	EPS Growth (%)	Earnings (P/E) TTM	Sales (P/S) TTM	Book (P/B) Q
Pembina Pipeline Corporation	PPL.TO	TSX	B+	Buy	A-	B	Down	47.99	11.09	43.47	4.8	1.70	16.0	28.3	4.3	2.7
Arch Coal, Inc.	ARCH	NYSE	B	Buy	A-	C+	Up	91.00	18.39		1.9	16.51	54.4	5.5	0.7	2.2
Chevron Corporation	CVX	NYSE	B	Buy	A-	C+		123.11	1.87	36.18	3.8	7.23	35.4	17.0	1.5	1.5
CNOOC Limited	CEOHF	OTC PK	B	Buy	A-	C+	Up	1.68	-3.45	46.09		0.18	120.8	9.4	2.2	1.2
CVR Energy, Inc.	CVI	NYSE	B	Buy	A+	C	Up	49.65	47.55	308.25	6.0	3.35	6.8	14.8	0.7	3.7
Dorchester Minerals, L.P.	DMLP	NAS GS	B	Buy	A-	C	Up	18.41	1.38	61.86	10.5	1.70	37.6	10.8	8.3	5.1
Enterprise Products Partners L.P.	EPD	NYSE	B	Buy	A	C+		28.62	10.47	21.01	6.1	2.06	52.4	13.9	1.8	2.6
Gibson Energy Inc.	GEI.TO	TSX	B	Buy	A-	C+	Up	22.97	38.89	88.30	5.8	1.14	287.4	20.2	0.7	5.8
Natural Resource Partners L.P.	NRP	NYSE	B	Buy	A	C	Up	35.40	20.62	188.00	5.1	7.91	54.8	4.5	4.0	1.0
North American Construction Group Ltd.	NOA	NYSE	B	Buy	B+	C		10.68	82.13	281.63	0.8	0.31	76.6	34.8	0.9	2.3
ONEOK, Inc.	OKE	NYSE	B	Buy	A-	C+		67.40	1.50	71.32	5.1	2.95	89.0	22.9	2.3	4.3
Parkland Fuel Corporation	PKI.TO	TSX	B	Buy	A	C	Up	41.52	32.45	106.71	2.8	1.45	206.4	28.6	0.5	4.7
Pembina Pipeline Corporation	PBA	NYSE	B	Buy	A	B-	Down	36.62	12.32	42.43	6.3	1.70	16.0	21.6	3.3	2.1
Questor Technology Inc.	QST.V	TSXV	B	Buy	A+	D+	Up	4.93	10.79	435.87		0.21	36.7	23.9	7.1	6.1
Royal Dutch Shell plc	RYDAF	OTC PK	B	Buy	B+	C+	Up	32.84	-5.36	25.10		2.83	54.8	11.6	0.7	1.4
Royal Dutch Shell plc	RDSA	NYSE	B	Buy	B+	C	Up	65.09	-1.16	46.39	4.9	2.83	54.8	23.0	1.4	2.7
Sabine Royalty Trust	SBR	NYSE	B	Buy	A	C		48.27	10.51	78.12	7.4	3.62	51.6	13.3	12.7	110.4
TC Energy Corporation	TRP	NYSE	B	Buy	A-	C	Up	49.03	20.13	25.41	4.8	3.18	16.3	15.4	4.3	2.4
Texas Pacific Land Trust	TPL	NYSE	B	Buy	A+	C-		784.95	13.49	388.55	0.2	39.35	153.4	20.0	14.1	18.2
Cheniere Energy Partners, L.P.	CQP	AMEX	B-	Buy	A-	C	Down	42.08	23.41	73.81	5.5	2.66	65.0	15.8	3.1	22.5
ConocoPhillips	COP	NYSE	B-	Buy	B	C	Down	61.27	-8.83	55.29	2.0	6.19	1,767.3	9.9	1.9	2.1
CONSOL Coal Resources LP	CCR	NYSE	B-	Buy	A-	C	Down	15.95	18.79	157.54	12.9	2.13	27.4	7.5	1.3	2.1
Delek Logistics Partners, LP	DKL	NYSE	B-	Buy	B+	C		31.99	32.77	66.94	10.0	2.56	13.8	12.5	1.2	-5.8
DMC Global Inc.	BOOM	NAS GS	B-	Buy	A-	C-	Up	62.97	40.14	522.39	0.1	2.79	429.7	22.6	2.6	6.3
Enerflex Ltd.	EFX.TO	TSX	B-	Buy	B	C	Up	17.04	22.42	76.14	2.4	0.92	26.3	18.6	1.1	1.6
North American Construction Group Ltd.	NOA.TO	TSX	B-	Buy	B+	C	Down	14.02	80.62	283.34	0.6	0.31	76.6	45.6	1.2	3.0
Pason Systems Inc.	PSI.TO	TSX	B-	Buy	B+	C	Up	18.72	-9.24	17.63	3.9	0.61	122.4	30.8	6.7	5.6
PBF Logistics LP	PBFX	NYSE	B-	Buy	B+	C-	Down	21.05	10.61	23.60	9.6	1.64	7.9	12.8	3.5	83.3
ProPetro Holding Corp.	PUMP	NYSE	B-	Buy	B+	C	Up	19.32	23.21			2.25	164.6	8.6	1.1	2.2
Royal Dutch Shell plc	RDSB	NYSE	B-	Buy	B+	C		65.91	-3.85	49.83	5.7	2.83	54.8	23.3	1.4	2.7
Sunoco LP	SUN	NYSE	B-	Buy	B	C	Up	31.44	42.44	46.94	10.5	1.68	152.4	18.8	0.2	3.2
TC Energy Corporation	TRP.TO	TSX	B-	Buy	B+	C	Up	64.26	18.65	27.14	4.5	3.18	16.3	20.2	5.7	3.1
TOTAL S.A.	TTFNF	OTC PK	B-	Buy	B+	C	Up	55.55	-7.49	22.49		4.38	37.7	12.7	0.8	1.2
TOTAL S.A.	TOT	NYSE	B-	Buy	B+	C		55.60	-3.49	37.23	4.6	4.38	37.7	12.7	0.8	1.2
Viper Energy Partners LP	VNOM	NAS GS	B-	Buy	A-	D+	Up	29.46	0.90	92.94	7.0	1.99	64.3	14.8	5.7	2.3
VOC Energy Trust	VOC	NYSE	B-	Buy	A	D+		4.94	7.75	107.63	14.7	0.75	41.9	6.6	6.2	1.2

VI: BUY Rated Stocks by Sector

Summer 2019

Sector: Financials

Company Name	Stock Ticker Symbol	Traded On	Overall Rating	Recommendation	Reward Rating	Risk Rating	Recent Up/Downgrade	Stock Price as of 6/30/19	1-Year Total Return (%)	3-Year Total Return (%)	Dividend Yield TTM	Earnings/Share $	EPS Growth (%)	Earnings (P/E) TTM	Sales (P/S) TTM	Book (P/B) Q
Evans Bancorp, Inc.	EVBN	AMEX	A+	Buy	A+	A-		35.40	-22.66	52.77	2.8	3.39	55.5	10.4	2.8	1.3
Malvern Bancorp, Inc.	MLVF	NAS	A	Buy	A+	B		21.06	-13.69	36.31		1.28	36.6	16.5	5.8	1.2
Selective Insurance Group, Inc.	SIGI	NAS GS	A	Buy	A	A-	Up	74.01	35.45	110.95	1.1	3.71	60.1	20.0	1.7	2.3
The Progressive Corporation	PGR	NYSE	A	Buy	A+	B	Up	79.69	39.25	169.71	3.3	5.03	56.2	15.8	1.4	4.0
Aflac Incorporated	AFL	NYSE	A-	Buy	A-	A-	Up	54.55	29.06	69.59	1.9	4.08	-31.8	13.4	1.9	1.6
AllianceBernstein Holding L.P.	AB	NYSE	A-	Buy	A	B		29.08	10.21	71.82	8.4	2.39	2.1	12.2	10.8	1.9
Ares Capital Corporation	ARCC	NAS GS	A-	Buy	A	B	Up	17.73	18.47	66.30	9.1	1.94	4.7	9.1	5.4	1.0
Arthur J. Gallagher & Co.	AJG	NYSE	A-	Buy	A-	A-		85.94	34.80	104.54	2.0	3.69	29.0	23.3	2.4	3.3
Brown & Brown, Inc.	BRO	NYSE	A-	Buy	A-	B+	Up	33.15	21.54	92.03	1.0	1.30	-12.2	25.5	4.4	3.0
Capital Southwest Corporation	CSWC	NAS GS	A-	Buy	B+	A-		21.01	25.04	94.26	8.9	1.98	-18.8	10.6	7.0	1.1
Independence Holding Company	IHC	NYSE	A-	Buy	A	B		38.00	14.84	125.92	0.9	2.01	-28.8	18.9	1.6	1.2
MMA Capital Holdings, Inc.	MMAC	NAS CM	A-	Buy	A-	A-	Up	33.90	32.16	88.33		6.79	-3.6	5.0	14.4	0.9
Norwood Financial Corp.	NWFL	NAS	A-	Buy	A-	B		33.17	-5.59	96.56	2.8	2.18	52.4	15.2	4.9	1.6
Old Point Financial Corporation	OPOF	NAS CM	A-	Buy	A-	B+		22.23	-20.84	24.02	2.1	1.16	11,660.0	19.2	2.6	1.1
Old Republic International Corporation	ORI	NYSE	A-	Buy	A	B	Up	22.34	16.10	42.42	3.5	2.59	68.9	8.6	1.0	1.2
Arbor Realty Trust, Inc.	ABR	NYSE	B+	Buy	B+	B		11.81	24.95	127.72	10.3	1.34	8.5	8.8	3.2	1.2
Ares Commercial Real Estate Corporation	ACRE	NYSE	B+	Buy	B+	B+	Up	14.67	13.31	53.40	8.6	1.32	13.4	11.1	7.5	1.0
Argo Group International Holdings, Ltd.	ARGO	NYSE	B+	Buy	B	B+	Up	73.69	28.79	78.97	1.6	3.71	254.4	19.9	1.4	1.3
Bank of Marin Bancorp	BMRC	NAS CM	B+	Buy	A-	B		42.31	5.33	88.12	1.7	2.41	75.1	17.6	5.7	1.8
Berkshire Hathaway Inc.	BRKB	NYSE	B+	Buy	A-	B	Up	212.02	13.33	51.14		16,323.29	-32.5	0.0	0.0	0.0
Blackstone Mortgage Trust, Inc.	BXMT	NYSE	B+	Buy	B+	B+		35.36	18.15	62.06	7.0	2.56	11.7	13.8	10.5	1.5
Brookfield Asset Management Inc.	BAM	NYSE	B+	Buy	A-	B	Down	47.67	20.83	53.39	1.3	3.18	41.6	15.0	0.8	1.7
Brookfield Asset Management Inc.	BAMA.TO	TSX	B+	Buy	B+	B		62.44	19.30	54.62	1.0	3.18	41.6	19.6	1.0	2.3
Cincinnati Financial Corporation	CINF	NAS GS	B+	Buy	A-	B	Down	102.84	57.10	57.00	2.1	6.14	25.4	16.8	2.7	1.9
Citizens Community Bancorp, Inc.	CZWI	NAS	B+	Buy	B+	B+		11.18	-18.83	10.35	1.8	0.38	-33.5	29.2	2.9	0.9
First Community Bankshares, Inc.	FCBC	NAS GS	B+	Buy	A-	B		32.96	4.41	69.60	2.7	2.26	59.4	14.6	4.6	1.6
First Financial Bankshares, Inc.	FFIN	NAS GS	B+	Buy	A-	B	Up	30.74	20.64	110.84	1.4	1.13	19.0	27.1	11.2	3.7
Intercontinental Exchange, Inc.	ICE	NYSE	B+	Buy	B+	B+		85.51	17.33	78.77	1.2	3.48	-17.5	24.6	9.7	2.8
LPL Financial Holdings Inc.	LPLA	NAS GS	B+	Buy	A+	B-	Up	80.18	23.04	295.68	1.3	5.65	83.9	14.2	1.3	6.7
Marsh & McLennan Companies, Inc.	MMC	NYSE	B+	Buy	A-	B	Down	99.33	24.97	60.42	1.7	3.28	4.9	30.3	3.4	6.4
MSCI Inc.	MSCI	NYSE	B+	Buy	A+	C+		234.10	44.10	229.21	1.0	6.42	70.7	36.5	13.8	-62.6
National Bank of Canada	NA.TO	TSX	B+	Buy	A-	B	Up	61.43	0.72	55.97	4.2	4.59	3.7	13.4	4.0	2.3
Peoples Bancorp of North Carolina, Inc.	PEBK	NAS	B+	Buy	B	A		27.99	-11.44	69.69	2.4	2.28	21.3	12.3	2.8	1.3
Royal Bank of Canada	RY	NYSE	B+	Buy	A	B-	Up	78.99	10.26	50.87	5.0	6.56	7.3	12.0	3.5	2.0
The Travelers Companies, Inc.	TRV	NYSE	B+	Buy	A-	B	Up	149.20	24.73	40.04	2.1	9.84	29.9	15.2	1.3	1.6
W. R. Berkley Corporation	WRB	NYSE	B+	Buy	B+	B+		65.06	39.11	87.66	0.6	3.40	10.3	19.1	1.6	2.1
Zurich Insurance Group AG	ZURVY	OTC PK	B+	Buy	A-	B+	Up	34.73	24.62	73.08	4.6	24.83	80.4	1.4	0.1	0.2
America First Multifamily Investors, L.P.	ATAX	NAS GS	B	Buy	B+	B-		7.10	19.00	66.02	7.0	0.59	37.9	12.1	8.1	1.4
American Express Company	AXP	NYSE	B	Buy	B	B+		123.94	29.72	124.62	1.2	7.84	128.3	15.8	2.8	4.7
AmeriServ Financial, Inc.	ASRV	NAS	B	Buy	B+	B-		4.10	2.02	41.68	2.1	0.44	129.1	9.3	1.4	0.7
Aon plc	AON	NYSE	B	Buy	B+	C+		192.57	42.88	91.49	0.9	4.90	-17.6	39.3	4.3	9.7
Apollo Commercial Real Estate Finance, Inc.	ARI	NYSE	B	Buy	B+	B	Up	18.28	7.64	53.02	10.1	1.55	3.4	11.8	10.4	1.0
Atrium Mortgage Investment Corporation	AI.TO	TSX	B	Buy	B	B		13.34	11.40	41.14	6.8	0.72	-0.6	18.5	20.2	1.0
Bain Capital Specialty Finance, Inc.	BCSF	NYSE	B	Buy	B	B		19.23			6.4	1.19	2.1	16.2	8.1	1.0
BancFirst Corporation	BANF	NAS GS	B	Buy	B+	C		55.91	-4.52	101.27	2.2	3.83	33.9	14.6	4.8	2.0
Bank First National Corporation	BFC	NAS CM	B	Buy	B+	B	Up	67.15	27.03	151.31	1.1	3.76	31.9	17.9	6.3	2.5
Bank of America Corporation	BAC	NYSE	B	Buy	B+	C+	Up	28.21	0.48	134.16	2.1	2.69	56.0	10.5	3.1	1.1
Bank of Hawaii Corporation	BOH	NYSE	B	Buy	B	C+	Up	81.62	0.93	33.61	3.1	5.39	22.0	15.1	5.2	2.6
Bank of Montreal	BMO.TO	TSX	B	Buy	B+	B-	Up	98.43	0.65	34.51	4.0	7.16	28.2	13.7	3.5	1.9
BB&T Corporation	BBT	NYSE	B	Buy	B+	C		48.18	-1.74	54.36	3.4	3.94	22.3	12.2	3.4	1.3
Camden National Corporation	CAC	NAS GS	B	Buy	B+	C+	Up	45.08	0.55	76.21	2.7	3.48	74.5	13.0	4.4	1.6
Capital One Financial Corporation	COFPRG	NYSE	B	Buy	A-	C+	Up	25.12	8.63		5.2	12.05	165.2	2.1	0.5	0.2

Data as of June 30, 2019

https://greyhouse.weissratings.com

Summer 2019 — VI: BUY Rated Stocks by Sector

Sector: Financials (con't)

Company Name	Stock Ticker Symbol	Traded On	Overall Rating	Recommendation	Reward Rating	Risk Rating	Recent Up/Downgrade	Stock Price as of 6/30/19	1-Year Total Return (%)	3-Year Total Return (%)	Dividend Yield TTM	Earnings/ Share $	EPS Growth (%)	Earnings (P/E) TTM	Sales (P/S) TTM	Book (P/B) Q
Chimera Investment Corporation	CIM	NYSE	B	Buy	B+	C+	Up	18.78	10.59	64.69	10.7	1.28	-57.3	14.7	7.2	0.9
Chubb Limited	CB	NYSE	B	Buy	A-	C+	Up	147.16	18.70	25.17	2.0	8.42	2.9	17.5	2.1	1.3
Citizens & Northern Corporation	CZNC	NAS CM	B	Buy	A-	B-		25.39	0.70	43.82	4.3	1.84	56.6	13.8	4.6	1.6
Citizens First Corporation	CZFC	NAS	B	Buy	B+	C+	Up	25.50	-1.09	79.91	1.1	1.90	13.3	13.5	3.4	1.3
City Holding Company	CHCO	NAS GS	B	Buy	B+	B-		75.57	2.39	88.27	2.7	4.66	30.2	16.2	5.9	2.0
CME Group Inc.	CME	NAS GS	B	Buy	A-	C+		193.90	21.38	131.07	1.5	5.36	-57.2	36.2	15.9	2.7
Colony Bankcorp, Inc.	CBAN	NAS	B	Buy	A-	B-	Up	17.00	3.30	86.08	1.8	1.37	35.3	12.4	2.9	1.4
Community Bank System, Inc.	CBU	NYSE	B	Buy	B	B		65.09	11.97	78.25	2.3	3.27	2.2	19.9	6.1	1.9
Credicorp Ltd.	BAP	NYSE	B	Buy	B	B+	Down	231.00	4.37	65.50	2.6	15.34	-6.3	15.1	4.9	2.6
Credit Acceptance Corporation	CACC	NAS GS	B	Buy	B	B-		473.96	34.36	169.82		31.94	25.0	14.8	8.0	4.4
DNB Financial Corporation	DNBF	NAS CM	B	Buy	B+	B-	Up	44.00	28.04	95.74	0.6	2.46	30.5	17.9	4.6	1.7
Ellington Financial Inc.	EFC	NYSE	B	Buy	B	B-	Up	17.69	24.46	42.35	10.1	1.35	9.2	13.1	6.4	0.9
Employers Holdings, Inc.	EIG	NYSE	B	Buy	A-	C+		42.33	6.30	62.36	2.0	5.04	61.7	8.4	1.7	1.3
Equitable Group Inc.	EQB.TO	TSX	B	Buy	A-	C	Up	72.67	27.49	39.51	1.6	7.43	3.7	9.8	4.1	1.3
Erie Indemnity Company	ERIE	NAS GS	B	Buy	A+	C	Down	249.89	121.41	178.46	1.4	5.69	38.5	43.9	5.4	12.9
Essent Group Ltd.	ESNT	NYSE	B	Buy	A	C	Up	46.68	29.59	123.46		4.93	12.8	9.5	6.1	1.8
FactSet Research Systems Inc.	FDS	NYSE	B	Buy	A	B-		285.41	46.10	93.24	0.9	8.04	28.2	35.5	7.9	18.1
Fanhua Inc.	FANH	NAS GS	B	Buy	A-	C	Up	33.33	23.48	421.57	3.1	22.28	-10.2	1.5	0.2	0.2
Fidelity Southern Corporation	LION	NAS GS	B	Buy	B	B		31.15	24.28	125.86	1.9	1.39	-8.4	22.4	3.2	1.9
Firm Capital Mortgage Investment Corporation	FC.TO	TSX	B	Buy	B	C+	Up	13.79	12.31	25.60	7.2	0.73	-0.4	18.8	22.6	1.7
First American Financial Corporation	FAF	NYSE	B	Buy	A-	C	Up	53.62	8.00	51.82	3.1	4.49	15.0	11.9	1.1	1.6
First BanCorp.	FBP	NYSE	B	Buy	A-	C+		10.85	40.53	185.83	0.8	0.96	187.8	11.3	4.3	1.1
First Citizens Bancshares, Inc.	FCNCA	NAS GS	B	Buy	A-	B-	Up	436.91	8.47	86.74	0.4	34.85	17.5	12.5	3.2	1.4
First Northwest Bancorp	FNWB	NAS	B	Buy	B	B	Up	16.28	0.82	30.57	0.6	0.76	92.6	21.3	3.9	1.0
First Republic Bank	FRC	NYSE	B	Buy	B+	C+		95.86	-1.07	45.02	0.8	4.94	11.5	19.4	5.3	2.0
First United Corporation	FUNC	NAS GS	B	Buy	B+	C	Up	19.00	-5.24	100.71	1.9	1.60	124.1	11.9	2.3	1.1
FirstCash, Inc.	FCFS	NAS GS	B	Buy	A-	C+		100.21	12.18	115.45	1.0	3.49	8.0	28.7	2.4	3.3
Genworth MI Canada Inc.	MIC.TO	TSX	B	Buy	B+	C+		41.11	2.69	48.30	5.8	3.59	-22.8	11.5	5.5	1.2
Glacier Bancorp, Inc.	GBCI	NAS GS	B	Buy	B+	B-		40.05	5.16	76.19	2.6	2.26	44.2	17.7	6.0	2.2
Gladstone Investment Corporation	GAIN	NAS GS	B	Buy	B+	C		11.16	2.73	105.51	8.1	2.47	32.1	4.5	7.5	0.9
Great Southern Bancorp, Inc.	GSBC	NAS GS	B	Buy	A-	C		59.53	6.59	80.40	2.1	4.99	32.1	11.9	4.4	1.6
Independent Bank Corp.	INDB	NAS GS	B	Buy	B+	C+		74.90	-4.34	80.66	2.1	4.66	36.0	16.1	5.3	1.9
Intact Financial Corporation	IFC.TO	TSX	B	Buy	B	B-		120.87	32.11	45.36	2.4	3.94	-4.9	30.7	2.0	3.2
James River Group Holdings, Ltd.	JRVR	NAS GS	B	Buy	A-	C	Up	46.28	20.67	60.88	2.6	2.34	73.5	19.8	1.6	1.9
JPMorgan Chase & Co.	JPM	NYSE	B	Buy	A-	B-	Up	108.84	6.68	97.28	2.7	9.27	32.0	11.7	3.4	1.5
Kemper Corporation	KMPR	NYSE	B	Buy	A+	C		86.46	16.33	205.20	1.1	4.57	36.2	18.9	1.3	1.7
Ladder Capital Corp	LADR	NYSE	B	Buy	B+	B	Down	16.49	15.49	86.37	8.2	1.29	-12.3	12.7	5.0	1.2
Lakeland Financial Corporation	LKFN	NAS GS	B	Buy	B+	C+	Up	46.41	-2.06	63.97	2.3	3.25	36.5	14.3	6.3	2.2
Loews Corporation	L	NYSE	B	Buy	B	B	Up	53.77	11.91	39.95	0.5	2.34	-32.3	22.9	1.2	0.9
M&T Bank Corporation	MTB	NYSE	B	Buy	B+	C+	Up	168.72	2.41	60.87	2.4	13.90	57.8	12.1	3.9	1.6
Mackinac Financial Corporation	MFNC	NAS CM	B	Buy	B+	B-	Up	15.90	-5.58	55.34	3.0	0.95	13.5	16.8	3.1	1.1
Main Street Capital Corporation	MAIN	NYSE	B	Buy	B+	B-	Up	40.80	15.38	57.34	5.8	2.88	-4.4	14.2	10.6	1.7
Manulife Financial Corporation	MFC.TO	TSX	B	Buy	B+	C	Up	23.78	4.96	56.62	4.1	2.08	174.5	11.4	1.2	1.4
MarketAxess Holdings Inc.	MKTX	NAS GS	B	Buy	A+	C-		316.34	57.41	129.12	0.6	4.69	15.8	67.5	26.9	18.9
Morningstar, Inc.	MORN	NAS GS	B	Buy	A-	C		143.22	12.95	89.68	0.7	4.04	8.1	35.5	6.0	6.3
Nasdaq, Inc.	NDAQ	NAS GS	B	Buy	B	C+	Up	96.17	7.17	62.84	1.9	3.15	-27.9	30.5	3.9	2.9
National Bank Holdings Corporation	NBHC	NYSE	B	Buy	B+	C		35.80	-6.17	88.68	1.9	2.28	370.2	15.7	4.3	1.6
New Mountain Finance Corporation	NMFC	NYSE	B	Buy	B+	C	Up	13.79	12.52	45.91	9.9	1.08	-15.2	12.8	5.5	1.0
Newtek Business Services Corp.	NEWT	NAS	B	Buy	A	C+	Up	22.95	26.21	148.23	8.0	1.95	-15.4	11.8	8.4	1.5
Nicolet Bankshares, Inc.	NCBS	NAS CM	B	Buy	B+	B-		62.40	11.85	74.59		4.22	18.7	14.8	4.2	1.5
NMI Holdings, Inc.	NMIH	NAS	B	Buy	A+	C		28.39	74.17	439.73		1.72	189.4	16.5	6.6	2.6
OFG Bancorp	OFG	NYSE	B	Buy	A-	C		23.66	69.17	215.86	1.1	1.64	89.8	14.5	3.5	1.3

VI: BUY Rated Stocks by Sector

Sector: Financials (con't)

Summer 2019

Company Name	Stock Ticker Symbol	Traded On	Overall Rating	Recommendation	Reward Rating	Risk Rating	Recent Up/Downgrade	Stock Price as of 6/30/19	1-Year Total Return (%)	3-Year Total Return (%)	Dividend Yield TTM	Earnings/Share $	EPS Growth (%)	Earnings (P/E) TTM	Sales (P/S) TTM	Book (P/B) Q
Pacific City Financial Corporation	PCB	NAS GS	B	Buy	A-	C	Up	16.97	-1.22	76.50	1.0	1.60	19.4	10.6	3.6	1.3
Parke Bancorp, Inc.	PKBK	NAS CM	B	Buy	A-	C		23.49	1.95	138.67	2.4	2.39	86.1	9.8	4.9	1.6
PennyMac Mortgage Investment Trust	PMT	NYSE	B	Buy	B+	B		21.74	25.52	88.39	8.7	2.31	62.5	9.4	4.0	1.0
Popular, Inc.	BPOP	NAS GS	B	Buy	A-	C+		53.47	20.19	103.61	2.1	6.85	584.6	7.8	2.4	1.0
Presidio Bank	PDOB	OTC PK	B	Buy	B+	B	Up	29.20	10.61	113.92		1.01	32.1	28.9	6.0	2.3
Primerica, Inc.	PRI	NYSE	B	Buy	A-	C+		121.38	23.69	124.97	1.0	7.71	-3.5	15.7	2.6	3.4
Radian Group Inc.	RDN	NYSE	B	Buy	A+	C-	Up	22.73	40.12	134.25	0.0	3.04	321.7	7.5	3.7	1.3
Redwood Trust, Inc.	RWT	NYSE	B	Buy	B+	B-	Up	16.26	6.23	50.89	7.4	1.28	-24.2	12.7	9.0	1.0
Reinsurance Group of America, Incorporated	RGA	NYSE	B	Buy	B+	B	Up	154.54	17.81	74.93	1.6	12.18	-54.9	12.7	0.8	1.0
Republic Bancorp, Inc.	RBCAA	NAS GS	B	Buy	A+	C		48.80	7.95	97.47	2.1	3.78	50.3	12.9	3.9	1.4
Royal Bank of Canada	RY.TO	TSX	B	Buy	B+	B		103.46	8.82	51.65	3.8	6.56	7.3	15.8	4.6	2.6
Safety Insurance Group, Inc.	SAFT	NAS GS	B	Buy	A	B-	Down	93.91	13.93	73.23	3.4	6.77	73.1	13.9	1.7	1.9
Santander Consumer USA Holdings Inc.	SC	NYSE	B	Buy	B+	C+	Up	23.51	28.29	152.94	3.4	2.56	-27.4	9.2	2.1	1.2
Saratoga Investment Corp.	SAR	NYSE	B	Buy	A-	C		24.39	-3.21	94.24	8.8	2.60	-10.9	9.4	3.9	1.0
Severn Bancorp, Inc.	SVBI	NAS CM	B	Buy	B+	B-		8.63	0.54	46.41	1.4	0.72	155.3	12.0	2.8	1.1
State Auto Financial Corporation	STFC	NAS GS	B	Buy	B-	A-	Up	34.57	10.34	69.66	1.2	1.45	464.6	23.9	1.2	1.7
Stellus Capital Investment Corporation	SCM	NYSE	B	Buy	A-	C		13.80	17.16	86.99	9.9	1.80	18.4	7.7	4.0	1.0
Sun Life Financial Inc.	SLF.TO	TSX	B	Buy	B	C+	Up	54.00	7.23	47.81	3.7	3.12	8.4	17.3	1.3	1.9
Sun Life Financial Inc.	SLF	NYSE	B	Buy	B+	C+	Up	41.23	8.69	47.15	4.9	3.12	8.4	13.2	1.0	1.5
Tetragon Financial Group Limited	TGONF	OTC PK	B	Buy	B+	B	Up	12.33	6.68	47.93	5.9	2.42	39.1	5.1	3.7	0.5
The Allstate Corporation	ALL	NYSE	B	Buy	B+	C+		100.14	11.87	56.41	1.9	7.00	-24.8	14.3	0.8	1.6
The Hanover Insurance Group, Inc.	THG	NYSE	B	Buy	A-	B-		126.10	12.93	71.81	5.6	10.49	116.0	12.0	1.2	1.8
The Hartford Financial Services Group, Inc.	HIG	NYSE	B	Buy	B+	C	Up	55.40	11.47	39.99	2.2	5.01	161.1	11.1	1.1	1.4
The Toronto-Dominion Bank	TD	NYSE	B	Buy	B+	C+		58.10	5.62	52.58	4.7	4.71	6.4	12.3	3.7	1.8
The Toronto-Dominion Bank	TD.TO	TSX	B	Buy	B	B		76.12	4.28	53.45	3.6	4.71	6.4	16.2	4.9	2.4
Timbercreek Financial Corporation	TF.TO	TSX	B	Buy	B	B-	Up	9.41	10.86	40.92	7.3	0.51	-2.7	18.5	14.7	1.4
TMX Group Limited	X.TO	TSX	B	Buy	A-	C+		90.51	10.28	88.75	2.7	3.87	-27.7	23.4	6.4	2.0
Torchmark Corporation	TMK	NYSE	B	Buy	B+	B	Up	88.44	9.85	54.45	0.7	6.24	-50.5	14.2	2.3	1.6
TriCo Bancshares	TCBK	NAS GS	B	Buy	B+	B-		37.82	0.47	49.59	2.0	2.68	47.8	14.1	4.1	1.4
TriplePoint Venture Growth BDC Corp.	TPVG	NYSE	B	Buy	A	C		14.21	27.89	90.15	10.1	1.80	29.0	7.9	5.1	1.1
Trustmark Corporation	TRMK	NAS GS	B	Buy	B+	C+		32.73	2.46	50.42	2.8	2.17	33.1	15.1	3.6	1.3
U.S. Bancorp	USB	NYSE	B	Buy	A-	C	Up	51.98	7.17	42.47	2.9	4.18	14.5	12.4	4.0	1.8
United Security Bancshares	UBFO	NAS GS	B	Buy	A-	C		11.00	3.49	124.89	3.7	0.88	48.5	12.5	4.5	1.7
Urbana Corporation	URBA.TO	TSX	B	Buy	B+	C		2.30	-16.03	15.52	3.0	-0.19	-461.8	-12.4	-18.4	0.7
Westamerica Bancorporation	WABC	NAS GS	B	Buy	B	B		60.99	9.01	39.88	2.6	2.74	38.3	22.3	8.1	2.5
White Mountains Insurance Group, Ltd.	WTM	NYSE	B	Buy	B	B	Up	1,015.90	12.88	23.55	0.1	60.73	-52.1	16.7	4.2	1.0
WhiteHorse Finance, Inc.	WHF	NAS GS	B	Buy	A-	C+		13.82	6.06	79.22	10.3	2.46	27.6	5.6	4.5	0.9
Willis Towers Watson Public Limited Company	WLTW	NAS GS	B	Buy	B+	B	Down	188.95	26.35	67.63	1.3	5.87	78.5	32.2	2.9	2.4
Allianz SE	AZSEY	OTC PK	B-	Buy	B-	B-	Up	23.96	24.36	90.17	3.1	15.05	-12.0	1.6	0.1	0.1
Ally Financial Inc.	ALLY	NYSE	B-	Buy	B	C+		30.34	20.82	110.67	2.1	3.30	54.5	9.2	2.1	0.9
American Equity Investment Life Holding Compan	AEL	NYSE	B-	Buy	B	C		26.85	-24.06	102.82	1.0	3.14	9.1	8.6	1.0	0.8
American Financial Group, Inc.	AFG	NYSE	B-	Buy	B+	C	Up	102.12	0.63	64.94	1.5	7.88	52.3	13.0	1.3	1.6
Ameriprise Financial, Inc.	AMP	NYSE	B-	Buy	A-	C-	Up	144.03	6.84	81.91	2.6	13.11	21.2	11.0	1.6	3.3
Arch Capital Group Ltd.	ACGL	NAS GS	B-	Buy	A-	C		36.19	36.98	57.92		2.47	122.6	14.7	2.5	1.6
Arrow Financial Corporation	AROW	NAS GS	B-	Buy	B+	C		33.88	-2.59	39.99	3.1	2.51	15.6	13.5	4.4	1.8
Assurant, Inc.	AIZ	NYSE	B-	Buy	B	C	Up	104.36	1.84	34.52	2.3	4.69	-46.8	22.3	0.8	1.2
Bank of Montreal	BMO	NYSE	B-	Buy	B+	C		75.07	1.81	33.78	5.2	7.16	28.2	10.5	2.7	1.4
BayCom Corp	BCML	NAS GS	B-	Buy	B	C	Down	22.00	-11.04	83.03		1.44	29.0	15.3	4.1	1.2
BlackRock, Inc.	BLK	NYSE	B-	Buy	B	C	Up	464.48	-4.67	54.67	2.8	26.55	-16.1	17.5	5.3	2.3
Capital City Bank Group, Inc.	CCBG	NAS GS	B-	Buy	B+	C	Down	24.80	4.61	87.43	1.6	1.58	93.0	15.7	2.9	1.4
Capital One Financial Corporation	COF	NYSE	B-	Buy	B+	C	Up	89.33	-1.60	58.53	1.8	12.05	165.2	7.4	1.9	0.9
Carolina Financial Corporation	CARO	NAS CM	B-	Buy	B+	C	Up	34.88	-18.61	93.79	0.9	2.69	69.5	13.0	4.5	1.3

Data as of June 30, 2019

https://greyhouse.weissratings.com

Sector: Financials (con't) — VI: BUY Rated Stocks by Sector

Company Name	Stock Ticker Symbol	Traded On	Overall Rating	Recommendation	Reward Rating	Risk Rating	Recent Up/Downgrade	Stock Price as of 6/30/19	1-Year Total Return (%)	3-Year Total Return (%)	Dividend Yield TTM	Earnings/Share $	EPS Growth (%)	Earnings (P/E) TTM	Sales (P/S) TTM	Book (P/B) Q
Carolina Trust BancShares, Inc.	CART	NAS CM	B-	Buy	B	C+	Up	7.77	-5.81	25.53		0.37	142.7	20.8	3.7	1.1
Carter Bank & Trust	CARE	NAS GS	B-	Buy	B	C+	Up	19.55	8.31	57.38		0.40	528.4	49.3	4.7	1.1
Cboe Global Markets, Inc.	CBOE	BATS	B-	Buy	B	C	Up	106.06	3.42	71.97	1.2	3.57	-19.5	29.7	4.6	3.6
Central Pacific Financial Corp.	CPF	NYSE	B-	Buy	B	C		29.33	4.64	41.24	2.9	2.09	49.7	14.0	3.9	1.7
Central Valley Community Bancorp	CVCY	NAS CM	B-	Buy	B	C		20.36	-2.60	55.39	1.9	1.54	32.3	13.2	3.8	1.2
CIT Group Inc.	CIT	NYSE	B-	Buy	B+	C	Up	51.03	5.08	82.41	2.2	4.06	64.9	12.6	2.3	0.9
Citigroup Inc.	C	NYSE	B-	Buy	B+	C	Up	68.15	4.64	78.35	2.6	6.87	332.7	9.9	2.5	0.9
CNA Financial Corporation	CNA	NYSE	B-	Buy	B+	C		46.34	9.43	91.08	3.0	3.16	-7.6	14.7	1.2	1.1
CNB Financial Corporation	CCNE	NAS GS	B-	Buy	B+	C		27.15	-8.88	69.67	2.5	2.35	47.8	11.5	3.3	1.5
Cohen & Steers, Inc.	CNS	NYSE	B-	Buy	B+	C	Up	51.14	38.52	59.98	2.7	2.49	21.4	20.5	6.4	10.3
Commerce Bancshares, Inc.	CBSH	NAS GS	B-	Buy	B	C+	Down	58.83	-3.16	55.46	1.6	3.74	24.4	15.7	5.1	2.3
Commercial International Bank -Egypt S.A.E	CIBEY	OTC PK	B-	Buy	B	C	Down	4.14	7.76	53.02	1.3	0.36	36.5	11.6	5.1	2.7
Compass Diversified Holdings LLC	CODI	NYSE	B-	Buy	A-	C	Up	18.91	18.57	49.93	7.6	1.39	2,283.4	13.6	0.7	1.5
Cullen/Frost Bankers, Inc.	CFR	NYSE	B-	Buy	B+	C		92.78	-12.50	67.44	2.9	7.09	21.3	13.1	4.5	1.7
Discover Financial Services	DFS	NYSE	B-	Buy	B	C	Up	77.59	13.00	61.34	2.1	8.13	40.7	9.5	3.3	2.4
EMC Insurance Group Inc.	EMCI	NAS GS	B-	Buy	B	C+	Up	36.05	32.11	47.84	2.5	1.21	-20.1	29.8	1.1	1.3
Entegra Financial Corp.	ENFC	NAS	B-	Buy	B	C	Up	29.78	2.51	70.46		2.03	178.0	14.7	3.8	1.2
ESSA Bancorp, Inc.	ESSA	NAS GS	B-	Buy	B+	C	Down	15.25	-0.26	24.93	2.6	1.07	163.6	14.3	3.1	0.9
Farmers National Banc Corp.	FMNB	NAS CM	B-	Buy	B+	C		14.23	-8.90	70.74	2.4	1.19	34.3	12.0	3.9	1.5
Fidelity National Financial, Inc.	FNF	NYSE	B-	Buy	B+	C-	Up	39.84	10.55	68.48	3.1	2.65	7.1	15.0	1.5	2.3
Fidus Investment Corporation	FDUS	NAS GS	B-	Buy	A-	C	Up	15.91	25.47	43.91	9.8	1.87	-8.8	8.5	5.0	1.0
Fifth Third Bancorp	FITB	NAS GS	B-	Buy	B+	C	Up	27.29	-2.68	75.80	3.2	3.20	-6.1	8.5	2.6	1.1
First Bancorp	FBNC	NAS GS	B-	Buy	B+	C	Down	36.10	-11.16	113.21	1.2	3.06	41.9	11.8	4.0	1.4
First Defiance Financial Corp.	FDEF	NAS GS	B-	Buy	B	C	Down	27.97	-10.38	58.33	2.6	2.25	18.7	12.4	3.8	1.4
First Interstate Bancsystem, Inc.	FIBK	NAS GS	B-	Buy	B	C		38.76	-6.30	56.35	3.0	2.80	28.6	13.8	4.0	1.4
Flagstar Bancorp, Inc.	FBC	NYSE	B-	Buy	B	C	Up	32.30	-6.71	38.20	0.3	3.24	164.9	10.0	1.9	1.2
FVCBankcorp, Inc.	FVCB	NAS CM	B-	Buy	B	C+	Up	19.00	10.47	52.24		0.89	24.3	21.3	6.6	1.6
Granite Point Mortgage Trust Inc.	GPMT	NYSE	B-	Buy	B+	C	Up	19.11	12.01		8.7	1.43	54.0	13.4	12.0	1.0
Great Ajax Corp.	AJX	NYSE	B-	Buy	B+	C	Up	13.45	12.21	25.84	9.4	1.37	-6.1	9.9	6.5	0.8
Hallmark Financial Services, Inc.	HALL	NAS	B-	Buy	B+	C	Up	14.03	39.88	25.49		1.36	264.2	10.3	0.6	0.9
Hamilton Lane Incorporated	HLNE	NAS GS	B-	Buy	A-	C	Up	56.79	19.25		1.6	1.41	59.0	40.2	5.8	14.1
HDFC Bank Limited	HDB	NYSE	B-	Buy	A-	D+	Up	128.77	22.50	101.59	0.5	1.18	7.4	109.4	39.9	15.8
Heritage Financial Corporation	HFWA	NAS GS	B-	Buy	B	C	Down	29.05	-14.01	88.68	2.3	1.66	23.7	17.5	4.8	1.4
HomeTrust Bancshares, Inc.	HTBI	NAS GS	B-	Buy	B	C	Down	24.93	-11.77	37.69	0.7	1.40	396.6	17.9	3.7	1.1
Huntington Bancshares Incorporated	HBAN	NAS GS	B-	Buy	B+	C-	Up	13.65	-4.50	79.13	4.1	1.24	10.3	11.0	3.4	1.4
iA Financial Corporation Inc.	IAG.TO	TSX	B-	Buy	B	C	Up	53.10	7.94	46.44	2.8	4.35	10.0	12.2	0.6	1.4
IBERIABANK Corporation	IBKCN	NAS GS	B-	Buy	C	B		26.12				7.10	157.9	3.7	1.3	0.4
Independent Bank Corporation	IBCP	NAS GS	B-	Buy	B+	C		21.57	-13.58	65.55	3.1	1.65	51.4	13.1	3.2	1.5
International Bancshares Corporation	IBOC	NAS GS	B-	Buy	B	C	Up	37.28	-11.93	58.47	2.5	3.23	20.6	11.5	4.3	1.2
KKR & Co. Inc.	KKR	NYSE	B-	Buy	B	C	Up	24.90	4.11	128.08	2.2	2.94	67.2	8.5	2.4	1.5
LegacyTexas Financial Group, Inc.	LTXB	NAS GS	B-	Buy	B+	C	Up	40.60	5.17	73.55	2.2	3.29	60.4	12.3	5.5	1.7
Macatawa Bank Corporation	MCBC	NAS GS	B-	Buy	B+	C		10.26	-13.93	55.14	2.6	0.82	62.0	12.4	4.4	1.8
MainStreet Bancshares, Inc.	MNSB	NAS CM	B-	Buy	B-	B-	Up	21.89	5.49			0.84	-5.8	26.1	9.1	1.4
Manulife Financial Corporation	MFC	NYSE	B-	Buy	B+	C	Up	18.15	6.34	55.99	5.3	2.08	174.5	8.7	0.9	1.1
MCAN Mortgage Corporation	MKP.TO	TSX	B-	Buy	B+	C	Up	15.84	-5.12	40.70	8.4	1.28	-4.7	12.3	7.5	1.6
Mercantile Bank Corporation	MBWM	NAS GS	B-	Buy	B	C	Up	32.10	-8.15	59.12	3.1	2.60	24.2	12.4	3.8	1.4
Mercury General Corporation	MCY	NYSE	B-	Buy	A-	C-	Up	61.31	41.82	40.04	4.1	3.12	129.6	19.7	0.9	2.0
MGIC Investment Corporation	MTG	NYSE	B-	Buy	A-	C-	Up	13.14	22.23	128.52		1.82	68.5	7.2	4.3	1.2
Morgan Stanley	MS	NYSE	B-	Buy	B	C	Up	43.49	-7.55	89.04	2.8	4.66	32.7	9.3	1.9	1.0
NBT Bancorp Inc.	NBTB	NAS GS	B-	Buy	B	C		36.73	-1.66	45.32	2.8	2.63	31.6	14.0	4.0	1.6
New York Mortgage Trust, Inc.	NYMT	NAS GS	B-	Buy	B+	C	Up	6.16	17.43	53.24	13.0	0.63	-11.1	9.8	7.2	1.1
Northrim BanCorp, Inc.	NRIM	NAS GS	B-	Buy	B+	C	Down	34.78	-8.60	46.46	3.3	2.90	52.0	12.0	2.6	1.2

VI: BUY Rated Stocks by Sector

Sector: Financials (con't)

Summer 2019

Company Name	Stock Ticker Symbol	Traded On	Overall Rating	Recommendation	Reward Rating	Risk Rating	Recent Up/Downgrade	Stock Price as of 6/30/19	1-Year Total Return (%)	3-Year Total Return (%)	Dividend Yield TTM	Earnings/Share $	EPS Growth (%)	Earnings (P/E) TTM	Sales (P/S) TTM	Book (P/B) Q
Northwest Bancshares, Inc.	NWBI	NAS GS	B-	Buy	B+	C	Down	17.29	3.00	37.39	4.1	1.02	3.2	17.0	4.4	1.4
Oaktree Capital Group, LLC	OAK	NYSE	B-	Buy	B	C		49.49	30.26	37.91	6.2	2.88	-18.3	17.2	2.7	3.6
Oppenheimer Holdings Inc.	OPY	NYSE	B-	Buy	B	C		27.42	-1.47	94.50	1.6	2.38	-4.6	11.5	0.4	0.6
Oritani Financial Corp.	ORIT	NAS GS	B-	Buy	B+	C	Down	17.38	15.59	39.01	5.8	1.19	65.6	14.6	6.9	1.4
PennyMac Financial Services, Inc.	PFSI	NYSE	B-	Buy	B-	B-	Up	22.38	12.87	82.98		0.84	3.6	26.6	1.4	1.0
Power Corporation of Canada	POW.TO	TSX	B-	Buy	B	C	Up	27.89	1.38	19.28	5.6	1.72	-34.0	16.2	0.3	1.2
Prosperity Bancshares, Inc.	PB	NYSE	B-	Buy	B	C+		65.59	-0.84	50.09	2.4	4.72	18.1	13.9	6.2	1.1
Provident Financial Services, Inc.	PFS	NYSE	B-	Buy	B	C		24.17	-9.54	43.93	3.6	1.86	22.6	13.0	4.6	1.1
Prudential Financial, Inc.	PRU	NYSE	B-	Buy	B	C	Up	99.23	10.36	59.90	3.8	8.57	-52.3	11.6	0.6	0.7
Raymond James Financial, Inc.	RJF	NYSE	B-	Buy	B	C	Up	82.50	-7.83	80.87	1.6	6.81	36.7	12.1	1.6	1.8
Ready Capital Corporation	RC	NYSE	B-	Buy	B+	C	Up	14.76	-2.03		10.8	2.17	32.3	6.8	2.3	0.9
Reliant Bancorp, Inc.	RBNC	NAS CM	B-	Buy	B+	C		22.90	-17.68	56.00	1.5	1.24	28.9	18.5	4.3	1.2
RenaissanceRe Holdings Ltd.	RNR	NYSE	B-	Buy	B	C+	Up	176.55	48.55	60.76	0.8	9.96	239.8	17.7	3.0	1.6
Riverview Bancorp, Inc.	RVSB	NAS GS	B-	Buy	B+	C-	Up	8.14	-2.65	81.07	1.8	0.75	67.1	10.8	3.2	1.4
RLI Corp.	RLI	NYSE	B-	Buy	B+	C	Up	85.73	32.43	47.00	1.0	2.61	19.5	32.9	4.3	4.3
S&P Global Inc.	SPGI	NYSE	B-	Buy	A-	C-	Down	226.99	12.64	130.99	0.9	7.45	20.5	30.5	9.0	170.8
S&T Bancorp, Inc.	STBA	NAS GS	B-	Buy	B+	C		37.16	-11.90	72.49	2.9	2.93	26.4	12.7	4.9	1.4
SB Financial Group, Inc.	SBFG	NAS CM	B-	Buy	B	C	Up	16.55	-16.76	59.56	2.1	1.43	-19.4	11.5	2.7	0.9
Sierra Bancorp	BSRR	NAS GS	B-	Buy	B+	C	Up	26.19	-4.15	71.84	2.6	2.07	40.0	12.7	3.6	1.4
Solar Capital Ltd.	SLRC	NAS GS	B-	Buy	B+	C		20.23	7.82	37.16	8.1	1.70	-2.3	11.9	5.6	0.9
Solar Senior Capital Ltd.	SUNS	NAS GS	B-	Buy	B	C	Down	15.99	6.62	30.78	8.8	0.98	-31.8	16.4	6.3	0.9
Starwood Property Trust, Inc.	STWD	NYSE	B-	Buy	B-	B		22.47	9.48	40.43	8.5	1.29	-14.4	17.4	9.3	1.2
Stewardship Financial Corporation	SSFN	NAS CM	B-	Buy	B+	C	Up	15.39	39.86	146.88	0.8	0.91	62.1	17.0	4.0	1.6
StoneCastle Financial Corp.	BANX	NAS GS	B-	Buy	B-	B-	Up	21.65	3.13	48.97	7.0	0.71	-21.0	30.3	16.1	1.0
Summit Financial Group, Inc.	SMMF	NAS CM	B-	Buy	A-	D+	Up	26.49	-0.37	70.68	2.1	2.22	30.5	12.0	3.9	1.4
SunTrust Banks, Inc.	STI	NYSE	B-	Buy	B+	C		61.51	-3.49	69.34	3.3	5.69	17.1	10.8	3.1	1.2
T. Rowe Price Group, Inc.	TROW	NAS GS	B-	Buy	B+	C	Up	108.54	-3.45	70.03	2.7	7.57	22.1	14.3	4.8	4.1
TD Ameritrade Holding Corporation	AMTD	NAS GS	B-	Buy	B	C		49.59	-8.72	92.54	2.2	3.55	94.4	14.0	5.0	3.2
The Bank of N.T. Butterfield & Son Limited	NTB	NYSE	B-	Buy	A-	D+	Up	34.84	-22.27	158.14	4.7	3.67	26.5	9.5	3.6	2.1
The Blackstone Group L.P.	BX	NYSE	B-	Buy	B+	C	Down	44.31	48.70	127.11	4.9	2.42	253.8	18.3	7.7	4.6
The First Bancshares, Inc.	FBMS	NAS	B-	Buy	B+	C		30.00	-16.40	73.81	0.8	1.75	30.8	17.2	4.1	1.1
The PNC Financial Services Group, Inc.	PNC	NYSE	B-	Buy	B+	C	Up	134.66	2.31	83.43	2.8	10.90	0.2	12.4	3.7	1.4
TPG RE Finance Trust, Inc.	TRTX	NYSE	B-	Buy	B	C	Up	19.08	0.21		9.0	1.70	0.4	11.2	9.0	1.1
TPG Specialty Lending, Inc.	TSLX	NYSE	B-	Buy	B+	C-	Down	19.49	21.43	54.07	8.7	1.90	-2.2	10.3	5.0	1.2
United Community Financial Corp.	UCFC	NAS GS	B-	Buy	B+	C	Down	9.43	-12.03	73.59	3.0	0.75	31.0	12.6	4.1	1.1
Walker & Dunlop, Inc.	WD	NYSE	B-	Buy	B	C	Up	52.77	-3.55	141.12	2.1	5.11	-16.2	10.3	2.2	1.2
Washington Federal, Inc.	WAFD	NAS GS	B-	Buy	B	C	Up	34.11	5.78	57.46	2.2	2.51	15.5	13.6	5.1	1.1
Washington Trust Bancorp, Inc.	WASH	NAS GS	B-	Buy	B+	C-	Up	52.20	-8.92	54.30	3.5	4.00	38.3	13.1	4.7	1.5
Western Asset Mortgage Capital Corporation	WMC	NYSE	B-	Buy	B	C	Up	10.07	2.39	45.91	12.3	0.73	-64.4	13.8	8.7	0.9
Zions Bancorporation, National Association	ZION	NAS GS	B-	Buy	B+	C-		45.00	-13.29	93.42	2.7	4.05	31.3	11.1	3.1	1.2

Data as of June 30, 2019

https://greyhouse.weissratings.com

Summer 2019 — VI: BUY Rated Stocks by Sector

Sector: Health Care

Company Name	Stock Ticker Symbol	Traded On	Overall Rating	Recommendation	Reward Rating	Risk Rating	Recent Up/Downgrade	Stock Price as of 6/30/19	1-Year Total Return (%)	3-Year Total Return (%)	Dividend Yield TTM	Earnings/Share $	EPS Growth (%)	Earnings (P/E) TTM	Sales (P/S) TTM	Book (P/B) Q
Chemed Corporation	CHE	NYSE	B+	Buy	A-	B	Up	352.55	10.36	170.88	0.3	12.29	83.8	28.7	3.2	9.6
Hill-Rom Holdings, Inc.	HRC	NYSE	B+	Buy	A-	B	Up	104.31	19.30	123.22	0.8	3.36	17.8	31.1	2.5	4.4
IQVIA Holdings Inc.	IQV	NYSE	B+	Buy	B	B+		156.63	57.91	151.01		1.20	-79.3	130.5	3.0	4.7
Steris Plc	STE	NYSE	B+	Buy	A+	B-	Up	146.54	43.23	134.67	0.9	3.57	5.0	41.1	4.5	3.9
Stryker Corporation	SYK	NYSE	B+	Buy	B+	B+	Down	202.54	20.92	80.62	1.0	9.27	247.9	21.9	5.5	6.5
The Ensign Group, Inc.	ENSG	NAS GS	B+	Buy	A+	C+		56.28	55.61	188.35	0.3	1.76	54.3	32.0	1.5	4.7
Thermo Fisher Scientific Inc.	TMO	NYSE	B+	Buy	A	B-		293.77	43.28	107.25	0.3	7.84	39.2	37.5	4.8	4.2
Abbott Laboratories	ABT	NYSE	B	Buy	B+	C+		83.69	38.97	137.14	1.4	1.47	464.5	56.9	4.8	4.8
Agilent Technologies, Inc.	A	NYSE	B	Buy	B+	B	Up	73.19	20.50	74.65	0.9	3.47	379.8	21.1	4.7	4.5
Anthem, Inc.	ANTM	NYSE	B	Buy	B	B-		282.42	19.32	131.65	1.1	15.12	-3.2	18.7	0.8	2.4
Baxter International Inc.	BAX	NYSE	B	Buy	B	B-		81.67	11.86	94.35	1.0	2.94	94.4	27.8	3.9	5.5
Bruker Corporation	BRKR	NAS GS	B	Buy	A-	C		48.95	69.17	125.32	0.4	1.16	122.2	42.1	4.0	8.4
Charles River Laboratories International, Inc.	CRL	NYSE	B	Buy	B	B-		140.12	25.98	77.95		4.64	75.2	30.2	2.9	4.9
CorVel Corporation	CRVL	NAS GS	B	Buy	A	C		84.51	57.82	95.17		2.46	32.3	34.4	2.7	8.1
Eli Lilly and Company	LLY	NYSE	B	Buy	B+	B-	Up	111.47	33.23	59.80	2.2	6.28	493.4	17.7	4.6	41.4
HCA Healthcare, Inc.	HCA	NYSE	B	Buy	B+	C+		134.10	31.55	79.83	1.1	10.44	41.5	12.8	1.0	-10.6
ICON Public Limited Company	ICLR	NAS GS	B	Buy	B+	B		151.69	15.09	126.54		6.10	16.2	24.9	3.1	5.8
IDEXX Laboratories, Inc.	IDXX	NAS GS	B	Buy	A+	C-	Up	272.05	25.10	207.30		4.42	39.1	61.6	10.6	454.0
Johnson & Johnson	JNJ	NYSE	B	Buy	B+	C		140.69	18.41	28.83	2.6	5.40	1,320.6	26.1	4.7	6.3
Masimo Corporation	MASI	NAS GS	B	Buy	A	C+		145.72	47.64	187.93		3.51	66.3	41.5	9.4	7.7
Medtronic plc	MDT	NYSE	B	Buy	B+	C+	Up	97.48	15.43	23.72	2.1	3.42	51.3	28.5	4.3	2.6
Merck & Co., Inc.	MRK	NYSE	B	Buy	B+	C+		83.83	42.85	64.82	2.5	3.17	454.5	26.4	5.1	7.9
Mettler-Toledo International Inc.	MTD	NYSE	B	Buy	A-	C+		833.55	45.55	133.16		20.76	44.8	40.2	7.1	36.8
National HealthCare Corporation	NHC	AMEX	B	Buy	B+	B-	Up	80.40	17.46	37.55	2.5	5.44	103.4	14.8	1.3	1.6
National Research Corporation	NRC	NAS GS	B	Buy	A+	C+		55.28	50.09	331.91	1.3	1.19	27.5	46.6	11.7	60.2
Pfizer Inc.	PFE	NYSE	B	Buy	B	B		43.43	23.53	40.68	3.2	1.95	-45.7	22.2	4.6	4.1
ResMed Inc.	RMD	NYSE	B	Buy	B+	C+		120.60	17.52	110.21	1.2	3.08	44.3	39.2	6.9	8.6
Semler Scientific, Inc.	SMLR	OTC PK	B	Buy	A+	C-	Up	43.75	195.61	2,891.45		0.78	2,515.5	56.1	15.0	45.0
Simulations Plus, Inc.	SLP	NAS CM	B	Buy	A+	C-		28.35	28.96	311.46	0.9	0.41	-13.1	69.4	16.3	14.7
The Cooper Companies, Inc.	COO	NYSE	B	Buy	A-	C+		331.57	41.25	96.93	0.0	8.56	229.7	38.7	6.4	4.6
UnitedHealth Group Incorporated	UNH	NYSE	B	Buy	B+	C+	Down	246.34	2.09	85.81	1.5	12.87	13.4	19.1	1.0	4.5
Veeva Systems Inc.	VEEV	NYSE	B	Buy	A+	C-		160.51	110.64	386.25		1.65	60.2	97.3	27.8	17.7
Vertex Pharmaceuticals Incorporated	VRTX	NAS GS	B	Buy	B	C+		178.58	21.00	114.02		8.29	860.8	21.5	14.2	9.7
West Pharmaceutical Services, Inc.	WST	NYSE	B	Buy	A	C	Up	123.58	25.91	69.90	0.5	2.90	19.3	42.6	5.3	6.6
Zoetis Inc.	ZTS	NYSE	B	Buy	A	B-	Down	112.76	33.78	147.52	0.5	2.86	43.9	39.4	9.2	23.3
Amedisys, Inc.	AMED	NAS GS	B-	Buy	B+	C	Down	119.67	39.18	145.53		3.73	205.8	32.1	2.3	7.4
Amgen Inc.	AMGN	NAS GS	B-	Buy	B+	C-	Down	184.02	3.43	35.03	3.0	12.53	313.8	14.7	4.9	10.4
Arena Pharmaceuticals, Inc.	ARNA	NAS GS	B-	Buy	B+	C	Up	57.92	36.89	238.71		12.11	536.3	4.8	3.6	2.3
AstraZeneca PLC	AZN	NYSE	B-	Buy	C+	B-		40.99	21.45	58.97	3.3	1.89	-14.4	21.6	2.3	5.1
Bio-Rad Laboratories, Inc.	BIO	NYSE	B-	Buy	B+	C	Down	306.80	6.43	121.13		18.77	-26.2	16.4	4.0	1.9
BioSpecifics Technologies Corp.	BSTC	NAS	B-	Buy	B+	C		59.97	38.08	57.44		2.72	66.9	22.0	13.2	4.3
Bio-Techne Corporation	TECH	NAS GS	B-	Buy	A	C-	Up	206.39	41.24	94.63	0.6	3.14	5.7	65.8	11.4	6.8
Boston Scientific Corporation	BSX	NYSE	B-	Buy	B	B-		41.93	29.02	87.61		1.28	1,760.6	32.8	5.9	6.3
CBA Florida, Inc.	CBAI	OTC PK	B-	Buy	B	C+		0.01	42.59	156.67		0.01	5,050.0	0.8		0.7
Edwards Lifesciences Corporation	EW	NYSE	B-	Buy	B	C		185.43	26.37	95.25		3.59	38.3	51.6	10.3	11.2
Encompass Health Corporation	EHC	NYSE	B-	Buy	B	C		61.99	-7.85	72.16	1.7	3.11	5.1	19.9	1.4	4.7
GlaxoSmithKline plc	GSK	NYSE	B-	Buy	B	C	Up	39.96	6.20	12.81	5.1	1.02	264.7	39.0	4.9	37.8
HMS Holdings Corp.	HMSY	NAS GS	B-	Buy	B+	C		31.73	45.95	85.88		0.79	52.0	40.4	4.7	3.6
Illumina, Inc.	ILMN	NAS GS	B-	Buy	A-	C-		356.50	29.38	164.05		5.74	48.8	62.1	15.6	13.2
Integer Holdings Corporation	ITGR	NYSE	B-	Buy	B+	C-		84.94	30.48	194.01		5.58	127.4	15.2	2.3	2.6
Intuitive Surgical, Inc.	ISRG	NAS GS	B-	Buy	B+	C	Down	517.76	7.04	143.23		9.61	44.4	53.9	16.1	8.5
Ionis Pharmaceuticals, Inc.	IONS	NAS GS	B-	Buy	B+	C	Up	64.69	54.10	187.64		2.44	3,643.0	26.6	12.2	7.5

Data as of June 30, 2019

VI: BUY Rated Stocks by Sector

Summer 2019

Sector: Health Care (con't)

Company Name	Stock Ticker Symbol	Traded On	Overall Rating	Recommendation	Reward Rating	Risk Rating	Recent Up/Downgrade	Stock Price as of 6/30/19	1-Year Total Return (%)	3-Year Total Return (%)	Dividend Yield TTM	Earnings/Share $	EPS Growth (%)	Earnings (P/E) TTM	Sales (P/S) TTM	Book (P/B) Q
Lantheus Holdings, Inc.	LNTH	NAS	B-	Buy	A-	C-	Up	27.63	88.60	656.99		1.08	-66.8	25.6	3.2	12.9
LHC Group, Inc.	LHCG	NAS GS	B-	Buy	B+	C	Down	117.87	37.63	183.82		2.50	-1.7	47.2	1.8	2.7
Medpace Holdings, Inc.	MEDP	NAS GS	B-	Buy	B+	C	Down	64.15	48.91			2.09	78.1	30.7	3.2	3.7
Merit Medical Systems, Inc.	MMSI	NAS GS	B-	Buy	B	C		59.36	12.96	216.76		0.78	124.0	75.9	3.7	3.5
Molina Healthcare, Inc.	MOH	NYSE	B-	Buy	B	C		141.34	43.46	184.16		11.92	235.9	11.9	0.5	4.9
Novartis AG	NVSEF	OTC PK	B-	Buy	B	C	Down	90.20	27.13	14.76		5.27	54.1	17.1	4.1	4.4
Novartis AG	NVS	NYSE	B-	Buy	B	C	Down	90.94	44.80	40.01	2.0	5.27	54.1	17.3	4.1	4.5
PRA Health Sciences, Inc.	PRAH	NAS GS	B-	Buy	B	C	Down	95.95	3.43	134.02		2.40	58.6	40.0	2.2	5.7
Pro-Dex, Inc.	PDEX	NAS CM	B-	Buy	B+	C	Down	13.24	99.10	155.60		0.79	52.9	16.7	2.1	3.1
QIAGEN N.V.	QGEN	NYSE	B-	Buy	B	C+	Down	40.19	12.48	94.05		0.81	246.3	49.5	6.2	3.5
Repligen Corporation	RGEN	NAS GS	B-	Buy	A	D	Up	83.82	79.10	236.36		0.46	-34.7	182.8	18.5	5.9
Roche Holding AG	RHHBY	OTC PK	B-	Buy	A-	C	Down	34.95	30.81	19.19	1.9	12.55	23.4	2.8	0.5	1.1
Universal Health Services, Inc.	UHS	NYSE	B-	Buy	B	C		128.15	14.63	-2.01	0.3	8.50	5.6	15.1	1.1	2.1
Varian Medical Systems, Inc.	VAR	NYSE	B-	Buy	B-	B-	Down	133.02	16.24	89.24		4.13	255.0	32.2	4.0	7.0
Waters Corporation	WAT	NYSE	B-	Buy	B	B-	Down	213.47	10.15	59.32		7.78	2,746.7	27.4	6.4	15.5

Sector: Industrials

Company Name	Stock Ticker Symbol	Traded On	Overall Rating	Recommendation	Reward Rating	Risk Rating	Recent Up/Downgrade	Stock Price as of 6/30/19	1-Year Total Return (%)	3-Year Total Return (%)	Dividend Yield TTM	Earnings/Share $	EPS Growth (%)	Earnings (P/E) TTM	Sales (P/S) TTM	Book (P/B) Q
CAE Inc.	CAE	NYSE	A-	Buy	A	B		26.54	32.32	133.83	1.5	0.94	-5.2	28.2	2.8	4.0
CSX Corporation	CSX	NAS GS	A-	Buy	A	B	Up	76.45	21.73	219.20	1.2	4.09	-36.5	18.7	5.0	5.0
ESCO Technologies Inc.	ESE	NYSE	A-	Buy	A-	B	Up	79.95	39.85	110.59	0.4	3.20	9.0	25.0	2.6	2.6
Teledyne Technologies Incorporated	TDY	NYSE	A-	Buy	A	B		267.65	34.57	183.44		9.21	27.7	29.1	3.4	4.1
Waste Management, Inc.	WM	NYSE	A-	Buy	A-	B		115.84	46.29	92.65	1.7	4.35	-6.4	26.6	3.3	7.7
Allegion Plc	ALLE	NYSE	B+	Buy	A-	B		108.77	42.40	68.30	0.9	4.63	60.1	23.5	3.7	16.2
AMETEK, Inc.	AME	NYSE	B+	Buy	A-	B	Up	88.26	23.95	101.43	0.6	3.45	10.6	25.6	4.1	4.5
Brady Corporation	BRC	NYSE	B+	Buy	A-	B	Down	49.14	30.32	80.94	1.7	2.43	58.0	20.3	2.3	3.2
Canadian Pacific Railway Limited	CP	NYSE	B+	Buy	A-	B	Up	234.13	30.20	94.96	1.1	10.91	-12.4	21.5	5.8	6.4
Copart, Inc.	CPRT	NAS GS	B+	Buy	A+	C	Up	73.36	30.98	213.97		2.28	46.1	32.2	9.0	10.4
Deere & Company	DE	NYSE	B+	Buy	A-	B	Up	164.82	19.95	114.11	1.8	10.27	85.0	16.1	1.4	4.4
Harris Corporation	HRS	NYSE	B+	Buy	A+	C+	Up	189.46	33.12	148.91	1.5	7.44	46.7	25.5	3.5	6.2
HEICO Corporation	HEIA	NYSE	B+	Buy	A+	C	Up	103.81	70.70	298.01	0.1	2.17	31.5	47.8	7.4	9.0
HEICO Corporation	HEI	NYSE	B+	Buy	A+	C	Up	131.55	80.27	302.07	0.1	2.17	31.5	60.6	9.4	11.4
Ingersoll-Rand Plc	IR	NYSE	B+	Buy	A-	B		124.35	42.52	118.93	1.7	5.69	11.8	21.9	1.9	4.4
Lennox International Inc.	LII	NYSE	B+	Buy	A-	B+		273.33	42.15	103.71	1.0	9.60	36.4	28.5	2.9	-52.8
Republic Services, Inc.	RSG	NYSE	B+	Buy	B+	B		86.58	27.75	84.58	1.7	3.17	-19.9	27.3	2.8	3.5
Aerojet Rocketdyne Holdings, Inc.	AJRD	NYSE	B	Buy	B	C+	Up	43.18	46.27	143.27		2.03	6,373.7	21.3	1.8	7.1
AGCO Corporation	AGCO	NYSE	B	Buy	B+	C	Up	77.85	29.96	73.59	0.8	4.13	50.0	18.9	0.7	2.0
Air Canada	AC.TO	TSX	B	Buy	B+	B-	Up	40.60	95.29	382.19		1.87	-64.3	21.7	0.8	4.4
Albany International Corp.	AIN	NYSE	B	Buy	A-	B-		80.68	36.29	118.19	0.9	3.15	242.2	25.7	2.6	4.2
Allison Transmission Holdings, Inc.	ALSN	NYSE	B	Buy	B+	B-	Down	45.89	16.40	75.40	1.3	5.03	27.0	9.1	2.1	7.7
Alstom SA	ALSMY	OTC PK	B	Buy	B+	B	Up	4.63	0.87	121.53	0.6	3.54	85.1	1.3	0.1	0.2
Ameresco, Inc.	AMRC	NYSE	B	Buy	B	B		14.56	22.35	238.60		0.75	-23.6	19.4	0.9	1.8
Armstrong World Industries, Inc.	AWI	NYSE	B	Buy	A	B-		97.82	57.99	165.60	0.5	3.83	36.4	25.6	4.9	17.0
Boyd Group Income Fund	BYDUN.TO	TSX	B	Buy	A+	C		166.97	40.15	135.38	0.3	2.64	37.5	63.2	2.2	7.9
CAE Inc.	CAE.TO	TSX	B	Buy	A	C+		34.77	30.84	135.12	1.2	0.94	-5.2	37.0	3.7	5.3
Canadian National Railway Company	CNI	NYSE	B	Buy	B+	B-		91.54	15.08	67.53	1.6	4.55	-18.2	20.1	6.0	5.0
Canadian National Railway Company	CNR.TO	TSX	B	Buy	B+	B-		120.00	13.76	68.49	1.7	4.55	-18.2	26.4	7.8	6.6
Canadian Pacific Railway Limited	CP.TO	TSX	B	Buy	A-	B-		306.75	28.62	96.01	0.9	10.91	-12.4	28.1	7.6	8.4
Cintas Corporation	CTAS	NAS GS	B	Buy	A	C+	Down	235.68	28.46	161.66	0.9	7.59	13.5	31.1	3.8	7.8
Comfort Systems USA, Inc.	FIX	NYSE	B	Buy	B+	C		50.63	11.44	67.62	0.7	3.09	80.7	16.4	0.8	3.6

Sector: Industrials (con't)

Company Name	Stock Ticker Symbol	Traded On	Overall Rating	Recommendation	Reward Rating	Risk Rating	Recent Up/ Downgrade	Stock Price as of 6/30/19	1-Year Total Return (%)	3-Year Total Return (%)	Dividend Yield TTM	Earnings/ Share $	EPS Growth (%)	Earnings (P/E) TTM	Sales (P/S) TTM	Book (P/B) Q
CoStar Group, Inc.	CSGP	NAS GS	B	Buy	A+	C-		542.93	30.72	164.87		7.43	69.3	73.1	15.9	6.4
CSW Industrials, Inc.	CSWI	NAS GS	B	Buy	B+	B-	Up	67.30	27.02	116.95	0.2	2.93	476.9	23.0	2.9	3.8
Cummins Inc.	CMI	NYSE	B	Buy	A-	C+		168.25	30.14	71.52	2.7	15.43	178.7	10.9	1.1	3.4
Delta Air Lines, Inc.	DAL	NYSE	B	Buy	A-	C	Up	56.82	17.11	75.51	2.5	6.01	35.4	9.5	0.8	2.9
Donaldson Company, Inc.	DCI	NYSE	B	Buy	B+	C+		50.58	13.95	56.50	1.5	2.37	116.6	21.3	2.3	6.9
Ducommun Incorporated	DCO	NYSE	B	Buy	A-	C	Up	44.98	33.43	136.86		1.19	-33.3	37.8	0.8	2.0
Eaton Corporation plc	ETN	NYSE	B	Buy	B+	C+	Up	82.72	15.06	61.09	3.3	5.03	-26.3	16.4	1.6	2.2
Encore Wire Corporation	WIRE	NAS GS	B	Buy	B+	B-		57.02	20.36	59.17	0.1	3.83	23.9	14.9	0.9	1.6
Expeditors International of Washington, Inc.	EXPD	NAS GS	B	Buy	B	B	Down	74.74	3.75	63.61	1.3	3.53	20.1	21.2	1.6	6.0
Exponent, Inc.	EXPO	NAS GS	B	Buy	A-	B-	Down	58.39	20.58	120.35	1.0	1.37	63.2	42.6	8.8	9.2
Fastenal Company	FAST	NAS GS	B	Buy	A-	C+		32.21	35.91	63.76	2.6	1.35	25.3	23.9	3.6	7.7
Federal Signal Corporation	FSS	NYSE	B	Buy	B+	C		26.82	16.36	127.89	1.2	1.62	47.0	16.5	1.5	2.9
Fortive Corporation	FTV	NYSE	B	Buy	B+	C+		80.39	6.43	67.47	0.4	8.08	157.5	10.0	3.9	3.9
Forward Air Corporation	FWRD	NAS GS	B	Buy	B	C+		58.24	0.11	38.37	1.2	3.16	4.5	18.4	1.3	3.0
Franklin Electric Co., Inc.	FELE	NAS GS	B	Buy	B	C+		46.61	4.40	51.90	1.1	1.96	10.4	23.7	1.7	2.9
FTI Consulting, Inc.	FCN	NYSE	B	Buy	A	C	Up	84.00	37.39	117.62		4.53	28.2	18.5	1.5	2.2
Generac Holdings Inc.	GNRC	NYSE	B	Buy	B+	C+		69.77	36.00	105.63		3.89	41.4	17.9	2.1	5.4
Graco Inc.	GGG	NYSE	B	Buy	A-	C+		49.83	12.12	105.60	1.2	1.99	25.0	25.1	5.2	9.8
Hexcel Corporation	HXL	NYSE	B	Buy	B	C+		79.50	21.47	106.42	0.8	3.27	6.5	24.3	3.0	4.9
Honeywell International Inc.	HON	NYSE	B	Buy	B+	C+		173.84	29.43	70.22	1.8	9.02	328.4	19.3	3.2	6.7
IDEX Corporation	IEX	NYSE	B	Buy	A	C+		169.59	26.74	120.88	1.1	5.46	17.7	31.1	5.2	6.3
Illinois Tool Works Inc.	ITW	NYSE	B	Buy	B+	C+	Up	149.08	9.99	57.89	2.7	7.51	43.9	19.9	3.4	15.2
Insperity, Inc.	NSP	NYSE	B	Buy	A+	C+		121.62	30.80	250.20	0.8	3.88	65.7	31.4	1.3	42.1
ITT Inc.	ITT	NYSE	B	Buy	A	C+		64.04	25.02	106.70	0.9	3.43	81.0	18.7	2.1	3.0
KAR Auction Services, Inc.	KAR	NYSE	B	Buy	B+	C	Up	62.08	16.82	69.38	2.8	2.34	-16.2	26.5	2.2	5.5
L3 Technologies, Inc.	LLL	NYSE	B	Buy	A-	C+		246.18	30.60	83.28	1.3	12.80	42.5	19.2	1.9	3.2
Legrand SA	LGRDY	OTC PK	B	Buy	A-	B-		14.48	40.75	40.75	1.6	3.39	5.6	4.3	0.6	0.7
MasTec, Inc.	MTZ	NYSE	B	Buy	B+	C+	Up	49.06	-2.08	131.74		3.52	-12.7	14.0	0.5	2.6
Mercury Systems, Inc.	MRCY	NAS GS	B	Buy	A+	D+	Up	67.58	78.78	179.95		0.92	10.3	73.6	5.1	3.9
Miller Industries, Inc.	MLR	NYSE	B	Buy	B+	B-	Down	30.54	22.54	63.90	2.4	3.13	38.5	9.7	0.5	1.5
Moog Inc.	MOGA	NYSE	B	Buy	B	B		90.26	17.92	78.22	1.1	4.72	81.0	19.1	1.1	2.4
MSA Safety Incorporated	MSA	NYSE	B	Buy	B+	B-		104.47	10.92	121.21	1.5	2.93	163.2	35.7	3.0	6.2
Nidec Corporation	NJDCY	OTC PK	B	Buy	A-	C	Up	33.67	-10.76	79.77		3.39	-15.1	9.9	0.7	1.1
Nordson Corporation	NDSN	NAS GS	B	Buy	B+	C+	Up	138.69	9.79	78.36	1.0	5.49	-14.8	25.3	3.7	5.4
Norfolk Southern Corporation	NSC	NYSE	B	Buy	A-	B-	Down	193.40	31.65	150.34	1.7	10.10	-47.3	19.2	4.5	3.4
Northwest Pipe Company	NWPX	NAS GS	B	Buy	B+	C	Up	25.06	27.47	135.53		2.50	388.7	10.0	1.2	1.1
PACCAR Inc	PCAR	NAS GS	B	Buy	A-	C	Up	70.69	20.19	58.40	4.5	6.60	24.1	10.7	1.0	2.7
Parker-Hannifin Corporation	PH	NYSE	B	Buy	B+	C+	Up	168.45	10.84	73.49	1.9	10.90	48.1	15.5	1.5	3.6
Quanta Services, Inc.	PWR	NYSE	B	Buy	B	C+	Up	37.99	14.40	73.54	0.2	2.49	29.2	15.3	0.5	1.5
RBC Bearings Incorporated	ROLL	NAS GS	B	Buy	B+	C		163.44	23.90	135.54		4.26	19.3	38.4	5.8	4.1
RediShred Capital Corp.	KUT.V	TSXV	B	Buy	A	C	Up	1.07	81.36	256.67		0.03	83.7	30.7	5.7	4.6
Regal Beloit Corporation	RBC	NYSE	B	Buy	B+	C+		80.73	1.45	58.87	1.4	5.94	18.1	13.6	1.0	1.4
RELX PLC	RELX	NYSE	B	Buy	B+	C+		24.48	16.88	47.99	2.2	0.95	-9.2	25.7	4.9	16.2
Rollins, Inc.	ROL	NYSE	B	Buy	B+	C		36.63	5.82	107.38	1.1	0.69	21.2	52.8	6.5	16.7
Roper Technologies, Inc.	ROP	NYSE	B	Buy	A	B-		362.94	34.46	122.12	0.5	10.56	6.9	34.4	7.2	4.6
SkyWest, Inc.	SKYW	NAS GS	B	Buy	A-	C	Up	58.06	14.55	134.55	0.8	5.96	-29.4	9.7	1.0	1.5
Spirit AeroSystems Holdings, Inc.	SPR	NYSE	B	Buy	B+	C		80.14	-4.86	91.05	0.6	6.13	108.1	13.1	1.1	6.4
Steelcase Inc.	SCS	NYSE	B	Buy	A-	C	Up	16.65	26.28	38.94	3.3	1.05	55.8	15.9	0.6	2.3
Tetra Tech, Inc.	TTEK	NAS GS	B	Buy	A+	C	Up	76.65	34.50	168.57	0.7	2.85	16.7	26.9	1.9	4.3
The Timken Company	TKR	NYSE	B	Buy	A-	C	Up	50.47	18.87	83.96	2.2	4.03	29.5	12.5	1.1	2.3
The Toro Company	TTC	NYSE	B	Buy	A-	C		66.97	12.90	61.26	1.3	2.71	15.8	24.7	2.6	8.9
Toromont Industries Ltd.	TIH.TO	TSX	B	Buy	B	C+		61.30	9.51	75.52	1.6	2.43	39.1	25.3	1.9	5.0

VI: BUY Rated Stocks by Sector

Sector: Industrials (con't)

Summer 2019

Company Name	Stock Ticker Symbol	Traded On	Overall Rating	Recommendation	Reward Rating	Risk Rating	Recent Up/Downgrade	Stock Price as of 6/30/19	1-Year Total Return (%)	3-Year Total Return (%)	Dividend Yield TTM	Earnings/Share $	EPS Growth (%)	Earnings (P/E) TTM	Sales (P/S) TTM	Book (P/B) Q
Transcat, Inc.	TRNS	NAS	B	Buy	A	B-	Down	25.75	36.97	159.97		0.95	17.5	27.1	1.2	3.1
TransDigm Group Incorporated	TDG	NYSE	B	Buy	A+	C+		476.08	41.35	119.89		14.67	13.7	32.5	6.4	-17.0
TriMas Corporation	TRS	NAS GS	B	Buy	B+	B-		30.28	4.41	72.63		1.69	61.2	17.9	1.6	2.2
Union Pacific Corporation	UNP	NYSE	B	Buy	B+	B	Down	166.01	20.49	109.06	2.0	8.19	-41.0	20.3	5.3	6.6
United Technologies Corporation	UTX	NYSE	B	Buy	B+	C+	Up	128.97	5.86	39.57	2.3	6.49	16.0	19.9	1.6	2.8
Verisk Analytics, Inc.	VRSK	NAS GS	B	Buy	A-	C+		144.62	36.37	87.37	0.4	3.59	4.3	40.3	9.9	10.9
Virco Mfg. Corporation	VIRC	NAS	B	Buy	A-	B-		4.85	11.13	15.91	1.2	-0.08	74.5	-63.0	0.4	1.4
Waste Connections, Inc.	WCN	NYSE	B	Buy	A-	C		95.57	28.32	106.58	0.7	2.07	-20.4	46.3	5.0	3.8
Watts Water Technologies, Inc.	WTS	NYSE	B	Buy	B+	C	Up	92.59	19.84	72.57	0.9	3.81	65.6	24.3	2.0	3.5
Willis Lease Finance Corporation	WLFC	NAS	B	Buy	A	B-	Up	55.48	78.05	148.01		8.99	-5.0	6.2	0.9	1.1
Woodward, Inc.	WWD	NAS GS	B	Buy	B+	B	Down	113.08	50.05	111.90	0.5	3.90	43.3	29.0	2.7	4.1
WSP Global Inc.	WSP.TO	TSX	B	Buy	B+	C+		71.17	4.53	101.75	2.1	1.92	17.8	37.1	1.2	3.1
Xylem Inc.	XYL	NYSE	B	Buy	B+	C+		81.86	24.96	97.37	1.1	3.03	55.4	27.0	2.8	5.3
AAON, Inc.	AAON	NAS GS	B-	Buy	B+	C	Up	49.52	50.31	95.57	1.0	0.94	2.1	52.7	5.8	10.0
Aecon Group Inc.	ARE.TO	TSX	B-	Buy	B	C	Up	18.96	26.35	21.60	2.9	0.79	158.5	24.0	0.5	1.9
Air Transport Services Group, Inc.	ATSG	NAS GS	B-	Buy	B	C	Up	23.62	4.61	89.57		0.62	263.3	38.1	1.4	3.6
Alamo Group Inc.	ALG	NYSE	B-	Buy	B	C	Up	99.36	12.26	69.06	0.5	6.31	58.4	15.8	1.1	2.2
Arcosa, Inc.	ACA	NYSE	B-	Buy	B	C		36.98			0.3	1.63	74.7	22.7	1.2	1.1
Astronics Corporation	ATRO	NAS GS	B-	Buy	A-	C-	Up	41.50	33.01	72.59		3.67	1,015.6	11.3	1.7	2.9
ATS Automation Tooling Systems Inc.	ATA.TO	TSX	B-	Buy	B+	C-	Up	21.34	10.63	124.40		0.57	46.6	37.5	2.0	3.3
Badger Daylighting Ltd.	BAD.TO	TSX	B-	Buy	A-	C	Down	47.39	50.51	124.08	1.2	1.35	-8.8	35.2	3.6	6.6
BG Staffing, Inc.	BGSF	AMEX	B-	Buy	A-	D+		18.46	-17.28	30.19	6.5	1.74	125.4	10.6	0.7	2.9
BIOREM Inc.	BRM.V	TSXV	B-	Buy	B	C	Up	0.35	-4.11	32.08		0.09	234.9	3.9	0.7	1.5
Butler National Corporation	BUKS	OTC PK	B-	Buy	A-	C-		0.38	83.13	120.93		0.05	258.8	6.9	0.4	0.9
C.H. Robinson Worldwide, Inc.	CHRW	NAS GS	B-	Buy	B	C		84.17	3.05	22.78	2.3	4.88	31.2	17.2	0.7	7.0
CAI International, Inc.	CAI	NYSE	B-	Buy	A-	D+	Up	24.79	9.88	248.17		3.77	-10.2	6.6	1.0	0.7
Carmanah Technologies Corporation	CMH.TO	TSX	B-	Buy	A-	C	Up	7.21	51.79	92.27		2.21	431.4	3.3	5.9	1.3
Caterpillar Inc.	CAT	NYSE	B-	Buy	B+	C		135.50	2.12	102.94	2.5	10.73	191.5	12.6	1.4	5.0
CBIZ, Inc.	CBZ	NYSE	B-	Buy	B	C+	Down	19.61	-14.74	96.10		1.12	2.1	17.5	1.2	1.7
Crane Co.	CR	NYSE	B-	Buy	B	C		81.72	3.95	55.00	1.8	5.73	96.7	14.3	1.5	3.1
EMCOR Group, Inc.	EME	NYSE	B-	Buy	B+	C	Up	86.18	13.30	86.74	0.4	5.19	34.1	16.6	0.6	2.7
Emerson Electric Co.	EMR	NYSE	B-	Buy	B	C		66.10	-0.83	45.79	3.0	3.67	31.4	18.0	2.3	4.8
Ennis, Inc.	EBF	NYSE	B-	Buy	B+	C-	Down	20.36	6.11	39.33	4.4	1.44	11.1	14.2	1.3	1.8
FLY Leasing Limited	FLY	NYSE	B-	Buy	A-	C	Up	17.39	24.30	77.81		3.88	1,434.4	4.5	1.2	0.8
GATX Corporation	GATX	NYSE	B-	Buy	B-	C+	Down	77.74	15.16	98.05	2.3	4.66	-65.3	16.7	2.1	1.6
Global Brass and Copper Holdings, Inc.	BRSS	NYSE	B-	Buy	A-	C	Up	43.70	37.53	73.38	0.8	2.72	22.0	16.1	0.6	4.8
Heidrick & Struggles International, Inc.	HSII	NAS GS	B-	Buy	B+	C-	Up	29.24	-16.55	89.98	1.9	2.63	224.9	11.1	0.8	2.0
Herman Miller, Inc.	MLHR	NAS GS	B-	Buy	B+	C		44.09	32.92	65.71	1.8	2.44	13.8	18.1	1.0	3.6
Héroux-Devtek Inc.	HRX.TO	TSX	B-	Buy	B+	C	Up	19.04	26.93	29.44		0.55	88.2	34.7	1.9	2.3
Hubbell Incorporated	HUBB	NYSE	B-	Buy	A-	C	Up	128.44	24.66	40.35	2.6	6.81	57.8	18.9	1.5	3.9
Huntington Ingalls Industries, Inc.	HII	NYSE	B-	Buy	B+	C	Up	223.94	5.33	44.77	1.5	18.48	62.5	12.1	1.1	6.0
IES Holdings, Inc.	IESC	NAS	B-	Buy	B	C	Up	18.46	11.20	48.15		1.20	235.7	15.4	0.4	1.7
IHS Markit Ltd.	INFO	NAS GS	B-	Buy	B+	C	Up	63.10	21.32	102.31		1.10	-25.1	57.3	6.1	3.0
Jacobs Engineering Group Inc.	JEC	NYSE	B-	Buy	B	C	Up	84.01	33.70	79.89	0.8	2.05	9.8	40.9	0.8	2.1
Kadant Inc.	KAI	NYSE	B-	Buy	B	C	Up	90.13	-3.94	86.17	1.0	5.29	81.3	17.0	1.6	2.7
Kansas City Southern	KSU	NYSE	B-	Buy	B	C+		120.77	16.26	45.18	1.2	5.75	-37.8	21.0	4.4	2.5
Kforce Inc.	KFRC	NAS GS	B-	Buy	A-	C-		34.93	3.80	131.99	2.1	3.01	108.1	11.6	0.6	4.8
Landstar System, Inc.	LSTR	NAS GS	B-	Buy	B	C+		105.27	-3.59	61.97	0.6	6.40	33.1	16.5	0.9	5.8
Lockheed Martin Corporation	LMT	NYSE	B-	Buy	B	C+		359.09	24.98	61.18	2.4	19.56	142.1	18.4	1.8	41.2
McGrath Rentcorp	MGRC	NAS GS	B-	Buy	B	C	Down	61.91	0.58	127.44	2.3	3.40	-48.3	18.2	3.0	2.6
Meritor, Inc.	MTOR	NYSE	B-	Buy	A-	C-	Up	24.25	19.16	276.55		2.93	-12.5	8.3	0.5	4.9
Northrop Grumman Corporation	NOC	NYSE	B-	Buy	B+	C	Up	318.28	5.22	54.25	1.9	19.33	10.8	16.5	1.7	6.2

Data as of June 30, 2019

https://greyhouse.weissratings.com

Summer 2019 — VI: BUY Rated Stocks by Sector

Sector: Industrials (con't)

Company Name	Stock Ticker Symbol	Traded On	Overall Rating	Recommendation	Reward Rating	Risk Rating	Recent Up/Downgrade	Stock Price as of 6/30/19	1-Year Total Return (%)	3-Year Total Return (%)	Dividend Yield TTM	Earnings/Share $	EPS Growth (%)	Earnings (P/E) TTM	Sales (P/S) TTM	Book (P/B) Q
Old Dominion Freight Line, Inc.	ODFL	NAS GS	B-	Buy	B	C	Down	147.26	-1.34	157.62	0.4	7.70	25.1	19.1	2.9	4.3
Omega Flex, Inc.	OFLX	NAS	B-	Buy	A-	D+	Down	75.40	-1.97	103.28	1.3	2.02	29.8	37.4	6.9	10.8
Oshkosh Corporation	OSK	NYSE	B-	Buy	A-	C		82.53	21.29	86.82	1.3	7.43	44.9	11.1	0.7	2.3
Raven Industries, Inc.	RAVN	NAS GS	B-	Buy	B	C		34.99	-8.98	101.58	1.5	1.18	-15.9	29.7	3.2	4.0
Raytheon Company	RTN	NYSE	B-	Buy	B+	C	Up	178.06	-5.89	41.91	2.0	10.73	45.0	16.6	1.8	4.3
Resources Connection, Inc.	RECN	NAS GS	B-	Buy	B	C		15.71	-5.96	24.03	3.3	0.81	28.9	19.4	0.7	1.8
Ritchie Bros. Auctioneers Incorporated	RBA	NYSE	B-	Buy	B	C	Down	33.25	1.04	7.99	2.2	1.12	49.7	29.8	3.0	4.4
Robert Half International Inc.	RHI	NYSE	B-	Buy	B	C		56.48	-11.19	69.04	2.1	3.72	49.9	15.2	1.1	6.1
Rockwell Automation, Inc.	ROK	NYSE	B-	Buy	B	C+		162.13	0.66	57.12	2.4	7.91	149.4	20.5	2.9	14.4
Sensata Technologies Holding PLC	ST	NYSE	B-	Buy	B	C	Up	48.61	1.91	45.93		3.55	43.9	13.7	2.3	3.1
Simpson Manufacturing Co., Inc.	SSD	NYSE	B-	Buy	A-	C		65.86	7.70	80.10	1.3	2.67	33.8	24.7	2.7	3.5
TFI International Inc.	TFII.TO	TSX	B-	Buy	B+	C		39.53	-0.65	80.60	2.4	2.63	55.5	15.1	0.9	3.0
The Middleby Corporation	MIDD	NAS GS	B-	Buy	B+	C	Up	131.84	26.95	14.76		5.76	11.0	22.9	2.6	4.3
Thomson Reuters Corporation	TRI	NYSE	B-	Buy	B+	C	Down	64.23	64.55	80.71	2.3	7.79	569.9	8.3	5.8	3.6
Thomson Reuters Corporation	TRI.TO	TSX	B-	Buy	B+	C	Down	84.15	47.90	65.19	1.8	7.79	569.9	10.8	7.6	4.7
Trex Company, Inc.	TREX	NYSE	B-	Buy	B+	C		69.67	10.71	235.68		2.20	24.1	31.7	5.9	11.2
TriNet Group, Inc.	TNET	NYSE	B-	Buy	B+	C		67.62	23.28	245.35		2.80	-1.1	24.2	1.4	11.7
Triton International Limited	TRTN	NYSE	B-	Buy	B+	C-	Up	32.28	12.73		6.4	4.52	-8.6	7.2	1.8	1.1
United Continental Holdings, Inc.	UAL	NAS GS	B-	Buy	B	C	Up	86.43	24.47	121.90		8.32	13.9	10.4	0.6	2.3
Viad Corp	VVI	NYSE	B-	Buy	B	C	Up	65.87	21.28	127.53	0.6	1.98	-2.0	33.4	1.0	3.2
Waste Connections, Inc.	WCN.TO	TSX	B-	Buy	A-	C-		125.14	26.72	107.24	0.5	2.07	-20.4	60.6	6.6	5.0
Watsco, Inc.	WSO	NYSE	B-	Buy	B	C	Up	163.47	-3.94	34.49	3.7	6.45	8.1	25.3	1.2	4.2

Sector: Information Technology

Company Name	Stock Ticker Symbol	Traded On	Overall Rating	Recommendation	Reward Rating	Risk Rating	Recent Up/Downgrade	Stock Price as of 6/30/19	1-Year Total Return (%)	3-Year Total Return (%)	Dividend Yield TTM	Earnings/Share $	EPS Growth (%)	Earnings (P/E) TTM	Sales (P/S) TTM	Book (P/B) Q
CDW Corporation	CDW	NAS GS	A	Buy	A	B+	Up	110.40	36.69	188.16	1.0	4.39	15.6	25.1	1.0	17.4
Microsoft Corporation	MSFT	NAS GS	A	Buy	A+	B	Up	134.15	38.22	188.17	1.3	4.50	125.0	29.8	8.5	10.8
Accenture plc	ACN	NYSE	A-	Buy	A	B	Up	183.00	13.19	75.14	1.6	6.87	20.8	26.6	2.9	8.8
Booz Allen Hamilton Holding Corporation	BAH	NYSE	A-	Buy	A	B		66.20	54.58	149.09	1.3	2.91	43.2	22.8	1.4	13.7
CGI Inc.	GIB	NYSE	A-	Buy	A-	A-		76.70	22.25	83.89		3.26	18.4	23.5	2.4	4.0
Cisco Systems, Inc.	CSCO	NAS GS	A-	Buy	A-	B+	Up	55.73	33.54	120.83	2.4	2.90	1,203.6	19.2	4.8	6.5
VeriSign, Inc.	VRSN	NAS GS	A-	Buy	A	B		207.29	50.59	150.02		5.03	30.9	41.3	20.4	-17.6
Amphenol Corporation	APH	NYSE	B+	Buy	A-	B	Up	95.65	10.97	76.14	1.0	3.88	78.0	24.6	3.6	6.9
Intuit Inc.	INTU	NAS GS	B+	Buy	A+	C+	Up	257.99	27.49	150.76	0.7	6.26	17.8	41.2	10.1	16.4
MasterCard Incorporated	MA	NYSE	B+	Buy	A+	C+	Up	261.10	33.20	194.60	0.4	5.98	47.3	43.6	17.7	51.7
MAXIMUS, Inc.	MMS	NYSE	B+	Buy	A-	B		72.24	16.37	44.11	1.1	3.44	1.1	21.0	1.8	4.0
Paychex, Inc.	PAYX	NAS GS	B+	Buy	A+	B-		82.10	24.76	62.76	2.8	2.85	6.3	28.8	8.1	11.4
Adobe Inc.	ADBE	NAS GS	B	Buy	A+	C		293.23	22.28	217.14		5.39	43.3	54.4	15.2	14.5
Analog Devices, Inc.	ADI	NAS GS	B	Buy	A	B-		112.84	20.08	121.67	2.2	4.18	41.5	27.0	6.8	3.6
Ansys, Inc.	ANSS	NAS GS	B	Buy	A-	C		200.87	16.16	132.01		4.92	52.5	40.8	12.9	6.3
AstroNova, Inc.	ALOT	NAS	B	Buy	B+	C+	Up	25.71	38.56	75.72	1.1	0.92	74.4	28.0	1.3	2.5
AudioCodes Ltd.	AUDC	NAS	B	Buy	A	C+		15.22	100.97	286.55	2.0	0.31	152.7	49.2	3.5	4.7
Automatic Data Processing, Inc.	ADP	NAS GS	B	Buy	A+	C+		164.01	24.69	99.00	1.9	4.40	-2.9	37.3	5.1	13.6
Broadridge Financial Solutions, Inc.	BR	NYSE	B	Buy	A-	C	Up	128.70	14.27	115.17	1.5	4.23	24.4	30.4	3.4	11.8
Cabot Microelectronics Corporation	CCMP	NAS GS	B	Buy	A-	C		111.62	6.79	181.16	1.5	4.58	62.8	24.4	4.1	3.2
CACI International Inc	CACI	NYSE	B	Buy	A-	C+	Up	205.49	22.28	130.76		10.55	-9.4	19.5	1.1	2.2
Cadence Design Systems, Inc.	CDNS	NAS GS	B	Buy	A+	C		70.17	62.81	197.33		1.40	87.4	50.1	9.0	14.4
C-Com Satellite Systems Inc.	CMI.V	TSXV	B	Buy	A-	C+	Up	1.76	66.49	70.32	2.8	0.05	135.0	34.0	5.9	4.2
CGI Inc.	GIBA.TO	TSX	B	Buy	A-	B	Down	100.55	20.97	84.90		3.26	18.4	30.8	3.1	5.3

https://greyhouse.weissratings.com

Data as of June 30, 2019

VI: BUY Rated Stocks by Sector

Sector: Information Technology (con't)

Summer 2019

Company Name	Stock Ticker Symbol	Traded On	Overall Rating	Recommendation	Reward Rating	Risk Rating	Recent Up/Downgrade	Stock Price as of 6/30/19	1-Year Total Return (%)	3-Year Total Return (%)	Dividend Yield TTM	Earnings/Share $	EPS Growth (%)	Earnings (P/E) TTM	Sales (P/S) TTM	Book (P/B) Q
Coda Octopus Group, Inc.	CODA	NAS CM	B	Buy	A	D+	Up	12.49	226.96	494.76		0.79	3,792.7	15.7	5.6	4.7
Constellation Software Inc.	CSU.TO	TSX	B	Buy	A	C-		1,220.25	23.91	155.95	2.0	18.09	45.2	67.5	8.2	51.2
Corning Incorporated	GLW	NYSE	B	Buy	B+	C+	Up	33.23	26.07	83.80	2.3	2.32	240.5	14.3	2.6	2.3
Diodes Incorporated	DIOD	NAS GS	B	Buy	B+	C	Up	35.17	0.74	97.47		2.30	686.6	15.3	1.5	1.8
Dolby Laboratories, Inc.	DLB	NYSE	B	Buy	B+	B-		64.90	6.25	43.40	1.1	2.88	180.3	22.5	5.6	2.8
EPAM Systems, Inc.	EPAM	NYSE	B	Buy	A	C		172.93	40.57	159.85		4.15	106.6	41.7	5.1	7.1
Euronet Worldwide, Inc.	EEFT	NAS GS	B	Buy	A	C		163.83	96.27	139.83		4.43	58.9	37.0	3.6	6.6
EVERTEC, Inc.	EVTC	NYSE	B	Buy	A-	C		31.25	43.09	119.58	0.6	1.21	63.8	25.8	5.0	10.4
Fair Isaac Corporation	FICO	NYSE	B	Buy	A+	C-		302.10	57.37	182.79		5.11	25.5	59.1	8.5	35.5
FleetCor Technologies, Inc.	FLT	NYSE	B	Buy	A	C		279.21	32.38	100.54		8.88	4.4	31.4	10.1	6.8
FormFactor, Inc.	FORM	NAS GS	B	Buy	A-	C		15.39	17.93	71.96		1.42	176.4	10.9	2.2	1.9
FUJIFILM Holdings Corporation	FUJIY	OTC PK	B	Buy	B	B-		50.03	29.68	28.96		2.47	-31.1	20.3	1.0	1.1
Genpact Limited	G	NYSE	B	Buy	B	C+	Up	37.68	31.37	49.34	0.9	1.43	0.9	26.3	2.3	4.8
Infosys Limited	INFY	NYSE	B	Buy	A-	C	Up	10.62	14.95	31.92	2.1	0.50	-7.8	21.2	3.9	4.9
Intel Corporation	INTC	NAS GS	B	Buy	B	C+		47.46	-1.21	64.88	2.6	4.43	92.4	10.7	3.1	2.9
KLA-Tencor Corporation	KLAC	NAS GS	B	Buy	B+	C	Up	117.74	18.99	77.14	2.6	8.41	87.4	14.0	4.2	6.7
Leidos Holdings, Inc.	LDOS	NYSE	B	Buy	A-	C	Up	79.39	37.97	149.64	1.6	4.45	73.0	17.9	1.1	3.5
MAM Software Group, Inc.	MAMS	NAS CM	B	Buy	B+	C+	Up	10.40	20.23	80.87		0.30	-21.8	34.3	3.4	7.9
ManTech International Corporation	MANT	NAS GS	B	Buy	A-	C	Up	65.12	23.85	94.05	1.6	2.08	-31.1	31.3	1.3	1.8
Maxim Integrated Products, Inc.	MXIM	NAS GS	B	Buy	B+	C+	Up	60.15	6.70	91.58	3.1	2.33	54.5	25.8	7.0	9.5
Mellanox Technologies, Ltd.	MLNX	NAS GS	B	Buy	A-	C	Up	111.22	31.86	139.29		2.63	364.7	42.3	5.4	4.4
Motorola Solutions, Inc.	MSI	NYSE	B	Buy	B	B	Down	164.60	42.84	174.09	1.4	5.78	791.1	28.5	3.8	-24.5
Napco Security Technologies, Inc.	NSSC	NAS GS	B	Buy	A+	C	Down	29.09	100.62	358.83		0.60	57.0	48.8	5.4	8.1
Novanta Inc.	NOVT	NAS GS	B	Buy	A+	C		93.29	52.43	531.62		1.59	372.8	58.7	5.3	8.6
Oracle Corporation	ORCL	NYSE	B	Buy	B+	B-		56.77	31.63	52.19	1.4	3.01	260.4	18.9	5.0	8.8
Paycom Software, Inc.	PAYC	NYSE	B	Buy	A+	D+		224.56	124.49	455.98		2.45	10.1	91.8	21.4	32.4
PayPal Holdings, Inc.	PYPL	NAS GS	B	Buy	A+	C		113.67	37.82	222.56		1.85	17.1	61.5	8.5	8.8
PaySign, Inc.	PAYS	NAS CM	B	Buy	A+	D	Up	12.35	420.66	6,403.42		0.06	64.6	197.0	25.9	54.8
Sangoma Technologies Corporation	SAMOF	OTC PK	B	Buy	B+	C		1.20	38.22	495.00		0.03	-12.6	37.0	0.9	2.1
Synopsys, Inc.	SNPS	NAS GS	B	Buy	A	B-		125.62	47.81	141.07		3.97	568.5	31.7	6.0	4.8
Texas Instruments Incorporated	TXN	NAS GS	B	Buy	A-	C+		115.86	9.24	107.71	2.5	5.51	38.3	21.1	7.1	12.8
The LGL Group, Inc.	LGL	AMEX	B	Buy	A	C+	Up	7.83	50.85	141.52		0.37	741.3	21.1	1.5	1.4
Total System Services, Inc.	TSS	NYSE	B	Buy	A	C	Up	128.22	52.96	157.34	0.4	3.27	-2.8	39.2	5.7	9.1
Trimble Inc.	TRMB	NAS GS	B	Buy	A-	C	Up	44.41	35.64	85.89		1.13	132.0	39.4	3.6	4.1
Ubiquiti Networks, Inc.	UBNT	NAS GS	B	Buy	B	C+	Down	131.21	55.81	257.77	0.8	4.45	91.9	29.5	8.1	49.2
Visa Inc.	V	NYSE	B	Buy	A	B-	Down	171.23	29.85	132.61	0.6	4.84	22.5	35.4	18.0	13.1
Vishay Precision Group, Inc.	VPG	NYSE	B	Buy	A+	C	Up	38.92	0.44	198.24		1.99	54.7	19.5	1.7	2.3
VMware, Inc.	VMW	NYSE	B	Buy	A-	C+	Down	171.66	41.42	267.04		4.79	46.9	35.8	7.8	125.1
WNS (Holdings) Limited	WNS	NYSE	B	Buy	A	C+		58.98	13.40	124.86		2.03	22.5	29.1	3.8	5.
Xilinx, Inc.	XLNX	NAS GS	B	Buy	A-	B-	Down	118.18	84.31	180.56	1.2	3.46	94.7	34.2	10.0	10.5
Zebra Technologies Corporation	ZBRA	NAS GS	B	Buy	B+	B		207.63	44.88	309.04		7.87	262.6	26.4	2.6	7.1
AppFolio, Inc.	APPF	NAS	B-	Buy	A+	D	Up	100.29	64.28	633.65		0.55	46.5	182.2	17.3	35.1
ASML Holding N.V.	ASML	NAS GS	B-	Buy	B	C		204.99	6.93	122.74	1.0	6.46	10.3	31.7	6.9	6.
AVX Corporation	AVX	NYSE	B-	Buy	B+	D+	Down	16.45	7.88	34.68	2.8	1.61	5,366.7	10.2	1.6	1.
Camtek Ltd.	CAMT	NAS	B-	Buy	B+	C	Up	8.43	14.38	329.74		0.38	-4.3	22.4	3.4	3.
Ciena Corporation	CIEN	NYSE	B-	Buy	B+	C	Up	41.60	59.57	126.83		1.20	-73.5	34.7	2.0	3.
Entegris, Inc.	ENTG	NAS GS	B-	Buy	B+	C		38.05	13.05	181.12	0.9	1.53	102.4	24.8	3.3	5.
Evertz Technologies Limited	ET.TO	TSX	B-	Buy	B	C	Up	17.74	15.37	17.25	4.1	0.77	40.4	23.1	4.0	5.
First Data Corporation	FDC	NYSE	B-	Buy	A-	C-	Up	27.07	29.58	156.34		1.12	-31.1	24.2	3.0	5.
Fiserv, Inc.	FISV	NAS GS	B-	Buy	B	C+	Down	90.83	22.86	73.37		2.42	-27.3	37.6	6.2	14.
FLIR Systems, Inc.	FLIR	NAS GS	B-	Buy	B	C		53.40	4.11	87.53	1.2	2.18	192.3	24.4	4.1	3.
Fortinet, Inc.	FTNT	NAS GS	B-	Buy	B	C	Down	76.75	22.90	154.73		1.99	467.9	38.5	7.2	12.

Data as of June 30, 2019

https://greyhouse.weissratings.com

Sector: Information Technology (con't)

VI: BUY Rated Stocks by Sector — Summer 2019

Company Name	Stock Ticker Symbol	Traded On	Overall Rating	Recommendation	Reward Rating	Risk Rating	Recent Up/Downgrade	Stock Price as of 6/30/19	1-Year Total Return (%)	3-Year Total Return (%)	Dividend Yield TTM	Earnings/Share $	EPS Growth (%)	Earnings (P/E) TTM	Sales (P/S) TTM	Book (P/B) Q
Global Payments Inc.	GPN	NYSE	B-	Buy	A-	C		159.73	45.27	129.25	0.0	2.98	-7.9	53.7	7.3	6.4
GlobalSCAPE, Inc.	GSB	AMEX	B-	Buy	B+	C	Up	10.21	182.11	203.74	5.3	0.38	1,739.7	27.2	5.0	9.4
Globant S.A.	GLOB	NYSE	B-	Buy	A	D		99.31	80.53	164.83		0.99	18.1	100.3	9.5	10.6
HP Inc.	HPQ	NYSE	B-	Buy	B+	C		20.74	-5.79	91.90	3.0	2.46	-5.3	8.4	0.5	-21.0
Insight Enterprises, Inc.	NSIT	NAS GS	B-	Buy	A-	C		58.28	18.26	132.65		4.74	56.5	12.3	0.3	2.0
Intelligent Systems Corporation	INS	AMEX	B-	Buy	B	C+		26.11	182.27	625.28		0.83	342.7	31.5	10.2	8.2
Ituran Location and Control Ltd.	ITRN	NAS GS	B-	Buy	B	C	Down	30.00	0.90	49.77	3.1	1.64	-21.4	18.3	3.2	4.2
j2 Global, Inc.	JCOM	NAS GS	B-	Buy	B	C		87.14	3.38	52.72	2.0	2.86	6.4	30.4	3.5	3.9
Jack Henry & Associates, Inc.	JKHY	NAS GS	B-	Buy	B	C		134.54	5.11	65.02	1.1	3.82	-18.1	35.2	6.6	7.3
Keysight Technologies, Inc.	KEYS	NYSE	B-	Buy	A-	C		87.12	47.49	201.14		1.42	165.8	61.5	4.0	5.9
Kulicke and Soffa Industries, Inc.	KLIC	NAS GS	B-	Buy	B+	C		22.53	-2.77	97.34	2.1	1.34	136.3	16.8	2.0	1.8
LiveRamp Holdings, Inc.	RAMP	NYSE	B-	Buy	B	C		47.43	58.10	129.13		13.20	4,538.8	3.6	11.3	2.5
Magic Software Enterprises Ltd.	MGIC	NAS GS	B-	Buy	B	C+	Down	9.01	14.53	49.28	3.4	0.28	-19.0	32.1	2.1	1.8
Monolithic Power Systems, Inc.	MPWR	NAS GS	B-	Buy	A-	C	Down	132.82	-0.51	105.38	1.1	2.45	47.4	54.2	10.1	8.4
NamSys Inc.	CTZ.V	TSXV	B-	Buy	A	D+		0.85	41.67	136.11		0.03	5.9	28.0	12.5	11.9
National Instruments Corporation	NATI	NAS GS	B-	Buy	B	C		41.50	1.28	68.30	2.3	1.14	164.7	36.4	4.1	4.6
NetApp, Inc.	NTAP	NAS GS	B-	Buy	B+	C	Up	61.00	-19.34	179.78	2.6	4.53	1,106.6	13.5	2.5	13.4
Open Text Corporation	OTEX	NAS GS	B-	Buy	B	C	Down	41.19	19.80	49.08	1.9	1.02	19.6	40.4	3.9	2.9
Open Text Corporation	OTEX.TO	TSX	B-	Buy	B+	C	Down	53.98	18.36	49.92	1.5	1.02	19.6	53.0	5.1	3.8
Paylocity Holding Corporation	PCTY	NAS GS	B-	Buy	A+	D	Up	94.70	60.07	136.34		0.76	18.0	124.5	11.8	17.5
PC Connection, Inc.	CNXN	NAS GS	B-	Buy	B+	C	Down	34.99	5.82	55.23		2.47	12.9	14.2	0.3	1.7
Perficient, Inc.	PRFT	NAS GS	B-	Buy	B+	C		33.61	27.60	71.83		0.81	30.9	41.4	2.1	3.0
Plexus Corp.	PLXS	NAS GS	B-	Buy	B	C+	Up	57.66	-3.08	38.51		4.47	548.9	12.9	0.6	2.0
Qualys, Inc.	QLYS	NAS GS	B-	Buy	A-	C-	Down	85.46	0.54	196.53		1.47	116.1	58.2	12.3	9.0
Red Hat, Inc.	RHT	NYSE	B-	Buy	A	C-		188.17	39.71	163.25		2.31	62.3	81.6	10.5	20.6
Sangoma Technologies Corporation	STC.V	TSXV	B-	Buy	B+	C		1.57	28.69	398.41		0.03	-12.6	48.3	1.2	2.7
Semtech Corporation	SMTC	NAS GS	B-	Buy	B	C		48.22	2.49	117.11		0.94	71.0	51.3	5.2	4.6
SS&C Technologies Holdings, Inc.	SSNC	NAS GS	B-	Buy	A-	C-	Up	56.68	9.98	112.09	0.6	0.49	-68.3	115.2	3.6	3.0
Sylogist Ltd.	SYZ.V	TSXV	B-	Buy	B+	C-	Down	11.20	-1.36	16.65	3.3	0.42	28.6	26.4	8.5	7.7
TE Connectivity Ltd.	TEL	NYSE	B-	Buy	B+	C	Up	95.16	8.67	82.82	1.9	8.12	119.7	11.7	2.3	3.2
Tech Data Corporation	TECD	NAS GS	B-	Buy	B+	C	Up	102.53	23.99	47.06		9.53	206.7	10.8	0.1	1.3
The Descartes Systems Group Inc	DSGX	NAS GS	B-	Buy	A	D+		36.69	14.84	96.41		0.40	15.3	91.7	10.0	5.2
The Descartes Systems Group Inc	DSG.TO	TSX	B-	Buy	A-	D+		48.10	13.31	97.29		0.40	15.3	120.3	13.2	6.8
The Western Union Company	WU	NYSE	B-	Buy	B	C	Up	19.68	1.01	17.57	4.0	1.79	259.9	11.0	1.6	-22.8
Versum Materials, Inc.	VSM	NYSE	B-	Buy	B+	C-		51.57	40.22		0.6	2.09	29.1	24.7	4.2	20.9
Wipro Limited	WIT	NYSE	B-	Buy	B	C	Up	4.33	20.59	-2.01	0.2	0.21	9.2	20.3	3.1	3.2

VI: BUY Rated Stocks by Sector

Summer 2019

Sector: Materials

Company Name	Stock Ticker Symbol	Traded On	Overall Rating	Recommendation	Reward Rating	Risk Rating	Recent Up/Downgrade	Stock Price as of 6/30/19	1-Year Total Return (%)	3-Year Total Return (%)	Dividend Yield TTM	Earnings/Share $	EPS Growth (%)	Earnings (P/E) TTM	Sales (P/S) TTM	Book (P/B) Q
Avery Dennison Corporation	AVY	NYSE	A+	Buy	A+	B		113.03	14.65	66.65	1.9	2.13	-35.0	53.0	1.3	9.6
Linde plc	LIN	NYSE	A	Buy	A	A-	Up	199.53	29.96	96.66	2.1	12.46	172.9	16.0	5.8	2.1
BHP Group	BHPLF	OTC PK	A-	Buy	A-	B		28.82	28.21	149.07	4.1	1.02	16.3	28.1	3.5	3.0
Air Products and Chemicals, Inc.	APD	NYSE	B+	Buy	A-	B	Up	223.50	46.35	90.11	2.0	7.67	48.1	29.2	5.5	4.4
Kirkland Lake Gold LTD.	KL	NYSE	B+	Buy	A+	C+		42.50	109.23		0.4	1.57	100.4	27.1	8.8	6.5
Sonoco Products Company	SON	NYSE	B+	Buy	A-	B		64.02	27.20	49.28	2.6	3.09	59.6	20.7	1.2	3.6
Advanced Emissions Solutions, Inc.	ADES	NAS	B	Buy	A	C		12.43	21.76	114.31	8.1	2.16	70.9	5.7	5.8	2.2
Anglo American plc	NGLOY	OTC PK	B	Buy	A	C+		14.05	34.26	253.24	3.3	2.74	11.8	5.1	0.7	0.8
AptarGroup, Inc.	ATR	NYSE	B	Buy	B+	C	Up	121.55	32.89	67.88	1.4	3.04	-13.8	40.0	2.8	5.2
BHP Group	BBL	NYSE	B	Buy	A-	C		51.05	26.23	157.87	4.6	1.02	16.3	49.8	6.2	5.4
BHP Group	BHP	NYSE	B	Buy	A-	C		58.21	27.35	150.96	4.1	1.02	16.3	56.8	7.1	6.1
Ecolab Inc.	ECL	NYSE	B	Buy	B+	B-		192.20	38.66	72.53	0.9	5.04	-1.2	38.1	3.8	6.7
Ingevity Corporation	NGVT	NYSE	B	Buy	B	B-		100.37	23.58	200.42		3.79	17.0	26.5	3.6	11.7
Kirkland Lake Gold LTD.	KL.TO	TSX	B	Buy	A+	C+	Down	55.74	105.83		0.3	1.57	100.4	35.5	11.6	8.5
Koninklijke DSM N.V.	RDSMY	OTC PK	B	Buy	A-	C		30.76	28.52	136.75	1.7	6.17	-52.9	5.0	0.5	0.6
Labrador Iron Ore Royalty Corporation	LIF.TO	TSX	B	Buy	A-	C		34.58	64.37	281.32	5.8	1.63	-7.6	21.2	21.8	5.3
Mesabi Trust	MSB	NYSE	B	Buy	A	C+		29.35	35.36	285.13	11.7	3.37	25.2	8.7	8.4	38.4
Nutrien Ltd.	NTR.TO	TSX	B	Buy	B+	C	Up	70.30	1.76		2.4	5.83	2,782.7	12.1	2.3	1.8
Quaker Chemical Corporation	KWR	NYSE	B	Buy	B	B-		196.39	28.57	139.87	0.8	4.52	133.3	43.4	3.0	5.9
Reliance Steel & Aluminum Co.	RS	NYSE	B	Buy	A-	C	Up	92.97	8.54	37.47	2.3	9.21	1.1	10.1	0.5	1.3
Rio Tinto Group	RIO	NYSE	B	Buy	A	C+		61.95	23.17	160.62	5.0	7.91	62.3	7.8	2.6	2.3
UFP Technologies, Inc.	UFPT	NAS CM	B	Buy	A-	C+		40.63	28.78	96.28		2.19	82.7	18.5	1.6	2.1
ALPEK, S.A.B. de C.V.	ALPKF	OTC PK	B-	Buy	B	C	Up	1.35	-4.01			0.30	298.4	4.5	0.4	1.6
Atlantic Gold Corporation	AGB.V	TSXV	B-	Buy	B	C		2.89	74.85	337.12		0.10	1,058.4	29.8	6.3	5.7
Atlantic Gold Corporation	SPVEF	OTC PK	B-	Buy	B	C	Up	2.20	76.00	340.00		0.10	1,058.4	22.7	4.8	4.4
Ball Corporation	BLL	NYSE	B-	Buy	A-	C	Down	68.10	94.87	98.11	0.7	1.28	6.3	53.0	2.0	6.4
Berry Global Group, Inc.	BERY	NYSE	B-	Buy	B	C		51.47	11.29	40.05		3.01	-12.9	17.1	0.9	4.4
Celanese Corporation	CE	NYSE	B-	Buy	B+	C		106.14	-2.02	79.90	2.1	8.86	18.6	12.0	2.0	4.4
Cleveland-Cliffs Inc.	CLF	NYSE	B-	Buy	A-	D+	Up	10.42	25.89	113.73	1.0	3.86	275.5	2.7	1.3	11.3
Domtar Corporation	UFS	NYSE	B-	Buy	B+	C-		44.03	-3.82	47.73	4.0	4.89	236.7	9.0	0.5	1.1
Domtar Corporation	UFS.TO	TSX	B-	Buy	B+	C		57.57	-5.06	48.55	3.0	4.89	236.7	11.8	0.7	1.4
Innospec Inc.	IOSP	NAS GS	B-	Buy	B+	C		88.23	16.20	105.62	1.1	3.72	37.3	23.7	1.4	2.6
Israel Chemicals Ltd.	ICL	NYSE	B-	Buy	B	C	Down	5.19	15.85	46.72	10.9	0.35	-63.3	14.8	1.2	1.7
Louisiana-Pacific Corporation	LPX	NYSE	B-	Buy	B+	C	Up	25.97	-1.55	65.08	2.0	2.29	-21.4	11.3	1.3	2.5
Mercer International Inc.	MERC	NAS GS	B-	Buy	A	D+	Up	15.18	-10.00	122.39	3.4	2.35	78.4	6.5	0.6	1.6
North American Palladium Ltd.	PALDF	OTC PK	B-	Buy	A-	C-		11.36	58.67	196.75	0.9	1.85	213.3	6.2	2.0	1.6
North American Palladium Ltd.	PDL.TO	TSX	B-	Buy	A-	C-		14.89	56.90	197.95	0.9	1.85	213.3	8.1	2.6	2.0
PPG Industries, Inc.	PPG	NYSE	B-	Buy	B	C	Up	115.89	11.54	21.07	1.7	5.45	-12.1	21.3	1.8	5.6
Silgan Holdings Inc.	SLGN	NAS GS	B-	Buy	B	C	Up	29.83	13.56	24.78	1.4	2.03	-22.7	14.7	0.8	3.7
Stepan Company	SCL	NYSE	B-	Buy	B	C	Down	89.83	16.31	64.21	1.1	4.58	16.8	19.6	1.1	2.4
Teck Resources Limited	TECKB.TO	TSX	B-	Buy	B+	C-	Up	29.93	-7.54	101.75	1.0	3.92	10.5	7.6	1.8	1.0
Teck Resources Limited	TECK	NYSE	B-	Buy	B+	C-	Up	22.82	-6.52	100.32	0.9	3.92	10.5	5.8	1.4	0.7
Wesdome Gold Mines Ltd.	WDO.TO	TSX	B-	Buy	A	D+		5.48	84.51	181.03		0.11	485.3	49.3	8.2	5.9
Wesdome Gold Mines Ltd.	WDOFF	OTC PK	B-	Buy	A	D+		4.17	82.47	177.16		0.11	485.3	37.5	6.2	4.5
Westlake Chemical Partners LP	WLKP	NYSE	B-	Buy	B	C	Up	24.48	7.20	48.84	7.0	1.61	-2.2	15.2	0.6	1.7

Summer 2019 — VI: BUY Rated Stocks by Sector

Sector: Real Estate

Company Name	Stock Ticker Symbol	Traded On	Overall Rating	Recommendation	Reward Rating	Risk Rating	Recent Up/Downgrade	Stock Price as of 6/30/19	1-Year Total Return (%)	3-Year Total Return (%)	Dividend Yield TTM	Earnings/Share $	EPS Growth (%)	Earnings (P/E) TTM	Sales (P/S) TTM	Book (P/B) Q
Summit Industrial Income REIT	SMUUN.TO	TSX	A+	Buy	A+	B+		12.89	56.60	160.19	4.0	1.59	36.2	8.1	15.7	1.9
Canadian Apartment Properties Real Estate Inve	CARUN.TO	TSX	A-	Buy	A-	B+		48.64	17.48	67.46	2.8	6.86	51.3	7.1	13.9	1.5
Dream Industrial Real Estate Investment Trust	DIRUN.TO	TSX	A-	Buy	A	B		11.74	21.59	67.62	6.0	0.88	25.2	13.4	8.3	1.5
Granite Real Estate Investment Trust	GRTUN.TO	TSX	A-	Buy	A-	B+		60.54	18.84	83.82	4.6	7.88	17.5	7.7	14.6	1.5
InterRent Real Estate Investment Trust	IIPUN.TO	TSX	A-	Buy	A-	B+	Up	13.74	29.10	91.19	2.1	1.48	-13.2	9.3	14.6	1.7
Pure Multi-Family REIT LP	PMULF	OTC PK	A-	Buy	A	B		5.32	-18.99	10.75	7.1	0.64	25.6	8.3	4.0	0.8
CorEnergy Infrastructure Trust, Inc.	CORR	NYSE	B+	Buy	A-	B	Up	39.69	13.46	80.07	7.6	2.06	5.2	19.3	5.6	1.5
Equity LifeStyle Properties, Inc.	ELS	NYSE	B+	Buy	A+	B-	Up	119.68	33.03	63.30	1.9	2.96	35.1	40.4	11.4	9.1
Killam Apartment Real Estate Investment Trust	KMPUN.TO	TSX	B+	Buy	B+	A-	Down	18.91	30.20	70.06	3.4	1.10	-23.5	17.1	10.2	1.8
Northview Apartment Real Estate Investment Tru	NVUUN.TO	TSX	B+	Buy	A-	B	Down	26.42	6.34	43.58	6.2	3.44	-3.9	7.7	5.3	1.2
Prologis, Inc.	PLD	NYSE	B+	Buy	A-	B	Down	79.36	25.35	81.06	2.6	2.70	-19.3	29.3	16.4	2.3
Terreno Realty Corporation	TRNO	NYSE	B+	Buy	A	B-	Down	48.00	30.48	103.44	2.0	1.16	13.2	41.5	19.0	2.3
VICI Properties Inc.	VICI	NYSE	B+	Buy	A-	B	Up	21.71	10.66		5.3	1.47	184.9	14.8	9.9	1.3
Agree Realty Corporation	ADC	NYSE	B	Buy	B+	B-		63.83	24.29	52.05	3.5	1.75	-15.4	36.5	15.7	1.9
Alexandria Real Estate Equities, Inc.	ARE	NYSE	B	Buy	B+	B-		140.06	13.43	52.15	2.8	3.32	27.8	42.1	11.3	2.1
American Tower Corporation (REIT)	AMT	NYSE	B	Buy	A+	C-		205.85	45.56	97.45	1.7	3.03	15.2	67.9	12.2	17.0
Apartment Investment and Management Company	AIV	NYSE	B	Buy	A-	C		49.73	22.30	29.50	3.1	5.66	128.6	8.8	7.6	4.2
BTB Real Estate Investment Trust	BTBUN.TO	TSX	B	Buy	A-	B-	Up	4.71	10.19	37.13	8.9	0.51	-3.4	9.3	3.9	1.2
CareTrust REIT, Inc.	CTRE	NAS GS	B	Buy	A+	C		23.64	44.72	100.00	3.6	0.71	81.8	33.4	13.1	2.6
CBRE Group, Inc.	CBRE	NYSE	B	Buy	B+	C+		50.83	7.35	97.86		3.15	51.5	16.1	0.8	3.3
Community Healthcare Trust Incorporated	CHCT	NYSE	B	Buy	A+	C-	Up	38.99	37.26	120.62	4.2	0.15	-30.6	251.7	13.8	2.6
Consolidated-Tomoka Land Co.	CTO	AMEX	B	Buy	B	B-	Up	59.50	-0.07	27.63	0.6	5.99	-16.2	9.9	4.0	1.5
CubeSmart	CUBE	NYSE	B	Buy	A-	C		33.51	6.33	21.92	3.7	0.88	10.6	38.2	10.4	3.7
Dream Global Real Estate Investment Trust	DRGUN.TO	TSX	B	Buy	A-	B-		13.59	0.15	81.64	5.9	2.82	80.4	4.8	8.1	1.2
EastGroup Properties, Inc.	EGP	NYSE	B	Buy	A-	C		113.77	22.00	82.04	2.5	2.29	-20.5	49.7	13.5	4.5
EPR Properties	EPR	NYSE	B	Buy	A	C	Up	74.31	20.67	14.00	5.9	3.73	31.1	19.9	8.8	1.9
Equity Commonwealth	EQC	NYSE	B	Buy	B	B		32.27	11.24	21.94		2.32	57.5	13.9	22.5	1.2
Essex Property Trust, Inc.	ESS	NYSE	B	Buy	B+	C	Up	288.37	25.13	40.03	2.6	6.33	21.0	45.6	13.2	3.1
Extra Space Storage Inc.	EXR	NYSE	B	Buy	A-	C		105.61	9.31	29.35	3.3	3.31	-13.5	31.9	11.5	5.6
First Industrial Realty Trust, Inc.	FR	NYSE	B	Buy	B	C+		36.03	10.17	45.09	2.5	1.19	-33.8	30.4	11.1	2.8
FirstService Corporation	FSV	NAS GS	B	Buy	A	C-	Up	94.99	27.24	117.62	0.6	1.69	15.9	56.2	1.7	14.3
Four Corners Property Trust, Inc.	FCPT	NYSE	B	Buy	B+	C+		27.16	13.10	53.20	4.2	1.28	9.3	21.3	12.5	2.7
Gaming and Leisure Properties, Inc.	GLPI	NAS GS	B	Buy	A	C+		38.70	16.12	41.87	6.9	1.56	-12.8	24.8	7.6	3.8
Getty Realty Corp.	GTY	NYSE	B	Buy	B	B-		30.27	13.28	63.95	4.5	1.18	-4.3	25.7	9.0	2.1
Lamar Advertising Company (REIT)	LAMR	NAS GS	B	Buy	A-	C+		80.21	23.15	47.21	4.7	3.44	16.2	23.3	4.9	7.2
Landmark Infrastructure Partners LP	LMRK	NAS	B	Buy	A-	C	Up	16.72	35.82	38.26	8.8	4.12	563.9	4.1	6.7	1.1
Liberty Property Trust	LPT	NYSE	B	Buy	B	B	Down	49.91	15.28	45.77	3.2	2.66	3.5	18.8	10.8	2.2
Marcus & Millichap, Inc.	MMI	NYSE	B	Buy	B+	C+		30.55	-22.01	24.69		2.16	47.1	14.2	1.5	2.8
Medical Properties Trust, Inc.	MPW	NYSE	B	Buy	A	B-	Down	17.37	31.27	39.43	5.8	2.70	214.8	6.4	8.7	1.4
Morguard North American Residential Real Estat	MRGUN.TO	TSX	B	Buy	A-	B-		17.98	23.89	62.51	3.7	2.19	-59.9	8.2	3.2	0.8
National Retail Properties, Inc.	NNN	NYSE	B	Buy	A-	C		52.92	25.35	19.68	3.8	1.48	-13.6	35.7	13.5	2.4
Nexus Real Estate Investment Trust	NXRUN.V	TSXV	B	Buy	B+	B-		1.97	6.01	39.43	8.1	0.30	54.0	6.5	4.8	1.1
Northstar Realty Europe Corp.	NRE	NYSE	B	Buy	B+	C		16.25	16.46	106.50	3.7	4.27	1,486.4	3.8	7.8	1.2
PRO Real Estate Investment Trust	PRVUN.TO	TSX	B	Buy	B+	B-	Up	7.18	13.92	57.04	8.8	0.47	16.5	15.4	6.0	1.5
PS Business Parks, Inc.	PSB	NYSE	B	Buy	A-	C+		169.27	36.42	76.93	2.5	5.59	39.1	30.3	11.1	5.8
Ryman Hospitality Properties, Inc.	RHP	NYSE	B	Buy	A-	C+		79.41	-0.01	88.40	4.4	5.18	56.0	15.3	3.1	9.2
STAG Industrial, Inc.	STAG	NYSE	B	Buy	A-	C		30.19	16.08	52.93	4.7	0.60	29.0	50.2	9.6	2.2
STORE Capital Corporation	STOR	NYSE	B	Buy	A-	C+		33.21	26.34	33.58	4.0	1.00	3.4	33.2	12.9	1.9
Sun Communities, Inc.	SUI	NYSE	B	Buy	A	C	Up	126.60	32.24	82.47	2.3	1.31	39.8	96.4	9.5	3.5
W. P. Carey Inc.	WPC	NYSE	B	Buy	A-	B-		81.42	28.66	41.52	5.1	3.14	20.0	25.9	13.5	2.0
American Assets Trust, Inc.	AAT	NYSE	B-	Buy	B+	C-	Up	46.25	23.94	20.44	2.4	0.66	47.0	69.6	9.0	2.7
American Campus Communities, Inc.	ACC	NYSE	B-	Buy	B+	C	Up	45.98	11.75	0.48	4.0	0.86	100.7	53.5	7.0	1.8
AvalonBay Communities, Inc.	AVB	NYSE	B-	Buy	B+	C	Down	201.44	20.42	23.70	3.0	7.24	28.0	27.8	12.2	2.6

https://greyhouse.weissratings.com — Data as of June 30, 2019

VI: BUY Rated Stocks by Sector

Summer 2019

Sector: Real Estate (con't)

Company Name	Stock Ticker Symbol	Traded On	Overall Rating	Recommendation	Reward Rating	Risk Rating	Recent Up/Downgrade	Stock Price as of 6/30/19	1-Year Total Return (%)	3-Year Total Return (%)	Dividend Yield TTM	Earnings/Share $	EPS Growth (%)	Earnings (P/E) TTM	Sales (P/S) TTM	Book (P/B) Q
Chesapeake Lodging Trust	CHSP	NYSE	B-	Buy	B+	C		28.24	-6.38	47.58	5.7	1.65	46.4	17.2	2.8	1.6
CoreSite Realty Corporation	COR	NYSE	B-	Buy	A-	D+		114.09	6.64	44.40	3.9	2.17	11.3	52.6	7.5	19.0
Crombie Real Estate Investment Trust	CRRUN.TO	TSX	B-	Buy	B+	C	Up	15.18	26.17	19.73	5.9	0.65	-24.3	23.5	7.3	2.1
Digital Realty Trust, Inc.	DLR	NYSE	B-	Buy	A-	D+	Up	117.60	10.37	22.60	3.6	1.25	23.7	93.9	7.8	2.8
Douglas Emmett, Inc.	DEI	NYSE	B-	Buy	A-	C		39.43	1.74	23.68	2.6	0.68	11.3	57.8	7.5	2.8
First Capital Realty Inc.	FCR.TO	TSX	B-	Buy	B	C+		21.60	8.25	10.25	4.0	1.02	-33.0	21.1	9.1	1.5
FirstService Corporation	FSV.TO	TSX	B-	Buy	A	C-		124.55	25.84	118.99	0.5	1.69	15.9	73.7	2.3	18.7
Global Medical REIT Inc.	GMRE	NYSE	B-	Buy	B	C		10.50	24.35	105,826.86	7.6	0.34	4,604.0	31.1	5.1	1.4
Host Hotels & Resorts, Inc.	HST	NYSE	B-	Buy	B+	C		18.01	-10.58	34.95	4.4	1.37	55.6	13.2	2.4	1.8
Innovative Industrial Properties, Inc.	IIPR	NYSE	B-	Buy	A-	C-	Up	119.69	245.70		1.5	0.95	655.2	126.3	62.2	4.6
Jernigan Capital, Inc.	JCAP	NYSE	B-	Buy	B+	C		20.94	13.90	78.76	6.7	2.19	98.7	9.6	13.0	1.1
Kennedy-Wilson Holdings, Inc.	KW	NYSE	B-	Buy	B	C	Up	20.32	-0.47	27.33	4.0	1.03	51.9	19.8	3.8	2.4
Kilroy Realty Corporation	KRC	NYSE	B-	Buy	B	C+	Down	72.87	-1.14	24.36	2.5	2.53	57.2	28.8	9.7	1.9
Life Storage, Inc.	LSI	NYSE	B-	Buy	B+	C-		94.69	1.32	2.52	4.2	4.44	88.3	21.3	7.9	2.2
MGM Growth Properties LLC	MGP	NYSE	B-	Buy	B	C+	Down	30.33	3.01	41.92	6.0	0.95	35.3	32.0	2.4	1.4
Omega Healthcare Investors, Inc.	OHI	NYSE	B-	Buy	B+	C		36.51	25.93	37.90	7.2	1.32	228.5	27.7	8.8	2.1
One Liberty Properties, Inc.	OLP	NYSE	B-	Buy	B	C		29.05	15.46	48.11	6.2	0.93	-34.8	31.3	6.8	1.9
Park Hotels & Resorts Inc.	PK	NYSE	B-	Buy	B+	C-		27.35	-2.35		8.5	2.07	4.9	13.2	2.0	1.0
Public Storage	PSA	NYSE	B-	Buy	B+	C	Up	237.04	7.38	4.61	3.4	8.62	27.5	27.5	14.6	8.2
Pure Multi-Family REIT LP	RUFUN.TO	TSX	B-	Buy	B	C		9.63	10.80	51.32	3.9	0.64	25.6	15.0	7.3	1.4
Realty Income Corporation	O	NYSE	B-	Buy	A-	C		69.42	32.95	15.58	3.9	1.33	18.7	52.2	15.5	2.6
Rexford Industrial Realty, Inc.	REXR	NYSE	B-	Buy	B+	C-	Down	40.17	29.30	107.50	1.7	0.34	-40.5	119.5	17.7	2.1
Riocan Real Estate Investment Trust	REIUN.TO	TSX	B-	Buy	B	C		26.08	12.94	7.74	5.5	1.44	-12.6	18.1	8.4	1.4
SmartCentres Real Estate Investment Trust	SRUUN.TO	TSX	B-	Buy	B	C	Down	33.27	14.86	5.52	5.4	1.79	-7.9	18.6	7.6	1.4
Tricon Capital Group Inc.	TCN.TO	TSX	B-	Buy	B	C+	Down	9.99	-7.46	27.25	2.8	0.92	18.6	10.8	6.0	1.2
True North Commercial Real Estate Investment T	TNTUN.TO	TSX	B-	Buy	B-	B-		6.60	7.75	48.10	9.0	0.44	-36.1	15.1	5.4	1.4
Xenia Hotels & Resorts, Inc.	XHR	NYSE	B-	Buy	B+	C-	Up	20.99	-10.41	53.88	5.2	1.37	0.6	15.3	2.2	1.3

Sector: Utilities

Company Name	Stock Ticker Symbol	Traded On	Overall Rating	Recommendation	Reward Rating	Risk Rating	Recent Up/Downgrade	Stock Price as of 6/30/19	1-Year Total Return (%)	3-Year Total Return (%)	Dividend Yield TTM	Earnings/Share $	EPS Growth (%)	Earnings (P/E) TTM	Sales (P/S) TTM	Book (P/B) Q
Capital Power Corporation	CPX.TO	TSX	A-	Buy	A-	B	Up	29.91	25.12	90.65	6.0	1.85	151.3	16.2	3.0	1.4
NextEra Energy, Inc.	NEEPRR	NYSE	A-	Buy	A-	B		65.39	21.12		4.7	6.00	-65.4	10.9	1.9	0.9
Alliant Energy Corporation	LNT	NAS GS	B+	Buy	A-	B	Up	48.93	19.19	35.08	2.8	2.20	6.2	22.3	3.2	2.5
Exelon Corporation	EXC	NYSE	B+	Buy	B+	B	Up	47.56	15.96	51.13	3.0	2.40	-31.5	19.9	1.3	1.5
Algonquin Power & Utilities Corp.	AQN	NYSE	B	Buy	A-	B-	Up	12.09	31.32	52.66	4.4	0.43	424.6	28.2	3.7	2.0
Algonquin Power & Utilities Corp.	AQN.TO	TSX	B	Buy	A-	C+	Up	15.85	29.96	53.99	3.3	0.43	424.6	36.9	4.8	2.6
ALLETE, Inc.	ALE	NYSE	B	Buy	B	B		82.12	8.92	43.99	2.8	3.75	10.3	21.9	2.8	1.9
Ameren Corporation	AEE	NYSE	B	Buy	B+	B		74.65	26.00	56.43	2.5	3.48	48.5	21.5	3.1	2.4
American Electric Power Company, Inc.	AEP	NYSE	B	Buy	B+	B-		87.90	31.19	42.29	3.0	4.14	15.2	21.3	2.7	2.3
American Water Works Company, Inc.	AWK	NYSE	B	Buy	B	B-		115.26	37.47	49.12	1.6	3.17	30.1	36.3	6.0	3.5
Atmos Energy Corporation	ATO	NYSE	B	Buy	B+	B		104.83	18.44	43.23	2.0	4.18	-23.8	25.1	4.1	2.2
AVANGRID, Inc.	AGR	NYSE	B	Buy	B	B-		50.28	-1.00	24.79	3.5	1.82	46.2	27.6	2.4	1.0
Black Hills Corporation	BKH	NYSE	B	Buy	A-	C		77.80	30.44	37.56	2.6	3.92	-8.3	19.9	2.6	2.1
Chesapeake Utilities Corporation	CPK	NYSE	B	Buy	B+	B-		92.90	17.91	56.02	1.6	3.55	-11.5	26.1	2.2	2.8
CMS Energy Corporation	CMS	NYSE	B	Buy	B+	B-		57.51	25.88	39.75	2.6	2.21	23.8	26.0	2.3	3.4
DTE Energy Company	DTE	NYSE	B	Buy	A-	B-		127.56	26.55	45.11	2.9	6.35	4.2	20.1	1.7	2.2
Emera Incorporated	EMA.TO	TSX	B	Buy	A-	C		53.49	31.86	29.21	4.4	2.41	225.9	22.2	2.6	2.3
Enel SpA	ENLAY	OTC PK	B	Buy	A-	C+	Up	6.85	30.33	78.97	2.6	0.55	23.4	12.5	0.8	1.9
Entergy Corporation	ETR	NYSE	B	Buy	B+	B	Up	101.66	30.34	46.65	3.6	5.22	104.4	19.5	1.8	2.2
Evergy, Inc.	EVRG	NYSE	B	Buy	A-	B-		60.07	11.41	18.28	3.1	2.34	3.1	25.7	3.1	1.6

Data as of June 30, 2019

https://greyhouse.weissratings.com

Sector: Utilities (con't)

VI: BUY Rated Stocks by Sector — Summer 2019

Company Name	Stock Ticker Symbol	Traded On	Overall Rating	Recommendation	Reward Rating	Risk Rating	Recent Up/Downgrade	Stock Price as of 6/30/19	1-Year Total Return (%)	3-Year Total Return (%)	Dividend Yield TTM	Earnings/Share $	EPS Growth (%)	Earnings (P/E) TTM	Sales (P/S) TTM	Book (P/B) Q
Eversource Energy	ES	NYSE	B	Buy	A-	C+		75.41	33.39	42.22	2.8	3.37	7.4	22.4	2.8	2.1
Fortis Inc.	FTS	NYSE	B	Buy	B+	B-		39.34	29.18	34.21	3.4	1.94	5.8	20.3	2.6	1.5
Fortis Inc.	FTS.TO	TSX	B	Buy	B+	C+		51.59	27.56	35.03	3.4	1.94	5.8	26.6	3.4	2.0
Hawaiian Electric Industries, Inc.	HE	NYSE	B	Buy	B	B		43.22	30.25	40.10	2.9	1.89	20.2	22.9	1.6	2.2
IdaCorp, Inc.	IDA	NYSE	B	Buy	B+	B		100.96	12.46	39.83	2.5	4.61	7.8	21.9	3.6	2.1
Middlesex Water Company	MSEX	NAS GS	B	Buy	B	C+		58.48	39.63	49.31	1.6	2.09	51.3	28.0	7.1	3.8
NextEra Energy, Inc.	NEE	NYSE	B	Buy	B	B-	Down	204.55	25.82	72.82	2.9	6.00	-65.4	34.1	5.8	2.9
Northland Power Inc.	NPI.TO	TSX	B	Buy	A-	C+	Up	25.40	9.00	33.64	4.7	1.24	38.5	20.5	4.0	7.2
Northwestern Corporation	NWE	NYSE	B	Buy	A-	C		71.86	30.21	29.21	3.1	4.18	25.2	17.2	3.0	1.8
OGE Energy Corp.	OGE	NYSE	B	Buy	B	B-	Up	42.13	24.48	49.30	3.4	2.08	-34.8	20.3	3.7	2.1
ONE Gas, Inc.	OGS	NYSE	B	Buy	B+	B-		89.72	22.79	51.32	2.1	3.30	-1.9	27.2	2.9	2.3
Otter Tail Corporation	OTTR	NAS GS	B	Buy	B	B	Down	52.04	11.95	76.11	2.6	2.06	3.6	25.3	2.3	2.8
PNM Resources, Inc.	PNM	NYSE	B	Buy	B+	C	Up	50.86	34.12	60.96	2.2	1.11	23.5	45.9	2.8	2.4
Portland General Electric Company	POR	NYSE	B	Buy	B+	C		53.91	28.71	36.35	2.7	2.47	24.0	21.9	2.3	1.9
Public Service Enterprise Group Incorporated	PEG	NYSE	B	Buy	B	B		58.79	12.06	46.94	3.1	3.11	-21.7	18.9	3.0	2.0
Spire Inc.	SR	NYSE	B	Buy	B+	B-		83.73	20.94	32.00	2.8	4.36	-4.9	19.2	2.1	1.8
The AES Corporation	AES	NYSE	B	Buy	B	B		16.54	26.78	57.89	3.2	1.01	243.7	16.4	1.0	3.4
The Southern Company	SO	NYSE	B	Buy	B+	C	Up	55.08	24.87	21.73	4.4	3.23	197.3	17.0	2.6	2.2
UGI Corporation	UGI	NYSE	B	Buy	B	B-		52.81	3.44	26.86	2.1	2.17	-38.8	24.3	1.3	2.4
Unitil Corporation	UTL	NYSE	B	Buy	A-	B-		59.79	20.39	56.03	2.5	2.95	32.6	20.3	2.0	2.4
Valener Inc	VNR.TO	TSX	B	Buy	A-	C		25.78	33.04	39.23	4.6	1.16	25.4	22.3	15.1	1.9
Vistra Energy Corp.	VST	NYSE	B	Buy	B	B	Up	22.24	-4.42		1.1	0.89	159.6	25.1	1.0	1.4
WEC Energy Group, Inc.	WEC	NYSE	B	Buy	B+	B		83.08	33.01	42.63	2.8	3.44	-11.8	24.2	3.4	2.6
American States Water Company	AWR	NYSE	B-	Buy	B	C+		73.92	30.53	84.65	1.5	1.78	-2.5	41.5	6.2	4.8
Artesian Resources Corporation	ARTNA	NAS GS	B-	Buy	B	C+	Up	35.90	-5.93	17.64	2.7	1.55	0.7	23.2	4.1	2.2
ATCO Ltd.	ACOX.TO	TSX	B-	Buy	B	C	Up	43.80	11.51	9.96	3.6	2.31	62.5	18.9	1.4	1.8
CenterPoint Energy, Inc.	CNP	NYSE	B-	Buy	B	C	Down	28.51	7.53	36.20	4.0	0.64	-84.4	44.9	1.3	2.2
Connecticut Water Service, Inc.	CTWS	NAS GS	B-	Buy	B	C+	Up	68.86	8.21	33.81	1.8	1.67	-0.7	41.3	7.0	2.8
Consolidated Edison, Inc.	ED	NYSE	B-	Buy	B	C+		87.26	16.08	22.64	3.3	4.35	-13.7	20.0	2.3	1.6
Consolidated Water Co. Ltd.	CWCO	NAS GS	B-	Buy	B+	C	Up	13.99	9.84	16.13	2.4	1.02	171.0	13.7	3.1	1.3
Duke Energy Corporation	DUK	NYSE	B-	Buy	B+	C		88.55	16.71	20.14	4.2	4.11	-2.5	21.6	2.7	1.5
El Paso Electric Company	EE	NYSE	B-	Buy	B	C	Up	65.58	14.58	52.55	2.2	2.38	1.5	27.5	3.0	2.3
MGE Energy, Inc.	MGEE	NAS GS	B-	Buy	B+	C	Up	72.90	18.14	40.59	1.9	2.54	-10.3	28.7	4.4	3.1
NextEra Energy Partners, LP	NEP	NYSE	B-	Buy	B	C	Down	48.47	11.24	87.60	3.8	1.19	722.4	40.8	3.7	1.6
Northwest Natural Holding Company	NWN	NYSE	B-	Buy	B	C	Up	68.58	9.15	20.54	2.8	2.28	219.7	30.1	2.7	2.5
Pinnacle West Capital Corporation	PNW	NYSE	B-	Buy	B	C	Down	93.74	20.34	31.00	3.1	4.67	12.0	20.1	2.8	2.0
Sempra Energy	SRE	NYSE	B-	Buy	B	C+	Down	135.54	21.54	33.44	2.7	3.38	474.9	40.0	3.2	2.5
Southwest Gas Holdings, Inc.	SWX	NYSE	B-	Buy	B+	C		88.69	18.47	26.16	2.4	3.81	-8.7	23.3	1.6	2.0
Star Group, L.P.	SGU	NYSE	B-	Buy	A-	C	Up	9.96	7.09	31.82	4.8	0.74	-6.0	13.4	0.3	1.4
TransAlta Renewables Inc.	RNW.TO	TSX	B-	Buy	B+	C-	Up	13.76	19.98	32.25	6.8	0.72	396.0	19.1	10.6	2.0
Xcel Energy Inc.	XEL	NAS GS	B-	Buy	B+	C	Down	59.28	33.72	48.96	2.7	2.51	6.5	23.7	2.6	2.5

Section VII:
Expanded Analysis of All A Rated Stocks

Investment ratings and expanded analysis of all stocks with an A rating. Stocks are first listed by overall investment rating, then alphabetically by name.

Section VII: Contents

This section contains an expanded analysis of all A Rated Stocks, with key rating factors, summary financial data and a graphical representation of the stock price over time.

TOP ROW

Company Name
Legal name of a firm, the title by which a formally organized or incorporated firm is known as a legal entity or artificial-person. Shown on the certificate of incorporation (firm's 'birth certificate'), it must be displayed clearly at the firm's legal or registered office, and disclosed on all formal documents such as agreements, checks, and official stationery. Also known as corporate name.

Overall Rating
The Weiss rating measured on a scale from A to E based on each stock's performance and risk. See the preceding section, "What Our Ratings Mean," for an explanation of each letter grade rating.

Buy-Hold-Sell Recommendation
Weiss Ratings' opinion of investment action based on a Weiss rating. We recommend buying stocks rated A and B, holding C rated stocks, and selling D and E.

Stock Ticker Symbol
An arrangement of characters (usually letters) representing a particular security listed on an exchange or otherwise traded publicly. When a company issues securities to the public marketplace, it selects an available ticker symbol for its securities which investors use to place trade orders. Every listed security has a unique ticker symbol, facilitating the vast array of trade orders that flow through the financial markets every day.

Traded On /Exchange
The stock exchange on which the company is listed. The core function of a stock exchange is to ensure fair and orderly trading, as well as efficient dissemination of price information. Exchanges such as: NYSE (New York Stock Exchange), AMEX (American Stock Exchange), NNM (NASDAQ National Market), and NASQ (NASDAQ Small Cap) give companies, governments and other groups a platform to sell securities to the investing public.

Total Market Cap (Market Capitalization)
A term used by the investment community to identify companies based on their market capitalization value.

Dividend $ (TTM)
A dividend is defined as a payment made by a corporation to its shareholders. Usually these payouts are made in cash (cash dividends), but sometimes companies will also distribute stock dividends, whereby additional stock shares are distributed to shareholders. This is a TTM figure (trailing twelve months), which is a representation of a company's financial performance over the most recent 12 months. TTM uses the latest available financial data from a company's interim, quarterly or annual reports.

Dividend Yield (TTM)
Dividends paid out each year relative to the share price. Expressed as a percentage and measures how much cash flow an investor is getting for each invested dollar. This is a TTM figure (trailing twelve months), which is a representation of a company's financial performance over the most recent 12 months. TTM uses the latest available financial data from a company's interim, quarterly or annual reports.

Stock Price
The price at which a stock is traded on a regular trading day. Stock prices in this guide are listed as of June 30, 2019.

52-Week High
The highest price that a stock has achieved during the previous 52 weeks.

52-Week Low
The lowest price that a stock has achieved during the previous 52 weeks.

LEFT-HAND COLUMN

RATINGS

Reward Rating
Primarily based on a stock's total return to shareholders over the trailing five years and, based on sales, net income, earnings trends and anticipated dividends, its prospects for future returns. Additionally, based on the stock's current price, other important ratios are factored in. Based on proprietary modeling the individual components of the risk and reward ratings are calculated and weighted and the final rating is generated.

Risk Rating
Primarily based on the level of volatility in the stock's daily, monthly and quarterly returns and on the company's financial stability. Stocks with very stable returns are considered less risky and receive a higher risk rating. Stocks with greater volatility are considered riskier, and will receive a lower risk rating. Companies with poor financial stability are considered riskier investments than those that are financially stable.

Recent Upgrade/Downgrade
An "Up" or "Down" indicates that the Weiss Investment Rating has changed since the publication of the last print edition. If a stock has had a rating change since March 31, 2019, the change is identified with an "Up" or "Down."

RATINGS FACTORS

Growth
Evaluates each stock based on components including sales growth, change in cash flow and measures of growth in earnings.

Efficiency
Screens for operational efficiency when the price of a stock is in line with the cost it takes to provide them.

Solvency
Measures each stock by traditional balance sheet quality and solvency ratios including debt-to-equity and financial strength.

Volatility
Evaluates the gain/loss performance of each stock over various timeframes by measuring profit potential compared to downside risk.

Dividend
Measures each stock by its dividend-paying ability to reward stocks with higher total return potential.

Total Return
Measures the value an investor earns from a security over a specific period when all dividends are reinvested.

BETA

3-Year Beta
A three year measure of volatility, or systematic risk, of a security in comparison to the market as a whole. A beta of less than 1 means that the security will be less volatile than the market, a beta larger than 1 means more volatility. Beta value cannot be calculated if less than 24 months of pricing is available.

TOTAL RETURNS %

3-Month Total Return
The rate of return on an investment over a period of three months that includes interest, capital gains, dividends and distributions realized.

6-Month Total Return
The rate of return on an investment over a period of six months that includes interest, capital gains, dividends and distributions realized.

1-Year Total Return
The rate of return on an investment over a period of one year that includes interest, capital gains, dividends and distributions realized.

3-Year Total Return
The rate of return on an investment over a period of three years that includes interest, capital gains, dividends and distributions realized.

5-Year Total Return
The rate of return on an investment over a period of five years that includes interest, capital gains, dividends and distributions realized.

SIZE

Total Market Cap (Market Capitalization)
A term used by the investment community to identify companies based on their market capitalization value.

Enterprise Value
A measure of a company's total value, often used as a more comprehensive alternative to market capitalization (see Market Capitalization). It includes the company's debt in its calculation and is very important in takeover valuations. Note: Banks do not have enterprise value mainly due to a large variety of the outstanding debt.

REVENUE & INCOME

Annual Revenue
The amount of money a company receives from its normal business activities, usually from the sale of goods and services to customers.

Revenue Growth %
Annual percentage growth in a company's revenue.

Annual Net Income
The net profit or loss recorded by a company. This figure includes the company's operating profit (income from lending, investing, and fees less interest and overhead expenses) as well as non-operating items such as capital gains on the sale of securities, income taxes, and extraordinary items.

Net Income Growth %
Annual percentage growth in a company's net income.

MIDDLE COLUMN

Performance Chart
A graphical representation of the stock's price over the past year.

EARNINGS

Earnings Per Share (Earnings/Share)
The amount of a company's profit that can be allocated to one share of its stock and does not include dilutive effects on convertibles.

Earnings Per Share (EPS) Growth
The percentage change in earnings per share over time. It helps investors to identify the stocks that are increasing or decreasing in profitability. This is a TTM figure (trailing twelve months), which is a representation of a company's financial performance over the most recent 12 months. TTM uses the latest available financial data from a company's interim, quarterly or annual reports.

EFFECTIVENESS

Cash from Operations
Cash flow generated by a company's normal business operations. It indicates whether a company is able to produce positive cash flow to maintain and grow its operations.

Return on Assets %
The ratio of net income for the year as a percentage of average assets. This ratio, known as ROA, is the most commonly used benchmark for profitability since it measures the company's return on investment in a format that is easily comparable with other companies.
This is a TTM figure (trailing twelve months), which is a representation of a company's financial performance over the most recent 12 months. TTM uses the latest available financial data from a company's interim, quarterly or annual reports.

Return on Equity %
The ratio of net income for the year as a percentage of average equity. This ratio, known as ROE, is commonly used by a company's shareholders as a measure of their return on investment. This is a TTM figure (trailing twelve months), which is a representation of a company's financial performance over the most recent 12 months. TTM uses the latest available financial data from a company's interim, quarterly or annual reports.

CORPORATE INFORMATION

Website
The company's web address.

Phone Number
The company's phone number.

RIGHT-HAND COLUMN

VALUATION

Price/Earnings (P/E) TTM
A ratio that measures the value of a company by comparing its current share price to its earnings per share. A high P/E ratio suggests that investors are expecting higher earnings growth. This is a TTM figure (trailing twelve months), which is a representation of a company's financial performance over the most recent 12 months. TTM uses the latest available financial data from a company's interim, quarterly or annual reports.

Price/Sales (P/S) TTM
A ratio that measures value placed on each dollar of a company's sales or revenues. Generally, a stock with lower P/S ratio is a better investment since the investor pays less for each unit of sales. This is a TTM figure (trailing twelve months), which is a representation of a company's financial performance over the most recent 12 months. TTM uses the latest available financial data from a company's interim, quarterly or annual reports.

Price/Book (P/B) Q
Price to book ratio compares a stock's market daily value to its quarterly book value. This ratio indicates how much shareholders are paying for the net assets of a company and answers the question: how many times a company's stock is trading per share compared to the company's book value per share. A lower P/B could mean that the stock is undervalued and may have a potential for future growth, however, other valuation measures should be considered before investing. Generally, a P/B ratio of 1.0 or less is viewed as good. This is a quarterly figure.

DIVIDENDS & SHARES

Dividend $ (TTM)
A dividend is defined as a payment made by a corporation to its shareholders. Usually these payouts are made in cash (cash dividends), but sometimes companies will also distribute stock dividends, whereby additional stock shares are distributed to shareholders. This is a TTM figure (trailing twelve months), which is a representation of a company's financial performance over the most recent 12 months. TTM uses the latest available financial data from a company's interim, quarterly or annual reports.

Dividend Yield (TTM)
Dividends paid out each year relative to the share price. Expressed as a percentage and measures how much cash flow an investor is getting for each invested dollar. This is a TTM figure (trailing twelve months), which is a representation of a company's financial performance over the most recent 12 months. TTM uses the latest available financial data from a company's interim, quarterly or annual reports.

Payout Ratio (TTM)
The percentage of earnings paid out as dividends to shareholders. The amount that is kept by the company is often used for growth and is called retained earnings.

BUSINESS DESCRIPTION

Industry
A classification of companies based on their primary business activities.

Sector
An industry or market sharing common characteristics. Investors use sectors to place stocks and other investments into categories like technology, health care, energy, utilities and telecommunications. Each sector has unique characteristics and a different risk profile.

VII. Expanded Analysis of All A Rated Stocks

Summer 2019

Avery Dennison Corporation

A+   Buy

Ticker	Traded On	Total Market Cap	Dividend & Yield	Stock Price (as of 6/30/19)	52-Week High	52-Week Low
AVY	NYSE	$ 9,541,523,864	$ 2.14 TTM (1.9% TTM)	$ 113.03	$ 117.00	$ 82.89

Ratings
- Reward: A+
- Risk: B
- Recent Up or Downgrade:

Ratings Factors
- Growth: Excellent
- Efficiency: Excellent
- Solvency: Good
- Volatility: Good
- Dividend: F
- Total Return: Excellent

Beta
- 3-Year Beta: 1.46

Total Returns (%)

3-Month	6-Month	1-Year	3-Year	5-Year
0.56	28.55	14.65	66.65	146.12

Size
- Total Market Cap: $ 9,541,523,864
- Enterprise Value: $ 11,556,823,864

Revenue & Income
- Annual Revenue: $ 7,122,700,000
- Revenue Growth: 4.5%
- Annual Net Income: $ 195,300,000
- Net Income Growth: -33.75%

Earnings
- Earnings/Share: $ 2.13
- EPS Growth: -35.0%

Effectiveness
- Cash from Operations: $ 477,300,000
- Return on Assets: 9.41%
- Return on Equity: 18.76%

Corporate Information
- Website: www.averydennison.com
- Phone Number: 626-304-2000

Valuation
- Earnings (P/E) TTM: 53.0
- Sales (P/S) TTM: 1.3
- Book (P/B) TTM: 9.6

Dividends & Payouts
- Dividend TTM: $ 2.14
- Dividend Yield TTM: 1.9%
- Payout Ratio TTM: 91.8075

Business Description
- Industry: Materials
- Sector: Materials

Evans Bancorp, Inc.

A+   Buy

Ticker	Traded On	Total Market Cap	Dividend & Yield	Stock Price (as of 6/30/19)	52-Week High	52-Week Low
EVBN	AMEX	$ 171,531,195	$ 0.98 TTM (2.8% TTM)	$ 35.40	$ 49.23	$ 30.61

Ratings
- Reward: A+
- Risk: A-
- Recent Up or Downgrade:

Ratings Factors
- Growth: Excellent
- Efficiency: Good
- Solvency: Excellent
- Volatility: Excellent
- Dividend: G
- Total Return: Excellent

Beta
- 3-Year Beta: 1.04

Total Returns (%)

3-Month	6-Month	1-Year	3-Year	5-Year
-2.34	8.71	-22.66	52.77	73.99

Size
- Total Market Cap: $ 171,531,195
- Enterprise Value: $

Revenue & Income
- Annual Revenue: $ 61,644,000
- Revenue Growth: 19.3%
- Annual Net Income: $ 16,757,000
- Net Income Growth: 57.31%

Earnings
- Earnings/Share: $ 3.39
- EPS Growth: 55.5%

Effectiveness
- Cash from Operations: $ 25,426,000
- Return on Assets: %
- Return on Equity: 13.18%

Corporate Information
- Website: evansbank.com
- Phone Number: 716-926-2000

Valuation
- Earnings (P/E) TTM: 10.4
- Sales (P/S) TTM: 2.8
- Book (P/B) TTM: 1.3

Dividends & Payouts
- Dividend TTM: $ 0.98
- Dividend Yield TTM: 2.8%
- Payout Ratio TTM: 26.4248

Business Description
- Industry: Banks
- Sector: Financials

Summer 2019 — VII. Expanded Analysis of All A Rated Stocks

Summit Industrial Income REIT — A+ Buy

Ticker	Traded On	Total Market Cap	Dividend & Yield	Stock Price (as of 6/30/19)	52-Week High	52-Week Low
SMUUN.TO	TSX	$ 1,163,714,283	$ 0.52 TTM (4.0% TTM)	$ 12.89	$ 13.50	$ 8.55

Ratings
- Reward: A+
- Risk: B+
- Recent Up or Downgrade:

Ratings Factors
- Growth: Excellent
- Efficiency: Excellent
- Solvency: Excellent
- Volatility: Good
- Dividend: G
- Total Return: Excellent

Beta
- 3-Year Beta: 0.17

Total Returns (%)

3-Month	6-Month	1-Year	3-Year	5-Year
8.03	39.30	56.60	160.19	202.53

Size
- Total Market Cap: $ 1,163,714,283
- Enterprise Value: $ 1,864,291,054

Revenue & Income
- Annual Revenue: $ 82,869,500
- Revenue Growth: 56.3%
- Annual Net Income: $ 126,236,700
- Net Income Growth: 93.47%

Earnings
- Earnings/Share: $ 1.59
- EPS Growth: 36.2%

Effectiveness
- Cash from Operations: $ 39,355,800
- Return on Assets: 3.2%
- Return on Equity: 24.73%

Corporate Information
- Website: www.summitiireit.com
- Phone Number: (905) 791-1181

Valuation
- Earnings (P/E) TTM: 8.1
- Sales (P/S) TTM: 15.7
- Book (P/B) TTM: 1.9

Dividends & Payouts
- Dividend TTM: $ 0.52
- Dividend Yield TTM: 4.0%
- Payout Ratio TTM: 23.1281

Business Description
- Industry: Real Estate
- Sector: Real Estate

CDW Corporation — A Buy

Ticker	Traded On	Total Market Cap	Dividend & Yield	Stock Price (as of 6/30/19)	52-Week High	52-Week Low
CDW	NAS GS	$ 16,120,828,689	$ 1.10 TTM (1.0% TTM)	$ 110.40	$ 111.59	$ 74.32

Ratings
- Reward: A
- Risk: B+
- Recent Up or Downgrade: Up

Ratings Factors
- Growth: Excellent
- Efficiency: Excellent
- Solvency: Good
- Volatility: Good
- Dividend: W
- Total Return: Excellent

Beta
- 3-Year Beta: 1.19

Total Returns (%)

3-Month	6-Month	1-Year	3-Year	5-Year
16.40	39.25	36.69	188.16	264.22

Size
- Total Market Cap: $ 16,120,828,689
- Enterprise Value: $ 19,789,328,689

Revenue & Income
- Annual Revenue: $ 16,592,000,000
- Revenue Growth: 9.3%
- Annual Net Income: $ 668,900,000
- Net Income Growth: 12.99%

Earnings
- Earnings/Share: $ 4.39
- EPS Growth: 15.6%

Effectiveness
- Cash from Operations: $ 936,100,000
- Return on Assets: 8.6%
- Return on Equity: 69.52%

Corporate Information
- Website: www.cdw.com
- Phone Number: 847-465-6000

Valuation
- Earnings (P/E) TTM: 25.1
- Sales (P/S) TTM: 1.0
- Book (P/B) TTM: 17.4

Dividends & Payouts
- Dividend TTM: $ 1.10
- Dividend Yield TTM: 1.0%
- Payout Ratio TTM: 22.5445

Business Description
- Industry: Tech Hardware & Equip
- Sector: Information Tech

VII. Expanded Analysis of All A Rated Stocks

Summer 2019

Linde plc   A   Buy

Ticker	Traded On	Total Market Cap	Dividend & Yield	Stock Price (as of 6/30/19)	52-Week High	52-Week Low
LIN	NYSE	$ 108,032,000,000	$ 4.23 TTM (2.1% TTM)	$ 199.53	$ 204.76	$ 145.95

Ratings
- Reward: A
- Risk: A-
- Recent Up or Downgrade: Up

Ratings Factors
- Growth: Excellent
- Efficiency: Excellent
- Solvency: Good
- Volatility: Excellent
- Dividend: F
- Total Return: Good

Beta
- 3-Year Beta: 0.49

Total Returns (%)

3-Month	6-Month	1-Year	3-Year	5-Year
15.42	28.93	29.96	96.66	68.64

Size
- Total Market Cap: $ 108,032,000,000
- Enterprise Value: $ 122,873,000,000

Revenue & Income
- Annual Revenue: $ 18,861,000,000
- Revenue Growth: 61.3%
- Annual Net Income: $ 4,436,000,000
- Net Income Growth: 236.06%

Earnings
- Earnings/Share: $ 12.46
- EPS Growth: 172.9%

Effectiveness
- Cash from Operations: $ 4,145,000,000
- Return on Assets: 2.88%
- Return on Equity: 13.47%

Corporate Information
- Website: www.linde.com
- Phone Number: 44 14 8324 2200

Valuation
- Earnings (P/E) TTM: 16.0
- Sales (P/S) TTM: 5.8
- Book (P/B) TTM: 2.1

Dividends & Payouts
- Dividend TTM: $ 4.23
- Dividend Yield TTM: 2.1%
- Payout Ratio TTM: 31.6952

Business Description
- Industry: Materials
- Sector: Materials

Malvern Bancorp, Inc.   A   Buy

Ticker	Traded On	Total Market Cap	Dividend & Yield	Stock Price (as of 6/30/19)	52-Week High	52-Week Low
MLVF	NAS	$ 161,659,445	$ TTM (% TTM)	$ 21.06	$ 25.65	$ 18.03

Ratings
- Reward: A+
- Risk: B
- Recent Up or Downgrade:

Ratings Factors
- Growth: Excellent
- Efficiency: Excellent
- Solvency: Excellent
- Volatility: Good
- Dividend: --
- Total Return: Excellent

Beta
- 3-Year Beta: 0.63

Total Returns (%)

3-Month	6-Month	1-Year	3-Year	5-Year
2.98	6.04	-13.69	36.31	100.00

Size
- Total Market Cap: $ 161,659,445
- Enterprise Value: $

Revenue & Income
- Annual Revenue: $ 27,975,000
- Revenue Growth: 3.6%
- Annual Net Income: $ 8,862,000
- Net Income Growth: 45.4%

Earnings
- Earnings/Share: $ 1.28
- EPS Growth: 36.6%

Effectiveness
- Cash from Operations: $ 9,909,000
- Return on Assets: %
- Return on Equity: 7.3%

Corporate Information
- Website: ir.malvernbancorp.com
- Phone Number: 610-644-9400

Valuation
- Earnings (P/E) TTM: 16.5
- Sales (P/S) TTM: 5.8
- Book (P/B) TTM: 1.2

Dividends & Payouts
- Dividend TTM: $
- Dividend Yield TTM: %
- Payout Ratio TTM:

Business Description
- Industry: Banks
- Sector: Financials

Data as of June 30, 2019

Summer 2019 — VII. Expanded Analysis of All A Rated Stocks

Microsoft Corporation — A — Buy

Ticker	Traded On	Total Market Cap	Dividend & Yield	Stock Price (as of 6/30/19)	52-Week High	52-Week Low
MSFT	NAS GS	$ 1,027,970,000,000	$ 1.80 TTM (1.3% TTM)	$ 134.15	$ 138.40	$ 93.96

Ratings
- Reward: A+
- Risk: B
- Recent Up or Downgrade: Up

Ratings Factors
- Growth: Excellent
- Efficiency: Excellent
- Solvency: Excellent
- Volatility: Good
- Dividend: W
- Total Return: Excellent

Beta
- 3-Year Beta: 1.02

Total Returns (%)

3-Month	6-Month	1-Year	3-Year	5-Year
15.15	34.69	38.22	188.17	260.41

Size
- Total Market Cap: $ 1,027,970,000,000
- Enterprise Value: $ 982,774,000,000

Revenue & Income
- Annual Revenue: $ 122,211,000,000
- Revenue Growth: 15.4%
- Annual Net Income: $ 34,926,000,000
- Net Income Growth: 121.51%

Earnings
- Earnings/Share: $ 4.50
- EPS Growth: 125.0%

Effectiveness
- Cash from Operations: $ 47,495,000,000
- Return on Assets: 10.06%
- Return on Equity: 40.12%

Corporate Information
- Website: www.microsoft.com
- Phone Number: 425-882-8080

Valuation
- Earnings (P/E) TTM: 29.8
- Sales (P/S) TTM: 8.5
- Book (P/B) TTM: 10.8

Dividends & Payouts
- Dividend TTM: $ 1.80
- Dividend Yield TTM: 1.3%
- Payout Ratio TTM: 38.699

Business Description
- Industry: Software & Services
- Sector: Information Tech

Selective Insurance Group, Inc. — A — Buy

Ticker	Traded On	Total Market Cap	Dividend & Yield	Stock Price (as of 6/30/19)	52-Week High	52-Week Low
SIGI	NAS GS	$ 4,383,709,919	$ 0.78 TTM (1.1% TTM)	$ 74.01	$ 78.50	$ 54.7

Ratings
- Reward: A
- Risk: A-
- Recent Up or Downgrade: Up

Ratings Factors
- Growth: Excellent
- Efficiency: Excellent
- Solvency: Excellent
- Volatility: Excellent
- Dividend: W
- Total Return: Good

Beta
- 3-Year Beta: 0.57

Total Returns (%)

3-Month	6-Month	1-Year	3-Year	5-Year
15.30	24.29	35.45	110.95	223.74

Size
- Total Market Cap: $ 4,383,709,919
- Enterprise Value: $ 4,958,712,919

Revenue & Income
- Annual Revenue: $ 2,658,353,000
- Revenue Growth: 6.5%
- Annual Net Income: $ 221,362,000
- Net Income Growth: 61.21%

Earnings
- Earnings/Share: $ 3.71
- EPS Growth: 60.1%

Effectiveness
- Cash from Operations: $ 509,288,000
- Return on Assets: 2.32%
- Return on Equity: 12.35%

Corporate Information
- Website: www.Selective.com
- Phone Number: 973-948-3000

Valuation
- Earnings (P/E) TTM: 20.0
- Sales (P/S) TTM: 1.7
- Book (P/B) TTM: 2.3

Dividends & Payouts
- Dividend TTM: $ 0.78
- Dividend Yield TTM: 1.1%
- Payout Ratio TTM: 19.586

Business Description
- Industry: Insurance
- Sector: Financials

VII. Expanded Analysis of All A Rated Stocks

Summer 2019

The Progressive Corporation   A   Buy

Ticker	Traded On	Total Market Cap	Dividend & Yield	Stock Price (as of 6/30/19)	52-Week High	52-Week Low
PGR	NYSE	$ 46,537,828,720	$ 2.61 TTM (3.3% TTM)	$ 79.69	$ 84.30	$ 56.71

Ratings
Reward	A+
Risk	B
Recent Up or Downgrade	Up

Ratings Factors
Growth	Excellent
Efficiency	Excellent
Solvency	Excellent
Volatility	Good
Dividend	W
Total Return	Excellent

Beta
3-Year Beta	0.56

Total Returns (%)
3-Month	6-Month	1-Year	3-Year	5-Year
10.19	38.97	39.25	169.71	259.45

Size
Total Market Cap	$ 46,537,828,720
Enterprise Value	$ 51,711,728,720

Revenue & Income
Annual Revenue	$ 33,824,400,000
Revenue Growth	21.1%
Annual Net Income	$ 2,975,700,000
Net Income Growth	57.79%

Earnings
Earnings/Share	$ 5.03
EPS Growth	56.2%

Effectiveness
Cash from Operations	$ 6,406,200,000
Return on Assets	5.54%
Return on Equity	25.67%

Corporate Information
Website	www.progressive.com
Phone Number	440-461-5000

Valuation
Earnings (P/E) TTM	15.8
Sales (P/S) TTM	1.4
Book (P/B) TTM	4.0

Dividends & Payouts
Dividend TTM	$ 2.61
Dividend Yield TTM	3.3%
Payout Ratio TTM	50.2336

Business Description
Industry	Insurance
Sector	Financials

Accenture plc   A-   Buy

Ticker	Traded On	Total Market Cap	Dividend & Yield	Stock Price (as of 6/30/19)	52-Week High	52-Week Low
ACN	NYSE	$ 116,723,000,000	$ 2.92 TTM (1.6% TTM)	$ 183.00	$ 187.31	$ 132.63

Ratings
Reward	A
Risk	B
Recent Up or Downgrade	Up

Ratings Factors
Growth	Excellent
Efficiency	Excellent
Solvency	Excellent
Volatility	Good
Dividend	G
Total Return	Good

Beta
3-Year Beta	1.00

Total Returns (%)
3-Month	6-Month	1-Year	3-Year	5-Year
5.36	31.96	13.19	75.14	150.41

Size
Total Market Cap	$ 116,723,000,000
Enterprise Value	$ 112,380,000,000

Revenue & Income
Annual Revenue	$ 41,524,461,000
Revenue Growth	9.8%
Annual Net Income	$ 4,471,713,000
Net Income Growth	24.59%

Earnings
Earnings/Share	$ 6.87
EPS Growth	20.8%

Effectiveness
Cash from Operations	$ 6,483,954,000
Return on Assets	15.04%
Return on Equity	39.09%

Corporate Information
Website	www.accenture.com
Phone Number	353 1 646 2000

Valuation
Earnings (P/E) TTM	26.6
Sales (P/S) TTM	2.9
Book (P/B) TTM	8.8

Dividends & Payouts
Dividend TTM	$ 2.92
Dividend Yield TTM	1.6%
Payout Ratio TTM	39.7957

Business Description
Industry	Software & Services
Sector	Information Tech

Data as of June 30, 2019

Summer 2019 — VII. Expanded Analysis of All A Rated Stocks

Aflac Incorporated — A- Buy

Ticker	Traded On	Total Market Cap	Dividend & Yield	Stock Price (as of 6/30/19)	52-Week High	52-Week Low
AFL	NYSE	$ 40,665,340,441	$ 1.06 TTM (1.9% TTM)	$ 54.55	$ 55.67	$ 41.45

Ratings
- Reward: A-
- Risk: A-
- Recent Up or Downgrade: Up

Ratings Factors
- Growth: Excellent
- Efficiency: Excellent
- Solvency: Excellent
- Volatility: Excellent
- Dividend: F
- Total Return: Fair

Beta
- 3-Year Beta: 0.46

Total Returns (%)

3-Month	6-Month	1-Year	3-Year	5-Year
10.33	22.66	29.06	69.59	97.37

Size
- Total Market Cap: $ 40,665,340,441
- Enterprise Value: $ 44,643,340,441

Revenue & Income
- Annual Revenue: $ 21,949,000,000
- Revenue Growth: 0.6%
- Annual Net Income: $ 3,130,000,000
- Net Income Growth: -33.81%

Earnings
- Earnings/Share: $ 4.08
- EPS Growth: -31.8%

Effectiveness
- Cash from Operations: $ 6,320,000,000
- Return on Assets: 1.9%
- Return on Equity: 12.44%

Valuation
- Earnings (P/E) TTM: 13.4
- Sales (P/S) TTM: 1.9
- Book (P/B) TTM: 1.6

Dividends & Payouts
- Dividend TTM: $ 1.06
- Dividend Yield TTM: 1.9%
- Payout Ratio TTM: 25.3355

Corporate Information
- Website: www.aflac.com
- Phone Number: 706-323-3431

Business Description
- Industry: Insurance
- Sector: Financials

AllianceBernstein Holding L.P. — A- Buy

Ticker	Traded On	Total Market Cap	Dividend & Yield	Stock Price (as of 6/30/19)	52-Week High	52-Week Low
AB	NYSE	$ 2,765,217,200	$ 2.44 TTM (8.4% TTM)	$ 29.08	$ 31.42	$ 23.34

Ratings
- Reward: A
- Risk: B
- Recent Up or Downgrade:

Ratings Factors
- Growth: Excellent
- Efficiency: Excellent
- Solvency: Excellent
- Volatility: Good
- Dividend: E
- Total Return: Fair

Beta
- 3-Year Beta: 1.03

Total Returns (%)

3-Month	6-Month	1-Year	3-Year	5-Year
2.25	12.63	10.21	71.82	70.69

Size
- Total Market Cap: $ 2,765,217,200
- Enterprise Value: $

Revenue & Income
- Annual Revenue: $ 257,587,000
- Revenue Growth: 3.7%
- Annual Net Income: $ 230,676,000
- Net Income Growth: 4.06%

Earnings
- Earnings/Share: $ 2.39
- EPS Growth: 2.1%

Effectiveness
- Cash from Operations: $ 259,053,000
- Return on Assets: 10.77%
- Return on Equity: 15.43%

Valuation
- Earnings (P/E) TTM: 12.2
- Sales (P/S) TTM: 10.8
- Book (P/B) TTM: 1.9

Dividends & Payouts
- Dividend TTM: $ 2.44
- Dividend Yield TTM: 8.4%
- Payout Ratio TTM: 112.5943

Corporate Information
- Website: www.alliancebernstein.com
- Phone Number: 212-969-1000

Business Description
- Industry: Diversified Financials
- Sector: Financials

VII. Expanded Analysis of All A Rated Stocks

Ares Capital Corporation — A- Buy

Ticker	Traded On	Total Market Cap	Dividend & Yield	Stock Price (as of 6/30/19)	52-Week High	52-Week Low
ARCC	NAS GS	$ 7,558,267,086	$ 1.62 TTM (9.1% TTM)	$ 17.73	$ 18.24	$ 14.5

Ratings
- Reward: A
- Risk: B
- Recent Up or Downgrade: Up

Ratings Factors
- Growth: Good
- Efficiency: Excellent
- Solvency: Excellent
- Volatility: Good
- Dividend: E
- Total Return: Fair

Beta
- 3-Year Beta: 0.60

Total Returns (%)

3-Month	6-Month	1-Year	3-Year	5-Year
6.03	19.39	18.47	66.30	60.32

Size
- Total Market Cap: $ 7,558,267,086
- Enterprise Value: $ 13,321,967,086

Revenue & Income
- Annual Revenue: $ 1,393,000,000
- Revenue Growth: 15.9%
- Annual Net Income: $ 830,000,000
- Net Income Growth: 4.93%

Earnings
- Earnings/Share: $ 1.94
- EPS Growth: 4.7%

Effectiveness
- Cash from Operations: $ -102,000,000
- Return on Assets: 4.76%
- Return on Equity: 11.43%

Corporate Information
- Website: www.arescapitalcorp.com
- Phone Number: 212-750-7300

Valuation
- Earnings (P/E) TTM: 9.1
- Sales (P/S) TTM: 5.4
- Book (P/B) TTM: 1.0

Dividends & Payouts
- Dividend TTM: $ 1.62
- Dividend Yield TTM: 9.1%
- Payout Ratio TTM: 80

Business Description
- Industry: Diversified Financials
- Sector: Financials

Arthur J. Gallagher & Co. — A- Buy

Ticker	Traded On	Total Market Cap	Dividend & Yield	Stock Price (as of 6/30/19)	52-Week High	52-Week Low
AJG	NYSE	$ 15,920,556,880	$ 1.68 TTM (2.0% TTM)	$ 85.94	$ 88.58	$ 64.54

Ratings
- Reward: A-
- Risk: A-
- Recent Up or Downgrade:

Ratings Factors
- Growth: Excellent
- Efficiency: Excellent
- Solvency: Excellent
- Volatility: Excellent
- Dividend: F
- Total Return: Good

Beta
- 3-Year Beta: 0.53

Total Returns (%)

3-Month	6-Month	1-Year	3-Year	5-Year
11.97	19.73	34.80	104.54	112.17

Size
- Total Market Cap: $ 15,920,556,880
- Enterprise Value: $ 19,752,556,880

Revenue & Income
- Annual Revenue: $ 6,806,700,000
- Revenue Growth: 9.1%
- Annual Net Income: $ 693,900,000
- Net Income Growth: 31.87%

Earnings
- Earnings/Share: $ 3.69
- EPS Growth: 29.0%

Effectiveness
- Cash from Operations: $ 886,500,000
- Return on Assets: 2.36%
- Return on Equity: 15.54%

Corporate Information
- Website: www.ajg.com
- Phone Number: 630-773-3800

Valuation
- Earnings (P/E) TTM: 23.3
- Sales (P/S) TTM: 2.4
- Book (P/B) TTM: 3.3

Dividends & Payouts
- Dividend TTM: $ 1.68
- Dividend Yield TTM: 2.0%
- Payout Ratio TTM: 43.9977

Business Description
- Industry: Insurance
- Sector: Financials

Data as of June 30, 2019

BHP Group A- Buy

Ticker BHPLF	**Traded On** OTC PK	**Total Market Cap** $ 140,041,000,000

Dividend & Yield	$ 1.18 TTM (4.1% TTM)
Stock Price (as of 6/30/19)	$ 28.82
52-Week High	$ 28.83
52-Week Low	$ 21.47

Ratings
Reward	A-
Risk	B
Recent Up or Downgrade	

Ratings Factors
Growth	Excellent
Efficiency	Excellent
Solvency	Excellent
Volatility	Good
Dividend	G
Total Return	Fair

Beta
3-Year Beta	0.39

Total Returns (%)
3-Month	6-Month	1-Year	3-Year	5-Year
6.69	27.24	28.21	149.07	6.44

Size
Total Market Cap	$ 140,041,000,000
Enterprise Value	$ 155,698,000,000

Revenue & Income
Annual Revenue	$ 43,907,000,000
Revenue Growth	16.0%
Annual Net Income	$ 5,454,000,000
Net Income Growth	16.02%

Earnings
Earnings/Share	$ 1.02
EPS Growth	16.3%

Effectiveness
Cash from Operations	$ 18,392,000,000
Return on Assets	9.15%
Return on Equity	16.65%

Corporate Information
Website	www.bhp.com
Phone Number	61 3 1300 55 47 57

Valuation
Earnings (P/E) TTM	28.1
Sales (P/S) TTM	3.5
Book (P/B) TTM	3.0

Dividends & Payouts
Dividend TTM	$ 1.18
Dividend Yield TTM	4.1%
Payout Ratio TTM	116.52

Business Description
Industry	Materials
Sector	Materials

Booz Allen Hamilton Holding Corporation A- Buy

Ticker BAH	**Traded On** NYSE	**Total Market Cap** $ 9,271,484,635

Dividend & Yield	$ 0.84 TTM (1.3% TTM)
Stock Price (as of 6/30/19)	$ 66.20
52-Week High	$ 67.00
52-Week Low	$ 42.91

Ratings
Reward	A
Risk	B
Recent Up or Downgrade	

Ratings Factors
Growth	Excellent
Efficiency	Excellent
Solvency	Excellent
Volatility	Good
Dividend	W
Total Return	Excellent

Beta
3-Year Beta	0.91

Total Returns (%)
3-Month	6-Month	1-Year	3-Year	5-Year
14.70	48.27	54.58	149.09	258.21

Size
Total Market Cap	$ 9,271,484,635
Enterprise Value	$ 10,830,731,635

Revenue & Income
Annual Revenue	$ 6,704,037,000
Revenue Growth	8.7%
Annual Net Income	$ 418,529,000
Net Income Growth	38.73%

Earnings
Earnings/Share	$ 2.91
EPS Growth	43.2%

Effectiveness
Cash from Operations	$ 499,610,000
Return on Assets	10.03%
Return on Equity	67.62%

Corporate Information
Website	www.boozallen.com
Phone Number	703-902-5000

Valuation
Earnings (P/E) TTM	22.8
Sales (P/S) TTM	1.4
Book (P/B) TTM	13.7

Dividends & Payouts
Dividend TTM	$ 0.84
Dividend Yield TTM	1.3%
Payout Ratio TTM	27.2942

Business Description
Industry	Software & Services
Sector	Information Tech

VII. Expanded Analysis of All A Rated Stocks

Summer 2019

Brown & Brown, Inc.   A- Buy

Ticker	Traded On	Total Market Cap	Dividend & Yield	Stock Price (as of 6/30/19)	52-Week High	52-Week Low
BRO	NYSE	$ 9,349,706,786	$ 0.32 TTM (1.0% TTM)	$ 33.15	$ 33.46	$ 25.72

Ratings
Reward	A-
Risk	B+
Recent Up or Downgrade	Up

Ratings Factors
Growth	Excellent
Efficiency	Excellent
Solvency	Excellent
Volatility	Good
Dividend	W
Total Return	Good

Beta
3-Year Beta	0.61

Total Returns (%)
3-Month	6-Month	1-Year	3-Year	5-Year
13.00	22.61	21.54	92.03	130.23

Size
Total Market Cap	$ 9,349,706,786
Enterprise Value	$ 10,710,547,786

Revenue & Income
Annual Revenue	$ 2,126,982,000
Revenue Growth	11.2%
Annual Net Income	$ 367,323,000
Net Income Growth	-12.61%

Earnings
Earnings/Share	$ 1.30
EPS Growth	-12.2%

Effectiveness
Cash from Operations	$ 493,404,000
Return on Assets	6.07%
Return on Equity	12.52%

Corporate Information
Website	www.bbinsurance.com
Phone Number	386-252-9601

Valuation
Earnings (P/E) TTM	25.5
Sales (P/S) TTM	4.4
Book (P/B) TTM	3.0

Dividends & Payouts
Dividend TTM	$ 0.32
Dividend Yield TTM	1.0%
Payout Ratio TTM	23.5057

Business Description
Industry	Insurance
Sector	Financials

CAE Inc.   A- Buy

Ticker	Traded On	Total Market Cap	Dividend & Yield	Stock Price (as of 6/30/19)	52-Week High	52-Week Low
CAE	NYSE	$ 7,053,099,983	$ 0.40 TTM (1.5% TTM)	$ 26.54	$ 27.42	$ 16.96

Ratings
Reward	A
Risk	B
Recent Up or Downgrade	

Ratings Factors
Growth	Excellent
Efficiency	Excellent
Solvency	Good
Volatility	Good
Dividend	W
Total Return	Good

Beta
3-Year Beta	0.80

Total Returns (%)
3-Month	6-Month	1-Year	3-Year	5-Year
20.01	46.70	32.32	133.83	119.97

Size
Total Market Cap	$ 7,053,099,983
Enterprise Value	$ 8,547,141,797

Revenue & Income
Annual Revenue	$ 2,515,778,200
Revenue Growth	14.2%
Annual Net Income	$ 251,007,700
Net Income Growth	-7.28%

Earnings
Earnings/Share	$ 0.94
EPS Growth	-5.2%

Effectiveness
Cash from Operations	$ 401,727,200
Return on Assets	4.09%
Return on Equity	14.43%

Corporate Information
Website	www.cae.com
Phone Number	514-341-6780

Valuation
Earnings (P/E) TTM	28.2
Sales (P/S) TTM	2.8
Book (P/B) TTM	4.0

Dividends & Payouts
Dividend TTM	$ 0.40
Dividend Yield TTM	1.5%
Payout Ratio TTM	30.3337

Business Description
Industry	Capital Goods
Sector	Industrials

Data as of June 30, 2019

Canadian Apartment Properties Real Estate Investment Trust A- Buy

Ticker	Traded On	Total Market Cap	Dividend & Yield	Stock Price (as of 6/30/19)	52-Week High	52-Week Low
CARUN.TO	TSX	$ 5,920,715,636	$ 1.35 TTM (2.8% TTM)	$ 48.64	$ 52.10	$ 42.26

Ratings
Reward	A-
Risk	B+
Recent Up or Downgrade	

Ratings Factors
Growth	Excellent
Efficiency	Excellent
Solvency	Excellent
Volatility	Good
Dividend	F
Total Return	Fair

Beta
3-Year Beta	0.29

Total Returns (%)
3-Month	6-Month	1-Year	3-Year	5-Year
-4.96	10.95	17.48	67.46	157.16

Size
Total Market Cap	$ 5,920,715,636
Enterprise Value	$ 9,207,556,578

Revenue & Income
Annual Revenue	$ 535,167,500
Revenue Growth	5.3%
Annual Net Income	$ 1,006,670,500
Net Income Growth	61.15%

Earnings
Earnings/Share	$ 6.86
EPS Growth	51.3%

Effectiveness
Cash from Operations	$ 330,260,800
Return on Assets	2.23%
Return on Equity	22.19%

Corporate Information
Website	www.caprent.com
Phone Number	416-861-9404

Valuation
Earnings (P/E) TTM	7.1
Sales (P/S) TTM	13.9
Book (P/B) TTM	1.5

Dividends & Payouts
Dividend TTM	$ 1.35
Dividend Yield TTM	2.8%
Payout Ratio TTM	10.449

Business Description
Industry	Real Estate
Sector	Real Estate

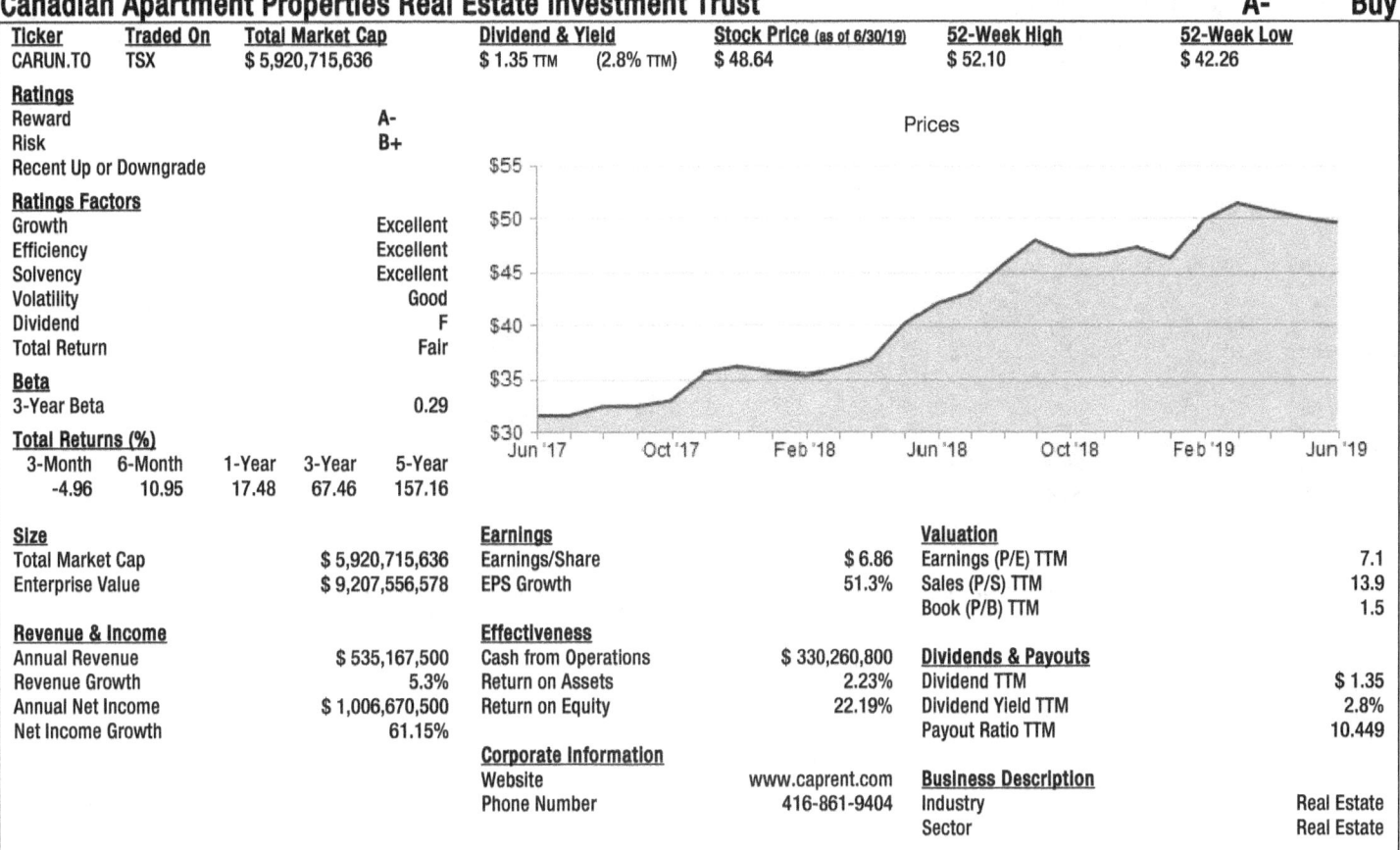

Capital Power Corporation A- Buy

Ticker	Traded On	Total Market Cap	Dividend & Yield	Stock Price (as of 6/30/19)	52-Week High	52-Week Low
CPX.TO	TSX	$ 2,441,244,022	$ 1.79 TTM (6.0% TTM)	$ 29.91	$ 32.44	$ 24.79

Ratings
Reward	A-
Risk	B
Recent Up or Downgrade	Up

Ratings Factors
Growth	Excellent
Efficiency	Excellent
Solvency	Good
Volatility	Good
Dividend	G
Total Return	Fair

Beta
3-Year Beta	0.33

Total Returns (%)
3-Month	6-Month	1-Year	3-Year	5-Year
-4.81	15.31	25.12	90.65	55.33

Size
Total Market Cap	$ 2,441,244,022
Enterprise Value	$ 4,286,605,475

Revenue & Income
Annual Revenue	$ 1,016,551,900
Revenue Growth	28.4%
Annual Net Income	$ 222,265,000
Net Income Growth	118.7%

Earnings
Earnings/Share	$ 1.85
EPS Growth	151.3%

Effectiveness
Cash from Operations	$ 450,093,200
Return on Assets	3.11%
Return on Equity	9.51%

Corporate Information
Website	www.capitalpower.com
Phone Number	780-392-5100

Valuation
Earnings (P/E) TTM	16.2
Sales (P/S) TTM	3.0
Book (P/B) TTM	1.4

Dividends & Payouts
Dividend TTM	$ 1.79
Dividend Yield TTM	6.0%
Payout Ratio TTM	75.7866

Business Description
Industry	Utilities
Sector	Utilities

VII. Expanded Analysis of All A Rated Stocks

Summer 2019

Capital Southwest Corporation

A- **Buy**

Ticker	Traded On	Total Market Cap
CSWC	NAS GS	$ 367,690,925

Dividend & Yield: $ 1.87 TTM (8.9% TTM)
Stock Price (as of 6/30/19): $ 21.01
52-Week High: $ 24.18
52-Week Low: $ 17.22

Ratings
- Reward: B+
- Risk: A-
- Recent Up or Downgrade:

Ratings Factors
- Growth: Fair
- Efficiency: Excellent
- Solvency: Excellent
- Volatility: Excellent
- Dividend: E
- Total Return: Fair

Beta
- 3-Year Beta: 0.28

Total Returns (%)

3-Month	6-Month	1-Year	3-Year	5-Year
0.99	12.12	25.04	94.26	-24.71

Size
- Total Market Cap: $ 367,690,925
- Enterprise Value: $ 573,865,925

Revenue & Income
- Annual Revenue: $ 51,882,000
- Revenue Growth: 47.7%
- Annual Net Income: $ 33,059,000
- Net Income Growth: -15.9%

Earnings
- Earnings/Share: $ 1.98
- EPS Growth: -18.8%

Effectiveness
- Cash from Operations: $ -94,706,000
- Return on Assets: 4.76%
- Return on Equity: 10.42%

Corporate Information
- Website: www.capitalsouthwest.com
- Phone Number: 214-238-5700

Valuation
- Earnings (P/E) TTM: 10.6
- Sales (P/S) TTM: 7.0
- Book (P/B) TTM: 1.1

Dividends & Payouts
- Dividend TTM: $ 1.87
- Dividend Yield TTM: 8.9%
- Payout Ratio TTM: 77.6518

Business Description
- Industry: Diversified Financials
- Sector: Financials

CGI Inc.

A- **Buy**

Ticker	Traded On	Total Market Cap
GIB	NYSE	$ 20,961,064,568

Dividend & Yield: $ TTM (% TTM)
Stock Price (as of 6/30/19): $ 76.70
52-Week High: $ 78.05
52-Week Low: $ 57.35

Ratings
- Reward: A-
- Risk: A-
- Recent Up or Downgrade:

Ratings Factors
- Growth: Excellent
- Efficiency: Excellent
- Solvency: Excellent
- Volatility: Excellent
- Dividend: --
- Total Return: Good

Beta
- 3-Year Beta: 0.55

Total Returns (%)

3-Month	6-Month	1-Year	3-Year	5-Year
12.02	27.71	22.25	83.89	116.18

Size
- Total Market Cap: $ 20,961,064,568
- Enterprise Value: $ 22,206,029,824

Revenue & Income
- Annual Revenue: $ 8,973,863,400
- Revenue Growth: 2.7%
- Annual Net Income: $ 923,335,200
- Net Income Growth: 13.49%

Earnings
- Earnings/Share: $ 3.26
- EPS Growth: 18.4%

Effectiveness
- Cash from Operations: $ 1,150,451,800
- Return on Assets: 8.8%
- Return on Equity: 17.51%

Corporate Information
- Website: www.cgi.com
- Phone Number: 514-841-3200

Valuation
- Earnings (P/E) TTM: 23.5
- Sales (P/S) TTM: 2.4
- Book (P/B) TTM: 4.0

Dividends & Payouts
- Dividend TTM: $
- Dividend Yield TTM: %
- Payout Ratio TTM:

Business Description
- Industry: Software & Services
- Sector: Information Tech

Data as of June 30, 2019

Summer 2019 — VII. Expanded Analysis of All A Rated Stocks

Cisco Systems, Inc.   A-   Buy

Ticker	Traded On	Total Market Cap	Dividend & Yield	Stock Price (as of 6/30/19)	52-Week High	52-Week Low
CSCO	NAS GS	$ 238,565,000,000	$ 1.34 TTM (2.4% TTM)	$ 55.73	$ 58.15	$ 40.25

Ratings
Reward: A-
Risk: B+
Recent Up or Downgrade: Up

Ratings Factors
Growth: Good
Efficiency: Excellent
Solvency: Excellent
Volatility: Good
Dividend: G
Total Return: Good

Beta
3-Year Beta: 1.02

Total Returns (%)

3-Month	6-Month	1-Year	3-Year	5-Year
5.10	32.14	33.54	120.83	162.82

Size
Total Market Cap: $ 238,565,000,000
Enterprise Value: $ 227,631,000,000

Revenue & Income
Annual Revenue: $ 51,320,000,000
Revenue Growth: 5.6%
Annual Net Income: $ 13,218,000,000
Net Income Growth: 1,141.61%

Earnings
Earnings/Share: $ 2.90
EPS Growth: 1,203.6%

Effectiveness
Cash from Operations: $ 15,989,000,000
Return on Assets: 8.13%
Return on Equity: 31.67%

Corporate Information
Website: www.cisco.com
Phone Number: 408-526-4000

Valuation
Earnings (P/E) TTM: 19.2
Sales (P/S) TTM: 4.8
Book (P/B) TTM: 6.5

Dividends & Payouts
Dividend TTM: $ 1.34
Dividend Yield TTM: 2.4%
Payout Ratio TTM: 45.5742

Business Description
Industry: Tech Hardware & Equip
Sector: Information Tech

CSX Corporation   A-   Buy

Ticker	Traded On	Total Market Cap	Dividend & Yield	Stock Price (as of 6/30/19)	52-Week High	52-Week Low
CSX	NAS GS	$ 61,860,562,265	$ 0.92 TTM (1.2% TTM)	$ 76.45	$ 80.73	$ 58.47

Ratings
Reward: A
Risk: B
Recent Up or Downgrade: Up

Ratings Factors
Growth: Excellent
Efficiency: Excellent
Solvency: Excellent
Volatility: Good
Dividend: W
Total Return: Excellent

Beta
3-Year Beta: 1.24

Total Returns (%)

3-Month	6-Month	1-Year	3-Year	5-Year
3.04	23.95	21.73	219.20	172.43

Size
Total Market Cap: $ 61,860,562,265
Enterprise Value: $ 76,188,562,265

Revenue & Income
Annual Revenue: $ 12,387,000,000
Revenue Growth: 8.5%
Annual Net Income: $ 3,448,000,000
Net Income Growth: -40.59%

Earnings
Earnings/Share: $ 4.09
EPS Growth: -36.5%

Effectiveness
Cash from Operations: $ 4,848,000,000
Return on Assets: 8.28%
Return on Equity: 25.7%

Corporate Information
Website: www.csx.com
Phone Number: 904-359-3200

Valuation
Earnings (P/E) TTM: 18.7
Sales (P/S) TTM: 5.0
Book (P/B) TTM: 5.0

Dividends & Payouts
Dividend TTM: $ 0.92
Dividend Yield TTM: 1.2%
Payout Ratio TTM: 21.8097

Business Description
Industry: Transportation
Sector: Industrials

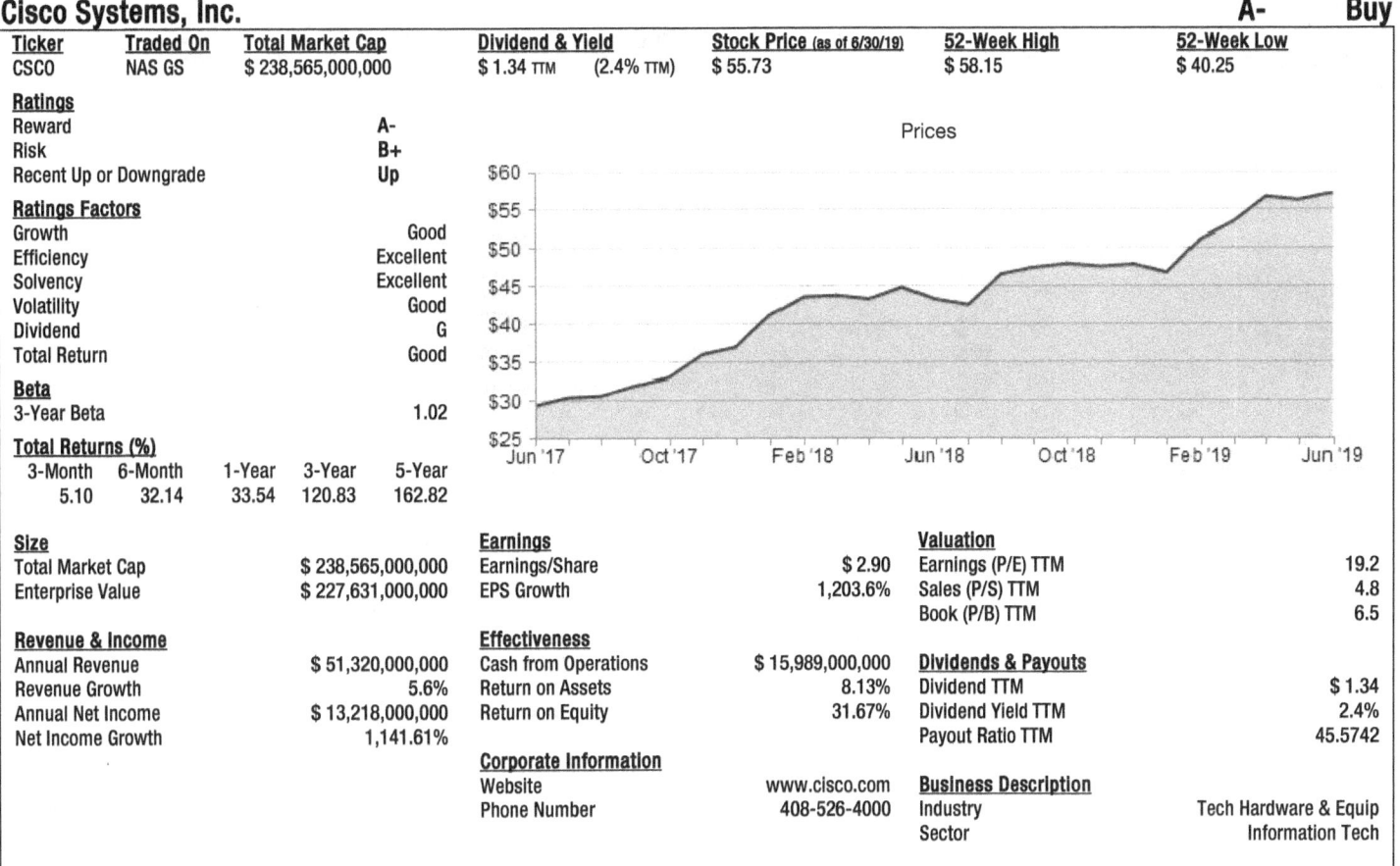

https://greyhouse.weissratings.com — Data as of June 30, 2019

VII. Expanded Analysis of All A Rated Stocks

Dream Industrial Real Estate Investment Trust A- Buy

Ticker	Traded On	Total Market Cap	Dividend & Yield	Stock Price (as of 6/30/19)	52-Week High	52-Week Low
DIRUN.TO	TSX	$ 1,070,807,423	$ 0.70 TTM (6.0% TTM)	$ 11.74	$ 12.36	$ 9.25

Ratings
- Reward: A
- Risk: B
- Recent Up or Downgrade:

Ratings Factors
- Growth: Excellent
- Efficiency: Good
- Solvency: Excellent
- Volatility: Good
- Dividend: G
- Total Return: Good

Beta
- 3-Year Beta: 0.56

Total Returns (%)

3-Month	6-Month	1-Year	3-Year	5-Year
0.07	26.39	21.59	67.62	77.46

Size
- Total Market Cap: $ 1,070,807,423
- Enterprise Value: $ 1,848,141,934

Revenue & Income
- Annual Revenue: $ 151,950,900
- Revenue Growth: 8.9%
- Annual Net Income: $ 79,645,000
- Net Income Growth: 50.91%

Earnings
- Earnings/Share: $ 0.88
- EPS Growth: 25.2%

Effectiveness
- Cash from Operations: $ 62,592,900
- Return on Assets: 3.5%
- Return on Equity: 11.26%

Corporate Information
- Website: www.dream.ca/industrial
- Phone Number: 416-365-3535

Valuation
- Earnings (P/E) TTM: 13.4
- Sales (P/S) TTM: 8.3
- Book (P/B) TTM: 1.5

Dividends & Payouts
- Dividend TTM: $ 0.70
- Dividend Yield TTM: 6.0%
- Payout Ratio TTM: 44.166

Business Description
- Industry: Real Estate
- Sector: Real Estate

ESCO Technologies Inc. A- Buy

Ticker	Traded On	Total Market Cap	Dividend & Yield	Stock Price (as of 6/30/19)	52-Week High	52-Week Low
ESE	NYSE	$ 2,076,916,075	$ 0.32 TTM (0.4% TTM)	$ 79.95	$ 79.95	$ 56.7

Ratings
- Reward: A-
- Risk: B
- Recent Up or Downgrade: Up

Ratings Factors
- Growth: Excellent
- Efficiency: Excellent
- Solvency: Excellent
- Volatility: Good
- Dividend: W
- Total Return: Good

Beta
- 3-Year Beta: 1.13

Total Returns (%)

3-Month	6-Month	1-Year	3-Year	5-Year
21.03	22.94	39.85	110.59	138.85

Size
- Total Market Cap: $ 2,076,916,075
- Enterprise Value: $ 2,259,062,075

Revenue & Income
- Annual Revenue: $ 799,855,000
- Revenue Growth: 10.1%
- Annual Net Income: $ 83,585,000
- Net Income Growth: 9.28%

Earnings
- Earnings/Share: $ 3.20
- EPS Growth: 9.0%

Effectiveness
- Cash from Operations: $ 76,780,000
- Return on Assets: 5.47%
- Return on Equity: 11.04%

Corporate Information
- Website: www.escotechnologies.com
- Phone Number: 314-213-7200

Valuation
- Earnings (P/E) TTM: 25.0
- Sales (P/S) TTM: 2.6
- Book (P/B) TTM: 2.6

Dividends & Payouts
- Dividend TTM: $ 0.32
- Dividend Yield TTM: 0.4%
- Payout Ratio TTM: 9.918

Business Description
- Industry: Capital Goods
- Sector: Industrials

Data as of June 30, 2019

Summer 2019 — VII. Expanded Analysis of All A Rated Stocks

Garmin Ltd. A- Buy

Ticker	**Traded On**	**Total Market Cap**
GRMN	NAS GS	$ 15,239,029,044

Dividend & Yield: $ 2.16 TTM (2.7% TTM)
Stock Price (as of 6/30/19): $ 80.27
52-Week High: $ 89.72
52-Week Low: $ 59.92

Ratings
- Reward: A
- Risk: B+
- Recent Up or Downgrade: Down

Ratings Factors
- Growth: Excellent
- Efficiency: Excellent
- Solvency: Excellent
- Volatility: Good
- Dividend: E
- Total Return: Good

Beta
- 3-Year Beta: 1.25

Total Returns (%)

3-Month	6-Month	1-Year	3-Year	5-Year
-5.57	29.51	35.58	119.57	60.47

Size
- Total Market Cap: $ 15,239,029,044
- Enterprise Value: $ 13,968,970,044

Revenue & Income
- Annual Revenue: $ 3,402,621,000
- Revenue Growth: 6.6%
- Annual Net Income: $ 704,879,000
- Net Income Growth: 17.48%

Earnings
- Earnings/Share: $ 3.71
- EPS Growth: 16.6%

Effectiveness
- Cash from Operations: $ 869,912,000
- Return on Assets: 9.71%
- Return on Equity: 16.96%

Corporate Information
- Website: www.garmin.com
- Phone Number: 41 52 630 1600

Valuation
- Earnings (P/E) TTM: 21.6
- Sales (P/S) TTM: 4.5
- Book (P/B) TTM: 3.5

Dividends & Payouts
- Dividend TTM: $ 2.16
- Dividend Yield TTM: 2.7%
- Payout Ratio TTM: 56.8452

Business Description
- Industry: Consumer Durables/Apparel
- Sector: Consumer Discretn

Granite Real Estate Investment Trust A- Buy

Ticker	**Traded On**	**Total Market Cap**
GRTUN.TO	TSX	$ 2,280,633,194

Dividend & Yield: $ 2.76 TTM (4.6% TTM)
Stock Price (as of 6/30/19): $ 60.54
52-Week High: $ 64.66
52-Week Low: $ 52.37

Ratings
- Reward: A-
- Risk: B+
- Recent Up or Downgrade:

Ratings Factors
- Growth: Excellent
- Efficiency: Excellent
- Solvency: Excellent
- Volatility: Good
- Dividend: G
- Total Return: Fair

Beta
- 3-Year Beta: 0.40

Total Returns (%)

3-Month	6-Month	1-Year	3-Year	5-Year
-4.85	16.62	18.84	83.82	101.61

Size
- Total Market Cap: $ 2,280,633,194
- Enterprise Value: $ 2,861,316,329

Revenue & Income
- Annual Revenue: $ 189,850,100
- Revenue Growth: 0.2%
- Annual Net Income: $ 360,335,900
- Net Income Growth: 14.88%

Earnings
- Earnings/Share: $ 7.88
- EPS Growth: 17.5%

Effectiveness
- Cash from Operations: $ 121,949,000
- Return on Assets: 3.04%
- Return on Equity: 20.21%

Corporate Information
- Website: www.granitereit.com
- Phone Number: 647-925-7500

Valuation
- Earnings (P/E) TTM: 7.7
- Sales (P/S) TTM: 14.6
- Book (P/B) TTM: 1.5

Dividends & Payouts
- Dividend TTM: $ 2.76
- Dividend Yield TTM: 4.6%
- Payout Ratio TTM: 26.5338

Business Description
- Industry: Real Estate
- Sector: Real Estate

https://greyhouse.weissratings.com Data as of June 30, 2019

VII. Expanded Analysis of All A Rated Stocks

Summer 2019

Independence Holding Company

A- **Buy**

Ticker	Traded On	Total Market Cap	Dividend & Yield	Stock Price (as of 6/30/19)	52-Week High	52-Week Low
IHC	NYSE	$ 567,588,634	$ 0.35 TTM (0.9% TTM)	$ 38.00	$ 41.04	$ 32.8

Ratings
Reward	A
Risk	B
Recent Up or Downgrade	

Ratings Factors
Growth	Excellent
Efficiency	Excellent
Solvency	Excellent
Volatility	Good
Dividend	--
Total Return	Good

Beta
3-Year Beta	0.42

Total Returns (%)
3-Month	6-Month	1-Year	3-Year	5-Year
7.46	8.81	14.84	125.92	179.03

Size
Total Market Cap	$ 567,588,634
Enterprise Value	$ 559,329,634

Revenue & Income
Annual Revenue	$ 356,653,000
Revenue Growth	5.8%
Annual Net Income	$ 30,248,000
Net Income Growth	-31.36%

Earnings
Earnings/Share	$ 2.01
EPS Growth	-28.8%

Effectiveness
Cash from Operations	$ 50,252,000
Return on Assets	2.32%
Return on Equity	6.87%

Corporate Information
Website	www.ihcgroup.com
Phone Number	203-358-8000

Valuation
Earnings (P/E) TTM	18.9
Sales (P/S) TTM	1.6
Book (P/B) TTM	1.2

Dividends & Payouts
Dividend TTM	$ 0.35
Dividend Yield TTM	0.9%
Payout Ratio TTM	14.7613

Business Description
Industry	Insurance
Sector	Financials

InterRent Real Estate Investment Trust

A- **Buy**

Ticker	Traded On	Total Market Cap	Dividend & Yield	Stock Price (as of 6/30/19)	52-Week High	52-Week Low
IIPUN.TO	TSX	$ 1,121,175,457	$ 0.28 TTM (2.1% TTM)	$ 13.74	$ 14.79	$ 10.66

Ratings
Reward	A-
Risk	B+
Recent Up or Downgrade	Up

Ratings Factors
Growth	Good
Efficiency	Excellent
Solvency	Excellent
Volatility	Good
Dividend	F
Total Return	Fair

Beta
3-Year Beta	-0.11

Total Returns (%)
3-Month	6-Month	1-Year	3-Year	5-Year
-6.27	6.53	29.10	91.19	179.91

Size
Total Market Cap	$ 1,121,175,457
Enterprise Value	$ 1,772,585,764

Revenue & Income
Annual Revenue	$ 99,732,300
Revenue Growth	12.0%
Annual Net Income	$ 148,390,000
Net Income Growth	4.7%

Earnings
Earnings/Share	$ 1.48
EPS Growth	-13.2%

Effectiveness
Cash from Operations	$ 41,197,400
Return on Assets	1.66%
Return on Equity	18.97%

Corporate Information
Website	www.interrentreit.com
Phone Number	(613) 569-5699

Valuation
Earnings (P/E) TTM	9.3
Sales (P/S) TTM	14.6
Book (P/B) TTM	1.7

Dividends & Payouts
Dividend TTM	$ 0.28
Dividend Yield TTM	2.1%
Payout Ratio TTM	10.636

Business Description
Industry	Real Estate
Sector	Real Estate

Data as of June 30, 2019

Summer 2019 — VII. Expanded Analysis of All A Rated Stocks

MMA Capital Holdings, Inc. — A- Buy

Ticker	Traded On	Total Market Cap	Dividend & Yield	Stock Price (as of 6/30/19)	52-Week High	52-Week Low
MMAC	NAS CM	$ 199,477,770	$ TTM (% TTM)	$ 33.90	$ 35.50	$ 20.02

Ratings
- Reward: A-
- Risk: A-
- Recent Up or Downgrade: Up

Ratings Factors
- Growth: Fair
- Efficiency: Excellent
- Solvency: Excellent
- Volatility: Excellent
- Dividend: --
- Total Return: Good

Beta
- 3-Year Beta: 0.91

Total Returns (%)

3-Month	6-Month	1-Year	3-Year	5-Year
11.11	33.41	32.16	88.33	264.52

Size
- Total Market Cap: $ 199,477,770
- Enterprise Value: $ 308,025,770

Revenue & Income
- Annual Revenue: $ 13,847,000
- Revenue Growth: 4.9%
- Annual Net Income: $ 45,544,000
- Net Income Growth: 10.58%

Earnings
- Earnings/Share: $ 6.79
- EPS Growth: -3.6%

Effectiveness
- Cash from Operations: $ 18,746,000
- Return on Assets: 0.2%
- Return on Equity: 15.75%

Corporate Information
- Website: mmacapitalholdings.com
- Phone Number: 443-263-2900

Valuation
- Earnings (P/E) TTM: 5.0
- Sales (P/S) TTM: 14.4
- Book (P/B) TTM: 0.9

Dividends & Payouts
- Dividend TTM: $
- Dividend Yield TTM: %
- Payout Ratio TTM:

Business Description
- Industry: Banks
- Sector: Financials

NextEra Energy, Inc. — A- Buy

Ticker	Traded On	Total Market Cap	Dividend & Yield	Stock Price (as of 6/30/19)	52-Week High	52-Week Low
NEEPRR	NYSE	$ 97,966,222,774	$ 3.06 TTM (4.7% TTM)	$ 65.39	$ 66.51	$ 55.46

Ratings
- Reward: A-
- Risk: B
- Recent Up or Downgrade:

Ratings Factors
- Growth: Fair
- Efficiency: Excellent
- Solvency: Good
- Volatility: Excellent
- Dividend: E
- Total Return: Fair

Beta
- 3-Year Beta: 0.13

Total Returns (%)

3-Month	6-Month	1-Year	3-Year	5-Year
7.04	16.08	21.12		

Size
- Total Market Cap: $ 97,966,222,774
- Enterprise Value: $ 140,892,000,000

Revenue & Income
- Annual Revenue: $ 16,938,000,000
- Revenue Growth: -0.7%
- Annual Net Income: $ 2,891,000,000
- Net Income Growth: -64.86%

Earnings
- Earnings/Share: $ 6.00
- EPS Growth: -65.4%

Effectiveness
- Cash from Operations: $ 6,900,000,000
- Return on Assets: 2.77%
- Return on Equity: 6.9%

Corporate Information
- Website: www.nexteraenergy.com
- Phone Number: 561-694-4000

Valuation
- Earnings (P/E) TTM: 10.9
- Sales (P/S) TTM: 1.9
- Book (P/B) TTM: 0.9

Dividends & Payouts
- Dividend TTM: $ 3.06
- Dividend Yield TTM: 4.7%
- Payout Ratio TTM: 75.2681

Business Description
- Industry: Utilities
- Sector: Utilities

Data as of June 30, 2019

VII. Expanded Analysis of All A Rated Stocks   Summer 2019

Norwood Financial Corp.   A-   Buy

Ticker	Traded On	Total Market Cap	Dividend & Yield	Stock Price (as of 6/30/19)	52-Week High	52-Week Low
NWFL	NAS	$ 207,456,457	$ 0.92 TTM (2.8% TTM)	$ 33.17	$ 40.58	$ 28.08

Ratings
Reward	A-
Risk	B
Recent Up or Downgrade	

Ratings Factors
Growth	Excellent
Efficiency	Good
Solvency	Excellent
Volatility	Good
Dividend	G
Total Return	Good

Beta
3-Year Beta	0.27

Total Returns (%)
3-Month	6-Month	1-Year	3-Year	5-Year
9.05	4.01	-5.59	96.56	109.20

Size
Total Market Cap	$ 207,456,457
Enterprise Value	$

Revenue & Income
Annual Revenue	$ 42,608,000
Revenue Growth	6.4%
Annual Net Income	$ 13,712,000
Net Income Growth	53.19%

Earnings
Earnings/Share	$ 2.18
EPS Growth	52.4%

Effectiveness
Cash from Operations	$ 19,530,000
Return on Assets	%
Return on Equity	11.4%

Corporate Information
Website	www.waynebank.com
Phone Number	570-253-1455

Valuation
Earnings (P/E) TTM	15.2
Sales (P/S) TTM	4.9
Book (P/B) TTM	1.6

Dividends & Payouts
Dividend TTM	$ 0.92
Dividend Yield TTM	2.8%
Payout Ratio TTM	41.1537

Business Description
Industry	Banks
Sector	Financials

Old Point Financial Corporation   A-   Buy

Ticker	Traded On	Total Market Cap	Dividend & Yield	Stock Price (as of 6/30/19)	52-Week High	52-Week Low
OPOF	NAS CM	$ 115,610,271	$ 0.46 TTM (2.1% TTM)	$ 22.23	$ 29.90	$ 19

Ratings
Reward	A-
Risk	B+
Recent Up or Downgrade	

Ratings Factors
Growth	Excellent
Efficiency	Good
Solvency	Excellent
Volatility	Excellent
Dividend	W
Total Return	Good

Beta
3-Year Beta	0.75

Total Returns (%)
3-Month	6-Month	1-Year	3-Year	5-Year
5.77	7.76	-20.84	24.02	58.57

Size
Total Market Cap	$ 115,610,271
Enterprise Value	$

Revenue & Income
Annual Revenue	$ 45,108,000
Revenue Growth	13.9%
Annual Net Income	$ 6,004,000
Net Income Growth	20,803.45%

Earnings
Earnings/Share	$ 1.16
EPS Growth	11,660.0%

Effectiveness
Cash from Operations	$ 10,845,000
Return on Assets	%
Return on Equity	6%

Corporate Information
Website	www.oldpoint.com
Phone Number	757-728-1200

Valuation
Earnings (P/E) TTM	19.2
Sales (P/S) TTM	2.6
Book (P/B) TTM	1.1

Dividends & Payouts
Dividend TTM	$ 0.46
Dividend Yield TTM	2.1%
Payout Ratio TTM	38.8574

Business Description
Industry	Banks
Sector	Financials

Data as of June 30, 2019

Summer 2019 — VII. Expanded Analysis of All A Rated Stocks

Old Republic International Corporation   A-   Buy

Ticker	Traded On	Total Market Cap
ORI	NYSE	$ 6,667,792,366

Dividend & Yield: $ 0.79 TTM (3.5% TTM)
Stock Price (as of 6/30/19): $ 22.34
52-Week High: $ 23.05
52-Week Low: $ 19.55

Ratings
- Reward: A
- Risk: B
- Recent Up or Downgrade: Up

Ratings Factors
- Growth: Excellent
- Efficiency: Excellent
- Solvency: Excellent
- Volatility: Good
- Dividend: G
- Total Return: Fair

Beta
- 3-Year Beta: 0.58

Total Returns (%)

3-Month	6-Month	1-Year	3-Year	5-Year
7.15	10.92	16.10	42.42	74.08

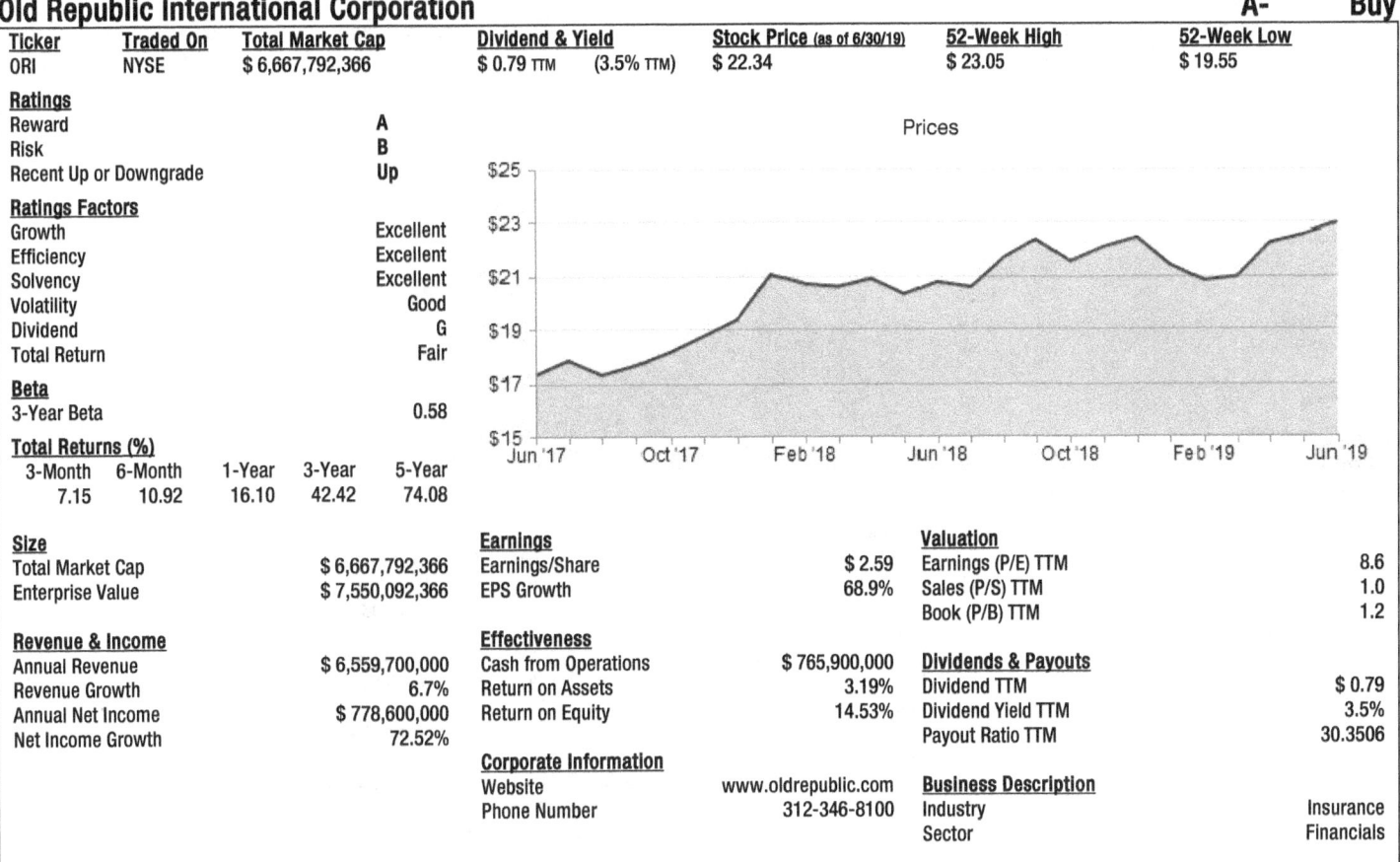

Size
- Total Market Cap: $ 6,667,792,366
- Enterprise Value: $ 7,550,092,366

Revenue & Income
- Annual Revenue: $ 6,559,700,000
- Revenue Growth: 6.7%
- Annual Net Income: $ 778,600,000
- Net Income Growth: 72.52%

Earnings
- Earnings/Share: $ 2.59
- EPS Growth: 68.9%

Effectiveness
- Cash from Operations: $ 765,900,000
- Return on Assets: 3.19%
- Return on Equity: 14.53%

Valuation
- Earnings (P/E) TTM: 8.6
- Sales (P/S) TTM: 1.0
- Book (P/B) TTM: 1.2

Dividends & Payouts
- Dividend TTM: $ 0.79
- Dividend Yield TTM: 3.5%
- Payout Ratio TTM: 30.3506

Corporate Information
- Website: www.oldrepublic.com
- Phone Number: 312-346-8100

Business Description
- Industry: Insurance
- Sector: Financials

Pollard Banknote Limited   A-   Buy

Ticker	Traded On	Total Market Cap
PBL.TO	TSX	$ 471,611,293

Dividend & Yield: $ 0.14 TTM (0.6% TTM)
Stock Price (as of 6/30/19): $ 24.15
52-Week High: $ 27.75
52-Week Low: $ 18.14

Ratings
- Reward: A-
- Risk: B
- Recent Up or Downgrade:

Ratings Factors
- Growth: Excellent
- Efficiency: Excellent
- Solvency: Excellent
- Volatility: Good
- Dividend: W
- Total Return: Good

Beta
- 3-Year Beta: 0.41

Total Returns (%)

3-Month	6-Month	1-Year	3-Year	5-Year
9.77	20.97	13.79	210.93	556.30

Size
- Total Market Cap: $ 471,611,293
- Enterprise Value: $ 565,967,779

Revenue & Income
- Annual Revenue: $ 266,143,200
- Revenue Growth: 10.6%
- Annual Net Income: $ 14,001,500
- Net Income Growth: -7.78%

Earnings
- Earnings/Share: $ 0.54
- EPS Growth: -14.5%

Effectiveness
- Cash from Operations: $ 19,023,200
- Return on Assets: 7.8%
- Return on Equity: 16.86%

Valuation
- Earnings (P/E) TTM: 45.1
- Sales (P/S) TTM: 2.4
- Book (P/B) TTM: 7.0

Dividends & Payouts
- Dividend TTM: $ 0.14
- Dividend Yield TTM: 0.6%
- Payout Ratio TTM: 17.0753

Corporate Information
- Website: www.pollardbanknote.com
- Phone Number: 204-474-2323

Business Description
- Industry: Consumer Services
- Sector: Consumer Discretn

https://greyhouse.weissratings.com   Data as of June 30, 2019

VII. Expanded Analysis of All A Rated Stocks

Summer 2019

Pure Multi-Family REIT LP

A- Buy

Ticker	Traded On	Total Market Cap	Dividend & Yield	Stock Price (as of 6/30/19)	52-Week High	52-Week Low
PMULF	OTC PK	$ 582,596,400	$ 0.38 TTM (7.1% TTM)	$ 5.32	$ 8.80	$ 4.62

Ratings
- Reward: A
- Risk: B
- Recent Up or Downgrade:

Ratings Factors
- Growth: Fair
- Efficiency: Excellent
- Solvency: Excellent
- Volatility: Good
- Dividend: G
- Total Return: Fair

Beta
- 3-Year Beta: 0.07

Total Returns (%)

3-Month	6-Month	1-Year	3-Year	5-Year
-16.96	-7.42	-18.99	10.75	54.21

Size
- Total Market Cap: $ 582,596,400
- Enterprise Value: $ 1,208,357,360

Revenue & Income
- Annual Revenue: $ 110,294,000
- Revenue Growth: 11.0%
- Annual Net Income: $ 51,464,000
- Net Income Growth: 34.68%

Earnings
- Earnings/Share: $ 0.64
- EPS Growth: 25.6%

Effectiveness
- Cash from Operations: $ 54,332,000
- Return on Assets: 2.83%
- Return on Equity: 9.64%

Corporate Information
- Website: www.puremultifamily.com
- Phone Number: 604-681-5959

Valuation
- Earnings (P/E) TTM: 8.3
- Sales (P/S) TTM: 4.0
- Book (P/B) TTM: 0.8

Dividends & Payouts
- Dividend TTM: $ 0.38
- Dividend Yield TTM: 7.1%
- Payout Ratio TTM: 57.7394

Business Description
- Industry: Real Estate
- Sector: Real Estate

Teledyne Technologies Incorporated

A- Buy

Ticker	Traded On	Total Market Cap	Dividend & Yield	Stock Price (as of 6/30/19)	52-Week High	52-Week Low
TDY	NYSE	$ 9,698,660,148	$ TTM (% TTM)	$ 267.65	$ 269.35	$ 189.35

Ratings
- Reward: A
- Risk: B
- Recent Up or Downgrade:

Ratings Factors
- Growth: Excellent
- Efficiency: Excellent
- Solvency: Excellent
- Volatility: Good
- Dividend: --
- Total Return: Good

Beta
- 3-Year Beta: 1.27

Total Returns (%)

3-Month	6-Month	1-Year	3-Year	5-Year
14.59	32.00	34.57	183.44	175.45

Size
- Total Market Cap: $ 9,698,660,148
- Enterprise Value: $ 10,592,860,148

Revenue & Income
- Annual Revenue: $ 2,951,400,000
- Revenue Growth: 8.0%
- Annual Net Income: $ 342,600,000
- Net Income Growth: 30.17%

Earnings
- Earnings/Share: $ 9.21
- EPS Growth: 27.7%

Effectiveness
- Cash from Operations: $ 455,400,000
- Return on Assets: 6.89%
- Return on Equity: 15.55%

Corporate Information
- Website: www.teledyne.com
- Phone Number: 805-373-4545

Valuation
- Earnings (P/E) TTM: 29.1
- Sales (P/S) TTM: 3.4
- Book (P/B) TTM: 4.1

Dividends & Payouts
- Dividend TTM: $
- Dividend Yield TTM: %
- Payout Ratio TTM:

Business Description
- Industry: Capital Goods
- Sector: Industrials

Data as of June 30, 2019

Summer 2019 — VII. Expanded Analysis of All A Rated Stocks

The Wendy's Company — A- Buy

Ticker	Traded On	Total Market Cap
WEN	NAS GS	$ 4,496,811,890

Dividend & Yield: $ 0.37 TTM (1.9% TTM)
Stock Price (as of 6/30/19): $ 19.49
52-Week High: $ 20.14
52-Week Low: $ 14.96

Ratings
Reward	A-
Risk	B
Recent Up or Downgrade	Up

Ratings Factors
Growth	Excellent
Efficiency	Excellent
Solvency	Good
Volatility	Good
Dividend	F
Total Return	Good

Beta
3-Year Beta	0.64

Total Returns (%)
3-Month	6-Month	1-Year	3-Year	5-Year
10.84	26.10	15.96	121.12	154.36

Size
Total Market Cap	$ 4,496,811,890
Enterprise Value	$ 7,876,827,890

Revenue & Income
Annual Revenue	$ 1,290,355,000
Revenue Growth	4.1%
Annual Net Income	$ 471,850,000
Net Income Growth	145.95%

Earnings
Earnings/Share	$ 1.94
EPS Growth	153.5%

Effectiveness
Cash from Operations	$ 217,538,000
Return on Assets	3.56%
Return on Equity	85.5%

Valuation
Earnings (P/E) TTM	10.1
Sales (P/S) TTM	3.6
Book (P/B) TTM	7.0

Dividends & Payouts
Dividend TTM	$ 0.37
Dividend Yield TTM	1.9%
Payout Ratio TTM	17.6425

Corporate Information
Website	www.wendys.com
Phone Number	614-764-3100

Business Description
Industry	Consumer Services
Sector	Consumer Discretn

VeriSign, Inc. — A- Buy

Ticker	Traded On	Total Market Cap
VRSN	NAS GS	$ 24,705,518,487

Dividend & Yield: $ TTM (% TTM)
Stock Price (as of 6/30/19): $ 207.29
52-Week High: $ 214.36
52-Week Low: $ 131.28

Ratings
Reward	A
Risk	B
Recent Up or Downgrade	

Ratings Factors
Growth	Excellent
Efficiency	Excellent
Solvency	Good
Volatility	Good
Dividend	--
Total Return	Excellent

Beta
3-Year Beta	0.83

Total Returns (%)
3-Month	6-Month	1-Year	3-Year	5-Year
14.50	41.13	50.59	150.02	324.69

Size
Total Market Cap	$ 24,705,518,487
Enterprise Value	$ 25,246,319,487

Revenue & Income
Annual Revenue	$ 1,222,089,000
Revenue Growth	3.9%
Annual Net Income	$ 610,753,000
Net Income Growth	28.55%

Earnings
Earnings/Share	$ 5.03
EPS Growth	30.9%

Effectiveness
Cash from Operations	$ 795,108,000
Return on Assets	20.26%
Return on Equity	%

Valuation
Earnings (P/E) TTM	41.3
Sales (P/S) TTM	20.4
Book (P/B) TTM	-17.6

Dividends & Payouts
Dividend TTM	$
Dividend Yield TTM	%
Payout Ratio TTM	

Corporate Information
Website	www.verisign.com
Phone Number	703-948-3200

Business Description
Industry	Software & Services
Sector	Information Tech

https://greyhouse.weissratings.com   Data as of June 30, 2019

VII. Expanded Analysis of All A Rated Stocks
Summer 2019

Waste Management, Inc. — A- Buy

Ticker	Traded On	Total Market Cap	Dividend & Yield	Stock Price (as of 6/30/19)	52-Week High	52-Week Low
WM	NYSE	$ 49,195,130,792	$ 1.96 TTM (1.7% TTM)	$ 115.84	$ 117.34	$ 79.97

Ratings
- Reward: A-
- Risk: B
- Recent Up or Downgrade:

Ratings Factors
- Growth: Excellent
- Efficiency: Excellent
- Solvency: Good
- Volatility: Excellent
- Dividend: F
- Total Return: Good

Beta
- 3-Year Beta: 0.60

Total Returns (%)

3-Month	6-Month	1-Year	3-Year	5-Year
12.50	32.99	46.29	92.65	193.39

Size
- Total Market Cap: $ 49,195,130,792
- Enterprise Value: $ 59,894,130,792

Revenue & Income
- Annual Revenue: $ 15,099,000,000
- Revenue Growth: 3.7%
- Annual Net Income: $ 1,876,000,000
- Net Income Growth: -8.35%

Earnings
- Earnings/Share: $ 4.35
- EPS Growth: -6.4%

Effectiveness
- Cash from Operations: $ 3,651,000,000
- Return on Assets: 7.56%
- Return on Equity: 30.04%

Corporate Information
- Website: www.wm.com
- Phone Number: 713-512-6200

Valuation
- Earnings (P/E) TTM: 26.6
- Sales (P/S) TTM: 3.3
- Book (P/B) TTM: 7.7

Dividends & Payouts
- Dividend TTM: $ 1.96
- Dividend Yield TTM: 1.7%
- Payout Ratio TTM: 43.6567

Business Description
- Industry: Commercial & Prof Services
- Sector: Industrials

Data as of June 30, 2019

Appendix:

Glossary 546

Weiss Ratings Investment Ratings Series 554

Glossary

This section contains an explanation of the fields of data used throughout this guide.

1-Year Total Return
The rate of return on an investment over a period of one year that includes interest, capital gains, dividends and distributions realized.

3-Month Total Return
The rate of return on an investment over a period of three months that includes interest, capital gains, dividends and distributions realized.

3-Year Beta
A three year measure of volatility, or systematic risk, of a security in comparison to the market as a whole. A beta of less than 1 means that the security will be less volatile than the market, a beta larger than 1 means more volatility. Beta value cannot be calculated if less than 24 months of pricing is available.

3-Year Total Return
The rate of return on an investment over a period of three years that includes interest, capital gains, dividends and distributions realized.

5-Year Total Return
The rate of return on an investment over a period of five years that includes interest, capital gains, dividends and distributions realized.

52-Week High
The highest price that a stock has achieved during the previous 52 weeks.

52-Week Low
The lowest price that a stock has achieved during the previous 52 weeks.

6-Month Total Return
The rate of return on an investment over a period of six months that includes interest, capital gains, dividends and distributions realized.

AMEX
American Stock Exchange

BETA (see 3-Year Beta)

Book (P/B) Q (see Price/Book (P/B) Q)

Price to book ratio compares a stock's market daily value to its quarterly book value. This ratio indicates how much shareholders are paying for the net assets of a company and answers the question: how many times a company's stock is trading per share compared to the company's book value per share. A lower P/B could mean that the stock is undervalued and may have a potential for future growth, however, other valuation measures should be considered before investing. Generally, a P/B ratio of 1.0 or less is viewed as good. This is a quarterly figure.

Buy-Hold-Sell Recommendation

Weiss Ratings' opinion of investment action based on a Weiss rating. We recommend buying stocks rated A and B, holding C rated stocks, and selling D and E.

Cash from Operations ($MIL)

Cash flow generated by a company's normal business operations. It indicates whether a company is able to produce positive cash flow to maintain and grow its operations. Values are displayed in millions.

Company Name

Legal name of a firm, the title by which a formally organized or incorporated firm is known as a legal entity or artificial-person. Shown on the certificate of incorporation (firm's 'birth certificate'), it must be displayed clearly at the firm's legal or registered office, and disclosed on all formal documents such as agreements, checks, and official stationery. Also known as corporate name.

Dividend $ (TTM)

A dividend is defined as a payment made by a corporation to its shareholders. Usually these payouts are made in cash (cash dividends), but sometimes companies will also distribute stock dividends, whereby additional stock shares are distributed to shareholders. This is a TTM figure (trailing twelve months), which is a representation of a company's financial performance over the most recent 12 months. TTM uses the latest available financial data from a company's interim, quarterly or annual reports.

Dividend Yield (TTM)

Dividends paid out each year relative to the share price. Expressed as a percentage and measures how much cash flow an investor is getting for each invested dollar. This is a TTM figure (trailing twelve months), which is a representation of a company's financial performance over the most recent 12 months. TTM uses the latest available financial data from a company's interim, quarterly or annual reports.

Dividend Rating Factor
Measures each stock by its dividend-paying ability to reward stocks with higher total return potential.

Dividend/Yield (see Dividend $, Dividend Yield)

Earnings (see Earnings Per Share, Earnings Per Share (EPS) Growth)

Earnings Per Share (Earnings/Share)
The amount of a company's profit that can be allocated to one share of its stock and does not include dilutive effects on convertibles.

Earnings Per Share (EPS) Growth
The percentage change in earnings per share over time. It helps investors to identify the stocks that are increasing or decreasing in profitability. This is a TTM figure (trailing twelve months), which is a representation of a company's financial performance over the most recent 12 months. TTM uses the latest available financial data from a company's interim, quarterly or annual reports.

Effectiveness (see Cash from Operations, Return on Assets, Return on Equity)

Efficiency Rating Factor
Screens for operational efficiency when the price of a stock is in line with the cost it takes to provide them.

Enterprise Value ($MIL)
A measure of a company's total value, often used as a more comprehensive alternative to market capitalization (see Market Capitalization). It includes the company's debt in its calculation and is very important in takeover valuations. Note: Banks do not have enterprise value mainly due to a large variety of the outstanding debt. Values are displayed in millions.

Growth Rating Factor
Evaluates each stock based on components including sales growth, change in cash flow and measures of growth in earnings.

Industry
A classification of companies based on their primary business activities.

Market Capitalization (Market Cap) ($MIL)
A term used by the investment community to identify companies based on their market capitalization value. Values are displayed in millions.

Glossary   **Appendix**

NASDAQ CM
Nasdaq Capital Markets

NASDAQ GS
Nasdaq Global Select Market

NASDAQ
Nasdaq Stock Market

Net Income ($MIL)
The net profit or loss recorded by a company. This figure includes the company's operating profit (income from lending, investing, and fees less interest and overhead expenses) as well as non-operating items such as capital gains on the sale of securities, income taxes, and extraordinary items. Values are displayed in millions.

Net Income Growth %
Annual percentage growth in a company's net income.

NYSE Arca
Archipelago Exchange

NYSE
New York Stock Exchange

OTC BB
O-T-C Bulletin Board

OTC PK
O-T-C Pink Sheets

Overall Rating
The Weiss rating measured on a scale from A to F based on each stock's performance and risk. See the preceding section, "What Our Ratings Mean," for an explanation of each letter grade rating.

Payout Ratio (TTM)
The percentage of earnings paid out as dividends to shareholders. The amount that is kept by the company is often used for growth and is called retained earnings.

Performance Chart
A graphical representation of the stock's price over the past year.

Phone Number
The company's phone number.

Price/Book (P/B) Q
Price to book ratio compares a stock's market daily value to its quarterly book value. This ratio indicates how much shareholders are paying for the net assets of a company and answers the question: how many times a company's stock is trading per share compared to the company's book value per share. A lower P/B could mean that the stock is undervalued and may have a potential for future growth, however, other valuation measures should be considered before investing. Generally, a P/B ratio of 1.0 or less is viewed as good. This is a quarterly figure.

Price/Earnings (P/E) TTM
A ratio that measures the value of a company by comparing its current share price to its earnings per share. A high P/E ratio suggests that investors are expecting higher earnings growth. This is a TTM figure (trailing twelve months), which is a representation of a company's financial performance over the most recent 12 months. TTM uses the latest available financial data from a company's interim, quarterly or annual reports.

Price/Sales (P/S) TTM
A ratio that measures value placed on each dollar of a company's sales or revenues. Generally, a stock with lower P/S ratio is a better investment since the investor pays less for each unit of sales. This is a TTM figure (trailing twelve months), which is a representation of a company's financial performance over the most recent 12 months. TTM uses the latest available financial data from a company's interim, quarterly or annual reports.

Ratings (see Overall Rating, Buy-Hold-Sell Recommendation, Reward Rating, Risk Rating)

Ratings Factors (see Growth Ratings Factor, Efficiency Ratings Factor, Solvency Ratings Factor, Volatility Ratings Factor, Dividend Ratings Factor, Total Returns Rating Factor)

Recent Upgrade/Downgrade
An "Up" or "Down" indicates that the Weiss Investment Rating has changed since the publication of the last print edition. If a stock has had a rating change since March 31, 2019, the change is identified with an "Up" or "Down."

Return on Assets %
The ratio of net income for the year as a percentage of average assets. This ratio, known as ROA, is the most commonly used benchmark for profitability since it measures the company's return on investment in a format that is easily comparable with other companies. This is a TTM figure (trailing twelve months), which is a representation of a company's financial performance over the most recent 12 months. TTM uses the latest available financial data from a company's interim, quarterly or annual reports.

Return on Equity %
The ratio of net income for the year as a percentage of average equity. This ratio, known as ROE, is commonly used by a company's shareholders as a measure of their return on investment. This is a TTM figure (trailing twelve months), which is a representation of a company's financial performance over the most recent 12 months. TTM uses the latest available financial data from a company's interim, quarterly or annual reports.

Revenue & Income (see Revenue, Revenue Growth, Net Income)

Revenue ($MIL)
The amount of money a company receives from its normal business activities, usually from the sale of goods and services to customers.

Revenue Growth %
Annual percentage growth in a company's revenue.

Reward Rating
Primarily based on a stock's total return to shareholders over the trailing five years and, based on sales, net income, earnings trends and anticipated dividends, its prospects for future returns. Additionally, based on the stock's current price, other important ratios are factored in. Based on proprietary modeling the individual components of the risk and reward ratings are calculated and weighted and the final rating is generated.

Risk Rating
Primarily based on the level of volatility in the stock's daily, monthly and quarterly returns and on the company's financial stability. Stocks with very stable returns are considered less risky and receive a higher risk rating. Stocks with greater volatility are considered riskier, and will receive a lower risk rating. Companies with poor financial stability are considered riskier investments than those that are financially stable.

Sector
An industry or market sharing common characteristics. Investors use sectors to place stocks and other investments into categories like technology, health care, energy, utilities and telecommunications. Each sector has unique characteristics and a different risk profile.

Size (see Market Capitalization, Enterprise Value)

Solvency Rating Factor
Measures each stock by traditional balance sheet quality and solvency ratios including debt-to-equity and financial strength.

Stock Price
The price at which a stock is traded on a regular trading day. Stock prices in this guide are listed as of June 30, 2019.

Stock Prices (see Stock Price, 52-Week High, 52-Week Low)

Stock Ticker Symbol
An arrangement of characters (usually letters) representing a particular security listed on an exchange or otherwise traded publicly. When a company issues securities to the public marketplace, it selects an available ticker symbol for its securities which investors use to place trade orders. Every listed security has a unique ticker symbol, facilitating the vast array of trade orders that flow through the financial markets every day.

Total Market Cap (Market Capitalization)
A term used by the investment community to identify companies based on their market capitalization value.

Total Return Rating Factor
Measures the value an investor earns from a security over a specific period when all dividends are reinvested.

Total Returns (see 3-Month Total Return, 6-Month Total Return, 1-Year Total Return, 3-Year Total Return, 5-Year Total Return)

Traded On /Exchange

The stock exchange on which the company is listed. The core function of a stock exchange is to ensure fair and orderly trading, as well as efficient dissemination of price information.

Exchanges such as: NYSE (New York Stock Exchange), AMEX (American Stock Exchange), NNM (NASDAQ National Market), and NASQ (NASDAQ Small Cap) give companies, governments and other groups a platform to sell securities to the investing public.

TSX
Toronto Stock Exchange

TSXV
TSX Venture Exchange

Valuation (see Price/Earnings, Price/Sales, Book)

Volatility Rating Factor
Evaluates the gain/loss performance of each stock over various timeframes by measuring profit potential compared to downside risk.

Website
The company's web address.

Weiss Ratings Investment Series

Weiss Ratings Investment Research Guide to Stock Mutual Funds

Weiss Ratings Investment Research Guide to Stock Mutual Funds provides immediate access to Weiss' Buy-Hold-Sell Investment Ratings, key rating factors, and summary financial data for 20,000 stock mutual funds—more than any other ratings publication. This easy-to-use guide provides understandable, accurate investment ratings so investors can make informed decisions about their investment selections.
- Index of Stock Mutual Funds – with data on 20,000 funds
- Expanded Analysis of 100 Largest Stock Mutual Funds
- Best All-Around Stock Mutual Funds
- Consistent Return BUY Stock Mutual Funds
- High Performance Stock Mutual Funds
- Low Volatility Stock Mutual Funds
- BUY Rated Stock Mutual Funds by Category

Annual Subscription of 4 Quarterly Issues: $549 | Single Issue: $279

Weiss Ratings Investment Research Guide to Bond & Money Market Mutual Funds

Weiss Ratings Investment Research Guide to Bond & Money Market Mutual Funds offers readers a one-stop source for important, up-to-date financial data and easy-to-use Weiss Investment Ratings for 8,000 bond and money market mutual funds. Weiss Ratings takes the guesswork out of investment research, providing consumers and investors with understandable information and proven investment ratings.
- Index of Bond & Money Market Mutual Funds – over 8,000 funds
- Analysis of 100 Largest Bond & Money Market Mutual Funds
- Best All-Around Bond & Money Market Mutual Funds
- High Performance Bond & Money Market Mutual Funds
- Low Volatility Bond & Money Market Mutual Funds
- BUY Rated Bond & Money Market Mutual Funds by Category

Annual Subscription of 4 Quarterly Issues: $549 | Single Issue: $279

Weiss Ratings Investment Research Guide to Exchange-Traded Funds

With investing such a complex subject and the growing popularity of exchange-traded funds as a simple way to enter the markets it is no surprise that consumers need assistance. Weiss Ratings Investment Research Guide to Exchange-Traded Funds answers this need, by providing accurate, easy-to-understand ratings and financial data on more than 2,200 ETFs.
- Index of Exchange-Traded Funds – over 2,200 funds are included
- Expanded Analysis of All BUY Rated Exchange-Traded Funds
- Expanded Analysis of ETFs with Assets over 50 Million
- Best One-Year Return BUY Rated Exchange-Traded Funds
- Best Low Expense Exchange-Traded Funds
- BUY Rated Exchange-Traded Funds by Category

Annual Subscription of 4 Quarterly Issues: $549 | Single Issue: $279

GET YOUR RATINGS ONLINE!

Designed for both the beginner and the seasoned investor, Financial Ratings Series Online provides the accurate, independent information you need to make INFORMED DECISIONS about your finances, including insurance, Medicare, banking and investment options.

"An excellent financial tool that will certainly get an enormous amount of use anywhere it's available, this rates a strong overall ten. Recommended for public and academic libraries." –Library Journal

Selected by *Library Journal* as one of the Best Databases for 2018!

This new online database gives library patrons more tools, more power and more flexibility than ever before!

This must-have resource provides accurate, unbiased, easy-to-use guidance on:
- How to Find the Safest **Bank** or **Credit Union** in your area
- How to Avoid the Weakest **Insurance Companies**... and How to Find the Best Ones
- How to Pick the Best **Medicare Supplement Insurance Plan** and Pick Providers with the Lowest Premiums
- How to Find the Best **Mutual Funds**... and Make Sure your Retirement Funds are Safe
- How to Pick the Best-Performing **Stocks**
- How to Navigate the **Tough Decisions** in a wide variety of Healthcare and Insurance topics
- Get the Facts on How to Best **Manage your Finances**

All powered by the independent, unbiased ratings that Weiss Ratings and Grey House Publishing have been providing for years!

When your library subscribes to the online database, using your library card, you can:

- Get independent, unbiased ratings of over **63,000** stocks, funds, insurers and financial institutions
- Create your own **Screeners** to compare companies or investments using criteria that are important to you
- **Compare** companies or investments side by side
- Create your own **Personal Account** to store and manage your own **Watchlists**, get email updates of upgrades or downgrades, customize your home page, and log in from anywhere.
- See current **Stock Quotes** & **Live News** Feeds
- Read **Articles** on timely investment, banking and insurance topics

Visit the reference desk at your local library and ask for Weiss Ratings!

https://greyhouse.weissratings.com